현대 사회학

SOCIOLOGY

SOCIOLOGY

현대 사회학

8th EDITION

앤서니 기든스 · 필립 서튼 지음 | 김미숙, 김용학, 박길성, 송호근, 신광영, 유홍준, 정성호 옮김

을유문화사

옮긴이(가나다순)

김미숙
미국 조지아대학교에서 사회학 박사 학위를 받았으며, 현재 청주대학교 사회학과 교수다. 지은 책으로 『지방화 · 정보화 시대의 여성』, 『우리 시대 이혼 이야기』(공저), 『21세기 지역사회의 갈길: 청주시의 경우』가 있으며, 옮긴 책으로 『생명 공학에 대한 여성학적 비판』, 『성의 사회학』(공역)이 있다. 주요 논문으로 「산업 고도화와 한일 여성 노동력 성격 변화」, 「한국 여성 노동력의 성격 변화와 노동 정책: 1960~2000」, 「김대중 정권의 가족 정책의 가능성과 한계」, 「일본 산업 혁명기 여성 노동: 방적업의 경우」, 「참여정부의 가족 정책 성격」, 「중소도시 중년 비혼여성의 생활세계: 청주시 경우」 등이 있다.

김용학
미국 시카고대학교에서 사회학 박사 학위를 받았으며, 현재 연세대학교 사회학과 교수다. 지은 책으로 『생각, 엮고 허물고 뒤집어라』, 『네트워크 사회의 빛과 그늘』, 『사회 연결망 이론』, 『사회 연결망 분석』, 『사회 구조와 행위』, 『비교 사회학』(공저) 등이 있으며, 옮긴 책으로 『역사와 행위: 사회 이론에서의 사회 구조와 행위자』가 있다. 주요 논문으로 「과학기술 공동연구의 연결망 구조: 좁은 세상과 위치 효과」 등이 있다.

박길성
미국 위스콘신대학교에서 사회학 박사 학위를 받았다. 현재 고려대학교 사회학과 교수이며, 교육부총장을 맡고 있다. 지은 책으로 『사회는 갈등을 만들고 갈등은 사회를 만든다』, 『IMF 10년, 한국 사회 다시 보다』, 『경제사회학 이론』(공저), 『한국 사회의 재구조화: 강요된 조정, 갈등적 조율』, 『한국 사회 권력이동 (공저), 『세계화: 자본과 문화의 구조 변동』, 『The Political Economy of Business Ethics』(공편), 『Global Civil Society 2011』(공편) 등이 있으며, 옮긴 책으로 『국제 불평등을 바라보는 123가지 방법』(공역)이 있다.

송호근
미국 하버드대학교에서 사회학 박사 학위를 받았으며, 현재 서울대학교 사회학과 교수다. 지은 책으로 『시민의 탄생』, 『인민의 탄생』, 『그들은 소리 내 울지 않는다』, 『이분법 사회를 넘어서』, 『한국의 의료 체계: 제도와 지배 구조』, 『다시 광장에서』, 『한국 사회의 변동과 연결망』(공저), 『복지 국가의 태동』(공저), 『한국의 평등주의, 그 마음의 습관』, 『한국 사회 어디로 가나』(공저), 『한국, 어떤 미래를 선택할 것인가』, 『한국 사회의 연결망 연구』, 『한국, 무슨 일이 일어나고 있나』, 『세계화와 복지 국가』, 『신사회 운동의 사회학』(공저), 『시장과 복지 정치』 등이 있다.

신광영
서울대학교 사회학과를 졸업하고, 미국 위스콘신대학교에서 사회학 박사 학위를 받았으며, 현재 중앙대학교 사회학과 교수다. 지은 책으로 『서비스 사회의 구조 변동』(공저), 『한국 사회의 계급론적 이해』(공저), 『세계화와 소득 불평등』(공저), 『한국의 계급과 불평등』, 『동아시아의 산업화와 민주화』, 『계급과 노동 운동의 사회학』, 『한국 사회 불평등 연구』, 『스웨덴 사회 민주주의: 노동, 복지와 정치』 등이 있다.

유홍준
미국 뉴욕주립대학교(스토니부룩)에서 사회학 박사 학위를 받았으며, 현재 성균관대학교 사회학과 교수와 학부대학 학장으로 있다. 지은 책으로 『조직사회학』, 『직업사회학』, 『신경제사회학』(공저), 『현대중국사회』(공저), 『산업사회학』(공저), 『사회문제』(공저)가 있으며, 옮긴 책으로 『현대중국사회계층』, 『현대중국경제사회조사』, 『사회조사방법론』(공역), 『소비의 사회학』(공역)이 있다. 주요 논문으로 「한국 직업 지위 지수」, 「Occupational Structure in China and Its HRD Policy Implications」, 「잡매칭(job matching)이 청년층 노동시장 불평등에 미치는 영향」, 「한국 대졸 경제활동인구의 노동시장 성과」, 「직무 만족과 이직 의사의 행태학적 결정 요인」, 「한국 제약 산업의 시장 구조에 대한 신경제사회학적 분석」, 「조직 구조의 결정 요인 분석」 등이 있다.

정성호
미국 뉴욕주립대학교(올버니)에서 사회학 박사 학위를 받았으며, 현재 강원대학교 사회학과 교수다. 지은 책으로 『중년의 사회학』, 『20대의 정체성』, 『화교』, 『유대인』, 『한국 전쟁과 사회 구조의 변화』가 있으며, 주요 논문으로 「도시 사회학 연구 동향」, 「기업의 사회적 책임: 그 배경과 실제」, 「해외 한인의 지역별 특성」, 「외국인 노동자가 한국 사회에 미치는 사회적 파장」 등이 있다.

현대사회학 제8판

발행일
1992년 2월 29일 초판 1쇄 | 1994년 3월 15일 초판 9쇄
1994년 8월 30일 2판 1쇄 | 1998년 8월 14일 2판 13쇄
1998년 11월 20일 3판 1쇄 | 2003년 2월 25일 3판 9쇄
2003년 8월 30일 4판 1쇄 | 2008년 3월 15일 4판 14쇄
2009년 2월 25일 5판 1쇄 | 2011년 2월 10일 5판 8쇄
2011년 7월 25일 6판 1쇄 | 2014년 2월 15일 6판 9쇄
2014년 7월 20일 7판 1쇄 | 2017년 7월 20일 7판 8쇄
2018년 2월 20일 8판 1쇄 | 2024년 2월 5일 8판 15쇄

지은이 | 앤서니 기든스 · 필립 서튼
옮긴이 | 김미숙 · 김용학 · 박길성 · 송호근 · 신광영 · 유홍준 · 정성호
펴낸이 | 정무영, 정상준
펴낸곳 | (주)을유문화사

창립일 1945년 12월 1일
주소 서울시 마포구 서교동 469-48
전화 02-733-8153 | FAX 02-732-9154 | 홈페이지 www.eulyoo.co.kr
ISBN 978-89-324-7372-7 93330

옮긴이 서문

앤서니 기든스와 필립 서튼의 『현대사회학』은 29년 전 초판이 나온 이래 현재까지 여덟 번의 개정 작업이 이루어졌다. 사회 변화의 속도가 빠른 만큼 사회학 개론서의 내용도 빠르게 변화된 내용을 포함하면서, 여덟 번의 개정이 진행된 것이다. 그사이 동구권의 붕괴, 인터넷과 스마트폰의 보급, 동남아시아의 외환 위기와 2008년 세계 금융 위기 등 전대미문의 새로운 현상들이 계속 나타나면서, 『현대사회학』의 내용도 변화를 거듭했다고 볼 수 있다.

『현대사회학』은 개론서이지만, 거의 모든 사회 현상을 다루고 있다는 점에서 단순한 개론서 수준을 넘어선다. 독일 사회학자 막스 베버의 유작인 『경제와 사회』처럼, 주요 사회 현상에 관한 이론적 논의와 경험적 연구를 포괄하는 '사회학 백과사전'의 성격도 지니고 있다. 그 결과 『현대사회학』은 매우 두꺼운 책이 되었다.

『현대사회학』의 제8판, 한국어판에서는 〈인종, 종족, 이주〉에 관한 장이 추가되었다. 사실 그동안 『현대사회학』의 원작에는 포함되어 있었지만, 한국의 현실에 맞지 않는 부분이 상당해 한국어판에서 제외시켰다. 그러나 이제 한국 사회도 이주자들이 급격하게 증가하고, 다문화·다인종 사회로 변해 가고 있기 때문에 8판에서는 〈인종, 종족, 이주〉에 관한 장까지 포함했다.

『현대사회학』(8판)은 주로 영국과 유럽의 사회 변동을 다루고 있어서, 한국의 현실과 잘 부합하지 않는 내용도 있다. 그렇지만 세계화로 인해 한국이나 동아시아 사회들과의 차이가 현저하게 줄어들고 있고, 이들 사회에 대한 지식과 정보가 한국 사회를 비교하는 관점에서 이해하는 데 큰 도움을 줄 수 있다.

이 책이 세상을 보다 분석적이고 체계적으로 이해하는 데 도움이 되기를 희망한다. 그리하여 사회학적 이론과 지식이 한국 사회와 세상을 이해하는 데 얼마나 유용한지 한국의 독자들도 인식하기를 바란다.

제8판 서문

거의 30년 전인 1989년에 『현대사회학』 초판이 출간되었다. 8판을 읽는 많은 독자가 태어나기도 전이지만, 세계사적인 변화가 일어났던 시기다. 1945년 이후의 냉전 체제가 끝나 가고, 베를린 장벽이 무너지고, 독일이 다시 통합되고, 구소련에 속했던 동유럽 국가들이 독립했다. 탈냉전 시대가 젊은 세대에겐 당연한 것이었고, 인터넷, 월드와이드웹, 이메일과 같은 것들은 아직 사용되지 않았다. 마찬가지로 오늘날 당연하게 여기는 이동전화, 소셜 미디어, 디지털 TV와 다른 모든 기술적인 필수품들 또한 초보적인 단계였다. 사회학과 마찬가지로, 사회도 변하지 않은 부분이 있긴 하지만, 『현대사회학』도 초판 이래 많이 변했다. 책의 부피가 커지고 무거워졌지만, 이 책은 아직도 인쇄물 형태로 출판되고 있다.

『현대사회학』은 그동안 판을 거듭하면서 우리가 사회에서 경험한 수많은 변화와 그러한 변화를 이해하기 위한 사회학자들의 시도를 조망해 왔다. 8판도 최근의 세계적 발전과 사회학의 새로운 사고를 설명하기 위해 조심스럽게 수정되었지만, 그렇게 다르지 않다. 디지털 미디어의 끊임없는 혁신, 장기적인 기후변화 문제, 글로벌 금융 위기, '아랍의 봄'과 그 후, 중국·인도·브라질의 급속한 경제 성장, 글로벌 테러의 파괴적 충격은 모두 새로운 방식으로 인간 세계에 영향을 미치고 있다. 새로 펴내는 8판은 이러한 모든 이슈를 검토하고 포괄적으로 수정했으며 최근의 정보로 갱신했다.

학생들은 종종 사회학적인 사고와 증거들을 이해하기 어렵다고 한다. 부분적으로 이것은 연구 결과와 이론을 해석할 때, 개인적인 믿음이나 견해를 유보하는 집중적인 노력을 요구하기 때문이다. 이 점에서 '사회학적으로 생각하기'는 계속되는 심오한 지적, 정서적 도전을 포함한다. 사회학을 공부하는 대부분의 사람들은 사람이란 경험에 의해 바뀐다는 것을 의심하지 않는다. 학문은 대부분의 사람들이 시작할 때 가졌던 세상에 대한 관점과 다른 관점을 제공한다. 사회학은 우리를 삶의 즉각적인 맥락을 넘어 우리 자신과 다른 사람들의 행동에 담긴 원인과 결과에 대한 심층적인 이해로 이끈다. 이 책을 읽으면서 도전받고 깨우침을 얻기를 희망한다.

이 책에 대하여

인간 사회는 표면상으로 고정되어 있고 확고한 것처럼 보이지만, 늘 변화 과정에 있다. 『현대 사회학』 제8판을 쓰기 시작했을 때 영국은 유럽연합 회원국이었으나 책을 끝낼 무렵엔 국민투표를 통해 유럽연합에서 탈퇴하기로 결정 내렸다. 이는 정치, 경제, 사회, 문화 모든 면에서 변화를 낳을 것이다. 예를 들어 스코틀랜드에서 다수는 유럽연합에 머물기를 원했고, 스코틀랜드 정부는 스코틀랜드가 영국을 떠나야 할지에 대한 2차 국민투표를 3년 안에 실행하려고 계획하기 시작했다. 제9판이 출간되기 전에 영국이 나뉘고 유럽연합이 축소될 수도 있다. 영국, 유럽연합, 국민국가와 같은 세상의 제도들은 늘 변화와 거대한 전환을 맞고 있다.

사회와 사회생활을 연구하고 이해하려는 학문 분야로서, 사회학은 정지된 상태로 머무를 수 없다. 그렇게 되면, 사회학은 적합성이 떨어져 사회생활에 대한 적절한 설명을 제공하지 못할 것이다. 이러한 기본적인 사실이 적어도 외부적인 관점에서 끊임없이 변화하는 사회학 이론들이 왜 셀 수 없을 정도인지 설명하는 데 도움을 준다. 사회학의 과제는 계속 변하는 세상을 이해하고 설명하는 것이기 때문에, 편안하지만 낡은 이론이나 설명에 매달릴 수는 없다. 우리는 새로운 현실에 이러한 설명들이 맞는지 검증하고, 부족하다면 그것들을 폐기하고 그러한 과제에 적합한 새로운 이론과 설명을 고안할 준비를 해야 한다.

『현대사회학』 제8판은 독자들이 사회의 일부인 사회학이 사회와 함께 어떻게 발전해 왔는지 알 수 있게 '고전' 이론들과 더불어 최신 이론들을 소개한다. 우리의 주된 목표 중 하나는 범죄에서 불평등, 교육과 섹슈얼리티, 사이버 왕따와 글로벌 테러에 이르기까지 다양한 주제에 걸쳐 가장 흥미진진한 연구를 소개해 새로운 사회학자 세대를 고취시키는 것이다. 그러나 이 책에는 추상적이거나 단순히 개념적인 논의를 많이 담지 않았다. 그 대신 논의를 자극하는 여러 소재(신문 기사들)를 사용했는데, 주로 사회학 연구에서 택한 구체적인 예를 이용해 사고와 개념 및 이론들을 예시하려고 노력했다.

글쓰기는 각 장마다 짤 짜인 이야기를 통해 가능한 한 분명하고 직접적인 방식을 택했다. 각 장은 순서를 가지고 서술되어 사회학의 각 분야를 점진적으로 통달할 수 있도록 했다. 장들은 독자들이 다양한 주제를 가로질러 연계된 것을 알 수 있도록 교차 인용을 포함하는 독립적 장으로 이루어져, 일부 장들이 무시되거나 순서가 뒤바뀔 수도 있다.

사회학은 사회과학의 중심적인 위치를 차지하고, 현대 지식인 문화에서 핵심적인 역할을 하고 있다. 모든 과학 분야와 마찬가지로, 사회학자들은 자신들의 주장을 분명하게 하기 위해 절대적으로 필요한 자신들만의 기술적인 언어를 가지고 있다. 그러나 우리는 사회과학 내에서만 찾을 수 있는 '전문적인 용어'를 피하려고 노력했다. 전문적인 용어는 그 분야를 처음으로 접하는 사람들에게 이해할 수도 없고 불필요할 것이다. 첨단적인 연구 분야에서의 발견을 최근의 사건, 이슈, 자료와 더불어 제시하고, 두루두루 공평하게 다루고자 노력했다. 전체 집필을 뒷받침하는 것은 일반적인 사회학적 접근이 지속적으로 우리의 개인적인 생활 경험을 좀 더 넓은 사회적 맥락에 놓고 개인과 사회 간의 내적 연계를 이해할 수 있게 하는 가장 좋은 방법이라는 공유된 비전이다.

주요 주제

이 책은 22개의 장으로 이루어져 있고, 각 장은 범죄, 인종, 사회 계급, 일과 환경 같은 구체적인 주제를 다루고 있다. 책 전체를 관통하는 주제들이 있는데, 그중 세 가지가 현대 사회학을 구성하는 핵심적인 이슈를 반영한다.

첫 번째 주제는 사회 변동social change인데, 그중에서 특히 세계화globalization다. 사회학은 18세기와 19세기 초 산업혁명에 의한 주요 사회적 전환 속에서 등장했다. 산업혁명은 세상을 영원히 바꿔 놓았다. 그러나 사회 변동은 19세기에 그치지 않았다. 정말로 많은 사회학자가 1970년대 이래 사회 변동 속도가 가속화되었고, 그로 인해 사회 계급, 가족, 제조업의 핵심적인 조직 구조가 개인들의 삶에 가했던 강한 영향력이 사라져 가고 있다고 주장한다. 그 이유는 부분적으로 글로벌 경제 체제로 인해 사람들이 세계 곳곳으로 대거 이동하고, 정치가 국제화되는 세상에 우리가 살고 있기 때문이다. 세계화 과정은 상대적으로 부유한 나라들을 상대적으로 가난한 나라들과 더 밀접하게 연결시킨다. 이 책은 기후변화의 국제정치, 전염병, 조직범죄, 글로벌 불평등과 같은 다양한 형태의 세계화 양상을 모두 다룬다. 급속하게 발전하는 세계화는 아마도 사회학자들이 실제 세상에서 일어나는 주요 사회 변동에 대해 친숙해져야 할 필요성을 가장 분명하게 보여 준다.

두 번째 주제는 커뮤니케이션의 디지털 혁명digital revolution이다. 디지털 혁명은 세계화를 촉진시키는 데 그치는 것이 아니라 우리가 살고, 일하고, 여가 시간을 즐기는 방식 거의 모든 것을 변화시키고 있다. 오늘날 젊은 세대는 여러 기술적 장치를 가지고 부모와 조부모 세대의 공상과학 소설에나 있을 법했던 기기들이나 새로운 커뮤니케이션 기회를 가지고 성장한다. 인터넷 덕택에 이메일, 소셜 미디어, 스마트폰과 태블릿을 통해 수천 킬로미터 떨어져 있는 사람들끼리도 즉각적인 접촉이 가능하다. 컴퓨터가 발전을 거듭해 개인 컴퓨터가 30년 전 세계 최대 기업에서만 가능했던 계산 능력을 능가하기에 이르렀다. 로봇학의 발달도 가속화되어, 산업 생산 공장에서만 볼 수 있었던 로봇이 무인 자동차와 가정용 로봇으로 나타날 것이다. 그러나 인터넷, 슈퍼컴퓨팅과 로봇의 통합이 디지털화를 진정 혁명적인 것으로 만들어 중간 계급을 유지시켰던 업무들이 사람 없이 수행될 것이다. 이러한 혁명이 아직 초기 단계에 있는 듯하지만, 이 책은 생활의 전체 영역에서 나타나는 이런 측면들을 다룰 것이다.

세 번째 주제는 사회학의 기원인 사회 불평등social inequality으로 돌아가는 것이다. 이 책은 젠더와 섹슈얼리티, '인종'과 민족, 고령화, 사회 계급과 장애를 다루는 장들을 포함하고, 각 장은 그 분야에서의 사회학적 연구를 살펴본다. 그러나 사회학자들은 점차 사회 불평등이 서로 연계되어 있어 복합적인 생활 경험을 만들어 낸다는 것을 인식했다. 예를 들어 젊은 노동 계급 백인은 나이 든 중간 계급 흑인 여성과 매우 다른 생활 경험을 할 것이다. 그러므로 오늘날 개인 생활 경험의 복합적인 다양성에 대한 더 많은 연구가 있다. 사회 불평등이 교차하는 방식을 규명하는 것이 이 책을 관통하는 주제다. 국가 간 불평등도 알아보고 여러 측면에서 21세기 국가 간 불평등이 줄어드는 증거를 살펴본다.

접근의 핵심 요소

이 책에서 사회학에 대한 접근은 세 가지 주된 관심에 의해 구체화되었다.

첫째, 우리는 소규모 혹은 미시적 수준의 사회적 만남이나 상호작용과 거시적 사회나 제도 수준의 연계를 찾고자 한다. 미시적 수준의 맥락에서 이루어지는 개인적 상호작용은 더 거대한 사회 제도에 영향을 미칠 수 있지만, 대단히 본질적인 방식으로 사회 제도 또한 우리의 일상생활에 영향을 미친다. 이러한 양방향 상호 교류가 많은 사회적 과정의 핵심이며, 포괄적인 사회학적 분석은 미시적 수준과 거시적 수준 모두에서 상황과 사건에 대한 분석을 필요로 한다.

둘째, 이 책은 비교역사적 관점을 취한다. 사회학은 단일한 사회의 이해에 한정되어서는 안 되고 여러 사회와 그들이 서로의 발전에 미치는 다양한 방식 간의 관계를 탐구해야 한다. 사회생활의 세계화는 이러한 탐구를 긴박하게 요구하도록 만들었고, 이 책은 세계 각 지역에서 가져온 자료들을 소개한다. 특히 많은 장이 선진국과 개발도상국을 다루고 흥미 있는 비교를 한다. 오늘날의 지구적 사회생활을 이해하고자 한다면, 비교역사사회학이 핵심적이다.

마지막으로, 사회적인 것을 개인적인 것과 연결시키려 노력했다. 사회학적 사고는 자신을 이해하고, 우리의 경험을 더 큰 사회적 맥락에 위치시키는 데 핵심적인 자원이다. 그러나 우리 자신의 이해는 세상에 대한 이해를 증진시키는 데 다시 초점이 맞춰질 수 있다. 사회학을 공부하는 것은 우리의 상상력을 확대시켜, 개인적 행동의 이유에 대한 새로운 관점을 알고, 우리 자신의 문화적 환경과 매우 다른 문화적 환경에 대한 인식을 만들어 내는 해방적인 경험이다. 이러한 접근은 사회학적 사고를 발전시키는 출발점이기도 하고, 사회학자들 스스로 사회학적 상상력sociological imagination이라고 일컫는 것이다.

상호적인 내용

제8판은 독자들이 적극적으로 텍스트에 참여하도록 상호작용적 특징을 유지한다. 이것은 독자들에게 사회학에서 가장 영향력 있는 저작들을 소개하는 〈고전 연구〉 상자를 포함한다. '고전'이라는 것은 '오래된' 것의 또 다른 표현이 아니라는 점이 중요하다. 사회학은 강단사회학을 이루고 있는 수천 개의 프로젝트, 학술지에 실린 논문과 책에서 개념과 방법에 대한 지속적인 검증을 통해 발전해 왔다. 다수의 연구들이 '고전'의 경지에 이르지 못했지만, 그것들이 가치 없다는 것을 의미하지는 않는다. 그러나 때로 중요한 새로운 발견이 이루어지고, 새로운 연구 방법이 고안되거나 새로운 이론이 사회학 연구의 미래 방향에 각별한 영향을 미친다. 이러한 경우를 전문적인 사회학자들은 '고전'이라고 부른다. 물론 모든 사회학자가 이 책에서 이루어진 모든 '고전'에 동의하지는 않을 것이지만, 익명의 평가자, 강사와 독자들을 대상으로 평가했고, 무작위적이거나 저자들의 선호에 따라 선택된 것은 아니라고 확신한다. 희망컨대, 이러한 예들이 학생들이 사회학적으로 생각하기에 의해 열린 가능성을 인정하도록 도울 것이다.

또한 다른 상호작용적 요소들을 모두 제8판에 담았다. 〈비판적으로 생각하기〉 상자는 독자들이 읽은 것에 대해 생각하고 배운 것의 의미를 생각하는 '쉬어 가는 곳'이다. 독자들이 이 책에서 최고의 것을 얻으려 한다면 〈비판적으로 생각하기〉 상자를 공부하라고 추천한다. 〈사회학적으로 상상하기〉 상자는 각 장에서 발견된 주제들을 보여 주거나 확대하기 위해 설계된 특별하거나 눈길을 끄는 재료들을 담고 있다.

각 장의 마지막에 들어 있는 '사회학적 워크숍' 또한 강의와 학습에 유용한 것으로 판명되어, 이번 판에서도 유지 및 수정했다. 〈복습〉에서는 각 장에서 다루어진 내용에 기초해 질문을 던지므로, 각 장을 읽은 직후에 답하는 것이 좋다. 그렇지만 이것도 나중에 답을 수정하는 데 토대를 제공할 수 있도록 고안했다. 이어서 〈실제 연구〉에서는 사회학적 연구 방법과 그것을 실제 사회를 연구하는 데 응용하도록 초점을 맞추었다. 여기에서 독자들에게 학술 논문과 같은 최근 연구물을 알려 주고, 그것을 찾아내어 읽고 메모하도록 다듬었다. 일련의 질문들은 독자들이 서로 다른 연구와 연구 방법이 무엇을 위해서, 어떻게 성공적으로 적용될 수 있는지 생각하게 한다. 많은 학자들은 이러한 접근이 '사회학 하기'에 얼마나 핵심적인지 알게 하는 데 도움을 준다고 말한다.

다음으로 〈생각해 볼 것〉에서는 사회학의 방법에서 이론으로 초점을 옮긴다. 이론과 설명 문제를 제기하는 글, 온라인 토론이나 신문 기사 등에서 관련 예시를 뽑아, 독자들이 사회학에서 사용된 개념이나 논문의 의미를 확실하게 이해할 수 있도록 했다. 많은 학생들은 이론이 추상적이고 자신의 삶과 거리가 멀기 때문에 이해하기 어렵다고 말한다. 이러한 점을 고려해 이론과 일상생활을 연결시키기 위해 실제 사건에 직접적으로 의미를 지니는 이론적 요소들은 선택했다.

〈예술 속의 사회〉에서는 학술적인 사회과학 밖으로 나가서 예술과 인문학으로 들어간다. 즉, 관련 영화, TV 프로그램, 연극, 소설과 예술작품 혹은 조각, 음악과 전시회 등을 제안한다. 우리가 제안하는 모든 것은 각 장에서 다루는 내용과 밀접한 관련이 있고, 이러한 것들이 어떻게 사회에 대한 지식에 보탬이 되는지 생각하도록 요구한다. 예를 들어 대부분의 사람이 19세기 산업화를 거대한 공장, 오염물질을 내뿜는 굴뚝과 거대해지는 회색 도시의 시대로 이해하는 것은 사회과학적 증거가 아니라 찰스 디킨스를 비롯한 많은 소설가나 작가의 글을 읽고 이해한 결과였다고 언급한다. 현대 사회생활과 디지털 혁명은 예술에서 어떻게 재현되는가? 예술은 사회과학이 말할 수 없는 세상에 대한 것을 우리에게 말하는가? 이러한 질문에 대해 독자들이 여러 차례의 연습을 통해 조심스럽게 생각해 보기를 권한다.

마지막으로 〈더 읽을거리〉를 갱신해 독자들이 더 많은 정보를 가지고 읽을거리를 선택할 수 있게 했다. 또한 〈관련 홈페이지〉도 갱신해 독자들이 온라인을 통해 많은 자료를 탐색할 수 있게 했다. 이 책은 웹사이트 www.politybook.com/giddens와 연계해 더 많은 자료를 사용할 수 있도록 설계되었다. 교수와 학생들은 연구나 강의, 학습에 도움이 되는 많은 자료를 이 웹사이트에서 구할 수 있다.

차례

SOCIOLOGY

옮긴이 서문 • 5
제8판 서문 • 7
이 책에 대하여 • 9

1. 사회학이란 무엇인가

이 장에서는 무엇을 하는가 • 26
사회학적 상상력 • 28
사람과 사회에 대해 공부하기
사회학적 사고의 발달 • 32
이론과 이론적 시각 | 사회학의 창시자들 | 세 가지 이론적 전통 | 분석의 수준: 미시사회학과 거시사회학
사회학은 무엇을 위한 것인가 • 50
공공사회학과 전문사회학
결론 • 51

2. 사회학적으로 묻고 답하기

연구 대상으로서의 인간과 윤리적 문제 • 60
과학과 사회학적 연구 • 61
과학이란 무엇인가 | 연구 과정
원인과 결과 이해하기 • 72
인과성과 상관성
사회학적 연구 방법 • 75
민속지학 | 설문 조사 | 실험 | 생애사 연구 | 비교 역사 연구 | 시각적 사회학 | 연구 도구와 방법으로서의 인터넷
실제 세계에서의 사회학 연구 • 85
사회학의 영향

3. 사회학의 이론과 관점

사회학을 향하여 • 97
실증주의와 사회 진화 | 카를 마르크스: 자본주의 혁명
사회학의 확립 • 100
에밀 뒤르켐: 실재의 사회적 층위 | 20세기의 구조기능주의 | 막스 베버: 자본주의와 종교 | 상징적 상호작용주의, 현상학, 민속방법론
지속되는 이론적 딜레마들 • 110
사회 구조와 인간 행위 | 합의 대(對) 갈등
사회의 변형 그리고 사회학 • 116
페미니즘 그리고 남성 주류의 사회학 | 탈식민주의 사회학? | 포스트구조주의와 포스트모더니티 | 성찰성, 위험 그리고 세계시민주의
결론: 발전 중인 사회학 이론 • 129

4. 세계화와 사회 변동

사라져 가는 세계 • 137
초기 사회 | 인구 증가와 인구학적 경향
사회 변혁 • 146
근대성과 산업 기술 | 사회 분류하기 | 사회가 변화하는 방법
세계화 • 152
세계화의 요소들 | 세계화 논쟁 | 세계화의 결과
결론: 세계 사회를 통치하는가 • 173

5. 환경

자연, 환경 그리고 사회 • 183
자연과 환경 | 사회학과 환경 | 사회와 자연에 대한 이론화
환경문제 • 189
오염과 폐기물 | 자원 고갈 | 식량 부족과 유전자 변형 작물 | 지구온난화
소비주의, 위험 그리고 지속 가능한 미래의 길 • 209
소비주의와 환경 피해 | 성장의 한계와 지속 가능한 개발 | 전 지구적 '위험 사회'에서의 삶 | 생태학적

근대화 | 환경 정의와 생태학적 시민권
결론 • 222

6. 도시와 도시 생활

고대 도시와 현대 도시 • 232
고대 사회의 도시 | 산업화와 도시화 | 현대 도시의 발달 | 글로벌 도시들
도시성에 관한 이론 • 238
공동체와 도시의 특징 | 시카고학파 | 도시 공간, 도시 감시와 도시 불평등 | 사회운동과 집합적 소비
도시의 추이와 지속 가능한 도시 • 248
선진 사회의 도시 추이 | 개발도상국의 도시화 | 도시의 하부 구조와 지속 가능한 도시
도시 관리 • 263
변화를 위한 대리인으로서 도시 | 시장의 역할 | 도시와 글로벌 영향력

7. 일과 경제

위기의 글로벌 경제 • 275
경제사회학 • 276
경제 조직들 | 초국적 기업 | 기업의 사회적 책임 | 테일러리즘과 포디즘 | 포스트포디즘
일의 변화하는 특성 • 285
일이란 무엇인가 | 사회적으로 일이 조직화되는 방식 | 노동조합의 쇠퇴? | 일의 여성화 | 가사노동
분업의 변화 | 자동화, 지식 경제와 '숙련'
일의 사회적 중요성 • 309
고용 불안정 증가 | 실업
결론: 유연성과 '일의 성격 변질' • 316

8. 사회적 상호작용과 일상생활

일상생활의 드라마 • 325
비언어적 의사소통 • 327
얼굴 표정, 몸짓과 감정 | 성과 몸 | 구현과 정체성

상호작용에서의 얼굴, 신체와 말 • 333
마주침 | 인상 관리 | 개인 영역
상호작용의 사회적 규칙 • 341
공유된 이해 | 상호작용적 반달리즘 | 반응 외침
온라인 상호작용의 새로운 규칙 • 348
원거리 상호작용과 의사소통 | 온라인 신뢰 구축
결론: 친근성의 강요 • 354

9. 생애과정

사회적 자아와 사회화 • 364
아동 발달 이론들 | 사회화 기관 | 젠더 학습하기
생애과정 • 374
아동기 | 10대와 청년 문화 | 초기 성인기 | 중년 성인기 | 노년기
연로함 • 382
인간 사회의 노령화 | 사람들은 어떻게 나이를 먹고 늙어 가는가 | 노인 되기: 상반된 사회학적 설명들 | 연로함의 여러 측면 | 연로함의 정치학
죽음, 임종 및 사별 • 400
죽음과 임종의 사회학 | 현대 사회에서 죽음의 이론화 | 안락사: 갑론을박 담론들

10. 가족과 친밀한 관계

제도와 이데올로기로서의 '가족' • 413
가족의 기능 | 여권론자 접근들 | 가족의 몰락인가, 아니면 전에 겪지 않은 길인가?
가족 실천 • 419
가족생활 '하기' | 직장과 돌봄의 균형 잡기 | 친밀한 관계에서의 폭력
가족의 다양성과 친밀한 관계들 • 430
다양한 가족 구조 | 친밀함의 변천 | 혼인, 이혼과 별거 | 새로운 파트너 관계, '재결합' 가족과 친족 관계
세계적 맥락에서의 가족 • 457
여러 가족 유형의 등장인가, 다양화인가
결론 • 459

11. 건강, 질병, 장애

몸의 사회학 • 467

혁신적인 의료 기술

건강과 질병의 사회학 • 472

건강의 정의 | 생의학 그리고 비판 | 전염병과 세계화 | 건강과 질병에 대한 사회학적 관점들

건강의 사회적 토대 • 489

사회 계급과 건강 | 젠더와 건강 | 종족과 건강 | 건강과 사회 결속

장애의 사회학 • 497

장애의 개인 모형 | 장애의 사회 모형 | 장애, 법과 공공정책 | 전 세계의 장애

변화하는 세계에서의 건강과 장애 • 505

12. 계층과 계급

계층 체계 • 514

노예 제도 | 카스트 제도 | 신분 제도 | 계급

사회 계급의 이론화 • 519

카를 마르크스의 계급 갈등 이론 | 막스 베버: 계급, 지위 그리고 파벌 | 마르크스와 베버 결합하기 | 교차하는 불평등

계급 구조 발견하기 • 525

존 골드소프의 계급 모형 평가하기

현대 선진 사회의 계급 분화 • 529

상층 계급 문제 | 성장하는 중간 계급 | 변화하는 노동 계급 | 최하층 계급은 존재하는가 | 계급과 생활양식 | 젠더와 계층

사회 이동 • 544

사회 이동에 대한 비교론적 연구 | 하강 이동 | 영국의 사회 이동 | 젠더와 사회 이동 | 영국은 능력 중심 사회인가

결론: 사회 계급의 지속적인 중요성 • 552

13. 빈곤, 사회적 배제, 복지

빈곤 • 562

빈곤의 정의 | 빈곤의 측정 | 누가 빈곤층인가 | 빈곤 설명하기 | 빈곤과 사회적 이동성
사회적 배제 • 580
사회적 배제의 차원들 | 사회적 배제의 사례
복지 국가 • 584
복지 국가에 관한 이론들 | 영국의 복지 국가
복지 국가 개조하기 • 595

14. 글로벌 불평등

평등한 사회로 나아가고 있는가 • 608
글로벌 불평등 • 610
글로벌 불평등의 언어 | 경제 불평등 측정하기 | 글로벌 경제 불평등은 증가하고 있는가 | 인간개발지수의 동향
불평등한 삶의 기회 • 619
건강 | 기아, 영양실조, 기근 | 교육, 문맹률, 아동 노동
변화하는 인구 • 627
인구 분석: 인구학 | 인구 변화의 동학 | 인구 변천
빈국들은 부유해질 수 있는가 • 631
발전 이론 | 발전 이론 평가하기 | 변화하는 세계에서의 글로벌 불평등
평등에 관한 21세기 전망들 • 648

15. 젠더와 섹슈얼리티

성, 젠더와 섹슈얼리티 • 658
젠더 정체성 | 생물학, 섹슈얼리티, 성 정체감 | 섹슈얼리티와 성적 행위
젠더와 섹슈얼리티의 사회적 구성 • 669
섹슈얼리티, 종교, 도덕성 | 섹슈얼리티의 유형 | 젠더 질서
젠더 불평등론 • 677
여권론자 관점 | 포스트모더니즘과 퀴어이론
여권론과 성소수자LGBT운동 • 685
여권운동 | 성소수자LGBT시민권
세계화, 인신매매, 성 노동 • 694

세계적 성매매 산업 | 성매매와 성 노동

결론 • 698

16. 인종, 종족, 이주

핵심 개념 • 707

인종 | 종족 | 소수 종족 집단 | 편견과 차별

인종 차별주의는 여전히 지속되는가 • 714

'낡은' 인종 차별주의에서 '새로운' 인종 차별주의로 | 인종 차별주의에 대한 사회학적 이론

종족적 다양성, 통합과 갈등 • 718

종족적 다양성 | 종족 통합의 모형 | 고용, 주택, 형사 제도 | 종족 갈등

글로벌 시대의 이민 • 731

이민과 제국의 몰락: 1960년대 이후 영국 | 이민과 유럽연합 | 세계화와 이민 | 세계적 디아스포라

결론 • 741

17. 종교

종교의 사회학적 연구 • 752

종교란 무엇인가 | 고전 사회학에서의 종교 | 세속화 시대에 접어드는가 | 세속화를 넘어서

종교 단체와 종교 운동 • 768

종교 단체 | 종교 운동

현대 종교의 추이 • 773

유럽에서의 종교 | 미국에서의 종교 | 기독교, 젠더, 섹슈얼리티 | 근본주의

결론 • 788

18. 미디어

글로벌 시대의 미디어 다양성 • 798

디지털 혁명 | 인터넷과 월드와이드웹 | 영화 | 텔레비전 | 음악 | 신문

미디어 이론화하기 • 815

기능주의 | 갈등 이론 | 상징적 상호작용론 | 포스트모던 이론

시청자와 미디어 재현 • 827
시청자 연구 | 계급, 젠더, 종족 그리고 장애의 재현
글로벌 미디어의 소유, 권력과 대안 • 831
미디어 제국주의? | 미디어 거대 기업의 소유 | 글로벌 미디어에 대한 저항과 대안
결론 • 839

19. 교육

교육, 학교 교육과 문화 • 851
사회화로서의 교육 | 자본주의를 위한 학교 교육 | 숨겨진 교과 과정 | 교육과 문화 재생산
사회 분할과 교육 • 863
IQ 논쟁 | 젠더와 학교 교육 | 민족 집단과 교육 | 평가
세계적 맥락에서의 교육 • 878
세계의 초등 교육 등록률 | 읽고 쓰기 교육과 문맹 | 교실 안의 기술
교육과 학교 교육의 미래 • 887
정보화 시대의 고등 교육
결론 • 889

20. 범죄와 일탈

기본 개념 • 897
범죄와 일탈에 관한 사회학 이론 • 899
범죄의 기능 | 상호작용론의 관점 | 갈등 이론 | 범죄 통제하기
범죄의 희생자와 가해자 • 913
젠더, 섹슈얼리티와 범죄 | 가해자와 희생자로서의 청소년 | 화이트칼라 범죄, 기업과 국가 범죄
교도소, 처벌과 재활 • 924
교도소는 무엇을 위한 곳인가 | 회복적 정의 운동
세계적 맥락에서의 범죄 • 926
조직범죄 | 사이버 범죄
결론: 범죄, 일탈과 사회 질서 • 932

21. 정치, 정부, 사회운동

정치사회학 • 941
권력 | 권위주의 정치와 민주주의 정치 | 민주주의에 반하는 엘리트와 관료제? | 정치적 이데올로기
민주주의의 세계적 확산 • 957
공산주의의 붕괴 | 민주화와 그에 따른 불만들 | 세계적 거버넌스: 전망과 현실
사회운동과 사회 변화 • 970
사회운동이란 무엇인가 | 사회운동의 이론화 | 세계화와 '사회운동 사회'
결론 • 983

22. 민족, 전쟁, 테러리즘

민족과 민족주의 • 995
민족주의와 근대 사회 | 개발도상국에서의 민족과 민족주의 | 민족국가, 민족 정체성, 인권
전쟁, 집단 학살 그리고 평화 과정 • 1005
전쟁과 집단 학살 이론화하기 | 변화하는 전쟁의 성격 | 과거의 전쟁과 새로운 전쟁 | 평화 협상 과정
테러리즘 • 1016
테러리즘이란 무엇인가 | 과거의 테러리즘과 새로운 테러리즘
결론 • 1022

참고문헌 • 1029
찾아보기 • 1099
이미지 출처 • 1117

01

사회학이란 무엇인가

What is Sociology?

이 장에서는 무엇을 하는가

사회학적 상상력
사람과 사회에 대해 공부하기

사회학적 사고의 발달
이론과 이론적 시각
사회학의 창시자들
세 가지 이론적 전통
분석의 수준: 미시사회학과 거시사회학

사회학은 무엇을 위한 것인가
공공사회학과 전문사회학

결론

오늘날 우리가 살고 있는 세계는 자유와 흥분과 함께 혼돈과 우려 또한 느끼게 한다. 이전 시기에 비해 많은 부분에서 국경을 뛰어넘는 지구적 의사소통과 친목을 쌓기가 더 쉬워졌지만, 동시에 폭력 범죄, 국제적 테러리즘, 새롭게 생겨나는 전쟁과 항구적인 경제적·사회적 불평등과 대면하고 있다. 현대 세계는 우리에게 많은 기회와 가능성을 열어 주고 있지만, 우리의 고도 소비 라이프스타일이 자연환경에 해로운 영향을 미치는 등 매우 위험한 요소들로 가득 차 있기도 하다. 상대적으로 부유한 국가에 사는 대부분의 사람들은 물질적으로 전보다 좋아졌지만, 세계의 다른 지역에 사는 수백만 아이들은 음식이나 안전한 물 공급, 기본적인 치료와 같은 근본적인 것이 부족해 죽어 가는 빈곤 상황에서 살고 있다. 이전 세대들은 상상도 못할 정도로 인류의 운명을 통제할 능력을 가지고 있는 지금과 같은 때, 어떻게 이런 일들이 가능할까?

이러한 세계는 어떻게 생겨났는가? 과거에 비해 삶의 조건이 왜 이토록 달라졌는가? 왜 인류 세계는 엄청난 불평등으로 나뉘어 있는가? 오늘날의 사회는 어떤 방향으로 나아가고 있는가? 만약 당신이 이러한 큰 질문을 스스로 던져 본 적이 있다면, 당신을 초보 사회학자라고 생각해도 좋다. 이러한 질문은 현대 지적 문화에서 근본적인 역할을 수행하는 학문인 사회학의 대표적인 관심사다.

사회학sociology은 인간의 삶과 사회적 집단, 전체 사회와 인류 세계에 대한 과학적 탐구를 하는 학문이다. 사회학은 멋지고도 주목할 만한 학문 분야인데, 그 이유는 사회학의 주된 관심이 다른 많은 사람과의 관계 속에 있는 사회적 존재인 우리 자신들의 행위에 있기 때문이다. 사회학의 범위는 길거리에서 스쳐 지나가는 사람들 사이의 일시적 만남에 대한 분석에서부터 이슬람 근본주의의 기원과 같은 국제 관계와 지구적 형태의 테러리즘에 이르기까지 지극히 넓다.

우리 대부분은 가족, 친구, 일과 같이 자신에게 익숙한 삶의 특성을 통해 세상을 파악한다. 그러나 사회학은 우리가 왜 우리의 방식으로 행동하는지 설명하기 위한 우리 삶에 대한 시각을 훨씬 더 많이 확장할 필요가 있다고 주장한다. 사회학은 우리가 자연스럽다, 필수불가결하다, 선하다, 혹은 진리라고 받아들이는 것들이 그렇지 않을 수 있으며, 우리의 삶에서 당연하다고 받아들이는 것들이 실은 역사적 사건이나 사회적인 과정에 의해 만들어진다는 점을 가르쳐 준다. 우리의 개인적인 삶이 사회적 경험의 맥락에 영향을 받는, 그 미묘하고도 복잡하고 근원적인 방식을 이해하는 것이 사회학자적 관점의 기본이다.

이 장에서는 무엇을 하는가

이 장은 사회학이란 무엇이고, 어디에서 왔으며, 어떻게 발전해 왔는지, 사회학자들은 어떻게 작업하고 어떤 종류의 설명을 사용하는지에 대해 다룬다. 이 장은 책 전체의 도입 부분으로서 사회학이 무엇이고, 어떻게 그리고 왜 존재하게 되었으며, 무엇으로 사용되었는지에 대한 간략한 소개를 제공한다. 제2장은 어떻게 사회학자들이 실제로 사회학을 '했는지' 보여 준다. 제2장은 사회학자들의 질문과 그 질문에 답하는 데 사용된 다양한 연구 방법들, 그리고 그들이 연구 성과를 어떻게 평가하는지 서술한다. 그리고 사회학을 과연 과학으로 볼 수 있는가와 같은 곤란한 이슈를 다룬다.

제3장은 사회학적 이론들을 살펴본다. 이론은 일련의 사건들을 단순히 나열하는 데 그치지 않고 설명을 제공하기 때문에 학문적으로 핵심적인 부분이다. 예를 들어 우리는 영국에서 노동을 하고 있는 기혼 여성의 비율이 1950년대에 비해 높다는 것을 발견할 수 있다. 이러한 통계는 분명 유용하지만, 그 이유가 무엇인지에 대한 설명을 필요로 하고, 그러한 설명은 좋은 이론들이 제공하는 것이다. 좋은 이론들은 왜 어떤 일이 발생하고 변화하는지에 대해 말해 주고 그러면서 우리의 지식을 확장시켜 준다. 제3장에서 여러분은 페미니즘, 기능주의, 구조화 이론, 포스트모더니즘 등과 같은 중요한 현대 사회학 이론들을 보게 될 것이다. 여러분은 여기에 나오는 어려워 보이는 용어들을 멀리하면 안 된다. 이러한 용어들은 정말로 사회학자들이 사회적 세계를 해석하고 이해하는 상이한 방식들을 서술하는 데 하나의 지름길일 뿐이다.

이 장의 나머지 부분에서는 우선 사회학을 세계에 대해 생각하거나 보는 하나의 방법으로 논의하는데, 여러분이 이것에 익숙해지면 외면하기 어려워질 것이다. 즉 한번 사회학자는 영원한 사회학자가 되는 것이다! 여러분이 사회학적 방식의 관찰과 생각을 발전시키면, 세계의 사건들, 사람과의 관계들, 가족의 삶, 국제정치 그리고 더 많은 것에 대해 다른 관점에서 보게 될 것이다.

둘째, 우리는 근대사회학을 하나의 학문적 분과로 설립한 19세기와 20세기 초반의 초기 사회학적 사유자들의 몇 가지 아이디어를 소개한다. 우리는 이들이 해명하려 했던 새로운 사회적 문제들을 예증하기 위해 이들이 가졌던 아이디어를 그들이 살았던 시대와 연결 지어 제시한다. 그러고 난 뒤 이후에 나온 사회학 접근들에 대해 논한다. 그러나 보다 최신 이론들을 위해서는 제3장 〈사회학의 이론과 관점〉을 읽어 볼 필요가 있다.

셋째, 우리는 사회학의 사용에 대해 살펴본다. 많은 학생이, 다른 이들을 도우려는 희망과 주제를 '사람 중심적' 커리어에 합당한 방식으로 바라보기 때문에 사회학에 매력을 느낀다. 많은 학생이 이러한 경로를 선택한다. 예를 들어 사회학 전공 졸업생들은 남을 돌보는 직업, 사회적 근로, 교육 혹은 범죄 정의 체계에서 직업을 찾는다. 또한 다른 이들은 사회학을 연구 기술과 지식을 매니지먼트, 시장 리서치, 중앙과 지역 행정이나 연구 컨설팅에 사용한다. 그리고 어떤 이들은 (더 공부한 뒤) 대학에서 근무하는 전문사회학자가 되기도 한다. 사회학을 공부하는 것은 가치 있고 만족스러운 커리어로 가는 길의 첫걸음이 될 수 있다. 그러나 어떤 이들은 사회학을 단순히 우리가 사는 세계를 더 잘 이해하고 싶기 때문에 공부하기도 한다. 이것은 사회학을 개인적 계몽의 종류로서 공부하는 것인데, 이것이 특정한 커리어 경로를 이끌 수도, 그렇지 않을 수도 있다.

어떤 사회학자들은 기존 상황을 변화시키기 위한 개입을 통해 세계를 개선시키는 데 그들이 받은 교육과 기술을 사용한다. 이것은 '응용사회학'인데 노숙자, 빈곤, 실업, 약물 중독, 자해 등의 사회문제에 대한 응용 연구다. 연구 성과를 바탕으로 응용 연구자들은 정부 정책이나 서비스 공급의 변화를 위한 조언을 하거나 가능한 해결책들을 찾으려 한다.

마지막으로 이 장은 사회학이 사회에 보다 많은 영향을 주기 위해서 사회학자들이 공공의 일과 미디어에 더 참여할 필요가 있다는 최근의 생각을 논의하며 마무리한다. 우리는 주로 사회학자들이 아닌 심리학자, 역사가, 정치학자들을 텔레비전 뉴스나 다큐멘터리에서 보아 왔다. 이 장은 왜 그런 일이 발생했는지 그리고 사회학자들은 그에 대해 무엇을 해야 하는지에 대해 논의한다. 그러나 우리는 우선 '사회학 하기'에 있어 기초적 전제인 '사회학적으로 생각하기'가 무엇을 의미하는지 살펴보는 것에서 출발한다.

사회학적 상상력

사회학적으로 생각하는 법을 배운다는 것은 우리의 상상력을 계발한다는 것을 의미한다. 사회학을 배운다는 것은 단지 이 책과 같은 책들에서 지식을 습득하는 일상적 과정이 아니다. 사회학자란 자신이 친숙한 개인적인 상황을 벗어나 더 큰 사회적 맥락에서 사물을 바라볼 수 있는 사람이다. 사회학적 연구를 한다는 것은 미국의 사회학자인 C. 라이트 밀스C. Wright Mills가 자신의 유명한 저서 『사회학적 상상력The Sociological Imagination』(1970)에서 언급했던 이른바 사회학적 상상력에 의존한다.

사회학적 상상력은 우리에게 익숙해진 일상생활의 타성으로부터 벗어나 모든 것을 새롭게 바라볼 것을 요구한다. 이것을 예증할 수 있는 가장 좋은 방법은 수백만의 사람이 매일매일 하고 있는 행위, 즉 한 잔의 커피를 마시는 것을 생각해 보는 것이다. 과연 사회학적인 시각에서는 이처럼 일상적이고 단조로운 행위에서 무엇을 발견할 수 있는가?

첫째, 커피는 단지 원기를 북돋우는 음료일 뿐만 아니라 우리의 일상적 사회 활동의 한 부분이라는 상징적 가치를 지니고 있다. 커피 마시는 행위와 결부된 의례는 단순히 커피를 마시는 그 자체보다 더 중요한 경우가 많다. 많은 사람에게 아침에 마시는 커피는 일상적으로 반복되는 개인적 생활 습관의 핵심이다. 그것은 하루를 시작하기 위한 필수적인 첫 단계다. 모닝커피 이후에도 사람들은 다른 사람들과 함께 커피를 마시는데, 이것은 단순한

커피를 마시기 위해 친구들을 만나는 것은 사람들을 보다 넓은 사회적 맥락에 위치시키는 사회적 의례의 일부분이다.

개인적 의례가 아닌 사회적 의례의 기초다. 같이 커피를 마시기로 한 두 사람은 커피를 마시는 것 자체보다는 사회화와 대화를 나누는 것에 더 관심이 있다. 모든 사회에서 먹고 마시는 행위는 사회적 상호작용의 단초가 되며, 이는 사회학자들에게 풍부한 연구거리가 된다. 하지만 그것이 전부는 아니다.

둘째, 커피는 또한 두뇌를 자극하는 카페인을 함유한 일종의 마약이고, 많은 사람이 커피의 '각성' 효과 때문에 커피를 마신다. 중간중간 커피를 마시면서 쉬면 오랜 근무와 늦은 밤까지 공부하는 것 — 어떤 학생들은 이렇게 한다, 우리가 듣기로는 — 도 훨씬 수월하게 느껴진다. 커피는 습관성이 있지만 서구 문화에서 대부분의 사람들은 보통 커피 중독자들을 '마약 사용자'로 여기지 않는다. 헤로인이나 코카인 등과 달리 알코올이나 커피는 사회적으로 용인된 마약이다. 그러나 코카인 사용은 용인하면서 커피나 알코올은 거부하는 사회도 있다. 사회학은 이러한 차이가 왜 생기고 어떻게 발생하는지에 관심을 갖는다.

셋째, 커피를 마실 때, 우리는 전 세계로 뻗어 있는 복잡한 사회적, 경제적 관계망에 사로잡힌다. 커피는 지구에서 가장 가난한 나라와 가장 부유한 나라 사람들을 이어 주는 상품이다. 커피는 주로 상대적으로 부유한 나라에서 대량으로 소비되지만 경작지는 주로 가난한 나라다. 커피는 국제 교역에서 석유 다음으로 가치 있는 상품이다. 많은 나라에서 커피는 외화를 벌어들이는 가장 큰 원천이다. 커피를 생산하고 운송하고 배분하기 위해서는 커피 소비자들과 수천 킬로미터 떨어진 지역에 살고 있는 사람들 사이의 지속적인 거래가 필요하다. 이 같은 전 세계적 거래를 연구하는 것은 사회학의 중요한 임무다.

넷째, 커피를 마시는 것은 자연스러운 것이 아니라 하나의 긴 사회적, 정치적, 경제적 발전 과정이 전제되어 있

자신의 삶을 커피나무에 의존해야 하는 노동자들에게 커피는 기분 좋은 음료 이상의 의미를 지닌다.

다. 차, 바나나, 감자, 백설탕과 같은 서구의 친숙한 음식들과 함께 커피는 1800년대에 이르러서야 널리 소비되기 시작했다(물론 엘리트들 사이에서는 그전에도 널리 애용되었지만). 비록 커피는 중동에서 마시기 시작했지만, 대량 소비는 이보다 200년도 더 전 서구 식민지 확장기부터 시작되었다. 실제로 서구에서 마시는 대부분의 커피는 유럽인들의 식민 지배를 받았던 남아메리카와 아프리카 지역에서 생산된다. 오늘날 사람들은 커피 매매를 통상적인 것으로 보지만, 커피는 결코 서구적 식단의 '자연스러운' 일부가 아니었다.

마지막으로 커피는 세계화, 국제 공정 무역, 인권과 환경오염에 대한 논쟁의 중심에서 '브랜드화'되고 정치화되었다. 그리고 어떤 종류의 커피를 어디서 사서 마실 것인가에 대한 소비자의 결정은 생활양식에 관한 선택인 동시에 정치적인 것이 되었다. 사람들은 유기농 커피만 마실 수도, 무카페인 커피만 마실 수도, 혹은 개도국의 소규모 커피 생산자들에게 공정한 시장 가격을 지불하고 커피를 들여오는 일련의 윤리적 교역 시스템인 '공정 무역'을 통해 수입된 커피만 마실 수도 있다. 또한 스타벅스나 코스타와 같은 기업형 커피 체인 대신 '독립적인' 커피 하우스들을 후원하려고 할 수도 있다.

우리가 사회학적 상상력을 발전시키려 할 때, 모닝커피는 우리가 새로운 이해로 접근하는 매우 흥미로운 것이 될 것이다. 앞으로 책 전체를 통해 보겠지만, 더욱이 최고의 사회학 연구들은 항상 우리가 이전에 몰랐던 것들에 대해 말해 주거나 우리가 삶의 친숙한 일상이나 패턴으로 여겼던 것들을 새로운 방식으로 보게 해 준다.

비판적으로 생각하기 THINKING CRITICALLY

사회학은 커피 마시기와 같은 우리의 일상적인 활동에 대한 이해를 심화시킨다. 사회학적 연구들이 행동의 변화를 이끌어 낼 수 있음을 발견하기도 했는데, 어떻게 '커피의 사회학'에 대한 보다 넓은 이해가 개인들의 행동을 변화하게 할까?

사람과 사회에 대해 공부하기

많은 사람이 사회학은 '사회의 과학'이라고 말한다. 그렇다면 '사회'란 무엇인가? 사회학자들이 사회society라고 말할 때, 그들은 일반적으로 언어, 가치와 행동의 기초적 규범들과 같은 공통의 문화적 양상들을 공유하는 구획화된 영역에 사는 사람들의 집단을 의미한다. 따라서 우리는 프랑스 사회, 덴마크 사회 혹은 아르헨티나 사회와 같은 것에 대해 논의할 수 있는 것이다. 또한 '사회'는 제도들 — 특정 종류의 정부, 교육 체계, 가족 유형과 같은 — 과 그들 간의 상대적으로 안정된 관계들을 포함한다. 사람, 집단, 제도의 관계들로 형성되는 지속적인 패턴들은 한 사회의 사회적 구조social structure를 형성한다. 사회, 제도, 사회적 구조와 개념을 통해 사회적 삶에 대해 생각하기 시작할 때, 우리는 사회학적 상상력을 사용하는 것이고 '사회학적으로 생각하는 것'이다.

사회학적 상상력을 택함으로써 우리는 개인에게 영향을 주는 사건들이 사실은 더 큰 사회 이슈를 반영한다는 것을 알 수 있다. 예컨대 이혼은 그것을 경험하는 개인에게는 감정적인 트라우마가 될 수 있다. 밀스는 이것을 '개인적 고통personal trouble'이라고 부른다. 그러나 이혼은 연금 지급이나 복지 급여 체계와 주거에 영향을 주는 중요한 '공적 이슈'이기도 한다. 이와 유사하게 일자리를 잃고 새로운 일자리를 구하지 못하는 것은 한 사람에겐 개인적인 비극일 수 있다. 그러나 한 사회에서 수백만 명이 일자리를 잃어버렸을 때 실업은 사적인 절망의 차원을 넘어 거대한 경제적, 사회적 추세를 보여 주는 공적인 문제가 된다.

사회학적 상상력을 당신의 생활에 적용해 보라. 굳이 고통스러운 사건을 떠올릴 필요는 없다. 예를 들어 왜 이 책의 페이지를 펴고 있는지, 왜 사회학을 공부하려 결심했는지 생각해 보라. 당신은 단지 법, 교육, 언론 또한 경영학에서의 커리어를 위해 요구되는 학점을 채우기 위해서만 수업을 듣는 사회학을 그다지 좋아하지 않는 학생(확실히 아닌가?)일 수도 있다. 아니면 사회와 사회학의 주제들을 더 잘 이해하려는 매우 열성적인 학생일 수도 있다. 사회학을 공부하는 동기가 무엇이든 간에, 당신과 사회학을 공부하는 다른 학생들 간에는 알게 모르게 많은 공통점이 있다. 당신의 개인적 결정은 또한 더 넓은 사회 속에서 당신의 위치를 반영하고 있기 때문이다.

다음과 같은 특성들은 당신에게도 해당되는가? 당신은 젊은가? 백인인가? 전문직 혹은 화이트칼라 집안 출신인가? 소득을 늘리기 위해 파트타임으로 일한 적이 있거나 일하고 있는가? 공부에 그다지 열정은 없지만 졸업 후 괜찮은 일자리에 취업하고 싶은가? 이 모든 질문에 대해 독자들 중 4분의 3은 "그렇다"고 대답할 것이다. 대학생들은 전체 인구와 달리 더 특권적인 사회적 배경을 지니는 경향이 있다. 그리고 그들의 태도는 친구나 친지들이 가지고 있는 태도를 항상 반영하고 있다. 우리의 사회적 출신 배경과 우리가 적절하다고 여기는 결정들은 대단히 밀접하게 연관되어 있다.

반면에 위의 속성들 중 자신에게 부합되는 것이 없을 수도 있다. 그렇다면 당신은 소수 민족이거나 노동 계급 출신이거나 상대적으로 빈곤한 집단 출신일 것이다. 아니면 중년층 이상의 연령대일 수도 있다. 그러나 어느 쪽이든 우리는 당신에 대한 잠정적인 가정을 할 수 있다. 당신은 현재의 당신이 되기까지 많은 고난을 감수해야만 했을 것이다. 당신이 대학에 가려 한다고 말했을 때, 당신이 일을 그만두고, 큰 부채나 실패의 리스크를 지는 것이 미친 짓이라고 생각하는 친구나 다른 사람들의 만류에 맞닥뜨려야 했을지도 모른다. 그리고 당신은 대학에서의 공부와 온종일 자녀를 돌보는 일을 병행해야 했을 수도 있다. 다른 사람들을 참고하지 않고 결정을 내리는 '고립된 개인'과 같은 것은 사회학자들에게 존재하지 않는다.

비록 우리 모두가 사회적 맥락에 의해 영향을 받지만, 우리의 행동이 사회적 배경에 의해 완전히 결정되지는 않는다. 사회가 우리를 만드는 것과 우리가 우리 스스로와 사회를 만드는 것의 연계를 탐구하는 것이 사회학의 일이다. 우리의 행위는 우리를 둘러싼 사회를 구조화하고 동시에 사회에 의해 구조화된다. 우리 삶의 사회적 맥락은 사건이나 행위들의 무작위적인 나열의 합이 아니다. 그것은 특정한 방식으로 구조화 혹은 유형화된다. 우리가 행동하는 방식과 우리가 타인과 맺고 있는 관계 속에는 규칙성이 있다.

비록 '구조'라는 생각이 우리로 하여금 건물을 떠올리게 하지만, 사회적 구조들이 인간의 행위와 별개로 독립적으로 존재하는 물리적인 구조는 아니다. 인간 사회는 언제나 구조화structuration 과정에 있다(Giddens 1984). 인간 사회는 그것을 구성하는 축석 하나하나 — 당신과 나와 같은 인간들 — 에 의해 매 순간 재편된다. 그 예로 커피의 경우를 다시 생각해 보자. 커피 한 잔은 우리 손에 자동으로 들어오는 것이 아니다. 예컨대 당신은 어떤 커피숍에 갈 것인지, 라테 혹은 카푸치노를 마실 것인지 아니면 에스프레소를 마실 것인지 선택한다. 다른 수백만의 사람과 함께 이러한 결정을 내림으로써 당신은 커피 시장을 만들어 내는 것을 돕고, 당신이 만날 일 없는 먼 나라 커피 생산자들의 삶에 영향을 끼치는 것이다.

최근 수십 년간 이런 유연한 사회 구조들의 성격이 극적으로 증명되어 왔다. 구소련을 포함하는 동유럽의 공산주의 정권들은 1980년대 후반과 1990년대에 보통 사람들이 자유와 경제적 발전의 결핍에 항의하기 위해 거리에 나서면서 급속히 붕괴했다. 그 누구도 사람들이 단순히 정권과 지도자에 대한 정당성을 회수했을 때, 공산주의라는 완고한 사회 구조가 무너질 수 있다고 예측하지 못했다. 그리고 2011년 중동과 북아프리카 국가들은 사람들이 불만과 변화에 대한 요구를 표현하며 권위주의 정부에 저항하는 많은 봉기를 목격했다. 리비아에서는 카다피의 42년 정권이 종식되었고, 이집트에서는 무바라크 대통령이 수도 카이로의 타흐리르 광장에서 열린 시위 이후 권좌에서 물러났다. 이러한 혁명적 사건들은 우리에게 사회 구조들이 항상 '과정 속'에 있고, 겉으로는 단단하고 자연스러워 보이지만 사실은 고정된 것이 아님을 보여 준다.

> 여기에 언급한 것을 포괄하는 최근의 정치적 발전들은 제21장 〈정치, 정부, 사회운동〉과 제22장 〈국가, 전쟁, 테러리즘〉에서 자세히 논의된다.

사회학적 사고의 발달

사회학을 배우기 시작할 때 많은 학생이 다양한 이론들을 대면하고는 당황한다. 사회학은 특정 이론이 다른 것들보다 널리 받아들여질지언정, 하나의 아이디어가 모든 이들에게 타당하다고 받아들여진 적은 없는 분과 학문이다. 사회학자들은 종종 인간 행동에 어떻게 접근할지, 그리고 연구 결과를 어떻게 가장 잘 해석할 수 있을지 의견이 서로 다르다. 이것은 지극히 정상적이고 모든 과학적 주제들의 한 측면이다. 그러나 물리학이나 화학과 달리 사회학은 우리 자신에 대해 연구하고 우리가 장기적으로 견지하는 시각이나 태도들에 과감하게 도전할 수 있다. 사회학은 매우 불안정적이고 혼란스러울 수 있다. 그럼에도 불구하고 우리는 적어도 '사회학을 하는' 과정에서는 정치적 지향이나 감정을 배제하려는 모든 노력을 해야 한다. 만약 그렇게 하지 않는다면 우리는 잘못된 길로 갈 수 있고, 우리가 밝힌 것들은 타당하지 않을지도 모르는 위험에 처한다.

이론과 이론적 시각

오늘 아침에 내가 커피를 샀다는 것, 돈을 얼마 지불했다는 것, 그 커피는 중앙아메리카에서 재배된 것이라는 것 등은 모두 사실이다. 그러나 사회학에서 우리는 왜 그런 일이 발생했는지 알고자 하고, 그런다는 것은 우리가 그 사실들을 설명하는 이론들을 구축해야 한다는 것을 의미한다. 예컨대, 우리는 수백만의 사람이 이제 친구들과 연락하거나 온라인 수첩을 위해 인터넷과 SNS를 사용한다는 것을 알고 있다. 그러나 이것은 몇 가지 질문을 하게 만드는 매우 최근에 나타난 발전이다. 왜 인터넷이 그렇게 빨리 퍼졌을까? 왜 온라인 소셜 미디어가 생겼으며, 왜 많은 사람이 그것을 사용할까? 왜 젊은 사람들이 소셜 미디어를 노인보다 더 사용하려 할까? 소셜 미디어는 커뮤니케이션의 이전 형태들에 무슨 영향을 줄까? 이런 질문들에 대답하기 위해 우리는 증거를 수집하고 조립하며 이론화에 나서야 한다.

이론theory이란 광범위한 경험적 혹은 '사실적' 상황들을 설명하는 데 사용될 수 있는 추상적인 사건의 해석들을 구축하는 것을 의미한다. 예컨대, 소셜 미디어에 대한 이론들은 커뮤니케이션 기술이 시간에 따라 어떻게 발전해 왔고, 뉴 미디어가 성공하는 데 필요한 전제 조건은 무엇이었는지 밝히려 한다. 최고의 사회학은 사실 연구와 설명적 이론이 밀접하게 관계를 맺고 있다. 우리는 이론적 주장을 경험 연구를 통해 검증할 수 있어야만 타당한 이론적 설명을 발전시켰다고 할 수 있는데, 사회학 이론은 그저 추측하는 것이 아니다. 대중적 믿음과 반대로, 사실 그 자체는 스스로 아무런 메시지도 전달하지 않는다. 그것은 해석이 필요하고, 해석은 이론적 가정에서 이루어져야 한다. 많은 사회학자가 사실 연구 프로젝트를 주업으로 삼고 있지만, 그들의 연구가 이론적 지식에 의해 안내되지 않는다면 그들이 찾아낸 복잡다기함을 설명하기는 역부족일 것이다. 이것은 엄격하게 실용적인 목적을 가지고 수행하는 연구에서도 마찬가지다.

스스로를 실용적이고 현실적이라고 여기는 많은 사람들은 일상으로부터 너무 동떨어진 것으로 보이는 이론과 이론가들을 의심의 눈초리로 바라본다. 그러나 분명 모든 현실적인 결정의 배후에는 모종의 이론적 가정들이 존재하게 마련이다. 예컨대 한 기업의 경영자는 '이론'에 대한 관심이 거의 없다고 할 수 있다. 하지만 그 경영자는 종업원들의 근로 의욕이 주로 금전적 보상에 의해 고취된다고 믿을 수도 있다. 이것은 경영자가 너무나 당연하게 생각해 깨닫거나 인식하지 못하는 인간 행위에 대한 하나의 단순한 이론적 해석이다.

몇 종류의 이론적 접근이 없다면, 우리는 연구를 시작할 때나 마지막에 연구 결과를 해석할 때 기준으로 삼을

브뤼헐의 그림을 보면, 우리는 의미를 파악하기 쉽지 않아 보이는 시장에서의 기괴한 활동을 볼 수 있다. 그러나 이 그림의 제목 '네덜란드 속담'은 그림을 해석하는 열쇠를 준다. 이 그림에 나오는 100개 넘는 속담들은 작품이 만들어진 16세기 당시 널리 쓰인 것이다. 예를 들어 그림의 왼쪽 하단의 완전무장한 남자는 벽에 머리를 찧으며 '계란으로 바위 치기'를 보여 준다. 사회학자들이 수집한 증거는 그것이 사실을 해석하는 것을 이끌어 주는 일반 이론의 맥락 안에 있지 않다면 이것과 유사하게 의미를 파악할 수 없다.

것이 없음을 알게 될 것이다. 그러나 사실적 증거에 대한 해석이 사회학에서 이론이 주된 위치를 차지해야 하는 유일한 이유는 아니다. 이론적 사고는 또한 반드시 어떻게 사회적 삶이 연구될 수 있고, 연구되어야 하는지에 대한 일반적 문제들을 우선적으로 다루어야 한다. 사회학적 방법들은 자연과학의 모델로 만들어져야 할까? 우리가 어떻게 인간의 의식, 사회적 행동과 사회적 제도들을 개념화할 수 있을까? 사회학자들은 연구를 하는 데 있어 개인적 편견을 어떻게 피할 수 있을까? 그들이 실제로 노력이나 할까? 이러한 질문들에 대한 쉬운 정답은 없고, 이 문제는 19세기 사회학이 생성된 이래 상이한 방식으로 답변되어 왔다.

사회학의 창시자들

인간은 항상 그 자신의 행동의 원천에 대해 호기심을 가져 왔으나, 수천 년 동안 대대로 전승되어 온 사고방식에 의존해 자기 자신의 행동을 이해하려고 시도해 왔다. 근대 과학이 탄생하기 전에는 '풍속' — 대대로 내려온 전통적 지식과 행위 — 이 대부분의 공동체에서 지배적이었고 이것은 20세기에도 지속되었다. 그에 대한 하나의 사례는 바로 사람들이 그들의 건강이나 병에 대해 이해하는 방식이다. 공동체의 풍속을 잘 알고 있는 노인들은 어떻게 병을 예방하고 치료하는지 조언해 왔다. 미국 켄터키주 로렌스 카운티에서 보낸 어린 시절을 회상하며 크래티스 윌리엄스Cratis Williams는 우리에게 애팔래치아 문화의 풍미를 느끼게 해준다(2003: 397~398).

> 한 아이의 목에 걸린 납 장식은 감기를 물리치고 아이가 잘 때 마녀들이 가까이 오지 못하게 한다. 악몽으로 고생하는 아이들은 납 장식들을 통해 잠을 잘 자고 좋은 꿈을 꿀 수 있는데, 그것은 악몽이 납이 있을 때는 움직이지 못하는 마녀들과 악의 창조물에 의해 만들어지는 것이기 때문이다. 코를 골거나 악몽에 시달리는 어른들은 잠자리에 들 때 더러운 양말의 냄새를 맡으면 이런 것들에서 벗어날 수 있다.

오늘날의 현대 사회에서 이러한 수단을 옹호하거나 유사한 믿음을 가지고 있는 사람들은 거의 없다. 대신 건강이나 질병에 대한 보다 과학적인 접근은 아이들이 공통적 질병들에 예방접종을 한다든가 악몽은 정상적인 것이고 일반적으로 해가 되지 않는다는 것을 배우는 것이다. 통상적으로 약국에서는 코골이 치료용으로 냄새 나는 양말을 팔지 않는다! 사회적 삶에 대한 체계적인 연구의 기원은 1789년 프랑스혁명과 18세기 중반 유럽에서의 산업혁명industrial revolution에 따른 일련의 변화들에 기반을 두고 있다. 이런 사건들은 오래된, 전통적인 삶의 방식들을 파괴했고, 사회학의 창시자들은 어떻게 이러한 급진적 변화들이 발생했는지 이해하려 했다. 그러나 이 과정에서 그들은 또한 통상적인 종교적 믿음들에 도전하는 보다 체계적이고 과학적인 방식으로 사회와 자연 세계를 보는 방식들을 발전시켰다.

산업화 과정에 대해서는 제4장 〈세계화와 사회 변동〉, 제6장 〈도시와 도시 생활〉에서 보다 자세히 논의된다. 산업화의 해로운 몇 가지 결과들은 제5장 〈환경〉에서 다룬다.

오귀스트 콩트

오귀스트 콩트(1798~1857).

어느 한 사람이 전체 학문의 기초를 놓을 수는 없다. 많은 사람이 초기 사회학적 사고의 형성과 발전에 기여했다. '사회학'이라는 용어를 1840년대 만들어 냈기 때문에, 오귀스트 콩트Auguste Comte(1798~1857)에게 우리는 특별히 주목하지 않을 수 없다. 콩트는 새로운 주제를 서술하기 위해 원래 '사회물리학social physic'이라는 용어를 사용했는데, 당대의 그의 지적 라이벌들도 이 용어를 사용하기 시작했다. 콩트는 그의 견해를 다른 저술가들의 견해와 구별하기 위해 사회적 세계에 대한 체계적 연구인 '사회학'이라는 명칭을 고안해 냈다.

콩트의 사상은 당시 험난했던 사건들을 반영하고 있다. 콩트는 자연과학이 물리적 세계의 법칙을 발견하듯이 사회적 세계의 법칙을 발견하는 사회과학을 창조하려고 했다. 콩트는 각각의 분과 과학들은 고유의 주제를 가지고 있다고 인식했지만, 유사한 논리와 과학적 방법이 모든 것에 적용될 수 있다고 생각했다. 인간 사회를 지배하는 법칙을 발견한다면 우리의 운명을 결정하고 인류 복지를 증진하는 데 도움을 줄 수 있을 것이다.

사회학에 대한 콩트의 이 같은 비전은 바로 사회학이 실증주의 과학이 되어야 한다는 것이었다. 그는 사회학이 물리학자들이나 화학자들이 물리적 세계를 연구할 때 사용하는 엄격한 과학적 방법을 적용하기를 원했다. 과학은 오직 경험을 통해 직접적으로 알 수 있는 관찰 가능한 실체만 연구해야 한다고 실증주의positivism는 주장한다. 우리는 신중한 관찰에 기반을 두고 관찰된 현상들 간의 관계를 설명하는 법칙을 추론할 수 있다. 그리고 사건들 간의 인과관계를 이해함으로써 과학자들은 미래의 사건들이 어떻게 일어날지 예측할 수 있다. 사회학에 대한 실증주의적 접근은 관찰과 비교, 실험에서 나오는 경험적 증거들에 바탕을 둔 사회에 대한 지식 생산을 추구한다.

콩트는 인간이 세계를 이해하려는 노력은 신학적, 형이상학적, 실증주의적 단계라는 3단계를 거친다고 한다. 신학적 단계에서는 사회가 신의 의지의 표현이라는 신념과 종교적 관념들이 인간의 사고방식을 지배한다. 형이상학적 단계에서는 사회를 초자연적인 측면이 아닌 자연적인 측면으로 보게 되었는데, 이때 사건은 자연법칙을 준거로 설명한다. 코페르니쿠스와 갈릴레오 그리고 뉴턴의 발전적 성과에 의해 출현한 실증주의적 단계에서는 사회에 과학적 방법을 적용하는 것이 장려되었다. 이러한 관점의 연장선상에서 콩트는 사회학이야말로 마지막으로 발전하는 것이라 생각했고, 모든 과학 중 가장 중요하고 복잡한 것이라 주장했다.

콩트는 생애 말미에 그가 살고 있는 사회상에 대해 냉철한 의식을 갖고 있었다. 그는 산업화 때문에 불평등이 생겨나고 그것이 사회 통합을 위협하기 시작한다는 것을 잘 알고 있었다. 그가 보기에 이 문제의 장기적 해결책은 새로운 불평등 유형의 출현에도 불구하고 사회를 규제하고 통합시켜 줄 도덕적 합의를 새로운 '인문성의 종교religion of humanity'를 통해 만들어 내는 것이었다. 사회 재건에 대한 콩트의 견해는 실현되지 않았지만 사회에 대한 과학을 창시하는 데 기여한 그의 공로는 이후 학문으로서 사회학의 전문화에 중요한 역할을 담당하게 된다.

에밀 뒤르켐

또 다른 프랑스의 사회학자 에밀 뒤르켐Emile Durkheim(1858~1917)의 저술은 콩트의 저작보다 더 지속적으로 사회학에 영향을 미쳤다. 뒤르켐은 사회학이야말로 전통적인 철학적 질문들을 현실 세계에 대한 경험적 연구를 필요로 하는 사회학적인 질문으로 바꾸는 새로운 과학이라고 보았다. 그는 사회학이 과학자들이 자연을 연구하는 것과 같은 동일한 객관성을 지니고 사회제도에 대한 분석을 추구해야 한다고 주장했으며, 이것을 유명한 모토인 '사회적 사실을 사물처럼 연구하라'고 요약했다. 이는 사회적 제도들이 자연계에서의 물질들처럼 엄밀하게 분석할 수 있는 단단한 객체적 실제를 가지고 있다는 것을 의미했다.

에밀 뒤르켐(1858~1917).

뒤르켐의 자살 연구

연구 문제

우리 삶에서 가장 동요되는 측면 중 하나가 자살 현상이다. 이는 대답들에 비해 더 많은 질문을 남기는 주제다. 어떤 사람들은 왜 목숨을 끊을까? 그들이 경험하는 압력은 실제로 어디에서 나오는 것일까? 자살률에 대해 분석한 뒤르켐의 『자살론Suicide: A Study in Sociology』(1952[1897])은 개인과 사회의 관계에 대해 탐구하는 사회학 연구의 고전 중 하나다. 비록 사람들은 스스로를 자유 의지를 가진 개별적인 존재라고 여기지만 뒤르켐의 연구는 매우 개인적인 것으로 보이는 자살과 같은 행위가 사회 세계에서 나타나는 일들에 영향을 받고 있음을 보여 준다.

자살에 대한 연구는 뒤르켐 이전에도 행해졌지만, 이에 대한 사회학적 설명은 그가 처음으로 시도했다. 이전 저자들은 인종이나 기후 혹은 정신적 장애 등을 통해 개인의 자살 가능성을 설명하고자 했다. 그러나 뒤르켐은 자살률 — 10만 명당 자살한 사람의 비율 — 이 다른 사회적 사실에 의해서만 설명될 수 있는 하나의 사회적 사실이라고 주장했고, 실제로 자살률은 세계의 사회들 간에 많은 차이를 보인다.

뒤르켐은 프랑스에서 집계된 자살의 공식 통계를 조사해 특정한 집단의 사람들이 다른 사람들에 비해 자살할 가능성이 높다는 것을 알아냈다. 그는 여성보다 남성이, 가톨릭 신자보다 개신교 신자가, 가난한 사람보다 부자가, 결혼한 사람보다 혼자인 사람들 중에 자살한 사람이 많다는 것을 발견했다. 왜 그런 것일까?

뒤르켐의 설명

이러한 발견을 통해 그는 개인의 외부에 존재하는 사회적 힘이 자살률에 영향을 준다고 보았다. 그는 이것을 사회적 연대라는 개념과 사회 결속의 두 가지 유형 — 사회적 통합과 사회적 규제 — 에 연관시켜 설명하고자 한다. 자신이 속한 사회집단에 강하게 통합되어 있고 사회규범의 규제에 따라 자신의 욕망과 야심을 조절하는 사람들이 자살할 가능성이 더 낮다는 것이다. 여기에서 그는 통합과 규제의 상대적 유무에 따라 자살에는 네 종류가 있다고 추론했다.

1. 이기적 자살: 사회의 통합 정도가 낮고 개인이 고립되거나, 사회집단에 대한 연계가 약해지거나 부서질 때 발생한다. 예를 들어 가톨릭 신자들 사이에 자살률이 낮은 것은 이들이 강한 공동체를 이루기 때문이다. 이에 비해 개신교 신자들은 신 앞에 홀로 선 개인적, 도덕적 자유를 중요시한다. 결혼은 개인을 안정된 사회적 관계로 통합시킴으로써 자살 가능성을 낮추지만, 혼자 사는 사람들은 사회에서 보다 고립되어 있다.
2. 아노미적 자살: 사회적 규제가 결여되어 발생한다. 뒤르켐에 따르면 아노미적 자살이란 사람들이 사회의 급격한 변화와 경제적 불안정으로 인해 '무규범' 상태로 빠져드는 상황, 즉 아노미적 상황에서 발생한다. 규범이나 욕망에 대한 고정된 준거 틀을 상실한 — 경제적 격변기나 이혼과 같은 개인적 시련 상황에서 발생하는 것과 같은 — 상태는 사람들이 더 이상 어떻게 해야 하는지 모르면서 사람들의 환경과 욕망 간의 균형을 뒤엎어 버릴 수 있다.
3. 이타적 자살: 개인이 '과도하게' 사회에 통합되어 있을 때, 사회적 결속이 너무 강할 때, 그리하여 사회의 가치를 그/그녀의 가치보다 더 중시할 때 일어난다. 이런 경우 자살은 위대한 선을 위한 희생이 된다. 일본의 가미카제 비행사들이나 이슬람의 자살 폭탄범이 대표적인 사례다. 뒤르켐은 이것을 기계적 연대가 우세한 전통적인 사회의 특징이라고 보았다.
4. 숙명적 자살: 비록 이런 유형의 자살이 당대에 그다지 중대한 의미를 갖는 유형은 아니지만 개인이 사회에 의해 과도하게 규제될 때 이런 자살이 발생한다고 뒤르켐은 보았다. 독재정권에서 개인에 대한 억압은 무력감과 절망감으로 귀결될 수 있다.

각 사회들 간의 자살률은 변화하지만 특정 사회의 자살률은 꽤 안정적이다. 뒤르켐은 이것이 자살률에 영향을 주는 일관된 사회적 힘의 증거라고 보았고, 우리는 개인의 행동을 보더라도 일반적인 사회적 패턴을 추적해 낼 수 있는 것이다.

비판적 쟁점

『자살론』 출판 이후, 이에 대한 많은 반대 의견이 개진되었는데, 그중에서도 뒤르켐이 무비판적으로 공식적 통계를 사용한 것이나 자살에 대한 비사회적인 영향을 무시한 것, 그리고 모든 유형의 자살을 함께 분류한 것 등을 들 수 있다. 몇몇 비판들은 자살에 대한 자료를 수집하는 사회적 과정들, 즉 검시관의 정의와 기준이 최초로 '자살자'라고 기록된 죽은 이들의 숫자에 영향을 줄 수 있음을 이해하는 것이 매우 중요함을 보여 주었다. 이러한 요인 때문에, 뒤르켐이 제시한 것처럼 자살 통계는 사회들 간에 큰 차이를 보이는데, 이러한 차이는 자살 행위에서의 차이들 때문이 아니라 설명되지 않은 죽음을 기록하는 검시관들이 서로 다른 기준을 가지고 판단했기 때문일 수 있다.

현대적 의의

정당한 비판들에도 불구하고, 뒤르켐의 연구는 여전히 고전으로 남아 있다. 그것은 사회학을 그 나름의 주제 — 사회적 사실의 연구 — 를 가진 하나의 분과 학문으로 자리매김하게 도왔고, 그가 자신의 책에서 개진한 자살에 대한 근본적인 주장은 심지어 명백하게 지극히 개인적인 자살이라는 것이 개인적 동기에 입각한 단순한 설명보다 사회학적 설명을 요구한다는 것을 포착했다는 점에서 많은 힘을 가지고 있다. 뒤르켐이 자살률을 연구 주제로 삼은 것은 오늘날 널리 받아들여지고 있고, 이 연구는 사회현상을 체계적이고 엄격한 방법론을 사용해서 과학적으로 분석할 수 있다는 것을 증명했다는 점에서 중요하다.

비판적으로 생각하기 THINKING CRITICALLY

뒤르켐의 연구는 정부의 공식 통계를 기반으로 하는데, 이것은 오늘날 신뢰하기 어려워 보인다. 하지만 이러한 비판은 '자살'은 전적으로 개인적 행동이 아니기 때문에 개인에 초점을 둔 심리학적 설명보다 사회학적 설명이 필요하다는 그의 주장을 손상시키는 것일까?

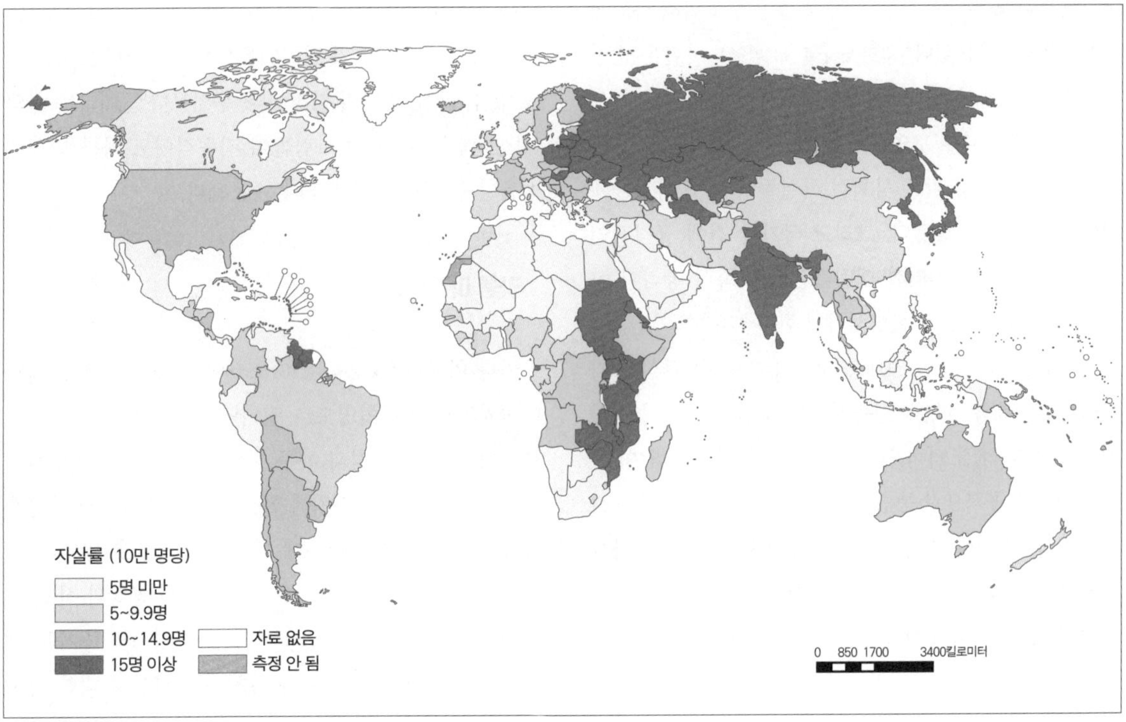

그림 1-1 나라와 지역에 따른 연령별 자살률, 2012

출처: WHO 2014b.

그렇다면 사회적 사실social fact은 무엇인가? 뒤르켐은 사회적 사실들이 인간 행위를 제약하거나 이끄는 제도들 또는 행위의 규칙들을 모두 일컫는 것이라고 설명한다. 개인에게 사회적 사실들은 외부적 압력으로 느껴질 수 있는데, 대부분의 시간에서 그것들을 인생의 자연적이고 통상적인 부분들이라고 당연시한다. 예를 들어 통화 체계는 우리가 거의 생각해 보지 못하는 사회적 사실이다. 우리는 돈을 지불하고, 차나 집을 사기 위해 은행에서 돈을 빌리는데, 만약 우리가 돈을 잘 관리하지 못한다면, 높은 리스크를 안거나 돈을 빌릴 수 없게 될 것이다. 그러나 통화 체계는 우리가 태어나기 전부터 있던 것이고, 우리가 사회 안에 들어가기 위해서는 그것을 사용하도록 강요받는다. 우리는 이러한 규칙들에 종속되어 있는 것이다. 이러한 점에서 이 체계는 우리의 행동을 제약하거나 이끌어 낸다. 사회적 사실들은 개인과 상관없이 존재하고 선택과 행동을 이끈다.

뒤르켐은 자살률을 분석할 때 왜 어떤 국가들은 다른 국가들보다 높은 자살률을 갖는지 설명하기 위해 사회적 사실 개념을 사용했다(〈고전 연구 1-1〉 참조). 자살은 순전히 개인적인 행위로, 즉 극도로 행복하지 못하거나 깊은 우울에 빠진 결과로 보인다. 그런데 뒤르켐은 종교, 결혼, 이혼, 사회적 계급 같은 사회적 사실들이 모두 자살률에 영향을 준다고 주장했다. 그리고 국가들 간에 규칙적인 패턴들이 있는데, 이러한 패턴들은 심리학적 방식이 아닌 사회학적 방식으로 설명해야만 한다.

뒤르켐은 그가 살던 시대의 사회 변화에 큰 관심을 가졌다. 그는 특히 사회를 결속시키고 무질서에 빠지지 않게 하는 사회적, 도덕적 연대에 관심이 많았다. 개인이 사회집단에 성공적으로 통합되고 일련의 공유된 가치와 관습에 의해 규제될 때에만 연대가 유지될 수 있다. 『사회분업론The division of Labour in Society』(1984[1893])에서 그는 산업 시대의 도래로 새로운 형태의 연대가 출현했다고 분석했다.

뒤르켐에 의하면 낮은 노동 분업division of labour 상태에서의 전통적인 문화는(직업과 같은 특화된 역할들) 기계적 연대mechanical solidarity로 특징지을 수 있다. 사회 대부분의 구성원들이 유사한 직종에 종사하기 때문에 그들은 공통의 경험과 믿음을 바탕으로 서로 이어져 있다. 그러나 근대 산업의 발전과 도시의 확장은 기계적 연대를 해체할 분업의 확대를 만들었다. 역할과 직무에서 전문화의 증대는 유기적 연대organic solidarity라는 새로운 종류의 연대를 만들었다. 노동 분업이 확장됨에 따라 사람들은 다른 직업을 가진 사람들에게서 공급되는 재화와 용역을 필요로 하기 때문에 점점 더 서로 의존하게 된다. 인간의 유기적인 신체처럼, 각각의 기관들은 사회 전체 혹은 신체가 잘 작동하기 위해 서로 의존한다.

그러나 뒤르켐은 근대 사회의 변화 과정은 너무 빠르고 강력하기 때문에 주요한 사회적 문제를 낳는다고 생각했다. 사회들이 변화하면서 라이프스타일과 도덕, 믿음, 행위의 패턴들도 변한다. 그런데 변화가 빠르고 지속적이면 오래된 가치들은 새로운 것들이 확립되기 이전에 사람들에게서 영향력을 상실한다. 뒤르켐은 이처럼 불안정한 상태를 아노미라 칭했는데, 이것은 행위의 분명한 기준 없이 삶이 의미와 구조가 결여됐음을 인식하면서 느끼는 목표 없음, 근심, 절망의 감정이다. 무엇보다 근대라는 삶의 '정상적인' 조건에서 사람들이 지속적이고 빠른 변화에 적응할 수 있는지 여부가 더 큰 문제다.

카를 마르크스

카를 마르크스Karl Marx(1818~1883)는 콩트나 뒤르켐과 마찬가지로 산업혁명으로 일어난 변화들을 설명하고자 했으나, 그들의 생각과 아주 첨예한 대조를 보인다. 젊은 시절에 마르크스는 정치적 활동으로 독일 당국과 마찰을 빚어 일시적으로 프랑스에 머물다 영국으로 망명해 여생을 영국에서 마감했다. 그는 그곳에서 공장과 산업 생산의 발전뿐만 아니라 그것이 낳은 불평등의 증가를 목도했다. 유럽의 노동운동과 사회주의 사상에 대한 마르크스의 관심은 다양한 주제를 다룬 그의 저작 속에 반영되어 있는데, 그의 저작들은 대부분 정치적, 경제적 이슈들에 초점을 두고 있다. 그런데 그가 경제적 문제들을 사회적 제도들에 연결시켰기 때문에 그의 저작들은 풍부한 사회학적 통찰들을 담고 있다.

마르크스가 긴 기간에 걸친 역사에 대해 썼음에도 불구하고, 그의 주된 관심은 자본주의capitalism, 즉 그 이전의 경제 질서와 근본적으로 대조되는 생산 체계의 발전에 있었다. 마르크스는 자본주의적 기업 활동에 내재하는 두 가지 중요한 요소를 찾아낸다. 그중 하나가 자본이다. 자본이란 미래에 더 큰 자산을 만들어 내기 위해 활용되거나 투자될 수 있는 모든 형태의 자산 — 화폐, 기계, 공장과 같은 — 을 의미한다. 자본의 축적은 두 번째 요소인 임노동wage-labour과 불가분의 관계에 있다. 임노동은 생활 수단이 없기 때문에 생계를 위해 자본가에게 고용되어 일해야 하는 노동자 집단을 지칭한다.

마르크스는 자본을 소유하고 있는 자본가capitalists가 지배 계급을 형성하고 인구의 대다수가 임노동자 혹은 노동자 계급working class을 이룬다고 주장했다. 산업화가 확산되면서 토지를 통해 자급자족하던 많은 농민이 도시로 옮겨 와 도시를 기반으로 하는 노동자 계급을 형성했다. 이러한 노동자 계급을 프롤레타리아proletariat라고 부른다. 마르크스에 따르면 자본주의는 계급class 체계이고, 두 계급의 관계는 투쟁을 근원적인 특징으로 한다. 자본가와 노동자가 비록 서로에게 각각 노동과 임금을 필요로 하는 의존적인 관계지만, 이러한 의존성은 심하게 불균등한 것이다. 노동자가 자신의 노동에 대해 통제력을 갖지 못하고, 자본가가 노동 생산품을 전유함으로써 — 그들의 노동 가치보다 덜 지불하면서 — 이윤을 창출할 수 있기 때문이다.

마르크스는 계급들 간의 갈등이 역사적 발전의 원동력이라고 보았다. '역사의 추동력'이라는 것이다. 마르크스와 프리드리히 엥겔스Friedrich Engels가 『공산당 선언The Communist Manifesto』 서두에 적었듯이 "지금까지의 모든 인간 역사는 계급투쟁의 역사다". 마르크스에 따르면 일련의 역사적 단계들이 있어 왔는데, 그것은 수렵 생활을 했던 '원시 공산제' 사회에서 시작해 고대 노예제 사회, 그

카를 마르크스(1818~1883).

리고 지주와 농부의 중세 체계로 진전되었다. 새로운 상업 혹은 자본가 계급의 등장은 토지 귀족의 자리를 교체했고, 자본가들이 봉건적 질서를 전복시켰듯이 자본가 계급도 프롤레타리아들에게 전복될 것이다.

마르크스는 노동자들에 의한 혁명이 소유자와 노동자들 간의 거대한 분업이 더 이상 없는 새로운 사회를 불러올 것이라고 이론화했다. 그는 이 단계를 공산주의communism라고 지칭했다. 이것은 모든 불평등이 사라진다기보다는 사회가 더 이상 경제력과 정치력을 독점하는 소수의 지배 계급과 자신의 노동이 창출해 낸 부로부터 아무런 이득도 얻지 못하는 다수의 사람들로 분리되지 않으리라는 것을 의미했다. 경제 체제는 공공의 소유가 될 것이며 보다 인간적이고 평등한 사회가 도래할 것이다.

마르크스의 사상은 20세기 사회에 광범위한 영향을 끼쳤다. 불과 한 세대 전만 하더라도 세계 인구의 3분의 1이

이른바 점령하라Occupy 운동은 '99퍼센트'의 다수가 삶을 영위하기 위해 투쟁할 때 극소수의 사람들은 막대한 부를 축적하는 자본주의의 '탐욕스러운' 형태에 초점을 맞추고 있다. 21세기 반자본주의 운동에서는 공산주의를 대안으로 옹호하는 이들이 거의 없지만, 마르크스와 엥겔스의 분석에서 지속적으로 영감을 얻고 있다.

마르크스의 사상에 영감을 얻은 정부에서 살았다. 그러나 혁명적 파도가 1989년 폴란드에서 시작된 동유럽 공산주의 체제들을 휩쓸었고, 1991년 소련에서 공산주의가 붕괴하면서 종식되었는데, 그러면서 마르크스의 생각은 기반을 잃었다. 중국에서도 여전히 공산당이 정치적 권력을 잡고 있지만, 자본주의적 경제 발전이 견고한 지지를 얻고 있다. 자본주의의 세계적 확산에도 불구하고, 마르크스가 고대했던 노동자 계급의 혁명은 마르크스가 살았던 시기보다 오늘날 더 멀어 보인다.

막스 베버

마르크스와 마찬가지로 막스 베버Max Weber(1864~1920)도 많은 분야에 관심을 가지고 있었으므로, 그를 '사회학자'로 국한시킬 수는 없을 것이다. 베버는 독일에서 태어나 모든 학문적 생애를 독일에서 보냈다. 그는 매우 폭넓게 공부한 사상가로, 그의 저작은 사회학뿐만 아니라 경제학, 법학, 철학, 비교역사학을 아우르고 있다. 그는 또한 자본주의의 발전과 근대 사회가 이전 유형과 어떻게 다른지에 대해서도 생각했다. 일련의 연구를 통해 베버는 근대 산업사회의 기본적 특징을 밝혀내고 현재의 사회학에도 중심이 되고 있는 주요한 사회학적 쟁점들을 발굴해 냈다.

베버는 계급투쟁을 인지했지만, 마르크스에 비해 덜 중요한 것으로 보았다. 베버의 견해에 의하면, 관념과 가치는 경제적 조건과 마찬가지로 사회 변동에 많은 영향을 끼친다. 유명하고 널리 논의되는 저작의 하나인 『프로테스탄트 윤리와 자본주의 정신The Protestant Ethic and the Spirit of Capitalism』(1992[1904~1905])에서 베버는 종교적 가치, 특히 개신교와 연관된 가치들은 자본주의적 세계관 형성에 근본적으로 중요한 영향을 미쳤다고 주장했다. 다른 이전의 사회학적 사상가들과 달리 베버는 사회학이 구조가 아닌 사회적 행위social action — 다른 이들을 지향하는 주체적으로 의미 있는 행위들 — 에 초점을 두어야 한다고 주장했다. 사회학의 할 일은 그 모든 개인적 행위들의 배후에 있는 의미를 이해하는 것이다.

베버의 사회학적 시각에서 중요한 요소는 이념형ideal type이다. 이념형은 세계를 인식하고 이해하는 데 사용하기 위해 만들어진 모델이다. 이러한 가설적 구성물들은 연구자들이 한 주제를 지적할 때 매우 유용하다. 예를 들어 우리는 북아일랜드의 IRA, 스페인의 ETA, 이탈리아의 붉은 여단Red Brigades, 알카에다al-Qaeda의 세계적 연결망에서 나타나는 가장 특징적인 측면들에 기반을 두고 '테러리스트 집단'이라는 단순한 이념형을 만들 수 있다. 이들 모두가 주류 정치의 외각에서 작동한다고 할 수 있다. 그들은 국가에 대항해 극단적 폭력을 사용하고 그들의 힘을 증명하기 위해 민간인을 표적으로 삼는다. 우리는 이 이념형을 다른 현실 세계의 정치적 폭력 사례들을 분석하는 데 사용할 수 있다.

물론 현실에서 위의 네 집단은 많은 차이점을 보인다. 붉은 여단은 공산주의자들이고, IRA는 아일랜드 민족주의자 집단, ETA는 바스크 분리주의자 조직이며, 알카에다는 세계적 이슬람 관계망이다. 그러나 이념형을 사용하면서 우리는 이들이 '테러리스트 집단'이라고 집합적으로 묘사되기에 충분한 양상들을 공유할 수 있고, 이들의 차이를 수용할 수도 있다. 이념형을 통해 베버가 개념이 완벽하거나 바람직한 것을 의미한 것은 아님을 알 필요가 있다. 이념형은 실제 현상에 대한 '순수한' 혹은 '한 측면의' 형태들이다. 다수가 목격하는 사례들의 공통적인 측면으로부터 테러리즘의 이념형(혹은 다른 것)을 구축하는 것은 하나의 실제 테러리스트 집단을 설명하는 것

막스 베버(1864~1920).

보다 더 효과적이고 유용하다.

베버가 보았을 때 근대 사회의 출현은 사회적 행위의 방식에 중요한 변화를 수반했다. 그는 사람들이 미신, 종교, 관습 그리고 오래 지속된 습관에 기반한 전통적 신념들로부터 벗어나고 있다고 보았다. 대신에 사람들은 효율성과 그들 행위의 미래 결과를 고려하는 합리적, 도구적 계산에 더욱 몰두하게 되었다. 산업사회에서는 사람들이 감정적 이유로, 혹은 이전 세대부터 그렇게 해왔다는 단순한 이유로 행위를 하지는 않았다. 베버에게 과학, 근대 기술, 관료제bureaucracies의 발달은 집합적으로 볼 때 합리화rationalization의 과정을 구성하는 것이었다. 여기서 합리화란 사회·경제적 삶을 효율성의 원칙에 따라 기술적 지식의 바탕 위에 조직화하는 것을 일컫는다. 만약 전통 사회에서 종교와 오래된 관습이 사람들의 태도와 가치를 광범위하게 결정했다면, 근대 사회에서는 정치에서 종교나 경제적 행위, 심지어 음악에 이르기까지 점점 더

오늘날의 주요 무역과 경제적 거래들은 주식시장에서 고도로 합리화된 형태로 행해지는데, 이 과정에서는 세계적 트레이더들 사이의 어떤 대면적 상호작용도 찾아볼 수 없다. 이것은 여전히 많은 지역 공동체에서 벌어지고 있는 이른바 사람들 사이의 대면 관계를 통해 교역하고 시장 협상을 하는 것과 극명한 차이를 보인다.

많은 삶의 영역이 합리화된다.

베버는 합리화 과정의 결과에 대해 크게 걱정했다. 그는 관리의 가장 효율적 형태인 관료제의 확산이 창조성을 억압하고 개인을 빠져나갈 수 없는 '철창'에 가둘 것이라고 두려워했다. 이러한 관료적 지배는 비록 그것이 합리적 원칙에 입각해 있을지라도 사회적 삶의 모든 부분을 규제하려 함에 따라 인간 정신을 말살할 수 있다는 것이다. 그는 특히 관료제가 우리의 목을 조르고 우리를 비인간화시킬 잠재력을 지니고 있으며, 그럼으로써 민주주의의 운명에 부정적 함의를 줄 수도 있음을 통감했다. 계몽과 과학적 진보의 시대는 전통적 관습과 미신을 거부하며 부와 행복을 증가시킬 수 있지만, 새로운 위험과 같은 어두운 면을 지니고 있는 것이다.

세 가지 이론적 전통

우리가 보았듯이, 사회학의 고전적 창시자들인 뒤르켐, 마르크스, 베버는 연구에서 상이한 접근을 채택했다. 뒤르켐은 공유된 가치와 합의를 이끌어 내는 사회 세력들의 응집된 힘을 강조했다. 마르크스 또한 사회 구조를 강력한 것으로 보았지만, 갈등과 불평등이 모든 사회에 내재해 있다고 보았다. 반면 막스 베버는 사회적 삶의 의미 있는 성격과 개인들의 사회적 행위에 주목했다. 이러한 근본적인 차이는 사회학의 역사에 존속해 왔는데, 이것은 세 가지의 사회학적 전통으로 발전해 왔다. 기능주의(뒤르켐), 갈등 이론(마르크스), 사회적 행위 또는 '상호작용' 접근들(베버). 여기선 간략히 소개하지만, 이 책 전체에 걸쳐 이들의 주장과 생각을 만나게 될 것이다.

무시된 사회학의 창시자들?

비록 콩트, 뒤르켐, 마르크스, 베버가 의심의 여지없이 사회학의 창시자로 여겨지지만, 그들과 같은 시기에 혹은 이전 시기에 중요한 공헌을 한 다른 중요한 사상가도 있었다. 다른 많은 학문 분야와 마찬가지로, 사회학이 고유한 장점을 지니는 중요한 사상가들을 모두 인정했던 것은 아니다. '고전주의' 시기였던 19세기와 20세기 초반에 여성이나 사회적 소수 집단이 전문적인 사회학자가 되기는 거의 불가능했다. 게다가 사회학적 연구에 중요한 업적을 남길 기회를 얻었던 극소수의 사람들조차 사회학 내에서 종종 등한시되곤 했다. 해리엇 마티노나 이슬람 학자인 이븐할둔 같은 중요한 학자들은 근래 들어 사회학자들의 관심을 끌고 있다.

해리엇 마티노(1802~1876).

해리엇 마티노

해리엇 마티노Harriet Martineau(1802~1876)는 최초의 여성 사회학자라 불리지만 마르크스와 베버처럼 사회학자로만 간주되지는 않는다. 그녀는 영국에서 태어나 교육을 받았으며 방대한 양의 에세이와 함께 50권 넘는 저서를 남겼다. 마티노는 콩트의 기초 사회학 저서인 『실증주의 철학Positive Philosophy』(Rossi 1973 참조)을 영어로 번역해 영국에 사회학을 최초로 소개한 인물로 알려져 있다. 게다가 1830년대 미국을 여행하면서 『미국 사회Society in America』(1962[1837])라는 책을 써서 미국 사회에 대해 최초로 체계적인 연구를 했다. 마티노는 몇 가지 점에서 오늘날의 사회학자들에게 시사하는 바가 크다.

첫째, 그녀는 사회학을 연구할 때 정치적, 종교적, 사회적 제도를 포함하는 모든 측면에 초점을 맞추어야 한다고 생각했다. 둘째, 그녀는 사회 분석은 반드시 여성의 삶에 대한 이해가 포함되어야 한다고 주장했는데, 이것은 1970년대가 되어서야 페미니즘의 개입과 함께 주류 사회학에서 보편적인 것이 되었다. 셋째, 그녀는 이전에 무시되었던 결혼, 어린이, 가정과 종교적인 삶, 인종 간의 관계와 같은 문제에 처음으로 사회학적인 눈을 돌렸다. 그녀가 한때 쓴 것처럼 "육아실, 안방, 부엌은 모두 사람의 품행과 태도를 배울 수 있는 훌륭한 학교다". 마지막으로 그녀는 사회학자들이 단순한 관찰 이상의 일을 해야 한다고 주장했다. 다시 말해 사회학자들은 사회를 이롭게 하는 방식으로 행동해야 한다고 주장했던 것이다. 결과적으로, 마티노는 여성의 권리와 노예 해방의 적극적 옹호자였다.

이븐할둔

이슬람 학자 이븐할둔Ibn Khaldun(1332~1406)은 오늘날의 튀지니에서 태어났는데, 이곳은 그의 역사적, 사회학적, 정치경제적 연구로 유명하다. 이븐할둔은 많은 책을 저술했는데, 가장 널리 알려진 것은 1378년에 완성된 여섯 권짜리 작업물인 『역사 서설Muqaddimah』이다. 이 저작은 오늘날 몇몇 학자에게 사회학의 중요한 선구적인 저작으로 인식되고 있다(Alatas 2006 참조). 『역사 서설』은 기존 역사적 접근과 방법이 묘사에만 치중하고 있다고 비판하고, 사건의 숨겨진 의미들을 파악할 수 있는 새로운 '사회 조직의 과학' 또는 '사회의 과학'을 주창했다.

이븐할둔은 그가 살던 시대의 '유목'과 '정착' 사회들의 중심적 특징들에 대한 이해에 바탕을 둔 사회 갈등 이론을 고안했다. 이 이론의 핵심에는 '집단 감정' 또는 연대(아사비야)의 개념이 있다. 강한 집단 감정을 지닌 그룹이나 사회들은 약한 형태의 내부 연대를 지닌 것들을 지배하고 통제할 수 있었다. 이븐할둔은 이러한 아이디어들을 마그리비안Maghribian과 아랍 국가들의 흥망을 설명하려는 시도를 통해 발전시켰는데, 이러한 맥락에서 그가 현대, 서구 역사사회학의 주된 관심사인 국가 형성 과정을 연구한 것으로 볼 수도 있을 것이다. 유목 종족인 베두인Bedouin은 매우 강한 집단 감정을 향유하려 했는데, 이를 통해 그들은 보다 약한 정착 도시 거주자들을 지배하고 새로운 왕조를 건립할 수 있었다. 그러나 그 후, 베두인들은 보다 도시적인 라이프스타일에 정착하게 되었고, 과거의 강한 집단 감정이나 군사력은 약화되었으며, 이는 그들을 외부 적들의 공격에 취약하게 만들었다. 이러한 과정이 국가들의 흥망을 나타내는 장기적인 사이클의 완성이라고 할 수 있다. 19세기 후반과 20세기 초반 서구의 역사가들이나 사회학자들이 이븐할둔의 연구를 언급했음에도 불구하고, 그의 연구는 매우 최근에 이르러서야 잠재적으로 중요한 것으로 인식되고 있다.

비판적으로 생각하기 THINKING CRITICALLY

왜 여러분은 여성들의 결혼, 육아, 가정 내의 삶에 대한 해리엇 마티노의 사회학적 아이디어들이 그녀의 시대에는 무시되었다고 생각하는가? 14세기 이븐할둔의 생각이 21세기에 새로운 관심을 받게 된 것을 어떻게 해석해야 할까?

> 제3장 〈사회학의 이론과 관점〉에서 우리는 페미니즘이나 포스트모더니즘, 결합태 연구와 같은 보다 최근의 이론적 접근들에 대해 구체적으로 살펴본다.

기능주의

기능주의functionalism는, 사회란 그것을 구성하는 다양한 부분들이 함께 작동해 사회 전체의 안정을 만들어 내고, 사회학은 그들의 관계들을 분석해야 한다고 주장한다. 예를 들어 우리는 그들이 사회 안의 다른 제도들과 어떻게 관계를 맺고 있는지 보여 줌으로써 종교적 신념과 한 사회의 관습을 분석할 수 있다. 왜냐하면 한 사회의 각기 다른 부분들은 항상 상호 밀접한 관계를 맺으며 발전하기 때문이다. 콩트와 뒤르켐을 포함한 기능주의자들은 사회의 기능을 살아 있는 유기체에 비유하는 유기체적 유추를 활용해 왔다. 이들은 사회의 부분들이 마치 인체의 다양한 부분들이 그러하듯이, 전체로서 사회의 이익을 위해 같이 움직인다고 주장한다. 심장과 같은 신체 기관을 연구하기 위해, 우리는 심장이 다른 신체 기관과 어떻게 관련되는지 보여 줄 필요가 있다. 심장은 몸 전체에 혈액을 보냄으로써, 유기체로서의 생명을 유지하는 데 절대적인 역할을 한다. 마찬가지로, 교육 체계와 같은 어떤 사회적 제도의 기능을 분석한다는 것은 그것이 사회의 부드러운 흐름에 한 부분을 담당한다는 것을 보여 준다는 의미다.

기능주의는 사회의 질서와 안정을 유지시키는 도덕적 합의moral consensus의 중요성을 강조한다. 도덕적 합의는 한 사회의 대다수 사람들이 동일한 가치를 공유할 때 형성된다. 기능주의자들은 질서와 균형을 사회의 정상적인 상태로 본다. 이러한 사회적 균형은 사회 구성원들 간에 도덕적 합의가 있기 때문에 유지될 수 있다. 예를 들어 뒤르켐은 종교가 사람들이 핵심적인 사회적 가치들을 공유할 수 있게 해주고, 따라서 사회적 결속 유지에 기여한다고 주장했다.

1960년대에 이르기까지 기능주의적 사고는, 특히 미국 사회학에서 주도적인 이론적 전통이었다. 뒤르켐에게서 광범위하게 영향을 받은 탤컷 파슨스Talcott Parsons와 로버트 머턴Robert Merton은 가장 두드러진 기능주의의 추종자였다. 머턴의 기능주의는 영향력이 각별했다. 그는 잠재적 기능latent functions과 명시적 기능manifest functions

을 구분했다. 명시적 기능은 특정한 유형의 사회적 활동에 참여하는 당사자가 인지하고 의도하는 기능을 의미한다. 잠재적 기능은 당사자가 인지하지 못하는 활동의 결과다. 이 차이를 설명하기 위해 머턴은 애리조나와 뉴멕시코의 호피족Hopi Tribe 사이에서 행해지는 우무雨舞, rain dance를 예로 든다. 호피족들은 이 춤이 농사에 필요한 비를 내리게 해줄 것이라고 믿는다(명시적 기능). 그러나 머턴은 우무가 호피 사회의 집단 결속을 증진하는 효과 역시 가지고 있다고 주장했다(잠재적 기능). 머턴에 따르면 사회학적 설명이란 대체로 사회적 행위와 제도들의 잠재적 기능을 밝혀내는 것에 다름 아니다.

머턴은 또한 기능과 역기능dysfunctions을 구분한다. 사회적 행위의 역기능적 측면을 탐구한다는 것은 현 질서에 도전하는 사회적 삶의 특징들에 초점을 맞춘다는 것을 의미한다. 예를 들어 종교는 언제나 기능적이다 — 종교는 오직 사회적 결속에 기여할 뿐이다 — 라고 주장하는 것은 오류다. 두 집단이 서로 다른 종교를 지지하거나 심지어 같은 종교의 서로 다른 분파를 지지할 경우, 광범위한 사회적 파괴를 초래하는 심각한 사회적 갈등을 야기할 수도 있다. 따라서 유럽에서 가톨릭과 프로테스탄트의 전쟁, 중동에서 이슬람 시아파와 수니파의 전쟁에서 볼 수 있듯이, 종교 공동체들 사이에 전쟁이 빈번하게 발생하는 것은 놀랄 일이 아니다.

1970년대 후반 이래 기능주의는 한계가 명백해짐에 따라 인기를 잃기 시작했다. 머턴의 경우에는 해당하지 않지만, 많은 기능주의자가 계급, 인종, 젠더에 기반을 둔 불평등이나 사회적 분열을 최소화해서 생각하고, 안정과 사회적 질서에만 주목했다. 또한 기능주의는 사회 안에서 창조적인 사회 행위의 역할도 별로 강조하지 않는다. 많은 비판자가 기능주의적 분석에 따를 경우 사회의 속성이 아닌 속성을 사회가 가지고 있는 것처럼 간주될 수 있다고 주장했다. 예를 들어 많은 기능주의자가 '필요'와 '목적' 같은 개념은 단지 인간 개인에게 적용될 때만 이해될 수 있음에도 불구하고, 마치 사회가 '필요'와 '목적'을 갖고 있는 것처럼 글을 쓴다. 그리고 1960년대와 1970년대에 기능 분석이 특히 이해하거나 설명하기 어려운 신사회운동이라 불리는 학생 운동, 환경운동, 평화 운동과 같은 하나의 물결이 등장했다.

스포츠는 표면적으로 건강한 생활을 북돋우기 위한 학교 커리큘럼의 일부다. 그러나 기능주의의 시각에서 보면, 스포츠는 사회화의 중요한 부분이고, 아이들에게 경쟁심과 팀원으로서의 역할을 가르친다.

갈등 이론

기능주의자들과 마찬가지로 갈등 이론conflict theories을 사용하는 사회학자들은 사회 구조의 중요성을 강조하고, 더 나아가 사회가 어떻게 움직이는지 설명하기 위해 종합적 '모델'을 사용한다. 그러나 갈등 이론가들은 합의에 대한 기능론자들의 강조를 거부한다. 대신, 그들은 사회 내에서 분열의 중요성을 부각시킨다. 그럼으로써 그들은 권력 불평등과 투쟁의 문제에 집중한다. 그들은 또한 사회가 각자의 이익을 추구하는 서로 다른 집단으로 구성되었다고 본다. 별개의 이익이 존재한다는 것은 갈등 가능성이 상존한다는 것과 특정한 집단이 다른 집단보다 더 많은 이익을 볼 것이라는 것을 의미한다. 갈등 이론가들은 우월한 집단과 불리한 집단 간의 긴장을 연구해 통제 관계가 어떻게 만들어지고 지속되는지 이해하려고 한다.

마르크스와 이후 마르크스주의자의 접근들은 갈등 이론에서 큰 영향력을 가지고 있지만, 모든 갈등 이론이 마르크스주의인 것은 아님을 지적하는 것이 중요하다. 예를 들어 페미니즘은 젠더 불평등 — 대부분의 사회에 존재하는 남성과 여성의 불평등 — 을 강조하는 갈등 이론이다. 몇몇 페미니즘 이론가들에게 젠더 불평등은 계급에 기반을 둔 불평등보다 더 중요하고 역사가 훨씬 길기도 하다. 여성들의 정치적 행동이 삶의 많은 부분에서 영향력을 만들어 냈음에도, 사회에서의 남성 지배는 오늘날까지 지속되고 있으며, 평등적인 조치들을 이끌어 냈다(Abbott et al. 2005).

사회학에서의 갈등론적 시각처럼 페미니즘은 사회학자들이 이전에 간과했던 것들에 주의를 기울인다. 특히 페미니스트 연구들과 이론들은 거대한 사회 구조의 거시적 수준만큼이나 미시적 수준에 주목한다. 예를 들어 페미니스트들은 가정의 상황이나 다른 삶의 '사적' 영역들에서의(성적 관계와 같은) — 1960년대와 1970년대의 논쟁적 흐름(Rahman and Jackson 2010) — 젠더 불평등 관계들을 연구해 왔다. 페미니스트들은 또한 젠더에 대한 전형을 사용하는 것과 상호 행위에서 언어의 사용에 대한 연구를 해왔다. 그리고 세계를 묘사하고 생각하는 구조로 당연시되었던 많은 '남성 주류적' 가정들을 지적하고 도전을 해왔다. 우리는 이러한 것들을 의장chairman, 인류mankind, 수제품man-made과 같은 수많은 일상의 언어와 표현 속에서 볼 수 있다. 이것은 사회에서 여성의 종속적 위치가 남성 지배적인 언어에서 무의식적으로 반영되는 것을 보여 주는 수많은 방식에 대한 간단한 예증이다.

물론 페미니스트들은 거시 수준을 간과하지 않는다. 페미니스트 연구들은 법적 체계, 교육, 학교, 정부, 정치 등과 같은 현대 사회적 제도들에 젠더 불평등이 배태되어 있음을 보여 줘왔다. 이와 유사하게 젠더 불평등 정도와 범위를 증명하기 위해 페미니스트들의 연구는 공식적 통계를 사용하고 긴 시간 동안의 패턴 변화를 분석했다. 페미니즘의 이론화는 지속적으로 새로운 영역과 새로운 종류의 이론으로 발전해 왔으며, 이것은 이 책에서 나중에 좀 더 구체적으로 다룰 것이다.

사회학에서의 갈등 전통은 페미니스트들의 연구와 이론에서 이익을 얻어 왔다. 특히 거시와 미시 수준을 결합하는 연구들은 구조화된 불평등이 거대 구조들뿐만 아니라 일상의 사적 영역들에서도 발견될 수 있음을 보여 줬다. 1970년대 슬로건인 '개인적인 것이 정치적이다'는 왜 갈등사회학이 우리 일상의 개인적 측면들을 무시할 수 없는지 적절히 요약해 준다(Jackson and Jones 1998).

> 페미니스트 연구와 이론은 이 책의 여러 부분에서 찾아볼 수 있지만 제3장 〈사회학의 이론과 관점〉, 제15장 〈젠더와 섹슈얼리티〉에서 더욱 발전적이고 중요하게 논의된다.

상징적 상호작용론

베버의 사회적 행위 접근은 많은 '상호작용론' 형태의 사회학에 영감을 불어넣었다. 이 중 가장 영향력 있는 것은 바로 상징적 상호작용론symbolic interactionism이다. 이 이론에서 미국의 사회철학자 조지 허버트 미드George Herbert Mead(1863~1931)가 많은 공헌을 했다. 상징적 상호작용론은 언어의 의미에 대한 관심에서 출발한다. 언어는 인간이 자의식적 존재가 되는 것을 가능하게 한다고 미드는 주장했다. 언어로 인해 우리는 우리 자신의 개별성을 자각하며 우리 자신을 타인의 시선으로 객관화시킬 수 있다. 이 과정에서 핵심은 상징이다. 상징이란 어떤 것을 그것이 아닌 다른 어떤 것을 통해 나타내는 것이다. 예를 들어 어떤 사물들을 지칭하기 위해 사용하는 단어들은 사

많은 서비스 산업에서 노동자에게 필요한 기술은 감정을 사람들에게 내보이는 것을 관리하는 것으로까지 확장된다.

실 우리가 의미하는 바를 재현하는 상징이다. '숟가락'이라는 단어는 국을 떠먹는 도구를 묘사하기 위해 우리가 사용하는 상징이다. 비언어적 몸짓이나 의사소통 방식 또한 상징이다. 다른 사람에게 손을 흔들거나 무례한 행동을 취하는 것은 모두 상징적 가치를 지니고 있다. 미드는 인간이 상호작용을 할 때 공유된 의미와 이해에 의존한다고 주장한다. 인간은 상징으로 가득 찬 세계 속에서 살아가기 때문에 거의 모든 사람들 사이의 상호작용은 상징의 교환을 통해 이루어진다.

상징적 상호작용론은 면대면 상호작용의 상세한 내용에 주목하고 그것이 타인의 말과 행동을 이해하는 데 어떻게 사용되는지에 관심을 갖는다. 상징적 상호작용론에서 영향을 받은 사회학자들은 일상생활의 여러 가지 맥락에서 면대면 상호작용에 주로 초점을 둔다. 그들은 사회와 제도들을 창조하는 데 이러한 상호작용이 어떤 역할을 하는지 강조한다. 이러한 이론적 관점에 중요한 간접적 영향을 미친 인물이 막스 베버다. 베버는 비록 사회구조(계급, 정당, 지위 집단 등과 같은)의 존재를 인정하기는 했지만, 이러한 구조는 개인의 사회적 행위들을 통해 만들어진다고 주장했기 때문이다.

상징적 상호작용론자들의 시각이 매일의 사회생활 과정에서 행위의 본질에 대한 수많은 통찰을 주고 있지만, 사회 안의 권력과 구조의 문제, 또는 그것이 어떻게 개인의 행위를 규제하는지 등의 거시적 쟁점들을 간과하고 있다고 비판받아 왔다. 그러나 앨리 혹실드Arlie Hochschild의 저서 『감정 노동The Managed Heart: Commercialization of Human Feeling』(1983)은 상호작용론도 이러한 문제들을 설명할 수 있음을 보여 준다. 혹실드는 미국 애틀랜타의 델타항공사 스튜어디스 훈련센터에서 훈련 과정을 참여관찰하고 인터뷰를 실시했다. 그는 승무원들이 여타 업무 관련

훈련뿐만 아니라 자신의 감정을 관리하는 훈련도 병행하고 있음에 주목했다. 혹실드는 훈련 과정에 강사로 참여했던 한 파일럿의 다음과 같은 발언을 소개했다. "자, 여러분 저는 여러분이 현장에 나가서 진짜로 미소 짓기를 원합니다. 미소는 여러분의 가장 큰 자산입니다. 저는 여러분이 기내에서 그 자산을 활용하기를 바랍니다. 웃으세요, 진심으로 미소 지으세요."

혹실드는 이러한 관찰과 인터뷰들을 통해 다음과 같은 사실을 발견한다. 즉 서구 경제가 점점 더 서비스 산업의 비중이 증가하는 방향으로 성격이 바뀜에 따라 우리가 수행하는 노동의 감성적 측면이 밝혀질 필요가 있다는 사실이다. 비행기 승무원의 '고객 서비스' 훈련 과정에 대한 혹실드의 연구는 서비스 산업 분야(예컨대, 판매점 식당 혹은 주점 등)에서 일해 본 경험이 있는 사람들에게는 상당히 익숙한 내용일 것이다. 혹실드는 이것을 '감정 노동' 훈련이라고 불렀다. 여기서 감정 노동이란 대중적으로 봐줄 만한(그리고 용인할 만한) 표정이나 몸가짐을 만들어 내기 위해 자신의 감정을 관리하고 통제해야 하는 노동을 의미한다. 혹실드에 따르면 회사가 당신 몸의 움직임뿐만 아니라 당신의 감정 표현에 대해서도 지시를 내리고 있는 것이다.

이 연구는 대부분의 사람들이 당연시하는 삶의 측면들을 연구해 사회학이 그것에 대한 우리의 이해를 도울 수 있음을 보여 주었다. 혹실드는 서비스 노동자들 역시 육체노동자와 마찬가지로 자기 자신의 특정한 측면에서 동떨어져 있는 것 같은 느낌alienation을 갖는다는 사실을 발견했다. 그들은 일하면서 이런 측면을 아예 포기해 버린다. 예컨대 육체노동자는 자신의 팔이 기계의 일부처럼 느껴질 수도 있다. 그들이 자기 신체를 자신의 일부로 느끼는 것은 오직 그다지 중요하지 않은 시점에서뿐이다. 혹실드의 보고에 따르면, 이와 비슷하게 서비스 노동자들도 자신들의 미소가 자신의 일부가 아니라 외부에서 부과된 것처럼 느껴진다고 한다. 다른 말로 하면 이들 노동자들은 자신들의 감정에 대해 거리감을 느끼는 것이다. 상징적 상호작용론을 적용한 영향력 있는 혹실드의 저서를 바탕으로, 많은 학자들이 상호작용론적 전통을 확장시키기 위한 연구를 많이 내놓고 있다.

전통과 이론

기능주의, 갈등 이론, 상징적 상호작용론은 사회학적 지향의 광범한 이론적 전통들이다. 그러나 우리는 이러한 광범위한 전통들과 여기서 발전한 특정한 이론들을 구분해 볼 수 있다. 이론들은 보다 좁게 초점을 맞추어 특정한 사회적 조건, 사건 또는 사회적 변화를 설명하려 한다. 예를 들어 페미니즘은 페미니스트들이 사회의 기본적 갈등은 남성과 여성 간의 이익에 있다고 보기 때문에 갈등 이론 전통 안에 있다. 그러나 페미니스트 사회학자들은 왜 더 많은 기혼 여성이 임금 노동에 들어가고, 왜 여성들이 여전히 육아에 책임 있다고 보는지, 왜 젊은 남성들은 현재 젊은 여성들보다 학업 성취도가 낮은지와 같은 젠더 관계들gender relations(남성과 여성 간의 패턴화된 관계들)의 특수한 측면들을 설명하려는 것과 같은 구체적이고 세부적인 이론들을 고안해 냈다. 이러한 종류의 많은 이론들은 사회학자들이 연구하는 상이한 영역들에서 발전해 왔다.

사회학계를 지배하는 단일한 이론적 접근이 존재하지 않는다는 사실은 사회학의 약점을 드러내는 것일 수도 있다. 그러나 그것은 사실이 아니다. 여러 이론적 접근 방식들과 이론들의 시끌벅적한 경합은 사회학적 논구의 활력을 보여 주는 징표다. 바로 우리 인간 존재를 연구함에 있어 이론적 다양성은 우리를 교조적 독단과 정체로부터 보호해 준다. 인간 행동은 아주 복잡다단하므로, 하나의 단일한 이론적 전망이 인간 행동의 모든 측면을 담아낼 수 있을지 매우 회의적이다. 이론적 사고의 다양성은 연구에서 활용할 수 있는 관념들의 풍부한 원천이 되며 사회과학적 연구의 진보에 필수적인 상상력을 자극하는 원동력이 된다.

분석의 수준: 미시사회학과 거시사회학

우리가 여기서 논의했던 다양한 이론적 전망들을 구분해 주는 중요한 차이점 중 하나는 각각의 이론들이 지향하는 분석 수준에 관한 것이다. 면대면 상호작용 상황에서 그날그날의 일상적 행동을 연구하는 것을 흔히 미시사회학microsociology이라 한다. 한편 정치 체제나 경제 질서와 같은 거대 사회 체계에 관한 분석은 거시사회학macrosociology의 영역이다. 거시사회학에는 산업주의의 발전과 같은 장기적 변화 과정에 대한 연구도 포함된다. 거시적 분석과 미시적 분석은 서로 별개처럼 보일 수도 있지만, 사실 밀접하게 연관되어 있다(Knorr-Cetina and Cicourel 1981; Giddens 1984).

만약 우리가 일상적 삶의 제도적 배경을 이해하려고 한다면 거시적 분석이 필수적이다. 사람들이 일상생활을 영위하는 방식은 더 넓은 제도적 틀에 의해 영향을 받는다. 이 사실은 우리 삶에서 교육 체계와 정치적 틀, 법체계가 주는 영향력들을 생각해 보면 명백해진다. 이와 유사하게 우리가 아는 사람에게 이메일을 보내기로 결정했을 때, 우리는 친구와 주말을 같이 보내기 위해 수천 킬로미터를 마다하지 않고 비행기에 몸을 실을 수도 있는 것이다. 이러한 커뮤니케이션의 어떠한 것도 세계의 복합적인 인프라와 그것을 건설하고 작동하는 데 필요한 사람들, 조직들, 제도들 없이는 가능하지 않았을 것이다.

한편 미시적 분석은 광범위한 제도적 유형을 뚜렷이 보여 주기 위해 필요하다. 면대면 상호작용은 모든 형태의 사회적 조직화의 주된 기초임이 분명하다(그 조직화 규모가 얼마나 크든 간에). 우리가 기업을 연구하고 있다고 가정해 보자. 우리는 단순히 면대면 행동을 살펴봄으로써 기업 활동의 많은 부분을 이해할 수 있을 것이다. 예컨대 우리는 이사회에 참여한 이사들, 다양한 부서에서 근무하는 사람들, 생산 라인에서 근무하는 노동자들 등등의 사이에서 벌어지는 상호작용을 분석할 수 있을 것이다. 이런 방식으로는 기업 전체에 대한 그림을 그릴 수 없지만, 우리는 기업이라는 조직이 어떻게 작동하는지 이해하는 데 중대한 기여를 할 것이라는 점은 분명하다.

물론 사람들은 고립된 개인으로 살거나 국민국가에 의해 완전히 결정된 삶을 살지는 않는다. 사회학은 우리의 일상적 삶이 가족, 사회적 집단, 공동체, 지역들에서 영위된다고 말한다. 이러한 수준 — 사회의 중범위 수준 — 에서는 미시 및 거시 수준에서 나타나는 현상들의 영향과 결과를 볼 수 있다. 많은 특정 지역 공동체에 대한 사회학적 연구들은 경제적 구조 조정과 같은 거대한 사회 변동의 거시사회적 영향을 다룬다. 그러나 그들은 또한 개인, 집단, 사회운동이 이러한 변화에 적응하고 이러한 변화를 자신의 이익에 맞게 바꾸려는 방식들을 탐구한다.

예를 들어 영국 정부가 1980년대 중반 에너지 정책을 통해 석탄의 역할을 축소시키려 결정했는데, 이것은 많은 전통적인 탄광 공동체에서 재앙으로 나타났고, 사람들의 살림살이는 대규모 실업으로 인해 위협을 받았다. 그러나 많은 전직 광부는 다른 산업에서 일자리를 찾기 위해 재훈련을 받았다(Waddington et al. 2001). 이와 유사하게 2008년 금융 위기는 실업의 증가와 삶의 질을 하락시켰는데, 이것은 또한 어떤 사람에게 새로운 기술을 배우거나 새로운 작은 사업을 시작하게끔 만들었다. 개인은 대규모 사회적 혹은 경제적 변화를 무조건 받아들이는 것이 아니라 그것을 수용해서 창조적으로 조정한다. 공동체 수준의 사회적 삶에 대한 연구는 사회의 미시적·거시적 수준의 상호작용을 관찰하고 이해할 수 있는 창문을 제공하며, 사회학에서의 많은 응용 연구(실용적 목적을 가진 연구)는 이러한 사회적 실재의 중범위 수준에 위치해 있다.

이후의 장들에서 우리는 미시적 맥락에서의 상호작용이 더 큰 사회적 과정들에 어떻게 영향을 미치는지, 그리고 거꾸로 거시 체계들이 사회생활의 보다 더 국한된 배경들에 어떻게 영향을 미치는지 보여 주는 사례들을 더 심층적으로 살펴볼 것이다. 그런데 이 장에서 다루어야 할 한 가지 근본적인 이슈가 남아 있다. '정확히 사회학은 무엇을 위한 것인가?'

사회학은 무엇을 위한 것인가

라이트 밀스가 사회학적 상상력이라는 생각을 발전시킬 때 강조했던 것처럼 사회학은 우리 생활에 많은 실질적인 함의를 가지고 있다. 첫째, 사회학은 문화적 차이를 인식할 수 있게 해 주며, 그럼으로써 다양한 관점에서 사회 세계를 볼 수 있도록 한다. 다른 사람들이 어떻게 살고 있는지 적절히 이해한다면, 그들의 문제가 무엇인지 더 잘 이해할 수 있을 것이다. 실질적인 정책들이 그 정책에 영향을 받는 사람들의 생활양식을 모른 채 입안된다면 성공할 가능성은 매우 낮다. 예를 들어 남부 런던의 라틴아메리카 공동체에서 일하는 백인 사회복지사들이 영국 내 다양한 인종 집단들의 사회적 경험이 다르다는 점에 둔감하다면 지역 주민들의 신뢰를 얻을 수 없을 것이다.

둘째, 사회학적 연구들은 정책의 결과를 평가하는 데 실질적인 도움을 준다. 개혁 프로그램은 그것의 입안자들이 추구한 것을 달성하는 데 실패하거나 기대하지 않은 불행한 결과일 수도 있다. 예를 들어 제2차 세계 대전 직후 몇 년 동안 대규모 주택단지가 여러 나라의 도심에 건설되었다. 이것은 슬럼 지역의 저소득층에게 높은 수준의 주택을 공급하기 위한 조치였고, 쇼핑 시설 및 여타 공공 서비스를 지근에서 제공해 주기 위한 것이었다. 그러나 이전의 주택에서 대형 고층 건물로 이사한 사람들이 고립감과 불행을 느끼고 있다는 조사 결과가 나왔다. 가난한 지역의 고층 건물과 쇼핑센터들은 황폐해지고 범죄의 온상이 된 것이다.

셋째, 많은 사회학자가 전문가로서 실질적인 문제를 해결하는 일에 직접 뛰어든다. 사회학적 훈련을 받은 사람들 중에는 경영 컨설턴트로서, 연구자로서, 도시계획 전문가로서, 사회복지사로서, 인사관리 전문가로서, 혹은 여타의 많은 전문직 종사자로서 활약하는 사람들을 흔히 볼 수 있다. 사회에 대한 이해를 갖추는 것은 법조계와 범죄학계, 언론계, 재계, 의료계 등의 분야에서 미래의 경력을 쌓는 데 도움이 된다.

넷째, 가장 중요한 것으로, 사회학은 우리에게 자기계발 또는 자기 이해 증진 기회를 준다. 우리가 왜 이처럼 행동하는지, 우리 사회의 전반적인 작동 원리가 무엇인지 등에 대해 더 많이 알수록 우리는 자신의 미래를 바꿀 수 있는 영향력을 더 많이 함양하게 된다. 사회학은 강력한 집단이나 정부만을 도와주지 않는다. 사회학자들이 생산하는 지식은 모든 이가 사용할 수 있으며, 자발적 단체나 자선단체 혹은 변화를 이끌어 내려는 사회운동에도 사용된다. 그러나 사회학적 연구의 발견은 그것 자체로 '중립적'이다. 그것은 사회가 무엇인지, 그것이 어떻게 '작동하고' 시간에 따라 어떻게 변하는지 말해 줄 수 있지만, 특정한 방향이어야만 하는지에 대해서는 충고할 수 없다. 그런 것들은 모든 이들과 연관된 정치적, 도덕적 토론의 장에 합당한 주제다.

공공사회학과 전문사회학

최근 몇 년간 어떤 사회학자들은 사회학이 대중과 충분히 연계되기보다는 내부의 전문적 토론에만 집중해 왔다고 주장한다. 마이클 버러웨이Michael Burawoy는 2004년 미국 사회학회 연례모임 학회장 취임 연설에서 대학으로 한정된 좁은 범위를 넘어 청중과 관계 맺을 수 있는 새로운 '공공사회학'을 주장했다. 20세기 사회학의 전문화는 유익한 것이었지만, 전문화로 인해 사회학자들은 '외부의' 대중보다 학자들 간의 이야기가 더 많이 이루어졌다는 것이다(Burawoy 2005).

버러웨이는 네 가지 종류의 사회학이 있다고 말했다. 바로 전문사회학, 공공사회학, 정책사회학, 비판사회학이다. 전문사회학은 커다란 연구 프로그램과 지식을 만들어 내고, 학문 커리어를 제공하는 통상적이고 대학에 기반을 둔 과학적 사회학이다. 정책사회학은 사회문제들을 다루려는 정부 부처들이나 기금 운영체들과 같은 고객들이 정의한 목표들을 추구하는 연구들을 포괄한다. 비판사회학은 '전문적 사회학의 양심conscience'인데, 연구 프로젝트들이나 전문적 사회학의 가정들을 지적한다(Burawoy 2005: 9). 페미니스트 이론은 이것의 한 사례인데, 과학적 사회학의 명시되지 않은 편견들이나 빈틈에 주의를 기울인다. 공공사회학은 대화에 뿌리를 두고 있다. 공공사회학은 사회의 미래 방향에 대해 시민사회의 노조들, 사회운동들, 종교 집단이나 조직들과 같은 사회 집단들과 대화한다. 이러한 맥락에서 볼 때, 공공사회학의 제안은 모든 사회학자들이 지지하지는 않겠지만, 보다 정치적으로 연계된 사회학이 필요하다는 것이다.

버러웨이와 다른 이들에게 공공사회학은 여전히 전문사회학에 의존하고 있지만, 둘은 '적대적 상호 의존' 관계로 존재한다. 과학적 사회학은 연구 방법들과 경험적 증거, 그리고 공공사회학은 비非아카데믹한 청중과 관계를 맺는 데 필요한 이론들을 생산한다. 그러나 전문사회학과 달리, 공공사회학은 이러한 청중과 대화하고, 이 분과 학문이 부분적으로 비사회학자들의 생각에 의해 만들어지는 것을 허락한다.

비판자들은 이것이 매우 경직된 구분이라고 지적한다. 실제로 오늘날 대다수의 전문사회학은 이미 참여자들과 외부 청중과 연계되려고 열심히 노력하고 있다는 것이다. 또한 이 네 가지 유형은 많은 부분에서 서로 중첩된다(Calhoun 2005; Ericson 2005). 예를 들어 많은 페미니스트 연구들은 단순히 과학적 사회학의 비판이라기보다 그들 스스로 경험적이며, 연구 방법과 설문지를 사용하고 전문사회학에 공헌한다. 비판자들은 또한 사회학이 사회운동이나 행동가 집단의 정치적 동기에 종속될 위험이 있다고 주장한다. 만약 공공사회학의 이미지나 명성이 쇠퇴하면, 아마도 역설적으로, 분과 학문의 공공적 지지에 심각한 결과가 나타날 수도 있다. 그리고 만약 공공사회학이 실제로 전문사회학이 어렵게 얻은 과학적 신빙성에 종속적이라면 그것 역시 문제가 될 수 있다.

이러한 비판에도 불구하고 전문사회학이 충분히 대중과 연결되지 못했다는 공공사회학의 기본적 주장은 꽤나 광범위하게 환영받았다. 사회학에서 대중의 부재는 사회학 이론이나 증거에 대한 공공 인식에 해를 주는 것처럼 보이고, 이는 정치학이나 역사학 또는 심리학과 같은 다른 분과 학문들에 의해 채워질 빈틈을 남기는 것이다. 영국 사회학회와 같은 전문적 결사체들은 구성원들에게 사회에서 사회학에 대한 관심을 높이기 위한 첫걸음으로 미디어에 출현하기를 권장하는 입장인데, 우리는 이러한 추세가 지속되기를 기대한다.

결론

이 장에서 우리는 사회학이란 우리 자신의 개인적인 세계관을 유보하고 우리 자신과 타인의 삶을 규정하는 영향 요인들을 보다 주의 깊게 살펴보도록 하는 학문 분야임을 알 수 있었다. 사회학은 근대 사회의 전개와 더불어 독자적인 지적 탐구 영역으로 출현했으며, 근대 사회에 대한 연구는 여전히 사회학의 주요 관심 영역으로 남아 있다. 그러나 점점 상호 연결되는 글로벌 세계에서 사회학자들은 그들이 적절하게 그것을 이해하고 설명하기 위해서는 연구 주제에 대한 유사한 지구적 관점을 더 많이 취할 수밖에 없다. 사회학 분과의 고전적 창시자들의 시대에서 중심 문제는 사회적 계급 갈등, 부의 분배, 상대적일 뿐만 아니라 절대적인 빈곤의 완화, 종교적 믿음의 세속화와 근대화 과정의 방향에 대한 것들이었다.

현대에 이르러 비록 이러한 대부분의 이슈가 여전히

존재함에도 불구하고 사회학의 중심 문제는 바뀌고 있다고 주장할 수 있다. 오늘날의 사회는 급격한 세계화, 국제적 테러, 환경 손상, 잠재적으로 중요성이 높은 지구적 리스크, 다문화주의와 젠더 불평등 같은 이슈들과 싸우고 있다. 이것이 의미하는 바는 사회학자들이 과거의 여러 가지 문제를 포착하기 위해 디자인된 이론들이 오늘날의 사회문제들에 해답을 제공할 수 있는지 물어볼 필요가 있다는 것이다. 만약 그렇지 않다면, 사회학자들은 카를 만하임Karl Mannheim이 한때 '새로운 시대의 비밀'이라고 지칭한 것들을 인식할 수 있는 새로운 이론들을 디자인할 필요가 있다. 고전 사회학 이론들의 지위와 적실성에 대한 지속적인 논쟁은 이 책 전체에 걸쳐 나타나고 있다.

사회학은 단지 추상적인 지적 탐구의 영역이 아니라, 사람들의 삶에 대해 주요한 실천적 함의들을 지니는 영역이다. 사회학자가 되기 위한 학습이 지루하거나 무미건조한 노력이어선 안 된다. 그렇게 되지 않게 하려면 사회학을 상상력이 풍부한 방식으로 접근하고 사회학적 관념과 발견들을 우리 자신의 삶이 처한 상황과 연관시키는 노력을 기울이는 것이 최선이다. 그러한 방식을 통해 우리는 우리 자신은 물론, 사회 그리고 보다 넓은 인간 세계에 대한 중요한 것들을 배울 수 있다.

복습

●●● Chapter review

1 만약 사회학이 무엇인지 친구에게 설명해야 한다면, 사회학을 어떻게 정의할 것인가? '사회학적 상상력'의 가장 특징적인 면은 무엇이라고 생각하는가?
2 어떻게 사회학이 학문적 주제가 되었는지, 초기 사회학자들이 이해하려고 했던 주요 사회적, 경제적, 정치적 이행들을 제시하면서 설명해 보자.
3 콩트와 마르크스, 뒤르켐, 베버와 같은 사회학 창시자들의 주요 공헌들을 나열해 보자. 이들 모두가 공유한 사회 세계에 대한 가정은 무엇이고, 이들의 시각이 달라지는 지점들은 어디인가?
4 자연과학에서도 이론적 논쟁은 해결되기 어렵지만, 왜 이러한 논쟁들이 특히 사회학에서 문제되는가?
5 사회학의 세 가지 이론적 전통들을 서술해 보자. 사회학이 성공하기 위해서는 세 가지 전통이 모두 필요하다는 주장은 정당한가? 아니면 어떤 하나의 전통이 현실을 파악하는 데 더 나은가? 20세기 후반의 사회 이슈에 대해 세 가지 접근이 적절하게 설명할 수 없는 것은 무엇인가?
6 미시사회학은 면대면으로 만나는 사람들의 일상적 행위에 대한 연구다. 거시사회학은 전체 사회나 거대 규모의 사회 체계들을 분석한다. 사회 계급의 사례를 통해 현실에서 미시와 거시 수준이 어떻게 연결되어 있는지 간략히 설명해 보자. 삶의 중범위 수준이 의미하는 것은 무엇일까?
7 사회학적 연구의 실용적 함의나 적용점은 무엇일까? 사회학이 삶의 개선에 가치 있는 공헌을 할 수 있는 방법들을 나열해 보자.
8 만약 사회학자들이 과거에 폭넓게 대중과 접촉해 오지 못했다면, 미래에는 어떻게 접촉할 수 있을까? 사회학자들은 연구에만 몰두할 뿐 연구 성과들의 사용 방식에는 주의를 기울일 필요가 없을까? 아니면 그들이 연구와 동시에 정치적 논쟁들에 개입해야 할까?

실제 연구

●●● Research in practice

마이클 버러웨이의 2004년 미국 사회학회 연설 이래 공공사회학의 이슈가 많은 관심을 받아 왔다. 보다 많은 사람이 사회학에 관심을 갖게 하는 방법 중 하나로 사회학 발견들을 대중매체를 통해 청중에게 전달하는 것이다. 그러나 사회학적 연구가 미디어로 전달되더라도 그것이 어떻게 사용되고, 발표되고, 해석될까? 아래 책을 읽고 다음 질문에 답해 보자.

Gaber, Annaliza (2005) 'Media Coverage of Sociology', *Sociological Research Online*, 10(3): www.socresonline.org.uk/10/3/gaber.html.

1 누가 왜, 이 연구를 수행했는가?
2 연구는 어떻게 시행되었는가?
3 연구의 핵심적인 발견은 무엇이었는가?
4 "대중매체와 다른 공공 영역들에서 사회학적 커뮤니케이션은 때때로 불가능하다."(Ericson 2005: 365) 이 글은 이 지적을 뒷받침할 증거를 제공하는가? 아니면 그저 부정적이기만 한가?

생각해 볼 것

●●● Thinking it through

사회학은 산업화, 프랑스혁명, 유럽 모더니티의 출발과 함께 태동했다고 이야기된다. 초기 사회학자들은 급격한 도시 발전과 새로운 산업적 문명화와 결합된 많은 사회적 문제를 해결하고 이해하려 했다. 그러나 그들은 인터넷이나 월드와이드웹, 스마트폰, 온라인 소셜 네트워크를 예측할 수 없었다.

20세기 산업 시대의 사회학 이론이나 개념으로 오늘날의 디지털 세계를 효과적으로 알 수 있을까? 사회학 창시자들의 생각이 트위터, 페이스북, 인스타그램과 같은 사회 네트워크 서비스가 시민, 기업, 자발적 결사체에서 인기 있는 것을 이해하는 데 도움을 줄 수 있는지 생각해 보자. 우리는 사이버 세계를 그저 '실제' 세계의 연장이라고 생각해야 할까? 아니면 그것과 구분되는 것이라고 생각해야 할까?

예술 속의 사회

●●● Society in the arts

다음의 글을 주의 깊게 읽어 보자.

> ……예술과 사회 이론을 동등한 파트너라고 말하는 것은 예술이 그 자체로 가치 있는 실제적 사회 지식의 원천이라는 것을 표상하고, 예술이 사회과학의 지식보다 열등한 것이 아니라는 것이다. 사회과학은 할 수 없지만 예술은 말해 줄 수 있는 사회에 대한 것들이 분명히 있다…… 소설, 연극, 영화, 그림은 삶에 대해 사회과학적 연구들이 말해 줄 수 있는 것과 다른 것들을 우리에게 말해 주고, 예술이 우리에게 다른 것을 말해 줄 수 있는 한, 그것은 우리에게 더 많은 것을 말해 주는 것이다.(Harrington 2004: 3)

최근 여러분이 읽거나 보거나 들었던 소설, 연극, 영화, 그림을 생각해 보자. 그 작품들이 삶에 대해 우리에게 말해 주는 것들, 즉 a)사회학이 말해 주는 것과는 다른 그리고 b)사회학적 지식 이상의 것들은 무엇인가? 작품들이 제공하는 지식은 사회과학적 발견과 비교할 수 있는 것일까? 아니면 그들은 그저 비교 불가능한 것일까?

더 읽을거리

Further reading

사회학을 처음 접하는 이들에게 Evan Willis의 *The Sociological Quest: An Introduction to the Study of Social Life* (5th edn, Crow's Nest, NSW: Allen & Unwin, 2011)는 매우 생동감 있고 좋은 출발점이 된다. 이 책에 이어 Zygmunt Bauman과 Tim May의 *Thinking Sociologically*라는 입문서를 보면 일상의 사례들을 통해 사회학적 상상력을 발전시키고 사용할 수 있다. 이보다 좀 더 심화된 것은 Richard Jenkins의 *Foundations of sociology: Towards a better Understanding of the Human World* (Basingstoke: Palgrave Macmillan, 2002)이다. 이 책은 세계화 시대의 사회학과 사회학자의 역할에 대한 주요 주장을 포함한다.

또 다른 유용한 자원은 바로 좋은 사회학 사전인데, 여러 가지 좋은 사전들이 있다. John Scott의 *A Dictionary of Sociology* (Oxford: Oxford University Press, 2014)와 Bryan S. Turner의 *The Cambridge Dictionary of Sociology* (Cambridge: Cambridge University Press, 2006)가 신뢰할 수 있고 포괄적이다. 사회학 연구에서 사용한 핵심 개념들에 대한 가이드를 위해서는 우리의 책 *Essential Concepts in Sociology* (2nd edn, Cambridge: Polity, 2017)를 보라.

사회학 분야를 포괄하는 읽을거리 모음집으로는 자매서인 *Sociology: Introductory Readings* (3rd edn, Cambridge: Polity, 2010)를 참고하라.

관련 홈페이지

Internet links

- Polity
  www.politybooks.com/giddens
- SocioSite
  www.sociosite.net
- The International Sociological Association
  www.isa-sociology.org
- The European Sociological Association
  www.europeansociology.org
- The British Sociological Association
  www.britsoc.co.uk/What-Is-Sociology/opportunities-for-sociologists.aspx
- Public Sociologies
  http://burawoy.berkeley.edu/PS.Webpage/ps.mainpage.htm

02

사회학적으로 묻고 답하기

Asking and Answering Sociological Questions

연구 대상으로서의 인간과 윤리적 문제

과학과 사회학적 연구

과학이란 무엇인가

연구 과정

원인과 결과 이해하기

인과성과 상관성

사회학적 연구 방법

민속지학

설문 조사

실험

생애사 연구

비교 역사 연구

시각적 사회학

연구 도구와 방법으로서의 인터넷

실제 세계에서의 사회학 연구

사회학의 영향

공중화장실은 무엇을 위한 공간인가?

이른 저녁 시간에, 미주리주 세인트루이스에 있는 한 공원의 공중화장실은 많은 남자들로 붐비기 시작했다. 회색 신사복을 입은 남자, 야구 모자에 트레이닝복을 입은 남자, 자동차 정비소에서 막 나온 듯한 작업복 차림의 남자가 나타난다. 그들 중 누구도 용변을 보기 위해 화장실에 온 사람은 없다. 그들의 목적은 자발적인 성 접촉spontaneous sexual encounters에 있다. 기혼자와 미혼자, 자신을 게이라 여기는 사람과 그렇지 않은 사람도 있지만, 이곳을 찾는 남자들은 잘 알지 못하는 누군가와 성관계를 맺고 싶어 한다. 그들은 성적 쾌락을 추구하지만, 어떠한 형태로든 정서적인 연대나 책임감은 갖고 싶어 하지 않는다.

익명의 남자들 사이에서 행해지는 즉석 섹스instant sex는 전 세계적으로 잘 알려진 현상이다. 그러나 이처럼 공공장소에서 벌어지는 자발적 동성애 행위를 사회적 상호작용의 차원으로 연구한 사례는 1960년대 후반 이전까지 거의 존재하지 않았다. 미국의 게이 공동체에서는 즉석 섹스가 일어나는 공중화장실을 '찻집tearooms'이라 불렀고, 영국에서 남성 동성애자들은 이 행동을 '코티징cottaging'이라 표현했다. 미국의 사회학자 로드 험프리스Laud Humphreys는 '찻집'의 이용과 이것이 참여자들에게 미치는 영향에 대해 연구한 결과를 『찻집의 거래Tearoom Trade』(1970)라는 책으로 발표했다. 이 책은 당시 광범위한 논쟁을 일으켰으며, 여기서 파생된 이슈들은 오늘날까지 어떤 이들에게는 다루기 어려운 문제로 여전히 남아 있다.

험프리스의 연구는 1980년대에 HIV/AIDS가 출현하기 전에 수행되었지만, 그가 목격한 행위들은 오늘날 더 많은 위험을 안고 있는 것으로 보인다. 예를 들어 현대 중국에서 남성과 성관계를 가지는 남성들men who have sex with men, MSM은 오랫동안 동성애를 '병적이거나 이상하거나 혹은 음란한 행위'로 바라보는 사회의 시선을 피해 사우나, 공원, 클럽 및 공중화장실에서 비슷한 경험을 나누고 있으며 대부분은 콘돔 사용과 같은 안전한 성행위를 고려하지 않고 있다. 한 가지 이유는, 주류 중국 문화에 깔려 있는 육욕肉慾의 개념 — 직접적인 육체 접촉의 욕구 — 에서 찾을 수 있다. 다른 남성과의 자발적이고 구속 없는 성관계를 추구하는 남성이 만약 콘돔을 착용한다면 파트너 간 육욕을 충족시키는 데 방해가 될 수 있다. 한 참여자는 연구자에게, "콘돔이 얼마나 얇은지를 떠나, 거기에는 여전히 무언가의 층a layer이 존재하고 성행위가 살과 살 사이에서 이루어진다고 볼 수 없다"고 설명했다(Li et al. 2010: 1481).

험프리스의 연구 방법론은 윤리적 문제에서 크게 비판을 받았다. 왜냐하면 그의 현장 조사는 조사 대상자의 동의 없이 은밀하게 수행되었기 때문이다. 그의 연구가 진행되던 당시에는 게이와 레즈비언에게 지금보다 훨씬 심한 낙인이 찍히곤 했다. 경찰은 성적 소수자와 관련된 행위를 규제하는 데 경계를 늦추지 않았고, 강력한 처벌이 많은 이들의 삶을 옭아맸다. 그러나 험프리스의 연구는 성적 취향을 제외한다면 지극히 '정상'인 많은 사람이, 가정이나 경력을 해치지 않으면서 성생활을 할 수 있는 방법과 장소를 찾는다는 것을 보여 주었다. 그는 공중화장실을 연구하는 데 오랜 시간을 보냈으며, 사회적 과정을 이해하는 한 가지 방법이 매우 가까운 곳에서 벌어지는 일에 참여하고 관찰하는 것임을 보여 주었다. 또한 그가 수행한 인터뷰 조사는 단순한 관찰을 통해 얻은 것보다 그에게 더 많은 정보를 모을 수 있도록 해주었다는 점에서 의의를 갖는다.

험프리스의 연구(1970)와 리Li와 그의 동료들이 수행한 연구(2010)는 많은 사람이 알거나 이해하지 못했던 사회적 삶의 한 측면을 조명했다. 험프리스의 연구는 과학적 조사에 필요한 거리두기scientific detachment를 통해 수행되고 보고되었다. 하지만 그가 이 연구 주제를 택한 이유는 사회를 향한 그의 정서적 개입 때문이다. 그는 동성애의 수용이 사람들로 하여금 서로 자존감과 상호 지원을 높이는 데 도움이 될 것이라고 주장했다. 리와 그의 동료들의 연구 역시 이와 비슷한 거리두기 방법을 준수하며 보고되었지만, 그들의 작업은 왜 많은 남성 간 성행위자Men who have sex with men, MSM가 HIV 감염 위험이 널리 알려졌음에도 불구하고 콘돔 사용을 회피하는지 그 이유를 이해하기 위해 시작되었다. 40년 이상 떨어져 수행된 두 연구에서 공통으로 발견되는 점은 사회학자들이란 항상 그들의 연구 대상자와 상대적 분리를 위해 노력하지만, 동시에 사회 구성원으로서 감정적으로나 정치적으로 개입되어 있는 사회문제에 대한 해결책을 추구한다는 것이다. 개입involvement과 분리detachment 사이에서 생산적인 균형을 갖는 것은 모든 훌륭한 사회학자가 갖추어야 할 결정적 요소라고 볼 수 있다(Elias 1987b).

이 장에서 우리는 이러한 문제에 대해 좀 더 살펴보고자 한다. 첫째, 먼저 인간을 대상으로 하는 경험적 연구에 종사하는 사회학자들이 직면할 수 있는 윤리적 딜레마를 살펴볼 것이다. 그런 다음 고유한 학문 분과로서 사회학의 특성을 탐구하기 전에 '과학'이 무엇인지에 대한 질문과 이에 대한 답을 제시할 것이다. 여기서 사회학적 연구 과정을 단계별로 검토하고, 가장 널리 사용되는 조사 방법과 그 적용을 간단히 요약할 것이다. 마지막으로 사회학의 사회적 활용에 관한 토론을 통해 이 장의 결론을 맺을 것이다. 앞으로 보겠지만, 과학적 연구의 이상과 실제 연구 사이에는 중요한 차이점이 존재한다. 현실적인 걸림돌과 문제점을 극복해야만 하는 실제 연구는 모든 과학 연구와 마찬가지로 가능성의 기술the art of the possible로서 보는 것이 적절할 것이다.

연구 대상으로서의 인간과 윤리적 문제

인간을 다루는 모든 연구는 윤리적 딜레마에 봉착할 가능성이 있다. 오늘날 사회학자들이 연구비를 지원하는 기관으로부터 받는 질문은 그들의 연구 대상자가 그 연구 때문에 '평소보다 더 큰 어려움을 당하는지' 여부다. 만약 그럴 가능성이 있다면 그 연구는 더 이상 진행되어서는 안 되며, 특히 아동과 같이 사회적으로 취약한 대상이 포함된 연구라면 더욱 그렇다. 윤리적 문제는 과거보다 오늘날에 더욱 부각되는 주제다. 연구자들은 더 이상 유일한 지식 전문가로 여겨지지 않으며, 참여자들도 단순히 연구의 대상subject으로만 여겨지지 않는다. 연구 대상자들은 연구 과정에 관여하면서 질문을 만드는 데 참여하거나, 연구자들이 내린 해석에 코멘트를 달기도 하고, 최종 연구 보고서를 보여 달라고 요구하기도 한다.

다른 사회 영역에서도 그렇듯이 (예컨대 의사와 환자, 혹은 대학 교수와 학생과의 관계) '보통 사람'들은 이제 예전처럼 전문가들을 무조건 따르지 않는다. 이런 폭넓은 사회적 변화는 연구 관행도 바꾸고 있다. 실제로 연구비를 제공하는 기관은 관례적으로 연구 팀들에게 그들이 어떤 윤리적 문제에 직면할지, 그리고 그들이 이러한 문제들을 어떻게 다룰 것인지, 연구 대상자를 속이는 기법을 쓸 것인지, 연구 대상자를 위험 요소로부터 보호하기 위해 어떤 방법을 쓸 것인지, 그리고 연구가 종료되면 연구 결과를 연구 대상자에게 어떻게 알려 줄 것인지 묻는다. 연구 관행은 언제나 사회적, 역사적 맥락 안에 놓여 있다. 이 맥락이 특정 시기에 무엇이 정당하게 연구될 수 있고 연구될 수 없는지 부분적으로 결정한다.

험프리스는 '찻집의 거래'라는 연구를 진행하면서 공중화장실을 관찰할 때 사회학자라는 사실을 연구 대상자들에게 밝히지 않았고, 찻집에 오는 사람들은 험프리스가 자신들과 같은 이유로 그곳에 왔다고 믿었다. 비록 험프리스가 찻집을 관찰하는 동안 직접적인 거짓말을 하지는 않았지만, 그렇다고 자신이 공중화장실에 있는 진짜 이유도 밝히지 않았다. 그가 자신의 연구에 대해 미리 알리지 않은 것이 비윤리적일까? 연구의 구체적 특성으로 인해 그의 연구는 연구 대상자 누구에게도 직접적인 위험을 주지 않았으니 정당하다고 생각할 수도 있다. 험프리스의 연구가 사회 연구 윤리의 역사에 남을 만한 문제가 된 이유는 따로 있다. 그가 찻집에 온 사람들의 자동차 표지판을 기록하고, 운전면허시험관리단에 근무하는 친구를 통해 찻집에 온 사람들의 주소를 얻고, 그들의 집을 방문해 그가 중립적인 설문 조사를 수행하는 것처럼 가장했기 때문이다. 이렇게 해서 험프리스는 연구 대상자들뿐만 아니라 그들의 가족으로부터도 정보를 얻었다. 이런 연구가 어떻게 윤리적이라고 볼 수 있는가? 과연 정당화될 수 있을까? 비록 험프리스가 찻집에서의 행동에 대해 연구 대상자의 가족들에게 발설하지 않았지만, 그가 수집한 정보는 연구 대상자에게 큰 위협이 될 수도 있었다. 당시에는 동성애 자체가 불법이었기 때문에, 경찰이 연구 대상의 신원 정보를 요구할 수도 있었을 것이다. 연구 대상의 가족을 면접할 때 미숙한 면접관이 찻집에 대해 실수로 말을 꺼냈을 수도 있었고, 험프리스가 작업 노트를 잃어버려 다른 누군가에게 발견될 수도 있었을 것이다.

리와 동료들이 중국 광저우에서 실시한 연구(2010)의 방법론은 1970년대 이후 연구 윤리와 관리 방법이 얼마나 변화했는지 잘 보여 준다. 연구 팀은 인터뷰를 실시해 참가자의 개인적 삶에 대해 조사했다. 험프리스와 마찬가지로, 그들은 네 곳의 공중화장실을 포함해 다양한 장소에서 참여 관찰을 시행했으며, 팀의 한 구성원은 조사 대상으로 선정된 지역사회와 관계를 맺기 위해 자원봉사 활동 단체에 가입했다. 그런 다음 여기서 연결된 사회적 관계망을 통해 조사 대상자를 모집했다. 이 연구에서 연구원은 험프리스와 달리 연구 목적에 대해 참가자들과 공개적으로 의견을 나누었다. 그들의 연구 보고서는, "연구 목적에 대해 설명한 후, 연구 참여자에 관한 기밀을 보장하고, 익명으로 처리될 것이며, 데이터를 안전하게 관리할 것임을 약속한 후 동의를 얻었음"(ibid.: 1482)이라고 밝히고 있다.

연구 과정에서 발생할 수 있는 많은 문제 때문에 오늘날의 연구자들은 험프리스와 같은 방식의 연구들이 정당하지 않다고 본다. 대학 기관과 마찬가지로, 유럽과학재단the European Science Foundation이나 영국의 경제·사회연구심의회Economic and Social Research Council, ESRC와 같은 연구 지원 기관은 과거보다 연구자들에게 더욱 엄격한 윤리 규정을 적용하고 있다. 오늘날에는 연구 대상을 속이는 은밀한 연구가 공식적으로 승인되기 어려울 것이다. 그럼에도 불구하고, 험프리스는 최초로 남성 동성애 행위를 연구한 사회학자이며, 그의 설명은 단순히 동성애 집단에 대한 지식을 쌓는 것을 넘어 연구 대상에 대한 인본주의적인 관점을 바탕으로 했다는 점에서 의의가 있다.

비판적으로 생각하기 THINKING CRITICALLY

험프리스는 나중에 자신의 연구에 윤리적 문제가 있었다는 비평가들의 의견에 동의했다. 그는 자신이 연구를 다시 하게 된다면, 연구 대상자들의 차량 번호를 추적하거나 사람들의 집을 방문하지 않을 것이라고 말했다. 그러나 그들의 삶과 배경에 대한 정보를 어떻게 하면 정당하게 얻을 수 있을까? 가령 연구 대상과 인터뷰를 할 수 있을까? 그들에게 연구와 연구 가치에 대해 어떻게 설명할 것인가? 자료를 모을 수 있는 다른 방법이 있는가?

과학과 사회학적 연구

『찻집의 거래』에는 사회학자들이 던지는 다양한 종류의 질문들이 포함되어 있다. 예컨대 험프리스는 공중화장실에서 일어나는 놀라운 행위들을 통해 사람들이 일반적으로 생각하는 모습과 사회가 얼마나 다르게 흘러가는지 알아보려고 했다. 또한 그는 우리가 자연스럽게 받아들이는 공중화장실 역시 사람들이 어떻게 사용하는가에 따라 사회적으로 다르게 구성된다는 점을 발견했다. 사회구성론social constructionism(또는 사회적 구성주의)은 사회적 실재란 명백한 것이 아니라, 개인과 사회집단 간 상호작용의 산물이라는 전제에서 시작하는 관점이다(제8장 〈사회적 상호작용과 일상생활〉, 제5장 〈환경〉 참조). 대부분의 사람들이 용변 보는 곳이라고 받아들인 곳이 다른 사회적 집단에게는 성적 활동 장소였던 것이다.

사회학자가 연구하면서 부딪히는 이슈들은 종종 보통 사람들이 걱정하는 이슈와 비슷하다. 사회학자들도 사회 구성원이기 때문이다. 좋은 연구는 우리에게 사회적 삶을 더 잘 이해하게 해주고, 새로운 방식으로 이를 바라보도록 하는 데 도움을 준다. 연구로부터 도출된 질문과 연구 결과 모두 우리를 놀라게 할 수 있다. 사회학적 발견이 우리의 상식적인 믿음과 배치되는 것은 흔한 일이다. 인종적 혹은 성적 소수자는 어떤 환경에서 살아가는가? 소수에 의한 엄청난 부의 축적과 동시에 대규모 빈곤이 함께 존재할 수 있는가? 인터넷 사용 증가는 우리의 삶에 어떤 영향을 미칠 것인가? 사회학자는 이러한 질문에 대답하려고 한다. 사회가 항상 변화의 과정에 있기 때문에, 사회학적 발견은 결코 최종적인 것이 아니다. 그럼에도 불구하고 사회학 이론은 사변적인 태도를 극복하고, 증거에 기초해 이해하려고 한다. 좋은 사회학적 연구는 가능한 한 질문을 명확하게 하고, 결론을 내리기 전에 사실적인 근거를 모으려고 노력한다. 이러한 목적을 달성하기 위해 우리는 연구에 가장 유용한 연구 방법 research methods과 결과를 분석하는 최선의 방법을 알아야 한다.

연구를 할 때 사회학자는 종종 경험적 혹은 사실적 질문factual questions을 던진다. 예를 들어 찻집을 찾는 사람들은 어떤 종류의 직업을 가장 많이 갖고 있는가? 찻집 참여자들 중 경찰에 체포되는 비율은 어느 정도인가? 이러한 종류의 사실적 질문은 생각보다 대답하기 쉽지 않은 경우가 많다. 찻집의 존재 자체가 정부 문서나 공식 문서에 명시되어 있지 않을 수 있고, 이로 인해 찻집에 대한 공식적인 통계가 없을 수 있기 때문이다. 또한 범죄에 관한 공식적 통계가 사회에서 실제로 일어나는 범죄를 정확히 반영하지 못할 수도 있다. 범죄 정도를 조사하는 연구자들에 따르면 경찰에 보고된 범죄 통계들은 실제 발생하는 방대한 범죄 건수 중 '빙산'의 일각에 불과하다. 또한 심각한 수준의 범죄 중 그 절반 정도만 통계 수치로 기록되며, 피해자들이 '범죄'라고 생각하지 않아 범죄가 가시화되지 않기도 한다(범죄 통계와 다른 자료들에 대한 논의는 제20장 〈범죄와 일탈〉 참조).

물론 사실적 정보만으로는 연구 대상이 특수한 사례인지 혹은 사회적 영향을 받은 일반적인 성향을 나타내는지 알 수 없다. 이런 이유로 사회학자는 비교 질문 comparative question을 던진다. 비교 질문은 한 사회와 다른 사회의 사회적 맥락을 비교하거나, 다른 사회에서 대조적으로 나타나는 사례를 사용한다. 가령 터키, 이탈리아, 남아프리카공화국에서 그들의 사회와 사법 체계는 상당한 차이를 보이는데, 이 경우에는 '세 국가에서 범죄 행위와 법적 규제 양상이 얼마나 다르게 나타나는가?'와 같은 비교 질문을 할 수 있다. 또 이 질문에 대답하는 과정에서 다른 질문도 제기할 수 있다. 법 규제 체계는 시간이 지남

법 집행 기관은 어느 나라에나 있지만, 국가별 경찰력의 유사성과 차이점을 살펴보기 위해 경험적 비교 연구가 필요하다.

표 2-1 사회학적 질문의 종류

사실적 질문	무슨 일이 일어났는가?	영국에서 몇몇 남성들은 인터넷 채팅방을 통해 남성 성적 파트너를 찾고 있다고 보고되었다.
비교 질문	이러한 현상이 모든 곳에서 일어났는가?	이는 널리 퍼진 현상인가, 아니면 영국에서만 일어난 일인가? 이 행동은 동성애 남성들에게만 국한된 것인가?
발생적 질문	이러한 현상이 통시적으로 일어났는가?	과거에는 남성들이 다른 남성을 만나 성행위를 하기 위해 어떤 방법들을 사용했는가? 그 방법들은 채팅방을 사용하는 것과 근본적으로 비슷한가, 아니면 차이가 있는가?
이론적 질문	이러한 현상의 기저에 무엇이 존재하는가?	왜 남성들은 과거의 방법이 아닌 온라인 채팅방을 사용하는가? 이처럼 변화된 행동을 설명할 수 있는 요인은 무엇인가?

에 따라 어떻게 발전해 왔으며, 이 세 국가의 형법 제도는 얼마나 유사하고, 또 다른가?

사회학에서는 기존 사회들을 비교할 뿐만 아니라, 사회의 과거와 현재를 비교해 사회 발전에 대해 더 깊이 이해하고자 한다. 이때 사회학자가 던지는 질문이 역사적 혹은 발전적 질문developmental question이다. 우리는 어떻게 과거에서 여기까지 왔는가? 현대 사회의 본질을 이해하기 위해 우리는 근대 이전 사회가 어떤 형태였는지와 사회 변화 과정의 주된 방향을 살펴보아야 할 것이다. 예를 들어 최초의 감옥에 대한 유래와 현재 감옥의 모습을 조사하기 위해 핵심이 되는 특정 시기를 연구하거나 이러한 발전의 변화 단계를 살펴볼 수 있다. 이런 방식을 따를 때 연구자는 좋은 설명을 발견할 수 있다.

사회학 연구는 단순히 사실을 수집하는 학문이 아니며, 중요하고 흥미로운 사실에 주목하고자 한다. 사회학에서 흔히 주장되듯이, "사실은 스스로 말하지 않는다". 사회적 사실은 항상 해석될 필요가 있다. 이것이 의미하는 바는, 사회학자는 반드시 이론적 질문을 하는 법을 배워야 한다는 것이다. 몇몇 사회학자들은 주로 경험적 질문에 집중하지만, 이러한 질문이 이론적 지식에 기반하지 않는다면 그들의 연구는 사람들의 이해를 돕는 연구가 되기 힘들다(〈표 2-1〉 참조). 동시에 사회학자들은 이론을 위한 이론적 지식을 추구하지 않는다. 왜냐하면 이것은 증거로부터 동떨어진 순수한 추측으로 전락할 위험이 있기 때문이다. 그러므로 신뢰할 수 있는 사회학적 지식은 본질적으로 이론적이면서 경험적인theoretical-empirical 특성을 갖는다. 이론화와 함께 경험적 연구의 결합은 모든 과학적 분야의 핵심적인 특징이며, 사회학도 예외는 아니다

과학이란 무엇인가

제1장에서 보았듯이, 19세기 초 오귀스트 콩트Auguste Comte는 사회학을 물리학 및 화학과 같은 자연과학에서 성공한 실증적 방법론을 받아들여야 하는 새로운 형태의 과학으로 보았다. 마찬가지로 에밀 뒤르켐Emile Durkheim과 카를 마르크스Karl Marx를 포함한 다른 사회학 창시자들도 사회학을 과학적 학문으로 보았다. 그러나 오늘날 많은 사회학자는 이러한 관점에 확신하지 못하고 있다. 과연 사회적 삶이 과학적 방법으로 분석될 수 있으며, 그렇게 해야만 하는가? 로드 험프리스가 시도한 찻집의 관찰이 정말로 과학적 연구라고 볼 수 있을까? 그리고 이 모든 질문을 떠나 어쨌든 '과학'이란 무엇이라고 볼 수 있는가? 놀랍게도 이 마지막 질문에 대해서는 아마도 간단한 해답이나 합의된 의견이 없을 것이다. 왜 그런지 이해하기 위해서는 철학과 과학사 연구에서 제기되어 왔던 몇 가지 핵심 주장들을 살펴봐야 한다. 이를 통해 사회학

의 학문적 지위를 더 잘 이해할 수 있을 것이다.

콩트는 인류 지식이 실증적 단계에 도달했을 때 궁극적으로 자연과 사회로의 진보적 개입을 가능하게 만드는 믿을 만하고 유효한 지식이 생산된다고 주장했다. 과학은 지식에 접근하는 이전의 어떤 방법보다 우수하며, 근대 사회로의 발전을 위한 전제조건이다. 또한 콩트는 과학은 본질적으로 단일 형태로 추구되어야 한다고 보았다. 즉 모든 과학 대상은 비슷한 방법을 사용해야 하는데, 이는 사회과학과 자연과학이 본질적으로 다르지 않다는 것을 의미한다. 과학은 관찰과 데이터 수집에서 시작해 증거에 대한 설명을 제공하는 일반적 이론을 개발하기 위해 관찰된 사실 안에서 패턴을 찾는다. 이처럼 연구의 '기초를 쌓아 올리는' 과정을 귀납법이라고 한다. 그러나 이러한 콩트의 주장은 과학자들의 실제 관행에 기반을 두지 않은 다소 이상화된 과학적 그림에 뿌리를 두고 있다. 이와 같은 귀납적 설명으로서의 과학은 20세기 초반부터 전복되기 시작했다.

실증주의와 과학철학

1920년 비엔나 서클Vienna Circle이라고 알려진 영향력 높은 철학자 그룹이 콩트의 실증적 입장에 중요한 변화를 가져왔다. 특히 그들은 어떤 것이 과학적이며, 과학자들의 진술이 왜 '사실'로서 받아들여지는지 설명하려 했다. 그들은 단순히 귀납법에 머물지 않고, 논리와 연역적 추론에 초점을 맞추었다. 그들의 접근은 논리실증주의logical positivism로 불렸다. 논리실증주의에 따르면, 과학자들은 먼저 수집된 데이터를 둘러본 뒤 그들이 발견한 사실이 무엇인지 설명을 찾는 방식(귀납적 방법)으로 분석하지 않는다고 본다. 오히려 그들은 먼저 현실의 어떤 측면에 관한 질문이나 진술에 대해 명확한 가설을 세운 다음에 이러한 가설을 검증할 수 있는 경험적인 증거를 수집한다고 보았다(가설-연역적 방법hypothetico-deductive method).

논리실증주의자들은 과학적으로 유효한 연구는 과학적 진술과 이론이 항상 증거에 의해 검증 가능해야 한다고 주장했다. 이러한 관점의 연구는 다른 형태의 '지식'과 차이가 있다. 예를 들어 빈곤에 대한 어떤 특정한 도덕적 관점이나 무엇이 아름다운 것인지에 대한 심미적 판단은 일상적으로 자주 논쟁거리가 됨에도 불구하고, '사실'이라고 말할 수 없다. 이런 방식의 진술은 세상에 관한 진실을 밝히지 않으므로 과학적으로 의미가 없다.

논리실증주의자들은 진리대응이론correspondence theory of truth을 주창했는데, 이는 현실 세계에 존재하는 것과 정확하게 일치하는 진술만이 진리라는 입장이다. 따라서 유효한 지식의 열쇠는 경험적 검증이며, 과학자들은 그들의 진술을 뒷받침하는 증거를 끊임없이 찾아야 한다. 논리실증주의는 지식에 대한 과학적 접근을 구성하는 요소가 무엇인지 정의하는 데 큰 영향을 끼쳤다. 그러나 1930년대 후반이 되자 이들이 주장하는 과학적 검증의 핵심 원칙은 공격을 받았다.

특히 비엔나 서클의 구성원이었던 칼 포퍼Karl Popper (1902~1944)는 논리실증주의를 향한 가장 체계적인 비판을 제시했다. 포퍼는 검증verification이 과학적 진실의 강력한 원리가 아니라고 주장했다. 거의 모든 이론이, 아무리 비현실적인 이론조차 자신을 지지하는 증거를 발견할 수 있기 때문에 검증은 이론적 논쟁을 해결할 수 없다. 훨씬 더 강력한 원리는 반증disconfirmation이다. 이론들은 적어도 원칙적으로 반증될 가능성capable of being falsified이 있는 가설을 도출해야 한다. 과학자들은 가설과 불일치하거나 반증하는 사례를 적극적으로 찾아야 한다. 하나의 반증 사례는 수천 가지의 입증 사례보다 세상에 대해 더 많이 설명할 수 있다고 보았다(Delanty 1997: 31~32). 예를 들어 우리는 '모든 백조가 흰색'이라는 가정하에서 이 진술을 검증하기 위한 작업에 착수할 수 있다. 그럼에도 불구하고 우리가 관찰해 왔던 많은 백조가 있지만, 흰색이 아닌 백조가 여전히 존재할 가능성이 있기 때문에 그 가설은 결코 입증될 수 없다. 그러나 우리는 가설을 반증하고 세상에 대한 단순한 진실 — 모든 백조가 흰색은 아니라는 — 을 밝히기 위해 단 하나의 검은 백조를 찾아야 한다.

포퍼는 최선의 가설이란 신중한 추측이 아니라, 상당한 지식을 얻을 가능성이 있는 '과감한 추측'에서 비롯된다고 주장했다. 그러나 대부분의 과학적 지식은 절대로 보편적인 '사실'로 받아들여질 수 없으며, (잠재적으로) 반증 가능성이 있을 뿐이다. 가령 50년 만에 모든 검은 백조가 죽고, 우리가 받아들였던 백조에 대한 진실('백조는 모두 흰색이 아니다')이 잘못된 사실이 될 수도 있다. 현재 받아들여지고 있는 과학적 이론과 설명이 아직 결정적으로 반증되지 않았기 때문에 이것이 최선의 이론이라고 말할 수 있을 뿐이다. 이는 과학적 법칙을 보편적 사실로 간주하는 상식과는 다르기에 과학의 영향력이 다소 약화되는 것처럼 보일 수도 있다. 포퍼의 과학관은 과학적 지식이 본질적으로 '개방된' 특성을 갖는다는 점과 과학자의 열린 마음을 중요시한다는 특징을 갖는다. 그러나 포퍼의 설명은 1960년대와 1970년대에 걸쳐 과학사 학자들에 의해 다시 도전받는다.

칼 포퍼는 마르크스주의와 프로이트식 정신분석학과 같은 사회과학 이론을 비판했다. 포퍼에게 모든 이론은 본질적으로 비과학적이다. 연구자가 안정된 과학적 이론을 구축하기 위해 활용한 입증의 수와 상관없이, 예를 들어 연구자가 얼마나 많은 흰색 백조를 발견하는지에 상관없이, 우리는 검은 백조의 존재 가능성을 배제하지 않아야 한다.

과학사에서 얻은 교훈

아마도 칼 포퍼의 과학 모델에 대한 가장 중대한 비판은 토마스 쿤Thomas Kuhn의 『과학 혁명의 구조The Structure of Scientific Revolution』(1962)에서 찾을 수 있을 것이다. 쿤은 과학이 무엇인가에 대한 철학자들의 견해에 관심을 두기보다는 과학의 실제 역사와 발전 과정 그리고 이것으로부터 무엇을 배울 수 있는지에 관심을 기울였다. 그에 따르면, 자연과학의 역사에서 과학자들은 가상의 특정한 이론적 틀 안에서 연구하는 경향이 있었는데, 그는 이를 패러다임이라 명명했다. 예를 들어 물리학의 뉴턴 역학의 패러다임은 18세기와 19세기 전반에 걸쳐 행성 궤도를 정확히 계산하게 해주었다. 그러자 과학자들은 '그들'의 패러다임과 관행을 '정상과학Normal Science'으로 확장시키는 데 더욱 전념했다. 과학자들은 그들이 가정하는 패러다임에 도전장을 내밀기보다 증거 기반을 넓히고 다른 과학자들에게 그들의 가정을 전수하려 한다. 정상과학은 전체 과학의 대부분을 차지한다.

시간이 지남에 따라 기존 패러다임에 '맞지 않는' 변칙적인 결과물이 발생한다. 뉴턴 역학의 패러다임은 빛의 움직임을 설명할 수 없었다. 그러나 설명을 못하는 현상이 기존 패러다임에 대한 도전을 가하기보다는 데이터나 실험이 잘못되었을 것이라고 여겨진다. 요컨대, 포퍼는 과학자들이 개방적인 태도를 갖고 연구하기를 기대했지만, 쿤은 사실상 그들이 정반대 증거와 정당한 도전들을 무시함으로써 그들이 믿는 기존 패러다임을 강력하게 옹호했다는 사실을 발견했다(Benton and Craib 2001: 58~61). 왜 과학자들은 이러한 행위를 하게 되는가? 이에 대한 답변은 사회학적인 문제다. 과학자들은 고립된 주체가 아니며, 학자들의 공동체 내에서 경력 및 평판을 구축하고 높은 지위를 성취하게 해준 기존 패러다임을 방어하는 데 공동의 이익을 갖는다.

그러나 쿤은 어떤 시점에 이르러 특정 패러다임에 갇혀 있지 않은 젊은 과학자들이 새로운 변칙들에 대해 연구하게 되며, 이 변칙들을 설명하기 위해 새로운 이론을 고안함으로써 대체 패러다임을 구축한다고 주장한다. 20세기 초, 혁명적인 새로운 이론 — 아인슈타인의 상대성 이론 — 이 개발되었으며, 이는 뉴턴 역학의 패러다임이 설명하지 못했던 빛의 움직임에 대한 만족스러운 해답을 제공했다. 그러자 이 새로운 이론은 새로운 패러다임의 중심이 되어 '정상과학'이 되었다(Weinberg 1998). 쿤은 패러다임 전환의 움직임을 '혁명적 과학'의 시기라고 불렀다. 그러나 이 과정은 과거 포퍼가 주장했던 축적된 과학적 진보가 아니다. 쿤이 꿰뚫어 본 뼈아픈 진실은 새로운 패러다임이 생겨났을지라도 이것이 오래된 패러다임이 반증되었기 때문에 벌어지는 현상이 아니라는 점이다. 낡은 패러다임과 새로운 패러다임은 같은 잣대로 비교될 수 없다. 그 대신, 점점 더 많은 과학자가 새로운 패러다임에 매료됨에 따라, 오래된 패러다임을 지지하는 과학자들은 단순히 관심 부족으로 인해 사라진다. 이러한 이유로 실제 과학적 행위는 철학자들이 제안했던 순수한 방법론과 근본적으로 다르다.

더욱 급진적인 입장을 보이는 파울 파이어아벤트Paul Feyerabend는 어떻게 중대한 과학적 발견이 이루어지는지에 관심을 두었다. 과학철학은 과학적 성취가 올바른 과학적 방법론에 대한 엄격한 준수와 수년간 힘든 연구 활동의 결과물이라고 설명한다. 그러나 파이어아벤트는 이것이 사실이 아니라고 주장한다. 사실상 그가 열거한 에피소드들은 과학적 성취가 그저 우연히 발생했거나 확립된 과학적 관행을 일탈했거나, 심지어 과학 공동체 외부에 있는 비전문가의 발견에 의한 것이었다. 이런 현상을 적절히 나타내는 저서 『방법에 거스르기Against Method』(1975)에서 그는 과학에 대한 철학적 개념이나 방법론과 논리와 반대로, 과학사는 오직 단 하나의 방법론적 원칙만이 존재한다는 것을 보여 준다. '무엇이든지 다 된다anything goes'는 원칙이다. 과학적 발견은 온갖 방법으로 생겨났으며, 연구자들에게 한 가지 규칙 체계에 충실하도록 강요하는 것은 과학적 성취를 장려하기보다 도리어 방해한다. 따라서 파이어아벤트는 과학적 방법과 관련해 자신을 '인식론적 무정부주의자'라고 선언한다.

과학적 사회학이란?

과학의 본성에 관한 논쟁은 사회학의 지위에 관해 어떤 함의를 갖는가? 첫째, 과학은 어떤 특정한 방법이나 고정된 방법론적 규칙 체계에 의해 정의되지 않는다. 실제로 과학자들은 지식을 추구하는 데 다양한 방법을 활용한다. 레이 포슨Ray Pawson의 다음과 같은 주장을 참고할 수 있다(2013: xi).

> 만약 과학이 항상 같은 일을 반복하고 규칙을 따르는 일이라면, 과학은 예정된 프로그램을 따라가는 것에 불과해, 이미 완료되었거나 파이프라인에서 완료되기를 기다리고 있을 것이다. 그러나 실제 세계에서 과학적 연구는 신선한 발견이 이루어지고 새로운 분야가 열리면서 끊임없이 변화하고 있다. 따라서 방법론적 규칙은 돌에 조각된 것처럼 고착될 수 없다…… 매 순간 연구자는 프로젝트를 구상하고, 입찰에 응하고, 현장에 들어가고, 결론을 도출하며, 관찰하고, 글을 쓸 때마다 방법론적 규칙에 미세한 변화를 줄 것이다.

포슨의 주장은 파이어아벤트의 무정부주의적 결론을 받아들이지 않았지만, 자연과학과 사회과학 모두에 적용이 가능하다. 방법론적 규칙들은 항상 발전 과정에 있으며 유용성이 없는 것도 아니다.

둘째, 비록 (철학자들이 추구해 왔던) 과학적 방법이나 단일한 방법론적 원리는 존재하지 않더라도, 과학은 이론적 사고와 논리적 논증, 체계적인 경험적 조사, 엄격한 데이터 분석, 축적된 지식을 발전시키기 위한 연구 성과의 발표와 같은 핵심 원칙들을 준수한다. 사회학 및 심리학이 포함된 사회과학 분야가 과학적이라는 점을 의미하는데, 이들 분야에서 수행하는 양적 연구와 질적 연구가 이런 원칙을 따르기 때문이다.

그러나 셋째, 사회학자들은 사회학이 자연과학과 똑같은 조사 방법을 채택할 것으로 기대해서는 안 된다. 개인이나 사회집단과 사회가 물질적 세계에 있는 동물과 사건은 매우 다르기 때문이다. 특히 인간은 자신이 하는 일에 의미와 목적을 부여하는 자기 인식의 존재이다. 사람들이 자신의 행동에 적용하는 의미가 무엇인지 먼저 파악하지 않으면 사회적 삶을 정확하게 묘사할 수 없다. 예를 들어 죽음을 '자살'로 묘사하는 것은 죽음을 맞이했을 때 그 사람이 의도한 바를 알고 있음을 의미한다. 어떤 사람이 차 앞에서 발을 딛다가 사망했다면 객관적인 관찰은 자살을 암시할 수 있다. 그러나 죽음이 사고로 발생하지 않았다는 것을 알 경우에만 자살로 규정지을 수 있다. 의도와 의미는 인간 행동을 설명하는 데 사회학자들이 무시할 수 없는 요소다.

넷째, 사회과학과 자연과학 사이의 중요한 차이점을 인정할 경우, 사회학자들은 뚜렷한 단점을 갖고 있는 것으로 보일 수 있다. 개인의 '마음속으로 들어가기'를 시도하는 것은 문제가 엄청 많으며 연구자들에게 연구의 복잡성을 더할 수 있다. 그러나 장점도 크다. 사회학자들은 그들이 연구하는 사람들에게 직접 질문할 수 있으며, 자신과 다른 연구자들이 이해하는 응답을 얻을 수 있다. 예를 들어 생물학자들은 연구 대상인 동물과의 직접적인 소통이 불가능하다. 연구자의 해석을 확인해 주거나 비판하는 연구 참여자와 대화할 기회가 있다는 것은 사회학적 발견들이 자연과학보다 잠재적으로 더 신뢰할 만하며(다른 연구자들도 같은 결과에 도달할 것이다) 타당하다는(연구자가 측정하고자 하는 것을 측정했다) 점을 의미한다.

또한 인간 대상 연구는 자연과학자들이 겪지 않는 문제점을 갖고 있다. 자신의 활동들이 면밀히 조사되고 있음을 알고 있는 사람들은 평소의 행동과 의견을 바꿀 가능성이 있어 연구자의 결론을 무의미하게 만들 수 있다. 참가자는 의식적으로나 무의식적으로 자신의 외형을 관리하고 연구자가 원하는 응답을 제공함으로써 연구자를 도우려 할 수도 있다. 사회학자들은 이러한 문제를 인식하고 이를 극복하기 위한 전략을 고안해야 한다. 반면, 화학물질이나 개구리의 행동을 연구하는 자연과학자들은 이와 같은 문제를 고민할 필요가 없다.

결론적으로 과학적 연구와 다른 유형의 연구를 구별하는 기준들이 있다고 주장하는 과학철학자들의 의견에 동의할 수 있다. 그러나 이 기준들은 고정되어 있지 않고 앞으로 진행되는 연구 프로그램 및 연구와 함께 시간이 지남에 따라 변화할 것이다. 또한 과학이 지식공동체 내에서 이루어지며 광범위한 이론적 틀이나 패러다임이 존재한다고 주장하는 역사가들의 의견 역시 타당하다. 제3장에서 보듯이, 사회학은 대립하는 관점 간의 경쟁을 통해 진보해 왔고, 시간이 지남에 따라 관점 및 이론적 결합이 나타나는 경우가 증가해 왔다. 그러나 이와 같은 다양성과 경쟁에도 불구하고, 또한 파이어아벤트가 취한 무정부주의적 입장과 다르게, 대부분의 사회학 연구 진행 과정에는 어떠한 하나의 논리가 존재한다. 여기에 대해서는 다음에 다룰 것이다.

비판적으로 생각하기 THINKING CRITICALLY

로드 험프리스의 연구를 다시 살펴보자. 험프리스의 연구는 앞서 설명한 '과학'의 네 가지 기준을 충족하는가? 당신이 만약 비슷한 연구를 수행하며 같은 방법들을 썼다면, 당신은 같은 혹은 다른 결과들을 도출할 것인가? 이것은 연구의 지위에 대해 무엇을 의미하는가?

연구 과정

사회학 연구를 수행하는 과정은 연구 문제를 확인하고 방법론을 고안하는 것에서부터 연구 결과물을 출간하고 동료 연구자의 비평에 응답하는 것까지 여러 단계로 진행된다(〈그림 2-1〉 참조). 그러나 모든 연구는 사회적 삶의 특정한 측면을 잘 살펴보고 이해하려는 욕구에서부터 시작된다.

연구 질문 정의

모든 연구는 연구 질문 혹은 연구 문제에서 출발한다.

때때로 연구 질문은 알지 못하는 일을 밝혀내는 것에서부터 시작하기도 한다. 어떤 연구는 단순히 특정한 기관이나 사회적 과정 혹은 문화에 대해 더 알기 위해 진행하기도 한다. 연구자는 '인구의 몇 퍼센트가 강한 종교적 신념을 지니고 있는가?', 또는 '여성의 경제적 지위는 남성에 비해 얼마나 뒤떨어져 있는가?'와 같은 질문에 답하기 위해 연구를 시작하기도 한다. 이러한 질문들은 필요하고 유용한 것들이다.

그러나 한편으로 뛰어난 사회학 연구는 퍼즐 맞추기처럼 짜 맞출 조각이 많은 문제를 다루기도 한다. 퍼즐 같은 문제는 단순히 정보가 부족함을 뜻하는 것이 아니라, 이해의 공백을 의미한다. 가치 있는 사회학 연구를 생산하기 위해 짜 맞출 조각/퍼즐들을 올바르게 식별하는 것이 중요하다. 퍼즐을 푸는 연구는 단순히 무슨 일이 일어나고 있는지 답하기보다 어떤 일이 왜 일어나고 있는지 이해하는 데 집중한다. 따라서 우리는 다음과 같은 형태의 질문을 던질 수 있다. '최근 몇 년간 투표율이 하락하는 이유는 무엇인가?' '왜 여성들은 고위직에 진출하기 어려운가?' 이것은 단순히 사실에 대해 묻는 질문들이 아니다. 이런 질문들은 단순한 사실적 질문에 그치지 않고 우리가 발견한 증거를 설명하기 위해 한 단계 더 나아가게 해 준다.

연구의 모든 과정은 통합적으로 이루어진다. 작업이 진행되는 가운데서도 연구 질문이 생겨날 수 있다. 연구자가 이전에 미처 생각하지 못했던 문제가 제기될 수 있기 때문에 하나의 연구 프로젝트가 또 다른 프로젝트로 이어지기도 한다. 사회학자는 다른 연구자의 작업을 접하거나 특정한 사회적 경향을 포착함으로써 새로운 연구 문제를 찾아낼 수 있다.

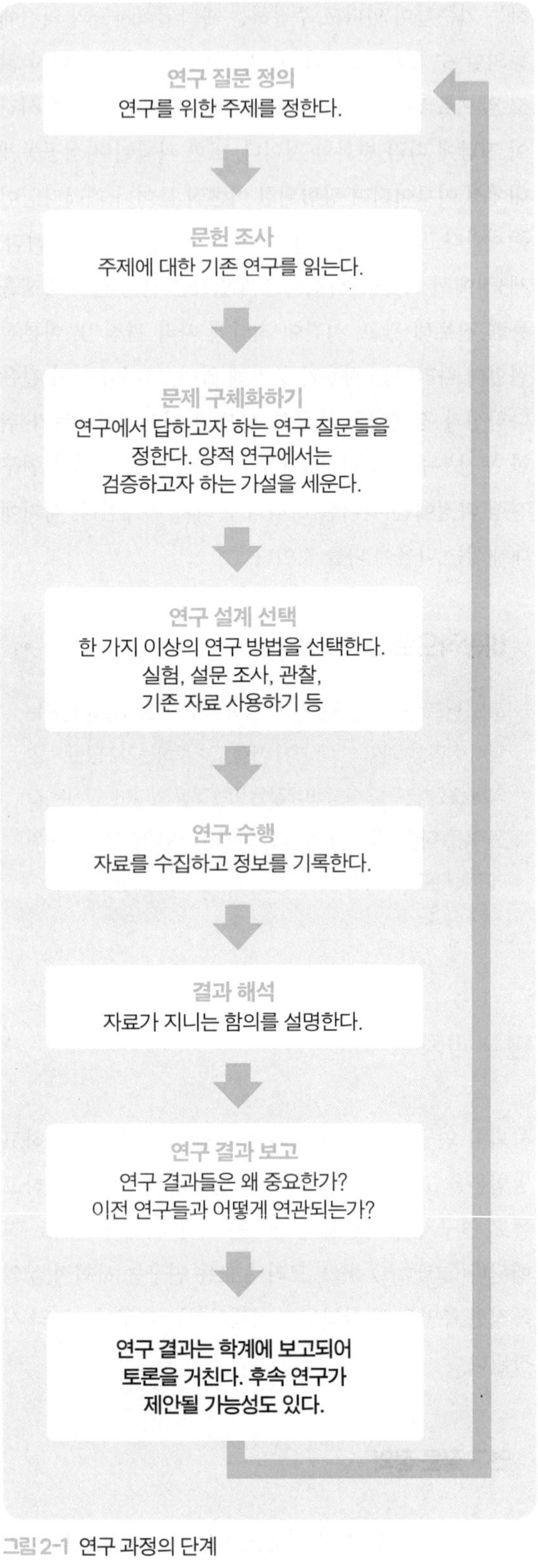
연구 질문 정의
연구를 위한 주제를 정한다.
문헌 조사
주제에 대한 기존 연구를 읽는다.
문제 구체화하기
연구에서 답하고자 하는 연구 질문들을 정한다. 양적 연구에서는 검증하고자 하는 가설을 세운다.
연구 설계 선택
한 가지 이상의 연구 방법을 선택한다. 실험, 설문 조사, 관찰, 기존 자료 사용하기 등
연구 수행
자료를 수집하고 정보를 기록한다.
결과 해석
자료가 지니는 함의를 설명한다.
연구 결과 보고
연구 결과들은 왜 중요한가? 이전 연구들과 어떻게 연관되는가?
연구 결과는 학계에 보고되어 토론을 거친다. 후속 연구가 제안될 가능성도 있다.

그림 2-1 연구 과정의 단계

기존 논거 검토

연구 질문이 확정된 다음에는 보통 그 분야에서 찾을 수 있는 기존 문헌의 검토를 통해 활용 가능한 증거를 살핀다. 어쩌면 이전 연구가 연구 문제에 대해 만족스러울

정도로 명확한 답을 내렸으며, 그 과정을 반복할 필요가 없을 수도 있다. 그러나 그렇지 않다면 연구자는 조금이라도 관련된 문헌을 모두 찾아보며 자신의 연구 목적에 유용한 것들을 가려내야 할 것이다. 이전 연구자들 또한 같은 문제에 초점을 맞추지 않았을까? 그들은 문제를 어떻게 설명하려 했는가? 연구 문제 중에서 분석되지 않은 부분이 있다면 무엇인가? 다른 이들의 생각을 검토해 보면 연구자 자신의 연구에서 제기될 수 있을 법한 이슈들을 분명히 하고, 연구에 사용할 수 있는 방법을 명료하게 하는 데 도움이 된다. 문헌 검토는 불필요하게 연구를 반복하는 것을 막을 수 있는 필수 단계다. 또한 문헌 검토를 통해 우리의 지식에 여전히 공백이 존재한다는 점을 강조할 수도 있다.

질문 구체화하기

세 번째 단계는 연구 질문을 명확하게 나타내는 과정이다. 적절한 기존 문헌이 존재할 경우, 연구자는 문제 접근 방법에 대해 좋은 아이디어를 갖고 도서관을 나올 수 있을 것이다. 이 단계에 다다르면 문제의 속성에 대한 직관이 정밀한 언어로 명료히 기술된 연구 질문이 되기도 한다. 이 직관은 무슨 일이 일어나는지에 대한 경험에서 우러나온 추측에 근거한다. 효과적으로 연구하기 위해 연구 질문은 수집한 경험적 자료들이 연구 질문을 지지하거나 부정하는 증거를 제공하는 방식으로 구성되어야 한다. 설문 조사처럼 양적 자료를 모으고 분석하는 연구들은 정교화된 가설들을 채택 혹은 기각하는 통계적 검증을 선호하는 경향이 있다. 반면 질적 연구들은 종종 탐색적이며, 연구 과정에서 연구 질문을 만들기도 한다.

연구 설계

다음으로 연구자는 자료를 어떻게 수집할지 결정해야 한다. 다양한 연구 방법이 존재하지만, 연구자는 연구의 전반적인 목적이 무엇인지, 분석하고자 하는 행위가 무엇인지에 근거해 적절한 연구 방법을 선택한다. 특히 많은 양의 자료를 모을 필요가 있을 때는 설문지를 사용하는 설문 조사 방법이 적합할 수 있다. 반면 소수의 사회 집단을 세밀히 연구하고자 한다면 인터뷰나 관찰 연구가 더 알맞을 수도 있다. 다양한 연구 방법들은 이 장의 후반부에서 좀 더 알아볼 것이다.

연구 수행

연구를 실제로 실행하는 단계에서는 종종 예측하지 못한 실질적인 어려움이 발생한다. 우편으로 설문지를 보내거나 인터뷰를 요청한 사람들에게서 연락이 없는 경우도 있다. 민감한 정보가 누출될 것을 우려해 영리 기업이나 정부 기관이 연구에 비협조적일 수도 있다. 이러한 어려움들은 연구자가 부분적인 표집에만 접근하게 만들고, 이에 따라 전체 결과를 잘못된 방식으로 해석하게 만들어 왜곡된 연구 결과로 귀결시킬 우려가 있다. 예를 들어 연구자가 기업이 장애인에게 평등한 기회를 제공하는 프로그램을 갖추고 있는지에 대해 연구한다면 그런 프로그램이 없는 회사는 연구에 참여하지 않으려 할 것이다. 이러한 기업들이 참여하지 않은 경우에는 연구 결과가 왜곡될 수 있다.

왜곡은 연구 과정에서 다른 방식으로 나타날 수도 있다. 예를 들어 연구 참여자의 견해를 묻는 설문 조사를 시행할 때 연구자는 자신의 특정 관점이 반영된 주요 질문을 통해 무의식적으로 연구자가 의도하는 방향으로 답변을 유도할 수 있다. 이에 대한 대응으로, 피면접자는 자신이 응답하고 싶지 않은 질문을 회피할 수 있다. 구조화된 설문 문항을 사용함으로써 인터뷰에서 발생할 수 있는 왜곡을 줄일 수 있지만 완전히 제거하기는 어렵다. 왜곡의 또 다른 원인은 설문 조사의 잠재적인 참여자(예를 들어, 응답자의 자발적인 참여를 요청하는 설문지가 배포되었을 때)가 조사에 응할 의사가 없을 때 발생할 수 있다. 이를 무응답에 의한 편향/왜곡non-response bias이라 부르며, 무응

표 읽기와 해석

표 2-2 유럽연합의 인터넷 사용자, 2010~2015

국가	인구 (2015)	인터넷 사용자 (최근 자료)	보급률 (%, 인구)	사용자 증가율 (%, 2000~2010)	사용자 (%, 유럽연합)
불가리아	7,202,198	**4,083,950**	56.7	689.5	1.0
체코	10,538,275	**8,400,059**	79.7	568.1	2.1
덴마크	5,659,715	**5,432,760**	96.0	143.6	1.3
핀란드	5,471,753	**5,117,600**	93.5	132.5	1.3
프랑스	66,132,169	**55,429,382**	83.8	425.0	13.8
독일	81,174,000	**71,727,551**	88.4	171.3	17.8
그리스	10,812,467	**6,834,560**	63.2	397.1	1.7
이탈리아	60,795,612	**37,668,891**	62.0	127.5	9.3
라트비아	1,986,096	**1,628,854**	82.0	902.3	0.4
네덜란드	16,900,726	**16,143,879**	95.5	281.3	4.0
폴란드	38,005,614	**25,666,238**	67.5	701.8	6.4
포르투갈	10,374,822	**7,015,519**	67.6	106.8	1.7
루마니아	19,861,408	**11,178,477**	56.3	873.3	2.8
슬로바키아	5,421,349	**4,507,849**	83.1	525.2	1.1
스웨덴	9,747,355	**9,216,226**	94.6	107.5	2.3
영국	64,767,115	**59,333,154**	91.6	234.0	14.7
유럽연합	**507,970,816**	402,937,674	**79.3**	**257.8**	**100.0**

참조: (1) 유럽연합 인터넷 통계The European Union Internet Statistics: 2015년 11월 30일 기준.
(2) 인구는 주로 Eurostats의 자료를 기반으로 했음.
(3) 인터넷 사용량은 다양한 기관으로부터 수집했으며, 주로 Nielsen Online, ITU, GfK, 지역 기관 및 기타 신뢰할 수 있는 출처에서 발행한 데이터를 기반으로 했음.

출처: www.internetworldstats.com/stats9.htm.

사회학 문헌과 연구를 읽다 보면 종종 표를 만나게 된다. 표들은 매우 복잡해 보이지만, 아래에 열거한 기본적인 절차를 따르면 읽기 쉽다. 연습만 좀 한다면 자동적으로 표를 읽을 수도 있다. 표를 건너뛰려는 유혹에서 벗어나야 한다. 표로 제시한 것이 더 농축된 정보를 담고 있으며, 글로 설명한 것보다 더 빨리 해독할 수 있다. 표를 해석하는 기술을 익히면, 연구자가 내린 결론이 얼마나 증거에 의해 지지되고 있는지 알 수 있으며, 그에 따라 더 비판적으로 읽을 수 있다.

1. 표의 전체 제목을 읽는다.

표에 긴 제목이 붙어 있는 경우가 많은데, 저자가 전달하려는 내용의 본질을 정확히 서술하고자 하기 때문이다. 〈표 2-2〉의 제목은 먼저 자료의 대상이 무엇인지 밝히며, 두 번째로 자료의 날짜와 비교 대상, 세 번째로 제한된 범위의 국가들을 보여 준다.

2. 자료에 대한 설명 주석을 찾아본다.

주석은 원 자료가 어떻게 수집되었는지, 왜 그것을 특정한 방식으로 배치해야 하는지를 보여 준다. 이 책에 있는 다수의 표는 주석을 포함한다. 만약 연구자가 수집한 자료가 아니더라도, 원전의 출처를 표기하면 연구 자료로 사용할 수 있다. 연구자가 자료를 직접 수집하지 않고 다른 연구 결과물을 활용했을 경우 출처를 표기해야 한다. 출처는 자료에 대한 신뢰성 있는 통찰력을 제공할 뿐만 아니라 원래 자료가 어디에서 유래했는지 찾을 수 있게 해 준다. 〈표 2-2〉는 자료를 여러 출처에서 모아 만든 것임을 알 수 있다.

3. 맨 위쪽 행과 왼쪽 첫 번째 열에 있는 표제들을 읽는다.
(어떤 표들은 '표제'가 위가 아닌 맨 아래에 위치한다) 이들은 표의 행과 열이 각각 어떤 종류의 정보를 포함하는지 알려 준다. 표의 내용을 훑어볼 때, 표제를 반드시 기억해야 한다. 사례에서 왼쪽에 있는 표제는 국가를, 위에 있는 표제는 숫자나 퍼센트로 국가 비교 수치들을 보여 준다.

4. 표에 사용된 단위를 식별한다.
표에 있는 숫자들은 사례 수, 퍼센트, 평균 등을 나타낸다. 이것들을 보고 숫자들을 연구자에게 유용한 단위로 치환하는 것도 필요하다. 예컨대 퍼센트가 표에 표기되지 않을 경우, 이를 계산하면 유용할 수도 있다.

5. 표에 있는 정보를 통해 결론을 추론한다.
저자는 보통 대부분의 표에 대해 논한다. 물론 독자는 저자가 말하고자 하는 바를 반드시 염두에 두어야 한다. 그러나 더 중요한 일은 자료를 바탕으로 어떤 이슈나 질문들이 더 제시될 수 있는지 질문해 보는 것이다.

사례를 보면 몇 개의 흥미로운 경향이 나타난다. 첫째, 인터넷 보급률 정도 — 전체 인구 대비 인터넷 사용자 비율 — 는 유럽연합 국가들 간에 상당히 다른 분포를 보인다. 루마니아(56.3퍼센트)와 불가리아(56.7퍼센트)의 인터넷 사용률이 절반을 겨우 넘긴 데 반해, 덴마크와 네덜란드의 인터넷 사용률은 95퍼센트 이상으로 나타났다. 둘째, 전체 유럽연합의 인터넷 사용자 증가율은 불과 10년(2000~2010) 만에 257.8퍼센트로 급격히 증가했다. 셋째, 같은 시기 동안 라트비아, 체코, 폴란드, 슬로바키아와 같은 많은 동유럽 국가에서 인터넷 사용 증가율은 유럽연합 평균을 훨씬 상회하는 것으로 나타났다. 라트비아의 경우 10년 동안 900퍼센트 이상 증가했다. 이들 국가들은 애초부터 인터넷 사용이 적었으며, 그들이 유럽 공동체의 사업과 사회 구조에 통합되면서 평균 수준을 '따라잡았다'고 볼 수 있다. 이러한 가정을 입증하려면 더 많은 연구가 필요하다. 사회와 사회 발전에 대한 우리의 이해가 높아지되면서, 하나의 연구가 더 많은 연구들을 불러오는 것이다.

비판적으로 생각하기 THINKING CRITICALLY

〈표 2-2〉를 읽고 연구 질문을 만들어 보자. 예를 들어 놀랄 만한 사실이 있는가? 왜 이탈리아와 포르투갈은 체코, 라트비아, 폴란드, 슬로바키아에 인터넷 보급률에서 추월당했는가? 이러한 추세에 대해 설명할 수 있는 연구 질문을 만들어 보자.

답률이 높은 설문 조사일수록 조사 참여자의 의견이 편향될 가능성이 크다. 설문 조사에서 편향을 최대한 줄이기 위해 노력할지라도 사회학자가 실시하는 모든 관찰에는 연구자 개인이 속한 사회의 문화적 가정으로부터 영향을 받을 수 있다. 사회학자는 연구자이기 이전에 이미 인류와 사회의 구성원이었기 때문에 관찰자의 편향/왜곡은 다루기 까다롭고, 아마도 이 문제를 해결하기는 거의 불가능할 것이다. 이 장의 후반부에서 사회학 연구에 존재할 수 있는 위험과 어려움을 살펴보고, 이를 어떻게 피할 수 있을지 논할 것이다.

결과 해석

자료를 모두 수집한 후에도 연구자에게는 할 일이 산

더미처럼 남아 있다. 이제 시작일 뿐이다! 자료의 함의를 밝혀내고 발견한 의미를 다시 연구 질문에 연관시키기는 그리 쉽지 않다. 최초의 질문에 분명하게 답할 수 있을지는 몰라도 대부분의 연구 결과들은 보통 최종적인 것이 아니다. 연구 보고는 보통 학술지에 논문으로 게재되거나 책으로 출간된다. 연구 보고에서 조사자는 연구의 특징을 설명하고 결과를 정당화한다.

앞서 살펴본 대로 험프리스는 『찻집의 거래』를 책으로 내면서 연구를 보고한 셈이다. 이 단계는 하나의 개별 연구에서 마지막 단계라고 볼 수 있다. 하지만 대부분의 연구는 연구 과정에서 설명되지 않은 문제들을 제기하며, 미래에 효과적으로 수행될 발전적 연구를 제안한다. 모든 개별 연구는 사회학계에서 진행 중인 연구 과정의 일부라고 보아야 할 것이다. 험프리스의 연구 결과를 기점 삼아 연구를 진행한 많은 학자들이 있듯이 말이다.

앞에서 실제 연구가 어떻게 진행되는지 간략하게 살펴보았다(〈그림 2-1〉 참조). 실제 사회학 연구에서는 위의 과정들이 매끄럽게 진행되는 일이 거의 없다. 상당수의 연구는 계획과 다르게 여러 단계를 오가며 혼란스러운 과정을 통해 만들어진 것들이다. 연구 과정과 실제 연구 사이의 차이는 마치 요리 조리법과 실제 요리 과정의 차이와도 같다. 종종 숙련된 요리사는 조리법을 참고할 필요조차 느끼지 못하지만, 조리법을 그대로 따른 사람들보다 요리를 잘할 수 있다. 파이어아벤트의 주장과 같이 정해진 틀을 교조적으로 따르면 연구가 지나치게 제한될 위험이 있다. 실제로 뛰어난 많은 사회학 연구들은 위에서 제시된 단계들을 대부분 어딘가에서 거치긴 해도, 그 순서를 엄격하게 준수하며 연구를 진행하지는 않았다.

원인과 결과 이해하기

원인과 결과 분석은 연구 방법론에서 매우 많은 지적을 받을 수 있는 부분 중 하나다. 특히 통계적 검증에 기초한 양적 방법의 경우에는 더욱 그렇다. 두 사건 사이의 인과관계란 한 사건이 다른 사건을 촉발하는 것을 의미한다. 언덕에서 자동차의 기어를 풀어 놓으면, 자동차는 경사면을 따라 가속도를 낼 것이다. 브레이크를 떼는 것이 사건의 직접적인 원인이며 이 같은 일이 일어난 이유는 물리적 법칙으로 쉽게 이해될 수 있다.

자연과학에서와 마찬가지로 사회학은 모든 사건에 원인이 존재한다는 전제에서 출발한다. 사회적 삶은 별 이유도 없이 무작위로 일어나지 않는다. 사회학 연구의 주된 임무는 이론적으로 사고하는 것과 동시에 인과관계를 밝히는 것이다.

인과성과 상관성

인과성causation은 상관성으로부터 직접 추론되는 것이 아니다. 상관성correlation이란 두 종류의 사건 혹은 두 변수 사이에 규칙적인 관계가 존재함을 의미한다. 여기서 변수variable는 개인이나 집단이 다른 값을 갖는 차원을 뜻한다. 나이, 소득 격차, 범죄율 및 사회 계급 등이 사회학에서 자주 사용되는 대표적 변수다. 두 변수가 밀접하게 연관되어 있다는 것이 밝혀지면 한 변수가 다른 변수의 원인일 것이라고 생각할 수도 있다. 하지만 그렇지 않은 경우가 대부분이다. 변인 간에 아무런 인과관계 없이 상관관계만 존재하는 경우도 많다. 가령 제2차 세계 대전 이후 파이프 담배 흡연이 감소한 것과 주기적으로 영화관을 찾는 사람이 줄어든 것 사이에는 강한 상관관계가 있다. 분명한 것은 이 경우 어떤 한 변수가 다른 변수를 발생시키지 않았다는 것이다. 이들 사이에서는 미약한 인과관계조차 발견할 수 없다. 하지만 많은 경우, 관찰된 상관관계에 인과성이 전혀 존재하지 않는다고 단정하기도 어렵다. 이러한 상관관계는 함정이 되어 의심스럽거나 잘못된 결론을 만들 수도 있다.

1897년에 출간된 고전적 연구 『자살론Suicide』(제1장 참조)에서 에밀 뒤르켐은 자살과 계절 사이의 상관관계를 발견했다. 뒤르켐이 연구한 사회에서는 1월부터 6월이나 7월까지 자살률이 점차 높아졌다. 이후 연말까지는 자살률이 줄어드는 추세를 나타냈다. 이 결과는 온도 및 기후 변화가 개인의 자살 성향과 인과적으로 관련 있는 것처럼 보인다. 온도가 상승함에 따라 사람들이 더욱 충동적이고 성급한 성향을 보이기 쉬운지도 모른다. 하지만 자살은 기후와 온도 어느 것과도 직접적인 인과관계를 갖지 않는다. 사람들은 대부분 겨울보다 봄, 여름에 더 적극적으로 사회생활을 한다. 고립되거나 우울한 개인은 자신을 빼놓고 다른 사람들 사이에 교류가 잦을수록 더욱 외로워진다. 그래서 그들은 사회생활이 감소하는 가을이나 겨울보다 활동량이 많은 봄이나 여름에 더욱 강렬한 자살 충동을 겪는다. 이것은 사회학자들이 포착하는 방법을 배워야 하는 의미 있는 인간 특징의 또 다른 예다. 이처럼 연구자는 상관관계에 인과성이 존재하는지 평가할 때나 인과관계의 방향을 결정할 때 언제나 세심한 주의를 기울여야 한다.

인과 기제

상관관계 사이에서 인과관계를 가려내기란 결코 쉽지 않다. 가령 현대 사회에서 학업 성취도와 직업적 성공은 강한 상관관계를 보인다. 학교에서 좋은 성적을 얻은 개인은 더 나은 조건의 직업을 얻기가 쉬운 경향이 있다. 학교에서 더 좋은 학점을 얻을수록, 그들이 졸업할 때 직장에서 임금을 더 많이 받을 가능성이 높다. 이러한 상관관계를 어떻게 설명할 수 있을까? 이에 답하기 위해 실시된 연구는 단지 학교에서의 경험만으로 이러한 현상을 설명할 수 없다고 암시한다. 학업 성취도는 개인이 자란 가정환경의 영향을 많이 받는다. 부유한 가정에서는 부모가 교육 자체에 관심이 높고, 접할 수 있는 책도 많으며, 공부할 장소도 존재한다. 따라서 부유한 가정 출신 아이들은 이러한 배경을 갖추지 못한 아이들보다 공부를 잘할 가능성이 높다. 여기서 작용하는 인과 기제는 자녀에 대한 부모의 태도 및 가정이 제공하는 학습 환경이다.

사회학에서 인과관계를 기계적으로 해석하는 것은 위험하다. 사람들의 태도와 이들이 각자 행위에 부여한 주관적인 이유가 사회현상의 인과적 원인이 될 수도 있기 때문이다. 개인이 그들의 세계를 어떻게 이해하는지 깊이 이해하려면 질적 연구가 필요하다. 막스 베버Max Weber는 사회적 삶의 의미가 개인과 상호작용 수준에서 생산된다고 말하면서, 모든 사회학적 작업은 결국 이 수준에서 해명되어야 한다는 것을 명확히 했다.

> 사회생활의 인과 기제를 정립하는 것에 초점을 둔 최근의 '비판적 현실주의' 접근은 제5장 〈환경〉을 참조하라.

통제

양적 연구에서 상관관계를 설명하는 원인을 평가하려면 독립 변수와 종속 변수를 구분해서 생각해야 한다. 독립 변수independent variable는 다른 변수에 영향을 미치는 요인을 의미한다. 이로부터 영향을 받는 것이 종속 변수dependent variable다. 앞서 제시된 예시에서 학업 성취가 독립 변수라면, 직업 소득은 종속 변수에 해당한다. 이렇게 구분함으로써 우리는 조사하고자 하는 인과관계의 방향성을 설정할 수 있다. 하지만 어떤 연구에서 독립 변수로 쓰인 것이, 다른 연구에서는 종속 변수가 될 수 있다. 이는 어떤 인과 과정을 분석하느냐에 따라 달라진다. 직업 소득이 생활방식에 미치는 영향을 연구하고자 한다면 직업 소득은 종속 변수보다는 독립 변수로 설정된다.

사회학자들은 왜 영국에 사는 젊은 무슬림 중 일부는 두건을 쓰고 다른 일부는 그렇지 않은지에 관심을 가질 수 있다. 그러나 이와 관련한 여러 요인들 사이의 인과관계를 설정하기는 어려운 일이다.

변수 사이에 존재하는 상관관계가 인과성을 지니는지 알아보기 위해 연구자는 변수를 통제controls할 수 있다. 통제는 특정한 변수들을 고정시킴으로써 다른 변수들이 어떠한 변화를 나타내는지 살펴보는 것이다. 그럼으로써 관찰된 상관성에 대해 적절히 설명할 수 있으며, 상관관계 중에서 어느 것이 인과관계인지 구분할 수 있다. 예를 들어 아동 발달 연구자들은 영아기의 모성 박탈과 성인기의 인격 장애에는 인과관계가 존재한다고 주장한다(모성 박탈이란 유아가 어머니로부터 몇 개월 이상 분리되는 것을 의미한다 — 옮긴이). 모성 박탈과 성격 장애 사이의 인과관계는 어떻게 검증될 수 있을까? 연구자는 관찰된 상관관계를 설명할 수 있는 다른 변인들을 통제하거나 가려냄으로써 인과관계를 검증할 수 있다.

예를 들어 모성 박탈이 정말 아동 발달에 치명적인 영향을 미치는 것일까? 어쩌면 누구로부터든 상관없이 사랑과 관심을 받는 유아가 결국 정서적으로 안정적인 사람이 되는지도 모른다. 이처럼 여러 방식으로 설명될 수 있는 인과관계를 검증하기 위해 연구자는 누구에게도 돌봄을 받지 못한 아이들과 어머니와 떨어져 있지만 다른 사람들에게 사랑받은 아이들을 비교해야 할 것이다. 만일 첫 번째 집단이 심각한 성격 장애를 겪고 두 번째 집단은 그렇지 않다면, 어머니가 되었든 다른 사람이 되었든 어떤 사람이 영아를 정기적으로 돌보는 것이 중요하다고 결론 내릴 수 있다. 실제로 아이들은 생물학적 어머니가 아니라도 누군가와 안정적으로 정서적 교감을 나누기만 하면 정상적으로 크는 듯하다.

원인 찾아내기

상관관계에 수반되는 인과관계를 식별하기란 매우 어

렵다. 이는 흡연과 폐암에 관한 긴 논쟁의 역사에서 잘 드러난다. 연구자들은 두 변인 간 상관관계가 높게 나타난다는 점을 꾸준히 증명해 왔다. 흡연자는 비흡연자에 비해 폐암에 걸리기 쉽고, 골초는 일반 흡연자에 비해 폐암에 걸리기 쉽다. 이러한 상관관계는 반대로도 나타난다. 폐암에 걸린 환자 가운데 다수가 흡연자이거나 과거에 장기적으로 흡연을 경험한 이들이다. 흡연과 폐암 간의 상관관계를 확인하려는 많은 시도가 있어 왔고, 오늘날에는 이들 간에 인과적 연결고리가 있다고 일반적으로 받아들여지지만, 정확한 인과 기제는 여전히 알려져 있지 않다.

어떤 주제에 대해 연구가 얼마나 많이 진행되었는지와 무관하게 상관관계 연구에서는 가능한 인과관계들에 대해 끝없이 다른 가능성이 제기된다. 상관관계는 언제나 다르게 해석될 수 있다. 예컨대, 태생적으로 폐암에 걸리기 쉬운 사람들은 태생적으로 흡연에 노출되기 쉬울 수 있다는 견해가 제기되기도 했다. 이러한 관점에서 보면 흡연이 그 자체로 폐암의 원인이라기보다는 흡연과 폐암에 생물학적으로 내재된 요인이 존재하는 것이다. 일반적으로 동일 분야의 기존 연구를 살펴봄으로써 인과관계를 찾아보려고 한다. 상관관계에서 나타나는 인과 기제를 연구자가 미리 알지 못하면 실제 인과적 연결이 무엇인지 알아내기란 매우 어렵다. 연구자는 무엇을 위해 검증해야 할지조차 모르게 되는 것이다.

사회학적 연구 방법

사회학적 연구 방법은 보통 양적quantitative 연구 방법과 질적qualitative 연구 방법으로 나뉜다. 양적 연구 방법은 기능주의 및 실증주의와 연관되고, 질적 연구 방법은 상호작용주의와 의미 및 이해를 추구하는 방법론과 관련이 있다. 용어에서 드러나듯이 양적 연구 방법은 사회현상을 측정하고 수학적인 모형과 통계적 분석을 사용해 현상을 설명한다. 반면, 질적 연구 방법은 개인의 사회적 삶을 심층적으로 이해하기 위해 풍부한 자료를 수집한다. 이는 다양한 사회학적 연구 방법들에 대한 거칠고 임시적인 구분이지만, 이 구분은 출발점으로서 유용하다. 많은 사회학자들이 이 중 하나를 전문적으로 다루거나 특정한 방법론적 전통을 더 지지하기도 한다. 두 가지 전통은 서로 대립하는 것이며 완전히 다른 접근이라고 비칠 위험이 있다. 하지만 이러한 시각은 매우 비생산적이며, 현 상황을 적절히 묘사하지 못한다.

사실 오늘날 많은 연구가 연구 대상을 포괄적으로 이해하고 설명하기 위해 혼합 연구 방법(양적 연구와 질적 연구를 모두 사용하는 것)을 사용하고 있다. 혼합 연구 방법은 서로 분리된 양적·질적 연구의 결과들이 결합할 수 있게 해 준다. 예를 들어 여성학자들은 여성의 목소리를 들을 수 있는 질적 연구 방법을 선호한다. 양적 연구로 여성의 목소리를 듣기는 어렵기 때문이다. 의심의 여지없이 정확한 말이다. 그러나 양적 연구 없이는 남녀 간의 불평등을 측정할 수 없으며, 여성 개인의 목소리를 더 넓은 사회적 맥락에 위치시키기도 어려울 것이다. 사회학자들은 자신의 질문에 원하는 답을 줄 수 있는 가장 적합한 연구 방법을 사용할 수 있도록 준비해야 한다.

다음에는 사회학자들이 자주 사용하는 다양한 연구 방법들을 살펴볼 것이다(〈표 2-3〉 참조).

민속지학

로드 험프리스 및 리와 그의 동료들이 선택한 접근은 민속지학ethnography의 일종이었다. 그들은 주된 연구 방법으로 참여 관찰participant observation과 인터뷰를 했고, 현지 조사를 하며 사람들을 직접 연구했다. 연구자는 돌아다니거나, 일을 하거나, 집단이나 조직 그리고 공동체와 함께 생활하기도 하고, 연구 대상의 활동에 직접적인 역할을 수행하기도 한다.

성공적인 민속지학 연구는 한 집단이나 조직, 공동체에 있는 사람들의 행위에 대한 정보를 제공하고 동시에 사람들이 스스로의 행위를 어떻게 이해하는지 정보를 제공한다. 연구 집단 내부에서 사물들을 바라보는 특정 방식을 파악하면 개별 행위뿐 아니라, 그 연구를 넘어 사회적 과정도 깊이 이해할 수 있다. 민속지학적 연구는 사회학에서 사용되는 수많은 질적 연구 방법 중 하나이며, 이를 통해 상대적으로 작은 규모의 사회현상에 대해 심층적으로 이해하고 지식을 얻을 수 있다.

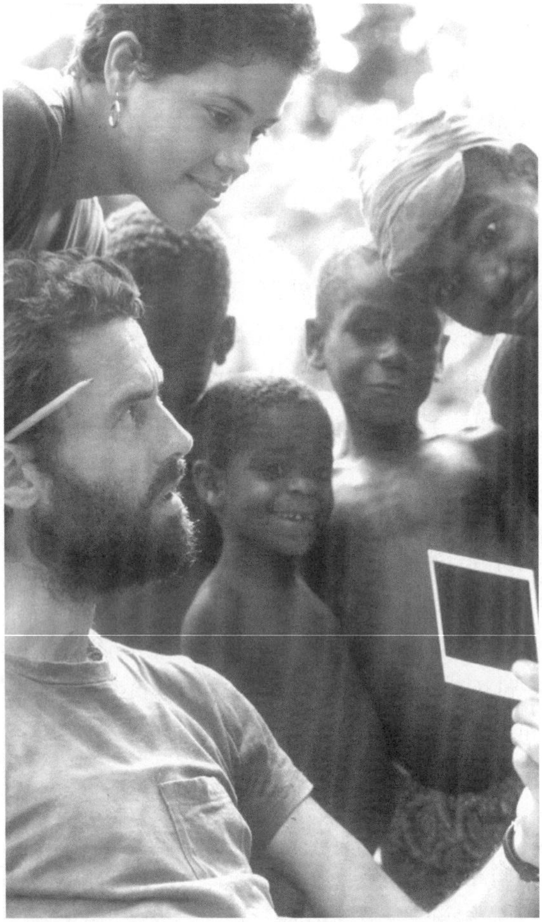
현지 조사에서 사회학자들은 연구하는 공동체에 가까워져야 하지만 너무 가까워져 외부자로서의 객관적인 시선을 잃어서도 안 된다.

민속지학의 고전적 연구들은 관찰자에 대해서는 정보를 제시하지 않고, 연구 대상에 대해서만 설명하곤 했다. 그들이 연구 대상을 객관적으로 그려낼 수 있다는 믿음 때문이었다. 최근 들어서는 민속지학 연구자들이 자신에 대해 그리고 연구 대상자와 어떤 관계인지 이야기하는 경향이 있다. 때때로 이러한 방법론적 성찰reflexivity은 연구자의 인종, 계층이나 젠더가 연구에 어떻게 영향을 미쳤는지, 혹은 관찰자와 관찰 대상 사이의 권력 차이가 서로 간의 대화를 얼마나 왜곡했는지 알 수 있게 한다.

민속지학에는 다른 단점들도 있다. 아주 작은 집단이나 마을만이 연구 대상이 될 수 있으며, 개인 연구자가 얼마나 주민들의 신뢰를 얻을 수 있는지는 오직 연구자의 능력에 달려 있다. 이러한 능력 없이는 연구를 시작조차 할 수 없다. 반대도 가능하다. 연구자는 집단과 동일시되어 내부자로 여겨져 외부자의 객관적인 관점을 놓칠 수도 있다. 한 개인의 능력에 의해 연구가 좌우된다면, 이런 연구는 반복되기 어렵기 때문에 신뢰성을 의심받게 된다.

설문 조사

현지 조사법은 일반화의 문제가 있다. 현지 조사는 적은 수의 사람만이 연구 대상이 되기 때문에 한 곳에서 발견된 사실이 다른 상황에서도 마찬가지로 들어맞는지 알 수 없다. 심지어 다른 두 연구자가 같은 상황을 연구했을 때 전혀 다른 결과가 나오기도 한다. 이와 같은 일반화의 문제는 대규모로 수행되는 설문 조사에서 더 적게 나타난다. 설문 조사에서는 선택된 집단 사람들에게 설문지를 우편으로 발송하거나 직접 면접을 진행한

표 2-3 사회학 연구에서 주로 사용되는 네 가지 방법

연구 방법	장점	단점
현지 조사	다른 방법보다 깊이 있고 풍부한 정보를 얻을 수 있다.	상대적으로 적은 수의 집단이나 사회에 사용할 수밖에 없다.
	민속지학은 사회화 과정을 이해하는 데 보다 폭넓은 도움을 준다.	연구 결과는 조사 대상인 집단 혹은 사회에만 적용될 가능성이 있다. 단 한 번의 현지 조사를 바탕으로 일반화시키는 데는 무리가 있다.
설문 조사	수많은 개인에 대한 자료를 효율적으로 수집할 수 있다.	수집된 자료는 피상적일 수 있다. 지나치게 표준화된 설문지는 응답자 간의 차이를 효과적으로 드러내지 못할 수 있다.
	연구 대상의 응답을 정밀하게 비교할 수 있다.	응답은 사람들이 실제로 믿는 것이라기보다 믿는다고 주장하는 것일 수도 있다.
실험	연구자에 의해 특정 변인/변수가 통제될 수 있다.	사회생활의 많은 부분은 실험으로 삼기 어렵다.
	동일한 방식으로 연구를 반복하는 것이 가능하다.	실험 상황에 따라 연구 대상의 반응이 달라질 수 있다.
문헌 조사	문헌 종류에 따라 많은 심층적 문헌의 출처와 자료를 제공받을 수 있다.	현존하는 문헌만 참고할 수 있으므로 불완전한 연구가 될 수도 있다.
	역사적인 분석이 필요한 연구에서 필수적일 때가 많다.	공식적 통계에서 나타나는 문제와 같이, 실제적인 경향을 어느 정도 반영하는지 확신할 수 없다.

다. 때로는 연구 대상자가 수천 명에 이르기도 한다. 이와 같은 사람들의 집단을 사회학자들은 모집단population이라 부른다. 현지 조사가 사회적 삶의 소소한 부분들을 깊이 연구하고자 할 때 유용하다면, 설문 조사 연구는 덜 구체적이지만 보다 넓은 범위에 걸쳐 정보를 생산하는 경향이 있다. 설문 조사는 대표적인 양적 연구 방법quantitative research method인데, 사회적 현상을 측정할 수 있도록 하고 수학적 모형과 통계학적 방법으로 분석된다.

많은 정부 기관과 사설 여론조사 기관은 사람들의 선거에서 태도와 의도를 파악하기 위해 광범위한 조사를 실시한다. 이는 대면 인터뷰, 전화 조사, 우편 조사로 진행될 수도 있고 인터넷과 이메일을 통한 온라인 조사도 증가하고 있다. 어떤 방법을 적용하든 간에 조사의 장점은 연구자가 많은 양의 비교 가능한 정보를 수집할 수 있도록 한다. 컴퓨터를 이용해 변수 사이에 의미 있는 상관관계가 있는지도 찾아낼 수 있다. 이러한 사회 설문 조사 없이는 인구의 형태, 규모, 다양성을 정확히 알아내기가 불가능할 것이다.

설문 조사의 종류

설문 조사에는 세 가지 설문지가 사용된다. 먼저 표준화되고 고정된 문항이 있는 설문지는 응답의 범위가 한정된다. 이러한 질문에 답할 수 있는 방법은 몇 가지로 제한된다. 예컨대, "그렇다/아니다/모르겠다"나 "매우 그렇다/그렇다/보통이다/그렇지 않다/매우 그렇지 않다"처럼 정해진 답을 선택하는 것이다. 이러한 설문 조사는 제한된 범위의 선택지만 주어지기 때문에 응답들을 비교하거나 계산하기 쉽다는 장점이 있다. 반대로 이 방법은 응답자의 의견을 섬세하게 반영하거나 응답자의 언어를 살펴볼 수 없기 때문에 수집된 정보가 제한적일 때가 많다. 경우에 따라 응답자의 답변을 오해할 수도 있다.

또 다른 설문지 방식으로 자유 기입식 설문이 있다. 자유 기입식 설문지에서는 응답자에게 자신의 견해를 자유롭게 피력할 기회를 준다. 고정된 답변을 얻는 데만 급급하지 않은 것이다. 일반적으로 자유 기입식 설문지는 표준화된 설문지보다 더 자세한 정보를 제공한다. 연구자

는 응답자의 생각과 감정이 담긴 답의 의미를 살펴보기 위해 답변을 면밀히 검토할 수 있다. 하지만 표준화된 문항이 없다는 것은 통계적으로 답변을 비교하기 어렵다는 의미이기도 하다.

가장 일반적이고 널리 사용되는 설문 방식은 반半구조화 설문지인데, 이는 표준 문항으로 통계적 분석이 가능한 데이터를 얻는 표준 설문지와 인터뷰로 심층적인 응답을 얻는 자유 기입식 인터뷰 문항을 혼합한 형태다. 반구조화된 인터뷰 문항은 매우 구체적이고 연구자가 미리 정한 질문에서 벗어나 연구와 관련된 내용을 심층적으로 조사할 수 있게 한다.

설문 문항은 보통 설문 조사자들이 미리 정한 순서로 질문하고 응답을 기록할 수 있도록 나열되어 있다. 또한 모든 문항은 설문 조사자와 설문 응답자 모두에게 똑같이 이해되어야 한다. 정부나 연구기관에서 실시하는 대규모 설문 조사는 전국적으로 거의 동시에 같은 방식으로 면접을 하게 되어 있다. 설문 조사자와 결과를 분석하는 연구자가 불확실한 설문 문항이나 응답을 두고 지속적으로 의논하는 것은 비효율적이기 때문이다.

설문지는 또한 응답자의 특성을 고려해야 한다. 응답자들은 특정 문항이 의도하는 바를 이해할 수 있는가? 응답자가 답변하기에 충분한 정보가 제공되고 있는가? 응답자는 모든 조사 문항에 응답할 수 있는가? 설문 조사에 쓰이는 단어들이 응답자들에게 생소할 수도 있다. "당신의 결혼 상태는 무엇입니까?"와 같은 질문은 응답자를 당황시킬 것이다. 대신 "당신은 미혼, 기혼, 별거, 이혼 중 어떤 상황에 있습니까?"라는 질문이 더 적절하다. 대다수의 설문 조사는 조사자가 예상하지 못했던 문제들을 가려내기 위해 미리 예비 조사pilot studies를 실시한다. 예비 조사는 몇몇 사람들에게 시범적으로 설문 문항에 답하게 하는 것이다. 예비 조사를 실시함으로써 실제 조사가 시작되기 전에 나타나는 문제들을 피할 수 있다.

최근 사회학자들은 이전에 마케팅과 정치적 성향의 설문 조사에서 널리 사용했던 초점 집단focus group의 방식을 활용하고 있다. 초점 집단은 본질적으로 '집단 인터뷰' 성격을 갖는데, 네 명에서 열 명 정도의 사람을 대상으로 연구 주제에 대해 토의하고 서로 의견을 교환하도록 한다. 연구자는 중간 사회자 역할을 하며 관련된 구체적인 질문뿐만 아니라 직접 토의에 참여한다. 초점 집단은 그룹의 상호작용 특성과 오해의 여지가 있는 부분을 명확히 하고 연구에서 발견한 내용의 타당성을 높이기 위해 샘플의 크기를 꽤 쉽게 늘릴 수 있다. 하지만 비평가들은 초점 집단 내의 연구자들이 분리된 관찰자라기보다는 참가자이기 때문에 초점 집단의 응답에 영향을 미칠 수 있다고 지적한다. 연구 참여자들이 연구자의 기대를 인지하고 이에 부응하는 답변을 할 위험이 있다는 것이다.

표집

사회학자들은 다수의 개인들의 특성에 관심을 가질 때가 많다. 이를테면 전체 영국 국민의 정치적 성향 등이 그렇다. 당연히 6천2백만 명이 넘는 전 국민을 대상으로 직접 조사하는 것은 불가능하므로 연구자들은 표집을 하게 된다. 즉 연구자들은 표본이나 전체 집단 가운데 적은 수의 인원에 집중한다. 보통 표본으로부터 얻는 결과는 표본이 제대로 추출되었다는 전제하에 전체 모집단으로 일반화할 수 있다. 예를 들면 2~3천 명의 투표자를 통해서도 전체 모집단의 정치 성향과 투표 의도를 꽤 정확하게 밝힐 수 있다. 하지만 정확성을 담보하기 위해 표본은 반드시 대표성representative을 띠어야 한다. 연구 대상 집단은 모집단을 대표해야만 하는 것이다. 표집은 생각보다 훨씬 복잡한 과정이어서 통계학자들은 적합한 표본 수와 표본의 특성을 고루 갖출 수 있는 각종 기술들을 발전시켰다.

표본의 대표성을 판단하는 가장 중요한 절차는 무작위 표집ramdom sampling이다. 무작위 표집은 모집단의 모든 구성원이 표본에 포함될 확률이 동일한 상황에서 추출이 이루어졌음을 의미한다. 무작위 표본을 얻는 가장 정교한 방법은 모집단의 구성원 모두에게 하나씩 번호를 할당하고 컴퓨터를 통해 난수표를 만들도록 하는 것이다.

예를 들어 만들어진 난수표에서 열 번째 시행 때마다 번호를 뽑아 표본을 구성할 수 있다.

사회학자들이 사용하는 다른 유형의 표집도 있다. 어떤 연구에서는 편의 표집convenience sampling을 사용한다. 이것은 연구자의 접근 가능한 편의에 따라 닥치는 대로 표집하는 것을 의미한다. 편의 표집은 다른 유형의 표집보다 덜 체계적이고 덜 철저하기 때문에 결과를 아주 조심스럽게 다뤄야 한다. 그럼에도 불구하고 편의 표집은 약물 남용자나 자해하는 사람과 같이 다가가기 힘든 사회집단을 표집할 수 있는 유일한 실제적인 방법이다. 편의 표집이 없다면 몇몇 집단의 목소리는 묻힐지도 모른다. 마찬가지로 연구 대상자들 사이의 관계망을 통해 표집하는 눈덩이 표집snowball sampling은 다가갈 수 없는 집단에 접근해 정보를 얻을 수 있는 검증된 방법이다. 이 방식은 작은 집단에서 더 많은 표본들에 대한 접근성을 높이기 위해 시도된다.

설문 조사의 장점과 단점

사회학 연구에서 설문 조사는 몇 가지 이유로 자주 쓰인다. 설문 문항에 대한 응답은 다른 조사 방법을 통해 얻은 결과들보다 양을 표시하기 쉽고 분석하기 용이하다. 따라서 다수의 연구 대상을 연구할 수 있는 방법이다. 충분한 연구 지원금이 있다면, 연구자는 설문 조사 전문 회사를 고용할 수도 있다. 통계적으로 측정할 수 있다는 점 때문에 설문 조사 연구는 과학적인 연구의 모델이 된다.

하지만 많은 사회학자들은 설문 조사 방법에 비판적이다. 대부분의 설문 응답은 피상적이기 때문에 정밀해 보이는 연구도 정확성이 떨어질 수 있다고 주장한다. 우편을 통해 설문지를 주고받아야 하는 조사에서는 때때로 무응답률이 높아지기도 한다. 조사자들은 응답하지 않은 연구 대상자들에게 다시 설문을 요청하거나 조사에 응할 다른 사람들을 찾으려 노력한다. 계획한 표본수의 반이 겨우 넘는 인원을 조사해 얻은 결과를 바탕으로 한 연구가 출판되는 경우도 많다. 설문 조사나 면접 조사에 응하지 않은 사람들에 대해 알려진 것은 거의 없다. 이럴 때 설문 조사는 종종 어려움에 부딪히며 많은 시간이 필요하기도 하다.

실험

실험experiment은 연구자에 의해 정교하게 통제된 조건에서 가설을 검증하는 시도를 의미한다. 실험은 다른 연구 방법에 비해 큰 장점을 지니기 때문에 자연과학과 심리학에서 자주 사용된다. 실험적 상황에서 연구자는 연구가 일어나는 상황을 직접 통제한다. 개인의 행동을 분석하는 심리학자들은 실험실 중심의 연구를 광범위하게 사용한다. 그러나 이러한 분야와 달리, 사회학에서 사용되는 실험의 범위는 매우 제한적이다. 대부분의 사회학적 연구는 그것이 심지어 개인적 행동에 관한 연구라 할지라도 미시적이고 거시사회적인 현상 사이의 관계를 조사하고자 한다. 실험 목적을 위해 개인을 사회적 맥락에서 제외시키는 것은 거의 의미가 없다.

때때로 사회학자들은 집단 동학group dynamics — 개인이 집단 안에서 어떻게 행동하는지 관찰하는 방법 — 을 분석하고자 하며, 실험 연구를 실행할 수 있다. 그러나 작은 규모의 개인들만 실험에 참여할 수 있는 한계 때문에, 피실험자들은 자신이 연구되고 있다는 사실을 의식해 부자연스럽게 행동할 수 있다. 이와 같이 연구 대상의 행동에 변화가 생기는 것을 '호손 효과Hawthorne effect'라고 부른다. 1930년대 시카고 근교에 있는 '웨스턴 전기 회사 호손 공장'에서 노동 생산성 연구를 진행하던 연구자들은 놀랍게도 실험 환경과 무관하게 노동 생산성이 높아지는 것을 발견했다(불빛 조절, 휴식 패턴, 작업 조 규모 등이 실험 조건으로 설정되었다). 노동자들은 자신이 관찰되고 있다는 것을 의식하고 평소보다 더 빠르게 일했던 것이다. 그럼에도 불구하고 〈고전 연구 2-1〉에서 볼 수 있듯이, 사회심리학에서는 소규모 실험을 통해 사회적 삶에 대한 새로운 사실을 배울 수 있다.

감옥 생활의 사회심리학

고전 연구 2-1

연구 문제

대부분의 사람은 감옥 안에서의 생활을 상상하기가 힘들다. 당신은 잘 생활할 수 있을까? 어떤 모습의 교도관이 될까? 가혹한 교도관일까? 아니면 죄수들에게 인도적인 대우를 하는 교도관이 될까? 필립 짐바르도Philip Zimbardo가 이끄는 연구 팀은 1971년에 감옥이라는 환경이 일반인에게 미치는 영향을 조사하기로 결정했다. 미국 해군이 자금을 지원한 이 연구에서 짐바르도는 군대 내에서 지배적이었던 '기질성 가설dispositional hypothesis'을 시험했다. 이 가설은 수감자와 수감자 사이의 끊임없는 충돌은 수감자와 수감자의 개인적인 성격 — 개인적 성향 — 의 결과라고 설명한다. 짐바르도는 이것이 잘못된 가설일 수 있다고 생각하고, 이를 반박하기 위해 실험 교도소를 설립했다.

짐바르도의 설명

짐바르도의 연구 팀은 스탠퍼드대학 안에 가짜 감옥을 만들고 감옥 생활에 참여할 남학생을 모집한다는 광고를 냈다. 서로 알지 못하는 24명의 중산층 학생들이 뽑혔고, 이들에게 무작위로 간수와 죄수의 역할을 부여했다. 감옥의 표준적인 신고식 절차에 따라, 발가벗겨지고 죄수 사진도 찍었다. 죄수들은 24시간 동안 감옥에 머물렀고, 간수는 교대 시간에 따라 근무하다 비번일 때 귀가했다. 죄수는 죄수복을, 간수는 간수복을 입었다. 연구 목적은 다른 역할 수행이 어떤 태도와 행동의 변화를 야기하는지 알아보는 것이었는데, 연구팀을 깜짝 놀라게 할 만한 결과가 나왔다.

스탠퍼드교도소 실험에서 교도 당국에 대한 항거의 표시로 한 수감자는 단식 투쟁을 벌이기도 했다.

간수 역할을 맡은 학생들은 재빨리 권위주의적인 태도를 보였다. 그들은 죄수들에게 명령을 내리거나 언어적 폭력을 행사하고, 괴롭히는 등 증오심을 표출했다. 이에 비해 죄수들은 실제 감옥에서 피수용자들이 그렇듯 무관심하면서도 반항적인 태도를 취했다. 이러한 현상은 두드러지게 나타났고, 팽팽한 긴장감이 감돌아 14일로 계획되었던 연구는 6일 만에 중단되었다. 연구가 중단되기 전에도 5명의 '죄수'가 극심한 불안과 감정적 문제로 석방되었다. 하지만 많은 '간수'들은 연구가 완결되지 않고 끝난 것에 불만스러워했는데, 이는 그들이 실험을 통해 갖게 된 권력을 즐겼기 때문이라고 생각할 수도 있다.

연구 결과를 토대로 짐바르도는 기질성 가설은 참여자들의 반응을 설명할 수 없다고 결론지었다. 대신 그는 대안적인 '상황' 설명을 제안했다. 즉 감옥에서의 행동은 개인의 성격보다 감옥이라는 상황 자체로부터 영향을 받는다. 특히 역할에 부여된 기대가 행동을 결정하는 경향이 있었다. 어떤 교도관들은 더 악랄해졌는데, 죄수들에게 주기적으로 벌을 주면서 감옥 생활의 스트레스를 푸는 듯했다. 짐바르도는 이런 현상이 생기는 이유는 감옥에서 만들어진 권력 관계 때문이라고 보았다. 죄수에 대한 통제는 교도관에게 즐거움이 되었고 죄수들은 매우 빠르게 '무력감을 배웠으며' 의존성을 드러냈다. 이 연구는 왜 감옥이나 이와 비슷한 기관에서 사회관계가 타락하는지를 알려 주었다 (Goffman 1968[1961]). 개인의 성품보다는 감옥이라는 환경과 감옥 안에서의 사회적 역할이 중요했던 것이다.

비판적 쟁점

비판가들은 이 연구에 상당한 윤리적 문제가 있다고 지적했다. 연구자들이 연구 목적을 충분히 알려 주지 않았기에 연구 참여자들이 이 연구에 동의한 게 아닌지 의심스럽다는 것이다. 과연 이 연구가 계속 진행되어야 했는가? 연구에 참여한 사람들은 모든 사람을 대표할 수 없는 대학생이고 남성이었다. 따라서 이런 대표성이 없는 표본을 갖고 감옥 생활의 효과를 일반화하기는 어렵다는 비판이 있다. 끝으로, 만들어진 상황에서의 발견이라는 비판이 있다. 예를 들어 이들은 14일 동안 매일 15달러를 받으면서 감옥 생활을 했다. 인종차별이나 강제적인 동성애 같은 감옥의 일반적인 문제들은 나타나지도 않았기 때문에 실제와 거리가 있다는 것이다.

현대적 의의

비록 실험실이라는 인위적인 상황에서 발견된 사실이지만 짐바르도의 연구는 1970년대 이후 줄곧 인용되었다. 『근대성과 인종 학살Modernity and the Holocaust』(1989)에서 지그문트 바우만Zygmunt Bauman은 제2차 세계 대전 당시 나치의 유대인 수용소에서의 잔학상을 설명하면서 이 연구를 인용했다. 최근 몇 년 동안 잉글랜드의 보호소에서도 노인 및 장애인에 대한 학대와 괴롭힘이 큰 물의를 일으키면서 해당 직원이 해고되고 기소된 사례도 있었다. 이와 같은 사례는 짐바르도의 연구가 제시한 일반 논제, 즉 제도적 환경이 사회적 관계와 행동을 형성할 수 있음을 보여 준다.

비판적으로 생각하기 THINKING CRITICALLY

실제 감옥 생활의 경험을 실험실 상황으로 재현할 수 있는가? 감옥 경험의 어떤 측면이 실험으로 절대 복제할 수 없는가? 더 비판적으로 생각해 보면, 사회과학자들이 인간을 대상으로 '실험'을 할 수 있는가? 그렇지 않다면, 우리가 알 수 없는 것들이 존재한다는 의미인가?

생애사 연구

실험 연구와 대조적으로, 생애사 연구biographical research는 사회학을 포함한 사회과학에서만 사용하며 자연과학에서는 사용하지 않는 방법이다. 생애사 연구는 최근 수십 년 동안 사회학에서 더 지지를 받으며 광범위하게 사용되어 왔으며, 연구 방법으로는 구전 역사, 내러티브, 자서전, 전기 및 생활사 등이 있다(Bryman 2015). 생애사 연구는 개인이 사회적 삶과 사회 변화 시기를 어떻게 경험하는가와 변화하는 세상의 맥락에서 다른 사람들과의 관계를 어떻게 해석하는가를 알아보기 위해 사용된다. 삶의 전기를 연구하는 방법은 사회학 연구에 신선한 바람을 불어넣고 있다.

생애사 연구는 특정 개인이 자신의 삶을 회상한 자전적인 요소로 구성된다. 생애사 방법을 사용한 훌륭한 연구가 많다. 유명한 초기 연구에는 1918년부터 1920년에 거쳐 다섯 권의 책으로 출판된 토머스W. I. Thomas와 플로리안 즈나이에츠키Florian Znaniecki의 『유럽과 미국에서의 폴란드 농민The Polish Peasant in Europe and America』(1966)이 있다. 이들은 이민 경험에 관해 상당히 섬세한 설명을 제시한다. 면접, 편지, 신문 기사를 수집하지 않고는 이와 같은 결과를 내기 어려웠을 것이다. 생애사 연구는 연구 대상자가 어떤 삶을 경험했는지 우리에게 전해 줄 수 있다. 대규모 설문 조사와 통계 검증을 통해서는 결코 할 수 없는 연구다. 생애사 연구는 단지 사람들의 기억에만 의존하는 것이 아니다. 일반적으로 편지나 동시대의 보고서, 신문 기사 등과 같은 다양한 출처를 활용해 개인들이 제공하는 자료의 타당성을 검증하고 확대시키기도 한다.

생애사 연구의 가치에 대해서는 사회학자마다 다르게 평가한다. 어떤 사람들은 개인들로부터 획득한 정보의 신빙성에 의문을 제기하고, 또 어떤 사람들은 다른 연구 방법으로는 얻을 수 없는 통찰을 제공한다고 생각한다. 실제로 몇몇 사회학자들은 실제 자신의 삶에 대한 성찰을 이론적 가정을 발전시키는 데 반영하기 시작했다(예를 들어 Mouzelis 1995 참조).

비교 역사 연구

위에 사용된 모든 연구 방법은 비교 맥락에서 자주 적용된다. 비교 연구comparative research는 특정 지역에서 어떤 일이 일어나고 있는지 명확히 하는 데 도움을 주기 때문에 사회학에서 중심적인 위치를 점하고 있다. 영국의 이혼 건수(한 해에 일어나는 이혼 사건의 수)를 예로 들면 1960년대 초반에는 3만 쌍 이하였으나 2003년에는 15만 3천 건으로 증가했다. 그런 뒤 완만하게 하락하면서 2008년에는 12만 1천7백79건으로 나타나, 1975년 이래 가장 낮은 수치를 보였다. 이혼율도 2008년에 5.1퍼센트로 떨어졌는데, 이는 1천 명의 기혼 인구당 11.2명이 이혼한다는 의미다(2010b). 이러한 변화는 영국 사회만의 특징일까? 연구자는 영국의 이혼율을 다른 나라와 비교할 수 있다. 비교하면 대다수의 서구 사회에서 이혼율 증가 경향이 유사하게 나타나는 것을 확인할 수 있다. 대다수 서방 국가들에서는 20세기 후반부터 이혼율이 꾸준히 상승해 21세기 초반에 정점에 도달했다. 우리가 결론을 내릴 수 있는 것은 잉글랜드와 웨일스의 통계가 현대 서구 사회의 일반적인 추세 또는 패턴의 한 부분을 설명한다는 것이다

역사적 관점은 사회학 연구의 본질적인 부분이다. 특정한 문제에 대한 정보를 수집할 때, 시간적 측면을 통해서만 그 문제를 설명할 수 있는 경우가 많기 때문이다. 사회학자들은 보통 과거의 사건들을 직접 조사하고 싶어 한다. 특정 시기에 발생한 사건에 대해 말해 줄 생존자가 있다면, 연구자는 그들을 통해 직접 과거를 연구할 수 있을 것이다. 제2차 세계 대전 당시 유럽에서 일어난 유대인 대학살 같은 경우가 이런 사례에 속한다. 구술사oral history 연구는 연구 대상이 과거에 경험한 일에 대해 직접 묻고 면접하는 것을 뜻한다. 이 방법을 사용한 연구는 당연하게 길어 봐야 60~70년 된 사건밖에 다룰 수 없다.

보다 오래된 사건에 대해 역사 연구를 진행하기 위해 사회학자들은 문헌과 서면 기록 자료에 의존해 문헌 연구documentary research를 한다. 유용한 문헌의 범위는 개인의 일기에서부터 공식적인 정책 문서, 납세 기록과 출생 및 사망 기록, 사설 기관의 문헌, 잡지와 신문 등 아주 광범위하다. 연구 주제에 따라 전쟁 생존자와의 인터뷰 기록과 같은 역사 문헌이 1차 자료다. 하지만 역사사회학자는 후대 사람들이 쓴 역사적 사건에 대한 2차 자료도 활용한다. 문헌 연구는 1차, 2차 자료를 모두 사용한다. 하지만 역사사회학자들은 이러한 자료들을 사용할 때 역사학자들이 겪는 문제에 직면한다. 문헌은 믿을 만한가? 그 자료 안에 신뢰할 만한 정보가 있는가? 단지 부분적인 관점만으로 진술한 것은 아닌가? 문헌 연구는 인내를 갖고 자료와 자료 해석에 체계적으로 접근해야 한다.

사회학자 앤서니 애슈워스Anthony Ashworth는 제1차 세계 대전 당시 있었던 참호전에 대해 역사 문헌을 이용해 흥미로운 연구를 진행했다(1980). 그는 전쟁 막바지에 이르러 숨 쉴 틈 없이 좁은 공간에서 생활하며 전투 상황에 처한 사람들의 삶을 연구하고자 했다. 그는 다양한 문헌 자료를 이용했다. 직급이나 대대와 같은 것을 기록한 전쟁의 공식 자료를 살펴보기도 했고, 당시 공식적인 출판물도 모았다. 개인 병사들이 비공식적으로 남긴 기록이나 녹취물을 사용하기도 하고, 전쟁 경험에 관한 개인적인 회고도 들어 보았다. 이처럼 풍부한 자료를 참고해, 애슈워스는 참호에서의 삶을 세밀하고 풍부하게 묘사할 수 있었다. 그는 대부분의 군인들이 얼마나 자주 전투에 참여해야 하는지에 대한 나름의 생각을 갖고 있었고, 종종 상관의 명령을 무시했음을 발견했다. 예컨대, 크리스마스 당일에 독일과 연합군은 대치 중이었지만, 어떤 곳에서는 독일 팀, 연합군 팀으로 편을 갈라 비공식적으로 축구 시합을 하기도 했다.

애슈워스는 비교적 짧은 기간 동안(1914~1918) 일어난 사건을 다뤘지만, 특정 역사적 맥락의 비교 연구를 적용해 긴 시간 동안의 사회 변동을 조사한 연구도 많다. 비교역사사회학의 현대 고전 연구로는 테다 스카치폴Theda Skocpol의 사회 혁명 분석이 있다(1979). 이는 〈고전 연구 2-2〉에서 논의된다.

시각적 사회학

인류학은 사진이나 필름, 동영상처럼 시각적 자료를 오

스카치폴의 사회 혁명 비교 연구

고전 연구 2-2

연구 문제

사회학과 역사학을 공부하는 사람들은 1789년의 프랑스혁명이 그 사회를 영구히 변혁시켰다고 배웠다. 그런데 프랑스혁명은 왜 하필 그 시기에 발생했을까? 혁명은 우연적인 사건인가, 아니면 필연적인 귀결인가? 20세기에 일어난 중국혁명과 러시아혁명은 이들 사회를 공산주의로 바꿨을 뿐만 아니라, 현대 세계의 변화 방향까지 바꿨다. 이들 혁명은 왜 또 이때 발생했는가? 원인은 무엇인가? 미국의 사회학자 테다 스카치폴Theda Skocpol(1947~) 은 이런 질문에 답하기 위해 이들 혁명들의 공통점과 차이점을 분석했다. 그녀는 이들 혁명의 원인에 대한 이론을 만들려는 야심 찬 목적을 갖고 자세한 경험 연구를 수행했다. 그 결과 『국가와 사회 혁명States and Social Revolutions』(1979)이라는, 사회의 거시적인 변동에 관한 아주 고전적인 명저를 내놓았다.

스카치폴의 설명

스카치폴은 1789년의 프랑스혁명(1786~1800)과 1917년의 러시아혁명(1917~1921), 1911년부터 1949년까지 진행된 중국혁명의 과정을 연구한다. 연구 질문은 본질적으로 역사에 대한 것이었기에 그녀는 1차 자료와 2차 자료를 꼼꼼히 해석하는 연구 방법을 사용했다. 이 세 혁명은 매우 달랐지만 공통적으로 구조적 원인이 있다. 그녀는 계급에 근거한 대중의 불만이 혁명의 원인이라는 주장을 일축한다. 사회 혁명은 인간 행동의 의도하지 않은 결과라는 것이다. 예를 들어 러시아혁명 직전에 볼셰비키당을 포함해 여러 정치 집단이 현존하는 정권을 무너뜨리려고 노력했지만 어느 누구도 혁명이 일어날 것을 예측하지 못했다. 일련의 충돌과 대립이 사회 변혁을 야기했고, 이 변혁의 규모는 누구도 예상하지 못할 정도로 심오하고 근원적이었다.

사회적 소요가 반드시 혁명으로 이어지지는 않는다. 중국의 지배에 반대하는 티베트의 저항이 어떤 결과로 나타날까?

이 세 혁명 모두 농경 사회에서 일어났는데, 이들 국가가 다른 국가들과 극심한 경쟁을 거치면서 기존 국가 구조(행정과 군사 조직)가 붕괴되고 있었다는 것이 스카치폴의 설명이다. 이런 상황에서 농민이 봉기했기 때문에 혁명이 발생했다는 것이다. 농민은 혁명적 계급이 아니라는 기존 주장을 스카치폴이 뒤집은 것이다. 베트남이나 쿠바, 멕시코 그리고 유고슬라비아에서 일어난 혁명들 사이에서도 유사성이 보인다. 스카치폴의 인과적 설명은 국가 구조에 초점을 맞추었다. 국가 구조가 무너지기 시작하자 권력의 공백이 생기고, 국가는 정당성을 상실해 혁명 세력이 권력을 장악하게 된다는 설명이다.

스카치폴의 연구는 19세기 중반 존 스튜어트 밀John Stuart Mill이 비교 연구를 위해 개념화했던 '과학적 실험의 논리'를 사용한다. 그녀는 밀의 '유사성의 방법method of similarity'을 채택해 매우 다른 국가적 상황에서 세 가지 유사한 사건(혁명)을 비교한다. 이를 통해 그녀는 독립 변수로 식별될 수 있는 이 세 가지 사례에서 주요한 유사점을 찾아 정치 혁명의 원인을 설명했다.

비판적 쟁점

스카치폴의 구조적인 논의는 몇몇 비판가의 도전을 받는다. 행위자의 역할을 무시했다는 것이다. 어떻게 농민들이 봉기하게 되었는가? 혁명 리더들의 역할이 없었단 말인가? 개인 행위자들과 집단이 다른 식으로 행동했다면 결과는 달라지지 않았겠는가? 구조적 압력에 직면할 때 개인은 변화에 무력하기만 한 존재인가? 또 다른 비판은 '원인'에 대한 스카치폴의 주장이다. 그녀는 자신이 연구 사례에 대한 매우 섬세한 일반 이론으로서의 인과론을 제안했다고 주장한다. 그러나 이러한 방식의 일반화는 특수한 사례에서는 아주 잘 작동하지만, 사회 혁명에 대한 일반적인 인과 이론과는 거리가 멀다. 1989년 이란의 혁명, 1989년 체코슬로바키아의 '벨벳혁명', 또는 이른바 '아랍의 봄'으로 일컬어지는 2010년 튀니지에서 확산된 동쪽 해안의 중동 지역과 북아프리카의 봉기에 대해 설명할 수 있는가? 따라서 비평가들은 스카치폴의 연구가 사회 혁명의 근본 원인과 특성을 발견할 목적으로 출발했음에도, 결국 각 혁명은 그 자체로 연구되어야 한다는 것을 보여 준다고 주장한다.

현대적 의의

스카치폴의 연구가 고전으로 받아들여지는 데는 두 가지 이유가 있다. 우선 혁명의 사회 구조적 조건을 강조한 혁명적 변화에 대한 매우 강력한 인과적 설명이기 때문이다. 이것은 1차 자료와 2차 자료에 대한 매우 섬세한 분석으로 가능했다. 따라서 스카치폴은 역사사회학이 매우 거대하고 장기적인 사회 변동을 자료에 근거해 설명할 수 있음을 성공적으로 입증했다. 즉 그녀는 거시적이고 미시적인 사회 현상을 하나의 이론적 틀 안에 통합했다. 둘째, 스카치폴은 우리가 혁명을 보다 잘 이해할 수 있게 만들었다. 그녀는 사회 변동에 대한 일반 이론이 가능하리만큼 혁명들에 공통점이 있다는 것을 보여 줬다. 그런 점에서 그녀는 주류적인 역사 연구와 사회학적 혁명 연구 사이의 간격을 좁히는 데 도움을 주었다.

랫동안 사용해 온 데 비해, 사회학은 텍스트에 초점을 맞춰 왔다(Harper 2010). 그렇다고 해서 사회학자들이 시각적 자료들을 생산하지 않은 것은 아니다. 민속지학적 연구가 종종 사진들을 쓴다면, 사회학에서는 수량적이고 통계적인 정보를 나타내기 위해 읽기 쉬운 원 그래프나 표를 사용하기도 한다. 하지만 보통 이러한 시각적 요소는 글에 비해 항상 보조적이다. 텍스트는 논문이나 책에서 더 중요한 부분이며 사회학자들의 주장이 여기에 담기곤 한다(Chaplin 1994).

최근 몇 년간의 연구 조사에서는 아이패드 및 스마트폰 같은 일부 새로운 디지털 기술 및 장치를 사용해 기존에 접근하기 어려웠던 사회생활의 영역을 기록하고 있다. 예를 들어 반크로프트Bancroft와 그의 동료는 스코틀랜드의 에든버러에서 젊은 여성의 음주 문화를 탐구할 목적으로 여학생을 모집했다(2014). 특히 학생들은 스마트폰 카메라를 사용해 야간 경제에서 자신들의 유흥 활동을 기록함으로써 효과적인 참여 연구원이 될 수 있었다. 앞으로는 특정 유형의 연구 프로젝트에서 이러한 접근 방식이 흔할 것으로 기대된다.

최근에는 '시각적 사회학'에 대한 사회학자들의 관심

이 증가하고 있다. 시각적 사회학에서 사진, 영화, 텔레비전 프로그램, 비디오 등은 그 자체로 연구 대상이다. 가령 가족사진 앨범은 세대의 흐름을 이해하기 위한 핵심적인 자료가 될 수 있으며, 영화나 예술의 역사를 통해 과거의 사회적 규범, 복장 규정, 관습에 대해 알 수도 있다. 시각적 자료의 생산 과정 또한 연구 분야가 될 수 있다. 예를 들어 몇 가지 익숙한 질문들을 해 볼 수 있다. 누가 그것을 생산하는가? 어떤 이유 때문인가? 그것은 어떻게 생산되는가? 무엇이 포함되었고 생략되었는가? 시각적 자료의 생산에 관한 연구는 넓게 보면 문화의 생산 분야에 속한다. 문화 생산에 관한 연구들은 각각의 사회가 그들의 성원에게 삶의 방식을 어떻게 표현하는지 이해할 수 있게 한다.

연구 도구와 방법으로서의 인터넷

인터넷의 등장은 사회학자들에게 새로운 기회이자 도전이다. 몇 번의 클릭만으로 전 세계에서 이전과 비할 수 없는 많은 양의 정보를 얻을 수 있다. 인터넷은 이제 최적의 연구 도구가 되었다. 우리는 인터넷을 통해 저널의 논문, 책, 연구 보고서, 정부 정책 문서, 의회 논쟁(생방송이나 기록 형식), 역사적 문서, 기록 문서 등을 구할 수 있다. 이런 방법으로 인터넷은 학술 교류를 가속화하고 지역 연구가 국제 학술 공동체에 퍼지는 것을 용이하게 한다.

하지만 여기에는 항시적인 위험이 따른다. 정보의 접근성은 높은 반면에 정보의 정확성이 떨어질 수 있다는 점이다. 학생들(그리고 연구자들)은 그들의 자료와 출처에 늘 비판적이어야 하며, 다음과 같은 질문들을 해야 한다. 누가 자료를 생산했는가? 그 자료는 어떻게 생산되었는가? 이 자료는 얼마나 믿을 만한가? 이 출처는 정보와 관련된 직접적인 이해관계가 있는가? 오늘날 많은 강사가 온라인 자료를 효과적으로 사용하기 위해 필요한 기술들을 학생들에게 가르치고 있다(Ó Dochartaigh 2009). 웹에 쉽게 게재할 수 있기 때문에 인터넷은 인기가 많다. 하지만 많은 비학술적 웹사이트에서는 제3자의 검토가 부족하다. 이는 많은 양의 온라인 자료들이 학생들이 사용하기에 부적절하다는 것을 의미한다. 적절한 자료인지 평가하는 방법을 배우는 것은 앞으로 점점 더 중요해질 것이다.

또한 인터넷은 연구 방법론이 될 수 있다(Hewson et al. 2002). 사회학자들은 '실제 세계'의 사회집단들을 연구하는 방법과 비슷한 방법으로 엄청난 수의 온라인 '가상' 공동체를 연구할 수도 있다. 온라인에서 형성된 채팅방, 포럼, 이해 집단은 특정한 대상에 접근하기 위한 가장 좋은 혹은 유일한 통로일지도 모른다. 예를 들어 섭식 장애가 (의학적 문제라기보다) 생활양식의 선택이라고 생각하는 사람들을 만나 전통적 방식으로 인터뷰를 하기는 쉽지 않다. 하지만 익명적이며 가상인 인터넷과 웹의 세계에서는 연구 대상에 접근하기가 더 쉬울지도 모른다. 또한 연구자들은 이메일이나 스카이프Skype, 온라인 질문지, 웹캠 인터뷰를 연구에 사용할 수 있다. 이러한 예가 시사하는 바는 인터넷이 사람들의 실제 사회생활에 미친 영향을 적절히 이해하기 위해 창의적인 방법으로 연구할 수 있다는 점이다.

실제 세계에서의 사회학 연구

모든 연구 방법은 각각 장점과 단점이 있다. 그래서 오늘날에는 하나의 연구를 수행할 때 여러 가지 방법을 함께 사용해 각각의 연구 방법을 보완하고 확인하는 경우가 일반적이다. 이러한 과정을 삼각 측량triagulation이라고 부른다. 삼각 측량을 지지하는 사람들은 이것을 사용하면 하나의 연구 방법만 사용할 때보다 더 믿을 만하고 타당하며 포괄적인 지식을 생산할 수 있다고 주장한다. 노먼 덴진Norman Denzin은 삼각 측량을 네 가지 유형으로 구분했다(1970). 자료 삼각 측량은 자료가 서로 다른 시점에 모아졌을 때나 같은 연구에서 다른 표집 방법을 사용했을 때 생긴다. 연구자 삼각 측량은 한 사람의 연구자가 아니라 여러 명의 연구자가 현장 연구를 수행하는 것이다. 이론적 삼각 측량은 자료를 해석할 때 몇 가지 이론적 접근을 사용하는 것인데, 이는 논쟁의 여지가 있다. 마지막으로 방법론적 삼각 측량은 한 가지 이상의 연구 방법을 적용하는 것이다.

로드 험프리스의 『찻집의 거래』를 다시 한 번 떠올려 보자. 이 연구를 살펴보면 여러 연구 방법들을 사용할 때의 장점을 알 수 있고, 크게는 실제 사회학 연구에서 직면할 수 있는 문제와 함정들도 알 수 있다. 험프리스는 찻집에 오는 남성들이 어떤 사람들인지 알고 싶어 했다. 그러나 이 질문은 답하기가 상당히 어려운 문제였다. 공중화장실 안에서 그가 할 수 있는 일이라고는 그저 관찰하는 것밖에 없었고, 화장실에서 침묵을 지켜야 한다는 암묵적인 규범 때문에 질문을 할 수도 없었으며, 심지어 말을 걸기조차 어려웠다. 게다가 익명의 성행위를 위해 찻집을 찾은 사람들에게 개인적인 질문을 던진다는 것이 얼마나 상식 밖의 일이었겠는가. 앞서 보았듯이 험프리스는 차를 주차시키고 섹스하러 화장실로 들어간 남자들의 자동차 번호판을 적고, 그 자동차 번호들을 운전면허 시험관리단에서 일하는 친구에게 넘겨 주소를 알아냈다. 몇 개월 후, 찻집 참여자들을 조사하기 위해 험프리스는 워싱턴대학교에서 성적 습관에 대한 조사를 하던 사람을 공동 연구자로 삼았다. 이후 험프리스는 조사관인 것처럼 가장하고 찻집 참여자들의 집을 방문해 그들의 사회적 배경과 삶에 대해 인터뷰했다. 그는 이들이 대부분 결혼한 상태이고 매우 평범하게 살고 있음을 알게 되었다.

험프리스는 종종 찻집 참여자의 부인이나 다른 가족을 인터뷰하기도 했다. 비관행적이고 윤리적으로 의심스러운 면을 제쳐 둔다면 험프리스는 방법론적 삼각 측량을 사용했다. 그는 설문으로 참여 관찰의 한계를 극복하려 노력했다. 두 가지 방법의 결과를 결합해 험프리스는 더 풍부하고 세밀하며 강력한 연구 결과를 만들 수 있었다. 오늘날 혼합적 방법은 매우 일반적으로 사용되고 있다.

비판적으로 생각하기 THINKING CRITICALLY ● ● ●

각각의 삼각 측량에서 어떤 잠재적인 문제들이 예상되는가? 예를 들어 이론적으로 기능주의적 접근과 마르크스주의적 접근을 하나의 연구에서 결합하는 것이 정말 가능한가? 설문 조사나 민속지학이 매우 다른 결과들을 도출한다면 어떻게 할 것인가? 당신은 그들 각각의 가치에 어떻게 접근할 것인가? 하나의 방법이 필수적으로 다른 방법에 종속되어야 하는가?

사회학의 영향

사회학자들이 연구하는 것은 우리의 일상생활 속에서 접할 수 있는 것이기 때문에, 사회학적 지식이 '보통 사람'의 지식과 크게 다른 것은 아닌지 궁금할 수도 있다. 사회학은 단순히 우리가 이미 아는 것들을 추상적 용어로 재진술하는 것일 뿐일까? 그런 경우는 매우 드물다. 사회학적 연구 결과는 반드시 증거에 기반해야 하기 때문에, 사회학자들은 절대로 개인적 견해나 추측에 의존하지 않는다. 실제로 훌륭한 사회학 연구는 우리가 당연하게 여기는 사실들에 대해 날카롭게 이해하거나(Berger 1963), 때로는 우리의 상식을 뒤집기도 한다. 어느 쪽이라도 좋은 사회학은 고리타분하지도 않고, 당연한 것을 재진술하지도 않는 것이다. 사회학 연구를 통해 우리는 과거에 보지 못했던 사회의 측면을 볼 수 있게 되었다. 그리고 사회학의 조사 결과는 종종 사회집단, 개인 및 기관에 대한 우리의 개인적인 신념 및 편견에 도전할 수 있게 해준다.

마찬가지로 사회학자들은 많은 사람이 이미 인지하고 있는 문제부터 시작하기도 한다. 범죄는 더 심각해지고 있는가? 학교 시험이 쉬워지고 있는가? 중등학교에서 남학생은 왜 여학생보다 성적이 상대적으로 낮은가? 오늘날의 테러리즘은 과거의 테러리즘과 다른가? 하지만 이러한 문제들을 탐구하며 사회학자들은 입증되지 않은 증거, 신문 리포트, 텔레비전 뉴스 방송에 만족하지 않는다. 그들은 항상 자료를 모을 때 이미 시도되거나 검증된 연구 방법들을 사용하고자 한다. 또한 연구하는 현상을 더 깊이 이해하기 위해 이론적 아이디어를 사용해 분석하고 해석한다. 이러한 방법을 통해 사회학은 '당연'하거나 단순한 대답에 도전하며, 훨씬 더 넓은 범위의 기준에서 그리고 가장 최근에는 세계적으로 상호작용하며 지식을 구축한다.

사회학 연구는 사회학자들에게만 흥미로운 것이 아니다. 많은 사회학적 연구는 정부로부터 상당한 금액의 연구자금을 지원받고 있으며, 오늘날의 사회문제와 직접적으로 관련된다. 가령 범죄와 일탈에 관한 많은 연구들은 구체적인 위법 행위나 위법자를 연구 대상으로 택해 범죄와 관련된 사회적 문제를 더욱 효과적으로 해결하려는 목적으로 수행된다. 사회학자들은 비영리기관이나 공공기관, 영리기관의 협조를 얻어 연구한다. 이러한 연구 중 상당수는 응용 사회 연구applied social research로서 단지 좋은 지식을 산출하는 것만을 목적으로 하지 않고 삶의 질을 향상시키는 데 기여하고자 한다. 예를 들어 부모의 알코올 사용이 자녀에게 끼치는 영향을 조사하는 연구는 어떤 치료 프로그램을 통해 알코올 의존증을 줄일 수 있는지 알려 준다.

사회학 연구의 결과는 사회 전체에 확산된다. 사회학은 단지 사회에 대한 연구가 아니며, 그 사회의 지속적인 삶의 중요한 요소가 된다. 섹슈얼리티와 가족(제10장과 제15장 참조)과 관련해 발생한 변화들을 살펴보자. 사회학 연구의 결과 덕분에 현대 사회에서 이러한 변동 사실을 모르는 사람은 거의 없다. 우리의 사고와 행위는 사회학적 지식에 의해 복잡하고 종종 미묘하게 변하며, 이러한 과정은 또다시 사회학적 조사 현장을 새롭게 바꾸어 나간다. 사회학의 전문적 용어를 쓰자면, 사회학은 연구 대상이 되는 인간과 '성찰적 관계'를 맺고 있다. 제3장에서 살펴보겠지만 성찰성reflexivity이란 사회학 연구와 인간 행위의 교환을 의미한다. 사회학적 발견이 종종 상식과 긴밀한 연관을 맺고 있다는 것에 놀라면 안 된다. 사회학은 단지 우리가 이미 알고 있던 발견들을 도출한다기보다 사회에 대한 우리의 상식적 지식에 부단히 영향을 주는 것이다.

복습

• • • Chapter review

1 사실적 연구, 비교 연구, 발생 연구, 이론적 연구란 무엇인지 적어 보자. 각각 다른 유형을 선택해 이 연구들에 대한 연구 질문의 예를 들어 보자.

2 검증과 반증의 차이점을 설명해 보자. 포퍼는 왜 후자가 과학에 대한 더 강력한 원리라고 믿었는가?

3 "사회학은 과학의 영역이다"라는 진술을 철학자와 과학철학자는 지지하거나 반박했는가?

4 상관관계와 인과관계의 차이점은 무엇인가? 인과관계에 대한 잘못된 사례와 잘된 사례를 들어 보자.

5 사회학자들은 다양한 연구 방법을 사용한다. 양적 연구와 질적 연구를 포함해 이 연구 방법들을 생각나는 대로 최대한 많이 적어 보자. 또한 각 연구 방법의 장점과 한계에 대해서도 적어 보자.

6 다음의 주제들을 조사하기 위해, 적어도 두 가지 연구 방법을 포함하는 연구 전략을 만들어 보자. 각각의 연구 전략에서 어떤 윤리적·현실적 문제가 예상되는가? 또 이를 어떻게 극복할 것인가?

a) 여성 동성애 관계에서 가정 폭력의 발생

b) 11세부터 17세 학생들 사이에서 벌어지는 자해행위의 범위

c) 남성 감옥에서 '종신형 재소자'의 대처 전략

이 주제 중 사회학 연구가 사실상 접근할 수 없는 '출입 금지 구역'이 있는가?

7 〈표 2-2〉를 다시 보자. 많은 연구와 신문 기사들이 정보의 출처에 대한 인용이 적거나 없는 표를 사용한다. 이 표에 사용된 자료들의 출처를 찾아보자. 이 자료들은 얼마나 신뢰할 만한가? 자료의 출처가 되는 조직들 중 연구 대상과 직접적인 이해관계가 있어 자료의 신빙성을 의심하게 만드는 조직이 있는가?

실제 연구

• • • Research in practice

대부분의 사회학과 졸업생들은 몇몇 고전 연구를 기억할 것이다. 그러나 사회학은 연구 조사를 통해 지속되며, 대부분의 연구들은 학술지에 게재된다. 논문은 진행 중인 데이터 수집 및 이론 구축 과정의 일부이며, 연구 주제에 대한 우리의 지식을 좀 더 심도 있게 변화시킨다.

일부 사회학자들은 연구 프로젝트에 연구 참여자를 참여시킴으로써 연구자와 연구 참여자 간의 격차를 줄이려고 노력했다. 이런 방식으로 성찰성의 추가적인 진일보가 가능하며 특히 연구자가 접근하기 어려운 경험을 활용할 때 더 유용할 수 있다.

다음의 저널 논문들을 읽어 보자.

Bancroft, A., Zimpfer, M. J., Murray, O., and Karels, M. (2014) 'Working at Pleasure in Young Women's Alcohol Consumption: A Participatory Visual Ethnography', *Sociological Research Online*, 19(3): 20, www.socresonline.org.uk/19/3/20.html.

1 이 연구에서 제기된 연구 문제와 질문은 무엇인가?
2 저자에 따르면, 참여 민속지학participatory ethnography이란 무엇인가?
3 이 연구에서 사용된 다른 연구 방법은 무엇인가?
4 선택된 연구 대상들이 연구자가 이해하고자 하는 집단을 대표하는가? 표본 선택에 대해 어떤 비판을 할 수 있는가?
5 연구에서 디지털 기술과 모바일 장치를 광범위하게 사용했다. 이것의 장단점은 무엇인가? 참가자가 이미지와 비디오 클립을 선택적으로 제시했다는 증거가 존재하는가? 이 문제는 어떻게 극복될 수 있는가?
6 연구자는 최종 결과물을 작성하고 통제했다. 이것이 참여 연구 전략의 초기 목표를 훼손시키는가? 아니면 단순히 피할 수 없는 문제인가?
7 이 신문에서 우리는 젊은 여성들과 그들의 '중독 문화'에 관해 무엇을 배울 수 있는가? 결과가 더 넓은 여성 인구에게 일반화될 수 있는가?

생각해 볼 것

Thinking it through

앞에서 말했듯이 문제나 질문으로부터 연구가 시작되고, 연구 프로젝트는 몇 가지 일련의 단계를 거친다. 당신의 연구 프로젝트를 설계해 보자. 〈그림 2-1〉에 있는 연구 과정의 처음 네 단계를 참고해 당신의 연구를 계획하고 설계해 보자.

- 당신이 관심 있고 대답하고 싶은 문제를 포함한 주제를 정한 후, 주제를 더 좁혀 뚜렷한 연구 질문을 만들어 보자.
- 다음으로 대상과 관련해 핵심 단어들을 찾아보고, 이 핵심 단어들을 통해 관련 문헌을 도서관에서 찾아보자. 당신의 연구 질문과 가장 가까운 열 개의 참고 문헌들을 적어 보자.
- 이 참고 문헌 중 처음 세 개를 찾아보고, 프로젝트의 가설이나 연구 질문을 구성할 때 참고해 보자. 당신은 무엇을 정말 알아내고 싶은가?
- 지금쯤이면 정확히 어떻게 연구를 수행할 것인지 고심할 것이다. 어떤 연구 방법이 당신이 찾고자 하는 대답을 제공하는 데 가장 적절한가? 당신의 연구 결과를 수량화할 필요가 있는가? 질적 방법이 더 효과적인가, 아니면 둘 이상의 연구 방법을 사용할 것인가?
- 마지막으로 연구를 수행할 때 어떤 장벽들이 예상되는가? 이러한 어려움을 어떻게 방지할 것인가?

예술 속의 사회

Society in the arts

1 Davis Guggenheim 감독의 〈An Inconvenient Truth〉(2006)은 기후변화에 대한 다큐멘터리 영화다. 전직 미국 부통령이자 대통령 후보였던 앨 고어는 인간이 야기한 지구온난화와 이에 대한 과학적 연구 증거들을 제시하는 강연을 했는데, 영화는 앨 고어를 쫓아다니며 영상에 담았다. 영화 중간에 고어가 기후변화 회의론자들의 반대에 대응하는 장면이 나온다. 이러한 운

동적 성격의 영화는 필수적으로 편파적인가? 당신은 기후변화 회의론자들이 자신들의 입장을 충분히 설명할 기회를 공정하게 얻고 있다고 생각하는가? 이와 같은 영화들은 과학적 글들에 비해 더 설득력을 얻을 수 있는가? 영화, 소설, 연극은 학술적 글이 메우지 못하는 우리의 이해 지평에 무엇을 채워 줄 수 있는가?

2 인터뷰는 사회학자뿐만 아니라 언론인, 시장 조사자 및 그 외 직업에서도 수행하며 모든 인터뷰 담당자는 자신이 추구하는 정보를 추출할 수 있는 실용적인 방법을 찾는다. 탐사보도 기자 Louis Theroux는 비구조화 인터뷰unstructured interviews를 사용해 자신의 주제에 대한 정보를 끌어내는 것을 선호한다.
Stuart Cabb 감독의 다큐멘터리 〈Louis Theroux: Behind Bars〉(2008)를 통해 테루의 면접 기술을 보자. 그는 캘리포니아 샌프란시스코의 샌퀜틴 주립교도소에서 교도관과 수감자를 인터뷰한다. https://archive.org/details/BehindBarsInSanQuentin-LouisTheroux. 이러한 상황에서 그가 사용하는 구조화되지 않은 인터뷰 방법이 효과 있는가? 테루는 수감자와 교도관으로부터 정보를 수집해 그들의 관계를 밝힐 수 있는가? 재소자가 카메라를 속이려는 증거가 있는가? 그들은 진실을 말하기보다 좋은 TV를 만들려고 응답하는가? 만약 연구자가 자국의 교도소에서 수감자와 면담하기를 원한다면 실용적이고 정치적이며 위험적인 문제에 직면할 수 있는 장애물이 존재하는가?

3 Michael Mann 감독의 〈The Insider〉(1999)는 실화를 소재로 한 영화다. 미국 대기업 담배 회사의 전직 임원이 텔레비전 뉴스 프로그램에서 인터뷰를 했는데, 그는 최고경영자들이 담배가 건강에 해롭다는 사실을 알 뿐만 아니라 담배의 중독성을 더 높이려 한다고 언급했다. 영화는 CBS 뉴스가 인터뷰를 방영하지 말라는 압력에 굴복하는 것을 비롯해, 진실을 묵살하려는 여러 시도를 다룬다. 영화 속에서 과학적 연구가 사용되는 장면이나 과학자들이 등장하는 장면을 생각해 보자. 당신은 당신을 고용한 회사를 위해 당신의 발견을 위조하거나 수정하는 상황을 상상할 수 있는가? 과학자들이 사적 기업에 속해 있거나 사적 기업을 위해 일하면서, 여전히 진실을 추구하고 타당한 결과를 출판하며 과학적 규범에 대한 전문가적인 헌신을 유지할 수 있는가?

더 읽을거리 ••• Further reading

입문 단계의 학생들을 위한 연구 방법에 대한 많은 책이 있다. 여기서는 아주 일부 문헌만 소개한다. 어떤 연구 방법이 당신이 사용하기에 가장 적절한지 알아보기 위해 몇 가지 자료들을 세세히 살펴보는 것이 중요하다.

초보 연구자들은 유용한 정보가 많고 실용적인 책이 필요하다. 연구 프로젝트에 대해 생각하고 계획하기 시작할 때 Judith Bell의 *Doing Your Research Project: A Guide for First-Time Researchers* (6th edn, Buckingham: Open University Press, 2014)는 참고할 만한 매우 좋은 책이다. 마찬가지로, Keith F. Punch의 *Introduction to Social Research: Quantitative and Qualitative Approaches* (3rd edn, London: Sage, 2014)는 제목이 뜻하는 바를 충실히 담고 있

을 뿐만 아니라 많은 이슈와 논쟁들도 다룬다. Gary D. Bouma와 Rod Ling의 *The Research Process* (5th edn, Oxford University Press, 2005) 역시 연구 방법에 대한 탁월한 입문서다.

더 수준 높고 종합적인 책을 원한다면 Alan Bryman의 *Social Research Methods* (5th edn, Oxford: Oxford University Press, 2015)가 있다. 이 책은 많은 연구 방법 수업의 교재로 널리 이용되고 있다. 마찬가지로 Tim May의 *Social Research: Issues, Methods and Process* (4th edn, Buckingham: Open University Press, 2011) 역시 많이 사용되며 믿을 만한 안내서다.

통계와 SPSS의 입문서로 Andy Field의 *Discovering Statistics Using SPSS* (4th edn, London: Sage, 2013)는 경험 있는 사람들뿐만 아니라 초보자들도 읽을 수 있으며, 포괄적인 내용을 다룬다. 읽어 볼 만한 다른 책으로는 Darrell Huff의 *How to Lie with Statistics* (London: Penguin, 1991)가 있다. 이 책은 지금까지 나온 통계 서적들 중 가장 많이 팔린 것으로 보인다(J. M. Steele의 'Darrell Huff and Fifty Years of How to Lie with Statistics', *Statistical Science*, 20(3): 205~209, 2005 참조). 이 책은 사회에서 통계적 정보를 오용하는 것에 대해 설명하고, 중요한 메시지를 전하는 탁월한 안내서다.

끝으로 사전을 보는 것도 도움이 된다. Victor Jupp의 *The sage Dictionary of Social Research Methods* (London: Sage, 2006)는 특정 주제들을 참고할 때 찾아볼 만한 책이다.

연구 방법과 다른 연구 방법론적 접근들에 관한 편집서로는 *Sociology: Introductory Readings* (3rd edn, Cambridge: Polity, 2010)를 참고하자.

관련 홈페이지

Internet links

- Polity
  www.politybooks.com/giddens
- Research methods at Manchester
  www.methods.manchester.ac.kr
- UK National Statistics Online, which includes lots of survey research, but other types as well
  www.ons.gov.uk
- The UK Data Archive
  www.data-archive.ac.uk
- CESSDA - Council of European Social Science Data Archives
  www.cessda.org
- Ipsos MORI
  www.ipsos-mori.com

03

사회학의 이론과 관점

Theories and Perspectives

사회학을 향하여

실증주의와 사회 진화
카를 마르크스: 자본주의 혁명

사회학의 확립

에밀 뒤르켐: 실재의 사회적 층위
20세기의 구조기능주의
막스 베버: 자본주의와 종교
상징적 상호작용주의, 현상학, 민속방법론

지속되는 이론적 딜레마들

사회 구조와 인간 행위
합의 대(對) 갈등

사회의 변형 그리고 사회학

페미니즘 그리고 남성 주류의 사회학
탈식민주의 사회학?
포스트구조주의와 포스트모더니티
성찰성, 위험 그리고 세계시민주의

결론: 발전 중인 사회학 이론

지구온난화가 인간에 의해 야기되었다는 이론은 험악한 논쟁과 이론적 의견 충돌의 주제가 되어 왔다.

지구의 기후 변동 문제와 관련해 20년 이상 격렬한 논쟁이 전개되어 왔다. 몇몇 주장은 빙하의 감소, 평균 지표면 온도의 변화와 해수면의 상승에 관한 증거들에 주목하고 있다. 다른 반박들은 연구방법론에 대한 것이다. 지구의 기온은 어떻게 측정해야 하며, 기후 변동에 대한 컴퓨터 모델이 갖고 있는 가정은 얼마나 만족스러운 것인가? 그러나 가장 험악한 논쟁은 지구온난화가 인간에 의한 것이라는 이론을 강하게 지지하는 증거를 내세우는 대다수의 주류 과학자들과, 지구온난화에 관해 동일한 증거는 있지만 그것이 인간에 의한 것이라는 명제를 부정하는 소수의 과학자들 사이에서 벌어지는 이론적 갈등이다. 이와 같은 갈등은 가용한 증거들이 얼마나 풍성하든 간에 증거 자체만으로 말할 수 있는 것은 거의 없으며, 이론적 틀 안에서 해석을 거쳐야만 한다는 것을 보여 준다.

> 기후변화의 사회학에 관한 보다 자세한 논의는 제5장 〈환경〉을 참조하라.

우리는 제1장에서 사회학자들도 자연과학에서와 마찬가지로 조사 연구 과정에서 수집한 다양한 증거들을 설명하기 위해 추상적 해석 — 이론 — 을 고안할 필요가 있다는 점을 살펴보았다. 나아가 조사의 초점을 형성하는 적절한 질문을 만들기 위해 연구에 착수하면서부터 이론적 접근을 채택할 필요가 있다. 하지만 사회학적 이론화는 고립되어 있는 학계의 상아탑 안에서 이루어지는 것이 아니다. 이는 사회학의 설립자들이 제기했던 질문들을 보면 명확히 드러나는데, 그 질문들은 당대의 주요한 사회적·정치적 문제들과 밀접하게 결부되어 있었다. 예를 들어 카를 마르크스Karl Marx는 자본주의 경제의 동력과 빈곤 및 사회적 불평등의 원인을 설명하고자 했다. 에밀 뒤르켐Emile Durkheim의 연구는 산업사회의 특성과 세속화를 탐구한 것이고, 막스 베버Max Weber는 자본주의의 발생과 관료적 조직의 귀결을 설명하려고 했다. 그런데 이것들이 오늘날에도 여전히 중심적인 문제일까?

많은 사회학자는 사회의 중심 문제들이 변화하고 있다고 생각한다. 세계화의 사회적·정치적 결과는 무엇인가? 젠더 관계는 어떻게 그리고 왜 변형되고 있는가? 다문화 사회의 미래는 어떨까? 물론 기후변화와 세계적 환경문제들을 고려할 때 세계 인구의 미래는 어떨까 역시 포함된다. 이러한 문제들을 다루기 위해 사회학자들은 고전적 이론들을 재평가하고, 그것들이 부적절한 곳에서는 자신들만의 새로운 이론을 개발해야만 했다. 우리는 이 새로운 이론들 몇 가지를 앞으로 살펴볼 것이다.

모든 사회학 입문자들에게 역사적 관점은 필수적이다. 이는 사회학이라는 분과가 어떻게 형성되어 현재의 모습으로 전개되었는지 이해하는 데 도움을 줄 뿐만 아니라, 이미 알고 있는 것을 새삼스럽게 반복하느라 불필요한 힘을 빼지 않도록 우리를 이끌어 준다. 사회학적 이론화에 대한 비판자들은 — 이들은 사회학 분과 내에도 적지 않다 — 너무 많은 '새' 이론들이 사실은 새로운 언어로 차려입은 '옛' 이론들에 불과하다고 불평한다. 시간의 흐름에 따른 사회학 이론의 발전에 대한 올바른 인식은 우리를 이러한 비판에 민감하도록 만들어 줄 것이다.

어떤 것들은 '사회학적 이론sociological theory'으로, 다른 것들은 '사회 이론social theory'으로 기술되기 때문에 상황은 더욱 복잡해진다. 이는 머리카락을 쪼개는 것처럼 지나치게 사소한 구별에 집착하는 것은 아닐까? 무딘 용어에서, 사회학적 이론은 규범적 혹은 정치적 편향을 경계하면서, 과학적 방법들을 채택하고 경험적 조사 결과들을 설명하는 것을 목표로 한다. 사회 이론이 반드시 사회학 분과 내부에서 기원하는 것은 아니며 종종 현재의 사회적이고 정치적인 체제에 대한 규범적인 비판을 포함한다. 이 장을 읽는 동안 이러한 구별을 염두에 두기 바란다. 그러나 몇몇 학자들은 사회적 삶의 양상들을 이해하고 설명하기 위해 사회학적 이론들을 고안하지만 유해한 불평등과 불의라고 그들이 본 것을 비판하면서 두 기본적 유형 사이를 옮겨 다니므로 이 기본적 구별은 고정불변하는 것이 아니다. 독자들은 어떤 이론이 더 매력적이라고 느껴지는지, 그리고 스스로의 선택에서 자신의 배경과 삶의 경험이 어떠한 역할을 하는지 성찰할 수 있을 것이다.

일련의 사회학적 이론과 관점을 받아들이는 것은 하나의 도전이다. 사회학이 하나의 중심 이론을 갖고 있고, 모든 사회학자가 그것을 중심으로 작업한다면, 사회학의 이론과 관점을 받아들이기는 훨씬 쉬웠을 것이다. 1950년대와 1960년대에는 한동안 탤컷 파슨스Talcott Parsons의 구조기능주의적 접근이 중심 이론에 가까웠다. 하지만 사회가 문화적으로 더욱 다양해짐에 따라, 현 시기는 이론적인 접근과 관점의 다양성을 특징으로 한다. 이러한 상황 때문에 경쟁하는 이론들을 평가하는 작업이 예전보다 더욱 어렵게 되었다. 하지만 이론적 다원성은 사회적 삶에 대한 전반적인 이해를 심화하고 사회학 이론의 활력을 가져오는 측면도 분명히 있다. 그리고 오늘날의 사회학은 사회적 삶의 매우 특수한 측면을 설명하고자 하는 수많은 '중범위' 이론들을 포함하는 한편 (Merton 1957), 사회 구조 또는 근대 사회의 장기적 발전을 설명하려는 '거대 이론grand theories'의 자리 또한 마련되어 있다(Skinner 1990).

이 장은 사회학에 진입하는 학생들에게 사회학의 견고한 토대를 제공하는 이 책의 초반 세 개의 장을 마무리하는 부분이다. 제1장에서는 과학적 지식 전체에 사회학이 기여하는 부분이 무엇인지 살펴보았다. 제2장에서는 사회학자들이 사용하는 주요 연구 방법과 기술, 말하자면 사회학자들의 '밑천'을 보여 주었다. 그리고 이 장에서는 19세기 이래 사회학적 이론화의 역사와 발전을 비교적 간략하게 설명한다. 물론 이 짧은 장에서 중요한 이론가 모두를 한 명씩 다룰 수는 없을 것이다. 예를 들어 피에르 부르디외Pierre Bourdieu와 마누엘 카스텔스Manuel

그림 3-1 주요 사회학 이론가와 학파들의 연대기, 1750~현재

1750	유럽 계몽주의 철학자들(1750~1800)
1800	오귀스트 콩트(1798~1857)
	해리엇 마티노(1802~1876)
1850	카를 마르크스(1818~1883)
	허버트 스펜서(1820~1903)
1900	에밀 뒤르켐(1858~1917)
	막스 베버(1864~1920)
	게오르크 지멜(1858~1918)
	에드문트 후설(1859~1938)
1930	조지 허버트 미드(1863~1931)
	알프레트 슈츠(1899~1959)
	시카고학파(1920년대)
	안토니오 그람시(1891~1937)
1940	탤컷 파슨스(1902~1979)
	프랑크푸르트학파(1923~1960년대)
	시몬 드 보부아르(1908~1986)
1950	로버트 머턴(1910~2003)
1960	어빙 고프먼(1922~1982)
	베티 프리던(1921~2006)
	하워드 베커(1928~)
	해럴드 가핑클(1917~2011)
	노르베르트 엘리아스(1897~1990)
1970	위르겐 하버마스(1929~)
	미셸 푸코(1926~1984)
1980	피에르 부르디외(1930~2002)
	이매뉴얼 월러스틴(1930~)
	장 보드리야르(1929~2007)
1990	앤서니 기든스(1938~)
	울리히 벡(1944~2015)
	주디스 버틀러(1956~)
	반다나 시바(1952~)
	지그문트 바우만(1925~2017)
2000 이후	마누엘 카스텔스(1942~)
	슬라보예 지젝(1949~)

참조 선별된 이론가들이 관련되거나 영향을 받은 다양한 사회학적 관점들은 다음과 같이 간주된다.

- 철학사상가
- 기능주의
- 마르크스주의
- 상호작용주의
- 페미니즘
- 포스트모더니즘 / 포스트구조주의
- 이론적 종합

Castells는 논의되지 않는다. 대신에 그들의 작업이 많은 영향을 끼친 분야를 다루는 이후의 장에서 그들에 대한 설명을 찾아볼 수 있을 것이다. 부르디외의 견해들은 제19장 〈교육〉에서 자세하게 다루어지며, 카스텔스의 견해들은 제7장 〈일과 경제〉, 제8장 〈사회적 상호작용과 일상생활〉에서 찾아볼 수 있다.

여기서 제시되는 설명은 대체로 연대순을 따르지만, 과도하게 얽매지는 않았다. 우리가 마르크스를 소개한다고 할 때, 19세기 중반부터 20세기 후반의 마르크스주의로 논의를 펼치는 것은 불가피하다. 페미니즘의 윤곽도 마찬가지로 오랜 시간을 포괄한다. 이와 같은 연대기적 방법은 보다 일관성 있는 서사를 생산함으로써 독자에게 어떻게 그리고 왜 이론적 관점들이 이러한 방식으로 전개되어 왔는지 더 쉽게 알 수 있도록 한다는 것이 우리의 판단이다

이어서 '고전적 설립자들'의 저작과 그들이 시작한 탐구의 전통을 통해 사회학 이론의 발생과 사회학의 형성을 추적한다. 그리고 1970년대 이래 급속하고 광범위한 사회 변동으로 사회학자들이 어떻게 새로운 이론적 관점을 고안하게 되었는지 살펴보면서 이 장을 마무리할 것이다. 〈그림 3-1〉은 영향력 있는 이론가와 학파들을 통해 이론 및 관점의 발생과 전개를 보여 주는 간략한 연대표이다. 시계열 상 개인의 위치는 주요 저작이 출판된 시기에 따라, 학파의 경우는 형성 시기에 따라 설정되었다. 물론 이것은 선택적으로 살펴보는 것일 뿐, 전체를 망라하는 것은 아니다. 이 그림은 이 장 그리고 이 책 전체의 이정표를 제시한다고 할 수 있다.

비판적으로 생각하기 THINKING CRITICALLY

〈그림 3-1〉의 관점들을 근거로 할 때, 연대표 상에 어떤 패턴이 보이는가? 예를 들어 어떤 관점들이 기반을 상실하거나 얻는 것으로 보이는가?

사회학을 향하여

사회학적 관점은 두 개의 혁명적 전환을 통해 가능해졌다. 첫째, 18세기 후반과 19세기의 산업혁명은 물질적 삶의 조건과 생계를 영위하는 방식을 급진적으로 변화시켰다. 이것은 처음에 도시 과밀, 빈민 위생, 질병 그리고 전례 없는 규모의 오염과 같은 새로운 사회문제를 야기했다. 사회개혁가들은 이러한 문제들을 줄이고 해결 방법을 찾기 위해 조사를 수행하고 문제들의 정도와 특성에 대한 증거를 모아 혁신안을 강화하고자 했다.

둘째, 1789년 프랑스혁명은 자유, 해방, 시민권이라는 공화주의적 이상을 전면에 내세우면서 구 유럽의 농업 체제와 절대왕정에 상징적인 마침표를 찍었다. 프랑스혁명은 부분적으로 18세기 중반 유럽 계몽사상의 결과로 받아들여진다. 계몽사상은 인간사의 진보를 위한 열쇠로서 이성과 합리성 그리고 비판적 사고라는 철학적·과학적 관념을 고취함으로써 인습과 전통적인 종교적 권위에 대항했다. 계몽철학자들은 자연과학, 특히 천문학과 물리학, 화학으로부터 신뢰할 만한 지식의 발달을 목격했고, 자신들이 나아갈 길을 이러한 지식이 보여 준다고 생각했다. 영국의 물리학자 아이작 뉴턴Isaac Newton(1643~1727)은 자연법칙과 과학적 방법이라는 관념으로 계몽주의 학자들에게 영향을 미친 모범적 과학자로 손꼽혔다. 계몽주의 학자들은 (유사한 방법을 사용함으로써) 원칙적으로 사회적·정치적 삶에서도 그와 비슷한 법칙을 발견할 수 있다고 주장했다. 이러한 사고는 과학 내 실증주의 철학의 근본이다.

실증주의와 사회 진화

오귀스트 콩트Auguste Comte(1798~1857)는 사회에 대한 과학 — 그는 이것을 '사회학'이라 명명했다 — 을 본질적으로 자연과학과 유사한 것으로 보았다. 그의 '실증주의적' 접근은 인과적·준법칙적 일반화를 목표로 하는 이론적 진술에 의해 뒷받침되는 직접적인 관찰의 원리에 기반을 두고 있다. 콩트에 따르면 사회학의 임무는 사회 세계를 예측할 수 있는 신뢰할 만한 지식을 획득하고 이러한 예측을 기반으로 해서 진보적인 방식으로 사회적 삶에 개입해 그것을 주조하는 것이었다. 콩트의 실증철학은 자연 세계에 대한 신뢰할 만한 지식을 산출하는 자연과학의 성취로부터 영감을 얻은 것이 명백하다.

콩트 사후 150년, 나사NASA의 우주 왕복선이 이륙해 몇 주간 지구 궤도를 돌다가 착륙하는 것을 (아마도 텔레비전을 통해) 본 사람이라면 누구라도 과학의 예측력이 작동한 것을 목격한 것이다. 과학과 기술이 그와 같은 위업을 달성하기 위해 필요로 하는 다양한 유형의 지식들에 관해 생각해 보면, 어째서 자연과학이 여전히 높이 인정받고 있는지 알 수 있을 것이다.

하지만 그렇게 신뢰할 만하고 예측적인 지식을 과연 인간의 행동과 관련해서도 획득할 수 있을까? 오늘날 많은 사회학자들은 불가능하다고 생각한다. 그리고 '실증주의적'이라는 말로 자신의 작업을 지칭하는 사회학자는 더욱 적을 것이다. 그토록 많은 사회학자들이 콩트식 실증주의를 거부하는 주된 이유는 아마도 그들이 사람과 사회를 주조하고 제어한다는 발상을 불가능하거나 위험한 것으로, 혹은 둘 다라고 생각하기 때문일 것이다. 자의식을 가진 인간은 예측하지 못한 방향으로 행동할 수 있기 때문에, 이를테면 개구리와 같은 방식으로 연구될 수 없다. 하지만 콩트가 옳았으며 인간이 과학적으로 연구될 수 있고 행동에 대한 예측과 개입이 사회를 긍정적인 방향으로 이끈다고 한들, 과연 누가 개입할 것이며 무엇이 '긍정적 방향'을 구성하는지 누가 결정할 것인가. 과학자? 정치인? 종교 지도자? 독자는 이와 같은 중심 방향이라는 것이 과연 민주주의 정치와 얼마나 양립할 수 있으리라 생각하는가?

> 콩트의 사상에 대한 보다 자세한 논의는 제1장 〈사회학이란 무엇인가〉를 참조하라.

오늘날에는 예측 과학이라는 콩트식 사회학에 대한 회의가 널리 퍼져 있다. 하지만 사회에 대한 학문의 필요성을 옹호하며 사회학의 형성에 기여한 그의 역할을 기억하는 것은 중요한 일이다. 당대에 콩트의 사상은 매우 큰 영향력을 가지고 있었고, 과학 발전에 대한 그의 이론은 다른 사람들에게 영감을 주었다. 콩트는 인간 지식의 지배적인 형식들이 다음 세 단계를 거친다고 보았다. 신학적(또는 종교적) 단계, 형이상학적(또는 철학적) 단계, 마지막으로 실증적(또는 과학적) 단계다. 과학의 역사는 이러한 점진적 움직임을 입증해 주는데, 사회적 삶은 실증적 단계로 들어가는 마지막 영역이고 사회학은 마지막 과학적 분과 학문으로 그 운명이 예정되어 있다는 것이다.

영국의 철학자이자 사회학자인 허버트 스펜서Herbert Spencer(1820~1903)는 콩트의 사상에 기대어 자연 세계가 생물학적 진화의 대상이 되는 것과 마찬가지로 사회는 '사회 진화social evolution'의 대상이 된다고 주장한 최초의 사람들 중 하나였다. 사회 진화는 구조적 분화 — 단순한 사회가 더욱 다양한 일련의 사회제도를 갖춘 보다 복잡한 형식으로 발전하는 것 — 와 기능적 적응 — 사회가 외부 환경에 스스로를 맞추어 나가는 것 — 의 형식을 띤다. 스펜서는 19세기 산업사회들은 더욱 정적이고 위계적인 이전까지의 사회들에서 새롭게 출현한 것으로, 근본적으로 사회 진화를 보여 주는 것이라고 주장했다. 스펜서는 또한 '적자생존' 원리가 생물학적 진화뿐만 아니라 사회 진화에도 적용된다고 생각했으며, 취약 계층이나 장애인을 지원하기 위한 국가의 개입에는 반대했다(M. W. Taylor 1992).

스펜서의 진화 이론은 널리 받아들여졌으나 20세기 들어서는 사회학의 다른 진화론들과 마찬가지로 쇠퇴의 길로 접어들었다. 한 번 지나가듯 언급하는 것 이상으로 그를 참고하는 사회학 강좌는 거의 없다. 이는 19세기의 또 다른 거대 '진화론'자인 카를 마르크스와 대조된다. 사회학과 세계사에서 마르크스의 영향력은 아무리 높이 평가해도 지나치지 않다.

카를 마르크스: 자본주의 혁명

계급 갈등과 사회 변동에 대한 마르크스의 기본적인 견해는 제1장에서 소개했지만, 이 시점에서 그에 대한 독자의 지식을 다시 환기할 필요가 있다. 마르크스와 그의 동료인 프리드리히 엥겔스Friedrich Engels는 결코 자신들을 전문적인 사회학자라고 생각하지 않았다. 하지만 사회에 대한 과학적 이해를 추구했으며, 이로부터 장기적인 사회 변동을 설명하고자 했다. 마르크스는 "철학자들은 세계를 단지 다양하게 해석했을 뿐이다. 중요한 것은 세계를 변화시키는 것"이라고 주장하면서, 사회과학적 작업은 사변철학 및 모든 철학적 형태로부터 단절을 이루는 것이라고 보았다(Marx and Engels 1970[1846]: 123). 유럽의 산업 노동 계급에 대한 마르크스의 관심과 헌신은 자본주의와 자본주의의 작동에 대한 그의 연구와 밀접하게 관련되어 있다.

마르크스의 이론적 접근: 역사적 유물론

사회학에서 마르크스의 저작은 다방면에서 중요하지만, 이 장에서는 한 가지 측면에만 집중할 것이다. 바로 자본주의 분석이다. 이는 역사의 원동력인 계급 갈등에 대한 광범위한 이론의 일부이다. 이 '거대 이론'은 훗날 사회학과 사회과학에서의 많은 조사 연구와 이론적 발전의 토대를 형성했다. 또한 마르크스주의 이론은 구소련, 동유럽, 쿠바, 베트남, 중국 같은 공산주의 체제를 포함하는 20세기의 다양한 정치운동과 정부에 의해 재해석되어 활용되었다. 분명히 마르크스주의는 단순한 사회학 이론 이상의 것이라고 할 수 있다.

마르크스의 이론적 관점은 종종 역사적 유물론이라고 불린다. 더 정확히 말하자면 아마 '역사에 대한 유물론적인 구상materialist conception of history'이라고 해야 할 것이다. 이는 마르크스가 자유나 민주주의 같은 추상적 사상이나 이상에 의해 사회의 역사적 발전이 추동된다는 철학적 교의, 즉 관념론에 반대했음을 의미한다. 대신에 마르크스는 한 시대의 지배적인 사상이나 이상은 지배적인 삶의 방식, 구체적으로 그 사회의 '생산 양식mode of production'이 반영된 것이라고 주장한다. 예를 들어 절대 군주가 통치하던 시대에는 왕과 왕비가 '(신이 내린) 신성한 통치권'을 갖는다는 사상이 지배적이라도 전혀 놀라울 것이 없다. 하지만 자유시장 자본주의라고 하는 우리 시대에는 '자유로운' 선택을 하는 주권자 개인의 사상이 지배적이다. 마르크스는 한 시대의 지배적인 사상은 곧 지배하는 집단의 사상이라고 주장한다. 그의 '역사적 유물론'은 사람들이 집단적으로 함께 삶을 생산하는 방식에 주된 관심을 가진다. 사람들은 음식, 보금자리 그리고 여타 물질적 재화를 어떻게 생산하는가? 그리고 이를 위해 어떤 종류의 분업이 존재하는가?

비판적으로 생각하기 THINKING CRITICALLY

마르크스는 옳고, 한 시대의 지배적인 사상들은 언제나 지배계급의 이해관계를 반영하는가? 어떻게 보편적인 인권의 개념이 자본가들에게 유용할 수 있는가? 혹은 인권 담론이 자본주의 발전에 반대된다고 보는 것이 적합한 이해인가?

생산 양식의 교체: 성공적인 거대 이론?

마르크스는 인간 사회의 역사적 발전은 순전히 임의적인 것이 아니라 구조화된 것이라고 주장했다. 고대에는 소규모 인간 집단이 발전된 소유 체계 없이 존재했다. 그 대신 획득한 모든 자원은 공동으로 소유했으며 계급 분할은 없었다. 마르크스는 이것을 원시 공산주의 형태라고 불렀다. 그러나 집단의 생산력이 증가하면서 기존 생산 양식이 적합하지 않게 됐고, 새로운 생산 양식이 출현했다. 이번에는 고대 그리스와 로마의 경우와 같이 (노예제를 포함한) 사적 소유를 어느 정도 갖춘 수준이었다.

이로부터 정착 농업과 봉건적 소유 관계에 기반을 두는 사회가 발전했다. 유럽의 봉건주의 체계는 지주와 땅을 가지지 못한 소농과 소작농 사이의 계급 분할에 기반을 두고 있었는데, 후자는 살아남기 위해서 지주를 위해 일할 수밖에 없었다. 하지만 봉건적 생산 양식도 생산력의 한계에 도달했고, 자본주의 사회에 자리를 내주었다. 초기 자본가들은 16세기에 작업장과 제조업에 투자하기 시작했고, 1789년의 프랑스혁명 무렵에는 역사의 혁명적 힘이 될 수 있을 만큼 수가 넘쳐나고 강력해졌다.

자본주의하에서 계급 대립은 매우 단순해져 사회가 '두 개의 거대한 진영으로 분열된다'. 자산 소유자(자본가 혹은 부르주아)와 노동자(혹은 프롤레타리아)가 그들이다. 자본주의 혁명은 전통적인 봉건적 생산의 한계를 부수었다. 보다 엄격한 규율과 긴 노동 시간이 요구되었고 자본가는 노동자의 노동력을 이용해 이윤을 뽑아낼 수 있었다. 실제로 마르크스와 엥겔스는 사회의 혁명적 전환으로서의 자본주의에 대해 극찬했다(2008[1848]: 13~14). 초기 100년 동안 자본주의는 '과거의 모든 세대를 합친 것보다 더 크고 더 거대한 생산력을 창출했다'. 하지만 그러한 생산력은 노동자들에 대한 무자비한 착취와 그에 따른 산업 노동 인구의 필연적이고 고질적인 소외에 의해 달성된 것이었다.

마르크스는 자본주의 자체도 봉건제와 마찬가지로 또 다른 생산 양식, 즉 공산주의에 자리를 내줄 것이라고 예상했다. 그리고 이 공산주의는 착취당하는 자신들의 처지를 자각하고 계급 의식이 고양된 노동자들의 불만이 고조됨으로써 도래한다고 보았다. 공산주의하에서는 사적 소유가 철폐되고 순수한 공동의 사회관계가 성립된다. 하지만 원시 공산주의와 달리 현대적 공산주의는 고도의 생산력을 갖춘 산업 시스템을 자본주의로부터 물려받아 유지한다. 이는 '각자의 능력에 따라 (생산하고), 각자의 필요에 따라 (분배받는다)!'라는 공산주의적 원칙을 이행할 수 있는 인간적이며 정교한 형태의, 진전된 공동적 삶을 산출할 것이다(Marx 1938[1875]: 10).

마르크스는 노동자들이 대규모로 모이면 계급의식이 발전할 것이라고 주장했다.

평가

마르크스에게 산업주의 이론 그 자체는 이치에 맞지 않는 것이다. 산업 발전은 산업가를 요구했고, 이들은 결국 자본주의 기업가였다. 산업 체계를 이해한다는 것은 소수에게 유리하고 다수에게 불리한 새로운 자본주의적 사회관계를 이해하는 것을 의미하기도 했다. 또한 마르크스의 관점은 컴퓨터, 로봇 그리고 인터넷이 딸린 공장, 작업장 그리고 사무실이 난데없이 생겨난 것이 아님을 상기시키는 데 유용하다. 이것들은 합의가 아니라 갈등으로부터 유래한 적대적 사회관계의 산물이다.

마르크스의 관점은 거대 이론화가 유용할 수 있음을 보여 준다. '생산 양식' 개념은 엄청난 양의 역사적 사실들을 일반적인 얼개 속에 배치해 쉽게 이해시킨다는 점에서 유익하다. 마르크스 사후 많은 사회과학자들이 이러한 틀을 확장하고 정교화하고 비판하면서 작업해 왔고, 오늘날에도 많은 사람이 이를 계속하고 있다. 마르크스의 이론에 결점이 있을 수는 있지만 많은 사회학자가 그러한 결함을 발견하는 것이 사회학 전체에 굉장히 생산적이었다는 점에 동의한다.

하지만 마르크스의 작업은 거대 이론이 갖고 있는 주된 문제점을 잘 보여 주기도 한다. 경험적 검증 대상으로 삼기 어렵다는 점이다. 어떻게 이러한 테제를 검증할 것인가? 이러한 테제가 틀렸음을 명백하게 입증하고자 한다면 어떤 것을 찾아야 한단 말인가? 『공산당 선언The Communist Manifesto』(1848)이 출판되고 160년이 지난 뒤에도 산업화된 나라들에서 공산주의 혁명이 일어나지 않았다는 사실이 그 이론의 중심적인 예측이 잘못되었음을 보여 주는가? 만약 그렇다면 그것은 마르크스주의 이론의 다른 측면들 또한 잘못된 것임을 의미하는가? 후기 마르크스주의자들은 공산주의 혁명이 일어나지 않은 바로 그 이유를 설명하고자 했고, 그렇게 함으로써 마르크스의 사상을 수정했다. 〈고전 연구 3-1〉은 그 가운데 특히 영향력이 컸던 한 집단을 살핀다. 이들의 이론은 갈등사회학의 발전에 영향을 미쳤다.

사회학의 확립

콩트, 스펜서, 마르크스 그리고 여타의 이론가들은 사회학 발전의 토대를 제공했다. 하지만 그들의 생애 동안에는 사회학이라는 공식적인 학문 분과가 없었다. 사회학이 대학 내에 제도적 기반을 가지고 있었던 것도 아니다. 만

네오마르크스주의: 비판 이론의 프랑크푸르트학파

19세기 중반, 마르크스는 노동 계급의 혁명이 멀지 않았다고 예견했다. 하지만 이것은 그의 생전에 실현되지 않았다. 그리고 1917년, 제1차 세계 대전 혼란 중에 러시아혁명은 마르크스의 예견이 곧 입증될 것처럼 보이게 했다. 하지만 공산주의는 산업화된 서구 국가들로 확산되지 못했다. 대신 1930년대에 우리는 이탈리아의 파시즘과 독일의 나치즘을 목도했는데, 둘 다 극렬한 반공산주의 운동이었다. 이와 같은 전개는 마르크스주의자들에게 딜레마를 안겨 주었다. 마르크스의 이론이 자본주의의 발전을 이해하기에 여전히 적절하다고 할 수 있는가? 만약 그렇다면 마르크스주의의 정통적 형태는 계속 유효할 것이다. 하지만 만약 그렇지 않다면 새로운 형태의 마르크스주의적 이론화(네오마르크스주의)가 필요할 것이다.

20세기를 지나며 마르크스주의 사상, 특히 소비에트 버전 공산주의를 거부했던 '서구 마르크스주의'는 몇 갈래로 나뉘어 발전했다(Kolakowski 2005). 서구 마르크스주의 내에서도 하나의 집단이 특히 영향력 있었는데, 바로 비판 이론의 프랑크푸르트학파였다. 이들은 본래 막스 호르크하이머Max Horkheimer의 지도 아래 프랑크푸르트 사회조사연구소에 자리 잡고 있었으나 국가 사회주의가 대학 직원의 3분의 1가량을 추방하자 많은 비판 이론가들은 독일 밖으로 쫓겨날 수밖에 없었다. 결과적으로 그들이 안착한 곳은 유럽과 미국이다. 나치는 체계적으로 대학의 기반을 약화시켰고, 많은 유대인 지식인들을 제거하거나 추방했다.

마르크스와 프로이트 그리고 이마누엘 칸트의 철학에 기대어 프랑크푸르트학파는 자본주의, 파시즘, 대중문화, 그리고 미국에서 나타나고 있던 소비사회에 관한 일련의 중요한 연구들을 생산했다. 예를 들어 테오도어 아도르노Theodor Adorno와 그의 동료들은 파시즘의 등장과 유행이 부분적으로는 강력한 지도자의 매력에 휩쓸리기 쉬운 권위주의적 인간형이 등장한 결과라고 분석했다(1976[1950]). 헤르베르트 마르쿠제Herbert Marcuse의 『1차원적 인간One-Dimensional Man』(1964)은 '진정한' 인간적 욕구와 수많은 '거짓' 욕구를 구별했다. 이 거짓 욕구는 유혹적인 광고를 동반한 산업자본주의의 소비 형태에 의해 양산되며, 사람들의 비판적 사고를 마비시키고 대신에 1차원적이고 무비판적 사고 형태를 조장한다.

이러한 연구들로부터 우리는 프랑크푸르트학파 사상가들이 마르크스가 탐구했던 것과는 다른 형태의 자본주의를 받아들이려 시도했음을 알 수 있다. 그와 동시에 소비자본주의 사회에서 혁명에 대한 장애가 고조되는 듯 보임에 따라, 노동 계급의 혁명이라는 마르크스주의의 낙관적인 전망은 점차 희미해졌다.

사회학에 영향력을 구가하는 가장 최근의 비판 이론가는 독일의 사회철학자 위르겐 하버마스Jürgen Habermas이다. 무엇보다 그는 '의사소통적 행위'의 이론을 고안했는데, 이는 사람들이 서로에게 진술할 때는(그는 이것을 '발화 행위'라고 한다) 상대방에게 이해되기를 기대한다는 믿을 수 없을 정도로 단순한 관념에 기초하고 있다. 하지만 많은 경우 비대칭적인 권력관계가 근본적인 오해를 불러일으키고 진정한 토론을 결핍시켜 그러한 의사소통을 왜곡시킨다고 그는 주장한다. 그러나 이에 대한 해결책은 몇몇 포스트모던 사상가들과 같이 합리적 사고라는 근대적 방식을 포기하는 것이 아니라, 민주주의를 수호하고 확장하며, 온전한 인간적 소통을 가로막는 권력과 신분의 커다란 불평등을 제거함으로써 근대성을 심화시키는 것이라고 보았다. 하머바스는 아직도 계속

유럽에서 파시즘의 발흥은 서구 마르크스주의자들이 마르크스의 사상을 재고하도록 강제했다.

해서 네오마르크스주의 비판 이론의 전통 속에서 작업하고 있다. 1991년 소련의 공산주의 체제가 막을 내린 이후, 마르크스의 사상과 마르크스주의 이론 일반은 사회학에서 기반을 상실했다. 혹자는 현실사회주의와 공산주의의 종언으로 마르크스주의 사상이 위기에 처했음을 논하기도 했다(Gamble 1999). 하지만 2008년 금융 위기와 뒤이은 경제 불황은 학자들에게 자본주의가 주기적인 호황과 불황을 겪으며 번성하는 경제 체계라는 것을 상기시켰다. 혁명에 관한 마르크스주의 이론은 불만족스러울 수 있지만, 자본주의 경제에 대한 광의의 마르크스주의적 분석은 현대 사회의 변화 방향에 관한 논쟁에서 여전히 일정한 역할을 담당하고 있다. 예를 들어 슬로베니아 철학자 슬라보예 지젝 Slavoj Žižek은, 마르크스의 사상들에 대한 몇몇 비판들에도 불구하고, 마르크스의 사상들을 다른 이론들과 함께 혼합해, 여전히 공산주의는 유일하게 진정한 자본주의의 대안이라고 주장하고 있다(2011, 2012). 21세기에도 학자들은 마르크스와의 논전을 계속하고 있다.

비판적으로 생각하기 THINKING CRITICALLY

마르크스에 의해 예견된 공산주의 혁명이 실제로 구현되지 못한 이유는 무엇인가? 노동 계급이 자본주의에 대항해 반란을 일으키지 못하게 만든 요인들을 열거해 보자. 우리는 이제 마르크스의 이론이 명백히 거짓으로 입증되었다고 말할 수 있는가?

약 사회학이 콩트가 말한 '학문의 위계'에 진입한다면 학계에서 자연과학과 나란히 자리를 차지해 학생들에게 사회학적 훈련이 전수될 수 있어야 했다. 쉽게 말해 사회학은 모양새를 갖출 필요가 있었고, 프랑스에서 에밀 뒤르켐의 업적은 이러한 목표를 달성하는 쪽으로 제법 나아갔다. 하지만 유럽 전역과 다른 곳들에서 사회학이 대학에 확고히 자리 잡기까지는 훨씬 더 긴 시간이 필요했다.

에밀 뒤르켐: 실재의 사회적 층위

뒤르켐은 강단사회학의 발전에 중추적인 인물이다. 마르크스와 마찬가지로 그는 당대의 현실적인 문제들에서 동떨어져 보이던 철학으로부터 프랑스 사회가 직면한 주된 도덕적 문제들을 명백히 밝혀 주는 사회과학으로의 결정적인 이동을 감행했다. 그는 프랑스 최초 사회과학 교수로 보르도대학에 재직하다가 파리에 있는 소르본대학으로 옮겨 교육학 및 사회학 분야 최초의 교수가 되었다(Coser 1977). 드디어 사회학이 학문 기관에 발판을 마련한 것이다.

뒤르켐의 영향은 사회학이라는 분과 자체의 성격과 관련 있다. 그는 사람들의 행동에 대한 연구가 개별적인 상호작용에서 더 나아가고자 한다면 사회적 현상에 대한 연구가 필요하다고 보았다. 사회적 제도와 사회적 형식 — 사회운동, 조직, 가족 등 — 은 그 안에서 살아가는 특정 개인들보다 오래 존속한다. 따라서 이것들은 그 자체의 실체를 갖는 것임에 틀림없다. 이와 같은 현실은 개인주의적 심리학이나 추상적 철학으로는 적절하게 이해할 수 없다. 순수하게 사회학적인 설명이 요청되는 것이다. 뒤르켐의 용어로 우리가 '사회적인 것' 또는 '사회적 삶'이라고 부르는 것은 고유한 권리를 갖는 하나의 실재 층위로, 개인 정신의 단순한 총합인 개별적 행위나 사고로 환원될 수 없는 것이다.

이로써 우리는 왜 뒤르켐이 자살률, 사회적 연대 그리고 종교와 같은 집단적 현상과 사회적 사실social fact에 주목했는지 알 수 있다. 사람들은 사회적 사실을 탁자, 교량, 건물과 같이 개인 외부에 있는 '사물'로 경험한다. 이것들은 모두 인간의 발명품이지만 그것들의 존재는 설명해야 할 것이며 없어지기를 바란다고 해서 사라지는 것이 아니다. 이와 비슷하게 사회적 사실은 개인들이 받아들여야만 하고 그들의 행위 속에서 설명해야만 하는, '사물과 같은' 존재였다.

뒤르켐의 관점에 따르면 사회적 사실이 사물과 같은 실재를 갖는다는 것은, 개인에 대한 심리학은 집합적 현상을 다루는 사회학의 적절한 주제가 아니라는 것을 의미한다. 예를 들어 『사회 분업론The Division of Labour in Socoety』(1893)에서 뒤르켐은 덜 복잡한 사회들에서 발견되는 연대의 기계적 형식들과 대규모 근대적 산업사회들을 특징짓는 연대의 유기적 형식들에 대한 그의 구별을 개괄했다. '기계적 연대mechanical solidarity'는 개인주의가 최소화되고 개인이 집합성 속에 포섭되는 경우에 존재한다. 반대로 '유기적 연대organic solidarity'는 산업사회는 유사성보다 차이를 양산하며 경제적 상호 의존을 통해 결속이 이루어진다.

따라서 뒤르켐은 — 그 시기부터 이후까지 줄곧 — 산업주의가 필연적으로 사회적 연대를 파괴하고 사회의 짜임새를 위협한다는 관념을 거부했다. 뒤르켐에 따르면 실제로 상호 의존의 더욱 강력한 유대는 연대의 유기적 형태하에서 생겨난다. 이것이 개인 간의 차이와 집단의 목표 사이에서 균형이 잘 잡히도록 하는 잠재력을 제공한다. 여기서 우리는 뒤르켐의 과학적이고 사회학적인 분석이 당대의 주요한 도덕적 사회문제들과 얼마나 밀접하게 결부되어 있었는지 확인할 수 있다. 개인주의가 심화되고 있는 시대에 산업사회는 어떻게 결집을 유지할 수 있을까?

평가

제1장에서 보았듯이, 사회학에 대한 뒤르켐의 접근은 '기능주의functionalism'로 알려져 있다. 사회에 대한 연구와 그 제도들이 함께 연결되어 변화하는 방식이 그렇다. 그런데 기능주의는 과거에는 사회학에서 매우 영향력이 컸지만 오늘날에는 쇠퇴 일로에 있다. 여기에는 몇 가지 이유가 있다.

첫째, 많은 비판자가 기능주의가 합의 — 왜 사회는 결합해 조화를 이루는가 — 를 설명하는 데는 능하지만, 갈등과 급진적인 사회 변동을 설명하는 데는 덜 효과적이라는 점을 지적했다. 다른 이들은 뒤르켐식의 기능주의가 인간에 대한 사회의 제약을 우선시해 개인의 창조적 행위에 충분한 여지를 주지 않는다고 주장한다. 마지막으로 기능주의적 분석은 '목적'과 '필요'를 사회 자체가 스스로를 위해 정하는 것으로 본다. 예를 들어 우리는 교육 체계의 기능이 현대 사회의 필요에 따라 젊은 사람들을 훈련시키는 것이라고 말할 수 있다. 이는 개인이 '욕구'를 가지는 것과 같은 방식으로 사회도 '필요'를 가진다고 주장하는 것처럼 보인다. 하지만 이것이 정말로 적절한 설명 형식이라고 할 수 있을까? 현대 경제는 당연히 어떤 기술을 필요로 한다. 하지만 현재의 교육 체계가 그것을 제공하는 유일한 또는 최선의 방법일까? 우리가 진정으로 알고자 하는 것은 정확히 교육 체계가 어떻게 현재 형태로 전개되었으며, 과연 지금처럼 되지 않을 수도 있었는가 하는 점 아니겠는가. 기능주의는 이러한 물음들에 우선권을 주지 않는다.

비판적으로 생각하기 THINKING CRITICALLY

뒤르켐은 사회학자들이 개인심리학을 공부해야 한다는 생각을 거부했다. 그러나 우리가 개인들의 의도를 무시한다면 사회적 삶을 이해할 수 있을까? 뒤르켐은 이러한 비판에 대해 어떻게 대답했는가?

20세기의 구조기능주의

1940년대, 1950년대 그리고 1960년대에 '구조기능주의structural functionalism'로 알려진 기능주의적 이론이, 완전히 지배했다고는 할 수 없지만, 사회학의 중심 패러다임이 되었다. 필연적으로 다원적이고 논쟁적이며 이론적으로 다양한 분과로서 사회학을 받아들이고 있는 오늘날의 학생들은 당시에 사회학을 한다는 것이 얼마나 다른 일이었을지 알기 힘들 것이다. 사회학과 구조기능주의는 종종 하나이며 같은 것으로 보였다(Davis 1949). 이 시기에 로버트 머턴Robert Merton과 그의 스승인 탤컷 파슨스가 특히 두드러졌다.

파슨스는 뒤르켐, 베버, 빌프레도 파레토Vilfredo Pareto의 사상을 결합해 자신의 상표인 구조기능주의를 만들었다. 구조기능주의는 소위 '사회적 질서의 문제'로부터 시작한다(Lee and Newby 1983). 이 문제는 사회 속의 모든 개인이 이기적이고 때로는 타인의 희생을 대가로 하면서까지 자신의 필요와 욕구를 추구하는 상황에서 어떻게 사회가 결집을 이룰 수 있는가 묻는다. 이에 대해 토머스 홉스Thomas Hobbes(1588~1679)와 같은 철학자는 치안과 군사력을 갖춘 근대 국가의 등장이 결정적인 요인이라고 답한다. 국가는 개인을 다른 개인으로부터 그리고 외부의 적으로부터 보호한다. 대신에 시민은 자신에 대한 국가의 정당한 권력 행사를 수용한다. 본질적으로 국가와 각 개인들 사이에 비공식적인 계약이 존재하는 것이다.

파슨스는 이와 같은 해답을 거부했다. 그는 사회규범에 대한 사람들의 순응을 단순히 처벌에 대한 공포에 의해 생산되는 부정적인 것이 아니라고 보았다. 대신에 사람들은 다른 사람들에게 사회규범을 가르칠 정도로 긍정적인 순응을 한다. 파슨스에 따르면 질서 잡힌 사회에 대한 이와 같은 헌신은 사회규범이 개인에게 행사되는 외부의 힘으로만 머무는 것이 아니라 사회화 과정에서 내면화되어 있는 것임을 보여 준다. 사회는 그저 '저기 바깥에' 존재하는 것이 아니라 '여기 안에'도 존재한다는 것이다.

사회질서에 대한 탁월한 사회학적 이해를 확립한 후 파슨스의 관심은 사회 체계 자체로 향했다. 그는 AGIL 패러다임으로 알려진, 사회 체계에서의 요구들을 확인해 주는 모델을 고안했다(Parsons and Smelser 1956). 사회 체계가(또는 사회가) 지속되려면 네 가지 기본적인 기능을 수행해야 한다. 첫째, 사회 체계는 그 환경에 적응할 수 있어야 하고 이를 위해 충분한 자원을 모을 수 있어야 한다. 둘째, 사회 체계는 달성해야 할 목표를 설정하고 착수해야 하며 이를 위한 기제가 필요하다. 셋째, 사회 체계는 통합되어 있어야 하며 다양한 하위 체계들이 효과적으로 조정되어야 한다. 마지막으로, 사회 체계는 자신의 가치와 문화를 보존하고 새로운 세대에게 전수할 방법을 가지고 있어야 한다.

보다 구체적으로 말하면 파슨스는 경제적 하위 체계는 적응 기능을 수행한다고 보았고, 정치적 하위 체계는 사회의 목표와 그것을 달성하는 수단을 마련한다고 보았으며, 공동체 하위 체계(사회적 공동체societal community)는 통합 기능을, 교육 하위 체계(와 여타의 사회화 기관)는 문화와 가치의 전수 기능, 즉 잠재 기능을 수행한다고 보았다(〈그림 3-2〉를 참조). 구조기능주의는 총체적인 체계와 그것의 '요구'에 우선권을 두는 체계 이론의 한 유형이다. 하지만 이런 이론은 근본적인 이해관계의 갈등이나 사회의 질서 및 무질서가 생겨나는 상호작용 과정에 관심을 덜 기울여, 합의와 동의를 지나치게 강조한다는 비난에 항상 취약했다. 이와 같은 문제를 해결하는 과업은 로버트 머턴에게 넘어갔는데, 그는 좀 더 비판적인 기능주의를 추구했다.

머턴은 많은 사회학 연구들이 사회의 거시적 수준이나 사회적 상호작용의 미시적 수준에는 초점을 맞추었지만, 거시와 미시 사이의 '간극을 메우는' 데는 실패했다고 보았다. 이를 교정하기 위해 그는 특정 영역이나 주제의 '중

그림 3-2 파슨스의 AGIL 체계

간 수준meso level'을 다루는 중범위 이론을 주창했다. 이에 대한 훌륭한 사례가 그의 노동 계급의 범죄와 일탈에 관한 연구다. 왜 노동 계급에서는 절도 범죄가 그토록 많은가? 그의 설명은 다음과 같다. 물질적 성공이라는 문화적 목표를 조장하기는 하지만 낮은 사회 계급 집단에 정당한 기회를 거의 제공하지 않는 미국 사회에서 노동 계급의 범행은 그러한 상황에 처한 많은 젊은이들의 일종의 적응이라는 것이다. 체계가 조장한 물질적 성공을 성취하고자 했다는 사실은 그들이 사악하거나 구제불능이 아니라는 것을 의미한다. 오히려 개조되어야 할 것은 사회 구조라는 것이다. 이러한 명제로 머턴은 기능주의를 새로운 방향으로 전개시키고자 했으며, 이를 통해 갈등 이론에 한 걸음 다가섰다.

머턴은 또한 '명시적 기능manifest function'과 '잠재적 기능latent function'을 구분했다. 전자는 행위 결과로 관찰이 가능한 것이고, 후자는 말하지 않은 것으로 남아 있는 것이다. 머턴은 잠재적 기능에 대한 연구로부터 사회의 작동 방식에 대해 더 많이 알 수 있다고 주장했다. 예를 들어 우리는 부족민들의 기우제를 관찰할 수 있는데, 그것의 명시적 기능은 비를 내리게 하는 것이다. 하지만 경험적으로 보았을 때 기우제는 대개 비를 내리게 하는 데 실패한다. 그런데도 기우제는 계속 이루어진다. 왜 그럴까? 기우제의 잠재적 기능이 집단의 연대를 형성하고 지속시키기 때문이라고 머턴은 주장한다. 비슷한 논리로 머턴은 제도들이 모종의 '역기능적dysfunctional' 요소를 포함한다고 주장했다. 이러한 역기능적 요소는 그가 사회의 잠재된 갈등에 대해 파슨스는 하지 못했던 방식으로 논할 수 있게 했다.

> 머턴의 사상에 대한 보다 상세한 논의와 비판은 제 20장 〈범죄와 일탈〉을 참조하라.

이후 구조기능주의는 어떻게 되었을까? 1979년 파슨스 사후, 제프리 알렉산더Jeffrey Alexander는 구조기능주의의 이론적 결함과 씨름하면서 그 접근법을 부활시키고자 했다(1985). 하지만 1997년에 이르면 알렉산더조차 '새로운' 또는 신기능주의의 '내적 모순'은 그것이 끝장났음을 의미한다고 수긍할 수밖에 없었다. 대신에 그는 기능주

기우제의 춤은 아마도 실패할 수밖에 없는 운명을 가진 것처럼 보인다. 그러나 근대 사회들에서도 유사한 기능들을 수행하는 의식이 있지 않은가?

의적 가정을 넘어서는 사회학 이론의 재구축을 역설했다(Alexander 1997). 파슨스주의적 구조기능주의는 그 취지와 목적이 어떠했든 간에, 적어도 한동안은 주류 사회학에서 물러서 있다.

비판적으로 생각하기 THINKING CRITICALLY

구조기능주의의 흥망으로부터 우리는 어떤 결론을 도출해야 하는가? 사회 제도들을 이해하는 데 있어서 사회학은 '기능'이라는 기본 개념을 없앨 수 있을까?

파슨스 사상의 영향력이 커진 것은 그것들이 1945년 이후 점차 증대하는 풍요와 정치적 의견 일치에 대해 거론했기 때문이다. 그러나 1960년대 후반과 1970년대 새로운 평화 운동과 반핵 운동, 미국의 베트남전 파병에 대한 저항 및 유럽과 북아메리카의 급진적 학생운동의 출현과 함께 갈등이 고조됨에 따라 파슨스의 사상은 존립 기반을 상실한다. 바로 그때, 새로운 상황을 이해하고 설명하는 데 더욱 적합해 보이는 갈등 이론이 다시 활기를 찾는다. 이 장의 뒷부분에서 보겠지만 세계화, 다문화주의, 변화하는 젠더 관계, 위험과 환경의 악화 등을 이해하는 것은 새로운 이론화의 장으로 이어졌다.

막스 베버: 자본주의와 종교

또 다른 사회학의 창시자 중 한 명은 막스 베버다. 그는 많은 행위자 중심 접근법들의 배경이 되는 사상을 만들었다. 베버의 가장 유명한 저서 『프로테스탄트 윤리와 자본주의 정신Protestant Ethic and the Spirit of Capitalism』(1992[1904~5])은 '왜 자본주의는 서구에서 기원했는가'라는 근본적인 문제를 다루고 있다. 고대 로마의 몰락 이후 13세기 무렵에는 다른 문명들이 서양 문명보다 훨씬 두드러졌다. 사실 중국, 인도 그리고 오스만 제국이 주요 세력이었던 것에 비해 유럽은 보잘것없는 부분에 불과했다. 특히 중국은 기술과 경제 발전에서 서양보다 한참 앞서 있었다. 그런데 어떻게 유럽의 경제가 이토록 역동적으로 변했단 말인가?

베버는 무엇이 근대 자본주의를 이전의 경제 활동 유형과 다르게 만드는지 보여 주는 것이 핵심이라고 판단했다. 부의 축적에 대한 욕망은 역사상 많은 문명에서 발견된다. 안락과 안전, 권력, 즐거움을 가져다주는 부는 소중하게 생각되었다. 그런데 흔히 생각하는 바와 달리, 자본주의 경제는 부에 대한 개인적 욕망으로부터 나온 것이 아니다. 뭔가 다른 것이 영향을 미쳤음에 틀림없다.

자본주의 한가운데의 종교?

베버에 따르면 역사상 그 어디에서도 발견할 수 없는 부의 축적에 대한 태도가 서양 경제 발전의 가장 큰 특이점이다. 그는 이러한 태도를 '자본주의 정신'이라 불렀는데, 이는 최초의 상인과 산업가들이 견지하고 있던 신념과 가치 일체를 말한다. 다른 곳의 부자들과 달리 이 사람들은 자신들의 축적된 부를 사치품이나 물질적 생활방식에 써버리지 않았다. 반대로 이들은 자기 자신을 억제했고 검소했으며, 건전하고 조용하게 살아가면서 오늘날 흔히 목격되는 풍요의 덫에 걸려들지 않았다. 이처럼 매우 예외적인 특질들의 조합이 서구의 급속한 경제 발전의 생명이었다. 초기 자본가들은 사업을 더욱 확장시키기 위해 자신들의 부를 재투자했다. 이와 같이 지속적으로 이윤을 재투자함으로써 투자-생산-이윤-재투자 사이클이 확장되었고, 이는 사업이 성장하고 자본주의가 급속히 성장할 수 있도록 했다.

베버 이론의 논쟁점은, '자본주의 정신'이 종교에 기원을 둔다는 것이다. 기독교가 이러한 가치관에 일정 역할을 담당하긴 했다. 본질적인 동력은 프로테스탄트주의와 그것의 특수한 한 변형인 청교도주의에 의해 제공되었다. 초기 자본가들은 대부분 청교도였으며, 많은 사람들이 칼뱅주의의 견해에 동의하고 있었다. 칼뱅주의의 가장 중요한 믿음은 인간이 지상에 내려진 신의 도구이며 소명 — 더 큰 신의 영광을 위하는 직업 — 에 따라 일하도록 요구되는 존재라는 것이다. 그들은 또한 예정설을 믿었다. 이에 따르면 특정한 사람들이 '선민'이 되어 내세에 천국으로 들어갈 수 있다. 칼뱅 고유의 교리에 따르면 지상에서 사람이 하는 그 무엇도 자신이 선택되었는지 여부를 바꿀 수 없다. 그것은 신이 예정한 것이다. 그런데 이와 같은 믿음을 안고 살아가기란 힘겨운 일이어서 많은 신자들에게 엄청난 불안을 불러일으켰고, 구원에 대한 염려를 진정시킬 수 있도록 그들이 끊임없이 선택의 '표지'를 찾아 나가도록 만들었다.

사람들이 직업에서 거두는 성공과 번창은 그들이 선택된 집단의 일부임을 나타내는 표지처럼 여겨졌다. 따라서 수익을 위한 동기는 종교적 고집의 의도하지 않는 귀결로서 역설적인 결과를 낳으며 생겨난 것이다. 청교도들은 사치가 악이라고 믿었기 때문에 부를 축적하려는 욕구에 엄격하고 간소한 생활양식이 결합되었다. 이는 초기 자본가들이 자신들의 혁명성을 스스로 의식하지 못했음을 의미한다. 그들은 자본주의 혁명을 이끌어 내고자 스스로 나선 것이 아니었으며, 그저 종교적 동기에 의해 인도된 것이다. 오늘날 소명에 따라 노동한다는 관념은 희미해졌고, 성공적인 경영자들은 방대한 재화와 물질적 재화들을 갖고서 사치스럽게 생활한다. 베버는 이를 다음과 같은 유명한 구절로 표현했다 (1992[1904~1905]).

> 청교도들은 소명 속에서 노동하기를 원했다 — 하지만 우리는 [원해서 하는 것이 아니라] 강제적으로 그렇게 하고 있다. 금욕주의가 수도원의 골방에서 나와 일상 속으로 옮겨져 세속적 도덕을 지배하기 시작했고, 근대적 경제 질서의 광대한 우주를 건설하는 데 일조했기 때문이다…… 금욕주의가 세계를 개조하고 세계 속에서 자신의 이상을 구현하면서, 물질적 재화는 인간의 삶에 대해 점차적으로 그리고 결국에는 역사상 이전의 어떤 시대에도 갖지 못했던 불굴의 힘을 갖게 되었다…… 소명 안에서의 의무라는 사상은 죽은 종교적 신념의 유령처럼 우리 삶에서 떠돌고 있다.

평가

베버의 이론은 많은 각도에서 비판받았다. 어떤 이들은 베버가 '자본주의 정신'이라고 부른 가치관이 칼뱅주의보다 훨씬 전인 12세기 초 이탈리아의 상업 도시에서도 발견된다고 주장한다. 다른 이들은 베버가 프로테스탄트주의와 연관시킨 '소명으로서의 직업'이라는 핵심적인 발상이 가톨릭 신앙에 이미 존재했다고 주장해 왔다. 하지만 베버 논의의 핵심은 많은 이들이 받아들이고 있으며, 그가 발전시킨 명제는 여전히 대담하고 명쾌하다. 만약 베버의 명제가 타당하다면 근대의 경제적·사회적 발전은 일견 그것과 동떨어진 것처럼 보이는 종교적 이상으로부터 결정적인 영향을 받았다고 할 수 있다.

베버의 이론은 사회학의 이론적 사고에서 몇 가지 중요한 기준들을 충족시킨다. 첫째, 반직관적이다. 그것은 상식과 단절해 사태에 관한 새로운 관점을 발전시킬 수 있는 해석을 제공한다. 베버 이전 대부분의 학자들은 종교적 관념과 자본주의의 기원 사이에 상정될 수 있는 연관에 대해 거의 사고하지 않았다. 둘째, 이 이론은 '왜 개인들이 부를 축적하기 위해 갖은 노력을 하면서도 검소하게 살기를 원하는가?'라는 곤혹스러운 문제에 대한 답을 준다. 셋째, 이 이론은 애초에 그것이 설명하고자 했던 것을 넘어서는 사태까지 해명한다. 베버는 근대 자본주의의 초기 기원을 파악하고자 했다. 하지만 자본주의 이후에 도래할 사회에서도 자본주의에서의 청교도에 해당하는 가치가 있을 것이라고 추정하는 것이 타당해 보인다. 마지막으로, 훌륭한 이론은 그저 타당하기만 한 것이 아니라 새로운 사유를 생성하고 심화된 연구를 자극하는 데 유용하다.

베버의 이론은 이 모든 고려 사항들에서 매우 성공적이었고, 대량의 연구와 이론적 분석들에 도약판을 제공했다. 사회학에 대한 베버의 접근은 인간 행위자를 분석의 중심에 두는 이후의 많은 이론들에 중요한 자극이 되었다. 이어서 이들 중 몇 가지 이론을 살펴볼 것이다.

비판적으로 생각하기 THINKING CRITICALLY

자본주의의 기원에 관한 베버의 이론은 머턴의 '중범위 이론'이라는 발상을 넘어선다. 이 이론이 현대의 소비자 기반 자본주의 사회에 대한 우리의 이해를 더해 주는 것이 있다면 무엇인가?

상징적 상호작용주의, 현상학, 민속방법론

이 부분에서 우리는 인간 행위나 사회적 상호작용을 분석의 중심에 두는 몇몇 중요한 관점들을 간략하게 살펴볼 것이다. 이러한 관점의 유의미한 주창자는 게오르크 지멜Georg Simmel(1858~1918)로, 그는 근대 도시에서의 삶의 경험에 관한 작업으로 '근대성에 관한 첫 번째 사회학자'로 종종 묘사된다(이는 제6장 〈도시와 도시 생활〉에서 논의된다). 지멜은 사회학을 사회적 상호작용들 혹은 '사회 형성sociation'의 서로 다른 형식들에 대한 주요한 관심을 갖는 분과로 보았다(Frisby 2002). 그의 광범위한 상호작용주의적 사상들은 그의 동료들과 이후의 사회학자들에게 영향을 주었다. 여기서는 상징적 상호작용주의, 현상학 그리고 민속방법론의 핵심적 사고들을 살펴본다. 비록 이들 간에 중요한 차이들이 있지만, 그들은 하나의 집단으로서 사회학 내에서 구조적 이론과 대비를 이룬다.

조지 허버트 미드George Herbert Mead(1863~1931)는 상징적 상호작용주의라는 접근의 토대를 놓은 것으로 인정받고 있다. 이것은 사회적 상호작용의 핵심인 언어와 상징에 초점을 맞추어 탐구하는 접근 일체를 가리키는 말이다. 흔히 상호작용주의자들은 사회 구조가 객관적으로 존재한다는 관념을 거부하며 사회 구조에 전혀 주목하지 않는다. ('상징적 상호작용주의'라는 용어를 만든) 허버트 블루머Herbert Blumer는 사회 구조나 사회 체계에 대한 모든 논의는 정당화된 바 없으며, 진짜 '존재'하는 것은 오직 개인들과 그들의 상호작용뿐이라고 주장했다.

'상징적 상호작용주의symbolic interactionism'는 미시적 수준의 상호작용 및 의미가 구성되고 전해지는 방식에 초점을 맞춘다. 조지 허버트 미드는 개인의 자아는 사실 생물학적으로 주어진 것이 아니라 상호작용 과정에서 만들어지는 사회적 자아라고 주장했다(1934). 그의 이론은 유아기에 일련의 단계를 거치면서 자아가 출현하는 과정을 추적한다. '사회적 자아social self'라는 발상은 많은 상호작용주의 연구를 뒷받침했다(미드의 사상에 대한 더 자세한 논의는 제1장 참조). 인간은 의사소통 중에 상징을 사용한다는 것을 인식하는 것이 이러한 접근의 기본적인 가정이다.

상징이란 다른 무엇인가를 지시하거나 나타내는 것이다. 단어, 몸짓, 물체 등은 모두 상호작용 중에 의미를 전달하기 위해 사용될 수 있다. 하지만 동일한 상징이 심지어 같은 상황 속에서 다른 의미를 전달하기도 한다. 예를 들어 결혼반지는 누군가에게는 사랑과 헌신의 지표로 해석될 수 있지만, 그 배우자에게는 자유의 상실을 의미할 수도 있다. 상징을 사용한다는 점에서 인간의 의사소통은 자극에 대한 반응으로 이루어지는 동물의 행동과 구별된다. 인간의 상호작용은 그저 자동으로 일어나는 행태적 반응이 아니며 의미를 창출하는 중에 상징을 수반한다. 이것이 사회학자들이 사회적 삶에 대한 생물학 기반의 이론을 거부하는 이유다.

1950년에 이르기까지 약 30년간 상징적 상호작용주의의 중심은 시카고대학 사회학과였다(이들은 시카고학파로 알려졌다). 물론 시카고의 사회학자들이 모두 상호작용주의자는 아니다. 이 학과는 또한 루이스 워스Louis Wirth, 로버트 파크Robert Park, 어니스트 버지스Ernest Burgess 등의 '생태학적' 접근법의 고향이기도 했다(이러한 접근법에 대한 논의는 제6장 〈도시와 도시 생활〉 참조). 그럼에도 불구하고, 제도적 기반은 이러한 접근을 대중화하는 데 중요한 요인이었다.

단언컨대, 가장 성공적인 상징적 상호작용주의자는 어빙 고프먼Erving Goffman(1922~1982)이다. 정신병 '수용소', 낙인찍기 과정과 사회적 조우 속에서 자아를 드러내는 방법 등에 대한 고프먼의 연구는 그 결과만큼이나 방법론과 관찰 양식에서도 사회학적 고전이 되었다. 극장의

우리의 삶 속에서 사람들이 만나는 보통의 상황이다. 하지만 상호작용주의자들은 이러한 일상적 현상 속에서 일어나는 의식과 말하지 않은 추정을 연구한다.

은유를 사용하는 '연극적 분석'을 발전시키면서 고프먼은 사회학을 공부하는 전 세계 학생들에게 폭넓은 영향을 끼쳤다.

고프먼의 관점에 관한 논의는 제8장 〈사회적 상호작용과 일상생활〉을 참조하라.

'현상학phenomenology'은 사회적 삶이 실제로 경험되는 방식을 다루는 행위자 중심의 관점이다. 현상학은 말 그대로 현상, 즉 경험에 나타나는 상태에 관한 체계적 연구이다. 사회학에서 현상학의 뿌리는 독일의 철학자인 에드문트 후설Edmund Husserl의 철학적 작업에 있지만, 사회학 연구에 있어서는 오스트리아 태생의 철학자이자 사회학자인 알프레트 슈츠Alfred Schutz(1899~1959)가 더욱 중요하다. 슈츠는 일상생활에서의 경험과 일상적 경험이 생활 세계lifeworld — 일상적으로 경험되거나 자연스러운 것으로 체험되는 세계 — 의 일부로 '당연시'되는 방식에 주목했다. 슈츠는 사회적 삶에 친숙해지는 과정이 '자연적 태도'를 받아들이는 것과 관련 있다고 보았다. 슈츠에게 현상학적 사회학의 과제는 어떻게 이와 같은 과정이 발생하며 그것의 귀결은 무엇인지를 더 잘 이해하는 것이었다.

슈츠는 경험된 현상이 이전의 경험에 따라 분류되는 방식, 즉 전형화에 특히 관심이 있었다. '전형화typification'의 예는 매우 흔하다. 누군가를 만났을 때 '아, 저 여자는 그런 종류의 사람이겠구나' 혹은 '그는 정직한 유형인 것 같다'는 식으로 생각할 수 있다. 전형은 세계를 정돈하고 보다 예측 가능하게 만들어 '안전'하게 하는 데 도움을 준다. 하지만 이것이 고정관념이 되면 그 또한 위험할 수 있다. 단순히 특정 사회집단에 속한다는 사실에 기초해 누군가를 부당하게 일반화하는 경우가 그렇다. 인종주의, 성차별주의 그리고 장애인에 대한 부정적 태도 같은 것이 고정관념의 예다.

또한 사람들은 모든 사람이 자기와 같은 방식으로 생각할 것이라 가정하는 경향이 있다. 그래서 대인 관계에서 소통 문제를 별 탈 없이 망각할 수 있다. 이런 종류의 가정은 일단 내면화하고 나면 의식 존재의 표면 아래로 침전되어 자연스러운 태도의 기초를 형성한다. 이를 통해 사람들은 언어나 문화와 같이 사회적 세계의 중요한 측면들이 자신의 외부에 객관적으로 있는 것처럼 경험한다. 그리고 (뒤르켐이 시사했던 것처럼) '사회'를 개인과 분리된 사물과 같은 독립적 실체로 경험한다. 현상학은 사회학에서 몇몇 관점들 같은 영향력을 갖지는 못했지만 민속방법론을 발생시켰다.

'민속방법론Ethnomethodology' — 원주민(특정한 사회의 구성원)이 사회적 세계를 구성하기 위해 사용하는 방법에 관한 체계적 연구 — 은 상호작용주의의 세 번째 관점이다. 민속방법론의 뿌리는 현상학까지 거슬러 올라갈 수 있지만, 해럴드 가핑클Harold Garfinkel(1917~2011)과 아롱 시쿠렐Aaron Cicourel(1928~)의 조사 연구로 1960년대가 되어서야 명성을 얻었다. 민속방법론자들은 주류 사회학, 특히 파슨스식 구조기능주의에 비판적이었다. 가핑클은 구조기능주의가 사람들을 창조적 행위자라기보다는 — 사회화시키는 약물을 수동적으로 받아들이기만 하는 — '문화 중독자'로 다룬다고 생각했다. 사회학자는 '사회적 사실을 사물처럼 대해야 한다'는 뒤르켐의 유명한 정식에 가핑클은 이의를 제기했다. 가핑클이 보기에 이것은 탐구의 출발점이 되어야 할 뿐, 미리 사실로 추정되어서는 안 되는 것이었다. 민속방법론은 사회적 사실들이 사회 구성원들에 의해 어떻게 만들어지고, 사물과 같은 특성을 갖게 되는지 밝히려 한다.

> 민속방법론은 제8장 〈사회적 상호작용과 일상생활〉에서 더욱 자세히 논의된다.

다른 많은 행위자 중심적 관점과 달리, 막스 베버의 작업은 개인적 행위와 사회 구조를 모두 탐구한다. 그는 분명히 사회적 상호작용과 사회적 삶의 미시적 차원에 관심이 있었지만, 그럼에도 세계 종교, 경제사회학 그리고 법률 체계에 관한 베버의 작업은 역사적으로 해박하고, 대담한 비교를 수행하고 있으며, 사회의 전체적인 발전과 방향에 관심을 두고 있다. 이는 베버 이후에 전개된 상호작용주의적 전통과 대비되는 것인데, 이들은 20세기 후반 내내 미시적 수준에 더 초점을 맞추었다. 미시적 접근과 구조적(혹은 거시적) 접근 사이의 분리는 사회학의 오랜 이론적 딜레마 가운데 하나다.

지속되는 이론적 딜레마들

고전 사회학자들의 시기 이래 그들의 저작과 나아가 사회학 일반이 되풀이되는 논쟁과 딜레마에 빠져 있다는 논의는 이미 상투적인 것이 되었다. 이러한 딜레마들은 우리가 어떻게 사회학을 할 수 있고 해야 하는지에 관한 질문을 제기하는 매우 일반적인 문제들과 관련이 있는데, 특히 두 가지가 지속적이었다.

가장 끈질긴 문제 가운데 하나는 사회 구조와 인간 행위 가운데 어떤 것에 더 큰 비중을 두어야 하는가와 관련있다. 개인들은 자신들의 삶의 조건을 어느 정도 적극적으로 제어하는 창조적 행위자인가? 아니면 우리가 하는 거의 모든 것은 개인의 통제 바깥에 있는 사회적 힘의 결과들인가? 이 쟁점은 '구조와 행위의 문제'로 알려진다.

이것이 '문제'인 이유는 구조에 초점을 두느냐 행위에 초점을 두느냐에 따라 사회학자들이 양분되기 때문이다. 예를 들어 기능주의와 마르크스주의의 어떤 분파들은 개인에 대한 사회 구조의 제약적 성격을 강조하는 반면에, 행위자 중심의 접근은 인간 행동의 능동적이고 창조적인 측면을 강조한다.

두 번째 딜레마는 조화와 갈등에 관한 것이다. 어떤 이론가들은 인간 사회의 조화와 내적 질서야말로 사회의 영속하는 측면이라고 본다. 이러한 관점에 따르면 장구한 시간에 걸쳐 사회들이 얼마만큼 바뀌건 간에 연속성과 합의는 사회의 가장 두드러진 특징이 된다. 다른 논자들은 갈등이 드물거나 일시적인 측면이 아니라 사회적 삶에 만연해 있는 기본적인 직조 원리라고 본다. 이들에 따르면 사회는 긴장과 투쟁, 사회적 분할 등으로 쪼개져 있다. 대부분의 시간 동안 사람들이 평화롭게 지낸다고 믿는 것은 우리의 희망사항에 불과한 것이다. 이러한 두 가지 딜레마를 차례로 살펴볼 것이다.

사회 구조와 인간 행위

뒤르켐은 개인들의 행위의 총합 이상인 사회가 개별 인간보다 우월하다고 주장했다. 사회는 물질적 환경에서 말하는 구조에 비견되는 견고함을 지니고 있다는 것이다. 몇 개의 문이 달린 방 안에 있는 사람을 생각해 보자. 그 방의 구조는 가능한 행동들의 범위를 제약한다. 예를 들면 벽과 문의 위치가 드나드는 경로를 결정한다. 이와 마찬가지로 사회 구조는 우리가 할 수 있는 것의 한계를 설정한다. 그것은 방의 벽과 같이 개인에게 '외재적'이다. 뒤르켐은 이를 다음과 같이 표현한다(1982[1895]: 50).

> 내가 형제로서, 남편으로서, 또는 시민으로서의 의무를 행할 때 그리고 나에게 맡겨진 책임을 다할 때, 나는 법과 관습으로 규정된 그리고 나 자신과 나의 행위에 외재하는 의무를 이행하는 것이다……. 마찬가지로 신자들은 그들이 태어날 때부터 이미 만들어져 있던 종교 생활의 관행과 믿음을 발견하게 된다. 만약 그것들이 신자에 의해 발견되기 이전부터 존재했다면, 그것은 그의 외부에 존재하는 것이 된다. 내가 나의 생각을 표현하기 위해 사용하는 기호 체계, 나의 빚을 갚기 위해 사용하는 통화 체계, 상업적 관계에서 내가 사용하는 신용 도구들, 직업에서 내가 따르는 관행들, 이 모든 것은 내가 사용하는 것과 독립적으로 기능한다.

물론 이러한 구조적 관점은 많은 지지자를 거느리고 있지만, 날카로운 비판에 직면하기도 했다. 수많은 개인들의 행위의 합성물이 아니라면 '사회'는 도대체 무엇이란 말인가? 어떤 사회집단을 연구한다고 할 때, 우리는 집단적 실체나 '사물'을 보는 것이 아니라 다양한 방식으로 다른 사람과 상호작용하는 수많은 개인들을 볼 뿐이다. 같은 이유로 우리가 '사회'라고 부르는 것은 단지 다른 사람과의 관계에서 일정한 방식으로 행동하는 개인들의 합일뿐이라는 것이다. 상호작용주의자들에 따르면 인간의 행위에는 이유가 있으며, 의미로 구성된 사회적 세계에 살고 있다. 사회현상은 '사물'과 같지 않으며, 우리가 부여하는 상징적 의미에 따라 달라진다. 다시 말해 외부에 있는 '사회' 안이 아니라, 우리가 바로 그 사회의 창조자라는 것이다.

하지만 구조와 행위 각 관점의 차이는 과장된 것일 수 있다. 우리는 쉽게 양자 간의 연관성을 발견할 수 있다. 사회 구조는 분명히 개인에 선행하고 개인을 제약한다. 이를테면 나는 내가 사용하는 통화 체계를 발명하지 않았다. 돈으로 살 수 있는 재화나 서비스를 갖고 싶을 때 나에게는 그 통화 체계의 사용 여부에 대해 선택의 여지가 없다. 다른 한편으로 사회가 물리적 세계와 같이 '외재적'이라고 상정하는 것은 잘못된 것이다. 인간이 존재하지 않더라도 물리적 세계는 여전히 존재하겠지만, 통화 체계는 그렇지 않다. 게다가 '사회적 사실'이 우리의 행위를 전적으로 결정하는 것도 아니다. 생계를 이어 나가기는 굉장히 어렵겠지만, 나는 돈을 사용하지 않고 살아가겠다고 결심할 수도 있다. 인간으로서 우리는 그저 사건에 수동적으로만 반응하는 것이 아니라 선택할 수 있다.

구조와 행위를 넘어서?

많은 사회학자들이 보기에 구조와 행위의 관점을 나누는 것은 비생산적이었다. 이에 양자를 하나의 이론적 관점으로 통합하기 위한 몇 가지 시도들이 이루어졌다. 이제 그중 보다 성공적이었던 두 가지 대비되는 접근을 간략하게 살펴볼 것이다. 바로 노르베르트 엘리아스Norbert Elias와 앤서니 기든스Anthony Giddens이다.

노르베르트 엘리아스와 결합태사회학

독일의 사회학자인 노르베르트 엘리아스(1897~1990)는 구조-행위의 딜레마를 초기의 철학적 사고방식의 낡은 유물이자 극복해야 할 장애물로 보았다. 사회학은 이러한 '문제점'을 철학으로부터 상속받았는데 그것은 정신-신체, 개인-사회, 미시-거시와 같은 일련의 '이원론dualisms'들을 남겼다. 사회학 이론은 논리의 문제 또는 지식의 타당성 요건을 평가하는 데 철학자의 식견을 따르려는 경향을 보였다. 하지만 엘리아스에게 사회학은 훨씬 더 경험적으로 적절한 지식을 만들어 내는 뚜렷이 구별되는 이론적-경험적 과학이고, 따라서 사회학자들은 자신들을 위해 판결을 내려 줄 철학자를 필요로 하지 않는다(Kilminister 2007).

구조-행위 딜레마는 (다른 모든 그런 이원론들과 마찬가지로) 도움이 되지 않으며 부정확하다. 예를 들어 개인과 사회의 구분은 양자가 '사물과 같은' 존재이며 개인은 사회와 별개라는 것을 함축한다. 하지만 이와 같은 개념을 사용해 사회적 삶을 논하면 용어 사용에 오해의 소지가 크다. '그러한 개념들은 사회가 자기 자신 또는 개인 외부의 어떤 구조로 이루어졌다든지, 개인이 사회에 둘러싸여 있다든지, 보이지 않는 장벽에 의해 사회로부터 격리되어 있다든지 하는 인상을 조장하기' 때문이다(Elias 1978: 15).

엘리아스는, 사회학은 언제나 상호 의존 관계나 연결망에 속한 사람들(복수형)을 연구하는 것이라고 주장한다. 엘리아스는 상호 의존의 연결망을 '결합태figurations'라고 부르며, 그가 개척한 접근법은 '결합태 연구figurational studies' 혹은 과정사회학이라고 알려져 있다(Mennell 1998). 이러한 이론적 운동은 믿을 수 없을 정도로 간단하다. 하지만 사회적 결합태로부터 출발하면 급진적인 결과가 도출될 수 있다. 개별 인간은 자율적이거나 육체 속에 갇혀 있는 '닫힌' 존재가 아니며, 충돌하는 당구공과 같이 상호작용을 통해서만 다른 사람들과 접촉할 수 있다. 엘리아스는 인간이란 개인적 정체성과 '자아'가 사회적 관계의 연결망 속에서 형성되는 '열린 인간' — 사회적 자아들 — 이라고 주장했다(Burkitt 2008).

다른 한편, 흔히 '사회'라 부르는 '사물'은 결코 사물이라 할 수 없으며, 실제로는 끊임없이 변화하는 결합태의 장기적인 사회적 과정이다(Van Krieken 1998: 5~6). 엘리아스는 장기적 관점이 필요하다고 보았는데, 현재에 대한 그리고 자신에 대한 현실적인 이해에 도달하는 유일한 방법이 과거로부터의 사회적 삶의 전개를 추적하는 것이기 때문이다. 엘리아스는 연속적인 사회적 과정에 주의를 기울이는 결합태의 관점이 '사회'를 사물 같은 정적인 실체로 논하는 이론들에 비해 확연히 진전된 것이라고 주장했다.

예를 들어 『문명화 과정The Civilizing Process』(2000[1939])에서 엘리아스는 식사 에티켓과 같이 예절과 관련된 '문명화된' 관습들의 전개를 중세 유럽 이후부터 살펴보고 있다. 이러한 규약들은 원래 사람들에게 행동과 감정을 통제하도록 요구했던 왕실의 궁정에서 발달했는데, 결과적으로는 지위 경쟁 과정에서 다른 사회 계급에까지 확산되었다. 그러므로 매우 이상해 보이는 이전 시기 사람들의 습관과 관습들을 현대의 삶과 관련 없는 역사적 호기심으로 치부할 수는 없다. 우리가 '자연스럽게' 받아들이는 기준들이 장구한 시간을 거치며 어떻게 전개되었는지 제대로 인식하지 않는다면, 그것들이 왜 존재하는지 결코 이해할 수 없을 것이다.

엘리아스의 '문명화 과정'에 관한 논의는 제22장 〈민족, 전쟁, 테러리즘〉의 '고전 연구 22-1'를 참조하라. 그가 사회 구조와 개인의 행위를 어떻게 다루는지 볼 수 있다.

엘리아스의 결합태 관점은 사회학의 구조와 행위 딜레마 사이에 다리를 놓으려 하지 않는다. 그보다는 '문제'를 완전히 없애 버리려 한다. 사회학자로서 소규모의 미시적 수준에만, 또는 반대로 사회 구조나 제도와 같이 거시적 수준에만 초점을 맞출 필요는 없다. 상호 의존적인 사람들이 형성하는 결합태 변환의 이해는 개인의 인성에서부터 국민국가나 도시와 같은 개념으로 표상되는 대규모 결합태에 이르기까지, 인간 삶의 모든 측면에 관심을 가져야 함을 의미한다.

하지만 엘리아스의 접근이 갖는 한 가지 문제점은 결합태 개념이 별로 참신하지 않다는 것이다. 많은 사회학 연구들은 연결망, 배치 또는 상호 의존적 관계 등의 발상을 사용해 왔다(Fletcher 1997: 60). 그렇다면 엘리아스가 자신의 중심 개념에 너무 많은 요구를 하고 있는 것일까? 그의 말에 따르면 그의 작업에서는 결합태 개념이 아니라 결합태 개념의 쓰임이 중요하다. 두 번째 쟁점은 엘리아스가 '사회'를 수많은 의도적 행위들의 의도하지 않는 결과로 보는 경향이 있다는 것이다. 하지만 이것은 국가, 사회운동, 다국적 기업과 같이 자신들의 이해관계에 따라 사회를 빚어내는 매우 강력한 행위자들의 영향력에 충분한 중점을 두지 않는 것일 수 있다(Van Krieken 1998).

골동품 시장은 경제적 상호작용 안에 구조와 행위가 모두 존재한다는 것을 보여 준다. 구매자는 인정된 통화로 지불하도록 강제되지만(구조), 가격은 고정된 가치에 기초하기보다 흥정할 수 있는 것이다(행위).

그럼에도 불구하고, 결합태사회학은 매력적인 연구들을 생산하는, 자체 저널을 가진 번창하는 연구 전통으로 발전해 왔다.

앤서니 기든스와 구조화 이론

'구조'와 '행위'의 간극을 잇는 것으로 보이는 또 다른 시도는 앤서니 기든스에 의해 발전되었다. 엘리아스와 달리 기든스는 철학을 거부하지 않았고, 사회학이 철학적 문제들에 민감해야 한다고 주장했다(1984: vii). "사회과학은 그것을 행하는 이들에 의해 철학적 문제들과 관련되지 않을 경우 길을 잃고 말 것이다." 철학에서의 논쟁들은 사회적 삶을 이해하는 데 기여할 수 있으며 무시되어서는 안 된다. 그러나 기든스는 또한 개인 행위들의 구조화하는 활동성에 중점을 두는데, 이는 사회적 과정들에 대한 엘리아스의 관심과 유사성을 갖는 것이다.

기든스의 접근은 사람들이 일상 활동 과정에서 적극적으로 사회 구조를 형성 및 재형성한다는 사실을 인식하는 것에서부터 시작된다. 이를테면 내가 통화 체계를 사용한다는 사실은 그러한 체계가 존재하는 데 미미하게, 하지만 본질적인 방식으로 기여한다. 만약 모든 사람이, 혹은 대다수의 사람이 어떤 시점에 이르러 화폐를 사용하지 않기로 결심한다면 통화 체계는 붕괴할 것이다. 이와 같이 사회 구조의 적극적인 형성과 재형성 과정을 분석하기에 유용한 개념이 기든스가 사회학에 도입한 '구조화structuration'이다(1984). 구조화 이론은 '구조'와 '행위'가 서로 필연적으로 연결되며, 대척점이 아니라는 입장을 견지한다. 사회, 공동체, 집단은 사람들이 일정하게 그리고 상당히 예측 가능하게 행동할 때만 '구조'를 갖는다. 다른 한편으로 '행위'는 오로지 각 개인들이 그들 자신에 선재하는 사회적으로 구조화된 대량의 지식들을 보유하기 때문에 가능하다.

언어를 예로 들어 보자. 어쨌든 존재하려면 언어는 구조화되어야 한다. 즉, 그것은 모든 화자들이 준수하는 속성을 갖고 있어야 한다. 누군가가 어떤 맥락에서 말을 하는 데 특정한 문법적 규칙을 따르지 않으면 이해할 수가 없다. 하지만 언어의 구조적 속성은 개별 언어 사용자가 실제로 그러한 규칙을 따를 때만 존재한다. 언어가 다른 사회적 제도들과 마찬가지로 끊임없는 구조화 과정에 있다고 말할 수 있다.

인간 행위자가 상당히 많은 것을 알고 있다고 보았다는 점에서 상호작용주의자들은 지극히 옳았다. 사회적 삶은 우리에게, 이방인들이 길을 지나다니면서 혹은 사람들을 만나면서 관찰하는 의식들 같은, 복잡한 관습의 집합들을 따르라고 요구한다. 다른 한편, 우리가 행위에 그와 같은 지식을 적용함에 따라, 우리는 규칙과 관습에 힘과 내용을 부여한다. 구조화는 모든 사회적 행위가 구조의 존재를 가정한다는 '구조의 이중성'을 상정한다. 하지만 동시에 '구조'는 인간 행동의 규칙성에 의존하고 있으므로 구조 역시 행위를 가정한다. 구조-행위 문제에 대해 제시된 해결책들은 나름의 비판을 받고 있다. 하나의 쟁점은 각각의 조건에서 구조와 행위에 할애되는 상대적 비중에 관한 것이다. 양자의 분할을 잇기 위한 훌륭한 노력에도 불구하고 기든스의 이론은 사회적 삶을 빚

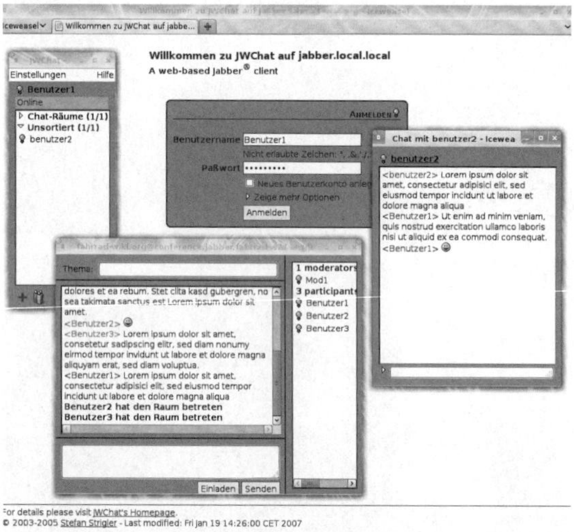

메신저Instant Message나 SMS로 메시지 보내기와 같은 현대 기술은 새로운 맥락들을 위한 언어의 규칙과 사용 방법을 개발하도록 이끌었다(예를 들어 이모티콘emojis). 언어의 구조와 규칙이 화자에 의해 어떻게 변화하는지 보여주는 작은 사례다.

는 행위자의 구조화하는 힘을 크게 강조하는 것으로 보인다. 언어와 같은 사회 구조가 매우 효과적인 것처럼 보일지라도, 구조화 이론은 여전히 인간 행위자가 사회 구조를 변화시키고 다시 빚어낼 수 있다고 본다. 그 구조가 얼마나 오래되고 강력한 것이든 간에 말이다. 하지만 구체적 사례에 대한 경험적 연구에 앞서 옳고 그름이 결정될 수 있는 것은 아니다.

마거릿 아처Margaret Archer(1995, 2003)는 구조화 이론에 공감하면서도 기든스의 이론적 논의가 너무 기술적이라고 본다. 구조와 행위가 대립하기보다는 상호 구성적이라는 것, 즉 하나가 다른 하나를 함축한다는 것을 언급만 해서는 충분하지 않다는 것이다. 사회학적 설명은, 특정 사례에서 사회적 현상의 원인이 되는 것이 구조인지 행위인지 규명할 필요가 있다. 기든스가 정확하게 지적했던 구조와 행위 사이의 연속적인 상호작용은 명확하게 순차적인 계열을 따른다. 기존의 사회 구조 → 개인 행위 → 수정된 사회 구조…… . 구체적인 연구를 통해 이러한 연속적인 상호작용을 추적하다 보면, 구조와 행위 가운데 어떤 것이 더 실질적인지 발견할 수 있어야 한다.

모든 사회학자를 만족시키는 구조-행위 문제의 해결책이 나올 가능성은 희박해 보인다. 다양한 관점과 이론들이 각 진영에 밀착되어 있기 때문이다. 또한 사회학자들은 그들 자신의 사회적 배경이나 삶의 경험에 따라 구조의 관점 또는 행위의 관점으로 기우는 경향이 있다. 하지만 앞서 소개한 두 가지 접근은 이런 장구한 갈등의 열기를 식히려는 갈망이 생겨나고 있음을 보여 준다.

비판적으로 생각하기 THINKING CRITICALLY

구조-행위 문제를 해결하는 데 결합태와 구조화라는 개념은 얼마나 만족스러운가? 정말로 결합태사회학은 구조와 행위 사이의 분리를 이어야 한다는 필요성을 우회하는가? 구조화 이론에 따르면 사회 구조는 결국 무엇인가?

합의 대(對) 갈등

사회학에서 지속되고 있는 두 번째 딜레마는 합의 대 갈등이다. 뒤르켐에게 사회는 상호 의존적인 제도들의 집합이다. 사실 모든 기능주의 사상가들은 사회를 서로 잘 맞물리는 구조들로 구성된 통합된 전체로 여긴다. 이것은 뒤르켐이 '사회적 사실'의 강제적이고 '외재적인' 성격에 주목한 것과 부합한다. 하지만 여기서의 유사성은 건물의 벽이 아니라 인체의 생리학에 관한 것이다.

우리의 몸은 두뇌, 심장, 폐, 간 등 다양한 특수 부위들로 이루어져 있다. 이들 각각은 유기체 전체의 생명을 지속시키는 데 기여한다. 반드시 서로 조화를 이루면서 작동해야 한다. 그렇지 않으면 유기체의 생명은 위험해질 것이다. 유사하게, 사회가 존속하려면 정치 체계, 종교, 가족, 교육 체계 등 사회의 특수한 제도들이 모두 조화를 이루어 작동해야 한다. 이것이 사회가 어떻게 조화를 이루는가에 초점을 맞추는 합의의 관점이다.

갈등에 주로 초점을 맞추는 사람들은 매우 다른 세계관을 갖고 있다. 이들을 이끄는 가정은 마르크스의 계급 갈등 이론에서 확인할 수 있다. 마르크스에 따르면 사회는 불평등한 자원을 가진 계급들로 나뉘어 있으며, 이처럼 두드러진 불평등이 존재하기 때문에 사회 체계에는 '고착된' 이해 불일치가 존재한다. 이와 같은 갈등은 어떤 시점에 이르면 적극적인 사회 변화로 터져 나오게 된다. 마르크스 이후, 다른 사람들은 젠더 그리고 민족의 구분들 또는 정치적 차이가 갈등의 원천이 될 수 있다는 것을 찾아냈다. 갈등 이론가들이 보기에 사회는 어떤 집단이 더 강력한가와 관계없이 필연적으로 갈등과 긴장을 포함한다.

구조와 행위의 경우와 같이, 이 이론적 논쟁도 완전히 해결될 것 같지는 않다. 하지만 한 번 더 말하자면, 합의와 갈등의 관점 간 거리는 보이는 것처럼 넓지 않을 수 있다. 아마도 모든 사회는 가치들에 대한 느슨하고 일반적인 수준의 동의를 가지고 있을 것이며, 갈등도 수반하고 있을 것이다. 사회학자들은 언제나 사회 내 합의와 갈등 사이의 연결을 검토해야 하는 것을 일반적 규칙으로 삼아야 한다. 상이한 집단들이 견지하는 가치와 그 구성원들이 추구하는 목표는 종종 공유하거나 대립하는 이해관계가 뒤섞여 있음을 드러낸다. 예를 들어 계급 갈등에 관한 마르크스의 이론에서도 상이한 계급이 몇 가지 공통의 이해를 공유한다. 노동자들이 임금을 주는 자본가들에게 의존하는 것과 마찬가지로 자본가 역시 자신의 기업에서 일하는 노동력에 의존한다. 양측이 공유하는 바가 그들 사이의 차이를 없애 버림에 따라 공개적인 갈등은 계속될 수 없다. 이러한 이유로 막스 베버는 몇몇 대립하는 이해관계에도 불구하고 노동 계급의 미래는 자본주의를 전복하는 것보다는 그로부터 양보를 끌어내는 데 있다고 주장했다.

'이데올로기ideology'는 이런 갈등과 합의 사이의 상호관계를 분석하는 데 유용한 개념이다. 이는 약한 집단을 희생시켜 강한 집단의 지위를 공고히 하는 사상, 가치, 신념을 말한다. 권력, 이데올로기 그리고 갈등은 언제나 밀접하게 연결되어 있다. 이데올로기적 관념의 내면화는 사람들이 기회, 지위, 조건과 관련된 총체적인 불평등을 수용하도록 만들기 때문이다.

권력을 가진 자는 자신의 지배를 유지하기 위해 이데올로기의 영향력에 크게 의존할 수 있다. 하지만 필요한 경우에는 물리력을 사용할 수도 있다. 예를 들어 봉건 시대의 귀족 지배는 소수의 사람들만이 '통치하도록 태어난다'는 관념에 의해 지탱되었지만, 종종 자신들의 권력에 대항하는 자들에게 폭력을 행사하기도 했다. 최근에는 2010~2012년에 있었던 소위 '아랍의 봄' 사태에서 겉으로는 조화롭게 보이는 중동과 북아프리카 사회가 억눌린 좌절과 근본적인 이해 갈등을 표현하는 집회와 시위로 분열되어 있음을 알 수 있었다. 리비아, 바레인, 시리아에서 민족적 자긍심과 공통의 연대에 대한 호소가 통하지 않자, 통치 체제는 군사력의 사용으로 돌아서서 시위자들을 진압하고자 했다. 이러한 예는 합의와 갈등 모두 '자연스러운' 것이 아니라 사회적 과정의 산물임을 보여 준다.

사회의 변형 그리고 사회학

사회학사의 상당 부분은 자본주의 사회의 성격과 미래에 관한, 이른바 마르크스-베버 논쟁에 의해 지배되었다. 마르크스와 베버 모두에게 자본주의의 출현은 세계 곳곳에 있는 사회의 향방을 결정하는 데 일조했던, 인간사에서 숙명적인 발전이었다. 하지만 자본주의가 세계를 어디로 이끌 것인가에 대한 이들의 분석은 달랐다. 마르크스는 자본주의가 이전의 어떤 경제 체계보다 더 역동적이라고 보았다. 자본가들은 소비자들에게 자신의 상품을 팔기 위해 경쟁하며, 경쟁이 치열한 시장에서 살아남기 위해 기업들은 최대한 값 싸고 질 좋은 제품을 만들어야만 한다. 이처럼 경쟁사보다 우위를 점하기 위한 기업들의 분투는 끊임없는 기술적 혁신으로 이어진다. 또한 자본주의 기업은 새로운 상품 시장, 값싼 원자재, 더욱 저렴한 노동 자원을 찾아 나서기도 한다. 마르크스에게 자본주의는 세계의 모든 곳으로 뻗어 나가 쉴 새 없이 확장하는 체계다.

자본주의의 확장에 대한 마르크스의 설명은 강력하긴 하지만, 모든 학자가 현대 세계를 형성하는 가장 중요한 힘이 자본주의라는 것에 동의하는 것은 아니다. 그리고 대부분의 학자들은 사회주의나 공산주의가 미래의 생산양식이 되리라는 명제에도 회의적이다. 시간의 경과에도 불구하고 선진 산업사회에서 노동 계급 혁명의 조짐이

마르크스와 베버: 근대 세계의 형성

사회학적으로 상상하기 3-1

광의의 마르크스주의 사상

1. 근대 발전의 주된 동력은 자본주의 경제 메커니즘의 확장이다.
2. 근대 사회가 쪼개져 있는 이유는 계급 불평등 때문인데, 이것은 근대 사회의 본성이다.
3. 남성과 여성의 차등적 지위에 영향을 주듯 주요한 권력의 분할은 궁극적으로 경제적 불평등으로부터 파생된다.
4. 근대 사회(자본주의 사회)는 이행기적 유형이다. 우리는 이것이 미래에는 급진적으로 재조직되리라 기대할 수 있다. 결국에는 사회주의가 자본주의를 대체할 것이다.
5. 서구 영향력의 전 세계적 확산은 주로 자본주의 기업의 팽창주의적 경향의 결과다.

광의의 베버주의 사상

1. 근대 발전의 주된 동력은 생산의 합리화다.
2. 계급은 수많은 불평등의 유형 — 남성과 여성 사이의 불평등과 같은 — 중 하나다.
3. 경제적 체계에서의 권력은 다른 원천들과 구분될 수 있다. 예를 들어 남성과 여성의 불평등은 경제적 용어로 설명될 수 없다.
4. 합리화는 미래에 사회적 삶의 모든 영역에서 더욱 진전될 것이다. 모든 근대 사회는 동일한 사회적·경제적 조직의 기본 양식에 의존한다.
5. 서구의 세계적 영향력은 우월한 군사력과 더불어 산업 자원에 대한 지배력에서 온다.

비판적으로 생각하기 THINKING CRITICALLY

각 입장을 대비시켜 본 후, 두 이론가 가운데 어느 쪽이 시간이 흐른 뒤에도 건재한지 평가해 보자. 20세기를 거치며 목격된 사회 변동의 실제적인 방향에 가장 정확한 설명을 제공하는 이론적 관점은 무엇인지 전반적인 결론을 내리는 것이 가능한가?

발견되지 않자 마르크스의 이론적 관점에 점점 더 많은 의문이 제기되고 있다.

마르크스의 설명을 아주 예리하게 비판한 사람 중 한 명이 바로 막스 베버다. 그의 저작은 '마르크스의 유령', 즉 마르크스가 남긴 지적 유산과의 일생에 걸친 투쟁을 수반하는 것으로 묘사되어 왔다. 경제적 요소가 사회 변화를 끌어내는 데 핵심적인 역할을 한다는 점에서, 베버는 마르크스와 의견이 같았다. 하지만 베버는 관념이나 이데올로기와 같은 비경제적 요소 역시 일정한 역할을 담당한다고 보았다. 예를 들어 베버는 (마르크스와 마찬가지로) 물질적 이해관계가 역사의 주된 추동력이라고 보았지만, 이러한 이해관계들은 관념에 의해 특수한 방향들로 전환된다. 이러한 관념들은 철도의 교차점에서 육중한 열차의 방향을 바꾸는 '전철수'와 같이 작용한다. 근대 사회와 그 진행 방향에 대한 베버의 이해는 마르크스와 첨예하게 대비된다.

베버에 따르면 자본주의는 사회 발전을 빚어내는 몇 가지 중요한 요인들 가운데 하나일 뿐이다. 자본주의적 경제의 근본을 이루는 그리고 어떤 점에서 보다 근본적인 것은 과학과 관료제의 영향이라고 할 수 있다. 과학은 근대 기술을 만들었으며 미래의 어떤 사회주의 사회에서도 그러할 것이다. 또한 관료제는 대규모 인력을 효과적으로 조직할 수 있는 가장 효율적인 방식이다. 관료제는 필연적으로 근대적 삶과 함께 확산될 것이며, 합리화 — 기술적 지식에 기반을 둔 효율성의 원리에 따라 사회적·경제적 삶이 조직되는 것 — 의 핵심 원천이 될 것이다.

맥도날드화로서의 합리화?

세계 사회 3-1

집 근처에서뿐만 아니라 해외에 있는 맥도날드 매장에서 음식을 먹어 본 사람은 누구든 유사성이 많음을 알아차렸을 것이다. 실내 장식이 다를 수 있고, 사용되는 언어도 다르겠지만, 배치, 주문 절차, 직원의 유니폼, '웃음과 함께 제공되는 서비스'들은 근본적으로 유사하다. 다른 많은 음식점과 비교해 보면, 맥도날드의 명백한 차이는 바로 전체적 과정이 얼마나 효율적인가 하는 점이다. 직원들은 전문화된 단순한 일을 한다. 한 사람은 튀김을 만들고, 또 다른 사람은 버거를 뒤집으며, 세 번째 사람은 버거들을 빵 사이에 집어넣고 샐러드를 추가한다. 과정 중 많은 부분이 또한 자동화되었다. 밀크셰이크는 버튼을 누르면 나오고, 속이 깊은 튀김기는 지정된 온도에서 작동하며 각 항목별로 버튼이 달린 포스 기계 덕분에 직원들은 음식의 가격을 알 필요도 없다.

그러나 왜 사회학자들이 패스트푸드에 관심을 가져야 할까? 조지 리처George Ritzer는 맥도날드가 최근의 경제적이고 문화적인 변화에 대한 생생한 은유를 제공한다고 주장한다(1983, 1993, 1998). 그는 우리가 목도하고 있는 것은 사회의 맥도날드화라고 말한다. 패스트푸드점의 기본 원칙들에 의한 과정이 사회의 다른 영역들을 지배한다. 맥도날드의 네 가지 지도 원칙 — 효율성, 계산 가능성, 균일성, 자동화를 통한 통제 — 을 사용해 리처는 근대 사회가 더욱더 '합리화'되어 가고 있으며, 맥도날드는 단지 그 과정을 보여 주는 최선의 예시라고 주장한다. 그는 '맥도날드화'가 '버거킹화'나 '스타벅스화'보다 더욱 매력적인 개념이라고 언급한다.

베버처럼, 리처는 합리화rationalization의 장기적 과정이, 역설적이게도 비합리적인 결과들을 만들 수 있다고 주장한다. 베버는 관료제들이 긍정적인 결과뿐만 아니라 해로운 결과들과 함께 사회적 삶으로 확산되면서 결국 스스로를 통제할 수 없게 된다고 보았다. 유사하게, 리처는 맥도날드화의 명백히 합리적인 과정이 일련의 비합리성들을 낳는다고 말한다.'고칼로리, 지방, 콜레스테롤, 염분, 설탕을 포함한' 식사로 우리의 건강을, 매끼 식사 후 버려지는 온갖 포장들로 환경을 손상시킨다. 무엇보다 맥도날드화는 '비인간화'이다. 직원이 로봇처럼 계속해서 동일한 업무를 반복하는 동안, 인간들은 컨베이어 벨트 위에 있는 것처럼 대기열을 따라 줄지어 간다.

리처의 논지는 사회학에서 현재까지 큰 영향력을 갖고 있다. 비록 맥도날드는 최근 몇 년 사이 세계 곳곳의 특수한 시장들이 가진 지역 문화에 자신들의 '상품'을 맞추면서, 세계적 경제 안에서 경쟁력을 갖추기 위해 자신의 관행들을 바꾸도록 강요받고 있지만 말이다. 이것은 현실 속 현지화glocalization의 탁월한 사례다.

또한 베버는 마르크스와 달리 자본주의가 우리를 아둔하게 만드는 관료제적 지배의 압력에서 균형을 회복시키는 창의력을 제공한다고 암시했다.

사회 변동에 관해 어떠한 해석이 정확한가? 아마도 오늘날 사회학자들에게 이는 긴급한 질문이 아닐지도 모른다. 사회학이 성공하려면 이론과 관점들이 사회와 사회적 삶의 핵심을 밝혀 줄 수 있어야 한다. 확실히 마르크스, 뒤르켐, 베버 등 고전 사회학 이론은 개인화, 자본주의와 관료제의 확산과 관련해 이와 같은 면모를 보여 주었다. 하지만 이러한 이론들은 변화하는 젠더 관계, 다문화주의 사회, 세계화, 대량 생산되는 위험들 그리고 환경 문제에는 최선의 길잡이가 아닐 수도 있다. 이제 우리는 사회학을 새로운 방향으로 이끌, 고전 사회학을 넘어서는 새로운 이론을 필요로 하는 것일까?

이러한 물음은 사회학이라는 분과를 개조하고 있는 몇몇 최신 이론과 관점들을 살펴볼 이 장 나머지 부분의 기저를 이룬다. 우선 페미니즘과 탈식민주의 관점으로부터 제기되는 사회학 자체에 대한 중요한 비판을 논할 것이다. 이러한 관점들은 여성의 경험과 식민주의의 경험에 대한 사회학 이론의 무지를 지적한다. 이어서 현대 사회가 이전의 이론들이 예측하지 못한 방향으로 변화했음을 주장하는 관점들로 넘어갈 것이다. 이들이 제기하는 쟁점은 위험, 세계화 그리고 포스트모더니즘의 시대에 고전 사회학의 생명력이 남아 있는가 하는 것이다.

페미니즘 그리고 남성 주류의 사회학

사회학의 창시자들은 (우리가 제1장에서 확인한 바와 같이) 모두 남성이었다. 또한 그들은 남성과 여성의 상이한 경험이나 젠더 관계에 거의 관심을 기울이지 않았다. 모종의 관심을 기울였다 하더라도 그것은 기술적 수준에 그치거나 이론적으로 불만족스러운 발상들인 경우가 많다. 예를 들어 뒤르켐의 저작에서는 여성과 남성의 차이가 종종 논의되곤 하지만 사회학적으로 일관된 방식을 갖추지 못하고 있다(Rahman and Jackson 2010: 56). 뒤르켐은, 남성은 '거의 전적으로' 사회의 산물임에 반해 여성은 '대체로' 자연의 산물이라면서, 이것이 정체성, 취향 그리고 성향의 상이한 기초로 이어진다고 보았다(1952[1897]). 오늘날의 사회학자들은 여성의 정체성을 부당하게 본질화하는 이러한 결론을 받아들이지 않는다.

마르크스와 엥겔스의 사상은 뒤르켐과 크게 어긋난다. 이들이 보기에 남성과 여성 사이의 권력 및 지위 상의 차이는 다른 분할들, 특히 계급 분할을 반영하는 것이었다. 마르크스에 따르면, 인간 사회의 초기적 형태(원시 공산주의)에서는 젠더 구분도 계급 구분도 존재하지 않았다. 여성에 대한 남성의 권력은 계급 분할이 등장하면서 생긴 것이다. 여성은 결혼 제도를 통해 남성에게 소유되는 '사적 재산'의 한 유형으로 여겨졌다. 여성이 속박 상황에서 자유로워질 수 있는 유일한 길은 자본주의가 전복되어 계급 구분이 소멸될 때뿐이다.

하지만 오늘날 이와 같은 분석을 수용하는 사회학자는 거의 없다. 계급은 여성과 남성의 관계에 영향을 미치는 사회적 구분을 빚어내는 유일한 요소가 아니다. 민족성이나 문화적 배경 역시 그러한 요소들에 해당한다. 예를 들어 소수 민족 여성은 다수 민족 여성보다 같은 민족 내 남성들과 많은 공통점을 갖는다. 최근 몇 년간 '교차성intersectionality' — 계급, 젠더, 민족성 등의 구분이 결합하거나 '교차'해 복잡한 형태의 사회적 불평등을 만들어 내는 방식 — 에 사회학자들이 큰 관심을 보이고 있다(Brewer 1993; P. H. Collins 2000). 교차성은 계급 분석의 종언을 의미하는 것이 아니라, 관습적인 이론적 경계를 가로지르는 연구의 필요성을 지적하는 것이다.

젠더라는 주제와 관련해서는 보다 확립된 이론적 사고를 위해 기반으로 할 만한 것을 거의 남기지 않았기 때문에, 고전 사회학은 사회학 이론에 어려운 문제를 물려주었다고 할 수 있다. 일반적인 범주로서의 '젠더'가 기존 사회학 이론에 어떤 방식으로 도입되어야 할까? 여기에 수반되는 쟁점들은 매우 중요할 뿐 아니라, 페미니스트 학자들이 사회학에 제기했던 도전과 직접적으로 관계된다. 과거의 많은 사회학이 여성을 무시하거나 철지난 가정과 젠더 관계에 대한 부적절한 이해를 가지고 작업했다는 것에 대한 실질적인 반론은 존재하지 않는다. 젠더는 여성과 남성의 관계를 다루기 때문에 여성에 대한 연구를 사회학에 도입하는 것이 젠더의 문제를 다루는 것과 같다고 할 수는 없다. 예를 들어 젠더 연구는 여성성뿐만 아니라 남성성의 형식이 변화하는 것까지 탐구했으며, 퀴어이론queer theory의 등장과 함께 젠더 개념 자체의 불안정성이 노출되었다.

이어지는 부분에서 페미니즘적 이론화가 사회학에 미친 영향을 간단히 살펴보겠지만, 젠더에 관한 확장된 논의는 제15장 〈젠더와 섹슈얼리티〉에서 찾아볼 수 있다. 여기에서는 사회 속에서 젠더가 갖는 중요성을 사회학에 도입하고자 한다.

페미니즘 이론

1960년대와 1970년대의 여성운동은 사회에 속한 여성의 불평등한 위치와 대결하고자 했던 수많은 입법적 변화로 이어졌다. 페미니스트 학자들이 일단 대학에 자리 잡고 학계의 일원이 되자, 페미니즘 이론은 남성의 경험으로부터 일반적 결론을 도출하는 남성 편향의 사회학적 이론화를 수반했던, 남성 중심적 혹은 '남성 주류의 사회학malestream sociology'에 도전장을 던졌다. 여성의 경험을 포착할 수 없게 설계된 연구 방법, 여성에 지향된 가정이나 가족의 사적 영역을 지나쳐 버리고 (남성이 지배하는) 공적 영역에만 초점을 맞추는 사회학의 주제 자체 등이 이러한 편향에 해당한다. 그 당시 페미니즘의 구호 가운데 하나는 '개인적인 것이 정치적인 것이다'였으며 이전에 사적인 문제로 여겼던 것들이 사회학의 정당한 주제가 되었다.

어떤 페미니스트 사회학자들은 사회적 세계에 대한 만족스러운 분석을 위해 젠더의 중심섬을 강조하면서, 분과의 핵심을 형성하는 중심 문제들을 포함해 사회학 전체의 포괄적인 재구축을 요구했다. 간략히 말하면 다음과 같다(Abott et al. 2005: 3).

> 남성 주류의 사회학에 대한 페미니즘의 도전은 내용과 방법론 전체에 대한 급진적인 재고를 요구하는 것이었으며, 남성의 관점에서만이 아니라 여성의 관점에서도 사회를 본다는 것을 넘어 이 세계가 근본적으로 젠더화되어 있다고 봐야 할 필요를 인지하는 것이었다.

과연 사회학이 이러한 방향으로 얼마나 이동했는가는 논쟁점으로 남아 있다. 혹자는 사회학이 '페미니즘 이전의 양식'에 계속 머물러 있다고 주장하고(Acker 1989: 65), 또 다른 논자들은 분과 자체를 변화시키겠다는 페미니즘의 약속을 사회학에서 '여전히 잃어버린 혁명'으로 본다(Always 1995). 하지만 젠더의 문제를 어떻게 이론화해야 하는가를 두고 페미니즘의 관점들 사이에 수많은 이견이 있는 것도 사실이다.

'페미니즘 이론'은 현재 확인되는 예닐곱 가지의 상이한 관점들을 비롯해, 증가하는 입장들의 범위를 포괄하는 용어이다. 이들은 초기의 자유주의 페미니즘, 사회주의적·마르크스주의적 페미니즘, 급진주의 페미니즘, 이중-체계 및 비판적 페미니즘을 거쳐, 포스트모던/포스트구조주의, 흑인 및 탈식민주의 페미니즘에까지 이른다. 이들 관점에 대부분은 제15장 〈젠더와 섹슈얼리티〉에서 보다 상세하게 서술된다.*

페미니즘 이론이 다양하기 때문에 단일하거나 통합된 상태의 '사회에 대한 페미니즘 이론'을 논하는 것은 불가능하다. 하지만 지식이 섹스 및 젠더의 문제와 관련되어 있으며 여성이 가부장적 사회에서 억압에 직면해 있다는 점에 이들 모두가 동의하고 있음은 확인할 수 있다. 그런데 여성의 위치에 대한 이론적 설명들은 간혹 현저한 차이를 보인다. 예를 들어 급진주의 페미니즘에서는 가부장제가 억압의 주요한 원천이라고 보지만, 이중-체계 이론가들은 가부장제와 자본주의가 결합해 남성의 지배를 재생산하는 것이라고 주장한다. 흑인 페미니즘은 인종, 인종주의, 민족성이 페미니즘 이론화의 일부가 되어야 한다고 주장하며, 철저히 다른 배경과 생활 조건에도 불구하고 모든 여성이 본질적으로 유사한 이해관계를 갖고 있다고 가정하는 초기의 이론들을 비판한다.

남성과 여성은 서로 다른 경험을 가지고 있고 상이한 관점에서 세계를 바라보기 때문에 세계를 동일한 방식으로 이해하지 않는다. 페미니스트들은 종종 남성 주류의 사회학이 지식의 '젠더화된' 성격을 부정하거나 무시하면서 (대개 백인) 남성의 특수한 경험으로부터 소위 보편적인 결론을 도출해 왔다고 주장한다. 대부분의 사회에서 관습적으로 남성들은 권력과 권위를 가진 위치에 있기 때문에 그들은 자신들의 특권적인 위치를 고수하기 위한 투자를 한다. 이러한 조건에서 젠더화된 지식은 기존의 사회적 배치를 영속화시키고, 계속되는 남성의 지배를 정당화하는 불가결한 힘이 된다.

하지만 도나 해러웨이Donna Haraway(1989, 1991) 엘렌 식수스Hélène Cixous(1976), 주디스 버틀러Judith Butler(1990, 1997, 2004)와 같이 포스트구조주의나 포스트모던한 사유(이들은 다음에서 논의된다)로부터 영향을 받은 페미니스트 학자들은, '남성' 또는 '여성'을 자신들만의 고유한 이

* 제15장 〈젠더와 섹슈얼리티〉에서는 '페미니즘Feminism' 이론을 '여권론'으로 표현하였다. — 편집자

학계 및 '사우설 블랙 시스터즈Southall Black Sisters'와 같은 사회운동에서 흑인 페미니즘은 모든 여성이 비슷한 경험을 공유하고 있으며 동일한 이해관계를 가지고 있다는 발상에 도전한다.

해관계와 특성을 가지고 있는 독자적인 집단이라고 상정하는 것은 잘못이라고 주장한다. 버틀러에 따르면, 젠더 그 자체는 고정된 범주나 본질, 사람들의 정체가 무엇인가가 아니라 그들이 무엇을 하는가로 드러나는 유동적인 어떤 것이다(2004). 만약 버틀러가 주장하는 바와 같이(1990) 젠더가 '행해진' 또는 수행된 무엇이라면, 한 집단이 다른 집단에 권력을 행사하기 위해 사용되는 경우 젠더는 '행해지지 않을' 수 있는 어떤 것이기도 하다(제8장 〈사회적 상호작용과 일상생활〉 참조).

젠더화된 존재에 무언가 본질이 존재하는가, 아니면 '젠더'는 고정된 생물학적 토대 없이 끊임없는 사회적 구성 과정 속에 있는 것인가? 이러한 근본적인 질문은 페미니즘 사상이 얼마나 긴 여정을 지나왔는지 보여 준다. 하지만 혹자는 이러한 물음이 불평등에 맞서거나 특히 개발도상국에서 여성들의 물질적 생활 조건을 개선하는 데는 부차적이라고 본다(Shiva 1993). 라만Rahman과 잭슨Jackson은 다음과 같이 주장한다(2010: 81).

> 우리는 오늘날 적나라하고 악화되는 불평등을 특징으로 하는 세계적 맥락 속에 살고 있다. 그리고 지역적, 세계적 착취의 교차 속에서 여성이 가장 불리한 경우가 많다…… 여성들 사이의 차이는 그저 '문화적'이기만 한 것이 아니다. 이들 가운데 가장 중요한 것은 제도화된 인종주의 노예의 세기로부터의 유산, 식민주의와 제국주의 그리고 지역과 세계의 노동 분할 등에서 파생되는 현실의 물질적 불평등에서 발견된다.

페미니즘 이론은 1970년대 이후 눈에 띄게 발전했으며, 오늘날 논의되는 주제는 페미니즘 운동의 '제2파' 여권운동에서 등장한 유물론적 페미니즘과 사뭇 다르다. 하지만 이와 같이 달라진 관점은 페미니즘의 사유가 가만히 멈춰 있지 않고 계속해서 발전하고 새로운 영역으로 확장되어 왔음을 보여 준다.

> 페미니즘 운동은 제21장 〈정치, 정부, 사회운동〉에서 더 자세히 논의된다.

비판적으로 생각하기 THINKING CRITICALLY

당신은 스스로를 '페미니스트'라고 칭하겠는가? 만약 그렇다면 그 이유는 무엇인가? 아니라면 왜 그러한가? 페미니즘이 젊은 세대들에게도 적실한 것으로 남기 위해서는 어떤 쟁점에 초점을 맞춰야 한다고 생각하는가?

탈식민주의 사회학?

종래의 사회학 및 사회학 이론은 페미니스트 학자들로부터 젠더라는 핵심 이슈를 무시했다는 혐의를 받았다. 장애, 섹슈얼리티, 민족성을 무시했던 것에도 유사한 혐의가 제기될 수 있다. 어떤 면에서는 사회학에 과실이 있기는 하지만 오늘날에는 그러한 가책이 덜하다. 최근 몇 년간 사회학에서 또 하나의 '잃어버린 혁명'과 관련된 질문이 제기되어 왔다. 바로 탈식민주의에 관한 것이다(Bhambra 2007).

탈식민 이론postcolonial theories은 상당히 다양하지만, 주된 관심은 어떻게 해서 이전의 식민지들이 독립을 성취하고 나서도 오랫동안 유럽 식민주의의 유산이 사회 및 학문 분과에 남아 작용하는지 탐구하는 것이다. 탈식민적 연구는 이처럼 지속되는 유산을 폭로하고자 할 뿐만 아니라 식민적, 탈식민적 관계를 설명하는 데 실패했던 이론 및 핵심적인 개념들을 탈바꿈시키고자 한다. 예를 들어 (제1장 〈사회학이란 무엇인가〉의 내용을 포함해) 사회학의 기원에 관한 표준적인 설명은 산업혁명과 프랑스혁명을 사회학의 형성에 중요한 것으로 거론하지만, 근대 사회의 형성에서는 식민주의와 제국주의의 중요성에 거의 비중을 두지 않는다. 이와 유사하게 탈식민주의 비평가들은 사회학이 유럽 근대성의 구성 요소로 출현했기 때문에 사회학적 시선은 유럽 중심적이며, '근대' 사회의 분석에 국한되어 식민화된 사회의 경험을 통합시키는 데 실패했다고 주장한다. 그들은 사회학에 정말로 '탈식민화'가 필요하다고 말한다.

앞서 언급한 바와 유사한 방식으로, 사회학 이론은 근대성의 출현과 그것이 이전 사회와 다른 근본적인 차이들을 설명하는 것에 초점을 두었다. 이는 서구 자본주의에 대한 마르크스의 저작, 기계적 연대와 유기적 연대에 관한 뒤르켐의 논의, 베버의 프로테스탄트주의 명제와 자본주의의 기원 등에서 명백히 드러난다. 하지만 그렇게 함으로써 초기 사회학자들은 비유럽 사회를 '전근대' 사회 또는 '전통' 사회로 쉽게 특징지을 수 있었다. 이것은 19세기 후반부터 일종의 학제적 분업을 발생시켜, 사회학은 근대 산업사회에 초점을 맞추고 인류학은 비유럽의 전근대 세계를 다루게 되었다(Boatcă and Costa 2010). 인류학은 식민 체제의 영향에 주의를 기울이도록 요청되었지만 사회학은 식민주의, 제국주의 그리고 국가들 사이의 탈식민적 관계에 대한 어떤 체계적인 개입도 회피했다.

많은 탈식민적 서술들은 이전까지 주변화되었던 사람들과 관점들, 즉 '하위 주체subaltern'가 사회학을 비롯한 학문들을 개조하기 위한 학술 용어로 자리 잡을 수 있도록 노력한다. 이러한 문제는 초기의 탈식민적 저작인 에드워드 사이드Edward Said의 『오리엔탈리즘Orientalism』(1978)에서 잘 드러나는데, 이 책은 '동방' 또는 '동양'에 대한 서양의 연구들을 비판하고 있다. 사이드는 오리엔탈리스트, 즉 중동과 아프리카, 아시아를 분석했던 19세기 후반과 20세기의 소위 지역 연구 전통의 학자들에게 이의를 제기했다. 동양에 대한 논의는 서양과의 극명한 대비에 의존하는데, 여기에서 동양은 '정상적'이고 우월한 서양에 대해 이국적인 '타자'로 비친다. 바꿔 말하면, 서양의 학계는 동양에서 권위를 인정받는 설명들을 만들었지만, 그것은 토착 주민이나 학자들에게 어떠한 조언도 받아들이지 않은 것이었다.

사이드는 (서양의) 동양학이 동양 사회가 서양의 문화와 구별되면서도 집단으로서 한 데 묶어서 논할 수 있는 모종의 본질적인 유사성을 가지고 있다는 가정하에 이뤄지고 있다고 주장했다. 그리고 이와 같은 대비는 동양이 근대화에 실패한 것을 '설명'하는 데 동원되었다. 사회에서 담론이 갖는 권력에 대한 푸코의 논의를 따라 사이드는 학계의 오리엔탈리즘이 서양의 우월성에 대한 사회 전반의 담론의 한 측면을 보여 주는 것으로 생각했다. 그리고 이와 같은 담론은 현장의 정치적·경제적 식민지 체제를 뒷받침하는 것이었다. 오리엔탈리즘은 객관적이고 정치적으로 중립적인 학문적 활동과 거리가 멀었으며, 서양이 동양의 나라들에 자신의 권위를 행사하는 하나의 방식이었다.

세계화로 인해 사회학자들은 더욱 폭넓은 관점을 가지게 되었고 산업화된 국가뿐만 아니라 개발도상국 역시 연구하게 되었다. 그래서 지금의 사회학이 초기의 유럽 중심주의와 거리가 멀 것이라고 생각할지도 모르겠다. 하지만 탈식민 이론가들은 최근의 사회학 이론이라도 여전히 구태의연한 사고방식에 빠져 있다고 주장한다. 예를 들어 많은 세계화 이론은 이러한 과정이 서구 문화의 근본적인 특징들을 가지고 서구로부터 '그 밖의' 세계로 확산되는 자본주의와 산업주의를 수반하는 것으로 보았다. 이렇게 보면 사회학적 이론화는 그것의 핵심 개념과 이론을 수정하지 않은 채 '이전과 다름없이' 지속될 수 있다. 이것이 과연 어느 정도나 정확한지는 독자들 나름의 결론에 이르러야 할 것이다.

최근 제기되는 페미니즘 및 탈식민주의와 관련한 비판은 사회학의 토대를 재고하도록 요청한다. 하지만 이것의 가능성과 필요성에 모든 이가 동의하는 것은 아니다. 첫째, 이 책을 비롯한 다른 사회학 교과서들이 세계적 불평등, 국가와 민족주의, 전쟁 등을 비롯해 젠더 관계, 페미니즘 이론, 장애, 섹슈얼리티, 민족성을 다루고 있다는 사실은 사회학이 사회의 동향이나 새로운 이론, 변화하는 사고방식의 영향을 받았음을 보여 준다. 실제로 사회학은 우리 모두가 살고 있는, 급속히 변화하는 세계에서 적실성을 유지하기 위해 '시대와 함께 움직이고' 변화해야 하는 분과다. 특정한 관점에 종사하는 이들이 보기에도 충분할 정도로 사회학이 움직이고 있는가 하는 점은 또 다른 문제다.

둘째, 페미니즘 이론 및 탈식민주의 내부의 논쟁은 사회학에 대한 그들의 비판이 시대에 따라 변화했음을 의미한다. 매클레넌McLennan이 주장하는 바와 같이 "현실적이 되는 것, 그리고 어떤 형태의 고압적인 도덕주의에도 저항하는 것이 중요하다. 모든 사유 체계는 그 초점, 양식, 견해에 필연적으로 자민족 중심적이다. 게다가 사회학을 '탈식민화'하자는 것이 의미하는 바도 명료하지 않다"(2010: 199). 우리가 기대해야 하는 것은 사회학이 직면할 수 있는 수많은 다양한 도전들에 적응하리라는 것과, 그에 부응하는 이론을 발전시키는 것이다.

포스트구조주의와 포스트모더니티

미셸 푸코Michel Foucault(1926~1984), 자크 데리다Jacques Derrida(1976, 1978), 줄리아 크리스테바Julia Kristeva(1984, 1977)는 '포스트구조주의poststructuralism'로 알려진 지적 운동에서 가장 영향력 있는 인물들이다. 그중에서도 푸코의 사상이 사회학 및 사회과학에 가장 큰 영향을 미쳤다. 범죄, 신체, 광기와 섹슈얼리티에 관한 저작에서 푸코는 감옥, 병원, 학교와 같이 인구를 감시하고 통제하는 데 증대되는 역할을 담당하는 근대 제도들의 출현을 분석했다. 그는 개인의 해방이라는 계몽주의적 관념에는 규율 및 감시와 관련된 어두운 면이 존재함을 보여 주고자 했다. 푸코는 근대의 조직 체계에서 권력, 이데올로기, 담론 사이의 관계에 대한 중요한 발상을 제기했다.

권력에 대한 연구는 사회학에서 근본적으로 중요성을

가지는데, 푸코는 고전 사회학에서 개척한 사고의 흐름을 이어 나갔다. 그의 사고에서는 '담론discourse'의 역할이 중심적인데, 이 용어는 공통의 추정에 의해 통합되어 있는 특정 주제에 대해 생각하고 말하는 방식들을 가리키기 위해 사용되었다. 예를 들어 푸코는 중세부터 현재에 이르기까지 광기에 대한 담론이 변화하는 극적인 방식을 제시한다. 중세 시대에 광인들은 대체로 악의 없는 무해한 존재로 여겨졌으며, 어떤 사람들은 광인들이 지각하는 데 특별한 '재능'이 있다고 믿기도 했다. 하지만 근대 사회에서 '광기'는 질병과 치료를 강조하는 과학화되고 의료화된 담론으로 주조되어 왔다. 이러한 담론은 의사, 의료 전문가, 병원, 전문직 협회, 의료 잡지 등 영향력 있고 고도로 발달한 연결망에 의해 뒷받침되고 영속화된다.

> 푸코의 작업은 제11장 〈건강, 질병, 장애〉에서 더욱 자세히 논의된다.

푸코에 따르면 권력은 담론을 통해 작동해 대중적인 태도를 형성한다. 권력과 권위를 가진 자들이 확립한 전문적 담론은 다른 경합하는 전문적 담론만이 그에 대항할 수 있는 경우가 많다. 이와 같이 담론은 생각하고 말하는 대안적인 방식을 제한하는 강력한 도구로 작용할 수도 있다. 지식이 곧 통제하는 힘이 되는 것이다. 푸코의 저작에서 가장 두드러지는 주제는 권력과 지식이 감시, 집행, 규율의 기술과 연결되어 있는 방식에 관한 것이다. 이러한 관점은 수많은 규율 영역에서의 권력 관계에 관한 사회학자들의 사고를 확장시켜 주었다.

1980년대 중반 이후, '포스트모더니즘postmodernism' 지지자들은 고전적 사회사상가들이 역사에는 형태가 있다는 발상, 즉 역사는 '어디론가 흘러가며' 그것은 진보적이라는 발상으로부터 영감을 얻었다고 주장했다. 하지만 이러한 발상은 이제 붕괴되었으며, 이치에 맞는 어떠한 '메타서사' — 역사나 사회에 관한 전체적인 관념 — 도 더 이상 존재하지 않는다(Lyotard 1984). 예를 들어 포스트모던한 세계는 마르크스가 소망한 것과 같이 조화로운 사회주의적 세계가 되도록 예정되어 있지 않다. 또한 핵무기와 지구온난화 시대에 과학이 곧장 사회 진보로 이어질 것이라는 발상은 별로 타당하게 들리지 않는다. 민주주의가 전 세계에 확산되었지만 많은 선진 정치 체계에서 유권자들은 정치에 냉담한 태도를 보이며, 정치인들은 구설에 오르내린다. 즉 많은 포스트모던 이론가에게 근대성의 거대 기획은 궁지에 몰린 것으로 보인다.

장 보드리야르Jean Baudrillard(1929~2007)가 보기에 포스트모던 시대는 사람들이 실재하는 사람이나 공간이 아니라 매체의 이미지에 반응하는 세계다. 그래서 1997년 영국의 황태자비 다이애나가 사망했을 때 전 세계에서 엄청난 애도가 쏟아졌다. 하지만 사람들이 실재하는 사람에 대해 슬퍼한 것인가? 대부분의 사람들에게 다이애나 황태자비는 오직 대중매체를 통해서만 존재했다. 그리고 그녀의 죽음은 실제 삶에서의 사건이라기보다는 오히려 드라마의 사건과 같이 제시된 것이다. 존재하는 모든 것이 현실과 재현의 혼합물인 '초현실성'일 때, 재현으로부터 현실을 분리해 내기란 불가능하다.

> 보드리야르와 초현실성에 대한 논의는 제18장 〈미디어〉를 참조하라.

지그문트 바우만Zygmunt Bauman은 포스트모던한 것을 사고하는 두 가지 방식에 대한 유용한 구분을 제시한다. 우리는 포스트모더니티에 대한 사회학을 원하는 것인가, 아니면 포스트모던한 사회학을 원하는 것인가? 전자의 시각은 사회적 세계가 급속히 포스트모던한 방향으로 이동했다는 점을 받아들인다. 대중매체의 엄청난 성장과 확산, 새로운 정보 기술, 전 세계에 걸친 사람들의 보다 유동적인 이동, 다문화 사회의 발달, 이 모든 것은 우리가 더 이상 근대 세계가 아니라 포스트모던한 세계에 살고 있음을 의미한다. 하지만 이러한 관점에는 사회학이 새롭게 출현하고 있는 포스트모던 세계를 기술하고 이해하고 설명할 수 있다고 생각하는, 주목할 만한 이유가 제시되지 않는다.

대중매체, 특히 텔레비전에 의해 사회적 삶이 지배당하고 있다는 보드리야르의 사상은 포스트모던 이론을 잘 보여 준다.

두 번째 시각은 자본주의, 산업화, 국민국가의 세계를 성공적으로 분석했던 방식의 사회학으로는 탈중심화되고 다원적이며 매체의 홍수를 이루는 세계화된 포스트모던 세계를 다룰 수 없다며, 새로운 이론과 개념이 고안되어야 한다고 제안한다. 포스트모던한 세계에 걸맞은 포스트모던한 사회학이 필요하다는 것이다. 하지만 그런 사회학이 어떤 것인지는 여전히 명확하지 않은 상태다.

바우만은 유럽 계몽주의에서 발원해 사회를 합리적으로 주조했던 근대의 기획은 적어도 콩트, 마르크스 그리고 여타의 고전 이론가들이 가능하다고 생각한 방식으로는 더 이상 의미가 없음을 인정한다. 그러나 세기가 바뀐 이래 그는 '포스트모던'이라는 용어 — 그는 이 용어가 너무 다양하게 사용되면서 오염되었다고 말한다 — 를 떠나 우리의 세계를 '액체 근대liquid modernity'로 묘사한다. 이것은 이 세계가 (근대적) 질서와 안정성을 부과하려는 모든 시도에도 불구하고 끊임없는 유동성과 불확실성 속에 존재한다는 사실을 반영한다(2000, 2007).

물론 많은 사회학자는 우리가 전적으로 포스트모던 시대로 진입하고 있다는 명제를 기각한다. 포스트모던 이론에 대한 확고한 비판가인 위르겐 하버마스Jürgen Habermas는 근대성을 '미완의 기획'으로 본다. 그는 근대성을 역사의 쓰레기통에 던져 버리기보다는 더 많은 민주주의, 더 많은 자유와 함께 더 많은 합리적 정책을 요구함으로써 확장해야 한다고 말한다. 또한 포스트모더니스트들은 근본적으로 비관론자이며 패배주의자라고 주장한다(1983).

어떤 관점이 더 그럴듯하다고 생각하든 간에, 포스트모던한 분석은 세계화 이론에 기반을 내준 것이 사실이다. 세계화 이론은 21세기 사회 변동의 방향을 이해하기 위한 지배적인 틀이 되었다.

비판적으로 생각하기 THINKING CRITICALLY

포스트모더니티를 뒷받침할 수 있는 모든 사회적 변화를 열거해 보자. 이들은 포스트모더니스트들이 확인하는 근본적인 사회 변동에 부합하는가, 아니면 이들을 기술하는 다른 방식이 가능한가?

성찰성, 위험 그리고 세계시민주의

세계화에 관한 이론은 제4장에서 폭넓게 논의될 것이므로 여기에서 그 내용을 미리 제시하지는 않겠다. 대신 세계화가 인간 사회를 변형시키고 있다고 가정하는 중요한 현대적 이론들을 살펴볼 것이다. 이들은 근대성의 죽음이라는 포스트모던적 발상을 거부하는 사회학자들의 대표격으로 선별되었다.

앤서니 기든스, 사회적 성찰성에 관하여

자신의 저작에서 기든스는 오늘날 세계에서 일어나고 있는 변화에 관한 이론적 관점들을 발전시켰다(Giddens 2002, 2009). 우리는 지금 기든스가 '질주하는 세계'라 부르는 곳에 살고 있는데, 이 세계는 울리히 벡Ulrich Beck(1944~2015)이 진단하는 종류의 새로운 위험과 불확실성을 특징으로 한다(1999). 정보화 시대에 산다는 것 역시 사회적 성찰성이 증대하는 것을 의미한다. '사회적 성찰성social reflexivitiy'은 우리가 살아가는 환경과 상황에 대해 끊임없이 생각하고 돌아보는 것을 가리키는 말이다.

사회가 관습과 전통으로 형성되었을 때, 사람들은 보다 비성찰적으로 일을 처리하는 기존 방식을 따를 수 있었다. 오늘날에는 이전 세대들에게는 그저 당연하게 여겨졌던 많은 것들이 열린 의사 결정의 문제가 된다. 예를 들어 수백 년 동안 사람들은 가족의 규모를 제한하는 효과적인 방법을 갖지 못했다. 현대적 형태의 피임과 재생산에 대한 여타 형태의 기술적 개입으로 부모들은 얼마나 많은 아이를 가질 것인지뿐만 아니라, 심지어 아이의 성별을 결정할 수도 있게 되었다. 물론 이러한 가능성에는 새로운 윤리적 딜레마들이 산적해 있다.

그러나 질주하는 세계라는 구상이 필연적으로 미래에 대한 통제력을 상실할 수밖에 없음을 함축하는 것은 아니다. 세계화 시대에 국가는 기존에 가지고 있던 권력의 일부를 잃는 것이 확실하다. 예를 들어 2008년의 신용경색과 그에 따른 불황은 개별 정부가 국민 경제에 미치는 영향이 이전보다 현저하게 줄었음을 보여 주었다. 하지만 많은 정부들이 전략을 수립하고 최악의 상황을 맞은 국가를 지원하기 위한 기금을 제공하기 위해 협력함에 따라, 당시의 위기는 국가들이 질주하는 세계에 대한 영향력을 회복하기 위해 함께 힘을 모을 수도 있음을 보여 주었다.

공식적인 정치 틀 외부에 있는 자발적 집단이나 사회운동 역시 중요한 역할을 할 수 있다. 하지만 이들이 정통적인 민주 정치를 대체하지는 않을 것이다. 이러한 집단들은 다양한 요구를 제기하며 상이한 이해관계를 갖기 때문에 — 이를테면 낙태에 대한 관용을 위해 운동을 하는 이들과 그와 반대되는 견해가 옳다고 믿는 이들이 있을 수 있다 — 민주주의는 여전히 중요하다. 이렇듯 민주주의적 정부는 다양한 요구와 관심들을 평가하고 그에 대응해야 한다.

학문 분과로서 사회학은 사회 변동과 무관하지 않다. 사회학자들은 스스로의 연구 활동과 연구 참여자에 대한 영향에 대해 보다 성찰하고 있다. 학계의 '전문가'와 아는 것이 별로 없는 '비전문가'의 구분은 이제 별로 확고해 보이지 않는다. 인터뷰, 초점이 맞추어진 집단, 설문 등에 참여하는 사람들은 적절한 문항에 조언을 하고, 윤리적 문제를 점검하고, 연구 보고서 초고를 읽고 논평하는 등 점점 연구 과정의 다른 측면에 포함되고 있다. 이처럼 관여 정도가 심화됨에 따라 사회학자들은 최종적인 결론에 도달하기 전에 연구 참여자들과 함께 자신의 해석을 검토함으로써 연구 결과의 타당성이 증대될 수 있다. 지금 추세대로라면 성찰성은 사회적 삶의 더 많은 분야로 계속 확산될 것으로 보인다.

울리히 벡: 제2차 근대성에서의 위험

독일 사회학자 울리히 벡 역시 포스트모더니즘을 거부한다. 우리는 '근대를 넘어선' 세계에 살고 있다기보다는 그가 '제2차 근대성'이라고 부르는 국면으로 진입하고 있다. 제2차 근대성은 일상생활이 전통과 관습의 굴레로부터 자유로워지고, 근대적 제도들이 세계화됨을 가리킨다. 낡은 산업사회는 사라지고 있으며, '위험 사회'에 의해 점차 대체되고 있는 것이다.

벡은 현대 사회가 이전 시대보다 더 위험하다고 주장하는 것이 아니다. 우리가 마주하는 위험의 성격이 변화한다는 것이다. 이제 위험은 자연재해나 위난으로부터 파생되기보다는 과학과 기술의 발전이나 우리의 사회 발전으로부터 비롯된다. 예를 들어 지구온난화는 아마도 오늘날 가장 심각한 환경문제를 드러낸다. 하지만 이것은 단순히 자연재해가 아니라, 지난 250여 년에 걸쳐 산업공해와 현대 교통수단이 배출한 과도한 온실가스의 산물이라는 것이 과학적으로 합의되었다. 대중적인 과학 저술가들은 이러한 문제를 '자연의 복수'라 칭했다.

과학과 기술의 진보는 이전 시대와 매우 다른 새로운 위험 상황들을 만들고 있다. 과학과 기술이 우리에게 많은 이득을 가져다준 것은 분명하다. 그러나 그것들은 측정하기 어려운 위험들을 만들었다. 그래서 가령 유전자 치료나 나노테크놀로지 같은 새로운 기술과 결부된 위험이 어떤 것일지 누구도 제대로 알지 못하는 것이다. 예를 들어 유전자 변형 식품을 찬성하는 사람들은 그것이 세계 최빈국들의 영양실조에 마침표를 찍고 모든 이에게 값싼 음식을 제공할 수 있는 가능성을 가질 뿐이라고 주장한다. 반면에 회의적인 사람들은 그것이 의도하지 않은 건강상의 위험한 결과를 초래할 수 있다고 주장한다.

2011년 3월, 일본 해상에서 일어난 진도 9.0의 지진이 '후쿠시마 다이치' 핵발전소에 충돌한 해일을 야기해 세 개의 핵 노심용융이 일어났고, 방사능 물질이 누출되었다. 지진과 해일은 언제나 일본 동쪽 해안의 위험 요소이긴 했지만, 우리가 이루어 낸 핵발전소들은 이 문제를 더욱 심각한 재앙으로 만들었다.

위험에 관한 벡의 논의는 제5장 〈환경〉에서 더욱 상세하게 논의된다.

벡에 따르면 위험 사회의 중요한 측면은 위난이 공간적으로나 시간적으로 또는 사회적으로 국한되지 않는다는 것이다. 오늘날의 위험은 모든 국가와 모든 사회 계급에 영향을 미치며, 개인적 차원을 넘어 세계적인 결과를 초래한다. 2001년 뉴욕과 워싱턴, 2002년 발리, 2004년 카사블랑카와 마드리드, 2005년 런던, 그리고 다른 많은 때와 장소에 대한 '이슬람'의 테러 공격들은 사람들이 자신의 공동체가 극단적인 폭력으로부터 위험에 처해 있다고 생각하는 정도를 변화시켰다. 테러리즘에 대한 공포는 세계 경제를 무력감에 빠뜨렸다. 특히 2001년 9월 이후 한 달간 기업들이 대규모 투자의 위험 감수를 꺼리게 되었기 때문이다. 테러 공격은 시민들의 자유와 안전 사이의 균형에 대해 국가가 행하는 판단에도 영향을 미쳤는데, 많은 국가가 잠재적인 테러 위협에 대한 감시를 증강시키기 위해 시민적 자유를 축소시켰다.

일상 생활수준에서 내려지는 많은 결정들에도 위험이 스며들었다. 가령 위험과 젠더 관계는 실제로 매우 밀접하게 연관되어 있는데, 많은 불확실성이 양성 사이의 관계에 침투했기 때문이다(제10장 〈가족과 친밀한 관계〉 참조). 한 세대 전에는 선진 사회에서 결혼이 생애 전환기의 단순한 과정이었다. 단지 미혼 상태에서 결혼 상태로 이행하는 것이었고, 사람들은 이 결혼 상태를 상당히 영구적인 것으로 여겼다. 오늘날에는 많은 사람들이 결혼하지 않은 채 동거를 하기도 하며, 이혼율이 상대적으로 높다. 다른 사람과의 관계를 숙고하는 사람들은 누구나 이러한 사실을 염두에 두어야 하며, 행복과 안전이 불확실한 상황에 놓일 위험을 계산해야만 한다.

세계시민주의

최근 몇 년 사이 벡의 사고는 다른 학자들(Vertovec and Cohen 2002; Benhabib 2006)의 사고를 세계시민주의cosmopolitanism 이론으로 이끌었다(Beck 2006; Beck and Grande 2007). 벡 버전의 세계시민주의는 '민족국가 기반의' 사고, 즉 국가의 사회를 주된 분석 단위로 하는 사회학적 이론에 대한 비판으로부터 시작한다. 벡은 이러한 '국가적 세계관'은 "정치적, 경제적, 문화적 행위와 그들의 (의도된 혹은 의도치 않은) 결과에 국경이 없음을 파악하지 못한다"고 주장한다(Beck 2006: 18). 우리가 사는 세계화 시대에 국가의 경계는 점점 침투가 용이해지고 있으며, 개별 국가의 힘은 약해졌고, 사회적 현실은 철저하게 세계시민주의적 방향으로 변형되고 있다. '세계시민주의화' 과정은 여전히 국가 사회와 국가 간 관계라는 용어로 사고하는 사회학자들의 배후에서도 일어나고 있다. 만약 세계시민주의가 방향을 상실한 채 발전하도록 방치한다면, 그것이 제공하는 기회만큼이나 많은 위협을 겪을 것이다. 값싼 노동력과 이윤 극대화를 추구하며 세계를 종횡하는 다국적 기업에 착취당하는 사람들에게 특히 그러할 것이다.

벡은 민족국가라는 협소한 관점은 지구온난화와 같은 새로운 위험에 대처해야 할 때 장애가 된다고 주장한다. 그리고 국제적인 테러리즘에 대항해 싸울 때 우리가 무엇을 얻기 위해 싸우는지 물어야 한다. 그는 이것이 문화적 다양성을 인정하고 수용하는 토대 위에 있는 세계시민주의 정치 체계여야 한다고 주장한다. 세계시민주의적 국가는 오로지 테러리즘에 대해서만 싸우는 것이 아니라 세계 테러리즘의 원인에 대해서도 맞서 싸운다. 벡이 보기에, 세계시민주의는 개별 국가 수준에서는 해결이 불가능해 보이지만 그들의 협력을 통해서는 조정 가능한 세계적 문제들을 다루는 데 가장 긍정적인 방도를 제공한다. 새로운 형태의 운동이 등장하고 있으며, '하위 정치' 영역이 출현하는 것도 볼 수 있다. 이것은 생태주의나 소비자 권리 또는 인권 단체처럼 민주주의 정치의 공식적 기제 외부에서 작동하는 집단이나 기구의 활동을 가리킨다.

벡은 보편적이고 세계시민주의적 용어로 사고하는 것이 진정 새로운 것은 아니라는 점을 인정한다. 이전까지 민족국가를 넘어서는 시민권이라는 구상은, 이를테면 스스로를 '유럽인'이라거나 '세계의 시민citizens of the world'으로 간주하기를 자발적으로 선택한, 여행 경험이 많고 인맥이 탄탄한 사회적 엘리트들의 전유물이었다. 하지만 오늘날의 세계시민주의는 사회생활에 더욱 견고하게 뿌리내리고 있으며 어쩌면 더욱 효과적이다. 벡은 사회학자들이 현재 출현하고 있는 세계시민주의 사회를 분석하는 것만으로는 불충분하며, 세계화와 결부된 문제들에 맞서기 위해 이러한 세계 사회를 긍정적인 방향으로 만드는 데 관여해야 한다고 주장한다.

비판적으로 생각하기 THINKING CRITICALLY

개발도상국에 환경 위험이 갖는 함의는 무엇인가? 환경 위험이 빈곤이나 영양 결핍보다 훨씬 균등하게 전 세계에 분배된다고 할 수 있는가?

결론: 발전 중인 사회학 이론

지금까지 유력한 이론, 경향, 비판들을 간략히 논하면서 사회학 이론의 역사를 순회 여행해 보았다. 마르크스, 뒤르켐, 베버와 같은 고전 사상가들의 생각은 당대의 거대한 사회적·정치적·경제적 변화 속에서 형성되었으며, 그들의 관점은 이러한 변화를 이해하고자 한 것이었다. 단언컨대, 우리는 매우 심대하면서도 전 세계 더 많은 지역에서 폭넓게 받아들일 전 세계적 변환의 시대를 살고 있다. 오늘날 사회를 변형시키고 있는 발전들을 사회학이 설명하고자 한다면 우리의 이론적 관점을 새롭게 하는 것이 더욱 필요할 것이다.

하지만 이러한 결론이 오래된 이론적 관점을 완전히 폐기해야 한다는 뜻은 아니다. 내적 논쟁을 통한 발전만으로는 결코 성공적인 사회학 이론이 될 수 없다. 사회학 이론은 내적으로 정합적이어야 할 뿐만 아니라 경험적으로도 적실해야 하고, 당대의 핵심적인 쟁점에 통찰을 줄 수 있어야 한다. 보다 생산적인 길은 오래된 관점들을 끌어와 새로운 관점들과 접촉시킴으로써 그 유효성을 검증하는 것이다. 사회학 이론의 역사는 성공적인 관점들이 정체되어 있다기보다는 언제나 발전 과정에 있었음을 보여 준다. 예를 들어 오늘날의 네오마르크스주의는 이로부터 원래의 마르크스 사상을 알아볼 수 있을 정도로 그와 유사하다. 하지만 그것은 변화하는 상황에서 유래하는 압력에 의해 변형되고 개조되고 갱신되어야만 했다. 같은 과정이 뒤르켐주의 사상과 베버주의 사상에 관해서도 이루어졌다.

이와 동시에 근대 사회학 이론의 다양성은 고전과 최신의 구분을 가로지르는 이론의 조합들로 이어졌다. 사실 이론적 종합이야말로 고전적 전통이 중요한 사회 변화를 다룰 수 있도록 갱신하면서도 그것의 정수를 간직할 수 있는 길이라고 할 수 있다. 이 장의 마지막 부분에서 확인한 바와 같이 최고의 현대 이론들은 우리 시대에 출현하는 문제들을 비춰 줄 수 있는 역량을 보유하고 있다.

복습

●●● Chapter review

최근 몇 년 사이 벡의 사고는 다른 학자들(Vertovec and Cohen 2002; Benhabib 2006)의 사고를 세계시민주의 이론으로 이끌었다.

1 초기 사회학자들에게 실증주의의 주된 매력은 무엇인가?
2 마르크스의 '유물론적 역사 개념'을 요약해 보자. 마르크스가 그것을 그의 자본주의의 출현에 관한 설명에 어떻게 사용했는지 설명해 보자.
3 뒤르켐은 우리가 사회적 사실들을 사물처럼 대하는 데서부터 시작해야 한다고 했다. 이 말이 무슨 뜻인가? 이후의 기능주의 이론가들은 뒤르켐과 어떻게 다른가?
4 막스 베버의 '프로테스탄트 윤리' 논지에서 보면 자본주의의 기원에서 종교의 역할은 무엇인가? 그 설명은 마르크스의 설명과 결합할 수 있는가, 아니면 서로 대립하는가?
5 '상징적 상호작용주의'에서 무엇이 상징적인가? 현상학과 민속방법론의 주요 차이점은 무엇이라고 보는가?
6 노르베르트 엘리아스는 구조와 행위의 '문제'를 '결합태' 개념을 통해 어떻게 해결했는가? 돈의 사례를 이용해, 어떻게 기든스의 '구조의 이중성' 이론이 구조와 행위 사이를 이을 수 있는지 설명해 보자.
7 페미니스트 이론과 연구들은 사회학을 영원히 바꾸었지만 과연 '페미니스트 사회학' 같은 것이 있는가? 혹은 페미니스트 이론과 페미니스트 사회학은 기본적으로 대립하는가? 몇몇 페미니스트 이론가들은 어떤 근거로 사회학이 젠더 개념을 온전히 아우르는 데 실패했다고 주장하는가?
8 탈(포스트)식민주의, 포스트모던, 포스트구조주의 이론들에 붙는 접두어 '포스트'는 기존 관점의 자리에 어떠한 새로운 것도 가져오지 않는 그런 비판인가? 근대성의 시대는 끝났다는 포스트모던 사상을 어느 정도 믿는가?
9 울리히 벡이 '위험 사회'로 뜻하고자 한 바는 무엇인가? 오늘날의 위험들은 과거에 직면했던 것들과 어떻게 다른가?
10 뒤르켐, 마르크스, 베버의 고전적 이론들은 세계화되는 현대에도 여전히 좋은 길잡이인가? 그들의 고전 이론들은 오늘날 사회적 삶의 어떤 측면에 대한 이해를 돕는가?

실제 연구

●●● Research in practice

우리가 살펴보았듯, 사회학은 산업혁명과 프랑스혁명으로 인한 사회적, 경제적 그리고 정치적 결과로부터 출현했다고 한다. 하지만 이후 사회학의 역사와 발전은 이론적인 불일치와 새로운 관점의 창조로 어지럽혀졌다. 이러한 역사를 우리는 어떻게 이해할 수 있는가? 리처드 킬민스터의 논문을 읽고 다음의 질문들에 답해 보자.

Kilminster, R. (2014) 'The Dawn of Detachment Norbert Elias and Sociology's Two Tracks', *History of the Human Sciences*, 27(3): 96~115.

1 킬민스터가 논한 '두 진로'를 묘사하고, 그들의 주요 차이점을 끌어내 보자.

2 사회학적 이론에 관해 '수반involvement'과 '분리detachment'는 무슨 뜻인가?

3 철학적 사상으로부터 출현했지만 그것에서 완전히 분리된 사회학이라는 논의를 요약해 보자. 사회학은 정말로 '탈철학적인' 분과인가?

4 만약 저자가 제안하듯, 엘리아스의 이론이 하나의 '종합'이라면, 그것을 구성하는 이론적인 요소들은 무엇인가?

5 사회학은 이론적으로 다원적인 분과로 남아 있을 것 같은가? 아니면 사회학의 과학적 진보는 킬민스터의 '엘리아스주의적' 대안을 통해 더 큰 도움을 받겠는가?

생각해 볼 것

Thinking it through

사회학 이론 및 사회 이론에서는 통상적으로 고전과 현대 사이의 구분이 이루어진다. 하지만 이런 식으로 논하는 것은 한 쪽을 다른 한 쪽과 대립시키며, 고전과 현대 사이에 위치하는 이론들의 설 자리를 잃게 만든다. 마르크스 이래 사회학 이론의 동향을 보다 잘 사유하는 방식은 이것을 계속적인 발전 과정으로 보는 것이다.

이러한 발상과 〈그림 3-1〉을 출발점으로 해서 1960년에서 2000년 사이에 나열된 개별 이론가들 중 세 명의 핵심 사상에 대해 스스로 연구해 보자. 그들의 주장들 안에서 고전적이면서 동시에 현대적인 주제들을 찾을 수 있는가? 그 세 이론가들에게 주요한 이론적 영향을 준 것은 무엇 혹은 누구였는가? 그들은 어떻게 고전들의 사상을 넘어서는 사회학적 이론화를 해냈는가?

예술 속의 사회

Society in the arts

많은 좋은 영화와 소설들이 음모론 — 그들 자신의 목적을 위해 사건들이나 사회적 삶을 만들어내는 똑똑하고 자원이 풍부하며 강한 권력을 지닌 집단들의 역할을 강조하는 이론 — 을 이용한다. George Nolfi 감독의 영화 〈The Adjustment Bureau〉(2011)가 최근 사례다. 영화를 보면서, 그것이 다음의 주제들을 어떻게 다루는지 주목해 보자.

- 사회 구조와 인간 행위의 문제
- 관료제적 지배에 대한 베버주의 사상들
- 근대성, 합리성 그리고 포스트모던 사상들
- 젠더 고정관념

이 영화의 중심적인 사회학적 메시지는 무엇인가?

사회 이론 혹은 사회학 이론에 관한 책은 사회학의 모든 주제들 중에서도 가장 많다. 그래서 이들 가운데 몇 권을 검토해 보고 필요한 것이 무엇인지 확인하는 것도 좋을 것이다. 이 장에서 논의된 주제들에 대해 잘 쓰인 입문서로는 Pip Jones와 Liz Bradbury의 *Introducing Social Theory* (3rd Edn, Cambridge: Polity, 2017)를 참고하기 바란다. *Social Theory in the Real World* (London: Sage, 2001)에 실린 Steven Miles의 글은 다소 다른 접근을 취하고 있는데, 이 책은 어떻게 이론이 우리가 사는 일상의 세계를 이해하는 데 도움을 주는지 보여 준다.

포괄적인 교과서로는 Michelle Dillon의 *Introduction to Sociological Theory: Theorists, Concepts and their Applicability to the Twenty-First Century* (2nd edn, Chichester: Wiley-Blackwell, 2014)가 있다. George Ritzer의 *Sociological Theory* (8th edn, Maidenhead: McGraw-Hill, 2011)도 저명한 전문가가 쓴 뛰어난 책이다.

고전 이론들을 위해서는, Kenneth Morrison의 *Marx, Durkheim, Weber: Formations of Modern Social Thought* (London: Sage, 2006)가 믿을 만하며 2판도 나온다. George Ritzer와 Douglas J. Goodman의 *Classical Sociological Theory* (4th edn, New York: McGraw-Hill, 2010)는 더 넓은 범위의 이론가들을 포함한다. 현대의 이론가들을 위해서는 Anthony Elliott의 *Contemporary Social Theory: An Introduction* (2nd edn, London: Routledge 2014)이 잘 쓰인 포괄적인 책이다.

어떤 점에서는 이 장에서 논의된 이론가들의 사상을 그들의 원전에서 참고하는 것이 필요할 것임을 기억하라. 궁극적으로는 이것만이 그들의 상대적인 장점들에 대한 독자 스스로의 평가를 형성할 수 있는 유일한 길이며, 그러한 이유로 원전 읽기를 강하게 추천하는 것이다.

사회학 이론에 관한 원전 모음으로는 *Sociology: Introductory Readings* (3rd edn, Cambridge: Polity, 2010)를 참고하기 바란다.

관련 홈페이지

Internet links

- Additional information and support for this book at Polity
  www.politybooks.com/giddens
- The Dead Sociologists' Society
  http://media.pfeiffer.edu/lridener/dss/deadsoc.html
- Feminist theories and perspectives
  www.cddc.vt.edu/feminism/enin.html
- The Institute Social Research
  www.ifs.uni-frankfurt.de/forschung
- Phenomenologists and ethnomethodologists
  www.phenomenologyonline.com

- 개별 이론가들의 저작에 관한 웹페이지들
  Jean Baudrillard: http://englishscholar.com/baudrillard.htm
  Judith Butler: www.theory.org.uk/ctr-butl.htm
  Norbert Elias: www.norberteliasfoundation.nl
  Michel Foucault: www.foucault.info
  Erving Goffman: http://people.brandeis.edu/~teuber/goffmanbio.html

04

세계화와 사회 변동

Globalization and Social Change

사라져 가는 세계

초기 사회
인구 증가와 인구학적 경향

사회 변혁

근대성과 산업 기술
사회 분류하기
사회가 변화하는 방법

세계화

세계화의 요소들
세계화 논쟁
세계화의 결과

결론: 세계 사회를 통치하는가

2014 FIFA 브라질 월드컵에서 한국 vs. 벨기에의 경기 모습.

제1회 월드컵은 1930년 우루과이에서 개최되었다. 13개국의 국가대표 팀이 참여한 가운데 개최국인 우루과이가 첫 회 우승을 차지했다. 32개국이 참여한 2014년 브라질 월드컵 본선에서는 독일이 우승국의 지위에 올랐다. 대회의 예선 단계에는 전 세계 모든 대륙에서 본선 참가국보다 훨씬 많은 208개국의 국가대표 팀이 참여했다. 340만여 명의 축구팬이 브라질에서 열린 64개 경기를 직접 관람했고, 전 세계에서 수억 명의 팬이 텔레비전을 통해 경기를 지켜봤으며, 이는 올림픽 게임을 상회하는 수치였다. 이처럼 점점 커지는 월드컵의 규모와 범위는 전 세계 인구의 상호 의존과 연결이 증대되었음을 단적으로 나타내며, 사회학자들은 이와 관련된 이런저런 과정들을 일컬어 세계화globalization라고 규정한다.

국제적인 스포츠 경기는 단지 세계화 과정을 보여 주는 것뿐만 아니라, 그 과정 자체에 기여하기도 한다. 스포츠의 세계화를 통해 전 세계를 아우른 운동선수들이 각종 경기에 참여하며, 그로 인해 TV 시청자 또한 많아지고, 스포츠 상품뿐만 아니라 스포츠 의류·책·영상 등은 물론 수많은 부가 상품에 대한 수요 또한 발생하기에 이런 부분에 매료된 광고주들 역시 세계 도처에서 이 과정에 관여한다(Sage 2002: 226~227). 마찬가지로 테니스·골프·스누커snooker 등의 개인 종목뿐만 아니라 미식축구·럭비·농구 등의 단체 종목 또한 단순히 문화적 현상에만 국한되지 않고, 세계 시장에서의 볼거리로서 스포츠 생산 및 관련 상품들의 제작과 소비를 포함하는 경제적 비즈니스로 자리매김했다. J. 맥과이어J. Maguire가 잘 요약한 미국 농구의 상업적·문화적 성공은 이를 잘 보여 주는 예라고 할 수 있다(1999: 14).

> 세계 도처의 미국 시민들은 미국 프로농구NBA 경기의 위성 중계에 채널을 맞춘다. 북아메리카와 유럽 출신의 수준급 남자 선수들이 이 경기에서 활약한다. 선수들은 미국의 투자를 바탕으로 유럽과 북아메리카 등지에서 디자인되어, 태평양 연안 국가에서의 공정을 거친 공·신발·유니폼 등의 경기 용품을 사용한다. 이 용품은 전 세계 대형 시장에서 팔려 나간다. 나이키Nike의 농구화 같은 경우, 미국 워싱턴주에서 개발·고안된 분자 구조에 맞게 '개발도상국'의 원재료를 활용해 대만에서 가공 과정을 거친다. 몇몇 다른 초국적 기업 또한 이 세계적 문화 상품의 생산 및 소비 과정에 관여한다. 세계적 미디어 스포츠 생산 복합체는 이 제품 자체를 제공하는 한편, 사람들은 그 자체가 글로벌 통신 네트워크의 일부분으로서 제작된 TV 프로그램을 통해 제품을 접한다.

20세기 들어 축구는 대단히 성공적으로 '국제 경기'의 반열에 오른 것으로 보인다. 축구는 세계 전역으로 확산되었고, 특히 영국 프리미어 리그EPL는 20세기 말까지 세계에서 가장 상업적으로 성공한 국가 리그로 부상했다. 그러나 21세기에 들어서면서부터, 미국 농구가 주요 글로벌 스포츠로서의 지위에 도전장을 내밀 만큼 급부상했다. 특히 미국 NBA의 중국 내 성공적인 홍보에 힘입어, 중국 도시 지역에서는 축구를 즐기는 인구보다 두 배 더 많은 인구가 농구를 즐기기에 이르렀다. 지구상에서 순전히 스포츠를 (활발하게) 즐기는 사람들의 수만 보면, 농구가 보다 많은 참여자를 갖고 있는 것이다.

그러나 스포츠는 점증하는 전 세계적 연결성에 의해 변화하고 있는 삶의 한 측면에 불과하다. 이 장의 후반부에서 우리는 지난 40여 년 동안 세계화의 속도와 강도가 증가했다는 주장을 살펴볼 것이다. 이에 앞서 우리는 오늘날의 세계화 논쟁을 보다 긴 시간의 프레임에 놓고, 장기간에 걸친 인류 발전의 개략적인 면을 추적할 필요가 있다. 이는 근대 산업자본주의 사회의 발전이 인류 세계를 어떻게 오늘날의 전 세계적 궤적에 위치시켰는지 보다 잘 이해하는 데 필수적이다.

사라져 가는 세계

오늘날 우리는 수천만의 사람이 도시 지역에 밀집해 살아가는 데 익숙하다. 하지만 역사적으로 봤을 때 이는 유별난(특이한) 현상이다. 대부분의 인류 역사에서 지구상의 인구는 보다 적고 덜 밀집해 있었으며, 인구의 다수가 도시에 거주하는 사회 형태가 존재하게 된 것은 최근의 일이다. 근대 산업주의 이전에 존재했던 사회의 형태를 이해하기 위해서는 우리의 사회학적 상상력의 역사적 차원을 활용할 필요가 있다.

유럽의 '대발견 시대' 동안 파견된 탐험가·무역상·선교사들은 수없이 다양한 사람 및 문화와 조우했다. 유럽의 탐험가들은 야생동물이나 식물을 먹으면서 지속적으로 이동하는 20~30명 정도의 조그마한 유목민 집단이나 수렵·채집 집단들을 만나곤 했다. 남·북아메리카, 동아시아 일부 지역에는 보다 거대한 농업 기반의 정착 사회가 있었으며, 중국과 그 외 지역에는 도시·계급·궁전·군대라는 중요한 조직을 갖춘 잘 발달된 제국들이 있었다(Harris 1978).

이 다양한 인간 집단과 사회들은 세 가지 주요 유형으로 묶일 수 있다. 수렵인과 채집인, 보다 대규모 목축 또는 농경 사회(농업과 가축 사육을 포함), 그리고 전통 국가와 전통

표 4-1 전근대 사회의 유형

유형	기간	성격
수렵·채집 사회	기원전 50000년부터 현재. 완전히 사라지기 직전.	• 채집 활동이나 사냥, 낚시를 통해 삶을 영위하는 소수의 사람들로 구성됨. • 불평등이 거의 존재하지 않음. • 성별이나 연령에 따라 규정되는 서열의 차이가 있음.
농경 사회	기원전 12000년부터 현재. 현재는 대부분 더 커다란 정치적 공동체의 일부분이 되었고, 그들 고유의 정체성을 잃어 가고 있음.	• 도시나 중심지가 없는 작은 농촌 공동체에 기반을 둠. • 주로 농업을 통해 삶을 영위하고 수렵이나 채집으로 이를 보충함. • 수렵·채집 사회보다 불평등이 심함. • 족장이 지배함.
목축 사회	기원전 12000년부터 현재. 오늘날 대부분 더 커다란 국가들의 일부분이 됨. 전통적인 삶의 방식이 위협받고 있음.	• 규모가 작은 사회는 수백 명, 큰 사회는 수천 명에 이를 정도로 다양함. • 생존을 위해 가축을 사육함. • 개별적인 불평등이 두드러짐. • 족장 또는 전사 왕이 지배함.
전통 사회 혹은 전통 문명	기원전 6000년부터 19세기까지. 모든 전통 국가는 소멸되었음.	• 매우 큰 규모로, 몇몇 사회는 인구가 수백만에 이를 정도임(커다란 산업사회에 비하면 작지만). • 교역과 생산이 함께 이루어지는 몇몇 도시들이 존재함. • 농업에 크게 기반을 둠. • 각기 다른 계급들 간의 커다란 불평등이 존재함. • 왕이나 황제들이 통치하는 개별적인 정부 기구가 존재함.

문명이다. 〈표 4-1〉이 보여 주는 것처럼, 잇따르는 사회 유형과 함께 지구상의 인구가 증가하는 경향을 보였다.

초기 사회

인류는 지구상에 존재하는 동안, 아주 짧은 시간을 제외한 대부분의 기간을 수렵·채집 사회hunting and gathering societies에서 살아왔다. 수렵인과 채집인은 사냥이나 낚시 혹은 야생 식용 식물의 채집을 통해 생계를 이어 갔다. 이런 문화는 오늘날에도 세계의 일부 지역, 예를 들면 브라질의 정글이나 뉴기니, 아프리카의 메마른 일부 지역 등에 존재하지만, 대부분은 서구 문명의 광범위한 전파로 인해 파괴되거나 병합되었다. 그리고 남아 있는 문명도 그리 오랜 기간 고립적으로 있을 것 같지는 않다. 1970년 기준 25만 명 미만의 사람이 수렵과 채집으로 생활하고 있는데, 이는 전 세계 인구의 0.001퍼센트에 불과하다(〈그림 4-1〉 참조).

수렵인과 채집인은 기본적 욕구를 넘어서는 물질적 부를 축적하지 않기 때문에 대부분의 수렵·채집 사회에서는 불평등이 거의 존재하지 않는다. 그들은 종교적 가치, 의식과 의례 활동에 주로 관심을 둔다. 그들이 필요로 하는 물건은 사냥을 위한 무기, 땅을 파고 움막을 짓는 데 필요한 연장, 덫, 요리 기구 등으로 한정된다. 따라서 물질적 소유물의 양적·질적 측면에서 성원 간의 차이는 거의 나타나지 않으며, 부자와 가난한 자의 분리도 없다. 지위의 차이는 연령과 성별sex에 의해 규정되는 경향이 있다. 남자는 거의 언제나 사냥을 하는 반면, 여성은 야생 작물을 모으거나 요리하고 아이들을 양육한다. 이러한 젠더화된 노동 분업은 공적·의례적 지위를 남성이 차지하는 경향이 있다는 점에서 중요하다.

정신분석학의 창시자 지그문트 프로이트Sigmund Freud(1856~1939)는 호주의 원주민과 같은 수렵·채집인들을 가장 후진적이고 비참한, 제대로 된 종교와 집도 가지지 못한 야만인으로 묘사했다(Bernard 2004: 1에서 인용). 그러나 수렵·채집인의 생활방식을 현대 사회와 아무런 관련

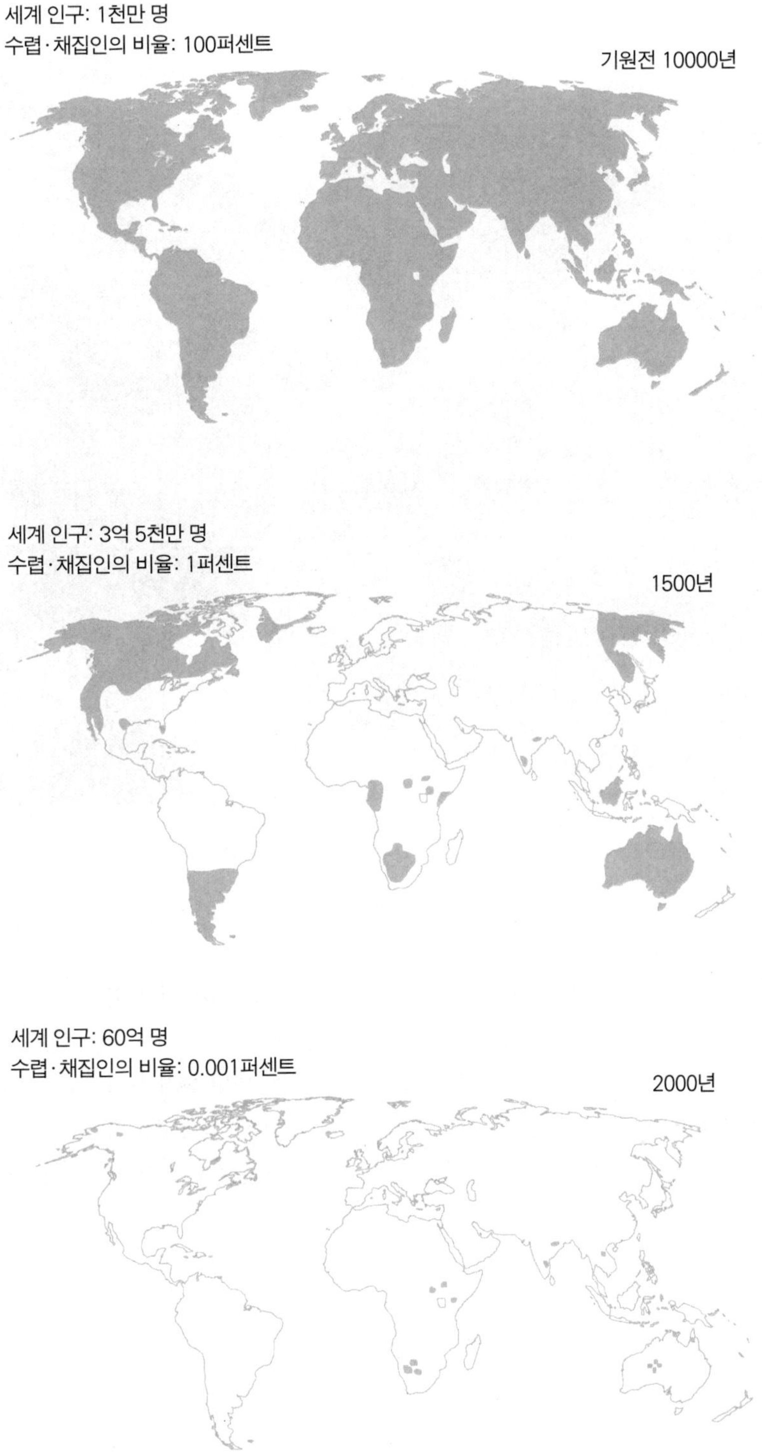

그림 4-1 수렵·채집 사회들의 쇠퇴

출처: Lee and De Vore 1968.

수백 명의 하드자Hadza 부족 사람들은 동아프리카 마지막 수렵·채집인으로서의 삶을 지속하고 있다. 토착 부족 및 비접촉 인구들의 권리를 보호하는 것을 목적으로 1969년 발족한 비영리·비정부기구인 '서바이벌 인터내셔널Survival International'의 조사에 따르면, 하드자 부족은 지난 50여 년 간 그들이 거주하던 땅의 절반을 잃었다.

이 없는 '원시적'인 것으로 치부해서는 안 된다. 그들의 문화를 연구해 보면 근대 제도들이 모든 사회의 '자연적' 특성과 거리가 먼 것임을 명확하게 알 수 있다. 물론 수렵·채집인의 생활방식을 이상적으로 생각해서는 안 되겠지만, 전쟁이 부재하며 부와 권력에 관한 주요 불평등이 매우 미미하고 경쟁보다 협조가 강조된다는 점 등은 프로이트의 부정적인 평가를 정면으로 반박한다.

목축 사회와 농경 사회

빙하기의 절정인 약 2만 년 전부터 일부의 수렵·채집 집단은 생계를 위해 가축을 기르고 일정한 지역에 정착해 토지를 경작하기 시작했으며 기원전 5000년부터는 지구상의 많은 집단과 사회가 농업으로 생계를 이어 가기 시작했다(Mithen 2003). 목축 사회pastoral societies는 가축을 사육하는 반면 농경 사회agrarian societies는 작물을 재배하는 사회로서, 실제 많은 사회는 농경과 목축을 병행했다.

그들은 환경적 특징이나 조건에 따라, 소·양·염소·낙타·말 등과 같은 짐승들을 사육했다. 목축 사회는 근대 세계에도 많이 존재하는데, 특히 아프리카, 중동, 중앙아시아에 집중되어 있다. 이들 사회는 대개 초원지대나 사막 혹은 산이 밀집된 지역에 위치한다. 이들 지역은 농업보다 다양한 가축을 사육하기에 적합하다. 목축 사회는 계절의 변화에 따라 다른 지역으로 이동한다. 물론 물질적 측면에서 수렵인이나 채집인보다 복잡한 생활양식을 띠고 있지만, 유목민의 습성에 따라 주민들은 물질적 재

인류와 불의 사용

세계 사회 4-1

인류의 역사를 살펴보면, 인류는 점차 자연환경을 통제하는 법을 배웠고 이러한 유용한 지식을 지리적으로 멀리 떨어진 집단들이나 젊은 세대들에 전수할 수 있었다. 네덜란드 사회학자 요한 구스블롬Johan Goudsblom(1932~)은 『불과 문명Fire and Civilization』(1992)에서 초기 인류에게 특별히 중요한 발전은 불의 발견이고, 불을 피우고 관리하고 통제할 수 있었던 것이라고 주장한다.

불을 피우고 사용하는 법을 배웠던 집단은 그렇지 못한 집단을 지배했다. 결국 모든 인간 사회는 불을 피우고 사용할 수 있게 되었다. 불의 사용은 또한 인류가 다른 동물 종들을 지배할 수 있게 했다. 구스블롬의 불에 대한 발전사는 인간 사회가 그들의 이익을 위해 자연환경을 조작하고 관리한 방법을 보여 준다. 그러나 이 과정에서는 사회가 그들 스스로 사회 조직을 바꾸어야 한다는 압력 또한 존재한다.

가정에서 사용하는 난방과 음식 조리에 사용되는 작은 불에서부터 현대적인 중앙난방 체계와 거대한 발전 설비에 이르기까지, 불 피우기의 점진적 확대는 보다 복합적인 형태의 사회 조직을 필요로 한다. 초기 인류가 불을 피우고 관리하는 법을 배웠을 때, 그들은 불이 지속되도록 감시하고 관리하는 동시에 안전을 보장할 수 있도록 스스로를 조직해야 했다. 한참 후에 불이 가정에서도 사용할 수 있도록 관리되었을 때, 사회는 소방대나 화재 예방 고문과 같이 불을 다루는 전문가들을 필요로 했다. 커다란 발전소가 등장하면서 이것을 잠재적인 공격으로부터 방어하는 것이 ― 필요하다면 군사적 수단을 동원해서라도 ― 중요해졌다. 오늘날에는 보다 많은 사람이 간편한 불의 이용과 통제에 전보다 더 의존하고 있다.

구스블롬은 한 발 더 나아가 불의 사용이 낳은 결과로서 개인의 심리 변화를 지적한다. 불의 사용이 가능하려면 사람들은 산불이나 번개, 화산 폭발 등을 자연스러운 것으로 인식함으로써 이전에 가지고 있던 불에 대한 두려움을 극복해야만 했다. 이는 말처럼 쉬운 일이 아니다. 이러한 인식의 전환은 사람들이 불을 사용함으로써 얻을 수 있는 혜택의 이점을 취할 수 있을 정도로 불에 대한 두려움과 감정을 통제할 수 있게 되었음을 의미한다. 사람들은 이러한 감정 통제를 서서히 '자연스러운' 것으로 경험하게 되었고, 그 결과 오늘날의 사람들은 인류가 그들의 감각 및 심연의 공포에 대한 높은 수준의 감정 통제에 도달하기까지 얼마나 오랜 시간이 걸렸는지는 생각조차 하지 않게 되었다.

오늘날에도 불은 여전히 집, 가족, 사업을 파괴하는 피해를 낳을 수 있다. 불은 아무리 그 통제가 굳건해 보인다 하더라도, 항상 인간 사회의 통제에서 벗어날 위협을 안고 있다. 이 연구에서 우리가 얻을 수 있는 사회학적 교훈은 인간 사회와 자연환경의 관계는 피할 수 없는 양방향의 과정이라는 것이다. 인간 사회는 자연환경을 통제하려 하는 반면, 인간이 그러하듯이 자연환경 또한 인간들에게 분명한 제약과 조건들을 부과한다는 것이다.

화를 많이 축적하지 않는다.

언젠가부터 몇몇 수렵·채집 사회는 직접 작물을 경작하게 되었다. 흔히 '원예 농업'이라 불리는 행위는 작은 정원을 괭이와 같은 단순한 연장으로 경작한 데서 비롯되었다. 목축처럼 원예 농업도 수렵과 채집보다 많은 식량을 공급할 수 있었고, 따라서 훨씬 큰 집단을 부양할 수 있었다. 보다 많은 정착 생활을 하게 된 이래, 원예 농경 문화는 목축이나 수렵·채집 집단에 비해 더 많은 물질적 재화를 축적할 수 있었다.

〈표 4-2〉에서 볼 수 있듯이 오늘날 산업화된 국가의 경우에는 극소수의 사람들만이 토지에 기반을 둔 노동을 하는 데 반해, 수많은 나라, 특히 아프리카 지역 나라들에서는 농업이 여전히 가장 많은 고용을 유발하는 산업으로 남아 있다.

전통 문명

기원전 6000년경 이래 고고학자들은 앞서 존재했던 사회 유형과 대조되는 거대한 사회들을 발견해 왔다(〈그림 4-2〉 참조). 이들 사회는 도시의 발전에 기반을 두고 있

북아프리카 사하라의 '투아렉Tuareg'이나 '이무하우Imuhagh'와 같은 유목민처럼, 목축 사회는 지금도 세계 곳곳에 남아 있다.

표 4-2 농업 부문의 고용(노동력에서의 비율), 2015

국가	농업 인구 비율
부룬디	93.6
르완다	90
니제르	90
에티오피아	85
탄자니아	80
산업화의 효과	
호주	3.6
일본	2.9
캐나다	2.0
독일	1.6
영국	1.3

참조: 사용 가능한 최근 자료임.
출처: CIA World Factbook online 2015.

었고, 부와 권력에서 불평등이 현저했으며, 왕이나 황제의 통치와 결합되어 있었다. 문자를 사용하며 과학과 예술이 발전했기에 흔히 '문명'이라고 부른다.

최초의 문명은 중동 지방에서, 일반적으로 비옥한 강 주변에서 발전했다. 중국 제국은 기원전 2000년경부터 발전하기 시작했고, 비슷한 시기에 오늘날의 인도와 파키스탄 지역에서도 강력한 국가가 출현했다. 멕시코의 아즈텍 문명이나 유카탄반도의 마야 문명, 페루의 잉카 문명같이 멕시코나 라틴아메리카 지역에도 다수의 문명이 존재했다. 대부분의 전통 문명은 제국이었다. 그들은 다른 지역 사람을 정복하거나 병합함으로써 세를 확장했다(Kautsky 1982). 고대 중국이나 로마의 경우는 정말로 그러했다. 서기 1세기경 로마 제국이 전성기였을 때, 그들의 영토는 북서 유럽의 영국에서 중동에까지 이르렀

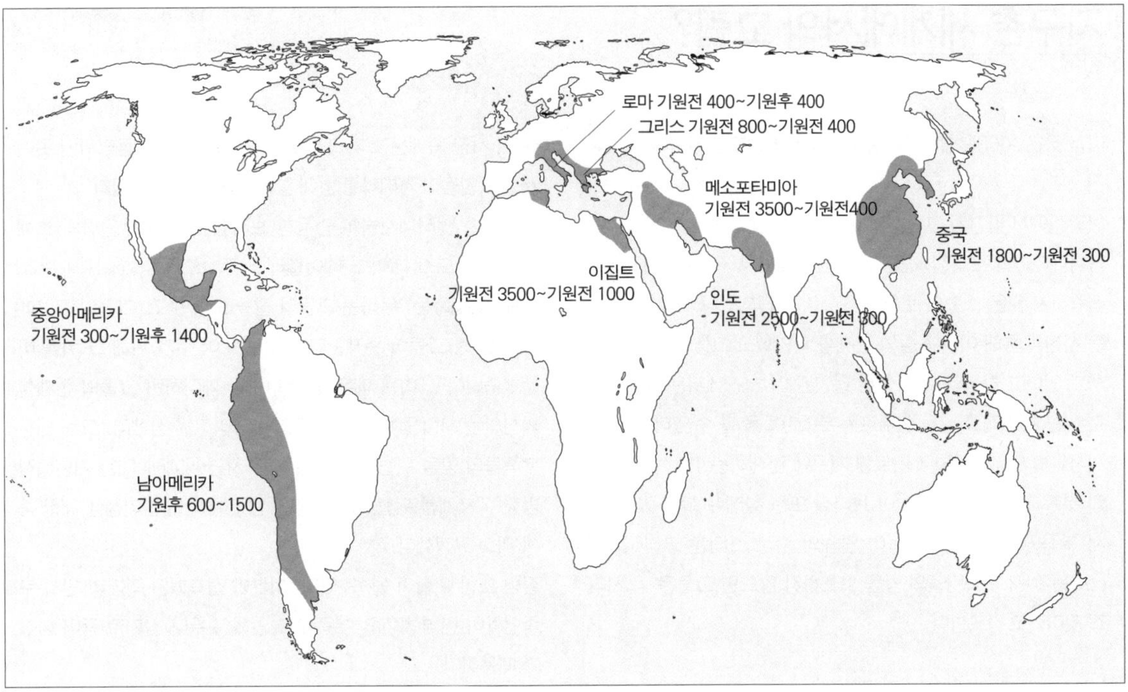

그림 4-2 고대 세계의 문명

다. 2천 년 이상 지속된 중국 제국은 금세기 초까지, 현재 중국이 차지하고 있는 광대한 동아시아의 대부분을 차지하고 있었다.

이러한 대규모 문명들과 제국들의 등장은 인류 확장 혹은 세계화의 장기 과정이 사회 간 협력과 상호 교환만큼이나 침입, 전쟁, 폭력적 정복과 관련되어 있음을 보여준다. 그럼에도 불구하고 근대가 시작될 즈음에 인류는 여전히 상대적으로 적은 인구에도 불구하고 이미 세계 도처에 정착한 상태였다. 그러나 급진적인 변화가 시작되려 하고 있었다.

인구 증가와 인구학적 경향

인류는 지구상에 약 50만 년이 못 미치는 동안 존재해 왔다. 정착 생활의 토대라고 할 수 있는 농경이 시작된 것은 그것보다 훨씬 가까운 불과 1만 2천 년 전의 일이다. 거대한 규모의 인류 문명은 기껏해야 6천 년 전쯤 등장했다. 만약 우리가 인류의 역사를 하루, 즉 24시간으로 비유해 설명할 수 있다면 농경의 시작은 대략 자정의 4분 전인 오후 11시 56분쯤, 문명의 시작은 오후 11시 57분 정도가 된다. 이처럼 장구한 인류 역사 속에서 인류는 인간 집단들 간의 갈등으로 분열되는 일이 지속적으로 자주 일어나면서 점차 지구 대부분의 지역으로 퍼져 나갔다 (Mennell 1996).

근대 사회의 발전은 24시간의 거의 막바지라고 할 수 있는 오후 11시 59분 30초 정도에 시작되었다. 하지만 이 마지막 30초 동안 이전 23시간 59분 30초간 발생했던 변화량을 능가하는 사회 및 환경의 변화가 있었다. 이번 장에서는 사회학자들이 근대성modernity이라고 지칭하는 시기에 큰 규모의 사회들을 다양한 방식으로 하나로 연결시키고, 급격한 세계화가 가져온 사회적 삶을 보게 될 것이다. 이를테면 체계적 무역과 장거리 경제적 교환, 국제 정치적 합의, 세계 관광은 물론 전자 통신 기술과 더 유동

지구촌 세계에서의 고립?

다음 글은 2008년 BBC의 뉴스 기사에서 발췌한 것이다.

브라질에서 발견된 고립 부족들

남아메리카의 브라질과 칠레의 국경 사이에서 외부와 한 번도 접촉하지 않은 소수의 토착 부족들이 발견되었다. 브라질 정부는 사진을 통해 이 부족들의 존재를 확인했고 그들의 땅을 보호하고 있다고 밝혔다. 공중에서 촬영된 이 사진에서는 붉은색으로 칠한 채 활과 화살을 휘두르는 부족민들을 볼 수 있다.

서바이벌 인터내셔널에 따르면 지구에 존재하는 1백여 개의 고립 부족 가운데 절반 이상이 브라질 또는 칠레에 살고 있다. 원시 부족민들을 돕고 있는 이 단체의 수장 스티븐 코리Stephen Corry는 원시 부족민들의 땅을 보호하지 않으면 그들은 곧 사라질 것이라고 경고한다.

기념비적 범죄

서바이벌 인터내셔널에 따르면 특정 부족들의 구성원 수가 증가하는 경우가 있지만, 다른 지역의 부족들은 불법 벌목 등으로 인해 위험에 직면하고 있다. 이 사진들은 브라질 아마존 열대우림 지역의 오지 중 하나인 아크리 지역에서 비행하면서 촬영한 것이다. 사진 속에는 초가집 바깥의 울창한 정글로 둘러싸인 곳에서 부족민들이 카메라를 향해 활과 화살을 겨누고 있다.

서바이벌 인터내셔널이 인용한 브라질 정부 원주민국의 호세 카를로스 도스 레이스 메이렐레스 주니오르Jose Carlos dos Reis Meirelles Junior는 "우리는 그들의 집을 보여 주고, 그들이 그곳에 있다는 것, 그들이 존재한다는 것을 보여 주기 위해 그 위를 비행했습니다", "이는 매우 중요합니다. 왜냐하면 그들의 존재를 의심하는 사람들이 있기 때문입니다"라고 주장했다. 그는 원시 부족들의 땅을 위협하는 행위들을 "자연 세계에 대한 기념비적 범죄", "세계를 위협하는 '문명화'된 인류의 불합리성에 대한 증거"라고 규정했다.

질병 또한 위협이 될 수 있다. 외부와 접촉했던 과거의 원시 부족민들이 면역 체계의 부족으로 인해 수두나 감기로 죽어 나갔기 때문이다.

출처: BBC 2008b.

비판적으로 생각하기

THINKING CRITICALLY

이 이야기가 대중매체에 의해 알려진 후 대부분의 사람들은 이것이 거짓임을 알 수 없었다. 부족민들의 권리를 위해 운동하고 있는 서바이벌 인터내셔널은 "정부 보호 구역에 원주민들이 살고 있다는 사실만으로도 그들이 전혀 알려지지 않은 존재가 아니라는 것을 알 수 있다…… 인류학자들, 서바이벌 인터내셔널, 여타 NGO들 그리고 브라질 정부는 이미 10여 년 전부터 고립된 원시 부족들이 보호 구역에서 살고 있다는 사실을 파악하고 있었다"라고 말하면서 정확하지 않은 보도를 비판했다.

이 이야기에 어떻게 반응할 것인가? 이것이 정말 거짓말이라고 생각하는가? 소규모 부족들이 고립되어 존재할 수 있다는 이야기에 선진국의 시민들이 이런 식으로 반응하려면 어떤 전제들이 필요할까? 이 부족들이나 이 지역의 다른 사람들이 여타 세계로부터 고립된 채 '독립적으로 존재'하고 있다는 규정이 옳은 것일까?

표 4-3 인구, 총 출생 및 기대 수명(기원전 10000 ~ 기원후 2000)

인구학적 지표	기원전 10000년	0년	1750년	1950년	2000년
인구(100만 명)	6	252	771	2,529	6,115
연간 증가율(%)	0.008	0.037	0.064	0.594	1.766
2배가 되는 시점(년)	8,369	1,854	1,083	116	40
출생(10억)	9.29	33.6	22.64	10.42	5.97
기대 수명	20	22	27	35	56

참조: 출생자와 기대 수명의 경우, 데이터는 해당 세로열의 연대年代와 선행 세로열 연대 사이의 간격을 나타낸다[첫 열에는 인간의 가상 기원에서 기원전 10000년에 이르는 동안의 데이터가 기입되어 있다(예를 들어 두 번째 세로열의 데이터 값은 기원전 10000~0년 동안의 변화를 의미한다—옮긴이)].
출처: Livi-Bacci 2012:25에서 응용.

적인 국제 이주 등이 여기에 해당한다. 이 모든 방식들을 통해 세계의 사람들은 그 어느 때보다 더 연결되어 왔고, 더 상호의존하게 되었으며, 이전보다 큰 지리적 유동성을 경험하고 있다(Sheller and Urry 2004; Urry 2007).

> 사회학에 새롭게 떠오르는 연구 주제인 '유동성'은 제16장 〈인종, 종족, 이주〉에서 다룬다.

현대 사회의 가파른 변화는 인구 증가율에서 명확히 드러난다. 이탈리아의 인구학자 마시모 리비바시Massimo Livi-Bacci는 세계 인구와 그것의 장기 성장에 대해 연구했다(2012). 기원전 10000년에 6백만 명으로 추산되는 지구의 인구가 2000년에는 60억 이상에 이를 정도로(〈표 4-3〉 참조) 증가했으며, 2011년에는 70억 명을 돌파했다. 하지만 이러한 인구 증가 추세는 매우 불균등한 것으로, 대략 1750년 즈음부터 산업 시대의 시작과 함께 가속화되었다. 아마도 가장 인상적인 인구학적demographic 측면은 세계 인구가 '두 배로 증가하는 시기'일 것이다. 1750년까지만 해도 인구가 두 배로 되는 데 걸리는 시간은 1천 년을 상회할 정도로 꽤 느렸다. 그러나 1950년에 이르러 이 기간이 118년으로 줄어들었고, 2000년에는 고작 40년밖에 걸리지 않았다. 유엔 경제사회국은 2100년경에는 1백억 넘는 인구가 지구상에 존재할 것으로 내다봤다(UN 2011).

이와 같은 변화가 일어나기는 어렵다고 생각한다면, 19세기에는 지구상에 70억 인구가 살아간다는 생각이 말 그대로 허무맹랑한 것이었음에도, 오늘날 실제로 일어났음을 상기해야 할 것이다. 유엔은 또한 지구상의 인구 증가율이 감소하고 있음을 지적하면서 2100년경부터 1백억 명을 약간 상회하는 정도의 수치에서 인구 수가 안정될 것이라 예측하고 있다. 유례없는 높은 인구 증가율이 유지될 수 있는가 여부는 자연환경의 수용 능력뿐만 아니라, 경제·기술의 발전과 사회 조직 및 정치적 동의 등에 달려 있다.

> 제5장 〈환경〉에서는 급격한 인구의 팽창이 자연환경과 다른 종들에 미친 영향에 대해 보다 상세히 살펴본다.

리비바시의 연구는 1950년대 이래 나타난 근대 사회의 인구 증가 양상과 세계적 변화 그리고 상호 의존의 변화를 보여 준다. 이 장의 나머지 부분에서는, 세계화라는 개념에 대한 다양한 의미들을 살펴보기에 앞서 근대성의 핵심 요소들의 확산 과정에 대해 탐구할 것이다. 많은 사회과학자가 오늘날의 세계화 추세를 인류의 미래를 결정할 가장 중요한 발전으로 보고 있다.

> 제14장 〈글로벌 불평등〉에서는 인구학이라는 학문 분과의 몇 가지 이론과 주요 근거들을 보다 상세히 다룬다.

사회 변혁

인류의 역사에서 다수를 차지했던 사회 형태를 변화시킨 것은 무엇인가? 답은 한마디로 산업화industrialization — 제6장 〈도시와 도시 생활〉에서 논의되는 개념 — 이다. 산업화는 증기나 전기와 같이 인간과 동물의 노동력을 대신하는 무생물 동력 자원의 이용을 바탕으로 한 기계제 생산의 등장을 의미한다. 산업사회industrial societies(때때로 '근대' 혹은 '발전된' 사회라고도 불린다)는 이전의 사회 질서 유형과 대단히 다르며, 그 확산은 진정으로 혁명적인 결과를 초래했다.

근대성과 산업 기술

가장 발전된 전통 문명에서도, 상대적으로 낮은 수준의 기술 발달로 인해 극소수의 사람들을 제외한 나머지 대다수는 농업 노동의 굴레에서 벗어날 수 없었다. 현대 기술은 분명 인구의 대다수가 향유하던 삶의 방식을 전환시켰다. 경제사가인 데이비드 랜디스David Landes는 다음과 같이 관찰했다(2003: 5).

> 현대 기술은 상품을 단지 신속히 생산해 내는 데 그치지 않고, 과거 장인들이 생산하는 방식으로는 결코 생산할 수 없는 상품을 생산해 낸다. 인디언들이 손으로 돌리던 물레는 결코 현대의 방적기만큼 미세하고 규칙적으로 실을 뽑아 내지 못한다. 또한 18세기 유럽의 제련 기술은 결코 오늘날 제철소에서 생산되는 거대한 크기의 균질적이며 탄성이 좋은 강판을 생산해 낼 수 없었다. 중요한 것은 현대 기술은 이전 산업 시대에는 상상도 하지 못했던 사진기, 자동차, 비행기, 원자력 발전소, 라디오에서 컴퓨터에 이르는 전자제품과 같은 다양한 상품을 생산할 수 있다는 점이다.

하지만 세계적 불평등이 지속적으로 존재한다는 것은 이러한 기술 발전이 여전히 평등하게 공유되지 못하고 있다는 것을 의미한다.

현대 세계의 삶의 양식과 사회 제도의 성격은 매우 가까운 과거와 비교하더라도 크게 다르며, 3세기에 채 미치지 못하는 시간 동안 — 이는 인류의 역사상 매우 짧은 시간 조각에 지나지 않지만 — 사람들은 수천 년간 그들이 살아온 삶의 방식들을 크게 바꾸어 놓았다. 예컨대 대부분의 고용된 인구는 농업이 아니라 공장·사무실·가게·서비스업에 종사하는 한편, 전통 문명에서 발견되는 그 어떤 도시 정착지와 비교하더라도 오늘날의 거대 도시들은 훨씬 더 높은 인구 밀도와 규모를 가지고 있다.

> 새로운 글로벌 질서 속에서 도시의 역할에 대해서는 제6장 〈도시와 도시 생활〉에서 논의된다.

전통 문명에서 정치적 권위(왕과 황제)는, 자급적인 지방 마을에 살던 사람들의 관습과 풍습에 직접적인 영향력을 행사하지 못했다. 그러나 산업화와 함께 교통과 통신의 속도는 더욱 빨라졌고, 이것은 보다 통합된 '국민national' 공동체를 형성하는 결과를 낳았다. 산업사회는 최초로 등장한 민족국가였다. 민족국가nation-states는 전통적인 국가의 모호한 경계선보다 더욱 분명한 경계선으로 서로를 구분하는 정치적 공동체다. 민족국가의 정부는 경계 안에 거주하는 모든 사람에게 적용되는 법률을 통해 시민 생활의 많은 부분에 대해 광범위한 권력을 행사한다. 오늘날 거의 모든 사회는 이러한 민족국가에 해당한다.

산업 기술은 결코 평화로운 경제 발전 과정에 제한되어 적용된 것이 아니었다. 산업화 초기 단계에서부터 생산 공정은 군사적인 용도로 사용되었다. 이를 통해 전 산업사회보다 훨씬 발전된 무기나 군대 조직의 활용이 가능했고, 이는 결국 전쟁 방식에서 급격한 변화를 초래했다. 지난 250년간 서구적인 생활방식이 거스를 수 없을 정도로 확산된 이유는 월등한 경제력, 정치적 통합, 군사적 우월성이라는 세 가지 요인 때문이었다. 다시금 우리는 일전에 오래된 사회 형태들에 대한 논의에서 언급했듯이, 세계화 과정이 종종 전쟁과 폭력, 정복을 통해 특징지어진다는 점을 주지해야 한다.

전쟁과 폭력에 관한 주제들은 제22장 〈국가, 전쟁, 테러리즘〉에서 다룬다.

비판적으로 생각하기 THINKING CRITICALLY

마르크스는 산업화된 국가들이 비非산업화된 국가들의 향후 미래의 양상을 보여 주는 것이라고 전망한 바 있다. 그렇다면 초기 사회와 근대의 산업화된 국가들 간의 급진적인 차이를 만들어 내는 주된 특징 세 가지를 꼽는다면 무엇일까?

사회 분류하기

17세기부터 20세기 초까지 서구 국가들은 자신들의 압도적인 군사력과 기술력을 이용해 전통 사회가 차지하고 있던 많은 지역에 식민지를 건설했다. 이전 식민지에 해당했던 국가들이 자유를 쟁취하고 주권을 가진 독립국이 되기까지, 식민지주의colonialism 정책과 관행은 오늘날 우리가 알고 있는 세계 국경과 영토를 형성했다. 수렵과 채집 사회로서 인구 밀도가 매우 낮았던 북아메리카나 호주 혹은 뉴질랜드 같은 몇몇 지역에서는 유럽인들이 인구의 다수를 차지했다. 아시아, 아프리카, 남아메리카 등의 지역에서는 여전히 토착 인구가 다수를 이루고 있다.

식민지주의의 유산과 사회학의 탈식민주의 비판은 제3장 〈사회학의 이론과 관점〉에서 논의된다.

미국을 포함한 첫 번째 유형의 사회는 산업화되었고 1인당 국내총생산GDP이 높으며, 흔히 선진국developed countries이라 칭한다. 두 번째 유형의 사회는 산업화 정도가 낮고 1인당 국내총생산이 낮으며, 경제 개발 과정에 있기 때문에 개발도상국developing countries이라 불린다. 세계적 수준에서 봤을 때, 이런 개발도상국들은 미국이나 유럽보다 남쪽에 위치하기 때문에 그들은 종종 부유하고 산업화된 '북부'와 비교하여 집합적으로 '남부'라고 불린다. 이것은 거칠고 진부한 일반화인데, 지구 남부의 국가들이 더 산업화되면 이러한 세계에 대한 단순한 구분은 점점 더 정확성을 상실할 것이기 때문이다. 세계은행은 개발도상국을 "과거 언젠가 높은 수준의 GDP를 기록했던 '개발된 '국가들"로 재규정했다.

이러한 분류 도식은 가치 판단을 포함하거나 그러하다고 생각되기 때문에 항상 논쟁을 불러일으킨다. 예를 들면 개발도상국들은 흔히 '제3세계'로 통칭된다. 제3세계는 산업화된 국가들을 제1세계로, 소련과 동유럽의 공산주의 국가들을 제2세계로 분류하는 모델의 일부이다. 그러나 이 도식에는 제1세계는 제2세계에 비해 우월하고 제2세계는 제3세계에 비해 우월하다는 함의가 포함되어 있음을 부인하기 어렵다. 이 도식은 냉전the Cold War 시기 자신들의 사회를 하나의 규범이자 세계의 모든 사회들이 추구해야 할 모델로서 바라본 제1세계의 학자들에 의해 만들어진 것이다. 1989년 이후 동구권 공산 사회의 붕괴, 일부 제3세계 국가의 빠른 산업화 또한 이 모델의 경험적 유효성을 떨어뜨렸고, 결과적으로 오늘날 이 도식을 사용하고 있는 사회학자는 거의 없다.

다른 한편, 일부에서는 다수 세계majority world와 소수 세계minority world를 대조하고 있다. 이 아이디어는 개발도상국의 인구(지구적 다수)와 선진국의 인구(지구적 소수)를 비교한다. 비록 이 아이디어가 기존의 편견을 뒤집으려는 의도를 지닌 것은 명백하지만, 개발도상국에 유리한 규범적 편견을 지니고 있다는 점 또한 사실이다. 모든 분류 도식들이 가지고 있는 어려움을 감안해, 우리는 세계 모든 국가의 계속되는 변화와 발전 과정에 대해 주목할 수 있다는 강점을 지닌 '개발도상국'과 '선진국'의 구분을 사용할 것이다. 우리의 관점에서 본다면 이 또한 완벽하다고 할 수는 없지만, 기존의 정적인 분류 도식을 개선한 것이라는 점만은 분명하다.

비판적으로 생각하기 THINKING CRITICALLY

사회 유형을 분류하는 도식을 고안할 때 전적으로 편견을 배제할 수 있는가? 위에서 말한 논의에 기반을 두고 '다수', '제1세계' 등의 용어가 아닌, 정치적으로 중립적인 도식을 고안해 보자.

분류 도식에 대해 알고 싶으면 제14장 〈글로벌 불평등〉을 참조하라.

개발도상국

오늘날 개발도상국은 대부분 식민 지배를 경험한 아시아, 아프리카, 남아메리카 지역에 존재한다. 1804년 1월 최초의 자율적인 흑인 공화국이 된 아이티처럼 몇몇 식민 지역은 비교적 일찍 독립을 쟁취했다. 남아메리카의 스페인 식민지들은 1810년에 자유를 찾았으며, 브라질은 1822년에 포르투갈의 지배에서 벗어났다. 그러나 대부분의 개발도상국들은 제2차 세계 대전 이후에야 식민 지배에서 벗어날 수 있었으며, 이 과정에서 종종 반식민지, 반서구 유혈 투쟁이 전개되기도 했다. 인도, 미얀마, 말레이시아, 싱가포르 등의 아시아 국가, 케냐, 나이지리아, 자이레, 탄자니아, 알제리 등의 아프리카 국가들에서는 서구의 식민 권력에 저항하기 위해 민족주의 운동과 민중 봉기가 요구되었다.

개발도상국들은 전통적인 방식으로 살아가는 사람들을 포함하고 있지만, 이들은 이전 전통 사회의 형태와 아주 다르다. 개발도상국의 정치 체제는 민족국가라는 서구 사회에서 형성된 모델을 본떠서 만들어졌다. 비록 대부분의 인구가 농촌 지역에 살고 있지만, 몇몇 사회는 급속한 도시화를 경험하고 있다.

개발도상국 도시의 성장은 제6장 〈도시와 도시 생활〉에서 논의된다.

마찬가지로 농업은 여전히 개발도상국의 주된 경제 활동이지만, 농업 작물은 그 지역에서 소비하기 위해서가 아니라 세계 시장에 판매하기 위해 재배되곤 한다. 우리가 인식할 수 있는 것은 개발도상국이 단순히 산업화된 지역보다 '뒤떨어진' 지역인 것만은 아니라는 사실이다. 서구의 식민주의는 그들의 더 빠른 경제 개발에 일조하는 차원에서 개발도상국의 자원을 약탈하기 위해 개발도상국의 '저발전' 상태를 체계적으로 조장했다. 식민지 체제는 이전의 전통적인 경제·사회 체계를 무너뜨렸으며, 이전 식민지들의 독립을 심각하게 저해했다.

전 세계적 빈곤은 제13장 〈빈곤, 사회적 배제, 복지〉에서 간략하게, 제14장 〈글로벌 불평등〉에서 보다 자세히 논의된다.

신흥공업국

대다수의 개발도상국이 선진국처럼 경제적으로 발전하지 못했지만 일부는 성공적으로 산업화를 추진해 지난 몇십 년 동안 빠른 경제 성장을 경험했다. 이들 국가들을 신흥공업국NICs 또는 신흥공업경제NIEs라고 하는데, 브라질, 멕시코, 소위 '아시아의 네 마리 용'으로 불리는 한국, 싱가포르, 대만, 홍콩 등이 여기에 속한다. 동아시아 신흥공업국들의 경제 성장률은 서구 산업국가의 성장률보다 몇 배 높다. 1968년 세계 30대 수출 국가 중 개발도상국은 단 한 나라도 없었으나, 25년 후 한국은 세계 15위 안에 입성했다.

동아시아의 신흥공업국은 가장 지속적인 수준의 경제 번영을 보여 주었다. 이들은 자국 내 성장을 촉진시켰을 뿐만 아니라, 해외에도 투자하고 있다. 한국의 조선과 전자 산업은 이 분야에서 세계를 선도하고 있으며, 싱가포르는 동남아시아 금융과 상업의 중심지로 부상했다. 대만은 제조업과 전자 산업의 중요한 거점이다. 신흥공업국에서 일어난 이러한 변화들은 미국과 같은 나라들에 직접적으로 영향을 미쳤다. 예를 들어 미국은 세계 철강 생산에서 차지하는 비중이 상당히 감소했다. 몇몇 경제학자들은 이전에 빈곤했던 국가들이 재분류 대상이 되었다는 점과 더불어, 특히 브라질·러시아·인도·중국('BRIC' 국가들)의 급속한 경제 발전은 전 세계적 힘의 관계 패턴이 개발도상국에 호의적인 형태로 변화했음을 보여 주는 신호라고 주장한다(O'Neill 2013). 하지만 지나친 확신을 갖고 이 같은 결론을 내리는 것은 아직 시기상조일 것이다.

그럼에도 불구하고, 신흥공업국들은 진정으로 주목할 만한 성과를 이루었고, 지난 30~40년간 경제를 변혁해 개발도상국의 지위에서 선진 국가의 지위로 이동했다. 또 2008년 금융 위기와 불황이 경기 침체를 불러왔음에도 불구하고 신흥공업국들은 불황을 무사히 이겨 내고 대부분의 기존 선진 산업국가들보다 빠르게 회복했다. 예를 들어 싱가포르와 대만은 2010년에 각각 14.5퍼센트, 10퍼센트라는 놀라운 GDP 성장률을 보였다(CIA 2012). 신흥공업국들은 지속적인 경제·사회 발전이 가능하다는 점을 보여 주고 있다. 비록 모든 개발도상국이 이들의 발전 경로를 따라올 수는 없겠지만 말이다. 다시 말해, 개발도상국 간의 서로 다른 출발점과 환경은 신흥공업국의 경험이 경제 성장이 보다 점진적인 경향을 보이는 아프리카 등지에서 재현될 수 없음을 의미한다.

> 신흥공업국들은 제14장 〈글로벌 불평등〉에서 좀 더 자세히 논의된다.

사회가 변화하는 방법

사회학 창립자들은 모두 현대 세계를 바로 전의 세계에서 급진적으로 달라진 장소로 파악했다. 그러나 사회는 항상 변화하고 있으며 언제나 변화 '과정' 속에 있기 때문에 사회 변동을 정의하기는 어렵다. 사회학자들은 언제 새로운 사회 형태나 사회 구조로 인도하는 근본적인 변화가 일어나는지 규정하고자 노력했다. 그러한 변화가 불러올 결과를 설명할 때도 마찬가지다. 중요한 변동이 일어났는지 확인하는 것은 일정 기간 동안 제도, 사회, 상황의 근본적 구조가 얼마나 변화했는지 보여 주는 것을 의미한다. 인간 사회의 경우, 특정 기간 동안 기본적인 제도들이 어느 정도 변화했는지 평가해야 한다. 사회 변화를 설명하기 위해서는 변화를 측정하는 기준선과 대비해 안정적으로 유지되고 있는 것이 무언지 또한 밝혀야 한다. 19세기의 사회학자 오귀스트 콩트는 이것을 사회동학dynamics(변화 과정들)과 사회정학statics(안정적인 제도 유형들)에 대한 연구로서 언급한 바 있다.

오늘날과 같이 급속히 변동하는 세계에서도 오랜 과거와의 연속성이 있다. 예를 들어 기독교나 이슬람교와 같은 중요한 종교 제도는 오래전에 제시된 사상과 관행을 유지하고 있다. 그러나 현대 사회 대부분의 제도는 전통 세계의 제도들에 비해 훨씬 더 급속히 변화하고 있으며 우리는 지속적으로 다양한 사회 변화들에 영향을 주는 핵심 요소인 경제 발전, 사회-문화적 변화, 정치 조직들을 밝혀낼 수 있다.

경제 발전

많은 인간 사회와 집단들은 냉혹한 자연환경 속에서도 부를 생산하고 번영해 왔다. 다른 한편으로 일부 인간 집단들은 보유한 자연 자원을 전용하지 않고도 꽤 잘 살아남았다. 예를 들면 알래스카 사람들은 기름진 땅에서의 수렵·채집 문화가 목축·농업으로의 전환 없이 오랫동안 유지되는 동안에도, 경제 발전을 위해 석유와 광물 자원을 개발할 수 있었다.

물리적 환경은 경제 발전을 가능하게 만들거나 방해한다. 호주의 원주민들은 이 대륙에서 목축 대상이 될 만한 동물이나 주기적인 경작에 적합한 토착 식물을 발견할 수 없었기 때문에, 수렵과 채집을 지속할 수밖에 없었다. 마찬가지로 초기의 인류 문명은 삼각주와 같이 기름진 농경 지역에서 기원했다. 육상 통신의 용이함과 가용 해상 경로 또한 중요하다. 산맥이나 가로지를 수 없는 정글과 사막으로 둘러싸인 채 고립된 사회들은 아주 오랫동안 상대적으로 변화를 덜 겪은 채 남아 있었다.

하지만 물리적 환경은 단순히 장애 요소에 그치는 것이 아니다. 시장성 있는 유용한 자연 자원들이 경제 활동이나 발전의 기반이 될 수 있다. 근대에 가장 강력했던 경제적 영향력은 의심의 의지 없이 자본주의적 경제 관계들의 출현이다. 자본주의는 지속적인 생산의 확장과 끊임없는 부의 축적을 수반하기 때문에 이전의 생산 체계와 근본적으로 구분된다. 전통적인 생산 체계에서의 생산은 습관적이고 관습적인 욕구에 의해 조정되어 대체로 정적이었다. 자본주의는 생산 기술의 끊임없는 개선과, 생산 과정에 과학 기술의 도입을 촉진했다. 근대 산업에서 촉진된 기술 혁신의 비율은, 이전의 모든 경제 유형에서 촉진된 기술 혁신의 비율보다 훨씬 컸다. 생산 과정에 투입되는 자연 자원의 양은 이전 사회에서 상상할 수 없는 수준이었다.

정보통신 기술의 발전을 생각해 보라. 최근 몇십 년간, 컴퓨터의 능력은 수천 배 증대되었다. 1960년대의 큰 컴퓨터는 수작업으로 만들어진 수천 개의 커넥터로 구성되었다. 오늘날 동등한 능력의 장치는 손바닥 크기에 불과할 뿐만 아니라, 소규모 전극으로 구성된 집적 회로만을 필요로 한다. 과학과 기술이 우리의 삶의 방식에 미친 영향은 주로 경제적 요인에서 추동되었다고 할 수 있다. 그러나 또한 그것은 경제적 영역을 초월해 확장된다. 과학과 기술은 정치적 요인 혹은 문화적 요인과 영향을 주고받는다. 과학과 기술의 발전은 라디오와 텔레비전 같은 근대적 양식의 통신 수단을 발전시켰을 뿐만 아니라, 이러한 통신 수단에 의해 정치 수행 방식은 물론 우리가 세계에 대해 생각하고 느끼는 방식까지 변화해 왔다.

사회·문화적 변화

사회·문화적 요인은 최소한 종교와 믿음의 영향, 의사소통 체계, 사회적 삶에서의 리더십 등을 포함한다. 전통적 가치와 행동의 지속을 강조하거나, 반대로 적극적으로 변화를 촉진함으로써 보수적인 힘이 될 수도 있고 혹은 혁신적인 힘이 될 수도 있다. 막스 베버가 보여 주었듯이 종교적 신념들은 사회 변혁의 압력을 동원한다는 점에서 매우 중요한 역할을 수행할 수 있다. 베버의 프로테스탄트 윤리 테제는 가장 잘 알려진 예이지만, 보수적인 태도를 고수하고 있는 것으로 인식되는 가톨릭교회는 공산주의 체제를 전복시킨 폴란드의 자유노조 운동을 지원하면서 핵심적인 역할을 수행했다. 마찬가지로, 2010~2012년 아랍의 봄에서 활동한 많은 운동가는 자신들의 활동을 부패한 정치 지도자들과 권위주의 체제로부터 자신들의 나라를 되찾아 이슬람 세계로 되돌려 놓기 위한 시도의 일환으로 보았다.

의사소통 체계는 사회의 근본적 특성들을 지속적으로 변화시키는 매우 중요한 역할을 수행해 왔다. 예를 들면 문자의 발명은 기록 보관을 가능하게 했고, 물질적 자원에 대한 통제 능력을 제고시켰으며, 대규모 조직의 발전을 가능하게 했다. 또한 문자는 과거와 현재, 미래의 관계에 대한 사람들의 인식을 변화시켰다. 문자로 쓰인 기록을 지켜 온 사회는 그들 스스로가 역사를 보유하고 있음은 물론, 그 역사가 사회의 전반적 발전에 관한 감각을 만들어 낼 수 있다는 점을 인식했다. 인터넷의 등장과 함께 의사소통은 더 빨라졌고 거리는 더 이상 별다른 걸림돌이 되지 않는다. 게다가 인터넷은 '세계주의적인 견해cosmopolitan outlook'라는 지구촌 사회에 대한 보다 의미 있는 인식을 만들어 낸다. 이는 아프리카의 빈민들을 돕기 위해 선진국에서 기부금을 모으는 라이브에이드Live Aid나 최근 조직된 반자본주의 세계 운동들에서 구체화된다.

리더십 또한 사회 변화를 초래하는 사회·문화적 요인이며 베버는 카리스마라는 개념을 통해 이를 탐구했다.

카리스마적인 지도자는 세계 역사에서 중요한 역할을 담당했다. 예수나 모하메드 같은 종교 지도자, 카이사르와 같은 정치·군사 지도자, 뉴턴과 같은 과학·철학의 혁신가들은 모두 사회 변화에 영향을 주었다. 역동적인 정책을 추구할 수 있는 지도자나 대중의 추종을 이끌어 낼 수 있는 지도자, 혹은 구태의연한 사고방식을 급진적으로 변화시킬 수 있는 지도자는 기존 질서를 전복시키는 데 일조할 수 있다.

베버의 리더십에 관한 개념은 제17장 〈종교〉에서 논의된다.

그러나 특정 개인의 경우, 그에게 유리한 사회적 조건이 존재해야만 지도자의 위치에 도달해 영향력을 행사할 수 있다. 예를 들어 히틀러가 1930년대에 독일에서 권력을 장악할 수 있었던 것은, 부분적으로 독일을 포위하고 있던 긴장과 위기감 때문이었는데, 이는 히틀러의 명백히 단순한 해결책들을 훨씬 더 매력적으로 보이게 만들었다. 마찬가지로, 1947년 인도의 독립까지 이어지는 기간 동안 유명한 평화주의 지도자였던 간디 또한 제2차 세계 대전과 여타의 다른 사건들이 인도에 존재하던 기존 식민 제도들을 뒤흔들어 정치적 기회를 만들어 냈기 때문에 영향력 있는 최고 지도자가 될 수 있었다.

비판적으로 생각하기 THINKING CRITICALLY

꽤 많은 사회학이 사회 구조와 그것이 개인에 미치는 영향을 연구하는 데 전념했다. 단일의 카리스마적 개인이 사회 전체를 바꾸는 게 정말로 가능한 일일까? 이러한 주장에 왜 신중해야 하는지 몇 가지 이유를 제시해 보라.

근대 시기의 과학 발전과 사고의 세속화는 비판적이고 혁신적인 성격을 가진 근대적 세계관을 형성하는 데 기여한 변화의 강력한 동인으로 작동했다. 사람들은 합리적이고 과학적인 답에서 보다 큰 설득력을 느낄 가능성이 높아졌으며, 더 이상 관습이나 습관의 오래된 권위·전통을 받아들일 만하다고 생각하지 않는다. 사고방식how we think뿐만 아니라 사고의 내용contents 또한 변화했다. 자기 발전, 자유, 평등, 민주적 참여의 이상은 근대적 삶의 핵심이다. 이런 이상들은 대부분 서구에서 처음 발전했지만, 이제는 보편적으로 적용되고 있으며, 세계 대부분의 지역에서 변화를 추동하고 있다.

마하트마 간디는 베버의 카리스마적 리더의 개념에 잘 부합한다. 국가의 독립 운동에서 그가 발휘했던 리더십은 인도가 영국의 지배에서 자유를 쟁취하는 데 일조했다.

정치 조직

근본적인 사회 변동을 유발하는 세 번째 요인은 정치 조직이다. 대부분 유형의 사회에서는 족장, 영주, 왕, 정부 등 뚜렷한 정치 기구가 존재해 사회의 발전 경로를 형성하는 데 커다란 영향을 미쳤다. 마르크스가 주장한 것처럼 정치 체계는 토대인 경제 조직의 직접적인 표현만은 아니며, 매우 다양한 유형의 정치 질서가 비슷한 경제 체계를 가진 각 사회에 존재할 수 있다. 예를 들어 산업자본주의에 기반을 둔 사회 중 몇몇은 권위적인 정치 체계를 가졌던(나치의 독일이나 아파르트헤이트 하의 남아프리카공화국 등) 반면, 다른 사회는 아주 민주적이었다(미국, 영국, 스웨덴 등).

근대 국가들 간의 정치, 군사적 투쟁은 많은 변화를 유발했다. 전통 문명에서의 정치적 변화는 지배자가 될 수 있는 귀족 가문의 일원인 소수 엘리트의 교체에 불과했으며 대부분 사람들의 실제 삶은 거의 변하지 않았다. 하지만 이러한 점은, 정치 지도자와 정부 관리의 활동이 나머지 인구의 삶에 꾸준히 영향을 미치는 현대의 정치 체계에는 부합하지 않는다. 대내적으로나 대외적으로 정치적 의사 결정은 이전 시대에 비해 훨씬 더 많은 사회 변동을 증진시키고 그 방향을 결정한다. 이제 정부는 경제 발전의 촉진(가끔은 억제) 과정에서 핵심적인 역할을 하며 대부분의 산업사회에는 경제 생산에 대한 아주 높은 수준의 국가 개입이 이루어지고 있다. 심지어 '자유 시장' 경제에서도 노조는 시장의 힘을 규제하는 역할을 하고 정부는 기업들이 경영 과정에서 지켜야 할 법률 체계를 만들어 내고 있다.

마르크스는 19세기에 정치경제학political economy을 연구했다. 19세기 이후 그 의미가 변화하기는 했지만 정치경제학은 정치 제도와 경제 체계가 서로 영향을 주고받는 방식들을 연구하는 학문을 의미한다. 때로는 분석을 위해 사회 변화와 관련된 경제·정치·사회·문화적 측면들을 분리하는 것이 중요하겠지만, 사회 세계의 현상들은 사회를 구성하는 서로 다른 측면들의 혼합물이라는 것을 간과해선 안 된다. 이는 사회적 삶에 변혁을 가져오며, 국민국가의 자율성에 도전하는 다면적인 세계화 과정을 온전히 이해하고자 할 때 특히 중요하다.

세계화

세계화 개념은 근래에 정치, 재계와 미디어의 논쟁에서 많이 사용되어 온 개념이다. 그러나 35년 전까지만 해도, 그다지 잘 알려진 개념이 아니었다. 일부 사람들에게는 세계화란 물건, 사람, 정보가 지구를 가로질러 다방면으로 점점 더 많이 흘러가는 과정들을 의미한다(Ritzer 2009). 이 정의는 증가하는 현 세계의 유동성과 액체성을 강조하지만, 많은 학자는 우리 모두가 단일 지구 공동체의 일원으로서, 개인·기업·집단과 국가들이 더욱더 상호 의존하게 된다는 사실이 세계화에 포함되는 것으로 보고 있다. 맨 앞의 〈이 책에 대하여〉에서 보았듯이, 세계화는 인간 역사의 매우 긴 시간에 걸쳐 발생한 것이며, 그렇기에 분명 현대 세계에만 한정된 현상이 아니다(Nederveen Pieterse 2004; Hopper 2007). 예란 테르보른Göran Therborn은 이 점을 다음과 같이 잘 지적했다(2011: 2).

> 인류의 일부는 오랜 시간 동안 지구적 수준에서, 아니면 최소한 대륙 간, 대양 간 수준에서 접촉해 왔다. 인도와 중국, 인도와 고대 로마 사이의 무역로는 이미 2000년 전부터 존재해 왔으며 2,300년 전 마케도니아의 알렉산더 대왕이 중앙아시아로 진출한 것은 대영박물관의 그리스식 부처상이 잘 보여준다. 새로운 것은 접촉의 크기와, 대중의 접촉, 대중 여행, 대중 간의 의사소통이다.

테르보른이 제시하듯이 작금의 사회학적 논쟁은 지난 40년간 세계화의 가파른 속도와 격렬함에 훨씬 더 많이

8판에서의 세계화

세계 사회 4-2

새롭게 떠오르는 글로벌 기준 체계에 영향을 받지 않은 사회학적 주제들은 거의 없다. 이러한 이유 때문에 사회학에서 세계화의 영역을 하나의 단일 장에서 포괄하기란 불가능하다. 따라서 여기에서는 다양한 장에 나오는 글로벌 이슈와 세계화에 대한 녹의를 간편하게 참고할 수 있도록 가이드를 제공한다.

제1장 – 사회학에서 세계화에 대한 소개와 커피의 사례
제5장 – 전 지구적 위험 사회, 세계적 환경문제들(지구온난화 포함)
제6장 – 글로벌 도시들과 거버넌스
제7장 – 세계화, 작업장 그리고 고용 추세
제9장 – 세계인의 기대 수명과 전 세계적 노령 사회에 대한 주제
제10장 – 세계적 맥락에서의 가족들
제11장 – 세계화와 장애, 세계적 맥락에서의 HIV/AIDS
제12장 – 세계화의 영향과 계층 체계
제14장 – 세계를 가로지르는 불평등, 불균등한 삶의 기회
제15장 – 세계화와 젠더 질서, 세계적 성매매 산업
제16장 – 초기의 세계 '이주 시대'
제17장 – 종교적 믿음과 세계화에 대한 대응
제18장 – 글로벌 대중매체, 정보 기술과 세계화
제19장 – 세계적 맥락에서의 교육, 세계화와 e-대학
제20장 – 세계화, 조직범죄, 사이버 범죄
제21장 – 민주주의의 세계적 확산, 세계화와 사회운동
제22장 – 세계 테러리즘 네트워크, 세계 전쟁, 오래된 전쟁과 새로운 전쟁

주목하고 있다. 이는 우리의 시기를 분명 다른 것으로 부각시키는 세계화 강도에 관한 핵심적인 생각이며, 아래에 이어질 우리 논의의 기초를 형성한다.

세계화 과정은 종종 경제적인 현상으로 묘사된다. 세계화의 많은 부분이 전 세계적 생산 과정과 노동력의 국제적 분포에 영향을 미치면서, 국경을 초월해 그들이 활동을 벌이고 있는 초국적 기업들의 역할로 구성되어 있다. 한편 다른 사람들은 전보다 훨씬 더 광범위한 재화와 용역을 포함하는 전례 없는 규모의 세계 무역과 함께, 글로벌 금융시장의 통합과 엄청난 규모의 글로벌 자본의 흐름을 지적한다. 우리가 보게 될 것처럼 작금의 세계화는 정치적·사회적·문화적·경제적 요소들이 하나로 합쳐진 것으로 파악하는 것이 좋을 것이다.

세계화의 요소들

세계화 과정은 전 세계 사람들 간의 상호작용 속도와 범위를 확대시키는 정보통신 기술의 발달과 밀접하게 관련되어 있다. 단순한 예로 서두에서 다루었던 2014년 월드컵을 생각해 보라. 인공위성 기술, 글로벌 텔레비전 네트워크, 해저 통신 케이블, 고속 광대역 인터넷 통신망, 컴퓨터 접속의 확대 등으로 인해 세계 수십억 인구가 실시간으로 축구 경기들을 시청할 수 있었다. 이 사례는 글로벌 사회의 전제 조건인 전 세계 수준의 공통 경험을 만들어 내고 있는 세계화가 어떻게 점점 더 일상생활과 지역으로 파고 들어가는지를 보여 주고 있다.

정보통신 기술

전 세계적인 통신의 폭발적인 발달은 과학 기술과 전 세계 텔레커뮤니케이션 하부 시설의 발전에 의해 촉진되었다. 제2차 세계 대전 이래 텔레커뮤니케이션 흐름의 범위와 강도에서 중대한 변화가 나타났다. 기계적인 크로스바 교환(전화 교환이나 데이터 전송 등에 활용되는 교환 방식 중 하나 – 옮긴이)의 도움을 받아 전깃줄과 케이블 선을 통

이매뉴얼 월러스틴의 근대 세계 체계

고전 연구 4-1

연구 문제

많은 학생이 삶의 커다란 질문들에 대한 답을 찾기 위해 사회학에 입문한다. 왜 어떤 나라들은 부유한데 다른 나라들은 절망적으로 가난한가? 어떻게 이전에 가난했던 몇몇 나라들은 다른 나라들과 달리 발전해서 상대적으로 부유한 나라가 되었을까? 글로벌 불평등과 경제 발전에 대한 이러한 질문들은 미국의 역사 사회학자 이매뉴얼 월러스틴Immanuel Wallerstein(1930~)의 연구들에 토대가 된다. 이러한 주제에 천착함과 동시에 월러스틴은 마르크스주의의 사회 변동 이론을 진전시키려 했다. 1976년 그는 뉴욕 빙엄턴대학에 '경제, 역사 체계와 문명에 대한 연구를 위한 페르낭 브로델 센터'를 창설하는 데 도움을 주었는데, 이곳은 그의 세계 체계 연구에 있어서 중심지가 되었다.

월러스틴의 설명

1970년대 이전, 사회과학자들은 자본주의적 기업·산업화·도시화의 수준에 입각해 세계 사회들을 제1·2·3세계의 맥락에서 논의하려 했다. 제3세계의 '저발전'에 대한 해답은 그러므로 보다 많은 자본주의·산업·도시화로 생각되었다. 월러스틴은 사회들을 구획하는 이러한 지배적인 방식을 거부했다. 대신 그는 단 하나의 세계만이 있을 뿐이며 모든 사회들은 자본주의적 경제 관계 안에서 연결되어 있다고 주장했다. 그는 이러한 복잡하고 상호 연결된 경제들을 '근대 세계 체계'라고 서술했는데, 이것은 선구적인 세계화 이론이었다. 세계 체계에 대한 그의 주된 주장은 세 권으로 된 저서 『근대 세계 체계The Modern World- System』(1974, 1980, 1989)에 나타나 있는데, 여기서 그는 거시사회적 시각을 정립한다.

근대 세계 체계의 기원은 16~17세기 유럽에 있는데, 영국, 네덜란드, 프랑스와 같은 국가들에서 제국주의는 식민지 국가들의 자원을 착취할 수 있게 했다. 이를 통해 그들은 자본을 축적하고 이렇게 축적된 자본은 경제로 다시 투입되어 더 많은 생산을 가능하게 했다. 이러한 세계적인 노동 분업은 일군의 부유한 나라들을 만들어 내는 동시에 다른 많은 국가들을 빈곤에 빠트려 발전을 가로막았다. 월러스틴은 세계 체계가 만들어 내는 과정이 중심부, 반주변부, 주변부를 형성한다고 주장했다(〈그림 4-3〉 참조). 개별 국가들은 분명 중심부로 '올라설 수' 있고, 반주변부나 주변부로 '추락할 수'도 있지만, 근대 세계 체계의 기본 구조는 계속해서 변하지 않고 남아 있다.

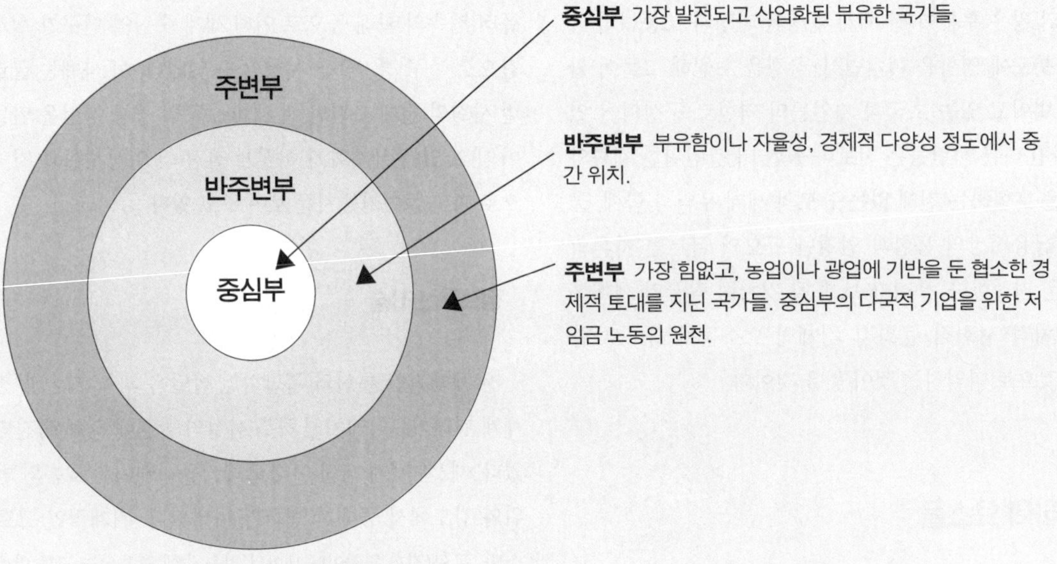

주변부
반주변부
중심부
중심부 가장 발전되고 산업화된 부유한 국가들.
반주변부 부유함이나 자율성, 경제적 다양성 정도에서 중간 위치.
주변부 가장 힘없고, 농업이나 광업에 기반을 둔 협소한 경제적 토대를 지닌 국가들. 중심부의 다국적 기업을 위한 저임금 노동의 원천.

그림 4-3 근대 세계 체계

월러스틴의 이론은 왜 개발도상국이 더 좋은 위치로 올라가기 어려운지 설명하려는 동시에 마르크스의 계급에 기초를 둔 갈등 이론을 세계적 차원으로 확장시킨다. 세계적으로 봤을 때, 세계의 주변부는 노동자 계급이 되고 중심부는 착취적인 자본가 계급을 형성한다. 마르크스주의의 이론에서 이것은, 미래의 사회주의 혁명은 마르크스가 예견한 부유한 중심부보다 개발도상국에서 발생하기 쉽다는 것을 의미한다. 이러한 논점은 왜 월러스틴의 생각이 반자본주의나 반세계화 운동의 정치행동가들에게 잘 수용되는지 설명할 수 있는 하나의 이유가 된다(후자의 내용은 제22장 〈정치, 정부, 사회운동〉에서 논의된다).

> 반세계화, 반자본주의 운동에 대해 더 알고 싶으면 제21장 〈정치, 정부, 사회운동〉을 참조하라.

비판적 쟁점

마르크스의 연구와 마르크스주의에 근원을 두고 있기 때문에 세계 체계론은 이들과 유사한 비판에 직면한다. 첫째, 세계 체계론은 삶의 경제적 차원을 강조하고 사회 변동을 설명하는 데 있어 문화의 역할을 경시한다. 예를 들어 호주와 뉴질랜드가 다른 이들보다 쉽게 경제적 주변부에서 탈출할 수 있었던 이유는 영국 산업화와의 긴밀한 관계 때문인데, 이는 산업 문화가 호주와 뉴질랜드 내에 보다 빠르게 뿌리내리는 것을 가능하게 했다. 둘째, 세계 체계론은 민족성의 역할을 경시하는데, 이것은 단지 세계 체계의 세계화하려는 힘에 대한 방어적 반작용으로만 취급된다. 그러므로 종교와 언어의 주된 차이들은 중요한 것으로 여겨지지 못한다. 마지막으로 월러스틴은 그의 세계 체계 시각을 작금의 사건을 설명하는 데 사용하지만 그러한 사건이 그의 이론에 반증 사례가 된다든가 다른 대안적 이론들이 더 나은 설명을 제공할 수 있다는 생각은 하지 않는다.

현대적 의의

월러스틴의 연구는 사회학자들에게 근대 세계 체계의 연결성과 그것의 세계적인 결과에 대해 주의를 환기시켰다는 점에서 중요하다. 그는 그러므로 경제적 행위에 대한 그의 강조가 일견 한계가 있는 것으로 여겨질지언정 세계화 과정의 중요성에 대해 일찍부터 인식하고 있었다는 점에서 칭송받을 만하다. 월러스틴의 접근은 많은 학자의 관심을 끌었으며 페르낭 브로델 센터Fernand Braudel Center라는 제도적 기반과 확장에 기여하는 학술지 『세계 체계 연구 저널Journal of World-Systems Research』(1995년부터 발행)과 함께 이제는 하나의 확고한 연구 전통으로 자리매김했다.

비판적으로 생각하기 THINKING CRITICALLY

신흥공업국에 관한 내용을 다시금 살펴보라. 이들 국가가 월러스틴의 이론적 모델에 제공하는 증거는 무엇인가? '중심부' 국가가 반주변부, 심지어 주변부 국가로 추락한 역사적 사례가 존재하는가? 왜 2008년의 세계적 불황은 일군의 국가들을 중심부 밖으로 몰아내는 것으로 귀결되지 않았는가?

해 전달되는 아날로그 신호에 의존했던 전통적인 전화 통신이, 대규모 정보가 압축되고 전자적으로 전송될 수 있는 통합 체제에 의해 대체되었다. 케이블 기술은 점점 더 그 효율성이 높아지지만 가격은 저렴해지고 있다. 광섬유 케이블의 발달이 극적으로 전달될 수 있는 채널의 수를 확대시켰다.

1950년대에 깔린 최초의 대서양 횡단 케이블은 100개 이하의 채널을 전달할 수 있었지만, 1992년에 이르러서는 하나의 해저 케이블이 거의 8만 개의 채널을 전달하게 되었으며 2001년에는 무려 970만 개의 채널을 가진 대서양 횡단 해저 광섬유 케이블이 깔렸다(Atlantic Cable 2010). 이 케이블들은 전화 채널만 가지고 있는 것이 아니라 인터넷, 동영상을 비롯한 다양한 형태의 데이터들을 전송할 수 있다. 1960년대 시작된 통신위성의 확산도 국제 통신의 팽창에 중요했다. 비록 대부분의 통신이 좀 더 믿을 만한 해저 케이블에 의해 이루어지고 있지만 오늘날 200개 이상의 위성 네트워크가 적절하게 전 세계에 걸친 정보의 전송을 가능하게 하고 있다.

가장 빠른 광대역 인터넷 통신망은 인공위성에 의해서가 아니라 매우 오래된 방식인 대양 간 해저 케이블에 의해 공급된다. 사진은 시드니에서 뉴질랜드까지 태평양 케이블을 설치하는 모습.

고도로 발달한 텔레커뮤니케이션 시설을 갖추고 있는 나라에서 가정과 사무실은 전화, 팩스, 디지털 혹은 케이블 TV, 이메일과 인터넷을 포함해 외부 세계와 다중적으로 연결되어 있다. 인터넷은 지금까지 발전된 통신 수단 가운데 가장 빠른 속도로 등장했다. 1998년 중반, 인터넷을 사용하는 사람들은 전 세계에서 약 1억 4천만 명에 불과했다. 그러나 2000년 말에는 3억 6천만 명을 상회했으며, 2015년 말에 이르러서는 약 34억 명이라는 엄청난 숫자의 사람들이 인터넷 사용자로 집계됐는데, 이는 전 세계 인구의 46퍼센트에 해당하는 수치다(〈표 4-4〉 참조).

이러한 형태의 기술들은 시간과 공간의 '응축'을 촉진시킨다(Harvey 1989). 지구 반대편 — 예를 들어 도쿄와 런던 — 에 있는 두 사람이 '실시간'으로 대화를 할 수 있을 뿐만 아니라, 서로에게 자료, 사진, 영상 등을 보낼 수 있다. 광범위한 인터넷, 휴대폰 사용으로 인해 과거에 고립되었거나 전통적인 통신 체계의 도움을 받지 못했던 더 많은 사람이 서로 연결되면서, 세계화 과정이 심화·가속화되고 있다. 지구의 텔레커뮤니케이션 인프라가 균형 있게 발달한 것은 아니지만, 오늘날 더 많은 수의 국가가 〈표 4-4〉가 보여 주듯 이전에는 불가능했던 국제 통신 네트워크에 접속할 수 있다. 인터넷 접속이 가장 빠르게 증가하고 있는 지역은 아프리카, 아시아, 중동, 라틴아메리카, 카리브해 지역이다.

표 4-4 인터넷 사용의 전 세계적 확산, 2015

지역	인구 (2015년 추정치)	인터넷 사용자 (2015. 11. 30 기준)	인터넷 사용자 비율 (%)	증가율 (2000~2015년)
아프리카	1,158,355,663	330,965,359	28.6	7,231.3
아시아	4,032,466,882	1,622,084,293	40.2	1,319.1
유럽	821,555,904	604,147,280	73.5	474.9
중동	236,137,235	123,172,132	52.2	3,649.8
북아메리카	357,178,284	313,867,363	87.9	190.4
라틴아메리카/카리브해	617,049,712	344,824,199	55.9	1,808.4
오세아니아/호주	37,158,563	27,200,530	73.2	256.9
합계	**7,259,902,243**	**3,366,261,156**	**46.4**	**832.5**

출처: www.internetworldstats.com/stats.htm 2016. Copyright © 2001~2016, Miniwatts Marketing Group. All rights reserved worldwide.

정보의 흐름

정보 기술의 확산은 전 세계 사람들 간의 접촉 가능성을 확장시켰고, 또한 먼 지역 사람과 사건들에 대한 정보의 흐름을 촉진시켰다. 매일 전 세계 미디어가 사람들을 외부 세계와 직접적이고 지속적으로 연결시키면서, 뉴스와 영상, 정보를 가정으로 전달한다. 1989년 베를린 장벽의 붕괴, 중국 톈안먼 광장에서의 민주적 저항에 대한 폭력적 진압, 2001년 9월 11일 미국에 대한 테러리스트의 공격, 2003년 미국 주도의 이라크 침공, '아랍의 봄'으로 이어진 2011년 이집트 타흐리르 광장 점령 시위 등과 같은 지난 20~30년 동안 가장 주목할 만한 사건들이 매체를 통해 전 세계 시청자들에게 전달되었다. 인터넷과 소셜 미디어의 상호작용적 특성으로 인해 시민들 또한 세계 도처에서 일어나는 사건들의 '장면 장면을 직접 보도하는' 뉴스를 생산하는 데 도움을 줄 수 있었다.

전 세계적 관점으로의 변화는 두 가지 중요한 차원을 지닌다. 첫째, 사람들은 사회적 책임이 국경에서 멈추지 않고, 국경을 초월한다는 것을 인식한다. 지구 다른 편 사람들이 직면하고 있는 재앙과 불의는 간섭할 수 없는 불행이 아니라 행동과 개입을 위한 정당한 근거가 되고 있다. '국제 공동체'는 위협에 직면한 사람들과 인권을 보호할 의무를 지니고 있다는 생각도 힘을 얻기 시작했다. 자연재해의 경우에도 이러한 개입은 인도주의적인 구제나 기술적 지원 형태를 띤다. 또 비록 자연재해의 경우보다는 더 문제의 소지가 있지만 내전·인종 갈등과 인권 침해 사례에 대한 더 강력한 개입 요구들이 있어 왔다.

둘째, 글로벌 관점은 많은 사람의 민족적(혹은 국민국가적) 정체성을 침식하고 있는 것으로 보인다. 이것은 세계화 과정의 산물이자 세계화를 촉진시키는 현상이다. 세계의 다양한 지역에서 지역 문화 정체성은 전통적인 민족국가의 장악력에 큰 변화가 일면서 강력한 부흥을 경험하고 있다. 예를 들어 유럽에서 스코틀랜드의 주민과 스페인 바스크 지역의 주민들은 자신들을 영국인 혹은 스페인이라기보다 스코틀랜드인 혹은 바스크인 — 혹은 간단히 유럽인 — 이라고 생각한다. 2014년 9월에 있었던 스코틀랜드의 독립에 관한 국민투표는 비록 부결되긴 했지만 45퍼센트에 달하는 사람들이 '찬성'표를 던진 데 반해, 같은 해 11월 카탈루냐에서 이루어진 비공식 투표에서는 80퍼센트라는 압도적인 다수가 스페인으로부터의 독립에 찬성했다. 세계화가 사람들에게서 그들이 살고 있는 국가에 대해 갖고 있는 지향성을 약화시킴에 따라, 국민국가에 대한 인지와 동일시는 점차 줄어들 것으로 보인다.

문화와 경제의 상호 접합

비록 문화와 정치가 세계화의 흐름에서 큰 역할을 하고 있긴 하지만, 일부 사회학자들과 마르크스주의 사회학자들에게는 세계화의 흐름이 자본주의 경제의 세계화와 끊임없는 이윤 추구에 의해 뒷받침되는 것을 의미한다. 이를테면 마텔Martell은 "세계화의 여러 영역들 배후에 평등, 세계화 과정과 영향을 주고받는 권력 관계, 경제적 인센티브에 영향을 주는 근본적인 경제 구조 이외에 다른 무엇이 있다고 생각하기 어렵다"라고 주장했다(2016: 4). 이러한 관점은 세계화의 다면적인 성격은 받아들이지만 정치적, 문화적, 경제적 요인들이 동등한 세계화 추동 요소로 간주되어야 한다는 생각은 거부한다.

물론 다른 이들은 이러한 관점에 반대한다. 광의의 문화주의적 입장을 취하는 이들은 세계화가 세계 경제 통합의 지속에 달려 있긴 하지만, 이는 다양한 문화적 방식에 따라 이루어진다고 주장한다. 예를 들면 여행은 오늘날 여러 국가에서 거대한 산업이 되고 있다. 영국의 여행 산업은 세 번째로 큰 수출 산업으로서 약 136만 개의 일자리를 창출하고 900억 달러를 벌어들인다(DCMS 2011). 반대로 영국인은 매년 500만 회 이상 해외여행을 하고 있다(Urry 2002: 6). 타국의 문화와 풍경들을 경험하고 여행하려는 욕구는 '여행자의 시선'에 따라 변화하는 문화적 취향에 의해 유도되고 있는 것으로 보인다(Urry and Larsen 2011). 이 주제는 〈세계 사회 4-3〉을 참조하라.

맬컴 워터스Malcolm Waters는 경제, 정치의 발전이 문화적 형태들을 통해 지리적이고 물리적인 장애물들로부터 자유로워질 수 있기 때문에 문화가 세계화에서 매우 중요하다고 주장한다(2001). 무게 없는 경제weightless economy의 상품들은 컴퓨터 소프트웨어, 미디어 및 오락 상품, 즉 컴퓨터 게임, 영화, 음악, 인터넷에 기반을 둔 서비스처럼 정보에 기반을 두고 있다(Quah 1999). 이 새로운 경제적 맥락은 '지식 사회', '정보 시대', 보다 간단하게는 '신경제' 등의 다양한 용어들로 묘사되었다. 지식 사회의 등장은 정보 기술에 대한 지식을 가지고 있으면서, 일상생활과 컴퓨터, 엔터테인먼트 및 텔레커뮤니케션 영역에서의 새로운 진보들을 통합시키려는 광범위한 소비자의 발달과 연결되어 있다. 아마도 가장 적절한 예는 열렬한 기대를 품고 최신 게임들과 업데이트들을 기다리면서, 이것들에 기꺼이 비용을 지불할 용의를 지닌 컴퓨터 게임 유저들일 것이다.

이 '전자 경제'는 광범위한 경제 세계화를 뒷받침한다. 은행, 기업, 펀드매니저, 개인 투자자는 마우스 클릭 한번으로 자신들의 자금을 전 세계로 이동시킬 수 있다. 그러나 '전자 화폐'를 즉각적으로 이동시킬 수 있는 이 능력은 많은 위험을 가지고 있다. 거대 자본의 이동은 경제적 불안정을 만들어 내고 국제 금융 위기를 촉발시킬 수 있다. 세계 경제가 점점 더 통합됨에 따라 특정 지역의 금융 붕괴는 멀리 떨어진 지역의 경제에도 지대한 영향을 줄 수 있다.

글로벌 경제의 움직임은 정보화 시대에 일어난 많은 변화를 반영한다. 경제의 많은 부분이 이제 국경에서 멈추기보다는 국경을 가로지르는 네트워크를 통해 움직인다(Castells 1996). 세계화의 흐름이라는 조건에서 경쟁력을 갖추기 위해서 사업체들과 기업체들은 오래된 관료제처럼 위계적이기보다는 더 유연하고 네트워크화된 형태로 스스로를 재구조화했다. 생산 활동과 조직 유형들이 더 유연해졌고, 급변하는 세계 시장에서 사업을 하기 위해 다른 기업체와 협력하는 것이 더 흔해졌으며, 전 세계 유통 네트워크에 참여하는 것이 중요해졌다.

초국적 기업들

비록 그 수는 매우 적지만 세계화를 추동하는 많은 경제적 요소들 가운데 초국적 기업의 역할은 특히 중요하다. 초국적 기업transnational corporation이란 여러 나라에서 재화와 용역을 생산하고 판매하는 기업이다. 초국적 기업들은 기업이 근거하고 있는 나라 밖에 하나 혹은 두 개의 공장을 갖고 있는 소규모 기업일 수도 있고, 전 세계에 걸쳐 기업 활동을 하고 있는 거대한 국제적 기업일 수도 있다. 초국적 기업들 가운데 가장 큰 기업은 세계적으로

여행자들 간의 국제적인 상호작용

다른 나라에서 온 누군가와 면대면 대화를 나눈 경험, 혹은 해외 웹사이트에 접속해 다른 나라의 누군가와 대화를 나눈 경험이 있는가? 출장차 아니면 휴가로 다른 대륙에 여행을 간 경험이 있는가? 만약 하나의 질문에라도 "예"라고 대답했다면 당신은 세계화의 결과들을 목격한 것이다. 세계화는 서로 다른 국가에 사는 사람들 간에 일어나는 상호작용의 빈도와 성격을 변화시켰다. 역사사회학자 찰스 틸리Charles Tilly는 세계화를 이러한 변화와 연결 지어 정의한다. 틸리에 따르면 "세계화란 지역적으로 결정되던 사회적 상호작용의 지리적 범위가 확장하는 것"을 의미한다(1995: 1~2). 다시 말해, 우리의 상호작용에서 직접적이든 간접적이든 다른 나라 사람들과의 관계가 큰 비중을 차지하는 것이다.

다른 국가에 대한 관심을 증대시키거나 여행자들이 국경을 좀 더 용이하게 넘을 수 있게 만듦으로서 세계화는 국제 여행의 가능성을 더욱 확대시켰다. 물론 국제 여행의 높은 활성화 수준은 다른 국가 사람들 사이의 직접적인 대면 횟수를 늘려 놓았다. 존 어리John Urry는 '여행자의 시선' — 해외를 여행하는 동안 자신들이 경험할 것에 대한 여행자들의 기대 — 이 수많은 이 상호작용 형태들을 결정한다고 주장한다(Urry 2002; Urry and Larsen 2011).

어리는 여행자의 시선을 푸코의 '의학적 시선' 개념(제11장 〈건강, 질병, 장애〉 참조)과 비교한다. 그에 따르면 여행자의 시선은 전문가에 의해 사회적으로 만들어지는 만큼 체계적으로 적용되고 의학적 시선만큼이나 무심하다. 하지만 이 경우에는 이국적인 경험을 찾는다. 이 경험들은 우리가 일상생활에서 기대하는 물리적 환경과의 상호작용, 사회적 상호작용의 진행 방식들을 위배하는 것이다.

예를 들면 미국을 여행하는 영국인들은 미국인들이 길의 우측에서 운전하고 있다는 사실에 즐거워할지도 모르지만 동시에 같은 행동에 당황할 수도 있다. 영국의 통행 방식이 몸에 깊이 배어 있기 때문에 영국인들은 이러한 위반을 이상한 것, 특이한 것, 이국적인 것으로 경험한다. 만약 당신이 다른 국가를 여행하고 있을 때 당신이 자란 도시나 마을과 별 차이가 없는 곳들만 발견한다면 얼마나 실망스러울지 상상해 보라.

하지만 극단적인 경험을 추구하는 이들을 제외하면 대부분의 여행자들은 자신들의 경험이 지나치게 이국적이기를 원하지 않는다. 예를 들면 파리를 여행하는 젊은 여행자들에게 가장 인기 있는 목적지는 맥도날드다. 아마도 그들 중 일부는 쿠엔틴 타란티노Quentin Tarantino의 영화 〈펄프픽션Pulp Fiction〉의 대사대로 맥도날드의 '쿼터파운더 치즈버거'가 미터법 때문에 '로열 위드 치즈'로 바뀌어 불리는지 확인하려 할 것이다(물론 이는 사실이다). 해외를 여행하는 영국인들은 종종 편안한 영국식 또는 아일랜드식 펍에서 식사를 하거나 술을 마시고 싶은 유혹을 거부하지 못한다. 이국적인 것과 익숙한 것들 사이의 모순된 요구는 여행자의 시선의 핵심이다.

여행자의 시선은 여행자와 지역민들의 직접적인 대면에 부담을 더할 것이다. 여행 산업의 일부를 구성하는 지역민들은 방문지에 가져다주는 경제적 이익 때문에 해외 여행자들을 환영할 것이다. 다른 지역민은 여행자들의 무리한 요구나 태도, 유명한 여행지가 됨으로써 과도한 개발이 이루어지는 것에 대해 분노한다. 세계화의 다른 모든 측면처럼 이러한 문화 간 접촉의 총체적인 효과들은 긍정적인 부분들과 부정적인 부분들을 동시에 가지고 있다.

비판적으로 생각하기 THINKING CRITICALLY

당신의 휴가 여행이 방문한 사회와 사람들에게 끼치는 영향에 대해 생각해 본 적 있는가? 당신의 여행 계획과 여행자들을 위한 기반시설들이 방문한 국가들의 생태계에 어떠한 해를 끼쳤는가? 글로벌 여행 산업으로 인한 문화적 이득들이 여행 산업으로 초래되는 환경 파괴보다 더 중요한가?

알려진 코카콜라, 제너럴모터스, 유니레버, 네슬레, 미쓰비시 등이 있다. 초국적 기업이 한 나라에 기반을 두고 있을 때도, 그들은 세계 시장과 세계적 수준에서의 이윤을 추구한다.

코카콜라는 전 세계에 물건을 파는 초지구적 기업이다. 사진은 중동 요르단에서 판매하는 다이어트 콜라.

초국적 기업은 1945년 이후 점점 중요해지기 시작했다. 전후 초기에 초국적 기업들의 확장은 미국에 기반을 둔 기업들에서 시작되었지만, 1970년대에는 유럽과 일본의 기업들도 해외에 투자하고 나섰다. 1980년대 말과 1990년대에 초국적 기업들은 세 개의 강력한 지역 시장 — 유럽(유럽 단일 시장), 아시아 태평양(2010년 자유무역과 개방무역을 보장한 오사카 선언), 북아메리카(북미무역협정 NAFTA) — 의 형성과 함께 극적으로 확대되었다. 1990년대 초 세계 다른 지역 나라들도 해외 투자에 대한 규제를 해제했다. 21세기에 접어들면서 초국적 기업의 손길이 닿지 않은 경제는 거의 없다. 최근의 초국적 기업들은 개발도상국과 동유럽, 중국에서 기업 활동을 확대시켜 왔다.

초국적 기업들은 경제적 세계화의 중심에 있다. 그들은 세계 무역의 3분의 2를 차지하고, 새로운 기술을 세계로 확산시키는 수단이자 국제 금융시장의 주요 행위자다(Held et al. 1999). 2001년 5백 개 이상의 초국적 기업이 1백억 달러 이상의 연간 판매고를 올렸고, 그 당시 75개 국가들만이 그 정도의 국민총생산을 올렸다. 다시 말해 세계의 대표적인 초국적 기업들은 경제적으로 세계 대부분의 국가들보다 규모가 더 크다(〈그림 4-4〉 참조). 실제로 세계 최대 초국적 기업 5백 개의 판매량을 합한 금액은 14조 1천억 달러에 달한다. 이는 전 세계에서 생산되는 재화와 서비스 가치의 거의 절반에 해당한다.

제조업이 급속도로 세계화되고 있다는 주장은 종종 글로벌 상품 체인global commodity chains이라는 용어로 표현된다. 글로벌 상품 체인이란 하나의 제품을 생산하는 데 수반되는 노동과 생산 과정의 글로벌 네트워크를 말한다. 이러한 네트워크는 원자재로부터 최종 소비자에게까지 긴밀하게 서로 맞물린 '고리'를 형성하는 중요한 생산 활동들로 구성되어 있다(Gereffi 1995; Appelbaum and Christerson 1997). 예를 들면 중국은 공산품 수출국으로서의 역할 때문에 저소득 국가에서 중간 소득 국가로 이행

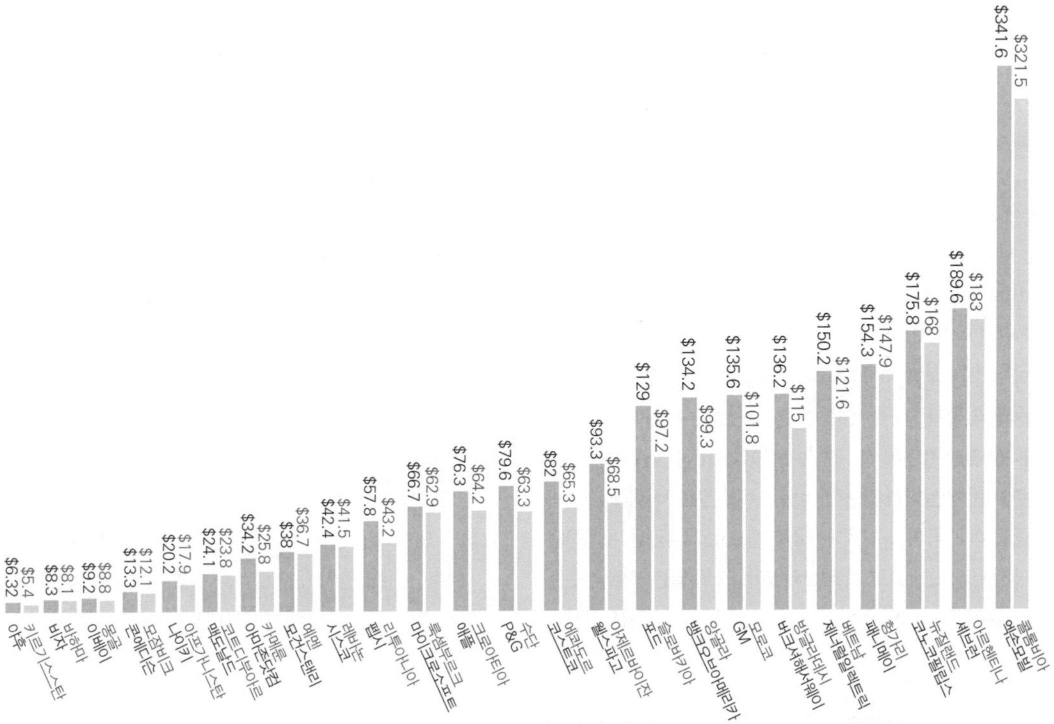

그림 4-4 각국의 GDP와 미국 회사 중 상위 25곳의 수입 비교(10억 달러)

출처: Foreign Policy 2014.

했다. 하지만 상품 체인에서 가장 이윤이 많이 나는 활동인 기술 개발, 디자인, 광고 제작 등의 활동들은 여전히 고소득 국가에서 일어나고 있는 반면, 공장 생산과 같이 가장 이윤이 적은 부문은 저소득 국가에서 일어나는 경향이 있다. 이러한 사실들은 글로벌 불평등에 도전한다기보다는 불평등을 재생산하고 있음을 보여 준다.

비판적으로 생각하기 THINKING CRITICALLY

초국적 기업의 경제적 영향력은 정말로 정부보다 힘이 세다는 것을 의미하는가? 민족국가들은 초국적 기업의 활동을 규제하기 위해서 어떤 방식으로 그들 스스로를 조직했는가? 우리가 제1장에서 설명한 사회학 이론들 중 어떤 것이 초국적 기업의 부상을 가장 잘 설명할 수 있을까?

정치적 세계화

작금의 세계화는 또한 정치적 변화와 연관이 있다. 이와 관련된 측면들은 다음과 같다. 첫째, 1989년 동유럽에서 연속적으로 일어난 극적인 혁명과 1991년 소비에트 연방의 붕괴로 끝난 공산주의의 몰락이다. 공산주의의 몰락 이후 러시아, 우크라이나, 폴란드, 헝가리, 체코, 발트해 국가들, 카프카스와 중앙아시아 국가들과 다른 많은 국가를 포함한 과거 소비에트 '블록'의 나라들이 서구식 정치·경제 체제로 옮겨 가고 있다. 공산주의의 몰락은 세계화를 촉진시켰지만, 부분적으로는 세계화 그 자체의 결과로 볼 수도 있다. 중앙 계획적 공산주의 경제와 공산당의 이념적·문화적 통제는 글로벌 미디어와 전자적으로 통합된 세계 경제 시대의 부상 속에서 살아남을 수 없었던 것이다.

‘바비’ 인형과 글로벌 상품 체인의 발전

글로벌 상품 체인의 한 가지 예를 우리는 세계에서 가장 이윤을 많이 남긴 장난감 바비 인형의 제조 과정에서 찾을 수 있다. 40여 종의 바비 인형은 초당 두 개꼴로 판매되고 있으며, 이는 미국 로스앤젤레스에 위치한 마텔사Mattel Corporation에 연간 10억 달러 이상의 수익을 가져다주고 있다. 비록 바비 인형이 주로 미국, 유럽, 일본에서 팔리기는 하지만, 바비 인형은 세계 140여 개국에서 쉽게 찾을 수 있다. 바비 인형은 말 그대로 세계 시민 그 자체인 것이다(Tempest 1996). 바비 인형은 판매 측면에서뿐만 아니라 출생 측면에서도 전 세계적이다. 바비 인형은 결코 미국 내에서만 생산되지 않는다. 바비 인형은 제2차 세계 대전의 후유증을 아직 극복하지 못해서 상대적으로 저임금을 유지하던 일본에서 1959년에 최초로 생산되었다. 그 뒤 일본의 임금 수준이 상승함에 따라 바비 인형의 생산지는 임금이 싼 다른 아시아

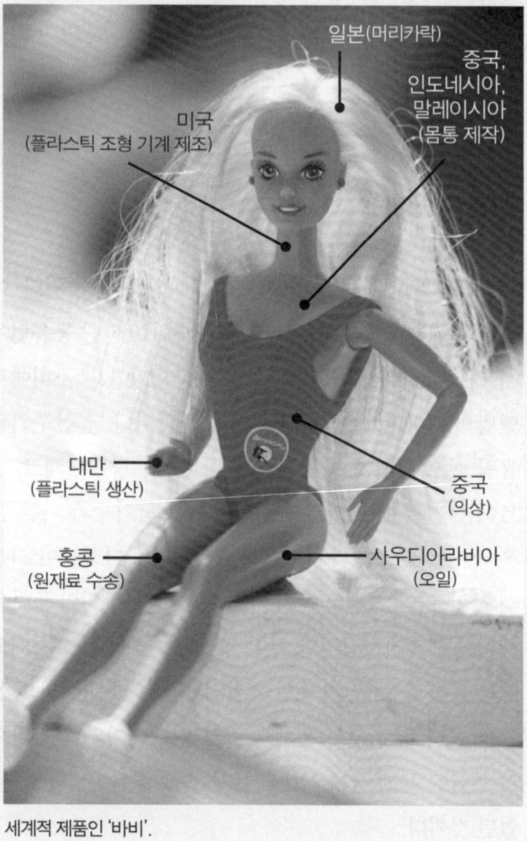

세계적 제품인 ‘바비’.

국가로 이동했다. 오늘날 바비 인형의 다양한 원산지는 글로벌 상품 체인의 작동 과정에 대해 많은 부분을 이야기한다.

바비 인형은 미국에서 디자인된다. 마케팅 및 광고 전략 역시 미국에서 이루어진다. 따라서 가장 많은 이익 역시 미국에서 창출된다. 미국에서 만들어지는 바비 인형의 유일한 물질적인 부분은 바비 인형을 장식하는 데 사용되는 일부 물감과 오일이다. 이에 더해 바비 인형의 종이 포장 과정 역시 미국에서 이루어진다. 바비 인형의 본체와 의상의 원산지는 점점 더 전 세계적으로 확장되고 있다.

1. 바비 인형의 삶은 사우디아라비아에서 시작된다. 여기에서 시추된 원유를 정제해 에틸렌을 추출하는데, 이 에틸렌이 바비 인형의 플라스틱 몸을 만드는 데 사용된다.
2. 대만의 국유 원유 수입 회사인 중국석유회사가 이 에틸렌을 구매한 후 이를 다시 대만 플라스틱 회사인 포모사 플라스틱에 판매한다. 포모사 플라스틱은 인형을 만드는 데 사용되는 PVC 플라스틱 생산에 있어 세계에서 가장 큰 기업이다. 포모사 플라스틱은 에틸렌을 바비 인형 몸을 만드는 데 직접적으로 사용되는 구슬 모양의 PVC 펠레pellet로 바꾸어 놓는다.
3. PVC 펠레는 바비 인형을 만들어 내는 네 곳의 아시아 공장 중 하나로 운송된다. 네 곳의 공장 중 두 곳은 중국 남부에 위치해 있고, 하나는 인도네시아에, 나머지 하나는 말레이시아에 있다. 제조 공정에서 사용되는 기계 중 가장 비싼 것은 바비 인형의 본체를 주형하는 기계다. 이 기계는 미국에서 만들어 각 공장으로 옮겨진다.
4. 바비 인형의 본체가 만들어지면 일본에서 생산된 나일론 머리카락을 바비 인형의 머리에 심는다. 면으로 만들어진 바비 인형의 옷은 중국에서 제조된 것이며, 그 옷의 원료인 면화 역시 중국산이다. 면화는 바비 인형이 주로 조립되는 중국에서 얻어지는 유일한 원재료다.
5. 중국에서 이루어지는 바비 인형의 제조 공정에서 홍콩은 매우 중요한 역할을 담당한다. 바비 인형의 제조 공정에서 사용되는 모든 재료가 세계에서 가장 큰 항구 중 하나인 홍콩으로 운송되며, 여기에서 트럭을 이용해 중국의 각 공장으로 다시 배달된다. 공장에서 만들어진 바비 인형 완제품 역시 다시 홍콩으로 운송·선적된다. 2만 3천여 대의 트럭이 매일 홍콩과

중국 공장을 오가며 바비 인형과 그 재료를 수송하고 있다.

그렇다면 바비 인형의 원산지는 어디일까? '나의 첫 번째 차 모임My First Tea Party'이라고 쓰인 바비 인형의 포장 박스에는 원산지가 중국으로 표기되어 있다. 하지만 우리가 살펴본 바와 같이 바비 인형 제조에 사용된 재료들 중 중국에서 생산된 것은 거의 없다. 대부분의 비용은 제조 기계 및 장비 구입비, 해상 및 육상 운송비, 광고 및 판매 비용, 매장 유지비에서 발생한다. 소매상의 일정한 이윤 역시 여기에 포함된다. 바비 인형의 생산과 소비가 우리에게 보여 주는 것은 세계 경제를 하나로 연결하는 세계화 과정의 효과다. 그러나 이것은 또한 세계화의 영향이 불균등하다는 것을 증명하는데, 몇몇 국가들은 다른 국가들의 희생을 바탕으로 이익을 얻는다. 이것이 의미하는 것은 우리가 글로벌 상품 체인이 체인과 연루된 사회 모두에 발전을 담보한다고 가정할 수 없다는 것이다.

바비 인형의 판매는 최근 몇 년간 어린이들이 다른 유형의 상품을 선택함에 따라 슬럼프에 빠졌다. 바비 인형의 판매고는 2013년에 전년 대비 6퍼센트가량 하락했다. 하지만 당신이 언뜻 바비 인형이 컴퓨터 게임과 스마트폰에 밀려난 것으로 여겼다면, 다시 한번 생각해 보라. 2014년에 세계에서 가장 인기 있는 장난감으로 뽑힌 것은 다름 아닌 '저기술·고창의lowe-tech, high-creativity'의 레인보 룸 밴드(다양한 색상의 고무 밴드로 팔찌나 장신구를 만들 수 있게끔 제작된 키트 — 옮긴이)였다.

비판적으로 생각하기 THINKING CRITICALLY

글로벌 바비 인형을 부유한 선진국 밖의 국가들에 일자리와 임금을 제공하는, 세계화의 긍정적 가능성의 한 예라고 할 수 있는가? 혹은 이처럼 단순하게 평가를 내리기엔 더 복잡한 상황에 놓여 있는가? 어떤 사회집단, 조직, 사회가 글로벌 상품 체인의 운영으로부터 가장 큰 이익을 얻는지 설명해 보라.

두 번째 정치적 발전은 국민국가를 하나로 모으고 국제 관계를 글로벌 거버넌스 형태에 근접하게 만든 국제적·지역적 정부 메커니즘의 성장이다. 유엔과 유럽연합은 민족국가들을 공통의 정치 포럼 속에 포함시킨 국제기구의 대표적인 예다. 유엔이 개별 민족국가들의 결합체라면, 유럽연합은 회원 국가들이 일정 정도의 주권을 포기한 좀 더 선구적인 형태의 초국가적 통치 기구다. 개별 유럽연합 회원국 정부는 유럽연합의 명령, 규제 및 법원 판결을 따라야 하지만, 지역 연합에 참여해 경제적·사회적·정치적 혜택을 얻는다.

정부 간 국제기구IGOs와 국제적인 비정부 기구INGOs 또한 점증하는 세계 정치상에서 중요한 글로벌 정치 형태다. IGOs는 초국가적인 범위에서 이루어지는 활동의 특정 영역을 규제하고 감독하는 책임이 주어진 조직으로서, 이에 참여하는 정부들에 의해 결성되었다. 1865년에 설립된 국제전신연합을 시작으로, 그 후 민간 항공에서부터 방송, 위험 폐기물 처분에 이르기까지 다양한 쟁점들을 규제하는 대단히 많은 유사한 조직이 세워졌다. 국제연합UN, 국제통화기금IMF, 북대서양조약기구NATO가 여기에 해당한다.

INGO는 정부 조직과 연관이 없다는 점에서 IGO와 다르다. 이들은 독립적인 조직으로서, 정책 결정 과정이나 국제적인 쟁점들을 제시하는 과정에서 정부 기구들과 함께 일한다. 가장 잘 알려진 INGO 가운데 그린피스Greenpeace, 국경없는의사회Médecins Sans Frontières, 적십자Red Cross, 국제인권위원회Amnesty International 같은 곳은 환경 보호와 인도주의적 구호 활동에 종사한다. 그러나 덜 알려진 수천 개의 INGO 활동 또한 국가와 지역사회를 연결시키고 있다. 초국가적 정치 조직의 범위가 점점 더 커지는 과정에서 우리가 볼 수 있는 것은 바로 우리 곁에 있는 핵심 이슈들이 국가적 수준의 관심사가 아니라, 국제적·전 세계적 문제가 되는 본질적인 정치적 세계화다.

표 4-5 세계화에 대한 개념화: 세 가지 경향

	초세계화론자 (Ohmae 1990, 1995; Albrow 1997)	회의론자 (Boyer & Drache 1996; Hirst 1997; Hirst & Thompson 1999)	변형론자 (Sassen 1991; Rosenau 1997)
무엇이 새로운가?	글로벌 시대	무역 블록, 이전 시기보다 약해진 지역 거버넌스	역사적으로 전례없는 수준의 지구적 연결도
지배적인 양상은?	글로벌 자본주의, 글로벌 거버넌스, 글로벌 시민사회	세계는 1890년대보다 상호 의존적이지 않음	'두터운'(내포적이고 포괄적인) 세계화
국가의 힘은?	쇠퇴 또는 침식	증진되거나 재강화	재구성, 재구조화
세계화를 추동하는 힘은?	자본주의와 기술	정부와 시장	근대화의 복합적 힘
계층의 패턴은?	구위계질서의 침식	남반구의 주변화가 증진	새로운 세계 질서 구축
지배적인 모티브는?	맥도날드, 마돈나	국익	정치 공동체의 변환
세계화의 개념은?	인간 행위 틀의 재구성으로서의 세계화	국제화와 지역화로서의 세계화	지역 간 관계와 원거리 행위의 재구성으로서의 세계화
역사적 궤적은?	세계 문명	지역 블록/문명의 충돌	불명확. 세계적 통합과 파편화
주장의 요약	국민국가의 종언	국제화는 정부의 승인과 지원에 달려 있음	세계화는 정부 권력과 세계 정치를 변화시킴

출처: Held et al. 1999: 10.

세계화 논쟁

최근 세계화는 열띤 쟁점이 되었다. 매우 중대한 변화가 일어나는 것에 대해서는 학자들이 동의하고 있지만 일련의 변화들을 '세계화'로 묶는 것이 타당한지에 대해서는 논쟁이 일어나고 있다. 이에 대한 영향력 있는 설명은 세계화에 관한 주장을 세 부류 — 회의론자, 초세계화론자, 변형론자 — 로 나눈 데이비드 헬드David Held와 그의 동료들의 설명이다(Held et al. 1999). 세계화 논쟁에서 이들 세 가지 부류는 〈표 4-5〉에 제시되어 있다. 각각의 학파에 인용된 저자들은 그들의 연구가 특정 학파의 접근 방식을 규정하는 핵심 주장들을 포함하고 있기 때문에 선정되었다.

초세계화론자(혹은 과잉세계화론자)

초세계화론자들은 세계화가 실제의, 그 광범한 결과들과 함께 진행 중인 과정이라고 본다. 세계화가 국경을 초월한 무역과 생산의 강력한 흐름으로 세계를 휩쓰는 새로운 세계적 질서를 만들어 내고 있다는 것이다. 잘 알려진 초세계화론자 가운데 한 명인 일본의 겐이치 오마에Kenich Ohmae는 세계화를 시장의 힘이 정부보다 더 강력한 세계인 '국경 없는 세계'로 이끄는 것으로 본다(1990, 1995). 초세계화론자들이 펼치는 주장의 상당 부분은 국민국가가 국가적 운명을 통제할 수 있는 권력을 상실하고 있다는 생각에 근거하고 있다. 개별 국가들은 세계 무역의 증대로 더 이상 국가 경제를 통제할 수 없다. 각국의 정부들은 불안정한 금융시장, 투자 결정, 테러 조직과 같은 국경을 초월하는 쟁점들에 그 권위를 행사하기가 갈수록 어려워진다. 시민들은 정치인들 또한 이러한 문제를 다룰 능력을 가지고 있지 않다는 것을 알고 있기 때문에 결과적으로 기존 통치 체제에 대한 믿음을 잃게 된다.

초세계화론은 국민국가의 정부가 위로부터는 유럽연합이나 세계무역기구WTO 같은 지역적·국제적 기관에 의해, 아래로부터는 국제적 저항 운동과 글로벌 테러리즘, 시민 발의 등에 의해 양면적인 도전을 받고 있는 상황에 처해 있다고 말한다. 종합해 봤을 때, 초세계화론자들에게 이러한 변화들은 정부의 중요성이나 영향력이 약화되는 '글로벌 시대'가 밝아오고 있음을 알리는 신호로 받아들여진다(Albrow 1997).

회의론자

몇몇 학자들은 세계화의 '실재reality'가 과장되어 있으며, 세계화에 관한 이론 대부분은 이미 장기간에 걸쳐 존재해 왔던 것에 대해 지나치게 새로운 것으로 강조하고 있다고 말한다. 예를 들어 세계화 논쟁에서 회의론자들은 현재 수준의 경제적 상호 의존성은 전대미문의 것이 아니라고 믿는다. 그들은 19세기의 세계 무역과 투자에 관한 통계를 지적하면서 오늘날의 세계화는 국가 간 상호 교류 강도에서 과거와 차이가 있을 뿐이라고 주장한다. 이러한 의미에서 본다면 국가가 여전히 핵심 정치 행위자로 기능한다고 간주하는 '국제화'라고 말하는 것이 더 정확할 것이다. 국민국가의 정부는 경제 활동을 규제하고 조정하며, 무역 협정과 정책들을 통해 경제 자유화를 추구하기 때문에 여전히 핵심 행위자들로 남아 있다.

회의론자들은 과거에 비해 현재의 국가들이 접촉이 더 많다는 것에 동의하지만, 현대 세계 경제가 진정으로 글로벌 경제를 구성할 정도로 충분히 통합되지는 않았다고 본다. 이들은 무역이 진정으로 세계적으로 이루어지기보다는 단지 유럽, 아시아-태평양, 북아메리카 지역 간에만 이루어지고 있다고 지적한다. 예를 들어 유럽연합 국가들은 거의 그들끼리만 무역을 하며, 이는 다른 지역의 경우에도 마찬가지이므로 단일한 세계 경제라는 개념은 타당하지 않다는 것이다(Hirst 1997). 단일 세계 경제가 장기적 관점에서 현실이 될 것인지조차 아직은 분명하지 않다.

결과적으로, 많은 회의론자는 주요 금융과 무역 블록의 등장과 같은 세계 경제 내에서 지역화regionalization 과정에 초점을 맞춘다. 회의론자들에게 지역화의 증가는 세계 경제가 더 통합되기보다는 덜 통합되고 있음을 보여 주는 증거다(Boyer and Drache 1996; Hirst and Thompson 1999). 한 세기 전의 지배적인 무역 유형과 비교해 본다면, 세계 경제는 지리적인 범위의 측면에서 덜 지구적이며, 활발한 활동들이 일어나는 제한된 일부 지역으로 더 집중되고 있다. 이러한 측면에서 초세계화론자들은 역사적 증거들을 잘못 해석하고 있는 것이다.

변형론자

변형론자는 회의론자와 초세계화론자 사이 어딘가에 위치한다. 그들은 내부와 외부, 국내와 해외를 나누는 기존 경계가 세계화로 인해 붕괴하고 있다고 주장하면서도 여전히 과거의 많은 패턴이 유지되고 있다고 본다. 국민국가의 정부는 여전히 많은 힘과 영향력을 보유하고 있다. 국민국가는 그 주권을 상실하기보다는 (기업, 사회운동, 국제기구를 포함하는) 지역적 기반이 없는 새로운 경제적, 사회적 조직체들의 형성에 대응해 주권을 규합, 재구성하고 있다. 변형론자들은 우리가 더 이상 국가 중심적 세계에 살고 있지 않으며, 국가는 세계화의 복잡한 조건에서 더 적극적이고 외부 지향적 태도를 갖도록 강요되고 있다고 주장한다(Rosenau 1997).

(변형론자들에 따르면) 세계화를 일반 사람들의 통제를 벗어나 발생하는 불가피한 무언가로 바라보는 시각 또한 잘못된 것이다. 사실 세계화는 상호 간 영향력과 변화의 대상이 되는 역동적이고 개방적인 과정이다. 따라서 세계화는 서로서로 반대로 작용하는 경향을 수반하는, 모순적인 방식으로 발전하고 있다. 이미지·정보·영향의 쌍방적 흐름은 '지역적the local 수준'에서 '지구적the global 수준'으로, 다시 '지구적 수준'에서 '지역적 수준'으로 이루어진다. 전 세계적 이주, 미디어, 원격 통신은 광범하고 다양한 문화적 영향력을 확산시키는 데 기여하고 있다. 예를 들면 런던이나 뉴욕, 도쿄와 같은 세계의 격동적인 '세계 도시들'은 서로 교차하면서 살아가고 있는 인종 집

단과 문화들의 공존으로 인해 완전하게 다문화적인 성격을 띤다(Sassen 1991). 변형론자들에 의하면, 세계화는 다방면으로 작용하는 연결과 문화적 흐름으로 특징짓는 탈중심화되고decentred 재귀적인reflexive 과정이다. 세계화는 다양하게 얽혀 있는 글로벌 네트워크의 산물이기 때문에 미국이나, '서구the West' 혹은 세계의 어느 한 부분에서 시작된 것으로 보아선 안 된다(Held et al. 1999).

평가

앞서 살펴본 변형론자들의 주장은 현실에 적절하게 부합하는 것으로 보인다. 하지만 세계화 과정이 앞으로도 효과적이고 체계적으로 진행될 것이라 단언할 순 없다. 회의론자들은 세계 금융시장이 이전보다 훨씬 더 세계적인 차원에서 조직되고 있으며, 인터넷이 규칙적인 장거리 관계regular long-distance relationships를 촉진시킨다는 점, 여행과 문화를 교차하는 의사소통cross-cultural communications이 사람들의 일상 경험에 변혁을 일으키고 있다는 점을 과소평가한다. 한편, 글로벌 경제로의 꾸준한 이행에 관한 초세계화론자들의 묘사가 암시하는 바는 오늘날의 경향에만 국한되는 것이 아니다. 최근의 글로벌 금융 위기가 보여 주듯, 그 방향은 언제든 달라질 수 있다.

2008년의 글로벌 금융 위기는 많은 국가의 정부들로 하여금 부상하는 '국경 없는 경제'에 내재된 위험성을 뼈저리게 느끼게 만들었다. 유럽연합에서는 아일랜드, 키프로스, 그리스, 포르투갈에 대한 대규모 구제 금융으로 인해 '더 밀접한 유럽연합'에 대한 논리와 유럽 단일 통화에 대한 의문이 생겨나기 시작했다. 이런 경우, 각국 정부가 자국의 경제를 보호하기 위한 정치적 결정을 함으로써 보다 높은 수준의 통합을 향한 구심력이 반전을 겪는 상황을 충분히 예측해 볼 수 있다. 마찬가지로, 많은 유럽 국가에서 점증하는 유럽으로의 국제 이주와 유럽연합 내 '거주 이전의 자유freedom of movement' 원칙에 대한 반발이 있어 왔다. 그 결과 중 하나는 자국으로의 이주를 제한 또는 중단하길 촉구하거나, 영국독립당UKIP처럼 유럽연합 탈퇴를 주장하는 민족주의 및 반反이민 정당이 생겨났다는 것이다. 2016년, 다른 유럽연합 국가로부터의 대규모 이민에 대한 우려와 두려움은 영국이 국민투표를 통해 유럽연합에서 탈퇴하기로 결정하는 데 주된 요인으로 작용했다. 많은 영국 사람이 자국으로의 이민 수준과 유형에 대한 추가적인 통제를 추구했기 때문이다. 사실상, 민족주의 정당과 반이민 정당이 국경 없는 세계에 대한 초세계화론자들의 예측이 실현도 되기 전부터 이를 가로막고 있는 것이다.

> 2008년 금융 위기와 그 회복 계획에 대해서는 제7장 〈일과 경제〉에서 보다 상세히 다룬다.

그러나 모든 사회운동 혹은 정치운동이 세계화 자체에 반대하는 것은 아니다. 1990년대, 세계화의 자본주의 자유 시장 버전에 대해서는 매우 비판적이었지만, 보다 밀접한 세계적인 연결성은 거부하지 않는 사회운동이 전 세계적으로 발생했다. 오히려 이러한 운동들은 세계화에 대한 대안적 관점을 내세우면서 생태적 지속 가능성, 인권, 지역사회 거버넌스가 중심이 되는 세계화 양상에 대한 관심을 주문한다. 결과적으로 오늘날에 이르러서는, 상술한 세계화의 또 다른 요소들을 단순히 '반反세계화로의 귀결'로 규정하기보단, 통칭 '대안 세계화 운동alter-globalization movements'으로 인식하고 있다.

> 반세계화, 대안 세계화 운동과 관련해서는 제21장 〈정치, 정부, 사회운동〉에서 논의된다.

앞서 살펴본 세계화 논쟁의 세 가지 입장 모두 급격한 세계화의 현대적contemporary 과정과 그것이 미래에 미치는 결과에만 집중한다. 그러나 우리가 논의해 왔듯, 오늘날의 세계화 과정을 보다 긴 역사적 시간 틀에 위치시키는 것 또한 가능하다. 이 관점에서 본다면, 인간 사회의 확대와 발전은 보다 세계적인 상호 의존 관계 형태로 나아가고 있지만, 이는 과거에나 지금이나 불가피한 것이 아니다(Hopper 2007). 역사적으로 세계화는 협력과 갈등의 산물일 뿐만 아니라 갈등·전쟁·침략의 산물이기도 하며, 이는 오늘날의 글로벌 트렌드의 역전(예를 들면 개별 국민국가의 경제보호주의) 또한 언제든지 가능하다는 것을 의미한다. 다시 말해 갈등은 오늘날의 세계화에 크게 기여한 한편, 세계화를 뒤집어 버릴 잠재력 또한 갖고 있다는 것이다.

제22장 〈국가, 전쟁, 테러리즘〉은 전쟁과 갈등에 대한 더 광범위한 논의를 포함하고 있다.

세계화의 결과

역사적으로 사회학의 핵심적인 관심사는 산업사회에 국한되어 있었으며, 여타의 모든 사회는 인류학자의 영역으로 남아 있었다. 그러나 세계화에 대한 우리의 인지 수준이 성장해 감에 따라, 이러한 학문 분업 체계의 유효성이 점차 줄어들고 있다. 식민지 확장의 역사가 보여 주듯이, 개발도상국과 선진국은 오랜 시간에 걸쳐 상호 관계를 맺어 왔다. 선진국 사람들은 일상의 삶을 영위하면서 개발도상국에서 생산된 원자재와 공산품들에 크게 의존하고 있다. 반면 대부분 개발도상국에서 경제의 지속적인 성장은 그들과 선진국 간의 무역 네트워크에 의존하고 있다. 이러한 측면에서 봤을 때 세계화란 소수 '세계'와 다수 '세계'가 점점 더 지구 세계의 일부가 되는 것을 의미한다.

그 결과 세계의 문화 지도 역시 변화하고 있다. 사람들 사이의 연결망은 국가를 넘어 대륙으로까지 확장되고 있으며, 이는 이주민의 원적지와 정착지 간의 새로운 문화적 연결고리를 생성한다(Appadurai 1986). 지구상에는 5천 개에서 6천 개가량의 언어가 존재함에도 불구하고, 이 중 약 98퍼센트의 언어는 세계 인구의 10퍼센트 정도만이 사용한다. 1억 명 넘는 사용자를 갖는 단 열두 개의 언어가 세계 언어 체계를 지배하고 있는 것이다. 아라비아어, 중국어, 영어, 프랑스어, 독일어, 힌디어, 일본어, 말레이어, 포르투갈어, 러시아어, 스페인어, 스와힐리어가 여기에 해당한다. 그리고 '영어'라는 단 하나의 언어가 모국어를 제외한 '제2언어'의 1순위 선택지로서 초중심적인 위치를 차지하고 있다. 바로 이 2개 국어를 말하는 사람들이 현존하는 세계 언어 체계 전체를 결속시킨다(de Swaan 2001).

특정 사회가 나머지 인류 세계로부터 고립된 상태를 유지하기란 점점 더 불가능해지고 있다. 지구상에서 라디오, 텔레비전, 컴퓨터, 휴대폰, 해외여행객으로부터 자유로울 만큼 저 멀리 떨어져 있는 곳은 없다. 설사 있다 하더라도 그런 지역은 극소수에 불과하다. 불과 한 세대 전까지 세계에는 다른 세상으로부터 일체의 영향을 받지 않은 채 자신들만의 삶의 방식을 유지해 왔던 부족들이 존재했다. 하지만 오늘날 이들은 중국이나 다른 생산기지에서 만들어진 마체테machete(열대 지방에서 길을 내거나 작물을 자르는 데 사용하는 외날의 큰 칼. 벌목도나 정글도라고도 한다 — 옮긴이)나 여타의 도구들을 사용하고, 도미니카 또는 과테말라에 있는 공장에서 만들어진 티셔츠와 바지를 입고, 외부인과의 접촉으로 인한 질병을 치유하기 위해 스위스나 독일에서 제조된 약품을 복용한다. 게다가 이들은 텔레비전이나 인터넷을 통해 그들의 이야기를 전 세계 사람들에게 전달할 수 있다. 바로 그 텔레비전이나 인터넷을 통해 네덜란드(TV쇼 〈빅 브라더Big Brother〉)나 영국(TV 오디션 프로그램 〈팝 아이돌Pop Idol〉)의 문화 상품들을 수용하는 동안 이 문화 상품에 내재된 영미 문화를 그들의 고향으로 들여오면서도 말이다. 이 과정 또한 세계적으로 단일 문화를 만들어 내는 것이라 볼 수 있을까?

세계화 혹은 현지화?

많은 사람은 전 세계에 걸친 인터넷의 빠른 성장이 문화적으로도 강력한 국가인 유럽과 북아메리카의 그것과 유사한 세계 문화의 확산을 가속화시킬 것이라고 믿는다. 양성 평등, 표현의 자유, 참정권의 보장, 소비를 통한

모로코 마라케시의 접시형 옥탑 위성 안테나 뒤로 벤 살라Ben Salah의 모스크가 보인다. 디지털 기술은 기업, 광고주, 문화 제작자들에게 그들의 제품을 세계 도처에서 판매할 수 있게 해주었다. 그러나 이 현상이 필연적으로 지역 문화나 믿음, 관행들이 약화되었음을 의미하지는 않는다.

만족 추구와 같은 가치 신념은 인터넷을 통해 급속도로 확산되고 있다. 더욱이 인터넷 기술 자체의 성격이 앞에서 언급한 가치들을 더욱 조장하고 있다고 할 수 있다. 왜냐하면 검열되지 않은 정보가 무한히 전 세계로 전달된다는 점과 그러한 정보를 획득했다는 데서 오는 만족감이 바로 이 새로운 기술의 특징이기 때문이다.

하지만 세계화가 전통적 가치를 모두 제거해 버릴 것이라고 섣불리 판단할 수는 없을 것이다. 오히려 세계화의 힘이 전통적 문화 가치를 강화하는 수단이 되기도 한다. 세계화의 결과들이 균형을 이루는 측면을 포착하기 위해 영국 사회학자 롤런드 로버트슨Roland Robertson은 세계화golbalization와 지역화localization의 혼합물인 현지화glocalization라는 개념을 만들었다(1992). 세계적 과정들의 조정과 형성에서 지역 공동체는 종종 수동적이기보다는 능동적이다. 마찬가지로, 초국적 기업들도 지역적 기반과 조건들을 고려해 생산품과 서비스를 맞추어 낸다. 실제로 그러하다면 이러한 사례들을 통해 우리는 세계화가 필연적으로 단일하고 세계적인(서구적인) 문화를 만들어 내는 것이 아니라 문화적 생산물의 다양성과 다중 방향성의 흐름을 전 세계적으로 가능케 한다는 것을 알 수 있다.

미국과 유럽 문화에 의해 최근 이슬람 전통이 강하게 위협받던 쿠웨이트의 사례를 예로 들어 보자. 쿠웨이트는 1인당 소득이 전 세계에서 가장 높은 국가 중 하나로서 걸프만에 위치한 부유한 산유국이다. 쿠웨이트 정부는 국민들에게 대학 교육에 이르기까지 무상 공공교육을 제공함으로써, 양성 모두에서 세계 최고 수준의 문해율(특정 나이대의 사람들이 읽고 쓸 줄 아는 능력을 가진 정도 — 옮긴이)과 교육률을 보여 주고 있다. 비록 이슬람교 기도 시간에 맞춰 중계방송이 정기적으로 중단되기도 하지만, 쿠웨이트 텔레비전은 자주 미국에서 펼쳐지는 미식축구 경기를 중계한다. 쿠웨이트 인구의 57퍼센트는 25세 미만이며, 북아메리카와 유럽 국가들에서와 마찬가지로 많은 사람이 새로운 생각과 정보, 또는 신상품을 찾기 위해 인터넷을 사용하고 있다.

레게 – 세계적인 음악 스타일?

세계 사회 4-4

대중음악에 식견이 있는 사람들이 노래를 듣는 경우, 종종 스타일을 결정하는 데 도움이 되는 세련된 요소들을 골라낼 수 있다. 각각의 음악 스타일은 무엇보다 리듬, 멜로디, 화성, 가사 등을 결합하는 고유한 방식을 의미한다. 비록 록rock, 랩rap과 포크folk 간의 차이점을 알아내는 것은 그리 어려운 일이 아니라 할지라도, 음악가들은 종종 노래를 작곡할 때 다양한 종류의 스타일들을 결합한다. 특정한 음악 스타일은 특정한 사회적 집단에서 나오는 경향이 있다. 따라서 이런 스타일들이 어떻게 조합되고 혼합되는지 연구하는 것은 집단들 사이의 문화적 접촉을 이해하는 좋은 방법이 된다.

몇몇 문화사회학자들은, 새로운 음악 형식을 만들어 냈던 사회 집단들 사이의 접촉 과정을 예증하기 위해 레게 음악에 관심을 돌렸다. 레게의 뿌리는 서아프리카에서 찾을 수 있다. 17세기에 엄청난 수의 서아프리카인이 영국 식민주의자들에 의해 노예가 되었고, 사탕수수 밭에서 일하기 위해 배에 실려 서인도제도로 끌려왔다. 영국인들은 행여나 아프리카 전통 음악이 반란을 고무하는 울부짖음으로 변하지 않을까 걱정해, 노예들이 그들의 전통 음악을 연주하는 것을 금했다. 그러나 노예들은 때때로 노예주들에 의해 주입된 유럽 음악 스타일과 자신들의 음악 전통을 통합하는 방식을 통해 아프리카 북 치기drumming의 전통을 유지할 수 있었다. 자메이카에서는 일군의 노예 집단들이 행하는 북 치기 — 이를 부루Buru라 한다 — 가 공개적으로 허용되었는데, 그 이유는 그것이 작업 속도를 높이는 데 도움이 되었기 때문이다. 1834년에 이르러 마침내 자메이카에서 노예 제도가 폐지되었지만, 부루의 전통만은 많은 부루 연주자가 농촌에서 킹스턴의 슬럼 지역으로 옮겨 갔을 때도 지속되었다.

이 슬럼 지역에서 새로운 종교적 컬트 집단이 생겨나기 시작했는데, 이것이 레게의 발전에 매우 결정적인 역할을 했다. 1930년, 하일레 셀라시에Haile Selassie는 아프리카의 에티오피아 황제가 되었다. 세계 도처의 유럽 식민주의 반대자들은 셀라시에의 즉위를 환영했고, 서인도제도의 많은 사람들은 셀라시에를 억압받는 아프리카 사람들의 해방을 위해 지상에 내려온 신이라고 믿게 되었다. 셀라시에의 이름 중 하나는 '라스 타파리 왕자Prince Ras Tafari'였고, 그를 신으로 받드는 서인도제도 사람들은 스스로를 '라스타파리안Rastafarian'이라고 불렀다. 라스타파리안들의 의식은 부루와 결부되었고, 라스타파리안의 음악은 억압과 해방이라는 성경聖經의 주제와 함께 부루 스타일의 북 두드리기와 결합되었다. 1950년대에 서인도제도의 음악가들은 라스타파리안적인 리듬과 가사를 미국의 재즈와 흑인의 리듬 앤 블루스R&B 요소들과 혼합하기 시작했다. 이런 혼합은 점차 '스카ska'로 발전해 갔고, 마침내 1960년대에 상대적으로 느린 비트와 베이스에 대한 강조, 집합적인 사회의식의 힘과 도시에서의 박탈을 주제로 한 가사로 특징짓는 레게로 발전해 갔다. 밥 말리Bob Marley를 비롯한 많은 레게 아티스트들이 상업적 성공을 거두었고, 1970년대에는 전 세계 사람들이 레게 음악을 듣게 되었다. 1980년대와 1990년대에 레게는 힙합(혹은 랩)과 섞여 새로운 사운드를 창조해 냈다. 이런 사운드는 우탱클랜Wu-Tang Clan이나 섀기Shaggy, 션 폴Sean Paul 같은 그룹의 작품에서 들을 수 있다 (Hebdige 1997).

따라서 레게는 서로 다른 사회적 집단들 사이의 접촉의 역사이며, 음악을 통해 이들 집단들이 표현하려고 한 (정치적이고 정신적이며 개인적인) 의미들의 역사다. 세계화는 이런 접촉의 강도를 배가시켰다. 예를 들면 이제 스칸디나비아 지역의 젊은 음악가는 런던 노팅힐의 어느 지하실에서 젊은 남녀가 만든 음악을 들으면서 성장할 수 있고, 위성을 통해 멕시코시티에서 생방송되는 마리아치Mariachi(멕시코의 가두 음악단 — 옮긴이)의 음악에 깊이 감회될 수도 있게 되었다. 집단들 사이의 빈번한 접촉이 음악의 진화 속도를 결정하는 중요한 요소라면, 세계화 과정이 지속적으로 전개됨에 따라 당분간 새로운 음악 스타일이 보다 풍부해질 것이라고 예측할 수 있다.

쿠웨이트는 여러 측면에서 '현대' 국가의 모습을 보여주고 있음에도 불구하고 아직 남녀를 차별적으로 인식하는 문화적 규범이 여전히 강하게 남아 있다. 여성들은 얼굴과 손을 제외한 신체의 대부분을 가리는 전통적인 복식을 착용하고 있으며, 남편과 친척을 제외한 그 어떤 남자와도 저녁 시간에 집에서 같이 있거나 공개된 장소에 같이 나타나서는 안 된다. 쿠웨이트에서 인터넷은 점점 대중화되고 있으며 인터넷 이용 인구의 67퍼센트는 젊은이들이다. 인터뷰에 따르면 인터넷의 주요한 매력은 젊은이들에게 엄격히 강요되는 젠더 구분을 넘을 수 있는 기회를 제공하기 때문이다. 미국과 영국에서 유학하고 있는 쿠웨이트 출신 남녀 학생들을 인터뷰한 데버라 휠러Deborah Wheeler에 따르면 대부분의 인터뷰 대상자들은 인터넷 카페에서조차 남녀를 분리하는 쿠웨이트에서 이성과의 의사소통이야말로 가장 보편적인 인터넷의 용도라고 대답했다(2006).

사비하라는 여학생에 따르면 "쿠웨이트의 젊은이들 사이에서 인터넷이 큰 인기를 끄는 이유는 남학생과 여학생이 서로 의사소통할 수 있는 가장 효과적인 방법이기 때문이다"(Wheeler 2006: 148). 부타나라는 학생은 "여학생들의 경우 특히 남학생들과의 친분을 형성할 수 없기 때문에, 아마도 인터넷이 친분을 만들기에 '안전한' 장소로 여겨지는 것 같다"고 말하고는 "두 사람이 서로를 모르기 때문에 자신들의 사회적 평판이나 삶을 침해당하지 않고도 자신들의 관심사와 주장들을 안전하게 펼칠 수 있는 것으로 생각한다"고 답했다(ibid.: 146). 다른 여학생에 따르면 잘 알려진 몇몇의 채팅방은 노골적인 대화로 '악명'을 얻게 되었고, '조신하지 못한 여자'라는 딱지를 붙임으로써 그 채팅방을 사용하는 여성을 위험하게 만들고 있다.

휠러의 연구는 인터넷이라는 매체를 통해 세계와 지역이 상호작용하는 현실의 축소판을 보여 주고 있다. 인터넷 사용은 분명히 글로벌 커뮤니케이션과 정보 교환, 연구 등에 있어 새로운 기회를 제공하고 있으며, 이러한 의미에서 본다면 이것은 세계화의 힘이다. 그러나 그것이 사용되는 방식의 일부는 여전히 국가적 맥락과 지방의 문화적 규범들에 의해 형성된다. 젊은 쿠웨이트 여성(과 남성)은 몇 가지 사회적 규칙과 금기들을 회피하기 위해 인터넷을 사용하지만, 쿠웨이트만의 독특한 젠더 규범들은 특정 채팅방이나 이 채팅방을 사용하는 여성들에게 낙인을 찍는 일상 용어, 사회적 상호작용을 통해 재확인되고 있다.

수백 년 된 쿠웨이트의 문화가 단순히 인터넷상의 상이한 가치와 믿음에 노출됨으로써 쉽게 변형될 것으로 보이지는 않는다. 젊은이들이 잠재적으로 전 세계적인 채팅방에 참여할 가능성이 있다고 해도 이것이 서구의 젠더 관계나 성적 태도들을 수용한다는 의미는 아니다. 그러나 이러한 현지화 과정을 통해 출현할 문화는 쿠웨이트인들에게 용인될 만한 것이 될 가능성이 크다.

비판적으로 생각하기 THINKING CRITICALLY

서구의 상품, 브랜드, 문화가 비서구 사회의 문화를 변화시킨 사례들을 생각해 보자. 다음에는 서구의 영향력이 지역 수준에서 유의미하게 변형된 사례를 들어 보자. 지역화란 토착 문화가 진정으로 세계화의 파고를 이겨 낼 수 있음을 의미하는 것일까?

강화된 개인주의

세계화가 종종 세계 금융시장, 생산과 무역, 원거리 통신과 같은 거시적인 변화와 결부된다 할지라도, 사적 영역에 미치는 세계화의 결과 역시 이에 못지않게 강하게 나타난다. 세계화는 단지 '저기 어딘가'의 무엇이 아닌 '바로 여기'에서 발생하고 있는 현상으로, 다방면에서 사람들의 사생활과 개인적 삶 전반에 영향을 미치고 있다. 세계화의 영향력은 언론, 인터넷, 대중문화와 같은 비인격적 요소와 더불어 다른 국가에서 온 개인들과의 만남과 같은 대면적 접촉을 통해 가정·마을·지역사회에 유입된다. 이러한 상황에서 개인들의 삶이 변화되는 것은 불가피한 일이다.

오늘날 사람들은 전통과 관습이 지배하던 과거와 달리 자신들의 삶을 직접 만들어 갈 기회를 더욱 많이 얻고 있다. 사회 계급, 젠더, 인종, 종교조차 특정 삶의 경로를 차단한 한편, 다른 경로를 열어 주기도 했다. 예를 들어 재단사의 아들로 태어난 것은 대개 아들이 아버지의 기술

앤서니 기든스: 근대의 저거너트에 타다

고전 연구 4-2

연구 문제

세계화는 사람들의 일상에 어떤 영향을 줄까? 세계화는 어떻게 우리 모두가 사는 근대 세계를 바꿀까? 어떤 사람이 세계화의 힘을 무시하거나 그것에서 빠져나올 수 있을까? 1990년대 이후 일련의 저서, 논문, 강연들을 통해 기든스는 새로 떠오르는 근대성의 지구적 형태의 속성을 밝히고 그것이 일상에 미치는 결과들에 대해 연구해 왔다(1991a, 1991b, 1993, 2001). 특히 그는 전통의 쇠퇴와 우리가 리스크에 더해서 더 많이 인식하는 것, 그리고 우리의 관계들 내에서 신뢰의 속성이 변하는 것에 관심을 기울였다.

기든스의 설명

『모더니티의 결과들The Consequences of Modernity』(1991b)에서 기든스는 근대성의 세계적 확산이 그 누구도, 그 어떤 정부도 결국에는 통제할 수 없는 '질주하는 세계'를 만들어 내려 한다는 입장을 제시했다. 마르크스는 근대성을 묘사하기 위해 괴물의 이미지를 사용했는데, 그는 근대성을 큰 트럭이나 '저거너트juggernaut'에 타는 것으로 비유한다(ibid.: 139).

> 나는 우리가 저거너트를 다른 것으로 대체해야 한다고 생각한다. 그것은 인류의 거대한 힘으로 질주하는 엔진과 같은 것인데, 우리는 어떤 부분까지 그것을 조종할 수 있지만, 저거너트는 우리의 통제를 벗어나 스스로를 산산조각으로 부숴 버릴 것이라고 우리를 위협한다. 저거너트는 그것에 저항하는 이들을 부수고, 때때로 정해진 경로를 가는 것 같지만, 우리가 예측할 수 없는 경로로 방향을 바꾸어 나아갈 때도 있다. 저거너트에 타는 것은 재미없거나 보상이 없지 않다. 오히려 그것은 매우 즐겁고 희망과 기대를 준다. 하지만 근대의 제도가 지속되는 한 우리는 여행의 경로나 속도를 완전히 통제할 수 없을 것이다. 그 때문에 우리는 완전히 안전하다고 느낄 수 없는데, 근대의 저거너트가 달리는 지역은 위험으로 가득 차 있기 때문이다. 존재론적 안전감과 존재에 대한 근심 같은 상반되는 감정이 동시에 존재할 것이다.

근대의 세계화 형태는 새로운 불확실과 위험 그리고 다른 개인들과 사회 제도에 대해 사람들이 가지는 신뢰의 변화로 특징지을 수 있다. 급변하는 세계에서 전통적 형태의 신뢰는 사라진다. 다른 이들에 대한 우리의 신뢰는 주로 지역 공동체에 기반을 두고 있는데, 보다 세계화된 사회에서 우리의 삶은 우리와 매우 먼 곳에 살지도 모르는, 만난 적도 없고 알지도 못하는 사람들에 의해 영향을 받는다. 이러한 비인간적 관계가 의미하는 것은 우리가 먹거리 생산 또는 환경 규제 기관이나 국제 은행 체계와 같은 '추상적 체계'들을 '신뢰'하거나 신임하도록 떠밀린다는 것이다. 이러한 방식으로 신뢰와 위험은 하나로 묶인다. 권위에 대한 신뢰는 우리가 주변에서 위험을 맞닥뜨리거나 그것에 효과적인 방식으로 대응해야 할 때 필요하다. 하지만 이런 유형의 신뢰는 관습적으로 주어지는 것이 아니라 주체의 성찰과 교정을 통해 주어진다.

사회가 관습과 전통을 통해 얻는 지식에 의존할수록 사람들은 많이 성찰하지 않고 기존 방식을 따르게 된다. 근대 사람들에게 이전 세대들이 당연시했던 삶의 측면들은 열린 의사결정의 문제가 되고 기든스가 '성찰성reflexivity'이라고 부르는 것, 즉 매일 매일 벌어지는 우리의 행위에 대해 지속적으로 성찰하고 새로운 지식에 입각해 행위를 개선하는 것을 만들어 낸다. 예를 들어 결혼을 할지 이혼을 할지는 매우 개인적인 결정이고, 가족과 친구의 조언을 감안할 수 있다. 하지만 결혼이나 이혼에 대한 공식 통계나 사회학적 연구 역시 사회적 삶에 침투하고 개인의 의사결정의 한 부분이 된다.

근대성의 이러한 측면들은 기든스로 하여금 세계적 근대성이 이전 형태들과 단절된 삶의 형태라는 결론으로 이끈다. 많은 지점에서 근대성의 세계화는 근대 사회의 종말이나 그것을 넘어서는 것이라기보다는(포스트모더니즘처럼. 제3장 참조) 근대적 삶에 스며든 경향들을 보다 넓은 차원인 지구적 맥락으로 취하는 '후기' 혹은 '고도' 근대성이라는 새로운 단계라고 할 수 있다.

비판적 쟁점

기든스를 비판하는 학자들은 그가 근대성과 근대 이전 사회들 그리고 사람들의 일상을 구조화하는 전통이나 습관들 간의 단절을 과장한다고 주장한다. 그들은 근대 시기는 그렇게 독특한 것이 아니고 근대 사람들은 이전 사람들과 그렇게 다르지 않다고 주장한다. 또 다른 이들은 그의 세계화되는 근대에 대한 설명이 사회학의 중심적인 문제인 권력을 경시한다고 생각한다. 특히 초국적 기업들이 정부에 영향을 미치고 세계의 가난한 이들을 희생시켜 특권적인 위치를 차지하는 형태의 세계화를 추동하는 권력을 경시한다는 것이다. '근대성' 개념은 자본주의적 기업의 권력을 보이지 않게 한다.

마지막으로 몇몇은 기든스가 성찰성을 완전히 긍정적인 발전으로, 삶의 기회를 개방하는 것을 반영하는 것으로 본다고 주장한다. 그러나 이러한 성찰성은 뒤르켐이 서술한 것처럼 '아노미'의 고도화된 상태로 이끌 수도 있다. 그리고 이런 맥락에서 보면 성찰성은 우리가 추구해야 할 환영할 요인이라기보다 해결해야 할 문제다.

현대적 의의

세계화 이론은 상대적으로 근래의 것이고, 기든스 역시 근대의 삶에 대한 이론을 계속 발전시키고 있기 때문에 이것은 상당 부분 '진행 중인 연구'다. 기든스가 발전시킨 생각들은 다른 사회학자들에 의해 많은 결실을 보았고, 이러한 맥락에서 그가 이론적 틀과 몇몇 개념적 도구를 젊은 세대의 진전과 발전을 위해 제공해 온 것은 만족스럽다. 근대성에 대한 그의 연구에 대한 비판들이 공헌한 것에서 분명히 알 수 있듯이, 그것은 많은 사회학적 논란을 불러일으켰다. 이것은 미래에도 지속될 것이고, 독자들도 스스로 평가할 수 있을 것이다.

을 배우고 평생 동안 그 기술을 사용한다는 것을 보증했다. 전통은 여성의 본래 영역을 가정에 국한시켰다. 여성의 삶과 정체성은 남편 혹은 아버지의 삶과 정체성에 의해 결정되었다. 사람들의 개인적인 정체성은 그들이 태어난 공동체의 맥락에서 형성되었다. 해당 공동체에서 지배적인 가치, 지배적인 생활양식, 지배적인 인종이 그 공동체에서 살아가는 사람들에게 상대적으로 고정된 삶의 지침을 제공했다.

반면 세계화의 조건 아래 사람들은 능동적으로 자신들의 정체성을 만들어 나가는 새로운 개인주의에 직면하고 있다. 사람들의 선택과 행동에 지침을 제공했던 이전의 사회적 코드는 크게 느슨해졌다. 예를 들어 오늘날 재단사의 장남은 그의 미래와 관련해 수많은 경로를 선택할 수 있으며, 여성들은 더 이상 가정에 묶이지 않게 되었다. 여학생들은 대부분의 교과에서 남학생들보다 높은 성취를 보이며, 여성들이 고등교육을 받는 학생의 상당 부분을 구성하게 되었고, 이로써 더 많은 여성이 매력적인 미래가 약속된 일자리를 제공하는 공식 경제에 종사하게 되었다. 새로운 규범이 계속 등장해 왔고 여전히 등장함에 따라, 구세대의 젠더 역할 기대를 반영했던 사회규범들은 더 이상 그들의 아이들이 이끌어 갈 시대의 삶에 적합한 것이 될 수 없다.

세계화는 사람들을 더 개방적이고 재귀적인 방식으로 살도록 강요하고 있으며 이것은 우리가 지속적으로 우리를 둘러싼 환경의 변화에 대응하고 적응하고 있다는 것을 의미한다. 우리가 일상생활을 영위하기 위해서 하는 작은 선택 — 무엇을 입을 것인가, 여가 시간을 어떻게 보낼 것인가, 건강이나 몸을 어떻게 관리할 것인가 — 도 우리의 자아 정체성을 창조하고 재창조하는 지속적인 과정의 한 부분이다. 간단하게 결론을 내리면 다음과 같다. 오늘날 많은 국가의 사람들은 이전의 명확했던 소속감을 잃은 한편, 더 많은 선택의 자유를 얻었다. 이것이 진보인지 아닌지에 대한 논쟁은 세계화와 관련된 찬반양론의 일부를 구성한다.

결론: 세계 사회를 통치하는가

세계화가 진전됨에 따라 기존 정치 구조와 모델들은 국경을 초월한 도전으로 가득 찬 세계에 더 이상 적합하지 않아 보인다. 특히 유가나 에너지 가격, 전염병의 확산을 통제하거나, 지구온난화나 조직범죄를 막거나, 불안정한 금융시장을 규제하는 것 등은 개별 정부의 통제 능력 밖에 있다. 세계 정부나 세계 의회는 존재하지 않으며 누구도 초국가적인 선거에 투표하지 않는다.

> 언제나, 서신들은 국경을 넘나들며 사람들은 다양한 운송 수단을 이용해 국경을 넘나든다. 상품과 용역은 육상, 해상, 항공, 사이버스페이스를 넘나들며, 국경을 넘나드는 다른 모든 종류의 활동은 이 활동과 관련된 사람, 집단, 기업, 정부의 안전 보장에 대한 합리적인 기대 속에서 발생하고 있다……. 이것은 즉각적으로 어려운 문제를 제기한다. 규범, 행동 코드, 규제 수단, 감시 수단, 법 준수를 강제할 수단을 만들어 낼 세계 정부가 부재한 상태에서 어떻게 세계를 통치할 것인가? 세계를 통치할 정부 없이 어떻게 권위주의와 유사한 방식으로 가치를 부여하고 강제할 수 있을까?(Weiss and Thakur 2010: 1)

이 질문은 적절하다고 할 수 있다. 하지만 다시 숙고해 본다면 거버넌스governance에 융합되고 있는 정부government들을 발견할 수 있다. 정부가 주어진 영토에 대한 집행권을 가진 제도들의 합이라면 거버넌스는 그 실체가 상대적으로 모호하다. 정확히는, 세계 정부는 존재하지 않으며 그럴 가능성도 없기 때문에 일부 학자들은 글로벌 이슈들을 다루는 데 더 효과적인 방식으로서 글로벌 거버넌스global governance를 요구하고 있다. '글로벌 거버넌스'란 제목을 단 책은 1993년에 처음 출간되었지만, 이를 기점으로 지금까지 500권이 훌쩍 넘는 관련 학술 서적이 출간되었다(Harmen and Williams 2013: 2).

1995년 소비에트연방의 붕괴와 냉전 종식의 여파 속에서 유엔은 인류에게 새롭게 떠오르는 도전들과 그것을 해결할 방법들을 살펴본 『우리의 글로벌 이웃Our Global Neighbourhood』이라는 보고서를 발간했다. 보고서에 따르면 글로벌 수준의 거버넌스는 국민국가의 정부들 사이에서 이루어지는 관계들이나 협의들에 국한되는 것이 아니라 비정부 기구, 시민 운동, 다국적 기업, 학계, 대중매체를 포함하는 것이어야 한다. 이 글로벌 거버넌스는 '변화하는 상황에 대응해 발전하는 광범위하고 역동적이며 복합적인 쌍방향적 의사결정 과정'을 제시한다(UN Commission on Global Governance 2005[1995]: 27). 또한 많은 참여자를 포괄한다는 점은 글로벌 거버넌스가 과거의 국제 관계에 비해 더욱 포괄적이고 참여 지향적이고 민주적이어야 하며, 글로벌 시민 사회의 공유될 수 있는 윤리 또한 더욱 발전해야 한다는 것을 의미한다.

글로벌 거버넌스는 지구상의 인류가 자신들의 집합적인 업무들을 처리하는 모든 규범, 규칙, 정책, 제도, 실천들을 포함하려는 개념이다. 이러한 의미에서 우리는 이미 어느 정도의 글로벌 거버넌스를 갖고 있는 것으로 볼 수 있다. 국제연합이나 국제통화기금, 세계은행과 같은 기관에 더불어 유엔 안전보장이사회, 국제원자력기구, 다자간 협정, 갈등과 갈등 해결의 규범 등이 일종의 국제법으로서 그러한 역할을 수행하기 때문이다. 몇몇 학자들은 글로벌 거버넌스는 상이한 담론, 즉 현존하는 제도적 배열 상태를 이르는 새로운 방법에 지나지 않는다고 말한다. 그러나 이 글로벌 거버넌스의 구조는 국가를 핵심 행위자로 상정하고 규범의 강제 수단으로 강력한 국가를 상정했던 시대, 국민국가들 사이의 경쟁이 이루어지던 시대에 만들어진 것들이기 때문에 진정으로 세계적이라고 할 수 없으며 여전히 국제적이라고 할 수 있다. 글로벌 이슈나 문제들이 이러한 국가 중심적 국제 체계의 범위를 벗어나고 있음에도 말이다.

> 글로벌 거버넌스에 대한 논의는 제21장 〈정치, 정부, 사회운동〉에 수록되어 있다.

글로벌 거버넌스의 사례는 일견 그럴듯해 보이지만, 이것을 이루어 내기란 쉬운 일이 아니다. 국민국가와 대기업들은 서로 경쟁하고 있으며 시민들이 자신의 국가에 소속되는가 하는 문제는 합리적, 논리적인 문제일 뿐만 아니라 감정의 문제이기도 하다. 세계화 이론은 국민국가 기반의 사고를 넘어서는 것을 시사하고 있지만, 세계화가 협력 대신 더욱 격렬한 경쟁을 조장할 만한 맥락을 만들어 내고 있다는 점 또한 사실이다. 몇몇 활동가들은 글로벌 거버넌스라는 생각 자체에 의구심을 품기도 한다. 그들은 글로벌 거버넌스가 그저 "엘리트들에 의한 전제 정치로 귀결될 가능성이 높은 신흥 '세계 정부'를 지칭하는 위험천만하면서도 용인될 수 있는 용어"에 머물 수 있다는 점을 우려하기 때문이다(Sinclair 2012: 6).

국민국가를 넘어서는 글로벌 윤리나 거버넌스를 말하는 것은 지나치게 낙관적이고 비현실적인 것처럼 보인다. 하지만 이러한 목표가 처음에 들리는 것과 달리 완전한 공상이라고 할 수는 없다. 전 세계적인 상호 의존과 빠른 변화로 인해 우리 모두가 이전보다 더욱더 연결된다면 새로운 규칙과 규범들, 더욱 효과적인 규제 제도들의 창출을 기대해 볼 만하다. 게다가 테러리즘, 환경 파괴, 기후변화, 초국가 범죄 네트워크, 인신 매매, 글로벌 금융 위기 등의 글로벌 이슈가 보여 주듯, 더 나은 글로벌 거버넌스가 시급히 요청되고 있다. 토머스 와이스Thomas Weiss가 주장하듯(2013: 3), 아마도 글로벌 거버넌스를 강화하는 새로운 방법을 모색하는 주된 동기는 글로벌 거버넌스가 인류를 천국으로 데려가기 위함이 아닌, 인류를 지옥으로부터 구원하기 위함이라는 데 있을 것이다.

1 수렵·채집 사회와 목축 사회, 농경 사회의 차이를 설명해 보자.
2 전통 국가, 문명의 도시는 근대 국가와 어떻게 다른가?
3 '산업화는 인류 사회를 영원히 바꿔 놓았다.' 어떻게 그것이 가능했는지 보여 주는 예를 몇 가지 들어 보자.
4 식민지의 확장과 지배는 어떻게 개발도상국의 경제적 진보를 억제했는가?
5 월러스틴의 세계 체계론을 요약하고 신흥산업국의 경험을 설명할 수 있는 이론인지 평가해 보자.
6 사회 변화와 관련된 경제, 사회문화, 정치적 요인들의 중요성을 보여 줄 예를 이번 장에서 찾아보자. 세 가지 중에서 다른 요인보다 더 중요하거나 더 강한 인과관계를 맺고 있는 요인이 존재하는가?
7 이번 장에서 제시된 세계화에 관한 두 가지 정의를 간단히 말해 보자. 구체적인 사례를 들어, 현지화glocalization의 개념이 세계화globalization와 어떻게 다른지 설명해 보자.
8 오늘날 세계화를 촉진하는 요인들을 제시해 보자. 그 요인들은 주로 경제적 특성인가, 사회문화적 특성인가? 아니면 정치적 특성인가?
9 초세계화론자, 회의론자, 변형론자의 핵심 논지를 요약해 보자. 세계화는 반증 가능한falsifiable 이론인가? 이와 관련하여 어떤 증거가 결정적인가?
10 당신이 생각하는 세계화의 주요 결과들을 제시해 보자. 이것들은 개발도상국에 주로 긍정적인가 부정적인가? 선진국 사람들은 세계화로 인한 혜택을 누릴 수 있는가?
11 세계 정부global government와 글로벌 거버넌스global governance의 차이는 무엇인가? 글로벌 거버넌스의 형태가 정말로 필요한가? 글로벌 거버넌스 구조를 필요로 하는 국제 문제가 존재하는가?

실제 연구

●●● Research in practice

세계화는 국가의 미디어 문화에 어떤 영향을 미치는가? 우리는 점점 더 유사한 텔레비전 화면을 보게 될 것인가, 아니면 국가 문화가 다시금 스스로의 효력을 발휘할 것인가? 이 상이한 주장들을 검증해 볼 수 있는 작은 영역이 새롭게 출현한 소위 리얼리티 쇼reality TV shows이다. 이러한 TV 프로그램 형식은 여러 국가에서 빈번하게 판매된다. 이런 일이 발생하면, 일종의 문화적 장벽이 작동할 수도 있다. 기민한 제작자가 다른 나라의 TV 프로그램 형식을 사들여 와 그들 나라의 맥락에 맞게 수정해서 사용할 것이기 때문이다. 아래의 경험 연구를 탐구하고, 그에 대한 질문에 답해 보자.

Van Keulen, J., and Krijnen, T. (2014) 'The Limitations of Localization: A Cross-cultural Comparative Study of *Farmer Wants a Wife*', *International Journal of Cultural Studies*, 17(3): 277~292.

1 이 연구를 이끌어 가는 질문은 무엇인가?
2 연구자들은 그들의 사례를 어떻게 선택했는가?
3 국가들의 비교를 수행하기 위해 채택한 기준은 무엇인가?
4 이 영국 TV 형식은 문화적으로 특이한가? 아니면 국경을 초월하여 '번안translated'되었는가?
5 저자는 세계화, 현지화(혹은 토착화) 및 TV의 문화 다양성 보존에 관해 어떤 결론을 내렸는가?

생각해 볼 것

●●● Thinking it through

세계화가 현실이라면 학문적 연구는 그 영향에서 벗어날 수 없다. 예를 들어 20세기 초반의 사회과학 출판물이 유럽과 북아메리카 학자들에 의해 지배되었을 것이라고 추측할 수 있지만, 21세기 초에 이르러서는 전 세계의 연구가 동등한 영향을 가질 것이라 기대할 수 있다.
이 글을 읽어 보라.

Mosbah-Natanson, S., and Gingras, Y. (2014) 'The Globalization of Social Sciences? Evidence from a Quantitative Analysis of 30 Years of Production, Collaboration and Citations in the Social Sciences (1980 - 2009)', *Current Sociology*, 62(5): 626~646.

유럽과 북아메리카가 여전히 사회과학 학술지 논문의 생산에 지배적인 세력으로 남아 있음을 시사하는 이 논문의 주요 논거를 학습해 보라. 왜 다른 지역이 우리가 예상했던 돌파구를 만들지 못했는가? 저자는 '주변부' 지역의 연구자가 '중심부'의 연구자에게 계속 경의를 표하고 있음을 보여 주기 위해 어떤 증거를 제시하는가? '중심부-주변부' 모델을 사용한 것이 이 연구의 맥락에서 볼 때 얼마나 성공적이라고 생각하는가? 이 글에서 우리는 세계화에 대해 무엇을 배우는가? 어떤 것이라도 배울 만한 것이 있긴 한가?

1 캐나다의 전임 총리인 킴 캠벨은 언젠가 "미국의 이미지들이 이 지구촌에 너무 널리 퍼져 있어 사람들이 미국으로 이민 가는 대신 미국이 전 세계로 이주하는 것처럼 보인다. 멀리 떨어진 국가의 사람들도 미국 사람처럼 되고 싶어 하게 만들면서"라고 말했다. 세계화에 대한 이런 평가는 최근의 서구, 특히 미국의 가치와 삶의 방식에 뿌리를 둔 문화 상품의 획일화를 시사하고 있다.

대중음악, 텔레비전 프로그램, 영화 등의 대중문화에서 발견되는 증거들은 이러한 견해를 얼마나 지지하는가, 아니면 반박하는가? 당신이 지난달에 본 영화, 소설이나 텔레비전 프로그램, 또는 소유하고 있는 음악 컬렉션의 리스트를 만들어 보자. 이것들 중 미국에서 만들어진 것이나 미국의 삶을 주로 담고 있는 것들의 비율은 얼마나 되는가? 이러한 것들에 매일 노출됨으로써 당신의 가치, 사고방식, 정치적 견해들은 얼마나 영향을 받았다고 생각하는가? 지구촌의 이미지와 내용이 캠벨의 주장보다 더욱 다원적이라는 증거는 무엇인가?

2 더 획일적인 세계 문화로 나아가고 있다고 주장하는 세계화 이론은 현지화(혹은 토착화)라는 대안적 개념을 고안한 문화사회학자들에 의해 비판을 받아 왔다. 그러나 어떤 주어진 상황에서라도 두 가지 경향에 대한 증거는 모두 존재하며, 이는 우리의 관측이 어느 정도 모순되어 보일지언정 결코 모호해 보이진 않게 만든다. 이러한 모순된 경향이 일상에서 관리되는 방식은 때때로 사회과학 연구보다 소설 작품에서 더 쉽게 확인될 수 있다.

Khyentse Norbu 감독의 영화 〈The Cup〉(Phörpa, 1999)을 감상해 보라. 이 영화에는 세계화와 현지화의 양 측면 모두가 포함되어 있다. 영화를 보면서 두 경향에 대한 증거 목록을 작성해 보라. 예를 들어 어떤 글로벌 및 로컬 제품·상품이 등장하며, 이것들을 보고, 소비하고, 사용하는 방법은 무엇인가? 세계화는 불교승, 마을 주민, 두 수도승의 삶과 신념에 어떤 영향을 미쳤는가? 영화에 세계화와 관련한 중심 메시지가 있는가? 그렇다면 그것은 무엇인가? 영화 제작에 대해서도 연구해 보라. 그 영화는 어디서 어떻게 만들어졌으며, 전 세계적으로 상업적 성공을 거두었는가? 영화의 제작에 관한 이야기는 영화 자체에 대한 이야기와 별도로 세계화에 대한 다른 이야기를 제공하는가?

이 장의 주제는 너무 광범위하기 때문에 한 권의 책이 포괄하기는 어렵다. 그러나 유용하다고 할 수 있는 두 가지 종류의 책들이 있다. 첫 번째는 세계 인류사와 인간 종의 발전을 다룬 책이다. Noel Cowan의 *Global History: A Short Overview* (Cambridge: Polity, 2001)가 출발하기에 좋다. 이 책은 전문 지식을 전제하지 않고 간결하면서 포괄적으로 설명을 잘 했다. Bruce Mazlish의 *The New Global History* (London: Routledge, 2006)는 매우 긴 기간 동안의 세계사와 세계화 과정을 따라가며 역사적 접근과 사회학적 접근을 성공적으로 연결시킨다.

두 번째는 세계화에 대한 근래의 이론과 논쟁을 다루는 책들이다. 당신이 생각했던 것처럼, 많은 책들이 있다. 두 권의 짧은 개론서만 골라 보면, George Ritzer와 Paul Dean의 *Globalization: A Basic Text* (2nd edn, Oxford: Wiley-Blackwell, 2015)는 글로벌 거버넌스와 세계화와 관련한 주요 논쟁의 다른 핵심 측면들을 포함한다. Paul Hirst, Grahame Thompson, Simon Bromley의 *Globalization in Question* (3rd edn, Cambridge: Polity, 2009)은 세계화 이론에 관한 핵심 비판을 제공할 것이며, 이는 여러분의 관심에도 잘 부합할 것이다.

세계화 이론과 그 증거에 대한 구체적인 검토는 Luke Martell의 *Sociology of Globalization* (2nd edn, Cambridge: Polity, 2016)과 Paul Hopper의 *Understanding Cultural Globalization* (Cambridge: Polity, 2007) 그리고 Timothy J. Sinclair가 쓴 간단한 제목의 *Global Governance* (Cambridge: Polity, 2012)에서 접할 수 있다. 세 권의 책 모두 경제적, 문화적, 정치적 측면을 포괄하고 있다.

이에 더하여 세계사에 대한 좋은 사전은 항상 주요 날짜나 사건을 담고 있어 언제나 유용하며, 그렇기에 적절히 방대하고 믿을 만하다. Bruce Lenman과 Hilary Marsden이 편집한 *Chambers Dictionary of World History* (new Edn, London: Harrap, 2005)나 *A Dictionary of World History* (2nd edn, Oxford: Oxford University Press, 2006)가 여러분에게 알맞을 것이다.

관련 홈페이지

- Polity
  www.politybooks.com/giddens
- TimeMaps information on hunter-gatherers
  www.timemaps.com/hunter-gatherer
- BBC World Service on globalization
  www.bbc.co.uk/worldservice/programmes/globalisation
- The 1999 Reith Lectures
  http://news.bbc.co.uk/hi/english/static/events/reith_99
- International Forum on Globalization
  http://ifg.org
- Centre for Research on Globalization
  www.globalresearch.ca
- Global Policy Forum
  www.globalpolicy.org/globalization.html
- LSE Global Governance
  www.lse.ac.uk/globalGovernance/HomePage.aspx

05

환경

The Environment

자연, 환경 그리고 사회

자연과 환경
사회학과 환경
사회와 자연에 대한 이론화

환경문제

오염과 폐기물
자원 고갈
식량 부족과 유전자 변형 작물
지구온난화

소비주의, 위험 그리고 지속 가능한 미래의 길

소비주의와 환경 피해
성장의 한계와 지속 가능한 개발
전 지구적 '위험 사회'에서의 삶
생태학적 근대화
환경 정의와 생태학적 시민권

결론

독일 폴프스부르크에 있는 폭스바겐 공장 밖에서 그리피스 회원들이 '지구를 구하자!'라는 플래카드를 들고 항의하고 있다.

과거에 일반적으로 휘발유는 승용차에, 디젤 연료는 상업용 차량과 대중 교통편에 사용되었다. 그러나 최근 몇 년 동안 이러한 상황은 자동차 회사들이 이전의 디젤 차보다 공기를 덜 오염시킨다는 '청정 디젤' 자동차 생산에 주력함에 따라 변화되었다. 특히 청정 디젤 자동차의 질소산화물 오염과 이산화탄소 배출은 매우 엄격한 방출 시험 규정을 통과하는 데 충분할 만큼 낮다고 주장되어 왔다. 폭스바겐Volkswagen은 미국 정부의 엄격한 시험 기준을 성공적으로 통과하여 미국 시장에서 청정 디젤 승용차를 판매하게 되었다. 그러나 2015년 9월 폭스바겐은 중대한 파문에 휩싸였다.

(이미 2014년에 관심을 보였던) 미국 환경보호국은 폭스바겐 승용차가 도로에서 내뿜는 배출 가스가 시험 기준을 통과할 때 사용된 실험실에서의 배출량보다 높다고 보고했다. 게다가 승용차에 장착된 소프트웨어가 방출 시험을 조작할 수 있다는 점도 발견했다. 이른바 배출 가스 통제 장치인 디피트 장치defeat device가 자동차에 내장되었다는 것이다. 이 장치는 정치 소음, 정적 운행, 공기 압력 수준 등 배출 가스 시험과 관련된 사항들을 인식해 일시적으로 낮은 배출 가스를 방출하게 한다. 미국 환경보호국은 실제 도로에서 시험한 결과 질소산화물이 미국에서의 허용치보다 40배 더 많이 배출되었다고 밝혔다. 폭스바겐은 시험 방식을 속이려 했다는 점을 시인하고 1천1백만 대의 디젤 승용차에 디피트 장치를 장착했으며, 이 중 8백만 대는 유럽에서 운행 중이라는 사실을 인정했다.

폭스바겐 사태는 고위층 사임, 주가 하락, 판매 감소, 폭스바겐에 대한 명예 실추 등의 결과를 가져왔다. 보다 심각한 것은 폭스바겐이 배출 가스 검사를 밀집된 도시 지역에서 생활하고 일하는 사람들을 위해 대기의 질을 향상시키는 데 필요한 규제라기보다 단지 상업적인 성공을 가로막는 장애물로 여겼다는 점이다. 자동차 배기가스로부터 나오는 질소산화물은 오존과 인간의 건강에 치명적인 영향을 미치는 미세한 부유물질을 발생시킨다. 영국 정부는 하늘에 떠 있는 질소산화물이 해마다 2만 3천 5백 명의 시민을 조기 사망에 이르게 한다는 견해를 밝혔으며, 유럽 환경보호국은 2012년 유럽 전역에서 43만 명이 동일한 사인으로 사망했다고 추정한다(New Scientist 2015). 대기오염은 심각한 건강 문제를 이야기하며, 자동차는 대기오염에 큰 영향을 미치는 요소다.

폭스바겐 사태는 우리에게 새로운 시장과 이윤에 대한 기업의 지속적인 추구와 인간의 건강을 보호하고 오염을 감소시키기 위한 환경 규제 제도 사이에 존재하는 긴장의 위험성에 대해 알리고 있다. 개인 승용차는 개인의 자유, 수백만 명의 사람들을 위한 이동성과 소비자중심주의 등을 나타내는 강력한 상징이다. 자동차 개인 소유로 인한 부정적인 측면을 나타내는 증거가 크게 증가하고 있음에도 불구하고, 우리 대부분은 가정용 자동차, 4륜 자동차, 스포츠 유틸리티 카SUV, 스포츠 카 등의 사용을 순전히 환경적인 이유 때문에 포기하는 것을 극도로 꺼린다. 자전거나 도보보다 자동차 중심으로 건설된 도시들, 도시에서는 낮은 수준의 오염에서도 발생하는 수천 명의 사망, 그리고 대중교통에 의해 시달리는 주택가 등에도 불구하고 자가용은 일상생활 깊숙이 침투해 있다(Mattioli 2014). 앞으로 이 장에서 보겠지만 '자동차의 시대'가 서서히 끝날 것이라고 믿는 이유들이 있다.

새 천년 개발목표에 대한 자세한 설명은 제14장 〈글로벌 불평등〉을 참조하라.

이 장에서 우리는 자연과 환경에 대한 사회학적 접근들에 대한 개요를 설명하기 전에 자연과 환경에 대한 생각들과 '환경문제'를 구성하는 것들에 대해 살펴보고자 한다. 여기서는 대기오염, 자원 고갈, 유전자 변형 식품, 지구온난화 등을 포함하는 중요한 환경문제를 논의한다. 이후 소비와 위험 사회에 대한 사회학적 이론들을 지속 가능한 개발과 생태학적 근대화 등과 같은 환경적 딜레마를 다루기 위한 제안들과 함께 논의할 것이다. 마지막으로 환경학적 정의와 생태학적 시민권이 환경 분야에 어떻게 확장되는가에 대한 논의를 소개하고, 미래 사회와 환경의 관계를 전망하고자 한다.

자연, 환경 그리고 사회

자연과 환경

환경문제는 항상 자연을 포함하고 있는 것처럼 보인다. 그러나 '자연'은 단순한 의미를 지닌 용어가 아니다. 사전에서는 '자연'을 열두 가지 의미를 지닌 용어로 기술하고 있다. 레이먼드 윌리엄스Raymond Williams는 사회가 발전함에 따라 '자연'이라는 용어의 주된 의미가 지속적으로 변화했다는 점에서 가장 복잡하고 어려운 영어 단어 중 하나라고 말한다.

'자연'은 인간 혹은 사물의 본질적인 것을 의미한다. 예를 들어 새들은 왜 매년 같은 시기에 둥지를 만드는가? 우리는 새의 그러한 움직임이 본능적인 행위이며 새들이 속한 '자연'의 본질적인 부분이라고 알고 있다. 그러나 14세기 유럽에서 자연에 대한 새로운 정의가 나왔다. 즉 자연은 세상을 향한 것으로, 궁극적으로 왜 사건이 발생하는가를 설명하는 일련의 힘으로 간주되었다. 예컨대 오늘날에도 많은 사람들은 별자리에 기초한 생일을 찾고 인생에서 중요한 결정을 할 때 길잡이로서 점성술을 참고한다. 즉 사람들은 암묵적으로 인간의 일에 대한 방향을 일러 주는 별과 행성의 움직임이라는 '자연의 힘'을 신뢰하는 것이다.

19세기에 이르러 자연에 대한 의미가 다시 바뀌어 자연은 일련의 힘이라기보다 사물의 물질세계로 인식되었다. 따라서 자연세계는 동물, 벌판, 산 등 '자연적인 것natural things'들이 가득 찬 세계였다. 예를 들어 우리는 감탄과 즐거움을 주는 자연과 함께 그림으로서 '풍경scenery'을 바라보는 경향이 생겼다. 이와 비슷하게 18세기와 19세기 자연주의자들은 자연적인 것들을 동물과 식물로 구분하고 수집했으며, 이러한 분류는 오늘날에도 유용하다.

자연에 대한 의미가 변한 중요한 원인은 농촌 사회에서 주로 농사를 짓던 사람들을 새로운 거주 형태에서 거주하게 만든 산업화다. 이와 밀접한 것으로 사람들이 자연적인 것들에서 떠나 도시라는 새로운 지역에 거주하는 것을 의미하는 도시화urbanization도 중요한 원인이다(Thomas 1984). 자연을 '있는 그대로' 혹은 '치열한 다툼'으로 보는 시각이 일반화됨에 따라 이제 자연은 사회가 진보하기 위해 극복해야 하는 대상으로 인식되었다. 인간은 비행기로 날 수 있고, 배로 대양을 건널 수 있으며, 심지어 비행선을 타고 행성 궤도를 돌 수도 있다. 캐턴Catton과 던랩Dunlap은 산업 시대의 기술적인 진보가 '인간예외주의human exemptionalism'를 낳았다고 주장했다(1978). 이는 널리 받아들여지고 있는 생각으로, 다른 동물들과 달리 인간은 자연법칙을 적용받지 않는다는 것을 의미한다.

아직도 소수의 사람들에게는 자연이 길들여질 필요가 있는 것이 아니다. 대신 새로운 도시 생활을 충족시키기 위해 자연을 오염시키고 낭비하는 근대 산업사회가 문제로 등장했다. 야생의 자연은 길들임이 아닌 보존을 필요로 했다. 그럼에도 불구하고 자연을 길들이고자 하는 사람들이나 보호하고자 하는 사람들은 모두 사회와 자연을 분리된 것으로 보았다. 자연이 사회가 아닌 것과 마찬가지로 사회 역시 자연이 아니라는 것이다. 비록 예전보다는 자연보호론자들의 생각에 동의하는 사람이 많음에도 불구하고 이러한 생각은 여전히 강하게 남아 있다.

1950년 이래 '자연'이라는 용어의 사용은 '환경environment'에 자리를 내주기 시작했다. 환경의 사전적 정의는 사람들이 살고 있거나 일하고 있는 주변을 의미한다. 데이비드 하비David Harvey는 이러한 정의가 수많은 상황에 적용될 수 있음에 주목했다(1993). 예를 들어 우리는 작업 환경, 비즈니스 환경, 도시 환경 등과 접하고 있다. 그러나 오늘날 많은 사람들은 환경이 아주 광범위하고 특별한 의미를 지닌 것으로 여기면서 이 책도 오염, 기후변화, 동물 보호 등에 대해 논의할 것으로 기대할 것이다. 환경은 인간이 살아가는 자연 속에 있는 모든 것을 의미한다. 때때로 '자연환경'이라고 부르며 광범위한 측면에서는 지구 전체를 뜻한다. 이 장에서는 이러한 정의가 사용될 것이다.

비판적으로 생각하기 THINKING CRITICALLY

이 책에서 내린 환경에 대한 정의에 얼마나 만족하는가? 인간은 자연의 한 부분으로 간주되어야만 하는가? 그런데 왜 많은 사람들은 인간이 만든 도시들과 도시 환경을 인공적이라 하는가?

사회학과 환경

2011년 3월 11일 오후 3시(일본 표준 시간) 직전 일본에 영향을 끼친 지진 중 진도 9.0의 가장 강력한 지진이 일본 북동부 지역 해안에서 발생했다. 지진은 40미터 넘는 쓰나미를 몰고 와 도호쿠 지역을 삼켜 버렸다. 쓰나미는 10킬로미터 이내에 있는 건물, 차량 및 발전시설 등을 집어삼켰으며, 모든 사람이 이 재앙에 휩쓸렸다. 경찰 추산에 따르면 1만 5천 명의 사망자, 9천 명의 행방불명자가 발생했으며, 부상자는 5천 명에 이르렀다. 후쿠시마 원자력발전소의 냉각장치가 가동을 멈추어 그 지역에 비상사태가 선포되었다. 농산물은 물론 물과 토양 등이 후쿠시마 원전에서 나온 방사능에 오염된 것으로 나타났다. 일본 정부는 미래 에너지의 안정성을 확보하기 위해 그동안 원자력 발전에 크게 의존해 왔던 에너지 정책을 재검토할 것이라고 발표했다.

이와 같은 지진이 새로운 것은 아니다. 2011년 뉴질랜드의 크라이스트처치, 2010년 아이티, 2005년 인도 카슈미르의 무자파라바드, 2004년 인도네시아의 아체 등지에서 발생한 지진으로 수백만 명이 사망하고, 집을 잃었다. 지진과 지진이 몰고 온 쓰나미는 자연환경은 인간의 사회적, 정치적 생활에 수동적으로만 반응하는 것이 아니라는 경고라 할 수 있다. 오히려 자연환경은 사회를 구성하는 데 커다란 부분을 차지하는 적극적인 힘이다. 그러나 확실히 자연적 힘과 과정을 이해하는 것은 물리학자와 지구과학자들의 몫이다. 그렇다면 환경문제를 이해하고 설명하는 데 있어 사회학자의 역할은 무엇인가?

첫째, 사회학은 환경문제가 어떻게 널리 분포하는지 이해하는 데 도움을 줄 수 있다. 비록 지구의 평균 기온이 상승하는 것과 같은 지구온난화가 지구상의 모든 사람에게 영향을 미칠지라도 그 방식은 다르다. 홍수는 부유한 국가나 빈곤한 국가의 사람들 모두에게 영향을 미친다. 그러나 방글라데시의 저지대에 거주하는 가난한 사람들은 이로 인해 사망하기도 한다. 방글라데시는 혹독한 기상 상황에 대처하는 주택 및 비상 체계 능력이 유럽에 비해 뒤떨어지기 때문이다. 이와 달리 미국과 같은 부유한 국가에서 지구온난화에 대처하는 정책 담당자는 지구온난화의 직접적인 영향을 받는 국가의 사람들이 미국에 더 많이 이주하는 것 같은 간접적인 영향에 관심을 둘 것으로 예상한다.

둘째, 사회학자는 인간의 행위가 어떤 형태로 자연환경에 압박을 가하는지 설명할 수 있다(Cylke 1993). 비록 2011년 일본에서 발생한 쓰나미는 인간 행위의 결과물이 아니지만, 많은 경우 이미 앞에서 논의된 디젤 자동차의 오염과 같은 환경문제는 인간 행위의 결과로 이해될 수 있기 때문이다. 산업화된 국가에서 발생하는 대기오염이 만약 후진국에서도 반복된다면 커다란 재앙을 가져올 것이다. 만약 가난한 지역의 사람들이 선진국 수준을 따라잡는다면 선진국의 시민들은 지속적인 경제 성장에 대한 자신들의 기대를 수정할 것이다. 자본주의적 확장, 세계화 등에 관한 사회학적 이론들은 우리로 하여금 인간 사회가 환경을 어떻게 변화시키는지 이해하는 데 도움을 줄 수 있다.

셋째, 사회학은 환경문제를 해결하기 위해 수립된 정책이나 제안을 평가하는 데 도움을 줄 수 있다. 예를 들어 일본의 지진과 쓰나미 이전부터 선진국 정부들은 핵 발전을 대체하는 수단들에 대해 논의해 왔다. 1980년대 반핵 운동은 방사능 폐기물의 지하 처리에 대한 안전성 문제를 제기하는 데 성공했으며, 몇몇 정부는 핵 산업을 포기했다. 그러나 석유와 가스 공급에 대한 불확실성이 대두되고 지구온난화를 막기 위해 탄소 배출량을 감소해야 한다는 당위성이 제기되면서 핵 발전에 대한 관심이 증가하고 있다. 핵 발전에서 비롯되는 탄소 배출량이 상대적으로 적은 상황에서, 핵 발전의 안정성에 대한 우려는 핵 발전이 가져오는 혜택에 의해 뒤로 밀려나고 있다. 서로 다른 집단들이 환경문제에 대해 어떻게 상이한 주장을 하는지 분석함으로써 이미 일반 대중에게 잘 알려진 환경문제도 더 깊이 이해할 수 있다.

이와 비슷하게 일부 환경론자들과 녹색 작가들green writers은 부유한 국가들의 국민들이 생태학적 재앙을 피하기 위해 소비주의에 대해 재고하고 보다 단순한 생활 패턴으로 돌아가야 한다고 주장한다(Devall 1990; Cowie and Heathcott 2003; Elgin 2010). 그들은 세계의 환경을 구하는 것은 기술적 변화뿐만 아니라 사회적 변화까지 의미한다고 주장한다. 그러나 세계적 불평등이 심화되고 있는 오늘날 빈곤 국가들이 부유한 국가들에 의해 발생된 환경문제 때문에 경제 성장을 희생할 가능성은 거의 없다. 예를 들어 몇몇 개발도상국 정부는 지구온난화와 관련해 선진국에 의해 생산된 '사치스러운 배출 가스'와 그들 자신의 '생존을 위한 배출 가스' 사이에는 유사점이 없다고 주장한다. 이러한 방식으로 국제 관계와 세계적 불평등에 관한 사회학적 설명은 우리가 오늘날 직면하고 있는 환경문제의 원인들을 명확하게 해준다.

마르크스, 뒤르켐, 베버 등 사회학의 선구자들은 우리가 현재 '환경문제'라고 일컫는 사항에 주의를 기울이지 않았다. 그들에게 인간 사회와 자연환경의 관계는 중심적인 이론적 관심 요소가 아니었다. 대신 그들을 사로잡은 중요한 사회적 이슈들은 사회적 불평등, 빈곤과 빈곤의 완화, 산업 개발에 대한 미래 방향을 평가하는 일 등이었다. 이러한 상황은 사회학자들이 1970년대 환경운동가들에 의해 밝혀진 환경문제를 탐구하기 시작할 때 문제가 되었다.

고전 이론이 인간과 환경의 관계에 대한 통찰력을 제공할 수 있었는가? 몇몇 사회학자들은 환경문제를 이해하기 위해 고전 이론을 재해석하면서 고전사회학으로 돌아가기도 했다(Dickens 2004; Dunlap et al. 2002; Murphy 1997). 그러나 그리 많은 수는 아니다. 오히려 환경에 관한 사회학적 연구는 환경문제가 어떻게 사회학적으로 연구되어야 하는가에 대한 사회적 구성주의와 비판적 실제론 사이의 논쟁을 통해 발전해 왔다.

사회와 자연에 대한 이론화

사회적 구성주의social constructionism는 환경문제를 포함하는 사회문제를 연구하는 접근 방법이다. 사회적 구성주의자들은 몇몇 환경문제는 중요한 데 반해 몇몇 환경문제는 왜 덜 중요하거나 대체로 무시되는가에 대해 탐구한다(Braun and Castree 1998; Hannigan 2006, 2014). 구성주의자들은 환경문제가 어떻게 정부의 정책 대안을 요구하는 문제로 구성되는가에 초점을 둔다. 오늘날 가장 중요하다고 생각되는 환경문제들을 해결하기 위해서는 실제로 가장 심각하고 즉각적인 조치들이 필요한가?

> 사회적 구성주의에 대한 보다 자세한 설명은 제3장 〈사회학의 이론과 관점〉과 제8장 〈사회적 상호작용과 일상생활〉을 참조하라.

구성주의자들은 환경문제에 대해 중요한 질문들을 제기한다. 환경문제의 역사는 무엇이며 그 문제가 어떻게 발전해 왔는가? 어떤 이들이 그것이 문제라고 주장했는가? 그러한 주장을 함으로써 기득권을 유지하거나 이익을 얻는 사람이 있는가? 그들은 무엇을 말하며, 이를 뒷받침할 근거가 있는가? 그들은 어떻게 말하는가? 그들은 과학적, 감정적, 정치적 혹은 도덕적 주장을 사용하는가? 그러한 주장에 대해 누가, 무슨 근거로 반대하는가? 만약 그러한 주장이 성공적이고 증거 대신 반대 입장을 설명하면 반대론자들은 무엇을 잃게 되는가? 이러한 질문들은 사회학자들이 환경문제를 연구하는 데 있어 역할을 명확하게 해줄 뿐만 아니라 환경문제를 이해하는 데 새로운 아이디어를 제공해 준다.

사회적 구성주의자들은, 우리가 모든 환경문제를 사회적으로 만들어지거나 사람들에 의해 '구성되는 것'으로 인식하게 한다. 자연은 결코 자연을 위해 외치지 않으나, 사람들은 자신을 위해 외친다. 구성 과정은 검토될 수 있으며, 이해되고 설명될 수 있다. 이렇게 함으로써 일반 대중은 환경문제가 실제로 심각한지 아닌지 평가할 수 있다.

그러나 일부 사회학자들에게는 구성주의가 환경문제를 연구할 때 문제가 되기도 한다. 사회적 구성주의는 중요한 문제에 대해 불가지론자agnostic가 되는 경향이 있기 때문이다(Irwin 2001). 예를 들어 생물다양성 상실과 종 소멸에 대한 구성주의자의 연구는 이러한 문제가 어떻게 중요하게 다가오는지, 어떠한 주장들이 이루어져 왔는지, 누가 문제에 반대하는지 등에 관해 말해 줄 것이다. 그러나 생물다양성이 실제로 심각한 문제인가 하는 중요한 과학적 의문에 대해 사회적 구성주의는 직접적인 답을 제공하지 않는다. 이러한 입장은 환경운동가들과 환경문제를 해결하는 데 관여하는 사람들에게 전혀 도움이 되지 않는다. 구성주의는 사람과 사회적 상호작용에 대해서는 우리에게 많은 것을 알려 줄 수 있으나 사회와 환경의 관계에 대해서는 아무것도 말해 줄 수 없다는 문제를 안고 있다.

대부분 환경문제는 사회적으로 발생한다. 예를 들어 근대 소비주의는 거대한 양의 쓰레기를 발생시켰으며, 쓰레기는 대부분 매립되었다.

'환경적 실제론environmental realism'(Bell 2004) 혹은 '비판적 실제론critical realism'으로 알려진 대안적 접근은 환경문제를 과학적인 방법으로 접근한다. 이 접근 방법은 왜 환경문제가 발생하는지 이해하기 위해 사회과학과 자연과학으로부터 증거를 수집해 분석한다. 또한 이 접근 방법은 환경문제의 인과기제causal mechanism를 밝히기 위해 겉으로 보이는 증거의 근거를 찾으려 노력한다(Benton 1994; Dickens 1996, 2004; Martell 1994). 환경문제의 실제에 대해 사회적 구성주의자가 불가지론자의 입장을 보이는 데 반해 실제론은 환경문제를 설명하기 위해 자연과학 및 환경과학으로부터 나오는 증거에 대한 지식과 논쟁을 받아들일 준비가 되어 있다. 〈사회학적으로 상상하기 5-1〉은 영국에서 일어난 광우병에 대한 이 접근 방법의 요점을 보여 주고 있다.

실제론적 접근 방법은 생물학, 동물학, 역사, 사회학, 정치학 등과 같은 학문으로부터 나오는 연구 결과들을 필요로 한다. 이러한 접근을 통해서만 우리는 1980년대와 1990년대에 광우병과 변종 크로이펠트 야코프병(신체와 정신의 기능이 저하되다가 죽음에 이르는 뇌 질환으로 광우병과 관련 있는 것으로 여겨진다 — 옮긴이)이 왜 발생했는지 설명할 수 있다. 사회적 구성주의자들과 마찬가지로 실제론자들은 소는 자연적 피조물일 뿐만 아니라 사회적 존재라는 데 동의한다. 앨런 어윈Alan Irwin은 구성주의적 입장을 주장하면서 "현대의 소는 인간에 의해 먹이와 잠자리가 주어지는 목축의 산물이다"라고 말한다(2001: 80). 그러나 구성주의자들과 달리 실제론자들은 환경문제에 대해 사회적 구성주의자들이 하지 않는 방법으로 인과기제를 찾기 위해 노력하며 환경문제에 대한 자연과학적 논쟁과 탐구를 받아들일 준비가 되어 있다. 비판적 실제론은 자연의 대상과 환경을 '객관적인 실체objective reality'로

영국에서의 광우병

사회학적으로 상상하기 5-1

1996년 영국 정부는 적어도 10명이 크로이츠펠트 야코프병Creutzfeldt-Jakob Disease, vCJD에 의해 사망했을 가능성이 있다고 인정했다. 이 병은 1980년대 광우병에 감염된 쇠고기를 사람들이 먹음으로써 발생했다. 이는 그동안 쇠고기를 먹은 수백만 명에게 적어도 이론적으로는 광우병에 걸릴 수도 있다는 점에서 엄청난 충격이었다. 이러한 일들은 어떻게 일어날 수 있을까?

광우병은 소에게 치명적인 질병이며, 그 징후는 인간에게 나타나는 크로이츠펠트 야코프병과 유사하다. 이 징후들은 조정 능력 및 신경 상실, 기억 상실 등을 포함한다. 그동안 양목축의 경험에서 볼 때 이 병은 인간에게 옮기지 않을 것으로 생각되었다. 크로이츠펠트 야코프병은 광우병과 연관되지 않고 인간에게 매우 드물게 나타나는 질병으로 인식되었다. 영국의 광우병 관련 연구(1998~2000)는 이 병의 원인이 유전자의 돌연변이에 있음을 알아냈다. 그러나 소가 광우병에 오염된 먹이를 먹고 키워지면 광우병이 확산된다는 설명은 널리 알려져 있다(Macnaghten and Urry 1998: 253~265). 연구 보고서는 동물 단백질의 재생에 문제가 있다고 밝혔다. 또한 연구들은 광우병과 인간의 크로이츠펠트 야코프병이 연관되어 있음에 주목했다. 2015년 11월 현재 영국 크로이츠펠트 야코프병 감시 단체는 177명이 크로이츠펠트 야코프병으로 사망했음을 밝혔다. 이에 따라 고기를 먹여 키우는 관행이 변했으며, 재발 방지를 위한 새로운 규정이 제정되었다. 그러나 과학계, 정치계, 축산업계 등에 대한 일반인들의 믿음은 크게 흔들렸다.

이러한 일에 직면하면 이런 일들이 사회적 과정과 연관 없이 자연적으로 발생하는 것처럼 보인다. 그러나 광우병의 전파와 확산은 소를 키우는 시스템에서 이루어지는 결정의 산물이다. 광우병이 인간에게는 전파되지 않을 것이라는 이전의 가정은 거짓임이 판명되었으며, 광우병으로 오염된 쇠고기가 인간에게 크로이츠펠트 야코프병을 가져왔음이 밝혀졌다. 소를 상업적 생산물로 다루고 소를 먹이로 키우면 예상치 못한 결과가 나온다는 점을 어느 누구도 생각하지 못했다.

비판적이고 실제적인 접근은 이러한 사건을 이해하기 위해 어떤 종류의 소인지 알아야 하며, 그 소들을 위한 자연의 수용 능력은 어떠한지 알 필요가 있음을 제시한다. 그리고 그 질병이 인간에게 치명적인 영향을 미치는지 연구할 필요가 있다. 우리는 또한 식량 시스템이 어떻게 작동하고 있는지, 그리고 어떤 정치적·경제적 결정이 사망한 동물을 먹이로 사용할 수 있게 했는지 밝힐 필요가 있다. 그리고 '왜 많은 영국인이 그러한 쇠고기를 많이 먹었는가?'라는 의문과 같은 문화적인 이해도 필요하다.

비판적으로 생각하기

THINKING CRITICALLY

위에서 요약되어 있듯이 사회적 구성주의자들은 광우병의 확산과 그 결과를 어떻게 탐구하는가? 이러한 접근은 무엇에 초점을 맞추는가?

간주하며, 이는 사회학적 이론들과 개념들을 다시 생각하게 된다는 것을 의미한다.

두 개의 접근 방법을 간단하게 검토함으로써 우리는 사회적 구성주의는 사회학적 개념들과 이론들로부터 환경문제를 설명하는 환경의 사회학sociology of the environment의 방향을 이끈다는 점을 알았다. 이에 반해 비판적 실제론은 사회와 환경이 얽혀 있는 관계를 규명하기 위해서는 기존 사회학적 접근 방법을 수정할 필요가 있다고 요구하는 환경사회학environmental sociology의 방향을 이끌고 있다(Sutton 2007). 그러나 다음의 논의에서 볼 수 있듯이 환경문제에 관한 많은 연구들은 이 두 접근 방법 사이를 왔다 갔다 하는 경향이 있다.

환경문제

현대 사회가 직면하고 있는 환경문제는 매우 다양하다. 성격상 어떤 문제는 지역적으로만 영향을 미치고, 또 어떤 문제는 세계적인 규모로 영향을 미친다. 그러나 '환경문제'는 사회관계와 상호작용 및 비인간성, 자연 현상을 모두 포함한다는 특성을 보인다. 이러한 의미에서 환경문제는 사회와 환경의 복합적인 문제라 할 수 있다(Irwin 2001: 26). 이러한 사항을 염두에 두고 다음 내용을 읽으면 환경문제의 다양한 측면을 이해할 수 있을 것이다.

오염과 폐기물

대기오염

대기오염은 크게 산업 오염원 및 자동차 배기가스 방출에 의한 외적 오염과 난방 및 취사에 사용되는 화석 연료에 의한 내적 오염으로 구분할 수 있다. 전통적으로 대기오염은 많은 공장과 자동차를 수반한 산업국가에서 발생하는 문제로 인식되어 왔다. 그러나 최근에는 개발도상국에서 발생하는 내적 오염의 위험성에 더 많은 관심을 두고 있다. 개발도상국에서는 등유나 프로판 같은 청정 연료가 아니라 나무나 동물의 배설물이 연료로 많이 사용되기 때문이다.

20세기 중반까지 대기오염은 주로 석탄의 사용에서 비롯되었다. 화석연료인 석탄을 연료로 사용하면 아황산가스와 검은 연기가 대기로 방출되기 때문이다. 오늘날에도 많은 동유럽 국가와 개발도상국에서 석탄이 널리 사용되고 있다. 영국에서도 예전엔 석탄이 난방과 공장용으로 널리 사용되었다. 그러나 1956년 스모그를 줄이기 위한 방책으로 굴뚝에서 나오는 배출 가스를 규제하기 위한 '대기오염방지법Clean Air Act' 제정으로 등유, 프로판, 천연가스 등과 같은 스모그 없는 연료의 개발이 촉진되어, 최근에는 이러한 연료들이 널리 사용되고 있다.

1960년대 이래 대기오염의 주요 원인은 자동차 사용의 증가에서 찾을 수 있다. 유럽연합 28개국을 기준으로 볼 때, 온실가스 배출의 4분의 1이 운송에서 비롯되고, 이 중 72퍼센트는 도로 운송이 원인이었다(European Commission 2015a; 〈그림 5-1〉 참조). 자동차에서 배출되는 배기가스는 굴뚝보다 훨씬 낮은 곳에서 대기를 오염시키기 때문에 특히 유해하다. 이 결과 도시는 보행자 및 노동

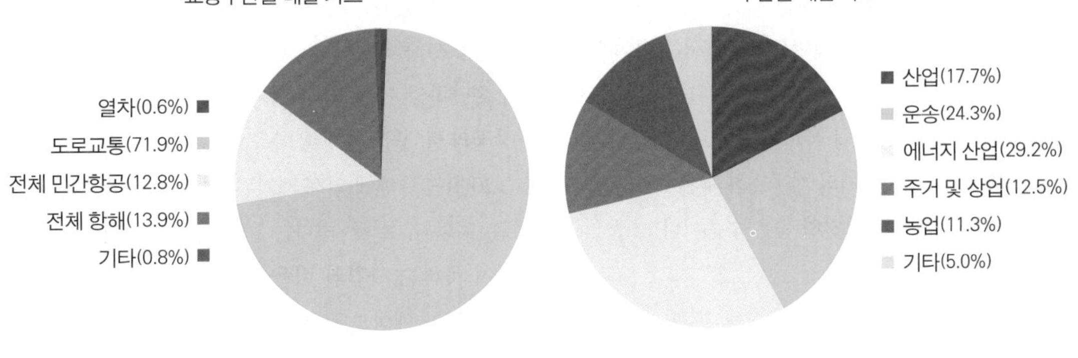

그림 5-1 유럽연합 28개국의 교통수단별/부문별 배출 가스, 2012

출처: European Commission 2015.

자에게 가장 오염된 환경을 제공하게 된다.

유럽에서 여행의 80퍼센트를 담당하는 승용차는 환경에 특히 나쁜 영향을 미친다. 혼자 승용차를 탈 때 1킬로미터당 배출되는 탄소의 양이 단거리 혹은 장거리 비행 시 배출되는 탄소량보다 많을 수 있다(Beggs 2009: 77~78). 이러한 이유로 산업국가에서는 대기오염을 줄이기 위한 노력으로 승객 수송용 열차, 대형 버스, 승용차 함께 타기 등 저공해 운송수단의 사용에 주목하고 있다. 2008년 이래 유럽연합과 그 밖의 국가에서 자동차의 배출 가스는 비싼 기름 값과 자가용의 효율성 증대로 인해 감소하기 시작했다(European Commission 2015a). 그러나 폭스바겐 사태가 보여 주듯이 더 엄격한 오염 목표치 설정이 실제 도로에서 달리는 차량의 배출 가스 감소를 보장해 주는 것은 아니다.

비판적으로 생각하기 THINKING CRITICALLY

대기오염방지법은 석탄 연료로 인한 대기오염에 중요한 영향을 미쳤다. 시내 중심지에서의 경유차 운행 금지는 대기오염방지법과 동일한 결과를 가져오는가? 어떤 도시에서 그러한 제한이 실제로 부과된 적이 있는지, 그리고 그러한 제한이 실제로 작동했는지 확인해 보자.

대기오염은 호흡기 질환, 암, 폐 질환 등을 포함하는 건강 문제와도 관련이 깊다. 외적 오염은 산업화가 급격히 진행되고 승용차 사용이 급증하고 있는 개발도상국에서 급속히 증가하고 있다. 많은 개발도상국에서는 이미 산업국가에서 사용이 금지된 납 성분이 함유된 가솔린을 아직도 사용하고 있다. 동유럽 국가와 구소련 지역의 대기오염은 1990년대 이래 경제의 재구조화와 제조업의 붕괴 등으로 다소 감소했으나 여전히 높은 수준이다.

수질오염

인간은 식수, 요리, 세탁, 농업, 어업 그리고 다른 필요에 의해 물을 사용해 왔다. 물은 가장 가치 있고 본질적인 자연 자원 중 하나지만 오랫동안 가정이나 공장에서 나온 쓰레기가 강이나 바다에 그대로 버려졌다. 예를 들어 1858년 여름 템스강의 악취 발생으로 런던시가 정지 상태에 이르자 정치가들은 이에 대한 대책을 마련하기 위해 고민했다. 그러나 겨우 60년 전부터 여러 국가에서 수질 보호, 양질의 물에 의존하는 수자원과 야생동물 보존, 전 세계 인구에게 필요한 깨끗한 물에 대한 접근성 확보 등에 관심을 갖고 다양한 노력을 하고 있다. 하지만 이러한 노력에도 불구하고 수질오염은 심각한 상황이다.

수질오염은 유독성 화학물질, 유독성 미네랄, 살충제 혹은 처리되지 않은 하수 성분 등이 물에 녹아 수질이 악화되는 현상을 말한다. 수질오염은 개발도상국의 국민들에게 커다란 위협이 되고 있다. 빈곤한 국가에서는 위생 체계가 발달하지 않은 데다 폐기물이 계곡, 강, 호수에 그대로 버려지고 있다. 위생적으로 처리되지 않은 수질에서 비롯된 높은 수준의 박테리아는 이질, 설사, 간염 등 수질과 관련된 각종 질병을 야기한다. 매년 20억 명이 오염된 물로 인해 설사를 앓고 있으며, 이 중 5백만 명이 설사병으로 죽어 가고 있다.

지난 25년 동안 안전한 식수를 얻기 위한 노력이 큰 성과를 보였다. 물론 안전한 물 공급은 여전히 문제로 남아 있고, 특히 아프리카 지역은 지표수와 함께 보호되지 않은 우물과 샘물을 식수로 이용하는 등 아직도 물 문제로 곤란을 겪고 있다. 하지만 1990년대에 거의 10억 명이 안전한 물과 위생 시설을 얻는 성과를 거두었다(〈그림 5-2〉 참조). 물의 사유화는 물의 가격 상승을 가져오고, 지구온난화의 영향 역시 정기적인 가뭄을 초래해 개발도상국의 물 공급 문제를 더욱 악화시키고 있다.

2000년 유엔에 의해 제기된 '새 천년 개발목표Millennium Development Goals' 중 하나는 2015년까지 안전한 식수를 구하지 못하는 사람의 비율을 절반으로 줄이는 것이었다. 이 목표는 예상보다 빠른 2010년에 달성되었다. 2015년까지 세계 인구의 91퍼센트는 개선된 식수원을 가질 수 있었으며, 1990년 이래 26억 명이 개선된 식수원을 갖추

열대우림 지역이라도 도시 거주자, 공장, 농장 등이 깨끗한 물을 획득하기는 어렵다.

고 있다. 그러나 같은 해 코카서스 지역, 중앙아시아, 북아프리카, 오세아니아, 사하라 사막 이남 아프리카 지역 등은 새 천년 개발목표를 달성하지 못했으며, 대부분 농촌 지역에 거주하는 6억 6천3백만 명이 여전히 안전한 식수원을 확보하지 못한 상황이다(UNICEF/WHO 2015: 4). 최빈국의 물 재생 가능률은 대체로 4퍼센트에 머무르는 반면, 선진국의 물 재생 가능률은 70~90퍼센트에 이르고 있다(UNESCO 2009a).

위생 시설의 개선은 훨씬 더디게 진행되고 있다. 새 천년 개발목표는 2015년까지 전 세계 인구의 77퍼센트가 개선된 위생 시설을 갖게 하는 것이었으나 68퍼센트만이 위생 시설을 갖게 되었다. 이는 700만 명이 목표치에 도달하지 못했다는 의미다. 24억 명이 개선된 위생 시설을 갖지 못하고 있으며, 이 중 10명 가운데 7명은 농촌 지역에 거주하고 있다. 또한 농촌 인구 10명 중 9명이 야외에서 배변을 보고 있는 상황이다. 새 천년 개발목표는 안

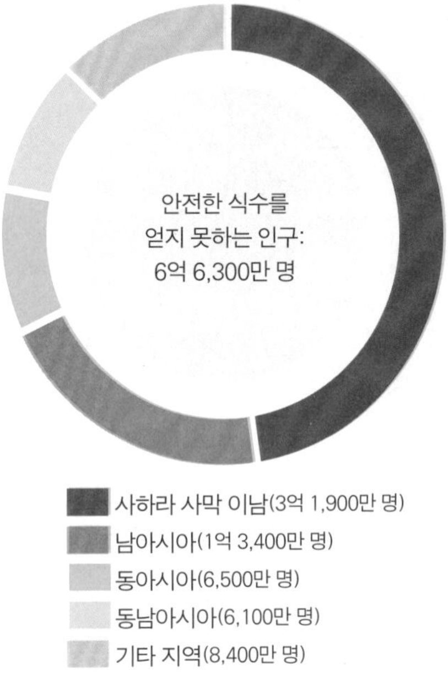

그림 5-2 안전한 물을 얻기 힘든 인구, 2015(100만 명)

출처: UNICEF/WHO 2015: 7.

전한 물과 효과적인 위생 시설 제공을 장려하고 그 진행 상황을 점검하는 데 효과적인 도구로 증명되었으나 개발도상국의 농촌 지역에서는 보다 큰 진전이 있어야 한다는 아쉬움이 여전히 남는다.

고형 폐기물

슈퍼마켓, 장난감 가게, 패스트푸드점에서 상품을 포장하는 재료의 양에 주의를 기울여 보자. 오늘날 포장 없이 살 수 있는 상품은 거의 없다. 상품을 매력적으로 보이게 하고 안전성을 보장하는 데 포장은 꼭 필요하지만 그 폐해도 만만치 않다.

소비 세대의 등장은 국가의 부와 관계있다. 예컨대 폴란드, 헝가리, 슬로베니아 등은 최근 들어서야 비로소 서구의 자본주의와 소비문화를 따라 하기 시작했으며 미국, 덴마크, 호주 등에 비해 절반 정도의 쓰레기를 배출했다. 한편 고도 소비사회에서는 쓰레기가 효과적으로 처리되고 있다. 〈그림 5-3〉에서 볼 수 있는 바와 같이 독일, 노르웨이, 아일랜드 등은 쓰레기 매립지에 쌓이는 쓰레기양을 꾸준히 줄여 오고 있다. 유럽연합은 재활용 사회가 되는 것을 목표로, 쓰레기를 재활용하거나 퇴비로 사용하고 있을 뿐만 아니라(2020년 유럽경제지역에서 발생하는

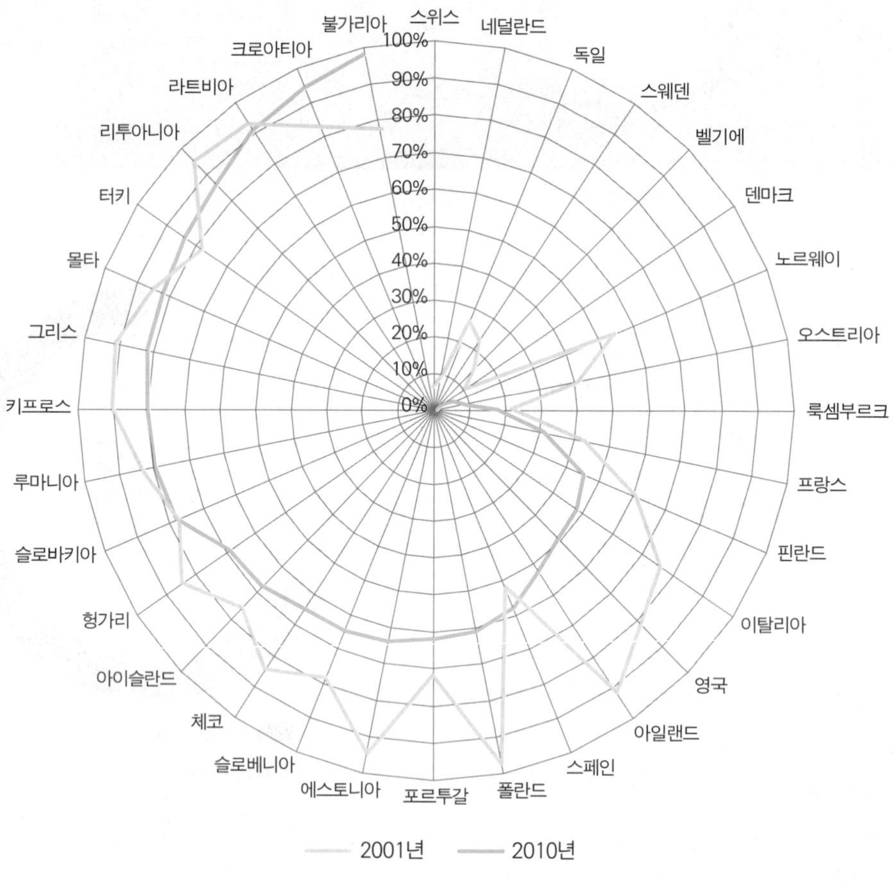

그림 5-3 유럽 국가별 쓰레기 매립 비율, 2001년과 2010년 비교

출처: European Environment Agency 2013: 21.

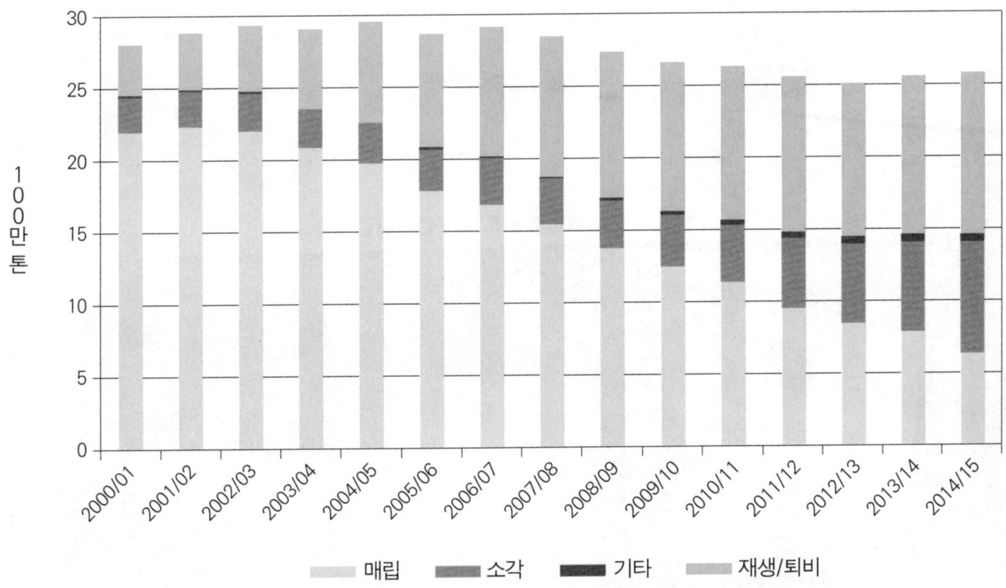

그림 5-4 영국 지자체의 폐기물 관리 2001년 1월~2014년 5월(단위: 100만 톤)

참조: EfW(Energy from Waste)란 쓰레기를 소각해서 나온 열로부터 생성되는 전기를 의미함.
출처: Defra 2016: 26.

쓰레기의 50퍼센트에 해당할 것으로 예상된다), 상품 포장에 사용되는 포장지의 양을 줄이고 있다(European Environment Agency 2013).

산업화된 사회들은 버려지는 종류와 양이 너무 많아서 종종 '쓰고 버리는 사회throw-away societies'라고 일컬어진다. 대부분의 산업국가에서 쓰레기 수거 서비스는 일반화되었으나 그 쓰레기를 재활용하는 데는 아직도 큰 어려움을 겪고 있다. 쓰레기 매립장은 빠르게 포화 상태에 이르고 있고, 도시 지역은 쓰레기를 처분하기 위한 매립장을 거의 다 사용한 상태다. 예를 들어 2006년 스코틀랜드의 경우 가정에서 배출되는 쓰레기의 90퍼센트가 쓰레기 매립장으로 보내졌으며, 스코틀랜드 환경부는 스코틀랜드 가정에서 배출되는 쓰레기의 양이 매년 2퍼센트씩 증가하고 있다고 밝혔다. 쓰레기를 대상으로 한 국제무역은 재활용할 재료를 중국에 수출하는데, 이 경우 쓰레기가 통제되지 않은 작업 환경에서 손으로 분류되어 환경 악화를 가져온다.

영국 정부는 2005년까지 폐기물의 40퍼센트를 재활용한다는 목표를 세웠다. 그러나 2010년에 이르러서야 이 목표에 근접한 39.7퍼센트에 이르렀다. 이에 반해 가정에서 배출되는 쓰레기 중 재활용되는 양이 증가했음에도 불구하고 전체 쓰레기의 양은 증가하기 시작했다. <그림 5-4>는 영국의 쓰레기 매립과 매립이 아닌 다른 방법의 변화 추이를 보여 준다. 비록 재활용되는 쓰레기의 양은 전체 쓰레기양에 비하면 낮은 수준이지만, 이러한 쓰레기 중 상당 부분은 재활용하기 힘든 것이 사실이다. 특히 음식을 포장하는 플라스틱은 다시 사용할 수 없는 쓰레기이기 때문에 그냥 묻어 버릴 수밖에 없다. 플라스틱을 매립할 경우 수 세기 동안 썩지 않고 그대로 남게 된다. 이제 재활용은 전 세계적으로 거대한 산업으로 발전하고 있으나 '쓰고 버리는 사회'를 변형시키기엔 아직 멀어 보인다.

개발도상국에서의 쓰레기 문제는 쓰레기 수거 서비스의 부재에서 찾을 수 있다. 개발도상국의 경우 20~50퍼

영국의 많은 지방 의회는 쓰레기 수거 거부의 일환으로 재활용을 확대하고 있으며, 주민들도 재활용을 생활화하고 있다.

센트에 이르는 쓰레기가 수거되지 못하는 것으로 추정된다. 체계화되지 못한 쓰레기 처리 시스템으로 인해 길에 쓰레기가 넘쳐나 질병의 원인을 제공한다. 앞으로 개발도상국은 선진국에 비해 훨씬 심각한 쓰레기 문제에 직면할 것이다. 이는 사회가 점점 부유해질수록 음식물 쓰레기 같은 유기 쓰레기 발생에서 상품 포장에 사용되는 플라스틱 같은 인공 물질 발생량이 급증하는 상황으로 변하고, 이를 처리하기 위한 시간도 더 오래 걸리기 때문이다.

자원 고갈

인류는 물, 나무, 고기, 동물, 식물 등 자연 세계의 많은 자원에 의지해 왔다. 이러한 것들은 건강한 생태계에서 시간이 지남에 따라 자동적으로 대체되기 때문에 다시 사용할 수 있는 자원이라는 특성을 보인다. 그렇지만 이러한 자원도 균형을 벗어나거나 과도하게 사용하면 아예 사라진다. 이미 몇몇 예에서 이러한 자원의 고갈 상황을 보여 주고 있으며, 다시 사용할 수 있는 자원이 점점 고갈되는 상황은 환경론자들에게 커다란 관심을 불러일으켰다.

물의 불안정성

물은 비에 의해 끊임없이 보충된다는 생각에 고갈되지 않는 자원으로 인식하는 경향이 강하다. 만약 유럽이나 북아메리카 지역에 산다면 물에 대해 그다지 관심을 두지 않고 지낼 수 있다. 생수 시장의 급격한 팽창은 선진국의 소비자들의 경우 언제든지 물을 구입해 마실 수 있다는 점에서 물의 사용이 세계적인 불균형 상태에 있음을 보여 준다. 이에 반해 지구 대부분의 지역에서 안정적인 물 공급 문제는 만성적이고 매우 심각한 상황이다.

특히 인구 조밀 지역에서 물에 대한 수요는 충족될 수 없는 상황이다. 예를 들어 북아프리카와 중동 지역에서는 물 공급 문제가 심각하며 물 부족 사태는 일상화되어 있는 과제이기도 하다. 이 지역의 물 부족 문제는 앞으로도 더욱 심각해질 것으로 예상된다. 앞으로 30년 동안 인구 증가는 이미 물 부족 상황을 겪고 있는 지역에 집중될 것이기 때문이다. 인구가 급증하는 도시 지역에서는 물과 위생 시설이 크게 부족할 것이며, 후에 살펴볼 지구온난화 역시 물 부족 문제보다 심각한 영향을 미칠 것이다.

미래의 물 위기 상황에 대한 전망은 개발도상국에 초점을 맞추는 경향이 있으며, 그 이유를 이해하는 것이 중요하다. 물의 가용성과 인간에게 필요한 가용 자원에 가해지는 스트레스라는 의미에 대한 최근 보고서는, 처음에는 서유럽과 북아메리카 지역이 대부분의 아프리카 지역보다 물이 안정적이지 못했다고 주장한다(Vorosmarty et al. 2010; 〈그림 5-5〉 참조). 그러나 물이 관리됨에 따라 상황이 크게 바뀌었다. 선진국들은 수로를 변경하는 댐 건설, 운하와 파이프라인 건설 등 물에 관한 하부 구조와 기술에 막대한 투자를 함으로써 물의 안정성 문제를 해결했다(〈그림 5-6〉). 이에 반해 대부분의 아프리카 지역에서는 그러한 투자가 이루어지지 않았을 뿐만 아니라 그러한 투자가 가능하지도 않은 상황에서 물의 안정적인 공급 문제가 심각하게 대두된 것이다.

한편 물의 안정성을 확보하기 위해 이루어지는 대규모 투자는 미래 환경에 악영향을 가져왔다(Palmer 2010). 예를 들어 개발도상국에서 물의 안정성을 확보하기 위해 시멘트와 철을 활용해 이루어지는 프로젝트들은 자연환경을 파괴하고 생물다양성 보전에 악영향을 미친다. 이에 대한 대안으로 자연환경을 변화시키기보다는 범람원, 습지, 안전수계 등을 보호하는 데 주목하는 물 관리 접근방법이 주목받고 있다.

안정적인 물 공급을 위한 조치들은 세계적인 온난화가 물 부족 사태에 잠재적인 원인이 된다는 점에서 보다 시급하게 마련될 필요가 있다. 기온이 올라감에 따라 마시고 농사짓는 데 더욱 많은 물이 필요하다. 지하수도 예전같이

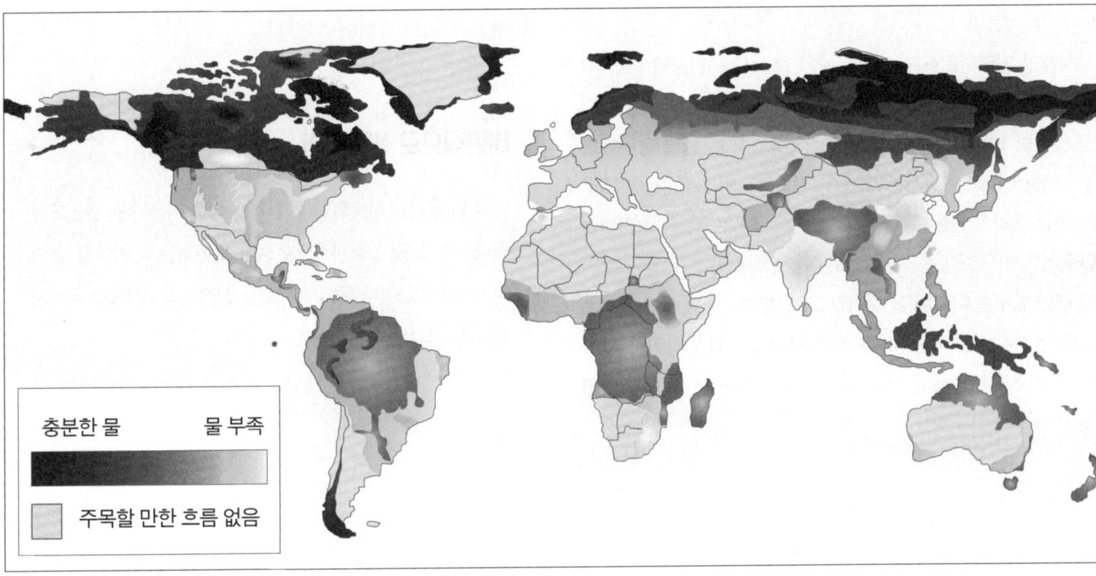

그림 5-5 천연수의 안정성

출처: BBC News, 29 September 2010: www.bbc.co.uk/news/science-Environment-11435522.

물의 사유화

세계 사회 5-1

물 값이 3분의 1 이상 올라 항의하는 수천 명의 시위대 앞에 진을 치고 있는 진압 경찰에게 한낮의 햇볕이 내리쬐고 있다. 곧이어 제복을 입은 관리가 말을 타고 질서를 위해 소리치고, 경찰은 피투성이가 된 시위대로 아수라장이 된 길을 몸으로 막고 있다.

이는 최근 할리우드에서 나온 영화의 한 장면일까? 불행하게도 그렇지 않다. 이것은 볼리비아에서 세 번째로 큰 도시인 코차밤바Cochabamba에서 미국계 대기업 벡텔Bechtel의 자회사가 물 사용권을 인수받아 가난한 사람들이 지불할 수 없을 만큼 물 값을 인상한 조치에 대해 주민들이 항의하는 실제 모습이다.

새롭게 펼쳐지는 세계는 전쟁과 시민사회의 갈등 등이 약화되는 반면 인구 증가, 지구온난화에 따른 가뭄, 아시아 및 남아메리카에서 경제 성장에 따른 중산층의 대두 등으로 물 부족 사태가 심각하게 전개되고 있다. 세계적 은행의 최고책임자는 "오늘날 모든 사람이 지구온난화를 언급하고 있으며, 앞으로 2년 내 물 부족은 인류가 해결해야 할 중요한 문제로 등장할 것"이라고 주장한다.

중국과 아르헨티나 이외에도 많은 국가는 이제 물을 공급하는 방법을 알고 있는 유럽과 미국의 다국적 기업이 자국에서 활동할 수 있게 할 것인지의 문제에 봉착해 있다. 사실상 이들 국가에서는 물을 사기 위해 지불할 능력이 없거나 지불할 의사가 없을 만큼 물이 비싸기 때문이다.

[…]

회계법인 딜로이트Deloitte & Touche의 보고서는 인간이 이전 시대에는 풍부했던 자원을 구하기 힘들게 하는 특별한 재주를 지닌 것처럼 보인다는 내용을 담고 있는데, 이는 물의 경우에도 잘 적용된다. 이 보고서는 매년 10억 명 이상의 사람들이 깨끗한 물을 접하기 힘들 것이라고 주장한다. 이 보고서의 저자이며 딜로이트 연구소장 폴 리Paul Lee는 경제 성장과 인구 증가로 물에 대한 요구는 더 거세질 것이라고 예상한다. 예를 들어 인도는 2020년에 이르면 물에 대한 수요가 공급을 초과할 것이다.

세계야생동물기금World Wildlife Fund은 히말라야에서 빙하가 줄면 여름의 수량이 3분의 2까지 감소할 것으로 예상한다. 그러면 갠지스강 지역에서는 5억 명이 물 부족을 겪게 된다. 리는 "세상에서 가장 중요한 액체 형태인 물의 부족은 가장 근본적인 문제이며, 이를 해결하기 위한 기술 분야의 역할이 중요하다"고 말한다.

[…]

그러나 가장 곤란한 부분이 남아 있다. 증권 회사인 크레디트 스위스Credit Swisse의 보고서에 따르면 연간 세계 물 사용량은 지난 세기 동안 6배 증가했으며, 인구는 2배 증가했다. 2025년까지 세계 인구의 3분의 2는 물이 희소한 자원으로 인식되는 지역에 거주할 것이다. 이는 지난주 반기문 유엔 사무총장이 경고한 바와 같이 물을 둘러싼 갈등을 낳을 것이다.

아시아는 물 문제에 취약하다. 특히 티벳 지역에서 물을 빼 건조한 북쪽 지역으로 물을 공급할 계획을 준비 중인 중국은 물 문제가 심각하다. 이외에도 이스라엘과 팔레스타인 간의 갈등은 적어도 부분적으로는 요르단강으로부터 안정적인 물 공급을 둘러싼 대립으로 이해할 수 있다. 이와 비슷하게 물은 수단에서 일어나고 있는 갈등의 주요 원인이 되고 있으며, 다르푸르를 폐허로 만들었다. 가장 기본적인 상품에 관한 한 그 지분은 거의 늘어나지 않을 것이다.

출처: Richard Wachman 2007.

비판적으로 생각하기 THINKING CRITICALLY

만약 물 공급의 사유화가 물 가격 상승을 이끈다면, 불필요한 물의 낭비를 막고 결과적으로 물을 보존하는 데 기여할 수 있지 않을까? 그러나 물의 사유화는 선진국과 개발도상국에서 왜 다른 결과를 가져오는가?

빠른 시간 안에 다시 채워지지 않으며, 증발 비율도 증가하고 있다. 지구의 온난화를 수반하는 기후변화도 물 공급에 변화를 주고 물 관리 계획을 더 어렵게 하면서 강수량에 영향을 미치고 있다.

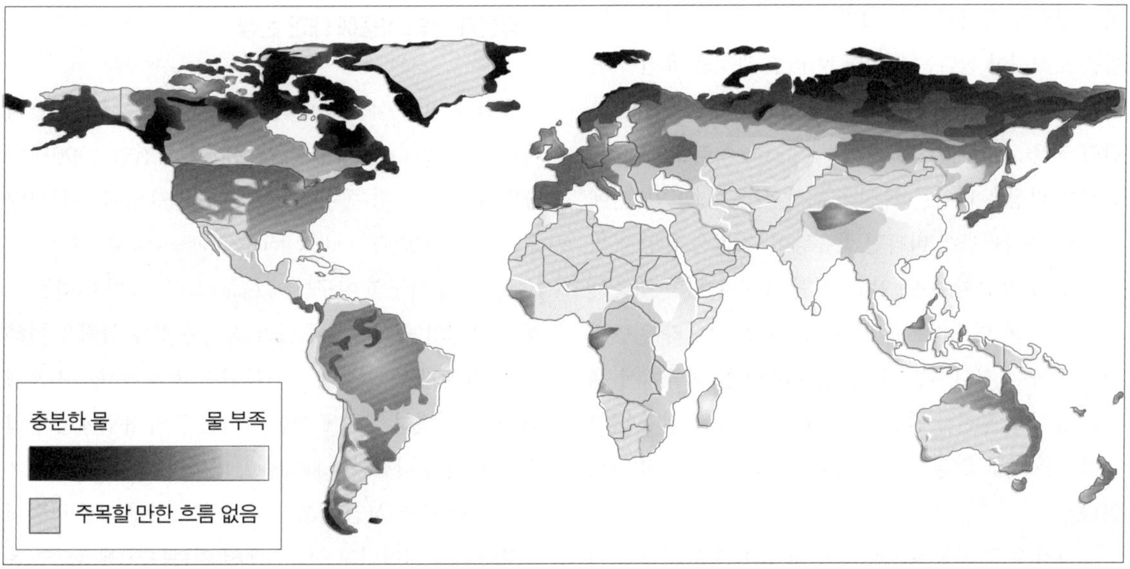

그림 5-6 관리된 물의 안정성

출처: BBC News, 29 September 2010: www.bbc.co.uk/news/science-Environment-11435522.

식량 부족과 유전자 변형 작물

오늘날 약 9억 명이 영양 부족과 함께 굶주림으로 고통받고 있다. 또한 토양의 퇴화는 아프리카에서 경제 개발을 위협하고 있다. 지구온난화 역시 사막화와 흉작을 가져온다. 이 모든 것은 식량 부족 사태가 광범위하게 전개될 것이라는 공포를 안겨 준다. 세계에서 인구가 조밀한 지역에 거주하는 사람들이 크게 의존하고 있는 쌀의 재고가 점차 줄어들고 있다. 많은 사람들은 현재 농업 기술로는 늘어나는 인구를 지탱할 만큼 충분한 쌀을 생산할 수 없을 것이라고 걱정한다. 환경문제와 같이 기근의 위협은 세계 각 지역에 고르게 나타나지 않는다는 특징이 있다. 선진국들은 곡식이 남아도는 데 반해 급격한 인구 증가가 예상되는 가난한 국가에서는 만성적인 식량 부족에 시달리고 있다.

지난 2년 동안 영국에서 식량 공급과 농업에 관해 진행된 조사 결과는 현재 이 지구상의 식량 체계는 지속 가능하지 않으며 굶주림 문제도 해결할 수 없다고 강력히 경고한다(Foresight 2011). 세계 인구가 2030년에 70억에서 80억 이상으로, 2050년에는 90억 이상으로 증가함에 따라 물, 토지 및 에너지 등을 확보하기 위한 경쟁이 더욱 심화될 것이며, 지구온난화는 식량 생산 체계에 대한 압박을 더욱 가중시킬 것이라는 전망이다. 보고서는 이러한 요인들이 결합돼 단편적인 변화만으로는 문제를 해결할 수 없고 식량 자급을 달성할 수 없는 상황에 대처하기 위해 긴급하게 필요한 조치들에 위협이 되고 있다고 주장한다. 이와 함께 보고서는 보다 많은 식량의 지속적인 생산, 자원을 많이 활용하는 식량에 대한 수요 유지, 식량 체계의 모든 영역에서 낭비 최소화, 식량 체계에 대한 모든 정치적·경제적 거버넌스 향상이라는 네 가지 측면을 포함하는 조정된 정책 및 행동을 제시하고 있다(ibid.: 12~13).

위의 예측 보고서는 지속 가능한 식량 체계를 추구하는 정책 혹은 기술이 폐쇄적이어서는 안 되며 미래의 식량 위기를 피할 수 있는 하나의 열쇠는 생물공학의 진전이라고 주장한다. 기본 작물의 유전자를 조작해 식물의 광합성을 증가시키고, 크기가 큰 작물을 생산하는 방법을 모색해야 한다는 것이다. 이러한 과정을 유전자 변형이라 하며, 이러한 과정을 통해 생산된 식물을 유전자 변형 작물Genetically Modified Organisms, GMOs이라고 부른다. 유전자 변형은 다양한 목적을 위해 사용될 수 있다. 예를 들어 과학자들은 비타민 함유량이 더 많은 유전자 변형 작물을 생산할 수도 있고, 어떤 유전자 변형 작물은 곤충, 균류와 바이러스에 의한 해충뿐만 아니라 일반적인 제초제에 견딜 수도 있다. 유전자 변형 작물에서 생산된 음식을 유전자 변형 식품이라고 하며, 유전자 변형 농작물은 때로 형질 전환transgenic 작물이라고 불리기도 한다.

유전자 변형 작물은 서로 상이한 물질에 유전자를 이식한다는 점에서 지금까지 존재해 왔던 작물과 다르다. 이는 작물 생산을 증가시키기 위해 오랫동안 사용되어 온 방법과 달리 자연 현상에 근본적인 변화를 주는 것이다. 유전자 변형 작물은 식물뿐만 아니라 동물의 경우에도 유전자를 이식함으로써 얻을 수 있다. 예를 들어 최근 실험에서는 인간의 유전자를 돼지 같은 동물에게 이식함으로써 궁극적으로 인간의 이식 수술에 필요한 기관을 대체하려는 시도가 이루어지고 있다. 비록 지금까지 상용화된 유전자 변형 작물이 인간의 유전자를 활용하는 극단적인 생물공학에 이르지는 않았지만 인간의 유전자를 식물에 접목시키는 실험도 이루어지고 있다.

과학자들은 유전자 변형 품종인 '초우량 쌀super rice'이 쌀 생산량을 35퍼센트가량 증가시킬 수 있다고 믿는다. 이와 비슷하게 비타민 A를 추가한 '황금 쌀golden rice'은 전 세계 1억 2천만 어린이의 비타민 A 결핍을 완화시킬 수 있다고 본다. 이렇듯 생물공학의 발전은 세계 모든 사람들에게 환영받을 수 있다고 생각되었다. 그러나 유전자 변형 문제는 큰 논란을 가져왔다. 유전자 변형 문제는 많은 사람에게 과학과 기술 혁신이 주는 혜택과 환경 파괴의 위험 사이에 존재하는 선을 생각하게 했다.

유전자 변형 식품에 대한 논쟁

유전자 변형 식품에 대한 격렬한 논의는 유럽연합의 라벨링 규칙labelling rules이 시행되기 이전인 1990년대 중반 유전자 변형 콩이 미국으로부터 유럽에 수입되었을 때 시작되었다(Horlick-Jones et al. 2009: 4). 그린피스Greenpeace와 지구의 친구들Friends of Earth은 유전자 변형 식품이 유럽의 슈퍼마켓에 자리 잡지 못하게 압력을 가하는 등 유전자 변형에 대한 저항 운동을 강력하게 전개했다. 유전자 변형 식품에 대한 우려는 특히 유럽에서 광범위하게 퍼져 나갔다(Toke 2004). 영국의 경우, 유전자 변형 작물에 대한 상업 광고가 증가하는 것에 대한 반발이 스코틀랜드 에버딘의 실험실에서 일하는 국제적으로 유명한 유전학자 아르파드 푸츠타이Arpad Pusztai 박사에 의해 고무되었다. 푸츠타이 박사는 특정 꽃에서 추출한, 렉틴lectin으로 알려진 단백질 성분의 천연살충제를 주입한 유전자 변형 감자를 대상으로 실험했다. 실험 결과 이 유전자 변형 감자를 먹은 쥐는 자신의 면역 체계에 치명적인 손상을 입고 기관의 성장에 지장을 겪는 것으로 나타났다. 푸츠타이의 이러한 발견은 다른 저명한 과학자들로부터 비판을 받았으며, 텔레비전을 통해 유전자 변형 식품에 대한 우려를 표명한 후 그는 직장마저 잃었다.

미국 기업 몬산토Monsanto는 유전자 변형 기술을 개발하는 데 주도적 역할을 했다. 몬산토는 종자 공장을 구입하고 화학 부문을 매각하는 등 기업의 에너지를 새로운 작물을 생산하는 데 쏟았다. 몬산토의 최고경영자 로버트 샤피로Robert Shapiro는 농부들과 소비자들에게 유전자 변형 식품의 장점을 알리기 위한 광고와 캠페인을 벌였다. 몬산토의 캠페인은 유전자 변형 작물이 세계의 가난한 사람들에게 도움을 줄 수 있으며, 특히 살충제와 제초제에 사용된 화학적 오염원을 감소시키는 데 도움을 줄 수 있다고 주장했다. 생물공학은 환경을 유지하고 보호하면서 질적으로 우수하고 보다 많은 작물을 생산할 수 있게 한다는 주장이었다. 그러나 유전자 변형 작물은 기본적으로 새로운 것이었기 때문에 그것이 환경에 미치는 영향에 대해서는 어느 누구도 확신할 수 없었다. 많은 생태학적 그룹과 소비자들은 아직 구체적으로 시험을 완전히 거치지 않은 기술이 안고 있는 잠재적 위험을 걱정하게 되었다.

텔레비전, 라디오, 대담 등에서는 유전자 변형 식품에 관한 논쟁의 장이 마련되고 있다. 영국 국민들은 유전자 변형 작물에 대한 반대 의사를 표명하고 있다. 2003년 조사 결과는 영국 국민의 59퍼센트가 유전자 변형 식품은 금지되어야 한다는 견해를 보여 주었다(ONS 2005). 유전자 변형 식품을 반대하는 사람들은 영국 내에서 유전자 변형 식품이 사라지게 하기 위해 직접적인 행동에 참여했다. 다른 유럽 지역에서도 이와 유사한 반응이 일어났다. 영국의 경우 슈퍼마켓 8곳 중 7곳이 유전자 변형 식품에 관한 정책을 바꾸었다. 이 중 5곳의 슈퍼마켓은 생산품에 유전자 변형 성분을 포함하지 못하도록 조치했으며, 그들의 모든 상품에 보다 나은 표시를 고집했다. 유니레버Unilever와 네슬레Nestle 같은 거대 기업은 유전자 변형 식품의 수용을 철회했다. 유전자 변형 작물의 재배에 관여했던 미국 농부들은 종래에 해오던 작물 생산 방식으로 되돌아가는 변화를 보이기도 했다.

환경론자와 소비자 집단들의 항의는 몬산토 주가 하락의 원인이 되면서 몬산토의 운명에 결정적인 영향을 미쳤다. 마추라Matsuura는 초기의 생물과학 산업이 두 가지 실수를 했다고 주장한다(2004). 하나는 대중의 관심을 무시했다는 점이고 다른 하나는 유전자 변형 식품 문제를 전적으로 합리적 논의만을 통해 해결하려 했다는 점이다. 사실 유전자 변형의 문제는 감성적인 특성을 지니고 있다. 샤피로는 텔레비전에 출연해 몬산토가 중요한 실수를 했으며 몬산토가 설득해 온 사람보다 훨씬 많은 사람들을 분노하게 했음을 인정했다. 그것은 예상치 못한 방향 전환이었다. 이후 몬산토는 가장 논쟁이 된 '터미네이터'라는 유전자를 활용하는 계획에 착수했다. 몬산토가 농부들에게 판매한 이 씨앗 종자는 한 번 사용한 후 다시 사용할 수 없기 때문에 농부들은 종자를 매년 새로 구입해야만 했다. 비판가들은 몬산토가 생물노예bioslavery 형태로 농부들을 현혹시키고 있다고 주장했으며, 이러한 주장은 세계화가 가져오는 장점을 추구하려는 기업과 이로부터 어려움을 겪는 사람들 간 힘의 불균형을 다시 논의하는 계기가 되었다.

유전자 변형 작물은 유럽과 아프리카에서도 논쟁을 불러일으켰다. 2002년 잠비아는 미국이 제공하는 원조물인 옥수수와 콩을 유전자 변형 식품 혹은 장기간 보존을 위해 유전적 다양성을 감소시킨 식품이라는 이유로 거부했다. 잠비아 대통령 레비 무아나와사Levy Mwanawasa는 이것을 독이 든 식품이라고까지 불렀다. 2004년에는 짐바브웨, 말라위, 모잠비크, 레소토, 앙골라 등도 유전자 변형 식품의 원조를 거절했다.

유럽연합은 1998년에서 2004년까지 새로운 유전자 변형 식품의 특허권을 거부했다. 그러나 2004년에 유전자 변형 옥수수 수입이 허가되었으며 유전자 변형 식품이라는 표시를 상품에 붙이는 조치가 취해졌다. 그러나 유럽연합의 조치는 미국의 거대 유전자 변형 식품 회사를 막아내기에 너무 늦은 거였다. 2003년 이들은 유전자 변형 식품의 상업화를 인정하지 않는 유럽연합을 세계무역기구WTO에 제소했다. 이들은 유럽연합의 주장이 과학적 근거가 없으며 자유로운 무역 질서를 붕괴시키고 있다고 주장했다. 2006년 세계무역기구는 오스트리아, 독일, 그리스, 프랑스, 룩셈부르크 등의 유럽연합국들이 유전자 변형 식품의 판매와 재배를 금지함으로써 세계 무역 질서를 어겼다는 판결을 내렸다(Horlick-Jones et al. 2009: 4). 그러나 이미 유전자 변형 식품에 거부 반응을 보였던 유럽의 소비자들이 그러한 판결에 근거해 자신들의 반대 의사를 철회할 것이라고 기대하기는 힘들다.

유전자 변형 식품 문제는 환경문제의 경우와 마찬가지로 기본적으로 자연과 사회의 복잡한 관계라는 점을 부각시키는 것으로 이를 분리시킬 수 있다는 생각은 현실에 맞지 않는다. 예컨대 2000년 5월 영국 정부는 평지씨 수천 에이커가 유전자 변형 물질에 의해 오염되었음을 인정했다. 몇 주 후 독일의 연구자들은 평지씨를 변형시키는 데 사용되는 유전자가 꿀벌의 종의 장벽(한 종의 생물체에

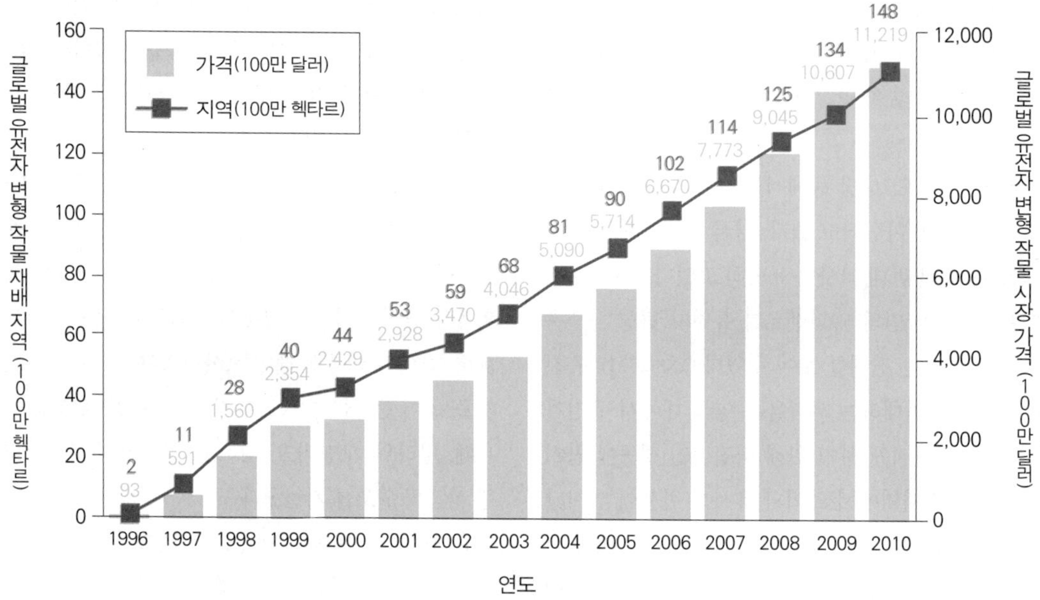

그림 5-7 지역별 시장가격별 글로벌 유전자 변형 농작물, 1996~2010

출처: Peng 2011: 302.

서 다른 종으로 질병이 확산되는 것을 막아 주는 것으로 여겨지는 천연 시스템)을 넘는 문제를 가져온다는 결과를 내놓았다. 이러한 발견들은 '예방 원리precautionary principle'를 지지하는 환경론자들에 의해 받아들여졌다. 이 원리는 새로 시도하는 일에 위험 가능성이 있는 상황에 의심이 간다면 기존 관행을 변화시키기보다는 그 관행을 따르는 것이 좋다는 의미를 품고 있다. 이를 비판하는 사람들은 입증되지 않은 기술들이 사라졌을지도 모르는 실제로 중요한 혜택을 가져온 것과 마찬가지로, 이러한 원리가 혁신을 억누르고 역사적으로 지나치게 순진한 것이라고 주장한다.

환경론자들의 관심에도 불구하고 유전자 변형 식품을 재배하는 면적은 지속적으로 증가하고 있으며, 이러한 증가는 개발도상국에서 두드러지게 나타나고 있다. 이 지역에서는 환경운동이 상대적으로 미약하게 나타나고, 유전자 변형 식품의 재배를 제한하는 법이 덜 엄격하기 때문이다(〈그림 5-7〉 참조). 2010년 현재 유전자 변형 작물을 재배하는 면적은 전 세계적으로 10억 헥타르에 달하며 1천 3백만 명의 농부가 이 일에 종사하고 있다(Peng 2011).

유전자 변형 식품에 관한 논쟁은 인간이 개입함으로써 떠오른 것으로, 얼핏 보면 '자연'의 문제인 '제조화된 위험'의 좋은 예이다. 우리는 후반부에서 울리히 벡의 중요한 작업에 주목하면서 환경에 관련된 위험에 대해 논의할 것이다. 그에 앞서 21세기의 가장 중대한 환경문제이며 최근 가장 널리 논의되고 있는 지구온난화에 대해 알아보자.

비판적으로 생각하기 THINKING CRITICALLY

안전을 위해 지나치다 싶을 정도로 주의를 기울여야 하고 새로운 기술이 아직 완벽하게 시험되지 않으면 사용하지 않는다는 '예방 원리precautionary principle'는 얼마나 현실적인가? 이러한 생각에 의문을 제기하는 검증되지 않은 기술의 예를 현실 세계에서 찾는다면 어떤 것이 있을까?

지구온난화

지구의 평균 표면 온도를 기준으로 2015년은 가장 더운 해였으며 2014년, 2010년, 2005년이 그 뒤를 이었다. 지금까지 가장 더운 기록을 보인 10년 중에서 9년이 2000년 이후(1998년만 예외)로 나타났다. 비록 지구는 1880년 이래 평균 섭씨 0.85도씩 더워지고 있지만 과학자들은 이러한 추이가 계속될 것이며, 언뜻 보기에 낮은 온도 상승이라도 세계의 기후 체계를 변화시킬 수 있다고 예상한다(OIPCC 2015: 2). 무더운 기후의 영향은 재앙이 될 수 있다. 환경문제에 정통한 지구정책연구소Earth Policy Institute는 2003년 유럽에서의 무더위로 4만 명 가까운 희생자가 발생했다고 밝혔다. 이 중 프랑스에서 1만 4천8백2명이 사망해 가장 많은 희생자가 나왔으며, 특히 노인층에서 많이 나타났다(Bhattacharya 2003).

환경문제로서 기후변화 형태로 나타나는 지구온난화는 말 그대로 세계적 환경문제다. 정도의 차이는 있지만 지구온난화의 영향은 모든 사회에 미치고 있다. 지구온난화를 이해하기 위해서는 대기가 어느 한 지역이 아닌 전체 지역을 둘러싸고 있다는 점에서, 전 세계적 시각에서 검토해야만 한다. 지구온난화 문제는 현대 과학 없이는 이해할 수 없다. 지구온난화에 대해 유용한 논의를 하길 원한다면 사회학자들은 기후변화에 대한 과학적 논의에 참여할 필요가 있다.

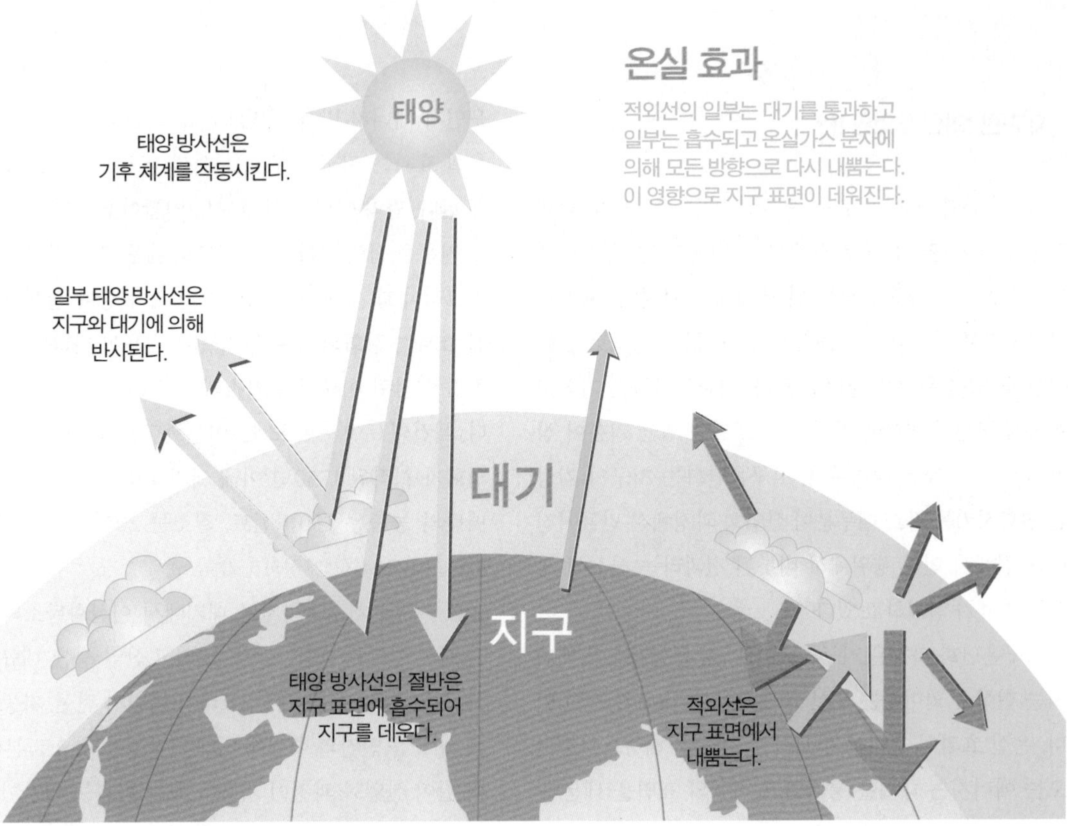

그림 5-8 온실 효과

출처: IPCC (2015): http://www.ipcc.unibe.ch/publications/wgl-ar4/faq/wgl_faq-1.3.html.

온실가스에 대한 이해

세계 사회 5-2

이산화탄소 같은 온실가스는 대기에서 자연적으로 발생하며, 자연적인 과정과 인간에 의해 대기로 배출된다. 불소를 첨가한 가스의 예와 같은 온실가스는 전적으로 인간 행위의 결과로 나타난다. 인간의 행위로 인해 대기에 흘러들어가는 주요한 온실가스는 다음과 같다.

- **이산화탄소** CO_2: 고형 폐기물, 화석 연료(석유, 천연가스, 석탄 등), 목재, 목재 생산품 등이 연소될 때와 다른 화학 반응의 결과로 대기에 방출된다. 이산화탄소는 생물학적 탄소 순환의 일환으로 식물에 흡수될 때 대기에서 제거된다.
- **메탄** CH_4: 석탄, 천연가스, 석유 등의 생산과 운반 과정에서 발생한다. 메탄은 가축 사육과 농작물 경작에서도 발생하며 고형 폐기물 더미에서 유기 폐기물이 부패해서 발생한다.
- **질소** N_2O: 고형 폐기물과 화석 연료의 연소, 농업 및 산업 활동 과정에서 발생한다.
- **불소 함유 가스**: 수소화불화탄소, 과불화탄소, 육플루오르화황 등은 산업 활동 과정에서 발생하는 매우 강력한 온실가스다. 불소 함유 가스는 CFCs, HCFCs, 헬론 등과 같은 오존 파괴 물질을 대체하는 것으로 사용된다. 이러한 가스들은 대체로 소량 방출된다. 그러나 강력한 온실가스이기 때문에 고위험 지구온난화 가스High GWP gases: High Global Warming Potential gases로도 불린다.

출처: US Environment Protection Agency: www.epa.gov/climatechange/emissions/index.html#ggo.

지구온난화란 무엇인가?

지구온난화global warming는 오늘날 많은 사람들에 의해 가장 심각한 환경문제로 간주되고 있다. 만약 과학적 예측이 맞으면 지구온난화는 전 세계에 걸쳐 환경 재앙을 가져오면서 기후의 기능을 되돌릴 수 없을 정도로 변화시킬 수 있는 위력을 지니고 있다. 지구온난화는 기상의 화학적 구성이 변함에 따라 지구 표면의 평균 기온이 점차 상승하는 것을 의미한다. 지구온난화는 지구의 기상을 변화시키는 가스 대부분이 산업화 과정에서 만들어진다는 점에서 인간 행위에서 비롯된 결과라는 사실에 과학적 견해가 일치하고 있다.

지구온난화 과정은 지구 대기 내에서 온실가스가 데워지는 현상을 의미하는 온실 효과greenhouse effect와 관련 있다. 온실 효과의 원리는 비교적 단순하다. 태양으로부터 오는 에너지는 대기를 통과하고 지구의 표면을 데운다. 태양 방사선은 대부분 지구에 직접 흡수되고 이 중 일부만 반사된다. 온실가스는 지구의 대기 안에서 대기를 데우면서 에너지 반사를 방해한다(〈그림 5-8〉 참조). 이러한 온실 효과는 지구의 온도를 섭씨 15.5도 정도로 유지하게 한다. 만약 이런 온실 효과의 역할이 없다면 지구의 평균 기온은 섭씨 영하 17도 정도로 매우 추울 것이다.

그러나 대기 중 온실가스의 농축 현상이 심해지면 온실 효과는 강화되고 보다 따뜻한 기온이 나타난다. 산업화가 시작된 이래 온실가스의 농축은 꾸준히 증가해 왔다. 예컨대 (주요 온실가스인) 이산화탄소의 농축은 근대 산업화가 시작된 1750년 이래 거의 40퍼센트 증가했으며, 메탄의 농축은 150퍼센트, 질소는 20퍼센트 증가했다(IPCC 2015: 44; 〈세계 사회 5-2〉 참조).

대부분의 기후과학자는 대기에서 이산화탄소의 증가는 화석 연료를 태움으로써, 그리고 산업 생산, 대규모 농사, 산림 벌채, 광산 개발, 쓰레기 매립지 건설, 자동차 배출 가스 등 인간의 행위에 의해 발생하는 것으로 본다. 이와 같이 산업화 과정이 기후에 주는 변화는 인간이 만들어 낸 기후변화라고 일컫는다. 확실히 18세기와 19세기의 산업혁명과 이후 산업화가 전 세계적으로 확산됨에

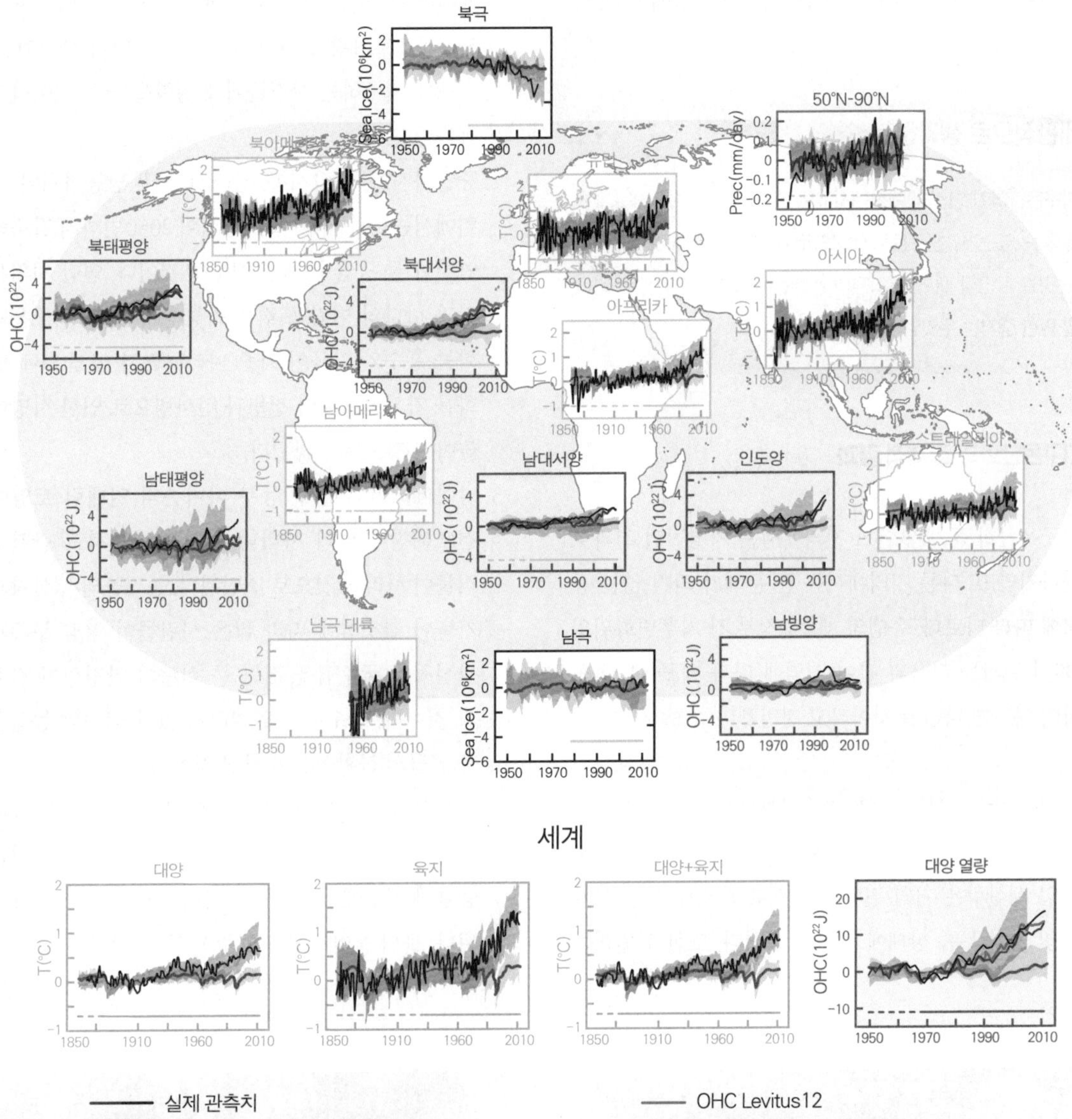

그림 5-9 대륙별 기온 변화 추이

참조: 모든 시계열은 10년 중심으로 배열된 10년간 평균치.
출처: IPCC 2015:49.

따라 세계는 크게 변했다.

2015년에 열린 유엔의 제5차 정부 간 기후변화위원회 Intergovernmental Panel on Climate Change 2015, IPCC는 순수 자연 변화에 근거한 모델과, 자연 변화에 인간에 의해 만들어진 변화를 합친 것에 근거한 모델을 비교한 결과, 20세기 중엽 이래 관찰된 기온 상승은 주로 인간의 행위에서 비롯된 것으로 보고했다. 이는 2001년의 제3차 보고서와 2007년의 제4차 보고서보다 훨씬 강력한 결론이다. 〈그림 5-9〉는

1910년과 2010년의 지구 표면 온도를 두 모형에 따라 비교한 것이다.

비판적으로 생각하기 THINKING CRITICALLY

지구온난화가 인간의 행위에서 비롯되었다는 증거를 어떻게 믿을 수 있는가? 친구들을 대상으로 여론 조사를 해 보자. 모든 것을 감안할 때 친구 집단의 견해는 무엇인가? 가장 주목할 만한 증거는 무엇인가?

지구온난화의 잠재적 결과

지구온난화 문제가 어느 지역에서는 치명적인 결과로 나타나지만 또 다른 지역에서는 큰 문제가 되지 않는 등 지역에 따라 다르다. 유엔의 제4차 정부 간 기후변화위원회 회의 결과는 다음과 같이 지역에 따라 지구온난화의 영향이 다르게 나타날 것이라고 전망했다(2007: 50~52).

1. 아프리카에서는 2020년에 이르면 7천5백만~2억 5천만 명이 물 부족으로 어려움을 겪을 것이며, 농업 생산량은 거의 절반 수준으로 감소해 식량 문제 및 영양 부족 상태에 직면할 것이다. 또한 위원회는 2080년에 이르면 아프리카에서 건조 지대의 비율이 5~8퍼센트가량 증가할 것이며 해수면이 상승해 저지대에 거주하는 사람들에게 영향을 미칠 것이라고 예측했다.
2. 중앙아시아, 동아시아, 남아시아 및 남동아시아 지역에서는 담수의 이용 가능성이 2050년까지 감소해 안전한 물 공급 문제가 대두될 것이다. 연안 지역은 강과 바다의 범람을 겪을 가능성이 높다. 지구온난화는 홍수와 가뭄이 자주 나타나면서 물 순환에 변화를 가져옴으로써 질병과 설사병으로 인한 사망이 높아질 것으로 전망된다.
3. 남아메리카의 경우 동부 아마존의 열대림 토양이 건조해짐에 따라 사바나 지역으로 변하고 반건조 식물이 사라질 것으로 전망된다. 농작물의 생산량과 가축이 감소함에 따라 많은 사람들이 영양 부족과 만성적인 굶주림을 겪는 등 식량의 안정성이 감소할 것이다. 강수량이 일정하지 않아 식수와 농업용 물 공급의 불확실성이 커질 것이다.
4. 호주와 뉴질랜드에서는 그레이트 배리어 리프Great Barrier Reef(호주 북동부 해안과 병행하는 큰 산호초)와 같은 중요한 지점에서 생물다양성이 사라질 것으로 예측된다. 물의 불안정성도 호주 남부 및 동부 지역과 뉴

기후변화가 저지대 사람들에게 미치는 영향은 다양하지만 저지대에 거주하는 사람들은 기후변화 결과에 따른 홍수에 더 취약하다. 왼쪽 사진은 기후변화로 인한 홍수로 피해를 입은 방글라데시 시골에서 식량과 의약품을 전달하는 모습이며, 오른쪽 사진은 동물애호협회에서 애완동물을 구조하는 모습이다.

질랜드 일부 지역에서 증가할 것이다. 호주 동부와 뉴질랜드 동부에서 자주 발생하는 가뭄과 화재로 인해 농업 생산량이 감소할 것이다.

5. 유럽에서는 해수면 상승과 강력한 폭풍으로 인한 연안 지역의 침수와 부식이 예상된다. 남부 유럽에서는 가뭄과 고온 현상으로 물의 이용 가능성과 농작물 생산량이 감소할 것으로 예상되며 폭염 때문에 건강 상태가 악화될 것으로 전망된다.
6. 북아메리카에서는 이미 겪고 있듯이 도시에서의 폭염이 건강을 악화시키는 상황이 자주 발생할 것이다. 서부 산악 지역에서는 온난화로 겨울 홍수가 증가하고 여름 강우량이 감소할 것으로 예상된다.
7. 해수면 상승은 태평양 및 카리브해 연안 지역의 소규모 섬에 중요한 시험대가 되고 있다. 폭풍해일은 더욱 강해질 것이며 연안 침식을 더욱 악화시킬 것이다. 21세기 중반까지 수자원은 낮은 강수량을 보완하기에 충분하지 않을 만큼 감소할 것으로 보인다.

유엔의 제5차 정부 간 기후변화위원회 회의(2015)는 만약 평균 기온을 1750년보다 높은 최대 2도 상승하는 것으로 제한할 수 있다면 지구온난화의 가장 나쁜 영향은 피할 수 있다고 주장했다. 그러나 이는 상황에 맞춘 대책들과 함께 온실가스의 배출을 줄이기 위한 보다 집중적이고, 단호하며, 광범위적이고 전 세계적인 프로그램을 필요로 한다. 특히 위원회는 전 세계적인 이산화탄소 배출(그리고 다른 온실가스 배출)량이 향후 수십 년 동안 거의 제로zero 수준으로 감소해야 한다고 제안했다. 에너지 세대와 연관된 기술적 수단과 정치적 현실 등을 고려할 때 이러한 목표는 분명히 이상적인 것 같다.

표면 온도는 배출 가스에 대한 모든 시나리오 상 21세기 내내 높아질 것으로 예상되었다. 열파heatwaves가 보다 자주 발생하고 오랫동안 지속될 것으로 보이며, 여러 지역에서 극심한 홍수가 보다 강력하고 자주 발생할 것으로 보인다. 해양은 더워지고 산성화되며 세계 평균 해수면 수위는 높아질 것이다(ibid.: 10).

그러한 변화의 부정적인 결과는 이미 환경 변화의 부담을 지고 있는 혜택받지 못한 사람들과 사회를 포함해 고르지 않게 분포할 것이다. 나중에 보겠지만, 이것은 운동가들이 전 세계적 불평등 문제와 배출 가스 감소와 씨름하는 방법으로써 불평등 감소 등을 특히 중시하는 '지속 가능한 개발'을 주장하는 이유가 된다.

기후변화의 과학에 대한 의문

1998년에 시작된 이래 기후변화위원회의 보고서는 지구온난화가 부분적으로 산업 공해, 차량 배기가스, 삼림 파괴, 화석 연료의 사용으로 인해 온실가스가 대기로 유입되면서 발생하는 것이라고 명확히 밝히고 있다. 그러나 비록 그 증거가 막대하고 다양하며 지구온난화가 현실로 나타나고 있음에도 불구하고, 기후변화 내용과 함의에 대해 기후변화 주장자와 회의론자 간에 논쟁이 계속되고 있다.

정부 간 기후변화위원회는 "기후의 온난화가 명백하며, 1950년대 이래 관찰된 변화들은 수천 년에 걸쳐 유례가 없는 것"이라고 주장한다(2015: 2). 그럼에도 불구하고 몇몇 사람들은 지구온난화가 실제로 일어나고 있다는 증거에 의문을 보인다. 예를 들어 영국의 에너지 장관과 수상을 역임한 나이절 로슨Nigel Lawson은 지구온난화가 과잉 인구와 전체 자원의 고갈을 포함하는 일련의 사태 중 가장 최근에 나타난 두려움이라고 주장한다(2009: 1). 로슨은 20세기의 마지막 25년 동안 약한 온난화가 있었으나 21세기에 와서는 온난화가 멈춘 것처럼 보이는 소강상태에 이르렀다고 주장한다. 이에 대해 회의적인 시각은 기후변화를 주장하는 과학자들이 반대되는 증거를 적절히 다루는 데 실패했으며 그러한 증거들을 무시하거나 취사선택했다고 비난한다. 그러나 2011년 영국 정부의 과학자문위원이었던 존 베딩턴John Beddington 경은 로슨의 주장은 단기간의 기온 추이가 장기적이고 세계적인 온난화라는 측면에서는 큰 의미를 가지지 못하며 다양한 자료로부터 얻은 과학적 증거는 기후변화의 위험이 현실로 나타나고 있다고 주장하면서 로슨과 의견을 주고받았다(Boffey 2011).

둘째, 몇몇 회의론자들은 지구온난화가 실제로 발생했는가에 대한 증거에 의문을 제기했으며, 지구온난화의 원인이 된 인간 행위를 부인한다. 이러한 회의론에는 지구온난화란 아마도 태양의 운동과 연관되어 나타나는 자연현상이라는 점이 자리 잡고 있다. 또한 그들은 이산화탄소가 중요한 온실가스가 아니라고 주장한다. 태양의 운동이 변함에 따라 지구의 기후도 변화하는 것이며, 이것이 결국 현재의 온난화 추이를 설명하는 것이라고 주장한다. 대다수의 과학적 견해는 비록 태양의 운동이 표면의 온도에 영향을 주더라도 1960년대 이래 현재의 지구온난화를 가져온 것이 태양의 운동과 연관 있다는 증거는 없다고 본다. 물론 이산화탄소가 유일한 온실가스는 아니지만 수십 년 혹은 수 세기 동안 대기 중에 남아 산업화 과정에서 축적되어 지구온난화를 가져온 것으로 볼 수 있다.

최근의 증거는 기후변화에 대해 회의론적 시각을 가진 조사와 인터넷 사이트가 다국적 화석 연료 기업으로부터 자금을 지원받고 있음을 밝히고 있다. 예를 들어 2011년 그린피스의 조사는 천체물리학을 위한 하버드 스미소니언 센터에서 기후변화에 대한 대표적인 회의론자인 윌리 순Willie Soon 박사가 지난 10년 동안 엑슨모빌ExxonMobil, 미석유기구American Petroleum Institute, 코크 산업Koch Industries 등 주요 에너지 기업들로부터 1백만 달러 이상 받아 왔다고 밝혔다(Vidal 2011). 순 박사는 지구온난화가 태양의 변동에 따라 생기는 것으로, 인간의 행위와는 연관이 없다고 주장하는 대표적인 학자다. 그는 자신의 과학적 연구는 누가 자금 지원을 했는가와 상관없이 독립적이라는 점을 강조한다. 이와 비슷하게 찰스코크 재단Carles Koch Foundation은 기후변화에 대한 회의적인 시각을 발전시키기 위해 노력하는 개인이나 그룹에 자금을 지원해 왔다. 부유한 다국적 석유, 가스, 석탄 회사 등과 지구온난화에 회의론적 시각을 가진 사람들 간의 관계는 소수의 견해가 효과적으로 불균형적인 시각을 획득할 수 있게 하고 대중매체에서 영향력을 행사할 수 있게 한다.

셋째, 현재 지구온난화가 일어나고 있으며 인간 행위에 의해 부분적으로 설명된다는 의견을 받아들인다 하더라도 회의론자들은 예측된 결과들이 매우 의심스러우며 과장됐다고 주장한다. 이들은 특히 현재의 추이를 미래에 투사해 얻은 결과, 즉 2100년까지 기온이 6도 상승할 것이라는 예측 결과를 보이는 등 기후변화위원회가 사용한 컴퓨터 모델링은 전혀 믿을 수 없다고 주장한다. 정치적, 경제적, 사회적 측면에서 불확실한 문제에 자원을 낭비하는 것보다는 개발도상국에서의 빈곤 문제와 같은 긴급한 사회문제에 관심을 갖는 편이 낫다고 주장한다(Lomborg 2001).

몇몇 과학자들이 지구의 온도가 2100년에 6도 상승한다고 예측했지만, 이는 정부가 탄소 배출을 줄이기 위한 별도의 조치를 취하지 않을 것이라는 점을 전제로 한 것이다. 그러나 우리는 구름의 환류, 남극과 그린란드 지역에서의 대륙 빙하 변화, 토지 사용의 변화, 기술적 발전, 연무제의 영향, 행동 변화의 정도, 정확한 모델링을 방해하는 몇몇 지역에서의 자료 부족 등 기후 예측에는 많은 불확실성이 있다는 점을 인식해야만 한다. 따라서 지구온난화의 극단적인 영향을 배제할 수는 없다. 정부 간 기후변화위원회는 많은 정부들이 배출 가스 완화 정책을 채택했음에도 불구하고 온실가스가 1970년에서 2010년 사이, 특히 2000년에서 2010년 사이 전 세계적으로 증가했다고 보고했다(2015). 따라서 지구온난화의 급진적이고 파괴적인 영향들을 완전히 배제할 수는 없다.

그럼에도 불구하고 20세기의 환경정치학은 전 세계적인 재앙을 예견하는 데 실패했다고 볼 수 있다. 따라서 오늘날의 사회과학자들은 기후변화위원회가 해온 과학적 연구에 동참하는 것이 중요하다.

기후변화위원회의 가장 긍정적인 예측은 앞으로 20년 동안 기온이 평균 0.2도씩 상승할 것이라는 점이다. 이럴 경우 2100년까지 단지 2도 상승하게 된다(IPCC 2007: 45).

기후 게이트* — 단지 이메일에서의 폭풍인가?

사회학적으로 상상하기 5-2

기후변화에 대한 과학적 주장은 2009년 영국 이스트앙길라대학 기후연구소의 이메일 체계가 해킹되어 전 세계 학자들이 주고받은 1천여 통의 이메일이 전 세계 통신망(이후 '기후 게이트 ClimateGate'로 불린다)을 통해 알려지면서 의문을 불러일으켰다.

이메일 중 존스Jones는 기후변화에 관한 자료를 속이고 일련의 자료에서 기온의 하락을 숨긴 사람으로 알려졌다. 그는 비판가들과 함께 자료를 공유하는 것을 거부했다는 점과 동료들에게 기후변화위원회 4차 평가에 관련된 이메일들을 삭제할 것을 요청했다는 점을 인정했다. 이후 존스는 이메일 논평들은 다음과 같은 상황에서 나온 것이라고 주장했다. 즉 속임수는 단지 두 개의 자료를 결합시키기 위한 방법을 찾기 위한 것이었으며, 기온 하락을 숨긴 것은 도구적 자료에 포함된 합성물 세트를 만들어 하나의 자료에서 나타난 잘못된 점을 수정한 것을 의미한다(BBC 2010).

회의론자들은 기후변화에 대한 이러한 에피소드가 많은 기후변화 과학자들의 경력과 명성이 인위적인 지구온난화를 증명하는 것과 밀접하게 연관되어 왔으며, 기후변화 과학자들 자신과 입증되지 않은 주제를 보호하기 위해 과학의 개방성 원칙과 동료들의 검토를 희생하는 데 준비되어 있음을 보여 주는 것이라 생각한다. 빙하학자들의 비판 이후 2010년 기후변화위원회의 부의장은 2007년 보고서에서 히말라야 빙하가 2035년에 사라질 것이라고 밝힌 주장이 틀렸다는 점을 인정했다. 회의론자들은 이러한 오류가 많은 지구온난화의 존재에 의문을 불러일으키면서 기후변화위원회의 예측이 부정하다는 점을 보여 주는 것이라 주장한다.

기후 게이트는 고위 공무원인 러셀Russel이 이끄는 3개의 독자적인 조사, 즉 의회 조사, 11개의 과학 논문에 대한 대학 조사, 대학위원회 조사가 해킹당하고 누설된 이메일을 조사 대상으로 삼았다. 세 위원회 모두 과학적 위법 행위, 자료의 변조 혹은 동료의 검토 과정을 뒤엎으려는 시도 등에 대한 증거가 없었음을 밝혔다. 그러나 「러셀 논평Russel Review」은 자료에 대한 요청들이 정보공개법Freedom of Information Act하에서 만들어질 때 꺼려하고 방어적인 측면이 있었다고 비판했다(Russel 2010: 10~11). 또한 이 논평은 정보공개법이 법으로 정한 요구와 기후과학 연구 및 대학 자체가 자료를 알려 주지 않는다는 비난을 받을 잠재적 피해를 인정하지 않는다는 대학의 조치를 비판했다. 네덜란드 정부의 의뢰를 받은 기후변화위원회의 주요 예측에 대한 별도의 검토는 인위적 기후변화가 일어났다는 발견에 의문을 제기할 그 어떤 오류도 발견하지 못했다.

***기후 게이트**: 이스트앙길라대학의 기후연구소에서 발송한 이메일이 해킹되면서 불거진 논란으로, 인간에 의한 지구온난화는 기후학자들이 기후변화 데이터를 조작해 만들어 낸 개념이라고 주장하는 반대파에서 주로 사용하는 표현이다(옮긴이).

비판적으로 생각하기 THINKING CRITICALLY

지구온난화의 증거가 주목할 만하다면 왜 그에 대한 정보를 제공하는 데 조심하고 자료를 공표하지 않는가? 이러한 자료에 대한 해킹은 기후과학의 진행에 어떠한 영향을 미치는가?

물론 컴퓨터를 통한 예측은 현실 세계와 다를 수 있다. 그러나 기후 모형은 전 세계의 복잡하고 다양한 자료를 통해 얻은 증거를 토대로 구축된다. 기후변화위원회의 제4차 보고서는 1990년 이래 위원회의 예측치는 10년에 0.15도에서 0.3도 상승한다고 보았는데, 이는 1990년에서 2005년 사이 실제로 0.2도씩 상승한 것과 크게 다르지 않다는 점에 주목한다. 이러한 증거는 기후변화위원회의 모델링이 매우 현실성 있음을 보여 준다.

〈사회학적으로 상상하기 5-2〉에서 논의된 기후 게이트는 기후변화를 다루는 과학자뿐만 아니라 학문 공동체 전체에 유익한 경험이었다. 인터넷과 정보의 자유에 대한 용이한 접근이 정보와 자료의 접근을 쉽게 한다는 기대와 결합되는 전 세계적인 학문적 환경 속에서 과학은 그러한 추이를 따라잡는 것처럼 보인다. 이러한 환경에서 일군의 과학자들이 그들의 주장을 뒷받침하기 위해 자료를 방어하는 것은 흔한 일이다. 비록 과학 공동체를 언급할 때 흔히 있는 일이라고 하더라도 과학적 작업은 사회생활의 다른 부분과 마찬가지로 매우 경쟁적이라는 점을 명심할 필요가 있다. 적어도 예측 가능한 미래에 대해 이미 구축된 과학적 관행과 정보 접근성이 열려 있다는 문화의 출현 사이에는 불편한 긴장이 계속될 것이다.

지구온난화에 대한 대응

현재 비록 중국이 미국을 앞질러 다른 어떤 단일 국가보다 많은 온실가스를 배출하고 있지만, 일반적으로 산업국가는 개발도상국보다 많은 온실가스를 배출하고 있다. 그러나 급격한 산업화를 겪고 있는 개발도상국에서의 온실가스 배출 또한 급격히 증가하고 있으며, 2035년에 이르면 선진국과 동일한 수준에 이를 것으로 예상된다. 오늘날 인구의 규모를 고려하고 1인당 배출량을 보면 중국과 인도가 미국, 유럽, 러시아, 일본 등 보다 낮은 수준임을 알 수 있다. 이러한 점은 왜 개발도상국들의 '생존을 위한' 배출이 이미 선진국이 된 나라들의 '사치스러운' 배출보다 피해를 덜 가져온다고 주장하는지 잘 보여준다.

그러나 기후변화를 받아들이는 사람들과 이 문제를 해결하기 위해 일상적인 행위를 변화시키려는 사람들 사이에는 괴리가 있다. 기든스는 이것을 '기든스 패러독스Giddens Paradox'라고 불렀다(2011: 2). 이는 사람들이 일상생활에서 지구온난화의 위험성을 명확하게 인식하지 못함에 따라 환경적 측면에서 피해를 주는 행위에 변화를 주지 않을 것이라는 의미다. 자동차에 대한 의존성이 좋은 예다. 그렇지만 만약 지구온난화가 사람들의 생활에 지장을 줄 때까지 기다린다면 너무 늦어서 어떤 조치도 취할 수 없게 된다. 그러한 일이 일어나기 전에 '기다릴 경우 가공할 만한 문제에 직면할 것이라는 점을 인식하면서 기후변화에 대한 관심을 사람들의 일상생활에 끼워 넣기 위한' 방법들을 찾아야 한다(Giddens 2009: 12).

시민들의 비판과 적극적인 참여 없이 정부 정책만으로는 성공할 수 없을 것으로 보인다. 그러나 온실가스 배출을 감축하려는 전 세계적인 노력은 발전 수준의 차이로 인해 이루어지기 힘든 상황이다. 문제 해결 방법에 대해서는 국가마다 견해가 다르기 때문이다.

1997년 일본 교토에서 시작된 유엔 기후변화위원회 회의에서 2012년까지 온실가스 배출을 줄이기 위한 협정이 체결되었다. 유럽 대부분의 국가는 8퍼센트 감축, 아이슬란드와 호주는 각각 10퍼센트와 8퍼센트까지만 증가하는 것으로 설정했다. 미국의 경우 처음에는 7퍼센트 감축을 목표로 했으나 의정서에 비준되지 않았다. 산업국가들은 2010년까지 이산화탄소 배출량을 각국의 목표에 맞춰 감축시키기로 약속했다. 그러나 많은 과학자들은 목표량이 너무 적다고 지적했다. 지구상에서 자연적 정화 과정을 통해 이산화탄소가 제거되는 데는 100년 이상 걸릴 것으로 추정되기 때문이다. 최근 영국, 독일, 중국, 러시아 등 온실가스를 많이 배출하는 국가들은 성공적으로 온실가스를 감축하고 있다. 물론 러시아의 경우는 경기 침체로 인해 온실가스 배출량이 감소했다고 볼 수 있다.

교토의정서는 1990년 온실가스 수준을 출발로 삼았다. 그러나 개발도상국들 입장에서는 선진 산업국들에 특혜를 준 것으로 보일 수 있다. 왜냐하면 온실가스 문제를 가져온 산업국들의 역사적 책임을 묻기보다는 개발도상국들에 그 화살을 돌렸기 때문이다. 또한 개발도상국들은 온실가스를 언제, 어느 정도로 배출해야 하는지에 대해서도 명확하지 않다. 개발도상국들이 선진국 수준에 도달할 때까지 온실가스 배출이 허용될 것인가? 그렇지 않다면 교토의정서는 공정하지 않으며 실행 불가능한 것으로 보인다(Najam et al. 2003).

2007년 교토의정서에 이어 워싱턴 선언이 G8+5개국(중국, 인도, 브라질, 멕시코, 남아프리카공화국)에 의해 탄생했다. 이 선언은 오염 유발자가 지불하도록 배출 상한을 탄소 거래에 적용하는 탄소 배출권 거래제를 도입했다. 이 제도는 가스 배출을 감축하는 국가에는 혜택을 주고 그렇지 않은 국가는 처벌하는 것이다. 그러나 탄소 배출권 거래제는 전반적으로 모든 국가들이 배출 가스를 감축하는 방향으로 영향을 미쳤다.

이후 2009년 의견 일치를 보이지 못했던 코펜하겐 회의에 이어 2010년 칸쿤 회담에서는 일보 전진했다. 이 회담에서는 190개 국가가 코펜하겐 회의에서 제기된 자발적 목표, 즉 기온 상승을 2도 이하(1.5도 달성을 목표)로 묶어 두기 위한 목표에 동의하고, 개발도상국들의 경제를 오염을 발생하지 않는 방향으로 전환하는 데 도움을 주기 위한 기후변화기금 1천억 달러를 모으는 데 합의했다. 전반적인 합의는 법적 구속력이 있다. 그러나 구체적인 측면, 즉 배출 가스를 감축하기 위한 개별 국가의 약속은 없었다(Goldenberg et al. 2015). 그럼에도 불구하고, 의견의 불일치와 격렬한 논쟁을 벌이고 몇 년 후 196개국이 포함된 2015년 파리협정은 지구온난화 문제를 해결하기 위한 중요한 노력으로 간주되었다.

다른 많은 제조된 위험과 마찬가지로 지구온난화의 영향이 어떠할 것인지에 대해서는 어느 누구도 확신할 수 없다. 이산화탄소의 '높은' 배출 시나리오는 광범위한 자연재해를 진정으로 가져올 것인가? 이산화탄소의 배출이 더 이상 증가하지 않으면 많은 사람들을 기후변화의 부정적 영향으로부터 보호할 수 있을 것인가? 현재의 지구온난화 과정은 이미 일련의 기후변화를 일으키고 있는가? 이러한 질문들에 대해 확실히 대답할 수는 없다. 그러나 국제적인 과학적 협력과 정치적 과정들은 이러한 문제들을 다루는 데 실행 가능한 방법들을 제공해 줄 것으로 보인다. 이와 함께 지구온난화는 인공적인 원인을 지니고 있다는 점에서 환경과학뿐만 아니라 사회과학적인 과정을 이해하는 것이 필요하다. 이는 사회를 자연환경에 연계하고자 하는 사회학적 이론의 역할을 의미한다.

비판적으로 생각하기 THINKING CRITICALLY

산업국가들은 지구온난화 발생에 책임이 있으며, 이 국가의 국민들은 온실가스 배출을 대폭 줄이기 위해 삶의 물질적 수준이 낮아지는 것을 받아들여야 하는가? 산업국가의 사람들이 삶의 물질적 수준이 낮아지는 것을 받아들이도록 설득하려면 어떠한 주장이 필요한가? 그들이 과연 그러한 해결책을 받아들일 것으로 생각하는가?

소비주의, 위험 그리고 지속 가능한 미래의 길

환경문제에 대한 논의에서 자연과학자들은 선두에 서 있다. 대기오염, 자원 고갈, 유전자 변형 식품, 지구온난화 등과 같은 환경문제는 자연과학적 자료와 증거를 활용한다는 점에서 사회학적 주제와 상이하다. 그러나 복합적인 성격을 지닌 환경문제의 특성으로 볼 때 자연과학자들이 환경문제에 대해 독점적인 지위를 행사할 수는 없다. 지구온난화 문제가 좋은 예다.

기후변화위원회 과학자들은 20세기에 발생한 지구온난화는 대부분 산업화, 도시화 및 지구촌화 같은 인간 행위의 산물이라고 주장한다. 그리고 이 분야 전문가인 사회학자들과 정치학자, 인문지리학자 등 사회과학 전문가들은 개발과 국제 관계를 연구하고 있다(Urry 2011). 환경문제들을 성공적으로 이해하기 위해 사회과학자와 자연과학자는 지금까지 해왔던 것보다는 서로의 입장을 이해하는 노력을 해야만 한다. 이러한 노력은 학문 공동체 전체를 위해 바람직하다.

여기서는 전 세계적 환경문제를 해결하기 위해 관심을 보이는 주요한 접근들과 함께 사회 발전과 환경 피해를 연결시키는 사회학적 이론들을 살펴보고자 한다.

소비주의와 환경 피해

환경과 경제 발전을 연결시키는 중요한 문제로 소비 형태를 들 수 있다. 소비란 인간에 의해 상품, 서비스, 에너지 및 자원 등이 사용되는 것을 의미한다. 소비는 긍정적인 차원과 부정적인 차원을 모두 포함한다. 소비 수준의 향상은 사람들이 과거보다 나은 생활을 하고 있음을 의미한다. 소비는 생활수준이 향상됨에 따라 보다 풍족한 음식, 옷, 여가 시간, 자동차 등을 가질 수 있게 하는 경제 발전과 연결되어 있다. 그러나 다른 한편으로 대량 소비는 부정적인 결과를 가져온다. 소비 형태는 환경 자원에 해를 입히고 불평등을 악화시킬 수 있다.

20세기에 나타나기 시작한 세계의 소비 추이는 놀랄 만하다. 1900년 세계의 소비 수준은 1조 5천억 달러에 달했으나 20세기 말에 대략 24조 달러로 증가했다. 이는 1975년의 2배, 1950년의 6배 수준이다(UNDP 1998). 선진국에서는 1인당 소비 수준이 매년 2.3퍼센트씩 증가하고 있으며, 특히 동아시아 지역에서는 매년 6.1퍼센트씩 증가하고 있다. 이에 반해 아프리카 사람들의 소비 수준은 30년 전보다 20퍼센트 감소했다. 소비 폭발은 세계 인구 중 20퍼센트를 차지하는 가장 빈곤한 사람들을 모른 체한다는 우려가 널리 퍼져 있는 상황이다.

일반적으로 산업자본주의는 천연자원을 빠른 속도로 사용하고 높은 수준의 오염과 쓰레기를 야기하는 생산을 반복하는 사회라고 주장되어 왔다(Schnaiberg 1980). 그러나 20세기 들어 현대 소비주의로 인해 이러한 추세는 더욱 빨라졌다(Bell 2011). 소비는 인간이 생존하기 위해 필요하긴 하지만 현재 이루어지고 있는 소비 형태는 이전과 매우 다른 양상을 보인다.

대량 생산은 대규모 소비를 동반한다. 비록 생산과 소비가 지리적으로 멀리 떨어진 지역에서 이루어지고 있지만 상품은 팔리고 소비되어야 한다. 상품 생산은 생산비가 가장 적게 드는 곳에서 이루어지지만 소비는 가장 좋은 가격을 보장하는 곳에서 이루어진다. 그 결과 지난 60년 동안 많은 생산 시설이 개발도상국으로 이전되었다. 1970년대에 신흥공업국이라 불렸던 홍콩, 한국, 싱가포르, 타이완으로 생산 시설이 급속히 이전한 경우와 최근 인도, 중국, 말레이시아 등에서의 산업 발전이 이를 증명하며, 세계화 과정을 잘 보여 주고 있다.

사회학자들은 소비자중심주의Consumerism(또는 소비주의)란 사고방식, 정신 혹은 심지어 이데올로기라고 주장한다(Corrigan 1997; Campbell 1992). "왜 사람들은 계속적으로 소비하고 소비를 원하는가?"라고 묻는다면 이러한 측면을 이해할 수 있다. 그것은 아마 상품이 '사용 가치use-value'를 지니기 때문이며, 사람들의 시간과 노력을 절약하는 데 도움을 주기 때문으로 이해할 수 있다. 그러나 사치품은 이러한 설명에 잘 맞지 않는다. 이 경우는 현대 소비의 다른 측면을 보여 주는 것으로, 사치품 구매가 사회적 지위를 나타낸다는 점이 좋은 예다(제8장 〈사회적 상호작용과 일상생활〉 참조). 고도로 분화된 대량 소비는 일상생활의 스타일과 패션에 따라 복잡하고 세련된 특성을 보인다. 사람들은 고가의 상품 구매가 그들의 사회적 지위를 나타내며, 매우 뚜렷한 방법으로 그들의 지위 혹은 열망과 소통한다는 이유 때문에 최신 유행하는 고가의 상품을 구매할 준비가 되어 있다. 심지어 사용 가치가 명확하고 아직 입을 수 있는 의복의 경우도 사용 가치가 다 되기 전에 유행에 뒤지면 버리고 다시 산다. 유행에 뒤져 쓰레기로 버려지는 것들은 환경에 압박을 가한다.

오랫동안 상품 소비는 우리의 일상생활에 뿌리 깊게 자리 잡았고 당연하게 여겨졌다. 이러한 상황에서 소비를 대신하는 것이 필요하다고 인식하기는 쉽지 않다. 작은 예로 길거리를 더럽히고 많은 바닷새와 해양 동물들을 해치고 죽음에 이르게 하는 비닐봉지는 도처에 널려 있고 공짜로 얻을 수도 있다. 사람들은 비닐봉지를 재사용하기보다 버리는 경향이 있다. 2015년 영국 정부는 비닐봉지에 대해 5펜스를 강제로 부과했다. 그 결과 보다 강하고 재사용이 가능한 봉지에 대한 판매와 사용이 증가했으며, 이는 친환경적 행위의 간단한 예다.

아마 환경적으로 피해를 주는 소비품의 가장 좋은 예는 승용차 사용일 것이다(Lucas et al. 2011). 많은 사람들이 차를 소유하고 있으며, 그들은 비교적 가까운 거리에 있는 상점, 친구나 친척의 집 등을 방문할 때도 자동차를 사용한다. 그러나 많은 사람들이 자동차를 소유하고 사용하면 생산과 소비 측면에서 많은 양의 오염 물질과 쓰레기가 생성된다. 그런데 왜 자동차 사용을 줄일 수 없는 것일까?

영국 북서부 지역의 승용차 소유자를 대상으로 실시한 자동차 소유에 대한 태도 조사는 다양한 소비 형태가 있음을 보여 준다(Anable 2005). 첫째, 다수의 불만족 승용차 사용자들이다. 이들은 자동차 사용에 불만을 나타내지만 대중교통을 이용하면 불편하기 때문에 대중교통으로 바꿀 의사가 없다. 둘째, 승용차 사용에 만족하는 사람들이다. 이들은 승용차를 대신하는 방법이 있다는 점을 받아들이지만 승용차 사용 패턴을 바꾸어야 한다는 도덕적 압박을 느끼지는 않는다. 셋째, 환경주의자들이다. 이들은 이미 승용차 사용을 줄이고 있으나 자동차가 가진 장점 때문에 승용차 사용을 멈출 수는 없다. 넷째, 완고한 die-hard 운전자들이다. 이들은 승용차를 운전하고 즐기며 버스와 기차 등과 같은 다른 교통수단으로 바꾸는 것에 부정적 견해를 지니고 있다. 다섯째, '승용차 덜 사용하기' 운동가들이다. 이들은 환경 보호를 위해 승용차 사용을 포기했으며, 다른 교통수단 사용을 모색하고 있다. 여섯째, 승용차 타기를 주저하는 사람들이다. 이들은 대중교통을 이용하지만 승용차 사용을 더 원한다. 그러나 이들은 건강 문제를 비롯한 여러 가지 문제로 인해 승용차를 사용하지 않지만 다른 사람들이 태워 주는 것은 받아들인다.

이 연구는 설득력 있는 대안 없이 사람들의 환경의식을 불러일으키는 것으로는 실패하며, 대신 서로 다른 동기와 목적을 가진 사람들에게 적절히 대처하는 정책이 필요하다는 점을 밝히고 있다(Anable 2005: 77). 그러나 몇몇 사회학자들은 장기적으로 볼 때 석유 공급이 한계에 다다르고, 지구온난화의 완화를 위한 저탄소 기술 개발과 인구 증가로 인해 개인의 승용차 소유가 어려워짐에 따라 자동차의 시대는 끝날 것이라고 주장한다(Dennis and Urry 2009).

물론 자동차는 자유를 구체화시키고 독립적인 생활이 가능케 한 중요한 상징이라 할 수 있다. 그러나 데니스Dennis와 우리Urry는 자동차를 대신하는 대안에 대해 구체적으로 밝히지는 않지만 지금같이 석유를 연료로 하고 넓은 도로를 질주하는 20세기 자동차 시대가 현재 형태로는 지속하기 힘들 것이라고 주장한다.

비판적으로 생각하기 THINKING CRITICALLY

앞에서 살펴본 이동 수단의 유형에서 각 그룹을 위한 적절한 환경 정책을 생각해 보자. 모든 그룹에 바람직한 영향을 가져오는 보편적인 환경 정책은 가능한가?

'즐거움'은 소비주의의 또 다른 측면이다. 소비는 왜 즐거운 것인가? 몇몇 사회학자들은 소비의 즐거움은 상품을 사용하는 데 있는 것이 아니라 상품을 구매하고자 하는 열망에 있다고 주장한다. 예를 들어 콜린 캠벨Colin Campbell은 상품 구매 과정에서 가장 즐거운 부분은 상품을 구매하고자 하는 열망, 기대, 선택 등에 있다고 주장한다(1992). 이것은 상품에 대한 기대와 열망에 기초한 소비의 '낭만적 윤리romantic ethic'이다. 상품 및 서비스의 판매는 사람들의 구매 욕구를 자극하면서 소비주의를 이끈다. 이것은 우리가 더 많은 것을 얻기 위해 노력하는데 왜 진정으로 만족할 수 없는지에 대해 말해 준다.

환경론자의 시각에서 볼 때 소비주의의 낭만적 윤리는 재앙이다. 우리는 새로운 상품의 생산을 끊임없이 요구한다. 이는 더 많은 상품의 생산과 소비를 의미하며, 이 결과 오염이 증가하고 천연자원을 낭비하게 된다. 생산 측면에서 볼 때 천연자원이 더 많이 사용되며, 소비 측면에서는

석유 공급이 최고점에 이를 때 미래 저탄소 사회에서 개인 승용차가 설 땅이 있을까?

상품을 사용할 수 없어서가 아니라 유행에 뒤지거나 상품이 나타내는 지위를 더 이상 반영하지 못한다는 이유로 사용할 수 있는 것마저 버리는 경우가 많다.

소비의 사회학은 우리에게 산업화, 자본주의 그리고 소비주의가 복합적으로 작용해 사회와 환경의 관계를 변화시켰다는 점을 보여 준다. 많은 환경론자와 일부 사회과학자 및 자연과학자는 경제의 확장과 지속적인 경제성장이 무한정 이어질 수는 없다고 결론 내린다. 경제 성장 과정에서 배출된 오염이 만약 특정 지역에만 국한된다면 오염 그 자체는 큰 문제가 아닐 수도 있다. 그러나 산업화가 전 세계적으로 확산되고 많은 사람이 도시에 거주하며 자본주의 기업이 초국적 기업이 될 때, 그리고 소비주의가 사람들을 유혹하면 파괴된 환경을 회복하는 데 필요한 자연환경의 수용 능력이 현저히 약화된다.

비록 부유한 사람들이 중요한 소비자이지만 소비 증가로 발생하는 환경 피해는 가난한 사람들에게 가장 혹독한 영향을 끼친다. 지구온난화에서 살펴보았듯이 부유한 사람들은 소비의 부정적인 영향에 대한 고려 없이 소비의 혜택을 즐기는 데 유리한 위치에 있다. 지역적인 차원에서 볼 때 가난한 사람들은 문제 발생 지역에서 그 피해를 고스란히 받지만 부유한 사람들은 문제 지역으로부터 멀리 떨어져 살 수 있다. 화학 공장, 발전소, 주요 도로, 기차 및 공항 등은 종종 저소득층이 사는 지역과 가까운 위치에 있다. 세계적인 차원에서도 이와 비슷한 상황을 엿볼 수 있다. 즉 토양 퇴화, 산림 벌채, 물 부족, 납 배출, 대기오염 등은 모두 개발도상국에서 심각한 상황이다. 따라서 문제 해결을 위해서는 개발도상국과 선진국을 하나의 프로젝트로 연결하는 시각이 필요하다. 지속 가능한 개발은 그러한 문제들을 해결하기 위해 제시되었다.

성장의 한계와 지속 가능한 개발

'지속 가능성sustainability'은 환경론자들을 고무시킨 중심 아이디어로, 인간의 활동이 지구의 생태계와 타협하지 않는다는 점을 보장한다는 의미를 지니고 있다. 영국의 『생태학자들The Ecologists』이라는 잡지에서 에드워드 골드스미스Edward Goldsmith와 그의 동료들은 「생존을 위한 청사진A Blueprint for Survival」(1972: 15)이라는 글에서 산업화의 확산에 대해 "산업화의 생활양식과 그의 확산이 가져오는 중요한 문제는 그것이 지속 가능하지 않다는 점이며, 확신컨대 이 과정은 곧 끝날 것"이라고 비난했다. 이렇게 파멸을 예고하는 예측은 재앙주의로 묘사되었으며, 일부 환경운동가들에게 제한적으로 활용되었다. 그러나 이러한 생각은 오늘날 일반 대중과 정책입안자들 모두에게 익숙해졌으며, 지구온난화에 대한 과학적 예측이 크게 기여했다. 아마도 플라스틱, 종이, 유리병 등을 재활용하고, 수자원을 보호하며 승용차를 덜 사용하자고 주장하는 사람들에게는 지속 가능성을 실제 행동으로 옮기기

경제 성장의 한계에 대한 모델링

연구 문제

세계 인구는 산업화가 시작된 이래 급격히 증가했으며, 이는 토양의 퇴화, 사막화, 오염 등 환경이 파괴되는 결과를 가져왔다. 이러한 성장 유형에 한계가 있는가? 식량 공급은 증가하는 수요에 충분한가, 아니면 대량의 기근 사태를 가져올 것인가? 이 지구상에서 환경에 피해를 입히지 않고 살 수 있는 인구는 얼마인가? 이러한 질문들은 거의 40년 전 로마클럽Club of Rome이 처음 문제 제기를 했고, 이 보고서는 『성장의 한계Limits to growth』로 출판되었다(Meadows et al. 1972).

메도와 동료들의 설명

로마클럽은 컴퓨터 모델링 기법을 활용해 지속적인 경제 성장, 인구 성장, 오염 및 자연 자원 고갈 등의 결과에 대한 예측 연구를 수행했다. 컴퓨터 모형('세계3World3')은 만약 1900년부터 1970년 사이에 일어난 변화 속도가 2100년까지 계속된다면 어떤 상황이 발생할 것인가에 대한 결과를 보여 주었다. 연구는 또한 위에 언급한 요인들의 성장 속도가 변할 때 어떤 결과를 가져올 것인가에 대한 예측 결과도 보여 주었다. 연구자들은 어떤 변수를 변경하더라도 환경의 위기를 피할 수 없을 것이라는 연구 결과를 내놓았다. 만약 세계가 변화에 실패하면 자원 고갈, 식량 부족, 산업 붕괴 등으로 인해 성장은 2100년 이전에 정지될 것임을 보여 주고 있다.

로마클럽의 연구 팀은 전 세계적으로 확산되고 있는 산업화의 가속화, 급격한 인구 성장, 몇몇 지역에서의 영양실조, 재활용할 수 없는 자원의 고갈, 자연환경의 파괴 등 전 세계적 추이를 탐구하기 위해 컴퓨터 모델링을 활용했다(Meadows et al. 1972: 21).

컴퓨터 프로그램은 12개의 시나리오를 시험했으며, 각 시나리오는 제시된 문제들을 해결하기 위해 조정되었다. 이러한 작업을 통해 연구자들은 인구 수준, 산업의 결과물, 자연 자원 등을 함께 고려하면서 문제를 제기했다. 1972년에 나온 결과는 환경 위기를 연기시키기 위한 시간이 아직 남아 있음을 보여 주었다. 그러나 가용자원이 2배로 증가하고, 오염이 1970년대 이전으로 감소하며, 새로운 기술이 개발되더라도 환경을 위해 아무 일 하지 않는다면 경제 성장은 2100년 이전에 절반으로 감소할 것이라고 전망했다. 몇몇 운동가들은 이것을 산업사회가 장기적으로는 지속 가능할 수 없다는 급진적인 환경주의를 변호하는 것으로 보았다.

비판적 쟁점

많은 경제학자, 정치학자와 산업주의자들은 보고서가 균형을 잃고, 무책임하며, 예측을 수량화하는 데 실패했다고 주장하면서 비판을 가했다. 사실 컴퓨터 모델링은 정치적, 사회적 변수들을 고려하지 않아 실제에 대한 부분적인 설명에 그칠 수밖에 없었다. 이후 연구자들은 비판의 일부를 겸허하게 받아들였다. 연구자들이 사용한 방법은 물리적 한계에 초점을 맞추었으며, 현존하는 성장과 기술 혁신을 가정했다. 그러나 그들은 환경문제에 대처하는 인간의 능력을 충분히 고려하지 않았다. 예를 들어 시장의 힘은 자원의 초과 사용을 제한한다. 만약 마그네슘 같은 자원이 부족해지기 시작하면 가격이 올라간다. 또한 가격이 올라가면 사용을 줄이고 가격이 지나치게 급등하면 마그네슘을 대체할 방법을 찾을지도 모른다. 『성장의 한계』는 많은 사람에 의해 현재 추세로부터 미래를 예측하는 비현실적인 미래학에 몰두하는 비관적인 보고서로 인식되고 있다.

현대적 의의

연구의 한계가 있음에도 불구하고 이 보고서는 일반인들의 관심을 크게 불러일으켰다. 즉 많은 사람들에게 상이한 형태의 오염이 제어되지 않고 다가올 것이라 경고했을 뿐만 아니라 산업 개발과 기술이 가져오는 치명적인 결과를 인식하게 했다. 이 보고서는 현대 환경운동에 중요한 기폭제가 되었다(폭 넓은 논의는 제21장 〈정치, 정부, 사회운동〉 참조). 이후 20년이 지난 1992년 『성장의 한계를 넘어Beyond the Limits』에서는 보다 더 비관적인 전망을 내놓았다. 즉 전 세계는 생태학적으로 도가 지나치다고 주장하면서, 첫 번째 보고서에서 중요하다고 밝혀진 문제들을 해결하는 데 시간을 허비하고 있음을 밝히고 있다. 2004년에는 『30년 최신판30 Year Update』이 출판되었는데, 이 책에서는 비록 환경에 대한 인식, 기술 발전 등에서 진보가 있었지만 지구온난화, 어류 감소 등은 자원의 한계를 넘어서고 있음을 보여 준다고 주장한다. 이 결론은 2005년 유엔의 새 천년 생태계평가Millennium Ecosystem Assessment에 잘 나타나 있으며, 이는 다시 '우리의 수단을 넘어선 삶Living Beyond Our Means'이라는 제목으로 출판되었다. 『성장의 한계를 넘어』로부터 얻을 수 있는 결론과 이후에 나온 출판물들은 지구촌화되고 있는 세계에 지속적으로 울려 퍼지고 있다.

에 너무 늦었다는 생각이 들 수도 있다.

환경운동과 환경문제에 대한 일반인들의 관심을 불러일으킨 계기가 된 1970년대 초기에 처음 발간된 한 유명한 보고서는 경제 성장이 무한정 지속될 수는 없다고 결론 내렸다. 이 보고서에 대한 자세한 소개는 〈고전 읽기 5-1〉에 나와 있다.

지속 가능한 개발

최근의 개발은 경제 성장의 고삐를 늦추는 데 관심을 갖기보다는 지속 가능한 개발의 개념에 주목하는 경향이 강하다. '지속 가능한 개발sustainable development'이란 용어는 유엔에서 발간된 『우리의 일상적인 미래Our Common Future』(WCED 1987)에서 처음 소개되었다. 이것은 보고서를 작성한 위원회를 주선한 사람이 노르웨이 수상 그로 할렘 브룬틀란Gro Harlem Brundtland이라는 이유에서 '브룬틀란 보고서Brundtland Report'로 알려져 있다. 이 보고서의 저자들은 현재 세대가 사용하는 지구의 자원은 지속 가능하지 않다고 주장했다.

브룬틀란 위원회는 지속 가능한 개발을 미래 세대의 필요성을 충족시키는 가능성을 저해하지 않으면서 현재의 요구를 충족시키는 것으로 간주했다(WCED 1987). 이러한 정의는 함축적인 것으로, 중요한 의미를 지닌다. 지속 가능한 개발이란 경제 성장이 적어도 이상적인 수준에서나마 물질 자원을 고갈시키기보다는 재활용하는 방법을 활용하고 오염 수준을 최소화하면서 수행되어야 한다는 것을 의미한다. 그러나 이러한 정의는 곧 비판에 직면했다. 5세대, 10세대, 아니면 그 이상 등 구체적으로 몇 세대가 고려되어야 하는가? 현재 세대가 무엇을 필요로 하는지 어떻게 알 수 있는가? 개발도상국과 선진국 사람들이 각각 필요한 것을 어떻게 비교할 수 있는가? 지속 가능한 개발에 대한 개념이 많은 개인들과 집단들의 관심을 이끌고 있음에도 불구하고 이러한 의문들은 지속적으로 논쟁의 대상이 되고 있다.

『우리의 일상적인 미래』 출간 후 지속 가능한 개발이란 표현은 환경론자와 정부 당국자들에 의해 널리 사용되었다. 이 용어는 1992년 리우데자네이루에서 열린 유엔 세계정상회의와 2002년 요하네스버그에서 열린 '지속 가능한 개발에 관한 세계정상회의' 등 유엔에 의해 조직화된 여러 생태학적 정상회담에서 자주 나타났다. 지속 가능한 개발은 빈곤을 줄이기 위해 191개국이 서명한 '새 천년 개발목표'의 하나다. 새 천년 개발목표는 지속 가능한 개발 원칙을 개별 국가의 정책과 프로그램에 통합시키고, 환경 자원의 손실을 막고, 안전한 물을 공급받지 못하는 사람의 비율을 절반으로 줄이며, 2020년까지 적어도 빈민촌 거주자 1억 명의 생활을 개선시킨다는 내용을 포함하고 있다.

새 천년 개발목표에 대한 자세한 설명은 제14장 〈글로벌 불평등〉을 참조하라.

비판가들은 지속 가능한 개발을 너무 막연한 것으로 그리고 가난한 국가의 특수한 요구를 무시한다는 점을 지적했다. 이들은 지속 가능한 개발이라는 개념이 부유한 국가의 요구에만 초점을 맞추는 경향이 있다고 보았다. 즉 이 개념은 풍요로운 국가들의 높은 소비 수준이 가난한 국가들의 희생을 통해 만족되고 있는 과정을 고려하지 않았다고 주장한다. 예를 들어 인도네시아에 산림을 보존해야 한다고 요구하는 것은 불공평하다. 왜냐하면 인도네시아는 세입을 위해 산림을 이용해야 되기 때문이다.

한편 생태학적 지속 가능성과 경제 발전을 연결시키는 것은 모순이라는 주장이 있다. 이는 특히 지속 가능성과 개발이 충돌을 빚는 곳에서 적용될 수 있다. 예컨대 새로운 도로나 상점을 건설할 경우 많은 새로운 일자리와 경제 성장이 예상되며 지속 가능성은 2차적인 것으로 간주될 수 있다. 이러한 상황은 지속적인 경제 성장을 필요로 하는 개발도상국에 잘 적용된다. 최근에는 지속 가능한 개발의 개념 및 실행과 연관된 문제가 제기됨에 따라 환경 정의와 생태학적 시민권에 관한 아이디어가 관심을 끌고 있다.

지속 가능한 개발에 대한 미래 전망에 의문을 가지기는 쉽다. 인간의 활동과 지속적인 자연 생태계를 조화시킬 방법을 발견하고자 하는 목표는 불가능하기 때문이다. 그럼에도 불구하고 지속 가능한 개발은 국가 내부적으로뿐만 아니라 그 어떤 프로젝트도 하지 않은 방법으로 전 세계의 개발과 환경운동을 연결시키는 데 크게 공헌했다고 볼 수 있다. 지속 가능한 개발은 환경운동을 철저히 실행하는 사람들에게 광범위한 목표를 달성해야 한다는 점을 주지시켰으며, 동시에 온건한 환경운동가들에게는 지역적으로 중요한 영향을 미쳤다. 이러한 점은 지속 가능한 개발이 약화되는 것처럼 보일 수 있으나 잠재적으로는 강점을 지닐 수 있다.

비판적으로 생각하기 THINKING CRITICALLY

지속 가능한 개발은 미래 세대가 필요한 것을 획득하기 위한 능력과 절충함 없이 현재 세대의 필요를 충족시키는 개발이다. 미래 세대가 필요로 하는 것이 무엇인지 어떻게 알 수 있는가? 지속 가능한 개발 정책은 이러한 개념 정의에서 고안될 수 있는가?

전 지구적 '위험 사회'에서의 삶

인간은 항상 하나 혹은 또 다른 위험에 직면해 왔다. 그러나 오늘날의 위험은 일찍이 다가왔던 위험과 질적으로 다르다. 얼마 전까지 인류 사회는 가뭄, 지진, 기아 등 인류의 행동과 관련되지 않은 외부 위험external risk의 위협을 받아 왔다. 앞에서 살펴본 일본의 지진은 지구가 수많은 자연적 과정에 놓여 있는 한 외부 위험이 계속될 것이라는 점을 보여 준다. 그러나 오늘날에는 우리의 지식과 기술에 의해 만들어진 제조된 위험manufactured risk에 직면한 경우가 많다.

유전자 변형 식품과 지구온난화에 관한 논쟁은 우리의 일상생활에서 새로운 기회와 도전을 제시하고 있다. 그러한 위험의 원인과 결과에 대한 명확한 답이 없기 때문에 개인은 어떤 위험을 감당할 것인지 스스로 결정을 내려야 한다. 만약 어떤 음식과 천연자원의 생산과 소비가 우리 자신의 건강과 자연환경에 부정적인 영향을 미친다면 그 음식과 자원을 사용해야 하는가? 얼핏 보면 단순한 무엇을 먹을 것인가에 대한 결정은 생산품의 장점과 단점에 대한 정보와 견해가 상충하는 상황에서 이루어지고 있다.

울리히 벡Ulrich Beck은 위험과 세계화에 대한 광범위한 저술을 남겼다(1992, 1999, 2009). 기술 변화가 급속하게 진행되고 새로운 형태의 위험을 생산함에 따라 우리는 이러한 변화에 반응하고 적응해야만 한다. 그가 주장하는 위험은 사회생활에서 관련된 다음과 같은 변화의 양상을 포함하고 있다. 이는 고용 형태의 변화, 직장의 불안정성 증가, 자아 정체성에 미치는 전통과 관습의 영향 감소, 전통적 가족 형태의 손상, 개인 관계의 민주화 등을 포함한다. 개인의 미래는 전통 사회에서보다 덜 고정적이기 때문에 모든 종류의 결정들은 개인들에게 위험으로 다가온다. 예를 들어 전통 사회에서는 결혼이 일생의 제도life-long commitment였으나 오늘날에는 보다 위험한 길course이다. 어떤 교육을 받아야 하는지 혹은 어떤 직업 훈련을 택해야 하는지에 대한 선택도 위험해 보이는데, 이는 급속하게 변화하는 경제 환경 속에서 어떤 기술이 가치 있는 것인지 예측하기 힘들기 때문이다. 〈고전 연구 5-2〉는 벡의 주장들을 특히 환경 위험과 연관해 탐구하고 있다.

생태학적 근대화

환경론자들에게는 자본주의 근대화든 공산주의 근대화든 모두 실패한 것으로 보인다. 환경 피해를 담보로 부와 물질적 성과를 거두었기 때문이다. 최근 들어 서유럽 사회과학자들은 생태학적 근대화ecological modernization라고 불리는 이론적 시각을 발전시켰다. 이 시각은 지금까지

울리히 벡과 전 지구적 위험 사회

연구 문제

이 장에서는 산업 생산과 높은 수준의 소비가 가져오는 환경문제를 검토했다. 장기적인 관점을 취할 경우 우리는 산업화의 확산이 잠재적이고 광범위하게 환경에 영향을 미친다는 점을 알았다. 그렇다면 우리의 일상생활은 실제적으로 위험에 처해 있는가 아니면 위험에 처해 있음을 알고 있는가? 환경문제를 불필요하게 인식하고 있는 것은 아닌가? 독일 사회학자인 울리히 벡 Ulrich Beck은 위험에 관해 그 누구보다 많은 관심을 가져 왔다.

벡의 설명

19세기와 20세기를 지나 온 근대 사회의 정치는 노동자와 기업가 — 마르크스의 개념으로는 노동자와 자본가 — 의 갈등에 의해 주도되었다. 그 갈등은 사회적으로 생산된 부의 공평한 분배를 외친 노동조합과 노동당에 의해 주도된 부의 분배에 집중되었다. 이러한 갈등은 오늘날에도 계속되고 있다. 그러나 벡은 부의 분배에 대한 갈등은 환경문제가 대두됨에 따라 그 중요성을 잃고 있다고 주장한다(1992, 2002, 2009). 그는 "부라는 케이크가 환경오염으로 독을 품고 있다면 그 케이크를 둘러싼 갈등은 헛된 것이라는 점을 사람들이 깨닫기 시작했다"고 주장한다(Beck 2002: 128). 벡은 또한 다음과 같이 말한다(1992: 20~21).

> 부의 원천이 위험한 부차적 영향으로 오염된다는 생각이 확산되고 있다. 이는 전혀 새로운 것이 아니라 가난을 극복하기 위한 노력으로 오랫동안 관심을 받지 못했을 뿐이다. 위험 사회에서는 알지 못하고 예상하지 못한 결과들이 인류 사회에 주요한 힘으로 다가올 것이다.

환경문제가 대두되면서 산업사회에서는 점차 힘을 잃고 있다. 이것은 경제 성장과 물질적 풍요의 예상치 못한 결과다. 벡은 우리가 현재 전 세계적으로 위험을 인지하고 위험을 피하는 것이 중요한 측면이 되는 위험 사회로 향해 가고 있다고 주장한다(1999). 왜냐하면 환경오염은 국경을 초월하기 때문이다. 산업 생산 혹은 소비가 일어나는 곳이 어디든 매우 거리가 먼 지역에서도 그 결과를 느낄 수 있다. 상대적으로 부유한 국가들이라도 오염과 전 세계적 피해로부터 자유로울 수 없다. 우리는 이제 보다 높은 수준의 기술에 의존할 수밖에 없다. 산업 생산 과정은 이러한 기술을 통해서만 안전하고 효과적으로 조절될 수 있기 때문이다.

벡은 그동안 환경문제가 변방에서 다루어졌으나 이제는 중심으로 떠오르기를 원하고 있다. 위험은 대부분 인간의 활동에서 나오는 것이며 영화나 텔레비전에서 그려지듯이 자연적 재앙은 아니다. 이는 환경문제가 정치적 논쟁과 의사 결정에서 중요한 이슈로 다루어지고 있음을 의미한다. 1970년대에 탄생한 환경 조직과 녹색 정당은 환경문제를 정치에 포함시켰다는 점에서 주목된다.

비판적 쟁점

벡의 논의에 대한 주된 비판 중 하나는 위험 사회로 변한다는 그의 이론을 지지하기 위한 증거가 충분하지 않다는 점이다. 이러한 비판은 오늘날 환경 위험에 대한 인식이 증가하고 있음에도 불구하고 가능하다(Hajer 1996). 이와 비슷하게 계급에 근거한 정치 형태가 위험의 정치라는 새로운 것에 자리를 양보할 것이라는 벡은 주장은 시기상조라는 비판이 있다. 대부분 국가에서 녹색 정당이 기존 정치 체계를 대신하지 못하고 있으며, 전 세계적으로도 부의 창출과 분배는 환경 보호보다 중요하게 다뤄지고 있다. 끝으로 위험이라는 주제는 그 정의에서 문화적 다양성을 고려하지 못했다는 지적이 있다(Douglas 1994; Scott 2000). 즉 어떤 국가에서는 위험이라고 간주하는 사항이 다른 국가에서는 그렇지 않다고 인식될 수 있기 때문이다. 예컨대 부유한 국가에서 오염이라고 생각되는 것도 가난한 개발도상국에서는 경제 발전의 표시로 보일 수 있다.

현대적 의의

위험이라는 개념은 오늘날 환경문제와 사회 변동에 관한 사회학적 논쟁에서 중요한 위치를 차지하고 있다. 벡이 위험이라는 주제가 왜 환경운동에서 많은 지지를 얻고 있는지 설명한다는 점에서 유용하다. 일단 일반인들이 위험에 주의 깊게 반응하면 환경주의자들은 환경운동을 보다 적절히 진행할 수 있다. 벡의 '위험 사회risk society'는 근대성에 대한 사회학적 사고를 새롭고 높은 수준을 지닌 가능성으로 발전시켰으며, 우리에게 현대 사회 이론의 고전이 된 사회학적 전통을 다시 생각하게 했다.

비판적으로 생각하기

THINKING CRITICALLY

일상생활에서 위험을 어떻게 인지하는가? 위험을 감수하는 행위에 뛰어들 수 있는가? 만약 그렇다면 그렇게 하는 이유는 무엇인가? 위험은 현대 생활에서 항상 부정적인 의미만 있는가, 아니면 다른 긍정적인 측면이 있는가?

의 비즈니스는 더 이상 불가능하다는 점을 받아들이며, 탈산업화를 주장하는 급진적 환경론자의 입장을 거부한다. 대신 그들은 생산 방법을 변화시키고 오염을 원천적으로 감소시키면서 긍정적인 결과를 가져오는 기술 혁신과 시장 메커니즘 활용에 초점을 맞춘다.

생태학적 근대화를 주장하는 사람들은 유럽의 산업이 경제 성장을 저해하지 않으면서 천연자원 사용을 줄이는 데 커다란 잠재력을 지니고 있다고 보았다. 다소 생소한 입장이지만 확실한 논리를 지니고 있다. 그들은 경제 성장을 단순히 거부하기보다 성장의 생태학적 형태가 이론적으로 가능하다고 주장한다. 자동차 사용에 있어 촉매 컨버터(자동차 배기가스, 특히 유해 성분의 해를 없애는 장치 – 옮긴이)와 배기가스 조절이 좋은 예로, 이들은 단시간 내 보급되어 기술의 진보가 온실가스 배출을 크게 감소시킬 수 있음을 보여 주었다. 이런 식으로 환경 보호가 이루어질 수 있다면 우리는 앞으로도 높은 기술이 함께하는 생활을 즐길 수 있다.

또한 생태학적 근대화를 주장하는 사람들은 소비자들이 환경적으로 문제없는 생산 방법과 상품을 요구한다면 시장 메커니즘은 그러한 목적을 위해 노력할 수밖에 없을 것이라고 주장한다. 유전자 변형 식품에 대한 유럽의 반대는 이러한 생각이 실제 나타난 좋은 예다. 유럽의 슈퍼마켓은 유전자 변형 식품을 들여놓지 않거나 유전자 변형 식품의 공급을 밀어붙이지 않는다. 왜냐하면 소비자들은 유전자 변형 식품이 팔리지 않은 채 진열대에 계속 남아 있을 것이라는 점을 명확히 알기 때문이다.

생태학적 근대화 이론은 다음과 같은 다섯 개의 사회적, 제도적 구조가 생태학적으로 변화될 필요가 있다고 주장한다(Mol and Sonnenfeld 2000).

1. 과학과 사회: 지속 가능한 기술의 발명과 전파
2. 시장과 경제 주체: 환경적으로 문제가 없는 결과에 대한 인센티브 도입
3. 국가: 위 사항들이 가능하도록 하는 시장 상황 형성
4. 사회운동: 생태학적 방향으로 계속 가도록 기업과 국가에 압력
5. 생태학적 이데올로기: 생태학적 근대화에 참여하는 사람들이 증가하도록 지원

과학과 기술은 생태학적인 고려를 설계하면서 예방적 해결책을 개발하는 데 중심적인 역할을 수행한다. 이것은 현재의 오염 생산 체계를 변환시킬 것이다.

1990년대 중반 이래 생태학적 근대화 시각에 대해 세 가지 새로운 경향이 나타났다. 첫째, 연구 영역이 유럽 중심적인 생각에서 벗어나 개발도상국으로 확장했다. 둘째, 일단 서구를 떠나 생각하기 시작하자 세계화에 관한 이론이 보다 적절하게 되었으며, 최근 연구는 세계화와 생태학적 근대화의 연계성을 찾고 있다(Mol 2001). 셋째, 생태학적 근대화론은 소비의 사회학과 소비자 사회의 이론들을 고려하기 시작했다. 이는 국내 소비와 생산에 관한 생태학적 근대화 연구의 진행을 이끌었다. 이러한 연구는 생태학적 근대화에서 소비자들이 어떻게 역할을 담당할 수 있는가를 검토한다. 또한 이러한 연구는 에너지 소비를 줄이고, (물과 같은) 자원을 보호하고, 재활용을 통

태양열 발전: 생태학적 근대화의 실행인가?

세계 사회 5-3

생태학적 근대화의 주요 방향은 재생 가능한 에너지 프로젝트와 같은 비오염non-polluting 기술이 온실가스 배출에 큰 영향을 줄 수 있다는 데 있다. 재생 가능한 기술들은 개발도상국들에 많은 환경 파괴를 가져온 오염 다발 형태의 산업화를 피하는 데 도움을 주기 위해 이용될 수 있다. 최근 널리 인용되는 모로코의 와르자잣Quarzazate에 건설 중인 대규모 태양열 발전소는 1백만 명이 필요로 하는 에너지를 공급할 수 있다. 태양열 발전소 건설은 그동안 석탄과 가스 같은 수입 화석 연료에 의존해 오던 상황에서 2020년까지 재생 가능한 에너지로부터 전기의 40퍼센트를 충당한다는 야심 찬 목표 달성에 매우 중요하다. 발전소의 혁신적인 측면은 반사거울이 설치된 35개 축구경기장 면적 혹은 모로코의 수도인 라바트를 덮을 수 있을 만큼의 크기에만 있는 것이 아니라 소금을 사용하는 태양으로부터 생성된 에너지를 저장하는 시도에 있다.

발전소는 소금을 녹이는 열을 생성하고, 그 열을 저장할 수 있으며, 이 열은 밤사이 발전소 동력 터빈에 충분한 증기를 생성한다. 모로코의 무더운 사막 기후는 그러한 발전에 충분한 환경을 제공한다. 반사거울은 재래식 광전지 패널보다 비싸지만, 해가 진 이후에도 에너지를 생성할 수 있다는 큰 장점이 있다. 저장 체계는 8시간 동안 에너지를 보관할 수 있으며, 이는 지속적인 에너지 공급이 가능함을 의미한다.

발전소가 완공되면 모로코에 유럽의 다른 지역에 수출할 정도의 충분한 에너지가 생성되기를 기대한다. 이 프로젝트는 민관 협력으로 이루어지며, 세계은행과 기타 민관 기관으로부터 조성되는 90억 달러의 예산이 소요될 것이다. 이러한 약속들이 이루어지면 누르 와르자잣Noor Quarzazate 단지는 생태학적 근대화의 가장 성공적인 실제 사례가 될지도 모른다.

출처: World Bank 2015; Harrabin 2015; Neslen 2015.

해 쓰레기를 줄이기 위해 기술을 어떻게 향상시킬 것인가에 초점을 맞춘다.

생태학적 근대화에 의해 제공된 가능성은 매일 산업체와 소비자들이 배출하는 수천 톤의 쓰레기를 처리하는 쓰레기 폐기 산업의 예에서 잘 드러난다. 얼마 전까지는 쓰레기를 단순하게 처리하거나 땅에 묻었다. 그러나 오늘날에는 산업 전반이 변화를 겪고 있다. 예컨대 예전에는 나무를 원료로 종이를 만들었으나 오늘날에는 재활용 종이에서 신문 용지를 값싸게 생산하고 있다. 끊임없이 나무를 잘라 종이를 만드는 대신 재사용할 수 있는 종이를 만듦으로써 친환경적일 뿐만 아니라 경제적이기도 하다. 개별 기업체뿐만 아니라 전체 산업이 미래의 산업을 위해 쓰레기를 확실하게 재활용한다는 의미를 뜻하는 '제로zero 쓰레기' 목표를 이루기 위한 노력을 아끼지 않고 있다. 토요타와 혼다는 이미 그들이 사용하는 자동차 부품의 재활용 비율을 85퍼센트 수준까지 올렸다. 이러한 맥락에서 쓰레기는 더 이상 유해 물질 덩어리가 아니며, 오히려 산업을 위한 자원이고 어느 정도는 효과적인 기술 혁신을 가져오는 수단이기도 하다.

지속 가능한 개발을 위한 재활용의 주요한 공헌은 캘리포니아의 실리콘밸리와 같은 정보 기술 산업이 집중된 지역에서 찾을 수 있다. 몇몇 경제 근대화를 주장하는 사람들은 기존 산업 생산과 달리 정보 기술은 환경적인 측면에서 문제가 없으며, 오히려 정보 기술 분야에서의 생산이 증가할수록 환경문제는 감소할 것이라고 주장한다. 그러나 이런 낙관론은 잘못 인식될 수도 있다. 사실상 거대한 자료 저장 시설이 필요한 정보기술 체계, 인터넷 및 클라우드 컴퓨팅Cloud Computing은 에너지 소비가 많은 분야다. 이들 산업은 '무중량 경제(눈에 보이지 않고 무게가 나가지 않는 재화를 생산하는 것 – 옮긴이)'라기보다는 새로운 형태의 '중공업'으로 인식되고 있으며, 경제 발전 문제에 대해 단일한 해결책을 제공하지도 않는다(Strand 2008).

환경운동가들은 지속 가능성에 필요한 근대화 과정을 포기하기보다는 재생 에너지와 환경에 피해를 주지 않는 기술에 기초를 둔 생태학적 근대화가 가능하다고 주장한다.

> 에너지 소비가 많은 정보 기술 문제는 제6장 〈도시와 도시 생활〉에, 클라우드 컴퓨팅 및 이와 연관된 사항은 제18장 〈미디어〉에 잘 나와 있다.

생태학적 근대화는 전 세계적 불평등에 큰 관심을 보이지 않으며, 대신 기업과 개인, 비정부 기관들이 어떻게 사회를 변화시킬 것인가에 초점을 맞춘다. 이러한 점은 전 세계적 불평등을 감소시키는 것이 환경 보호를 위한 선결 조건이라고 주장하는 지속 가능한 개발과 차이를 보인다. 또한 생태학적 근대화를 주장하는 사람들은 자본주의적 경제 체제가 환경 보호를 위해 노력하면 그 체제가 계속되겠지만 그렇지 않을 경우 전 세계적으로 생태학적 근대화가 이미 진행되고 있기 때문에 다른 결과가 나올 것이라고 주장한다.

생태학적 근대화를 비판하는 사람들은 이 접근이 문화적, 사회적, 정치적 갈등을 상대적으로 무시하면서 기술에 지나치게 비중을 두고 있다는 점을 지적한다. 물론 생태학적 근대화는 미래의 지속 가능한 사회를 건설할 것인가에 대해 충분한 논의를 했다기보다는 기술적 낙관주의를 기초로 하고 있다고 볼 수 있다. 그러나 그들이 생산한 실제적인 기술과 변화를 위한 제안은 모두 큰 차이를 가져오고 있으며, 이러한 기술은 개발도상국에서도 재정적으로 실행 가능하게 활용될 수 있다. 그러나 이러한 노력들은 훌륭한 실행과 지식의 확산을 보장하는 교토의정서와 같은 국제적 동의와 함께 도입될 필요가 있다.

비판적으로 생각하기 THINKING CRITICALLY

생태학적 근대화의 접근을 구성하는 사회적 · 제도적 구조들을 검토해 보자. 어느 구조가 가장 많이 변화했는지, 어느 구조가 가장 적게 변화했는지 순서대로 나열해 보자. 이런 상황을 어떻게 설명할 수 있는가? 현대 사회 구조가 환경적으로 세심한 주의를 기울이는 방향으로 전환하는 데 극복하기 힘든 장애는 무엇인가?

생태학적 근대화를 강하게 주장하는 사람들도 지구 환경을 구하려면 현재 존재하는 불평등 수준이 변화되어야 한다는 점을 받아들인다. 선진국 사람 한 명이 소비하는 자연 자원은 저개발국 사람의 10배에 달한다. 가난한 국가에서 빈곤은 그 자체로 사람들을 환경에 피해를 가져오는 관행으로 이끈다. 경제적으로 어려운 상황에 있는 사람들은 주변 자원을 최대한 활용할 수밖에 없기 때문이다. 그들에게 필요한 것은 '지속 가능성 그 자체'다 (Agyeman et al. 2003; Smith and Pangaspa 2008). 생태학적 지속 가능성을 얻기 위해서는 환경 보호를 위한 필요조건으로서 세계적 불평등을 해결하기 위한 단합된 국제적 노력이 필요하다.

환경 정의와 생태학적 시민권

생태학적 근대화가 너무 지나치게 기술적인 측면에 의존하는 문제점이 있다면 한 가지 해결 방안은 지속 가능한 개발을 달성하기 위해 모든 사회단체와 사회 계급 사람들 모두를 참여시키는 것이다. 예를 들어 환경적 목표와 사회적 목표를 근대화 프로젝트 초기에 설정하고 의사결정에 있어 지역사회를 참여시키는 것이다. 도시 지역에서 충분한 주거 공간을 확보하기 위한 프로젝트에서는 취약 계층 사람들이 위험에 처하지 않도록 쓰레기 매립지 위에 건물을 세우는 것을 피하는 것이 중요하다. 마찬가지로 그러한 프로젝트가 건물 신축 이후 태양열 난방과 절연 처리와 같은 에너지 보존 장치를 부담할 수 있다면 그러한 시설들을 건설 중에 포함시킬 필요가 있다.

환경 정의environmental justice는 미국 노동자 거주 지역에서 활동하는 운동가들의 풀뿌리 운동 네트워크에 기원을 두고 있다(Szasz 1994; Bell 2004; ch.1; Visgilio and Whitelaw 2003). 이들은 주로 흑인 이웃들로 구성되어 있으며, 쓰레기더미와 소각장 지역을 선택해 '환경 인종주의environmental racism' 형태를 지닌 운동가들로 보인다(Bullard 1993). 환경 정의 운동은 가난한 사람들을 심하게 억누르는 환경문제에 관심을 두는 시민의 권리가 확장되는 것으로 볼 수 있다(Agyeman et al. 2003: 1).

시험이 된 환경운동은 1978년 나이아가라 폭포 지역에서 로이스 기브스Lois Gibbs가 주도한 것으로, 2만 톤의 독성 물질을 품고 있는 러브캐널 커뮤니티Love Canal community(뉴욕 버팔로 지역 소재)에서 사람들을 이주시키는 것이었다. 이 커뮤니티 운동은 1990년 폐기물 누출 지역으로부터 900명의 노동자 가족을 새로운 지역으로 이주시키는 데 성공했다(Gibbs 2002). 환경의 질을 사회 계급에 연결시킨다는 것은 환경주의가 단지 중산층만의 관심이 아니라 노동자층의 관심이며, 따라서 사회적 불평등과 사회에 실제로 존재하는 위험을 고려해야 한다는 것을 보여 준다. 미국의 경우 독성이 함유된 쓰레기 처리장은 흑인이나 히스패닉이 거주하는 지역에 위치하는 것이 일반적이었다. 왜냐하면 이들 지역에서는 시민들의 환경운동이 상대적으로 저조해 힘을 발휘할 수 없었기 때문이다. 그러나 환경 정의를 주도한 기브스의 환경운동 결과, 이들이 결코 힘없는 사람들이 아니라는 점을 보여 주었다.

환경 정의를 주도하는 그룹은 매우 중요하다. 그들의 출현은 환경운동 그룹에 대해 환경 정치environmental politics의 지지를 보다 넓은 환경운동으로 확장하는 잠재력을 지니고 있음을 보여 준다. 예를 들어 '지구의 친구들'은 만약 자연환경에 대한 압력이 약해지면 사회문제에 달려들어야 한다고 인식하면서 그 실천 과제를 확장하고 있다(Rootes 2005). 환경 정의는 우리로 하여금 도시 쓰레기 문제의 심각성을 인식하게 했으며, 이는 다시 도시 문제는 결국 환경문제로 직결된다고 생각하는 사람들에게 환경 정치의 중요성을 깨닫게 하는 결과를 가져왔다.

환경 정의 운동의 가장 중요한 결과는 아마도 그들이 부유한 국가들의 환경 정치를 상대적으로 가난한 국가에 연결시켰다는 점이다. 한 가지 중요한 예는 다국적 기업인 셸Shell에 대한 항의 운동이다. 이는 나이지리아의 오고니Ogoni 사람들이 거주하는 지역의 환경운동이다. '오고니 사람들의 생존을 위한 운동'이라는 슬로건을 내걸며 1990년에 형성된 이 운동은 국제적으로도 큰 지지를 받은 환경 정의 운동의 모범 사례다. 이 저항 운동을 저지하기 위해 나이지리아 정부는 고문을 하고, 마을을 파괴했으며, 1995년에는 주동자 9명 중 작가인 켄 사로위아Ken Saro-Wiwa를 포함해 5명을 사형시켜 국제적으로 큰 항의를 불러일으켰다(Watts 1997).

이러한 사건들은 상대적으로 힘없는 사람들이 환경오염을 막아 낸다는 주장을 입증해 주었다. 환경 정의 운동은 자연보호 운동을 뛰어넘는 환경주의environmentalism를 약속하면서 사회적 불평등과 빈곤을 환경문제로 연결시킬 수 있는 잠재력을 보여 주었다. 최근에는 기업과 시민의 역동적 관계를 묘사하기 위해 '사회적 라이선스social licence'라는 개념이 사용되고 있다(Soyka 2012: ch.4). 예를 들어 지역 공동체와 시민 그룹은 지역에서 새로운 일자리 제공과 경제 개발을 약속하면서 기업의 채광 작업을 허락하는 사회적 라이선스를 비공식적으로 인정한다. 그러나 만약 필요 이상의 환경 피해가 발생하거나 입장이 바뀌어 기업 활동이 비합법적인 것으로 판단되면 그 라이선스는 철회될지도 모른다. 사회적 라이선스에 대한 필요성 인식은 지역 공동체에 권한을 부여할 수 있다. 이는 기업이 시민들의 승인으로부터 혜택을 얻으려면 기업 활동에 의해 돈을 벌고 지속되어야만 하는 것과 같다(Syn 2014).

마지막으로 주목할 대상은 자연환경과 연관된 시민권의 등장이다. 최근 들어 몇몇 사회학자와 정치학자는 새로운 형태의 시민권이 출현한다고 주장하고 있다. 마크 스미스Mark J. Smith는 이를 '생태학적 시민권ecological citizenship'이라 불렀으며(1998), 돕슨Dobson과 벨Bell은 '환경적 시민권environmental citizenship'이라고 불렀다(2006).

시민권의 개념은 새로운 것이 아니며 형태에 따라 나누어질 수 있다. 첫째, 시민의 시민권civil citizenship은 타인의 재산에 대한 권리를 인정하는 사람들에 대한 상호 의무를 부여한 근대적인 재산 소유권과 함께 출현했다. 둘째, 정치적 시민권political citizenship은 노동자층과 여성이 노동조합에 대한 참여와 자유로운 견해 발표가 보장되고 선거권이 확장되는 시기에 출현했다. 셋째, 사회적 시민권social citizenship은 사회적 혜택을 대비하기 위한 사회복지와 책임에 관한 권리를 담고 있다. 넷째, 스미스와 다른 학자들이 최근 개발하고 있는 생태학적 시민권은 권리와 책임이 중심이 된다.

시민권에 대해서는 제13장 〈빈곤, 사회적 배제, 복지〉를 참조하라.

생태학적 시민권은 동물, 인류의 미래 세대에 대한 새로운 의무와 자연환경의 본래 모습을 유지하는 것 등을 의미한다(Sandilands 1999). 동물에 대한 의무는 동물의 자연생활을 침해하면서까지 인간이 동물을 사용하는 것에 대해 재고하는 것을 의미한다. 이에 따라 생체 해부, 사냥, 사육 방법, 애완동물 키우기 등은 재평가받을 필요가 있다. 생태학적 시민권의 미래 세대에 대한 의무는 지속 가능성을 향한 장기적인 노력을 의미한다. 만약 경제 개발 계획이 미래 세대가 그들 자신에게 필요한 것을 갖추기 위한 능력을 위협한다면 원래와 다른 형태의 계획이 설계되어야 한다. 정치적, 경제적 계획은 미래를 향해야 하며, 단기적이고 자유로운 시장경제 혹은 자유방임적 접근을 채택하기보다는 장기적인 관점에서 고려되어야 한다. 끝으로 모든 인간 행위는 자연환경에 영향을 미친다는 점을 고려해야만 한다. 이와 함께 개발을 추진하는 사람들에게는 그들의 개발 행위가 생태학적으로 정당화될 수 있어야 한다는 책임감을 부여하는 '예방 원칙precautionary principle'을 채택하도록 해야 한다.

본질적으로 생태학적 시민권은 인간의 행위가 자연환경에 영향을 미친다는 인간의 '생태학적 발자국ecological footprint'을 사람들이 고려해야 한다는 새로운 요구를 소개하고 있다. 생태학적 시민권은 확실히 현대 사회에 근본적인 변화를 요구하고 있다. 생태학적 시민권이 자연에 대한 변화된 인간의 자세와 개개인이 모두 함께 살고 있다는 점을 요구하는 것과 마찬가지로 가장 급격한 변화는 인간 자신에게서 찾을 수 있다. 이와 동일한 방법으로 사람들은 자신이 시민으로서 정치적 시민권을 유지하기 위한 권리를 지녔다는 점을 인식해야 한다. 또한 사람들의 정체성이 '생태학적 자아ecological self'를 지녔다는 점을 포함하지 않으면 생태학적 시민권이 발전할 수 없을 것이라는 점도 인식해야 한다.

결론

고전 사회학자들과 달리 우리는 근대 산업, 기술, 과학 등의 어두운 면을 명확하게 지켜보고 있다. 따라서 산업, 기술, 과학이 가져오는 모든 결과가 결코 좋은 것만은 아니라는 점을 알고 있다. 우리는 이러한 것들을 잊을 수 없다. 과학적, 기술적 개발은 거대한 득과 실이 공존하는 세상을 만들었다. 특히 부유한 국가에서는 부자가 이전보다 증가했지만 아직도 전 세계는 불평등과 생태학적 딜레마로 갈라지고 있다.

생태학적 근대화와 지속 가능한 개발은 70억 넘는 세계 인구의 생존을 위해서는 과학과 기술에 등을 돌리는 것이 불가능하다는 점을 보여 준다. 전 세계적 환경문제가 효과적으로 해결되고 불평등이 감소하려면 기술 진보와 과학적 연구가 절대적으로 필요할 것이다. 예를 들어 대기를 오염시키는 화석 연료를 대신하기 위해 태양, 바람 및 다른 재생 가능한 자원으로부터 에너지를 얻을 방법을 발견하는 것은 지속 가능한 개발과 생태학적 개발에 이르는 중요한 열쇠일지도 모른다.

사회학적 상상력은 전 세계적 문제에 직면해 절망하지 않도록 사회제도의 개혁을 통해 혹은 저술 활동을 통해 우리에게 의식을 일깨워 준다. 또한 이전 세대에서는 생각하지 못했던 것, 즉 우리의 운명을 조절할 수 있는 가능성이 있음을 보여 준다. 그러나 '기든스 패러독스'와 장기간에 걸쳐 진행되는 국제기후변화협약이 보여 주듯이, 그러한 약속들을 지키기란 쉽지 않으며 갈등 없이는 가능하지도 않다.

1 자연환경은 인간과 사회를 포함해야만 한다는 주장의 근거는 무엇인가?
2 본문에서 논의된 보기를 활용해 '환경의 사회적 구성'이 무엇을 의미하는지 설명해 보자. 사회학자들은 왜 환경문제의 실상에 문외한으로 남아 있어야만 하는가?
3 비판적 혹은 환경적 실제론이 환경문제의 사회적 구성주의와 어떻게 다른지 설명해 보자. 이 두 견해는 실제로 상당히 다른가? 두 견해가 나타내는 유사점은 무엇인가?
4 환경문제는 대부분 인간 행위에 의해 발생하기 때문에 제조화된 위험을 포함한다. 제조화된 위험에 대한 예를 네 가지 들어 보자.
5 유전자 변형 식품이 북아메리카에서는 열광적인 데 반해 유럽에서는 거부되는 이유를 설명할 수 있는가?
6 지구온난화는 인공적이라는 시각과 이에 대해 회의적인 시각을 지지하는 각각의 증거를 제시해 보자. 어느 시각이 옳다고 확실하게 말할 수 있는가?
7 지구온난화를 효과적으로 해결하는 데 국제적 동의가 필요한가? 그러한 동의를 얻는 데 결정적인 장애는 무엇인가?
8 생산과 소비의 쳇바퀴란 무엇이며, 그것이 선진국과 개발도상국에 가져오는 주요한 환경적 결과는 무엇인가?
9 지속 가능한 개발의 의미를 구체적으로 보기를 들어 정리해 보자. 왜 비판가들은 지속 가능한 개발의 개념을 모순어법oxymoron이라고 여기는가?
10 울리히 벡의 위험 사회와 생태학적 근대화론 사이의 주요한 차이는 무엇인가? 두 시각은 상충되는가 아니면 양립하는가?
11 환경 정의와 생태학적 시민권이 무엇을 의미하는지 설명해 보자. 이러한 개념들은 기후변화에 대한 국제정치와 어떻게 연결되어 있는가?

오늘날 자동차 소유(혹은 자동차에 대한 의존) 문화는 수많은 사회환경적 문제를 일으키는 것으로 비난받고 있다. 그러나 왜 사람들이 자동차 소유를 포기하는 것이 어려운지 이해하기 위한 노력도 많이 있다. 우리는 왜 자동차 소유에 집착하는가? 이러한 문제에 대한 통찰력과 해답을 제공하는 다음 글을 읽고 답해 보자.

Shove, E., Watson, M., and Spurling, N. (2015) 'Conceptualizing Connections: Energy Demand, Infrastructures and Social Practices', *European Journal of Social Theory*, 18(3): 274~287.

1 이것은 어떤 종류의 연구인가?
2 '자동차 의존car dependence'은 개인 수준에 기초를 두지 않는다. 저자들은 왜 이러한 입장을 취하는가?
3 저자들이 발견한 인프라의 네 가지 특성을 열거해 보자.
4 자동차 의존 문제에서 도시 계획 설계자 혹은 디자이너와 같은 전문가들의 역할은 무엇인가?
5 자동차 의존을 "운전의 용도가 무엇인가?"라는 질문으로 이해될 수 있는 사회적 관습의 예를 들어 보자.

생각해 볼 것

Thinking it through

환경문제는 자연적, 사회적 과정을 포함하는 자연과 사회의 혼합물이라고 말한다. 따라서 자연과학과 사회과학을 연결하는 다학문적interdisciplinary 접근이 바람직할 것으로 보인다. 그런데 왜 두 학문의 협력이 잘 이루어지지 않는가? 왜 사회과학과 자연과학이 각자의 길로만 나아가는가? 그들의 연구 방법이 상이한가? 사회과학과 자연과학이 일반적으로 사회 속에서 유사성과 상이성을 즐기고 있는가? 이러한 질문들에 대해 대답해 보고 환경문제에 대한 미래의 연구에서 다학문적인 연구가 보다 활성화될 수 있는지 자신의 견해를 밝혀 보자.

예술 속의 사회

Society in the arts

지구온난화는 드라마에 적합한 주제이지만 여기서 기후변화가 인간의 행위에 의해 발생한다는 의견에 동의하거나 회의적인 입장 중 하나를 선택하자. 그리고 이러한 문제를 다루는 다음과 같은 소설을 읽고 질문에 답해 보자.

Michael Crichton, *State of Fear* (New York: HarperCollins, 2005)
Marcel Theroux, *Far North* (London: Faber & Faber, 2009)

어느 측면에서 이야기가 전개되었는가? 소설은 성격 묘사, 이야기 혹은 문맥 등을 통해 어떻게 그 입장을 보여 주는가? 소설에서 다른 입장은 어떻게 표현되고 있는가? 저자는 실제 세계에서의 발견과 학문적인 작업 중 하나 혹은 모두를 활용하고 있는가? 이와 같이 소설 세계에서 과학적인 발견이 보다 극적으로 읽히기 위해 잘못 표현되는 것은 문제가 아닌가? 이와 같은 소설은 지구온난화에 대한 논쟁을 일반인이 이해하는 데 도움을 주는가, 아니면 방해가 되는가?

Philip W. Sutton의 *The Environment: A Sociological Introduction* (Cambridge: Polity, 2007)은 이 장에서 논의한 모든 문제를 다루는 개론서다. Michael M. Bell과 Loca Ashwood의 *An Invitation to Environmental Sociology* (5th edn, New York: Sage, 2015) 또한 주요한 환경문제에 대한 유익한 예들을 잘 보여 주고 있다.

이론 서적으로 John Hannigan의 *Environmental Sociology: A Social Constructionist Perspective* (3rd edn, London: Routledge, 2014)는 매우 효과적인 사례 연구에서, Peter Dickens의 *Social Theory and the Environment: Changing Nature, Changing Ourselves* (Cambridge: Polity, 2004)는 비판적 실제론의 입장에서 환경문제를 다루고 있다. Riley E. Dunlap, Frederick H. Buttel, Peter Dickens and August Gijswijt가 편집한 *Sociological Theory and the Environment: Classical Foundations, Contemporary Insights* (Oxford: Rowman & Littlefield, 2002)는 환경에 대한 이론적 논의를 잘 수집해 놓았다.

지속 가능한 개발에 대한 Susan Baker의 Sustainable Development (2nd edn, London: Routledge, 2015)는 훌륭한 개론서다. 위험 사회에 대해서는 Ulrich Beck의 *World at Risk* (Cambridge: Polity, 2009)가 있다. 생태학적 근대화에 대한 것으로 Arthur P. J. Mol, David A. Sonnenfeld와 Gert Spaargaren 등이 편집한 *The Ecological Modernisation Reader: Environmental Reform in Theory and Pracice* (London: Loutledge, 2009)가 있다.

환경 정의와 생태학적 시민권에 대한 개론서로는 Benito Cao의 *Environment and Citizenship* (London: Routledge, 2015)이 있으며, Mark J. Smith와 Piya Pangsapa의 *Environment and Citizenship: Integrating Justice, Responsibility and Civil Engagement* (London: Zed Books, 2008)는 보다 많은 자극을 줄 것이다.

자연환경과 도시 환경에 대한 논문들을 모아 놓은 것으로는 *Sociology: Introductory Readings* (3rd edn, Cambridge: Polity, 2010)를 들 수 있다.

관련 홈페이지

Internet links

- Additional information and support for this book at Polity
  www.politybooks.com/giddens
- Environmental Organization Web Directory
  www.webdirectory.com
- European Environment Agency
  www.eea.europa.eu
- Intergovernmental Panel on Climate Change
  www.ipcc.ch/report/ar5
- Friends of the Earth International
  www.foei.org
- Greenpeace International
  www.greenpeace.org/international/en
- OECD
  www.oecd.org/environment
- United Nations Development Programme
  www.undp.org

06

도시와 도시 생활

Cities and Urban Life

고대 도시와 현대 도시

고대 사회의 도시
산업화와 도시화
현대 도시의 발달
글로벌 도시들

도시성에 관한 이론

공동체와 도시의 특징
시카고학파
도시 공간, 도시 감시와 도시 불평등
사회운동과 집합적 소비

도시의 추이와 지속 가능한 도시

선진 사회의 도시 추이
개발도상국의 도시화
도시의 하부 구조와 지속 가능한 도시

도시 관리

변화를 위한 대리인으로서 도시
시장의 역할
도시와 글로벌 영향력

18세기 파리는 부와 빈곤의 극단을 보여 준 근대성의 전형이었다.

19세기 말 파리를 여행했던 많은 사람은 그들이 실제로 마주친 파리를 보고 충격을 받았다고 기록했다. 당시 파리는 거리 810개, 가옥 2만 3천19채, 인구 50만 명에서 100만 명에 이르는 거대한 규모였다. 이에 대해 어떤 사람들은 파리를 경이롭고 아름다운 곳으로 생각한 데 반해 다른 사람들은 가난한 사람들이 거주하는 지옥 같은 곳이라고 묘사했다. 전반적인 평가가 무엇이든 그들에게 파리는 다른 세계로 보였다.

> 여행객들은 — 그들 중 많은 사람은 첫인상을 이렇게 기록했다 — 소음, 교통 혼잡, 동물들, 비명, 군중, 여러 방향으로 향해 있는 미로 등에 압도당했다. 그러나 지방 도시는 축제 기간 중에도 그러한 혼잡함을 찾을 수 없었다.(Garrioch, 2004: 1)

250년이 지난 후 킹슬리 데이비스Kingsley Davis는 도시화가 빠른 속도로 전개되고 있음에 주목했다(1965). 오늘날 전 세계 인구의 절반 이상이 도시 지역에 살고 있다. 사실상 21세기 기준에 따르면 18세기 파리는 그렇게 거대하지 않았다. 그 규모는 오늘날 인구 100만 명 정도가 거주하는 이탈리아의 토리노, 아일랜드의 더블린, 캐나다의 에드먼턴 등과 비슷하다. 이와 대조적으로 뉴욕과 런던은 국경을 넘어 세계 경제의 지휘 본부로 묘사되는 글로벌 도시다(Sassen 2001). 글로벌 도시들은 재정적, 기술적 서비스 부문뿐만 아니라 거대한 초국적 기업의 본사가 위치하고 있다는 특징을 보인다.

런던은 300개 이상의 다양한 언어를 사용하는 사람들이 850만 명 이상 거주하며, 450만 개의 일자리가 있는 도시다. 또한 런던은 다른 지역과 비교할 수 없는 문화적, 예술적 유산을 지니고 있어 한 해 3천만 명의 관광객을 끌어들이는 역동적인 도시다. 런던으로 이주하는 사람들이 증가함에 따라 다른 지역에 비해 20~24세 젊은 인구의 분포도 증가했다. 젊은이들이 런던 같은 대도시로 몰리는 이유는 단조로운 농촌 생활을 벗어나 일, 교육, 문화 등 대도시가 지닌 매력에서 찾을 수 있다.

뉴욕에는 1945년 이래 세계 경제의 중심으로 자리 잡고 있는 월스트리트가 있다. 또한 유엔 본부가 있는 국제 외교의 중심지이자 800만 명이 살고 있는, 미국에서 가장 인구밀도가 높은 지역이기도 하다. 뉴욕은 1940년대의 재즈와 1970년대의 펑크 및 록과 같은 음악의 발달에 영향을 주었다. 예컨대 뉴욕의 브롱크스 지역은 1970년대와 1980년대 랩과 힙합 음악의 탄생지다. 그리고 전체 거주자의 3분의 1이 외국에서 태어난 사람들이어서 문화적 다양성이 매우 높다.

세계화와 세계도시연구 센터Globalization and World Cities Research Centre는 도시 형태를 글로벌 연계성에 따라 분류할 때 런던과 뉴욕이 글로벌 경제의 통합성 수준에서 타의 추종을 불허한다고 보았다. 이 두 도시 다음으로는 홍콩, 싱가포르, 상하이, 시드니, 두바이 등이 있다(GaWC 2012). 예를 들어 상하이는 1990년대 초(2008~2009년 글로벌 불황기를 제외하고) 이래 연평균 12퍼센트의 가장 빠른 경제 성장을 이룩했다. 21세기 초반 10년 동안 약 55개의 다국적 기업 본사가 들어서고 4천 개 이상의 고층 빌딩이 건설되어 상하이의 도시 환경에 대한 외양과 느낌이 많이 변했다(Chen 2009: xv-xx). 도시 인구도 2013년 2천4백만 명으로 증가했으며, 2050년에 이르면 현재의 두 배인 5천만 명에 이를 것으로 예상된다(Population Review 2015). 상하이는 런던과 뉴욕과 함께 글로벌 경제의 주요 지휘 본부 역할을 수행하고 있다.

대도시가 제공하는 풍부한 기회에도 불구하고 많은 대도시 거주자들은 자신이 외롭고 불안전하고 편안하지 못한 지역에 살고 있다고 느낀다. 왜 그럴까? 현대 도시 생활의 특징적인 측면의 하나는 이방인들 사이에서 상호 교류가 빈번하다는 점이다. 이웃끼리도 서로 잘 알지 못하는 경우가 많다. 만약 지금 도시에서 살고 있다면 서로 잘 알지 못하는 사람들과 상호 교류를 계속하면서 살아야 하는 상황을 생각해 보자. 잘 알지 못하는 사람들이란 버스기사, 상점에서 일하는 사람, 학생들 그리고 길에서 힐긋 보고 지나치는 사람들을 모두 포함한다. 이렇게 상대적으로 인간미 없는 순간의 상호작용은 오늘날 도시 생활이 그 이전의 다른 지역과 크게 다르다는 것을 의미한다. 이에 대해 마셜 버먼Marshall Berman은 현대의 도시 생활을 사회학자들이 일컫는 '근대성modernity'의 시기로 이해하고 있다(1983; 제1장 참조).

> 사회적 상호작용은 제8장 〈사회적 상호작용과 일상 생활〉에서 보다 상세히 논의된다.

이 장은 도시의 발달 역사를 고대 도시와 현대 산업 도시로 나누어 논의를 시작한다. 이후 사람들이 현대 도시를 어떻게 경험하고, 도시의 미래를 결정하는 힘은 무엇인지 이해하는 데 도움을 주기 위해 도시와 도시 문화에 관한 주요 사회학적 이론들을 제시할 것이다. 그리고 선진국과 개발도상국 도시들의 차이를 검토하고, 환경적으로 지속 가능한 도시란 무엇인가에 대해 논의한다. 이어서 21세기 도시 거버넌스(관리)의 변화 형태에 대해 알아본다. 처음에는 도시와 도시 생활 연구자들이 사회학뿐만 아니라 인문지리학에 종사했다는 점을 주목할 필요가 있으며, 이 장은 이 두 학문의 이론과 증거들을 제시할 것이다.

현대 거대 도시의 경관 – 황량한 콘크리트 정글인가, 성취감의 절정인가?

고대 도시와 현대 도시

아테네와 로마 등과 같은 고대에도 큰 도시들이 존재했음에도 불구하고 오늘날의 도시 생활은 그 이전 시대와 큰 차이를 보인다.

초기 도시사회학자들은 현대 도시의 발전이 세상에 대한 생각과 이웃과의 교류 방식 등을 어떻게 변화시켰는가에 대해 논의했다. 이 장에서는 고대 사회의 도시부터 가장 최근의 도시에 이르기까지 도시의 발달을 검토하고자 한다.

고대 사회의 도시

세계에서 가장 먼저 나타난 도시는 기원전 3500년경 이집트의 나일강 유역, 오늘날 이라크 지역인 티그리스강과 유프라테스강 유역, 파키스탄 지역에 해당하는 인더스강 유역 등에서 찾을 수 있다. 고대 도시는 오늘날의 기준으로 볼 때 매우 작은 규모였다. 예를 들어 바빌론은 기원전 2000년경 8.3제곱킬로미터의 면적에 불과했으며, 인구도 1만 5천 명에서 2만 명 정도에 머물렀다. 현대 도시 이전 가장 큰 도시였던 로마도 인구는 30만 명에 불과했다.

대부분의 고대 도시들은 다음과 같은 공통점을 지니고 있었다. 높은 성벽은 군사적 공격을 막아 내고 시골 지역으로부터 도시 지역을 분리하기 위해 구축되었다. 중심 지역에는 종교적 사원, 왕궁, 공공용 건물과 상업용 건물, 광장 등이 자리 잡았다. 의식적, 상업적, 정치적 중심은 종종 제2의 내부 성곽으로 둘러싸여 있었으나, 소수의 주민만이 거주할 수 있는 좁은 공간이었다. 도시 내에 시장이 있었으나 중심의 주요 건물들은 항상 종교적, 정치적 목적으로 세워져 현대 도시의 상업 지구와는 큰 차이를 보인다(Sjoberg 1960, 1963; Cox 1964; Wheatley 1971).

지배 계급은 도시 중심에 가깝게 모여 사는 데 반해 피지배 계급은 도시가 공격받을 때만 도시 내부로 이동할 뿐 도시 변방 혹은 성 외곽에 모여 살았다. 함께 거주하고 일하는 사람들도 인종적으로 혹은 종교적으로 다른 공동체를 형성해 이웃을 분리했다. 때때로 이들은 성곽에 의해 둘러싸였다.

도시 거주자들 간 소통은 일정치 않았다. 인쇄술이 발달하지 않은 상황이어서 관리들은 공지사항을 알릴 때는 주로 포고 사항을 전하는 고을의 관원처럼 큰 소리로 일반인에게 알렸다. 길은 좁고 긴 채 개발되지 않았다. 몇몇 고대 문명은 도시들을 연결하는 도로를 건설했으나, 이 도로는 주로 군사적 목적으로 사용되었고 대부분의 운송 수단은 서서히 그리고 제한적으로 사용되었다. 상인과 군인만이 먼 거리를 규칙적으로 여행할 수 있었다.

고대 사회의 도시들은 과학, 예술, 국제적 문화 등의 중심지였으나 타 지역에 대한 그들의 영향은 매우 약했다. 단지 소수의 사람만이 도시에 거주했으며, 도시와 시골 지역 간의 분화가 뚜렷이 나타났다. 대부분의 사람들은 시골 지역에 거주했으며, 정부 관리 혹은 상인만이 도시에 거주했다.

산업화와 도시화

대규모 현대 도시와 이전의 도시를 비교하면 놀랍다. 산업화가 이루어진 국가에 있는 거대 도시에는 2천만 명 이상이 거주한다. 예를 들어 도쿄는 시와 교외 지역에 3천7백만 명이 거주하는 세계 최대 도시다(World Atlas 2016). 거주자와 변두리에 많은 도시를 포함하는 집합 도시 conurbation는 이보다 많은 사람으로 구성된다. 오늘날 도시 생활의 가장 극단적인 형태는 도시들의 도시인 대도시권megalopolis으로 나타낼 수 있다. 이 용어는 원래 모든 문명의 선망의 대상이 되기 위한 도시 국가를 지칭하는 고대 그리스에서 사용되어 왔으나, 오늘날에는 미국 북동부 지역의 해안가, 즉 보스턴 북부에서 워싱턴 하단부에 이르는 720킬로미터 지역 같은 곳을 일컫는 데 사용되고 있다. 이 지역에는 약 4천만 명이 제곱마일당 700명이라는 높은 인구밀도를 보이며 살고 있다.

영국은 18세기 중엽에 시작된 산업화를 가장 먼저 경험했다. 산업화 과정은 농촌에서 도시로의 인구 이동을 의미하는 도시화urbanization를 진전시켰다. 예컨대 1800년 영국에서 인구 1만 명 이상 거주하는 시의 인구는 20퍼센트 이하였으나, 1900년에 이르러서는 이 비율이 74퍼센트로 급격히 높아졌다. 수도인 런던은 1800년에 110만 명이었으나 20세기 초에 이르러 700만 명으로 급증했다. 당시 런던은 세계에서 가장 큰 도시였으며 제조업, 상업 및 금융업의 중심지로 대영 제국의 심장부 역할을 했다. 다른 유럽 국가들과 미국의 도시화는 다소 늦게 진행되었으나, 진행이 시작된 이후에는 빠르게 전개되었다.

도시화는 오늘날 세계적인 현상으로, 개발도상국에선 도시화가 놀라울 정도로 가파르게 진행되었다. 1950년엔 전 세계 인구의 30퍼센트만이 도시에 거주했으나 2000년에는 29억 명으로 47퍼센트에 달했고, 2030년에는 50억 명으로 60퍼센트에 이를 것으로 전망된다. 2007년에는 처음으로 도시 거주자가 농촌 거주자보다 많아졌다(UN 2010). 최근 도시의 성장은 대부분 개발도상국에서 이루어졌다. 2000년에서 2030년 사이 약 20억에서 40억에 이르는

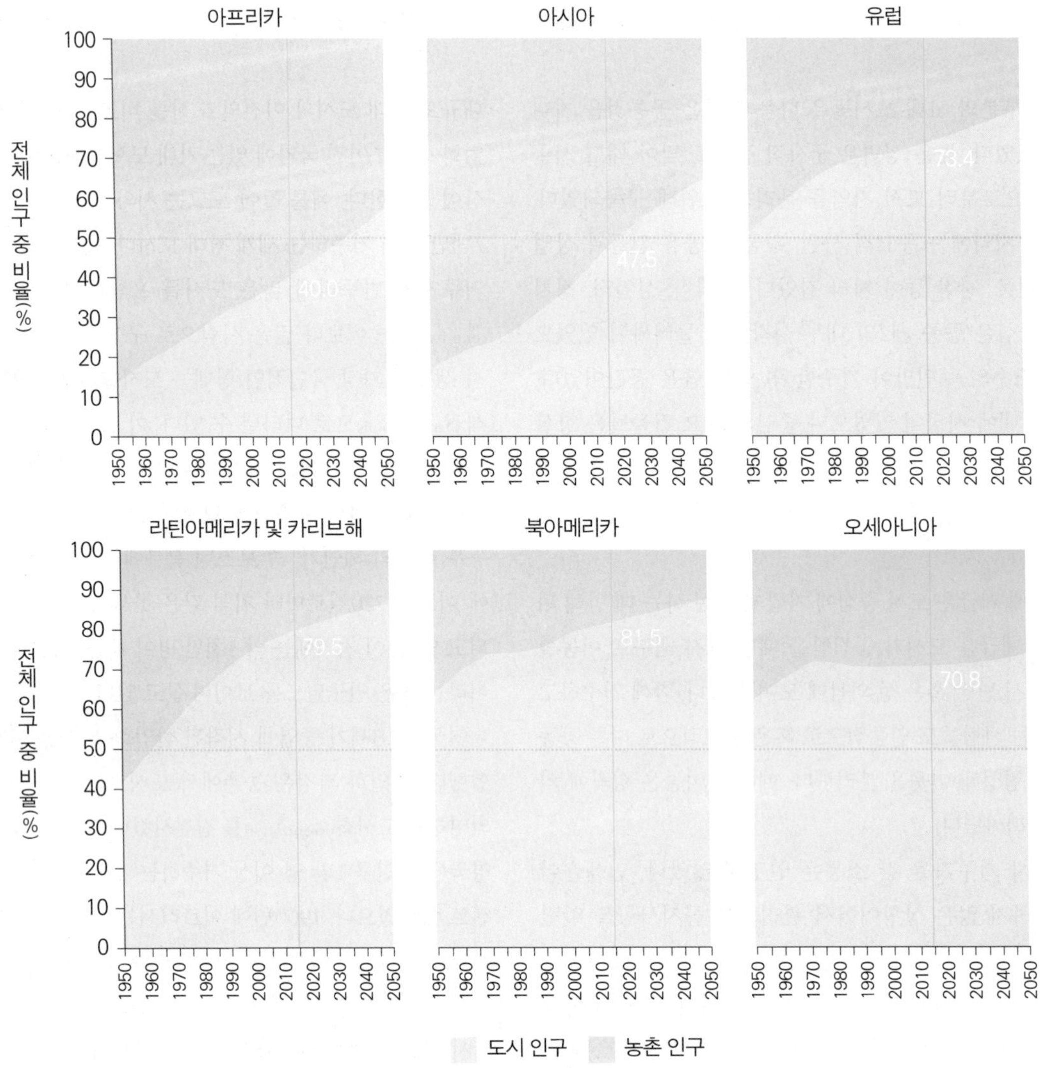

그림 6-1 지역별 도시 및 농촌 인구 비율, 1950~2050(추정치)

출처: UN ESA 2014: 8.

인구가 도시에서 증가할 것으로 예상된다. 〈그림 6-1〉이 보여 주는 바와 같이 아프리카, 아시아, 라틴아메리카 및 캐리브해 지역에서의 도시화는 급속하게 진행되었다. 이에 반해 유럽과 오세아니아 지역 등 선진국에서의 도시 인구 증가는 완만하게 진행되었다. 그럼에도 불구하고 오늘날 아프리카와 아시아 인구의 대다수는 농촌 지역에 거주하고 있다.

현대 도시의 발달

도시란 무엇인가? 일반적으로 받아들여지는 도시에 대한 특정한 정의는 없으나 대부분의 사회학자들과 인문지리학자들은 현대 산업 도시에 많은 인구, 거주지 밀집, 직업의 분화, 상설 시장, 주민들의 비인격적·합리적 성향 등의 특징을 제시한다(Abrahamson 2014: 5~6). 요약하자면 비록 현대 도시는 장벽이 없으며 도시의 특징들을 교외와 농촌 지역으로 확산시키지만 인구학적, 경제적, 사회심리적 특정 혼합물이 도시를 창조하는 것으로 볼 수 있다.

사실상 미국의 경우 160킬로미터에 이르는 거대 도시 지역은 도로, 철도 및 통신 인프라로 연결되어 있다. 이는 몇몇 학자들이 '도시'와 '교외'라는 단어가 거대 도시 생활의 일상 현실을 더 이상 포착할 수 없다고 주장하게 만들었다(Gottdiener et al. 2015: 2). 그러나 세계 도시들과 도시 지역은 다양하며 많은 도시는 미국의 도시보다 훨씬 작다.

통계학자들과 사회 연구자들은 20세기 들어서야 시와 읍을 구별하기 시작했다. 많은 인구가 거주하는 도시는 소규모 지역보다 국제적인 성격이 강하며, 도시의 확장은 국제적 인구 이동 결과에서 비롯된다. 유럽에서 가난한 농촌 생활을 하던 사람들이 미국으로 이주한 것이 좋은 예다. 농촌 마을 사람들은 일자리, 더 나은 임금, 상품과 서비스가 제공되는 도시 지역의 장점 및 매력과 함께 농촌 지역의 기회 부족 때문에 도시로 이주한다. 도시는 재정과 산업의 중심지로서 더욱더 집중되는 양상을 보이며, 몇몇 기업가들은 처음부터 새로운 도시와 도시 지역을 창조했다.

시가 점점 거대해지자 많은 사람은 불평등과 도시 빈곤이 점차 심화되는 양상에 주목했다. 도시 빈곤의 정도와 도시 근린 사이에 존재하는 커다란 상이성은 도시 생활에 대한 초기의 사회학적 분석을 재촉하는 중요한 요인으로 등장했다. 현대 도시의 발달은 관습과 행위 양식에 지대한 영향을 끼칠 뿐만 아니라 사고와 감정의 유형에도 큰 영향을 미친다.

거대한 도시 집중이 이루어진 18세기부터 도시가 사회생활에 미친 영향에 관한 견해는 매우 대조적이다. 많은 사람에게 도시는 역동성과 문화적 다양성의 원천인 '문명화된 선civilized virtue'으로 인식되었다. 이렇게 주장하는 사람들은 도시를 경제적, 문화적 발전을 위한 기회를 극대화시키고 삶에 보다 안락하고 만족감을 가져오는 수단을 제공하는 것으로 본다. 이에 반해 도시의 부정적인 측면에 주목하는 사람들은 도시를 공격적이고 서로 신뢰하지 못하는 사람들이 붐비고 매연이 가득하며 범죄, 폭력, 오염, 빈곤 등이 난무하는 곳으로 본다. 도시 생활의 실상에 대한 부분적인 특징이라는 점에서 두 견해가 공존하는 것은 가능하다.

> 환경문제에 관한 더 자세한 논의는 제5장 〈환경〉을 참조하라.

글로벌 도시들

새로운 글로벌 질서에서 도시의 역할은 사회학자의 관심을 크게 불러일으켰다(Marcuse and van Kempen 2000; Massy 2007). 세계화는 종종 국가적 수준과 글로벌 수준 사이의 이중적 개념으로 생각되어 왔으나, 세계화가 발생하는 곳이 주로 전 세계에서 가장 큰 도시 중심이라는 점에 주목해야 한다(Sassen 1998). 새로운 세계 경제의 기능은 개발된 정보 산업의 하부 구조와 이를 위한 시설의 집중을 동반한 중심적 위치에 의존하게 된다. 그러한 중심 지역에서 세계화가 진행되며 방향이 결정된다. 비즈니스, 생산, 광고, 마케팅 등은 글로벌 기준에 따라 글로벌 네트워크를 유지하고 개발하기 위한 노력이 체계적으로 이루어져야만 한다.

사센Sassen은 거대한 초국적 기업의 본사가 위치하고 금융, 기술, 자문 서비스가 풍부한 도시 중심을 언급하기 위해 글로벌 도시라는 개념을 사용했다. 『글로벌 도시 1991Global City 1991』에서 사센은 뉴욕, 런던, 도쿄를 중심으로 논의를 전개했다. 그녀는 현대 세계 경제의 발달은 주요 도시들의 전략적 역할을 창조했다고 주장한다. 이러한 도시들은 오랫동안 국제 무역의 중심지 역할을 담당해 왔지만, 오늘날에는 다음과 같은 새로운 특징을 지니고 있다.

글로벌 도시 설계 및 건설

두바이의 팜섬Palm Island은 도시 계획이 주요 글로벌 관광지가 되기 위한 것임을 보여 준다.

1960년대 후반 두바이는 걸프 지역에서 상대적으로 개발이 덜 된 지역으로, 유목민족과 어촌이 자리 잡고 있었다. 1971년에 아랍에미리트의 한 부분이 된 이후 지역을 완전히 변화시키기 위한 계획이 마련되었다. 석유 수출로 얻은 수입과 서방 은행으로부터 빌린 수십억 달러를 기반으로 두바이 지도자들은 재정, 상업 및 문화 산업 등에 기초를 둔 글로벌 도시를 창조하기 위한 구체적인 목적을 갖고 선진국으로부터 건축, 계획가, 기타 전문가들을 초빙했다.

미국, 영국, 호주, 일본 등 전 세계에서 수많은 전문가가 거대한 건축물을 건설하는 프로젝트가 시작되었다. 이는 세계에서 가장 높은 부르즈 할리파Burj Khalifa를 포함한 고층 빌딩, 세계에서 가장 규모가 큰 것 중 하나인 1천 대의 요트가 정박할 수 있는 정박지 등을 갖춘 전형적인 현대 도시의 중심을 낳았다. 초일류급 레저와 관광 명소가 추가되었으며, 그중에는 무더운 사막 기후에는 쉽지 않은 실내 눈 공원, 야자수 모양의 섬, 쇼핑센터, 골프장, 공연장, 동물원 등이 포함되어 있었다.

도시 계획이 성공적이었음은 의문의 여지가 없었다. 그러나 이 프로젝트에서 설계되고 채택된 방식이 가져온 중요한 결과는 이 지역이 표면적으로는 무슬림을 표방함에도 불구하고 서구의 영향력이 매우 강하다는 점이다. 영어는 제2외국어이며 일상적으로 사용되고 있고, 외국인 사회에 익숙한 슈퍼마켓의 물건, 기타 일상생활의 다른 측면 등도 서양적인 것이다. 에이브러햄슨은 다음과 같은 점에 주목했다(Abrahamson 2014: 205).

"두바이의 재정 분석가, 기업 매니저, 엔지니어, 건축가 등은 에미리트 힐Emirate Hills 같은 외부인 출입 제한 주택, 전원식 개발, 빌라, 아파트 등 서구인들에게 친숙한 방식으로 지내고 있다……. 그들은 여가 시간을 쇼핑센터, 해변, 골프장 등에서 보낸다. 생활의 리듬은 글로벌 도시의 리듬과 같다."

비판적으로 생각하기 THINKING CRITICALLY

제4장 〈세계화와 사회 변동〉을 참고해 세계화에 대해 논의해 보자. 두바이에 대해 조사하고 더 많은 것을 알아내자. 두바이는 강력한 세계화 과정을 나타내고 있는가, 아니면 현지화glocalization(글로벌 시장을 겨냥했으면서도 지역 문화에 적합하도록 맞춤식으로 제품이나 서비스를 만들어 내는 것—옮긴이)가 잘 실행된 것으로 간주되는가? 자신의 주장을 뒷받침하는 예를 제시해 보자.

1. 이 도시들은 글로벌 경제를 위한 방향 제시와 정책 수립의 중심, 즉 사령부를 발전시켰다.
2. 이 도시들은 경제 개발에 중요한 영향을 미치는 금융 및 전문화된 서비스 기업들을 위한 중요한 장소가 된다.
3. 이 도시들은 새롭게 확장되고 있는 산업에서 생산과 혁신의 주요 거점이 된다.
4. 이 도시들은 금융 및 서비스 산업이 생산하는 상품을 사고파는 시장이 된다.

사센의 설명 이후 뉴욕과 런던은 도쿄, 싱가포르, 베이징, 파리 등과 같은 주요 도시들과 비교해 탁월한 중심 지역이 되고 있다. 확실히 도시들은 서로 상이한 역사를 지니고 있지만, 최근 발전에서 어떤 변화가 있었는가에 대한 비교는 가능하다. 오늘날 고도로 확산되어 있는 세계 경제 안에서 이런 주요 도시들은 조정자 역할을 담당해 왔다. 그러나 글로벌 도시들은 조정자 이상의 역할을 수행하며, 특히 이 도시들은 생산의 장이 된다. 여기서 중요한 것은 물질적 상품의 생산이 아니라 전 세계에 흩어져 있는 사무실과 공장을 관리하는 데 필요한 전문화된 서비스와 금융시장 및 금융 혁신의 생산이다. 서비스와 금융 상품은 글로벌 도시가 만들어 내는 것들이다.

글로벌 도시의 중심 지역은 생산자들이 긴밀한 협조 속에서 일하는 장소를 제공하며, 경우에 따라서는 개인적 교류의 장이 되기도 한다. 글로벌 도시에서 지방 기업들은 국가기관은 물론 외국 기업들을 포함하는 다국적 조직들과 접촉할 기회를 가질 수 있다. 사실상 뉴욕에는 350개의 외국계 은행과 2천5백 개의 외국계 금융 기업이 자리 잡고 있으며, 은행원 4명 중 1명은 외국계 은행에서 일하고 있다. 글로벌 도시들은 서로 경쟁하기도 하지만 그들이 속한 국가로부터 부분적으로 분리되어 상호 의존적인 체계를 구축해 나가는 데 노력을 아끼지 않는다.

다른 학자들은 세계화가 진행됨에 따라 많은 도시들이 글로벌 도시 지위와 연계되는 점에 주목했다. 마누엘 카스텔스Manuel Castells는 홍콩, 싱가포르, 시카고, 프랑크푸르트, 로스앤젤레스, 밀라노, 취리히, 오사카 등이 비즈니스와 금융 서비스를 위한 중요한 글로벌 중심지 역할을 담당하며 세계 도시들의 위계를 세웠다고 주장한다(1996: ch.6). 이에 덧붙여 각각의 지역적 중심들이 글로벌 경제 안에서 중요한 지점으로 개발되고 있다고 말한다. 예컨대 마드리드, 상파울루, 모스크바, 서울, 자카르타, 부에노스아이레스 등이 이른바 이머징 마켓emerging market(금융시장, 특히 자본시장 부문에서 새롭게 급부상하는 시장을 말한다—옮긴이)에서 중요한 거점이 되고 있다.

도시성에 관한 이론

도시란 상대적으로 규모가 큰 거주 형태라고 볼 수 있다. 도시 안에서는 매우 광범위한 행위들이 이루어지며, 이러한 행위들은 시골 지역과 연계된 권력을 행사하는 중심을 이룬다. 이러한 정의는 비록 거대한 중심에 있는 권력이 결여된 소규모 도시에는 적용되기 어렵지만 앞에서 살펴본 런던, 뉴욕, 상하이 등에는 적용시킬 수 있을 것이다. 만약 도시화urbanization가 대도시로 변화하는 과정을 의미한다면, 도시성urbanism은 현대 도시를 특징짓는 라이프스타일과 성격 등에 대해 언급하는 것을 의미한다.

이와 함께 도시와 농촌을 대조하는 것은 그 기준이 명확하지도 않고 고정된 것이 아니라는 점을 인식하는 것이 중요하다. 왜냐하면 사람들의 정착 과정은 역동적이고 끊임없이 움직이는 특징이 있기 때문이다. 어떤 학자들은 도시를 시대착오적인 것으로 만드는 움직임에 대해 공간적으로 열려 있다고 본다(Amin and Thrift 2002). 사실상 '이동성'에 대한 현대 이론 이전에 벅민스터 풀러Buckminster Fuller는 '사람을 불안하게 하는 것unsettlement'은 현대 생활에서 이동성의 특성을 정확하게 묘사하는 것이라고 생각했다.

> 사회적 유동성의 개념은 제16장 〈인종, 종족, 이주〉를 참조하라.

공동체와 도시의 특징

우리는 이 장에서 도시에 관해 상이한 방법으로 정의를 내리고 사고할 것이다. 도시 이론에 대한 평가를 유용하게 하는 방법은 도시 경험에 대해 초점을 '4개의 C'에 맞추는 것이다. 창조된 환경, 믿음 체계, 문화 생산 등의 문화culture, 공적 및 사적 재화와 서비스의 소비consumption, 자원과 개발을 둘러싼 갈등conflict, 사회생활과 인구로 구성되는 공동체community 등이 그것이다(Parker 2003: 4~5). 다음의 논의에서 볼 수 있듯이 도시 이론은 대부분 그러한 측면 중 하나에 초점을 맞춘다. 비록 이 책에서 4개의 C를 모두 다루지 않더라도 독자들은 어느 이론이 4개의 측면을 가장 만족스럽게 다루는지 고려해야만 한다.

독일 사회학자 페르디난트 퇴니에스Ferdinand Tönnies는 특히 도시화가 사회적 유대와 연대성에 미치는 영향에 관심을 가졌다. 그는 소위 공동 사회Gemeinschaft 혹은 공동체적 유대의 점진적인 상실을 안타깝게 지켜보았다. 그는 공동 사회를 전통적이고 끈끈한 유대감, 이웃과 친구 사이의 개인적이고 지속적인 관계, 그리고 개인의 의무와 참여 등의 특성을 지닌 것으로 이해했다(2001 [1997]).

이에 반해 이익사회Gesellschaft 혹은 연합적 유대는 공동체적 유대를 급격하게 대체하는 것으로, 상대적으로 비인격적, 단기적, 일시적, 도구적 성격이 강하다. 비록 모든 사회는 두 가지 형태의 사회적 유대를 모두 지니고 있지만 산업화와 도시화의 진행과 함께 사회적 유대의 균형은 공동 사회에서보다 개인적인 사회, 즉 이익사회로 변화한다. 이러한 사회에서는 관계가 특별한 상황과 목적에 맞춰 특수하게 변하는 경향이 강하다. 예를 들어 도시에서 버스를 탈 경우 운전사와의 상호작용은 문에서 요금을 지불할 때와 목적지에 도착했을 때 짧게 이루어지는 순간으로 한정되어 비인격적 교환으로 볼 수 있다. 이와 같이 낯선 사람들과의 도구적 교환은 보다 일상화되고 있으며 아무런 논평 없이 정상적인 것으로 여겨진다. 이러한 우려에도 불구하고 퇴니에스는 급속한 도시화가 이익사회로 거침없이 이끌고 있다는 점을 알았다.

도시에 대한 초기 사회 이론가들의 연구는 이후 도시사회학자들의 연구에 중요한 영향을 미쳤다. 예를 들어 시카고학파의 핵심 구성원인 로버트 파크Robert Park는 20세기 초 지멜의 영향을 많이 받은 사회학자다.

도시와 정신생활

연구 문제

19세기에 많은 사람들은 대규모 도시화 과정이 사회를 변화시킨다고 주장했는데 개인에게는 어떤 영향을 미치는가? 어떻게 개인의 태도와 행동을 변화시키는가? 도시에 거주한다는 것이 진정 그러한 영향을 가져오는가? 독일 현대사회학자인 게오르크 지멜Georg Simmel(1858~1918)은 어떻게 도시가 도시 거주자들의 '정신생활mental life'을 형성하는지 이론적 설명을 제공했다. 그의 저서『거대 도시와 정신생활The Metropolis and Mental Life』(1950[1930])은 퇴니에스가 언급했듯이 거대 도시의 특성을 잘 지적했다.

지멜의 설명

지멜의 연구는 도시 생활이 사람들에 의해 어떻게 경험되는지 이해하고 탐구하는 이해사회학interpretative sociology의 초기 작업으로 묘사된다. 지멜은 도시 생활이 이미지, 감정, 느낌, 행위 등을 마음에 퍼붓는 것으로 보았다. 이것은 관습적이고 천천히 움직이는 소규모 촌락 생활의 특성과 큰 대조를 보인다. 도시 생활에서는 개인들이 도시에서 부딪치는 모든 자극 혹은 행위에 반응하는 것이 가능하지 않은데, 그들은 도시 생활이 퍼붓는 것들에 어떻게 대처하는가?

지멜은 도시 거주자들이 예상하지 못한 격렬한 자극과 변화하는 이미지의 공격으로부터 무감각해짐으로써 그들 자신을 보호한다고 주장한다. 그들은 도시 생활에서 필요한 것이 무엇인지에 초점을 맞추면서 도시의 번잡스러움을 조율한다. 이러한 무감각한 태도는 비록 도시 거주자가 거대 도시의 한 부분을 이루지만 다른 사람들로부터 감정적으로 멀리 떨어지는 결과를 가져오게 된다. 모르는 사람들을 수없이 만나면 서로 감정이 없는 사이가 되고 냉정해지기도 하며, 결과적으로 인간관계는 비인격적이고 격리된 특성을 보인다. 그러나 지멜은 도시에 거주하는 사람들이 원래 무관심한 것이 아니라고 주장한다. 오히려 도시 거주자들이 밀도 높은 도시 환경으로부터의 압력에 직면해 사회적 거리social distance를 유지하고 자기 자신을 지키기 위해 그러한 생활양식을 채택한다는 것이다.

지멜은 도시 생활의 속도는 전형적인 도시의 특성을 부분적으로 설명한다는 점에 주목한다. 그러나 그는 동시에 도시란 화폐 경제가 반드시 고려되어야 하는 장소라는 점을 주장한다. 런던, 홍콩, 서울과 같은 많은 도시는 정확성, 합리적 교환, 그리고 비즈니스에서 도구적인 접근 등을 특징으로 하는 거대한 자본주의 금융의 중심이다. 이러한 특성은 사람들 사이를 감정적 연결이 거의 발붙일 곳이 없는 관계로 만들었으며, 이 결과 사람들 사이의 관계는 비용과 이익의 계산에 따라 이루어진다. 퇴니에스와 마찬가지로 지멜의 연구는 현대 도시에 거주함으로써 발생하는 문제들을 지적한 것이다.

비판적 쟁점

지멜의 연구는 다양한 반대 입장을 불러일으켰다. 우선 그의 주장은 체계적인 조사 방법보다는 개인적인 관찰과 통찰력에 근거하기 때문에 연구 결과 역시 다소 사변적인 것으로 볼 수 있다. 또한 지멜이 자신의 연구가 단지 도시 생활을 이해하기 위한 것이지 도시 생활을 책망하려는 것이 아니라고 주장하는데도 많은 비판가들은 지멜의 연구가 자본주의적 도시에 대한 편견을 나타내 전반적으로 도시 생활을 부정적인 것으로 보았다는 점을 지적한다. 물론 그의 연구는 사회 기술적 기제sociotechnological mechanism에 의해 기진맥진한 개인들이 어떻게 저항할 수 있는가에 초점을 맞추었다. 이러한 점에서 많은 비판가들은 지멜이 도시로 이주한 많은 사람이 경험하는 보다 많은 자유와 개인적 감정을 표출할 수 있음을 간과했다는 점을 지적했다.

이와 함께 지멜은 특정 도시로부터 모든 도시를 일반화한 실수를 했다는 비판이 있다. 결국 몇몇 도시만이 재정적인 중심이 되고 그러한 도시들도 지멜이 생각한 것처럼 사람들을 외롭게 만들지 않는다는 것이다. 사실 모든 도시성이 동일한 결과를 가져온다고 할 수 있겠는가?

현대적 의의

현대 도시 생활에 대한 지멜의 설명은 현대 도시성의 몇몇 중요한 특성들에 대한 사회학적 설명을 제공했다. 그의 이론적 연구는 사회적 상호작용의 특성이 보다 넓은 도시 환경에서 생기는 압력에 의해 어떻게 형성되는가를 보여 준다. 지멜에 따르면 도시란 사회적 결과를 지닌 하나의 공간적 단위가 아니라 공간적으로 형성되는 사회학적 독립체다. 이러한 생각은 이후 진행된 수많은 도시 연구에서 밝혀졌다.

또한 지멜의 영향은 현대의 사회 이론에도 중요한 영향을 미쳤다. 그는 "현대 생활의 가장 심오한 문제들은 개인이 압도적인 사회적 힘에 직면해 자신의 자율성과 개인성을 보존하고자 하는 노력에서 파생된다"고 주장한다(1950). 이러한 지멜의 시각은 최근 현대 개인주의에 관한 울리히 벡, 지그문트 바우만과 다른 현대 사회 이론가들의 시각에서 새롭게 조명되고 있다.

비판적으로 생각하기 THINKING CRITICALLY

소규모 읍이나 촌락에서는 누릴 수 없으나 도시에서는 누릴 수 있는 자유, 기회 등을 열거해 보자. 지멜이 분석한 어느 측면이 현대 도시를 이해하는 데 여전히 유효한 것으로 인지할 수 있는가?

시카고학파

1920년대부터 1940년대까지 시카고대학교에서 연구를 진행한 학자들, 특히 로버트 파크, 어니스트 버지스 Ernest Burgess, 루이스 워스Louis Wirth 등은 지난 수십 년 동안 도시사회학의 주요 이론 및 조사 분야에서 기초가 된 개념들을 발전시켰다. 시카고학파에 의해 발전된 두 가지 관련 개념들에 특히 관심을 기울일 가치가 있다. 하나는 도시 분석에 대한 생태학적 접근ecological approach이고, 또 하나는 워스에 의해 발전된 생활양식으로서의 도시성 urbanism as a way of life의 특성이다(Wirth 1938; Park 1952).

도시생태학

생태학이란 원래 자연과학에서 나온 용어로 동식물이 그들의 환경에 적응하는 것을 연구하는 학문을 말한다. 생태학은 자연환경의 문제라는 문맥에서 사용된다(제5장 〈환경〉 참조). 자연계에서 유기체들은 서로 다른 종 사이에서 균형 혹은 평형 상태가 이루어지며, 어떤 지역에 걸쳐 체계적인 방식으로 분포되는 경향이 있다. 시카고학파는 도시 거주자의 위치와 도시 근린들의 상이한 분포는 생태학적 개념과 원리의 유추에 의해 이해될 수 있다고 주장했다. 이 경우 도시란 아무렇게나 성장하는 것이 아니라 환경의 유리한 특징들에 적절히 반응하면서 성장한다. 예를 들어 현대 사회의 대도시 지역은 강기슭과 비옥한 토양 혹은 무역, 철도의 교차점 등이 위치하는 곳에서 발달하는 경향이 있다.

도시는 또한 내부적으로 분리된다. 이러한 관점에서 파크는 "도시란 특정 지역 혹은 특정 환경에서 살기에 가장 적합한 개인들을 전체 주민 집단으로부터 실수 없이 골라내는 커다란 분류 검사 기제처럼 볼 수 있다"고 밝히고 있다(1952: 79). 도시는 생물학적 생태학 과정에서 볼 수 있는 바와 같이 경쟁, 침입 및 계승 과정을 거쳐 '자연 상태의 지역'으로 정돈된다. 이웃들도 생계를 위해 노력하면서 주민들과의 적응 과정을 통해 형성된다. 이렇듯 도시는 독특한 사회적 특성을 지닌 지역으로 그려진다.

도시 성장의 초기 단계에서 산업 시설은 원자재를 구하거나 상품을 공급하기 쉬운 곳에 위치하는 경우가 많았다. 인구 역시 이러한 산업 시설을 중심으로 모이고 편의시설이 뒤따른다. 또한 토지의 가격 및 토지 소유세의 상승으로 인해 도시 거주자들은 비좁고 퇴락해 가는 값싼 주택을 제외하고는 중심 지역에서 점점 살기 어렵게 된다. 결국 도시의 중심 지역에는 사업 및 오락 시설이 몰리고, 보다 여유 있는 계층은 새롭게 형성되는 교외 지역으로 이주하게 된다.

이와 비슷하게 도시는 중심에서 외곽으로 분산되는 동심원 형태로 형성되는 것으로 볼 수 있다. 이 시각에 의하면 도시 중앙인 도심inner city 지역에는 번창하는 대규모 사업과 쇠락해 가는 주택들이 섞여 있고, 중심 지역 바로 밖에는 육체노동자들이 오랫동안 형성되어 비교적 안정적으로 거주하는 지역이 형성되며, 그 외곽에 고소득층이 거주하는 교외 지역이 형성된다. 침입과 계승 과정은 동심원 내부에서도 발생하는데, 예를 들어 소수 인종 집단들은 중심 지역의 주택 가격이 떨어짐에 따라 중심 지역으로 이사하고, 그 결과 중심 지역에 살고 있던 사람들은 그곳을 떠나 도시 내 다른 지역이나 교외로 이사한다.

이후 도시 생태학적 접근은 많은 연구자들의 연구를 통해 확장되었다. 기존 생태학자들이 희소 자원을 얻기 위한 경쟁에 중점을 두는 데 반해, 홀리Hawley는 서로 다른 도시 지역들의 상호 의존성을 강조했다(1950, 1968). 그는 집단과 직업적 역할의 전문화를 뜻하는 분화differentiation를 인간이 환경에 적응하는 중요한 방식으로 보았다. 즉 많은 사람이 서로 의존하는 집단은 중심 지역에 위치해 가장 중요한 역할을 수행한다. 예를 들어 사업자 집단은 도시에서 중요한 서비스를 제공하는 은행 및 보험 회사가 필요해 도시 중심 지역에 자리 잡게 된다. 그러나 홀리도 지적하듯이 도시에서 발달하는 구역은 공간 및 시간의 관계로부터 생겨난다. 예를 들어 사업이 우세하게 나타나는 지역은 토지 사용 형태뿐만 아니라 일상생활 내에서의 활동 리듬으로 표현된다. 일상생활에서 시간의 순서는 이웃의 서열을 반영한다.

생태학적 접근은 이론적 통찰력으로서의 중요성뿐만 아니라 다양한 경험적 연구를 촉진시키는 역할을 해왔다는 점에서 그 가치를 지니고 있다. 그러나 이러한 접근에 대해 합당한 비판이 나타났다. 특히 생태학적 접근이 인간과 동물 사회를 근거 없이 연결시키는 생물학적 유추는 사실 무근이라고 주장한다. 또한 생태학적 접근은 도시 발달을 '자연적'인 과정으로 간주하면서 인간의 의식적인 도시 설계 및 도시 계획의 중요성을 경시하는 경향이 있다는 점에서 비판받았다. 또한 파크와 버지스 그리고 그들의 동료들에 의해 발전된 공간 조직에 관한 모형들은 단지 미국의 경험에서 도출된 것으로, 미국이 아닌 지역으로 쉽게 일반화시킬 수 없다. 유럽의 많은 도시는 물론 개발도상국과 다른 나라의 도시들은 생태학적 모형을 적용하기 힘들다.

클로드 피셔Claude Fischer는 도시성이 익명성을 지닌 대중 모두를 압도한다기보다는 차라리 커다란 규모의 도시성이 실제로 다양한 하위문화를 촉진시킨다고 주장했다(1984). 그는 도시에 거주하는 사람들이 특정 관계를 발전시키기 위해 같은 배경 혹은 같은 관심을 가진 사람들과 협력할 수 있으며 종교적, 인종적, 정치적 집단 및 다른 하위문화 집단들과도 제휴할 수 있음을 지적한다. 그러나 그는 소규모 읍이나 촌락에서는 그러한 문화적 다양성이 발달하기 어렵다고 밝힌다.

대도시는 이방인들이 모여 사는 지역인 동시에 개인적인 관계를 지지하고 창조하는 특성을 지니는데, 이는 결코 역설적인 표현이 아니다. 우리는 이방인들과 마주치는 공공 영역과 가족, 친구 그리고 직장 동료들로 이루어지는 사적 영역 사이에서 이루어지는 도시 생활을 분리해야만 한다. 물론 거대 도시에 처음 가면 사람들을 만난다는 것이 어려울지도 모른다. 이에 반해 시골 지역에서는 지역 주민으로 받아들여지는 데 몇 년 걸리지만 주민과의 친근성이 주요한 관심사라는 점을 알게 된다. 이는 도시와 다른 상황이다. 에드워드 크루팻Edward Krupat은 도시 생활의 다양한 측면을 다음과 같이 묘사하고 있다(1985: 36).

> 뚜렷한 현상은 이방인들의 그 다양성 때문에 각 개인은 서로 친구가 될 잠재력을 지니고 있으며, 도시에서 이루어지는 다양한 형태의 삶과 관심으로 인해 사람들은 외곽에서 도시로 몰려든다는 점이다. 그리고 일단 도시로 몰려든 사람들은 어떤 집단에 속하고, 그 속에서 이들이 이루는 관계들도 엄청나게 증가한다. 이러한 사실들은 결과적으로 도시에서 이루어지는 실제적인 기회들이 사람들로 하여금 그들의 만족스러운 관계를 계발하고 유지하는 데 도움을 줌으로써 사람들과의 관계를 제한하는 힘을 압도하는 것처럼 보인다는 점을 지적한다.

이렇듯 현대 도시는 비인간적, 익명성의 특성이 강한 사회관계를 보일 뿐만 아니라 때로는 다양성과 친밀성을 제공하기도 한다.

생활양식으로서의 도시성

고전 연구 6-2

연구 문제

우리는 지멜에게서 도시 환경이 특별한 형태의 인성personality을 만드는 경향이 있으며, 도시의 발달은 특별한 유형을 보인다는 사실을 배웠다. 그렇다면 도시는 사회의 나머지 부문과 어떻게 관계되고 상호작용을 하는가? 도시성은 도시 경계를 넘어 어떠한 영향을 미치는가? 이러한 질문에 대해 루이스 워스Louis Wirth(1897~1952)는 도시성이라는 아이디어를 발굴했으며, 이는 도시의 어느 영역에 한정되는 것이 아니라 전체 생활양식임을 의미한다.

워스의 설명

시카고학파 연구자들이 주로 도시의 분화 양상 혹은 도시의 유형을 이해하는 데 초점을 맞춘 데 반해 워스는 도시성이 분명한 생활양식이라는 점에 관심을 가졌다. 워스는 도시성이란 단순히 도시 인구의 크기를 측정함으로써가 아니라 사회적 존재 형태로 이해되어야만 한다고 주장한다. 워스는 다음과 같은 점에 주목했다(1938: 342).

> 도시가 사회생활에 미치는 영향은 도시 인구의 비율이 나타내는 것보다 훨씬 크다. 왜냐하면 도시란 현대인들이 거주하고 일하는 장소일 뿐만 아니라 멀리 떨어져 있는 지역에 사는 사람들을 서로 엮어 주는 경제적, 정치적, 문화적 생활의 중심지 역할을 수행하기 때문이다.

도시에서는 수많은 사람이 다른 사람들의 성격을 모르면서도 서로 친밀하게 살아간다. 이 점은 전통적 촌락이나 읍에서의 상황과 대조적이다. 도시 거주자들의 빈번한 접촉은 퇴니에스가 언급했듯이 그들 자신의 관계에 만족하기보다는 잠깐 스치는 혹은 부분적인 성격이 강하다. 워스는 이러한 '2차적 접촉'을 가족과 강한 공동체적 관계로 맺어지는 '1차적 접촉'과 비교했다. 예를 들어 상점의 판매원, 은행의 사무원, 기차 승객 혹은 여행객 등과의 접촉들은 접촉 그 자체를 위한 것이 아니라 다른 목적을 위한 수단으로서 이루어진다는 것이다.

도시 지역에 거주하는 사람들은 이동성이 매우 높은 경향이 있으므로 이들 사이의 유대 관계는 상대적으로 약하다. 날마다 서로 다른 활동 및 생활을 접하는 이들의 '삶의 속도'는 농촌 지역의 경우보다 빠르게 진행된다. 그리고 도시에서는 협력보다 경쟁이 우세하게 나타난다. 물론 시카고학파의 생태학적 접근은 도시에서 사회생활의 밀도가 분명한 특성을 지닌 이웃을 형성하고, 이 중 어느 정도는 소규모 공동체의 특성을 지니고 있음을 발견했다. 예를 들어 이민자들이 모이는 지역에서는 가족들 간 전통적인 형태의 관계를 쉽게 찾아볼 수 있으며, 개인들의 만남도 1차적인 관계를 통해 이루어지고 있음을 알 수 있다. 마찬가지로 M. D. 영M. D. Young과 휴 윌멋Hugh Wilmot은 『동부 런던의 가족과 친족Family and Kinship in East London』(1957)에서 도시의 노동자 가족 사이에서 강한 유대감이 있음을 밝히고 있다.

이러한 내용을 받아들임에도 불구하고 워스는 도시 생활에 젖어들면 들수록 그와 같은 공동체적 성격이 약화될 것이라고 주장했다. 도시적인 생활양식은 친족의 유대감 및 가족관계를 약화시켜 공동체는 해체되며, 사회적 유대감의 기반이 되는 전통적인 기초는 점차 영향력이 감소한다. 물론 워스가 도시성의 혜택에만 관심을 가진 것은 아니다. 그는 현대 도시를 자유, 인내, 진보의 중심일 뿐만 아니라 필요한 교통 체계와 하부 구조가 갖추어진 교외화suburbanization 과정에서와 같이 도시성이 도시 경계를 넘어 펼쳐지는 것으로 보았다. 이러한 의미에서 현대 사회는 도시성의 힘에 의해 형성된다고 볼 수 있다.

비판적 쟁점

워스의 설명을 비판하는 이들은 도시성에 대한 워스의 생각이 제한적이라는 점을 지적했다. 우선 생태학적 접근이 공통적으로 지니는 문제와 마찬가지로 워스의 이론은 주로 미국 도시의 관찰에 기초해 이루어졌기 때문에 다른 나라의 도시성까지 일반화시키기에는 무리가 있다. 사실상 도시성이 모든 시대와 모든 장소에서 동일하게 나타나지는 않는다. 고대 도시는 현대 도시와 매우 상이하며, 오늘날 개발도상국의 도시들은 선진국의 도시들과 큰 차이를 보인다.

워스의 설명에 대한 비판은 또한 워스가 현대 도시의 비인격성impersonality 정도를 과장했다는 점에 주목한다. 친숙한 우정 관계, 친척 관계를 보여 주는 공동체들은 현대 도시 지역에서도 그가 생각했던 것보다 지속적으로 존재한다. 마틴 휴스Martin Hughes는 "워스 자신은 매우 인간적인 기초 위에서 친구와 친척들과 잘 지내면서, 다른 한편으로는 도시가 얼마나 비인격적 특성을 보이는가에 대한 사항들을 언급하는 데 익숙하다"고 밝히고 있다(Kasarda and Janowitz 1974에서 인용). 이와 비슷하게 허버트 간스Herbert Gans는 '도시 촌락민' 같은 집단들은 현대 사회에서도 흔히 볼 수 있다고 주장한다(1962). 여기서 도시 촌락민이란 보스턴 내부 지역에서 근린을 형성하고 지내는 이탈리아계 미국인들을 뜻한다. 현대 도시에 대한 워스의 묘사는 도시 생활이 공동체를 항상 파괴하기보다는 구축하는 데 기여할 수 있다는 점을 통해 확장될 필요가 있다.

현대적 의의

워스의 생각은 많은 관심을 불러일으켰다. 현대 도시에서 매일 부딪치는 접촉의 비인격성은 부정하기 어려운 일이며, 이는 현대 사회에서 이루어지는 사회생활 속에서 어느 정도는 사실로 나타난다. 워스의 이론은 도시성이 사회의 한 부분이 아니라, 광범위한 사회 체계의 속성을 표현하고 그 속성에 영향을 끼친다는 것을 인식했다는 점에 그 중요성이 있다. 이와 함께 도시화 과정이 많은 개발도상국에서 일어나고 있다는 점과 선진국에서는 이미 많은 사람들이 도시 지역에 살고 있다는 점에서 워스의 생각은 생활양식으로서의 도시성을 이해하려는 사회학자들에게 중요한 준거가 되고 있다.

도시 공간, 도시 감시와 도시 불평등

도시성에 관한 최근 이론들은 도시성을 자연스럽게 이루어지는 과정이 아니라 정치적, 경제적 변화 관계 속에서 분석되는 영역이라고 강조한다. 이러한 입장에서 진행된 도시 분석은 데이비드 하비David Harvey(1982, 1985, 2006)와 마누엘 카스텔스Manuel Castells(1983, 1991, 1997)에 의해 주도되었으며, 두 사람 모두 마르크스의 영향을 크게 받았다. 하비는 도시성을 산업자본주의의 확장에 의해 만들어진 창조된 환경created environment의 한 측면이라고 강조한다. 전통 사회에서는 도시와 농촌이 명백히 구분되었으나, 현대 사회에서는 산업의 발전으로 그러한 구분이 흐려졌다. 농업은 기계화되고, 공업 부문에서와 마찬가지로 가격 및 이윤 창출에 따라 운영되었으며, 이러한 과정은 도시와 농촌 사람들 사이에 있었던 생활양식의 차이를 감소시켰다.

하비는 현대 도시성에서 공간이 계속적으로 재구조화된다는 점을 지적한다. 이러한 재구조화 과정은 공장, 연구개발센터 등을 어디에 세울 것인가에 대한 선택, 토지 및 산업에 미치는 정부의 통제, 그리고 주택 및 토지를 사고파는 민간 투자가들의 활동 등에 의해 결정된다. 예를 들어 기업체는 이미 있는 장소와 어떤 새로운 장소에 위치할 경우의 상대적 이익을 끊임없이 저울질한다. 어떤 지역에서의 생산이 다른 지역보다 저렴해지거나 기존 생산품에서 다른 생산품으로 바뀌면 이미 있던 사무실과 공장은 문을 닫고 다른 지역에서 새로이 일을 시작한다. 따라서 많은 이윤이 보장되는 어느 한 시기에 대도시 중심에는 사무실이 꽉 들어찬 건물들로 홍수를 이룰 것이다. 그리고 일단 사무실이 세워지고 중심 지역이 재개발되는 경우, 투자가들은 추가적인 투기 목적의 건물들을 다른 지역에서 찾는다. 재정적 환경이 변하면 한 시기에 이익을 남겼던 상황이 역전되기도 한다.

이와 비슷하게 민간 주택을 구매하는 사람들의 활동 범위는 중앙 정부에 의해 정해지는 대부와 세금의 비율뿐만 아니라, 큰 사업가들이 어디에 얼마만큼의 토지를 구입하느냐에 따라 크게 영향을 받는다. 예를 들어 제2차 세계 대전 후 미국의 주요 도시에서는 광범위한 교외 지역 개발이 이루어졌다. 이 사업은 부분적으로 인종적 분리를 위한, 즉 백인들을 도시 내부 지역에서 이주시키기 위해 진행되었다. 그러나 이러한 사업은 주택 구매자와 건설업자에게 세제상 특혜를 제공하는 정부의 결정과 아울러 금융기관 역시 특수한 신용을 그들에게 주선했기 때문에 가능했다고 하비는 주장하고 있다. 이러한 사항들은 모두 도시 외곽 지역에 새로운 주택을 건설하고 구매하는 기반을 제공했으며, 동시에 자동차 같은 산업 생산에 대한 수요를 촉진시켰다.

최근 하비는 그의 불평등한 공간 발달을 북반구의 선진국과 상대적으로 가난한 남반구의 개발도상국 사이의 글로벌 불평등을 적용시켜 논의를 진행했다(2006). 1970년대와 1980년대 미국과 영국의 경우에서 볼 수 있듯이 신자유주의로의 전환은 개발도상국이 서구를 따라잡을 필요가 있다는 신화를 발가벗겨 냈다. 자본가의 이익이 영국, 스페인 등 선진국 도시 중심에 있는 주택, 사무실 및 기타 도시 프로젝트에 투자되자 중국, 멕시코 등에서 부동산 투자 붐으로 인한 급격한 도시화가 일어났다.

아직도 전체적으로 선진국은 개발도상국에 따라잡히지 않았다. 그러나 막대한 부와 권력을 소수 엘리트가 지니는 결과가 나타나고 있다. 하비는 멕시코에서는 1980년대 이래 14명의 백만장자가 출현했고, 2006년에 카를로스 슬림Carlos Slim은 전 세계 최고 부자로 등극했지만 가난한 사람들의 수입은 정체되었거나 감소했다는 사실에 주목한다(2008: 32). 이 결과 부자를 보호하기 위해 감시 체계를 높이고 공공의 공간을 사유화해 출입문을 설치하는 등 도시는 부자와 가난한 사람이 사는 지역으로 분리되었다.

물론 선진국의 많은 도시도 감시 체계와 외부인 출입 제한 주택지 등 가난한 사람과 부자가 사는 지역으로 분리되었다. 비록 선진국과 개발도상국의 도시들 사이에는 뚜렷한 차이가 있지만 신원을 확인하고 마약, 범죄, 테러리스트 등의 위험을 제거하기 위해 감시 체계를 활용하는 공통점을 보인다. 예를 들어 북반구 및 남반구의 많

시우다드 네자후알코요틀Ciudad Nezhualcóyotl은 멕시코시 대도시 지역에 속하는 소도시다. 이 지역은 20세기에 개인에게 팔렸고 불충분한 공공 서비스와 함께 제멋대로 뻗어 나가는 광역 도시권이 건설되었다. 오늘날 이 지역은 악명 높은 빈민가인 반면 멕시코시는 2009년 전 세계에서 가장 부유한 도시로 이름을 올렸다.

'석영 도시'의 사회적 불평등

사회학적으로 상상하기 6-1

글로벌 도시 안에서는 중심성과 주변성의 문제가 발생한다. 풍요와 빈곤이 함께 공존하는 것이다. 이러한 두 세계가 공존함에도 불구하고 그들 간의 실제적인 접촉은 놀라우리만큼 드물다. 마이크 데이비스Mike Davis가 로스앤젤레스에 대한 연구에서 주목했듯이(1990, 2006) 도시는 빈곤층에 대해 바위같이 단단한 '석영quartz'을 비유한 '의식적인 경화conscious hardening'를 보이는 경우가 많다. 공공의 공간은 담으로 대체되고 이웃은 전자 정보 장치로 차단되었다. 이에 반해 부유한 사람들은 길거리를 누비는 갱으로부터 자신들을 지키기 위해 사설탐정을 고용하며, 기업식 요새가 만들어진다. 데이비스는 다음과 같이 도시의 변모를 그리고 있다(1990: 232).

> 빈곤한 사람들과의 접촉을 줄이기 위해 도시 재개발은 보행자 길을 하수관으로 바꾸고 공중 공원을 집 없는 사람들을 위한 거처로 제공한다. 미국 도시는 체계적으로 바뀌고 있다. 정부가 가격을 정한 새로운 구조를 갖춘 공간과 상가가 복합된 거대한 몰mall은 도시 중심부에 위치하는 데 반해 시를 연결하는 외곽도로는 보잘것없고, 대중의 행위는 지나칠 정도로 기능적으로 구분되며, 사회활동은 사설 경찰의 응시 아래 내면화된다.

데이비스에 따르면 로스앤젤레스의 가난한 사람들에게 삶은 고달프다. 버스 정류장에 있는 긴 의자는 원통 모양으로 바뀌어서 그들이 잠을 자기엔 힘들어졌고, 공중화장실은 북아메리카 지역의 그 어느 도시보다 수가 적으며, 공원에 설치된 스프링쿨러 장치 역시 노숙자들이 공원에서 지내기 힘들게 만들었다. 경찰과 도시 계획가들은 노숙자들을 도시의 일정 지역에 수용하기 위한 계획을 세우지만 그들은 임시 거처를 마련하는 등 방랑 생활을 계속한다.

에이브러햄슨은 로스앤젤레스에서 매일 밤 대략 10만 명이 출입구, 보도 혹은 피난처 등에서 잠을 자며, 그들 중 많은 사람이 그들을 반기지 않는 도시 중심보다는 교외 외곽 지역에 머물고 있음에 주목한다(2014: 115). 그는 경찰이 그들 주위를 주시하거나 배회, 구걸 혹은 경범죄 등으로 체포하기 때문에 로스앤젤레스에서의 노숙은 효과적으로 금해지고 있다고 주장한다.

상황적인 범죄 예방과 최근에 개발된 범죄 예방 기술들에 관한 논의는 제20장 〈범죄와 일탈〉을 참조하라.

비판적으로 생각하기 THINKING CRITICALLY

데이비스의 논의는 독자가 알고 있는 도시와 어떤 측면에서 친숙한가? 만약 가난한 사람들이 도시로부터 배제된다면 그들은 미래에 어디서 살 것인가? 정부는 이러한 형태와 같은 도시의 사회적 배제 문제를 해결하기 위해 어떻게 해야 하는가?

은 도시는 금융 지역, 쇼핑 아케이드, 공항, 외부인 출입 제한 주택지 등을 방어하기 위해 컴퓨터를 장착한 CCTV 체계, 검문소, 생체 인식 체계 등을 이용하고 있다(〈사회학적으로 상상하기 6-1〉 참조).

도시에서 감시 체계를 높이는 이유는 스티븐 그레이엄Stephen Graham이 잘 보여 준다(2011). 그는 전쟁 지역에서 고안된 기술이 도시 지역에서 활용되고 있다고 주장한다. 21세기 테러리스트들이 이미 뉴욕, 런던, 마드리드, 뭄바이, 브뤼셀, 파리 등을 공격했듯이 도시는 도시 인구를 대상으로 하는 테러리스트들의 공격 목표가 되고 있다. 이에 대응하기 위해 각국 정부는 테러리스트를 색출하고 도시를 위험으로부터 구하기 위해 위성통신, 범인 프로파일링, 우편 체계의 감시, 인터넷 감시, 금융 거래 및 이동 체계 등 군사적 용도와 비슷한 감시 체계를 사용하게 되었다(Mills and Huber 2002). 동시에 '마약과의 전쟁', '범죄와의 전쟁', '테러와의 전쟁' 같은 용어의 사용은 군사적 은유가 공공 정책 분야에 채택되고 있음을 보여 준다.

> 테러리즘은 제22장 〈민족, 전쟁, 테러리즘〉을 참조하라.

그레이엄은 그러한 진행이 초기 도시성의 형태에서 갈라져 나온 일종의 '새로운 군사적 도시성new military urbanism'을 이루고 있다고 주장한다. 그의 주장에 따르면 도시들은 창조성, 자유로운 이동, 범세계적인 다양성 등으로부터 고도로 세속화된 지역으로 지속적인 탈바꿈을 하고 있다.

> 새로운 군사적 도시성은 가자 혹은 바그다드 같은 전쟁 지역의 표적 형태와 기술에 연관된 실험과 국제적 스포츠 혹은 정상회담이 열리는 곳에서 이루어지는 보안 작전 등을 특징으로 한다. 이러한 작전은 급속히 증가하는 국토 안보 시장에서 판매되는 기술들을 시험하는 역할을 한다.(Graham 2011: xvi)

이러한 환경에서 과거의 비폭력적 시위, 도시 사회운동과 반대 목소리 등의 주장은 질서와 안정을 유지하기 위한 관심 속에서 지속적으로 감시되거나 제한되고 있다.

글로벌 경제 역시 도시 안에서 확실하게 볼 수 있는 새로운 불평등의 동력을 가져오고 있다. 중심 상업 지역과 황폐화된 도시 내부 지역은 서로 밀접하게 연결되어 있다. 금융 서비스, 마케팅, 첨단 기술 등 새로운 경제의 성장 부문은 전통적인 경제 영역에서보다 훨씬 많은 이익을 거둬들인다. 매우 부유한 사람들의 봉급과 보너스가 지속적으로 증가하는 데 반해 사무실을 청소하고 보호하는 사람들의 임금은 감소한다. 이러한 과정은 도시란 단지 사회관계를 위한 장소가 아니라 그 자체로 사회집단들 사이에서 생기는 투쟁과 갈등의 산물이라는 하비의 분석을 기억하게 한다. 사센은 글로벌 경제의 최전방에 일의 '물가 안정책valorization'이 놓여 있고, 이와 반대되는 것은 숨어 있다고 주장한다(Sassen 2001).

> 박탈과 사회적 배제에 관해서는 제13장 〈빈곤, 사회적 배제, 복지〉를, 불평등에 관해서는 제14장 〈글로벌 불평등〉을 참조하라.

이익을 내는 능력에서의 차이는 시장 경제에서 예상이 가능하다. 그러나 그 크기는 주택에서 노동시장에 이르기까지 사회에 많은 부정적 영향을 가져온다. 금융 및 글로벌 서비스 분야에서 일하는 사람들은 높은 봉급을 받으며 고급 주택지에 거주한다. 이와 동시에 제조업 일자리는 사라지고 고급 주택화 과정은 식당, 호텔 및 양품점 등 저임금 일자리를 크게 늘렸다. 알맞은 가격의 주택은 고급 주택 지역에서 찾기 힘들며, 중심 상업 지역은 부동산, 개발 및 전기통신 분야에서 대규모 투자가 이루어진다. 이에 반해 주변화된 지역은 관심이 방치된다.

사회운동과 집합적 소비

카스텔스는 하비와 마찬가지로 사회의 공간적 형태는 사회 발전의 전반적인 기제와 밀접하게 연관되어 있음을 강조한다. 이는 도시를 이해하려면 공간적 형태가 창조되고 변형되는 과정을 파악해야 한다는 뜻이다. 또한 도시와 도시 근린들의 터 잡기와 건축물의 특징들은 다른 집단들 사이의 투쟁과 갈등을 표현한다. 다시 말해, 도시 환경은 보다 광범위한 사회적 세력의 상징적, 공간적 표현임을 의미한다(Tonkiss 2006). 예를 들어 이윤을 얻기 위해 세워진 고층 건물들은 기술을 통해 도시를 지배하는 화폐의 위력을 상징화하고, 점증하는 자본주의 시대의 대성당인 것이다(Castells 1983: 103).

시카고학파 사회학자들과 달리 카스텔스는 도시를 도시 지역이라는 분명한 위치로서뿐만 아니라 산업자본주의 본래의 측면인 집합적 소비collective consumption 과정들의 구성 요소로 보았다(사실상 카스텔스는 집합적 소비라는 개념을 명확히 밝히고 있지 않다는 점에서 많은 비판을 받고 있으나, 주택이나 공공시설, 오락시설 등과 같이 노동력을 재생산하는 소비 영역을 의미하고 있으며, 이러한 집합적 소비 단위로서 도시를 보고 있어 카스텔스의 도시 이론은 집합적 소비의 정치경제학이라고 불리기도 한다—옮긴이). 학교, 교통, 위락시설 등은 사람들이 현대 산업에서 생산되는 상품을 '소비'하는 방식이다. 세금 체계는 누가 어느 곳에서 주택을 구매할 수 있고 빌릴 수 있는가, 그리고 어느 지역에서 누가 주택을 짓는가에 영향을 준다. 이러한 과정들에서 건축 사업에 자본을 제공하는 거대 기업, 은행, 보험 회사 등은 막대한 힘을 지니며, 정부기관 역시 도로 및 공공주택을 건설하고 새로운 개발이 이루어질 수 없는 녹지대를 계획하는 등 도시 생활의 여러 측면에서 직접적으로 영향을 끼친다. 이와 같이 도시의 외형적 형태는 시장의 힘과 정부의 힘 양자의 산물인 것이다.

창조된 환경의 속성이 부유하고 권력을 지닌 사람들의 활동 결과로 나타나는 것만은 아니다. 카스텔스는 사회적, 경제적으로 혜택을 받지 못한 사람들이 생활 조건을 바꾸기 위해 전개하는 투쟁의 중요성을 강조한다. 도시 문제들은 주거 시설의 개선, 대기오염에 대한 저항, 공원 및 녹지대의 보호, 지역의 속성을 변화시키는 건축 개발에 대한 투쟁 등에 관심을 두는 일련의 사회운동을 자극하게 된다. 예컨대 카스텔스는 샌프란시스코에서 전개된 동성애자 운동에 대한 연구에서, 이 운동은 동성애자 조직, 클럽, 술집 등을 번창시키면서 동성애자 자신들의 문화적 가치들로 둘러싸인 주변을 재구조화하는 데 성공했으며, 특정 정치의 장에서도 유력한 위치를 차지하게 되었음을 밝히고 있다.

카스텔스는 도시가 1970년대 이래 자본주의를 재구조화시킴으로써 형성되었을 뿐만 아니라 하비가 주장하듯이 새로운 기술의 소개와 그 기술의 불균등한 분포에 기초한 새로운 '개발에 대한 정보 방식informational mode of development'이 출현함으로써 형태를 갖추었다고 주장한다(1991). 정보 기술은 조직이 목표를 달성하는 것을 보다 유연하게 하며, 특정한 지역에서 벗어날 수 있게 한다. 개발에 대한 정보 방식과 자본주의적 재구조화의 결합은 기업들이 지역을 기초로 이미 구축된 통제 기제를 회피할 수 있게 한다.

정보, 자본 및 마케팅 등의 세계적 이동은 지역에 기초한 도시, 지방 정부 및 국가의 규제 체계를 비켜간다. 이러한 상황을 카스텔스는 "사람들은 지역에 거주하는 데 반해 권력은 이동을 통해 지배한다"고 간단명료하게 말한다(1991: 349). 그러나 카스텔스는 지방 정부와 조직화된 시민 그룹이 결성하는 네트워크는 지역을 분할 통치하려는 세력에 맞서기 위해 전략적 동맹을 맺어야 한다고 주장한다. 시민의 집합적 행동만이 도시의 미래에 영향을 줄 수 있다는 주장이다.

평가

하비와 카스텔스의 견해는 많은 학자에 의해 널리 논의되어 왔으며, 이들의 연구는 도시 분석의 새로운 방향을 제시했다는 점에서 중요성을 지닌다. 생태학적 접근과 대조적으로 하비와 카스텔스는 도시 내의 자연적 혹은 내적인 공간 과정에 강조점을 두지 않고 토지와 창조된 환경이 어떻게 사회경제적 체계를 반영하는가에 중점을 둔다. 이러한 경향은 그 강조점에서 중요한 변화를 시사한다. 한편, 하비와 카스텔스의 견해와 시카고학파의 논의는 상호 보완적이다. 따라서 도시 과정에 대한 포괄적인 이해를 위해 이 둘의 입장이 통합될 가능성에 관한 논의도 있다.

물리적 환경의 재생은 지속적인 과정보다 일관성 없는 투자를 따라서 진행되는 경향이 있다. 예를 들어 1980년과 2000년 사이 도시 개발은 불황 이후 온 호황기에 붐을 맞이했으며, 이때 많은 투자가 이루어졌다(Finstein 2001). 1980년대 초기 거대 도시들은 부동산 개발업자, 공공기관 및 금융기관 등의 투자로 고무되었다. 물론 그들의 투자 성격이 동일한 것은 아니었다. 예를 들어 비록 영국과 미국의 전략은 모두 공적인 부문과 사적인 부문이 동반자적 관계에 있었으나 런던의 재개발

과정은 본질적으로 국가가 주도한 데 반해 뉴욕에서는 사적 부문의 참여가 재개발 과정을 이끌었다.

그러나 1990년대 초에 발생한 경기 불황으로 주요한 프로젝트가 실패로 돌아가는 등 개발 붐이 끝났다. 런던의 카나리 워프Canary Wharf 개발은 1993년에 파산을 맞이했고 뉴욕의 타임스퀘어 프로젝트는 1년 후 멈췄다. 그러나 20세기 말 선진국에서 불기 시작한 부동산 시장 붐은 건물 투자에 새로운 전기를 가져왔다(Fainstein 2001). 도시 공간, 토지 및 건물 등이 다른 상품과 마찬가지로 팔렸다. 도시는 다양한 그룹이 사고파는 재산을 사용하기 원하는 방식으로 형성되어 갔다. 그러나 수전 페인스타인Susan Fainstein이 보여 주듯이 도시 개발은 글로벌 경제의 힘에 의해 가능하거나 제한된다. 예를 들어 나이츠브리지Knightsbridge와 벨그라비아Belgravia 같은 런던의 부촌 지역은 '떠나기 위한 구매buy to leave'로 성장한 것으로 보인다. 이는 국제적인 투자가들이 새로운 건물을 구매한 뒤 이윤을 남겨 판매할 목적으로 빈집 상태로 두기 때문이다. 낮은 이자율과 부동산 시장의 붐은 이와 같은 부동산 투기를 가져왔으며, 유령 도시를 만든 결과로 나타났다(Norwood 2016).

도시 재생 결과 많은 긴장과 갈등이 서로 다른 지역에서 나타났으며, 이는 이웃을 구조화하는 주요한 열쇠가 되었다. 예를 들어 거대한 금융 및 상업 기업은 특수한 지역에서 지속적으로 토지 사용을 강화한다. 그렇게 할수록 토지에 대한 투기와 수익성 있는 새로운 건물의 건설 기회가 높아지기 때문이다. 그러나 기업들은 그러한 시도가 새로운 사무실을 짓기 위해 노인을 위한 거주지가 파괴되고 있다는 등 사회적, 물리적 영향에 대해서는 거의 관심을 두지 않는다.

대규모 토지 개발 기업에 의해 조장되는 도시 개발 과정은 지방 사업체 및 거주자에게 도전받는 경우가 종종 있다. 사람들은 지구 제한 구역의 확장을 위한 캠페인을 벌이거나 녹지대를 보호하기 위해 근린 집단끼리 협력을 도모하기 때문이다. 이러한 갈등이 가져올지도 모르는 결과는 희소한 자원을 둘러싸고 벌어지는 갈등과 침입과 계승이라는 자연적 과정에 뿌리를 둔 생태학적 접근이 여전히 도시 재구조화를 이해하는 데 중요한 역할을 하고 있다는 점을 보여 준다.

도시의 추이와 지속 가능한 도시

근대 이전 시기의 도시는 대부분 시골 지역으로부터 떨어진 자족적인 독립체였다. 여행은 상인, 군인 그리고 규칙적으로 먼 거리를 이동할 필요가 있는 사람들이 하는 특별한 활동이었으며, 도시들 간의 교류는 제한적이었다. 그러나 21세기에는 상황이 다르다. 세계화는 도시들을 상호 의존적으로 만들고 국경을 넘어 수평적 연계의 확산을 장려하는 등 심대한 영향을 미쳤다.

세계화와 새로운 통신기술은 도시의 종말을 이끌지도 모른다. 도시의 예전 기능들이 밀집된 도시 지역 대신 사이버 공간에서 이루어지기 때문이다. 전자화된 자금 시장과 전자 상거래는 생산자와 소비자가 도시 중심에 의존해야 할 필요성을 감소시켰고, 컴퓨터를 이용한 재택근무e-commuting는 수많은 근로자를 도시의 사무실 대신 집에서 일하는 것이 가능하게 했다. 그렇지만 아직까지 세계화는 도시의 기능을 약화시키기보다는 도시들을 글로벌 경제 안에서 주요 중심지로 변형시키고 있다. 도시 중심은 정보의 유통을 조정하고, 비즈니스 활동을 관리하고, 새로운 서비스와 기술들을 혁신하는 데 매우 중요하다.

선진 사회의 도시 추이

현대 도시는 20세기 초의 도시와 다른 환경을 보이며, 중요한 변화 과정을 엿볼 수 있다. 여기에서는 세계 대전 이후 영국과 미국의 예를 통해 서구의 도시 발달 유형을 살필 것이다. 주요 내용은 교외화의 부상, 도시 내부의 쇠퇴, 그리고 도시 재생을 위한 전략 등이 될 것이다.

교외화

도시 외곽 지역이 성장하는 교외화suburbanization는 미국의 경우 1950년대와 1960년대에 절정에 달했다. 이 시기 동안 도시 중심은 연평균 10퍼센트의 성장을 보인 데 반해 교외 지역은 48퍼센트나 성장했다. 교외로의 초기 이주는 주로 백인에 의해 이루어졌다. 학교에서 백인과 흑인이 함께 수업을 받도록 한 법안이 시행됨에 따라 도시 중심에 거주하던 백인들이 교외로 이주한 것이다. 교외 지역의 백인들만 다니는 학교에 자녀를 보내는 것은 백인들에게 매력적으로 보였다. 심지어 오늘날까지 미국의 교외에는 대체로 백인들이 거주하고 있다.

그러나 백인들이 차지하고 있던 교외 지역은 점차 소수 민족이 이주함에 따라 변화하기 시작했다. 1990년 교외 거주자의 19퍼센트를 보였던 인종적·종족적 소수 민족은 2000년 미국의 센서스 자료에 따르면 27퍼센트로 증가했다. 1950년대 교외로 탈출을 시도했던 사람들과 마찬가지로 교외로 이주하는 소수 민족들은 대부분 중산층과 전문가 집단이라는 특성을 보인다. 그들은 보다 나은 주택, 학교, 여가시설 등을 찾아 교외로 이주했다. 시카고 주택건설국 의장은 1990년대 교외로의 이동은 인종적 편견보다 사회문제를 지닌 빈곤 지역, 좋지 못한 학교, 길거리 범죄 등을 피하기 위해 이루어지는 것이라고 주장했다(De Witt 1994).

영국의 경우 런던 주변의 교외 지역은 두 차례의 세계 대전 사이 새로운 도로가 건설되고 지하철이 교외와 도시 중심을 연결하면서 성장했다. 교외로 이주한 사람들의 일부는 도시 생활이 연립 주택과 도시의 주변에 짙게 드리운 잘 정돈된 정원 등이 있는 교외 생활로 전환되는 데 대해 멸시의 시선을 보냈다. 이에 반해 존 베처먼John Betjeman(1906~1984) 같은 사람들은 교외의 특이함과 자가용 소유, 자신의 직업, 전통적 가족생활 등에 의해 연결된 생활양식과 도시의 고용 기회를 함께 누릴 수 있다는 점을 축하했다.

1970년대와 1980년대 초기에 도시 중심으로부터 교외 지역과 기숙 도시dormitory towns(도시 경계 지역에 거주하면서 도시 중심에서 일하는 사람들로 이루어진 도시)로 이주한 결과 대런던Greater London 인구는 절반으로 감소했다. 북쪽의 산업화된 소도시의 경우 이 시기 동안 제조업의 쇠퇴로 도시 중심의 인구가 크게 감소했다. 한편 이 시기 동안 케임브리지, 입스위치, 노리치, 옥스퍼드, 레스터 등 규모가 좀 더 큰 도시들은 급격하게 성장했다. 영국과 미국에서 나타난 교외로의 탈출이 최근에는 감소하고 거대 도시 인구가 다시 증가하는 추이를 보이지만, 교외화는 도시 중심의 건강성과 생동감에 중요한 의미를 지닌다.

도시 내부의 쇠퇴

1980년대 이래 대도시가 겪었던 도시 내부의 쇠퇴는 급격한 교외화의 결과다. 소득이 높은 사람들이 도시 중심으로부터 벗어나면 그들이 내왔던 세금이 또한 사라진다. 그들을 대신하는 사람들은 대부분 가난해 부유한 사람들이 내왔던 세금을 보충할 수 없다. 이러한 상황은 도시 중심의 건물 가격이 급격히 하락하고, 범죄율이 증가하며, 실업률이 높아지는 결과를 초래해 더욱 악화된다. 그 결과 복지 서비스, 학교, 건물 유지, 경찰 및 소방 시설 등에 많은 비용이 들어간다. 도시 쇠퇴의 주기는 교외가 확장되고 도시 중심의 문제가 더 심각해질수록 빨라진다.

영국의 도시 쇠퇴는 재정 위기에서 비롯되었다. 1970년대 후반 중앙 정부는 도시 중심이 쇠퇴의 길로 접어들었음에도 불구하고 지방 정부에 예산을 절감하고 지방 정부가 제공하는 서비스를 감축하라는 압력을 가했다. 이러한 상

성통합적Engendering 도시

사회학적으로 상상하기 6-2

페미니스트적 시각에서 글을 쓰는 사람들은 도시가 어떻게 젠더 불평등을 낳고 있는가에 주목하며, 이러한 불평등을 어떻게 극복할 것인가에 초점을 맞춘다. 조 빌Jo Beall은 만약 남성과 여성 사이의 사회관계가 권력에 의해 뒷받침된다면 도시는 권력과 공간의 상관관계가 무엇으로, 어디서 이루어지며, 어떻게 그리고 누구를 위해 구축되는가 등을 보여 준다는 점에 주목했다(1998). 빌은 "도시란 문자 그대로 사회가 어떻게 이루어지며 어떻게 이루어져야 하는지에 대한 생각들을 구체화시키는 곳"이라고 밝혔다.

19세기 도시의 성장은 젠더의 분리와 연결되어 있다. 공적 생활과 공간은 남성에 의해 지배되었으며, 남성은 그들이 원하는 도시 지역을 자유롭게 여행할 수 있었다. 이에 반해 여성은 대부분 공적인 장소에 나타나지 않아야 하는 것으로 여겨졌으며, 공적 장소에 나타나는 여성은 매춘 혹은 길거리를 배회하는 사람으로 간주되었다. 교외화가 진행됨에 따라 젠더 분리 현상은 더욱 뚜렷하게 나타났다. 남성들은 도시의 직장으로 일하러 가는 데 반해 여성은 집에 남아 살림을 하는 역할 분리 현상에서 비롯된 것이다. 또한 교외에서 도시 중심으로 연결되는 교통편은 제공되었으나 교외 내 교통편이 미비해 여성들이 집을 떠나 움직이기는 힘들었다(Greed 1994).

한편 엘리자베스 윌슨Elizabeth Wilson은 도시의 발달이 여성에게 불리하게 작용한 것만은 아니라고 주장한다(2002). 그녀는 페미니스트들의 주장이 도시에서 여성의 역할을 수동적인 피해자로 축소시켰다는 점을 지적한다. 그러나 사실상 도시의 발달은 비도시적인 생활양식이 제공할 수 없는 기회를 주었다. 도시에서 여성들은 서비스 산업 부문에 참여함으로써 정신노동white-collar을 하고 이후에는 본격적으로 노동시장에 진입했으며, 그들 자신의 수입을 얻게 되었다. 이와 같이 도시는 여성들에게 가정의 일과 같이 경제적 보상이 없는 상황을 피할 수 있게 했으며, 어디에도 존재하지 않았던 새로운 기회를 제공했다.

비판적으로 생각하기 THINKING CRITICALLY

시간이 지나면 도시는 여성에게 보다 친숙할 것이라는 윌슨의 생각은 옳은가? 이에 대한 증거가 될 수 있는 '엄마와 아이'를 위한 주차장 같은 예를 들어 보자. 젠더 관계와 역할이 어떻게 변화했는가에 대해 어떤 결론을 내릴 수 있는가?

황으로 인해 정부와 도시 중심의 쇠퇴를 맞이한 지방 의회는 갈등을 빚었다. 지방 의회는 이전보다 훨씬 적은 세금을 거둘 수밖에 없어, 결국 꼭 필요한 서비스에 필요한 예산마저 삭감해야 했다. 2008년 신용 위기와 그 후유증 때문에 의회는 주요한 서비스를 유지하기 위해 다시 발버둥쳐야 한다는 사실을 알았다.

2008년 글로벌 금융 위기가 보여 주었듯이 도시 쇠퇴는 글로벌 경제의 변화와 연계되어 있다. 최근 크게 성장한 싱가포르, 대만, 멕시코 등은 영국보다 값싼 노동력을 제시함으로써 제조업에 유리한 지역으로 부상했다. 이러한 상황에 대처하기 위해 이미 산업화를 달성한 일본, 독일 등은 그들의 경제 산업을 보다 높은 수준의 자본 투자와 고도로 숙련되고 교육받은 노동력을 필요로 하는 지역으로 옮겨 갔다.

『도심 지역의 내부Inside the Inner City』(1983)에서 폴 해리슨Paul Harrison은 글로벌 변화가 가장 가난한 지역인 해크니Hackney에 미친 영향을 검토했다. 제조업 일자리는 1973년에 4만 5천5백 개에서 1981년에 2만 7천4백 개로 40퍼센트 감소했다. 1970년대 중반까지 해크니의 남성 평균 실업률은 대체로 국가의 평균 수준에 달했으나 1981년에 이르러서는 17.1퍼센트로 상승했다. 이는 국가 평균보다 50퍼센트 높은 수준이다. 일터를 떠난 사람들이 증가하자 빈곤한 사람들도 늘어나 해리슨은 빈곤한 사람들의 집중이 가져온 영향을 다음과 같이 묘사한다 (1983: 23~24).

> 지방 정부는 자원과 때로는 우수한 직원을 채용하는 데 열악한 상황에 처해 있다. 우선 건강 서비스가 보잘것없다. 이는 의사들이 좋은 숙소를 구하지 못해 이곳에서 근무하기를 주저하기 때문이다. 집안 배경이 좋지 않고 학교에서 수학 능력도 낮기 때문에 교육 수준도 낮다. 이와 함께 높은 범죄율, 난폭한 행위와 가족 해체, 그리고 서로 다른 문화 공동체 간 종교 혹은 인종에 기초를 둔 갈등 등도 있다.

때때로 이런 불리한 상황들은 도시의 갈등과 도시 폭동 형태로 나타난다. 세계화, 인구 이동, 급격한 변화의 시기를 맞이해 거대 도시들은 사회 전체에 피해를 입히는 사회문제에 부딪혔다. 이 경우 폭발 직전의 긴장이 표면에 치솟고, 때로는 폭동, 약탈, 재산 파괴 등의 형태를 보이기도 한다.

예를 들어 2005년 호주 시드니에서는 5천 명이 참가한 폭동이 있었다. 크로눌라Cronulla 폭동으로 알려진 이 소요는 중동의 젊은이들을 일컫는 '이방인들outsiders'의 협박적 행위를 보도해 발생한 것으로, 항의 군중 중에는 우익 세력이 다수 포함되어 있었다. 2005년 프랑스에서는 도시에서 주거 여건이 악화됨에 따라 인종적 긴장이 발생했으며, 영국에서는 1981년, 1985년, 1995년에 각각 런던 남부 지역인 브릭스턴에서 폭동이 발생했다. 그 밖에도 1991년 일리와 카디프 지역에서, 2001년에는 올덤을 비롯해 번리, 리젯 그린, 브래드퍼드에서, 2005년에는 버밍엄에서 폭동이 발생했다.

2001년 브래드퍼드 폭동 이후 영국 정부는 인종 공동체 사이에 양극화가 깊게 자리 잡고 있다는 연구 결과 보고서를 발간했다. 또한 이 보고서는 교육 기회, 고용 형태, 종교 시설, 언어 등이 분리된 채 사람들은 일상생활의 많은 측면에서 혼합되어 있다고 주장했다(Cantle 2001). 이 보고서와 다른 연구가 보여 주듯이, 폭동은 일반적으로 폭력과 파괴의 우연한 행동인 것처럼 보이지만 지역에서 발생한 것이 방아쇠가 되어 대규모 시위로 변화하게 하는 중대한 사회경제적 문제에서 비롯된다. 이러한 근본적인 원인들을 해결하기 위한 노력은 도시 재생 프로그램의 일환이 된다.

글로벌 경제의 재구조화는 1970년대와 1980년대의 도시 내부를 악화시켰다. 2008년 글로벌 금융 위기는 문에 판자를 친 가게를 보는 일이 그리 어렵지 않듯이 도시 내부의 쇠퇴를 더욱 촉진시켰다. © David Lally

2011년 8월 런던에서 다시 일어난 폭동은 다른 도시들까지 퍼져 나갔다. 그 지역의 한 청년에게 치명적인 부상을 입힌 경찰의 총탄 발사에 항의하기 위해 평화적으로 시작된 시위는 이후 경찰에 대한 공격, 방화, 상점 약탈로 확산됐으며, 5일 동안 1만 3천~1만 5천 명이 시위에 참여했다. 이 폭동으로 5명이 사망했고, 4천 명 이상이 체포되었으며, 약 1천7백 명이 범죄 행위로 고발당했다. 법정에 세워진 사람들 중 절반 이상은 10~20세 청소년이었다.

정부위원회 보고서인 「8월의 5일5days in August」(Riots Panel 2011)는 폭동에 참여했던 사람들과 희생자들을 대상으로 인터뷰를 시행하며 자료를 수집하고 분석했다. 보고서는 토트넘에서 치명적인 총탄 발사가 시위의 도화선이었으나 폭동을 설명하는 단일 원인은 없다고 보았다. 그러나 보고서는 사회적 박탈과 폭동이 밀접하게 연관되었다고 주장했다. 예를 들어 체포되거나 법정에 선 사람들의 70퍼센트는 극빈 지역에 거주하며, 거주자들은 인터뷰에서 특히 젊은이들이 희망도 없고 모든 것을 잃고 있다는 생각을 가지고 있다고 밝혔다. 몇몇 지역에서는 검문검색에 대한 경찰의 부적절한 행동에 대해 불만을 토로하는 사람들이 많았다는 점에서 알 수 있듯이 경찰과 일반 주민의 관계가 좋지 않았다(ibid.: 12; Lewis and Newburn 2012). 이와 함께 은행의 보너스 규모, 소비자중심주의, 폭동의 근본적인 원인에 대한 개인적 책임 결여 등 도덕과 가치관의 붕괴에 대한 우려도 보고되었다.

1980년대 초기부터 시행된 도시 재생 프로젝트에도 불구하고 도시 내부에 있는 복잡한 사회문제는 많은 시민의 생활을 엉망으로 만들고 정부 및 정책 입안자들에게 중대한 문제를 남겼다.

> 다문화주의와 인종 관계에 대한 논의는 제16장 〈인종, 종족, 이주〉를 참조하라. 도시 내부의 쇠퇴로부터 발생하는 문제는 제12장 〈계층과 계급〉, 제13장 〈빈곤, 사회적 배제, 복지〉에서도 다룬다.

도시 재개발

도시 중심이 심하게 손상되는 문제를 해결하기 위해 지방 정부, 지역, 중앙 정부는 어떻게 접근해야 하는가? 급격한 교외화에 따른 녹지의 훼손을 막기 위해서는 어떻게 해야 하는가? 성공적인 도시 재개발urban renewal 정책은 다양한 측면을 고려해야 한다는 점에서 특히 도전적이다.

많은 선진국에서 주택을 좋은 상태로 회복시키거나 비즈니스에 유리한 세금 혜택 등을 제공하는 계획은 도시 중심을 회복시키는 수단으로 이용되어 왔다. 지난 수십 년 동안 이러한 계획은 도시 재생urban recycling을 위해 다양하게 추진되어 왔다. 1988년에 수립된 영국의 '도시를 위한 행동강령Action for Cities'은 국가의 간섭보다는 개인의 투자와 자유로운 시장의 힘에 초점을 맞추었다. 그러나 사업가의 반응은 예상보다 약했다. 도시들이 당면한 문제들이 해결하기 힘든 것으로 보여 계획은 빠른 결과가 나오지 않은 경우 자주 취소되었다. 도시 재개발에 대한 연구들은 개인 사업가에게 인센티브를 제공하거나 개인 사업가가 도시 재개발을 수행하리라 기대하는 것은 도시에 의해 생기는 기본적이고 사회적인 문제를 해결하는 데 효과적이지 않음을 밝히고 있다. 도시 재개발 사업이 어려워지고 지속적인 노력에 오랜 시간이 소요되면 예상하지 못한 상황이 발생하기도 한다. 1981년 런던의 브릭스턴 지역에서 발생한 폭동에 대한 「스카먼 보고서Scarman Report」(Scarman 1982)는 도시 내부의 문제를 해결하는 데 종합적인 접근이 부족하다는 점을 지적하고, 공공 예산을 투입하지 않으면 도시 내부의 문제를 획기적으로 해결하기는 매우 힘들다고 보았다(MacGregor and Pimlott 1991).

1997년 노동당 정부는 공동체를 위한 뉴딜New Deal for Communities, NDC과 이웃 재개발 기금Neighbourhood Renewal Fund을 위한 도시 재건 기금을 발표했다. 국가에서 발행하는 복권 기금은 건강, 고용 및 교육을 위해 조성되었으며, 새로운 주택을 위한 주택협회의 기금도 마련되었다. 공동체를 위한 뉴딜은 노동당 정부가 중점을 둔 도시 재개발 사업이다. 1998년에 착수된 이 사업은 2010년에 종료되었다. 대략 9천9백 명 정도가 거주했던 궁핍한 39곳의 이웃들을 대상으로 총 6천9백 개의 프로젝트가 추진되었다. 비용은 정부 예산 1천7백10억 파운드와 정부, 민간 및 자발적 부문에서 조성된 7억 3천만 파운드가 소요되었다. 이 것은 영국에서 실시된 것 중 가장 강력하고 혁신적인 사업 중 하나였다(Batty et al. 2010: 5). 10년 동안 이 사업이 설정한 목표는 교육, 건강, 실업 등 사람과 연관된 세 가지 부문과 함께 범죄, 공동체, 주택 등 지역과 연관된 세 가지 부문에 초점을 맞추면서 이 지역과 나머지 지역의 차이를 제거하는 것이었다. 과연 이 사업은 성공했는가?

최종 평가서는 이 사업이 몇몇 지역에서는 성공했다는 결론을 내렸다. 지역 주민들은 이웃들에 대해서 보다 긍정적인 생각을 갖게 되었으며, NDC 사업이 지역을 향상시켰다는 점에 만족했다. 구체적으로 범죄율, 도시 퇴락, 주택 상태, 정신 건강 등 주요한 지표들이 향상되었다. 그러나 보고서는 실업, 교육 성과, 범죄에 대한 두려움, 의사 결정에서 영향력 행사 등의 지표에서 거의 변화가 없다는 점을 밝혔다.

도시 환경을 개선시키기 위한 후속 사업도 추구되었다. 그러나 2008년 금융 위기로 인한 경기 불황으로 연립 정부의 예산이 삭감되어 이 사업이 지속될 수 있을까 하는 의문이 제기되었다. 보고서는 도시 재개발 후속 프로그램을 고려하는 것은 시기상 적절하지 않다는 점을 인정했다(Batty et al. 2010: 34). 다른 많은 도시에서도 주거 및 소매 사업은 주요 금융기관들이 대출 기준을 더 엄격하게 하고 자금을 회수하는 등 2008년 글로벌 금융 위기로 인해 막대한 영향을 받았다. 정부의 엄격한 조치와 함께 은행 대출 제한으로 사업에 대한 자신감을 잃고 많은 사업들이 진행을 멈추었다.

도시 재개발 계획의 효과에 대해서는 다음과 같은 다양한 의문이 들 수 있다. 정부 주도의 하향식 계획이 성공적으로 진행되는 데 결정적으로 작용하는 지역 주민들의 호응을 어떻게 이끌어 낼 것인가? 공공 예산이 실제로 지방의 경제를 활성화시키고 일자리를 창출하는가? 도시 재개발 계획이 한 지역의 문제를 다른 지역으로 옮겨 가는 것을 어떻게 막을 것인가?(Weaver 2001) NDC의 경험은 10년 동안의 활동과 투자 후에도 여전히 궁핍한 지역

주택 고급화는 경제의 재활성화를 이끌었지만 빈곤한 사람들을 격리하고 배제시키는 결과를 가져왔다.

은 남아 있고 다양한 도시 문제를 해결하는 데 더 많은 시간이 걸릴 것이라는 점을 보여 준다.

주택 고급화와 도시 재생

오래된 건물을 새롭게 단장하는 도시 재생은 거대 도시에서 쉽게 찾아볼 수 있다. 도시 재생은 도시 계획의 일환으로 진행되기도 하지만 일반적으로는 주택 고급화gentrification의 결과다. 주택 고급화란 노동자 거주 지역 혹은 도시 중심의 빈 공간을 중산층의 주거 및 상업 용도로 변경하는 것을 의미한다(Lees et al. 2008: xv).

『노련함: 도시에서의 인종, 계급, 변화Steetwise: Race, Class, and Change in an Urban Community』(1990)에서 미국의 고급 주택화의 영향을 분석한 일라이자 앤더슨Elijah Anderson은 도시 재생이 일반적으로 주택의 가치를 높이지만 저소득층의 생활수준을 향상시키는 경우는 드물며, 결국에는 그 지역을 떠나야 하는 경우가 종종 발생한다고 주장한다. 예를 들어 도시 재생이 이루어진 필라델피아의 경우 흑인 1천 명이 이주했다. 이들은 처음엔 자신의 재산이 값싼 주택을 구입하는 데 사용될 수 있으리라고 믿었으나 실제로는 거대 기업과 고등학교가 그 자리를 차지하고 있다고 불만을 토로했다.

도시 재생 후 같은 지역에 남은 가난한 사람들은 보다 나은 학교와 경찰 시설 등의 혜택을 누릴 수 있으나, 곧 세금과 임대료가 증가함에 따라 결국 형편에 맞는 지역으로 이주하는 경우가 많으며, 사회적 배제가 심한 경우도 종종 있다. 앤더슨과 인터뷰한 흑인 거주자들은 가난한 사람들을 떠나게 한 여피족의 유입에 분노했다. 이에 반해 도시 재생 지역으로 이주해 온 백인들은 저렴한 오래된 집, 도시에 근거를 둔 직장, 세련된 도시의 생활양식 등을 추구한다. 이들은 인종적, 민족적 차이에 대해 열린 마음을 지니고 있음을 밝히지만 이들과 이전에 거주했던 원주민들의 교류는 이들이 모두 같은 계급에 속하지 않는 한 거의 일어나지 않는다. 흑인 중산층 일부는 이 지역에 거주하지만 여유가 있는 경우에는 백인으로부터 인종차별을 염려해 교외로 떠난다. 이 지역은 시간이 지남에 따라 이웃들이 대부분 백인 중산층으로 구성된다.

주택 고급화 이면에는 인구학적 원인이 있다. 젊은 전문인은 결혼을 늦게 하고 자녀를 늦게 가지려고 한다. 그 결과 개인과 부부들만 있는 가정을 위한 주택이 더 많이 필요하다. 젊은이들은 가족 형성을 뒤로 미루고, 그들의 일은 도시 내부에 있는 사무실에서 장시간 이루어지기 때문에 교외에서 생활하는 것을 불편하게 여긴다(Urban Task Force 1999). 여유롭고 자식이 없는 부부들은 도시 재생 지역에 위치한 주택을 구입할 수 있고 양질의 문화, 음식 및 오락 등을 누릴 수 있다. 자식이 떠난 나이 든 부부들도 이와 비슷한 이유로 도시 안으로 돌아오고 싶은 유혹을 느낄지도 모른다.

런던의 도클랜즈Docklands는 도시 재생의 예로 주목할 만하다. 런던 동부에 위치한 도클랜즈는 부두가 폐쇄되어 경제 기능을 잃은 템스강과 인접한 22제곱킬로미터를 차지한다. 이 지역은 런던시의 금융 지역과 가난한 노동자들이 거주하는 곳에서 가깝다. 도클랜즈에 살고 있는 사람들은 가난한 거주자들의 이익을 보호해 주는 프로젝트에 의한 재개발을 선호했다. 그러나 1981년에 도클랜즈 개발 회사가 설립되면서, 이 지역은 개인 사업체의 도시 재생을 촉진하기 위한 보수당 정부의 전략적 핵심이 되었다. '재생regeneration'이라는 용어는 유익하다. 연구자들은 많은 정부들이 앞에 언급한 프로젝트를 위해 주택 고급화라는 용어의 사용을 피한다는 점을 지적한다. 예를 들어 1970년대 미국의 경우 '도시 거주 장려 정책homesteading'이라는 용어가 채택된 데 반해 영국과 그 밖의 국가에서는 주택 고급화에 내포된 부정적 의미를 감추기 위해 '부흥renaissance', '활성화revitalization' 혹은 '개조renewal' 등을 선호했다(Lee et al: xxi).

주택 고급화에 관해 도클랜즈 거주자들을 포함해 450명을 대상으로 인터뷰를 진행한 최근의 경험적 연구는 런던 내부는 비록 중산층이 소수로 남았지만 '중산층 도시middle class city'가 되었다고 밝혔다(Butler with

Robson 2003). 오늘날 도시 계획에 대한 규제 완화 조치로 도클랜즈는 현대적이고 디자인이 대담한 건물로 둘러싸이고 있다. 창고는 호화스러운 아파트로 바뀌었고 새로운 길들이 그 주위에 만들어졌다. 그렇지만 번쩍거리는 것들 가운데 황폐한 건물과 텅 빈 불모지가 여전히 남아 있다.

이 연구는 도클랜즈의 중산층 거주자들이 분명히 도시에서 살고 있었으나 예전과 다른 성격을 보인다는 점을 밝혔다. 즉 도클랜즈와 연구에 포함되어 있던 다른 런던 지역에서 주택 고급화 지역은 더 광범위한 도시 사회에 통합되어 있지 않았다. 그리고 비록 미국과 영국 사이에 많은 차이가 있다 하더라도 이 연구 결과는 주택 고급화 과정이 광범위하게 동일한 사회적 결과를 가져온다는 점을 제시했다.

예를 들어 비록 런던이 세계에서 가장 다양한 인종이 사는 도시의 성격이 강한 곳이지만 고급 주택 지역에선 중산층이 옹기종기 모여 살고, 본질적으로는 백인이 거주하는 지역이 된다. 그들의 자녀들은 대부분 그들의 부모처럼 그들과 같은 친구를 가지고 있다. 크게 놀라운 사실은 아니지만 이는 미래에 우려되는 징후다(Butler with Robson 2003: 2). 영국에서 가장 주택 공급이 부족한 지역에 거주하는 사람들이 최근 수십 년 동안 이루어진 물리적인 재건축 공사에서 얻은 혜택이 없다고 느끼는 것은 이상한 일이 아니다.

현대 도시는 리처드 세넷Richard Sennett이 묘사한 대로 '인정 있는 도시humane city'처럼 보인다(1993). 그는 도시의 거대하고 인간미 없는 건물들이 사람들을 서로 떨어져 내부로 이끌었다고 주장한다. 그러나 도시는 사람들을 다양한 문화와 생활양식을 경험할 수 있는 외부로 이끌 수도 있다. 예를 들어 인간이 중심이 되고 우아한 디자인으로 다양성을 보여 주는 이탈리아의 많은 도시와 같이 오래된 도시에서는 영감inspiration을 발견할 수 있다. 세넷은 도시들이 영혼과 인간미가 없는 곳이어야만 하는 것은 아니라고 말한다.

개발도상국의 도시화

전 세계 도시 인구는 2030년에 이르면 50억 명에 이를 것으로 예측된다. 유엔은 이 중 40억 명이 개발도상국에 거주할 것으로 예상한다. 도시의 수는 지속적으로 증가하고 있다. 대도시 거주자는 1990년 이래 3배 증가했으며 글로벌 도시 인구의 12퍼센트를 차지하고 있다. 〈그림 6-2〉가 보여 주듯이 유엔은 이러한 형태가 미래에도 지속될 것으로 예상한다. 대부분의 거대 도시는 지구의 남쪽에 위치하고 있다. 현재 중국에 6개, 라틴아메리카에 4개 있으며, 인도에는 2030년경 7개, 아프리카에는 카이로, 킨샤사, 다르에스살람, 루안다 등 6개의 거대 도시가 생길 것으로 예측된다.

카스텔스는 거대 도시를 제3의 밀레니엄 도시화의 가장 중요한 양상 중 하나로 보았다(1996). 그러한 거대 도시는 도시의 크기만으로 정의되는 것이 아니라 거대한 인구와 세계적인 경제를 연결하는 접점으로서의 역할로 정의된다. 거대 도시는 정치, 미디어, 통신, 재정, 생산의 흐름을 통해 강하게 집중화되는 양상을 보인다. 카스텔스에 따르면 거대 도시는 국가 혹은 지역을 위한 자석으로 기능한다. 세계 경제에서 교점으로서의 역할뿐만 아니라 거대 도시는 생존하기 위해 싸우는 사람들의 다양한 부문들을 담는 보관소 역할을 수행한다. 예를 들어 인도의 뭄바이는 고용과 재정의 중심지일 뿐만 아니라 인도의 영화산업을 이끄는 발리우드Bollywood(인도의 영화 산업을 일컫는 말로, 지금은 뭄바이로 불리지만 이전에는 봄베이로 불렸던 도시를 중심으로 진행되는 데서 생긴 이름 – 옮긴이)의 중심이 되고 있다. 이러한 도시는 카스텔스가 언급했던 자석적 매력 같은 것을 지닌 번창하고 확장하는 특성을 지니고 있다(〈세계 사회 6-2〉 참조).

역사상 가장 거대한 도시 거주 지역의 하나는 홍콩에서 중국 본토, 주장강 삼각주 지역과 마카오에 이르는 5만 제곱킬로미터 지역에서 형성되고 있다. 비록 이 지역은 공식적인 명칭이나 행정 구조를 지니고 있지는 않으나 1995년 현재 이미 5천만의 인구가 거주하는 거대 도시의

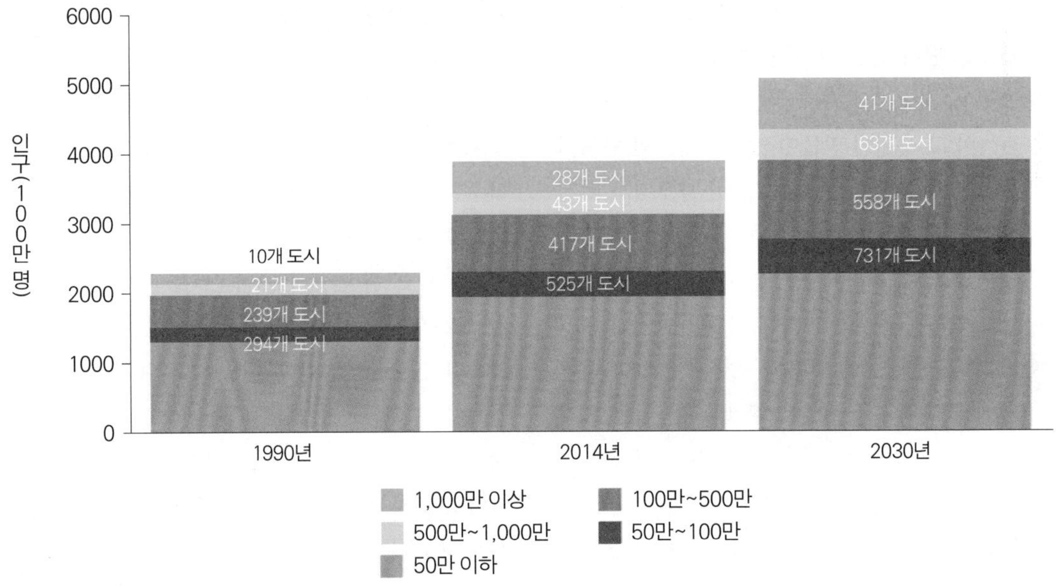

그림 6-2 도시 규모에 따른 글로벌 도시 인구 1990, 2014, 2030(추정치)

출처: UN ESA 2014: 13.

면모를 갖추고 있다. 카스텔스는 이 지역이 앞으로 가장 중요한 산업, 비즈니스 및 문화의 중심지가 될 것이라고 예견한다.

카스텔스는 이와 같은 거대 광역 도시권conurbation의 탄생을 설명하는 데 도움을 주는 요인들로 다음과 같은 점을 들었다. 첫째, 중국은 경제 변환을 겪고 있고, 홍콩은 중국을 글로벌 경제에 연계시키는 가장 중요한 분기점이다. 둘째, 1980년대에서 1990년대 중반 사이 홍콩의 기업가들은 주장강 삼각주 지역 내에서 드라마틱한 산업화 과정에 착수했다. 1990년대 중반 600만 명 이상의 사람들이 2만 개의 공장과 1천 개의 사업체에 고용되었다. 셋째, 글로벌 경제와 금융 중심지로서 홍콩의 역할이 증가하고 있으며, 경제의 토대가 제조업에서 서비스로 옮겨 가고 있다. 이 결과 '전례 없는 도시 폭발'이 일어난 것이다(Castells 1996).

그렇다면 왜 개발도상국의 도시화 수준이 여타 지역보다 높은가? 개발도상국의 인구 성장 비율이 산업화된 국가들보다 높다는 점을 들 수 있다. 사실상 도시 성장은 도시에 이미 거주하고 있는 사람들의 높은 출산률에서 비롯된다. 둘째, 홍콩이나 광둥의 거대 도시에서 볼 수 있듯이 도시 성장은 농촌 지역에서 도시 지역으로의 광범위한 이동에서 비롯된다. 농촌을 떠나 도시로 이동하는 이유는 농촌의 생산 체계가 덜 발달해 있거나 도시 지역이 보다 나은 취업 기회를 제공한다는 점에서 찾을 수 있다. 농촌에서의 빈곤은 많은 사람들을 도시로 향하게 했으며, 농촌을 떠날 때 그들은 짧은 시간 안에 돈을 벌어 다시 돌아간다는 계획을 세우는 것이 일반적이다. 그러나 대부분은 고향으로 돌아가더라도 마땅히 할 일이 없어 도시에 그냥 눌러앉는 경우가 많다.

> 인구 성장의 생태학적 결과에 대한 논의는 제5장 〈환경〉을 참조하라.

개발도상국에서 도시화를 위한 도전

많은 비숙련 노동자들과 농민들이 도시의 중심 지역

개발도상국의 거대 도시 뭄바이

영국으로부터 독립한 1947년 당시 인도는 상대적으로 가난한 저개발 국가였다. 독립 이래 인도는 급격한 변화를 겪었다. 그러나 인도에서 뭄바이와 같은 변화를 겪은 지역은 찾기 힘들다. 뭄바이는 현재 1천2백만 명이 살고 있으며, 도시 외곽 지역까지 합할 경우 2천1백만 명이 거주하는 거대 도시다. 전 세계 다른 거대 도시와 마찬가지로 뭄바이는 부유층과 빈곤층이 극단적인 대조를 보인다.

다음에 소개할 글은 2007년 인도 독립 60주년을 맞이해 BBC 뉴스가 뭄바이의 현재와 미래를 그린 것이다.

충분치 않음

인도의 재정적 중심이자 인도 경제 발전의 상징인 뭄바이에서는 가장 최근에 유행하는 향수에서부터 옷을 선전하는 광고를 쉽게 볼 수 있다. 오늘날의 인도는 생동감 넘치고, 자신감과 열망이 충만하다.

리시 라자니Rishi Rajani를 예로 들어 보자. 서른 살 정도 된 그는 뭄바이와 덴마크에 근거를 둔 의류업계 거물로 멋진 생활을 사랑하는 자칭 일벌레다. 그는 최근 검은색 포르셰 자동차를 뭄바이의 전시장에서 구입했다. 화폐 자본이 중요한 인도에서는 이렇게 부를 과시하는 것이 유행이다. 라자니는 값진 물건을 소유하고 싶은 꿈을 지녀 왔으며, 이제 그 꿈이 실제로 이루어지고 있다.

그는 "나는 돈 벌기 위해 열심히 일한다. 내가 필요로 하는 것은 보상이다. 이것은 나에 대한 보상이다. 그러나 이것으로 충분치 않다. 나의 다음 목표는? 나는 내가 이룰 수 있는 것을 알고 있으며, 그것을 위해 이미 준비하고 있다"고 말한다.

빠른 도시

물건에 대한 그의 꿈은 이루어졌다. 빠른 생활, 빠른 도시인 뭄바이에서 돈은 쉽게 소비될 수 없으며 빨리 벌어들일 수도 없다. 그리고 수백만 명에 이르는 이주민들을 단 하루에 도시로 이끄는 일은 꿈에 지나지 않는다. 그들은 뭄바이에서 갑부가 되었다는 전설적인 이야기를 듣고 뭄바이에 왔다. 그들은 가족과 친지 및 친구들을 남겨 둔 채 기차를 타고 수천 킬로미터나 되는 먼 거리를 옮겨 왔다. 이들 앞에는 수많은 슬럼가와 일거리를 위해 싸우는 사람들이 기다리고 있다. 도시를 정복하고자 온 그들은 오히려 도시의 현실에 휩싸인다.

불안정한 일자리

사운지 케사르와디Saunji Kesarwadi는 아시아에서 가장 큰 슬럼 지역인 다라비Dharavi의 협소한 집에 거주하며, 짐 나르는 일을 하고 있다. 그는 포터 일로 다락방에 거주하는 가족 6명을 부양하고 있다. 그는 혹시 재개발로 거처를 잃지 않을까 노심초사하고 있다. "개발업자가 다녀갔다는 소문을 들었다"고 말하며 케사르와디는 두 딸을 바라본다. 그는 개발이 진행되면 살 수 있는 거처를 준다고 하지만 그동안 어디로 갈 것인지 고민한다. 이곳이 바로 삶의 터전이기 때문이다. 만약 큰 도시에서의 생활이 기대에 미치지 못한다면 시골에서 새로운 기회를 모색하고 싶은 생각도 있다.

농촌에서의 선택

인도의 기술 중심지인 방갈로르에서 300킬로미터 떨어진 지역에 벨라리Bellary라는 산업 도시가 탄생했다. 이 지역에 도착하면 몇 킬로미터에 이르는 농지를 쉽게 볼 수 있다. 그러나 이 지역의 내면에서는 극적인 변화가 일어나고 있다.

벨라리는 인도 제철 회사 JSW제철이 운영하는 인도 최초의 농촌 센터 중 하나다. 이 조직은 벨라리 인근 지역에 거주하는 젊은 여성들을 고용해 두 개의 조그마한 작업을 시작했다. 이곳에서 소녀들은 미국 환자의 치과기록을 상세히 기록하는 일을 한다. 이들은 최근에 배운 언어로 이전에는 듣지도 보지도 못했던 기계들을 사용해 기입한다.

스무 살의 암마Amma는 고등학교 졸업장을 가지고 있다. 그녀는 이 일을 해서 한 달에 약 80달러를 번다. 이 금액은 그녀 또래가 뭄바이에서 가정 도우미 일을 하면서 버는 것과 비슷하다. 그녀는 매일 아침 7시까지 직장에 도착해야 하기 때문에 회사에서 제공하는 버스를 타기 위해 새벽 5시에 일어난다. 일은 오후 3시에 끝난다. 암마는 이야기한다. "처음에는 이 일을 시작했을 때 부모님은 회의적이었어요. 특히 여성이 일하러 나가는 것이 드물었기 때문이죠." 그러나 그녀는 경제적으로 사회적으로 향상된 생활을 할 수 있다는 점을 고맙게 생각한다. 그녀의 아버지는 그녀가 버는 것보다 조금 더 번다. 그녀는 가족의 살림살이에 도움을 주고 있다는 점을 자랑스럽게 생각한다.

성장이 주는 약속

암마가 사는 농촌에서 그녀는 친구들 사이에서 하나의 역할 모델이 되었다. 암마는 매일 저녁 농촌의 사원에서 행해지는 기도에 침잠해 하루 일과를 뒤돌아보며, 그녀의 운명을 위해 고대 힌두신에게 기도한다. 그녀는 수백만 명이 뒤엉켜 있는 인도의 도시에서 살기 위해 몸부림치는 대신 농촌에서 직장을 잡은 매우 운 좋은 경우다. 인도 경제의 성장은 뭄바이와 델리를 벗어나 전 농촌 지역으로 확산되어야 한다. 그렇게 될 때 비로소 농촌에 머무르게 되고, 독립이라는 약속이 이루어질 것이다.

출처: Vaswani 2007.

비판적으로 생각하기 THINKING CRITICALLY

뭄바이와 로스앤젤레스, 런던, 도쿄, 뉴욕 등은 유사한 점이 있는가? 중요한 차이는 무엇인가? 세계적인 자본주의 경제에서 인도의 현재 위상은 뭄바이가 '부의 차이를 마감'하는 것을 방해할 것인가?

개발도상국의 많은 도시에는 빈부의 극단이 존재한다.

수 및 기타 오염 물질을 다량으로 배출하고, 이들이 결국에는 쓰레기 더미, 대기 및 해양으로 나가게 하면서 에너지, 물, 산소 등을 마구 먹는 거대한 짐승처럼 보인다. 미국의 생태학자 유진 오덤Eugene Odum은 도시를 기생충parasite으로 묘사했다(1989). 도시에는 먹을 것이 없고, 깨끗한 공기가 없으며, 재사용할 수 있는 물이 거의 없다는 이유에서다. 짐승 혹은 기생충 같은 도시가 많지 않다는 것은 다행이다. 그러나 지속적으로 진행된 도시화는 장기적으로 볼 때 대처할 수 있는 한계를 넘는다는 것을 의미한다. 골드스미스는 해결책으로 도시의 탈산업화와 탈중심화를 제시한다. 그러나 현재 지구상의 인구 규모로 볼 때 그것이 현실적으로 가능한가?

다음과 같은 이유에서 가능하지 않을 것으로 보인다. 첫째, 아마도 지방으로 향하는 대규모 인구 이동은 보다 많은 환경 피해를 가져온다는 것을 의미한다. 이동하는 사람들과 함께 동반되는 오염이 새로운 지역으로 확산되기 때문이다(Lewis 1994). 둘째, 도시의 하부 구조는 농촌의 소규모 마을보다 실질적으로 자연환경에 피해를 덜 준다. 예를 들어 도시에서 대중교통을 이용하면 농촌에서 개인 승용차를 이용하는 경우보다 오염 배출이 낮다. 사실상 도시의 조밀한 인구는 대중교통이 보다 효율적이고 오염 발생을 줄일 수 있게 만들었다(Banister 1992). 이러한 의미에서 에너지 혼란과 자연 재앙 같은 잠재적 위기에 대한 환경적 지속 가능성과 증가한 도시 회복력은 상호 보완적인 것처럼 보일 수도 있다(Pearson et al. 2014). 도시의 치밀한 계획에 따라 자전거 혹은 걷기 같은 환경친화적인 운송수단의 이용이 확산되었다. 이와 대조적으로 농촌 거주자들은 개인 승용차가 꼭 필요하다고 주장한다. 셋째, 현대 도시의 무수히 많은 주택 프로젝트와 고층 개발은 교외의 전형적인 주택 형태보다 훨씬 많은 사람들이 거주할 수 있게 만들었다.

지속 가능한 도시를 위하여

몇몇 환경론자들이 주장하듯이 기존 도시를 친환경적 혹은 지속 가능한 곳으로 변형시키고자 하는 관심이 증가하고 있다. 지속 가능한 도시는 에너지와 자원의 투입을 최소화하고 오염 물질과 쓰레기 감소를 목표로 한다. 이 개념은 자연 세계가 피해를 받지 않도록 보호하면서 도시 생활의 자유, 기회, 문화적 다양성을 유지하는 데 매력적인 전망을 제공해 결과적으로 지속 가능한 개발sustainable development을 가져오는 데 기여하고 있다(Haughton and Hunter 2003; Jenks and Jones 2009).

> 지속 가능한 개발에 대해서는 제5장 〈환경〉을 참조하라.

도시가 지속 가능하기 위해서는 물질과 상품의 유통이 일방적인 것에서 순환적인 것으로 변화해야 한다. 쓰레기를 쓰레기장에 버리거나 소각하는 대신 재활용하는 것, 사용한 물을 화장실 혹은 수경 재배에 재활용하는 것 등이 좋은 예다. 이런 식의 순환 과정은 생태학적인 피해를 줄이고 지속 가능성을 높인다(Mega 2010). 이러한 논리는 생태적 효율성에 입각해 사업을 설계하기 위해 환경 감사를 활용할 수 있는 사업과 지방 정부에 적용될 수 있다.

가구 및 소규모 공동체 수준에서 태양광 전지와 풍력 같은 재생 가능한 기술을 사용하면 이산화탄소와 공기 매개 오염 물질을 줄일 수 있다. 도시에서도 하이브리드 혹은 바이오 연료를 사용하는 교통수단으로 바꾸면 도시 환경의 질을 향상시킬 수 있다. 도시 외곽 지역을 보호하기 위해 이전에 사용된 토지의 재사용을 강화하는 것, 보행자에게 유리한 인프라를 만들기 위해 도시 공간을 재설계하는 것, 개인 승용차 사용에 대한 대안을 촉진시키기 위해 자전거 도로와 신호 체계를 도입하는 것 등은 모두 지속 가능한 도시 프로젝트의 중요한 요소다(Jenks and Jones 2009: 3).

또한 지속 가능한 도시 개발은 도시 생활의 질을 향상시키기 위해 늘 일상적으로 해왔던 행위에 변화를 줄 준비가 된 적극적이고 환경 지식을 지니고 있는 시민들의 참여를 필요로 한다. 지속 가능성을 주창하는 사람들은

지속 가능한 도시 설계

중국은 대규모의 급격한 도시화를 경험하고 있다. 그 결과 지방 및 글로벌 도시 환경을 극복하려는 시도가 전례 없이 이루어지고 있다. 지역 수준에서 많은 도시 지역이 새로운 기준, 기술 및 저탄소 생활양식 등을 목표로 하는 생태 도시eco-city 개발을 시도하고 있다. 최근 중국에서는 100개 이상의 생태 도시 건설이 착수되었다.

세계은행의 보고서 『중국-싱가포르 텐진 생태 도시: 중국에서 부상하는 생태 도시에 관한 사례 연구Sino-Singapore Tianjin Eco-City: A Case Study of an Emerging Eco-City in China』는 생태 도시 건설 계획을 검토한 것이다. 환경적으로 지속 가능한 도시에 주목하는 것은 지역적으로뿐만 아니라 전 세계적으로 탄소 배출량이 막대한 중국의 핵심적인 개발 전략이기 때문이다. 최근 크게 부각되고 있는 다양한 생태 도시 건설을 둘러싼 논의 속에서 이 보고서의 책임자인 악셀 바움러Axel Baeumler는 보고서가 이 지역에서 이루어지고 있는 생태 도시 건설에서 실질적인 교훈을 얻고, 다른 생태 도시 건설에 도움을 주기 위한 것이라고 밝힌다.

텐진 생태 도시 프로젝트는 경제적으로 지속 가능하고, 사회적으로 조화롭고 환경 친화적이며, 자원을 보호하는 도시를 건설하고자 한다. 그래서 이 도시가 생태 및 저탄소 도시를 건설하려는 중국의 다른 도시에 모형이 되기를 기대하고 있다. 이 생태 도시 프로젝트는 빈하이Binhai 지역 주위에 사는 35만 명을 위해 설계되었다. '중국-싱가포르Sino-Singapore'는 사업의 설계와 재무 파트너에서 따온 이름이다.

중요한 사항으로 텐진 생태 도시는 탄소 배출량 제한, 모든 건물의 녹색화, 녹색 운송 수단(걷기, 자전거, 대중교통) 이용률 90퍼센트 이상, 새로운 차원의 공급원으로부터 나오는 물 사용 최소 50퍼센트 등 2020년까지 달성할 지속 가능성 목표를 설정했다. 만약 이 목표가 이루어지면 환경적 지속 가능성은 크게 증대될 것이다. 그러나 보고서는 다음과 같은 실행 계획이 생태 도시 프로젝트에 포함될 필요가 있음을 밝힌다.

- 녹색 운송수단에 우호적인 토지 사용 계획과 상세한 도시 계획에 대한 보장
- 기존의 기준보다 높은 효율 기준에서 건설되는 녹색 건물에 주는 인센티브
- 지속 가능성을 위한 새로운 도시 개발에 주는 경제적 인센티브를 보완하는 기술 혁신
- 경제적으로 감당할 수 있고 사회적으로 통합될 수 있는 새로운 도시 개발에 대한 보장

이 보고서는 호주 국제개발기구Australian Agency for International Development가 제공한 기금으로 진행되었다. 이 보고서는 최근 승인된 텐진 생태 도시 프로젝트를 보완한 것으로, 이 프로젝트는 지구환경기금Global Environmental Facility, GEF의 지원을 받았다. 세계은행은 1985년 이래 중국의 도시 개발 사업의 파트너로 활동하고 있다. 그동안 세계은행은 86개 이상의 도시 관련 프로젝트에 98억 달러를 제공했으며, 도시화 과정에 대한 연구를 수행했다.

출처: World Bank 2011b.

비판적으로 생각하기 THINKING CRITICALLY

2010년 중국은 세계에서 가장 에너지를 많이 소비하는 국가로 미국을 앞질렀다. 또한 전 세계에서 가장 오염된 20개 도시 중 16개가 중국에 있다. 텐진 생태 도시 프로젝트의 어떤 측면을 다른 도시들에서 펼쳐 나갈 수 있는가? 비판가들은 왜 중국의 생태 도시 실험을 '관념적ideological'이라 부르는가?

지역 수준에서 의사 결정이 분권화되는 것이 도시의 생태학적 배출을 줄이는 프로젝트에서 시민의 참여를 증가시키는 데 결정적인 방법이라고 주장한다.

그러나 전 세계적으로 도시는 크기, 인구 규모, 산업화

정도, 지속 가능성을 향한 움직임 형태 등이 동일하지 않으며 다양하다. 산업화된 국가에서 주요 문제는 소비와 교통 혼잡 및 공해를 어떻게 처리할 것인가와 같은 소비 지향적 문화에 관한 것이다. 그러나 이전에 공산 사회였던 동유럽의 경우 산업 생산에서 발생하는 오염은 현재 가장 긴급한 문제다. 현재 중국에는 전 세계에서 가장 오염된 도시가 많다. 이에 반해 개발도상국들에서는 대부분 산업 오염, 잘 유지되지 못하는 기초적인 하부 구조, 점증하는 교통 문제와 서비스 제공 결핍 등의 문제들이 교차하고 있다(Haughton and Junter 2003: 7~8). 지속 가능한 계획은 이러한 다양성과 불균등 발전에 주의를 기울일 필요가 있다.

지속 가능한 개발의 개념 자체와 같이 지속 가능한 도시의 구상은 막연하며 유토피아일지도 모른다. 그러나 '변화의 과정process of change'이 끝나는 지점이 없다고 할지라도 그 과정 자체를 사람들이 참여하게 만드는, 이른바 '적극적인 유토피아active utopia'로 생각하는 것은 가능하다(Bauman 1976). 그리고 비록 극복해야 할 심각한 장애물이 있다 하더라도 도시와 도시 지역, 그리고 근대성 자체는 미래에 매우 다르게 보일 것이다.

도시 관리

비록 지구촌화가 전 세계 도시들이 당면한 문제들을 더욱 악화시키고 있지만, 도시들과 지방 정부가 새로운 정치적 역할을 담당할 기회를 제공하기도 한다. 국민국가들이 전 세계적인 추세에 잘 적응하기 힘들어짐에 따라 도시는 그 이전보다 더 중요해지고 있다. 생태학적인 위험과 불안정한 금융시장과 같은 이슈들은 국민국가의 수준을 뛰어넘는 문제들이어서 강력한 국가일지라도 그러한 문제를 독자적으로 해결하기는 매우 힘든 것이 사실이다. 그런가 하면 국민국가는 그 규모가 너무 커서 국제적인 도시 지역 안에서 발견되는 욕구의 다양성을 적절히 다루는 데 어려움을 겪는다. 이렇듯 국민국가가 효과적으로 대처하지 못할 때 지방 및 시 정부는 전 세계적 관리를 수행하는 데 유리하다.

도시에는 수많은 조직, 제도, 그룹이 존재한다. 국내 및 국제적 비즈니스, 투자가, 정부청사, 시민 단체, 전문가 집단, 노동조합 등이 도시 지역에서 서로 마주치고 관계를 맺어 간다. 이러한 연계는 집합적인 행동을 가져와, 이런 공동의 행동을 통해 도시가 정치적, 경제적, 문화적 영역에서 사회적 행위자로서 행동한다.

변화를 위한 대리인으로서 도시

최근 경제 행위자의 예가 급증하고 있다. 유럽의 경우 1970년대 불경기가 시작되면서 도시들은 새로운 형태의 고용을 촉진시키고 투자를 증진시키기 위해 노력을 기울였다. 유럽에서는 1989년에 현재 유럽의 130여 개 대도시를 포함하고 있는 유로시티Eurocity 운동 조직이 결성되어 함께 일하고 유럽연합의 정책에 영향을 미치고 있다. 아시아의 경우 서울, 싱가포르, 방콕 등이 국제 무역 시장에 대한 정보 속도의 중요성과 신축성 있는 생산 및 상업 구조에 대한 필요성을 인지하면서 새로운 경제 행위자로 등장하고 있다.

몇몇 도시들은 미래를 위한 중장기 전략 계획을 수립하고 있다. 그 계획 아래 지방 정부, 시민 단체 및 개인적 경제 행위자들이 함께 모여 도시 하부 구조를 일신하고 세계적 수준의 행사를 조직하거나 지식 기반 산업으로의 전환을 위해 노력하고 있다. 버밍엄, 암스테르담, 리옹, 리스본, 글래스고, 바르셀로나 등은 전략적 계획으로 성공적인 도시 재개발 사업을 이룩했다.

도시 재개발로서의 글로벌 스포츠? 2012 런던 올림픽

다음 글은 2013년 7월 16일 「인디펜던트The Independent」지에 실린 것을 축약한 것이다.

올림픽은 런던 동부 지역에 90억 파운드 이상의 투자를 가져왔으며, 이들 중 상당 부분은 교통 부문에 집중되었다. 현재 스트랫퍼드는 런던과 연결되는 최고의 관문인 킹스 크로스King's Cross에 버금가는 수준이다. 두 개의 지하철 노선, 킹스 크로스로 연결되는 초고속 기차, 도클랜즈 경전철 등과 함께 파리로 가는 유로스타Eurostar의 중간 역이 될 예정이다.

런던 레거시 개발London Legacy Development의 최고책임자 데니스 혼Dennis Hone은 "중요한 개발과 향상이 런던 동부 지역에서 이루어졌다"고 인터뷰에서 밝혔다. 그는 또한 "50대인 나는 이스트엔드를 기억하는데, 만약 아일 오브 도그스Isle of Dogs에 살았다면 쇼핑하러 스트랫퍼드에 갈 때 버스를 두 번 타야 했으나, 이제는 상황이 변했다"고 말한다.

올림픽이 내건 다섯 가지 유산 중 두 번째는 런던 동부 지역의 심장을 변화시키는 것이었다. 최근 퀸스 엘리자베스 올림픽 공원Queen Elizabeth Olympic Park으로 바뀐 올림픽 공원 지역은 변화의 가시적인 증거들이 나타나고 있다.

한때 국기들로 뒤덮이고 우사인 볼트Usain Bolt와 모 파라Mo Farah를 만나기 위해 모여들었던 선수 숙소는 이스트 빌리지East Village라는 이름의 주택으로 새롭게 탄생했다. 9월에는 첫 번째 입주자가 부엌이 달려 있고 벽을 없앤 새로운 아파트에 들어올 예정이다. 이러한 2천8백18개의 새로운 집 중 절반은 임대료가 저렴하다. 이것은 지역의 주택을 촉진하는 데 필요한 것으로, 시작에 불과하다. 올림픽 공원은 주변 지역을 포함해 결국에는 8천 명의 이웃이 거주하는 지역이 될 것이며, 이 중 40퍼센트는 임대료가 저렴한 주택으로 구성될 것이다.

그러나 올림픽이 남긴 유산을 검토한 런던 정치경제대학의 앤 파워Anne Power는 이러한 주택에 대부분의 사람이 임대료를 부담할 수 있다는 가정에 대해 경고한다. 그녀는 "세를 얻는 데 어려움이 없으며 선수단 숙소를 변환해 조성될 2천8백여 채의 새로

런던의 스트랫퍼드 지역에 건설된 런던올림픽 경기장은 도시 재생 전략의 핵심이다. © Sgt Steven Hughes RLC/MOD

운 주택의 경우 뉴엄Newham 지역의 가난한 사람들이 임대료를 부담할 수 없을 것이다. 이 지역에 살고 있는 어린이의 3분의 1은 직장이 없는 가구에 속하기 때문에 이들의 가족은 거의 확실하게 배제될 것"이라고 주장한다. 이는 특별히 정부 보조금 주택에 대한 개혁에 문제가 있음을 의미한다. 현재는 '가격이 적정한 affordable' 주택을 시장 가격의 80퍼센트로 분류하고 있는데, 이는 런던에서 터무니없는 가격이다.

[……]

공원 주변 건물과 교통 개발 이외에 보다 근본적인 변화가 이 지역에서 일어나고 있는가에 대해서는 의문이 든다. 햄릿 타워 Tower Hamlets 지역의 의회 의원인 러샤나라 알리Rushanara Ali는 "인프라에 대한 투자는 실제로 환상적이다……. 그러나 사실은 올림픽 기간 중 실업이 증가했다"고 말했다.

모든 사람은 올림픽이 궁핍한 사람들에게 도움을 줄, 실업 수준 개선에 대한 약속을 실행에 옮기지 못했다고 주장했다. 그녀는 "올림픽 경기장이 건설되는 동안 지역 사람들에게 제공된 일자리는 얼마 안 됐고, 사람들에게 일하는 데 필요한 훈련을 할 기회도 주지 않았으며, 타워 햄릿은 올림픽으로부터 얻은 것이 거의 없다"고 주장했다.

아마 10년 혹은 그 이상 지나야 올림픽이 런던 동부 지역의 고용 전망을 향상시켰는지 확실히 말할 수 있을 것이다. 그러나 교통과 주택에 투자된 자금은 '단지 말한 것 이상'의 유산이 시작되었음을 보여 준다.

출처: The Independent 2013.

비판적으로 생각하기 THINKING CRITICALLY

스포츠 행사는 실제로 도시 재생을 지속적으로 이끌 수 있는가? 2012년 런던 올림픽을 통해 개발업자, 지역 주민 그리고 런던 동부의 살기 어려운 지역 사람들은 어떻게 이익을 얻을 수 있었는가? 올림픽 게임이 끝났을 때 런던 시민들에게 어떤 인프라 요소들이 남겨졌는가?

바르셀로나의 경우는 특별히 주목할 만하다. 1988년에 시작된 '바르셀로나 2000 경제사회적 전략 계획'은 도시를 탈바꿈시키기 위한 비전과 행동 계획하에 공공 조직 및 사적 조직을 함께 묶었다. 바르셀로나 지방 정부와 상공회의소, 대학, 시 항만관리위원회, 노동조합 등을 포함하는 10개의 단체들은 바르셀로나를 유럽의 도시들과 연계하고, 바르셀로나 주민의 삶의 질을 향상시키며, 새로운 경제 부문을 개척하면서 기존 산업 및 서비스 부문을 보다 경쟁력 있게 만든다는 계획의 3대 주요 목표를 채택했다.

'바르셀로나 2000 계획'의 기초 중 하나는 바르셀로나가 1992년 올림픽을 유치하면서 나타났다. 올림픽 유치로 바르셀로나는 국제적으로 관심을 불러일으켰으며, 시의 모습과 비전이 전 세계에 알려졌다. 바르셀로나의 경우 세계적인 행사를 조직함으로써 전 세계인의 눈에 도시를 알리게 되었고, 도시 변화의 완성을 위한 열망을 시 자체 내에서 제고시켰다는 중요한 결과를 가져왔다(Borja and Castells 1997). 이렇듯 스포츠는 도시를 재건하는 데 중요한 역할을 담당하는 것처럼 보인다(Taylor et al. 1996). 런던도 도시 재생을 촉진시키기 위해 2012년 올림픽을 활용했다(〈사회학적으로 상상하기 6-3〉 참조).

시장의 역할

도시가 세계적인 체계의 중요성을 인식함에 따라 시장의 역할 또한 변하고 있다. 세계의 주요 도시들은 글로벌 체계에서 상대적으로 독립적인 행위자로 역할을 수행하고 있으며, 거대 도시의 시장은 시의 국제적 면모를 드높이는 데 결정적인 지도력을 제공할 수 있다. 런던에 본부를 둔 '도시 시장들City Mayors'은 시장市長의 국제적 위상을 높이는 노력을 아끼지 않고 있으며, 2004년 이래 온라인 설문조사를 통해 '세계 시장World Mayor'이라는 타이틀로 시상하고 있다. 시장의 글로벌 역할을 훌륭히 수행한 시장에게 수여하는 이 타이틀은, 2010년의 경우 멕시코시티의 시장 마르셀로 에브라르드와 베네수엘라의 카라카스, 뉴질랜드의 뉴플리머스, 독일의 울름 등에서 온 시장들에게 돌아갔다.

도시들의 기존 이미지를 성공적으로 변화시키는 데 시장의 역할은 결정적이다. 예컨대 리스본과 바르셀로나의 시장은 세계 주요 거점 도시가 되기 위한 노력을 아끼지 않았다. 마찬가지로 소규모 도시의 시장들도 도시를 국제적으로 알리고 새로운 투자를 유치하는 데 중요한 역할을 수행할 수 있다.

미국의 경우 시장은 최근 들어 경제적, 정치적으로 매우 강력한 힘을 지니고 있다. 총기와 관련된 범죄를 예방하기 위해 20명 이상의 시장들은 총기 규제 법안 통과와 같은 연방 정부의 노력에 의존하는 것을 포기하고, 총기 제조업체에 대한 법 제정과 시행에 직접적인 관심을 보이고 있다. 전 뉴욕 시장 루돌프 줄리아니Rudolph Giuliani는 범죄율을 낮추기 위한 '법과 질서' 정책을 채택함으로써 큰 반향을 불러일으켰다. 이 정책의 시행으로 뉴욕의 강력 범죄율은 1990년대 동안 상당히 감소했다. 이와 함께 노숙자들을 위한 '삶의 질' 정책은 뉴욕 번화가의 면모를 일신했다. 그러나 범죄율은 줄리아니가 취임하기 전에도 몇 년 동안 떨어진 적이 있으며, 범죄율 감소는 줄리아니의 '법과 질서' 정책과 함께 경제 상황의 호전과 관련 있는 것처럼 보인다. 2001년 9월 11일 테러리스트들의 공격을 받은 이후 줄리아니의 리더십은 전 세계적 관심 대상이 되었으며, 그녀는 2001년 시사 주간지 『타임Time』이 선정한 올해의 인물이 되었다.

전 세계적으로 많은 도시에서 시장들은 시를 위해 영향력을 크게 행사하고 있다. 시장들은 시의 문제들을 보다 일반적인 거대 도시 지역의 공동체와 연계함으로써 정책 수단을 강구할 수 있다. 이와 같은 거대 도시와의 파트너십은 외국 투자가들에게 매력적인 것으로 다가오고, 전 세계적인 이벤트를 주도하는 계기가 될 수 있다.

도시와 글로벌 영향력

보르자Borja와 카스텔스는 지방 정부가 글로벌 영향력에 효과적으로 대처할 수 있는 세 가지 영역을 주장했다(1997). 첫째, 도시는 경제적 생산성을 위한 사회적 기초를 이루는 조건과 시설을 뜻하는 지방의 서식지habitat를 관리함으로써 경제적 생산성과 경쟁력 향상에 이바지한다. 경쟁력은 질적으로 우수한 노동자에게 달려 있으며, 우수한 노동력을 확보하기 위해서는 강력한 교육 체계, 양호한 공공 운송 체계, 적절하고 충분한 주택, 법 집행력, 효과적인 응급 서비스 및 활기찬 문화적 자원 등이 갖추어져야 한다.

둘째, 도시는 다인종 인구를 사회문화적으로 통합하는 데 중요한 역할을 담당한다. 글로벌 도시들은 종교적, 언어적 배경이 다르고 사회경제적 수준이 상이한 국가에서 유입된 개인들을 함께 묶는 역할을 한다. 만약 세계적인 도시 내에서 나타나는 강한 다원성pluralism이 통합의 힘에 의해 조정되지 않으면 파편화와 편협성이 나타난다. 그러나 사회적 결속력을 증가시키는 데 민족국가의 효과성이 인정되는 곳에서는 도시 내의 자발적인 모임과 통치governance 구조가 사회적 통합을 위한 긍정적인 힘이 될 수 있다.

셋째, 도시는 정치적 표현과 관리를 위한 중요한 장소다. 지방 정부는 국민국가에 비해 일반적으로 그들이 표현하는 사항에 대해 보다 큰 합법성을 향유하고, 계획이나 결정을 변경할 여지를 갖는다는 점에서 장점을 지니고 있다. 많은 시민들은 정치가 자신들의 이익과 관심을 더 이상 대변하지 않는다고 느낀다. 국민국가가 너무 멀리 떨어져 있어 구체적인 문화적 혹은 지역적 관심을 대변하지 못하는 경우, 도시 및 지방 정부는 정치적 행동을 위해 쉽게 모일 수 있는 토론회장이 된다.

상하이는 중국의 재정적, 경제적 중추 도시다. 도시 공간의 창조적 사용은 거대 도시가 전통적, 문화적 관습에 미치는 영향을 개선시킬 수 있다. 사진은 도시 한복판에서 여성들이 타이친(중국 송나라 때 발달한 호신용 권법에 기반을 둔 완만하게 절제된 동작의 체조 – 옮긴이)을 연습하는 모습이다.

도시들 간의 협조는 지역적 수준에 국한되지 않는다. 이제 도시들은 국제정치, 국제 경제 그리고 국제적 사회 문제 등에서 중요한 역할을 수행할 수 있으며, 또한 수행해야만 한다. 비공식적이건 공식적이건 도시들 간의 네트워크는 멀리 떨어져 있는 도시들을 보다 가깝게 엮는 세계적인 힘으로 나타나고 있다. 전 세계의 거대 도시들이 겪고 있는 문제들은 결코 따로 떨어져 있는 것이 아니라 세계적인 경제, 인구의 세계적 이동, 새로운 무역 파트너, 정보 기술 등 커다란 맥락과 관련되어 있다.

이미 앞에서 살펴본 바와 같이 변화하는 세계의 복잡성은 새로운 형태의 민주적이며 국제적인 관리를 필요로 한다. 도시들의 네트워크는 이러한 새로운 메커니즘 사이에서 매우 중요하다. 그러한 움직임은 유엔의 해비타트Habitat 회의와 맥을 같이하는 '도시와 지방 정부의 모임World Assembly of Cities and Local Authorities'에서 찾을 수 있다. 그러한 회의는 시 조직들을 정부의 조직에 점차 통합하는 데 큰 도움을 준다. 세계의 도시 인구가 지속적으로 증가함에 따라 시 정부는 정치적, 경제적 개혁을 이루는 데 필요하고도 중요한 역할을 담당할 것이다.

복습

●●● Chapter review

1 전 세계 인구가 도시화되는 과정을 요약하고 어떻게, 왜 이런 상황이 전개되는지 설명해 보자.

2 개발도상국의 도시화는 유럽의 초기 도시화와 어떤 차이를 보이는가?

3 글로벌 도시란 무엇인가? 글로벌 도시의 주요한 특징과 기능은 무엇인가?

4 도시 연구에 대한 시카고학파의 생태학적 접근의 핵심 요소들을 정리해 보자. 이 접근 방법이 사용하는 개념 중 자연 생태학에서 유래된 것은 어떤 것인가?

5 도시는 도시 거주자의 행위에 어떤 영향을 주는가? 이 분야에서 지멜의 주요 개념을 설명해 보자.

6 워스의 '생활양식으로서의 도시성'의 개요를 적어 보자. '2차적 접촉'의 의미는 무엇이며 왜 중요한가?

7 하비는 도시 재구조화 과정과 광범위한 사회경제적 변화를 어떻게 연계시키는가? 하비의 접근은 시카고학파의 접근과 어떤 차이가 있는가?

8 도시 내부의 쇠퇴와 교외화 사이에 어떤 밀접한 연관이 있는지 설명해 보자. 교외의 성장이 도시 중심의 문제를 가져오는 것은 불가피한가?

9 도시 재생과 주택 고급화에 대해 정의를 내리고, 그것이 어떻게 진행되는지 예를 들어 보자.

10 지속 가능한 도시를 가져오는 데 도움을 주는 계획의 예를 들어 보자. 지속 가능한 도시는 개발도상국에서 현실성이 있는가?

11 왜 시 정부는 정치적, 경제적 대리인인가? 왜 도시는 세계화 문제를 다루는 데 국민국가보다 적절한 위치에 있는가?

실제 연구

●●● Research in practice

도시 연구에 관한 많은 연구는 인구의 도시 집중으로 인한 문제를 논의하고 있다. 이 장에서도 이와 관련된 문제로 감시와 군사화, 테러 위협, 취약한 하부 구조, 만성적 갈등 등을 다루었다. 그러나 아마 이와 같은 시각은 도시에서 일어나는 일상적, 반복적 일에 관한 측면을 놓치고 있으며, 이러한 인식은 도시 전망에 대한 우리의 평가에 변화를 가져올지도 모른다. 이러한 점을 염두에 두고 다음의 논문을 읽어 보자.

Hall, T., and Smith, R. J. (2015) 'Care and Repair and the Politics of Urban Kindness', *Sociology*, 49(1): 3~18.

- 트리프트Thrift가 논의한 '도시 정비'의 의미는 무엇인가? 도시 정비 일의 예를 들어 보자.
- 저자들은 트리프트의 분석에 비판적인데, 왜 그럴까?
- 저자들이 주장하는 '희망의 사회학'은 무슨 의미인가? 희망의 사회학에는 무엇이 수반되는가?
- 논문에서 예를 들고 있는 길거리 청소부와 봉사 활동가들을 이용해 '도시의 친절함'이 무엇을 뜻하는지 설명해 보자.
- 하비와 카스텔스에 의해 확인된 많은 도시 문제들의 기저가 되는 구조적인 문제 중에서 홀과 스미스에 의해 제시된 조치들이 '좋은 도시'를 만드는 데 실제로 충분한가?

생각해 볼 것

●●● Thinking it through

게오르크 지멜은 다음과 같이 주장했다. "현대 생활의 가장 깊은 문제는 압도적인 사회적 힘, 역사적 유산, 외부 문화, 기술 등에 직면한 개인이 자율성과 개성을 보호하기 위한 주장에서 파생된다." 이 내용이 포함된 지멜의 *The Metroplis and Mental Life* (1903) 전문을 읽어 보자.

이 분석은 약 115년 전에 발표된 것이다. 그러나 도시와 개성에 대한 이 글의 주장이 어떻게 21세기에도 적용될 수 있을까? 이러한 의문을 심드렁한 태도, 도시 비축물, 화폐 경제, 사무적이고 계산적인 인성 등의 용어와 관련시켜 논의해 보자. 20세기 초의 도시와 현대 도시의 주요한 차이는 무엇이라고 생각하는가?

예술 속의 사회

●●● Society in the arts

1 19세기 산업 도시에 대해 사람들이 가진 이미지는 대부분 당시 맨체스터와 유사한 북쪽 지방의 코크타운coketown을 배경으로 하는 Charles Dickens의 *Hard Times* (1854) 같은 허구적인 이야기에 기초한다고 주장되어 왔다. 그렇다면 오늘날의 도시 생활을 그리는 현대적 이야기에도 이러한 이야기가 적용되는가? 이 장에서 다룬 도시의 불평등, 도시 내부의 쇠퇴, 주택 고급화, 도시 재생, 도시 재개발 등의 증거를 다음의 소설에서 비교해 보자.

- Lauren Weisberger (2003) *The Devil Wears Prada* (London: HarperCollins) – New York
- Ian Rankin (2004) *Fleshmarket* Close (London: Orion) – Edinburgh
- James Eltroy (2005) *White Jazz* (London: Arrow) – Los Angeles
- Vikram Chandra (2007) *Sacred Games: A Novel* (London: Faber & Faber) – Mumbai

사회학적 조사 결과와 허구적인 표현은 어떤 차이와 유사점이 있는가? 만약 소설이 조사 결과보다 폭넓은 반향을 지닌다면 그 정치적, 정책적 함의는 무엇인가?

2 많은 소설에서 시골 생활은 목가적이고 건강하며 순수한 것으로 나타나며, 텔레비전 프로그램도 이러한 경향을 따른다. 대다수의 사람들이 도시에 거주하는 상황에서 왜 시골의 전원시는 그렇게 오랜 기간 지속되고 있는가? 이것이 도시 생활은 만족스럽지 않다는 사실을 암시하는가? 현대 생활에서 게마인샤프트와 게젤샤프트의 균형과 연관된 문제에 대한 지멜의 생각은 옳았는가? 이 밖에 시골생활에 대한 열망을 어떻게 설명할 수 있는가? 혹은 현재의 도시 생활이 이상적인 대안을 찾을 수 있는가? 이러한 표현들이 어떻게 널리 퍼지게 되었는가?

도시사회학을 개괄하기 위해서는 David Parker의 *Cities and Everyday Life* (London: Routledge, 2010)가 훌륭한 길잡이 역할을 할 것이다. Abrahamson의 *Urban Sociology: A Global Introduction* (New York: Cambridge University Press, 2014)도 주요한 주제들에 대한 사례 연구로서 중요한 책이다. 도시 이론에 대한 비판적 검토와 평가를 위해서는 Alan Jarding과 Talja Blockland의 *Urban Theory: A Critical Introduction to Power, Cities and Urbanism in the 21st Century* (London: Sage, 2014)를 참고하기 바란다.

도시에 관해서 Doren Massey의 *World City* (Cambridge: Polity, 2007)는 런던을 글로벌 도시의 케이스로 삼아 연구한 것이다. 이에 반해 유엔 경제사회이사회UN ESA의 *World Urbanization Prospects: The 2014 Revision Highlights* (New York: UN ESA, 2014)는 전 세계 도시들에 대한 종합적인 정보를 제공한다. 이 자료는 다음의 온라인 주소에서 볼 수 있다. http://esa.un.org/unpd/wup/Highlights/WUP2014-Highlights.pdf.

다소 오래된 것이지만 Marshall Berman의 *All That is Solid Melts into Air: The Experience of Modernity* (London: Verso, 1983)는 특별히 도시 근대성의 경험을 다루는 고무적인 책으로 남아 있다. 지속 가능한 도시에 대한 생각과 그것이 어떻게 이루어질 수 있는가에 대해서는 Leonie J. Pearson, Peter W. Newton, Peter Roberts 등이 편집한 *Resilient Sustainable Cities: A Future* (New York: Routledge, 2014)를 참고하기 바란다.

도시와 도시 재구조화에 대한 논쟁은 Fran Tonkiss의 *Space, the City and Social Theory: Social Relations and Urban Forms* (Cambridge: Polity, 2006)에서 잘 다루고 있으며, 이 책은 도시 사회 이론에 대해 중요한 내용을 제공해 준다. Jan Lin과 Christopher Mele의 *The Urban Sociology Reader* (2nd edn, Abingdon: Routledge, 2012)는 고전적인 글과 현대적인 글을 모아 놓은 것으로 매우 유용하다.

도시 환경에 대한 원래의 읽을거리를 모아 놓은 책으로는 *Sociology: Introductory Readings* (3rd edn, Cambridge: Polity, 2010)가 있다.

관련 홈페이지

Internet links

- Additional information and support for this book at Polity
  www.politybooks.com/giddens
- Centre for Urban History, based at the University of Leicester, UK
  www.le.ac.uk/urbanhist
- H-Urban — a discussion forum for urban history and urban studies
  www.h-net.org/~urban
- Globalization and World Cities Network, based at Loughborough Universy, UK-tracks the growth and integration of cities in the world eeconomy
  www.lboro.ac.uk/gawc
- City Mayors — a useful resource on mayors across the world
  www.citymayors.com
- Virtual Cities Resource Centre — looks at urban form as represented on the worldwideweb
  www.casa.ucl.ac.uk/planning/virtualcities.html
- A US site on sustainable architecture, building and culture
  www.sustainableabc.com

07

일과 경제

Work and the Economy

위기의 글로벌 경제

경제사회학
경제 조직들
초국적 기업
기업의 사회적 책임
테일러리즘과 포디즘
포스트포디즘

일의 변화하는 특성
일이란 무엇인가
사회적으로 일이 조직화되는 방식
노동조합의 쇠퇴?
일의 여성화
가사노동 분업의 변화
자동화, 지식 경제와 '숙련'

일의 사회적 중요성
고용 불안정 증가
실업

결론: 유연성과 '일의 성격 변질'

2015년 6~7월에 수많은 그리스인이 현금자동인출기ATM 앞에 줄서 있었다. 은행들이 현금 고갈을 피하기 위해 문을 닫았기 때문이다. 현금 인출은 하루에 60유로 이내로 제한되었다.

2015년 6월 말부터 7월에 그리스 은행들은 문을 닫았고, 계좌당 인출 한도는 60유로에 불과했다. 현금자동인출기ATM 앞에는 자신의 돈을 인출하려는 사람들로 넘쳐났고, 대부분의 ATM에서는 곧 현금이 떨어졌다. 이 광경은 그리스가 처한 경제적 어려움의 가장 두드러진 상징이었다. 그리스의 국가 부채는 3천2백30억 유로에 달했고, 국내총생산GDP은 2010년 이후 5년 만에 4분의 1로 하락했다. 그리스의 GDP 대비 부채 비율은 177퍼센트이고, 실업률은 26퍼센트(15~25세 청년 실업률은 60퍼센트)에 달했다. 그러나 항상 그런 것은 아니었다.

21세기에 그리스는 번영한 나라였다. 2001년 유로존에 가입했고, 2000~2008년간 연평균 4퍼센트의 경제 성장률을 보였으며, 2004년에는 올림픽 게임을 성공적으로 개최했다(Karyotis and Gerodimos 2015: 2). 그러면 무엇이 잘못된 것인가? 한마디로, 유럽과 세계의 다른 많은 국가들처럼 그리스의 내부적, 국가적 문제들은 2008년 미국에서 시작된 세계 금융 위기로 인해 심각하게 악화되었다. 위기는 경기 침체, 산업 붕괴, 실업률 증가와 많은 국가들에서 감당할 수 없는 수준의 국가 부채를 줄이기 위한 긴축 정책austerity politics을 이끌어 냈다. 이는 실제로 임금 동결, 근로 시간 단축, 정리해고, 불확실한 미래 등을 의미한다.

위기의 글로벌 경제

금융 전문가들은 미국 은행 위기는 위험한 대출 관행에서 출발했다고 보는데, 그중에서 특히 주택 담보 대출이 문제였다. 성장 전략의 일환으로 많은 미국 은행들은 신용이 나쁜 주택 구매자에게도 대규모 대출을 제공했다. 이 관행은 서브프라임 모기지sub-prime mortgage라고 알려진 것이다. 이 대출은 그 후 다른 자산과 채권을 포함한 포트폴리오로 합쳐져 전 세계 투자가들에게 판매되었다. 하지만 2004년에서 2006년 사이 미국의 은행 이자율이 1~5퍼센트 이상 뛰어올랐고 서브프라임 모기지 연체율이 기록적인 수준으로 상승했는데, 사람들은 높은 이자율로 인해 다달이 내야 하는 상환금을 감당할 수 없었다. 그 결과 전 세계 투자가들은 막대한 손해를 입었고, 은행이 서로서로 돈을 빌려 주는 것을 꺼리면서 신용경색credit crunch이 발생하고, 미국 주택시장은 슬럼프에 빠졌다.

오늘날에는 금융 시스템이 글로벌화되었기 때문에, 미국의 경제 위기가 전 세계로 확산되었다. 유럽, 중국, 호주와 그 외 지역의 모든 투자은행이 손실을 입었고, 신용경색 즉 신용 혹은 화폐의 심각한 부족 사태로 세계 경제를 불황으로 밀어 넣었다. 영국, 아이슬란드, 프랑스에서는 주요 은행들이 도산을 방지하기 위해 정부가 주인이 되는 식으로 효과적으로 국유화되었다. 유럽 전역에 걸친 정부들과 유럽중앙은행이 개입해 은행에 보다 많은 돈이 돌도록 했고, 은행이 다시 사람들에게 돈을 빌려 주기를 기대했다. 그러나 이런 전략은 기대했던 대로 작동되지 않았고, 그 결과 글로벌 경기 침체가 발생해 수많은 사업체가 도산하고 실업률이 높아졌으며 생활비가 상승했다.

경제 성장률이 떨어지거나 정체되고 추가적인 자금 확보가 어려워지면서, 일부 유럽 국가들은 이전의 부채를 상환하는 데도 애를 먹었다. 결국 유럽연합EU이나 국제통화기금IMF의 구제금융 형태로 국제적인 도움을 수용할 수밖에 없었다. 하지만 이 구제금융조차 새로운 재정 계획을 수립하고 긴축 정책을 반드시 펼 것이라는 조건 하에서만 제공되었다. 이것은 구제 금융을 받는 나라들이 국가 부채 수준을 적극적으로 감소시킬 것이라는 확인을 받는 절차였다.

> 글로벌 거버넌스 문제와 관련해 유로존 위기에 대해서는 제21장 〈정치, 정부, 사회운동〉에서 보다 상세히 다룬다.

그리스의 국가 부채 수준은 GDP의 115퍼센트로 치솟았고 국가 채무 불이행default 우려가 증가했다. 2010년 그리스 정부는 재정 지출을 줄이고 세금을 인상하는 '긴축 정책 패키지'를 도입했는데, 그로 인해 수많은 시위와 파업이 일어났다. 상황이 악화되는 가운데 유럽중앙은행ECB, 유럽위원회EC, 국제통화기금IMF은 그리스에 1천1백억 유로의 구제금융을 제공했다. 그 대가로 공공 지출 삭감, 임금 삭감, 대폭적인 세금 인상, 연금 개혁과 민영화 등을 포함한 강력한 긴축 정책이 합의되었다. 대규모 시위가 뒤따랐고, 이러한 조치로는 충분하지 않았다. 2011년에 1천3백억 유로의 두 번째 구제금융이 주어졌으며, 개인 투자자들은 금리 인하와 부채 탕감을 받아들이기로 동의했다.

2015년 6월 30일 그리스 정부가 IMF에 15억 유로를 상환하지 못했을 때, 그리스는 유로존과 심지어 EU를 떠나야 할 가능성이 매우 컸다. 급진좌파연합인 시리자Syriza는 채권단의 긴축 조치에 반대할 것을 정부로서 약속했다. 약 860억 유로의 세 번째 구제금융을 받는 대가로 치러야 할 가혹한 조건을 받아들일 것인지 여부에 대한 국민투표가 실시되었고, 61퍼센트가 반대표를 던졌다. 그럼에도 불구하고 그리스의 상황과 전망은 심각했다. 심지어 시리자조차 투표 결과를 무시하고 광범위한 민영화 프로그램 외에 연금, 은행, 노동시장 및 세금의 급격한 변화 등 부채 문제를 해결하기 위한 급진적인 조치를 받아들였다(Plummer 2015). 신용경색 이후 7년이 지났는데도 유럽연합의 지도자들은 여전히 유로존을 결집시키기 위한 시도에 골머리를 앓고 있다.

국내총생산이 두 분기 연속 하락하는 것을 의미하는 경기 침체는 새로운 것이 아니다. 자본주의 경제 발전의 오랜 역사 속에서 주기적으로 경제 후퇴가 침체를 낳기도 했고, 최근의 경기 침체는 1920년 대공황과 유사점이 있다. 1970년대와 1980년대 미국과 영국에서 신자유주의 경제로 전환하면서 금융시장 규제를 풀고 경제적 개인주의화를 높이면서 개인들은 빚을 더 많이 지고 높은 위험을 감수하는 금융 문화와 탐욕스러운 소비주의가 만연해졌다(Bone 2009). 하지만 2009년 불황은 전 세계적으로 금융이 빠르게 이동하도록 만든 세계화에 기인한 점이 크고, 이로 인해 세계 경제 체계는 훨씬 더 밀접하게 상호 연계되었다.

분명히 21세기에 직면한 첫 번째 경제 불황은 사회생활의 여러 측면에 중요한 충격을 가했다. 수많은 사람들이 일자리를 잃었고 기업이 도산하거나 정부가 공공 지출을 삭감함에 따라 실업 상태가 되었다. 공공 지출 삭감과 '긴축 정책'은 공공 부문으로 하여금 미디어에 빈번하게 노출되고, 일부 정치가들에 의해 부를 창출하는 사경제 부문을 갉아먹는 원흉으로 여기는 분위기를 낳았다. 긴장과 갈등 그리고 불평등이 점점 증가했다. 다음 세대가 그들의 부모 세대보다 '더 잘살 수 있을 것'라는 점도 불분명해지는데, 이 점은 지속적인 인간의 진보로 특징지어지는 '현대성modernity'을 오랫동안 떠받치던 기본 가정이었다.

오늘날 이런 주제들은 경제사회학economic sociology이라는 분야를 이루었는데, 아래에서는 20세기에 경제사회학이 어떻게 발전해 왔는지 간단하게 살펴보겠다. 그 과정에서 경제 생산과 소비 영역에서 '포드주의Fordism'에서 '포스트포드주의post-Fordism'로 거시적인 변동이 발생한 점에 대한 일반 이론도 살펴볼 것이다. 특히 포스트포드주의는 현대 경제에서 요구되는 유연성의 증가를 반영한다. 이제 이 장의 주제인 일의 영역으로 넘어가서 선진화된 사회들이 서비스 기반 고용으로 전환됨에 따라 노동생활의 특징에 어떤 변화가 있는지 살펴보기 전에 '일'이 무엇을 의미하는지 먼저 알아볼 것이다. 마지막 부분에서는 고용 불안정성의 증가, 실업, 유연 노동시장이 그 안에 갇힌 개인들에 초래하는 결과 등을 살펴볼 것이다.

경제사회학

사회학의 창시자인 카를 마르크스Karl Marx, 에밀 뒤르켐Emile Durkheim과 막스 베버Max Weber는 산업자본주의 사회의 출현 원인과 그 발전을 이해하고 설명하려 했다. 이런 경제 현상들을 연구했다는 점은 그들의 주요 저작 제목을 보더라도 분명하게 확인된다. 마르크스는 세 권으로 이루어진 『자본론Capital』(1867), 뒤르켐은 『사회에서의 노동 분업The Division of labour in Society』(1893), 막스 베버는 『경제와 사회Economy and Society』(1925)를 썼다. 게오르크 지멜Georg Simmel의 『돈의 철학The Philosophy of Money』(1907)과 알렉시스 드 토크빌Alexis de Tocqueville의 『미국의 민주주의Democracy in America』(1835~1840) 역시 보다 넓은 사회적 맥락 속에서 경제 현상을 다룬 것이다. 그러나 앞선 세 명의 초기 학자들과 달리 이 두 사람의 연구는 분명한 사회학적 전통을 따르지 않는다.

마르크스의 주요 관심은 자본주의를 역동적이지만 착취적이고 파괴적인 경제 체계로 이해하는 것이었다. 특히 마르크스는 자본주의를 사유 재산제에 기반하며 본질적으로 불평등하게 구조화된 사회관계에 기반한 것으로 보았다. 뒤르켐은 산업자본주의가 지속적으로 노동 분업을 확대하고 점점 더 세분화로 이끌어 가는 방식을 추적했다. 그러나 그는 경제적 세분화 역시 사회를 위해 통합적인 기능을 수행한다고 보았다.

베버의 연구는 무엇이 특별히 경제적인 형태의 행위와 조직을 낳는지에 초점을 두었는데, '이윤'의 개념 역시 핵심적인 관심 사항이었다. 시장에서 관찰되는 것처럼 단순히 이윤을 기반으로 해서 결정되는 행위는 '도구적으로 합리적인' 것이고 모든 인간들의 행위에 비슷한 방식으로 기반을 두고 있다(Smelser and Swedberg 2005: 9). 이것은 경제적으로 합리적인 행동의 전형이다. 베버는 또한 초기 형태의 프로테스탄티즘에서 자본주의 출발의 종교적 기원을 논의했는데 신자들이 사업상 성공을 신으로부터 구원받은 증표로 여겼다는 것이다. 시간이 지남에 따라 '소명으로' 일한다고 하는 종교적 사고는 퇴색되고 오직 이윤 추구에만 초점을 둔 세속적인 경제 체제만 남겨졌다고 베버는 주장했다. 하지만 '소명calling'이라는 개념은 지금도 지속되는 것으로 볼 수 있다. 의무, 신뢰감, 직업적 고결성 같은 생각이 변호사, 의사, 기술자나 다른 전문직 종사자들에 의해 채택된 직업 실천 윤리에 여전히 남아 있다.

> 베버의 프로테스탄트 윤리에 관해서는 제3장 〈사회학의 이론과 관점〉에서 더 상세히 논의된다.

고전 사회학자들은 '경제'가 더 큰 사회의 한 부분이라는 점을 보여 줌으로써 순수경제학으로부터 자신들의 생각을 분리시켰다. 경제사회학은 여러 면에서 주류 혹은 '정통 경제학'과 다르지만 핵심적인 차이점은 "경제학의 분석적 출발점은 개인인 데 반해 경제의 사회학의 분석적 출발점은 전형적으로 집단 제도 혹은 사회다"(Smelser and Swedberg 2005: 4). 정통 경제학은 몇몇 핵심 과정을 담고 있다. 개인들은 이해관계에 따라 행동하고, 경제 행위는 효용의 극대화에 기반을 두며, 따라서 경제 행위는 경제적으로 '합리적'인 행위로 구성된다. 이와 반대로 경제사회학에서는 개인이 항상 사회적 맥락 안에 있고 개별 행위자의 이해관계는 다른 사람들과의 관계에 의해 형성된다.

경제적 주제에 대한 많은 고전 사회학의 관심에도 불구하고, 20세기 대부분 기간 동안에 사회학은 경제적 주제들을 사회관계로부터 분리시키고 사회관계에만 집중해 왔다. 1980년대 들어와서야 일련의 주목을 끄는 연구들이 이루어져 이전 50년 동안의 무관심을 딛고 경제사회학이 재기했다(White 1981; Burt 1982; Granovetter 1985). 마크 그라노베터Mark Granovetter의 생각은 '신'경제사회학의 출현에 중요한 자극이 된 것으로 여겨진다. 그라노베터는 주류 경제 이론에 대한 견고한 비판을 제기했는데 경제 행위가 단지 합리적이고 이윤이나 이해관계를 극대화하기 위한 개인적인 타산에 기반한 것으로만 볼 수는 없으며 사회적 분업, 권력 관계, 조직, 문화와 정치 등을 포함한 사회 연결망에 배태되어 있는 것으로 보는 것이 옳다는 주장이다. 이러한 사회적 배태social embeddedness 개념은 신경제사회학에서 중심적인 것이고, 이로 인해 사회학자들은 경제학적 이슈들을 사회학적 용어로 재구성할 수 있게 되었다(Hass 2007: 8).

그라노베터는 또한 시장이 '자연적'이고 자율적으로 작동한다는 생각에 반대했다. 대신에 그는 시장 또한 사회적 관계와 지위 경쟁에 의해 영향을 받는 사회적 현상이라고 주장했다. 더불어 개인의 행위와 마찬가지로 시장이나 사업조직 및 다른 경제 현상들도 항상 사회 안에 배태되어 있고 다른 사회 구조 밖에 별도로 존재하는 것이 아니라고 주장했다(Portes 2007: 17). 이들의 발전에 대해 살펴보면, 광범위한 사회 변동이 경제 행위 주체들에 어떻게 영향을 미치는지 알 수 있을 뿐만 아니라, 이들이 수백만 명에 이르는 사람들의 직업 생활에 어떤 영향을 미치는지도 확인할 수 있다. 19세기에 소규모 가족 기반 회사에서 시작해 오늘날 전 세계에 퍼져 있는 어마어마한 규모의 초국적 기업으로 자본주의 기업들이 성장하고 발전해 온 경로를 잠시 살펴보면, 그 영향력은 더 분명해진다.

경제 조직들

오늘날 각 단계들이 서로 겹치고 공존함에도 불구하고 기업의 발전에는 세 가지 일반적인 단계가 있다. 첫째, 19세기와 20세기 초반의 특징은 가족 자본주의였다. 영국의 세인스버리Sainsbury나 미국의 록펠러Rockefeller와 같은 대기업들은 개인 기업가 또는 동일 가족의 세대에 의해 운영되었다. 이러한 가족 기업의 대부분은 공개 시장에서 주식이 거래되고, (일부를 제외하고) 경영 관리적 통제가 일반화된 공개 회사가 되었다. 소규모 기업 중 두 세대 이상 동일 가족이 남아 있는 기업에서는 가족 자본주의가 지속된다.

대기업 부문에서 가족 자본주의는 경영 자본주의managerial capitalism로 이어졌다. 경영자의 영향력이 커짐에 따라 기업가 가족은 점차 대체되었다. 경영 자본주의는 현대 생활에 지울 수 없는 영향을 남겼다. 대기업은 소비 패턴과 대규모 공장에서의 고용 경험, 기업적 관료제를 주도한다. 또한 사회학자들은 특정한 형태로서의 복지 자본주의welfare capitalism를 발견했다. 19세기 말부터 대기업은 보육, 레크리에이션 시설, 이윤분배 계획, 유급휴가, 실업보험, 생명보험 등을 직원들에게 서비스로 제공하기 시작했다. 이러한 회사들은 예를 들어 직원의 '도덕 교육'을 위한 가정방문을 후원하는 등 종종 가부장적인 성향을 보였다. 덜 호의적인 관점에서 보았을 때 복지 자본주의의 목적은 노조 설립을 회피하고 노동력을 통제하기 위한 것이었다.

경영 자본주의가 제도 자본주의institutional capitalism로 변함에 따라 학자들은 이제 기업 발전의 새로운 단계의 윤곽을 보게 된다. 이는 다른 기업들의 주식을 보유하고 있는 기업들의 행위에 기반을 둔 통합된 비즈니스 리더십 네트워크의 출현을 의미한다. 제도 자본주의가 확산된 주요한 이유 중 하나는 변화하는 투자 패턴이다. 개인들은 이제 기업의 주식을 매입해 직접 투자하는 대신 거대 금융기관이 관리하는 자금시장, 신탁, 보험 및 연기금에 투자하고, 이는 결과적으로 큰 규모로 모아진 저축을 기업에 투자한다. 사실상, 서로 연결되어 있는 이사회는 기업 환경의 많은 부분을 통제한다. 이는 경영자의 지분 보유가 기업 소유주들의 지분 규모에 비하면 미미한 수준이기 때문에 경영권자의 통제권을 강화하는 과정에 역행한다.

수많은 중소기업에서는 기업을 소유하고 직접 운영하는 기업가들이 여전히 보편적이다. 그러나 20세기 초부터 자본주의 경제는 점차 대기업에 의해 지배되었다. 1912년에 상장된 100대 기업의 시가 총액은 2천8백억 달러였으나 2010년에는 11조 8천억 달러에 달했다. 오늘날 세계에는 수많은 대기업이 있다. 2009년까지 "거대 다국적 기업은 다른 국가에 위치한 자회사들 간의 제품 유통 등이긴 하지만 국제 무역의 약 3분의 1을 차지했다. 그러나 모두 글로벌 생산망과 판매망에 통합된 형태였다"(Michie 2012). 이론적으로, 대기업은 모든 중요한 결정을 내릴 권리를 가진 주주들의 재산이다. 그러나 주식 소유가 분산됨에 따라 일상적인 통제가 경영자들의 손에 맡겨져 있다. 그로 인해 기업의 소유권은 주식 소유자들의 직접적인 통제에서 분리되어 있다. 기업이 소유주에 의해 운영되든 경영자들에 의해 운영되든 간에 주요 기업들의 힘은 막강하다.

초국적 기업

대부분의 대기업들은 현재 글로벌 경제 상황에서 운영된다. 두 개 혹은 여러 국가에 지사를 설립하면 다국적 혹은 초국적 기업transnational corporation, TNCs으로 불린다. '초국적'은 많은 국가의 경계를 넘어서서 운영된다는 뜻으로 선호되는 용어다. 매우 큰 초국적 기업들은 거대하고, 개별 국가들을 능가하는 부wealth를 가지고 있다.

오늘날 세계 100대 경제 단위 중 절반은 국가지만 나머지 절반은 초국적 기업이다. 여섯 분야의 산업은 20세기에 초국적 기업의 활동을 주도했다. 자동차, 제약, 통신, 공공시설, 석유 및 전기/전자제품들이다. 이는 전 세계 초국적 기업 활동의 60퍼센트를 차지한다. 2004년에 중국, 말레이시아, 싱가포르, 한국을 포함한 개발도상국에서 상위 100대 초국적 기업이 다섯 개나 생겨났음에도 불구하고, 상위 100대 초국적 기업의 85퍼센트는 여전히 유럽, 일본, 미국에 본사를 두고 있다(UNCTAD 2007: 3~4).

2000년에 상위 200대 기업 가운데 미국 기업은 82개(41퍼센트)를 장악하고, 일본 기업이 2위로 41개를 차지하고 있다(Anderson and Cavanagh 2000). 상위 200대 기업 안에 든 미국 기업의 비율은 단지 다섯 개의 일본 기업만이 목록에 포함되었던 1960년 이래 현저히 감소했다. 브라질, 멕시코, 인도가 가장 높은 수준의 외국인 투자를 보여 주는 등 개발도상국들의 초국적 기업에 대한 참여도 광범위하지만, 모든 외국인 직접 투자의 약 4분의 3은 선진국에서 이루어지고 있다. 기업 투자가 가장 빠르게 증가한 곳은 싱가포르, 대만, 홍콩, 한국, 말레이시아 등 아시아의 신흥공업국NICs이었다.

초국적 기업이 미치는 범위는 운송과 통신의 발전 없이는 불가능했을 것이다. 항공 여행은 이제 사람들이 60년 전에는 결코 상상조차 할 수 없었던 속도로 전 세계를 돌아다니게 한다. 한 유형의 운송업체에서 다른 운송업체로 직접 이동할 수 있는 컨테이너와 함께 대형화물 수송기와 초대형 선박의 개발은 대량 자재의 손쉬운 운송을 가능하게 한다. 통신 기술은 이제 세계의 한 부분에서 다른 부분으로의 즉각적인 접촉을 허용하며, 거대한 초국적 기업들은 그들만의 자체 위성 시스템을 가지고 있다. 예를 들어 미쓰비시Mitsubishi는 거대한 네트워크를 가지고 있으며, 이 네트워크를 통해 매일 500만 개의 단어가 도쿄 본사로 송·수신된다.

초국적 기업의 유형

초국적 기업들은 국제 노동 분업 — 산업 생산이나 농업 생산 구역으로 또는 고숙련 노동과 저숙련 노동 지역으로 구분되는 세계시장에서의 상품 생산 전문화 — 에서 매우 중요하다. 국가 경제가 제한된 수의 대기업들에 의해 지배되는 것처럼, 세계 경제 역시 마찬가지다.

펄뮤터Perlmutter는 초국적 기업을 세 가지 유형으로 구분했다(1972). 본국 중심의 초국적 기업의 경우 기업 정책은 본국의 본사에서 설정되고 실행된다. 모기업이 전 세계적으로 소유하는 기업과 공장은 본사의 문화적 확장체이며, 그것은 전 세계에 표준화되어 있다. 두 번째 유형은 현지 중심의 초국적 기업으로, 해외 자회사들은 각국의 현지 기업들에 의해 관리된다. 주요 회사의 국가 또는 본국의 본사는 현지 기업이 자체 업무를 관리하는 광범위한 지침을 수립한다. 마지막으로 세계 중심의 초국적 기업은 경영 구조가 국제적이며, 글로벌 기반을 두고 통합된 관리 체계를 가지고 있다.

초국적 기업들은 엄밀히 말해 글로벌 차원에서 계획을 수립한 최초의 조직이다. 발달된 글로벌 네트워크를 가진 몇몇 회사들은 다양한 국가에서 상업 활동을 형성할 수 있다. 21세기 대기업과 20세기 중반의 대기업 간에는 주요한 차이점들이 있다. 전 미국 노동부장관 로버트 라이시Robert Reich는 미국 기업들에서 큰 변화가 일어나고 있음을 확인했다(1991). 많은 기업은 더 이상 '미국'이 아니다. 기업들은 공장, 기계 및 실험실에 투자하지 않았으며, 대규모 근로자들도 고용하지 않았다. 대신에, 미국 기업은 일종의 외관이었으며, 세계 여러 곳에서 유사한 그룹과 계약한 분산된 그룹으로 그 범위를 숨기고 있었다. 간단히 말해, 대기업은 점차 더 이상 대기업이 아니며, 중소기업을 연결하는 중앙 조직인 '엔터프라이즈 웹'이 된다. 한때 자급력이 높았던 대기업 중 하나인 IBM은 1980년대와 1990년대 초반 전략 계획을 공유하고 생산 문제를 해결하기 위해 수십 개의 다른 미국 기반 회사들과 제휴했다.

일부 기업들은 처음에 설립된 국가를 중심으로 강력하게 관료주의를 유지하고 있으나 대부분은 더 이상 명확히 어디에도 위치해 있지 않다. 오래된 초국적 기업은 해외 생산 공장과 자회사들을 통제하는 본부가 있었다. 현재 전 세계 모든 지역에 있는 그룹들은 통신과 컴퓨터를 통해 다른 사람들과 체계적으로 작업할 수 있다. 국가는 여전히 국경을 넘어 정보, 자원 및 돈의 흐름에 영향을 미치려고 노력하지만, 현대 통신 기술로 인해 그것이 불가능하지는 않더라도 점점 더 어려워지고 있다. 초국적 기업의 규모와 힘을 감안할 때 기업들은 자신들이 속해 있는 사회와 관련해 어떤 책임을 져야 하는가?

기업의 사회적 책임

기업의 책임 문제는 1950년대 이후 학문적 논쟁의 일부였지만, 1990년대 이래 기업이 사회적 책임을 지거나 사회적 책임을 지는 방식에 지속적으로 관심이 증가했다(European Commission 2001). '기업의 사회적 책임'이라는 개념은 다양하게 해석할 수 있지만, 예를 들어 환경의 지속 가능성에 대한 헌신을 포함해 일반 국민들의 광범위한 사회적, 환경적 열의를 충족시키기 위해 회사가 엄격한 법적 의무와 건강 및 안전 규칙을 준수한다는 것을 포함한다.

> 지속 가능한 발전 이슈는 제5장 〈환경〉에서 상세히 논의된다.

간단히 정의하면 기업의 사회적 책임corporate social responsibity, CSR은 '기업이 자신의 가치와 행동을 다양한 이해관계자들의 가치와 행동에 부합시키는 방법'을 의미한다(Mallin 2009: 1). 후자가 정부, 공급 업체, 고객, 직원, 이익 단체를 포함할 수 있으므로 다양한 가치와 행동이 충돌할 수 있다는 점에서 쉬운 일은 아니다. 또한 CSR은 단순히 자선사업과 동일하지 않다는 점을 유념하는 것도 중요하다. 오히려 주요 이해관계자와의 관계를 향상시켜 장기적으로 지속 가능한 비즈니스 모델을 창출하려는 시도의 일환이다. 이러한 점에서 CSR을 포함하는 것은 자발적이라기보다는 기업의 실천에 필수적일 수 있다.

최근 수십 년 동안 발생했던 기업들의 무책임한 일련의 사건들에 비춰 볼 때 CSR 운동은 이상하게 보일 수 있다. 예를 들어 1992년 인도의 유니언 카바이드Union Carbide 공장에서 발생한 보팔Bhophal 재해는 수천 명이 사망하고 부상을 입었지만, 그로부터 10년이 지날 때까지 피해자들에게 지급된 보상은 전혀 없었다. 2002년 기업 사기와 은폐로 야기된 엄청난 사건이었던 엔론Enron의 회계 감사를 담당했던 아서앤더슨Arthur Andersen의 붕괴는 금융계에 충격을 안겨 주었다(Crowther and Rayman-Bacchus 2004: 1). 그리고 2009년 세계 경제를 침체로 몰아넣은 신용경색과 금융 위기는 2008년에 주요 은행과 금융기관의 무책임한 모기지 대출에서 촉발되었다.

이러한 사례들은 1960년대 이래 모든 종류의 공공기관에 대한 신뢰가 떨어진 대중에게 CSR 의제를 진지하게 수용하기엔 갈 길이 멀다는 것을 보여 준다. 게다가 세계 전역의 반세계화와 반자본주의 운동의 출현과 함께 확산된 기업과 은행들의 비윤리적 행위에 대한 광범위한 우려 및 뉴욕, 런던, 기타 지역의 '점령Occupy' 시위 캠프들은 대기업들과 개인 간의 커다란 격차를 보여 준다. 또한 글로벌 커뮤니케이션 시대에 사람들은 개인적으로 불만을 토로하기보다 그들의 우려를 거리로 옮길 준비를 점점 더 많이 하고 있음을 보여 준다.

이러한 상황에서 CSR은 기업들이 변화하는 사회에 다시 연결되는 하나의 방법을 제공한다. 하지만 석유 회사, 패스트푸드 사업자 또는 무기 제조업자들은 그들의 주요 사업을 계속하는 동안 비판적인 사람들에게 '사회적 책임'이 있는 기업으로 받아들여지기 어렵다. 사회적 책임을 기업의 모범 사례에 포함하려는 시도와 우리가 기대하는 것에는 분명히 차이가 있다.

비판적으로 생각하기 THINKING CRITICALLY

구글은 중국의 법률을 준수하고 검색 엔진을 통해 발견된 '논란의 여지가 있는' 콘텐츠를 걸러 내기로 합의했다. UBS은행은 법적 의무가 없을 때 주주의 돈을 사용해 탄소 배출량을 줄였다. 하이네켄은 회사에 재정적 수익을 안겨 주지 않을 것이라는 것을 알면서도 자사 직원들에게 HIV/AIDS 치료를 제공했다(Schwartz 2011: 16). CSR의 사례로 간주할 수 있는 행위는 무엇인가? 당신의 답변 이유를 설명하라.

테일러리즘과 포디즘

1970년대 이후 획일화된 대량 생산에서 벗어나 차별화된 틈새시장이 번창할 수 있는 보다 유연한 시스템으로 이동하면서 제조 산업에 커다란 변화가 있었다. 이처럼 거시적인 유형들을 탐구하는 것이 경제사회학의 핵심으로, 이는 모든 종류의 경제 행위자들이 사회관계와 제도의 광범위한 시스템에 깊이 자리하고 있음을 보여 준다.

현대 경제학의 창시자 가운데 한 사람인 애덤 스미스Adam Smith는 약 2세기 전의 저술에서 생산성 증대라는 측면에서 분업이 제공하는 다양한 장점들을 언급했다. 가장 유명한 그의 저서 『국부론The Wealth of Nations』(1991[1776])은 핀 생산 공장에서 분업에 대한 묘사로 시작한다. 혼자 일하는 근로자는 하루에 20개 정도의 핀을 만들 수 있다. 그러나 이 근로자의 일을 여러 개의 간단한 작업으로 나눈다면 다른 근로자와 연합하면서 전문화된 일을 수행하는 10명의 근로자는 하루에 4만 8천 개의 핀을 생산할 수 있다. 다시 말해 1인당 생산량이 20개에서 4천8백 개로 증가해, 각자 전문화된 근로자는 고립되어 혼자 일하는 근로자에 비해 무려 240배의 생산량 증가를 이룰 수 있다.

1세기 이상 지난 후, 이러한 생각들이 미국의 경영 컨설턴트였던 프레더릭 윈슬로 테일러Frederick Winslow Taylor(1865~1915)의 저작에서 가장 발전된 형태로 나타났다. 테일러가 '과학적 관리scientific management'라고 불렀던 이 접근법은 정확히 시간을 재고 조직화할 수 있는 단순화 과정으로 작업을 나누기 위해 산업 과정에 대한 세밀한 연구를 포함했다. '과학적 관리'로 불렸던 테일러리즘Taylorism은 단순한 학문적 연구가 아니었다. 그것은 산업 생산을 극대화하기 위해 고안된 생산 체계였고, 산업 생산의 조직과 기술뿐만 아니라 작업장 정치에도 광범위한 영향을 끼쳤다. 특히 테일러의 시간 동작 연구time-and-motion study는 근로자들로부터 생산 과정의 지식에 대한 통제권을 빼앗아 그 지식이 오로지 경영자의 수중에 놓이게 만들었다. 그 결과 수공업 장인들이 고용주에게서 벗어나 자율적으로 유지할 수 있었던 기반이 무너졌다(Braverman 1974). 그런 식으로 테일러리즘은 노동의 비숙련화와 숙련 저하에 광범위하게 연결되었다.

테일러리즘의 원리는 산업 자본가 헨리 포드Henry Ford(1863~1947)에 의해 잘 이용되었다. 1908년 포드는 미시간주 하이랜드 파크Highland Park 지역에 T형 포드 자동차만을 생산하기 위한 자동차 공장을 세웠다. 이 공장은 공정 속도, 정밀성, 단순성을 중심으로 전문화된 도구와 기계를 사용할 수 있게 설계된 최초의 자동차 공장이다. 포드의 중요한 혁신 중 하나는 움직이는 조립 생산 라인이었다. 이것은 시카고의 도축장에서 동물들이 이동 라인을 따라 각 부분이 해체되는 것에서 영감을 얻은 것으로 알려지고 있다. 포드의 조립 라인에서 각각의 근로자는 차체가 라인을 따라 움직일 때마다 왼쪽 문고리를 조립하는 것과 같은 특화된 업무가 부여된다. 1929년 T형 자동차의 생산이 중단될 때까지 1천5백만 대 이상의 자동차가 이렇게 생산되었다. 포드는 대량 생산이 대규모 시장을 필요로 한다는 것을 알아챈 최초의 사람 중 한 명이다.

포드는 만약 자동차와 같은 표준화된 상품이 보다 큰 규모로 생산되기 위해서는 그런 상품을 살 수 있는 소비자들이 반드시 있어야 한다고 생각했다. 1914년에 포드는 미시간의 디어본Dearborn 공장에서 일하는 근로자에게 하루 8시간 노동에 5달러를 지급함으로써 일방적인 임금 인상을 하는 전례 없는 조치를 단행했다. 그 당시 이 임금은 아주 넉넉한 편이었고 자동차를 소유할 정도로 근로자 계급의 라이프스타일을 보증할 수 있는 임금이기도 했다. 하베이Harvey는 "하루 8시간 노동에 5달러를 지불한 목적은 고도로 생산성이 높았던 조립 라인 체계를 잘 운영하기 위해 근로자가 훈육에 순응하도록 확실히 하는 것이었지만 그런 목적은 일부분에 지나지 않았다"고 언급했다(1989: 126). 그것은 동시에 노동자들에게 충분한 소득을 제공해 주고 기업들이 그 어느 때보다 막대한 양으로 출하한 대량 생산 물품들을 소비할 수 있도록 만들었다는 것을 의미한다. 포드는 또한 몇 명의 사회사업가로 이루어진 서비스 팀을 발족시키고 이들을 개별 노동자의 가정에 보내 올바른 소비 습관을 교육하도록 했다.

포디즘Fordism은 21세기 초에서 1970년대 초까지의 역사적 시기를 일컫는 개념이며, 그 시기의 특징은 대량 생산, 노동 관계의 안정성과 높은 수준의 노동조합화와 연결되어 있다. 포디즘 아래 기업들은 근로자를 장기간 안정적으로 고용할 수 있었고 동시에 임금은 생산성 향상과 밀접하게 연계되어 있었다. 그런 이유로 단체협상협약collective bargaining agreements — 기업과 노동조합 간에 임금, 연공서열 권리, 복지 혜택 등과 같은 노동 조건을 두고 협상한 공식 협약 — 이 도덕적인 바탕에서 체결되었다. 이 협약은 근로자들이 자동화된 노동 체계에 동의하고 동시에 대량 생산된 상품에 대한 충분한 수요를 가질 수 있도록 확실히 동의하게 만들었다. 포디즘 시스템은 대략 1970년대에 붕괴된 것으로 여겨지며 이에 따라 작업 환경에서 더 큰 유연성과 불안정성이 초래되었다.

포디즘의 소멸 원인은 복잡하며 여러 가지 논의가 집중되어 왔다. 포드주의는 국내 시장에 대한 상품 공급에 기반을 두었다. 그러나 다국적 기업들이 확산되고 국제 시장이 보다 중요해지면서 내수 지향적 포드주의 시스템은 효과를 잃었다. 국제화는 동시에 새로운 경쟁자를 불러들였다. 당시엔 서독, 그다음에 일본, 그리고 나중에는 동남아시아 신흥공업국들이 기존 내수 생산과 소비 간의 연결을 깨부수고 들어왔다. 수입 제품이 국내 소비자들에게 더 인기를 끌었고 포드주의적 설계는 퇴색되었다(Tonkiss 2006: 93~94).

한때 포디즘이 산업 생산의 전 영역에서 유망한 미래상을 제시한 것처럼 보였지만 곧 그렇지 않다는 것이 판명되었다. 포디즘은 자동차 생산과 같이 대규모 시장에 표준화된 물건을 생산하는 산업에만 적용될 수 있다. 기계화된 생산 라인을 설치하는 것은 막대한 비용이 들고 한번 설치되면 그 생산 라인은 매우 융통성이 없다. 제품 하나를 바꾸기 위해 실질적으로 많은 재투자가 필요했다. 노동력이 비싼 나라의 기업들은 임금이 낮은 곳의 기업들과 경쟁하기가 어렵다. 이것이 본질적으로 일본 자동차 산업의 성장을 이끌고(물론 일본의 임금 수준은 더 이상 낮지 않다) 뒤이어 한국에서 자동차 산업이 성장한 요인 가운데 하나였다.

산업사회학자들은 포디즘과 테일러리즘을 저신뢰 체제low-trust system라고 불렀다. 일이 경영에 의해 구성되고 기계에 맞춰졌다. 근로자들은 작업 과제를 수행하면서 면밀하게 감독되었고 행동에 어떤 작은 자율성도 용납되지 않았다. 훈육과 고품질 생산 기준을 유지하기 위해 피고용자들은 다양한 감시 체계를 통해 지속적으로 감시되었다. 그러나 지속적인 감독은 의도한 결과와 반대 결과를 낳는다. 근로자들의 헌신과 사기는 근로자들이 그들의 일과 그 일을 어떻게 수행할지에 대한 발언권이 없기 때문에 때로 훼손된다. 저신뢰 일자리가 많은 작업장에서 근로자의 불만과 결근 횟수가 높고, 노사갈등이 흔하다. 반대로 고신뢰 체제high-trust system는 근로자들이 전체적인 가이드라인 안에서 노동 속도와 심지어 노동의 내용을 통제할 수 있도록 허용된 체제다. 이러한 체제는 보통 산업 조직체의 상부에만 집중되어 있다. 우리가 살펴볼 것처럼, 고신뢰 체제는 일의 조직과 수행 방식에 관한 우리의 생각 자체를 변화시키면서 최근 많은 작업장에서 점점 확대되고 있다.

포스트포디즘

1970년대 중반 이래, 유연 생산이 제품 개발, 생산 기술, 경영 스타일, 작업 환경, 피고용자 참여와 마케팅을 포함한 여러 분야에 도입되었다. 집단 생산, 문제 해결 팀, 다기능과 틈새 마케팅은 변화하는 조건 아래서 스스로 구조조정하려는 기업들에 의해 시도된 전략의 일부다. 포스트포디즘이라는 개념은 포디즘 원칙으로부터의 급진적 변화를 총체적으로 표현하기 위해 고안되었다(Amin 1994; Beynon and Nichols 2006). 마이클 피오르Michael Piore와 찰스 세이블Charles Sabel이 사용해 널리 알려진 포스트포디즘이란 용어는 주문받은 다양한 물건에 대한 시장 수요에 대처하기 위해 유연성과 혁신이 혼합된 새로운 자본주의 생산의 시대를 묘사한 것이다(1984).

포스트포디즘은 디자인, 제조와 분배 영역에서 일련의 중첩된 변화를 언급하지만 일부 저자들은 사회 전체를 통해 나타나는 더 큰 변화와 연결된다고 주장한다. 단일성에 대한 반대와 유연성 지향은 또한 정당정치, 복지 프로그램, 소비자들의 욕구와 생활양식의 선택 같은 다양한 분야에서 나타난다. 이에 따라 포스트포디즘은 제조 과정에서 일련의 작은 변화들뿐만 아니라 더욱 다양하고 개인화된 사회 질서로의 변화를 논의하는 데 활용되었다. 포스트포디즘 주제에 대한 비판을 살펴보기에 앞서 앞의 세 가지 예를 검토해 보자. 경제적 생산의 세계를 정치, 정책 및 이런 방식으로 바뀌는 생활양식에 연결시키는 것 또한 신경제사회학에는 본질적으로 중요하다.

집단 생산, 유연 생산과 대량 주문 생산

포스트포디즘 생산 과정에서의 중요한 변화는 유연 생산의 확대와 컴퓨터 지원 디자인computer-aided design, CAD과 컴퓨터 지원 제조computer-aided manufacture, CAM의 확산이다. 포디즘이 대량 소비를 위한 (표준화된) 대량 생산품을 생산하는 데는 성공적이었지만, 그들은 특수하게 개별 소비자들을 위해 만들어진 제품은 물론 적은 주문량의 물건을 생산할 수 없었다. 테일러리즘과 포디즘 체계의 한계는 첫 번째로 대량 생산된 자동차에 대한 헨리 포드의 유명한 명언인 "검은색이기만 하다면, 어떤 색상의 T자형 자동차라도 가질 수 있다"에 반영되어 있다. 컴퓨터에 기반을 둔 다른 유형의 기술과 짝을 이루어 컴퓨터가 지원하는 디자인은 이러한 상황을 근본적으로 변화시켰다. 데이비스Davis는 새로운 기술이 개별 소비자들을 위해 디자인 특화된 상품의 대규모 생산을 가능하게 했다며 '대량 주문' 생산의 출현을 예고했다(1988). 예를 들어 매일 조립 생산 라인을 이용해 5천 장의 셔츠가 생산될 수 있었지만 이제는 그 한 장 한 장을 맞춤으로 해서도 같은 속도와 유사한 비용으로 생산할 수 있게 되었다.

인터넷은 현재 개별 소비자들에 대한 정보를 구하고 그들이 원하는 정확한 명세에 맞춘 생산품을 제조하는 데 이용될 수 있다. 대량 주문 생산의 열정적인 지지자들은 대량 주문 생산이 지난 세기의 대량 생산 기술의 도입만큼 중요한 발달로서 아주 새로운 산업혁명을 가져왔다고 주장한다. 그러나 대량 주문 생산에 대한 회의론자들은 최근 이루어지는 대량 주문 생산은 선택에 대한 환상만 만들 뿐이며, 실상은 인터넷 소비자에게 가능한 선택사항이란 것이 카탈로그를 보고 우편 주문하던 전형적인 방법보다 더 나은 점이 없다고 지적한다(J. Collins 2000).

대량 주문 생산을 가장 큰 규모로 실행했던 제조 회사 중 하나가 델Dell 컴퓨터다. 제조사로부터 직접 컴퓨터를 구매하기를 원하는 소비자는 델 컴퓨터가 소매 할인점을 가지고 있지 않기 때문에, 온라인상에서 델 컴퓨터의 웹사이트를 둘러봐야만 한다. 소비자는 자신이 원하는 특징들로 정확하게 조합된 컴퓨터를 선택한다. 주문을 완료하면 컴퓨터는 상세한 설명서에 따라 조립되어 보통 며칠 안에 선적된다. 요컨대 델 컴퓨터는 기업이 우선 상품을 만든 후 그 상품을 어떻게 팔 것인지 염려해 왔던 전통적인 사업 절차를 거꾸로 바꾼 것이다. 현재 델 컴퓨터와 같은 대량 주문 생산자는 우선 팔고 그다음에 조립한다.

그러한 전환은 산업에 중요한 영향을 끼친다. 제조사가 부품을 물류 창고에 저장할 필요 — 제조사에는 주요 비용이 되는 — 가 급속도로 줄어든 것이다. 더 나아가 생산의 상당한 몫이 점점 외주 생산으로 전환되었다. 따라서 제조사와 공급자 간 급격한 정보 전환 — 이것 역시 인터넷 기술에 의해 용이하게 된 것인데 — 이 대량 주문 생산의 성공적인 이행에 필수적이다.

제로에서의 변화는 생산품이 '어떻게' 만들어지는지뿐만 아니라 '어디서' 만들어지는지와도 관련된다. 20세기 대부분의 기간 동안 가장 중요한 기업 조직은 상품을 만들고 그 상품을 파는 대규모 제조 회사였다. 미국의 포드와 제너럴모터스GM 같은 엄청난 규모의 자동차 회사들은 수천 명의 공장 근로자를 고용했고 개별 부품부터 마지막 단계인 자동차까지 모두 생산한 후 제조사의 자동차 전시장에서 팔았다. 그러나 포스트포디즘에 의해 다

전자 산업의 경우처럼 생산이 고객화된 곳에서조차 생산 라인 같은 요소가 여전히 존재할 수 있다.

른 형태의 생산이 좀 더 중요해졌는데, 그것은 바로 엄청난 규모의 소매 유통업이다. 포스트포디즘으로의 전환은 제조업자가 아닌 아마존과 같은 거대 소매업자가 통제할 수 있는 또 다른 생산 방식으로의 전환을 가져왔다. 아마존은 공급 업체의 창고 안에 자체 공간을 설립하기 시작했다. 이 전략은 언더 더 텐트under-their-tents라고 불린다(IMS 2013). 기본적으로 적시just-in-time 원칙을 확대한 아마존은 자사의 재고 및 창고 건설 비용을 줄이고 공급 업체의 제품 범위 내에서 경쟁사보다 훨씬 더 빠르게 주문을 처리, 공급할 수 있다. 세계 전역으로 소비재 상품이 대량 이동하는 대신 이제는 동일한 창고에서 개별 주문품들이 간단히 이동할 수 있다.

보나치치Bonacich와 아펠바움Appelbaum은, 의류 제조업에서 대부분의 제조사들이 실제로 옷 만드는 근로자를 한 명도 고용하지 않는 대신 그들 회사 제품을 생산하는 전 세계 수천 개의 다른 공장들에 의존해 생산한 옷을 백화점과 소매점에서 판다는 것을 밝혀냈다(2000). 의류 제조사들은 자기 공장을 하나도 소유하지 않아 의류가 생산되는 환경 조건에는 책임이 없다. 미국 내에서 팔리는 모든 의류의 3분의 2는 미국 밖에서 만들어지고 중국, 대만, 필리핀 같은 곳에서는 노동자들이 미국 평균 임금의 극히 일부에 해당하는 임금을 받는다. 소매상과 제조사들은 가능한 한 가장 낮은 임금을 지불할 수 있는 곳을 찾아 지구의 어떤 곳이든 갈 것이다. 오늘날 우리가 구매하는 의류의 대부분은 아마도 나이 어린 10대 소녀 근로자를 착취하는 공장에서 만들어지는 경향이 있고, 그들은 다른 10대들을 위해 팔리는 수백 파운드에 달하는 고가의 옷과 운동화를 만들면서 명색뿐인 저임금을 받는다.

집단 생산 — 협업하는 집단을 이룬 근로자 — 은 일을 재조직하는 방법으로 자동화와 함께 사용되었다. 핵심적 아이디어는 개인에게 단일 반복 작업을 수행하도록 요구하는 것이 아니라 집단의 협업을 통해 직원들의 근로 동기를 높이는 것이다. 하지만 일부 연구에서는 집단 생산의 부정적인 결과들을 다수 발견했다. 팀 프로세스team process에서 경영진에 의한 직접적 권위 행사는 덜 나타났음에도 불구하고, 다른 팀원들에 의한 지속적인 감독은 새로운 형태의 상호 감시를 보여 준다. 로리 그레이엄Laurie Graham은 인디애나주에 있는 일본 소유 스바루이스즈Subaru-Isuzu 자동차 공장의 생산 라인에서 6개월간 일했다. 그녀는 더 높은 생산성을 달성하려는 동료 집단의 압력이 끊임없이 이어졌다고 밝혔다(1995).

그녀가 처음 집단 생산에 열정적인 인식을 갖게 된 후에야 한 동료 근로자는 그녀에게 동료의 감시는 '근로자들이 죽도록 일하도록work people to death' 만드는 새로운 경영 수단이었다고 말했다. 그레이엄은 또한 스바루이스즈가 경영진과 근로자들이 같은 팀이라고 인식된다면 갈등이 없어야 한다는 식의 해석으로 집단 생산의 개념을 노조에 대항하기 위한 수단으로 사용했다는 것을 발견했다. 좋은 '팀원'은 불평하지 않는다는 것이다. 스바루이스즈 자동차 회사에서는 높은 임금이나 책임 감소에 대해 요구하면 피고용자의 협조성과 헌신이 부족한 탓으로 여겼다. 따라서 집단 생산은 근로자들에게 작업장에서의 덜 단조로운 작업 기회를 제공하지만 권위와 통제 체계가 여전히 존재한다는 것을 보여 준다.

포스트포디즘 비판

노동의 세계와 경제 생활에서 지난 40여 년에 걸쳐 전환이 일어나고 있다는 인식은 있지만, 어떤 이들은 이것을 '포스트포디즘'이라는 현상으로 해석하는 것을 거부한다. 통상적인 비판의 하나는 포스트포디즘 분석가들이 포디즘적 생산이 포기되었다는 것을 너무 과장했다는 것이다. 우리가 목격하는 것은 포스트포디즘주의자들이 옹호하는 것처럼 전반적인 변화라기보다는 새로운 접근이 전통적인 포디즘적 기술에 통합된 것이다. 이러한 비판은 전통적 포디즘적 기술이 수정된 것인 신포디즘neo-Fordism 시기를 경험하고 있다고 주장하는 사람들에게도 받아들여졌다(Wood 1989). 일부에서는 포디즘과 포스트포디즘 모두 생산이 항상 여러 산업에서 활용되는 과잉 일반화라고 비판했다(Pollert 1988).

그럼에도 불구하고 위에서 묘사한 생산 방식이 경제생활이 점점 더 세계화되는 것을 보여 주는 한 예라는 점은 의심할 여지가 없다. 포스트포디즘 경향은 일의 경험을 이전의 예측 가능하고 여유 있는 세계로부터 더욱 유연하고 노동 환경이 불안전하게 바뀌었으며 노동자들에게 새로운 요구가 주어졌다. 하지만 다음에 살펴볼 것처럼, 이러한 요구들이 무엇인지 확인하기 전에 '일'이라는 개념 그 자체가 무슨 의미인지 이해할 필요가 있다.

일의 변화하는 특성

일이란 무엇인가

유급이건 무급이건 일work은 정신적 혹은 육체적 노력을 요구하는 업무를 수행하는 것으로 정의할 수 있고, 이는 인간의 필요를 충족시키는 재화와 서비스의 생산을 목적으로 한다. 직업occupation 혹은 일자리job는 정규적인 임금 혹은 봉급을 받고 이뤄지는 일을 말한다. 모든 문화권에서 일은 경제economy의 토대이고, 경제 체제는 재화와 서비스의 생산과 분배를 담당하는 제도들로 구성된다.

우리는 흔히 일을 유급 노동과 동일하게 생각하는 경향이 있지만, 실제로 이것은 지나치게 단순화한 견해다. 무급 노동(가사노동이나 자기 차를 고치는 일과 같은)도 많은 사람의 삶에서 큰 부분을 차지하고 사회의 존속에 큰 기여를 한다. 자선 기관 등을 위해 일하는 자원봉사도 일의 또 다른 형태인데, 이것은 중요한 사회적 기능을 수행하는 것이어서 공식적이거나 상업적인 재화와 서비스 공급에서 소홀히 다루어지는 부분을 메워 주면서 사람들의 삶의 질 향상에 기여한다. 실제로 버드Budd는 일에 대해 생각할 수 있는 열 가지 방법을 논의한다(2011). 물론 그것보다 훨씬 더 많을 수도 있지만, '일'은 사회생활에서 많은 의미를 갖는다. 예를 들어 어떤 사람들에게는 일이 '저주', 즉 필요하지만 불쾌한 것인 반면, 다른 사람들에게는 만족감과 성취감의 원천이다. 일은 또한 우리의 정체성과 개인적 자유의 일부라고 할 수 있다.

하지만 우리는 사회학적으로 일을 인식해야 한다. 무엇보다 '일'은 사회적 관계다. 그렇기에 일을 완전히 이해하려면 사회적 맥락에서 봐야 한다(Strangleman 2015: 137). 많은 유형의 일이 '유급 노동'이라는 정통적인 범주에 들어맞지 않는다. 예를 들어 비공식 경제에서 수행되는 일들은 공식적 고용 통계에 어떤 직접적인 방식으로 기록이 남지 않는다.

비공식 경제informal economy라는 용어는 때로 제공된 서비스와 현금의 교환을 포함하며 직접적인 재화와 용역의 교환을 포함해 정규 고용의 영역 밖에서 이루어지는 거래를 지칭한다. 물이 새는 파이프를 고치기 위해 온 사람에게는 영수증이나 내역서 없이 현금이 지급될 수 있다. 사람들은 훔친 '값싼' 물건을 호의에 보답하는 의미에서 친구나 동료와 교환할 수 있다. 비공식 경제는 '감추어진' 현금 거래뿐만 아니라 사람들이 집 안팎에서 하는 여러 가지 자급자족 형태를 포함한다. 스스로 하는do-it-yourself 활동과 집 안에 이미 가지고 있는 기계나 도구들이 그렇지 않았더라면 돈을 주고 구입해야 하는 재화와 서비스를 제공한다(Gershuny and Miles 1983).

비판적으로 생각하기 THINKING CRITICALLY

여러분은 어떤 유형의 유급 노동에 종사하며 어떤 직업 경력을 추구하는가? 그런 종류의 일이 어째서 매력적인가? 당신이 그 일이나 경력을 선택한 것은 사회적 지위 때문인가, 아니면 그것이 주는 내재적 만족감에 의해 영향을 받은 것인가?

만약 일 경험에 대해 글로벌 관점에서 보면, 산업사회와 개발도상국 간에는 큰 차이가 있다. 가장 큰 차이는 개발도상국에서는 농업이 가장 주요한 고용 부문으로 여전히 남아 있는 반면, 산업사회에서는 극소수의 사람들만 농업 분야에서 일한다는 점이다. 분명한 것은 저개발국 농업 분야에서의 임금 노동 경험은 발전한 국가들에서 전형적으로 경험하는 사무실 환경과 매우 다르다는 점이다. 마찬가지로 선진 사회에서는 일련의 노동 관련법이 마련되어 근로 시간, 건강과 안전 및 근로자의 권익을 지속적으로 보호해 주지만, 저개발국에서는 어린이를 포함한 근로자들이 저임금을 받으면서 열악한 환경에서 장시간 일하는 '땀내 나는 작업장'이 여전히 존재한다는 점도 다르다(Louie 2001).

어린이 노동에 관해 더 알아보려면 제14장 〈글로벌 불평등〉을 참조하라.

전 세계의 고용 양상 또한 매우 다르다. 대부분의 선진 사회에서는 비록 상당한 정도의 신규 이민자들이 비공식 경제(때로는 '지하 경제'라고 불림)를 통해 생계를 꾸려 가지만 그 규모가 상대적으로 작다. 하지만 개발도상국에서는 이런 양상이 반대여서, 값싼 임금과 노동력에 대한 자유로운 해고를 기반으로 비공식 경제가 번성한다. 다수의 개발도상국에서 대다수 사람들의 일 경험은 비공식 부문에서의 경험이고 이것이 하나의 규범으로 여겨진다(〈세계 사회 7-1〉 참고). 비록 수많은 사람이 생존을 위해 그런 비공식 경제에 의존하지만, 세원稅源이 부족해져 정부의 재정 지출은 제약을 받으며, 그 결과 경제 발전은 더욱

나이지리아의 비공식 경제 의존

세계 사회 7-1

비공식 경제와 기업 개발

나이지리아 경제 규모는 420억 달러 정도로 평가되며 아프리카 국가 중 가장 크다. 그러나 이 수치는 비공식 경제 혹은 지하 경제로 이루어지는 이 나라 경제 활동의 많은 부분을 포함하지 않은 것이다. 세계은행의 추산에 따르면 아시아와 아프리카 국가의 국내총생산GDP 중 25~40퍼센트는 비공식 부문에서 나온다. 한 연구에 따르면 아프리카에서 가장 큰 나이지리아의 경우는 그 수치가 국민총생산GNP의 65퍼센트에 육박한다. 분명한 사실은 적절한 데이터가 없기 때문에 나이지리아의 비공식 경제가 차지하는 정확한 규모나 국가 경제에 대한 기여도를 계량화하기가 불가능하다는 것이다. 이 나라에서 벌어지는 실제 상황을 살펴보려면 지역 신문에 실리는 기사 내용을 살펴보는 수밖에 없을 때도 있다.

2008년 9월 「뱅가드Vanguard」 신문은 노동부 고위 관리와의 인터뷰 기사를 실었는데, 신규 일자리의 90퍼센트가 비공식 부문에서 만들어진다는 내용이었다. 출처를 밝히지 않은 한 기사를 인용하면서 그 관리는 비공식 부문이 나이지리아 전체 비노동 부문 고용의 80퍼센트, 도시 일자리의 60퍼센트를 책임진다고 밝혔다. 이 수치는 출처로 보아 믿을 만한 것이지만, 경제를 빠른 속도로 성장시키려 시도하는 한 국가의 지표로는 믿기지 않는다.

비공식 경제는 정부의 규제 바깥에서 이루어지는 경제 행위의 총합을 의미하므로, 세금을 내지도 않고 국가의 GDP에 잡히지도 않는다. 여기에는 상품뿐만 아니라 서비스도 포함되고 수제품이나 길거리 행상에서부터 농업 노동이나 돈 빌려 주기(대부)를 포함하는데, 관습적이건 필요에 의해서건 공식 규정을 벗어나 이루어지는 것이고 사회적 혜택이 결여된 것이 특징이다. 나이지리아의 경우, 공식 경제의 상당한 몫을 차지한다.

[……]

나이지리아의 비공식 부문은 거대한 규모이고 공식적인 규정이나 규제 영역 밖에서 지속적으로 이루어지는 매우 다양한 활동들이 포함된다. 조직화되지 않고 종종 눈에 띄지도 않는 소규모 행태로 이루어진 다양한 종류의 활동으로 구성되는데, 이를 통해 전통적으로 도시나 농촌 지역의 가난한 사람들이 생계를 꾸려 왔다.

[……]

나이지리아의 경우, 비공식 경제 문제를 다루려면 단순히 정책 제시만으로는 되지 않고 말로만 '암시장'이라는 꼬리표를 붙일 것이 아니라 이러한 비공식 경제 행위의 타당성과 본질적인 경제적 가치에 대한 공식적이고 일반적인 인식이 단호하게 바뀌어야 된다.

[……]

비공식 경제는 나이지리아의 역사적이고 제도적인 무관심이라는 어려운 상황과 더불어 발전해 왔다. 그리고 초기 자본가적인 정신이 전통을 따라 번성해 왔다. 국내 혹은 국제적인 상당한 압력에도 불구하고, 이 나라의 장기간에 걸친 거시경제 성적표는 비공식 경제 부문을 어떻게 다루느냐와 밀접하게 연결되어 있고, 나이지리아의 풍부한 석유 매장량보다 이 부문을 공식화하는 것이 궁극적으로는 훨씬 더 가치 있다는 사실이 밝혀질 것이다.

출처: Osalor 2011.

더 어려워진다. 다시 말해, 일의 경험뿐만 아니라 사람들에게 일이 차지하는 의미 자체가 나라마다 매우 다르다.

> 이민 노동, 이민 노동자와 기존 사회의 관계에 대해서는 제16장 〈인종, 종족, 이주〉를 참조하라.

임금이 지급되는 일자리를 갖는다는 것은 특히 선진 사회에서 여러 가지 이유로 중요하지만, '일work'이라는 범주는 비공식 경제를 포함해 매우 넓은 범위를 갖는다. 전통적으로 주로 여성들에 의해 이루어져 온 가사노동은 매우 힘들고 피곤한 일임에도 불구하고 보통 대가가 주어지지 않는 일이다. 앤 오클리Ann Oakley가 가사노동에 대해 수행한 연구를 통해 좀 더 자세히 살펴볼 가치가 있다(〈고전 연구 7-1〉 참고).

사회학자가 흥미를 갖는 주요 관심사 중 하나는 여성의 노동시장 개입이 점점 증대되면 가사 분업에 어떻게 영향을 미치는가 하는 점이다. 만약 가사노동의 양은 감소하지 않았는데 극소수의 여성만이 현재 전업주부로 남아 있다면, 가사노동은 오늘날 다소 다르게 조정되어야 할 것이다.

사회적으로 일이 조직화되는 방식

선진 사회의 경제 체제가 갖는 가장 중요한 특성 가운데 하나는 매우 복잡한 분업division of labour이 이루어진다는 점이다. 일이 엄청난 수의 각기 다른 직업으로 나뉘고, 그에 따라 사람들도 전문화되었다. 산업화 이전에 비경제 부문의 일은 수공업적 재능을 숙달해야만 했으며 이러한 수공업적 숙련을 위해 도제 제도를 통해 오랜 기간 배워야 했다. 비농업 부문의 일은 기능의 숙달을 포함했다. 기능적 기술은 오랜 도제 기간을 통해 학습되고 근로자들은 통상적으로 처음부터 끝까지 모든 생산 과정을 담당했다. 예를 들어 쟁기를 만드는 금속 근로자는 쇠를 녹이고 모양을 만들고 기구 자체를 조립했다.

현대 산업 생산의 등장으로 더 큰 규모의 생산 과정을 이루는 기술로 대체되면서, 대부분의 전통적인 수공업이 완전히 사라졌다. 현대 사회에서는 또한 일하는 장소가 변했다. 전기와 석탄으로 움직이는 기계와 같은 산업 기술의 발달은 일과 가정의 분리를 낳았다. 공장이 산업 발전의 핵심적인 요소가 되었다. 공장에 집중적으로 배치되고 재화의 대량 생산mass production이 가정에 기반을 둔 소규모 수공업자를 능가하기 시작했다.

전통 사회와 현대 사회의 분업을 대조해 보면 정말 특별하게 차이가 난다는 것을 알 수 있다. 가장 규모가 큰 전통 사회에서조차 20~30개의 수공업적 직업과 상인, 군인 및 성직자 같은 몇 가지 전문화된 분야가 고작이었다. 현대 산업사회에는 문자 그대로 수천 개의 다양한 직업이 있다. 영국의 센서스 자료에 따르면, 영국 경제에 약 2만 개의 직업이 존재한다. 경제적 상호 의존성이 엄청나게 확대되어 있다는 의미다. 우리는 모두 우리의 삶을 유지해 주는 재화와 서비스를 수많은 다른 근로자들 — 오늘날은 전 세계에 있는 — 에게 의존하고 있다. 현대 사회에서 극소수를 제외한 거의 대부분의 사람들은 자신이 먹을 음식, 거주할 집, 소비할 상품들을 생산하지 않는다.

초기 사회학자들은 개별 근로자들이나 사회 전체 모두에 영향을 미칠 분업의 잠재적인 결과에 대해 광범위하게 연구했다. 마르크스는 현대 산업의 발달이 많은 사람의 일을 지루하고 흥미 없는 고된 일로 전락시키는 것에 대해 숙고한 초기 학자들 중 한 명이다. 마르크스는 분업이 일로부터 인간들을 소외시킬 것으로 보았다. 마르크스는 일에 대해서뿐만 아니라 자본가가 만든 환경 안에서 이루어지는 산업 생산의 전반적인 토대에 대한 무관심과 적대감까지 포함해 소외alienation를 정의한다. 그는 전통적인 사회에서 일은 자주 지치게 하는 것이었고 소작 농부는 때때로 동틀 때부터 해가 질 때까지 땅을 갈아야 했다고 지적했다. 그러나 소작농은 자신들의 일에 대해 통제할 수 있는 실질적인 기준을 가지고 있었다. 그러나 이와 대조적으로 많은 산업 근로자는 자신들의 일에 대한 통제를 거의 갖고 있지 못하고 전체 생산의 어떤 일부분으로서만 기여할 뿐이다. 또한 그들은 상품이 결과적으로 어떤 이들에게 어떻게 팔리는지에 아무런 영향력도 끼치지 못한다. 일은 외계인 같은 것이고 수입을 얻기 위해 수행되는 힘든 일은 본질적으로 만족할 수 없는 것이라고 주장한다.

뒤르켐 역시 노동의 잠재적인 나쁜 결과를 알고 있었지만, 노동 분업에 대해서는 좀 더 낙관적으로 전망했다. 뒤르켐은 역할의 전문화는 공동체 내에서 연대를 강화시킬 것으로 여겼다. 뒤르켐은 이러한 분업을 대단히 기능적인 것으로 보았으며 변화가 너무 빠르게 일어나면 사회적 연대가 훼손될 수 있다는 것도 알고 있었다.

앤 오클리의 가사노동과 주부 역할에 대한 연구

고전 연구 7-1

연구 문제

1970년대 이전까지 사회학적 노동 연구들은 공적인 영역에서 대가를 받는 고용에만 초점을 맞추었다. 그런데 이런 접근은 가사 영역을 무시하고 가정 내에서 이루어지는 일은 사적인 문제라고 단순하게 가정하는 것이다. 하지만 그러한 가정은 사회학자들이 사람들의 생활에 대해 무관심하다고 문제를 제기했던 페미니즘에 의해 완전히 흔들렸다. 그런데 그런 가정이 애초에 왜 그렇게 광범위하게 퍼졌을까? 지불 노동과 가정 일의 관계는 무엇일까? 왜 가정 일은 전적으로 여성의 일이라고 여겨지게 되었을까? 앤 오클리Ann Oakley는 1974년에 출간된 『가사 일의 사회학The Sociology of Housework』과 『주부Housewife』라는 서로 관련 있는 두 책에서 이 주제를 다루었다.

오클리의 설명

오클리는 서구에서 요즘과 같은 모습으로 가사노동은 가정과 직장이 분리된 데서 출발한 것이라고 주장했다(1974b). 산업화가 진전됨에 따라 '일'은 가정과 가족을 떠나 이루어지기 시작했고, 가정은 상품의 생산보다는 소비의 장소로 변했다. 점점 더 직접적으로 임금을 버는 것이 '진정한 일'이라고 정의되자 가정에서의 일은 '보이지 않게' 되었다. 가정에서의 일은 '자연스럽게' 여성의 영역으로 여겨진 반면에, 가정 바깥에서 이루어지는 '진정한 일'은 남성의 영역으로 남겨졌다.

산업화에 의해 제공되었던 발명품과 편의시설이 가사 영역에 도입되기까지 가사노동은 힘들고 까다로운 것이었다. 예를 들면 매주 해야 했던 빨래는 무겁고 손이 많이 가는 노역이었다. 집에 온수와 냉수가 늘 나오는 장치가 도입되면서 장시간을 요했던 노역이 제거되었다. 그전에는 많은 개발도상국에서 요즘도 여전히 그러하듯이 물을 밖에서 길러 집으로 옮긴 후 집 안에서 데워 사용했다. 전기와 가스 파이프 시설은 석탄과 나무 난로를 유명무실하게 만들었고 정기적으로 장작을 패는 일과 석탄을 옮기는 일, 끊임없는 난로 청소와 같은 잔일이 크게 줄어들었다.

그러나 놀랍게도 가사노동에 들어가는 평균 시간은 아주 주목할 정도로 감소하지 않았다. 가사노동과 같은 무급 노동에 영국 여성이 쓰는 시간의 분량은 지난 반세기 동안 꽤 일정했다. 집 안은 이제 이전보다 훨씬 깨끗하게 청소되어야만 한다. 가사 시설들은 힘겨운 잔일들을 없애긴 했지만 새로운 일들이 바로 생겨났다. 아이 양육과 물품을 구입해 집에 저장하는 일 및 식사 준비에 드는 시간이 모두 늘어났다. 이러한 무급 가사노동은 경제에 대단한 중요성을 지닌다. 산업화된 사회에서는 가사노동이 생산된 부의 25~40퍼센트 정도 기여하는 것으로 추정된다. 만약 가사노동이 임금으로 환산된다면 영국 경제에 700억 유로의 가치를 갖는 것으로 추정되었다(ONS 2002a). 오클리는 그처럼 잘 인식되지도 않고 보상이 주어지지도 않는 가사노동이 유급 노동을 하는 상당수 인구가 의존하고 있는 무료 서비스를 제공함으로써 경제의 상당한 부분을 지탱하고 있다고 주장했다.

여성이 가사 일에 전적으로 헌신하는 것은 한편으로 고립되고, 소외되고, 본질적인 만족감을 결여한 것이 될 수도 있다. 오클리의 연구에서 전업주부들은 가사노동을 대단히 단조롭게 여기고 일을 잘하는 것으로 여겨지는 어떤 기준에 맞추기 위해 스스로 부과한 정신적인 압박감을 극복하는 데 어려움을 겪고 있는 것으로 나타났다(1974a). 가사 일은 대가가 지불되지 않고 직접적인 화폐 보상이 없기 때문에, 여성들은 청결함이나 질서정연함의 기준을 세워 이에 도달함으로써 만족과 심리적 보상을 느끼는데, 이러한 기준을 외부에서 강요된 규칙으로 느끼기도 한다. 그러나 남성 근로자들과 달리 여성들은 하루의 일과가 끝나더라도 자신의 '작업장'을 벗어날 수 없다.

면접 조사 대상 여성들 중 일부가 자신들이 가정에서는 '스스로 주인'이라고 답하기는 했지만, 오클리는 이것은 환상일 뿐이라고 주장했다. 남성들이 정해진 시간만큼만 일하고 추가적인 가사 일을 회피하는 동안, 아픈 아이나 남편이나 다른 식구를 돌보는 모든 추가적인 가정의 의무가 여성의 몫이 되는데, 이는 가정에서 자연스럽게 '돌봐주는 사람'으로 여겨지는 여성의 일하는 시간이 증가한다는 것을 의미한다. 이런 상황은 남성들은 일과 여가를 칼같이 잘라 추가 의무는 자신이 지키려는 여가 시간을 침해하는 것으로 여기는 반면, 여성들은 그렇게 분명한 시간 구분을 경험하지 못하기 때문에 그렇게 하는 것이 아무런 의미가 없다고 여길 수밖에 없다는 점을 시사한다. 오클리는 또한 지불 노동은 소득을 가져오기 때문에 이로 인해 주부가 자신과 가족의 경제적 생존을 위해 남성 배우자에게 의존해야만 되는 불평등한 권력 관계를 낳는다는 점을 지적했다.

비판적 쟁점

가사노동이 성별로 분화된 것을 설명하는 데 사회 계급보다 가부장제가 더 중요한 요소라고 한 오클리의 주장에 여러 비판이 제기되었다. 비판자들은 그녀의 관점이 의사 결정 및 자원의 공유와 관련해서 노동 계급과 중산 계급 간에 존재하는 중요한 차이점을 무시했다고 주장했다. 최근에 이루어지는 사회 변동 양상을 보면, 일하는 여성이 과연 바깥일과 가사 일을 공유하면서 정말로 남자에 비해 더 큰 '이중 부담'을 지고 있는지 의문이 든다. 남자가 부담하는 가사노동의 양은 증가했고 남성과 여성에 의해 이루어지는 전체 일의 양(유급 노동이건 가사노동이건 간에)을 따져 보면, 유급 노동을 하는 여성들에 대한 사회적 변화가 조금 지체되기는 하지만, 평등해지는 과정이 실제로 일어나고 있다는 것이다. 설리번Sullivan이 분석한 영국의 자료도 거슈니Gershuny의 낙관적 결론을 뒷받침한다(2000). 그녀는 1950년대 후반 이래 여성의 가사노동 부담은 모든 계급에서 5분의 1 정도 줄었으며, 여성이 임금 노동을 하는 시간이 길면 길수록 가사 일에 투자하는 시간이 더 줄어든다고 밝혔다. 이런 연구들이 보여 주는 것은 가정에서의 남녀 관계 변화에 대해 오클리가 지나치게 비관적으로 생각했다는 점이다.

현대적 의의

오클리의 연구는 1970년대와 1980년대에 걸쳐 페미니즘에 의해 가정에서의 성별 관계에 대한 사회학적 연구가 자극되었을 무렵 커다란 영향력을 발휘했다. 그리고 최근의 일부 비판들이 틀린 것은 아니지만 그녀의 생각은 여전히 중요하다. 거슈니나 설리번 등의 연구에서도 비록 사회 변동이 진행되긴 하지만, 일반적으로 여성들은 남성들에 비해 여전히 더 많은 가사노동을 한다는 것을 보여 준다. 이런 발견은 오클리가 주장한 것처럼 서구 사회가 여성이 있어야 할 '적절한 장소'는 가사 영역이라는 기본 가정과 태도에 깊이 '배태embedded'되어 있음을 보여 준다.

최근 크럼프턴 연구팀은 세계적 경쟁에 따른 압력으로 인해 기업들이 (대부분 남성들인) 근로자들에게 더 많은 헌신을 요구하면서, 설리번(Sullivan 2001)이 주장한 가사노동에서의 평등화를 향한 과정이 '일단 정지'되었다고 밝히고 있다(Crompton et al. 2005). 가정에서의 노동 분화에 대한 태도는 전통적인 생각에서 벗어나고 있기는 하지만, 영국과 같은 일부 나라의 실제 가정에서 일어나는 일은 보다 전통적인 방식으로 회귀하고 있다.

세계적 경제 변동이 가사노동 분화에 미치는 영향에 대해서는 분명 비교 연구가 더 필요하지만, 앤 오클리가 1970년대에 실시한 연구는 사회학자들이 사회와 그 변동에 대해 제대로 이해하기 위해서는 공적인 영역에서의 임금 노동뿐만 아니라 가정 내에서 세세하게 이루어지는 성별 노동 분화 관계에 대한 분석이 필요하다는 점을 확인시켜 주었다는 점에서 매우 중요하다.

비판적으로 생각하기 THINKING CRITICALLY

성별로 분화된 가사노동에 대한 당신의 어릴 적 경험은 무엇인가? 부모, 이모나 삼촌, 조부모가 집안일에 관해 어떤 일을 한 것이 기억나는가? 이런 일들이 요즘 세대로 오면서 많이 달라졌는가? 가사 일, 양육, 공과금 납부, 아픈 가족 돌보기 중에서 어떤 점이 가장 많이 변했는가? 어떤 측면이 가장 변하지 않았고, 그 이유는 무엇이라고 생각하는가?

> 제1장 〈사회학이란 무엇인가〉에서 언급된 뒤르켐과 마르크스의 저술에 대한 개관을 살펴보면 유용할 것이다.

물론 19세기 말 이래 선진 국가와 선진 공업국들의 직업 구조는 괄목할 만한 변화를 겪어 왔다. 20세기 초에 노동시장은 블루칼라 일자리가 거의 전부였지만, 시간이 지나면서 서비스 부문의 화이트칼라 일자리로 기울었다. 〈표 7-1〉은 1981년 이래 영국에서 제조업 일자리가 점차 줄고 서비스 부문이 성장해 온 양상을 보여 준다.

1900년에는 고용된 인구의 4분의 3 이상이 육체노동(블루칼라)을 했다. 그중에서 28퍼센트 정도는 숙련 근로자였고, 35퍼센트는 반숙련 근로자였으며, 10퍼센트는 미숙련 근로자였다. 화이트칼라와 전문직 직종은 상대적

표 7-1 영국의 성별·산업별 일자리 비율, 1981~2006(%)

	남자				여자			
	1981	1991	2001	2006	1981	1991	2001	2006
유통, 숙박 및 음식	16	19	22	22	26	26	26	26
은행, 금융 및 보험	11	16	20	21	12	16	19	19
제조 생산	31	25	21	17	18	12	8	6
공공 행정, 교육 및 건강	13	14	14	15	34	36	36	39
교통과 통신	10	10	9	9	2	2	3	3
건설	9	8	8	8	2	2	1	2
농업 및 어업	2	2	1	1	1	1	1	1
에너지와 수자원	4	3	1	1	1	1	–	–
기타 서비스[1]	3	4	5	5	5	5	5	5
합계(=100%, 100만)	13.1	12.0	13.1	13.5	10.2	11.8	12.9	13.3

참조: 1 위생 시설, 드라이클리닝, 개인 미용, 휴양이나 문화, 스포츠 활동이 포함된 지역·사회·개인 서비스.
출처: ONS 2007b: 48.

으로 적었다. 20세기 중반에는 육체 근로자가 유급 노동 인구의 3분의 2가 채 안 되었고, 그만큼 비육체 근로자가 늘어났다. 1981년에서 2006년 사이, 제조업에 종사하는 비율이 남성은 31퍼센트에서 17퍼센트로, 여성은 18퍼센트에서 6퍼센트로 감소했다(〈표 7-1〉 참조).

왜 이러한 변화가 일어났는가에 대해 상당한 논쟁이 있지만, 그 이유는 여러 가지로 보인다. 첫째, 최근에 산업에서 정보 기술의 확산이 절정을 이루면서 노동력을 대체하는 기계가 지속적으로 도입되었기 때문이다. 대부분의 기술적 진보는 심지어 농업 부문에서조차 인간 노동을 기계로 대체했고 그 결과 일자리의 수가 감소했다. 둘째, 위에서 본 것처럼 글로벌화에 따라 인건비가 보다 싼 개발도상국으로 제조 공정이 이전되었다. 산업 선진국의 사양 산업은 지구 반대편 다른 나라의 값싼 제품과 경쟁하기 어려워지면서 심각한 감축을 겪었다. 셋째, 1945년 이후 복지 국가의 발전은 건강과 복지 및 공공 서비스 행정 분야의 대규모 관료제를 낳았고 이로 인해 많은 새로운 서비스 부문의 일자리가 창출되었다.

소비주의가 생활의 보다 중요한 부분이 되면서 광고나 창의 산업 부문에서도 많은 서비스 분야 일자리가 창출되었고 이로 인해 또다시 소비주의적 수요가 자극을 받고 유지되었다. 1960년대에 몇몇 사회학자들은 이미 후기 산업사회의 출현을 묘사했는데, 이것은 노동조합주의와 같은 단체 행동에는 훨씬 불리한 환경이 조성된 것을 의미한다(Touraine 1971; Ingleheart 1997).

“ 글로벌 생산 체계에 대한 보다 상세한 분석은 제4장 〈세계화와 사회 변동〉을 참조하라. ”

노동조합의 쇠퇴?

산업국가들에서 블루칼라 직업에서 일하는 사람들의 비율이 지속적으로 감소함에 따라 나타난 중요한 결과는 노동조합 회원 수의 감소다. 현대 산업 발달 초기에는 대부분의 나라에서 근로자들은 정치적 권리를 전혀 가지지 못했고 그들이 속한 작업 조건에 대해서도 아무런 영향력을 행사하지 못했다. 노동조합은 근로자와 고용주 간의 권력 불균형을 바로잡는 수단으로 발달했다. 개인으로서의 근로자는 아무런 권력을 가지지 못했지만 집단 조직을 통해 근로자들의 영향력이 상당히 증대되었다. 노동조합은 원래 주로 '방어적인' 조직이었다. 이를 통해 근로자는 고용주가 근로자들의 삶에 휘둘러 대는 압도적인 권력에 대항할 수 있는 수단을 제공받았다.

제2차 세계 대전이 끝난 후 선진 산업사회에서 노동조합의 지위에 대한 놀라운 반전이 목격되었다. 대부분의 선진국에서 1950년부터 1980년까지 노동조합원의 수를 잠재적으로 조합원이 될 수 있는 사람 수의 비율로 나타내는 노동조합 조직률union density이 꾸준히 증가했다. 1970년대 후반에서 1980년대 초반에는 영국에서 경제 활동 인구의 50퍼센트가 넘는 사람들이 노조원이었다. 서구 국가에서 높은 노동조합 조직률은 여러 가지 이유로 인해 일반적인 현상이다. 첫째, 강력한 노동 계급 정당이 노동조합에 대해 우호적인 환경을 조성했다. 둘째, 기업과 노동조합의 협상은 산업 부문이나 지역 단위에서 분권화되어 진행되기보다는 전국적인 수준에서 조정되었다. 셋째, 정부보다는 노동조합에서 직접적으로 실직 근로자가 노동운동에서 떠나지 않도록 보증해 주는 실업보험을 실행했다. 이 세 가지 요인 모두를 갖추지 못한 나라에서는 노동조합 조직률이 상대적으로 낮아, 경제 활동 인구의 5분의 2에서 3분의 2 정도다.

1970년대 정점을 이룬 이후, 영국을 포함한 선진 산업국 전반에 걸쳐 노동조합은 조직률 감소를 겪기 시작했다. 전통적으로 제조업은 노동력이 가장 많은 곳이었고 반면에 서비스 직업은 노동조합 결성에 덜 적극적이었다. 그러므로 사양 제조산업의 위축과 서비스 부문의 증가는 노동조합 회원 수의 감소로 이어질 것이라고 예측할 수 있다. 하지만 이런 설명이 옳은지에 대해 정밀한 검토가 진행되고 있다. 사회학자 브루스 웨스턴Bruce Western은 그러한 설명이 노동조합에 꽤 좋은 시절이었으며(물론 미국의 경우에는 아니었지만) 제조업에서 서비스업으로의 구조적 전환이 특징적이었던 1970년대의 경험을 제대로 설명하지 못하는 것이라고 주장했다(1997). 마찬가지로, 서비스 부문 고용 증가의 상당한 몫은 사회적 서비스 부문, 특히 공공 부문 노조가 결성된 부문에서의 일자리에서 생겼다. 그래서 웨스턴은 제조업 부문 내에서 발생한 노동조합 조직률의 감소가 산업 부문에서 일어난 것보다 더 중요하다고 주장했다.

산업 부문 간에 생긴 조직률 하락과 마찬가지로, 산업 부문 내에서 발생한 노동조합 조직률의 하락에 관한 여러 가지 해석들이 부합한다. 첫째, 1980년대에 특히 높았던 실업률과 연결된 세계 경제 활동 후퇴는 노동조합의 협상력을 약화시켰다. 둘째, 임금이 서구보다 낮은 동아시아의 특정 나라들에서 나타난 국제 경쟁력 강화 역시 노동조합의 협상력을 약화시켰다. 셋째, 영국 보수당이 1979년에 집권한 경우처럼 여러 나라에서 우파 정부가 등장하면서 1980년대에 노동조합에 대해 강력한 공세를 펼치기 시작했다.

노동조합들은 1984~1985년 영국에서 발생했던 유명한 전국광산노조운동 진압에서 볼 수 있듯이 몇몇 주요 파업에서 이길 수 없었다. 2014년 전국교사노동조합NUT, 공공서비스노조Unison의 의료 종사자 및 기타 세 개의 조합은 정부의 2년간 임금 동결 조치에 따른 파업에 찬성표를 던졌다. 이는 교사, 조산사, 간호사, 짐꾼porters, 요리사, 의료진, 의료 보조원, 기타 근로자들의 임금을 둘러싼 분쟁을 해결하기 위한 협상에 정부를 참여시키는 데 그 목적이 있었다. 2015~2016년에 영국 정부는 24/7국가보건서비스NHS에 대한 공약을 이행하기 위해 영국의 NHS 수련의들과 새로운 계약을 체결하려고 시도했다. 2015년 말 협상 중단 이후 영국의학협회BMA는 수련의들의 일련의 단기 파업으로 옮겨 가기 시작했다.

공공 서비스 부문에서의 이러한 분쟁은 오늘날의 파업 방식을 더욱 대변한다. 대규모 파업, '산발적' 파업(노조 간부가 승인하지 않은 파업) 및 민간 부문 제조업 분규는 1970년대와 1980년대에 비해 훨씬 덜하다. 그 이유 중 하나는 이제 더 많은 사람들이 제조업보다는 서비스 분야에서 일하고 있다는 것이다. 또한 정부가 노동쟁의를 규제하는 보다 엄격한 법률을 도입했기 때문이기도 하

산업 갈등과 파업

사회학적으로 상상하기 7-1

근로자들과 그들에 대해서 경제적 혹은 정치적으로 권위를 행사하는 사람들 사이에는 오랫동안 갈등이 지속되어 왔다. 18세기 유럽 도시 지역에서는 징집과 고율의 세금에 반대하는 봉기나 추수가 실패한 해에 발생하는 식량 폭동이 흔한 일이었다. 이러한 전근대적인 유형의 노동 갈등은 19세기에 이르러서도 여러 나라에서 꾸준히 증가했다. 그런 전통적인 대결 양상은 폭력이 산발적이며 비이성적으로 폭발한 단순한 것이 아니었다. 폭력을 사용하거나 폭력을 사용하겠다고 위협하는 것은 곡물과 다른 필수 식량의 가격 상승을 억제하는 효과를 지니고 있었다(Rude 1964; Booth 1977). 근로자와 고용주 간의 산업 갈등도 초기에는 이러한 오래된 행태를 따르는 경향이 있었다. 하지만 오늘날에는 사용주와 근로자 간의 조직화된 협상이 보편화되었다.

파업

파업strike은 피고용자 집단이 불만을 표현하거나 요구 조건을 강요하기 위해서 일을 잠정적으로 중지하는 것으로 정의된다(Hyman 1984). 이런 정의에 포함되어 있는 모든 구성 요소는 다른 유형의 반발과 갈등으로부터 파업을 분리시키는 데 중요하다. 파업은 잠정적인 것이어서 근로자들은 파업이 끝난 뒤 같은 고용주 아래 같은 일을 하기 위해 복귀한다. 근로자들이 함께 일을 그만두는 경우 파업이란 용어는 적절하지 않다. 일의 중지로서 파업은 초과근무 금지나 '태업slowdown'과는 구분된다. 파업은 어느 한 개별 근로자의 반응이 아니라 집단적 행위collective action를 의미하기 때문에 다수의 근로자들이 관련되어 있어야 한다. 관련된 사람들이 피고용자라는 점은 파업을 소작인이나 학생들에 의해서도 일어날 수 있는 항거와 구분되도록 한다. 마지막으로 파업은 고충을 알리기 원하거나 요구를 관철시키려고 할 때와 관련된다.

파업은 본질적으로 하나의 권력 메커니즘이다. 파업은 작업장에서 상대적으로 힘없는 근로자들의 무기이고 그들 자신이 거의 또는 전혀 통제하지 못하는 경영 결정에 의해 삶이 영향을 받는 근로자들의 무기다. 파업 근로자들은 임금을 받지 못하거나 노동조합 기금의 도움을 받아야 하기 때문에 파업은 보통 다른 협상이 실패했을 때 사용하는 '마지막 수단'이 되는 무기이고, 그래서 파업 행위가 제한되기도 한다.

비판적으로 생각하기

THINKING CRITICALLY

왜 화이트칼라 직업 집단에서는 파업이 덜 발생하는가? 사무실 작업과 서비스 부문 고용이 지배적인 서구의 '탈산업post-industrial' 경제에서는 파업이 흘러간 옛일이 될 것인가? 일에서 발생하는 그러한 변동이 사회적 계급 혁명을 주장한 마르크스주의 이론에 대해서 갖는 함의는 무엇인가?

다. 하지만 가장 중요한 변화는 역사적으로 높은 실업률, 보다 많은 시간제 근로자, 유연 계약과 제로 시간 계약, 상대적으로 안전한 일자리인 정규직과 불안정하고 저임금 일자리 사이의 분열 증가 등 일반적인 경제 상황이다. 아마도 이러한 격차의 가장 좋은 예는 2008년 금융 위기 기간과 그 이후, 노조가 사측의 감원에 수긍하기보다는 노조원의 근로 시간과 급여 삭감 협의를 통해 고용주와 협력했다는 점이다. 이런 종류의 실용주의는 오늘날 민간 부문 전반에 걸친 노동조합의 특징이다.

실업률이 상대적으로 높은 기간에는 노조의 힘이 약해지는 경향을 보이는데, 그 이유는 조합원들이 실직을 두려워해 노동운동을 덜 지지하기 때문이다. 유연 생산의 증가 추세는 더 강도 높게 드러나는 노동조합의 힘을 약화시키는 경향이 있다. 그러나 여전히 노동조합은 자신들의 힘을 회복하려고 열심히 노력하고 있으며 1980년대 이후 노조들이 힘과 영향력을 유지하기 위해 연합하는 등 새로운 환경에서도 안정적 지위를 유지하려고 노력하면서 여전히 중요한 힘으로 남아 있다. 힘센 고용주와의 관계에서 개별 근로자들이 상대적으로 힘이 약하다는 점을 고려하면, 노동조합이 제공하는 집단적인 세력화가 아주 없어질 것 같지는 않다.

일의 여성화

20세기 후반에 이르기까지 서구 국가에서 유급 노동은 주로 남성의 영역이었다. 하지만 지난 수십 년 동안 이러한 상황이 급격히 바뀌면서 점점 더 많은 여성이 경제 활동에 참여하게 되었고, 이런 현상은 일의 '여성화feminization'라고 묘사되었다(Caraway 2007). 이러한 다면적인 과정은 주요한 역사적인 변화 과정으로서 노동의 경험을 변화시켰다. 특별히 주의가 필요한 이유는 이 때문이다.

대부분의 새로운 일자리들이 슈퍼마켓, 콜센터나 공항 같은 사무실이나 서비스 부문에서 생겨나고 있으며, 이런 일자리의 다수가 여성들로 채워지고 있다. 덧붙여서 남성 지배적인 산업 세계에서 발생한 변화의 일환으로, 관리 방식이 덜 위계적인 방향으로 변화했다(McDowell 2004). 전 세계적으로 볼 때 상당 규모의 근로자들은 서비스 부문이거나 농업 부문에 종사하고, 산업 부문 종사자는 4분의 1이 채 되지 않는다. 2002년에 역사상 처음으로 농업이나 제2차 산업과 비교해 더 높은 비율의 전 세계 근로자들이 서비스 부문에 고용되어 있는 것으로 나타났다(〈그림 7-1〉). 서비스 부문의 고용이 늘어나는 경향은 지속될 것 같다.

오늘날 세계 대부분의 지역에서, 비록 그들이 참여하는 고용 양상은 매우 다르지만 여성들이 경제 활동 인구의 적어도 50퍼센트를 차지하고 있다(〈그림 7-2〉 참조). 예를 들어 유럽연합, 동유럽, 독립국가연합CIS, 남아메리카 같은 발전 지역뿐 아니라 중동이나 북아프리카 같은 지역에서도 여성 고용이 서비스 부문을 거의 차지하고 있는 반면에, 노동력의 60퍼센트 이상이 여성인 사하라 이남 아프리카 지역에서는 대부분의 여성들이 농업에 종사한다. 국제노동기구ILO의 보고에 따르면, 동아시아, 남아

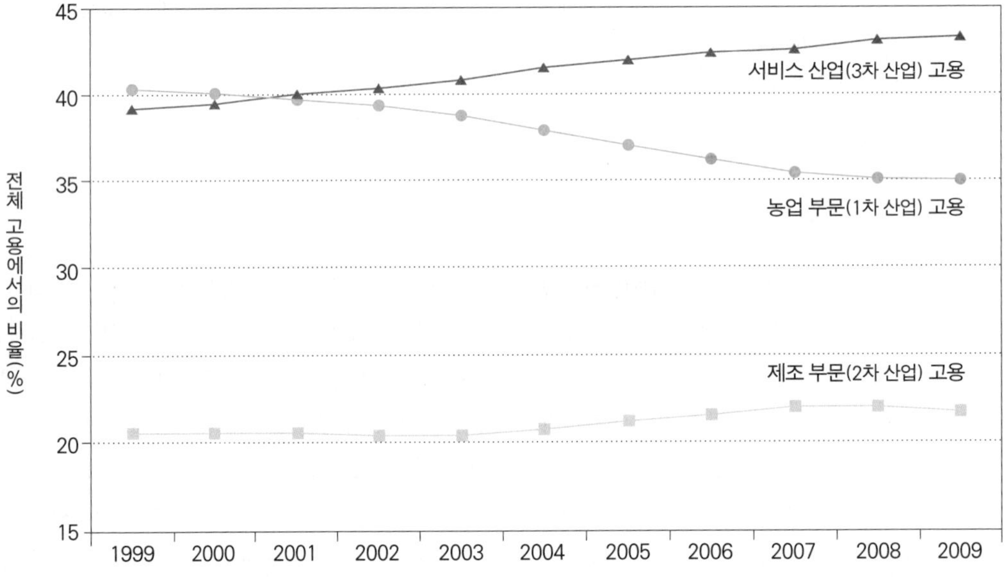

그림 7-1 분야별 세계 고용률, 1999~2009

출처: ILO 2011a: 20.

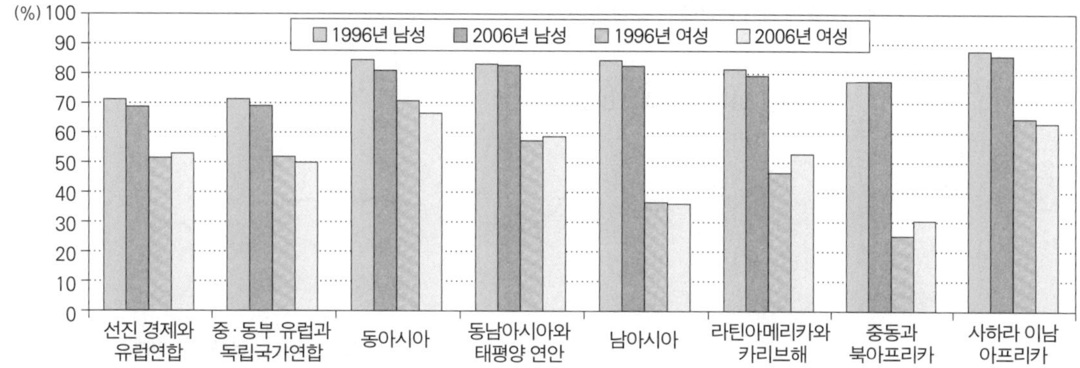

그림 7-2 성별·지역별 전 세계 노동력, 1996년과 2006년 비교

출처: ILO 2007a.

시아, 사하라 이남 아프리카, 중동 및 북아프리카에서도 농업 부문에서 일하는 여성은 남성보다 그 비율이 더 높다(2007a).

여성 고용의 본질nature은 남성과 다르다. 영국의 한 보고서를 보면, 일하는 여성의 4분의 3이 서기, 청소, 계산원, 배달과 같은 파트타임 저임금직에서 일하며 이런 경향은 다른 여러 산업사회에서도 마찬가지다(Women and Equality Unit 2004). 다음에는 이러한 현상이 발생한 배경과 의미를 살펴보자.

여성과 직장: 역사적 관점

전前 산업사회에서는 많은 사람에게 생산 활동과 가정에서의 활동이 분리된 것이 아니었다. 생산은 집이나 근처에서 이루어졌고, 모든 가족 구성원들이 토지를 경작하거나 수공업에 참여했다. 여성들은 남성의 영역인 정치와 전쟁에서 배제되었지만, 경제 과정에서 중요했기 때문에 가정에서 종종 상당한 영향력을 행사했다. 장인과 농부의 부인들은 흔히 회계를 담당했고, 과부들은 남편이 남긴 기업을 소유하고 경영하는 일이 아주 흔했다.

현대 공장의 발달로 가정과 직장이 분리되면서 많은 변화가 일어났다. 생산이 기계화된 공장으로 이동한 것이 아마도 가장 커다란 단일 요인일 것이다. 담당 업무를 위해 특별히 고용된 사람들에 의해 노동은 기계의 속도에 맞춰 이루어지고, 고용주는 점차 근로자들을 가족이라기보다는 개인으로 보고 계약을 맺기 시작했다. 산업화의 진전으로 가정과 직장 간의 구분이 더 커졌다. 공적 영역과 사적 영역이란 영역 분리 개념이 대중적인 방식으로 자리 잡았다. 남성들은 가정 밖에서 이루어진 고용 덕분에 공적 영역에서 더 많은 시간을 보내고 지역의 일, 정치와 시장에 더 많이 관여했다. 여성은 '가정적인' 가치와 관련을 갖게 되고 육아, 가사와 가족을 위한 요리 같은 일을 책임졌다. '여성의 장소가 가정'이라는 생각은 사회의 여러 수준에서 여성들에게 다양한 함의를 지닌다. 풍요로운 여성들은 가정부, 간호사와 하인의 서비스를 즐겼다. 가난한 여성들에게는 부담이 가장 컸다. 그 여성들은 남편의 수입을 보충하기 위해 산업 노동에 참여했을 뿐만 아니라 가사 일도 맡아야 했다.

지난 20세기에 걸쳐 여성의 경제 활동 참여는 지속적으로 조금씩 증가했다. 한 가지 중요한 영향은 제1차 세계 대전 동안 노동력 부족을 겪었기 때문이다. 전쟁 기간 동안에 여성들은 이전에는 배타적으로 남성의 영역으로 간주되었던 많은 일을 하기 시작했다. 남성들은 전쟁에서 돌아오자마자 다시 대부분의 남성 일들을 차지했지만, 이전까지 남성 중심으로 확립되어 있던 형태가 무너지기 시작했다. 제2차 세계 대전 이후 성별 분업이 극적

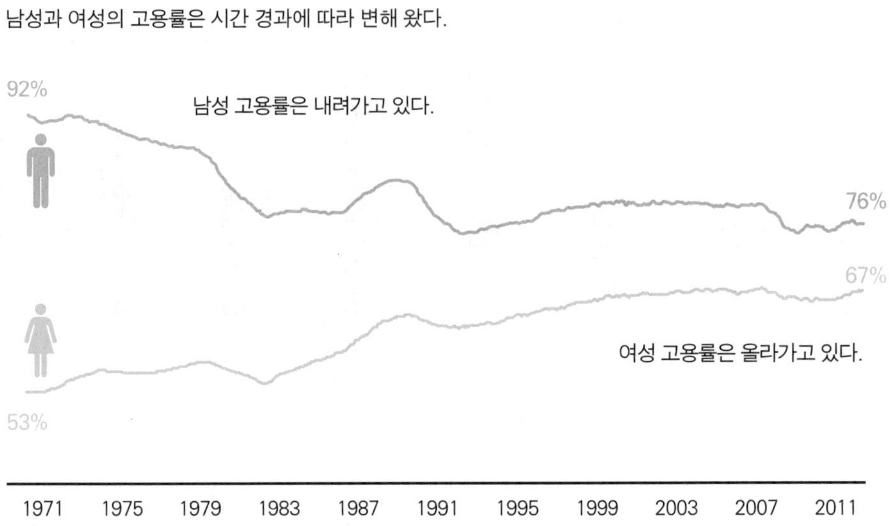

그림 7-3 영국 남녀 고용률, 1971~2013

출처: ONS 2013b: 3.

으로 변했다.

고용되어 있는 경제 활동 인구의 비율인 고용 비율은 영국 여성의 경우 1971년에서 2009년 사이 53퍼센트에서 67퍼센트로 증가했다. 반면 영국 남성의 고용 비율은 같은 기간에 92퍼센트에서 76퍼센트로 하락했다. 즉 남성과 여성의 고용 비율은 여전히 차이가 난다(〈그림 7-3〉 참조). 여성의 경제 활동 증가는 대부분이 시간제 일에서 이루어졌지만, 이렇게 점점 좁혀지는 성별 차이는 앞으로도 계속해서 나타날 것으로 보인다.

경제 활동 참여율 격차가 최근 줄어드는 이유는 여러 가지가 있다. 평균 출산 연령이 높아지면서, 이제 많은 여성이 자녀를 갖기 전에 임금 노동에 참여하고 아이를 낳은 후에 다시 일을 한다. 더 많은 여성이 노동시장에 진출하는 데는 금전적인 이유가 있다. 남성의 실업 증가를 포함해 가구에 가해지는 경제적 압력으로 인해 더 많은 여성이 보수가 주어지는 일을 찾게 되었다. 많은 가구가 자신들이 원하는 바람직한 생활양식을 유지하기 위해서는 맞벌이가 필요하다는 것을 알게 되었다. 덧붙여, 영국과 미국에서 2008년 경제 위기 이후 복지와 공공 지출을 줄이는 방향으로 복지 정책을 바꾸려는 정책의 일환으로 여성들의 경제 활동 참여를 유인하고 있다.

마지막으로 많은 여성이 개인적인 성취에 대한 욕구와 1960년대~1970년대 여성운동으로 추진된 평등에 대한 욕구로 노동시장 진출을 선택한다는 것을 지적할 필요가 있다. 많은 여성이 남성과의 법적 평등을 이룩한 후 자신들의 생활에서 이러한 권리들을 행사할 기회를 붙잡았다. 이미 언급했듯이, 현대 사회에서는 일이 핵심이고 직장은 거의 항상 독립적인 삶을 살아가는 데 필수적 요소다. 그런데 여성들이 직장에서 얼마만큼 공정한 대우를 받고 있는가?

직장 내 성불평등

1970년대 페미니스트 연구의 증가는 사회의 모든 주요 제도에서 성별 관계에 대한 분석을 이끌었다. 페미니스트 사회학자들은 경제 조직 내에서의 성별 불균형에 초점을 맞추었을 뿐만 아니라, 현대 조직 내에서 젠더화가 어떤 방식으로 진행되었는지 분석했다.

페미니스트 연구자들은 성gender이 경제 조직 구조에 내재되어 있는 두 가지 주요 방식을 지적한다. 첫째, 이러한 조직들은 직업적 성별 분리에 의해 특징지어진다. 여성들이 노동시장에 대거 진입하기 시작했을 때 그들은 낮은 임금과 일상적인 업무에 종사하고 승진 기회가 제공되지 않는 직업의 범주로 분류되는 경향이 있었다. 둘째, 경력이라는 개념은 사실상 여성이 남성을 지원하는 역할을 의미했다. 직장에서 여성들이 점원, 타이피스트, 비서 및 사무실 관리자와 같은 일상적인 업무를 수행했기 때문에 남성들은 그들의 경력을 쌓을 수 있었다. 여성들은 또한 가정에서 아이들과 남편의 일상생활을 챙김으로써 남성들의 경력을 지원했다.

이러한 두 가지 경향의 결과로서, 현대 기업들은 여성들을 권력에서 배제시키고 기회를 차단하며 성희롱과 차별을 통해 여성 젠더의 본질을 희생시키면서 남성 중심적 영역으로 발전해 왔다. 여성 근로자들은 전통적으로 임금이 낮고, 틀에 박힌 일에 집중적으로 고용되었다. 이러한 일자리들 중 많은 경우가 성별로 분리되어 있고, 이 중 일부는 흔히 '여성의 일'로 간주된다. 비서나 돌보는 일(간호직, 사회사업, 보육)은 압도적으로 여성들이 많고 일반적으로 '여성성이 있는' 직업들로 여겨진다. 직종별 성별 분리는 남성과 여성에게 적합한 일이 무엇인가에 관한 지배적인 인식에 기초해 남성과 여성이 각기 다른 유형의 일자리에 집중되어 있다는 사실을 지칭한다.

직종 분리는 수평적 요소와 수직적 요소를 지니고 있다. 수직적 분리는 남성은 권력을 갖고 영향력을 행사하는 지위에 집중되지만, 여성은 권위가 낮고 승진 가능성이 적은 직종에 집중되는 경향을 지칭한다. 수평적 분리는 남성과 여성이 다른 범주의 직종을 점유하는 경향을 지칭한다. 예를 들어 대체로 남성이 반숙련 및 숙련 육체노동을 하는 직종에 몰려 있지만, 여성은 실내에서 하는 일상적인 사무직에 몰려 있다. 예를 들어 스코틀랜드에서 여성은 건강과 사회 부문의 89퍼센트를 구성하지만 NHS의 간부나 임원 중 오직 19퍼센트만이 여성이다(EHRC 2010b). 수평적 분리는 남성과 여성이 다른 범주의 일자리를 점유하는 경향을 나타낸다. 여성은 가사나 일상적인 비서직에 몰려 있는 직종인 반면, 남성들은 반숙련 노동이나 숙련 육체노동 직종에 모여 있는 것이다. 예를 들어 영국의 평등과 인간권리위원회의 『트라이에니얼 리뷰Triennial Review』에 따르면 여성은 개인 서비스 부문에서 일하는 근로자들의 83퍼센트, 사무 비서직 종사자의 77퍼센트, 판매직의 65퍼센트를 차지했다(EHRC 2010a). 반대로 여성들은 기술직에서 단지 6퍼센트, ICT 일자리에서 13퍼센트, 건축과 기획 일자리의 14퍼센트만 차지했다(〈사회학적으로 상상하기 7-2〉 참조).

여성들은 또한 사적 부문보다는 공적 부문에 불균등하게 더 많이 속해 있는 것으로 확인되었는데, 이로 인해 2008~2009년 글로벌 경제 위기 상황에서 공적 부문에서 대규모 해고가 발생하면서 그 희생자가 되었다. 2010년에 일하는 여성들 중 40퍼센트는 공공 부문에 고용되어 있는데, 남성의 경우는 그 비율이 단지 15퍼센트에 불과하다. 평등과 인간권리위원회는 전반적으로 볼 때 젊은이들의 경력 기대와 열망을 설명하는 데 사회 계급보다 성별 차이가 보다 중요하다고 결론 내렸다. 남자아이들은 기술직, 컴퓨터 분야, 건설, 건축이나 기술공 같은 숙련 분야에서 일할 것으로 기대되는 반면에 소녀들은 교사직이나 미용, 어린이 돌보기, 간호직, 조산사 같은 일자리를 가질 것으로 여겨진다. 분명한 것은 성별 분화가 그 어떤 본원적인 사회 변화에도 불구하고 대단히 끈질기게 유지된다는 점이다.

다른 곳과 마찬가지로 영국에서 근로 여성의 평균 임금은 비록 지난 40년 동안 다소 격차가 줄어들긴 했지만 남성에 비해 훨씬 낮다. 이러한 '임금 격차'를 줄이는 방향으로의 일반적인 경향성은 남성과의 평등성을 향한 움직임에서 중요한 진전이라고 여겨진다. 성별 임금 격차의 많은 부분은 여성이 가족돌봄 일을 하면서 고용의 단절을 겪는 것에 기인한다. 성별 직종 분리는 남성과 여성 간에 임금 격차가 지속되는 주요인 중 하나인데, 여성들이 훨씬 적은 임금을 받는 일자리 부문에 훨씬 더 많이 고용되어 있기 때문이다.

여성 지배적인 직종은 저임금인 경우가 많다.

여러 과정이 이러한 추세에 영향을 미쳤다. 한 가지 중요한 요인은 이전에 비해 더 많은 여성이 높은 임금의 전문직으로 진출한다는 것이다. 좋은 자격을 갖춘 젊은 여성들이 이제 수입이 많은 일자리를 얻을 가능성은 남성과 비슷하다. 학교에서는 소녀들이 보통 소년들보다 공부를 잘하고 대학의 여러 전공 분야에서 여성의 수가 남성을 앞지른다. 여성들의 교육 수준이 높아지면서 보다 많은 여성이 고위직으로 승진하는 것을 포함해 오랫동안 직업 경력을 유지할 수 있는 전문직으로 방향을 잡고 있다. 그러나 직업 구조의 상층에서 이루어진 이러한 발전은 빠르게 확대되는 서비스 부문에서 저임금으로 시간제 일을 하는 여성이 엄청나게 증가해 상쇄되고 있다.

1999년 영국 국가 최저임금제NMW의 도입 역시 임금 격차를 줄이는 데 기여했다. 많은 여성이 미용과 웨이트리스 같은 직업에 집중되었고, 이러한 직업들은 오랫동안 최저임금보다 낮은 임금을 받았기 때문에 1999년에 최저임금제(22세 이상 근로자의 경우 시간당 3.60파운드)의 도입이 남성과 여성의 임금 격차를 줄이는 데 도움이 되었다. 200만 명 정도의 사람들이 최저임금제의 도입으로 30퍼센트 정도 인상된 임금을 받았다. 2015년 새로 선출된 보수당 정부는 2016년 4월 새로운 '국가생활임금NLW'이 2015년보다 10.8퍼센트 더 높은 비율로 시행될 것이라고 발표했다. NMW가 도입된 이래 가장 높은 연간 증가율이다. 그러나 NMW를 '생활 임금living wage'으로 대체하는 것은 논란의 여지가 있다. 비평가들은 이 비율이 근로연계 복지급여in-work benefits나 다양한 가족 유형에 따른 요구사항을 고려하지 못한다고 지적한다. 다르시D'Arcy와 켈리Kelly는 "……그것을 '생활 임금Living Wage'이라고 분류하는 것은 잘못이다. 정부가 제안한 NLW는 사실상 25세 이상을 위한 최저임금 '할증premium'이다"라

매우 힘든 직업 다섯 가지

사회학적으로 상상하기 7-2

전통적으로 여성에 의해 시행되던 일자리들은 임금이 낮게 측정되었다. 여성들이 집중되어 있는 저임금 일자리는 다음과 같은 다섯 개의 C자 직업에서 주로 발견되는데, 청소cleaning, 음식 서빙catering, 돌봄caring, 캐셔cashiering, 사무직clerk이다. 특별히 이 일들에 형편없는 보상이 주어진 것은 이 일에 여성이 집중되어 있었기 때문이라고 볼 수 있다. 때론 여성이 자신이 좋아하는 일을 하기도 했지만, 거의 예외 없이 그 일들은 저임금 직종이었다.

역사적으로 여성들의 일이 '용돈 벌이' 정도로 묘사되기도 한 것처럼, 숙련보다 '타고난' 본질이 중요하다고 여겨졌기 때문에 여성은 '자연적으로' 여성과 어울리는 일들을 '사랑을 담은 노동자'로서 수행하는 것으로 묘사되기도 했다. 결과적으로 여성의 일에 대한 이와 같은 비하는 심각한 문제로 여겨지지 않았고, 대체로 정책 결정자들에 의해서도 간과되었다.

비판적으로 생각하기 THINKING CRITICALLY

고임금 직업을 남성이 지배적으로 점유하고 있는 이유는 무엇인가? 이런 상황에 대한 '자연스러운' 이유가 있는가? 과거에는 남성 지배적인 직업이었지만 오늘날에는 주로 여성이 점유하고 있는 직업에는 어떤 것들이 있는가? 어떤 요인이 이러한 직업에서 여성화를 가져왔는가?

고 주장한다(2015). 최저임금 도입 후 최저임금에 도달하기 위한 정규적인 임금 인상은 저임금 여성 근로자에게 더 혜택을 주었다. 부양하는 자녀가 있을 경우에는 정말로 살기 어려운 소득 수준인 최저임금보다 더 낮은 임금으로 불법 고용된 남성과 여성이 여전히 많다.

생애를 고려할 때, 임금 격차는 전체 소득에 뚜렷한 차이를 낳는다. 한 연구는 반숙련 여성 근로자가 평생 동안 24만 파운드의 '여성이기 때문에 겪는 손실forfeit'을 경험하는 것을 발견했다. 여성이기 때문에 잃는 손실은 자녀가 없는 경우에 여성이 평생 동안 비슷한 능력의 남성보다 덜 버는 소득을 지칭한다(Rake 2000). 성별 임금 격차에서 덜 받는 쪽에 포함된다는 점은 해당 근로자의 삶의 질이나 장기간에 걸친 생활 기회life chance에 심각한 문제를 야기한다.

> 영국의 여성 빈곤에 대해 더 알아보려면 제13장 〈빈곤, 사회적 배제, 복지〉를 참조하라.

가사노동 분업의 변화

더 많은 여성이 유급 노동에 진출한 결과 전통적인 가족 유형이 재조정되고 있다. '생계 부양자로서의 남성' 모델은 법칙이라기보다는 다소 예외적인 것이 되었고, 여성의 점점 증가하는 경제적 독립은 그들 자신의 선택에 따라 가정에서의 성역할을 벗어나 더 나은 지위에 놓인다는 것을 뜻한다. 가사 일과 재정적인 의사 결정이라는 두 가지 측면에서도 전통적인 가정에서의 역할은 의미심장한 변화를 겪고 있다. 여성이 대부분의 가사 일에 주요 책임을 지긴 하지만 많은 가정에서 좀 더 평등한 관계로의 움직임이 나타났다.

21세기 초반에 이루어진 영국의 한 설문 조사에 따르면 여성들이 여전히 장보기와 자녀 양육을 제외한 가사노동에 하루 평균 3시간 정도를 사용한다고 한다. 이에 비해 남성은 1시간 40분을 사용하는 것으로 비교되었다(ONS 2003). 장보기와 자녀 양육을 포함한다면, 격차가 더 벌어진다. 변화 현상을 조사했던 학자들이 '지체된 적응

비록 점점 더 많은 여성이 경제 활동을 하고 있지만, 여전히 가사노동의 중요 의무를 짊어지고 있고 직장 일과 집에 돌아왔을 때의 가사노동 교대 근무라고 하는 이중 부담에 놓여 있다.

lagged adaptation'의 하나로 주장했음에도 불구하고 남성들은 과거보다 더 많이 가사 일에 기여하고 있다(Gershuny 1994). 하지만 이는 가사 일을 둘러싼 남성과 여성 간의 재조정이 여성이 노동시장에 진입한 것보다 더 더디게 진행되고 있음을 의미한다. 직장에서 일하는 기혼 여성들은 가정을 돌보는 데 항상 책임을 지고 있기는 하지만 취업하지 않은 기혼 여성들보다 가사노동을 덜 한다. 그들의 활동 유형은 다소 다르다. 직장에서 일하는 기혼 여성들은 전업주부들보다 초저녁에 집안일을 더 하고 주말에 더 길게 일한다. 이런 결과는 크럼프턴Crompton과 그녀의 동료들이 가사노동을 공유하는 평등 과정이 실제로 지연되고 있다고 내린 결론과 일치한다(2005).

> 이 주제는 제10장 〈가족과 친밀한 관계〉에서 더 상세히 다룬다.

보글러Vogler와 팔Phal은 가사노동 분업의 다른 측면인 가정의 재정적 '관리management' 체계에 대해 조사했다(1994). 그들은 여성의 고용 증가에 따라 여성의 돈 접근성과 돈 사용 결정에 대한 통제가 점점 평등해지고 있는지에 대한 인식을 알고자 했다. 그들은 서로 다른 여섯 집단에 소속되어 있는 영국 부부들과의 면접을 통해, 재정 자원의 분배는 과거보다 좀 더 공평하게 이루어지지만 계층 수준과 밀접하게 연계되어 있음을 밝혔다.

저소득 가정에서는 여성이 흔히 가정의 재정에 대한 일상적 관리를 맡고 있지만 예산과 소비에 관한 전략적 결정의 책임을 반드시 맡고 있지는 않았다. 보글러와 팔은 그런 경우 여성이 스스로의 돈 사용 권한을 제한하는 반면, 돈 사용에 대한 남편의 접근을 막는 경향이 있다는 점을 발견했다. 즉 여성의 재정에 대한 일상적 통제와 그들의 돈에 대한 접근 사이에는 차이가 있는 것으로 나타났다. 고소득 부부들은 '합동' 재정 자원을 공동으로 관리하는 경향이 있었고 돈에 대한 접근성과 돈 사용 결정이 좀 더 평등했다. 또 여성이 가정에 재정적으로 기여하면 기여할수록 여성이 재정적 결정에 행사할 수 있는 통제 수준이 더 컸다.

이제 대부분의 선진 국가에서 여성은 노동력의 '정상적인' 한 축을 이루고, 이러한 변화가 성별 관계의 재구조화를 지속할 것이라는 결론을 내릴 수 있다. 하지만 여성들은 여전히 파트타임 노동력의 다수를 이루고 있는데, 이는 저임금과 고용 불안정성을 의미한다. 또한 성별에 따른 위계상 분리도 있는데, 이것은 변화하기가 훨씬 어려울 것으로 보인다. 마찬가지로 집 안에서의 가사노동 분담에 대한 변화도 상당히 느려 남성들이 열심히 가사 부담을 떠안지는 않는다. 그럼에도 불구하고 1950년대 상황과 비교하면 위에서 묘사한 변화 상황들은 임금 노동 영역에서 이루어진 혁명과도 같은 변화라고 할 수 있다.

자동화, 지식 경제와 '숙련'

일과 기술의 관계는 오랫동안 사회학자들의 관심사였다. 일에 대한 우리의 경험은 일과 관련된 기술 유형에 따라 어떻게 영향을 받을까? 최근의 정보 기술 혁명은 이 질문에 대해 다시 새로운 관심을 불러일으키고 있다.

전 세계적으로 산업 현장에서 쓰는 대부분의 로봇은 자동차 제조업에서 쓰이고, 전자 산업에서는 TV, 컴퓨터, CD/DVD 플레이어, 스마트폰 등을 생산하는 데 사용된다. 로봇은 인간 근로자들이 일상적으로 하는 기능을 수행할 수 있는 자동 장치다. '로봇robot'이라는 용어는 약 50년 전 극작가 카렐 차페크Karel Čapek가 대중화한 체코어 '로보타robota' 또는 '농노serf'에서 유래되었다. 로봇의 유용성은 지금까지 상대적으로 한정되어 있지만, 기술이 급속히 발전하고 있고 비용도 하락하고 있다. 그리고 '티핑 포인트'에 다다르면 로봇 공학, 자동화 생산과 전산화가 확산될 것이 분명하다. 다음 사례를 고려해 보자.

소프트웨어 '봇bots'은 지진이 감지될 때 자동으로 기사를 작성하는 알고리즘을 사용해 기자들을 불필요하게 만든다. BBC 뉴스는 이미 스튜디오에 로봇 카메라를 도입해 인간 카메라 감독이 필요하지 않게 되었다. 온라인 소매업체 아마존은 무인 항공기를 이용해 고객에게 제품을 전달하는 새로운 배송 시스템, 아마존 프라임 에어Amazon Prime Air를 실험 중이라고 발표했다. 구글은 교통 체증을 극복할 수 있는 '자율 주행'(주로 전기) 자동차를 개발했고, 미국의 일부 주에서는 자율 주행 자동차가 도로에서 운행될 수 있도록 법을 제정했다. 택시 회사 우버Uber Technologies의 사장 트래비스 캘러닉Travis Kalanick은 머지않은 미래에 인간이 운전하는 자동차가 무인 자동차로 교체되는 것이 궁극적인 목표라고 말한다. '자율적인 안드로이드autonomous android' 또는 로봇 경비원인 '밥Bob'은 영국 글로스터셔에 있는 G4S 테크놀로지 사무실을 돌아다니며 비상 상황을 감지하고 담당자에게 직접 보고한다. 군대는 정기적으로 무인기, 지뢰 제거기, 폭탄 처리 드로이드, 원격 조종 장비를 사용해 병력을 감축하고 병사를 보호한다(Crossley 2014; Zolfagharifard 2014). 이러한 예에서 알 수 있듯이 전산화, 자동화, 로봇 공학은 기존 인력 고용 역할의 큰 공백을 근본적으로 없앨 수 있는 잠재력을 가지고 있다.

예를 들어 프레이Frey와 오즈번Osborne은 향후 20년 안에 자동화 및 로봇 공학의 증가로 인해 미국에서 일자리의 47퍼센트가 위험에 처할 수 있다고 언급했다(2013). 특히 그들은 "운송 및 물류 직업에 종사하는 대부분의 근로자, 많은 사무직 및 행정 지원 근로자, 생산직 근로자들이 위험에 처해 있다"고 주장한다(ibid. 2013: 44). 또한 많은 서비스 직종이 전산화에 취약하다는 사실을 발견했다. 반면에 고도의 기술과 상대적으로 높은 임금을 받는 일자리는 전산화에 가장 덜 취약하다. 예를 들어 법률 보조원과 '변호사 보조원paralegals'은 컴퓨터가 그들의 업무를 인수하는 것을 잘 알 수 있지만 변호사들은 위험이 낮은 위치에 있다. 몇몇 사람들은 이러한 예측을 유언비어로 보지만 자동화의 사회적 영향은 적어도 1960년대 이래 뜨거운 논쟁 주제가 되어 왔다.

영향력이 컸던 『소외와 자유Alienation and Freedom』(1964)에서 로버트 블라우너Robert Blauner는 네 개의 서로 다른 산업에서 다양한 기술 수준에 따른 근로자의 경험에 대해 조사했다. 뒤르켐과 마르크스의 개념을 이용해 블라우너는 소외alienation 개념을 조작적으로 정의하고 근로자들이 개별 산업에서 소외를 경험하는 정도를 무기력, 무의미성, 고립, 자기 소원self-estrangement이라는 유형으로 측정했다. 그는 조립 라인에서 일하는 근로자들이 모든 근로자 중에서 가장 소외적이지만 소외 수준은 자동화를 사용하는 작업장에서 다소 낮은 것으로 결론지었다. 즉 블라우너는 공장의 자동화 도입은 자동화가 되지 않았다면 증가했을지도 모르는 근로자 소외의 꾸준한 추세를 역전시킨 공로가 있다고 주장했다. 하지만 〈고전 연구 7-2〉에서 볼 수 있는 것처럼, 모든 사회학자가 블라우너의 생각에 동의하는 것은 아니다.

미국 사회학자인 리처드 세넷Richard Sennett은 대규모 식품 회사가 인수한 후 하이테크 기계로 자동화시킨 제과

자본주의 경제에서 일의 숙련 저하에 대한 해리 브레이버먼의 연구

고전 연구 7-2

연구 문제

기술 혁신은 노동 과정에서 근로자의 경험에 긍정적인 영향을 미칠 수 있을까? 생산 과정에서 왜 어떤 기술은 다른 기술에 비해 광범위하게 채택되어 이용되는 것일까? 자동화의 영향에 대한 블라우너의 긍정적인 결론은 미국의 마르크스주의자 해리 브레이버먼Harry Braverman의 유명한 저술 『노동과 독점 자본Labor and Monopoly Capital』(1974)에 의해 뒤집어졌다. 이 책에서 그는 자동화와 생산 관리에 대한 포드주의적 방식에 대해 매우 다른 평가를 내렸는데, 그는 자동화를 산업 노동력의 전반적인 탈숙련화deskilling 현상의 일부라고 보았다.

브레이버먼의 설명

브레이버먼이 자본주의적 생산에 대해 연구한 것은 사회학자로서가 아니었다. 그는 여러 가지 일을 했지만 구리 세공공, 배관공, 판금공으로 도제 생활을 했고 사무원으로도 일하면서 일찍이 10대에 사회주의자가 되었다. 따라서 그는 기술 변동의 영향을 스스로 체험하고 기술, 자동화, 숙련 문제를 이러한 체험에 의해 접근했다. 브레이버먼의 설명에서는 이처럼 깊이 관련되고 밀접하게 체험한 관점이 명백하게 드러나 있다.

테일러식 관리 방식과 연계된 자동화는 노동자들의 운명을 향상시키기보다는 생산 과정에서 노동자들의 소외를 강화시키고 산업 노동력을 '탈숙련deskilled'시켰다고 브레이버먼은 주장했다. 테일러식 조직화 기법을 강요하고 노동 과정을 세분화된 과제로 쪼갬으로써 경영 관리자들은 노동력에 대한 통제를 더 많이 확보할 수 있었다. 생산 작업장에서건 현대식 사무실에서건, 신기술의 도입은 창의적인 인간 능력이 발휘될 필요를 제한했기 때문에 전반적으로 일의 격하를 초래했다. 대신에 동일한 비숙련 업무를 쉬지 않고 수행할 수 있도록, 생각하거나 반성할 필요가 없는 육체 능력이 요구되었다.

브레이버먼은 기술이 다소 '중립적'이거나 필수적이라는 생각을 거부했다. 그 대신 그는 기술이 자본가들의 필요를 충족시키기 위해서 발전하고 도입된다고 주장했다. 마찬가지로 그는 노동자의 소외에 기계나 기술 그 자체를 비난할 이유가 전혀 없다고 생각했다. 문제는 그런 기계류가 어떤 식으로 이용될지 결정하는 사회의 계급적 분화에 있는 것이라고 보았다. 브레이버먼은 특히 19세기 후반 이후 '독점 자본주의'가 발전했다고 여겼다. 작은 기업들이 더 큰 기업들에 의해 삼켜지고 문을 닫으면서 이 새로운 독점적 사업에서는 기술자, 과학자와 경영자들을 광범위하게 고용해서 쓸 수 있게 되었는데, 이들의 임무는 노동자들을 통제할 수 있는 보다 나은 효율적인 방식을 찾아내는 것이었으며, 위에서 언급한 과학적 관리 혹은 테일러리즘이 좋은 예다.

일부 산업사회학자들은 기술 발전과 자동화 과정이 보다 나은 근로자 교육과 훈련을 필요로 하고 이들의 헌신을 요구하는 과정으로 나아간다고 받아들였는데, 이러한 입장은 오늘날에도 현대 정치에 일종의 상식으로 남아 있는 가정이다. 브레이버먼은 이러한 가정에 동의하지 않는다. 그는 사실상 정확히 이 반대가 진실이라고 주장했다. '평균 숙련 수준'은 이전 시대에 비해 더 높을지 모르지만, 모든 평균치가 그러하듯이 실제로 근로자들이 대체로 탈숙련되는 사실을 감춘다고 보았다. 그가 신랄하게 비판한 것처럼, '평균' 숙련 수준이 향상되었다고 주장하는 것은 마치 한 통계학자가 한 발은 불 속에 두고 다른 한 발은 얼음 속에 둔 채 '평균적으로는' 완벽하게 편안하다고 하는 논리를 받아들이는 것과 같다고 보았다(1974: 424).

역설적으로, 과학적 지식이 노동 과정에 배태되면 될수록 노동자들이 그 과정을 알 필요는 더 줄어들고, 노동자들은 기계류나 작업 과정 그 자체에 대해 이해를 점점 더 못하게 된다. 그 대신 경영자들에 의한 노동자들에 대한 통제가 강화될수록 일의 세분화가 보다 더 진전된다. 브레이버먼은 독점 자본주의는 전복되기가 훨씬 어려운 자본주의의 가장 강력한 형태라고 보았다.

비판적 쟁점

브레이버먼의 주장에 대해 여러 반대 주장이 제기되었다. 우선 그는 테일러리즘이 관리의 지배적인 형태가 될 것이라고 가정해 이의 확산을 과대평가했다. 산업사회학자들은 테일러리즘이 보편적으로 확산된 적은 결코 없었으며, 브레이버먼이 일종의 '허수아비'와 싸운 셈이라고 주장한다. 둘째로, 일부 페미니스트들은 브레이버먼의 연구가 남성 노동자에 국한되어 여성 노동의 특수한 억압적 성격을 이해하지 못했다고 비판했다. 다른 학자들은 그가 가족 구조의 변화와 이것이 노동 생활에 미친 충격에 대해 적절하게 설명하지 못했다고 지적했다. 마지막으로, 브레이버먼의 탈숙련화 논지는 과거의 특히 수공업 기반의 생산 방식을 이상화해서 이를 현대 대량 생산과 대비시킨 경향을 보인다는 비판을 받고 있다. 이런 관점은 역사적 발전 과정을 적절하게 고려하지 못한 반역사적인 시각이라고 지적받을 수 있다.

현대적 의의

브레이버먼의 명제는 매우 중요하다. 그의 주장은 산업사회학의 지배적인 기능주의 관점에 대해 도전을 제기한 것이고 이후 이 분야 사회학자들의 연구에 많은 영향을 미쳤다. 그의 저술도 대중적 인기를 끌어 2000년까지 12만 5천 부 팔렸다. 그러나 브레이버먼의 주목표가 마르크스 이론 그 자체의 부흥에 기여하기 위한 것이었다고 주장되기는 하지만, 그가 생각한 대로 마르크스 이론이 20세기에 발전한, 이전과 전적으로 다른 유형의 자본주의에 적용되기는 어려운 것이었다. 일부 마르크스주의 학자들이 그의 주장은 노동자들이 독점 자본주의에 대항해서 효과적으로 싸울 여지를 거의 인정하지 않은 점에서 너무 비관적이라고 비판하긴 하지만, 작업장이나 사회 전반에 정보 기술이 광범위하게 도입되는 것과 더불어 노조에 가입한 노동자 수가 줄어드는 현상을 보면 그의 주장의 상당 부분은 21세기에도 영향력이 살아 있다.

점에서 일하는 사람들에 대해 연구했다(1998). 컴퓨터로 자동화된 빵 굽기는 빵이 만들어지는 방식을 급격히 변화시켰다. 재료들을 섞고 빵 덩어리를 반죽하는 것과 언제 빵이 다 구워졌는지 판단하는 데 코와 눈을 사용하지 않았기 때문에, 그 빵집의 근로자들은 빵 재료나 빵 덩어리와의 신체적 접촉이 없었다. 사실 전체 과정이 컴퓨터를 통해 통제되고 감시되었다. 컴퓨터가 오븐의 빵 굽는 시간과 온도를 결정했다.

이 빵집에서 일하는 근로자들은(그들을 제빵사라고 부르는 것이 잘못일지도 모른다) 빵을 만드는 방법을 알고 있기 때문이 아니라, 컴퓨터 숙련 기술을 가졌기 때문에 고용되었다. 역설적이게 그 근로자들은 자신들이 가진 컴퓨터 기술의 대부분을 사용하지 못했다. 생산 과정이 컴퓨터 버튼을 누르는 기술 이상의 것은 관련되지 않았기 때문이다. 사실 컴퓨터로 자동화된 기계가 고장 났을 때 그 제과점의 '숙련' 근로자들 그 누구도 고장을 수리할 수 있도록 훈련받거나 권한을 부여받지 못했기 때문에, 전체 생산 과정이 정지되었다. 작업 현장에 컴퓨터 기술이 도입되면 모든 근로자의 기술을 전반적으로 증가시키지만, 한편으로는 자신의 일에 대한 높은 유연성, 자율성과 함께 고숙련 기술을 가진 작은 전문가 그룹과 자신들의 일에 대해 자율성을 결여한 사무직, 서비스직, 생산직 근로자로 구성된 큰 그룹의 노동력이 형성되도록 한다.

기술을 둘러싼 논쟁은 매우 복잡한데, 페미니스트 연구가들이 주장해 왔듯이, 무엇이 '기술'을 이루고 있는지는 사회적으로 구성되기 때문이다(Steinberg 1990). 그래서 '숙련' 노동에 대한 관습적인 해석은 객관적인 의미에서의 과업 난이도보다 일이 어떤 내용인지에 대한 전형적인 기대에 따른 그 일의 사회적 지위를 반영하는 경향이 있다. 살펴보면, 여성이 어떤 직업 영역에 진입하면 똑같은 과업들인데도 불구하고 다른 기술 수준이라고 정의되거나 심지어 다른 명칭을 붙였던 예들을 확인할 수 있다(Reskin and Roos 1990). 예를 들어 20세기 영국의 의류 산업에서 남성과 여성 모두 기계공으로 일하더라도 남성 기계공은 '숙련공'으로 분류되었고 여성은 '반숙련공'으로 분류되었다. 이러한 분류는 객관적인 숙련 수준이나 훈련받은 유형에 기반한 것이 아니라, 그 일을 수행하는 사람의 성별이 무엇인가에 따른 것이었다. 이것은 물론 다른 낮은 지위의 근로자들에게도 똑같이 적용된다.

숙련을 수행하는 업무의 주관적인 복잡성이라는 견지에서 조사했던 연구들은 '숙련 증대upskilling' 입장을 지지하는 경향을 보인 반면에, 숙련을 자율성이나 작업자에 의해 행사되는 통제를 중심으로 살펴본 연구들은 자동화를 통해 일이 '탈숙련deskilled'된다는 점을 발견하는 경향을 보인다고 기술했다(Zuboff 1988; Vallas and Beck 1996). 숙련 수준은 또한 그 지역의 지리적 위치나 고용 상황과 연계되어 있다. 예를 들어 선진 국가들에서 콜센터 일자리는 일반적으로 저숙련의 단조로운 고용 형태로 여겨진다. 그래서 여러 사회학자들이 낮은 임금 수준, 엄격한 감시와 작업 조건에 대해 문제를 제기하면서 콜센터는 조립 라인 생산에 상응하는 사무 노동 상황이라고 비판했다(Moran 2005). 하지만 인도의 여러 도시에서는 콜센터가 매우 빠르게 성장하고 있는데, 인도에서 그 일은 상대적으로 높은 숙련, 고임금으로 여겨지고 졸업생들이 선호하는 일자리다. 최근의 연구에 따르면, 대다수의 인도 콜센터 직원들 역시 서구의 중산층과 유사한 가치관이나 생활양식을 갖고 있음을 보여 주며, 이들은 점증하는 글로벌 중산층의 선봉을 대변하고 있다(Murphy 2011).

> 경제 성장과 발전에 대해서는 제13장 〈빈곤, 사회적 배제, 복지〉에서 더 상세히 다룬다.

지식 경제

일부 연구자들은 오늘날 발생하는 현상은 더 이상 산업주의에 주된 기반을 두지 않은 새로운 유형의 사회로 이행하는 것이라고 주장한다. 그들은 우리가 산업 시대 전체를 넘어선 발전 단계로 접어들고 있다고 주장한다. 이러한 새로운 사회 질서를 묘사하기 위해 후기 산업사회post-industrial society, 정보화 시대information age, 신경제new economy 같은 다양한 용어가 만들어졌다. 그러나 가장 많이 사용되는 용어는 지식 경제knowledge economy이다. 지식 경제를 정확히 정의 내리기는 어렵지만, 일반적으로 노동력의 대부분이 물리적인 생산이나 물질 재화의 분배에 참여하고 있는 것이 아니라, 그것을 디자인, 개발, 기술 연구, 마케팅, 세일즈 및 서비스하는 데 참여하고 있는 것을 의미한다. 찰스 리드비터Charles Leadbeater는 다음과 같이 말했다(1999: vii).

> 우리 지식 근로자 대부분은 형체가 없는 것으로부터 돈을 번다. 무게를 잴 수도, 만질 수도, 측정할 수도 없는 무無를 생산한다. 우리가 만든 물건은 항구에 쌓아 놓거나 창고에 저장하거나 기차 칸에 실을 수도 없다. 우리 대부분은 콜 센터, 법률 사무소, 정부 부처 혹은 과학 실험실에서 서비스를 제공하거나 판단을 내리거나 정보와 분석을 제공하면서 생활비를 번다. 우리 모두는 형체가 거의 보이지 않는 비즈니스에서 일한다.

지식 기반 산업은 하이테크, 교육과 훈련, 연구와 개발, 금융과 투자 부문을 포함하는 것으로 폭넓게 이해되었다. 경제협력개발기구OECD 국가 전체에서 지식 기반 산업은 1990년대 중반 기업 총매출의 절반 이상을 차지하는 것으로 나타났다. 2006년에 워크파운데이션Work Foundation이 2005년 자료에 기반해서 유럽연합EU 관련 보고서를 발표한 것에 따르면, 40퍼센트 이상의 EU 근로자들이 지식 기반 경제 부문에서 일하는데 스웨덴, 덴마크, 영국, 핀란드가 선두를 이루었다(〈표 7-2〉 참조). 교육과 보건 서비스가 가장 큰 분야이고 여가와 문화 서비스가 뒤를 잇는데, 이 두 범주에만 전체 근로자의 20퍼센트가 고용되어 있다. 금융, 기업, 커뮤니케이션 서비스 같은 시장 기반 부문에도 추가로 15퍼센트가 고용되어 있다.

공공 교육, 소프트웨어 개발 투자, 연구와 개발과 같은 지식 경제에 대한 투자는 이제 많은 국가의 예산에서 상당 부분을 차지한다. 하지만 2008년 신용 위기와 2009년의 경기 침체, 그리고 이에 따른 긴축 정책은 부채 수준을 낮추기 위해 공공 지출을 줄이는 것을 목표로 했고, 지식 부문의 투자가 줄어들 것은 분명해 보인다. 이에 따라 지식 경제는 면밀히 탐색하기 어려운 현상으로 남아 있다. '무게가 없는' 아이디어나 연구, 지식의 무게를 측정하기보다는 물질적 사물의 가치를 측정하기가 보다 용이하다. 그러나 지식을 산출하고 응용하는 것이 현대 글로벌 경제에서 점점 더 중요해지고 있다는 점은 부인할 수 없다.

표 7-2 유럽연합 15개국에서 지식 기반 산업의 고용률, 2005(%)

	제조업	서비스업	합계
스웨덴	6.5	47.8	54.3
덴마크	6.3	42.8	49.1
영국	5.6	42.4	48.0
핀란드	6.8	40.5	47.3
네덜란드	3.3	41.9	45.2
벨기에	6.5	38.3	44.8
독일	10.4	33.4	43.8
프랑스	6.3	36.3	42.6
아일랜드	6.0	33.9	39.9
오스트리아	6.5	31.0	37.5
이탈리아	7.4	29.8	37.2
스페인	4.7	27.0	31.7
그리스	2.1	24.5	26.6
포르투갈	3.3	22.7	26.0

출처: Brinkley and Lee 2007: 6.

다기능과 포트폴리오 근로

포스트포디즘에 대한 논의 중 하나는 이 새로운 형태의 일이 근로자가 계속해서 특정한 하나의 과업을 수행하도록 하기보다는 다양한 과업에 관련됨으로써 숙련의 폭을 넓히도록 허용한다는 것이다. '다기능'으로의 이동은 인력 채용 과정에 대한 함의를 갖는다. 다기능이 주로 교육 자격시험에 기초해서 한 번에 형성되는 것이라면, 고용주들은 적응을 잘하고 새 기술을 빠르게 배울 수 있는 사람들을 찾을 것이다. 따라서 특정한 소프트웨어를 응용할 수 있는 전문 지식은 앞으로 아이디어를 쉽게 떠올릴 수 있는 능력만큼 가치 있게 여겨지지 않을 것이다.

흔히 전문화는 중요한 자산이 되지만 근로자들이 전문기술을 창조적으로 새로운 상황에 적용하는 데 어려움을 느낀다면 그들은 유연하고 혁신적인 노동 현장에서 장점을 가진 것으로 여겨지지 않을 것이다. 연구자들은 숙련과 비숙련 직업 부문 모두에서 '개인적 숙련personal skills'의 가치가 점점 더 커진다고 결론지었다. 협력하는 능력, 독립적으로 일하는 능력, 주도권을 잡는 능력, 도전에 직면해서 창조적인 접근을 채택하는 능력들은 한 개인이 일을 수행할 수 있는 최고의 숙련이다(Meadows 1996). 많은 기업은 제한된 기술을 가진 전문가를 고용하기보다는 그 일자리와 관련된 새로운 기술을 발달시킬 수 있는 유능한 비전문가를 선호한다. 기술과 시장 수요의 변화에 따라 기업들은 고임금 컨설턴트를 고용하거나 기존 직원을 교체하는 대신 자사 직원을 재교육한다. 가치가 큰 평생 근로자가 될 핵심 근로자에게 투자하는 것은 급격하게 변화하는 시대에 뒤지지 않으려는 전략적 방법으로 보인다.

예를 들어 재택근무homeworking는 근로자들이 집에서 종종 인터넷에 연결된 컴퓨터를 통해 자기 일의 전부나 일부를 수행할 수 있도록 해준다. 컴퓨터 그래픽 디자인

전 세계 콜 센터에서의 숙련도 향상과 탈숙련화

세계 사회 7-2

도심지의 사무실들은 고객들에게 인상적인 아트리움과 유리로 둘러싸인 고층 빌딩으로 회사의 위상을 드러내며 종종 브랜드를 대변하는 역할을 한다. 콜 센터들은 대부분 주변에서 눈에 잘 띄지 않는 특징이 있다. 일반적으로 콜 센터는 도심의 복합 상업 지구에서 벗어나, 주차장과 보안 장벽에 둘러싸여, 심지어 회사를 알아볼 수 있는 로고도 없이 특색 없는 창고에 자리 잡는다. 콜 센터의 기술은 장소에 대한 적응성이 높기 때문에 땅과 임금이 저렴한 변두리 같은 곳에도 세울 수 있다. 또한 영국과 미국의 회사들은 점점 더 자신들의 콜 센터를 서인도, 말레이시아 그리고 특히 인도처럼 영어를 상용하는 개발도상국에 설치하고 있다.

비판적으로 생각하기

THINKING CRITICALLY

인도 뉴델리 같은 개발도상국에 위치한 콜 센터 근로자들은 주로 젊고 미혼이며 상대적으로 임금이 많은 편이다. 그들의 숙련 수준은 점점 높아질까, 저하될까? 여러분의 평가는 얼마만큼이나 정보 기술이 도입된 사회적 맥락social context에 기반을 두고 있는가? 산업사회의 콜 센터는 이 경우와 얼마나 다를까?

블라우너의 주장은 맞는가? 여기서 근무하는 사람들은 제조 공장의 대량 생산 라인에서 일하는 근로자들보다 소외감을 덜 느끼는가?

이나 광고의 카피라이팅copy-writing처럼 고객이나 소비자와의 정기적인 접촉을 요구하지 않는 직업에서, 재택근무는 근로자들에게 일과 관련 없는 다른 책임과의 균형을 갖도록 해주고 더 높은 생산성을 낳을 수 있게 해주는 것으로 나타난다. '통신으로 연결된 근로자wired workers'는 기술이 우리가 일하는 방식을 급격하게 바꾸기 때문

'해외 이전'과 불평

오늘날 직업 구조의 변화는 글로벌 관점에서 보아야 한다. 이렇게 해야 하는 가장 중요한 이유는 생산과 용역의 분배가 여러 나라에서 함께 작업하는 많은 근로자들에 의해 이루어지기 때문이다. 이렇게 된 이유는 일반적으로 산업화된 나라의 기업들이 노동 비용을 줄이기 위해서 일자리들을 개발도상국으로 이전함으로써 경쟁을 유지하고 이윤을 높이려 했기 때문이다. 영어를 사용하는 사람들이 많은 인도의 경우는 은행 거래나 콜 센터의 중심이 되었다. 중국은 장난감, 의류 및 소비재 생산 거점이 되었고, 대만은 정보 시대에 필요한 전자 부품들을 많이 생산한다. 이런 과정을 '해외 이전offshoring' 혹은 '외주outsourcing'라고 하는데, 비록 이런 현상이 최근의 일만은 아니지만 오늘날 이런 해외 이전의 미래와 그 결과, 특히 산업사회에 미치는 영향에 대해서 수많은 논쟁이 제기되고 있다.

공장의 해외 이전에 대한 체계적인 연구는 많지 않지만 두 가지 관점이 발전했다. 하나는, 해외 이전은 단순히 국제무역의 확장된 형태로서, 단지 거래할 물건들이 더 많고 거래할 지역이 더 많을 뿐이라는 것이다. 걱정할 만한 특별한 점은 전혀 없다고 본다. 그리고 또 하나는 해외 이전은 가까운 미래에 세계 경제를 전환시킬 주요한 세계사적 힘으로 등장할 것이며 특히 선진 사회에는 문제가 될 것이라고 보는 관점이다. 이 관점을 선도하는 미국 경제학자 앨런 블라인더Alan Blinder는 미국 정부와 같은 경우 미래에 어떻게 대처해야 하는지 정확히 설명했다(2006).

블라인더는 상대적으로 잘사는 나라의 제조업 노동자들과 기업들은 그동안 개발도상국의 노동자나 기업들과 경쟁해 왔지만, 고등 교육이 필요한 서비스 부문은 그렇지 않았다고 주장한다. 그러나 미래에는 이런 서비스 부문 근로자들이 가장 큰 도전에 직면할 것이라고 예측한다. 블라인더가 구분한 것처럼, 품질 저하 없이 전기선 혹은 무선 연결을 통해 쉽게 배달될 수 있는 종류의 일과 그렇지 않은 일들 간에 중요한 분리가 이미 나타나기 시작했다. 예를 들어 독일이나 미국의 택시 기사나 비행기 조종사가 해외 이전으로 인해 일자리를 잃지는 않겠지만 타이핑 서비스, 보안 검색, 엑스레이 서비스, 회계, 고등 교육, R&D, 컴퓨터 프로그래밍, 은행 업무 등 수많은 일이 해외로 이전되고 일자리가 없어질 수 있다.

블라인더가 여기서 중요한 변화로 지적하는 점은 고등 교육을 필요로 하는 일들이 더 이상 '안전'하지 못하며, 따라서 정부가 누누이 되풀이해서 주장하는 것처럼 미래의 경제 발전을 위해 고등 교육을 받은 노동력을 길러 내는 것이 핵심이라는 주장은 잘못된 것일 수도 있다는 점이다. 필요한 것은 면대면을 통해 제공되기 때문에 해외 이전을 피할 수 있는 '개인 서비스'에 투자하는 것일지도 모른다. 전자적으로 제공될 수 있는 모든 '비인격적 impersonal' 서비스는 경쟁에 노출된다. 이런 이유로, 블라인더는 오늘날 선진 국가들이 직면한 최대 도전은 제조업에 특화된 중국이 아니라 서비스업의 해외 이전 경향에 의해 이득을 볼 수 있는 보다 나은 위치에 있는 인도라고 지적한다. 하지만 아래 글에서 지적하는 것처럼, 중국은 이미 이런 상황을 인식하고 경쟁력을 갖추기 시작했다.

블라인더는 자신의 명제가 가설의 형태 혹은 '미래학'의 형태여서 현재 진행되는 경향에 대해 훨씬 더 많은 연구와 증거가 필요하다고 말했지만, 그가 묘사한 변화 과정은 이미 분명히 진행 중이다. 현재의 빠른 세계화 시기를 고려한다면 해외 이전은 이미 우리 곁에 와 있다. 2007년 6월 20일 BBC 뉴스에 소개된 짧은 기사는 금융 부문에서의 해외 이전 사례를 잘 보여 준다.

금융 부문의 해외 이전 증대

한 연구에 따르면, 영국의 금융 서비스 부문 일자리들이 인도나 중국 같은 개발도상국으로 이전함에 따라 연간 15억 파운드의 돈이 절약되었다. 딜로이트Deloitte 회계법인에 따르면, 지난 4년간 해외로 이전된 금융 부문 일자리 수는 18배나 증가했다. 2001년의 10퍼센트 미만에 비교해, 현재 주요 금융기관의 75퍼센트 이상이 해외에서 업무를 처리하고 있다. 그렇지만 유나이트Unite 노조에 따르면, 해외 이전으로 인한 이득은 분명히 밝혀진 바가 없으며, 해당 근로자들의 퇴사율이 증가하고 있다고 지적했다. 노조는 해외 이전을 한 대부분의 기업들이 적어도 1년 동안은 전체 근로자 수를 줄이지 않고 그대로 유지하고 있으며 임금은 증가했다고 밝히고 있다.

중국 vs. 인도

거의 모든 사업 영역에 걸쳐 해외 이전이 이루어졌지만 거래 처리, 금융과 인적 자원 관리 부문에서 특히 증가했다. 이런 업무 과정을 해외로 이전하려는 기업들에 인도는 최고의 대상국이며, 전 세계적으로 해외 이전 기업 근로자들의 3분의 2가 인도에 고용되어 있다. 그러나 그 왕좌를 중국에 빼앗길 판이다. 전 세계 금융기관의 3분의 1이 주로 정보통신IT 처리를 담당하는 지원 사무소를 중국에 가지고 있기 때문이다. 약 2억 명의 중국인이 현재 영어를 배우고 있으며, 이들은 향후 몇 년간 인도와 경쟁할 수 있는 숙련 근로자 집단을 형성하게 될 것이다.

'복잡성Complexities'

딜로이트 회계 법인의 금융 서비스 부문 부파트너이며 책임 연구원인 크리스 젠틀Chris Gentle은 "금융기관들은 사업 과정을 리엔지니어링할 필요가 있으며, 그렇지 않으면 과거에 본점에서 했던 대로의 비효율적인 과정을 단지 해외 이전한 데 따른 위험을 안게 될 것"이라고 말했다. 현재 전형적인 금융 서비스 기업들은 직원의 6퍼센트를 주재국 밖에 두고 있는데, 이는 전해에 비해 2배 증가한 것이다.

하지만 유나이트 간부인 데이비드 플레밍David Fleming에 따르면, 일자리를 해외로 이전하는 데 따른 인적, 사회적 비용이 막대하고 소비자 불만이 확대되고 있다고 한다. 그는 "유나이트는 기업들이 해외 이전의 복잡성을 간과하고 있으며, 일자리를 해외로 이전한 데 따른 견고한 사업 모델을 형성하는 데 실패한 것으로 여전히 믿고 있다"고 덧붙였다.

출처: BBC 2007f.

비판적으로 생각하기 THINKING CRITICALLY

블라인더는 산업혁명이 농업을 없앤 것은 아니지만 — '우리는 여전히 먹는다' — 그것을 근본적으로 변형시켰다고 보았다. 마찬가지로 정보 혁명이 제조업을 종결시키지는 않았지만 — 우리는 여전히 기계들을 사용한다 — 인간 노동력 이용을 크게 줄인 것은 사실이다. 서비스업에서 대규모 외주offshoring가 이루어지면 산업사회들에서 어떤 결과가 생길 것인가? 이런 나라들에서 근로자들은 생계를 유지하기 위해 실제로 어떤 유형의 일을 하게 될 것인가?

에 앞으로 다가올 시대에는 확실히 더 증가할 것으로 보인다.

멜리사 그레그Melissa Gregg는 전문직 종사자들에게서 스마트폰, 태블릿, 랩톱 같은 무선이동 기술 장치의 발명은 고정된 사무실 환경으로부터의 해방과 더불어 자유를 더 넓게 제공했다고 주장한다(2011). 하지만 그 결과는 일이 고정된 사무실 바깥으로 확대되어 가정생활을 포함한 모든 다른 공적·사적 생활 속으로 파고들었다는 점이다. 그로 인해 일과 여가 시간의 경계가 희미해지면서 어떤 사람들은 더 오랜 시간 동안 일하려는 유혹에 빠지기도 하고, 이에 따라 일이 가족생활이나 다른 사회생활을 희생하면서 한 개인의 일상생활에서 핵심으로 부각되기도 했다. 재택근무는 당연히 다른 형태의 일하는 방식을 가능하게 한 것이긴 하지만, 전통적인 일이 초래하는 압력으로부터 단순히 '탈출'한 것을 의미하는 것은 전혀 아니다.

세계 경제의 충격과 '유연' 노동력에 대한 수요 증가에 비추어 볼 때, 일부 사회학자들은 사람들이 장래에 점점 더 다양한 포트폴리오를 지닌 근로자가 될 것이라고 주장했다. 이들은 '숙련 포트폴리오' — 다수의 서로 다른 직업 숙련과 자격 — 를 보유하고 있고, 전체 근로 생애 동안 여러 개의 직업을 옮겨 다니는 데 이를 사용할 것이다. 상대적으로 낮은 비율의 근로자들만이 현재 쓰이는 의미의 지속적인 '경력careers'을 지니게 될 것이다. 이러한 방향으로의 변화를 지지하는 사람들은 실제로 '평생 직업job for life'이라는 개념은 이미 과거가 되고 있다고 주장한다. 그러나 이것이 꼭 무정부적인 상황을 의미하는 것은 아니다. 사람들은 움직여 가면서 '경력 자본'과 사회 연결망을 활용한다. 그들은 또한 자신들의 숙련 수준을 시험해 보기도 하고 상당한 정도의 자신감을 발전시키고 자신들의 근로 생활을 '의미' 있게 만든다(Watson 2008: 256~257).

젊은 사람들 중 특히 정보 기술 분야에서 일하는 컨설턴트와 전문가들은 다양한 포트폴리오 직업을 갖는 경향이 증가하고 있는 듯하다. 대략 추정해 보면 영국의 젊은 대학생들은 전체 직업 생애 동안 세 개의 서로 다른 숙련을 사용해 열한 개의 다른 직업에서 일할 것으로 기대된다. 그러나 그런 상황에서도 여전히 규칙보다는 예외가 있다. 고용 통계는 근로자의 노동 이동이 포트폴리오 노동으로의 대규모 전환을 기대할 만큼 크게 부상한 것은 아니라는 점을 보여 준다. 킹 연구 팀은 정보통신 분야 근로자들을 찾아 연결해 주는 고용 중계 기관들이 '알려진' 지원자들을 선호하는 경향이 있는 반면에, '포트폴리오' 경력 중심의 지원자는 의심하는 경향이 있다는 점을 발견했다(King et al. 2005).

그럼에도 불구하고 많은 수의 근로자들은 매우 어려운 노동시장 상황에서 고용을 유지하기 위해 그들의 기술을 발전시키고 다양화해야 한다는 압력을 받는다. 포트폴리오 업무 방식으로의 전환이 어떤 이들에게는 긍정적일 수 있다. 근로자들은 같은 직업에 머무르지 않고 더 창의적인 방식으로 자신의 일과 삶의 균형을 계획할 수 있다(Handy 1994). 하지만 실제로 '유연성flexibility'은 기업들이 근로자를 좀 더 쉽게 채용하고 해고할 수 있다는 것을 의미하며, 이는 근로자들의 직업 안정성을 해친다.

일의 사회적 중요성

어떤 사람들에게는 새로운 작업 방식이 보다 신나는 기회일 수 있지만, 다른 사람들에게는 전혀 다르게 받아들여져 정신없이 달려가는 세상에 갇혀 버렸다고 여길 수도 있다(Giddens 2002). 이 장에서 살펴본 것처럼 노동시장은 제조업에서 서비스 지향 고용으로 변화가 발생하고 정보 기술이 도입됨에 따라 커다란 변화를 겪어 왔다. 빠른 변화는 불안정을 야기할 수 있고 여러 다른 직업 분야에 걸쳐 수많은 근로자가 이제 고용 불안정을 겪고 있다.

고용 불안정은 직업사회학에서 중요한 연구 과제가 되었다. 많은 연구자는 지난 35년간 고용 불안정이 지속적으로 증가해 왔고, 특히 선진 산업국가들에서는 그 어느 때보다 높은 수준에 도달했다고 주장한다. 효율성과 이윤을 추구한다는 것은 숙련이 거의 없거나 '잘못된' 숙련을 보유한 사람들을 불안정하고 한계적인 상황의 일자리들에 배치할 수밖에 없으며, 이로 인해 글로벌 시장의 변화에 취약하게 노출된다는 의미다. 유연성이라는 장점에도 불구하고 '일'이라고 하는 것의 의미 자체에서 큰 변화를 낳고 있는 것이다.

우리 대부분에게 일은 다른 어떤 활동보다 삶에서 상당한 부분을 차지하고 있다. 우리는 자주 일 개념을 노역, 즉 최소화시키고 가능하다면 단번에 벗어나기를 원하는 일련의 과업과 연결시킨다. 그러나 일은 노역보다는 더 긍정적인 면이 있다. 만약 그렇지 않다면, 사람들이 실직했을 때 그렇게 상실감을 느끼고 방황하지 않을 것이다. 일을 전혀 갖지 못한다고 생각하면 어떻게 느낄까? 현대사회에서 일을 갖는 것은 자긍심을 유지하는 데 중요하다. 일의 조건이 상대적으로 유쾌하지 못하고 업무가 지루하다고 할지라도, 일은 사람들의 심리적 기질과 일상적인 활동의 주기를 구조화하는 요소가 되는 경향을 보인다. 일의 여러 가지 특성이 이것과 관련된다.

1. 돈 : 임금은 많은 사람이 필요한 것을 충족시키기 위해 의존하는 주된 자원이다. 수입이 없다면 일상사를 극복해야 하는 걱정이 몇 배 늘어날 것이다.
2. 활동 수준 : 일은 숙련과 역량을 습득하고 수행하는 데 기반을 제공한다. 단조롭고 일상적인 곳에서조차 일은 개인의 에너지를 빨아들이는 구조화된 환경을 제공한다. 일 없이는 이러한 숙련과 역량을 발휘할

기회가 줄어들 것이다.

3. 다양성 : 작업 환경에서 일할 때 사람들은 업무가 상대적으로 지겨울 때조차 집에서 하는 허드렛일과 다른 일을 한다는 점을 즐기는 경향이 있다.
4. 시간 구조 : 정규 근로자에게 하루는 보통 일의 리듬을 중심으로 조직된다. 일이 없는 사람들은 지루함이 주요 문제라는 것을 빈번하게 발견하고 점점 시간에 대한 무감각성이 싹튼다.
5. 사회적 접촉 : 작업 환경은 흔히 우정과 다른 사람들과 함께 일할 수 있는 기회를 제공한다. 작업 환경에서 벗어나면 한 개인의 가능한 친구와 아는 사람들의 범위가 줄어들게 된다.
6. 개인적 정체성 : 일은 항상 안정된 사회적 정체감을 제공하기 때문에 중요하다. 특히 남성에게 가정을 유지하기 위해 그들이 수행하는 경제적 기여와 자긍심은 연관되어 있다.

일의 중요성에 대한 이처럼 놀라운 목록의 배경을 살펴보면, 일이 없다는 것이 왜 사람들의 사회적 가치에 대한 믿음을 그렇게 약화시키는지 알 수 있다.

고용 불안정 증가

고용 불안정은 근로자들이 자신들의 일자리가 일정 기간 동안 안정적으로 의존할 수 있는 직업이 될 수 없는 상황을 의미한다. 일의 안정성은 개인이 집세를 지불하거나 집을 구입하기 위해 대출을 받고 휴가를 보내고 소비재를 구입하고 일반적으로 인생의 계획을 세울 수 있음을 의미한다. 하지만 상대적으로 안전한 고용이 없다면, 현대 생활의 기본적인 기대들 중 많은 것이 불가능할 것이다. 유연 근무제, 임시직과 단기 계약직, 제로 시간 근로, 시간제 근로의 증가는 1960년대 중반 이후 증가해 온 직업 불안정성의 유발 요인으로 나타났다(Burchell et al. 1999).

많은 근로자에게 일자리 고용 불안정은 해고의 공포 그 이상이라는 것이 확인되었다. 고용 불안정은 또한 일자리 그 자체의 변화에 대한 걱정과 더불어 건강과 개인 생활이 전환되면서 나타나는 변화까지 포함한다. 일에 대한 책임 요구가 증가한 것과 동시에 많은 근로자들은 승진의 기회가 감소하고 있는 것으로 보았다. 이러한 상황이 조합되어 근로자들은 일의 속도와 전반적인 경력 향상에 대한 신뢰 같은 자신들 일의 중요한 특징들에 대해 '통제를 잃어 가고' 있다는 느낌을 갖게 만든다. 근로자들은 불안정한 환경에 적응하기보다는 걱정과 끊임없는 스트레스 속에서 일한다.

일에서 생기는 이런 압력은 가정으로 전이된다. 스페인에서 이루어진 한 연구는 30세 이상 스페인 남성 중 고용 불안정을 겪은 사람일수록 결혼할 가능성이 낮다는 것을 발견했다(Golsh 2003). 그리고 남자가 생계를 책임져야 한다는 전통적인 고정관념이 오늘날 감소하기는 했지만 다수의 남성들이 여전히 고용 불안정을 자기 정체성에 대한 위협으로 받아들이고 있다. 영국에서 실시한 설문 조사에서 한 응답자는 "남자가 생계 책임을 져야 한다. 어쨌든 그렇게 하도록 자라 온 것 아니냐, 만약 남자가 일이 없다면 단순히 고용 불안정의 문제가 아니라 스스로를 남자라고 느끼지 않을 것이다. 그렇지 않는가?"라고 말했다(Charles & James 2003: 527). 일부 연구에서는 고용 불안정성이 실업에도 유사한 영향을 초래할 것이라고 말하지만, 이쪽 분야 연구들은 아직 일치된 결론에 이르지 못했다(Council of Europe 2005).

반면에, 어떤 사람들은 고용 불안정이 실제로 악화되고 있는지 의문을 제기하며, 재직 기간이 실제로 증가할 수 있다고 제안한다(Doogan 2009). 그린트Grint와 닉슨Nixon은 1970년대 이래 평균 재직 기간이 전반적으로 감소했지만 이것이 극적인 것은 아니라고 주장한다(2015). 추정에 따르면 1970년대에는 평균 재직 기간이 10년이었고 2000년대에는 9.5년이었다. 게다가 여성들의 재직 기간은 실제로 증가했지만, 이는 이전에 남성 위주 취업 시장의 최근 변화를 반영하는 것일 수 있다. 영국 근로자의 약 80퍼센트는 정규직이고, 4분의 1에서 3분의 1은

일의 중요성이 쇠퇴하고 있는가?

지속되는 실업, 일자리 불안정, 다운사이징downsizing, 포트폴리오 경력, 시간제 노동, 유연 고용 패턴, 일자리 공유. 그 어느 때보다 사람들이 표준적이지 않은 방식으로 일하거나 전혀 유급 노동을 하지 않는 것처럼 보인다! 일의 성격과 특히 사람들의 삶에서 일이 지닌 지배적인 위치에 대해 재고할 시점이 된 것처럼 보인다.

우리가 '일'과 '유급 고용'을 너무 밀접하게 연결시키기 때문에, 이 견해 이외에 어떤 선택이 존재하는지 때로는 알기 어렵다. 프랑스 사회학자이자 사회비평가인 앙드레 고르André Gorz는 미래에 유급 노동은 사람들의 삶에서 점점 더 중요하지 않을 것이라고 주장했다. 고르의 견해는 마르크스의 저작에 대한 비판적 평가에 근거하고 있다. 마르크스는 점점 더 많은 사람이 속하게 되는 노동 계급이 더 인간적인 사회 형태를 가져올 혁명을 이끌 것이라고 믿었는데, 이 사회에서는 노동이 인생이 제공할 수 있는 만족의 중심이 될 것으로 생각했다. 비록 좌파로서 글을 썼지만, 고르는 이러한 견해를 거부한다. 마르크스의 주장대로 노동 계급이 사회에서 가장 큰 집단이 되고 성공적인 혁명을 이끌기보다 사실은 노동 계급이 축소되고 있다고 보았다. 블루칼라 노동자들은 이제 노동력에서 소수일 뿐이며 점점 줄어들고 있다는 것이다.

고르의 관점에서 근로자들이 국가 권력을 장악하는 것은 고사하고 그들이 속해 있는 기업을 접수할 수 있다는 가정은 더 이상 말이 되지 않는다. 경제가 효율적으로 되기 위해서는 불가피한 기술적 고려에 따라 일이 조직되기 때문에 유급 노동을 변화시킬 수 있는 실질적인 희망은 없다. 고르의 말처럼, "이제 문제는 일로부터 자신을 해방시키는 것이다"(1982: 67). 일이 테일러리즘에 따라 조직되거나 억압적이고 지겨운 곳에서는 특히 해방이 필요하다.

정보 기술에의 투자는 새로운 '고기능high-skill' 일자리들을 만드는 것과 동시에 일자리를 줄이는 방향으로 작용한다. 근로자들에게 어떤 일이 일어나는가?

생산 기술에 대한 투자는 전통적으로 더 많은 전일제 일자리를 창출했지만, 정보통신 기술에 대한 투자는 일자리를 더욱 줄이는 방향으로 나타났다. 훨씬 더 적은 수의 근로자만으로도 동일하거나 더 많은 물건을 효과적으로 생산하기 때문이다. 그 결과 부, 경제 성장과 물질적 재화를 강조하는 서구 사회의 '생산주의적' 전망을 거부하는 쪽으로 변하기 쉬울 것이다. 앞으로는 다수의 인구가 종신 유급 노동의 영역 밖에서 생활양식의 다양성을 추구하게 될 것이다. 고르는 프랑스노동조합센터CFDT의 주장을 인용해서, "개인에게 일이 줄어든다는 것은 모든 사람에게 일이 주어진다는 것이고…… 이는 더 나은 생활을 의미"한다고 보았다(1985).

고르에 따르면, 우리는 '이중 사회dual society'로 나아가고 있다. 한 부문에서는 생산과 정치적 행정이 효율을 극대화하도록 조직될 것이다. 다른 부문은 개인이 자신에게 즐거움과 개인적 만족을 주지만 노동이 아닌 다양한 것들을 추구하는 영역이다. 아마도 점점 더 많은 사람이 자신의 인생 계획life planning을 세우고, 이에 따라 자기 삶의 각 단계에서 각기 다르게 일하는 방식을 정할 것이다.

이러한 관점이 얼마나 타당한가? 선진 산업사회에서 일의 성격과 조직에서 지속적으로 주요한 변화가 일어나고 있다는 것은 부정할 수 없다. 그러나 적어도 지금까지는 이러한 방향으로의 진전이 거의 이루어지지 않았다. 실제로 고르가 상상한 상황과 거리가 먼 것처럼 보인다. 일할 기회를 더 많이 요구하는 여성들과 함께 안정된 임금이 주어지는 고용에 적극적으로 관심을 갖는 사람들이 줄어든 것이 아니라 오히려 늘어나고 있다. 유급 노동은 대부분의 사람에게 다양한 삶을 유지하는 데 필요한 물질적 자원을 만들어 내는 열쇠이기 때문이다.

비판적으로 생각하기 THINKING CRITICALLY

고르는 일의 중요성이 감소하면서 유급 노동에 시간을 덜 허비하게 되어 더 많은 시간을 창조적 활동에 쏟을 수 있다고 주장했다(1985). 자본주의 경제에서 그런 유토피아적 사회가 도래하는 데 방해가 되는 요인은 무엇인가 논의해 보라.

10년 이상 같은 고용주와 일했다. 그러한 통계는 고용 불안정성이 일반적인 것이 아니라고 지적할 수도 있지만, 불안정성 증가에 대한 인식은 여전히 우리에게 근로자들의 경험과 경제 변화 및 노동시장 변화에 대한 우려가 무엇인지 말해 줄 수 있다.

실업

선진 산업사회에서 실업unemployment은 1930년대 초에 정점을 이루었고, 이때 영국에서는 실업 인구가 노동력의 약 20퍼센트에 이르렀다. 경제학자 존 메이너드 케인스John Maynard Keynes(1883~1946)의 생각이 전후에 유럽과 미국의 공공 정책에 큰 영향을 미쳤다. 케인스는 실업이 물건을 살 수 있는 충분한 구매력이 부족하기 때문에 생산을 활발하지 못하고, 그로 인해 근로자가 덜 필요하게 된 데 기인한 것으로 보았다. 그래서 정부가 새로운 일자리를 창출하도록 경제적 수요 수준을 증대시키는 데 개입할 수 있다고 믿었다. 많은 사람은 국가가 경제생활을 관리하면서 높은 실업률은 과거의 문제가 되었다고 믿었다.

1970년대와 1980년대에 실업률은 많은 나라에서 통제하기 힘든 것으로 증명되었고, 케인스주의는 경제 활동을 규제하기 위한 수단으로 더 이상 사용되기 어려웠다. 약 25년 동안 영국의 실업률은 2퍼센트 미만이었다. 1980년대 초 12퍼센트로 높아진 후 떨어졌다가 다시 증가했다. 1990년대 중엽에서 말까지 영국의 실업률은 다시 떨어지기 시작했고, 2005년에는 5퍼센트 바로 밑을 맴돌았다. 하지만 고용률은 아직 전후 수준으로 회복되지 않았고, 상대적으로 높은 실업이 정규화되었다. 2011년 5월에서 7월 사이 영국의 실업률은 7.9퍼센트

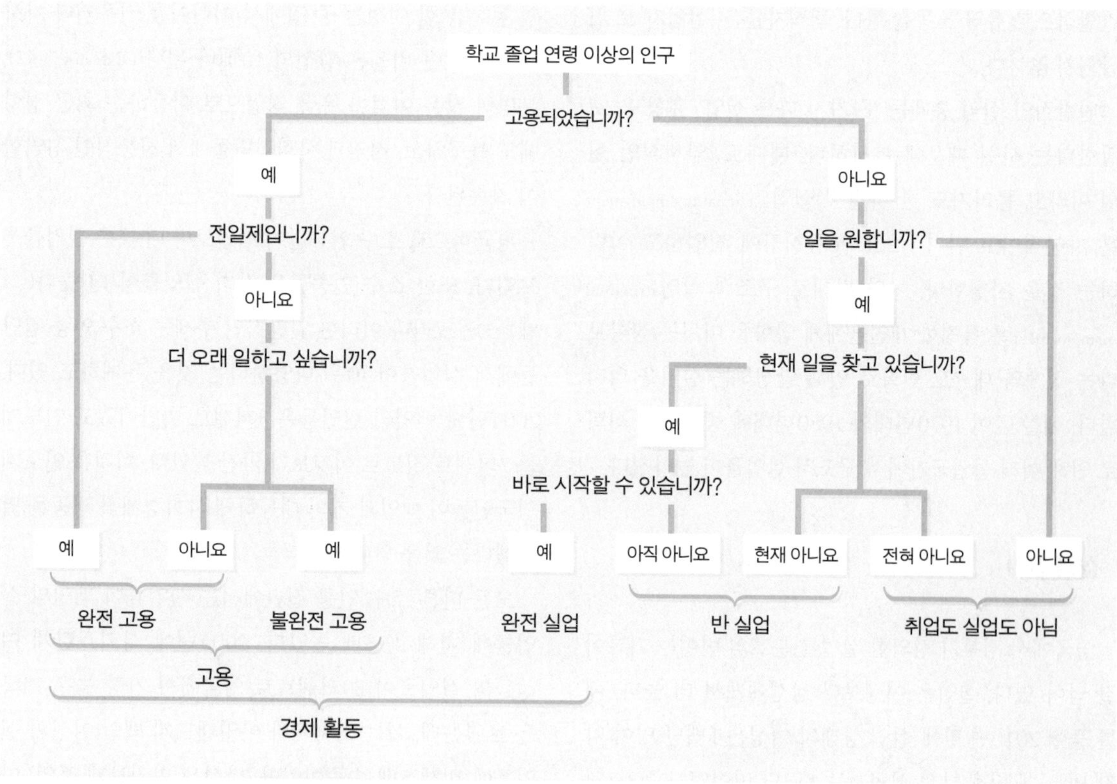

그림 7-4 고용 및 실업과 비경제 활동 분류법

출처: Sinclair 1987: 2.

에 달했고 250만 명이 실업 상태였는데, 비록 그 수치가 2014년 말까지는 6퍼센트 정도로 지속적으로 하락했지만(ONS 2014e), 이들 중 100만 명은 16~24세의 젊은이들이었다(ONS 2011d).

전 세계적으로 볼 때, 개발도상국에서는 대부분의 일이 비공식 부문에서 이루어지기 때문에 공식 통계에 잡히지 않으며 '공식적으로' 실업 상태인 사람들도 실제로 어느 정도는 비공식 부문에서 일하고 있을 것이라는 점을 염두에 두더라도, 2006년에 실업률은 역사상 최고 수준인 6.3퍼센트여서 약 2억 명이 실업 상태였다. 15세에서 24세 사이 젊은이들이 실업 인구의 44퍼센트를 점유했고, 성별 격차가 지속되었다. 15세 이상 인구 중 남성은 74퍼센트가 일하는 데 비해 여성은 48.9퍼센트만 일했다. 실업률은 지역별로도 큰 차이가 나서, 동아시아는 평균 3.6퍼센트인 데 비해 사하라 이남 아프리카 지역은 9.8퍼센트였고, 중동과 북아프리카는 12.2퍼센트로 최고 수준이었다(Europaworld 2007). 이러한 지역별 통계만 보면 국가별로 매우 다른 경제 상황 역시 드러나지 않는다. 예를 들어 남아프리카에서의 실업률은 짐바브웨 80퍼센트, 잠비아 50퍼센트, 모잠비크 21퍼센트인 데 비해 나미비아는 5.3퍼센트로 차이를 보인다(CIA 2007).

하지만 공식적인 실업 통계 분석은 단순하지 않다(〈그림 7-4〉 참조). 실업은 정의하기가 쉽지 않다. 실업은 '일이 없는 상태'라는 의미다. 그러나 여기에서 '일'은 '유급 노동'과 '인정된 직업으로서 하는 일'을 의미한다. 실업자로 적절하게 등록된 사람들도 집에서 페인트를 칠하거나 정원을 관리하는 일과 같은 다른 많은 형태의 생산적인 활동에 참여할 수 있다. 많은 사람이 시간제 일을 하거나 간헐적으로 유급 노동을 한다. 퇴직자들은 '실업자'로 취급되지 않는다.

일반적인 실업 통계는 두 가지 다른 실업 '유형'을 포괄한다는 사실 때문에 복잡하다. 때때로 '임시적인 실업'이라고 불리기도 한 마찰적 실업frictional unemployment은 자연적이고 단기적으로 노동시장에 진입하고 이탈하는 것을 지칭한다. 이와 반대로 구조적 실업structural unemployment은 특정한 개인들에게 영향을 미치는 상황보다는 경제의 대규모 변화로 인해 발생하는 실업을 의미한다. 예를 들어 1970년대와 1980년대에 중공업의 쇠퇴로 인해 여러 산업국가에서 구조적 실업률이 높아졌다.

실업 추세

영국에서 정부가 정의한 실업률 분포의 변이는 기록이 잘 남아 있다. 실업은 여성보다 남성에게서 더 높다. 예를 들어 2010년 말에 실업 상태의 여성은 1백만 명이 약간 넘은 데 비해 남성 실업자는 143만 명이었다. 2007년에 영국 국가통계국 자료에 의하면, 실업 남성들은 여성에 비해 과거에 일했던 경우가 거의 2배이고, 반대로 실업 등록을 한 여성들 중 집에서 어린이를 키우거나 가사 노동을 했던 비율은 남성의 10배나 된다(ONS 2007: 42). 분명히 많은 여성이 유급 직업으로 이동하는 최근 경향에도 불구하고, 지역과 사회집단들에서 전통적인 성역할이 지속된다.

평균적으로 소수 인종들이 백인보다 더 높은 실업률을 보인다. 또한 소수 인종들은 장기 실업률이 더 높다(〈그림 7-5〉). 그러나 이러한 일반적인 추세는 소수 인종 집단들에서 실업률이 매우 다양하다는 것을 은폐하고 있다. 2004년에 백인의 실업률은 5퍼센트 미만이었고 인도계는 7퍼센트 정도로 이것보다 약간 높았다. 이것은 인도계 영국인들이 백인과 거의 대등하게 사회경제적 평등을 달성했다는 것을 의미한다.

모든 다른 소수 인종 집단에서는 실업률이 백인의 실업률에 비해 2~3배 높았다. 2004년에 파키스탄계 여성들의 실업률이 20퍼센트로 영국에서 가장 높은 기록을 보였는데, 이는 영국계나 아일랜드계 백인 여성의 실업률에 비해 5배 수준이었다. 남성은 카리브계 흑인, 아프리카 흑인, 방글라데시인과 혼혈 인종 집단에서 실업률이 13~14퍼센트로 높은 편인데, 백인 영국 남성이

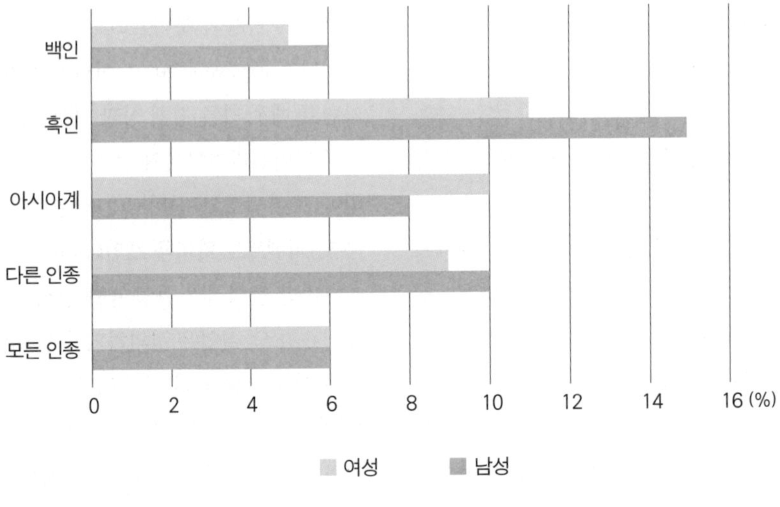

그림 7-5 인종별·성별 실업률, 2014년 4월~2015년 3월

출처: McGuinness 2015.

나 아일랜드 남성의 5퍼센트에 비하면 3배나 높다(ONS 2004a). 상호 교차성intersectionality 개념의 적절성은 아주 단순한 실업 통계에서도 드러난다. 특히 성gender이나 민족 불평등이 상호 교차되어 산출된 불이익은 엄청나다.

젊은 사람들은 특히 실업의 영향을 받는다. 전 세계적으로 청년 실업률은 12~13퍼센트에 이르며, 유럽에서 젊은 사람들의 평균 실업률은 2008년 금융 위기 때부터 2012년까지 60퍼센트 증가했다(ILO 2012). 2012년 최악의 위기에 처했던 그리스와 스페인은 50퍼센트 이상의 청년 실업률을 기록했다. 젊은 사람들에게 장기간의 초기 실업은 낮은 임금, 건강 문제와 가족의 경제적 어려움을 포함해 미래에 영향을 미칠 수 있다. 사회적으로는 젊은 사람들을 경제 활동에 통합시키는 데 실패하면 세수, 사회 안정성, 경제 성장 등의 손실을 가져올 수 있다(Vogel 2015).

영국에서는 교육, 취업 또는 훈련에 종사하지 않는 젊은 이들에 대한 우려가 특히 심각하다. 영국의 청년 실업률은 21세기 첫 10년 동안 지속적으로 증가했다(〈그림 7-6〉). 영국 교육부의 통계에 따르면 2015년 1월 16~24세 청년 실업률은 12.3퍼센트(73만 8천 명)로 전체 실업률보다 2배 이상이었다(DfE 2015). 젊은 흑인 집단에서의 실업률은 더 큰 문제여서 2010년에 거의 반(48퍼센트)이 실업 상태다. 전체 젊은 층 실업률의 약 4분의 1은 장기 실업자이고 이들은 일자리 없이 지낸 지 1년 이상 된다(Cavanagh 2011).

실업이 왜 많은 젊은 사람들에게 영향을 미치는가? 보겔Vogel 은 이것이 다각적인 문제라고 주장한다(2015: 4~6). 선진국에서는 좋은 자격을 가진 젊은 근로자가 증가하고 있지만 직업과 연관 없는 자격들이다. 이로 인해 많은 산업 분야에서 기술 부족이 발생하고 젊은 근로자들에게서 노동 공급과 수요 간의 불일치가 발생했다. 게다가 노동시장에서 발판을 마련하고자 하는 젊은 사람들에게 특히 영향을 미치는 시간제, 단기, 제로 시간 계약이 계속해서 증가하고 있다. 따라서 청년 실업률을 낮추는 것은 교육 정책, 고용 법률과 기업 관행의 변화뿐만 아니라 젊은 사람들 사이의 기대치를 바꾸는 것을 의미하는 복잡한 작업이다.

사회 계급과 실업률은 밀접하게 연관되어 있다. 1970년에 태어난 사람들에 관한 ESRC 코호트cohort 연구에 따르면, 아버지가 사회 계급 I과 II에 속하는 사람들은 가장 낮

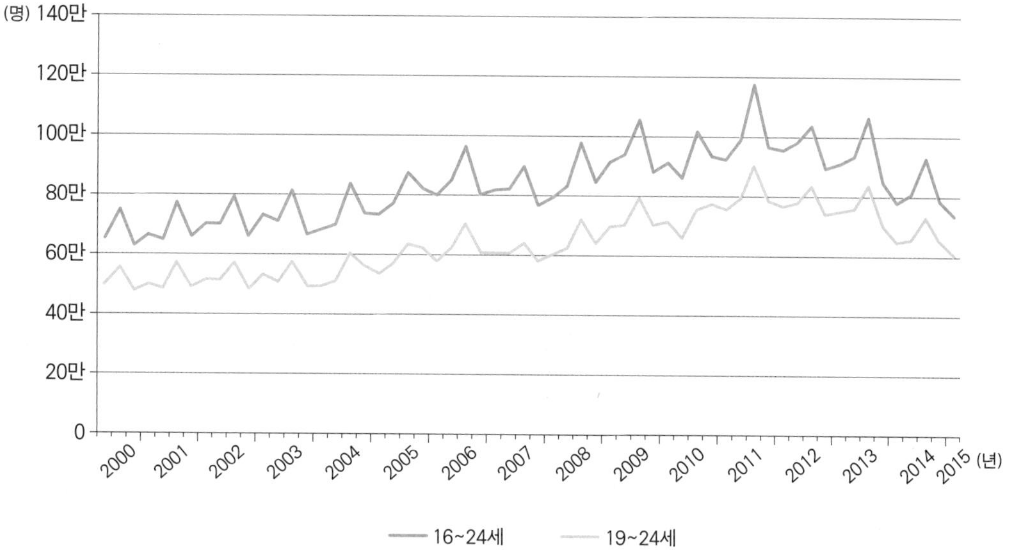

그림 7-6 영국에서 교육 또는 훈련을 받거나 고용되어 있지 않은 젊은이 수, 2000~2015

출처: DfE 2015.

은 실업률을 경험했다. 아버지가 사회 계급 V에 해당하는 사람들이나 홀어머니에게서 자란 사람들은 가장 높은 실업률을 보이는데, 이 중에는 전혀 일을 갖지 않았던 사람들의 비율이 상당히 높다. 실업률은 또한 학력과도 연관되어 있다. 영국에서의 조사들을 보면 학력이 높을수록 실업률이 낮다는 것을 보여 준다(Begum 2004)

실업 경험은 안정된 일자리에 익숙한 사람들에게 대단히 혼란스러운 것이 될 수 있다. 실업이 초래하는 감정상의 결과에 대한 연구들에 따르면 실업자들이 새로운 지위에 적응해 나가면서 여러 단계를 거친다는 것을 보여 준다. 물론 그러한 경험은 개인적인 것이지만, 새로 실업자가 된 사람들은 보통 충격을 겪은 다음에 새로운 기회를 가질 수 있을 것이라고 낙관한다고 한다. 대부분의 경우에서처럼 그 낙관이 실현되지 않았을 때, 사람들은 우울함과 자신의 미래에 대한 심각한 비관에 빠진다. 실업 기간이 길어지면, 궁극적으로 현실 상황을 받아들이고 자신을 포기함으로써 적응 과정이 완결된다(Ashton 1986).

최근 가이 스탠딩Guy Standing은 새로운 계급 분류가 출현하고 있다고 주장한다(2011). 이는 '형성 중인 계급class in the making'인데, 그는 이것을 프레카리아트precariat라고 부른다. 이 그룹은 고용 안정과 적절한 임금을 제공하는 노동시장에 접근할 수 없는 사람들로 구성된다. 여기에는 나이 든 사람들, 비숙련 근로자들, 자격증이 거의 없는 젊은 사람, 자주 직장을 옮기는 사람들이 포함된다. 스탠딩은 그리스, 스페인, 중동의 긴축 정책에 반대하는 시위에 프레카리아트의 참여가 늘어나는 것을 보면서, 이들의 지속적이지 못한 유급 노동 참여와 그 결과로서 야기되는 불안정한 삶 때문에 현 상황이나 이민자 또는 큰 정부에 대해 비판적인 포퓰리스트와 파시스트 정당에 이끌릴 수 있다고 주장했다. 정부와 정책 입안자들의 문제는 유연 근무 관행에 점점 더 의존하는 세계 경제에서 프레카리아트의 약화되는 일과 삶의 불안정을 어떻게 해결할 것인가 하는 점이다.

비판적으로 생각하기 THINKING CRITICALLY

전통적인 '생계를 벌어 오는' 남자나 전통적인 '전업주부'인 여성에게 실업이 초래하는 사회적, 심리적 영향은 무엇인가? 과거에 비해 훨씬 많은 여성이 임금을 받는 일을 하고 있다고 볼 때, 높은 실업은 오늘날 과거에 비해 잠재적으로 더 혼란스러운 사회문제인가?

결론: 유연성과 '일의 성격 변질'

1970년 보스턴에서 이루어진 블루칼라 노동자들에 대한 연구에서 사회학자 리처드 세넷은 시내 사무실 건물에서 청소부로 일하던 이탈리아 이민자 엔리코Enrico의 경력을 추적했다. 엔리코는 열악한 조건과 낮은 보수가 맘에 들지 않았지만, 그의 일은 자존심을 지키고 부인과 아이들을 먹여 살릴 수 있는 '정직한' 방법이었다. 그는 교외에 집을 마련할 때까지 15년 동안 밤낮으로 화장실을 청소하고 건물 바닥을 닦았다.

비록 매력적이지는 않았지만, 그 일은 안전했고 일자리는 노조에 의해 보호되었다. 엔리코와 그의 부인은 확신을 가지고 자신과 자식의 미래를 계획할 수 있었다. 엔리코는 그가 언제 은퇴할지 그리고 처분할 수 있는 돈이 얼마나 되는지 정확히 알았다. 세넷이 언급한 것처럼, 엔리코의 일은 '단 하나의 유일하고 지속적인 목적을 가지고 있었고 그것은 가족에 대한 봉사'였다. 엔리코는 성실하고 열심히 일하는 것을 자랑스러워했지만, 그는 그의 자녀들이 자신과 똑같은 삶을 사는 걸 원하지는 않았다. 엔리코에게는 자녀들이 상승 이동할 수 있는 환경을 만든다는 것이 중요했다.

15년 후 엔리코의 아들인 리코Rico를 우연히 만났을 때, 세넷은 자녀들이 더 많이 상승 이동을 했다는 것을 발견했다. 리코는 뉴욕의 경영대학원에 가기 전 엔지니어 학위를 취득했다. 졸업한 지 14년 후 리코는 상당한 수입을 올릴 수 있는 경력을 쌓게 되었다. 리코와 그의 부인 저넷Jeanette은 서로의 경력을 더 쌓기 위해 네 번 정도 움직였다. 위험을 무릅쓰고 변화를 받아들이면서 리코와 저넷은 험난한 시대에 적응해 왔고 결과적으로 부유해졌다. 그러나 그들의 성공에도 불구하고 이야기가 행복한 것만은 아니었다.

리코와 저넷은 '그들의 삶에 대한 통제력을 상실'하지 않을까 걱정한다. 컨설턴트로서 리코는 시간과 일에 대한 통제 부족을 느낀다. 계약은 모호하고 언제나 바뀌며, 정해진 역할이 없고 그의 운명은 주로 네트워킹이 가져오는 행운과 함정에 달려 있다. 비슷하게 저넷도 일자리에 대해 영향력이 거의 없다고 느낀다. 그녀는 지리적으로 따로 떨어져 있는 회계사 팀을 관리한다. 일부는 집에서 일하고, 일부는 사무실에서 일하고, 일부는 수천 킬로미터 떨어진 회사의 지사에서 일한다. 저넷은 이 '유연한' 팀을 관리하는 데 면대면 상호작용과 개개인들에 대한 사적인 지식의 도움을 받을 수 없다. 대신 그녀는 이메일과 전화 통화를 이용해 멀리서 관리한다.

여러 지역을 옮겨 다니면서, 리코와 저넷은 진정한 우정들을 포기해야 했다. 새로운 이웃과 지역사회는 그들이 어디에서 왔는지, 혹은 사람으로서 그들은 누구인지 또 그들의 과거가 어떤지에 대해 전혀 알지 못한다. 리코와 저넷은 자신들의 일이 부모로서의 목적을 방해한다는 것을 알고 있다. 근무 시간이 길어 아이들을 방치한다고 걱정한다. 그러나 시간과 스케줄을 다투는 것보다 더 골치 아픈 것은 자신들이 방향감각을 상실한 예가 되는 것 아닐까 하는 걱정이다. 자녀들에게 열심히 일하는 것, 책임감을 느끼고 장기 목표를 갖는 것이 가치 있다는 점을 가르치려고 노력하지만, 자신들의 삶이 그렇게 비치지 않을까 봐 두려워한다. 리코와 저넷의 예는 현대 사회에서 점점 더 선호되는 추세인 일에 대한 단기적이고 유연한 접근을 보여 준다. 그들의 직업 역사는 지속적인 이동, 일시적인 헌신과 그들이 하는 일에 대한 단기적인 투자로 특징지어진다. 그들은 현재의 질주하는 사회에서 '일을 잘한다는 특질이 좋은 성품을 드러내는 것은 아니라'는 것을 안다.

세넷은 리코와 그의 아내 저넷의 이러한 경험이 일에 대한 유연한 접근이 근로자의 개인적 삶과 성격에 미치는 결과의 일부를 잘 드러내고 있다고 본다. 세넷은 자신의 책 『성격의 변질The Corrosion of Character』(1998)에서 유연한 행동과 직업 스타일을 점점 더 강조하는 것은 성공적인 결과를 가져올 수 있지만, 또한 혼동과 해로움을 필연적으로 초래하게 될 것이라고 주장했다. 그 이유는 오늘날 근로자들에게 기대되는 특성인 유연해야 하고 적응해야 하며 지속적으로 옮겨 다니면서 위험을 무릅쓰는 것이 좋은 것으로 여겨지는 상황이 일의 여러 핵심적인 특징인 헌신, 장기 목표 추구, 책임, 신뢰 및 굳은 의지 등과 배치되기 때문이다.

세넷은 이런 유형의 긴장이 새로운 유연성 시대에는 필연적이라고 보았다. 오늘날 근로자들은 하나의 직업 경력에 평생 동안 헌신하기보다는, 팀 안에서 유연하게 일하고, 일자리를 이리저리 옮겨 다니고, 한 업무에서 다른 업무로 이동하도록 기대되고 있다. 인생이 일관된 한 가지 직업 경력으로 이루어지는 대신 일련의 서로 다른 직업이 연속되는 식이 되면, 장기 목표는 훼손되고 사회적 유대가 발전하기 어려울 것이며 신뢰는 덧없게 여겨질 것이다. 사람들은 어떤 위험을 무릅쓰는 것이 결국에는 보상을 받을 것인지 더 이상 판단하기가 어려워지고, 승진이나 해고나 보상에 관한 옛 '규칙들'이 더 이상 적용되지 않는다고 여길 것이다. 세넷이 보기에, 현대를 살아가는 성인들이 당면한 핵심적인 도전은 단기적인 목표를 강조하는 사회 속에서 어떻게 장기적인 목표를 가지고 삶을 영위하는가 하는 것이다.

복습

●●● Chapter review

1 경제 불황이란 무엇인가? 세계화는 2008년 금융 위기에 어떻게 영향을 미쳤는가?

2 경제사회학은 주류 혹은 정통 경제학과 어떻게 다른가?

3 산업화 이후 자본주의의 연속 형태를 서술해 보자.

4 오늘날 초국적 기업들의 조직과 운영은 이전의 국제적 기업과 어떻게 다른가? 기업의 사회적 책임은 진정한 의미인가, 아니면 단지 초국적 기업을 위한 홍보 활동인가?

5 테일러리즘, 포디즘과 포스트포디즘의 중요한 특징을 설명해 보자. '유연성'이 오늘날 어떻게 생산과 소비의 핵심 요소가 되었는지 설명해 보자.

6 '일'은 몇 가지 의미를 제공하는가? 유급 고용은 가사노동과 어떻게 분리되었는가?

7 노조 가입은 1970년대 이래 감소하고 있다. 쇠퇴 이유를 설명해 보자.

8 일의 여성화는 무엇을 의미하는가? 이 장에서 보여 준 자료를 사용해 성평등이 달성되었다는 것을 의미하지 않는 이유를 설명해 보자.

9 '지식 경제'란 무엇인가? 모든 것을 고려할 때 지식 경제는 고숙련과 더 큰 자율성을 가져왔는가, 아니면 고르가 말했던 것처럼 정보 기술이 노동력을 단순화시켰는가?

10 선진국에서 실업자가 가장 많거나 적은 사회집단은 어디인가? 남성과 여성의 실업에 대한 개인적, 사회적 영향은 무엇인가?

11 현대 경제가 직업 불안정성의 증가를 초래한다고 어떻게 주장할 수 있는가? 왜 개인에 대한 불안감이 문제 되는가?

실제 연구

●●● Research in practice

2008~2012년 금융 위기 기간 동안 EU/IMF의 구제 금융을 받은 국가들 중 아일랜드는 첫 번째로 부채를 갚은 것으로 높이 평가받았다. 그러나 긴축 조치가 일상생활에 어떤 영향을 미쳤으며, 사회 전반에 공평하게 부담되었는가? 세대 간 이슈에 초점을 맞춰 기사를 읽고 질문에 답해 보자.

Carney, G. M., Scharf, T., Timonen, V., and Conlon, C. (2014) 'Blessed are the Young for They Shall Inherit the National Debt: Solidarity Between Generations in the Irish Crisis', *Critical Social Policy*, 34(3): 312~332.

1 이 연구에 사용된 연구 방법을 설명해 보자. '구성주의적 근거 이론constructivist grounded theory'은 무엇인가?

2 가족들은 정부의 긴축 조치에 어떻게 대응했는가? 사람들은 특정 복지 혜택 삭감 또는 제거에 어떻게 적응했는가?

3 다양한 사회 경제적 집단에 대한 긴축 정책의 영향을 요약해 보자.

4 긴축 조치에 대처하는 사람들을 돕는 가족의 역할에 대한 저자의 결론은 무엇인가? 그들은 이 가족 지원의 정치적 영향을 무엇이라고 제시하는가?

생각해 볼 것

••• Thinking it through

앙드레 고르가 노동과 기술 발전에 대해 가지고 있던 생각이 위에서 논의되었다. 아래의 인용문은 이에 대응해, 자본주의 사회에서 일의 중요성이 감소하고 있다고 생각하는 와실리 레온티에프 Wassily Leontief의 주장이다(Gorz, 1985).

> 아담과 이브는 천국에서 쫓겨나기 전에 일하지 않고도 높은 수준의 생활을 즐겼었다. 이들이 추방된 이후 아담과 이브 및 그의 후손들은 비참한 조건에서 살도록 저주받게 되는데, 해가 뜰 때부터 질 때까지 노동을 해야만 했다. 지난 200여 년 동안 이루어진 기술 진보의 역사는 본질적으로 인류가 천천히 천국의 상태로 회귀하는 과정에 대한 이야기다. 하지만 만약 우리가 갑작스레 이미 파라다이스 안에 있다는 것을 발견한다면 무슨 일이 벌어질까? 모든 재화와 서비스가 일을 하지 않고도 제공된다면, 어느 누구도 고용되려고 하지 않을 것이다. 고용되지 않는다는 것은 아무 임금도 받지 않는다는 의미다. 그 결과는 변화한 기술 조건에 적합하도록 적절한 임금 정책이 새로 만들어지기 전까지 모든 이가 파라다이스에서 굶어죽을 수밖에 없다는 것이다.

〈사회학적으로 상상하기 7-3〉에서 고르에 대해 다시 읽어 보라. 여러분 주위 가족, 친구, 친지 범위 내에서, 창의적 추구의 시간을 보낼 자유를 만끽하기 위해 파트타임으로 일하면서 저임금을 받는 것을 기꺼이 선택한 사람들의 구체적인 예가 있는가? 이것이 대다수 사람들에게 현실적인 가능성일까? 그러고도 국가 경제가 별 탈 없이 굴러갈 수 있을까? 여러분은 어떤 문제가 있을 것이라고 예상하는가?

예술 속의 사회

••• Society in the arts

이 장에서 밝혀진 것처럼 1960년대 이래 여성의 경제 활동 참가는 크게 변해 왔다. Matthew Weiner가 제작한 TV 드라마 〈Mad Men〉(2007~2015) 1~2편을 시청해 보자. 이 연재물은 1960년대 초반 상황에서 시작하는데, 미국 광고 대행사 근로자들의 일과 개인적인 삶을 조명하고 있다. 그 프로그램이 다음 세 가지 사항을 어떻게 표현하고 있는지 집중해서 살펴보자.

- 작업장 내에서 여성의 역할
- 일과 가정에서 남성과 여성의 관계
- 앞의 두 상황에서 변화의 증거

이 장에서 제시한 통계적 증거는 〈Mad Men〉에서의 허구적 묘사가 대체로 정확하거나 폭넓게 나타나고 있음을 보여 주는가?

경제사회학 입문서로서, 어떻게 발전해 왔고 현재의 관심사가 무엇인지 확인하려면, Jeffrey K. Hass의 *Economic Sociology: An Introduction* (London: Routledge, 2007)을 읽어라. 좋은 안내가 될 것이다. Fran Tonkiss의 *Contemporary Economic Sociology: Globalization, Production, Inequality* (London: Routledge, 2006)는 경제사회학을 최근의 세계화 과정에 적용한 좋은 책이다.

일의 사회학에서 가장 널리 읽히고 인용되는 교재 중 하나는 Keith Grint와 Darren Nixon의 *The Sociology of Work: An Introduction* (4th edn, Cambridge: Polity, 2015)이다. Michael Noon, Paul Blyton과 Kevin Morrell의 *The Realities of Work: Experiencing Work and Employment in Contemporary Society* (4th edn, Basingstoke: Palgrave Macmillan, 2013)는 일을 근로자의 관점에서 바라보는 책이다. Stephen Edgell의 *The Sociology of Work: Continuity and Change in Paid and Unpaid Work* (2nd edn, London: Sage, 2012)는 임금 노동과 비임금 노동이 갖는 사회학적 의미를 보여 주고 있다.

마지막으로 이 장에서 다루어진 여러 주제에 대해 광범위하게 다루고 있는 책을 원한다면, Neil J. Smelser와 Richard Swedberg가 편집한 *The Handbook of Economic Sociology* (2nd edn, Princeton, NJ: Princeton University Press, 2005)와 Stephen Ackroyd, Rosemary Batt, Paul Thompson 그리고 Pamela S. Tolbert가 함께 쓴 *The Oxford Handbook of Work and Organization* (Oxford: Oxford Universith Press, 2006)이 도움이 될 것이다.

관련 홈페이지

- Polity
  www.politybooks.com/giddens
- Center for the Study of Economy and Society
  www.economyandsociety.org
- Economic Sociology
  http://thesocietypages.org/economicsociology/about
- The International Labour Organization
  www.ilo.org
- The Work Foundation, UK
  www.theworkfoundation.com
- Economic Sociology and Political Economy
  www.facebook.com/EconSociology
- European Commission-Directorate General for Employment and Social Affairs, containing many helpful resources and statistics on work and working life
  http://ec.europa.eu/employment_social/index_en.html

08

사회적 상호작용과 일상생활

Social Interaction and Daily Life

일상생활의 드라마

비언어적 의사소통
얼굴 표정, 몸짓과 감정
성과 몸
구현과 정체성

상호작용에서의 얼굴, 신체와 말
마주침
인상 관리
개인 영역

상호작용의 사회적 규칙
공유된 이해
상호작용적 반달리즘
반응 외침

온라인 상호작용의 새로운 규칙
원거리 상호작용과 의사소통
온라인 신뢰 구축

결론: 친근성의 강요

대부분의 사람들은 다른 사람의 괴롭힘에 희생자 또는 방관자로서, 또는 자신을 괴롭힘으로써 괴롭힘에 대한 개인적 경험을 갖고 있다. 대부분의 언론 보도와 달리 괴롭힘은 아이들뿐만 아니라 성인들에게도 영향을 준다. 괴롭힘의 표적이 되는 것은 그것이 끝난 후에도 오랫동안 개인에게 심각한 심리적 영향을 끼친다는 것이다. 피해자에게 수치심과 깊은 죄책감을 느끼게 하고 자신에 대한 학대가 발생하도록 내버려 두거나 심지어 방조하게 만든다. 자살 사례 중 일부는 지속적인 괴롭힘과 관련있다.

마토시Martocci는 박사 학위 과정 동안 괴롭힘을 당한 것에 따른 지속적인 영향을 묘사한다(2015). "나는 지금도 컴퓨터 앞에 앉아 이 이야기를 들려주면서 희미한 내면의 떨림을 느낀다. 나는 그녀가 그 단어를 읽고 자기 내면의 고통을 되살리는 모습을 상상한다. 나는 내 자신감을 꺾어 놓은 과장된 눈짓과 그에 선행된 경멸적인 'Ohhhh Pleeeeeeasse'를 느낄 수 있었다." 마토시가 괴롭힘을 당한 것은 단지 물리적 경험만이 아니라, 그녀가 자신을 어떻게 인식하는지에 대한 본질인 자아 개념마저 변화시켰다. "무엇이 나로 하여금 성취를 대단하지 않게 그리고 자기기만적으로 보이게 할 수 있는가? 나는 내가 진정시킨 그 화나고 불안정한 여자가 나 자신이었음을, 최소한 가면을 벗은 나 자신이었음을 어떻게 믿게 되었을까?"라고 그녀는 물었다.

사회학적 대답의 시작은 개인의 자아라는 것은 마치 '껍질' 속 '진주'처럼 사람 몸 안에 있는 '사물'이 아니라는 당황스러운 깨달음에서 나온다. 오히려 자아는 관계와 타자와의 상호작용 전全 과정을 통해 만들어진 사회적 창조물이다. 그래서 우리가 다른 사람들과 상호작용하는 유형과 그 질은 우리에게 '진정한' 자아라는 인식을 변화시킬 잠재력을 갖고 있다. 우리가 괴롭힘을 어떻게 정당한 것으로 규정하려 하든 간에, 괴롭힘은 다른 사람들보다 권력을 행사하려는 사람들 사이의 특정한 유형의 사회적 상호작용이라고 할 수 있다.

> 자아 형성과 발달에 관한 사회학적 이론은 제9장 〈생애과정〉과 제3장 〈사회학의 이론과 관점〉에서 찾아볼 수 있다.

최근 디지털 미디어를 통한 괴롭힘 유형은 사이버 괴롭힘으로 폭넓게 논의되고 있다. 사이버 괴롭힘은 신체적 괴롭힘의 연장일 수 있지만 대부분의 경우 인터넷, 텍스트 및 문자 메시지 또는 이메일을 통한다는 점에서 완전히 간접적이다. 피터 스미스Peter K. Smith 연구 팀은 사이버 괴롭힘을 "집단이나 개인이 전자기기를 이용해 자신을 쉽게 방어할 수 없는 희생자를 대상으로 일정 시간 동안 반복적으로 가하는 공격적이고 의도적인 행위"로 정의한다(2008: 376). 이 경우 상호작용에 관련된 사람들은 실제로 만나는 관계가 아니다. 전통적인 괴롭힘과 마찬가지로, 사이버 괴롭힘은 험담, 낙인찍기, 고정관념화, 배척과 수치심을 주는 것과 같은 일상적인 사회적 행위들을 이용한다. 그러나 전통적인 괴롭힘과 달리 게임 사이트나 인터넷에서의 언급은 훨씬 더 넓은 범위를 가지고 있다. 괴롭힘을 당해 목숨을 잃은 열세 살 아들 라이언을 두었던 존 할리건John Halligan은 "몇몇 아이들 앞에서 괴롭힘과 모욕을 당하는 것은 하나의 사건이다. 소녀에게 거절당해 가슴이 아픈 것도 하나의 사건이다. 그러나 한 세대 전과 비교했을 때, 수많은 온라인 청소년 관중에게 이런 상처와 굴욕을 당하는 것은 완전히 차원이 다른 경험임에 틀림없다"고 말한다(2012: vii).

리지 벨라스케스Lizzie Velásquez는 학교에서 괴롭힘을 당했고, 그녀의 외모에 대해 부정적인 얘기들을 들었다. 실제로는 여러 가지 장애와 체중을 늘릴 수 없는 두 가지 희귀 질환에서 비롯된 것이다. 그러나 그녀는 열일곱 살 때 우연히 유튜브에 올라온 〈세상에서 가장 못생긴 여자〉라는 짧은 동영상을 보았다. 그녀는 동영상 아래에 "불로 태워 죽여라", "그녀의 부모는 왜 그녀를 키웠을까?"와 같은 수천 건의 경멸적이고 매우 고통스러운 댓글들이 있었다고 말한다. 벨라스케스는 괴롭힘을 당했고 외로움을 느꼈다. "나는 많은 밤을 울었다. 나는 10대 때 내 인생이 끝났다고 생각했다. 나는 누구와도 그것에 대해 이야기할 수 없었다. 친구들에게도 말하지 않았으며, 그런 일이 일어났다는 것에 충격을 받았다."(Hawkins 2015) 부모님과 친구들의 도움으로 그녀는 그 상황을 통제할 수 있었고, 자신의 온라인 인맥 사이트를 괴롭힘 방지 온라인 커뮤니티로 전환시켰다. 2015년까지 그녀의 팔로워는 24만 명이 넘었다.

리지 벨라스케스의 경험을 보면, 인터넷 괴롭힘과 소위 트롤(게시판을 혼란스럽게 하거나 감정적 반응을 유발하는 사람들)은 목표를 비개인화할 수 있으므로 직접 대면하는 정서적 현실의 많은 부분을 피할 수 있다는 것을 보여 준다. 그녀를 만나거나 그녀의 삶에 대해 아무것도 알지 못한 채, 많은 사람들은 비디오 클립에 욕설을 할 준비가 되어 있었다. 사이버 괴롭힘은 정치적, 학문적 관심을 불러일으켰지만 이 장의 뒷부분에서 볼 수 있듯이, 우리가 살고 있는 디지털 시대는 사회학자들이 반드시 다뤄야 하는 새로운 형태의 상호작용을 지속적으로 만들어 낸다.

아래에서, 우리는 사회학자들이 미시 수준의 사회적 상호작용을 연구하는 데 사용했던 주요 개념과 아이디어를 제시했다. 우리는 명문화되지 않은 상호작용의 '규칙'과 그 규칙을 어겼을 때 어떤 일이 생기는지에 대해 관심을 돌리기 전, 무의식적인 신체 언어와 몸짓과 같은 인간 의사소통의 '숨겨진' 측면에서부터 시작한다. 여기서부터 우리는 사회적 맥락들의 전이로부터 접점들을 설정할 수 있고, 마지막 부분에서는 온라인 환경에서 나타나는 몇 가지 행동상의 새로운 규칙들과 규범들을 살펴본다. 일단 일상생활이 디지털 기기와 온라인 환경으로 포화된 상태에서도 사람들은 여전히 사이버 커뮤니케이션보다 면대면 접촉을 우선할 것인지에 대한 질문으로 이 장을 마무리한다.

일상생활의 드라마

두 사람이 스쳐 지나갈 때, 두 사람 모두 잠깐 동안 서로 눈길을 교환하고 상대의 눈길을 피해 딴 곳을 보는 것은 많은 상황에서 서로에게 요구하는, 어빙 고프먼Erving Goffman이 '시민적 무관심civil inattention'이라고 부르는 현상을 보여 주는 것이다(1967, 1971). 시민적 무관심은 단순히 상대편을 무시해 버리는 것과 전혀 다르다. 모든 사람이 상대편에게 상대의 존재를 인식하고 있다는 것을 내비치는 것이지만, 단지 너무 무례하게 보일지도 모르는 어떤 몸짓도 회피하는 것이다. 어떤 의미에서, 시민적 무관심은 괴롭힘의 반대말이다. 후자는 특정 개인에 초점을 맞추고 표적을 정하는 반면, 전자는 직접적인 접촉을 피하는 무의식적 형태를 띤다.

시민적 무관심은 우리 모두가 잘 인식하고 있는 것이다. 하지만 사회학자는 왜 그렇게 하찮아 보이는 사회적 행동의 측면에 대해 관심을 가져야 하는가? 거리에서 누군가를 지나치거나, 친구와 몇 마디 말을 나누는 것은 우리가 별생각 없이 하루에도 수없이 행하는 사소하고 흥미롭지 않은 것으로 여길 수 있다. 사실 알프레트 슈츠

Alfred Schutz(1899~1959)는 이것을 현상학phenomenology의 출발점으로 보았다. 현상학은 사람들이 어떻게 해서 당연하게 여기는 태도를 갖게 되는지 그리고 그것이 어떻게 사회적 상호작용 속에서 재생산되는지를 연구한다(제3장 〈사회학의 이론과 관점〉 참조).

통상적으로, 상호작용은 대면적 면담 또는 "서로가 직접적으로 물리적 대면 상태에 있을 때 서로의 행동에 대한 개인적 상호 영향력"이라고 간주된다(Goffman 1980[1950]: 26). 그런데 채팅방, 블로그, 소셜 미디어 같은 온라인 환경이 생겨나고, 그것이 우리의 삶에 일상적으로 받아들여지면서 이런 새로운 형태까지 취하는 보다 폭넓은 정의가 필요해 보인다. 알렉스 데니스Alex Dennis와 그의 동료들은 사회적 상호작용이 "서로의 활동에 대한 사람들의 행동과 반응"으로 정의될 수 있다고 본다(2013: 1). 별로 중요하지 않은 것처럼 보이는 사회적 상호작용social interaction의 유형에 대해 연구하는 것은 사회학적 탐구의 중요한 연구주제 중 하나다. 이것이 그렇게 중요한 데는 세 가지 이유가 있다.

첫째, 우리가 다른 사람들과 끊임없이 상호작용을 하는 것을 포함해 일상생활은 우리가 하는 일에 구조와 형태를 만들어 준다. 우리는 이것을 연구함으로써 사회적 존재로서의 우리 자신에 대해 배울 수 있다. 우리의 생활은 매일, 매주, 매달, 혹은 심지어 매년 해가 바뀌어도 유사한 행동양식을 반복함으로써 조직된다. 예를 들어 여러분이 어제 한 일과 그저께 한 일을 생각해 보라. 만약 이틀 모두 주중이었다면, 아마 거의 같은 시각에 일어났을 것이다. 물론 우리가 매일매일 따르는 일상의 과정은 꼭 판에 박은 듯 똑같은 것은 아니며, 주말의 활동 유형은 대개가 주중의 활동 유형과 대비된다. 직장을 구하기 위해 대학을 중퇴하는 경우처럼 한 개인의 일생에 주요한 변화가 발생한다면 매일의 일상적인 과정에 주요한 변화가 수반될 것이다. 하지만 보통은 꽤 정규적인 일련의 새로운 습관이 다시 생겨난다.

둘째, 일상생활에 대한 연구는 인간이 실재를 형성하기 위해 어떻게 창조적으로 행위를 할 수 있는지 우리에게 보여 준다. 비록 사회적 행동이 어느 정도는 역할, 규범 및 공유된 기대 같은 힘에 의해 이끌리지만, 개인들은 자신들의 서로 다른 배경, 관심 및 동기에 따라 실재를 다르게 인식한다. 사람들은 창조적 행동을 할 수 있기 때문에, 그들이 취하는 결정과 행위에 따라 지속적으로 실재를 형성한다. 다시 말해, 실재는 고정되거나 정적인 것이 아니며, 인간들의 상호작용에 의해 창조되는 것이다. '실재의 사회적 구성social construction of reality'이라는 생각은 제1장에서 소개된 상징적 상호작용론적 관점의 핵심에 놓여 있다(제5장 〈환경〉도 참조).

셋째, 일상생활의 사회적 상호작용을 연구함으로써 더 큰 사회 체계 및 제도에 관한 견해를 얻을 수 있다. 사실상 모든 대규모 사회 체계들은 우리가 일상생활에서 관여하는 사회적 상호작용의 유형에 기반을 두고 있다. 이는 쉽게 알 수 있는데, 거리에서 낯선 두 사람이 서로 지나쳐 가는 경우를 다시 생각해 보자. 이 상황을 그 자체로만 생각한다면, 보다 영속적인 형태의 대규모 사회 조직과는 직접적 연관이 거의 없는 것처럼 여겨질 것이다. 그러나 그러한 상호작용들이 수없이 되풀이된다는 점을 고려해 본다면, 더 이상 그렇게 생각할 수 없다. 현대 사회에서 대다수의 사람들은 도시에 살며 개인적 차원에서 잘 모르는 사람들과 끊임없이 상호작용하고 있다. 시민적 무관심은 도시 생활을 형성하는 메커니즘의 하나이며, 혼잡한 군중과 무수한 비인격적 접촉을 하는 것이 도시 생활의 특성이다.

이 장에서 우리는 또한 사회적 상호작용론자들이 관심을 갖는 조그만 일상의 실행에 대한 연구가 대규모 이슈들과 분리되어 있지 않고, 실제 밀접하게 연결되어 있다는 점을 확인하게 될 것이다. 가장 훌륭한 사회학적 업적 중에는 미시와 거시 현상을 연결시켜 우리에게 사회 세계를 이해할 수 있는 잘 완결된 그림을 보여 주는 것도 있다.

> 보다 거시적인 사회 구조가 일상의 '생활 세계lifeworld'에 미치는 영향에 관한 최근의 이론은 제3장 〈사회학의 이론과 관점〉을 참조하라.

비언어적 의사소통

사회적 상호작용은 수많은 형태의 비언어적 의사소통non-verbal communication을 필요로 하는데, 비언어적 의사소통이란 얼굴 표정, 몸짓 혹은 몸동작을 통해 정보와 의미를 교환하는 것이다. 비언어적 의사소통은 간혹 '몸짓 언어body language'라고 불리지만 이런 표현은 잘못된 것이다. 그 이유는 우리가 그러한 비언어적 신호를 사용함으로써 특별히 언어로 표현한 것을 취소하거나 강조하거나 확장시키려 하기 때문이다.

얼굴 표정, 몸짓과 감정

비언어적 의사소통의 중요한 한 측면은 얼굴로 감정을 표현하는 것이다. 사람의 얼굴을 다른 동물들과 비교하면, 놀랄 정도로 유연하고 근육을 조정하기가 쉽다. 독일의 사회학자 노르베르트 엘리아스Norbert Elias(1897~1990)는 얼굴을 연구해 보면 인간이 다른 동물 종들과 마찬가지로 오랜 시간에 걸쳐 자연적으로 진화해 왔지만 동시에 사회적 발전 과정에서 이러한 생물학적 기반이 문화적 특징들과 겹쳐져 있다는 점을 확인할 수 있다고 주장했다.

사람의 얼굴을 우리와 가장 가까운 진화의 친척인 원숭이의 얼굴과 비교해 보라. 원숭이의 얼굴은 털로 덮여 있고 구조가 거칠기 때문에 움직임이 제한적일 수밖에 없다. 이와 반대로 사람의 얼굴은 털이 없고 매우 유연해서 다양한 표정을 지을 수 있다. 어떤 나라에서는 누가 가장 괴상한 얼굴 표정을 만들 수 있는지 겨루는 대회가 열리기도 하는데, 이런 표정 중에는 정말 너무 이상한 것도 많다. 우리가 잘 아는 것처럼, 이렇게 진화된 생리적 순응성이 없었다면 사람들 간의 의사소통은 불가능했을 것이다. 따라서 엘리아스는 사람의 얼굴 표정의 발전은 효과적인 의사소통 시스템의 진화적 '생존 가치survival value'와 매우 밀접하게 연관되어 있다고 보았다(1987a). 원숭이들이 '몸 전체'를 이용한 의사소통 방식을 주로 이용하는 데 비해 사람들은 얼굴이라는 '신호판signaling board'만 가지고도 다양한 감정을 교류할 수 있다. 엘리아스는 그렇게 얼굴 표정으로 감정을 교류한다는 것은 인간에게 자연적인 것과 사회적인 것이 항상 서로 분리하기 어렵게 얽혀 있다는 점을 의미한다고 보았다.

미국 심리학자 폴 에크먼Paul Ekman과 그의 동료들은 특정한 표현을 담는 안면 근육들의 움직임을 기술하기 위해 안면 행위 부호화 시스템Facial Action Coding System, FACS이라는 것을 개발해 냈다. 그들은 이 방법을 통해, 얼굴에 나타나는 감정 표현을 해석하는 데 기존의 비일관적이고 모순되는 제멋대로의 판단이나 분류 방식을 지양하고 나름의 정밀한 연구를 시도했다. 진화론의 창시자인 찰스 다윈Charles Darwin은 감정 표현의 기초적 형태는 모든 인간이 동일하다고 주장한 바 있다. 비록 이 주장에 대한 반론도 존재하지만, 에크먼이 다양한 문화적 배경을 가진 사람들을 대상으로 수행한 연구 결과들은 다윈의 주장을 뒷받침하는 것 같다. 에크먼과 프리슨Friesen은 뉴기니의 한 고립된 원시 부족을 대상으로 연구했는데, 이 원주민들은 이전에 서구인들과 접촉한 경험이 거의 없었다. 뉴기니 부족 집단 구성원들에게 여섯 가지 감정(기쁨, 슬픔, 분노, 혐오, 두려움, 놀라움)을 표현하는 얼굴 표정이 담긴 사진들을 보여 주었을 때, 이들도 이러한 감정들을 공통적으로 구별해 냈다(1978).

에크먼은 자신의 연구 결과나 다른 연구자들의 비슷한 연구 결과들이 얼굴로 감정을 표현하는 방식이나 그 의미를 해석하는 것은 모든 인간에게 공통적으로 내재한 천성이라는 관점을 지지하는 것이라고 보았다. 하지만 그는 자신의 연구 결과가 결정적으로 이런 관점을 뒷받침하지는 못한다는 점을 인식하고, 폭넓게 공유된 문화적 학습 경험이 개입되었을 가능성을 인정한다. 그럼에

도 불구하고 에크먼의 결론은 다른 유형의 연구에 의해서도 뒷받침되고 있다. 아이블 아이베스펠트Eibl-Eibesfeldt는 시각과 청각장애인으로 태어난 여섯 명의 어린이를 대상으로 특정한 감정 상태를 표현할 때 그들의 얼굴 표정이 정상인들의 얼굴 표정과 어느 정도 같은지 연구했다(1973). 어린이들은 분명히 즐거운 행위를 하고 있을 때는 웃음을 지었고, 이상한 냄새를 풍기는 물체 앞에서는 재채기를 하면서 놀란 듯이 눈썹을 치켜 올렸으며, 싫어하는 물체를 자꾸 안겨 주었을 때는 얼굴을 찌푸렸다. 에크먼과 프리슨은 FACS 시스템을 사용해 신생아들의 안면근육 움직임에서도 어른들의 감정 표현 양식과 비슷한 몇 가지 얼굴 표정을 확인할 수 있었다. 예를 들면 유아들도 신맛에 대한 반응에서 어른들이 혐오감을 표현하는 방식 — 입술을 오므리고 얼굴을 찌푸리는 — 과 유사한 얼굴 표정을 지었다.

비록 감정을 얼굴 표정으로 나타내는 것이 천성적인 측면을 갖고 있다 하더라도, 정확한 안면 운동 형태와 그런 표정이 적용될 수 있는 상황에 대한 인식은 개인적, 문화적 요인들에 의해 영향을 받을 것이다. 예를 들어 사람들이 어떻게 웃는가 하는 것, 즉 입술과 다른 얼굴 근육들의 정밀한 운동 형태 그리고 웃음을 얼마나 지속하는가 등은 각 문화 유형에 따라 매우 다양하다.

이와 대조적으로 모든 사회의 문화를 대변하지는 못하더라도, 대다수 사회의 문화를 특징적으로 대변해 주는 몸짓이나 몸자세 유형을 발견하기조차 어렵다. 예를 들어 몇몇 사회에서는 사람들이 '거부 의사'를 나타낼 때 머리를 끄덕이는데, 어떤 사회는 그와 반대다. 손가락으로 지적하는 것과 같이 우리가 상당히 빈번하게 사용하는 몸짓이 일부 사회에서는 존재하지 않는 듯하다(Bull 1983). 곧게 뻗은 손가락 하나를 볼의 중앙에 대고 돌리는 몸짓은 이탈리아의 일부 지방에서 칭찬의 표시로 사용되지만, 유럽의 다른 지역에서는 알지 못하는 몸짓인 듯하다. 얼굴 표정과 마찬가지로, 몸짓이나 몸자세도 말한 것을 보완하기 위해 혹은 말 대신 의미를 전달하기 위해 끊임없이 사용된다. 이 세 가지 모두 우스개를 위해서나, 역설적임을 드러내거나, 의심을 내비치기 위해 사용될 수 있다.

우리가 드러내는 비언어적 표현들은 종종 우리가 말하는 것이 실제로 의미하려는 것과 다르다는 점을 나타내기도 한다. 얼굴을 붉히는 것은 아마 몸짓으로 드러내는 징후가 우리가 말하는 바와 어떻게 다를 수 있는지 보여 주는 가장 분명한 예 중 하나다. 하지만 다른 사람들이 눈치챌 수 있는 수없이 많은 더욱 미묘한 징후들이 있다. 예를 들어 훈련된 눈으로 보면 비언어적 징후들을 살핌으로써 종종 상대방이 속임수를 쓰고 있다는 것을 간파할 수 있다. 땀을 흘리는 것, 안절부절 못하는 것, 눈을 응시하거나 눈을 한 군데로 고정하지 못하고 이리저리 굴리는 것, 오래 지속되는 얼굴 표정(진짜 얼굴 표정은 흔히 4~5초 후 없어지게 마련이다) 등은 상대방이 가식과 속임수를 쓰고 있음을 시사하기도 한다. 그래서 우리는 상대방이 대화할 때 덧붙이는 얼굴 표정이나 몸짓을 살펴봄으로써 그들이 얼마나 진실한지 확인할 수 있다.

성과 몸

마르셀 모스Marcel Mauss는 몸짓과 움직임이 단순히 본능적인 것이 아니라 사회적 맥락과 연결되어 있는 것으로 봐야 한다고 주장한 초기 학자 중 한 명이다(1973). 사람들은 걷거나 땅을 파거나 음식물을 먹거나 하는 행위에서 어떻게 자신들의 몸을 이용하는지 배운다. 그리고 이러한 '몸을 움직이는 테크닉techniques of body'은 세대에서 세대로 전승된다. 일상의 사회적 상호작용에서 성별 차이가 작용하는가? 그렇다고 볼 만한 이유들이 있다. 상호작용은 보다 큰 사회적 맥락에 의해 구성되기 때문에 남성과 여성에 따라 언어적 및 비언어적 커뮤니케이션이 다르게 인식되고 표현된다는 것은 놀라운 일이 아니다. 성과 성별 역할에 대한 이해는 사회적 요인에 의해 크게 영향을 받으며 사회의 권력과 지위라는 문제와 광범위하게 연결되어 있다.

예를 들어 정치철학자인 아이리스 매리언 영Iris Marion Young(1949~2006)은 「계집애처럼 던지기Throwing Like a Girl」(1980, 2005)라는 유명한 글에서 성별로 신체적 경험이 다르다는 점에 대해 살펴보았다. 그녀는 여자들이 공이나 돌을 던질 때 전형적으로 취하는 '썩 마음 내키지 않아 하는' 동작은 생물학적으로 결정된 것이 아니라 여자애나 젊은 여성들에게 어려서부터 자신의 신체를 '다른 사람들을 위한 몸'으로 여기도록 만드는 담론이나 관습에 따른 산물이라고 주장했다. 그러한 신체 훈련은 몸동작이나 움직임을 제한하는 여성적 규범을 반영하는 '금지된 의도성inhibited intentionality'을 구현한다고 그녀는 주장했다. 다시 말해, 남성 지배적인 사회에서는 대다수의 여성들을 '육체적으로 불리한' 존재로 만든다. 이와 반대로, 남성들은 자신의 신체를 '자기 자신을 위한 몸'으로서 활기차고 강하게 움직이는 경험을 쌓기 때문에 몸동작이 보다 공격적인데, 스포츠를 할 때 특히 그런 점이 눈에 띈다. 그러므로 어린 남자애들에게 "계집애처럼 던진다"고 말하는 것은 지독한 모욕이고 남성으로서의 정체성에 대한 공격인 것이다.

이러한 현상은 일상의 표준적인 상호작용에서도 분명하게 드러난다. 가장 보편적인 비언어적 표현 양식인 눈 맞춤을 예로 들어 보자. 사람들은 매우 다양한 방식으로 눈 맞춤을 사용하는데, 종종 누군가의 주의를 끌거나 사회적 상호작용을 시작하기 위해서 사용한다. 공적이건 사적 생활에서건 남성이 전반적으로 여성보다 우월적인 사회에서 남성들이 낯선 사람들과 눈 맞춤을 하는 데 여성들보다 훨씬 자유로울 것이다.

한 가지 특별한 형태의 눈 맞춤인 응시의 경우, 비언어적 의사소통의 똑같은 형태 간에도 성에 따라 '의미'에 큰 대비가 있을 수 있다는 점을 보여 준다. 한 여성을 응시하는 한 남자가 '자연스럽거나' '별 뜻 없는' 방식으로 행동하는 것처럼 보일 수도 있지만, 그 여성이 만약 불편하다면 다른 쪽으로 시선을 돌리거나 상호작용을 그만두

대중교통을 이용하면서 일부 남성들이 (흔히 '쩍벌남'이라고 일컬어지는) 다리 벌리는 자세를 취하는 것은, 여성들이 다리를 모으고 앉는 자세를 취하는 것과 비교해 볼 때, 자신의 힘을 과시하는 일상 행동이다. 2014년 터키의 '이스탄불 페미니스트 집단Istanbul Feminist Collective'이 기차에서 남자들이 전형적으로 취하는 자세에 반대해 '네 다리를 오므려라'라는 캠페인을 벌였다. '내 공간을 침해하지 마라'라는 댓글이 트위터를 달구었다.

는 선택을 해서 그 응시를 회피할 수도 있다. 반면에, 한 남성을 응시하는 여성은 종종 유혹하거나 성적인 암시를 하는 행동으로 읽힌다. 개별적으로 보았을 때는 그런 사례들이 연관성 없는 것 같지만, 집합적으로 보면 성별 불평등의 유형을 강화하는 역할을 한다(Jeffreys 2015: 22; Burgoon et al. 1996).

비언어적 의사소통에서 나타나는 성차별 현상은 또 있다. 여러 연구에서 남성이 자리에 앉는 방식은 여성보다 편안한 자세로 앉는 경향이 있다는 점을 보여 준다. 남성들은 다리를 벌리고 뒤로 기대어 앉는 반면, 여성들은 다소 위축된 몸자세를 취해 손을 무릎에 얹고 다리를 오므린 상태로 몸을 곧게 세워서 앉는 경향을 보인다. 여성들은 남성들에 비해 자기가 대화하는 상대방과 더 가까이 서서 얘기하는 경향이 있으며, 남성들은 대화 중에 여성들이 남성들에게 그러는 것에 비해 여성들에게 신체 접촉을 더 하는 경향이 있다(여성들은 일반적으로 이것을 정상적인 것으로 받아들인다). 여러 연구들은 또한 여성들이 자신의 감정을 (얼굴 표정을 통해) 보다 분명하게 드러내는 경향이 있고, 남성들에 비해 훨씬 자주 눈을 맞추었다가 떼었다가 하는 경향이 있다고 밝히고 있다.

사회학자들은 이처럼 소규모이고 미시적인 수준의 상호작용이 보다 큰 거시적 수준에서 우리 사회의 불평등을 강화하는 경향이 있다고 주장한다. 남성들은 대화를 하는 상대방과 더 떨어져서 말하는 경향이 있고, 앉을 때 몸을 쭉 뻗는 경향이 있으며, 보다 빈번한 신체 접촉을 통해 통제를 내비치기도 한다. 때문에 여성들에 비해 서서 대화를 하든 앉아서 대화를 하든 간에 더 넓은 공간을 통제한다. 여성들은 눈 맞춤이나 얼굴 표정을 통해 자신의 얘기가 인정받기를 추구하는 것으로 알려져 왔고, 남성들이 눈 맞춤을 할 때 여성은 남성들에 비해 눈을 피하는 경향이 있는 것으로 주장되었다. 따라서 비언어적 형태의 의사소통에 대한 미시 수준의 연구는 보다 넓은 사회에서 여성들에 대해 남성들이 행사하는 힘을 드러내 보여 주는 미세한 실마리를 제공한다고 주장한다(Young 1990).

주디스 버틀러Judith Butler는 『성별 문제Gender Trouble』(1990)에서 이처럼 성에 따라 정체성의 표현이 다른 것은 바로 성이 '수행적performative'이라는 점을 보여 준다고 주장했다. 이 말이 무슨 뜻인가? 버틀러는 대부분의 페미니스트들은 성이 생물학적으로나 자연적으로 고정된다는 생각을 거부한다고 지적했다. 그러나 그런 입장을 취하면, 생물학적으로 결정된 남자와 여자 몸에 성별로 차이가 있는 행동 규범이 자리 잡는다고 주장하는 셈이어서, (문화적) 성gender을 (생물학적) 성sex과 분리하게 된다. 버틀러는 바로 이런 입장을 거부하는데, 성에 따른 문화적 표현 양식의 밑바닥에 놓여 있는 생물학적으로 결정된 정체성 같은 것이 아예 없다고 주장하는 것이다.

그녀는 그 대신 성별 정체성은 바로 사람들의 지속적인 수행performance을 통해 확립되는 것이라고 주장했다. 성별로 본질적, 자연적, 생물학적 기반이 있다는 믿음이 여러 사회에 광범위하게 퍼져 있고 그런 믿음이 사람들의 행동을 좌우하기도 하지만, 버틀러는 그처럼 성별로 차이 나는 기반 자체가 없다고 주장하는 것이다. 그녀의 입장은 성별 정체성이란 '나는 누구인가who you are'의 문제가 아니라 '나는 어떤 행동을 하는가what you do'의 문제여서, 성별 정체성은 이전까지 생각되어 온 것보다 더 유동적이고 불안정하다는 것이다(Butler 1993). 만약 버틀러의 주장이 옳다면, 사람들이 자신의 성을 어떻게 드러내 수행할 것인지에 있어 선택의 여지가 넓으며, 따라서 기왕의 지배적 혹은 헤게모니적 형태의 성 정체성에 저항할 여지도 있는 것이다.

> 성과 정체성에 관련된 레윈 코넬Raewyn Connell의 다양한 헤게모니 이론을 살펴보려면 제15장 〈젠더와 섹슈얼리티〉를 참조하라.

구현과 정체성

위에서 설명한 것처럼 신체적 움직임과 그 경험이 성별 정체성에 영향을 미친다는 점은 제9장 〈생애과정〉에서 자세히 살펴보았던 성 정체성 이론을 보완해 준다. 지그문트 프로이트Sigmund Freud와 낸시 초도로Nancy Chodorow는 서로 다른 방식이긴 하지만, 사람들이 유아기부터 핵심적인 가족 구성원 같은 중요한 다른 사람들과의 상호작용을 통해 성역할과 성별로 차이 나는 행동을 배운다고learn 주장했다. 위에서 배운 신체적 표현이나 비언어적 커뮤니케이션에 대한 사회학적 연구에서 더 보탤 수 있는 점은 사람의 성 정체성이 자신이나 다른 사람들의 신체나 신체 움직임에 대한 경험을 통해서도 표현된다는 점이다. 따라서 성별 정체성은 사회적으로 창조되는 것임과 동시에 '구현embodied'되는 것이다. 사실상 정체성identity이라는 일반적인 개념은 근래 여러 사회학 분야에서 중심적인 것이었는데, 과연 정체성이란 무엇인가?

리처드 젠킨스Richard Jenkins는 정체성이란 "내가 누구이며 다른 사람들은 누구인지에 대한 우리의 이해"를 뜻한다고 하면서 다른 사람들이 그들 자신과 나에 대해 어떻게 이해하는지 역시 포함한다고 밝혔다(2008: 5). 그렇다면 인간의 모든 정체성은 '사회적 정체성'이 되는데, 그 이유는 사회생활에서 지속적인 상호작용 과정을 통해 형성되는 것이기 때문이다. 정체성은 주어지는 것이 아니라 만들어지는 것이다. 그럼에도 불구하고 정체성의 세 가지 측면을 생각해 볼 수 있는데, 부분적으로 개별적 혹은 개인적이고, 부분적으로 집단적 혹은 사회학적이고, 항상 '구현embodied'된 것이다. 젠킨스는 다음과 같이 주장했다(1996: 47).

> 사람에게 신체가 없는 자아는 별 의미가 없다. 심지어 유령이나 영혼조차 우리가 그들을 사람이라고 인식하는 점에서 한때 신체를 가지고 있었던 셈이다. 심지어 실체가 없는disembodied 사이버스페이스조차 컴퓨터 화면 앞에 앉아 있는 누군가의 몸body이 있기에 가능하다. 우리는 우리의 몸으로 다른 사람에게 다가가고 다른 사람들은 우리에게 다가온다.

사회적 정체성과 구현embodiment의 밀접한 연관에 대

대중 속에서의 여성과 남성

사회학적으로 상상하기 8-1

우리가 제1장에서 살펴본 것처럼, 대면적 상호작용 상황에서의 일상 행동에 대한 연구인 미시사회학microsociology과 계급이나 성별 위계처럼 보다 큰 사회적 특성에 대한 연구인 거시사회학macrosociology은 밀접하게 연관되어 있다(Knorr-Cetina and Cicourel 1981; Giddens 1984). 여기서 미시사회학의 가장 대표적인 예처럼 보이는 사건 — 길을 걸어가는 한 여성이 몇 명의 남성에게 언어적 희롱을 당하는 — 이 거시사회학을 형성하는 더 큰 주제들과 어떻게 연결되는지 예로 들어 보자.

『스쳐 지나가기: 성과 공적 희롱Passing By: Gender and Public Harassment』(1995)이라는 연구에서 캐럴 브룩스 가드너Carol Brooks Gardner는 이러한 형태의 원치 않은 상호작용이 여러 다양한 상황, 특히 건설 현장 인근에서 자주 일어나며, 여성들이 빈번히 희롱을 경험하는 형태로 일어난다. 비록 한 여성에 대한 희롱을 그 하나의 상호작용을 살펴봄으로써 미시사회학적 견지에서 분석할 수도 있겠지만, 그렇게 단순하게 보는 것이 적절치는 않다. 그것은 낯선 남성과 여성 간에 거리에서 벌어지는 전형적인 대화인 것이다. 그리고 이러한 종류의 상호작용은 사회의 성적 위계 구조라고 하는 더 큰 배경을 살펴보지 않고서는 쉽게 이해될 수 없다. 우리는 미시 분석과 거시 분석이 어떻게 연결되는지 본다. 예를 들어 가드너는 남성에 의한 여성 희롱을 공적 공간에서의 남성적 특권, 여성의 육체적 취약성, 일방적인 강간 위협으로 대변되는 보다 큰 성불평등 체계와 연결시켰다.

'성희롱sexual harassment'이라는 용어는 1970년대 페미니즘 운동에서 시작되었다. 여러 나라에서 성평등 법안이 통과되었고, 직장에서의 성희롱을 불법으로 여기는 정책들이 시행되고 있다. 하지만 이런 변화들은 언론에서 반격을 야기했는데, 이런 변화들을 빅토리아 시대의 성적 표준으로 회귀하는 불필요한 '성적 교정의 전형'이라고 공격했다(Zippel 2006: 8). 분명한 점은 개인들이 행하는 언어적 성희롱을 제대로 이해하기 위해서는 이것이 공공 규범과 법적 표준의 변화와 연관되어 있다는 점을 알아야 한다. 미시와 거시 간의 연계를 이해하는 것은 우리에게 근본적으로 문제를 해결하려면 그러한 상호작용을 야기한 성불평등 구조를 제거하는 데 초점을 맞출 필요가 있음을 인식하는 데 도움이 된다.

비판적으로 생각하기

THINKING CRITICALLY

만약 현대 사회에서 성별 관계가 보다 평등해지고 있다면, 섹시즘은 왜 지속되는가? 당신이 최근에 접한 일상적인 사회 상황에서 몸자세, 몸동작이나 비언어적 징후 등 사람들의 행동 중에서 성평등을 향해 움직이고 있다고 여길 만한 기억이 있는가? 당신의 행동은 당신 부모나 조부모와 비교해서 눈에 띄게 달라졌는가?

해서는 고프먼의 '오명stigma' 연구가 좋은 예가 된다. 그는 예를 들어 장애를 가진 사람들이 쉽게 관찰될 수 있는 육체적 손상에 의해 어떻게 오명을 쓰는지, 이로 인해 보다 쉽게 감추어질 수 있는 비육체적인 손상에 비해 정체성을 관리하기가 얼마나 더 어려워지는지 보여 주었다. 반면에 간질병처럼 쉽게 눈치채기 어려운 장애는 대중의 눈에 잘 띄지 않을 수 있고, 개인이 알아서 자신의 정체성을 더 잘 관리할 수 있도록 해준다. 이런 이유로 고프먼은 이 유형의 장애를 '잠재적으로 의심스러운 결점discrediting stigma'이라고 불렀다.

한편 정체성은 여러 요인으로 구성되어 다층적이다. 원초적primary 정체성과 2차적secondary 정체성으로 간단히 구분할 수 있는데, 이는 각각 원초적 사회화와 2차적 사회화 과정과 연결된다. 원초적 정체성은 어려서 형성되는 것으로서 성, 인종과 민족 외에 손상·결함 같은 것을 포함한다. 2차적 정체성은 이런 원초적 정체성 위에 형성되는 것인데, 직업 역할이나 사회적 지위처럼 사회적 역할이나 성취된 지위와 연관된 정체성이다. 사회적 정체성은 상당히 복잡하고 유동적이어서 새로운 역할을 얻거나 이전의 역할을 벗어나면 변한다.

위에서 한 논의들의 중요한 결론은 정체성이 사회적 상호작용에서 유사성similarities과 상이성differences을 낳는다는 점이다. 개인화가 진전된 현대 사회에서 특히 개별적 혹은 개인적 정체성은 자신을 유일하고 다른 사람들과 다르다고 느끼게 하며 다른 사람들 역시 그렇게 생각한다. 우리의 이름은 이러한 개별적인 차이를 드러내는 한 예다. 오늘날 많은 사회에서 부모들은 자녀의 이름을 지을 때 흔히 쓰이는 이름보다는 다른 사람들과 다른 특이한 이름을 골라 유일함과 다른 점을 강조하려는 경향이 있다.

이와 반대로 집단 정체성은 다른 사람들과의 유사성을 보여 준다. 누군가가 근로 계급, 환경주의자 혹은 전문사회학자라는 정체성을 갖고 이를 인정받으면 이는 그러한 집단적 정체성의 원천이 되며, 그러한 특정 집단의 구성원으로서 자부심을 느끼거나 개인적 수치심을 가질 수도 있다. 우리 자신의 사회적 정체성에 대해 어떤 인식을 하든 간에, 여러 예들은 개인적 정체성과 사회적 정체성이 구현된 자아 속에 서로 밀접하게 연관되어 있다는 점을 보여 준다(Burkitt 1999).

비판적으로 생각하기 THINKING CRITICALLY

당신의 정체성이 도전받는 상황을 생각해 보라. 예를 들어 누군가가 당신의 신분증을 요구한다고 생각하자. 이럴 때 어떤 느낌을 받는가? 불편한가 아니면 두렵거나 걱정스러운가? 이럴 경우 어떻게 반응하며, 당신이 당신이라는 것을 어떻게 '증명'하는가? 사회가 정체성 확립과 관련해서 중요하다고 생각하는 것에 대해 당신은 어떻게 생각하는가?

상호작용에서의 얼굴, 신체와 말

이제까지 살펴본 것을 정리해 보자. 일상의 상호작용은 우리가 얼굴 표정과 몸자세를 통해 전달하는 것과 우리가 말로 표현하는 것 사이의 미묘한 관계에 기반을 두고 이루어진다. 우리는 다른 사람의 얼굴 표정과 몸자세를 통해 그들이 말로 의사소통하는 것을 채우고 그들의 말이 진실된 것인지 확인하려고 한다.

따라서 얼굴 표정과 몸자세에 대한 관리 및 언어를 통한 대화는 어떤 의미를 전달하거나 숨기는 데 이용된다. 우리는 또한 이와 동일한 목적을 달성하기 위해 사회생활의 맥락 속에서 우리의 행위를 조직한다. 아래에서 그 내용을 살펴보자

마주침

많은 사회적 상황에서 우리는 다른 사람과 고프먼이 지칭한 '초점 없는 상호작용unfocused interaction' 상황에 놓인다. 초점 없는 상호작용은 개인들이 주어진 상황에서 서로의 존재를 상호 인식하고 있음을 내비침으로써 성립된다. 혼잡한 거리에서나 극장, 파티 등의 경우처럼 많은 사람이 함께 모여 있는 다양한 상황이 이 경우에 해당한다. 사람들이 다른 사람들과 함께 있는 경우 비록 직접 말을 건네지는 않는다 하더라도 그들 간에는 끊임없는 비언어적 의사소통이 개입된다. 신체적 외양이나 동작 및 몸자세, 얼굴 표정과 몸짓 등을 통해 다른 사람들에게 특정한 인상을 전달하는 것이다.

길거리에서의 마주침

뒤따라오는 사람이나 다가오는 사람이 겁나서 일부러 길을 건너 피한 적이 있는가? 일라이자 앤더슨Elijah Anderson은 이런 종류의 단순한 상호작용을 이해하려고 노력한 사회학자 중 한 사람이다(1990). 앤더슨은 미국의 두 인접한 도시 지역의 거리에서 벌어지는 사회적 상호작용을 기술했다. 그의 책 『도시 물정에 밝음: 도시 공동체에서의 인종, 계급 그리고 변동Streetwise: Race, Class, and Change in an Urban Community』(1990)은 일상생활을 연구하는 것이, 사회 질서가 무수히 많은 미시 수준의 상호작용들이 얽혀 어떻게 이루어지는지를 잘 보여 준다고 밝히고 있다. 그는 특히 적어도 어느 한쪽이 위험한 것으로 여겨질 때의 상호작용을 이해하는 데 관심이 많았다. 앤더슨은 도시의 거리에서 수많은 흑인과 백인들 간의 상호작용 방식은 인종적 고정관념의 구조와 큰 연관을 맺고 있음을 보여 주는데, 이것 자체가 사회의 경제 구조와 연계되어 있다고 본다. 이런 방식으로 그는 미시적 상호작용과 보다 큰 사회의 거시 구조 간의 연계를 보여 준다.

앤더슨은 특별한 맥락 혹은 장소에서 사회적 규칙과 사회적 지위가 어떻게 존재하는지에 관해 고프먼의 기술에서부터 논의를 시작했다. 고프먼은 "한 개인이 다른 사람들의 영역에 들어가면

그들은 공통적으로 상대편에 대한 정보를 얻으려고 하거나 이미 알고 있는 정보를 머릿속에서 굴린다. (……) 개인에 대한 정보는 상황을 규정하는 데 도움이 되며 다른 사람들이 미리 그가 무엇을 원하는지, 그리고 그에게 어떻게 해주어야 될지 알 수 있도록 해준다"고 말했다(1980[1959]: 13).

앤더슨은 어떤 형태의 행태적인 실마리나 징후가 공적 상호작용의 언어 교환을 보완하는지 묻는다(1990). 앤더슨은 피부색, 성, 나이, 동료들, 의복, 보석 그리고 가지고 있는 물건들이 그 사람들을 규정하는 데 도움이 되며, 그래서 어떤 가정이 형성되면서 커뮤니케이션이 이루어질 수 있다. 동작movements은 공적인 커뮤니케이션을 더 상세하게 규정한다. 또한 하루 중 어느 때인가 혹은 한 개인의 존재를 '설명하는 행위' 같은 요소들 역시 '낯선 사람' 이미지가 어떤 방식으로 얼마나 빨리 중화되느냐에 영향을 줄 수 있다. 만약 이 낯선 사람이 검증을 통과해 '안전'하다고 평가받지 못하면 이전 이미지가 다시 떠올라 다른 보행자들은 그 이미지에 맞춰 일정한 거리를 유지하려고 할 것이다.

앤더슨은 이런 검증을 쉽게 통과할 것 같은 사람들은 통상 위험한 인물의 고정관념으로 여겨지는 범주에 속하지 않는 사람들이라는 것을 보여 준다. 그래서 어린이들은 쉽게 검증을 통과하고 여성들과 백인 남성들은 조금 시간이 걸리고 흑인 여성, 흑인 남성, 흑인 남자 청소년들이 다른 누구들보다 검증하는 데 시간이 가장 많이 걸린다고 주장했다. 상호작용의 긴장이 인종, 계급 및 성과 같은 외적인 지위에서 도출된다는 것을 보여 줌으로써 앤더슨은 미시적 상호작용 자체만을 조사해서는 상황에 대한 완벽한 이해를 발전시킬 수 없음을 보여 주었다. 이것이 그가 미시적 상호작용과 거시적 사회 과정을 연결하는 방식이다. 앤더슨은 사람들이 폭력이나 범죄에 대해 자신들이 느끼는 취약함을 벗어나기 위해 '회피술' 같은 솜씨를 발전시킬 때, 이것을 '도시 물정에 밝음streetwise'이라고 표현했다.

앤더슨에 따르면 도시 물정에 밝지 않은 백인은 여러 유형의 흑인 남성 간의 차이 — 예를 들어 중산층 젊은이이거나 불량배이거나 — 를 인식하지 않는다. 그들은 또한 '의심스러운 사람' 뒤에서 걸을 때 발걸음 속도를 줄이는 방법과 하루 중 위험한 시간대에 '위험 지구'를 비껴 가는 방법도 모를 것이다.

이런 연구들은 미시사회학이 거시사회학의 내용인 보다 큰 제

도적 유형을 밝혀내는 데 어떻게 유용한지는 분명히 보여 준다. 대면적 상호작용은 그 규모가 어떻든 간에 모든 형태의 사회 조직의 중요한 기반이 된다. 우리가 이런 연구들만 가지고 우리 사회의 성과 인종 문제를 모두 설명할 수는 없지만, 분명한 것은 이 연구들이 이러한 문제들을 이해하는 데 중요한 기여를 한다는 점이다.

비판적으로 생각하기

THINKING CRITICALLY

오늘날 여러 사회에서 행해진 조사 결과를 보면, 여성이나 노인들이 밤에 돌아다니는 것이 위험하다고 믿는 것으로 나타난다. 지난 몇 해 동안 영국에서는 후드가 달린 윗도리를 입은 젊은이들은 다른 사람들에게 '위협적'인 것으로 여겨졌다. 앤더슨의 연구가 그런 상호작용을 이해하는 데 어떤 도움을 줄 것이며, 그런 상호작용들이 젊은 세대와 나이 든 세대 간의 거시사회학적 관계에 어떤 시사점을 줄 것인가?

'초점이 맞춰진 상호작용focused interaction'은 사람들이 서로의 말이나 행동에 직접적으로 주의를 기울일 때 발생한다. 한 개인이 혼자 있는 경우를 제외하고, 파티의 경우처럼 사람들이 다른 사람들과 함께 있을 때의 모든 상호작용은 초점 없는 교환 혹은 초점이 맞추어진 교환을 모두 포함한다. 고프먼은 초점이 맞춰진 상호작용의 한 단위를 마주침encounter이라 불렀고, 일상생활의 대부분은 그 자리에 있는 다른 사람들과 초점 없는 상호작용을 하는 중에도 가족, 친구, 직장 동료 등 타인들과의 사이에서 빈번하게 행하는 끊임없는 마주침으로 구성된다. 짧은 대화, 공식적 토론, 경기 및 일상적인 대면 접촉들 — 매표원, 웨이터, 가게 점원 등과의 사이에서 일어나는 — 은 모두 마주침의 예다.

대화와 마찬가지로 마주침은 항상 더 이상 시민적 무관심을 취하는 입장이 아니라는 것을 드러내는 '시작openings'을 필요로 한다. 예를 들어 파티에서 모르는 사람들끼리 처음 만나서 말을 걸 때, 시민적 무관심을 중단하는 순간은 항상 위험부담을 안게 되는데, 그 이유는 막 이루어진 마주침의 성격이 어떤 것인가에 대해 쉽게 오해가 발생할 여지가 있기 때문이다(Goffman 1971). 따라서 우선 다소 모호하고 주저하는 눈 맞춤을 하게 될 것이며, 이러한 시험적인 교류 신청이 받아들여지지 않으면, 마치 어떤 직접적인 행동을 취할 의도가 없었던 것처럼 행동할 수 있다. 초점이 맞춰진 상호작용의 경우 각 개인은 실제 교환되는 말만큼이나 많이 얼굴 표정이나 몸짓을 통해 의사소통을 한다. 이 맥락에서 고프먼은 개인들이 '나타내는give' 표현과 '그냥 발하는give off' 표현을 구분했다. 전자는 사람들이 다른 사람들에게 특정한 인상을 주기 위한 시도로서 사용하는 말이나 얼굴 표정에 해당한다. 후자는 한 개인의 말과 행동의 진실성 혹은 진위를 파악하는 데 사용될 수도 있는 여러 단서들에 해당한다. 예를 들어 음식점 주인이 친절한 미소를 지으면서 손님들로부터 잘 먹고 간다는 인사말을 듣는 경우, 주인은 손님이 밥 먹는 동안 실제로 얼마나 기분 좋게 보였는지, 음식을 많이 남겼는지, 만족감을 표시하는 목소리에 진정성이 있는지 등을 함께 살핀다.

서비스 산업에서 일하는 웨이터나 다른 종업원들은 손님들과 사회적 상호작용을 할 때, 물론 웃으면서 공손하게 대하도록 지시받는다. 항공 산업에 대한 한 유명한 연구에서, 앨리 혹실드Arlie Hochschild는 이러한 '감정 노동emotional labor'에 대해 기술했다(제1장 〈사회학이란 무엇인가〉 참조).

인상 관리

고프먼을 비롯해 사회적 상호작용을 연구한 몇몇 학자들은 사회적 상호작용을 분석할 때 연극에서 따온 개념들을 종종 사용했다. 예를 들어 사회적 역할social role이라는 개념은 연극 상황에서 유래된 것이다. 역할이란 주어진 지위staus 혹은 사회적 위치social position에 있는 사람이 따르는 사회적으로 규정된 기대를 의미한다. 예를 들어 교사가 된다는 것은 특정한 직위를 갖는 것이며, 교사의 역할은 학생들에게 특정한 방식으로 행동함으로써 구성된다. 고프먼은 사회생활이란 배우가 어떤 무대에서 혹은 여러 다양한 무대에서 행하는 연극과 같은 것으로 보았는데, 그 이유는 우리가 어떻게 행동하는가는 우리가 특정 시점에서 행하는 역할에 달려 있기 때문이다.

사람들은 다른 사람들에게 어떻게 보이는가에 매우 민감하며, 다른 사람들이 자신들에게 자신들이 원하는 방식으로 반응하도록 하기 위해 다양한 형태의 인상 관리impression management를 한다. 간혹 이것이 계산된 방식으로 행해지기도 하지만, 보통 인상 관리는 우리가 무의식적으로 행하는 여러 가지 일 가운데 하나다. 예를 들어 한 젊은이가 사업상 회의에 참석할 때는 양복에 정장을 입고 가장 훌륭하게 행동하지만, 친구와 함께 축구 경기를 보면서 저녁에 휴식을 취하는 경우라면 청바지에 셔츠를 입고 농담도 많이 주고받을 것이다. 이것이 인상 관리다.

위에서 살펴본 것처럼, 우리가 받아들이는 사회적 역할은 상당히 우리의 사회적 지위에 달려 있다. 어떤 개인의 사회적 지위는 사회적 맥락에 따라 다를 수 있다. 예를 들어 '학생'으로서 여러분은 특정한 지위를 갖는 것이고 교수들 옆에 있을 때 특정한 방식으로 행동할 것으로 기대된다. '아들이나 딸'로서는 여러분이 학생과 다른 지위를 갖는 셈이고, 사회(특히 여러분의 부모)는 여러분에 대해 다른 기대를 갖는다. 마찬가지로, '친구'로서 여러분은 사회적 질서 속에서 전혀 다른 위치를 갖는 것이고, 여러분이 채택하는 역할도 이에 따라 달라질 것이다. 분명한 것은 사람들은 동시에 여러 가지 지위를 갖는다는 사실이다. 사회학자들은 한 사람이 갖는 이러한 다양한 역할들의 집합을 역할 모듬status set이라고 부른다.

사회학자들은 또한 귀속 지위와 성취 지위를 구별한다. 귀속 지위ascribed staus는 인종, 성, 나이처럼 생물학적 요인에 기초해 개인에게 '주어진' 것이다. 따라서 여러분의 귀속 지위는 백인, 여성, 그리고 10대와 같은 것일 수 있다. 성취 지위achieved status는 개인의 노력에 의해 얻어진 것이다. 여러분의 성취 지위는 대학원생, 운동선수 혹은 근로자일 수 있다. 우리는 성취 지위가 가장 중요하다고 믿고 싶을지 몰라도 사회는 여기에 동의하지 않을 것이다. 어떤 사회든 가령 어떤 지위들은 모든 지위에 대해 우선권을 가지고 있고, 사회에서 한 개인의 전반적인 위치를 일반적으로 결정한다. 사회학자들은 이를 일컬어 주된 지위master status라고 한다(Hughes 1945; Becker 1963). 가장 보편적인 주된 지위들은 성gender과 인종ethnicity에 기반을 둔 것들이다. 사회학자들은 어떤 마주침에서 사람들이 서로에게서 가장 먼저 알아채는 것이 성과 인종이라는 것을 보여 준다(Omi and Winant 1994).

상호 보완적 역할: 산부인과 내진

연극학적 접근에서 따온 인상 관리의 한 예로, 한 가지 특별한 연구에 대해 보다 자세히 살펴보자. 제임스 헨슬린James Henslin과 매 비그스Mae Biggs는 여성이 산부인과 진찰을 받기 위해 의사를 찾은 경우에 발생하는 상황 전개에 관한, 하나의 매우 특별하고 상당히 민감한 마주침에 관해 연구했다(1997[1971]). 연구가 이루어질 즈음에 대부분의 산부인과 내진은 남자 의사들이 담당했는데, 이런 진찰은 여성 환자나 남자 의사 양편 모두에게 당혹감과 잠재적인 모호성을 내포한다. 서구 사회에서 남녀 모두에게 성기는 신체의 가장 은밀한 부분이며, 타인의 성기를 보거나 특히 만지는 것은 대개 친밀한 성적 접촉과 연관된 것이라고 사회화된다. 어떤 여성들은 이런 내진을 너무 걱정해 상당히 심각한 이상 징후가 있어서 진찰을 꼭 해야 될 경우에조차 남자 의사건 여자 의사건 간에

일상생활의 드라마에 대한 어빙 고프먼의 연구

고전 연구 8-1

연구 문제

우리는 매우 빈번하게 사람들이 공적인 상황에서 '연기performing'를 하거나 '대중에게 꾸며서 보이는playing to the crowd' 듯한 모습을 목격하곤 한다. 우리가 정직하다면, 우리 역시 때로는 세상을 무대와 비슷하게 취급해 다른 사람에게 쇼를 한다는 점을 인정할 수밖에 없을 것이다. 그런데 왜 그러는 것일까? 그리고 우리가 그처럼 할 때, 그렇게 연기하는 것이 정말로 우리, 즉 '진짜 자아real selves'일까? 만약 모든 세상이 무대라면, 공적 생활의 장면 뒤에서는 어떤 일이 벌어지는 것일까? 그리고 무대 앞과 무대 뒤의 관계는 무엇일까? 어빙 고프먼Eirving Goffman(1922~1982)은 여러 책을 통해 이 주제에 관해 연구했으며, 사람들의 '연기performances'와 무대 뒤편에서의 행동에 관해 상세히 설명했다.

고프먼의 설명

사회생활의 대부분은 고프먼이 지적한 것처럼 표면 영역과 이면 영역으로 구분될 수 있다. 표면 영역front regions이란 사람들이 공식적 혹은 양식화된 역할을 수행해 내는 사회적 마주침이나 경우를 일컬으며, '무대 위에서의 공연'을 뜻한다. 때론 표면 영역에서의 실행을 위해 팀워크가 사용되기도 한다. 예를 들어 같은 정당에 소속된 두 명의 저명한 정치가가 실제로는 서로 반목하면서도 텔레비전 카메라 앞에서는 단합된 우정을 가장해 내비치곤 한다. 부부 간에도 자녀들 앞에서 싸우는 모습을 숨기려고 노력해 표면적으로는 다정한 것처럼 가장하지만, 자녀들이 잠자리에 들었을 때는 심하게 다투는 경우가 있을 것이다.

이면 영역back regions은 사람들이 보다 공식적인 상황에서의 상호작용을 위해 준비를 갖추고 대비 태세를 취하는 경우에 해당한다. 따라서 이면 영역은 연극에서의 '무대 뒤편back stage'이나 영화 촬영시 '막간'에 하는 행위와 유사한 것이다. 사람들은 안전하게 '다른 사람들의 눈에서 벗어나 있는 경우에' '긴장을 풀고', '무대 전면'에 있을 때 억제하던 감정 및 행동 양식에 여유를 갖게 된다. 이면 영역에서는 "불경스러운 언행, 공개적인 성적 표현, 옷을 아무렇게나 입는 것, 단정치 못하게 앉은 자세나 선 자세, 사투리 등 비표준어의 사용, 중얼거림, 소리 지름, 치고받으며 농담하고 우스꽝스럽게 장난치기, 사소한 듯하지만 어떤 의도를 깔고 다른 사람에게 경솔하게 행동하는 것이나 흥얼거림, 휘파람 불기, 씹는 소리, 음식 갉아먹기, 트림, 방귀 등의 사소한 방종이 허용된다"(Goffman 1980[1959]: 129). 한 가지 예로, 여종업원이 식당에서 손님 접대를 하는 동안에는 예절 바르고 조용한 사람으로 보이더라도 일단 주방으로 들어가서는 — 손님들의 시야를 떠난 경우에는 — 큰 소리를 내고 동료들에게 공격적인 모습을 보일 수도 있다. 손님들이 주방에서 일어나는 온갖 일을 목격하면서 식사를 하려는 경우는 아마 거의 없을 것이다.

미국 사회학자인 스펜서 케이힐Spencer Cahill은 쇼핑센터, 대학 캠퍼스, 바bar나 음식점의 공중화장실에서 일어나는 사회적 상호작용을 연구하는 팀을 이끌었다(1985). 여기서 케이힐이 자신의 연구에 고프먼이 기술한 표면 영역과 이면 영역을 어떻게 사용했는지 볼 수 있다. 케이힐은 고프먼이 전체 '공연 팀'이라고 부른 사람들이 자신들이 집단적으로 행한 '공연'이 잘못될 경우 당황스러움을 숨기기 위해 때로 공중화장실로 기어드는 경향이 있다는 것을 발견했다.

아래 대화는 대학 캠퍼스의 학생회관 화장실에서 세 명의 젊은 여성이 나눈 대화를 녹음한 것이다.

A: 야, 너무 당황스러워…… 그런 일이 일어나다니 못 믿겠어. [전부 웃음]

B: 걔가 우리를 우습게 본 게 틀림없어.

A: 내가 모두가 들을 만큼 큰 소리를 질렀다는 게 믿기지 않아.

C: 아냐, 소리가 그렇게 크진 않았어. 걔는 분명히 못 들었을 거야.

B: —, 우리가 걔를 곧바로 보지는 못했는데, 너한테 얘기해 주려고 했지만 네가 바쁘게 말하고 있어서……

A: 그런 일이 생기다니 못 믿겠다. 내가 바보 같아.

B: 너무 걱정 마. 적어도 걔가 이젠 네가 누군지 알잖아. 나갈 준비 됐어?

A: 너무 당황스러워…… 걔가 아직도 밖에 있으면 어쩌지?

B: 언젠가는 봐야 하잖아.

이런 방어 전략은 일시적인 통제력 상실을 숨길 수 있을 뿐만 아니라, 위의 예에서처럼 개인과 '공연 팀'에 시간을 벌어 주어 다시 한 번 표면 영역의 관객들을 만나기 전에 팀을 추스를 수 있게 한다. 고프먼이 관찰한 것처럼, 공연 팀은 수시로 이면 영역을 활용해 모임으로써 무대에서의 공연과 관련된 문제들을 논의하고 추스른다. 여기서 팀은 공연할 내용을 다시 훑어볼 수 있고, 팀원 중 누군가나 전체 팀의 사기를 추스를 수도 있다.

고프먼의 접근 방법은 보통 '연극학적dramaturgical'이라고 묘사되는데, 극장에서 무대 전면의 영역과 무대 이면의 영역이 있는 상황에 비유한 접근법이라고 할 수 있다. 하지만 이것은 어디까지나 비유라는 점을 염두에 두어야 한다. 고프먼은 사회 세계가 정말로 무대라고 제시한 것은 아니며, 연극학적인 비유를 이용해 사람들이 왜 그런 식으로 행동하는지 보다 잘 알 수 있다고 본 것이다.

비판적 쟁점

고프먼식 접근법에 대해 비판하는 사람들은 다른 미시사회학에 대한 것과 유사한 점을 지적한다. 고프먼은 참여자의 관점에서 상호작용을 이해하려고 했기 때문에 사회적 관계를 형성하는 데 권력의 역할에 대해서는 충분히 인식하지 않았다. 연극학적 비유도 의문시될 수 있다. 이것이 조직이나 '전체주의 조직total institutions'을 연구할 때는 좋은 모델이 될지 모르지만 다른 데는 별로 유용하지 않을 수 있다. 마찬가지로, 고프먼의 연극 비유는 생활의 공적 영역과 사적 영역(무대 전면과 무대 이면) 간의 분리가 발전된 현대 서구 사회에 가장 잘 적용될 것이다. 그러나 다른 사회에서는 이런 식의 분리가 덜 두드러지거나 아예 이런 형태로 존재하지 않는다. 이런 사회에는 고프먼식 관점이 그대로 적용되기 어려울 것이다.

현대적 의의

고프먼의 연구는 사회학 분야에서뿐만 아니라, 그의 저작을 읽고 전문사회학자가 되기로 작정한 여러 학자들에게 영향을 미쳤다. 그는 이 분야에 가장 깊이 있고 자극이 되는 공헌을 한 것으로 인정받고 있다. 오늘날에도 많은 사회학자가 미시사회학적 연구를 어떻게 수행하는지, 그리고 그가 발전시킨 개념들(오명, 주된 지위, 무대 전면과 무대 이면 등)을 사용하기 위해 그의 연구를 인용하는데, 이런 것들이 사회학의 여러 분야에서 매우 중요한 부분을 이룬다. 예를 들어 그의 연구는 제9장 〈생애과정〉, 제11장 〈건강, 질병, 장애〉, 제20장 〈범죄와 일탈〉에서도 언급된다.

비판적으로 생각하기 THINKING CRITICALLY

친구나 가족들을 위해 슈퍼마켓에 가는 것에 동의한다. 이 활동을 수행하는 동안 명시적 또는 작성된 규칙과 작성되지 않은 가정을 기록하라. 당신이 참여하는 상호작용이 계급, 성별, 인종, 장애의 사회적 불평등을 재현하는 역할을 하는가? 규칙을 어기고 그러한 불평등을 극복하는 것이 쉬운가 아니면 어려운가?

진찰을 기피하기도 한다.

헨슬린과 비그스는 숙련 간호사인 비그스가 많은 산부인과 진찰 상황에서 수집한 1만 2천~1만 4천 개의 자료를 분석했다. 그들은 자료 분석 결과 이런 진찰 과정은 몇 가지 전형적인 단계들로 구성된다고 해석하고 있다. 연극적 비유를 채택한 두 연구자는, 진찰 과정의 각 단계를 에피소드가 진행됨에 따라 배우들이 맡아서 연기하는 역할이 변해 가는 각각 분리된 장면scene으로 취급할 수 있다고 주장했다. 서막prologue은 한 여성이 일시적으로 병원 밖에서의 정체감을 버리고 환자로서의 역할을 수행할 준비를 위해 환자 대기실에 들어서는 것에 해당한다. 진찰실로 불려 가면서 그녀는 '환자'의 역할을 받아들여 채택하는 셈이고 1막이 열린다. 의사는 사무적이고 전문가적인 태도를 취하면서도, 환자를 완숙한 한 인간으로 취급해 그녀가 말하는 바를 경청하면서 눈 맞춤을 유지한다. 만약 검사가 요구된다고 판단되면, 의사는 환자에게 이를 알리고 방을 떠나면서 '1막'이 끝난다.

의사가 방을 나서면 여성 간호사가 들어온다. 간호사는 곧 재개될 주된 장면에서 중요한 조역이다. 간호사는 '여성 환자가 견뎌 내야 할 것들'이 무엇인지 대체로 알고 있는, 막역한 친구와 같은 역할과 진찰 보조자로서의 역할을 동시에 해내면서 환자가 갖고 있을지도 모르는 두려움을 완화시킨다. 중요한 점은, 간호사는 환자가 '인격체person' 상태에서 '탈인격체non-person' 상태로 전환하는 데 기여한다는 것인데, 이에 따라 환자는 완전한 인간이라기보다는 한 부분을 검사받아야 하는 신체가 되는 것이다. 간호사는 환자가 옷을 벗는 것을 감독할 뿐만 아니라, 환자가 직접 행할 일을 떠맡는다. 따라서 간호사는 환자의 옷을 집어 개어 놓는다. 간호사는 환자를 검사대로 인도하고 의사가 다시 방에 들어오기 전에 환자의 신체 대부분을 천으로 덮는다.

의사와 간호사가 함께 방에 있으면서 가장 중요한 장면의 막이 시작된다. 간호사가 진찰시 옆에 같이 있음으로써 의사와 환자 간의 상호작용이 성적 연상을 전혀 내포하지 않음을 보증하는 한편, 의사가 진료에 관한 비전문가적 행위를 한 것으로 고발당할 때 법적 목격자가 되는 것이다. 검사는 마치 환자의 개성은 존재하지 않는 것처럼 진행된다. 몸을 가로질러 덮은 천은 환자의 성기 부분을 신체의 다른 부분과 격리시키고, 환자의 자세는 검사 과정 자체를 볼 수 없게 되어 있다. 의사는 환자의 시야 밖에서 낮은 의자에 앉아 진찰하면서, 특정한 의학적 질문을 하는 것 외에는 환자를 의식하지 않는 태도를 취한다. 환자 역시 일시적인 '탈인격체'가 되는 것에 협조해 먼저 말을 꺼내지도 않고, 어떤 몸동작도 가능한 한 억제한다.

이 장면과 마지막 장면 간의 '막간'에 간호사는 다시 한 번 중요한 조역을 하는데, 환자가 다시 '전인격체'로 돌아오도록 돕는다. 이 순간 환자와 간호사는 아마 다시 대화를 시작하고, 환자는 진찰이 끝난 것에 대한 안도감을 표시할 것이다. 옷을 다시 차려입고 치장을 하면, 환자는 마지막 장을 행할 준비가 된 셈이다. 의사가 다시 방에 들어오고 검사 결과에 대해 이야기하면서 다시 환자를 하나의 완전한 인격체로 대접한다. 공손하고 전문가적인 태도를 내보이면서 의사는 환자에게 자신의 반응 행위가 환자의 몸에 정밀 검사와 신체 접촉을 했다고 해서 전혀 변하지 않았음을 알린다. '종막epilogue'은 환자가 진료실을 나서면서 다시 외부 세계에서 자신의 정체성을 갖는 것으로 시작된다. 환자와 의사는 이런 식으로 상호작용과 서로 갖게 되는 인상을 관리하는 방식으로 협조하는 것이다.

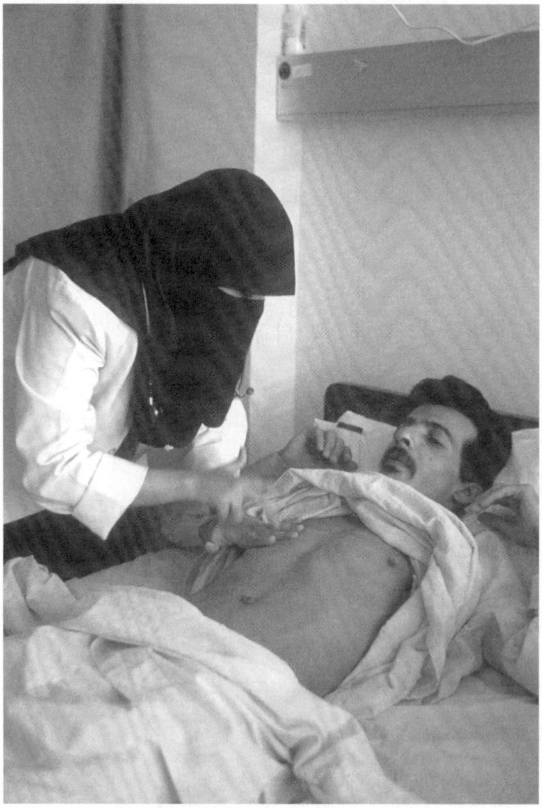

사우디아라비아에서는 남성과 여성 간의 상호작용이 엄격하게 규제되며, 한 장소에서의 친밀한 접촉은 금지되어 있다. 병원의 진료 상황에서는 여전히 조심스럽게 적용되지만 다른 사회적 규칙이 더 앞선다.

공공장소에서 신체가 갖는 성적 의미 감추기

산부인과 내진 같은 것은 인간의 신체와 관련된 곤란한 사회적 상황을 보여 주는 하나의 예에 불과하다. 최근의 사회학적 연구들 중에서는 공공 수영장에서의 '협상된 질서'와 '스파 문화hot-tub culture' 형성에 대한 연구들이 있다. 둘 다 신체를 외부에 내비치는 것과 관련되어 있다. 공공 수영장과 온천에서 사람들은 다른 사람들과 아주 가까이 있는 상태로 거의 나체에 가까운 자신들의 몸을

'내비친다present'. 이 상황은 성적인 것으로 여겨질 수도 있는 마주침의 위험을 초래할 수 있다. 그러므로 이러한 상호작용이 이루어지는 장소들은 성적 의미를 없애는 장arenas으로 구성되거나 조직된다. 그래서 수용될 만한 행위에 대한 일종의 가이드라인이 규칙으로나 의례적으로 형성된다(Scott 2009; 2010). 예를 들면 수영을 하는 사람들은 다른 사람들과 눈 마주침을 회피하려 노력하고 다른 사람들이 채택한 '나만의 훈련된 수영 방식'을 가능한 한 존중한다. 각자가 개인 영역에 대한 사회적 규칙을 잘 인지하고 다른 사람의 공간에 침투해 들어감으로써 이를 깨지 않는 것 역시 중요하다.

지난 20년간 많은 선진국에서 온천이 보편화되었는데, 이는 공공수영장을 대체하거나 함께 발전해 왔다. 많은 호텔과 개인 가정에서도 실내외 스파를 구비했는데 스파는 공동체 생활의 일부로 현재 수용되었다. 하지만 스파는 규모가 상대적으로 큰 공공수영장에 비해 작은 사회적 공간이고, 따라서 여기에서의 상호작용을 규정하는 규칙과 의례는 더 엄격하다. 아이슬란드에서 실외 스파의 이용에 관해 연구한 욘손Jonsson은 "가능한 서로 닿지 않는 것minimal touching"이 핵심이라고 밝혔다(2010: 247).

> 다른 사람과 악수로 인사하지 않는다. 목례면 충분하다. 스파에서의 대화는 일반적이고 비개인적인데 정기적으로 만나는 사람들에 대해서도 마찬가지다. 개인적인 질문은 허락되지 않는다. 심지어 스파를 이용하면서 몇 년 동안 마주쳤지만 한 마디도 섞지 않는 경우도 있다. 외국인들과 대화를 하는 경우에도 '아이슬란드를 얼마나 좋아하니' 정도의 기준을 거의 넘지 않는다.

문화권에 따라 스파에서의 의례에 차이가 있을 것이고 스파가 가정집에 설치되어 있는 경우에는 이것이 '정상적인' 가족생활의 한 부분이 되었을 것이다. 이 경우에는 공공에서의 대화와 육체 접촉 관련 규칙이 적용되지 않을 것이다.

두 가지 예가 시사하는 바는 인간의 신체를 드러내는 방식이 사회적 규칙, 의례와 실행에 기반해서 이루어지는 공적인 마주침에서는 성적인 문제를 야기할 수도 있다는 점을 보여 준다. 이러한 상호작용 의례에서 가장 중요한 것은 정확하게 개인적 영역을 유지하는 것이며 다른 말로 표현하면, 개인을 둘러싸고 있는 소위 '비누거품 장막bubble'을 지켜 주는 것이다.

개인 영역

개인 영역personal space을 정의하는 데는 문화적 차이가 있다. 서구 문화권에서는 대부분의 경우 사람들이 다른 사람들과 초점이 맞춰진 상호작용을 할 때 적어도 1미터 정도 거리를 유지한다. 나란히 서는 경우에는 서로 상호작용 관계에 있지 않더라도 보다 가까이 설 수 있다. 한편 중동에서는 서구 사람들이 적절하다고 생각하는 것보다 더 바짝 붙어 서곤 한다. 이곳을 방문하는 서구인들은 이러한 예상외의 근접한 신체 접촉에 당황한 것이다.

에드워드 홀Edward T. Hall은 비언어적 의사소통에 관한 연구에 집중해 왔는데, 그는 개인 영역을 네 가지 구역으로 구분한다(1968, 1973). 45센티미터까지의 밀접한 거리intimate distance는 일상적인 사회적 접촉의 경우에 거의 해당하지 않는다. 부모와 자식 간이나 연인 사이처럼 정규적인 신체 접촉이 허용되는 관계에 있는 사람들만이 이렇게 근접된 개인 영역 구역에 해당한다. 개인적 거리personal distance는 45~120센티미터 정도의 거리를 의미하는데, 친구들 간이나 상당히 가깝게 아는 사람들 사이에서의 마주침에 해당하는 전형적인 간격이다. 다소 밀접한 접근이 허용되기도 하지만 매우 제한적인 경우에만 가능하다. 사회적 거리social distance는 120~360센티미터까지의 거리에 해당하는데, 인터뷰할 경우와 같이 공식적인 상호작용 상황에서 유지되는 거리 영역이다. 네 번째는 360센티미터 넘는 간격에 해당하는 공적 거리public distance이며, 무대 위의 공연자와 관객 간에 유지되는 거리가 한 예다.

일상적인 상호작용에서 가장 문제 되는 구역은 밀접한 거리와 개인적 거리 영역이다. 만약 이 공간에 누군가가 침범하면 사람들은 다시 자기 공간을 확보하려고 한다. 다른 사람들에게 '비켜나!'라는 눈짓을 던지거나 팔꿈치로 밀어내기도 할 것이다. 어쩔 수 없이 적당하다고 생각되는 거리보다 가까이 근접하게 된 경우에는, 혼잡한 도서관의 테이블에서 책을 읽는 사람이 옆 사람과의 경계에 책을 쌓아 자신의 공간을 물리적으로 구분하는 경우처럼 일종의 물리적 경계가 형성되기도 한다.

여기서도 다른 형태의 비언어적 커뮤니케이션의 경우와 마찬가지로 성별 차이가 개입한다. 전통적으로 남성들은 꼭 친하거나 가까운 친지가 아닌 여성들일지라도 그들의 개인적 공간 안으로 들어가는 것을 포함해 공간 사용에서 여성들보다 큰 자유를 누렸다. 남성과 여성이 함께 걸을 때 여성의 손을 잡고 인도한다거나 여성에게 문을 열어 주면서 등 아래쪽에 손을 대는 것은 친절한 도움이나 예의 바름의 몸짓으로 여겨질 수 있다. 하지만 그 반대 현상으로 여성이 남성의 개인적 공간 안으로 들어가는 것은 종종 우롱하거나 성적 유혹을 하는 것으로 여겨지곤 한다. 여러 서구 사회에서 제정되고 있는 성희롱에 관한 새로운 법률과 기준들은 — 남성에게든 여성에게든 — 다른 사람의 원치 않는 접촉으로부터 사람들의 개인적 공간을 보호해 주려는 시도다.

상호작용의 사회적 규칙

비록 우리가 일상적으로 행동하고 다른 사람의 행동을 이해하는 데 사용하는 비언어적 신호들이 많다고 할지라도, 대부분의 상호작용은 다른 사람들과의 비공식적인 대화 속에서 이루어지는 말talk, 즉 일련의 언어적 교환을 통해 수행된다. 사회학자들은, 특히 상징적 상호작용론자들은 언어가 사회생활에 필수적이라는 점을 항상 지적해 왔다. 그러나 1960년대 말에는 일상생활의 일반적인 상황 속에서 사람들이 어떻게 언어를 사용하는지에 특별한 관심을 기울이는 접근법이 발전해 왔다.

해럴드 가핑클Harold Garfinkel의 연구는 〈고전 연구 8-2〉에 논의되어 있는데, '일상생활 방법론ethnomethodology(또는 민속방법론)'이라는 용어를 창출했다. 일상생활 방법론은 다른 사람들이 행하는바, 특히 그들이 말한 바의 의미를 이해하기 위해 사람들이 사용하는 '민속 방법ethno-methods' — 습속folk 혹은 방법 — 에 관해 연구하는 것이다. 우리 모두는 타인들과의 상호작용에서 이러한 방법을 사용하는데, 이는 대개 무의식적으로 적용하는 방식이다. 대화 중에 이야기되는 내용의 뜻이 통하려면 단어 자체에서는 확인되지 않는 사회적 맥락에 대한 지식을 우리가 갖고 있어야 한다.

다음 대화를 예로 들어 보자(Heritage 1984: 237).

A: 나는 열네 살짜리 아들이 있어요.
B: 어, 괜찮아요.
A: 나는 개도 한 마리 키워요
B: 오! 미안합니다.

셋집을 찾는 사람과 집주인 간의 대화라는 것을 추측해 내거나, 누가 알려 준다면 무슨 이야기가 왜 이런 식으로 오갔는지 매우 쉽게 이해할 수 있다. 즉 집주인이 아이가 딸린 세입자는 괜찮다고 생각하면서, 애완동물을 키우는 것을 싫어하고 세놓기를 거부하는 상황이다. 하지만 대화가 이루어진 상황을 알지 못한다면, B의 응답은 A의 말과 전혀 관계가 없어 보인다. 대화가 갖는 의미의 일부

해럴드 가핑클의 일상생활 방법론적 실험

연구 문제

사회생활을 하다 보면 일상적으로 오해가 생길 수 있다. 오해가 발생하면 성가심이나 좌절을 불러일으킬 수 있다. 누군가로부터 “내가 말할 때는 잘 들어”라든가 “너 내가 무슨 말 하는지 모르지, 그렇지?”라는 말을 들은 적이 있다면, 아주 사소한 오해가 얼마나 쉽게 분노나 공격성을 불러일으킬 수 있는지 잘 알 것이다. 그런데 왜 사람들은 대화의 사소한 관행이 지켜지지 않을 때 그렇게 흥분할까? 일상생활 방법론의 창시자인 해럴드 가핑클Harold Garfinkel(1917~2011)은 자기 학생들과 함께 이 문제를 조사했다.

가핑클의 설명

일상생활이 제대로 부드럽게 돌아가기 위해서는 생활의 어떤 측면들에 대해 당연한 것으로 여길 수 있어야만 한다. 이러한 ‘배경 공유의 기대background expectations’는 언제 말하고 언제 말하지 않아야 하는지, 공식적으로 진술하지 않더라도 무엇을 가정해야 하는지 등 일상적인 대화가 조직되는 방식을 아는 것을 포함한다. 가핑클은 일상생활에서의 대화를 ‘침해breach’하도록 요구된 학생 지원자들과 함께 그러한 진술되지 않은 가정들을 탐색해 보았다(1963). 학생들에게는 친구나 친지와 대화를 하되 어떤 보편적인 표현이라도 그 의미를 분명히 밝혀내도록 과제가 부과되었다. 무심코 한 말이나 일반적인 말일지라도 그냥 지나치지 말고 적극적으로 그 의미를 정확히 밝혀내도록 지시한 것이다. 만약 상대편이 “하루를 즐겁게 보내세요!”라고 한다면 “정확히 어떤 의미에서 즐겁게라는 말씀이세요?” 혹은 “오늘 하루 중 언제를 말하는 겁니까?” 등으로 응답하도록 했다. 이런 식으로 대화를 교환한 다음의 예를 보자(E는 자원봉사 학생이고 S는 그녀의 남편이며, 그들은 텔레비전을 보고 있다).

S: 모든 옛날 영화들은 구식이야.
E: 무슨 뜻이야? 모든 옛날 영화가 그렇다는 거야, 그중 일부가 그렇다는 거야? 아니면 당신이 본 그 영화가 그렇다는 거야?
S: 당신 왜 그래? 내가 무슨 말 하는지 알잖아.
E: 조금 구체적으로 얘기했으면 좋겠어.
S: 내가 무슨 말 하는지 알잖아. 에이, 제기랄…….

S는 왜 그렇게 빨리 흥분했을까? 분명 사소한 대화의 관행이 지켜지지 않아서 흥분한 것인가? 가핑클의 해답은, 우리의 일상적인 사회생활의 안정성과 의미는 무엇을 왜 말하는가에 대해 진술되지 않은 문화적 가정들을 공유하고 있다는 데 기반을 두고 있다. 만약 우리가 이것을 당연하게 받아들이지 않는다면 의미 있는 의사소통이 불가능할 것이다. 어떤 질문이나 대화든 간에 가핑클의 연구를 도와준 학생들이 상대편의 각 진술에 대해 제기했던 것과 같은 종류의 막대한 ‘탐색 절차’를 거쳐야 한다면 상호작용은 그저 중단되고 말 것이다. 언뜻 보기에 사소한 것 같은 대화의 관행이 사회생활을 가능하도록 하는 데 바탕이 된다. 따라서 이를 깨뜨리는 것이 얼마나 심각한 문제인지 그 이유가 밝혀진다.

일상생활에서 사람들이 간혹 고의적으로 말, 진술 및 질문을 해석하는 데 개입된 진술되지 않은 지식을 모른 체하며 가장하기도 한다는 점을 주목해야 한다. 이런 상황은 상대편에게 퇴짜를 놓거나, 놀리거나, 당황하도록 하거나, 상대의 말이 이중적 의미로 해석됨에 주의를 환기시키려는 경우 등에서 일어난다. 예를 들어 부모(P)와 사춘기 자녀(T) 간에 이루어진 다음과 같은 대화를 생각해 보자.

P: 너 어디 가니?
T: 밖에요.
P: 뭐 하려고 하는데?
T: 아무것도 안 해요.

위의 예에서 사춘기 자녀의 응답은 가핑클의 실험에 참여한 학생의 반응과 사실상 정반대다. 질문에 대해 끈질기게 따라붙기보다는 적절한 대답을 거부하면서, 단지 ‘네 일이나 신경 써라’라는 식으로 이야기한다.

위의 예에서 부모가 처음에 한 질문을 다른 상황에서 다른 사람에게 했다면 아래의 예처럼 상당히 다른 응답이 나올지도 모른다.

A: 너 어디 가니?
B: 저는 조용히 머리가 돌아가요.

이때 B는 부모의 간섭에 대한 자신의 괴로움이나 좌절감을 역설적으로 전달하기 위해 A의 질문을 의도적으로 잘못 읽은 셈이다. 종종 코미디, 농담 및 재치 등은 말에 개재된 진술되지 않은 배경적 가정들에 대한 고의적인 몰이해를 바탕으로 만들어진다. 이 경우에 대화 당사자들이 웃음거리를 만들려는 의도라는 것을 인식한다면 상호작용에 문제 될 것은 없다.

우리 모두에게 익숙한 일상의 세계를 탐구함으로써, 가핑클은 일부 사회학자들이 당연하게 여기는 정규적이고 부드럽게 작동하는 사회 질서가 사실은 일상의 과정을 거쳐 지속적으로 재생산되어야 하는 상호작용의 사회적 과정이라는 점을 보여 주었다. 사회 질서는 어려운 문제다. 그러나 그의 '규칙 파괴 실험'에서 가핑클은 일상생활이 얼마나 견고하게 짜여 있는지 보여 줄 수 있었다. 일단 실험이 끝나면 학생들은 친구나 가족들에게 왜 그랬는지 설명하고 양해를 구할 수 있었는데, 만약 그들이 그런 식으로 비협조적으로 계속 행동했다면 어떤 일이 벌어졌을까? 사람들이 그들을 피하거나 가정에서 쫓겨나거나 정신병을 앓는다고 의사나 정신과에 보내지 않을까? 사회적 실재는 사회적으로 구성되는 것이지만 무시하기 어려울 정도로 매우 견고한 구성물이다.

비판적 쟁점

일상생활 방법론은 주류 사회학을 비판하기 위해 출발했고, 일반적으로 사회학적 사고의 한 학파로 여겨지기보다는 대안으로 여겨지는 만큼 비판 대상이 되기도 했다. 하지만 여기서는 중요한 점만 살펴보자. 우선 일상생활 방법론은 세상을 '일반인 ordinary actors'의 관점에서 이해하려고 한다. 이런 관점이 중요한 통찰력을 제공할 수도 있지만, 비판자들은 일상생활 방법론 연구들의 결론이 주관적일 수밖에 없다고 주장하면서, 그러한 결론이 연구 대상이 된 특정한 사람들에게만 해당되어 그것을 일반화할 수는 없다고 주장한다. 둘째로, 많은 사회학자는 일상생활 방법론이 미시적 수준의 질서와 무질서에 너무 몰두하기 때문에 사람들의 생활 기회에 영향을 미치는 주요한 구조적 결정 요인인 성, 인종과 민족, 사회 계층 등의 문제와 너무 유리되어 있다고 주장한다. 일상생활 방법론이 사회 구조적 분석이나 사회에 대한 일반 이론을 거부하기 때문에 그 연구들은 사회생활이 구조화되는 데 작용하는 힘power의 작동에 대한 중요한 질문과 유리되어 있다는 것이다. 마지막으로 일상생활 방법론은 사회적 현상이 발생한 원인에 관심 있는 것이 아니라, '실제로 땅에 발을 디디고 사는' 사람들에 의해 사회적 현상이 어떻게 경험되고 의미를 갖는지 묘사하는 데 관심이 있다. 많은 사회학자들은 일상생활 방법론이 이처럼 인과관계에 대한 설명이 부족한 점을 중요한 결함으로 지적하는데, 이 문제는 사회생활에 대한 연구는 '과학적'일 수 있다는 생각을 본질적으로 훼손하는 것인 만큼 중요한 결함이라는 지적이다.

현대적 의의

일상생활 방법론은 일상생활과 사회적 상호작용 연구에서 중요한 접근법이며 현상학이나 상징적 상호작용론 같은 다른 미시적 사회학과 같은 맥락에서 이해된다. 국민국가들 사이의 국제적 시스템에서 작동하는 권력 관계나 장기적인 사회역사적 변동처럼 대규모 사회 구조에 관심을 가진 사회학자들에게 일상생활 방법론은 실망스럽다. 하지만 그 자체로 이 이론적 접근 방식은 일상생활이 어떻게 작동하며, 그것을 구성하고 재생산하는 사람들에게 어떻게 경험되고 의미가 부여되는지에 관한 통찰력 있는 연구들을 제공했다. 그렇기 때문에 일상생활을 연구하는 학자들에게 영향력 있는 관점으로 남아 있다.

는 단어들 자체에 있고, 의미의 다른 일부는 대화로부터 사회적 맥락이 구성되는 방식에서 찾을 수 있다.

공유된 이해

단어의 의미는 비슷하게 각 낱말에 포함된 것이 아니라 상호작용 과정을 통해서 만들어진다. 의미는 다른 사람과 전적으로 소통될 수 있고, 폭넓게 공유될 수 있다 (Dennis et al. 2013: 15). 사실상 간단한 말도 매우 복잡해서 일상 대화에서 사용되는 단어는 항상 정확한 의미를 갖고 있는 것이 아니며, 그래서 우리는 밑에 깔려 있는 진술되지 않은 가정을 통해 말하고자 하는 것을 '확정'하곤 한다. 만약 마리아Maria가 톰Tom에게 "너 어제 뭐 했니?"라고 물었을 때, 질문하는 단어 자체만 보면 이에 대한 분명한 응답을 할 수 없다. 하루는 긴 시간이며, 따라서 이에 대한 톰의 대답은 "응, 7시 16분에 깨어났고, 7시 18분에 침대에서 일어나 화장실로 가서 이를 닦기 시작했고, 7시 19분에 샤워를 시작했고……" 하는 식으로 대답하는 것이 논리적일 것이다. 하지만 질문한 사람이 마리아이며, 마리아와 톰이 보통 함께 하는 활동이 어떤 종류이며, 주중의 특정한 날에 보통 어떤 일을 하는지 등에 대해 배경 지식을 갖고 있다면, 이러한 질문이 요구하는 응답 유형이 어떤 것인가 이해할 수 있다.

상호작용적 반달리즘

우리는 앞에서 이미 대화가 우리의 일상생활을 안정적이고 일관된 방식으로 유지되게 해주는 주요한 방법의 하나라는 것을 보았다. 우리는 사소한 대화의 미묘한 관행이 지켜질 때 가장 편안함을 느끼며, 그것이 지켜지지 않으면 우려하고 혼란스럽고 무언가 불안하게 느낀다. 대부분의 일상 대화에서 당사자들은 대화를 부드럽게 이끌기 위해 다른 사람이 주는 억양의 변화나 짧은 대화의 멈춤, 혹은 몸짓 같은 미세한 실마리에 조심스럽게 주목한다. 서로 조심스럽게 주의를 기울임으로써 대화자들은 상호작용을 시작하고 끝맺거나 서로 말의 순서를 바꾸는 데 '협동'하는 셈이다. 하지만 이 대화에서 어느 한쪽의 '비협조적인' 상호작용은 긴장을 불러일으킬 수 있다.

가핑클의 수업을 수강한 학생들은 사회학적 실험을 위해 의도적으로 대화 규칙을 파괴함으로써 긴장되는 상황을 만들어 보았다. 그러나 사람들이 자신의 대화 관습을 통해 '말썽을 피우는' 실제 상황에서는 어떤 일이 벌어질 것인가? 한 연구에서는 뉴욕시에서 길거리를 지나가는 사람과 부랑자 간에 오가는 말을 조사함으로써, 왜 그러한 상호작용이 보행자들에 의해 종종 문제로 여겨지는지 이해하려고 했다. 그들은 이러한 길거리 대화를 몇 개 선정해 일상 대화의 일반적인 경우와 비교하기 위해 대화 분석conversation analysis 기법을 사용했다. 대화 기법은 대화의 모든 측면에서 의미를 상세히 조사하는 방법론인데(예를 들어 '음', '아'와 같은 사소한 '군더더기 말'에서부터 대화의 짧은 중단, 끊김, 중첩을 포함한다), 주고받는 대화의 정확한 시간 길이까지 조사한다.

이 연구는 (대다수가 노숙자이고 알코올 의존증이거나 마약 중독자인) 흑인 남성과 거리에서 그들을 지나쳐 가는 백인 여성들 간의 상호작용을 조사했다. 그 남성들은 종종 지나가는 여성들을 불러 세우거나 입에 발린 칭찬을 하거나 질문을 던짐으로써 대화를 먼저 시작하려는 경향이 있다. 그러나 연구자들에 따르면 이러한 대화에서는 뭔가가 '잘못'되어 가는데, 그 이유는 여성들이 정상적인 상호작용의 경우와 달리 거의 응답하지 않기 때문이다. 심지어 그 남성들의 억양이 거의 적대적이지 않을지라도 여성들은 발걸음을 재촉하거나 앞만 보고 지나가는 경향을 보인다. 아래의 대화는 50대 후반의 머드릭이라는 한 흑인이 여성과 대화하려고 시도하는 상황이다(Duneier and Molotch 1999: 1273~1274).

머드릭은 (스물다섯 살 정도로) 보이는 백인 여성이 일정한 속도로 다가올 때 이 대화를 시작했다.

1. 머드릭: 아가씨, 사랑해.
   (그 여성은 팔짱을 낀 채 그 말을 무시하고 걸음을 재촉한다.)
2. 머드릭: 나랑 결혼하자!
   (그 뒤로 역시 20대 중반으로 보이는 두 명의 백인 여성이 다가온다.)
3. 머드릭: 어이, 아가씨들! 오늘 되게 예뻐 보이는데! 돈 좀 있어? 책이 있는데 좀 사지.
   (그들은 그를 무시한다. 그 뒤로 이번엔 한 젊은 흑인 여성이 다가온다.)
4. 머드릭: 야, 예쁘다!
   (그녀는 그를 무시하고 계속 걸어간다.)
5. 머드릭: 이봐! 야, 내 말 안 들려! 네가 내 말 다 듣고 있는 거 알아!

(그리고 30대 백인 여성이 지나가자 또 한 마디 한다.)

6. 머드릭: 내가 보니 너 진짜 예쁘다.

(그녀도 그의 말을 무시한다.)

대화를 부드럽게 '시작'하고 '끝맺음'하기 위해 협상하는 것은 도시 생활에 필요한 근본적인 요건이다. 이 점이 남성과 여성들 사이에서 꽤 문제시된다. 여성들은 남성들이 대화를 시작하려는 시도를 거부하는 데 반해, 남성들은 여성들의 거부를 무시하고 집요하게 시도한다. 마찬가지로 남성이 말꼬를 트는 데 성공할 경우, 대화를 끝내려는 여성들의 속내를 의도적으로 무시하려고 한다.

1. 머드릭: 야, 예쁜 아가씨!
2. 여성: 안녕하세요!
3. 머드릭: 잘 지내?
4. 머드릭: 너 참 예쁘게 생겼다! 머리핀도 예쁜데!
5. 머드릭: 결혼했어?
6. 여성: 예.
7. 머드릭: 어, 정말?
8. 여성: 예.
9. 머드릭: 반지는 어디 있는데?
10. 여성: 집에요.
11. 머드릭: 집에 있다고?
12. 여성: 예.
13. 머드릭: 이름 좀 알려 줄래?
14. 머드릭: 내 이름은 머드릭인데, 네 이름은 뭐야?

(그녀는 대답하지 않고 걸어가 버린다.)

(Duneier and Molotch 1999: 1274)

위의 예에서 머드릭은 대화의 말꼬를 트고 여성으로부터 응답을 끌어내기 위해 상호작용을 구성하는 열네 개의 말문 중 아홉 개를 쓰고 있다. 대화문만 보더라도 그 여성이 대화에 흥미 없다는 것이 분명하지만, 녹음한 대화를 분석해 보면 그녀가 대화하기를 꺼린다는 것이 훨씬 분명해진다. 그 여성이 응답한 경우에도 그녀의 모든 응답이 마지못해 하는 듯 늦춰졌는데, 그에 비해 머드릭은 즉각 응답하고 때때로 그녀와 동시에 말을 쏟아내기도 했다. 대화에서 타이밍은 아주 정밀한 지표가 되는데, 응답을 순간적으로라도 늦추는 것은 대부분의 일상 상호작용에서 대화의 물꼬를 바꾸려는 의도를 나타내는 신호다. 이러한 사회성의 미묘한 규칙에 어긋남으로써 머드릭은 '기술적으로 무례한' 방식으로 대화하고 있는 것이다. 반면에 그 여성 역시 머드릭이 그녀를 대화에 끌어들이려는 반복적인 시도를 무시함으로써 '기술적으로 무례한' 방식으로 대화하는 것이다. 이러한 길거리 대화의 '기술적으로 무례한' 특성이 보행자에게 길거리 대화를 다루기 어렵게 만든다. 대화를 시작하고 끝맺는 표준적인 실마리가 없는 경우, 사람들은 설명하기 어려운 심각한 불안감을 느낀다.

상호작용적 반달리즘interactional vandalism이라는 용어는 이처럼 하위 사람이 보다 힘 있는 사람들 사이에서 가치 있다고 여기는 일상 상호작용의 미세한 기반을 깨는 사례들을 기술하는 용어다. 길거리 부랑아들은 서로 상호작용할 때나 동네의 가게 경비원, 경찰, 친척들이나 친구들과 상호작용할 때는 일상의 대화 방식을 종종 따르곤 한다. 그러나 그들이 원할 때, 그들은 보행자들을 어리둥절하게 하는 방식으로 일상의 대화를 위한 미묘한 관습을 뒤엎어 버릴 수 있다. 신체적인 공격이나 언어 폭력보다 더 심하게 상호작용적 반달리즘은 그 희생자에게 도대체 무슨 일이 일어났는지 가늠도 못하게 만들 수 있다.

상호작용적 반달리즘에 관한 연구는 미시 수준의 상호작용과 거시 수준에서 작용하는 힘 간에 서로 연계를 맺고 있다는 것을 보여 주는 또 다른 예다. 길거리 부랑자 남성에게는, 대화 시도를 무시하는 백인 여성이 거리감 있어 보이고 차갑고 동정심이 없는 것으로 보여 그런 상호작용의 정당한 '표적'이 되기 쉽다. 한편 여성들은 그런 남성들의 행동을 보며 정말 위험하다고 여겨 그들을 피하는 것이 상책임을 확인시켜 주는 증거로 삼을 것이다. 상호작용적 반달리즘은 전반적으로 연결되어 있는 계급, 지위, 성 및 인종 구조와 밀접하게 연관되어 있다. 그러한 세속의 상호작용에서 생겨나는 두려움과 걱정이 외견상 드러나는 지위와 힘을 구성하는 데 일조하고, 결과적으로 상호작용 그 자체에 영향을 미친다. 상호작용적 반달리즘은 서로 간의 의심과 무례함을 자체적으로 증폭시키는 시스템의 한 부분이다.

반응 외침

어떤 종류의 발성은 말이 아니고 떠듬거리는 감탄 소리거나 고프먼이 '반응 외침response cries'이라고 칭한 형태를 띤다(Goffman 1981). 물 잔을 뒤집어엎어 버리고 나서 "아이쿠!"라고 말하는 경우를 생각해 보라. '아이쿠'라는 소리는, 상대편의 면전을 향해 손을 쭉 뻗을 때 눈을 깜빡거리게 되는 것처럼, 단지 실수에 대한 무의식적 반응으로 생각될 수도 있다. 하지만 '아이쿠'라는 소리는 이런 식의 비자발적인 반응이 결코 아니라는 사실을, 사람들이 혼자 있을 때는 대개 이런 발성을 내지 않는다는 사실로부터 확인할 수 있다. "아이쿠!"라는 소리는 보통 곁에 있는 다른 사람을 염두에 둔 것이다. 이 표현은 실수를 목격한 사람들에게 그 실수가 개인의 행위 능력을 의심받을 만한 것이 전혀 아니고, 단지 사소하고 순간적인 헛놀림이라는 것을 내비치기 위해 사용되는 것이다.

"아이쿠!"라는 표현은 커다란 사고나 문제가 발생했을 때보다는 사소한 실수를 한 상황에서 사용되는데, 이것 역시 그러한 표현이 사람들이 사회생활의 세세한 부분에 대해 통제된 관리를 하는 한 부분이라는 것을 보여 주는 셈이다. 게다가 이 표현은 실수 상황을 목격한 다른 사

공공장소에서 상호작용에 관한 사소한 규칙의 힘은 너무 강하기 때문에, 다른 사람의 공적 영역을 존중해야 한다는 규칙에서 별생각 없이 약간 이탈하더라도 놀랄 정도로 문제가 되거나 다른 사람을 당혹스럽게 만들 수 있다.

람이 하기도 하는데, 이는 그 실수가 실수를 저지른 사람의 무능력 때문인 것으로 여겨지지는 않을 테니 염려하지 말라는 의사 표현이기도 할 것이다. 부모가 어린 자녀를 공중에 띄워 주고 받는 놀이를 할 때도 "아-이쿠!" 소리를 낼 수 있다. 이 경우는 어린이가 공중에서 신체 균형을 잃는 느낌을 받는 짧은 순간을 커버하면서 어린이에게 안도감을 주는 동시에 반응 소리에 대해 이해시키는 역할을 한다.

여태껏 논의한 것들이 쓸데없고 과장된 분석으로 여겨질지도 모른다. 왜 그러한 비논리적 말들을 이렇게 상세히 분석하는 수고를 해야 하는가? 우리는 분명히 위의 예에서처럼 우리가 말하고 행동한 바에 대해 심사숙고하고 주의를 기울이지 않지 않는가? 물론 의식적인 수준에서는 그렇지 않다. 하지만 중요한 점은 우리가 자신에게나 다른 사람들에게나, 외양과 행위에 대한 매우 복잡하고 지속적인 통제를 한다는 점을 당연시하고 있다는 점이다. 상호작용 상황에서 우리에게는 그냥 그 자리에 있기만을 요구하는 것이 아니다. 우리는 상호 간에 고프먼이 '통제된 주의controlled alertness'라고 지칭한 것을 보여 주기를 기대한다. 한 개인이 인간이라는 증명은 매일의 일상생활에서 끊임없이 타인들에게 상호작용 능력을 내비침으로써 이루어진다.

시간과 공간에서의 상호작용

앞의 내용에서는 일상적 상호작용에 퍼져 있는 많은 암묵적 규칙과 규범의 몇 가지 중요한 측면들을 소개했다. 하지만 우리의 모든 행동은 시간과 공간에 분산되어 있고, 모든 상호작용은 특정한 장소와 시간에 발생한다. 예를 들어 김Kim은 참여 관찰을 통해 2년 동안 버스터미널에서 시간을 보내며, 그레이하운드 버스를 타고 다니는 사람들의 행동을 연구했다(2012). 특히 그녀는 사람들이 왜 터미널에서 다른 사람들과 상호작용하는 것을 피하는지 설명하려고 노력했다.

거리가 먼 그레이하운드 여행은 8시간에서 72시간 지속될 수 있고, 승객들은 서로 모르는 척하는 경향이 있다. 낯선 사람을 믿지 않기 때문에 서로의 상호작용은 대부분 간단하고, 다른 사람이 옆자리에 있지 못하도록 하는 데 시간을 보낸다. 승객들은 휴대 전화 사용, 가방 점검, 지갑 속 체크, 창밖 응시, 잠을 자거나 잠자는 척하는 등 바쁘거나 무관심하게 보이기 위한 모든 행위를 취한다. 김은 이러한 의도적 상호작용의 회피를 '비사회적 일시적 행위'라 부른다. 시민적 무관심은 타인의 존재를 인정하고 존중하지만, 비사회적인 일시적 행위는 '보이지 않음'을 목표로 하며 타인의 존재를 존중하거나 인정하지 않는다. 그럼에도 불구하고 행위자들은 여전히 다른 사람들에게 "나를 내버려 둬" 또는 "나는 방해받고 싶지 않아"라고 말하는 공연을 하고 있다.

김은 이러한 공연들이 오랜 시간 함께 보내야 하는 닫힌 공간에서 주로 일어난다고 주장한다. 하지만 나이트클럽, 팝 콘서트, 스포츠 경기장, 우범 지역과 같이 잠재적으로 위험하다고 여겨지는 다른 비사회적이고 일시적인 공간에서도 일어난다. 사람들이 장거리 버스 여정에서 비사회적인 일시적 행위를 취하는 이유 중 하나는 도난 가능성과 신체적 공격으로부터 자신을 보호하는 데 있다. 예를 들어 승객들이 다른 승객에게 그들의 가방을 '주시하라'고 얘기하는 것은 드문 일이다. 그 승객 또한 잠재적으로 의심스러운 사람들이기 때문이다. 두 번째 이유는 지연과 이후 더 악화될지도 모른다는 것에 대한 예상이다. 일상적으로 지연 자체는 불만으로 이어지기보다는 오히려 강화된 이탈과 침묵으로 이어진다. 마지막으로, 승객들은 그러한 장거리 여정에서 신체적이고 정신적인 피로를 경험하며, 규칙은 대화를 최소한으로 유지하고 다른 사람들을 불필요하게 괴롭히지 않는 것이다. 김이 확인한 핵심적인 발견은 비사회적 일시적 공간에서 새로운 통근자가 '비사회적으로 되기' 위해 배우는 일련의 규범과 행동 규칙이 존재한다는 것이다(2012: 9).

인터넷은 사회생활의 형태가 공간과 시간의 통제와 얼마나 밀접하게 연계되어 있는지 보여 주는 또 하나의 좋은 예로, 세계 곳곳에서 전혀 보거나 만난 적 없는 사람들과 상호작용할 수 있게 해준다. 이러한 기술적 변화는 공간을 '재배열'해서, 우리는 의자에서 움직이지 않고 누구와도 상호작용할 수 있다. 또한 의사소통이 즉각적이기 때문에 우리의 시간에 대한 경험을 바꿔 준다. 인터넷이 출현하기 전까지, 서로 떨어진 공간에 있는 경우 의사소통을 하려면 오랜 시간이 필요했다. 만약 외국에 편지를 보낼 경우 그 편지가 선박, 열차, 트럭 또는 비행기로 목적지까지 도착하는 데 시간이 오래 걸렸다. 물론 사람들이 여전히 손으로 편지를 쓰긴 하지만, 즉각적 의사소통은 이제 사회 세계의 기반이 되어 버렸고, 우리는 이후 발전하는 환경을 봐야 한다.

온라인 상호작용의 새로운 규칙

정보통신 기술ICT의 사용은 급속히 성장했으며 더 이상 선진국에 국한되지 않는다. 전 세계적으로 모바일 휴대 전화 가입자 수는 2014년에 69억 명에 이르렀으며, 이들 중 78퍼센트는 개발도상국에 있다(〈그림 8-1〉). 상대적으로 낮은 기준에서 아프리카의 '보급률(인구 규모 대비 전화 연결 수)'은 2007년 초 21퍼센트에 달했으며 2억 대 이상의 휴대 전화가 개통되었다. 2001~2011년 동안 개발도상국의 휴대 전화 가입자 수는 100명당 10명 미만에서 100명당 80명으로 증가해 선진국을 빠르게 따라잡았다. 2014년 말까지 세계 휴대 전화 보급률은 포화 상태에 근접한 96퍼센트였다(ITU 2014). 이러한 기술들이 우리 사회생활에 미치는 영향은 무엇인가?

원거리 상호작용과 의사소통

ICT 장치는 빠르게 확산되고 있으며, 가정과 직장 모든 곳에서 사람들의 일상생활에 점점 더 통합되고 있다(Kraut et al. 2006). 이는 중국, 일본, 영국, 미국, 캐나다, 멕시코를 포함한 16개국의 8~24세 청소년 1만 8천 명을

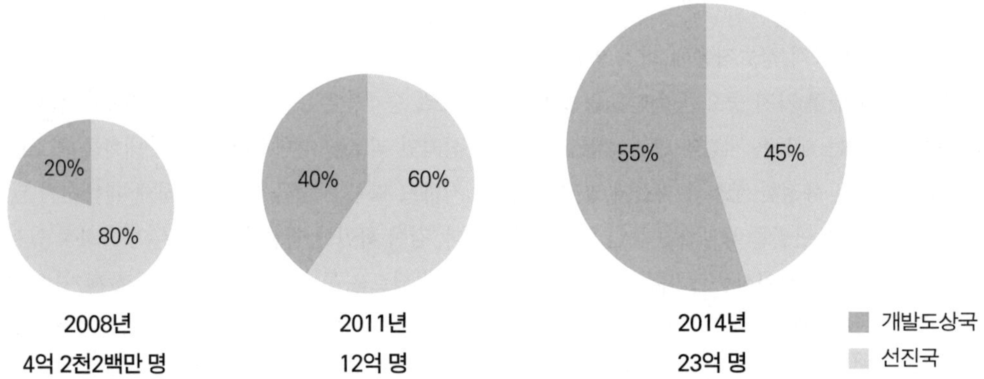

그림 8-1 2008년, 2011년, 2014년 발전 수준에 따른 휴대 전화 소지자

출처: ITU 2014.

대상으로 실시한 2007년 MTV 네트워크/니켈로디언 Networks/Nickelodeon 설문 조사의 결론이다. 조사에 따르면 청소년들은 '기술'을 별개의 존재로 보지 않는다. 그것은 그들 삶의 유기적인 부분이다. 그들의 생활방식에서 기술의 역할에 대해 이야기하는 것은 1980년대 어린이들과 공원 그네나 전화가 그들의 사회생활에서 어떤 역할을 했는지 이야기하는 것과 같다(Reuters 2007).

그러나 사람들은 스마트폰, 인터넷, 이메일, 소셜 미디어 사이트를 이용해 어떻게 의사소통하고 상호작용할까? 체임버스Chambers는 논문에서 가족, 이웃 관계 및 지역사회의 비교적 안정되고 고정된 관계가 보다 자발적이고 유동적인 관계로 나아가는 데 기여한다는 주제에 대해 조사했다(2006). 그녀는 새로운 형태의 유대와 사회적 유대 관계는 ICT 네트워크를 통해 지속되고 있는 많은 이상적인 '우정'을 바탕으로 생겨나고 있다고 주장했다. 그녀는 또한 과거 '퀴어 공동체' 같은 소외 집단들 사이의 새로운 사회 정체성들을 통해 다른 형태가 형성되어 '자아' 탐구를 위한 안전한 공간을 만들어 낸다고 주장했다. 그러나 새로운 ICT는 이 장의 서두에서 언급된 사이버 괴롭힘과 같은 잠재적으로 새로운 문제들을 초래했다.

체임버스는 소셜 미디어의 긍정적 측면에도 불구하고 서로를 보살피는 긍정적인 관계를 보장하기 위한 적절한 기반을 제공하지 못할 수 있으며, 그렇게 되지 않기 위해서는 정규적인 대면 접촉과 장기간의 헌신이 필요하다고 지적한다. 많은 학교와 학부모는 성인들의 온라인 성매매 유인 행위와 아동 성범죄에 대한 두려움과 관련된 사회적 네트워킹과 스마트폰에 대해 우려하고 있다. 그러한 두려움이 전적으로 근거가 없는 것은 아니다. 소셜 네트워킹 사이트 '마이스페이스MySpace'는 2007년 전 세계 1억 8천만 명의 회원 중 2만 9천 명 이상의 등록된 성 범죄자를 발견했다고 발표했다. 비록 이것이 전체 회원 중 아주 낮은 비율이긴 하지만, 급변하고 있으며 상대적으로 익명적인 온라인 환경이 예견되지 않은 새로운 문제를 야기한다는 것은 분명하다.

> 우정과 관계는 제10장 〈가족과 친밀한 관계〉에서 보다 자세히 논의된다.

오늘날 많은 '관계'는 인터넷이나 다른 형태의 이동통신을 통해 만들어진다. 이러한 경향이 사회적 관계의 질에 어떠한 영향을 미칠 것인가? 거의 모든 인류 역사에서 사람들은 가까이 있는 다른 사람들과 직접 대면했다. 편지, 전보, 전화가 모두 오랫동안 우리 주변에 있었지만, 인터넷은 훨씬 더 혁신적인 방법으로 '먼 곳에서의 상호작용'을 가능하게 한다. 예를 들어 스카이프Skype는 수천 킬로미터 떨어져 있는 사람들 간의 실시간 '대면' 상호작용을 가능하게 한다. 디지털 혁명은 일부 사람들에게는 사교성과 친밀감을 새롭게 할 수 있지만, 다른 사람들에게는 고립과 사회적 거리감을 낳을 수 있다. 분명한 것은 사람들이 이미 기존의 직접 대면 관계와 함께 일상생활에 디지털 미디어를 끼워 놓고 있다는 것이다.

사이버매너 또는 네티켓

온라인 커뮤니케이션은 위험과 기회를 동시에 제공한다. 이 영역에서 이루어진 사회학적 연구들은 사이버 공간의 문제를 연구하기 시작했다. 하지만 일부에서는 온라인 생활을 전적으로 새로운 인간 경험의 영역으로 보기보다는 실제 사회 세계의 확장으로 보는 것이 더 정확하다고 주장한다. 베보Bebo, 라이브저널LiveJournal, 페이스북 같은 소셜 네트워킹 사이트에서 대부분의 사람들은 주로 친구들이나 면대면 접촉을 통해 이미 알고 있는 사람들과 상호작용하는 경향이 있다는 점이 확인되었다(Holmes 2011). 다른 페이스북 친구들이나 트위터의 '팔로워follower'들은 어느 정도 거리를 유지하게 될 것이다. 베임Baym이 주장하듯이, "사이버스페이스를 면대면 혹은 신체 접촉에 기반한 상호작용이 이루어지는 진짜 세계와 동떨어진 가짜 세계로 봐서는 안 된다. 왜냐하면 온라인에서 이루어지는 일은 더 새로운 것일지 모르지만 덜 현실적인 것은 아니기 때문이다"(2015: 6~7).

소셜 미디어의 표준화

미국 퓨리서치센터Pew Research Center의 '인터넷과 미국인의 생활 프로젝트Internet and American Life Project'는 인터넷과 관련해 성인과 청소년의 태도와 행동을 조사한 100가지 이상의 연구를 수행했다. 이 프로젝트는 2009년 데이터를 사용해 성인의 74퍼센트에 비해 미국 청소년(12~17세)의 93퍼센트가 온라인에 접속하고 있음을 밝혔다. 하지만 젊은 층(18~29세)의 인터넷 사용은 10대 청소년의 인터넷 사용률 93퍼센트와 비슷했다. 가정에서 광대역 통신망으로의 전환(가정의 76퍼센트)과 인터넷 접근성을 갖춘 스마트폰의 출현이 인터넷을 이용하는 10대들의 증가를 촉진했다.

가장 열성적인 사용자인 미국 14~17세 청소년의 73퍼센트는 또한 소셜 미디어를 이용하며, 5명 중 4명 이상이 이러한 사이트(82퍼센트)를 이용한다고 답했다. 아마 저소득층 10대들은 중산층 10대들보다 소셜 미디어를 더 많이 사용할 가능성이 높다. 2006년 퓨 프로젝트는 10대 소녀들이 남자아이들보다 소셜 미디어를 더 많이 사용하는 경향이 있음을 발견했지만 2009년에는 이것이 평준화되었다. 반면 성인은 47퍼센트에 불과해 소셜 네트워커가 될 가능성이 훨씬 낮다.

소셜 네트워킹이 평준화되면서 성인들은 점차 〈그림 8-2〉에서 보여 주는 것처럼 경쟁에서 승자가 된 사이트가 아닌 여러 사이트에 프로필을 갖게 되었다. 페이스북Facebook은 2014년 미국 온라인 성인들 사이에서 가장 널리 사용되는 소셜 미디어 사이트였다. 그러나 성별 차이도 있다. 여성들은 페이스북에 프로필을 가지고 있을 가능성이 더 높고, 남성들은 링크드인LinkedIn에 프로필을 가지고 있을 확률이 더 높다. 그리고 온라인에서 여성의 42퍼센트는 핀터레스트Pinterest를 이용하는 반면, 남성들은 단지 13퍼센트만이 이용했다.

10대의 경우 37퍼센트가 소셜 미디어를 사용해 친구들에게 매일 메시지를 보낸다. 이는 2008년 42퍼센트에서 감소한 것이다. 소규모 사람들은 게시판과 그룹 메시지를 보내기 위해 소셜 미디어를 이용하고 있다. 그러나 86퍼센트는 친구의 페이지나 블로그에 댓글을 달았고, 83퍼센트는 친구의 사진에 댓글을 달았다. 10대의 58퍼센트는 소셜 미디어를 이용해 텍스트 또는 인스턴트 메시지를 보냈다. 단지 3분의 1(37퍼센트)만이 네트워킹 사이트의 그룹에 가입했다고 밝혔다. 트위터는 10대들에게 인기가 덜하다. 2009년 성인의 19퍼센트에 비해 미국 10대들의

연간 소셜 미디어 웹사이트를 이용하는 성인의 비율(%)

■ 2012년 ■ 2013년 ■ 2014년

	페이스북	링크드인	핀터레스트	인스타그램	트위터
2012년	67	20	15	13	16
2013년	71	22	21	17	18
2014년	71	28	28	26	23

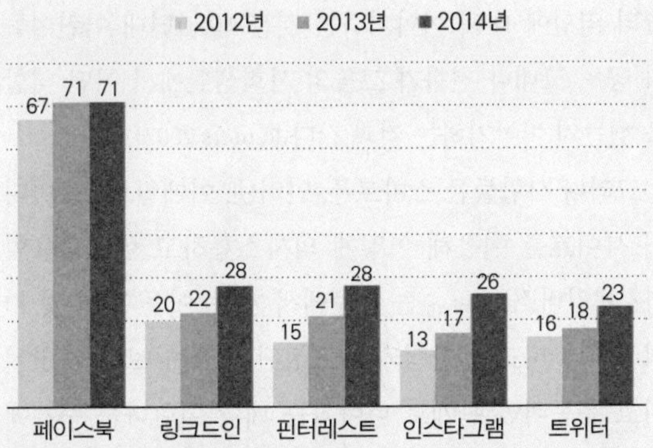

그림 8-2 미국 성인의 온라인 소셜 미디어 이용, 2012~2014
출처: Duggan et al. 2015: 2.

8퍼센트만이 이 사이트를 이용했다.

페이스북과 트위터Twitter 같은 소셜 미디어의 출현과 급속한 성장은 '우정friendship'이 디지털 시대에 재발견되고 있다는 증거로 해석될 수도 있다. 성인이 유선 전화와 TV를 당연하게 여기듯, 인터넷이 없는 세계를 결코 알지 못하는 젊은 사람들은 사이버 공간, 문자 메시지, 소셜 미디어를 일상생활의 일부로 간주한다.

비판적으로 생각하기　THINKING CRITICALLY ● ● ●

최근에 실시된 퓨리서치의 설문 조사를 온라인에서 찾아보라. 보고서는 무료로 제공된다. 소셜 미디어 이용에 대한 증거를 기록하라. 모든 것을 감안할 때, 소셜 미디어 속 우정의 형성과 유지에 관한 자료에서 어떤 결론을 도출할 수 있는가?

보다 상호작용적인 온라인 서비스가 가능한 '2세대' 웹2.0의 발명과 더불어 더 많은 사람들이 정보를 공유하고, 실제로 웹 기반 콘텐츠 구축에 기여할 수 있게 되었다. 한 가지 분명한 예로, 널리 사용되는 온라인 사전 위키피디아Wikipedia는 일반 사용자들이 콘텐츠를 추가할 수도 있고, 다른 사람들과 그 내용에 대해 토론할 수도 있으며, 효과적으로 공저자가 될 수도 있다. 인터넷은 보다 다양한 휴대용 인터넷 도구에서 검색이 가능해졌다. 이 도구들에는 휴대 전화, 랩톱 컴퓨터, 태블릿 등이 포함되는데, 이에 따라 인터넷은 우리 일상생활의 더 많은 측면에서 통합되었다(Beer And Burrows 2007; 제18장 〈미디어〉 참조). 사적인 것과 공적인 것 간의 경계가 점점 더 무뎌지는 예는, 사람들이 자신들의 일상 활동과 이동을 '트윗tweet'하는 것에서 볼 수 있다. 이 경우 자신들이 어디 있는지 남성인지 여성인지 등 아주 사소한 개인사를 자기들이 사용하는 소셜 미디어 상에 프로파일로 올리기 때문이다. 온라인 커뮤니케이션은 온라인에서의 상호작용을 규정하는 규범과 규칙을 형성하게 만들었는데 이것은 종종 네티켓netiquette이라고 불린다. 현재는 사람들이 온라인 커뮤니케이션에서 어떻게 행동해야 하는지 정보 제공원이 많이 있다(Chiles 2013).

이메일을 사용할 때 어떻게 커뮤니케이션하는지에 대한 1990년대 충고는 네티켓의 초기 형태였다. 사용자들은 자신들의 이메일이 다른 사람에게 무례하거나 불필요하게 비판적이지 않도록 요청받았고, 너무 사소하거나 부적절한 정보를 이메일로 전달하지 않도록 요구되었다. 또한 다른 사람들의 이메일은 정직하게 쓰이고 모든 이메일은 영원한 기록이라는 점을 받아들여야 했다. 이메일은 "안녕 존John" 같은 식으로 시작해야 하고 적절한 수준의 맺음말로 끝내도록 요청받았다(Strawbridge 2006: 9~15). 하지만 소셜 미디어의 급격한 성장과 더불어 네티켓은 매우 빠르게 변화해 왔다.

소셜 미디어에서의 상호작용에 대한 에티켓 가이드에 따르면 '실생활에서의 상호작용'과 유사하긴 하지만 모든 사람이 친구가 될 수 있음을 중요하게 강조한다. 몇몇 가이드에서는 이미 알고 있는 사람들만 친구 삼기를 추천하는데, 다른 곳에서는 모르는 사람도 일단 친구로 받아들인 뒤 만약 나중에 필요하면 친구에서 제외하는 것이 좋다고 주장한다. 페이스북에 대한 에티켓 가이드에 따르면 "적절한 소개가 없는 사용자를 친구로 받아들이지 마라. 당신의 실제 아이덴티티를 정직하게 드러내고 사적인 대화를 공적으로 공개해 포스팅함으로써 공개하지 마라. 또한 어떤 소셜 사이트건 간에 관여했을 때의 결과를 잘 생각해 봐라. 당신이 코멘트를 달기 전에 그것이 어떻게 받아들여질지 미리 생각하고 항상 감정에 앞서 논리를 생각하라"고 권유하고 있다(Weinberg 2008).

웹 서비스의 성격상 특히 소셜 미디어의 성격이 강하기 때문에 사용자들에 의해 이끌리는 변화들에 개방적이며 온라인 에티켓은 기술의 발전과 더불어 지속적으로 발전할 것 같다. 하지만 지금 현재로서는 네티켓이 전적으로 새로운 시스템에 기반을 두기보다는 실제 사회

온라인 커뮤니케이션은 사용자들의 제안에 따라, 자체적인 예절 형식 혹은 네티켓을 발전시켜 가고 있다.

이트러스트e-trust 구축 및 유지

인터넷 보안에 관련된 공적인 논의는 주로 온라인 뱅킹 사기나 아이디 도용 및 어린이들 사이의 채팅을 엿보는 약탈적인 아동 성애자 문제 등과 연관된다. 그런 우려 때문에 많은 사람들이 온라인 환경을 경계하고 신뢰하지 않는다. 모든 종류의 성공적인 사회적 상호작용에서 신뢰는 핵심적인 요소다. 쿡Cook과 그녀의 동료들에 의하면 "신뢰는 사회적 상호작용을 촉진한다. 신뢰가 존재하면 협동을 강화하고 위험을 감수할 기반을 제공하며 관련된 사람들에게 행동 방식에서의 자유를 보장한다. 신뢰가 존재하지 않으면 착취를 방지하기 위해 다양한 메커니즘을 필요로 한다"(2009: 1).

현재 가장 규모가 크고 오래된 개인 간 경매 사이트는 1995년 9월 설립된 이베이eBay이다. 곧 이베이 웹사이트를 통해 물건을 사고 판 사람들은 전 세계적으로 1억 명에 이르게 되었다. 미국인만 하더라도 약 16만 5천 명이 오직 이베이에서 물건을 팔아 생계를 유지하는 것으로 추정된다(Epley et al. 2006). 놀라운 점은 이베이가 경매되는 상품에 대해 어떤 보증이나 확약을 하지 않고, 따라서 판매자와 구매자는 거래의 모든 위험을 인지하고 있으며, 이베이는 단지 물건을 사이트에 올려 안내하는 중개인에 불과하다는 점이다. 이런 시장에서는 대규모 사기나 협잡이 판을 칠 것으로 여겨질 수 있지만, 지금까지 이베이를 통해 이루어진 거래의 결함률은 놀랄 정도로 낮다. 다른 이유 중 하나는 이베이의 '고객 평판 시스템'이 효율적으로 면대면 상호작용의 핵심으로 작용하기 때문이다. 이베이나 시장 참여자 모두 사이트에 제도화된 — 피드백 포럼으로 알려진 — 고객 평판 시스템을 신뢰하며, 이것으로 인해 성공적인 거래의 비율을 매우 높게 유지하고 있다.

이 점은 함께 시공간에 존재하지 않는 사람들 간의 거래에서 특히 분명하게 드러난다. 간접적이고 지리적으로 멀리 떨어진 사람들 사이에서 발생하는 거래는 잠재적으로 문제를 내포할 수 있다. 왜냐하면 일상적인 몸짓, 보디랭귀지, 비언어적 힌트 등이 활용될 수 없어 양측이 서로 상대방의 진실성을 확인할 수 있는 핵심적인 요소들이 결여되어 있기 때문이다. 이베이는 상당 시간 동안 여러 번에 걸쳐 명성이 확립되었다.

즉 이베이 사용자들은 판매자들을 비교할 수 있고, 이를 통해 온라인 거래의 위험을 줄일 수 있다. 요약하면 온라인 이베이 옥션 사이트에서의 이트러스트e-trust나 유사한 시스템을 활용하는 다른 경우 모두 일종의 커뮤니티 자체 감시 형태로 E-인증제도가 만들어졌다. 하지만 판매자의 관점에서 보면 피드백 시스템 역시 인상 관리impression management와 자기표현의 온라인 버전인 셈이다.

비판적으로 생각하기

THINKING CRITICALLY

여러분 자신의 경험으로 볼 때, 온라인 환경이 면대면 관계에서 형성된 것과 같은 신뢰를 가능하게 하는가? 퍼스널 웹 캠personal web cam을 점점 더 많이 사용하고 있는데, 이것이 인터넷 커뮤니케이션에서의 신뢰를 증가시킬 수 있을까? 이베이 피드백 시스템을 통해 온라인상의 위험과 신뢰에 대해 무엇을 배울 수 있는가?

의 행동 규범과 행위 양식을 온라인상의 적절한 형태로 전환시키는 시도에 주로 기반을 두고 있다. 예를 들어 홈스Holmes가 수행한 온라인 네티켓에 대한 조사에 따르면, '실제 세계'와 마찬가지로 피고용인과 고용인 간이나 선생님과 학생들 간의 차이 같은 사회적 지위가 여전히 문제로 여겨지고 잠재적으로 당황스러운 것으로 받아들여졌다(2011). 마찬가지로, 계급이나 민족 같은 사회적 구분도 조심스럽게 다루어질 필요가 있는 것으로 여겨졌다.

만약 온라인 에티켓이 사회적 에티켓의 변형이라면 표준 사회학 이론과 개념이 이 영역에도 여전히 유용하다. 예를 들어 역할 갈등 개념은 사용자가 다른 사람들에게 내비치는 서로 다른 '얼굴들'과 관련해 그들의 상이한 역할들을 관리하려고 시도하는 상황을 잘 설명해 줄 수 있다. 그러나 이런 것이 소셜 미디어 상에서는 훨씬 더 어려워지고 있는데, 여기서는 기본적으로 정보가 동시에 모든 다양한 사용자들에게 공개되기 때문이다. 예를 들면 자신의 상사가 페이스북의 친구이거나 트위터의 팔로워인 것을 알면 편안할 근로자가 누가 있겠는가? 한 개인이 수행하는 다양한 역할과 그들이 다른 사람에게 드러내는 다양한 얼굴들을 별도로 유지하는 것이 점점 더 어려워지는 것 같다. 이러한 점들을 보면 인터넷이 실제 사회 세계와 분명하게 구분되는 것이 아니라 그 연장선으로 보는 것이 옳다는 관점과 일치한다.

온라인 신뢰 구축

오늘날 식료품 구매, 은행 예금 또는 공과금 납부 같은 대부분의 일상적 거래는 우리를 낯선 사람들과 간접적으로 접촉하게 한다. 수천 킬로미터 떨어진 곳에 있는 익명의 콜 센터에 전화를 걸어 본 사람은 누구나 이런 현상을 경험할 수 있다. 이메일, 문자 메시지, 인스턴트 메시지, 온라인 커뮤니티, 채팅방과 소셜 미디어가 일상생활에서 널리 사용됨에 따라 그것들의 영향력과 온라인 행동 규범을 이해하는 데 관심이 커지고 있다(Baym 2015).

인터넷의 가능성과 위험성에 대한 논쟁은 오랫동안 계속되어 왔다. 비판론자들은 컴퓨터 매개 의사소통CMC이라고 하는 인터넷 의사소통이 면대면 사회적 상호작용에서 발견되지 않는 새로운 문제들을 야기한다고 여긴다. 카츠Katz와 그의 동료들은 다음과 같이 말하고 있다. "타이핑을 하는 것은 인간적인 것이 되는 것이 아니며, 사이버 공간에 있다는 것은 실재하는 것이 아니다. 모든 것은 가식이고 소외이며 실재에 대한 대체다."(Katz et al. 2001: 407) 이러한 견해를 지지하는 사람들은 사용자가 가명 뒤에 숨는 것을 컴퓨터 매개 의사소통 기술이 막을 수 없다고 주장한다. 이는 속임수, 사기, 괴롭힘, 조작, 정서적 협잡 및 아동 성매매 유인 행위를 야기한다. 결과적으로 상호 신뢰는 점점 희미해지고 온라인 환경에서뿐만 아니라 보다 넓은 사회 전체로 확산된다. 간접적인 온라인 의사소통은 고립을 강화시키고 오래 지속되는 진정한 우정을 피상적인 온라인 접촉으로 대체시키는 경향이 있다(Stoll 1995).

반면에 인터넷 추종자들은 온라인 상호작용이 전통적인 상호작용에 비해 몇 가지 장점이 있다고 주장한다. 신체적 공존은 보다 넓은 범위의 감정과 의미의 미묘한 변화를 보여 줄 수 있지만, 말하는 사람의 나이, 성, 인종과 사회적 지위 등 낙인을 찍고 차별할지도 모르는 정보를 전달할 수 있다. 전자 통신은 이러한 신분을 드러내는 대부분 또는 모든 징표를 감춰 주기 때문에 메시지의 내용에만 주의가 집중되도록 한다. 이는 공공 상황에서 의견이 평가 절하된 소수 민족, 여성, 그 밖에 전통적으로 불이익을 받아 온 집단들에게는 큰 이점이 될 수 있다(Locke and Pascoe 2000).

낙관론자들은 인터넷 이용자들이 비이용자들에 비해 전화나 대면과 같은 기존 수단을 통해서도 다른 사람들과 의사소통하는 경향이 강하다고 주장한다. 따라서 사회적 고립을 증가시키고 신뢰를 파괴하기는커녕 이메일, 블로깅, 채팅방과 소셜 미디어는 의사소통이나 우정을 만드는 새로운 기회를 제공할 수도 있다. 전자적 상호작용은 사람들이 자신의 온라인 정체성을 만들어 내고 다른 곳에서보다 더 자유롭게 말할 수 있기 때문에 자유롭고 힘 있게 행동할 수 있다는 것이다(Katz et al. 2001).

결론: 친근성의 강요

간접적인 상호작용이 증가하긴 하지만, 사람들은 직접적인 접촉을 여전히 가치 있다고 여기는 것 같다. 한 예로 비즈니스계의 사람들은 화상회의용 전화나 비디오 연결을 통해 사업 거래를 하는 것이 훨씬 더 간단하고 보다 효과적인 것처럼 보이는 경우에도, 여전히 때로는 지구의 반 바퀴를 날아가 회합에 참여하곤 한다. 가족 구성원들도 전자적 '실시간virtual' 커뮤니케이션을 이용해 가상 재결합을 하거나 명절의 모임을 할 수도 있지만, 이런 것들에는 서로 얼굴을 맞대고 즐기면서 느끼는 따스함이나 친밀함이 빠져 있다는 것을 우리는 잘 알고 있다.

보덴Boden과 몰로치Nolotch는 '친근성의 강요compulsion of proximity'에 대해 연구했다(1994). 친근성의 강요란 개인에 의해 서로 동시에 함께하거나 얼굴을 마주하는 상호작용에서 만나야 한다고 느끼는 욕구를 뜻한다. 보덴과 몰로치는 사람들이 이를 선호하는 이유는 서로가 함께하는 상황이 어떤 형태의 전자 커뮤니케이션보다 풍부함을 제공해 주기 때문이라고 보았다. 오직 사람들과 함께 있어야만 '실제로' 무엇이 진행되고 있는지 알 수 있다고 느낀다. 제이미슨Jamieson은 웹 기반 활동이 면대면 관계를 대체할 것이라는 믿음에 대해 비판적으로 경계했다(2013: 20). 그녀는 인터넷이 매춘이나 포르노그래피를 포함한 현재의 상업적 섹스 산업이 확장되도록 기여했다고 주장했다. 그녀는 디지털 매개 형태의 섹스가 기존의 '살과 살이 맞닿는' 성적 관계를 바꾸거나 대체하는 형태로 위협한다는 징후는 전혀 없다고 지적했다. 이와 유사하게 어리Urry는 오늘날 젊은 사람들이 인터넷과 디지털 기술을 그들의 일상생활의 일부분으로 여기면서 자라났음에도 불구하고, 이 세대조차 글로벌 이슈에 대한 항의 집회나 경축일이나 자원봉사자 캠프나 대규모 록 콘서트 등에서 신체적으로 동시에 함께하는 기회를 지속적으로 찾고 있다고 주장했다(2003).

온라인 아바타를 통해 '제2의 인생'을 사는 것은 사람들로 하여금 자신들의 실제 구현된 삶과 다른 대안적 자아를 발전시킬 수 있는 기회를 제공한다. 하지만 기존의 관습적인 사회규범과 의례가 가상 세계에도 종종 반영된다.

그러나 상대적으로 최근 만들어진 새로운 온라인 환경을 고려해 보면, 그런 결론은 아직 성급하다. 인터넷은 시간과 공간을 가로지르는 상호작용이 완벽하게 가능할 정도까지 이르지는 못했지만, 잠시 미래를 생각해 본다면 700만 명 이상의 주민을 가진 3D 가상 세계인 '세컨드 라이프Second Life'를 고려해 볼 수 있다. 이 '세컨드 라이프'에서 사람들은 자신의 가상 신체 혹은 '아바타avatar'를 등록하고 창조할 수 있는데, 이를 통해 자신의 '제2의 인생'을 온라인에서 영위할 수 있는 것이다. 이 가상 세계의 한 측면은 사용자들이 자신의 음악을 연주하고 자신의 개그나 콘서트를 하거나 다른 사람들이 운영하는 곳에 참여한다. 일부에서는 이것을 새로운 음악적 행위를 '창출'하는 좋은 방식이라고 보기도 하는데, 전통적인 방식으로는 어렵기 때문이다.

가상 세계와 거기에서의 이벤트들을 실제 세계와 비교할 때, 전자는 예를 들어 실제 세계에서의 록 콘서트가 가지고 있는 물리적 실제성, 냄새나 소리가 빠진 단순한 모방이라고 여기기 쉽다. 그러나 가상 세계가 확대되고 더욱더 많은 사람이 온라인 생활을 영위하면서 가상 환경에 독특한 장점이 있을지도 모른다고 생각하는 것이 그리 낯선 일은 아니다. 데이비드 비어David Beer와 베벌리 지신Beverly Geesin은 미래에 다음과 같은 일이 일어날 것이라고 주장했다(2009: 124).

> 경험을 꼭 실질적으로 하는 것이 중요한 게 아니라, 상상의 아바타가 다른 아바타들과 함께 폴짝거리며 흔들어 대는 이벤트에 참여하는 것이 더 중요하다. 꼭 가까이 함께 있어야 된다는 강요 대신, 라이브 뮤지컬에 참가했을 때 겪는 원치 않는 육체 접촉, 습기, 먼지, 뜨거운 열기 같은 위험과 불편함을 겪을 필요 없이 라이브 뮤지컬 이벤트에 참가하는 기회가 열릴 것이다.

면대면 상호작용을 분석하는 데 매우 유용한 것으로 증명된 기존 미시사회학적 개념과 이론들이 사회 세계에서의 실제 인간과 온라인에서의 아바타들 간의 상호작용을 이해하게 할 수 있을지는 알 수 없지만, 인터넷상에 존재하는 가상 세계에 대한 이해는 앞으로 사회학자들에게 흥미로운 도전적 주제가 될 것이다.

복습

Chapter review

1 '미시적 수준의 상호작용 연구는 사회학이 아니라 심리학의 영역이다.' 미시적 수준의 연구가 더 넓은 사회를 이해하는 데 왜 중요한지 설명해 보자.
2 성별을 표현하는 신체 언어의 예를 몇 가지 들어 보자.
3 일상생활 방법론이란 무엇인가? 일상생활 방법론에서 말하는 '실험'의 예를 몇 가지 들어 보자. 일상생활 방법론은 미시사회학의 한 형태인가, 아니면 전혀 다른 형태인가?
4 일상적인 대화의 사회적 맥락은 말의 의미에 어느 정도까지 기여하는가? 당신의 대답을 뒷받침하는 몇 가지 예를 제시해 보자.
5 무대, 소품, 표면 영역, 내면 영역 그리고 '공연'과 같은 고프먼의 핵심 개념을 언급해 '연극학적 분석'의 의미를 설명해 보자.
6 소셜 네트워크란 무엇이며, 사람들은 왜 소셜 네트워크의 한 부분이 되고 싶어 하는가?
7 "디지털 시대에 우정과 커뮤니티가 죽어 가고 있다." 이 주장에 대한 반론을 제시해 보자.
8 사이버 괴롭힘은 무엇이며, 전통적인 괴롭힘과 어떻게 다른가? 사이버 괴롭힘이 당국에 의해 어떻게 처리될 수 있는가?
9 소셜 미디어와 휴대 전화 교환에 적용되는 네티켓의 규칙과 규범을 몇 가지 열거해 보자.
10 온라인 환경에서 신뢰를 발전시키기 위한 공존의 결여가 가져오는 주요 결과는 무엇인가? 사람들이 온라인에서 인상 관리에 참여할 때 어떤 방법을 사용하는가?

실제 연구

Research in practice

민속지학적 현장 조사를 수행하는 것은 연구자가 자기표현과 인상 관리에 민감한 인지 상태를 유지해야 한다는 요청들 때문에 접근하기가 어렵다. 어떤 의미에서 연구자들은 연구 대상자들로부터 풍부한 정보를 얻기 위해 일련의 역할을 수행해야 한다. 그러나 연구자들에게 이러한 전술은 속임수처럼 보일 수 있고, 그들의 행동에 대해 죄책감을 느낄 수 있다. 그들은 현장 조사에서 감정적 측면을 어떻게 다룰 수 있는가? 다음 기사를 읽고 문제를 해결해 보자.

Benz, T. (2014) 'Flanking Gestures: Gender and Emotion in Fieldwork', *Sociological Research Online*, 19(2): 15. www.socresonline.org.uk/19/2/15.html.

1 저자는 어떤 유형의 연구를 수행했으며, 대상 집단은 무엇인가?
2 연령, 계급 또는 인종보다 성별이 왜 이 연구 대상의 주된 장애물인가? '지위 불일치'란 무엇인가?
3 이 프로젝트 과정에서 저자가 직면한 감정적 문제를 구체적으로 설명해 보자.
4 '측면 제스처flanking gesture'란 무엇인가? 저자가 연구의 감정적 요구를 처리하는 데 도움이 되는 몇 가지 예를 제시해 보자.
5 이 기사에서 확인된 감정적 문제들과 이슈들 중 어떤 것이 그녀의 전략을 미해결로 남겼는가? 이런 종류의 현장 조사를 하는 대가로 이것들을 그냥 받아들여야만 하는가?

생각해 볼 것

••• Thinking it through

사회생활에 대한 여러 상호작용론적 설명은 사람들의 삶의 경험을 이해할 수 있도록 해주기 때문에 상당히 설득력 있어 보인다. 예를 들어 고프먼의 인상 관리와 자아 표현에 대한 연구는 우리가 우리 자신의 행동에서 이러한 것들을 인식할 수 있다는 점을 정확하게 짚는다. 그러나 많은 사회학적 연구들은 계급, 인종, 성, 사회 역사적 변화 및 '사회적 힘'의 영향력 같은 거시사회적 구조가 개인에게 미치는 영향을 연구하는 데 초점을 맞춰 왔다.

이 장의 앞에서부터 '온라인 상호작용의 새로운 규칙'까지 살펴보면서 거시사회적 현상과 사회 구조가 내용 속에 함축되어 있거나 가정되어 있거나 논의에 언급된 부분들이 있는지 주목해 보자. 상호작용론적 사회학은 구조화된 사회적 분화의 출현과 유지를 만족스럽게 설명하는 데 실패했는가? 다른 사회학적 관점들은 사회 계급, 인종, 성 분화를 어떻게 설명하는가? 상호작용론이 사회생활의 측면들을 설명하는 데 훌륭하지만 그것을 제대로 설명하기 어렵다는 비판이 얼마나 정당하다고 생각하는가?

예술 속의 사회

••• Society in the arts

온라인 환경, 특히 소셜 미디어의 확산은 의사소통과 우정을 위한 새로운 가능성을 열어 놓았지만, 괴롭힘과 다양한 공격적 행동에도 영향을 미쳤다. Ben Chanan 감독의 〈Cyberbully〉(2015)는 채널4가 제작한 영국 다큐 드라마로, 온라인 괴롭힘과 그에 따른 결과를 담은 실제 에피소드들을 방영한 것이다. 케이시를 연기한 배우 Maisie Williams의 인터뷰를 읽은 다음 프로그램을 시청하고 다음 질문에 답해 보자.

1 드라마에 등장하는 모든 웹사이트, 소셜 미디어와 디지털 기기를 나열해 보자. 해커는 케이시를 괴롭히기 위해 이것들을 어떻게 사용했는가?
2 가십, 낙인, 배척, 고정관념은 어떤 역할을 하는가?
3 케이시는 무의식적으로 해커에게 공격할 수 있는 수단을 어떻게 제공했는가?
4 이야기가 진행되면서 케이시는 자신이 다른 사람들의 괴롭힘에 연루되어 있다는 것을 알게 된다. 그녀는 해커에게 그녀의 온라인 행동이 오늘날 10대들에게는 '정상'이라고 말한다. 이 드라마에서 사이버 괴롭힘에 대한 핵심 메시지는 무엇인가?

더 읽을거리

이 장의 모든 이론과 이슈들을 다루는 입문서로는 Susie Scott의 *Making Sense of Everyday Life* (Cambridge: Polity, 2009)가 훌륭하고, Brian Roberts의 *Micro Social Theory* (Basingstoke: Palgave Macmillan, 2006)도 우수하다. 두 책 모두 미시사회학적 전통의 발전을 소개하는 신뢰성 높은 책들이다. 특별한 관점들은 Michael Hviid Jacobsen이 편집한 *Encountering the Everyday: An Introduction to the Sociologies of the Unnoticed* (Basingstoke: Palgrave Macmillan, 2008)를 통해 알 수 있다.

가핑클과 다른 학자들의 연구에 관한 구체적 내용을 자세히 알고 싶다면 David Francis와 Stephen Hester의 *An Invitation to Ethnomethodology Language, Society and Interaction* (London: Sage, 2004)을 읽어 보자. 또는 고프먼의 아이디어가 당신의 취향에 더 가깝다면 상호작용론적 사회학의 훌륭한 예인 고프먼의 *The Presentation of Self in Everyday Life* (Harmondsworth: Penguin, 1990[1959])를 보는 것이 더 낫다. Phil Manning의 *Erving Goffman and Modern Sociology* (Cambridge: Polity, 1992)나 Greg Smith의 *Erving Goffman* (London: Routledge, 2006)도 충분히 읽어 볼 가치가 있다.

온라인 커뮤니케이션과 상호작용에 대한 포괄적 소개는 Nancy K. Baym의 *Personal Connections in the Digital Age* (2nd edn, Cambridge: Polity, 2015)나 Crispin Thurlow, Laura Lengel, Alice Tomic의 *Computer Mediated Communication: An Introduction to Social Interaction Online* (London: Sage, 2004)을 보라.

상호작용과 의사소통에 대한 원전을 모은 책으로는 *Sociology: Introductory Readings* (3rd edn, Cambridge: Polity, 2010)가 있다.

관련 홈페이지

- Polity
  www.politybooks.com/giddens
- Society for the Study of Symbolic Interaction
  http://sites.google/com/site/sssinteraction
- The Everyday Sexism Project
  http://everydaysexism.com
- Ethno/CA News
  http://twitter.com/EMCA_News
- Website with information on the life and work of Erving Goffman
  http://people.brandeis.edu/~teuber/goffmanbio.html
- Howard Becker's website, which covers his own work and some helpful links too
  http://howardsbecker.com
- Exploring Nonverbal Communication
  http://nonverbal.ucsc.edu

09

생애과정

The Life Course

사회적 자아와 사회화

아동 발달 이론들
사회화 기관
젠더 학습하기

생애과정

아동기
10대와 청년 문화
초기 성인기
중년 성인기
노년기

연로함

인간 사회의 노령화
사람들은 어떻게 나이를 먹고 늙어 가는가
노인 되기: 상반된 사회학적 설명들
연로함의 여러 측면
연로함의 정치학

죽음, 임종 및 사별

죽음과 임종의 사회학
현대 사회에서 죽음의 이론화
안락사: 갑론을박 담론들

여러분은 지금까지 전개된 자신의 삶을 어떻게 회고하는가? 어떤 경험을 가장 중요하게 기억하는가? 또한 여러분의 삶의 모습은 가족, 친구, 직장 동료 등과 같은 주변인들과 어떠한 방식으로 연계되어 있는가? 사람들이 내리는 삶의 해석은 나이를 먹어 감에 따라, 특히 자신이 연관된 경험이나 새로운 인간관계 구축 방식을 엮어 감에 따라 변하기 쉽다. 〈세계 사회 9-1〉의 '일생 이야기' 내용을 참고해 보자.

데이비드의 일생을 이해하는 하나의 방식으로서 그의 삶을 하나의 긴 여정 혹은 여행으로 전제하되, 여러 반전과 하강곡선이 존재하지만 그의 삶이 아직 마감되기까지는 한참 멀었으니 결국 그의 생을 긍정적으로 규정하는 것이다. 우리는 또한 별개의 일회적 사건들 — 어린 시절 부친 사망, 기숙학교 이주, 해병대 입대, 이혼과 작은할아버지와의 합류 등 — 의 연속으로 이해할 수 있을 것이다. 이러한 '사건사'적 접근은 또 다른 가능성을 제시해 준다. 데이비드의 삶을 주변인들과 끊임없이 부대끼며 맺어 가는 관계라는 관점에서 볼 수 있기 때문이다. 데이비드의 부모는 초기 아동기에 그에게 핵심적 영향을 끼쳤으나, 그 이후 데이비드는 외할머니와 작은할아버지와 친밀한 관계를 맺었다. 반면 그가 아들과 손주들과 가까워진 것은 50대가 된 후부터였다. 이러한 낱낱의 접근법은 지금의 '데이비드'라는 인물이 어떻게 살아왔으며, 왜 지금과 같은 모습을 지니게 되었는지 이해할 수 있게 해준다.

데이비드의 인생사는 또한 한 인간으로서 몸담고 있는 사회에 의해 그리고 사회제도의 작동 방식으로부터 엄청난 영향을 받았던 것이다. 데이비드가 어렸을 당시 미국 사회에서는 데이비드와 같은 상황에 처한 사춘기 청소년들의 성장 환경으로서 확대가족보다 기숙학교가 최상이

일생 이야기 속의 경험과 관계들

세계 사회 9-1

데이비드 산체스David Sanchez는 지금 50대 중년 남성이다. 그의 이름에서 히스패닉계임을 짐작하겠으나 인디언 나바호Navajo족 후손이다. 삶의 대부분을 뉴멕시코주에서 보냈으나, 29세의 아들 마르코와 손주들을 만나기 위해 로스앤젤레스LA를 방문했다. LA 체제 중에 아마도 그가 20세부터 30세까지 빠져 있던 알코올의존증 후유증으로 인해 당뇨성 혼수상태가 와서 졸지에 병원에 입원하는 신세가 되어 버렸다. 최근 아들 집을 방문한 데이비드는 자신의 과도한 음주로 인한 장애 증세가 아들에게 얼마나 큰 상처를 주었는지 깨달았다. 그는 아내와 이혼한 후에 의지할 곳이 없어져 아동 정기 보조 프로그램을 제공하지 않게 되었다.

데이비드는 일곱 살 때 아버지가 교통사고로 사망했고, 이후 외할머니가 그를 거두어 양육해 왔다. 생모는 데이비드가 태어날 때 얻은 중증 산후후유증으로 인한 투병 생활로 그를 직접 키울 수 없는 상황이었다. 데이비드가 외할머니와 애착관계를 형성할 바로 그 무렵, 인디언국BIA은 그를 기숙학교에서 살도록 조처했다. 그러나 그는 거기서 구타나 따돌림을 당하게 되었다. 대부분 인디언 아동의 경우처럼, 데이비드도 은근한 방식으로 고통을 받았다. 18세 때 해병대에 입대했으나, 그의 외할머니는 '백인들의 전쟁'에 인디언 외손주가 참전하는 현실을 이해할 수 없었다. 다행히 음주치료를 받느라 그는 베트남전에서 일어났던 폭탄 투하나 살상 행위 등에서 면제받을 수 있었다. 많은 예비역 군인의 경우에서처럼, 그 역시 전역 후 노숙자 신세로 전락했다. 그가 회복 가능했던 것은 인디언 의술치료보호수용소 기간을 통해서였다.

데이비드에게 어릴 적 아버지의 장례는 고통스러운 일이었으나, 외할머니의 장례는 정신적 면에서 조금 달랐다. 지금은 이 사건을 삶의 전환기로 삼고 있다. 외할머니 장례식장에서 조우한 의술인 작은할아버지는 조카손주인 데이비드에게 자기와 함께 살자고 제안했다. 작은할아버지는 데이비드에게 주변인을 낫게 하는 해묵은 치료법을 전수해, 비록 데이비드가 아직 수련 중이긴 하지만 알코올의존증에 관한 연구를 수행해 베트남전 참전 군인들과 특별한 연계가 있음을 밝히기를 바랐다.

출처: Hutchinson 2007:4~5.

라고 인식되었다. 군 입대 역시 젊은 노동자 계급 청년에게는 아주 일상적인 인생 항로로 보였으며, 데이비드와 같이 베트남전 파병에 동원되었던 세대에게 나타날 수 있는 지극히 비근한 사례에 불과하다. 과도한 음주로 인한 문제 또한 드물지 않은 것이었고, 심각한 상황에 처할 경우 의료적 혜택이 주어졌던 보건의료제도가 작동되었다. 그렇지만 생애과정이란 한 개인이 어떠한 인생의 소유자가 되느냐를 결정짓는 주요 핵심 요인으로서, 학습과 사회화 과정을 통해 보다 심오한 방식으로 포괄적인 사회 전체 분위기에 영향을 받아 규정되는 결과물이기도 하다.

사회학자에게 사회화socialization란 철저하게 의존적 존재인 신생아가 출생과 더불어 소속된 곳의 문화가 제공하는 방식으로 자의식을 발전시키고 삶을 영위하는 방법을 점차 인식하며 깨우쳐 가는 과정을 말한다. 젊은 사람들에게 사회화란 특정 사회가 장기간에 걸쳐 구조적으로 구사해 온 사회적 재생산social reproduction을 좀 더 포괄적으로 수행하는 과정이다. 그 어떤 인간 사회라도, 개인으로서 사회 구성원은 출생과 사망을 경험하면서 삶과 죽음의 과정을 겪는 변동이 있을 수 있겠으나 장기간에 걸쳐 지속된다는 특징이 있다. 인간 사회라면 수 세대에 걸쳐 대물림되어 내려오는 특유의 여러 사회문화적 자질을 보유한다. 그리고 적어도 사회 구성원들 간에 구사하는 언어는 이질적이지 않다.

이 장에서 살펴보지만, 사회화를 통해 세대 간 연결고리가 구축된다. 문화적 학습 과정은 신생아기나 초기 아동기에 훨씬 강력하게 이루어지지만 학습 및 적응 과정은 데이비드 사례가 분명히 보여 주듯이, 한 개인의 전 생애과정을 거치면서 이루어지는 자질이다. 그렇지만 사회화가 결정론자적 자질은 아니며, 아주 어린아이조차 문화 내용을 단순히 받아들이기만 하는 수동적 존재라기보다는 이러한 과정에 적극적으로 참여하는 존재라는 사실을 기억해야만 할 것이다. 어린이와 어른 그리고 동년배 어린이들 간의 상호작용은 사회 구조를 재생산할 뿐 아니라 이 구조를 변화시킬 수 있는 잠재력을 지니고 있다.

첫째, 우리는 젠더 정체감 발달을 설명하는 이론적 관점을 포함해 어린이가 어떻게 그리고 왜 그러한 방식으로 발달해 나가는지 설명한 이론가들에 대한 다양한 이론적 해석을 검토할 것이다. 이어서, 전 세계적 차원에서 전개되는 인구의 '노령화'와 그 결과를 살피기 전에, 생애과정과 그와 관련된 핵심 단계에 관해 토론을 이어갈 것이다. 마지막으로 죽음과 사망, 사별을 둘러싸고 전개되는 가장 중요한 사회학적 현상에 대한 쟁점을 소개하고자 한다.

사회적 자아와 사회화

아동 발달 이론들

다른 동물들과 비교했을 때, 인간의 특징적인 자질 중 하나는 자의식self-aware의 존재라는 점이다. 그렇지만 이러한 깨달음은 어디에서 비롯된 것인가? 출생 후 최초 몇 달 동안, 신생아는 인간과 주변의 물질세계 사이에 차이가 있다는 것에 대해 아는 바가 거의 없거나 아예 이해조차 못해 '자아'에 대한 깨달음이 없는 상태다. 진정코 어린 신생아는 최소 2세가 될 때까지 '주관적 자아(I)', '객관적 자아(me)', 2인칭 '당신'이나 3인칭 복수 '그들'과 같은 개념을 미처 사용하지 못한다. 그 후 비로소 다른 사람들도 특유의 정체감과 의식이 있고 자신과 구분되는 욕구가 있음을 점차 깨닫는다.

자의식이 부각되면서 제기되는 문제는 아주 뜨거운 논쟁거리이며, 견해를 달리하는 입장에 따라 대조적인 해석이 가능한 실정이다. 이는 어느 정도 아동 발달을 다룬 가장 주도적인 이론이 사회화의 여러 면을 다른 각도에서 강조하기 때문이다.

장 피아제와 인지발달 단계들

장 피아제Jean Piaget(1896~1980)는 아동 발달에 대해 여러 측면을 연구한 바 있으나, 가장 잘 알려진 것은 인지론cognition — 어린이가 자기 자신과 주어진 환경에 대해 학습하는 방법에 관한 내용 — 이다. 피아제는 세상의 이치를 깨닫는 어린이의 능동적 자질을 아주 강조한다. 어린이는 주변 사물에 수동적으로 매몰되는 존재라기보다는, 적극적으로 취사선택하며 해석한다. 피아제는 어린이가 자기 자신에 대해 그리고 주변 환경을 학습하는 과정 속에서 인지 발달에 관여하는 몇 가지 일련의 단계를 설명한다(1951, 1957).

첫 단계는 출생 이후 만 2세에 이르는 기간으로, 지각 원동력 단계sensorimotor stage다. 신생아는 대상을 만짐으로써, 그리고 이것들을 조작해 주어진 환경을 신체와 부딪치면서 학습한다. 출생 4개월 후까지, 신생아는 주어진 주변 환경과 자신을 구분하지 못한다. 예를 들어 아이 자신의 움직임 때문에 아기용 침대의 양쪽이 덜컹거린다는 점을 깨닫지 못한다. 이후 신생아는 점차 사람과 사물을 구분

사회적 자아에 대한 조지 허버트 미드의 이론

연구 문제

인간만이 스스로 존재하는 생명체이며, 언젠가는 사망한다는 사실을 깨닫는 유일한 존재라고 전해져 온다. 사회학적으로 이것은 우리 인간이 자의식self-aware을 지녔음을 의미한다. 한 순간의 반추로 이 말이 사실임을 우리는 인정할 수 있는 것이다. 그렇지만 인간은 어떻게 자의식을 구축하게 되는가? 타고난 본능인가 아니면 학습된 자질인가? 그리고 이 주제는 사회학보다 심리학에서 다루어야 하는 문제인가? 미국인 사회학자이자 철학자인 조지 허버트 미드George Herbert Mead(1863~1931)는 자아란 사회적 자아로서, 자아가 형성되고 개발되는 것을 이해하려면 사회학적 관점이 필요하다고 주장했다.

미드의 설명

미드의 이론은 상징적 상호작용론symbolic interactionism이라는 포괄적 이론 관점의 기본 논리를 제공하기 때문에, 사회학에 아주 강력한 영향력을 행사해 왔다. 상징적 상호작용주의는 사람 사이의 상호작용은 상징과 의미 해석을 통해 이루어짐을 강조한다(제1장과 제3장 참조). 그러나 이와 더불어 미드 이론은 자의식이 개발되는 데 특히 주목하기 때문에, 아동 발달 과정을 설명하는 데 중요한 실마리를 제공한다.

미드에 의하면, 신생아나 유아들은 우선 주변 인물들의 행동을 모방하면서 사회적 존재로 성장한다. 예를 들어 놀이를 통해, 어린 아이들은 어른들의 행동을 모방한다. 어린이들은 어른의 음식 조리 과정을 보고 진흙 파이를 만들며, 어른이 정원 손질하는 모습을 관찰한 후 숟가락으로 흙을 파낸다. 단순한 모방으로부터 네다섯 살 어린이들이 하고 노는 좀 더 복잡한 단계로 진화하면서 아이들은 어른 역할을 모방하고 흉내 낸다. 미드는 이것을 '타인의 역할 취하기'로 명명했는데, 이는 다른 사람 입장에서

어린이들의 놀이 역시 사회적 자아 발달에 중요한 부분이다.

흉내 내 기를 학습한 것이다. 이 단계에 도달해야만 완숙한 자의식을 획득하는 것이다. 어린이는 다른 사람 입장에서 스스로를 보면서 혹은 '객관적 자아me'로서 본인과 구분되는 다른 존재로서 이해하는 것이다.

미드는 '주관적 자아(I)'와 '객관적 자아(me)'를 구분하는 것을 학습하면 자의식을 얻을 수 있다고 한다. 이 'I'는 비사회화된 신생아적 단순 논리에 기반한 자질로서, 즉흥적 욕구 및 이들 욕구의 집합체다. 미드는 'me'를 사회적 자아social self의 용례로 사용한다. 인간은 타인이 우리 각자를 보듯이, 본인 역시 타인을 그러한 방식으로 보게 됨으로써 자의식을 발전시키며, 이로써 주관적 자아 'I' 와 객관적 자아 'me' 사이의 '내적 대화'를 할 수 있게 된다고 주장한다. 미드 이론에 의하면, 이러한 대화야말로 우리가 '사고思考'라고 부르는 것에 해당한다.

아동 발달에서 그 이후 단계는 여덟 살 또는 아홉 살이 되면 완성된다. 이 단계 어린이는 비체계적 놀이보다는 좀 더 조직된 게임에 참여하게 된다. 사회적 삶이 진척되는 방식의 기저에 깔린 포괄적 가치value나 도덕적 윤리morality를 이해하기 시작하는 때가 바로 이 시기다. 어린이들은 조직된 게임을 학습하면서 게임 법칙과 페어플레이 개념, 공평한 참여 등이 무엇인지 이해한다. 이 단계의 어린이는 미드가 명명한 일반화된 타자generalized other를 이들이 진척시키는 문화의 일반적 가치와 도덕률을 학습해 파악하는 것이다.

비판적 쟁점

사회적 자아에 대한 미드 이론은 몇 가지 점에서 비판의 대상이 되고 있다. 첫째, 미드 논리에는 자아 발달에 기여하는 생물학적 요소를 일목요연하게 제거했다는 것이다. 생물학과 신경과학적으로 볼 때 인간 자아 형성에 기본이 되는 생물학적 요소가 분명 존재한다고 비판가들은 주장한다. 그러나 이러한 비판은 '주관적 자아가 '비사회화된 신생아'를 대변한다는 미드 논리를 이해하지 못한 탓으로 보인다. 둘째, 미드 이론은 자아가 원활하게 기능할 수 있는 전제조건으로 '주관적 자아'와 '객관적 자아'에 의존하는 듯하다. 그러나 이러한 설명 도구는 사람들이 심각하게 경험하는 내적 긴장과 갈등을 과소평가하는 것으로서, 오히려 프로이트나 초도로 이론이 이에 대해 명쾌하게 설명한다. 미드는 아동의 발달 과정에 제기될 수 있는 불균형적 권력관계의 효과에 대해서도 언급한 바가 거의 없다. 마지막으로, 여전히 프로이트와 별개로 미드의 설명에는 인간 행동의 동기 유발체로서 무의식에 대한 설명의 여지를 두고 있지 않은데, 이는 결과적으로 정신분석학적 임상에서 필수 자질로 입증된 바 있는 '억압' 개념의 결여로 이어진다.

현대적 의의

미드 이론은 사회학 발달에 아주 중요한 기여를 했다. 그의 논리는 자아 형성과 발달에 대한 최초의 진정한 사회학적 관점으로, 우리가 스스로에 대해 적절하게 이해한다고 주장할 수 있다면, 인간 상호작용에 대한 사회적 과정과 더불어 시작해야 하는 자질로서, 신비할 정도로 별개로 동떨어진 개인적 수준에 머무는 것이 아니기 때문이다. 이러한 방식으로 미드는 자아란 인간 신체라는 생물학적으로 타고난 자질도, 진화 발전하는 인간두뇌와 연계되어 단순하게 부각되는 자질도 아님을 보여 주었다. 미드가 제시한 것은 개인의 자아 연구는 사회에 대한 연구와 분리될 수 없으며, 따라서 사회학적 관점을 필요로 한다는 것이다.

비록 인간의 정신에 대한 프로이트의 접근이 20세기 내내 미드의 논리를 압도하며 지배한 측면이 있었음에도, 적어도 정신분열 치료와 연계되어 상징적 상호작용은 미드의 사회학적 이론의 관점에서 통찰력 있는 업적을 지속적으로 창출하고 있다. 이러한 의미에서 미드의 관점은 신세대 사회학 연구자들에게 여전히 많은 시사점을 제공한다고 하겠다.

할 수 있게 되며, 사람과 사물은 신생아 자신이 직접 인지하는 것과 별개로 존재할 수 있음을 터득한다. 이 단계에선 깨달음의 진척이 이루어져 아이 스스로 주변 환경이 뚜렷하게 구분되고 안정된 속성을 지니고 있음을 이해하게 된다.

그다음 단계는 전前 조작단계pre-operational stage로서, 2세부터 7세까지 지속된다. 아이는 이 단계에서 언어 습득을 완성하고 대상을 표현하기 위해 어휘 구사를 하며 상징적 방식으로 이미지를 표현한다. 예를 들어 네 살짜리 아이는 '비행기'라는 개념을 표현하기 위해 스쳐 지나가는 손동작을 지을 수 있다. 이 단계를 전前 조작 시기라고 하는데, 이때 아이는 아직 스스로의 지적 능력을 체계적으로 구체화시킬 수 없다. 이 단계 아동은 자기중심적egocentric인데, 이 세상을 아동 본인 입장에서만 해석하기 때문이다. 책 한 권을 수직으로 들어 올릴 경우, 반대 방향에 앉아 있는 사람은 책의 뒷면만 보는 점을 깨닫지 못한 채, 책 앞면의 그림에 대해 물어볼 수 있는 것이다. 이 단계에선, 성인이라면 당연한 것으로 받아들이는 인과성, 속도, 무게나 숫자 등과 같은 속성에 대한 포괄적 이해를 기대할 수 없다.

세 번째 단계인 구체적 조작 단계concrete operational stage는 7세에서 11세까지 지속되는데, 이때 아이는 추상적이고 논리적인 개념을 통달해 별 어려움 없이 인과성과 같은 개념을 다룬다. 아이는 물의 높이가 다르더라도, 넓은 물통이 가늘고 좁은 물통에 비해 물이 적게 담긴다는 논리에 오류가 내재되어 있음을 깨닫는다. 이때 아이는 곱하기, 나누기, 빼기 등의 수학적 조작을 수행할 수 있으며 또한 자기중심적 성향이 훨씬 약화된다.

11세부터 15세에 이르는 단계를 피아제는 공식 조작 단계formal operational stage라고 명명했다. 사춘기를 거치면서, 청소년은 추상적이고 가상적 개념 파악이 가능해진다. 문제에 봉착했을 때, 이 연령대 청소년들은 그 해결책으로서 가능한 모든 경우의 방안을 고안해 내며 해결 방안에 도달하기 위해 이러한 과정을 섭렵할 수 있다. 또한 이들은 '속임수 질문들'도 이해할 수 있다. 피아제에 의하면, 발달 단계의 초기 세 단계는 보편적 과정이지만, 성인이라고 모두가 네 번째인 공식 조작 단계에 도달하는 것은 아니다. 공식 조작 단계적 사고의 발달은 부분적으로 학력 과정에 의해 좌우된다. 제한적 교육 성취를 받은 성인들의 경우, 보다 구체적인 방식으로 생각하며 보다 자기중심적인 사고의 틀에 계속 머무는 경향이 있기 때문이다.

러시아 심리학자 레프 비고츠키Lev Vygotsky는 피아제의 논리에 대해 설득력 있는 비판을 가했다(1986[1934]). 피아제가 설명하는 학습 과정은 실제로는 사회 구조나 상호작용에 의해 좌우된다고 그는 주장한다. 비고츠키는 아이가 외부의 이질적 집단으로부터 학습할 수 있는 기회는 다양하며, 이것은 외부 세계와 상호작용하면서 학습할 수 있는 아이의 능력에 엄청난 영향을 끼칠 수 있다고 보았다. 다시 말하면, 학습과 인지 발달은 아이가 소속된 사회 구조와 무관하지 않다는 것이다. 마치 주어진 사회 구조가 어떤 집단에게는 속박으로 작용하지만 다른 집단에게는 부자가 될 수 있는 기회를 제공할 수 있듯이, 이러한 사회 구조는 아이의 인지 발달을 제약할 수도 격려할 수도 있다.

비판적으로 생각하기 THINKING CRITICALLY

사회화는 상식적 수준의 '세뇌'와 어떻게 다른가? 미드와 피아제 논리를 참조해서 볼 때, 초기 사회화의 결여lack는 신생아의 자의식 형성에 어떠한 영향을 미치는가?

사회화 기관

사회학자들은 흔히 사회화가 다양한 사회화 담당기관이 연계된 상태에서 두 개의 포괄적 국면을 거치면서 발생한다고 말한다. 사회화 기관agencies of socialization이란 주도적 사회화가 발생하는 집단 또는 사회적 맥락을 일컫는다. 1차적 사회화는 신생아기 및 아동기에 일어나며 문화적 학습이 가장 심도 있게 진행되는 기간이다. 아이가 자라서 더 많은 학습을 할 때 필요한 기반이 되는 언어 학습과 기본적 행동양식을 터득하는 시기다. 이 단계에선 가족이 주도적 사회화 기관이 된다. 2차적 사회화는 후기 아동기와 성숙기에 걸쳐 일어난다. 학교, 또래집단, 조직, 미디어 그리고 종국에는 직장이 개인들의 사회화를 담당하는 사회적 주체가 되는 것이다. 이러한 맥락에서 사회적 상호작용은 문화적 맥락을 구성하는 가치, 규범, 믿음 체계 등을 학습하는 계기를 마련해 주는 셈이다.

서구 사회의 경우, 1차적 사회화의 대다수는 소규모 가족 속에서 이루어지며 어린아이는 생애 초반기를 가족적 분위기에서 지낸다. 이와 대조적으로, 여타의 다른 문화권에서는 이(고)모, (외)삼촌 또는 (외)조부모가 독립된 가구에 소속된 상황에서 아주 어린 신생아 때부터 아이의 양육을 담당하기도 한다. 심지어 현대 사회에서도 그 내부적 가족 구조는 맥락적 성격에서 다양한 형태로 존재한다. 어떤 아이는 한 부모 가정이나 동성애 가정에서 양육되고, 어떤 아이는 두 명의 '모성'이나 '부성'이라는 형태로 이혼 부모나 계부모를 둔 상황에서 자라기도 한다.

> 가족과 관련된 구체적인 쟁점은 제10장 〈가족과 친밀한 관계〉에서 자세히 논의된다.

또 다른 형태의 중요한 초기 사회화 기관은 학교다. 어린아이들은 학교에서 가르침을 받으며 직장과 미래의 삶을 준비하기 때문이다. 또래집단peer groups은 흔히 학교에서 만들어지는데, 비슷한 연령대 동갑내기들로 구성된다. 어떤 문화의 경우, 특히 소규모 사회에서 또래집단은 나이 등급age-grades(흔히 남자들에게만 해당되지만)으로 공식화된다. 하나의 나이 등급에서 다른 등급으로의 전이轉移를 기념하는 특정한 의식 절차가 존재하며, 특정 나이 등급에 소속한 일군의 무리들은 평생 지속되는 긴밀하고 동지애적 인간관계를 공유한다. 이러한 나이 등급의 전형典型으로는 유년 동기, 하급 용사기勇士期, 고급 용사기, 소장 노년기 및 노장 노년기 등이 있다. 남자들의 이러한 나이 등급 경험은 개인으로서가 아니라 전체 집단으로서 이동하는 가운데 싹튼다.

사회화 과정에서 차지하는 가족의 중요성은 분명하겠으나, 또래집단의 중요성이 어느 정도인지에 대해서는 명확하게 밝혀진 바가 없다. 현대 사회의 경우 공식적 나이 등급 없이도, 네다섯 살 어린이들은 많은 시간을 또래 친구들과 어울리면서 지낸다. 맞벌이 가구의 수가 증가하는 현실 속에서, 학교에서 맺어진 또래 관계는 과거 그 어느 때보다 중요하다(Corsaro 2005; Haris 1998).

> 제도권 교육의 사회화에 대한 자세한 내용은 제19장 〈교육〉을 참조하라.

또래 관계를 다룬 연구물들은 아이들이 사회화 과정에 적극적 주체임을 보여 준다. 미디어가 어린이에게 끼치는 영향을 다룬 초기 연구물의 다수는 그에 반대 견해를 견지했다. 아이들은 목격하고 들은 내용에 대해 수동적이고 무비판적 반응을 보인다는 것이다. 예를 들어 아이들이 텔레비전에 반응하는 양식은 프로그램 내용을 해석하고 그 맥락을 '판독해' 내는 것이다. 오늘날 연구자들은 사회화 과정에서 매스미디어의 영향력에 대해 보다 균형 잡힌 이해력을 지니고 있으며 지금은 예를 들어 텔레비전을 여느 다른 기관과 더불어 중요한 사회화 기관의 하나로 여긴다. 제18장 〈미디어〉에 텔레비전과 관련된 폭넓은 토의가 소개되어 있다.

개인들은 사회화를 단지 수동적으로 받아들이기만 하는 존재가 아니다. 사회화란 (아주 어린아이를 포함해) 개인들이 적극적으로 관여하는 동안 상호작용inter-action이라는 과정을 통해 이루어진다는 점을 인식하는 것이 중요하다(Stanley and Wise 2002). 예를 들어 아이들은 언어를 배우거나 대중매체에서 목격한 정보, 규범이나 가치에 대한 반발, 거부 또는 재해석을 가해 또래집단끼리 하위문화를 구축하거나 심지어 주류 문화에 반기를 드는 반反문화를 만들어 내는 일도 드물지 않게 발생할 수 있다. 사회화 기관은 사회화 과정에 대한 사이트나 구조를 제공하지만, 사회화 기관이 그 결과를 완벽하게 정하지는 못한다(이 장의 후반부 아동기 사회학을 '새롭게' 다룬 문단 내용 참조). 유사한 논리로서, 사회화를 개인을 완벽하게 강제적으로 지배하거나 제약하는 것으로 인식해서는 안 될 것이다. 사회화란 사람들이 사회생활을 행복하게 영위하는 데 필요불가결한 문화적 기술을 학습하고 개발할 수 있게 해주는 과정인 것이다.

젠더와 놀기

『젠더 놀이Gender Play』(1993)의 저자인 사회학자 배리 손Barrie Thorne은 학교 운동장에서 어린이들이 어울리는 방식을 관찰함으로써 사회화를 설명했다. 과거 학자들처럼, 손은 어린이들이 '남자' 또는 '여자'가 되는 것이 무엇을 의미하는지 알아 가는 과정을 이해하려고 했다. 어린이들이 그들의 부모나 교사로부터 젠더의 의미를 수동적으로 학습하기보다는, 서로 상호작용하는 가운데서 그 의미를 적극적으로 창조하고 나아가 재창조하는 방식에 주목했다.

손은 2년에 걸쳐 미시간주와 캘리포니아주 소재의 두 학교에 재학 중인 4학년과 5학년 학생들의 교실 내 행동을 살피기 위해 수업 참관 및 교실 바깥의 행동들을 관찰해 보았다. 손은 '쫓아가서 뽀뽀하기'와 같은 게임 — 영국에서는 '뽀뽀하고 잡기'라는 놀이로 알려져 있다 — 을 관찰해, 어린이들이 교실에서와 운동장에서 어떻게 젠더 의미를 형성하고 경험해 학습하는지 관찰했다. 손은 또래집단이 젠더사회화에 엄청난 영향력을 행사하고 있음을 발견했는데, 특히 자신들의 변모하는 신체 발달 과정에 대한 내용은 커다란 황홀감을 가져다주는 주제主題로서 더욱 그러했다.

이 어린이들이 당면한 사회적 맥락은 어린이의 신체적 발달이 당혹감으로 다가왔는지 아니면 자신감으로 충만한 것인지 여부를 결정했다. 손이 관찰한 것으로서, 가장 인기 있는 여학생이 월경을 시작했거나 브래지어를 착용하면 다른 여학생들은 이러한 변화가 자신에게도 나타나길 손꼽아 기다렸다. 그렇지만 그 반대의 경우 또한 나타났는데, 인기 여학생이 브래지어 착용을 안 한 상태거나 초경을 겪지 않았을 경우, 다른 학생들은 이러한 신체 변화를 바람직하지 않은 것으로 받아들였다.

학교 운동장에서 여학생은 여학생끼리 남학생은 남학생끼리 노는 경향이 있다. 이러한 현상은 왜 일어나는 것일까? (CC) Zephyris at Wikipedia.org

손의 연구를 통해 어린이란 나름대로의 사회적 세계를 구축해 가는 존재로서 그들 특유의 사회화 과정에 영향을 끼치는 사회적 행위자임을 극명하게 깨닫게 된다. 여전히, 전체 사회와 문화적 영향력의 파급 효과는 엄청나다. 어린이들이 추구하고 이들이 지니는 가치를 반영한 행동들이 그들의 가족이나 미디어 등의 영향에 의해 부분적으로 결정되기 때문이다.

비판적으로 생각하기 THINKING CRITICALLY

각자 초·중등학교 시절 겪었던 경험들을 회고해 보자. 특히 학창 시절 당시 추종했던 친구들의 관점이나 행동 방식이 여러분에게 어느 정도 위력을 발휘했는가? 또래집단과 상호작용하는 가운데 '남성스러움' 또는 '여성스러움'에 대해 학습한 내용은 무엇이었는가?

젠더 학습하기

여러 관련 연구물을 통해 젠더 차이의 정도와 젠더 역할gender roles 학습은 젠더사회화gender socialization의 결과물이라는 점을 밝혀냈다. 신생아가 습득하는 젠더 학습은 거의 무의식적으로 일어난다. 어린이가 실제로 스스로를 남자아이 아니면 여자아이로 규정하기 전에, 이들은 다양한 형태로 비언어적 암시를 받게 된다. 이를테면 남녀 성인은 신생아를 다르게 취급하는 경향이 있다. 여성용 화장품에는 아이가 남자들과 상호작용하면서 익숙해진 냄새와 다른 종류의 향기가 포함되어 있다. 의상, 머리모양 등에 나타나는 체계화된 차이는 신생아의 학습 과정에 가시적 암시로 작용한다.

자무너Zammuner는 이탈리아와 네덜란드의 7~8세 아이들의 장난감 선호도를 연구했다(1986). 다양한 유형의 장난감 — 고정관념적으로 남성적 또는 여성적 장난감뿐만 아니라 젠더 유형화된 것이 아닌 장난감 포함 — 에 대한 아이들의 태도를 분석했다. 아이들과 그들 부모에게 어느 장난감이 남아용 또는 여아용으로 적합한 지 물어본 결과 성인 부모와 어린 자녀 사이에 일치도가 높은 것으로 나타났다.

평균적으로 이탈리아 어린이들이 네덜란드 어린이보다 젠더 차이가 심한 장난감을 더 빈번하게 선택했다. 이는 기대치와 일치하는 결과로서, 이탈리아 문화가 네덜란드 사회보다 젠더 구분이 전통적 견해를 보다 깊이 견지하는 성향이 있기 때문이다. 다른 연구에서처럼, 두 나라의 여자아이들은 남자아이들이 여아용 장난감을 선택하는 것보다 훨씬 더 빈번하게 성 중립적이거나 남아용 장난감을 가지고 놀았다. 분명한 것은, 초기 젠더사회화의 위력은 아주 막강하며 이에 도전하는 것은 현실을 뒤엎는 것이 될 수 있다는 점이다. 일단 젠더가 '주어지면' 해당 개인은 '여성'으로서 또는 '남성'으로서 행동할 것으로 예상된다. 이러한 기대치는 일상 속의 실천을 통해 이행되고 재생산되며 도전받는다(Bourdieu 1990; Lorber 1994).

지그문트 프로이트 이론

아마도 젠더 정체성 발생을 다룬 이론 가운데 가장 영향력이 있으면서도 논쟁을 불러일으키는 관점은 정신분석학의 창설자인 지그문트 프로이트Sigmund Freud(1856~1939)의 견해일 것이다. 프로이트에 의하면 신생아와 유년기 아동의 젠더 차이 학습은 남근 소유나 그것의 부재 여부로 수렴된다(1995[1933]). "나는 남근이 있어"는 "나는 남자아이야"와 같은 의미이며, "나는 여자아이야"라는 말은 "나는 남근이 없어"와 동일시된다는 것이다. 여기서 관건은 단지 해부학적 차이만을 말하는 것이 아님을 프로이트는 지적한다. 남근 소유 혹은 결여는 남성성 혹은 여성성의 상징인 것이다.

동화책 속 젠더 역할

사회학적으로 상상하기 9-2

30년도 더 지난 옛날에 와이즈만Weitzman과 동료들은 학령 전 어린이들이 가장 많이 읽는 책 내용을 대상으로 젠더 역할을 분석했는데, 젠더 역할에서 분명한 차이를 발견했다(1972). 이야기 및 그림에 등장하는 인물의 경우 남자들이 여자들보다 훨씬 더 많은 역할을 수행했는데, 남성이 11대 1로 압도적 우세를 보였다. 암컷과 수컷으로 구성된 동물이 등장한 경우엔 95대 1로 수컷이 절대적 우세였다. 남녀 간 행동 역시 달랐다. 남자들은 독립심과 근력을 필요로 하는 모험이 뒤따르는 목표 추적과 집 바깥의 야외 행위에 관여했다. 여자는 수동적으로 묘사되거나 대부분 집안의 실내 행동에 한정되었다. 여자들은 남자를 위해 조리를 하거나 청소를 했으며 이들의 귀가를 기다렸다. 거의 동일한 젠더 역할 구도는 이야기책 속에 등장한 성인 남성과 여성의 경우에도 해당되었다. 아내나 어머니가 아닌 여성들은 마귀나 요정대모와 같은 상상 속 창조물이었다. 대조적으로, 남자들은 투사, 경찰, 재판관, 왕 등으로 묘사되었다. 21세기에 수행된 연구 결과물에 의하면 그러한 젠더화된 고정관념은 오늘날에도 현저하게 남아 있음을 암시한다(Hamilton et al. 2006).

비록 전통적 이야기 내용은 다소 변했다고 하지만, 아동문학의 기저에 깔린 메시지는 본질적으로 동일한 수준에 머물러 있다(Davies 1991; Parke and Clarke-Stewart 2010: 347~350). 예를 들어 요정 이야기는 여아나 남아가 품는 목표나 야망에 대해 젠더별 전통적인 태도를 답습하고 있다. '미래 언젠가 나의 왕자님이 오실 거야'라는 몇 세기 전 요정 동화의 판에 박힌 이야기 전개 방식으로서, 이것은 흔히 가난한 집안 출신의 소녀가 부와 행운을 꿈꿀 수 있음을 암시했다. 오늘날 이러한 것의 의미는 낭만적 사랑이라는 이념과 훨씬 더 밀접하게 연결되어 왔다. 어린이용으로 제작된 텔레비전 프로그램과 아동용 영화에 대한 연구물들은 동화책 속의 결론과 일치하고 있음을 보여 준다. 가장 인기 있는 만화영화를 분석해 보면 주도적 인물의 대부분은 남성이고, 또한 이 남성들은 목표 달성을 위해 적극적으로 상황을 장악하고 있음을 알 수 있다.

그렇지만 이렇게 반복적으로 되풀이되는 젠더화된 유형에 몇 가지 예외가 있다. 2001년 제작된 영화 〈슈렉Shrek〉(그리고 그 후속편)은 왕자, 공주님과 괴물에 대한 전통적 이야기를 담고 있으나, 전통적 요정 이야기 내용의 젠더 구도와 등장인물의 역할을 벗어나고 있다. 이 영화의 영업 판매 구호는 '한 번도 다루어진 적 없는 사상 최고의 요정 이야기', '왕자님은 잘생기지 않았어요. 공주님은 잠을 자지 않는답니다. 수행원의 도움도 없답니다. 괴물이 영웅이랍니다. 요정 이야기는 두 번 다시 반복되지 않는답니다' 등이다.

슈렉(추한 괴물)이 사실상 영화 속 주인공인 한편, 피오나(아름다운 공주)는 밤이 되면 여자 괴물로 변신하면서 무술을 구사하는 독립적 여성 캐릭터다. 영화는 슈렉이 피오나에게 키스하자, 피오나가 여자 괴물로 영원히 변신한 채 둘이 혼인하는 것으로 마무리되는데, 이는 미모와 신체적 완벽이라는 서구적 이상을 반영하되, 괴물이 잘생긴 젊은 왕자로 변한다는 전통적 이야기 구성을 역으로 그려낸 것이다. 그러나 이러한 이야기 설정은 여전히 전체 상영물 가운데 극히 소수에 불과한 실정이다.

비판적으로 생각하기

THINKING CRITICALLY

여러분이 앞으로 쇼핑을 하거나 영화감상, TV 연속극 시청 혹은 친인척들과 대화할 때 경험하는 젠더화된 전통적 관습이 얼마나 자주 보이는지 관찰해 보자. 젠더화된 전통적 전제에 역행하는 것이 있으면 모두 기록해 보라. 세대 간에 드러나는 차이를 구분하는 것이 가능하겠는가?

남자아이가 네다섯 살 정도가 되면, 아버지가 자신의 남근을 거세할지도 모른다는 환상을 갖게 되어 아버지가 자신에게 요구하는 규율이나 자율에 위협을 느낀다. 대부분은 무의식 수준에서 자신의 아버지가 어머니와 애정에 관한 한 경쟁자임을 깨닫는다. 어머니에 대한 성애적 감정을 억누르고 아버지를 우월한 존재로 수용하는 가운데,

남자아이는 아버지와 동일시하면서 자신의 남성 정체감을 획득한다. 반면에, 어린 딸은 아들과 구분되는 관찰 가능한 가시적 신체 일부를 소유하지 못했기 때문에 '남근선망' 의식으로 고통받는다. 어린 딸의 눈에는 어머니 역시 평가 절하된 존재인데, 역시나 남근이 없기 때문이다. 딸이 어머니와 동일시할 때, '차선의 최고'임을 인정하는 데 내포되어 있는 순종적 태도를 수용한다.

일단 이 단계가 끝나면, 남녀를 불문하고 어린이는 자신의 성애적 느낌을 억제해야 함을 학습한다. 프로이트에 의하면, 다섯 살부터 사춘기에 이르는 시기는 잠재기에 해당된다. 성적 행동은 사춘기 때 발현되는 생물학적 변화가 직접 성적 욕구를 재활성화시킬 때까지 중단되는 성향이 있다. 초등 취학기와 중등 학창 시절을 아우르는 잠재기에는 동성 젠더로 구성된 또래집단이 삶에 가장 중요한 존재가 된다.

프로이트의 견해에 대한 주요 반론들이, 특히 여권론자들에 의해 제기되었다(Mitchell 1975; Coward 1984). 첫째, 프로이트는 젠더 정체감을 생식기와 연관된 인식에 너무 과도하게 기반을 두고 있는 듯한데, 요즈음엔 그 밖에 보다 미묘한 요인들이 관여된 것으로 밝혀지고 있다. 둘째, 프로이트 이론은 남근이 여성 생식기인 질膣보다 우월하다는 전제, 즉 남성 생식기의 결여로 대변되는 논리에 기반한 듯하다. 여성 생식기가 왜 남자의 그것보다 우월해서는 안 되는 것일까? 셋째, 프로이트는 부친을 1차적 훈육 담당자로 규정하고 있으나, 다른 여러 문화권의 경우 모친이 규율을 관장하는 데 더 중요한 역할을 수행하고 있다. 넷째, 프로이트는 젠더 학습이 네다섯 살 때 집중된다고 설명하고 있으나, 그의 후학들은 그보다 훨씬 이전인 신생아 때부터 학습의 중요성을 강조해 왔다.

캐럴 길리건 이론

캐럴 길리건Carol Gilligan은 초도로의 분석을 더 진척시켜 세련화했다(1982; 〈고전 연구 9-2〉 참조). 길리건은 성인 여성과 남성이 스스로에 대해 지니는 이미지와 그들의 성취에 대해 집중 연구했다. 여성들은 인간적 관계 측면에 입각해 스스로를 규정하며 타인에 대한 돌보기 능력에 기반해 여성의 성취를 판단한다는 것이다. 그러나 이러한 업무 수행으로 발달된 자질을 남자들은 종종 평가 절하하는데, 이런 남자들은 개인적인 성취를 '성공'의 유일한 형태로 강조하기 때문이다. 여성들이 보여 주는 인간관계에 대한 관심은 사실 여성 특유의 강점임에도 불구하고 남성들이 약점으로 치부해 버리는 것이다.

길리건은 다양한 연령대와 이질적 사회적 배경을 지닌 200명의 미국인 남녀를 대상으로 심층 면접을 실시해, 피면접자들의 도덕관과 자아 개념과 관련된 일련의 질문을 던졌다. 여성 응답자들과 남성 응답자들 사이에 일관된 차이가 두드러졌다. 이를테면 피면접자들에게 "도덕적으로 옳거나 그른 것을 말할 때 구체적으로 그것은 무엇을 의미합니까?"라고 질문했다. 남성 응답자들은 이 질문을 추상적 이념으로서 의무, 정의, 개인적 자유를 언급하는 성향을 보인 반면, 여성들은 일관되게 타인을 돕는 것과 관계된 주제를 언급했다(Gilligan 1982).

여성 응답자들은 엄격한 도덕적 규율을 따르는 것과 타인에게 상처 주는 말이나 행동을 피하려는 것 가운데 생길 수 있는 이율배반 가능성 때문에, 도덕적 판단을 내릴 때는 남성 응답자들보다 유보적인 태도를 취했다. 길리건은 이러한 성향은 '과시적 외관'에 치중하는 남자들보다 보살펴주는 관계를 더 우선시하는 여성들의 전통적 성향을 반영한 것이라고 지적한다. 과거 여성들은 대부분의 남자들이 결여한 자질을 지녔다고 인식하는 한편, 남자들에 대한 판단을 유보했다. 여성들 스스로에 대한 평가는 개인적 성취에 기반을 둔 자긍심에 있는 게 아니라 타인의 욕구를 성공적으로 수행했는지 여부에 기반을 두었기 때문이다.

애착과 격려에 대한 낸시 초도로의 연구

고전 연구 9-2

연구 문제

여러분은 아마도 남성들이 자신의 감정 표출을 어려워하는 한편, '입을 닫고 있거나' '윗입술을 굳건히 지키는' 성향이 있다고 생각하며 실제 그렇다고 들어 왔을 것이다. 반면에 여성들은 감정 표현을 더 확실히 드러내는 것에 익숙한 편이다. 그렇다면 이러한 성별 차이는 어째서 나타나는 것일까? 생태적으로 여성들이 남성들보다 친밀한 정서 관계 형성에 더 능숙해서인가? 그러한 상식적 가정들이 낸시 초도로Nancy Chodorow(1978)의 젠더 정체성 연구의 근간을 이루고 있다. 다른 여러 학자들처럼, 초도로도 젠더 발달 연구의 단초는 프로이트의 논리에서 출발했으나 중요한 젠더 차이를 설명할 때는 그의 논리의 핵심을 수정했다.

초도로의 설명

초도로는 남아 또는 여아에 대한 학습은 어렸을 때 신생아들이 부모에 대해 지니는 애착으로부터 유래한다고 주장한다(1978, 1988). 초도로는 부친보다 모친의 중요성을, 프로이트의 설명 체계에서보다 훨씬 더 강조한다. 어린이는 모친과 정서적으로 밀착되는데, 생후 초창기 시절에는 모친이 가장 주도적 역할을 행사하기 때문이다. 이러한 애착은 분리된 자의식을 지니기 위해 인생의 어느 지점에서 해체되어야만 한다. 어린이는 밀착된 의존성에서 벗어나도록 요구받는다.

이 해체 과정은 남아냐 여아냐에 따라 다르게 전개된다고 초도로는 주장한다. 여자아이는 모친과 더 친밀한 관계를 유지할 수 있다. 예를 들어 계속 어머니와 포옹하고 키스할 수 있으며 어머니의 행동을 모방할 수 있다. 어머니와 급작스러운 거리두기 과정이 필요 없기 때문에, 여자아이 그리고 그 후 성인 여성이 된 뒤 타인들과 보다 지속적인 관계 형성이 가능한 자의식을 개발하게 된다. 여성의 정체감은 타인과 더불어 어울리거나 타인에게 의지하는 가운데 형성되기 마련이다. 처음엔 어머니와, 그 이후에는 남자아이와의 관계 정립이 그것이다. 초도로의 관점에서 볼 때, 이것은 여성 특유의 섬세함과 정서적 애정의 자질로 승화될 수 있다.

남자아이들은 모친과 맺었던 생애 최초 친밀성을 보다 급진적으로 거부하는 한편, 여성스러움을 박차고 나아가면서 남성성의 완전한 이해에 도달하는 과정에서 남성성을 얻는다. 남자아이들은 '여자 같은 남자' 또는 '마마보이'가 되어서는 안 된다는 것을 학습한다. 그 결과, 남자아이들은 타인과 친밀한 관계 맺기에 상대적으로 취약해진다. 이들은 세상을 보다 분석적으로 본다. 남자아이들은 성취를 강조하면서, 스스로 삶에 대해 보다 적극적인 자세를 취하지만, 자신에 대한 솔직한 감정이나 타인의 느낌을 이해하는 능력은 억제한다.

초도로의 설명 도식은 어느 정도 프로이트의 강조점을 뒤엎는 것이다. 여성성이 아니라 남성성은 모친과의 지속적으로 밀착된 애착을 포기한 손실로 정의된다. 남성 정체감은 분리를 통해 형성된다. 그렇게 해서 삶의 후반기에 접어든 남자들은 타인과 긴밀하게 정서적 관계에 빠질 경우, 스스로의 정체성이 위험에 처한 상태에 있다고 느낀다. 반대로, 여자들은 타인과의 긴밀한 관계의 결여가 스스로의 자아 존중감을 위협한다고 느낀다. 이러한 패턴은 세대 간에 대물림되는데, 이는 어린이의 초기 사회화에서 담당하는 여성의 주도적 역할 때문이다. 여성들은 스스로를 관계의 측면에서 표현하고 규정한다. 남자들은 이러한 욕구를 억누르면서 세상에 대해 좀 더 작위적인 입장을 견지한다.

비판적 쟁점

초도로의 연구는 여러 비판의 대상이 되었다. 예를 들어 재닛 세이어스Janet Sayers는 초도로의 설명은 특히 현대 사회를 살아가는 여성들이 자율적이고 독립적 존재가 되기 위해 겪어야 하는 여성의 몸부림을 담아내지 못한다고 지적한다(1986). 여성(그리고 남성)은 초도로의 이론이 지적한 것보다 그들의 심리 구성이 보다 양가적 측면에 시달리고 있음을 세이어스는 지적한다. 여성성은 공격성이나 강렬한 주의·주장에 의한 성향을 감출 수 있으며, 이러한 성향은 애매하거나 특정 맥락 속에서만 발현되기 마련이다(Brennan 1988). 초도로의 협소한 가족 개념 또한 백인, 중산층 모델에 기반한다는 점에서 비판받고 있다. 예를 들어 한 부모 가구의 경우나 어른 한 명이 아니고 복수의 성인들이 양육하는 가족 속의 어린이가 있는 멕시코계 치카노 지역사회의 경우는 어떻게 설명해야 하는가(Segura and Pierce 1993)? 마지막으로 리치Rich는 초도로의 관점이 '이성애 중심주의'에 기반한다고 비판하는데, 레즈비언들은 이들의 모친과 이해관계를 적절하게 풀어 가지 못한 부류이기 때문에 레즈비언 관계자들은 이성애 관계보다 열등함을 함축한다고 전제한다(1980). 이 견해는 오늘날 젠더와 섹슈얼리티 이론가 사이에서 거의 지지를 얻지 못하고 있다.

현대적 의의

이런 타당한 비판적 논리로 인해 젠더사회화 연구에 중요한 연구 족적을 남긴 초도로의 핵심 논리는 궤멸되지 않는다. 초도로의 논리 속에는 여성성과 남성성의 본질에 대한 많은 논리가 담겨 있으며, 나아가 다른 사람에게 자신의 감정이나 느낌을 표현할 때 남성들이 겪는 어려움을 나타내는 '남성 무표현성'의 단초를 이해할 수 있도록 해준다(Bourdieu 2001).

생애과정

한 개인의 일생 동안 진행되는 여러 형태의 과도기적 전환의 모습이 처음에는 생물학적으로 규정된 것으로 보인다. 한 사람의 생애기간life span에 대한 이러한 상식적 입장은 사회에 널리 수용되고 있으며 누구라도 보편적으로 생애기간 동안 겪는 일관된 과정임을 강하게 암시해 왔다. 예를 들어 장수하는 노인이라면 누구나 신생아기, 아동기, 청년기, 성인기 및 노년기를 지나 왔으며, 종국에는 누구나 사망에 이르는 것이다. 유사한 개념인 생애주기life cycle 역시 개인적이고 생물학적 단계를 다루지만, 이 개념은 생애나 삶 자체의 의미를 담는 것으로서, 모든 세대에 반복되는 출생, 일생, 사망이라는 지속적으로 연속되는 사이클을 의미한다. 심리학, 의학, 인구학과 같은 분야의 경우, 초점은 전통적으로 인간의 생애주기과 삶의 주기에 맞추어져 왔다(Green 2015: 98).

그러나 역사적으로 그리고 사회학적으로 이러한 개념은 너무 단순한 논리다. 이처럼 자연스럽게 보이는 생물학적 단계는 그 성격상 생물학적일 뿐만 아니라 사회적이고 심리적 현상인 생애과정life-course의 한 측면에 불과하다(Vincent 2003; Hunt 2016; Green 2016). 생애과정이라는 개념은 이질적 사회에 나타나는 삶의 단계적 차이점과, 동일 사회라 할지라도 시기별로 존재하는 다양성이 존재한다는 사회학적이고 역사적인 증거를 반영하고 있다. 이것이 의미하는 바는 개인의 생애과정은 누구나 보편적으로 동일하게 경험하는 자질이 아니라 사회적 구성물social construction의 과정으로 해석되어야 한다는 것이다(Chattergee et al. 2001). 단계별 생애과정은 특정 유형의 사회에서 살아가는 사람들의 문화적 규범과 물질적 상황들에 영향을 받는다. 예를 들어 근대 서양 사회의 경우, 죽음이란 보통 노년기에 도달한 어르신과 연계되어 생각되어 왔는데, 이것은 대부분 사람들이 장수를 누렸기 때문이다. 그렇지만 과거 전통 사회의 경우, 많은 사람이 노년기까지 생존하지 못하고 이보다 더 젊은 나이에 사망했으며, 따라서 죽음은 다른 의미와 다른 일련의 기대치를 지닌 것이었다.

계급의 사회적 분화, 젠더와 인종 또한 생애과정의 전개 방식에 영향을 줄 수 있으며, 교차성intersectionality으로 알려진 이러한 핵심적 사회 요인들이 아주 종횡무진하는 방식으로 삶의 경험이 다양하게 섞여 녹아내릴 수 있게 작용한다. 19세기 영국 사회의 경우, 상류층 집안의 자제들은 일상적으로 기숙학교에 다녔으며 삶의 상당 기간 동안 교육의 혜택을 누리는 데 사용했다. 그러나 노동자 계급 자녀들은 교육이 아니라 노동을 할 것으로 기대되어 18세 소년이 탄광이나 그 밖의 산업 현장에서 노동하는 일은 예외적인 경우가 아니었으며, 같은 연령대 소녀들은 남의 집 가정부로 일했다. 실로, 누구나 나이를 먹는다고 해서 보편화universal시킬 수 있는 동일한 내용의 삶이 전개된다는 묶음식 개념은 역사적 사료들에서 그렇지 않음이 증명되는 것이다.

> 교차성 개념은 제3장 〈사회학의 이론과 관점〉, 제12장 〈계층과 계급〉, 제15장 〈젠더와 섹슈얼리티〉, 제16장 〈인종, 종족, 이주〉에서 더 자세히 다룬다.

한 개인의 생애과정은 사회 계급, 젠더나 인종 같은 주요 사회적 변수에 의해 구성될 뿐 아니라 역사적으로도 규정된다. 이러한 측면에 접근하는 한 방법으로서 출생 코호트와 세대 개념을 생각해 볼 수 있다. 출생 코호트 birth cohort(줄여서 코호트로 지칭)란 같은 시기 취학 또는 참전처럼 삶의 경험을 한동안 공유하되 특정 연도라는 동일 시기에 출생한 한 무리의 사람들을 일컫는다(Green 2015: 101). 사회학자들은 코호트 경험은 특정 정부, 갈등이나 음악적 취향과 같이 문화적이고 정치적인 준거 틀을 공유해 생애과정을 구성한다고 주장한다. 그렇지만 코호트가 일반적으로 응집력을 지닌 사회집단은 아니다.

헝가리 출신 사회학자 카를 만하임Karl Mannheim(1893~1947)은 생애과정 경험에서 차지하는 특정 세대generations의 영향에 대해 강력한 주장을 전개했다. 세대(종종 사회적 세대로 부른다)는 같은 해 혹은 일련의 특정 연도에 태어난 한 무리의 사람들로 규정할 수 있겠으나, 코호트와 달리 세계관을 공유하거나 공통된 준거 틀을 지닌다(Alwin et al. 2006: 49). 만하임은 "동일한 세대에 속하는 개인들은 사회적 과정에서 발생하는 역사적 사건에서 공통된 위치를 점유하는…… 특성이 부여되고 있다"고 말했다(1972[1928]: 105). 만하임의 주장에 따르면 세대가 점유하는 위치는 그들의 사회 계급적 위상을 말하며 이는 사람들의 태도와 믿음을 형성하는 데 영향을 미친다.

각 세대는 다소 이질적인 방식으로 세상을 경험하며, 또한 다양한 양식으로 세상이 부여한 위치를 점유한다. 따라서 우리는 각 해당 세대가 역사에서 차지하는 이질적인 위치나 가치를 설명하기 위해 '세대차', '부메랑 세대' 그리고 'X 세대'와 같은 표현을 쓰는 것이다. 이를테면 1980년대 중반에서 1990년대 후반 사이에 태어난 세대들은 'Y 세대', '디지털 세대' 그리고 IPOD 세대 — 불안정하고Insecure, 쪼들리며Pressed, 과도한 납세 대상Overtaxed 및 빚더미에 짓눌린Debt-ridden의 약자 — 로서 취업 불안정을 겪는 반면 첨단 기술과 소비문화에 완전히 길들여 있고 개인주의 취향에 경도되어 있는 신자유주의 정치 성향을 보이는 특성을 지닌다(Green 2015: 102). 이 모든 설명 뒤에 자리 잡고 있는 전제는 특정 세대에 소속된 집단의 경우 그 이전 세대와 다소 다른 특성을 띤다는 점이다.

사회학자들과 역사학자들은 두 세대를 예로 거명했는데, '베이비붐' 세대(Gillon 2004)와 '비트 세대'(Charters 2001)가 그것이다. 베이비부머들은 제2차 세계 대전 이후 개략적으로 1946년에서 1964년 사이에 태어난 사람들을 가리킨다. 당시는 여러 나라에서 출생률이 급격히 증가했으며, 이는 전후 경제 발전과 번영의 결과로서 맞이한 현실이었다. 베이비부머들은 여러 가지 새로운 경험을 맛보았다. 가내 텔레비전의 보급, 새로운 청년 문화, 상승하는 소득 수준, 성性과 도덕률에 대한 보다 진보적인 태도 등을 겪었다. 베이비부머의 경험은 그들 부모 세대와 전혀 달랐으며, 삶의 한 과정으로서 '청년'이라는 용어 탄생에서 볼 수 있듯이 그들의 경험 역시 생애과정에서 차지하는 바가 그러했다. 만하임이 주장하듯이 이 세대는 사회 자체를 실제로 변화시켰던 것이다. 생애과정을 규정해 주는 한편, 사회 변동을 불러일으킨 이러한 이중적 측면을 지닌 세대 개념은 만하임으로 하여금 사회 계급과 유사한 방식으로 개인 정체성과 사회적 삶에서 차지하는 비중의 중요성을 인식하도록 했다.

로렌 그린Lorraine Green에 의하면 늦둥이 출생으로 인해 오늘날 초기 아동기를 경험하는 사람들은 점차 다양해지며, 이러한 현실은 세대 연구자들에게 걸림돌로 작용할 것이다(2015). 어떤 부모는 20대에 초산을 하는가 하면, 어떤 부모는 40대 또는 50대에 들어 첫 출산을 하기 때문에 동일한 경험이나 가치가 지나쳐 버려, 이들 부모를 동일한 세대로 묶을 수 없게 되는 것이다. 비록 세대 연구가 엄밀성이나 치밀성이 결여된 다소 포괄적인 성향을 지닌 것이 사실이지만, 또한 아주 유용한 사회역사적 통찰력을 제시해 주고 있다고 하겠다.

다음 단원에서는 주요 생애과정 단계를 살필 터인데, 특히 선진 사회에서 과거로부터 전개된 변화상에 초점을 맞출 것이다. 그러나 이 작업이 모든 단계를 포함하는 것은 아니다. 예를 들어 (대략 40세에서 65세에 이르는) 중년기 단계는 많이 할애하지 않을 생각이기에 이 장章 말미에 추가된 〈더 읽을거리〉를 통해 보완해 주기 바란다. 아동기, 청년기 및 노년기는 사회학적 연구에서 다루는 주요 생애 단계이며, 관련 단원들이 이 점을 반영하고 있다. 그럼에도 해당 전문 분야에서 다룬 대부분 사회학의 경우 생애과정 관점을 직접적으로 배려하지 않은 채, 성인의 삶을 다루는 것을 아주 당연한 것으로 치부해 왔음을 기억하는 것은 대단히 중요하다. 이러한 기본 전제는 또한 '상식적'인 것으로서, 아동기와 청년기는 '정상적'인 성인의 삶으로 유도되는 과정의 전前 단계인 한편, 노년기는 '유용한' 직장인 시절의 후반기에 따라오는 것으로 규정하고 있다. 일생을 추적하는 (종단적) 관점의 출현은 그러한 기본 전제야말로 비판적 검토 대상이 된다는 것을 강조해 왔다.

1960년대와 1970년대의 히피 청년 문화는 미국과 그 밖의 선진 사회에서 세대 간에 존재했던 사회적 정체성의 차이를 규정하는 데 주요한 영향을 끼친 바 있으며, 그 영향력과 유산은 그 이후 세대에게도 지속적인 영향을 주고 있다.

비판적으로 생각하기 THINKING CRITICALLY

여러분의 아동기와 10대 때 발생했던 사회적, 정치적, 경제적 사건들은 어떤 것들이 있는가? 이러한 사건들에 여러분은 어떻게 반응했으며, 여러분의 태도와 투표 성향 및 가치관 형성에 얼마큼 영향을 끼쳤는가? 여러분의 취사선택이 '자유롭게 취해졌는지' 여부에 대해 반추해 보라.

아동기

최근까지 사회학자들은 아동과 아동기를 가족 내 1차적 사회화의 맥락에서 토의하는 성향을 보여 왔다. 이러한 경향은 사회학적으로 더 중요한 성인기로 전환되는 과도기적 단계라는 인상을 주었다. 그러나 아동기가 '단지 과도기'에 불과하다는 생각은 사회 내 아동이 차지하는 사회 구조적 위치를 무시하는 처사다. 다시 말해 아동은 사회 계급이나 인종 집단의 경우에서처럼 독립적이며 뚜렷이 구분되는 하나의 사회집단으로 개념화될 수 있다. 아동들은 그들 나름의 상징과 의식儀式을 가진 채 삶을 경험하고 동시에 여타 사회적 소수 집단과 유사한 지위를 가지며, 때로는 값싼 노동력의 원천으로 착취 대상이 되기도 한다(James et al. 1998).

1990년대 초반 이래, 신아동사회학new sociology of childhood으로 불리는 새로운 패러다임은 아동기로 불리는 기간이란 개략 보편적 자질로 규정되는 사회적 구성물이 아님을 보여 주었다(Corsaro 2005). 아동기 경험이나 사회에서 차지하는 의미는 시대별로, 또 동일 시대라 할지라도 지역별로 하늘과 땅 차이만큼 편차가 심하다. 또한 새로운 패러다임은 아동이란 단지 기존 사회의 구성원이 '되어 가는' 존재로 규정하는 기능주의자 및 그 밖의 유사 관점으로부터 결별을 의미하는 것이었다. 그 대신 아동이란 스스로의 삶, 문화와 인간관계를 나름대로 주도적으로 해석하고 구축해 나가는 적극적이고 주체적인 '존재'로 규정한다(Prout and James 1990; Prout 2005). '되어 가는' 과정에 대한 연구로부터 '존재'의 행동에 대한 이론적 관심이 이동한 것은 이 분야 연구에 매우 의미심장한 결과를 가져왔다(Jenks 2005; Thomas 2009).

예를 들어 사회학적 분석의 중심에 적극적 아동을 자리매김해 놓을 경우 새로운 질문이나 대안적 연구 전략으로 안내될 수 있을 것이다. 이 분야의 경우 민족지民族誌, 일기 및 그 밖의 질적 접근법이 동원되면 유용한 연구 도구가 될 것이다. 아동들의 목소리를 청취할 수 있으면서도 그들의 사고 체계나 해석 방식이 드러날 수 있기 때문이다. 스마트Smart와 그의 동료가 수행한 부모 이혼 후 경험에 관한 연구(2001)는 이러한 접근법의 예시가 될 터이다. 이혼을 해당 아동의 관점에서 볼 수 있게 해주기 때문이다. 새로운 패러다임을 구사하는 사회학자들은 가족이나 이혼이 해당 아동에게 무엇을 의미하는지, 아니면 그러한 실체들이 아동의 삶에 어떻게 연계되어 있는지 물어볼 수 있게 되었다(O'Brien et al. 1996; Seung Lam and Pollard 2006). 아동의 관점에 입각한 가족생활이나 학교는 사회학자에게 아동기를 이해하는 데 보다 포괄적 관점에서 규명할 수 있는 새로운 길을 제시했다.

그렇지만 새로운 패러다임은 그 자체로 도전에 직면해 있다. 어떤 이들은 아동을 '적극적 존재'로만 초점을 강하게 맞추면 어느 정도 자율적이며 타인과의 관계에서 불가피하게 자유로운 존재로서 '절대불가침적 개인'만이 존재한다는 낡은 가정假定의 덫에 빠지게 된다고 규정한다. 이러한 인식은 안정된 성인기adulthood라는 개념과 유사한 기반을 두고 있다. 그러나 현대 사회를 특징짓는 보다 유동적이면서 '액체 같은 근대성' 속에서 후자(성인기) 개념은 전全 생애에 걸쳐 지속되는 영구적 관계가 평생 갈 것 같던 '종신 직장'이 점차 사라지면서 최근에는 면밀한 검토 대상이 되고 있는 실정이다(Bauman 2000). 그 결과로 닉 리Nick Lee는 아동기와 성인기 모두 '진행 중인' 시기 또는 계속 변모해 가는 상태 속의 시기로 규정해야 한다고 주장한다(2001). 그렇다고 할지라도, 프라우트Prout는 "성인과 아동 양쪽 집단 모두 존재 또는 개인으로서 자신들이 차지하는 지위에 대해 존경할 필요성 없이 이들 용어들을 단지 변모하는 존재의 관점에서 볼 수 있다"고 주장한다(2005: 66). 신아동사회학이 멋들어진 통찰력을 제공한 것은 의심의 여지가 없겠으나, 아동기를 다룬 미래 연구에서는 '존재'와 '변모해 가는 상태' 사이의 균형을 모색할 것으로 보인다.

아동기의 구축

현대 사회를 살아가는 대부분의 사람들에게 아동기는 삶의 전체 과정 속에서 분명하고 명료하게 구분되는 생애의 한 단계다. 아동은 갓 태어난 신생아나 걸음마 떼기 단계인 유아와 구분되며, 아동기는 출생 후 유년기와 10대 사이에 해당되는 생애 단계다. 그렇지만 오늘날 여타 많은 사회적 삶의 분야처럼, 아동기는 지난 2~3세기 동안 비로소 그 존재가 인식되기 시작했다. 그 밖의 여러 사회의 경우, 아동들은 장시간 지속된 신생아기로부터 지역사회에서 필요로 하는 일꾼 역할로 바로 진입했다. 프랑스인 역사학자 필리프 아리에스Pilippe Ariès는 '아동기'를 하나의 독립된 발달 단계 개념으로서 중세 유럽 사회에서는 존재한 적이 없다고 주장했다(1965). 당시의 회화 속에 묘사된 아동은 어른의 축소판으로서 나이 든 성인의 얼굴 모습에 연장자와 유사한 의상을 입고 있음을 알 수 있다. 당시 어린이들은 오늘날 우리가 당연시하는 아동(전)용 게임보다는, 어른들이 종사하는 것과 똑같은 노동과 놀이 행위에 가담했다.

20세기 초반엔 오늘날 기준으로는 아주 시기상조로 보이는 어린나이 때부터 노동에 투입되었으며, 오늘날에도 세계 어느 지역에서는 매우 어린 아이가 전일제 노동에, 그것도 육체적으로 힘든 일(탄광이나 농사짓기와 같은)

에 종사하고 있는 실정이다. 아동은 특유의 신성한 권리를 가지며 아동 노동은 '명백하게' 도덕적으로 비난받아야 한다는 개념은 아주 최근에 인식된 사고 체계다. 유엔 아동권리총회UNCRC가 1990년대에 꾸려져, 전 세계 모든 아동의 기본 권리를 명문화했고, 2009년도에 194개국이 비준했다(미국과 소말리아는 제외). UNCRC는 개별 해당 국가가 이미 관련 규정을 따로 정해 놓지 않았다면, 아동의 연령 규정을 18세 이하의 모든 청년을 아우른다고 명시한 바 있다.

아주 다양한 사회경제적 맥락 속에서 아동의 권리와 아동기를 규정해 보편화시키려는 이러한 시도는 몇 가지 중요한 쟁점을 불러일으키는 도발적인 시도다. UN의 정의는 이질적 상황에 놓여 있는 여러 사회의 문화적으로 민감한 부분을 자극하는 것인가 아니면 아동(기)에 대한 서구적 인식을 그 밖의 다른 사회를 향해 강요하는 것인가? 개발도상국 정부는 선진국에서 이미 널리 존재하는 아동 권리 보호를 위한 안전장치를 같은 수준으로 설치할 수 있을 것인가? 만일 그럴 수 있다면, 개발도상국 최빈층 가족의 생계수단을 효율적으로 제한하는 결과를 초래하게 되는가? 예를 들어 개발도상국의 많은 곳에서, '길거리 아동'들이 물건을 판매함으로써 가난한 가족의 소득 증진에 기여하는 게 현실인데, 국가가 그러한 관행을 '비행'으로 사법 조치해 버린다면, 그러한 최빈층 가족은 어떻게 생존할 것인가? 이러한 현실들은 전 세계적으로 정책과 집행을 단행할 때 해결해야 할 아주 난해한 과제들이다.

> 아동 노동의 쟁점은 제14장 〈글로벌 불평등〉에서 자세히 다룬다.

현대 사회에서 현재 진행 중인 여러 변화의 한 결과물로서, 별개로 독립되고 분리된 시기인 아동기의 성격이 한 번 더 사라져, 성인-아동 관계가 위기 상황으로 내몰릴 가능성이 있어 보인다. 우리가 제4장에서 검토한 세계화 과정과 급격한 사회 변화 분위기와 연계된 불확실성은 아동기에 대한 사회적 구성을 새롭게 설정하도록 유도하고 있다. 프라우트는 다음과 같이 제안했다(2005: 7). "이러한 새로운 현상들은 이전 담론들이 허용했던 것보다 아동들을 더 적극적이고, 아는 것이 많고 사회적으로 개입하는 분위기로 몰고 간다. 따라서 아동들을 다루기가 더욱 어려워졌고, 동시에 덜 유순하며, 그렇기 때문에 골치 아픈 문제를 일으킬 가능성이 높아졌다." 성인과 아동 사이의 관계는 예측하기 어려운 혼동의 시기에 접어든 것 같아 보인다.

다른 관찰자에 의하면 오늘날 아동들은 너무 빨리 성장하고 이전의 성인과 아동 간에 굳건하게 존재했던 경계가 재빨리 사라지고 있으며, 이는 선진국 아동기의 '소멸'로 이어진다고 지적한다(Postman 2995; Buckingham 2000). 아주 어린 아동조차 어른들과 함께 동일한 내용의 텔레비전 프로그램을 시청하기 때문에, 과거 이전 세대가 그러했던 것보다 성인 세계에 대해 아주 어린아이 때부터 훨씬 더 익숙해졌다고 이들은 지적한다. 아동들은 더 어린 나이에 소비자가 되어 TV 프로그램, 휴대폰이나 광고 같은 성인 용품들을 접하거나 소비하고 있다.

이와 더불어, 아동들이 스스로 미처 준비되기 전부터 성애화된 삶의 방식을 취하도록 하는 압력에 직면해 있다는 우려가 널리 퍼져 있다. 영국 정부가 주관한 「어린이를 어린이답게 하라Letting Children Be Children」(Bailey 2001)라는 보고서에는 부모, 어린이, 기업 및 그 밖의 조직 근무자들을 표본으로 해 아동기의 상업화와 성애화하는 경향에 대한 견해를 알아보는 실태 조사 내용이 담겨 있다. 많은 부모들은 자신의 자녀들이 미성년에게는 적합하지 않은 상업화되고 성애화된 문화 속에서 살아간다고 생각하고 있었다. 이러한 문화란 잡지, 팝비디오와 텔레비전 프로그램 및 그 밖의 여러 웹사이트에서 제공되는 성애화된 이미지를 지칭하는 것이다.

그렇지만 실태 조사에 응답한 부모들은 그들의 최대 관심사로서 "성애화되고 기존 젠더의 고정관념에 입각한 의상, 서비스와 제품들', '성적 자극을 부추기는 매체"라고 답변했다(Bailey 2001: 9). 이들 응답자 부모들은 또한 스스로가 기존 문화를 바꾸거나 기업에 영향을 행사하기에는 아주 무력해 손을 쓸 수 없다고 인식했으며, 인터넷이나 스마트폰과 같은 새로운 형태의 매체에 대해서도 규제 장치가 주어져 있지 않다고 생각하고 있었다. 이 모든 것은 20세기 전 기간 동안 선진국 사회의 특징이었던 요要보호 기간으로서 아동기가 오늘날에는 심각하게 소멸되고 있음을 반증한다.

비판적으로 생각하기 THINKING CRITICALLY

여러분의 아동기는 부모 또는 조부모의 시대와 어떻게 달라졌는가? 부모 역할, 훈육, 학교교육, 권위 체계에 대한 태도 등과 관련해 여러분이 생각해낼 수 있는 차이점을 나열해 보자. 여러분의 아동기는 객관적으로 '더 나아진' 것인가, 아니면 단지 과거와 달라졌을 뿐인가?

10대와 청년 문화

오늘날 우리에게 너무 익숙한 '10대 청소년기'의 개념 역시 비교적 최근까지 존재하지 않았다. (한 개인이 성인기의 성행위 및 생식이 가능한) 사춘기 특유의 생물학적 변화는 보편적 현상이지만, 다른 문화권의 경우에는 이러한 전환기의 징후들이 현대 사회를 살아가는 젊은이들의 경우처럼 좌충우돌이나 불안정을 불러오지 않는다. 예를 들어 한 개인이 성인으로 성장했음을 알리는 특정 의식이 발달한, 연령별 구분을 명확히 구분 짓는 문화에서는 심리적·성적 발달 과정이 대체로 적응하기 쉬운 편이다. 서구 사회에서는 어린이들에게 더 이상 어린이가 아님을 알리는 시기가 홀연히 찾아오지만, 다른 문화권의 경우엔 이미 어른들과 더불어 노동을 해 온 사회에서 아동기로부터 벗어나는 과도기에 대한 충격 정도가 훨씬 덜하며 결정적이지 않다.

현대 선진 사회에서 10대 청소년들은 가운데 끼여 있는 샌드위치와 같은 집단이다. 이들은 때로는 성인의 방식을 따르려고 하지만, 법률적으로는 아동으로 간주된다. 본인들은 취업해 직장생활을 원할지 모르지만, 여전히 학생 신분으로 남아 있어야 한다. 그렇게 10대들은 아동기와 성인기 중간에 놓인 채 살아가지만, 지속적으로 변화에 좌지우지되는 사회 분위기에서 성장하면서 확고하게 규정된 생애과정의 경계를 허물게 된다.

10대를 지칭하는 개념과 연계된 청년 문화는 젊은이와 연계된 일반적 삶의 방식을 일컫는다. 여러 다양한 사회의 경우, 과거나 현재를 불문하고, 이와 같은 용례에 입각한 청년 문화 개념이 존재하지 않으며, 아동들은 '청년기'라는 과도기적 과정 없이 훨씬 이른 나이에 성인기로 진입한다. 사회학자들은 1950년대와 1960년대에 청년 문화에 대해 처음으로 관심을 보였는데, 이때는 10대 후반기 젊은이들이 전후 호황기의 혜택으로 취업 전선에 진입할 수 있었고, 이들은 소득에 기반해 떠오르는 시장에서 멋진 의상, 팝 레코드와 기타 소비 제품을 구입했다(Savage 2007). 하나의 조류로서 '청년 문화'가 주류 흐름과 이질적으로 보였던 자질과 융합하기 시작했으며, 이것은 불량소년, 로커와 스킨헤드 그리고 나중에는 히피족, 펑크족, 무법자족 등의 형태로 장관을 이룬 청소년 하위문화에서 뛰쳐나와 의미 있는 새로운 세계를 구축하기에 이르렀다.

때늦게 사회학자들은 아마도 사소하지만 매우 가시적인, 그러나 주로 남성 지배 성향의 하위문화에는 편파적으로 주목한 반면, 대다수 젊은이들을 이해하려고 하거나 청년들이 그들 나름대로 삶을 꾸려 가는 방식에 대해서는 충분한 시간을 할애하지 않았던 것으로 보인다. 예를 들어 맥로비MacRobbie와 가버Garber는 소녀들 사이에 널리 확산된 관행이었으나 실제로는 감추어졌던 '침실 문화'를 지적했는데(1975), 이것은 청년 문화에 친구 집단을 가담하도록 한 것이었으나, 공공 영역에서 '일탈'(남성) 하위문화 분석에 몰입하느라 거의 완전히 잊힌 영역이었다.

마일스Miles는 청년 문화와 청년 하위문화 개념들을 반反문화나 일탈 행동 또는 이들 특유의 사회적 불리함에 내재되어 있는, 모든 젊은이는 본질적으로 동일하기 때문에 하나의 획일화된 집단으로 간주했던 오류에서 자유롭지

선진 사회의 경우 어린 10대들은 아동기와 성인 행동 사이에서 헤매고 있다.

못했던 한계를 지적한다(2000). 그럼에도 분명한 것은 주류 젊은이들이 이러한 범주화된 묘사에 과거에도, 현재에도 해당 사항에 들어맞은 바가 없다는 것이다. 대신에 마일스는 청년 라이프스타일 개념을 제안하는데(2002: 2), 이것은 주류층 청년들의 다양한 경험을 지칭하며 "젊은이들이…… 어떻게 서로 상호작용하고 일상사를 구축해 세상에 대처하고 교섭하는가?"에 대한 질문에 초점을 맞추고 있다. 그러한 관점은 우리로 하여금 급변하는 세상살이에 흔히 공유하는 청년들의 경험과 이러한 것에 적응하는 젊은이들의 다양한 반응 형태를 생각하게 한다.

일탈 청소년의 하위문화는 제20장 〈범죄와 일탈〉에서 좀 더 자세히 다룬다.

초기 성인기

성인의 삶을 다룬 엄청난 양의 사회학적 연구가 과거에도 현재에도 진행되고 있다. 그 결과로서 '성인기'에 대한 개념은 최근까지 상대적으로 문제가 된 적이 없으며, 따라서 "확고하게 자리 잡힌 성인기사회학은 아직 존재하지 않는다"(Pilcher et al. 2003). 예를 들어 의사-환자 관계를 다룬 연구는 아동기나 초기 성인기 환자가 경험하는 나름의 특이성에 대해서는 거의 신경 쓰지 않거나 아예 무시해 버린 채, 노련한 성인 의사와 성인 환자만을 묵시적으로 전제했다. 1980년대와 1990년대를 거치면서, 사회학자들은 선진 사회에서 우리가 초기 성인기로 부를 수 있는 생애과정 속에서 차지하는 새로운 삶의 단계에 대한 이론화 작업에 착수했다(Goldscheider and Waite

1991). 이 단계를 다룬 체계적 연구는 비록 아동기 혹은 노년기 연구만큼 충분하게 수행된 상태는 아니다. 이는 또한 '중년' 혹은 아마도 사람들이 '노년기'를 맞이하기 전에 '노련한' 중년기가 존재함을 함축하는 것이기도 하다(Green 2016: 124). 초기 성인기는 18세에서 30대 중반 집단을 말하는 것으로, 전적으로 독립적 삶을 영위하고 있으나 혼인을 한 상태이거나 아직 자녀를 두고 있지 않다. 따라서 사적 (연인) 관계가 유지되면서 삶의 진도 방식에 여전히 시행착오를 거듭하는 시기다.

그렇지만 이 단계에서 전개되는 삶의 내용은 성별, 사회 계급별, 혹은 인종 집단별로 동일하게 전개되는 것 같지 않다. 특히 보다 풍요한 집단의 경우 20대 초·중반기 젊은이들은 시간을 내어 여행을 하거나 성적, 정치적, 종교적 경험을 하고 심취하는 시기에 해당된다(Heath and Cleaver 2003). 실로, 한창 때의 성인기에 짊어져야 하는 책임감 유보의 심각성은 선진 사회의 경우 젊은이들이 몸담는 교육 과정 기간이 연장되는 현실을 전제했을 때 점차 더 부각되는 실정이다.

최근 들어, 사회학자들은 내핍 시대의 정치학, 상승일로의 주거비, 거액의 부채와 직장 불안정에 내몰리고 있는 젊은 성년들의 어려움을 연구했다. 오늘날 많은 젊은 성년의 경우 부모님 또는 기타 가족원들로부터 20대 후반 및 그 이후에도 물질적 또는 재정적 보조에 의존한 상태에 머무르고 있다. 어떤 학자는 이것을 '부메랑 세대'의 특성으로 보았는데(Newman 2012), 젊은 성년들 다수가 인생 진도를 나아가 독립적 삶을 영위하고자 하지만 가족원의 지속적인 보조 없이 그러한 삶을 살 수 없음을 알게 되었기 때문이다. 히스Heath와 칼버트Calvert는 그러한 세대 간 보조 형태는 작게는 소액 현금을 빌려 주기나 선물 증정부터 거액 모으기, 예탁금이나 가족원 가정 꾸미기에 소요되는 비용 마련에 이르기까지 다양한 방식으로 이루어지고 있음을 알았다(2013). 젊은 성년들의 이러한 연장된 의존 상태는 이들이 누리는 자율이나 독립심과 타협하기를 대가로 해서 얻는 삶의 모습인 것이다.

삶의 과정에서 이 단계는 젠더화가 훨씬 더 첨예화되는 시기이기도 한데, 보다 많은 젊은 여성이 어린 나이에 전통적 가족생활에 진입하는 대신 대학교로 진학해 경력 쌓기에 더 많은 시간을 보내기 때문이다. 우리는 몇 년 내에 이 초기 성인기에 대해 학자들이 수행한 업적물들이 더 많이 축적되기를 기대할 수 있다.

중년 성인기

오늘날 선진 사회의 대다수 초기 성년들은 70세 이후의 노년기까지 연장된 삶을 구가할 수 있게 되었다. 그러나 전前 산업사회 및 오늘날 개발도상국의 빈곤 지역에 거주하는 젊은 성인들 중 자신 있게 그러한 미래의 삶을 예측할 수 있는 사람은 거의 없는 실정이다. 질병 또는 외상으로 인한 사망은 모든 연령층에 두루 나타나 오늘날보다 훨씬 더 빈번했고, 특히 여성의 경우 출산 전후의 높은 사망률 때문에 장수를 기대하기 어려웠다. 그 반면에, 오늘날 중년기 성인들 — 개략적으로 30대 후반에서 65세 전후 집단들 — 이 직면하는 어려움 가운데 어떤 것은 이전 시대라면 전혀 문제되지 않았던 것도 있다. 이전 사람들은 오늘날보다 인구 이동 경향이 높지 않았기 때문에 부모나 그 밖의 친인척들과 보다 긴밀한 인간관계를 유지할 수 있었으며, 이들이 추구했던 일상적 작업 내용은 그들 조상과 아주 동일했다.

오늘날 핵심 관건인 불확실성은 직장, 혼인, 가족생활 및 그 밖의 사회적 맥락 속에서 상존하는 실정이다. 사람들은 점차 과거에 그러했던 것보다 더 많은 경우 스스로의 삶에 대한 결단을 '내려야만' 한다. 물론 이러한 관행이 모든 문화권에 두루 해당되는 것은 아니지만, 오늘날에는 상대와의 성적 경험이나 혼인과 관련된 관계를 부모들이 정해 주는 것이 아니라 본인 스스로 주도적으로 나서서 선택해야 하는 상황이 되었다. 이러한 현실은 개인이 자유롭게 더 많은 취사선택을 할 수 있게 하는 효과를 지니지만, 동시에 삶의 선택지에 대한 책임이 뒤따른다는 어려움을 내포하고 있다. 학자들 가운데는 중년기를 '신중년 시대'의 탄생으로 이론화한 바 있는데, 이는 노년기로 진입함에 따라 적극적 소비 주체가 되는 한편 젊음에 대한 관심과 자신에의 재발견을 축적하는 나이이기도 하다(Featherstone and Hepworth 1989).

중년 성인기mature adulthood에 미래를 내다볼 수 있는 인생관을 지녀야 함은 특히 중요한 덕목이다. 대다수 사람들은 일생 동안 한 분야에서 동일한 일에만 매달릴 것이라고 생각하지 않는다. 한 분야에서 경력을 쌓아 온 사람들의 경우 중년기에 이르면 자신이 몸담고 있는 분야가 불만족스럽거나 더 나은 기회가 차단되었다고 느낄 수 있다. 초기 성인기부터 가족과 자녀의 양육에 일생을 보낸 여성들의 경우 자녀들이 성장해 집을 떠나면 스스로를 아무런 사회적 가치가 없는 존재로 인식할 수 있다. '중년 위기' 현상은 중년의 삶을 맞이하는 여러 사람들에게 아주 심각한 현실이 될 수 있다. 인생이 제공해야만 했던 기회를 스스로 포기했다거나 어린 시절부터 소중히 꿈꾸어 왔던 목표를 결코 이룰 수 없다고 느낄 수 있다. 그러나 나이 먹는 일이 반드시 단념 아니면 침울한 절망으로만 연계될 필요는 없다. 어떤 이들에게는 어린 시절 꿈으로부터 자유롭게 해방되는 시기이기도 하다.

노년기

초기 문화권 가운데는 어르신들이 지역사회의 중요 현안에 관해 여론을 주도하거나 때로 최종 심판관 역할을 담당했다. 가족생활 속에서 남녀 어르신의 권위는 나이와 더불어 올라가는 경향을 보였다. 그러나 선진 사회에서 직장 은퇴는 이와 대조되는 계기가 되는데, 어르신들은 가족생활에서나 더 넓은 지역사회에서나 권위 상실을 경험한다. 노동력에서 은퇴한 어르신들은 물질적으로 빈곤해질 수 있으며 그들보다 나이가 어린 집단에 제공할 충고가 거의 없음을 인식한다. 사회학자들 가운데 어르신들은 급변하는 기술 변화와 사회 변화 속도에 표류하며, 이것은 '시간의 이방인'으로까지 떨어질 수 있음을 의미한다고 지적하는 이도 있다(Mead 1978). 예를 들어 제2차 세계 대전 이전에 출생한 어르신들은 젠더 관계와 성 및 섹슈얼리티에 관한 태도에서 아주 급진적 변화가 일어난 1960년대 후반 출생 집단과 가치관과 행동 규범들에서 이질성을 드러내고 있다(Dowd 1986).

다음 단원에서는 젊은 시절이라는 초기 생애과정에 대해 다루었던 내용보다 연로함ageing을 둘러싸고 제기되는 사회학적 쟁점에 대해 더 자세히 살펴보고자 한다. 노년기와 연로함에 대한 연구 — 사회노인학 — 는 지금까지 진척된 풍부한 연구물과 더불어, 아주 탄탄하게 자리 잡은 학문인데, 이 장의 나머지 단원에서 다루어질 것이다. 노령화가 진행 중인 세계 인구의 현실적 결과는 1970년대 중반 이후 사회적, 정치적, 경제적 토의의 중요 핵심 관건으로 자리 잡았으며, 이에 대한 쟁점 역시 다루어질 것이다.

연로함

런던 동부 지역의 일퍼드Ilford 출신 포자 싱Fauja Singh 할아버지는 53년간 휴지기를 가진 뒤 2000년도에 달리기에 재도전했다. 싱 할아버지는 2000년 89세 나이로 런던 마라톤 대회에 출전해 6시간 54분으로 완주한 이래, 자선모금을 위해 전 세계 도처에서 개최되는 마라톤 대회에 출전했다(Askwith 2003). 100세가 되던 2011년에는 오랫동안 간직했던 포부를 실현하기 위해 토론토 워터프런트 마라톤 대회에 출전해 8시간 25분 완주 기록을 달성했다. 여권을 소지했으며 영국 여왕으로부터 100세 생일을 축하하는 편지까지 수령했음에도 기네스 세계기록에는 등재되지 않았다. 싱 할아버지는 1911년 출생 이래 공식 출생 신고서를 지닌 바가 없었는데, 당시 인도 농촌 지역에서는 기록 보관이 체계적이지 않았다. 그렇지만 스포츠 조직위는 여권 기록에 나타난 숫자를 연령 입증 근거로 삼고, 싱 할아버지의 성과를 인정해 주었다.

포자 싱 할아버지의 경험은 특히나 부국 어르신들의 경우 평균적으로 과거 그 어느 때보다 더 오래 더 건강하고 생산적인 삶을 살아간다는 사실을 극명하게 보여 주는 사례다. 예를 들어 엘리자베스 2세가 1952년 왕위직을 계승했을 때, 여왕은 영국 100세 노인 273명에게 이들의 100번째 생일 축하 전보를 발신한 적이 있다. 20세기 끝 무렵에는 한 해에 3천 명 넘는 어르신들에게 축전을 보내느라 훨씬 바쁜 시간을 보냈다(Cayton, 2000).

현재 인구 추세에 기반했을 때 영국 국가통계청이 집계한 최근 추정치에 의하면, 2066년에는 영국의 100세 노인은 50만 명을 넘어설 것으로 추정된다. 2011년 출생 신생아는 1931년 출생아보다 100세까지 생존할 가능성이 8배나 더 높다. 2011년 출생 여아는 4명 가운데 1명 꼴로 100세 장수를 누릴 것이다(The Guardian 2001). 나이를 먹고 늙어 간다는 것은 충만하고 보상받는 경험일 수 있겠으나, 한편으로는 육체적 고통이며 사회적 소외의 원천일 수 있다. 현실 속 대다수 노인들은 이 양극단 가운데 어느 한 지점에 놓여 있다.

비판적으로 생각하기 THINKING CRITICALLY

광고 내용 중 '노화 방지용' 제품 판매에 초점을 맞춘 연로함 과정의 구성 요소를 리스트로 작성해 보자. 이러한 요소들은 생물학적, 심리적 혹은 사회적 요소들인가? 왜 그렇게 많은 사람이 생물학적 연로함 과정을 늦추려고 노력하는가?

포자 싱 할아버지는 89세부터 마라톤 대회에 참석했고. 100세였던 2011년 토론토 워터프런트 마라톤 대회에 출전해 완주했다. 그는 2013년에 달리기 경주대회에서 은퇴했다.

인간 사회의 노령화

전 세계적으로는 사회 전체가 고령화 추세에 있으나, 지역별로는 균등하지 않다. 한 가지 사례로 평균 기대 수명이 국가별로 현격한 차이를 보이고 있다(〈그림 9-1〉 참조). 두 개의 극단적 경우를 들어 보면 2012년 현재 아프가니스탄 아동 출생 당시 기대 수명은 49.72세(남자 48.45세, 여자 51.05세)였으나, 모나코의 경우는 89.68세(남자 85.74세, 여자 93.77세)였다(CIA 2012). 개괄적 수준에서 그러한 삶의 불균등한 기회는 전 세계 다양한 지역에 거주하는 사람들의 노령화 현실이 아주 이질적 방식으로 전개될 수 있음을 보여 준다.

그러한 현실은 또한 생애과정 개념에 부여된 의미가 다양하게 해석되고 있음을 반증한다. 40세라는 나이는 선진 사회에선 '중년기' 혹은 '노년 성인기' 진입을 의미하는 데 반해, 개발도상국에선 사실상 '삶의 후반부'에 있음을 의미한다. 지역별 평균 기대 수명에 대한 그러한 엄청난 괴리는 죽음, 임종 및 사별 경험에도 영향을 미친다. 이 단원의 대다수 지면은 상대적으로 부유한 선진 사회에 관한 논의와 그 자료에 초점을 맞추겠지만, 개발도상국이 처한 상황은 아주 상이하다는 것, 따라서 '나이 먹고 연로해지는 경험' 역시 다르다는 점을 유념해야만 할 것이다.

> 개발도상국의 상황은 제14장 〈글로벌 불평등〉에서 폭넓게 다룬다.

지구촌 차원에서 볼 때 60세 이상 인구 비율은 1950년에는 8퍼센트였으나 2009년에는 11퍼센트로 증가했다. 그렇지만 이 비율은 2050년에 두 배인 22퍼센트로 급증할 것으로 추정되고 있다. 65세 이상 인구 집단이 가장 빠르게 급증하는 지역은 아마도 선진국일 것이다. 이런 지역은 자녀를 적게 둔 가족이 많고 빈국보다 더 장수하는 사람들이 많다. 그러나 21세기 중반이 지나면, 개발도상국들 역시 내생적 '노령 인구 폭발'을 겪어 유사한 현실을 보여 줄 것이다(UNFPA 2011: 33~34).

비록 개발도상국의 인구는 빈곤, 열악한 영양 상태 및 질병으로 여전히 평균수명이 단축되고 있으나, 전 세계 대부분 사회의 인구는 출생률과 사망률 저하의 결과로서 노령화가 진행되고 있다(제14장 〈글로벌 불평등〉 참조). 전 세계적 수준에서 출생 때 평균 기대 수명은 1950년에는 48세에서 1990년에는 65.3세로, 2013년에는 75.1세로 증가했다(Reuters 2015). 1950년부터 2010년에 이르는 동안, 개발도상국의 평균수명은 26세 연장된 데 반해 선진국의 경우는 11세 증가되는 데 그쳤다(UNFPA 2011). 부국과 빈국 간 격차가 줄어들고 있는 현실은 개략적으로 세계적 차원의 인구 평균수명에 나타나는 불평등 현상이 불가피한 것이 아님을 보여 준다. 사하라 이남 아프리카 사회에서는 예외적 현실이 뚜렷한 편인데, 이곳의 기대 수명은 1980년대 중반 이래 실제로 감소해 왔으며, 이는 엄청난 규모의 HIV/AIDS 충격이 지속되고 있기 때문이다.

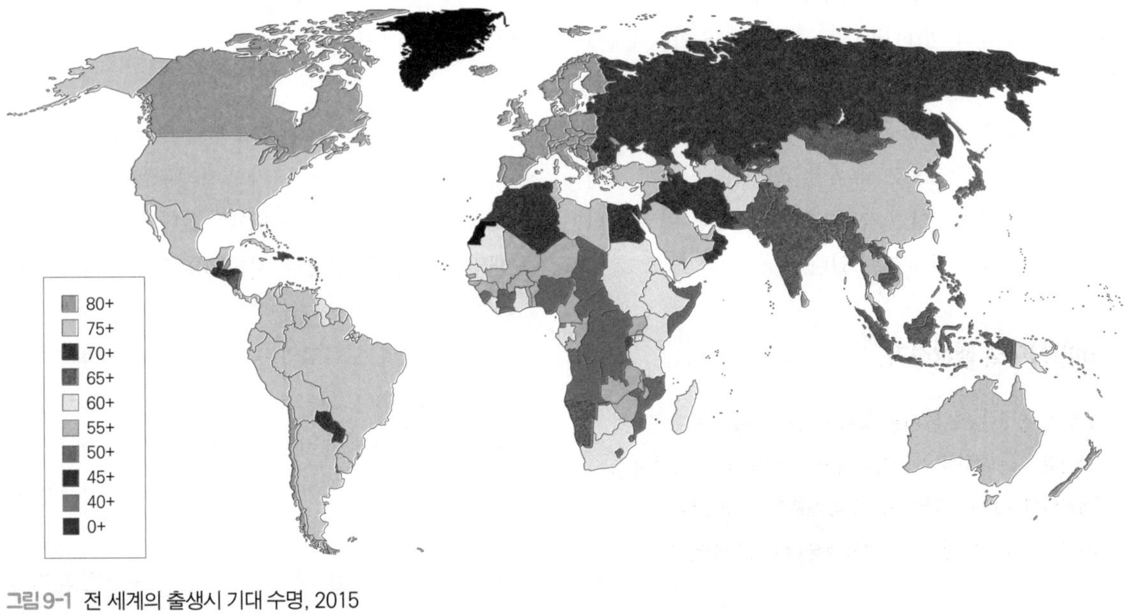

그림 9-1 전 세계의 출생시 기대 수명, 2015

출처: WHO 2016a.

세계적 차원의 인구 노령화는 사회 정책에 엄청난 영향력을 함축한다. 현재 150개국이 넘는 곳에서 노인 인구나 장애자 혹은 사망 후 유가족을 위한 공적 부조 체계를 가동하고 있다. 노인 인구의 경우, 특히 비용이 많이 드는 건강 케어 서비스를 필요로 하며, 이들 노인 인구의 급격한 증가는 여러 사회의 의료 체계를 압박하는 위협이 되고 있다. 사회학자들과 노인학자들은 인구 집단의 나이 구조 변화를 인구의 노령화greying라고 일컫는다(Peterson 1999). '노령화'는 산업사회에 장기간에 걸쳐 진행된 두 가지 요인의 결과다. 보편적으로 더 적은 수의 자녀를 두고(제10장 〈가족과 친밀한 관계〉에서 다룬다), 사람들이 장수하기 때문이다.

〈그림 9-2〉에서 살필 수 있듯이 유럽연합과 연관되어, 선진 사회의 인구 구조에 나타나는 그러한 장기간의 변화는 현재도 진행 중이다. 2060년경에는 유럽 인구의 3분의 1가량이 65세 이상 노인 집단으로 구성될 것이며 인구의 5분의 1 이상은 80세 이상으로 구성되는 한편, 현재 노동 인구(15~64세)는 10퍼센트 정도 감소해, 유럽 전체 인구의 56퍼센트에 불과할 것으로 예측된다. '노동 인구'에 대한 개념 역시 변화하고 있는데, 사람들이 64세 이상이 되더라도 여전히 경제 활동을 지속하기 때문이다. 노령화하는 인구가 정부 당국이나 정책 입안자에게 골치 아픈 혼란을 안길 것이라는 여러 촌평 가운데, 그러한 수치가 실제로 보여 주는 괄목할 만한 인간 승리 이야기를 기억할 필요가 있을 것이다.

사람들은 어떻게 나이를 먹고 늙어 가는가

연로함Ageing은 사람들이 나이 먹고 늙어 감에 따라 영향을 받는 생물학적, 심리적 그리고 사회적 과정의 총체로 규정된다(Abeles and Riley 1987; Atchley 2000). 이러한 과정은 세 가지의 다르지만 상호 연결된 발달론적 '시계'라는 은유를 내포한다. 첫째, 생물학적 시계로서 신체적 육체를 일컫는다. 둘째, 심리적 시계로서 정신이나 의식상 능력을 말한다. 셋째, 사회적 시계로서 물리적 연령과 관계 있는 문화적 규범, 가치 및 역할 기대를 일컫는다. 이 세 가지가 각각 진척되는 방식에는 엄청난 다양성이 존재하고 있다. 우리가 나이에 의미를 부여하는 개념들이 급변신 중인데, 이는 최근 연구물들이 연로함에 드리워졌던 신화들을 불식시킨 탓도 있고 과거 어느 때보다 많은 사람이 더 건강하게 장수할 수 있게 된 영양 및 건강 면에서의 진보 탓이기도 하다.

연로함의 성격을 규명하는 데 우리는 사회노인학social gerontology에서 다루어진 연구를 살필 것이다. 이 학문은 연로함의 사회적 측면을 다룬다. 연로함을 연구하는 것은 쉬운 작업이 아닌데, 사람들이 나이 먹고 늙어 감에 따라 사회 자체도 노령화되며, 이와 더불어 '연로해짐'의 의

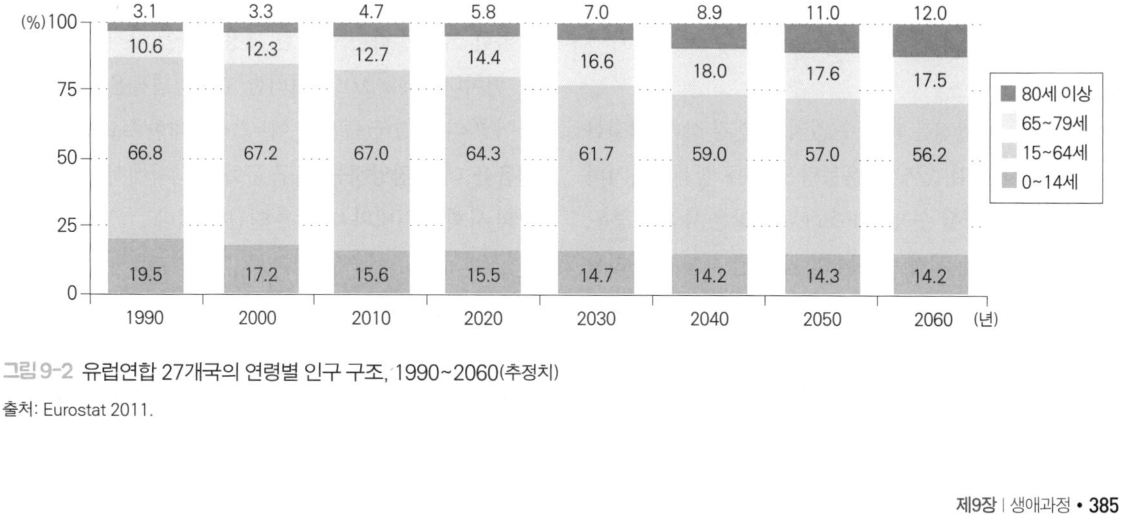

그림 9-2 유럽연합 27개국의 연령별 인구 구조, 1990~2060(추정치)

출처: Eurostat 2011.

미 자체도 변하기 때문이다(Riley et al. 1988). 20세기 중반 선진 사회에서 출생한 사람들에게 중등 교육은 직장에 취업하는 데 필요한 자격으로 간주되는 한편, 당시 생존했던 대다수 인구는 그들이 50세를 훨씬 넘어서까지 생존할 것이라고 기대하지 않았다. 만일 그때까지 생존한다면 각종 건강상 장애에 시달릴 뿐이었다. 오늘날에는 그와 동일한 인구가 70세나 80세의 수명을 누리며, 상대적으로 건강한 상태에서 적극적 삶을 영위할 수 있다.

생물학적 연로함

정확한 연대기적 (노화) 시기의 차이는 유전과 삶의 양식에 따라 개인별로 엄청나게 다양하지만, 연로함의 생물학적 영향력에 대한 연구물들은 그 축적된 관록을 자랑하고 있다. 일반적으로, 남녀 공통적으로 생물학적 연로함이란 다음에 소개되는 전형적 현상의 일부 또는 전부를 의미할 수 있다.

- 안구의 렌즈에 탄력성이 떨어지면서 나타나는 시력 저하
- 고음 장애부터 시작되는 청력 손실
- 피부 피하 조직이 점차 물러짐에 따른 주름살(스킨로션과 얼굴 성형수술은 이것을 단지 늦출 뿐이다)
- 근육 조직의 쇠퇴 및 특히 허리를 둘러싼 지방 조직의 축적
- 운동 중 들숨으로 받아들이는 산소량 저하 및 저사용으로 인한 심장 근육 효율성 저하

이러한 노화 과정은 피할 수 없지만, 건강 상태, 적절한 영양과 식사 조절, 알맞은 운동량은 이를 상쇄시키거나 부분적으로 보상될 수 있다(John 1988). 많은 사람의 경우, 연로함에 따른 신체적 변화는 80세가 될 때까지 누리는 적극적이고 독립적인 삶의 장애 요인이 될 수 없기 때문에 심각한 영향을 주지 않는다. 과학자들 가운데는 건강한 라이프스타일과 의학의 발달로, 더 많은 사람이 그들의 생물학적 극대치인 천수까지 비교적 무병 상태로 살아갈 수 있으며, 죽음을 맞이하기 직전 오로지 잠시 동안 질환을 앓은 후 생을 마감할 수 있다고까지 주장하기에 이르렀다(Fries 1980).

인간이 유전적으로 언제까지 생존할 수 있는지 혹은 심지어 유전적으로 결정되었다면 언제 사망하는가 여부에 대한 논쟁이 존재한다(Kirkwood 2001). 어떤 견해에 의하면 인간의 수명은 120세까지 연장될 수 있다고 보는 가운데, 생존이 유전적으로 결정된 대다수 인간의 최장수 연령 분포를 최장 90세에서 100세까지 여겨지고 있다(Rusting 1992; Treas 1995). 공식적으로 기록된 세계 '최고령자 남성'은 미국 몬태나주에 거주하는 월터 브로이닝 Walter Breuning 으로, 그는 114세이던 2011년 4월 자연사했다. 기자들에게 소개한 브로이닝 할아버지의 장수 비결법은 하루 두 끼로 식사를 한정하고, 힘닿는 데까지 움직여 일했으며, 언제나 변화를 끼고 살았다고 한다. 지금까지 기록으로 알려진 세계 최고령자는 프랑스인 잔 칼망 Jeanne Calment 할머니로서, 122세가 되던 1997년에 사망했다. 이보다 더 장수한 인물들이 존재한다고 주장된 바 있으나, 그들의 실제 나이가 공식적으로 입증되지는 않았다(BBC News 2001).

전통적으로 서구 사회에서 노인층은 아는 것도 많고 지혜로우며 사회에 유익함을 도모하는 구성원으로 간주되었으나, 이러한 견해도 서서히 바뀌었다. 비록 선진 사회의 노인 인구 대다수는 신체상 중대 질환에 시달린 적도 없고 육체적으로 건강한 상태에 있음에도, '허약하고 무익한 늙은이'라는 불행한 고정관념이 아직도 남아 있는 편이다(Victor 2005). 이러한 고정관념들은 나이 먹고 늙어 가다가 결국 죽음에 이르는 데 대한 두려움 그리고 젊음을 더욱 찬양하는 서구 문화적 맥락에서 생긴 연로함의 사회적 의미와 더 많은 연관이 있다.

심리적 연로함

연로함의 심리적 효과에 대한 성과물은 해당 연구가

광범위한 속도로 진행되고 있음에도 불구하고, 신체적 영향력보다는 진척이 훨씬 더딘 상태다(Diehl and Dark-Freudeman 2006). 흔히 기억력, 학습, 지력, 기술과 학습 동기 등과 같은 자질들은 나이와 더불어 쇠퇴하는 것으로 알려져 있으나, 연로함의 심리 연구에 의하면 이것은 훨씬 더 복잡한 과정의 산물이다(Birren and Schaie 2001).

예를 들어 과거 기억을 회상하거나 주어진 정보를 분석하는 속도는 다소 떨어지기 때문에 지적 능력에 손상이 온 것처럼 오해의 여지를 불러올 수 있으나, 기억력과 학습 능력은 대부분 삶의 최후 순간까지 급격하게 쇠퇴하지 않는다. 학습에 대한 동기, 사고의 명징성, 문제 해결 능력 등과 같은 지적 능력이 자극이 되고 풍부한 삶을 사는 대부분의 노인층에게 삶의 마지막 순간까지 인지 능력의 급격한 쇠퇴 현상은 나타나지 않는다(Baltes and Schaie 1977; Schale 1979; Atcheley 2000).

최근의 연구는 기억 상실이 건강, 성격 및 사회 구조와 같은 여타 변수에 어느 정도 연계되어 있는지에 초점을 맞추고 있다. 과학자들과 심리학자들에 의하면, 지적 능력 저하 현상은 드문 현상이 아닐 뿐만 아니라 불가피한 과정도 아니라고 말한다. 이들 학자들은 고위험군 노인층들이 보다 수준 높은 지적 능력이나 기능을 더 장기간 유지할 수 있도록 해주는 의학적 개입 가능 방안을 연구 중에 있다(Schaie 1990). 생애 후반기에 치매의 1차적 원인인 두뇌 세포의 점진적 퇴화 현상인 알츠하이머 질환조차 85세 이상 전체 노인 인구의 절반가량이 걸릴 수 있긴 하지만, 개발도상국에 거주하는 75세 미만 노인들의 경우에는 상대적으로 드문 질병이다. 특히 논쟁을 불러일으키는 줄기세포와 관련된 최근 연구는 미래 언젠가는 알츠하이머를 완치할 수 있다는 희망을 갖게 해주었다.

사회적 연로함

사회적 연령social age은 특정한 연대기적 나이와 문화적으로 연계된 규범, 가치 및 역할로 구성되어 있다. 사회적 연령에 대한 생각들은 해당 사회마다 다른 자질인데, 또한 장기간에 걸쳐 변화를 거듭하는 자질이기도 하다. 일본이나 중국 사회에서 노인층은 과거의 역사적 회상과 지혜의 원천으로 간주되어, 전통적으로 존경의 대상으로 자리매김해 왔다. 그러나 영국이나 미국 사회에서 노인은 문화적으로 볼 때 젊은 층들이 아주 가치를 두는 고도 기술과 연계된 지식을 지닐 확률이 낮은 층이라는 점, 그리고 젊음을 강박적으로 강조하는 문화적 분위기에 편승해 비생산적이고 의존적이며 시대 흐름에서 벗어난 집단으로 간주하는 분위기가 있다.

역할 기대는 한 개인의 정체성 규정에 엄청나게 중요한 자질이다. 연로함과 연계된 역할들은 일반적으로 긍정적 자질들과 연계된다. 지배자 남녀 어른, 선배 조언자, 긍정적 조부모, 종교적 선배 어른, 현명한 정신적 선생 등이다. 그러나 다른 역할들은 이미지 손상 또는 부정적인 것으로, 낮은 자아존중감이나 소외감으로 연결되는 자질들이다. 노인층에 대한 고강도의 자극적이고 강력한 고정관념이 존재한다. '까탈스러운 늙은이', '어리석은 늙다리', '지겨운 늙은이' 혹은 '더럽게 늙은' 할배·할망구 등의 표현에서 알 수 있다(Kirkwood 2001). 사실 노인 인구 역시 사회적으로 규정된 역할을 수동적으로만 수행하는 존재가 아니며 이들은 주어진 상황을 적극적으로 규정하고 재창조해 낸다(Riley et al. 1988). 이러한 전형적 움직임의 일환으로 노인층 권리 확보 및 이를 쟁취하기 위해 조직된 캠페인 집단이나 미국에서 그레이팬더the Gray Panthers와 같은 운동이 거명될 수 있다.

비판적으로 생각하기 THINKING CRITICALLY

오늘날 어르신은 노후 보장이 확보된 연금 체계, 최장 65세에 은퇴하는 직장, 자가 주택을 소유한 행운아로 간주되고 있다. 이러한 견해는 새로운 유형의 고정관념인가 아니면 젊은 세대들이 그 이전보다 노년기를 더 힘들게 살아갈 것임을 의미하는가?

노인 되기: 상반된 사회학적 설명들

사회학자들 및 사회노인학자들은 연로함의 속성을 다룬 다양한 견해들을 소개해 왔다. 가장 초기 이론들은 한 개인이 나이를 먹고 노년이 되어 감에 따라 이에 걸맞은 사회적 역할에 변화가 오는데, 이에 대한 개인적 적응을 강조했다. 이 이론들은 사회 구조가 노인층의 삶을 어떻게 규정하는가와 생애적 관점이라는 개념에 초점을 맞추었다. 가장 최근의 이론들은 보다 다원화된 입장을 취하되, 노인 집단이 특정의 제도화된 맥락 속에서 그들의 삶을 적극적으로 구현하는 방식에 초점을 맞추고 있다.

제1세대 이론: 기능주의

나이 들어 가는 현상을 다룬 최초 이론은 1950년대와 1960년대에 걸쳐 사회학을 지배했던 기능주의적 접근에 반영되어 있다. 이 이론은 한 개인이 노년기에 접어듦에 따라 변화하는 사회적 역할에 어떻게 적응하는가, 그리고 이러한 역할들이 어떻게 하면 사회에 유용할 것인가를 강조했는데, 늙어 감에 따라 신체적·심리적 쇠락이 동반된다고 전제했기 때문이다(Hendricks 1992). 파슨스는 나이 들어 가는 것에 걸맞은 노인층을 위한 역할을 사회가 제공할 수 있어야 한다는 점, 그리고 특히 미국 사회의 경우 젊음의 강조와 함께 어르신들이 소유한 지혜나 그들만의 성숙함을 이용한 적절한 역할 부여에 실패했음을 지적했다. (노동과 같은) 전통적 역할을 포기해야 하며, 새로운 형태의 생산적 행동(이를테면 자유 봉사활동)이 도입될 필요가 있다.

파슨스의 논리는 역할퇴장론disengagement theory으로 발전했는데, 이 이론은 노인들이 나이가 들면서 담당해 왔던 전통적 역할을 젊은 세대에게 물려주고 물러나는 것이 사회적으로 기능적이라는 점을 지적한다(Cumming and Henry 1961; Estes et al. 1992). 이 관점에 의하면, 노인층들이 보여 주는 쇠퇴일로의 의지박약, 질병 및 의존성을 전제했을 때, 이들 노년집단이 점유했던 적절한 전통적 역할 수행이 더 이상 가능하지 않기 때문에 사회 전체로 볼 때 역기능적이라는 것이다.

역할퇴장론은 사회 전체적으로 기능적이라고 간주될 수 있는데, 이전 노인층이 수행해 왔던 역할들이 젊은이들에 의해 수행됨으로써 이들에게 길을 터주는 셈이 된다. 젊은이들은 신선한 에너지와 새로운 기술로 무장하고 있기 때문이다. 또한 역할 퇴장은 노인층에도 기능적일 수 있는데, 나이가 들어 감에 따라 그리고 쇠잔해지는 건강상태에 걸맞은 역할에 종사할 수 있도록 해주기 때문이다. 노년기 어른들을 대상으로 한 일련의 연구물들에 의하면 대다수 어르신은 은퇴에 대해 좋게 생각했는데, 은퇴를 계기로 당사자들의 사기가 진작되었고 행복감도 증진되었다고 주장했기 때문이다(Palmore 1985; Howard et al. 1986). 그렇지만 국가연금 수령 연령을 65세에서 67세, 68세 혹은 그 이상으로 연장시킨 최근의 정책 변화는 역할 퇴장에 대한 기능주의적 논리에 영향을 끼칠 것이다. 오늘날의 많은 은퇴자는 은퇴를 순전히 여가 시간의 확보나 가족과 함께 지내는 시간의 연장으로 손꼽아 기다리기보다는 '부분 은퇴'만 기대하는 편인데, 이는 여전히 이들 은퇴 대상자들이 공식 경제에서 유급 노동에 종사하고 있음을 의미한다(Rix 2008: 130). 이것은 어르신들 인생의 아주 후반기까지 '현역으로' 충분히 활동할 수 있음을 뜻한다.

역할퇴장론에 담겨 있는 하나의 문제점은 인생 후반기 삶에는 반드시 나약함, 질병 또는 의존성과 연계되어 있다고 전제하는 기존 고정관념을 당연한 것으로 수용한다는 점이다. 기능주의자 이론에 대한 비판가들은 역할퇴장론이 기존 상황에 대해 노인들이 적응해야 할 필요성은 강조하지만, 정작 어르신들이 당면한 상황이 정당하고 올바른가에 대한 의문은 제기하지 않는다고 지적한다. 유사한 방식으로, 오늘날 많은 어르신은 적극적이고 건강한 삶을 영위하고 있으며 지금까지 예외 없이 적용 중인 일괄적 은퇴 연령보다 훨씬 더 오랜 기간에 걸쳐 그들의 노년기 성인 역할을 지속적으로 수행하는 능력을 발휘하는 것이다. 기능주의에 대한 반발로서 또 다른 이론가 집단이 탄생했는데, 이들의 관점은 사회학의 갈등론적 전통에 기반을 둔다(Hendricks 1992).

제2세대 이론: 연령계층론과 생애과정론

1970년대 중반 이후 새로운 이론들이 노인학에 소개되었다(Estes et al. 2003). 가장 중요한 공헌을 한 두 관점은 연령계층론age stratification과 생애과정모델론life course model이다. 연령계층론은 개인적 차원의 노년 과정과 사회에서 차지하는 노인층의 계층 현상을 더 넓은 관점에 입각해 국가 정책과 같이, 사회적 역할과 사회 구조의 영향을 관찰한다. 연령계층론의 중요한 한 가지 측면은 연령의 구조적 지체structural lag라는 개념에 있다(Riley et al. 1994). 이 개념은 구조가 인구와 개인의 삶에 끼치는 변화가 어떠한 방식으로 어긋나는가를 설명하는 데 기여하는 바가 있다. 예를 들어 유럽 여러 나라에서 은퇴 연령은 제2차 세계 대전 직후부터 65세로 규정되어 왔는데, 당시엔 기대 수명과 노인 인구의 삶의 질이 오늘날보다 상당히 낮은 상태에 있었다. 그런데 최근 들어 부분적으로는 경기 불황의 한 여파로, 해당 정부들은 강제적 은퇴 연령을 상향 조정하거나 그러한 제도 자체의 폐기를 고려하기에 이르렀다.

생애과정론 역시 개인 적응의 관점에서 연로함을 보는 입장에서 벗어나 그 이상 수준에서 설명한다. 이 관점은 연로함을 생애과정의 초반에 발생하는 역사적, 사회적, 경제적 그리고 환경적 요인으로 형성된 전체 생애사적 사건 가운데 한 단면으로 간주한다. 그렇게 해서 생애과정 모델은 연로함을 출생부터 사망까지 지속되는 하나의 과정으로 설명해, 그 이전 이론들이 노인층을 여타 집단과 구분되는 별개의 집단으로만 규정하던 논리와 대조를 이루고 있다. 생애과정론은 심리적 상태, 사회 구조와 사회화 과정 사이의 관계를 검토하는 데 미시사회학과 거시사회학 간의 교량 역할을 담당하고 있다(Elder 1974).

제3세대 이론: 정치경제론

최근 들어 연로함을 다룬 연구물 가운데 중요한 업적 중 하나는 캐럴 에스테스Carroll Estes가 개척한 정치경제론political economy perspective에 있다(Estes et al. 2003). 정치경제론은 노인 집단에 대한 지배 체제와 주변화 현상에 관여하는 요인으로 국가와 자본주의 역할에 대한 논리를 소개하고 있다.

정치경제론은 사회 전반의 권력 배치와 불평등의 득세가 유지, 재생산되는 경제적·정치적 체계의 역할에 초점을 맞춘다. 예를 들어 소득, 건강 또는 사회보장을 다루는 사회 정책은 사회적 투쟁, 즉 시대의 갈등과 주류 권력과 대결의 결과물로 이해되고 있다. 노인 인구에 영향을 주는 정책은 성별, 인종별, 계급별 불평등 현상을 그대로 반영하는 것이다. 그렇게 해서 연로함과 노년기 현상은 어르신 각자가 사회에서 점유하는 위치와 직접 연계된 것으로서, 그 밖의 사회적 영향으로부터 분리된 상태에서는 생각될 수 없는 것이다(Minkler and Estes 1991). 따라서 노년기를 이해하기 위해 — 그리고 여타의 다른 생애과정 전체 역시 — 교차성intersectionality 개념에 대해 알아볼 필요가 있는데, 이 개념은 주요한 사회적 구분이 겹치거나 복잡한 유형을 보이면서 불평등 또는 혜택을 양산해 내기 때문이다.

> 교차성은 제3장 〈사회학의 이론과 관점〉, 제15장 〈젠더와 섹슈얼리티〉, 제16장 〈인종, 종족, 이주〉에서 논의된다.

연로함의 여러 측면

연로함은 새로운 가능성을 제시하는 과정이긴 하지만, 동시에 일련의 익숙하지 않은 도전이 수반되는 경험이기도 하다. 사람은 나이 들어 감에 따라 적응하기 힘든 신체적, 정서적, 물질적 문제의 복합물에 직면한다. 하나의 의미심장한 도전은 은퇴다. 대부분의 직장인들에게 사회생활은 생계수단을 제공하는 것만을 의미하는 것이 아니라, 개인적 정체감의 원천이기도 한 것이다. 은퇴는 소득원 상실뿐만 아니라 대다수에게는 적응하기 힘든 사회적 지위 상실로 연결되는 경험이다. 배우자 사망은 또 다른 형태의 중요한 전환적 경험으로서, 이는 동지애와 지지의 주요 원천이 되었던 상대의 상실을 겪는 생애사적 사건이다.

어르신들 가운데는 부자, 빈곤층, 그리고 이 중간에 속하는 사람들이 함께 공존하기 마련이다. 이들은 인종을 불문하고 두루 분포한다. 이들은 독거 상태 아니면 다양한 형태의 가족생활 가운데 한 유형 속에서 살아간다. 이들은 정치적 성향이나 선호도가 다를 수 있다. 그리고 이성애자뿐만 아니라 게이 또는 레즈비언일 수도 있다. 나아가 이들의 건강상태 역시 다양하며, 이 건상상태는 노인 스스로의 자율성과 총체적 웰빙 유지를 영위하는 데 영향을 준다. 오늘날 '노년기'란 다양하면서 확대 연장 중인 연령대를 의미한다.

현대 사회의 경우 하나의 뚜렷한 구획이 전체 생애의 세 번째와 네 번째 연령 단계로 나뉠 수 있다. 세 번째 연령 단계는 50세부터 74세에 해당하며 활동적이고 독립적인 생활을 지속할 수 있는데, 일상사 수준의 부모 역할 수행 책임이나 노동시장에서 점차 자유로워지는 때다. 이 연령대의 중장년들은 확장일로의 적극적인 소비자 층으로 참여할 수 있는 시간과 재력을 갖추고 있다. 대조적으로, 네 번째 연령 단계란 스스로를 완벽하게 보살피거나 삶을 독립적으로 살기가 훨씬 어려워져 심각한 도전에 직면하는 시기를 일컫는다. 이 단원에서는 연로함의 경험에서 발견되는 불평등, 젠더 효과와 인종과 관련된 사항을 살펴보고자 한다.

불평등과 어르신들

65세 이상 어르신의 구성이 다양하다고는 하지만, 개괄적 수준에서 본 가장 선진 사회의 노인 인구들은 젊은 인구 집단보다 물질적으로 더 취약한 상태로 살아왔다. 예를 들어 2007년 현재, 유럽연합 27개국 은퇴 인구층 가운데 6명 중 1명꼴(17퍼센트)로 빈곤의 위험에 처한 것으로 나타났는데, 이러한 수치는 젊은 취업 인구 8퍼센트와 대조된다. 65세 이상 노인 집단 가운데 빈곤에 가장 취약한 지역은 발트해 연안 국가, 영국 및 키프로스였다. 폴란드 노인 인구만 65세 미만 인구층과 중위치 가용 수입에서 아주 유사한 수준이거나 이들보다 조금 떨어지는 것으로 밝혀졌다(Eurostat 2010: 321~322).

그렇지만 2008년도 세계 금융 위기 이래, 유럽연합 국가 거주 노인 인구의 상대적 지위는 향상된 바 있다. 2013년까지, 유럽연합 28개국의 65세 이상 인구층은 전체 유럽연합 인구를 비교했을 때 아동 및 20대 젊은 층보다 빈곤 또는 사회적 배제에 덜 노출된 것으로 나타났다(〈표 9-1〉). 경기 불황과 내핍 조처라는 직격탄은 불안정한 직장이나 고용 부문에 종사하는 취약 집단에 떨어졌음에도, 대부분 노인층의 경우 국가연금제도와 그 밖의 조치들은 최악의 사태로부터 보호 장치 역할을 해낸 것으로 보인다(Eurostat 2015). 그렇지만 지역 간 편차가 있다. 불가리아의 경우는 65세 이상 인구층의 57퍼센트 이상이, 에스토니아나 크로아티아, 슬로베니아 및 핀란드의 노인 인구 역시 가장 취약한 빈곤에 노출되어 있다.

노인층 스스로 느끼는 생활수준에 대한 주관적 평가는 오로지 물질적 요인 또는 관련 수치뿐만 아니라 함께 어울려 비교 대상이 되는 다른 준거 집단에 기반을 둔다. 과거 젊었을 적 기억을 더듬는 가운데 비록 도덕적이거나 사회적인 것은 아닐지라도 지금의 물질적 상황이 괜찮다면 개략적 수준에서 긍정적일 수 있을 것이다. 그렇지만 이들은 현재의 물질적 상황을 과거 은퇴 전에 구가했던 풍요로웠던 시기와 비교할 수 있으며, 아니면 사회 전반적인 생활수준의 평균치와 비교하거나 다른 은퇴자의 삶과 비교할 수도 있다. 따라서 노인 인구 사이에 주관적으로 받아들이는 물질적 불평등은 공유할 수 있는 여지가 없다(Vincent 1999).

표 9-1 유럽연합 28개국의 연령별 빈곤 또는 사회적 배제 위험에 노출된 사람들, 2013

	총계	미성년층 (0~17세)	성인층 (18~64세)	노년층 (65세 이상)
유럽연합 28개국 총합[1]	**24.5**	**27.6**	**25.3**	**18.3**
유럽연합 개별 국가[1]	**23.0**	**25.0**	**24.3**	**16.5**
벨기에	20.8	21.9	20.8	19.5
불가리아	48.0	51.5	44.3	57.6
체코	14.6	16.4	45.2	10.4
덴마크	18.9	15.5	22.3	11.4
독일	20.3	19.4	22.0	16.0
에스토니아	23.5	22.3	22.7	28.0
아일랜드[2]	30.0	33.1	31.7	14.7
그리스	35.7	38.1	39.1	23.1
스페인	27.3	32.6	29.2	14.5
프랑스	18.1	21.3	19.2	10.4
크로아티아	29.9	29.3	29.6	31.9
이탈리아	28.4	31.9	29.4	31.7
키프로스	27.8	27.7	28.2	26.1
라트비아	35.1	38.4	34.0	36.1
리투아니아	30.8	35.4	29.3	22.6
룩셈부르크	19.0	26.0	19.0	7.0
헝가리	33.5	43.0	34.5	19.0
몰타	24.0	32.0	22.5	20.8
네덜란드	15.9	17.0	18.0	6.1
오스트리아	18.8	22.9	18.3	16.2
폴란드	25.8	29.8	26.1	19.7
포르투갈	27.4	31.6	28.5	20.3
루마니아	40.4	48.5	39.4	35.0
슬로베니아	20.4	17.5	20.6	23.0
슬로바키아	19.8	25.5	19.4	13.6
핀란드	16.0	13.0	16.7	16.8
스웨덴	16.4	16.2	16.5	16.5
영국	24.8	32.6	24.1	18.1
아이슬란드	13.0	16.6	13.4	4.2
노르웨이	14.1	13.4	15.6	9.6
스위스	16.4	17.3	12.8	29.6

참조: **1**. 추정치 자료.
2. 2013년 자료는 입수 불가: 대신 2012년 자료.
출처: Eurostat 2015a.

부양을 보장받고 적극적으로 생활하는 연금 수혜자라는 현대적 고정관념과 달리 이른바 제4연령기는 실제로 빈곤, 질병, 사회적 소외 시기로 특정될 수 있다.

계급, 인종 및 젠더 불평등은 어르신들이 유급직을 그만둘 때 더 악화되며, 여기에 노년이라는 불평등적 요소가 더해져 나이 많은 여성 노인, 소수 집단 출신의 수공업 종사자들의 경우 같은 처지에 놓여 있는 중년층 동료에 비해 더 빈곤한 삶에 놓인다. 생산적 취업 생활을 할 때 종사한 개별 직장연금이나 개인연금을 적립하는 능력은 노인 집단 간에 발생하는 수입 불평등을 좌지우지하는 핵심 요인의 하나가 되고 있다. 결과적으로, 이전에 전문직 혹은 관리직에 몸담았던 남성 어르신들의 경우, 은퇴 후 노년기에 최고액의 수입을 올리기가 수월하다.

> 노인 인구의 빈곤에 대한 내용은 제13장 〈빈곤, 사회적 배제, 복지〉에서 자세히 살필 것이다.

노년기 삶의 여성화

전 세계 모든 사회를 막론하고, 여성들은 일반적으로 남성보다 더 장수한다. 이러한 현실을 유념할 때, 미망인 신분은 노년기 여성의 규범이 되고 있다. 예를 들어 2004년에 65세 이상 영국 여성 노인의 거의 절반, 그리고 85세 이상 여성 노인의 5분의 4는 배우자가 없는 미망인이었다. 대조적으로 65~69세 남자 노인의 4분의 3 이상은 배우자가 있지만, 80대 초반이 되면 그 비율은 60퍼센트로 떨어진다(ONS 2004b). 2008년 중반 기준, 영국 사회의 경우 85세 이상 여성 노인 수(91만 4천 명)는 동년배 남성 수(42만 2천 명)의 두 배를 능가한다(ONS 2010a: 3). 이와 같은 여성 노인의 수적 우세 현상은 '노년기 삶의 여성화'로 표현되어 왔다(〈그림 9-3〉 참조).

여성의 비율에 변화를 가져온 주요 원인은 제1차 세계

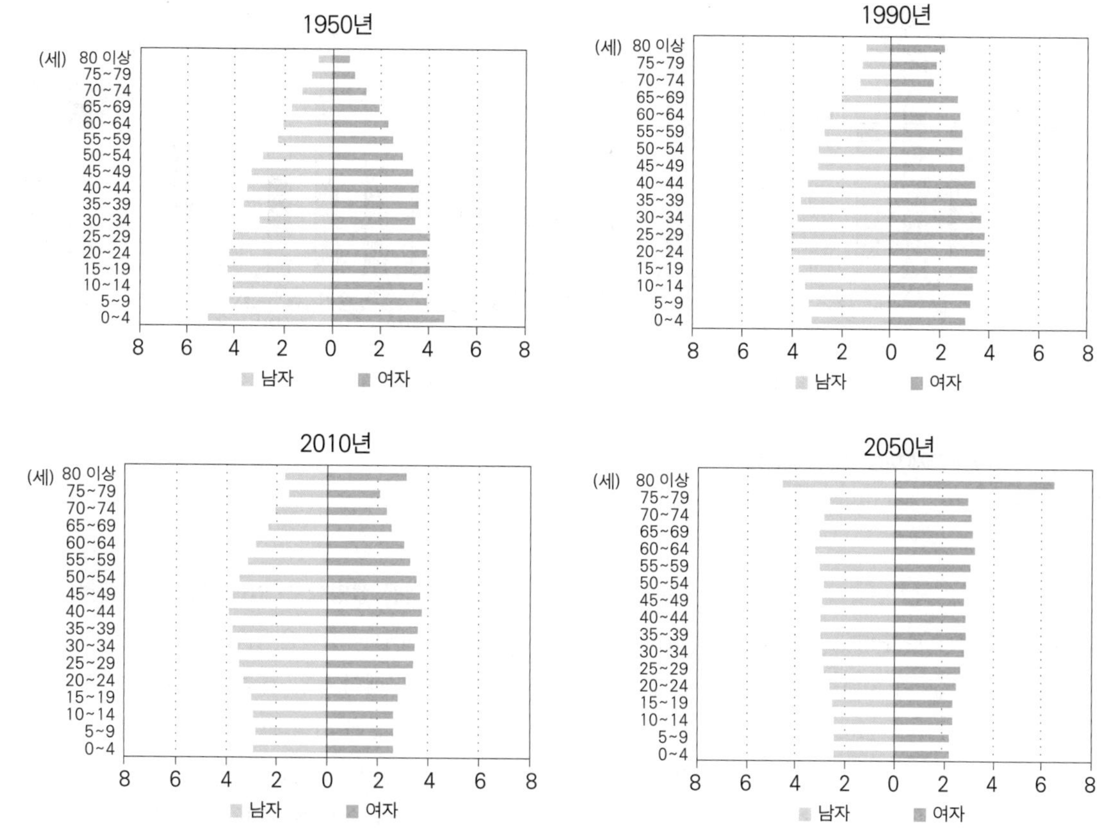

그림 9-3 유럽 인구의 연령 피라미드, 1950, 1990, 2010, 2050(추정치)

출처: Eurostat 2010; 167.

대전(1914~1918) 동안 너무 많은 젊은 남성이 사망했기 때문이다. 이 세대의 여성들은 1961년에 은퇴했는데, 이때 성비 구성에 엄청난 불균형이 비롯되었다. 20세기 후반기에 접어들어 유럽 사회에서 65세 이상 인구 중 여성의 비율은 남성보다 더 높았으나, 이러한 여초女超 현상은 어느 정도 꺾인 상태이며, 이러한 감소 추세는 지속될 것으로 전망된다. 2050년 미래 예측에 의하면 65~79세 연령 분포에 관한 성비 불균형(혹은 '성비')은 80세 이상 연령 집단의 급격한 증가로 여성화 현상에 변동이 생김에 따라 균형이 잡힐 것으로 진단된다. 이러한 추세를 가져온 한 가지 이유는 20세기 중·후반기 동안 65세 이상 인구 가운데 남성 사망률이 급격하게 낮아진 탓이다. 〈그림 9-4〉에는 1950~2050년 유럽 인구의 변화하는 성비 추이 유형을 읽을 수 있는 '연령 피라미드'가 제시되어 있다.

그러나 '여성화'에 문제점이 없지는 않다. 여성 노인들은 남성 동년배들보다 빈곤에 처해질 가능성이 높다. 대다수 사회에서 여성들은 성별에 따른 임금 격차로 인해, 그리고 자녀 양육과 친인척 돌봄과 연계된 삶을 일생 동안 지속하는 바람에 소득이 적거나 거의 없어 남자들과 동등한 연금을 받기 어렵다. 예를 들어 2007~2008년의 경우, 영국의 홀로된 여성 노인의 42퍼센트는, 홀로된 남성 노인의 31퍼센트와 대조적으로 현실 속에서 오로지 국가연금만 받았을 뿐이다. 홀로된 남성 연금 수혜자 절

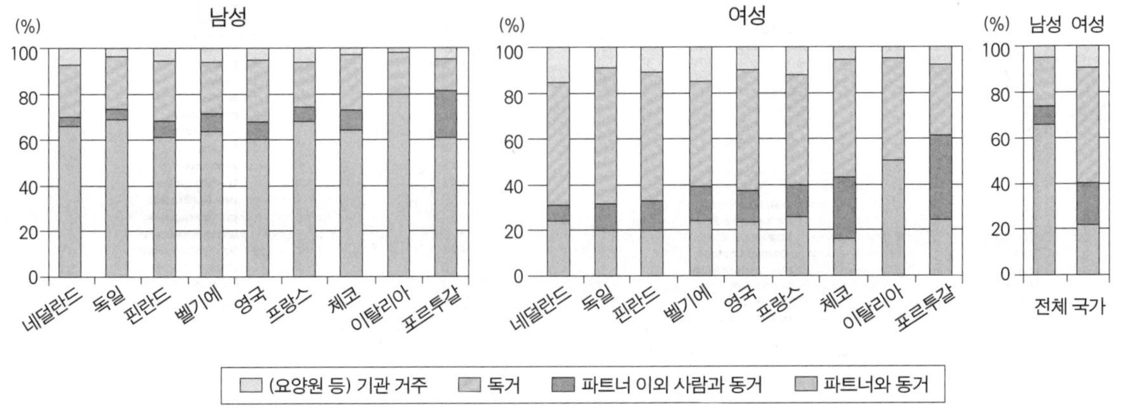

그림 9-4 유럽 9개국 75세 이상 고령층의 성별 거주 형태, 2000
출처: Debés et al. 2006.

반 이상(54퍼센트)은 국가연금의 최고액을 어떠한 형태의 직종(업) 연금 양식으로 수령했으나, 독신 여성 노인 연금 수혜자의 27퍼센트만이 형태를 불문한 사적 연금에 기반한 소득원을 가졌다(ONS 2010a: 118).

나이가 들면서 여성 노인들은 남성보다 장애에 더 시달린다. 이것은 여성 노인들이 목욕이나 잠자리들기나 기상 등과 같이 일상생활 속에서 개인적 돌봄이나 일반적 업무 수행에 많은 도움이나 보호가 더 필요함을 의미한다. 남녀 노인들의 주거 생활 상태 역시 젠더 측면을 생각해야 한다. 몇몇 선택된 유럽 국가를 대상으로 한 연구에서, 여성 노인들은 배우자 없이 혼자 생활하는 데 비해 남성 노인들은 배우자가 있는 삶을 영위하는 추세에 있음이 밝혀졌다(Delbés ei al. 2006; 〈그림 9-4〉 참조). 이에 더해, 여성 노인은 남성 노인보다 요양원에서 살아갈 확률이 두 배 높았다. 연구자들은 이에 대해 남성 노인들이 배우자의 건강 문제를 보살피는 데 여성 노인보다 더 많은 어려움을 겪기 때문이라고 해석했다. 북유럽과 남유럽이라는 지역 차이 역시 존재했다. 이를테면 75세 이상 핀란드 여성 노인의 56퍼센트, 독일 여성 노인의 59퍼센트가 배우자 없는 상태의 삶을 살아가는 데 비해, 동년배 포르투갈 여성 노인은 30퍼센트만이 배우자가 없는 상태였다.

그러한 결과를 설명할 수 있는 문화적, 정책적 차이가 존재한다. 남유럽 국가들은 집안의 노령 친인척을 모시는 방안으로 '다세대 통합 거주' 양식을 선호하는 데 반해, 북유럽 국가들은 사회보장제도가 잘 갖추어져 이러한 보장제도가 가족 기능을 대신 수행해, 해당 어르신들을 혼자 거주할 수 있도록 배려하고 있다. 그렇다면 노인 인구를 보살피는 보장 체계에 젠더화된 유형이 구체적으로 분명히 존재하는 셈이다.

나이와 인종

소수 집단 출신 노인 인구의 수입 역시 백인 노인층의 수입보다 낮은 편이었으며, 평균치 연금 수당 의존도도 더 높았다(Berthoud 1998). 인종적 소수 집단 출신 노인 인구 역시 자동차나 주택 소유와 같은 — 비록 인도나 중국인 노인층의 주택 소유율은 백인 노인층과 비슷한 수준이지만 — 여타 재산 취득에서 취약성을 보여 준다. 예를 들어 영국 거주 파키스탄인이나 방글라데시인들의 경우 다른 인종 집단과 비교했을 때 높은 빈곤율을 나타내는데, 이러한 경향은 노년기에 진입한 후에도 지속된다

진Ginn과 아버Arber는 영국 거주 노인 인구의 인종별, 성별 수입 차이를 조사했다(2000). 조사 결과, 아시아인

여성 노인이 특히 불이익을 받고 있음을 알 수 있었다. 은퇴한 인종적 소수 집단은 국가가 지급하는 연금 이외에 직종 연금이나 개인연금을 부가적으로 보충할 수 없는 상태였다. 2007년의 경우, 백인 노인 인구의 거의 4분의 3은 취업연금 수혜자들인 데 반해 아시아/아시아계 영국인 노인 및 흑인/흑인계 영국인 노인들은 절반에도 못 미쳤다(DWP 2007).

나이 든 이민자 소수 집단 대다수는 개인연금이 없는데, 영국에서의 짧은 취업 경력, 노동시장에서의 차별, 소수 집단이 정착한 지역에서 찾을 수 있는 직종 유형의 한정성, 때로는 부족한 영어 실력 등에서 비롯된 한계가 그대로 반영된 것이다. 특정한 인종적 소수 집단에 속하는 여성 노인층의 경우, 경제적 어려움은 젊어서부터 취업 당시 장애로 등장하던 문화적 규범 때문에 가중되는 경향이 있다. 그러한 유형의 구조화된 불리함은 유럽 사회 또는 국가 간에 비교했을 때 그 밖의 인종적 소수 집단에서도 발견된다.

연로함의 정치학

연로함은 세계적 위기인가

인구 구성상 연령 분포에서 괄목할 만한 변화는 모든 선진국에 특유의 도전을 가하고 있다. 왜 그런가에 대한 이해의 한 방법은 의존 비율dependency ratio — 한편으로는 어린 미성년과 은퇴한 노년 인구('의존적' 집단으로 간주되는) 숫자와, 다른 한편으로는 취업해서 생산에 종사하는 젊은 층 숫자 사이의 관계 — 을 생각해 보는 것이다. 그렇지만 '노년 의존율'과 '미성년 의존율'의 구분 역시 가능하겠으나, 여기서 우리가 관심을 가지는 것은 '노년 의존율'이다. 노년 의존율은 은퇴 인구와 성인 생산 연령 인구 간의 비율을 일컫는 것으로서 일상적으로 퍼센트로 표기된다.

유럽 및 그 밖의 선진 사회에서 출생률 및 출산율 저하가 지속됨에 따라 나타난 젊은 층 감소 현상은 미성년 의존율이 거의 절반으로 줄어들었음을 의미하는 것으로서, 1960년에 41퍼센트였던 것이 2005년에 23퍼센트로 격감했다. 그러나 동일 기간 동안 사람들이 점차 장수함에 따라, 노년 의존율은 14퍼센트에서 23퍼센트로 증가했다. 대조적으로, 아프리카의 경우 (미성년 의존율과 노년 의존율을 합친) 전체 의존율은 2005년에 80퍼센트를 기록했는데, 이는 인구 구성상 높은 비율을 차지한 젊은 층 때문이었다(Eurostat 2010: 152~153). 노년 의존율은 유럽, 북아메리카 및 오세아니아 지역에서는 15퍼센트 이상이라는 상대적으로 높은 비율을 점유했으나, 아시아와 아프리카 및 라틴아메리카와 카리브해 지역은 10퍼센트 미만이라는 상대적으로 낮은 수치를 기록했다. 뿐만 아니라 한 국가 내에서는 말할 것도 없고, 세계적 차원에서 볼 때 동일 지역은 물론 다른 지역에 이르기까지 엄청 다양하게 나타난다.

의존 비율에서 변화는 몇 가지 요인과 연계되어 있다. 현대적 농업 기술, 향상된 위생 체계, 발 빠른 전염병 관리와 의료 체계, 이 모든 것이 전 세계적인 사망률 저하에 이바지했다. 오늘날 대부분 사회, 특히 선진 사회의 경우, 신생아 사망률은 더욱 낮아지고 있으며 더 많은 노인 인구가 오랫동안 살아남아 삶을 영위하고 있다. 노인 인구의 비율이 지속적으로 증가함에 따라 사회 서비스와 건강 시스템에 대한 요구 역시 증가하며, 기대 수명의 연장은 연금 지급 연한이 지금 수준보다 더 연장되어 지급될 필요가 있음을 의미한다.

그렇지만 생산 종사 인구 집단이 노인층을 보조하는 연금 프로그램의 재정적 부담을 담당하고 있으며, 노령기 의존율이 증가함에 따라(〈그림 9-5〉 참조), 가용자원을 둘러싸고 긴장이 점차 고조될 것으로 예측하는 견해도 있다. 그렇게 전망하는 관점에 입각해, 학자나 정치인들 사이에서 국가연금 수령 연령SPA을 높여야 한다는 주장도 있다. 2008년 금융 위기와 2009년 불황으로 인해 이러한 주장은 설득력을 얻었고, 국가연금 예산액을 포함한 공공지출 삭감 필요성이 더욱 긴박해졌다. 그 결과로서, 여러

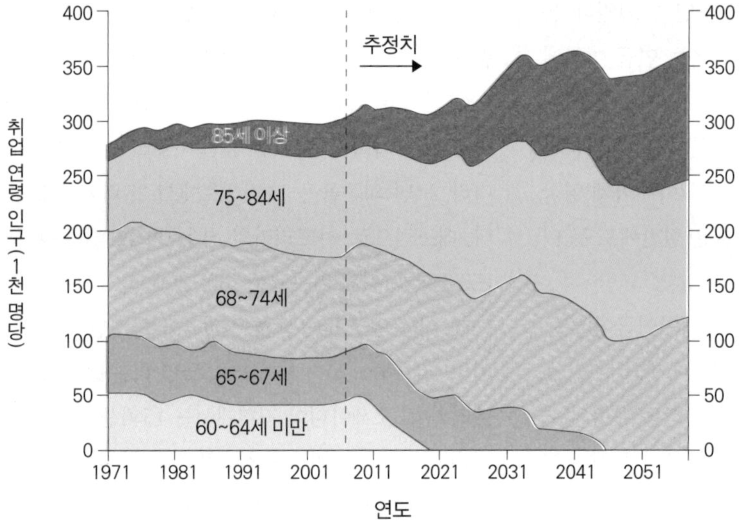

그림 9-5 영국의 연금 수령 연령 의존율 현황 및 추정치, 1971~2058

출처: ONS 2010c: 18.

해당 국가에서는 SPA의 연령 연장을 발표하기에 이르렀다. 영국의 경우, 2010년부터 2020년 사이에 여성 노인의 수급 연령을 60세에서 65세로 연장했는데, 이로써 남성 노인과의 지급 시기 격차에 균형을 맞출 수 있게 되었다. 그럴 경우 2044년과 2046년경에 이르면, SPA는 지급 단계가 연장되어 남녀 노인 공히 68세부터 혜택을 받을 수 있을 것이다. 분명한 것은, 이러한 방식에 입각해 '생산 연령'과 '연금 수령 가능 연령'을 재규정하는 것은 의존율에 영향을 미친다는 점이다(ONS 2010c: 17).

> 2008년 금융 위기와 그것이 정부 정책에 끼친 영향에 대한 자세한 논의는 제7장 〈일과 경제〉, 제13장 〈빈곤, 사회 배제, 복지〉, 제21장 〈정치, 정부, 사회운동〉을 참조하라.

〈그림 9-5〉는 2050년대까지 노령화가 진행 중인 인구 효과와 SPA 예상 금액의 변화를 제시하기 위해 연금 수령 연령 의존율을 해당 연령대별로 분류한 것이다. SPA 규모에서 액수 증가가 발생함에 따라 개괄적 수준의 의존율은 재상승 전인 2021년경에 비슷해질 (그리고 심지어 약간 저하될) 것이다. 그렇게 해서 인구학적 노령화 추세는 선진국들의 의존율을 장기간에 걸쳐 좌지우지하는 가장 강력한 요인으로 부각될 것이다. 영국의 경우, 2008년 국가연금 수령 가능 연령의 40퍼센트가 75세 이상 연령 집단이었으나. 2058년이 되면 이 연령대는 67퍼센트를 구성할 것으로 예상된다(ONS 2010c: 17~18). 프랑스의 경우, 2018년에는 은퇴 연령이 60세에서 62세로 연장될 것이다. 독일은 2029년에 은퇴 시기가 65세에서 67세로 높아질 예정이며, 그 밖의 여러 국가도 유사한 은퇴 연장 계획을 모색 중에 있다.

비판가들 가운데 어떤 이는, 이 모든 '의존론'은 불필요한 경고론자의 논리이며 인구학적 변화 현실을 정확하게 지적하지 못한다고 비판한다. 이 논리는 또한 노인층을 낙인찍고 고정관념화하는 부정적 해석을 구축한 위험부담을 안고 있다. 멀런Mullan은 노인 인구가 일련의 암癌적인 사회문제를 불러온 시한폭탄 같은 존재라고 믿는 사람들은 일련의 신화에 빠져 있는 인물들이라고 평가한다(2002). 예를 들어 멀런은 노인 인구가 반드시 열악한 건강상태나 재정적 의존을 기하급수적으로 증가시킴을 의미하는 것은 아니라고 주장한다. 나이를 먹고 연로해지는 것은 질병이 아니고, 대다수 노인층은 아프지도 장애 상태에 있지도 않으며, 공식 은퇴 연령 이후에도 계속 일하고 있다. 사람들은 지난 세기 동안 진척된 삶의 나아진 환경 덕분에 장수를 누리게 된 것이다. 아동과 더불어 노인층을 '의존적 집단'으로 분류하는 것은 특정한 어느 한 집단을 '하나의 문제'로 단정적으로 규정하는 것이다. 그리고 비록 모든 노인 인구가 하나같이 적응이 잘되어 있거나 재정적으로 안정된 것은 아니지만, 현재 은퇴를 손꼽아 기다리는 대부분의 사람들은 인생 후반기가 훨씬 좋은 쪽으로 개선되었다고 할 수 있다(Gilleard and Higgs 2005).

사회학자들 가운데 의존이라는 개념을 재고할 필요가 상당히 있다고 지적하기도 한다(Arber and Ginn 2004). 첫째, 과거 의존을 규정하는 데 사용되었던 연령대가 선진사회에서의 고용 유형을 더 이상 반영하지 못하고 있다. 16세 때 노동시장에 진출해 정규직에 취업했던 젊은이들의 수는 공식 교육을 과거보다 훨씬 장기간에 걸쳐 받기 때문에 줄어들고 있다. 또한 많은 노동자가 65세 이전에 노동시장을 떠나거나 생애 단계의 다양한 시점에서 노동시장에 진입 또는 퇴장하고 있으며, 과거 어느 때보다 많은 여성이 유급직 고용 상태로 진출해 보다 짧아진 남성 노동자들의 고용 기간을 상쇄하고 있다.

둘째, 경제에 이득을 주는 행위는 노동시장의 공식 부문에 적극 참여하는 것에만 한정된 것이 아니다. 영국 사회의 자료에 의하면, 노인 인구가 부담되는 존재라기보다는 여러 형태의 경제적·사회적으로 생산적인 공헌을 담당하고 있음이 밝혀졌다. 이들 어르신들은 능력을 덜 갖춘 배우자를 위해 무급의 비공식 돌봄노동을 제공해, 그렇지 않았더라면 국가가 지불했어야 할 건강 및 개인적 돌봄 비용을 경감하는 데 기여했다. 이들은 성인 딸이나 며느리들이 안심하고 노동시장에 진출할 수 있도록 손주들을 돌보는 주도적 역할을 해내고 있으며, 자원봉사 단체에서도 아주 적극적으로 활동하고 있다. 노인들은 성인 자녀들에게 돈을 빌려 주거나 교육비 제공, 선물 형태 또는 주택관리비에 도움을 제공하는 등 — 특히 내핍 시대나 복지 혜택 삭감 시대에 즈음해 — 돋보이는 역할을 수행해 왔다. 노년기 부모들은 성인 자녀들의 이혼 등과 같은 시련기에 정서적 도움을 지속적으로 제공했고, 이러한 역할은 과소평가되어서는 안 될 덕목이다.

노소 차별주의

노소 차별주의ageism는 나이가 많다는 이유만으로 노인들에게 가하는 차별을 말하는데, 비록 노인에게만 해당하지는 않지만 성차별주의나 인종 차별주의와 비슷하다. 예를 들어 아동 의무 교육, 성적性的 행동에 대한 연령 제한, 흡연, 음주나 취업에 적용되는 젊은이들의 권리나 자유에 제한을 두는 것 등이다. 그렇지만 수많은 사회학적 연구물은 노소 차별은 연로한 노인층을 대상으로 한 현실을 다루고 있다. 노소 차별의 경우, 성차별주의, 인종 차별주의 및 동성애 차별과는 본질적으로 차이가 있는데, 우리는 모두 너나 할 것 없이 나이를 먹으면서 연로해지기 때문이다. 그러나 성차별적이거나 인종차별적인 거친 내용의 농담은 공개적으로 더 이상 용납되지 않지만, 나이 많은 것에 대한 농담은 널리 회자되고 있다. 많은 사람은 매년 축적되는 세월과 더불어 점점 증가되는 노쇠 현상을 농담조로 담은 생일 카드를 주고받는다. 그러한 관행은 노소 차별 사회에서 벌어지는 연로함의 패러독스다.

맥니콜Macnical은 노소 차별주의가 세 가지 영역의 사회생활에서 목격된다고 주장한다(2010: 3~4). 사회관계와 태도, 고용 및 재화와 용역 분배 영역이 그것이다. 우리가 이미 목격한 바대로, 사회적 관계 속에서 주고받는 노인층에 대한 고정관념은 여러 가지가 있다. 젊은 층 가운데 많은 이들이 70세 이상 연령대의 대다수는 요양원이나 병원 신세를 지며, 이들 가운데 높은 비율은 치매 증세를 보인다고 생각한다. 사실 많은 어르신이 사설 거주지에서 살고 있으며 65세부터 80세 사이의 어르신 가운데 10퍼센트만이 치매 증세를 앓고 있다. 잘못된 오류임에도, 그러한 견해는 부정적 태도를 양산해 집안이나

노인층은 가족과 지역사회에 아주 절실한 도움을 제공한다. 예를 들어 취업 생활 중인 (성인) 자녀들을 대신해 비공식적 아기(손주) 돌보기 등을 수행한다.

기관 거주 상황에서 발생하는 노인 학대와 연계되어 있는 것이다.

고용의 경우, 고령 노동자가 젊은 노동자에 비해 생산성이나 출근율에서 우위임을 현장에서 입증했음에도, 고령 노동자는 젊은 노동자들보다 유능하지 않다는 인식이 종종 회자되고 있다. 심리학 연구물 역시 고령 노동자들이 신뢰성, 생산성 및 하루하루 인지 수행에서 젊은 노동자들보다 높은 점수를 얻고 있음을 지적했다(Schmiedek et al. 2013). 소비자로서, 어르신들은 단지 고령이라는 이유만으로, 휴가철 소요 경비나 자동차 보험 정책에서 비용을 더 부담하고 있으며 건강검진소에서 다른 대접을 받고 있음을 알게 되었다. 지난 몇십 년에 걸쳐 여러 국가의 해당 정부는 노소 차별을 금지하는 법안을 공표하거나 실행해 왔는데 충원, 고등교육 진학이라는 직업 훈련, 승진, 봉급, 일자리 유지 및 중요한 사안으로서 은퇴할 권리에서 연령 차별을 금지한 내용이 그것이다.

빌 비서웨이Bill Bytheway는 노소 차별주의의 기저에는 사회적 구성물의 논리가 존재한다고 밝히고 있다(1995; 제8장 〈사회적 상호작용과 일상생활〉에 소개된 접근법이다). 비서웨이는 '노년old age'과 '노인elderly'의 개념에 의문을 제기하는데, 이러한 용어들은 실제로는 존재하지 않는 현실을 보편적 현상으로 존재하는 듯이 규정한다는 것이다. '노년'의 개념은 정확히 무엇을 의미하는가? 노년으로 불릴 수 있는 그 무엇이 존재하는지 말해 주는 과학적 근거가 존재하는가? 만일 존재한다면, 사람들은 어떻게 그것에 진입해 노인이 '되는 것'인가? 비서웨이는 연로해 나이 들어 가는 과정을 묘사하는 데 우리가 사용하는 범주 그 자체가 노소 차별적 태도라고 말한다. 이러한 용어들은

중국의 노령화 인구

세계 사회 9-2

2015년 10월, 중국 정부는 장기간 시행해 왔던 한 자녀 정책을 포기하며 커플들의 둘째 자녀 출산을 허가한다는 내용을 공표했다. 한 자녀 정책은 출산율 저하를 목표로 1979년부터 실시되었다. 1979년 중국 인구는 10억 명에 근접한 상태였으며, 공산당은 지속적인 인구 증가는 생산성 향상과 경제 발전 노력에 제동을 거는 것으로 규정했다.

출산 정책을 따르지 않는 커플들은 벌금형에 처해졌으며, 어떤 경우에는 직장에서 실직당하거나 여성들 중에는 강제 낙태 시술을 겪는 이들도 있었다. 남아선호사상이 강력하게 뿌리내린 탓에, 한 자녀 정책은 중국 사회의 젠더 불균형의 원인으로 작용했는데, 첫아이가 딸인 경우 고아원에 맡기거나 첫째이자 유일한 자식이 아들임을 보장받기 위해 임신중절을 행하는 사례도 나타났다. 그렇지만 시간이 경과하면서 몇몇 성省이나 농촌 지역에서는 일찌감치 엄격한 강제 레짐에서 벗어난 조처를 효율적으로 실시해 왔다. 예를 들어 농촌 지역 가족의 경우 첫째가 딸이면 두 번째 자녀를 출생하도록 한 것이다.

한 자녀 정책의 종언은 중국이 인구 노령화(총 인구의 거의 3분의 1이 50세 이상 연령층)가 진행 중인 현실을 맞이해 경제가 이전처럼 급격하게 진전하기 위해서는 젊은 일꾼들이 더 필요하다는 것을 인지했음을 의미한다. 그러나 한 자녀 정책으로 인해 이젠 소규모 가족이 정상이 되었고, 그것이 많은 경우 선호하는 삶의 선택지로 정착되어, 커플들은 성장 중인 경제의 소비자로서 혜택과 세계적 자본주의 체계에 편입된 현실을 즐기게 되었다. 오랫동안 국가 인구를 통제 또는 관리해 온 결과, 중국은 세계 여타의 인구 노령화에 시달리는 사회의 경험에서처럼 지금은 그들과 유사한 인구학적 쟁점과 딜레마에 직면하고 있다.

비판적으로 생각하기 THINKING CRITICALLY

전 세계 인구의 '고령화'로 초래된 재정적 문제로는 어떤 것이 있는가? 2008년 세계적 금융 위기는 젊은 세대와 노인 세대의 관계에 어떠한 변화를 끼쳤는가?

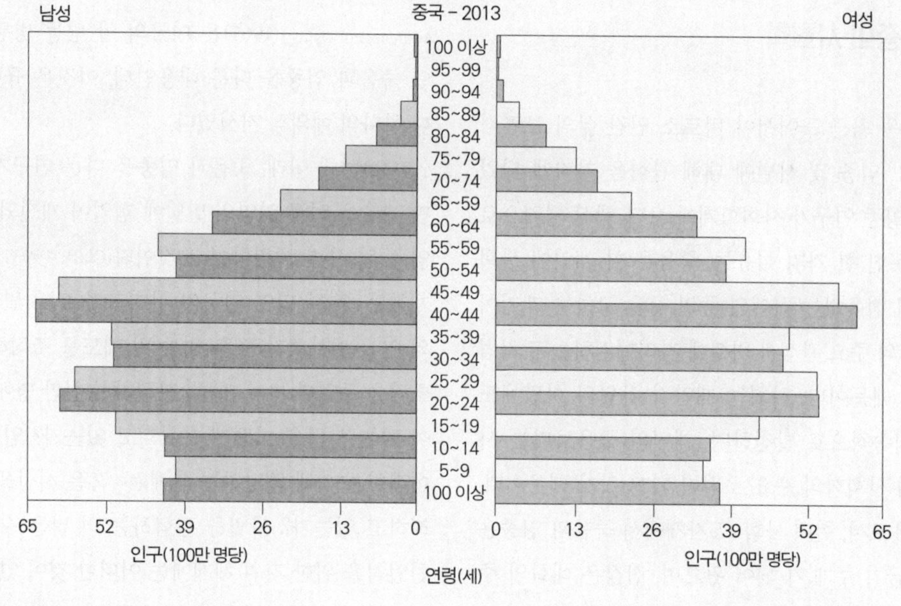

그림 9-6 중국 인구, 2013

출처: US Census Bureau.

생물학적, 연대기적 나이에 기반해 사람들을 합법적으로 분리하고 관리한다는 점에서 사회적 구성물인 것이다.

노년 인구와 청년 인구 사이에 나타나는 이념, 가치관의 차이는 어떤 학자들이 주장하는바, 세대 차이의 간극이 더 커지고 있다는 논리에 기여할 수 있다. 이러한 의미에서 노소 차별주의는 오늘날 노인층도 과거 한때는 젊은 청춘이었으며 오늘의 젊은이들 역시 미래 언젠가는 연로해질 것이기 때문에 특수한 성격의 차별 형태일 수 있다. 그렇지만 이러한 사실의 인식 자체만으로는 노소 차별을 막기에 역부족이다. 또한 학자들 가운데 노소 차별주의의 핵심적인 이유는 노인층이 젊은 세대에게 부여하는 위협을 인지하는 데 있다는 주장도 있다.

특히 서구 문화의 경우 젊은 세대들은 청춘과 젊음에 대한 찬양은 공유하지만, 원하지 않는 신체적 변화가 수반되는 늙음 현상은 두려운 대상으로 인식하며(나이 듦에 대한 두려움인 노년공포증gerontophobia으로 알려짐), 나이 듦에 대한 토의는 일반적으로 기피한다. 따라서 어르신들은 젊은 세대에게는 두려움으로 대변되며, 나아가 바로 자신들이 당면할 미래 모습으로 끊임없이 복기되는 존재인 것이다(Greenberg et al. 2004). 그렇지만 노년층들은 인간이 종국엔 당면할 죽음을 연상시키는 존재들로서, 현대 사회는 불가피한 죽음을 맞이해야 할 때 기피하고 싶은 장면들 뒷면에 사망 과정을 감추고자 하는 성향이 있다. 따라서 노소 차별주의 철폐를 위한 전제조건으로 죽음, 사망, 임종을 둘러싸고 제기되는 쟁점을 보다 개방적이고 공식화된 세대 간 토론으로 승화시킬 필요가 있다. 마지막 단원에서 우리는 이러한 시도가 가까운 장래에 현실성 있는 전망이 될지 여부를 목격할 것이다.

죽음, 임종 및 사별

죽음과 임종의 사회학

사회학자들은 최근 들어서야 비로소 인간 삶의 보편적 경험인 죽음, 임종 및 사별에 대해 관심을 가지게 되었다. 죽음과 임종 연구가 사회학계에 보다 핵심 영역으로 자리 잡지 못한 한 가지 이유는, 죽음은 한 개인이 사회적 세상에서 점유하는 참여의 종언end을 고하는 계기이므로 사회학의 주요 관심사 바깥에 자리매김하는 것처럼 간주되었기 때문이다. 사회는 개인적 차원의 사망에도 불구하고 지속적으로 발전하며, 개인의 죽음보다는 사회적 발달이 사회학의 주요 초점이 되어 왔기 때문이다. 또 다른 이유로서, 현대 사회 그 자체에서 죽음과 임종은 오랫동안 '금기 주제'가 되어 왔으며, 점잖은 대화의 주제가 되지 못했던 것이다. 초기 연구 가운데 한 저작물인 글레이저Glaser와 스트라우스Strauss의 저서 『임종의 자각Awareness of Dying』(1965)은 미국의 암 병동 병원에서 있었던 죽음과 임종을 다룬 내용인데, 이것은 규범이라기보다 하나의 예외적 저서였다.

1990년대 이래, 죽음과 임종을 다룬 연구가 부실했지만 새로운 연구 영역의 발달에 힘입어 개선되었다. 죽음, 임종 및 사별 사회학이 그것이다(Clark 1993). 이 분야의 개척자 중 한 명인 영국의 사회학자 토니 월터Tony Walter의 연구는 사회가 죽음, 임종 및 애도를 조직하는 방식에 초점을 두었다(1994, 1999). 사회가 수십만 명에 이르는 죽어 가는 사람을 어떻게 보살피고 있는가? 임상학적으로 이러한 수치에 해당하는 사체死体 혹은 시신을 어떻게 처리하고 있는가? 사별을 경험하는 더 많은 수의 망자亡者 친인척을 위한 지원 체계에는 어떠한 것이 있는가? 이승에서의 삶을 마감했을 때 망자의 혼을 위해 어떠한 믿음 체계가 준비되어 있는가? 그러한 질문에 대한 답변은 아

나이 먹지 않고 늙지 않는 미래?

사회학적으로 상상하기 9-3

소설 『노쇠 과정 이야기Stories of Ageing』(2002)에서 마이크 헵워스Mike Hepworth는 노쇠 경험이 부여하는 다양한 의미를 이해시키기 위해 문학적 상상 속의 허구를 기본 구성으로 한 탐험세계로 독자들을 안내한다. 다음에 소개될 내용은 헵워스가 과학과 기술의 힘이 우리의 연로함에 대한 이해를 어느 정도 급격하게 변모시켰는지 말해 준다.

전설과 낭만적 상상력 세계 바깥에는 아주 최근까지 서구 문화의 경우 삶을 영위할 만큼 오랫동안 장수했을 때 예상되는 모습은 오로지 하나밖에 없었다. 신체의 불가피한 쇠락, 사망 그리고 이후 천당 아니면 지옥으로 구분되는 사후 세계라는 기독교적 견해가 그것이다. 기독교적 논리에 기반한 영혼과 육체라는 이원론二元論적 분리는 뜬구름 같은 한순간에 불과한 이 풍진 세상살이에서 신체 쇠락은 장막 뒤 존재하는 영원한 정신세계를 위한 간단한 시험대로 간주되었다. 육체의 부패는 정신세계 또는 시간을 초월하는 저쪽 세계의 존재를 위한 본질적인 자아를 자유롭게 하는 것이다. 천당은 우아하며 덕성스러운 노쇠 현상의 보상이므로 젊고 활기찬 삶을 늦추기 위해 악마와 타협을 시도하지 않는다.

그러나 세상은 급변하고 있으며 현대 과학에 기반한 의약품과 기술의 발달은 다음 저세상이 아닌 이 풍진 세상에서 늙어 가는 신체를 치유해 줄 대안적 해결책을 약속해 주었다(Katz 1996). 이러한 발달에서 비롯된 재미있는 한 측면은 늙지 않는 미래를 약속하는 현대적 모델은 본질적으로 정신적인 것이 아니라 생물학적 자질이라는 점이다(Cole 1992). 현 시대를 이끌어 가는 믿음은 노쇠 과정을 붙들어 매는 한편 젊음의 기간을 연장시켜 주는 것은 생물학적 신체에 대한 과학이지 영구불멸의 비물질적 영혼을 다루는 종교가 아니라는 생각이다. (……) 인간이 당면한 문제를 과학의 끝 모를 발전 가능성에 의존할 수 있다는 믿음이 보편화됨에 따라 자연스러운 삶의 한 과정에서 비롯된 노쇠 현상으로서 질병 및 사망에 이르는 과정이, 의료적 과학으로 '치유 가능한 잠재성'을 지닌 현상이라는 생각을 갖게 했다. 가까운 장래에 나이를 먹음으로써 발생하는 질환에 대한 치료법이 고안되고, 아프거나 제 기능을 못하는 신체기관들이 대체될 수 있을 때, 인간이 풀어야 할 의제의 하나로 노쇠 과정은 그 의미를 상실할 것이다.

노쇠 과정을 극복할 수 있는 한 가지 방법은 인간이 사이보그가 되거나 아니면 생물체이면서 한편으로는 기술적 요소를 두루 갖춘 '후기 인간post-human' 신체로 탈바꿈하는 것이다(Featherstone and Renwick 1995). 노년기에 고통을 가져오는 신체 내부의 어느 기관이든 유전적으로 작동되거나 이식된 대체물로 교환 또는 환치될 수 있다. 그렇게 해서 노쇠한 신체 이야기는 해당 개인이 그 한계를 어떻게 극복했는가 혹은 해결책을 찾았는가의 이야기가 아니라 공상과학 소설이 어떻게 현실로 실현되었는가의 문제로 귀착될 수 있다. 신체는 이제 한낱 기계 조각이 될 것이고 나이 듦의 의미는 관심 대상에서 종언을 고할 것이다.

출처: Hepworth 2000: 124~125.

비판적으로 생각하기 THINKING CRITICALLY

영원히 젊음을 유지하고 싶은 욕망은 진정코 노소 차별 사회의 산물에 불과한 것인가? 나이 듦을 알리는 신체적 징후들을 제거하려는 욕구나 시도가 초래하는 부정적인 사회적 결과로는 어떤 것이 있는가?

주 다양하게 나타났다. 인류학자들은 소규모 사회나 개발도상국에서 이루어지는 장례식에 나타나는 문화적 차이에 대해 오랫동안 연구해 왔으나, 죽음과 사망을 다룬 현대사회학은 1차적으로 선진 사회 경험에 초점을 두어 왔다. 심지어 이곳에서도 문화적 차이가 다양하게 나타나고 있다. 그럼에도 불구하고, 죽음을 다루는 것과 관련해 현대 산업사회에 내재해 있는 몇 가지 핵심적이고 공유shared된 자질에 대해 사회학자들은 놀라움을 나타냈다.

현대 사회에서 죽음의 이론화

현대 사회의 주요 특징 가운데 하나는, 아주 최근까지만 해도 죽음은 사회적 삶을 영위하는 데 '화면 뒤에' 감추어진 측면을 전제한 경향을 견지해 온 한편, 그 이전 시대에는 대다수 사람들이 임종이라는 인생의 마지막 과정을 가족이나 친지의 친밀한 배려 속에서 치렀다. 이러한 관행은 오늘날 비非산업사회의 많은 지역에서 아직도 이루어지고 있다. 그러나 현대 사회에선 대다수의 경우 죽음을 병원 아니면 요양원에서 맞이한다. 사회적 삶의 주류에서 벗어난, 상대적으로 비인격화된 상황이다. 시신은 건물의 다른 곳으로 옮겨지며, 그렇게 해서 생존해 있는 환자들, 그들의 가족들과 망자 사이에 물리적 거리가 유지되도록 하는 것이다(Ariès 1965).

『임종의 외로움The Loneliness of the Dying』에서 노르베르트 엘리아스Norbert Elias는 이러한 방식의 죽음과 임종을 숨기는 관행과 이 장章의 초반부에서 살펴보았던 길어지는 평균수명과의 관계를 연결시켰다. 그는 이렇게 주장한다(1985: 8).

> 우리 사회의 임종에 대한 태도와 죽음에 대한 이미지는 개인의 삶이 이렇게 상대적으로 안전해진 것과 그 예측 가능성 및 그에 따라 연장된 평균수명과 연계시키지 않고서는 완벽하게 이해하기 힘들게 되었다. 개인 삶의 기간은 길어지고 있으며, 죽음은 그에 따라 미뤄지고 있다. 임종과 망자에 대한 광경은 더 이상 흔한 장면이 아니다. 죽음을 망각하는 일은 삶의 일상적 과정으로서 더욱 쉽게 수용되고 있다.

그렇지만 엘리아스에 의하면 죽음과 임종을 맞이하는 현대적 방식은 삶의 여정에서 이 단계까지 이른 사람들에게 정서적 문제를 불러일으킨다는 것이다. 병원에서는 최고급으로 동원 가능한 보살핌, 과학적 의술을 베풀면서 가장 최근 개발된 기술을 발휘하지만, 환자가 접촉하는 가족원이나 친지들과의 관계는 흔히 믿음을 주지 않는 처치와 보살핌 레짐regimes으로 간주되며, 또한 하루의 특정 시간대에만 허용된 짧은 면회시간에 대면하는 수준이다. 이러한 환자에 대한 이성적 진료 관리법은, 생애 마지막 순간에서 사실상 가장 필요로 하는 환자의 사랑하는 친지들과 가까이 있으면서 감지하는 핵심적인 정서적 위안을 부정하는 것일 수 있다. 현대 사회의 경우, 임종은 참으로 아주 외로운 과정일 수 있다고 엘리아스는 말한다.

지그문트 바우만Zygmunt Bauman은 죽음과 임종을 현대인으로부터 격리시키는 관행을 다른 관점에서 설명한다(1992). 현대 사회는 궁극적이고 회피 불가능한 삶의 종말을 자잘하고 '치명적이지 않으며' 잠재적으로 치유 가능한 '건강상 위험'과 질병의 복합체로 전환시킴으로써 죽음을 먼 미래의 일로 부정하거나 연기한다고 바우만은 주장한다. 따라서 죽음의 불가피성은 효율적으로 '탈구축되어', 이러한 해체 작업은 일상생활의 바로 중심으로 자리 잡은 연로함과 죽음에 대항해 끝없는 방어적 전투를 전개하도록 부추긴다. 예를 들어 사람들은 자신들의 만성질환을 처치하고 치료하며 관리하는 것이다.

특히 현대 사회는 젊음에 높은 가치를 부여하고 있으며, 육체적·정서적('기분은 젊은 상태'를 지니면서) 양 측면 모두에서 '젊은 청춘'으로 남으려는 몸부림이 많은 사람들이 영위하는 삶의 큰 부분으로 자리매김하고 있다. 이미 앞에서 주목한 바대로, 젊음에 대한 욕망이 증진됨에 따라 항노화 처치법, 비타민 보충제, 미용을 위한 성형수술과 몸매 관리 기구들을 위한 엄청난 규모의 시장이 오늘날 형성되어 있다. 바우만은 물론 사람들은 그들의 젊음과 일시적 기분 속에 남으려는 시도들이 결국 자신의 죽음을 인정하지 않으려는 부질없는 방어적 행위임을 인식하지는 못할지라도, 그러한 행위들은 '삶의 전략'의 일부라고 설명한다.

안락사: 갑론을박 담론들

1990년대 중반 이래, 현대 사회에서 죽음, 임종과 사별을 다루는 방식에 중요한 변화가 있어 왔음을 사회학자들은 인식했다. 첫째, 1960년대 시작된 호스피스 운동은 회복 불가능한 치명적 불치병을 앓는 환자들을 비인간적으로 처치하는 병원 당국의 기존 관행에 하나의 대안 제공을 목표로 하고 있다. 최초의 현대적 호스피스는 1967년 데임 시슬리 선더스Dame Cicely Saunders가 런던에 설립했으며, 그 후 영국과 미국의 다른 지역에 설립된 여러 호스피스 단체는 기독교 정신에 입각하고 있다. 영국에는 231개의 호스피스가 있으며(29개는 아동용), 죽음과 임종은 삶의 자연스러운 한 부분이며 죽어 가는 사람의 상태 역시 최대한 긍정적이어야 한다는 원칙에 기반한다. 호스피스들은 가족과 친구들에게 환자가 삶이 최후 단계에 이르더라도 환자 삶의 한 부분으로 지속해 담당 역할을 수행해 줄 것을 기대한다. 선더스는 실제로 호스피스 내의 통증완화 레짐은 안락사를 불필요한 것으로 만든다고 믿었다. 완치 불가능한 환자를 위해 보다 인격적 형태의 보살핌이 확대되는 것이야말로 엘리아스가 생각했던 것보다 임종을 맞는 오늘날 현대적 경험이 훨씬 더 인간적으로 변모하는 데 기여할 것이다.

둘째, 안락사euthanasia 논란, 방조된 자살 행위 및 '죽을 권리' 등이 선진 사회에서 폭넓게 거론되기에 이르렀다. 안락사란 견딜 수 없는 고통 경감책의 일환으로 삶의 끈을 놓도록(보통 의사들에 의해) 정교한 개입 조치를 일컫는 한편, 방조 사망assisted dying(종종 '방조 자살assisted suicide'로 불림)은 삶을 본인 스스로 마감하고자 하는 사람에게 그렇게 할 수 있도록 제3자가 수단이나 방법을 제공함으로써 도와줄 때 발생한다. 이미 앞에서 소개된 인구 고령화 징후들을 전제했을 때 만성질환이나 알츠하이머와 같은 퇴행성 질병에 시달리는 기간이 연장됨에 따라 더 많은 사람이 죽을 권리를 찾고 있다는 사실은 아마도 그리 놀라운 일이 아닐 것이다. 이러한 사람들의 수적 증가와 더불어, 고통이 동반되는 어두운 전망 그리고 삶의 종말에 대한 '자아감' 상실 등은 미처 수용할 준비가 안 된 상태의 모습이다.

1994년 미국의 오리건주는 존엄사법을 통과시킨 바 있는데, 이 법은 의학적으로 완치 불가로 판명된 환자들

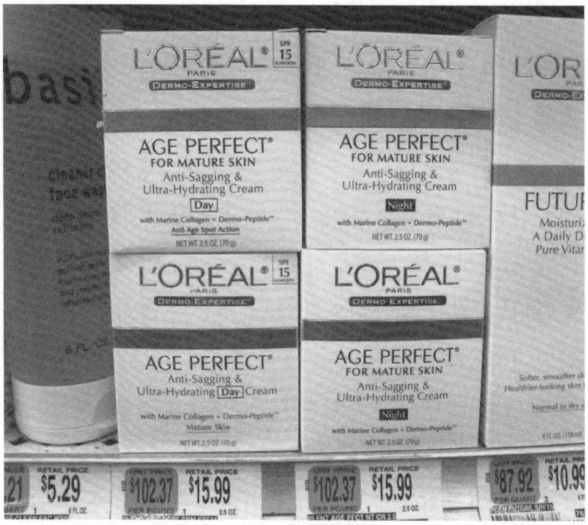

소비자 (중심) 사회는 신체적 노쇠 현상을 '늦추거나' 아니면 노쇠에 대항해서 '싸울 수' 있는 다양한 유형의 화장품을 경쟁적으로 출시하고 있다.

의 (6개월 시한부 인생으로 판명된) 경우, 치사량에 이르는 약물을 요청하면 이를 허가할 수 있다는 내용을 담고 있다. 동시에 이 법안은 엄격한 안전장치 내용도 포함시켰다. '올바른 의사 판단을 내릴 수 있는 온전한 성인'만이 이러한 결정을 할 수 있고, 반드시 환자 본인이 서면으로 청원해야 하되, 두 명의 증인이 서명에 동의해야 하며, 진단서는 별도의 전문가가 확인한 내용으로서, 환자 본인이 투약 관리를 해야 하고, 의료 전문가 가운데 한 명이라도 윤리적 반대 의견이 있을 경우 이에 동참을 거부할 수 있도록 하는 내용을 담고 있다. 안락사 혹은 방조 자살을 전면 합법화 또는 조건부 합법화를 수용한 사회는 점차 증가하고 있다. 바로 벨기에, 스위스, 독일, 일본, 룩셈부르크와 네덜란드 등이다. 스위스에 근거지를 두고 있는 '방조 자살' 조직인 디그니타스Dignitas는 1998년에 창립되었는데 외국인 국적자들에게도 원하는 서비스를 제공할 수 있게 됨에 따라 폭넓은 대중성을 얻고 있다. 100명 넘는 영국인과 500명 넘는 독일인이 디그니타스에서 스스로 자신의 삶을 정리한 바 있다(Der Tagesspiegel 2008).

그렇지만 죽을 권리에 대한 쟁점은 논란을 불러일으키고 있으며, 이에 대한 윤리적 견해는 양분되어 있다. 2015년 9월, 영국의회 의원들은 6개월 미만 생존 기간으

로 진단받은 성인 환자들의 경우 의학적 감독 아래 사망을 허락할 수 있도록 한 법안에 대해 갑론을박 토론을 전개해 330대 118로 기각된 바 있다. 많은 의원들은 자고로 의사란 생을 마감하는 일을 도와주는 게 아니라 삶을 연장하는 데 초점을 두어야만 한다고 주장한다. 죽을 권리를 실천하도록 도와주기보다는 좀 더 인간적이고 '문명화된' 의료적 대안책으로서 더 개선된 완화 처리가 도입되어야 한다(Forman 2008: 11~12). 다른 사람들은 합법적 자살 방조 행위는 주로 병든 노약자의 경우, 친인척이나 의료보험 체계에 '신세 지는 부담'을 피할 수 있기 때문에, 병든 환자에게 부당한 중압감으로 유도될 수 있는 여지에 관심을 가지고 있다. 그러한 상황에서 환자들이 자신의 삶을 '자유롭게 선택해' 생을 마감할 수 있다는 논리는 하나의 타협점이 될 수 있다는 것이다. 관건은 회복 불가능한 불치병 그리고 이에 동반되는 고통에 직면한 환자들이 취할 수 있는 삶의 마지막 선택지라기보다는, 자살 방조 행위가 자칫 삶에 위협이 되지 않는 그 밖의 상황에서도 확산될 여지가 있다는 점이다. 예를 들어 장애자들이 사회적 자원을 고갈시키는 존재로 치부된다면 이들은 더 심한 차별이나 압박감에 직면할 것이다.

그럼에도 불구하고, 이 장章에서 이미 살펴본 인구학적 추세로는 퇴행성 질환이나 불치병을 앓고 있는 환자를 둔 가족이나 친지들의 수가 더욱 증가함에 따라 변화를 추구하고자 하는 사람들의 목소리가 더욱 거세질 것으로 예상된다. 따라서 어떤 사회에서는 방조 자살을 합법화하는 한편, 또 다른 사회에서는 가까운 친인척이 사망에 이를 수 있도록 도와준 경우에 사법 당국이 법적 책임이나 기소를 하지 않는 사실상 탈형법화가 도입될 듯하다. 적어도 삶을 지속하고 싶지 않은 의지가 분명히 표명된 경우라면.

마지막으로, 죽음과 사별을 다루는 데 과거에 그랬던 것보다 훨씬 더 격식을 따지지 않는 방식이 부상하는 듯하다. 사회학자들은 이러한 경향을 '포스트모던'한 발전으로 설명했는데(제3장의 '포스트모던 사회 이론' 내용 참조) 이는 보다 개인 지향적이며, 따라서 죽음을 다루는 데 다양한 접근 방식이 부각되고 있다(Bauman 1992; Walter 1994). 예를 들어 지금은 망자 본인의 장례 혹은 친인척의 장례 절차를 개성 있게 치르는 관행이 보다 흔해졌다. 교회에서 거행되는 전통적 장례식에 의존하기보다는, 팝음악을 연주하거나 망자의 생존시 연설을 다시 듣거나 교회에서 주도하는 전통적 장례 절차 대신 화려한 색상의 의상을 주장하는 것 등이다. 교통사고로 인한 사망일 경우 유족들은 망자를 기억하려는 개성 있는 시도의 일환으로 장지를 관리하기 위해 묘지 참배 예식을 거행하는 대신, 혹은 이러한 예식과 더불어 교통사고 현장에 꽃다발 헌화를 관행화하고 있다. 온라인 웹 기반 추도장과 봉헌 사이트 역시 그 대중성을 얻어 확장되고 있으며, 망자 생존시 온라인상의 활약상에 대한 소유권 및 사후 소셜 미디어 상에 남겨진 흔적들을 어떻게 다루어야 하는가에 대한 갑론을박 논쟁이 새롭게 부각되고 있다.

1980년대 이래, 여러 선진 사회의 경우 임종과 상喪을 치르는 새로운 장례식 절차의 모범을 제시해, 과거 오랜 관행으로 자리 잡혔던, 보다 격식을 따지는 종교의식을 대체하고자 했다(Wouters 2002). 이러한 진전들은 해당 당사자들의 욕구나 개성에 충실할 수 있는 새로운 형태의 공공 장례식을 구현하고자 하는 사람들의 시도로 볼 수 있을 것이다.

호스피스 운동의 확산과 임종권에 대한 찬반 캠페인 전개와 더불어, 장례 절차의 탈의식화는 죽음과 사망이 마침내 숨겨진 장소를 벗어나 훨씬 더 개방적이고 공론화된 담론의 장으로 이동하고 있음을 반영하는 또 하나의 징표가 될 수 있을 것이다. 이러한 것이 일단 현실로 도입된다면, 연로함, 죽음 및 사망을 둘러싼 낙인이나 사회적 금기가 단계적으로 사라지는 것을 목격할 수 있을 것이다. 미래 세대는 인간 생존의 그런 보편성 가운데 아주 드문 한 측면에 익숙해지는데, 스스로 문명사회라고 자임하는 수많은 지역에서 그토록 오랫동안 시간이 걸린 이유에 대해 의구심을 가질 수 있을 것이다.

복습

1 아동은 '사회적 자아'를 어떻게 획득하며 타인이 자신을 보듯이 스스로를 어떻게 보는가? 미드 이론 가운데 무엇이 자아 형성에 대한 진정한 사회학적 논리로 평가받도록 하는가?

2 피아제의 발달론은 여러분 각자 혹은 여러분 자녀의 실제 경험과 얼마나 잘 맞아떨어지는가? 사회화 단계에 보편성이 존재한다는 논리에 대한 비판으로는 무엇이 있는가?

3 젠더사회화 개념을 설명해 보자. 그리고 사람들이 젠더 정체성을 획득하는 방식을 설명해 보자. 사회화란 이미 결정된 과정이 아니라 차등적 결과를 가져오는 상호작용에 대한 일련의 기회라는 논리를 뒷받침하는 증거로는 무엇이 있는가?

4 생애과정과 생애주기 개념은 어떻게 다른지 설명해 보자. 어째서 전자(생애과정)가 후자(생애주기)의 진전으로 언급되는가?

5 만약 그렇다면 선진 사회에 아직도 존재해 공유하는 생애전이에는 어떤 것이 있는가? 이러한 자질들은 젠더, 사회 계급 및 다양한 인종 집단을 가로질러 공통적 자질인가?

6 코호트와 세대 개념을 비교해 보자. 코호트와 세대를 공부하면서 우리는 사회 변화에 대해 무엇을 배울 수 있겠는가?

7 사회적 노령화social ageing는 무엇이며 사회적 노령화가 시간과 문화를 가로질러 다르다는 점을 어떻게 보여 줄 수 있는가?

8 서구 사회의 고령화greying는 무엇을 의미하는가? 의존율dependency ratio은 무엇이며 또한 이것이 증가하면서 생기는 경제적, 사회적 문제는 무엇인가? 비판가들은 어떤 논리로 그러한 비관적 설명을 반박했는가?

9 노년층이 직장에서 바람직하게 퇴장해야 한다는 기능주의자 이론과 활력을 얻는 데 필요한 원천으로서 지속적인 중요성을 강조하는 활동론activity theory을 비교해 보자.

10 갈등 이론은 이러한 관점들과 어떻게 다른가? 예를 들어 어르신들은 어떻게 해서 물질적으로 취약해졌으며 교차성 개념은 노년층들이 차등적으로 겪는 경험을 이해하는 데 어떻게 도움을 주고 있는가?

11 노소 차별주의란 무엇을 말하는가? 이에 관련된 예시 몇 가지를 들고 이런 차별이 왜 발생하는지 설명해 보자.

12 여러 선진국의 경우 사망과 죽음을 사회적 삶의 뒷면에 감추어 왔다. 장례식의 탈의식화 informalization란 무엇을 의미하는가? 선진 사회에서 사망과 죽음, 그리고 임종을 다루는 방식에 연계된 관행들은 어떻게 변화하고 있는가?

실제 연구

●●● Research in practice

가중되는 의존율에 대한 토의는 젊은 세대들이 그 이전 기성 세대보다 더 나쁜 조합의 사회적, 경제적 상황에 직면함에 따라 세대 간 갈등 잠재성의 전제조건으로 보도 가치를 지녀 왔다. 가파른 주거비용 상승, 감소한 연금 혜택, 대학 등록금과 부채, 불안정한 직장과 재정 불확실성 등은 '잃어버린 세대'라는 느낌을 가지도록 하는 데 통합적으로 기여하고 있다. 이러한 논쟁과 더불어, 다음의 본문은 생애과정 접근과 아주 특정한 부자 간 사례 연구를 활용해 쟁점을 다루고 있다. 이 논문을 읽은 뒤 다음의 질문에 답변해 보자.

Nilsen, A., and Brannen, J. (2014) 'An Intergenerational Approach to Transitions to Adulthood: The Importance of History and Biography', *Sociological Research Online*, 19(2): www.socresonline.org.uk/19/2/9.html.

1 이 논문에서 사용된 핵심 자료는 무엇인가? 다른 연구자들이 수행한 연구를 재해석하는 이 분석에 대해 여러분은 어떻게 설명할 수 있는가?
2 저자의 관점에서 '잃어버린 세대'의 입장 그리고 세대 간 갈등에 초점을 둔 논쟁의 오류는 무엇인가?
3 논문은 '전체 일생의 생애사적' 접근을 차용하고 있다. 이 접근은 무엇이며 이 방법을 사용하는 연구자들에게는 무엇을 요구하고 있는가?
4 여기서 '제프Geoff'와 '애덤Adam'이라는 부자간에 전개된 사례 연구를 소개한다. 이 논문 속의 예시들과 더불어 제프와 애덤 부자의 생애사적 단계에서 발견되는 역사적, 사회적 상황의 주요 차이점을 목록으로 작성해 보자.
5 이 논문의 분석으로부터 우리는 생애과정 전이에 대해 무엇을 배우는가? 바로 이 특정한 경우의 사례로부터 일반화된 이론적 결론을 도출하는 것이 합당한가?

생각해 볼 것

●●● Thinking it through

다른 학문 영역에서와 같이 아동기와 생애과정 사회학은 사회 구성주의자 분석이 주도권을 행사해 왔다. 이 접근법은 아동기와 인간의 생애주기를 생물학적 전제에 기반한 심리학적 분석 틀과 확실히 구분되는 접근법으로 획을 그은 것이었다. 이러한 의미에서 구성주의에 입각한 사회학적 연구는 아동, 아동기 및 생애과정의 사회학적 측면에 대한 변화가 구체적인 역사적 사실에 기반해 인간이 경험하는 보편성이라는 오류적 사고에서 벗어나는 데 결정적 역할을 담당한 바 있다.
그러나 비판가 가운데 사회구성주의는 또한 모든 사회관계를 고착된 것으로 전제해 이를 폄하하고자 하는 행동주의자 집단이나 운동(권)에서 차용하는 정치적 전략이기도 하다고 주장하는 이도 있다. 다른 비판가들은 사회적 구성주의 입장은 모든 사회적 삶이 더 급진적 성향이 되어, 모든 사회적 삶을 '단순한' 사회 구성으로 치부하면서 '더 멍청해'졌다고 주장하고 있다(Heinich 2010, Alanen 2015에서 인용).
이제 온라인 잡지 『어린 시절Childhood』(http://chd.sagepub.com/content/22/2/149?etoc) 속 이

글을 읽어 보자. 그리고 이에 관한 1천 자 분량의 에세이를 작성하되, 사회적 구성주의의 주요 비판점을 개괄해 보자. 이 장章에서 증거나 자료를 찾아 생애과정과 아동 연구 분야에 반영된 사회적 구성주의의 지속적 전제前提 가치에 대해 나름의 평가를 제시해 보자.

예술 속의 사회

Society in the arts

1 다양한 연령 단계의 생애과정은 변화하는 의상 코드나 문신으로 표현된다. 예를 들어 선진 사회의 경우, 성인과 어린아이에 적절한 의상 코드가 분명히 존재한다. 타투는 과거에는 경멸과 혐오의 시선을 받았으나, 지난 25년 전후부터 남녀불문하고 대중성과 세련된 장식으로 정착되었다. http://web.prm.ox.ac.uk/bodyarts/ 주소를 가진 옥스퍼드대학 내 피트강江박물관Pitt Rivers Museum 온라인 소장의 '생애단계예술Lifecycle Arts' 코너에 전시된 신체장식 예술과 치장을 둘러보자.

소개된 이들 자료는 아주 낡아빠진 것들이거나 개발도상국 아니면 소규모 종족 집단에서 수집된 것들이다. 그러나 신체 장식으로서 인지 가능하며, 연령별로 구분 가능한 형태는 현대 선진 사회에서도 여전히 존재하는가? 여러분 각자 스스로 관찰해 보고 나아가 오늘날 어떠한 신체 장식(피어싱, 문신, 장식도구 또는 의상)이 생애과정의 특정 연령대와 연계되어 있는지 알아보자. 신체 장식 예술을 공부하면서 생애과정에 반영되는 사회 변화로부터 우리가 배울 수 있는 것은 무엇인가?

2 생물학적 연로함의 과정, 그리고 종국적으로 맞이하는 죽음은 필연적인 것이지만, 이 연로 과정을 연장하고자 하는 방법을 찾으려 했으나 몇 번의 실패로 마감된 시도가 있었으며, 신앙 세계가 때로는 사후세계 혹은 다른 형태의 환생을 약속해 주지만, 그러한 과정으로서 연로함 자체를 종료해 주는 것은 아니었다. Ron Howord 감독의 영화 〈Cocoon〉(1985)을 관람해 보자. 이 영화는 한 무리의 어르신들이 신체적 나이 듦 과정을 되돌리는 방법을 발견하는 내용을 담고 있다. 이 영화는 원래 공상 과학에 속하지만, 영구불멸한 삶이 진정 바람직한 것인지 여부를 묻고 있다. 연로함의 어떠한 측면이 사회적, 심리적으로 이 영화 속에서 다루어졌으며 연로함이 이러한 것들과 어떻게 연계되어 있는가? 생물학적 연로함이 언제나 다른 측면의 연로함보다 우선시되는가? 이 영화가 생애과정 혹은 생애 단계 관점을 차용해 도입했다고 말할 수 있겠는가? 인간의 나이 듦 현상이 바람직하다는 쟁점을 어떠어떠한 방식으로 비하하고 있는가?

생애과정 사회학을 다룬 두 권의 탁월한 입문서로는 Lorraine Green의 *Understanding the Life Course: Sociological and Psychological Perspectives* (2nd edn Cambridge Polity, 2016)와 Stephen Hunt의 *The Life Course: A Sociological Introduction* (2nd edn, Basingstoke: Palgrave Macmillan, 2016)이 있다. 그 이전의 책은 심리학과 사회학으로부터 통찰력을 통합하려는 시도인데, 헌트의 저서는 제목이 말해 주는 바대로의 내용을 담고 있다.

Bill Bytheway의 *Unmasking Age: The Significance of Age for Social Research* (Bristol: Policy Press, 2011)는 자극적인 도서로서, '연령이란 무엇인가'라는 핵심 질문을 던질 수 있도록 다양한 자료를 구사했다. Christopher Phillipson의 *Ageing* (Cambridge: Polity, 2013)은 현금의 논쟁에 관한 탁월한 입문서이고, Virpi Timonen의 *Ageing Societies: A Comparative Introduction* (Milton Keynes: Open University Press, 2008)은 보다 폭넓은 맥락에서 현재 진행 중인 논쟁을 담고 있다.

노령화 사회에 즈음해 회피할 수 없는 사회문제라는 생각에 비판적 접근을 단행한 서적은 Sara Arber와 Claudine Attias-Donfute가 편집한 *The Myth of Generational Conflict: The Family and State in Ageing Societies* (Londen: Routledge, 2007)에서 찾아볼 수 있다. 포괄적이면서 읽을 가치가 있는(그러나 아주 두꺼운) 책(770쪽)으로서 생애과정과 관련된 특정 주제별로 접근 가능한 내용은 Malcolm Johnson이 편집한 *The Cambridge Handbook of Age and Ageing* (Cambridege University Press, 2005)에서 찾을 수 있다.

마지막으로, 사망, 죽음 및 임종에 관한 사회학적 쟁점에 관심 있는 사람이라면 Glennys Howarth의 *Death and Dying: A Sociological Introduction* (Cambridge: Polity, 2006)을 시도해 볼 수 있다. Sarah Earle와 Carol Komaromy, Caroline Bartholomew의 *Death and Dying: A Reader* (Milton Keynes: Open University Press, 2008)에서는 윤리적 쟁점과 관련 정책 사항도 다루고 있다.

사회적 관계와 과정에 관한 원작 모음집으로는 이 책의 별쇄본 *Sociology: Introductory Readings* (3rd edn, Cambridge: Polity, 2010)을 참조하기 바란다.

관련 홈페이지

Internet links

- Additional information and support for this book at Polity
  www.politybooks.com/giddens
- Centre for Research on Families, Life course and Generations (FLaG)
  http://flag.leeds.ac.uk
- World Health Organization
  www.who.int/ageing/en
- UNICEF
  www.unicef.org
- HelpAge International
  www.helpage.org
- Centre for Policy on Ageing (UK)
  www.cpa.org.uk
- United Nations Programme on Ageing
  www.un.org/development/desa/ageing
- Centre for Death and Society at the University of Bath, UK
  www.bath.ac.uk/cdas
- British Sociological Associations' (BSA) Study Group on the social aspects of death, dying and bereavement
  www.britsoc.co.uk/groups/study-groups/social-aspects-of-death-dying-and-bereavement-study-group

10

가족과 친밀한 관계

Families and Intimate Relationships

제도와 이데올로기로서의 '가족'

가족의 기능
여권론자 접근들
가족의 몰락인가, 아니면 전에 겪지 않은 길인가

가족 실천

가족생활 '하기'
직장과 돌봄의 균형 잡기
친밀한 관계에서의 폭력

가족의 다양성과 친밀한 관계들

다양한 가족 구조들
친밀함의 변천
혼인, 이혼과 별거
새로운 파트너 관계, '재결합' 가족과 친족 관계

세계적 맥락에서의 가족

여러 가족 유형의 등장인가, 다양화인가

결론

거의 20년 전부터 내 삶을 변화시킨 데이비드라는 남성과 사랑에 빠졌습니다. 그는 광고업계에 종사하다가 영화계로 직장을 옮겼어요. 저는 5년 전 게이로서 커밍아웃한 바 있으며, 제가 주관했던 디너파티에서 데이비드를 만났습니다. 우리는 서로 전화번호를 교환했고, 다음 날 저녁식사를 함께 하기로 약속했으며, 그다음 날은 마침 핼러윈 데이였습니다. 연인 관계에 빠진 커플이라면 만남 초기에 경험하게 되는 감정으로, 우리는 서로에 대해 스릴 넘치는 매력에 빠졌죠. 이내 이러한 감정은 훨씬 더 격한 감정으로 발전해, 영원히 지속될 수 있는 그 무엇이 우리 사이에 존재할 것임을 깨달았습니다. 회상해 보면 비록 중간에 티격태격한 적은 있으나 초기 단계부터 우리는 운명적 결합으로서 '일심동체'였죠. 그 나머지에 대해서는 사람들이 말하듯이, 역사일 뿐이었어요.(Elton Jonhn, The Independent 2012)

엘턴 존이 (현재) 남편과 사적 관계로 발전한 과정에 대한 설명이 '사랑에 빠져 본' 사람에겐 익숙하게 다가올 것이다. 파티장에서 첫 만남, 전화번호 교환, 그 후 전개된 데이트. 그리고 보다 강렬한 느낌으로 발전된 상대방에 대한 매력, 이 사람이야말로 '바로 그 사람'이라는 것 등. 그러나 이처럼 분명해 보이는 '자연스러운' 애정 관계로의 진척은 역사적으로 볼 때 사실상 일상적인 관행이 아니다. 유럽 근대 초기 이래, 왕족이나 귀족 사회에서 전개된 혼인은 흔히 정치적 이유나 가문의 사회적 지위 함양 또는 그러한 것을 유지하기 위해 중매혼으로 성사되는 것이 대세였다. 요즘은 전 세계적인 현상으로 '중매혼'의 위세가 과거 한때 그러했던 것보다 많이 위축되었으나, 남아시아 지역에선 중매혼이 여전히 하나의 규범으로 자리 잡고 있다. 이 모든 경우를 통틀어 '사랑에 빠진다는 것'은 혼인에 필수조건이거나 혼인 생활 개시를 위한 전제조건이 아니었으며 물질 또는 지위 획득과 같은 실용적이고 현실적인 이유보다 더 우선시되기는 어려웠던 것이다.

비로소 근대 들어서야 서구 산업사회의 경우 사랑과 섹슈얼리티가 밀접하게 연계된 자질로 간주되었던 것이다. 유럽 중세 시대에는 사실상 사랑을 위해 혼인하는 사람이 아무도 없었다. "자신의 감정 때문에 자신의 아내를 사랑한다는 것은 간통이다"라는 중세 시대 격언조차 회자된 바 있다. 보즈웰Boswell은 이렇게 주장한다(1995: xxi).

전前 현대 유럽 사회의 경우 혼인 생활이란 가족 재산 관리 측면에서 비롯되었으며, 중반기에는 자녀 양육에 초점이 맞춰졌고, 후기에는 사랑으로 끝맺었다. '사랑 때문에' 혼인하는 커플은 거의 존재하지 않았으나, 많은 경우 혼인 생활을 함께하면서 가구household를 공동 관리하고, 자손을 키우며 삶의 경험을 공유하는 가운데 상대 배우자에 대한 사랑을 키워 갔다. 현존하는 거의 모든 묘비명은 고인이 된 배우자에 대한 심오한 애정을 증언해 주고 있다. 이와 대조적으로 현대 서구 사회의 경우, 혼인은 사랑과 더불어 시작되는 한편, 중반에는 자녀 양육에 몰입하며(자식이 있는 경우), 후기에는 종종 재산과 연계되는데, 이때쯤엔 사랑이 존재하지 않거나 아니면 과거의 한때 추억거리로 남게 된다.

배우자는 친밀한 동료로 변신할 수 있으나, 이러한 인간관계는 필요 전제조건이라기보다는 혼인 생활과 더불어 생기는 것이었다. 낭만적 사랑이라는 개념이 혼인성사의 관건이 된 것은 18세기 후반 이후 강박적인 열렬한 사랑과 구분되는 낭만적 사랑이 그 상대를 이상화理想化했다. 낭만적 사랑이라는 개념은 문학 장르로서 소설의 대중화가 어느 정도 이루어진 시기와 일치하며, 낭만적 소설의 보급이 이 낭만적 사랑을 보급시키는 데 결정적 역할을 했다고 하겠다(Radway 1984). 여성들의 경우 특히, 낭만적 사랑이라는 애정에 기반을 둔 관계가 개인의 삶을 어떻게 충만한 것으로 만드는가를 소설 작품 줄거리에서 확인했다. 그렇기 때문에, 낭만적 사랑은 인간의 삶에 등장하는 자연스러운 속성으로 이해되기보다는, 좀 더 포괄적 맥락이라는 사회적·역사적 영향을 받으면서 구축된 감성 영역이라고 할 수 있다.

선진 사회의 대다수 사람들은 — 혼인을 했건 비혼 상태건 — 가족제도의 핵심을 구성하는 요소다. 오늘날의 가족 형태는, 앞서 소개한 게이 커플 사례에서 엿볼 수 있듯이, 실로 다양하기 이를 데 없는 상태에 놓여 있다. 엘턴 존과 데이비드 퍼니시David Furnish는 2005년 제정된 해당 법규가 적용되자마자 민권적 파트너 신분을 획득했다. 그리고 LGBT(레즈비언, 게이, 양성애자 및 트랜스젠더) 집단 내 어떤 이들은 기존 혼인이란 그 유구한 역사를 거치는 동안 배타적일 정도로 이성애 중심 제도로만 일방적으로 치우쳐 왔다고 인식하는 한편, 다른 사람들은 이와 다르게 현실을 해석하고 있다. 엘턴 존은 "지금과 같은 법조항에 이르게 된 내용은 경하할 만한 것이며, 우리는 이 법률을 축하해야 한다. 단지 '우리가 드디어 민권적 파트너십을 공식적으로 인정받게 되었다'로만 끝낼 수 없는 사안인 것이다. 우리는 무리하게 혼인에 골인하려고 하지는 않을 것이다"라고 말했다(BBC News 2014d). 이 커플은 또 체외수정 등을 통한 대리모를 통해 두 자녀를 두고 있다. 이들의 가족생활은 사회 변화 그리고 오늘날 가족생활 및 사생활에 관한 한 과거와 다른 태도를 반영하고 있다 하겠다.

선진 사회에서 '좋은 관계'란 개방적이면서 정서적 의사소통이나 기타 형태의 친밀감에 기반을 둔 인간관계다. 이 책에서 우리가 조우할 친밀감은, 그 밖의 여러 유사한 용어에서처럼 최근의 개념이다. 과거의 경우, 혼인은 친밀감이나 정서적 의사소통에 기반을 둔 적이 결코 없었지만, 이러한 감정 차원은 '금슬 좋은' 혼인 생활에 중요한 자질로 종종 간주되긴 했으나, 혼인 생활에 필요한 핵심 관건은 아니었던 것이다. 과거와 뚜렷한 연속성이 존재한다고 할지라도 사회 변화는 사회학 모든 영역을 관통해서 지속되는 연결고리다. 우리가 선호하든 말든, 우리는 오늘날 격동하고 급변하는 세상을 살아가고 있는데, 이러한 격변하는 현실이 제기하는 기회와 위험부담이 부여하는 결과물 모두에 잘 적응해야만 한다. 낭만적 사랑 이야기는 이러한 격변의 양면이 사생활이나 가족생활을 통해 가장 적실한 모습을 보여 주는 영역이다.

이 장에서 우리는 '가족' — 시간을 뛰어넘으면서도 보편적인 사회제도 — 이라는 익숙한 용어로부터 시작하고자 한다. 앞으로 살펴보겠지만, 사회학자들은 이제 이 개념은 대안적 형태를 사실상 허용할 여지를 주지 않는 규범적 개념으로 현실에서 경험적으로 일어나는 가족을 다루어 왔음을 알게 되었다. 그렇게 해서 우리는 긍정적이든 부정적이든 현실적 실천을 다루는 대안적 접근을 살피게 되었다. 이 접근법은 사람들이 실제 몸담고 있는 가족이면서 '가족적인' 방식으로서 인지하는 것이다. 오늘날 가족의 다양성을 살펴본 뒤, 우리는 친밀한 관계에서 나타나는 변화 그리고 혼인, 이혼, 이혼 후 가족들에서 전개되는 변화하는 모습들을 탐구할 것이다. 그리고 세계적 차원에서 전개되는 가족 형태의 수렴 가능성에 대해 언급하는 것으로 이 장을 마무리할 것이다.

제도와 이데올로기로서의 '가족'

가족사회학은 1세기 이상 동안 대조되는 이론적 접근을 해왔다. 이러한 관점들 대부분은 개인, 지역사회, 사회와 자본주의 경제 체계를 위해 중요한 기능을 수행하는 핵심적 사회제도로서 가족 연구에 집중해 왔다. 그러나 이러한 전통적 접근은 오늘날 고양된 개인주의적 성향 및 가족 형태의 다양화에 즈음해 논리적 적실성을 확보하는 데 아주 빈약한 관점임이 밝혀졌다. 이러한 가족 유형의 다양성은 오늘날 관련 문헌에 '가족family'이 아니라 '다양한 가족들families'로 점차 표현되는 분위기에 반영되어 있다. 핵가족이 규범임을 조장하는 공식적 담론과 사람들이 실생활에서 겪는 다양하고 변화무쌍한 가족 형태 간의 괴리에서도 분명하게 드러난다(Chambers 2012: 5~6). 본격적으로 다양한 가족 유형과 가족생활에 대한 최근 연구를 다루기에 앞서 이전에 이루어진 바 있는 과거 이론적 발달을 간략하게 살피는 것이 유의미할 것이다.

가족의 기능

기능주의자 관점에 의하면 사회란 지속성과 가치 합의 도출을 위해 구체적 기능을 수행하는 일련의 사회제도 묶음체로 구성되었다고 간주한다. 그렇게 해서, 가족은 사회 질서를 지속하는 데 필요한 사회적으로 요구되는 기본 욕구를 충족하는 중요한 업무를 수행한다. 기능주의 관점에 입각한 사회학자들은 특히 핵가족의 경우 선진 서구 사회에서 특정의 구체화된 역할을 수행하는 제도로 규정해 왔다. 산업화가 진척되고 일과 가정의 분리와 더불어, 가족은 경제적 생산 단위로서 그 비중이 점차 줄어든 반면 자녀 출산, 양육, 사회화를 담당하는 기능에 초점이 더 맞추어졌다(〈고전 연구 10-1〉 참조).

파슨스의 논리에서 핵가족은 적어도 선진 사회에서는 주류 가족 형태가 되었는데, 가변적이고 유동성 풍부한 경제 체계의 요구 조건에 가장 잘 적응된 제도이기 때문이다. 이 관점은 가족사회학 연구에 따라다니는 심오한 문제점을 노정하고 있다. 핵가족의 긍정적 기능을 밝혀내는 한편, 핵가족이야말로 그 밖의 모든 다른 가족 형태가 현실에서 존재할 수 있다는 논리를 반박하는 유일한 존재로서 최상의 가족 형태로 등극했다. 이러한 방식으로 분석상 객관성이 규범적 테두리에서 떨어져 나가게 되었으며 기능주의는 '가족'의 이데올로기적ideological 전형으로 안착했다. 이러한 부류의 논리는 허술한 자녀 양육이라는 위기에 처한 가족 현실, 자유주의적 교육 정책 그리고 도덕 일반의 몰락에 직면했다고 주장하는 특정의 정치, 종교 집단들이 주장하는 내용과 다르지 않았다. 이혼율과 한 부모 가족이 증가일로에 놓여 있고 동성애 관계자들이 보다 널리 수용됨에 따라, 기능주의는 가족생활에서 발생하는 다양성 증가 현실을 받아들이기에는 준비가 덜 된 관점이었다.

비판적 관점에서, 가족에 대한 마르크스론 역시 핵가족을 기능적인 것으로 규정했으나, 그 방식은 노동자들을 대가로 자본가의 이윤 창출이 가능하도록 한다는 것이었다. 19세기 후반에 프리드리히 엥겔스Friedrich Engels는 사적 재산 관계의 보편화는 이전에 평등했던 가정 내 분업 방식을 변화시켰다고 주장했다(2010[1884]). 가구를 운영하는 데 있어, 가사노동과 자녀 양육은 삶의 사적 영역으로 치부되는 한편, 남자들은 공적 영역으로서 집 바깥 일터에서 필요한 존재가 되었다. 공적 영역과 사적 영역의 분리는 젠더 불평등이 점진되는 현실로 나아가게 했으며, 이러한 불평등으로 인해 많은 여성이 유급 고용에 진출했고 최근 들어 이러한 불평등은 도전을 받게 되었다. 그렇다고 하더라도, 이것이 진정한 평등으로 귀결되는지는 않았는데, 여성들은 취업 생활뿐만 아니라 가사 업무라는 이중부담을 어깨에 지고 가는 것이 여전히 기대되었기 때문이다. 핵가족은 주로 여성에게 그렇게 하도록 부담을 지우는 한편 노동력이 재생산되도록 했으며 나중에는 자본주의적 이윤을 잠식하기보다는 국가가 노동력 재생산에 관여하도록 했다. 엥겔스는 또한 자본주의 질서 아래서, 일부일처제 혼인은 계급 체계를 유지하면서 자본과 재력을 세대 간에 대물림하는 이상적인 방식이 되었다고 주장했다.

탤컷 파슨스와 가족의 기능

고전 연구 10-1

연구 문제

가족이 인간 사회에서 그렇게 지속되는 자질은 무엇일까? 다른 사회제도가 할 수 없는 것들을 가족이 수행해 내고 있는가? 질서가 잘 잡힌 사회가 되기 위해 가족은 정말 필요한가? 이러한 질문들은 사회학 내부에서 초창기 때부터 지속적으로 제기되어 온 논쟁거리였으나, 그 해답은 여전히 미완성으로 남아 있다.

파슨스의 설명

미국의 기능주의자이자 사회학자 탤컷 파슨스Talcott Parsons에 따르면 가족은 두 가지 기능을 담당하는데, 바로 1차적 사회화 기능과 인격 형성이다(Parsons and Bales 1956). 1차적 사회화Primary socialization란 신생아가 출생하면서 소속된 사회의 문화적 규범을 학습하는 과정을 일컫는다. 이 과정이 아동의 초기 유년기에 집중적으로 이루어지기 때문에, 가족은 인성 발달에 가장 중요한 환경을 제공한다.

인격 형성Personality stabilization이란 성인 가족 구성원을 정서적으로 함양할 때 발휘되는 역할을 일컫는다. 성인 남녀 간 혼인은 성인 인격체들이 서로를 지지해 주고 정서적으로 건강할 수 있도록 사회적 버팀목 역할을 해내고 있다. 산업사회에서 성인 인격체 간에 서로를 인정해 준다는 가족 역할에 대해서는 논란의 여지가 있다. 이것은 산업화 이전 가족이 수행했던 바와 같이 확대가족 구도에서 친인척 간에 성립되었던 결속력과는 거리가 있으며, 더 이상 친인척 간의 폭넓은 연대감을 지속할 수 없기 때문이다.

파슨스는 핵가족을 산업사회의 요구에 가장 잘 부응하는 가족 단위로 규정했다. 이러한 '전통적 가족'의 경우, 한 명의 어른은 집 바깥에서 직장 생활을 하는 한편, 다른 어른은 집안 살림과 자녀 양육을 도맡는다. 일상적 용어로, 핵가족 구도 속에서 이러한 역할 분화는 남편 역할을 밥벌이라는 '도구적' 역할 수행자로, 아내 역할을 가족원에 대한 '애정적·정서적' 역할 담당자로 전제했다.

비판적 쟁점

오늘날 가족에 대한 파슨스의 관점은 부적절하면서도 구시대적인 것으로 평가받고 있다. 가족에 대한 기능주의자 이론은 가족 내 성별 가사노동 분담을 '자연스럽'거나 당연한 것으로 전제하기 때문에 엄청 비난받고 있다. 우리는 또한 가족에 대한 기능주의자 논리를 다른 각도에서 비판할 수 있는데 가족 역할을 과도하게 강조하는 한편 정부, 미디어나 학교와 같은 기관이 아동 사회화에 기여하는 바를 소홀히 하기 때문이다. 그리고 파슨스는 핵가족 모델에서 벗어난 그 밖의 여러 다른 형태의 가족이 존재할 수 있는 여지에 대해서 언급한 바가 없다. 백인으로서 이성애자이고, 도시 교외에 거주하는 중산층 '이상적' 가족 유형에서 벗어난 현실 속에 존재하는 가족들은 이러한 관점에서는 일탈적 가족이 되어 버리는 것이다. 또한 가족생활의 '어두운 면'은 기능주의자 관점에서는 과소평가되고 있다는 빌미를 제공하기 때문에 마땅히 인정되어야 할 측면이 충분히 다루어지지 않고 있다.

현대적 의의

파슨스의 가족에 대한 기능주의 이론은 의심할 바 없이 구닥다리 논리임에 틀림없으나 사회에서 가족이 담당하는 역할을 어느 정도 설명했다는 점에서는 기여했다고 보는 것이 공정할 것이다. 그리고 그 설명 도식은 역사적 중요성을 지닌다. 제2차 세계대전 직후 당시의 많은 여성들이 전통적 가족 역할로 회귀한 한편 남성들은 외벌이 가장 역할을 다시 시작한 현실을 목격할 수 있는데, 이러한 당시 현실은 파슨스의 설명 도식에 훨씬 더 현실감을 부여한 바 있다. 영국 및 미국 사회정책 또한 가족에 대한 기능주의적 입장에 근거해 사회문제를 해결하는 데 가족과 그 역할을 최우선시했다. 우리는 또한 기능주의의 핵심 논리로서, 사회가 변함에 따라 사회제도 역시 생존하려면 변해야 한다는 점을 기억해야 할 것이다. 사회 핵심 제도의 하나로서 오늘날 다양한 형태를 보여 주는 가족 역시 급변하는 사회적 삶에 대한 대응 양식의 반증으로 볼 수 있기 때문이다. 그렇게 볼 수 있다면, 파슨스의 기능주의 접근은 개괄적 타당성을 지닌 논리가 될 수 있을 것이다.

핵가족은 시간을 초월하면서도 보편적인 가족 형태인가?

비판적으로 생각하기 THINKING CRITICALLY

여러분이 조우할 수 있는 모든 가족 형태들, 단 핵가족과 무관한 확대가족, 한 부모 가족, LGBT 가족 등의 단면을 검토해 보자. 여러분의 결과물은 파슨스 아니면 그의 비판가들의 논리 가운데 어느 쪽이 옳았음을 말해 주는가? 여러분의 표본이 전체 사회를 대표하는가? 다른 표본이라면 어떠한 방식으로 차이 나는 결과를 만들어 낼 수 있겠는가?

사회에서 차지하는 핵가족의 역할에 대한 평가라는 점에서 기능주의자 논리와 마르크스주의자 관점은 매우 이질적인 것으로 보인다. 그러나 이 두 관점은 사회에서 차지하는 기존 구조적 위치를 다루었다는 점에서, 그리고 이 (가족)제도가 수행해 내는 기능을 지적했다는 점에서는 '가족 유사성'(의도된 어휘적 말장난)을 두루 공통으로 지니고 있다고 하겠다. 이러한 종류의 접근은 오늘날 제한적이거나 때에 따라 오류를 범하는 논리로 보인다. 예를 들어 핵가족을 유일한 가족 형태로만 주목해 관심의 초점을 맞추는 대신 그 밖의 대안적 형태 가족에 대해서는 언급한 바가 거의 없다. 또한 규범적이거나 이데올로기적 편견이 스며들 가능성이 보이고 있다. 예를 들어 이러한 논리 구조 속에는 전제되어 있는 단순한 이성애 정상성正常性이 자리 잡고 있다. 다시 말하면, 이 두 가지 구조적 접근에서 가족은 혼인에 뿌리를 둔 이성애 제도만을 유일한 것으로 전제한다. 기능주의자의 연구물들은 현대 사회에 적합한 이상적 가족 형태로 핵가족을 설정하는 성향이 있는 반면, 마르크스주의자들은 부르주아 가족을 착취적 자본주의 경제 체제를 중심에 놓고 설명한다.

이 두 관점이 놓치는 점은 가족의 삶이란 현실 생활에

서 실제 살아 움직이며 경험하는 방식이다. 앞으로 목격하겠지만 보다 최근의 '가족 실천'법이나 '가족 드러내기'법은 다른 각도에서 현장에서 채집한 여러 가족 형태에 대한 사회학적 연구에 획기적인 변화가 왔음을 기록하고 있다.

여권론자 접근들

대다수 사람들의 경우, 다양한 유형을 보여 주는 가족은 위로와 편안함, 사랑 그리고 우애를 공유한다. 그러나 이 다양한 가족은 동시에 착취, 외로움과 심대한 불평등의 발원지이기도 하다. 1970년대와 1980년대를 거치면서 여권론자 이론은 가족을 조화로운 제도로 설명하는 기능주의자 관점에 도전을 가하면서, 사회학계에 엄청난 영향력을 행사한 바 있다. 이전의 가족사회학이 가족 구조에 대해 집중적으로 연구했다면, 페미니즘은 사적 영역 속 여성의 경험을 검토하면서, 가족관계에 관심을 지속해 왔다.

페미니즘 연구와 저작물들은 광범위한 주제를 강조해 왔으나, 세 가지 주제가 특히 중요하다. 제7장 〈일과 경제〉에서 다루어진 주제는 가사노동 분업domestic division of labour으로서 가족 구성원 사이에 업무가 할당되는 방식을 다룬다. 페미니스트들 사이에서도 이 가사노동 분담 방식에 대한 역사적 흐름에 대해서는 다양한 견해를 개진하고 있다. 사회주의자 페미니스트들은 가부장제와 결부시키기 때문에 산업화 과정 이전부터 비롯되었다고 주장한다. 엥겔스가 주장했던 바대로, 가사노동 분담이 산업화 이전에도 확실히 존재했겠지만 자본주의적 사회관계는 (사적) 가사노동과 (공적) 노동의 영역을 훨씬 더 명확하게 하는 데 기여했다. 이 과정을 통해 '남성 영역'과 '여성 영역'의 분리가 정교해졌으며 남성 밥벌이male breadwinner 모델은 최근 몇십 년에 걸쳐 많이 허물어지고 있으나, 하나의 이상理想으로 자리 잡고 있다.

페미니스트 연구물들은 자녀 양육이나 가사노동을 남편과 아내가 공유함에 따라 역할 수행과 책임감 분배 방식이 서로 평등하게 변했으며 젠더 관계가 보다 '균형 잡히게' 되었다는 주장의 타당성을 면밀하게 검토해 보았다(Young and Willmott 1973). 페미니스트 연구 결과에 의하면 더 많은 여성이 과거 어느 때보다 가외 노동시장에 진출하며 유급직에 종사하게 되었음에도 불구하고, 많은 여성의 경우 남편보다 여가 시간이 짧았으며 가사노동에 1차적 책임을 지고 있음을 밝혀냈다(Sullivan 1997; de Vaus 2008: 394~396). 어떤 사회학자들은 기혼 여성의 무급 가사노동이 전체 경제에 기여하는 바에 초점을 맞추면서, 유급직과 무급직이라는 대조되는 영역의 현실을 검토했다(Oakley 1974b; Damaske 2011). 다른 학자들은 가족원 간에 이루어지는 자원 분배 방식, 특히 가구 재정에의 접근과 통제에 발현되는 불평등한 유형을 면밀히 탐구했다(Pahl 1989).

두 번째로, 페미니스트들은 가족관계에 존재하는 불평등 권력 관계에 주목했다. 이러한 주목의 산물로서 관심이 증폭된 한 가지 주제는 가정 폭력이다. '마누라 패기', 혼인강간, 근친상간 및 아동 성 학대 등 모든 현상은 학계와 법조계 그리고 정책 담당자들로부터 오랫동안 외면당해 온 주제들로서, 가족생활의 폭력적 학대가 이루어지는 현실이 페미니스트들의 지적과 발굴로 일반 대중의 주목을 더 받게 되었다. 페미니스트 사회학자들은 가족이 어떻게 하여 여성 억압뿐만 아니라 신체적 학대에 이르기까지 남성 지배가 재생산되는 장소로 자리매김했는지 추적해 이해하고자 했다.

돌봄노동caring activities 연구는 페미니스트들이 기여한 세 번째 영역이다. 이 분야는 광범위한 내용을 담고 있는데, 병든 가족원을 보살피는 것에서부터 장기간에 걸쳐 연로한 노인 친인척을 돌보는 일에 이르기까지 다양한 영역이 포함된다. 때로는 돌보기란 단지 상대방의 심리적 안녕을 관장하는 일만을 의미할 수 있어, 몇몇 페미니스트들은 함께 살아가는 사람들끼리의 '정서적 유대감' 쌓기에 관심을 가져 왔다. 여성들은 청소나 자녀 양육과 같은 구체적 업무를 어깨에 짊어지고 수행할 뿐만 아니라, 가족원 간 인간적 유대관계 유지에 전제되는 정서적 노력에도 엄청난 배려를 하기 때문이다(Wharton 2012: 164~165). 돌봄노동이란 사람과 정서적으로 깊은 유대감에 기반한 자질이면서, 동시에 상대방을 열심히 청취하고, 인지하며, 교섭하고, 창조적으로 행동하는 노력을 필요로 하는 노동의 한 유형이기도 하다.

사회학에서 차지하는 '가족'은 단지 여권론 탄생 이전 가족 연구 수준에 머물지 않는다는 말이 과장된 평가는 아닐 것이다. 여권론자 연구와 이론화 작업은 제도로서 가족과 실생활에서 살아 움직이는 가족 현실에 대해 훨씬 생동감 있고 균형 잡힌 감각을 지닐 수 있도록 도움을 준 바 있다. 그리고 훨씬 훌륭한 사회학의 경우에서처럼, 가족생활의 현실은 정치적이고 규범적인 이상으로부터 훨씬 동떨어진 실체임이 판명되었다.

가족의 몰락인가, 아니면 전에 겪지 않은 길인가

지난 몇십 년간 진척된 사회 변화를 현지 조사하는 동안, 논평자들 가운데 전통적 가족의 의무나 책임의 축소를 목격하면서 개탄하는 이들이 있다. 그들은 가족생활의 도덕성을 회복해야 하는 동시에 오늘날 우리가 실타래와 같이 복잡하게 얽힌 가족관계보다는 좀 더 안정되고 질서 잡힌 '전통 가족'으로 복귀해야 한다고 주장한다(R. O'Neill 2002). '전통 가족' 이상론의 기저에는 점증하는 가족과 친밀한 관계의 다양성에 대해 불편한 심기가 깔려 있으며, 따라서 혼인과 전통적 가족생활을 위협한다고 전제한다. 이 주장은 보다 이전 시대에는 가족생활의 '황금기'가 실제 존재했다는 논리를 뒷받침한다. 하지만 언제 이러한 가족생활에 '황금기'가 존재했던가?

혹자는 19세기 빅토리아 시대 가족의 규율과 안정성이 이러한 이상에 걸맞은 것으로 간주한다. 그러나 그 당시 가족은 또한 아주 높은 사망률에 시달렸는데, 평균 혼인 기간이 12년을 넘지 못했으며, 전체 어린이의 절반 이상은 스물한 살도 되기 전에 적어도 한쪽 부모의 사망을 경험해야 하는 정황이었다. 빅토리아 시대 가족의 규율은 자녀들에 대한 부모 세대의 범접하기 힘든 엄격한 권위에 기반을 둔 바 있다. 중산층 아내들은 이러저러한 이유로 가족생활에 반강제적으로 머물 수밖에 없었는데, 빅토리아 시대 도덕률에 의거해 여성들은 엄격하게 성적 순결성이 요구되었기 때문이지만, 남자들은 매춘부나 갈보집을 들락거리는 것이 인정되었다. 사실상 내외간이었지만, 상대에 대해 공유하는 바가 거의 없는 상태였으며, 오로지 자녀 양육 관련 의사소통만이 유일한 공통 관심사였다. 가정 중심주의는 더 빈곤한 계급에게는 하나의 선택지조차 될 수 없었다. 공장과 작업장에서 노동자 가족원들은 장시간 노동에 시달렸기 때문에 아늑한 가정생활은 거의 누릴 수 없는 한편, 아동 노동이 다반사로 존재했다. 쿤츠Coontz가 지적한 바대로(1992), 이전 황금시대에 관한 모든 관점에서 역사적 사실을 살펴보면 '전통 가족'에 대한 장밋빛은 그 색깔이 바랜다.

또 다른 입장은 1950년대가 가족생활의 이상적 시기였다는 데 기반을 둔다. 당시는 많은 아내가 집 안에 머물면서 자녀 양육과 가사노동에 주력하는 한편, 남편은 오로지 '가족 임금'을 위해 '밥벌이'에 충실했다. 다수의 여성들이 제2차 세계 대전 중에 전쟁 효과의 하나로 집 바깥의 직장에서 유급 노동자 생활을 하게 되었고, 남자들이 전쟁 후 귀환함에 따라 직장을 잃었다. 그러나 많은 여성은 오로지 주어진 가사노동에 안주하기를 원하지 않았으며 집안일에 묶인 현실에 비참함을 느꼈다. 남자들은 여전히 자신의 아내와 감정적으로 격리되어 있었으며 때로는 성에 대한 이중 기준에 안주하면서도 남자 본인들은 온갖 성적 모험을 즐기되 배우자에게는 엄격한 일부일처제 도덕성을 기대하고 있었다.

미국인 저술가 베티 프리던Betty Friedan(1921~2006)은 베스트셀러가 된 책 『여성의 신비The Feminine Mystique』(1963)에서 1950년대 여성의 삶을 토의하면서 여성의 심금을 울렸다. 책 속에서 '이름 없는 문제', 즉 자녀 양육에 얽매인 채 가사노동이라는 천역에 시달리는 가사 담당 여성의 억압적 현실 및 잊어버릴 만하면 한 번씩 모습을 드러내는 남편, 그리고 이러한 남편과는 정서적 교류가 사실상 불가능한 여성의 상황을 소개했다. 억압적인 가정생활보다 훨씬 심각한 것은 해당 문제를 충분히 해결할 묘안을 사회가 미처 마련하지 못한 채 여러 가족의 알코올 의존증과 가정 폭력은 개인사적 영역으로 치부되어 버린 것이다. 다시 강조하거니와, 1950년대 '이상적 가족'이라는 관점은 또 다른 형태의 과거 지향적 노스텔지어를 부르는 신화에 불과하다.

비판적으로 생각하기 THINKING CRITICALLY

앞서 소개한 바대로, 전통적 가족이 '하나의 신화'라면, 어째서 그토록 많은 사람이 여전히 그것을 신봉하는가? 이러한 신화적 가족 형태에 대한 사람들의 믿음과 몰입은 정치적으로 또 개인적으로 어떠한 결과를 초래하는가?

사회학자로서, 도덕적으로 굳건하게 자리 잡고 있는 입장들을 판결할 수는 없겠지만, 미래 지향적 삶의 제안들을 평가할 수는 있을 것이다. 오래된 전통 가족으로의 회귀는 현실적이지 않다. 전통적인 가족이 신비스러운 실체가 아니기 때문이거나 현대인들의 경우 과거 전통 가족들을 너무 억압적이라고 생각하기 때문이 아니다. 혼인, 가족 및 성적 파트너 관계에 변화를 몰고 온 사회 전체의 변화는 쉽게 되돌릴 수 없기 때문에 불가능한 것이다. 여성들은 이전의 고통스러웠던 가사노동에서 벗어나기 위해 어렵사리 투쟁해 왔기 때문에 과거로의 회귀를 원하지 않을 것이다. 성적 파트너십, 정서적 의사소통 및 혼인은 과거에 그러했던 것처럼 되돌아갈 수 없다. 반면에, 섹슈얼리티, 혼인 및 가족에 영향을 주는 흐름이 어떤 사람에게는 엄청난 불안감을 조성하지만 동시에 또 다른 사람에게는 만족과 자기충족을 위한 새로운 가능성으로 작용한다는 점은 의심할 여지가 없다.

우리는 특정 방식으로 영향력을 행사하지 않도록 주의해야 한다. 현실에 기반한 증거라고 해서 이전의 가족사회학이 현실에 존재하는 가족과 가족은 어떠해야 한다는 관점을 혼동했기 때문에, 대안적 접근법이 요구되었던 것은 분명해졌다. 이러한 대안적 접근 가운데 좀 더 영향력 있는 논리는 놀라울 정도로 간단한 것으로서, 가족을 하나의 사회제도로 접근하기보다는 사람들이 '가족 같은 family-like' 존재로 실제 인지하고 행동하는 바를 사회학자들이 탐구해야 한다는 점이다. 이러한 관점을 이제부터 소개할 것이다.

가족 실천

가족 정책을 둘러싼 정치적 논쟁들은 이상형 가족 형태는 정부가 추진해야만 한다는 논리에 뿌리를 두고 있다. 오늘날 가족생활에 대한 그러한 단일 모델은 실제 존재하지도 않으며 보편성을 얻을 가능성 역시 없는 것이다. 여러 다양한 가족 형태가 존재하고 있다는 것을 현실적 증거를 보면 분명해진다. 이성애 가족, 동성애 가족, '재결합' 혹은 계繼가족, 확대가족, 한 부모 가족 등이 그것이다. 기틴스Gittins는 이러한 다양성을 인지해야만 하기 때문에 '가족the family'보다는 '(다양한) 가족들families'로 불러야 한다고 지적했다(1993). 이와 유사한 맥락에서, 길리스Gillis는 사회정책이나 대중매체에서 구현되는 이상형 가족인 '우리가 추구하는 가족families we live by'과 우리가 실제 일상생활 속에서 만들면서 겪고 '살아가는 가족 families we live with'을 구분했다(1996).

우리가 앞으로 목격하겠지만 가족 형태의 다양화는 보다 광범위한 사회적 진보의 결과로, 유급 고용직에 여성의 진출 증가, 더 많은 성적 자유, 젠더 혹은 성적 평등에의 움직임 등과 연결되어 있다. 따라서 '가족'을 하나의 핵심적 사회제도로 토의한다고 해도, 이러한 일반화가 다루는 가족 형태의 다양성이 존재한다는 점은 꼭 기억하는 것이 핵심 관건이다. 어떤 사람에게는, 가족을 있는 그대로 이해하기 위해서는 가족의 제도적 역할을 이론화하기보다는 경험적 연구에서 얻어진 새로운 접근이 요구될 것이다.

가족생활 '하기'

데이비드 모건David Morgan은 가족생활을 다루는 대안적 방법을 제안한 바 있다. 그는 가족 실천family practices — '가족생활'의 일부분으로 가족원들이 인지하는 모든 행동 — 에 대해 토론해 보는 것이 좀 더 생산적이라고 주장한다(〈고전 연구 10-2〉 참조). 체임버스와 그의 동료는 이 관점을 수용하면 몇 가지 장점을 얻는다고 주장한다(Chambers et al. 2009). 첫째, 생물학적 가족과 계부모 가족 간에 뒤얽힌 가족의 삶과 가족 연결망의 역동적 자질을 탐구하는 데 도움을 줄 수 있다. 둘째, 상대적으로 소홀히 다루어진 영역인 사람들의 '가족생활하기' 혹은 구체적으로 사람들이 가족관계를 어떻게 구축하면서 살아가는가에 초점을 맞출 수 있다. 셋째, 자신의 가족 역할과 일상을 적극적으로 꾸려 가면서 개별 가족원의 삶의 둥지인 가족을 들여다봄으로써 하나의 사회제도로서 가족에 대한 기존 사회학적 연구에 균형감각을 잡아 주며, 그렇게 해서 변화 중인 가족 형태를 설명할 수 있게 해준다.

가족 실천은 함께 식사하기, 가족(원) 행사 개최하기, 자녀 학교 모임 조직하기 등 다양한 활동을 대상으로 한다. 그러나 이러한 종류의 가족 실천 행동을 연구하는 것만으로 가족과 관련된 모든 내용을 파악할 수는 없을 것이다. 핀치Finch의 연구에 따르면, 최근 이 분야 연구는 가족 드러내기family displays까지 확대되었다(2007). 가족원이 그 밖의 비가족원들에게 공개할 수 있는 (적절한) 가족 실천이나 가족관계와 관련된 일체의 모습을 말한다. 핀치는 여타 사회적 삶으로부터 분리나 격리된 상태에서 사람들은 가족 행동을 하지 않는다고 주장한다. 더멋Dermott과 시모어Seymour가 주목한 바대로 "가족생활과 연계된 내용이 행동으로 수행된 것만으로는 충분하지 않다. 비가족원과 같은 제3자 외부인으로부터 가족 실천이 인지되어야 한다"(2011: 13). 이들 '제3자 외부인'들은 사회복지 담당자 아니면 국가 공무원일 수도 있겠지만, 더 빈번하게는 가족 드러내기의 대상은 가족원, 다른 가족, 친구 또는 이해관계가 없는 제3자일 수 있다. 다른 형태의 사회 작용에서처럼 가족 드러내기 역시 불특정 다수의 대중이 가족 드러내기의 대상이 될 수 있다.

이에 대한 훌륭한 사례로 허먼Harman과 카펠리니Capellini가 수행한 '학령 아동 도시락 싸기'에 참여한 중산층 어머니들의 가족 실천과 가족 드러내기를 시도한 질적 연구가 있다(2015). 열한 명이라는 작은 표본을 대상으로 한 도시락싸기 준비 과정은 일상적 가족 실천에 불과했지만, 그런 단순한 물건이 다층적 의미와 메시지를 담고 있는 것이다. 예를 들어 자녀의 건강을 위한 식사란 무엇인가에 대한 뜨거운 토론 주제라는 맥락에서 학령 자녀를 둔 부모들은 자녀가 선호하는 음식을 최우선적으로 배려해야 한다고 하면서도 텔레비전 프로그램과 매체의 논평, 정치 담론, 학교 규율 및 슈퍼마켓 광고까지도 배려해야만 했다. 어머니들은 다른 학생들, 학교 직원, 교내 매점 관리자뿐만 아니라 자신들까지 스스로의 능력을 과시하기 위해 도시락을 이용했다고 연구자들은 지적했다. 그렇지만 핵심 이해관계자는 학교 직원으로 보였고, 대다수 어머니들은 도시락 준비에 관한 학교 당국의 안내 지침을 고수했다.

이렇듯 단지 열한 명의 학부모, 그것도 지극히 예외적으로 특화된 계급을 대상으로 한 소규모 연구는 더 광범위한 모집단을 대상으로 일반화할 수 없겠으나, 그 속에 내재된 내용을 사회 일반으로까지 연계시킬 여지는 있다. 분명하게 젠더화된 전제가 작동했음을 알 수 있는데, 모친 역시 유급 고용에 참여하고 있었으나 도시락 싸기는 부친이 아니라 모친이 알아서 책임지는 영역으로 인

사회제도에서 가족 실천까지

고전 연구 10-2

연구 문제

가족사회학자들은 산업화가 진척된 이후 나타난 주도적 가족 형태로 간주된, 핵가족이라는 렌즈를 통해 가족을 연구하는 경향을 지녀 왔다. 이러한 경향은 핵가족을 표준으로 삼는 한편 그 밖의 가족 형태가 보여 주는 현실은 이에 맞지 않는다는 전제를 드러냈다. 체임버스Chambers에 의하면, 1990년대부터 가족the family이 아니라 다양한 가족들families에 대해 다루는 것이 더 현실적이고 적실한 것임이 점차 밝혀졌으며, 그 결과로서 기존 가족 구조와 기능에 대한 전통적 가족사회학은 그 근거를 잃게 되었다(2012: 41). 그렇다면 어떤 관점이 이것들을 대치할 수 있는가? 데이비드 모건David Morgan은 가족사회학 분야를 강력하게 대치할 수 있는 영향력을 가진 대안적 접근을 제시했다(1996, 1999, 2011).

모건의 설명

20세기 많은 사회학자들이 '가족'으로 간주되는 것을 설명하는 데는 문제될 것이 없었다. 가족이란 혼인 그리고 생물학적으로 연계되었고, 정서적으로 친밀한 친인척 집단을 의미했다. 이렇게 전제할 경우, 가족과 비가족관계를 구분하는 것은 상대적으로 용이했다. 그러나 혼인 기피, 고이혼율, 계(부)모·계(자)녀로 구성된 계가족 또는 재결합 가족의 증가, LGBT 커플이나 가족들, 한 부모 가족들, 그리고 인공 출산 기술 등과 같은 각종 변화상들은 단일 가족의 모습이 아닌 가족 다양성의 극치를 보여 주었다. 모건이 거칠게 지적하듯이, "'가족'이라는 것이 존재하지 않고 있다"(2011: 3).

모건이 기여한 핵심 사안은 가족에 대한 행동이나 실천에 기반을 둔 가족사회학이 경험적으로 적합할 수 있음을 암시하는 대안적 접근을 고안한 것이었다. (핵)가족의 예정된 몰락을 둘러싼 소모적 갑론을박에 연연하기보다는, 보다 더 생산적인 연구 의제는 사람들이 어떻게 '가족을 행하는가'에 초점을 둔 접근법을 의미한다. 다시 말하면, 사람들이 관여하는 여러 행동이나 활동 가운데 어느 것이 이들에게 '가족과 관련된' 것으로 보이며 그 이유는 무엇인가? 가족 개념에서 이러한 이론적 전이轉移는 분리된 사회 탐구 대상으로 돌덩어리 같은 그 무엇이기보다는 사람 간 상호작용이나 동적인 역동성 속에서 구축된 자질을 의미하는 것이다(Morgan 1999: 16).

예를 들어 메이슨Mason은 가족들이 '연계되어 있다'고 말하는 것이 구체적으로 무엇을 의미하는지에 대해 묻는다(2011). 답변했을 때는 분명한 것이었겠으나, 오늘날은 그렇지 않다. 자녀를 둔 기혼 이성애자 커플은 이혼할 수 있으며 양친은 그 후 새 파트너를 취할 수 있을 것이고, 이 경우 자녀는 '계자녀' 신분이 된다. 그러나 새로 맺어진 커플이 별거할 경우, 이들의 계자녀와 또 한 번의 새 파트너의 관계가 효과적으로 작동할 것인가? 가족 실천 접근은 이 상황에 대해 경험론적 질문을 제기하며, 해결책은 해당 당사자가 취하는 선택과 결정에 의해 좌우되는 것으로 본다. 누가 친인척 또는 가족으로 간주되는지는 시간이 경과함에 따라 변할 수 있기 때문에, '가족'이란 하나의 고정된 자질이 아니라 언제나 가변적 역동 속 과정이라는 모건의 지적은 예시하는 바가 있다.

친인척 관계가 시간 경과에 따라 변한다면, 가족과 관련된 것으로 규정된 행동들 또한 그러할 것이다. 자녀 등교시키기, 가족 축하, 혼인식 및 장례식과 같은 가족행사 참석하기, 비공식적 방식으로 무급으로 자녀 양육하기, 집안 허드렛일하기, 매일 걸려 오고 걸게 되는 집 전화 대응하기, 그 밖의 잡다한 집안일 등은 전부 '가족 관련' 활동으로 인식될 수 있다. 그러나 이러한 활동에 참여하는 사람들은 친구나 이웃과 같이, 생물학적으로 연계되지 않았으나 '가족' 구성원으로 간주할 수 있으며, 또 그렇기 때문에 그렇게 대접하는 경우가 생길 수 있다. 아주 빈번하게, '삼촌'이나 '아주머니' 같은 가족 호칭은 영광스럽게 인정받은 가족 구성원으로서 보상받은 지위의 인정으로서 가족 같은 행동을 수행하는 친한 친구들에게 주어진다. 모건은 이러한 경험 가운데 어떤 경우도 사회학자들이 규정한 기존 가족 개념이 흔들리는 데 기여해서는 안 될 것이라고 주장한다. 이 가족 개념을 이해하기가 아무리 복잡해졌다 할지라도 '가족'은 대다수 사람들에게 여전히 의미를 부여한다고 모건은 지적한다. 메이May는 "가족 실천을 또한 친밀성 실천과 같은 보다 포괄적 개념의 하위 개념으로 규정해 버린다면 그 의미가 상실되는 고유한 특이성이 내재되어 있다"고 지적한다(2015: 482).

비판적 쟁점

가족 실천 접근법은 특히 영국 경험주의 사회학에 영향력을 끼쳐 왔으나, 그 밖의 지역에서는 파급력이 약하다. 예를 들어 히스와 그의 동료는 유사한 관심 분야를 다루고 있음에도, 가족 실천이라는 용어나 개념은 나라 간 국경을 뛰어넘어 영향을 끼치는 보다 인류학적으로 지향된 가족에 대한 다국적 연구에는 널리 채택되지 않았다고 주장한다(Heath et al. 2011). 그 한 가지 이유로 이러한 가족 실천 접근법은 '가족'의 이데올로기를 다른 방식으로 보기 때문이다. 유럽연합 국가로의 이민을 다룬 연구는, 가족이란 핵가족이어야 한다고 한정해 전제한 법률적 정의에 기반하고 있다. 코프만Kofman은 '이민자들 스스로 자신이 소속된 가족 구성원으로 규정하지 못하는 현실'에 주목한다(2004: 245). 이 사례는 가족이 핵심적 기본 사회제도로서 가족생활에 막강한 영향력을 휘두른다는 현실을 공식적으로 인정하는 확인서인 셈이다.

두 번째로 지적되는 주요 비판은 특정 사회에 가장 적합한 가족 형태가 무엇인가에 대한 규범적이고 정치적인 논쟁에 함몰되지 않으려는 시도가 완전히 배제되지 않았다는 점이다. 가족 실천은 정치적 담론이나 도덕적 이상으로부터 완전히 독립되지 않았다. 히피Heaphy는 한 부모 가족이나 게이 커플과 같은 대안적 가족 실천이나 가족 드러내기는 이상화된 '정상적' 중산층 핵가족 형태를 대체할 정도로 생존 가능성 있는 대안적 가족 모델로 흔쾌히 수용할 의향이 없는 불특정 일반 대중으로부터 그 합법성을 얻어 내고자 투쟁 중이라고 지적한다(2011). 다시 한 번 말하거니와, 비판점으로서 가족 실천의 우수성을 강조하는 일이 그 내용에 있어서 강력한 통찰력을 지니고 있다 하더라도 정책 분야나 일반 사회로부터의 주도적 전제는 전통적 '가족' 개념에 입각해 영향력을 꾸준히 행사하는 현실을 가볍게 여겨서는 안 된다는 점이다.

현대적 의의

모건의 가족 실천법은 영국 가족 연구BFS의 이론적 바탕에 새로운 지평을 열어 준 관점으로서 구체적 경험 조사를 지지하는 접근법이다. 이 관점은 가족 연구 분야를 재충전의 계기로 작용한 환영받는 관점으로서 이론의 빈약함을 벗어날 수 있는 계기를 마련했다. 시간이 경과함에 따라 이 관점은 지평을 확장하며 가족 드러내기family displays와 같은 새로운 영역으로 확대 발전할 수 있었다. 이는 사람들이 해당 관계자에게 적합한 '가족(관련) 일'을 수행하는 방법을 보여 주는 방식을 말한다. 또한 가족생활 연구는 일상생활이나 개인적인 행위를 행하는 것과 연계된 그 밖의 영역과 연결고리를 만들었고, 그렇게 함으로써 가족관계와 비가족관계 사이에 존재하던 단절을 이어 주는 가교 역할을 할 가능성이 있다. 모건 접근법의 다음 단계는 그 적용 가능성을 영국 사례를 뛰어넘어 다른 사회, 그리고 다국적 가족 실천으로 확대 적용해 검증하는 작업이 될 것이다.

지했기 때문이다. 비록 개별 모성은 자기 자식에게 적합한 식재료로 개성 있게 자신이 선택해 도시락 준비를 했다고 설명했으나, 연구자들은 그 본질이 비슷한 것으로 결론 내렸다. 이것이 의미하는 바는 무엇이 '균형 잡히면서' '건강한' 도시락 식사를 구성하는가를 지배하는 문화적 규범이 지속적으로 영향을 미친다는 점일 것이다. 백인 중산층 가족의 일원으로서, 이들 모친들은 잠재적 감시와 비판에 노출된 학교라는 공공 상황 속에서 드러나는 것에 예민하게 반응하고 신경 썼던 것이다.

가족 실천 관점은 지속적으로 진전할 여지가 있는 효율적인 접근법임이 입증되었다. 그럼에도 불구하고 이전의 구조적 접근을 아주 폐기하려고 해서는 안 되는 이유들 역시 존재한다. 에드워즈Edwards와 그녀의 동료가 지적한 바대로(2012), 가구와 같은 가족 개념과 연계된 귀중한 통계적 연구가 다수 존재하는 한편, 가족생활의 변화에 대한 횡단적 연구로 시기별 변화상을 추적하는 작업 역시 가족 구조와 이러한 가족 변화 궤적에 대한 인지를 하고 있어야 하기 때문이다. 가족 구조가 지구촌 차원에서 (하나로) 수렴되는지 여부라든가 경제 체제가 특정 가족 형태로 변모하는지 여부와 같은 의미심장한 의미를 지니는 거시사회학적 연구 주제들은 '가족'을 (한 묶음의 가족 실천이라는 접근뿐 아니라) 하나의 사회제도로 전제하지 않는다면 어떠한 궤적을 드러내는지 규명하기 어려워질 것이다.

다음의 두 소단원에서 우리는 미시적 접근과 거시적 접근을 통합했을 때 성립되는 보다 포괄적 현실을 예시하기 위해 가사노동과 젠더 불평등, 그리고 친밀한 관계에서 발생하는 폭력에 대해 가족 실천과 통계조사에 관한 연구 결과에 주목할 것이다.

직장과 돌봄의 균형 잡기

가족 실천이란 단순하게 사람들이 실천을 즐기거나 선택하는 자질이 아니다. 모건이 분명히 밝힌 것처럼(1996), 실천에 스트레스를 받거나 실천한 후 부정적인 결과를 맞이할 수도 있다. 젠더화된 기대치 때문에 남성들은 전일제 근무를, 여성은 가사 책임을 우선시해야 한다는 압박을 받고 있는 반면, 가족 맥락 속에서 일어나는 자녀, 노인층 그리고 여성들에 대한 학대 등은 과거 한때 그렇게 생각되었던 것보다 훨씬 더 빈번하다. 이러한 측면 역시 가족 실천법에서 반드시 고려되어야 하는데, 가족 구성원으로서 수행해야 하는 행동이 관여되어 있고 가족 맥락에서 발생하기 때문에 그러한 것이다. 여기서는 가족 안에서 전개되는 불평등과 부정적 관행에 대해 좀 더 자세히 살피고자 한다.

젠더 불평등은 전 세계 해당 사회별로 다양하게 나타나고 있다. 세계경제포럼The World Economic Forum에 의하면 여성들의 동등한 참여에 가장 앞선 사회는 스웨덴이고, 노르웨이와 핀란드, 아이슬란드를 포함해 최상위 4개국이었다. 그리고 꼴찌인 예멘을 비롯해 차드, 파키스탄, 네팔이 최하위 4개국이었다(2007: 7). 나아가, 여성 피고용인의 평균 임금은, 비록 지난 30년 전보다는 격차가 줄었다고 하지만, 남자 동료보다 낮은 수준에 머물러 있다.

학교 도시락은 몇몇 사람의 경우 '가족'을 표출하는 하나의 사례가 될 수 있다.

유럽연합국의 경우 2010년 성별 임금 격차(남성과 여성의 총 평균 시급 차이)는 여전히 평균 17.5퍼센트를 기록했다(Eurostat 2010: 303~304). 여성의 취업 경력에 영향을 주는 핵심 요인 가운데 하나는 여성이라면 자녀를 가질 경우 취업이 차순위가 되며 자녀 양육이 자연스럽고 생물학적으로 결정된 역할이라는 인식perceptions이었다. 그러한 믿음은 남녀 차별 방지를 목표로 하는 동등기회법안에도 불구하고 남녀 간 일과 양육의 균형에 직접적으로 영향을 끼친다(Crompton 2008).

> 젠더에 관한 더 많은 쟁점은 제15장 〈젠더와 섹슈얼리티〉를 참조하라.

많은 여성의 경우 두 가지 상반된 요인으로 스스로 갈등하는 자신을 발견하게 된다. 여성들은 경제적 독립을 원하기도 하고 필요로 하지만, 동시에 자녀들에게는 '좋은' 어머니가 되길 원한다. 주요 질문 중 하나는, 이전에는 무급으로 가정에 있는 여성에 의해 수행되었던 돌봄 '노동'을 더 많은 여성이 유급직 고용 분야로 진출한 오늘날에는 어떻게 해결할 것인가 하는 문제다. 크럼프턴Crompton은 이 문제는 이전의 젠더화된 노동 분업 구도가 '해체되어' 남성이 여성처럼 일상 생활수준에서 취업과 돌봄노동을 통합할 때만 달성될 수 있을 것이라고 제안한다(2006: 17). 고용과 취업 생활에서 유연 근무 증진이 해법의 한 부분이 될 수 있겠지만, 훨씬 더 어려운 것은 남성들의 전통적인 태도의 변화다.

가사노동

남성 주도 직종에 여성이 진출한 것을 포함해 최근 수십 년간 여성 지위에 큰 변화가 있어 왔지만, 가사노동housework 분야는 훨씬 낙후된 채 답보 상태에 놓여 있다. 노동시장에 진출하는 기혼 여성이 증가함에 따라, 어떤 이들은 남편이 가사노동에 더 많은 기여를 한다고 전제하고 있다. 총체적으로 볼 때, 이러한 현실은 발생하지 않았다. 1970년대나 1980년대보다 남편의 가사노동 참여는 증가했고 이에 따라 아내의 가사노동 강도는 다소 완화되었으나(〈표 10-1〉 참조), 가사노동 분담에서 아직도 대단히 불평등하면서도 그 실상은 해당 사회별로 다양하다. 그리스, 터키 및 몰타의 경우는 가사노동 참여에 나타난 부부간 시간 차이가 70퍼센트를 넘는 반면, 스웨덴과 덴마크의 경우는 30퍼센트 미만이다. 유럽 평균 젠더 차이는 53퍼센트 정도로, 적어도 가사노동 분야에 관한 한 젠더 평등은 아직도 갈 길이 멀다. 영국에서 단행된 몇몇 보고서에 의하면, 여성이 가사노동과 자녀 양육 대부분을 관장하는 것으로 나타났다.

2013년 영국 사회태도 실태조사에 의하면, 아내는 주당 평균 가사노동에 13시간을, 돌봄노동에 23시간을 쓰고 있다. 남편은 평균 가사노동에 8시간을, 돌봄노동에 10시간을 사용한다(Park et al. 2013: 115). 여성들이 이미 유급 부문에서 노동에 참여하기 때문에, 사실상 이러한 과외 노동은 '두 번째 교대 근무'에 해당한다고 주장하는 학자도 있으며(Shelton 1992), 이러한 현실은 혹실드Hochschild가 남녀 간 관계 설정을 '지연된 혁명'으로 명명하도록 한 바 있다. 그러나 가사노동은 어찌하여 '여성 노동'으로 치부되는가? 이 질문에 대한 해답 규명이 최근 여러 연구물의 초점이 되고 있다.

하나의 가능한 설명은 젠더화된 경제적 영향력의 결과다. 여성의 가사노동은 남자들이 부여한 경제적 부양과 교환된 결과다. 여성들은 평균적으로 남성보다 적게 벌기 때문에, 남편에게 물질적으로 의존하는 대신 가사노동의 대부분을 수행한다. 따라서 소득 격차가 좁혀질 때까지 여성들은 의존적 지위에 머물 가능성이 높다. 혹실드는 여성들이 그렇게 해서 남자들로부터 이중으로 억압되어 있다고 설명한다(1989). 한 번은 '첫 번째 교대 근무'이고, 그다음은 '두 번째 교대 근무' 때다. 그러나 이러한 설명 도식은 가사노동이 성별로 젠더화된 측면을 이해하는 데 도움은 되겠으나, 이 교환 모델이 아내가 남편보다 벌이가 더 나은 상황에서는 설득력을 얻지 못한다.

밀러Miller는 유자녀 이성애 커플의 경우, 가사노동 분

표 10-1 유럽 국가에서 하루 수행되는 가사노동 시간(%)

국가	응답자 성별		총계	여성-남성 차이
	남성	여성		
핀란드	64	95	79	31
스웨덴	65	90	77	25
루마니아	60	93	76	33
덴마크	65	86	74	21
헝가리	46	93	70	47
슬로바키아	47	92	70	45
룩셈부르크	44	92	69	48
벨기에	44	91	68	47
에스토니아	53	84	68	31
불가리아	33	95	66	62
리투아니아	44	90	66	46
네덜란드	47	86	66	39
독일	36	90	64	54
라트비아	43	85	64	42
포르투갈	27	96	62	69
프랑스	32	86	61	54
슬로베니아	30	96	61	66
오스트리아	28	89	59	61
그리스	18	94	59	76
영국	36	80	58	44
이탈리아	26	88	57	62
터키	15	91	57	76
아일랜드	33	78	56	45
몰타	21	91	54	70
키프로스	19	80	53	61
유럽 평균[a]	35	88	62	53

참조: a. 해당 국가의 인구 규모에 비례해 가중치가 주어진 표본.
출처: Voicu et al. 2007: 9.

담 방식이 전통적 '젠더로 되돌아가는' 성향을 주목한다(2011). 다시 말하면 남성들은 '새로운 부성'이라는 언어를 사용하는 가운데, 가사노동에 더 깊이 개입하고 자녀들과 관계를 돈독히 하는 일을 강조하고 있지만, 현실에서 보여 주는 아버지들의 실천은 구태의연한 가족 밥벌이 담론이 지속되고 있다. 혹실드 연구를 살펴보면, 아내보다 적게 버는 남편의 경우에서조차 평등한 가사노동 분담은 일어나지 않은 것으로 밝혀졌다. 아내 역시 자녀출산 후 남편보다 출산 휴직을 택할 가능성이 훨씬 농후했으며, 전통적으로 젠더화된 기대치가 이(가사노동) 분야에 가족 실천 형태로 계속 이어지고 있다(Björnberg 2002). 여성들은 모성 역할을 즐길 것으로 기대되었고 역할 우선순위에 있어 취업자 역할보다 모성 역할이 앞서는 반면, 남편의 부성 역할은 본질에 있어 여전히 일시적 역할이면서 최우선 취업자 역할 다음의 부차적 역할로 인식되고 있다. 이러한 현실은 취업자 경력을 추구하고자 하는 여성들에게 문제로 작용할 뿐 아니라, 남성들에게는 자녀 양육에 주요 핵심 역할자 수행을 비판받지 않고 소홀히 하더라도 합리화 여지를 제공할 수 있음을 의미한다.

사회학자들은 이러한 불공평한 가정 내 업무 분담 구도에는 남성과 여성에게 다르게 작동하는 삶의 젠더화된 역할이 보다 포괄적인 전제 아래 뿌리내리고 있음을 오랫동안 목격해 왔다. 남성은 생계 부양자가 되어야 하는 반면, 여성은 밥벌이 역할을 수행할 때조차 자신의 가족 보살피기 역할에 대한 기대를 받고 있다. 그러한 젠더화된 전제가 지속되는 현실은 교육 기회, 고용과 사적 인간관계에서 진보의 흐름이 아주 전향적으로 진척된 국면에서조차, 그러한 기존 관행이 얼마나 뿌리 깊게 그리고 체계적으로 재생산되고 있는지 극명하게 보여 준다.

비판적으로 생각하기 THINKING CRITICALLY

남편들이 아내들만큼 일상적인 가사노동에 참여하지 않는 이유에 대해 여러분이 생각해 낼 수 있는 모든 이유를 목록으로 작성해 보자. 이들 이유와 젠더 고정관념 사이에 어떠한 연계 고리가 존재하는가? 그러한 젠더화된 고정관념들은 어떻게 하면 도전에 직면할 수 있을까?

친밀한 관계에서의 폭력

가족이나 친인척 관계가 우리 모두의 생존을 구성하기 때문에, 가족생활은 감성적 경험 세계의 전체 범위를 사실상 관장하고 있다. 가족관계는 따듯하고 충만할 수 있지만, 동시에 사람들을 절망감 또는 큰 근심거리나 깊은 죄의식에 휩싸이도록 하는 가장 심대한 갈등의 빌미를 제공할 수도 있다. 이러한 가족의 '어두운 면'은 TV 광고나 그 밖의 대중매체에서 강조하는 장밋빛의 조화로운 이미지를 뒤집는 것으로서, 가정 폭력, 연장자인 노인 학대나 아동 학대 등으로 표출된다.

아동 학대

1989년 제정된 영국아동법 규정의 한 절節은 정당한 양육의 결여로 인한 '중대한 상해'를 언급하고 있으나, 무엇이 '중대한' 것인지는 아주 모호한 상태로 남아 있다. 대對아동잔혹행위 보호를 위한 전국협회NSPCC는 학대를 네 가지로 구분해 정의한다. 유기, 신체적 학대, 정서적 학대 그리고 성적 학대다. 성적 학대란 '성인의 성적 욕구를 채우기 위해 성인과 아동 사이의 성적 접촉'으로 규정된다(Lyon and de Cruz 1993). 아동에 대한 성적 학대가 과연 어느 정도인지 완벽하게 추정해 정확성을 확보하기는 어려운 실정인데 다양한 모습으로 전개되는 측면이 있다. 최근의 한 '알려진 추정치'에 의하면 유럽 어린이 가운데 10~20퍼센트는 성적으로 학대당하는 것으로 추정된다. 1999년의 한 실태 조사에서, 유럽인의 1퍼센트만이 가족 내 아동 성 학대에 대해 들어 본 적이 없다고 밝혀진 한편, 응답자의 97퍼센트는 아동 성 학대는 일종의 폭력이라고 생각했다(MayChahal and Herczog 2003: 3~4). 1989년 아동권리 유엔대회는 아동 성 학대에 대한 의식 함양의 계기를 마련했으나, 아동 학대 혹은 아동 성 학대에 대한 명료한 개념 규정이 연구자들 또는 법정에서 확실히 규정 및 도출된 바가 없으며, 이것은 국가 간 비교의 신뢰성을 떨어뜨리는 데 한몫했다.

근친상간incest이란 가까운 친인척 사이의 성적 관계를 일컫지만, 근친상간 모두가 아동에 대한 성적 학대는 아니다. 예를 들어 형제자매 간 성행위는 근친상간에 해당하지만, 아동학대로 분류되지 않는다. 아동을 대상으로

한 성추행은 성인이 아동 혹은 유아를 성적 욕구 충족을 목적으로 착취하는 행위다. 그럼에도 불구하고, 근친상간 가운데 가장 흔한 형태는 여전히 아동을 상대로 한 성적 학대다. 부친과 어린 딸 사이의 성적 만남은 근친상간적 관계다.

근친상간, 그리고 좀 더 일반적으로는 아동 성적 학대는 최근 몇십 년 사이 '드러난' 현상이다. 물론 그러한 성적 행위가 존재한다는 것은 오래전부터 알려져 왔겠으나, 이러한 행동과 관계된 강력한 사회적 금기가 주어진 것은 지극히 드문 예외적 행위임을 의미하는 것으로 대다수 사람들에게 인식되었다. 마침내 이러한 전제가 허구였음이 밝혀졌다. 아동 성 학대가 생각보다 훨씬 더 빈번한 것으로 밝혀졌기 때문이다. 아동 학대 발생 고위험을 일으키는 요인을 분석한 세계보건기구가 수행한 연구는, 결론은 좀 더 조심스럽게 내려야겠지만, 빈곤과 높은 수준의 실업 간 연관성을 지적한다(WHO 2006a). 빈곤 퇴치를 목표로 하는 일련의 자선단체 및 복지 서비스와 더불어, 더 빈곤한 가족일 경우 더 많은 학대 행위가 있는 것으로 보고된 바 있다. 사회 계급과 가정 폭력 간에 분명한 인과관계가 존재한다기보다는, 감시 체계나 행위 보고 체계가 차등적으로 이루어지는 현실이 이러한 상황을 더욱 설득력 있게 설명할 터이다(Hearn and Mckie 2008).

아동 성 학대는 보육을 위한 주거 시설, 교육 장소 및 교회 같은 공식 조직의 맥락에서는 물론 사회 모든 수준을 불문하고 전방위적으로 발생하고 있다. 최근에 밝혀진 로마가톨릭교회 소속 성직자, 수녀 및 사제들에 의해 저질러진 아동 학대의 범위와 수준, 그리고 이러한 학대 행위를 은폐하려는 시도들은 사회 일반 제도의 그 어느 곳도 어른들에 의해 보살핌을 받는 아동들이 성인들이 저지르는 권력남용으로부터 자유롭지 못함을 보여 준다(Jenkins 2001).

완력이나 폭력에 의한 위협은 여러 경우의 근친상간에서 사용된다. 아동들 역시 성적 존재이며 때로는 서로 가벼운 성적 놀이나 모험에 개입할 수 있다. 그러나 가족 내 성인 가족원과 성적 접촉 대상이 된 아동들은 그러한 경험이 언짢았으며, 창피하면서도 혼란스러웠던 것으로 보고한다. 어떤 연구물은 아동의 신체적 학대 또는 성적 학대 행위와 약물중독, 자살에는 이르지 않는 자해 행위 및 기타 가해 행동 사이의 상관관계를 지적한다. 그렇지만 다시 한 번, 우리는 상관관계가 원인이 아님을 기억해야 한다. 이러한 부류의 사람들이 아동기 때 성적 학대 피해자였음을 보여 주는 것 자체가 이들의 그 이후 행동에 원인 제공자적 영향을 미쳤음을 보여 주는 것은 아니다. 아동기 때 겪었던 추행 이후 어떠한 결과를 맞이했는지를 다룬 연구가 더 많이 수행될 필요가 있다.

가정 폭력

가정 폭력이란 한 명의 가족원이 나머지 가족원(들)에게 휘두르는 신체상 학대로 정의 내릴 수 있다. 신체적 폭력의 1차 대상이 되는 피해자는 자녀, 그중에서도 특히 어린 자녀다. 예를 들어 잉글랜드에서 2000년 2월 발생한 여덟 살짜리 빅토리아 클램비에Victoria Climbié 사망 사건, 2007년 '신생아P'로 알려진 17개월 된 아기 사망 사건은 일반 대중의 시선을 널리 끈, 가정 폭력의 극단적 사례다.

영국에 살던 빅토리아 클램비에는 이모할머니와 이모할머니의 남자 친구가 수개월간에 걸쳐 지속한 고문 행위와 유기 끝에 체온저하 증세로 사망했다. 아동을 학대한 가해자들은 종신형에 처해졌다. 재판이 진행되는 동안, 경찰과 보건 의료진 및 복지기관 등 관련 단체들 모두 그와 같은 비극의 재발을 어떻게 하면 방지할 것인가에 대해 개입하고 권고 방안을 위한 후속 조사를 소홀히 한 것에 대해 하나같이 비판을 받았다(Laming 2003). 그러나 2007년 8월 피터 코넬리Peter Connelly('신생아P'로 알려진)는 경찰이 아동 학대 혐의 진상조사를 모친에게 공지한 그다음 날 사망했다. 시체 부검에 의하면 체계적으로 가해진 신체 학대 흔적과 일치하는 여러 가혹 행위 자국이 남아 있었으며, 또다시 사회복지 서비스 기관, 경찰, 보건 전문가들이 아동이 희생된 것에 대해 비판받았다. 극단적 사건 검토 보고서에 의하면 신생아P는 담당 의사의

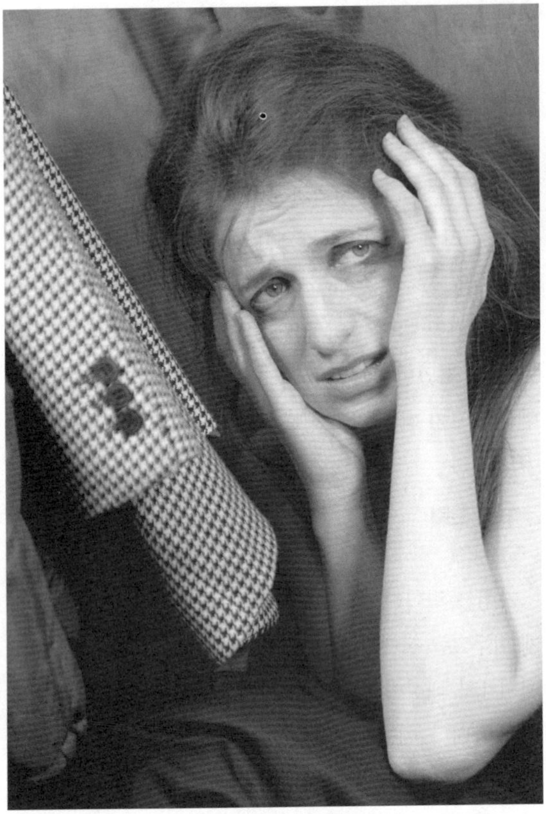

가족은 애정과 지지뿐 아니라 폭력과 긴장의 근원일 수 있다. 가족의 어두운 면을 인지하는 것은 혼란스럽더라도 가족생활에 대한 보다 현실적인 평가로 이어져 왔다.

진료 처방, 사회복지사, 상급 관리자 및 경찰 등 모든 해당 기관으로부터 방치되었고, 이들은 개별적으로도 집합적으로도 무능함을 드러낸 것으로 밝혀졌다. 가정 내 아동에 대한 극단적인 가혹 행위가 얼마나 심각하게 발생할 수 있는지 파악하는 것이 중요하다.

여성 파트너를 대상으로 남성이 저지르는 폭력 행위는 가정 폭력의 두 번째로 흔한 유형이다. 영국의 경우, 주당 평균 두 명의 여성이 파트너에 의해 살해당하고 있다. 특정 시간을 기준으로 할 때, 여성의 10퍼센트는 가정 폭력을 경험하며, 이는 전체 여성 집단의 3분의 1에서 4분의 1에 해당하는 여성들이 생애주기 중 언젠가 경험하는 셈이다. 가정 폭력은 여성에게 가해지는 가장 흔한 범죄로서, 생면부지의 낯선 이가 아니고 가족원이나 친밀한 주변의 지인 남성에게 당할 확률이 훨씬 높다(Rawsthorne 2002).

가정 폭력에 관한 쟁점은 1970년대 들어 '매 맞는 여성들' 쉼터 개소를 단행했던 여권운동 단체들이 일구어 낸 작업의 결과로, 일반 대중과 학계의 주목을 받았다. 그 이전에는 아동 학대처럼, 가정 폭력은 개인의 가정사로 묵시적으로 잊힌 현상이었다. 가부장제와 가정 폭력을 다룬 여권론적 연구물들은 폭력과 학대의 사유화 방식은 가부장제 사회에서 남성 지배를 유지시키는 방식으로 작동하는 데 주목했다. 집 안에서 이루어지는 폭력의 편재성偏在性과 무자비성을 추적해 낸 것은 여성학이었다. 실로 경찰에 신고된 배우자 간 가정 폭력 사건의 일화들은 남편이 아내를 상대로 가하는 폭력과 연관되어 있었다. 아내가 남편을 상대로 물리적 완력을 사용한 사례가 보고된 경우는 훨씬 적은 것으로 나타났다. 여권론자들은 가정 폭력은 남성이 여성을 통제하는 핵심 형태라고 주장한다.

“ 가부장제 이론과 증거들은 제15장 〈젠더와 섹슈얼리티〉를 참조하라. ”

그러나 보수적인 입장을 취하는 논평자들은 가정 폭력은 여권론자들의 주장처럼 가부장적 남성 권력과 관련된 것이 아니라 '역기능적 가족'과 관련된 문제라고 지적한다. 여성에 대한 폭력은 가족 위기감 팽배, 도덕적 기준 몰락의 산물인 것이다. 아내가 남편에게 가한 폭력이 드물다는 결론에 대해 보수주의자들은 의구심을 보이는데, 남편들이란 여자의 경우와 달라서 피해자로서 당한 폭력 사례를 적극적으로 보고하지 않는 성향 때문이라는 점을 지적한다(Straus and Gelles 1986). 이러한 주장은 여권론자와 그 밖의 학자들에 의해 엄청난 비판을 받았다. 가해자로서 여성이 행사하는 폭력은 남성 가해자들보다 더 제한적이며, 단편적이고 지속적으로 발생해 신체적 상해로 연결되는 경우가 훨씬 덜하기 때문이다. 가족 안에서 발생하는 가정 폭력 '건수'만 살피는 것

가정 폭력 — 세계적 관점

세계 사회 10-1

1990년대 세계보건기구가 세계적으로 수행한 실태 조사 시리즈에 의하면, 가정 폭력은 널리 보편화되어 있다. 미국 연방국기금The Commonwealth Fund은 매년 미국 여성 가운데 거의 400만 명이 신체적 학대를 당한다고 밝힌 한편, 1995년 베이징 혼인가족부 연구소는 23퍼센트의 중국 남편이 자신의 배우자를 때린다고 인정한 것으로 밝혔다. 1993년에 최소 2년 이상 친밀한 관계를 지속하고 있는 60퍼센트에 이르는 칠레 여성을 조사했는데, 60퍼센트는 응답자 자신의 남성 파트너에게 학대당했다고 언급했다. 일본 가정폭력연구조직은 1993년에 실시한 질문에 응답한 796명의 여성 중 59퍼센트에게서 파트너에 의한 신체적 학대가 있었음을 보고한 내용을 지적했고, 1992년 에콰도르의 저소득층 여성의 60퍼센트가, 그리고 한국 여성의 38퍼센트가 그 전해에 배우자 또는 파트너에게 매 맞은 적이 있음을 인정했다(Marin et al. 1998). 방글라데시, 에티오피아, 페루 및 탄자니아 여성의 50퍼센트 이상에 이르는 응답자, 그리고 에티오피아 농촌 지역 거주 여성의 71퍼센트가 배우자의 신체적 또는 성적 폭력을 보고했다(World Health Organization 2005).

동유럽 사회의 가정 폭력 수준은 1991년 구소련이 해체될 때까지 알려진 것이 없었는데, 이는 해체 이후에야 정보 교환이 보다 공개적으로 이루어졌기 때문이다. 1993년 아스트라 네트워크Astra Network(성과 출산 보건 및 권리를 위한 중앙 및 유럽 여성 네트워크)가 수행한 실태 조사는, 루마니아 여성의 29퍼센트, 러시아 여성의 22퍼센트, 우크라이나 여성의 21퍼센트, 리투아니아 기혼 여성이나 동거 여성의 42퍼센트는 '그들의 현재 파트너에게 신체적 혹은 성적 폭력 혹은 폭력 위협'에 노출된 희생자였다고 보고했다. 같은 해, 폴란드의 이혼녀 60퍼센트는 전남편에게 적어도 한 번은 맞은 적이 있다고 보고했다(UNICEF 2000b).

2006년 11월 27일, 유럽 의회는 가정 폭력을 포함해 여성에게 가해지는 폭력에 대항해 싸우는 캠페인을 시작했다. 캠페인은 다음과 같은 내용이다(Council of Europe 2006:1).

> 여성 상대 폭력에 대한 개괄적 자료에 의하면 전체 여성의 5분의 1에서 4분의 1은 일생 동안 적어도 한 번은 신체 폭력을 경험하며, 10분의 1 이상은 물리력에 의한 성폭력에 시달리는 것으로 나타났다. 2차 자료 분석은 전체 여성 가운데 12퍼센트에서 15퍼센트 정도는 16세 이후 집 안에서 학대 상황에 놓여 있다는 추정치를 지지하고 있다. 더 많은 여성은 관계가 정리된 후에도 이전 파트너에게 신체적, 성적 폭력에 지속적으로 시달리고 있다.

비판적으로 생각하기 THINKING CRITICALLY

통계에 의하면 가족과 가구에서 발생하는 폭력은 주로 가해자 남편이 피해자 아내나 자녀를 대상으로 한다. 우리가 공격 성향 남성과 수동적 여성이라는 단순한 생물학적 설명을 거부할 경우, 이렇게 널리 자행되는 가해 행동을 설명해 줄 수 있는 사회적, 경제적 혹은 문화적 요인은 어떤 것이 있겠는가?

은 충분하지 않다는 것이다. 그 대신 폭력 안에 담겨 있는 의미, 맥락과 그 영향력을 살피는 것이 필수 관건이다. 남편이 아내에게 주기적으로 휘두르는 신체 상해 행위인 '아내 매질'은 아내가 남편에게 가하는 폭력과는 결코 동등한 차원이 될 수 없다. 연구 결과에 의하면 같이 사는 남성에게 가해지는 여성의 폭력은 공격적이라기보다는 방어적인 것으로서, 장기간 반복되는 공격 행위에 시달린 후에야 여성이 폭력에 호소하기 때문이다(Rawstorne 2002). 아동의 신체를 학대하는 남성은 또한 배우자를 상대로 장기간에 걸쳐 상처를 남기는 상해 행위를 집요한 방식으로 감행할 성향이 여성의 경우보다 훨씬 높은 것이다.

가정 폭력이 왜 그렇게 빈번하게 발생하는가? 한 요인으로서 가족생활의 특성인 감정적 강도와 인간적 친밀도의 혼합 측면을 생각해 볼 수 있다. 가족 유대감은 사랑과 증오가 버무려진, 강렬한 감정으로 충전되어, 가족 내에서 발생하는 싸움은 여타의 사회적 맥락과 동일하지 않은 적대감을 분출할 수 있다. 사소한 사건에 불과한 것이 배우자 간 또는 부모자식 간에는 엄청난 적대감을 불러일으킬 수 있다. 두 번째 요인은 가정 폭력이 어느 정도는 종종 관용 속에 파묻히며 심지어 인정되기까지 한다는 사실이다. 예를 들어 영국의 많은 아동은 부모 가운데 한 명으로부터 아주 미약한 방식이나마 때로는 두들겨 맞거나 매질을 당하곤 한다. 그러한 행위는 주변인들로부터 일반적인 관용을 흔히 얻고 있으며, 심지어 폭력'으로 생각조차 되지 않는다. 오늘날 자녀에게 가하는 신체적 체벌은 불법임을 규정한 유럽의 다른 나라들처럼 영국 역시 이들 나라의 법 규정을 따라야 한다는 압력이 가중되고 있다.

대다수 사람들의 가족 경험은 대체로 긍정적이기 때문에 가족생활의 어두운 면을 과장해서는 안 될 것이다. 실로, 사람들의 삶에 무엇이 가장 중요한 부분이냐고 물었을 때, 많은 사람은 가족이 가장 신경 쓰인다고 응답한다. 그럼에도 불구하고, 가족 내 불평등과 폭력을 다룬 사회학적 연구물들은 가족 실천의 현실을 보다 원만하고 건전하다는 평가로 이끌어 왔다.

가족의 다양성과 친밀한 관계들

1980년대에 라포포트Rapoport와 동료는 "오늘날 영국 가족은 가족이란 어떠해야만 한다는 하나의 주도적 규범이 지배하던 사회에서, 가족 규범이란 다양하며 이러한 다양성은 합법적이고 나아가 바람직하기까지 하다는 사회 분위기로 나아가는 과도기에 놓여 있다"고 주장했다(1982: 476). 이러한 주장을 전개하면서 이들은 다양성을 다섯 가지 유형으로 분류했다. 조직적, 문화적, 계급적, 생애적, 코호트별 유형이 그것이다.

우리는 이 유형 목록에 성적 다양성을 첨가할 수 있을 것이다. 1982년에 처음으로 영국 가족 형태의 다양성에 대해 라포포트와 그의 동료가 지적했을 때보다 오늘날에는 유럽 가족 형태에서 보이는 다양성이 훨씬 더 뚜렷하다.

“ 사회화와 생애 단계는 제9장 〈생애과정〉에서도 다루어진다. ”

다양한 가족 구조

가족은 보다 포괄적인 사회 환경 속에서 변화무쌍한 방식으로 특유의 가족 의무와 연계 방식을 가동시킨다. 아내-'주부', 남편-'생계 담당자'로 대변되는 '정통 가족'과 맞벌이 혹은 한 부모 가족 시대에 보이는 대조가 이를 극명하게 대변한다. 문화적으로, 20세기 초반의 가족보다 오늘날은 가족 배합이나 가치에서 훨씬 더 화려한 다양성이 나타나고 있다. 빈곤한 기술노동자 계급과 내부에 존재하는 여러 하부 계급 간 차이가 존재하는 중산층과 상류층 가족 사이에 오늘날 끈질기게 존재하는 계급 효과 역시 가족 구조에서 드러나는 주요한 다양성이다. 개인이 일생을 살아가면서 지속적으로 겪는 '가족' 경험에 등장하는 다양성도 분명 확실히 존재한다, 예를 들어 혼인해 성립된 가족에서 양친을 두고 태어난 한 개인은 성장해 혼인 생활로 진입할 것이고, 그 이후 이혼할 수도 있을 것이다. 또 다른 사람은 한 부모 가족 속에서 양육되어, 혼인을 몇 번 반복할 수도 있을 것이며 혼인할 때마다

배다른(혹은 아버지가 다른) 자녀를 둘 수도 있다

코호트cohort라는 용어는 가족 내의 세대를 일컫는 말이며, 오늘날 더 많은 사람이 장수를 누림에 따라, 세 세대로 구성되어 세대 간 상호 친밀한 관계가 '지속되는' 가족이 보다 흔해졌다. 기혼 손주 세대, 부모 세대 및 조부모 세대가 그것이다. 또한 과거 어느 때보다 가족 구성에 성적 다양성이 존재하고 있다. 대다수 서구 사회에서 동성애가 점차 허용됨에 따라, 이성애자 커플뿐만 아니라, 동성애자 커플 관계에 기반한 가족이 꾸려지게 되었다. 남아시아 가족 또는 서인도 출신 가족과 같은 소수 인종 집단의 출현 역시 가족 형태에서 나름대로 상당한 다양성이 나타나고 있으며, 우리는 이러한 문화적 다양성의 사례로서 다음에 두 경우의 가족을 검토하고자 한다.

> 게이 혼인과 민권적 파트너십은 제15장 〈젠더와 섹슈얼리티〉에서 다루어진다.

남아시아 가족

'남아시아 가족'으로 분류되는 지역 가족으로는 인도, 방글라데시, 파키스탄 및 아프리카계 아시아(영국 이주 전 아프리카에 거주한 적 있는 남아시아 출신자) 가족 등이 해당한다(Smith and Prior 1997). 가족 구조와 거주 양식에 관한 한, 특히 전통적 핵가족 유형과 비교할 때 유사점이 뚜렷하게 나타나고 있으나, 이들 다양한 국적 소유 집단 간 차이점 역시 분명히 존재한다고 말할 수 있을 것이다. 1950년대부터 인도반도에 위치한 세 개 주요 지역 — 푼자브, 구자라트와 벵골 — 출신자들의 이주가 빈번했다. 영국 사회로 유입된 이들 이주자 집단은 종교, 출신 지역, 카스트 그리고 가장 중요한 요인인 친인척 관계에 기반해 영국 내 지역사회를 구축했다. 이들은 원조 백인 영국인들에게는 절대적으로 결여된 자질로서 가족에 대한 충성심이나 명예심에 기반한 삶을 충실하게 살아가고 있다.

오늘날 유럽 태생 남아시아 자녀들은 두 개의 상이한 문화에 노출되어 있다. 집에서는 부모들이 협동과 존경 그리고 가족 충성심 등의 규범에 동조하도록 훈육하는 한편, 학교에서는 경쟁적이고 개인주의적 학업 환경에서 학업 성취에 우월성을 발휘하도록 양육되고 있다. 이들 대다수 어린이들은 전통적 가족 속에서 기대되는 친밀한 인간관계를 존중함에 따라, 인종별 문화 가치에 기반해 인간적이고 가족 중심적인 삶을 영위하는 요령을 체득한다.

그러나 서양 문화와 어울리면서 변화된 모습이 찾아왔다. '사랑 때문에' 혼인하는 서양적 전통이 이들 아시아 지역사회 젊은이들 사이에서 보편화됨에 따라, 아시아 지역사회 내부에서 관행적으로 이루어지던 전통적 중매혼이 갈등의 원천으로 등극하게 된 것이다. 부모나 기타 가족원의 소개로 중매혼을 한 커플들의 경우, 사랑이란 혼인 생활을 영위하다 보면 생긴다는 믿음을 행동으로 실천하는 것이다. 그렇지만 최근 연구 조사에 의하면 중매혼이 성사되는 과정에 미혼 젊은이와의 타협안이 더 많이 필요해지고 있어, 많은 경우 고등교육이 완수될 때까지 혼인을 미루는 것으로 밝혀졌다.

한편, 영국경찰국 보고서는 주로 파키스탄과 방글라데시 출신 젊은 미혼 여성들의 경우, 본인의 의사와 무관하게 혼인을 목적으로 해외로 송출되는 '강제 혼인' 사건이 발생하고 있음을 지적하고 있다. 최근의 한 조사는 연간 적어도 3천 건에 이르는 강제 혼인이 발생하는 것으로 추정하고 있다(Revill 2008). 이슬라마바드 소재 영국고등위원회의 강제혼인국Forced Marriage Unit, FMU은 영국 본가로 되돌아가는 것만으로는 이들이 처한 상황을 해결할 수 없음을 인지하고 강제 혼인 피해자인 어린 영국 여성들을 돕기 위해 창설되었다. FMU는 특히 외진 시골 지역 출신 여성의 경우 사태가 더욱 심각하다며, 도움이 필요한 여성들에게 지지 연결망을 제공해 주고자 한다. 강제 혼인은 친밀한 관계에서 일어나는 폭력 및 아동 학대와 연계된 것으로서, 가족의 '어두운 한 단면'으로 보일 수 있다.

영국정책연구원에서 1997년에 발간한 네 번째 소수 인종 전국 조사에 의하면, 인도인, 파키스탄인, 방글라데시인과 아프리카계 아시아인들의 혼인율이 가장 높은 것으로 집계되었다(Modood ei al. 1997; Berthound 2000). 〈표 10-2〉는 이러한 추세에 별로 변화가 있지 않음을 보여준다. 2009년 현재, 아시아인 혹은 아시아계 영국 가족의 89만 4천 명에 이르는 미성년 아동(86퍼센트)은 혼인한 부모 밑에서 함께 가족생활을 했다. 이 수치는 백인 가족 미성년 아동 62퍼센트(6천7백만 명)나 흑인 및 흑인계 영국 가족 아동의 39퍼센트(19만 6천 명)보다 상대적으로 높은

표 10-2 인종별 미성년 자녀를 둔 영국 가족[a], 2001~2009(1천 명당)

	2001	2003	2005	2007	2009
혼인 커플[b]					
백인	7,863	7,637	7,313	7,061	6,717
혼혈	125	126	151	167	188
아시아인 또는 아시아계 영국인	620	659	693	752	894
흑인 또는 흑인계 영국인	131	148	152	215	196
중국인	33	23	33	36	25
기타 인종 집단	45	108	142	148	181
혼인 커플과 거주하는 미성년 자녀 수	8,997	8,772	8,577	8,441	8,290
동거 커플[d]					
백인	1,256	1,300	1,383	1,492	1,567
혼혈	27	26	29	50	55
아시아인 또는 아시아계 영국인	3	7	2	5	7
흑인 또는 흑인계 영국인	26	19	24	26	22
중국인	2	*	*	2	3
기타 인종 집단	*	4	5	7	12
동거 커플과 거주하는 미성년 자녀 수[c]	1,339	1,366	1,455	1,597	1,682
한 부모 가족					
백인	2,418	2,557	2,474	2,424	2,496
혼혈	127	128	133	134	150
아시아인 또는 아시아계 영국인	94	81	107	134	143
흑인 또는 흑인계 영국인	198	206	206	240	279
중국인	12	9	6	10	6
기타 인종 집단	5	24	47	73	40
한 부모와 거주하는 미성년 자녀 수[c]	2,900	3,020	2,995	3,028	3,146

참조: a. 미성년 자녀란 16세 이하이거나 16~18세로서 혼인 경험이 없고 전업 학생 신분인 젊은이를 일컬음.
b. 2007년 이후부터 민권적 파트너십 포함.
c. 본인의 인종 범주를 모르거나 언급하지 않은 사람을 의미함.
d. 2007년 이후부터 동성애 커플 자료 포함.
출처: ONS 2010a: 18.

편이다. 반대로 2009년의 경우, 한 부모 가구 상황에 놓여 있는 흑인 및 흑인계 영국 어린이는 56퍼센트이고 백인 가족 어린이는 23퍼센트인 반면, 아시아인 및 아시아계 영국 어린이는 단지 14퍼센트에 불과한 것으로 나타났다. 동거 역시 여타 인종 집단에 비해 유자녀 아시아인 및 아시아계 영국 커플의 경우 훨씬 드문 것으로 파악되었다. 따라서 영국 거주 남아시아인 가족들의 경우, 혼인을 결정할 때 본인 의사를 강력히 표명하거나 다소 높아진 이혼율 및 한 부모 가족의 증가 등과 같이 가족생활의 변화 조짐이 일어나고 있지만, 총괄적으로 볼 때 영국 거주 남아시아인 가족들은, 더 거시적으로는 유럽 사회의 일반적인 수준에서는 여전히 괄목할 만큼 강렬한 가족 간 연대의식을 갖고 있다.

아프리카계-카리브해 지역 가족

유럽 거주 아프리카계-카리브해 지역 가족 역시 이질적 모습을 지니고 있다. 영국 사회의 경우 동년배 백인 여성이나 남아시아인 여성과 비교했을 때 20세에서 44세 기혼 여성으로서 배우자가 있는 상태로 살아가는 아프리카계-카리브해 지역 여성 비율은 훨씬 낮다. 이혼율과 별거율에서 아프리카계-카리브해 지역 가족은 영국 내 여느 인종보다 높은 수치를 보이며, 그렇기 때문에 한 부모 가구가 보다 흔한 형태다. 그러나 여느 집단과 달리, 혼자된 아프리카계-카리브해 지역 어머니가 취업할 확률은 가장 높으며, 가족 경제에 통제권을 더 많이 행사하는 편이다(Modood et al. 1997). 그 밖의 인종과 비교했을 경우 영국 거주 아프리카계-카리브해 지역 인구 가운데 모친이 가구주인 대다수 한 부모 가족의 높은 비율은 〈표 10-2〉에 제시되어 있다.

영국의 경우, 동일한 요인이 런던이나 그 밖의 유럽 도시의 가난한 이웃에 거주하는 아프리카계-카리브해 지역 가족들에게 적용될 수 있을 것이다. 여러 논리들이 낮은 혼인율에 중점을 두고 있으나, 이러한 관점이 잘못되었다는 지적이 제기되고 있다. 혼인 관계가 아프리카계-카리브해 지역 가족 구조 형성에 반드시 다른 인종 집단과 같은 방식으로 표출되는 것은 아니기 때문이다. 예를 들어 서부 인도 지역 출신 가족의 경우엔 부부간 친밀성보다는 확대가족적 연결망이 대부분 유럽 백인 지역사회의 경우보다 더 중요한 자질인 것이다. 따라서 한 부모 가족을 책임지며 이끌고 있는 여성 가구주는 의존할 수 있는 강력한 수준의 지지가 가능한 친인척 및 친지의 인적 연결망 구축이 더 용이하게 작용한다(Berthoud 2000). 아프리카계-카리브해 지역 출신 사람들에게는 어린 자녀들을 양육할 때 도움을 받을 수 있는 외가 쪽 형제자매가 든든한 버팀목 역할을 제공할 수도 있다(Chamberlain 1999). 그런 돈독한 지지 연결망은 아프리카계-카리브해 지역 여성이 여타 인종의 여성들보다 더 높은 비율로 유급직으로 진출하는 데 필요한 역할을 해내고 있다.

친밀함의 변천

현대 가족생활은 한 세대 혹은 두 세대 이전의 가족과 아주 다른 모습을 지니고 있다. 섹스와 혼인에 대한 태도, 자녀 양육, 가사노동과 배우자 간의 정서적 교류 등에서 엄청난 변화를 겪어 왔기 때문이다. 로런스 스톤Lawrence Stone은 1500년대부터 1800년대에 이르는 기간 동안 전개된 가족 발전의 세 가지 측면과 연계된 핵심 사안을 추적했다(1980).

1500년대 초반, 사람들은 아주 소규모 거처에 거주했으나, 당시 가족은 오늘날 가족과 달리 지역사회와 명확하게 분리된 상태가 아니었던 것이다. 스톤에 의하면 당시 가족은 정서적 유대감이나 의지처로서 원천적 토대를 제공하지 않았다(1980). 일반인들은 오늘날 현대인들이 '가족'에서 교류하는 정서적 친밀감을 경험하거나 기대하지 않았던 것이다. 혼인 생활에서 성은 쾌락의 원천이라기보다는 자녀 출산을 위해 필요한 과정이었다. 성애적 혹은 낭만적 사랑이 적극적으로 권장된 귀족 사회가 아닌 경우, 도덕주의자나 신학자들은 에로적 또는 낭만적 사랑을 하나의 질병으로 간주했다. 스톤이 지적한 바대로, 이 시기 가족은 "일방적이고, 적응력이 떨어지는, 애정과는 무관한 권위주의적 제도였다…… 가족제도는 단기간 지속될 수밖에 없었는데, 한 쪽 배우자 또는 본인의 사망 아니면 어린 자녀들의 보호처로서는 이들이 아주 어렸을 때부터 집을 떠나야 했기 때문이다"(1980: 17).

이 유형의 가족은 17세기 초반부터 18세기 벽두까지 지속된 '과도기적 형태'로 유지되었다. 이 유형의 가족은 대개 상류층 가족에 국한되었으나, 그 후 거의 보편적 형태로 정착되는 데 기여했기 때문에 중요하다. 핵가족이 좀 더 분리된 체제로 지역 공동체로부터 명확하게 구분되는 모습을 보였다. 아버지의 권위주의적 권력이 또한 확장되기는 했으나, 혼인 생활에서 차지하는 애정과 부모

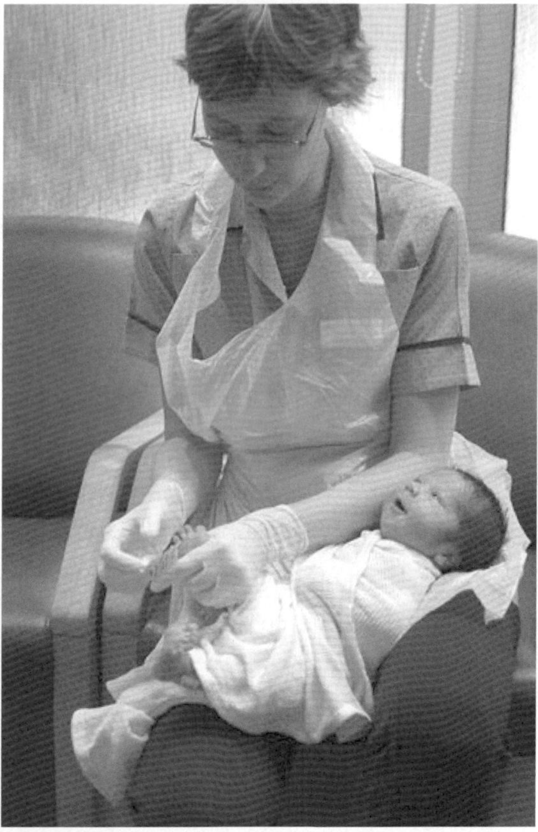

현대 성인 관계에서는 여성이 정규직 직장에 다니는 맞벌이 가족이 흔하다. 이것은 전문적 보모 훈련을 재담당하는 학교와 같은 '옛날식' 전담 기관이 재출현하는 데 기여했다.

사랑의 중요성이 점차 비중 있게 강조되었다.

세 번째 시기로서, 해당 가족 특유의 사생활 보장 그리고 자녀 양육에의 몰입에 최우선 순위를 두는, 아주 밀착된 정서적 애착의 특징을 보이는 서구 핵가족으로 점차 발전했다. 현대 가족은 애정에 기반을 둔 개인주의affective individualism를 특징으로 하며, 혼인 성립은 개인이 선택하되, 성적 매력이나 낭만적 사랑에 의해 결정된다. 더 많은 직장이나 일터가 가족과 점차 분리되는 추세에 따라 가족은 생산보다는 소비의 장소로 탈바꿈하게 되었다. 스톤의 3단계 역사론은 친밀한 관계에 전제되는 기본 자질로서 애정에 기반한 개인주의의 부상이 여타 연구와 일치하고 있음에도 18세기 이전 영국 사회의 혼인에는 애정이 결여되었음을 과도하게 언급한 측면이 있다고 비판받고 있다.

여권주의 관점들 역시 사회학 영역에서 가족과 친밀한 관계에 대해 학문적 관심을 증가시켜 왔으나, 주로 소홀히 다루어졌던 가족생활 내부의 현실에 초점을 맞추었기 때문에 더 광범위한 수준의 추세나 가족 바깥outside에서 전개되는 영향력에 대해서는 충분한 관심을 쏟지 않은 측면이 있다. 지난 20년 동안 가족 연구에 대한 사회학계의 중요한 점으로서 페미니스트 관점이 주목한 것은 가족 외부의 영향력을 충분히 다룬 것이 아니라 가족 내부의 미시적 관심 그 자체였다. 이러한 관점의 핵심 관심사는 가족 또는 가족의 형성과 해체 그리고 개인 관계에서 기대치의 변화상에 관한 것뿐이었다.

저서 『친밀함의 변모The Transformation of Intimacy』(1993)에서 기든스는 친밀한 관계가 현대 사회에서 어떻게 변하는지 살펴보았다. 근대성의 가장 최신 형태는 플라스틱 사랑plastic sexuality의 발달 속에 등장한 친밀한 관계라는 자질 속에서 하나의 핵심적 변모상을 목격할 수 있다고 주장한다. 현대 사회를 살아가는 많은 사람에게는 과거 그 어느 때보다 언제, 얼마나 자주 그리고 어떤 상대와 성적 결합을 할 것인가에 대한 자유재량권이 주어졌다(제15장 〈젠더와 섹슈얼리티〉 참조). 플라스틱 사랑과 더불어 육체적 성경험은 출산과 무관한 '별개의' 사안이 되어 버렸

다. 이것은 여성들을 끊임없는 임신과 출산의 공포에서 해방시켰던 피임법의 개선에 부분적으로 영향을 받고 있으나, 또한 자아에 대한 적극적 취사선택을 감행할 수 있는 사회적 반추로서 자아의식에 눈뜨게 된 현실에 힘입은 바가 크다.

기든스에 의하면, 플라스틱 사랑의 등장은 사랑의 본질에도 변화를 불러일으켰다. 낭만적 사랑이라는 이상은 파편화되고 있으며, 서서히 맹목적 사랑confluent love이 그 자리를 차지한다. 맹목적 사랑은 격정적이며 우연적이다. 그것은 전무후무한 일회적 성격을 지닌 영원토록 낭만적인 사랑이다. 맹목적 사랑의 등장은 이 장 초반에 토의된 바 있는 별거나 이혼이 성행하게 된 현실과 어떠한 형식으로든 관련될 것이다. 낭만적 사랑이란, 일단 혼인을 하면 그 후 혼인 관계가 어떻게 전개되든 간에 서로 어우러져 삶을 함께 꾸리는 것을 의미했다. 그러나 오늘날에는 사람들이 취할 수 있는 삶의 선택지가 다양해졌다. 이전에는 이혼을 행동으로 실천하기가 어렵거나 불가능했던 데 반해, 오늘날의 기혼 남녀는 혼인 생활이 원만하지 않을 경우 더 이상 삶의 동반자라는 틀에 얽매이지 않는다.

사람들은 낭만적 열정에 기반한 관계에 의지하기보다 점차 순수한 관계pure relationship의 이상理想을 추구하게 되었고, 해당 커플들은 자유의지로 그러한 관계를 선택해 함께 삶의 동반자가 되는 것이다. 순수한 관계는 상대방을 수용함으로써 함께 관계가 유지되며, 각 파트너와의 관계는 지속되는 이러한 관계가 자신의 삶에 의미가 있으며 충분한 혜택을 받고 있음을 인지하는 '그 이상의 알림'이 교감될 때까지 지속된다. 사랑은 신뢰에 기반한 정서적 친밀감이다. 사랑은 해당 파트너가 상대를 위한 배려와 욕구를 얼마만큼 표현할 준비가 되었느냐에 따라, 그리고 상대방의 반응에 따라 좌우되는 것이다. 그렇지만 순수한 관계는 여러 유형이 존재하는데, 개방적이고 타협의 여지를 남겨 둔다는 점 때문에, 경우에 따라서는 동성애 관계가 이성 간의 혼인 관계보다 순수하다는 이상에 더 근접할 수 있는 것이다.

비판가들은 순수한 관계의 불안정성은 성인 간의 관계로만 한정해서 생각되어, 미성년 자녀도 배려하는 가족 실천의 다면성과 대조된다고 주장해 왔다. 또한 이 개념은 이성애 관계가 끝났을 때 남성과 여성이 각각 다르게 겪는 이질적 경험들을 간과한다. 성인 간의 관계에 초점을 맞춤으로써, 순수한 관계라는 개념은 실제로 사회학적 사고 속에서 배려되어야 할 어린이나 아동기의 경험을 주로 변화시키고 있음을 드러낸다(Smart and Neale 1999). 친밀한 관계에서의 변화는 무언가를 이해할 수 있도록 해주지만, 순수한 관계라는 명제는 그러한 관계 구축에 요구되는 시·공간과 관련된 쟁점에 대해 충분히 주의를 기울이지 않는 듯하다. 예를 들어 그러한 순수한 관계는 여전히 가정 꾸리기와 자녀 보살피기에 관여해야 할 터인데, 이 두 영역은 친밀한 관계 유지에 크게 기여하는 물질적 자원이 관건인 실생활과 연계된 '공통 프로젝트'로 보일 수 있기 때문이다(Jamieson 1998).

아동기 사회학은 제9장 〈생애과정〉에서 논의된다.

사랑의 '일상적 혼돈'

『사랑은 지독한 그러나 너무나 정상적인 혼란The Normal Chaos of Love』에서 울리히 벡Ulrich Beck과 엘리자베트 벡게른스하임Elisabeth Beck-Gernsheim은 급변하는 사회 분위기에 역행하는 예측불허의 개인 간 애정 관계의 본질, 혼인과 가족 유형을 검토했다(1995). 이들의 주장에 의하면, 개인 간 애정 관계를 지배해 오던 전통, 규율이나 안내 지침은 더 이상 효능을 발휘하지 못하게 되었으며 또한 해당 개인들은 상대방과 구축했던 삶의 기본 단위를 재구성하고 적응하면서 개선 또는 해체 과정에 이르는 끊임없는 일련의 선택을 강요당하는 상황에 놓여 있다는 것이다. 오늘날의 혼인이 이전과 같은 경제적 목적이나 가족의 압박이 아니라 자율의지로 이루어진다는 사실은, 자유는 물론 새로운 긴장도 동시에 불러일으키는 요인이 되고 있다. 사실, 혼인 생활은 엄청난 노력과 정성을 기울여야 하는 삶의 방식이라고 두 저자는 결론짓는다.

벡과 벡게른스하임은 우리가 살아가고 있는 이 시대는 가족, 일, 사랑 그리고 개인의 목표 추구를 위한 자유 사이에서 상충되는 이해관계가 충만해 있다고 규정했다. 이러한 충돌은 더 많은 여성이 경력을 추구함에 따라, 한 명 대신 두 명의 '노동시장 이력서'로 요술을 부려야 하는 현실에 직면했을 때, 특히 해당 당사자 간의 이해관계가 첨예하게 부딪친다. 이전의 젠더화된 업무 유형은, 이제 남녀불문하고 전문가로서 자신에게 필요한 스펙 쌓기와 개인적 욕구 충족에 우선순위를 둠에 따라, 과거 한때 그러했던 것보다 안정감이 떨어진다. 현대 사회의 인간관계란 통상적 남녀관계에 불과한 것이 아니라 그 관계 속에는 일, 정치적 역학, 경제학, 전문직 및 불평등까지 총망라되어 있다. 그렇기 때문에, 남녀 간의 적대감이 고조되는 것은 놀라운 일이 아니다. 벡과 벡게른스하임에 의하면, '남녀 간의 전쟁'은 '우리가 살아가는 시대의 핵심 드라마'가 될 수 있는데, 이러한 현실은 혼인 상담 산업, 가정법원, 혼인자조自助 집단과 고이혼율 등에 반영되고 있다. 그러나 혼인과 가족생활이 과거 어느 때보다 '깨지기 쉬운' 듯하지만, 혼인과 가족생활은 사람들에게 여전히 아주 중요하다. 이혼은 점차 누구에게나 일어날 수 있는 흔한 일이 되고 있으나, 이에 따른 재혼율 역시 여전히 높다. 출산율은 떨어질 수 있지만, 인공임신 의술에 대한 요구 또한 엄청난 수준에 놓여 있다. 자발적 선택으로 혼인에 진입하는 사람들이 줄어들 수는 있겠으나, 나 이외의 누군가와 파트너가 되어 삶을 함께 꾸리려는 욕구는 꾸준히 지지를 얻고 있다. 이러한 상반된 성향으로 보이는 현실을 어떻게 설명할 수 있을까?

벡과 벡게른스하임의 답변은 간단하다. 사랑이다. 오늘날 벌어지는 '남녀 간 전쟁'은 '사랑을 향한 목마름'을 반영하는 가장 명쾌한 지표라는 것이다. 사람들은 사랑을 위해 혼인하고, 사랑을 위해 이혼하며, 또한 끊임없이 희망, 후회, 그리고 새롭게 시도하기 등 순환적 시행착오를 되풀이하고 있다. 한편으로는 남녀 간 긴장이 고조되지만, 진정한 사랑과 충만감으로 채울 수 있다는 가능성 속에 희망과 신뢰감을 부여해 줄 상대가 존재할 것으로 믿어 의심치 않는 것이다. 이것은 너무 단순한 답변이라고 생각될 수 있으나, 벡과 벡게른스하임은 이 세상은 너무도 지배적이고 비인간적이며 추상적이고 급박하게 변해 간다는 이유 때문에 사랑이 점차 더 중요해졌다는 것이다. 사랑은 사람들이 진정코 '스스로를 발견하고' 다른 사람과 연결되는 유일한 성질인 것이다.

> 사랑은 스스로에 대한 탐색이며, 상대방과 자신을 참되게 연결시키는 열망이며, 육체와 생각을 공유하되 서로 되갚기가 필요 없는 만남이며, 고백과 용서가 가능하며, 이해심과 과거지사와 현재의 나를 확인해 도움을 받을 수 있으며, 가정을 그리워하면서도 의구심과 걱정으로 점철된 현대 생활을 압도할 수 있는 신뢰의 원천인 것이다. 만일 그 어떤 것도 확실하지 않으며 안전해 보이지 않는다면, 그리고 오염에 찌든 이 세상에서 호흡하는 것조차 위험해지더라도, 사람들은 그것이 한밤중의 악몽이라고 깨달을 때까지 허황된 사랑 추구라는 짐을 버리지 못하고 계속 좇을 것이다(1995: 175~176).

비판가들은 벡과 벡게른스하임의 논리가 오로지 이성애자만을 배타적인 대상으로 다루었다고 비판했다. 남녀 간 전쟁이 '오늘날의 핵심 드라마'라고 설정했는데, 이는 LGBT 집단을 주변화시키는 것으로 귀결된다고 비판가들은 공격하고 있다(Smart and Neale 1990). 이 논리는 또한 '개인주의화' 개념에 기반한다는 점에서 비판의 대상이 되고 있다. 이 개념은 기회를 구축하고 인간관계를 구성하는 사회 계급이나 지역사회가 지속적으로 행사하는 영향력의 중요성을 인지하지 못하거나 과소평가하기 때문이다. 예를 들어 벡과 벡게른스하임이 설명하는바, 모든 여성이 평생 살아가면서 언젠가 중산층 경험을 실생활에서 누리고 즐기기는 현실적으로 불가능하기 때문이다. 스마트C. Smart는 자유의지로 이성적인 선택을 한다는 개인에의 과도한 강조는 개인의 삶이 반드시 '관계(지향)적', 즉 관계망 속에서 이루어진다는 점을 인식해 낼 수 없음을 지적한다(2007). 그렇기 때문에 개인주의화 논제는 그 논리가 지니는 통찰력에도 불구하고 더 포괄적인 범위인 사회 구조나 관계망으로부터 개인이 진정코 '어떻게든 단절'될 가능성을 과도하게 언급한다.

비판적으로 생각하기 THINKING CRITICALLY

여러분은 가족제도가 어느 정도 사랑으로 가족원을 하나로 묶을 수 있다고 생각하는가? 커플 관계를 함께 묶어 주는 사랑에 대해 그런 높은 가치를 둘 때 가족 내부에는 어떠한 문제가 생길 수 있을까?

액체사랑?

기든스 및 벡과 벡게른스하임과 더불어 지그문트 바우만Zygmunt Bauman은 오늘날 관계는 "악명 높은 위험 부담에도 불구하고, 마을 사람들의 마음을 가장 뜨겁게 달아오르게 하는 이야기인 동시에 한번 덤벼서 겨루어 볼 만한 유일한 삶의 사건"이라고 주장한다(2003: viii). 그는 저서 『리퀴드 러브Liquid Love』에서 인간관계의 유약성, 이 유약함으로 인해 생기는 불안정감, 그리고 이에 대한 우리의 반응 등을 다루고 있다. 바우만의 책에 나오는 주인공들은 (가족, 계급, 종교 혹은 혼인과 같은) '관계 맺기를 하지 않는 남녀들'이거나 아니면 적어도 어떠한 형태로 고정되어, 흩어지지 않는 연대를 맺지 않는 사람들이다. 바우만의 주인공이 맺은 연결 고리는 느슨하게 엮여 그 상황은 바뀌기 마련이며, 그것도 자주 그렇게 될 것이다. 그는 끊임없는 변화와 영원히 지속되는 끈은 존재하지 않는다는 특성을 지닌 현대 사회를 그리기 위해 유동적인 '액체' 은유를 사용하고 있다.

바우만은 덧없는 개인주의화 세상에서 이루어지는 관계들은 상충되는 욕구들로 충만하며, 서로 이질적 방식으로 표출되는 상반된 축복이라고 주장한다. 한편으로는 자유에 대한 욕구가 존재하는데, 원한다면 도피 가능한 느슨한 연결 고리가 그것이다. 다른 한편으로는 파트너와 우리 자신을 단단히 묶어 주는 연결 고리 속에서 안전에 대한 욕구가 크게 자리 잡고 있는 것이다. 바우만에 의하면, 그것 자체로서 우리 인간들은 안전과 자유라는 두 개의 양극단 사이를 오락가락하는 존재다. 예를 들어, 경우에 따라서 우리는 치료 상담가나 신문 기고가와 같은 전문가에게 달려가 이 두 극점을 어떻게 조화롭게 꾸려갈 것인가에 대해 상담을 받기도 한다. 바우만에게 이것은 "쓰고 딱딱한 맛을 주는 부분은 생략하고 관계가 부여하는 케이크처럼 달콤한 부분을 소유하고 시식하고자" 하는 것이다(2003: ix). 그 결과로서 입고 있는 의복 '맨 위 포켓 관계' 속의 '절반은 떨어져 나간 커플'의 사회가 되어 버린 것이다. '맨 위 포켓 관계'라는 구절에서 바우만이 의도한 것은 필요할 때는 포켓에서 꺼낼 수 있으나, 더 이상 필요하지 않을 때는 의복 속에 깊숙이 넣어 두는 그 무엇을 의미한다.

'사람 간의 빈약한 유대감'에 대한 반응으로서 사람들은 관계 정립 내부의 질적 충실도를 교류하는 관계의 빈도나 수치로 나타낸다. 우리에게 중요한 사안이란 관계의 깊이가 아니라 서로 주고받는 접촉 빈도인 것이다. 바우만은, 이것이 왜 우리는 언제나 휴대폰으로 이야기를 주고받으면서, 서로 문자 메시지를 교환하는지, 심지어 메시지 문장을 축약형 아니면 미완성형으로 빠른 속도로 보내는지 부분적으로 설명해 준다고 주장한다. 중요한 것은 메시지 내용이 아니라 그러한 문자 교환이 없으면 관계에서 배제되었다고 느끼기 때문에, 끊임없이 주고받는 의사 교환적 관계 속에 있는 것이다. 요즘 사람들이 관계보다 네트워크나 연결성에 대해 더 많이 이야기하는 데 바우만은 주목하고 있다. 관계 속에 있다는 것은 서로에 대해 충실함을 의미하지만, 네트워크라는 것은 관계 속의 순간이 흘러가고 있음을 함축하는 것이다.

바우만의 논리는 분명 제시해 주는 바가 있으나, 비판가들은 그의 경험적 논거의 기반은 취약하며 경험적 연구에 근거하지 않았다고 지적한다. 예를 들어 너무 많은 부분이 잡지나 휴대폰 또는 컴퓨터 같은 신기술에 기반한 사회적 관계 속에서 단기간 효과 등으로 구성되어 있다는 점이다. 기든스나 벡과 벡게른스하임처럼 바우만은 현대의 인간관계, 특히 그가 지목한 친밀한 관계의 변화상에 대해 지나치게 비관적이라는 지적을 받고 있다. 그렇다면 바우만이 내린 평가는 현실을 제대로 반영한 것인가? 캐럴 스마트Carol Smart는 그렇게 생각하지 않는다(2007). 진정코 개인화에 대한 일체의 논리와 관련된 쟁점들은 가족 파편화 정도나 관계 몰입도의 이탈이 실제보다 과장되어 언급된 것으로 규정한다. 대신에 스마트는 '가족' 혹은 '개인'이라기보다는 사적 생활personal life이 과거 기억이나 경험을 공유하는 것과 더불어 강렬한 사회적, 정서적 유대감을 구축하는 데 동원될 수 있다고 제안한다.

스마트의 사적 생활 개념은 사람들의 '생애 프로젝트'(예를 들어 벡이나 기든스의 저작에 소개된 바와 같이) 추구를 담아내고 있으나 그러한 개인적 수준의 프로젝트를 보다 유의미한 것이 될 수 있도록 더 포괄적인 맥락 안에서 가족이나 사회적 정황과 연계시킬 수 있다고 제안한다. 스마트는 예를 들어 벡의 저서는 개인이란 사회 구조로부터 '해방되어 튕겨져 나온' 존재라는 인상을 준다고 주장한다(2007). 이것은 아주 비현실적이며 반사회학적인 개념인 것이다. 대신에 사회 계급, 인종, 젠더와 같은 구조적 요인뿐만 아니라 '의미-부여 전통'이 여기에서 중요하다고 스마트는 말한다. 스마트는 사람들이 사회 구조나 '상상 속의 지역사회'에 개입되는 방식뿐만 아니라 세대를 관통해 전수되는 집단 기억에 특별히 그 중요성을 부여하고 있다.

사적 생활 연구를 통해 스마트는 앞서 토의된 이론들에 결여된 그 무엇 — 즉, 연계성connectedness — 에 대해 사회학자들의 주의를 환기시킬 수 있다고 본다. 스마트는 이 개념을 사람들이 상이한 시간과 맥락 속에서 맺는 사회적 관계와 교류를 유지하되, 다른 사람과의 연결 속에 공유하는 기억, 감정 및 경험들을 담아내는 일체의 방식으로 사용했다. 파편화가 아니라 연계성을 연구하면 거시사회학 이론이 가족과의 관계에 대한 경험적 연구를 양적으로 엄청나게 연결시켜 수행할 수 있을 것이며, 그렇게 된다면 사람들의 실제 생활 경험에 더욱 가깝게 그리고 이들의 삶을 더욱 잘 이해할 수 있을 것이라고 스마트는 주장한다.

분명히, 이러한 갑론을박식 논쟁과 최근의 사회 변화에 대해 우리가 취하는 입장은 오늘날의 거대한 사회적, 정치적 질문의 많은 부분을 설명해 주고 있으나, 이러한 것들이 가족 가치의 쇠퇴 혹은 가족 가치의 쇠퇴가 아닌 무엇에 대한 논쟁에 어떠한 의미를 지니는가?

혼인, 이혼과 별거

이혼의 일상화

몇백 년 동안 서양 및 여타의 사회에서 혼인이란 사실상 해체될 수 없다는 인식이 지배적이었다. 이혼은 지극히 제한된 경우, 이를테면 첫날밤 치르기를 못 하는 사유 등에만 허용되었다. 그러나 오늘날 법률 이혼은 사실상 전 세계 모든 산업사회나 개발도상국을 불문하고 가능해 졌다. 오로지 몰타와 필리핀에서만 법률 이혼이 아직도 인정받지 못하고 있다. 다만 몰타인 부부 가운데 한 명 또는 부부 모두가 해외에 '지속적 거주 상태'인 경우라면 그 해당국에서 이혼 수속을 밟을 수 있는 '국외 이혼'은 허용하고 있다. 지구촌적 관점에서 볼 때, 이러한 사례는 이제 예외적인 경우가 되어 버렸다. 대부분 국가는 이혼을 보다 용이하게 할 수 있는 조처로서, 영국의 1969년 이혼 개혁법과 같은 '파탄주의' 이혼법 추세로 바뀌고 있다.

1960년부터 1970년 사이에 잉글랜드와 웨일스의 이혼율은 매년 9퍼센트씩 꾸준히 증가해, 10년 동안 두 배 증가율을 기록했다. 1972년 다시 한 번 이혼율이 두 배 증가한 것으로 나타났는데, 이는 1969년 이혼 개혁법의 산물로서, 오랫동안 '사망 상태'에 빠진 혼인 생활이 이혼으로 쉽게 마감될 수 있도록 한 조치의 결과였다. 연도별 이혼 통계치가 1993년 16만 5천 건으로 정점을 찍은 이래 2004년부터 감소했는데, 2007년에는 12만 6천7백 건으로 떨어졌다. 이 수치는 과거 이혼 통계와 비교해 보면 아주 높지만, 지금은 전체 혼인 건수의 5분의 2 정도가 이혼으로 마감된다(ONS 2010b: 22). 1970년대 이래 잉글랜드와 웨일스의 점점 늘어나는 이혼율은 혼인 건수의 감소와 함께 점차 소강상태로 접어들었다(〈그림 10-1〉 참조).

전체 유럽 국가의 혼인 및 이혼율 추이를 장기적 안목에서 살폈을 때, 〈그림 10-2〉는 그 유사한 추세를 보여 주고 있다. 그렇지만 루마니아나 크로아티아와 같은 동유럽 국가에서 보여 주는 예외적 사례는 실제로 이혼율 저하를 기록한 곳으로 남을 것이다. 1970년대 이래 혼인율은 스웨덴, 덴마크, 노르웨이 및 아이슬란드의 북유럽 사회 그리고 라트비아나 폴란드와 같은 동유럽 국가를 예외적 사례로 하고, 28개국으로 구성된 유럽연합 국가들에서 공통적으로 나타나는 현상으로서 지속적인 감소 추세를 보여 왔다. 국가 간 통계치를 비교했을 때 영국의 혼인과 이혼 추세는 아주 예외적 사례라기보다는 영국의 경험이 전체 유럽 사회의 추세로 보다 확장된 것으로 볼 수 있겠다.

이혼율이 혼인 생활의 불만족을 반영하는 직접적 지표는 아니다. 그 하나로, 이혼율은 별거 상태지만 법적 이혼 상태로 진입하지 않은 사람들을 포함하지 않기 때문이다. 나아가, 여러 현실적 이유로 혼인 생활 자체는 불행하지만 동거 상태로 남아 있기로 작정한 경우 — 혼인의 신성함을 신봉하거나, 헤어졌을 때 직면해야 하는 재정적·정서적 궁핍이 두렵거나, 아니면 자식들에게는 '가족적' 분위기를 맛보게 하기 위해 등 — 가 있을 수 있기 때문이다.

이혼은 왜 더욱 일상적인 보편화의 길을 걷게 되었는가? 보다 포괄적 맥락 속의 사회 변동과 관련된 몇 가지 요인이 개입되어 있다. 재력을 갖춘 극소수 사람들을 제외하고, 오늘날 혼인은 더 이상 세대 간 재산을 세습하거나 지위를 대물림한다는 욕구와 무관한 상태에서 이루어진다. 또한 여자들이 경제적으로 더욱 독립적 성향을 지님에 따라, 과거에 혼인이 담당했던 물질적 궁핍 해결책 기능이 감소했다. 총체적 의미에서 충만함 추구, 여성들 취업의 일상화는 만약 원만한 혼인 생활이 아닐 경우, 과거에 그러했던 것보다 별개의 독립 가구를 만들기가 더욱 쉬워졌음을 의미한다. 이혼에 따라다니던 낙인이 거의 사라졌다는 사실은, 부분적으로는 이러한 과정의 결과이기도 하지만 이혼으로 마감되는 관행이 일상화되어 버린 측면도 있다. 더욱 중요한 요인은 혼인 생활의 성패 여부를 개인 삶의 만족도 여부로 평가하는 풍조가 만연해졌다는 것이다. 결과적으로 높은 이혼율 자체가 제도로서 혼인에 엄청난 불만을 지닌다는 현실을 반영한다기보다는, 오히려 혼인이란 보상받고 만족을 주고받는 관계여야 함을 확실히 하려는 성향이 강해지고 있음을 보여 준다.

한 부모 가구

한 부모 가구의 수적 증가는 1970년대 초반 이후 선진 국가에서 점차 흔해졌으나, 한 부모 가구의 유형은 유럽연합 공동체와 같이 지역별로 아주 다양한 모습을 보이고 있다(〈표 10-3〉 참조). 피부양 자녀(18세 미만)를 둔 한 부모 가구 비율이 상대적으로 낮은 국가는 그리스(5.3퍼센트), 스페인(7.2퍼센트), 키프로스(7.2퍼센트)인 반면, 아일랜드(24.3퍼센트), 영국(21.5퍼센트) 및 라트비아(27.1퍼센트)는 훨씬 높은 비율을 나타낸다(Iacovou and Skew 2010: 14). 미국과 뉴질랜드의 한 부모 비율은 각 31퍼센트와 29퍼센트를 기록해 훨씬 높은 비율을 보인 반면, 일본은 단지 8퍼센트에 머물고 있는 것으로 나타났다(Institute for Child and Family Policy 2004).

피부양 자녀를 둔 한 부모 가구의 구성은 압도적으로 여성으로 분류되고 있으며, 평균적으로 이들 가구들은 현대 사회에서 최저 빈곤층에 놓여 있다. 나아가 실제 혼인 여부와 무관하게 이들은 '버림받은 아내', '아비 없는 가족' 혹은 '결손가족'과 같은 이전보다 가치 개입적 용어들이 점차 사라지고 있으나, 경제적 불안정뿐만 아니라 사회적 멸시 대상이 되고 있는 실정이다.

한 부모 가구의 내부 구성은 동일 국가 단위에서도 다

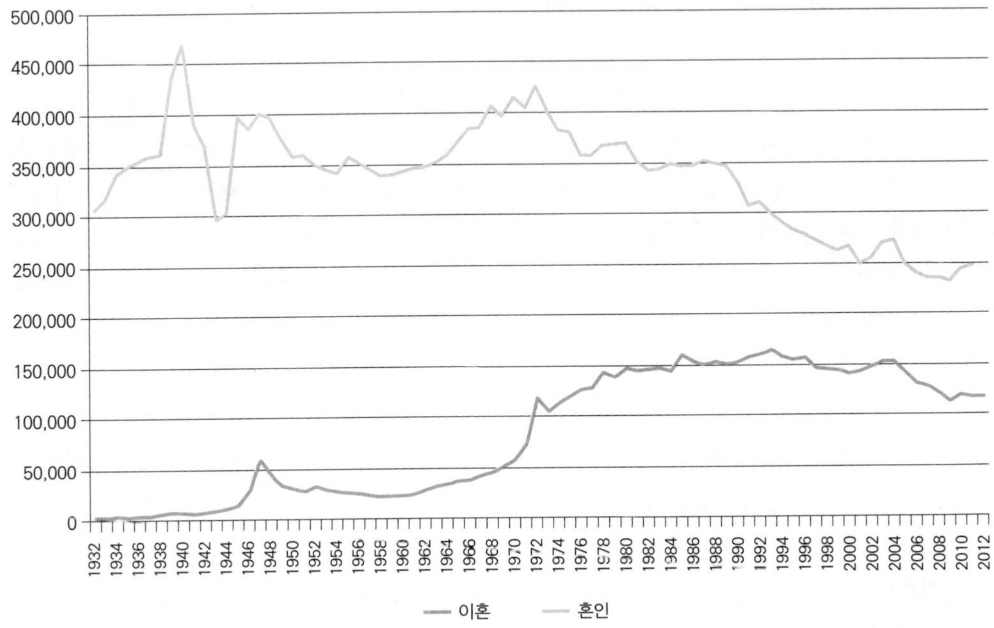

그림 10-1 잉글랜드와 웨일스의 혼인과 이혼 수, 1932~2012

출처: ONS 2014g: 2.

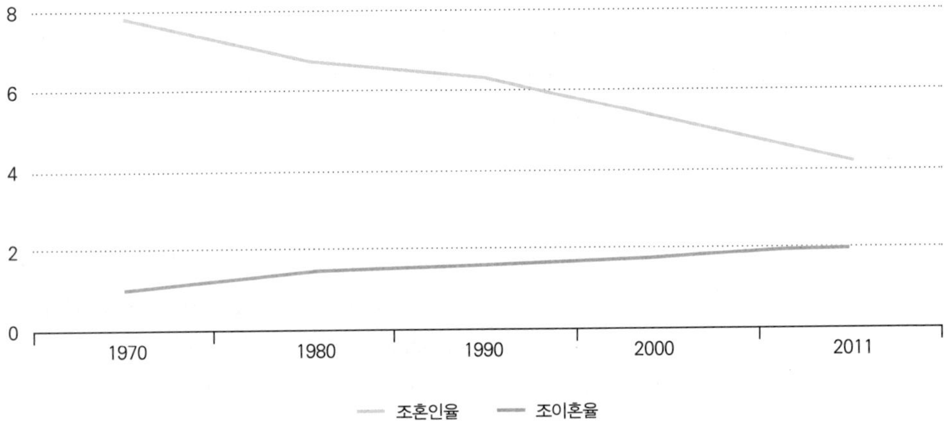

그림 10-2 유럽연합 28개국의 조혼인율과 이혼율, 1970~2011(거주자 1천 명당)

출처: Eurostat 2015b.

양하게 나타나고 있다. 예를 들어 영국 자료에 의하면 남편과 사별한 미망인의 절반 이상은 자기 집을 소유한 반면, 비혼 상태에 있는 대다수 홀어머니들은 세입자 상태로 살고 있는 것으로 파악되었다. 한 부모 상태에서 부모

표 10-3 가족 형태별 유럽 미성년 아동의 거주 유형, 2007(%)

	다양한 가족 형태 속 아동 퍼센트				다세대 가구 중 아동의 퍼센트
	부모 부재	한 부모	동거 중인 부모	혼인한 부모	
스웨덴	1.3	**17.6**	**30.5**	*50.6*	*0.3*
핀란드	0.9	14.4	**15.8**	68.9	*0.6*
덴마크	**1.5**	**17.9**	**15.1**	*65.6*	*0.4*
네덜란드	*0.3*	11.1	13.1	75.5	*0.3*
영국	1.4	**21.5**	12.6	*64.5*	3.4
프랑스	0.9	13.5	**21.0**	*64.5*	*1.8*
독일	1.3	15.0	*5.5*	**78.2**	*0.9*
오스트리아	**2.2**	14.3	7.4	76.1	7.5
벨기에	**2.5**	**16.2**	**13.7**	*67.7*	*2.2*
룩셈부르크	*0.3*	*10.2*	*6.9*	**82.6**	*2.8*
아일랜드	**1.9**	**24.3**	*5.9*	*67.9*	4.5
이탈리아	*0.8*	*10.2*	*5.2*	**83.9**	5.0
스페인	1.2	*7.2*	7.9	**83.7**	5.8
포르투갈	**2.9**	11.9	9.7	75.5	**11.6**
그리스	1.2	*5.3*	*1.2*	**92.3**	6.5
키프로스	*0.7*	*7.2*	*0.6*	**91.5**	3.0
체코	*0.6*	14.9	8.2	76.3	7.7
헝가리	*0.8*	15.4	9.9	73.9	**11.6**
에스토니아	**1.9**	**21.8**	**23.9**	*52.5*	**12.0**
라트비아	**3.3**	**27.1**	**14.1**	*55.5*	**24.4**
리투아니아	**2.0**	**18.1**	*6.1*	73.8	**14.5**
슬로베니아	*0.6*	*10.4*	**19.5**	69.4	**13.7**
슬로바키아	1.1	*10.6*	*3.7*	**84.7**	**17.6**
폴란드	*0.8*	*11.0*	9.2	**79.0**	**22.0**
유럽연합 25개국	1.2	14.1	11.0	73.8	5.4
유럽연합 15개국	1.2	14.3	11.3	73.2	3.1
유럽연합 10개국	0.9	13.1	9.2	76.7	17.4

참조: '아동'이란 18세 미만 모든 미성년을 일컫는다. 굵은 고딕체 숫자는 최고를 기록한 8개 국가를, 이탤릭체 숫자는 해당 유형에서 최저치를 보이는 8개 국가를 지칭한다.
출처: Iacovou and Skew 2010: 14.

역할 수행하기는 변화 일변도에 놓여 있으며, 한 부모 역할로의 진입이나 탈출 방식도 다양하기 때문에 그 경계가 모호해지고 있다. 배우자의 사망으로 홀아비나 미망인이 된 경우, 만약 배우자가 사망 전 장기간 병원 신세를

다이안 본의 '커플 관계 해체': 헤어져 돌아서는 경험

사회학적으로 상상하기 10-1

『커플 관계의 해체: 친밀한 관계의 전환점Uncoupling: The Turning Points in Intimate Relationships』(1990)이라는 책에서 다이안 본Diane Vaughan은 별거 또는 이혼 과정 중 전개되는 파트너 간의 관계 변화를 분석했다. 본은 커플이 함께 의기투합해 살던 때부터 별거에 이르기까지 과정을 추적하기 위해 (주로 중산층 배경을 가진) 100명 이상의 최근 별거 상태자 혹은 이혼자들을 대상으로 일련의 면접 조사를 수행했다. 커플 관계의 해체라는 용어는 장시간 지속되어 온 친밀한 관계의 종언을 일컫는다. 본의 관찰에 의하면 여러 사례에서 육체적 결별 이전에 사회적 결별이 이미 진행되었는데, 적어도 한쪽 파트너는 나머지 한쪽 상대방이 없는 상태에서 새로운 삶의 목표에 흥미를 가지거나 새로운 친구를 사귀는 등 삶의 새로운 국면이 진행되었음을 발견할 수 있었다. 이것은 일상적으로 새로운 상대와 은밀한 비밀을 함께 공유함을 의미했으며, 특히 연인 관계로 발전한 경우에는 더욱 그러했다.

본의 연구에 의하면 커플 관계의 해체는 처음에 의도하지 않은 상태에서 발단되는 것으로 나타났다. 저자는 단초 제공자the initiator로 불릴 수 있는 한쪽이 상대 파트너에 대해 만족감을 덜 느끼고, 이전에는 커플이 같이 공유했던 행위와 구분되는 별도의 독립된 '영역'을 구축한다. 때에 따라서는 이러한 상황 이전에 단초 제공자가 파트너를 변화시키고자 시도하지만 끝내 성공하지 못한 경우인데, 보다 수용 가능한 방식으로 상대가 처신하도록 시도해 보는 것 등이다. 어느 지점에서 단초 제공자는 자신의 노력이 실패로 돌아갔고 관계가 밑바닥부터 어긋나 있음을 깨닫는다. 그 후부터 상대방과의 관계 설정이나 상대방의 결함만 눈에 들어온다. 본은 이것은 관계 성립의 시작 단계에 상대방과 '사랑에 빠지는' 과정의 뒷면에 해당한다고 지적했다. 왜냐하면 한 사람이 상대의 매력적 자질에 빠지면 수용 불가능한 자질 등은 무시하는 성향을 보였듯이 이번에는 상대방의 나쁜 점만 눈에 들어오기 때문이다.

단초 제공자는 자신이 당면하는 현실을 주변 지인들과 '비교 대조하면서' 폭넓게 그들의 조언에 귀 기울이며 갈라설 것인지 심각하게 고려한다. 그러면서 별거의 대가와 이득을 저울질한다. 과연 스스로 홀로서기가 가능할까? 친구나 부모님의 반응은 어떨까? 아이들은 고통받을까? 재정적으로 탄탄한가? 이러저러한 사항에 대해 골몰하다가, 어떤 사람들은 이 관계를 정상 궤도로 되돌리기 위해 다시 한 번 재도전하기로 결심한다. 별거 쪽으로 결론 내린 경우는 이러한 조언과 질의응답 과정을 거치는 가운데 스스로의 결단이 옳았다는 확신과 동시에 별거가 그렇게 위협적이지 않음을 실감한다. 대다수 단초 제공자는 스스로 자기발전을 위한 책임이 상대에 대한 (재)몰입보다 더 우선하는 것임을 확신한다.

물론 커플 관계의 해체가 항상 어느 한쪽의 일방에 의해서만 발단되는 건 아니다. 상대방 역시 그 관계는 복원 불가능한 것으로 판단할 수 있다. 어떤 경우에는 급격한 역할 전치가 일어나기도 한다. 이전에는 관계가 유지되기를 원했던 쪽이 오히려 관계의 종결을 결심하는 반면, 단초 제공자가 관계 지속을 원하는 등의 경우가 그렇다.

비판적으로 생각하기

THINKING CRITICALLY

자신이 선호하는 국가를 하나 선택해 2012년에 발생한 이혼 건수를 집계한 공식 통계를 참조하면서 남편 혹은 아내 가운데 누가 먼저 이혼하자고 운을 뗐는지 살펴보자. 혼인 관계 청산을 설명하는 사회적, 실생활 관련 요인에는 어떤 것들이 있을까?

졌다면 실제로는 혼자서 독신생활을 해왔을 터이지만, 해체 사유는 간단명료해진다. 그러나 오늘날 한 부모 가구의 60퍼센트는 별거 또는 이혼의 결과로 생긴 경우다.

영국의 한 부모 가족 가운데 가장 빠른 증가세를 보이는 층은 미혼 독신 가구로서, 피부양 자녀를 둔 전체 가구 집단의 9퍼센트를 구성하고 있다. 이들 가운데 거의 모두가 한 부모 신세가 되는 것을 선호하지 않음에도 얼마나 많은 수가 자녀를 혼자 힘으로 전력투구해 양육하고자 했는지는 파악하기 어려운 실정이다. 2000~2001년에 태어난 1만 9천 명의 삶을 추적, 연구 중인 밀레니엄 코호트 연구Millennium Cohort Study에 의하면 나이가 젊을수록 홀어머니가 될 성향이, 그리고 여성의 교육 수준이 높을수록 혼인제도 속에서 자녀를 가질 확률이 높은 것으로 나타났다. 같은 연구는 또한 (남편 없이) 혼자 사는 모성 85퍼센트는 그들의 임신이 계획되지 않은 상태에서 이루어졌으며, 이는 동거 커플의 52퍼센트, 혼인 생활 여성 18퍼센트에 불과한 현실과는 대조적임을 밝혔다. 대다수 동거 상태 여성 또는 미혼모의 경우 혼인 외적으로 이루어진 출산 성향과 빈곤 및 사회적 박탈감 지표 사이에 깊은 상관관계가 존재한다. 그렇지만 많은 여성이 이제는 배우자나 파트너 없이 자발적으로 자녀 출산 결정을 삶의 선택지로 받아들이고 있다. '자율적 선택으로 미혼모 되기'는 일상적으로 한 부모 가구로서 풍족하게 삶을 꾸려 갈 충분한 자원을 소유한 여성들로서 한 부모 가족을 설명하는 데 적절한 현실을 반영한 것이다.

연구자들 가운데는 한 부모 가구의 차등적 복지 수준과 유럽 사회 전반에 나타나는 다양한 한 부모 가족 비율 사이에 직접적 연관성이 존재한다고 지적한 바 있다(P. Morgan 1999). 모건에 의하면 스웨덴이나 영국이, 예를 들어 이탈리아와 비교했을 때 한 부모 가족의 상대적 비율이 높게 나타나는데, 그 주요 이유로 이탈리아의 경우 가족 수당금이 아주 미미한 수준인데 젊은이들을 위한 1차적 보조를 다른 가족원이 책임지기 때문이다. 모건은 한 부모 가족이 외부의 물질적 지원 없이 독립하기는 어렵다고 주장한다. 그러나 이러한 논리는 현실을 지나치게 단순화시킨 주장인가? 한 부모 가족으로의 진입이나 탈출을 이끄는 '경로'에 다양성이 존재한다는 것은, 비록 이들이 물질적 또는 사회적 불리함이 유사한 정도로 주어진다 하더라도 한 부모 가족은 동질적 집단이라거나 응집력이 같은 수준에 머문다는 것을 의미하지는 않을 것이다. 경로에 이르는 다양성은 사회 정책의 목적 때문에 한 부모 역할 경계 규정이 애매해 또한 그들의 요구사항을 한 가지로 설정하기가 어렵다는 것을 의미한다.

부성 역할과 '아버지 부재' 논쟁

부성 역할을 둘러싼 정치적 담론들은 적어도 1930년대 후반부터 '아버지 부재론'을 중심으로 전개된 바 있다. 제2차 세계 대전이 진행되는 동안, 아버지들은 전쟁터에서 싸우느라 집에서 자식들을 돌볼 기회가 거의 없었다. 전쟁이 끝난 후 높은 비율의 기혼녀들이 유급 노동시장에 진출하지 않는 대신 집에 머물면서 자녀들을 돌보았다. 아버지들은 핵심 밥벌이 역할을 최우선으로 수행했고, 그 결과로서 하루 종일 일터에 나가 있었으며, 자녀들을 저녁때나 주말에만 만날 수 있었다.

그러나 1970년대 이후 높아진 이혼율과 더불어 한 부모 가구의 증가라는 현실은 아버지 부재absent father라는 주제가 마치 다른 그 무엇을 의미하는 것이 되어 버렸다. 아버지 부재는 별거 혹은 이혼의 결과물로서 자녀들과 빈번하지 않은 접촉 혹은 부권을 전혀 접할 기회를 잃어버린 것을 일컫게 되었다. 이 지구상에서 이혼율이 가장 높은 영국이나 미국의 경우 이러한 상황에 즈음해 심도 있는 논쟁이 제기되었고, 어떤 이들은 이를 '부친 존재의 유고遺故'라고 선언했다.

대조되는 관점에 있는 사회학자나 논평자들은 증가일로의 범죄로부터 아동 보호를 위한 복지비용 상승에 이르기까지 다양한 형태의 사회문제를 야기하는 원인 제공자로 부친 부재 가족의 상대적 증가를 주목하고 있다. 어떤 학자들은 아동들이 실제 몸담고 있는 환경에서 성인들과 상호작용하면서 교섭하거나 협동하며 타협하는 끊임없는 과정에 노출되지 않는 한, 사회 조직의 효율적인 구성원으로서 결코 성장할 수 없다고 주장한다(Dennis and Erods 1992). 특히 부친 부재 환경에서 성장한 청소년들은 본인 스스로 성공적인 부모가 되려고 몸부림칠 것이라는 것이다. 그러나 부친 부재 가족과 부친 부재 가구를 별개의 개념으로 분리하는 것이 중요하다. 별거나 이혼의 경우 많은 아버지들은 동일 가구원으로서 한 지붕 밑에 거주하지 않더라도 자녀의 일생에 걸쳐 나름대로 역할을 담당하는데, 이러한 의미에서 양친으로부터 부모로서 관심과 배려가 지속적으로 주어진다면 그 가족은 '부친 부재' 상태가 아닌 것이다.

고이혼율의 한 결과로서 이혼 후 부권 확보를 위한 미처 예상하지 못한 로비 조직이 꾸려졌다. 영국, 네덜란드, 미국에 있는 남성 압력 단체 '정의를 위한 아버지들Fathers 4Justice, F4J'은 이목을 끄는 행동, 가두행진, 운동가들의 활동으로 세간에 널리 알려졌다. 2004년 5월에는 F4J 행동가들이 영국 의회에 출두 중이던 수상을 향해 자주색 밀가루 범벅의 콘돔을 투척했으며, 몇 달 뒤에는 우스개 책의 영웅 배트맨 의상을 입은 캠페인 참가자가 "모든 아버지는 자기 자녀들에게 초영웅적 존재다"라고 쓴 플래카드를 들고 버킹엄궁 담벼락에 올라가 시위를 벌였다. 이 단체의 주장에 의하면, 자녀의 '권익을 최대한 보장'하려는 의도로 제정된 현행법은 부부가 헤어질 때 아버지의 자녀 면접권을 어렵게 하는 대신 어머니에게 유리한 내용을 담고 있는 편파적 법안이라는 것이다.

『아버지 없는 미국Fatherless America』(1995)이라는 저서에서 데이비드 블랭큰혼David Blackenhorn은 고이혼율 사회는 단지 아버지만을 잃는 것이 아니라 부친 개념 자체가 존재하지 않게 된다고 주장했다. 블랭큰혼의 저서에 대해 어떤 평론가가 서술한 바대로 "아버지가 전혀 없는 것보다는 저열한 일터에서 돌아와 텔레비전 앞에서 맥주를 들이켜는 아버지를 두는 것이 훨씬 나은" 상황일 수 있다(The Economist 1995). 그런데 정말 그럴까? 부친 부재와 관련된 쟁점은 이혼이 자녀에게 끼치는 영향력이라는 보다 일반적인 문제로 귀착된다. 그리고 거기에 접근 가능했던 증빙 자료들의 함축적 의미로는 분명한 결론을 전혀 얻을 수 없다는 것이다.

여느 학자들이 지적한 핵심 사안은 아버지의 존재 여부가 아니라 아버지가 가족생활과 자녀 양육에 어떻게 관여했느냐다. 다시 말하면 가구를 구성하는 가족원 자체는 자녀가 소속된 가족원으로부터 받는 양질의 보살핌, 주목, 지지만큼 중요하지 않은 것이다. 예를 들어 함께 살지 않거나 부성 역할에 전혀 개입하지 않는 경우에조차 계부 또는 아버지 역할을 사실상 수행해 주는 인물이 존재할 수 있는 것이다. 1980년대 이래 훌륭한 부모 되기, 더 구체적으로는 훌륭한 '아버지 되기' 쟁점은 정치적 논쟁과 학계의 연구 주제로 더욱 부각되어 각광을 받기에 이르렀다(B. Hobson 2002).

우리가 이미 살펴보았듯이 더 많은 여성이 유급직에 진출했으나, 가사 업무와 자녀 양육에 관여하는 남성들의 몫은 이에 비례해 걸맞은 속도로 증가하는 것 같지 않다. 이것은 맞벌이 가족임에도 아내가 1차적 양육 제공자라는 가정이 강력하게 남아 있음을 함축한다. 유럽의 경우 평등기회의원회the Equal Opportunities Commission가 새로운 운동을 전개한 바 있는데, 부친의 육아휴직제 확산을 위해 친가족적 직장 문화 만들기 사업을 추진하며, 영국이나 그리스처럼 여러 유럽 사회에 팽배해 있는 장시간 근무 문화를 바꾸는 '적극적 아버지상'의 모색이 그것이다.

부친 역할 확보를 도모하기 위한 유럽식 지원책은 다양하다. 스웨덴에서는 자녀 출산 혹은 입양이 있을 경우 양친 모두에게 450일간 유급 휴가가 부여되는데 — 봉급 생활자 다수에게 13개월 동안 급료의 80퍼센트를, 그리고 나머지 휴가 기간은 낮은 수준의 급료를 지급해 — 근로자가 (휴가 이후) 복직할 경우 이전 직장 혹은 그와 유사한 직장으로 재배치되도록 보장하고 있다. 그렇지만 그리스, 이탈리아, 스페인에서는 아버지가 일상적으로 양육 휴가를 취할 수 없다. 스페인은 무급 양육 휴가제를, 이탈리아에서는 부모 권리로 인정받지 못하며, 그리스의 경우 50인 미만이 근무하는 직장에서는 휴직 보장이 존재하지 않는다(Flouri 2005). 이들 3개국의 현실은 유럽연합국 가운데 여성 노동 참여율이 40퍼센트를 맴돌 정도로 최하위 수준을 기록하고 있다. 미국은 1993년에야 모성 휴가를 도입했다. 호주는 2001년 1월 1일부터 18주간의 유급 모성 휴가 또는 최저임금이 보장된 부친 휴가제를 도입한 바 있으며, 뉴질랜드는 2002년에 유급 산모 휴

세계적 차원에서 장기적인 유급 모성 휴가 움직임이 보이며, 모성 및 부성 육아 휴가제도의 다양성이 존재한다.

가제를 도입했으나, 유급 부친 휴가제는 아직 마련되어 있지 않다. 영국은 2015년에 부모 공동 휴직제를 도입했는데, 이는 자녀 출산 또는 입양이 계기가 되어 부모 가운데 형편이 닿는 한쪽이 육아를 탄력적으로 담당할 수 있도록 해 출산 또는 입양 후 첫 1년 동안은 부모들의 자녀 양육에 유연성을 부여해 주고 있다.

아버지들에 대한 배려가 가장 관대한 스웨덴조차, 양친 휴가를 사용한 집단의 전체 수치 가운데 85퍼센트가 산모다. 스웨덴 아버지들의 다수는 '파파 휴가' 사용을 주저하는 경향이 있는데, 동료들에 비해 승진에서 뒤처질까 봐, 또는 고용주로부터 잘못 보여 '찍힐까 봐' 우려하기 때문이다. 이에 더해 여성의 임금은 남성에 비해 낙후되어 있으며, 정식으로 등록된 282개 회사 가운데 두 곳만이 여성이 CEO였다. 따라서 특정 정책이 도입된다고 해서 반드시 목표로 하는 사회집단이 혜택을 보는 것은 아니기 때문에, 특정 국가 상황에 대해 결론을 내릴 때는 주의를 기울일 필요가 있다(Lister et al. 2007).

청소년 범죄 혹은 젊은이의 삶에 끼치는 '나쁜' 부모 역할의 영향이라든가 '부친 역할' 부재 등의 관점에서, 보다 포괄적 맥락에서 다루어지는 아버지 역할 및 부모 역할 수행하기에 보다 일반적인 관심이 확산되고 있다. 그러한 관심과 배려는 자녀 양육과 가사 업무에 아버지들이 가급적 깊이 개입하길 바라는 새로운 정책들과 연결되어 있다. 그렇지만 그러한 정책이 도입된 사회에서조차 보다 포괄적 맥락에서 제기되는 사회경제적 요인들 그리고 해당 성性에 전제되는 역할에 묻어 있는 과거로부터 지속되어 고착된 젠더화된 가정들은 가족생활의 역동성을 불러일으키는 강력한 요인으로 여전히 힘을 발휘

캐럴 스마트와 브렌 닐의 가족 편린?

사회학적으로 상상하기 10-2

1994년부터 1996년까지 캐럴 스마트Carol Smart와 브렌 닐Bren Neale은 1989년 아동법the 1989 Children Act 통과 이후 영국 서부 요크셔 지역에 거주하는 별거 혹은 이혼 경험이 있는 부모 60명을 대상으로 두 번에 걸친 면접법으로 연구를 수행했다. 이 아동법은 개정 이전까지 불씨로 남아 있던 '보호'와 '면회' 조항을 삭제해 이혼 부부 당사자들이 자녀 양육을 둘러싼 분쟁의 여지를 삭제해 잠재적 갈등 소지를 없애 버린 조치였다. 이 새 아동법은 자녀 양육에 부모 양쪽이 모두 관여하되 재판관이나 기타 참고인들이 자녀 본인의 의견을 더 경험하도록 배려한 내용을 담고 있다. 스마트와 닐은 자녀 양육 유형이 이혼 후 어떤 모습으로 시작되는가에 주목했다. 그들의 조사 연구는 별거 시점에서 시작해 이혼 후 자녀 양육에 대한 부모의 기대치와 1년이 지난 후 부모들의 '현실적 정황'을 비교해 보는 것이었다.

스마트와 닐의 발견에 의하면 이혼 후 자녀 양육은 많은 부모에게 예상하지 못한 경험으로서, 미처 준비하지 못했기에 제기되는 새로운 적응 과정을 끊임없이 반복했다. 이혼 전까지 두 명이 한 팀으로 작동하던 자녀 양육 기술이나 유형은 이혼 후 한 부모 상태에서 이제는 더 이상 성공을 당연한 것으로 장담할 수 없게 되었다. 어른들은 자녀 양육 방식에 대해 끊임없이 재평가를 반복할 수밖에 없었는데, 이는 자녀 복리에 '크게 영향을 끼치는 사안'일 뿐만 아니라 한 가족 대신 관계 속에 있는 두 가구가 얽혀 있는, 현재 진행 중인 일상 생활수준의 자녀 양육 원칙에 관련된 것이었다. 이혼 후 해당 부모들은 두 가지 상반되는 현실적 요구, 즉 전 배우자와는 거리를 두고 싶어 하는 자신의 개인적 욕구와 자녀 양육을 공동 수행하기 위해서는 전 배우자와 연결고리를 지속해야 한다는 요구 사항에 봉착했다.

스마트와 닐은, 이혼 후 자녀 양육에 대한 생생한 경험은 시간이 경과하면서 엄청나게 유동적이며 변화무쌍한 자질로 변해 가고 있음을 알게 되었다. 헤어진 지 1년 후 면접했을 때 많은 부모가 자녀 양육에 대한 이 태도가 깊어짐에 따라 스스로의 행동양식이나 반응들을 재평가했다. 예를 들어 많은 부모가 이혼 결과 자녀들이 겪을 고통을 걱정했으나, 이들의 두려움이나 죄의식이 어떻게 건설적으로 승화되었는지에 대해서는 자신감을 보이지 못했다. 이것은 때로는 어떤 부모들에게는 자녀들을 너무 옥죄거나 막연한 '성인' 친구로 삼기도 했다. 다른 경우로서 소외감, 거리감, 또는 유의미한 친밀감 상실을 겪기도 했다.

저자들의 지적에 의하면 미디어나 특정 정치적 맥락에서 이혼 후 성인들은 가족 도덕성을 포기하는 대신 오로지 자신의 이기적 동기에 더욱 충실해 행동으로 옮기기 시작한다는 묵시적이고 때로는 현시적인 가정을 전제한다. 유연함, 관대함, 타협이나 민감성 등은 사라지고, 가족이나 복지에 대해 이전에 내렸던 의사결정의 도덕적 틀을 내팽개친다. 스마트와 닐의 조사에 응했던 이혼 부모들은 이러한 주장들이 거짓임을 입증해 주었다. 자녀 양육을 수행할 당시 이들 부모들은 도덕적 틀 속에서 현실이 작동되도록 조치했지만, 애매모호하지 않은 도덕적 사유보다는 '배려에 기반한 도덕'으로 규정했을 때 양육이 가장 성공적일 수 있었다고 저자들은 주장한다. 또한 부모들이 자녀를 양육할 때 적용한 원리는 '적절한 결정the proper thing to do'에 기반한다고 말한다. 이러한 결단은 상황 의존적인 것으로서 부모들은 수없이 많은 것을 꼼꼼히 따지고 챙기는데, 자녀에게 미칠 파급 효과 때문에 행동으로 실천하는 타이밍이 적절한지 아니면 둘이서 자녀 양육을 할 때 제기될 부정적 결과까지 신경 쓴다는 것이다.

스마트와 닐은 이혼이란 진정코 여간해서는 '일관성을 지니기' 어려운 상황에 숨통을 틔워 주는 효과를 지닌다고 결론 맺는다. 이혼 후 자녀를 성공적으로 양육하기 위해서는 끊임없는 협상과 의사소통이 관건이다. 1989년도 아동법 조항 가운데 근자에 발생한 이혼 이후에 요구되는 자녀 양육의 유연성은 보완했지만, 자녀의 복지 측면을 강조하다 보니 이혼으로 갈라선 부모 관계의 돈독함 여부가 차지하는 결정적 측면을 소홀히 한 점을 지적하지 않을 수 없다고 했다.

비판적으로 생각하기 THINKING CRITICALLY

관련된 두 가구를 넘나들며 부모 역할을 감내할 필요성을 전제했을 때 이혼 후 부모 역할 수행하기에는 갈등과 의견 불일치가 불가피해지는가? 혼인 상태에서 이혼 후 삶으로의 전환기를 맞이하는 부모들을 도와줄 수 있는 것으로는 어떠한 조치들이 가능할까?

하고 있다. 이것은 가족이나 가구에 대한 연구를 수행할 경우 보다 포괄적 맥락에서 주어진 사회 변화상과 연계하면서 연구할 필요가 있음을 의미한다.

가족생활에 대한 태도 변화

가족생활의 성격 변화와 고공행진 중인 높은 이혼율에는 계급별로 뚜렷한 차이점이 있다. 예를 들어 릴리언 루빈Lilian Rubin는 32가구를 대상으로 미국 하류층 가구원을 심층 면접했는데, 중류층 가족과 비교했을 때 이들 하류층 부모들은 좀 더 전통적인 태도를 견지하는 것으로 결론 맺고 있다(1994). 혼전 성경험과 같이 개방된 행위에 대한 태도에서 특히 신앙심이 돈독하지 않을 때조차 중산층 부모들보다 훨씬 더 엄격한 반응을 보이고 있었다. 젊은 여성들은 부모 세대보다 혼인에 대해 더 양가적 태도를 지녔으며 행사할 수 있는 삶의 선택지에 대해 젊은 여성들의 모친이 취할 수 있었던 삶의 방식보다 더 완벽하고 개방적인 방식으로 인생의 길을 탐험하고자 했다. 그렇지만 남성들의 일반적 태도 변화는 그렇게 크지 않은 상태였다.

이러한 변화된 모습은 유럽 사회를 연구한 성과물과 유사했다. 윌킨슨과 멀건은 18세에서 34세에 이르는 영국인 남녀를 대상으로 두 개의 대규모 연구를 수행했다(Wilkinson 1994; Wilkinson and Mulgan 1995). 특히 젊은 여성들의 삶의 방식에 대한 견해에 엄청난 변화가 일어나고 있었으며, 이 연령대의 가치는 영국의 노년 세대와 대조적 성향을 보이고 있음을 발견했다. 젊은 여성들은 가족이 중요한 만큼 취업에도 비중을 두면서 취업 생활을 통해 자율과 자아 성취 욕구, 모험과 흥미진진함에 더 큰 가치를 두고 있음을 알 수 있었다. 윌킨슨과 멀건은, 젊은 여성층의 태도는 그 이전 세대에서는 행사할 수 없었던 자유에 대한 대물림 — 여성이 취업할 수 있으며 출산 행위를 자신의 의지대로 조절 가능한 자유, 남녀 불문하고 거주지를 이동할 수 있는 자유, 원하는 바대로 스스로 삶의 방식을 규정할 수 있는 자유 — 때문에 가능해졌다고 주장했다. 응답 표본 가운데, 여성 응답자 29퍼센트와 남성 응답자 51퍼센트는 출산 시기를 늦추고자 했다. 관련 통계치가 출산 행위와 관련된 그러한 태도 변화를 뒷받침해 주고 있다. 2008년 현재, 영국에서 태어난 신생아 가운데 25퍼센트에 이르는 산모의 연령은 25세 미만으로 집계된 바 있는데, 이는 1971년 신생아 47퍼센트의 산모 연령이 25세 미만이었던 것과 비교되는 수치다(ONS 2010a: xxiv). 16세에서 24세 연령층 여성 가운데, 75퍼센트는 자녀 양육은 두 명으로 구성된 커플이 수행할 수 있듯이 한 부모 가족도 이와 똑같이 해낼 수 있다고 믿고 있었는데, 이는 혼인제도가 자녀 양육의 1차적 장소로서 사회적으로 인정받고 있는 지위를 상실하고 있음을 함축한다.

새로운 파트너 관계, '재결합' 가족과 친족 관계

LGBT 파트너십

오늘날 많은 사람이 동성애 커플로 살고 있다. 사회에서 대부분 동성애 혼인(비록 이 관행은 아직 변화가 진행 중이지만) 관계는 제재를 받지 않기 때문에, 게이 커플이나 레즈비언과 같은 친밀한 관계는 법률적 테두리보다는 사적인 몰입이나 상호 신뢰 관계에 기반하고 있다. '선택에 기반한 가족' 이라는 용어는 LGBT(lesbian, gay, bisexual, transgender) 파트너 관계에 적용되어 왔는데, 이는 긍정적이고 창조적인 면모를 지닌 가족생활의 새로운 유형으로 보이기 때문이다. 이성애 파트너 관계에 나타나는 여러 전통적 자질 — 상호부조, 질병에 걸렸을 때 간호나 책임감, 재정의 공유 등 — 은 이전이라면 가능하지 않았을 공생 관계로서 게이 및 레즈비언 관계에서도 통합되어 실현되고 있다.

레즈비언 및 게이 운동을 위해 오랫동안 캠페인을 전개해 왔던 서유럽 사회에서 아주 최근에 나타난 의미심장한 추세는, 민권적 파트너십civil partnership 또는 민권적

2016년 7월 22일 현재 지도 분류로서, 미국령 괌·버진아일랜드·사모아 북마리아나군도는 '합법화 국가'로 분류됨.

그림 10-3 동성애 혼인을 허용하는 나라와 지역들, 2015년 6월 26일 현재

파트너십의 제도권으로 정식 진입 및 동성애 커플의 혼인권 연장일 것이다(〈그림 10-3〉 참조).

> 레즈비언과 게이 사회운동은 제21장 〈정치, 정부, 사회운동〉에서 논의된다.

민권적 파트너십이란 종교적 의미로는 '혼인'이 아닐지라도 법률적으로는 두 명의 동성同性 결합체로 인정받는 경우를 일컫는다. 법률적으로 '파트너가 된' 커플은 일반적으로 일상적 혼인 부부에게 부여된 일련의 법적 권리를 해당 쟁점별로 동등하게 부여받는다. 예를 들어 민권적 파트너는 상속, 연금, 아동 양육비와 같은 재정 문제 등에서 동등한 대우를 기대할 수 있으며, '친족에 준하는' 새로운 권리를 행사할 수 있다. 이민법은 혼인과 동일한 방식으로 정식 민권적 파트너십을 배려한다. 영국의 경우 2005년 12월에 이와 관련된 새 법률이 실행되어, 동성애 커플에게도 혼인 부부와 유사한 권리를 인정한 바 있다. 2008년 현재, 그 전년도보다 18퍼센트 감소세를 보임에 따라 초창기에 인정받지 못한 커플들의 어려움은 사라진 듯하지만, 2009년 중반까지 영국에는 3만 4천 명이 민권적 파트너십 관계에서 살고 있다(ONS 2010a: 22).

덴마크는 1989년부터 동성 파트너에게도 혼인 부부와 동일한 권리를 부여한 최초의 국가이며, 연이어 1996년에는 노르웨이, 스웨덴과 아이슬란드가, 그리고 2000년에는 핀란드가 동성 파트너 관계를 공식 인정했다. 네덜란드는 2001년부터 민법상 완벽한 혼인 권리를 인정했다. 벨기에와 스페인은 각각 2003년과 2005년에 게이 혼인권을 도입했고, 잉글랜드와 웨일스 및 스코틀랜드는 2014년에 동성애 혼인을 합법화했다. 퓨연구센터the Pew Research Center는 2015년 중반까지 22개국에서 동성애 혼인을 허용할 것으로 예측한 바 있다(2015). 이 수치는 전세계 국가를 대상으로 보면 아주 미미한 정도에 불과하

겠지만 동성애 파트너십의 법제화를 '비도덕적' 관계를 합법화하는 것으로 전제하는 일부 종교 단체의 반대에도 불구하고 이러한 흐름은 지속될 것으로 보인다.

1980년대 이래 LGBT 파트너십에 대한 학문적 관심이 증대되어 왔다. 사회학자들은 이성애자들 사이에서 공유되는 자질과 전혀 다른 양식으로 동성애자 파트너십에서만 공유되는 친밀감이나 평등이 나타나고 있음을 목격했다. 동성애자들은 혼인제도에서 배제되어 왔기 때문에, 그리고 전통적 성역할 수행이 동성 간에는 쉽게 적용되지 않기 때문에 동성애 파트너십은 일상적 남녀 결합을 지배하는 규범이나 지침 영역 바깥에서 구성되거나 타협점을 찾아야 한다. 혹자는 1980년대의 에이즈 전염병 때문에 동성애 파트너 간의 상호 돌봄이나 친밀감이 구분되는 문화 형태로 발전하는 계기가 되었다고 설명하기도 한다.

윅스Weeks와 동료들은 게이와 레즈비언 관계에는 세 개의 핵심 유형이 존재한다고 지적한다(2004). 첫째, 일상적 남녀관계에 전제된 젠더화된 문화적 고정관념에 기반하지 않았기 때문에 동성애자 사이에는 평등성이 존재할 가능성이 더 높다. 게이와 레즈비언 커플들은 기존 남녀 관계의 특징인 불평등이나 편중된 권력 관계를 의도적으로 회피하려는 시도로서 자신들의 관계 정립을 나름대로 구축하는 경향이 있다. 둘째, 동성애 파트너들은 자신들의 관계가 작동하도록 하는 내부 원칙을 위해 타협한다. 이성애 커플들이 사회 일반적으로 기대되는 성역할 수행에 영향을 받는다면, 동성애 커플들은 관계 속에서 누가 무엇을 수행해야 하는가에 대한 기대가 적은 편이다. 제도권 혼인 관계에서 여성들이 가사노동과 자녀 양육에 더 많이 관여한다면, 동성애 파트너 관계에서는 이러한 기대치가 존재하지 않는다. 모든 것은 상호 협상 대상이 되며, 이것은 보다 동등한 방식으로 각자 책임감을 공유하는 것으로 귀착된다. 그러나 그러한 교섭은 또한 분쟁의 소지와 불일치의 원인으로 작용할 수 있다. 셋째, LGBT 파트너십은 제도권의 뒷받침이 결여된 특정 형태의 파트너 간 몰입을 발휘할 수 있다. 상호 신뢰, 삶의 역경에서 자발적인 공동 대처 능력과 '정서적 노동'에 대한 책임감 공유 등은 그러한 파트너십의 최고 장점으로 꼽힌다(Weeks 1999). 이러한 새로운 민권적 파트너십과 게이 혼인권이 어떻게 작동되어 그러한 몰입과 상호 신뢰가 완벽하게 뿌리내렸는지 사회학자들이 관찰하는 것도 흥미로울 것이다.

동성애 관계는 세계 여러 지역에서 제재를 받아 왔으나, 게이 부모가 자녀를 입양해 양육할 권리에 대해서는 더 많은 논쟁을 불러일으키는 쟁점이어서 논쟁거리로 남아 있다.

동성 연애자에 대한 이전의 매섭고 따가운 시선이 많이 완화된 데는 레즈비언 관계에 있는 어머니에게 자녀 양육을 점차 기꺼이 허용하는 가정법원의 판례가 증가한 현실의 영향이 크다. 인공수정 기술이 발달함에 따라 레즈비언들도 남성들과 육체적 접촉 없이 임신해 현실적으로 자녀를 둔 부모가 될 수 있는 한편, 동성애 커플이 법정 소송에서 승소하는 경우가 최근 다수 발생함에 따라 이들의 권리가 법적으로 점차 인정되어 보호받고 있음을 반영하게 되었다. 영국의 경우 1999년 법령은 안정된 관계 속 동성애자 커플인 경우 '하나의 가족'으로 인정받을 수 있다고 확인해 준 바 있다. 이와 같은 동성애 파트너에 대한 법률 해석을 내린 판결은 이민, 사회보장, 세금, 상속 및 자녀 양육 영역과 같은 법률 사안에 영향을 끼칠 것이다.

> LGBT 커플에 대한 새로운 법적 권한 부여와 관련해 자세한 내용은 제15장 〈젠더와 섹슈얼리티〉에서 논의된다.

재혼

재혼은 다양한 사유로 발생한다. 어떤 재혼 커플은 20대 초반에 만났기 때문에 어느 쪽도 재혼할 때 자녀를 데려오지 않았다. 20대 후반, 30대 혹은 40대 초반에 재혼할 경우에는 초혼 때 태어난 최소 한 명 이상의 자녀를 둔 상태에서 새로운 관계를 꾸려 살아가게 된다. 더 늦은 나이에 재혼할 경우 성인 자녀들은 재혼한 부모가 마련한 새 거처에서 아예 함께 기거할 필요가 없을 수도 있다. 또한 재혼과 더불어 새롭게 시작된 부부 관계 사이에서 또 자녀가 태어날 수 있다. 재혼 커플의 한쪽 배우자는 이전에 독신, 이혼 상태 또는 홀아비나 미망인이었을 수 있기 때문에 여덟 가지 경우의 조합이 이론적으로 가능하다. 사회학적으로 몇 가지 일반적 사항은 지적할 수 있겠으나, 재혼에 대한 일반화에는 상당한 주의가 필요하다.

1900년 영국의 혼인 10쌍 가운데 9쌍은 초혼이었으며, 대부분의 재혼은 적어도 한쪽 배우자가 사망한 경우에 이루어졌다. 1970년대 이래 이혼율의 상승과 더불어 재혼율 역시 높아졌으며, 오늘날에는 재혼 커플 가운데 상당 비율이 이혼 경험자들이다. 1970년에 영국인 혼인의 18퍼센트는 재혼이었으며(적어도 한쪽 배우자에게는), 1996년에는 42퍼센트로, 2007년에는 38퍼센트로 줄어들고 있으나, 장기적 추세로 볼 때 재혼은 전체 혼인 건수의 3분의 1 이상을 차지한다(〈그림 10-4〉가 제시하듯이). 그러나 이러한 통계치는 이혼 후 동거 수준에 대한 수치를 담고 있지 않기 때문에, 이혼 후 파트너 관계에 대한 완벽한 윤곽은 제시해 주지 않는다.

이전에 혼인 경험이 있거나 이혼 경력자들은 동일 연령대로서 초혼 미경험 독신자보다 혼인할 확률이 더 높다. 어느 연령대든, 이혼남이 이혼녀보다 재혼할 가능성이 높다. 이혼녀의 경우는 4명당 3명꼴로, 이혼남은 6명 가운데 5명이 재혼한다. 조금은 희한해 보이지만, 남녀를 불문하고 혼인 기회를 극대화시키는 최선의 방법은 이전에 혼인해 본 기혼자 신분이 되는 것이다! 그렇지만 통계적 수치상 재혼 성공률은 초혼 때보다 낮게 나온다. 두 번 이상의 혼인 경험이 파경으로 마감되는 비율이 초혼 때의 파경 비율보다 높기 때문이다. 그렇다고 이러한 현실이 두 번째 혼인은 파경으로 마감되도록 운명지어져 있다는 뜻은 아니다. 이혼 경험자들은 그렇지 않은 사람들에 비해 혼인 생활에 더 높은 기대치를 지닐 수 있다. 따라서 초혼 시절보다 재혼 생활을 더 쉽게 정리할 수 있다. 재혼 생활을 지속하고 있다는 사실은 평균적으로 볼 때, 초혼 때보다 혼인 생활에서 만족감을 더 많이 얻는다고 자신 있게 말할 수 있을 것이다.

재결합 가족

'계부모 가족'이라는 용어는 혼인 당시 성인 배우자 가운데 적어도 한쪽이 이전 혼인이나 이에 준하는 친밀 관계에서 출생한 자녀를 둔 가족을 일컫는다. 사회학자들은 그러한 경우를 재결합 가족reconstitued families or blended families이라고 부른다. 재결합 가족과 연계된 사항 및 그 결과로서 만들어진 확대가족의 증가 등이 불러오는 기쁨과 이로운 점들이 분명 존재한다. 그러나 특유의 어려움 역시 발생할 것이다. 첫째, 함께 데리고 온 자녀(들) 가운데는 이전 혼인 생활 때 낳았으나 지금은 별거 중인 생부모가 존재할 것이며, 이들은 자녀들의 현재 삶에 여전히 강력한 영향을 미칠 것이다.

둘째, 이혼으로 갈라섰으나 협동적 관계 속에 있던 이전 부부들이 한쪽 또는 양쪽 모두의 재혼이 계기가 되어 갈등 상황을 맞이할 수 있다. 두 명의 자녀를 둔 기혼녀가 역시 두 명의 자녀가 딸린 기혼남과 재혼해 전 가족원이 함께 사는 경우를 생각해 보자. 따로 떨어져 별거한 채 살아가는 (생)부모들이 과거처럼 자녀들이 정기적으로 본인들을 접견해야 한다는 주장을 굽히지 않는다면 새롭게 만들어진 가족에는 엄청난 긴장을 가져와 새 가족의 단합을 위협할 것이다. 이를테면 재결합 가족원 전원이 주말에 함께 시간을 보내기는 절대 불가능할 것이며, 이는 적대감이나 논쟁의 빌미로 비화될 수 있다.

셋째, 재결합 가족이란 서로 다른 성장 배경을 지닌 자녀들로 구성되기 때문에 이들은 가족생활 속의 적절한 행동에 대해 다른 기대치를 가질 수 있다. 대다수 계자녀는 두 곳의 다른 가구에 '소속'되기 때문에 습관이나 외형에서 충돌 가능성이 상당히 높은 편이다. 여기에 자신의 계자녀와의 관계 때문에 힘들었던 경험이 이유가 되어 별거로 마감한 한 재혼 여성의 경험담을 소개한다 (Smith, 1990에서 인용).

> 상당한 수준의 죄의식이 존재하죠. 내 배 아파 낳은 친자식이라면 일상적으로 할 수 있는 일을 할 수 없어요. 그래서 역시 죄책감이 몰려옵니다. 혹시 일상적 반응이 없으면 화가 치밀죠. 그것 때문에 또 다른 죄책감을 느끼죠. 혹시 편파적이었을까 봐 언제나 마음 졸이게 돼요. [계자녀인] 딸의 아버지와 나는 생각이 달랐는데 제가 계자녀를 훈육하려고 하면 남편은 제가 잔소리를 한다는 겁니다. 계자녀에 대해 남편이 무심할수록 나는 계자녀를 향해 더 심한 잔소리를 하게 되고……. 그 딸아이의 삶에 결여된 그 무엇의 한 요소가 되어 그 애의 미래에 어떤 존재임을 입증해 보이고 싶었는데, 모르죠, 아무튼 제가 별로 유연하게 대처하지 못했는지도.

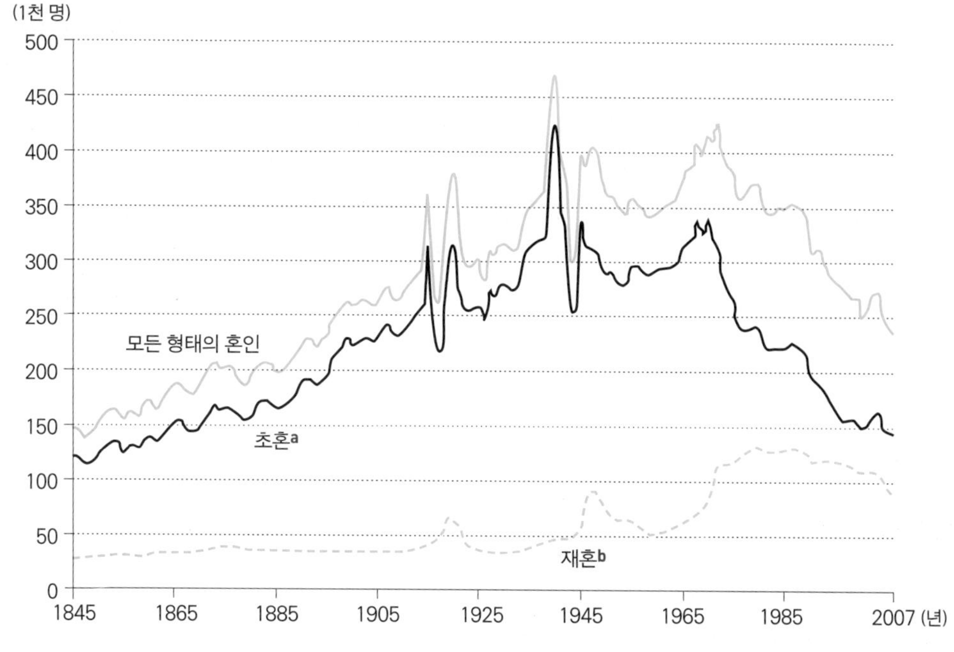

그림 10-4 이전 혼인 상태에 따른 잉글랜드와 웨일스의 혼인

참조: a. 양쪽 배우자.
b. 한쪽 혹은 양쪽 배우자.
출처: ONS 2010a: 20.

계부모와 계자녀 관계를 규정한 규범은 현실적으로 거의 존재하지 않는다. 계자녀가 새롭게 맺어진 새 부모를 애칭으로 불러야 하는가, 아니면 '아빠'나 '엄마'로 호칭하는 게 더 적절한가? 계부모 또한 생부모가 하듯이 자녀 양육을 엄격히 통제해야 하는가? 계부모가 아이들을 데리러 갈 때 전 배우자의 새 파트너를 어떠한 태도로 맞이해야 하는가? 이러한 쟁점 및 그 밖의 여러 사항에 대해서도 제안이나 교섭 과정을 거치면서 현실적 타협에 이를 수 있어야 한다. 이는 재결합 가족의 경우 적절하게 가족관계를 다루는 요령을 이해할 수 있게 해주는, 모건의 가족 실천 접근법에 특히 잘 맞아떨어지는 분야가 되고 있다.

재결합 가족은 또한 새롭게 등장한 친인척 관계로서 이혼 후 재혼 생활에서 제기되는 새로운 형태의 난제와 가능성을 제기하고 있다. 이들 가족원은 스스로 생각해 비교적 규격화되지 않은 상황에 대처하는 가운데 적응 방법을 나름대로 모색하면서 현실을 헤쳐 나가고 있다. 오늘날의 학자들 중에는 이원 핵가족binuclear families을 언급하는데, 이는 이혼 후에도 자녀 양육에 대한 책임감을 공유하는 탓에 관련된 두 가구가 여전히 하나의 가족제도를 구성하는 현실을 일컫는 용례로 사용한다.

그토록 진하고 때로는 혼란스럽기까지 한 가족관계의 변화된 모습에 직면해 아마도 가장 적실하게 도출해 낼 수 있는 결론은 단 하나의 단순한 주제로 귀착된다. 비록 혼인이 이혼으로 해체되더라도 가족관계는 지속된다는 점이다. 특히 자녀 문제가 개입될 경우, 재결합 가족의 인간관계 끈은 재혼을 통해 엮어지더라도 여러 갈래의 인간관계는 지속된다.

비판적으로 생각하기 THINKING CRITICALLY

여러분 각자의 실제 경험에 비추어 볼 때, 재결합 가족은 현대 사회에서 '일상적'인 형태로 수용될 수 있는가? 이러한 가족 환경에서 성장하는 자녀들에게 어떠한 종류의 문제나 쟁점, 기회가 제기될 것 같은가?

동거

동거cohabitation는 두 명의 성인이 혼인신고 없이 한 지붕 아래에 같이 살면서 성관계를 맺는 삶의 방식을 말하는데, 선진국에서 점차 널리 보편화된 삶의 방식으로 자리 잡고 있다. 오늘날은 혼인에 초점을 두기보다 이혼 경험을 토의할 때처럼 사실혼 관계에서 동거냐 비동거냐 등으로 언급하는 것이 더 적절할 것이다. 점차 많은 수의 성인들이 오랫동안 동거 생활에 합의하되 혼인에 골인하기보다는 함께 살아가면서 자녀 양육을 공동으로 수행하는 삶의 방식을 더 선호하게 되었다. 노인층의 경우 또한 황혼 이혼 이후 또는 재혼 이전 단계로서 동거라는 삶의 방식을 선호한다.

전체 유럽 사회 어디를 막론하고, 동거는 이전에는 무언가 사람들의 입방아에 오르는 화젯거리로서 사회적 낙인을 불러오는 주제였다. 1979년 이전에는 영국의 일반 가구 조사The General Houshold Survey 내용에 동거 여부를 묻는 질문 문항이 포함조차 되지 않을 정도였다. 그러나 영국 및 유럽 기타 지역 거주 젊은이들을 중심으로 동거에 대한 태도가 엄청나게 빠른 속도로 변하고 있다. "혼인 의사 없이 동거를 결정해도 괜찮다"는 질문을 했을 때, 2004년 현재 영국의 18~24세 젊은 연령층 88퍼센트가 동의한 데 비해 65세 이상 노년 응답자는 40퍼센트만이 동의한 것으로 집계되었다(ONS 2004b).

최근 몇십 년 동안, 동일 가구에서 동거 중인 미혼 남녀 수치는 급격하게 증가해 왔다. 1920년대 출생한 영국 여성의 4퍼센트만이, 그리고 1940년대 출생한 여성의 19퍼센트만이 동거 경험이 있었다. 그러나 1960년대 출생한 여성의 동거율은 거의 절반에 가까운 수치로 나타났다. 2001~2012년의 경우 60세 미만의 남녀로서 사실혼 관계에 있는 동거 남녀 비율은 28퍼센트였으며, 사실혼 관계의 동거남 비율은 25퍼센트로 각각 집계되었다(ONS 2004b). 연령별로 본 동거 여성 최빈치 비율은 25~29세 연령층에서 가장 높았으며, 남성의 경우 30~34세에서 동거 비율의 정점을 기록했다. 동거가 훨씬 보편화되었다고는 하지만 연구 결과에 의하면 혼인은 아직도 보다 안정적 추세를 견지하면서 존속하고 있다. 사실혼 관계 속 동거 커플의 경우 헤어질 확률은 혼인 해체율의 세 배에서 네 배 정도 높은 성향을 보이고 있다.

2001년 현재, 25~34세 젊은 연령층 가운데 스웨덴은 39퍼센트가 혼인 상태가 아닌 동거 생활 중이었으며, 덴마크는 32퍼센트가, 프랑스는 31퍼센트가, 핀란드는 30퍼센트가 이러한 삶을 살고 있었다. 상당수 젊은이들은 또한 이전에 동거 경력이 있었다. 동거 생활 중인 젊은 층들은 동거 이전에 동거를 의도적으로 계획해 실천했다기보다는 우연한 계기로 촉발된 정황에 떠밀려 사실혼 관계로 진입한 경우가 더 많은 것으로 밝혀졌다. 이미 두 사람이 성을 공유하는 관계에 돌입한 후 당사자 간에 함께 보내는 시간이 점차 길어지자, 결국 한쪽이 자신의 거처를 버리고 상대방과 합치는 것이다. 동거 중인 젊은이들은 미래 어느 시점에서 혼인에 골인하는데, 그렇다고 반드시 지금 살고 있는 파트너가 혼인 배우자일 필요는 없다. 현재 동거 중인 소수만이 재정을 공유할 뿐이다. 비록 혼전 동거 기간이 길어지고 있으며 또한 더 많은 파트너들이 혼인 생활의 대안적 삶으로 선택하고 있으나, 대부분 사회에서 동거는 1차적으로 혼인 생활 전의 실험적 성격이 강하다. 이러한 맥락에서 더 많은 젊은 성인층이 그들 부모 세대와 비교했을 때 미래에는 동거 생활을 경험할 것으로 보인다.

독신으로 살기

유럽 사회의 가구 구성에 대한 최근 추세를 보면 오늘날 우리는 과연 독신 사회로 접어들고 있는 것 아닌가 하는 질문을 제기하게 된다. 영국 사회에서 1인 가구 비율은 1971년 14퍼센트에서 2001년 29퍼센트로 증가했으나, 그 이후엔 상승세가 주춤한 채 비슷한 수준에 머무르고 있다(〈표 10-4〉 참조). 2014년의 경우 1인 가구는 ONS 영국 가구의 28퍼센트를 구성했다(2015c: 10). 현대 서구 사회에서 혼자 사는 사람들의 숫자가 늘어나는 데는 몇 가지 요인이 작용하고 있다. 하나는 만혼 추세다. 2001년 현재 영국 사람들은 1970년대 초반 사람들에 비해 평균 여섯 살 늦게 혼인하며, 2007년의 경우 남성 평균 초혼 연령이 32세인 한편 여성의 경우는 30세를 기록했다. 다른 요인은 이미 우리가 목격한 바대로, 높은 이혼율이다. 그 밖의 또 다른 요인으로는 배우자와 사별한 노인층 인구의 증가다(6장에서 다룬다). 진정한 의미에서 영국 1인 가구의 절반가량은 1인 연금 수급자 가구로 구성되어 있다.

독신 상태라는 것은 각자가 처한 생애과정life course상 여러 다른 정황에 놓여 있음을 의미한다. 이즈음의 더 많은 20대 젊은 층은 이전 시대의 젊은 층보다 미혼 상태로 살아가고 있다. 그러나 30대 중반이 되면 극소수의 남녀만이 미혼 상태로 살아간다. 30대와 50대 연령층의 대다수 독신자는 이혼 아니면 또 다른 혼인을 준비 중인 '과

표 10-4 영국의 가구 규모, 1971~2011(%)

	1971	1975	1981	1985	1991	1995	2001	2005	2011
1인	17	20	22	24	26	28	31	31	31
2인	31	32	31	33	34	35	34	35	32
3인	19	18	17	17	17	16	16	15	16
4인	18	17	18	17	16	15	13	13	14
5인	8	8	7	6	6	5	4	4	5
6인 혹은 그 이상	6	5	4	2	2	2	2	2	2
평균 가구 규모	2.91	2.78	2.70	2.56	2.48	2.40	2.33	2.30	2.35

출처: ONS 2013c.

콩섶 키다리 가족

줄리아 브래넌Julia Brannen에 의하면 영국 사회는 '콩섶 키다리 가족the bean-pole family' 시대를 살고 있다(2003). 브래넌은 가족 가구란 점진적으로 여러 세대가 다층적으로 구성된 친인척 관계 가운데 일부분에 불과하다고 주장한다. 이러한 현상은 사람들이 점차 더 장수함에 따라 생긴다. 50세가 되면 영국인의 5분의 3은 적어도 부모 가운데 한 명은 아직 생존하고 있으며, 3분의 1 이상은 조부모 신분이라는 것이다. 동시에 4세대 가족 — 현손(주)을 포함하는 — 이 증가하고 있다.

가족 내 세대 간 '수직적' 연결은 수명 연장에 의해 강화되었고, 이에 따라 세대별 '수평적' 연대는 이혼율이 상승함에 따라, 그리고 출산율이 하강하면서 사람들이 적은 수의 자녀를 선호함에 따라 약화되고 있다. 따라서 브래넌은 현대 가족의 특징을 기다랗고 홀쭉한 '콩섶 키다리 구조'로 규정하고 있다(〈그림 10-5〉 참조).

브래넌은 조부모들이 점차 세대를 뛰어넘는 서비스, 특히 손주들을 위한 비공식 양육에 깊이 관여하고 있음을 발견했다. 세대 간 도움을 필요로 하는 것은 이혼 과정에서와 같이 주변 친인척의 도움이 절실할 때 나이 든 부모 세대가 정서적 지지를 해주어 특히 한 부모 가족의 경우 그 진가를 발휘했다. 그 반대급부로 조부모 세대와 젊은 세대에 샌드위치처럼 끼인 '주축 세대'는 이들 부모 세대에게는 보살핌 역할을 제공할 것이고(이들 세대가 연로함에 따라), 자신의 자녀 그리고 손주들까지 돌볼 것이다.

미국에서 실시된 벵손Bengtson의 연구는 점차 많은 사람들이 손주 또는 조부모로서 확대가족적 관계에 놓임에 따라 증조부의 지위 역시 과거보다 흔하게 경험할 수 있는 현실을 지적한다(2001). 계급, 종교나 미·기혼 상태 등 과거 이전의 사회 구조적 변수 영향력이 약해지면서 이러한 요인들이 개인의 삶을 덜 규정하게 되었고, 역설적으로 그 결과로서 다세대 간 가족 결속력이 보다 강화되는 듯하다. 다세대 간 공유하는 '공동 생존 연대감'이 증대하고 사람들이 부모 또는 조부모와의 원만한 관계 속에서 장기간 살아감에 따라, 가족의 안정성이나 지속성은 실제로 점점 고양되고 있다. 또한 벵손은 한 가족 내에서 주고받는

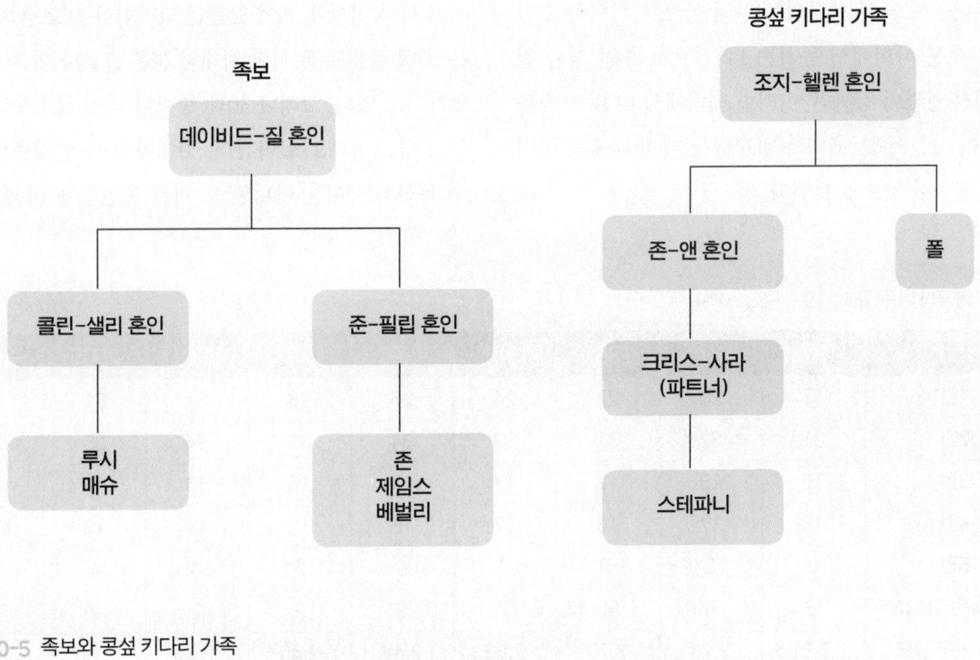

그림 10-5 족보와 콩섶 키다리 가족

출처: Brannon 2003.

도움이나 보조 등은 윗세대에서 아랫세대인 젊은 층으로 흘러 내려가는 자질임을 지적하면서, 노인층이 사회적 자원을 갉아먹는다는 일반론적 고정관념에 반론을 제기한다. 이러한 도움이나 응원은 주택 구입이나 대학 등록금 조달 등 재정적 보조 형태로 이루어지지만, 위기 상황 때 역시 구조의 손길을 보낼 수 있다. 핵가족은 그 위세가 꺾일지언정 가족의 중요성은 그렇지 않다고 하겠다.

비판적으로 생각하기 THINKING CRITICALLY

여러분 각자의 족보를 그려 보되, 다른 친인척보다 유난히 더 친밀하고 밀착된 친인척 관계를 설정해 보자. 설정된 그 친인척 관계를 콩삶 키다리 구조로 규정할 수 있겠는가? 친인척 간 수평 관계가 더 친밀해지면서 세대 간 수직 관계가 소원해지는 것은 불가피한 일인가?

도기' 상태의 독신 신분인 한편, 50대 이후의 독신자는 대부분 배우자와 사별한 경우다.

> 생애과정 개념에 대한 더 자세한 논의는 제9장 〈생애과정〉을 참조하라.

과거 그 어느 때보다, 그럴 능력이 있는 오늘날 젊은이들은, 과거에는 집을 떠나는 가장 보편적인 사유가 되었던 혼인이 계기가 되기보다는 독립적 삶을 살아보고자 부모 곁을 떠난다. 그래서 '독신으로 살기'나 '홀로서기'에 대한 추세는 가족생활을 대가로 독립에 가치를 두는 일반적인 사회 분위기의 한 단면이 될 수 있다. 그렇지만 대다수 일반인은 종국적으로는 혼인에 골인한다는 점을 기억해야 한다. 제도로서 혼인에 대해 지속적인 지지를 보내고 있음을 보여 주는 것이기 때문이다.

친족 관계

가족 구조가 보다 유동적이고 다양해짐에 따라 사회학자들은 가족원 간 관계에 어떠한 일이 벌어지고 있는지에 대해 더 관심을 가지게 되었다. 형제자매 간에 어떠한 유대감이 존재하며 형제자매 간, 부모 및 조부모와 그 밖의 가족원에 대해 당사자들은 어떠한 의무감을 인지하고 있는가? 진정한 의미에서 누구를 친족으로 여기고 있는가?

영국의 친족에 관한 초기 연구에서 레이먼드 퍼스 Raymond Firth는 '효율적' 친족과 '비효율적' 친족을 구분 지었다(1956). 효율적 친족이란 사회관계를 활발하게 맺는 부류이며, 비효율적 친족은 정기적인 접촉은 없지만, 확대가족 집단의 일부를 구성하는 친인척들이다. 예를 들어 우리는 형제나 자매인 경우 매일 접촉하면서 살아가지만, 사촌이나 백(숙)부 또는 이(고)모 등 친척들과는 생일 같은 연중 가족행사 때만 접촉할 뿐이다. 효율적 친족과 비효율적 친족 간 구분은 생물학적 자질을 공유한다는 전제 아래 친인척 간 전통 가족 집단에는 잘 어울리지만, 현대의 가족관계가 보여 주는 다양성을 담아내는 데는 한계가 있을 수 있다.

사람들이 특정 비非가족원을 일컬을 때 친족 용어를 사용해 소개하는 일 역시 드문 일이 아니다. 예를 들어 친한 친구 사이에는 '아저씨'나 '아주머니' 등으로 소개된다. 인류학자들은 그러한 관계를 '허구적 친족'으로 일컫는다. 친족의 범주를 상이하게 규정해 인식하는 것은 가족원과 비가족원 간 경계를 허물게 되어, 결국 사람들이 인식하는 '가족'이란 사회적으로 구축된 산물임을 반영하는 것이다. 그 결과로서, 친족 관계는 보다 포괄적 개념인 '연계성'의 용어로 다루어져, 이것은 무엇이 친족을 규정하는가에 대한 서구적 사고(및 원칙)를 전제하지 않은 채 횡문화적 비교를 할 수 있도록 해주었다(Carsten 2000). 데이비드 모건의 가족 실천론에서처럼

생애과정에 걸쳐 가족 실천의 '자매애 역할'은 변화하며, 고정된 사회적 규범 세트에 기반한 고착된 자질은 아니다.

(1996, 1999), 이러한 연구의 초점을 통해 사회학자의 기술적 범주는 사람들이 피부로 실감하는 '연계성'으로 이동하는 것이다.

모스너Mauthner(2005)는 자매애 맺기sistering — 여성들이 어떻게 자매애 역할을 수행하는가 — 에 나타나는 변화 유형을 질적 접근법으로 규명했다. 19쌍의 자매 37명을 대상으로 면접법을 사용해 네 가지로 구분되는 '자매애 담론 맺기'를 여성적 서술로 구성해 분류했다. '최상의 우정best friendship'은 그 어떤 유형보다 친밀한 우정으로서 아주 내밀한 속성을 지닌다. 이것은 생물학적 자매 사이에서 발견되는 상식적 수준에 접근할 정도의 친밀감이다. '동료애companionship'는 두 가지 유형이 있다. 친밀한 동료애close companionship는 최상의 우정보다는 적극성이나 친밀도가 떨어지지만 여전히 아주 가까운 상태의 동료애다. 거리감 있는 동료애distant companionship는 낮은 수준의 접촉이나 정서적 친밀도가 특징이지만, 자매 간 태도 설정은 다소 양가적이다. 형제자매 관계에 나타나는 권력의 역동성을 설명하는 데 두 개의 연관된 담론 — 정착된 관계positioned relations와 변동하는 지위shifting position — 이 있다. 정착된 관계는 흔히 언니가 여동생을 위해 책임지는 경우이거나 필요시 '모성 대리자'로서 역할 수행이 포함되는데 가족원들에 의해 아주 확실하게 규정된 상황을 말한다. 그 반대로 변동하는 지위는 권력 행사가 이미 전제되었다기보다는 주고받는 교섭의 여지가 있는 등 보다 유동적이고 평등한 관계일 때 적용되는 자질이다.

모스너는 자매애 실천 양식은 아주 다양하며 관계 속 권력 역학이 변동함에 따라 생애과정을 거치면서 변화무쌍하게 요동치는 자질이라고 결론 맺고 있다. 따라서 여러 여성(및 남성)들의 태도와 이상이 여성이란 1차적 돌봄 제공자라고 전제하는 사회 일반론에 영향을 받을 때라도, 자매 관계는 고정된 생물학적 자질과 가족 간 관계에 의해 결정되는 것으로 규정할 수 없을 것이다. 다시 말해 자매애 맺기의 실천은 보편적 역할 기대를 의미하는 것으로 볼 수 있는 자매애sisterhood에 비해, 자매 관계를 (재)창조하려고 시도하는 적극적이고 현재진행형 자질임을 함축하는 것이다.

세계적 맥락에서의 가족

오늘날 전 세계 수준의 여러 사회에 나타나는 가족에는 엄청난 다양성이 존재한다. 아시아, 아프리카 및 태평양 연안 국가에 산재한 좀 더 깊숙한 지역에 위치한 사회의 경우, 오랫동안 지속된 가족 유형이 거의 변화를 겪지 않은 실정이다. 그러나 대개의 개발도상국들에서는 엄청난 변화가 진행 중이다. 이러한 변화의 기원은 복합적 요인에서 비롯되지만 특히 중요한 몇 가지를 지적할 수 있다. 하나는 텔레비전, 영화 및 보다 최근에는 인터넷과 같은 대중매체를 통한 서구 문화의 보급이다. 낭만적 사랑이라는 서구적 이상이 이전에는 알려진 바 없는 사회로 침투하게 되었다. 또 다른 요인으로서 이전에는 자율적 소규모 사회로 구성되었던 지역에서 중앙집권적 정부가 발달하게 된 것이다. 사람들의 삶은 국가적 정치 체계에 개입하면서 영향을 받게 되었고, 정부는 전통적 삶의 방식을 바꾸는 데 적극적으로 개입하고자 한다.

중국의 경우에서처럼 국가는 종종 피임법 사용 등과 같이, 급격하게 늘어나는 인구 증가 대응책의 일환으로 소규모 가족을 유도하는 가족 계획 프로그램을 도입한다. 그에 더한 요인으로 농촌에서 도회지로 대규모 이동이 이루어졌다. 흔히 가족원들을 그들의 농촌 마을에 그대로 남겨 놓은 채 남자들은 대도시나 개발 지역에 있는 일감을 찾아 떠났다. 그 대안적 방법은 핵가족이 하나의 단위가 되어 도회로 진출하는 것이다. 그 어느 경우든 전통적 가족 형태나 친족 체계는 결과적으로 약화되어 버린다. 마지막으로 토지와 멀리 떨어져 존재하는 취업 기회 그리고 정부 관료제, 광산 및 대규모 농장 플랜테이션과 같은 조직들과 산업체가 존재하는 곳이라면, 해당 지역 단위 사회에서 토지에 기반한 가족 단위 농업 생산 체계가 붕괴하는 성향이 나타난 것이다.

이러한 요인들이 복합적으로 작용해 친인척 간의 관계는 사회적 결속의 중요한 원천이 되고 있음에도 불구하고 확대가족제도와 그 밖의 가구 친족 집단이 해체되어 전 세계적 현실로 자리 잡는 데 기여하고 있다. 윌리엄 구드William J. Goode는 전 지구촌 차원에서 근대화가 진척됨에 따라, 핵가족이 주도적인 가족 형태로 자리 잡게 된다고 주장한 바 있다(1963). 그러나 1960년대 후반 이래, 지구촌화의 속도와 그것이 가족에 끼친 영향력은 구드가 미처 짚어낼 수 없었던 변화의 길을 걷도록 했고, 오늘날에는 가족이 특정한 단일화된 특성을 지니기보다는 다양한 형태를 보이면서 구체화되고 있는 실정이다.

여러 가족 유형의 등장인가, 다양화인가

지구촌 관점에서 살핀 가족생활의 최근 경험 조사는 전 세계 가족 구조에 나타나는 다양성이 가장 큰 특징이라는 결론을 뒷받침해 주고 있다. 스웨덴 사회학자 예란 테르보른Göran Therborn의 저서 『성과 권력 사이Between Sex and Power』(2004)는 20세기 전체 기간 동안 세계적 가족 역사를 포괄적으로 다룬다. 테르보른은 특정 종교나 철학적 세계관에 기초해 다섯 유형으로 가족을 분류한다. 사하라 이남 지역(정령주의), 유럽/북아메리카 지역(기독교주의), 동아시아 지역(유교주의), 남아시아 지역(힌두주의), 서아시아/북아프리카 지역(이슬람주의). 그 밖의 두 지역 — 동남아시아 지역과 중남미 지역 — 은 주요 다섯 유형 가운데 한 지역 이상의 요소가 가미된 '중간자적 유형'으로 소개된다. 테르보른에 의하면, 가족제도란 지구상 존재하는 모든 가족 유형에 공통적으로 등장하는 세 가지 핵심 요소에 의해 구성된다. 가부장제 또는 남성 지배, 성적 행동을 규제하는 혼인 및 비혼인 관행, 그리고 인구학적 추세의 관건을 결정하는 출산과 산아 제한 조치가 그것이다. 이들 세 요소에 초점을 맞추면, 국제 간 비교가 가능해지기 때문에 우리는 해당하는 각 요소를 순서대로 살펴보고자 한다.

가족 내부within 가부장적 권력은 20세기를 거치면서 일반적인 하향 추세를 보여 왔다. 그리고 테르보른은 이러한 변화에 기여한 두 시기를 지목한다. 첫 번째 시기는 제1차 세계 대전 전후(1914~1918)로, 이 당시 여성들은 전쟁이 계기가 되어 취업 때 겪을 것으로 짐작되던 신체적 핸디캡이 실제로는 존재하지 않음을 입증했다. 또한 1917년 러시아혁명을 겪으면서 평등주의 이상이 보편화되었고, 당시 여성의 '자연스러운' 가족 역할 수행은 가부장적 이데올로기에 기반한 것으로서 이에 도전하는 계기를 마련했다. 두 번째 시기는 1960년대 후반부터 1975년 '세계 여성의 해' 기간 동안 전개된 성性 혁명 시기다. 이때는 제2차 여성운동기로서 사회적으로 여성의 지위 변화가 재강화되었으며, 공공 영역에서 여성이 평등하게 참여할 수 있는 법률적 조치가 이루어지기도 했다.

물론 '밑바닥에서의' 현실적 삶은 법률적 제한 조치를 공식적으로 걷어냄으로써 한꺼번에 갑자기 변화가 찾아오지 않으며, 젠더 불평등의 범위는 연구와 토론의 문제로 남아 있는 실정이다. 두 번째 변혁기는 유럽과 미국에 더 큰 영향을 끼친 한편, 남아시아, 서아시아 및 북아프리카와 사하라 이남 아프리카 지역의 가족 상황에는 미온적 변화를 가져왔을 뿐이라고 테르보른은 주장한다. 보다 최근 들어, 테르보른은 개발도상국의 직물 및 전자 산업에 종사하는 여성들의 경제력이 괄목할 만큼 성장했기 때문에 이곳에서도 가부장적 가족관계가 재편될 것으로 예상하고 있다.

혼인과 가족 유형이 20세기를 거치면서 전 세계적으로 변화해 왔으나, 테르보른 연구는 구드의 연구가 도달한 결론과 상이한 내용을 담고 있다. 다양한 모습을 지닌 가족 유형이 서로 유사하게 닮아 가는 것은 아니며, 구조기능주의론(이 장의 이론 단원 참조)이 제시하는 바대로 서구적 핵가족 모델로 수렴되어 가는 것은 더더욱 아니다. 가장 선진 사회의 경우 특히 1960년대 이후 친밀한 관계는 보다 개방적이고, 전통에서 벗어났다. 증가일로의 이혼율, 그에 따른 높은 재혼율 그리고 1인 가구 형태로 혼자 사는 사람의 증가 등이 합종연횡한 결과 서구 사회 내부에서조차 가족 구조의 한 가지 단일 유형으로 수렴된다는 논리는 인정하기 어렵게 된 것이다. 테르보른은 또한 이러한 가족생활의 변화와 유연성이 세계적 현상으로, 보편성을 얻어 가는 증거는 보이지 않는다고 주장한다. 예를 들어 대부분 아시아 사회에서는 혼인 내 일부일처제가, 사하라 이남 아프리카 지역에서는 복혼제적 혼인 관계가 여전히 대세여서 하나의 규범이 되고 있다. 구조기능주의자 이론에서는 매우 중요한 핵가족이 21세기를 지배하는 가족 유형으로 더 이상 설득력을 지니지 않은 것으로 본다.

마지막으로 테르보른은 지난 세기의 주요 변화상으로 사하라 이남 아프리카 지역은 완전 예외로 하고, 전 세계적 출산율 저하를 지목하고 있다. 이것은 보다 효율적인 피임법의 보급, 향상된 경제적 풍요 그리고 유급 노동력으로 여성들의 진출 증가, 그로 인한 여성의 사회적 지위 향상 등이 빚어낸 총체적 결과물인 것이다. 우리가 제9장 〈생애과정〉에서 자세히 살펴본 바대로 그러한 인구학적 변화가 의미하는 바는 대다수 사회의 경우, 전체 인구 규모가 축소되어 사회 전체 수준에서 장수하는 노인층 비율이 두터워지는 '고령화' 사회로 진입하게 됨을 의미한다.

만약 다양성이 전 세계적 수준에서 가족에 나타나는

가장 주목할 만한 특징으로 등극한다면, 일반화할 수 있는 어떤 유형이 탄생할 수 있을까? 가장 중요하면서 일반화할 수 있는 변화들로서 문중이나 그 밖의 친족 관련 집단의 영향력은 줄어들고, 배우자 선택의 자유가 보장되는 추세, 혼인을 시작할 때와 가족생활을 할 때 모두 공식적 수준에서 여성의 권한이 폭넓게 인정되고, 남녀불문하고 성적 자유가 널리 주어지고, 아동 권한의 용인 및 확대 추세가 일반적으로 주어지며, 마지막으로 지역별로 편차가 존재하지만 동성애 파트너 관계의 인정이 증진되고 있다. 이들 가운데 많은 쟁점은 아직도 투쟁 중이거나 치열하게 갑론을박 상태에 놓여 있기 때문에 이러한 추세들을 과장해서는 안 될 것이다. 탈레반 치하의 아프가니스탄(1996~2001) 여성들의 인권 탄압은 이러한 추세가 단일하거나 불가피한 것이 아님을 보여 준다.

결론

테르보른의 가족 연구에서 발견되는 설명에도 불구하고, 전 세계에 존재하는 가족의 모습은 개인화론이나 탈전통화론의 방향으로 탈바꿈되지 않음을 보여 준다. 이러한 이론들은 산업화를 경험한 일부 사회에서만 그 적실성을 발견할 수 있으며, 가족 구조와 모레스(원규)에서 성과 친밀성의 태도, 젠더 관계, 혼인과 이혼율 그리고 LGBT 관계에서 엄청난 변화가 진행되었다. 단기간이든 장기간이든 점증하는 이동 정도가 앞으로 세계적 현실을 어떻게 변화시킬 것인지에 대해서는 그 어떤 확신도 허용하지 않는 예측불허의 미래가 전개될 것이다.

분명한 것은 한때 점차 위축되었던 분야로 간주되었던 가족사회학이 그 전문성을 다시 획득한 현실이다. 이것은 이 장에서 자세히 다루었던 여러 핵심적 변화의 산물이다. 이러한 변화상은 오늘날 우리의 삶을 유지해 온 바대로 가족과 개인적 생애에 적용할 수 있는 신선한 접근과 연구 방법을 고안해 낸 젊은 신세대 사회학자들을 자극했다. 우리는 그러한 진척상이 미래에도 지속될 것으로 기대한다.

그럼에도 아마 대부분의 사람들에게 가족은 자신의 삶에서 차지하는 비중이 가장 주목해야 하는 영역으로 지목될 것이다. 또한 LGBT 커플에 대한 민권적 파트너십과 평등 혼인을 위한 운동에서 보이는 것처럼 '가족'은 여전히 법률적 의미뿐만 아니라 도덕적이고 정서적인 의미에 이르기까지 엄청난 매력을 지니고 있다. 파슨스와 같은 기능주의가 설득력을 잃은 것처럼 보임에도 역설적으로는 중요한 통찰력을 여전히 제공할 수 있다. 기능주의에 있어 가족이란 변화하는 상황에 적응할 수 있을 때만 살아남는 사회제도임을 가르쳐 주기 때문이다. 그렇게 하는 데 해당 개인, 지역사회, 전체 사회에 절대 필요한 기능을 수행하는 한편 이전과 전혀 다른 모습으로 구체화될 수 있을 것이다. 오늘날 가족의 형태가 변신해 다양해지고 있지만, ('하나의 가족'이 아니라) 다양한 형태의 '가족'제도는 대다수 사람들의 삶의 경험 세계에 근본적인 부분으로 남을 것이다.

복습 ••• Chapter review

1 가족에 대한 기능주의자 관점을 개괄해 보자. 이 관점의 유용성은 무엇이고 비판 대상이 되는 이유는 무엇인가?

2 가족 연구에 기여한 여권주의자 이론화 작업의 새로운 관점은 무엇인가?

3 데이비드 모건은 기존 전통적, 제도론적 입장의 가족사회학에 전제된 논점 가운데 어떠한 비판을 제기했는가?

4 가족 연구에서 '가족 실천' 접근법은 무엇을 의미하는지 기술해 보자. 이 접근법은 어떤 점에서 이전의 연구 방식보다 진전된 것이라고 말할 수 있는가?

5 가사노동 분담은 어떻게 변해 왔으며, 또한 변하지 않은 상태는 어떠한 방식으로 그대로 답보 상태에 있는가? 공적 영역에서 젠더 평등이 점증하고 있으나 동등한 가사노동 분담으로 이어지지 않는 것에는 어떠한 사례가 있는가?

6 가족 다양성이 증가한다는 것은 핵가족 유형이 장기간에 걸쳐 종언을 고했음을 의미하는가? 후자(핵가족)가 살아남을 수 있겠다고 생각할 수 있는 근거는 어디에 기반하는가?

7 친밀성에 대한 현대적 변화상을 언급한 기든스, 벡과 벡게른스하임과 바우만의 기본 논리를 개괄해 보자. 이들의 논리 가운데 개인화 논제와 맞아떨어지지 않는 관점은 무엇인가?

8 1960년대부터 오늘날까지 전개된 이혼, 혼인 및 재혼에 반영된 변화상을 소개해 보자. 해당 자료에 기반해 볼 때, 젊은 세대의 경우 혼인의 가치를 잃어 가고 있는가?

9 남아시아 가족과 아프리카-카리브해 지역 가족의 기원은 서구 핵가족 이념형과 어떻게 다른가?

10 민권적 파트너십과 동성 혼인의 등장은 LGBT 관계가 점차 수용되고 있음을 보여 준다. 이러한 현상은 핵가족 모델의 확장으로 기술記述될 수 있는가?

11 만약 세계적 맥락에서 다양화가 가족을 가장 잘 대변하는 것이라면, 이것은 지구촌화 과정에 대해 무엇을 말해 주는가?

실제 연구 ••• Research in practice

사회학에서 개인화 논제는 개인들이 사회 구조로부터 느슨한 영향력을 받는 한편, 개인 스스로 자신이 동원할 수 있는 자원에 의존해 자신의 생애과정을 스스로 선택하도록 강요받는다고 주장한다. 가족사회학의 경우 이 논제는 사회관계에서 격리된 채 비현실적이며 외톨이가 된 존재로 규정한다고 설명하는 사람들로부터 엄중한 비판 대상이 되어 왔다. 폴란드에서 영국으로 삶의 터전을 옮긴 이민자의 관점에서 다음 논문을 읽어 보자. 그토록 자유분방하며 유동적 성향의 개인들이 그들의 삶을 꾸려 가는 과정에서 가족의 역할은, 혹시 그러한 것이 존재한다면, 무엇이겠는가?

Botterill, K. (2014) 'Family and Mobility in Second Modernity: Polish Migrant Narratives of Individualization and Family Life', *Sociology*, 48(2): 233~250.

1 이 논문은 어떤 종류의 연구인가? 구사된 연구 방법은 무엇이며 제기된 연구 질문에 적실한 연구 접근법이었는가?

2 유럽연합 가입이 폴란드인 가족생활에 어떠한 영향을 주었는가?
3 논문 저자들은 젊은 이민자의 삶에 가족이 세 가지 핵심 역할을 담당했음을 지적한다. 이 세 가지는 각기 무엇인가? 해당 역할에 대해 구체적인 예를 제시해 보자.
4 '개인화 논제에 대한 세 가지' 유형이 인정되었다. 이것들에 대해 생애과정과 이민 결정과 연관지어 토론해 보자
5 논문에서 얻은 결론은 개인화 논제를 지지하는가, 아니면 부정하는가? 여러분은 논문 저자의 견해에 동의하는가?

생각해 볼 것

Thinking it through

참여 관찰자로서 여러분 각자의 가족에 대한 '가족 실천'의 이러한 면모 가운데 하나를 연구해 보자. 식사 시간, 텔레비전/비디오 함께 시청하기, 가족의 날 외출하기, 친인척 방문하기, 가사노동 수행하기에 대해 짧은 보고서 형태로 그 결과를 작성해 보자.

- 실천(행위)을 자세히 기술해 보자.
- 가족 연대감을 유지하는 것의 중요성을 설명해 보자.
- 가족 전시(전람)용의 그 어떤 요소라도 기록해 보자.
- 퍼포먼스에 작용하는 계급, 인종, 젠더 및 장애 요인에 대해 토론해 보자.

가족 실천에서 구조적 요인과 행위적 요인을 분리하는 작업이 가능한가? 여러분이 토의할 때 한 요인이 나머지 한 요인보다 더 설득력 있게 다가오는가, 아니면 구조와 행위 요인을 함께 유기적으로 통합하는 방식이 존재하는가?

예술 속의 사회

Society in the arts

1 가족생활의 즐거움과 갈등은 오랫동안 소설, 다큐멘터리, TV 연속극, 영화나 그림의 형태로 다루어져 왔다. 역사사회학자들은 이러한 형태로 표현된 제작물들은 사회 일반에서 수용되는 주도적 도덕률이나 행동규범을 반영하며, 때로는 촉진시키고, 또 다른 때는 도전을 가해 왔느냐에 대해 통찰력을 제공한다고 말한다. 텔레비전에서 연속으로 방송되는('연속극'으로 알려진) 두 가지 드라마를 일주일 동안 시청하고 그 줄거리를 요약해 보자. 그 줄거리를 구체적 예시로 삼으면서 다음 질문을 생각해 보자.
이들 프로그램에 등장하는 가족들은 이 장에서 소개된 현대 가족생활을 어느 정도 정확하게 반영하고 있는가? 이를테면 젠더 관계는 어떻게 설정되고 있는가? 가사노동 분담은 어떻게 다루어지고 있는가? 가정 폭력이 주제인가? 계가족 또는 LGBT 관계에 관한 주제는 어떻게 다루어지는가? 일반적으로, 이들 프로그램 내용은 '가족 가치'라는 예민하면서 다루기 힘든 쟁점에 대해 기본적 관점을 가지고 있는가? 이들 프로그램은 '가족'에 대한 특정 견해를 유도하는가, 아니면 줄거리 전개에 가족의 다양성이 핵심이 되고 있는가? 연속극은 일반적으로 사회적 현

실을 단지 반영할 뿐인가, 아니면 가족을 이상화하거나 이상적 모습으로 이용하는가?

2 Hanif Kureichi가 저술한 소설 *Intimacy*(1998)를 읽든지 Patrice Chéreau 감독이 각색해 제작한 영화 〈Intimite〉(2001)를 감상해 보자. 소설/영화는 이혼남 제이가 기혼녀 클레어와 대화를 나누거나 감정 개입이 전무한 상태에서 매주 이루어지는 성적 만남을 추적하고 있다. 클레어는 자신의 혼인 생활에서 결여된 일종의 친밀함을 경험하지만 제이는 단순한 육체적 만남으로는 무언가 충분하지 않음을 알고 그러한 사적 관계를 통해 그보다 더 많은 것을 원하고 있음을 깨닫기 시작한다.
친밀감, 특히 다음의 개념과 같은 것에서 변화가 일어나고 있다는 최근 사회학적 이론에 입각해 볼 때 소설/영화는 어떻게 해석될 수 있을까?

- 플라스틱 섹슈얼리티
- 순수한 관계
- 조화로운 사랑
- '애정의 일상적 혼돈'
- 개인화
- 액체 사랑?

두 주인공의 주변 인물들은 현대적 의미의 '가족 가치'에 대한 의식을 소유하고 있는가? 그렇다면 여러분은 그러한 가치를 어떻게 특정화해 규정할 수 있겠는가?

더 읽을거리

Further reading

문헌 읽기의 출발점은 Deborah Chamber의 *A Sociology of Family Life* (Cambridge: Polity, 2012)인데, 이 책은 최신 관련 자료와 쟁점을 다루고 있다. 가족에 대한 흥미 있는 비교론적 관점은 David Cheal의 *Family in Today's World: A Comparative Approach* (New York: Routledge, 2008)인데, 이 장에서 다룬 모든 주제를 이 책에서 다루고 있다.

사회학적 이론들은 James M. White와 David M. Kelin의 *Family Theories* (3rd edn, London: Sage, 2007)에 소개되며, 다른 전공에서 살펴본 관점 역시 다루어진다. David H. J. Morgan의 *Rethinking Family Practices* (Basingstoke: Palgrave Macmillan, 2001)는 가족 실천과 이와 관련된 이론을 다룬 최고의 입문서이다. 재결합 가족과 관련된 쟁점들은 Graham Allan, Graham Crow와 Sheila Hawker의 *Stepfamilies* (Basingstoke: Palgrave Macmillan, 2011)에서 다루어지며, 가정 폭력을 포괄적으로 다룬 저서는 Ola Barnett, Cindy Miller-Perrin 및 Robin D. Perrin의 *Family Violence across the Lifespan: An Introduction* (3rd edn, New York: Sage, 2011)이다.

마지막으로, 여러분 가운데 전체 분야 모두를 다룬 자료를 원할 경우 Jacqueline Scott, Judith Treas와 Martin Richards 등이 편집한 *The Blackwell Companion to the Sociology of Families*

(Oxford: Wiley-Blackwell, 2007)에 여러 포괄적 통찰력을 보여 주는 논문이 게재되어 있다.

(친밀한) 관계와 생애과정에 관한 원저작 모음집으로는 *Sociology: Introductory Readings* (3rd edn, Cambridge: Polity, 2010)를 참조하라.

관련 홈페이지

Internet links

- Additional information and support for this book at Polity
  www.politybooks.com/giddens
- The Morgan Centre for the Study of Relationships and Personal Life is a research centre founded in 2005 at the University of Manchester, UK its research is based on the concept of 'personal life'
  www.socialsciences.manchester.ac.uk/morgancentre
- Centre for Research on Families and Relationships(CRFR) is a research centre founded in 2001 and based at the University of Edinburgh, UK
  www.crfr.ac.uk/index.html
- The Centre for Family Research at Cambridge University is a multidisciplinary centre that carries out research on children, parenting and families
  www.cfr.cam.ac.uk
- The Clearinghouse on International Developments in Child, Youth and Family Policies is based at Columbia University, New York it provides cross- national information on family policies in the industrialized societies
  www.childpolicyintl.org

11

건강, 질병, 장애

Health, Illness and Disability

몸의 사회학

혁신적인 의료 기술

건강과 질병의 사회학

건강의 정의

생의학 그리고 비판

전염병과 세계화

건강과 질병에 대한 사회학적 관점들

건강의 사회적 토대

사회 계급과 건강

젠더와 건강

종족과 건강

건강과 사회 결속

장애의 사회학

장애의 개인 모형

장애의 사회 모형

장애, 법과 공공정책

전 세계의 장애

변화하는 세계에서의 건강과 장애

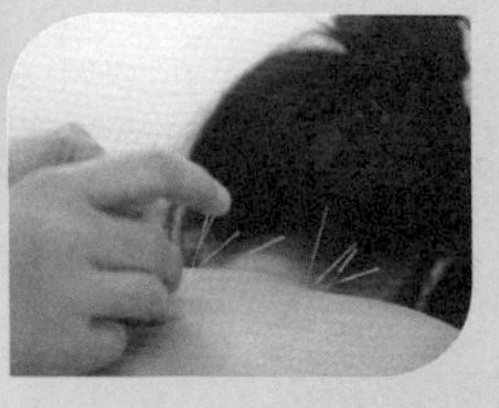

두 사진은 거의 동일하다. 두 사진 모두 거슬리게 말랐다. 그러나 소말리아 어린이는 식량 부족으로 생명이 위험에 처해 있지만, 오른편 영국의 젊은 여성은 식량이 있음에도 불구하고, 너무 적게 먹어서 생명이 위험하다. 각 사례와 관련된 사회동학은 전혀 다르다.

식량 부족으로 인한 기아는 개인이 통제할 수 없는 요소에 의해 야기되었고, 단지 세계에서 가장 가난한 사람들에게만 영향을 끼친다. 이 문제에 대해서는 제14장 〈글로벌 불평등〉에서 논의할 것이다. 그렇지만 세계에서 가장 부유한 나라 중 하나인 영국에서 살고 있는 여성은 신체적 원인을 알 수 없는 질병인 거식증의 영향을 받고 있다. 그녀는 날씬한 몸매를 만들려는 데 집착해 결국 생명을 위협하는 건강 상태에까지 이르렀다. 거식증과 식사장애는 먹을 것이 없는 곳에서는 알려지지 않은 풍요로운 사회의 병이다. 건강과 의료는 의학과 생물학의 배타적인 영역으로 간주되지만, 신체의 사회학으로 알려진 분야의 핵심적인 영역이다.

몸의 사회학

인류의 역사에서 성인이나 신비주의자와 같은 소수의 사람들만이 종교적인 이유로 단식을 했다. 다른 한편, 거식증은 종교적인 이유와 관계가 없고, 거식증으로 고통받는 사람의 90퍼센트 정도가 여성이다(Lask and Bryant-Waugh 2000). 최초의 거식증은 1874년 프랑스에서 확인되었지만, 20세기 중반까지 아주 드물었다(Brown and Jasper 1993). 그 후 폭식증(과식하고 인위적으로 구토하는 것)과 함께 거식증은 점차 흔해지고 지리적으로 광범위하게 나타나고 있다. 그것을 육체의 질환으로 여겨 생물학적 혹은 신체적 원인을 생각하지만, 여러 연구들이 날씬하고 '매력적인' 몸매를 만들어야 한다는 사회적 압력이 핵심 요소임을 밝혔다.

전근대 사회에서 이상적인 여성은 통통하고 살찐 몸매였다. 날씬함은 식량 부족, 즉 가난과 연관되어 있었기 때문에 결코 바람직한 몸매로 여겨지지 못했다. '마른' 사람의 사회적 지위는 낮았기 때문에 그렇게 되려고 하지 않았다. 16세기와 17세기 유럽에서조차 이상적인 여성의 몸매는 풍만한 몸매였다. 페테르 파울 루벤스Peter Paul Rubens(1577~1640)의 그림에서는 그 당시 사람들이 얼마나 통통했는지 알 수 있다. 전 세계의 영화, 음악, 패션으로 날씬하고 높은 지위에 오른 유명인의 이미지를 세계적 커뮤니케이션이 전달하기 때문에 급격하게 변화하긴 하지만, 전통적으로 풍만함에 높은 가치를 부여하는 문화도 일부 있다(〈세계 사회 11-1〉 참조).

루벤스가 1613년에 완성한 작품 〈비너스의 화장실The Toilet of Venus〉은 사랑과 미의 여신인 비너스를 그리고 있다.

날씬함이 이상적인 여성의 몸매라는 것은 19세기 말 프랑스 중간 계급에서 시작되었지만, 대부분의 여성들에게 이상형으로 일반화된 것은 20세기의 일이다. 서구적인 '여성의 미'는 대중매체와 인터넷을 통해 세상에 퍼졌고, 식사 장애도 마찬가지다. 1980년대와 1990년대 세계화로 국민 경제가 더욱 가까워지면서, 먹는 문제가 대만, 중국, 필리핀, 인도와 파키스탄의 도시에서뿐만 아니라 홍콩과 싱가포르의 젊고 주로 부유한 여성들에게서 식사 장애 문제가 대두되었다(Efron 1997). 아르헨티나, 멕시코, 브라질, 남아프리카공화국, 한국, 터키, 이란과 아랍에미리트에서도 식사 장애를 겪고 있는 사람이 늘고 있다(Nasser 2006). 『메드스케이프 제너럴 메디슨Medscape General Medicine』에 보고된 연구에서 서구 사회의 여성들 가운데 신경성 거식증 유병률은 0.3~7.3퍼센트로, 비서구 사회의 0.46~3.2퍼센트와 비교된다(Makino et al. 2004). 사회학자들은 식사 장애가 늘고 있는 이유를 현대 생활양식이 전 세계적으로 확산되고 있기 때문이라고 주장한다(S. Lee 2001).

음식의 어려움과 외모로 인한 고민이나 성형 등과 같은 순전히 개인적으로 보이는 문제가 공적인 이슈라는

수단에서도 마른 몸매: 살찐 여성은 매력을 잃다

세계 사회 11-1

수 세기 동안, 수단에서는 뚱뚱한 여성을 귀하게 여겨 여성들이 살을 찌우도록 했다. 그러나 이제 많은 수단 여성이 날씬해지기를 원해 체육관이 크게 늘고 있다.

땀내가 진동하는 거대한 홀 안에서 20명 정도의 여성들이 에어로빅 수업을 받고 있다. 미국의 춤곡이 스피커에서 울려 나온다. 세계 어느 도시에서나 볼 수 있는 모습이다. 단지 이곳에선 단 한 명의 남성도 보이지 않는다. 수단은 보수적인 나라이고 수년 전까지 이러한 광경은 생각조차 할 수 없었다. 피트니스 트레이너 아말 아메드는 "더 많은 사람들이 운동을 하려고 한다……. 모두 날씬해지기를 원하다……. 날씬한 복부를 원한다"고 덧붙인다. 삼마 스타일의 헬스클럽이 카르툼 지역에 있다. 지난 수년 동안 30곳 정도의 체육관이 생겼고, 삼마 스타일 헬스클럽은 그 중 하나다. 대부분이 여성을 대상으로 하고 있다.

[……]

몸무게를 줄이는 것은 여기에서 전혀 우선적인 일이 아니었다. 2세대 전까지만 해도 수단의 여성들은 결혼 전에 살을 찌우는 것이 관습이었다. 민속사학자 사디아 엘살라히Sadia Elsalahi의 말에 따르면, 350년에 끝난 고대 쿠시 문명 당시 살던 사람들은 두툼한 엉덩이와 정강이를 가진 뚱뚱한 몸을 좋아했다.

1930년대까지 수단의 부모들은 열한 살이나 열두 살에 결혼했고, 그때까지 몸이 크지 않았다. '나이가 더 들어 보이게 하기 위해, 몸을 더 크고 뚱뚱하게 만들었다.' 소녀가 약혼할 때가 되면 가족들은 침대 가운데 큰 구멍을 만들었고, 소녀는 한 해 동안 그 구멍에 앉아서 살찌는 음식을 먹고 물을 마셨다. 구멍을 가득 채울 정도로 몸집이 자라면, 결혼할 준비가 된 것으로 여겼다. 뚱뚱해지려는 데는 경제적 동기가 있었다. 더 큰 신부는 신랑 측에서 신부 측 가족에게 지불하는 더 큰 금을 의미했다. 그때는 그랬다.

카르툼의 아파드여자대학에 다니는 누사이바 압델라지즈는 "살찌는 것은 아버지나 할아버지 때의 생각이었다"고 말한다. 그의 친구 마르와 살라하딘은 "나는 내 몸을 좋아한다. 그렇지만 더 날씬해질 수 있다면, 그렇게 할 것이다. 나는 더 날씬해지고 싶다"라고 덧붙였다. 모든 남자들이 날씬한 여성과 같이 있기를 원한다는 데 둘은 동의했다. "그들은 TV에서 리한나와 비욘세 같은 슈퍼스타를 보며 그들처럼 되고 싶어 한다"고 티비아 야신이 말했다. 최근 수단어에 '스타일'이라는 신조어가 생겼다. 이는 영어로 날씬하고 예쁜 여성을 의미한다. 젊은 여성들 모두가 '스타일'이 되길 원한다.

수단에서 비만과 몸의 이미지를 연구하는 아파드여자대학의 나피사 베드리 교수는 젊은 여성들이 몸에 대해 느끼는 방식에 큰 변화가 생겼다고 말한다. 많은 여성이 과체중이라 생각하고, 저체중일 경우에도 그렇게 생각한다는 것이다. 수단에서 TV를 켜면, 반짝거리는 날씬한 레바논과 이집트 여성의 이미지를 보여주며 살을 빼준다는 약 광고가 넘쳐흐른다. 베드리는 분명히 효과가 있다고 말한다. "미디어가 젊은 여성들에게 날씬해야 한다는 이미지를 만들어 준다. 그들은 잡지와 위성 TV에서 보는 모델들과 같이 날씬해지고 싶어 한다." 베드리는 "서구에서처럼 이제 결혼식을 올릴 때에도 여성들이 몸무게를 줄이고자 하는 것이 매우 보편적이다"라고 말한다.

출처: Baba 2013.

것이 다시 한 번 밝혀졌다. 거식증과 폭식증이 아니라 광범위하게 이루어지는 다이어트와 외모에 대한 우려를 포함한다고 해도, 이제 식사 장애는 전 세계 수백만 명의 삶의 일부가 되었다.

비판적으로 생각하기

THINKING CRITICALLY

왜 식사 장애가 남성보다 여성에게 더 큰 영향을 미치는가? 오늘날 더 높은 수준의 양성 평등이 젊은 사람들 사이에서 더 많은 식사 장애를 낳는가? 식사 장애를 겪는 사람이 많아지는 것을 막기 위해 정부는 어떤 정책을 펴야 하는가?

식사 장애의 급속한 확산은 건강에 대한 사회적 요소의 영향력을 뼈저리게 느끼게 한다. '몸의 사회학sociology of the body'이라고 알려진 분야는 우리의 몸이 사회적으로 영향을 받는 방식을 탐구하고, 많은 학자들이 사회적 상호작용을 통해 의미가 만들어지는 방식을 강조하는 '사회적 구성주의social construction'를 채택한다. 우리 모두는 분명히 몸을 가지고 있지만, 그것은 사회적 관계 밖에 존재하는 것이 아니다. 우리의 몸은 우리가 속한 집단의 규범과 가치뿐만 아니라 사회적 경험의 영향을 많이 받는다. 그러나 역으로 사회적 상호작용은 단순히 대화나 담소로 환원될 수 없다. 사회적 상호작용은 체화되어embodied 있다. 즉 상호작용은 몸을 사용하고, 몸짓과 다른 사람의 모습을 읽고, 물질적·사회적 환경으로서의 세계를 경험하는 것을 포함한다.

식사 장애가 늘어나는 것을 이해하기 위해서는 이 책 전반을 관통하는 주제인 사회 변동에 대한 인식이 요구된다. 식사 장애의 증가는 식품 생산의 세계화와 일치한다. 새로운 냉장 보관과 컨테이너 수송의 발명으로 식량을 더 오랜 기간 동안 보관할 수 있고 상하지 않은 채 전 세계로 전달된다. 1950년대 이래 슈퍼마켓에서는 전 세계 식품을 쌓아 놓고 원하는 모든 사람들에게 판매하며, 또한 식품은 특정 계절뿐 아니라 항상 구매가 가능하다. 식품을 언제나 구매할 수 있고 값이 싸다는 것은 잠재적으로 식량 부족의 종언을 고하고, 개인의 수명을 늘리는 진정한 혁명이라고 할 수 있다.

지난 30년 이상 선진국 사람들은 다이어트에 대해 더 조심스럽게 생각하기 시작했다. 더 날씬해지기 위해 그런 것은 아니었다. 식품을 항상 이용할 수 있을 때, 우리는 무엇을 먹어야 할지 그리고 우리를 위해서 어떤 식품을 소비해야 할지 결정해야 한다. 다이어트를 위해서 우리에게 쏟아지는 의료, 과학, 가족 등 많은 정보가 있다. 미국, 브라질, 아르헨티나 그리고 좀 덜한 남아메리카와 아시아에서 유전자 조작 식품이 늘고 있지만, 유럽에서는 유전자 조작 시험이 엄격하게 규제되고 있고, 소비자들은 인간이 인위적으로 만들어 놓은 상태에 대해 우려한다. 역으로 유기농 식품을 소비하려는 추세는 적어도 구매할 수 있는 사람들에게 '자연을 사려고 하는' 의도가 있음을 보여 준다. 식사 장애는 이러한 상황이 만들어 내는 기회, 선택과 커다란 긴장에서 유래한다.

식사 장애로 고통받는 사람들이 모두 여성은 아니다. 전 세계적으로 10퍼센트는 남성이다(Nasser 2006). 그런데 왜 식사 장애는 여성, 그중에서도 특히 젊은 여성들에게서 가장 두드러질까 하는 점이 흥미롭다. 한 가지 이유는 사회규범이 외모의 아름다움을 남성보다 여성에게서 더 강조한다는 것이다. 비록 남성들이 성적 대상으로 잡지나 마케팅에 점차 등장하고 있지만, 이러한 이미지들은 남성성과 날씬함을 결합시킨 것이다. 전통적인 남성의 직업이 줄어들고, 서비스 부문 직업들이 확대되면서, 개인의 신체는 여전히 남성들이 통제하는 삶의 모습이지만, 근육질은 남성성의 강력한 상징으로 남아 있다(Elliott and Elliott 2005: 4). 지난 2세기에 걸친 미국 소녀들의 일기에 그림을 그리면서, 조앤 제이컵스 브룸버그Joan Jacobs Brumberg는 미국의 숙녀들은 "나는 누구지?", "나는 무엇이 되려 하지?"와 같은 질문에 답할 때 1세기 전보다 더욱 몸과 관련되어 있음을 발견했다(1997). 젊은 미국 여성과 소녀들은 다른 지역의 여성들과 마찬가지로 이상적인 날씬한 여성 몸매에 대한 통상적인 미디어의 재현에 굴복한다.

거식증과 다른 식사 장애는, 또한 여성이 이전보다 사회에서 더 큰 역할을 하고 있지만, 아직도 그들의 성취보다 외모에 의해 더 많이 평가된다는 사실을 반영한다. 자신이 적당하지 않거나 완벽하지 않다고 느끼고, 다른 사람들이 자신을 어떻게 보는가 하는 걱정이 몸에 집중하게 만든다. 날씬함에 대한 이상이 강박증으로 발전하고 체중이 줄면 자신을 제어하고 있다는 느낌이 든다. 거식증은 몸매를 만들기 위한 시도의 극단적인 예이지만, 몸을 위한 시도는 다양하다. 사람들은 과학 기술을 이용해 몸을 바꾸고자 한다. 이제 주름 없애는 크림, 머리털 제거, 보톡스 주입에서부터 지방 흡입, 가슴 성형, 코 수술과 복부 성형에 이르기까지 모든 연령대의 사람들이 그들이 선호하는 바에 따라 신체를 변화시킬 수 있다. 이러한 기술들이 건강 관리의 일부가 되었고, 현대 의료 체계에서 사용이 급격히 늘고 있다.

혁신적인 의료 기술

식사 장애가 확산되는 사회적 맥락은 사회학자들에 의해 자연의 사회화socialization of nature라는 개념으로 설명되고 있다. 이것은 몸과 같이 이전에 '자연적인' 것으로 여겨졌던 현상이 인간의 행위에 의해 사회적인 것이 되는 사실을 지칭한다. 이 장을 관통하는 주제는 과학과 기술technology의 적용이 늘어나면서 자연적 환경과 신체의 생체 리듬 간 분리에 의해, 인간의 몸이 자연으로부터 분리되면서 새로운 딜레마가 생기는 것이다. 사람의 몸을 만드는 것이 가능한 성형 수술이 정확한 예지만, 현대 헬스케어는 혈압 측정, 의수, 관절 교체, 초음파와 MRI, 원격 진료, 체외 수정과 같은 재생산 기술, 장기 이식, 약물 치료, 수술, 침, 유전자 치료 등을 포함하는 다양한 의료 기술을 포함한다.

여기에서 테크놀로지라는 물질적 기술로 초점이 맞춰졌지만, 미셸 푸코Michel Foucault가 '사회적 테크놀로지soical technology'라고 부른 신체에 영향을 미치는 것을 포함해야 한다(1988). 푸코는 이 표현을 몸이 단순히 주어진 것을 받아들이는 것이 아니라 점차 우리가 만들어야 하는 것이라는 의미로 사용했다. 사회적 테크놀로지는 건강해지기 위해 혹은 특정한 몸의 크기나 형태를 만들기 위해 단식, 숙변 제거, 유기농 식품과 같은 특정한 식품 선택과 다이어트를 하듯이 몸을 바꾸기 위해 특정한 방식으로 우리의 몸에 규칙적으로 개입하는 것을 지칭이다. 현대 생활은 그 어느 때보다 몸에 개입해 몸을 만드는 더 많은 방법을 제공하고 있다.

대단한 건강 테크놀로지health technology는 질병의 예방과 치료에 새로운 접근 잠재력을 제공하며, 가장 최근의 예는 실험적인 유전자 치료다. 1990년에 인간을 구성하는 전체 DNA를 해독하는 국제 리서치 프로그램인 인간 게놈 프로젝트가 시작되었다. 그리고 2003년에 그 프로젝트가 완성되었다고 선언했다. 혁명적인 잠재력을 지닌 엄청난 과학적 성과였다. 새로운 지식은 헬스케어를 완전히 바꿀 응용력과 신체적 개입이 가능한 의학 내 '생명공학의 혁명'을 뒷받침했다. 질병을 예방하기 위해 약이나 수술보다 유전자를 사용하는 유전자 치료는 가장 커다란 잠재력을 지니고 있다. 예를 들어 돌연변이 유전자나 기능을 하지 못하는 유전자가 질병을 유발하는 곳에서 유전자 치료를 통해 건강한 복제 유전자를 만드는 데 사용될 수 있다. 질병을 퇴치하고 건강 문제를 야기하는 잘못된 유전자의 기능을 정지시키기 위해 유전자를 몸에 주입할 수 있다.

유전자 치료의 엄청난 잠재력은 최근 몸이 질병에 대응하는 면역 체계가 작동하지 않은 어린아이를 치료하기 위한 실험적 시도라는 좋은 예에서 찾을 수 있다. 심각한 면역 결핍증은 소년들에게만 영향을 미치는 유전병인데, 이는 기증자의 줄기세포를 환자에게 이식하는 방법으로 치료한다. 그렇지만 유전자 치료는 덜 부담되고 항암 치료를 피할 수 있다. 최근에 미국, 영국, 프랑스 등의 어린이 아홉 명을 대상으로 실험적인 치료가 이루어졌는데, 그중 일곱 명이 첫 치료 후 43개월 동안 좋아지고 있는 것으로 밝혀졌다(Marcus 2014; Stephens 2014).

분명히 성공적인 유전자 치료 사례들이 겸상 적혈구 빈혈과 같은 다른 유전적인 조건을 치료할 수 있다고 전망하고 있지만, 상업적인 잠재력도 엄청 크다. 2012년 유럽연합은 가족력으로 췌장염을 불러일으키는 지질효소 분해결핍증 환자를 치료하는 글리베라Glybera라는 이름의 유전자 치료를 1회 허용하는 최초의 지역이 되었다. 2014년 영국에 설립된 유전자 검사 회사 23and24는 유전병을 걸러내고 개인 게놈을 검사할 수 있는 검사 기구를 판매한다. 그러나 유전자 검사와 치료의 미래는 심각한 우려를 낳기도 한다.

유전자 검사는 건강 위험을 정확하게 더 잘 예측할 가능성을 제공한다. 유방암으로 발전할 수 있는 유전적 성

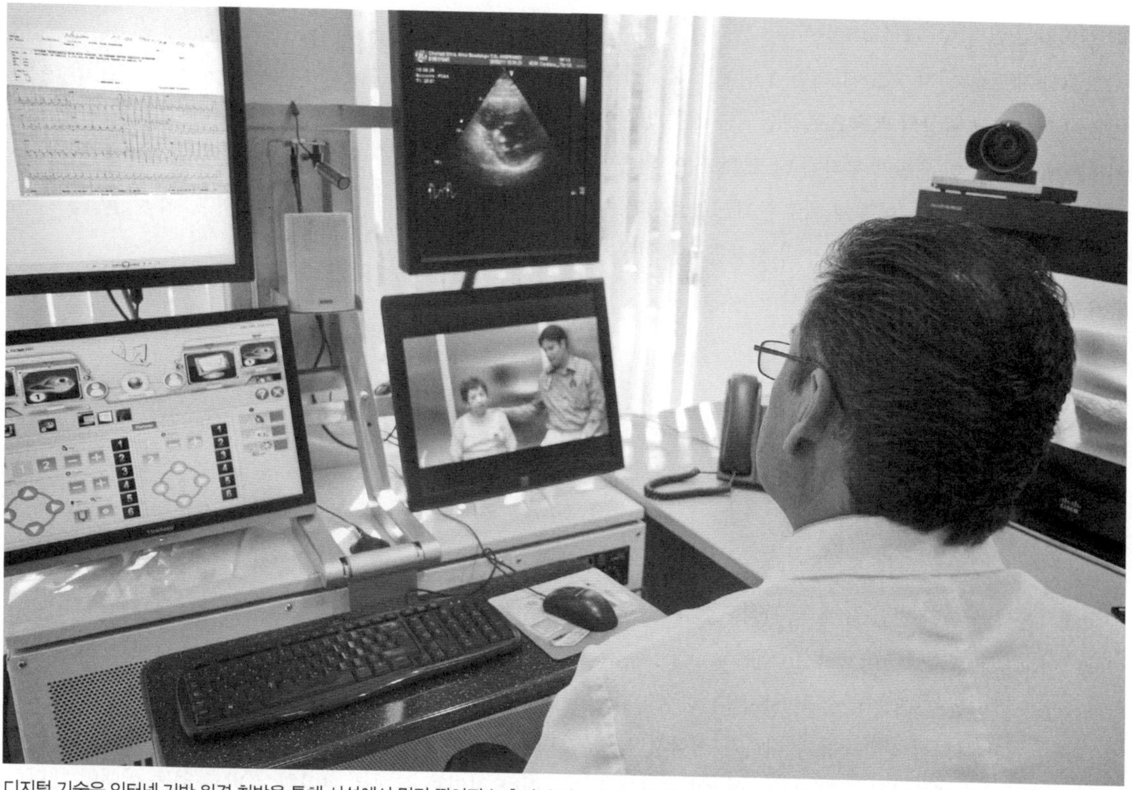

디지털 기술은 인터넷 기반 원격 처방을 통해 시설에서 멀리 떨어진 농촌까지 전문 의료인들의 의료 서비스를 제공할 수 있는 잠재력을 제공한다. 사진은 멕시코 소노라의 심장 전문의가 650킬로미터 떨어진 환자와 상담하는 모습이다. 이러한 기술이 '멀리 떨어진 의사와 환자' 관계의 하나로서 의료계 내에서 보통 사람-전문인 관계를 재구성하고 있다(Mort et al. 2003).

향을 미리 검사하는 것이 좋은 예다. 그것은 어떤 사람이 향후 질병에 걸릴 위험이 있는지 미리 파악해, 치료와 관련된 보다 좋은 정보를 가지고 결정할 수 있게 한다. 그러나 네틀턴Nettleton이 관찰한 것처럼(2013: 220), 유전자 검사는 건강한 개인을 어떤 상태로 발전될 가능성이 높지만 아직 '증상이 없는 환자'로 바꾸어 불확실성을 더 크게 만들 수 있다. 일종의 부분적 진단인 셈이다. 만약 심각한 상태가 될 위험이 높다는 것을 보여 주는 검사 결과가 금융기관, 보험 회사, 정부 부처와 고용주에 공유된다면, 일상생활에 큰 충격을 줄 것이다.

어떤 사람들에게는 '신유전학'이라는 용어 자체가 이슈가 되고 있다. 왜냐하면 그것이 건강과 질병의 개념을 사회적·문화적 맥락을 제외한 채, 개인적이고 의학적이며 환원론적인 개념으로 만든다는 논쟁을 불러일으키고 있기 때문이다(Conrad 2002). 결과적으로 유전자 치료로 단순한 생물학적 설명이 더 흔해지고 있고, 환자와 전문의의 관계가 평등해지는 추세와 반대로 전문가들의 유일한 정당성을 나타내는 요인이 되어 전문가들의 권력을 다시 강화하고 있다.

다른 한편, 사회학 연구들은 생물학적 지위를 공유하는 사람들 또한 서로 돕고, 연구 자금을 얻기 위해 정부에 로비를 하고, 특수한 상황과 그 결과를 더 잘 이해하기 위해 의료진 및 과학자들과 함께 일하면서 집단을 형성하고 있는 것을 발견했다(Rabinow 1999). 환자들 역시 더 큰 이해의 틀 속에서 가족력을 자신들의 미래 건강과 관련된 좋은 지표로 여기면서, 유전사 검사 결과를 특별하게 바라보지 않을 수 있다. 비슷하게, 의사들은 콜레스테롤 검사와 환자가 설명하는 증상을 유전자 검사 결과보다 더 신뢰하고 있다(Will et al. 2010).

그래서 새로운 의학 기술에 대한 우려에도 불구하고, 이들이 이해되고 일상의 맥락으로 통합되는 기존 방식에서 사람들이 단순히 새롭게 부과된 테크놀로지에 의존한다고 가정할 수는 없다. 어떻게 새로운 테크놀로지가 사용되고 이해되는지 정확히 밝히기 위해 경험적인 연구가 필요하다.

비판적으로 생각하기 THINKING CRITICALLY

유전자 검사에 참여할 준비가 되어 있는가? 어떤 긍정적인 결과를 기대하고 있는가? 그리고 광범위한 유전자 검사는 어떤 문제를 일으키는가? 유전자 검사가 인구 전체에 긍정적인 발전으로 균형 있게 작용하는가?

건강과 질병의 사회학

영국에서는 친구끼리 만났을 때, 습관적으로 "How are you?" 하고 인사한다. "I'am well, thanks you. How are you?"라는 대답을 기대하면서. 두 사람 다 건강하다는 것이 확인되면 사회적 상호작용과 대화가 시작된다. 그러나 이 습관적인 대화에서 '건강'이 무엇인지 그리고 우리가 건강하다는 것을 어떻게 아느냐고 질문을 던지는 순간, 건강하다는 의미가 분명하지 않게 된다. 건강과 질병의 사회학은 건강이 생물학적 또는 신체적 현상일 뿐만 아니라, 사회적 현상이라는 것을 분명히 한다.

건강의 정의

건강과 질병의 개념에 부여된 사회적 의미를 연구하는 사회학자들은 여러 가지 다른 형태를 발견했다. 주된 형태는 질병이 없는 상태, 일탈로서의 질병, 균형으로서의 건강, 기능으로서의 건강 등이다(Blaxter 2010). 우리는 이러한 형태들을 간단히 요약할 것이다.

20세기의 대부분은 건강과 질병이 반대되는 것으로 여겼다. 건강은 단순히 '질병이 없는 상태'였다. 아프지 않다면, 건강해야 한다. 의료인들은 건강을 정상적인 인간의 상태로 보는 반면에 질병, 특히 장기 질환을 생명이 단축되고 개인의 출산을 감소시키는 '생물학적인 결점'에 이르게 하는 것으로 본다. 밀접하게 관련된 두 번째 정의는 '일탈로서의 질병'으로, 이는 사회의 파괴를 막기 위해 의료 전문가들에 의한 감시와 정당화를 요구한다. 이러한 정의는 실제로 어떠한 질병도 없는 상태인 대단히 특별한 상태가 규범이라고 제안하기 때문에 문제가 있다. 오늘날 만성적인 질병은 대단히 넓게 퍼져 있고, 다수의 사람들은 어떤 형태의 질병이나 불편함을 가지고 있지만, 자신들을 정상이자 건강하다고 생각하며 생산적인 삶을 영위할 수도 있다.

대조적으로 많은 사회에서 건강이란 개인과 환경의 균형과 개인 유기체 내의 균형이라는 믿음을 가지고 있다. 현대 과학적인 의학은 인간의 몸이 실제로 이러한 균형을 유지하고, 혈액 순환을 규제하며, 몸이 공격을 받았을 때 면역 체계가 작동하는 '자기 균형적인' 요소를 포함하고 있음을 보여 준다. 빠르게 움직이는 현대 사회에서 일과 생활의 균형에 대한 관심 또한 건강이 사회적 환경에 의해 증진되거나 타격을 받을 수 있음을 시사한다. 이러한 정의가 넓게 받아들여지지만, 이에 대한 비판도 있다. 균형으로서의 건강을 측정하기란 불가능하고 대단히 주관적이다. 어떤 사람들이 스트레스를 많이 유발하고 건강에 좋지 않다고 생각하는 상황도 다른 사람들은 좋고 건강한 균형을 이뤘다고 느끼는 경우가 있다. 건강에 대한 일반적인 정의가 이질적인 경험에서 만들어질 수 있는가?

네 번째 정의는 건강을 정상적인 과업을 수행할 수 있는 능력으로 보는 것이다. 이것은 '기능으로서의 건강'이다. 개인들이 좋은 생활, 만족스러운 삶과 즐거운 여가 시간을 제공하는 활동과 기능을 수행할 수 있다면, 우리는 그들이 건강하다고 말할 수 있다. 그러나 병과 부상이 이러한 일을 할 수 있는 능력을 떨어뜨린다면, 개인과 사회는 이러한 기능적 능력의 상실로 손해를 입을 것이다. 이러한 정의가 언뜻 보기에는 매력적이지만, 사람들이 대단히 다른 삶을 살고 각기 다른 활동을 한다는 데 문제가 있다. 어떤 사람은 힘들고 육체적인 일을 하지만, 어떤 사람은 안락하고 따뜻한 사무실에서 앉아서 일한다. 어떤 사람들은 패러글라이딩과 암벽 등반을 좋아하지만, 어떤 사람들은 박물관을 방문하고 책을 읽고 웹 서핑을 하면서 시간을 보낼 수 있다. 결과적으로 기능적 능력에 기초해 건강을 보편적인 개념으로 정의하기는 어렵다. 건강의 기능적 정의는 지나치게 개인주의적이고, 사회 조직에 의해 만들어진 장벽이 특정한 사람들을 장애로 만든다는 것을 간과한 것이라고 장애인 운동으로부터 비판을 받을 수도 있다(Blaxter 2010: 9).

사회적인 측면과 생물학적인 측면을 결합하는 건강에 대한 좀 더 전체적인 정의는 1946년 세계보건기구WHO에 의해 만들어졌는데, WHO는 건강을 "완전한 육체적, 정치적, 사회적 웰빙 상태로, 질병이나 불구가 없는 상태가 아니다"라고 정의했다(WHO 2006b: 1). 이러한 포괄적인 정의는 건강한 것이 무엇인가에 관한 대강의 설명을 제공하지만, 너무 유토피아적이라 도움이 되지 않는다는 비판을 받는다. 그러나 그것은 제시된 각 차원에 기초해 사회 내에서 집단 간 건강을 비교할 수 있게 해주고, 국가 간 비교를 가능하게 해준다. 공중보건을 증진시키기 위해 정책을 만들고 개입하는 것은 가능하다. 1948년 최초로 발표된 이래 변화가 없는 건강에 대한 정의는 WHO가 활동하는 토대로 남아 있다.

이러한 정의와 도전에도 불구하고, 실제로 다른 모든 것을 지배하는 건강과 질병에 대한 한 가지 관점이 있다. 이것은 의료 전문가에게서 유래해 오랫동안 전문적인 의학의 바탕을 이루고 있는 생의학적 모형이다.

생의학 그리고 비판

200년 이상 이어져 온 의학에 관한 서구의 지배적인 견해는 건강에 관한 생의학적 모형biomedical model으로 표현되었다. 건강과 질병에 관한 이러한 이해는 현대 사회의 성장과 함께 발전했고, 현대 사회의 주요한 모습 가운데 하나로 볼 수 있다. 과학 및 이성의 발달과 밀접하게 연계되어 있는 생의학적 모형은 세계에 대한 전통이나 종교에 기초한 설명을 대체했고(제1장의 베버와 합리화 참조), 그 시대의 사회적, 정치적, 역사적 산물이었으며, 그것으로부터 전체 인구의 건강에 대한 국가의 개입이 나타났다.

공중보건

현대 이전 많은 사회는 세대를 거쳐 내려온 민속적 치유법, 처방과 치료 기술에 의존했다. 질병은 흔히 주술적이거나 종교적인 용어로 간주되었고, 악령이나 '죄' 탓으로 여겼다. 오늘날 국가나 공공보건 체제가 다루는 방식으로 농민과 일반 도시인의 건강에 관심을 기울이는 더 큰 국가기관은 없었다. 건강은 공적 관심이 아니라 사적 문제였다.

그러나 국민국가와 산업화가 등장하면서 이러한 상황에 급격한 변화가 일어났다. 일정한 영토를 갖는 국민국가의 등장은 지역 사람들을 더 이상 단순히 땅 위에 사는 사람들이 아니라 중앙 정부의 지배하에 놓인 인구로 보는 태도 변화를 낳았다. 즉 인구는 국부와 국력의 극대화에 사용되는 자원으로 간주된 것이다. 인구의 건강과 웰빙은 국가의 생산성, 번영, 국방력과 성장률에 영향을 미친다. 따라서 현재 인구의 규모, 구성과 동학을 연구하는 인구학이 더 중요하게 여겨졌다. 예를 들어 영국에서는 인구 변화를 기록하고 관찰하기 위해 1801년에 전국 센서스가 도입되어 10년 단위로 조사가 이루어지고 있다. 출산율, 사망률, 평균 결혼 연령과 임신 연령, 자살률, 기대 수명, 식사, 공통적인 질병, 사망 원인 등에 관한 통계가 수집되었다.

미셸 푸코(1926~1984)는 유럽 국가들의 개인 몸에 대한 규제와 훈육에 관심을 기울였다(1973). 그는 성교sex가 인구가 재생산되고 증가하는 방법이며, 역설적으로 인구가 건강과 복지에 대한 잠재적인 위협이라고 여겼다. 재생산과 관련되지 않은 성은 억압되고 통제되었다. 결혼, 성적 행위, 정당성과 비정당성, 피임 기구의 사용과 낙태에 관한 자료 수집을 통해 국가에 의한 성의 감시가 부분적으로 이루어졌다. 이러한 감시는 성도덕과 허용되는 성행위에 대한 강한 공적 규범의 장려와 함께 이루어졌다. 예를 들어 동성애, 자위와 혼외정사 같은 성적 외도는 모두 낙인이 찍혔고 비난을 받았다.

다른 형태의 섹슈얼리티에 대한 논의는 제15장 〈젠더와 섹슈얼리티〉를 참조하라.

공중보건에 대한 견해는 인구 혹은 '사회적인 신체'로부터 질병을 근절하기 위한 시도로 등장했다. 또한 국가가 인구의 생활 조건을 개선할 책임을 지기 시작했다. 질병을 막기 위해 위생과 수도가 도입되었고, 도로가 포장되고 주거에 대한 관심이 커졌다. 규제는 점차 도살장과 식품가공 시설에도 적용되었다. 매장이 감시되었고 감옥, 요양원, 구빈원, 학교와 병원을 포함한 제도들이 사람들을 감시하고 통제하고 개혁하기 위해 도입되었다. 푸코가 그리고 있는 것은 건강을 증진시키는 것만큼이나 감시와 훈육에 관심을 갖는 공중 보건 체계의 등장이다.

최근 수십 년에 걸쳐 국가에서 개인으로 중점을 돌리는 '새로운' 공중보건 모델이 등장했다. 이 모델은 자기감시, 질병 예방과 '스스로 돌봄'을 강조해 건강하게 지내는 것이 시민권에 첨부된 책임이 되었다(Petersen and Lupton 2000). 사람들이 금연, 주기적인 운동과 설탕이 많은 제품을 소비하지 못하도록 하는 건강 촉진 메시지와 과일 및 채소의 소비를 촉진시키는 '하루에 다섯 번' 캠페인에서 찾아볼 수 있다. 이러한 캠페인은 건강하지 못함과 질병을 정의하고 정당화하는 권력을 행사하고 있는 의료 전문가들이 만든 권고와 목표에 의해 여전히 확고하게 뒷받침되고 있다.

생의학적 모형

의료 행위는 앞에서 기술한 사회적 변화와 밀접하게 연관되어 있다. 의학적 진단과 치료에 과학을 적용하는 것이 현대 의료의 발달에서 가장 중요한 모습이다. 질병은 환자가 경험하는 징후와 반대로, 몸에 있는 확인 가능한 증상이라는 관점에서 객관적으로 정의된다. 훈련받은 전문가에 의한 공식적인 의료가 신체적, 정신적 질병을 치료하는 방법으로 받아들여졌고, 의학은 범죄에서 동성애와 정신병에 이르기까지 일탈로 여겨지는 행위나 상태를 개조하는 수단이 되었다.

건강에 대한 생의학적 모형이 전제로 하는 세 가지 주요 가정이 있다. 첫째, 질병은 몸을 정상적인 상태에서 벗어난 신체 이상으로 간주된다. 1800년대 후반에 발전한 질병에 대한 세균 이론은 모든 질병에는 찾아낼 수 있는 특별한 요인이 있다고 생각한다. 몸이 건강을 회복하기 위해서는 질병의 원인이 분리되어 다루어져야 한다.

둘째, 몸과 마음은 분리되어 다루어질 수 있다. 환자는 개인 전체가 아니라 병리적으로 병든 몸을 대변한다. 개인의 전체적인 복지보다는 질병에 대한 치료를 강조한다. 생의학적 모형은 다른 요인을 고려하지 않고 병든 몸이 독립적으로 조작되고, 탐구되고, 처리될 수 있다고 본다. 의학 전문가들은 환자를 바라보고 치료할 때 거리 두기 방식인 '의학적 시선'을 택한다. 그들은 환자의 공식적 파일에 임상적인 용어로 수집되고 축적된 정보를 가지고 중립적이고 가치와 무관한 방식으로 치료한다.

셋째, 훈련받은 의학 전문의는 병을 치료하는 데 유일

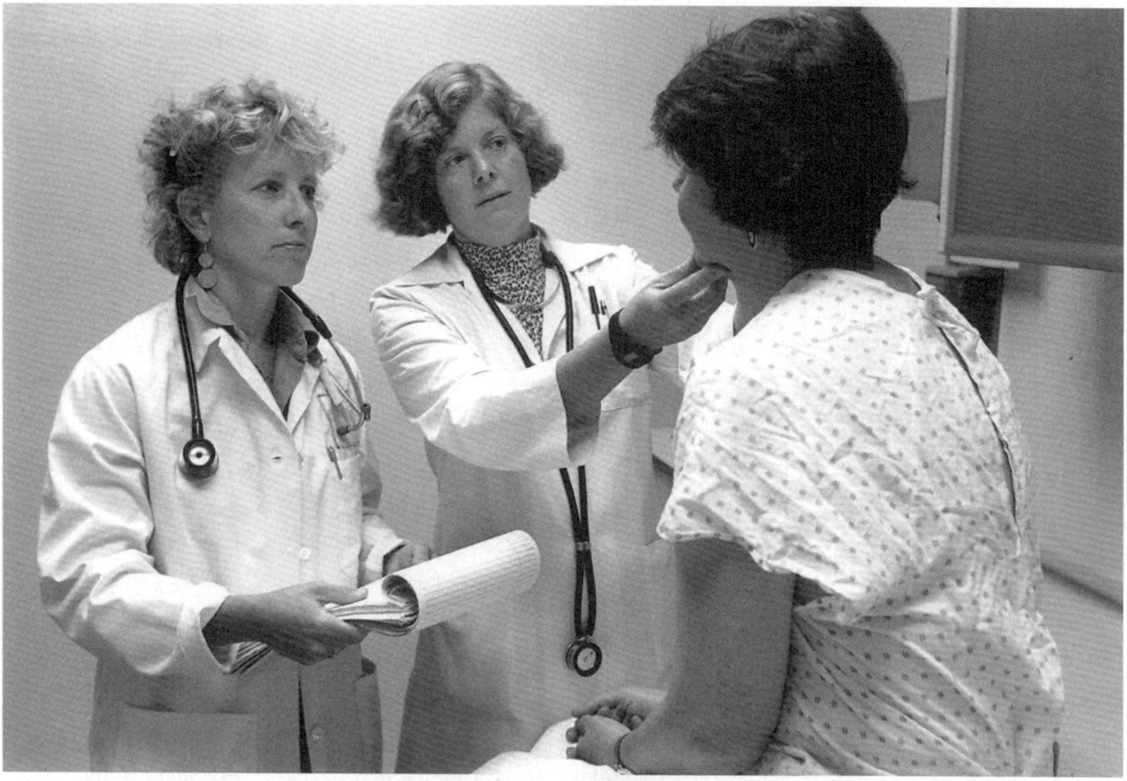
건강에 대한 생의학적 모형에 의하면, 의료 전문가에게 환자는 관찰하고 고쳐야 할 '아픈 몸'을 나타낸다.

한 전문가로 간주된다. 의료 전문인 단체는 인정된 윤리 코드를 따르고 장기적인 훈련을 성공적으로 마친 인정된 사람들로 구성된다. 스스로 터득한 치료나 비과학적 의료 행위 따위는 없다. 때로는 병원이 중병을 치료하기 위해 테크놀로지, 투약과 수술을 모두 결합시킬 필요가 있기 때문에, 병원이 중대한 질병을 다루기 위한 적합한 환경을 대표한다.

비판적으로 생각하기 THINKING CRITICALLY

생각할 수 있는 생의학의 긍정적인 혜택을 열거한 다음, 생의학이 별로 효과적이지 않은 건강 문제도 열거해 보자. 왜 그렇다고 생각하는가?

생의학적 모형에 대한 비판

1970년대 이래 생의학적 모형에 대한 비판이 점점 늘어났다. 첫째, 사회사학자들은 과학적 의료의 효과가 과장되었다고 주장한다. 현대 의학이 획득한 명성에도 불구하고, 전체적인 건강의 증진은 의학적 기술보다 사회적, 환경적 변화에 더 기인해 이루어졌다. 효과적인 공중위생, 더 좋아진 영양과 하수 및 위생시설의 개선이 긍정적 영향을 끼쳤고, 특히 유아 사망률과 어린 소년 사망률을 낮추는 데 기여했다(McKeown 1979). 의약품, 수술의 발달과 항생제는 20세기 들어오기 전까지 사망률을 낮추는 데 그렇게 의미 있는 기여를 하지 못했다. 소아마비와 같은 병을 막기 위한 예방주사는 훨씬 나중에 발전했지만, 박테리아 감염을 치료하기 위한 항생제는 1930년

보완 의학 또는 대체 의학

사회학적으로 상상하기 11-1

잰 메이슨Jan Mason은 어렸을 때 아주 건강했다. 그러나 극심한 피로와 우울증을 경험하면서, 그녀는 일반 의사가 큰 도움이 되지 못한다는 것을 알게 되었다(Sharma 1992: 37).

> 전에는 아주 건강했다. 수영, 스쿼시, 조깅을 할 수 있었는데 갑자기 쓰러졌다. 의사는 무엇이 문제인지 찾아내지 못했다. 담당 의사는 선열이라면서 항생제를 주었는데, 그것을 먹고 무서운 구내염이 발생했다. 그다음에도 의사는 계속해서 원인이 무엇인지 알 수 없다고 해서 (……) 나는 모든 검사를 받았다. 정말로 허약해졌다. 이런 상태가 6개월 동안 지속되고 있는데, 나는 아직도 아프고 의사들은 아직도 무엇이 문제인지 알지 못한다.

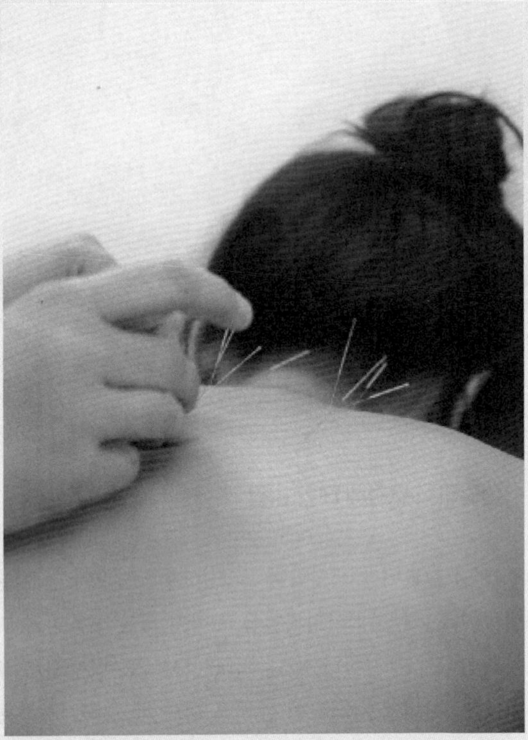

중국 전통 의술인 침은 생의학적 모형의 원리를 따르지 않는 사람들이 많이 선택하는 보완 요법이나 대체 요법 가운데 하나다.

잰의 의사는 그녀가 스트레스로 인해 고통받고 있다고 결론 내리고 항우울제 복용을 제안했다. 잰은 진단이 안 된 자신의 상태가 커다란 스트레스로 작용하고 있다는 것을 인정하지만, 항우울제는 답이 아니라고 여겼다. 그녀는 라디오 프로그램을 들은 후, 자신의 무기력이 바이러스성 질환 후 피로증후군이 아닐까 의심했다. 친구의 조언에 따라 전체 몸 상태를 보고 질병의 징후는 몸의 자기치유의 일부라는 가정하에 작은 알약을 이용해 동종으로 치료하는 대체 의학 시술자의 동종요법homeopath에서 도움을 구했다. 그녀는 자신과 잘 맞는 동종요법을 발견하고 받은 시술에 기뻐했다(Sharma 1992).

잰은 건강 유지를 위해 점점 늘어나는 비정통적인 치료 행위를 도입하는 사람들 가운데 한 명이다. 영국인 4명 중 1명이 대체 의학 시술사에게 상담을 받은 것으로 추산된다. 대안적인 치료 형태를 찾는 전형적인 사람들은 청년이나 중년의 중간 계급 여성이다.

비판적으로 생각하기 THINKING CRITICALLY

가족 중에서 보완 의학이나 대체 의학으로 치료를 받은 사람이 있는가? 왜 그런 치료를 받았는가? 그들의 치료는 생의학 모형과 어떻게 다른가? '과학적으로 검증되지' 않았다는 것이 문제인가?

대와 1940년대에 처음 사용되었다. 이러한 결론은 개발도상국에서 보건 체계를 발전시키는 데 중요한 결과를 지닌다.

둘째, 급진적 문화비판가이자 철학자인 이반 일리치Ivan Illich는 현대 의학이 의료 자체에 따른 질병인 '병원 의원성iatrogenesis' 질환으로 이득보다 피해를 더 주었다고까지 주장했다(1975). 일리치는 임상적 의원성, 사회적 의원성, 문화적 의원성이라는 세 가지 의원성 질환을 제시했다. 임상적 의원성은 의학적 치료가 환자의 병을 더 악화시키거나 새로운 조건을 만드는 것이다. 예를 들어 어떤 치료는 부작용이 있고, 병원에서 치명적인 세균에 감염(항생제 내성 세균이나 클로스트리듐 세균)되기도 하며, 오진이나 태만으로 죽음에 이르기도 한다. 예들 들어 영국에서 의료 사고로 인한 사망자는 2005년에서 2009년 사이에 60퍼센트 증가했는데, 이는 주로 의학적 처리, 감염, 의료 사고, 의료진에 의한 남용과 환자 파일 뒤섞임 등의 결과였다(Nursing Times 2009).

사회적 의원성 혹은 의료화medicalization는 의학이 새로운 테크놀로지와 증가하는 의료비뿐만 아니라 의료 서비스, 의약품과 치료에 대한 인위적인 수요를 계속 만들면서 더 많은 생활 영역으로 확대되는 것이다. 일리치는 사회적 의원성은 문화적 의원성으로 나아간다고 주장했다. 문화적 의원성은 일상적인 도전에 대응하는 사람들의 능력이 점차 약화되어 약과 의사에게 더 의존하고 불필요한 종속성을 만들어 내는 것이다. 일리치는 자신의 몸과 건강을 돌보는 데 탈기술화되어 현대 의학의 범위가 극적으로 축소되어야 한다고 주장한다.

셋째, 현대 의학은 환자들의 의견과 경험을 낮게 취급한다고 비판받는다. 의학은 질병에 관한 객관적이고 과학적인 원인 진단과 치유에 대한 이해에 기반을 두고 있다고 생각되기 때문에, 환자가 제공하는 자신들의 해석에 귀 기울일 필요가 거의 없다고 인식한다. 각각의 환자는 치료받고 치유되어야 할 '병든 몸'이다. 그렇지만 비판가들은 효과적인 치료는 환자가 자신의 이해와 해석을 가진, 생각하는 능력 있는 존재로 다루어질 때만 가능하다고 주장한다. 예를 들어 환자들은 약이 왜 필요한지 이해하지 못하고, 약의 효과에 대해 확신을 가지지 못해서 많은 처방약을 복용하지 않는다.

넷째, 과학적 의학이 다른 형태의 치료보다 우월하다는 믿음에 대한 반발이 있다. 다른 형태의 치료는 비과학적이어서 열등하다고 여겨진다. 우리가 보는 것처럼, 현대 의학이 어느 정도 다른 형태의 의학보다 더 타당하다는 믿음이 약화되고 있다. 특히 생의학이 효과적이지 않은 것으로 판명된 상황에서 보완적이고 대체 가능한 형태의 의학에 대한 인기가 커지면서 그렇게 되고 있다. 이러한 도전은 '질병 부담'이 의사와 환자 간의 협력 관계가 요구되는 만성적인 질환으로 옮겨 가면서 더 커지고 있다.

20세기 중엽 이전에는 주요 질병이 결핵, 콜레라, 말라리아, 소아마비와 같은 감염병으로, 전염성이 강해 전체 인구를 위협했다. 오늘날 선진국에서 이러한 질병은 상당히 뿌리가 뽑혔다. 오늘날 가장 흔한 질병은 암, 심장 질

표 11-1 생의학적 모형의 가정과 비판

가정	비판
질병은 구체적인 생물학적 인자에 의해 야기된 인체나 시스템의 손상이다.	질병은 '과학적' 사실을 통해 드러낼 수 있는 것이 아니라 사회적으로 구성된다.
환자는 마음과 분리되어 치료를 받아야 하는 '아픈 몸'을 가진 수동적 존재다.	질병에 관한 환자의 의견이나 경험이 치료에 핵심적으로 중요하다. 환자는 적극적인 전인적 존재로서 신체적 건강뿐만 아니라 전체적인 웰빙이 중요하다.
의료 전문가는 '전문적인 지식'을 가지고 있고, 단지 병을 치료하는 데 타당한 것만 제공한다.	의료 전문가가 건강과 질병에 관한 유일한 지식 자원은 아니며, 전통적인 치료나 대체 요법도 대안으로 여겨진다.
병원은 복합적인 치료를 하기에 적합한 곳이며, 의료 첨단 기술이 집중되어 있어서 의료 기술을 가장 잘 사용할 수 있는 곳이다.	치료가 반드시 병원에서 이루어질 필요는 없다. 기술, 투약과 수술을 사용하는 치료가 반드시 우월한 것은 아니며, 건강에 도움보다 해가 될 수도 있다.

환, 당뇨와 순환기 질환 같은 만성질환이다. 이러한 변화를 '건강 전환health transition'이라고 일컫는다(〈그림 11-1〉 참조). 근대 이전의 유럽에서는 사망률 중 유아 사망률이 가장 높았지만, 오늘날에는 나이가 들면서 사망률이 증가하고 만성적인 퇴행성 질환을 가진 사람들이 더 오래 산다. 또한 질환에 영향을 미치는 '생활양식'에 대한 강조도 늘고 있다. 건강 전환으로 생의학 모형은 점차 낡은 것처럼 여겨진다. 결국 만성적인 질환을 안고 사는 사람들이 몸 상태를 관리하는 전문가가 되기 쉽다. 그리하여 의사와 환자 사이의 권력 불균형이 더 심해지고 이전의 비대칭적인 권력의 성격이 많이 약화되고 있다.

많은 사람은 반사요법, 최면요법, 지압요법 혹은 빛요법과 같은 대체 요법의 성장이 생의학 모형에 실질적으로 도전하고 있다고 본다. 그러나 이러한 평가에 조심할 필요가 있다. 대체 의학에 눈을 돌리는 사람들은 정통 의학을 단순하게 대체하는 것으로 보지 않고, 정통 의학과 결합해 정통 의학을 이용해 검진을 한 후 대체 의학을 이용한다. 생의학의 지배적인 위치는 현대 의료 체계에서 확고하게 유지되고 있는데, 대부분의 사회학자들은 비정통적인 의학이 진정으로 생의학의 대안이 아니라 생의학

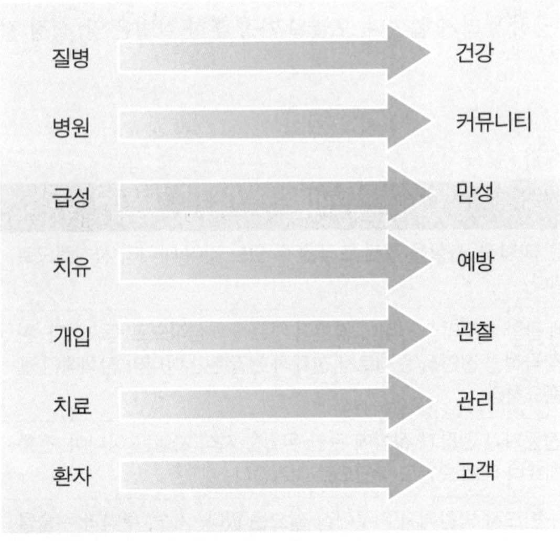

그림 11-1 건강과 의학에서의 변화

출처: Nettleton 2013: 10.

과 '보완적'이기 때문이라고 본다(Saks 1992). 정말로, 침과 같은 보완적인 치료는 주류 의료 체계의 일부가 되었고, 생의학적 진단 및 치료와 함께 제공된다.

사람들이 보완적이고 대안적인 치료에 눈을 돌리는 데는 다양한 이유가 있다. 어떤 사람들은 정통 의학이 만성적인 통증이나 스트레스와 불안 증상을 제대로 다루지 못한다고 여긴다(〈사회학적으로 상상하기 11-1〉의 잰의 경우처럼). 다른 사람들은 의료 체계가 기능하는 방식, 오래 기다려야 하고, 여러 전문의를 돌아가면서 찾아야 하고, 재정적으로도 부담되기 때문에, 기존 의료 체계에 대해 불만을 갖는다. 많은 사람이 기존 투약의 부작용과 선호되지 않는 수술에 대해 우려한다. 약과 수술은 현대 의학의 중심이다. 의사와 환자의 비대칭적 권력 관계가 어떤 사람들에게는 대체 의학을 선택하는 핵심적인 문제이기도 하다. 그들은 수동적인 환자의 역할이 처치나 치료에서 자신들에게 충분한 것을 허용하지 않는다고 불만을 갖는다. 마지막으로 어떤 사람들은 정통 의학에 대해 종교적 혹은 철학적으로 반대하는데, 정통 의학이 몸과 마음을 분리해서 다루기 때문이다. 그들은 정신적이고 심리적인 차원이 정통 의료에서는 흔히 고려되지 않는다고 믿는다. 그들은 정신과 심리 차원을 포함한 좀 더 전체주의적인 접근이 대체 의학의 주된 부분이라고 믿는다.

대체 의학의 발달은 현대 사회에서 나타나고 있는 사회 변화를 반영한다. 우리는 생활양식 및 건강과 관련된 선택을 하는 데 더 많은 정보를 인터넷뿐 아니라 다양한 방식으로 얻을 수 있는 시대에 살고 있다. 개인들은 기존 의료에서 요구하는 수동적인 존재와 어울리지 않는 자신의 건강에 대해 적극적인 입장을 취하는 '의료 소비자'가 되고 있다. 그들은 어떤 의사와 상담을 할지 선택할 수 있을 뿐만 아니라 치료에도 참여하기를 더 원한다. 자조 집단self-help groups이 늘어나고 있고, 이전보다 훨씬 더 다른 사람의 지침이나 의료 전문가의 의견에 의존하기보다는 적극적으로 자신들의 삶에 대한 통제력을 갖고 꾸려 가고자 한다.

정신의학품 회사들: 치료에서 강화로?

사회학적으로 상상하기 11-2

사회학자들은 의료 전문가들이 무엇이 질병인지 그리고 어떻게 치료해야 하는지 정의하는 데 핵심적인 역할을 하고 있음을 보여 준다. 그러나 건강 문제에 대한 치료제 개발을 제약 회사들이 주도하고 있다는 것 또한 분명하다. 최근 의학적으로 확인된 건강 문제로는 피로와 지나친 졸림, 사전 예고도 없이 잠에 빠져드는 '수면 공격'을 야기하는 뇌 장애인 기면증과 같은 수면 장애들이 있다. 미국 펜실베이니아에 위치한 제약 회사 세파론Cephalon이 만든 모다피닐Modafinil이라는 약이 사람들이 각성 상태로 있게 하는 기면증 치료제로서 허가를 받았다. 그러나 시간이 지나면서 수면무호흡증과 교대 근무 수면 장애와 같은 다른 상황에도 세파론이 사용되기 시작했다.

새로운 '장애'로 더 널리 사용되는 약은 제약 회사의 권력에 대한 우려를 낳았다. 윌리엄스Williams는 제약 회사의 역할에 대한 우려가 약품의 제조와 판매뿐만 아니라 약이 다루고 있는 장애를 만들고 판매한다는 데 있다고 주장했다(2010: 538). 만약 그것이 사실이라면, 의료화는 전문 의료인의 권력뿐만 아니라 약을 만들고 판매하는 사회적 환경 속에서 바라볼 수 있다.

모다피닐은 업무 유연성, 장시간 노동과 확대된 업무 집중을 요하는 24/7 사회(1주일 내내 24시간 쉬지 않는 가게 비유)에 의해 발생한 문제들에 대한 합리적 해결처럼 보인다. 윌리엄스는 '각성' 목적으로 사용되는 약의 정당성은 안전의 우려에 초점을 두어야 한다고 제안했다. "예를 들어 의약품에 의해 각성된 의사나 조종사의 손에 있을 때 더 안전하다고 느끼는가, 수술대나 조종실에서 그들이 졸음으로 방해받지 않을까?"(Williams 2010: 540) 그러나 이러한 상황에서 약을 복용하는 것이 실제 건강 문제에 대한 치료인가? 아니면 고용주가 요구하는 업무를 수행하도록 하는 데 있어서 최선인가?

비판적으로 생각하기

THINKING CRITICALLY

비판적인 사람들은 질환을 생활양식으로 재정의하기 위해 전문 의료인의 권력에 도전한다. 위에서 다룬 내용은 전문 의료인이 사회에서 큰 권력을 가지고 있다는 주장을 지지하는가? '피로'와 '졸림'은 24/7 사회에서 제약 회사의 개입을 요구하는 건강 문제인가?

생의학에 대한 가장 강력한 비판은 여성들로부터 제기되었다. 그들은 여성의 임신과 출산 과정이 현대 의학에 의해 의료화되었다고 주장한다. 의료 전문가는 '과학적 진리'의 중재자로서 인간의 삶에서 더 많은 영역을 의료의 영역으로 가져오는 권력을 지녔다(질환을 정의하는 데 의약품 회사들의 역할에 대해서는 〈사회학적으로 상상하기 11-2〉 참조). 요즘에는 출산이 산파의 도움과 집에 있는 여성의 손을 이용하기보다는 압도적으로 남성 전문가들의 지휘 아래 병원에서 이루어지고 있다. 흔하고 자연적인 현상인 임신이 '질환'과 유사하게 다루어진다. 페미니스트들은 이제 재생산 과정을 담당하는 전문가들에 의해 여성 자신의 의견과 지식이 적합하지 않은 것으로 받아들여지면서, 여성이 이러한 과정에 대한 통제를 상실했다고 주장한다(Oakley 1984).

이전에는 '정상적'이었던 상태를 치료 대상으로 만드는 의료화medicalization에 대한 우려가 불행 혹은 약한 우울증과 어린이들의 ADHD(주의력 결핍 및 과잉행동장애)와 관련해 제기되고 있다. 미국에서 어린이들을 대상으로 한 달에 200만 건의 ADHD 처방(대부분 리탈린)이 이루어졌는데, 이는 전체 미국 어린이의 3~5퍼센트에 해당한다. 2005년 영국에서 36만 1천8백32건의 리탈린과 유사 의약품 처방이 이루어졌는데, 이는 대부분 ADHD로 진단된 어린이들을 대상으로 한 것이었다(Boseley 2006). 리탈린은 어린이들이 주의력를 키우고, 차분해지며 더 효과적으로 배울 수 있도록 하는 '마법의 약'으로 그려진다. 리탈린을 비판하는 사람들은 ADHD 증상이 삶의 속도가 빨라지고, 엄청난 정보 기술의 결과, 운동 부족, 당이 많은 식사, 피폐해진 가족생활이 어린이들에게 가하는 압박과 스트레스를 반영한다고 주장한다. 비판적인 사람들은 리탈린 사용을 통해 의료 전문가들이 관찰된 징후의 사회적 원인에 대한 관심을 기울이기보다는 어린이의 과잉 행동과 주의력 부족을 의료화하는 데 성공했다고 주장한다.

분명히 우리는 현대 의학과 자신의 건강에 대한 사람들의 태도가 급격하게 변화하는 시대에 살고 있다. 그러나 이 장에서 다루어진 의료의 변화가 새로운 '건강 패러다임'을 가져와 생의학 모형을 대체할 것 같지는 않다. 다음 장이 보여 주는 것처럼, 과학적인 의학 없이는 성공적으로 대처하거나 예방할 수 없는 세계적 공중보건에 대한 위협이 전염병에 의해 제기된다.

전염병과 세계화

범유행성 질병이 국제적인 경계를 넘어 광범위한 사람들에게 영향을 미치는 질병이라고 한다면, 유행성 질병은 특정한 커뮤니티 이외의 커뮤니티로 확산되는 감염으로 정의된다(Last 2001). 강화된 세계적 연계와 커뮤니케이션 시대에 범유행병이 더 흔해졌다. 전체 인류를 하나의 커뮤니티라고 본다면, 유행성 질병과 범유행성 질병의 차이는 사라지지만, 질병이 발생한 곳에서 다른 곳으로 이동하지 않는 질병과 이동하는 질병을 구분하는 데 여전히 도움이 된다. 이 장에서는 범유행성 질병에 초점을 맞춘다.

전염병은 새로운 것이 아니다. 예를 들어 14세기 초 중국에서 쥐벼룩에 의해 흑사병 박테리아가 인간에게 옮겨지면서 선페스트가 창궐했고, 쥐벼룩은 상선을 통해 주요 무역로를 따라 아시아와 유럽으로 확산되었다. 1347년부터 1352년까지 단 5년 사이 유럽에서 전체 인구의 3분의 1 내지 2분의 1에 해당하는 2천5백만 명이 죽은 것으로 추정된다(Cunningham 2011: 101). 17세기까지 흑사병은 여러 번 새롭게 전 세계로 퍼졌다. 제1차 세계 대전 말기인 1918~1919년에는 '스페인 감기'로 알려진 인플루엔자 전염병이 유럽과 다른 지역으로 전파되어 약 5천만 명이 죽었고, 20~40세 성인에게 더 크게 영향을 미쳐, 전쟁에서 죽은 사람들보다 더 많은 사람들이 죽었다(Barry 2005: 4~5).

최근에도 잠재적으로 위험한 전염병 확산이 있었다. 생명을 위협하는 폐렴으로 발전하는 코로나 바이러스에 의한 사스(급성 호흡기 질환)가 2003년 중국 광둥에서 발생해 전 세계적으로 8천 명이 감염되어 750명이 사망했다. 사스는 9개월 만에 통제되었고, 2004년 이후에는 사스 발병이 보고되지 않았다(Centers for Disease Control 2014). 2009년 신종 HINI 감기 바이러스는 멕시코 돼지에서 발병해 인간, 조류와 돼지 유전체 변종으로 인해 확산되었다. '돼지 독감'은 4월에 처음 발견된 이후 많은 지역에서 증상이 심하게 나타나지 않았고, 몇 명이 사망하는 데 그쳤지만 전 세계로 빠르게 확산되었다. 2010년 말 세계보건기구는 전염병이 끝났다고 선언했다. 돼지 독감으로 1만 2천 명 정도가 사망할 것으로 예상되었으나 동남아시아, 아프리카와 남아메리카 지역에서 극심해 28만 명 정도가 사망한 것으로 최종 집계되었다(Dawood et al. 2012). 돼지 독감과 스페인 독감 모두 계절적 전염병과 달리 65세 이하의 사람들에게는 타격이 크지 않았고, 65세 이상의 사람들에게 심한 타격을 입혀 사망자가 많이 발생했다.

전염병의 역사를 중세까지 거슬러 올라간다면, 질병이 전 세계적으로 확산되는 것은 오늘날과 다르지 않다. 그렇지만 국가와 지역 경계를 넘어 인구가 이동하는 세계화 과정에서 바이러스가 더 쉽게 결합되고 과거보다 더 빨리 퍼지고 더 멀리 확산된다. 말이 끄는 수레에서 배, 도로망과 비행기 여행으로 교통이 발전하면서 인구, 동물과 상품이 효과적이고 체계적으로 움직인다. 바이러스 연구자인 네이선 울프Nathan Wolfe는 오늘날 세계화가 감염체가 '활동할 수 있는 글로벌 단계'를 제공한다는 점에서 광범위하게 병원체 전달을 촉진시킨다고 주장했다(2011: 18). "문자 그대로 인간이 호주의 진흙에서 발을 담그고 있다가, 다음 날 아마존에 발을 담글 수 있기" 때문에, 질병이 더 빠르게 퍼질 수 있는 것이다.

최초 동물과 인간 간 바이러스 전이는 아프리카의 여러 지역에서 사람들이 야생동물 고기를 섭취하여 바이러스가 동물에서 인간으로 옮겨지면서 이루어졌다. 지속되는 도시화와 도시의 성장이 인구 집중을 가져와 병원체가 대규모 인구로 대단히 빠르게 확산될 수 있다. 그리고 산업 형태로 이루어지는 농업이 바이러스와 다른 병원체가 결합될 가능성을 크게 높여서 공중보건을 심각하게 위협하고 있다. 종합적으로 볼 때, 세계화는 이러한 범전염병을 과거보다 덜 심각하게 만드는 전문가, 자료, 의료 시설, 새로운 치료법을 공유하게 한다. 다음 두 가지 예는 오늘날 세계화 추세의 찬반을 보여 준다.

에볼라 범전염병 예방하기

1976년 지금은 콩고민주공화국이라고 불리는 자이레에서 280명이 전염병으로 사망했다. 에볼라강 근처 마을인 얌부쿠에서 시작되어 에볼라 바이러스EVD라고 불린다. 같은 해 수단의 나자에서 151명이 EVD로 죽었다. 야생동물과의 접촉으로 바이러스가 인간에게 옮겨지고, 체액, 분비물, 신체 장기에 감염된 사람들이 옷을 같이 입거나 잠을 같이 자는 것과 같은 감염 환경에 의해 확산된다. 사망률이 매우 높아 평균 감염자의 50~60퍼센트가 사망한다. 최근 적은 수의 환자를 대상으로 한 치료제 실험이 성공적이었지만, 아직까지 치료 백신은 없다. 증상의 치료를 통해 환자의 생존 기간이 늘어나지만, 방치하면 생존하기 힘들다. 1976년 이래 세계보건기구는 주로 중앙아프리카에서 20건 이상의 에볼라 발병을 확인했지만,

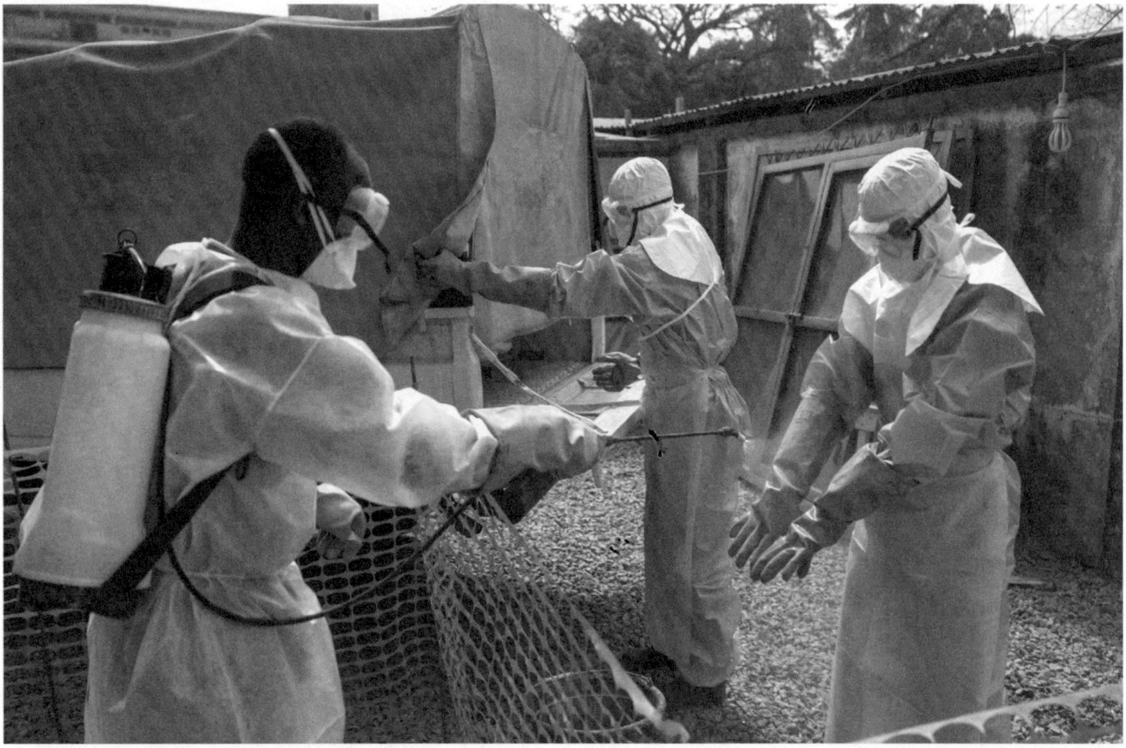

에볼라 바이러스는 감염된 사람의 분비물 접촉을 통해 몸 안으로 들어가기 때문에 서아프리카에서 의료 활동을 하는 사람들은 바이러스와 접촉하거나 잠재적으로 확산시키는 것을 막기 위해 완전한 방호복을 착용하고 있다.

2013년 서아프리카 기니에서 시작되어 2014년 3월 보고된 것만큼 치명적인 경우는 없었다.

2014년 10월 12일, 세계보건기구는 EVD로 라이베리아에서 2,458명, 시에라리온에서 1,183명, 기니에서 843명, 나이지리아에서 8명, 미국에서 1명 등 약 4천500명이 사망했다고 추정했다(WHO 2014a). 그러나 미국 질병통제센터CDC는 의료 센터에 오지 않고 사람들이 사망했기 때문에, 실제 사망자 수는 적어도 두 배 정도 될 것이라고 보았다. 2014년 전염병은 생고기에서 옮겨진 바이러스가 원인으로 여겨졌다. 생고기는 기니에서 별미다. 원숭이, 영양과 다른 동물, 특히 과일 박쥐가 중부와 서부 아프리카에서 식용으로 사용되는데, 이 과일 박쥐가 에볼라 바이러스의 감염원으로 여겨진다. 이전에는 에볼라 바이러스가 외진 농촌 마을에서 발병했는데, 최근에는 기니의 수도 코나크리와 같은 도시 중심으로 퍼지고 있다. 의료시설이 과도하게 확장되었으나 기본 장비와 보호 복장은 부족해 440명의 건강보호 노동자들이 감염되는 결과를 낳았다.

캐나다, 미국과 영국을 포함한 대부분의 부유한 선진국 정부는 질병의 확산을 막을 수 있는 발전된 의료시설과 자원을 갖추고 있지만, 에볼라의 확산을 막기 위해 공항에 검역소를 설치했다. 그러므로 대규모 사망자가 발생하는 범전염병이 세계 도처에서 발생할 것 같지는 않다. 나이지리아와 세네갈에서 발생한 전염병은 바로 통제되었고, 기니에서 발생한 것은 10월 중순에 안정화되었다. 그러나 시에라리온과 라이베리아에서는 바이러스가 인구가 밀집한 도시 지역으로 퍼져 차단하기 어려워졌다(BBC News 2014a).

에볼라를 이해하는 것은 감염 주체, 전이 경로, 감염 확산에 대한 생물학적인 사실에 관한 것이 아니다. 그것은 문자 그대로 왜 세계적 불평등이 생사의 문제로 남아 있는지에 대한 핵심적인 이유를 알게 한다. 도허티Doherty는 다음과 같이 말한다(2013: xxxvi).

> 범전염병을 이야기할 때, 감염 원인은 단지 전체의 절반에 불과하다. 다른 절반은 우리가 누구이고 무엇을 하는가이다. 그러한 방식으로 생각하는 것은 또한 범전염병에 대한 우리의 우려를 더 큰 도전 과제인 더 평등하고 환경적으로 지속 가능한 지구를 만드는 방향으로 나아가게 한다. 장기적인 종으로서 인간의 생존은 그것에 달려 있다. 범전염병은 그런 것과 관련된 일부 이야기에 불과하며, 아마도 가장 두려운 것도 아닐 것이다.

서아프리카에서 에볼라로 많은 사람이 죽은 것은 빈약한 의료시설과 안전, 깨끗한 물과 접근 가능한 도로와 같은 기본 서비스와 인프라가 부족한 탓이다. 1990년대 시에라리온과 라이베리아에서 내전으로 인프라가 망가져 제대로 기능하는 의료시설이 없었고, 그리하여 바이러스의 확산에 더 노출되었다.

에볼라 바이러스가 전 세계로 확산되기 전에 에볼라 바이러스를 막기 위한 유용한 도구로 빅데이터 분석이 제시되었다. 한 가지 간단한 예는 에볼라 바이러스가 발병했을 때, 도움을 요청하는 전화를 이동전화 기지국 발신 지역을 추적해 치료센터 설치 지역을 효과적으로 찾아내는 것이다. 또한 빅데이터 분석은 '감염 지역' 내 사람들의 출입을 관찰하고 공항, 항구, 철도와 자동차 식별 자료를 이용해 국경을 넘나드는 이동을 추적하며 이동전화와 소셜 미디어 활동을 비교해 감염된 사람이나 감염 위험이 있는 사람들과의 접촉을 추적하는 데도 사용될 수 있다. 이 모든 자료는 에볼라 바이러스를 차단하려는 의료기관과 정부기관에 중요한 정보를 제공한다. 빅데이터 분석은 기존의 정보 수집 방법에 추가해 상황을 포괄적으로 파악할 수 있도록 다양한 정보에서 얻어지는 엄청난 자료를 짜 맞추는 데 도움을 준다(Wall 2014).

물론 빅데이터 자체로 잠재적인 범전염병을 막을 수는 없다. 범전염병을 막기 위해서는 정부에서부터 현장의 NGO에 이르기까지 총체적인 국제적 노력이 필요하지만, 디지털 통신 혁명으로 빅데이터가 이전에는 가능하지 않았던 중요한 기여를 할 수 있는 잠재력을 지니고 있다. 그리하여 세계화가 전염병을 더 빠르게 위험한 범전염병으로 만드는 잠재력을 높였지만, 반대로 전 세계적 통신이 이러한 추세에 대응할 수 있는 가능성도 만들었다. 이는 "좀 더 자세히 살펴보면, 해결을 위한 물질적 조건이 이미 존재하고 있거나 적어도 만들어지고 있을 때만 문제가 나타난다는 것을 알 수 있다. 때문에 인간은 오직 불가피하게 해결할 수 있는 과제만을 제시한다"는 마르크스(Marx 1970[1859]: 21)의 금언을 상기시킨다.

전 세계로 확산되는 질병을 막는 데 빅데이터의 잠재력이 실현될 수 있는지는 전 세계 정치 집단의 도울 의지를 포함한 여러 가지 요인에 달려 있다. 2014년 에볼라 바이러스가 발생한 후 7개월간 국제적인 대응이 너무 느리다는 비판을 받았다. 라이베리아와 시에라리온에서 적어도 3천 병상이 부족한 것으로 확인되었다. 전 유엔 사무총장 코피 아난Kofi Annan은 바이러스가 미국과 서유럽에 도달했을 때만 국제적인 구호가 속도를 냈다는 점을 제시해 선진국의 반응에 대해 "정말 실망스럽다"고 말했다(BBC News 2014b). 한 가지 결론은 에볼라 바이러스에 의해 영향을 받는 나라의 사회경제적 상황이 질병의 영향 범위, 심각성과 궁극적으로 관리에 직접 영향을 미친다는 점이다. 또한 에볼라 전염병은 선진국과 후진국 간 가용한 의료보호에서 뚜렷한 격차가 존재하고, 결과적으로 거주 지역에 따라 사람들의 위험 수준이 다르다는 것을 보여 주었다.

비판적으로 생각하기 THINKING CRITICALLY

스마트폰, 앱, 인터넷과 다른 디지털 장비와 프로그램이 질병이 전 세계로 확산되는 것을 예방하는 데 도움을 줄 수 있는 구체적인 예를 제시하라. 건강에 위험이 닥쳤을 때 이러한 것들에 의존하면 어떤 문제가 예상되는가?

디지털 혁명에 관한 보다 자세한 논의는 제18장 〈미디어〉를 참조하라.

HIV와 AIDS 범전염병

급성 질환에서 만성질환으로 바뀌는 것이 절대적이지 않다는 것을 강하게 상기시켜 주는 것이 1980년대 초에 등장했다. 즉 새로운 전염병 HIV가 출현하고, HIV에 감염된 사람들이 에이즈로 발전해 수백만 명의 성인과 젊은이가 죽었다. 몸 안의 면역 세포 수가 감염에 대처하는 데 필요한 최소치 이하로 떨어졌을 때, '후천성 면역 결핍증AIDS'이 있는 사람이라고 볼 수 있다. 한번 이 상태에 다다르면 몸이 폐렴, 결핵, 피부암과 같은 생명을 위협하는 심각한 질병에 대항해서 싸울 수 없는 감염 기회에 노출된다. 에이즈는 HIV로 알려진 바이러스 감염에 의한 손상으로 나타난다. 이러한 상황에서 의료 전문가들은 HIV 감염을 잠재적으로 치명적인 급성 질환에서 안전하게 관리될 수 있는 만성질환으로 바꾸는 데 집중한다. 가장 중요한 것은 공중보건 교육을 통해 감염률을 낮추고, AIDS 발병을 늦추는 약을 개발하는 것이다.

HIV는 주로 다음과 같은 네 가지 방식으로 전염된다.

- 보호기구 없이 이루어진 감염자와의 성교
- 감염된 사람의 혈액 수혈, 피부 및 장기 이식
- 감염된 어머니의 임신, 출산, 수유
- 감염자가 사용한 소독되지 않은 주사기 공유

WHO는 2012년 말, 전 세계 약 3천530만 명의 사람이 HIV를 앓고 있고, 아프리카 사하라 남부 지역 사람들이 전체의 71퍼센트를 차지한다고 추정했다. 정말로, 2013년 HIV 환자의 75퍼센트 정도를 15개국이 차지했다(〈그림 11-2〉 참조). 범전염병이 1980년대에 시작되었기 때문에, 7천500만 명이 HIV에 감염되었고, 3천600만 명이 HIV/AIDS에 관련되어 사망했다(www.who.int/gho/hiv/en). 이러한 통계는 HIV가 인류 역사상 가장 치명적인 전염병 중 하나라는 것이며, HIV/AIDS가 아프리카의 여러 지역에서 주요 사망 원인이 되었다는 것을 의미한다(UNAIDS 2008). (1981년 HIV가 처음 발견된) 미국, 아시

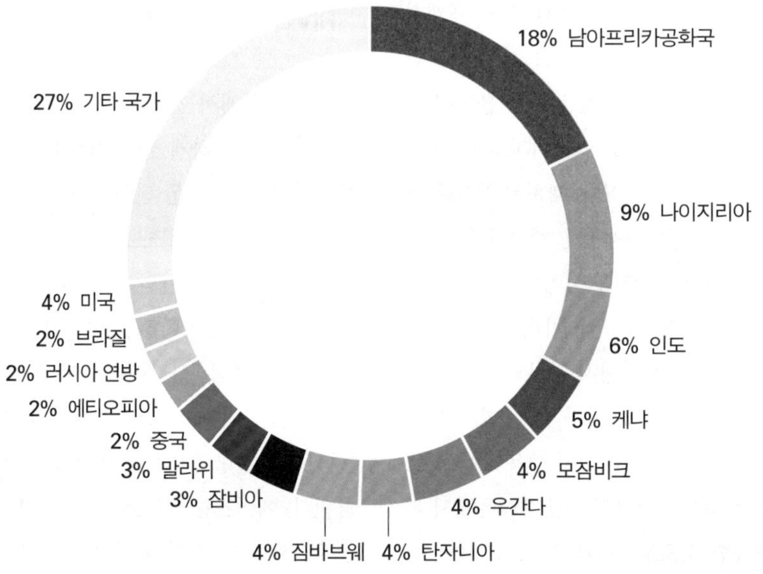

그림 11-2 국가별 HIV 감염자 분포, 2013
출처: UNAIDS 2104: 17.

아 여러 지역과 동유럽에서 증가 추세를 보이지만, HIV에 감염된 채 살아가는 사람의 증가는 약화되었다.

새로운 HIV 감염은 2001년 이래 38퍼센트 감소했고, AIDS 관련 사망자는 2005년 이래 35퍼센트 감소했다. 그러나 2013년 210만 명이 새롭게 감염되었고, 부분적으로 AIDS의 진행을 늦추는 약(ART)의 효과가 좋아 HIV 보균자는 지속적으로 늘었다(UNAIDS 2014: 4). 그러나 약값이 비싸고 2010년 이래 약을 배포하는 데 진전이 있지만, 개발도상국의 HIV 감염자들은 가장 효과적인 치료를 접할 기회가 없다. 예를 들어 2013년 말 1천290만 명이 항레트로바이러스 치료를 받았지만, 이것은 전 세계 HIV 환자의 37퍼센트에 불과했다(UNAIDS 2014: 14). 분명히 HIV가 세계적으로 차단되었다고 말하기엔 아직 갈 길이 더 남아 있지만, UN은 우리가 범전염병이 끝나는 단계에 들어섰다고 말한다.

그렇다면 HIV와 AIDS 범전염병에서 얻을 수 있는 사회학적 교훈은 무엇일까? 어빙 고프먼Erving Goffman은 개인이나 집단이 전면적인 사회적 인정을 받지 못하는 평가절하 관계를 낙인이라고 불렀다(1963). 낙인은 정확한 정보에 근거한 것이 아니며, 고정관념이나 부분적으로만 맞는 허위 인식에서 유래한다. 여러 사례에서 낙인은 결코 제거되지 않고 낙인찍힌 사람은 사회 성원으로 완전히 받아들여지지 않는다. 이것은 초기 AIDS 환자들의 경우에도 그랬고, 아프리카 일부에서도 지속되고 있다.

HIV와 AIDS가 최초로 미국의 게이들에게서 발견되었기 때문에, 일부 논평가들은 게이 관련 생활양식이 질병의 원인이라고 말해 그 병을 게이 관련 면역 결핍증이라는 GRIDgay related immune deficiency라고 불렀다(Nettleton 2013: 57). 특정한 생활양식과 감염 위험의 관계에 대한 가정은 게이와 특정한 생활양식에 대한 낙인으로 이어졌다. 네틀턴은 바이러스를 감염시키는 것은 소독을 하지 않은 주사기를 사용하거나 무방비로 삽입 섹스를 하는 등의 구체적인 행위라는 것을 보여 주는 연구 결과들로 인해 이러한 믿음이 허위임을 밝혀냈다. 그럼에도 불구하고, 게이 남성을 역학적으로 '고위험 집단'으로 해석한 것이 '이성애적인 일반 대중'으로부터 '동성애 남성'

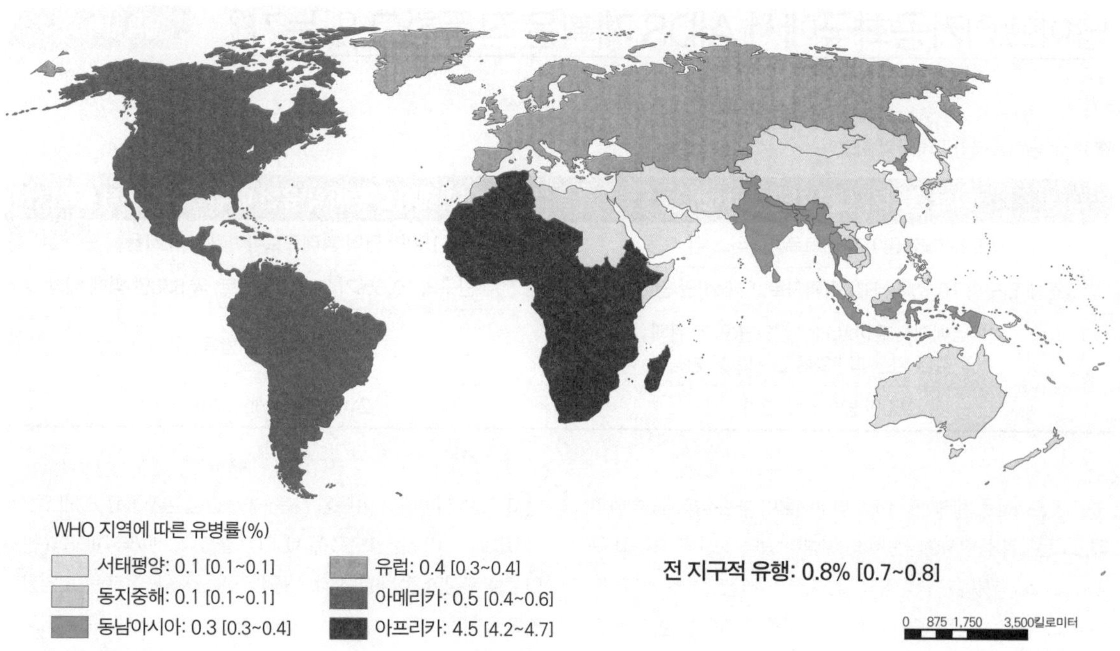

그림 11-3 WHO 지역에 따른 세계 성인(15~49세)의 HIV 유병률, 2014
출처: WHO 2016b.

을 분리시키는 것을 강화시키는 경향을 보였다. 이를 통해 이성애자들은 HIV와 AIDS로부터 안전하다는 허위적인 안전의식을 갖게 되었다.

또한 AIDS는 사회적 불평등에 관한 중요한 문제를 이야기한다. 예를 들어 많은 국가에서 '남성스러움의 한 가지는 콘돔을 사용하지 않는 것이다'라는 이성애적인 남성성 규범이 있다. 이렇게 퍼져 있는 사회적 관념은 이성애 여성들에게 대단히 심각한 결과를 초래한다. 에볼라와 같이, 선진국과 개발도상국 간의 글로벌 불평등은 HIV와 AIDS 범전염병에 의해서도 강조되는데, 부유한 나라의 HIV 감염자는 가난한 나라의 감염자보다 살 확률이 훨씬 더 높다. 의료보호의 격차가 대단히 크지만, 최근 개발도상국에서도 항레트로바이러스 약품을 더 많이 이용할 수 있게 하는 시도가 성공을 거두고 있다.

'리스크' 개념은 20세기 말부터 라이프스타일, 건강, 약물에 관한 사회과학적 논의에서 중심적인 것이 되었고, HIV와 AIDS의 출현으로 '리스크를 인지하는' 인구가 늘어났다. 정말로, 울리히 벡Ulrich Beck은 우리가 '전 지구적 위험 사회'로 진입하고 있다고 주장했다(1999). 만약 그렇다면, 범전염병과 그에 대한 대책이 모든 정부와 EU 및 WHO, UN과 같은 국제기구가 수행해야 할 중요한 과제 중 하나가 될 것이다.

이러한 이슈에 관한 더 광범위한 논의는 제14장 〈글로벌 불평등〉을 참조하라.

건강과 질병에 대한 사회학적 관점들

사회학자들은 환자들과 환자들이 접촉하는 사람들에 의해 질병이 어떻게 경험되고 해석되는지 묻는다. 병으로 일상생활의 패턴이 일시 수정되고 다른 사람들과의 관계

남아프리카공화국에서 AIDS 계획은 작동하고 있는가?

세계 사회 11-2

표 11-2 남아프리카공화국의 AIDS

타보 음베키 집권 기간(2008년)	2009년 제이컵 주마의 유턴 이후(2010년부터 유효)
67만 8천550명이 항레트로바이러스 약 사용	**150만 명**이 항레트로바이러스 약 사용
전체 인구의 **10.3%**가 HIV 감염자로, 약 **520만 명**에 해당	전체 인구의 **10.6%**가 HIV 감염자로, 약 **538만 명**에 해당
어머니에게서 유아로 HIV 전염을 막기 위해 HIV 감염 임산부가 **28주간** 치료를 받음	**14주간** 치료를 받음
150만 명의 HIV 고아	**210만 명**의 HIV 고아

수년간 남아공은 세계에서 HIV 감염 비율이 높은 나라 중 하나인데, 그 문제를 등한시한다는 비난을 받아 왔다. 2년 전 제이컵 주마Jacob Zuma 대통령은 남아공의 AIDS 정책을 급진적으로 바꿨다. 모제스 세체디는 남아공의 가장 큰 도시인 소웨토에 살고 있다. 예순두 살의 세체디는 아프리카에서 가장 큰 병원인 크리스 핸디 바라그와나스 병원 밖에서 새 정책의 효과를 보고 있다고 나에게 말했다. "몇 달 전 여동생이 심하게 아파서 병원으로 데려갔는데, 몇 가지 검사를 마친 뒤 의사가 그녀에게 AIDS에 걸렸다고 말했다."

가족은 난리가 났다. 서른아홉 살인 그의 여동생은 정신질환을 앓고 있었고, 그녀가 어렸을 때 그녀를 치료하겠다고 가족에게 약속한 지역의 전통 치료사에게 강간을 당했다. 그 치료사는 최근 AIDS 관련 복합 증상으로 죽었지만, 세체디의 가족들은 그녀가 아프기 전까지 검사를 받을 생각조차 하지 않았다. 세체디는 그녀가 AIDS 치료약을 복용하지 않았다면 죽었을 것이라고 말했다. "오늘 살아 있는 것은 그 약 때문이다. 하루하루 좋아지고 있다. 매일 기적을 보는 것 같다."

'옳은 일 하기'

주마 대통령의 새로운 정책으로 항레트로바이러스ARV를 복용하고 있는 세체디의 여동생 같은 HIV-양성 환자들은 67만 8천500명에서 150만 명으로 두 배 이상 늘었다. HIV와 AIDS의 관련성을 부정한 전 대통령 타보 음베키Thabo Mbeki 정부는 그 약을 필요로 하는 모든 남아공 사람들에게 그 약을 제공할 수 없다고 말했다.

생명의 대가

변화에 따라 남아공은 세계에서 가장 큰 규모의 항레트로바이러스 프로그램을 실시하고 있지만, 일부는 약값 부담이 너무 크다고 우려한다. 모트소알레디는 그의 부서 예산의 절반이 항레트로바이러스 구입에 사용되고 있다고 말했다. 남아공은 향후 2년간 의약품에 10만 4천500만 달러를 쓰면 2011년에는 건강 예산의 4퍼센트 이하만 사용하게 될 것이다.

그러나 이러한 진전에도 불구하고, AIDS는 남아공의 주된 사망 원인이다. 작년에 26만 명 이상이 AIDS로 사망했는데, 이는 남아공 사망자의 거의 절반에 해당한다. TAC는 정부가 진전시키고 있는지 감시할 것이라고 말했다. 로우 씨는 "정부가 이 프로그램을 충실히 이행하는지 확실히 할 필요가 있다".

출처: Fihlani 2011.

도 변한다. 때로 간과되지만, 몸의 '정상적인' 기능이 일상생활에서 중요한 부분이기 때문이다. 일상생활을 영위되기 위해서 우리는 몸에 의존한다. 우리의 자아 감각도 우리의 몸이 상호작용과 일상 활동을 막는 것이 아니라 촉진시킬 것이라는 기대에 기초하고 있다.

질병은 개인적이며 공공적인 차원을 지니고 있다. 병

에 걸렸을 때, 우리는 고통, 불편함과 혼란을 겪고 다른 사람들도 영향을 받는다. 우리와 가까운 사람들은 동정, 보호와 지지를 베푼다. 그들은 우리가 질병에 걸렸다는 사실을 이해하려 노력하고, 그것을 자신의 생활 패턴에 포함시키는 방법을 찾으려 노력한다. 우리가 접촉하게 되는 다른 사람들도 병에 반응한다. 이러한 반응은 우리 자신의 해석에 영향을 미치고 우리 자신의 자아 감각에 도전을 제기한다.

사회 이론에서는 병에 대한 경험을 이해하는 두 가지 방식이 특히 중요하다. 하나는 기능주의 학파와 관련된 것으로, 아플 때 채택할 것이라고 생각되는 행동 규범을 밝힌다(〈고전 연구 11-1〉 참조). 또 하나는 상징적 상호작용론자들이 선호하는 것으로, 질병에 부여된 해석을 드러내고 이러한 의미가 사람들의 행동과 행태에 어떻게 영향을 미치는지 드러내고자 시도한다.

> 기능주의에 대해 더 자세히 알려면 제1장 〈사회학이란 무엇인가〉와 제3장 〈사회학의 이론과 관점〉을 참조하라.

생생한 경험으로서의 병듦

많은 사회학자들은 사람들이 어떻게 병을 경험하고 다른 사람들의 병을 인식하는지 이해하기 위해 상징적 상호작용 접근법을 건강과 질병에 적용했다. 사람들은 중병에 걸렸다는 소식에 어떻게 반응하고, 또한 어떻게 적응하는가? 만성질환에 걸렸다는 것은 사람들이 다른 사람들에 의해 대우를 받는 방식과 자기 자신의 정체성에 어떤 영향을 미치는가? 산업사회에 사는 사람들은 이제 더 오래 살지만, 그 결과 더 만성적인 질환을 갖게 되고 더 많은 사람이 더 오랜 기간 동안 질병을 가지고 살게 된다. 사회학자들은 이러한 경우 질병이 개인들의 생애에 어떻게 통합되는지 연구해 왔다.

어떤 질병은 일상적인 활동에 영향을 미칠 수 있는 정기적인 치료나 유지를 요한다. 투석, 인슐린 주사나 여러 개의 약을 복용하는 일은 개인들에게 일정을 조절할 것을 요구한다. 탈장이나 탈홍 혹은 심한 멀미와 같은 다른 질병들은 예상하지 못한 상태에서 몸에 영향을 미친다. 이러한 조건에 영향을 받는 개인들은 하루하루 생활 속에서 병을 관리하는 전략을 개발해야만 한다. 이러한 것은 친밀하고 일상적인 인간관계를 관리하는 기술뿐만 아니라 익숙하지 않은 곳에서도 화장실 위치에 항상 유의해야 하는 등 일상에서 여러 고려를 포함한다. 비록 질병의 증상이 당황스럽고 파괴적이지만, 사람들은 가능한 한 정상적으로 살기 위해 대응 전략을 개발한다(Kelly 1992).

동시에, 질병의 경험은 사람들의 자아 관념에 변화를 만들어 낸다. 이것은 자신의 질병에 대한 다른 사람들의 반응이나 상상된 혹은 인지된 반응을 통해 이루어진다. 만성적으로 아프거나 장애가 있는 사람들에게 많은 사람들의 일상적인 사회적 상호작용은 위험과 불확실성의 요소를 지닌다. 질병과 장애가 있는데 표준적이고 일상적인 상호작용을 뒷받침하는 공유된 이해가 항상 가능한 것은 아니며 공통적인 상황에 대한 이해도 크게 다를 수 있다. 예를 들어 아픈 사람은 도움을 필요로 한다. 하지만 의존적으로 보이길 원치 않는다. 사람은 병이 있다고 진단받은 사람에게 동정을 느끼지만, 그것을 직접 이야기하기는 자신없어 한다. 사회적 상호작용의 변화된 맥락이 자아 정체성 변화를 촉진시킬 수 있다.

질병은 사람들의 시간, 에너지, 힘과 감정을 엄청나게 요구한다. 사회학자들은 만성질환을 앓는 사람이 어떻게 전체 삶의 맥락에서 병을 관리하는지 연구한다(Jobling 1988; Williams 1993). 코르빈Corbin과 슈트라우스Strauss는 만성질환을 앓는 사람들이 자신들의 생활을 조직하기 위해 발전시키는 건강 체제를 연구했다(1985). 그들은 일상생활 전략에 포함된 세 가지 일의 유형을 발견했다. 질병 일illness work은 통증 치료, 진단 검사 혹은 물리적 치료를 포함하는 행위를 의미한다. 다른 사람과의 관계 유지, 가정사 처리, 전문적이거나 개인적인 이해 추구와 같은 일상적인 일everyday work은 하루 생활의 관리에 속한다. 전기

탤컷 파슨스의 사회에서 '아픈 역할'에 관한 논의

고전 연구 11-1

연구 문제

당신이 아팠을 때를 생각해 보라. 다른 사람들이 어떻게 반응했는가? 동정적이었는가? 당신이 나을 수 있도록 도움을 주려 했는가? 그들이 당신이 빨리 낫기를 바란다고 느꼈는가? 미국의 기능주의 학자인 탤컷 파슨스Talcott Parsons는, 병은 개인적인 차원 말고도 사회적 차원이 있다고 말한다(1952). 사람은 혼자 아픈 것이 아니라 아플 때도 사회적으로 그들에게 기대되는 것이 무엇인지 배워야 한다. 그리고 그렇게 순응하지 않으면, 일탈 행동을 하고 있다고 낙인찍힐 수 있다.

파슨스의 설명

파슨스는 병으로 인한 파괴적인 충격을 최소화하기 위해 아픈 사람들이 채택하는 행위 패턴을 기술하면서 '환자 역할sick role' 개념을 발전시켰다. 기능주의 학파는 사회가 부드럽고 합의적인 방식으로 작동한다고 생각한다. 그러므로 질병은 정상적인 상태를 파괴시키는 역기능으로 인식된다. 예를 들어 아픈 개인들은 자신의 모든 표준적인 책임을 수행할 수 없거나 보통 때보다 신뢰할 수 없고 덜 효율적일 수 있다. 아픈 사람은 정상적인 역할을 수행할 수 없기 때문에, 그들 주위 사람들의 생활도 파괴된다. 업무가 완결되지 않아 다른 동료들에게 스트레스를 주며, 집 안에서의 책임이 달성되지 못하는 등의 일이 벌어진다.

파슨스에 따르면, 사회화를 통해 환자 역할을 배우고 그들이 아플 때 그것을 실현한다. 환자 역할에는 세 가지 축이 있다.

1. 환자는 개인적으로 아픈 것에 책임을 지지 않는다. 병은 개인의 통제밖에 있는 물리적인 요인들의 결과로 여겨진다. 병의 시작은 개인의 행태나 행동과 무관하다.
2. 환자는 정상적인 책임을 면제받는 것을 포함한 어떤 권리와 특권을 부여받는다. 아픈 사람이 병에 대해 책임지지 않기 때문에, 환자는 아프지 않으면 해야 할 의무, 역할과 행동에서 면제된다. 예를 들어 아픈 사람은 집에서 통상적으로 해야 하는 의무로부터 면제된다. 아픈 사람은 침대에 누워 있을 권리를 얻거나 일을 하지 않아도 된다.
3. 환자는 의료 전문가와 상담하고 환자가 되는 것에 합의해 건강을 회복하기 위해 노력해야 한다. 그래서 환자 역할은 적극적으로 건강해지려고 하는 사람에게 달려 있는 일시적이고 조건적인 역할이다. 환자는 의사의 주문에 협조하고 따를 것으로 기대되지만, 의사를 만나는 것을 거부하거나 주의를 따르지 않는 사람은 환자 역할 지위의 정당성이 위태롭게 된다.

파슨스의 환자 역할은 다른 사회학자들에 의해 더 가다듬어졌는데, 다른 사회학자들은 환자 역할과 관련해 모든 병이 같지 않다고 주장한다. 환자 역할 경험은 병의 종류에 따라 다른데, 병의 심각성이나 병에 대한 사람들의 인식에 영향을 받기 때문이다. 프라이드슨Freidson은 병의 종류와 심각성에 따른 세 가지 환자 역할을 찾아냈다(1970).

'조건적conditional' 환자 역할은 회복할 수 있는 일시적인 조건으로 고통받는 사람들에게 적용된다. 예를 들어 기관지염을 앓고 있는 사람은 흔한 감기 환자보다 더 큰 혜택을 받는다. '무조건적으로 정당한unconditionally legitimate' 환자 역할은 치료하기 힘든 병을 앓고 있는 사람들에게 적용된다. 환자는 나아지기 위해 할 수 있는 일이 없기 때문에, 장기적으로 환자 역할을 부여받는다. 무조건적으로 정당한 환자 역할은 탈모증이나 심한 통증을 앓고 있는 사람들에게 적용된다. 두 사례에서 특별한 특권은 없지만, 개인들에게 병에 대한 책임이 없다는 것을 인정받는다. 암이나 파킨슨병은 많은 혹은 거의 대부분의 의무를 하지 않아도 되는 중요한 특권을 낳는다.

마지막 환자 역할은 '정당하지 못한illegitimate' 역할로, 이러한 역할은 사람들이 다른 사람들에 의해 낙인찍히는 병이나 상태로 고통받는 사람들에게 적용된다. 이러한 경우 개인들은 어느 정도 병에 대해 책임 있다는 느낌이 있고, 권리나 특권이 필수적으로 주어지지 않는다. 알코올 의존증, 흡연 관련 질병과 비만이 환자의 역할을 전제하는 개인의 권리에 영향을 미치는 낙인이 찍히는 예들이다.

비판적 쟁점

파슨스의 환자 역할 개념은 대단히 큰 영향을 미쳤다. 그 이론은 환자가 어떻게 더 큰 사회적 맥락의 통합적인 한 부분인지를 잘 드러낸다. 그러나 그것에 반대하는 여러 가지 비판이 있다.

어떤 학자들은 환자 역할 모형이 질병의 경험을 포착할 수 없다고 주장하고 다른 학자들은 그 모형이 보편적으로 적용될 수 없다고 주장한다. 예를 들어 환자 역할 이론은 의사와 환자가 진단에 대해 동의하지 않거나 서로 반대되는 이해를 가지고 있을 경우를 설명하지 못한다. 더욱이 환자 역할을 가정하는 것이 항상 분명한 과정은 아니다. 어떤 사람들은 반복적으로 잘못 진단되는 증상을 가지고 있고, 분명한 진단이 이루어지기 전까지 환자 역할은 부정된다. 다른 경우에 인종, 계급, 젠더와 같은 사회적 요소들이 환자 역할이 부여되는지 그리고 어떻게 바로 부여되는지에 영향을 미칠 수 있다. 환자 역할은 그것을 둘러싼 사회적, 문화적, 경제적 영향과 분리될 수 없고, 질병의 현실은 환자 역할이 제시하는 것보다 훨씬 더 복잡하다.

현대 생활양식과 건강이 더욱더 강조되는 것은 개인들이 자신의 행복에 더 책임을 진다는 것을 의미한다. 이것은 개인이 자신의 병에 대해 책임 없다는 환자 역할의 첫 번째 전제와 모순된다. 더욱이 현대 사회에서 급성 세균성 질환을 만성질환으로 바꾸어 환자 역할이 덜 적용되게 만들었다. 환자 역할은 급성 질환을 이해하는 데 도움을 주지만, 오늘날 만성적인 질환의 경우는 도움이 크게 되지 않는다. 만성질환이나 장애자가 받아들이는 역할은 없다.

현대적 의의

그럼에도 불구하고 '환자 역할'의 개념은 개인의 병을 광의의 건강관리 체계와 연관시켰다는 점에서 의미가 있다. 브라이언 터너Bryan S. Turner는 대부분의 사회들이 환자 역할을 발전시켰지만, 서로 다르다고 주장했다(1995). 예를 들어 많은 서양 국가들의 경우 개인화된 환자 역할이 존재해 생명을 위협하지 않는 조건으로 병원 체류 기간이 짧고 면회 시간과 면회자들도 엄격하게 통제된다. 반면에 일본의 경우 환자 역할이 더 공동체적인 규범이다. 환자들은 치료를 받은 이후에도 병원에 더 머무르고, 병원에 입원해 있는 기간도 서양에 비해 더 비공식적이어서 가족과 친구들이 함께 식사도 하고 오래 머문다. 터너는 이러한 환자 역할의 비교사회학으로부터 건강과 질병의 사회적 측면에 대해 더 많은 것을 배울 수 있다고 제시한다.

적인 일biographical work은 환자가 개인적인 이야기를 만들거나 재구성하기 위해서 하는 활동을 지칭한다. 다시 말하면, 병을 자신의 삶으로 끌어들여 이해하고 또 다른 사람에게 그것을 설명하는 방식을 발전시키는 과정이다. 이러한 과정이 만성질환임을 알았을 때부터 자신의 삶에 의미와 질서를 회복시키는 것을 돕는다.

질병이 개인에게 어떻게 경험되는가를 연구하는 것은 질병이 어떻게 개인의 생애를 파괴하고 새로운 관계 구축을 요구하는지 보여 주는 데 대단히 요긴하다. 그렇지만 건강의 사회학에서 가장 중요한 발견은 건강과 질병의 패턴을 발견한 것이다. 즉, 건강은 사회·경제적 지위, 젠더, 인종 등과 일관되게 관련 있다.

건강의 사회적 토대

20세기 동안 산업사회에 사는 사람들의 수명이 전반적으로 크게 증가했고, WHO는 2012년 전 세계 인구의 출생시 기대 수명은 평균 70세로 높아질 것이라고 말했다. 물론 이러한 평균적인 수치는 선진국과 개발도상국 간의 건강 불평등을 은폐한다(제9장 〈생애과정〉 참조). 공중보건의 증진이 현대 의술의 효과에 크게 기여했고, 의학 연구가 병의 생물학적 원인을 밝혀 효과적인 치료법을 발전시키는 데 기여했다는 가정이 널리 공유된다. 이러한 관점에서 의료 지식과 전문성이 높아지면서, 공중보건에서 지속적인 개선이 이루어질 것이다. 이러한 관점이 매우 영향력 있긴 하지만, 사회학자들에게는 불만족스럽다. 지난 세기 공중보건의 개선은 모든 인간에게 건강과 질병이 고르게 분포되어 있지 않다는 사실을 가릴 수 없다. 어떤 사회집단은 다른 집단보다 훨씬 더 건강한 삶을 누렸다. 이는 건강 불평등이 더 큰 사회경제적 구조와 연계되어 있음을 보여 준다.

사회학자들과 사회역학 — 인구에서 질병의 분포와 발생을 연구하는 — 전문가들은 건강과 사회 계급, 젠더, 인종, 연령, 지리와 같은 변수들과의 연계성을 설명하고자 했다. 대부분의 학자들이 건강과 사회 불평등의 상관관계를 인정하지만, 관계의 성격 혹은 건강 불평등이 어떻게 다루어져야 하는지에 대해서는 합의가 이루어지지 않았다. 주요 논쟁 중 하나는 생활양식, 행동, 식사와 같은 '개인 변수'들과 계급 위치, 소득 분배와 빈곤 같은 '환경적 혹은 구조적 변수들' 사이의 상대적 중요성에 관한 것이다. 여기에서는 사회 계급, 젠더와 인종에 따라 건강의 패턴이 달라지는 것을 살펴보고, 이러한 것이 지속되는 것을 설명하는 경쟁적인 설명들을 검토한다.

사회 계급과 건강

사망률 및 발병률 패턴과 사회계급 간에 분명한 관계가 있다는 것이 연구를 통해 지속적으로 밝혀지고 있다. 사실 코커럼Cockerham은 "사회 계급이나 사회경제적 지위SES가 의료사회학medical sociology에서는 건강, 질병의 인과관계 그리고 수명을 예상할 수 있는 가장 중요한 예측 장치"라고 주장한다(2007: 25). 영국에서 영향력 있는 전국 연구인 「블랙 보고서the Black Report」는 계급에 기초한 건강 불평등 정도를 공표하는 데 중요한 역할을 했는데, 영국과 같은 부유한 나라에서의 건강 불평등 결과를 보고 많은 사람이 충격적으로 받아들였다(DHSS 1980). 사회 전체적으로 건강이 좋아지는 추세를 보이고 있지만, 신생아 몸무게부터 혈압과 만성질환 위험과 사고사를 포함한 건강 지표에서 사회 계급들 사이에 커다란 격차가 있는 것으로 나타났다. 사회경제적으로 높은 위치에 있는 사람들은 낮은 위치에 있는 사람들보다 평균적으로 더 건강하고, 더 크고, 더 강하고 더 오래 산다(Drever and Whitehead 1997).

영국 통계국은 1982년부터 2006년까지 25년 동안 잉

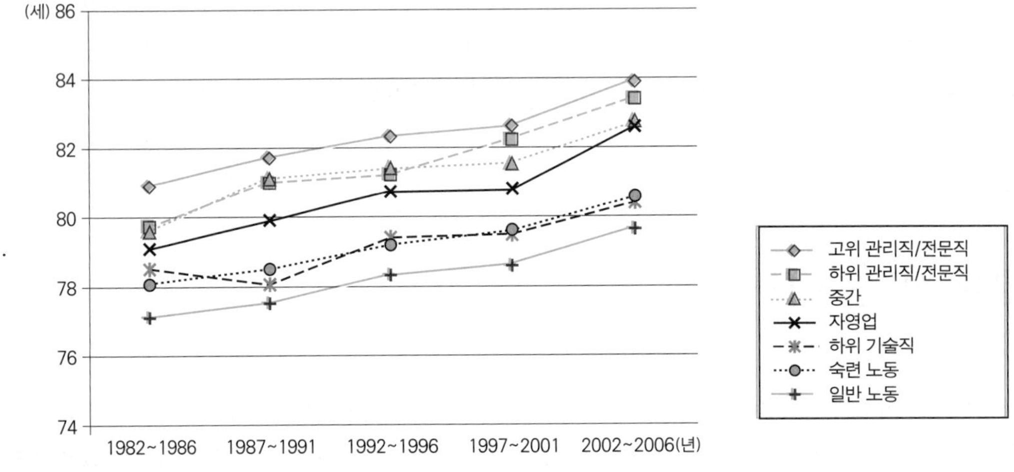

그림 11-4 사회경제적 지위별 잉글랜드와 웨일스의 남성 기대 수명

출처: ONS 2011e: 2.

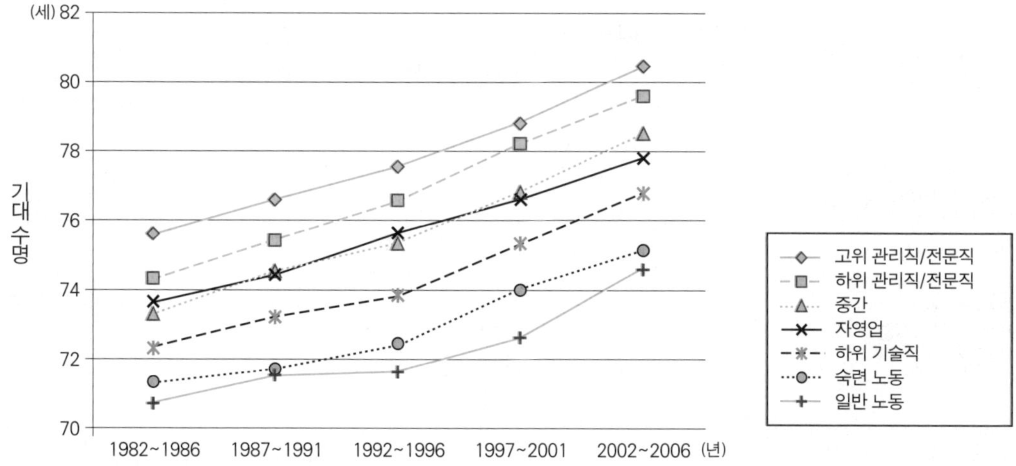

그림 11-5 사회경제적 지위별 잉글랜드와 웨일스의 여성 기대 수명, 1982~2006

출처: ONS 2011e: 3.

글랜드와 웨일스의 건강 불평등을 분석했다(ONS 2011e). 그 시기엔 영국의 기대 수명이 증가하고 있었다(〈그림 11-4〉와 〈그림 11-5〉 참조). 놀랍게도 보통의 노동자(계급 7)와 고위 관리직/전문직(계급 1) 간 기대 수명의 격차가 1982~1986년에는 4.9년이었는데 1997~2001년에는 6.2년으로 더 벌어졌다. 고위 관리직/전문직 남성의 출생 시 기대 수명은 80.4세였고, 남성 노동자의 기대 수명은 74.6세였다. 여성의 경우는 기대 수명이 고위 관리직 및 전문직은 83.9세이고, 일반 노동자는 79.7세로 두 계급 간 차이에 큰 변화를 보이지 않았다.

최근 2010년 센서스 자료의 분석도 건강 상태에 관한 자기 평가에서 계급 1과 계급 7 사이에 건강 격차가 있음을 보여 준다(〈그림 11-7〉 참조). 계급 7의 남성과 여성의 30퍼센트 이상이 건강이 좋지 않다고 답했고, 건강이 좋지 않다고 답한 계급 1의 남성과 여성은 15퍼센트 이하였다(ONS 2013a). 물론 이것은 주관적인 자기 건강 평가지만 폐암, 약 의존성, 비만과 사고로 인한 남성의 사망에서도 분명한 계급 차이가 있다는 다른 연구 결과들이 있다(White et al. 2003). 유사한 계급 차이는 정신건강에서도 명백해, 연구에 따르면 최하위 계급의 신경 질환은 최상위 계급의 두 배 이상이다(Nettleton 2013: 159).

통찰력 있는 사람도 우리가 언제 죽을지 정확하게 예측할 수 없지만, 사회과학자들은 우리가 태어난 계급이 평균적으로 얼마나 오래 살지 기대할 수 있는 주요 결정 요인이라고 밝혔다. 다른 선진국의 연구들도 건강과 기대 수명에서 분명한 계급 차이를 지속적으로 보고한다. 그렇지만 늘어나는 연구에도 불구하고, 둘을 연결시키는 실제적인 기제를 찾아내는 데는 그다지 성공적이지 못하다. 상관관계 배후에 놓여 있는 원인에 관한 설명 중 잘 알려진 것으로 서너 개가 있다.

「블랙 보고서」는 물질주의적 설명을 채택했다. 물질주의적 설명은 건강 불평등의 원인을 빈곤, 부와 소득 분포, 실업, 주거와 나쁜 노동 환경 같은 거시적인 사회 구조로 본다. 그러므로 건강 불평등을 물질적 박탈의 결과로 보고, 그것을 완화시키기 위한 근본적인 원인을 다루는 것이 요구된다. 결과적으로 「블랙 보고서」는 포괄적인 반反빈곤 전략과 교육의 개선이 필요하다는 점을 지적했다.

보수당 정권(1979~1990)은 「블랙 보고서」의 발견을 무시했고, 초점을 개인들이 자유롭게 선택한 생활양식을 강조하는 문화적, 행태적 설명으로 돌렸다. 예를 들어 하

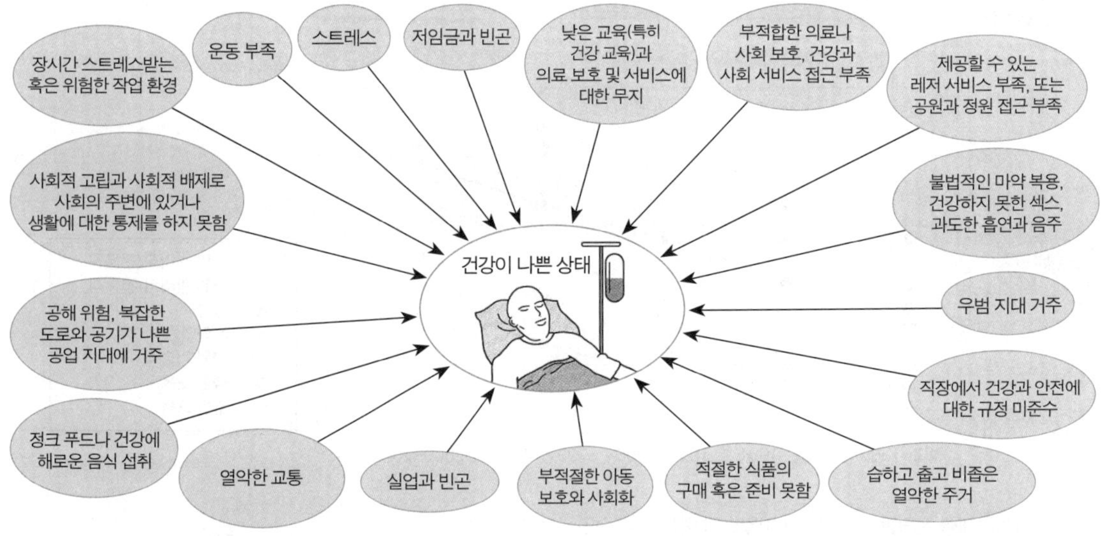

그림 11-6 건강에 미치는 문화적·물질적 영향

출처: Browne 2005: 410.

층 계급은 흡연, 몸에 안 좋은 음식 섭취, 잦은 음주와 같은 건강하지 못한 행동을 하는 경향이 있다. 이러한 접근을 지지하는 사람들은 그들이 속한 계급 내에서 개인적으로 활동하며, 전적으로 자유로운 선택은 아니지만, 그렇다고 할지라도 생활양식에 영향을 미치기 위한 공중보건 캠페인을 계속 강조하고 있다. 금연 시도, 건강한 식사와 운동 프로그램들은 개인들이 자신들의 건강을 지키기 위해 행동을 바꾸는 노력을 해야 한다고 촉구한다. 그러나 이러한 접근을 비판하는 사람들은 저소득과 계급의 제약이 충분하게 고려되지 못했다고 주장한다. 예를 들어 신선한 과일과 채소가 좋은 식사의 핵심이지만, 지방과 콜레스트롤이 많은 음식에 비해 더 비싸다. 건강한 음식 소비는 소득이 높은 집단에서 가장 높게 나타난다.

1997년에 집권한 노동당 정부(1997~2010)는 국민의 건강에 문화적 요인과 물질적 요인 모두 중요하다는 것을 인정했고, 또 다른 위원회 연구 보고서인 「애치슨 보고서the Acheson Report」는 1970년대 이래 여러 면에서 건강 불평등이 악화되었음을 확인했다(Acheson 1998). 「애치슨 보고서」의 증거에 기초해 노동당 정부의 『생명 구하기: 더 건강한 나라Saving Lives: Our Healthier Nation』라는 백서는 사회적, 경제적, 환경적, 문화적 요소와 같은 다양한 요소들이 함께 나쁜 건강을 초래한다는 점을 강조했다(DoH 1999; 〈그림 11-6〉 참조). 또한 나쁜 건강 징후뿐만 아니라 그 원인을 다루기 위해서 실업, 표준적인 주택과 교육을 건강과 연계시키는 주도적 역할도 제시했다.

2003년 정부는 박탈 수준이 높은 지역을 중심으로 '스피어헤드 계획Spearhead Initiative'을 시작했다. 전체 인구의 28퍼센트를 차지하는 흑인 및 소수 민족의 44퍼센트를 대상으로, 2010년까지 유아 사망률과 기대 수명의 계급 격차를 10퍼센트 줄이는 것을 목표로 했다(DoH 2003). 2009년 초 계획한 지역의 19퍼센트만이 이러한 목표를 달성했고, 66퍼센트는 전국 평균과 비교해 건강 격차가 더 벌어졌음이 밝혀졌다(Health Inequalities Unit 2009). 전국의 건강 상태는 좋아지는데 왜 건강 격차는 더 벌어지고 있는가? 그 이유는 부유한 사람들이 가난한 사람들보다 공중보건 촉진 캠페인에 더 적극적으로 동참함에 따라 그들의 건강이 훨씬 더 빠르게 개선되고 있다는 것이다. 그러므로 역설적이게도 일반적인 건강 촉진 캠페인은 건강 불평등을 줄이기보다는 오히려 늘리는 것으로 보인다.

2010년 2월 또 다른 정부 위원회 보고서인 『공정한 사회, 건강한 생활Fair Society, Healthy Lives』(마이클 마멋Michael Marmot 경이 주도)이 발표되었다. 연구 팀은 잉글랜드의 건강 불평등 전략에 관한 조언을 해주기 위해 증거들을 수집했다. 그 보고서는 기대 수명과 건강 기대 수명에 관한 통계 증거를 보면서 건강 격차가 매우 심하고 그 격차를 줄이는 것이 사회 전체에 이득이 된다는 점을 다시 한 번 확인했다. 그렇지만 그것이 가장 박탈된 집단에 초점을 맞추어 이루어질 수 있다는 생각에는 반대했다. 대신, 그 보고서는 모든 계급을 망라하는 '비례적 보편주의 proportionate universalism'가 필요하다고 주장했다. 비례적 보편주의는 모든 계급을 대상으로 하지만, 경험하는 박탈 수준에 따라 범위와 강도를 다르게 하는 것을 의미한다.

「마멋 보고서Marmot Review」는 교육, 직업, 소득, 젠더와 인종뿐만 아니라 사람들의 경제적 상황, 사회적 환경, 심리적·생물학적 요인들을 포함해 건강에 영향을 미치는 사회적·경제적 불평등에 대해 행동을 취할 것을 요구했다(Marmot 2010: 10). 몇몇 사람들은 정부가 이처럼 광범위하게 개입하는 것이 불가능하며, 특히 경제가 어려운 상황에서는 더욱 그러하다고 비판했지만, 저자들은 경제 성장에 앞서 지속 가능성과 웰빙을 우선시할 때라고 주장했다. 생애 초기가 미래 건강에 강력한 토대가 되는 것이 확인되었고, 따라서 어린이들에게 가능한 한 최선의 출발을 할 수 있도록 이 분야의 정부 지출 비율을 늘려야 한다고 말했다.

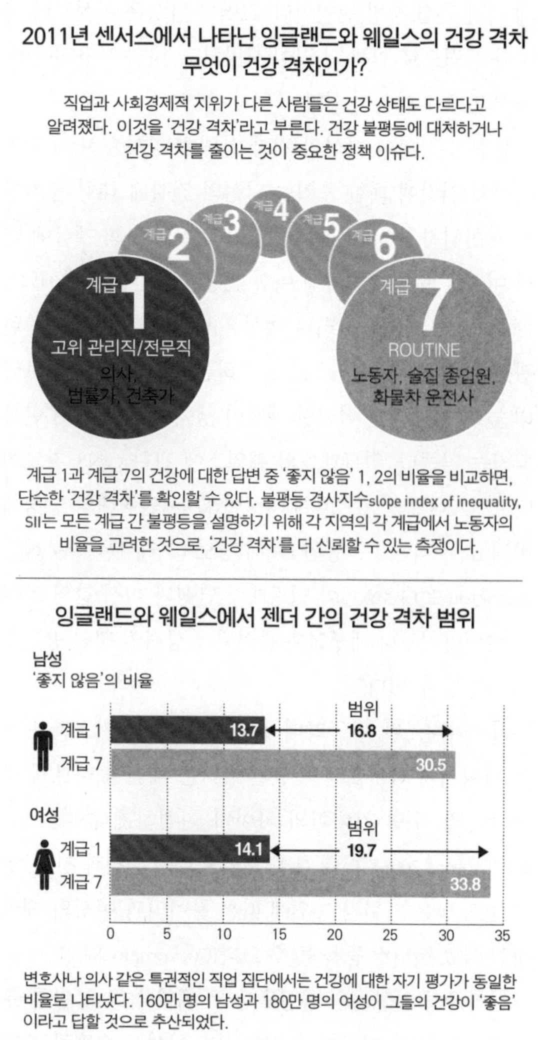
2011년 센서스에서 나타난 잉글랜드와 웨일스의 건강 격차
무엇이 건강 격차인가?
직업과 사회경제적 지위가 다른 사람들은 건강 상태도 다르다고 알려졌다. 이것을 '건강 격차'라고 부른다. 건강 불평등에 대처하거나 건강 격차를 줄이는 것이 중요한 정책 이슈다.
계급 1
고위 관리직/전문직
의사, 법률가, 건축가
계급 2
계급 3
계급 4
계급 5
계급 6
계급 7
ROUTINE
노동자, 술집 종업원, 화물차 운전사
계급 1과 계급 7의 건강에 대한 답변 중 '좋지 않음' 1, 2의 비율을 비교하면, 단순한 '건강 격차'를 확인할 수 있다. 불평등 경사지수slope index of inequality, SII는 모든 계급 간 불평등을 설명하기 위해 각 지역의 각 계급에서 노동자의 비율을 고려한 것으로, '건강 격차'를 더 신뢰할 수 있는 측정이다.
잉글랜드와 웨일스에서 젠더 간의 건강 격차 범위
남성
'좋지 않음'의 비율
계급 1 13.7
계급 7 30.5
범위 16.8
여성
계급 1 14.1
계급 7 33.8
범위 19.7
0 5 10 15 20 25 30 35
변호사나 의사 같은 특권적인 직업 집단에서는 건강에 대한 자기 평가가 동일한 비율로 나타났다. 160만 명의 남성과 180만 명의 여성이 그들의 건강이 '좋음'이라고 답할 것으로 추산되었다.

그림 11-7 2011년 잉글랜드와 웨일스의 '건강 격차'

출처: Browne ONS 2013a.

비판적으로 생각하기 THINKING CRITICALLY

만약 건강 상태가 모든 계급에서 개선되면, 어떤 계급이 다른 계급보다 더 건강한 것이 문제 되는가? 정부를 대상으로 건강 격차를 줄이는 것이 우선시되어야 할 가치 있는 정책이라는 점을 설득시킬 수 있는, 계급 간 건강 격차가 낳은 잠재적인 사회적 · 경제적 결과를 열거해 보자.

젠더와 건강

남성과 여성의 건강 격차도 연구에서 밝혀졌다. 예를 들어 거의 모든 나라에서 여성이 남성보다 오래 살고, 사망과 질병의 원인도 남성과 여성에서 차이를 보인다(UNDP 2004). 선진국에서 심장마비는 여성보다 남성에게서 더 많기는 하지만, 심장마비는 65세 이하의 남성과 여성에게 가장 흔한 사망 원인이다. 그러나 남성은 여성보다 사고와 폭력으로 인해 더 많이 사망하고, 마약 복용과 알코올 의존증에 빠지기 쉽다.

물질적 상황이 여성의 건강 상태에 영향을 미치지만, 여성의 건강에 대한 증거는 남성의 건강에 대한 증거만큼 광범위하지 않다. 많은 연구가 남편의 사회 계급에 따라 여성을 분류해 왜곡된 여성 건강상을 만들었다(제12장 〈계층과 계급〉 참조). 그러나 여성은 남성보다 의료에 관한 관심이 더 많으며, 스스로 보고하는 질병률도 남성보다 더 높다. 그렇지만 이러한 패턴이 생애 전 과정에서 반복되지는 않는다. 잉글랜드와 웨일스에 관한 ONS 자료에 따르면, 2002년 16~44세 여성이 같은 연령대의 남성에 비해 조사 직전 2주 동안 두 배 정도 더 의사를 방문했다(Nettleton 2013: 168). 이 연령대의 남성과 여성 간의 차이는 병이라기보다 재생산과 관련된 일상적인 병원 방문으로 설명될 수 있다.

아프가니스탄, 방글라데시, 인도, 네팔, 파키스탄과 같은 남아시아 국가에서는 성별에 다른 패턴이 다르게 나타나는데, 수명 기대치의 차이가 현격하게 준다(Arber and Thomas 2005). 이에 대한 요인으로는 분쟁과 전쟁, 영양실조, 낮은 사회적 지위에 따른 불이익과 여성의 제한적인 의료 서비스 등을 들 수 있다(Cockerham 2007).

선진국의 여성들은 남성보다 두 배나 높은 불안과 우울증을 앓는다. 연구자들에 의하면, 여성이 수행하는 다양한 역할 — 가사, 육아, 전문적인 책임 — 이 여성의 스트레스를 높이고 더 높은 발병률을 낳는다. 레슬리 도열Lesley Doyal은 더 많은 여성이 경제 활동에 참여해 바뀌고 있지만, 본질적으로 여성의 삶이 가사노동, 성적 재생산, 임신, 육아, 출산 조절을 통한 임신 관리에서 남성의 삶과 다르다고 제시했다(1995). 도열은 여성의 건강에 영향을 미치는 것은 이러한 일들이 누적되어 나타난 효과라고 주장했다. 그러므로 여성의 건강에 대한 분석은 사회적, 심리적, 생물학적 영향의 상호작용을 고려해야 한다.

히서 그레이엄Heather Graham은 화이트칼라 여성의 건강에 미치는 스트레스를 연구하면서, 낮은 사회경제적 지위의 여성들이 중간 계급 여성들보다 생애에서 위기에 닥쳤을 때 지지 네트워크가 부족하다는 점을 밝혔다(1987, 1994). 노동 계급 여성들은 실직, 이혼, 퇴거나 자녀 사망과 같은 생애 위기를 더 접하지만, 대처하는 기술이 약하고 불안을 해소할 수 있는 수단도 적다는 점을 발견했다. 그로 인한 스트레스는 신체적, 심리적으로 해롭지만, 스트레스를 해소하는 방법도 해롭다. 예를 들어 흡연은 개인적이고 물질적인 자원이 거의 바닥날 때 긴장을 줄이기 위한 방법이다. 흡연은 어려운 환경에 대처하게 만드는 동시에 여성과 아이들의 건강을 더 위험하게 만든다.

앤 오클레이Ann Oakley와 그의 동료들은 영국 네 개 도시에 거주하는 사회적으로 어려운 여성들과 아이들의 건강을 위한 사회적 지지 역할을 연구했다(1994). 그들은 스트레스와 건강의 관계가 중대한 생애 위기뿐만 아니라 사소한 문제들에 모두 적용되며, 노동 계급의 삶에서 더욱 심각하게 느껴진다는 것을 발견했다. 오클레이는 상담 서비스, 핫라인, 가정 방문과 같은 사회적 지지가 여성이 흔하게 경험하는 건강에 부정적인 영향을 미치는 스트레스를 중화시키는 역할을 할 수 있음을 밝혔다. 다른 연구들도 최근의 사이버 공간의 여성 커뮤니티인 엄마의 모임과 같은 사회적 지지가 사람들로 하여금 질병에 적응하도록 돕는 중요한 요소라는 것을 밝혔다(Ell 1996; Drentea and Moren-Cross 2005).

반대로 남성은 그들의 건강에 대해 별로 주의를 기울이지 않고 더 오래 건강 문제를 무시한다는 것을 보여 주는 연구가 있다. 젊은 남성들 또한 여성들보다 과속, 약물 복용, 이른 나이의 성적 행위, 만취와 같은 위험한 행동들을 많이 한다(Lupton 1999). 그렇지만 최근 이러한 패턴이 변하고 있다. 예를 들어 아주 최근까지 흡연은 압도적으로 남성과 관련되었지만, 이제는 그렇지 않다. 영국의 젊은이들 가운데 여성이 남성보다 담배를 더 피우는 경향이 있다(Nettleton 2013: 169).

건강에 위험한 행동을 하는 패턴이 젠더에 따라 변화한 것은 경제 상황의 변화와 관련 있다. 더 많은 여성이 남성과 같은 부문으로 진출하면서, 결과적으로 광고업체들의 목표물이 되었다. 애넌데일Annandale은 1950년대 확연하게 구분된 젠더 정체성 — 남성은 경제 책임자, 여성은 가정주부 — 이 가부장적 자본주의의 '새로운 독신 체제'에서 흐려지고 있다고 말했다(2009: 8~9). 그러나 이것은 젠더 평등이 이루어졌음을 의미하는 것이 아니다. 그보다는 낡은 전통적인 이분법적 남성과 여성의 역할이 해체되기 시작했고, 여성들에게 새로운 자유를 주면서도 통제하는 더 복잡하고 불확실한 상황이 도래했다는 것이다. 예를 들어 밤 시간에 경제 활동을 더 많이 하고 담배와 술을 더 많이 소비하면서, 나쁜 행동에서 남성을 능가하는 젊은 여성들은 무책임하고 매력 없는 '거친 여성'으로 재정의된다. 그러므로 젠더 관계에서 다양성과 유동성 증가가 지속적으로 남성과 여성은 다르다고 보는 낡은 이데올로기에 의해 억제된다.

일부 소수 종족 집단에서 여성의 건강이 남성보다 더 나쁜 한 가지 영역이 있다. 전체 인구보다 소수 종족에서 스스로 평가한 질병이 더 많을 뿐만 아니라, 같은 종족 집단 내에서, 특히 파키스탄과 방글라데시 커뮤니티에서 여성은 남성보다 건강이 더 나쁘다(Cooper 2002). 이러한 발견은 계급, 젠더와 종족을 교차하는 사회 불평등에 의한 복합적인 결과임을 보여 주므로, 우리는 미래의 건강 불평등 연구가 교차성에 더 민감해질 것이라는 점을 예상할 수 있다.

종족과 건강

선진 사회에서는 건강이 종족적으로 구분되지만, 종족과 건강의 관계에 대한 우리의 이해는 기껏해야 일부분일 뿐이다. 이 분야에 대한 사회학 연구들이 지속적으로 이루어졌지만, 증거는 아직도 결정적이지 못하다. 어떤 경우 한 종족 집단의 특성으로 여겨지는 현상은 대단히 중요할 수 있는 계급이나 젠더와 같은 다른 요인들을 간과할 수도 있다.

그럼에도 불구하고, 어떤 질병은 아프리카계 카리브해 지역 출신 혹은 아시아계 사람들에게서 더 많이 발견된다. 간암, 결핵과 비만으로 인한 사망은 백인보다 그들에게서 더 많이 발견된다. 아프리카계 카리브해 사람들에게서 고혈압과 겸상 적혈구성 빈혈 비율이 평균보다 높고, 인도에서 온 사람들은 심장 질환으로 인한 사망률이 더 높다.

학자들은 건강이 종족에 따라 다른 것을 설명하기 위해 문화적, 행태적 설명에 눈을 돌린다. 계급에 따른 건강 불평등에 관한 문화적 설명과 유사하게, 건강 상태의 악화를 낳는 것으로 여겨지는 개인과 집단의 생활양식이 강조된다. 이들은 자주 종교나 문화적 믿음과 연계되어 있는 것으로 보인다. 비판가들은 문화적 설명이 산업사회에서 소수 종족이 직면하고 있는 실질적인 문제를 찾아내는 데 실패했다고 주장한다. 그것은 구조적 불평등과 인종차별 그리고 의료보장 체계에서 맞닥뜨리는 차별이다.

여러 유럽 사회에서 건강이 종족적 차이를 보여 주는 것에 대한 사회 구조적 설명은 아프리카계 카리브 사람들과 아시아계가 살아가는 사회적 맥락에 초점을 맞춘다. 이들 집단들은 건강에 해로운 복합적인 불리함을 경험한다. 그 가운데는 열악하고 과밀한 주거 조건, 높은 실업률, 위험하고 임금이 낮은 직업에 종사하는 비율이 과도하게 높다는 것이다. 이러한 물질적 요소들은 직접적으로 폭력, 위협이나 차별로, 아니면 '제도화된' 형태로 경험되는 인종주의 효과와 뒤섞인다. 단적인 예로, "궁극적으로 건강에 중요한 인과적 요인으로 인종이 중요한 것은 계급 상황과 밀접한 관계를 지니기 때문이다. 건강과 질병에서 인종과 인종의 인과적인 힘을 고려하지 않는 경향이 대단히 줄어들었다"(Cockerham 2007: 143).

그럼에도 불구하고, 의료 보호를 제공하는 데서 제도적 인종주의가 발견된다(Alexander 1999). 종족 집단의 의료 서비스 접근은 불평등하거나 문제적이다. 언어 장벽으로 인한 어려움이 있다면, 정보가 효과적으로 전달될 수 없다. 문화적으로 독특한 질병과 치료에 대한 이해가 의료 서비스 전문가들에 의해 고려되지 않는다. 영국의료보험NHS 근무자들의 문화적, 종교적 믿음에 대한 인지가 필요하고, 유색 인종들에게서 압도적으로 발생하는 질병에 관심을 덜 기울인다고 비판을 받는다.

> 제도적 인종주의는 제16장 〈인종, 종족, 이주〉에서 더 구체적으로 논의된다.

종족과 건강 불평등 간의 연관성에 관한 합의는 존재하지 않는다. 많은 연구가 답보 상태로 계속 머물러 있다. 그러나 이 문제가 선진국에서 소수 종족 집단의 경험에 영향을 미치는 사회적, 경제적, 정치적 요인들과의 관계 속에서 고려되어야 함은 분명하다.

건강과 사회 결속

제1장에서 뒤르켐에게 사회적 연대는 사회의 가장 중요한 모습 중 하나였다. 예를 들어 뒤르켐은 자살 연구에서 사회로 통합이 잘된 개인과 집단은 다른 경우보다 자살률이 낮다는 사실을 발견했다. 오늘날 건강 불평등의 원인을 밝히면서, 점점 더 많은 사회학자가 건강을 촉진하는 데 사회적 결속의 역할에 관심을 기울이고 있다.

리처드 윌킨슨Richard Wilkinson은 세계에서 가장 건강한 사회는 가장 부유한 나라가 아니라 소득 분배가 가장 공평하게 이루어지고 사회 통합이 가장 잘된 나라라고 주장한다(1996). 윌킨슨은 세계 여러 나라의 자료를 분석하면서 사망률과 소득 분배의 패턴 사이에 분명한 관계가 존재한다는 것에 유의했다. 세계에서 가장 평등한 나라로 여겨지는 일본과 스웨덴 같은 나라의 사람들은 미국이나 영국같이 빈부 격차가 큰 나라의 시민들보다 평균적으로 더 나은 수준의 건강을 누린다.

윌킨슨의 관점에서 소득 격차가 커지는 것은 사회적 결속을 약화시키고 사람들이 위험과 도전을 관리하는 것을 더 어렵게 만든다. 높아진 사회적 고립과 스트레스에 대처하지 못하는 것이 건강 지표에 나타난다. 윌킨슨은 사회계약의 강함, 커뮤니티 내의 결속, 사회적 지지의 유용성 같은 사회적 요소들이 사회의 상대적 건강 결정 요인이라고 주장한다. 2010년 영국 선거 유세에서 보수당의 데이비드 캐머런은 영국을 수리가 필요한 '고장 난 사회'로 그렸다. 그러나 윌킨슨과 피케트는 다음과 같이 보았다(Wilkinson and Pickett 2010: 5).

> 2008년 하반기 가속화된 금융 위기 훨씬 이전에 커뮤니티의 쇠락이나 다양한 형태의 반사회적 행동의 증가에 대해 논평한 영국 정치인들은 때때로 우리의 '망가진 사회broken society' (……) 망가진 사회가 빈곤층 탓이라고 하지만, 망가진 경제는 대체로 부유층 탓이다. (……) 그러나 진실은 망가진 사회나 망가진 경제 모두 불평등이 증가한 결과였다는 것이다.

윌킨슨의 명제는 정치인들과 학자들의 열렬한 반응을 불러일으켰다. 시장 관계를 지나치게 강조하고 경제 성장을 추구하는 것이 사람들을 낙오자로 만들었다는 주장은 「마멋 보고서」가 제시한 주된 요점 중 하나다(Marmot 2010).

다른 사람들은 다시 소득 불평등과 나쁜 건강 사이의 분명한 인과관계를 보여 주지 못했다는 점에서 윌킨슨의 책을 비판한다. 켄 저지Ken Judge는 당시 사용되었던 표준적인 불평등 측정을 사용해 윌킨슨의 초기 자료들을 다시 분석한 결과, 불평등 수준과 기대 수명 간에 분명한 연관성이 존재하지 않는다는 점을 발견했다(1995). 그는 비교를 위해 윌킨슨과 피케트가 선택한 국가들이 대단히 선택적이고 방법론적으로 잘못되었다고 주장했다. 예를 들어 일본이 포함되었지만, 싱가포르와 홍콩이 빠져 있다. 두 나라는 일본보다 불평등이 심하지만, 건강과 웰빙은 유사한 수준이다. 비슷하게, 윌킨슨과 피케트가 상대적으로 열악한 포르투갈의 건강 성과를 높은 불평등 때문이라고 했지만, 스노든Snowdon는 실제로 포르투갈은 분석 대상 국가에서 가장 가난한 나라이고, 실제로 문제가 되는 것은 경제적 어려움이라고 주장했다(2010: 14). 최근의 증거들은 윌킨슨과 스노든이 제시한 패턴이 개발도상국에 맞지 않는다는 것을 보여 준다. '윌킨스 명제'는 증거에 의해 잘 뒷받침되는 명제라기보다는 '자료를 찾는 교리'로서 약간 공정하지 못하게 그려졌다(Eberstadt and Satel 2004: 118). 윌킨슨은 비판에 대해 계속해서 답변했지만, 이 논쟁은 좀 더 지속될 것으로 보인다.

비판적으로 생각하기 THINKING CRITICALLY

〈그림 11-4〉, 〈그림 11-5〉, 〈그림 11-7〉을 검토해 보라. 빈곤에 대처하는 통합적인 노력이 이러한 불평등을 줄이는 데 도움을 줄 것인가? 건강한 식사와 생활양식에 대한 교육 캠페인이 건강 불평등을 줄일 수 있는가?

장애의 사회학

건강에 대한 생의학적 모형이 오랫동안 장애를 관습적으로 개인의 불행인 질병이나 비정상으로 이해하는 것을 뒷받침했다. 최근 생의학적 모형을 비판하는 사회 추세는 장애에 대한 의학적, 개인주의적 이해에 대한 강력한 도전의 일부분이다. 이 장에서는 지배적인 장애의 '개인 모형'으로 알려진 것을 논의하면서 이러한 모형이 장애의 '사회적 모형'을 통해 장애자들 스스로 어떻게 도전받고 있는지 살펴본다. 먼저 장애라는 말을 살펴보자.

사회학자들은 사회 이슈에 대한 우리의 인식과 이해가 적어도 부분적으로는 우리가 사용하는 언어에 의해 만들어진다고 주장한다. 최근 장애를 말하기 위해 사람들이 역사적으로 사용한 용어들에 대한 비판이 이 분야에서 글을 쓰는 사람들에게 더 중요해졌다. 예를 들어 '핸디캡이 있는handicapped'이라는 말은 자선과 구걸을 의미하는 '손 장갑cap in hand'과 연관되기 때문에 거의 사용되지 않는다. 원래 장애를 말하는 데 사용된 다른 용어들도 이제 주로 욕으로 쓰이기 때문에 사용되지 않는다. 예를 들어 '뇌성마비' 혹은 '불구'와 같은 용어들은 주로 욕으로 사용된다. '먼 눈을 떠라' 혹은 '듣지 못하는 귀'와 같이 일상적으로 사용되는 수사적 표현도 배제의 느낌을 함의하기 때문에 비판을 받는다. 이제 보겠지만, 장애라는 용어를 이해하는 방식조차 논란의 대상이 된다.

장애의 개인 모형

역사적으로 영국과 같은 서구 사회에서는 장애에 관한 개인 모형이 지배했다. 이 모형은 개인적인 정신적, 육체적 손상이 장애가 있는 사람들이 경험하는 문제의 주된 원인이라고 본다. 신체적 비정상성은 장애나 기능적 한계를 어느 정도 야기하는 것으로 이해된다. 개인 모형을 뒷받침하는 것은 장애인들을 우연한 사건의 불행한 희생자로 보는 '개인적 불행 접근'이다. 의료 전문가들이 장애인들이 겪는 문제를 치료하고 재활을 위해 진단하기 때문에, 장애의 개인 모형에서 의학 전문가들이 핵심적인 역할을 한다. 이러한 이유로 의료 장애인들의 삶에 행사되는 전문가들의 권력을 보여 주기 때문에, 흔히 개인적 모형으로 그려진다. 최근 10년에 걸쳐 이러한 장애의 개인 모형이 강한 도전을 받고 있다.

장애의 사회 모형

장애의 개인 모형에 대한 중요한 초기 도전은 폴 헌트Paul Hunt가 편집해서 펴낸 『낙인: 장애의 경험Stigma: The Experience of Disability』이라는 책이다. 헌트는 그 책에서 "장애의 문제는 기능의 상실과 그것이 개인적으로 우리에게 미치는 영향에만 있는 것이 아니라 '정상적인' 사람들과의 관계 영역에도 있다"고 주장했다(1966: 146). 헌트는 영국에서 초기 장애인 운동의 주도적인 운동가였고, 격리반대장애자연합Union of Physically Impaired Against Segregation, UPIAS을 설립했다. 창립 선언문인 「장애의 근본 원리Fundamental Principles of Disability」(1976)에서 UPLAS는 훼손impairment과 장애disability가 다르다고 주장하면서, 장애의 개인 모형에 대한 급진적인 대안을 발전시켰다(1976: 14).

- 손상: 팔다리의 일부 혹은 전부가 없거나 팔다리, 조직이나 신체의 기능상 결함을 가지고 있는 것.
- 장애: 신체적으로 훼손이 있는 사람들에 대한 고려가 적거나 없어서 그들이 주된 사회적 활동에 참여할 수 없게 배제하는, 현대 사회 조직에 의해 야기된 활동의 불리함이나 제약.

대체로 UPIAS는 '훼손'의 정의가 이후 비육체적, 감각적, 지적 형태로까지 확대되지만, 훼손을 개인의 생의학적 속성으로 받아들인다. 그러나 장애는 사회적인 용어로 정의되고, 관습적인 이해에 도전한다. 장애는 더 이상 개인의 문제로 이해되지 않으며, 손상이 있는 개인들이 사회에 참여하는 데 직면하는 사회적 장애라는 관점에서 이해된다. 건축, 공공 교통시설의 접근이 어렵다는 점과 고용주와 장애 없는 사람들의 차별적인 태도가 약간의 손상을 입은 사람들을 불구로 만든다.

패럴림픽에 참가한 수영 선수는 이 장에서 출발한 건강과 질병에 대한 다양한 정의 중 어디에 해당하는가?

마이크 올리버Mike Oliver는 1980년대 영국의 인구통계조사국OPCS이 '장애'를 평가하기 위해 사용한 설문을 고치게 함으로써 장애의 개인 모형의 가정을 뒤집었다(〈사회학적으로 상상하기 11-3〉 참조). 올리버는 장애의 개인 모형과 사회 모형을 명백하게 구분한 최초의 이론가였다(1983; 이러한 구분은 〈표 11-3〉 참조). 장애의 사회 모형은 빅 핑켈스타인(Vic Finkelstein 1980, 1981), 콜린 반스(Colin Barnes 1991)와 올리버(1990, 1996)의 연구에 의해 학술적인 신뢰성을 얻었다.

사회 모형 이론가들은 장애인들이 직면한 사회적, 문화적 장벽이 어떻게 발달했는지 설명하는 데 관심이 있다. 카를 마르크스의 영향을 받은 이론가들은 장애에 대한 역사적 유물론자의 이해가 필요하다고 주장했다(유물론에 대해서는 제1장과 제3장 참조). 예를 들어 올리버는 장애인들의 완전한 사회활동 참여를 막는 심각한 제약은 산업혁명까지 거슬러 올라가, 산업혁명기에 장애인들이 노동시장에서 배제되었다고 보았다. 개인에게 돈을 지급하는 최초의 자본주의적 공장은 노동자를 고용했고, 그것이 발달하면서 "많은 장애인이 일자리를 유지할 수 없어 그것이 자본주의 국가에 사회문제가 되었고, 자본주의 국가의 대응은 가혹한 억제와 제도화"였다(Oliver 1996: 28). 오늘날까지도 장애로 인한 차별을 금지하는 새로운 법적 조치들이 있지만, 공장에는 여전히 장애인의 수가 적다.

사회 모형의 평가

사회 모형은 오늘날 우리가 장애에 대해 생각하는 방식에 굉장히 큰 영향을 미쳤다. 그것은 전 세계적으로 영향력을 행사하고 있고, 영국 장애인 운동의 '거대한 사상'으로 묘사된다(Hasler 1993). 장애의 사회 모형은 완전한 참여를 위한 장벽을 제거하는 데 초점을 맞추면서 장애를 억압의 결과로, 장애인들이 해방을 추구해야 하는 움직임으로 재정의했다(Beresford and Wallcraft 1997). 이러한 정치적 전략이 장애인들로 하여금 '새로운 사회운동'을 형성했다고 주장하게 했다(Oliver and Zarb 1989).

표 11-3 두 가지 장애 모형

개인 모형	사회 모형
개인 비극 모형	사회적 억압 이론
개인적 문제	사회적 문제
개인 치료	사회적 행동
의료화	자조
전문가의 지배	개인적, 집단적 책임
전문가	경험
개인적 정체성	집단적 정체성
선입견	차별
보호	권리
통제	선택
정책	정치
개인적 적응	사회적 변화

출처: Oliver 1996: 34 각색.

새로운 사회운동은 제21장 〈정치, 정부, 사회운동〉에서 다룬다.

1980년대 말부터 장애 연구와 주류 사회학에서 사회 모형에 대한 비판이 이루어졌다. 첫째, 사회 모형은 때로 손상의 고통스럽고 불편한 경험을 소홀히 한다. 고통스럽고 불편한 경험은 장애인들의 삶에서 핵심적이다. 셰익스피어Shakespeare와 왓슨Watson은 "우리는 단지 장애인이 아니다. 우리 또한 손상을 지닌 사람들이고, 그렇지 않다면 우리는 이력의 주요 부분을 간과하는 척하는 것이다"라고 주장했다(2002: 11). 이러한 비판에 대해, 사회 모형 옹호자들은 사회 모형이 일상적인 경험을 부정하기보다는 단순히 장애인들에게 제기되는 완전한 사회 참여를 가로막는 사회적 장벽으로 관심을 이동시키고자 한다고 주장한다.

둘째, 많은 사람들이 손상을 가지고 있다는 것을 받아들이지만, '장애인'으로 불리기를 원치 않는다. 최근 장애인에 대한 정부 혜택 조사에서 절반 이하만이 자신들을

사회 모형으로 OPCS 설문의 가정 뒤집기

사회학적으로 상상하기 11-3

OPCS 설문	올리버의 설문
당신에게 무엇이 문제인지 말할 수 있습니까?	사회에서 무엇이 문제인지 말할 수 있습니까?
물건을 잡거나 돌리는 데 어려움을 야기하는 것은 무엇입니까?	주전자, 병, 냄비와 같은 일상생활의 용기 디자인에 어떤 결함이 있어서 그 물건들을 잡는 데 어려움이 있습니까?
주로 청각 문제로 다른 사람들을 이해하는 데 어려움이 있습니까?	당신의 의사소통 능력이 부족해 다른 사람들을 이해하는 데 어려움이 있습니까?
일상 활동을 제약하는 결함이나 변형이 있습니까?	당신이 가지고 있는 결함이나 변형으로 인한 다른 사람들의 반응이 당신의 일상 활동에 제약을 줍니까?
장기적인 건강 문제나 장애로 인해 특수학교에 다닌 적이 있습니까?	당신은 건강 문제/장애를 가진 사람들을 특수한 학교에 보내는 교육 당국의 정책으로 특수학교에 다닌 적이 있습니까?
건강 문제/장애로 인해 원하는 만큼 자주 외출을 하지 못하고 있습니까?	당신이 이웃에 다니는 것을 어렵게 만드는 지역 환경은 무엇입니까?
건강 문제/장애로 인해 버스로 다니는 데 어려움이 있습니까?	당신이 원하는 만큼 외출하지 못하게 하는 교통 문제나 재정 문제가 있습니까?
현재 당신의 건강 문제/장애가 일에 영향을 미칩니까?	물리적 환경이나 다른 사람들의 태도 때문에 일터에서 어려움이 있습니까?
당신의 건강 문제/장애가 돕거나 돌봐 줄 친척이나 다른 사람들과 같이 살 필요가 있다는 것을 의미합니까?	커뮤니티 서비스가 취약해 적정 수준의 개인적 도움을 줄 수 있는 친척이나 다른 사람이 필요합니까?
당신의 건강 문제/장애로 인해 현재 거주하는 곳의 시설을 개조했습니까?	당신 집의 설계가 열악해 당신의 필요에 맞추기 위해 집을 개조해야만 했다는 것을 의미합니까?

출처: Oliver 1990: 7~8.

비판적으로 생각하기

THINKING CRITICALLY

장애인들이 커뮤니케이션, 학교 다니기, 고용, 공공 서비스와 주거에 완전히 참여하게 하려면 정확히 어떤 변화가 필요한가? 이러한 변화를 위한 도덕적 사례뿐만 아니라 경제적 사례도 들 수 있는가?

장애인이라고 보았다. 많은 사람들이 장애보다 건강 문제를 더 병과 관련되어 있다고 보았거나 그들이 장애인으로 분류될 만큼 아프지 않기 때문에 장애인으로 보는 것을 거부했다(DWP 2002). 그렇지만 반스는 장애가 아직까지도 비정상성과 사회적 일탈로 연관지어지는 사회에서 손상을 가진 사람들이 '장애disabled'라고 불리는 것을 거부하는 일은 놀랄 일이 아니라고 지적했다(2003). 장애라는 용어는 낙인을 포함한다.

왜 나는 네가 내 얼굴을 들여다보길 원하는가?

나는 희귀한 유전 질환인 가족섬유형성이상증을 가지고 있다. 그것은 내 얼굴에 영향을 미친다. 네 살 때 진단을 받았고, 나는 너무 어려서 무슨 일이 있었는지 모르지만, 정기적으로 병원에 가는 것이 내 삶의 일부가 되었다.

내 얼굴이 정말로 바뀌기 시작한 것은 여섯 살부터였지만, 나는 내가 다르게 보였던 때를 기억하지 못한다.

안면 기형을 가지고 성장하기란 쉽지 않다. 사춘기에 접어들었을 때, 모든 것이 더 커졌다. 얼굴이 대단히 커졌고 눈 또한 더 커졌다.

다시 돌아보기

10대 때는 어려웠다. 때로 사람들이 뚫어지게 바라보거나 화들짝 놀랐다. 어떤 사람들은 불쾌하게 내 이름을 불렀다. 사람들이 "오 불쌍한 것"이라고 말하는 동정 역시 나에게 상처를 주었고, 그 상처가 오랫동안 내 안에 남아 있었다. 나는 소심해졌고, 외출했을 때 사람들이 나를 대하는 것을 두려워하게 되었다.

그러나 시간이 지나면서 점차 나는 자존감과 자신감을 갖기 시작했고, 나에 대한 다른 사람들의 태도 때문에 내 인생을 허비해서는 안 된다고 느끼기 시작했다.

열여섯 살에 나는 대학에 진학했고 영화, 미디어 연구, 사진과 같은 주제를 공부했다. 미디어에서 안면 기형인 사람들의 재현을 연구하기 시작했다.

안면 기형 사람들이 영화에서 어떻게 비치는지 보기 시작할 때, 사람들은 당연히 우리에게 어떻게 반응해야 할지 몰랐다. 「엘름가의 악몽Nightmare on Elm Street」의 프레디 크루거Freddy Krueger, 「배트맨Batman」의 조커, 갱스터 영화의 다양한 상처가 있는 악당들……. 그 목록은 끝이 없다.

기본 가정

사람들이 얼굴이 다르면 속마음도 다르거나 나쁠 것이라는 선입견을 갖는 것은 놀라운 일이 아니다.

안면 기형은 의학적 문제만이 아니라 사회적 문제이기도 하다는 것을 알았기 때문에, 이것은 나에게 전환점이 되었다.

내가 그렇게 불행했던 이유가 내 얼굴 때문이 아니라 사람들의 반응 때문이라는 것을 알게 되었다. 내가 변하기를 원한 것은 내 얼굴이 아니라 사회적 태도라고 판단했다. 나는 성형 수술에 반대하지 않는다. 그것을 안 하는 것은 나의 개인적 선택이다.

지금 스물네 살인 나는 거울에 비친 내 얼굴에 만족한다. 두통이나 물체가 둘로 보이는 현상이 없으니 꽤 행복하게 생활할 수 있다. 또한 신체적으로 윙크를 할 수 없다는 것은 아쉽지만, 눈가의 주름을 가볍게 움직이거나 눈을 껌뻑임으로써 이러한 특별한 장애를 극복했다.

내 얼굴은 나라는 존재의 핵심이다. 사람들이 나를 대하는 방식과 내가 인생을 살기 위해 배워야 하는 방식이 오늘의 나를 만들었다.

상상력의 부족

나는 내 얼굴이 가져다준 진정한 좋은 친구들을 사랑하고 내가 더 좋은 사람이 되고 싶도록 만든 방식에 감사한다. 나 또한 내가 고양이 같아 보인다고 생각하는 남자 친구가 있다. 내가 그와 같은 생각이라고 말할 수 없지만, 나는 불평하지 않는다.

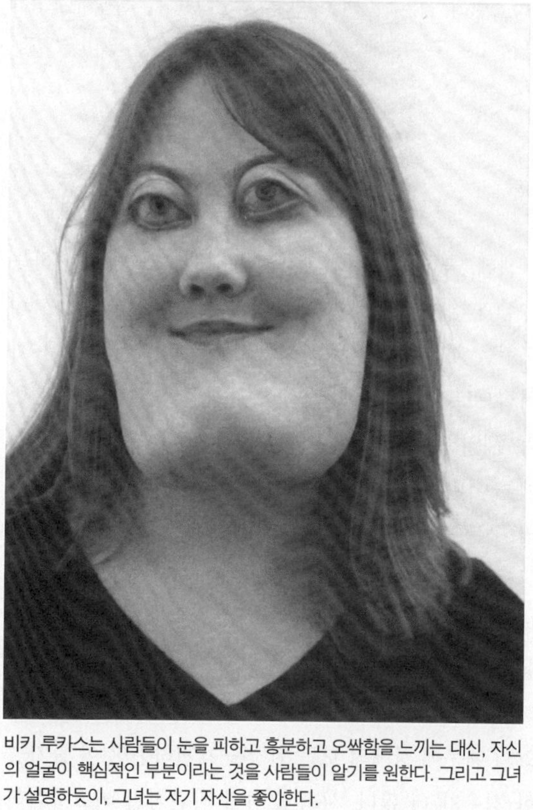

비키 루카스는 사람들이 눈을 피하고 흥분하고 오싹함을 느끼는 대신, 자신의 얼굴이 핵심적인 부분이라는 것을 사람들이 알기를 원한다. 그리고 그녀가 설명하듯이, 그녀는 자기 자신을 좋아한다.

이제 사람들이 내가 추하다고 말할 때마다 나는 그들의 상상력 부족을 가엾게 생각한다. 나에게 턱이 두껍다고 말하는 모든 사람에게 나는 '아니다. 단지 당신이 작고 약한 턱을 가졌다. 턱 선망chin envy에 대해 말하자'라고 생각한다.

자연적으로 호기심 어린 눈으로 나를 보는 사람들에게 나는 친근한 미소를 보낸다. 그리고 그들이 10초 내에 웃음으로 보답하지 않으면, 나는 대단히 효과적인 찌푸린 얼굴을 보여 준다.

지난주에는 남자 친구와 거리를 걷고 있는데, 한 남자가 다가왔다가 "으악" 하고 달아났다.

대면

그것은 단어라기보다는 이상한 목구멍 소리였고 재미있게 생긴 사람만이 숨은 의미를 이해할 수 있었다. 나는 무척 화가 나서 그와 대결했다.

내가 무엇을 했는지 구체적으로 말하지는 않겠지만, 아마도 그가 길거리에서 이상하게 생긴 여성에게 이상한 목구멍소리를 내는 마지막 날이었을 것이다.

2분 후 집으로 돌아오는 길에 노숙자가 나에게 와서 동전을 달라고 했다. 그는 나에게 어떻냐고 물었다. 나는 "괜찮아요"라고 답하고는 무슨 일이 있었는지 말했다. 그는 잠시 말이 없었다. 그러더니 미소를 짓고 "네가 그놈에게 한 방 먹이기를 바랐지"라고 답했다. 우리 모두 웃었다.

낯선 누군가가 그토록 잔인하게 상처를 줄 수 있다는 것, 그리고 전혀 기대하지 않고 보통 무시하는, 생각지도 않은 사람이 그렇게 친절하고 따뜻하다는 것이 재미있었다.

이상이 나의 인생을 짧게 요약한 것이다. 나는 사람들에게서 최악의 것과 최선의 것을 경험했다. 그리고 자주, 5분 내에 그것을 동시에 경험한다. 그것이 내 인생을 더 도전적으로 만들고 또 재미있게 만든다. 나는 세상을 위해 그것을 바꾸고 싶지 않다.

출처: BBC 2003.

비판적으로 생각하기 THINKING CRITICALLY

UPIAS 정의에 따르면, 안면 기형 사람들은 장애인인가? 비키의 이야기는 손상과 장애를 구분하는 것이 타당한지에 대해 무엇을 말해 주는가?

셋째, 특히 의료사회학자들은 사회 모형에 의존하는 손상과 장애의 구분이 잘못되었다고 주장하면서 사회 모형을 거부한다. 의료사회학자들은 장애와 손상은 사회적으로 구성되며 밀접하게 관련되어 있다고 주장한다. 셰익스피어와 왓슨은 "손상은 어디에서 끝나고 장애는 어디에서 시작하는가?"라고 물을 때, 손상과 장애의 구분이 무너진다고 주장한다(2002). 어떤 경우에는 그 구분이 분명하다. 건물에 휠체어 사용자가 접근하는 데 적합한 디자인을 하지 못한 것은 분명히 휠체어 사용자들에게 사회적으로 구성된 장애를 만든 것이다. 그러나 장애가 억압적인 사회적 조건에 의해 야기되지 않았기 때문에 장애의 모든 원천을 제거하는 것이 불가능한 경우가 더 많다. 사회 모형에 비판적인 의료사회학자들은 지속적인 통증이나 중대한 지적 한계가 사회 변화에 의해 제거할 수 없는 방식으로 개인의 완전한 사회 참여를 막는다고 보았다. 그러므로 장애에 대한 완전한 설명을 위해서는 사회 조직에 의해 만들어진 장애만이 아니라 신체적 손상 자체에 의해 야기된 장애도 고려해야 한다.

사회 모형에 대한 지지자들은 마지막 주장이 장애와 손상의 구분을 약화시키며, 낡은 개인 모형의 근간이 되는 생의학적 모형에 뿌리를 두고 있다고 주장한다. 사회 모형은 분명히 손상이 고통의 원인이 될 수 있다거나 개인이 특정한 손상 때문에 혼자서 할 수 없다는 것을 부정하지 않는다. 정말로 장애의 사회 모형을 지지하는 캐럴 토머스Carol Thomas는 장애인들에게 손상의 심리적-감정적 함의를 고려하는 '손상 효과'라는 표현을 사용한다(1999, 2002).

사회 모형이 활동가들 간의 논의에서 유래했다는 것을 고려하면, 장애인 운동에서 사회 모형에 대한 비판은 이상해 보일 수 있다. 그러나 내적인 논쟁은 논쟁의 성숙과 장애의 의미를 의료적 개념이 아니라 정치적 개념으로 다시 만들었다는 점에서 사회 모형의 성공일 수 있다.

장애, 법과 공공정책

영국에서 등장한 장애에 대한 사회 모델에 기초해 부분적으로 장애인 운동의 결과 영국의 법안이 어떻게 변화했는지 살펴보는 것은 유익한 일이다.

1995년에 영국에서 장애인차별법DDA이 통과되어, 고용과 재화와 용역에 대한 접근을 포함한 여러 분야에서 장애인들을 차별로부터 법적으로 보호했다. 더욱이 1999년에는 장애인권리위원회DRC 설립으로 더욱 진전된 입법이 이루어져 '장애인 차별 철폐'를 위한 작업이 시작되었고, 더 많은 영역과 활동을 포함하는 새로운 DDA가 2005년 도입되었다. 2007년 10월 1일 DRC가 새로운 국가인권기구인 평등인권위원회the Equality and Human Rights Commission로 편입되었다. 2010년에는 더 포괄적인 평등법Equality Act이 제정되어 이전의 DDA를 대체했고, 이 법에는 장애인의 보호자와 부모도 차별받지 않을 권리가 포함되었다.

1995년 DDA는 장애인을 '일상적인 하루 활동을 수행하는 데 상당한 그리고 장기적인 부정적 영향을 미치는 육체적, 정신적 손상을 지닌 사람'으로 정의했다. 그리고 이러한 정의는 2010년 평등법에도 담았다. 예를 들어 안면 기형이 있는 사람뿐만 아니라 정신 건강 문제를 지닌 사람도 포괄하며, 장애가 주로 유전적인 요인으로 인한 손상이나 질병의 결과라는 잘못된 인식에서 벗어났다. 실제로, 영국에서 17퍼센트의 장애인만이 손상을 가지고 태어났고, 장애인 인구의 비율은 나이가 많아지면서 지속적으로 늘고 있다(Papworth Trust 2013; 〈그림 11-8〉 참조).

장애인차별법 기준에 따르면 2011~2012년 영국에서 적어도 1천160만 명, 인구의 19퍼센트 정도가 장애인이

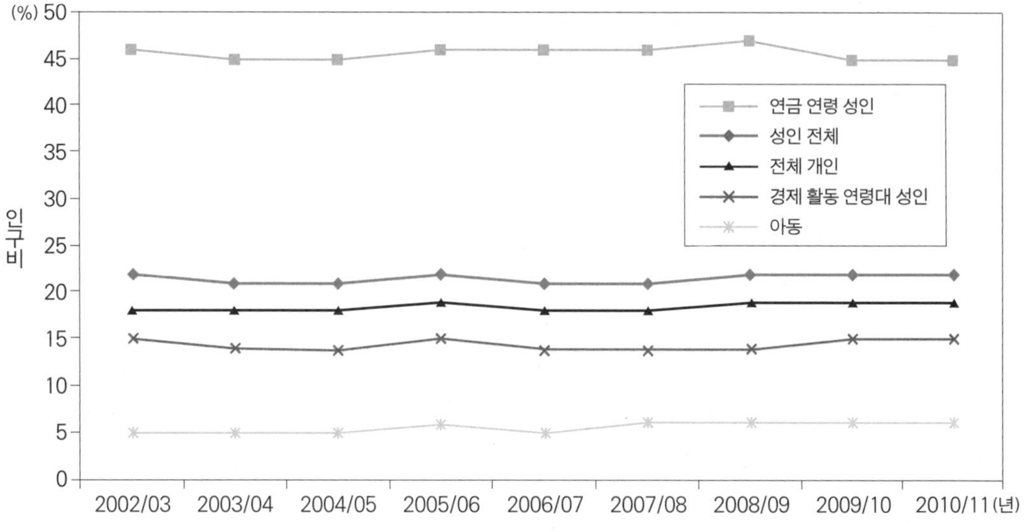

그림 11-8 영국의 연령별 장애 발병률, 2002/3~2010/11(연령 집단의 %)

출처: DWP 2012: 79.

다. 비율상으로는 2002~2003년과 비슷하다. 이 가운데 570만 명이 경제 활동 연령의 성인이고, 510만 명이 연금을 받고 있으며, 80만 명이 어린이다(DWP 2014). 장애와 관련된 손상이 있는 사람들은 아직도 영국에서 가장 불리한 처지에 놓여 있다. 그들은 손상이 없는 사람들보다 실업에 놓일 가능성이 높고, 장애와 취업을 하더라도 수입이 더 적다. 2005년 장애인 피고용자의 평균 임금은 그렇지 않은 사람에 비해 10퍼센트 더 적었다고 DRC는 보고했다. 그러나 정부의 장애 관련 지출은 다른 영역의 지출에 비해 훨씬 높았다. 가장 부유한 나라들은 장애 관련 프로그램 비용으로 적어도 실업 보험의 두 배 이상을 지출한다(OECD 2005).

전 세계의 장애

WHO는 전 세계 인구의 15퍼센트인 10억 명이 어떤 형태의 장애를 가지고 살아간다고 추산했다. 이것은 1970년대 10퍼센트보다 상당히 높아진 비율이다(WHO 2011: 7~8). 고령화와 만성질환의 증가로 전 세계적으로 장애인이 증가하고 있다. 선진국에서 주된 장애의 원인은 만성질환과 장기적인 훼손이며, 개발도상국에서는 빈곤, 부적절한 위생, 부실한 식사와 열악한 주거가 주원인이다. 선진국에서 골절과 같은 부상이 개발도상국에서는 장기적인 손상으로 이어진다. 치료와 재활 시설이 없기 때문에 나타나는 일이다. 여성의 경우 철분 부족, 빈혈과 만성 자궁염(때로 여성 할례로 인해 발생)이 많은 개발도상국에서 장애로 이어지는 손상의 주원인이다. 매년 25만 명의 어린이가 녹색 채소에 들어 있는 비타민 A 부족으로 시력을 잃는다. 빈곤, 영양실조, 위생, 식수와 사고를 줄이기 위해 고용 조건 개선 정책만으로 전 세계 손상의 절반 정도를 줄일 수 있다(Charlton 1998). 전쟁과 그 후유증(제거되지 않은 지뢰)이 손상의 또 다른 주요 원인이다. 더욱이 가난한 나라들에서 장애아는 다른 아이들과 같은 교육을 받지 못해, 성인이 된 후 빈곤이 더 악화된다. 서구에서 경험하는 것과 매우 다른 방식으로 개발도상국에서는 빈곤이 손상과 장애를 낳는다.

2006년 UN의 보고에 따르면 소수(45개)의 국가만이 장애인의 인권 보호에 초점을 맞춘 법을 제정했다. 대다수의 국가에서는 장애인들이 동등한 권리를 갖지 못했다. 2004년 인도에는 약 7천만 명의 장애인이 있지만, 10만 명 정도만 취업을 했다. 2004년 미국에서는 장애인의 35퍼센트가 취업을 했고, 비장애인의 취업률은 78퍼센트였다(UN Convention on the Rights of Persons with Disabilities 2006: 서문).

분명히, 차별금지법과 정책은 전 세계적으로 고르지 못하다. 많은 경우 장애인들은 그들의 국가에서 시민권을 거부당하고 있다. 전 세계 장애인 관련 조항을 발전시키기 위해 2006년 장애인인권보호회의에서 UN은 21세기 처음으로 인권조약을 맺었다. 이 회의의 목적은 전 세계 장애인들에 대한 인식의 '패러다임 전환'이다. 2007년 3월 30일 개막 헌장에는 99개국이 새로운 조약에 사인을 했다. 그리고 2010년에는 147개국이 조약에 사인을 했고, 95개국이 비준했다.

이 조약은 조약에서 인정된 권리를 보장하기 위해 각국 정부가 정책, 법률 및 행정 조치를 개발하고 집행하며, 차별을 낳는 법률, 규제, 관습 및 행위를 제거하고자 한다. 또한 그것은 다른 사람과 동등하게 생활을 즐길 수 있는 권리와 장애가 있는 여성과 소녀들의 평등을 보장하고 증진시킬 것을 확약하며 장애가 있는 아동을 보호한다. 더욱이 최초로 장애인들의 평등권을 촉진시키기 위한 세계적 의제를 만들었다. 장애인 정치는 단기간에 큰 성과를 거두었다. 그러나 현대 세계는 과거에 알려지지 않았던 요구를 또 만들고 있고, 새로운 장애의 벽을 만들 수도 있다. 예를 들어 대부분의 고용주는 높은 수준의 문서 소통, 문해력과 수리능력을 요구한다. 이러한 것은 학습이 어려운 사람들을 효과적으로 불구로 만든다.

변화하는 세계에서의 건강과 장애

세계 각국 사람들이 직면한 각기 다른 불구와 장애 경험은 장애가 있건 없건 간에 우리 몸의 경험과 다른 사람들과의 상호작용이 변화하는 사회적 맥락에 의해 만들어진다는 것을 보여 준다. 물론 우리는 오늘날 인류 생존의 세계적 차원을 더 예민하게 인식한다. 세계적 차원은 특히 선진국과 개발도상국 간의 전체적인 조건과 기회의 불평등을 야기한다. HIV/AIDS나 에볼라와 같은 범전염병의 충격만큼 더 생생한 것은 없다.

비교사회학적 연구는 HIV/AIDS의 다양한 충격에서부터 의료 보장 접근과 장애 경험에 이르기까지 정부와 정책 입안자들에게 필요한 증거와 이해를 제공한다. 건강 수준을 높이려는 개입은 신뢰할 만한 증거를 필요로 하고 사회학자들은 지출과 지원이 어디에서 가장 많이 요구되는지 알아내는 데 일정한 역할을 할 수 있다. 그러나 또한 사회학은 식사 장애 확산, 유전자 조작 식품의 등장, 무서운 전염병의 발생과 같은 건강에 대한 도전을 세계화하는 사회적 과정과 연결시켜 시민들이 현대 세계를 더 잘 이해하도록 돕는다는 약속을 지켜야 한다.

복습

1 경쟁적인 세 가지 건강의 정의를 간략하게 요약해 보자.

2 적어도 세 가지 주된 요소를 포함하는 서구 생의학 모형을 간단하게 설명해 보자.

3 최근 의료 기술의 세 가지 예를 제시하고 각각 적용해 보자. 이러한 결과로 예상되는 혜택과 사회문제는 무엇인가?

4 의료화와 의원성은 무엇을 의미하는지 간단하게 요약하고 어떻게 다른지 설명해 보자.

5 어떤 사회 변화로 보완적 요법 혹은 대체 요법이 성장하는가?

6 전염병과 범전염병은 어떻게 다른가? 바이러스 연구자들은 사회의 어떤 변화가 미래에 범전염병을 더 유발할 것이라고 믿는가?

7 사람들이 어떻게 HIV에 감염되는지 기술해 보자. 어떤 나라와 어떤 지역에서 HIV 감염이 가장 심한가? 사회학자들은 이것은 어떻게 설명하는가?

8 '환자 역할'의 세 가지 축은 무엇인가? 환자 역할의 비판에 대해 파슨스 명제는 어떻게 변호되었는가?

9 구체적인 예를 들어 계급과 건강이 어떻게 밀접하게 연계되어 있는지 설명해 보자. 영국의 소수 종족 집단의 열악한 건강 상태를 이해하는 데 계급에 대한 발견이 얼마나 도움을 주는가?

10 "여성 건강 패턴은 여성 생물학과 강하게 연계되어 있다." 왜 사회학자들은 이러한 주장을 받아들이지 않는지 설명해 보자.

11 장애의 개인 모형과 사회 모형의 주요 차이점에 유의해 두 가지를 비교해 보자. 사회를 재조직하는 데 사회 모형의 함의는 무엇인가?

12 장애 패턴 상 선진국과 개발도상국의 주된 차이는 무엇인가?

실제 연구

●●● Research in practice

의사와 환자의 관계에서 비밀 보장은 의료 상담에서 핵심이고, 정확한 진단이 이루어지기 위해서는 때로 내밀한 검사가 필요하다. 그러나 최근 이러한 의료 환경에서 환자 학대가 더 많아지고 내밀한 검사가 의사와 환자 양측에 당혹감과 감정적 통제/거리두기라는 어려운 이슈를 제기한다. 영국에서 의사의 태도를 설명하는 다음 글을 읽어 보자.

Hine, P., and Smith, H. (2014) 'Attitudes of UK Doctors to Intimate Examinations', *Culture, Health & Sexuality*, 16(8): 944~959.

1 이 연구는 'Nvivo9'이라고 불리는 소프트웨어 패키지를 사용했다. 이것은 무엇이고 여기에서 어떻게 사용되었는가?
2 이 연구에서 사용된 연구 방법에 대해 어떻게 생각하는가? 저자가 '구성주의적 접근'이라고 한 것은 무엇을 의미하는가?
3 의사들에게 둘러싸여 내밀한 검사를 하는 데 가변성이 있을 수 있는 이유는 무엇인가?
4 내밀한 검사에서 의사들이 감정적 차원을 다루기 위해 사용하는 주된 방법은 무엇인가?
5 이 논문에 의하면, 최근 의료 스캔들이 내밀한 진찰을 하는 것에 가치를 두는 의사들의 태도에 어떤 영향을 주었는가?
6 환자들이 내밀한 진찰에 대해 갖는 태도를 분석하기 위한 추가 연구 계획서를 작성해 보라. 이러한 연구를 위한 필요한 표본을 수집하는 데 예상되는 어려움은 무엇이고, 이러한 어려움을 어떻게 극복할 수 있는가?

생각해 볼 것

●●● Thinking it through

평균적으로 하층은 상층에 비해 건강이 더 나쁘고 기대 수명도 짧아 건강상 계급 간 격차가 있다는 것은 잘 알려져 있다. 일부 사회학자들은 빈곤과 관련된 물질적 환경에 대처하는 것이 정부 정책의 핵심이 되어야 한다고 주장한다. 그러나 2012년 영국 킹재단의 보고서는 교육을 받지 못한 사람들이 다섯 배 더 많이 흡연을 하고, 많은 술을 마시며, 운동과 건강한 식사에 대한 권고를 회피한다는 것을 밝히고 있다.

왜 교육 수준이 낮은 것과 건강에 나쁜 생활양식 간에 상관관계가 존재할까? 왜 상층과 중간 계급 집단에서 핵심적인 건강과 생활양식 메시지들이 더 심각하게 받아들여지고 실행될까에 초점을 맞춰 두 가지 사이에 존재하는 상관관계의 이론적인 연계를 제시해 보라. 건강 증진 메시지가 더 효과적일 수 있는가? 아니면 단순히 어떤 사회집단은 이러한 방식으로 접근이 불가능하다는 것을 받아들여야 하는가?

예술 속의 사회

Society in the arts

Rosemarie Garland Thompson의 *Extraordinary Bodies: Figuring Physical Disability in American Culture and Literature* (New York: Columbia University Press, 1997), pp. 9~10에 실린 다음 글을 고려하라.

> 문학 작품에서 장애가 있는 주인공은 신체가 웅장해 다른 주인공들로부터 반응을 이끌어 내거나 장애인의 문화적인 공명에 의존하는 수사적 효과를 만들어 내는 복잡하지 않거나 이상한 사람으로 늘 소설의 주변에 머문다. 민속과 고전적인 신화에서 근대적이고 탈근대적인 기괴함에 이르기까지, 장애가 있는 몸은 거의 항상 서사적인 목소리를 매개로 하여 괴팍한 장면을 연출한다. 디킨스의 동정적이고 낭만화된 『크리스마스 캐럴』의 타이니 팀과, J. M. 배리가 쓴 『피터팬』의 악한 후크 선장, 빅토르 위고의 『노트르담의 꼽추』의 콰지모도를 예로 들 수 있다.

아래 세 인물 중 하나를 선택해 보자. 톰프슨의 우울한 평가는 당신의 인물과 이야기 줄거리에 어느 정도 적용될 수 있는가? 21세기 장애의 재현은 '타자'와 부정적인 이야기로부터 어떤 식으로 갈라지는가?

- Ron Howard 감독의 〈A Beautiful Mind〉(2001)의 'John Nash'
- Paris Barclay 감독의 TV 연속극 〈Glee〉(2009), Season 1, Episode 9, 'Wheels'의 Artie Abrams
- 여러 감독의 TV 연속극 〈Game of Thrones〉(2011~)의 'Tyrion Lannister'

더 읽을거리

Further reading

건강과 질병의 사회학은 단단히 확립된 분야라서 개론서들이 많다. 두 권의 좋은 교과서로는 Mildred Blaxter의 *Health* (2nd edn, Cambridge: Polity, 2010)와 Anne-Marie Barry와 Chris Yuill의 *Understanding the Sociology of Health: An Introduction* (4th edn, London: Sage, 2016)을 들 수 있다. 전자는 건강과 질병의 개념에 대한 논의가 훌륭하고, 후자는 최신의 논의를 개관하고 있다.

여기에서 핵심적인 쟁점, 증거와 정책을 좀 더 구체적으로 다루는 책을 읽어 보라. 예를 들어, Sarah Nettleton의 *The Sociology of Health and Illness* (2nd edn, Cambridge: Polity, 2013) 혹은 Ellen Annandale의 *The Sociology of Health and Medicine* (2nd edn, Cambridge: Polity, 2014)이 신뢰할 수 있고 잘 쓴 책이다.

몸에 대한 사회학계의 최신 논의에 대한 검토는 Alexandra Howson의 *The Body in Society: An Introduction* (2nd edn, Cambridge: Polity, 2012)과 Bryan Turner의 *The Body and Society* (3rd edn, London: Sage, 2008)를 들 수 있다. 사회학에서 장애인에 대한 연구는 Collins Barnes, Geof

Mercer와 Tom Shakespeare의 *Exploring Disability: A Sociological Introduction* (2nd edn, Cambridge: Polity, 2010)과 John Swain, Sally French, Colin Barnes, Carol Thomas가 편집한 Disabling Barriers — *Enabling Environments* (3rd edn, London: Sage, 2013)를 읽어 보라.

건강과 질병의 사회학에 관한 유용한 참고 저작은 Jonathan Gabe, Mike Bury, Mary Ann Elston의 *Key Concepts in Medical Sociology* (London: Sage, 2013)가 있다.

관련 홈페이지

Internet links

- Polity
  www.politybooks.com/giddens
- European Observatory on Health Systems and Policies
  www.euro.who.int/en/about-us/partners/observatory
- The World Health Organization
  www.who.int/en
- UNAIDS
  www.unaids.org/en
- Innovative Health Technologies
  www.york.ac.uk/res/iht/introduction.htm
- The Wellcome Library, UK
  http://wellcomelibrary.org
- The Disability Archive at the University of Leeds, UK
  http://disability-studies.leeds.ac.uk/library
- The European Disability Forum
  www.edf-feph.org
- The UK's Equality and Human Rights Commission
  www.equalityhumanrights.com
- United Nations Convention on the Rights of Persons with Disabilities
  www.un.org/development/desa/disabilities/convention-on-the-rights-of-persons-with-disabilities.html

12

계층과 계급

Stratification and Social Class

계층 체계
노예 제도
카스트 제도
신분 제도
계급

사회 계급의 이론화
카를 마르크스의 계급 갈등 이론
막스 베버: 계급, 지위 그리고 파벌
마르크스와 베버 결합하기
교차하는 불평등

계급 구조 발견하기
존 골드소프의 계급 모형 평가하기

현대 선진 사회의 계급 분화
상층 계급 문제
성장하는 중간 계급
변화하는 노동 계급
최하층 계급은 존재하는가
계급과 생활양식
젠더와 계층

사회 이동
사회 이동에 대한 비교론적 연구
하강 이동
영국의 사회 이동
젠더와 사회 이동
영국은 능력 중심 사회인가

결론: 사회 계급의 지속적인 중요성

페이스북의 공동 설립자인 마크 저커버그는 컴퓨터 프로그래밍 재능으로 수십억 달러 규모의 자산가가 되었다.

가난을 딛고 자수성가한 이야기는 사람들에게 항상 사랑받아 왔다. 가진 것은 없지만 노력을 통해 사회의 최상층이 되고 사업에 성공하는 이야기 말이다. 페이스북Facebook의 공동 설립자 마크 저커버그Mark Zuckerberg의 실화를 바탕으로 한 영화 〈사회 연결망The Social Network〉(2010)도 이런 이야기를 디지털 시대에 맞게 재탄생시켰다. 저커버그는 컴퓨터 프로그래밍 기술과 비즈니스에 대한 통찰력으로 불과 스물세 살에 억만장자가 되었고, 2015년 그의 자산은 무려 330억 달러였다(Forbes 2015). 이처럼 자본주의 경제는 누구나 자신의 가족 배경이나 출생지와 무관하게 성공할 수 있다고 유혹하며, 기업가 정신을 장려하고 보상하는 듯 보인다. 다른 기업가인 굴람 눈Gulam Noon의 이야기도 마찬가지다.

눈은 1936년 인도 봄베이(현재 뭄바이)에서 태어났다. 무슬림 가정에서 자란 그는 인도에서 그의 가족이 운영하는 작은 과자점에서 일했다. 일곱 살에 아버지가 세상을 떠난 후, 그는 마치 투쟁하듯 힘겹게 살았다. 학교에 다니면서 가게 일을 돕던 그는 열일곱 살이 되던 해부터 가업에 전념했고(1954), 이후 사업을 부동산과 제조업까지 확대했다. 이에 그치지 않고, 영국에서 경험을 쌓은 후(1964) 과자 회사인 봄베이 할와Bombay Halwa를 런던에 세웠다(1972). 얼마 지나지 않아 그의 회사는 런던과 레스터 지역의 아시아인 밀집 지역에 아홉 개의 지점을 세웠고, 지금은 51개의 지점을 가지고 있는 회사로 성장했다. 영국뿐만 아니라 뭄바이와 파리에도 몇 개의 지점이 있을 정도다. 1982년부터는 항공사 기내식 업계에까지 진출해 서비스를 제공하고 있다.

1989년에 굴람은 눈 프로덕트Noon Products Ltd라는 다른 회사를 설립했다. 틈새시장을 발견한 것이다. "슈퍼마켓에서 구입할 수 있는 인도 인스턴트 음식은 맛도 없었고 솔직히 마음에도 들지 않았습니다. 나라면 좀 더 잘할 수 있을 것 같았죠." 처음에 그는 열한 명의 직원과 작게 시작했지만 사업은 곧 버즈아이Birds Eye라는 냉동식품 전문 회사와 슈퍼마켓 체인에도 눈 프로덕트의 '진짜' 인도 음식을 납품할 정도로 성장했다. 하지만 1994년 화재로 공장이 파괴되고 사업이 거의 도산할 뻔했을 뿐만 아니라, 직원들도 일할 수 없는 위기를 맞았다. 이런 상황에서도 굴람은 직원 모두에게 월급을 챙겨 주었고, 이는 직원들이 매우 충실히 일하게 만드는 계기가 되었다. 굴람은 신속히 공장을 다시 짓고, 사업을 계속 확장해 나갔다.

눈 식품은 이제 총 1천2백 명 넘는 직원들이 500가지 이상의 인스턴트식품을 만들고, 일주일에 150만 개의 카레를 슈퍼마켓으로 공급하는 회사가 되었다. 그의 개인 재산은 8천5백만 파운드로 추산된다. 그는 특별히 부유한 가정 출신이 아니었으며, 자기 자신을 '자수성가한 사람'이라고 묘사했다. 무엇이 아주 어린 나이에 그를 사업에 뛰어들도록 했는지에 대해 굴람은 다음과 같이 말한다. "나는 쉬지 않았어요. 나는 가난의 덫에서 벗어나려고 발버둥 쳤지요. 내 형은 아버지와 같았는데 더 차분했어요. 그는 이제 은퇴했는데 내가 일만 한다고 생각하죠. 그는 내 인생철학을 절대 이해하지 못할 거예요." (2008년 11월 27일 『매니지먼트 투데이Management Today』와의 인터뷰). 눈은 2002년에 영국 왕실로부터 기사 작위를 받았고, 2010년 11월에는 상원의원이 되었다.

눈의 성공적인 삶을 통해 사회학자는 다음과 같은 흥미로운 질문을 던질 수 있다. 가난한 환경에 있는 누군가가 실제로 굴람 눈처럼 높은 사회적 지위와 자산을 성취할 확률은 얼마나 되는가? 굴람 눈과 같은 사람들을 위해 얼마나 많은 사람이 그들의 회사에서 일해야 하는가? 또 그들은 회사가 성공할 수 있도록 도우면서 자신의 '공정한 몫'을 돌려받고 있는가?

사회학 연구들은 사회가 특정한 패턴을 따르거나 구조화되어 있고, 개인은 이 구조 속에 어떻게 위치해 있느냐에 따라 그의 삶의 기회가 크게 좌우된다는 점을 보여 준다. 예를 들어 영국에서 '최상의 일자리'와 권력을 차지하는 사람들 중 노동 계급 출신은 드물다. "2013년 영국의 모든 영역에서 권력을 가진 상위 계층은 압도적으로 사립학교 출신이거나 부유한 중산층 출신이다." 이것은 마르크스주의 혁명주의자의 주장이 아닌, 존 메이저John Major 전 보수당 총리가 한 말이다(Social Mobility and Child Poverty Commission 2014: 6에서 인용). 같은 연구는 전체 영국인 중 7퍼센트만 사립학교에 다니지만, 수석 판사 중 71퍼센트, 군 고위자 중 62퍼센트, 하원의원 중 50퍼센트, 『선데이 타임스Sunday Times』의 부자 명단 중 44퍼센트, 연립 정부의 내각 중 36퍼센트가 사립학교 출신이라고 말한다. 마찬가지로 전체 영국인 중 옥스퍼드 또는 케임브리지 대학교에 다니는 사람은 단지 1퍼센트일 뿐이지만, 2014년 수석 판사의 70퍼센트, 내각의 59퍼센트, 외교관의 50퍼센트, 상원의원의 38퍼센트가 해당 학교들의 졸업생이다(ibid.: 10). 사회학자들에게는 이 규칙적으로 재생산되는 패턴이 굴람 눈이나 마크 저커버그의 개인적인 일화만큼이나 흥미로우면서도 설명하기 어려운 문제다.

학교 교육과 불평등의 재현에 대한 자세한 논의는 제19장 〈교육〉을 참조하라.

이 장은 먼저 사회학자가 계층과 사회적 계급을 말할 때, 그것이 의미하는 바를 분명히 함으로써 계급의 주요 이론과 계급을 측정하려 했던 시도들을 검토할 것이다. 다음으로 선진국의 사회 계급과 그들의 생활방식을 자세히 살펴볼 것이다. 끝으로 사회 이동 연구들을 다루면서 얼마나 많은 상승 이동이나 하강 이동이 가능한지, 그리고 얼마나 많은 이동이 존재하는지 등에 대한 논의로 이 장을 마무리할 것이다. 이 장의 마지막 부분에서는 우리가 논의할 수 있는 다른 형태의 계층에 대해 탐색하고자 한다.

계층 체계

사회학자들은 사회에서 개인 및 집단 사이에 존재하는 불평등을 사회 계층social stratification이라는 말로 표현한다. 일반적으로 우리는 계층을 자산이나 재산과 관련해 이해한다. 하지만 젠더, 나이, 종교 혹은 군대 내 지위 등 다른 속성들에 의해 사회 계층화가 일어나기도 한다. 개인과 집단은 계층 체계에서의 위치에 따라 보상을 다르게(불공평하게) 받는다. 이런 점에서 계층은 각기 다른 집단들 사이에서 만들어진 구조화된 불평등이라고 볼 수 있다. 계층을 쉽게 이해하려면 지구 표면에 존재하는 지층을 생각해 보자. 사회는 여러 '층위'로 이루어진 위계라고 볼 수 있다. 이 위계의 위로 올라갈수록 더 많은 혜택을 누리고, 아래로 내려갈수록 그러한 혜택은 줄어든다. 사회적으로 계층화된 모든 체계는 다음과 같은 세 가지 특징이 있다.

1. 지위란 비슷한 특징을 지니는 사람들로 이루어진 사회적 범주다. 가령 여성은 남성과 다른 지위를 지닐 수 있고, 부자들도 가난한 사람들과 다른 지위를 지닐 수 있다. 그렇다고 해서 특정 범주에 속하는 사람들이 항상 고정된 지위를 갖는 것은 아니다. 개인들은 새로운 사회적 범주로 옮겨 갈 수도 있지만 범주 자체는 존속한다.
2. 모든 개인은 자신이 속한 사회적 범주의 지위에 따라 각기 다른 삶의 경험과 생존 기회life chance에 노출된다. 여성일 때와 남성일 때, 흑인일 때와 백인일 때, 상층 계급일 때와 노동 계급일 때 생존 기회는 큰 차이가 있으며, 종종 개인의 노력이나 재산이 생존 기회에 주는 영향력에 비견할 만하다.
3. 모든 사회적 범주의 지위는 오랜 시간에 걸쳐 변화한다. 예컨대 산업화된 사회에서는 최근 들어서야 비로소 여성이 남성과 삶의 많은 영역에서 평등한 권리를 누릴 수 있게 되었다.

> 젠더와 관련된 논의와 이론은 제15장 〈젠더와 섹슈얼리티〉에서 더 자세히 논의된다.

계층화된 사회들은 역사적으로 상당한 변화를 겪어 왔다. 인류 초기 수렵과 채집 사회에서 사회 계층화는 크게 두드러지지 않았다. 자원을 둘러싼 배분이나 갈등이 매우 제한적으로만 존재했기 때문일 것이다. 정착과 농업의 발전을 통해 인류는 상당량의 부를 생산할 수 있었고, 이에 따라 사회 계층이 세밀히 나누어졌다. 농업 사회에서 사회 계층은 점차 피라미드 형태로 바뀌어 하층으로 갈수록 그 계층에 해당하는 사람의 수가 많아지고 상층으로 갈수록 그 수가 줄어들었다. 오늘날 산업사회 및 탈산업사회는 극도로 복잡한 형태를 띤다. 사회 계층은 피라미드보다 물방울 모양에 가까운데, 중간층과 중하층(소위 중간 계층)에 해당하는 사람들이 많고, 하층에 해당하는 사람들이 그보다 조금 적고, 상층으로 갈수록 점점 더 숫자가 줄어든다.

비판적으로 생각하기 THINKING CRITICALLY

계층 체계는 광범위하고 두드러지게 지속되고 있다. 그렇다면 어떤 형태의 계층화는 '자연스러운' 것이므로 불가피한 것이라고 보아야 하는가? 어떠한 방식이 사회 전체에 기능적인 계층적 체계라고 볼 수 있는가?

역사적으로 사회 계층에는 근본적으로 네 개의 제도가 있어 왔다. 노예 제도, 카스트 제도, 신분 제도와 계급이 그것이다. 이 제도들은 서로 중첩되어 나타나기도 하며, 각 제도들이 순서대로 발생한 것도 아니다. 가령 계급 제도에 기반한 선진국에서조차 노예 제도와 유사한 형태가 최근에 발생하기도 했다.

노예 제도

노예 제도slavery는 불평등의 극단적인 형태다. 어떤 사람들은 다른 사람들을 재산으로 소유한다. 노예 소유에 관한 법적 조건은 각 사회에 따라 상당한 차이가 있었다. 몇몇 사회에서 노예는 미국 남부의 집단 농장에서처럼 종종 법적으로 모든 권리를 박탈당한 반면, 다른 사회에서는 노예가 하인과 같은 권리를 갖기도 했다. 가령 고대 그리스의 도시 국가인 아테네에서 일부 노예들은 책임 있는 자리를 차지하기도 했다. 그들은 정치적 직위나 군대에서는 배제되었지만, 이를 제외한 거의 대부분의 직업에 종사할 수 있었다. 몇몇은 글을 읽을 수 있었기 때문에 공무원으로 일하기도 했고, 많은 이는 공예기술 훈련을 받기도 했다. 그렇다고 해서 모든 노예가 운이 좋았던 것은 아니다. 불운한 사람들은 탄광에서 힘들게 노역하다가 생을 마치기도 했다.

역사적으로 노예들은 노예 제도에 저항했다. 미국 남북 전쟁 이전에 있었던 노예 반란들이 그 예다. 이와 같은 저항이 있었기 때문에 노예 노동 제도는 불안정했다. 지속적인 감시와 잔혹한 처벌 없이는 높은 생산성을 기대하기 어려웠다. 노예 제도는 결국 무너졌는데, 부분적으로는 노예들이 투쟁한 결과이기도 하고, 부분적으로는 직접적인 강제보다 경제 및 다른 유인들을 통해 동기를 부여하는 것이 생산성을 높이는 데 더 효과적이었기 때문이기도 하다. 노예제는 경제적으로 특별히 효율적이지 않다.

인신매매, 강제 노동, 노예 제도 및 국내 노역은 21세기에 학계와 정치인들의 관심을 불러일으키는 문제가 되고 있다.

18세기 이후 유럽과 미국의 많은 사람이 '문명화된 사회'에서 노예 제도가 도덕적으로 옳지 못하다고 받아들이기 시작했다. 오늘날 노예 제도는 모든 국가에서 불법이지만 몇몇 지역에서는 여전히 존속한다. 최근의 몇몇 연구는 개인의 의지에 반해 일을 강요받는 상황을 폭로한다. 파키스탄의 벽돌장 노예부터 태국의 성 노예, 영국과 프랑스 같은 부유한 나라의 가사 노예까지, 현대의 노예 제도는 전 세계적으로 중대한 인권 침해 요소로 남아 있다.

현대의 노예제는 국가로부터 인정받지 못하고, 합법화되어 있지도 않다. 그럼에도 노예제는 전 세계로 확산되고 있는 듯하다. 노예제는 숨겨진 착취 형태로 드러나는데, 그 형태가 워낙 다양하기 때문에 얼마나 많은 사람이 예속 상태에 있는지 정확히 추정하기 어렵다. 최근의 한 정부 보고서는 영국에서만 1만에서 1만 3천 명의 사람이 노예 상태에 놓여 있을 것이라고 추정했다(Silverman 2014). 전 세계 인류 중 약 3천6백만 명이 노예제나 예속된 형태의 노역 상태에 놓여 있다는 추정도 있다(Global Slavery Index 2014). 이 중 61퍼센트는 중국, 인도, 파키스탄, 러시아, 우즈베키스탄 등에 해당한다. 많은 사람의 기대 그리고 낙관과 달리, 세계화는 되레 사람들이 타국으로 강제 이주하게 만들 수 있으며, 현대적 형태의 노예화를 용이하게 만들 수도 있다(Bales et al. 2009).

카스트 제도

카스트caste 제도는 개인의 사회적 지위가 평생 동안 고정되는 사회 제도다. 따라서 카스트 제도의 구성원은 태생적으로 부여받은 사회적 지위가 일생 동안 지속된다. 이때 사회적 지위는 겉으로 드러나는 인종이나 민족성, 피부색, 부모의 종교 혹은 부모의 카스트 등과 같이 개개인의 특성에 따라 결정되고, 그렇기 때문에 바뀔 수 없다고 믿어진다. 어떤 의미에서 카스트 사회는 출생과 함께 계급이 결정되는 특수한 유형의 계급 사회라고도 볼 수 있다(Sharma 1999). 일반적으로 카스트 제도는 농업 사회에서 발견되어 왔다. 예컨대 인도의 시골이나 백인 지배로부터 벗어난 1992년 이전의 남아프리카공화국에서 카스트 제도가 발견된다.

근대 이전에는 카스트 제도가 전 세계적인 현상이었다. 예를 들어 유럽에서는 종종 유대인을 분리된 카스트처럼 대했다. 유럽인은 유대인의 거주 지역을 격리시켰고, 유대인이 다른 인종과 결혼하지 못하게 했다. 때때로 유대인에게는 비유대인과의 상호작용마저 허용되지 않았다. '게토ghetto'라는 용어는 베네치아의 '주물 공장'이라는 단어에서 비롯되었는데, 이는 1516년 베네치아 정부에 의해 지정된 유럽 최초의 공식 유대인 강제 거주 지구를 뜻했다. 이후 게토는 유대인들이 법적으로 강제되어 사는 유럽의 마을들을 의미하게 되었고, 이후 소수 인종 거주 지역까지도 게토라고 불렸다.

카스트 제도에서는 서로 다른 카스트끼리 친밀한 관계를 맺는 것에 매우 부정적이다. 카스트의 '순수성'은 대부분 족내혼endogamy을 통해 지켜진다. 족내혼이란 관습법이나 법률에 따라 한 사회집단 안에서만 결혼하도록 강제하는 것을 의미한다.

인도와 남아프리카공화국에서의 카스트 제도

인도의 카스트 제도는 힌두교의 종교적 신념을 반영하는 것으로, 2천 년 이상의 역사를 지녔다. 힌두교 학자들에 따르면 카스트는 크게 네 개로 분류된다. 각 카스트는 대략의 직업군으로 구분될 수 있다. 네 개의 카스트 중 제일 상층에 브라만Brahman(학자와 영적 지도자)이 있고, 뒤이어 크샤트리아Ksatriya(군인과 정치적 지도자), 바이샤Vaiśya(농부와 상인), 수드라Sudra(노동자와 기술자)가 있다. 이 네 개의 카스트 밑에 '불가촉천민untouchables' 혹은 달리트Dalits(억압받는 사람들)가 있다. 이들의 이름에서 알 수 있듯이, 다른 카스트 구성원들은 어떤 일이 있어도 불가촉천민들과의 접촉을 피하려 애쓴다. 불가촉천민들은 인간의 오물을 치우는 등 사회에서 가장 꺼리는 직업만을 담당한다.

많은 경우 이들은 길가에서 구걸할 수밖에 없으며, 쓰레기 더미에서 음식을 찾는다. 인도에서 전통이 강하게 남아 있는 지역에서는 상위 카스트의 구성원들이 아직까지도 불가촉천민들과의 신체적 접촉을 불결하게 여긴다. 심지어 단순히 건들거나 부딪치는 것만으로도 '정화 의식'이 필요하다고 느낄 정도다. 인도의 독립(1947) 이후 1949년에는 카스트에 기반한 차별이 법으로 금지되었지만, 오늘날에도 여전히 카스트 제도가 큰 힘을 지니며 특히 시골 지역에서는 더욱 심하다.

인도에서 근대적 자본주의 경제가 발전하면서 다른 카스트에 속한 사람들이 직장, 비행기, 식당 같은 공간에서 서로 어울리게 된다. 이러한 변화 때문에 더 이상 카스트 간의 명확한 구분을 유지시키기 어렵다. 인도가 세계화의 영향을 받으면 받을수록, 카스트 제도는 점차 약해질 것이라고 추측할 수 있다.

1992년 폐기된 남아프리카공화국의 카스트 제도인 아파르트헤이트apartheid는 흑인 아프리카인과 인도인, '유색 인종(혼혈인)' 그리고 아시아인들을 백인으로부터 철저히 분리시켰다. 이 경우, 카스트는 전적으로 인종적 정체성에 기초를 두고 있다. 전체 인구의 15퍼센트 정도밖에 안 되는 백인이 전국의 부를 모두 통제하고 사용 가능한 대부분의 토지를 소유했으며, 주요 사업과 산업을 굴리면서 모든 정치권력을 독점하고 있었다. 흑인들에게는 투표권조차 주어지지 않았다. 전체 인구의 4분의 3이나 되는 흑인들은 가난한 반투스탄bantustans(고향)으로 격리되었고, 소수 백인을 위해 일하는 경우에만 외출이 허락되었다.

널리 퍼진 차별과 억압을 의미하는 아파르트헤이트는 소수인 백인 대 다수인 흑인, 혼혈, 아시아인의 첨예한 대립을 빚었다. 종종 폭력을 동반하기도 했던 투쟁은 수십 년 동안 지속되다가 결국 1990년대에 성공을 거두었다. 강력한 흑인 기구인 아프리카국민회의African National Congress, ANC가 남아프리카공화국의 사업체들에 대해 세계적 불매 운동을 진행하자 남아프리카공화국의 백인 지도자들은 경제적 치명타를 입고 아파르트헤이트

인도의 카스트 제도에서 달리트라 불리는 불가촉천민은 계급의 최하위층을 차지하는데, 이들은 전통적으로 가장 열악한 밑바닥 직업만 가질 수 있었다.

를 포기했다. 그리고 남아프리카공화국 백인들의 투표로 1992년에 아파르트헤이트는 공식적으로 폐지되었다. 1994년에는 처음으로 다인종 선거가 열렸는데, 그 결과 백인 정부에 의해 27년간 감옥살이를 겪은 ANC의 흑인 지도자 넬슨 만델라Nelson Mandela(1918~2013)가 대통령으로 선출되었다. 카스트 제도의 종식과 아울러, 남아프리카공화국 정부는 흑인들에게 자신감을 북돋워 주고 자본주의 세계 경제 속에서 '애국적이고 생산적인' 흑인 자본가 계급을 성장시키기 위한 정책을 펼쳤다(Southall 2004: 313).

신분 제도

신분 제도estates는 유럽 봉건주의뿐만 아니라, 다른 많은 전통적 문명에서도 존재했다. 봉건적 신분 제도는 서로 다른 의무 이행과 불평등한 권리를 갖는 여러 개의 계층들로 구성되었다. 이러한 권리와 의무의 일부는 법으로 명문화되기도 했다. 유럽에서 최상위 신분은 귀족aristocracy과 젠트리gentry로 구성되었다. 성직자clergy는 이보다 조금 더 낮았지만 많은 고유한 특권을 누릴 수 있었다. 훗날 '제3신분'이라는 이름이 붙은 사람들은 평민commoners으로 구성되어 있었다. 여기에는 농노, 자유농민, 상인, 기술자들이 포함되었다. 신분제에서는 카스트와 달리 신분 간 결혼 및 신분 간 이동이 어느 정도 허용되었다. 예를 들어 평민들은 군주에게 특별히 봉사하면 작위를 받을 수 있었다. 상인들은 때때로 직위를 살 수 있었다. 1999년부터는 더 이상 귀족이라는 이유만으로 상원의회의 의결권을 부여받지 못하게 되었지만, 영국에는 여전히 세습 직위의 인정을 통해 신분제적 특성이 일부 남아 있다. 또한 사업가, 공무원 등의 사람들에게 공로에 따라 작위가 주어지기도 한다.

과거에는 혈통에 기초한 전통적 귀족정치 사회 거의 대부분에서 신분제를 발견할 수 있었다. 중세 유럽과 같은 봉건제에서는 신분제가 장원 공동체와 긴밀하게 연결되어 있었다. 장원들은 국가보다 지역에 기반을 둔 사회계층 체계를 형성해 왔다. 중국이나 일본처럼 중앙 집권 전통이 강한 제국에서는 좀 더 국가적인 차원의 조직이 이루어졌다. 때로는 힌두교의 카스트 제도만큼 엄격한 방법은 아니었지만, 종교적 신념에 의해 신분들 간의 차이가 종종 정당화되었다.

계급

계급class은 논쟁적인 개념이지만, 일반적으로 계급은 공통된 경제적 자원들을 가진 사람들로 구성된 광범위한 집단으로 정의할 수 있다. 이들이 소유한 자원은 향유할 수 있는 생활양식에 강력한 영향을 미친다. 재산의 소유와 부 그리고 직업은 계급 차이의 중요한 기반이 된다. 계급은 크게 네 가지 측면에서 앞서 언급한 계층 형태들과 다르다.

1. 계급 체계는 유동적이다. 계층 체계와 달리, 계급은 법이나 종교에 기초해 구축된 것이 아니다. 계급 간의 구분도 명확하지 않다. 서로 다른 계급 성원들 간의 통혼에 대해 아무런 공식적인 제한이 없다.
2. 계급 위치는 부분적으로 성취된 것이다. 다른 계층 체계들과 달리, 한 개인이 속한 계급은 단순히 태어나면서부터 '주어진' 것이 아니다. 계급 구조 내에서 상승하거나 하강하는 사회 이동은 다른 체계에서보다 더 일반적이다.
3. 계급은 경제적인 기반을 갖는다. 계급은 집단 간의 경제적 차이에 의해 결정된다. 즉 물질적 자원의 소유에 따른 불평등에 의해 결정되는 것이다. 다른 계층 체계에서는 보통 비경제적 요인들이 가장 중요하다.
4. 계급은 광범위하고 사적 특성이 개입하지 않는다. 계급 체계는 개개인이 아니라 주로 거대한 규모의 비인격적인 결사체impersonal associations를 통해 작동한다. 예를 들어 사업주와 노동자들 사이에 계급 체계가 존재한다. 계급 간 차이는 임금과 노동 조건의 불평등에서 발생한다. 반면 다른 형태의 계층 체계에서는, 예를 들어 주인과 노예 혹은 높은 카스트와 낮은 카스트의 관계와 같이 의무와 책임을 가진 사적 관계에서 불평등이 표출된다.

대부분의 공식적인 카스트 제도는 산업자본주의 사회들에서 계급 체계로 대체되어 왔다(Berger 1986). 산업 생산은 사람들이 자유롭게 이동하면서 개인에게 적합하거나 개인이 수행할 수 있는 직업에 종사하고, 경제적 조건에 따라 자주 직업을 바꿀 수 있도록 요구한다. 카스트 제도에서의 엄격한 제한은 이처럼 산업 생산에 필요한 자유를 방해한다. 나아가서 세계화로 인해 세계가 하나의 경제 단위로 재구성되고 있기 때문에, 카스트와 같은 관계는 경제적 압력을 쉽게 버텨 내지 못할 것이다. 이제부터는 전 세계적으로 사회 계층화의 지배적인 형태가 되고 있는 사회 계급에 관한 이론들을 살펴볼 것이다.

비판적으로 생각하기 THINKING CRITICALLY

계급이 세계적으로 지배적인 형태의 계층 제도가 된다면, 이는 긍정적 발전인가 혹은 부정적인 발전인가? 계급이 아닌 다른 계층 제도 속에서 살고 있는 사람들의 삶은 어떻게 개선할 수 있으며, 이 경우 어떤 새로운 문제가 발생할 수 있는가?

사회 계급의 이론화

계급과 계층에 대한 대부분의 사회학적 분석은 마르크스와 베버가 발전시킨 사상에 근거한다. 우리는 우선 마르크스와 베버가 정립한 이론들을 검토한 다음, 미국 네오마르크스주의 사회학자 에릭 올린 라이트Erik Olin Wright의 접근을 분석한다. 마지막으로 사회적 삶에서 다양한 사회 불평등이 얽혀 있는 모습을 설명할 수 있는 개념인 교차성intersectionality을 소개한다.

> 제1장 〈사회학이란 무엇인가〉에서 마르크스와 베버에 대해 소개한 뒤, 제3장 〈사회학의 이론과 관점〉에서 더 자세히 다룬다.

카를 마르크스의 계급 갈등 이론

마르크스의 저작 대부분은 계층, 그중에서도 사회 계급에 관한 것들이다. 그러나 놀랍게도 그는 계급 개념에 대한 체계적인 분석을 제공하지 못했다. 그가 죽음에 임박해 쓰고 있었던 수고手稿(후에 그의 대표작인 『자본론』의 한 부분으로 출판되었다)는 '무엇이 계급을 구성하는가'라는 문제를 막 제기해 놓은 상태에서 끝났다. 이런 점에서 마르크스의 계급 개념은 그의 저작 전체를 참고해서 재구성할 수밖에 없었다. 이로 인해 마르크스의 논의에 대한 다양한 해석이 존재하고, 학자들 사이에서는 '마르크스가 진정으로 의미했던 것은 무엇인가'를 두고 많은 논쟁을 해왔다. 그러나 그가 생각했던 핵심 아이디어는 명료하며 이는 〈고전 연구 12-1〉에서 다루어진다.

막스 베버: 계급, 지위 그리고 파벌

계층에 대한 베버의 이론은 마르크스의 분석에 기초하고 있으나, 베버는 자본주의와 노동자 계급의 운명에 대해 마르크스와 사뭇 다른 결론에 도달한다. 마르크스와 마찬가지로 베버는 사회의 주요 특징을 권력과 자원을 둘러싼 갈등으로 보았다. 그러나 마르크스가 양극화된 계급 관계와 경제 문제를 모든 갈등의 핵심으로 본 것과 달리, 베버는 사회에 대한 보다 복잡하고 다차원적인 견해를 발전시켰다. 베버에 따르면 사회 계층이 단지 계급에 의해서만 형성되는 것은 아니다. 계층은 다른 두 가지, 즉 지위와 파벌에 의해서도 형성된다. 세 가지 중첩적 요인들은 마르크스의 양극화 모델과 달리 수많은 위치를 만들어 낸다.

비록 베버가 객관적으로 주어진 경제적 조건에 의해 계급이 결정된다는 마르크스의 생각을 받아들이기는 하지만, 그는 마르크스가 생각한 것 이외에도 계급을 구성

카를 마르크스와 계급 갈등 이론

고전 연구 12-1

연구 문제

19세기 유럽의 산업화는 여러 측면에서 사회를 더 나은 곳으로 만들었다. 하지만 이에 대한 저항과 혁명도 존재했다. 20세기에 산업사회가 더 발전했을 때도 노동자들의 파업과 무력 행동은 계속해서 발생했다. 사회가 더 부유해졌음에도 노동자들은 왜 사회에 저항하는가? 카를 마르크스Karl Marx(1818~1883)는 계급 사회가 어떻게 작동하는지 분석했다. 그의 주요 논지는 산업사회는 자본주의적 경제 관계 속에 뿌리내리고 있다는 것이었다. 그럼에도 불구하고 마르크스는 현실과 유리된 학자가 아니었다. 그는 공산주의 정치의 핵심 인물이었으며, 노동운동 실천가이기도 했다. 마르크스에게 산업자본주의의 진보적인 요소들은 단지 계급 관계의 착취적인 시스템에 기반을 둔 것이며, 전복해야 하는 것이었다.

마르크스의 설명

마르크스가 말하는 사회 계급이란 생산 수단에서 공통의 관계를 맺는 사람들의 집단을 뜻한다. 사람들은 이 생산 수단으로 생계를 꾸려 간다. 이런 의미에서 모든 사회에는 핵심 계급 체계가 있다. 근대 산업이 발생하기 전에는 토지와 작물을 경작하거나 가축을 돌보는 도구들이 주된 생산 수단이었다. 따라서 이 사회의 두 가지 주요 계급은 토지를 소유하는 자들(귀족, 젠트리, 노예주)과 토지를 경작해 생산을 담당하는 자들(농노, 노예, 자유농민)이었다. 근대 산업사회에서 공장, 사무실, 기계와 이를 구매하기 위한 부나 자본을 보유하는 것이 점차 중요해졌다. 이에 따라 주요 계급은 또다시 두 가지로 나뉘는데, 새로운 생산 수단을 소유한 기업가나 자본가, 그들에게 노동을 팔아 생계를 꾸려 나가야 하는 노동 계급, 마르크스가 '프롤레타리아proletariat'라고 불렀던 계급으로 다시 분류된다.

마르크스에 따르면 계급 간의 관계란 착취적이다. 봉건 사회에서 착취는 대개 소작농이 만든 생산물이 귀족에게 직접적으로 이전되는 형태였다. 농노는 자기 생산물의 일정 비율을 귀족에게 납부하거나 주인의 가택에서 농산물을 생산하기 위해 매달 얼마간 부역해야 했다. 산업자본주의 사회에서는 착취의 근원이 다소 덜 명확했다. 마르크스는 노동자가 고용에 필요한 비용을 초과하는 이익을 만들어 낸다고 보았다. 이러한 잉여는 자본가 이윤의 근원이 된다. 가령 어떤 의류 공장 노동자들이 하루에 100벌의 정장을 만들 수 있다고 하자. 또한 75벌의 정장만 팔아도 노동자들의 임금과 공장 및 장비의 비용을 모두 충당할 수 있다고 하자. 이때 나머지 25벌의 정장을 판매해서 발생한 수입이 바로 이윤이 되는 것이다.

마르크스는 자본주의 시스템이 만든 이런 지독한 불평등에 충격을 받았다. 귀족들이 소작농들과 다른 사치스러운 생활을 즐겼다고 하더라도 농업 사회는 다른 시대에 비해 빈곤했다. 만일 귀족제가 없었을지라도 생활수준은 불가피하게 빈곤했을 것이다. 그러나 근대 산업의 발달로 부의 규모가 엄청나게 성장하고, 특권 계급의 성장과 함께 축적되는 부와 무관하게, 노동자들은 여전히 상대적인 빈곤 상태에 머물러 있었다. 마르크스는 자본가 계급에 비해 노동 계급이 점점 빈곤해지는 과정을 설명하기 위해 궁핍화pauperization라는 용어를 사용했다. 비록 노동자 계급이 절대적으로는 보다 풍요로워지고 있을지라도, 자본가 계급과의 차이는 그 어느 때보다 깊어지고 있었던 것이다. 최근 상위 '1퍼센트'가 소유하고 있는 방대한 부에 대해 항의 시위가 벌어지고 있는데, 이 현상은 부의 집중화를 잘 보여 준다.

자본가와 노동자 계급 간의 불평등이 전적으로 경제적인 것만은 아니다. 마르크스는 생산의 기계화로 인해 노동이 종종 단조롭고, 지루하고, 불만족스러운 것이 된다고 보았다. 노동자들은 그들 자신의 노동과 생산에서 소외alienated된다. 일 자체에서 성취감을 얻기보다, 일은 단지 돈을 버는 수단이 되었다. 마르크스는 많은 노동자가 공장에 함께 모여 있기 때문에, 노동자들의 집단적 계급의식class consciousness이 발전할 것이라고 주장했다. 즉 노동자들은 장기적으로는 상황을 개선해야 함을 심각하게 인식할 것이고, 결국 혁명을 통해 자본주의의 착취적 사회관계를 전복시키려 할 것이라는 것이다.

비판적 쟁점

마르크스의 견해에 대한 사회학적 논의들은 지난 150년 동안 줄기차게 이어진 까닭에 이를 여기서 충분히 평가하기는 어렵다. 다만 마르크스주의에 대한 비판에서 몇 가지 주된 주제들을 짚어 볼 수는 있을 것이다. 첫째, 마르크스가 자본주의 사회의 특징을 '두 가지 주요 진영', 즉 소유자와 노동자로 분할된다고 본 것은 지나치게 단순화한 것일 수 있다. 노동 계급 내에서도 숙련공과 그렇지 않은 사람 간에 차이가 있으며, 젠더나 민족성에 따른 차이도 크다. 이로 인해 비평가들은 노동자 계급 전체의 단결된 행동은 발생하기 어렵다고 본다.

둘째, 선진화된 사회의 산업 노동자 계급이 공산주의 혁명을 이끌 것이라는 마르크스의 예측은 실현되지 않고 있으며, 이는 자본주의 역학에 대한 마르크스의 분석에 의문을 제기하게 만든다. 몇몇 현대 마르크스주의자들은 지금도 자본주의는 붕괴할 운명이라 여기고 있지만, 비평가들은 이를 뒷받침할 만한 증거가 거의 없다고 본다. 실제로 노동자 계급의 다수는 점점 더 풍요로운 재산을 소유하게 되었고, 그 어느 때보다 자본주의 시스템 속에서 풍족해지고 있다.

마지막으로 마르크스는 노동 계급이 공유하는 경험이 늘어나면서 계급의식이 고양될 것으로 여겼으나, 그들의 계급적 지위가 많은 이들의 정체성에 미치는 영향은 크지 않다. 대신 사람들의 사회적 정체성의 근원은 다양하며, 계급은 필연적으로 가장 중요한 것이 아니다. 계급의식이 없다면 집단적 계급 행동도 있을 수 없으며, 따라서 공산주의 혁명도 불가능하다. 다시 말해, 비평가들은 장기적인 사회적 경향이 마르크스의 이론적인 예측에서 벗어나고 있다고 본다.

현대적 의의

마르크스는 사회학뿐만 아니라 세계에도 지대한 영향을 주었다. 세계의 많은 정권은 그들을 마르크스주의자라 생각했고, 사회운동도 일상적으로 마르크스의 아이디어에서 영감을 받았다. 그의 주요한 예측들이 아직까지 옳다고 증명되지 못했음에도 불구하고, 그가 개척했던 자본주의에 대한 분석들은 세계화에 대한 우리의 이해에 영감을 주고 있다. 사회과학자들이 큰 관심을 갖게 된 세계화, 특히 최근 세계적인 반자본주의 운동의 등장은 마르크스주의에 신선한 자극제가 될 수도 있을 것이다.

반反세계화에 대한 논의는 제21장 〈정치, 정부, 사회운동〉을 참조하라.

하는 여러 가지 다양한 경제적 요인들이 있다고 보았다. 베버에 의하면, 계급 분할은 소유권이나 생산 수단의 부재에만 기초한 것은 아니다. 그와 더불어 자산과 직접 관계없는 경제적 차이들도 중요하다. 예를 들어 사람들이 어떤 기술이나 신용, 자격을 가지고 있어 특정한 직업을 얻을 수 있느냐 없느냐 하는 것도 이러한 경제적 자원에 포함된다. 베버는 개인의 시장 위치market position가 자신의 전반적인 삶의 기회에 강력한 영향을 미친다고 믿었다. 가령 관리직이나 전문직에 종사하는 사람들은 노동자 계급이나 블루칼라 직업에 종사하는 사람들보다 더 많은 수입을 얻으며 더 좋은 작업 조건에서 근무한다. 그들은 자격증, 기술, 졸업장과 같은 자격을 가진 덕분에 그러한 자격을 갖지 못한 사람들보다 더 '시장성'이 있는 것이다. 마찬가지로 블루칼라 노동자들 사이에서도 숙련 노동자들이 비숙련 노동자들보다 더 높은 임금을 받을 수 있다.

베버의 연구에서 지위status란 다른 사람들로부터 인정받는 사회적 명예나 위신이 집단에 따라 차이를 보이는 것을 지칭하는 용어다. 전통 사회에서 지위는 흔히 개인이 수년간에 걸쳐 다른 상황에서 상호작용하면서 직접 획득한 지식에 근거해 결정되었다. 그러나 사회가 점차 복잡해지면서 이런 식으로 인정받는 지위는 불가능하게 되었다. 이제 지위는 사람들의 생활양식을 통해 표현된다. 지위의 표시이자 상징은 주거의 종류, 의복, 말투, 직업 등과 같이 모두 다른 사람들의 눈에 비친 것들에 의해 그 사람의 사회적 지위가 만들어진다. 동일한 지위를 공유한 사람들은 동일한 정체성을 지닌 공동체를 구성한다.

마르크스는 지위의 차이를 계급 분할의 결과라고 믿었다. 하지만 베버에게 지위란 종종 계급과 무관한 것이다. 부를 소유하면 높은 지위를 가질 수 있지만, 이는 보편적이지 않다. '청빈清貧'이라는 말이 하나의 예다. 영국에서 뼈대 있는 가문 출신 사람들은 설사 그들이 경제적으로 몰락했다 하더라도 사회적으로 상당한 존경을 받는다. 이와 반대로 오늘날 많은 은행가들은 부유할지 모르지만 그들의 사회적 지위는 유난히 낮다. 이는 그들의 무모한 대출이 2008년 세계 경제 위기의 원인이 되었고, 그들의 연간 보너스가 지나치게 많고 합당하지 않다는 인식 때문이다.

베버는 근대 사회에서 파벌을 형성하는 것은 권력의 중요한 한 측면이며, 계급이나 지위와 무관하게 계층에 영향을 미칠 수 있다고 지적한다. 베버의 관점에 따르면, 파벌은 공통의 배경이나 목적, 이해관계를 가지고 함께 행동하는 집단을 의미한다. 종종 하나의 파벌은 성원들의 이해가 걸린 어떤 목적을 달성하기 위해 조직적으로 행동한다. 마르크스는 지위의 차이나 파벌 조직을 모두 계급으로 설명하지만, 베버가 보기에 둘 가운데 어떤 것도 계급으로 환원해서 설명할 수는 없다. 베버는 지위나 파벌이 계급에 의해 영향을 받기는 하지만 파벌이나 지위 역시 모두 개인이나 집단의 경제적 상황에 영향을 미칠 수 있으며, 따라서 계급에도 영향을 미칠 수 있다. 파벌은 계급과 다른 기준으로 만들어질 수 있다. 예를 들어 파벌은 종교 분쟁이나 민족주의적 관념에 근거하기도 한다. 북아일랜드에서의 가톨릭과 프로테스탄트 간의 갈등에 대해 마르크스주의자들은 프로테스탄트보다는 가톨릭 신자 가운데 노동 계급의 성원이 많다는 점을 들어 이것을 계급 갈등으로 설명하려 할 것이다. 하지만 베버주의자들에게는 이와 같은 설명이 만족스럽지 못하다. 왜냐하면 사람들이 소속된 파벌은 계급뿐만 아니라 종교적 차이로도 이루어질 수 있기 때문이다.

계층에 관한 베버의 저작들은 계급뿐만 아니라 계층의 다른 차원들도 사람들의 삶에 강한 영향을 미친다는 것을 보여 준다는 점에서 중요하다. 마르크스가 사회 계층을 계급 체계로 환원하려 한 것과 달리, 베버는 사회 계층의 서로 다른 측면인 계급과 지위, 파벌의 복잡한 상호작용에 관심을 가졌으며, 사람들이 가진 삶의 기회를 경험적으로 연구할 수 있는 유연한 기초를 마련했다.

마르크스와 베버 결합하기

미국의 사회학자인 에릭 올린 라이트는 베버의 접근 요소들을 결합해 마르크스의 계급 이론을 발전시켰다(Wright 1978, 1985, 1997). 그는 생산 수단 관계에 초점을 맞추는 대신 생산 과정에서 각 사회 계급의 성원들이 얼마나 많은 통제권을 갖는지 보았다. 라이트에 따르면 현대 자본주의 생산에서는 경제적 자원에 대한 세 가지 차원의 통제가 있는데, 이로써 실존하는 주요한 계급들을 밝힐 수 있다.

- 투자나 화폐 자본에 대한 통제
- 물리적 생산 수단(토지나 공장, 사무실)에 대한 통제
- 노동력에 대한 통제

마르크스가 주장했듯이 자본가 계급에 속하는 사람들은 이상과 같은 생산 체계의 세 가지 차원에 대한 통제력을 모두 갖고 있다. 노동 계급의 성원들은 이 중 어느 것에 대한 통제력도 갖지 못한다. 그러나 이 두 개의 주요 계급 사이에 관리자나 화이트칼라 노동자들과 같이 다소 애매한 지위를 가진 집단들이 존재한다. 이들 집단은 모순적 계급 위치에 있는데, 그 이유는 이 사람들이 생산의 특정한 측면에서는 통제력을 행사할 수 있지만, 다른 측면들은 통제할 수 없는 위치에 있기 때문이다. 가령 화이트칼라와 전문직 종사자들은 생계를 유지하기 위해 육체노동자들과 마찬가지로 고용주와 노동력을 파는 계약을 맺어야만 한다. 그러나 동시에 이들은 대부분의 블루칼라들과 달리 작업 조건에 상당한 통제력을 가지고 있다. 이러한 계급적 위치에 있는 사람들은 자본가도 아니고 육체노동자도 아니면서 양쪽의 특징을 모두 조금씩 가지고 있기 때문에 이러한 계급적 위치를 '모순적'이라고 부르는 것이다.

라이트에 의하면, 전체 인구의 85~90퍼센트는 생산 수단을 통제할 수 없기 때문에 자신의 노동력을 팔 수밖에 없는 사람들에 속한다(1997). 그러나 여기에는 전통적

인 육체노동 계급에서부터 화이트칼라 노동자까지 매우 다양한 사람들이 존재한다. 라이트는 두 가지 요인, 즉 권위 관계와 숙련 혹은 전문 기술 소유 여부에 따라 이들의 계급 위치를 구분한다. 첫째, 관리자와 감독자 같은 많은 중간 계급 노동자들은 노동 계급 성원들보다 더 많은 특권을 누리는 권위 지향적 관계에 놓여 있다. 이들은 노동 계급을 통제하는 것을 돕는 동시에 자본 소유주들의 통제하에 있다. 즉 이들은 착취자이면서 동시에 피착취자인 것이다. 둘째, 라이트는 노동시장에서 요구하는 기술을 가진 숙련된 중간 계급 노동자employees들은 특별한 형태의 권력을 행사할 수 있고, 더 높은 임금을 요구할 수도 있다고 주장한다. 새로이 등장하고 있는 지식 경제에서 정보 기술 전문가들이 유리한 위치에 있는 것은 이러한 점을 반영한다.

마르크스와 베버의 요소를 결합하면서 라이트는 두 가지가 반대되는 관점이 아니라는 것을 효과적으로 밝혔다. 그는 또한 자본주의 계급 사회가 더 복잡해지면서, 사회에 대한 이해를 추구하는 사회학 이론들 역시 발전해야 한다는 점을 보여 주었다. 교차성은 계급 불평등을 다른 주요 사회적 범주와 연결시키고자 하는 최근의 관점으로, 다음에는 이 개념에 대해 간단히 다룬다.

비판적으로 생각하기 THINKING CRITICALLY

마르크스와 베버의 계급 이론은 어떤 점에서 상충되며, 또 어떤 점에서 상호 보완적인가? '모순적 계급 위치' 개념은 노동 계급의 혁명은 일어날 가능성이 매우 낮다고 보는 베버의 견해를 지지하는가, 혹은 노동자 계급에 의한 혁명은 필연적이라고 보는 마르크스의 이론을 지지하는가?

교차하는 불평등

20세기 중후반부터 불평등에 대한 사회학 연구들은 사회 계급에 대해서만 배타적으로 초점을 맞추던 것에서 젠더, 인종, 섹슈얼리티, 장애 등의 다른 불평등도 탐색하기 시작했다. 그 결과 계급을 연구하기 위한 이론과 개념들이 다른 형태의 불평등을 설명하기에는 용이하지 않다는 점이 명백해졌다.

최근에는 계급을 다른 불평등과 연결시킬 방법을 찾아야만 현대인의 삶을 이해할 수 있다는 주장이 제기되었다(Anderson and Collins 2009; Rothman 2005). 이를 위한 하나의 영향력 있는 시도는 교차성이라는 개념을 통해 진행되고 있다. 이는 다양한 사회 불평등이 복잡하게 얽혀 개인의 삶을 형성하고 이전의 비교적 단순한 계급 분석에 비해 복잡해짐을 의미한다. 매클로드McLeod와 예이츠Yates가 지적하듯이 "이제 계급(혹은 젠더, 인종 등)만을 분석하는 것은 배제의 정치적, 분석적인 행위로서 이해된다"(2008: 348).

교차하는 불평등에 관한 연구는 개인들이 처한 사회적 맥락에서 그들의 삶을 이해하려고 한다. 권력이 계급, 젠더, 민족성을 통해 유지되고 강화되는 만큼, 이러한 연구들 역시 권력의 작동에 관심이 있긴 하지만(Berger and Guidroz 2009), 교차성 연구가 단순히 '계급에 인종이나 젠더, 혹은 다른 사회적 범주들'을 덧붙이는 것은 아니다. 다른 요인들보다 계급을 우선시하거나, 계급에 초점을 맞춰 이론화하는 대신에 '교차성'은 인종, 계급, 젠더, 섹슈얼리티, 능력 그리고 정체성의 다양한 측면들이 모두 구성된다고 상정한다. 각각은 다른 것에 영향을 주고, 요인들이 합쳐져 때로는 억압되거나 주변화되고, 때로는 특권적이거나 유리하게 세상을 경험하는 방식을 생산한다. 즉 교차성은 맥락에 의존한다(Smooth 2010: 34).

가령 '노동 계급'의 경험에 대해 논쟁하고 토의할 때, 사회학자들은 정확히 무엇을 말하는가? 대부분의 노동 계급 성원이 자신의 주요 정체성을 사회 계급으로부터 부여받는다고 보기는 어렵다. 백인, 노동 계급, 이성애자 남성의 삶은 흑인, 노동 계급, 레즈비언 여성의 삶과 매우 다를지도 모른다. 즉 특수한 사회역사적 맥락에서 이러한 구성적 형태의 정체성 중 어떤 것이 더 중요한지 살펴보려면 경험적 연구가 필요하다. 앞선 예시가 암시하듯,

테이블에 둘러앉아 토론하고 있는 전문가들을 보자. 이들을 단순히 인종이나 성별 등 포괄적이고 일반적인 범주로만 분석할 경우, 개인의 다차원적인 삶의 경험을 온전히 이해하기 어렵다. 교차성 이론은 같은 '백인', '여성' 또는 '노동 계급'에 속하더라도, 이들이 '공유된 경험'을 갖고 있다고 가정할 수 있는지에 대해 의문을 제기한다.

교차성 연구는 사람들의 실제 삶의 경험을 포착하기 위해 질적 방법을 사용하는 경향이 있고, 이것은 기존의 양적 사회 계급 연구와 큰 차이가 있다.

교차성 연구에는 몇 가지 문제들도 존재한다. 연구해야 할 불평등과 정체성의 범주는 몇 가지인가? 이는 '기타' 문제라고 불리는데, 몇몇 학자들은 다른 많은 원인이 있다는 것을 나타내기 위해 계급, 젠더 그리고 인종에 간단하게 '기타'를 추가한다(Lykke 2011). 하지만 연구자들은 그들이 모든 요인을 밝혔다는 것을 어떻게 아는가? 연구의 타당성을 입증하기 위해 이는 중요한 문제다. 두 번째 이슈는 각 범주들에 대한 상대적인 비중을 어떻게 둘 것인가 하는 문제다. 이들은 넓게는 모두 비슷하다고 이론화해야 하는가? 혹은 자본주의 사회에서는 사회 계급이 삶을 구성하는 데 더 중요하다고 가정할 수 있는 이유가 있는가?

이러한 질문들은 교차성 연구가 극복해야 할 문제다. 그러나 우리가 내릴 수 있는 결론은 오늘날의 많은 사회과학자들이 다문화 사회의 복잡성을 더 잘 이해할 수 있는 방법들을 모색하고 있으며, 이를 통해 기존 계급 분석 방식에서 더 나아가고자 하는 것이다.

교차성에 관한 논의는 제3장 〈사회학의 이론과 관점〉, 제7장 〈일과 경제〉, 제9장 〈생애과정〉, 제13장 〈빈곤, 사회적 배제, 복지〉, 제15장 〈젠더와 섹슈얼리티〉, 제16장〈인종, 종족, 이주〉를 참조하라.

계급 구조 발견하기

이론적·경험적 연구들은 모두 계급의 위치에 따라 투표 성향이나 교육 성취도, 건강 등에서 어떤 차이가 나는지 그 연결점을 규명하려 했다. 그러나 앞에서 밝힌 바와 같이 계급 개념은 결코 명확한 것이 아니다. 학계나 일반인 모두에게서 계급 개념은 매우 다르게 이해되고 사용되어 왔다. 그렇다면 사회학자는 이러한 모호한 개념을 어떻게 측정해 경험적 연구를 수행할 수 있을까?

계급과 같은 추상적 개념을 연구의 측정 변수로 바꾸는 것을 사회학에서는 '개념을 조작화operationalized'한다고 말한다. 즉 그 개념이 경험적 조사를 통해 검증될 수 있도록 명확하고 구체적으로 정의한다는 것을 의미한다. 사회학자들은 사회의 계급 구조를 파악하기 위해 다양한 모형을 사용했고, 이를 통해 사회의 계급 구조를 가시화하려는 노력을 해왔다. 그러한 모형들은 개인들을 각각의 사회 계급 범주로 분류할 수 있는 이론적 체계를 제공한다.

대부분의 계급 모형들은 직업 구조에 근거한다. 사회학자들은 계급을 일반적으로 고용과 관련된 물질적·사회적 불평등으로 이해해 왔다. 자본주의와 산업주의의 발전으로 분업이 발전하고 직업 구조가 점점 더 복잡해졌다. 예전보다는 완화되었지만 여전히 직업은 개인의 사회적 지위와 생존 기회, 물질적 복지 수준을 결정하는 가장 중요한 요인 중 하나다. 사회과학자들은 직업을 사회 계급의 지표로 즐겨 사용한다. 그 이유는 동일한 직업을 가진 사람들은 유사한 수준의 사회적 이익이나 손실을 경험하고, 같은 생활양식을 보이며, 유사한 생존 기회를 공유하는 경향이 있기 때문이다.

직업 구조에 기초한 계급 모형들에는 수많은 형태가 있다. 일부 모형들은 대체로 서술적이어서, 사회에서의 직업 및 계급 구조 형태를 반영만 할 뿐 사회 계급들 간의 관계를 제시하지 못한다. 그러한 모델을 선호하는 학자들은 계층화 현상을 별다른 문제가 없는, 자연적인 사회 질서의 일부로 본다. 그 예로 기능주의 전통에 있는 학자들을 들 수 있다.

> 기능주의는 제1장 〈사회학이란 무엇인가〉, 제3장〈사회학의 이론과 관점〉에서 소개된다.

한편 다른 모형은 좀 더 이론적 근거를 지니는데, 대부분 마르크스나 베버의 논의에 의지하면서 사회 계급들 간의 관계를 설명하려 한다. '관계적' 계급 모형을 선호하는 학자들은 사회에서의 분할과 긴장에 주목하는 갈등적 패러다임에 입각해 문제에 접근한다. 앞에서 언급한 에릭 올린 라이트의 계급 이론은 계급 착취 과정을 설명하려 한다는 점에서 관계적 계급 모형의 예다. 존 골드소프John Goldthorpe의 연구들은 영향력이 큰 계급 모형인데, 이는 계급에 대한 베버적 아이디어에 뿌리를 둔 관계적 모형의 예다(〈고전 연구 12-2〉 참조).

존 골드소프의 계급 모형 평가하기

〈고전 연구 12-2〉에서 언급했듯이, 골드소프의 계급 모형은 경험적 연구에 널리 사용되어 왔다. 이는 건강이나 교육에서의 불평등과 같이 계급 기반의 불평등을 조명하고, 투표 성향이나 정치적 전망, 전반적인 사회적 태도 등에 계급적 차원이 어떻게 반영되는지 밝히는 데 유용하게 사용되어 왔다. 그러나 이 모형은 몇 가지 중요한 한계를 갖고 있기 때문에, 이를 무비판적으로 적용하지 않도록 주의할 필요가 있다.

직업 중심적 계급 모형은 비경제 활동 인구, 즉 실업자나 학생, 연금생활자, 아동 등에게 적용하기가 쉽지 않다. 실업자나 퇴직자들은 이전 직업에 따라 분류될 수 있지만, 그들이 장기 실업자이거나 간헐적으로 일하는 사람

존 골드소프의 사회 계급과 직업

고전 연구 12-2

연구 문제

직업과 우리의 사회 계급 위치는 어떤 관계가 있는가? 계급은 단순히 직업과 같은 것인가? 그렇다면 우리가 직업을 바꿀 때, 계급도 함께 바뀌는 것인가? 우리가 다시 교육받거나 더 높은 교육을 받는다면, 혹은 직업을 잃는다면 우리의 계급 위치도 함께 변하는가? 사회학자로서 우리는 어떻게 사회 계급에 대한 연구를 수행할 수 있는가?

많은 사회학자는 묘사적descriptive 계급 모형에 만족하지 못했다. 이들 묘사적 계급 모형들은 계급 간에 실재하는 사회적·물질적 불평등을 반영하고 있지만, 이러한 불평등을 유발한 사회적 과정을 설명하지 못한다고 보았다. 이러한 입장에서 영국의 사회학자 존 골드소프John Goldthorpe는 사회 이동에 대한 경험적 연구에서 사용할 수 있는 모형을 만들어 냈다. 골드소프의 계급 모형Goldthorpe class scheme은 계급 위계의 묘사를 위해 만든 것이 아니라, 현대의 계급 구조에서 나타나는 '관계적' 특성을 드러내려는 것이다.

골드소프의 설명

골드소프의 견해는 매우 영향력 있으며, 다른 사회학자들은 대체로 그의 분류가 네오베버주의적 계급 모형의 예라고 이해한다. 왜냐하면 초기 모형에서 골드소프는 시장 위치market situation와 작업 위치work situation라는 두 가지 요인에 기초해 계급 위치를 분류했기 때문이다. 한 사람의 시장 위치는 그 사람의 임금 수준과 고용 안정성, 승진 가능성 정도와 관련된다. 즉 여기에서는 물질적 보상과 일반적인 삶의 기회가 강조된다. 이와 달리 작업 위치는 작업장 내에서의 통제와 권력, 권위 문제에 초점을 맞춘다. 개인의 작업 위치는 작업장에서의 자율성 정도, 고용자에 영향을 미치는 통제의 전반적인 관계와 관련된다.

1980년대와 1990년대에 이루어진 골드소프의 비교 연구들 중에는 CASMIN 프로젝트로 알려진 사회 이동 연구도 포함되어 있었다. 이 연구의 결과는 큰 영향력이 있다. 연구 결과로서 파생된 분류 형식이 영국 ONS-SEC에 차용되기도 했고, 유럽 전체 모형의 기초가 될 것으로 계획되기도 했다(Crompton 2008). 골드소프의 CASMIN, 영국의 ONS-SEC의 모형은 〈표 12-1〉에 정리되어 있으며, 그 오른쪽에는 더 일반적으로 사용되는 사회학 용어의 설명이 있다.

원래 열한 개였던 계급이 CASMIN 연구에서는 여덟 개로 줄긴 했으나, 그럼에도 불구하고 골드소프의 모형은 다른 모형들보다 더 세밀하다. 일반적으로 계급 위치라고 할 때는 '서비스 계급(계급 I, 계급 II)', '매개 계급(계급 III, 계급 IV)', '노동 계급(계급 V, 계급 VI, 계급 VII)'이라는 세 개의 주요 계급으로 압축된다. 골드소프는 모형의 제일 위쪽에 재산가라는 엘리트 계급이 존재함을 인정하지만, 극소수이기 때문에 경험적 연구를 위한 범주로는 의미가 없다고 주장한다.

표 12-1 골드소프의 CASMIN, 영국 ONS-SEC의 사회 계층 모형 및 일반적인 사회학적 분류

골드소프 CASMIN 모형		영국 ONS-SEC		일반적 용어
I	상급 전문직, 행정직	1	상급 관리직과 전문직 ab	봉급 생활자(혹은 서비스 계급)
II	하급 전문직, 행정직, 상급 기술자	2	하급 관리직과 전문직 b	
IIIa	상급 기관의 단순 비육체노동자	3	매개직	매개직 화이트칼라
IV	소규모 고용주 및 자영업자	4	소규모 업체의 고용주, 자영 노동자	자영업(프티 부르주아)
V	육체노동자의 관리자, 하급 기술자	5	하급 관리자와 하급 기술직	매개직 블루칼라
VI	숙련 육체노동자	6	준단순 노동직	노동자 계급
IIIb	하급 단순 비육체노동자 및 관리자	7	단순 노동직	
VII	반숙련, 비숙련 육체노동자			

출처: Goldthorpe and McKnight 2004.

최근의 저작에서 계급 모형을 설명할 때, 골드소프는 전술한 '작업 위치' 개념보다는 고용 관계를 강조한다. 여기에서 골드소프는 서로 다른 유형의 고용 계약에 주목한다(Goldthorpe 2000). 노동 계약은 임금과 명확히 규정된 노동의 교환을 전제로 하는 반면, 서비스 계약은 임금 상승이나 승진 가능성과 같은 '예측적' 요소가 존재한다. 골드소프에 의하면 노동 계급은 노동 계약을 특징으로 하며, 서비스 계급은 서비스 계약을 특징으로 한다. 다음으로 매개 계급은 고용 관계의 매개적 유형을 경험한다.

비판적 쟁점

골드소프의 작업에 대한 추가적인 평가를 내리기 전에 우선 두 가지 정도의 주요 비판점을 짚고 넘어가야 한다. 그의 모델이 경험적 연구자에게 명백히 유용하긴 하나, 가령 '학생'과 '실업자' 같은 사회 계급적 경계 밖에 있는 사회적 집단을 이야기하는 데는 명확히 적용되기 어렵다. 또한 자본주의 사회에 팽배한 부의 현저한 총불균형을 축소하는 듯한 인상 역시 비난의 대상이 될 수 있다. 이런 의미에서 앞선 비판들은 사회 계급과 이의 중요성에 대한 마르크스주의자와 베버주의자들 간의 오랜 논쟁을 보여 준다.

현대적 의의

언젠가부터 골드소프의 작업들은 사회 계급과 직업에 관한 논쟁의 중심에 서게 되었다. 몇몇 꽤나 적절한 비판들에도 불구하고, 넓게 보면 베버적 전통에 서 있는 그의 계급 모형은 지속적으로 갱신되고 수정되어 왔다. 골드소프의 최근 버전이 유럽연합의 표준 계급 모형이 된 것에서 볼 수 있듯이, 그의 아이디어와 분류는 미래에 영향력이 커질 것으로 보인다.

들인 경우엔 문제가 된다. 학생들은 소속 학과에 따라 분류될 수 있는데, 이는 학과에서 다루는 내용이 특정 직업(가령 공학기사나 약사)과 밀접한 경우일수록 적용하기에 알맞다.

또한 직업 차이에 근거한 계급 모형은 재산의 소유와 부가 사회 계급에 미치는 영향을 조명하지 못한다. 직업 명칭만으로는 한 사람이 가진 부와 재산을 제대로 파악할 수 없다. 특히 사회에서 가장 부유한 사람들, 즉 기업가나 금융업자, '전통적 부자' 등의 경우가 더욱 그렇다. 이들은 주로 '이사'나 '경영자'와 같은 직책을 갖지만, 이들보다 훨씬 제한적인 수단만 가진 많은 전문가들과 동일하게 분류된다. 다시 말해, 직업적 범주에 기초한 계급 모형은 '경제 엘리트'로 거대한 부가 집중되는 현상을 적절히 반영하지 못한다. 마르크스주의 학자들은 이것이 중요한 결함이라고 본다.

따라서 그의 모형은 사회 제일의 부자들을 상류 계급 전문가들과 함께 분류함으로써 직업 계급 모형은 사회 계층에서 재산 관계의 상대적인 영향력을 희석시키고, 전체 경제의 불평등을 고려하지 못하는 맹점이 있다. 예

실업자나 구직자는 사회 계급의 틀 속에서 어디에 속하는가? 우리는 그들의 계급 위치를 어떻게 평가해야 하는가?

계급의 종언?

사회학적으로 상상하기 12-1

최근 몇 년간 사회학계에서는 '계급'의 유용성에 대해 열띤 논쟁이 있어 왔다. 레이 팔Ray Pahl과 같은 일부 사회학자들은 현대 사회를 이해하기에 과연 계급이 여전히 유용한 개념인지 의심의 눈초리를 보내기도 했다. 계급이라는 개념이 더 이상 유용하지 않다고 주장하는 학자들 가운데 호주 출신 잔 파쿨스키Jan Pakulski와 맬컴 워터스Malcolm Waters의 논의가 가장 눈길을 끈다. 『계급의 종언The Death of Class』(1996)이라는 저작에서 그들은 현대 사회는 뿌리 깊은 사회 변화를 겪고 있기 때문에 더 이상 현 사회를 정확히 '계급 사회'라고 판단하기는 어렵다고 주장한다.

사회 변동의 시기

파쿨스키와 워터스는 산업사회가 오늘날 거대한 사회 변화를 겪고 있다고 주장한다. 우리는 계급의 정치적·사회적·경제적 중요성이 감퇴하는 것을 목격하고 있다. 산업사회는 조직화된 계급 사회에서 새로운 '지위 관습주의status conventionalism'의 단계로 옮아가고 있다. 파쿨스키와 워터스는 이 신조어를 사용함으로써 불평등이 특정한 지위 집단에서 선호되는 지위(명성)와 생활양식, 소비 패턴의 차이에 의해 나타난다고 본다. 개인이 자신의 정체성을 구성하는 데 계급은 더 이상 중요한 역할을 하지 못하며, 계급 공동체는 이제 과거의 유물이 되어 가고 있다. 이러한 변화는 정치적·사회적 행동을 계급에 근거해 설명하려는 시도 역시 낡은 것임을 의미한다. 계급은 진정으로 죽은 것처럼 보인다.

지위에 근거한 소비보다 계급적 위치에 따른 소비가 현대 사회 계층의 중요한 모습인가?

소비력의 증가

이러한 변화들은 소비력의 증가와 함께 일어난다. 과거 어느 때보다 경쟁적이고 다원적인 시장 속에서 기업은 소비자들의 요구에 더욱더 민감하게 반응한다. 산업화된 선진국에서는 권력 균형의 변화가 있었다. 현대 사회에서 혜택받지 못하는 사람들, 파쿨스키와 워터스의 용어로 '귀속적으로 혜택받지 못하는 최하층 계급'은 차, 의류, 집, 휴가, 기타 소비재를 '지위 소비'할 수 없는 사람들로 볼 수 있다. 파쿨스키와 워터스에 의하면 현대 사회는 계층화되었지만, 이 계층화는 노동 분업으로 인한 계급 위치 때문에 발생하는 것이 아니라 문화적 소비에 의해 일어난다. 이들에게는 생활양식과 취향, 지위(명성)만이 중요하고, 노동 분업에서의 위치는 중요하지 않다.

세계화의 과정

조직화된 계급 사회에서 '지위 관습주의'로 사회가 변화하는 것은 경제, 기술, 정치의 변화를 포함하는 세계화 과정으로 설명할 수 있다. 파쿨스키와 워터스는 세계화가 새로운 국제 노동 분업을 이끌었고, '제1세계'는 점점 탈산업화된다고 주장한다. 간단히 말하면 기존의 '조직화된 계급 사회' 시대를 특징지었던 육체노동 계급의 직업이 줄고 있다는 것이다. 동시에 세계화된 세계에서 국민국가는 덜 독립적이며, 그들의 국민이나 시장을 예전처럼 통치하기 어렵게 되었다. 계층화와 불평등은 여전히 존재하지만 이는 국가적이기보다는 전 세계적인 차원에서 일어난다. 우리는 한 국가 내에서보다 여러 국가 사이에 더욱더 심각한 불평등이 존재한다는 것을 알고 있다.

단지 이론일 뿐이다?

존 스콧John Scott과 리디아 모리스Lydia Morris는 개인의 계급 위치와 집단적인 현상으로서 사회 계급을 구분해야 한다고 보았다. 개인의 계급 위치는 노동 분업에서 개인의 위치를 의미하며, 집단적 현상으로서 사회 계급은 사람들이 집단에 소속감을 가지고 정체성과 가치를 공유하는 것을 말한다. 후자의 (보다 주관적이고 집단적인 의미의) 계급은 사회의 특정 시기에 존재하기도 하고, 그렇지 않기도 하다. 이는 다양한 사회적, 경제적, 정치적 요인에 따라 달라질 수 있다.

최근 사라지는 것처럼 보이는 것은 후자의 계급 측면이다. 하지만 그렇다고 해서 지위와 문화적 측면의 계층화만이 중요하고 계급의 경제적 측면은 유용하지 않다고 섣불리 이야기할 수는 없다. 사실, 사회 이동 연구와 부의 불평등은 이와 반대되는 점을 보여 준다. 계급은 죽지 않는다. 단지 조금 더 복잡해질 뿐이다!

출처: Abbott 2001.

비판적으로 생각하기 THINKING CRITICALLY

당신의 지난 경험에 비춰 보았을 때, 당신 가족의 사회 계급적 배경이 당신의 정체성에 얼마나 영향을 미쳤는가? 어떤 다른 사회적 요인이 당신의 정체성에 영향을 주었는가? 사회적 분화가 생길 때 소비 패턴이 계급보다 더 의미있다면 당신은 어떤 증거로 이를 증명할 수 있는가?

를 들어 존 웨스터가드John Westergaard는 부자들은 극소수에 불과하므로 계급 모형에서 제외해도 무방하다는 골드소프의 견해에 이의를 제기한다. 그가 말한 바는 다음과 같다(1995: 127).

> 그런 사람들이 최상층이 되는 이유는 권력과 특권이 소수의 수중에 극도로 집중되기 때문이다. 이들의 수에 비해 이들이 사회 구조에서 차지하는 비중은 매우 거대하며, 따라서 어떠한 사회 분할 패턴에서도 이들은 사회의 최고 계급이 된다.

사회의 계급 구조에 대해 신뢰할 만한 '그림을 그릴' 수 있는 계급 모형을 고안하려면 수많은 복잡한 문제를 해결해야 한다. 상대적으로 안정된 직업 구조를 갖고 있는 경우에도 사회 계급을 측정, 파악하기는 매우 어렵다. 1970년대 급속한 경제 변화 이후 계급의 측정이 훨씬 어려워졌을 뿐만 아니라, 일부는 계급이라는 개념 자체의 유용성이 의문시되기도 한다. 새로운 직업 범주가 출현하고, 제조업 생산으로부터 서비스와 지식 노동으로 광범위한 변화가 진행되어 왔으며, 여성의 노동시장 진출이 활발해졌다. 직업 중심적 계급 모형이 그러한 계급 형성과 이동, 변화의 역동적 과정을 반드시 잘 설명해 주는 것은 아니다.

현대 선진 사회의 계급 분화

상층 계급 문제

여전히 부와 재산의 소유에 기초한 선진국의 상층 계급upper class이 다른 계급과 뚜렷한 차이를 보이며 존재하는가? 아니면 골드소프가 주장했듯이 서비스 계급이 점차 확장되고 있다고 말할 수 있는가? 비록 골드소프가 소수의 엘리트 상층 계급이 존재함을 인식했다고 하더라도, 그들은 표본 조사가 어려울 만큼 미미해 대표적인 사회 조사에 포함되기 어려웠다. 반면, 엘리트 상층 계급은 중세 봉건 계급과 다른, 부와 권력이 전 세계 시장의 이윤 추구로부터 발생하는 자본주의적 엘리트를 의미한다.

우선 부와 소득이 어느 정도 소수에게 집중되었는지 살펴봄으로써 이러한 문제에 접근할 수 있다. 개인의 부에 관한 신뢰할 만한 정보를 얻기는 쉽지 않다. 부유한 사람들이 대개 재산을 완전히 공개하지 않고, 어떤 정부는 다른 정부보다 정확한 통계치를 보유하고 있기 때문이다. 따라서 우리는 흔히 부유한 사람들보다 가난한 사람들에 대해 더 많이 알게 된다. 어쨌든 확실한 것은 부가 극소수에게 집중되어 있다는 것이다. 개인적 부의 규모는 미국에서 매년 발간되는 『포브스Forbes』의 '부자 명단rich list'을 기본으로 삼아 추적할 수 있다.

> '부자 명단'과 극단적인 글로벌 불평등에 대해서는 제14장 〈글로벌 불평등〉에서 더 자세히 논의된다.

영국의 경우, 2002년 기준 최상층 1퍼센트에 속한 사람들이 전체 부의 약 23퍼센트를 소유하고 있으며(ONS 2010a: 62), 2008년 금융 위기와 그 여파에도 최상층 부자들은 그들의 부를 지킬 수 있었다. 2009년에서 2010년에는 영국 최고 부자 1천 명의 부가 7백70억 파운드에서 3천3백55억 파운드로 늘었는데, 이는 국가 부채의 3분의 1과 맞먹는 금액이었다(Sunday Times 2010). 실제로 가장 부유한 상위 10퍼센트의 사람들은 국가 자산의 절반 이상을 차지하고 있다. 반면에 하위 50퍼센트의 사람들은 국가 자산의 10퍼센트만 차지하고 있다(〈표 12-2〉 참조). 1990년대 초 이후 최상층 10퍼센트는 이제 영국 부의 50퍼센트 이상을 소유하고 있다.

전체 부의 소유에서보다 주식과 채권에서 불평등이 더 뚜렷하게 드러난다. 영국의 경우 최상층 1퍼센트에 속하는 사람들이 개인 보유 주식의 75퍼센트를 가지고 있으며, 최상층 5퍼센트의 사람이 90퍼센트 이상 소유하고 있다. 그러나 여기에도 많은 변화가 있었다. 주식을 소유한 인구는 전체의 25퍼센트 정도인데, 1986년에는 14퍼센트였고, 1979년에는 5퍼센트였다. 이것은 1979년 이후 보수당 정부가 민영화 정책을 시행하는 동안 많은 사람이 투자 대열에 끼어들었음을 말해 준다. 그러나 주식 보유자의 대다수는 소액 주주이며, 개인의 주식 소유보다는 기관에 의한 주식 소유, 즉 기업이 다른 기업의 주식을 소유하는 경우가 더 빠른 증가 추세를 보이고 있다.

역사적으로 몇몇 국가의 자료 수집 문제로 인해 전 세계적 부의 분배에 대한 전반적인 그림을 그리는 일이 어려움에 봉착하곤 했다. 그러나 유엔 대학에 거점을 두고 있는 발전경제연구를 위한 세계기관World Institute for Development Economics Research의 2007년 연구는 지금까지 이루어졌던 어떠한 연구보다 포괄적인 가계 자산, 주식 및 기타 금융 자산, 토지 및 건물 등 개인의 부에 관한 전 세계적 자료를 포괄한다. 이들은 세계인 중 가장 부유한 2퍼센트가 인구의 절반보다 더 많은 부를 거머쥐고 있음을 알았다. 또한 성인 인구 중 가장 부유한 10퍼센트가 전 세계 자본의 85퍼센트를 소유하는 반면, 하층 50퍼센트에게는 단지 1퍼센트만이 분배되어 있음도 밝혀냈다(Davies et al. 2007). 분명한 것은 세계적 부의 분배 양상이 개별 국가 내 부의 분배 양상보다 더욱 불평등하다는 것이다. 이는 선진국과 개발도상국 간 부의 차이가 심각한 수준임을 반영한다.

상대적으로 소수의 사람들에게 부가 집중됨에도 불구하고, '부유층'은 동질적인 집단이 아니어서 이들을 하나의 고정된 범주로 묶을 수는 없다. 사람들은 다양한 경로를 통해 부를 획득하기도 하고 잃기도 한다. 빈곤과 마찬가지로 부도 생애주기의 맥락을 고려해 이해해야 한다. 하루아침에 부자가 되지만, 곧 그 모두를 상실하는 사람들도 있다. 한편 장기간에 걸쳐 재산이 꾸준히 증가하거나 줄어드는 사람들도 있다. 부유한 사람들 중에는 '전통적 부자' 집안(여러 세대에 걸쳐 부가 세습되어 온 집안) 출신도 있다. 이와 달리 매우 가난한 상태에서 출발해 부를 축적하는 데 성공한 '자수성가'형도 있다. 몇 세대를 지속해서

표 12-2 영국에서 부의 분배, 1976~2005

	최고 부자들의 비율(%)					
	1	2	5	10	25	50
연도	소유한 부의 비율(%)					
1976	21	27	38	50	71	92
1977	22	28	39	50	71	92
1978	20	26	37	49	71	92
1979	20	26	37	50	72	92
1980	19	25	36	50	73	91
1981	18	24	36	50	73	92
1982	18	24	36	49	72	91
1983	20	26	37	50	73	91
1984	18	24	35	48	71	91
1985	18	24	36	49	73	91
1986	18	24	36	50	73	90
1987	18	25	37	51	74	91
1988	17	23	36	49	71	92
1989	17	24	35	48	70	92
1990	18	24	35	47	71	93
1991	17	24	35	47	71	92
1992	18	25	38	50	73	93
1993	18	26	38	51	73	93
1994	19	27	39	52	74	93
1995	19	26	38	50	72	92
1996	20	27	40	52	74	93
1997	22	30	43	54	75	93
1998	22	28	40	52	72	91
1999	23	30	43	55	74	94
2000	23	31	44	56	75	95
2001	22	29	41	54	72	93
2002	21	28	41	54	72	92
2003	19	27	40	53	73	93
2004	n/a	n/a	n/a	n/a	n/a	n/a
2005	21	28	40	54	77	94

출처: HMRC 2010.

부를 소유한 집단에 버금가는 사람들로서 유명 음악가, 영화배우, 운동선수 그리고 컴퓨터나 이동통신 혹은 인터넷의 개발 및 홍보를 통해 백만장자가 된 '신 엘리트' 등이 있다.

최근 몇 년간 다른 주목할 만한 경향들이 나타나고 있는데, 이는 영국의 자료에서 관찰해 볼 수 있다. 우선 최고 부자들 중 앞에서 살펴본 굴람 눈과 같은 '자수성가형 백만장자들'이 차지하는 비중이 커지고 있다. 예를 들어 캔디 크러쉬 사가Candy Crush Saga 게임이 엄청나게 성공해 네 명의 킹 디지털 엔터테인먼트King Digital Entertainment 직원이 부자 명단에 포함되었는가 하면, 그랜드 세프트 오토Grand Theft Auto 게임을 만든 록스타 게임스Rockstar Games의 샘Sam과 단 하우저Dan Heuser도 둘의 총재산이 9천만 파운드로 명단에 포함되었다(Sunday Times 2010). 가장 부유한 1천 명의 영국인 중 75퍼센트 이상이 자수성가형 부자였다(2007). 둘째, 2014년 영국에서 가장 부유한 1천 명의 자산이 1년 만에 15퍼센트 증가했는데, 이는 영국 전체 GDP의 약 3분의 1에 이르는 규모였다(5천2백억 파운드; Independent 2014). 2008년 금융 위기로 영국 정부가 '긴축 정책' 및 공공 부문 감축을 한 것과 선명하게 대조되는 현상이다. 셋째, 부호 중 여성의 수가 아직도 적은 편이긴 하지만, 점차 증가하는 추세다. 1989년에는 최고 부자 가운데 여성이 여섯 명에 불과했지만 2007년에는 아흔두 명으로 늘었다. 넷째, 소수 인종, 특히 아시아계 부자들이 크게 늘었다(Sunday times 2007). 마지막으로 영국 최고 부자들 중, 영국 출신은 아니지만 낮은 세율 등을 이유로 영국에 거주하는 사람들이 많았다.

이러한 유동적인 상황으로 인해 다른 계급과 뚜렷이 구분되는 상층 계급은 더 이상 존재하지 않는 것처럼 보일 수 있지만, 이러한 견해는 받아들이기 어렵다. 오늘날의 상층 계급은 모양만 바뀌었을 뿐 그 고유한 위치를 그대로 유지하고 있다. 존 스콧John Scott은 상층 계급을 구성하는 세 가지 집단으로 거대 기업의 최고경영자, 산업 자본가 그리고 '금융 자본가'를 꼽는다(1991). 거대 기업의 최고경영자들은 그들이 운영하는 회사를 소유하지는 않지만, 주식을 통해 산업 자본가들과 연결된다. 1980년대 들어 기업가 정신을 고취하는 정책들이 시행되고, 1990년대 정보 기술 붐이 일기 시작하면서 새로운 사업이나 기술 진보를 통해 성공한 사람들이 상층 계급으로 진입하는 새로운 경향이 나타나기 시작했다.

스콧에 의하면 오늘날 상층 계급의 핵심은 금융 자본가다. 금융 자본가에는 보험 회사나 은행을 운영하는 사람들, 투자 펀드 매니저, 그 외 형태의 기관 투자자들이 포함된다(〈세계 사회 12-1〉 참조). 동시에 기업 주식을 보유한 중간 계급 가구가 많아지면서 기업 소유주가 확대되었다. 하지만 상층 계급으로 권력과 부가 집중되는 현상은 변함없이 지속되었다. 그러나 이전보다 기업 소유는 확산되는 패턴을 보이지만, 주식 소유를 통해 실질적인 혜택을 얻는 사람들은 여전히 극소수다.

영국 은행The Bank of England의 부총재는 사모 펀드와 헤지 펀드의 상황이 마치 영국의 축구 리그인 프리미어리그에서 벌어지는 상황과 비슷하다고 말했다. 개인의 급여가 국내 시장이 아니라 국제 시장에 따라 정해지는 까닭이다(Crompton 2008: 145). JP모건체이스는 가장 큰 헤지 펀드 회사다. 상위 25개 펀드 매니저들이 총 5천2백억 달러 자산을 관리하는데, 이 중 5백30억을 JP모건 체이스 혼자 관리하고 있다(Pensions and Investments 2010).

이상으로부터 상층 계급 개념과 서비스 계급 개념이 모두 필요하다는 결론을 도출할 수 있다. 상층 계급은 부와 권력을 모두 소유하고 있으며, 자신의 특권을 자녀들에게 물려줄 수 있는 극소수 사람들로 구성된다. 상층 계급은 대략 재산 소유 최상위 1퍼센트라고 생각할 수 있을 것이다. 골드소프의 주장에 따르면, 상층 계급 아래에는 서비스 계급service class과 매개 계급intermediate class이 존재한다. 이들은 전문가, 관리자 그리고 수많은 비육체직 고급 직종들로 구성된다. 골드소프가 '매개 계급'으로 지칭하는 사람들은 중간 계급middle class이라고 부를 수 있을 것이다. 이러한 중간 계급에 대해 구체적으로 살펴보자.

우주의 주인: 세계에서 가장 돈을 많이 버는 남자를 만나 보세요

세상에는 은행가의 연봉조차 작은 푼돈 정도로 치부하는 사람들이 있다. 골드만삭스의 CEO 로이드 블랭크페인Lloyd Blankfein이 지난해에 번 1천3백만 달러를 준다고 해도, 침대에서 일어날 생각조차 하지 않을 사람들이 있는 것이다. 그런 하찮은 봉급이 돈 잘 버는 금융계 임원에게는 단 며칠의 노동에 지나지 않는다. 은행가들이 다른 세계에 살고 있다면, 런던 기반의 헤드헌터인 존 퍼셀John Purcell은 "이 사람들은 다른 우주에 살고 있다"고 말한다.

'사적인private 집단'

이들(대부분이 남자)은 도대체 한 해에 얼마나 버는가? 가장 많이 버는 사람은 40억 달러를 번다. 물론 이는 월급뿐만 아니라 보너스와 수수료를 포함한 금액이다. 사실상 월급은 그들의 전체 수입 중 매우 작은 부분일 뿐이다.

이들은 누구인가? 이들은 헤지펀드 매니저들이다. 다시 말해, 그들은 그들의 고객과 그들 자신을 위해 돈을 벌 목적으로 온갖 종류의 금융 상품을 사고파는 투자자들이다. 이미 알려진 대로 그들에 대해 더 알기는 악명 높을 정도로 어렵다. "그들은 매우 사적인 사람들입니다." 퍼셀이 설명했다. "이는 그들이 엄청나게 많이 벌기 때문입니다. 그들은 그들이 하는 일의 모든 면에서 매우 비밀스럽습니다." 하지만 이들이 어떻게 돈을 버는지 알아내기는 보다 쉽다.

널리 알려진 신화

헤지펀드는 사실 모든 금융 상품을 통틀어 가장 오해를 많이 받는 상품 중 하나다……. 헤지펀드가 대부분의 투자 펀드와 다른 점은 다루는 상품의 범위와 전략에 있다. 전통적인 펀드 매니저는 가치가 오를 것으로 보이는 주식과 채권을 사거나 때로 금융 파생상품에 손을 대는 반면, 헤지펀드 매니저들은 더 많은 데에 손을 댄다. 예를 들어 그들은 이자율과 환율, 회사의 구조 조정과 파산 그리고 다른 시장들에서 가격의 변칙이 발생하는 순간을 이용해 돈을 번다. 그들의 가장 중요한 전략 중 하나는 주식을 공매空賣, short하거나 빌리는 것이다. 즉 주식이나 채권 가격이 떨어질 것이라고 예상될 때, 상대적으로 높은 가격에 팔고, 가격이 떨어지면 이를 다시 낮은 가격에 사는 등의 방법을 통해 수익을 얻는 것이다. 이는 시장이 오름세일 때뿐만 아니라, 시장이 하락할 때도 돈을 벌 수 있음을 뜻한다.

[……]

유명 인사의 급여

존 폴슨John Paulson이나 조지 소로스George Soros와 같이 돈을 가장 많이 버는 헤지펀드 매니저들은 자신의 회사를 소유하고 있다. 그들은 자기 소유의 회사가 운영하는 수많은 종류의 펀드로부터 돈을 번다. 조지 소로스는 '소로스 펀드 관리 회사Soros Fund Management'를 소유하고 있다. 반면에 로이드 블랭크페인은 골드만삭스를 소유하지 않았다.

공공 기업의 보스가 무엇을 소유하는지는 비교적 쉽게 알 수 있지만, 민간 기업의 소유자가 자기 자신에게 얼마를 지불하는지 알기는 힘들다. 개인 헤지펀드 매니저들은 사실상 그들의 고용주가 버는 것의 일부를 버는데, 2007년에는 평균적으로 490만 달러를 벌었다. 어쨌든 여전히 당신이 이만큼 벌게 된다면 좋은 일 아닌가?

[……]

자선 기부

[……]

많은 사람이 자선 단체에 거금을 기부하고 자선가로 알려지기도 한다. 예를 들어 칼 아이컨Carl Icahn은 2009년에 13억 달러를 벌었는데, 최근에 '기부 선언Giving Pledge'이라는 클럽에 가입했다. 이 클럽에는 자신의 부의 상당량을 기부하겠다고 약속한 억만장자들이 가입해 있다. 예를 들어 40억은 한 사람이 몇 번의 인생을 살며 벌어야 할지도 모르는 엄청난 돈이다. 헤지펀드는 가치가 있는가? 많은 헤지펀드 고객들은 그렇다고 대답할 것이다. 그들의 추종자들도 당연히 동의할 것이다. 하지만 다른 사람들은 조금 다르게 생각할지도 모른다.

출처: Anderson 2011.

비판적으로 생각하기

THINKING CRITICALLY

성공적인 헤지펀드 매니저는 엄청난 재정적 보상을 얻을 수 있고 매우 부유해질 수 있다. 마르크스주의 이론은 그들을 어떻게 사회 계급의 개념 틀에서 분류할 것인가? 예를 들어 그들은 '생산 수단'을 소유하고 통제하는가? 한편 골드소프의 모델에서는 어느 계급에 속하는가?

성장하는 중간 계급

중간 계급에는 서비스 종사자에서부터 교사, 의료 전문가에 이르기까지 다양한 직업을 가진 사람들이 포함된다. 일부 논자들은 중간 계급 구성원들의 지위, 삶의 기회의 다양성에 주목해 '중간 계급들'이라고 복수로 표현하기를 좋아한다. 오늘날 영국을 비롯한 대부분의 선진국들에서 대다수의 사람들이 중간 계급에 속한다. 왜냐하면 20세기 들어 화이트칼라 직업의 비율이 블루칼라에 비해 급속하게 늘어났기 때문이다.

> 화이트칼라 직업의 증가에 대해 더 알고 싶으면 제7장 〈일과 경제〉를 참조하라.

중간 계급 성원들은 졸업장이나 기술 자격증 등이 있기 때문에 육체노동자들보다 더 많은 물질적·문화적 혜택을 누릴 수 있다. 노동 계급과 달리 중간 계급 성원들은 정신노동과 육체노동을 모두 팔 수 있다. 이 차이는 중간 계급과 노동 계급 간의 구분을 설정하는 데 유용한 기준이 된다. 하지만 중간 계급의 범위를 정교하게 규정하기는 어려운데, 이는 직업 구조가 역동적이며 계급의 상승과 하강 이동이 가능하기 때문이다.

중간 계급의 성원들은 다양한 이해관계를 가지고 있기 때문에, 내적으로 통일되어 있지도 않고, 통일되지도 않을 것이다(Butler and Savage 1995). 중간 계급이 노동 계급만큼 동질적이지 않은 것은 사실이다. 또한 중간 계급 구성원들이 상층 계급의 최상위층처럼 사회적 배경이나 문화적 전망을 공유하는 것도 아니다. 중간 계급의 '느슨한' 구성은 새로운 현상이라기보다는 중간 계급이 출현한 19세기 초 이래 줄곧 유지된 특성이다(Stewart 2010).

전문직이나 관리직, 행정직은 중간 계급 중에서 가장 빨리 성장한 부문이다. 거기에는 몇 가지 이유가 있다. 첫 번째 이유는 1945년 이후 관료제가 확산됨으로써 직원들이 제도적 환경에서 일할 수 있는 기회와 수요가 창출된 데 있다. 과거에는 자영업에 종사했을 수도 있는 의사와 변호사가 오늘날에는 제도화된 환경에서 일하는 경향이 있다. 둘째, 정부가 핵심적인 역할을 담당하는 경제 영역에서 일하는 사람들이 증가했기 때문이다. 복지 국가가 생기기 시작하면서 사회 복지나 교직, 보건과 같은 분야의 직종들이 엄청나게 성장했다. 마지막으로, 경제 및 산업 발전이 심화되면서 법률이나 금융, 회계, 기술, 정보 시스템 분야의 전문 서비스에 대한 수요가 유례없이 성장했다. 이런 점에서 전문직은 현대 사회의 산물이면서 동시에 현대 사회의 발전과 확대에 기여한 핵심 요인으로 볼 수 있다.

전문직, 관리직, 고위 관료들은 자격증, 즉 학위나 졸업장과 같은 자격을 획득함으로써 그러한 자리를 차지한다. 대체로 그들은 상대적으로 안정적이고 보수가 높은 직업에 종사한다. 최근에는 이들과 비육체 단순 반복 업무에 종사하는 사람들의 차이도 벌어지고 있다. 일부 논자들은 전문직이나 기타 상층 화이트칼라 집단이 '전문-관리 계급'이라는 별개의 계급을 형성한다고 본다

(Ehrenreich and Ehrenreich 1979; Glover and Hughes 1996). 하지만 다른 학자들은 그들과 화이트칼라 노동자들의 구분이 명확한 것은 아니라고 주장한다.

한편, 또 다른 논자들은 화이트칼라 전문직들이 어떻게 자신의 이해관계를 극대화하고 높은 물질적 보상과 위신을 확보하는지 연구해 왔다. 의료 직종의 사례가 이를 명확히 보여 준다(Hafferty and Castellani 2011). 의사와 같은 일부 의료 전문직에서는 자신의 사회적 지위를 보호하고 높은 수준의 물질적 보상을 확보하기 위해 스스로를 조직하는 데 성공했다. 이는 전문주의professionalism가 갖는 중요한 세 가지 특징이 있었기 때문에 가능했다. 첫째, 전문가는 엄격하게 규정된 일련의 기준(자격)을 충족시키는 사람들만 될 수 있다. 둘째, 영국의사협회처럼 전문가 협회를 결성해 성원들의 행위와 성과를 감시, 감독한다. 셋째, 전문가로 인정받은 사람만이 의료 행위를 할 수 있는 자격을 가진다. 이러한 채널을 통해 전문가 협회는 불필요한 사람들을 전문직에서 배제하고, 회원들의 시장 위치를 강화할 수 있다.

변화하는 노동 계급

마르크스는 노동 계급이 점차 늘어날 것이라고 생각했다. 그것이 바로 노동 계급이 그들 모두가 겪고 있는, 착취당하는 상황을 인지하고 저항할 것이라는 그의 견해의 기초가 되었다. 하지만 실제로는 노동 계급이 점차 줄어들었고, 중간 계급이 늘어났다. 1960년대에는 선진국의 노동 인구 중 40퍼센트가 블루칼라였다. 오늘날에는 15퍼센트 정도로 줄어들었다. 게다가 노동 계급 구성원들의 생활 조건과 생활양식도 변하고 있다.

데이비드 베컴은 노동자 계급 출신이지만, 성공한 축구선수가 되었다. 모델로서 전 세계 수많은 광고에 출현했으며, 패션 사업에도 진출해 많은 돈을 벌었다. 하지만 베컴이 상류층으로 이동했다고 볼 수 있는가?

선진국에서도 상당수의 사람이 빈곤하게 살아가고 있다. 하지만 노동 계급 직종에 종사하는 사람들의 대부분은 더 이상 빈곤하지 않다. 20세기 초 이래 육체노동자들의 소득은 상당히 증가해 왔다. 모든 계급이 이용할 수 있는 소비재가 증가한 것에서 볼 수 있듯이 생활수준도 높아졌다. 오늘날 많은 노동 계급 가정은 자가용, 세탁기, 텔레비전, 컴퓨터, 핸드폰 등과 그 이상의 것들을 소유하게 되었고, 주택을 소유하기도 하며, 정기적으로 해외여행을 떠나기도 한다.

이 문제는 제13장 〈빈곤, 사회적 배제, 복지〉에서 더 자세히 다룬다.

노동 계급의 풍요는 '중간 계급 사회'로 갈 수 있는 또 하나의 길을 시사한다. 아마 블루칼라 노동자들이 점점 풍요로워짐에 따라, 그들은 점점 중간 계급화될 것이다. 이런 현상은 부르주아화 명제embourgeoisement thesis라고 불린다. 쉽게 말하면 부르주아화란 부의 증가로 인해 점점 더 '부르주아' 혹은 중간 계급이 되어 가는 것을 의미한다. 1950년대에 이 명제가 처음 제시되었을 때, 이를 지지하는 사람들은 다수의 고소득 블루칼라 노동자들이 중간 계급의 가치와 전망, 생활양식도 따르게 될 것이라고 주장했다. 경제 발전은 사회 계층에도 강력한 영향을 미쳤다.

1960년대에 들어 존 골드소프와 그의 동료들은 부르주아화 가설에 대한 유명한 연구를 시작했다. 이 연구에서 그들은 부르주아화 명제가 사실이라면 부유한 블루칼라 노동자들은 작업 태도와 생활양식 그리고 정치적 성향에서 화이트칼라 노동자들과 유사해야 한다고 주장했다. 풍요로운 노동자The Affluent Worker 연구로 알려진 이 연구(Goldthorpe 1968~1969)는 루턴 지방 자동차 및 화학 산업 노동자들과의 인터뷰를 중심으로 진행되었다. 총 229명의 육체노동자들 그리고 이들과의 비교를 위해 54명의 화이트칼라 노동자들이 연구 대상이 되었다. 많은 블루칼라 노동자들이 고임금 일자리를 찾아 그 지역으로 이주했다. 그들은 실제로 여타 육체노동자들보다 임금을 많이 받았을 뿐만 아니라, 대부분의 하층 화이트칼라 노동자들보다도 많이 받았다.

이 연구는 노동 계급의 태도와 관련해 세 가지 측면에 초점을 맞추었고, 그 결과 부르주아화 명제를 지지할 수 있는 근거는 거의 없다는 사실을 밝혔다. 첫째, 저자들은 소득이나 소비재 보유 수준에 비추어 볼 때, 많은 노동자들이 중간 계급의 생활수준을 획득했다는 점에 동의했다. 그러나 이러한 상대적인 풍요에 비해 이들의 직종은 혜택이 적고, 승진 기회가 적으며, 직무 만족감이 낮다는 특징을 가진다. 저자들에 의하면 이 풍요로운 노동자들은 일이란 단지 좋은 임금을 받기 위한 수단일 따름이라고 본다. 하는 일이 대체로 반복적이고 무료해 그들은 자신의 일에 별다른 애착을 갖지 않았다.

둘째, 이들 노동자들은 쉬는 시간에도 화이트칼라 노동자들과 사귀지 않으며 계급 상승을 위한 노력도 하지 않는다. 그들은 가족이나 친족, 이웃의 노동 계급과 어울렸다. 즉 노동자들이 중간 계급 규범이나 가치를 지향한다는 것을 보여 주는 징후는 찾아보기 힘들었다. 셋째, 노동 계급의 풍요와 보수당에 대한 지지 사이에는 부정적인 상관관계가 존재했다. 실제 부르주아화 명제를 지지하는 사람들은 노동 계급이 점차 부유해짐에 따라 노동당을 지지하는 전통이 약화될 것이라고 예상했었다.

이러한 연구의 결과는 명백한 것으로, 부르주아화 명제가 잘못되었다는 것이다. 하지만 골드소프와 그의 동료들은 특정 사항에 대해서는 중간 계급 하층과 노동 계급 상층이 유사해질 수도 있다는 점을 인정했다. 즉 부유한 노동자들은 소비 패턴, 개인화되고 가족 중심적인 삶 지향, 작업장에서의 도구적 집합주의(임금과 노동 조건 향상을 목적으로 하는 노조를 통한 집합 행위)에 대한 지지 등의 측면에서 화이트칼라 동료들과 유사한 모습을 보인다는 것이다.

골드소프 등의 연구 이후 그에 비견할 만한 연구는 나오지 않았다. 따라서 이들이 도달한 결론이 당시에는 타당했다고 하더라도, 오늘날에도 여전히 그러한지는 명확하지 않다. 하지만 제조업이 쇠퇴하고 소비주의가 확산됨에 따라 과거의 전통적인 노동 계급 공동체가 해체되는 경향을 보여 왔다는 데는 대체로 합의가 이루어져 왔다. 그렇지만 해체가 어느 정도 진행되었는지는 여전히 논란의 여지가 남아 있다.

비판적으로 생각하기 THINKING CRITICALLY

19세기 후반 이후 노동 계급, 중간 계급, 상층 계급 사이에서 일어난 주요 변화를 열거해 보자. 노동 계급이 더 부유해졌는데도, 어떻게 사회 불평등이 함께 증가할 수 있었는지 설명해 보자.

최하층 계급은 존재하는가

대개 최하층 계급underclass이란 용어는 계급 구조의 가장 밑바닥에 놓여 있는 사람들의 집단을 표현하는 말로 사용된다. 최하층 계급에 속하는 사람들은 대다수 사람들에 비해 현저하게 열악한 생활수준에 시달리고 있다. 이들 가운데 많은 사람은 장기 실업 상태이거나 단기적인 취업과 실업을 반복한다. 노숙자이거나 안정적인 거주지가 없는 사람들도 있다. 최하층 계급에 속한 사람들은 장기간 국가의 복지 급여에 의존해서 생활하기도 한다. 흔히 최하층 계급은 대부분의 사람들이 향유하는 생활방식으로부터 '주변화된' 혹은 '사회적으로 배제된' 사람들로 표현된다.

대개 최하층 계급은 차별받는 소수 인종 집단과 관련이 있다. 최하층 계급에 관한 논쟁은 미국에서 시작되었다. 미국의 경우 도심 지역에 가난한 흑인들이 대거 거주함에 따라 '흑인 최하층 계급'에 대한 연구들이 진행되었다(Wilson 1978; Murray 1984, 1990; Lister 1996). 물론 이것이 단지 미국에서만 나타나는 현상은 아니다. 영국의 경우 흑인들과 아시아계 사람들이 최하층 계급에 편중되어 있다. 일부 유럽 국가들에서는 호황기에 일자리를 찾아 들어온 이주 노동자들이 오늘날 최하층 계급의 큰 부분을 이루고 있다. 프랑스의 알제리인들이나 독일의 터키 이주민들이 대표적인 예다.

'최하층 계급'이라는 용어는 1980년대 후반 이후 사회학계에서 격렬한 논쟁의 대상이다. 이 용어는 일상적으로도 사용되지만 많은 학자 및 논평가들은 최하층 계급 개념을 사용하는 것 자체를 조심스러워한다. 최하층 계급이라는 단어는 부정적으로 사용되기도 하고 정치적 의미를 담기도 하는 등 매우 다양하게 쓰인다. 그래서 유럽의 연구자들은 대체로 '사회적 배제social exclusion'라는 개념을 선호한다. 사회적 배제에는 최하층 계급보다 넓은 개념이 포함되어, 개인의 상황(물론 이에도 모두 동의하는 것은 아니지만)보다는 과정, 즉 배제의 메커니즘을 강조한다는 이점이 있다.

사회적 배제는 제13장 〈빈곤, 사회적 배제, 복지〉에서 자세히 논의된다.

최하층 계급 논쟁의 배경

찰스 머리Charles Murray는 최하층 계급에 대한 논쟁에 큰 영향을 주었다(1984). 그는 미국 복지 정책의 의도하지 않은 결과로 흑인들이 최하층에 머물게 된다고 주장했다. 이는 '가난의 문화' 논지와 비슷하다. 이 논지는 빈민들이 복지 혜택에 기댈 경우 취직하거나 공동체를 이루거나 안정적인 결혼을 할 동기를 부여받지 못해, 세대에 걸쳐 전수되는 의존적 문화를 만들어 낸다.

찰스 머리의 주장에 대해, 1990년 윌리엄 줄리어스 윌슨William Julius Wilson은 『줄어드는 인종의 중요성The declining Significance of Race』(1978)에서 주장한 최하층 계급 형성에 대한 구조적 설명을 재검토했다. 윌슨은 자신이 시카고에서 수행한 연구를 근거로 다음과 같은 주장을 펼쳤다. 즉 백인들의 도시에서 도시 근교로 이동과 도시 산업의 쇠퇴 및 다른 도시 경제적 문제들이 고실업률을 일으키는 요인이 된다고 보았다. 머리가 지적한 사회 분

최하층 계급에 대한 미국의 이론을 유럽 사회에 그대로 적용시키는 것이 타당한가? 런던의 한 이슬람 사원에 서 있는 이슬람교도들을 생각해 보자. 그들이 이곳에 있는 이유는 무엇인가? 인종, 계급 혹은 다른 요인이 작용하는가?

열의 대표적 양상인 높은 흑인 미혼모 비율에 대해, 윌슨은 흑인 여성이 택할 수 있는 결혼 적령기의 (직장을 가진) 남성 수가 적기 때문에 일어나는 현상이라고 설명한다. 윌슨은 스페인계와 아프리카계가 대다수를 차지하는 '빈민'이 밀집해 있는 도시 빈민 구역이 공간적으로 집중되면서 나타나는 과정을 분석했다(1999). 빈민가 구성원들은 낮은 교육 및 건강 수준과 높은 범죄 희생률 등 여러 종류의 박탈을 경험한다. 그들은 대중교통, 공동체 시설 및 교육기관과 같은 인프라조차 갖추지 못한 도시 환경에서 살아간다. 더 나아가 이러한 상황은 빈민들이 사회적, 정치적, 경제적으로 사회에 통합되는 기회를 말살시킨다.

윌슨의 최하층 계급 형성에 대한 구조적이고 공간적인 설명은 리디아 모리스Lydia Morris의 (한때 고용의 중심지였던) 잉글랜드 북동부 지역 중공업의 감소에 따른 장기 실업자 발생에 관한 연구에도 드러난다(1993, 1995). 하지만 그녀는 "최하층 계급의 구별되는 문화에 대한 직접적인 증거는 없다"고 결론 내린다(1993: 410). 그녀가 실제로 발견한 것은 장기 실업자들조차 광범위한 사회적 접촉이 부족함에도 불구하고 열정적으로 일자리를 구하고 있으며, 일하지 않으려는 문화에 젖어들지도 않았다는 사실이다. 거시적인 사회적 과정들로부터 유리되어 개인적인 동기를 연구하는 실수를 범하지는 않았지만, 소수 인종이 거의 없는 지역에서 연구된 만큼, 이를 다른 지역에 일반화시키기는 어렵다

독일에서 '최하층 이슬람 계급' 만들기?

세계 사회 12-2

'공격받은 베를린 사회 통합 계획'

독일에 있는 터키인들은 앙겔라 메르켈Angela Merkel 총리가 소집한 베를린 외곽에 위치한 정상회의장 밖에서 시위를 벌였다. 이들은 새로운 이민 조약이 터키 및 다른 나라에서 온 이민자들을 '2등 시민'으로 다룬다며 회의를 보이콧했다. 회의에서는 유치원에서의 독일어 교육을 비롯해 공동체와의 관계들을 개선할 방법들을 모색할 예정이다.

독일에는 이민자 출신이 약 1천5백만 명에 달한다. 베를린의 BBC 방송국의 트리스타나 무어Tristana Moore 기자는 대부분 터키계 사람들로 구성된 320만의 독일 이슬람인들의 상황이 우려된다고 보도했다. 이들의 암울한 직업 전망과 언어 분리가 성난 최하층 이슬람 계급을 만들어 낼 수 있다는 공포 때문이다. 또한 그녀는 독일 장관이 도시에서 생겨나고 있는 빈민가를 염려하고 있다고 말한다.

새로운 규칙

메르켈 총리는 이슬람 공동체의 구성원들 및 여타 이민자 집단들을 회의에 참석시키고 있다. 그러나 몇몇 터키 공동체 집단은 정부가 논쟁을 야기하는 현 이민자 법안을 재고하기를 원한다. 그 정책이란 독일로 배우자를 데려오고자 하는 이민자들은 반드시 배우자가 직업을 구할 수 있어야 하며 독일에 대한 지식이 다소 있어야 함을 증명해야 한다는 내용이다. 이 새로운 규칙은 외국인 배우자를 둔 독일 국적의 시민들에게는 적용되지 않는다. 이 정책은 상원과 하원 모두로부터 승인을 받았고, 정부는 정책에 대해 재고할 기미조차 보이지 않고 있다. 회의를 보이콧하고 있는 독일의 터키인들은 이러한 문제들을 헌법재판소에 회부할 것이라고 경고하고 있다.

출처: BBC 2007b.

최하층 계급, 유럽연합 그리고 이민

미국의 최하층 계급에 관한 논의는 대부분 인종을 중심으로 이루어진다. 유럽에서도 이러한 경향이 점차 증가하고 있고, 최하층 계급은 인종, 민족 그리고 이주의 문제와 긴밀하게 연관되어 논의되고 있다. 런던, 맨체스터, 로테르담, 프랑크푸르트, 파리, 나폴리와 같은 큰 도시에서는 심각한 경제적 박탈이 일어나는 동네가 존재한다. 함부르크는 유럽의 가장 부유한 도시이며 독일에서 백만장자의 비율이 가장 높은 곳이면서, 동시에 복지와 실업 혜택에 의존하는 사람들의 비율이 국가 평균보다 40퍼센트나 높은 수치를 기록한다.

서유럽 국가에서 가난하거나 실업 중인 인구의 대부분은 자기 나라 출신이지만, 이민 1~2세들 중에도 가난한 사람이 많고 쇠락하는 도심 지역에 사는 경우가 많다. 예컨대, 독일에 거주하는 수많은 터키인들, 프랑스에 거주하는 수많은 알제리인들, 이탈리아에 거주하는 수많은 알바니아인들은 이민한 곳에서 자라났다. 이들은 보다 나은 삶의 질을 위해 이민을 선택했음에도 불구하고 대부분 낮은 임금을 받으며, 전망이 좋지 못한 직업으로 몰려난다(〈세계 사회 12-2〉 참조). 또한 이민자들의 수입은 많은 경우 모국에 남아 있는 가족들의 생계를 위해 송금된다. 최근에 이주한 사람들의 삶의 질은 믿기 어려울 정도로 낮다.

평가

우리는 최하층 계급에 대한 대립적 접근들을 어떻게 이해해야 할까? 최하층 계급의 개념은 미국에서 소개되었고 미국의 경우에 더 적합하다. 미국에서는 부와 빈곤의 양극화가 서구 유럽보다 더 두드러진다. 특히 인종에 의해 경제적·사회적 박탈이 정해지는 곳에서는 빈곤 집단이 그들이 속한 사회와 뚜렷이 격리되는 경향이 있다. 한편 최하층 개념을 유럽 국가들에 적용할 때 잘 안 맞아떨어지는 부분도 있다. 유럽에서는 결핍된 조건에서 사는 사람들과 다른 사회 구성원들과의 분리 정도가 미국에서만큼 심각하지 않기 때문이다.

그러나 미국에서조차 몇몇 연구는 '좌절하고 고립된 최하층 계급' 설명은 과장되어 있다고 본다. 예컨대, 패스트푸드 노동자와 노숙인에 대한 연구는 최하층 계급을 연구하는 학자들이 생각하는 것만큼 빈민과 사회 사이의 단절이 크지 않다는 것을 보여 준다(Dunier 1999; Newman 2000).

계급과 생활양식

사회학자들은 계급 위치를 분석할 때, 관습적으로 시장 위치, 직업, 생산 수단에 대한 관계 등의 지표를 참조해 왔다. 하지만 최근 들어 일부 저자들은 한 사람의 계급 위치를 평가하기 위해서는 이러한 경제적 측면이나 고용 측면뿐만 아니라 생활양식, 소비 패턴과 같은 문화적 요인들과의 관계도 고려해야 한다고 주장한다. 계층 연구에서의 '문화적 전환'을 주장하는 논자들은 현대 사회는 '상징'의 중요성과 소비의 표시에 의해 특징지을 수 있으며, 이들 요소가 일상생활에서 중대한 역할을 한다고 보았다. 한 사람의 정체성은 더 넓은 생활양식의 선택, 즉 어떤 옷을 입고 무엇을 먹으며 자신의 몸을 어떻게 가꿀 것인가 그리고 어디에서 쉴 것인가 하는 것에 의해 결정되며, 어떤 일에 종사하는가와 같은 전통적인 계급 지표는 이들의 정체성을 구성하는 데 보다 적은 영향을 미친다.

프랑스의 사회학자 피에르 부르디외Pierre Bourdieu (1930~2002)는 생활양식의 선택이 중요한 계급 지표라고 주장한다. 재산, 부동산과 소득 등 물질로 구성된 경제적 자본economic capital이 여전히 중요하지만, 그 하나만 강조하면 계급을 편파적으로 이해하게 된다는 것이다(Crompton 2008). 부르디외는 계급 위치를 특징짓는 '자본'을 네 가지 형태로 나누는데, 경제적 자본은 그중 하나일 뿐이다. 그 외에 문화적 자본, 사회적 자본, 상징적 자본 등이 있다(Bourdieu 1986).

> 부르디외의 이론적 모형에 대한 논의는 제19장 〈교육〉을 참조하라.

부르디외는, 개인은 점점 더 경제적 요인들보다 교육, 예술에 대한 이해, 소비와 여가 생활 등 문화적 자본cultural capital에 기반해 다른 사람들과 자신을 구분 짓는다고 주장한다. 사람들은 문화 자본을 축적하는 과정에서 '욕구를 판매하는 상인need merchant', 즉 상징적이거나 실제적인 상품과 서비스를 판매하는 사람들의 도움을 받는다. 광고업자, 마케팅 담당자, 패션 디자이너, 스타일리스트, 인테리어 디자이너, 개인 트레이너, 치료사, 웹디자이너 등이 모두 소비자의 문화적 취향에 영향을 미치려 하며, 특정 생활양식을 장려한다.

부르디외의 계급 분석에서 중요한 또 다른 개념은 사회적 자본social capital, 즉 친구나 여타 다른 관계들로 형성한 연결망이다. 그는 사회적 자본을 개인이나 집단이 친구나 서로 면식 있는 사람들과 지속적으로 관계를 맺으며 얻는 자원으로 정의한다(1992). 현대 사회학계에서 사회적 자본은 중요하고 생산적인 개념으로 통한다. 마지막으로, 부르디외는 '좋은 평판'을 소유한 것을 포함해 상징적 자본Symbolic capital이 사회 계급을 나타내는 중요한 지표라고 주장한다. 상징적 자본의 개념은 자신에 대한 타인의 평가를 바탕으로 하는 사회적 지위 개념과 유사하다.

부르디외의 설명에 따르면 각각의 자본 유형은 서로 연관되어 있고, 어떤 자본의 소유가 다른 자본들을 추구하는 데 도움을 준다. 가령 엄청난 돈을 버는(경제적 자본을 소유한) 여성 사업가는 예술에 대한 특별한 지식이 없을지는 몰라도, 그러한 지식을 얻을 수 있는 사립학교에 자녀들을 보낼 여유는 있는 것이다. 따라서 사업가의 아이들은 문화적 자본을 습득한다. 그녀의 경제력은 그녀가 사업 고위층과 접촉할 수 있게 하고, 그녀의 아이들이 다른 부유한 가정의 아이들과 만나게 함으로써 그녀와 아이들이 사회적 자본을 얻는 데 도움이 된다. 이와 마찬가지로 인맥이 넓은 사람(사회적 자본)은 회사의 상급 직위로 빠르게 승진할 수 있을 것이며, 이에 따라 경제적 자본과 상징적 자본을 얻게 될 것이다.

몇몇 다른 학자들은 계급 분할이 서로 다른 생활양식이나 소비양식과 연관될 수 있다는 부르디외의 주장에 동의한다. 중간 계급의 분류와 관련해, 마이크 새비지Mike Savage와 그의 동료들은 문화적 취향과 문화적 자산에 기초해 세 개의 집단을 제시한다(1992). 공적 영역에 종사하는 전문직의 경우 문화적 자본의 수준은 높지만 경제적 자본의 수준은 낮다. 이들은 운동을 하고 술을 절제하며, 문화적-공동체적 활동에 참여하는 등 건강하고 활동적인 생활양식을 추구하는 경향이 있다. 이와 반대로 관리자나 관료들은 '특색이 없는' 소비 양식을 보이는데, 운동을 별로 하지 않는 편이며 문화 활동에도 적게 참여하고 가구나 패션 등에서도 전통적 스타일을 선호하는 특징이 있다. 세 번째 집단인 '탈현대인들'은 특정 원리로 규정하기 어려운 생활양식을 추구하며 예전에는 같이 즐길 수 없는 것들을 즐긴다. 이를테면 승마나 고전문학에 관심을 갖고 동시에 암벽 등반과 같은 극한적 스포츠, 광란의 파티나 불법적으로 마약을 즐기기도 한다(MDMA).

최근에 브리지트 르루Brigitte Le Roux와 그의 동료들은 계층화된 문화적 취향과 참여에 대해 연구하기 위해, 1천5백 명 이상의 사람들을 무작위로 추출해 스포츠, 텔레비전, 외식, 음악 등 레저 활동 영역에 대해 조사해, 계급 경계가 생각지 못한 방식으로 재구성되고 있음을 발견했다(2007). 르루와 그의 동료들은 다음과 같이 말한다(2007: 22).

> 우리의 연구 결과는 경제적 자본과 문화적 자본 간에 상호작용이 증가함으로써 계급의 경계가 새로 그려지고 있음을 보여 준다. 대학 졸업 자격증이 없는 사람들이 많은 '서비스 계층', 특히 낮은 경영직 종사자들은 전문직 중간 계급보다는 매개 계급에 보다 가까워지고 있다. 노동 계급 내에서도 마찬가지인데, 하위 관리직과 기술직 등은 점차 하향화되어 준단순 노동직이나 단순 노동직과 비슷해졌다.

하지만 이것이 사회 계급이 의미 없어졌다는 뜻은 아니다. 저자들은 영국에서 계급 체계는 여전히 문화적 취향과 활동을 조직하는 중심축이라고 결론짓는다.

2011년 BBC는 영국 사회 계급에 대한 대규모 인터넷 설문 조사를 실시했다. 16만 1천4백 명의 응답자를 대상으로 한 이 설문 조사는 계급을 대상으로 한 설문 조사 역사상 최대 규모였다. 마이크 새비지와 그의 동료들은 전국 조사 데이터와 함께 이 데이터를 분석했다(2013). 연구 팀은 부르디외의 사회, 문화, 경제 자본 개념과 직업, 여가에 대한 관심, 식생활 선호도, 사회적 관계 등의 지표를 도입한 후, 계급 체계의 '새로운 모델'을 도출했다.

이 새로운 모델은 통상적인 노동 계급과 중산층뿐만 아니라, 매우 높은 수준의 경제적 자본, 높은 수준의 사회적 자본, 매우 높은 수준의 문화적 자본을 소유한 엘리트가 계급의 최상위에 존재하고 있음을 발견했다. 이 엘리트들의 직업은 변호사, 판사, 최고경영자 및 PR 이사 등이었으며 평균 가계 소득은 연간 8만 9천 파운드였다. 그러나 최하부에는, 새비지와 그의 동료들이 부르기를 '프레카리아트precariat'라는 매우 낮은 수준의 경제적 자본(평균 8천 파운드의 가계소득)과 낮은 수준의 사회적, 문화적 자본을 가진 인구가 약 15퍼센트를 차지하고 있었다. 이들은 주로 청소원, 관리인, 계산원 및 돌봄노동자 등이었다. 프레카리아트의 구성원은 전통적인 산업 분야에 종사하는 경향을 보였다. 그들은 대부분 대학을 졸업하지 않았고, 일자리 안정성이 매우 낮았다. 최상단의 엘리트 집단과 최하단의 불안정하고 위태로운 계층이 드러나는 이 분석은 21세기 영국의 불평등과 양극화를 적나라하게 보여 준다.

한편, 계급 간 구분이나 계급 내에서의 구분이 직업에서의 차이뿐만 아니라 소비와 생활양식에서의 차이에 의해서도 결정된다는 주장을 반박하기는 어려울 것이다. 이것은 전반적인 사회적 경향을 살펴보면 쉽게 알 수 있다.

노동자 계급이 아니라고 부인하기

사회학적으로 상상하기 12-2

부르디외의 계급과 지위 구별에 대한 연구는 매우 영향력 있으며, 계급을 연구하는 다른 많은 사회학자들의 연구에 적용되고 있다. 대표적인 사례가 영국의 사회학자인 베벌리 스케그스 Beverley Skeggs의 연구인데, 그는 부르디외의 계급과 문화에 관련된 설명을 영국 북서 지방 여성들을 대상으로 한 연구에서 젠더와 계급 형성 문제에 적용한다.

12년 동안, 스케그스는 지역 평생교육원의 간병인 과정에 한 번이라도 등록한 적 있는 83명의 여성 노동자의 삶을 추적했다(1997). 부르디외의 용어를 빌려 스케그스는 이들 여성 노동자들이 낮은 경제적·문화적·사회적·상징적 자본을 소유한 것을 확인했다. 그들은 저임금에 공식 교육을 제대로 받지도 못했고, 영향력 있는 지위에 있는 사람을 알지도 못했으며, 상위 계급이 보기에 너무나 낮은 지위를 갖고 있었다. 스케그스는 이 여성들이 나타내는 다양한 형태의 자본의 부족이 영국의 노동자 계급 여성들에 대한 긍정적인 정체성의 광범위한 부족을 반영한다고 주장했다. 반면에 노동자 계급 남성들은 노동 계급에 긍정적인 정체성을 얻는 데 어려움을 겪지는 않는다. 스케그스는 남성들이 노동조합 운동에 참여하면서 노동자로서의 정체성을 부여받은 경우가 자주 있었다고 암시한다. 반면 노동자 계급으로 분류되는 것이 여성들에게는 더럽고, 가치가 없으며, 잠재적으로 위험한 사람으로 낙인찍히는 것을 의미한다.

스케그스는 그녀의 연구에 등장한 여성들이 자신을 여성 노동자라고 받아들이는 것을 왜 그렇게 꺼렸는지 설명할 수 있다고 말한다. 그 여성들은 여성 노동자들을 향해 흰색 바늘white stilettos, 샤론sharon, 트레이시tracey와 같이 부르는 문화적 모욕들을 잘 알고 있었다(샤론과 트레이시는1989~1998년에 방영된 BBC 시트콤 〈유유상종〉에서 저속한 말투와 옷차림을 하고 나이트클럽에서 왁자지껄하게 노는 역할로 등장한 금발 여성 캐릭터들의 이름이다. 이후 '교양 없는' 노동 계급 여성을 의미하는 은어로 굳어졌다—옮긴이). 인터뷰를 통해 스케그스는 여성 노동자들이 그들 자신을 노동자 계급과 동일시하지 않는 경향이 있음을 발견한다. 섹슈얼리티를 논의할 때, 여성들은 '쉬워 보인다'는 인상을 주는 것을 대단히 피하고 싶어 하는데, 그런 평가를 받는 것은 젊은 결혼 적령기 여성으로 그들이 소유한 (거의 유일한) 자본을 깎아내릴 수 있기 때문이다. 젊은 여성들 사이에서는 그들이 성적으로 매력 있다는 것과 그들이 원한다면 '남자를 사귈 수 있다는 것'이 매우 중요하다. 결혼은 존경을 받음과 동시에 책임감을 발휘할 수 있는 최상의 기회다. 간호사 과정을 수강하는 것은 이들의 관심사를 잘 보여 준다. 즉 이 과정을 이수하면서 여성은 좋은 어머니가 되는 법을 배우는 동시에, 자격증을 취득해 실업 상태를 벗어나 꽤 괜찮은 임금을 받을 가능성을 높인다.

비록 여성들이 자신을 노동 계급으로 동일시하는 것을 꺼리며 자신들의 삶 속에서 계급을 잔여적인 문제로 여겼지만 스케그스는 그들 삶에서 계급은 본질적인 것이며, 노동 계급의 정체성으로부터 멀어지려는 것이 이를 더욱 어렵게 만들었다고 주장한다. 스케그스가 설명한 영국 북서 지방 여성들의 삶은 계급이 어떻게 다른 정체성(이 경우에는 젠더)과 긴밀하게 연관될 수 있는지를 보여 준다.

비판적으로 생각하기

THINKING CRITICALLY

이 연구의 대상이었던 여성들은 계급이 그들에게 중요하지 않다고 생각했지만, 실은 그들의 삶을 근본적으로 구성한다. 여성의 스스로에 대한 이해와 사회학자들의 이해 사이에 생긴 명백한 차이는 사회학자들이 '보통 사람들'을 '문화적으로 어리석은 사람'으로 만드는 것인가?(Garfinkel 1963) 사회학자는 자신의 결론의 타당성을 입증하기 위해 어떤 실질적인 단계를 밟아야 하는가?

가령 서비스 경제와 오락 및 레저 산업이 급속히 확장되었다는 사실은 소비의 중요성이 커졌다는 것을 잘 보여 준다. 현대 사회는 물질적 재화를 욕망하고 획득하기에 적합한 소비사회가 되었다. 대중이 광범위하게 소비를 즐기는 대량 생산·대량 소비사회에서 상품은 점점 더 획일화될 것이라는 전망도 있었지만, 1970년대 이후 계급 차이에 따라 상품과 소비 패턴은 상당히 분화되고 있다. 부르디외는 생활양식과 '취향'의 미세한 차이들이 계급 간의 구분을 강화할 수 있다고 말한다(Bourdieu 1986).

그럼에도 불구하고, 사회적 불평등을 재생산하는 데 경제적 요인들이 결정적인 역할을 한다는 사실을 간과해서는 안 된다. 극단적인 사회적, 물질적 박탈을 경험한 사람들은 대부분의 경우 생활양식을 선택할 기회를 갖지 못한다. 오히려 이들이 처한 환경은 경제적, 직업적 구조와 관련된 요인들에 의해 제한된다(Crompton 2008). 세계 경제가 불황과 급속한 경기 침체에서 아직 회복 중인 오늘날, 생활양식의 선택은 경제적 상황과 계급 위치에 의해 점점 더 제한될지도 모른다.

젠더와 계층

오랜 세월 동안 계층 연구에서 젠더는 관심을 받지 못했다. 마치 여성은 존재하지 않는 것처럼, 혹은 권력이나 부, 권위의 분화를 연구할 때 여성은 중요하지도 않고 흥미를 끌지도 않는 것인 양 취급되어 온 것이다. 그러나 젠더 자체야말로 사회 계층의 가장 중요한 사례 가운데 하나다. 모든 사회는 젠더 불평등이 재생산되는 방식으로 구조화되었고, 남성은 부와 지위, 영향력 면에서 여성보다 더 혜택을 받는다.

젠더와 계층에 대한 연구들이 제기하는 중요한 문제는 과연 젠더 불평등 문제를 계급 분화의 틀에서 설명할 수 있는가 하는 것이다. 젠더 불평등은 계급제보다 역사적으로 더 깊이 뿌리 박혀 있다. 심지어 계급이 존재하지 않는 수렵·채집 사회에서도 남성은 여성보다 우월한 지위를 차지하고 있었다. 하지만 현대 자본주의 사회에서 계급 체계는 무척이나 두드러진 현상이기 때문에 젠더 불평등과 상당 부분 겹쳐 있다는 점에는 의심의 여지가 없다. 대부분 여성들의 물질적 지위는 아버지나 남편의 물질적 지위를 반영하는 경향이 있다. 따라서 성적 불평등을 계급을 통해 설명해야 한다는 주장이 나오는 것이다.

여성의 계급 위치 결정하기

20세기 후반까지만 해도 계급 불평등이 성별 불평등을 아우를 수 있다는 암묵적인 가정이 있었다. 하지만 페미니스트들의 비판과 대부분의 선진국에서 여성의 경제적 역할이 변화했기 때문에 이러한 가정은 논쟁거리가 되고 있다.

계급 연구에서 '전통적 입장'은 여성의 유급 노동은 남성과 비교해 볼 때 상대적으로 덜 중요하며, 따라서 여성은 자신의 아버지나 남성 파트너, 혹은 남편과 같은 계급에 속하는 것으로 간주될 수 있다고 본다(Goldthorpe 1983). 골드소프의 계급 모형은 이러한 입장에 기초하는데, 그는 이러한 입장은 결코 성차별주의가 아니며 오히려 대부분의 여성들이 처하는 부수적인 위치를 인정하는 것이라고 주장한다. 여성은 남성보다 시간제 업무에 종사하는 경우가 많으며, 지속적으로 고용되지 못하는 경향이 있다. 자녀를 낳고 기르기 위해 혹은 가족들을 돌보기 위해 여성들이 오랜 기간 직장에서 떠나 있어야 하기 때문이라는 것이다.

여성과 남성의 업무 방식 차이에 대해 알고 싶다면 제7장 〈일과 경제〉를 참조하라.

골드소프의 주장은 비판받아 왔다. 첫째, 많은 가구에서 여성의 소득은 남성 파트너의 소득보다 낮다 하더라도, 가족의 경제적 위치와 생활양식을 유지하기 위해 꼭 필요하다. 이러한 경우, 여성의 유급 고용은 부분적으로 그 가구의 계급적 위치를 결정하며, 간과될 수 없다. 둘째, 여성이 그녀의 남편보다 적게 벌 때조차 여성의 직업이 가족의 사회 계급을 결정하기도 한다. 예를 들면 남편이 비숙련 혹은 반숙련 노동자이고, 부인은 사무실이나 점포의 관리인 경우에 그럴 수 있다. 셋째, 혼합 계급 가구의 경우 남성과 여성을 다른 계급 위치에 있는 것으로 간주하는 것이 현실적일 수 있다. 이 경우 남편의 직업은 부인의 직업과 다른 계급 범주에 속한다. 넷째, 여성이 가정의 유일한 소득원인 경우가 늘어나고 있다. 이 경우 여성은 당연히 그 가구의 계급 위치에 결정적인 영향을 준다. 하지만 여성이 전남편에게 받은 자녀 양육비에 의존해 남편과 같은 경제적 수준을 유지하는 경우는 제외된다(Stanworth 1984; Walby 1986).

골드소프는 비판에 맞서 전통적 입장을 견지해 왔지만, 몇 가지 중요한 변화를 그의 모델에 포함시켰다. 한 가지 방법론적 변화는 남녀 구분 없이 더 상위 계급의 배우자를 중심으로 가구를 분류하는 것이다. 즉 오늘날의 가구 분류는 '남성 생계 부양자'가 아니라 '주요 생계 부양자'에 의해 결정된다는 것이다. 더 나아가 골드소프의 계급 모형에서 제3(III)계급은 이제 두 개의 하위 범주로 나뉘는데, 이는 여성이 화이트칼라 하층 직업의 다수를 차지한다는 사실을 반영한 것이다. 여기에서 제3(IIIb)계급(판매, 서비스직 비육체노동자)의 여성은 제7(VII)계급의 여성과 동일한 위치로 간주된다(〈표 12-1〉 참조). 이는 비숙련, 반숙련 여성이 노동 시장에서 차지하는 위치를 보다 정확히 반영한다.

여성 고용이 계급 체계에 미치는 영향

여성의 노동시장 진입은 가구 소득에 중대한 영향을 미쳤다. 하지만 그러한 영향은 불균등하게 나타나고, 가구 간 계급 분화를 강화하기도 한다. 전문직, 관리직에 종사하며 고임금을 받는 여성들이 점차 늘어나고 있다. 이에 따라 고소득 '맞벌이' 가구와 '외벌이에 의존하는' 혹은 '소득자가 없는' 가구 사이에 양극화 현상이 나타나고 있다.

한 연구에 의하면 소득이 높은 여성의 배우자는 소득이 높은 경향이 있으며, 전문직과 관리직에 종사하는 남성의 아내는 다른 여성들보다 높은 소득을 얻는 경향이 있다. 직업을 보면 결혼은 특권층이든 소외층이든 비슷한 수준의 직업을 가진 개인들끼리 이루어지는 경향이 있다(Bonney 1992). 이러한 맞벌이 부부 효과는 특히 전문직 여성들 사이에 평균 출산 연령이 높아지고 있다는 사실에서 잘 드러난다. 무자녀 맞벌이 부부가 증가하면서 최고 소득 가구와 최저 소득 가구 간 차이는 더욱 심화되고 있다.

사회 이동

계층을 연구할 때 우리는 경제적인 위치나 직업의 차이뿐만 아니라 그러한 자리를 차지하고 있는 사람들에게 어떤 일이 일어나는지에 대해서도 관심을 가져야 한다. '사회 이동social mobility'이란 개인이나 집단이 다른 사회경제적 위치로 옮겨 가는 것을 칭하는 말이다. 수직 이동vertical mobility은 사회경제적 지위 사다리를 올라가거나 내려가는 이동을 의미한다. 재산이나 소득, 지위를 획득한 경우를 상승 이동upwardly mobile이라고 하며, 반대의 경우를 하강 이동downwardly mobile이라고 한다. 현대 사회에는 수평 이동lateral mobility 또한 상당히 많이 나타나는데, 이것은 옆 마을이나 다른 지역으로의 지리적 이동을 가리키는 말이다. 많은 경우 수직 이동과 수평 이동은 서로 결합되어 있다. 예를 들어 어느 도시에서 직장 생활을 하는 사람이 승진과 동시에 다른 지역에 있는 계열사나 해외 지사로 발령을 받을 수도 있다.

사회 이동 연구에는 크게 두 가지 방법이 있다. 첫째,

한 사람의 경력을 추적해 그가 살면서 얼마나 상승 또는 하강 이동했는지 살펴보는 방법이다. 이것을 보통 세대 내 이동intragenerational mobility이라고 한다. 이와 달리 자녀들이 자신의 부모나 조부모와 같은 종류의 직업에 종사하는 경우가 얼마나 되는지 살펴볼 수도 있다. 이와 같이 여러 세대에 걸친 이동을 세대 간 이동intergenerational mobility이라고 한다.

사회 이동에 대한 비교론적 연구

한 사회에서 일어나는 수직 이동의 규모는 그 사회의 '개방성' 정도를 알려 주는 중요한 척도다. 왜냐하면 개방성 정도가 높은 사회에서는 하층에서 태어난 사람이라 할지라도 뛰어난 재능을 가졌다면 사회경제적 지위 사다리를 올라갈 수 있기 때문이다. 이런 점에서 사회 이동은 특히 모든 국민이 평등한 기회를 가진다는 자유주의적 비전을 중시하는 국가에서 중요한 정치적 이슈가 된다. 그러나 산업화된 국가들은 어느 정도로 '개방적'인가?

사회 이동에 대한 연구가 시작된 지는 50년이 넘었으며, 국제 간 비교를 다룬 연구들도 많다. 이 분야에서 중요한 초기 연구로 1960년대 미국의 피터 블라우Peter Blau와 오티스 더들리 덩컨Otis Dudley Duncan의 연구가 있다(1967). 이들의 연구는 단일 국가를 대상으로 한 사회 이동 연구 중에서 지금까지 가장 상세한 것으로 남아 있다. 하지만 사회 이동 분야의 다른 연구들과 마찬가지로 이들의 연구도 남성들만을 연구 대상으로 했고, 이로 인해 사회 이동 연구가 젠더 균형을 결여하고 있다는 비판을 강화하기도 했다.

블라우와 덩컨은 전국을 대상으로 2만 명의 남성을 표

오늘날 영국의 젊은 세대들은 자동차를 소유하고, 주말에는 놀러 가며, (2008년 금융 위기로 인한 최근 추세의 반전에도 불구하고) 집을 소유하고 있다. 이는 과거 비슷한 연령대의 조부모보다 높은 생활수준을 누리고 있다는 것을 의미한다.

계급 기반 사회에서 불평등은 감소하고 있는가?

세계 사회 12-3

최근까지만 해도 자본주의가 성숙한 사회에서는 계급 사이의 이동이 점점 더 개방적이며 이로 인해 불평등이 줄어든다는 증거들이 제시되었다. 하지만 노벨상을 수상한 경제학자 사이먼 쿠즈네츠Simon Kuznets는 1995년에 쿠즈네츠 곡선으로 불리는 다른 가설을 발표했다. 이 곡선은 자본주의 발전의 초기 단계에서는 불평등이 상승하지만 곧 감소하고 상대적으로 낮은 수준에서 안정화된다는 것이다(Kuznets 1955; 〈그림 12-1〉 참조).

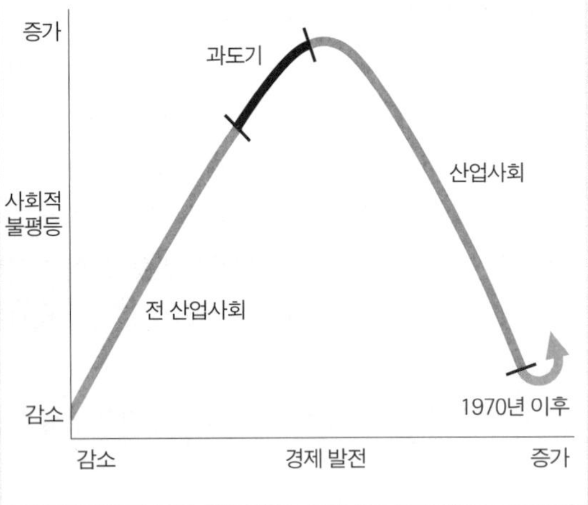

그림 12-1 쿠즈네츠 곡선

출처: Nielsen 1994.

실제로 유럽 국가들과 미국, 캐나다를 대상으로 한 연구는 다음과 같은 결과를 보여 준다. 불평등 정도는 제2차 세계 대전 이전에 최고 수치를 기록하다가, 1950년대를 거치면서 감소하고, 1970년대는 대체로 유지되는 모습을 보인다(Berger 1986; Nielsen 1994). 전쟁 이후 불평등이 감소한 부분적인 이유는 산업사회들에서 경제가 팽창해 하층 사람들이 상승 이동을 할 수 있는 기회가 생겼기 때문이다. 또한 불평등을 줄이기 위해 실시한 건강보험, 복지, 다른 프로그램 등도 이 시기에 불평등을 줄이는 데 영향을 주었다. 하지만 쿠즈네츠의 예측은 산업사회에만 적용 가능한 것일지도 모른다. 탈산업사회의 도래로 인해 1970년대 이후 많은 선진국에서 불평등이 증가하면서(제13장 참조) 쿠즈네츠 곡선에 중대한 의문을 제기하고 있다.

본으로 추출했다. 조사의 결론은 미국에서 상당한 정도의 수직 이동이 존재하지만, 거의 대부분은 약간의 차이밖에 없는 직업 간의 이동이라는 것이었다. 다시 말해 장거리 이동은 드물다. 또한 개인을 보아도, 또 여러 세대에 걸쳐서 보아도 하강 이동이 일어나기는 하지만 상승 이동보다는 훨씬 낮은 빈도를 보인다. 그 이유는 블루칼라 직업에 비해 화이트칼라 직업이나 전문직이 빠른 속도로 늘어남에 따라 블루칼라 노동자의 자식이 화이트칼라가 될 가능성이 늘어났기 때문이다. 블라우와 덩컨은 성공에 대한 개인의 기회를 늘리기 위해서 교육과 훈련이 중요함을 강조했다. 상승 이동은 산업사회의 일반적인 특징이며, 사회 안정과 통합에 기여한다고 그들은 생각했다.

사회 이동에 관한 국제적 연구로 가장 뛰어난 것은 세이모어 마틴 립셋Seymour Martin Lipset과 레인하드 벤딕스Reinhard Bendix의 연구라고 할 수 있을 것이다(1959). 그들은 영국, 프랑스, 서독, 스웨덴, 스위스, 일본, 덴마크, 이탈리아, 미국 등 9개의 산업사회에 대한 자료를 수집해, 블루칼라 직업의 남성들이 화이트칼라 직업으로 이동하는 현상에 초점을 맞추어 분석했다. 예상과 달리 그들은 미국 사회가 유럽 사회들보다 더 개방적이라는 증거를 전혀 찾지 못했다. 미국의 경우 블루칼라와 화이트칼라를 넘나드는 전체 수직 이동은 30퍼센트였는데, 다른 사회의 경우는 27~31퍼센트 정도로 나타났다. 이들은 모든 산업국가는 화이트칼라 직업이 늘어나고 있다는 점에서 유사한 변화를 경험하고 있다고 결론지었다. 곧 모든 산업사회에서 상승 이동 물결이 나타난다는 주장으로 이어졌다. 한편 립셋과 벤딕스의 발견에 이의를 제기하는 사람들은 하강 이동이나 장거리 이동을 자세히 보면 국가들 간에 유의미한 차이점이 발견된다고 주장했다(Heath 1981; Grusky and Hauser 1984).

이상에서 볼 수 있듯이 사회 이동에 대한 대부분의 연구들은 이동의 '객관적' 차원, 다시 말해 이동이 어느 정도나 존재하는가, 그 방향은 무엇이며, 얼마나 많은 사람들이 분포해 있는가 등에 초점을 맞추어 왔다. 고든 마셜Gordon Marshall과 데이비드 퍼스David Firth의 사회 이동에 대한 비교 연구는 이와 다른 접근 방식을 취한다(1999). 그들은 사람들이 자신의 계급 위치가 변하면서 느끼는 '주관적' 감정을 조사했다. 저자들에 의하면 사회학자들 사이에서는 사회 이동이 개인의 만족감에 미치는 효과와 관련해 소위 '입증되지 못한 추론'이 존재하며, 자신들의 연구는 이에 답하기 위한 것이었다. 일부 학자들은 사회 이동이 불안정한 심리 상태와 외로움을 낳는다고 주장하지만, 보다 낙관적인 입장의 학자들은 새로운 계급에 서서히 적응한다고 주장한다.

불가리아, 체코슬로바키아, 에스토니아, 독일, 폴란드, 러시아, 슬로베니아, 미국, 영국 등 10개국에 대한 설문조사 자료를 토대로, 마셜과 퍼스는 계급 이동이 가족, 공동체, 일, 소득, 정치 활동과 관련해 만족 및 불만족 수준에 있어 어떤 접점을 가지는지 살펴보았다. 그 결과 저자들은 응답자들의 계급 경험과 전반적인 삶의 만족도 간의 관련성을 입증할 만한 증거를 거의 찾지 못했다. 노동 계급에서 중간 계급으로 이동한 사람들뿐만 아니라, 반대로 하강 이동한 사람들에게서도 결과는 마찬가지였다.

하강 이동

하강 이동은 상승 이동에 비해 드물긴 하지만 여전히 보편적으로 나타나는 현상이라고 할 수 있다. 세대 내 하강 이동 또한 흔히 볼 수 있다. 하강 이동은 심리적 문제와 불안감을 동반하기 마련이다. 이미 익숙해진 생활양식을 더 이상 유지할 수 없게 된다는 것은 견디기 힘든 일이기 때문이다. 노동력 과잉도 하강 이동의 주요 원인 중 하나다. 예를 들어 중년의 나이에 직장을 잃은 사람은 새 직장을 전혀 구할 수 없거나 전보다 적은 보수를 받을 수밖에 없다.

영국에서 하강 이동에 대한 연구는 지금까지 거의 없었다. 하지만 미국과 마찬가지로 영국에서도 세대 간 하강 이동과 세대 내 하강 이동이 모두 증가하고 있다. 미국의 경우 하강 이동 현상에 대한 최근의 연구가 몇 개 있다. 1980년대와 1990년대 초반 미국에서는 제2차 세계대전 이후 처음으로 중간 화이트칼라 직업들의 평균 실질 소득(인플레이션 정도에 맞춰 조정한 후의 소득)이 전반적으로 감소했다. 여전히 화이트칼라 직업이 다른 직업에 비해 상대적으로 늘어나고 있지만, 그것이 예전과 같은 수준의 생활양식을 뒷받침하지는 못할 수도 있다.

이러한 변화를 만들어 낸 주요한 원인은 기업의 구조조정과 '다운사이징'에 있다. 세계적으로 심화되는 경쟁과 2008년 경기 불황으로 인해 많은 기업이 노동력 규모를 축소하기 시작했다. 전일제 블루칼라 직종뿐 아니라 화이트칼라 직종 또한 줄어들었고, 그 자리는 저임금, 시간제 일자리와 단기 계약으로 대체되었다. 하강 이동은 특히 이혼이나 별거 상태에서 자녀를 키우는 여성들에게서 광범위하게 나타난다. 여성들은 결혼 생활 동안 제법 안락한 중간 계급의 생활양식을 향유해 왔지만, 이혼에 직면하면서 당장 '입에 풀칠하기 바쁜' 생활을 하게 될 수도 있다. 많은 경우에 여성들은 일하려고 시도하며, 양육과 가사를 병행해야 하기 때문에 간신히 생계를 유지하는 수준에 머물게 된다(Schwarz and Volgy 1992).

영국의 사회 이동

전후 영국에서는 사회 이동 수준이 전반적으로 어느 정도인지에 대해 많은 조사가 진행되어 왔으며, 영국의 사례에 대한 많은 경험적 증거와 연구가 있다. 물론 아주 최근까지도 이러한 연구들의 대부분이 역시 모두 남성들에게만 초점을 맞추고 있다는 한계가 있다.

사회 이동에 대한 초기 연구로는 데이비드 글래스David Glass의 연구가 있다(1954). 그는 1950년대까지의 장기간에 걸친 세대 간 이동을 분석했다. 그가 발견한 사실은 앞서 소개한 국제 연구들이 내린 결론과 일치한다. 즉 블루칼라 직업에서 30퍼센트 정도는 화이트칼라 직업으로 이동했다는 것이다. 전체적으로 볼 때 영국은 특별히 '개방된' 사회가 아니라는 것이 글래스의 결론이었다. 상당히 많은 이동이 발생하지만 대부분은 단거리 이동이었다. 하강 이동보다는 상승 이동이 훨씬 더 일반적인데, 상승 이동의 대부분은 계급 구조의 중간 수준에 있는 사람들에게서 집중적으로 나타났다. 계급 구조의 밑바닥에 있는 사람들은 그 위치를 유지하는 경향이 있었다. 반면, 전문직이나 관리직의 아들 중 거의 절반 정도가 부모와 유사한 직업을 갖고 있었다. 이러한 현상은 사회 내 엘리트 지위에서도 강하게 나타났다. 즉 엘리트의 자녀가 엘리트가 되는 현상이 높은 비율로 나타난 것이다.

사회 이동에 관한 또 하나의 중요한 연구인 옥스퍼드 사회이동연구Oxford Mobility Study는 골드소프와 그의 동료들에 의해 수행되었다(1987[1980]). 이 연구는 1972년 조사 결과를 토대로 한다. 그들은 글래스의 저작이 나온 이후 사회 이동 패턴이 얼마나 많이 변했는지 조사했다. 연구 결과, 실제로 전반적인 남성의 사회 이동은 그 이전보다 더 빈번했으며, 장거리 이동도 제법 많았다. 하지만 이러한 변화는 영국 사회가 더 평등해져서가 아니라 블루칼라 직업에 비해 상위 화이트칼라 직업이 더 많이 증가했기 때문이었다. 비숙련이나 반숙련 육체노동자의 자녀 중 3분의 2는 여전히 육체노동에 종사하고 있었다. 전문직이나 관리직의 경우 30퍼센트 정도가 노동 계급 출신이었지만, 블루칼라 노동자들의 경우 4퍼센트 정도만이 전문직이나 관리직 출신이었다.

옥스퍼드 사회 이동 조사는 영국에서 사회 이동의 절대적인 비율은 상승했지만 사회 이동의 상대적 기회는 매우 불균등하며, 이러한 기회의 불평등은 여전히 계급 구조에 확고한 기반을 두고 있다고 결론지었다.

이 연구는 10년 후 새로 수집된 자료들을 바탕으로 다시 한 번 이루어졌다(Goldthorpe and Payne 1986). 이전 연구에서 발견된 사실들이 재확인되었지만 새로운 변화도 있었다. 예를 들어 블루칼라 노동자의 자녀들이 전문직이나 관리직으로 이동할 수 있는 기회가 확대되었다. 그러나 이것 역시 직업 구조의 변화로 인한 것이었다. 즉 상위 화이트칼라 직업에 비해 블루칼라 직업이 더 많이 줄어들었던 것이다. 이러한 발견들은 사회 이동의 많은 경우가 기회의 평등이 증가해서라기보다, 경제의 구조적 변화로 인해 일어난다는 것을 보여 준다.

에식스 사회이동연구Essex Mobility Study는 상위 화이트칼라 직업 및 전문직 종사자들의 3분의 1 정도가 육체노동자 배경 출신이라는 점을 들어, 영국 사회의 사회 유동성이 상당히 높다고 주장했다(Marshall et al. 1988). 하지만 여성들에게는 사회 이동의 문턱이 여전히 높다. 여성들은 비육체 단순 노동직에 과도하게 몰려 있으며, 이로 인해 이들의 사회 이동 기회는 제약을 받는다. 현대 사회의 유동적인 특징은 이러한 사회에서는 주로 상위 직업으로 직업들이 개선되기 때문에 나타나는 현상이다. 따라서 마셜과 그의 동료들은 다음과 같은 결론을 내렸다. "상층 자리가 많아진다는 것이 그 자리를 차지할 수 있는 기회가 평등해진다는 것을 의미하지는 않는다."(Marshall et al. 1988: 138) 그러나 우리는 한 가지 사항을 염두에 두어야 한다. 즉 사회 이동이란 장기적 과정이기 때문에 사회가 점차 '개방'되고 있다 하더라도 그 효과가 한 세대 만에 나타나지는 않는다는 것이다.

그러나 런던정경대학의 조 블랜든Jo Blanden과 그의 동료들의 연구에서 저자들은 이 과정이 반전되었음을 발견했다(2002). 그들은 1958년 3월생과 1970년 4월생 두 집단을 대상으로 세대 간 이동에 대한 비교 연구를 시행했다. 이들 집단은 12년밖에 차이가 나지 않지만, 이 연구는 두 집단 사이에 세대 간 이동이 급격히 감소했음을 보여 준다. 1970년에 태어난 집단의 경제적 지위는 1958년에 태어난 집단에 비해 부모의 경제적 지위와 관련성이 훨씬 더 강하게 나타난 것이다. 이에 대해 저자들은 1970년대 후반부터 줄곧 전체 교육 수준이 상승했지만, 빈곤 가

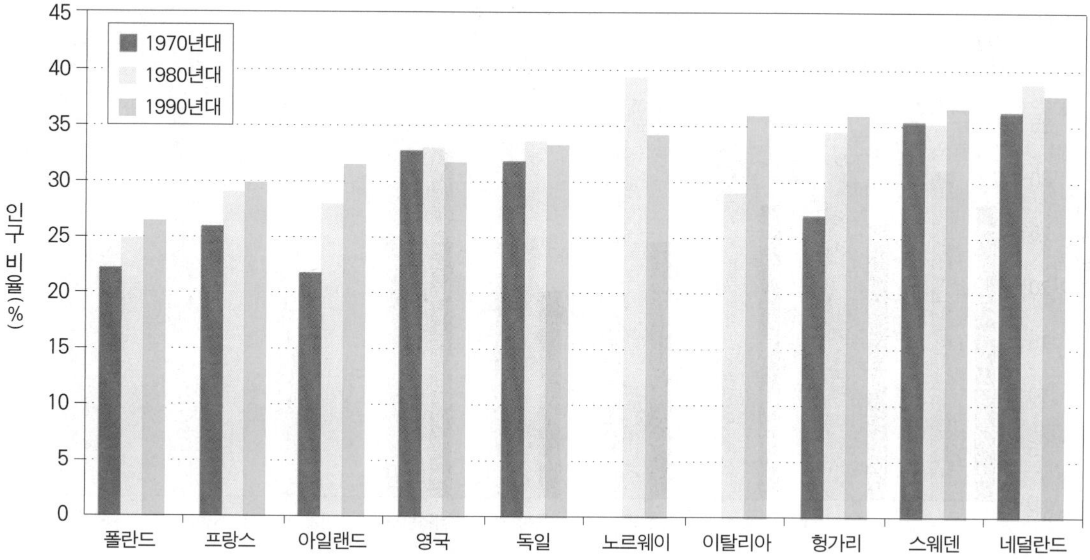

그림 12-2 남성(부모보다 더 나은 직업을 가진 남성의 비율)의 경우 절대 (세대 간) 사회 이동
출처: National Equality Panel 2010: 323.

정 아이들보다 부유한 가정에서 자란 아이들에게 더 유리하게 작동했기 때문에 1970년에 태어난 집단의 세대 간 이동성이 더 떨어졌을 것이라고 보았다.

더 최근 들어, 잭슨과 골드소프는 과거와 최근 자료를 비교해 영국의 세대 간 사회적 계급 이동을 연구했다(Jackson and Goldthorpe 2007). 그들은 세대 간 이동이 감소하고 있다는 증거는 발견하지 못했다. 또한 남녀 모두 상대적으로 일정한 비율의 사회 이동을 유지하고 있었지만 장거리 이동은 감소했다. 그러나 남성의 경우 구조적 계급 변동의 결과, 상승 이동과 하강 이동이 일반적으로 불균형하게 일어났다. 이들은 20세기 중반에 그랬던 것처럼 상승 이동 비율이 증가하던 시기로는 다시 돌아갈 수 없을 것 같다고 결론을 내린다.

2010년 영국 정부의 국가 평등 패널National Equality Panel은 오늘날의 경제적 불평등 상태를 보여 주었다. 그들은 절대 (세대 간) 상승 이동이 1970년 이후 조금 변했다는 사실을 발견했다. 그러나 부모의 소득이 포함되었을 때, 1990년대 영국 남성들의 상승 이동은 감소했는데, 이는 다른 많은 유럽 국가들에 비해 낮았다. 여성의 사회 이동은 1970년 이후 점점 더 향상되었지만(〈그림 12-2〉와 〈그림 12-3〉 참조), 그 비율은 세계적으로 최하위 수준이었다. 보고서는 사회 이동이 상대적으로 낮은 주요 이유가 영국의 사회 불평등 수준이 높기 때문이라고 결론 내렸다. "사다리 칸의 간격이 크다면 오르기가 더 어렵다……. 부모가 누구인가의 문제는 다른 나라보다 영국에서 더 중요하다"(National Equality Panel 2010: 329~30). 데이비드 글래스의 연구 이후 50년도 더 지났지만, 이 발견은 영국이 여전히 "특별히 '개방된 사회'가 아니며", 계급 경계가 얼마나 단단한지 보여 준다.

비판적으로 생각하기 THINKING CRITICALLY

현대 사회에서 사회적 이동은 정말로 중요한가? 만일 세대 간 사회 이동이 감소하고 있다면, 이것이 문제가 되는가? 이를 통해 어떠한 사회적 결과가 초래될 것인가? 사회 이동을 증가시키기 위해 정부가 할 수 있는 일은 무엇인가?

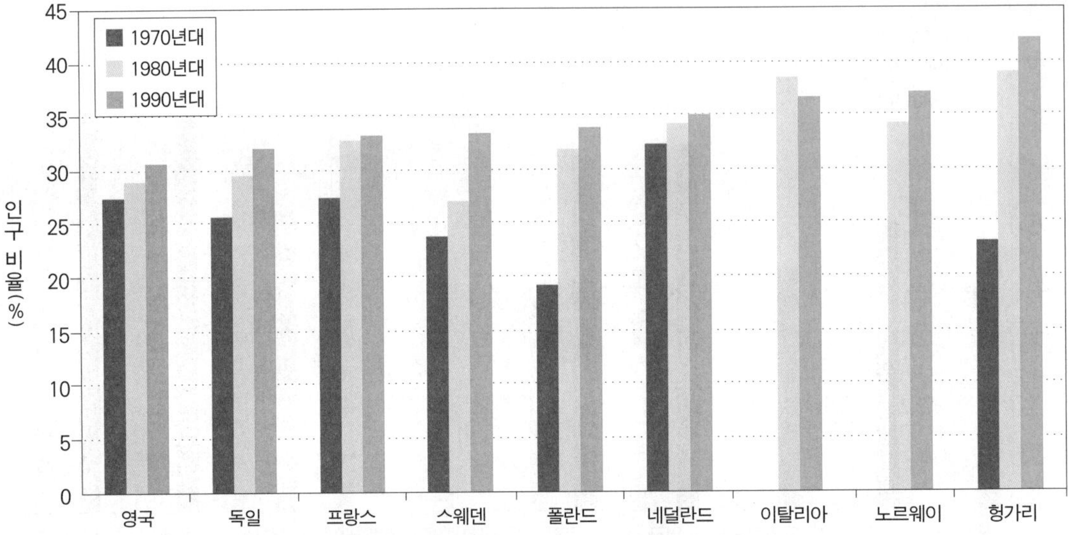

그림 12-3 여성(부모보다 더 나은 직업을 가진 여성의 비율)의 경우 절대 (세대 간) 사회 이동

출처: National Equality Panel 2010: 323.

젠더와 사회 이동

사회 이동에 대한 많은 연구가 남성에 초점을 맞추어 왔지만, 최근 들어서는 여성들의 사회 이동 패턴에 대한 관심도 늘어나고 있다. 학교에서 여학생들이 남학생들보다 '우수하고', 고등교육을 받는 여성이 남성보다 많아진다면, 오랫동안 이어져 온 젠더 불평등은 완화될 것이라고 생각할 수 있을지 모른다. 그렇다면 실제로 직업 구조가 여성들에게 더 많이 '개방'되었을까? 여전히 가족이나 사회적 배경이 여성들의 사회 이동 기회를 좌우하고 있는 것은 아닐까?

> 고등교육에 대한 보다 심층적인 논의는 제19장 〈교육〉을 참조하라.

『1990년대의 20대들Twenty-Something in the 1990s』이라는 책은 영국의 경제사회조사위원회ESRC의 지원을 받아 이루어진 중요한 코호트 연구다(Bynner et al. 1997). 연구자들은 1970년 특정 일주일 사이에 태어난 9천 명의 영국인의 생활을 추적했다. 조사 대상자들이 스물여섯 살이던 1996년에도 가족 배경과 출신 계급이 남성과 여성 모두에게 여전히 강력한 영향을 미치고 있었다. 성년기로의 이행에 잘 대처한 사람들은 훌륭한 교육을 받고, 결혼과 양육을 뒤로 미루었으며, 아버지가 전문직이었다. 낮은 사회적 배경 출신들은 열악한 상태를 지속하는 경향이 매우 강하게 나타났다.

이 연구의 또 다른 발견은 젠더 문제다. 오늘날 여성은 전체적으로 볼 때 이전 세대보다 훨씬 많은 기회를 갖고 있다. 변화의 혜택을 가장 많이 받은 것은 중간 계급 여성들이었다. 그들은 같은 계급의 남성들과 마찬가지로 대학을 다녔고 졸업 후 높은 수입의 직업을 갖게 되었다. 이렇게 젠더 불평등이 줄어드는 경향은 12년 전 유사한 부류의 여성들에 비해 이들이 훨씬 강한 자신감과 자존심을 갖고 있다는 사실에서도 잘 드러난다. 〈표 12-3〉에서 볼 수 있듯이, 다른 선진국 사회와 마찬가지로 여성들은 현재 영국 사회에서 높은 지위를 차지하고 있지만 여전히 그 규모는 특별히 크지 않다. 예를 들어 영국의 FTSE 250대 기업 중 여성 임원은 7.8퍼센트에 불과하지만

표 12-3 영국의 상위 직업 중 여성의 비율, 2010~2011

직업/역할	여성	직업/역할	여성
MP (하원의원)	22.2	선임 법관	12.9
MSP (Holyrood, 스코틀랜드 의회)	34.9	FTSE 100대 기업 이사	12.5
MEP (Strasbourg, 유럽의회)	31.9	대학 총장 및 부총장	14.3
MWA (Cardiff, 웨일스 의회)	41.7	고위 군관직	1
지역 당국 협의회 의장	13.2		

출처: EHRC 2011.

(EHRC 2011: 4), 임원 전체가 모두 남성인 회사들은 FTSE 250 대기업 중 절반에 이른다(McVeigh 2010). 여성에 대한 '유리 천장glass ceiling(여성이나 다른 집단이 높은 자리에 올라가지 못하게 막는 눈에 보이지 않는 장벽 — 옮긴이)'에 금이 가긴 했지만 아직 완전히 깨지지는 않았다.

여성이 좋은 직업을 가질 수 있는 기회가 점점 늘어나고 있지만 여전히 두 가지 커다란 장애물이 있다. 남성 관리자들이나 고용주들은 여전히 여성 지원자들을 차별하고 있다. 그들은 적어도 부분적으로는 여성들이 경력에 크게 관심 없다고 생각하거나, 가족을 꾸리면 직장을 그만둘 것이라고 생각하기 때문이다. 자녀는 아직도 여성의 경력 기회에 커다란 영향을 미치고 있다. 이것은 여성들이 사회생활에 관심이 없어서가 아니라, 대개는 사회생활과 자녀 양육 중 하나를 선택하도록 강요받기 때문이다. 남성들은 가사노동이나 자녀 양육의 의무를 기꺼이 나누려 하지 않는 경우가 많다. 전보다 훨씬 많은 여성이 사회생활을 지속하기 위해 가정생활을 조정하고 있지만, 그들 앞에는 여전히 커다란 장벽들이 존재한다.

영국은 능력 중심 사회인가

피터 사운더스Peter Saunders는 글래스와 골드소프 등으로 대표되는 영국의 사회 이동 연구 전통에 대해 비판적인 사람 중 한 명이다(1990; 1996; 2010). 그에 의하면 영국은 진정한 능력 중심 사회다. 가장 좋은 '성과'를 남길 수 있는 사람이 높은 보상을 받을 수 있기 때문이다. 그가 보기에 직업에서 성공하는 데 핵심적인 요인은 계급적 배경이 아니라 능력과 노력이다. 그는 국립 아동발달연구소의 경험적 자료를 근거로, 영리하고 근면한 아이들은 자신이 받는 사회적 혜택이나 불리함에 관계없이 성공한다는 사실을 보여 준다(1996). 그는 영국이 평등하지는 않지만 공정한 사회라고 평가한다. 이러한 결론은 아마도 선진국 국민들 내에 광범위하게 퍼진 생각일지도 모른다.

이에 대해 브린과 골드소프는 이론적 측면과 방법론적 측면 모두에서 사운더스를 비판한다(Breen and Goldthorpe 1999). 그들은 사운더스의 설문 조사 분석이 편향적이었다고 비판하며, 실업자를 분석 대상에서 제외하는 등의 오류를 지적한다. 브린과 골드소프는 사운더스가 사용한 자료를 다른 방식으로 분석해, 매우 다른 결과를 제시한다. 즉 사회 이동에는 상당한 계급 장벽이 존재한다는 것이다. 그들은 개인의 능력이 그 사람의 계급 위치를 결정하는 하나의 요인임은 확실하지만, '어떤 계급 출신인가' 하는 것이 여전히 계급 위치를 결정하는 강력한 요인으로 작용한다고 결론짓는다. 즉 불리한 계급 출신 아이들은 유리한 출신과 유사한 계급 위치를 차지하려면 더 능력이 뛰어나야 하는 것이다.

더욱 최근에 발표된 댄 앤드루스Dan Andrews와 앤드루 리Andrew Leigh의 불평등과 사회적 이동에 관한 국제적 비교 연구 역시 불평등과 공정함이 공존할 수 있다는 사운더스의 주장과 대립된다(2009). 그들의 경험적 연구는 영국을 제외한 세계 16개국, 25~54세 남성들의 직업 자료를 활용하는데, 특히 아버지와 아들의 소득 비교에 초점을 두고 있다. 그들의 주요 결론은 이렇다. '1970년대에 불평등이 더한 국가에서 성장기를 보낸 아들은 1999년까지 사회 이동을 경험했을 가능성이 낮다(ibid.: 1491~1492).' 불평등한 사회일수록 사회 이동은 낮게 나타난다. 또한 그러한 사회에서 '누더기에서 부자로'의 이동은 낮은 위치에서 시작할수록 더욱 어렵다. 따라서 불평등은 능력과 노력에 기반을 둔 '공정한' 결과를 방해하는 것으로 보이며, 진정한 능력 중심 사회를 만들기 위해서는 이러한 불평등을 줄여야 한다.

결론: 사회 계급의 지속적인 중요성

계급 체계가 인간의 생활을 전적으로 규정하는 것은 아니다. 실제로 많은 사람은 사회 이동을 경험하며, 전문직 자격증에 대한 접근성 증가와 인터넷의 등장, '신경제new economy'의 출현은 모두 상향 이동을 위한 새로운 통로를 제공하고 있다. 이에 따라 전통적인 계급, 계층 패턴은 점차 사라지고, 보다 유동적인 사회질서가 발전할지도 모른다.

그러나 양극화는 지난 30년 동안 확대되어 왔으며, 부가 사회 최상위 계층에 집중되는 것에 대한 우려가 커지고 있다. 계급 불평등은 경제 전반을 발전시키기 위해 치를 수밖에 없는 비용인가? 1980년대 이래, 부의 추구는 혁신과 활력을 이끄는 경제 발전의 동력처럼 보였다. 그러나 많은 사람이 오늘날 세계화와 시장 규제 완화로 인해 빈부 격차가 심화되고, 계급 불평등이 고착화되고 있다고 주장한다.

몇 가지 측면에서 오랫동안 지속되었던 계급의 전통적 영향력은 확실히 약해지고 있다. 특히 사람들의 정체성 측면에서 더욱 그렇다. 하지만 현대 사회에서 계급 체계는 여전히 경제적 불평등의 핵심 중 핵심으로 남아 있다. 사회 계급은 아직도 일생에 걸쳐 개인의 삶에 커다란 영향을 미치고 있으며, 특정 계급의 구성원이라는 사실은 자신의 수명이나 신체적 건강에서 교육과 직장의 임금에 이르기까지 다양한 불평등과 관련된다. 그러므로 이용 가능한 증거들의 균형은 우리에게 계급의 종말이 아직 때 이른 이야기임을 결론지어 준다.

복습

Chapter review

1 계층 체계는 네 가지 유형인 노예 제도, 카스트 제도, 신분 제도, 계급 제도로 나뉜다. '계층화'를 정의하고, 이 네 가지 형태의 각 특징을 개략적으로 설명해 보자.

2 '현대적 노예'란 무엇을 의미하는가? 왜 오늘날 증가하는가?

3 카를 마르크스의 계급에 대한 정의를 포함해 그의 계급 갈등 이론을 간략하게 설명해 보자. 이 이론에 대해 얼마나 만족하며, 어떻게 비판할 수 있는가?

4 베버는 계급을 지위와 파벌과 구분했다. 사회적 지위란 무엇인가? 베버에게 '파벌'은 어떤 의미인가? 근대 계층화에 대한 베버의 시각이 옳다면, 계급 기반의 혁명이 가능할까?

5 직업은 사회 계급의 지표로 흔히 사용된다. 직업 계급 모형의 장점은 무엇이며, 그것이 놓치거나 소홀히 취급하고 있는 부분은 무엇인가?

6 상층 계급은 사회에서 상당한 혜택을 받고 있는 소수의 사람들이다. 이들이 가진 이점은 무엇인가? 상류 계급 구성원이 사회에 진정한 권력을 행사하는가 아니면 단순히 부유층에 그치는가?

7 오늘날 중간 계급으로 분류되는 직업들을 몇 가지 나열해 보자. 이 직업을 달성하기 위해서는 무엇이 필요하며, 중간 계급은 20세기에 왜 급속히 늘어났는가?

8 '노동 계급'은 무엇인가? 노동 계급이 20세기 중반부터 감소한 것은 어떤 사회적, 경제적 요인으로 설명할 수 있는가?

9 '최하층 계급'의 특징이라고 여겨지는 주요 요소들을 기술해 보자. 이 개념이 사회학자들에게 왜, 어떻게 비판받아 왔는지 설명해 보자.

10 몇몇 학자들은 생활양식이나 소비 패턴과 같은 문화적 요인들이 계급 위치에 중요한 영향을 미친다고 주장해 왔다. 이 주장을 지지할 만한 증거는 무엇이 있는가?

11 사회 이동 연구에서는 세대 내 이동과 세대 간 이동의 구별이 존재한다. 이들의 차이는 무엇인가? 왜 이동 연구는 여성의 위치에 대해 적절히 설명하지 못했는가?

1990년대 이래 사회학자들은 개인의 정체성을 형성하기 위해 사회 계급의 힘이 변화하는 것에 대해 토론해 왔다. 젠더, 인종, 종교 및 소비주의가 모두 정체성의 강력한 원천이 되어 감에 따라, 계급은 장기적으로 쇠퇴하고 있는 것처럼 보인다. 실제로 울리히 벡은 계급을 '좀비'라고 표현한다. 계급이 더 이상 사회학에서 유용한 역할을 수행하지 않는다는 것이다. 아래 연구를 읽고, 다음의 질문들에 대답해 보자.

Loveday, V. (2014) '"Flat-Capping It": Memory, Nostalgia and Value in Retroactive Male Working-Class Identification', *European Journal of Cultural Studies*, 17(6): 721~735.

1 이 연구의 핵심 연구 질문은 무엇인가?
2 연구 참여자의 표본은 어떻게 선정되었는가? 이 표본은 연구 질문에 적합한가?
3 '연상적 상상력mnemonic imagination', '평평한 캡 씌우기flat-capping it' 및 '가족 민속family folklore'의 의미는 무엇인가?
4 연구 참여자가 자신을 사회 계급과 지속적으로 동일시한다는 것에 관해 어떤 결론을 이끌어 냈는가?
5 저자들은 왜 과거의 향수를 불러일으키는 것이 이전에 보였던 것처럼 오늘날에는 퇴행적이지 않다고 주장하는가?

생각해 볼 것

Thinking it through

사회 이동은 일반적으로 개인과 사회 모두에 좋은 것으로 여겨진다. 장기간 경력을 쌓고 재정적으로나 지위 면에서 좋은 결과를 얻으려고 하는 개인의 경우 사회 이동을 긍정적으로 평가하기 쉽다. 그러나 이러한 이동이 왜 사회에 도움이 되는지 설명하는 것은 어려운 문제다. 여전히 사회에는 누군가에 의해 채워져야 할, 판에 박히고 매우 지루한 종류의 많은 작업이 필요하며, 이러한 것들은 경력 사다리나 높은 임금을 필요로 하지 않는다.

사회 이동을 장려하는 수사들이 제시하는 증거와 이 장의 사회 이동에 대한 증거를 검토해 보자. 정부 각료를 대상으로 한다고 가정하고, 정부 정책이 사회 이동을 계속 촉진해야 하는지에 대한 질문을 검토하는 짧은 브리핑지를 작성해 보자. 특히 이 정책이 육체노동 일자리의 감축에 미치는 영향에 대한 우려를 제기해 보자. 또한 사회 이동에 대한 관심이 증가할 경우 이러한 유형에 해당하는 일들의 가치가 낮아지고, 그 빈자리를 채우기가 더 어렵게 되는지 논평해 보자.

예술 속의 사회

Society in the arts

노동 계급의 삶과 경험에 대해서는 엄청난 양의 사회학적 연구가 있었지만, 중산층과 상층부의 생활 기록에 대한 관심은 훨씬 적었다. '다른 사람들은 어떻게 살아가는가'에 대한 많은 사람의 생각은 영화, 소설 및 TV의 방식으로 표현된다. 최근 가장 성공적인 영국 드라마 시리즈인 〈Downton Abbey〉(2010~2015, 여러 명의 감독)에서는 상위 계층의 규범, 가치 및 생활 방식뿐만 아니라 계급 관계가 나타난다. 이미 감상한 적 있는 에피소드나 한두 편의 에피소드를 미리 감상하고 아래의 질문에 답해 보자.

1 상위 계층의 성격은 어떻게 묘사되어 있는가? 명확한 젠더 차이가 존재하는가?
2 그들이 가지고 있는 가치는 무엇이며 어떻게 하면 하위 계층의 가치에서 벗어날 수 있는가?
3 상위 계층에 대한 하인들의 태도는 어떻게 나타나는가? 예를 들어 그들의 사회적 감독자에 대한 근로자의 복종이 필수적인가?
4 이 시리즈는 대단한 인기를 얻었으며 전 세계 많은 관객을 매료시켰다. 소위 '금욕주의' 시대를 반영하는 이 드라마의 인기를 어떻게 설명할 수 있는가? 그리고 상류층에 대한 극단적인 불평등이 언제 정치적 관심과 저항을 불러일으켰는가? 드라마의 계급 관계 묘사를 참고해 토론해 보자.

Will Atkinson의 *Class* (Cambridge: Polity, 2015)는 입문하기 좋은 저서로, 계층에 대한 현대적 논의에 대해 소개하고 있다. Lucinda Platt의 *Understanding Inequalities: Stratification and Difference* (Cambridege: Polity, 2011)는 잘 균형 잡힌 책이며 불평등과 계층화에 대한 더 넓은 정보를 제공한다.

Kath Woodward의 *Questioning Identity: Gender, Class, Ethnicity* (London: Routledge, 2004)는 주요 사회 분업에 대한 상당한 장들을 포함하는 매우 좋은 편집 저서다. 마지막으로, 계급에 대한 영국적 경험을 조사하기 위해서는 Ken Robert의 *Class in Contemporary Britain* (2nd edn, Basingstoke: Palgrave Macmilan, 2011)이 증거와 경향에 대한 최신 리뷰를 제공해 준다.

입문서 단계를 지나가면, Mike Savage의 *Class Analysis and Social Transformation* (Buckingham: Open University Press, 2000)을 추천하는데, 이는 계급 논쟁을 벡과 기든스 등의 산업화에 관한 최신 이론과 연결시키며 신선한 해석을 제공한다. Fiona Devine와 Mike Savage, John Scott 그리고 Rosemary Crompton의 *Rethinking Class: Cultures, Identities and Lifestyles* (Basingstoke: Palgrave Macmillan, 2004) 역시 새로운 계급 분석과 문화의 관계에 초점을 맞춰 편집된 선집이다.

사회 불평등에 대한 원전들의 모음집은 *Sociology: Introductory Readings* (3rd edn, Cambridge: Polity, 2010)를 참조하라.

관련 홈페이지

Internet links

- Polity
  www.politybooks.com/giddens
- Social Inequality and Classes
  www.sociosite.net/topics/inequality.php#class
- The Great British Class Survey
  www.bbc.co.uk/science/0/21970879
- Social Mobility Foundation
  www.socialmobility.org.uk
- Explorations in Social Inequality
  www.trinity.edu/mkearl/strat.html
- Marxists Internet Archive
  www.marxists.org
- BBC Working Class Collection
  www.bbc.co.uk/archive/working

13

빈곤, 사회적 배제, 복지

Poverty, Social Exclusion and Welfare

빈곤

빈곤의 정의
빈곤의 측정
누가 빈곤층인가
빈곤 설명하기
빈곤과 사회적 이동성

사회적 배제

사회적 배제의 차원들
사회적 배제의 사례

복지 국가

복지 국가에 관한 이론들
영국의 복지 국가

복지 국가 개조하기

2009~2010년에 트루셀 트러스트Trusell Trust의 56개 무료급식소는 3일 동안 4만 1천 명에게 충분한 음식을 제공했다. 2015년에 트러스트는 영국 전역의 사람들에게 먹일 음식을 분배할 445개의 무료급식소를 가지고 있었다. 무료급식소의 급속한 확장은 세계에서 가장 부유한 사회들에서도 여전히 빈곤이 핵심 문제라는 것을 보여 준다.

제니는 학교를 떠나 미용사로 일했지만 그녀의 아들이 뇌수막염으로 인해 시각장애인이 되자 그를 돌보기 위해 직장을 그만뒀다. 마흔한 살의 제니는 아이가 꽤 어렸을 때 남편과 떨어져, 런던 북부에 있는 임시 거처에서 열 살이 넘은 세 명의 장애 남자아이를 홀로 키우고 있다. 실제로, 그녀는 오로지 다양한 형태의 임시 거처들만 알 뿐 영구적인 주거를 가져 본 적이 없다.

제니와 아이들은 복지 수혜를 받고 있는데, 그 대부분은 음식, 교복, 연료 및 교통수단에 대한 것이다. 그들의 집세는 주택 수당으로 지불된다. 그들은 텔레비전, 세탁기 그리고 냉장고를 가지고 있지만, 바깥으로 많이 나가지 않으며 함께 휴가를 간 적이 없다. 제니는, 아이들이 굶주리지는 않지만 가족을 위한 충분한 음식을 종종 제공하기 위해 분투한다고 말한다. 대신에, 자신을 식비 예산을 조금씩 아껴 쓰며 버티기 위해 하루에 한 끼만 먹을 것이고, 필수적인 것들을 위해 지불하거나 어려운 때를 위해 저축할 돈이 모자란다.

제니의 가족이 '빈곤 속에' 살고 있는 것처럼 보이는가? 그들은 빈곤층인가? 제니 스스로는 그렇다고 생각한다. "제 말뜻은, 어떤 면에서는, 예, 저는 빈곤층입니다. 빈곤하다, 그것은 어떤 것에 대해서도 할 만한 여유가 없다는 뜻이지요. 필요한 것을 가질 만한 형편이 안 된다는 것입니다." 그러나 열한 살인 제니의 가장 어린 아들 마이클은 아니라고 생각한다. 그는 "우리는 노숙자들처럼 그렇게 가난한 것은 아니에요. 우리는 세계에서 가장 완벽한 옷을 가지지도 못했고, 다른 집 아이들이 입는 옷을 가지지도 못했지만, 그래도 우리는 살 수 있는 한 행복해요." 열세 살 마크는 "우리는 이 집이 있어요. 친구들도 있고 이런저런 것들도 있어요. 그래서 저는 우리가 정말 가난한 것은 아니라고 생각해요. 가끔은 가난한 것 같기도 해요. 왜냐하면 우리가 원하는 물건 같은 것들에 쓸 돈을 가지고 있지 못하니까요, 그래서 저는 가난한 것 같기도 하고 아닌 것 같기도 해요"라고 말한다.

우리는 이 장에서 빈곤의 정의를 살펴보는 데 시간을 좀 할애할 것이다. 그것은 빈곤 현상에 대한 사회학적 연구 및 빈곤과 씨름하는 정책들에 대해 직접적인 영향을 갖기 때문이다.

제니의 상황에 대한 요약된 버전은 랜슬리Lansley와 맥Mack의 21세기 영국의 빈곤 조사에서 가져온 것이다(2015). 상식적인 관점과 대조적으로, 이와 같은 연구들은 영국에서의 빈곤이 감소하지 않으며 실제로는 증가하고 있음을 보여 준다. 그러나 다른 발전된 사회들과 마찬가지로, 영국은 사람들이 그들의 삶을 향상시키는 것을 목표로 무료 건강관리와 교육을 제공하는 복지 국가를 확립해 왔다.

만약 제니가 정말로 빈곤하다면, 또는 빈곤한 조건들 속에서 살고 있다고 말할 수 있다면, 여기에서 빈곤은 많은 개발도상국들에 존재하는 깨끗한 물, 무료 교육 그리고 쉽게 접근할 수 있는 건강관리 같은 기본적인 필수품들이 수백만 명의 사람들에게 이용 불가한 빈곤의 유형과는 다르다. 우리가 빈곤이라고 생각하는 것은 한 국가의 다수 사람들이 그들의 국가적 맥락 속에서 갖는 삶의 표준에 따라 달라진다.

이 장에서 보겠지만, 발달된 세계들에서도 복지 국가들은 그들이 제공하는 수혜의 유형과 수준 그리고 그들의 기저에 놓인 철학들에 있어서 다르다. 어떤 복지 국가들은 기본적인 '안전망'을 제공하는 한편 다른 복지 국가들은 '요람에서 무덤까지' 복지를 제공한다는 이상에 뿌리를 두고 있다. 또 다른, 미국과 같은 국가에서는 사람들이 일하는 정도에 복지 수혜를 연결시킴으로써 최소한의 복지를 제공한다. 이처럼 상이한 철학들이 복지 지출에 반영된다. 덴마크, 스웨덴, 프랑스의 복지 지출은 상대적으로 높은 반면 한국, 미국, 일본의 복지 지출은 상대적으로 낮다.

영국, 독일, 네덜란드에서는 2008년 전 세계적 금융 위기와 경기 침체를 겪으면서 정부들에 공적 지출 수준과 복지 지출의 삭감을 요구하는 '내핍의 정치'를 펼쳤다. 영국과 같은 복지 국가는 여전히 빈곤의 충격을 완화하기 위해 전념했지만, 점차 '조건부' — 특히 유급 고용 등 개인적 책임과 복지 수혜권을 연동시키는 — 를 향한 변화가 있다. 그러나 취직 상태이고 기초보장 또는 '노동' 복지 수혜를 받고 있는 중임에도 불구하고 많은 사람은 빈곤의 조건들 속에 살고 있다.

제니와 같은 사람들과 조우할 때 많은 사람은 그녀의 삶에 대한 여러 추정을 한다. 그들은 그녀의 빈곤과 상대적으로 낮은 사회적 지위가 그녀의 성장 과정의 결과라고 볼지도 모른다. 다른 사람들은 그녀가 가난에서 벗어날 만큼 열심히 일하지 않았기 때문이라고 비난할 수도 있고, 복지 수혜에 의존해 살아가는 것이 매우 편하고 손쉬운 선택이라고 비난할 수도 있다. 1990년대 중반에 캐럴 워커Carol Walker는 이처럼 흔한 시각이 어떠한 증거도 가지지 못함을 발견했다. "신문의 자극적인 헤드라인과 달리, 만약 진정한 대안이 주어진다면 대부분의 사람들은 사회 부조에 의존해 살아가려고 하지 않을 것이다." (1994: 9)

사회학은 개인주의적 설명들에 만족하는 경우가 드물다. 아니, 그러한 적이 있었는지조차 의심스럽다. 빈곤은 '개인적 문제'일 뿐만 아니라 끊임없이 지속되는 '공적 사안'이다. 그리고 사회학자의 임무는 제니와 비슷한 지위에 있는 많은 사람들의 경험의 의미를 이해하게 되는 사회에 대한 폭넓은 시각을 발전시키는 것이다.

이 장에서는 빈곤의 개념과 사례들을 좀 더 자세히 점검하고, 사회적 배제라는 폭넓은 개념에 대해 숙고할 것이다. 마지막 절에서는 복지 국가가 어떻게, 왜 등장했는지, 그리고 그것을 개혁하려는 시도들에 대해 살펴볼 것이다. 제13장과 제14장은 긴밀히 연관되어 있다는 점을 주목해야 한다. 이 장은 영국의 사례를 중심으로 해서, 동시에 유럽 국가들과의 비교 속에서, 선진국들에서의 빈곤, 배제, 복지를 주요 초점으로 하는 반면, 제14장 〈글로벌 불평등〉은 전 세계적 맥락 속에서의 빈곤과 불평등에 대한 문제를 받아들이기 위해 초점을 넓혀 개발도상국들을 중점적으로 살펴본다.

빈곤

빈곤의 정의

모두가 빈곤이 무엇인지 직관적으로 이해하는 것 같지만, 사회과학적으로 사용하기 위해 동의할 수 있는 정의에 도달하는 것은 어렵다. 세계은행은 빈곤을 '안녕well-being의 확연한 결핍'이라고 정의했다(2000: 15). 이 간결한 언급은 시작점이지만 무엇이 안녕함을 구성하는 것인지에 대한 질문을 제기한다. 좋은 건강을 유지하는 능력인가, 좋은 교육을 받는 것인가 또는 충분한 음식을 갖는 것인가? 상대적으로 부유한 발전된 사회들에서 이러한 것들을 즐기는 것은 그럴 만한 자원이 있다는 것을 의미하며, 대부분 수입에 의해 측정된다. 역으로, '빈곤하다'는 것 또는 '확연한 결핍' 상태에 있다는 것은 충분한 수입 또는 그러한 자원을 갖지 못했다는 것을 의미한다.

사회학자들은 대개 빈곤을 두 가지 유형, 즉 (종종 '극도의' 빈곤으로 불리는) 절대적 빈곤absolute poverty과 상대적 빈곤relative poverty으로 구분한다. 절대적 빈곤은 최저 생활이라는 관념에 근거를 두고 있다. 최저 생활이란 육체적 건강을 유지하기 위해 충족되어야 할 기본적 조건을 의미한다. 이러한 근본적인 요건들, 즉 충분한 음식, 주거 그리고 의복 등이 부족한 사람들은 절대적 빈곤 속에 살고 있다고 말할 수 있다. 동등한 연령이나 체격을 가진 사람들은 어느 정도 같은 인간적 최저 생활의 기준이 잡히기 때문에 이러한 보편적 기준이 충족되지 않는다면 어떤 개인이든, 세계 어느 곳에 있든 절대적 빈곤 속에서 살고 있다고 말할 수 있다.

이러한 정의상, 많은 개발도상국의 인구 중 큰 부분들이 상대적 빈곤 속에 살고 있다고 말할 수 있다. 물론 2012년에는 유럽연합 28개국에서 전체 인구의 4분의 1에 해당하는 1억 2천2백만 명 이상이 '빈곤 또는 사회적 배제의 위험에 처해 있었다'(Eurostat 2015a: 1)(사회적 배제의 개념은 이 장의 뒷부분에서 완전하게 논의될 것이다). 그러나 복지 체계들이 잘 확립되어 있는 더 많은 발달된 선진국들에서는 절대적 빈곤이 드물다.

국내의 경제적 불평등에 있어, 인구의 하위 20퍼센트에게 가는 국가 세입의 비율은 나라마다 별로 다르지 않다. 예를 들어 르완다에서는 국가 세입의 5.3퍼센트가 가장 가난한 20퍼센트에게 가고, 미국에서는 5.4퍼센트가 간다(IBRD/World Bank 2007). 우리가 제14장 〈글로벌 불평등〉에서 보게 될 만성적인 불평등은 선진국들에서 극단적인 형태의 빈곤들이 제거되었음에도 불구하고 여전히 존재한다. 빈곤과 불평등은 관계되어 있지만 같은 것은 아니다.

많은 학자들은 절대적 빈곤의 보편적 기준을 확정하는 것이 가능하다는 생각을 받아들이지 않는다. 그들은 결핍을 특정 사회의 전반적인 생활수준과 연관 짓는 상대적 빈곤의 개념을 사용하는 것이 더 적절하다고 주장한다. 인간적 필요란 어디에서나 동일한 것이 아니며 한 사회 내에서도, 사회들 간에도 모두 다르다. 한 사회에서는 필수적인 사물들이 다른 사회에서는 사치재로 여겨질 수도 있다. 예를 들어 대부분의 산업화된 국가들에서는 수도와 수세식 화장실, 그리고 과일과 채소들을 정규적으로 소비하는 것은 기본적이고 필수적인 것이어서 그것들이 없는 사람들은 상대적 빈곤 속에 산다고 말할 수 있다. 그러나 많은 개발도상 사회들에서는 이러한 요소들이 인구의 다수에게 표준적이지 않으며, 그것들의 존재나 부재에 따라 빈곤을 측정하는 것은 그 의미가 이해될 수 없는 것이다. 또한 특정한 시기에 가용한 기존 지식에 따라 절대적 빈곤의 정의로 수용된 것이 달라져 왔다는 것 또한 사례가 된다(Howard et al. 2001). 간단히 말해, 절대적 빈곤의 정의조차 시간과 공간에 따라 상대적인 것으로 판명되어 소위 그 개념의 보편성이라는 것의 기반이 약화된다는 것이다.

> 개발도상국에서의 불평등과 빈곤에 관한 더 많은 주제들에 대해서는 제14장 〈글로벌 불평등〉을 참조하라.

상대적 빈곤의 개념도 복잡하다. 사회가 발전함에 따라 상대적 빈곤에 대한 이해가 변하고, 사회가 풍요로워짐에 따라 상대적 빈곤의 기준이 점차 상향 조정된다. 예를 들어 한때 자동차, 냉장고, 중앙난방, 이동전화는 사치품들로 여겨졌지만, 오늘날 발전된 사회에서는 그것들이 온전하고 적극적인 삶을 이끌어 가기 위한 필수품들로 보인다. 이러한 물품을 갖추지 못한 가족은 상대적 빈곤에 있다고 여겨지는데, 그들은 그들이 속한 사회의 다수가 향유하는 종류의 생활양식을 누릴 수 없기 때문이다. 그러나 그들의 부모나 조부모들이 그러한 물품들을 갖지 못했음에도 그 시기의 기준에 따라서는 빈곤한 것으로 여겨지지 않았다.

우리는 실질적으로 거의 모든 집에 중앙난방, 텔레비전 그리고 식기세척기 같은 소비재들이 놓여 있는 부유한 사회들에 정말로 '빈곤'이 존재한다고 말할 수 있는가? 이러한 논쟁을 예증하기 위해 이어서 영국의 공식적인 빈곤 측정 방법과 그것들을 개선하기 위한 사회학적 시도들을 점검할 것이다.

빈곤의 측정

공식적인 빈곤 측정

1999년 즈음까지 영국 정부는 연이어 다른 대부분의 유럽 국가들과 달리 공식적인 '빈곤선'을 인정하지 않았으며, 대신 다양한 별개의 지표들을 사용하는 것을 선호했다. 이것은 연구자들이 빈곤 수준들을 측정하기 위해 특정한 복지 수혜에 대한 적격성과 같은 통계적인 지표들에 의존해야 했음을 의미한다. 그러나 1980년대부터 대부분의 유럽연합 국가들은 대개 직접세와 주거비 지출을 제한 후의 가구 수입이 국가의 중위 소득 가구의 60퍼센트 이하인 가구를 빈곤층으로 정의해 왔다. 이는 종종 HBAI(Households Below Average Income)로 축약되었는데, 그럼에도 우리는 중위가 단순 산술 평균이 아니라 소득 범위에서의 중간점이라는 것을 기억해야 할 것이다.

이러한 측정법은 1999년부터 토니 블레어Tony Blair 정부의 노동부에 의해, 10년 내 빈곤 아동을 절반으로 줄이

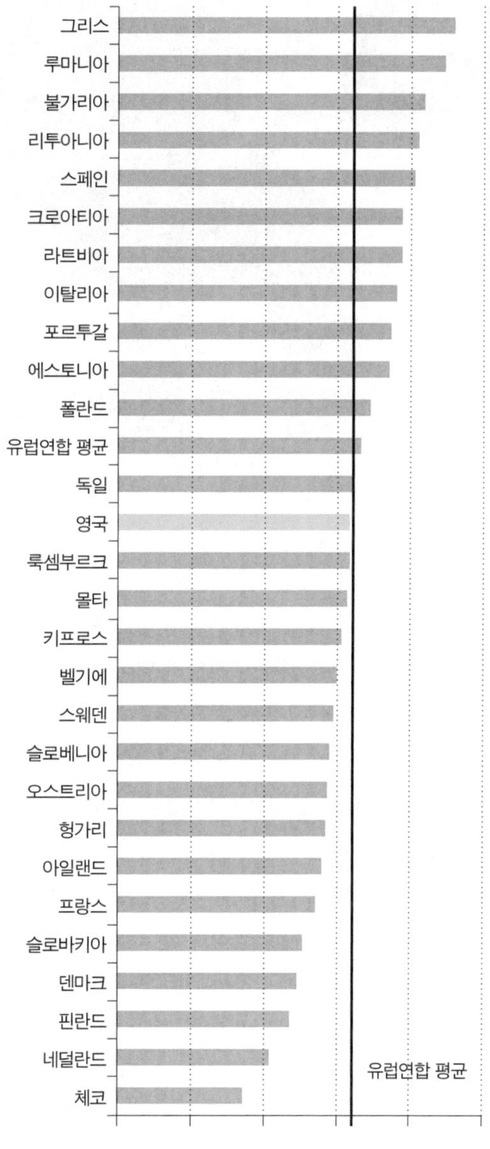

그림 13-1 유럽연합의 빈곤율, 2013

출처: ONS 2015a: 5.

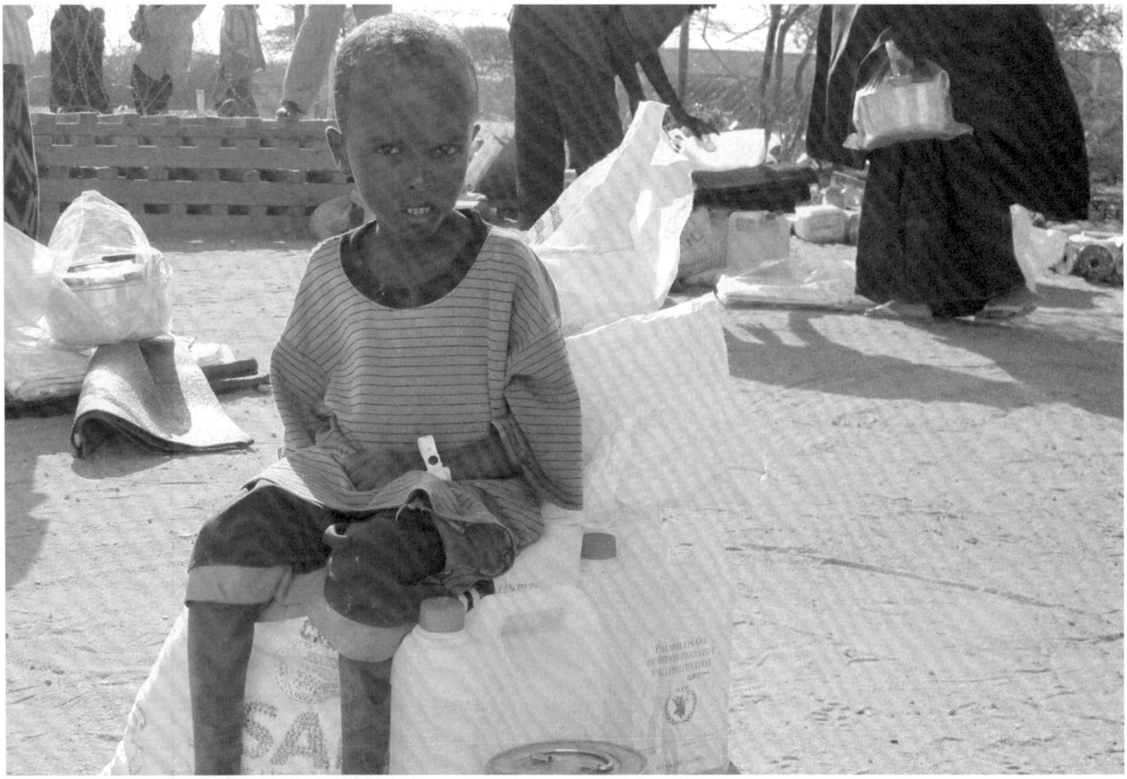

누가 빈곤층인가? 난민 수용소에 있는 아이들인가…….

고 20년 내에 완전히 없애려는 시도로 채택되었다(Lansley and Mack 2015). HBAI 측정을 사용해, 2013년에는 유럽연합 28개국의 빈곤율 차이가 상당히 넓어졌다. 예를 들어 그리스와 루마니아에서는 인구의 4분의 1 이상이 상대적 빈곤 속에서 살아가는 반면, 덴마크와 네덜란드, 체코에서는 15퍼센트 이하만이 그러했다(ONS 2015a: 5~6; 〈그림 13-1〉 참조).

HBAI는 상대적 빈곤 측정법이라는 것을 인식하는 것이 중요하다. 이러한 측정법의 일관된 사용은 빈곤 수준을 시간의 흐름에 따라 추적하는 것을 허용한다. 예를 들어 영국에서 빈곤한 사람들의 숫자는 1980년대 내내 극적으로 증가했고, 1991~1992년에 정점에 이르렀다가, 1990년대 중반 이후로는 계속 다시 낮아진 상태다. 2009년과 2010년에 노동 및 연금 부서는 1천40만 명 — 인구의 17퍼센트 — 이 이러한 측정법에 따를 때 빈곤 속에 살고 있다고 보고했다(DWP 2011: 11). 1994~1995년 이후 이러한 백분율은 특히 안정적이었다. 2008년 금융 위기 이후 잠시 19퍼센트 정도로 상승했다가 2013년에 다시 16퍼센트로 낮아졌다(ONS 2015a: 4).

유럽연합은 유사하지만 동일하지 않은 측정법을 채택해 왔는데, '빈곤 또는 사회적 배제의 위험에 처한' 비율at risk of poverty or social exclusion rate, AROPE로 알려져 있다. 이것은 세 가지 측정들을 수반한다. (소득) 빈곤에 처한 사람, 물질적 결핍 상태에 있는 사람, 매우 낮은 '노동 강도'의 가구에서 살아가는 사람들이다(Eurostat 2015a). 이러한 방식으로 빈곤과 사회적 배제를 결합하는 것은 국가 간의 불리한 정도나 불평등의 폭넓은 비교를 가능하게 하지만, 비교 통계분석에 복잡성의 층위를 또 하나 더하는 것이다.

'빈곤의 위험' 측정법은 가처분 소득이 국가의 중위 소

……아니면 허물어져 가는 주택 단지의 아이들인가?

득의 60퍼센트 이하인 개인들을 지시한다. 이것은 '빈곤'을 측정하는 것이 아니라, 중위 값에 비해 낮은 소득을 가지면 사람들을 빈곤 상태로 떨어지는 '위험에 처한' 것으로 본다는 것을 주목하라. 물질적 결핍은 세탁기, TV 또는 자동차와 같은 상품을 위해 지불할 능력이 없다는 것, 주거비 또는 이용료 또는 예상치 못한 지출을 처리할 수 없는 어쩔 수 없는 무능력을 지시한다. 낮은 작업(노동) 강도는 가구 구성원이 집합적으로 노동할 수 있는 시간이 그들이 주어진 일 년 동안 가능했던 노동 시간의 5분의 1이 되지 못함을 뜻한다. 분명히, 현존하는 상대적 빈곤에 대한 정의의 차이와 변화들을 고려해 볼 때, 빈곤율을 시간과 국가 간 차이에 따라 비교하는 것은 불가능하진 않지만, 어려움 투성이이다.

다른 조직들은 소득 빈곤에 더해 자신들만의 빈곤 지표들을 사용하기 때문에 상황은 더욱 복잡해진다. 독립 싱크탱크인 새정책연구소the New Policy Insitute, NPI는 소득, 주거, 고용(그리고 실업), 복지 수혜와 서비스들에 걸쳐 빈곤과 사회적 배제 50개의 지표를 살핀다. 그것은 빈곤을 '일상생활의 표준보다 상당히 아래에 있는 사람들을 말하는' 것으로 정의하면서, 빈곤과 사회적 배제 양측의 사안들을 모두 효과적으로 다룬다(MacInnes et al. 2014: 6). 2010년의 13번째 NPI 빈곤과 사회적 배제 관찰 보고서는 2008~2009년 영국의 전반적인 빈곤 수준이 그 전년도에서 변하지 않았지만, '깊은 빈곤' — 중위 소득의 40퍼센트 이하 — 을 경험하는 가구들에 속한 사람들의 수는 계속 증가해 현재는 580만 명 또는 빈곤층 전체의 44퍼센트에 달한다는 것을 발견했다. 이것은 1979년 이후 가장 높은 비율이다(NPI 2010: 23).

2015년 NPI 보고서는 빈곤 속에 있는 모든 사람 중 절반이 누군가가 유급 고용되어 있는 가족 안에서 살고 있

피터 타운센드의 빈곤과 박탈 연구

고전 연구 13-1

연구 문제

사회학자들은 소득과 기타 통계를 대조함으로써 빈곤 정도를 파악할 수 있다. 하지만 빈곤을 경험한다는 것은 무엇인가? 저소득층은 어떻게 간신히 생계를 이어 가며, 무엇이 결여된 채 살아가야 하는가? 피터 타운센드Peter Townsend의 연구들은 빈곤에 대한 사람들의 주관적인 경험과 이해라는 문제에 집중했고, 박탈이라는 측면에서 빈곤이 의미하는 바가 정확히 무엇인지 분명히 하고자 했다. 타운센드는 1960년대 후반 영국 전역에 걸친 가구별 설문 조사를 통해 2천 부 이상의 응답 설문지를 확보하고 이를 분석해 『영국의 빈곤Poverty in the United Kingdom』(1979)이라는 고전적인 저작을 남겼다. 응답자들은 소득뿐만 아니라 생활 조건, 식습관, 여가, 사회 활동 등 생활양식에 대한 자세한 정보를 제공했다.

타운센드의 설명

이렇게 수집된 자료들로부터 그는 특수한 사회집단이 아니라 표본 전반과 연관된 12개 항목을 선정하고, 이것들이 박탈된 인구의 비율을 계산했다(〈표 13-1〉 참조). 타운센드는 가구별로 박탈 지수를 부여했는데, 이 값이 큰 가구일수록 더 많이 박탈되어 있다는 것을 의미했다. 그는 또한 가구당 구성원 수, 성인들의 노동 여부, 아동 연령, 가족 중 장애인 유무 같은 요인들을 감안하면서 박탈 지수에 근거한 가구의 지위와 총소득을 대조해 보았다. 타운센드는 가구 소득이 특정 수준 이하로 내려가면 해당 가구의 사회적 박탈이 급격히 상승하는데, 자신의 조사는 그 기준점을 밝혔다고 결론지었다. 그리고 이 기준점을 넘지 못한 가구를 빈곤 상태에 있다고 규정했다. 이렇게 측정했을 때 빈곤 가구는 총가구의 22.9퍼센트를 차지하며, 이는 이전에 제기된 수치보다 훨씬 높다. 타운센드의 연구는 가구의 소득이 떨어짐에 따라, 가족들은 꽤 일반적인 가족 유형의 활동들의 참여로부터 물러나게 된다. 짧게 말해, 그들은 '사회적으로 배제'된다.

비판적 쟁점

타운센드의 접근은 높은 영향력이 있었지만, 몇몇 논평자들에게 비판을 받았고 하나의 특별한 비판이 두드러졌다. 몇몇 비판들 중에서, 데이비드 피어쇼드David Piachaud는 타운센드가 박탈

표 13-1 타운센드의 박탈 지수, 1979

	특징	인구 비율
1	지난 12개월 동안 집을 떠나 휴가를 즐긴 적이 없다.	53.6
2	(성인의 경우만) 지난 4주 동안 친척이나 친구를 초대해서 식사나 다과를 대접한 적이 없다.	33.4
3	(성인의 경우만) 지난 4주 동안 친척이나 친구 집에 방문해서 식사나 다과를 같이 한 적이 없다.	45.1
4	(15세 미만 아동의 경우만) 지난 4주 동안 친구와 함께 놀거나 함께 간식을 먹은 적이 없다.	36.3
5	(아동의 경우만) 지난 생일에 파티를 하지 못했다.	56.6
6	지난 2주 동안 오후나 저녁에 오락을 즐기기 위해 외출한 적이 없다.	47.0
7	일주일 중 신선한 고기(외식 포함)를 먹지 못한 날이 4일 이상이다.	19.3
8	지난 2주간 조리된 음식을 먹지 않은 날이 하루 이상이다.	7.0
9	일주일 중 대부분의 날에 조리된 아침 식사를 하지 않았다.	67.3
10	집에 냉장고가 없다.	45.1
11	일요일 가족 모임을 대체로 하지 않는다(4주에 한 번 이하).	25.9
12	가족만 단독으로 사용하는 네 가지 생활 편의시설(수세식 화장실, 세면대와 수도꼭지, 욕조와 샤워기, 가스/전자 조리기)을 갖추지 못하고 있다.	21.4

출처: Townsend 1979: 250.

지수에 포함시킨 항목들이 자의적이라고 주장했다(1987). 말하자면, 그것들이 어떻게 '빈곤'과 연관되는지 또는 어떤 근거에서 선택되었는지가 불분명하다는 것이다. 항목들 중 어떤 것들은 빈곤과 박탈보다는 사회적 또는 문화적 결정과 관련 있어 보인다. 만약 누군가가 고기를 먹지 않거나 아침을 거르기로, 또는 정규적으로 사회생활을 하지 않거나 집을 떠나 휴가를 보내지 않기로 결정했을 때 이 사람이 빈곤으로부터 고통받고 있는지 즉각적으로 알 수는 없다.

현대적 의의

문화적 비판은 중요한 것이지만, 장기적으로 봤을 때 빈곤과 박탈 연구에 대한 타운센드의 접근은 여전히 그 유의미성을 유지하고 있다. 물론 이것은 타운센드의 원래 연구를 공개적으로 비난한 문화적 비판들을 피하기 위한 수많은 사회학적 연구의 기초를 형성했다. 특정 요소들에 기초해 박탈 지수를 구성하려는 시도는 빈곤과 박탈이 어떻게 불가분하게 연결되어 있는지 온전히 이해하려는 우리의 노력에서 여전히 가치 있다. 또한 타운센드의 연구는 변화하는 빈곤에 관한 현대적 논쟁들로 하여금 빈곤에 처한 사람들이 온전한 시민권을 누리지 못하게 하는 사회적 배제의 기저 과정에 대해 올바르게 인식하는 데 중요한 의미를 지닌다.

다는 것에 주목했다(MacInnes et al. 2015). 이 발견은 우리가 빈곤은 복지 수혜 청구자와 실업자들과만 연관된다는 사회적 고정관념을 영속화하지 않도록 주의해야 한다는 것을 보여 준다. 이 장의 뒤에서 보겠지만, 더 많은 이 분야의 최근 연구들은 사람들이 생애주기 전반에 걸쳐 그들의 직업이나 전반적인 상황이 변화함에 따라 빈곤 상태에 들어갔다 나왔다 한다는 것을 입증한다.

빈곤과 상대적 박탈감

어떤 연구자들은 위에서 언급한 것과 같은 공식적인 측정 기준으로는 정확한 빈곤의 모습을 잡아낼 수 없다고 주장했다. 빈곤을 박탈의 한 유형으로 정의하는 몇몇 중요한 연구들이 수행되었다. 그 개척자 중 한 사람인 피터 타운센드Peter Townsend는 1950년대 말부터 연구를 통해 '빈곤 상태로 살아가는 것'의 정확한 의미에 대한 대중의 의식을 고취시켰다(〈고전 연구 13-1〉 참조).

타운센드가 빈곤을 박탈로 정의한 것에 기반해 맥Mack과 랜슬리Lansley는 영국의 상대적 빈곤에 관해 매우 영향력 있는 두 개의 연구를 수행했다. 첫 번째는 1983년의 연구였고, 두 번째는 1990년의 연구였다(각각 1985년, 1992년에 출간). 맥과 랜슬리는 1983년에 〈브레드라인 브리튼Breadline Britain〉이라는 텔레비전 프로그램에 출연해 설문 조사를 수행했다. 그 조사에서는 사람들이 '받아들일 만한' 생활수준에 요구되는 '필수 요건들'에 대해 물었고, 응답자의 50퍼센트 이상이 표준적 삶을 위해 중요하다고 여긴 22개의 기본 필수 요건 목록을 만들었다. 응답자들에게 무엇이 필수적인지 물음으로써, 맥과 랜슬리는 타운센드의 원래 조사에 직접적으로 제기되었던 비판들, 즉 그가 박탈 지표를 위해 선택한 항목들은 자의적이라는 비판들을 피해 갈 수 있었다. 1983년 조사에서는 빈곤 상태에 있는 영국인이 750만 명, 즉 인구의 14퍼센트 정도로 추산되었다. 맥과 랜슬리는 1990년에 동일한 작업을 수행해 빈곤 속에 살아가는 사람들의 수가 1천1백만 명 정도로, 1980년대에 빈곤층이 유의미하게 증가했다는 것을 발견했다.

2000년에 데이비드 고든David Gordon과 그의 동료들은 (PSE로 알려져 있는) '빈곤과 사회적 배제에 관한 밀레니엄 조사'라는 유사한 연구를 수행했다. 연구 팀은 설문을 통해 사람들에게 영국에서 받아들일 만한 생활수준에 요구되는 '필수 요건들'이 무엇인지 결정하게 했다. 그리고 응답자의 50퍼센트 이상이 표준적 삶을 위해 필요하다고 여긴 35개 항목의 리스트를 만들었다(〈표 13-2〉 참조). 연구 팀은 낮은 소득과 결합되는, 어쩔 수 없이 두 개 혹은

표 13-2 성인들의 생활 필수 요건에 대한 인식과 필수 요건의 결핍을 겪는 인구 비율(성인 인구의 백분율)

	필수 요건으로 여겨지는 사항	필수 요건으로 여겨지지 않는 사항	응답자들이 원하지 않아서 없음	응답자들이 형편이 안 되어 없음
개인별 침대와 침구류	95	4	0.2	1
가정 난방	94	5	0.4	1
습하지 않은 집	93	6	3	6
친구 혹은 가족 병문안하기	92	7	8	3
하루 두 끼 식사	91	9	3	1
의사 처방 의약품	90	9	5	1
냉장고	89	11	1	0.1
매일 신선한 과일과 야채	86	13	7	4
따뜻한 방수 코트	85	14	2	4
고장 난 전자제품의 교체 및 수리	85	14	6	12
친구나 가족 방문하기	84	15	3	2
크리스마스 같은 특별한 날의 행사	83	16	2	2
품위 있는 집 단장에 필요한 돈	82	17	2	14
운동회 등 학교 행사 참석	81	17	33	2
결혼식, 장례식 참석	80	19	3	3
이틀에 한 번 육류, 생선 섭취 (채식주의자는 그에 상응하는 음식 섭취)	79	19	4	3
살림살이에 대한 보험	79	20	5	8
취미나 여가 생활	78	20	12	7
세탁기	76	22	3	1
방과 후 아이 데려오기	75	23	36	2
전화기	71	28	1	1
취업 면접에 적합한 옷	69	28	13	4
냉동고	68	30	3	2
거실과 욕실의 카펫	67	31	2	3
만일의 경우 또는 퇴직을 위한 저축 (월 10파운드)	66	32	7	25
사계절용 신발 두 켤레	64	34	4	5
친구나 가족과의 회식	64	34	10	6
개인 용돈	59	39	3	13
텔레비전	56	43	1	1
주 1회 고기구이 (채식주의자는 그에 상응하는 음식)	56	41	11	3
연 1회 친구나 가족을 위한 선물	56	42	1	3
연 1회 집을 떠나 즐기는 휴가	55	43	14	18
낡은 가구 교체	54	43	6	12
사전	53	44	6	5
사회 활동에 필요한 복장	51	46	4	4

출처: Gordon et al. 2000: 14.

그 이상의 필수 요건들이 결여된 것에 기초해 박탈 기준을 세웠다.

PSE 조사는 표본의 28퍼센트에서 두 개 이상의 필수 요건이 결여되어 있음을 발견했다. 비록 여기에 포함된 2퍼센트는 빈곤을 벗어나 있다고 볼 수 있을 만큼 소득이 높았기 때문에 조사 대상 중 26퍼센트가 상대적 빈곤 상태에 있는 것으로 분류되었다(〈표 13-3〉 참조). PSE 조사는 맥과 랜슬리의 연구와 유사한 방법을 택했기 때문에 연구자들은 시간에 따라 영국에서 빈곤 수준이 어떻게 변화했는지 비교하는 데 조사 자료를 활용할 수 있었다. 사회적으로 인정된 필수 요건 중 세 가지 이상 결여한(맥과 랜슬리의 연구에서 정한 빈곤의 기준) 가구의 비율은 1983년 14퍼센트, 1990년 21퍼센트, 1999년 24퍼센트로 상당한 증가세를 보였다. 따라서 1980년대 초반부터 영국인 전체는 부유해졌지만, 2000년까지 빈곤 수준 또한 극적으로 증가했다.

2006년 연구에서는 고든의 PSE 조사 자료의 일부가 재분석되었다(Palmer et al. 2006). 35개의 '필수 사항' 범위에서 유사한 것들을 결합해 상당수의 필수 사항이 직접적으로 '돈과 연관된' 것임을 확인했다. 즉 이에 해당하는 필수 사항이 결여된 것은 단순히 그것들을 감당할 만한 소득을 얻지 못했기 때문이다(〈그림 13-2〉 참조). 연구 팀은 2004~2005년의 가족자원조사에 의지해 열 가지 선택된 필수 사항에 관해 저소득 가구와 평균 소득 가구를 비교했다(〈그림 13-3〉 참조). 다시 저소득 가구 중 상당수가 이들 사항을 감당할 수 있는 소득을 얻지 못하는 것으로 나타났다. 60퍼센트가량이 월 10파운드도 저축할 여력이 없었고, 50퍼센트 이상은 연 1회 장기 휴가를 갈 형편이 되지 않았으며, 3분의 1은 살림살이에 대한 보험을 들 수 없었다.

그러나 팔머 연구 팀은 평균소득 가구 중 적지 않은 수도 이러한 물품을 감당할 여력이 없다고 지적했다. 이 연구 팀은 기존에 주관적으로 정의된 측정 기준이 '실질적' 빈곤을 측정하는 데 제한적인 신뢰성과 타당성을 갖는다

표 13-3 영국의 빈곤과 사회적 배제 설문 조사 결과, 2000(%)

빈곤 분류	백분율(반올림)
빈곤함	26
빈곤에 취약함	10
빈곤에서 벗어남	2
빈곤하지 않음	62

출처: Gordon et al. 2000: 18.

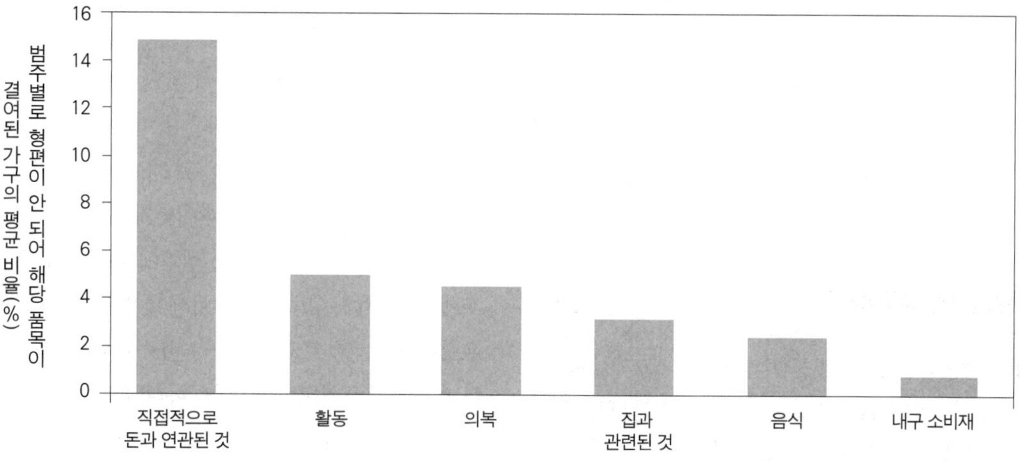

그림 13-2 가장 일반적으로 결여된 필수 사항 범주들

출처: Palmer et al. 2006.

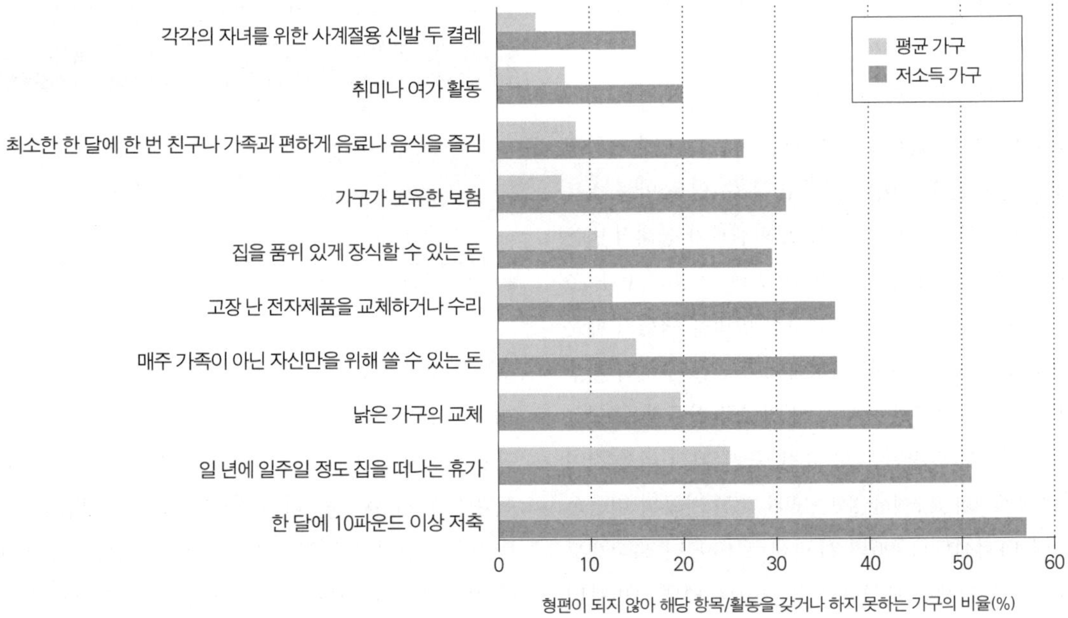

그림 13-3 영국의 평균 가구와 저소득 가구 중 선정된 '필수 항목들'을 감당할 형편이 되지 않는 가구의 비율

출처: DWP 2005.

고 비판했다. 예를 들어 평균 소득자 중 거의 3분의 1이 '월 10파운드 이상의 저축'을 하지 못하고, 4분의 1이 '1년에 1주 동안 집을 떠나 휴가를 보내는 것'을 감당하지 못한다면, 그들은 '빈곤 상태'에 있는 것인가? 정확히 왜 가구들이 이러한 사항을 감당하지 못하는지에 관한 질적 정보가 추가적으로 필요하다. 그것은 우리로 하여금 각 항목들의 결여 중 어떤 것이 사회경제적 환경에 의해 야기된 '어쩔 수 없는 빈곤' 사례인지, 또는 단지 다른 것들이 우선시되어 나타난 개인적 선택의 결과인지 평가하는 것을 가능하게 해줄 것이다.

비판적으로 생각하기 THINKING CRITICALLY

'상대적 빈곤'의 개념은 여러 불이익과 박탈을 겪으며 살아가는 사람들의 실제 경험을 정확하게 포착하는가? 그러한 조건들은 어떻게 다르게 묘사될 수 있겠는가?

누가 빈곤층인가

많은 개인이 일생에 걸쳐 빈곤 속으로 들어갔다가 나오기 때문에, 빈곤은 유형화하기에 너무 유동적이라는 인상을 만들어 낼지도 모른다. 그러나 우리는 어떤 사회집단, 예를 들어 아동, 여성, 소수 민족, 노인 등의 고위험 집단이 다른 집단에 비해 빈곤에 처할 가능성이 더 높다는 것을 알고 있다. 특히 삶의 다른 측면에서 불이익이나 차별을 받은 사람들은 빈곤층이 될 가능성이 높다. 예를 들어 최근 유럽연합으로 이주한 이민자들은 유럽 본토인에 비해 높은 빈곤율을 보이다. 벨기에에서는 유럽연합 외부에서 이주한 시민의 절반 이상이 빈곤 상태에 있으며, 프랑스와 룩셈부르크에서는 그 비중이 45퍼센트이다. 또한 이민자들은 빈곤 위험뿐만 아니라 노동 착취를 당할 위험도 더 높다(Lelkes 2007). 우리는 여기에서 주로 영국의 사례에 초점을 두겠지만, 이러한 유형은 세계 모든 선진국에서 다양한 정도로 나타나고 있다.

> 개발도상국에서의 빈곤과 불평등 문제는 제14장 〈글로벌 불평등〉에서 폭넓게 다룬다.

아동

플랫Platt은 "아동들은 그저 더 높은 빈곤 위험에 직면하는 것이 아니라, 그것이 오래 지속될 때 그것의 부정적인 결과에 특히 더 취약하다. 효과는 (성인기에 이르기까지) 장기적으로 나타나고, 또한 삶의 초기에 나타난다"는 자신의 주장을 유지한다(2013: 328). 예를 들어 빈곤 속에 사는 아동들은 그렇지 않은 아동들에 비해 건강이 나쁜 경향이 있다. 그들은 출생시 체중이 적고, 교통사고로 죽거나 다치고(왜냐하면 거리를 활보할 가능성이 높고, 거주지 인근에 안전한 놀이 구역이나 정원이 있을 가능성이 낮기 때문이다), 약물 남용이나 자해로 고통을 겪고, 자살을 시도할 가능성이 더 높다. 빈곤한 아동들은 다른 아동들에 비해 학업 성취도가 떨어질 수 있으며, 더 빈곤한 성인이 될 가능성이 높다(Lister 2004). 그러나 영국과 같은 선진국에서 아동의 빈곤 문제는 어느 정도로 심각한가?

영국에서 (주거비를 제하기 전의 소득이) 평균 소득 미만으로 살아가는 가구에 속하는 사람의 비율은 1979년 이래 꾸준히 증가해 1991~1992년에는 22퍼센트에 달했다. 그러나 1991~1992년 이후 추세가 하향되어, 2007~2008년에는 18퍼센트로 떨어졌다. 빈곤 상태에서 살아가는 아동의 비율은 1990~1991년에 27퍼센트였고, 2004~2005년에는 21퍼센트로 떨어졌다(ONS 2010a: 71). 1997년 집권한 노동당 정부는 1998년부터 2010~2011년까지 아동 빈곤을 반으로 줄이고, '한 세대 내에' 일소하겠다는 야심 찬 목표를 세웠다. 그러나 반으로 줄이겠다는 목표조차 성취하지 못했다. 2009~2010년 아동 빈곤은 여전히 19.7퍼센트이며, 90만 명의 아동이 목표에 도달하지 못했다.

노동당 정부가 마련한 '아동빈곤법 2010'은 2020년까지 아동 빈곤을 근절하기 위한 법적 요건들을 설정했고, 비록 보수-자유민주연합 정부(2010~2015)가 이것을 정책적 목표로 확정했지만, 이 약속은 정부의 사회정책 안에서 적극적으로 추구되지 않았다(Lansley and Mack 2015). 새정책연구소NPI의 분석은 2013년 이후 빈곤은 상승 중이며 아동 빈곤은 실제로 30만 명 증가해 영국 아동의 29퍼센트가 빈곤 속에 살고 있음을 제시했다(Aldridge et al. 2015). 어떤 예측들은 2020~2021년에는 아동 빈곤이 25.7퍼센트까지 상승할 것으로 본다(Browne and Hood 2016).

2020년까지 아동 빈곤을 완전히 없앤다는 목표는 야심적인 것이지만, 모든 신호들이 그것의 달성이 불가능할 것임을 가리키고 있다. 물론 2015년에 당선된 보수 정부는 (2010년에 착수된) 2020년까지 아동 빈곤을 완전히 없애는 법적 요건들을 제거할 것이며, 그것을 교육 정도, 일하지 않음, 중독 등에 대한 단순한 보고 의무로 대체할 것이라고 발표했다. 2016년 1월, 상원이 아동 빈곤 목표를 유지하기로 투표했고, 정부에 그 계획을 재고할 것을 강제하면서 이 글을 쓰는 시점에선 아동 빈곤 목표가 유지될지 불분명하다(Cooper 2016). 우리가 말할 수 있는 것은 아동 빈곤을 완전히 없애는 것은 단기적인 경제적·사회적 정책들로는 성취될 수 없고, 일관되게 적용되는 장기간에 걸친 측정들을 요구한다는 것이다. 이것은 5년 선거 주기의 영국 정치를 고려하면 어려울 것으로 보인다.

여성

이 장의 여러 곳에서 볼 수 있듯 여성은 남성보다 빈곤층이 될 가능성이 높다. 고든과 그의 동료들이 수행한 PSE 조사도 빈곤 상태에 있는 성인의 58퍼센트가 여성이라는 사실을 보여 준다(2000). 그 원인은 복합적이지만 여성 빈곤은 종종 '남성 가장 가구'에 초점을 둔 연구들에 가려져 있다(Ruspini 2000). 이는 사회학자들이 여성 빈곤을 연구하려 할 때 문제가 된다.

한 가지 중요한 요소는 가정 안팎의 성적 분업이다. 가사노동과 아동 및 친척들을 돌보는 책임은 여전히 압도적으로 여성들이 지고 있다. 이는 여성들이 집 밖에서 일하고자 하는 의욕이나 능력에 중요한 영향을 끼친다. 이로 인해 여성들은 남성들에 비해 시간제로 고용되는 경우가 훨씬 많으며, 그 결과 적은 소득을 얻게 된다. 예를 들어 영국의 저보수위원회Low Pay Commission는 최저임금을 받는 모든 직업의 약 3분의 2(64.3퍼센트)에 여성들이 고용되어 있다고 밝혔다(2009: 15). 영국에서는 이전에 비해 더 많은 여성이 유급 노동에 종사하고 있지만 '남성의 직업', '여성의 일거리'라는 노동력 내 직종 분절은 여전히 고착화되어 있다. 여성들은 저임금 산업 종사자 중 압도적 다수를 이루고 있으며, 이는 나중에 개인 연금 소득에도 부정적인 영향을 미친다(Flaherty et al. 2004).

소수 민족 집단

영국 내 모든 흑인 집단과 소수 민족 집단의 빈곤율은 다수의 백인 인구의 빈곤율에 비해 훨씬 높다(Barnard and Turner 2011). 영국의 소수 민족 집단은 매우 낮은 보수를 받는 직업을 갖고, 학교에서 고전하고, 빈민가의 형편없는 집에 거주하고, 건강 문제를 겪을 확률이 높다(Salway et al. 2007).

2008년 경기 침체기 전후의 빈곤 수준에 대한 최근의 연구는 영국 내 민족 집단들 사이의 차이를 분명하게 보여 준다. 2008년 이전, (주거비를 제하고 난 이후 수입after housing cost, AHC의) 상대적 빈곤 수준은 방글라데시계(67퍼센트), 파키스탄계(58퍼센트) 그리고 아프리카 흑인 집단들(47퍼센트)에서 가장 높았고, 다수의 백인 인구(20퍼센트), 인도계(27퍼센트) 그리고 기타 백인 집단(28퍼센트)에서 가장 낮았다(Fisher and Nandi 2015: 25~28; 〈그림 13-4〉참조). 대다수의 유럽 정부들은 주거비를 제하기 전 수입을 기준으로 한 측정법before housing cost, BHC을 선호하는데, 그것은 지역적 비교를 하기에 편리하기 때문이다. 그러나 AHC 측정법 또한 유용한데, 특히 지역에 걸쳐 주거비 차이 폭이 넓은 곳에서 그러하다. 예를 들어 런던에서는 주거비를 요소로 포함시키면 빈곤 속에 사는 사람들의 수

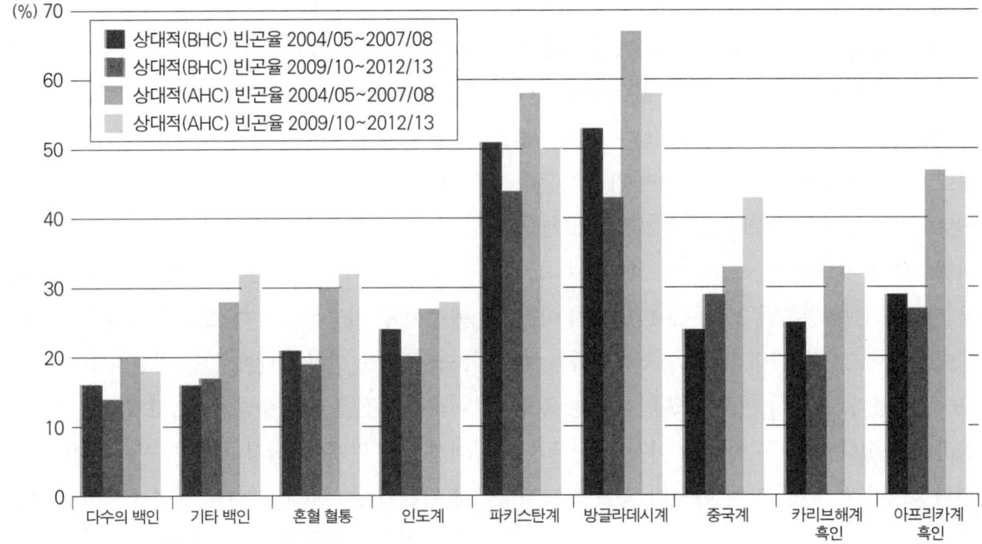

그림 13-4 영국(북아일랜드 제외)의 민족 집단에 따른 상대적 빈곤 수준, 2008년 경기 침체 이전과 이후

참조: AHC- 주거비를 제한 후의 소득 기준.
BHC- 주거비를 제하기 전의 소득 기준.
출처: Fisher and Nandi 2015: 26.

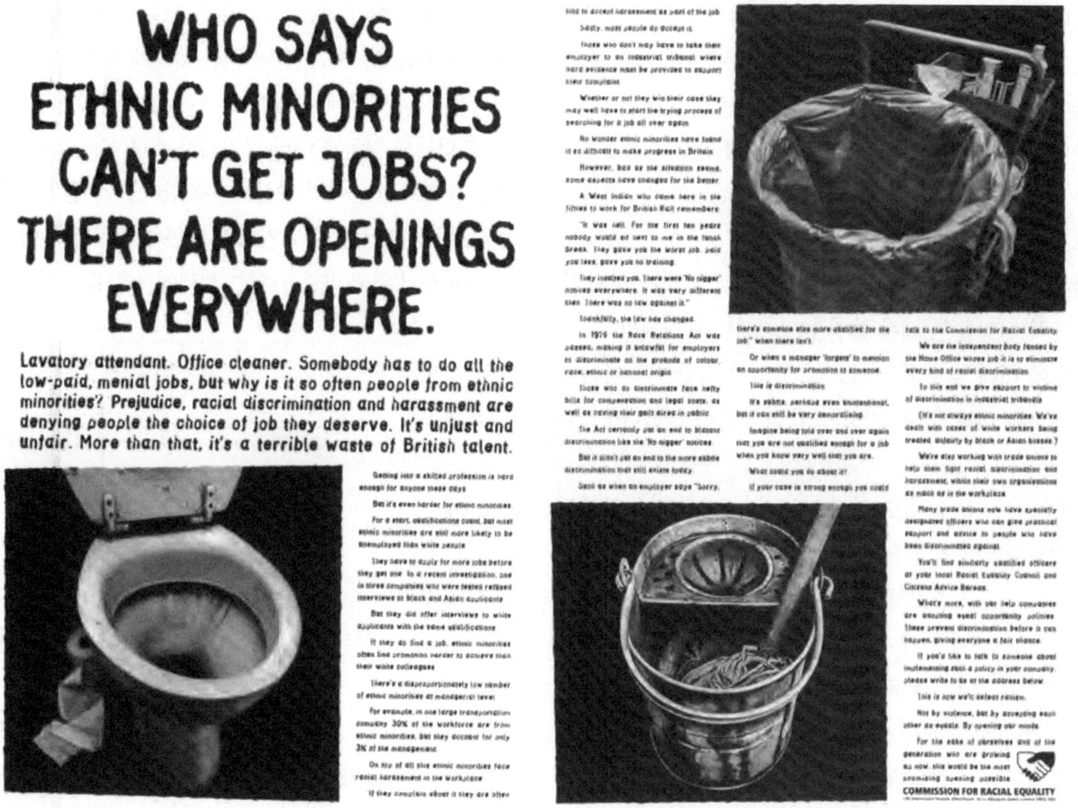

인종평등위원회the Commission for Racial Equality가 제작한 포스터가 제시하듯, 소수 종족 집단은 차별과 제한된 노동 기회로 인해 서구 사회에서 대체로 가장 가난하다.

• 포스터 내용: 누가 소수 종족들은 직업을 구할 수 없다고 말하는가? 일자리는 널려 있다. 화장실 관리원, 사무실 청소부. 누군가는 저임금의 하찮은 일들을 도맡아야 한다. 하지만 왜 소수 종족들에게 그런 일자리들이 몰려 있는가? 편견, 인종차별과 인종적 모욕으로 인해 그들은 적절한 직업을 선택할 기회를 얻지 못한다. 이는 불공정하며 불공평하다. 게다가 이는 영국이 보유한 재능을 끔찍하게 낭비하는 꼴이다. 소수 종족들은 백인 지원자에 비해 면접 기회가 적거나 직장을 구한 경우에도 승진하기 어렵고, 관리자 급에서 소수 종족이 차지하는 비중은 매우 낮다. 1976년 인종관계법령Race Relations Act이 통과되면서 '검둥이 출입 금지' 경고와 같은 노골적인 차별은 분명 사라졌으나 오늘날에도 여전히 존재하는 교묘한 차별까지 사라지게 만들지는 못했다. 만약 당신이 차별을 당한다면 인종평등위원회에 이야기할 수 있다. 인종평등위원회는 모든 종류의 인종차별을 없애는 것을 목표로 내무부로부터 재정 지원을 받아 독립적으로 운영되는 조직이며, 노동재판소에서 차별 피해자를 지원한다.

가 거의 두 배가 된다(Tunstall et al. 2013: 34). 〈그림 13-4〉는 빈곤 수준에 대한 서로 다른 측정법들의 효과를 보여주기 위해 두 가지 측정법을 모두 포함한다.

2008년 경기 침체기는 가장 큰 불이익을 받는 세 집단에 아무런 영향을 미치지 않았다. 사실 방글라데시계, 파키스탄계 그리고 아프리카계 흑인들의 상대적 빈곤 수준은 다수의 백인들과 카리브해계 흑인 집단들과 함께 떨어졌다. 그러나 인도계, 중국계, 기타 백인 집단, 혼합 혈통들에서는 그 수준이 상승했다.

이 보고서는 절대적 수치로 본다면 가장 불이익을 받는 민족 집단들의 지위는 금융 충격 동안 그리고 그 이후에 변화하지 않았다고 주장할 수 있다. 그러나 다른 집단들은 자신들의 상태가 악화되는 것을 보았다. 하지만 2009년부터 2012년 사이 파키스탄계와 방글라데시계는 다른 집단들보다 (2~3년간의 관찰 안에서) 더 영속화된 빈곤을 경험했고, 같은 기간 동안 72퍼센트에 해당하는 다수의 백인들은 전혀 빈곤하지 않은 것으로 관찰되었다.

민족에 따른 소득 빈곤 수준의 차이가 나타나는 이유 가운데 일부는 영국 내 소수 민족 집단들의 높은 실업률과 낮은 고용률에서 찾을 수 있다. 2006년에 인도계와 카리브해 출신 흑인 집단은 각각 70.2퍼센트와 67.8퍼센트의 상대적으로 높은 고용률을 보였다. 그에 반해 파키스탄계와 방글라데시계 집단들은 각각 44.2퍼센트와 40.2퍼센트로 소수 민족 집단들 가운데 가장 낮은 고용률을 보였다. 같은 해 아프리카계 그리고 파키스탄계/방글라데시계 사람들의 실업률은, 예를 들면 11.2퍼센트로 전체의 5.2퍼센트에 비해 높았다. 그리고 소수 민족 집단들은 여전히 백인들에 비해 두 배 정도 실업 가능성이 높았다(Ethnic Minority Employment Taskforce 2006).

노동시장 분절 정도도 매우 높다. 파키스탄계 집단은 요크셔나 버밍엄 같은 노후한 중공업과 직물 산업 지역에 집중적으로 분포해 있다. 이런 산업은 1970년대 후반과 1980년대에 침체에 접어들었다. 카리브해 출신 흑인들은 주로 육체노동을 하고 있으며, 특히 수송업과 통신업에 종사하는 경우가 많다. 중국계와 방글라데시계는 요식업에 특히 몰려 있다. 일부 직종의 분절은 소수 민족 집단들이 어떤 산업 또는 업체를 '백인들의 전유물'로 인식했기 때문에 나타났다. 그렇지만 몇몇 채용 과정에서 인종차별이 있다는 증거 또한 분명히 존재한다.

최근 몇 년 간 상호 교차성Intersectionality 개념이 빈곤뿐만 아니라 사회적 삶 전체에서의 차별 경험을 이해하는 데 중요한 것으로 부각되었다. 상호 교차성은 개인 정체성의 다양한 측면들, 즉 계급, 종교, 젠더, 장애, 장소 등이 상호작용해 불평등, 빈곤, 차별의 복합적 양상을 만들어 내는 방식을 일컫는다. 최근의 한 보고서는 이를 다음과 같이 설명했다(Barnard and Turner 2011: 4).

> 밀턴 케인스에 살고 있는 중간 계급, 3세대, 인도계, 학위를 가진 힌두교도 여성의 경험과 브래드퍼드에 거주하는 2세대, 인도계, 국가 직업 자격증을 갖고 장애인 남편 및 두 자녀와 동거하는 이슬람교도 여성의 경험 간에는 공통점이 거의 없을 것이다.

개인 정체성의 다양한 요소들이 상호 교차해 빈곤과 연관된 상이한 결과를 만들어 내는 과정에 대한 분석은 사회학과 정책 연구에서 점점 더 자주 등장할 것으로 보인다. 그럼에도 영국과 여타 국가에서 소수 종족 집단과 연관된 구조화된 불이익 양상이 존재한다는 것을 기억해야 한다. 이는 개인의 삶의 기회와 개인들이 그들의 미래를 만들어 가기 위해 취할 수 있는 선택에 영향을 주고 있다.

상호 교차성은 제12장 〈계층과 계급〉에서 상세히 논의된다.

노인

기대 수명이 증가함에 따라 노인 인구의 수도 점점 늘어나고 있다. 영국의 경우 1961년에서 2008년 사이 연금 수령 연령(여성 60세, 남성 65세) 인구 비중은 두 배 이상 증가해 총인구의 19퍼센트인 1천1백80만 명에 이르렀다(ONS 2010a: 3). 하지만 국가연금 수령 연령이 2018년에 65세로 상향조정되고, 나중에는 68세로 조정될 예정이어서 이 수치는 변화할 것이다. 현재 65세인 남성은 평균 81.6세까지, 여성은 평균 84.4세까지 살 것으로 예측된다. 이는 전례 없이 높은 수준이다(Palmer et al. 2007). 전통적으로 노동 연령기에 높은 수준의 임금을 받던 사람들의 대부분은 퇴직 후 급격한 소득 감소와 지위 하락을 경험하고, 상당수가 상대적 빈곤 상태에 빠진다. 그러나 지금 그러한 역사적 상황은 변하는 것으로 보인다.

전 세계적인 기대 수명은 제9장 〈생애과정〉에서 상세히 논의된다.

최근 몇 년간, 몇몇 연구들이 연금 생활자들의 빈곤 수준이 1990년 이후 감소하고 있다는 것을 보여 주었다(〈그림 13-5〉 참조). 중위 소득의 60퍼센트에 미치지 못하는 소득을 얻는 가구를 빈곤 상태에 있다고 규정하는 HBAI(주거비를 제하고 난 소득 기준) 측정법에 근거하면, 빈

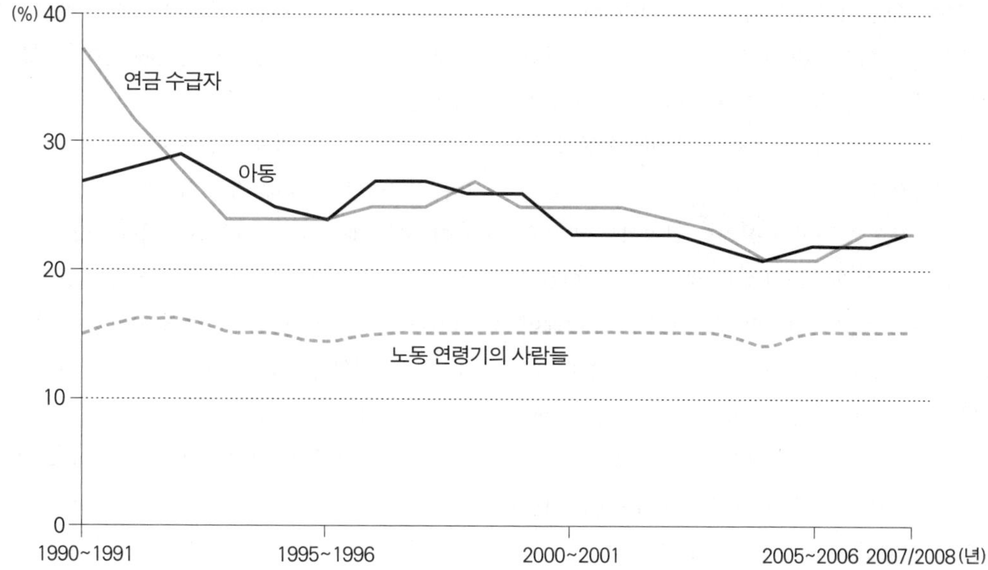

그림 13-5 영국 내 평균 소득 이하 가구에 속한 개인들

참조: 1994/95~2000/01년 자료는 영국 본토만 해당함.
출처: ONS 2010a: 71.

곤 상태에 있는 연금 생활자는 1990년 약 40퍼센트에서 2009~2010년 15.6퍼센트로 감소했다(IFS 2011: 55). 1996~1997년에서 2009년 사이에는 연금 생활자들의 빈곤이 46퍼센트 감소해 급격한 하향세를 보였다. 이러한 지속적인 개선의 주요 원인은 이 기간 중 인플레이션이 상대적으로 낮았던 반면 급여 자격은 확대된 데 있는 것으로 보인다.

모든 집단에서 그런 것은 아니지만, 저소득 연금 생활자 수는 연령이 높아질수록 증가하는 경향이 있다. 예를 들어 추가적인 개인연금을 보유한 사람들은 빈곤을 경험할 가능성이 더 적으며, 여기에는 분명 젠더 차이가 존재한다. 여성들은 30퍼센트만이 추가적인 개인연금을 보유하는 반면, 남성들을 70퍼센트 이상이 추가적인 개인연금을 가지고 있다(Wicks 2004). 최근 수십 년 동안 여성 노인들과 소수 종족 노인들은 다른 연금 생활자 집단보다 빈곤을 경험할 가능성이 더 컸고, 지금도 그렇다. 이는 앞서 언급했듯 빈곤에 대한 분석과 빈곤의 경감을 위해 상호 교차성 문제를 민감하게 다룰 필요가 있음을 시사한다.

빈곤 설명하기

빈곤에 대한 설명은 크게 두 가지로 분류할 수 있다. 빈곤의 책임이 가난한 개인 자신에게 있다는 이론과 빈곤이 사회의 구조적 힘에 의해 생산되고 재생산된다는 이론이 그것이다. 경합하는 이 두 가지 접근법은 각각 '희생자 비난하기'와 '체계 비난하기' 이론으로 불리기도 한다. 여기서는 순서대로 간략히 검토해 볼 것이다.

가난한 사람들 스스로가 자신의 불리한 지위에 책임이 있다고 간주하는 사회적 태도에는 오랜 역사가 있다. 19세기 구빈원같이 빈곤에 대처하려는 초기의 시도는 빈곤이 개인의 부적응이나 병약함의 결과라는 믿음에 근거했다. 빈곤층은 기술 부족, 도덕적 또는 육체적 취약성, 동기 결여, 평균 이하의 능력 등으로 말미암아 사회에서 성공할 수 없다는 것이다. 다시 말해, 성공할 만한 사람들은 성공하고, 능력이 부족한 사람들은 실패하기 마련이라는 말이다. '승자'와 '패자'의 존재는 어쩔 수 없는 현실로 여겨졌다.

빈곤을 원천적으로 개인의 실패로 설명하는 방식은 20세기 중반 동안 입지를 잃었지만 1970년대와 1980년대에는 부흥기를 즐겼다. 미국의 사회학자 찰스 머레이Charles Murray는 이러한 관점을 파급력 있게 제시했다. 머레이는 자신의 빈곤에 대해 스스로 책임져야 하는 하위 계급이 태동하고 있다고 주장했다(1984). 이 집단은 노동 시장에 참여하기보다 정부의 복지 제공에 의지하는 사람들의 의존 문화dependency culture의 일부를 이룬다. 그는 복지 국가의 성장이 이러한 하위문화를 만들어 냈으며, 이것이 개인의 야망과 자조 능력을 잠식했다고 주장했다. 간략히 말해 안전망을 제공하려 했던 복지가 노동의 동기를 침식시킨다는 것이다. 비록 머레이가 과부, 장애인과 같이 빈곤이 '자신의 잘못이 아닌' 사람들은 면제해 주었지만 말이다.

> 머레이의 연구는 제12장 〈계층과 계급〉에서 더 상세히 논의된다.

머레이의 관점은 많은 선진국에서, 특히 영국에서 반향을 얻었다. 그러나 이러한 생각은 다수의 사람들이 겪고 있는 빈곤의 현실을 반영하지 못한다. 앞서 보았듯, 사회의 가장 노쇠하거나 어린 구성원들이 가장 가난하다. 그리고 그들은 일을 할 처지도 아닐뿐더러 노동이 법으로 금지되어 있다. 많은 다른 복지 수혜자들이 대부분 실제로 노동을 하고 있지만 빈곤선을 넘어설 만큼의 충분한 소득을 얻지 못한다. 빈곤과 일하기 싫어하는 하위 계급 간의 연관성을 확증하는 증거는 없다. 그럼에도 최소한 영국과 미국에서는 노동을 회피하는 하위 계급이라는 관념이 뿌리를 내렸다. 예를 들어 2011년 보수당 전당대회에서 정부의 노동 및 연금 비서인 이언 던컨 스미스Iain Duncan Smith는 그해 여름 영국에서 벌어진 폭동 가담자들을 거론하며 '하위 계급'이라는 1980년대 언어를 다시금 꺼내 들었다.

빈곤에 대한 두 번째 관점은 개인이 극복하기 어려운 빈곤의 조건을 창출해 내는 거대한 사회적 과정을 강조한다. 사회 계급 지위, 젠더, 민족 집단, 직업 지위 같은 사회 내 구조적 힘이 자원 배분 방식을 결정한다는 것이다. 이러한 관점에서 보면 빈곤층에게 야망이 없어 보이는 것, 즉 흔히 '의존 문화'로 간주되는 것은 사실 막막한 상황의 원인이 아니라 그 결과다.

이러한 주장의 선구자인 R. H. 토니Tawney는 빈곤을 사회적 불평등이라는 측면에서 보았다(1964[1931]). 토니가 보기에 사회적 불평등은 부와 빈곤을 모두 극단으로 치닫게 하고, 비인간화를 초래하는 것이었다. 극단적 빈곤은 삶을 단순히 생존의 문제로 제한해 버리는 반면, 극단적 부는 부자들의 방종을 초래한다. 따라서 양자 모두 용납될 수 없는 것이지만, 빈곤에 맞서는 핵심은 개인이 처한 상황을 두고 그를 비난하는 것이 아니라 구조적인 사회적 불평등을 축소시키는 것이다(Hickson 2004). 빈곤의 축소는 개인의 세계관을 변화시키는 문제가 아니며, 소득과 자원을 사회 전체에 평등하게 분배하는 정책적 방법을 필요로 한다.

윌 허턴Will Hutton의 『우리가 살고 있는 국가The State We're In』는 1970년대와 1980년대의 경제적 재구조화 과정이 (직장에서 나왔지만 다시 고용되려고 노력하고 있는) 불리한 자들, (직장이 있지만 정액 혹은 단기로 계약한 낮은 소득의) 주변화된 안전하지 못한 자들, (안전한 전일제 혹은 자영업 상태로 소득이 높은) 특권층의 세 집단 사이의 새로운 사회적 분화를 발생시켰다고 주장한다(1995). 허턴은 빈곤 수준은 개인적인 동기나 태도에 의해 설명될 수 없다고 결론 내렸다. 대신에, 그들은 사회 내에서의 구조적인, 사회-경제적인 이동과 밀접하게 연관되어 있는 것으로 보여야 한다. 자본주의 기업이 계속해서 생산 비용을 줄이려는 방안을 모색하면서, 제조업은 노동력이 싸고 노동조합이 약한 지구의 다른 지역으로 옮겨 왔다. 새로운 전 세계적

1970년대와 1980년대 제조업 고용의 쇠퇴로 인해 전통적인 남성 지배적인 노동 형태가 다수 사라졌다. 그 결과 도시 경제는 구조 조정되고, 빈곤 수준은 상승했다.

노동 분업이 형성되면서, 오래된 일의 유형들 또한 변형되었다.

스탠딩Standing은 2008년 금융 위기가 최근 전 세계적으로 '만들어지고 있는 계급'이자 사회학의 관습적인 사회 계급 도식 바깥에 놓여 있는 프레카리아트precariat의 출현에 주목하게 했다고 주장한다(2011). 이 용어는 마르크스의 노동 계급을 뜻하는 '프롤레타리아트proletariat'와 많은 노동자 집단에 증가하는 위태롭고 '불안정한precarious' 상황으로부터 만들어진 조어이다. 이 노동자들을 불안정하게 만드는 조건은 '유연한 노동', 신자유주의 경제와 글로벌화다. 스탠딩은 프레카리아트가 산업 경제에서 시민권에 의해 제공되는 안전보장의 몇 가지 측면 혹은 전체를 결여하고 있는 많은 국가의 25퍼센트가량 성인 인구에 의해 형성되는 것으로 본다. 적절한 노동시장 기회들, (건강, 안전 그리고 자의적인 해고를 막기 위한 규제와 보호들을 포함하는) 고용 보호, (승진 기회를 포함하는) 직업 안정성, 기술 습득 기회, 소득 안정성, 노동조합의 대표성 등이 이러한 시민권이 제공하는 안전보장에 해당한다.

산업 노동 계급은 이러한 많은 기회와 보호들의 수혜를 위해 싸웠고 또 그것을 향유했지만 단기나 0시간 계약으로 일하는 사람들, 그리고 고용과 실업, 일거리가 충분하지 않은 고용 상태를 들락날락하는 사람들은 그들이 가져온 안전과 안정성을 부정당한다. 그러나 프레카리아트는 동질적이거나 통합된 계급이 아니다. 스탠딩은 다음에 주목한다(2011: 13~14).

단기적인 일에 의존해 살아가면서 인터넷 카페를 들락거리며 돌아다니는 10대는 살아남기 위해 온갖 지혜를 사용해 열성적으로 인맥을 형성하려 하고 동시에 경찰을 두려워하는 이민자와 같지 않다. 또한 다음 주문 식대 청구서가 어디에서 날아들까 조마조마해하는 싱글맘과도 비슷하지 않고, 의료비 지불을 위해 임시직에서 일하는 60대 남성과도 비슷하지 않다. 그러나 그들은 모두 그들의 노동이 (삶을 위해) 필수적이고, (그때그때 오는 것을 취한다는 점에서) 기회주의적이며 (안전하지 않아) 불안정하다.

허턴처럼, 스탠딩도 프레카리아트의 출현과 성장을 설명하기 위해 경제적 재구조화 논의를 채택한다. 1970년초 이후의 세계화 과정은 세계적 시장 안으로 상대적으로 낮은 임금을 가진, 새롭게 산업화하는 국가들을 데려왔다. 그리고 경쟁의 압력은 더 치열해지고, 더욱 유연한 노동시장 관행을 소개하는 운동으로 이어졌다. 이것은 노동조합과 같은 집합적 연대의 자원이 더욱 단단하게 규제되거나 통제되기를 요구했고, (미국이나 영국과 같은 신자유주의적 경제 현안에 의해 지도되는) 정부들은 이것을 달성하기 위해 다수의 새로운 입법을 소개했다. 중국, 인도, 베트남, 태국, 인도네시아 그리고 많은 다른 국가가 세계적 경제 체계로 끌려 들어옴에 따라, 회사들은 그들의 생산 시설을 이러한 국가들에 짓거나 옮겨 갔고, 세계적 노동 공급은 엄청나게 성장했다. 이로 인해 하나의 핵심적인 결과는 선진국들에서 노동자들의 협상 지위가 심각하게 약해졌다는 것이며 그와 함께 만성적인 불안전도 증가했다.

앞에서 제시한 두 개의 광범위한 관점 — 개인의 선택으로서의 빈곤과 구조적으로 야기된 빈곤 — 은 사회학 내 행위-구조 논쟁의 양편을 각각 대표한다. 그러나 어느 한 편을 택할 필요는 없다. 제3장에서 보았듯 구조와 행위는 불가피하게 서로 얽혀 있으며, 사회학자의 임무는 특정한 조사 연구 속에서 각각의 의미를 탐사하는 것이다. 개인은 그들이 전적으로 만들어 낼 수 없는 사회적 맥락 속에서 결정과 선택을 내린다. 빈곤을 만들어 내는 인간 행위자와 사회 구조의 상호작용을 파악하려면 이러한 '맥락 속의 결정'을 이해해야 한다.

빈곤과 사회적 이동성

과거 대부분의 빈곤 연구는 사람들이 빈곤층으로 진입하는 것에 초점을 두고 해마다 전체적인 빈곤 수준을 측정하는 데 주력했다. 전통적으로 빈곤의 '생애주기', 즉 시간에 따라 사람들이 빈곤 상태에 빠지고 벗어나는 (그리고 종종 되돌아가는) 궤적은 큰 관심사가 아니었다. 스티븐 젠킨스Stephen Jenkins는 소득 분배를 고층 아파트에 비유한다(2011). 가장 가난한 사람들은 지하에 있고, 가장 부유한 사람들은 옥상에 있으며, 대다수의 사람들은 그 중간층 어딘가에 있다. '정지 사진'을 찍은 듯한 연구들 다수는 특정 시간대에 각층별로 얼마나 많은 사람들이 있는지 말해 준다. 그러나 이러한 연구들은 층간 이동에 관한 정보는 전혀 제공하지 못한다.

유사하게, 익히 알려진 상식에 따르면 빈곤은 벗어나기 힘든 제약이다. 그러나 종단적 조사나 패널 연구(동일한 가구들이나 사람들을 장기간에 걸쳐 추적하는 연구)는 사람들이 지하에서 벗어났는지 여부에 관한 유용한 정보를 제공해 준다. 그리고 만약 벗어났다면 계속 벗어나 있는지 아니면 다시 돌아왔는지 알 수 있게 해준다. 물론 이런 연구들은 다른 방향으로의 이동, 즉 옥상에서 더 낮은 층으로의 이동에 관한 정보도 제공한다. 영국 가구 패널 조사The British Household Panel Survey, BHPS는 이러한 종단적 연구로 1991년부터 2008년까지 9천 가구, 1만 6천 명을 추적했다.

1990년대의 BHPS 자료에 따르면, 1991년에 소득 (5분위 중) 하위 20퍼센트에 속한 사람들 중 절반을 조금 넘는 사람들이 1996년에도 같은 집단에 속해 있었다. 하지만 이는 그들이 5년 내내 하위 20퍼센트에 머물러 있었다는 것을 의미하지는 않는다. 이들 중 일부는 계속 하위 20퍼센트에 머물렀겠지만, 벗어났다가 돌아온 경우도 있을 것이다.

〈그림 13-6〉은 2004년에서 2007년 사이 한 번이라도 하위 20퍼센트에 해당되었던 사람들 중 18퍼센트만이 계속 그 집단에 남았다는 것을 보여 준다. 해당자 중 4분의 3은 이 기간 동안 다른 분위로 1~2회 이동했다. BHPS 조사는 빈곤에서 벗어난 많은 가족들이 빈곤 상태로 재진입할 위험이 더 높다는 것을 보여 준다. 이러한 발견으로 인해 우리는 빈곤으로의 진입과 그로부터의 탈피가 상당히 유동적인 양상을 보인다는 것을 새롭게 이해할 수 있었다. 또한 이러한 유동적 양상은 여타 발전된 사회들에서도 발견되었다(Leisering and Leibfried 1999).

애비게일 맥나이트Abigail McKnight는 영국의 신소득 조사 패널 자료New Earnings Survey Panel Dataset와 다른 자료들을 활용해 1977년에서 1997년 사이에 나타난 소득 이동성 추세를 분석했다(2000). 맥나이트는 저임금 노동자 집단을 추적해 그들 중 상당수가 지속적으로 저임금에 머물러 있다는 것을 확인했다. 그녀의 조사는 (4분위 중) 하위 25퍼센트 소득 수준에 있는 피고용인들의 약 5분의 1이 6년 후에도 여전히 그 수준에 머물러 있다는 것을 보여 주었다. 그녀는 또한 영국에서 실업자들과 극빈층은 구직에 나설 경우 최하위 임금 분야에 고용될 가능성이 가장 높으며, 저임금 피고용인들은 고임금 피고용인들보다 실업을 경험할 가능성이 더욱 높다는 사실을 밝혀냈다.

젠킨스는 영국의 BHPS 자료를 분석해 빈곤의 유동성에 관해 유사한 결론을 끌어냈다(2011: 3).

매년 상당한 규모의 층간 이동이 있지만 대부분의 거주자가 이동하는 층수는 그리 많지 않다. 지하에서 옥상으로 단번에 올라가는 경우는 거의 없고, 그 반대도 마찬가지다. 지하에 고착되어 오랫동안 머물러 온 거주자는 10명 중 1명도 되지 않는다. 지하 거주자의 절반 정도는 그다음 해에 더 위층으로 이동한다. 그러나 또 한두 해가 지나면 그들은 지하로 돌아올 가능성이 높다. 새로운 직장을 구하거나 전보다 나은 급여를 받는 것은 바닥으로부터의 상향 이동과 연관되어 있고, 실직은 지하로의 이동과 연관되어 있다. 이혼, 배우자의 죽음, 자녀 출산과 같은 인구학적 사건들 또한 미래의 변화와 중요한 상관관계를 갖는다. 물론 이런 사건들은 상향 이동보다 하향 이동에 더 많이 연관되어 있다.

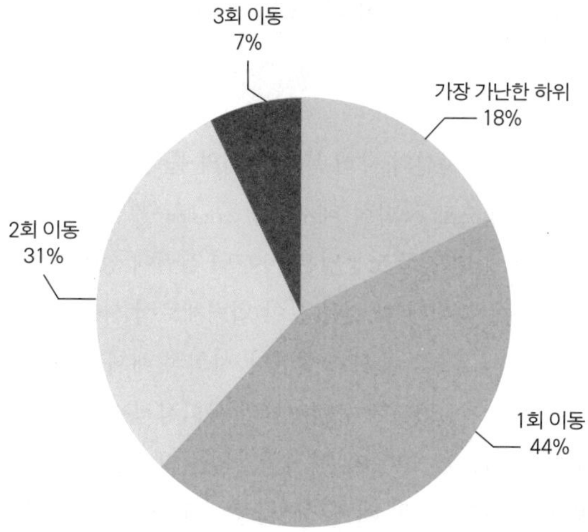

그림 13-6 2004~2007년 동안 하위 20%에 1년 이상 해당된 사람들이 다른 분위로 이동한 횟수

출처: The Poverty Site 2011. www.poverty.org.uk/08/index.shtml.

종단적 연구에 의하면 빈곤은 단순히 사회적 힘이 수동적 개인에게 작용한 결과만은 아니다. 심각한 불이익을 받은 사람들조차 경제적 지위를 개선할 기회를 잡을 수 있으며, 이는 변화를 가져오는 인간 행위자의 힘을 보여 준다. 그럼에도 빈곤으로부터 벗어나는 데는 분명 도전과 장애물이 존재하며, 빈곤에서 오랫동안 벗어나 있는 것은 특히 어려워 보인다. 빈곤하다는 것이 반드시 빈곤의 수렁에 영원히 빠져 있다는 것을 뜻하지는 않는다. 인간 행위자의 힘을 극대화해 줄 효과적인 사회 정책이 그 해결을 위한 핵심이 될 것이다.

사회적 이동성은 제12장 〈계층과 계급〉, 제19장 〈교육〉에서 더 폭넓게 논의된다.

사회적 배제

정치인들은 자신의 사회 복지 정책의 틀 짓기를 위해 다양한 방식으로 사회적 배제social exclusion 개념을 활용했다. 예를 들면 영국 노동당은 1997년 집권에 성공한 이래 이 개념을 채택해 각 전문 분야 협력체로서 사회적 배제 분과Social Exclusion Unit를 창설했다. 사회적 배제 개념은 프랑스에서 기원했으며 유럽연합의 사회정책에 자리 잡게 되었다(Pierson 2010: 8). 사회학자들은 새로운 불평등의 원천으로서 사회적 배제 개념을 사용해 왔으며, 이 개념은 불이익의 복합적 원천에 대한 실제적 사회 조사에 지속적으로 활력을 불어넣고 있다.

사회적 배제란 사회에 대한 개인들의 온전한 참여가 봉쇄되는 방식을 일컫는다. 가령 교육시설이 형편없고 고용 기회가 거의 없는 황폐한 주거 지역에 사는 사람들에게는 사회에서 대부분의 사람들이 갖고 있는 자기 향상 기회가 사실상 부정된다. 사회적 배제 개념은 사회적 포괄이라는 정반대 의미도 함축한다. 주변화된 집단을 포괄하려는 노력은 이제 현대 정치 의제의 일부가 되었다. 물론 어떻게 포괄할 것인지는 사회마다 다를 것이다(Lister 2004).

사회적 배제 개념은 개인의 책임성에 의문을 제기한다. 무엇보다 '배제'라는 단어는 누군가가 '방치되는' 과정을 함축한다. 개인은 타인들이 내린 결정에 의해 자신이 배제당하는 것을 경험할 수 있다. 은행은 특정 지역에 거주하는 사람들에게 당좌 계정을 열거나 신용카드 발급을 거부하기도 하며, 보험 회사들은 신청자들의 개인사나 배경을 이유로 보험 신청을 거절하기도 한다. 늦은 나이에 잉여 인력으로 분류된 피고용인들은 나이에 근거해 더 이상 근무가 허용되지 않을 수도 있다. 하지만 사회적 배제는 사람들이 배제당함으로써만 나타나는 것이 아니다. 자기 자신을 스스로 배제시킨 결과로 나타날 수도 있다. 어떤 사람들은 학교를 중퇴하는 길을 선택한다. 어떤 사람들은 일자리를 거절해 경제 활동에 참여하지 않으며, 어떤 사람들은 선거에 투표하지 않기로 결정한다. 그러므로 사회적 배제라는 현상을 고찰할 때, 우리는 다시금 인간 행위자를 한편에 두고, 사람들의 환경을 모양 짓는 사회적 힘을 다른 한편에 두며, 양자의 상호작용에 주의를 기울여야 한다.

사회적 배제를 다룰 때는 그 개념의 약한 버전과 강한 버전을 구분하는 것이 유용하다(Veit-Wilson 1998). 사회적 배제 개념의 약한 버전은 핵심 문제를 현재 사회적으로 배제된 사람들을 포괄하려는 시도로 간단하게 파악한다. 강한 버전도 마찬가지로 사회적 포괄을 추구하지만 이에 더해 상대적으로 강력한 사회집단이 '배제할 수 있는 능력을 행사할 수 있게 해주는' 과정에 맞서고자 한다(Macrae et al. 2003: 90). 이러한 구분은 의미가 있다. 정부가 어떤 버전을 택하는가에 따라 사회적 배제에 대한 정책이 달라질 것이기 때문이다.

예를 들어 청소년 비행으로 퇴학이 증가하는 현실에 대해 약한 버전은 어떻게 하면 아동들을 현재의 주류 교육 체계 속으로 집어넣을 것인지에 초점을 두는 반면, 강한 버전은 교육 체계 자체에 잠재된 문제점과 그 안에서 배제를 결정할 힘을 가진 권력 집단의 역할에 주목한다. 페어클로Fairclough는 노동당 정부의 접근 방식이 근본적으로 '약한' 버전에 근거했다고 주장한다(2000: 54). 여기서 사회적 배제란 사람들에게 가해진 무엇이 아니라 사람들이 처한 조건으로 언급된다. 이러한 판본이 가진 문제점은 빈곤 개념에서와 마찬가지로 배제된 사람들이 그들이 처한 상황을 이유로 비난받을 위험이 있다는 것이다.

사회적 배제의 차원들

사회적 배제는 인구의 대다수에게 열려 있는 기회를 어떤 개인이나 집단이 갖지 못하게 만드는 광범위한 요인들에 주의를 기울인다. 리스터Lister는 이러한 폭넓은 개념이 불평등과 불이익을 이해하는 데 핵심이 되는 빈곤 개념의 대안이 될 수는 없지만, 사회과학자들에게 유용하게 쓰일 수는 있다고 주장했다(2004). 2000년도 PSE 설문 조사에서는 사회적 배제를 네 가지로 구분했다. 첫째는 빈곤 또는 적절한 소득이나 자원으로부터의 배제(이는 앞서 논의했다), 둘째는 노동시장에서의 배제, 셋째는 서비스에서의 배제, 넷째는 사회적 관계로부터의 배제이다(Gordon et al. 2000).

노동은 개인들에게 적절한 소득을 제공할 뿐만 아니라 노동시장이 사회적 상호작용의 핵심적 장이기 때문에 중요하다. 따라서 노동시장에서의 배제는 빈곤, 서비스에서의 배제, 사회적 관계로부터의 배제를 초래할 수 있다. 정치인들에게는 유급 노동 종사자의 증가가 사회적 배제를 감소시키는 중요한 방법으로 간주되었다. 하지만 '직업 없는 가구'가 반드시 실업 상태와 연관되는 것은 아니다.

노동시장 참여에 적극적이지 않은 가장 큰 집단은 단연 퇴직자들이다. 다른 집단으로는 가사노동 또는 돌봄 활동을 하는 사람들, 신체적 장애 등의 이유로 노동능력이 없는 사람들, 학생들이 있다. 노동시장에서의 비활동 자체를 사회적 배제의 징표로 볼 수는 없다. 하지만 이는 사회적 배제의 위험을 상당 수준 증가시킬 수 있다.

사회적 배제의 또 다른 중요한 측면으로는 기초적인 서비스에 대한 접근성 결여를 들 수 있다. 이는 가정 내에서 있을 수도 있고(전기나 수도 공급), 가정 밖에서 나타날 수도 있다(교통, 쇼핑, 금융 서비스 포함). 서비스에서의 배제는 개인의 문제일 수도 있고, 집단적 문제일 수도 있다. 어떤 개인이 서비스를 이용하지 못하는 이유가 그것을 감당할 형편이 안 되거나, 그 서비스의 존재를 알지 못하기 때문이라면 이는 개인의 문제지만, 전체 공동체가 이를 이용할 수 없기 때문이라면 이는 집단적 문제다. 후자의 예로는 상점, 은행 및 기타 서비스 제공자들이 열악한 거주 지역에서 떠남으로써 그 지역 사람들이 사회의 대다수가 향유하는 소비재, 금융 서비스를 누릴 수 없게 된 경우를 들 수 있다.

사람들이 사회적 관계로부터 배제되는 방식에는 여러 가지가 있다. 우선 개인들은 평범한 사회 활동에 참여하지 못할 수 있다. 예를 들어 친구 또는 가족을 방문하거나, 기념일을 챙기거나, 친구들과 회식을 하거나, 휴가를 보내는 등의 활동을 할 수 없는 것이다. 또한 개인들은 친구와 가족으로부터 고립될 수도 있으며, 어려운 상황에 처했을 때, 예를 들어 집안일에 도움이 필요하거나 우울하거나 인생의 중요한 전환기에 조언을 얻기 위해 대화할 사람이 필요할 때, 실질적이고 정서적인 지원을 받지 못할 수도 있다. 더불어 투표를 하거나, 지방 정치 또는 국가 정치에 관여하거나, 마음이 동요를 일으키는 사안에 관하여 운동에 참여하는 등의 시민 참여를 하지 못하면서 사회적 관계로부터 배제될 수 있다.

사회적 배제의 다양한 측면은 모국을 떠나 정착지를 찾는 난민들의 경우에 가장 극명하게 드러난다. 이들과 관련하여 선정적인 신문 보도 이후 최근 몇 년 동안 '난민'이라는 말에는 부정적 어감이 들러붙었다. 그러나 피어슨이 지적하듯(2010: 7), 난민은 '직업 시장에 대한 장벽, 자기 자신을 지원할 연결망의 빈약 또는 부재, 복지국가의 안전망을 획득하는 데서 겪는 극도의 어려움, 빈곤에 직면한 아동, 학교 체계 내에서의 주변화'라는 문제들과 마주한다. 이러한 사례는 또한 사회적 배제가 '자연스럽거나' 불가피한 것이 아니며, 이를 해결하기 위해 정부, 개인, 공동체가 할 수 있는 일이 있다는 것을 시사한다.

사회적 배제의 사례

사회학자들은 개인과 공동체가 배제를 경험하는 상이한 방식들을 연구했다. 주거, 교육, 노동시장, 범죄, 청년과 노년층을 아우르는 다양한 주제들이 조사 대상이 되었다. 여기서는 영국을 중심으로 사회적 배제의 세 가지 사례를 간략하게 살펴볼 것이다.

주거와 근린 지역

사회적 배제의 본질은 주거 부문에서 명확히 드러난다. 산업사회의 많은 사람들이 안락하고 넓은 집에서 사는 반면, 다른 사람들은 비좁고, 난방이 제대로 되지 않으며, 구조적으로 온전치 못한 주택에 거주한다. 주택시장에서 개인들은 현재 자원과 미래에 확보할 수 있을 것으로 예상되는 자원을 담보로 융자를 얻는다. 그렇기 때문에 자녀가 없는 맞벌이 부부가 매력적인 지역의 집을 구입하는 데 주택 담보 대출을 받을 가능성이 훨씬 높다. 임대보다 주택 소유가 일반적인 나라에서는 최근 수십 년 동안 주택 가격이 인플레이션보다 상당히 빠르게 상승했기 때문에 소유-거주자들이 이로부터 큰 이익을 얻을 수 있었다. 반면 아직 주택을 소유하지 못한 사람들은 생애 첫 주택 구입이 점점 더 어려워지고 있다. 또한 가족 중 성인이 실업 상태에 있거나 저임금 직장에서 일하는 경우에는 그다지 선호되지 않는 임대주택이나 공공주택 쪽으로 선택의 폭이 제한될 것이다.

주택시장에서의 계층화는 가구 수준과 공동체 수준에서 모두 일어날 수 있다. 열악한 처지에 있는 사람들이 매력적인 주택을 선택하는 데서 배제되는 것과 마찬가지로, 특정 공동체는 사회에서 평균적인 기회와 활동으로 여겨지는 것에서 배제될 수 있다. 배제는 공간 차원에서 일어날 수 있다. 근린 지역은 안전, 환경적 조건, 서비스 및 공공시설의 이용 가능성이라는 면에서 천차만별이다. 예를 들어 수요가 낮은 근린 지역에는 더 매력적인 지역에 비해 식료품점, 우체국 같은 기본적 서비스가 적다. 이런 곳에는 공원, 운동장, 도서관과 같은 공동체 공간 또한 제한되어 있다. 아직까지 열악한 공간에 사는 사람들은 대체로 이용 가능한 몇 안 되는 시설에 의존한다. 부유한 지역의 거주자와 달리 그들은 타지로 물건을 사러 가거나 서비스를 이용하기 위해 필요한 교통수단(또는 자금)에 접근하기가 어려울 것이다.

박탈된 공동체 안에서는 사람들이 배제를 극복하고 사회에 온전히 참여하려 노력하기 어렵다. 여기서는 사회적 연결망이 취약해 직업에 대한 정보나 정치적 활동 및 공동체의 행사에 관한 정보가 잘 전달되지 않는다. 가족의 생활은 높은 실업과 낮은 소득에 짓눌리며, 범죄와 청소년 비행은 근린 지역의 전반적인 삶의 질을 잠식한다. 수요가 낮은 주거 지역에서는 많은 거주자들이 더 매력적인 주거를 찾아 떠나 이사가 빈번하고, 그 빈자리는 열악한 자원을 갖고 주택시장에 진입한 새로운 사람들이 채운다.

홈리스

홈리스는 가장 극단적인 형태의 배제 중 하나다(Tipple and Speak 2009: 195). 안정적 주거지가 없는 사람들은 출근을 하고, 은행 계좌를 유지하고, 친구들과 어울리고, 편지를 받는 것과 같이 사람들이 당연하게 여기는 일상적 활동에서 제외될 수 있다. 대부분의 홈리스들은 잠시 동안 친구 또는 가족과 함께 지내거나 호스텔, 야간 쉼터 또는 무단 점유처럼 그들이 법적으로 거주할 권리가 없는 몇 가지 형태의 임시 거처에서 지낸다. 사람들 중 아주 소수만이 재산이나 소유의 제한으로부터 자유로워지려고 노숙을 선택하며, 다수의 비주택 거주자들은 가정 폭력, 실업, 배우자의 상실, 강제 퇴거, 군대를 떠나거나 감옥에서 출소하면서 노숙자로 밀려난다(Daly 2013).

영국에서는 어떤 사람들이 노숙을 하는가? 그 답은 복잡하다. 설문 조사들은 노숙자들의 4분의 1 정도가 정신 질환 시설에 있었거나 정신 질환 진단을 받은 사람들이라는 것을 보여 준다. 따라서 보건 정책의 변화가 홈리스 발생에 큰 영향을 줄 가능성이 있다. 그러나 대부분의 홈리스들은 정신 질환을 겪지 않은 사람들이며, 또한 알코올 의존증자 또는 마약 상습 복용자도 아니다. 그들 대부분은 개인적 재난들을 경험하면서 길거리에 나앉게 된 것이다.

홈리스가 되는 것은 대부분 직접적 '원인-결과'의 연속이 아니다. 여러 가지 불행이 일순간에 닥치고, 그 결과 강력한 소용돌이에 휘말려 나락으로 떨어진다. 예를 들

홈리스는 가장 복잡하고 극단적인 형태의 사회적 배제 중 하나다.

어 어떤 여성은 이혼과 동시에 집뿐 아니라 일자리까지 잃을 수 있다. 어떤 청년은 가정불화를 겪고 나서 아무런 지원 수단도 없이 대도시를 향해 떠날 수 있다. 연구에 따르면 홈리스로 전락할 위험이 가장 높은 집단은 특별한 기술도 없고, 소득은 매우 낮은 하층 노동 계급 출신들이다. 장기적인 실직은 주요한 지표다. 가족의 와해, 관계의 파탄도 핵심적인 영향을 미치는 것으로 보인다.

비록 홈리스의 거의 대부분이 구호시설을 찾거나 임시 숙소를 마련하지만, 노숙을 하는 경우도 있다. 이런 경우엔 자주 위험에 처한다. 영국의 범죄 지표에 관한 지도적 통계인 영국범죄조사British Crime Survey는 응답자들 안에 홈리스들을 포함하지 않는다. 런던, 글래스고, 스완지에서의 홈리스 조사(IPPR 1999)는 노숙자들의 5분의 4가 최소한 한 번 이상 범죄 대상이 되었다. 거의 절반가량이 폭행을 당했음에도 그들 중 5분의 1만이 경찰에 범죄 신고를 했다. 홈리스는 노상에서 심각한 폭행을 당할 확률이 높은데, 그럴 경우에 도움을 줄 법체계나 경찰 보호로부터 배제되는 상황이 나오고 있다.

이 문제를 연구하는 사회학자들 대부분은 홈리스들이 처한 다양한 문제를 해결하는 데 좀 더 적절한 주거시설을 제공하는 것이 완벽한 해법은 아닐지라도 핵심적 중요성을 갖는다는 데 동의한다. 그것이 정부의 직접적인 지원에 의한 것인지 여부는 중요하지 않다. 젠크스Jencks가 결론지었듯이 "사람들이 왜 거리에 나앉게 되었는지와 상관없이 그들에게 약간의 사생활과 안정감을 줄 수 있는 생활 공간을 제공하는 것이 그들의 삶을 개선하기 위해 우리가 할 수 있는 가장 중요한 일이다. 안정적인 주거가 없다면 다른 무엇도 소용없다"(1994).

여기에 동의하지 않는 사람들도 있다. 그들은 홈리스 중 20퍼센트만이 '실체적' 곤경에 처한 사람들이고, 80퍼센트는 가족 와해, 폭력과 학대, 마약 중독과 알코올 의존증, 우울증의 영향으로부터 사회사업과 구제 활동을 통해 갱생되어야 할 대상이라고 강조한다. 50대 후반의 홈리스인 마이크도 다음과 같이 동의를 표했다. "내 생각에 대부분의 경우 상황은 보기보다 훨씬 복잡하다. 흔히 보이는 문제는 자기 자신과 자기 가치에 대한 믿음에 관한 것이다. 노숙자 중 많은 사람들은 낮은 자존감을 갖고 있다. 그들은 스스로 뭔가 잘할 수 있을 것이라고 믿지 않는다"(Bamforth 1999에서 인용).

범죄와 사회적 배제

어떤 사회학자들은 많은 산업사회에서 범죄와 사회적 배제 사이에 강한 연관성이 있다고 주장했다. 그들은 근대 사회가 (시민권에 기초해) 모든 시민을 포괄하려던 목표로부터 멀어지면서 일부 시민들에 대한 배제를 받아들이고, 심지어 이를 조장하는 경향이 있다고 주장한다(Young 1998, 1999). 범죄율은 자신이 사회에서 가치 있게 여겨지지 않는다고 느끼는 — 또는 자신이 사회에 투자하고 있다고 느끼지 않는 — 사람들이 점점 늘어나는 현실을 반영하는 것일 수도 있다.

커리Currie는 미국에서 특히 청년들을 중심으로 사회적 배제와 범죄 간의 연관성을 조사했다(1988). 커리는 시장과 소비 상품들의 유혹에 직면해 있는 그들이 생계를 유지하기 위해 필요한 일자리를 얻을 기회를 점점 잃어 가고 있다고 주장한다. 실제로, 경제적 재구조화는 청년들 사이에서 심각한 상대적 박탈감을 낳고 있으며, 욕망하는 생활양식을 유지하기 위해서라면 불법적인 수단도 불사할 의향을 촉발했다.

북잉글랜드의 박탈된 공동체에 대한 최근의 민속지ethnographic 연구에서 로버트 매콜리Robert McAuley는 청년들 사이에서의 사회적 배제와 범죄의 연관성을 조사했다(2006). 그는 지속되는 청소년 범죄를 일부 공동체들에 존재하는 '노동에 대한 거부 반응'과 연관 짓는 지배적 설명 방식을 따른다. 즉, 하위 계급의 증가 또는 사회적 배제 경험이 공동체를 빈곤하게 하고, 그 안에서 많은 사람들이 원하는 것을 얻기 위해 범죄를 저지른다는 것이다. 하지만 매콜리가 만난 청년들 대부분은 여전히 노동에 가치를 부여함에도 자신들이 거주하는 곳에 대한 낙인 때문에 사회로부터 버려졌다고 생각했으며, 학교에서도 일자리를 구하는 것에서도 '피해를 입었다'고 느꼈다.

매콜리는 영국의 산업 기반이 축소되고 서비스 산업이 주된 일자리 창출을 하면서, 영국도 다수의 여타 발전된 사회들과 마찬가지로, 소비사회consumer society가 되었다고 주장했다. 그는 노동의 가치를 평가절하한 것은 도시 빈민들이라기보다는 사실 소비사회라고 언급했다. 소비주의는 노동 윤리보다 물질적 상품의 소유욕을 자극하기 때문이다. 매콜리의 연구는 박탈된 공동체에서 성장한 청년들이 결국 어떻게 되는가에 대한 몇몇 결과들을 보여 준다. 하지만 매콜리가 보기에 빈곤층의 실질적인 '사회적 배제'는 단지 경제적 재구조화 시기에 나타나는 것이 아니라 풍요로운 소비사회 그 자체에서 비롯된 것이다.

복지 국가

대부분의 선진국들에서 하층의 빈곤과 사회적 배제는 복지 국가welfare state에 의해 어느 정도 완화된다. 하지만 복지 국가는 어떻게 발전했으며, 국가 복지 모델의 다양성은 어떻게 설명될 수 있는가? 나라마다 복지의 외형이 다르며 복지 국가는 시간의 흐름에 따라 변화해 왔다. 경기 회복 계획, 지출 삭감, 국가 부채 축소 정책이 펼쳐지는

상층에서의 사회적 배제?

사회학적으로 상상하기 13-1

우리가 고찰한 배제 사례들은 인구의 대다수가 향유하는 제도나 활동에 어떤 이유에서든 완전히 참여하지 못하는 개인이나 집단들에 관한 것이었다. 그러나 배제가 사회 하층에서 불이익을 받은 사람들에게만 발생하는 것은 아니다. 최근에는 '상층'에서의 배제라는 새로운 흐름이 나타났다. 이는 사회 최상층에 있는 소수의 사람들이 자신의 재력, 영향력, 인맥을 이용해 주류 제도에서 '빠져나갈' 수 있다는 것을 의미한다.

이런 사회 최상층에서의 엘리트 배제는 다양한 형태를 취할 수 있다. 부자들은 공교육과 공공 의료 서비스 영역에서 빠져나와 민간 서비스와 진료를 이용하고 돈을 지불하는 것을 더 선호할 수 있다. 부유층이 거주하는 공동체는 점점 나머지 사회와 벽을 쌓고 있다. 그 결과 나타난 것이 높은 장벽과 보안 시스템으로 둘러싸인 이른바 '빗장 걸린 공동체gated community'다. 세금 납부와 재정적 의무는 치밀한 관리와 민간 재무 설계사의 도움으로 크게 줄일 수 있다. 특히 미국에서는 엘리트들이 적극적으로 정치에 참여하는 대신 자신들의 이익을 대변하는 것으로 보이는 후보자에게 막대한 금액을 기부하는 일이 흔하다. 거부들은 다양한 방식으로 그들의 사회적, 재정적 책임에서 벗어나 나머지 사회로부터 멀찍이 격리되어 있는 폐쇄적이고 사적인 영역으로 달아날 수 있다. '하층'에서의 사회적 배제가 사회적 연대와 응집성을 침식하는 것처럼, '상층'에서의 배제도 사회 통합에 유해하다.

비판적으로 생각하기 THINKING CRITICALLY

사회 '하층'에서의 배제와 '상층'에서의 배제 간에 존재하는 주된 차이점은 무엇인가? 소수의 부자 집단의 행위를 묘사하는 데 사회적 배제 개념을 사용하는 것은 적절한가? 여러분이 대안적인 개념을 고안해 볼 수 있겠는가?

엘리트의 사회적 배제는 부유층과 나머지 계층들을 물리적으로 분리시킬 수 있다.

오늘날, 세계 각지의 정부들은 복지 국가가 무엇을 제공해야 하는지 재고하고 있으며, 몇몇 나라에서는 복지 국가를 현 상태로 지속할 수 있을지 고민하고 있다.

복지 국가에 관한 이론들

오늘날 세계 대부분의 선진국들과 개발도상국들은 복지 국가다. 복지 국가란 국가가 복지의 공급에 중심적 역할을 맡는다는 것을 의미한다. 이는 의료, 교육, 주택, 소득 같은 시민의 기초적인 필요를 충족시킬 수 있는 서비스와 급여를 체계적으로 제공함으로써 수행된다. 복지 국가의 중요한 역할은 질병, 장애, 실업, 노년과 같이 사람들이 자신의 생애과정에서 직면하는 위험을 관리하는 것과 연관된다. 복지 국가가 제공하는 서비스와 복지 지출 수준은 나라마다 다양하게 나타난다. 어떤 나라들은 고도로 발달된 체계를 갖추고 있으며 국가 예산의 많은 부분을 할당한다. 예를 들어 스웨덴에서는 2005년 조세 수입이 국내총생산GDP의 51.1퍼센트를 차지했는데, 벨기에에서는 45.4퍼센트, 오스트리아에서는 49.7퍼센트였다. 대조적으로, 다른 산업국가들의 조세 수입은 이에 크게 미치지 못한다. 영국의 조세 수입은 GDP의 37.2퍼센트이며 독일은 34.7퍼센트, 미국은 26.8퍼센트에 불과하다(OECD 2006)

복지 국가의 진화를 설명하기 위해 많은 이론들이 전개되었다. 마르크스주의자들은 복지가 건강하고, 잘 교육받은 노동력의 재생산을 보증함으로써 자본주의적 시장 기반 사회를 존속시키는 데 필수적이라고 보았다. 다른 한편 기능주의자들은 복지 체계가 산업 발전이라는 조건하에서 사회를 질서 있게 통합하는 데 일조했다고 주장했다. 이러한 일반적 관점들은 물론 유용한 방향점으로 유용한 역할을 했지만, 영국의 T. H. 마셜과 덴마크의 사회학자 요스타 에스핑안데르센Gøsta Esping-Adersen의 견해가 복지 국가에 관한 이론에 특히 영향력 있는 기여를 했다. 마셜의 유력한 주장들은 〈고전 연구 13-2〉에 개괄되어 있다. 복지와 시민권에 관한 이후의 논의들로 넘어가기에 앞서 이 글부터 읽어 보기 바란다.

요스타 에스핑안데르센의 세 가지 복지 체제

요스타 에스핑안데르센의 『복지 자본주의의 세 가지 세계The Three Worlds of Welfare Capitalism』는 초기 복지 국가 이론에 비교 연구의 지평을 도입했다(1990). 이로써 에스핑안데르센은 마셜의 일반적 진화론에 제기된 비판들을 진지하게 수용했다고 볼 수 있다. 달리 말해, 상이한 사회들은 시민권에 접근하는 방식도 상이하며, 따라서 상이한 '복지 체제들'을 형성하게 된다는 것이다. 이 중요한 연구에서 에스핑안데르센은 서구의 복지 체제를 서로 비교해 복지 체제의 세 가지 유형을 제시한다.

이러한 유형화를 구성하면서, 에스핑안데르센은 각국의 탈상품화decommodification 수준을 평가했다. 탈상품화 수준이란 복지 서비스가 시장과 무관하게 제공되는 정도를 의미한다. 높은 탈상품화를 보이는 체제에서는 복지가 공적으로 제공되면 개인의 소득이나 경제적 자원에 어떤 방식으로도 연계되지 않는다. 반면 상품화된 체제에서는 복지 서비스가 상품처럼 취급되어 다른 재화, 서비스와 마찬가지로 시장에서 판매된다. 국가 간 연금 정책, 실업 정책, 소득 보조 정책을 비교함으로써 에스핑안데르센은 복지 체제의 세 가지 유형을 분류했다.

1. 사회민주주의: 사회민주주의 복지 체제는 탈상품화 정도가 매우 높다. 복지 서비스는 국가에 의해 제공되며 모든 시민을 대상으로 한다(보편적 급여). 스웨덴과 노르웨이 등 대부분의 스칸디나비아 국가들이 사회민주주의 복지 체제를 갖추고 있다.
2. 보수적 조합주의: 프랑스, 독일과 같은 보수적 조합주의 국가에서는 복지 서비스가 비교적 높은 수준으로 탈상품화되어 있으나, 반드시 보편적으로 제공되는 것은 아니다. 한 시민에게 부여되는 복지 급여 정도는 그가 가진 사회에서의 지위에 따른다. 이러

마셜과 영국의 시민권 진화

고전 연구 13-2

연구 문제

여러분은 아마도 어떤 나라의 '시민'일 것이며, 이는 특정한 곳에 '소속됨'을 함의한다. 그렇다면 국가적 '시민권'이라는 관념은 언제 출현해서 어떻게 발전해 왔는가? 시민권이란 정확히 무엇이며, 그것은 시민들에게 어떤 권리와 책임을 부여하는가? 시민권은 국가의 복지 제공에 어떻게 연관되어 있는가? 토머스 험프리 마셜Thomas Humphrey Marshall(1893~1983)은 이러한 문제를 가지고 씨름했던 중요한 이론가 중 한 명이었으며, 그의 견해는 복지와 시민권에 관한 논쟁의 틀을 짓는 데 지대한 영향을 미쳤다. 1940년대 후반 이후의 저작들에서 마셜은 시민권이 산업화와 함께 대두되었으며, 이는 근대 사회의 근본적인 특징이라고 보았다.

마셜의 설명

역사적 접근을 취하면서 마셜은 영국(특히 잉글랜드)에서 시민권의 '진화' 과정을 추적하고 세 가지 중요한 단계를 구분했다(1973). 각 단계마다 '시민권'의 의미는 확장된다. 마셜에 따르면 18세기는 시민적 권리civil right가 획득된 시기다. 시민적 권리에는 언론, 사상, 종교의 자유, 소유권, 공정한 법적 대우를 받을 권리 등 중요한 개인적 자유가 포함되었다. 이러한 권리들을 바탕으로 19세기에는 정치권political right이 획득되었다. 여기에는 투표권, 공직에 피선될 권리, 그리고 정치 과정에 참여할 수 있는 권리가 포함되었다. 세 번째 권리는 사회권social right으로 20세기에 획득되었다. 사회권이란 시민들이 교육, 보건, 주거, 연금, 기타 서비스 등을 통해 경제적, 사회적으로 안정된 삶을 누릴 권리가 있다는 것을 의미하며 이러한 권리들은 복지 국가에 각인되었다.

시민권 개념에 사회권이 포함되었다는 것은 지위에 관계없이 모든 사람에게 온전하고 활동적인 삶을 살 권리, 적절한 수입을 얻을 권리가 있음을 의미했다. 이러한 측면에서 사회적 시민권과 관련된 권리들은 만인의 평등이라는 이념을 크게 발전시켰다. 또한 마셜은 모든 시민이 점점 더 폭넓은 권리를 향유할 것으로 보았기 때문에, 그의 설명은 종종 낙관주의적이라는 평가를 받는다.

비판적 쟁점

마셜의 설명에 대해 직관적으로 제기되는 하나의 문제는 그것이 단일 사례, 즉 영국 사례에만 기초했다는 것이다. 비판자들은 그의 진화론적 접근이 스웨덴, 프랑스, 독일과 같은 여타 나라들에는 적용될 수 없다고 주장했다(Turner 1990). 또한 마셜의 '진화론적' 설명도 완전히 명료하지는 않다. 마셜의 설명은 영국에서 시민권이 실제로 어떻게 발전했는지 기술했을 뿐, 왜 그러한 발전이 나타났는지에 대해서는 인과적으로 설명하지 못한 것 아닌가? 비판자들은 마셜이 권리 유형의 진보적 발전을 전제하는 경향이 있으며, 그것들 사이의 관련성, 즉 시민적 권리가 어떻게 정치권으로, 그리고 사회권으로 필연적으로 나아가는지에 대해서는 제대로 설명하지 않는다고 주장한다.

최근의 비판자들은 마셜의 이론이 민족국가의 영향력에 기반을 두고 있기 때문에 세계화된 상황에서는 설득력을 잃었다고 주장했다. 마셜의 이론은 시민권이 민족국가 내부의 내적 동학에 의해 발전한다고 전제하는 것으로 보인다. 오늘날 사회학자들은 세계적 차원에서 다양한 사회들을 연결하며 가로지르는 관계와 영향력에 훨씬 더 민감하다. 마지막으로, 이 장의 뒷부분에서 보겠지만 마셜의 진화론은 1970년대 말 이래 다수의 선진국에서 나타난 복지 공급 '축소' 시도에 의해 심각하게 도전받고 있다. 이러한 변화는 그의 역사적 주장에 잘 들어맞지 않는 것으로 보인다. 시민들은 권리가 증가하기보다는 국가가 제공하는 복지에 대한 그들의 권리가 더욱 엄격히 제한되고 있는 상황을 목도하고 있을 것이다.

현대적 의의

마셜의 견해는 시민권의 성격에 관한 논쟁에 영향을 주었고, 최근에는 사회적 포괄과 배제에 관한 학술 연구와 정치적 질문에 영감을 불어넣었다. 권리와 책임이 시민권 개념과 밀접하게 연관되어 있다는 마셜의 핵심 견해는 어떻게 '적극적 시민권'을 촉진시켜 나갈 수 있는지 논의하는 과정에서 다시 한 번 널리 주목받고 있다. 그리고 그의 설명이 너무 국가 중심적이기에 세계화 시대에는 전적으로 만족스럽지 못하지만, 시민권과 책임이 진화적으로 팽창한다는 발상은 시민권이 무엇인지 이해하기 위한 단초를 지속적으로 제공하고 있다.

예를 들어 최근에는 환경적(또는 생태적) 시민권이라는 상대적으로 새로운 유형의 시민권이 출현하는데, 이러한 환경적 시민권은 자연환경에 대한 인간의 권리와 책임에 근거한다(M. J. Smith 1998; Dobson and Bell 2006). 따라서 몇 가지 결점에도 불구하고 마셜의 일반론적 접근은 여전히 유효하다고 볼 수 있다.

“ 환경적 시민권 개념은 제5장 〈환경〉에서 논의된다. ”

한 유형의 체제는 불평등의 근절이 아니라 사회의 안정성, 강한 가족, 국가에 대한 충성을 유지하는 것을 목표로 삼는다.

3. 자유주의: 미국은 자유주의 복지 체제의 전형적 사례다. 복지는 고도로 상품화되어 있고 시장에서 판매된다. 자산 조사를 거쳐 지급하는 급여는 극빈자들에게만 수여되는데, 여기서는 심한 오명들이 들러붙는다. 이는 인구의 대다수가 시장에서 자신의 복지를 구입할 것을 요구받기 때문이다.

영국은 세 가지 ‘이념형’ 중 어디에도 잘 들어맞지 않는다. 예전에는 사회민주주의 유형에 더 가까웠지만 1970년대 복지 개혁 이후에는 상품화 수준이 높은 자유주의 복지 체제에 훨씬 더 가까워졌으며, 이러한 흐름은 현재도 계속되고 있다. 영국은 한 모델에서 다른 모델로 전환했다는 점에서 흥미로운 연구 대상이다.

영국의 복지 국가

복지 모델들 사이의 주요한 차이 중 하나는 복지 수혜자를 위한 적격성 기준이다. 간단한 분류법 가운데 하나는 딱히 적격성 기준 없이 보편적인가, 아니면 자산조사 결과를 기준으로 삼는가다. 보편 복지 체계들에서 복지는 시민들의 기본적인 복지 요구의 충족을 보장하는, 모두가 평등하게 향유하는 권리로 보인다. 영국에서 보편적 급여의 오래된 사례로는 소득이나 저축 수준에 상관없이 16세 이하 아동의 부모나 후견인에게 제공되는 아동수당이 있다. 자산 조사에 기초한 체계들은 어려움에 처해 도움을 받을 필요가 있는 사람들을 위해 기본적이고, 대부분 단기적인 안전망을 제공하도록 설계되었다. 영국에서, 보편적 아동 수당은 연합 정부의 공적 지출 감축의 일부로서 2013년에 효과적으로 종결되었고, 연간 5만 파운드 이하의 소득을 가진 사람들로 제한되었다. 스웨덴의 체제는 오늘날 더 많이 자산 조사에 의거해 수혜를 제공하는 영국의 체계보다 더 많은 보편 수당 비율을 갖고 있다.

보편적 수혜와 자산 기반 수혜의 차이는 복지에 대한 두 가지 대조적 접근에 근거한 정책 수준에서 드러난다. 제도적 관점을 옹호하는 사람들은 복지 서비스에 대한 접근성이 모두에게 권리로서 부여되어야 한다고 주장한다. 잔여주의적residual 관점을 취하는 사람들은 진정으로 도움이 필요하고 스스로는 필요를 충족시킬 수 없는 사람들에게만 복지가 제공되어야 한다고 주장한다. 제도주의자들과 잔여주의자들 간의 논쟁은 복지 서비스의 재원이 세금을 통해 충당되기 때문에 종종 조세 수준에 관한 논의로 표출된다.

잔여주의자들은 자산 조사를 통해 가장 궁핍하다고 인정된 사람에게만 복지 급여 수혜 자격을 부여하는 ‘안전망 복지 국가’를 옹호한다. 그들은 또한 복지 국가가 비용이 많이 들고, 비효율적이며, 몹시 관료적이라고 생각한다. 다른 한편, 제도주의자들은 복지 국가가 재정적으로 충분히 뒷받침되어야 하기 때문에 조세 수준이 높아야 한다고 생각한다. 그들은 시장의 무자비한 양극화에 맞서기 위해 높은 세금 부담을 지더라도 복지 국가는 유지되어야 하고 더 확장되어야 한다고 말한다. 그들은 시민을 부양하고 보호하는 것이 모든 문명화된 국가의 책임이라고 역설한다.

제도적 모델과 잔여적 모델 간의 이러한 차이점은 1970년대 중반 이래 영국에서 복지 개혁을 둘러싼 논쟁의 중심을 차지했다. 2008년 금융 위기와 경기 침체, 그리고 그 이후의 여파를 따라 정부가 거대한 국가 부채에 대처해야 하는 상황이 되면서, 오늘날 복지 국가의 미래는 모든 선진국에서 전에 없던 강력한 시험을 받고 있다. 유사하게, 세계화가 국가 중심의 사회들을 변화시키면서 새로운 유형의 이주, 가족, 개인의 삶, 고용의 변화들 속에서 복지의 본성도 변화하고 있다. 우리는 영국에서 복지 국가의 역사와 최근의 개혁 시도를 간략히 살펴볼 것이다.

영국의 복지 국가 건설

영국에서 복지 국가는 20세기에 만들어진 것이지만, 그 뿌리는 1601년 구빈법과 수도원의 해체로 거슬러 올라간다. 당시 수도원들은 빈민들을 부양했는데 이것이 해체되면서 극빈자들이 나타났고, 환자들을 거의 완전히 방치하는 상황이 벌어졌다. 산업자본주의의 발달과 농경사회에서 산업사회로의 이행으로 가족과 공동체 내에서 전통적 형태로 지속되던 비공식적 지원들도 사라지기 시작했다.

사회질서를 유지하고 자본주의가 초래한 새로운 불평등을 완화하려면 시장경제에서 주변화된 사회 구성원들에게 원조를 제공할 필요가 있었다. 그 결과 1834년 수정 구빈법이 제정되었다. 이 법에 의해 구빈원이 세워졌으며, 그 안에서는 생활수준이 외부 수준보다 낮게 유지되었다. 이는 구빈원의 생활 조건을 열악하게 유지하면, 빈민들은 빈곤을 극복하기 위해 전력을 다할 것이라는 생각에 따른 것이었다. 시간이 지나면서 국민 형성 과정의 일부로서 국가는 빈민들을 관리하는 데 중심적인 역할을 담당하게 되었다. 1800년대 말 전국적인 교육 행정과 공공 의료를 구축하도록 한 법령 제정은 20세기에 나타날 보다 포괄적인 프로그램의 전조였다.

복지 국가는 제1차 세계 대전 이전 자유당 정부하에서 더 확장되었는데, 이 시기에는 연금, 건강보험, 실업보험을 포함해 기타 여러 정책이 도입되었다. 제2차 세계 대전 이후에는 복지 체계의 개혁과 확장이 강력하게 추진되었다. 단순히 빈민과 환자들에게 집중되었던 복지의 초점은 사회 구성원 전체를 포괄하도록 확장되었다. 전쟁은 부자와 빈민을 막론한 모든 국민에게 강렬하고 잊을 수 없는 경험이었다. 전쟁은 연대감을 생성했고, 불행과 비극이 열악한 처지의 사람들에게만 국한되지 않는다는 것을 깨닫게 했다.

선택적 복지에서 보편적 복지로의 전환은 흔히 근대 복지 국가의 청사진으로 여겨지는 1942년 「베버리지 보고서Beveridge Report」에 담겨 있다. 베버리지 보고서는 가난, 질병, 무지, 불결, 나태라는 다섯 가지 거대한 악의 근절을 목표로 삼았다. 전후 노동당 정부는 연속적인 입법을 통해 이러한 구상을 구체적인 행동으로 전환하기 시작했다. 몇몇 주요한 법령은 보편적 복지 국가의 초석을 놓았다. 1944년에 이미 전시 정부는 학교 부족 문제를 해결하기 위해 교육법을 제정했고, 1946년에는 대중의 건강 증진을 위한 국민보건법을 제정했다. '가난'을 다루기 위해 제정된 1946년의 국민보험법에는 실업, 질병, 퇴직, 사별 등에 따른 소득 손실을 방지하기 위한 시책이 마련되었다. 1948년의 국민부조법은 국민보험법의 적용을 받지 않는 사람들에게 자산 조사를 거쳐 원조를 제공하도록 했으며, 이전의 구빈법은 사라지게 되었다. 가족의 필요(1945년 가족 수당법)와 주거 조건 향상(1946년 신도시법)을 위한 법률도 제정되었다.

영국의 복지 국가는 특정한 조건에서 사회의 본질에 관한 통념에 따라 만들어졌다. 복지 국가 건설의 전제는 삼중적이다. 첫째, 복지 국가는 노동을 유급 노동과 동일한 것으로 여겼고, 완전 고용이 가능하다는 신념에 근거하고 있었다. 따라서 복지는 실업이나 장애와 같은 불운 때문에 시장경제의 외부에 놓이게 된 사람들의 필요를 충족시키는 것으로 규정되었다. 이와 관련해 복지 국가의 이상은 아내가 집에 머물고 남성이 수입원으로서 가족을 부양한다는 가부장적 가족 개념에 입각했다.

둘째, 복지 국가는 국민적 연대를 촉진하는 것으로 간주되었다. 복지 국가는 모든 인구를 공통된 서비스에 연관시킴으로써 국민을 통합시킨다는 것이다. 복지는 국가와 시민들 간의 결합을 강화하는 수단이었다. 셋째, 복지 국가는 생애과정에서 자연스럽게 발생하는 위험을 관리하려고 한다. 이런 의미에서 복지는 예기치 않은 미래에 발생할 수 있는 잠재적 문제에 대비하기 위해 들어 두는 보험의 한 유형으로 볼 수 있다. 따라서 국가 차원의 사회적 그리고 경제적 삶에서 발생하는 실업, 질병, 여타 다른 불행은 관리될 수 있다.

이러한 원칙은 1945년 이후 30여 년 동안 나타난 복지 국가의 엄청난 확장을 뒷받침했다. 제조업이 성장하면서, 복지 국가는 노동 계급의 요구뿐 아니라 건강한 노동력에 의존하는 경제 엘리트의 요구도 만족시키면서 성공적인 계급 '타협'을 상징했다. 하지만 1970년대에 이르러 제도적 복지와 잔여적 복지 진영 간의 정치적 격차는 점점 더 분명해졌다. 그럼에도 1990년대에 들어서면서 복지 국가가 상당한 개혁이 필요하다는 것을 좌파와 우파 모두 인정했다.

복지 국가의 개혁: 1979~1997년

복지 국가의 목적에 대한 정치적 합의는 복지 국가를 끌어내리려 시도했던 영국의 마거릿 대처Margaret Thatcher와 미국의 로널드 레이건Ronald Reagan 정부가 들어선 1980년대에 붕괴되었다. 몇 가지 비판이 복지 삭감 시도의 핵심을 차지했다. 첫째는 폭증하는 비용에 관한 것이었다. 전반적인 경기 침체, 증가하는 실업, 거대한 관료제의 대두는 복지 지출이 지속적으로, 그것도 전반적인 경기 확장 수준보다 빠르게 증가한다는 것을 의미했다. 복지 삭감 옹호론자들은 복지 체계에 부과된 과중한 재정 압박을 지적하면서 복지 지출에 대한 논쟁을 이어 갔다. 정책 결정자들은 '인구학적 시한폭탄'의 잠재된 폭발력을 강조했다. 인구 고령화에 따라 복지 서비스에 의존하는 사람 수는 증가하는 데 반해, 체계를 부양하는 노동 적령기의 청년들은 줄어들고 있다. 이것이 잠재적인 재정 위기의 신호였다.

> 전 세계적 차원의 인구 고령화는 제9장 〈생애과정〉에서 논의된다.

두 번째 비판은 복지 의존성이라는 통념과 연관되어 있다. 앞서 언급한 미국의 찰스 머레이 같은 기존 복지 체계의 비판자들은 독립적이고 의미 있는 삶을 꾸릴 수 있도록 의도된 국가 부조가 오히려 사람들을 의존적으로 만든다고 주장한다. 그들은 삶에 대해 체념적이고 수동적인 자세를 취하면서 물질적으로뿐 아니라 심리적으로도 복지 급여에 의존한다. 증가하는 복지 의존적 하위 계급에 관한 머레이 등의 연구는 1980년대와 1990년대 복지 제공에 관한 정치적·정책적 논쟁을 틀 지었다.

영국의 보수당 정부는 공공복지의 책임을 국가로부터 민간 부문, 자원봉사 부문, 지역 공동체로 전환하는 다수의 복지 개혁을 단행했다. 이전에 국가가 높은 수준으로 제공했던 서비스들은 민영화되거나 더욱 엄격한 자산 조사 후 제공되었다. 이러한 사례 중 하나가 1980년대의 공영주택 민영화다. 1980년 주택법은 공영주택의 임대료를 상당 수준 인상하도록 했는데, 이는 공영주택을 대규모로 팔아 치우기 위한 포석이었다. 잔여주의로의 선회는 자산 조사를 거쳐 주택 급여를 받는 선 바로 위에 있는 차상위층에게 극심한 타격을 입혔다. 그들은 더 이상 공공 주택을 보조받지 못하게 되었고, 그렇다고 시세대로 임차료를 지불할 여력도 없었기 때문이다. 비판자들은 공영주택의 민영화가 1980년대와 1990년대에 홈리스들의 증가에 상당한 영향을 미쳤다고 주장한다.

복지 지출 삭감과 효율성 증가를 위해 공공 서비스 공급에 시장 원리를 도입하는 방식도 시도되었다. 보수당 정부는 의료와 교육 같은 서비스에 어느 정도 경쟁을 주입함으로써 선택의 폭을 넓히고, 수준 높은 서비스의 질을 보장할 수 있다고 주장했다. 소비자들은 학교나 의료 기관을 선택함으로써 사실상 '발로 하는 투표vote with their feet'를 할 수 있는 것이다. 표준적인 서비스를 제공하던 기관들은 기업처럼 서비스의 질을 향상시키거나 문을 닫아야 할 것이다. 비판자들은 공공 서비스 내에 형성된 '내부 시장'이 모든 시민에게 균등한 서비스를 제공한다는 가치를 보호하기보다는 서비스 질의 저하와 서비스 공급 체계의 계층화를 초래할 것이라고 공격했다.

1980년대 보수당 정부는 복지 국가의 축소에 어느 정도로 성공했는가? 크리스토퍼 피어슨Christopher Pierson은 『복지 국가는 해체되는가?In Dismantling the Welfare State?』(1994)에서 영국과 미국의 복지 '축소' 과정을 비교해 복지 국가가 보수적 정당의 집권 기간에도 비교적 손상되지 않았다고 결론지었다. 비록 두 행정부는 복지 지출을 크게 삭감하려는 의지를 표명하면서 집권하게 되었지만, 복지 축소를 저해하는 장애물들이 너무 많아 양국 정부 모두 이를 극복하지 못했다고 피어슨은 주장했다. 그 이유는 사회 정책이 오랫동안 전개된 방식과 관련된다. 복지 국가와 그 제도들은 등장할 때부터 특정 지지층을 만들어 낸다. 예를 들어 노동조합이나 아동 빈곤 행동 집단 같은 자원 단체들은 복지 급여를 삭감하려는 정치적 시도들을 적극적으로 막았다. 그 결과 사회적 지출 수준과 복지 국가의 핵심적 요소는 그대로 유지되었던 것이다.

마거릿 대처와 연이은 보수당 정부들(1979~1997)의 사회 정책은 '낙수 효과' 이론에 의해 뒷받침되었다. 이 이론에 따르면 개인과 법인에 대한 감세 정책으로 높은 수준의 경제 성장이 가능해질 것이고, 이러한 성장의 과실은 빈곤층에게도 '흘러내릴 것'이다. 이와 유사한 정책은 미국에서도 실행되었다. 하지만 '낙수 효과' 명제를 뒷받침하는 증거는 존재하지 않았다. 그러한 경제 정책이 경제 성장을 가속화했을 수는 있다. 하지만 그것은 또한 빈곤층과 부유층 간의 격차를 더욱 확대하고, 빈곤층의 숫자를 더욱 증가시키는 경향이 있다.

비판적으로 생각하기 THINKING CRITICALLY

지금까지의 논의로 봤을 때, 포괄적인 복지 국가가 의존 문화를 창출하는 경향이 있다고 할 수 있는가? 에스핑안데르센의 (위에서 논한) 세 가지 복지 체제 유형(1990)을 기준으로 할 때 어떤 나라들에서 복지 의존 수준이 가장 높을 것 같은가? 그들 사회가 국가 복지에 의해 특히 손상되었다고 할 만한 증거는 무엇인가?

복지 국가의 개혁: 1997~2010년

복지 개혁은 1997년에 정권을 탈환한 노동당 정부의 최우선 과제였다. 복지에 대한 보수당의 비판에 부분적인 동의를 표하면서(그리고 전통적 좌파 정치세력과 단절하면서), '신노동당은 의료와 교육의 증진뿐만 아니라 빈곤과 불평등에 대처하기 위해서도 새로운 정책이 필요하다고 주장했다. 노동당 정부는 종종 복지 국가를 문제의 일부로 보았다. 복지 국가는 의존성을 초래하고, 빈곤층을 '올려 주는hand-up' 대신 '거저 주기hand-out'만 했을 뿐이라는 것이다.

대신에, 노동당은 '구'좌파 정치와 대처 정부의 '신'우파 정치를 모두 뛰어넘을 수 있는 '제3의' 길을 추구하면서 빈곤의 근원을 제거하고자 했다. 이 과정에서 최소한 처음에는 세계화 시대에 맞게 좌파 정치를 현대화시키려고 시도한 앤서니 기든스(1994, 1998)의 구상 일부를 차용했다. 여기에는 시민 사회의 강화, 민족국가에 집중된 권력의 탈중심화와 이를 통해 모든 정책 분야에서 문화적 다양성을 포용하려는 시도가 포함되었다. 또한 불평등보다는 사회적 배제에 초점을 맞추고, 공공 서비스 공급에 역동적 요소를 부가하기 위해 민간 부문을 활용해 '사회 투자 국가'를 창출한다는 내용도 담겨 있었다.

개인주의, 소비주의, 세계화 시대에 뒤떨어진 구좌파의 정책들을 거부하면서, 노동당은 '신좌파'의 정치적 입지와 강령을 만들어 내기 위해 노력했다. 예를 들어 노동당은 복지 체계가 처한 핵심적 어려움 가운데 하나는 그것이 창출될 수 있었던 조건들이 더 이상 존재하지 않는 데 있다고 주장했다. 복지 국가는 많은 가족들이 노동하고 '가족 임금'을 벌어 오는 남성에 의존할 수 있었던 완전 고용 시기에 성립되었다. 하지만 1990년대에 이르면서 가족 구조의 변화로 남성 생계 부양자의 가부장적 관점이 적합성을 상실해, 상당수의 여성들이 노동력으로 편입되었고, 한 부모 가구의 증가는 복지 국가에 새로운 요구들을 제기했다. 여성의 수입은 가구 소득에 통합되어 왔고 그들의 수입의 영향은 엄청난 무게를 갖는다. 물론 맞벌이 가구, 특히 아이가 없는 가구의 성공은 소득 분배의 변화하는 유형에서 가장 중요한 요소 가운데 하나다.

처음부터, 노동당 정부는 '적극적 복지'를 강조하면서 권리와 책임 모두에 기반을 둔 국가와 시민 간의 새로운 '복지 계약'을 추진하려 했다. 노동당은 국가의 역할이 실업 상태에 있는 시민들을 재정적으로 지원하는 것이 아니라, 그들이 일할 수 있도록 도움을 주고 그럼으로써 스스로 안정적인 수입을 확보하도록 하는 것이라고 보았다. 동시에 노동당은 시민들에게 분배를 마냥 기다리기보다는 자신이 처한 환경을 개선시킬 책임을 지도록 요구했다. 일을 하도록 만드는 것이 빈곤을 줄이는 중요한 수단 중 하나라고 믿었기 때문에, 고용은 노동당의 사회정책에서 하나의 주춧돌이 되었다. 노동당 정부가 도입한 중요한 개혁 중 하나가 바로 소위 노동 연계 복지 프로그램이었다(〈사회학적으로 상상하기 13-2〉 참조).

노동당 정부는 노동 연계 복지 프로그램뿐만 아니라 저임금 노동자들의 소득을 끌어올리기 위한 방법도 사용했다. 1999년에는 최저임금 제도가 도입되었으며, 아동 빈곤을 2010년까지 절반으로 줄이고 2020년까지 완전히 근절하겠다는 선언이 있었다. 2006년까지 60만 명의 아동이 빈곤에서 벗어났다. 그러나 앞에서 보았듯 2010년까지 아동 빈곤은 단지 4분의 1 정도 감소했을 뿐이다. 심지어 2010년까지 아동 빈곤을 절반으로 줄인다는 10개년 계획이 성공했다고 하더라도 그 수준은 마거릿 대처가 수상이 되던 1979년 수준보다 여전히 높았을 것이다(Flaherty et al. 2004). '아동빈곤법 2010'의 목표를 달성하려면 분명 특단의 조치가 필요할 것이다.

비판자들조차 노동당 복지 정책의 일부는 성공적이었다고 받아들인다. 사람들, 특히 청년들의 구직 활동을 돕고 공공 서비스의 재원을 늘리는 것을 도왔다. 그러나 복지에 대한 노동당의 접근법은 보다 가혹한 평가를 받았다. 복지 수혜를 적극적 구직 활동이나 인터뷰 출석과 연계시키는 시도들은 '비굴한 조건부' 지원으로 묘사되었다. 이것이 결국 시민의 '권리' 원칙을 침해한다는 것이다(Dwyer 2004). 노동당 정부의 노동 중심 프로그램들(그리고 몇몇 유럽 국가들의 다른 프로그램들)은 앞서 언급한 '사회적 포괄'을 명목으로 추진했다. 그러나 어떻게 배제가 역사적으로 노동당 집권기 정책 프로그램들의 기초를 형성한 사회적 불평등의 기저 문제들과 관련되어 있는지는 불분명하다.

루스 레비타스Ruth Levitas는 『포괄적 사회The Inclusive Society』(2005)에서 1997년 이래 노동당 정부가 사용한 세 가지 주요 담론, 즉 복지 정책을 논의하고 틀 짓는 세 가지 방식을 연구했다. 첫째, 노동당은 사회적 배제가 빈곤과 사회적 불평등의 원인이 아니라 결과에 해당한다는 재분배주의 담론을 택했다. 둘째, (앞서 찰스 머레이의 논의에서 살펴본 바와 같은) 하위 계급에 대해서는 그녀가 도덕주의라고 칭한 담론을 택했다. 이러한 담론에서 사회적으로 배제된 사람들은 그들이 처한 상황에 대한 책임이 있기 때문에 비난받으며, 때때로 그들은 독특한 특징을 지닌 별난 집단으로 간주되는 경향이 있다. 셋째, 레비타스는 노동당이 사회적 배제에 대한 해결책으로 노동시장 참여를 독려하면서 사회적 배제와 사회적 포괄을 고용과 연계시키는 사회통합주의 담론을 구사했다고 지적한다.

레비타스가 제기하는 핵심 쟁점은 노동당의 담론과 정책이 노동당에서 역사적으로 지배적인 관점이었던 복지에 대한 재분배주의적 접근법에서 이탈했고, 이전 보수주의자들의 접근과 적은 차이만 갖게 되었다는 점이다. 이것은 사회적 배제를 사회적 불평등 문제에서 분리시키고, 부유층과 빈곤층이라는 구분 대신 배제된 자와 포함

노동 연계 복지 프로그램에 대한 평가

사회학적으로 상상하기 13-2

1997년부터 노동당 정부는 사람들이 복지에서 노동으로 이동하도록 하기 위해 수많은 정책들을 추진했다. 장애인, 장기 실업자, 청년층, 50대 이상 연령층 같은 집단들을 위한 '뉴딜' 프로그램이 도입되었다. 유사한 프로그램이 한동안 미국에서도 존재했고, 그 함의가 연구되기도 했다.

대니얼 프리들랜더Daniel Friedlander와 게리 버틀리스Gary Burtless는 복지 수혜자들이 구직에 나서도록 장려하는 네 가지 종류의 미국 정부 주도 프로그램을 연구했다(1994). 프로그램들은 대체로 비슷했다. 일자리를 구하는 테크닉을 가르쳐 주고, 교육과 훈련 기회를 제공하며, 적극적으로 구직 활동을 하는 복지 수혜자들에게 재정적 급여를 제공했다. 표적 집단은 주로 미국에서 현금 지출이 가장 큰 복지 프로그램인 '부양자녀가족 지원 제도'의 수혜 가구에 속한 한 부모 가장들이었다. 프리들랜더와 버틀리스는 이들 프로그램이 목표를 달성했다고 보았다. 프로그램 대상자들은 그렇지 않은 사람들보다 더 빨리 고용되거나 일을 할 수 있었다. 네 가지 프로그램 모두에서 산출 소득은 프로그램의 순 비용보다 몇 배 이상 컸다. 그러나 이들 프로그램은 가장 큰 도움을 필요로 하는 집단인 장기 실업자들에게는 거의 효과가 없었다.

미국의 노동 연계 복지 프로그램이 복지 요구를 대략 40퍼센트 정도 줄이는 데 성공했지만, 몇몇 통계학자들은 그 결과가 전적으로 긍정적인 것만은 아니라고 주장한다. 미국에서 복지 수혜가 중단된 사람들 중 약 20퍼센트는 일하지 않으며 독립된 소득원이 없다. 직장을 얻은 사람들의 거의 3분의 1가량이 1년 내에 다시 복지를 요구한다. 일자리를 갖게 되어 복지를 받지 않게 된 사람들의 3분의 1에서 절반 정도가 이전 복지 수당보다 적은 소득을 올린다.

미국에서 노동 연계 복지 프로그램이 가장 먼저 도입된 위스콘신주에서는 복지를 받지 않게 된 사람들의 3분의 2가 빈곤선 이하의 삶을 살고 있다(Evans 2000). 비판자들은 이러한 발견을 언급하면서 복지 수혜자의 절대적 숫자 감소라는 표면적 성공이 복지 혜택을 상실한 사람들이 겪는 어려움을 은폐하고 있다고 주장한다.

사회적 배제에 맞서기 위해 도입된 지역 활성화 구역의 실효성에 의문을 제기하는 사람들도 있다. 그들은 빈곤과 박탈이 지정된 지역에만 집중된 것이 아님에도 다수의 정부 프로그램은 마치 모든 빈곤층이 모여 사는 것처럼 간주한다고 주장한다. 영국에서 정부 소속의 '사회적 배제 분과'의 자료에는 노동당이 권력을 잡은 1997년에 전체 실업자의 3분의 2가 가장 빈곤한 지역 44곳 이외의 곳에 살고 있었다는 내용이 실려 있다. 회의론자들은 너무 많은 사람들이 지정된 활성화 지구 경계 바깥에 거주하기 때문에 지역화된 프로그램이 전국적인 빈곤 퇴치 전략을 대체할 수는 없다고 지적한다.

비판적으로 생각하기

THINKING CRITICALLY

노동 연계 복지 프로그램이 모든 사회집단의 구직 활동을 도울 수 있다고 기대하는 것이 현실적인가? 이러한 프로그램이 장기 실업자의 구직에 도움이 되지 않는 이유가 무엇이라고 생각하는가? 일 년 이상 실업 상태에 있는 사람들이 직면하는 곤란함을 열거해 보자. 정부는 이러한 곤란함을 제거하기 위해 무엇을 할 수 있는가?

된 자라는 구분을 부각시켜, 부유층이 사회 전체에 대해 갖는 책임을 성공적으로 회피할 수 있게 해준다. 유사하게, 맥그리거는 노동당이 빈곤층의 용납할 수 없는 행동을 주로 다루었다고 주장했다(2003: 72). 노동당은 실업자들을 '자격 있는' 집단과 '자격 없는' 집단으로 구분하려고 했으며, 순수한 '난민'과 '경제적 이민자'를 구분하려 했다. "이는 부유층, 중산층, 그렇게 빈곤하지 않은 층에서 나타나는 약물 복용, 부정, 사기, 속임수, 기타 인간적 결함을 무시한 채 빈곤층 사이에서 나타나는 악행에만 집중하게 한다."

유명인들의 마약 복용은 번쩍거리는 종이 잡지들을 위한 오락거리의 출처가 된다. 그러나 약물 중독의 부정적 측면들은 빈곤하고 사회적으로 배제된 자들과 관련되어 있고 그들 집단이 경찰 조사의 목표가 되도록 한다.

긴축 시대의 복지 국가: 2010년~현재

2010년 총선에서는 분명한 승자가 없었기 때문에 '다수당 없는' 또는 '균형 잡힌' 의회가 구성되었다. 그 대신 보수당과 자유민주당이 신정부의 노선과 핵심 정책의 대강에 관한 합의에 기초해 연합 정부를 구성했다. 최우선 과제는 정부 부채의 감축이었다. 이 문제는 부분적으로 공공 서비스와 국가 복지 공급의 근본적인 개혁에 의해 이루어질 것이었다. 물론 복지 개혁은 이전의 노동당 정부들에서도 중심적인 것이었지만, 2008년 금융 위기와 뒤이은 경기 침체 그리고 정부 지출 삭감 필요성에 대한 인식의 확산은 연합 정부에 영국의 복지 국가를 재고할 수 있는 강력한 추동력을 빠르게 얻을 수 있게 했다. 테일러구비Taylor-Gooby는 영국 복지 국가는 공공 영역 도처에서 서비스들의 파편화 및 사적 공급의 증가로 이어진 가혹한 지출 삭감들과 재구조화 프로그램들의 결과, 이중의 위기를 맞이했다고 주장한다(2013).

개혁의 근간에는 '노동은 대가를 받아야 한다'는 생각이 자리 잡고 있다. 다시 말해, 사람들은 일하지 않고 복지에 의존해 살 때보다 노동을 할 때 항상 더 나은 삶을 살 수 있어야 한다는 것이다. 노동 및 연금 비서인 이언 던컨 스미스는 그가 2004년 설립한 싱크탱크인 사회정의센터the Centre for Social Justice, CSJ를 통해 복지 개혁에 관한 작업을 지속해 왔다. 사회정의센터의 간행물 중 『역동적 복지 급여Dynamic Benefits』(2009)는 현 정부의 복지 정책을 틀 짓는 데 각별히 큰 영향을 미쳤다(King 2011: 105). 자문 활동 기간에 이어(2010년 6월 출간된 노동연금부의 『21세기 복지21st Century Welfare』 참조) 던컨 스미스는 신 통합 급여New Universal Credit라는 구상을 통해 현재 복지 개혁의 중심축을 세울 것이다.

던컨 스미스는 새로운 체계가 노동과 경력을 추구하는 사람들에게 불이익이 아니라 언제나 보상을 제공할 것이라고 주장했다. 통합 급여는 사람들이 복지 급여에서 노동으로 이동하도록 하고, 점진적으로 복지 급여를 줄여감으로써 더 많은 소득을 거두도록 허용한다. 관련된 목표는 수혜 체계를 단순화해서 이해하기 쉽고 행정가들의 비용을 줄이며, 개인들이 그들에게 할당된 복지 수혜를 받는 것을 돕고 사람들이 '체계를 가지고 놀거나' 사기칠 기회를 줄이는 것이었다. 이를 위해 신통합 급여는 여섯 개의 소득 연관 급여를 대체해 2013년부터 새로운 청구자들을 대상으로 단계적으로 시행된다(DWP 2010: 14). 통합 급여는 소득에 연관되어 있기 때문에 정부는 이러한 변화가 근로 가족들의 빈곤 수준을 낮추는 데 일조할 것이라고 주장했다.

2012년의 복지 개혁법은 그 외에도 다수의 변화들을 포함하고 있었다. 연간 2만 6천 파운드의 수혜 상한선은 가구들이 받을 수 있는 복지의 총량을 제한했다. 이것은 가구들이 근로 가구의 중위 소득(세후)보다 더 많은 소득을 복지에서 얻지 못하도록 하겠다는 목표로 입안된 것이다. 그러나 여기에는, 특히 런던에서 매우 비싼 주거비와 생활비의 지역 간 편차가 고려되어 있지 않다. 아동 수당은 가족 내 연간 5만 파운드의 소득을 올리는 경우에도 계속해서 지불되지만, 그것은 소득세 인상을 통해 효과적으로 거두어질 것이다. 간접적으로, 이러한 움직임은 장기간 지속되어 온 복지 수혜의 보편성을 끝낸다. 장애 수당 또한 2013년부터 기존 장애 생활 보호 제도를 대체해 새롭게 도입되는 개인 독립 급여Personal Independence Payment, PIP에 근거해 변화했다. PIP는 비非자산조사 급여로 남지만, 수혜자들은 개인적 필요에 관해 새로운 '객관적 평가'를 맞이하게 되었다.

논쟁적인 새로운 측정법들 중 하나는 위원회와 주택조합 세입자에게 지불되는 주거 수당의 변화였다. 정부는 예비 침실을 가진 사회적 주거 세입자는 효과적으로 '예비 침실 보조금'을 받았다고 주장했다. 이것은 만약 세입자가 '너무 많은' 침실을 갖고 있다면 주거 수당을 줄였다. 예를 들어 주거 수당은 하나의 침실에 대해서는 14퍼센트, 두 개 혹은 그 이상의 '미사용 침실'에 대해서는 25퍼센트를 줄여 사람들이 주거비를 부분적으로 지불하도록 강제했다. 비판자들과 노동당 반대파들은 친척들이 간헐적으로 그들의 예비 침실(들)을 이용하는 노인들과 장비의 저장이나 간병인이나 조력자가 밤새 머물 수 있는 예비 침실들을 필요로 하는 장애인들에게 특별히 가혹한 영향을 줄 것이라고 보며, 이것에 불공정한 '침실세'라는 별명을 붙였다.

보수당이 다수를 차지한 2015년 영국 총선거는 이전의 연합 정부에서 추구되었던 복지 개혁에 대한 중심적 취지가 계속되리라는 것을 보장했다. 이것은 복지 예산에서 120억 파운드를 더 삭감하고, 복지 국가를 축소하는 전략을 계속하는 계획이었다. 사적 주택조합 세입자들이 그들이 빌린 집을 시장 가격보다 싸게 사도록 하고, 위원회들로 하여금 그들의 가장 가치 있는 집들을 팔도록 강제하는 정책의 윤곽을 잡으면서, 새 정부는 마거릿 대처의 사유화 정책을 지속하는 분명한 선을 확립했다. '국가적 생활 임금'이라는 새 이름표를 단, 시간당 7.2파운드에서 9파운드로 인상된 최저임금의 증가 발표는 또한 보수당의 핵심 주제인 '노동의 대가 만들기'를 계속하는 것이다(Stewart 2015).

복지 국가 개조하기

1945년 이후의 근대적 복지 국가는 남자가 '가족 임금'을 요구하는 '생계부양자'로 인식되던 경제 재건과 산업적 발전 시기에 만들어졌다. 21세기에 유럽 사회들은 그러한 조건으로부터 멀리 이동해 왔고, 그 결과로 복지 국가들은 오랜 시간에 걸쳐 꽤 많이 변했다. 헤메릭Hemerijck은 외인성, 내생성, 역사성, 초국가성, 정치성의 다섯 가지 주요 사회적·경제적 변화는 정부들이 전 세계적 맥락에 적절할 새로운 복지 국가 모델을 찾도록 밀어붙일 것이라고 주장한다(2013: 15).

주요 외인 요소는, 특히 유럽의 재분배적 복지 국가들의 안정성에 대한 새로운 도전들을 제시하는 경제들의 출현으로부터 나타나는, 국제 경쟁의 심화다. 내생적 요소들은 제조업으로부터 서비스들로의 경제적 변화, 노동의 여성화, 고숙련 노동시장들과 고용 관계들의 파편화, 그리고 건강 서비스와 장기적 돌봄의 더 높은 수요를 가져오는 기대 수명의 증가와 인구의 고령화를 포함한다. '구사회적 위험'의 역사적 유산은 공적 자금의 큰 총합이 여전히 실업 보험, 장애 수당들 그리고 상대적으로 후한 노령 연금을 향하도록 하고 있어, 긴축 정치의 시대에 새로운 정책적 도전을 다루기 위해 가용한 자원을 제한한다. 유럽연합의 초국가적 제도들은 국가 수준의 복지 국가들이 그들의 국내 수요들을 관리할 능력에도 영향을 미친다. 매우 현실적인 의미에서 복지 국가는 '절반의 주권'만을 갖게 되었다(Ferrera 2005). 정치적 도전들은 정당 충성도의 잘 확립된 쇠퇴, 선거의 변덕성, 반反이민자 감성과 함께 증가하는 유럽연합 통합에 대한 반감의 증가, 확산으로부터 온다. 모두가 2016년 영국의 유럽연합 탈퇴를 결정한 주민투표에서 유의미한 요소들이었다. 이러한 변화들의 결과 중 하나가 국내적 복지 국가 제공의 내향적 방어 경향이 발달되고 있다는 것이다.

이러한 다섯 가지 요소가 집합적으로 복지 국가에 대한 근본적 개혁이 이루어져야 한다는 압력을 증가시킨다. 영국의 사례는 어떻게 긴축의 정치와 담론이 복지 지출의 감축, 적격 수급자의 수 제한 그리고 사람들을 복지 바깥의 분절화되고 불안정성이 증가하고 있는 노동시장으로 옮기는 것을 목표로 하는 측정법들을 위한 광범위한 대중적 지지를 얻어 왔는지 예증한다. 그러나 주목되어 왔듯이, 외견상 몇십 년 동안 계속되어 온 복지 개혁 과정에서도 복지 국가는 근본적인 변화에 대해 현저한 회복력이 있는 것으로 입증되어 왔다(Pierson 2011). 이것은 복지 정책이 현상을 유지하고 급진적인 정책 변화의 실험을 선거상 위험하게 하는 이해관계 집단들을 만들어 내기 때문이다. 일종의 내재된 관성이다.

그럼에도 불구하고 2008년 이후의 유럽 민족국가들의 부채 위기와 확산되는 정부 총수입 감소는 공공연하게 국가 복지를 비난하고, 복지 수혜를 '얻어 내려는 자'들을 악마화하며, 공적 복지 제공에 비해 사적 복지 제공을 특권화하고, 국가 개입을 끌어내리는 것을 적극적으로 촉진하는 조건들을 만들어 왔다. 리스터Lister는 우리가 '책임의 시대'에 들어섰다고 주장한다(2011). 사회 정책은 사회에서 가장 가난한 자들에게 '책임감 있는' 시민들로서 의무들을 느끼고 다하도록 고무하기 위해 더 많이 사용된다. 그러나 우리는 복지 국가의 변화에 대한 저항이 가장 약하고 영국과 같은 국가들이 진정 새로운 방향, '미국보다 낮은 개입 수준으로 국가를 끌어내리는, 그런 전례 없는 역사적인 순간을 목도하는 중인지도 모른다(Taylor-Gooby and Stoker 2011: 14).

1 빈곤의 절대적 정의와 상대적 정의의 차이에 대해 설명해 보자. 그리고 그것들을 보여 주는 현실 세계의 사례들을 제시해 보자.

2 빈곤선이 무슨 뜻인가? 이 개념을 유럽연합과 영국 정부에서 각각 정의하는 방식을 비교해 빈곤선 개념에 어떤 문제가 관련되어 있는지 기술해 보자.

3 사회 구성원들에게 무엇이 빈곤을 구성하는지 정의하도록 하는 것의 주요한 장점과 단점은 무엇인가? 주관적인 측정들이 우리의 빈곤에 대한 이해에 도움을 주는 것이 무엇이라 기대할 수 있는가?

4 아동 빈곤은 오랫동안 지속된 사회적 문제로 입증되어 왔다. 아동기 빈곤의 결과는 무엇이며 왜 근절하기가 어려운가?

5 오늘날 선진국에서의 빈곤에 대한 두 가지 대립하는 설명을 요약해 보자. 이것들은 서로에 대한 대안적 설명인가 혹은 그것들의 요소는 더욱 강력한 설명적 틀을 만들어 내기 위해 결합될 수 있는가?

6 사회적 배제를 정의하고 그것들과 관련된 주요 양상들을 요약해 보자. 사회적 배제는 어떻게 빈곤과 연관되는가? 사례와 함께, 어떻게 상호 교차성의 개념이 현실 세계에서의 사회적 배제를 우리가 더 잘 이해할 수 있도록 해줄 수 있는지 설명해 보자.

7 '복지 국가'란 무엇이며 복지 국가 모델은 왜 확산되었는가? 복지 국가에 관한 논쟁에서 제도주의자들과 잔여주의자들 사이의 차이는 무엇인가?

8 영국 복지 국가의 형성과 발전 과정에 있었던 주요한 순간들을 열거해 보자. 영국 모델은 다른 유럽의 버전들과 어떻게 다른가?

9 1970년에 1948년 이후 시기의 복지 합의는 무너졌다. 1979년 이후 복지 국가의 미래에 대한 논쟁들에서는 어떤 일들이 있었는가?

10 2015년 보수당의 당선과 긴축 정치에의 초점을 고려할 때, 영국 복지 개혁 논의에서 잔여주의적 관점이 명백히 승리했다고 말할 수 있는가?

우리가 이 장에서 보아 온 대로, 빈곤에는 두 가지 주요 설명이 있다. 개인적 설명과 사회-구조적 설명. 그러나 사회과학자들만 이 두 관점 중 하나를 고수하는 것이 아니다. 사회의 모두가 왜 어떤 사람들은 가난한지, 그들을 빈곤으로부터 구하기 위해 무엇을 할 수 있고 해야 하는지에 관한 의견을 갖는다. 그러나 빈곤에 대한 일반적인 공적 태도들과 국내적 복지 국가 체제의 유형 사이에 관련이 있는가? 다음 논문은 이러한 질문을 탐색한다. 읽어 보고 질문을 해보자.

Kallio J., and Niemelä, M. (2014) 'Who Blames the Poor? Multilevel Evidence in Support for and Determinants of Individualistic Explanation of Poverty in Europe', *European Societies*, 16(1): 112~135.

1 이것은 어떤 종류의 연구인가? '다수준 증거'는 무슨 뜻인가?
2 북아메리카와 유럽은 빈곤에 대한 태도가 다른 것처럼 보이는데, 어떤 방식으로 다른가? 어떤 근거로 저자들은 그러한 표준적 관점을 비판하는가?
3 여기서 '빈곤'은 어떻게 측정되었는가? 빈곤의 정의에 어떤 요소들이 포함되었는가?
4 빈곤에 대해 개인들을 비난하는 정도가 가장 높은 국가와 가장 낮은 국가는 어디인가?
5 저자들은 "빈곤한 사람들에 대한 태도들은 복지 국가의 도덕 경제의 한 부분으로 보일 수 있다"라고 말한다. 이것이 무슨 뜻인지 설명하고 왜 이탈리아, 스페인, 헝가리 등은 이 논문에서 세워진 유형에 예외가 되는지 제시하라.

생각해 볼 것

●●● Thinking it through

2008년 금융 위기 이후, 많은 해설자와 정치가들은 우리가 공적 지출과 서비스의 삭감, 복지 수혜의 감축, 실업자들을 유급 고용하게 하는 데 초점을 두는 것을 특징으로 하는 '긴축 정치'의 시대에 들어섰다고 주장해 왔다. 그러나 영국에서 2020년까지 아동 빈곤을 근절하기 위한 약속과 손잡아 왔다. 2015년의 새정책연구소NPI에 의한 분석은 2013년부터 빈곤이 상승해 왔다고 제시했다. 아동 빈곤은 30만 명 정도 증가했으며, 이것은 빈곤 속에 살고 있는 영국 아동의 29퍼센트다. 이제 어떤 사람들은 2020년에는 지금 그러한 것보다 아동 빈곤이 더욱 높아질 것이라고 생각한다. NPI 보고서는 여기에서 다운로드하라.

http://npi.org.uk/files/5214/3031/5186/What_happened_to_poverty_under_the_Coalition_FINAL.pdf.

저자들이 빈곤의 개념을 어떻게 정의하고 사용하는지에 초점을 맞추어 장관들을 위한 이 보고서에 대한 천 단어로 된 평가를 작성해 보자. 특히, 상대적 빈곤에 대한 학문적 정의가 '빈곤 속에' 있는 것이 어떤 것인지에 대한 공중의 이해와 일치하지 않을 수 있는 방식을 논의하라. 자신의 결론에서, 정부의 2020년 목표가 어떻게 현재는 사라지게 됐는지 그 이유에 대한 설명의 틀을 지을 수 있는지 제시하라.

예술 속의 사회

●●● Society in the arts

최근 몇 년 동안 몇몇 정책 연구자들과 사회학자들은 빈곤이 시각 매체, 특히 텔레비전에 거의 등장하지 않으며, 가끔 등장하는 '빈곤층'은 게으름의 전형으로 재현되고 있고, 빈곤의 원인을 밝히려는 노력은 전혀 보이지 않는다고 지적했다. Owen Jones의 *Chavs: The Demonization of the Working Class* (London: Verso, 2011)는 노동 계급을 교육받지 못하고, 일하기 싫어하는 복지 급여 수혜자로 증오에 차서 묘사하고 언급하는 문제를 다룬다. 이 책의 서론(1~13)을 읽어 보자.
비록 존스는 무계급 사회라는 오도된 인식에 관해 폭넓은 주장을 제기하고 있지만, 텔레비전의 잘 알려진 'chav' 재현은 — *Misfits* (채널 4)의 Kelly Bailey, *Shameless* (채널 4)의 the Chatsworths, *Catherine Tate Show* (BBC)의 Lauren Cooper 등 — 대부분 가난하고, 실업자가 된 하위 계급이며, 빈곤한 삶을 산다. 그러나 이러한 재현들은 이전 버전의 문학 또는 예술보다 더 나빠지지 않았는가?
19세기 중반부터 후반까지의 그림들과 가상의 인물들에서 가난하고 빈곤한 사람들이 어떻게 재현되었는지 스스로 연구해 보자. 어떤 종류의 이미지와 상상들이 사용되는가? 가난한 자들은 동정받는 인물로 제시되는가? 사례를 통해 위에서 제시된 것과 같은 현대 텔레비전에 등장하는 인물들이 어떤 측면들에서 이전의 빈곤층 재현에 비해 개선됐는지 제시하는 주장을 구성해 보자. 어떤 면에서 그것들이 더 긍정적인가?

빈곤과 사회적 배제에 관한 주제들에 대한 입문서로는 Pete Alcock의 *Understanding Poverty* (3rd edn, Basingstoke: Palgrave Macmillan, 2006)가 매우 잘 쓰였고 신뢰할 만하다. Ruth Lister의 *Poverty* (Cambridge: Polity, 2004)는 모든 기초들을 다루고 있고, 사회적 배제와 포섭에 관한 토론을 포함한다. 최근의 Breadline Britain 조사로는 Stewart Lansley와 Joanna Mack의 *Breadline Britain: The Rise of Mass Poverty* (London: Oneworld, 2015)는 빈곤에 관한 최신의 설명과 그것에 대한 공적 인식을 제공한다.

사회적 배제 개념은 Ann Taket와 그 동료들이 쓴 *Theorising Social Exclusion* (London: Routledge, 2009)에서 더 깊이 탐색할 수 있으며, 이론들을 안내해 주고 많은 유형의 배제들을 모두 다루고 있다. 사례 연구와 시나리오들을 사용해 이론들의 뼈대에 살을 붙여 주는 유용한 책으로는 John Pierson의 *Tackling Social Exclusion* (2nd edn, London: Routledge, 2009)이 있다.

영국의 복지 발전에 대한 매우 신뢰할 만하고 많이 사용되는 설명을 얻고 싶다면 Derek Fraser의 *The Evolution of the British Welfare State* (4th edn, Basingstoke: Palgrave Macmillan, 2009)를 보기 바란다. 유럽 복지 국가에 대한 더 넓고 비교적인 관점은 Mel Cousin의 *European Welfare States: Comparative Perspectives* (London: Sage, 2005)에서 제공된다. 마지막으로 Christopher Pierson, Francis G. Castles, Ingela K. Naumann이 편집한 *The Welfare State Reader* (3rd edn, Cambridge: Polity, 2013)는 매우 유용한 자원이다.

관련 홈페이지

Internet links

- Additional information and support for this book at Polity
  www.politybooks.com/giddens
- Eurostat on Poverty and Social Exclusion
  http://ec.europa.eu/eurostat/statistics-explained/index.php/people_at_risk_of_poverty)or_social_exclusion
- Joseph Rowntree Foundation
  www.jrf.org.uk
- The Townsend Centre for International Poverty Research
  www.bristol.ac.uk/poverty
- The Child Poverty Action Group
  www.cpag.org.uk
- The Governance and Social Development Resource Centre
  www.gsdrc.org/go/topic-guides/social-exclusion
- OECD site on Social and Welfare Issues
  www.oecd.org/social
- The World Bank's Poverty Reduction and Equity site
  www.worldbank.org/en/topic/poverty

14

글로벌 불평등

Global Inequality

평등한 사회로 나아가고 있는가

글로벌 불평등
글로벌 불평등의 언어
경제 불평등 측정하기
글로벌 경제 불평등은 증가하고 있는가
인간개발지수의 동향

불평등한 삶의 기회
건강
기아, 영양실조, 기근
교육, 문맹률, 아동 노동

변화하는 인구
인구 분석: 인구학
인구 변화의 동학
인구 변천

빈국들은 부유해질 수 있는가
발전 이론
발전 이론 평가하기
변화하는 세계에서의 글로벌 불평등

평등에 관한 21세기 전망들

2011년 '시드니를 점령하라Occupy Sydney' 시위에 참가한 사람들의 모습.

2008년 글로벌 금융 위기를 계기로 기업의 탐욕과 부패에 맞서기 위해 시작된 2011년 9월 미국의 '월가 점령' 시위는 많은 국가로 퍼져 나갔다. 사람들은 다양한 쟁점들을 가지고 세계 도처에서 도시 중심을 점령하는 시위에 참여했다. 그러나 다양한 쟁점들 중에서 무엇보다 핵심이 되고, 이들 사이에서 되풀이된 주제는 개별 사회만이 아니라 전 세계적으로 부의 분배가 심각하게 불평등하다는 것이었다. 이러한 이들의 이야기가 상징적으로 표현된 것이 "우리는 99퍼센트다". 이러한 구호가 의미하는 것은 글로벌 불평등이 악화되고 있고, 전 세계 인구의 단 1퍼센트만이 99퍼센트 대다수의 사람들보다 더 많은 부를 축적하고 있다는 것이다.

개발 원조 단체인 옥스팜Oxfam은 2014년과 2015년에 두 편의 보고서를 발표해 '99퍼센트' 운동이 제기한 주장에 힘을 실어 주었다. 옥스팜은 세계에서 가장 부유한 85명이 전 세계 인구 50퍼센트의 부를 차지하고 있으며, 지난 30년 동안 부유층의 부는 계속 증가해 왔다고 추산했다(2014). 또한 이들은 금융 서비스 회사인 크레디트 스위스Credit Suisse에서 제공하는 자료를 인용해 1퍼센트의 사람들이 전 세계 부의 48퍼센트를 소유하며, 나머지 99퍼센트의 사람들은 전 세계 부의 52퍼센트만 소유하고 있음을 입증했다. 또한 "전 세계 부의 52퍼센트는 최상위 20퍼센트가 대부분 차지하고 있으며, 나머지 5.5퍼센트의 부만이 80퍼센트의 사람들에게 돌아간다"는 사실을 덧붙였다. 이러한 사실들을 바탕으로 보고서는 2016년에 이르러 가장 부유한 1퍼센트의 사람들이 나머지 99퍼센트의 사람들이 소유한 재산보다 더 많은 양을 차지하게 될 것이라고 예측했다(Oxfam 2015: 2).

이런 불평등한 현상이 사회를 불안정하고 지속 불가능한 상태로 만든다고 지적하는 것은 시위에 참여하는 사람들과 국제 개발 자선단체만이 아니다. 2014년 순자산 582억 미국 달러로 세계에서 네 번째로 부유한 워런 버핏Warren Buffet도 정부에서 "부유한 사람들을 감싸는 것을 중단하라"고 했다. 미국의 상황에 대해 워런 버핏은 다음과 같은 입장을 밝혔다(Buffet 2011).

> 이제까지 우리의 지도자들은 '희생의 공유shared sacrifice'를 요청해 왔다. 그러나 그들은 이러한 희생에서 나를 모면하게 해줬다. 나는 지도자들이 요청하는 고통이 과연 어느 정도인지 매우 부유한 친구들과 함께 확인해 보았다. 이 친구들도 나처럼 지도자들이 말하는 희생에서 제외되었다. 우리와 같은 엄청난 부자들은 빈곤층과 중산층이 아프가니스탄 전쟁터에 나가 싸우고, 대부분의 미국인이 겨우 먹고 살 만큼 버는 동안, 계속해서 놀라울 정도의 세금 감면 혜택을 누려 왔다…… 우리는 워싱턴에 있는 입법자들에 의해 이런저런 축복을 듬뿍 받고 있다. 이처럼 입법자들이 우리 부자들을 대하는 모습은 마치 점박이 부엉이와 같이 멸종 위기에 처한 동물들을 보호하기 위해 애쓰는 것과 유사해 보일 정도다. 이처럼 높은 지위에 있는 친구들과 어울리는 것은 참으로 좋은 일이 아니겠는가.

버핏은 또한 가장 부유한 사람들이 빈곤층과 중산층에 있는 대다수의 사람들보다 세금을 적게 내고 있는 상황이 더 이상 지속되어서는 안 된다고 주장했다. 그는 미국에서 100만 달러 이상 벌어들인 사람들(2009년에는 23만 6천8백83명)에 대한 소득세를 인상해야 하며, 1천만 달러 이상 버는 사람들(2009년에는 8천2백74명)의 경우에는 추가 증세 조치가 필요하다고 제안했다. 그러나 (2010년에) 마이크로소프트 창업자이자 2014년 기준 828억 달러 상당의 재산을 보유해 세계에서 가장 부유한 빌 게이츠Bill Gates는 "자본주의는 매우 잘 작동되고 있다"며 "누구든

페이스북 최고운영책임자인 셰릴 샌드버그Sheryl Sandberg는 2014년 『포브스』의 부자 순위에 올라 있는 172명의 억만장자 가운데 소수 여성들 중 한 명이다. 물론 여성 거부들의 숫자가 증가하고 있지만 아직까지는 소수다. 2014년 새롭게 등장한 268명의 억만장자 중 여성은 42명이었다.

북한으로 이주하기를 원한다면 말리지 않겠다"고 했다. 게이츠의 재산은 2013년에서 2014년 사이에만 90억 달러라는 엄청난 수치로 증가했다(Forbes 2014a).

2008년 금융 위기에 관한 논의는 제7장 〈일과 경제〉, 몇 가지 복구 정책들에 대한 내용은 제13장 〈빈곤, 사회적 배제, 복지〉를 참조하라.

최소 10억 달러의 개인적 부를 축적한 사람들은 21세기 자본주의가 확실히 '잘 작동되고 있다'고 느낄 수 있다. 2014년에 『포브스Forbes』지는 1천6백45명의 억만장자들이 2011년보다 거의 2조 달러가 많은 6조 4천억 달

가장 부유한 1퍼센트는 어디에 살고 있을까?

2015년 스위스 다보스에서 열린 세계경제포럼에 모인 정·재계 엘리트들은 불평등이 증가하고 있다는 말을 수차례 하며, '최상위 1퍼센트의 부자들'에 대해서도 많은 언급을 했다. '최상위 1퍼센트 부자들'이라는 문구는 개인 소유의 섬에 살고 있는 억만장자의 이미지를 연상시키지만, 과연 그들의 삶이 실제로 그러할까?

누구나 알다시피 빌 게이츠, 워런 버핏, 마크 저커버그는 최상위 1퍼센트에 포함된다. 그 밖에 또 누가 있을까? 크레디트스위스에 따르면, 추가적으로 4천700만 명의 사람들이 여기에 포함된다. 이들은 모두 79만 8천 달러(53만 파운드) 이상의 부를 가지고 있다. 여기에는 부유한 국가의 사람들이 상당수 포함된다. 최상위 1퍼센트에 포함된 이들은 특별히 자신이 부자라고 생각하지 않을지 모르지만, 이들은 모두 상당한 양의 담보 대출금을 상환한 사람들이다. 국가별로 살펴보면 다음과 같다.

미국 1천800만 명
프랑스 350만 명
영국 290만 명
독일 280만 명
일본 400만 명
중국 160만 명

그러나 크레디트스위스의 보고서 내용은 상황의 전모를 밝히지 않는다. 예를 들어 보고서에는 각 국가에서 물건을 사는 데 드는 비용이 어느 정도인지 고려하지 않았다. 50만 파운드로 런던 중심가에서는 한 개의 침실이 달린 집을 구할 수 있지만, 다른 나라에서는 대저택을 구입할 수도 있다. 보고서 내용은 소득 또한 고려하지 않았다. 이에 따라, 보수를 많이 받는 대다수의 서양 젊은이들은 하위 50퍼센트의 부에 속하는 것으로 분류될지도 모른다. 왜냐하면 이들에게는 아직 갚아야 할 학자금 대출이 있거나, 자신들이 어떻게 해야 더 나은 삶을 살 수 있을지 몰라 소득의 대부분을 지출하기 때문이다.

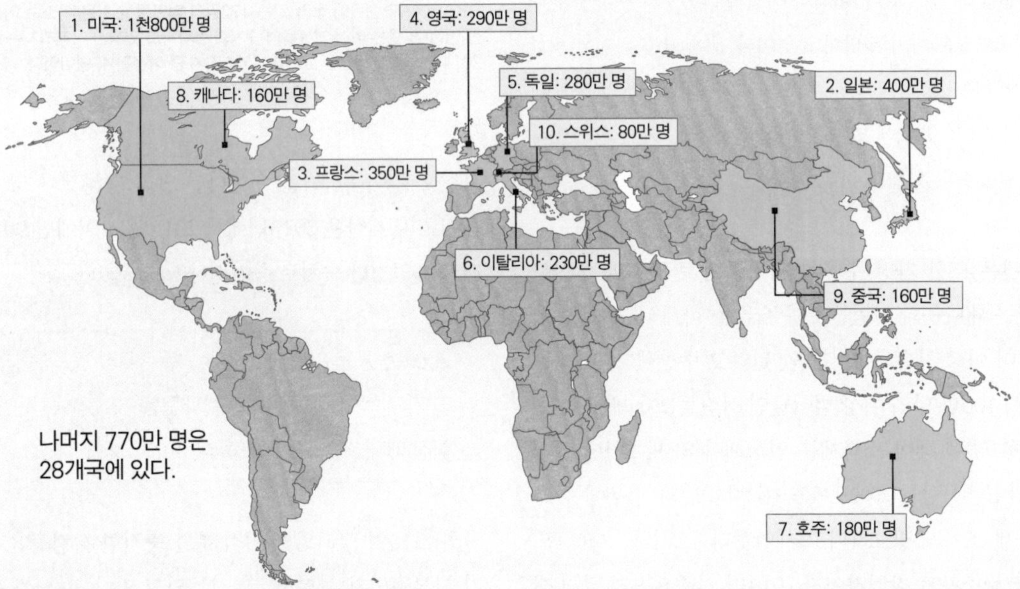

그림 14-1 국가별 4천700만 명의 최상위 부자들

출처: Credit Suisse Global Wealth Database 2014.

만약 상위 1퍼센트의 진입이 제트족jet-set의 생활방식까지 보장하는 것이 아니라면, 가장 부유한 사람들의 구분점을 최상위 10퍼센트로 하는 것이 사실을 더 잘 반영하게 될 것이다. 이 구분점에 도달하는 데는 7만 7천 달러(5만 파운드)의 자산만 있으면 된다. 그리고 세계에서 가장 부유한 사람들의 상층부에 이르는 데는 3천6백50달러(2천400파운드)의 자산만 있으면 된다.

출처: Moore 2015.

비판적으로 생각하기 THINKING CRITICALLY

세계에서 가장 부유한 10퍼센트의 일부가 되기 위해 요구되는 부의 수준을 감안할 때, a) 전 세계 개별 행위자들 간, b) 상대적으로 부유한 국가와 상대적으로 빈곤한 국가들 간의 글로벌 불평등에 대해 우리가 알 수 있는 것은 정확히 무엇인가? 빈곤이라는 것이 사회적 맥락과 관련 있다면, 부의 경우에도 마찬가지인가?

러를 보유하고 있으며, 이는 독일의 국내총생산이 지금까지 가장 높았을 때의 액수보다 많다고 발표했다. 『포브스』가 발표하는 부자들 목록에서 여전히 미국이 차지하는 비중은 높다. 2014년 억만장자는 미국에 492명, 그 뒤를 이어 중국에 152명, 러시아에 111명, 그리고 나머지 모든 대륙에 소수의 억만장자가 존재한다.

비판적으로 생각하기 THINKING CRITICALLY

1천6백45명에 이르는 억만장자의 존재는 글로벌 경제가 성공적이라는 것을 나타내는 지표가 될 수 있을까? 만약 수많은 개발도상국에서의 빈곤과 노동 조건이 개선된다면, 억만장자의 수와 이들의 부가 지속적으로 증가한다는 사실을 납득할 만할까?

어떻게 소수의 개인과 가족이 이와 같이 거대한 부를 축적할 수 있었을까? 과거에 귀족들은 자신들의 부와 재산을 가족에게 상속했다. 그러나 오늘날에는 이러한 방법으로 부를 얻는 사람들이 많지 않다. 2014년 억만장자 순위에서 3분의 2에 해당하는 부는 자신의 생애과정 중에 급속도로 이루어 낸 '신 기업가적 부new entrepreneurial wealth'라고 할 수 있다. 나머지 13퍼센트는 상속받은 부이며, 21퍼센트는 물려받은 사업의 형태다(Forbes 2014b). 최근에 억만장자가 된 대다수의 사람들은 세계화와 커뮤니케이션의 디지털 혁명으로 인한 혜택을 받았다. 예를 들어 페이스북Facebook의 마크 저커버그Mark Zuckerberg, 셰릴 샌드버그Sheryl Sandberg, 제프 로스차일드Jeff Rothschild는 모두 왓츠앱WhatsApp의 창업자인 얀 쿰Jan Koum과 브라이언 액턴Brian Acton과 마찬가지로 억만장자 순위에 올라 있다. 이러한 인터넷 회사의 성공은 빌 게이츠의 주장과 일치한다. 몇몇 사람들에게는 자본주의가 매우 잘 작동하는 것이다.

그러나 전 세계적으로 발생한 부와 소득에 대한 극심한 불평등은 우리에게 실망감을 안겨 줬다. 억만장자들이 자신들의 부가 가파르고 거침없이 증가하는 것을 바라보는 그 순간에, 개발도상국 수백만 명의 노동자는 매우 적은 임금을 받으며 장시간 노동을 하는 글로벌 인적 자원으로 내몰리고 있다. 유엔개발계획UNDP에서 발간한 2014년 인간개발보고서Human Development Report에 따르면, 대략 12억 명의 사람들이 하루에 1.25달러보다 적은 비용으로 살아가고 있다(UNDP 2014: 19). 상대적으로 부유한 국가들에서는 이러한 억압적 노동 조건을 상상조차 할 수 없을 것이다. 세계적으로 최고 소득을 받는 사람들과 최저 소득을 받는 사람들 사이에 상상을 초월하는 격차가 발생하는 가운데, 우리는 개개인의 '공정성'을 어떤 방식으로 추정할 수 있을까? 이와 같은 문제들에 대해 사회학자들은 단순하게 세계적인 거부들의 개별 일생을 추적하는 것으로는 이해하기 힘든, 구조화된 사회 불평등 문제라고 진단한다.

'세계화'에 관해 다시금 공부하려면 제4장 〈세계화와 사회 변동〉을 참조하라.

평등한 사회로 나아가고 있는가

선진국의 경우에는 경제가 확장됨에 따라 각 세대가 이전 세대보다 재정적으로 더 나을 것이라는 가정이 일반적이다. 20세기 대부분 동안에는 이와 같은 가정이 실제와 매우 정확하게 일치했다. 따라서 우리는 노동 계급의 삶이 상당히 개선됨에 따라 경제 불평등이 계속 줄어들고 있다고 믿게 되는지도 모르겠다. 그러나 최근에는 '극단적 불평등extreme inequality'이라는 것, 특히 (위에 서술된 바와 같이) 글로벌 분배에 있어 최상단에 위치한 사람들에게 쏠리는 부가 급격하게 증가하는 현상이 새롭게 부각되고 있다. 극단적 불평등에 대한 염려는 2008년 금융 위기에 대한 대응으로 대대적으로 형성된 시대정신Zeitgeist에 부합되는 동시에 그 일부분이 되었다.

그러나 여기에는 역설적인 것이 존재한다. 공공 지출을 대폭 삭감하고 생활수준을 동결시키거나 낮추어, 경제 성장이 더디거나 거의 없는 동안, 왜 억만장자의 숫자는 오히려 늘어나는 것일까? 이들은 자신의 재산을 손안에 움켜쥐고 계속 보유하는 것도 아닌데 어려운 시기에 어떻게 자신들의 부를 빠른 속도로 증가시켰을까? 이 질문에 지금까지 나온 답들 중에서 프랑스 경제사학자 토마 피케티Thomas Piketty가 분석한 내용이 가장 만족스럽다고 보는 게 틀림없다. 그가 쓴 696쪽 분량의 책 『21세기 자본Capital in the Twenty-First Century』(2014)은 예상 밖의 베스트셀러가 되었다.

피케티는 특히 영국, 스웨덴, 프랑스, 미국, 독일과 같이 장기간의 연구 데이터를 활용할 수 있는 국가들에 초점을 맞춰, 18세기 이래 경제적으로 발달한 선진국에서 부의 분배에 대한 장기적인 추이를 분석했다. 이러한 분석을 통해 그는 오늘날 자본 환경이 작동하는 방식에 대한 강한 비판만이 아니라 치명적인 불평등이 지속되는 것에 대한 대안적 설명 체계를 내놓았다. 그의 저작은 논쟁의 여지가 있지만, 자본주의와 19세기 이래 증가하는 경제 불평등의 요인으로 보이는 것에 대한 논쟁을 재구성했다.

피케티는 자본주의 발전을 설명하면서 대립되는 두 가지 중요한 이론을 비판적으로 살펴본다. 하나는 카를 마르크스의 '파국주의자catastrophist' 입장이고, 또 다른 하나는 사이먼 쿠즈네츠Simon Kuznets의 '낙관론자cornucopian' 입장이다. 19세기 중반에 마르크스는 자본주의를 착취적 경제 시스템으로 보았고, 이것은 필연적으로 계급 갈등에 이르게 만드는 내부 운동 체계를 담고 있다고 보았다. 그 이유는 자본주의가 발전할수록 노동 계급은 점점 더 가난해지거나 '무기력하게' 되지만, 자본가는 더욱 부유해지고 강력한 권력을 소유하기 때문이다. 그리고 마르크스는 이러한 상황에서 노동자의 계급의식이 발전하면 지배 자본가 계급을 전복시키기 위한 혁명이 일어난다고 보았다.

장기적으로 봤을 때 마르크스가 제기한 불평등의 증가가 일어나는 것은 맞지만, 경제 성장과 더불어 지식과 기술의 확산이 혁명에 대한 열망을 상당할 정도로 상쇄시켰다. 다른 한편, 강렬한 경제 성장이 있던 제2차 세계 대전 이후 1950년대에, 쿠즈네츠는 산업자본주의 경제가 초기에는 불평등의 심화를 초래할 수 있다고 했다. 그러나 그는 자본주의가 발전해 평균 소득이 상승함에 따라, 불평등은 점차 줄어들게 된다는 입장을 갖고 있으며, 이러한 자신의 입장은 유럽과 북아프리카 사회의 역사적 사실을 통해 이미 입증되었다고 본다. 그는 이러한 발전 과정이 비슷한 경로를 걷고 있는 개발도상국들에도 적용된다고 주장했다('쿠즈네츠 곡선'에 관한 내용은 제12장 〈계층과 계급〉 참조). 쿠즈네츠의 모델은 1950년대 경제 발전에 매우 잘 들어맞는 것으로 보였지만, 피케티가 제시한 연구 자료는 쿠즈네츠의 주장을 지지하지 않고 전적으로 다른 이야기를 하고 있다.

자본주의 경제는 실제로 20세기 초까지 계속해서 극심한 불평등을 발생시켜 왔다. 제1차 세계 대전 시작부터 1970년대 중반까지의 시기에 소득과 부의 전반적인 격차가 줄어드는 경향이 있었음에도 불구하고 말이다. 아무리 소득과 부를 감소시키는 경향이 있었다고 하지만, 1980년대 이래 불평등은 다시 증가하고 있다(피케티는 이러한 현상을 발산divergence이라고 부른다).

그럼 과연 후자인 1980년대 이후의 움직임은 평등을 향한 '정상적인' 움직임에서 벗어난 '일시적인 변화'였을까? 피케티는 그렇지 않다고 주장한다. 그가 보기에 사실상 실제 '일시적인 변화'는 20세기에 있던 평등을 향한 움직임이었다(피케티는 이러한 현상을 수렴convergence이라 부른다). 이러한 일시적인 변화는 단지 특정 사건들 때문에 발생한 것이었다. 두 차례의 세계 대전으로 인한 파괴, 1930년대 경기 침체로 인한 대규모 파산, 화학·전력·철강업 등과 같은 기간산업의 국유화 그리고 노동조합의 세력 확대라는 사건들은 하나로 엮어져 불평등을 축소시켰다. 그러나 1980년대까지 자본주의는 자본 축적을 최우선으로 둠에 따라 본래의 장기 추세로 되돌아왔으며, 우리는 세계적으로 국민과 정부가 하나로 뭉쳐 나서지 않는다면 이러한 사태가 지속될 수밖에 없다는 것을 알아야 한다.

이러한 지속적인 자본 축적을 최우선으로 두는 데는 경제 성장률(g)과 자본 투자 수익률(r) 간의 차이에서 비롯된다. 장기적인 관점에서 봤을 때, 자본 투자 수익률은 지속적으로 경제 성장률을 능가한다. 이것을 간결하게 r > g라는 수식으로 나타낼 수 있다. 이것은 과거에 축적해 놓은 개인과 가족의 부와 자본이 순수하게 소득을 통해 부를 얻는 것보다 빠르게 증가한다는 것을 의미한다. 예를 들어 "1990년에서 2010년 사이 빌 게이츠는 자신의 재산이 80억 달러에서 500억 달러로 증가하는 것을 겪었다. 또 같은 시기에 로레알L'Oreal 화장품 상속자인 릴리안 베탕쿠르Liliane Bettencourt 역시 자신의 재산이 20억 달러에서 250억 달러로 증가하는 것을 확인했다. 인플레이션 이후에 두 사람은 모두 자신의 자본에서 1년에 10~11퍼센트 수익을 누리게 되었다". 이런 이유로 "살면서 단 한 번도 일하지 않은 릴리안 베탕쿠르는 첨단 기술의 개척자인 빌 게이츠가 더 이상 일하지 않은 뒤에 부수적으로 급속하게 증가한 부의 속도만큼 자신의 부가 빠르게 증가하는 것을 보게 된 것이다. 재산이 형성만 되면 그 뒤로 자본은 자기 스스로의 힘으로 움직이기 시작한다"(Piketty 2014: 439~440).

어떤 의미에서 피케티의 연구는 "돈이 돈을 번다", 또는 피케티의 표현으로는 "돈이 스스로 재생산하는 경향이 있다"라는 지극히 평범한 사실에 실증적으로 구체화한 것이라 할 수 있다. 그런데 왜 이러한 것이 문제가 되는가? 피케티는 극심한 불평등으로 발생하는 사회적 결과에 깊은 우려를 나타낸다(Picketty 2014: 1~2). 그는 "자본에 대한 수익률이 생산량과 소득 증가율을 추월하는 것은 19세기에서와 마찬가지로 21세기에도 다시 일어날 가능성이 높다. 이처럼 수익률이 생산량과 소득 증가율을 넘어서는 순간, 자본주의는 자연스럽게 종잡을 수 없고 지속 불가능할 정도의 불평등을 만들어 낸다. 그리고 결국 민주주의 사회의 기본적 가치라 할 수 있는 실력 중심의 가치는 급격하게 소멸된다"고 보았다. 이제 현대 자본주의는 표면상으로만 창의성, 기업가 정신 및 근면에 뿌리를 둔 것이라 할 뿐, 실제로는 나태함과 상속받은 재산을 보장해 주는 시스템이 된다. 99퍼센트의 사람들이 이러한 시스템의 모순을 과연 얼마나 오래 견뎌 낼 수 있을까?

자본주의에 이러한 많은 문제점이 존재함에도 불구하고, 피케티는 이러한 추세를 멈추고, 다시 개인을 넘어선 공공이익을 위한 정책적인 해결 방안을 몇 가지 제시한다. 그가 제시한 방안 중 가장 중요한 것은 (소득이 아니라) 글로벌 부에 대해 매년 누진세를 적용하는 것이다. 이러한 것을 전 세계 모든 국가가 시행한다면 더할 나위 없이 완벽하다. 이러한 글로벌 부에 대한 누진세의 주요 목적은 복지 또는 사회 서비스에 대한 기금을 마련하기 위함이 아니라(물론 이러한 목적을 위해서도 어느 정도 사용될 수는 있지만), 글로벌 불평등의 방대한 확장을 끝내고 글로벌 금융 시스템을 보다 나은 방향으로 규제하는 것이다. 피케티의 이런 제안이 순진무구한 생각은 아니다. 그는 국제 협약이 운영 방향을 충분히 제어할 수 있으며, 이로 인해 부유층들이 기꺼이 준수할 것이라고 보았다. 물론 이러한 생각 역시 이루어지기 힘들거나 허황된 것으로 보일 수 있다. 그러나 그는 증가하는 부의 집중을 막아야만 비로소 엄청난 재앙의 사회 갈등을 피할 수 있다고 주장한다. 대중매체 평론가들에 의해 피케티의 생각이 급진적이고 이상적인 것으로 사람들에게 널리 알려지고 있다 해도, 그는 사실상 자본주의를 마르크스가 예견한 사회적인 폭동으로부터 보호하는 데 가장 적합한 제안을 한 것이다.

글로벌 불평등

피케티의 연구는 사람들을 매혹시킬 만하며, 연구의 기본 골격은 경제학에 기반을 두고 있지만 계급을 바탕으로 한 불평등을 다룬다는 점에서 폭넓게는 사회학 연구에도 포함된다.

사회학에서 다루고 있는 근본적인 문제가 몇 가지 있다. 그중 하나가 초기 산업자본주의 사회 시기에 고전 사회학자들이 끊임없이 파고든 계급, 지위 그리고 권력에 대한 불평등을 포함한 사회 불평등에 관한 것이다. 그런데 계급, 지위 그리고 권력이라는 유사한 문제들이 글로벌 수준에서는 더 큰 규모로 확대된다. 우리는 한 국가 내에서의 부와 빈곤, 높은 지위와 낮은 지위, 또는 강한 자와 약한 자를 비교할 수 있다. 그런데 이러한 내용을 국가 단위가 아닌 전체적인 글로벌 시스템 내에서 비교하는 동시에 이것을 야기한 원인에 대해 고민해 볼 수 있다. 앞으로 이 장에서 살펴볼 내용은 20세기 말과 21세기 초의 글로벌 불평등이다(보다 더 긴 시간 규모로 세계화를 살펴보기 위해서는 제4장을 참조하라).

경제적 불평등은 세계적인 빈곤, 기아 그리고 보건 문제의 주요 원인이다. 이 때문에 이번 장에서는 경제적 불평등을 핵심적인 주제로 다룬다. 그러나 앞서 살펴봤듯이 국가 내부 또 국가들 간에 일어나는 사회적 지위 불평등과 권력에 대한 글로벌 불평등도 중요한 문제다. 후자의 국가 간 불평등 문제는 사회에 깊이 자리 잡은 많은 갈등의 주요한 원인이다. 국가 간 불평등으로 발생하는 많은 갈등 중 일부 내용을 제22장 〈민족, 전쟁, 테러리즘〉에서 논의하고 있다. 지위와 권력의 불평등에 관해 보다 폭넓게 연구하기 위해서는 위에 언급된 관련 장들을 참고해야 한다.

글로벌 경제 불평등global economic inequality은 주로 국가들 간에 존재하는 부, 소득, 노동 조건의 시스템적인 차이들을 가리킨다. 사회과학이 지닌 도전은 단지 그러한 차이점들을 확인하고 그치는 것이 아니라, 왜 그러한 차이가 발생했는지, 그리고 그 차이로 인한 사회적 결과는 무엇인지 설명하는 것이다. 그러나 무엇보다 먼저, 이 분야의 문헌들에서 사용된 핵심 용어들을 명확히 짚어 봐야 한다.

전 세계 수백만 노동자가 '착취 공장sweatshops'에 고용되어 일한다. 이들은 열악한 조건에서 적은 재정적 보상을 받으며 장시간 일한다. 이러한 노동 환경에서 일하는 사람들 중 아동들이 차지하는 비중이 높다. 과연 세계화가 이러한 개인들에게까지 혜택을 주고 있는가?

글로벌 불평등의 언어

경제 발전과 글로벌 불평등에 관한 논의에서 다뤄지는 언어들은 논쟁을 초래하고 있으며, 지난 100년 동안 몇 차례 바뀌어 왔다. 20세기 말까지 각 세계가 다르게 발전되었다는 생각을 기반으로 제1세계, 제2세계, 제3세계라는 세 가지 세계의 모델 용어를 공통적으로 사용했다. 제1세계는 부유한 국가들, 제2세계는 중간 소득의 국가들, 제3세계는 상대적으로 빈곤한 국가들을 기본적으로 기술하는 데 유용한 용어다. 그러나 이러한 유형화는 두 가지 주요 문제점을 지니고 있다.

첫째, 이 언어는 오늘날 세 개의 세계들이 각각 사실상 독립체들로 구분된다는 생각 아래 세계 속 모든 사회가 존재한다고 인식한다는 것이다. 글로벌 세계에서는 제1세계, 제2세계, 제3세계가 모두 매우 긴밀하게 상호 연결되어 있다. 그래서 글로벌 시스템을 전체적으로 이해하지 못하면 하나의 '세계'에서 벌어지는 상황을 파악하기란 불가능하다. 둘째, 상대적으로 부유한 국가들을 '제1세계'로 구분하는 작업은 (보다 낮은) '제3세계' 국가들을 개발되지 않고 경제적으로 침체된 지역으로 낙인찍어 버리는 가치 판단이 담겨 있다는 점이다. 이러한 구분은 또한 상대적으로 빈곤한 국가들에서 자주 발생하는 절망적인 상황에 대한 책임이 그 나라 사람들과 정부 기관들에 있는 것으로 묘사함에 따라 '희생자 비난하기'가

되어 버린다. 우리가 뒤에서 살펴보겠지만, 세 가지 세계 모델은 식민주의나 서구 다국적 기업들이 '제3세계'의 천연자원과 인적 자원을 착취했다는 사실을 고려하지 않고 있다.

이와 같은 세 가지 세계 모델의 결점들 때문에 사회과학자들은 세계를 '선진developed 사회'와 '후진underdeveloped 사회'로 나누어 논의하기 시작했다. 대략적으로 정의하면 선진 사회는 북반구에 위치하고, 후진 사회는 남반구에 위치한다. 그러나 대부분의 사회학자들은 '후진'이라는 용어 역시 경제적으로 뒤처졌다는 인상을 갖게끔 만든다며, '후진'이라는 용어 대신 '개발도상국developing countries'이라는 개념을 사용하기 시작했다. 개발도상국이라는 용어는 변화할 수 없는 저발전 상태가 아니라, 움직임과 경제적 발전 과정을 담아내 후진이라는 용어보다 역동적 개념이다. 그런데 학자들이 여기에 동의한 것은 아니다. 마르크주의 전통을 따르는 학자들은 예외다. 이들은 남반구의 저개발과 북반구의 개발을 연결된 것으로 보았다. 이들은 서구 자본주의가 끊임없이 팽창하는 질서 아래에서는 부유한 국가들이 남반구의 국가들을 저개발 상태로 취급하는 구조가 될 수밖에 없다고 본다. 이에 대한 내용은 뒤에서 보다 자세히 논의할 것이다.

그러나 몇몇 사람들은 여전히 이러한 용어의 변화 역시 경제적 발전을 판단하는 데 서구의 사고와 긴밀하게 연결되어 있는 것으로 본다. 최근 몇몇 연구들에서는 남반구에 위치한 상대적으로 빈곤한 국가들을 가리켜 (폭넓게) 다수 세계majority world라 부른다. 그리고 북반구에 위치한 상대적으로 부유한 국가들을 소수 세계minority world라 일컫는다. 이러한 개념화의 장점은 우리에게 부유한 국가들은 소수임을 보여 줌으로써 안락한 생활방식을 즐기는 사람들이 전 세계적으로 소수인 반면에, 여전히 자신들의 삶을 향유할 수 있는 기회를 가혹하게 축소시킬 수밖에 없는 상대적 빈곤 상태에 놓여 있는 사람들은 대다수라는 사실을 알게 해준다. 그러나 이 개념으로 세계 각 지역의 경제적 상황을 파악하는 데는 한계가 있다.

우리는 경제적 불평등에 대해 (배타적이 아닌) 주된 관심을 갖고 있기 때문에, 이번 장에서는 상대적으로 높은 수준의 소득과 경제 발전에 도달한 국가들에 대해서는 '선진'이라는 용어를 사용하고, 현재 소득이 상대적으로 낮은 수준이지만 경제적으로 발전하는 과정에 있는 국가들에 대해서는 '개발도상'이라는 용어를 사용할 것이다. 개발도상국은 오래된 모형의 분류에 적용해 보면, 대부분의 제2세계와 모든 제3세계를 포함한다. 물론 이러한 논의는 국가 사례 연구를 통해 어느 지역과 국가들이 여기에 해당하는지 살펴본 것이다. 중요한 것은 어느 개념을 사용하든 간에 전 세계 국가들의 매우 상이한 경제적 상황을 어떠한 분류 체계에 적용해 이해할 것인가 하는 문제다.

경제 불평등 측정하기

글로벌 불평등과 관련해 국가들을 분류하기 위한 한 가지 방식은 국가들의 경제 생산성을 비교하는 것이다. 경제 생산성의 중요한 척도는 국내총생산GDP이다. 한 국가의 GDP는 특정한 연도에 생산된 모든 재화와 서비스의 총계로 구성된다. GDP는 개인이나 기업이 해외에서 벌어들인 소득을 포함하지 않는다. 중요한 대안적 척도는 국민총소득GNI이다. GDP와 달리, GNI는 해외에서 벌어들인 개인이나 기업의 소득을 포함한다. GDP나 GNI와 같은 경제 활동 측정은 우리가 특정 국가 내 국민들의 평균적 부를 비교할 수 있게 해준다. 또한 상이한 국가들을 비교하려면 공통으로 통용되는 화폐를 사용해야 하므로, 세계은행과 UN 같은 세계 기구들은 미국 달러를 사용한다.

세계은행은 빈국들의 개발 사업 계획에 대해 차관을 제공하는 국제 차관 조직이다. 세계은행은 1인당 GNI를 이용해 고소득 국가, 중상위 소득 국가, 중하위 소득 국가, 저소득 국가로 분류한다. 이러한 분류 체계는 왜 국가 간 생활수준에 어마어마한 차이가 존재하는지 이해할 수 있게끔 도움을 준다. 간결함을 위해 우리는 중상위 범주와 중하위 범주를 중소득 범주로 묶을 것이다.

세계은행은 155개 국가들을 세 개의 경제 등급으로 나눈다(2011a). 세계은행은 정보가 부족하거나 경제 활동 인구가 100만 명 이하인 58개국은 경제 등급 분류에서 제외했다. 2013년 1년에 1인당 GNI가 1천45달러인 경우는 '저소득', 1천45달러와 1만 2천7백46달러 사이는 '중소득', 1만 2천7백46달러 이상은 '고소득' 국가로 분류되었다. 그러나 우리가 잊지 말아야 할 것은 이러한 분류 체계가 각 국가의 평균 소득에 기반을 두었다는 점이다. 그러므로 이러한 분류가 말해 주지 못하는 것은 각 국가 내부에 존재하는 소득 불평등이다. 이번 장에서 이러한 국가 내 불평등을 다루지는 않지만, 국가 내 불평등이 불평등 정도를 가늠하는 데는 매우 중요하다. 예를 들어 세계은행은 인도의 1인당 GNI가 1999년 4백50달러에서 2009년 1천2백20달러로 증가해, 최근에 인도를 저소득 국가에서 중저소득 국가로 재분류했다(World Bank 2011a: 11). 그러나 인도 내 대규모로 증가하고 있는 중간 계급과 최근 개발된 우주 탐사 프로그램에도 불구하고, 많은 사람들이 여전히 빈곤 속에 살고 있다. 중국도 이와 유사하다. 중국은 1999년 저소득 국가로 분류되다가, 2009년 1인당 GNI가 3천6백50달러로 오름에 따라 중소득 국가로 재분류되었다. 인도의 경우와 마찬가지로, 중국은 국가의 평균 소득에 따라 중소득 국가로 분류되었지만, 수억 명의 사람들은 여전히 빈곤 속에 살아가고 있다.

국가들을 소득만으로 비교하는 것은 오해를 불러일으킬 수 있다. 왜냐하면 GNI는 현금 거래를 위해 생산된 재화와 서비스만을 설명하기 때문이다. 저소득 국가의 대다수 사람들은 자기 가족을 위해 비현금 거래의 물물교환을 하는 농부나 목동이다. 그래서 이들의 농작물과 축산물들은 GNI에 포함되지 않는다. 또한 국가들마다 독특하고 매우 상이한 언어와 전통이 존재한다. 비록 빈국에서의 삶이 매우 고단할지라도, 역사와 문화적 측면에서는 인접한 부국들 못지않게 풍요롭다. 사회적 연대, 강인한 문화적 전통 또는 가족과 공동체의 지원 시스템과 같은 사회·문화적 자산은 통계적으로 측정이 불가능한 부분이다.

많은 환경운동가들은 GDP와 GNI의 무딘 양적 측정으로는 삶의 질에 대해 단 하나도 말할 수 없다고 주장해 왔다. 자연환경을 파괴하는 경제 활동조차 국가의 총경제 생산량에 포함되어 경제적 행복에 기여하는 것으로 간주되기 때문이다. 장기적으로 환경 지속 가능성의 관점에서 볼 때, 이러한 측정 방법은 명백하게 비이성적이다. 만약 우리가 삶의 사회적· 문화적 측면을 고려한다면, GDP/GNI의 지속적인 증가를 추구하는 것은 이득을 확실히 얻을 수 있다는 것과 근본적으로 다른 관점에 이르게 된다.

우리가 경제 통계만으로 국가들을 비교한다 해도, 비교를 위해 선정된 통계 자체가 결론에 이르는 과정에서 큰 변화를 줄 수도 있다. 예를 들어 만약 우리가 GNI 대신에 가계 부문 소비 수준(식품, 약물, 그 외 다른 상품들을 포함)을 비교해 글로벌 불평등을 연구한다면 다른 결론에 도달하게 될 것이다. 마찬가지로 국가별 GNI 비교는 상품들의 실제 비용이 어느 정도인지 설명하지 못한다. 두 국가의 GNI가 거의 동일해도 한 국가의 가족 평균 식사 비용이 몇 펜스에 불과하고, 다른 한 국가의 경우에는 몇 파운드일 수도 있다. 두 국가의 GNI가 비슷하다고 해서 모두 동일하게 부유하다고 주장하는 것은 잘못이다. 전자의 국가에 있는 사람들이 후자에 비해 상당히 많은 양의 재산을 갖고 있다. 대신에 연구자들은 두 국가 간 물가 차이를 제거한 구매력평가지수Purchasing Power Parity, PPP를 사용하는 경향이 있다. 이번 장에서는 국가들 간 비교에서 GNI를 주로 사용하지만, GDP와 PPP도 필요하면 포함시켰다.

고소득 국가

고소득 국가들은 일반적으로 초창기 산업화 국가들이다. 산업화 과정은 약 250년 전 영국에서 시작되어 유럽, 미국, 캐나다로 확산되었다. 일본이 고소득 산업화 국가 대열에 합류한 것은 불과 40년 전이며, 싱가포르, 홍콩,

대만은 1980~1990년대 와서야 고소득 산업화 국가 범주에 포함되었다. 이 아시아 후발국들의 성공 이유는 사회학자들과 경제학자들 사이에서 많이 논의되었다. 우리는 이번 장의 후반부에서 이와 관련된 논의들을 살펴볼 것이다.

고소득 국가들은 세계 인구의 약 15퍼센트에 불과하지만, 세계의 연간 부 생산량 중 79퍼센트 이상을 차지한다. 이들은 좋은 주택, 충분한 식품, 안전한 물 공급 그리고 세계 다른 많은 국가들에는 소개된 적 없는 기타 편의시설들을 제공하고 있다. 비록 이 국가들에서 많은 빈민들이 종종 발견되지만, 대부분의 거주자들은 세계 인구의 대다수가 상상하기 힘들 정도로 높은 수준의 생활을 누리고 있다.

중소득 국가

중소득 국가들은 주로 동아시아와 동남아시아, 중동과 북아프리카의 석유 부국, 중남미 국가(멕시코, 중앙아메리카, 쿠바와 카리브해의 몇몇 국가들, 남아메리카), 그리고 소비에트연방과 한때 이들의 동맹국이었던 동유럽의 과거 공산주의 국가들이다. 이 국가들 대다수는 20세기에 상대적으로 느지막하게 산업화를 시작해, 아직 고소득 국가들에 비해 산업적으로 발전한(또는 부유한) 상태가 아니다.

비록 대부분의 중소득 국가 사람들이 그와 이웃한 저소득 국가 사람들에 비해 상당히 나은 상태에 있지만, 고소득 국가 사람들의 높은 생활수준에는 미치지 못한다. 인구가 13억 4천만 명에 달하는 중국이 급격한 경제 성장으로 세계은행의 분류 체계상 저소득 국가에서 중소득 국가로 재분류되었을 때, 중소득 국가의 등급 범위가 확대되었다. 그러나 이러한 재분류는 다소 오해의 소지가 있다. 왜냐하면 2009년 중국의 1인당 평균 소득 3천6백50달러는 중소득 국가에 해당하는 하한선보다 낮으며, 중국 인구의 대다수가 사실상 세계은행이 제시한 저소득 국가의 범주에 해당하기 때문이다(World Bank 2011a).

저소득 국가

마지막으로 저소득 국가들에는 대부분의 동아프리카, 서아프리카, 사하라 사막 이남 아프리카, 캄보디아와 몇몇 다른 동아시아 국가들 그리고 남아시아의 네팔과 방글라데시가 속해 있다. 이들 국가 대부분은 농업 경제이며 최근에야 산업화를 시작했다. 그러나 파키스탄, 인도 그리고 중국의 경우처럼, 저소득 국가들이 글로벌 경제 시스템의 한 부분을 차지하면서 몇몇 이전의 저소득 국가와 주변 지역들의 평균 소득 수준이 증가하고 있다.

저소득 국가의 출산율은 다른 어떤 곳보다 현저히 높다. 이에 따라 이들은 대가족 체제로 추가 농업 인력을 공급하거나 가족 소득에 기여하는 활동을 한다. 부유한 산업사회들에서는 아이들이 보통 농장이 아니라 학교에 있을 가능성이 높다. 이에 따라 이러한 사회에서는 대가족을 통한 경제적 혜택이 감소하고 있으며, 아이를 더 적게 출산하려고 한다. 이러한 이유 때문에 21세기 초에 저소득 국가의 인구가 고소득 국가의 인구보다 세 배 이상 빠르게 증가하고 있다(World Bank 2004).

“ 도시화에 관한 보다 폭넓은 논의는 제6장 〈도시와 도시 생활〉을 참조하라. ”

비판적으로 생각하기 THINKING CRITICALLY

삶의 어떠한 측면이 '평균 소득'의 측정을 이해하는 데 도움을 주는가? 삶의 어떤 측면들이 이러한 측정 방법으로 파악되지 못하는가? 문화, 사회 구조, 경제가 상이한 국가들의 삶의 조건을 어떻게 비교할 것인가?

글로벌 경제 불평등은 증가하고 있는가

글로벌 불평등이 증가하는지 감소하는지에 관한 질문은

최근 들어 양극단으로 나뉜다. 글로벌 불평등이 확대되고 있다고 보는 사람들은 자본주의 산업화로 등장한 불평등이 1970년대 중반부터 세계화로 인해 더욱 악화되었다고 주장한다. 세계화 비판자들은 2007/2008 UN 인간개발보고서에 사용된 통계 자료를 인용하고 있다. 그 보고서에 따르면 세계 인구의 40퍼센트가 하루에 2달러도 안 되는 돈으로 생활하고 있으며, 이들은 세계 소득의 5퍼센트에 해당한다. 특히 사하라 사막 이남 아프리카에 사는 48퍼센트의 사람들이 빈곤에 처해 있으며, 이들은 세계 빈곤층의 4분의 1(26퍼센트)에 해당한다. 이 비율은 1990년 5분의 1에서 상승한 것이다(UNDP 2007a: 25; UNSDSN 2012). 가장 부유한 상위 20퍼센트의 사람들은 세계 소득의 4분의 3을 차지한다. 많은 국가들 내부뿐만 아니라 세계적 차원에서 불평등은 세계화와 함께 증가하고 있다. 국가 내부에서만이 아니라 글로벌 수준에서도 불평등이 세계화와 함께 심화되고 있다.

이와 반대로 다른 이들은 지난 몇십 년간 전 세계의 생활수준이 전체적으로 향상되었다고 주장한다. 최빈국 사람들의 생활수준을 측정하는 대부분의 지표들이 상태가 호전되고 있음을 보여 준다는 것이다. 문맹률이 감소하고 있고, 유아 사망률과 영양실조가 줄어들고 있으며, 사람들의 수명이 늘어나고, 세계 빈곤 — 통상 하루에 1.25미국달러 이하로 생활하는 사람들의 수를 가리킨다 — 또한 감소하고 있다(〈표 14-1〉 참조). 순전히 경제적 불평등만을 추적한다고 해서 전 세계에서 일어나는 일들에 대해 전체적인 그림을 그릴 수 있는 것은 아니다.

그러나 국가 간에는 상당한 차이들이 존재한다. 이제까지의 수많은 혜택들은 대부분 고소득과 중소득 국가들에서 이루어진 반면, 최빈국에 속하는 몇몇 국가들 내 삶의 수준은 오히려 후퇴했다. 사실상 세계에서 가장 부유한 국가인 미국은 1990년대에 경제적 호황기를 맞았지만, 유엔의 인간개발보고서에 따르면 사하라 사막 이남 아프리카에 있는 국가들은 대부분 그 기간 동안 기근, HIV/AIDS 감염으로 인한 사망, 갈등 그리고 국가 경제 정책의 실패를 겪고 있었다(UNDP 2003). 앳킨슨Atkinson은 우리에게 불평등의 증가를 세계화의 급격한 팽창만으로는 설명할 수 없음을 알게 해준다(2003). 개별 국가들의 세금과 여타의 경제 정책들도 중요한 역할을 한다. 예를 들어 스웨덴과 같은 스칸디나비아 국가들에서는 사회 불평등이 전 세계적으로 확산되는 추세 속에서도 문제를 효과적으로 완화시킬 수 있었다. 이들은 재분배 방식으로 복지 국가를 운영하고 있다. 반면에 영국과 같은 국가들은 이러한 사회 불평등 문제를 스칸디나비아 국가들에 비해 잘 대처하지 못했다. 이들은 신자유주의적 성향이 다른 곳보다 강하고 복지 개혁을 자유시장 접근으로 다루고 있다.

> 복지 국가 레짐에 대한 논의는 제13장 〈빈곤, 사회적 배제, 복지〉를 참조하라.

위와 같은 논란에서 알 수 있듯이, 선택된 글로벌 불평등 측정 방식에 따라 우리가 도달하는 결론들 사이에는 큰 차이가 발생한다. 경제학자인 스탠리 피셔Stanley Fischer는 글로벌 소득 불평등을 바라보는 두 가지 방식을 비교했다. 첫 번째 방식은 단순히 국가들 간의 소득 불평등을 비교하는 것인 반면에, 두 번째 방식은 각 국가들에 살고 있는 사람들의 수를 함께 고려하는 것이다. 글로벌 불평등을 바라보는 첫 번째 방식은 〈그림 14-2〉의 상단 그림에 제시되어 있다. 이 그림은 1980년에서 2000년 사이 일부 빈국과 부국의 평균 소득을 보여 주며, 각 국가는 그래프에서 균일한 크기의 점으로 표시되어 있다. 그림은 이 기간 동안 빈국들의 평균 소득이 부국들의 평균 소득보다 훨씬 느리게 증가했음을 보여 준다. 따라서 (검은색으로 표시된) 추세선은 그래프 우측에 있는 부국들의 경제가 (좌측에 위치한) 빈국들의 경제보다 빠르게 증가함으로써 불평등이 확대되고 있음을 보여 준다. 만약 최빈국들의 경제가 최부국들보다 빠르게 증가한다면, 검은색 추세선은 왼쪽에서 오른쪽으로 기울어질 것이다. 결과적으로 현재 그림에 나타난 추세선은 최부국과 최빈국 간의 격차가 더욱 벌어지고 있음을 보여 주는 것이다.

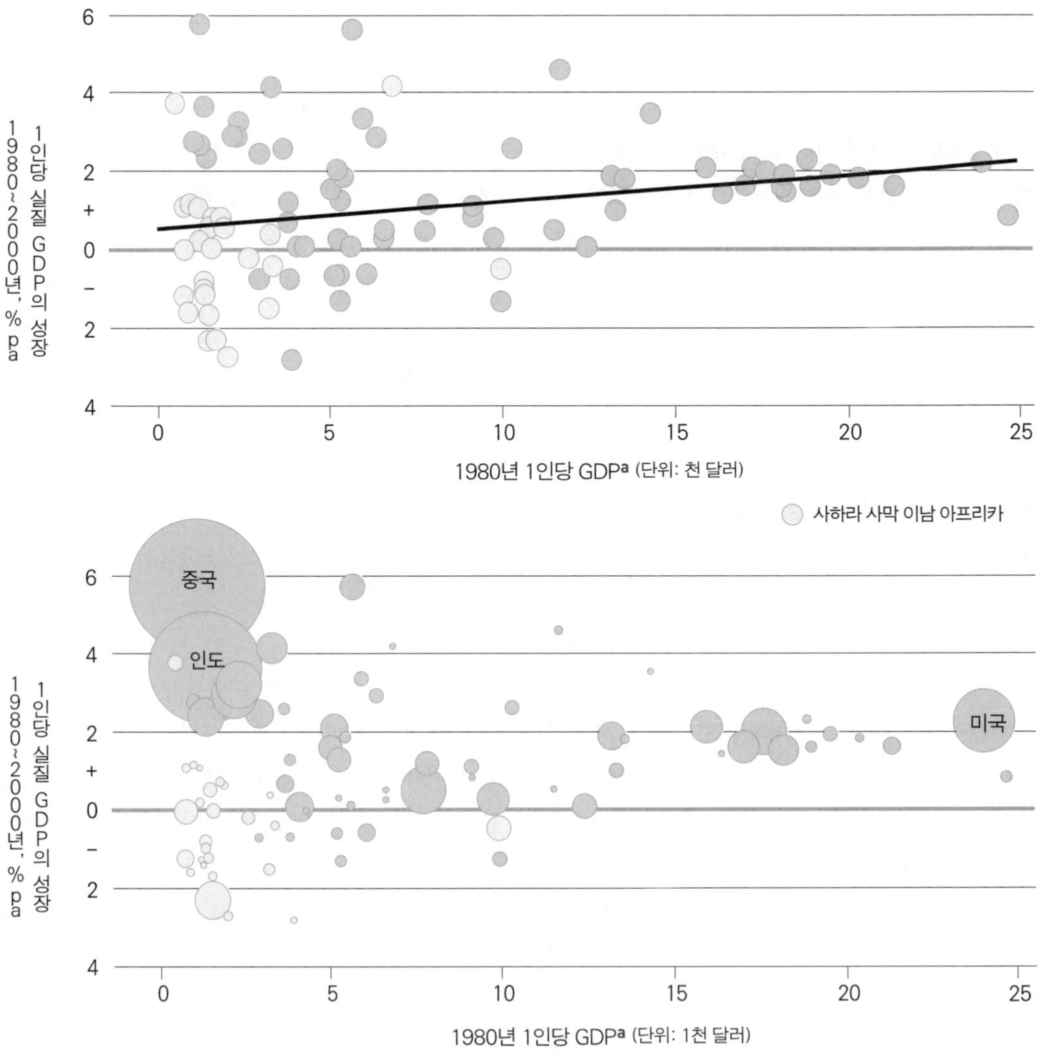

그림 14-2 세계 소득 불평등을 보는 두 가지 방식

참조: **a**. 1996년 시세.
출처: The Economist 2004b. © The Economist Newspaper Limited, London.

하단의 그림은 각국의 인구 크기를 고려해 글로벌 불평등에 관한 다소 상이한 시각을 나타낸다. 동일한 그림을 보여 주지만, 이번에는 국가를 표시하는 점이 해당 국가에 살고 있는 인구의 크기에 준해 그려졌다. 세계에서 인구가 가장 많은 두 국가 — 세계 인구의 3분의 1 이상을 차지하는 인도와 중국 — 의 경제 규모가 1980년 이래 상당히 증가했다. 이러한 경제 발전 규모 때문에 인구에 가중치를 둔 하단 그림에서는 추세선이 하향으로 그려졌다. 이 추세선이 의미하는 것은 평균적으로 빈국들의 인구가 소득 수준을 따라잡아 글로벌 불평등이 감소하고 있다는 것이다. 또한 1980년 이후 지금까지 경제적으로 성공한 인도, 중국, 베트남과 같은 국가들은 가장 성공적으로 글로벌 경제의 일원이 되었다고 볼 수도 있다.

인간개발지수의 동향

부유한 국가에 사는 대부분의 사람들과 빈곤한 국가에 사는 사람들 사이에 존재하는 삶의 수준 격차는 매우 크다. 부와 빈곤은 삶의 차이를 결정짓는 주요한 요소다. 예를 들어 세계 빈곤 인구 중 약 3분의 1이 영양실조 상태에 있으며, 빈곤 인구 중 거의 대부분이 초등학교에 입학하는 것조차 어려워 문맹 상태에 놓여 있다. 이러한 교육 문제는 성별의 영향을 받는다. 전통적으로 여자아이들이 교육을 받는 것은 불필요하거나 부차적인 것으로 여겨진다. 빈곤 문제는 지역의 영향도 받는다. 세계의 대부분이 여전히 농촌 지역으로 이루어져 있지만, 10년 이내에 가난한 사람들이 농촌 지역보다 도시 지역으로 더 많이 몰려들 수 있다.

> 개발도상국에서의 도시화는 제6장 〈도시와 도시 생활〉에서 보다 상세히 논의된다.

그렇지만 1980년대 이래 많은 중저소득 국가들의 생활 조건이 상당히 나아지긴 했다. 예를 들어 1990~1991년과 2004~2005년 사이 전 세계적으로 (신생아 1천 명당) 유아 사망률이 65명에서 52명으로 떨어졌으며, 출산율은 47퍼센트에서 59퍼센트로 증가했다. 유엔개발계획은 다양한 지표들을 통해 2008년 세계 금융 위기 이후 연간 생활수준 개선율의 증가 속도에는 다소 지체가 있을지라도, 지속적으로 증가하는 방향을 나타낸다고 보았다(〈그림 14-3〉 참조).

유엔개발계획은 인간개발지수HDI가 변화한 40년 동안의 추세를 살펴보았다(UNDP 2010). HDI는 '인간개발'의 경제적 지표와 비경제적 지표를 결합한 것이다. 이 지수는 네 가지 지표 — 기대 수명, 평균 교육 기간, 기대되는 교육 기간, 1인당 GNI — 를 통해 세 가지 차원 — 건강, 교육, 생활수준 — 을 다룬다(〈그림 14-4〉). 2010년에는 사회 불평등, 성불평등, 다차원적 빈곤 지수를 고려하는 세 개의 새로운 지표를 추가했다.

1990년에 처음으로 인간개발보고서가 나온 이후, 이 연차 보고서는 경제 성장과 인류의 진보 사이에 '자동적인 연결 고리'가 없음을 끊임없이 주장해 왔다. 무엇보다

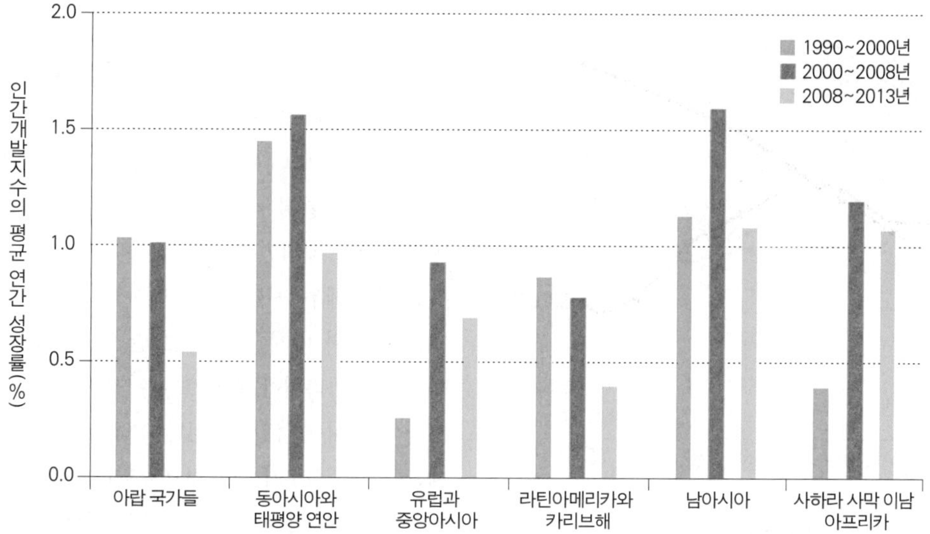

그림 14-3 UN 인간개발지수를 통해 본 삶의 질 향상, 1990~2013

출처: UNDP 2014: 34.

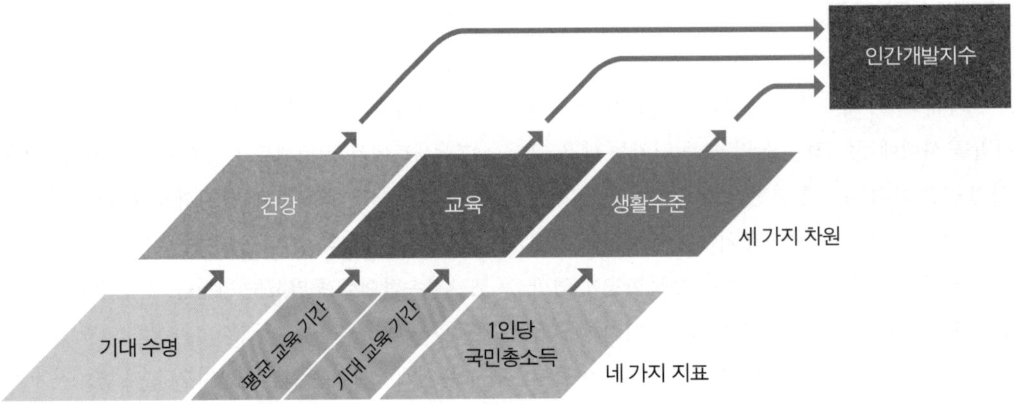

그림 14-4 인간개발지수의 구성 요소들

출처: UNDP 2010: 13.

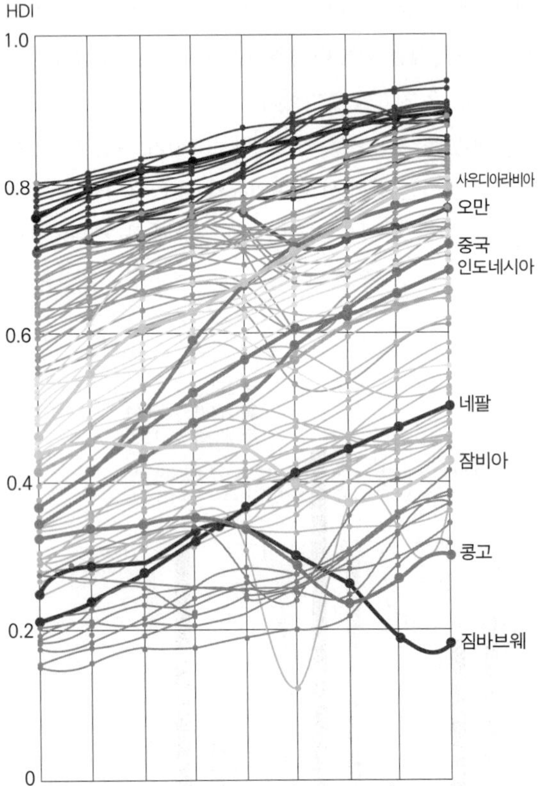

그림 14-5 선별된 국가의 HDI 추세, 1970~2010

참조: 상위 국가는 사우디아라비아, 오만, 중국, 인도네시아, 네팔, 하위 국가는 잠비아, 콩고, 짐바브웨.
출처: UNDP 2010: 27.

중요한 것은 경제 성장의 혜택이 정부에 의해 어떻게 쓰이고, 전체 국민들에게 어떻게 공유되는지 파악하는 것이다. 모든 국가에 해당하는 것은 아니지만, 1970년에서 2010년 사이 HDI가 전반적으로 상승했다. 동아시아 국가가 가장 빠른 속도로 증가했으며, 남아시아와 아랍권 국가들이 그 뒤를 이었다.

135개국 중에서 콩고, 잠비아, 짐바브웨만이 2010년 HDI가 1970년보다 낮아졌다. 〈그림 14-5〉는 1970년부터 2010년까지 135개국의 개별 고유 점수들을 추적한 것이다. (석유 부국) 오만의 HDI가 가장 많이 상승했으며 중국, 네팔, 인도네시아가 그 뒤를 이었다. 에티오피아는 1인당 GNI가 열네 번째로 낮지만, 개발 속도가 열한 번째로 빠른 국가다. 이것은 '개발development'이라는 개념 범위의 폭을 넓히면 순전히 경제적 측면을 가지고 측정했을 때와 매우 다른 결과를 도출하게 된다는 것을 알게 해준다. 상위 10개 국가 — 오만, 중국, 네팔, 인도네시아, 사우디아라비아, 라오스, 튀니지, 한국, 알제리, 모로코 — 중에서 중국만이 1인당 GNI로 측정된 경제 성장 때문에 HDI 점수가 높은 것으로 나타났다.

인간개발이 향상되었다는 것은 오늘날 개발도상국에서의 삶이 1970년에 비해 대체로 선진국에서의 삶과 '더 유사'해지는 것을 의미한다. 그러나 1970년 생활 조건에서의 불평등 총량은 인간개발의 발전 정도가 상대적이며, 글로벌 불평등은 국제 비교에 있어 여전히 결정적 요소로 남아 있음을 알게 해준다. 예를 들어 2010년 보고서(UNDP 2010: 29)에 따르면 1970년 노르웨이의 기대 수명은 74세였고, 당시 감비아의 기대 수명은 41세에 불과했다. 2010년에는 노르웨이가 81세, 감비아가 57세로 차이가 좁혀졌다. 그러나 57세라는 기대 수명은 오늘날 감비아에서의 생활 기회와 출생의 자유에 엄격한 제한을 가했다. 따라서 인간개발이 전반적으로 진전되고 있는 추세에 있을지라도, 개발도상국이 선진국을 '따라잡는' 데는 사실상 매우 오랜 시간이 필요할 것이다.

불평등한 삶의 기회

사회학자들은 계급 불평등, 민족 불평등, 성불평등이 개인의 전체 삶의 기회에 영향을 미치는 방식에 대해 오랜 기간 연구해 왔다. 남성으로 태어났는지 여성으로 태어났는지, 노동자 계급인지 중간 계급인지, 또는 다수 민족인지 소수 민족인지에 따라, 우리가 기대하는 건강 정도, 교육 수준 또는 일의 종류가 달라질 수 있다. 선진국과 개발도상국 간의 국제 비교는 불평등이 국가 내 사회집단들 사이보다 국가 간에 더 극명하게 드러남을 알게 해준다. 이번에는 계속되는 아동 노동뿐만 아니라, 건강, 영양, 교육과 관련된 몇 가지 주요 불평등을 간략하게 살펴본다.

건강

고소득 국가 사람들은 저소득 국가 사람들보다 전반적으로 건강하다. 저소득 국가는 일반적으로 보건시설이 부족해 고통받고 있으며, 이러한 시설들이 존재하더라도 좀처럼 극빈층을 위해 운영되지 않는다. 저소득 국가에 살고 있는 사람들은 또한 제대로 된 위생관리가 부족하고, 오염된 식수를 마시며, 전염병에 접촉될 위험이 매우 높다. 결국 이들은 영양실조, 기아, 기근으로 고통받을 가능성이 매우 높다. 이러한 모든 요인들은 저소득 국가 사람들로 하여금 질환과 질병에 쉽게 노출시킴으로써 육체적 쇠약과 허약한 건강 상태를 동반하게 된다. 빈민들의 쇠약해진 건상 상태는 많은 아프리카 국가들 내 HIV/AIDS의 높은 감염률에 부분적으로 영향을 미칠 수 있다는 증거가 분명함을 보여 준다(Stillwaggon 2000).

1970년에서 1990년 사이 전 세계적으로 건강 상태가 개선되었다. 그래서 전 세계 최빈국 지역인 사하라 사막 이남 아프리카에서조차 기대 수명이 1970년대에 비해 2010년에는 8년 증가했다. 개발도상국에서의 유아 사망률은 1970년에서 2005년 사이 신생아 1천 명당 59명으로까지 떨어졌다. 그렇지만 선진국에서의 유아 사망률은 더 높은 비율로 감소해 글로벌 불평등의 간극이 더욱 벌어졌다. 2010년 개발도상국에서의 신생아 1천 명당 유아 사망률은 여전히 선진국보다 8배 많으며, 선진국에서의 전체 소아 사망률은 1퍼센트가 안 된다(UNDP 2010: 32).

산모의 사망률은 줄어들고 있지만, 줄어드는 속도가 1990년 이래 계속 떨어져 더디게 개선되고 있다. HIV/AIDS 감염병은 사하라 사막 이남 아프리카 국가들에 상당한 영향을 미치고 있다. 이곳 국가들의 HIV 감염률은 아직까지도 15퍼센트 이상이고, 감염의 영향을 가장 심하게 받은 국가들의 경우엔 기대 수명이 51세다. 이들의 기대 수명은 18세기 중반 산업혁명 이전 영국의 수준과 거의 동일하다.

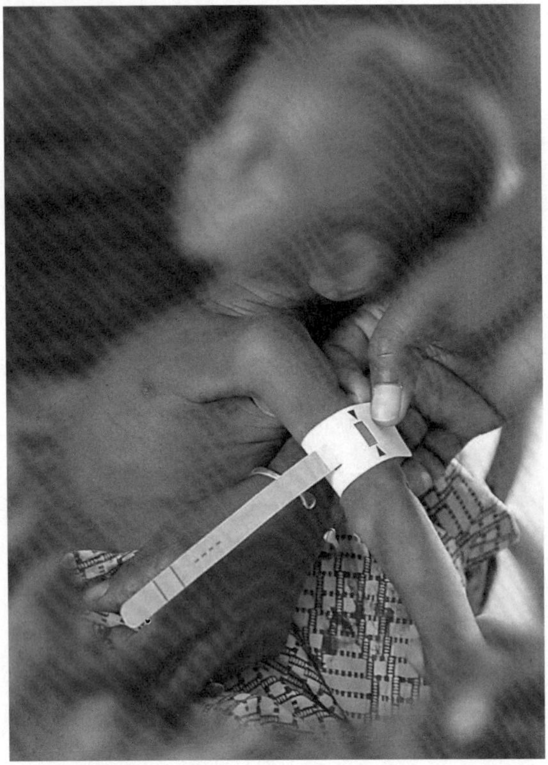

매년 약 1천2백만 명의 아이들이 자연적·사회적 원인으로 발생하는 기아, 질병 그리고 의료 서비스의 부족으로 죽음에 이르고 있다.

기아, 영양실조, 기근

기아, 영양실조, 기근이 건강 악화의 주요한 원인이라는 이야기는 새롭게 등장한 것이 아니라 오랜 기간에 걸쳐 나타난 문젯거리였다. 새롭다고 할 만한 것은 기아와 영양실조가 나타난 범위다. 이 범위를 통해 알 수 있는 사실은 세계의 대다수 사람들이 아사 직전에 이르는 것으로 보인다는 점이다(〈그림 14-6〉 참조).

UN 세계식량계획World Food Programme, WFP 기구에서는 '기아'를 하루 1천8백 칼로리 또는 그 이하 — 성인이 활동적으로 건강하게 살아가는 데 불충분한 양 — 로 섭취할 경우로 정의한다(UNWFP 2001). 세계적으로 영양실조에 걸린 사람들의 숫자는 1980년 이래 대략 8억 명 선을 유지하고 있지만, 2000년대 초에는 10억 명이라는 정점에까지 이르기도 했다(UNDP 2010). WFP에 따르면 세계의 굶주린 사람들 중 2억 명이 5세 미만의 아이들이며, 이들은 충분한 음식 섭취를 못해 과소 체중 상태에 있다. 매년 1천200만 명의 아이들이 기아로 인해 사망하고 있다.

그러나 세계 저소득 국가와 중소득 국가의 영양실조에 걸린 5세 미만 아동의 4분의 3 이상은 사실상 식량을 과잉으로 생산하는 곳에서 살고 있다(Lappe 1998). 선진국에서는 오히려 식량이 너무 많아 비만율이 염려스러울 정도로 증가하고 있다. 사실 몇몇 전문가들은 2050년부터 비만으로 인한 당뇨병, 뇌졸중, 심혈관계 질환과 같은 건강 문제로 미국의 기대 수명이 떨어질 것이라고 진단하기도 했다(Olshansky et al. 2005).

기근과 기아는 자연적 요인과 사회적 요인이 결합되어 나타난 결과다. 오늘날 세계의 1억 명 정도가 단지 가뭄만으로도 기근에 시달리고 있다. 수단, 에티오피아, 에리트레아, 인도네시아, 아프가니스탄, 시에라리온, 기니, 타지키스탄과 같은 국가들에서는, 가뭄에 내전까지 결합되어 식량 생산이 완전히 파괴되어, 수백만 명의 사람을 기아와 죽음으로 몰아넣었다. 21세기의 문턱에서 라틴아메리카와 카리브해 연안 지역의 5천3백만 명(인구의 11퍼센트)이 사하라 사막 이남 아프리카 1억 8천만 명(33퍼센트), 아시아 5억 2천5백만 명(17퍼센트)과 함께 영양실조 상태에 있다(UNWFP 2001).

기근과 기아의 영향을 받는 국가들은 대부분 너무 빈곤해 자국의 식량 생산을 증대시킬 신기술을 구매할 수 없다. 심지어 해외에서 식량을 충분히 수입할 능력조차 없다. 그런데 역설적이게도 세계의 기아가 증가하는 동안 식량 생산은 꾸준히 증가해 왔다. 예를 들어 1965년에서 1999년 사이 세계 곡물 생산은 두 배 증가했다. 이 기간 동안 세계 인구가 상당히 증가했다는 것을 감안하더라도, 1인당 세계의 곡물 생산은 1999년을 기준으로 볼 때 34년 전보다 15퍼센트 늘어났다. 그렇지만 이러한 증가가 세계 곳곳에 고르게 분배되지는 못했다. 예를 들어 대부분의 아프리카에서는 최근 1인당 식량 생산이 감

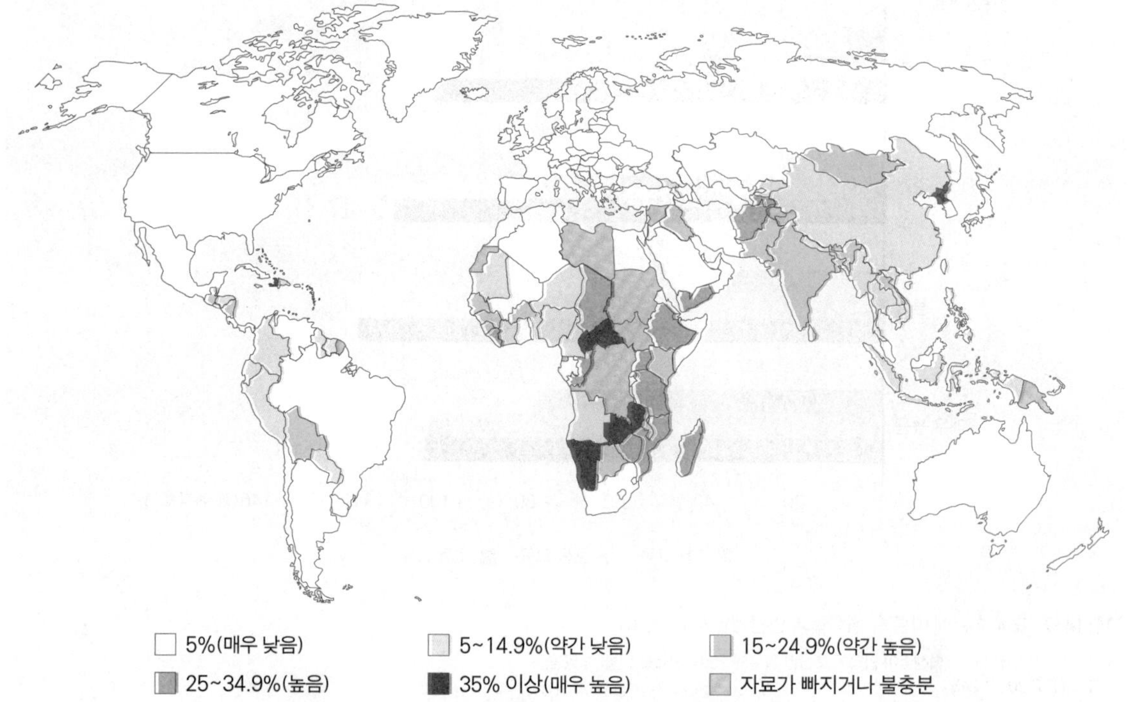

그림 14-6 개발도상국에서의 영양실조 발생률, 2015

출처: UNFAO 2015.

소했다. 미국과 같은 고소득 국가에서 생산된 잉여 식량이 절실하게 필요로 하는 국가들에 좀처럼 분배되지 않았다.

교육, 문맹률, 아동 노동

교육은 경제 성장에 기여하는 요소다. 왜냐하면 고등 교육을 받은 사람들이 고임금 산업에 필요한 숙년 노동을 제공할 수 있기 때문이다. 그리고 교육은 가혹한 노동 조건과 가난에서 탈출할 수 있는 유일한 희망을 제공한다. 왜냐하면 교육을 받지 못한 사람들은 저임금, 저숙련 직업 환경에 처해지기 때문이다. 또한 교육받은 사람들은 자녀를 적게 가지려는 경향이 있다. 따라서 빈곤에 영향을 미치는 글로벌 인구 증가 속도를 늦출 수 있다. 그러나 개발도상국은 이러한 상황에서도 사회적으로 혜택을 누리지 못한다. 왜냐하면 그들은 좀처럼 양질의 고등 교육 시스템을 제공하지 못하기 때문이다. 결과적으로 선진국의 아이들은 개발도상국의 아이들보다 양질의 교육을 받을 기회가 많다. 그리고 고소득 국가의 성인들은 개발도상국에 있는 이들보다 읽고 쓸 수 있는 능력이 높다.

그럼에도 불구하고, 1980년 이래 교육 제공과 등록이 많이 개선되었다. 1990년대 무렵에 초등학교 입학은 선진국과 개발도상국에서 모두 일반적인 사항이 되어, 어떤 형태로든 교육을 받은 사람들의 비율이 1960년 57퍼센트에서 2010년 85퍼센트로 증가했다. 평균 학교 교육 기간의 증가로 개발도상국에서 청소년의 읽고 쓰는 능력도 95퍼센트 이상 증가했다(UNDP 2010). 결과적으로 우

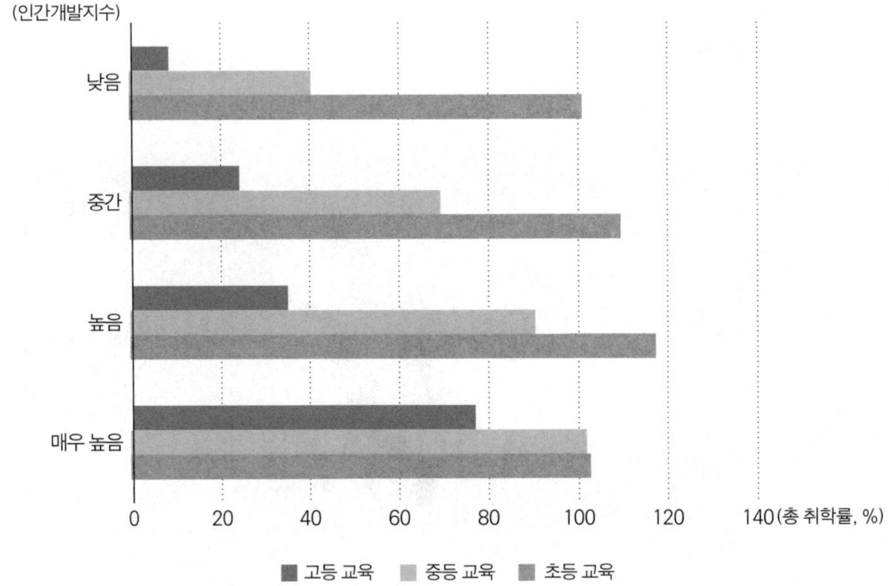

그림 14-7 교육 수준에 따른 총 취학률과 인간개발지수, 2015

참조: 취학 적령기가 아닌 학생들이 입학에 포함된 경우엔 100퍼센트를 넘을 수 있음.
출처: UNDP 2015: 245.

리는 장차 문맹이 개발도상국과 개인에게 문제가 되는 일은 없을 것이라 기대하게 된다.

교육 격차가 나타나는 이유 중 하나는 선진국이 저소득 국가에 비해 국내총생산GDP에서 교육에 지출하는 비중이 훨씬 더 높다는 데 있다. 이것은 학생 한 명당 재정적 지원에서 많은 불평등이 존재한다는 것을 의미한다(World Bank 2001). 예를 들어 2010년 선진국에서의 학생 한 명당 평균 교육비 지출은 1년에 184달러에 불과한 사하라 사막 이남 아프리카보다 네 배 높았다. 초등학교 입학 비율에는 또한 상당한 성별 격차가 존재한다. 2010년 HDI 보고서에 따르면 156개국 중 여자아이와 남자아이가 비슷하게 초등학교에 입학하는 국가는 단지 87개국에 불과했다. 몇몇 개발도상국의 농촌 지역에서는 중등 교육을 받아야 하는 아이들 사이에 성별 격차가 존재한다. 예를 들어 볼리비아와 기니의 농촌 지역에서는 대략 35퍼센트 정도의 여자아이가 학교에 입학하지만, 볼리비아와 기니의 도시 지역 남자아이는 각각 71퍼센트, 84퍼센트가 학교에 입학하는 것과 비교된다(UNDP 2010: 36~38). 2007년 선진국에서는 남자아이와 여자아이 모두 중등 교육을 전일제로 받았을 수 있었던 반면, 개발도상국에서는 단지 65퍼센트의 아이들만 교육 혜택을 누렸다. 교육의 전체적인 혜택이 상승하고 있더라도, 고등교육의 상황에서 교육 불평등 정도는 더욱 심각하다(〈그림 14-7〉 참조).

개발도상국에서 중등과 고등 교육을 받는 아이들이 상대적으로 더 적은 핵심적인 이유는 이들이 관여하고 있다는 사실이다. 가난한 가족, 부족한 교육 제공, 오래전부터 사람들 사이에 존재한 빈민과 인종적 소수 집단의 곤경에 대한 무관심이 결합해 아이들이 노동 현장에 내몰리고 있다(UNICEF 2000a). 고소득 국가들에서는 아동노동이 법적으로 제거되었지만, 오늘날에도 여전히 세계의 많은 곳에 남아 있다. UN 국제노동기구International Labour Organization, ILO에 따르면, 2008년 5세부터 17세까지 노동 아동은 2억 1천5백만 명으로 2004년 이래 7백

세계는 무엇을 먹는가? 그리고 무엇을 먹어야 하는가?

세계 사회 14-2

2000년에 사진기자 피터 멘젤Peter Menzel과 저널리스트 페이스 달루시오Faith D'Alusio는 전 세계 가정들의 일주일 식사를 기록해, 문화적 다양성이 존재하는가 확인하기로 했다. 2005년에 펴낸 『굶주린 세상: 세계가 먹는 것Hungry Planet: What the World Eats』이 그 결과물이다. 그들은 24개국 30가정을 방문해 음식의 구매, 비용 그리고 조리법을 보고 그들의 전형적인 일주일 식단과 함께 가족들을 사진으로 남겼다. 여기에 실린 두 가지 사례는 그들의 책에 있는 것들 중에서 선정된 것이다.

비판적으로 생각하기 THINKING CRITICALLY

두 가족의 식사에서 비용, 음식의 양과 가짓수 그리고 신선식품과 포장식품 정도를 비교해 보자. 어떤 식단이 더 건강한 것이라 할 수 있는가? 만약 모든 사회가 미국 가정의 식단을 따른다면, 지구의 자연환경이 현재 세계 인구(2016년 기준 75억 명)를 감당할 수 없다는 주장이 나온 이유는 무엇인가?

차드공화국 브레이징Breidjing 캠프의 아부바카르Aboubakar 가족.
일주일 식비 지출: 685 CFA 프랑 또는 1.23달러.
좋아하는 음식: 신선한 양고기 수프.

미국 노스캐롤라이나의 레비스Revis 가족.
일주일 식비 지출: 341.98달러.
좋아하는 음식: 스파게티, 감자, 세사미 치킨.

만 명 줄어들었다. 약 1억 1천5백만 명의 아이들은 매우 위험한 노동 환경에서 일하고 있었다(ILO 2010: v). 아동 노동이 가장 빈번한 곳은 사하라 사막 이남 아프리카이며, 아동 노동자의 수가 가장 많은 곳은 아시아-태평양 지역이다.

2008년 아동 노동의 68퍼센트는 무급 가족 노동에 포함되어 있다. 21퍼센트가 유급 노동이며, 5퍼센트는 자영업에 속해 있다. 일하는 분야로는 60퍼센트가 농업에, 7퍼센트가 제조업에, 26퍼센트가 레스토랑, 호텔, 부유한 가정집의 하인과 같은 서비스업에 속해 있었다(ILO 2010). 이들은 기껏 해봐야 적은 임금으로 장시간 노동을 하며, 학교에 다니는 등 빈곤한 삶에서 벗어날 기량 개발은 할 수도 없다. 그러나 단순하게 모든 아동 노동을 즉각적으로 철폐하는 것이 가능하다손 치더라도, 이러한 움직임은 의도하지 않은 결과를 불러올 수 있다. 예를 들어 아동 노동은 아동 성매매나 만성적 영향 결핍보다 더 나은 상태다. 힘써야 될 부분은 아동 노동을 근절하는 것만이 아니라, 아이들을 일터에서 학교로 돌려보내 주어진 교육 시간을 제대로 보장받도록 하는 것이다.

아동 노동 중 노예에 가까운 형태인 '담보 노동bonded labour'이 있다. 이런 형태의 노동 체계는 아이들의 부모가 공장주에게 소액의 빚을 얻는 대가로, 8~9세 정도의 어린아이들을 담보로 넘기는 것을 말한다. 그런데 이 아이들의 임금이 매우 적기 때문에 결코 부채를 줄일 수 없다. 결국 아이들은 평생 노예로 살아가게 된다. 국제 사회에 이목을 집중시킨 파키스탄 출신의 네 살 아이, 이크발

농업에서의 아동 노동

전 세계적으로 농촌 지역에 있는 수백만 명의 소년과 소녀들은 등교하는 대신에 노동자로서 살고 있다. 이들은 여러 도처에 존재하지만 가축을 몰거나 하인으로 힘들게 일함에 따라 농장, 어선, 플랜테이션 및 산악 지역에서 보통 잘 드러나지 않는다. 아동 노동은 노동에 참여하는 아동들, 그들의 가족, 그들이 속한 지역사회에 대한 빈곤의 순환고리를 공고하게 만든다. 농촌 지역 소년과 소녀들은 교육을 받지 못한 채 미래에도 빈곤 상태에 놓일 것이다. 이를 해결하기 위해, 아동 노동의 발생 근원을 진단하고 농촌 지역 성인들을 대상으로 하는 적절한 노동을 증진시킬 수 있는 정책들이 나와야 한다.

약 1억 2천9백만 명이 넘는 5세부터 17세까지의 소년과 소녀들이 농사일을 하고 있다. 이것은 아동 노동자의 60퍼센트에 해당한다. 세계 아동 노동의 절대 다수는 공장이나 도시의 식료품 가게에서 일하거나 행상을 하는 것이 아니다. 이들은 대부분 농장과 플랜테이션 지역에서 해가 뜰 때부터 질 때까지 씨를 뿌리고, 추수하고, 살충제를 뿌리고, 가축 키우는 일을 하고 있다. 이 아이들은 작물과 가축 생산에서 중요한 역할을 담당한다. 또한 우리가 소비하는 음식 및 음료와 다른 생산물을 만드는 데 사용되는 섬유와 원재료 공급까지 돕고 있다. 여기에는 담배·면직물과 같은 농업 생산품과 함께, 코코아/초콜릿, 커피, 차, 설탕, 과일, 채소와 같은 것이 포함된다.

약 7천만 명의 소년과 소녀들은 '위험 아동 노동'을 하고 있다. 위험한 노동은 아이들의 생명, 신체, 건강, 전반적인 삶의 행복에 치명적인 위협이 되고 있다. 나이와 상관없이 노동 관련 사망, 비사망 재해, 직업병 등을 고려해 볼 때, 농사일은 공사일·광산일과 함께 가장 위험한 노동 현장 중 한 곳이다. 방글라데시는 기본적으로 농업 국가이기 때문에 많은 아이가 아동기 초반부터 작물을 기르고, 추수하고, 운반하고, 파는 것이 일상이 되어 버렸다. 아이들은 치명적인 부상을 야기하는 농기계와 도구들에 자주 노출될 수밖에 없다. 하루에 약 50명의 아이들이 기계로 인해 부상을 입고, 부상을 입은 50명 중 3명꼴로 심한 부상으로 영구적인 장애인이 된다.

몇 가지 사례를 살펴보자. 짐바브웨 어느 농촌 마을에서 밤새 서 있던 트랙터의 바퀴가 진흙탕에 빠져 꼼짝 못하게 된 적이 있다. 다음 날 아침 열두 살짜리 소년이 트랙터 시동을 켠 뒤 바퀴를 빼내기 위해 (안전한 절차는 트랙터를 후진시켜 진흙탕에서 빠져나오는 것이었지만) 앞으로 나가려 가속페달을 밟기 시작했다. 그때 트랙터의 앞바퀴가 들리더니 뒤로 전복되었고, 소년은 트랙터 아래에 깔려 치명상을 입었다.

2000년에 열한 살짜리 소녀는 남아프리카공화국 웨스턴케이프 주 세레스에 있는 농장에 불법 고용되었는데, 트랙터에서 떨어져 왼쪽 다리가 절단되었다.

1990년에는 미국에서 농장 이주 노동자인 열다섯 살짜리 소년이 9미터짜리 알루미늄 관개 파이프를 들고 움직이다가, 자신의 머리 위에 있던 전기선을 건드려 함께 있던 다른 두 명의 아동 노동자와 함께 손과 발에 치명적인 전기 화상을 입었다.

아동 노동자는 성인 노동자와 동일한 작업 환경에서 일할 경우, 해당되는 모든 위험 요소들에 쉽게 노출될 수밖에 없다. 왜냐하면 아이들의 신체와 사고, 인격은 여전히 성장하고 있으며, 노동 경험은 부족하기 때문이다. 여기에 빈곤으로 인해 안전 및 보건 시설의 혜택을 받지 못함으로써, 그 피해가 더욱더 악화되고 지속된다. 또한 농사일은 다른 형태의 아동 노동과 달리, 아이들이 주로 자신이 일하고 있는 농장이나 플랜테이션 지역에서 생활하고 있다. 이러한 점이 아이들을 더 위험에 빠뜨리고 있다.

출처: ILO 2007b, 2011b; FAO/IFAD/ILO 2010.

비판적으로 생각하기 THINKING CRITICALLY

세계의 모든 아동 노동은 근절되어야 하는가? 아동 노동에 대한 전면 규제로 나타나는 긍정적 또는 부정적 결과는 무엇일까? 어떠한 형태의 '아동 노동'이 선진국에서 여전히 수용되어도 괜찮은 것처럼 보이는가? 만약 가능하다면 여기에 발췌된 ILO 보고서 내용과 비교해 어떤 점이 더 받아들일 수 있게끔 만드는가?

마시Iqbal Masih의 담보 노동 사례가 있다. 이크발의 아버지는 장남의 결혼을 위해 6백 루피(약 16달러)를 빌리려고 소년을 노예로 팔아 버렸다. 이크발은 6년 동안 대부분의 시간을 카펫 직조실에 묶인 채, 미세한 매듭 작업이 끝날 때까지 일했다. 그는 열 살이 때 공장에서 도망쳐 노동조합과 학교에 자신이 겪었던 일들을 알리기 시작했다. 열세 살이 되던 해, 이크발은 동네에서 자전거를 타던 중 카펫 산업체의 부탁을 받은 것으로 보이는 청부업자의 총격으로 피살되었다(Bobak 1996).

이러한 착취적 아동 노동을 근절하기 위해서는 기존 관행에 대항해 전 세계 국가들이 따라야 하는 강력한 법률을 제정하고 시행해야 한다. 국제노동기구ILO는 각 국가들이 준수해야 하는 법률적 기준들을 제시하고 있다. 1999년 6월에 ILO는 '최악의 아동 노동 형태'의 철폐를 요구하는 협약 제182호를 채택했다. 협약에 제시된 최악의 아동 노동 형태에는 노예, 아동에 대한 판매와 불법 거래, 강제 노동, 성매매, 포르노 제작, 마약 거래, 이 밖에 아동의 건강, 안전 또는 정신에 해가 되는 노동들이 포함된다(ILO 1999). 또한 각국은 아이들에게 무상 공교육을 제공해야 하고, 학교에 전일제로 출석할 수 있도록 해야 한다(UNICEF 2000a). 아동 노동으로 상품을 제조하는 글로벌 기업들, 노동자들을 결집한 노동조합들, 아동 노동에 반대하는 농업협동조합, 궁극적으로는 상품을 구입하는 소비자들도 아동 노동 문제 해결에 참여해야 한다.

변화하는 인구

UN은 1999년 1월 20일에 60억 번째 사람이 태어났고, 2011년 8월 26일에는 70억 번째 사람이 태어난 것으로 집계했다. 세계 인구는 1965년 이래 두 배 이상 증가했다. 1960년대에 파울 에를리히Paul Ehrlich는 인구 성장률이 지금과 같은 속도로 지속된다면, 900년 후에는 지구상에 6만조 명이 존재할 것이라고 예측했다. 물리학자 프렘린J. H. Fremlin은 이 정도의 인구를 감당하기 위해서는 2천 층짜리 건물들이 지구 전체에 뒤덮여 있어야 한다고 계산했다(1964). 물론 이러한 내용은 인구가 무한정 증가할 때 발생하는 악몽과도 같은 상상에 불과하다.

세계 인구의 극심한 격변을 주창하는 사람들의 몇몇 예측에는 오류가 있는 것으로 증명되었다. 1960년대와 1970년대에는 인구가 약 80억 명으로 증가할 것이라 추정했다. 그러나 실제로는 60억 명을 살짝 넘겼다. 오늘날 UN의 (최저치와 최고치 사이를 보는) '중위medium variant' 예측에 따르면, 2050년에는 지구상에 93억 명의 사람들이 존재하게 된다. 이러한 수치가 가능한 이유는 출산율이 높은 아프리카 39개국, 아시아 9개국, 오세아니아 6개국 그리고 라틴아메리카 4개국이 영향을 미쳤기 때문이다(UN 2011). (일본, 중국, 러시아연방, 브라질이 포함된) 저출산 국가의 인구는 2030년에 정점을 찍은 뒤 서서히 감소할 것이다. 2100년에 이르러서는 저출산 국가의 인구가 20퍼센트 감소할 것으로 보인다. (미국, 인도, 방글라데시, 인도네시아와 같은) 중출산 국가의 인구는 2065년에 정점을 찍게 될 것이다. 고출산 국가들만이 예외적으로 2100년에도 계속 출산율이 증가할 것이다(UN 2011: 1~2; 〈그림 14-8〉 참조).

이러한 예측들을 종합한 UN의 최근 전망에 따르면, 세계 인구 증가 속도가 서서히 줄어들어, 2100년에는 인구가 차츰 감소하기 시작하다가, 22세기부터는 점차적인 감소 추세가 될 것이라고 했다. 이러한 전망에도 불구하고, 인구가 19세기 초 10억 명에서 오늘날 70억 명으로 급격하게 증가한 사실은 여전히 충격적이다. 70억 명의

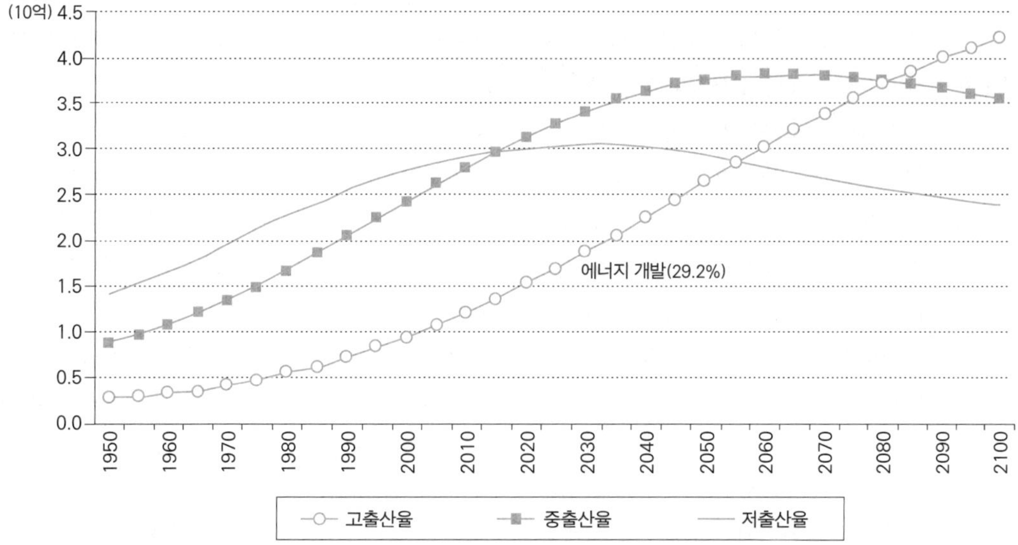

그림 14-8 중위의 출산율로 분류한 국가들의 인구, 1950~2100

출처: UN 2011: 3.

인구는 과연 지속 가능한 수준일까? 70억 명의 사람이 알맞은 식사를 하고 거처를 제공받을 수 있을까? 아니면 이들은 대부분 빈곤한 삶을 살게 될까? 세계 인구에 서구식 라이프스타일이 확산된다면 자연환경 상태는 어떻게 될까? 지구의 환경 시스템이 세계의 소비자중심주의로 발생한 오염과 쓰레기를 감당해 낼 수 있을까? 출산율에 있어 자그마한 변화들이 매우 커다란 결과들로 확대될 수 있기에, 변이 예측 수준이 높을수록 더 정확하다는 것은 당연하다. 출산율의 변화가 미치는 파장이 이처럼 크다면, 위에서 던진 질문들은 보다 시급한 과제로 다뤄져야 할 것이다.

인구 분석: 인구학

글로벌 불평등이 오늘날 사람들에게 직면한 중요한 문제들 중 하나인데, 이와 관련된 이슈는 세계 인구의 급격한 증가다. 세계 빈곤과 인구 증가는 상호 연관되어 있다. 세계 최빈국에서의 인구가 가장 많이 증가했다는 것에서 알 수 있다. 지금부터는 이와 관련된 현상에 관해 논의할 것이다.

인구에 관한 연구를 인구학demography이라 한다. 이 용어는 약 150년 전 각국의 정부들이 자국의 인구 특성과 분포에 대해 공식 통계를 수집하기 시작했을 때 만들어졌다. 인구학은 인구의 규모를 측정하고 이에 대한 증가나 감소를 설명하는 것이다. 인구 패턴은 출생, 사망 그리고 이주라는 세 가지 요인에 의해 결정된다. 인구학은 관례적으로 사회학 내 한 분과 학문으로 취급된다. 왜냐하면 인구의 이주 문제뿐 아니라, 주어진 집단 또는 사회에서의 출생과 사망에 영향을 주는 요인들이 대부분 사회·문화적이기 때문이다.

인구학 연구는 기본적으로 통계에 근거한 작업이다. 모든 선진국들은 국가의 인구를 파악하기 위해 체계적인 인구 주택 조사를 시행하며, 이 조사를 통해 인구에 관한 기초 통계를 수집하고 분석한다. 그런데 현재 데이터 수집 방식이 너무 엄격하기 때문에, 선진국에서 이루어지는 인구통계학조차 전적으로 정확한 것은 아니다. 영국의 경우 1801년 이래 10년마다 인구 주택 조사를 실시해 왔으나, 2010년에 선출된 연립 정부는 비용이 더 저렴한 대안적 조사 방법을 모색하는 중이다. 이로써 영국에서 장기간 이루어지던 조사는 2011년을 끝으로 중단되었다. 인구 주택 조사의 목표는 가능한 한 정확하게 조사하는 것이다. 그러나 몇몇 사람들은 — 불법 이주자, 노숙자, 임시 노동자, 다양한 이유로 등록을 피하는 사람들 — 공식 인구 통계에 기록되지 않는다. 개발도상국들 중에서도 특히 최근에 높은 인구 성장률을 보이는 국가들의 인구 통계는 더 신뢰하기 어렵다.

인구 변화의 동학

매년 산출되는 인구 성장률이나 감소율은 1천 명당 출생자 수에서 1천 명당 사망자 수를 뺀 값이다. 일부 유럽 국가들의 인구는 마이너스 성장률을 보인다. 다시 말해, 인구가 감소하는 것으로 나타난다. 사실상 모든 선진국은 0.5퍼센트 이하의 인구 성장률을 보이고 있다. 선진국의 인구 성장률은 18세기와 19세기엔 높았지만, 그 후 변동 없이 안정적이다. 오늘날 대부분 개발도상국의 인구 성장률은 2~3퍼센트다. 수치상으로는 선진국과 크게 차이 없어 보이지만, 사실은 그 차이가 어마어마하다.

그 이유는 인구 성장이 기하급수적이기 때문이다. 어떤 수에 두 배를 하는 것으로 시작해, 두 배가 된 결과에 다시 두 배를 하고, 또 그 결과에 두 배를 거듭하면, 1:2:4:8:16:64:128과 같이 급속히 거대한 수를 도출하게 될 것이다. 이와 동일한 원리가 인구 성장에도 정확히 적용된다. 이러한 원리는 인구가 두 배 되는 데 걸리는 시간인 배증 시간doubling time에 담겨 있다. 인구 성장률이 1퍼센트이면 인구는 70년 후에 두 배가 된다. 성장률이 2퍼센트이면 인구는 35년 후에 두 배가 되고, 3퍼센트이면 23년 후에 두 배가 된다. 세계 인구는 인류 역사를 통틀

인구학 – 핵심 개념들

사회학적으로 상상하기 14-1

인구학자가 사용하는 기초적인 개념들 중에서, 가장 중요한 것은 조출생률, 출산율, 가임률, 조사망률이다. 조출생률crude birth rate은 1년간 인구 1천 명당 생존한 신생아의 숫자를 나타낸다. 이 값들이 '조crude'율이라 불리는 이유는 이 수치들이 갖고 있는 매우 일반적인 특성 때문이다. 예를 들어 조출생률은 인구 중 남녀의 비율이나 연령에 따른 인구 분포(청년과 노년의 상대적 비율)를 알려 주지 않는다. 인류학자들은 범주에 따라 출생률과 사망률 데이터가 수집된 것을 '조'율이 아니라 '특수specific'율이라고 부른다. 예를 들어 연령–특수age-specific 출생률은 상이한 연령 집단에 따라 여성 1천 명당 신생아의 수를 세분화한 것이다.

만일 인구 유형을 보다 자세히 알고자 한다면, 보통 특수 출생률이 제시된 정보를 살펴봐야 한다. 이와 달리 조출생률은 상이한 집단, 사회, 지역을 종합적으로 비교할 때 유용하다. 2006년 조출생률은 호주가 12.4(1년간 인구 1천 명당), 니카라과 24.9, 모잠비크 39.5, 가장 높은 비율을 기록한 콩고가 49.6이다(UN 2006). 선진국들은 낮은 비율을 차지하는 경향이 있는 반면, 전 세계 많은 다른 국가들의 조출생률은 그보다 높다(<그림 14-9>).

출생률은 여성의 출산율을 표현한 것이다. 출산율fertility은 평균 여성들로부터 얼마나 많은 신생아가 살아서 태어났는가를 나타낸다. 이 비율은 보통 출산 가능 연령대에 있는 여성 1천 명당 평균 신생아 수로 계산된다. 출산율은 가임률fecundity과 구별된다. 가임률은 생물학적으로 출산할 수 있는 소녀들의 잠재적인 수치이다. 이 비율은 정상적인 여성들이라면 가임기 동안에 매년 아이를 임신하는 것이 물리적으로 가능하다는 것을 전제로 하는 것이다. 그런데 가임률은 사춘기와 폐경기에 있는 여성의 연령에 따라 차이가 있다. 개인적 특성 때문이 아니라 국가에 따라서도 달라진다. 한 여성이 20명 이상의 아이를 낳는 가족들이 있는 반면에, 사회·문화적 제약으로 인해 실제 출산율이 가임률보다 훨씬 낮은 경우도 있다.

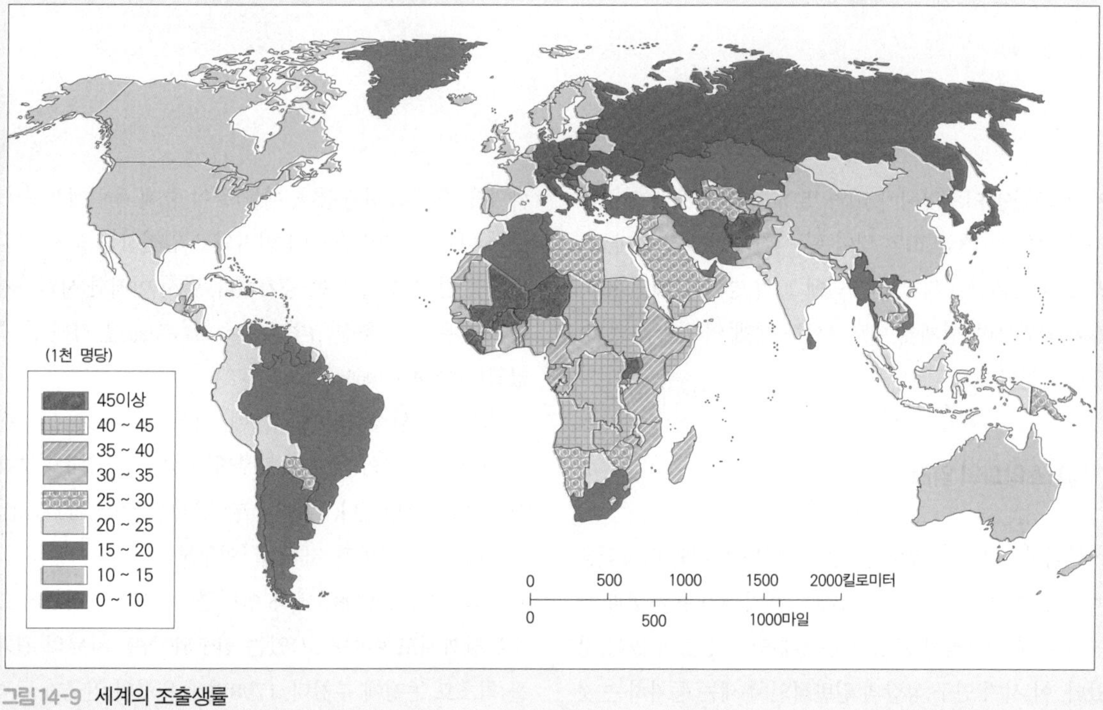

그림 14-9 세계의 조출생률

출처: CIA 2007.

조사망률crude death rates('사망률mortality rates'이라고도 한다)은 출생률과 동일한 계산 방식으로, 1년간 인구 1천 명당 사망자의 수를 말한다. 마찬가지로 사망률 역시 국가별로 큰 차이가 있지만, 대부분의 개발도상국에서의 사망률이 선진국과 근접한 수준으로 떨어지고 있다. 2002년에 영국의 사망률이 1천 명당 10명, 인도는 1천 명당 9명, 에티오피아가 1천 명당 18명이었다. 소수 몇몇 국가들은 이보다 높다. 예를 들어 시에라리온은 1천 명당 30명이었다. 조출생률과 마찬가지로, 조사망률도 단지 사망률mortality(인구 중 사망자의 수)의 매우 일반적인 지표를 제공할 뿐이다. 특수 사망률은 이보다 세밀한 정보를 담고 있다. 특수 사망률 중에서 특히 중요하게 다뤄지고 있는 것은 유아 사망률infant mortality rate이다. 유아의 사망률은 1천 명당 만 1세가 되기 전에 사망한 유아 숫자를 계산한 값이다. 인구 팽창을 지속시키는 주요 요인들 중 하나가 유아 사망률의 감소다.

유아 사망률의 감소에는 기대 수명life expectancy의 증가가 가장 큰 영향을 미친다. 기대 수명이란 사람이 생존할 것으로 예상되는 평균 생존 연수를 의미한다. 2007년 영국에서 태어난 여자아이의 기대 수명은 약 81.3세였고, 남자아이는 76.23세였다(CIA 2007). 이 수치는 20세기로 접어든 시기에 여자아이가 49세, 남자아이가 45세였던 것과 비교된다. 그렇다고 이것이 1901년에 태어난 대부분의 사람들이 40대에 사망했다는 의미는 아니다. 대다수의 개발도상국들처럼 유아 사망률이 높으면, 통계적 평균으로 구한 평균 기대 수명이 떨어진다. 질병, 영양, 자연재해는 기대 수명에 영향을 미치는 또 다른 요인들이다. 기대 수명은 수명과 구별해야 한다. 수명은 한 개인이 최대한 생존할 수 있었던 연수다. 세계의 대다수 사회에서 기대 수명은 상승한 반면, 수명은 극소수 비율의 사람들이 백 살 이상 사는 것 외에는 거의 변하지 않아 왔다.

비판적으로 생각하기 THINKING CRITICALLY

인구학 연구는 매우 쓸모 있는 양적 자료를 가지고 인구의 광범위한 경향성을 나타내는 작업이다. 그리고 이러한 연구는 비교 분석을 하는 데 매우 가치 있는 정보를 제공한다. 그렇다면 질적 연구 방법으로는 인구학 연구가 불가능한가? 제2장에 제시된 몇 가지 질적 연구 방법들을 고려해, 인구 역학을 이해하는 데 추가적으로 고려해야 할 것은 무엇인지 제시해 보라.

어 1800년에 이르러서야 10억 명이 되었다. 세계 인구가 10억 명의 두 배인 20억 명이 된 시기는 1930년이다. 그리고 단지 45년이 지난 1975년에 20억 명의 두 배인 40억 명이 되었으며, 현재에 이르러서는 세계 인구가 75억 명으로 늘어났다.

맬서스학파의 염려

산업화 이전의 출생률은 현재 발달된 세계와 비교했을 때 매우 높은 수준이다. 그러나 18세기까지는 출생과 사망 사이에 대략적인 균형이 존재해 인구 성장이 높지 않았다. 이 시기 인구 성장의 일반적인 추세는 증가하는 것이었으며, 현저한 인구 증가 시기들도 있었지만, 동시에 사망률 증가도 뒤따랐다. 예를 들어 중세 유럽에서 수확량이 나쁜 시기에 혼인이 연기되고 임신하는 숫자가 감소한 반면, 사망자 수는 증가했다. 당시 어떠한 사회든지 이와 같은 자기 조절 규칙self-regulating rhythm을 피해 갈 수 없었다(Wrigley 1968).

산업화가 활성화되던 시기에, 많은 사람이 결핍은 이제 오래된 과거의 것으로 치부되는 새로운 시대가 도래할 것이라 전망했다. 그러나 토머스 맬서스Thomas Malthus는 자신의 기념비적 저서인 『인구론Essay on the Principle of Population』(1976[1798])에서 이러한 가정들을 비판하고, 오늘날까지도 이어지고 있는 인구와 식량 자원의 관계를 최초로 논쟁에 부쳤다. 1798년에 유럽의 인구가 급격하게 증가 추세를 보였다. 당시 맬서스는 유럽의 인구가

기하급수적으로 증가하는 상황에서, 식량 공급이 새로운 경작지를 개발해야만 확대될 수 있는 고정 자원에 의존하고 있다는 점을 지적했다. 따라서 인구 성장은 이를 감당할 수 있는 자원을 추월하게 된다는 것이다. 맬서스는 여기에 전쟁 및 전염병의 영향까지 가세해 반드시 기근이 찾아오게 되며, 자연적으로 인구 증가가 제한될 것이라고 보았다. 맬서스는 만일 인류가 '도덕적 억제moral restraint'라는 것을 실천하지 않는다면, 늘 곤궁과 기아에서 벗어나지 못한 채 살아갈 것이라고 예언했다. 그는 피임법 사용을 '부도덕'한 것이라 여겼기 때문에, 과도한 인구 증가에 대한 치유책으로 사람들의 성관계 빈도에 엄격한 제한을 둘 것을 제시했다.

선진국에서는 맬서스주의Malthusianism를 지나치게 비관적인 접근이라고 보았다. 왜냐하면 선진국의 인구 성장은 맬서스가 예견한 것과 상당히 다른 양상을 보였기 때문이다. 인구 성장률은 19세기 후반과 20세기에 감소했다. 사실상 1930년대에 이르러서는 대부분 선진국들이 인구 감소 문제에 대해 걱정했다. 20세기에 세계 인구가 급격히 증가한 사실은 맬서스의 관점을 전체적으로 지지하지 않지만, 부분적으로는 그의 관점과 맞아떨어진다. 최근의 맬서스주의자들은 개발도상국의 인구 팽창이 감당할 수 있는 자원 수준을 넘어 영양실조와 광범위한 빈곤을 초래하고 있다고 주장한다. 그러나 우리가 앞에서 살펴본 것처럼, 최빈국들에서도 인간 개발에 해당하는 측면들이 발전하고 있는 중이다.

인구 변천

인구학자들은 인구 변천demographic transition으로 이어지는 19세기에서부터 산업화를 이룬 국가들의 사망률과 출생률의 변화를 종종 다루고 있다. 인구 변천에 관한 논지의 틀은 워런 톰프슨Warren S. Thompson이 최초로 만들었다. 그는 한 사회가 경제 발전의 선진 수준에 도달하는 과정에서, 안정적으로 유지되던 한 인구 유형이 다른 유형으로 대체된다고 보았으며, 이러한 과정을 세 단계로 제시했다(Thompson 1929). 이와 관련된 내용은 〈고전 연구 14-1〉에서 논의하고 있다.

인구 변천 이론은 카를 마르크스도 제기했던 가정인 산업자본주의가 전 세계에 확산될 것이라는 관점에서 출발한다. 만일 이와 같은 가정이 실현된다면, 경제 성장 과정에서 출생률과 사망률이 떨어지며, 인구가 급격히 증가하는 단계를 겪게 되고, 이 단계 이후에는 인구가 안정화 시기를 겪거나 감소할 수도 있다. 만일 경제 발전이 불균등하고 세계의 일부가 예상되는 단계를 밟지 않는다면 과연 무슨 일이 일어날까? 전 세계 모든 사회가 균등하게 부유해질 수 있다는 게 현실적인가? 다음에는 이러한 매우 논쟁적인 이슈를 다룰 것이다.

빈국들은 부유해질 수 있는가

과거에 형성된 '세 가지 세계의 모델'이 지지 기반을 상실한 이유는 세계 통합과 '세 가지 세계' 간의 국가 유동성을 설명하는 데 실패했기 때문이다. 세 가지 세계의 모델이 가진 한계는 1970년대 중반 동아시아 저소득 국가들이 급진적 산업화 과정에 돌입했을 때 더욱 명확하게 드러났다(Amsden 1989; 동아시아 국가 발전에 관한 논의는 제4장 참조). 급진적인 산업화 과정은 1950년대 일본에서 시작되어, 곧바로 신흥공업국들NICs 또는 경제 성장이 급속도로 이루어진 국가, 특히 동아시아만이 아니라 라틴아메리카 국가에까지 확대되었다. 동아시아의 NICs

인구 변천 이론

고전 연구 14-1

연구 문제

18세기 중반부터 사회가 산업화됨에 따라 인구가 급속히 증가했다. 그러나 1세기가 지난 무렵 인구 증가는 둔화되었고, 21세기에 이르러는 많은 선진 사회에서 인구 변화가 거의 없다. 왜 이러한 일들이 생겼을까? 이러한 장기적 변환에는 패턴이 존재할까? 만약 패턴이 존재한다면 개발도상국들에서도 동일하게 반복되어 나타날까? 그럼 앞으로 세계 인구 규모는 어떻게 될까? 미국의 인구학자 워런 톰프슨Warren S. Thompson(1887~1973)이 처음으로 인구 발전 과정에 패턴이 있음을 제시했고, 이러한 그의 작업은 인구 추세를 산업화와 연결시켜 연구하는 후속 연구자들에 의해 발전되었다.

인구 변천 모델

톰프슨은 출생과 사망률의 변화가 인구의 성장과 규모에 영향을 주고 있지만, 한 국가의 인구에 거대한 변화가 일어나기 위해서는, 비율의 핵심적인 변천transition이 존재해야 한다는 것을 알았다. 이후 후속 연구자들은 그의 이러한 생각을 수정·발전시켜 하나의 모델로 만들었다. 이들이 만든 모델은 보통 인구 변천 모델Demographice Transitions Model, DTM이라고 불린다. DTM은 사회가 산업적으로 발전함에 따라 겪게 되는 일련의 단계들을 제시하고 있다(〈그림 14-10〉 참조).

1단계에는 대다수 전통 사회의 특징적인 조건들로, 출생률과 사망률이 모두 높으며, 특히 유아 사망률이 매우 높게 나타난다. 출생자 수가 아무리 많아도 사망자 수와 거의 균형을 이룸에 따라 인구는 약간 증가하는 정도다. 이 단계는 인류 대부분의 역사에 해당하는 전염병, 질병 그리고 자연재해가 인구 수를 낮추는 부분이다. 2단계는 19세기 초반 유럽과 미국에서 시작되었는데, 사망률은 떨어지지만 출생률은 여전히 높을 상태다. 이로 인해 장기간에 걸쳐 인구 증가가 나타났다. 농작물 수확량 증가와 더불어 식량 질 개선, 안전한 물 공급 그리고 보다 효율적인 하수도 시설과 쓰레기 처리가 사망률을 떨어뜨리고 인구를 증가시켰다. 3단계에서는 출생률도 떨어지는데, 그 결과 인구는 1단계의 절대적 수치보다는 훨씬 높은 수준에서 점차 안정된다. 이러한 변화가 일어난 데는 몇 가지 이유가 있다. (특히 여성들 사이에서) 문

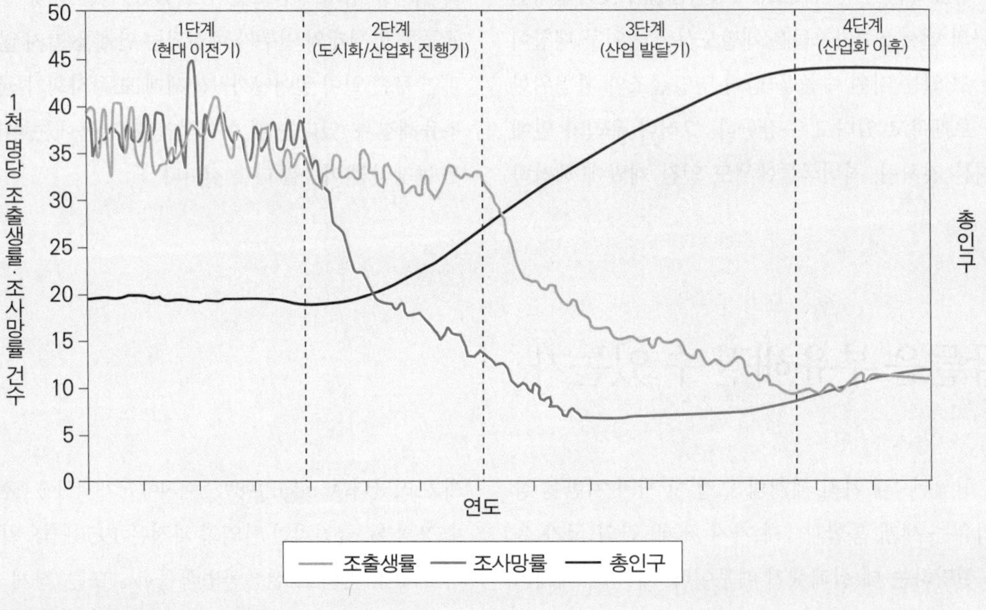

그림 14-10 인구 변천 모델

출처: Wikimedia Commons.

자 해독 수준 증가는 여성을 단지 아이 낳는 사람으로만 여기던 전통적 생각에 도전하게 만들었고, 의무 교육으로 아이들이 더 이상 작업장에서 일하지 않게 되었으며, 도시화로 인해 (특히 농촌에서) 토지에서 일할 대가족이 더 이상 필요하지 않게 되었다. 어느 정도 시간이 지나, 피임 기술이 개선된 것도 사람들이 출산을 조절하는 데 중요한 역할을 했다. 몇몇 인구학자들은 이 시기를 4단계로 규정하고, 이 단계에서는 인구가 안정되고 인구 변천이 완료된다고 보았다. 그러나 그리스, 이탈리아 그리고 일본을 포함하는 몇몇 국가들은 최근 인구가 유지될 만큼의 인구 재생산이 이뤄지지 않고 있다. 그래서 우리는 다음 단계로 선진 산업사회들의 인구가 감소하는 경우를 생각해야 할지도 모른다. 그러나 아직은 어디까지나 이론적으로만 가능한 상태다.

비판적 쟁점

이러한 단계들은 근대 사회의 인구학적인 중요한 변화들을 정확하게 묘사한 것으로 평가되고 있다. 그러나 선진국들 사이에서 상당한 차이들이 발견된다. 이와 같은 모델을 개발도상국에 적용해 보면 놓치는 지점이 있기 마련이다. 이 모델의 한계를 비판하는 사람들은 1980년대의 HIV/AIDS 창궐이 사망률과 유아 사망률을 감소시키기보다는 증가시키면서, 몇몇 국가들의 인구 증가 추세를 늦추거나 심지어 중단시킨 중요한 요인이라고 지적한다. 사하라 사막 이남 아프리카는 대부분 HIV/AIDS의 확산으로 고통받아 왔다(제11장 〈건강, 질병, 장애〉 참조).

DTM은 반맬서스주의로 널리 알려졌다. 이 모델은 기하급수적 성장이 집단 굶주림과 광범위한 기근을 낳기보다는 인구가 안정세로 접어들 것이라고 이야기한다. 이러한 낙관주의에 대한 반대 의견 중 하나는 세계 인구를 향한 서구 스타일의 소비주의 확산이 지구의 생태계를 심각하게 위협함에 따라, 현재의 인구 수준에서도 상황은 오히려 더 나빠질 수 있다고 지적한다. 환경주의자들은 우리가 절대적인 사람 숫자가 높은 것에 지나치게 낙관하는 것을 중단하고, 세계 인구 감소를 위한 목표로 세워야 한다고 주장한다.

현대적 의의

DTM은 아마도 지금까지 고안된 장기 인구 추세 접근 중에서 가장 영향력 있을 것이다. 그래서 인구학 분야에서 이에 관한 연구가 지속되고 있다. 인구학자들은 아직 DTM이 제시한 변화 단계를 어떻게 해석해야 되는지, 또한 3단계가 얼마나 지속될지에 대해 완벽하게 의견 일치를 보지 못하고 있다. 그럼에도 불구하고 이 모델이 지닌 큰 장점은 우리로 하여금 글로벌 차원에서 인류 발전에 대한 장기적 관점을 갖게 하고, 이러한 연구를 시작할 수 있는 토대가 되어 주고 있다는 점이다.

에는 1960년대에 홍콩이, 1970년대와 1980년대에 대만, 한국, 싱가포르가 포함되었다. 그 외에 다른 아시아 국가들은 1980년대와 1990년대 초반에 이들의 행보를 뒤따르기 시작했다. 제일 눈에 띄는 것이 중국이지만, 말레이시아, 태국, 인도네시아도 대열에 합류했다.

〈그림 14-11〉은 저소득, 중소득, 고소득 국가들의 평균 경제 성장률을 비교한 것이다. 경제학자들은 개발도상국들을 한데 묶어 선진국을 따라잡으려는 개발로 선진 고소득 국가의 경제 성장률을 추월할 것이라는 가정을 해왔다. 그러나 가장 최근까지도 이와 같은 가정에 부합한 사실은 존재하지 않았다. 다만 몇몇 소수의 개발도상국만이 선진국들의 평균 경제 성장률을 능가할 수 있었다.

그렇지만 이러한 상황은 1990년대 중반부터 저소득·중소득 국가들의 평균 성장률이 선진 국가들보다 높아짐에 따라 바뀌기 시작했다. 실제로 13개 국가의 — 앤티가 바부다, 바레인, 그리스, 괌, 맨섬, 한국, 몰타, 뉴칼레도니아, 북마리아나제도, 푸에르토리코, 사우디아라비아, 산마리노, 슬로베니아 — 경제 성장률은 상대적으로 부유한 국가들의 수준까지 끌어올려, 세계은행에 의해 '선진 경제developed economy'로 재분류되었다(World Bank 2007). 이 국가들은 모두 두 세대 정도 전만 하더라도 '빈곤' 국가들로 분류되었다. 1999년에 와서는 싱가포르의 1인당 GDP가 미국과 거의 동일한 수준이었고, 중국은 지구상에서 가장 빠르게 경제 성장을 이룬 국가들 중 하나가 되었다. 중국 경제는 1980년에서 1999년

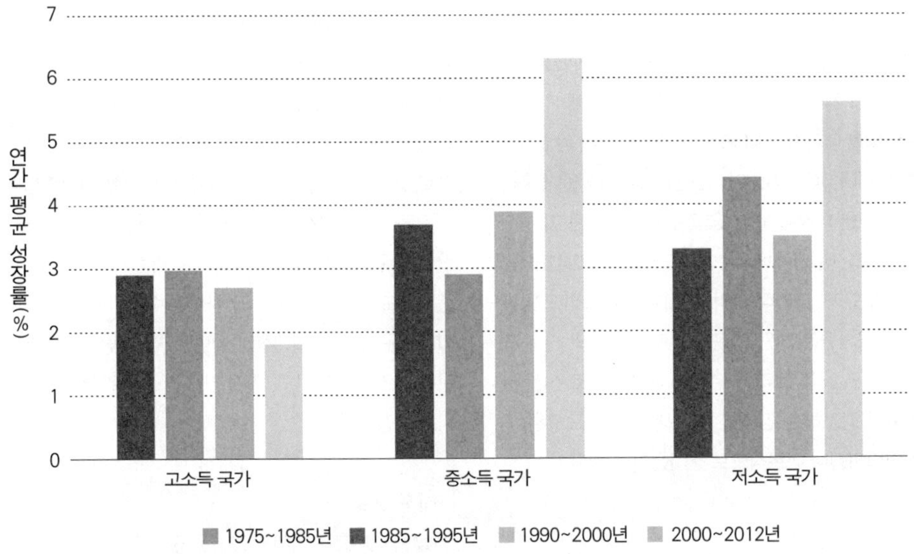

그림 14-11 저·중·고소득 국가들의 평균 경제 성장, 1975~2008

출처: 세계은행에서 발간하는 여러 『세계발전지표World Development Indicators』 자료를 종합함.

사이에 연평균 10퍼센트의 성장으로 경제 규모가 두 배로 커졌다.

평균 소득으로 비교해 보면 국가별로 엄청나게 차이 난다는 것을 알 수 있다. 특히 개발도상국과 선진국 간의 비교에서는 그 차이가 여실히 드러난다. 개별 국가 내부의 부자와 가난한 사람의 최근 몇 년간 소득 추이를 따라가 보면, 어떤 국가들(미국, 영국, 브라질)에서는 소득 불평등이 심화되는 반면, 어떤 국가들(프랑스, 캐나다)에서는 꽤 안정적인 상태를 유지하고 있다.

1970년부터 출신 국가와 상관없이 개인 수준에서 세계 불평등을 측정해 보면, 평균 '글로벌 시민'은 부유해지고 있으며, 세계 소득 분배는 보다 균등해지고 있다 (Loungani 2003). 그러나 이와 같은 결론에 이른 이유는 소수 거대 국가들 — (BRICs로 알려진) 브라질, 러시아, 인도, 중국 — 의 급격한 성장에 영향을 받았기 때문이다. 중국, 인도, 베트남을 제외하고 '선진 경제'로 재분류된 13개 국가의 인구는 모두 합해 세계 인구의 2퍼센트 정도밖에 되지 않는다. 거대 국가들을 제외하면 모든 개발도상국 중 극히 소수에 불과하다는 것을 알 수 있다. 분명 경제 성장률은 여전히 매우 불균등하게 분배되고 있다. 1995년부터 2005년까지 세계 산출량의 배분은, 6퍼센트 정도 몫을 증가시킨 동아시아와 태평양 지역을 제외하고(〈그림 14-12〉 참조), 대부분의 개발도상국들을 개선시키지 못했다.

동아시아의 경제 성장은 대가 없는 성장이 아니었다. 여기에서 말하는 대가는 노동권과 시민권에 대한 난폭한 억압, 참혹한 공장 환경, 증가하는 여성 노동자에 대한 착취, 빈곤한 이웃 국가들의 이주 노동자 착취 그리고 광범위한 환경 파괴를 의미한다. 이러한 대가에도 불구하고, 과거 세대 노동자들의 희생 덕분에 동아시아 국가의 많은 사람들이 현재 번영을 누리고 있다.

사회과학자들은 동아시아 NICs의 급격한 경제 성장을 어떻게 설명하는가? 이 질문에 대한 답은 NICs의 경로를 따르고자 하는 개발도상국들에 몇 가지 중요한 가르침이 될 것이다. 역사적으로 대만, 한국, 홍콩, 싱가포르는 한때 식민 지배 체제하에 있었지만, 수많은 고난 끝

'최하위 10억 인구'를 빈곤에서 일으키기

사회학적으로 상상하기 14-2

이미 살펴보았듯이, 많은 개발도상국에서 불이익과 빈곤 문제를 해결하는 데 상당한 진전이 있었다. 그럼에도 불구하고 이러한 진전은 모든 개발도상국에 골고루 적용되지 않으며, 아직까지 일부 국가들은 발전을 위해 여전히 몸부림 치고 있다. 폴 콜리어 Paul Collier는 『빈곤의 경제학The Bottom Billion』(2007)을 통해 개발원조가 개발도상국들 중에서도 최근 10년 동안 견고한 경제 발전을 이루지 못한 최빈국에 집중되어야 한다고 주장한다. 이러한 원조에 해당하는 국가들은 60개국 정도이며, 대략 10억 명의 사람이 여기에 포함된다. 그러나 이러한 견해를 모든 사람들이 공유하는 것은 아니며, 다른 연구들에서는 절대 빈곤 상태에 있는 사람들과 가족들이 대부분 가장 최빈국에 있다는 전통적 관점에 의문을 제기하고 있다.

예를 들어 영국의 개발학연구소Institute for Development Studies 보고서에 따르면, 실제로 하루에 1.25미국달러 미만으로 생활하는 13억 3천만 명의 사람들 중 72퍼센트가 중소득 국가에 거주하는 것으로 나타났다(Sumner 2010). 인도와 중국은 지난 20년간 급속한 경제 발전으로 세계은행에 의해 '중소득 국가'로 재분류되었지만, 두 국가에는 여전히 (세계 인구의 약 50퍼센트에 해당하는) 많은 빈민이 살고 있다(Kanbur and Sumner 2011). 섬너 Sumner는 인도, 인도네시아, 파키스탄, 나이지리아도 비슷한 수준으로 재분류되었지만, 세계 빈민층에 해당하는 사람들의 대부분이 이들 국가의 중산층에 해당한다고 지적했다.

이러한 데이터 이해는 특정 국가들에만 초점을 두고 운영되는 기존 개발원조 프로그램 형태가 실효성이 없다는 것을 알려 준다는 점에서 중요하다. 대신 개별 국가의 경제적 상황에 관계없이, 빈민들에 초점을 맞춰 원조가 이뤄지는 것이 더 낫다는

인도는 경제가 세계에서 빠르게 성장하는 국가들 중 하나임에도 불구하고, 인도의 빈곤은 농촌 지역에만 몰려 있는 것이 아니라 도시 슬럼가에도 존재한다.

것을 알게 해준다. 중소득 국가의 많은 시민들이 여전히 빈곤 속에서 헤매고 있다면, 개별 국가의 정부 기관과 해외 원조 국가들에 중요한 것은 해당 국가 내부의 불평등을 해결하는 것이 된다.

비판적으로 생각하기 THINKING CRITICALLY

만약 최하위에 있는 10억 명의 사람들을 돕는 것이 중소득 국가 사람들에게 원조를 해주는 것이라면, 부국에서의 모금 활동 중에 부딪히는 걸림돌은 무엇이라 보는가? 그러한 장애물을 극복하기 위해서는 어떻게 해야 하는가?

에 경제 성장을 향해 나아갈 수 있었다. 대만과 한국은 일본 제국에 속박되어 있었고, 홍콩과 싱가포르는 과거 영국의 식민지였다. 당시 일본은 산업화에 반대하는 대지주들을 제거했으며, 영국과 함께 산업 발전, 도로 및 수송 체계 고안, 그리고 효율적인 정부 관료 체제 수립에 힘을 썼다. 영국은 또한 홍콩과 싱가포르를 무역 중심지로 적극 개발했다(Gold 1986; Cumings 1987). 세계 다른 지역에 위치한 국가들, 예를 들어 라틴아메리카와 아프리카는 부유하고 강력한 국가를 건설하는 데 그다지 성공하지 못했다.

동아시아 지역은 또한 장기간에 걸친 세계적 경제 성장의 긍정적 영향을 받기도 했다. 1950년대와 1970년대 중반 사이 유럽과 미국의 경제가 성장하면서, 동아시아에서 주력으로 밀고 있던 의류, 신발, 전자제품들은 거대한 규모의 시장에 진출할 수 있었다. 이로 인해 동아시아는 경제 발전을 위한 '절호의 기회'를 얻게 되었다. 그리고 미국과 유럽에서 주기적으로 발생하는 경기 침체는 기업들이 노동 비용을 줄이도록 만들었고, 저임금의 동아시아 국가들에 공장이 설립·운영되도록 했다(Henderson and Appelbaum 1992). 세계은행의 연구에 따

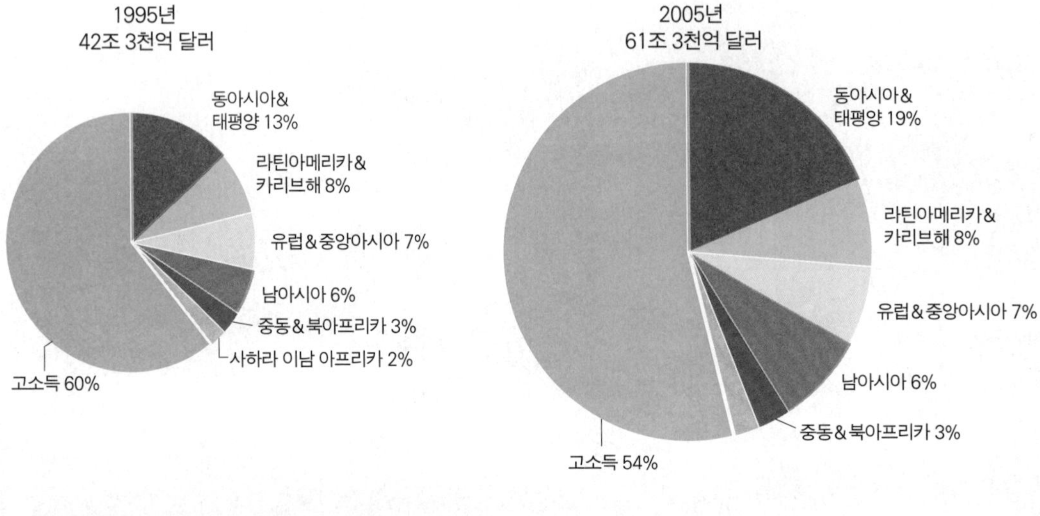

그림 14-12 지역에 따른 세계 산출량 배분, 1995년과 2005년 비교

출처: World Bank 2007.

표 14-1 국가 간 및 국내 글로벌 불평등

소득 불평등 개념	국가 간 불평등	국내 불평등	글로벌 불평등
측정하는 것	국가 간 평균 소득의 불평등	한 국가 안에서 부자와 가난한 사람 간 소득의 차이	소속 국가를 무시한 부자와 가난한 사람 간 소득의 차이
증거가 보여 주는 것	분화	많은 국가(예를 들어 브라질, 중국, 미국)에서 불평등이 증가하지만, 다른 많은 국가에서는 낮거나 일정한 수준(예를 들어 캐나다, 프랑스, 일본)	수렴

출처: Loungani 2003.

르면, 1970년에서 1990년 사이 부유한 국가들에 수출해 경제 성장을 이룬 개발도상국들은 연봉이 평균 3퍼센트 상승한 반면, 그렇지 못한 개발도상국들의 경우에는 임금 상승에 실패했다(World Bank 1995).

동아시아의 경제 성장은 냉전 시기에 정점을 찍었다. 이 시기에 미국과 그 동맹국들은 공산주의 세력이 확장되는 데 방어선을 구축하고자 했으며, 이를 위해 동아시아 지역에 경제적·군사적 원조를 아끼지 않았다. 이들의 직접적인 원조와 차관은 트랜지스터, 반도체 그리고 기타 전자제품들과 같은 신기술 투자에 열을 올리게 만들었다. 이것은 국가 내 지역 산업의 발전에 기여했다. 그리고 군사 원조는 노동 비용을 낮게 유지하고자 기꺼이 사람들을 탄압까지 하는 권력자들, 군부 정부의 편에 섰다(Mirza 1986; Cumings 1987, 2005; Castells 1992).

몇몇 사회학자는, 일본과 동아시아 NICs의 경제적 성공은 부분적으로 그들의 문화적 전통, 특히 이들이 공유한 유교 철학 때문이라고 주장한다(Berger 1986). 지금으로부터 1세기보다도 더 오래전에, 막스 베버Max Weber는 프로테스탄트 윤리에서 비롯된 절약, 검소, 근면 정신이 서유럽에서의 자본주의 부흥을 이해할 수 있게끔 해준다고 주장했다(1992[1904~1905]). 이러한 베버의 주장은 아시아 경제사를 이해하는 데도 적용되어 왔다. 그의 주장에 따르면 아시아의 유교는 사람들로 하여금 연장자와 상급자에 대한 존경, 교육, 근면, 승진을 위한 업적 쌓기에 매진하게끔 만들었다는 것이다. 뿐만 아니라 미래에 보다 나은 보상을 얻기 위해 현재의 희생을 감수하기까지 한다. 베버주의자들은 이러한 가치들로 인해 아시아 내에 경영자와 노동자가 자신의 회사에 충성하고, 권위에 복종하고, 근면하며 성공 지향적인 분위기가 자리 잡게 되었다고 주장한다. 이들은 아시아에서 노동자와 자본가가 모두 낭비보다는 검약을 강조하며, 더 높은 경제적 성장을 위해 자신의 부에 재투자하려는 경향이 있다고 보는 것이다.

이러한 베버주의식 설명이 무의미한 것은 아니지만, 이러한 접근은 아시아에서 기업이 실제로 항상 떠받들어지고 존경받아 온 것이 아니었다는 점을 간과하고 있다. 1950년대 말에 일본에서는 노동자와 자본가 사이에 격렬한 투쟁이 발생했으며, 1980년대 후반에 한국에서도 마찬가지로 둘 사이에 극심한 갈등이 있었다. 모든 동아시아 NICs의 학생과 노동자는 자신들에 대한 대우가 부당하다며 기업과 정부의 정책에 반대해 왔다. 이러한 과정에서 많은 사람들이 투옥되고, 심지어 죽음에 대한 위험까지 감수해야만 했다(Deyo 1989; Ho 1990). 게다가 검소와 같은 유교 문화적 가치들은 일본과 NICs의 젊은이들 사이에서 많이 약화되고 있다. 왜냐하면 대부분의 젊은 층들은 국가의 엄청난 번영기에 성장함에 따라, 절약과 투자보다는 다채로운 소비에 더 큰 가치를 두기 때문이다.

NICs의 급격한 경제 성장에 영향을 미친 마지막 요인은 경제 성장에 우호적인 정책을 펼친 동아시아 정부들의 전략적 움직임이다. 당시 정부들은 노동 비용을 낮게 유지하는 데 매우 적극적이었고, 세금 우대와 다른 여러 경제 정책들을 통해 경제 발전에 힘썼으며, 공교육을 무

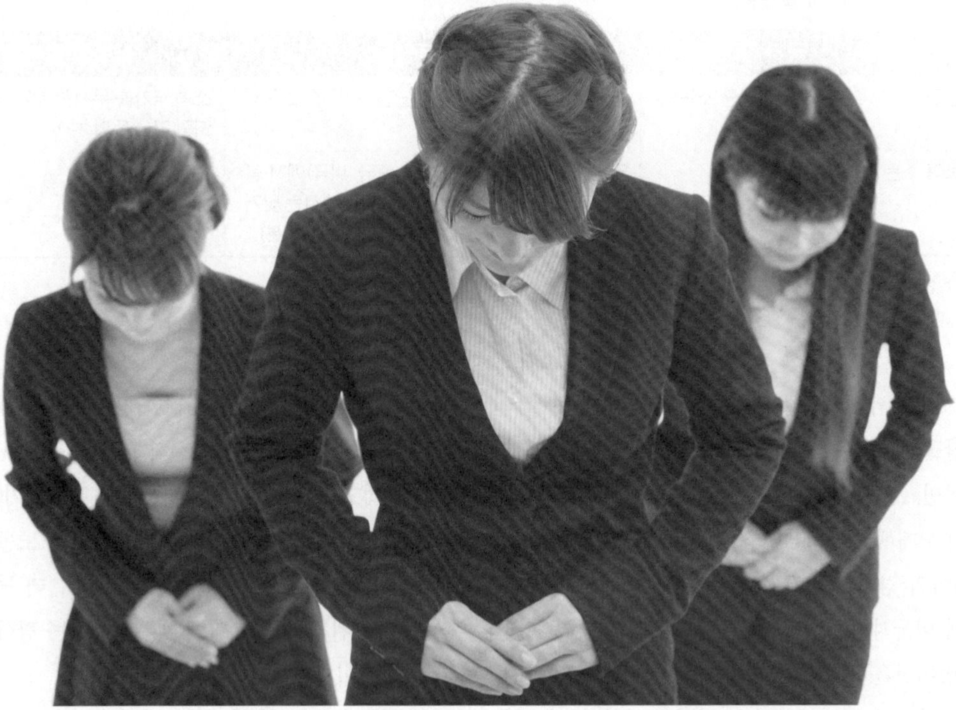

베버주의 관점에서 볼 때, 일본 문화에 내재되어 있는 권위자에 대한 존경과 복종은 일본 경제 발전의 역사를 설명하는 데 도움이 될 수 있다.

상으로 제공했다. 동아시아 정부의 정책들에 관해서는 다시 논의할 기회가 있을 것이다.

1997~1998년에 동아시아의 경제 팽창이 갑작스레 멈추었다. 이 시기에 잘못된 투자 결정, 부패, 당시 세계 경제 분위기가 중첩되어 동아시아 경제에 악영향을 미친 것이다. 동아시아의 주식시장은 붕괴되었고, 통화가치는 하락했으며, 글로벌 경제는 위기에 직면했다. 이것은 홍콩이 겪은 경험에 잘 드러나 있다. 홍콩은 지난 37년간 지속적으로 성장했지만, 어느 순간 갑자기 경제가 교착상태에 놓였고 주식시장이 붕괴되기 시작해 홍콩의 주식 가치는 — 항셍지수Hang Seng Index — 절반 이상 하락했다. 경제학자들은 2004년에 들어서면서 홍콩 경제가 다시 성장하고 자산 시장도 팽창하게 된 것에 주목했다.

미국에서 시작된 2008년 금융 위기 및 경기 침체가 대부분의 선진국들까지 뒤흔든 여파로, 동아시아 NICs는 침체에서 일부 회복되고 있었다. 당시의 금융 위기, 2011년 일본 지진, 중동 석유 가격 폭등에도 불구하고 싱가포르, 태국, 필리핀의 동남아시아 경제는 2015년까지 연간 5~7퍼센트의 경제 성장률을 보였다(Fensom 2015). 그러나 중국의 — 지방 정부의 사회 기반시설 구축 계획으로 발생한 — 주택시장 거품과 커져 가는 부채 부담과 함께 중국과 인도에 나타난 경제 성장 둔화는 동아시아에 부정적인 영향을 줄 수 있다는 우려를 낳았다(Elliott 2013; Evans-Pritchard 2015). 그럼에도 불구하고 우리는 NICs가 단지 '일시적인 반짝 성공'을 한 게 아니라, 자신들만의 경제 개발 경로를 따라 지속적으로 움직이고 있다고 결론 내릴 수 있다.

발전 이론

글로벌 불평등의 범위와 형태를 묘사하는 것은 의미 있

월트 로스토와 경제 성장 단계들

고전 연구 14-2

연구 문제

왜 몇몇 국가들과 지역들은 경제가 급속하게 발전하는 반면, 다른 지역은 그러지 못할까? 저발전의 문제는 (특정 국가들에 뿌리내려 있는) 내부적 요인 때문일까, 아니면 외부적 요인 때문일까? 선진 사회들의 발전 과정에서 우리는 무엇을 알 수 있을까? 월트 로스토Walt Rostow(1916~2003)는 이에 대한 답을 제공했다. 영향력 있는 경제 이론가인 그는 미국 전 대통령 존 F. 케네디John F. Kennedy의 경제 고문으로서, 1960년대 미국의 라틴아메리카 정책 형성에 영향을 미쳤다.

로스토의 설명

로스토의 설명은 근대화 이론modernization theory으로 정리될 수 있는 시장 중심적 접근이다. 근대화 이론은 저소득 사회들이 오직 자신들의 전통적 방식들을 포기하고, 근대적 경제 제도, 기술 그리고 저축과 생산적 투자를 강조하는 문화적 가치를 채택할 때에만 경제적으로 발전할 수 있다고 주장한다. 로스토에 따르면, 저소득 국가들이 지닌 전통의 문화적 가치와 사회적 제도들은 경제적 효능을 방해한다(1961). 예를 들어 저소득 국가들의 대다수 사람들은 근면한 노동관이 부족하며, 미래를 위해 투자하기보다는 현재의 소비에 충실했다. 또한 이 접근은 대가족도 부분적으로 '경제적 후진성economic backwardness'에 책임이 있다고 본다. 왜냐하면 대가족은 많은 식솔들로 인해 부양자가 투자를 위한 저축을 못하게 만들기 때문이다.

그러나 로스토나 다른 근대화 이론가들에게 이러한 저소득 국가의 문제는 한 사회 내에 보다 더 깊이 자리 잡은 심연적 존재로 본다. 저소득 국가들의 문화는 '숙명론'적이다. 즉 저소득 국가 사람들은 결핍과 고통을 자신들의 인생에서 피할 수 없다는 가치 체계에 의지하고 있다. 이처럼 현재의 빈곤한 상황을 자신의 운명으로 받아들이는 것은 고난을 극복하기 위한 부지런한 노동과 절약하려는 의욕을 소멸시켜 버린다. 이 때문에 근대화론 관점에서는 한 국가가 경제적으로 저발전하는 이유를 사람들 스스로가 가지고 있는 문화적 열패감에서 찾고 있다. 그리고 이러한 열패감은 정부가 정책을 통해 임금을 고정하고 가격을 통제하며 경제에 개입하는 과정에서 강화된다.

그렇다면 저소득 국가는 어떻게 해야 자신들의 빈곤을 해결할 수 있을까? 로스토는 경제 성장이 마치 비행기의 여정과 같이 몇 단계를 거친다고 보았다(〈그림 14-13〉 참조).

1. 전통적 단계: 이 단계에는 낮은 저축률, (아마도) 근면한 노동관 결여, '숙명적' 가치 체계가 존재한다. 비행기가 아직 활주로에 붙어 있는 상태다.
2. 경제 성장 이륙 단계: 전통적 단계에서 두 번째 단계인 경제적 이륙으로 이행하는 부분이다. 이 시기에는 빈국이 자신들의 전통적 가치와 제도를 버리고, 미래를 위해 자금을 투자하고 저축하기 시작한다. 여기에서 부국들은 이러한 이륙 과정을 촉진시키고 뒷받침하는 역할을 하게 된다. 부국들은 빈국들의 산아 제한 프로그램을 재정적으로 지원해 주거나 전력, 도로와 공항 건설 그리고 새로운 산업을 시작하는 데 도움을 주기 위해 낮은 이자율로 차관을 제공해 줄 수 있다.

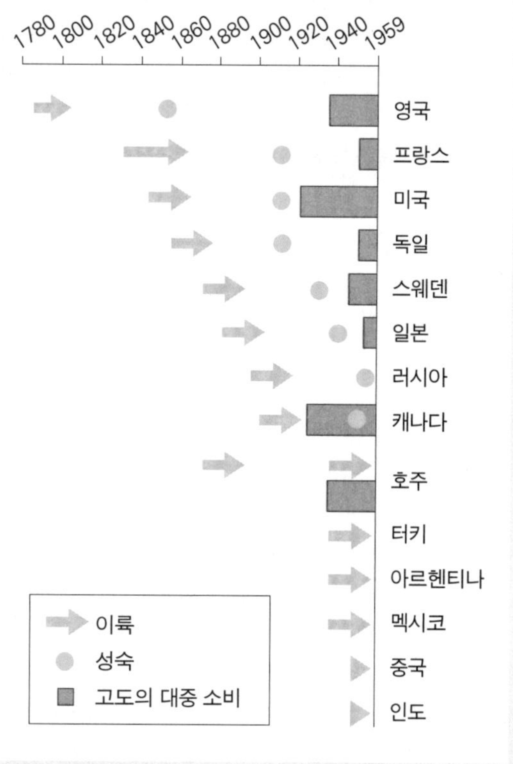

그림 14-13 주요 국가별 로스토의 경제 성장 단계들, 1750~1959

출처: www.agocg.ac.uk/reports/visual/casestud/southall/trajecto.htm.

3. 기술적 성숙 진입 단계: 로스토에 따르면, 고소득 국가의 자금 원조와 조언을 바탕으로, 빈국들의 경제 성장 비행기는 활주로에서 천천히 이동하다가 점점 속도를 올려 이륙한다. 이 순간 그 국가는 기술적 성숙에 접근하게 된다. 이러한 내용을 비행기 조종에 비유하면, 비행기가 기술 개선, 획득한 부를 새로운 산업에 재투자, 고소득 국가의 가치와 제도 채택으로 운항 고도를 서서히 높이고 있는 상태인 것이다.
4. 고도의 대중 소비 단계: 마지막 단계로, 국가는 고도 대중 소비 단계에 도달한다. 이 단계에는 사람들이 높은 생활수준에서 각자 노동의 과실을 누릴 수 있다. 비행기(즉 국가)는 고소득 국가의 지위에 진입하면서, 수동에서 자동 조종 장치로 전환해 비행하게 된다.

위와 같은 로스토의 견해는 여전히 영향력이 있다. 실제로 현재 경제학자들 사이에서 주류적 관점이라 볼 수 있는 신자유주의neo-liberalism는 근대화 이론에 기반을 두고 있다고 볼 수 있다. 신자유주의자들은 글로벌 자유무역이 세계 모든 국가들의 번영을 가능하게 해준다는 입장을 갖고, 기업에 대한 정부 규제 최소화로 인한 자유시장 질서의 확대가 곧 경제 성장으로 이어진다고 주장한다. 정부 규제 철폐가 경제 성장이 일어나는 데 필수적이라고 보는 것이다. 그러나 로스토의 모델은 자유시장 주창자들이 부정적으로 보는 발전을 위한 정부의 개입을 적극 받아들이고 있다.

비판적 쟁점

근대화 이론 지지자들은 동아시아 NICs의 성공을 통해 경제 발전 가능성이 모든 국가에 열려 있다는 것을 알 수 있다고 주장한다. 그러나 이러한 주장은 (우리가 이미 앞에서 보았던 것처럼) NICs의 성공이 냉전으로 인한 정치적 편의political expediency와 식민주의 역사적 유산과 같은 우연적인 요소도 어느 정도 작용했다는 점에서 반박될 수 있다. 당시 NICs에 발생한 총체적 조건들은 냉전 이후 다른 저소득 국가들에 적용되기 어렵다. 더욱이 21세기 들어서까지 외부 원조를 받음에도 불구하고 많은 저소득 국가들은 로스토가 제시한 단계들을 밟아 나가지 못하며, 여전히 경제적으로 발전된 단계에 많이 못 미치고 있다.

또 다른 비판 대상은 로스토가 고소득 국가들이 저소득 국가들의 성장에 중요한 역할을 한다고 보는 점이다. 그러나 이러한 접근은 식민주의로 인한 장기적인 결과에 대한 적절한 설명을 하지 못하게 만든다. 군사적으로 강력했던 유럽 국가들은 아시아와 라틴아메리카의 희생을 통해 이익을 얻음에 따라, 일찍부터 아시아와 라틴아메리카의 경제 발전에 큰 타격을 입혔다.

마지막으로 로스토의 접근은 저소득 국가의 저발전 원인을 '숙명주의적' 문화적 가치로 지목함으로써, '진보'를 위한 이상과 모델에 있어 서구의 가치가 우월하다는 자기 민족 중심적인 것으로 볼 수 있다. 제5장 〈환경〉에서 보여 주는 것처럼 서구의 제약 없는 경제 성장 추구는 아마도 돌이킬 수 없을 정도로 지구의 자연환경을 파괴할 것이고, 이러한 성격의 '진보'가 과연 장기적으로 지속 가능한지 의문을 갖게 만든다.

현대적 의의

로스토의 스스로 지속 가능한 경제 성장에 대한 '진화적' 단계 이론은 세계적 빈곤, 기아 그리고 저발전이 지속되면서 많은 이들에게 설득력을 잃어 가고 있다. 로스토의 피할 수 없는 진보 개념은 거의 반세기가 지나도록 지지를 받지 못했으며, 그의 '반공산주의 선언'은 마르크스와 엥겔스의 공산당 선언만큼 많은 반대와 비판을 받았다(Marx and Engels 1848). 그러나 우리가 이미 이번 장에서 보았듯이 최근 세계 지표는 저소득과 중소득 국가 사람들의 상황이 부분적으로 나아지고 있다는 청신호를 보여 주고 있다. 이것은 경제 발전이 고소득 사회들에만 배타적으로 해당되는 것이 아니고, 로스토의 주장처럼 아직까지 근대화 과정은 모든 이에게 급격한 세계화와 국제무역의 강화로 인한 경제 발전 가능성을 열어 두고 있는 것으로 볼 수도 있다.

비판적으로 생각하기 THINKING CRITICALLY

카를 마르크스는, 산업화된 국가들이 저발전 국가들이 앞으로 겪게 될 미래 모습을 미리 보여 주고 있다고 했다. 마르크스판 근대화 이론과 로스토판 근대화 이론 간의 주요한 차이점은 무엇인가? 누구의 입장이 지금까지의 역사적 증거들에 보다 잘 부합하는가?

는 작업이지만, 원인을 설명하고 문제 해결 가능 여부를 가늠하기 위해서는 사회 유형, 국제 관계 그리고 사회·경제적 변화에 관한 사실들을 하나로 연결시킬 수 있는 이론들이 필요하다. 이를 위해 여기서는 경제 발전을 설명하려는 다양한 유형의 이론들을 시장 중심 이론, 종속 이론과 세계 체제론, 국가 중심 이론, 최근에 나온 후기 발전의 비판들을 중심으로 검토한다. 이 이론들은 우리가 전 세계 사회로부터 수집한 어마어마한 양의 자료들을 해석하는 데 필요하다.

시장 중심적 근대화 이론들

40년 전, 영미 경제학자와 사회학자들 사이에서 글로벌 불평등을 설명하는 데 가장 영향력 있던 이론은 시장 중심적 이론들market-oriented-theories이었다. 이 이론은 만일 개인이 그 어떠한 정부의 규제를 받지 않고 경제적 의사 결정을 내리는 데 자유롭다면, 가장 최선의 경제적 결과를 도출할 수 있을 것이라 가정한다. 발전에만 치중하는 제약 없는 자본주의는 경제 성장을 위한 탄탄대로를 달리는 것과 마찬가지라는 것이다. 그러므로 정부 관료는 어떤 상품을 생산할지, 어느 정도의 가격이 적당한지, 노동자의 임금은 얼마나 받아야 할지와 같은 그 어떠한 요구도 해서는 절대 안 된다는 것이다. 시장 중심 이론가들에 따르면, 저소득 국가에서 정부의 경제 방향 제시는 발전에 장애만 될 뿐이다. 각 지방 정부들은 발전 방식에 간섭하지 말아야 한다는 것이다(Rostow 1961; Warren 1980; Ranis 1996).

종속 이론과 세계 체제론

1960년대 많은 이론가는 근대화 이론과 같은 글로벌 불평등에 관한 시장 중심적 설명들에 의문을 제기했다. 근대화 이론 비판자들 대부분은 라틴아메리카와 아프리카의 저소득 국가 출신 사회학자와 경제학자였다. 이들은 마르크스주의 관념을 갖고 자국의 경제적 저발전이 문화적 또는 제도적 결함 때문이라는 근대화 이론을 반박했다. 대신에 그들은 자본주의가 노동자의 착취로 귀결되는 것처럼, 세계 자본주의 역시 상대적으로 강한 국가에 의해 조종당하는 국가 무리를 만드는 시스템이라는 마르크스의 이론에 기반을 두고 있다. 이들은 종속 이론가라 불린다. 종속 이론가들은 저소득 국가의 빈곤이 부국들과 부국에 근거지를 둔 다국적 기업들의 착취에서 비롯된다고 주장한다(Peet and Hartwick 2009: ch. 5). 이러한 관점에 따르면 글로벌 자본주의는 저소득 국가들을 착취와 빈곤의 악순환에 빠져들게 만들고 있다.

종속 이론dependency theory에 따르면, 이러한 저소득 국가들에 대한 착취는 식민주의에서 시작되었다. 식민주의는 강대국들이 자국의 이윤을 위해 약한 민족이나 국가를 지배하도록 만들어 낸 정치경제적 체계를 의미한다. 강대국들은 타국들을 식민화해 자국의 공장에 필요한 천연자원을 수탈하고, 자국의 공장에서 생산된 상품의 시장을 조절하는 데 이용했다. 예를 들어 식민 지배 체제 아래에서 산업 경제가 돌아가는 데 필요한 저소득 국가들의 석유, 구리, 철, 식료품은 고소득 국가의 사업을 목적으로 탈취되었다. 보통 식민주의의 전형으로 북아메리카, 남아메리카, 아프리카, 아시아에 식민지를 건설한 유럽 국가들을 꼽지만, (일본과 같은) 몇몇 아시아 국가도 마찬가지로 식민지를 갖고 있었다.

1945년 이후 식민주의는 전 세계에서 대부분 사라졌지만, 착취는 끝나지 않았다. 착취가 새로운 형태로 지속되고 있다. 초국적 기업들은 저소득 국가에 세운 자신들의 지사들을 통해 막대한 이윤을 지속적으로 얻어 왔다. 종속 이론에 따르면, 부국들의 거대 은행과 정부의 지원을 받는 글로벌 기업들은 정부의 규제를 받지 않고 생산 비용을 최대한 활용하기 위해, 노동력과 천연자원을 저렴하게 이용할 수 있는 빈국들에 공장을 세우고 있다. 결과적으로 노동과 천연자원이 부국들에 값싸게 팔림에 따라, 빈국들은 산업화에 필요한 자금을 축적하지 못하게 되고, 자국 기업들은 서구 기업들과 경쟁할 수 있는 힘을 키울 수 없었다. 이와 같은 사실들로 인해, 빈국들은 자금이 부족해 부국들로부터 돈을 빌리고, 시간이 지날수록 빈국들의 경제적 종속은 심해진다.

따라서 저소득 국가는 저개발 상태가 아니라, 오히려 잘못된 개발 상태에 있는 것이다(Frank 1966; Emmanuel 1972). 저소득 국가의 농민들은 굶주림 속에서 살아가거나, 해외에서 관리하는 대농장, 광산, 공장에서 겨우 연명할 수준의 임금을 받으며 살 수밖에 없다. 종속 이론가들은 이러한 착취가 저소득 국가의 경제 성장을 가로막기 때문에, 착취당하는 국가들에서 해외 기업들을 몰아낼 수 있는 혁명적인 움직임이 필요다고 주장한다(Frank 1969).

시장 중심적 이론가들은 보통 정치적·군사적 권력을 무시하지만, 종속 이론가들은 불평등한 경제 관계를 강요하는 핵심 요인인 권력을 고려한다. 저소득 국가의 정치 지도자들이 자국에 존재하는 불평등한 문제에 이의를 제기해 왔지만, 이때마다 그들의 발언은 순식간에 사라졌다. 노동조합 결성은 불법으로 규정되었고, 노동조합 위원장들은 감금되거나 살해되기까지 했다. 이러한 제재에 반대하는 정부가 선거를 통해 선출되어도, 그 정부는 얼마 못 가 군사 쿠데타로 전복된다. 종종 이러한 군사 쿠데타는 선진국들의 군사적 지원을 받기도 한다. 종속 이론가들은 이에 대한 사례로 CIA가 1954년 과테말라와 1973년 칠레에서 마르크스주의 정부를 무너뜨리고, 1980년대 니카라과 좌파 정부의 지지를 약화시킨 일들을 지적한다. 종속 이론가들이 보기에 글로벌 경제 불평등은 군사력에 의해 비호되고 있는 것이다. 빈국의 경제 엘리트들은 부국의 지원을 받으며 자국 사람들을 통제하기 위해 경찰력과 군사력을 사용하고 있다.

25년도 더 전에, 과거 저명한 종속 이론가였던 브라질의 사회학자 페르난두 엔히크 카르도주Fernado Henrique Cardoso는 부국에 의존했을 때만 형성될 수 있는 '종속적 발전'이 어느 정도는 가능하다고 주장했다(Cardoso and Faletto 1979). 더욱이 저소득 국가 정부들은 종속과 발전 사이에서 어떤 경로를 걸을지 결정하는 데 핵심적 역할을 해낼 수 있다는 것이다(Evans 1979). 그런데 카르도주는 1995년부터 2003년까지 브라질 대통령으로 있는 동안 브라질이 글로벌 경제에 더 강력하게 병합되어야 한다며 기존에 가지고 있던 자신의 생각을 바꾸었다.

지난 30년 동안 사회학자들은 간간이 갈등이 발생하는 가운데에서도 세계가 단일한 경제 체제를 유지하고 있다는 데 목소리를 높여 왔다. 종속 이론은 개별 국가들이 서로 경제적으로 묶여 있는 것으로 보지만, 세계 체제론 world-systems theory은 세계 자본주의 경제 체제를 단순히 외교와 경제적인 관계로 맺어진 개별 국가들의 집합이 아닌 단일 체제로 바라봐야 한다는 입장이다. 이와 같은 세계 체제론 접근은 이매뉴얼 월러스틴Immanuel Wallerstein과 그의 동료들의 작업에서 쉽게 확인할 수 있다(Wallerstein 1974, 1980, 1989, 그 외 등등).

> 세계 체제론에서 선구적인 역할을 한 월러스틴에 관한 논의는 제4장 〈세계화와 사회 변동〉에 있는 '고전 연구 4-1'을 참조하라.

월러스틴은 자본주의가 15세기와 16세기 유럽의 시장과 무역 확장으로 시작된 글로벌 경제 체제로서 오랫동안 지속되어 왔다고 주장했다. 이러한 세계 체제는 네 가지 중첩되어 있는 요소로 구성되어 있다(Chase-Dunn 1989).

- 상품과 노동의 세계 시장
- 다양한 경제 계급들, 특히 자본가와 노동자 간의 인구 분할
- 서로 경쟁함으로써 세계 경제를 형성해 나가는 강대국들 간 공식적·비공식적 정치 관계들로 이루어진 국제 체제
- 부유한 지역이 빈곤한 지역을 착취하고 있는 세 개의 불평등 경제 구역

세계 체제 이론가들은 이 세 개의 경제 구역을 '중심부', '주변부', '반주변부'라고 부른다. 자본주의 세계 체제에서 모든 국가는 세 개의 범주 중 하나에 속한다. 중

서구의 초국적 기업들은 자신들의 수익을 증가시키기 위해 최빈국들을 착취해 왔다. 종속 이론에 따르면, 이러한 움직임은 개발도상국들이 선진국들과 동등한 조건에서 경쟁하는 것을 막아 버리는 저개발 활성화 과정이다.

심부 국가들은 가장 선진화된 국가이며, 세계 경제의 이윤 중 가장 큰 몫을 차지한다. 여기에는 일본, 미국, 서유럽 국가들이 포함된다. 주변부 국가들은 대부분이 개발도상국들이며, 이들은 경제적 이득을 위해 중심부 국가들에 의해 조종되는 농업 경제를 주로 하고 있다. 여기에는 아프리카 전체, 라틴아메리카, 아시아 일부가 속한다. 주변부 국가들의 천연자원은 자신들의 경제 이윤과 함께 중심부 국가들로 흘러들어간다. 반대로 중심부 국가들의 완성품이 주변부 국가들로 판매를 위해 넘어가, 중심부 국가들을 위한 이윤을 남긴다.

세계 체제 이론가들은 중심부 국가들이 위와 같은 불평등 무역으로, 자신들의 부를 챙기는 동시에 주변부 국가들의 경제 발전까지 제약한다고 주장한다. 마지막으로, 반주변부 국가는 중심부와 주변부 간 중간 위치에 놓여 있다. 이들은 반半산업화된 중소득 국가들로서 주변부 국가들로부터는 자신들의 이윤을 얻어 내고, 반대로 중심부 국가들에는 이윤을 전달한다. 여기에는 멕시코, 브라질, 아르헨티나와 칠레, 동아시아 NICs가 포함된다. 반주변부는 어느 정도 중심부의 통제를 받기는 하지만 주변부를 착취하게 된다. 그리고 이들은 자신들의 더 큰 경제적 성공으로 주변부 국가들에 자신들과 유사한 발전 전망을 제공한다.

비록 세계 체제가 매우 서서히 변화하는 경향이 있지만, 한때 막강한 권력을 누린 국가들이 자신의 경제적 권력을 지속적으로 상실하면, 종국에는 다른 국가가 그 자리를 차지하게 된다. 약 5세기 전에는 이탈리아의 도시국가 베니스와 제노바가 세계 자본주의 경제를 지배했었다. 그러나 이들은 네덜란드에 그 패권 자리를 넘겨주었으며, 그다음은 영국이었고, 현재는 미국이다. 오늘날 몇몇 세계 체제 이론가들은 현재 유지되고 있는 미국의 지배가 미국, 유럽, 아시아로 분할되어, 보다 '다극화된 multipolar' 또는 '다중의multiplex' 세계 질서로 나아가는 중이라고 주장한다(Acharya 2014).

국가 중심 이론들

가장 최근의 설명 중 일부는 성공적인 경제 발전에 관해 경제 성장을 촉진하는 국가 정책 역할을 강조하고 있다. 이러한 국가 중심 이론들state-centred theories은 시장 중심 이론들과 달리, 정부 정책이 적절하다면 경제 발전을 저해하는 것이 아니라, 오히려 경제 발전에서 중요한 역할을 한다고 주장한다. 현재 많은 연구가 동아시아 일부 지역에서의 성공적인 경제 발전은 국가 주도로 이루어졌다고 제시하고 있다. 심지어 발전에 대한 시장 중심적 접근을 오래전부터 고수해 오던, 세계은행조차 국가의 역할에 대한 생각의 방향을 재정립하고 있는 중이다. 세계은행은 1997년 보고서 『변화하는 세계에서의 국가The State in a Changing World』에서 그 사회에 실질적으로 영향력 있는 정부가 없다면 "경제적으로 또 사회적으로 지속 가능한 발전은 불가능하다"고 결론 내렸다.

강한 정부들은 1980~1990년대에 동아시아 NICs에서 다양한 방식으로 경제 성장에 개입했다(Appelbaum and Henderson 1992; Amsden et al. 1994; World Bank 1997). 예를 들어 몇몇 동아시아 정부는 낮은 노동 비용을 유지하는 동시에, 정치적 안정성을 확보하기 위해 공격적으로 행동했다. 이들은 목적 달성을 위해 노동조합 불법화, 파업 금지, 노동조합 활동가들 투옥, 그리고 노동자들의 요구 억압을 감행했다. 특히 대만, 한국, 싱가포르 정부가 외국인의 국내 투자를 장려하기 위해 위와 같은 행동들을 했다.

이와 유사하게 종종 동아시아 정부들은 자신들이 원하는 방향으로 경제 발전을 이루려고 했다. 정부 기관들은 자신들이 밀고 있는 산업에 투자한 기업들에 저리의 대출을 제공하고 세금을 감면해 주었다. 때로는 이런 정부의 전략이 역효과를 낳아 정부가 악성 채무를 떠안기도 했다. 이러한 역효과는 1990년대 후반 동아시아 경제 문제를 일으킨 원인들 중 하나다. 몇몇 정부들은 기업들의 수익이 해외로 넘어가는 것을 막아, 자국의 경제 성장에 투자될 수 있도록 강제했다. 정부가 기업을 소유해 핵심 산업을 통제하는 경우도 있다. 일본 정부는 철도와 철강 산업 그리고 은행, 한국 정부는 은행, 싱가포르 정부는 항공과 군수, 조선 수리 산업을 소유하고 있다.

또한 동아시아 정부들은 저가 주택과 보편 교육 같은 사회보장에도 적극 개입했다. 과거 공산권 국가였던 곳을 제외하고, 세계에서 가장 큰 규모로 공공 주택 체계를 시행하고 있는 곳은 홍콩과 싱가포르다. 이 두 국가는 주택 임대료가 매우 낮은 수준으로 유지될 수 있도록 정부 보조금을 마련했다. 그 결과 노동자들은 주택 마련에 들어갈 비용 때문에 임금 상승이 필요하다는 요구를 하지 않게 되었다. 이것은 신흥 글로벌 노동시장에서 홍콩과 싱가포르의 노동자들이 미국과 유럽의 노동자들과 겨루어 볼 만한 조건을 만들어 준다. 이와 더불어 싱가포르 정부는 기업과 개별 시민들에게 소득의 대부분을 저축해 미래 성장에 투자할 것을 요구하고 있다.

후기 발전의 비판

1990년대 초 개발도상국 출신 학자들과 사회운동가들은 '발전'에 관한 지배적 개념에 대해 강력하게 비판하기 시작했다. 미셸 푸코Michel Foucault는 사회 내 존재하는 강력한 담론들이 범죄, 정신 건강, 성적 취향에 관한 지적 체계를 제약 및 형성한다고 주장했다. 발전의 지배적 개념에 대한 비판은 이러한 푸코의 사상을 가져와, 1945년 이후 형성된 '발전 담론'이 세계적인 빈곤과 불평등에 관한 우리의 이해 범위를 제약하고 있음을 지적한다. 제프리 색스Jeffrey Sachs는 "지난 40년은 발전의 시대라고 칭할 수 있다. 그런데 이러한 시대가 끝나 가고 있다. 이제는 발전의 사망에 대한 부고 기사를 써야 하는 분위기가 되었다"고 주장했다(1992: 1). 몇몇 사람들이 보기에 색스의 이러한 주장은 후기 산업화 및 포스트모더니즘과 어느 정도 유사한 후기 발전 시대의 서막을 알리는 것이었다.

1949년 미국 대통령 해리 트루먼Harry S. Truman은 아프리카, 아시아, 라틴아메리카를 '후진국'으로 분류해 선진국보다 열등한 존재로 만들었고, 이 지역의 여러 국가들을 하찮은 존재로 취급받게 했다(Esteva 1992). 후기 발전 이론가들은 위와 같은 발전 담론이 세계 전역에 영향을 미치는 소수 국가의 힘이 유지되는 데 핵심적인 역할을 한다고 본다(Escobar 1995). 1945년 이후는 식민 지배 체제가 제3세계라고 불리는 국가들의 독립과 자치권으로 와해된 기간이다. 후기 발전 이론가들은 발전과 관련된 담론, 정책 그리고 제도가 "죽어 가고 시들해져 가는 식민주의에 다시 생명력을 불어넣어 공격적이고, 심지어 때로는 매력적인 것으로 변형되도록 도운 것이다"(Rahnema 1997: 384).

후기 발전 이론이 지지를 받아 온 데는 몇 가지 이유가 있다. 첫째, 1989년 이후 냉전의 종식으로 개발도상국들과 초강대국들 간의 관계에 변화가 일어났다. 과거 미국과 소비에트연방은 초강대국으로서 상호 대립 상태에 있었으며, 이들은 자신들의 지정학적 영향력을 확장하기 위해 개발도상국들에 '발전'을 제공했었다. 또한 현저하게 우월하던 산업 문명화가 환경운동가들의 비판 증대로 약해졌다. 환경운동가들은 생태적으로 파괴적인 산업 문명화 모델을 굳이 개발도상국으로 확산시키는 것에 의문을 제기했다. 마지막으로, 대다수의 사람들이 40년 동안의 발전 결과가 글로벌 불평등의 간극 심화라는 증거가 명확하다고 주장했으며, 기존 발전 프로젝트는 수용자들에게 실패작으로 받아들여졌다(Ziai 2007: 4). 그러나 만약 근대화 산업 모델이 모래 속에 파묻혀 사장된다면, 이를 대체할 만한 모델은 무엇인가?

몇몇 사람들은 위에서 던지고 있는 질문 자체가 잘못되었다고 지적한다. 아르투로 에스코바르Arturo Escobar는 후기 발전은 '발전 대안'을 찾고자 하는 게 아니라, 관례적으로 정의되어 온 발전을 향한 관점의 대안을 모색하는 것이라고 지적한다(1995). 이에 따라 후기 발전은 자신들의 대안을 독특한 지역 문화, 풀뿌리 운동, 지역사회 자치 법안들에서 찾고 있다. 후기 발전은 또 다른 주류 담론을 형성하려 하지 않고, 국가별 사회적·경제적 문제점들을 가까이에서 지켜봐 온 국내 사람들이 직접 해결할 수 있도록 돕는 이론이다. 이러한 접근은 특정 지역에 대한 지식과 전통에 무지한 발전 '전문가'들에게 의지하지 않는 것이 더 낫다고 말하는 것이다.

비평가들은 포스트모더니즘과 같은 후기 발전 이론의 변화에 대해 실용적이고 건설적인 제안을 하기보다 비판에 더 충실하다고 주장한다. 그리고 최신의 과학적 발전 관점에 관해 엄격하고 일반화된 비판을 가함으로써, 발전에 관한 순수한 측면까지도 거부될 수 있는 위험이 있다고 말한다. 레이 킬리Ray Kiely는 유아 사망률과 같은 심각한 문제 해결에서 발전이 미치는 실효성을 비판하는 게 아니라, 발전 그 자체를 거부하는 것에 대해 "일관된 다문화주의자 태도가 아니라, 잘난 체하는 관광객의 태도"가 반영되어 있다고 주장한다(1999: 47). 또 다른 이들은 후기 발달 이론이 근대성에 대해 철저히 거부함으로써, 가부장적 엘리트와 반민주주의 근본주의자들이 정치적으로 강력한 힘을 발휘할 수 있는 여지를 주고 있다고 주장한다(Nanda 2004).

그러나 후기 발전의 비판적 관점이 기존의 발전 관점을 대체하지는 못하더라도, 이 접근은 발전에 관한 운영 방식과 발전 연구들이 보다 성찰적인 자세를 갖게 해준다는 점에서 높이 살 만하다.

발전 이론 평가하기

위에서 논의된 각각의 발전 이론들은 고유의 강점과 약점을 가지고 있다. 그러나 이것들은 모두 우리가 글로벌 불평등의 원인과 그에 맞는 가능한 해결책을 보다 잘 이해할 수 있게 해준다. 시장 중심 이론은 동아시아 NICs가 성공적으로 경제 발전을 이룬 것처럼 경제 발전을 위해서는 근대적 자본주의 제도 채택이 필요하다고 제안하고 있다. 이와 같은 접근은 또한 국가들이 무역 개방만 하면 경제적으로 발전할 수 있다고 주장한다. 그러나 시장 중심 이론은 경제 발전 방향에 영향을 미치는 빈국들과 부국들 사이의 다양한 경제적 관계를 고려하지 않고 있다. 이것은 강력한 국가들의 사업 운영과 같은 외부 요인을 고려하지 않은 채 빈곤 문제에 허덕이는 저소득 국가들을 비난하는 경향이 있다. 또한 시장 중심 이론은 정부가 경제 발전을 촉진시키기 위해 민간 부문과 함께 일하는 방식에 대해 고려하지 않고 있다. 이로 인해 어떤 국가들은 경제적으로 도약하는 반면 다른 국가들은 그러지 못하는 이유에 대해 설명하려 들지 않는다.

한편 종속 이론은 시장 중심 이론이 간과해 온 부국이 빈국을 어떻게 경제적으로 착취하는가에 관해 설명한다. 그러나 이 접근으로는 브라질과 아르헨티나 같은 저소득 국가들의 성공이나 동아시아의 급속한 경제 성장들을 설명하기 어렵다. 사실상 한때 저소득 국가 범주에 속했던 일부 국가들은 서구 다국적 기업의 존재에도 불구하고 경제적으로 성장했다. 영국에 종속되었던 홍콩이나 싱가포르와 같이, 과거 식민지 경험이 있던 국가들은 경제적 성공 사례로 꼽히기까지 한다. 이와 같은 종속 이론의 한계를 해결하고자 세계 체제론은 세계 경제를 정치적·경제적 관계가 복잡하게 얽혀 있는 글로벌 그물망global web으로 바라보고, 이런 복잡한 관계망이 발전과 불평등에 영향을 미치는 것에 관해 분석한다.

국가 중심 이론은 경제 성장을 촉진하는 정부의 역할에 주목한다. 따라서 이 이론은 국가를 경제 발전의 장애물로 여기는 시장 중심 이론과, 국가를 글로벌 기업 엘리트와의 동맹 세력으로 보는 종속 이론에 대한 대안적 접근이 된다. 국가 중심 이론이 다른 이론들, 특히 세계 체제론과 결합된다면 세계 경제를 변형시키고 있는 수많은 변화에 대해 설명할 수 있게 될 것이다.

후기 발전 비판은 '발전' 개념 자체가 조경제 측정에만 초점이 맞춰지면서, 상대적으로 부유한 국가들의 경험을 우선적으로 받아들이는 위험을 지적하고 있다. 노벨 경제학상을 수상한 경제학자 아마르티아 센Amartya Sen은 발전 이론들이 글로벌 불평등을 이해하는 것으로 그치는 것이 아니라, '발전'이라는 것이 궁극적으로 인간의 자유와 직결되는 문제라는 것을 인지하고 있어야 한다고 주장한다. 그러므로 개별 행위자들이 발전 과정의 중심에 놓여 있어야 한다는 것이다.

특히 센은 자유의 확대가 발전의 '주요 목표'이자 '주요 수단'이라고 주장한다(Sen 2001: 36). 발전을 추구한다는 것은 개인들이 진정으로 원하는 것을 선택할 수 있게끔, '가치가 있다고 여기는 행동'을 가로막는 (독재, 기근 또는 빈곤과 같은) '속박'을 제거하는 과정이 된다(ibid.: 18). 자유가 많아지면 사람들은 스스로에게 도움을 줄 수 있는 기회가 더 많아지고 사회 발전에도 더 많은 영향을 줄 수 있다.

'자유로서의 발전'은 글로벌 불평등이라는 실질적인 장애물을 무시하거나, 1인당 GNI와 같은 경제적 기준들을 비교하는 주류적 문제를 소홀히 다루겠다는 것을 의미하지 않는다. 개인의 자유 확대에서 초점을 두는 것은 국가와 IMF, 세계은행, UN과 같은 다자간 조직이 자유에 관한 관점에서 공공정책을 펼치기를 요구하는 것이다. 정리하자면, 센은 구조와 행위자 간의 간극을 메우고 '발전' 과정의 새로운 방향을 제시하기 위해, 개인의 자유가 사회적 책무가 되어야 한다고 주장하는 것이다.

변화하는 세계에서의 글로벌 불평등

오늘날 세계 자본주의 경제로 이행하는 사회적, 경제적 힘은 거부할 수 없는 것으로 보인다. 세계 자본주의에 대항했던 사회주의와 공산주의는 1991년 소비에트연방의 붕괴와 함께 종식되었다. 그리고 현재 공산주의 체제를 유지하고 있는 가장 큰 국가, 중국은 자본주의 경제 제도들을 급속도로 채택하며 세계에서 가장 빠른 속도로 경제 성장을 하고 있다. 중국의 미래 지도자들이 어느 정도로 자본주의 노선을 택할 것인지 예상하는 것은 너무 성급한 일일 수도 있다. 중국은 완전 시장 중심 경제로 이동할 것인가, 아니면 국가 통제와 자본주의 제도의 혼합 상태를 유지할 것인가?

급속도로 성장하고 있는 중국은 세계 자본주의 경제의 한 부분을 차지하게 된 순간부터, 국가 내 부자와 가난한 사람 간의 간극이 더욱 심화되고 있다. 여러분은 이번 장의 초반부에 나온 피케티의 분석으로 이와 같은 결과를 충분히 예상할 수 있었는가?

대부분의 전문가들은 중국의 지속적인 세계 자본주의 체제 수용이 전 세계에 영향을 미친다는 것에 동의하고 있다. 중국의 거대 인력은 선진국의 노동자들에 비해 극도로 낮은 임금을 받음에도 잘 훈련되고 교육을 받아 매우 경쟁력을 갖추고 있어서, 부유한 국가들의 임금을 낮추는 데도 영향을 준다.

급속한 세계화는 글로벌 불평등에 어떠한 영향을 주는가? 그 어떤 사회학자도 이에 대해 확실한 답을 내리지 못한다. 그러나 여기에 가능한 두 가지 대조적인 시나리오를 생각해 볼 수 있다. 첫 번째 시나리오는 세계 경제가 거대 글로벌 기업들에 지배되고 모든 노동자들은 생활임금 수준에서 서로 경쟁하게 된다는 것이다. 이 시나리오에서 우리는 고소득 국가에 있는 대다수 사람들의 임금이 하락하고, 저소득 국가에서의 임금은 어느 정도 상승할 것이라고 예상할 수 있다. 전 세계의 평균 소득이 선진국들이 향유하고 있는 수준보다 낮게 평준화될 것이다. 각국 내부에서는 '가진 자'와 '못 가진 자' 간의 양극화가 심화될 것이고, 세계는 글로벌 경제로부터 혜택을 받은 곳과 그렇지 못한 곳으로 분할될 것이다. 이러한 불평등은 경제 세계화로 고통받는 사람들이 자신의 처지에 대한 책임과 분노의 화살을 타인들에게 돌림에 따라 민족 간 그리고 심지어 국가 간 갈등이 더욱 심화될 것이다 (Hirst and Thompson 1992; Wagar 1992).

두 번째 시나리오는 모든 사람이 현대 발달된 기술로 경제 성장의 혜택을 누릴 수 있게 된다는 것이다. 이러한 미래 발전의 징표는 홍콩, 대만, 한국, 싱가포르와 같이 매우 성공적인 동아시아 NICs에서 찾을 수 있다. 그리고 말레이시아와 태국 같은 여타 NICs는 중국, 인도네시아, 베트남 등의 국가들과 함께 그 뒤를 따를 것이다. 세계에서 두 번째로 인구가 많은 인도는 이미 중산층이 전체 인구의 약 4분의 1에 해당하는 약 2억 명에 달할 정도로 폭증하고 있다. 이러한 현상들은 긍정적인 발전이 이미 몇몇 국가들에서 일어나고 있음을 보여 준다(Kulkarni 1993).

그러나 두 번째 시나리오가 현실적으로 불가능하게끔 만드는 핵심 원인이 있다. 그 원인은 빈국과 부국 사이의 기술 격차가 확대되어, 빈국들이 그 격차를 따라잡기 어려워지고 있다는 데 있다. 빈국들은 현대 기술을 구입할 여유가 없으며, 이로 인한 기술 부재로 빈곤을 극복할 때 주요 장벽에 부딪힐 수밖에 없다. 결국 빈국들은 극복하고자 하는 빈곤에서 점점 더 빠져나오기 힘든 악순환에 놓인다. 뉴욕에 위치한 컬럼비아대학교 지구연구소 소장인 제프리 색스는 세계가 기술 혁신자, 기술 수용자, 기술 소외자라는 세 가지 범주로 분할되고 있다고 주장한다(2000). 기술 혁신자는 거의 모든 기술 혁신을 책임지고 있는 부류로, 세계 인구의 단 15퍼센트를 차지하고 있다. 기술 수용자는 다른 지역에서 개발된 기술을 생산과 소비에 적용하는 상태를 말하며, 세계 인구의 50퍼센트 정도가 여기에 해당한다. 마지막으로, 기술 소외자는 기술을 혁신하는 것도 아니며, 그렇다고 다른 곳에서 개발된 기술을 수용하는 것도 아닌 상태를 말한다. 세계 인구의 약 35퍼센트가 여기에 포함된다. 이와 같은 세 가지 부류를 확인함에 있어 기술이 더 이상 국경에 묶여 있지 않기에, 색스는 국가가 아닌 지역을 단위로 비교 분석했다.

색스는 기술 소외 지역들에 남부 멕시코, 중앙아메리카 일부 지역, 안데스 고원의 국가들, 브라질의 열대 지방, 사하라 사막 이남 아프리카, 소비에트연방 국가들, 아시아 내륙 국가들, 라오스와 콜롬비아의 내륙 국가들, 중국의 내륙 오지를 포함시키고 있다. 이와 같이 기술적으로 결핍된 지역들은 시장 또는 주요 대양의 무역로에 접근하기 어려움에 따라, 전염병, 낮은 농업 생산성, 환경의 질적 저하로 고통받는 '빈곤의 덫'에 빠지게 되었다. 아이러니하게도, 이와 같은 문제들은 기술이 있으면 해결될 수 있다.

혁신이 지속적으로 유지되기 위해서는 어느 정도 수준의 아이디어와 기술의 임계량에 도달해 있어야 한다. 미국 샌프란시스코 근교에 있는 '실리콘밸리'는 어떻게 해서 대학 및 첨단 기술 기업이 풍부한 지역에 기술 혁신이 집중되는 경향이 있는지 잘 보여 주는 사례다. 실리콘밸리는 샌프란시스코에 위치한 스탠퍼드대학교와 그 외 다른 교육 및 연구 기관들 사이에서 성장했다. 개발도상국들에는 이와 같이 첨단 기술이 제대로 갖춰진 지역사회를 형성할 역량이 부족하다. 대부분의 개발도상국들은 너무 빈곤해 컴퓨터, 휴대전화, 컴퓨터화된 공장 기계, 그 외 다른 첨단 기술들을 수입할 수 없다. 또한 그들은 특허를 가진 외국 기업들로부터 기술 면허를 구매할 수도 없다. 색스는 부국의 정부와 국제 대출 기관이 국제 사회에 존재하는 기술 분열을 해소하기 위해, 이들의 과학·기술 발전 자금을 차관과 보조금을 통해 조달해 줄 것을 강력하게 요구했다.

평등에 관한 21세기 전망들

미래학의 미래를 예측하는 작업은 그다지 좋은 실적을 내지 못했다. 예를 들어 인구의 격변설을 주창한 인구학자들은 지난 40년 넘는 동안 '다음 세대에는' 세계의 석유 자원이 고갈될 것으로 보았다. 또한 그들은 1960년대에 이와 유사한 인구 성장의 결과 1970년대에 수억 명의 사람이 대량 기아 사태에 놓일 것이라 예측했다. 그러나 일부 몇 개 지역에서만 영양실조 문제가 나타났을 뿐, 이들의 예측이 실현되지는 않았다. 이러한 미래학의 작업이 실패하는 이유는 현재 일어나고 있는 추세에만 주의를 기울이고, 더욱이 현재 발생하고 있는 움직임에는 의도적인 것과 비의도적인 변화까지 모두 포함하고 있기 때문이다. 지그문트 바우만Zygmunt Bauman은 예측이 시작된 순간부터 사회과학은 사라진다고 지적하기도 했다(Bauman 1982). 그러나 최소한 우리는 이번 장에서 살펴본 내용에 대한 요약 정도는 할 수 있다.

21세기 인류 사회는 아직까지 대단히 불평등한 상태로 남아 있다. 자신의 출생지가 어디냐에 따라 개별 인간의 삶의 기회가 크게 달라지고 있는 것이다. 만약 여러분이 지금보다 더 부유한 선진국에서 태어난다면, 기근 위험에 빠지지도 않고, 매우 안락한 거처를 제공받으며, 다양한 직업과 경력을 누릴 기회도 더 많이 얻을 것이다. 또한 심지어 당신에게는 지구상에서 가장 부유한 1퍼센트의 사람이 될 수 있는 가능성도 주어진다. 그런데 만약 당신이 빈국의 중산층도 아닌 집안에서 태어난다면, 교육의 혜택도 받기 어렵고, 노동 기회는 제한적이며, 기대 수명은 낮아질 것이다. 이러한 내용들은 출생지가 다르다는 이유로 매우 상이한 삶의 기회가 근본적으로 달라진다는 글로벌 불평등의 모습을 여실히 보여 준다. 이에 대한 인식은 사람들로 하여금 어떻게 해야 글로벌 불평등의 (재)생산을 보다 잘 이해할 수 있을까, 그리고 이와 같은 불평등을 제거하기 위해서는 어떠한 노력을 기울여야 할까에 대한 답을 찾고자 노력하게 만들 것이다.

그러나 이번 장의 내용 중에는 세계의 몇몇 최빈국과 지역에서 나타난 매우 긍정적인 발전 사례도 확인할 수 있었다. 지난 반세기 동안 건강, 교육, 기대 수명에 있어 실질적이고 중요한 세계적인 진보가 진행되어 왔다. 중국, 인도, 브라질, 러시아는 엄청난 경제 발전을 이루었으며 에티오피아, 감비아, 네팔, 인도네시아를 포함한 많은 국가들은 유엔개발계획의 인간개발지수가 긍정적으로 개선되는 양상을 보였다. 인간개발지수에서 발전이 있다는 것은 매우 환영할 일이다. 그러나 계속해서 선진국들이 더 많은 보상을 얻고자 한다면, 아무리 인간개발지수에서 발전이 있다 한들 경제적 평등 격차를 해소하기에는 당연히 역부족이다. 바로 이 지점이 후기 발전 이론가들이 지적한 것으로, '발전' 또는 '진보'의 구성 요소들을 단순히 선진국의 맥락에서 끄집어내, 보편적 측정 단위로 사용하면 안 된다는 것과 연결된다.

일과 삶의 균형, 회사 규모 축소, 삶의 방식 단순화, '지구 위에서 사뿐사뿐 걷기' 등에 관한 것은 선진국 사회에서 떠오르는 문제들이다. 이러한 문제들은 삶이라는 것이 경제적 수준 상승만으로는 만족되지 않는다는 것을 나타낸다. 이러한 내용들은 UN의 인간개발지수가 '발전'에 대한 다중지표multiple indicators로 향해 나아갈 것이라는 조기 조짐으로 보인다. 선진국 사람들이 일부 개발도상국에서 추구되는 대안적 인간개발 형태에서 배울 수 있는 것들이 50년 전보다 오늘날 더 잘 드러나고 있다.

복습

●●● Chapter review

1 '극단적 불평등'의 의미는 무엇인가? 이번 장에서 정의된 '글로벌 불평등'은 극단적 불평등과 어떻게 다른가?

2 a)세 가지 세계 모델, b) 선진국/개발도상국 대조, c) 다수 세계/소수 세계 관점 간의 차이를 설명해 보자. 의미상으로 큰 차이가 있는가? 실제 결과에도 차이가 존재하는가?

3 고소득, 중소득, 저소득 국가 분류 방식은 '세 가지 세계 모델'을 개선했는가? 어떤 점에서 그러한가?

4 유엔개발계획이 제시한 '인간개발'에 포함된 요소들은 무엇인가? 글로벌 경제 불평등을 줄이지 않고서도 개발도상국에서 '인간개발'을 달성할 수 있는가?

5 고소득 국가에서 태어난다면 개인적으로 얻게 되는 혜택들에 대해 나열해 보자. 출생국이 삶의 기회와 어떻게 연관되어 있는가?

6 '발전' 과정에서 동아시아 신흥공업국들의 경험에서 얻을 수 있는 교훈은 무엇인가? 다른 국가들이 동아시아 신흥공업국들의 발전 경로를 따르는 데 장애가 되는 것들은 무엇인가?

7 근대화 이론처럼 시장 중심 이론으로 글로벌 불평등을 바라볼 경우, 개발도상국에 지속되고 있는 빈곤은 어떻게 설명되는가?

8 종속 이론은 무엇이며, 월러스틴이 제시한 세계 체제론의 가정과는 어떻게 다른가?

9 국가 중심 이론은 경제 발전을 이루는 과정에 영향을 미치는 정부 역할을 주목한다. 정부는 실질적으로 성장과 발전을 어떤 식으로 추진했는가? 이러한 정부의 조치는 얼마나 성공적이었는가? 구체적인 사례를 제시해 보자.

10 인구학은 무엇이며, 글로벌 경제 불평등 연구와는 어떠한 관련이 있는가? 오늘날 사회과학 연구들에서 맬서스주의 접근이 여전히 유효하다고 주장할 수 있는가?

11 21세기를 통틀어 가장 급진적인 인구 성장은 개발도상국에서 나타날 것이다. 왜 그럴까? DTM은 개발도상국들의 인구 역동성을 적절하게 설명하고 있는가?

실제 연구

●●● Research in practice

세계의 억만장자들은 글로벌 불평등 문제와 연관되어 있다. 왜냐하면 이들이 보유하고 있는 어마어마한 부를 가지고 빈곤 문제를 완화시키는 데 보다 생산적으로 사용할 수 있기 때문이다. 많은 부자가 자기 스스로를 자선사업가로 규정함으로써 자신의 부의 일부를 자선 목적으로 사회문제를 해결하는 데 사용하기도 한다. 아래 논문에서는 두 재단을 연구 대상으로 선택한 뒤, 개발도상국에서 발생한 말라리아증후군에 대처하기 위해 그들이 수행한 역할에 대해 살펴보고 있다. 다음의 연구를 읽고 아래 제시된 질문들에 답해 보라.

Eckl, J. (2014) 'The Power of Private Foundations: Rockefeller and Gates in the Struggle Against Malaria', *Global Social Policy*, 14: 91~116.

1 이 연구의 특징은 무엇인가? 실질적으로 수행된 연구 방법은 무엇인가?

2 이 논문의 저자는 권력의 개념을 어떻게 사용하고 있는가? 제시된 두 개의 민간 재단이 지니고 있는 권력의 근간에는 무엇이 있는가?
3 재단이 개발도상국에서 세계 보건 및 사회 정책을 형성할 수 있는 힘을 가지고 있다는 증거는 어디에 있는가?
4 재단들은 말라리아 퇴치 방법을 둘러싸고 일어나는 갈등을 어떻게 해결하는가?
5 두 재단에서 확산시키려는 보건에 관한 생의학 모델의 사례를 제시해 보라. 재단에서 제시한 생의학 모델이 개발도상국에 왜 문제가 되는가?
6 개발도상국에서 이와 같은 민간 재단의 개입으로 좋아진 점은 무엇이고, 나빠진 점은 무엇인가?

생각해 볼 것

Thinking it through

글로벌 불평등을 둘러싸고 다소 상충될 수 있는 사실들이 존재한다. 한편으로는 선진국과 개발도상국 간의 격차가 상당히 심화되고 있으며, 억만장자의 수는 증가하지만, 수백만 명의 절대 빈곤 문제는 여전히 해결되지 않은 채 남아 있다는 부분이다. 또 다른 한편으로는 지난 30년간 큰 성공들이 존재하며, 이러한 성공들은 변화에 있어 긍정적인 방향을 이끌고 있다는 점이다. 앞에서 살펴봤듯이, UNDP의 국가 GDP 성장에 해당하는 조율 측정 방법과 관련 없는 건강, 교육 및 고용에서 '발전'이 일어날 수도 있다. 그러나 선진국의 '인간개발' 발전과 심화되는 부의 글로벌 불평등이 어떻게 공존할까?
이번 장에 제시된 증거들을 활용해, 정부 장관들에게 보고한다 생각하고 현재 진행되고 있는 세계의 발전 상황을 500자 이내의 짧은 보고서를 작성해 보라. 결론 부분에서는 피케티(Piketty 2014)가 소수의 개인 또는 가족에 부가 축적되는 것을 막기 위해 제안한 글로벌 부에 대한 누진세 적용을 평가해 보자.

예술 속의 사회

Society in the arts

아래 제시된 두 영화를 보자.

- Jonathan Demme 감독의 영화 〈The Agronomist〉(2013)
- Raoul Peck 감독의 영화 〈Lumumba〉(2000)

영화 〈Lumumba〉는 콩고 최초의 수상인 파트리스 루뭄바Patrice Lumumba의 일대기를 다루고 있다. 영화는 1960년 벨기에로부터 독립하기 전과 후의 상황에서부터 1961년 그가 암살된 시점까지를 다루고 있다. 영화 〈The Agronomist〉는 2000년에 암살된 아이티의 라디오 DJ이자 인권운동가인 장 레오폴드 도미니크Jean Leopold Dominique의 이야기를 다룬 다큐멘터리다.
당시 두 국가의 정치적 상황과 국제적 맥락을 고려해 볼 때, 영화가 미국과 다른 선진국들이 두 국가의 독립성과 자율적 발전을 가능하게 하거나 제약하는 과정을 다루면서 꼭 언급해야만 하는 것은 무엇인가? 예를 들어 미국과 벨기에 정부는 콩고의 독립과 루뭄바 암살에 어떤 역할을 했는가? 왜 도미니크는 아이티 독재자에게 위협적인 존재로 여겨졌는가? 드라마로 각색된 방식과 다큐멘터리로 설명되는 방식 중 어떤 것이 더 영향력 있다고 판단하는가? 그 이유는 무엇인가?
위 두 영화 내용과 관련해 추가적인 정보를 얻고자 한다면, Ludo de Witte의 *The Assassination of Lumumba* (New York: Verso, 2002), Jeb Sprague의 'Haiti and the Jean Dominique Investigation: An Interview with Mario Joseph and Brian Concannon', *Journal of Haitian Studies*, 13(2): 136~150를 확인하라.

더 읽을거리

Further reading

이번 장에서 제시된 내용에 관해 추가적으로 공부하고 싶다면, Jeffrey Haynes의 *Development Studies* (Cambridge: Polity, 2008)를 확인하는 것이 좋다. 이 책은 세계화와 그 영향에 대해 광범위하게 다루고 있다. David Held와 Ayse Kaya가 엮은 *Global Inequality: Patterns and Explanations* (Cambridge: Polity, 2006)도 괜찮을 것이다. 이 책은 불평등의 패턴에 관한 논의와 이를 설명하고자 하는 해석과 이론들을 담고 있다.

'발전'이 오늘날 의미하는 바가 무엇이고, 과거에는 어떻게 정의되어 왔는지 살펴보기 위해서는 Katie Willis의 *Theories and Practices of Development* (2nd edn, Abingdon: Routledge, 2011)를 확인해 보자. 이 책은 또한 발전의 실행 과정을 이론적으로 설명하고 있다. Alastair Greig, David Hulme와 Mark Turner의 *Challenging Global Inequality: Development Theory and Practice in the 21st Century* (Basingstoke: Palgrave Macmillan, 2007)는 또 다른 최신 대안들을 제시한다.

발전에 관한 이론들을 포괄적으로 보고 싶다면, Richard Peet, Elaine Hartwick의 *Theories of Development: Conditions, Arguments, Alternatives* (2nd edn, London: Guilford Press, 2009)를 확인해 보자. 이 책은 최근의 포스트구조주의, 페미니스트 그리고 비판적 근대론자의 관점을 다룬다. 불평등을 측정하는 것에 관심이 있다면 Branko Milanivic의 *Worlds Apart: Measuring International and Global Inequality* (Princeton, NJ: Princeton University Press, 2007)를 확인해 보자. 여러분의 흥미를 충분히 자극할 것이다. 마지막으로, Piketty의 *Capital in the Twenty-First Century* (Cambridge, MA, and London: Harvard University Press, 2014) 읽기를 더 이상 미루지 말자. 저자는 이 책이 광범위한 독자들을 대상으로 쓰였다고 말했다. 그리고 실제로 충분히 그렇다.

관련 홈페이지

Internet links

- Polity
  www.politybooks.com/giddens
- Inequality.org
  http://inequality.org/global-inequality
- The US Atlas of Global Inequality
  http://ccrec.ucsc.edu/news_item/uc-atlas-global-inequality-0
- Forbes magazine
  www.forbes.com/billionaires
- The International Monetary Fund
  www.imf.org
- The World Bank
  www.worldbank.org
- Global Call to Action Against Poverty
  www.whiteband.org
- United Nations Development Programme
  www.undp.org

15

젠더와 섹슈얼리티

Gender and Sexuality

성, 젠더와 섹슈얼리티
젠더 정체성
생물학, 섹슈얼리티, 성 정체감
섹슈얼리티와 성적 행위
젠더와 섹슈얼리티의 사회적 구성
섹슈얼리티, 종교, 도덕성
섹슈얼리티의 유형
젠더 질서
젠더 불평등론
여권론자 관점
포스트모더니즘과 퀴어이론
여권론과 성소수자LGBT운동
여권운동
성소수자LGBT시민권
세계화, 인신매매, 성 노동
세계적 성매매 산업
성매매와 성 노동
결론

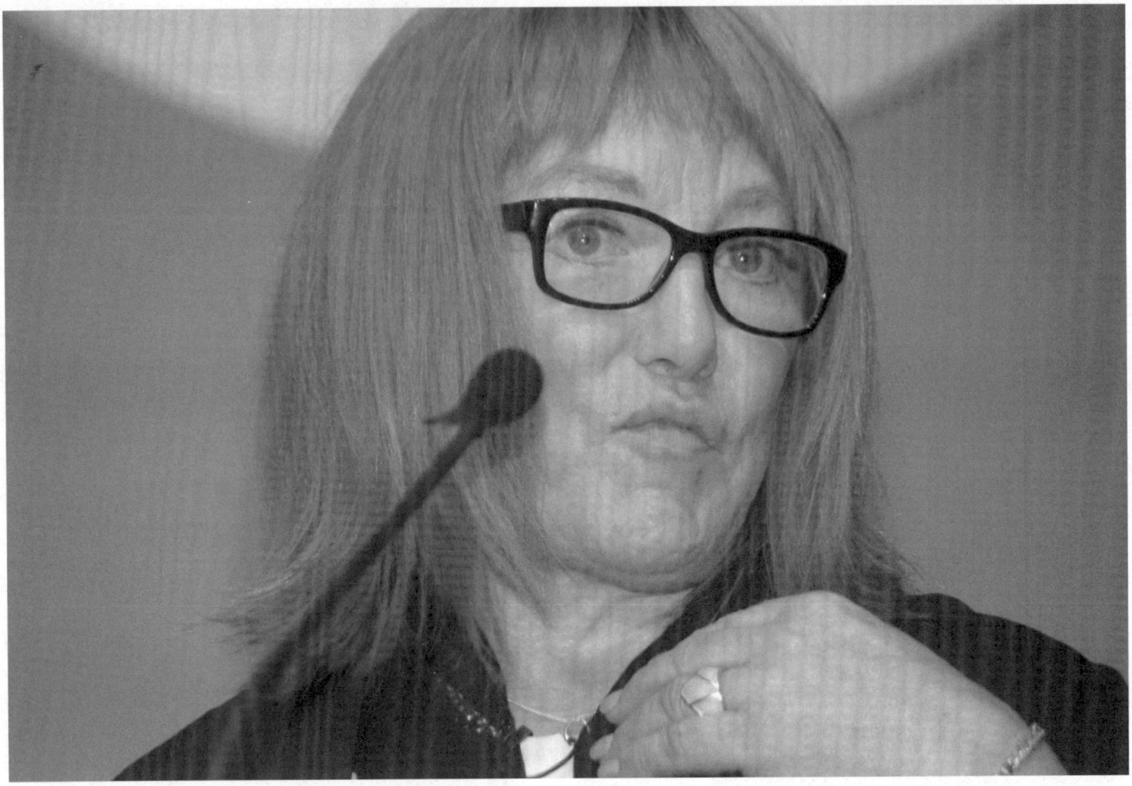

전직 권투 시합 프로모터이자 매니저로 활동한 프랭크 멀로니Frank Maloney는 현재 여성 켈리 멀로니Kellie Maloney로 살아간다.

프랭크 멀로니Frank Maloney는 화려한 경력의 권투 시합 프로모터이자 매니저로서 남성의 세계인 프로 권투계에서 아주 성공적으로 이력을 쌓았다. 멀로니는 또한 두 번의 혼인 경력이 있으며 세 명의 자녀를 두고 있다. 그러나 61세이던 2014년 8월에 여성으로 성전환을 공식 발표해 복싱계를 충격 속으로 몰아넣은 이래 지금은 여성 켈리 멀로니Kellie Maloney로 알려지고 있다. 복잡하기 이를 데 없는 외과적 수술과 의료적 처치가 뒤따르는 젠더 재배정 과정은 2015년 중반에 완성된 바 있다. 여성 켈리는 자서전에서 성전환을 실행하게 된 이유를 다음과 같이 소개했다(2015: 12~13).

> 남성 프랭크 멀로니로서 나는 거친 말투, 비아냥 섞인 농담, 빈민 하류층 출신 프로모터이자 매니저로 살아왔다. 남성 중심적 분위기의 노동자 계급 출신으로서 나는, 세계 헤비급 챔피언 자리에 등극했던 레녹스 루이스 선수의 매니저였다. 나는 사나이 중 사나이로서, 관리 대상이었던 운동선수들과 늦은 밤까지 항상 함께했으며, 터무니없는 그 어떤 행동도 저지르지 않는 그런 부류였다……. 그러나 이러한 공식적인 얼굴 이면에는 또 다른 인간이 항상 감추어진 채 머무르고 있었다. 실현되고 싶었던 여성 켈리의 모습이었다. 단지 내가 욕망하는 여성이 되는 수준이 아니라, 진정한 내 모습으로 켈리가 되는 것이 더 절실한 경우였을 것이다. 진실은 남성의 신체 속에 갇혀 여성으로 지금까지 살아왔다는 것이다. 지금까지 나는 그 진실을 감추고 보호하기 위해 거짓 인생을 살아왔다.

멀로니가 소개하는 것은 ─ 여성으로서 스스로 인식하는 자아 정체성과 남성의 신체를 하고 있는 현실 사이의 괴리인 젠더 불일치다. 켈리의 해결책은 여성으로 변신하는 성전환이었다 — 출생 당시에는 남성으로 분류되었으나 스스로에 대한 자아 정체성은 여성인 경우에 해당된다. 트랜스젠더transgender라는 용어는 여성성 아니면 남성성으로 양분하는 지배적 사회규범에 의거해 출생 또는 그러한 기대치가 계기가 되어 규정된 양성 분류라는 젠더 행위에서 이탈 또는 벗어난 젠더 정체성을 소유한 부류들을 의식해, 각종 형태의 '젠더 다양성'을 표출하는 사람들을 의미한다. 시스젠더cisgender란 출생과 더불어 부여받은 남성 또는 여성 성별 분류가 자아 정체성이나 젠더 행위와 일치하는 사람들을 일컫는 단어다.

젠더 다양성에 대한 화려한 경력의 사례로서, 게이 남성이자 과장된 여성적 외모와 의상을 차려입은 토머스 뉴워트Thomas Neuwirht는 2014년 오스트리아에서 개최된 유로비 전송 콘테스트에서 우승한 콘치타 우스트Conchita Wurst 양이기도 하다. 콘치타는 외모 표출의 양식으로서는 여성 의상과 화장을 했으나 수염을 기른 얼굴을 하고 있었고, 총괄적 수준에서는 여성적 매너를 견지했는데, 이것은 전통적인 이분법적 남녀 구분에 혼란을 불러일으켰다. 콘치타의 등장을 '동성애자 프로파간다'로 규정한 러시아 정교회, 블라디미르 푸틴 대통령 및 그 밖의 여러 동유럽 정치인들은 반대했다. 러시아 국영방송이 밤중에 방영된 콘치타 공연을 편집하도록 유도하는 청원 세력이 조직되었으나, 결국 그렇게 하는 데는 성공하지 못했다.

높은 반향을 얻은 콘치타의 승리는 정치 지도자나 성직자들의 견해가 반드시 더 포괄적 범위의 일반 대중의 견해를 반영하는 것이 아님을 기억해야 함에도 불구하고, 섹슈얼리티에 대한 서유럽과 동유럽 사회에 존재하는 엄청난 차이를 상징하는 것으로 널리 인식되었다. 모스크바 시내에서 콘치타의 승리를 축하하기 위한 퍼레이드를 조직하려는 시도는 신변 안전 확보와 '도덕성 존중'의 명분에 근거해 공무원들이 금지시킨 바 있다. 그렇다고 할지라도, 콘치타의 대회 중 혹은 대회 후에 보여 준 지지는 다른 선진 사회뿐만 아니라 서유럽 국가에서도 섹슈얼리티와 젠더에 대한 태도가 얼마나 폭넓게 그리고 얼마나 급속도로 전파되어 변화하는지 잘 보여 주었다.

2014년도 유로비 전송 콘테스트 수상자인 콘치타 우스트Conchita Wurst.

최근 들어 각종 영화나 텔레비전 연속극에서 트랜스젠더가 극중 인물로 등장하거나 켈리 멀로니를 포함한 화려한 경력의 유명 인사들에 초점을 맞추는데, 이를 통해 일반 대중이 트랜스젠더 쟁점에 보다 주목하는 계기가 되고 있다. 올림픽 10종 경기의 금메달 남성 수상자 브루스 제너Bruce Jenner가 성전환해 여성인 케이틀린 제너Caitlyn Jenner로 변신했고, 그 외에 넷플릭스 연속극 〈오렌지는 새로운 블랙이다Orange is the New Black〉에 출연해 대중성을 얻어 성공한 트랜스젠더 영화배우 라번 콕스Laverne Cox, 패션 잡지『보그Vogue』를 통해 등단한 최초의 트랜스젠더 모델 안드레아 페직Andreja Pejic이 있다. 좀 더 넓게는, 여러 선진 사회의 경우, 수많은 사람이 젠더 정체성 클리닉에서 상담을 받거나 젠더 재배정을 추구하는 경향이 빠르게 확산되고 있다. 예를 들어 2009년 영국 젠더 정체성 연구 및 교육사회GIRES는 매년 15퍼센트 정도로 성 정체성 상담 인구가 증가하고 있으며 젊은이들의 경우 매년 그들의 50퍼센트에 근접한 청춘들이 관심을 보이는 것으로 보고했다(The Guardian 2015).

사회학자들에게 켈리 멀로니 사례는 성, 젠더 및 섹슈얼리티 연구와 관련된 몇 가지 핵심 쟁점을 유념하도록 해준다. 생물학적 성과 '남성' 혹은 '여성'으로 규정하는 것 사이에는 어떠한 관계가 존재하는가? 섹슈얼리티는 어떻게 인간 생물학과 자기 정체성을 연계시키는가? 남성과 여성이라는 두 개의 성만 존재하는가, 아니면 그 이상의 성이 존재하는가? 그렇다면 몇 가지 성이 존재하는가? 이러한 질문을 던지는 것은 우리 각자의 정체성이라는 근본적인 측면이 과거 여러 사람이 생각해 왔던 것처럼 고정적이거나 안전한 속성이 아닐 수 있음을 시사한다. 그 대신, 젠더와 성적 정체성은 유동적이고 변화하며 불안정한 것으로, 이 장章에서는 이러한 (기존) 인식과 더불어 이 분야에 관한 사회학적 연구와 이론화 작업이 어떻게 진척되어 왔는지 살펴보고자 한다. 우리는 이 작업의 시작 단계에서부터 이론적이거나 정치적 관점에서도 엄청난 의견 불일치로 가득하며 이에 관련된 사항은 1차적으로 선진 사회의 경험에 기초하는 복잡한 연구 분야임을 인식해야 할 것이다.

이 장에서의 여러 주제들은 제10장 〈가족과 친밀한 관계〉에서 제기된 질문들과 겹치는데, 이는 성, 젠더 및 섹슈얼리티가 사랑, 친밀감 및 사적 관계와 밀접하게 연계되어 있기 때문이다. 이 장에서 우리는 고도로 사적 영역이면서 개인 간 친밀한 관계에 관한 연구를 수행하는 데 따르는 어려움을 인지하면서, 우리가 의미하는 성, 젠더 및 섹슈얼리티를 관찰하는 것으로 논의를 시작하고자 한다. 오늘날 사회학적 접근 가운데 정통 사회구성론social constructionism은 초기 사회학 연구에 스며든 바 있는 성과 섹슈얼리티에 관한 생물학적 전제에 흔히 견지되었던 논리와 대조적 입장이다. 우리는 변화 중인 문화 속에서 여권론자 역할과 성소수자LGBT 사회운동의 윤곽을 소개하기 전에 이성애 섹슈얼리티와 이성애 규범이 지배하는 일반 사회에서 젠더 질서의 존재 그리고 젠더 정체성에 관한 이론의 고찰로 옮겨 갈 것이다. 마지막으로 젠더 불평등에 대한 새로운 이론들을 소개하고 오늘날 다양한 성 노동 형태와 지구촌적 불법 성매매의 파급력을 살펴볼 것이다.

성, 젠더와 섹슈얼리티

우선, 사회학 내에 존재하는 성과 젠더에 대한 기본적인 차이점부터 알아보자. '성sex'은 애매모호한 용어다. 이 단어는 누군가와 '성행위를 하다'에서처럼 '성적 행동'을 의미할 수 있다. 그러나 이 용어는 또한 남성과 여성을 구분 짓는 (이를테면 여성 자궁이나 남·여성의 차이 나는 생식기와 같이) 신체적 특성을 일컫는 용례일 수도 있다. 반면에, 젠더는 양성 간에 나타나는 심리적, 사회적, 문화적 차이와 관련되는 용어다. 젠더는 사회적으로 구축된 남성성 또는 여성성과 직접 연계되어 있으며, 반드시 또는 불가피하게 직접적인 생물학적 성과 연계된 산물일 필요는 없다. 예를 들어 앞에서 소개된 켈리 멀로니 사례에서처럼, 사람들 가운데 '잘못된' 신체 조건을 지닌 채 태어났기 때문에 자신의 육체를 다른 성으로 바꿈으로써 '제자리를 찾으려는' 시도를 하게 되는 것이다. 사회학의 경우, 젠더 정체성 형성을 설명하는 관점이 대조적 입장에서 갈라지는데, 학자들 가운데는 사회적 영향력의 위력을 더 강조하는 관점을 견지하는 경우도 있다.

여러 국가 중 선진 사회의 경우 인간의 성적 행위에 대한 주요 측면들은 1960년대 이래 근본적으로 변화를 겪었다. 출산 과정과 섹슈얼리티는 한 묶음으로 연계되어 있다는 이전의 주도적 관점은 오늘날 섹슈얼리티와 출산이 반드시 연계되지는 않는다는 입장을 현대인들이 견지함에 따라 설득력을 잃었다. 젠더와 섹슈얼리티는 해당 개인이 경험하고 구체화시키는 삶의 측면이며, 이성애 정상주의heteronormativity — 이성애만이 '정상'이거나 '올바른' 것이고, 여타의 섹슈얼리티는 어떻든 일탈이라는 개괄적 수준의 전제 — 는 급격하게 그 근거를 상실하고 있다. 섹슈얼리티가 혼인 관계라는 맥락에서 이성애정상주의와 일부일처제 측면에서 한때 '규정되었다'면, 오늘날에는 섹슈얼리티와 성 정체성 그리고 성적 행동의 무궁한 다양성이 점차 수용되는 분위기다. 이러한 추세에도 불구하고 젠더 차이와 섹슈얼리티에 대한 각종 담론들은 아직도 양성 간에 존재하는 기본적 혹은 '본능적' 차이가 있다는 생물학적 전제에 기반하고 있다.

여성과 남성 간에 쉽게 관찰되는 차이점들은 생물학적 차이의 결과인가? '화성에서 온 남성과 금성에서 온 여성'이라는 은유적 수사는 진실인가?(Gray1993) 예를 들어 진화 심리학에서는 거의 모든 문화권의 관행으로서 여성이 아니라 남성들이 사냥과 전투에 참여한다는 사실에 주목한다. 이것은 남성들이라면 여성들이 결여한 공격성을 본능적 기질에 기반해 소유하고 있음을 의미하는가? 사회학자들은 그러한 주장에 신뢰감을 보이지 않는데, 이러한 논리는 환원론으로서 복잡한 인간 행동과 사회관계를 단일의 생물학적 '원인'으로 축소해 설명하기 때문이다. 이를테면 남성 공격성 수준은 이질적 문화권별로 다양한 형태로 표출되는 한편, 여성들의 수동성과 얌전함의 정도 역시 어떤 문화권에서는 다른 곳보다 더 많이 요구되는 실정이다(Elshtain 1987). 인류학적 또는 역사적 증거는 실제로는 시간과 공간에 따라 엄청난 다양성을 드러내고 있다. 하나의 특정 자질이 다소 보편적일지라도 그 자질의 연원이 생물학적 근거에 기반해야 하는 것은 아니다. 대부분 인류 사회에서 대다수 여성들은 자녀 양육에 삶의 많은 부분을 할애하기 때문에 사냥과 전투에는 전향적으로 가담할 수 없지만, 그렇다고 해서 남성 공격성이 이러한 양성 차이의 원인이 되고 있음을 의미하는 것은 아니다.

생물학적 요인이 양성 간 행동양식을 결정한다는 가설이 과학적 연구물에 지속적으로 기여했음에도 불구하고 이러한 영향력에 대한 생리학적 연원을 규명하려는 한 세기 동안 진척된 연구는 그 목적을 달성할 수 없었던 것이다. 그러한 생물학적 요소를 양성 사이에 표출되는 복잡다단한 사회적 행동과 연계시킬 수 있는 메커니즘의 존재 여부를 알아낼 수 있는 근거는 존재하지 않는다(Connell 1987). 개인을 일종의 선천적 성향에 따르는 존재로 보는 이론은 인간 행동을 형성하는 데 있어 사회적 상호작용의 필수적인 역할을 무시하는 것이다.

비판적으로 생각하기 THINKING CRITICALLY

젠더 차이가 인간생물학에 뿌리를 두지 않고 있다면, 왜 대다수 일반인들은 이성애자인가? 답변 추구 과정의 출발점으로서 사회적, 문화적 요인으로 여러분은 어떤 것을 제안할 수 있는가?

젠더 정체성

이성애가 대다수 사람들의 성적 지향이기 때문에 이성애는 간과되거나 당연한 것으로 받아들여져 왔다. 그래서 많은 연구물이 왜 일부 사람들은 이성애자가 아닌지에 초점을 맞추어 왔다. 젠더는 한때 거의 전적으로 여성의 경험(남성은 비非젠더화된 규범을 대변했다)에 관한 것으로 인식되었는데, 여기에는 평행선이 존재한다. '인종'과 종족 관련 사회학의 경우 '백인스러움whiteness'은 인종(분류) 정체성에서 하나의 유형으로 전혀 간주되지 않는 이치와 일맥상통하기 때문이다(Back and Ware 2001). 어떤 학자들은 출생 때부터 소수자들은 이미 게이

8판에서 젠더와 섹슈얼리티

세계 사회 15-1

거의 어느 주제도 사회과학적 연구와 이론화에 남성의 편견이 집요한 방식으로 스며들지 않은 곳이 없음을 인지하지 않을 수 없을 것이다. 따라서 이 장에서 젠더 관련 쟁점을 완벽하게 다룰 수 없음을 인식하는 것이 중요하겠으나, 독자들은 필요한 단원들을 다음 안내에 따라 참고할 수 있을 것이다.

제1장 – 사회학에서 여권론의 이론화 소개
제3장 – '남성 주류 사회학'의 여권론자 비판에 대한 포괄적 토의, 사회과학에서 젠더 불평등의 의미
제6장 – 도시에서 젠더 불평등
제7장 – 노동의 여성화, 노동에서 젠더 불평등, 여성 고용의 역사, 가사노동과 가정주부의 역할 및 가내 분업의 변화
제8장 – 언어적·비언어적 의사소통에서 젠더, 젠더 정체성과 신체, 사회적 상호작용 상황에서 젠더 불평등
제9장 – 젠더사회화의 고정관념에 관한 포괄적 토의, 노년기 삶의 여성화
제10장 – 젠더 불평등에 대한 포괄적 토의, 노동 및 가사노동과 가내 분업, 여성에 대한 친밀한 관계 속에서 폭력과 가족생활의 '어두운 측면', 가족 연구에서 여권론적 접근
제11장 – 임신과 출산의 의료화, 건강에서 세계적 젠더 불평등, 성적 행동에서 HIV 영향력
제12장 – 젠더 불평등과 계층에 대한 포괄적 토의, 젠더와 사회적 이동
제13장 – 젠더 불평등과 빈곤, 연금 불평등
제17장 – 기독교 정신, 젠더와 섹슈얼리티
제18장 – 전 지구적 대중매체에서 젠더 표현
제19장 – 학교에서 젠더 불평등과 이성애적 성차별주의에 대한 포괄적 토의, 젠더 분업의 재생산
제20장 – 젠더화된 범죄와 일탈 유형, 여권론자 범죄학, 젠더 및 섹슈얼리티와 증오 범죄
제21장 – 여권론자 및 성소수자LGBT운동들

나 레즈비언적 성향을 지니기 때문이라며 생물학적 요인을 지목한다(Bell et al. 1981). 동성연애에 대한 생물학적 설명에는 게이 남성의 두뇌 특성에서 나타나는 차이(Maugh and Zamichow 1991)나 임신 기간 동안 모체의 자궁 호르몬 분비가 태아의 발육에 끼친 영향에 나타난 차이(McFadden and Champlin 2000) 등으로 설명하는 것이 포함된다. 작은 수의 사례에 기반한 그러한 연구들은 지극히 주변적인 결론을 맺고 있으나, 한 개인의 성적 취향을 결정짓는 생물학적 요인과 초기의 사회적 영향력을 분리한다는 것은 현실적으로 불가능하기 때문에 설득력을 얻지 못하고 있다(Healy 2001).

사회학의 초기 연구에서 젠더사회화gender socialization는 중요한 접근법이었다. 이는 가족, 국가 및 대중매체와 같은 사회기관의 도움으로 이루어지는 젠더 역할 학습을 일컫는다. 이러한 접근은 생물학적 성과 사회문화적 젠더를 구분해 주는데, 신생아는 출생하면서 첫 번째 자질로 생물학적 성을 지니며 사회문화적 젠더인 두 번째 자질을 학습하는 것이다. 1차 및 2차에 이르는 여러 종류의 사회화 기관과 접촉하면서, 아동은 주도적 사고방식을 추종하면서 타고난 생물학적 성에 걸맞은 사회적 규범이나 기대치를 점진적으로 내면화하는 것이다. 따라서 젠더 차이는 생물학적으로 결정되는 것이 아니라 문화적으로 구축된 결과인데, 이는 남성과 여성이 각기 이질적 역할에 기반해 사회화되기 때문이다.

젠더사회화론은 소년소녀들은 '성역할'과 남성 정체감(남성스러움)과 여성 정체감(여성스러움)을 주어진 기대대로 학습한다고 설명한다. 소년소녀들은 그들의 행동이 적절한지 여부는 상과 벌이라는 사회적으로 규정, 적용된 긍정적 혹은 부정적 제재에 의해 이 과정으로 유도된다. 예를 들어 어린 소년은 자신의 행동이 긍정적 평가

를 받거나("넌 너무나 용감한 소년이구나!") 부정적 평가의 대상이 된다("남자애는 인형놀이를 하지 않는단다"). 긍정적 혹은 부정적 재강화 과정은 소년소녀들로 하여금 사회적으로 기대되는 성역할을 학습하고 순응하도록 도와준다. 특정 개인이 생물학적 성에 어울리지 않는 행동에 관여할 경우, 부적절하거나 불규칙적 사회화라는 설명이 가능해진다.

젠더 정체감에 대한 사회적 영향력은 여러 다양한 통로를 통해 이루어지며 대부분 간접적이고 부지불식간에 진행된다. '비非성차별주의자' 방식으로 자녀 양육을 결심한 부모들조차 젠더 학습에 관련된 현행 관습은 어렵사리 투쟁해야 할 현실이 잔존함을 보여 준다(Statham 1986). 부모와 자녀의 상호작용에 관한 연구물들은 아들과 딸에 대한 상호작용을 동일하게 한다고 믿는 부모들조차 자녀의 성별에 따라 뚜렷한 차이를 두면서 달리 다루고 있음을 지적했다. 어린아이가 접하는 장난감, 그림책과 텔레비전 프로그램 등 모두 남성과 여성의 자질이 다르다는 점을 강조하는 성향이 있다. 대부분의 아동서적, 동화책, 텔레비전 프로그램이나 영화에는 일반적으로 암컷이나 여자 주인공보다 수컷이나 남자 주인공이 더 많이 등장하며, 남자 주인공들은 더 적극적이고, 모험을 즐기는 역할을 수행하는 한편, 여자 주인공들은 수동적이고 기다리는 가정적 인물로 소개된다(Zammuner 1986; Davies 1991; Grogan 2008).

여권주의 연구자들은 어린 관객을 상대로 한 문화 및 매체 산업이 어떠한 양식으로 소년소녀의 삶의 목표와 야심을 표현할 때 고정관념적이고, 젠더화된 태도를 구축하도록 기여하는지를 보여 주었다. 예를 들어 네 가지 연속물 프로젝트 내용 중 스미스Smith와 쿡Cook은 남성과 여성 인물의 등장에 드러나는 일관된 차이점을 발견했다(2008). 1990년부터 2005년까지 상영되어 인기를 얻은 G 등급(일반 관람용 혹은 '가족동반' 관람용) 영화 가운데 활발하게 말하는 인물의 단지 28퍼센트만이 여성인 반면, 해설자의 85퍼센트는 남성으로 나타났다. 등급에 개의치 않고 4백 편의 영화를 연구한 더 포괄적인 조사 역시 여성에 대한 두 개의 대조적 특성을 짚어 낼 수 있었다. 몰입된 관계 속에서 전통적 부모 아니면 비현실적인 체형 소유자로서 가늘고 작은 허리 아니면 극도로 '잘록한 허리'의 매력을 발산하면서 유혹하는 여성이 그것이었다(ibid. 12~14).

'생방송 연기'보다 열한 살 미만용 텔레비전 프로그램이나 애니메이션 속 여성 인물들에게서 (신체 가운데 목부터 무릎까지 드러내는) 비현실적인 비율의 몸매가 훨씬 더 빈번하게 등장했다. 애니메이션 속 남성 인물들은 커다란 가슴 사이즈, 작은 허리와 과도한 근육질 외형을 하고 있는 경향을 보였다. 21세기에 들어와서조차 젠더 고정관념은 아동용 미디어 제작물에 끈질기게 묘사되거나 등장하는 특성을 보이면서 여전히 잔존하고 있는 것이다. 이것은 자신의 몸매에 대한 어린이들의 태도 형성에 의미심장한 영향을 끼친다.

점증하는 연구 결과물들은 소녀나 젊은 여성들 가운데 자신의 몸매에 대해 스스로 불만을 갖는 성향이 널리 유포되는 현상을 지적하는데, 이는 부분적으로 요란스러운 잡지, 텔레비전이나 영화 등에 등장하는, 과도하게 차려입고, 완벽한 몸매를 한 여성(역할) 모델과 자신을 비교한 결과라는 것이다(American Psychological Association 2010). 사진 혹은 비디오 속 신체를 디지털 기법으로 조작할 수 있는 새로운 디지털 기술의 보급은 과거 이전 세대보다 훨씬 더 노골적으로 이상화되고 비현실적 형태로 미디어 속 모습에 접근할 수 있음을 의미한다. 이 문제는 특히 잡지의 경우 심각한 영향을 미칠 수 있는데, 정기 구독자의 태도에 막강한 영향력을 행사할 수 있기 때문이다(Grogan 2008: 108~109; Wykes and Gunter 2005).

젠더사회화에 대한 보다 자세한 논의는 제9장 〈생애 과정〉을 참조하라.

그럼에도 불구하고, 젠더사회화와 성역할론은 엄청난 비판을 받았다. 여러 상호작용론자 연구자들에 의하면 사회화란 순탄한 과정이 아니라는 것이다. 가족, 학교,

일상생활 속에 스며 있는 젠더별로 다른 기대치를 타파하는 것은 모멸감을 불러일으킨다. 이 사진에서 무엇이 불편하게 다가오는가?

또래집단과 같이 이질적 '기관'들은 서로 상충될 수 있는 것으로서 동질적 경험을 사회화 내용으로 제공하지 않는 것이다. 심각한 것만큼 사회화 이론적 관점들은 현실에서 구현되는 사회적 기대치를 해당 개인들이 거부하거나 수정 보완하는 능력을 과소평가하고 있다(Stanley and Wise 1993, 2002). 사회화 담당기관은 젠더화된 관행에 가담하도록 해당 개인에게 기회를 제공하지만, 그렇다고 해서 젠더 정체성이 결정되었음을 의미하는 것은 아니라고 말하는 것이 좀 더 정확할 것이다. 어린이들은 그러한 압력에 저항하는 것이다. 어떤 소년들은 남성적 자질과 여성적 자질을 혼합시키는가 하면, 어떤 소녀들은 경쟁 지향적 스포츠 경기에 혼신을 다해 탐닉하기도 하며 소년소녀 모두 공식적으로는 젠더화된 모습을 보이면서도 사적으로는 그와 다르게 행동할 여지를 지니고 있다(Connell 1987). 상호작용론자들의 비판은 중요하다. 인간은 젠더 '프로그래밍'을 무턱대고 받아들이기만 하는 수동적이고 무조건적 수혜자가 아니며 사회적 세계에 적극 가담하는 한편, 이러한 사회화의 영향력이 아무리 강력할지라도, 기존 각본에 기반한 젠더 역할을 교정하거나 거부할 수 있는 존재다.

> 사회적 구성물로서 신체에 대한 논의는 제11장 〈건강, 질병, 장애〉를 참조하라.

생물학적 성과 젠더 분리에 기반한 이론들은 묵시적으로 외형적 젠더 차이에 생물학적 근거가 있음을 인정하고 있다. 사회화 이론에 있어 양성 간 생물학적 차이는 사회 그 자체의 '문화적으로 정교화된' 틀을 제공한다는 것이다. 대조적으로, 사회적 구성주의자 이론가들 가운데는 젠더 차이에 나타나는 그 어떠한 생물학적 근거를 부정한다. 젠더 정체성은 사회 속에서 인지된perceived 생물학적 성 차이와 연계되어 있으며, 또한 역으로 그러한 차이를 구축하는 데 일조한다고 이들은 주장한다. 예를 들어 특정 사회에서 공유되는 남성스러움이 육체적 근력이나 '거친' 태도를 의미한다면 이는 남자들로 하여금 남성성에 대한 다른 규범을 보이는 어느 사회와 차이가 나는 특정한 형태의 몸매 가꾸기나 일련의 틀에 박힌 태도를 개발하도록 부추기는 것이 된다. 한마디로, 젠더 정체감과 생물학적 차이는 특정인의 신체 속에서 복합적으로 연계되어 존재한다(Connell 1987; Scott and Morgan 1993; Butler 1990).

젠더의 경우 어떠한 고정된 '본질'이 결여된 하나의 사회적 창조물일 뿐만 아니라, 인간 신체 자체도 여러 방식으로 구축되고 변형된 사회적 영향력 및 개인적 선택의 지배를 받는 것이다. 일상적으로 '자연스럽다'고 생각되는 것들에 도전한다는 점에서 사람들은 운동하기, 다이어트하기, 귀·혀 등에 구멍 내기나 미용을 위한 성형수술 등의 마음 내키는 형태로 자신의 신체를 다듬거나 새롭게 단장해 의미 부여를 한다. 트랜스젠더들의 경우 자신의 젠더 정체성과 관련된 행위를 원활하게 하는 가운데, 물리적 신체를 재구성하기 위한 젠더 재배정 수술을 시행할 수 있다. 의료적, 기술적 개입으로 양성 간 발현되는 육체적 경계를 허물고 있으며, 인간 신체 그 자체가 아주 심한 변화 대상이 되고 있다. 그렇지만 이토록 분명하게 '자유 선택에 의한' 개인적 결단 역시 이상적 신체 크기나 유형, 사회적 경향, 마케팅이나 의류 산업과 연계된 상업적 압력이라는 보다 넓은 사회적 맥락과 연계된 자질인 것이다.

생물학, 섹슈얼리티, 성 정체감

섹슈얼리티는 오랫동안 지극히 사적인 영역으로 간주되어 왔다. 최근까지도, 우리가 섹슈얼리티에 대해 알고 있는 많은 내용들은 사회생물학자, 의료 연구자나 '성의학 전문가'들에 의해 밝혀진 결과물이다. 데이비드 버라시David Barash 같은 사회생물학자들은 남성의 난혼 지향성이 널리 보고되는 현실에 대해 진화론적 이유가 있다고 주장한다. 남자는 일생 동안 수백만 개의 정자를 생산해 생물학적으로 가능한 한 많은 여자들을 수태시키고자 하는 성향을 지닌다. 그러나 여자들은 일생 동안 몇백 개의 난자만 생산하며 자신의 몸 안에서 9개월 동안 태아를 키워야 한다. 때문에, 여성들의 경우 정서적 몰입에 더 탐닉하는 한편 성적으로 그렇게 난혼 성향을 지니지 않는 이유가 될 수 있다고 버라시는 설명한다. 이러한 논리는 동물의 수컷이 동종의 암컷보다 일상적으로 더 난혼 성향을 보여 주고 있음을 밝힌 연구 결과에 의해 지지받고 있다.

그렇지만 여러 학자들은 그러한 진화론적 견해에 대해 회의적이다. 스티븐 로즈Steven Rose에 의하면, 다른 대부분의 동물과 달리, "인간 신생아는 출생 당시 상대적으로 신경 다발 경로가 결정된 것이 거의 없는 상태에 불과한데"(Rose et al. 1984: 145), 이는 인간 행동이 유전적으로 제어된 본능에 의해서라기보다는 환경에 의해 더 많이 영향 받음을 함축한다. 유사한 방식으로, 노르베르트 엘리아스Norbert Elias는 학습할 수 있는 인간 능력은 진화론적 발달의 결과지만, 인간의 경우 학습된 행동 비중은 비학습 행동보다 의미하는 바가 크다(1987a). 그 결과로서 인간은 다른 동물보다 학습을 더 많이 할 수 있을 뿐만 아니라 점차 다양하고 복잡해지는 사회에 성공적으로 적응하기 위해 더 많이 학습해야만 하는 것이다. 생물학적 진화는 인간 사회의 사회적 발전과 양수겸장으로 병행되는 자질이지만, 전자(생물학적 진화)와 관련해 후자(사회적 발전)를 설명하려는 그 어떤 시도도 환원주의자적이며 부적절할 수밖에 없다.

고대 그리스 사회에서는 동성애 관계가 사회적 규율로 규제되긴 했으나 금지되지는 않았다. 수 세기 동안 금지 시기를 거친 뒤 1967년 이후에야 비로소 영국에서 동성연애가 합법화되었다.

성적 취향Sexual orientation이란 한 개인의 성적 매력 또는 낭만적 매력의 지향성을 일컫는 것이지만, 성적 취향은 생물학적 요인과 사회적 요인이 작용한 복합적 결과물이다. 섹슈얼리티를 그 취향과 선호에 있어 여러 층위를 다양하게 보이는 자질로 생각하는 것이 더 나을 것이다. 가장 흔하게 나타나는 성적 취향은 이성애heterosexuality로, 반대의 성을 소유한 상대로부터 성적 또는 낭만적 매력에 이끌리는 경우다. 동성애homosexuality는 동성으로부터 성적 또는 낭만적 매력에 이끌리는 것을 말한다. 오늘날 게이gay라는 용어는 남성 동성애자를, 레즈비언lesbian은 여성 동성애자를, 바이bi는 양성애자bisexual를 가리키는 약칭으로, 남성이든 여성이든 성적 또는 낭만적 매력을 경험하는 사람들을 지칭한다.

비서구 문화권에서는 동성애 관계가 수용되기도 하고, 심지어 특정 집단에서는 권장되기도 한다. 예를 들어 북부 수마트라섬의 바탁족the Batak people은 혼전 남성 간 성관계를 허용한다. 사춘기가 되면 소년들은 부모 집을 떠나 최소 열두 명으로 구성된 연장자 남성들과 함께 거주하면서 잠을 자는데, 이들 연장자들은 신참자를 동성연애 관계에서 첫 성경험을 치러 준다. 그러나 여러 사회에서 동성연애 관계는 그렇게 공개적으로 받아들여지지 않으며, 레즈비언이나 게이는 편견이나 차별을 경험하게 된다. 서구 사회에서 섹슈얼리티는 한 개인의 정체성과 연계되어 있으며, '동성애자' 혹은 '이성애자'에 대한 주류 개념은 한 개인의 성적 취향은 본인의 취사선택 사항으로서 아주 개인적 자질로 해석되고 있다.

메리 매킨토시Mary McIntosh는 동성연애는 보편적인 '의료적 상황'이 아니라 어떤 사회의 경우 실제로는 존재한 적조차 없는 하나의 사회적 역할이었음을 지적한 최초의 인물이다(1968). 예를 들어 잉글랜드 지역에서 '동성연애자 역할'이 그 존재감을 드러낸 것은 17세기 말엽이었다. 매킨토시는 또한 1940년대와 1950년대에 실시된 미국 성인들의 다양한 성적 취향과 경험을 다룬 킨제이 연구 프로젝트 내용에 기반해 볼 때(〈고전 연구 15-1〉 참조) '이성애자' 또는 '동성애자'의 뚜렷하고 명확한 구분 짓기는 이러한 이분법적 대조가 함축하는 것만큼 양극화된 정체성이 아님을 보여 준다고 주장했다. 예를 들어 많은 수의 '이성애자' 남성들이 한때 다른 남성과 동성애자 행위에 가담한 적이 있다고 보고했기 때문이다.

섹슈얼리티 연구에서, 미셸 푸코Michel Foucault는 18세기 이전 유럽 사회에서는 동성연애자 정체성 개념이 겨우 명맥만 유지하는 수준에 불과했음을 밝혔다(1978). '남색 행위sodomy'는 교회 당국과 법률에 의해 비판받았으며, 잉글랜드 지방과 그 밖의 몇몇 유럽 사회에선 사형에 처해졌다. 그러나 남색이 동성연애에 기반한 범죄로만 규정되지는 않았다. 그것은 남성과 여성 관계 혹은 남성과 짐승 간에 주고받는 성행위를 포괄했다. '동성연애'라는 용어는 1860년대 들어서야 만들어졌으며, 그 이래로 레즈비언과 게이들은 점차 특정한 성적 탈선에 가담한 별종 인간들로 인식되기에 이르렀다(Weeks 1986).

동성연애는 '의료적 진료가 필요한' 담론의 한 부분으로 변질되어, 종교적 죄악으로서보다는 정신과적 장애 아니면 변태로서 임상 치료적 개념으로 다루어졌다. '동성연애자들'은 유아幼兒성애자나 이성 복장을 한 자와 같이 여타의 '변태'들과 더불어 주류 사회의 건전성을 위협하고 생물학적 질환을 앓고 있는 부류로 간주되었다. 최근 몇십 년 전까지만 해도, 동성연애 관계는 사실상 모든 서구 사회에서 형사상 범죄 행위로 간주되어 왔다. 사회 주변에서 주류로 등장시키는 레즈비언과 게이 운동이 아직 완결된 것은 아니지만, 빠른 속도로 진보가 진척된 바 있으며, 지금도 진척 중에 있다.

섹슈얼리티와 성적 행위

미국의 앨프리드 킨제이Alfred Kinsey가 1940년대와 1950년대에 연구를 수행할 때까지, 섹슈얼리티와 성적 행동은 사적 영역으로 보였으며, 사회학자들은 거의 무관심했다. 많은 사람이 공식 사회규범과 실제 사적인 성적 행동 사이에 엄청난 다양성이 있음을 지적한 킨제이 연구 보고서에 충격을 받았으며 또한 놀라워했다(〈고전 연구 15-1〉 참조). 우리는 주제의 성격상, 대부분 기록되지 않는 개인 성생활에 대한 내용보다는 섹슈얼리티에 대한 공적 가치에 대해 훨씬 더 자신 있게 언급할 수 있다. 그렇지만 섹슈얼리티는 어째서 특히, 이를테면 가족관계 연구와 비교할 때, 연구에 어려움을 겪어야 하는가?

아주 최근까지도 성이란 금기시된 주제로서 공적 영역에서 혹은 여러 사람의 경우 심지어 사적으로도 토론될 수 없는 것이었다. 삶의 그 어떤 영역보다 더욱 그러해 많은 사람, 아니 대다수가 성적 행동이란 순전히 개인적 사안으로 간주하기 때문에 그런 내밀한 주제를 낯선 사람과 토의하기를 꺼려했다. 이러한 경향은, 면접 대상이 되기로 자발적으로 나선 사람들은 본질적으로 자가선택된 표본인 셈이며, 그렇기 때문에 일반성을 지닌 모집단의 대표성을 결여하고 있음을 의미할 수 있다.

성적 담론과 관련된 침묵은 1960년대 이래 다소 변화를 겪는데, 이 당시에는 사회운동이 '히피' 라이프스타일과 '자유연애'라는 반反문화적 사고가 기존 성에 대한 태도에 도전하면서 기존 성규범을 깨부수던 시기였다. 그러나 우리는 그러한 움직임의 효과를 과장하지 않도록 주의를 기울여야 한다. 일단 1960년대 운동들이 주류 사회와 동화되어 버리자, 성 및 섹슈얼리티와 관련된 낡은 규범들이 영향력을 지속해 행사하기에 이르렀다. 그러나 학자들 가운데는 1980년대 후반 이래, 부분적으로는 HIV/AID 감염 및 그 밖의 성적 접촉으로 감염 여지가 있는 질환에 대한 두려움의 한 결과로서 '신新정조 관념'이 조성되었다고 주장했다(Laumann 1994). 킨제이 연구물로부터 얻은 중요한 교훈 한 가지는 공식적으로 언급된 응답자의 태도는 그들의 개인적 신념을 있는 그대로 정확하게 소개했다기보다는 지배적인 시대적 공식 규범에 대한 일반인들의 이해도를 반영한 것이라는 점이다.

앨프리드 킨제이, 성적 행동의 다양성을 발견하다

고전 연구 15-1

연구 문제

섹슈얼리티에 대한 공식 규범이 사람들의 성적 행동을 실제로 지배하는가? 성적으로 '일탈적' 행동 양식들은 단지 일부 소수에게만 한정된 것인가? 이러한 쟁점들을 알아보기 위해, 앨프리드 킨제이Alfred Kinsey(1894~1956)와 그의 연구 팀은 1940년대 미국 백인을 대상으로 자료 수집에 착수했다. 연구 팀은 종교 단체가 퍼붓는 비난에 직면해야 했으며, 그들의 연구는 신문과 심지어 의회로부터 부도덕하다는 비판을 받았다. 그러나 그들은 집요했으며, 결국 미국 백인을 제대로 대표하는 1만 8천 명의 표본을 채집해 이들을 대상으로 성력性歷을 추적해 냈다(Kinsey 1948, 1953).

킨제이의 설명

킨제이의 연구 결과는 놀라웠다. 당시 일반인들의 성적 행동에 대한 기대치와 표본 응답자들이 소개한 실제 성 경험 간에 실로 엄청난 차이가 드러났기 때문이다. 표본 남성 인구의 거의 70퍼센트가 매춘부를 찾은 적이 있으며, 응답 남성의 84퍼센트는 혼전 성 경험이 있다고 답했다(당시로서는 상당히 충격적인 수치였다). 그러나 성에 대한 이중 잣대를 드러냈는데, 남성 응답자의 40퍼센트는 혼인 당시 자신의 아내는 성 경험이 없는 처녀이기를 바랐다. 남성들의 90퍼센트 이상이 자위행위를 해본 적이 있었으며 거의 60퍼센트는 어떠한 형태로든 구강성교를 했다. 여성 응답자의 경우 거의 50퍼센트는 혼전 성행위 경험이 있으나 그 상대가 나중에 남편이 되었다. 한편, 여성 표본의 60퍼센트가 자위행위를 그리고 이와 동일한 비율의 여성들은 구강-생식기 접촉 경험이 있었다. 이 연구는 또한 예상보다 훨씬 높은 수준의 남성 동성애 행위를 보여 주었다.

킨제이 연구 결과가 보여 준 일반적으로 수용된 태도와 실제로 행동으로 보여 준 실천 사이의 차이는 제2차 세계 대전 직후라는 특정 시기를 감안했을 때 특히 엄청난 것이었다. 성 해방의 국면은 그보다 좀 이전 시기였던 1920년대부터 비롯되었으며, 그때는 그보다 앞선 세대를 지배했던 엄격한 도덕적 규범으로부터 많은 젊은이가 자유로움을 경험한 시기였다. 성적 행동은 아마도 엄청나게 변했을 터이지만, 섹슈얼리티와 관련된 쟁점이 공개적으로 거론되지는 않았던 것이다. 공공연하게는 인정받지 못하는 성적 행위를 실제 행동으로 옮기는 사람들조차 다른 사람 역시 비슷한 행동을 실천할 것이라고는 전혀 예상하지 못한 상태였기 때문에, 여전히 자신의 행동을 감추는 데 급급했다.

비판적 쟁점

킨제이 연구는 미국 사회에서 논쟁거리가 되었고 보수 단체와 종교 조직으로부터 공격을 받았다. 예를 들어 연구의 한 부분은 16세 미만 청소년의 섹슈얼리티를 연구하는 데 할애되었으며, 많은 비평가는 이들 청소년들을 연구 피험자로 삼은 것에 반발했다. 종교 지도자들 역시 성적 행동에 대한 공개적 언급은 기독교적 도덕 가치를 해치는 것이라고 주장했다. 학계에서는 킨제이가 실증주의적 접근으로 많은 경험적 자료를 수집하긴 했겠으나, 다양한 성적 행동을 관통하는 성적 욕구의 복합성을 집어내거나 사람들이 성관계에 부여하는 의미 등을 파악하는 데는 실패했다는 비판이 쏟아졌다. 그 후 단행된 실증 조사에서도 킨제이 연구보다 낮은 수준의 동성 경험same-sex이 도출되었는데, 이는 그의 표본이 연구 팀이 처음 생각했던 것보다 (모집단) 대표성이 현실을 제대로 반영하지 못하였음을 함축한다.

현대적 의의

킨제이는 인간의 성과 섹슈얼리티를 과학적으로 연구한 개척자로 널리 간주되고 있다. 그의 업적은 동성연애를 치료가 필요한 일종의 정신 질환으로 널리 회자되던 관점에 도전을 가했다는 점에서 기여한 바가 크다. 그것은 1960년대라는 보다 허용적인 시대에나 가능한 관점이었는데, 그 당시엔 성적 행동의 실상을 공개적으로 선언할 수 있는 기류가 존재해 킨제이 연구의 결과가 보다 현실에 입각한 실태를 제공한 내용으로 수용되었기 때문이다. 킨제이는 1956년 사망했으나, 소장을 맡고 있던 성 연구소the Institute for Sex Research는 오늘날까지 현대 성행위에 대한 더할 수 없이 가치 있는 정보를 다수 제공해 주고 있다. 이 연구소는 이 분야에서 과학적 접근으로 연구 성과를 구축해 온 업적을 축하하기 위해 1981년에 킨제이 성, 젠더 및 생식연구소the Kinsey Institute for Research in Sex, Gender and Reproduction로 명칭을 바꾸었다.

> **비판적으로 생각하기** THINKING CRITICALLY
>
> 킨제이 연구는 65년도 더 된 이전 시기에 수행되었다. 여러분의 친지 가운데 다양한 연령대에 이르는 표본을 추출해 그 표본과 이 연구에 대해 토론하고 그 반응을 살펴보자. 젊은 표본들의 경우 연배가 높은 분들보다 충격을 덜 받았는가? 킨제이 연구 결과를 전제했을 때 여러분은 어떤 결과가 도출되기를 기대했는가?

성적 행동에 대한 증거 수집하기

성적 행동을 다룬 실증 조사의 타당성을 둘러싸고 집중적 논란이 있었다(Lewontin 1995). 비판자들은 그러한 조사가 제공하는 성 경험 정보는 신뢰성을 얻을 수 없다고 주장해 왔다. 예를 들어 북부 탄자니아 시골 지역에 거주하는 젊은 층의 성적 행동을 경험적으로 파악하기 위해 다섯 가지의 다른 접근법을 구사해 수집된 자료를 비교해 보았다. 성 접촉으로 전이된 질병STI의 존재 여부, 대면對面 질문지법, 도움받은 자가 보고서법, 심층 인터뷰법, 참여 관찰법이 그것이다(Plummer et al. 2004). 다양한 접근법에 따라 결과에 불일치가 큰 것을 확인할 수 있었다. 예를 들어 STI법에서는 젊은 여성 6명 가운데 5명은 성관계를 맺었다고 응답했으나, 질문지법에 의한 자료에는 6명에 단지 1명꼴로 그렇다고 응답했다. 전체적으로 볼 때 이 두 방법 가운데 한 가지 접근법을 사용했을 때 젊은 남성 응답자의 58퍼센트만이, 그리고 성적 행동을 인정해 생물학적 자국을 남긴 젊은 여성 응답자의 29퍼센트만이 성적 행동을 사실대로 보고했다.

자가 보고서법에 의한 자료는 '비일관성으로 인한 한계'가 있었고, 심층 면접법은 젊은 여성 응답자들에게서 정확한 정보를 얻는 데 가장 효율적이었으며, 참여 관찰법은 이 특정 인구 집단에서 벌어지는 성적 행동의 특성, 복잡미묘하고 그 범위 등을 파악하는 데 가장 유용한 접근법임을 알 수 있었다. 그렇지만 성에 관한 공적 담론이 보다 허용되는 여러 선진 사회의 경우 질문지법이 좀 더 신뢰할 수 있는 자료 수집법이라고 할 수 있을 것이다.

성적 행동을 다룬 여러 연구는 우편 질문지법이나 대면 인터뷰법을 사용해 성에 대한 태도나 성 행동을 중심으로 이루어진다. 그러나 이 분야의 관련 자료들은 또한 개인 일기, 구술사口述史, 잡지, 신문 및 (미)출간 역사 자료들과 같은 기록 자료의 분석과 해석을 하면서 수립된다. 물론 이러한 연구 방법은 상호 배타적이지 않으며, 다음의 두 가지 연구가 보여 주듯이 사회에서 이루어지는 섹슈얼리티 변화상을 보다 충실하게 담아내기 위해 여러 기법을 혼합해 사용하기도 한다.

릴리언 루빈Lillian Rubin의 대규모 조사(1990)는 13~48세 연령층 1천 명의 미국인을 대상으로 킨제이 연구 이래 성적 행동 및 태도가 그동안 얼마나 변했는지 알아보기 위해 면접 형식으로 실시되었다. 루빈은 몇 가지 중대한 변화가 발생했음을 확인했다. 성적 행동은 일반적으로 그 이전 세대보다 더 어린 나이에 시작되었으며, 10대가 향유하는 성 경험은 성인만큼이나 다양하고 풍부했다. 성에 대한 젠더화된 이중 기준은 여전히 남아 있었으나 과거처럼 그렇게 큰 영향력을 행사하지는 않았다.

가장 중요한 변화 가운데 하나는 여성들이 상대방과의 관계에서 성적 희열을 기대하고 있으며, 또한 이를 적극적으로 추구한다는 점이다. 이들은 성적 만족감을 줄 뿐만 아니라 받기를 기대했다. 루빈은 여성들이 과거 한때 그러했던 것보다 성적으로 더 해방되었음을 알게 되었으나, 질의에 응답한 대부분 남성들은 여성들의 그러한 당당함을 수용하기 힘들다는 반응과 함께 '부적절한 느낌'과 남성으로서 '그 어떤 것도 제대로 해줄 수 없을까 봐' 두렵고 '요즘 여성을 만족시키기는 불가능한 것' 같다고 생각한다는 것이다. 이러한 결과는 우리가 젠더 관계에서 기대해 왔던 많은 것들과 모순되는 것 같아 보인다. 남성들이 대부분의 영역에서 지속적으로 지배해 왔으며, 일반적으로 여성이 그러한 것보다 남성들이 여성을 향해 훨씬 더 폭력적 성향을 지닌다. 그러한 폭력은 본질적으로 여성을 통제하고 여성 복속을 지속하려

비교론적 관점에서 성과 매너

세계 사회 15-2

기록 자료를 사용해 변화하는 성적 행동의 유형을 연구한 출판물로 네덜란드 사회학자 카스 우터스Cas Wouters의 『성과 매너Sex and Manners』가 있다. 이 책은 영국, 독일, 네덜란드와 미국 사회의 젠더 관계와 섹슈얼리티의 변화를 살펴본 비교 연구서다. 우터스는 19세기 말부터 20세기 말에 이르는 동안 '훌륭한 매너'에 관한 기존 저작물들을 연구했는데, 특히 남녀 관계와 '구애 행위', 즉 남녀 간 모임 기회와 그 한계 그리고 남녀 간 '데이트' 관행에 관심을 쏟았다. 매너를 다룬 저서들은 남녀 간 만남은 어떻게 진행되어야 하는지에 대해 조언하면서, 만남 매너 코드와 '이성 간' 관계에서 어떻게 조우해야 하는지 그리고 예의 갖추기 등을 다루고 있다.

『데이트하기: 완벽한 남성의 비밀에 대한 여성의 바이블』(S. P. 고메즈). 에티켓 교본은 사회학자들이 지니는 역사적 관심사만이 아니다. 오늘날 '제대로 된 신사'를 찾는 요령과 데이트 에티켓을 다룬 서적, 잡지 그리고 신문 기고문 및 웹사이트들은 차고 넘친다.

예를 들어 잉글랜드 지역에서는 1902년 출간된 『여성을 위한 에티켓Etiquette for Women』에서 "숙녀들이 자신의 몫을 지불하겠다고 고집하지 않는다면, 함께 먹은 식음료 비용은 남성의 몫입니다. 남성이 숙녀를 초대해 어딘가 동행해 식사를 했다면, 상황은 간단한 것이죠"라고 조언한다. 그러나 1980년대 들어 '각자 부담하기', 다시 말해 데이트 비용 지불하기 관행이 아주 철저히 뿌리내렸다 1989년부터 어떤 매너 서적은, 여성을 위해 남성들이 비용을 지불하는 오랜 관행을 반영해 "어떤 남성은 여전히 그렇게 하지만, 여성이라고 밥값을 한 푼도 지불하지 않고 무임승차식으로 무작정 식사만 할 수는 없는 일"이라고 서술하고 있다(Wouters 2004: 25~27). 이 사례는 아주 사소한 것으로 볼 수 있겠으나 사실 더 많은 여성이 유급 고용직과 공공 영역으로 진출하는 추세와 더불어 사회의 보다 넓은 맥락에서 젠더 관계가 어떻게 변화하는지 보여 주는 것으로서, 남녀 간 변화하는 행동 규범을 주도하는 데 한몫을 담당한다.

우터스 연구는 성적 행동, 구애 방식과 관련해 여러 가지 쟁점 사례를 제공해 준다. 한 세기 동안 전개된 매너 서적을 분석해 그 안에 담긴 조언을 사회 변화라는 사회학적 이론들과 연계시키면서, 우터스는 4개국 경험 모두에서 아주 형식적이고 고식적이었던, 매너 방식이 보다 유연한 구애 방식으로 수용되어 보다 비공식적 코드로 그 방향이 바뀌고 있다고 주장한다. 그렇게 해서 1960년대 이후 '허용성'이 주어졌다는 주장을 펴는 비판가들은 그러한 변화가 훨씬 장기간에 걸쳐 지속되었고 보다 심오한 사회 변천 과정의 연장선에서 이루어진 점을 놓치게 되었다.

는 의도가 깔려 있다. 그러나 몇몇 연구물들은 남성성이 보상의 근원인 만큼 동시에 하나의 부담으로 작용하며, 남성들이 섹슈얼리티를 통제의 수단으로 사용하기를 중단한다면 여성뿐만 아니라 남성 또한 혜택을 입을 것이라고 지적하고 있다.

루빈과 우터스Wouters 연구(〈세계 사회 15-2〉 참조)는 유사점을 지니고 있다. 두 연구 모두 시대의 흐름에 따른 젠더 관계 변화, 성적 행동 규범 변화, 그리고 공·사적 영역에서의 섹슈얼리티 태도 변화에 관심을 보이고 있다. 한편으로는 루빈 연구가 오늘날 사람들이 그러한 변화를 어떻게 느끼며, 그러한 변화가 현재의 라이프스타일에 어떠한 영향력을 행사하는지 말해 준다면, 다른 한편으로 우터스의 1차 자료 분석은 이러한 오늘날의 정황을 역사적, 비교학적 관점에서 접근하고 있다. 변화하는 성적 행동의 다른 측면에 초점을 맞추되 다른 접근 방법을 사용한 연구물들의 업적을 뭉뚱그려 보면, 그들이 내린 결론에 대해 사회학자들에게 연구 영역에서 제기되는 이러한 난관에 보다 강렬한 자신감을 부여할 수 있을 것이다.

젠더와 섹슈얼리티의 사회적 구성

생각의 '타고난 차이'를 지지하는 학자들은 계급, 젠더 및 '인종'에 의한 사회적 불평등은 생물학적 차이에 기반한다고 주장한다. 유사한 방식으로, 기존 노동 분업은 '자연스러워야' 하는데, 여성과 남성은 각자의 최적 상태에 어울리는 업무를 수행하기 때문이다. 그렇게 해서, 인류학자 조지 머독George Murdock은 여성은 가사 및 가족 의무에 집중하는 한편 남성은 집 바깥 일을 담당하는 것이 현실적인 동시에 편리하다고 보았다. 200여 개의 인간 사회에 대한 범문화적 연구에 기반해, 머독은 모든 문화권에서 성별 노동 분화가 존재한다고 결론지었다(1949). 이것이 생물학적 '프로그래밍'의 결과는 아닐지라도, 사회조직 작동 원리의 가장 합리적인 기반이라는 것이다.

탤컷 파슨스Talcott Parsons는 특히 아동 사회화에 관심이 많았으며, 성공적인 사회화의 관건은 안정적이고 지지를 아끼지 않는 가족이라고 주장했다(Parsons and Bales 1956). 파슨스의 관점에서 가족은 확실히 구분되는 성별 노동 분업이 가장 효율적으로 작동되는 장소로서, 여성은 자녀 양육과 보호를 책임지며 이들을 정서적으로 지지해 주는 역할을 담당하는 표현적expressive 역할 담당자이다. 반면에 남성은 도구적instrumental 역할, 즉 가족의 생계 책임지는 역할을 수행해야 한다. 양성 간의 생물학적 차이에서 비롯된 이와 같은 상보적 역할 분담은 가족 결속을 확실히 보장해 줄 수 있다.

여권론자들은 양성 노동 분화 관행이 생물학적 근거에 기반한다는 논리에 신랄한 비판을 가했는데, 사회의 업무 할당에 자연스럽다고 규정되었거나 회피할 수 없는 이유는 존재하지 않기 때문이다. '표현적' 여성론에 대한 파슨스의 관점은 가족 내 여성 지배를 용납해 주는 것으로 간주한 여권론자나 그 밖의 사회학자들로부터 또한 공격을 받았다. '표현적' 여성이 가족의 원만한 유지를 위해 필요하다는 믿음은 그 근거가 존재하지 않는 것으로서, 그것은 오히려 주로 남성들의 편의를 위해 권장되어 온 사회적 역할이다.

오늘날 사회학자들은 인간 행동과 사회적 삶의 복합성은 고착된 '인간성'이나 남성과 여성의 생물학적 '본질'과 연계되어 설명될 수 있다는 점을 인정하지 않고 있다. 그렇게 생각하는 시도는 근본주의essentialism로 알려져 있으며, 20세기 초반 이래 사회학 이론사는 지속적으로 근본주의 가정으로부터 벗어나려는 움직임이 있어 왔다. 그렇지만 근본주의자 논쟁은 과학적 연구물에 지속적으로 재출현하고 있다. 1990년대에는 '게이' 남성과 '이성애자' 남성 및 '여성' 두뇌를 과학적으로 분석한 연구가 나왔는데, 이 연구에 의하면 뇌의 시상하부視床下部 전방에 있는 네 곳 가운데 한 곳의 크기가 게이 남성의 경우 이성애자 남성보다 작아 마치 여성의 뇌 크기와 닮은 것으로 판명되었다(LeVay 1993). 이 연구는 동성연애의 원인이 생물학적 기반 때문임을 암시해 미디어를 통해 널리 알려진 바 있으며, 이러한 논리는 또한 동등한 시민권 요구를 지지하는 것으로 규정해 게이 민권운동가들로부터 긍정적인 평가를 받기도 했다.

라만Rahman과 잭슨Jackson은 이 연구는 근본주의자 사고에 내재되어 있는 심각한 결함을 보여 준다고 주장한다(2010). 연구자들이 과연 '이성애자 두뇌'와 '이성애자 남성'을 어떻게 구분해 인지할 수 있었는가? 이 보고서는 반박 가능한 의료 기록적 증거나 남성 응답자들의 다른 견해를 담아내지 못한 논리에 지나지 않는 듯하다. 그럼에도 1950년대 킨제이 연구나 로드 험프리스Laud Humphreys의 미국인 '차실茶室'에 관한 연구(1970; 제2장 참조)를 통해 적지 않은 수의 공개적 '이성애자' 남성들이 아주 별개의 감추어진 상태에서 동성 간 성적 행위에 가담한다는 사실을 알게 되었다. 고전적 근본주의자적 논리에 입각한 르베이LeVay는 이들 피험자들이 현실에서 보여 주는 행위에 대해 아는 바가 아무것도 없으면서, (성) 정체성과 행동을 혼돈하고 있다(Rahman and Jabkson 2010: 12). 유사한 방식으로 '게이' 남성의 두뇌가 에이즈 관련 질병으로 사망한 남성으로부터 추출되었으며, 연구자들은 이들 남성들의 과거 성적 행동 유형에 대해 아는 바가 없었던 것이다.

근본주의 논리를 그럴듯하게 뒷받침해 주는 것은 어느 사회 어느 시대에도 적용되는, 생물학적으로 남성과 여성으로 양분되는 두 가지 성性이 존재하며, 이것이 젠더 차이와 섹슈얼리티를 이해하는 단초를 제공한다는 논쟁의 여지가 없는 명백한 '사실'에 기반한다. 그러나 사가史家들과 사회학자들은 이러한 전제가 허위일 수 있음을 입증했다. 19세기 중엽 이전의 경우 서구 문화는 여성성에서 남성성에 이르는 행동상의 연속체로 구성된 단지 하나의 성one sex만이 존재한다는 견해를 견지했으며, 두 범주로 확실히 구분되는 성이라는 인식은 18세기 중반 들어 부상했다(Laqueur 1990). 사람들 가운데는 전형적으로 남성, 여성의 범주로 양분되지 않는 생식 능력상 혹은 해부학적 성 기능을 지닌 간성intersex 상태에 있는 경우가 있다(ISNA 2015). 그러나 간성으로 간주되는 이러한 다양성이 무엇인지는 사회적으로 구축되며 따라서 오롯이 생물학적 자질만은 아니다. 이러한 사례들은 '남성' 혹은 '여성'이 된다는 것, '게이' 혹은 '이성애자'가 된다는 것이 무엇을 의미하는가 하는 것은 단지 생물학적으로 결정되는 속성이 아님을 보여 준다.

섹슈얼리티, 종교, 도덕성

성적 행동에 대한 태도는 전 세계 해당 사회마다 일관적이지 않으며, 심지어 단일 국가 내부적으로도 시기별로 엄청난 변화를 겪어 왔다. 예를 들어 섹슈얼리티에 대한 서양 문화는 거의 2천 년 동안 1차적으로 기독교 정신에 입각해 그 태도가 형성되어 왔다. 기독교 내부의 다양한 종파나 교파는 삶에서 차지하는 섹슈얼리티의 적절한 자리매김을 둘러싸고 다종다양한 견해를 견지하고 있지만, 기독교회의 주도적 입장은 모든 성적 행동이 자녀 출산과 관련된 것이 아니라면 그 밖의 것들은 전부 의심스러운 자질이라고 규정해 왔다. 어떤 시기에는 이러한 견해 때문에 사회 전체가 극도의 절제 분위기에 휩싸였다. 다른 시기에는 많은 사람의 경우 종교 당국이 금지하는(간통과 같은) 관계에 흔히 빠져 교회의 가르침을 무시하거나 반발하기도 했다.

19세기 들어 섹슈얼리티에 대한 종교적 전제는 부분적으로는 의료적 논리로 대체되었다. 성적 행동에 대한 의사들의 초기 저작물들 대부분은 교회의 주장만큼 엄격했다. 그중에는 자녀 출산과 무관한 일체의 성적 행위들은 심각한 육체적 상해를 준다는 주장도 있었다. 자위행위는 눈을 멀게 하고, 정신이상, 심장병 및 기타 질환의 원인이 되는 한편, 구강성교는 암을 유발한다고 주장되었다. 빅토리아 시대는 성적 위선으로 충만한 시기였다. 덕성스러운 여성은 섹슈얼리티에 무관심하며, 남편의 성적 관심을 의무로서만 수용하는 사람으로 믿어져 왔다. 그러나 마을과 도시가 팽창함에 따라 성매매가 번창했고 때로는 공공연하게 묵인되었으며, '헤픈' 여성은 존경받는 여성들과 전혀 다른 부류로 보였다.

사물 판단에 관한 한 성실하고, 행동거지가 훌륭한 시민이며, 자신의 아내에게 헌신적이었던 빅토리아 시대 많은 남성은 역시나 정기적으로 매춘부를 찾거나 내연관계의 애인을 두었다. 남성들의 그러한 행동은 관대하게 대접받는 데 비해 연인을 둔 '존경스러운' 여성들은 발각되면 스캔들로 치부되었고 공적 사회에서 매장되었다. 남성과 여성의 성적 행동에 대한 차등적 태도는 이중 기준을 탄생시켰고, 이러한 이중성은 오랫동안 지속되었으며, 그 잔재가 오늘날에도 여전히 위력을 발휘하고 있다 (Barret-Ducrocq 1992).

오늘날 성과 섹슈얼리티에 대한 전통적 태도는 훨씬 더 자유분방한 접근과 병존하는 셈이다. 이 자유스러운 태도는 특히 1960년대 이후 나타난 경향이다. 이전이라면 결코 받아들여질 수 없던 성애 영화나 연극 속 장면이 공연되는 한편, 포르노성 자료들은 원하는 성인이라면 온라인상에서 누구나 제공받을 수 있게 되었다. 기독교 교리에 강한 영향을 받은 사람들은 혼전 성 경험을 여전히 나쁜 것으로 간주하며, 이성애적 사랑을 벗어난 일체의 여타 형태의 성적 행위를 일반적으로 눈살을 찌푸리게 하는 형태라고 생각한다. 그러나 이제는 성적 즐거움이 바람직한 것이며, 사적 관계에서 중요한 자질로서 훨씬 일상적인 관행으로 받아들여지고 있다. 성에 대한 태도는 지구촌 차원에서는 엄청난 차이가 존재하지만, 대다수 서구 사회에서는 20세기 중반 이후 보다 허용적으로 진행된 것이 확실하다. 섹슈얼리티와 연계된 종교적 믿음과 전통적 규범은 밀려오는 현대성의 파고에 단지 밀려난 것이 아니라 여러 사람들의 태도나 가치에 여전히 영향력을 행사하고 있는 것이다.

비판적으로 생각하기 THINKING CRITICALLY

성과 섹슈얼리티에 대한 여러분의 태도는 부모님이나 나이 드신 친인척들과 어떻게 다른가? 그러한 태도와 종교적 믿음 사이에 어떠한 연관성이 존재하는가? 섹슈얼리티에 대한 변화하는 태도는 세속화의 반증인가?

섹슈얼리티의 유형

모든 인간 사회를 구성하는 대다수 사람들은 이성애자이며, 이성애자는 역사적으로 자녀 양육과 가족생활의 기본이 되어 왔다. 그러나 여러 형태의 성적 취향과 정체성이 존재한다. 주디스 로버Judith Lorber는 열 가지에 이르는 다양한 성적 정체성을 소개한다(1994). 이성애자 여성, 이성애자 남성, 레즈비언 여성, 게이 남성, 양성애자 여성, 양성애자 남성, 남성 복장을 한 여성(정기적으로 남성 의상을 입고 생활하는 여성), 여성 복장을 한 남성(정기적으로 여성 의상을 입고 생활하는 남성), 성전환 여성(여성이 된 남성) 및 성전환 남성(남성이 된 여성)이 그것이다. 또한 실제 행동으로 표출된 성관계 유형도 다양하다. 예를 들어 한 남성 혹은 한 여성은 이성 간 혹은 동성 간 심지어 양성과 성관계를 맺을 수 있다. 이것은 시간적으로 동시에 한 명 혹은 세 명, 심지어 그 이상의 복수 상대가 참여하는 방식이 될 수도 있다. 한 개인은 혼자서 즐기는 성행위(자위행위)를 할 수도 있으며 상대 없이 독신생활을 할 수도 있다. 때로는 성전환자 혹은 에로틱하게 이성 복장을 한 상대와 성관계를 맺으면서 포르노나 성적 도구를 사용하되, 가학-피학 상태에서(에로틱한 속박물에 억압당하거나 고통을 주면서) 짐승들과 어울리는 등의 성행위를 할 수도 있다(ibid.).

모든 사회에서 어떤 행위는 수용되는 한편 다른 어떤 행위는 불법이거나 비난받는 등 규정하는 성규범이 존재한다. 사회 구성원들은 이러한 규범을 사회화를 통해 학습한다. 예를 들어 지난 몇십 년 동안 서양 문화권에서 공유된 성 규범은 낭만적 사랑과 가족관계라는 가치와 연

검게 그을린, 근육질의 성적 매력을 지닌 남성은 패션과 광고계에서 이상형으로 자리 잡고 있다. 이러한 분위기는 현대 사회를 살아가는 사람들에게 양성 간 지위 변화에 어떠한 영향을 주는가?

계되어 왔다. 그러나 그러한 규범은 문화권별로 극심한 편차를 보여 왔다. 동성애 관계가 바로 그러한 경우다. 어떤 문화권에서는 관용되거나 아니면 특정 상황에서는 적극적으로 권장되어 왔다. 이를테면 고대 그리스인들 가운데 소년을 대상으로 한 성인들의 사랑이 성애적 사랑의 최고봉으로 이상화된 적이 있었다.

약 60년 전에 포드Ford와 비치Beach는 가장 광범위한 연구를 수행했는데(1951), 이들은 2백 개가 넘는 사회를 대상으로 인류학적 자료를 수집했다. '자연스러운' 성적 행위와 성적 매력에 대한 규범 간에는 엄청난 다양성이 나타났다. 서구 사회에서는 가늘고 작은 체구를 선호하는 한편, 다른 문화권에서는 훨씬 더 풍만한 외형이 가장 매력적으로 평가받는다. 어떤 사회에서는 얼굴형에 치중하는 한편, 다른 곳에서는 눈의 모습과 눈동자 색깔 혹은 코나 입술의 크기나 모양을 강조한다. 수용된 성적 행동 유형에 나타난 다양성은, 대부분의 성적 반응 양식은 타고난 자질이 아니라 학습된 것임을 반증하는 중요한 사례다.

젠더 질서

『젠더와 권력Gender and Power』(1987), 『성인 남성과 소년들The Men and the Boys』(2001), 『남성스러움Masculinities』(2005) 등 일련의 저서를 통해 래윈 코넬Raewyn Connell은 젠더에 관한 '현대 고전'으로 자리 잡은 가장 완벽한 이론적 입장을 정립해 놓았다(〈고전 연구 15-2〉 참조). 그녀의 접근은 가부장제Partriarchy — 사회적으로 조직된 여성에 대한 남성 지배 — 개념과 남성스러움을 젠더 관계 이론을 정립하기 위해 통합적으로 접목시켜 파급력이 특히 막강하다. 코넬에 의하면, 남성스러움은 젠더 서열에서 결정적인 부분으로, 그것과 분리해서 이해될 수 없으며, 그것과 연계되어 있는 여성스러움과도 별개로 생각할 수 없다.

코넬은 젠더에 관한 경험적 증거물들은 단지 '무형의 자료 뭉치'가 아니라, 여성들이 남성들보다 열등한 위치에 머물게 된 '조직화된 인간사회의 관행이며 사회관계'의 기초를 반증하는 것이라고 강조한다(Connell 1987). 서구 자본주의 사회에서 젠더 관계는 여전히 가부장적 권력에 의해 규정되고 있다. 개인 수준에서 제도적 수준에 이르기까지 다양한 종류의 남성스러움과 여성스러움은 모두 하나의 전제前提를 중심으로 배치되고 있는데, 그것은 여성에 대한 남성의 지배다. 비록 사람들의 사적 영역에서 이루어지는 행위나 행동들은 전체 사회의 집합적인 사회적 작동 방식과 직접 연계되어 있으나 젠더 관계는 일상생활에 전개되는 상호작용 또는 관행의 산물이다. 이러한 작동 방식은 생애 내내 그리고 세대 간 대물림을 통해 지속적으로 재생산되고 있으나, 또한 변화의 대상이기도 하다.

코넬의 젠더 역동성

연구 문제

누구는 어째서 남성 혹은 여성 역할 모델로 자리매김되는가? 역할 모델의 어떠한 특성과 어떤 행동들이 두드러지며 이러한 특성들과 행동들이 (다른 것이 아닌 것으로서) 어떻게 해서 바람직한 자질로 널리 받아들여지게 되는가? 래윈 코넬Raewyn Connell은 사회생활 속에서 '젠더 질서' 연구를 수행해 그러한 질문에 답변했다(1987, 2001, 2005). 특히 그녀는 젠더 위계론gender hierarchy을 개발한 바 있다.

코넬의 설명

코넬은 남성스러움과 여성스러움을 표현하는 방식은 여러 가지가 존재한다고 주장한다. 사회적 수준에서 이러한 대조적 관점들이 하나로 정의되는 전제前提 — 여성에 대한 남성 지배 — 를 중심으로 서열화되어 왔다(〈그림 15-1〉 참조). 코넬은 이 서열 도식에서 남성스러움과 여성스러움에 규격화된 '이념형'을 사용한다. 서열 도식 맨 위에는 패권적 남성스러움hegemonic masculinity이 위치하는데, 사회에 존재하는 각종 형태의 남성스러움과 여성스러움 위에 군림한다. '패권적hegemonic'이란 말은 헤게모니 개념에서 유래된 것으로, 특정 집단의 사회적 지배로서 억압적 폭력을 통해서가 아니라 개인 삶과 사회 영역으로 침투 확장되는 문화적 역동을 통해 행사된다. 그렇게 해서 미디어, 교육, 이데올로기, 심지어 스포츠와 음악, 이 모든 영역은 헤게모니의 통로가 될 수 있다. 코넬에 의하면 패권적 남성스러움은 최초로 또 최우선적으로 이성애와 혼인과 연계되지만 또한 권위, 유급직, 근력과 육체적 강인함과도 연계된다. 패권적 남성스러움을 구현한 현실 속 남성들의 예로는 아널드 슈워제네거와 같은 영화배우, 음악인 50센트50 Cent 그리고 기업가 도널드 트럼프가 있다.

비록 패권적 남성스러움이 남성스러움의 이념형으로 자리 잡고 있지만, 극히 일부 남성만이 이 범주에 속한다. 실제로는 아직도 더 많은 남성이 가부장적 질서 속에서 우월적 지위로부터 특권을 누리고 있다. 코넬은 이것을 '가부장적 프리미엄'이라고 칭하며 그러한 프리미엄 덕을 보는 부류를 공모적 남성스러움complicit masculinity을 구현한다고 칭한다.

패권적 남성스러움에는 복종적 관계가 존재하는데, 복종적 남성스러움과 여성스러움이 그것이다. 복종적 남성스러움 가운데 가장 중요한 것은 동성애적 남성스러움homosexual masulinity이다. 패권적 남성스러움에 지배받는 젠더 서열에서 동성애자들은 '진정한 남성'과는 정반대 집단으로 간주되며, 이들은 패권적 남성주의 이념으로 평가되지 않고 패권적 남성스러움의 여러 측면에서 '도태되어 버린' 면모를 지니기 때문이다. 동성애적 남성스러움으로 낙인찍히면 남성으로서 젠더 서열의 맨 밑바닥 위치에 자리하게 된다.

코넬은 모든 형태의 여성스러움은 패권적 남성스러움에서 복종적 위치에 머무른다고 주장한다. 여성스러움의 한 형태인 강조된 여성스러움emphasized femininity은 패권적 남성스러움의 중요한 보완재다. 이것은 남성에 대한 이해와 욕구를 충족시키도록 지향되어 있으며 '추종, 양육적 자질과 감정이입' 등의 특징을 지닌다. 젊은 여성에게 이러한 자질은 성적 감수성으로 연계되는 한편, 나이 든 여성에게는 모성을 의미한다. 코넬은 메릴린 먼로Marilyn Monroe를 강조된 여성스러움의 '원형原型인 동시에 풍자적' 존재로 규정하며, 강조된 여성스러움의 이미지는 미디어, 광고와 마케팅 선전물에 아주 광범위하고 포괄적으로 통용되고 있음을 강조한다.

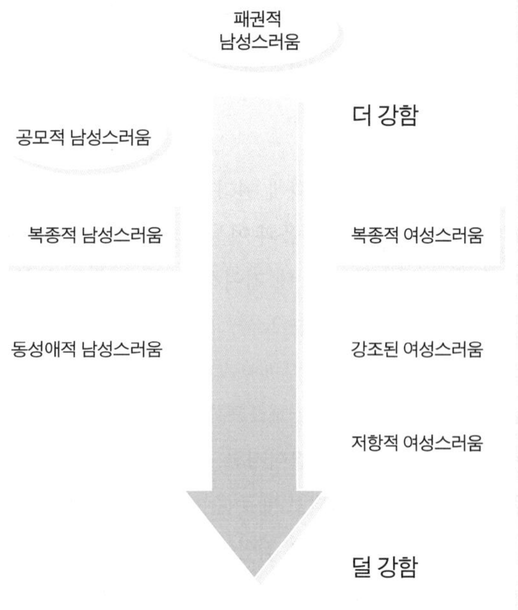

그림 15-1 젠더 서열 구조

마지막으로, 앞서 소개된 바 있는 강조된 여성스러움 범주를 거부하는 복종적 여성스러움Emphasized femininity이 존재한다. 그러나 대개의 경우 사회의 관습적 규범으로 강조된 여성스러움을 유지하려는 과도한 관심은 곧 관습에 저항하는 기타 종류의 복종적 여성스러움의 경우 목소리를 낼 수 없음을 의미한다. 불복종적 정체성을 개발했거나 이러한 유형의 삶의 방식을 구가한 여성들은 여권론자, 레즈비언, 노처녀, 조산원, 마녀, 매춘부 및 단순직 노동자들이다. 그러나 이들 저항적 여성스러움resistant femininity의 경험들은 대개 '역사로부터 숨겨진 삶'으로 치부되어 제대로 평가를 받지 못하는 실정이다.

비판적 쟁점

몇몇 비판가들은 패권적 남성스러움이 분명히 존재하는 현실을 부정할 수는 없겠으나, 코넬은 이에 대한 만족할 만큼 충분한 설명을 해주지 못한다고 주장한다. 이것은 코넬이 '반패권적'인 것으로 간주될 수 있는 자질을 충분히 구체화하지 않았기 때문이다. 예를 들어 오늘날에는 많은 남성이 자녀 양육과 부모 역할에 가담하는데, 이러한 추세가 패권적 남성스러움의 한 부분에 해당되는 것인지 아니면 이에 대한 반동적 경향인지 설명이 필요하다. 어떠한 행동이 패권적 남성스러움에 도전을 가하는 것인지 알지 못하는데, 어떤 행동이 패권적 남성스러움을 구성하는지 어떻게 인지할 수 있겠는가? 사회심리학자들 가운데 남성들이 어떻게how 공모적 남성스러움을 '(구)체화'하는지에 대해 더 자세히 알고 싶다고 지적한 경우도 있다. 만약 남자들이 패권적 남성스러움의 원형을 스스로 지니지 못한 채 살아갈 경우, 이런 미흡함이 부여하는 심리적 부담은 무엇이며 또 이들은 실제 어떠한 행동을 하게 되는가? 다시 말해 "이 논리 체계에서 결여된 점은 공모성과 저항이 실제 임상학적으로 어떠한 모습을 보여 주느냐에 대한 보다 정교한 학문적 작업이 없다는 점이다" (Wetherell and Edley 1999: 337). 마지막으로, 앞으로의 연구 주제가 되겠으나, 코넬은 젠더 질서를 세계적 수준에서 다룬 이론화 작업을 하지 않았다.

현대적 의의

코넬 이론이 비교적 최근에 대두되었다는 전제하에, 사회학자들은 아직도 이 이론 전체를 아우르는 보완 작업을 진행하고 있다. 코넬의 초기 이론이 여성학 분야의 여성에 대한 설명뿐만 아니라 남성과 남성스러움에 초점을 폭넓게 잡은 점은 주목할 만하다. 그러나 코넬 이론이 여성학 논리들, 특히 특정한 젠더레짐gender regime이 어떻게 안정적으로 자리 잡았으며, 나아가 잠재적으로 탈안정화 과정을 거치는가에 대해 엄청난 파급력을 행사했다는 점에서는 기여한 바가 크다. 코넬 논리가 보여 주듯이 젠더 질서는 결코 붙박이 혹은 정태적 자질이 아니기 때문에 사회학자들뿐만 아니라, 성소수자LGBT 사회운동을 하는 정치행동가들에게도 영향을 끼쳤다.

코넬은 특정한 한 사회에 젠더 질서gender order ― 사회 전체에 만연한 남성스러움과 여성스러움 사이의 권력 관계 유형 ― 를 구축하는 데 기여하는 세 가지 측면의 상호작용을 제시한다. 이는 노동, 권력, 카섹시스cathexis(附着, 정신적 에너지 또는 리비도libido를 어떤 방향이나 대상, 인물에 집중시키는 일이나 그런 상태를 뜻함 ― 옮긴이)다. 이러한 세 가지 영역은 별개의 자질이지만 서로 관계를 맺으며, 또한 젠더 관계가 구성되고 때로는 제약받는 영역의 중심을 대표한다. 노동labour은 집안에서 이루어지는 성별 노동 분업(가사 책임과 자녀 양육 같은)과 노동 시장(직종 분절과 차등적 임금 같은 쟁점들)에서의 현실을 일컫는다. 권력power은 권위, 조직 내 폭력이나 이데올로기, 국가, 군대 및 가족생활과 같은 사회적 관계가 전개되는 가운데 발휘된다. 카섹시스는 혼인, 섹슈얼리티와 자녀 양육을 포함해 친밀하고 정서적이며 사적 관계에서 전개되는 역학에 관여되어 있다.

이 세 가지 영역이 사회 속에서 상호작용함에 따라, 젠더 관계는 전체 사회 수준에서 특정한 젠더 질서 운영 방식으로 구조화되어 있다. 코넬은 그러한 특정 집단과 같이 보다 소규모 상황에서 전개되는 젠더 관계를 지칭하기 위해 젠더레짐gender regime이라는 용어를 사용한다. 그렇게 해서, 가족, 이웃 및 국가 모두 젠더레짐을 소유하게 되는 것이다(메르틴 맥 앤 게일은 그러한 젠더레짐 사례 하나를 〈사회학적으로 상상하기 15-1〉에서 밝히고 있다).

젠더 서열의 변화: 위기 성향

비록 코넬은 조직된 젠더 서열 도식을 분명히 규정하고 있으나, 젠더 관계는 진행 중인 과정의 결과물이며 그렇기 때문에 도전이나 변화 여지가 있는 것이다. 만약 생물학적 성과 젠더 모두 사회적으로 구축된 것이라면, 사람들은 자신의 젠더 취향을 변화시킬 수 있어야 한다. 이는 사람들이 섹슈얼리티를 손쉽게 전환시킬 수 있다는 것을 말하는 게 아니라, 젠더 정체감은 끊임없이 바뀌고 적응되는 자질임을 의미한다. 한때 '강조된 여성스러움' 분류에 속했던 여성이 여권주의적 의식 개발로 자신의 정체성과 행동 방식에 변화를 가져올 수 있는 것이다. 이러한 변화 가능성은 젠더 관계 유형은 파괴될 여지가 있으며, 인간적 섭리라는 영향력에 따라 좌우될 수 있음을 의미한다.

어떤 사회학자들은 서구 사회는 '젠더 위기'를 맞이하고 있다고 믿는 데 반해, 코넬은 위기 국면으로 보이는 경향이 강하게 발현되고 있다고 진단한다. 첫째, 제도화의 위기crisis of institutionalization다. 남성의 권력을 전통적으로 지지해 주었던 제도들 — 가족과 국가 — 이 점진적으로 잠식되고 있다는 것이다. 여성에 대한 남성 지배의 정당성은 이혼, 가정 폭력, 강간, 세금 제도나 연금 제도와 같은 경제적 쟁점과 연계되어 왔는데, 이것의 친여성적 법제화로 인해 약화되고 있다. 둘째, 섹슈얼리티의 위기crisis of sexuality다. 패권적 이성애주의는 과거 한때 누렸던 위세가 한풀 꺾이고 있다. 여성 섹슈얼리티 및 게이 섹슈얼리티의 성장이 전통적인 패권적 남성스러움에 하나의 압박으로 작용하고 있다. 마지막으로, 이해관계 형성의 위기crisis of interest formation다. 코넬에 의하면 기존 젠더 위계와 배치되는 새로운 사회적 이해관계의 기초가 형성되고 있다. 기혼 여성의 인권, 게이 운동과 남성 사이에 회자되는 '반反성차별주의자' 태도의 증가 등 모든 것이 현재의 위계질서에 위협적인 요소인 것이다.

물론 젠더 질서에 대한 위협이 남성에게 반드시 부정적일 필요는 없다. 오늘날 더 많은 남성이 자녀의 양육에 깊이 개입하고 있으며 이들 가운데 소수는 열정적으로 비교적 새로운 '전업 남편' 역할을 담당한다. 유사한 방식으로, 보다 남을 챙기고 정서적으로 개방된 자질을 선호해 패권적 남성성과 연계된 낡은 형태의 행동양식을 의도적으로 거부하는 '새로운 남성상'의 정립은 새로운 인간관계 유형의 정립을 제시하기에 이르렀다. 기존 위계질서 속에서 이미 증명된 위기 성향은 젠더 불평등의 소멸을 가져올 수 있도록 정복되어야 할 것이다(Connell 1987, 2005).

니제르공화국 지레울 출신인 이 젊은 우다베 남성은 공식 댄스 행사에 참여하고 있다. 그의 얼굴 화장법, 의상 및 액세서리 장식 그리고 그가 행사 중에 짓는 얼굴 표정은 우다베 젊은 여성들에게 성적 매력을 부여한다. 이러한 형태의 '표현된 남성스러움'은 서양적 규범과 어떻게 다른가?

교육과 남성스러움 및 섹슈얼리티의 형성

사회학적으로 상상하기 15-1

메르틴 맥 앤 게일Máirtin Mac and Ghaill은 저서 『남자 만들기The Making of Men』(1994)에서 영국의 어느 주州에 있는 한 중학교에서 전개되는 현장체험 연구를 수행해 '젠더레짐'을 탐구했다. 특히 젠더 관계가 학교라는 테두리에서 전개되는 양식에 주목했다. 코넬의 저서에 기반하면서, 맥 앤 게일은 학교가 어떠한 방식으로 학생들에게 남성스러움과 여성스러움의 영역을 구축하는 데 적극적으로 개입하는지에 관심을 가졌다. 그는 특히 이성애적 남성스러움의 구축 과정에 관심을 기울였으나, 동시에 게이 남학생들의 경험도 관찰했다. 그의 결론에 의하면, 학교 그 자체가 젠더로 구분되고 이성애적 유형으로 특징된 조직이다.

학생들에게 더 큰 규모의 젠더 서열 — 다시 말하면, 지배적이면서 복종적인 남성스러움과 여성스러움의 위계질서 — 과 일치하는 젠더 관계 구축을 주도적으로 '레짐'으로 장려하고 있음을 학교라는 한정된 공간에서 추적할 수 있었다. 훈육 과정만큼 다양한 양상을 보이는 각종 사회적 영향력과 가르침, 교과목 배정, 선생-학생과 학생-선생 간에 주고받는 상호작용 및 통제 감독, 이 모든 요소가 이성애적 남성스러움의 구축에 기여하고 있다.

맥 앤 게일은 학교라는 상황에서 전개되는 남성스러움의 양상을 네 가지로 구분한다. 마초 소년macho lads들은 학교 당국에 도전하거나 학습 과정과 우등생에게 고분고분하지 않는 한 무리의 백인 하류층 학생들이다. 이 마초 소년들은 과거 한때 자신의 미래 정체감을 규정해 주고 장래를 보장할 것으로 보았던 단순 수공업 미/반숙련 직장이 더 이상 존재하지 않음에 따라 '남성스러움의 위기'를 겪고 있다고 맥 앤 게일은 결론 맺고 있다. 이러한 상황은 스스로 납득하기 어렵고 해결하기 훨씬 힘든 미래에 이들 마초 소년들은 심리적이고 현실적인 딜레마에 빠지게 된다.

두 번째 집단은 자신을 미래 전문가로 규정하는 학업 우등생들academic achievers로 구성된다. 이들 소년들은 '마초 소년들'(과 선생님들)에 의해 유약하고 여성화된 '맹세한 성취자'로 고정관념화된다. 우등생들이 악의적 고정관념화를 다루는 가장 흔한 방식은 맥 앤 게일에 의하면 자신들의 학업 증진과 우수한 성적이 미래를 보장해 줄 것이라는 자신감을 보유하는 데 있다. 이것이 이들의 남성스러움이라는 정체감의 기반을 구성한다.

신흥 사업가new enterprisers인 세 번째 집단은 컴퓨터공학이나 경영학과 같은 새로운 분야의 취업 관련 교과목을 중심으로 모여드는 소년들이다. 맥 앤 게일은 이들 신흥 '사업문화'는 대처정권 시절 개발된 것으로, 이러한 문화의 영향을 받은 청소년들이라고 설명한다. 이들 소년들에게는, A학점 수준 시험에서 성공하는 것은 상대적으로 쓸모가 없다. 이들은 시장에 대한 강조와 미래에 대한 도구적 계획이 더 중요하기 때문이다.

진짜 영국 신사Englishmen는 마지막 집단을 구성한다. 이들은 학교에서의 학습에 양가적 태도를 지니기 때문에 중산층 출신의 가장 골치 아픈 존재들이지만, 자신들을 선생님들이 제공해 줄 수 있는 그 무엇보다 우월한 '문화 중재자'라고 스스로 규정한다. 이들은 취업을 위한 노동시장 진입을 지향하기 때문에 이 집단에서 남성스러움이란 노력 없는 학업 성취라는 외양적 명분이 관건이 된다.

게이 남성 학생 연구에서 맥 앤 게일은 — 전통적 관계와 핵가족에 기반해 — 확실하게 구분되는 일군의 이성애적 규범과 가치는 젠더나 섹슈얼리티를 다루는 모든 수업 중 토론에서 당연히 수용되고 있음을 알 수 있었다. 이러한 분위기는 젊은 게이 청년에게는 젠더와 성적 정체감을 구축하는 데 생기는 어려움 및 '혼란과 이율배반적 감정'을 맛보게 할 것이며, 이 젊은이는 다른 학생들로부터 한꺼번에 망각되어 다르게 분류되고 있다고 느낄 수 있다.

비판적으로 생각하기 THINKING CRITICALLY

여러분이 직접 겪은 경험에서 이 연구에 적시된 하위문화를 찾아낼 수 있는가? 동성애 관계가 사회에 일반적으로 보다 폭넓게 수용되어 왔다면, 어째서 이성애 정상正常주의가 학교에서 여전히 강력한 힘을 발휘하는가? 학교에서 득세 중인 기존 젠더 서열 구도 속에서 교사는 개인적 차원에서 어떤 방식으로 변화를 이끌어 낼 수 있겠는가?

> 가족생활 속에서 변화하는 젠더 역할에 대한 더 자세한 토의는 제10장 〈가족과 친밀한 관계〉를 참조하라.

남성스러움

1970년대 이후 여권론자 사회학자들은 사회에서 차지하는 양성 간 불평등 지위의 실상에 대한 여러 경험 연구물들을 만들어 냈다. 그러나 남성으로서 경험이나 남성 정체성 형성에 대한 남성스러움을 이해하려는 노력들은 거의 이루어진 바가 없었다. 그렇지만 1980년대 후반 이후 이러한 현실이 완전히 바뀌었다. 여성들의 유급직 고용 및 사회에서 여성들이 차지하는 공공 영역에서 담당한다는 아주 밑바닥부터의 변화, 그리고 가족 형태의 다양성 등은 남성 지위에 대한 새로운 문제를 제기하는 계기로 작용했다. 21세기에 남성으로 살아간다는 것은 어떤 의미로 다가오는가? 급변하는 시대에 즈음해 남성에 대한 전통적 기대치는 어떠한 방식으로 변하고 있는가? 남성스러움에 대한 전통적 규범은 보다 젊은 세대의 경우 그 이해도를 상실하고 있는가?

최근 들어, 사회학자들은 보다 포괄적 맥락에서 '젠더 질서' 속 남성들의 위치나 기대치에 대해 점차 관심을 증진시켜 왔다. 젠더 및 섹슈얼리티 사회학에 나타난 이러한 변화 움직임은 전체 사회 수준에서 전개되고 있는 유형화된 양성 간 상호작용인 젠더 관계gender relations라는 포괄적 맥락 속에서 남성과 남성스러움에 대한 연구를 하도록 유도했다. 사회학자들은 남성 정체성이 구축되는 방식 그리고 남성 행동에 대한, 사회적으로 규정된 역할의 영향에 대해 이해하고자 했다.

보다 최근 들어, 코넬은 세계화가 젠더 질서에 끼치는 영향력에 대해 살펴보았다(2014). 코넬에 의하면, 젠더 자체가 세계화된 것으로서 새로운 영역의 젠더 관계가 부상했을 뿐 아니라 이전에는 분명하게 구분되던 지역의 특정 국가 수준의 젠더 질서 간에 상호작용이 성립되었다. 젠더 관계에서 몇 가지 새로운 영역이 지구촌 차원에서 존재한다고 코넬은 주장한다. 남성적 경영을 하는 다국적 및 초국적 기업 역시 젠더화되고 또한 주도적으로 운영하는 비정부기관들, 젠더에 대해 특정한 방식의 인식을 전파하는 국제화된 미디어, 그리고 마지막으로 자본, 상품, 서비스와 노동 분야를 지배하는 세계적 시장의 경우, 강력한 수준으로 젠더 구조화 성향을 견지하면서 이러한 분위기를 점차 해당 지역 경제에 파급시키는 구도 등이 있다. 그렇기 때문에, 젠더와 섹슈얼리티의 미래에 대한 토의의 여지를 제공하는 '세계 젠더 질서'에 대해 이제는 언급할 수 있게 된 것이다.

젠더 불평등론

젠더 차이는 중립적인 경우가 거의 없으며, 젠더는 사회 계층의 중요한 한 형태다. 젠더는 한 개인이나 집단이 직면하는 삶의 기회나 설계를 구축하는 데 영향을 끼치는 하나의 중요한 요인이며, 일개 가구 수준에서 출발해 국가에 이르는 사회 조직에 두루 작동하는 여러 역할에 엄청난 영향력을 행사한다. 성별 역할 분담의 주도적 유형은 권력, 위세 및 재력에서 드러나는 양성 간 불평등한 지위로 이어져 왔다. 이 지구상에 존재하는 여러 사회에서 여성들이 이룩한 약진에도 불구하고 젠더 차이는 사회 불평등의 근간으로 여전히 그 효력을 발휘하고 있다. 젠더 불평등gender inequality에 대한 탐구 및 해석은 사회학자들의 중심 주제가 되고 있으며, 여러 이론적 관점들이 여성에 대한 남성 우위라는 현실을 설명하기 위해 동원되고 있다. 이 장에서는 이론적 관점에 초점을 맞추고, 특정 상황과 제도에서 경험적으로 구체화되어 전개되는 젠더 불평등에 대한 논의는 이 책의 다른 장에서 다루겠다.

> 젠더 불평등에 대한 증언은 제12장 〈계층과 계급〉, 제14장 〈글로벌 불평등〉, 제16장 〈인종, 종족, 이주〉에서 소개되고 토의된다.

여권론자 관점

여권운동은 젠더 불평등을 설명하려는 시도로서 일군의 이론을 만드는 데 기여했다. 이들 여권론feminist theory은 서로 현격한 대척점을 드러낸다. 여권론 내부의 경쟁으로 인한 다양한 관점들은 성차별주의, 가부장제나 자본주의에서처럼 사회적 관점에 따라 다양한 방식으로 깊이 뿌리내린 젠더 불평등을 나름대로 설명하고자 한다. 우리는 20세기 서구 사회에 등장한 주요 여권론의 흐름을 살피는 것으로 시작하고자 한다. 자유주의, 사회주의(혹은 마르크스주의) 및 급진주의 여권론이 그것이다. 여권론 내부 각 진영이 보여 주는 차이점은 논리상 유용한 출발점이 되고 있으나, 서로 분명한 차별성을 지닌 것으로 분류하기는 결코 쉽지 않다. 최근 몇십 년 사이 포스트모던 여권론과 같은 새로운 형태의 여권론이 등장해 초기 여권론을 가로질렀다(Baker 1997).

자유주의 여권론

자유주의 여권론liberal feminism은 사회적·문화적 태도에서 젠더 불평등을 설명하고자 한다. 초기 자유주의 여권론의 중요한 공헌은 영국의 철학자 존 스튜어트 밀John Stuart Mill의 에세이 『여성의 복속The Subjection Women』(1986)에서 비롯된 것으로, 이 저서에서 참정권을 포함해 양성 간 법적·정치적 평등을 갈파했다. 급진주의나 사회주의 여권론자들과 달리, 자유주의 여권론자들은 여성 복속을 더 큰 체계나 구조의 부분으로 보지 않는다. 대신에 양성 간 불평등을 조장하는 여러 개의 분리 독립된 요인들에 주목한다. 예를 들어 1970년대 초반 이래 자유주의 여권론자들은 직장, 교육 현장 및 매체에 나타나는 성차별주의 타파나 여성 배제 관행을 타파하는 캠페인을 주도했다. 이들은 여성의 동등한 기회를 확보하고 보호하기 위해 합법적 절차나 그 밖의 민주적 수단을 동원하는 데 전력투구한다. 영국의 경우, 동등 급료법the Equal Pay Act(1970)이나 성차별법the Sex Discrimination Act(1975) 등과 같은 법적 진척은 자유주의 여권론자에 의해 적극적인 지지를 얻고 있는데, 이들은 법적 보장 장치가 여성 차별을 제거하는 데 중요한 디딤돌이 된다고 주장하기 때문이다. 자유주의 여권론자들은 기존 제도 속에서 점진적 방법으로 개혁을 추진하고자 한다. 이렇게 볼 때, 추구하는 목표나 접근 방식은 기존 제도의 전복을 요구하는 급진주의나 사회주의 여권론자보다 온건한 셈이다.

자유주의 여권론자들은 지난 세기 동안 여성의 지위 향상을 위해 큰 공헌을 이루었으나, 젠더 불평등의 근본 원인을 제거하는 데는 성공하지 못했으며, 사회에 만연한 대對여성 체계적 억압에 대해서는 인정해 본 적이 없다는 비판을 받고 있다. 여성이 당하는 성차별주의, 차별, '유리천장glass ceiling', 차등적 봉급 체계 등의 관행을 젠더 불평등의 일부 단편적 현상으로서만 치중했을 뿐이다. 급진주의 여권론자들은 자유주의 여권론자들이 여성들로 하여금 불평등한 사회적 관행과 그 경쟁적 자질을 수용하도록 부추긴다고 비판한다.

사회주의 및 마르크스주의 여권론

사회주의 여권론socialist feminism은, 카를 마르크스Karl Marx 자신은 젠더 불평등에 대해 언급한 바가 거의 없지만, 마르크스의 갈등론에서 발전되었다. 사회주의 여권론은 여성 평등에 적대적인 사회에는 막강한 이해관계가 존재하고 있음을 짚어내지 못하는 자유주의 여권론에 대해 비판적이다(Bryson 1993). 사회주의 여권론자들은 가부장제와 자본주의 양대 체제를 무너뜨릴 방안을 찾아 왔다(Mitchell 1966). 마르크스주의 관점에서 젠더 평등에 대한 설명을 더 많이 해온 인물은 마르크스 본인보다는 그의 친구이면서 동지인 프리드리히 엥겔스 Friedrich Engels다.

엥겔스에 의하면 자본주의 아래서 물질적·경제적 요인은 여성들이 남성에 굴복하는 장본인이 되고 있는데, (계급 억압처럼) 가부장제patriarchy는 사유 재산에 기반하기 때문이라는 것이다. 자본주의는 소수 남성의 손에 부와 권력을 집중시킴으로써 남성의 여성 지배인 가부장제를 강화시킨다고 엥겔스는 주장한다. 자본주의는 이전 시대에 비해 재산 소유자 및 상속자로서뿐만 아니라 임금 소득자로서 남성들에게 엄청난 부를 안겨 줄 수 있는 권력을 이들에게 부여하는 가부장제를 더 공고히 한다. 둘째, 특히 여성을 소비자로 규정해 여성들에게 재화와 물품을 끊임없이 소비함으로써만 욕구가 채워질 수 있다고 설득한다. 마지막으로, 자본주의는 집 안에서 여성들이 무보수로 진행되는 돌봄과 청결 노동에 기반하고 있다. 엥겔스에게 자본주의는, 남성에게는 저임금을 지불하는 한편 여성에게는 임금을 지불하지 않음으로써 남성과 여성 모두를 착취했다.

사회주의 여권론자들은 자유주의 여권론의 개혁주의자 목표가 부적절하다고 주장한다. 이들은 가족의 재구조화, '가사노동의 노예성' 종언, 자녀 양육, 가족 돌봄노동과 유지에 관한 사항을 집단적으로 수행하는 조치 도입 등을 요구해 왔다. 마르크스에 동의하면서 이들은 이러한 목표는 모든 사람의 요구를 만족시키도록 기획된 국가 중심 경제 체제 아래 진정한 평등을 가져올 사회주의 혁명을 통해 달성될 수 있다고 주장했다.

> 가사노동의 유급성은 많은 여권론자 논리에 중요한 부분이 되고 있으며, 이것은 제7장 〈일과 경제〉에서 논의된다.

급진주의 여권론

급진주의 여권론radical feminism의 핵심은 남성들이야말로 여성 착취에 대한 책임을 져야 하며 여기서 이득을 취한다는 믿음에 기반한다. 가부장제 — 남성들의 체계적인 여성 지배 — 분석이 이 계열 여권론의 중심 관심사이다. 가부장제는 시간과 공간을 불문하고 존재해 온 보편적 현상으로 파악한다. 급진주의 여권론자들은 사회에서 발생하는 여성 억압의 1차 근원지로 가족에 관심을 집중시킨다. 가족생활을 하는 가운데 여성들이 제공하는 무급 가사노동에 의존하면서 남성들은 여성들을 착취한다는 것이다. 집단으로서 남성들은 또한 사회가 제공하는 권력이나 영향력을 발휘할 수 있는 지위에 여성의 접근을 부정한다.

급진주의 여권론자들 가운데는 가부장제의 근간에 대한 해석을 놓고 견해를 달리하지만, 가부장제가 여성의 육체와 섹슈얼리티를 어떠한 형태로든 착복한다는 데는 의견의 일치를 보인다. 슐라미스 파이어스톤Shulamith Firestone과 초기 급진주의 여권론자들은 남성들이 여성의 출산과 자녀 양육 역할을 통제한다고 주장했다(1970). 여성들이 생물학적으로 출산 기능을 지니기 때문에 남성들에게 물질적으로 의존적 존재가 되어 보호와 생계를 위탁하게 된다. 이 '생물학적 불평등'은 핵가족이라는 사회적으로 조직된 구도 속에서 전개된다. 파이어스톤은 '성계급sex class'이라는 용어를 사용해 여성의 사회적 지위를 설명했으며, 또한 가족과 이를 특징짓는 권력 관계를 폐지해야만 여성이 해방될 수 있다고 주장했다.

다른 급진주의 여권론자들은 여성들에게 행사되는 남성의 폭력이 남성 우위의 핵심 관건임을 지적한다. 그러한 관점에 의하면, 가정 폭력, 강간 및 성희롱은 여성에 대한 체계적인 억압의 모든 부분으로서, 나름대로 심리적이거나 범죄적 근원에 근거하되, 별개로 분리된 낱낱의 사건이 아니라는 것이다. 심지어 일상생활 속에서 일어나는 일들, 이를테면 비언어적 의사소통, 상대의 말 청취하기와 도중에 끼어들기 그리고 공적 상황에서 기대되

가부장제의 이론화

실비아 월비Sylvia Walby는 가부장제 개념을 동원하면 어떠한 젠더 불평등이라도 그 핵심을 설명할 수 있다고 생각하는 이론가이지만, 이 개념에 대한 여러 비판 역시 타당하다고 생각한다. 『가부장제의 이론화Theorizing Patriarchy』(1990)라는 저서에서 월비는 과거 이론가들보다 더 유연한 논리를 가진 가부장제를 이해할 수 있는 길을 제시하고 있다. 월비의 개념은 역사적 시간에 따라 차이 나는 변화 가능성을 수용하며, 인종이나 계급 차이를 배려하고 있다.

월비에게 가부장제란 "남성이 여성을 지배하고, 억압하며 착취하는 하나의 체계적 사회 구조이며 관행"이다(1990: 20). 가부장제와 자본주의는 별개의 체계로서 역사적 상황에 따라 어떤 때는 조화로운 관계이다가 다른 때는 긴장관계에 놓인다고 전제한다. 월비에 의하면, 자본주의는 일반적으로 성별 노동 분업을 통해 가부장제로부터 이득을 착취한다. 그러나 다른 상황에서는 자본주의와 가부장제가 서로 배치되는 관계에 놓인다. 예를 들어 전쟁 중에는 여성들이 대거 노동시장으로 진출하는데, 자본주의와 가부장제는 이 경우 서로 협력 관계에서 벗어나는 것 등이다.

월비는 초기 여권론자 이론의 약점은 남성 폭력이나 재생산(출산) 때 여성 역할 등과 같이 여성 억압의 원인을 '핵심' 요인에만 치중하는 경향이 있었다고 지적한다. 월비는 젠더 불평등의 심도와 상호 연계성에 관심이 있었기 때문에 가부장제는 각기 독립적이지만 서로 연계되어 작용하는 여섯 가지 구조로 구성되어 있다고 본다.

1. 가내에서의 생산 관계Production relations in the household: 가사노동이나 자녀 양육과 같이 가내에서 여성의 무급 노동은 남편(또는 동거남)에 의해 몰수되고 있다.
2. 유급 노동Paid work: 노동시장에서 여성들은 특정 직종에서 배제되며, 저임금을 받으며, 숙련이 덜 된 분야에 한정된 채 분절되어 근무하고 있다.
3. 가부장제 국가The patriarchal state: 정책과 우선순위에서 국가는 가부장제적 이해관계를 위해 체계적인 편견을 가지고 있다.
4. 남성 폭력Male violence: 남성 폭력은 종종 개인이 가하는 행동으로 보이지만, 유형화되어 있고 체계적이다. 여성들은 이러한 폭력을 주기적으로 경험하고 있으며 일상적으로 이것의 영향을 받고 있다. 국가는 극단적인 경우를 제외하고, 남성 폭력 행사에 개입하기를 거부해 효율적인 관용을 베풀고 있다.
5. 섹슈얼리티에서 가부장적 관계patriarchal relation in sexuality: 이것은 '강박적인 이성애'에 표출되어 있으며, 성적 행위에 관한 한 다른 '규칙'이 적용되는 남성과 여성 간의 성적 이중 잣대에서 드러나고 있다.
6. 가부장적 문화 조직들patriarchal cultural institutions: 미디어, 종교와 교육 제도를 포함한 여러 조직과 관행들은 '가부장적 기준 속에서' 여성의 전형을 상상해 내고 있다. 이러한 전형 만들기는 여성 정체성에 영향을 미치며 수용 가능한 행동양식 기준의 지침이 된다.

월비는 가부장제 유형을 두 가지로 구분한다. 사적 가부장제private patriarchy는 집안에서 가부장 개인의 손에서 발생하는 여성 지배다. 이것은 배타적 전략으로서, 여성은 본질적으로 집 바깥에서의 공적 생활 참여가 배제되기 때문이다. 반면에 공적 가부장제public patriarchy는 그 형태가 집합적 양상을 보인다. 여성들은 정치나 노동시장과 같이 공공 영역에 관여하지만, 여전히 재력, 권력, 지위에서 분리된 상태에 있다. 월비는 적어도 영국의 경우, 가부장제도는 — 그 정도와 형태 양면에서 — 빅토리아 시대부터 현재에 이르는 동안 변화가 진척되어 왔다고 주장한다. 한때 가족 속에서 여성 억압이 발견되었다면, 이제는 사회 전반에 걸쳐 자리 잡게 된 것이다. 월비가 지적한 바대로 "여성들은 집에서 해방되어, 이제는 사회 전체로부터 착취당하는 정황에 놓여 있는 것이다."

최근 들어, 월비와 기타 여권론자 이론가들은 개념으로서 가부장제가 너무 쉽게 다루어진 나머지 여권론자 반론가들은 이 개념을 몰沒역사적이며, 변화되지 않고 있는 남성 지배로 잘못 해석하고 있음을 지적해 왔다. 그 대신에 월비는 가부장제 개념을 대체할 용어로 '젠더레짐'을 제안하는데(〈고전 연구 15-2〉 참조), 이 개념은 '가부장제' 개념과 동일한 의미를 지니지만(Walby 2011: 104), 시대 변화상을 담아낼 수 있으며, 지역사회와 국가 차원 및 국제 조직 등을 분석하는 데 사용할 수 있기 때문에 원래 뜻이 오·남용될 여지가 적다고 지적한다.

비판적으로 생각하기

THINKING CRITICALLY

월비가 제시한 여섯 가지 '가부장제 구조'를 하나하나 선택하면서, 공적 가부장제 영역에 발생한 변화의 모습에는 어떠한 것이 있는지 소개하자. 공공 영역에서 진척된 여성들의 움직임이 대다수 일반 여성에게도 실질적 혜택을 누리도록 배려된 것들로 어떠한 것이 있는가?

는 여성의 분위기 조성 감각 등은 젠더 불평등의 표출 방식이다. 더욱이 일반 대중 사이에 회자되는 외모나 섹슈얼리티에 대한 관념도 남성들이 특정한 여성스러움을 생산하기 위해 여성들에게 부과한 산물이라는 것이다. 가녀린 몸매와 양육적 기질, 남성들을 위한 보살핌 등을 강조한 사회적·문화적 규범은 여성 복속을 영속화하는 데 도움을 줄 뿐이다. 매체, 패션과 광고를 통해 자행되는 여성의 '대상화'는 여성을 성적 존재로 전락시켜 핵심 역할이 남성을 위무하고 즐겁게 하는 데 있다. 이들의 주장에 의하면, 가부장제는 하나의 체계적 현상으로서 젠더 평등은 그 가부장적 질서를 전복시켜야만 달성될 수 있다.

아마도 급진주의 여권론의 핵심적 비판은 가부장제 개념이 여성 억압의 일반적 설명으로 부적절하다는 것이다. 급진주의 여권론자들은 가부장제가 역사적으로도 범문화적으로도 존재해 왔던, 즉 하나의 보편적 현상이라고 전제한다. 그러나 그러한 논리적 구성은 역사적 또는 문화적 다양성에 대한 여지를 인정하지 않는 것이다. 인종, 계급이나 민족 등의 효과가 여성 복속의 자질에 끼칠 수 있는 영향력의 중요성을 무시하는 것이다. 다시 말해 가부장제를 보편적 현상으로 규정하는 것은 불가능하다. 만약 그렇게 인정해 버리면 생물학적 환원론biological reductionism, 즉 복잡다단한 구성물인 젠더 불평등 현상을 양성 간의 단순한 차이로만 설명하는 논리에 빠질 위험이 있다.

실비아 월비Sylvia Walby는 가부장제의 재개념화라는 중요한 작업을 진척시켰다(〈사회학적으로 상상하기 15-2〉 참조). 그녀는 가부장제 개념이 특정한 맥락에서 사용될 수 있다면 가치 있고, 유용한 설명 도구가 될 수 있다고 주장한다.

흑인여권론

지금까지 소개된 여권론의 관점은 백인과 비백인 여성 모두의 경험을 동일하게 반영하고 있는가? 흑인여권론자black feminists 및 개발도상국 여권론자들은 그렇지 않다고 주장한다. 주류 여권론자들은 역설적으로 근본주의에 경도되어 하나의 포괄적 범주로 '여성'의 경험을 토의하는 한편, 백인과 선진국에 살고 있는 중류층 여성을 압도적 다수로 전제한 논리에 기반을 두고 있다고 지적한다. 여성 일반이 겪는 복속에 대한 이론을 유일무이한 단일 집단으로 묶어 그들의 경험을 일반화하는 것은 타당하지 않다. 더욱이 인종과 사회 계급을 불문하고 모든 여성이라면 하나같이 경험하는 '단일' 젠더 억압이 존재한다는 바로 그 논리는 문제가 있으며, 보다 최근 연구물들은 불평등에 대한 교차적 접근에 젠더, 계급 및 인종 효과를 배려하고 있다(Taylor and Hines 2012).

기존의 선행 여권론에 대한 불만은 흑인 여성이 직면하는 특유의 문제에 치중한 논리의 탄생으로 이어졌다. 예를 들어 미국 흑인여권론자 벨 훅스bell hooks(그녀의 이름은 언제나 소문자로 표기한다)는 백인 여권론자들이 흑인 소녀들을 백인 소녀들보다 자신감이 더 충만하고 자기주장이 강한 것 같다는 논리에 기반해 높은 자아 존중감 소유자라고 즐겨 주장한다는 것이다. 그러나 이와 같은 특성

가부장제 개념은 사회 계급별로 혹은 인종 집단별로 여성이 겪는 다양한 경험과 삶의 기회를 제대로 짚어 주는가? '여성'이라는 범주가 사회과학 연구에 유용한 도구가 되기 위해서 너무 포괄적인가?

들은 '인종의 벽 뛰어넘기'를 위한 수단으로 흑인 부모들이나 선생님들이 주입시킨 결과라고 할 수 있다. 즉 자신의 피부색이나 머리카락의 결로 사회적 낙인을 찍기 때문에 스스로 무의미한 존재로 인식하는 것과는 무관하다는 것이다. 그와 같이 아주 단순해 보이는 오해들은 주류 여권론자들의 사고에 깔려 있는 오류를 적시해 주는 것으로서, 흑인여권론이 나서서 수정 보완해야 할 사항인 것이다.

흑인여권론자들의 저술들은 역사 — 오늘날 흑인 여성들이 당면한 문제를 알려 주는 과거지사 측면들 — 를 강조하는 경향이 있다. 미국 흑인여권론자들의 논저는 막강한 영향을 끼친 노예제 유산, 흑인 사회에 요구되었던 인종 분리 정책 및 젠더 불평등에 항거한 민권 운동의 영향 등을 강조한다. 흑인여권론자들은 초기 흑인 여성 참정권자들이 여성 참정권 획득을 위한 캠페인을 지지했으나 인종 문제를 무시할 수 없었음을 인지하게 되었다고 지적한다. 흑인 여성들은 인종차별과 성차별이라는 이중 차별의 대상이 되기 때문이다. 최근 들어 흑인 여성들은 부분적으로 '여성 정체성'의 영향력이 흑인이라는 인종적 현실보다 훨씬 덜 부각되었기 때문에 여성 해방 운동에서 주도적인 입장을 얻어 낼 수 없었다고 지적한다.

훅스는 백인 여권론자들이 선호하는 설명 틀, 예를 들어 가족을 가부장제의 본거지로 설정하는 관점은 흑인 사회에서 적용될 수 없다고 지적하는데, 흑인 사회의 경우 가족은 인종차별에 대항하는 결속력을 다지는 집합체 역할을 담당하는 곳이기 때문이다. 다시 말해 흑인 여성 억압은 백인 여성 억압 실태와 비교했을 때 다른 지점에서 발견할 수 있다는 것이다.

흑인여권론자들은 인종주의를 배려하지 않은 채 설명하려는 그 어떠한 젠더 평등론도 흑인 여성의 억압 현실을 제대로 설명해 줄 수 없다고 주장한다. 계급 효과 역시 흑인 여성이 처한 정황을 설명하려고 할 때 소홀히 할 수 없는 또 하나의 변수다. 흑인여권론의 강점은 그 내부 구성 논리에 내재된 상호 교차성intersectionality(Crenshaw 1991)의 지적에 있다고 흑인여권론자들은 주장한다. 퍼트리샤 힐 콜린스Patricia Hill Collins는 상승 효과성을 '예를 들어 인종과 젠더 간의 상승 효과 혹은 섹슈얼리티와 국가 간의 상승 효과라는 특정 형태'를 취하는 것으로 설명한다(2000: 18). 상승 효과란 인종, 계급, 젠더, 장애 등의 사이에서 발현되는 서로 영향을 주고받는 상호작용에 초점을 두는 하나의 방법론으로 볼 수 있으며, 이를 통해 이질적이고 다양한 경험을 하는 여성들의 지위에 따라 다르게 겪는 현실에 대해 보다 포괄적이고 타당한 설명을 해줄 수 있다. 흑인 여성들은 그들의 피부색, 젠더, 계급 지위 등 다중으로 중첩된 피억압 집단으로 보일 수 있다. 이 세 가지 요인이 상승작용을 하면 해당하는 각 차별적 요인은 서로 재강화하거나 더 강력한 효과를 드러낸다(Brewer 1993).

포스트모더니즘과 퀴어이론

흑인여권론처럼 포스트모던 여권론postmodern feminism도 모든 여성이 공유하는 단일의 정체성이나 경험이 존재한다는 생각에 도전을 가한다. 이 계열의 여권론은 미술, 건축과 같은 문화 현상과 철학이나 경제학에 관심을 보이는데, 그 뿌리는 장 프랑수아 리오타르Jean-François Lyotard(1984), 자크 데리다Jacques Derrida(1978, 1981), 자크 라캉Jacques Lacan(1995)의 이론에 기반한다. 포스트모던 여권론자들은 사회의 여성 지위를 설명하는 거대 이론이나 메타 이론이 존재한다거나, '여성'이라는 단 하나로 묶을 수 있는 보편적 범주가 존재한다는 주장을 거부한다. 결과적으로 가부장제, 인종 혹은 계급과 같은 데 기반한 젠더 불평등 이론과 같은 여타의 담론은 '본질주의자' 논리이기 때문에 거부한다(Beasley 1999).

사회학에서 포스트모던 접근은 제3장 〈사회학의 이론과 관점〉에 소개되어 있다.

대신에, 포스트모더니즘은 여러 다양한 관점들이 모두 타당성 있다는 점에서 전부 수용하고자 한다. 여성임에 핵심적 본질이 존재한다기보다는 (이성애자, 레즈비언, 흑인 여성, 하류층 여성 등) 아주 다양한 경험을 한 이질적인 여성 개인과 여성 집단이 존재하는 것이다. 이질적 집단과 다양한 개인들이 보여 주는 '타자성otherness'은 각자 발현하는 나름대로 다양한 형태로 축복받고 있으며, '타자성'의 긍정적 측면의 강조는 주요 주제가 된다. 포스트모던 여권론은 여러 개의 진리와 현실에 대한 사회적 구축 양식이 존재하고 있음을 수용한다.

차이를 인지하는 것뿐만 아니라 포스트모던 여권론자들은 '해체deconstruction'의 중요성을 강조한다. 특히, 남성 언어와 남성적 세계관의 해체를 추구해 왔다. 그 자리에 여성의 경험을 보다 세밀하게 반영하는 유연하고 개방적인 용어나 언어를 만들어 내고자 시도한다. 여러 포스트모던 여권론자들에게 남성들은 세상을 하나의 세트나 이원적 구분(예를 들어 '선-악', '정正-오誤', '미-추' 등) 관점에서 본다고 규정한다. 이들에 의하면 남성은 정상正常인 반면 여성은 그 정상에서 벗어난 이탈적 존재로 규정한다. 예를 들어 지그문트 프로이트Sigmund Freud는 여성을 남근이 결여된 남성으로 보았으며, 따라서 여성이 그 남근을 소유하고자 남성을 부러워한다는 것이다. 이와 같은 남성적 세계관에서 여성은 언제나 그 나머지인 '타자' 역할에 던져진다. 해체는 이러한 일체의 이원二元 개념을 공격하며, 새롭고 긍정적인 방식에 입각해 그러한 반대 개념을 재구성하는 것이다.

프로이트의 젠더사회화에 대한 관점은 제9장 〈생애 과정〉에서 토의된다.

이론적으로 젠더와 섹슈얼리티를 완전히 구별하는 것이 가능하며 (성)정체성에 대해 기존 전통적인 사회학적 논리를 타파하는 것이 가능하다는 논리가 퀴어이론queer theory의 출발점이다. 퀴어이론은 특히 주디스 버틀러Judith Butler(1990)와 미셸 푸코(1978)와 연계된 포스트구조주의자 논리에 크게 영향을 받았다. 특히 퀴어이론가들은 '정체성'이라는 바로 그 개념에 도전을 가하는데, 사회화 담당기관이 사람들에게 정체성을 상대적으로 불변의 고정된 자질 아니면 획득된 그 무엇으로 전제하기 때문이다. 푸코의 논리를 취하면서 퀴어이론가들은 젠더와 섹슈얼리티 그리고 이들 개념들과 연계된 다른 모든 용어들은 객관적으로 존재하거나 '자연스러운' 그 무엇으로 일컫기보다는 특정의 담론discourse을 구성한다고 주장한다.

예를 들어 1970년대와 1980년대에 섹슈얼리티 역사를 다룬 연구물을 집필하면서 푸코는 오늘날 남성 동성애자 정체성은 19세기 혹은 그 이전 시대에는 섹슈얼리티를 구성하는 지배 담론이 아니었다고 주장했다. 따라서 이러한 형태의 정체성은 그것이 의학 분야나 정신과 영역 담론의 일부가 되거나 이들 영역에서 다루기까지 사람들 사이에 존재하지 않았던 것이다. 그렇다면 정체성이란 다원적이며 불안정한 자질로서 생애주기 동안 변화의 여지가 있는 것으로 보일 수 있는 것이다.

이러한 급진적 관점은 전체 사회에서 '본질화된 것' 같은 '게이'나 '레즈비언' 정체성에 또한 적용될 수 있다. 따라서 퀴어이론은 주도적 위치를 점유하는 이성애 규범에 반反하는 것으로 보이는 논리를 포함해 모든 '확실하게' 뿌리내려 인정받고 있는 고정화된 정체성에 도전을 가한다. '게이'나 '레즈비언' 같은 개념이 동등권 요구를 위해 정치적으로 압박할 때 유용하게 사용되었으나, 퀴어이론가들은 이원二元 범주만으로 구성된 대립 구도에서, 즉 사회 속의 막강한 위력을 행사하는 '이성애 규범담론'을 지속적으로 선호하는 가운데 이성애자 규범의 '나머지 한 개' 범주로 잔존하게 된다고 주장한다(Rahman and Jackson 2010: 128).

퀴어이론가들은 모든 비일상적 섹슈얼리티 유형들 — 성매매, 양성애, 트랜스젠더 등 — 에 대한 관심을 가지는데, 이러한 형태의 많은 경우가 동성애자들이기도 하지만 또한 '이성애자들'인 것이다. 그리하여 퀴어이론은 인간 섹슈얼리티와 젠더에 관련되는 한 정체성 수립identity creation과 재수립 과정을 탐구하는 급진적 사회구성론으로 규정될 수 있는 것이다. 몇몇 퀴어이론가들은 사회학 밖의 영역뿐만 아니라 해당 주요 주제들도 해당 분야에 전제된 현대적 사고의 이성애적 기본 가정에 도전을 가하기 위해 퀴어 목소리를 학문의 중심으로 불러와야 한다고까지 주장하고 있다(Epstein 2002).

사회학적 비판가들은 퀴어이론은 (영화, 소설 등) 문화 텍스트를 중심으로 연구하는 경향이 있는 반면에 현재로선 경험적 지지를 결여하고 있다고 주장한다. 또한 자본주의자 경제에 의해 그리고 가부장제 개념으로 주도권을 잡도록 하는 사회의 물질적 삶 속에서 전개되는 성적 범주와 젠더 범주가 사회 구조적으로 바탕을 이루는 현실을 설명하지 못하는 것이다. 잭슨에 의하면, 사회 구조, 관계 및 실천에 초점을 둔 유물론자 여권론은 젠더 불평등을 이해하는 관점으로서, 문화론에 기반한 포스트모더니즘이나 퀴어이론보다 더 낫다(2001). 여러 사람, 아니 대다수는 퀴어이론이 주장하는 것만큼 자신의 정체성이 유연하면서 가변적 속성을 지닌 것으로 인식하기보다는, 아주 굳건하게 고착된 그 무엇으로 인식할 수 있는 것이다(Edwards 1998). 그렇다면 아마도 급진적 구성주의 퀴어이론가들의 경우 정체성이란 개정 여지가 있으며, 변동이 가능하다고 전제하는 설명은 미루어 짐작건대 현실을 과대 추정해 버리는 것이 된다.

유사한 방식으로 남성/여성이라는 양분된 속성을 기본으로 하는 논리는 정확하지 않으며 논리적으로도 지속 가능하지 않음에도 사회적 삶의 여러 영역은 양성 간 구분 짓기에 기반하고 있다. 예를 들어 우드워드Woodward는 "스포츠계에는 두 종류의 성이 존재한다"고 지적한다(2015: 50). 스포츠는 생물학적 성/젠더 체계라는 스포츠 무용담 수준에서 규칙 있는 권위 체계에 이르기까지 모든 측면에서 영향권에 있는 구조라고 주장한다. 스포츠 경기 대부분은(테니스 단식, 육상경기, 골프를 포함해) 경쟁 지향의 영역이며, 2000년까지 국제올림픽위원회 남자 선수가 여성으로 둔갑해 경기에 출전하는 불공정 행위를 방지하기 위한 조치로 출전 선수라면 누구에게나 적용하는 보편적 성 감별용 테스트를 도입한 바 있다. 2000년 이후 그 어떤 '의심스러운' 선수라도 '젠더 감별' 과정의 일환으로서 의료적 검사를 받도록 조처하고 있다.

우드워드에 의하면, 전통적으로 여성스러운 외모나 행동 혹은 경기 실적에서 벗어나는 여자 선수들의 경우 '의심스러운' 것으로 치부되기 쉽다. 발달된 근육질과 강인한 경기 기록 소유자인 남아프리카공화국 출신 18세 800미터 달리기 선수인 캐스터 세멘야Caster Semenya가 이러한 조건에 맞아떨어지는 경우인데, 이 선수는 산부인과 의사, 젠더 전문가, 내분비 전문의 및 심리학자들로부터 의료적 테스트 대상이 되었다. 국제경기연합연맹IAAF이 공식 발표한 결과 때문에 이 선수는 엄청난 스트레스를 받았다. 세멘야는 상대적으로 빈곤한 스포츠 시설을 거의 갖추지 못한 농촌 지역 출신으로, 이 선수의 친구들은 소녀라는 사실에 의구심을 받을 그 어떤 것도 존재한 적이 없다고 증언했다. 남아공 스포츠조직위원장은 이 경우 젠더뿐만 아니라 인종주의까지 포함된 사안임을 암시했다. "아프리카 지역 출신의 특성에 의구심을 지니는 백인들은 과연 누구인가?"(The Guardian 2009에서 인용) 우드워드는 "젠더 감별 테스트는 여자 선수의 성취 가능성을 인지해 내는 데 큰 실수를 저질렀으며, 이룩해 놓은 것이 있다면 그것은 남자 선수여야만 하는가"라는 일반론을 구축해 놓은 것이다.

젠더 감별은 오늘날 생물학적 성과 젠더를 구분할 때 제기되는 복잡한 여러 쟁점을 예시해 주는 뛰어난 사례인 것이다. 한편으로는, 생물학적 성/젠더 및 남성/여성 이분법적 대항 구도가 신체적, 사회적, 문화적 요인으로 작용하는 다양성 이해에 적절하지 않음을 보여 준다. 그럼에도 또 다른 한편으로는 검사례짐을 통해 이러한 이분법적 대항 구도가 전통적 사회규범이나 기대치가 여전히 구축되어 재생산되는 구도 속의 여러 조직에 깊숙이 뿌리내리고 있음을 보여 준다.

여권론과 성소수자LGBT운동

젠더와 섹슈얼리티 사회학은 여권론자와 성소수자LGBT 사회운동이 가능하도록 길을 열어 놓지 않았다. 오히려 그 반대다. 아주 오랫동안 사회학은 젠더 관계와 섹슈얼리티에 관해 언급해 온 바가 거의 없으며, 여권론자 캠페인과 관련 운동이 새로운 쟁점을 제기하기 시작할 때까지 그리고 결정적으로 여권론자 및 성소수자LGBT 행동가들이 섹스, 젠더 및 섹슈얼리티 쟁점을 학문 영역으로 대학교 해당 학과에 설치해 나름대로 자리 잡을 때에야 비로소 관심을 보였다. 이 단원은 19세기 말 이래 전개된 여권론자 및 성소수자LGBT 행동주의에 대한 연대기적 발달사에 대해 개괄적으로 소개하고자 한다.

여권운동

여성 권리 증진을 위해 장기간에 걸쳐 진행된 여권론자 논리와 사회운동은 통념적으로 세 시기로 구분되는 일련의 '저항주기' 혹은 '물결'을 경과하면서 진척된 것으로 보인다(Whelehan 1999; Krolloke and Sorensen 2006). 1차 여권론물결First-Wave feminism은 19세기 후반부터 21세기 초반에 걸쳐 진행된 산업화 맥락에서 발생했다. 1차 여권론물결은 남성과 똑같은 참정권을 여성에게도 확대하라는 정치권력에의 동등한 접근을 추구했다. 또한 1차 물결은 고등 교육을 위시해 여성들이 사회의 모든 제도에서 동등한 기회를 확보하기 위한 캠페인을 전개한 바 있다.

1차 물결의 논리와 실천은 20세기 전반부에 이를 때까지 지속되었다.

2차 여권론물결Second-wave feminism은 1960년대와 1970년대 민권 확보를 위해 발생했던 여러 형태의 사회운동, 학생운동, 인종차별폐지운동, 레즈비언 게이 운동 및 장애자차별금지운동과 같이 보다 포괄적인 맥락에서 비롯되었다(Valk 2008). 당시 여성운동은 여성 '해방'과 '세력화' 견해에 초점을 두었다. 1차 물결이 법 앞에서 평등하다는 진보주의적이고 사회주의적인 정치사상의 영향을 받았다면, 2차 물결은 변화를 위해 보다 '급진적인' 성향의 운동이었다. 사회집단으로서 여성들이 남성 지배적인 가부장 사회에 의해 억압되었다는 사고는 하나의 급진적 변화였다. 2차 여권론물결의 핵심 슬로건은 '사적인 것은 정치적이다'였는데, 이는 가족생활과 가정사라는 개인 영역은 공공 정책과 공식 정치역학 영역과 동일한 정치적 측면을 소유한다는 상식 수준의 개념에 도전한 것이었다(David 2003).

2차 여권론물결은 학문적인 여권주의 연구 및 이론화 작업과 밀접하게 연계되어 다양한 분야에 걸쳐 공식 항의나 데모 행위에 관여해, 하나의 설렘을 주는 행동가들의 운동을 탄생시켰다. 여러 다양한 실천들 가운데 여권론자들은 미인 대회, (이성애 중심적) 성차별적 언어 사용, 남성 폭력에의 항거 등 가족과 공격 성향을 띤 국가 정치 역학에 만연한 남성중심주의를 타파하고 가사노동이 사회에서 가치 있는 공헌을 하기 때문에 유급화해야 한다는 논리에 힘을 실어 주었다. 그러한 행동실천주의는 여러 주요 여권론자의 저작물에서 지지를 얻은 바 있는데, 베티 프리던Betty Friedan의 『여성의 신비The Feminine Mystique』(1963), 줄리엇 미첼Juliet Mitchell의 『여성의 자산Women's Estate』(1971)과 슐라미스 파이어스톤의 『성의 변증법: 여권론자 혁명의 경우The Dialectic of Sex: The Case for Feminist Revolution』(1970) 등이 대표적이다. 또한 2차 여권론물결은 사회주의, 마르크스주의와 자유주의 같은 기존 정치 노선이나 이데올로기와 이론적 결합을 시도하는 등 여권론을 계급 착취, 자본주의 및 법률적 평등권과 결합시키고자 하는 방안을 모색하기도 했다.

2차 여권론물결은 사회 계급이나 전全 세계 지역과 무관하게 하나의 집단(혹은 '계급')으로서 모든 여성은 상호 공유하는 바가 존재한다는 논리에 초점을 두고 해당 논리를 전개했다. 그러나 1980년대 초반 이후 들어, 여성 경험의 실현성을 주장하는 논리에 여성운동 내부로부터 도전이 제기되었다. 흑인, 하류층 여성 및 레즈비언 여권론자들은 사회 속에서 달리 자리매김되는 해당 여성 집단들이 본질적으로 유사하거나 공유 가능한 이해관계를 지니고 있는지 여부에 질문을 던지면서 차이에 대한 하나의 새로운 쟁점이 부상하기에 이르렀다(hooks 1981). 초기 2차 여권론물결은 보편적 현상으로 소개되면 안 되는 특정 세계관을 지닌 백인 중산층 여성들의 논리적 구성물에 불과하다는 평가를 받기에 이르렀다. 가야트리 스피박Gayatri Spivak은 선진국의 상대적으로 부유한 여성들이 후진국의 훨씬 빈곤한 지역 여성을 위해 그들의 이해관계를 대변할 수 있다고 주장하는 것은 순진한 발상이라고 지적했다(1987). 1990년대 중반 들어, 초창기 2차 여권론물결 때의 실천가들과 이론가들의 하나같은 보편적 포부는 전 세계를 통틀어 여성들이 겪는 경험의 본질적 성격은 사실상 차이나 다름에 있다는 새로운 깨달음에 의해 종말을 맞이하게 되었다.

3차 (혹은 '신新') 여권론물결Third-wave (or 'new') feminism은 2차 물결이 직면했던 사회적 맥락과 아주 이질적인 상황에서 발달했다(Gillis et al. 2007). 1990년대 중반부터 21세기 초반에 걸쳐 전 세계는 주요한 변화를 겪었다. 세계화, 동유럽('실제로 존재하는') 공산주의의 퇴조, 다문화주의, 글로벌 테러리즘, 종교적 근본주의, 의사소통에서 디지털 혁명, 인터넷 보급 및 유전자 바이오 기술 등이 그것이다. 새로운 여성 세대가 이전보다는 덜 서열화되고 예측 가능성이 떨어지는 세상에서 성장해 왔으며 이들은 문화적 다양성과 차이를 품어 안았다.

이 새롭고 '새로운' 여권론은 여성 폭력, 인신매매, 신체에 가하는 (외과적) 수술, 자기 신체 훼손 및 매체의 포괄적 형

> 태의 '포르노화' 등과 같은 영역에 대해 지역사회 수준, 국가 수준 또는 국가 간 실천행동주의로 특징지어진다. 새로운 세계적 질서 재편 시기 즈음해 여성 권리에 가해질 수 있는 새로운 형태의 위협에 관심을 가지는 한편, 여성성에 대한 정의定義 혹은 보편적 해결책을 모색하거나 다소 정태적 정체성 역학으로 한정된 그들의 이해관계를 추구했던 이전의 여권운동의 물결을 비판한다(Krolloke and Sorensen 2006: 17).

'잡년slut' 같은 단어의 재규정과 여성의 '적실한' 의상 코드란 무엇이어야 하는가에 대한 기본 전제에 반대하는 항의 시위는 제3차 여권론물결의 한 사례다.

최근에 회자된 한 화젯거리로서 여성 비하 표현, 이를테면 '잡년(bitch나 slut)'을 아주 사용하지 못하도록 하는 대신에 그 단어의 용례를 교정하려는 시도가 있었다. 예를 들어 2011년 '잡년들 걷기 대회'로 불리는 일련의 대규모 항의 집회가 캐나다에서 시작돼 전 세계로 확산되었는데, 이는 여성들의 신변 안전을 위해 여성들은 '화냥기 있는 옷입기'를 멈추어야만 한다는 토론토 소재 경찰서의 한 경찰관이 내뱉은 말이 계기가 되었다. 항의 행렬의 여성들은 깃발과 배지에 '잡년'이라는 단어를 광범위하게 내걸었는데, 성희롱이나 강간당하지 않고 여성 본인이 어떤 옷이라도 착용할 권리를 요구할 수 있는 독립적 여성임을 효과적으로 대변하는 단어로 교정될 수 있었다. 이러한 방식으로 행동 실천가들은 이전에 부여되었던 단어에 대한 부정적 의미를 완전히 뒤집고 단어에 묻어 있던 낙인 효과를 제거해 단어의 사회적 의미를 급진적으로 변경시키는 것을 목표로 하고 있다.

3차 여권론물결의 형태는 후기 2차 여권론물결보다 훨씬 다양한 모습을 보여 주지만, 다수의 3차 여성운동가들은 2차 여권론물결이 이룩해 놓은 성과물의 혜택 가운데 성장해 왔음을 인지하는 것이 중요하다. 이러한 의미에서 몇 차례에 걸쳐 전개된 물결 운동 사이에는 발전 계보가 존재한다. 영국, 프랑스, 미국과 같은 선진 사회의 경우 여성운동의 처음 두 차례 물결은 20세기를 거치면서 밀려오는 사회운동을 실천에 옮기면서 여러 성취를 이루어 낼 수 있었다. 그러나 이들 국가들은 지금 '탈脫여권론자' 국면(Tasker and Negra 2007)으로 접어들었거나 여권론이 정지 상태(그러나 해체는 아닌)에 놓여 있어, 운동 자체가 기존 정치 체계 내에서 확고하게 뿌리내리는 것을 목표로 하는 교육 및 지적知的 행동에 관여함으로써 존재 이유를 찾게 되었다고 주장하는 사람들도 있다(Bagguley 2002; Grey and Sawyer 2008).

그렇지만 월비는 이러한 것들은 오늘날의 여권론자 행동실천주의를 잘못 읽은 것이라고 주장한다. 이 지구상에는 비록 스스로를 '여권론자'라고 그 정체성을 규정하지는 않더라도 젠더 평등을 정부 정책에 주도적 흐름으로 삼고자 적극적으로 캠페인을 전개하는 운동이나 단체들이 다수 존재한다. 이 때문에 그것들은 영향력을 지니고 있으나 2차 여권론물결이 어마어마한 규모의 직접적 행동으로 실천했던 것과 비교했을 때 상대적으로 비가시적인 성향을 띤다. 월비는 "여권론은 죽지 않았다. 이 시대는 탈여권주의자 시대가 아닌 것이다. 여권론은 끝났다는 선언에도 불구하고 여권론은 하나의 성공이다. 여권론은 강력한 형태로 새로운 모습을 취하고 있으며, 이는 어떤 이들에게는 인지할 수 없는 것으로 작용하고 있다"(2011: 1).

월비가 암시하는 이러한 유형의 사례로는 영국에 기반한 온라인 에브리데이 성차별주의 프로젝트(http://everydaysexism.com/)가 있다. 여성으로서 일상적으로 경험하는 성차별적 언어와 행동 그리고 성희롱 사례를 서로 사적인 경험담으로 올릴 수 있는 공간이다. 소녀나 젊은 여성으로서 학교생활, 공공 교통수단, 직장생활 혹은 자신의 사는 마을을 걷고 있을 때 겪었거나 당했던 각종 피해 사례가 소개되어 있다. 매일 발생하는 성차별주의 목록을 작성하는 가운데 이 프로젝트는 공식적인 젠더 평등으로의 움직임은 기존 남성주도 성차별주의적 문화가 아직은 그 근본에서 변화하지 않았음을 되새기게 해준다. 유사한 방식으로 영국이나 미국 소재 대학 캠퍼스에서 발생하는 남성 가해자들이 여성을 상대로 한 성추행이나 강간 역시 연구와 캠페인 조직의 초점이 되어 왔다. 2015년 기록 영화 〈더 헌팅 그라운드The Hunting Ground〉는 이러한 쟁점을 다루되 사건 피해자 및 몇몇 미국 대학 당국자들과의 면접법을 구사해 사태를 소개한 바 있다. 이 영화는 강간이 있었다는 청원이 들어왔을 때 대학 당국의 대처가 굼떴음을 암시하는 내용을 담아 논쟁거리를 제공했다. 이러한 현실을 다룬 캠페인은, 3차 물결이 여전히 맹위를 떨치고 있으며 스스로를 전통적 의미에서 '여권론자'라는 용어에 빗대었을 때 그렇게 생각조차 해 본 적 없었던 여러 젊은 여성을 각성시켜 여성운동에 관심을 갖도록 하고 있다.

여권론자 사고와 여성운동은 서구 사회에 엄청난 영향을 미쳤으나 점차 그러한 움직임은 다른 지역의 젠더 불평등에 도전을 가하고 있다. 여권론은 단지 학계에서만 거론되는 논리가 아니며, 북아메리카나 서유럽 사회에만 국한된 논리도 더더욱 아니다. 오늘날과 같이 세계화가 전 세계적으로 진전되는 상황에서, 영국의 여성운동가들은 해외 다른 지역에서 여권신장을 위해 투쟁하는 여성들과 조우할 것이다.

> 여성운동은 제21장 〈정치, 정부, 사회운동〉에서 논의되고 있다.

여성운동가들은 수년간 다른 사회의 활동가들과 연대를 지속해 온 적이 있으나, 그러한 접촉 빈도와 중요성은 세계화와 더불어 더욱 증진되었다. 1975년 이래 네 번에 걸쳐 개최된 바 있는 유엔여성대회the United Nation's Conference on Women에서 범국가적 접촉을 위한 최초의 포럼이 열렸다. 참가자의 3분의 2가 여성으로 구성되었던 1995년 중국 베이징여성대회는 대략 5만 명이 참가한 마지막 모임이었다. 181개국에서 파견된 대표자들이 수천 명에 이르는 비정부 단체 대표들과 함께 한자리에 모였던 것이다. 참석자 가운데 한 명이었던 몰리카 더트Mallika Dutt는 『페미니스트 연구Feminist Studies』지에 이런 글을 기고했다. "미국에서 온 대부분의 여성에게 베이징은 눈을 뜨게 하고, 겸손해지며, 변신을 경험한 곳이었다. 미국 여성들은 이 세상의 다른 곳에서 온 여성들이 보여 준 높은 수준의 분석력과 잘 조직되고 힘 있는 목소리에 놀라움을 금치 못했다"(Dutt 1996). 회의 참석자들이 최종적으로 합의한 행동 강령The Platform for Action은 전 세계 국가를 상대로 다음과 같은 쟁점을 공포했다.

- 여성 빈곤 부담의 지속화와 증가
- 여성에 대한 폭력
- 여성에 대한 무장 또는 그 밖의 형태를 지닌 갈등으로 인한 영향
- 권력과 의사결정 공유에 나타나는 양성 불평등
- 여성에 대한 고정관념화
- 천연자원 관리에서 젠더 불평등
- 소녀에 대한 지속적인 차별과 인권 침해

1995년 대회에서 예를 들어 중국 여성들은 평등 권리, 취업, 생산에서 여성 역할 및 정치계의 여성 참여를 위해 노력한 사례를, 남아프리카공화국 여성들은 아파르트헤이트에 대항하는 싸움에서 핵심적 역할을 담당해 지금은 국내 최극빈층의 생활수준 향상에 노력하는 사례를 소개했다. 페루 활동가들은 수십 년간 공식 영역에서 여성 역할을 증진시키는 데 진력한 내용을 소개했으며, 러시아 활동가들은 러시아 국회가 여성들에게 집에 머물면서 '사회적으로 필요한 노동'을 권장하도록 하는 법안을 기안해 통과시키고자 했을 때 이 법안이 통과되지 못하도록 주도적으로 저항했던 경험을 소개했다(Basu 1995).

유엔대회에서 보았듯이, 지역별로 또 개별 사회별로 전개된 불균등한 발전상은 선진국에서 지금은 당연시되고 있는 동등권 조치들이 개발도상국에서는 아직 획득되어야만 할 사항임을 의미한다. 이는 또한 세계적 차원에서 사회적 삶이 젠더 평등을 달성하기 위해 진행되어야 하는 캠페인으로서 어떻게 함께 단결된 여권운동으로 새로운 기회를 제시해야 하는지 예시하는 것이기도 하다.

성소수자LGBT시민권

양성애자나 트랜스젠더를 포함해 성적 소수자의 현실은 보다 다양해진 분위기에 대한 이해가 증진되었음에도 불구하고, 전 세계적으로 동성애 관계자들의 사회적, 법적 지위를 다룬 연구가 최근 들어 많아지고 있다. 이 단원에서는 레즈비언과 게이들의 지위와 이들 동성애 관계에 대한 태도의 변화상을 1960년대 이후부터 초점을 맞추어 살펴보고자 한다.

케네스 플루머Kenneth Plummer는 현대 서양 문화에서 회자되는 동성연애를 네 가지 유형으로 분류했다(1975). 우연적 동성연애Casual homosexuality는 한 개인의 성생활 전반에 체계성을 갖추지 못한, 한 번 스쳐 지나가는 동성연애 경험이다. 학교 청소년들이 함께 엉켜 뒹굴다가 서로에게 해주는 자위행위가 이에 해당한다. 자리 잡힌 동성연애Situated activities란 교도소나 군대 내무반과 같은 상황에서 여성 없이 남성들만 생활하는 환경일 경우, 이러한 유형의 동성연애적 행동이 흔히 발생하며, 선호하기 때문이라기보다는 이성애적 행위의 대체로 보인다. 개인화된 동성연애Personalized homosexuality란 동성연애적 행동에 우선순위를 두지만 이것이 쉽게 수용된 집단과는 소외된 채 살아가는 사람들을 일컫는다. 여기에서 동성연애는 은밀한 행위이며, 친구나 동료로부터 숨겨진 비밀이다. 삶의 한 방식으로서 동성연애Homosexuality as a way of life는 동성연애자로서 '정체성 선언'을 하고 유사한 성적 기호를 지닌 사람들과의 연대가 삶의 핵심 요소가 된 경우를 말한다. 일상적으로 이러한 경우의 사람들은 동성애 행동이 하나의 분명한 삶의 양식으로 통합되어 하위문화에 소속된다. 그러한 집합체는 레즈비언과 게이 남성들의 인권과 이해관계를 증진시키기 위해 집합적, 정치적으로 행동을 실천할 가능성도 있다.

동성연애 경험이 있거나 동성연애 관계에 강한 취향을 경험한 (남녀를 불문한) 인구 비율은 아마도 공개적으로 게이 생활 방식을 추구하는 부류보다 많을 것이다. '게이'라는 용어는, 비록 레즈비언을 점차 별도로 구분해 지칭하고 있으나, '게이와 레즈비언' 집단을 하나로 뭉뚱그려 구분 없이 널리 지칭해 왔듯이 남성 동성애자를 1차적으로 일컬을 때 사용되어 왔다.

레즈비언과 게이 남성에 대한 비관용적 태도는 너무 뿌리가 깊어 동성연애를 둘러싼 신화들이 최근 들어서야 비로소 사라질 정도였다. 동성애 공포증homophobia은 1960년대 후반에 만들어진 단어로, 동성애자 및 그들 삶의 방식에 대한 혐오 또는 반감으로서, 그러한 반감에 기반한 행동까지 포괄하는 용어다. 동성애 공포증은 레즈비언이나 게이를 향한 적대감이나 폭력이 겉으로 표현되어 행동으로 발현될 뿐만 아니라 여러 형태의 언어적 학대에도 반영되어 있다. 예를 들어 영국에서 동성애자 남성을 모욕하는 '괴짜 녀석fag'이나 '퀴어'와 같은 호칭 사용이 그것이다. 게이와 레즈비언 관계가 보다 더 수용되고 있지만, 동성애 공포증은 서구 사회 여러 영역에 그 흔적을 남기고 있으며, 폭력적 가혹 행위나 심지어 게이 남성 살인과 같은 '증오 범죄'가 여전히 발생하고 있다.

> 제20장 〈범죄와 일탈〉의 '성적 취향 증오 범죄' 단원에서 제기된 쟁점도 참조하라.

비판적으로 생각하기 THINKING CRITICALLY

여러분은 여권론자인가? 21세기 즈음해 이 호칭은 무엇을 의미하는가? 여성이 보편적으로 공유하는 경험이나 '여성' 정체성은 존재하지 않는다는 퀴어 이론의 주장은 유엔여성대회에서 제시된 세계적 여권론자 단결을 위한 실천 행동(강령)과 맞아떨어지는가?

2008년에 영국 교사들이 수행한 실증 조사에 의하면, 전 연령대 학생들이 '게이' 용어를 의미하는 용례를 가장 빈번하게 듣는 오용 사례로 지목했는데 '찌질이lame'나 '쓰레기rubbish'를 의미한다고 보고했다(BBC 2008a). 최근 몇십 년간 여러 정권은 형사처벌법을 도입해 증오 범죄hate crimes와 싸워 왔다. 증오 범죄는 단지 게이 남성, 레즈비언, 장애인, 홈리스 또는 특정 종교 조직 구성원이라는 이유로 발현되는 공격 행위를 말한다(Gerstenfeld 2010). 각종 경험 연구물들은 "레즈비언이나 게이 남성은 이성애자 가해자들에게서 다양한 형태의 폭력 행위, 신체적 가혹 행위를 비롯해 일상적인 괴롭힘이나 언어적 가혹 행위가 발생하고 있음"을 보여 준 바 있다(Moran et al. 2004: 1). 그처럼 다양한 수준의 가혹 행위는 뜻밖에도 대개 눈에 띄지 않는 가운데, 증오 범죄는 지속되는 태도나 가혹 행위에 대해 주목하도록 기여한 바 있으며, 이것은 이러한 현실을 다루는 데 필요한 첫 단계다.

비판적으로 생각하기 THINKING CRITICALLY

동성애 관계는 과거보다 오늘날에 더 널리 수용된 듯하다. 축구경기나 나이트클럽 혹은 그 밖의 공공장소에서 참여 관찰을 시도하되, '게이'나 '레즈비언' 등이 조롱의 용어로 사용되는 경우에 유념하라. 동성애 수용을 의미하는 반증으로 결론 내릴 수 있는 것으로는 무엇이 있는가?

동성연애가 형법상 범죄 행위로 간주될지 여부는 나라별로 엄청난 차이가 있다(〈그림 15-2〉 참조). 예를 들어 아프리카 사회에서 남성 간 동성애 관계를 입법화하여 규정한 사례는 몇 손가락 안에 꼽을 정도에 불과하지만, 레즈비언의 경우 법률에 거의 언급조차 되어 있지 않은 실정이다. 아시아와 중동 지역 국가들의 경우도 상황은 비슷하다. 게이 성관계는 이슬람교를 믿는 압도적 다수 국가들을 포함해, 거의 대다수 사회에서 금지되어 있다. 한편, 유럽은 전 세계에서 가장 자유분방한 법률 조항을 채택하고 있다. 동성연애 관계는 거의 모든 국가에서 합법화되어 있으며, 여러 국가는 동성연애 관계나 혼인을 법적으로 인정하고 있다.

오늘날에는 성적 소수자들의 인권 확보를 위한 세계적 차원의 운동이 증가하는 추세다. 1978년에 창설된 국제 레즈비언 및 게이, 양성애자, 트랜스젠더, 간성 연합ILGA은 오늘날 전 세계 해당 대륙별로 산재한 1천1백여 개의 회원 조직을 거느리고 있다. 이 협회는 국제회의를 개최하고, 전 세계에서 전개되는 레즈비언 및 게이 사회운동을 지원하며, 국제 조직을 상대로 로비 활동도 전개한다. 예를 들어 동성연애를 금지하는 법을 파기하도록 유럽 의회를 상대로 전 회원국들을 종용해 달라고 청원해 확답을 얻어 냈다. 일반적으로, 레즈비언 및 게이 사회운동이 활발한 나라는 개인이 누려야 할 시민권이나 진보적 국가 정책을 강조하는 곳에서 번창하는 성향이 있다(Frank and McEneaney 1999).

남성 게이들의 행동양식 가운데는 남성스러움이나 권력과 일상적으로 연계된 관행을 변경하려는 시도로 보이는 것도 있다. 이것이 바로 왜 이성애 지역사회가 이들 남

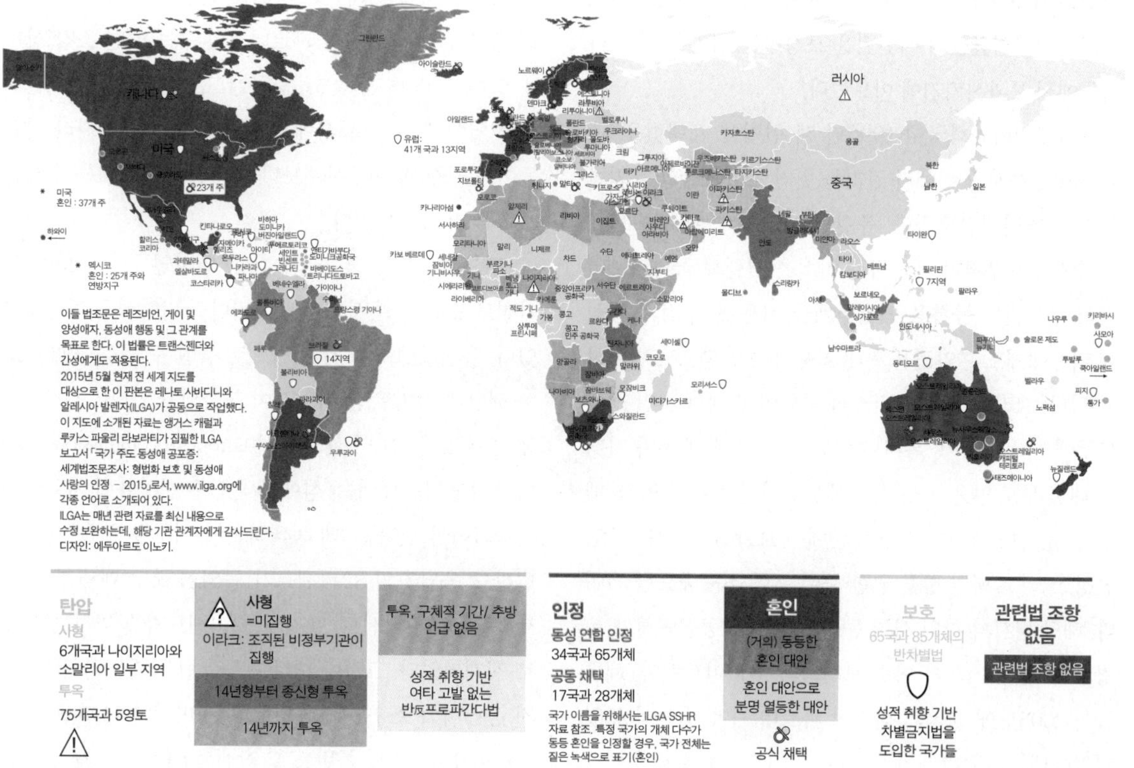

그림 15-2 전 세계적 레즈비언, 게이 및 양성애자의 법적 지위

출처: ILGA 2015.

성 게이를 위협적인 존재로 간주하는지 알 수 있는 이유다. 많은 게이 남성은 보편적으로 알려진 '우유부단'한 게이 남성 이미지를 거부하는 성향이 있는데, 이들은 두 가지 방식으로 이러한 고정관념에서 벗어나고자 한다. 하나는 과도할 정도로 여성적인 나약함을 개발함으로써 그러한 고정관념을 '거짓된' 남성스러움으로 패러디하는데, 전 세계적으로 게이 자부심 행사에서 목격되고 있다. 또 하나는 '마초' 이미지를 개발하는 방식이다. 이것 역시 전통적으로 일상적인 남성스러움은 아니다. 모터사이클을 타는 사람이나 카우보이 복장을 한 남성들은 또다시 남성스러움을 패러디한 셈인데, 1970년대 음악 밴드 빌리지피플The Village People과 그들이 불러 전 세계적으로 명성을 얻은 애창곡 〈YMCA〉에서와 같이 남성스러움을 과장하는 것이다.

에이즈HIV/AIDS 전염병이 끼친 영향을 다룬 사회학적 연구에 의하면, 에이즈는 이성애적 남성스러움의 핵심 기반이 되는 이념적 근간에 도전을 가했다. 섹슈얼리티와 성적 행동들은 정부 재정이 뒷받침된 안전한 섹스 캠페인에서부터 에이즈 확산을 담은 미디어 내용에 이르기까지 공공연한 토론의 주제가 되어 버렸다. 무엇보다도 HIV 에이즈 감염을 도덕적 공포에 찌든 '게이 삶의 양식'으로 연계시킨 미디어 주도 보도는 어쨌든 오도되었고, 사실상 부정확한 것으로서 게이 남성과 레즈비언을 가시권으로 불러낸 효과가 있다. 그렇게 해서 이 전염병은 이성애적 관계가 보편적이라는 논리에 의문을 제기했는데, 전통적 핵가족 외에 대안적 결합 관계가 존재하고 있음을 과시했기 때문이다(Redman 1996). 다양한 형태로, 동성연애 관계는 일상사 수준에서 사회의 일부분으로 인정받았고, 성소수자LGBT 집단들의 시민권을 보장하는 법안을 여러 나라들에서 통과시키기에 이르렀다.

남아프리카공화국이 1996년 새 헌법을 채택했을 때, 이 지구상에서 동성애자 권리를 헌법으로 보장한 유일한 국가로 자리매김되었다. 유럽의 여러 국가에서는 현재 동성애자 배우자가 세속적 혼인식을 거행해 국가로부터 정식 부부관계 등록을 인정받게끔 허용했고, 점차 동성애 커플에게도 혼인권을 확대 적용하는 방향으로 변화하고 있다. 그러한 권리는 민권적 파트너 관계와 혼인 생활 모두에 사회보장 및 복지 수혜권, 임대차권, 배우자 자녀에 대한 부모 양육권 행사, 생애보험권의 전폭적 인정, 배우자 및 자녀 생계를 적정 수준에서 보살필 수 있는 책임 인정, 그리고 병원 방문 권한 등이 포함되는 중요한 것이다. 해당 당사자 간의 사적 동성애 관계를 공공연하게 표명할 수 있는 기회가 아주 보편화되기에 이르렀다. 예를 들어 2005년에 영국의 민권적 파트너 관계 법안이 도입되었는데, 그 후 12개월이 지나면서 1만 8천59쌍에 이르는 게이 남성과 레즈비언 커플들이 민권적 파트너로 등록했으며, 비록 이러한 초창기의 열광적인 쇄도 현상 이래 계약을 맺은 민권적 파트너들의 수는 매년 소강 상태에 있다(〈그림 15-3〉 참조). 잉글랜드, 웨일스 및 스코틀랜드 지역이 2014년 동성애 혼인을 합법화함에 따라 커플들이 민권적 파트너 관계보다는 혼인을 선택하는 추세는 지속될 것으로 보인다.

그럼에도 혼인 평등권에 대한 일반인들의 태도는 국가별로 또한 동일 사회에서도 커다란 다양성을 드러내고 있다. 유럽처럼 하나의 지역으로 묶일 수 있는 곳에서조차 해당 국가별로 큰 다양성이 표출되고 있다(〈그림 15-4〉 참조). 유로바로미터 실태 조사(European Commission 2006)에서 응답자들에게 '동성애자 혼인은 전全 유럽 사회에서 인정되어야 한다'는 데 동의하는지 여부를 물었는데, 네덜란드 응답자의 82퍼센트가 동의했고, 스웨덴 71퍼센트, 덴마크 69퍼센트, 벨기에 62퍼센트가 동의하는 것으로 집계되었다. 그러나 대다수 동유럽 국가들의 경우, 단지 응답자의 소수만이 동의했다. 루마니아 11퍼센트, 불가리아 15퍼센트, 폴란드 17퍼센트였다. 조사가 실시된 25개 유럽연합 국가들 가운데 8개국만이 50퍼센트 혹은

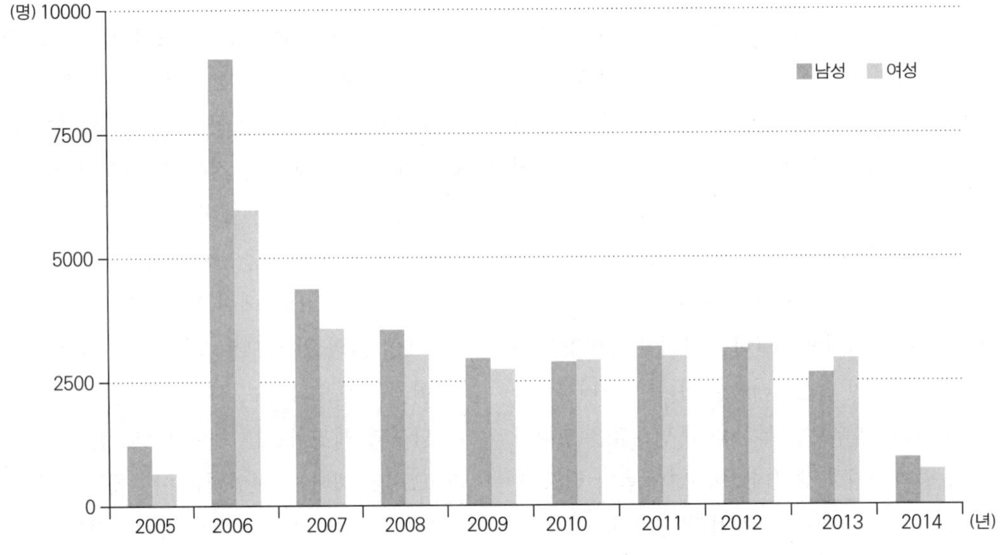

그림 15-3 영국의 민권적 파트너 수, 2005~2014

출처: ONS 2015e.

나라별 결과

나라	비율
네덜란드	82%
스웨덴	71%
덴마크	69%
벨기에	62%
룩셈부르크	58%
스페인	56%
독일	52%
체코	52%
오스트리아	49%
프랑스	48%
영국	46%
핀란드	45%
유럽연합(25)	44%
아일랜드	41%
이탈리아	31%
슬로베니아	31%
포르투갈	29%
에스토니아	21%
슬로베니아	19%
헝가리	18%
몰타	18%
리투아니아	17%
폴란드	17%
그리스	15%
키프로스	14%
라트비아	12%

기타

나라	비율
불가리아	15%
루마니아	11%

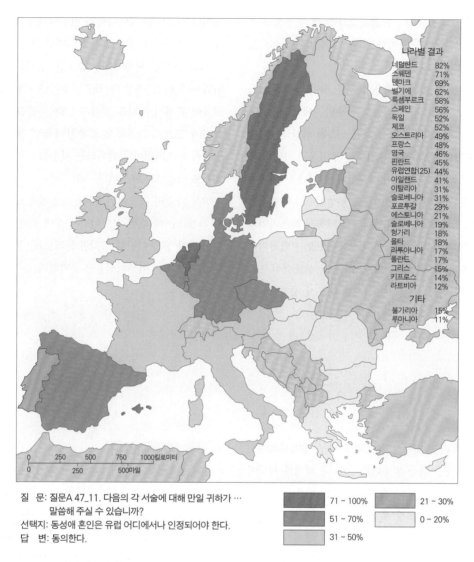

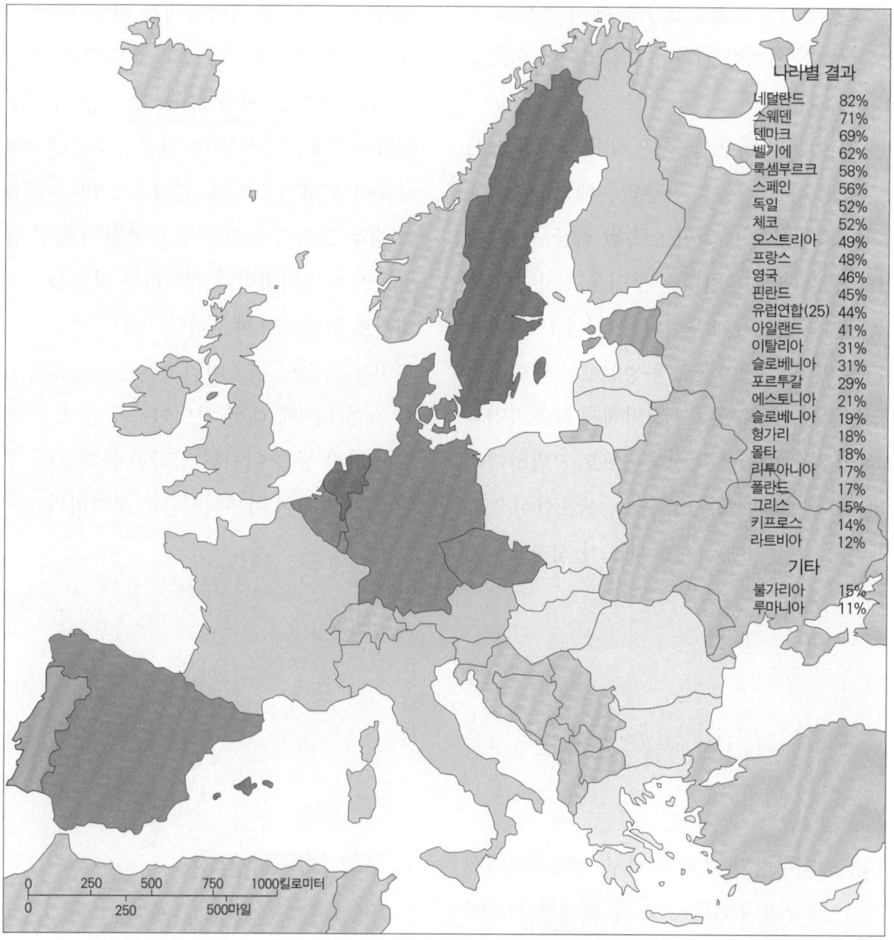

질 문: 질문A 47_11. 다음의 각 서술에 대해 만일 귀하가 …
 말씀해 주실 수 있습니까?
선택지: 동성애 혼인은 유럽 어디에서나 인정되어야 한다.
답 변: 동의한다.

0 250 500 750 1000킬로미터
0 250 500마일

색상	범위	색상	범위
	71 ~ 100%		21 ~ 30%
	51 ~ 70%		0 ~ 20%
	31 ~ 50%		

그림 15-4 유럽 국가별 '동성애 혼인'에 대한 태도, 2006

출처: European Commission 2006.

그 이상의 비율로 질문 내용에 동의한 것으로 나타났다. 이는 해당 국가 정부가 점점 더 동등화된 혼인권을 인정하는 추세로 나아가고 있음을 보여 주는 하나의 재미있는 결과다.

섹슈얼리티에 대한 '여론'은 종교적 믿음이나 정치 성향에 기반한 강한 거부감과 더불어 실로 엄청나게 다양하며, 법률 개정이나 사회정책이 항상 여론과 일치하지는 않

으나 동시에 여론을 바꾸는 데 작용하기도 한다. 성소수자 LGBT에 속하는 많은 사람들에게 민권적 파트너십의 탄생은 진보를 대표하는 것이 아니라 오히려 이성애자 파트너 관계와 동성애자 파트너 간의 차이만 강화하는 것이다. 진정한 진보란 만인에게 법률 혼인과 똑같은 수준에서 지위, 권리 및 의무에 대해 완벽한 동등이 전제되고 확보될 경우에 달성된다. 2015년 중반 현재 미국, 스페인, 네덜란

드, 노르웨이 및 스웨덴을 포함한 22개국에서 동성애 커플에 대한 명실상부한 완벽한 권리가 보장되기에 이르렀다(Pew Research Center 2015).

1960년대 후반 이전의 경우, 대부분 게이 남성과 레즈비언들은 자신들의 성적 취향을 감추었는데 '벽장 속에서 튀어나오기인 커밍아웃'을 하면 소속된 직장, 가족, 친구들로부터 대가를 지불해야 한다는 두려움과 차별과 증오 범죄에 노출될 수 있었기 때문이다. 그러나 1960년대 후반 이후부터 일반 대중이 이들의 동성연애자적 현실을 공개적으로 인정하게 되었고, 여러 지역에서 레즈비언과 게이 남성의 삶이 많은 영역에서 정상궤도로 진입하기에 이르렀다(Seidman 1997). 맨체스터, 뉴욕, 샌프란시스코, 시드니 및 그 밖의 전 세계에 산재한 대도시 지역에서는 게이나 레즈비언 지역사회가 번창일로에 놓여 있다. '커밍아웃'은 이를 실행에 옮긴 본인뿐만 아니라 더 큰 규모의 사회 속 다른 사람에게도 중요한 의미를 지닐 수 있게 되었는데, 이전 '벽장 속' 레즈비언이나 게이들에게는 자신들이 혼자가 아님을 실감하게 하는 한편, 이성애자들의 경우 그들이 존경해 왔고 추앙해 왔던 유명 인사나 친구들이 레즈비언이나 게이라는 사실을 인정하도록 하는 계기로 작용했기 때문이다.

비록 다수의 레즈비언, 게이, 양성애자 및 트랜스젠더와 간성LGBTI에 대한 차별이나 동성애 공포증에 대한 직접적 반감 등은 여전히 심각한 문제로 남아 있으나, 괄목할 만한 진척이 이루어졌음은 분명하다.

세계화, 인신매매, 성 노동

이 장에서 우리는 대부분의 토의를 서구 산업사회에서 전개된 쟁점에 초점을 맞추었다. 그러나 세계화 시대에 즈음해, 사회운동은 국가 간 네트워크를 더욱 견고하게 구축하고 있으며 효율성 제고를 위해 그리고 계속되는 여성 착취에 대항해서 싸우기 위해 보다 세계적 성향을 보이고 있다. 개발도상국의 경우, 여권론은 절대 빈곤에서 벗어나기 위한 운동을 의미하며 동시에 대가족을 선호하면서 피임을 싫어하는 전통적 남성들의 태도를 변화시키는 작업을 의미하는 데 반해, 선진국의 여권론은 취업 평등, 적절한 자녀 양육시설 제공 및 여성에 대한 폭력 중지를 위한 지속적인 캠페인을 의미한다. 세계적 차원에서 빈국貧國과 부국富國 사이에 전개되는 여성운동을 하나로 묶어 주는 한 분야는 세계적 구도에서 전개되는 성 산업에 관여된 여성, 특히 젊은 여성의 착취에 관한 것이다.

세계적 성매매 산업

'섹스 관광'은 태국이나 필리핀을 포함해 세계 몇몇 지역에 존재하고 있다. 극동 지역에서 섹스 관광의 발단은 한국전쟁이나 베트남전쟁 중에 미군 부대를 위한 성매매를 공급한 데서 비롯되었다. '휴식과 오락' 센터가 태국, 필리핀, 한국 및 대만에 설치된 바 있다. 특히 필리핀에 아직도 몇 곳이 남아 있는데, 이곳에서는 해당 지역 주둔 군속뿐만 아니라 관광객을 실어 나르는 정규 선박 안에서 거래가 이루어지고 있다.

오늘날 성매매가 목적인 패키지 관광 여행은 유럽, 미국 또는 일본 남성들을 이들 해당 지역으로 끌어들여 미성년과의 섹스를 제공하고 있다. 그러나 이러한 관광은 자국민의 '국경 바깥에서의 책임감'을 언급한 법률 조항 아래 영국, 호주, 캐나다, 일본과 미국을 포함한 30개국 넘는 곳에서는 불법 행위로 규정하고 있다. 그렇지만 이에 대한 법률 시행은 일관되지 않으며, 2004년도까지 일본의 경우 이 법조항 아래 한 건의 제소도 하지 않은 반면 미국은 섹스 관광으로 적어도 20건의 제소가 있었다(Svensson 2006).

더욱 저렴해진 세계 여행과, 아시아와 국제 환율 사이의 환율 격차가 심해 외국인에게는 섹스 관광이 더 손쉽고 매력적인 경험으로 다가올 수 있다. 재정적으로 절실한 가족의 경우 자식들을 성매매로 내몰기도 하며, 다른 부류의 젊은이들은 순진하게 '연예인' 혹은 '무용수' 채용 광고에 응모함으로써 부지불식간에 성 거래의 덫에 걸려들기도 한다. 농촌 지역에서 도회지로 이주하길 원하는 젊은 여성들이 성 산업 성장에 중요한 요인이 된다. 많은 여성들이 기회만 주어진다면 전통적이고 구속하는 것이 많은 자신의 고향을 버리고 도회지로 떠나길 갈망하기 때문이다(Lim 1998). 남동 유럽 지역의 알선 실태를 다룬 한 연구에 의하면, 2003~2004년간 인신(매매) 알선의 대다수 피해자는 노동, 구걸, 비행 또는 입양이나 성적으로 착취당한 피해자로 밝혀졌다(Surtees 2005: 12).

해당 정부들은 인신매매 근절을 위한 법률을 제정하려고 움직이고 있다. 영국의 경우, 2002년 국적 이주 및 임시보호소법이 성매매를 위한 인신매매 행위를 형사 소추 대상으로 규정한 바 있다(2004년도에는 가사 노역이나 강제 노동을 위한 인신매매까지 그 영역을 확대했다). 분명히 세계화는 사람들이 보다 빠르게 국가 간의 국경 이동을 실행할 수 있게 도모하고 있으며, 새로운 형태의 이주가 등장하고 있다. 상대적으로 부유한 서양인들은 개발도상국의 상대적으로 가난한 사람들로부터 성을 매수하기 위해 단기간 여행길에 나서는 한편, 가진 것이 없는 동유럽 여성들은 대부분 남성들로 구성된 갱조직화된 인신매매단에 의해 '성 노동'에 종사하도록 강요받고 있다. 세계화된 섹스 산업의 피해자들이 직면하는 삶은 타블로이드 신문기사에 실린 '해방되고' '의기양양한' 탭 댄서나 그 밖의 섹스 노동자들이 인터뷰에서 밝힌 삶의 양식과 너무나 동떨어진 모습이다.

성매매와 성 노동

성매매는 금전 취득을 위해 성적 행위를 수용하는 것으로 정의할 수 있으며, '성매매'라는 단어는 18세기 후반 들어 일상적 용어로 정착되었다. 현대 성매매의 핵심 관건은 여성과 고객 간에 일반적으로 인간적인 관계가 없다는 점이다. 남성이 '단골고객'은 될 수 있어도, 처음부터 그 관계는 개인적 안면이 있는 관계에 기반하지 않은 상태에서 성립된다. 성매매는 소규모 지역사회의 해체, 거대한 비인간적 도시 지역 개발 및 사회관계의 상업화 등과 직접 연계되어 있다. 새롭게 개발된 도시 지역의 경우, 보다 익명에 기반한 사회 연결망이 쉽게 성립될 수 있는 것이다.

유엔은 성매매를 조직하거나 성매매 행위에서 이윤을 취득하는 행위를 비난하는 결의안을 1951년 통과시킨 바 있으나, 그러한 성매매를 금지하지는 않고 있다. 각국의 성매매 법안 내용은 다양하다. 어떤 사회에서는 성매매 자체가 불법인 한편, 다른 사회에서는 길거리 유혹이나 아동 성매매와 같은 특정 유형만 금지하고 있다. 몇몇 나라의 중앙 혹은 지방 정부는 독일의 '에로스센터'나 암스테르담의 '섹스하우스'와 같이 공식적으로 인정한 성매매 업소나 섹스팔러sex parlor를 상대로 영업 허가증을 교부하고 있다. 1999년 10월 네덜란드 의회는 성매매를 공식 직업군으로 인정했는데, 성 산업 종사 여성이 3만 명으로 추산되고 있다. 성 거래가 이루어지는 모든 곳은 현재 지방 정부 당국에 의해 규제되며, 인가를 받아야 하고 검사 대상이 되고 있다. 그러나 남성 매춘부는 단지 몇 개국에서만 공인하고 있다.

성매매를 금지하는 법안은 고객을 거의 처벌하지 않는다. 여러 사회에서, 성적 서비스를 구매한 사람들은 체포하거나 고소하지 않으며, 법정 절차를 밟을 경우 그들의 인적 사항을 공개하지 않는다. 그러나 스웨덴(1999년 이후), 노르웨이와 아이슬란드(2009년 이후)는 성적 서비스를 구매buying하거나 성매매 업소에서 기둥서방 노릇을 하거나, 확보 또는 운영하는 행위를 범죄화하되 성적 서비스를 판매selling하는 행위는 범죄화하지 않는 법안을 실시했다. 이것은 여성 매춘부에서 여성의 서비스를 구매하는 남성 고객으로 낙인 부담을 이동시키고자 하는 의도를 가지고 있으며, 종국적으로는 성매매에 대한 수요를 줄이고자 하는 희망이 깔린 조처였다.

성을 파는 사람에 대한 연구보다 고객에 대한 연구는 훨씬 적게 이루어졌으며(샌더스Sanders[2008] 참조), 매춘부에게는 종종 언급되거나 인지되는 논리 — 이들은 심리적으로 불안하다 — 가 고객들에게 해당될 수 있다고 주장하는 경우는 거의 없는 실정이다. 연구에 나타난 이러한 불균형 현상은 남성이 여러 형태의 성욕 분출구를 적극 찾아나서는 것은 '정상'이지만, 이러한 욕구를 충족시켜 주는 부류들은 비난받아야 한다는 섹슈얼리티에 대한 전통적 고정관념을 무비판적으로 반영한 결과로 보인다.

성 노동

오늘날 사회학자에게 성매매는 성 노동sex work의 한 형태로만 널리 인지되고 있다. 성 노동은 동의가 이루어진 성인 간에 — 물론 비록 역사적으로 아동(및 성인)은 착취적 성 노동으로 내몰렸거나 지금도 내몰리고 있지만 — 금전적 교환을 매개로 성적 서비스를 제공하는 것으로 규정할 수 있다. 매춘부처럼 성 노동자 대다수는 여성이며, 성 노동에는 적어도 다음과 같은 모든 범주가 포함된다. 포르노 영화배우, 누드 모델, 스트리퍼, 라이브 섹스 쇼 연기자, 성적 흥분을 불러일으키는 마사지 제공자, 폰섹스 종사자, 금전적 교환 목적으로 자택에서 인터넷 매체를 이용한 '웹 카메라 섹스' 등이 그것이다(Weitzer 2000).

1970년대 원조 성 노동자 개념은 성 산업에 종사하는 매춘부나 그 외 여성들의 현실을 탈脫낙인시키는 것이 목표였다. 성적 서비스가 자유롭게 동의한 성인 간에 교환되는 측면을 전제했을 때 그러한 노동은 여느 다른 유형의 노동처럼 취급되어야 하며, 특히 성매매는 탈범죄화되어야 한다고 주장되었다. 오늘날 전 세계 지역에 존재하는 매춘부들은 과거 그들이 그러했던 것처럼 보다 빈곤한 사회적 배경 출신자들이지만, 지금은 상당수의 중산층 여성들도 앞서 소개된 다양한 형태의 성 노동에 종사하고 있으며, 몸담고 있는 자신의 노동이 유용하고 존경받는 성적 서비스라고 생각하고 있다. 성 노동자로 10년 차 경력을 쌓은 로나Rona는 다음과 같이 주장한다(2000).

> 그래요, 그건 하나의 전문직이에요. 내 생각에는 하나의 완벽하게 존경받는 전문 직업이라는 거죠. 학교 교사, 회계사 혹은 그 누구와 동일한 방식으로 대접받아야 한다는 거죠……. 매춘부로서 자발적으로 선택한 사실이 어째서 내가 한때 몸담았던 간호사직과 어떤 차이가 나는 것으로 여겨져야 하죠? 사회적 낙인이 찍혀서는 안 되죠. 나는 청결하고 편안한 환경에서 근무하며, 정기적으로 건강검진도 받고, 다른 직업인과 똑같이 납세 의무도 모두 성실하게 이행하고 있어요.

성 노동 종사자를 위한 노조 결성은 생뚱맞은 것으로 생각될 수도 있으나, 작업에 필요한 건강과 안전이 보장되어야 한다는 맥락에서 임금과 근로조건 그리고 성 산업을 떠나려는 사람들을 위한 (재)훈련에의 접근 가능성 등 분쟁이 발생할 때 필요한 법률적 도움 등에 관한 사항으로서 이러한 쟁점은 주류 노조 활동의 핵심 안건으로 자리 잡고 있다. 성 노동자들은 노조 결성이 성 산업에 존재하는 착취와 학대를 제거하는 데 도움을 줄 수 있다고 강조한다. 예를 들어 2000년 결성되어 런던에 기반을 둔 성 노동자 국제연맹the International Union of Sex Workers, IUSW은 성 노동의 전문직화를 위한 첫 단계로 노조 결성을 꼽고 있으며, 2002년에는 영국의 거대 일반 노조인 GMB에 가입한 바 있다. IUSW는 동의하는 성인 간 행위를 포함하는 성 노동의 탈범죄화 전문 결사체 또는 노조 결성을 행동으로 옮길 수 있는 성 노동자의 권리 확보를 위해 캠페인을 전개한다.

그럼에도 성 노동 개념은 논쟁거리로 남아 있다. 많은

여성 성 노동자들의 세계적 거래

세계 사회 15-3

여성이나 소녀들을 대상으로 한 국가 간 인신매매human trafficking가 최근 들어 훨씬 더 중요한 의미를 지닌 쟁점으로 부각되었다. 예를 들어 매춘부나 성 노동자가 되기 위해 서유럽 지역으로 여성들의 인신매개가 급격하게 확산되고 있다. 비록 얼마나 많은 사람들이 인신매매의 희생자가 되는지 정확한 수치는 알려지지 않고 있지만, 유엔 약물및범죄사무소가 집계한 2010년 통계 자료의 신빙성 있는 통계치에 의하면 14만 명의 인신매매 희생자가 존재할 것으로 추정한다(UNDOC 2010: 4). EU 국경선이 불가리아나 루마니아 같은 신입 회원국으로 확장 편입됨에 따라, 더 많은 환승 노선이 부유한 서유럽 국가들로 진입 가능한 통로가 되었거나 새로운 국경 국가들은 그 지역 자체가 번창하는 섹스 산업의 최종 정착지로 변했다.

인신매매 피해자는 또한 '인신매매 재발'에 노출될 수 있다. 피해 지역에서 이동한 후 (많은 경우 2년 이내에) 또 한 번 새로운 인신매매 대상이 되기 때문이다(Surtees 2005). 인신매매 재발에 관한 추정치는 편차가 크며 비교적 소규모로 단행된 연구 결과에 기반하는 경향이 있다. 스티븐스미스Stephen-Smith(2008)는 인신매매로 영국에서 성적 학대를 당한 피해자 여성의 비율은 21퍼센트인 반면, 2003년의 경우 인도에서는 같은 범주에 해당하는 피해 여성 비율이 25.8퍼센트에 이른다고 밝혔다(Sen and Nair 2004). 그렇지만 다른 연구에 의하면 남동 유럽 지역의 인신매매 재범률은 3퍼센트인 반면, 알바니아의 경우 강제 노동을 위해 인신매매된 피해자들의 45퍼센트가 다시 피해자 신분으로 전락하는 것으로 나타났다(Surtees 2005).

인신매매 재발은 피해자가 이 세계에서 퇴출하거나 인신매매 상황에서 도주한 후 발생한다. 이것은 국경을 넘나드는 국제 인신매매 또는 귀향 후 해당 국가 인신매매 조직과 연계된 두 번째 사건이 전개됨을 의미한다. 국제 이동 조직IOM 인신매매 자료집을 바탕으로 인신매매를 당한 여성을 대상으로 79가지 사례를 연구한 욥Jobe의 연구 분석에 의하면, 여성, 젊은 집단 및 아동이 인신매매 재발에 가장 취약한 집단임이 밝혀졌다(2010: 11~12). 이 연구는 또한 인신매매 재발이 피해자가 귀향해 정상적인 사회생활로 복귀하고자 할 때 직면하는 문제로서 발생하고 있음을 밝혔는데, 특히 다음에 해당될 경우 더욱 그랬다.

- 인신매매 피해자가 귀향한 뒤, 인종적 소수 집단자로서 차별 대상이 되고 있는 지역
- 출생 국가의 젠더 불평등이 심한 지역
- 출생 지역의 국내 갈등이 진행 중이거나 최근에 경험하고 있는 지역
- 피란민이거나 난민 신분
- 15~25세의 연령층이면서 가족의 지원이 결여된 경우
- 음주 또는 약물 의존증이 있는 경우
- 인신매매로 인한 심리적 또는 사회심리적 문제를 겪고 있는 경우

인신매매는 양성 모두에게 영향을 끼치지만 연구 결과물의 유용 가능한 증거에 의하면 젠더화된 유형이 뚜렷하게 드러나고 있으며, 그중에서도 젊은 여성이나 소녀들이 가장 큰 피해자가 되고 있다. 이 분야에 대한 연구가 더욱 많이 수행될 필요가 있으나, 인신매매 및 인신매매 재발은 21세기 들어 세계적 차원의 젠더 불평등에 특히 심각하고도 유해한 측면이 되고 있음이 분명해 보인다.

여권론자들은 성 노동이야말로 성적 학대, 마약 중독 그리고 궁극적으로는 남성에 대한 여성의 복속에 깊이 연계돼 여성의 지위를 저열화시킨다는 전제 아래, 성 산업 반대 캠페인을 적극적으로 전개하고 있다. 보다 최근에일부 여권론자들이 성 노동을 재해석했는데, 성 노동 종사자 전부는 결코 아니라고 할지라도 많은 여성 성 노동자들의 경우 수입이 좋고, 자신이 하는 일을 즐기고 있으며, 가난하고 성적으로 학대받은 채 마약 중독이라는 정황 속에서 성매매를 강요받는다는 고정관념에 맞지 않다고 주장한다(O'Neill 2000). 이들 여성

들에게 성 노동은 상대적으로 수입이 높은 가치 있는 일감이다. 많은 성 노동자들은 스스로의 삶을 통제하며 꾸려 갈 수 있는 독립적인 사람들로서 다른 고용 분야에서 성공한 여성들과 다를 게 거의 없다고 스스로를 규정하고 있다(Chapkis 1997).

잉글랜드 지역 스트리퍼를 다룬 연구에서 틸라 샌더스Teela Sanders와 케이트 하디Kate Hardy는 87퍼센트가 적어도 고등 교육자들이고, 4분의 1 정도는 대학 졸업자였으며 3분의 1은 (대)학생들이라고 밝혔다(2011). 비록 거의 40퍼센트는 다른 직장과 다른 수입원이 있었으나 60퍼센트는 댄스가 그들의 유일한 수입원이었다. 샌더스와 하디는 직무 만족도가 '엄청나게 높았으며', 응답자 대다수(76.4퍼센트)는 자신의 일에 대해 '행복'하거나 '아주 행복하다'고 답변한 것으로 집계됐다. 70퍼센트 이상은 나아가 이 직종의 긍정적인 점으로, 자율적인 근무 시간 지정, 다른 직종보다 높은 임금 수준, 근무 종료와 더불어 바로 임금이 지급되어 종사자들이 독립적이고 안정된 삶을 살 수 있게 해 준다는 점, 그리고 '재미'와 '일'이라는 두 마리 토끼를 잡을 수 있는 현실을 꼽았다. 어떤 스트리퍼는 장점을 다음과 같이 요약했다. "더 나은 보수, 업무에 몰입 필요 없음, 원할 때 이직할 수 있음, 원하는 것을 마실 수 있음."

그렇지만 이 연구에서 상당한 비율의 스트리퍼들은 불안정한 수입, 경력 전망 부재, 근무 사실을 비밀에 부쳐야 하는 점, 무례하고 거친 고객들, 남성에 대한 존경심 상실, 자신에 대한 혐오감 같은 부정적 측면을 지적했다. 응답자 가운데는 업무 성격상 정서적으로 감당하기 힘들며, 클럽들 중에 위험하거나 착취적인 곳도 있다고 보고했다. 분명히 스트립쇼는 일률적이거나 전적으로 하나같이 긍정적 측면만 있는 것은 아니지만 대부분의 종사자에게 긍정적인 측면이 부정적 부분을 상쇄하는 것으로 나타났는데, 이는 적어도 성 노동의 어떤 유형 가운데는 가난한 배경의 젊은 여성이 유급의 성적 행위로 내몰리고 있다는 고정관념적 이미지는 더 이상 정확한 현실이 아님을 반영하는 논리에 힘을 실어 주고 있는 듯하다.

그렇지만 성매매와 달리 스트리퍼는 일반적으로 고객과 신체 접촉이 없으므로 다른 유형의 성 노동자의 경험을 대변하지 못할 수도 있다. 사실 성 노동의 포괄적 다양성과 이질적 형태를 전제했을 때, 착취적이라거나 세력화하는 특성으로 일반화하려는 시도는 현명하지 않을 것이다. 오히려 21세기 성 노동의 장점과 위험성에 대해 더 이해하고자 한다면, 연구자들은 이에 대해 다양한 유형을 조사하고 비교할 필요가 있을 것이다.

비판적으로 생각하기 THINKING CRITICALLY

여성 성 노동자들이 성 노동에 대해 일반적으로 만족을 표명한다면, 여권론자들이 성 노동의 착취성에 대해 캠페인을 전개하는 것은 합당한 논리인가?

결론

오늘날 생물학적 성, 젠더 및 섹슈얼리티에 관한 논쟁에 빠져드는 일은 30년 전보다 훨씬 어려운 작업이 되고 있다. 여성학 분야의 언어나 용어에서처럼, 이론적 입장이나 논쟁거리가 끊임없는 흐름 속에 놓여 있는 것 같다. 사회학에 입문하는 신입생들은 이러한 상황에 어리둥절해할 수도 있다. 그러나 이 분야가 아주 복잡해진 이유가, 사회학자들이 학문 세계에서 타고난 논쟁 지향적 집단(비록 그들이 그렇다고 하더라도)이기 때문이 아님을 기억해야만 한다. 오히려 사회 변화 속도가 사회학자들로 하여금 현실 속에서 변화 중인 상황을 이해하기 위해 새로운 개념이나 이론이 수정되도록 몰아가고 있다.

한 가지 예를 들어 보면, 1970년대 2차 여권론물결을 특징지었던 생물학적 성sex과 젠더의 구분은 단지 출생 시 생물학적 성이라는 토대에 기반해 남성과 여성의 정체성을 지목하는 급진적 해결책을 제시하는 논리로 보였다. 여성스러움과 남성스러움에 대한 사회적 규범이 시간이 흐름에 따라 변했고 사회마다 다르다는 것을 인식하게 되면서 사회학자들이 그 변화 과정을 추적할 수 있었고, 젠더화된 행동은 단지 생물학적 산물이 아님을 입증하게 되었다. 한동안 생물학적 성/젠더 구분이 다소 가치 있는 결과물을 생산해 낸 연구자들에게는 해결에 도달한 패러다임을 제공한 바 있다. 그러나 오늘날에는 이러한 이전의 급진적 접근 역시 근본주의에 함몰된 것으로 간주되는데, 생물학적 성은 생물학적으로 주어진 상수常數인 한편 젠더만이 오로지 변화 대상이라는 논리를 무비판적으로 수용하기 때문이다. 이 분야의 관점들과 개념들은 아주 빠르게 수명을 다하는 것 같다.

그러나 우리의 마지막 성 노동과 인신매매 사례가 보여 주듯이, 세계화된 사회질서 속에서 모든 것이 흐름 속에 있거나 변화하는 것은 아니다. 남성 지배 그리고 아동 및 젊은 여성 착취는 21세기인 오늘날에도 진정한 의미에서 세계적 규모로 지속적으로 전개되고 있다. 선진국에서 성취된 젠더와 성적 평등의 진척 — 상당한 진보가 이루어졌다 — 은 개발도상국의 경우 일반적으로 투영되지 않았다. 젠더와 섹슈얼리티 이론들은 빠르게 변화하는 세상에서 적응하는 한편, 경험주의사회학은 만일 우리가 이 세상의 상대적 부국과 빈국 사이의 젠더 불평등에 대한 세계적 과정이 부여하는 파급력을 이해할 수 있다면 권력, 불평등 및 차별에 대한 장기적인 쟁점에 지속적으로 초점을 맞출 필요가 있는 것이다.

복습

Chapter review

1 생물학적 성sex과 사회적 성gender의 차이는 무엇인가?
2 '생물학적 성과 젠더 모두 사회적으로 구축되었으며 또한 다양한 방식으로 형성되거나 변용된다. 예를 들어 가면서 사람들의 젠더 정체성의 결과를 설명해 보자.
3 젠더사회화가 무엇을 의미하는지 예를 들어 설명해 보자. 젠더사회화에 대한 전통적 견해에 존재하는 문제로는 무엇이 있는가?
4 여러분 자신의 언어로, 코넬의 젠더 서열론을 설명해 보자. 세계화 시대에 이러한 서열이 변화하고 있음을 알 수 있는 증거로는 무엇이 있는가?
5 '동성애 관계는 지금 사회에서 널리 수용되고 있다.' 이 말을 지지 또는 반박하는 반증들로 관련 장章에서 어떠한 것이 소개되었는가?
6 트랜스젠더와 시스젠더의 차이를 설명해 보자. 트랜스젠더 유명인사에 대한 일반인의 고양된 인지도는 현대 사회의 이성애 정상正常주의에 대해 어떠한 도전을 가해 왔는가?
7 주류 여권론자 접근들은 모두 젠더 불평등은 어느 정도 '자연스럽다'는 견해를 부정한다. 자유주의 여권론, 사회주의 여권론과 급진주의 여권론 간의 주요 차이점은 무엇인가? 이들 3대 관점은 가부장제 개념을 어떻게 활용하는가?
8 포스트모더니즘 및 포스트구조주의 여권론과 퀴어이론은 그 이전의 젠더와 젠더 불평등론과 어떻게 완전히 다른 별개로 보이는가?
9 2차 여권론물결과 3차 여권론물결의 주요 차이점은 무엇인가? 3차 물결은 '후기여권론'을 대변하는가, 아니면 여권주의자 행동주의의 재무장을 의미하는가?
10 '성 노동'이란 무엇인가? 그것이 노동의 한 종류로 인정되어야 하는지, 아니면 여성 착취로 규정되어 타파되어야 할 도전에 직면해야 하는지에 대해 여권론 내부의 주장을 토의해 보자.

실제 연구

Research in practice

젠더 불평등의 변화에 시간이 오래 걸리는 결정적 장애 요인 중 하나로 젠더화된 가사노동 분업 구도를 들 수 있다. 포스트 여권주의 시대에 들어서조차, 가사노동은 여전히 '여성의 노동'으로 간주되고 있는 것 같다. 더 많은 여성이 유급직 고용에 진출함에 따라, 남성 파트너보다 더 많은 소득을 가진 여성들은 결국 가사 업무를 남성들과 공유할 것인가? 이 쟁점을 유념하면서 다음의 논문을 읽어 보고, 해당 질문에 답변해 보자.

Lyonette C., and Crompton, R. (2015) 'Sharing the Lord? Partner's Relative Earnings and the Division of Domestic Labour', *Work, Employment and Society*, 20(1): 23~40.

1 이 논문의 연구 방법은 무엇인가? 사용된 연구 방법을 소개해 보자. 제기된 질문의 표본은 적절했는가?
2 저자들은 맞벌이 커플이 담당하는 수입과 가사노동의 관계를 다룬 기존 문헌에서 어떤 결론을 얻었는가?

3 남편이 '가사노동에 주도적 책임을 져야 한다'고 보고한 남성과 여성은 몇 명에 이르는가?
4 '남성 무능력의 신화' 그리고 '젠더 근본주의'는 무엇인가? 이러한 견해가 젠더 '비非수행하기'와 '수행하기' 모두에 어떠한 영향을 행사했는가?
5 여성의 수입과 젠더화된 가사노동 분담의 관계에 대해 저자들이 내린 결론은 무엇인가?

생각해 볼 것

Thinking it through

포스트모더니즘 여권론과 퀴어이론의 발전은 사회학계에서 보다 전반적인 '문화로의 방향 전환'의 한 가지 방법으로 볼 수 있을 것이다. 후자(사회학계)는 마르크스주의와 같이 오래되고 유물론적인 관점에 기반한 사회적 삶의 형성에 끼친 영향력 있는 담론이라는 논리에 기반해 급진적 형태의 사회구성론을 맞이했다. 그러나 이러한 방향 전환에 대해 누구나 긍정적으로 평가하는 것은 아니며, 스티비 잭슨Stevi Jackson은 아래 논문에서 문화주의 관점은 어떤 면에서는 유물론적 분석에 못 미친다고 주장한다. 문화 이론에 대해 지적한 주요 비판에 주목하면서, 논문을 읽어 보자.

Jackson, S. (2001) 'Why a Materialist Feminism is (Still) Possible – and Necessary', *Women's Studies International Forum*, 24 (3~4): 283~293.

읽은 후 저자가 의미하는 '유물론자 여권론'은 무엇이며, 저자는 왜 '사회학적 접근'이 생산적이라고 생각하는지, 그리고 저자는 '사회구성론'을 어떻게 재정의하는지 설명해 보자. 한마디로, 이 논문의 논지는 이론적 설득력을 갖추었는가?

예술 속의 사회

●●Society in the arts

1 최근 들어 특히 미국의 경우 트랜스젠더가 텔레비전 프로그램이나 극중 등장인물로 출연하는 추세가 생겨났다. 표면적으로는 사회에서 트랜스젠더를 수용하는 하나의 징표로 보인다. 그렇지만 텔레비전 매체에서 유명인사나 영화배우인 트랜스젠더끼리 '혼인'한다는 소식을 전하는 것은 보다 광범위한 트랜스젠더 사회에 전혀 도움이 되지 않을 수 있다는 비판적인 경고의 목소리가 있다. 이 주제와 관련해서 아래 작품을 읽어 보자.

www.huffingtonpost.com/terri-lee-ryan/are-there-too-many-transg_b_7845150.html.

이 작품의 저자에 따르면, 텔레비전이 보여 주는 트랜스젠더의 인물 설정과 해당 쟁점에서 정확하게 무엇이 문제 되는가? 소개된 다양한 연속물 가운데 한두 가지 에피소드를 시청해 보자. 사회 계급이라는 쟁점은 무시되었는가? 연속물들은 비非트랜스젠더와 갈등이나 트랜스젠더 공포 관련 증오 범죄를 다루고 있는가? 트랜스젠더 영화배우가 한 명이라도 등장하는가? 다양한 연속물을 관통해 공유할 수 있는 주제가 있는가? 텔레비전에 등장하는 트랜스젠더들의 방식에 대한 여러분의 평가는 무엇인가?

2 Jennifer Siebel Newsom 감독의 다큐멘터리 영화 〈Miss Representation〉(2011)을 감상해 보자(여기 소개된 유튜브 공식 관리자는 www.youtobe.com/watch?v=Nw_QEuAvn6I이다). 이 영화는 미국 미디어계와 사회 전반에 만연해 있는 젠더 불평등 현실을 담고 있는데, 여성에 대해 집요하게 존재하는 1차원적 이미지와 그러한 여성에 대한 형상화, 그리고 미디어업계에 과소 연출되고 있는 여성의 현실이 끼치는 영향력에 대해 질문을 던지고 있다. 이 영화에 대한 감상평을 1천 자로 작성하되, 그 근거를 이 장章에 소개된 사회학적 이론에 연계시켜 전개하자. 결론으로서 대중매체가 사회 전반에 만연한 젠더 불평등 재생산에 엄청난 기여를 한다는 논리가 개괄적 수준의 평가 내용이 되도록 하자. 이러한 결론이 이 영화에도 적용되는가?

더 읽을거리

●●Further reading

사회학에서 젠더와 섹슈얼리티를 다룬 믿을 만한 입문서로는 Momin Rahman과 Stevi Jackson의 *Gender and Sexuality: Sociological Approaches* (Cambridge: Polity, 2010)가 있다. Amy S. Wharton의 *The Sociology of Gender: An Introduction to Theory and Research* (2nd edn, Oxford: Wiley-Backwell, 2011)는 젠더를 개인적, 상호작용적 그리고 제도적 관점에서 다루고 있다. Victoria Robinson과 Diane Richardson의 *Introducing Gender and Women's Studies* (4th edn, Basingstoke: Palgrave Macmillan, 2015)는 젠더 쟁점을 여권론자 이론화로 완벽하게 다루되 포괄적이면서 최신 형태로 제공하고 있다.

Judith Lorber의 *Gender Inequality: Feminist Theories and Politics* (5th edn, Oxford: Oxford University Press, 2012)는 젠더 불평등에 대한 여권론자 이론 발전사를 연대기적으로 다룬 뛰어

난 서적이다. Raewyn Connell은 *Gender: In World Perspective* (3rd edn, Cambridge: Polity, 2014)에서 젠더에 대한 사회과학적 접근으로서 엄밀하지만 아주 접근 가능한 개괄을 제공하고 있다. 주류 여권론의 업적을 자극적으로 다룬 현대적 평가 그리고 변화를 위한 운동으로서 미래 여권론의 방향 제시는 Sylvia Walby의 *The Future of Feminism* (Cambridge: Polity, 2011)에서 제공되고 있다.

마지막으로, 참고 서적을 찾고 있는 사람이라면 Mary Evans와 Carolyn H. Williams가 편집한 *Gender: The Key Concepts* (2012)를 참조하기 바란다.

사회 불평등에 관한 원전 모음집으로는 *Sociology: Introductory Readings* (3rd edn, Cambridge: Polity, 2010)를 **참조하기 바란다.**

관련 홈페이지

Internet links

- Additional information and support for this book at Polity
  www.politybooks.com.com/giddens
- The Women's Library
  www.lse.ac.uk/library/collections/featuredcollections/womenslibrarylse.aspx
- The Centre for Women's Studies
  www.york.ac.uk/inst/cws
- The Weeks Centre for Social and Policy Research
  www.lsbu.ac.uk/research/research-interests/sites/weeks-centre
- Queer Resource Directory
  www.qrd.org
- Eldis
  www.eldis.org/gender
- Voice of the Shuttle
  http://vos.ucsb.edu/browse.aspid=2711
- ILGA
  www.ilgal.org
- Feminst.com
  www.feminist.com

16

인종, 종족, 이주

Race, Ethnicity and Migration

핵심 개념

인종
종족
소수 종족 집단
편견과 차별

인종 차별주의는 여전히 지속되는가

'낡은' 인종 차별주의에서 '새로운' 인종 차별주의로
인종 차별주의에 대한 사회학적 이론

종족적 다양성, 통합과 갈등

종족적 다양성
종족 통합의 모형
고용, 주택, 형사 제도
종족 갈등

글로벌 시대의 이민

이민과 제국의 몰락: 1960년대 이후 영국
이민과 유럽연합
세계화와 이민
세계적 디아스포라

결론

스무 살의 미야모토 아리아나Miyamoto Ariana는 2015년 일본의 미스 유니버스 선발대회에서 진眞으로 선발되어 기뻤다. 미야모토는 일본에서 태어나 일본에서 자라 일본어를 모국어로 사용하지만, 일본에서 그녀의 성공을 보편적으로 환영한 것은 아니었다. 많은 일본인에게 그녀의 피부색과 외모는 미스 유니버스 대회에서 일본을 대표하기에 적당한 인물이 아니라는 인상을 주었다. 미야모토의 아버지는 미국 아칸소 출신의 흑인이었고, 어머니는 일본인이었다. 일본에서 이러한 사람은 '온전한' 일본인이 아니라 '반쪽짜리'로 불린다. 일부 트위터 사용자들은 공개적으로 "반쪽짜리를 미스 일본으로 선발하는 것이 괜찮은가?", 또 다른 사람들은 "그녀가 일본을 대표한다는 것이 못마땅하다"고 말했다. 미야모토도 길거리에서 일본 본토 사람들로부터 축하를 받기보다는 일본인이 아닌 관광객들로부터 더 축하를 받는다고 말했다(Wingfield-Hayes 2015).

여러 다른 문화권에서도 혼혈에 대한 경멸적인 용어가 적지 않게 사용된다. 예를 들어 1970년대까지 영국에서 '반쪽 카스트half-caste'라는 말이 백인과 흑인 부모의 자녀들을 지칭하는 용어로 사용되었다. 호주에서는 그 말이 백인 식민주의자와 원주민 사이에서 태어난 아이들을 지칭하는 말로 사용되었다. 비록 이러한 예가 단순히 서술적으로 보이지만, 그러한 용어들은 인종적 순수함이라는 생각과 연계되어 있다(카스트라는 용어는 '순수'를 의미하는 라틴어 castus에서 유래했다). 또한 혼혈을 통해 우월한 백인종이 약화된다는 점과도 연관되어 있다. 그리하여 '반쪽 카스트' 개념은 부정적으로 사용되었고, 혼혈 아동들은 낙인찍히고 아웃사이더 취급을 받았다.

미야모토 아리아나는 학교에서 같은 반쪽짜리였던 가장 친한 친구가 '낯선' 외모 때문에 항상 아웃사이더로 여겨져 자살한 사건에 대해 설명했다. "반쪽짜리가 얼마나 힘들지 우리끼리 많이 이야기했다. 그 친구는 죽기 사흘 전에 왜 우리가 다른 사람들로부터 배제되어야 하느냐고 말했다." 그러함에도 불구하고, 미야모토는 상대적으로 동질적인 일본 사회에서 반쪽짜리라는 개념이 그녀가 자신의 정체성을 더 잘 이해하고 품을 수 있게 했다고 말했다. "일본이 아닌 다른 나라에서는 반쪽짜리라는 말이 없지만, 여기에서는 그것이 필요하다고 생각한다. 혼혈 아동이 일본에서 살기 위해서는 그 말이 불가피하고 가치 있다고 생각한다." 우리 또한 그녀가 일본 미인 선발대회에서 우승을 했고, 그것이 일본에서 반쪽짜리와 연관된 낙인이 붕괴되기 시작했음을 의미한다는 것을 기억해야 한다.

미야모토의 경험은 사회 내에서 그리고 여러 사회에 걸쳐 인종, 종족, 국적과 정체성의 의미가 복잡하다는 것을 보여 준다. 그녀의 혼혈 부모는 '문제'로 인식되었지만, '일본인'이 의미하는 바가 인종 범주인가, 종족 집단, 아니면 단순히 국적 형태인가? 인종, 종족, 국적의 차이는 무엇인가? 반쪽짜리는 동질적인 다수 인구 속에 있는 작은 혼혈 집단을 지칭하는 것으로 여겨진다. 그러나 인종적으로 순수한 집단은 실제로 극소수에 불과한데 우리 대부분을 오랜 문화 교류와 사람들 사이의 지속적인 혼혈의 오랜 역사에서 어떤 식으로든 반쪽짜리라고 말하는 것이 더 정확한가?

이 장에서 보겠지만, '인종'이나 '종족'에 근거한 차별은 오래되었고, 선진국이나 개발도상국에서 모두 주요 사회문제로 남아 있다. 짧은 장에서 종족과 종족적 분열의 여러 형태를 제대로 다루기는 불가능하다. 그러므로 필요한 경우 여러 나라의 예를 들더라도, 우리의 초점은 영국의 상황에 맞춰질 것이다. 학문적인 사회학과 일반 사회에서 사용되는 인종과 종족 개념이 다루어지는 방식을 고려한 후, 선입견과 차별 및 인종 차별주의를 살펴보고, 이러한 것들의 지속성을 설명하는 데 도움을 주는 사회학 이론들을 개략적으로 알아본다. 우리가 제기하는 하나의 질문은 왜 인종적 구분과 종족적 구분이 갈등을 불러일으키는가 하는 것이다. 거기에서부터 이 장은 종족적 다양성, 다문화주의를 포함한 통합 모형과 종족 갈등의 예를 다룬다. 마지막 부분에서는 점증하는 규모와 세계적 이민의 중요성과 지리적 이동을 다룬다. 지리적 이동은 사회의 문화적 다양성뿐만 아니라 종족 집단들 사이의 관계를 지속적으로 새롭게 만들고 있다(Vertovec 2007).

핵심 개념

인종

대부분의 학자들에 의해 인종의 과학적 기반이 거부되었기 때문에도 이제 인종race은 사회학에서 가장 복잡한 개념 중 하나가 되었다. 그럼에도 불구하고, 많은 사람이 아직도 인간이 생물학적으로 독특한 '인종들'로 구분될 수 있다는 것을 받아들이기 때문에, 인종이라는 말이 광범위하게 일상적으로 사용되고 있다. 18세기 이래 학자들과 정부에서 피부색과 인종 형태에 기초해 사람들의 범주를 구분하려는 시도가 여러 차례 있었다. 구분의 틀은 일관성이 없었고, 일부는 네 가지 혹은 다섯 가지 주요 인종으로 구분하며, 다른 사람들은 36개 정도로 자세히 구분하기도 했다. 이러한 다양성은 사회과학적 연구에 적합한 신뢰할 만한 토대를 제공하지 않았다.

여러 문명에서 보통 더 밝고 더 어두운 가시적인 피부색의 차이에 근거한 사회집단의 구분이 만들어졌다. 그러나 근대 이전에는 인식의 차이가 부족이나 친족에 근거해서 만들어지는 경우가 더 흔했다. 이러한 집단들은 많았고, 구분의 근거는 생물학적 혹은 유전적 의미를 지니는 현대의 인종 개념과 상대적으로 연계되지 않았다. 과학적 방법에 근거한 인종 차이에 관한 이론들은 18세기 후반부와 19세기 초에 고안되었고, 영국과 유럽 국가들이 통치하는 지역과 해외 인구를 지배하는 제국이 되면서 등장하는 사회질서를 정당화하는 데 사용되었다.

현대 인종 차별주의의 '아버지'라고 불리는 조제프 아르투르 드고비노Joseph Arthur de Gobineau(1816~1882)는 인종을 백인(코카서스인), 흑인(니그로이드), 황인(몽골로이드)으로 구분하자고 제안했다. 고비노에 따르면, 백인은 우수한 지능, 도덕성과 권력 의지를 소유했으며, 이들의 우수함이 계승되어 서구인들의 영향력이 전 세계에 확산되었다고 보았다. 대조적으로 흑인은 동물적인 속성에 의해 드러나는 능력이 가장 떨어지고 도덕성과 감정적 안정성이 결여되어 있다. 이러한 거친 일반화는 오늘날엔 있을 수도 없는 인종주의지만, 지금까지 영향을 미치고 있다. 예를 들어 인종 우월성은 미국의 KKKKu Klux Klan와 같은 인종 차별주의 집단과 독일 나치의 이데올로기였다. 인종이 과학적인 개념으로 완전하게 인정받지는 못하지만, W. I. 토머스W. I. Thomas의 유명한 공리는 특정한 인종에 대한 사람들의 믿음이 지니는 물질적 결과를 보여 준다. "사람들이 상황을 실제라고 정의할 때, 그 결과에 있어서 그들은 실제다."(1928)

많은 생물학자들은 분명한 인종은 없고, 종으로서의 인간에 신체적 변이가 있을 뿐이라고 보고했다. 체형의 차이는 인구 동종교배에서 유래한다. 동종교배는 이질적인 집단 간 접촉 정도에 따라 달라진다. 눈으로 보이는 신체적 특징을 공유하는 인구 내 유전적 다양성은 인구들 간의 다양성만큼 크다. 이러한 발견의 결과로 학계는 인종 개념을 사실상 포기했다. 유네스코UNESCO는 「인종과 인종 편견에 대한 1978 선언」에서 이러한 점을 인식했다(1982: 3). "모든 인간은 단일한 종에 속하며, 공통의 줄기에서 유래했다. 존엄과 권리에서 평등하게 태어났고, 모든 사람들은 인류의 통합적인 부분을 이룬다."

어떤 사회과학자들은 학계에서 인종이라는 용어를 사용하는 것이 인종이 마치 실체가 있다고 공통적으로 믿는 믿음을 지속시키는 이데올로기적 구성물에 불과하다고 주장한다(Miles 1993). 그러므로 그것은 포기되어야 한다. 다른 사람들은 '인종'이 아직도 많은 사람들에게 의미를 지니고 있어서 무시될 수 없다고 주장한다. 역사적인 용어로 '인종'은 지배 전략의 하나로 권력을 가지고 있는 사회집단에 의해 사용된 대단히 중요한 개념이다(Spencer 2014). 예를 들어 오늘날 미국 내 아프리카 출신 미국인들의 상황은 노예 무역, 인종 분리와 지속적인 인종 이데올로기를 생각하지 않고는 이해될 수 없다(Wacquant 2010). 인종 구분은 사람들 사이의 차이를 그리는 방식 그 이상의 것이고, 권력과 불평등을 재생산하는 중요한 요소다. 그러므로 '인종'은 쟁점이 되는 개념이지만 아직도 중요하고, 사회학자들은 인종이 어디에 사용되는지 탐구해야 한다. 이러한 이유로, '인종'이라는 단어를 사용하지만, 소위 비과학적이고 문제가 많지만, 아직도 사회에서는 흔하게 사용되는 '인종'의 의미를 반영하기 위해 제시된 사회학 논문들과 책을 접하게 될 것이다.

비판적으로 생각하기 THINKING CRITICALLY

'인종'이라는 말이 사회에서 어떻게 사용되는가? '인종'이 신문과 미디어에서 어떻게 사용되는지 검토해 보자. 예를 들어 인종이라는 말이 생물학적 특성 또는 특정한 문화와 관련해 사용되는가?

> 평화적 과정에 대해서는 제22장 〈국가, 전쟁, 테러리즘〉에서 상세히 논의된다.

인종에 대한 이해가 개인이나 집단을 분류하는 데 사용되는 과정을 '인종화racialization'라고 한다. 역사적으로 집단은 자연적으로 발생하는 신체 모양에 근거해 특별하게 불렸다. 15세기 이래 유럽인들이 세계 여러 다른 지역 사람들과 더 많이 접촉하면서 자연적, 사회적 현상을 구분하고 설명하려는 시도가 이루어졌다. 비유럽 인구가 유럽의 '백인'과 반대 개념으로 인종화되었다. 예를 들어 이러한 인종화는 미국 식민지 노예의 사례나 남아프리카공화국의 아파르트헤이트 사례에서처럼 법률로 만들어진 제도적인 형식을 띠었다. 그러나 더 흔하게는 일상적인 사회 제도가 법이 아니라 현실 차원에서 인종화되었다.

인종화는 예를 들어 유럽 여러 나라에서 로마Roma(집시) 사람들에 대한 차별과 배제에서 보듯이, 유럽 내에서도 나타났다. 고용, 대인 관계, 주거, 의료 보장, 교육, 법적 대리와 같은 개인의 일상적 삶이 여러 면의 인종화된 체계 내 위치에 의해 영향을 받고, 제약을 받는다.

종족

'인종'이 생물학적으로 고정된 것을 의미한다면, '종족ethnicity'은 사회와 문화에 깔려 있는 정체성의 원천이다. 종족은 조상(인식된 혹은 실제)과 어떤 맥락에서 효과적이거나 적극적인 문화적 차이와 관련 있는 사회적 정체성의 형태다. 종족, 민족, 인종 모두 인구의 집단 혹은 범주를 지칭하는 것으로서, 종족은 '인종'보다 오랜 역사를 가지고 있고, 민족과 '인종'과도 밀접하게 연관된 개념이다(Fenton 2010: 14~15). 민족과 같이 종족 집단은 구성원의 자아 정체성에 의존하는 '상상의 공동체'다. 종족 집단의 구성원들은 자신들을 다른 집단과 문화적으로 다르다고 여기며 다른 집단에 의해서도 다르다고 여겨진다. 이러한 점에서 종족 집단은 다른 종족 집단들과 공존한다(Pilkington 2015: 73). 여러 가지 특징이 종족 집단을 구분하는 데 기여할 수 있지만, 가장 많이 사용되는 것은 언

남아프리카공화국의 아파르트헤이트

1948년부터 1994년에 최초의 자유로운 다인종 선거가 치러질 때까지 남아프리카공화국은 국가가 강제하는 인종 격리 레짐인 아파르트헤이트apartheid에 의해 지배되었다. 아파르트헤이트 체제는 사람들을 네 가지 범주로 구분했다. 백인(유럽 이민자 후손), 흑인(남아공 원주민), 유색인종(혼혈), 아시아계(중국, 일본, 그리고 기타 아시아 지역 이민자). 13퍼센트의 인구를 차지하는 소수의 남아공 백인이 비백인 다수를 지배했다. 비백인은 투표를 할 수 없었고, 국가 수준의 대표가 되지 못했다. 19세기 말에 도입된 인종 격리는 당시 화장실, 해변, 열차와 같은 공공장소에서부터 거주 지역과 학교에 이르기까지 모든 사회 수준에서 강제되었다. 수백만의 흑인들은 주요 도시에서 아주 멀리 떨어진 흑인 자치 구역에 모여 살아야 했고, 금광과 다이아몬드 광산에서 이주 노동자로 일했다.

아파르트헤이트는 법으로 정해졌지만, 폭력에 의해 잔인하게 강요되었다. 여당인 국민당은 아파르트헤이트 레짐에 대한 모든 저항을 억압하기 위해 법의 집행과 국가 안보기구를 사용했다. 반대 집단은 불법으로 취급되었고, 반정부 인사는 재판도 없이 구금되고 때로는 고문을 당했으며, 평화 시위는 자주 폭력으로 끝났다. 국제적인 비난과 경제적, 문화적 제재와 내부의 점증하는 저항이 이어진 지 수십 년이 지나자 아파르트헤이트 레짐도 약화되기 시작했다. 1989년에 대통령이 된 프레데리크 빌렘 데클레르크Frederik Willem de Klerk는 심각한 위기에 빠진 나라를 인계받았다. 1990년 데클레르크는 주요 야당인 아프리카민족회의ANC에 대한 금지 조치를 해제했고, 당의 리더인 넬슨 만델라Nelson Mandela를 석방했다. 넬슨 만델라는 27년 동안 감옥에 갇혀 지냈다. 복잡한 협상을 거쳐 1994년 4월 27일 마침내 남아공에서 최초의 선거가 실시되었다. ANC가 62퍼센트를 득표해 승리했고, 넬슨 만델라는 아파르트헤이트 이후 최초의 남아공 대통령이 되었다.

그러나 남아공 사회는 수십 년에 걸친 백인의 지배 이후 깊이 갈

'오늘날 남아공'은 2010년 FIFA 월드컵을 유치하기 위한 국가적 선택을 했고, 평등의 토대 위에 전 세계 다양한 팀을 환영했다.

라져 있었다. 종족적 갈등이 격렬하게 분출되었고, 나라는 화해가 절실히 필요했다. 실업과 빈곤 또한 매우 심각했다. 2천만 명이 전기도 없이 살았고, 흑인의 유아 사망률은 백인보다 10배나 높았다. 1996년 인종, 종족 또는 사회적 배경, 종교와 신앙, 성적 취향, 장애 또는 임신에 근거한 차별을 불법으로 하는 새로운 헌법이 만들어졌다. 새 정부 또한 종족적 긴장과 정치적 긴장을 줄이기 위해 줄루족에 기반을 둔 잉카사 자유당IFP과 같은 반정부 조직들을 정부로 끌어들였다.

1996년부터 1998년까지 진실과 화해위원회TRC가 아파르트헤이트하에서 자행된 인권 침해 실태를 조사했다. 이 과정에서 잔인한 아파르트헤이트 레짐을 폭로하는 증언이 2만 1천 건 넘게 수집되었다. 그러나 범죄를 저지른 사람들은 진실된 증언과 정보의 '완전한 공개'에 대한 보상으로 사면되었다. ANC를 포함한 다른 기관들에 의한 인권 침해도 있었지만, 아파르트헤이트 정부가 인권 침해의 주역으로 밝혀졌다. 1999년에 만델라는 물러났지만, ANC가 1999년, 2004년, 2009년, 2014년 선거에서 승리해, 아파르트헤이트 정부가 물러난 이후 계속해서 정권을 잡았다.

어, 공유된 역사 감각, 종교와 복장 양식 혹은 장식이다. 사회 내에서 소수 집단이나 다수 집단 모두 종족 집단이라는 점에 유의할 필요가 있다. 종족의 편재성을 인식하지 못하는 것은 더 힘센 집단이 자신들을 단순하게 다른 소수 종족 집단들이 분기하는 '자연적인' 규범으로 인식하게 하는 결과를 낳는다.

종족적 차이는 어떤 집단이 '지배하도록 태어났다'거나 '자연적으로 게으르다'거나, '지능이 낮다'고 여겨지는 것을 기억해, 그것이 자명해 보일 정도까지 학습된다. 정말로 사람들은 '종족'이라는 말을 피부색, 혈액형 혹은 태어난 장소와 같은 기술적 특성을 지칭할 때 (인종이라는 말처럼) 사용한다. 그러나 선천적인 종족성은 없다. 그것은 시간에 걸쳐 생산되고 재생산된 사회 현상이다. 많은 사람에게 종족성은 개인과 집단 정체성의 중심이지만, 다른 사람들에게는 의미가 없고, 또 다른 사람들에겐 갈등이나 소요가 있을 때에만 중요해 보인다. 종족은 과거를 연속적으로 이어 주는 중요한 끈을 제공하고 흔히 전통적인 문화를 통해 생생하게 유지된다. 예를 들어 미국에 사는 아일랜드인 3세들이 전 생애에 걸쳐 미국에 살고 있음에도 불구하고 자신들을 자랑스럽게 아일랜드계 미국인이라고 생각할 수 있다.

사회학자들은 정확한 생물학적 준거를 전달하기 때문에 '인종'보다 '종족' 개념을 선호한다. 그렇지만 '비종족적' 규범과 대조되는 것을 함의한다면, '종족'도 문제가 될 수 있다. 예를 들어 영국에서는 '종족'이라는 말이 언론에서 자주 사용되고, 백인 영국인들 사이에서 종족이라는 의미는 '토착적인' 영국의 관습과 다른, 문화적 관습과 전통을 나타낸다. '종족적'이라는 말은 이러한 식으로 '비영국적' 관습을 지칭하는 요리, 의복, 음악과 지역에 적용된다. 이러한 방식으로 종족적 표시를 붙이는 것은 '우리'와 '그들'의 구분을 만들어 내 인구의 일부는 '종족적'이라고 불리고 다른 일부는 '종족적'이라고 불리지 않는다. 실제로, 종족성은 인구의 일부가 지니고 있는 속성이 아니라 인구의 모든 구성원이 지니고 있는 속성이다.

사회학에서 사용될 때, 종족의 개념은 또 문제가 있다. 비록 그 개념이 널리 사용되고 있지만, 많은 연구들은 실제로 존재하는 구분 가능한 '종족 집단'이라는 견해를 사용한다. 특히 이것은 이전 유고슬라비아의 세르비아인, 알바니아인, 크로아티아인 사이의 '종족 갈등'을 연구하는 경우에 더욱 그렇다. 이러한 '집단 분류'는 구분되고 경계가 분명한 집단을 사회생활의 기본 구성 인자로, 사회 갈등의 주요 행위자로, 그리고 사회 분석의 기본 단위로 여기는 경향을 보여 준다(Brubaker 2006: 8). 이러한 갈등이 실제로 종족적 차이나 문화적 차이에 의해 야기되었다는 것을 의미한다.

그러나 실제로 종족이 전적으로 어떤 제도 내에서 그리고 어떤 시대에만 효과를 지니는 사회적 산물이라면, 우리는 종족 집단의 개념을 사회적 맥락과 관계없는 '원초적'이거나 그 자체로 본질적인 것으로 받아들일 수 없다(A. D. Smith 1998). 물론 실제 세상에서의 갈등에는 참여자들이 응집되어 있고, 객관적으로 실제 종족 집단을 위해 혹은 방어하기 위해 행동한다고 인식할 수 있다. 그렇지만 사회학자들의 과제는 이러한 인식을 액면 그대로 받아들이는 것이 아니라, 어떤 상황에서 그리고 어떤 결과를 낳으면서, 이러한 종족적 정체성의 고착이 어떻게 그리고 왜 이루어졌는지 이해하는 것이다.

> '정체성'에 대한 개념은 제8장 〈사회적 상호작용과 일상생활〉에서 소개되고 다루어진다.

소수 종족 집단

소수 종족 집단(흔히 '인종적 소수자') 개념은 사회학에서 널리 사용되며, 단순히 수적인 차이 그 이상이다. 통계적인 의미에서 소수 종족은 많이 존재해, 키가 180센티미터 이상인 사람, 300밀리미터 이상의 큰 신발을 신는 사람들과 같은 통계적인 의미에서의 소수 종족은 많지만, 사회학적 개념에 의하면 이들은 소수 종족 집단이 아니다. 사회학에서 말하는 소수 종족 집단의 구성원은 재산, 권력과 위신이 더 많고 높은 집단인 지배 집단과 비교되었을 때, 열세에 놓여 있고 '집단 연대의식'을 가지고 있다. 선입견과 차별의 대상이 되는 것은 공통적인 충성심과 이해를 가지고 있다는 느낌을 고양시키는 경향이 있다.

이와 같이, 사회학자들은 자주 양적인 재현보다 사회 내에서 집단의 종속적인 지위를 지칭하는 비문학적 방식으로 '소수자'라는 용어를 사용한다. 실제로 '소수자'가 수적으로 소수인 경우가 많다. 도심부와 같이 어떤 지리적 공간에서 소수 집단이 다수의 인구를 구성하지만, '소수자'로 불린다. 이것은 '소수자'라는 용어가 불리한 위치를 포착하기 때문이다. 많은 나라에서 여성이 수적으로 다수지만, 여성은 자주 소수자로 불린다. 남성과 비교해서 불리한 위치에 놓여 있는 경우가 있기 때문에, 소수자라는 용어가 여성들에게 적용되는 것이다.

학자들은 '소수자'를 '다수' 사회에 의해 '편견'을 경험하는 집단을 지칭하는 말로 사용하기를 좋아한다. '소수자들'이라는 말은 다양한 종속적 집단들이 공통적으로 경험하는 차별의 지속성에 주의를 기울이게 한다. 한 가지 예로, 장애인에 대한 편견, 유대인에 대한 편견, 동성애 혐오와 인종 차별주의는 여러 속성을 공유하고 다른 집단에 대한 억압이 어떻게 동질적인 형태를 취하는지 잘 보여 준다. 동시에, '소수자들'을 집단적으로 이야기하는 것은 특정한 집단의 경험을 정확하게 반영하지 않는 차별과 억압을 일반화하는 결과를 가져온다. 비록 런던에서 동성애와 파키스탄인들은 모두 소수자이지만, 사회 내에서 그들이 경험하는 차별은 동일하지 않다. 흔히 피부색과 같은 신체적 차이는 종족적 소수자를 나타내는 특징적인 요소다.

편견과 차별

편견과 차별은 인류 역사에서 대단히 넓게 펼쳐져 있고, 둘은 명확하게 구분되어야 한다. 편견prejudice은 한 집단의 구성원들이 다른 집단의 구성원들에게 갖고 있는 견해나 태도를 지칭한다. 편견을 가지고 있는 사람의 미리 인식된 견해는 직접적인 증거에 기반을 두기보다는 들은 이야기에 근거하고, 새로운 정보를 접했을 때조차 변화를 거부한다. 사람들은 자신들이 동일시하는 집단에 대해서는 우호적인 편견을 가지고 있고, 다른 집단에 대해서는 부정적인 편견을 가지고 있다. 특정한 집단에 반대해 편견을 가지고 있는 사람들은 그 집단의 구성원들에 대해 불편부당하게 대하지 않을 것이다.

편견은 자주 고정되어 변하지 않는 사회집단의 고정관념에 뿌리를 두고 있다. 모든 흑인들은 운동을 잘한다는

흑인 정체성과 '새로운 종족'

사회학적으로 상상하기 16-1

개인과 집단을 기술하기 위해 '흑인'이라는 용어를 사용하는 것은 1960년대부터 근본적인 변화를 겪었고, 여전히 대단한 갈등을 겪고 있다. 1960년대에 영국에서 백인이 아닌 사람들은 '유색인종'으로 불렸고, 때로 '흑인'이라는 말은 백인들이 남용하는 경멸적인 표식이었다. 1960년대 중반 들어 미국과 영국에 사는 아프리카 후손들이 자신들에게 '흑인'이라는 말을 사용하기 시작했다. '흑인은 아름답다'라는 슬로건과 '흑인의 힘' 개념은 미국의 흑인 해방 운동에서 중심적인 요소였다. 이러한 생각들은 상징적으로 '백인적인 것'이 '흑인적인 것'을 지배하는 것에 대한 대항으로 사용되었다.

영국에서 집단적 정체성으로서의 '흑인' 개념은 점차 다양한 아프리카, 카리브해, 남아시아 커뮤니티들과 관련해 사용되기 시작했다. 홀Hall은 영국에서 흑인 정체성을 갖게 되는 것은 소수 인종 집단들이 공통적인 인종 차별주의 경험에 근거한 저항의 문화 정치에서 첫 번째 단계라고 했다(2006[1989]). 이 '순간' 혹은 이 단계는 인종 차별주의와 차별에 반대하는 투쟁에서 정치적으로 유용한 '필수적인 가상 소설'인 경험의 통일성을 만든다(Hall 1991: 55).

> 흑인 정체성 개념은 1970년대 인종차별 반대 투쟁에서 매우 중요했다. 1950년대와 1960년대 카리브해, 동아프리카, 아시아 대륙, 파키스탄과 방글라데시, 인도의 여러 지역에서 거대한 이민 물결의 일부를 이루었고, 모두 자신들이 정치적으로 '흑인'이라는 정체성을 지녔다.

그럼에도 불구하고, '흑인'이라는 개념은 '백인은 좋고 흑인은 나쁘다'라는 인종 차별주의 메시지를 단순하게 역전시키는 하나의 소설이다(Procter 2004: 123). 모두드Modood는 '흑인'이라는 말이 느슨하게 사용되었고, 사람들의 실제 경험 속에 존재하지 않는 '핵심적인' 정체성을 함의하는 피부 색깔에 근거한 억압이 지나치게 강조되었다고 주장했다(1994). 1980대 말부터 학자들과 소수 종족 집단 구성원들은 이런 단일한 흑인 정체성을 자신들의 전통과 문화적 자원을 찾고자 하는 남아시아 사람들의 경험을 침묵시키는 것으로 보았다. "제대로 이해되지 않는다면, '흑인'은 한 종류의 적에 대응하는 정치의 날카로운 모서리로, 또 다른 사람들과의 관계 속에서 침묵시키는 것이 될 수도 있다. 이것들은 흑인 개념을 본질주의로 인식하고자 했을 때의 강점이자 지불해야 하는 비용이기도 하다."(Hall 1991: 56)

홀은 1980년대 중반 두 번째 단계 혹은 '계기'가 시작되었다고 보았다(2006[1989]: 200). 이 단계에서 "고정된 인종적, 종족적 정체성에 의존하지 않고" 연대의식이 이루어질 수 있다는 인식이 있었다(Davis 2004: 183~184). 두 번째 단계에서 '새로운 종족주의'는 백인과 흑인의 문화를 나쁜 것과 좋은 것으로 단순하게 재현하는 이전의 재현과 달라졌다. 간단히 말해 이 단계에서는 종족 집단들 간의 차이와 특정한 집단들 내에서의 차이가 인정되고 새로운 목소리가 들리기 시작한다.

예를 들어 하니프 쿠레시Hanif Kureshi의 1985년 영화 〈내 아름다운 빨래방My Beautiful Laundrette〉은 흑인/백인과 선/악의 단순 대립을 거부한다. 대신에, 그 영화는 어떤 아시아인은 백인 인종 차별주의 문화의 희생자가 아니라 중간 계급이 되려고 열망하는 물질적이고 착취적인 기업인이고, 다른 아시아인은 마약 거래자로 묘사한다. 그 영화는 내적인 구분과 차이를 보여 주어 "긍정적이고 '올바른' 흑인 문화를 거부한다"(Procter 2004: 129). 또한 그 영화는 어떤 것 하나를 우선시하지 않고, 다중적 정체성의 요인으로 섹슈얼리티, 젠더와 계급을 다룬다. 이와 같은 문화적 산물은 "종족적 커뮤니티의 경험 속에서 종족 형태를 탈주변화하고 정당성을 입증해 주는 역할을 하는" 더 다양한 종족 개념을 구성하는 것의 일부다(Rojek 2003: 181).

가, 모든 동아시아인은 열심히 일하고 부지런한 학생들이라고 하는 것과 같은 고정관념이 소수 종족 집단에 적용된다. 일부 고정관념은 사실의 일부만 포함한다. 그리고 다른 고정관념은 단순히 '전치displacement' 기전이다. 전치는 적대감이나 분노가 원래 감정이 시작된 대상이 아닌 다른 대상에게 향하는 것을 의미한다. 고정관념은 문화적 이해에 기초하며, 현실을 무척 왜곡할 때도 그것이 약화되기는 힘들다. 싱글맘이 복지에 의존하고 일하기를 거부한다는 믿음은 경험적 근거가 부족한 지속적인 고정관념의 예다. 많은 싱글맘이 일하고 있고, 복지 혜택을 누리기보다 일하기를 더 선호하지만, 어린이집을 이용할 수 없다.

'희생양 만들기scapegoating'는 한 종족 집단이 경제적 자원을 둘러싸고 다른 종족 집단과 경쟁할 때 흔하게 일어난다. 예를 들어 종족적 소수자들에 대해 인종차별적 공격을 하는 사람들은 동일한 경제적 지위에 놓여 있다. 최근 여론 조사에 따르면 부당하게 취급받는다고 느끼는 사람들의 절반이, 이민자들과 소수 종족들이 자신들보다 우위를 차지하고 있다고 믿고, 실제와 다른 이유로 소수 종족들을 비난한다(Stonewall 2003; The Economist 2004a). 보통 희생양 만들기는 구별되고 상대적으로 힘이 없는 사람들을 향한다. 그들이 손쉬운 공격 대상이 되기 때문이다. 프로테스탄트, 가톨릭, 유대인, 이탈리아인, 아프리카 흑인, 무슬림, 집시와 다른 종족들이 서구 역사에서 다양한 시기에 원치 않는 희생양 역할을 했다.

유대인 공동묘지에 대한 반유대인의 공격.

편견이 태도와 의견을 뜻한다면, '차별discrimination'은 다른 집단이나 개인을 대상으로 하는 실제 행동이다. 인종 차별주의와 외국인 혐오에 관한 유럽연합 기본권 기관의 보고서는 유럽 국가들에서 소수자 종족 집단들에게 열악한 주택을 제공하거나 집시 어린이들에게 적절한 교육를 제공하지 않는 등 지속되는 차별의 예를 열거하고, 8개 회원 국가 — 덴마크, 독일, 프랑스, 아일랜드, 폴란드, 슬로바키아, 핀란드, 잉글랜드와 웨일스(영국) — 에서 인종주의적 폭력과 범죄가 증가하고 있음을 보고했다(EUFRA 2007). 이 보고서에서 밝힌 핵심적인 문제는 반차별 정책이 근거할 수 있는 '적절한 비교 가능한 공식 통계나 양적인 리서치 자료의 부재'에 있다. 이러한 증거는 여러 형태의 차별을 다루고 있다. 직접 차별(인종주의적 공격), 간접 차별(부적절한 교육), 구조적 차별(적절한 주택의 부족)이 대표적이다.

차별은 다른 집단에게 개방되어 있는 기회를 한 집단의 구성원들에게는 제공하지 않은 활동에서 찾을 수 있다. 비록 편견이 차별의 기반이 되지만, 둘은 독립적으로 존재할 수 있다. 예를 들어 백인 주택 구매자는 흑인이 많은 지역의 부동산 구매를 저어할 수도 있지만, 그 이유가 그곳에 살고 있는 사람들에 대한 적대감 때문이 아니라, 재산 가치가 떨어질까 두려워해서일 수도 있다. 이 경우 편견이 있는 태도는 차별에 영향을 미치지만, 간접적으로만 그렇다.

비판적으로 생각하기 THINKING CRITICALLY

사람들이 편견을 갖고 있지만, 차별적인 방식으로 행동하지 않을 수 있는가? 만약 편견이 차별로 전환되지 않는다면, 편견을 '정상적인' 것으로 받아들여야 하는가?

인종 차별주의는 여전히 지속되는가

한 가지 광범위한 편견의 형태는 인종 차별주의다. 인종 차별주의는 사회적으로 의미 있는 신체적 차이에 근거한 편견이다. 인종 차별주의자는 어떤 개인이나 집단이 인종의 차이에 근거해 다른 사람들이나 집단들보다 우월하다고 믿는다. 인종 차별주의는 개인들이나 집단들이 가지고 있는 공통적인 행동이나 태도로 여겨진다. 개인은 인종 차별주의적인 믿음을 가지거나 인종 차별주의를 내세우는 백인 우월주의 조직에 가담할 수 있다. 그러나 많은 사람들은 인종 차별주의가 소수의 편협한 사람들이 가지고 있는 생각 그 이상이라고 주장해 왔다.

'제도적 인종 차별주의institutional racism' 개념은 1960년대 말 민권운동가들에 의해 발전했다. 그들은 인종 차별주의가 소수의 의견을 대변하는 것이 아니라 미국 사회를 떠받들고 있다고 보았다(Omi and Winant 1994). 그 개념은 인종 차별주의가 체계적인 방식으로 사회의 모든 구조에 퍼져 있음을 제시한다. 이러한 관점에 따르면 경찰, 의료 서비스, 교육 제도와 같은 것들이 다른 사람들을 차별하면서 어떤 집단을 선호하는 정책을 촉진시킨다.

런던 경찰청에 대한 대단히 중요한 조사('스티븐 로렌스 조사', 〈고전 연구 16-1〉 참조)는 1960년대 미국 민권운동가인 스토클리 카마이클Stokely Carmichael이 고안한 제도적 인종 차별주의의 정의를 사용했고, 그것에 기반을 두고 있다. 그것은 "조직이 서비스를 제공하는 과정에서 보이거나 알려지는 피부색, 문화와 종족적 기원 때문에 필요한 전문적인 서비스를 제공하지 못한 집단적 실패" 그리고 "소수 종족 사람들에게 불이익이 되는 무의식적인 편견, 무지, 사려 깊지 못함과 인종 차별주의적 고정관념을 통해 차별을 낳는 태도나 행동이다(Macpherson 1999: 6.34). 맥퍼슨 조사는 경찰과 형사 제도 내에 제도적 인종 차별주의가 존재한다는 것을 밝혔다. 제도적 인종 차별주의는 예술과 문화에서 TV 방송과 같은 분야(방송 프로그램 편성에서 종족적 소수자를 부정적으로 보여 주거나 제한적으로 보여 주는 것)는 물론 국제 모델 산업(비백인 패션모델에 대한 산업 전반의 편향)는 물론 존재하는 것으로 밝혀졌다.

'낡은' 인종 차별주의에서 '새로운' 인종 차별주의로

생물학적 인종 개념이 믿을 수 없는 것으로 간주되는 것과 똑같이, 오늘날 신체적 차이에 기반을 둔 낡은 스타일의 '생물학적' 인종 차별주의도 사회에서는 공개적으로 드러나지 않는다. 미국에서 법적인 거주 분리나 남아프리카공화국에서 아파르트헤이트의 종식은 생물학적 인종 차별주의의 거부에서 중요한 전환점이었다. 두 사례에서 인종 차별주의적 태도는 생물학적 열등과 연계시키는 신체적 특징에 의해 공공연히 드러냈다. 이런 뻔뻔한 인종 차별주의적 생각은 오늘날 폭력적인 혐오 범죄나 극단주의자들의 연단 이외에서는 듣기 어렵다. 그보다 학자들이 주장하듯이, 낡은 인종 차별주의는 더 미묘하고 정교한 새로운 인종 차별주의new racism(혹은 '문화적 인종 차별주의')에 의해 대체되었고, 새로운 인종 차별주의는 어떤 집단을 배제시키기 위해 문화적 차이를 이용한다(Barker 1981).

'새로운 인종 차별주의'가 등장했다고 주장하는 사람들은 인구의 어떤 집단을 차별하기 위해 생물학적 요소 대신 문화적 주장들이 새롭게 적용된다고 주장한다. 이러한 견해에 따르면, 우월함과 열등함의 위계는 다수자 문화의 가치에 의해 구성된다. 다수자로부터 떨어져 있는 집단들은 동화되기를 거부하기 때문에 주변화되거나 비난을 받는다. 새로운 인종 차별주의는 분명한 정치적 차원의 문제다. 두드러진 예는 공식적인 영어 사용 정책을 추진하려는 미국 정치인들의 노력과 프랑스 교실에서 이슬람의 히잡 착용을 둘러싼 갈등에서 찾을 수 있다. 인

제도적 인종 차별주의- 스티븐 로렌스 조사

연구 문제

이 책에 선택된 대다수 고전 연구들은 전문적인 사회학자들에 의해 이루어지는 연구와 이론적 논의들이다. 그러나 때로 공공 기관이나 정부를 대신하는 연구자에 의한 연구는 고전이라고 불릴 정도로 훨씬 큰 영향력을 지니고 있다. 윌리엄 맥퍼스 경Sir William Macpherson에 의해 수행된 스티븐 로렌스 조사가 대단히 좋은 예다.

1993년 10대 흑인 소년 스티븐 로렌스Stephen Lawrence는 런던 남동부 지역에서 친구와 버스 정류장에서 버스를 기다리다 인종적인 동기에서 비롯된 백인 청년 다섯 명의 공격에 의해 사망했다. 공격자들은 스티븐 로렌스를 칼로 두 번 찔러 죽인 뒤 도로에 남겨 둔 채 떠났다. 그러나 스티븐의 살인 사건으로 아무도 기소되지 않았다. 그리고 스티븐 로렌스가 사망한 지 18년이 지난 2011년 11월 최종적으로 새로운 지문이 발견되면서 두 명이 유죄로 판명되었다.

맥퍼슨의 설명

스티븐 로렌스 부모의 불굴의 의지 결과, 1996년에 용의자 세 명이 재판을 받았지만, 증인 한 사람에 의한 증거를 인정할 수 없다는 판사의 결정으로 사건이 종결되었다. 내무부 장관 잭 스트로Jack Straw가 1997년 스티븐 로렌스 사건을 완전히 조사할 것이라고 선언한 뒤 1998년에 조사 결과가 「맥퍼슨 보고서Macpherson Report」로 발표되었다. 그 위원회는 스티븐 로렌스 살인 사건을 조사한 경찰이 초기부터 잘못했다고 결론지었다(Macpherson 1999).

경찰이 현장에 도착했을 때, 살인자를 추적하는 노력을 기울이지 않았고, 스티븐 로렌스의 부모가 부모로서의 권리인 그 사건에 대한 정보에 접근하는 것을 차단해 그의 부모를 존중하지 않았다. 로렌스가 인종 차별주의자의 공격으로 인한 무고한 희생자가 아니라 길거리에서 시비에 휘말렸다는 잘못된 가정이 있었다.

용의자에 대한 경찰의 감시가 제대로 이루어지지 못했고, 위급함 없이 이루어졌다. 예를 들어 무기가 숨겨진 곳을 말하는 팁이 있음에도 불구하고 용의자 주거 조사가 제대로 이루어지지 않았다. 이러한 잘못을 수정하도록 개입해야 하는 상급자도 일을 제대로 하지 않았다. 조사 과정과 뒤이은 조사에서 경찰은 중요한 정보를 감추었고, 서로서로 감쌌으며, 잘못에 대한 책임을 인정하지 않았다. 보고서 저자들은 한목소리로 말한다(Macpherson 1999: 46.1).

> 스티븐 로렌스의 인종 차별주의자에 의한 살인 사건에 대한 조사와 관련해 모든 증거에서 추론할 수 있는 결론은 명백하다. 의심할 여지없이 근본적인 잘못이 있다. 그 조사는 전문적인 무능함, 제도적 인종 차별주의와 상급자의 리더십 부재로 점철되었다.

제도적 인종 차별주의 혐의는 조사에서 가장 중요한 요소 중 하나다. 런던 경찰이 아니라 영국의 형사 제도를 포함한 많은 다른 제도가 집합적인 실패에 포함되어 있다. 「맥퍼슨 보고서」(1999: 46.27)는 인구의 어떤 부분도 불이익을 받지 않도록 "모든 제도는 정책과 정책의 결과를 검토하는 것이 의무다"라고 결론지었다. 이들 가운데는 경찰의 '인종 인식' 훈련, 인종 차별주의적 경찰을 제거하는 강력한 훈육 권력, 인종차별적 사건에 대한 더 분명한 정의, 경찰 내 흑인과 아시아계의 증대 노력이 포함되어 있었다. 2015년 전국 범죄 기관은 부패한 경찰관이 스티븐 로렌스의 살인자들을 보호하려 했다는 주장에 대해 조사를 시작했다(Dodd 2015).

비판적 쟁점

많은 사람이 보고서의 결론을 환영했지만, 일부는 그 보고서가 충분히 더 나아가지 않았다고 비판했다. 스티븐 로렌스의 어머니 도린 로렌스는 경찰이 '노예 시대의 백인 주인'처럼 아들 살인자들을 조사했다고 말했다. 그리고 그녀는 경찰의 잘못에 대한 솔직한 인정에 대해서는 긍정적인 반응을 보였지만, 경찰 내 인종 차별주의의 표면에 흠집을 낼 정도에 불과하다고 말했다. 그 보고서에서 가장 논쟁적인 점은, 핵심적인 발견으로, 런던 경찰이 아니라 영국의 형사 제도 전체가 제도적으로 인종 차별주의자라는 것이었다. 경찰불만위원회Police Complaints Commission, PCC는 경찰에 의한 인종차별적 행위 증거가 없다고 주장했으며, 제도적 인종 차별주의의 정의인 '무의식적 인종 차별주의'는 너무 일반적이라는 비판을 받았다. 경찰불만위원회의 결론에 대응해, 마이클 이그나티에프Michael Ignatieff는 그 사건의 실질적인 쟁점은 '인종'과 '인종 인식'이 아니라 '제도화된 무능력'과 '법 앞의 평등'이라고 주장했다(Green 2000에서 재인용).

현대적 의의

「맥퍼슨 보고서」는 스티븐 로렌스에게 정의를 가져다주지는 않았다. 그러나 영국과 다른 곳에 사는 사람들이 인종적인 동기에 기인한 범죄와 그에 대한 처벌에 대해 생각하는 방식에 변화를 가져오는 데는 도움을 주었다. 1960년대 말 미국 민권 운동에서 고안된 제도적 인종 차별주의가 정부 위원회 보고서에서 받아들여졌고, 모든 공공기관이 인종적 평등을 추구하는 것이 법적 의무가 되었다. 이러한 방식으로 로렌스 조사는 형사 제도에 새로운 요구를 제시했을 뿐만 아니라 영국 사회에서 인종에 관한 담론의 변화를 나타냈다.

종 차별주의가 점점 더 생물학적 근거보다 문화적 근거에서 이루어지고 있다는 사실은 학자들로 하여금 우리가 여러 부문에 걸쳐 차별을 경험하는 '다중적 인종 차별주의' 시대에 살고 있다고 주장하게 만들었다(Back 1995).

여전히 남아 있는 인종 차별주의

왜 21세기에도 인종 차별주의가 지속될까? 여러 가지 가능한 이유가 있다. 현대 인종 차별주의의 한 가지 중요한 요인은 단순히 인종 개념 그 자체의 발견과 확산이다. 유사 인종주의적 태도들은 수백 년 전에 존재했던 것으로 알려졌다. 그러나 고정된 특성으로 인종의 개념은 앞에서 논의된 '인종 과학'의 등장과 더불어 등장했다. 백인종의 우월성에 대한 믿음이 사실적으로는 가치가 없을지라도 백인들의 인종 차별주의의 핵심적인 요소로 남아 있다. 두 번째 이유는 유럽인이 비非백인과의 관계에서 지녔던 착취적 관계다. 흑인들이 열등하고 인간 이하의 종에 속한다고 유럽인들이 믿지 않았다면, 노예무역은 이루어지지 않았을 것이다. 인종 차별주의는 비백인에 대한 식민지 지배를 정당화시켜 주는 데 도움을 주어, 유럽 제국주의 국가들 내에서 백인들이 획득한 정치적 권리를 흑인들에게는 인정하지 않았다. 일부 사회학자들은 시민권으로부터의 배제가 현대 인종 차별주의의 핵심적인 요소로 남아 있다고 주장한다.

세 번째 이유는 영국, 유럽과 미국에서처럼 1945년 이후 내적인 이주를 장려하는 나라들에서 사회집단들의 반응이다. 1970년대 중반에 호황이 끝남에 따라 대부분의 서유럽 경제는 노동력 부족에서 대규모 실업자가 발생하는 변화를 경험했고, 일부는 이민자들이 노동력 부족의 원인이며, 부당한 복지 혜택의 책임이 이민자들에게 있다고 생각하기 시작했다. 실제로 이러한 공포는 신화다. 이민 노동자들은 지역 사람들이 하지 않으려는 일을 하고, 유용한 추가적인 기술을 제공하며 새로운 일자리를 창출해 지역 노동자들을 보완하는 경향이 있다. 비슷하게 이민 노동자들은 일반적으로 세금을 내는 것으로 사회에 기여한다.

인종 차별주의에 대한 사회학적 이론

고정관념적 사고와 전치와 같이 앞에서 논의한 개념들은 심리적 기제를 통해 편견과 차별을 이해하는 데 도움을 준다. 그들은 편견과 인종차별적 태도의 성격에 대한 설명을 제공하고 왜 종족적 차이가 사람들에게 문제가 되는지 설명하지만, 인종 차별주의에 내재된 사회적 과정에 대해서는 별 이야기를 하지 않는다. 이러한 과정을 연구하기 위해 사회학적 사고를 불러낼 필요가 있다.

자민족 중심주의, 집단 폐쇄와 자원 할당

사회학자들은 왜 인종 차별주의가 지속되는지 이해하기 위해 자민족 중심주의ethnocentrism, 집단 폐쇄group closure와 자원 할당resource allocation을 사용했다. 자민족 중심주의는 자신의 문화 관점에서 다른 문화를 평가하는 것과 결합된 아웃사이더에 대한 의구심이다. 실제로 모든 문화는 어느 정도 자민족 중심주의 성격을 지니고 있고, 자민족 중심주의가 앞에서 논의한 고정관념과 어떻게 결합되는지 쉽게 알 수 있다. 아웃사이더는 이방인, 야만인이거나 도덕적, 정신적으로 열등하다고 여겨진다. 이것은 예를 들어 대부분의 문명이 작은 문화에 속하는 사람들을 바라보는 방식이며, 그러한 태도가 역사적으로 수많은 종족 충돌에 불을 지폈다.

자민족 중심주의와 집단 폐쇄 혹은 종족 집단 폐쇄는 자주 같이 나타난다. '폐쇄'는 집단이 다른 집단들과 분리해 경계를 유지하는 과정을 지칭한다. 이러한 경계는 배제 장치 수단에 의해 형성되고, 한 종족 집단과 다른 종족 집단 간 분리를 더 심화시킨다(Barth 1969). 이러한 장치들은 집단 간 결혼을 제한하거나 금지시키는 것, 사회적 접촉이나 무역과 같은 경제 관계를 제약하는 것, 집단의 신체적 분리(종족 게토 사례에서처럼)를 포함한다. 미국의 아프리카계 흑인들은 세 가지 배제를 모두 경험했다. 일부 주에서 인종 간 결혼은 불법이며, 남부에서는 경제적·사회적 격리가 법에 의해 강제되고, 흑인 게토ghetto가 대부분의 주요 도시에 아직도 존재한다.

때로 평등한 권력을 지닌 집단들이 서로 폐쇄를 강화시킨다. 집단 구성원들이 서로 거리를 유지하지만, 어느 집단도 다른 집단을 지배하지 않는다. 더 흔하게는 한 종족 집단이 다른 집단을 지배하는 권력의 지위를 차지한다. 이러한 상황에서 집단 폐쇄는 부와 경제적 재화의 분배에서 불평등을 제도화하는 자원 할당과 일치한다.

종족 집단 간 가장 치열한 갈등선은 그들 간의 폐쇄선lines of closure을 중심으로 한다. 왜냐하면 폐쇄선은 부, 권력 혹은 사회적 위치에서 불평등을 알리기 때문이다. 종족 집단 폐쇄 개념은 사람들의 커뮤니티를 서로 나누는 극적이고 더 악의적인 차이를 이해하는 데 도움을 준다. 종족 집단 폐쇄는 어떤 집단의 구성원들이 살해되고, 공격을 받고, 희롱을 당하는 이유뿐만 아니라 그들이 좋은 일자리, 좋은 교육과 바람직한 거주지를 얻지 못하는 이유를 이해하는 데도 도움을 준다. 부, 권력과 사회적 지위는 희소한 자원이고, 어떤 집단은 다른 집단보다 더 많이 가지고 있다. 차이가 나는 지위를 유지하기 위해 특권적인 집단은 때로 다른 집단에 대해 극단적인 폭력적 행위를 한다. 유사하게, 열악한 지위의 집단은 자신의 상황을 개선하기 위한 수단으로 폭력에 호소한다.

갈등 이론

대조적으로 갈등 이론은 한편으로 인종 차별주의와 편견 간의 연계에 관심을 갖고, 다른 한편으로 권력과 불평등의 관계에 관심을 갖는다. 초기 갈등적 접근은 마르크스주의적 사고에 크게 영향을 받았다. 마르크스주의적 사고는 경제 체제를 다른 모든 사회적 측면을 결정짓는 요소로 본다. 일부 마르크스주의자들은 지배 계급이 노동을 착취하기 위한 수단으로 노예제, 식민화와 인종 차별주의를 도구로 사용했다고 주장하면서, 인종주의는 자본주의 체제의 산물이라고 주장한다(Cox 1959).

이후 네오마르크스주의 학자들은 이러한 초기 이론들을 너무 경직되어 있고 단순하다고 보며, 인종 차별주의는 경제 단독의 산물이 아니라고 제안했다. 1982년 버밍엄 현대문화연구소에서 발간한 『제국이 반격하다The Empire Strikes Back』는 이러한 인종 차별주의의 심화에 대해 더 폭넓은 입장을 취한다. 자본주의적 노동 착취가 한 가지 요인이라는 점에는 동의하지만, 그 책의 필자들은 1970년대와 1980년대 영국 인종 차별주의를 낳은 다양한 역사적, 정치적 영향을 지적하고 있다. 그들은 소수 종족과 노동 계급의 정체성과 믿음의 상호작용을 포함하는 복합적이고 다양한 모습의 현상이라고 주장한다. 인종 차별주의는 권력 엘리트가 백인이 아닌 인구를 대상으로 행하는 억압적인 사고 그 이상의 것이다(Centre for Contemporary Cultural Studies 1982).

1980년대 중반부터 '비판적 인종 이론critical race theory, CRT'이라고 불리는 새로운 갈등적 접근이 미국의 법학 분야에서 발달하기 시작해, 1990년대의 교육학, 종족 관계 및 정치학 연구와 2000년대 스포츠 분야 연구까지 확산되었다(Hylton 2009). 비판적 인종 이론은 중요한 방식에서 초기 인종과 종족 이론에서 분리되었다. 특히 비판적 인종 이론가들은 '인종 관계'에 대한 초연한 분석가가 아니라 종족 집단 간 불평등한 관계를 변혁하고자 개입하는 활동가들이다. 그 관점은 주류 법학 이론에 대한 비판과 반작용으로 등장했고, 주류 법학 이론은 법과 법학 체계의 발전에서 평등을 향해 꾸준히 점진적으로 나아간다고 보는 넓은 의미의 자유적 관점에 뿌리를 두고 있다(Brown 2007). 비판적 인종 이론은 1960년대 민권 운동으로 인한 성과가 급격하게 훼손되고 긍정적 법적 선례들이 이어지지 않는다고 주장하면서 이러한 선형적 발전론을 거부한다.

델가도Delgado와 스테판치크Stefancic는 비판적 인종 이론의 핵심적 측면을 요약한다(2001: 7~10). 첫째, 인종 차별주의는 비인종 차별주의적 규범에서 벗어나는 것이 아니다. 인종 차별주의는 실제로 미국과 다른 많은 사회에서 '유색 인종'을 위한 일상생활상의 '규범적' 경험이다. 인종 차별주의는 예외적인 것이 아니라 법체계와 다른 사회 제도에 깊숙이 연계되어 있고, 그것이 그렇게 지속되는 이유다. 이런 이유로 일상적이거나 미시적인 인종 차별주의가 교정되지 않고 지속되는 반면, 법 앞의 평등이라는 형식적 개념은 단지 대단히 명백한 인종 차별주의만을 다룬다. 둘째, 많은 인구가 이러한 상황을 바꾸기 위해 일하는 데 관심을 갖지 않기 때문에, 화이트 엘리트 계급과 화이트 노동 계급은 이러한 '정상적' 인종 차별주의의 작동으로 물질적인 혜택을 누린다.

비판적 인종 이론 역시 '인종'은 변화 불가능한 생물학적 사실이 아니지만, 불평등을 영속화시키는 사회적 산물이라는 점을 강조한 사회적 구성주의 면이 강하다. 예를 들어 미숙련 노동 또는 반숙련 노동력이 부족할 때와 이민이 격려될 때는 흑인들이 열심히 일하고 신뢰할 수 있다고 그려진다. 그러나 실업률이 높을 때는 동일한 '인종' 집단이 미디어와 정치인들에 의해 본질적으로 게으르고 범죄를 저지르기 쉬운 집단으로 묘사된다. 이러한 차등적 인종화differential racialization는 권력이 어떻게 종족 관계와 엮여 있는지를 보여 준다.

마지막으로 비판 인종 이론은 역사와 경험을 통해 소수 종족 집단은 인종 차별주의가 희생자들에게 무엇을 의미하는지 독특하게 드러낼 수 있음을 주장한다. 이러한 이유로, 비판 인종 이론은 인종 차별주의를 경험하는 사람들에게 목소리를 내게 해주고, 이것에 법과 다른 분야 학자들의 관심을 끌게 하는 이야기와 전기적 방법을 광범위하게 사용한다(Zamudio et al. 2011: 5; Denzin et al. 2008 참조). 그러나 비판 인종 이론의 궁극적인 목적은 실질적으로 사회를 더 평등하게 만들려는 사회운동에 필요한 기여를 하는 것이다.

비판적으로 생각하기 THINKING CRITICALLY

오늘날 인종 차별주의가 집단 폐쇄, 자민족 중심주의, 자원 할당이나 사회 계급과 관계되는 예를 들어 보자. 비판 인종 이론은 선택된 예를 이해하는 데 추가적으로 어떤 도움을 주는가?

종족적 다양성, 통합과 갈등

오늘날 전 세계 많은 나라들은 다종족 인구로 특징지어진다. 터키나 헝가리 같은 중동부와 중앙 유럽 국가들은 국경이 바뀌고 외국에 의한 점령과 지역적 이주가 이루어지는 오랜 역사로 인해 종족이 다양하다. 다른 사회들도 이민을 장려하는 정책이나 식민지와 제국주의의 유산으로 더 빠르게 다인종 사회가 되고 있다. 세계화되고 급격하게 사회 변화가 이루어지고 있는 시대에, 많은 민족 국가들이 종족적 다양성의 혜택과 복합적인 도전에 직면해 있다. 국제 이주가 세계 경제의 통합과 더불어 가속화되고 있고, 다가올 미래에는 인류가 움직이고 섞이는 것이 더 강화될 것이 확실하다. 그동안 종족적 긴장과 갈등은 전 세계적으로 더 커져 다민족 사회의 분열과 다른 민족에 대한 오랜 폭력으로 나아갈 위협이 되고 있다.

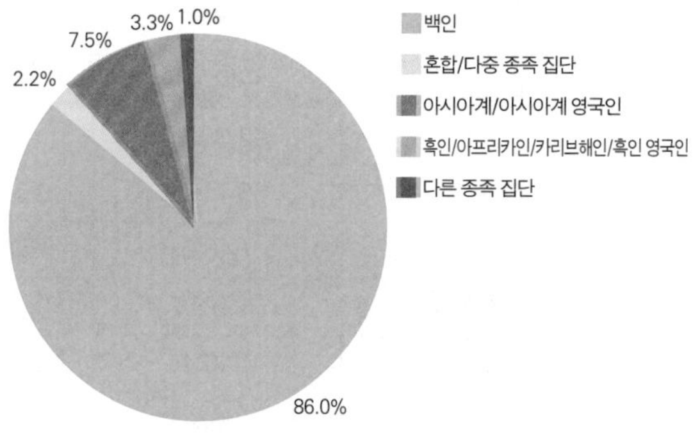

그림 16-1 잉글랜드와 웨일스의 종족 집단

출처: ONS 2012b: 3.

종족적 다양성

가장 발전된 나라들과 마찬가지로, 영국은 다양한 문화와 종족적 배경을 지닌 사람들이 사는 종족적으로 다양한 사회다. 종족적 다양성은 가장 발전한 사회에서 나타나는 공통적인 모습이고, 우리가 뒤에서 볼 수 있듯이, 이것이 다문화 사회 정책을 이해하는 데 핵심적인 사항이다. 많은 정부들이 소수 종족 집단이 시민권의 완전한 혜택을 누리도록 다문화 정책을 채택하고 있다. 잉글랜드와 웨일스의 인구는 지속적으로, 특히 1990년대부터 더 다양해지고 있으며, 2011년 센서스에서는 백인 아닌 인구가 14퍼센트 정도였다(〈그림 16-1〉 참조). 1991년에는 94.1퍼센트가 백인에 속한다고 보고되었지만, 2001년에는 91.3퍼센트로 줄었고, 2011년에는 86퍼센트로 더 줄었다. 백인 종족 집단 중에서 '영국 백인'은 비슷하게 2001년에 87.5퍼센트에서 2011년에 80.5퍼센트로 줄었다.

'백인이 아닌' 종족 집단들은 같은 시기에 늘었다(〈표 16-1〉 참조). 예를 들어 인도인과 파키스탄인은 2001년에서 2011년 사이 40만 명 늘어 전체 인구에서 2.5퍼센트와 2퍼센트를 차지했다(ONS 2012b: 1~5). 가장 큰 증가는 '기타 백인' 범주로, 2001년에서 2011년 사이 1.8퍼센트 증가해 110만 명 늘었다. 이 집단은 주로 유럽 국가들이나 호주, 캐나다, 뉴질랜드, 남아프리카공화국에서 이주한 사람들이다. 2002년에서 2009년 사이 가장 많이 증가한 것은 중국인으로, 연평균 8.6퍼센트의 증가를 보였다(ONS 2011c).

영국에서 이민으로 인한 소수 종족 인구는 감소하고 있다. 이것은 '이민 인구'에서 완전한 시민권을 갖는 '비백인 영국' 인구로의 전환을 의미한다. 1991년 이래 영국 센서스는 먼저 응답자에게 어떤 종족에 속하는지 묻는데, 연구에서 자료 비교가 어렵게 되어 있다(Mason 1995). 주요 소수 집단에 속하는 사람들의 수가 〈표 16-1〉에 제시되어 있는데, 예를 들어 자신의 종족이 제시된 선택지보다 더 복잡할 수 있는 것이다(Moore 1995). '혼합 종족 집단'으로 자신의 정체성을 갖는 경우에 특히 그렇다. 그런 집단이 증가해 2011년에는 2.2퍼센트에 달했다. 대체로 출산율의 증가보다는 '종족적 혼합'의 결과였다.

잉글랜드와 웨일스에서 '비백인' 인구는 영국에서 인구가 가장 밀집된 도시 지역에 집중되어 있다. 약 10년간 많은 종족적 소수자 자손들이 런던을 떠나 다른 지역으로 갔지만, 런던은 여전히 종족적으로 가장 다양한 지역이다. 이러한 이유는 '비백인' 집단이 상대적으로 더 젊어 20대 중반 이후의 사람들보다 이동을 더 많이 하기 때문이다. 20대 중반 이후 사람들은 고용으로 인해 지역사회에 정착해 특정 도시와 지역에 특정한 소수 종족 집단이 집중된다. 예를 들어 레스터의 이스트미들랜즈시에서는 아시아계 인도인이 인구의 19퍼센트를 차지하고, 브래

표 16-1 잉글랜드와 웨일스에서 종족 집단별 인구 변화, 2001년과 2009년 비교(1천 명)

종족 집단	2001년 중반 인구	자연 변화	순수 이민 및 기타	2009년 중반 인구	연평균 변화율
모든 집단	**52,360.0**	**1,093.8**	**1,355.3**	**54,809.1**	**0.6**
백인: 영국인	45,718.9	359.9	−396.7	45,682.1	0.0
백인: 아일랜드인	646.6	−51.3	−21.1	574.2	−1.5
백인: 기타 백인	1,379.7	38.6	514.3	1,932.6	4.3
혼혈: 백인과 카리브해계 흑인	240.4	72.8	−2.6	310.6	3.3
혼혈: 백인과 아프리카계 흑인	80.7	35.6	15.5	131.8	6.3
혼혈: 백인과 아시아계	192.3	82.8	26.5	301.6	5.8
혼혈: 기타 혼혈	158.6	61.8	22.2	242.6	5.5
아시아인: 인도	1,053.9	88.8	291.5	1,434.2	3.9
아시아인: 파키스탄	728.4	138.4	140.6	1,007.4	4.1
아시아인: 방글라데시	287.0	55.5	49.7	392.2	4.0
기타 아시아인	247.3	35.5	102.9	385.7	5.7
카리브해계 흑인	572.4	22.3	20.5	615.2	0.9
아프리카계 흑인	494.9	89.5	214.4	798.8	6.2
기타 흑인	98.1	21.9	6.1	126.1	3.2
중국인	233.3	22.6	195.6	451.5	8.6
기타	227.6	19.1	175.9	422.6	8.0
비'백인 영국인'	**6,641.2**	**733.9**	**1,752.0**	**9,127.1**	**4.1**

참조: 숫자는 반올림으로 인해 전체 합과 일치하지 않을 수 있음.
출처: ONS 2011c: 2.

드퍼드에는 아시아계 파키스탄인이 인구의 13퍼센트를 차지한다. 아프리카계 카리브해 출신 영국인은 루이셤과 같은 런던 자치 도시와 버밍엄에 집중되어 있다(ONS 2011c).

여기서 우리는 이 장에서 사용한 종족 범주를 생각해 볼 가치가 있다. 그것은 잉글랜드와 웨일스의 공식적인 2001년 센서스에서 고안된 범주들이다. 그들은 어떤 범주들인가? 중국인, 백인 영국인, 카리브해계 흑인, 아프리카계 흑인, 아시아계 인도인과 '혼혈'을 논의하는 것이 정당한가? 중국인은 종족 집단인가 국적인가? '인종'과 '종족'을 혼돈하고 있는 것은 아닌가? 또한 ONS 분류는 '아시아계'를 파키스탄인, 방글라데시인, 인도인과 '기타'로 구분하고 2001년에 처음으로 도입한 '혼혈' 범주는 단순히 '백인과 아시아인'을 언급해 변이가 없다. 어떤 범주는 느슨하게 피부색에 근거한 것으로 보이고, 어떤 범주는 지역, 다른 것은 국적에 근거한 것으로 보인다. 왜 '백인 영국인'만이 '영국인Britishness'을 포함하는 유일한 범주인가? 이처럼 명백하게 일관성 없는 분류 틀은 무엇을 위한 것인가?

종족 집단 분류 틀은 '바깥에 있는' 사회 세계를 단순히 기술하지 않고, 어떤 면에서 '종족'과 '인종'을 사회적으로 구성하는 데 기여하며, 이러한 용어들이 무엇을 의미하는가를 이해하는 데도 기여한다. 특히 공식적인 정부의 분류 틀의 경우는 더 그러하며 주거, 복지, 이민과 고용 같은 중요한 영역에서 정책을 만드는 기초를 이루고 있다. 현재 이민에 대한 대단히 민감한 담론은 소수 종족 인구의 증가와, 건강과 사회 서비스 고갈로 가득하다. 그러므로 ONS 분류 틀은 잉글랜드와 웨일스의 인구 특성을 반영할 뿐만 아니라 이민과 영국의 정체성에 관한 정치적 논쟁의 틀을 반영한다.

2000년대 중반부터 사회학자들과 정부기관들이 종족적 다양성이 변화하고 있다는 것을 날카롭게 인식하기 시작했다. 특히 특정한 종족 집단과 커뮤니티에 속하는 사람이 똑같은 생활 기회를 공유한다고 가정되지 않았다. 버토벡Vertovec은 영국에서 나타나는 더 복합한 다양성 수준을 기술하고자 '초다양성super-diversity'이라는 용어를 만들었다(2006, 2007). 그는 이제 영국이 이전에 경험했던 복잡성의 수준과 종류를 넘어서는 '초다양성'으로 특징지어질 수 있다고 주장했다(2006: 1). 1945년 이후 영연방의 동남아시아와 아프리카-카리브해 지역에서 영국으로의 이민은 국가 주도로 영국 노동시장의 노동력 부족을 메우기 위한 것이었다. 그러나 최근의 인구 변화와 이민 패턴의 변화는 훨씬 복잡한 상황을 만들고 있다. 왜냐하면 여러 나라에서 다양한 이유에서 소규모로 출신 국가를 떠나고 있기 때문이다.

초다양성 현상은 출신국, 이민 채널, 연령과 성, 법적 지위(그리고 법적 권리), 이민자의 인적 자본(자격이나 기술), 고용 접근성(법적 지위와 연계되어 있는), 지역, 초민족주의(세계의 사람들과 지역들과의 연결), 이민자들에 대한 당국, 서비스 제공자와 지역 거주자의 복합적인 반응을 포함한다(Vertovec 2006: 31). 이것은 영국에 살고 있는 소말리아인의 예에서 드러난다. 다른 소말리아인은 난민, 망명자, 예외적인 체류 인정자, 서류가 없는 이민자, 다른 나라에서 난민 지위를 인정받았지만 영국으로 온 사람들인 반면, 일부 소말리아인은 영국 시민이다(ibid.: 18). 영국으로 들어오는 다양한 길과 다른 법적 지위와 권리가 고용, 공공 서비스, 주택, 거주지와 더 많은 것에 영향을 미친다. 초다양성은 단순히 다른 종족적 집단들 간의 다양한 경험을 포함하는 것만이 아니다. 초다양성은 특정한 종족 집단 내 다양성을 알려 준다. 사회학자들의 과제는 등장하는 생활양식과 경험의 다양성을 특징짓는 많은 변수의 상호작용을 분석하고, 서술하고 이해하는 방법을 찾는 것이다.

사회적 세계와 그것의 다양성을 논의하려는 시도는 필연적으로 구분해 현실을 의미 있는 범주로 나눠야 한다. 종족적 다양성의 경우, 우리는 이러한 범주들이 사람들의 경험 실체를 포착하는 데 한계가 있음을 인정하고 우리의 범주를 존재하는 응집된 사회집단들과 혼동하지 않는 것이다. 그렇게 하는 것은 브루베이커Brubaker가 잘 드러낸 '집단주의groupism'의 덫에 빠지는 것이다(2006). 점차 사회학자들은 종족 집단의 차별적 경험이 더욱더 다양해지고 그들 내 다양성이 광범위한 일반화를 덜 타당하게 만든다고 인정한다. 이러한 문제 인식은 적어도 '인종'과 종족 개념이 어떻게 만들어지고 이해되고 경험되는지에 대한 이해로 나아가는 첫걸음이다.

종족 통합의 모형

종족적 다양성은 어떻게 받아들여지고, 종족적 갈등을 회피할 수 있는가? 소수 인종 집단과 다수 인구 간의 관계는 무엇인가? 이러한 도전과 관련해 다인종 사회들이 채택한 세 가지 사회통합 모형이 있다. 동화assimilation, 융합melting pot, 문화적 다원주의culture pluralism 혹은 다문화주의multicuturalism라는 이 세 가지 모형은 이념형이며 현실에서는 이루기 힘들다.

> 막스 베버의 '이념형'은 제1장 〈사회학이란 무엇인가〉에서 논의된다.

첫 번째 모형은 이민자들이 원래의 관습과 행동을 버리고 다수의 가치와 규범에 따라 행동하는 것이다. 동화주의적 접근은 이민자들이 새로운 사회 질서에 적응하기 위해서는 언어, 복장, 생활양식과 문화적 태도에서 변화

종족적 다양성 vs. 사회적 연대?

사회학적으로 상상하기 16-2

2004년 2월에 출간되어 논란이 된 글에서 『프로스펙트Prospect』의 편집장 데이비드 굿하트David Goodhart는 종족적으로 다양한 사회와 시민들을 보호하는 좋은 복지 체제를 갖도록 허용하는 시민들 간 연대에는 교환trade-off이 이루어지고 있다고 주장했다. 굿하트는 어떤 점에서 그들과 같은 사람들을 돕기 위해 돈을 쓴다는 것을 믿는다면, 사람들은 연금이나 실업보험에 쓰기 위해 기꺼이 세금을 낼 것이라고 보았다. 여기에서 같은 사람들이란 적어도 공통의 가치와 가정을 공유하는 사람들을 말한다. 굿하트는 이 교환을 '진보적 딜레마the progressive dilemma'라고 불렀고, 다양한 사회와 연대적 사회 둘 다 원하는 사람들이 직면하는 딜레마라고 설명했다.

이러한 교환의 증거로 굿하트는 스웨덴과 덴마크 같은 스칸디나비아 지역 나라들을 지적했다. 그 나라들은 역사적으로 세계에서 가장 관대한 복지 국가였다. 그는 사회적으로 종족적으로 대단히 동질적이기 때문에 사람들이 세금을 더 낼 준비가 되어 있어 대규모 복지 체제를 구축할 수 있었다고 주장했다. 대조적으로, 미국과 같이 종족적으로 다양한 나라에서는 복지 국가에 대한 의지가 미약했다.

굿하트는 영국에서 소수 종족 집단에 속하는 인구의 비율과 미국에서 소수 종족 집단에 속하는 비율 사이에 급격한 변화를 불러일으키는 '티핑 포인트tipping point'가 있는지 물었다. 미국은 전체적으로 다른 미국식 사회로 만들어져 종족적 분리가 극심하고 약한 복지 국가다. 그는 이러한 티핑 포인트를 피해 소득이 있는 사람들의 연대 감정이 지나치게 확대되는 것을 막기 위해 영국으로 들어오는 사람의 숫자를 제한하고, 망명이나 이민 과정이 투명하고 통제되어야 하다고 주장했다(Goodhart 2004).

굿하트의 명제는 크게 비판을 받았다. 사스키아 사센Saskia Sassen은 장기적으로 이민자의 통합이 이루어질 것이고, 이민자들은 이전 세기에 그들이 직면했던 것처럼 오늘날에도 받아들여지는 데 동일한 어려움에 직면한다고 주장했다(2004). 역사적으로 모든 유럽 사회들은 전부는 아닐지라도 주요 외국인 이민자 집단들을 받아들였다. 과거의 경험은 '그들'을 '우리'로, 즉 굿하트의 분석에서 연대를 경험할 수 있는 커뮤니티로 바꾸는 데 몇 세대밖에 걸리지 않았음을 보여 준다.

정치 이론가 비쿠 파렉Bhikhu Parekh도 연대와 복지 국가의 재분배 관계가 거꾸로 되었다는 점을 지적하면서 굿하트의 명제를 비판했다(2004). 굿하트는 연대를 재분배의 선행 조건으로 본다. 파렉에 따르면, 그것은 반쪽만 사실이다. 재분배가 충성을 만들어 내고, 공통의 생활 경험 등을 만들어 연대의 길을 닦는다. 둘의 관계는 굿하트가 그의 글에서 제시한 것보다 훨씬 더 복잡하다.

또 다른 정치 이론가 버나드 크릭Bernard Crick은 굿하트에게 "무엇의 연대인가?" 하고 물었다. 굿하트는 『브리튼Britain』에서 연대를 논한다(2004). 그러나 굿하트는 '영국'에 대해 말한다면, 영국은 오랫동안 다국가와 다종족 국가였다는 것을 기억할 필요가 있다고 언급한다. 오늘날 영국인이면서 스코틀랜드인, 웨일스인, 아일랜드인 혹은 잉글랜드인이라는 이중적 지위는 확립된 사실이다. 문제는 연대냐 정체성 상실이냐가 아니라, 정체성이 부분적으로 한 집단 이상의 집단 소속원이라는 데 있다.

가 필요하다고 요구한다. 미국에서 이민자 세대들은 이러한 방식으로 '동화되도록' 압력을 받고, 많은 어린이가 결과적으로 어느 정도 완벽하게 '미국인'이 된다. 물론 소수자가 동화하려고 노력해도 그들이 인종화되거나 그들의 시도가 거부되었다면 그것이 고용이건 데이트건 다른 어떤 맥락에서건 많은 사람이 그렇게 할 수 없다.

두 번째 융합 모형은 이민자들이 이미 살고 있는 사람들 가운데 지배적인 집단에 우호적으로 용해되기보다, 그들이 뒤섞여 새롭고 진화하는 문화를 형성한다. 미국은 용광로melting pot라는 생각과 관계있는 패턴을 보이는 것으로 인식되었다. 외부로부터 서로 다른 문화적 가치와 규범들이 내부로 도입될 뿐만 아니라, 종족 집단들이 더 넓은 사회 환경에 적응하면서 다양성이 창조된다. '치킨 티카 마살라Chicken tikka masala'는 융합 문화의 일반적인 예로 자주 인용되는데, 이 음식은 영국에 있는 인도 식당에서 방글라데시 요리사가 만든 것으로 알려졌다. '치킨 티카'라는 인도 음식에 '마사라' 소스가 즉흥적으로 추가된 것이다. 그 음식은 2001년 전 국무장관 로빈 쿡Robin Cook(1946~2005)에 의해 '영국 국민 음식'으로 묘사되었다.

많은 사람이 용광로 모형이 가장 바람직한 종족 통합이라고 믿는다. 이민자들의 전통과 관습이 포기되지 않고, 지속적으로 사회 환경을 변화시키는 데 기여한다. 하이브리드 형태의 요리, 패션, 음악과 건축은 용광로 모형의 표현이다. 제한된 정도로 이러한 모형은 미국 문화의 발달 모습을 정확하게 표현한다. '앵글로' 문화가 지배적이긴 하지만, 그 성격은 현재 미국 인구를 구성하는 많은 다른 집단들의 영향을 어느 정도 반영한다.

세 번째 모형은 문화적 다원주의로, 그 안에서 종족적 문화가 타당성을 부여받아 분리되어 존재하면서 더 큰 사회의 경제적, 정치적 생활에 참여한다. 최근 중요한 다원주의의 파생물은 다문화주의로, 문화적·종족적 집단들이 서로서로 조화를 이루어 살도록 격려하는 국가 정책을 지칭한다. 미국과 유럽 여러 나라들은 많은 의미에서 다원적이지만, 종족의 차이는 대부분 평등하고 독립적인 국가 커뮤니티 회원들보다 불평등과 연계되어 있다. 프랑스인, 독일인, 이탈리아인들이 공존하는 스위스가 보여 주는 것처럼, 다른 종족 집단으로 이루어져 있지만 평등한 사회를 창조하는 것은 가능할 것이다.

다문화주의 옹호자인 정치학자 비쿠 파렉Bhikhu Parekh은 다문화주의의 핵심적인 주장을 제시한다(2000: 67).

> 다수자의 언어, 문화와 종교는 공적인 독점을 누리고 규범으로 다뤄지지만, 소수자의 문화적 정체성이 사적 영역에 한정되어서는 안 된다. 공적인 인정이 부족하면 사람들이 자기 존중감에 타격을 입혀, 모든 사람이 공적 영역에 완전히 참여하도록 격려하는 데 기여하지 못하기 때문이다.

파렉은 다문화적 사고에 세 가지 통찰력이 있다고 주장한다(2000). 첫째, 인간은 문화적으로 구조화된 세계에 배태되어 있다. 구조화된 세계는 인간에게 의미 체계를 제공한다. 그리고 비록 개인들이 그들의 문화에 의해 전부 결정되지는 않지만, 그들은 문화에 의해 깊은 영향을 받는다. 둘째, 문화는 '좋은 생활'을 구성하는 비전을 포함한다. 그러나 문화가 정체되어 있거나 현실과 맞지 않으면, 대안적인 비전을 갖는 다른 문화를 필요로 하고, 대안적인 비전은 비판적 성찰과 지평의 확대를 장려한다. 셋째, 문화는 단일한 것이 아니라 서로 다른 전통들 사이에 지속적인 논쟁이 있어 내적으로 다양하다. 파렉에 의하면, "21세기 다문화 사회의 중요한 과제는 통일성과 다양성의 정당한 요구를 조화시키는 것, 문화적 단일성 없이 정치적 통일성을 이루는 것, 시민들에게 공통의 소속감과 커다란 문화적 차이를 존중하고 아끼도록 육성하는 길을 찾는 것이다"(2000: 78).

아마르티아 센Amartya Sen은 인간 정체성을 이해하기 위한 '유일주의자 접근solitarist approach'에 반대한다(2007). 일부 종교적 접근이나 문명적 접근에서 발견되는 유일주의solitarism는 주요한 정체성의 형태로 사람의 국적, 문명적·종교적 밀착을 주요한 정체성 형태로 인식하고 그것들을 하나의 주요한 '정체성 집단'으로 놓는다. 그러나 센은 이러한 접근이 상호 간에 많은 오해를 낳는다고 주장한다(Sen 2007: xii). 실제로 우리는 우리 자신과 서로를 다양한 정체성 집단들에 속하는 것으로 인식하며 그렇게 하는 데 별문제 없다.

> 동일한 사람이 아무런 모순도 없이 카리브해 출신으로, 조상이 아프리카에서 왔고, 기독교도이며, 정치적으로 자유주의적이고, 여성이며, 채식주의자로, 장거리 달리기 선수이고, 역사가, 학교 교사, 소설가, 페미니스트, 이성애자, 동성애 권리를 인정하며, 영화를 사랑하고, 환경운동가, 테니스 팬, 재즈 뮤지션이며, 외계에 지능이 높은 생명체가 있고 그들과 대화를 하는 것이 절박하다고 깊이 믿는 사람이다. 이러한 집단성에서 각각은 특정한 정체성을 지니고 있으며, 이 사람은 동시에 이 모든 정체성을 갖는다. 어느 것도 그 사람의 유

일한 정체성이나 단일한 소속 범주가 아니다.

다른 모든 것을 압도하는 하나의 유일한 혹은 원초적인 정체성 가정은 불신을 낳고 때로는 폭력을 부른다. 영토에 대한 옛날의 권리를 부여하는 국민의 독특한 정체성과 같은 '운명의 환상'은 갈등을 야기한다. 센은 단일한 정체성을 강요하는 것에 기초한 모형의 분열성에 반대해, 개인의 정체성에 대한 더 광범위한 인식이 진정한 다문화주의에 희망을 제공한다고 주장한다.

다문화주의를 비판하는 사람들은 만약 국가가 학교와 교과 과정의 차이를 가능하게 할 경우, 종족적 분리 가능성을 우려한다. 프랑스, 노르웨이와 덴마크를 포함한 여러 나라에서 다문화주의를 공식적인 정책으로 인정하는 데서 한발 물러나고 있으며 대부분의 유럽 사회에서 일종의 회귀가 나타나고 있다. 2010년 7월 외국 문화와 프랑스의 정치적 이상에 관한 열정적이고 분열적인 공개 논쟁에 뒤이어 프랑스 수상은 공공장소에서 부르카나 니캅 착용을 금지시켰다. 네덜란드에서 2006년 9석을 얻은 자유당 당수는 "안전 강화, 범죄 축소, 이민 감축, 이슬람 축소, 이것이 네덜란드의 선택이다"라고 선언했다. 비슷하게, 독일 연방은행 이사인 틸로 자라친Thilo Sarrazin은 외국인들이 빠르게 증가하고 있고, 이슬람 이민자들이 범죄 활동 및 복지 의존과 연관되어 있다고 주장했다(2010). 2010년 독일 총리 앙겔라 메르켈Angela Merkel은 1960년대 외국인 노동자들이 독일로 오는 것을 장려했고, "그들이 독일에 머물지 않고, 어느 날 다시 사라질 것이다"라고 가정했다고 말했다. 그러나 그것은 현실이 아니었다.

이들 사회들은 다양한 종족 집단과 문화로 구성되어 있어 이미 '다문화적'이라는 점을 기억해야 한다. 현재 논쟁은 실제로 '정치적 다문화주의'에 관한 우려다. 즉 종족적, 문화적 다양성을 촉진시키고 장려하는 것이 공식적인 국가 정책이 되어야 하는가 하는 문제다. 많이 발전한 사회에서 대부분의 소수자 종족 집단의 커뮤니티 지도자들은 '다르지만 평등한' 지위를 이룩하는 것이 현재 요원하긴 하지만, 문화적 다원주의의 길을 강조했다. 종족적 소수자들은 다수자들에 의해 일자리, 안전과 민족 문화에 대한 위협으로 인식되고, 소수 종족 집단들이 희생양이 되는 일들이 지속적으로 나타난다. 이러한 경향은 점차 이민과 국민 정체성에 대한 긴장 및 불안과 함께 경기 침체와 긴축 재정에 의해 특징지어지는 사회들에서 점차 더 나타날 것이다.

그런데 많은 사람이 다문화주의와 문화적 다양성을 혼돈한다. 그들은 사회가 종족적 배경이 다른 사람들로 이루어졌을 때, '다문화 사회'에 살고 있다고 말한다. 다른 사람들은 다문화주의가 분리주의라고 생각한다. 이러한 견해에 따르면, 우리는 단순히 세계에 걸쳐 그리고 특정 사회들 내에 여러 다른 문화가 있고, 어느 문화도 다른 문화보다 우위를 지녀서는 안 된다는 것을 받아들여야 한다. 이것은 단순히 모든 사회집단이 사회에 미치는 결과와 관계없이 규범이 무엇이든 그들이 좋아하는 규범을 따르도록 내버려 두어야 한다는 것을 함의한다.

더 '세련된' 다문화주의 버전은 비판가들이 주장하는 것처럼 분리가 아니라 다른 집단들이 평등한 지위를 가지고 다양성이 공개적으로 존중되는 사회적 연대를 고려한다(Giddens 2006: 123~124; Rattansi 2011: 57). 그러나 지위의 평등이 모든 관행을 무비판적으로 받아들이는 것을 의미하지는 않는다. 찰스 테일러Charles Taylor는 사회의 모든 사람들은 존중받을 권리를 지니지만 그들이 평등한 권리를 갖는다면 또한 그들은 법률을 준수할 근본적인 책임을 포함하는 책임도 갖는다고 주장한다(1992). 이와 같이 이슈가 분명하지는 않지만, 다문화주의의 중요한 요소는 개방적인 대화를 촉진시키는 것이다.

비판적으로 생각하기 THINKING CRITICALLY

문화적 다양성이 세계화 사회에서 불가피하다면, 왜 '고립주의' 정체성들이 힘을 발휘하는가? 특히 민족적 정체성이 약화되고 있다는 증거를 찾을 수 있는가?

고용, 주택, 형사 제도

일, 주택, 형사 제도는 사회학자들이 주요 사회적 불평등인 젠더, 계급과 종족 불평등으로 인한 사회적·경제적 불리함의 실제 효과를 추적하는 세 영역이다. 이 부분에서는 여러 다른 종족 집단과 관련된 핵심적 이슈와 주제를 간단히 다룬다. 그렇지만 우리는 또한 인종과 종족이 고용 기회, 주거와 형사 제도에서 교차해 어떻게 다양한 유리함과 불리함을 만들어 내는지에 대해 다룬다.

고용 추이

1960년대 정책연구소Policy Studies Institute, PSI가 실시한 영국 종족 소수자에 대한 전국 조사를 통해 가장 최근에는 이민자들이 몇몇 산업 내 육체노동 직업에 과도하게 몰려 있다는 것이 밝혀졌다. 모국에서 자격을 가지고 최근에 이주한 사람들조차 그들의 능력과 맞지 않는 일을 하는 경향이 있다. 종족적 배경에 근거한 차별은 흔하고, 또 다 알고 있는 관행으로 어떤 고용주는 비백인을 고용하지 않거나 적합한 백인 노동자가 없을 때만 비백인 노동자를 고용하는 데 동의한다.

1970년대에는 고용 패턴이 어느 정도 바뀌었다. 많은 소수 종족 집단 사람들이 계속 반숙련 혹은 미숙련 육체노동을 하지만, 더 많은 사람이 숙련 육체노동에 고용되었다. 기업체 채용에서 인종차별을 금지하는 법이 바뀌었음에도 불구하고, 백인들이 동일하게 자격을 갖춘 비백인 지원자들보다 면접 기회와 일할 기회를 더 갖는다는 것을 사회과학 연구들이 밝혀냈다.

1982년 제3차 정책연구소 조사에서는 아프리카-아시아인과 인도 남성을 제외하고 소수 종족은 백인보다 두 배 높은 실업률을 보였다. 경기 침체가 주요인으로, 대규모 소수 종족 노동자들이 고용되어 있는 제조업이 큰 타격을 받았기 때문이다. 그렇지만 영어를 잘하고, 점차 자격을 갖춘 비백인 노동자가 화이트칼라 지위로 들어가면서 전체적으로 백인과 종족적 소수자들 간의 임금 격차가 줄어들고 있다. 특히 인도인들과 아프리카-아시아계에서 더 많은 사람이 자영업으로 옮겨 더 높은 소득을 올리고 실업률을 낮춘다.

학자들은 1980년대와 1990년대 탈산업화가 소수 종족 집단에 더 큰 충격을 주었다고 주장한다(Iganski and Payne 1999). 그렇지만 이러한 통속적인 견해는 정책연구소 조사와 노동력 조사 및 센서스 통계의 비교를 통해 도전을 받았다. 이것들은 일부 소수 종족 집단이 실제로 성공적인 백인 노동자들과 같은 방식으로 높은 수준의 경제적, 직업적 성공을 이루어 냈음을 보여 준다. 30년에 걸친 노동력 조사와 센서스 자료를 이용해(1971, 1981, 1991), 이간스키Iganski와 페인Payne은 전체적으로 다른 산업 노동자들에 비해 소수 종족 집단들이 실업을 덜 경험했음을 밝혔다(1999).

1997년 제4차 정책연구소 조사는 또한 비백인 여성들의 고용 패턴이 다양해졌음을 발견했다(Modood et al. 1997). 인도와 파키스탄 출신 여성들은 제조업에 종사하는 경향이 있는 반면, 카리브해계 흑인 여성들은 백인 여성들보다 육체노동에 덜 종사한다. 카리브해계 흑인 여성과 인도 여성들은 높은 수준의 경제 활동을 하지만, 파키스탄과 방글라데시 여성들은 노동시장에서 덜 적극적이다. 평균적으로 카리브해계와 인도 여성들이 백인 여성들보다 더 높은 전일제 노동 소득을 올리고 있다. 비록 인도 여성들의 경우 높은 소득을 올리는 여성과 낮은 소득을 올리는 여성들 사이에 소득의 양극화가 심하긴 하지만 말이다. 〈그림 16-2〉는 남성과 여성 간 고용률이 종족적 배경에 따라 시간적으로 달라지는 것을 보여 준다.

그렇지만 일부 소수 종족 집단에 의해 이루어진 높은 소득이 직업상의 불리함이 끝났기 때문이라고 여겨서는 안 된다. 이러한 '집단적 사회 이동'은 인종차별과 지속적인 불이익보다 산업 구조의 재편이 더 강하다는 것을 보여 준다. 더 최근의 조사는 다른 종족 집단의 고용 궤적이 다양함을 보여 준다. 예를 들어 영국 정부의 전략연구소Strategy Unit는 다른 종족 집단은 백인보다 못했지만, 인도인과 중국인은 평균적으로 노동시장에서 백인

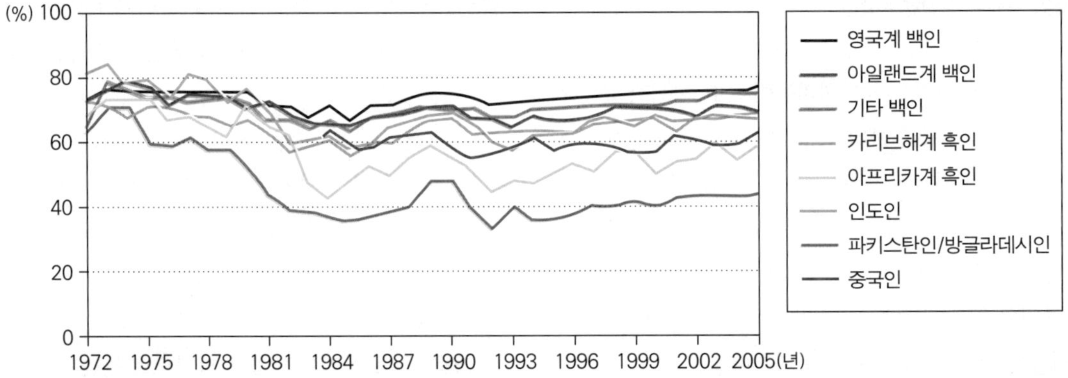

그림 16-2 영국의 종족 집단별 고용률, 1972~2005(남성 16~64세, 여성 16~59세)
출처: Li and Heath 2007: 2.

을 능가했다고 밝혔다(2003). 평균적으로 파키스탄인, 방글라데시인, 카리브해계 흑인은 백인보다 실업률이 더 높고, 소득은 더 낮았다.

2010년 국가평등위원회National Equality Panel는 백인 및 인도 남성의 80퍼센트와 다른 종족 집단의 남성 50~70퍼센트가 유급 노동을 했다고 밝혔다(Hills et al. 2010). 그렇지만 아프리카계 흑인과 카리브해계 흑인과 다른 흑인 남성들의 실업률은 상대적으로 높았다(10~16퍼센트). 파키스탄과 방글라데시 여성들은 4분의 1 정도가 유급 노동을 했고, 다른 모든 종족 집단의 여성들은 50퍼센트 정도가 유급 노동을 했다.

또한 이 연구는 소득 수준과 관련해서도 종족 집단 사이에서 유사한 차이를 발견했다. 영국 백인 남성의 주당 중위 소득은 288파운드로 흑인과 카리브해계 흑인 남성보다 30퍼센트 높았다. 상위 10퍼센트 백인 영국 남성의 소득은 상위 10퍼센트의 흑인과 카리브해계 흑인 남성의 소득보다 22퍼센트 더 높았다(Hills et al. 2010: 161). 유사하게, 모든 소득 집단에서 백인 남성이 분포 상 아시아계나 방글라데시계보다 100점 기준으로 30점 정도 더 높았다. 분명히, 소수 종족 집단들 사이에 다른 경험이 존재하지만, 영국에서 백인 남성이 대부분의 흑인이나 아시아계 소수자 집단들보다 상당한 경제적 이익을 누리고 있다.

주택

다른 선진국에서처럼 영국의 소수 종족 집단들은 주택 시장에서 차별, 희롱과 물질적 박탈을 경험하는 경향이 있다. 이민 통제가 시작되자마자, 주택은 집단들 사이에서 자원을 둘러싼 투쟁의 장이 되었고, 종족적 폐쇄 경향이 뚜렷해졌다. 고용 패턴과 함께, 주택의 질과 형태는 종족 집단에 따라 다르다. 주택에서 비백인 인구 전체가 백인에 비해 열악하지만, 중요한 예외가 있다. 다른 종족 집단들은 기준 이하의 주택에 살고 무주택(노숙자는 아님) 비율이 높지만, 인도계와 같은 어떤 집단들은 자가 소유 비율이 높다(Law 2009: 178).

여러 요인이 백인과 비백인 간, 그리고 비백인 집단들 간의 주거 격차에 영향을 미친다. 인종적 괴롭힘이나 폭력적인 공격은 유럽에서 자주 발생하고 주택 소유에서 어느 정도 종족적 격리를 부추긴다. 많은 유럽 국가에서 집시 커뮤니티가 접근 가능한 주택과 관련해 최악의 차별을 겪고 있다(EUFRA 2007). 더 풍족한 곳으로 이사할 수 있는 비백인 가족들은 백인이 압도적으로 많은 곳으로 이사하는 것을 꺼린다. 적대적이기 때문이다.

다른 요소는 주택의 물리적 조건과 관계가 있다. 높은 비율로 파키스탄계와 방글라데시계는 과밀한 주거 환경에서 산다. 부분적으로 가족 규모가 크고 주택이 더 습하고 중앙난방이 부족하다. 대조적으로 인도계는 백인처럼 독립 혹은 반독립 주택에서 살고, 다른 종족 집단들보다 허름한 도심 내부에 사는 비율이 낮다. 다른 한편, 아프리카-카리브해계 가구들은 자가 소유보다는 공공 지원 주택을 세 내어 사는 경향이 더 크다. 이것은 이들 종족 집단 내 홀부모 가족의 비율이 높은 것과 관계있을 것이다. 건강 불평등이 사회 계급적 지위와 강한 상관관계를 보여 주지만, 열악한 주거는 소수 종족 집단들에서 열악한 건강 상태를 낳는 중요한 요인이다(Cockerham 2007).

건강 불평등에 관한 논의는 제11장 〈건강, 질병, 장애〉를 참조하라.

계급, 종족, 젠더 간 교차하는 불평등을 이해하는 것이 최근 많은 사회학 연구의 토대를 이루고 있으며, 교차성 intersectionality은 종족적 소수자를 위한 공공 서비스를 개선하라고 일깨워 주었다. 사회 내에서 연령, 섹슈얼리티, 장애, 계급, 종족과 젠더 불평등의 복합적인 결합이 다양한 사회적 위치와 정체성을 형성한다. 사회학에서 교차성 연구는 정책 당국자들이 현대 불평등의 다양성을 이해하는 데 도움을 주며 사회집단들이나 개인들의 상이한 요구에 더 잘 부응하는 사회 정책을 만드는 데 도움을 준다.

교차성은 제12장 〈계층과 계급〉에서 다뤄지며, 제3장 〈사회학적 이론과 관점〉, 제7장 〈일과 경제〉, 제9장 〈생애과정〉, 제13장 〈빈곤, 사회적 배제, 복지〉, 제15장 〈젠더와 섹슈얼리티〉에서도 다뤄진다.

차별의 인지는 또한 창조적인 행동을 자극할 수 있다. 하나의 독립적인 건강 서비스 보고서가 주장하는 것처럼, 이것은 중요하다. "현재 흑인 커뮤니티나 소수 종족 커뮤니티 사람들은 받도록 되어 있는 서비스를 받지 못하고 있다. 한마디로 말해 이것은 '부끄러운 일'이다"(Blofeld 2003: 58). 소수 종족 집단에 대한 추가적인 요인은 사회 내 존재하는 인종 차별주의적 태도이며, 앞에서 다룬 「맥퍼슨 보고서」(1999)가 보여 준 것처럼 인종 차별주의는 많은 공공 서비스에서 제도적으로 배태되어 있다(Karlsen 2007). 우리는 이것을 형사 제도의 작동과 관련해 살펴볼 수 있다.

형사 제도

1960년대 이래 소수 종족 집단에 속하는 사람들은 늘 가해자나 피해자로 형사 제도에서 과잉 대표되고 있다. 전체 인구 분포와 비교해 소수 종족 집단은 교도소 인구 비율이 높다. 2008년 잉글랜드와 웨일스에서 남성 수감자의 11퍼센트, 여성 수감자의 9퍼센트가 '흑인이나 흑인 영국인'이었는데, 이는 전체 인구 비율과 비교해 다섯 배 더 높은 수치다(ONS 2010a: 134). 흑인 청년들 또한 백인보다 감호 상태에 있는 비율이 훨씬 더 높다. 2010년 잉글랜드와 웨일스에서 흑인과 다른 소수 종족 집단 남성은 청년 수감자 중 39퍼센트를 차지했는데, 이는 2006년 23퍼센트에서 빠르게 늘어난 것이다(Travis 2011).

형사 제도 내에서 소수 종족 집단이 차별적인 대우를 받고 있다고 믿는 데는 그럴 만한 이유가 있다. 흑인과 소수 종족 집단을 대상으로 하는 불심검문 수가 1999년 「맥퍼슨 보고서」 이후 떨어졌지만, 알카에다al-Qaeda 네트워크와 연계된 테러로 인해 더 민감해지면서 늘어났다. 2000년 테러방지법으로 경찰에 부여된 새로운 권한으로 인해 무슬림이 다수를 차지하는 아시아계 영국인들이 불심검문을 당하는 사례가 늘었다.

그렇지만 흑인들, 특히 흑인 청년들은 과도하게 불심검문 대상이 되어, 2009~2010년에는 백인보다 일곱 배 더 높았다. 그리고 2006~2007년에서 2009~2010년 사이에는 백인을 포함한 전체 불심검문 비율이 줄어들었지만, 흑인의 불심검문 비율은 22퍼센트에서 33퍼센트로 높아졌다. 비백인이 이전의 범죄 경력이 적거나 없었음에도 불구하고 구속 수감 비율이 더 높았고, 수감되면 차별과 인종적 공격을 더 많이 경험했다. 형사사법 행정은

2015년 영국에서 흑인은 백인보다 16.5배 더 많이 불심검문을 받았고, 도시보다 농촌에서 더 큰 격차를 보였다.

압도적으로 백인들에 의해 이루어진다. 2010년 경찰 중 흑인이나 소수 종족 출신은 5퍼센트 미만이었고, 법조계도 비슷한 비율이었다(Ministry of Justice 2011: 14~15, 19).

소수 종족 집단은 인종적 동기로 인한 공격 등 다양한 종류의 인종 차별주의에 취약하다. 대부분은 이러한 대우를 피하지만, 소수자에게 이러한 경험은 혼란스럽고 잔인하다. 2002년 기준 백인을 대상으로 한 범죄의 2퍼센트만이 인종적 동기에서 유발된 반면(ONS 2002b), 소수 종족을 대상으로 한 범죄에서는 그러한 경우가 12퍼센트 정도로 추산된다.

소수 종족 집단에 속하는 많은 사람, 특히 청년들의 경험은 백인과의 관계 만남에서 그리고 어느 정도 경찰과의 관계에서 '폭력적인 착취 대상'임을 말해 준다. 경찰의 관행에 관한 로저 그래프Roger Graef의 연구는 경찰이 종족적 소수자를 말할 때, 자주 고정관념과 인종적 욕설을 하면서, 모든 소수자 집단들에 대해 '적극적으로 적대적'이라는 결론을 내렸다(1989). 1993년 인종 차별주의적 살인과 조사는 인종 차별주의가 전체 기관에 팽배해 있음을 발견했다(〈고전 연구 16-1〉 참조). 보고서가 나오고 1년 후, 잉글랜드와 웨일스에서 3분의 1 이상의 경찰력이 추가적으로 흑인이나 아시아계 경찰을 고용하지 않았고, 소수 종족 경찰 인원은 실제로 43명에서 9명으로 줄었다.

이러한 범죄와 희생의 패턴을 어떻게 설명할 수 있는가? 범죄는 인구에 고르게 분포되어 있지 않다. 일반적으로, 경제적으로 박탈된 지역들이 높은 범죄율과 범죄 대상이 될 위험을 더 안고 있다. 인종 차별주의에 노출된 사람들이 겪는 박탈은 도심의 쇠퇴를 만들고, 또 쇠퇴하는 도심에 의해 박탈이 만들어진다(제6장 〈도시와 도시 생활〉 참조). 여기에서 인종, 실업과 범죄 간에 분명한 상관관계가 있고, 소수 종족 배경의 청년 남성에게 집중되어 있다.

르완다 학살

1994년 4월에서 6월 사이 100일 동안 80만 명 정도로 추산되는 르완다인이 사망했다. 대부분의 사망자는 투시족이었고, 폭력을 저지른 사람들은 대부분 후투족이었다. 르완다와 같이 혼란스러운 역사를 지닌 나라에서 학살의 규모와 속도는 나라를 비틀거리게 했다.

대량 학살genocide은 1994년 4월 6일 키갈리 공항 상공에서 후투족인 르완다 대통령 쥐베날 하비아리마나Juvénal Habyarimana가 탄 비행기가 총격을 받아 추락하면서 그가 사망한 사건이 시초가 되었다. 프랑스의 공식 보고서는 당시 르완다 대통령인 폴 카가메Paul Kagame를 비난했다. 「르몽드」지에 요약된 그 보고서는 프랑스 경찰이 카가메가 로켓 공격 명령을 내렸다고 말했다. 하지만 르완다 정부는 그 보고서가 '환상'을 기술하고 있다고 부정했다.

공격이 있고 몇 시간도 안 돼 폭력을 동반한 운동이 수도에서 전국으로 퍼졌고, 3개월 동안 가라앉지 않았다. 그러나 대통령의 죽음이 오늘날 아프리카에서 가장 대규모 대량 학살 사례의 유일한 원인은 아니었다.

폭력의 역사

르완다의 종족 갈등은 새로운 것이 아니다. 다수의 후투족과 소수인 투치족 사이에 항상 불화가 있었지만, 그들 간의 반목은 식민지 시기부터 상당히 커졌다. 두 종족 집단은 실제로 대단히 유사하다. 똑같은 언어를 사용하고 동일한 지역에서 살고 동일한 전통을 따른다.

그러나 1916년에 도착한 벨기에 식민주의자들은 두 종족이 다르다고 보았고, 사람들을 종족에 따라 구분하는 신분 카드를 만들었다. 벨기에인들은 투치족이 후투족보다 우월하다고 보았다. 당연히 투치족은 이것을 환영했고, 이후 20년 동안 투치족은 후투족보다 더 좋은 일자리와 교육 기회를 누렸다. 후투족의 분노는 점차 커졌고, 1959년 일련의 폭동으로 폭발했다. 2만 명 이상의 투치족이 죽었고, 더 많은 사람들이 이웃나라인 브룬디, 탄자니아와 우간다로 도망갔다. 1962년 벨기에가 권력을 이양해 르완다가 독립했을 때, 후투족이 그 자리를 차지했다.

집단 학살

집단 학살 전 수년 동안 경제 상황이 악화되면서, 현직 대통령인 쥐베날 하비아리마나도 인기를 잃기 시작했다. 동시에 우간다의 투치족 난민들이 온건한 후투족의 지원을 받아 르완다 애국전선Rwandan Patriotic Front, RPF을 결성했다. 그들의 목표는 하비아리마나를 전복시키고 고국으로 돌아가는 권리를 확보하는 것이었다. 하비아리마나는 이러한 위협을 이용해 반정부적인 후투족을 자기편으로 돌렸고, 르완다 내의 투치족은 RPF의 협조자라는 비난을 받았다.

1993년 8월 여러 차례의 공격과 수개월에 걸친 협상 끝에 하비아리마나와 RPF 사이에 평화 협정이 맺어졌지만, 지속되는 소요를 막지는 못했다. 1994년 4월 하비아리마나의 비행기 격추는 관 뚜껑에 못을 박는 일이었다. 누가 대통령(그와 함께 부룬디 대통령과 주요 스태프)을 죽였는지 정확히 밝혀지지 않았다. 살해 뒤에 누가 있든, 그 효과는 즉각적이고 파국적이었다.

대량 살인

키갈리에서 대통령 경호원이 즉각적으로 보복 캠페인을 시작했다. 야당 지도자들이 살해되었고, 곧바로 투치족과 온건 후투족에 대한 학살이 시작되었다. 몇 시간 안에 신병들이 전국으로 파견되어 살인을 자행했다. 초기 조직자는 군 장교, 정치인, 기업인을 포함했지만, 곧 다른 많은 이가 파괴 활동에 참여했다.

대통령 경호원과 라디오 선전에 힘입어, 인터라함베Interahamwe('함께 공격한다'는 뜻)라고 불리는 비공식적인 민병대 집단이 동원되었다. 이 집단은 가장 많았을 때 3만 명에 이르렀다. 군인과 경찰은 일반 시민들이 참여하도록 격려했다. 일부 지역에서 후투족 민간인들이 군인들에 의해 투치족 이웃을 살해하도록 강요당했다. 참여자들은 돈이나 음식과 같은 인센티브가 주어졌고, 일부는 그들이 죽인 투치족의 땅을 가질 수 있다는 말조차 들었다.

그런 이유들로 인해 르완다인들은 국제 사회에 의해 고립되었다. 병사 열 명이 살해당하면서 UN 평화유지군이 철수했다. 하비아리마나가 죽은 다음 날, RPF는 정부군에 대한 공격을 재개했고, 여러 차례에 걸친 UN의 종전 협상은 무위로 끝났다.

여파

최종적으로 7월에 RPF가 키갈리를 점령했다. 정부가 붕괴되고 RPF는 종전을 선언했다. RPF의 승리가 분명해지자, 200만 명으로 추산되는 후투족이 자이레(지금은 콩고)로 도망했다. UN 평화유지군과 구호 사업 직원들이 질서 회복과 기본 서비스를 다시 제공하기 위해 도착했다.

7월 19일 모든 난민의 안전한 귀환을 약속하면서, 새로운 다종족 정부가 만들어졌다. 그러나 학살은 끝났지만 대량 학살의 유산은 지속되었고, 정의를 찾는 일은 길고도 험난했다. 약 5백 명이 사형선고를 받았고, 10만 명이 아직도 감옥에 있다. 그러나 일부 폭력 집단 지도자들은 달아나 버렸고, 사랑하는 사람을 잃은 많은 사람이 아직도 정의를 기다리고 있다.

출처: BBC 2011.

범죄에 대한 도덕적 공황moral panic이 정치적으로 그리고 미디어에 의해 만들어지면서, '인종'과 범죄 간의 공적인 연계가 성립되었다.

> 도덕적 공황 이론은 제20장 〈범죄와 일탈〉에서 다루어진다.

종족 갈등

종족 다양성은 사회를 대단히 살찌운다. 다종족 사회는 활기 넘치고 역동적이며, 주민들의 다양한 기여에 의해 사회가 튼튼해진다. 그러나 그 사회들은 취약하며, 특히 내부 봉기나 외부의 위협에 직면해 있을 때 더 그렇다. 다른 언어, 종교와 문화적 배경은 공개적인 대립의 단층선이 될 수 있다. 때로는 오랜 종족적 관용과 통합의 역사를 지닌 사회들도 급격히 서로 다른 종족 집단이나 커뮤니티들 간 적대적인 종족적 갈등에 휩싸일 수 있다. 1990년대 풍요로운 다종족 유산으로 유명한 구 유고슬라비아가 그러한 사례다. 이민의 세기와 연속적인 제국의 지배는 다양하고 뒤섞인 인구를 만들었고, 인구는 다수의 슬라브족(동세르비아), 크로트족(가톨릭), 무슬림과 유대인으로 이루어졌다. 1991년 이후 공산주의의 붕괴에 뒤이은 정치적, 사회적 전환과 더불어 구 유고슬라비아 여러 지역에서 종족 집단 사이에 치명적인 갈등이 발생했다.

구 유고슬라비아에서의 갈등은 다른 종족 인구를 대량으로 추방해 종족적으로 동질적인 지역을 만들고자 하는 '인종 청소ethnic cleansing'의 시도도 포함했다. 더 최근에는 정부의 지원을 받는 아랍 민병대가 2002년 다르푸르의 서부 수단 지역 흑인들의 봉기에 뒤이은 수단에서의 인종 청소로 비난을 받았다. 민병대에 의한 보복으로 적어도 7만 명 정도가 사망했고, 약 2백만 명이 집을 잃었다. 전 세계의 폭력적 갈등이 점점 더 종족 분열에 기반을 두고 있으며, 국가 간 전쟁에 기반을 둔 것은 아주 작은 부분에 불과하다는 것이 알려졌다. 대다수 갈등은 종족적 차원과 관련된 내전이다. '내적' 종족적 갈등의 효과가 국경 바깥에서도 잘 느껴지지만, 점점 더 상호 의존적이고 경쟁이 심해지는 세계에서 국제적인 요인들이 종족적 관계를 만드는 데 더욱더 중요한 영향을 미치고 있다.

> 변화하는 전쟁 형태에 대해서는 제22장 〈국가, 전쟁, 테러리즘〉에서 논의된다.

우리가 본 바와 같이, 종족적 갈등은 국제적인 관심을 끌고 때로는 물리적 개입을 촉발시킨다. 유고슬라비아와 르완다에서 있었던 인종 청소와 대량 학살을 조사하고 책임자를 재판하기 위해 국제전쟁범죄재판소가 소집되었다. 인종 청소에 대응하고 그것을 방지하는 것이 개별 국가와 국제정치 구조에 핵심적인 도전이 되었다. 비록 종족적 긴장이 지방 수준에서 자주 경험되고 해석되고 묘사되지만, 그것은 점차 국가적·국제적 차원으로 확대하고 있다.

글로벌 시대의 이민

우리는 이민을 20세기의 현상으로 생각하지만, 이민은 인류 역사가 기록되기 시작한 이른 시기에 그 뿌리를 두고 있으며, 글로벌 통합 과정의 한 부분으로서 이민이 가속화되고 있다. 앞에서 본 것과 같이, 최근의 '새로운 이민'은 종족 커뮤니티들 간뿐만 아니라 종족 커뮤니티 내 상황과 경험의 초다양성을 만들고 강화시킨다. 런던의 해크니와 뉴욕 같은 여러 지역에서 문화적 다양성의 경험은 일상적이어서 사람들은 관심을 기울이지 않는다. 베센도르프Wessendorf의 말대로 "흔한 다양성은 이와 같이 사람들이 문 앞으로 나올 때마다, 가득한 차이의 결과다"(2014: 3). 지난 25년 동안 사회생활을 바꾸는 데 도움을 준 새로운 이민 패턴은 급격하게 증가한 나라들 사이의 경제적, 정치적, 문화적 결속의 한 측면이다.

오늘날 전 세계인 33명 가운데 1명은 이민자라고 추산된다. 2012년 2억 1천4백만 명이 태어난 곳과 다른 곳에서 살고 있으며, 국제이민기구International Organization for Migration는 2050년에는 4억 5백만 명으로 두 배가 될 것이라고 추산했다(2012). 어떤 학자들은 이것을 '이민의 세기'라고 불렀다(Castles and Miller 2009). 우리는 영국의 이민 경험에 대해 이야기했다. 이민은 제국주의의 팽창과 영국 제국의 몰락 시기에 전 세계 인구의 이동에서 중요한 역할을 했다.

사람들이 들어와서 정착하는 유입 이민immigration과 한 나라를 떠나 다른 나라로 이주하는 이민emigration은 출신 국가와 도착 국가를 연결시키는 글로벌 이민 패턴을 만들어 낸다. 이주자 이동은 많은 사회에서 종족적, 문화적 다양성을 더하고 인구학적, 경제적, 사회적 역동성을 만들어 내는 데 도움을 준다. 제2차 세계 대전 이후 그리고 특히 최근에 나타난 글로벌 이민의 강화는 이민을 중요하고 갈등적인 정치적 이슈로 만들었다.

1945년 이후 주된 세계적 인구 이동을 이야기하는 데 네 가지 이민 모형이 사용되었다. '고전적 모델'은 캐나다, 미국, 호주와 같은 '이민자들의 나라'에 적용된다. 이러한 경우들에서 제약과 쿼터가 매년 유입되는 이민자를 제한하는 데 도움을 주지만, 이민은 대체로 장려되고 시민권이 새로운 이민자들에게 약속된다. '식민지 모형'은 프랑스와 영국 같은 나라들이 추구한 것으로, 다른 나라들보다 이전 식민지였던 나라들로부터의 이민을 선호하는 경향이 있다. 제2차 세계 대전 이후 인도, 자메이카와 같은 영연방 국가들로부터 영국으로의 대량 이민이 이러한 경향을 반영한다.

독일, 스위스, 벨기에는 제3의 정책인 '초청 노동자 모형'을 따랐다. 이러한 모형에서 이민자들은 일시적으로 머물 수 있으며, 노동시장에서의 수요를 충족시키지만, 오랜 기간의 거주 이후에도 시민권을 얻기 힘들다. 마지막은 '불법 이민'으로, 이러한 경향이 점점 더 많아지고 있다. 몰래 들어오거나 합법적으로 들어온 이민자들이 때로는 공식적인 사회 영역 바깥에서 불법적으로 살아간다. 예를 들어 미국 남부 여러 주에 많이 살고 있는 멕시코 불법 이민자들을 볼 수 있으며, 국경을 넘어 난민을 들여오는 국제적인 비즈니스가 커지고 있다.

산업화의 확산은 극적으로 이민의 패턴을 바꿨다. 농촌에서 가족 생산의 하락과 함께 도시에서 일할 수 있는 기회가 증가하면서 산업화는 농촌에서 도시로의 이주를 촉진시켰다. 노동시장에서의 수요 또한 해외로부터의 이민을 촉진시켰다. 산업혁명 이전에는 영국에 아일랜드인, 유대인, 흑인 커뮤니티가 존재했지만, 새로운 기회가 늘어남에 따라 국제 이민의 규모와 범위가 바뀌었다. 네덜란드인, 중국인, 아일랜드인과 흑인 이민자들이 영국 사회를 바꿔 놓은 것이다.

나치의 학살로 인해 유럽의 유대인들이 안전한 서쪽으로 도피한 1930년대에 영국으로의 대규모 이민이 이루어졌다. 1933년에서 1939년 사이에 6만 명의 유대인이 영국에 정착한 것으로 추산되지만, 실제로는 그보다 더 많을 것이다. 같은 기간에 8만 명 정도의 난민이 유럽에서 유입되었고, 전쟁 기간 동안 7만 명이 더 들어왔다. 1945년 5월 유럽은 전례 없던 난민 문제에 직면했다. 수백만 명이 갑자기 난민이 되었고, 많은 난민이 영국에 정착했다.

제2차 세계 대전 이후 영국은 영연방 사람들이 영국으로 들어오면서 또 한 차례 대규모 이민을 경험했다. 당시 영국은 노동력이 부족했다. 전쟁으로 파괴된 나라와 경제를 재건하기 위한 산업 생산의 확대로 영국 노동자들의 전례없는 이동이 일어나 미숙련 육체노동자들이 부족해졌다. 영국의 제국주의적 유산에 영향을 받은 정부는 서인도, 인도, 파키스탄과 아프리카 식민지 출신자들이 영국에 정착하는 것을 장려했다. 1948년 영국국적법은 영연방 국가 시민들에게 유리한 이민권을 부여했다.

각 시기 이민 열풍으로 영국의 종교 분포도 크게 변했다. 특히 영국의 도시들은 이제 다종족, 다종교로 변했다. 19세기 아일랜드인의 이민으로 리버풀과 글래스고 같은 도시들에서 가톨릭교도의 수가 크게 늘었다. 많은 아일랜드 이민자가 리버풀과 글래스고에 정착했다. 전후 아시아에서 이민 온 무슬림교도도 늘었는데, 파키스탄과 방글라데시 같은 무슬림 국가에서 많은 이민자가 들어왔기 때문이다. 인도에서도 이민자가 많이 들어와 힌두교도 또한 늘었다. 이민은 영국인이 되는 것이 무엇을 의미하는지, 그리고 어떻게 종족적, 종교적 소수자들이 사회에 완전히 통합될 수 있는지에 관한 새로운 문제들을 제기하게 만들었다.

> 종교적 다양성은 제17장 〈종교〉에서 자세히 다루어진다.

이민과 제국의 몰락: 1960년대 이후 영국

1960년대에는, 대영 제국에 사는 사람들은 영국에 살면서 시민권을 요구할 권리를 지닌다는 생각이 점차 다시 역전되었다. 노동시장의 변화는 새로운 제약이 도입되는 역할을 했지만, 이민자들에 대한 백인 영국인들의 반발에 대한 대응이었다. 특히 가난한 지역에 사는 노동자들은 일하기 위해 몰려드는 이민자들에 의해 자신들의 삶이 방해되는 것에 민감했다. 새로 온 사람들에 대한 태도는 때로 적대적이기까지 했다. 1958년 노팅힐 폭동은 백인 주민들이 흑인 이민자를 공격한 것으로, 인종 차별주의적 태도가 강함을 입증했다.

반인종 차별주의 캠페인을 벌이는 많은 사람들은 영국의 이민 정책이 인종 차별주의적이고 비백인에 대해 차별적이라고 주장해 왔다. 1962년 연방 이민법이 제정된 이래, 백인이 영국으로 들어오는 것은 상대적으로 자유롭게 하고, 점차 비백인이 영국에 들어와서 영주권을 갖는 것은 제약하면서, 일련의 법적 조치들이 통과되었다. 예를 들어 이민법은 캐나다와 호주 같은 '오래된 영연방' 국가들에 대해서는 백인 이민자들의 권리를 유지하면서, 유색인종이 많은 영연방 국가들에 대해서는 차별했다. 1981년 영국 국적법은 '영국의 시민권'을 영국에 종속적인 지역의 시민권과 분리시켰다. 1988년과 1996년 도입된 법은 이러한 제약을 더 강화했다.

2002년 국적, 이민, 망명법은 영국 시민권을 원하는 사람들에게 영국 생활에 대한 기본 지식, 시민권 의식과 충성 서약을 요구했다. 2008년 점수에 기반을 둔 이민 정책이 도입되었고, 점수는 기술, 연령, 교육 수준과 영국 내 경험에 따라 부여되었다. 그 목적은 이민을 더 잘 관리하기 위해서였고, 이민을 경제의 필요와 연결시키는 것이었다. 2010년 정부는 유럽연합 이외 지역으로부터의 이민 상한선을 설정했다. 2011년 4월에는 연간 숙련 노동자 2만 700명이 상한선이었다. 대단히 부유한 개인이나 예외적으로 재능이 있는 사람들은 여전히 영국으로 들어올 수 있도록 허용되었다.

이는 영국으로의 순수 이민자 수를 수십만 명에서 수만 명으로 줄이는 것이었다. 그렇지만 인권 단체들은 가족의 이민을 규제하는 것에 반대했고, 기업들은 숙련 노동자의 감축이 경제에 타격을 줄 수 있다고 우려를 표명

전후 영국에서 노동력이 부족해 영연방 국가들로부터 이민이 증가했지만, 이민자들은 자주 인종차별을 겪었다. 그리고 이후에는 이민이 제한되었다.

했다. 실제로 목표는 달성되지 못했고, 2015년 정부가 바뀌었을 때, 순수 장기 이민자는 31만 8천 명으로 2013년 20만 9천 명보다 약간 늘어났다(ONS 2015b: 1).

많은 유럽 국가들은 들어오기 위한 망명 가능성을 줄여 왔다. 망명으로 인정받기 위해 개인들이 강제적으로 그 나라를 떠나게 되었다고 주장해야만 하는 것은 「난민 지위에 관한 UN 협약과 의정서」(1951)에서 정부가 가지고 있는 의무를 저버리는 것이었다. 1991년 이래 지문날인, 제한된 무료 법률 서비스, 타당한 비자가 없는 승객을 태운 항공기에 대한 벌금 두 배 적용 등을 포함해 난민 지위를 요구하는 사람들에 대한 보다 엄격한 검사가 있었다. 더 많은 조치가 이루어짐에 따라, 거부당한 자가 증가해 더 많은 수의 망명 신청자가 더 오랫동안 구금 상태에 놓였다.

지난 20여 년 동안 '인종'과 이민 문제는 선진국의 여론 조사에서 더 중요해졌다. 주기적으로 관심이 높아졌지만, 이민과 인종의 관계는 지속적으로 관심이 높아지기 시작한 1993년 정도까지 영국 서베이에서 거의 기록되지 않았다(Duffy and Frere-Smith 2014). 물론 핵심적인 사건들이 여론에 영향을 미칠 수 있고, 영국에서 일어난 이른바 인종 폭동도 일정한 역할을 했다. 2001년 9월 알카에다의 미국 공격 이후 영국과 선진국들에서는 인종과 종족에 대한 우려가 증가하는 추세를 보였다.

그러나 〈그림 16-3〉에서 볼 수 있듯이, 영국으로의 순이민이 증가하면서, 여론 조사는 이민이 최고로 '우려되는 이슈'로 부각되었음을 보여 준다. 유럽연합의 다른 나라들에서도 이러한 상관관계는 없었다. 이러한 점은 특정한 이슈에 대한 관심을 만들어 내는 국가의 사회적, 정치적 맥락의 중요성을 보여 준다. 영국으로의 이민 기회가 끊기자, 망명을 요청하는 사람들이 크게 늘었다. 가짜 망명 신청자들이 영국을 늪에 빠뜨린다는 묘사가 이민과 망명에 대한 왜곡된 이미지를 만들어 냈다. 2005년 7월 7일 런던에서 발생한 조직적인 테러는 52명의 사상자와 7백 명의 부상자를 만들어 냈고, 이민과 테러의 직접적인 연관관계를 제시하는 영국 신문들의 야단스러운 1면 기사 제목을 촉발시켰다. 이러한 자극적인 보도는 전부 오류로 밝혀졌다. 더욱이 영국독립당UKIP의 등장과 선거에서 승리는 이민 통계가 해석되는 특별한 렌즈를 제공했고, 영국독립당은 EU 회원국의 부정적인 면과 이민을 문제시하는 사회에 확산된 정치적 담론에 초점을 맞췄다. 이민이 'EU 탈퇴' 찬성 캠페인에서 핵심적인 이슈가 된 후, 영국은 2016년 6월 EU 탈퇴에 찬성했다.

국가 간 차이는 있지만, 유럽에서 '인종'과 이민에 대한 우려 역시 증가하고 있다. 독일에서 57퍼센트의 응답자가 중동과 북아프리카에서의 이민이 '나쁜 일'이라고 답했고 '좋은 일'이라고 답한 경우는 34퍼센트에 불과했다. 3분의 2에 해당하는 독일인들이 동유럽으로부터의 이민도 거부했다. 네덜란드에서는 여론이 나뉘었다. 찬반이 각각 절반 정도 되었다(찬성 50퍼센트, 반대 47퍼센트). 프랑스에서는 약간의 다수가 다른 지역으로부터의 이민을 인정했다. 스페인에서는 67퍼센트가 중동이나 북아프리카 지역으로부터의 이민이 긍정적이라 답했고, 동유럽 이민자들에 대해서도 72퍼센트 정도가 긍정적으로 여겨 다른 지역 사람들에 비해 상대적으로 높았다(Pew Research Centre 2005).

2008년 금융 위기, 2009년 글로벌 경기 침체와 이후 선진국에서의 긴축 정책으로 이민이 미디어 논평과 정치적 논쟁에서 전면으로 부각된 것은 놀랄 일이 아니다. 경제가 어려운 시기에는 경제가 어려워진 탓을 할당하는 경향이 있고, 그것은 때로 가시적인 소수 종족 집단이 편리한 희생양이 된다는 것을 의미한다. 이러한 시기에는 이민에 대한 찬성과 반대하는 합리적인 분석이 이루어지기 힘들다. 그럼에도 불구하고, 정책 결정의 토대로서 이러한 분석은 사회과학적 작업의 기본이며 다가오는 미래에는 더욱 중요해질 것이다.

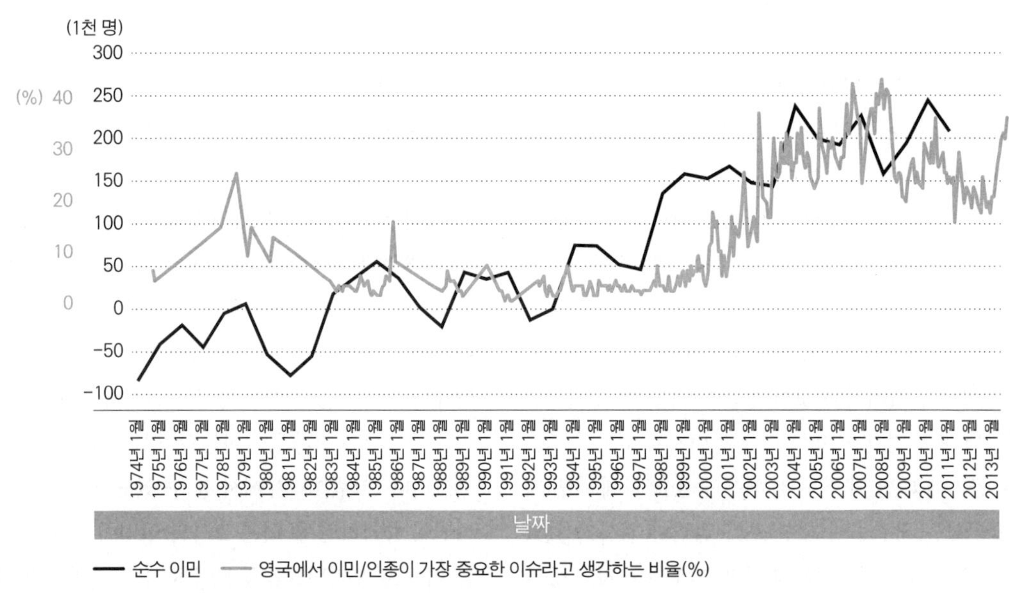

그림 16-3 이민을 중요한 문제라고 응답한 비율, 1974~2013

출처: Duffy and Frere-Smith 2014: 8.

> **비판적으로 생각하기** THINKING CRITICALLY
>
> 글로벌 시대를 맞아 이동이 늘어나 선진국에서 이민에 대한 우려가 커지는 것은 불가피한 일인가? 이것이 이민에 반대하는 정당에는 점점 더 성공을 보장한다는 의미인가?

이민과 유럽연합

20세기에 영국뿐 아니라 대부분의 유럽 나라들이 이민으로 큰 변화를 겪었다. 제2차 세계 대전 이후 20년 동안 유럽에서 대규모 이민이 이루어졌다. 지중해 국가들은 북쪽으로, 서쪽으로 값싼 노동력을 제공했다. 터키, 북아프리카, 그리스, 남부 스페인과 이탈리아로부터 노동력이 심각하게 부족한 나라들로 이동이 장려되었다. 스위스, 독일, 벨기에, 스웨덴 모두 상당한 이민 노동자 인구를 지니고 있다. 식민지를 지배했던 국가들로는 이전 식민지로부터 이민자들이 유입되었다. 영국, 프랑스, 네덜란드가 여기에 해당한다.

동유럽 공산주의의 종식 이래, 유럽연합은 두 가지 사건으로 새로운 이민new migration을 겪었다. 첫째, 동유럽과 서유럽의 국경 개방 이후 1989년부터 1994년 사이 유럽연합으로 수백만 명의 이민이 이어졌다. 둘째, 구 유고슬라비아에서의 전쟁과 종족 분쟁이 다른 유럽 국가들로 향하는 약 5백만 명의 난민을 만들어 냈다(Koser and Lutz 1998).

유럽 이민의 지리적 패턴 또한 바뀌어 출발 국가들과 종착 국가들 간의 선이 점점 더 흐려졌다. 이전의 이민과 뚜렷히 다르게, 남부와 중부 유럽이 많은 이민자들의 종착지가 되었다. 유럽의 통합을 위해 이전에 상품, 자본과 노동력의 자유로운 이동에 장애가 되었던 많은 것이 제거되었다. 유럽연합 시민은 어느 나라에서나 일할 수 있게 되면서, 지역적 이민이 극적으로 증가하는 결과를 낳았다.

유럽 통합이 진행되면서, 1995년 발효된 솅겐 조약으로 많은 나라가 이웃 국가들과의 국경을 없앴다. 그 조약은 2001년 기준 25개국에 의해 집행되고 있고, 이웃 회원 국가들로부터의 자유로운 유입을 허용하면서, 국경은 감시 역할만 하고 있다(〈그림 16-4〉 참조). 유럽에서 이루어진 국경 통제의 재편은 EU로의 대규모 불법 이민과 국경을 넘나드는 범죄에 큰 영향을 끼쳤다. 솅겐 국가로 올 수 있는 불법 이민자들은 전체 솅겐 지역에서 방해받지 않고 이동할 수 있다.

유럽연합에서 비유럽연합 국가로의 이민도 많은 유럽 국가의 가장 골치 아픈 문제 중 하나가 되었다. 2014~2015년 리비아로부터 수천 명이 배를 타고 와서 남부 유럽에 도착했을 때, 핵심적인 문제가 터져 나왔다. 일부는 더 나은 생활 기회를 찾으려 했고, 일부는 시리아, 이라크와 아프리카에서 갈등을 피하려고 남유럽으로 왔다. 몸부림치는 사람들의 이동을 이용해 돈을 벌려는 인신매매가 섞이면서 논란이 가해졌다. 유럽연합의 국경 관리 기관인 프런트텍스Frontex는 그리스에 6만 3천 명, 이탈리아에 6만 2천 명, 헝가리-세르비아 국가에 1만 명 정도의 이민자가 유입되었다고 추산했다. 이 수치는 2013년에 비해 150퍼센트 증가한 것이다(BBC News 2015a).

리비아에서 지중해를 건너 유럽으로 오는 동안 많은 이민자가 바다에서 죽었다. 2014년에 이런 식으로 3천 명 이상이 죽었고, 2015년 초 4개월 동안 1천7백 명이 죽었다. 때로는 승선 인원을 초과한 배가 전복되어 침몰하기도 했다. 대다수의 이민자들은 시리아와 아프리카 빈곤국인 말리, 에리트레아, 수단, 감비아, 세네갈과 소말리아 같은 최빈국에 더해 팔레스타인에서도 소수가 바다를 건넜다(Malakooti and Davin 2015).

유럽연합 규칙에 따르면, 망명 희망자는 지문을 채취하고 입국한 나라에서 망명을 신청해야 한다. 이것은 그리스와 이탈리아가 대단히 많은 사람들을 받아들여야 하고, 전적으로 행정 책임을 부담해야 한다는 것을 의미했다.

2015년 6월 유럽위원회European Commission는 4만 명 정도의 새로운 이민자를 다른 유럽연합 국가에 분배하기

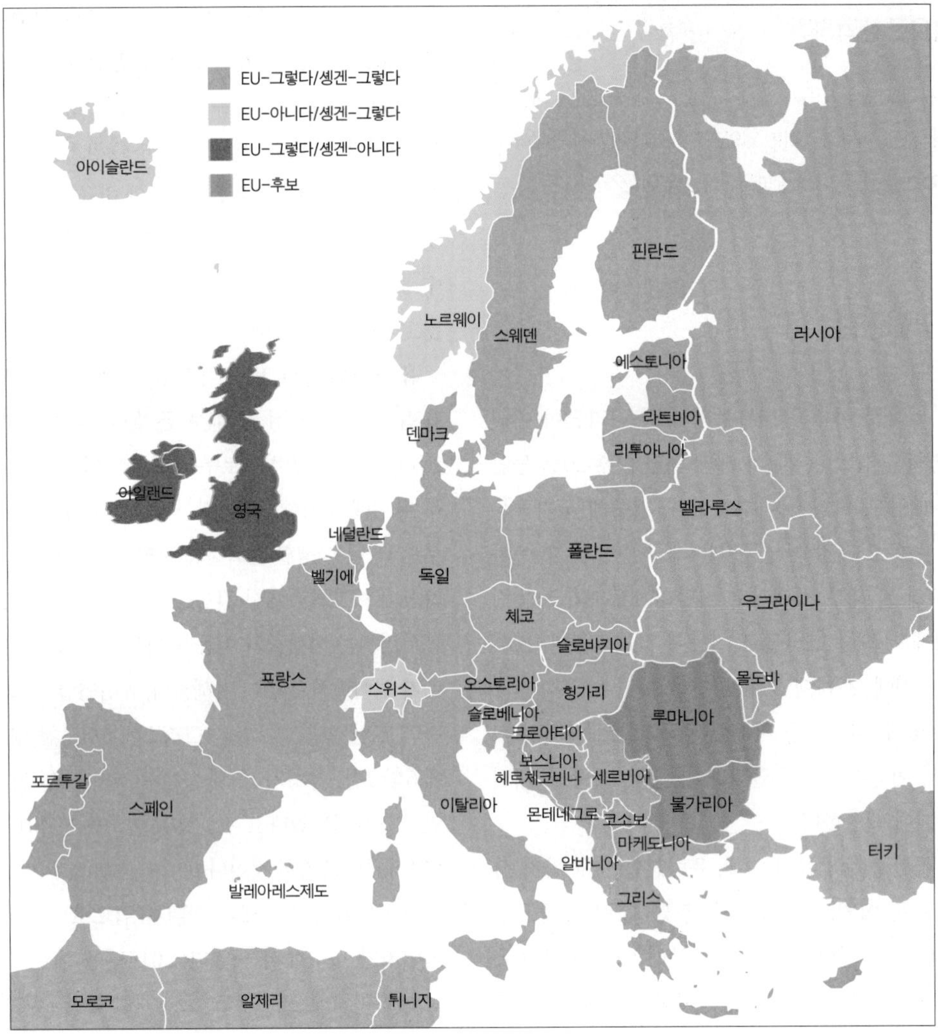

그림 16-4 2016년 3월 솅겐 지역

위해 할당제quota system를 제안했고, 인간 거래 네트워크를 없앨 계획을 세웠다. 협약은 양면에서 어려운 것으로 드러났다. 리비아와 리비아의 영토 수역에서 작전을 펼치는 것을 인정한 유엔의 결정에 러시아가 반대하고 나섰고, 일부 유럽연합 국가는 강제적인 이민자 할당에 반대했다. 그 위기는 내부 갈등과 세계적 불평등이 지속되는 한 비정기적인 대규모 인간 이동은 더욱 빈번해질 것이라는 점을 보여 주면서 이민과 인구 이동의 세계적 성격을 보여 준다.

세계화와 이민

지금까지 최근 유럽으로 유입된 이민에 집중했지만, 수 세기 전 유럽의 확장은 또한 대규모 인구의 이동을 유도했고, 세계의 여러 다종족 사회들의 토대를 구성했다. 이들 초기 세계적 이동이 시작된 이래, 인구는 많은 나라의 종족적 구성에 근본적으로 영향을 미치는 방식으로 상호작용하면서 뒤섞였다. 여기서는 세계적 이동 패턴과 관련된 개념을 다룰 것이다.

2011년 리비아 정권의 붕괴로 시리아 내전을 피하려는 사람들과 아프리카 일부 국가에서 경제적 어려움에서 벗어나려는 사람들을 상대로 밀입국업자들이 생겨났다. 2014~2015년에 이탈리아와 그리스는 리비아에서 유럽으로 들어오는 주요 입구였다.

이민에 관한 초기의 많은 이론들은 소위 밀고 당기는 요인들push and pull factors에 초점을 맞추었다. '내미는 요인들push factors'은 전쟁, 기아, 정치적 억압이나 인구 압력과 같이 사람들을 떠나도록 하는 송출국 내의 원동력을 지칭한다. '끌어당기는 요인들pull factors'은 대조적으로 이민자들을 끌어들이는 도착 국가들의 속성을 말한다. 예를 들어 풍요로운 노동시장, 더 나은 생활 조건과 낮은 인구 밀도는 다른 지역으로부터 인구를 끌어들이는 요인이 될 수 있다.

최근, '밀고 당기는' 이민 이론들이 복합적이고 다면적인 과정에 대한 과도하게 단순한 설명을 제시하고 있다는 비판을 받고 있다. 그 대신, 이민 연구자들은 점차 세계적 이민 패턴을 거시적 요인과 미시적 요인의 상호작용을 통해 형성되는 '체제systems'로서 바라보고 있다. 거시적 수준의 요인들은 지역의 정치적 상황, 이민자 유입과 유출을 통제하는 법과 규제나 국제 경제의 변화와 같은 거대한 문제를 가리킨다. 미시적 수준의 요인들은 이민 인구들이 지니고 있는 자원, 지식, 이해와 관계된 것이다.

거시와 미시 과정의 상호작용을 독일에 있는 대규모 터키 이민자 커뮤니티 사례에서 찾아 볼 수 있다. 거시 수준에서 독일 경제는 노동력을 필요로 했고, 독일의 '외국인 노동자'를 받아들이는 정책과 터키인들이 바라는 수준 소득을 얻게 할 수 없는 터키의 경제 상태가 잘 맞아떨어진 결과다. 미시적 수준에서는 독일 내 터키 커뮤니티에서 비공식 네트워크와 상호 지지 채널, 터키에 남아있는 가족과 친지에 대한 강한 연계를 들 수 있다. 잠재

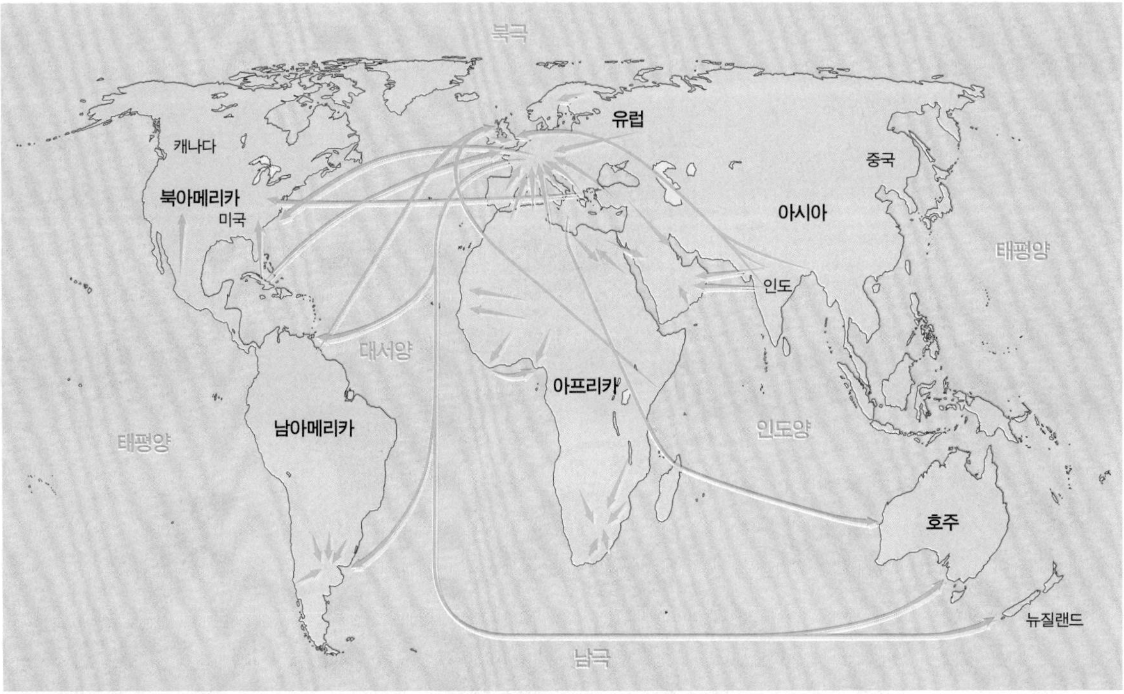

그림 16-5 1945~1973년 글로벌 이민

출처: Castles and Miller 1993: 67.

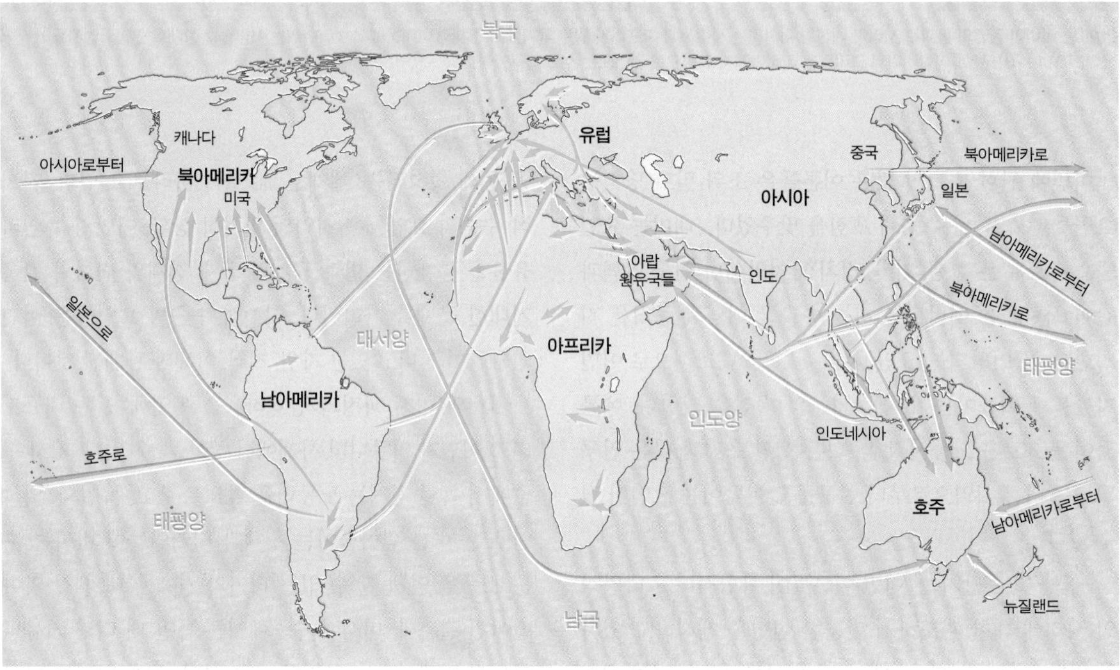

그림 16-6 1973년 이후 글로벌 이민

출처: Castles and Miller 1993: 67.

적 터키 이민자들 가운데 독일에 대한 지식과 '사회적 자본' — 끌어낼 수 있는 인간과 커뮤니티 자원 — 이 독일을 가장 인기 있는 목적지의 하나로 만드는 데 도움을 주었다. 이미 체제 접근을 지지하는 사람들은 하나의 요인으로 이민을 설명할 수 없다는 점을 강조한다. 그보다는 터키와 독일 간 이민처럼, 각각의 특수한 이민은 거시와 미시 수준의 상호작용 과정의 산물이다.

세계적 디아스포라

세계적 이민 패턴을 이해하는 또 다른 방식은 디아스포라diaspora의 연구다. 이것은 강제로 혹은 충격적인 상황하에서 출신지에서 외국으로 종족 인구가 분산되는 것을 지칭한다. 때로 노예와 대량 학살로 인해 전 세계로 인구가 분산되는 방식을 그리기 위해 유대인과 아프리카 디아스포라의 예를 많이 다룬다. 정의에 의하면, 비록 디아스포라의 구성원들은 지리적으로는 흩어져 있지만 공유된 역사, 고향에 대한 집단적 기억이나 교육되고 유지된 공통의 종족적 정체성과 같은 요인들에 의해 유지된다.

비록 우리는 디아스포라를 박해와 폭력의 결과에 따른 비자발적 인구의 이동으로 더 익숙하게 생각하지만, 코언R. Cohen은 디아스포라의 지배적인 의미는 시간에 따라 변해 왔다고 주장했다(1997). 코언은 디아스포라에 대한 역사적 접근을 다섯 가지 범주로 구분했다. 고대 그리스 시대에는 디아스포라를 '식민화'로 인한 인구의 분산을 그리는 말로 사용했다. 유대인과 아르메니아 인구 이동과 함께, 아프리카 노예 무역의 디아스포라와 같이 '희생' 디아스포라는 강제된 추방과 고향으로 돌아오기까지 시간이 오래 걸린다. 노동 디아스포라는 영국 식민지에서 인도 노동자들의 계약 노동이 전형적인 예다. 코언은 '무역' 디아스포라의 발생 동안 중국인들이 동남아시아로 이동한 것을 충격적인 사건의 결과가 아니라 상품의 구매와 판매를 위한 자발적인 이동의 예로 본다. '제국' 디아스포라는 새로운 땅으로의 제국주의적 확장이 새로운 삶을 만드는 사람들의 이주를 동반한 경우다. 영국 제국이 가장 잘 알려진 예다. 마지막으로, 코언은 카리브해로부터의 이주를 "영원한 이민에 의해서만큼 문학, 정치적 이념, 종교적 확신, 음악과 생활양식에 의해 공고해진" 문화적 디아스포라의 사례로 본다. 코언이 인정하듯이, 현실에서 이러한 범주들은 중복되고 디아스포라는 다양한 이유로 발생한다.

그러나 다양한 형태에도 불구하고, 모든 디아스포라는 어떤 핵심적인 모습을 공유한다. 코언은 다음 기준을 충족시킨다고 제안한다.

- 고향에서 새로운 지역으로의 강제 이주나 자발적 이주
- 고향에 대한 공유된 기억, 기억의 유지를 위한 헌신과 돌아갈 가능성에 대한 믿음
- 시간과 공간을 넘어 유지되는 강한 종족적 정체성
- 디아스포라 지역에 살고 있는 같은 종족적 집단 성원들과의 연대감
- 거주지 사회들과의 긴장 관계
- 다원주의적 거주지 사회에 대한 값지고 창조적인 기여의 잠재력

이 분류는 너무 단순화하고 정확하지 않다고 비판받을 수도 있다. 그러나 디아스포라의 의미가 정태적이지 않고, 급격한 글로벌 시대 맥락에서 집합적 정체성과 종족 문화를 유지하는 진행 중인 과정과 관계되기 때문에, 이 연구는 가치가 있다. '디아스포라' 개념은 스코틀랜드 디아스포라, 에스토니아 디아스포라 혹은 이라크 디아스포라에서 '근본주의자'와 '가톨릭 신자'의 디아스포라까지 급격히 확장되는 많은 사례에 적용되었다. 이러한 확장은 "만약 모든 사람이 디아스포라라면, 어느 누구도 특별하지는 않다. 그 말은 현상을 추출해 내고 구분하는 능력인 차별화시키는 힘을 잃는다는 뜻이다. 역설적으로 디아스포라의 보편화는 디아스포라의 사라짐을 의미한다" (Brubaker 2005: 3). 브루베이커는 사회과학 연구에서 디

신이민 시대의 이해

고전 연구 16-2

연구 문제

사람들은 더 나은 일자리 전망이나 학대를 피해 항상 움직였다. 그러나 오늘날에는 세계화가 정착되면서, 사람들이 세계적 교통, 여행 시스템과 새로운 여행 기회를 이용해, 이민의 패턴이 변해 왔다. 21세기 사회에서 세계적 이민은 구성과 연대에 어떻게 영향을 미칠 것인가? 그 주제에 관한 스티븐 캐슬Stephen Castles과 마크 밀러Mark Miller의 책 『이민 시대: 현대 사회에서 국제적 인구 이동The Age of Migration: International Population Movements in the Modern World』(1993)은 2009년에 제4판을 찍었고, 이것은 저자들의 분석 틀이 성공적으로 이민 분야의 연구 관점과 정의를 새롭게 하는 데 성공했다는 것을 보여 준다. 간단히 말해 '새로운 이민'에 대한 그들의 분석은 현대의 고전이 되었다.

캐슬과 밀러의 설명

캐슬과 밀러는 국제 이민이 새로운 것이 아니라는 점을 인정한다. 국제 이민은 인류 초기부터 존재해 왔기 때문이다. 그렇지만 오늘날에는 이민의 규모, 속도, 범위가 크게 변했으며, 이 모든 것이 사회를 변화시킬 잠재력을 지니고 있다. 저자들은 최근의 이민 유형을 검토하면서, 앞으로의 이민에서 네 가지 특징을 찾아냈다.

첫째, 이전보다 더 많은 사람이 움직이면서, 국경을 넘는 이민이 가속화되는 경향이 있다. 둘째, 다양화 경향으로 많은 나라가 노동 이민이나 학살을 피해서 온 난민과 같은 특별한 형태가 지배적이었던 이전과 대조적으로 다양한 동기를 가지고 다양한 지역에서 온 이민을 받는다. 셋째, 세계화 경향이 있다. 이민을 송출하는 많은 국가와 수용하는 많은 국가가 관여되어 이민이 세계적 성격을 지닌다. 마지막으로 이민의 여성화 경향이 있다. 더 많은 이민자들이 여성이고, 현대 이민은 이전보다 남성 지배적인 성격이 훨씬 덜하다.

캐슬과 밀러는 이들 모두를 고려해 '신이민 시대'에 더 많은 사람이 움직이고, 그들 중 더 많은 사람이 여성이며, 특정한 나라들은 다양한 범위의 이민 집단들을 경험할 것이다. 이민은 또한 우리가 살고 있는 세상의 중심적인 모습으로 정상화될 것이다. 사람, 정부, 국제 기구들(UN과 같은)은 그것을 관리할 새로운 방법을 찾아야만 할 것이다.

비판적 쟁점

일부 사람들은 캐슬과 밀러가 제시한 분석이 대단히 논쟁적이고 이동에 대한 새로운 연구와 같은 것이 등장하며, 잠재적으로 중첩되는 분야와의 연계를 충분히 다루지 않았다고 지적한다(Sheller and Urry 2004; Larson et al. 2006). 또 다른 사람들은 그들의 책이 대규모 도시 지역을 설명하기 위해 국가를 넘어서기보다는 대량 이민의 시대에 국가들과 국가들의 운명에 초점을 맞췄다고 주장한다. 마지막으로, 일부 비판가들에게는 이 책에서 테러리스트를 포함하는 것이 전반적인 분석 틀에서가 아니라 어느 정도 강요된 것으로 보였다.

현대적 의의

캐슬과 밀러는 어떻게 세계화가 이민의 유형에 영향을 미쳤는지, 이민이 사회를 변화시키는 데 얼마나 큰 잠재력을 지니고 있는지를 효과적으로 보여 주어 새로운 이민 연구에 기여했다. 또한 더 비교적인 관점을 채택하고 개발도상국에서 선진국으로뿐만 아니라 선진국에서 개발도상국으로의 이민을 분석해 이민 연구 분야를 새롭게 만들었다. 그리고 이민 연구를 사회학의 주류로 끌어들여, 이민의 유형과 세계화 이론을 연결시켰다.

비판적으로 생각하기

THINKING CRITICALLY

캐슬과 밀러는 이민이 세계화의 결과로 정상화될 것이라고 제안했다. 이 장에서의 예를 이용해, 그들이 옳다는 이유는 무엇인가? 점증하는 이민이 저항받을 수 있다는 것을 의미하는 반대되는 예들은 어떤 것이 있는가?

아스포라 개념을 유지하는 하나의 길은 '디아스포라'를 기존의 '제한적인 집단'이라기보다는 관습의 형태나 프

유대인 커뮤니티는 역사가 가장 길고 널리 흩어져 있는 세계적 디아스포라의 예를 보여 준다.

로젝트 형태로 보는 것이다. 그렇게 하는 것은 연구자로 하여금 디아스포라 프로젝트가 디아스포라의 구성원이라고 말하는 사람들로부터 지지를 얻는 정도를 분석하게 한다.

결론

오늘날과 같은 글로벌 시대에는 과거보다 더 거대한 규모로 재화와 사람들이 국경을 넘어 움직인다. 이러한 과정은 우리가 살고 있는 사회를 심대하게 변화시키고 있다. 많은 사회가 처음으로 종족적으로 다양해지고 있다. 다른 사회들에서는 기존 다종족성 패턴이 변형되거나 강화되고 있다. 모든 사회에서 개인들은 그들과 다르게 생각하고, 다르게 보이고, 다르게 살아가는 사람들을 정기적으로 만난다. 이러한 상호작용은 미디어, 특히 인터넷을 통해 전달되는 이미지뿐만 아니라 사람들 안에서 일어난다.

세계적 이민 유형은 사회학 연구와 이론화에서 '이동'에 관한 관심의 한 요소를 구성한다(Sheller and Urry 2004;

Urry 2007; Benhabib and Resnik 2009). 이동mobility 연구 의제는 재화의 이동, 전 세계 사람들의 이동, 사이버 공간에서의 정보와 화폐의 이동 등을 포함한 대단히 광범위한 사회 현상을 가로지르는 이동 이슈를 탐색한다. 이 분야의 핵심 인물인 어리Urry는 다음과 같이 주장한다(2007: 6).

> 어떤 사람에게는 너무 적거나 어떤 사람에게는 너무 많고, 잘못된 종류이거나 잘못된 시간의 이동은 많은 사람의 삶에서 그리고 크고 작은 공적, 사적, 비정부 기구들의 운영에서 핵심적이다. 사스에서부터 비행기 충돌까지, 공항 확장 논쟁에서부터 SMS 문자까지, 노예 무역에서 글로벌 테러까지, '학교 달리기'에 의한 비만세에서 중동의 석유 전쟁까지, 지구온난화에서 노예 무역까지, 내가 '이동'이라고 부르는 이슈는 많은 정책과 학술적 의제의 중심이다. 공중에 감정의 '이동' 구조가 있다고 말할 수 있을 것이다.

어리에게 이동의 초점은 '사회를 넘어서는' 새로운 사회학의 형태를 필요로 한다는 것을 의미한다(2000). 즉 국민국가의 경계를 넘어서는 사회적 과정, 네트워크와 이동을 탐구하는 그리고 이전 '사회' 자체의 개념이 불필요한 사회학이다. 여러 가지로 등장하는 이동 패러다임은 글로벌 이동의 핵심적인 역학을 포착한다. 예를 들어 오늘날 많은 이민자가 단순히 멀리 떨어진 다른 곳에 집을 마련하기 위해 떠나지는 않는다. 더 쉽게 접근 가능하고, 더 빠르고 상대적으로 교통비가 더 싸다는 것은 사람들이 고향을 다시 방문할 수 있고, 가족 상봉에 참여하며, 이메일이나 소셜 네트워크와 이동전화를 통해 관계를 유지할 수 있다는 것을 의미한다(Larsen et al. 2006: 44~45). 어떤 이들에게 이주는 일방적이고 한 번으로 끝나는 이동이 아니다.

그러나 이동을 연구하는 것이 사회생활이 불가피하게 더 유동적이거나 이동이 미래에 더 확실하게 증가할 것이라는 명제를 받아들이는 것을 필요로 하지는 않는다. 자원과 경계를 둘러싼 종족적 갈등, 유럽에서 증가하는 이민에 대한 공개적인 적대감과 국가 정책으로서의 다문화주의에 대한 반대 모두가 제시하는 것처럼, 증가하는 이동 또한 저항을 촉발한다. 글로벌 혹은 코스모폴리탄 시민권이라는 낙관적 생각이나 용광로에서 국민적, 종족적 정체 상실의 공포를 낳는 더욱더 유동적인 세상에서 카를 마르크스의 말을 바꿔 말하자면, "단단한 모든 것은 공기로 녹아 사라질 것이다"라는 인식이 검증하고 있다.

1 오늘날 '인종'은 무엇을 의미하는가? 왜 사회학자들은 과학적 기반이 없음에도 불구하고 계속해서 '인종'이라는 말을 쓰는가?
2 종족은 '인종'과 어떻게 다른가? 종족 집단들 간의 경계는 어떻게 형성되고 강화되는가?
3 소수 종족 집단의 예를 제시하고 그들이 직면한 차별 형태를 설명해 보자. 인종적 편견은 필연적으로 차별을 낳는가?
4 '인종 차별주의'는 무엇인가? 이른바 새로운 인종 차별주의는 오래된 인종 차별주의와 어떻게 다른가? 그 결과는 소수 종족 집단과 어떤 차이가 있는가?
5 제도적 인종 차별주의는 무엇인가? 예를 들고, 그것이 사회 통합에 어떤 영향을 미치는지 설명해 보자.
6 종족 통합에 관한 세 가지 모형을 설명해 보자. 동화, 융합, 문화적 다원주의/다문화주의 중 어떤 모형이 영국, 미국, 독일과 호주의 다른 상황에 가장 잘 맞는가? 왜 문화적 다원주의는 유럽의 정치 지도자들로부터 부정적인 반응을 낳는가?
7 오늘날 영국의 종족적 다양성을 낳은 사람들의 주된 이동을 개괄해 보자. 백인 다수자 인구와 비교해서 어떤 종족 집단이 불이익을 받는 경향이 있는가? 그리고 어떤 종족 집단이 상대적으로 더 이익을 받는 경향이 있는가?
8 '이민의 시대'를 특징짓는 주된 유형은 무엇인가? 글로벌 이민의 사회적, 정치적 결과를 열거해 보자.
9 디아스포라는 무엇인가? 주요 형태와 사회적 결과를 개괄해 보자.
10 확대되는 '이동' 명제가 글로벌 이민을 이해하는 데 어떻게 도움이 되는가?

이민자와 망명을 원하는 사람들은 자주 사회문제의 희생양이 된다. 다수의 백인 문화에서 쉽게 볼 수 있는 피부색 차이가 흑인이나 아시아인에 대한 편견과 차별의 표시다. 그러나 혼란을 불러일으키는 사회규범이 확인할 수 있는 종족적 범주와 잘 맞지 않는데, 그 범주들을 가로지를 때는 어떠한가? 분명한 모순을 사회는 어떻게 느끼는가? 2010년 전 코소보 난민이 핀란드 쇼핑센터에서 자신의 전 여자 친구를 포함해 다섯 명을 죽이고 자살했다. 다음 글을 읽어 보자. 저자들은 핀란드의 자아 이미지에 이 사건이 끼친 충격을 분석하고 있다.

Keskinen, S. (2014) 'Re-constructing the Peaceful Nation: Negotiating Meanings of Whiteness, Immigration and Islam after a Shopping Mall Shooting', *Social Identities*, 20(6): 471~485.

1 이것은 어떤 종류의 연구인가? 여기에서 사용된 주된 증거 자료는 무엇인가?
2 저자는 핀란드의 '상상된 국민 정체성'을 어떻게 특징짓는가?
3 살인에 대한 언론 보도에서 '백인적인 것'은 어떻게 차이점과 유사점의 원천이 되는가?
4 저자는 핀란드 사회에 대한 폭력 위협은 궁극적으로 완화될 것이라고 말한다. 이 과정에서 핵심적인 전환점을 주시해 단계를 추적해 보자.
5 평화로운 사회에서의 극단적인 폭력의 딜레마를 해결하는 사회적 과정에서 주요 행위자들을 열거해 보자. 어떤 방식으로 이 과정은 '도덕적 공황'과 유사성을 지니고, 그것과 어떻게 다른가?

생각해 볼 것

••• Thinking it through

이동과 이민이 점차 정상화되는 것은 오늘날 더 유동적인 세상에서 사람들의 정체성이 어떻게 만들어지는가 하는 질문을 제기하게 한다. 지그문트 바우만의 이론적인 논문 'Migration and Identities in the Globalized World', *Philosophy and Social Criticism*, 37(4): 425~435, 2011을 읽어 보라. 그 글은 이러한 상황 속에서 사회가 어떻게 유지되는지에 대해 논의한다.

당신의 말로 현대 사회의 전환에서 요약된 세 가지 단계를 기술해 보라. 바우만의 첫 번째 단계에서 '정원 가꾸기'가 의미하는 바는 무엇인가? 바우만은 현대 다문화주의를 어떻게 특징짓고 있는가? 어떻게 '연속'과 '단절'이 현대 사회를 묶는 접착제 역할을 하는지 설명해 보라. 이 논문에서 바우만이 주장하는 바에 대한 어떤 비판이 있을 수 있는가?

예술 속의 사회

••• Society in the arts

영화와 텔레비전 연속극에서 종족 집단, 인종과 문화 간의 관계에 대한 재현이 많고, 어떤 것은 실제 사건을, 다른 것은 가상적인 것을 재현한다. Neill Blomkamp 감독의 〈District 9〉(2009)은 지구에 도착한 외계인과 인간이 그들을 맞는 방식을 그린 명백한 공상과학 영화다. 그렇지만 외계인이 남아프리카공화국 임시 캠프의 누추한 곳에 머물게 되자, 그 영화는 아파르트헤이트 시대의 인종 분리와 세계 여러 곳의 이민자와 난민들의 상황을 떠오르게 한다.

그 영화를 보고, 외계인의 역경과 실제 세계의 이주민과 난민의 역경 간 적절한 모든 유사점을 적어 보자. 예를 들어 외계인에 대한 편견, 차별과 인종 차별주의가 있는가? 이것이 인간의 행위에 어떻게 나타나는가? 외계인 집단의 반응은 무엇인가? 이야기는 한 인간을 외계인으로 점차 변화시킨다. 이 이야기를 전제로 하여, 이 영화의 중심적 메시지는 무엇인가? 이민, 분리, 망명 이슈를 제시하는 방식으로 다큐멘터리 대신 공상과학 영화를 사용하는 것의 장점과 단점은 무엇인가?

Steve Fenton의 *Ethnicity* (2nd edn, Cambridge: Polity, 2010)를 먼저 읽어 보라. 그 책은 적절한 수준의 개론서다. Ian Law의 *Racism and Ethnicity: Global Debates, Dilemmas, Directions* (Harlow: Pearson Education, 2009)도 좋다. Khalid Koser의 *International Migration: A Very Short Introduction* (2nd edn, Oxford: Oxford University Press, 2016) 또한 개론 수준에서 핵심적인 이슈를 다룬다.

다음으로 기본을 다루는 Stephen Spencer의 *Race and Ethnicity: Culture, Identity and Representation* (2nd edn, London: Routledge, 2014)으로 옮겨 갈 수 있다. 다문화주의에 관한 논쟁과 이슈에 관해서는 Michael Murphy의 *Multiculturalism: A Critical Introduction* (New York: Rougledge, 2011)을 읽어 보라. Stephen Castles와 Hein de Hass and Mark J. Miller의 *The Age of Migration: International Population Movement in the Modern World* (5th edn, Basingstoke: Palgrave Macmillan, 2013)는 지구온난화까지 포함한 이민에 관한 핵심적인 저작이다.

참고문헌으로 Les Back와 John Solomos가 편집한 *Theories of Race and Racism* (2nd edn, London: Routledge, 2009)은 이론을 모아 놓은 훌륭한 책이다. Alice Bloch와 John Solomos의 *Race and Ethnicity in the Twenty-First Century* (Basingstoke: Palgrave Macmillan, 2009)도 대단히 유용하고 포괄적인 책이다. Nasar Meer의 *Key Concepts in Race Ethnicity* (London: Sage, 2014)는 이 장에서 다루어진 자료를 뛰어넘는 포괄적인 교과서다.

사회 불평등에 관한 글을 모아 놓은 *Sociology: Introductory Readings* (3nd edn, Cambridge: Polity, 2010)도 도움이 될 것이다.

관련 홈페이지

Internet links

- polity
  www.politybooks.com/giddens
- CRER–the Centre for Research in Ethnic Relations at the University of Warwick, UK
  www2.warwick.ac.uk/fac/soc/crer
- FRA – the European Union Agency for Fundamental Rights
  http://fra.europa.eu
- The Runnymede Trust
  www.runnymedetrust.org
- Black History Pages
  http://blackhistorypages.com
- UNHCR–the United Nations Refugee Agency
  www.unhcr.org/cgi-bin/texis/vtx/home
- IRR–the Institute of Race Relations, UK
  www.irr.org.uk
- The Migration Observatory, University of Oxford, UK
  www.migrationobservatory.ox.ac.uk
- DARE–Democracy and Human Rights Education in Europe
  www.dare-network.eu

17

종교
Religion

종교의 사회학적 연구

종교란 무엇인가
고전 사회학에서의 종교
세속화 시대에 접어드는가
세속화를 넘어서

종교 단체와 종교 운동

종교 단체
종교 운동

현대 종교의 추이

유럽에서의 종교
미국에서의 종교
기독교, 젠더, 섹슈얼리티
근본주의

결론

미국에 있는 대부분의 창조박물관은 생명의 기원에 대해 다윈의 진화론과 지질학적 증거에 반대하고 천지창조론자의 설명을 제시한다.

질문: 인간은 공룡과 함께 살았습니까? 답: "신이 아담과 이브, 육지동물들을 같은 날 창조하셨다. 따라서 공룡과 인간은 함께 살았다." "마스토돈mastodons(코끼리와 비슷한 동물 – 옮긴이)과 맘모스mammoths는 코끼리와 연관되어 있으며, 모두 대략 6천 년 전에 신이 창조한 원조 코끼리의 후손으로 보인다." 이와 비슷한 내용의 서술이 미국 켄터키주에 있는 창조박물관Creation Museum에 전시되어 있다. 이 박물관은 여러 창조박물관 중 하나이며, 대부분의 창조박물관은 미국에 있다.

천지창조론자에게 생명의 순수한 복잡성과 특히 인간의 신체는 아무렇게나 이루어진 돌연변이 혹은 목표가 불분명한 진화론적 발달이 아니라 지적 창조intelligent design다. '지적 창조'(Meyer 2013)에 대한 논쟁은 지구상에 있는 생명체의 자연적 진화에 대한 증거를 보여 주어, 이 분야에서 신기원을 이룬 찰스 다윈Charles Darwin의 『종의 기원On the Origin of Species』(2008[1859])에 대한 비판에 뿌리를 두고 있다.

지구의 나이가 단지 6천 년밖에 안 되며, 인간과 공룡이 동시대에 살았다는 '어린 지구young Earth'라는 개념은 지질학자, 생물학자 및 다른 자연과학자들에게 순수한 판타지처럼 보인다. 진화론적 생물학자인 리처드 도킨스Richard Dawkins는 진화론적 과정에 대해 앞을 안 보고 내놓은 증거가 압도적이며, 지적 창조 혹은 신에 의지할 필요도 없다고 주장한다(1986, 2006). 그는 종교적 믿음을 본질적으로 '망상delusion'으로 보면서 무신론, 세속주의, 합리적 사고 등을 대변하는 사람이 되었다. 물리학자인 브라이언 콕스Brian Cox는 "만약 당신이 창조론자들이 믿는 것처럼 세상이 6천 년 전에 창조되었다고 믿는다면 멍청이"라고 주장하면서 덜 자비로운 입장을 보였다(Farndale 2011에서 인용).

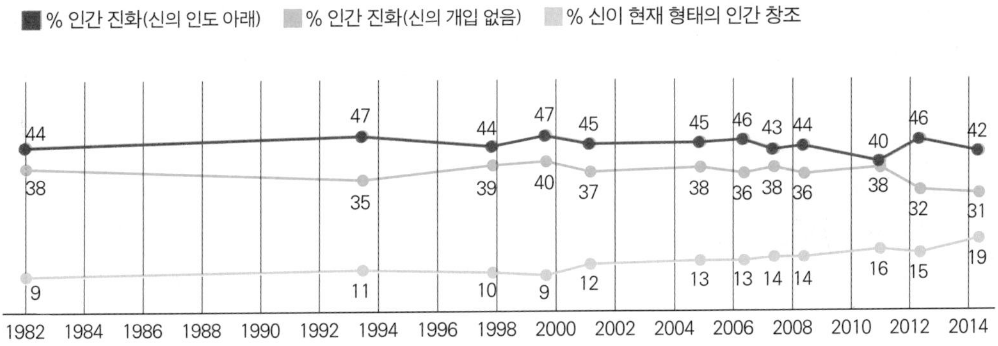

그림 17-1 미국 성인의 인류 기원에 대한 창조론적/진화론적 설명에 대한 지지율(%)

출처: Gallup 2014.

과학적 견해는 비록 인간 형태에 대한 초기 증거가 단지 6백만~7백만 년 전 아프리카에서 추적될 수 있지만 지구는 45억 년 전에 생성됐으며, 공룡은 6천5백만 년 전에 사라졌다고 본다. 지구는 오래전에 생성됐으며, 인간은 공룡과 함께 살지 않았다. 그리고 다양한 지구 생명체의 장기적인 발달은 신이 아니라 진화론적 과정들에 달려 있다.

종교와 과학은 종종 서로 반목하는 듯 보이고, 천지창조론자와 주류 자연과학자 사이의 논쟁은 특별히 냉혹한 예다. 의학에서 우주 탐사에 이르기까지 눈부신 성공이 이루어진 상황에서 천지창조설을 믿는 사람들은 틀림없이 많지 않다. 그러나 1982년 이래 미국에서 실시된 여론 조사는 미국 성인의 40퍼센트가 창조론적인 설명을 믿으며 신이 지난 1만 년 전에 현재 인간의 형태를 창조했다고 믿는다는 결과를 꾸준히 보여 준다(〈그림 17-1〉 참고). 단지 19퍼센트만이 인간은 수백만 년 동안 신의 개입 없이 덜 발달된 생명체로부터 진화했다는 과학자들의 견해에 동의한다(Gallup 2014). 그러나 이 조사는 동시에 세대 간 변화가 진행되고 있음을 밝혔다. 즉 18~29세 응답자 중 30퍼센트가 과학적 견해에 동의한 반면, 50~64세 응답자는 단지 11퍼센트만이 과학적 견해에 동의하고 있다.

세속적, 과학적 시각은 확장되어 왔고 근대성을 심화시켜 왔다. 그렇지만 아직도 과학과 합리적 사고에 대한 반발은 계속되고 있다. 이는 과학자들과 합리주의자들이 삶의 의미와 목적 같은 근원적인 의문들에 대해 침묵을 지키기 때문이라는 주장이 있다. 종교는 항상 인간 경험의 중심에 있어 왔고, 우리가 알고 있는 모든 종교는 인류 사회에서 이런저런 형태로 발견된다. 우리가 고고학적인 자료를 통해서만 살펴보면, 기록상 가장 초기 사회들도 종교적인 상징들과 의식들의 명확한 증거를 보여 준다. 동굴 벽화들은 종교적인 믿음과 수행들이 4만 년 전보다도 더 이전에 존재했음을 나타낸다. 그 후에도 역사적으로 종교는 우리가 살고 있는 환경에 어떻게 인지하고 대처해 나가는가에 영향을 미치면서 인류의 경험 중심부에 있어 왔다.

종교란 정확히 무엇인가? 어떠한 이유에서 종교는 인류 사회에 이처럼 깊이 스며들어 왔을까? 어떠한 조건하에서 종교는 공동체를 단결시키고, 와해시키는가? 종교는 어떻게 사람들의 삶을 그토록 사로잡아 그들로 하여금 종교적 이상을 위해 자신을 기꺼이 희생하게 만드는가? 우리는 이번 장에서 이러한 질문들의 답을 찾도록 할 것이다. 이를 위해 종교적인 믿음, 실천 및 종교 단체들의 각각 다른 형태들을 관찰하고, 종교와 종교적 관행에 대한 경험적 연구를 다룬 주요 사회학적 이론들을 살펴볼 것이다. 이와 함께 우리는 그동안 종교가 장기적으로 쇠퇴하고 있지 않은가 하는 논란이 자주 제기되고 있는 선진국과 연관해, 종교의 운명을 고려할 것이다. 여기서 제기되는 두 가지 중요한 의문은 선진국은 진정 세속적인 곳인가, 그리고 종교는 살아남을 수 있는가에 대한 것이다.

종교의 사회학적 연구

종교에 관한 연구는 상당한 사회학적 상상력을 요구하는 만만치 않은 분야다. 종교적인 실천을 분석하기 위해서는 다양한 인간 문화에서 발견되는 수많은 상이한 믿음과 의식들을 이해해야 한다. 이는 신도들이 지니고 있는 심오한 확신에 영감을 주는 이념들에 유의해야 하며 동시에 균형적인 관점을 가져야 한다는 것을 의미한다. 우리는 영원을 추구하는 관념들을 다루어야 함과 동시에 종교 단체들 역시 금전적인 획득 또는 추종자들로부터의 지지와 같은 평범한 일상의 목표를 추구한다는 것을 인정해야 한다. 종교적인 믿음의 다양성과 행동 유형을 인지함과 동시에 보편적 사회현상으로서 종교의 본연을 탐구할 필요가 있다.

종교란 무엇인가

종교란 무엇인가? 이는 대부분 사람들이 깊이 생각하지 않고 간단하게 답할 수 있는 질문이다. 종교란 일반적으로 신에 대한 믿음으로 정의되며 교회, 모스크, 시너고그synagogue 등과 같은 종교 시설에서 하는 예배와 기도, 특정 음식을 먹거나 피하는 종교적 행위 등도 포함된다. 그러나 종교사회학자들에게 그들의 연구 분야를 제한하기 위한 시도와 일반적인 결론을 유도하는 것은 매우 어렵다는 점이 밝혀지고 있다. 앨런 앨드리지Alan Aldridge는 "종교는 이론의 여지가 있는 개념이다. 우리는 종교의 개념에 대한 의견 일치를 기대할 수 없으며, 종교의 본질이 그 개념의 정의 위에서 세워진다는 점에서 종교의 본질에 대해 논의한다. 오늘날 종교에 대해 보편적으로 일치된 정의란 없으며 앞으로도 없을 것이다"라고 주장한다(2007: 30). 그 이유는 뭘까?

그중 하나는 사회학이 일반적인 이론적 시각들의 다원성을 포함하고 있으며, 이 시각들은 사회적 실재를 해석하는 방법에서 차이를 보이기 때문이다. 그 결과 사회적 실재가 어떻게 연구될 수 있는가, 그리고 어떻게 연구되어야 하는가에 대해 일치된 견해는 없다. 예를 들어 많은 거시적 연구들은 종교를 가치, 행위 규범 및 도덕률 등을 세대를 가로질러 전달하는 기본적인 사회 조직으로 보는 현실주의적 견해를 채택한다. 이 경우 종교는 객관적으로 존재하고 개인에게 실제적인 영향력을 가진다. 이와 달리 미시적 연구들은 사회적 구성주의자의 입장에 뿌리를 둔다. 이 시각은 종교를 구성하는 것들이 일상의 상호작용 과정에서 계속적으로 재생산되고 변화하는 방식에 초점을 맞춘다.

> 사회적 구성주의는 제5장 〈환경〉, 제15장 〈젠더와 섹슈얼리티〉에서 상세히 다룬다.

일반적인 개념에서 종교에 대한 사회학적 정의는 포괄적 정의, 배타적 정의, 쓰이고 있는 정의 형태로 나누어 볼 수 있다. 포괄적인 정의는 기능주의에 기초하는 경향이 있다. 이 시각은 종교가 인간 생활의 중심이 된다고 보며, 종교를 사회에 기능적으로 필요한 것으로 여긴다. 예를 들어 "종교란 사람들이 인간 사회의 궁극적인 문제를 해결하는 데 사용되는 신념과 관습 체계다"라는 주장이 있다(Yinger 1970: 7). 종교란 인간의 운명을 형성하는 힘에 대한 믿음이라는 주장도 있다(Lenski 1963). 이러한 시각에 따르면 종교는 존재의 질문에 대한 답을 제공하고, 희망을 주며, 사람들을 함께 묶는 데 도움을 준다.

'포괄적 정의'에서 가장 중요한 문제는 이 정의가 너무 많은 것을 포함하는 경향이 있다는 점이다. 즉 포괄적 정의는 모든 사람이 자신이 인정하든 인정하지 않든 묵시적으로 종교적이라는 점을 포함하고 있다. 모든 사람은 죽음이라는 궁극적인 문제에 봉착하기 때문에 어떤 방식으로든 종교적일 수밖에 없다. 심지어 세속적인 정치적 이데올로기인 공산주의 혹은 축구를 좋아하는 여가 활동도 사람들이 세상에서 의미를 찾는 데 도움을 주는 믿음과 실행 체계를 표현한다는 점에서 종교의 형태로 해석될 수 있다. 비판가들은 이 정의가 종교에 대한 정의를 모든 사람과 모든 장소에 늘어지게 해, 종교가 성장하고 있는가 혹은 세속화가 발전하고 있는가와 같은 의문들을 제거하고 있음을 지적한다(Aldridge 2007).

이와 대조적으로 '배타적 정의'는 기능주의적 입장을 거부하고, 그 대신 다양한 신념들의 본질을 준거로 해서 종교를 정의한다. 특별히 배타적 정의는 종교가 세속적이고 경험적인 현실 세계와 초경험적 혹은 초월적 실재 사이를 구분한다는 생각에 뿌리를 둔다(Robertson 1970). 이 구분을 받아들인다는 것은 축구 애호가 혹은 세속적인 정치적 이데올로기와 같은 많은 사람들과 제도들이 초월적인 실재를 언급하지 않는다는 이유 때문에 효과적으로 배제된다는 것을 의미한다. 이러한 정의는 종교로 간주될 수 있는 것을 제한하는 이득이 있으며, 사회학자들로 하여금 경험적 연구를 통해 세속화 정도를 가늠하게 해준다. 그러나 모든 종교를 하나의 정의로 포함하려는 시도는 동방종교뿐만 아니라 새로운 종교 운동에 적용될 수 없는 '초경험적'이라는 광범위한 개념에 의존한다. 경험적 실재와 초경험적 실재 사이의 구분은 서구의 사회과학에 있는 기원을 반영한 것이다.

'쓰이고 있는' 정의는 소위 사회적 구성주의와 유사하다. 많은 사회학자에게 종교 연구에서 사회적 구성주의 접근은 앞의 정의들에 비해 유리한 출발점을 제공한다. 종교라고 불리는 실제 현상이 있다고 가정하고, 사회에서 나타나는 다양한 방식을 탐구하기보다, 사회적 구성주의는 사람들이 종교 혹은 종교적 의미라고 표현하고 그들 스스로 종교적인 관행이라고 정의를 내리는 활동에 참여하는 모든 상황을 탐구하는 데 보다 효율적이다. 이는 사회학자들이 보편적 정의를 내리는 데 신경 쓸 필요가 없다는 것을 의미한다. 그 대신 종교가 어떻게 개인들, 집단들, 조직들에 의해 사용되어 왔는가, 그리고 이러한 사용이 어떻게 도전을 받아 오고 있는가를 탐구하면 충분하다. 사회적 구성주의 연구는 종교의 의미가 세월이 흐름에 따라 어떻게 변화해 왔는지, 사람들이 자신의 목적을 위해 개념을 어떻게 사용하고 있는지, 그리고 그러한 사용이 증가하고 있는지 감소하고 있는지 등에 관심을 갖는다.

그러나 '쓰이고 있는' 정의는 종교적 현상과 비종교적 현상 사이에 명확한 경계가 없다는 문제를 지니고 있다. 사람들 자신에 의해 '종교적'이라고 여겨지는 것은 모두 연구 주제가 될 수 있기 때문이다. 그러나 개념적 명확성의 결여가 사회적 구성주의자들의 경험적인 사회학적 연구를 약화시킨 것은 아니다. 이와 반대로 제임스 벡퍼드 James A. Beckford는 다음과 같이 주장하고 있다(2008: 21).

> 종교란 진정 무엇인가에 대한 불확실성은 사회과학자들에게 문제를 제기하지 않는다. 그것은 그렇게 많은 사람들이 종교 및 종교 문제에 대한 확실성 없이 어떻게 인생을 항해하는지 이해하는 데 문제가 될 뿐이다……. 그러므로 사회과학자는 사람들이 준수하는 확고한 종교적 신념에 대한 명확한 이유를 찾는다. 종교적 혼란이든 종교적 명확성이든 어느 것도 자연적 혹은 자연 상태에서 주어진 것으로 간주될 수 없다.

시간이 흐름에 따라 종교 연구에서 포괄적 정의와 배타적 정의는 사회적 구성주의자들의 견해에 자리를 내주고 있다. 다음의 종교에 대한 이론들을 읽으면서 어떤

2008년 유럽 챔피언스 리그에서 맨체스터 유나이티드 서포터들이 보여 주는 것과 같이 축구를 열렬히 좋아하는 사람들은 종교적 속성을 나타내기도 한다. 그렇다면 축구를 지지하는 것은 종교와 어떤 차이가 있는가?

정의가 사용되고 있는지 생각해 보자. 그리고 서로 다른 시각들이 종교에 대한 전반적인 이해에 기여한 바를 생각해 보자.

사회학자와 종교

사회학자들은 종교를 연구할 때 어떤 특별한 신념을 믿는 (또는 믿지 않는) 사람들로서가 아니라 사회학자로서 접근한다. 이는 사회학자로서 특별한 종교적 믿음이 참인지 거짓인지에는 관심이 없음을 의미한다. 예를 들어 사회학자들은 다음과 같은 질문을 던진다. 즉 종교는 어떻게 조직되었는가? 그것의 주된 믿음과 가치는 무엇인가? 그것은 사회와 어떻게 연계되는가? 신자들을 유지하고 새로 모으는 데 성공하고 실패하는 것은 무엇으로 설명될 수 있는가? 특별한 믿음이 '좋고', '참'인가에 대한 의문은 연구 대상이 되고 있는 종교의 신자들에겐 중요한 것일 수 있지만, 사회학자들에게는 그다지 중요하지 않다. 물론 개인적인 입장에서 그러한 부분에 대해 강한 의견을 가질 수도 있지만, 사회학자로서 자신들의 의견이 연구에 영향을 주지 않도록 노력한다.

사회학자들은 종교의 사회적 조직에 특별히 관심을 가진다. 종교는 사회에서 중요한 제도들 중 하나다. 예를 들어 기독교와 유대교에서의 종교적인 실천은 종종 교회나 시너고그와 같은 공식적인 기관에서 행해진다. 그러나 종교적인 수행이 가정이나 다른 형태의 자연 공간에서 행해지기 쉬운 힌두교와 불교 같은 동양 종교에서는 가정이나 비공식적 장소에서 이루어지는 경우도 많다. 현대 산업국가에서 종교는 종종 관료적 조직을 통해 형성되어 왔다. 그래서 사회학자들은 종교가 살아남기 위해 운영되는 조직에 초점을 맞춘다. 이러한 이유로 일부 사회학자는 종교를 구성원과 자원을 모으는 데 경쟁하는 사업체와 동일하게 보기도 한다(Warney 1993).

사회학자들은 종종 종교를 사회 결속의 주된 힘으로 본다. 종교적인 신념, 의식 그리고 결속은 모든 구성원이 서로에게 어떻게 행동해야 되는지 아는 '도덕적 공동체moral community'를 만들어 낸다. 그러나 종교는 인도의 시크교, 힌두교, 이슬람교 신도들 간의 투쟁, 보스니아에서 이슬람교 신자와 기독교 신자 사이의 분쟁, 미국과 유럽에서 나타난 유대인에 대한 범죄 행위 및 이슬람교 신자와 다른 소수 민족 간 갈등 등 파괴적인 사회 갈등 요인이 되기도 한다. 종교 그 자체가 조화를 가져오는가 아니면 갈등을 가져오는가 하는 의문은 사회학자들에게 역사적이고 경험적인 문제였으며, 고전 사회학자들은 그러한 문제를 해결하기 위해 최초로 사회학적인 방식으로 접근했다.

비판적으로 생각하기 THINKING CRITICALLY

종교사회학은 대립되는 믿음 사이를 판결하는 데 관심을 보여야만 하는가? 왜 사회학자가 이 역할을 할 수 없는지 혹은 하지 말아야 하는지에 대한 예를 들어 보자.

고전 사회학에서의 종교

종교에 대한 사회학적 접근은 고전사회 이론가들인 카를 마르크스Karl Marx, 에밀 뒤르켐Emile Durkheim, 막스 베버Max Weber에 의해 영향을 받고 있다. 세 명 중 그 누구도 종교적인 사람은 없었으며, 그들 모두 전통 종교는 과학과 이성이 세상을 마법에서 효과적으로 깨어나 침체될 것이라고 생각했다. 그러나 어떻게 그리고 왜 마법을 푸는 것이 지속되고 있는가에 대한 그들의 상세한 설명은 현저하게 차이를 보이며, 그들의 중심적인 생각은 아래 논의에 잘 나타나 있다.

마르크스: 종교와 불평등

마르크스는 종교를 심오하게 연구한 적이 없다. 그의 사상들은 대부분 19세기 초 신학적, 철학적 저자들의 작품에서 엿볼 수 있다. 이들 중 하나가 『그리스도교의 본질The Essence of Christianity』(1957[1853])이라는 저명한 작품을 쓴 루트비히 포이어바흐Ludwig Feuerbach(1804~1872)다. 그에 의하면 종교는 문화적 발달 과정에서 인간이 만들어 낸 관념과 가치로 구성되어 있으나, 성스러운 힘이나 신들에 잘못 투사되어 있다. 또한 인간은 그들 자신의 역사를 완전하게 이해하지 못하기 때문에 신들의 행동에 맞도록 사회적으로 창조된 가치와 규범을 따르려 한다고 주장한다. 예를 들어 그는 모세의 십계명을 유대인과 기독교 신자들의 생활을 지배하는 도덕적 인식의 기원으로 신화적으로 해석한다.

포이어바흐가 주장하듯이 우리가 창조한 종교적인 상징들의 본연을 이해하지 못한다면 우리는 스스로 거스를 수 없는 힘에 대한 죄인으로 비난받게 되어 있다. 포이어바흐는 인간과 구별되는 신 또는 성스러운 힘을 만드는 것을 언급하기 위해 '소외alienation'라는 용어를 사용했다. 인간에 의해 창조된 가치와 관념은 영혼과 신으로 변화했다. 포이어바흐에 따르면 종교를 소외로 이해하면 미래에 대한 희망이 보장된다는 것이다. 일단 종교적 힘이 진정 자신의 것으로 깨달으면 그러한 가치들은 사후 세계로 미뤄진다기보다는 이생에서 깨달을 수 있는 것이 된다.

마르크스는 종교란 인간이 스스로를 소외시키는 것을 나타낸다는 포이어바흐의 견해를 받아들인다. 종종 마르크스는 종교를 경멸한다고 생각하지만 이것은 사실과 거리가 멀다. 그에 의하면 종교란 자본주의 일상의 고뇌에서 벗어날 수 있는 천국이다. 전통적인 형태의 종교는 사라질 것이며, 또 사라져야 한다는 것이 마르크스의 견해다. 그러나 그것은 관념과 가치가 잘못되어서가 아니라, 종교가 가지고 있는 긍정적인 가치가 인간성을 풍요롭게 만드는 관념들이 될 수 있기 때문이다.

마르크스는 "종교는 사람들에게 있어 마약"이라고 주장하기도 했다. 기독교 같은 종교는 이생에서 존재하는 조건들을 체념하라고 가르치면서 행복과 보상을 사후로 미룬다. 내세에 무엇이 올 것인가에 대한 약속을 함으로써 이생은 불평등과 부정이 온다는 사실에 주목해야 한다는 점을 강조한다. 사실 종교는 강력한 이념적 요소들을 가지고 있다. 종교적 믿음과 가치는 종종 부와 권력의 불균형에 대한 합리화를 제시하기도 한다. 예를 들어 "온유한 사람이 이 세상을 얻을 것이다"라고 가르치며, 압박하는 것에 대해 비굴함과 복종을 권유한다.

비판적으로 생각하기 THINKING CRITICALLY

종교가 지배적인 사회 질서를 지지하기보다 오히려 반대해 온 예들이 있는가? 이러한 것들은 자본주의하에서 종교에 대한 마르크스의 견해를 보여 주는가?

뒤르켐: 기능주의와 종교의식

마르크스와 달리 뒤르켐은 학문적 후반기의 상당 부분을 종교 연구에 보냈다. 뒤르켐의 종교에 대한 사회학적 이론은 자살론(제1장 참조)과 함께 사회학을 학문으로 확립하는 데 중요한 의미가 있다. 그는 어느 주제도 사회학적 시각으로 접근할 수 있으나, 사회학 없이는 사회적 삶을 오해하기 쉬울 것이라는 점을 밝혔다. 뒤르켐은 후반기에 들어 종교에 대해 관심을 보였으며, 그 이전에는 사회에서 종교가 중요한가에 대해 적절히 인식하지 못했음을 인정했다. 종교에 대한 이러한 시각은 〈고전 연구 17-1〉에서 논의되고 있다.

뒤르켐의 기능주의적 접근은 종교와 다른 제도들 사이의 관계에 초점을 맞추었으며, 이러한 시각은 20세기 구조기능주의structural functionalism의 창시자인 탤컷 파슨스Talcott Parsons에게 이어졌다. 파슨스는 현대 사회에서 종교의 역할과 운명에 관심을 가졌으며, 그의 중요한 생각은 제3장 〈사회학의 이론과 관점〉에서 다루어졌다.

베버: 세계 종교와 사회 변동

뒤르켐이 자신의 주장을 뒷받침하기 위해 제시한 근거는 아주 좁은 범위의 사례들에 불과했다. 이와 대조적으로 베버는 전 세계 종교들에 대한 거대한 규모의 연구에 착수했다. 그렇게 광범위하게 연구한 학자는 전무후무하다. 베버의 주된 관심은 많은 신도들을 거느리고, 전 세계 역사의 방향에 결정적으로 영향을 끼친 '세계 종교world religion'에 있었다. 그는 힌두교, 불교, 도교 그리고 고대 유대교에 관한 자세한 연구를 했으며(1951, 1952, 1958, 1963), 『프로테스탄트 윤리와 자본주의 정신The Protestant Ethic and the Spirit of Capitalism』(1992)을 비롯한 여러 저서에서 서구 역사에 기독교가 미친 영향을 광범위하게 논의했다. 그러나 그는 자신이 계획했던 이슬람교에 관한 연구는 완성하지 못했다. 이슬람에 관한 연구는 후에 베버를 연구하는 학자들에게 남겨졌다(Turner 1974, 1993).

종교에 관한 베버의 저술은 종교와 사회 변동의 연관성에 초점을 맞추었다는 점에서 사회 변동에 관해 거의 주의를 기울이지 않았던 뒤르켐의 저작과 큰 차이를 보인다. 또한 베버의 저작은 마르크스와 상반된 점을 보이는데, 베버는 종교란 반드시 보수적이지만은 않으며 오히려 종교의 영향을 받은 행동들이 종종 놀라운 사회 변화를 이끌어냈다고 주장한다. 베버에게 개신교, 특히 청교도는 이윤 추구와 전통에 대한 혁명적인 태도와 함께 현대 서구에서 보여 주는 자본주의 발달의 근원이었다. 초기 사업가들은 대부분 칼뱅주의자들이며, 성공을 향한 그들의 노력은 서구의 경제 발전을 도왔고, 본래 그것은 신을 섬기겠다는 마음에 의해 이루어진 것이었다. 물질적인 성공은 그들에게 신의 은혜를 뜻하는 정표였다.

베버는 세계 종교에 관한 그의 연구를 단일 프로젝트

종교의 기본적 형태에 관한 뒤르켐의 관점

연구 문제

전 세계적으로 많은 종교가 있는데, 그중에는 기독교와 힌두교 같이 상당히 오래된 종교가 있는가 하면, 1950년대에 시작된 사이언톨로지Scientology와 같이 극히 최근에 생긴 종교도 있다. 이러한 종교들이 공통으로 지니고 있는 것은 무엇일까? 그것들을 철학이라기보다는 '종교'라고 정의 내릴 수 있게 하는 근거는 무엇일까? 그리고 이러한 질문에 사회학적으로 답하기 위해 우리는 어떻게 해야만 하는가? 에밀 뒤르켐Emile Durkheim은 그러한 질문들을 제기했으며, 종교의 중요한 특징을 알아내는 가장 생산적인 방법은 가장 단순한 형태나 규모가 작은 전통 사회에서 찾을 수 있다고 주장했다(1965[1912]). 그의 대표적인 연구인 『종교 생활의 기본적인 형태들The Elementary Forms of the Religious Life』(1912)은 종교사회학에서 영향력 있는 연구 중 하나다.

뒤르켐의 설명

마르크스와 달리 뒤르켐은 종교를 불평등과 권력이 아니라 사회제도의 전체적인 본질에 연결시킨다. 그의 연구는 호주의 원시 사회에서 행해지는 토테미즘을 근거로 하며, 토테미즘은 가장 '기본적인elementary' 또는 단순한 형태의 종교를 대표한다고 주장한다. 이러한 원시적인 형태에서 가장 중요한 종교의 특징을 구별하는 것이 더 쉽다고 뒤르켐은 주장한다.

토템은 원래 어떤 집단의 특별한 상징적 중요성을 지닌 것으로 선택된 동물이나 식물을 뜻했다. 그것은 신성한 물건이고 숭배물로 여겨지며, 다양한 의식들로 둘러싸여 있다. 뒤르켐은 종교를 신성함sacred과 세속적인 것profane 사이의 차이점에서 정의 내린다. 그가 말하는 신성한 대상이나 상징은 실재하는 것의 일상적인 면, 즉 세속적인 것과 거리가 멀다. 특별한 의식에서가 아니면 토템 동물이나 식물을 먹는 것은 으레 금기시되고, 신성한 대상으로서의 토템은 사냥할 수 있는 다른 동물이나 수확해 소비되는 곡식들과는 확실히 다른 신성한 것으로 믿어지기 때문이다.

그러면 토템은 왜 신성시되는가? 뒤르켐에 의하면 토템 그 자체가 그 집단이나 공동 사회의 중심이 되는 가치를 나타내기 때문이다. 토템에 대한 경외심은 사실 그들이 가지고 있는 중요한 사회 가치에 대한 존경으로부터 나온다. 종교에 있어 숭배 대상은 사실 사회 그 자체다.

뒤르켐은 종교란 절대로 믿음의 문제가 아니라고 강조한다. 모든 종교는 신도들이 같이 만나는 정기적인 의식과 활동들을 포함한다. 집단의식을 통해 결속이 다져지고 고조되는 것을 뒤르켐은 집합적 열광collective effervescence이라고 불렀다. 종교적인 의식은 세속적인 사회생활로부터의 걱정을 없애고, 숭고한 어떤 힘을 만난다는 느낌을 갖는 승화된 영역으로 바꾼다. 토템, 신성한 영향력 또는 신으로 생각되는 신성한 힘은 개인들에게 미치는 집단적 영향력의 표현이다. 그럼에도 불구하고 사람들의 종교적 경험이 자기 오해라고 묵살되어서는 안 된다. 왜냐하면 그것은 사실상 사회적 힘의 실제 경험이기 때문이다.

뒤르켐의 견해에서 종교의식은 집단의 구성원을 결속시키는 데 필수적이다. 정기적인 예배뿐만 아니라 출생이나 결혼, 사망과 같은 주요한 사회적 변화를 경험할 때도 모이기 때문이다. 실제로 모든 사회에서 의식과 종교적 행사 절차는 그러한 경우에 있어 왔다. 집단적인 의식은 사람들이 그들의 삶에서 일어나는 중요한 변화에 대응해야만 할 때 집단의 결속을 재다짐하는 것이라고 뒤르켐은 설명한다. 장례의식은 죽음으로 특별한 사람들을 잃은 사람들의 미덕을 보이고, 유족들이 변화된 환경에 적응할 수 있도록 한다. 애도mourning는 죽음에 의해 개인적으로 영향을 받는 것이지만 단순히 마음에서 우러나는 슬픔이 아니라 집단에 의해 부과되는 의무다.

소규모 전통 문화에서는 종교가 삶의 거의 모든 면에 스며들어 있다고 뒤르켐은 주장한다. 종교적인 의식은 새로운 관념과 사상의 범주를 새롭게 만들고 기존의 가치들을 재확인한다. 종교는 일련의 감상이나 행동에 지나는 것이 아니다. 종교는 전통 문화에서 개인의 사고방식을 길들이는 것이다. 시간과 공간은 어떻게 생각되는가와 같은 사고의 가장 근원적인 범주도 종교적인 어원에서 시작되었다. 예를 들어 '시간'이라는 개념도 본래는 종교적인 의식에서 간격을 셀 때 쓰던 것이다.

현대 사회가 발달함에 따라 종교의 영향력도 점차 쇠퇴하기 시작했다. 과학적인 사고가 점차 종교적인 설명을 대신하고, 의식과 종교적인 활동들은 단지 개인 생활의 일부분을 차지할 뿐이다. 뒤르켐은 신성한 힘이나 신을 운위하는 전통적인 종교는 사라지고 있다는 마르크스와 의견을 같이한다. "오래된 신은 죽었다"고 뒤르켐은 주장한다. 그러나 변화된 형태의 종교는 계속될 것이라고 전망했다. 현대 사회조차 결속을 위해 그들의 가치들을 재확인해 주는 의식에 의존하는 경우가 많다. 그래서 오래된 의식을 대신하기 위해 새로운 형태의 의례 활동이 나오도록 기대할 수 있다. 이것에 관해서는 뒤르켐이 구체적으로 명확하게 언급하지 않았지만, 그의 심중에는 아마 자유, 평등, 사회적 협력과 같은 인본주의적이고 정치적인 가치들에 대한 숭배가 자리 잡고 있었던 것 같다.

비판적 쟁점

뒤르켐의 논문에 대한 비판 중 하나는 몇몇 소규모 사회로부터 일반화한 것을 모든 종교의 기본적인 특징으로 이해하는 것이 가능하다는 논점에 관한 것이다. 비판가들은 호주 원주민 Aboriginal의 토테미즘이 전형적인 큰 규모의 다국적 종교 같지는

뒤르켐은 석가탄신일에 거행하는, 아기 부처님을 목욕시키는 관불의식 같은 의례들이 보통 사람 중에서 영적인 사람을 골라내는 역할을 하며, 이는 사회적 가치를 강화하는 역할을 한다고 주장한다.

않아 보이며, 전자를 연구하는 것으로부터 후자에 대해 알 수 있다고 주장한다. 20세기에 들어서면서 많은 국가들이 개개의 국가에 내재하는 다양한 종교와 더불어 좀 더 다문화되어 가고 있다. 뒤르켐의 종교에 관한 논문은 사회 결속의 지속적인 재창조 수단으로서 다양한 믿음을 가진 사회에서는 설득력이 약할 수도 있고, 다양한 종교적 믿음을 둘러싼 사회 내부의 갈등을 적절하게 설명하지 못한다.

또한 종교란 기본적으로 신이나 영혼이라기보다는 사회의 예배라는 기본적 생각에 이의를 제기할 수 있다. 이것은 환원주의자 reductionist의 주장으로 보일 수도 있다. 즉, 종교적 경험이 실제 '영적인' 가능성조차 거부함으로써 사회 현상으로 축소될 수 있다. 강한 종교적 믿음과 헌신을 가진 사람들에게 뒤르켐의 주장은 아마도 항상 부적절한 것으로 보일 것이다.

현대적 의의

종교를 사회 밖이 아니라 그것의 내부에 확고하게 둠으로써 뒤르켐은 종교적 경험을 효과적으로 쉽게 설명했고, 종교의 경험적 연구를 장려했다. 이 장의 뒤에서 볼 수 있듯이 새로운 종교 운동과 영성의 대체 형태는 "오래된 신은 죽어 가고 있지만, 사회가 중요한 변화를 겪고 있기 때문에 새로운 것들이 창조될 것이라는" 기능주의 이론의 주장을 입증한다. 우리는 "종교적인 사고가 지속적으로 스스로를 감싸 온 모든 특별한 상징들을 이겨 내도록 되어 있는 영원한 무엇인가가 종교에는 내재해 있다"라는 뒤르켐의 주장에 동의할 수도 있다(1965[1912]: 427).

비판적으로 생각하기 THINKING CRITICALLY

종교에 관한 뒤르켐의 정의는 포괄적, 배타적, 사회적 구성주의 중 어느 것에 속하는가? "전통 사회에서 존재했던 오래된 신은 죽었다"는 뒤르켐의 예언은 얼마나 정확한가? 뒤르켐이 생각했던 것보다 '오래된 신'은 더 잘 지속되어 왔다고 주장할 만한 예를 생각해 볼 수 있을까?

로 생각했다. 개신교가 서구의 발달에 미친 영향에 관한 그의 논의는 다양한 문화권에서 종교가 사회적, 경제적 삶에 미친 영향을 이해하려는 포괄적인 시도의 일부였다. 동양의 종교를 분석하면서 베버는 동양 종교가 서구에서 발생했던 것과 같은 산업자본주의의 발달을 저해하는 극복할 수 없는 걸림돌이 되었다고 결론지었다. 이것은 비서구 문명이 뒤처져 있기 때문이 아니라, 그들이 다만 유럽에서 우세하던 것과 다른 가치를 수용했기 때문이라는 주장과 맥을 같이한다.

전통적인 중국과 인도에서 상업, 수공업, 도시성이 주목할 만큼 발달한 시기가 있었으나, 이러한 것들은 서구에서 산업자본주의 발흥에 수반되었던 급격한 유형의 사회 변동을 이끌어 내지는 못했다고 베버는 지적한다. 종교가 그러한 변화를 막는 역할을 했기 때문이라는 주장이다. 예를 들어 힌두교는 베버의 표현에 따르면 내세적 종교다. 다시 말해, 힌두교의 최고 가치는 물질세계의 고역에서 벗어나 영적 존재의 고차원적 지평으로 도피할 것을 강조한다. 힌두교에서의 종교적 감정과 동기는 물질세계를 만들고 조정하는 데 있지 않다. 이와 반대로 힌두교는 물질적인 현실을 인류가 나아가야 할 진정한 관심사를 숨기고 있는 장막으로 본다. 유교 역시 경제적인 발전으로부터 거리를 두는 노력을 가르쳤다. 이것은 서구의 입장에서 이해하면 세상을 지배하려 하기보다는 세상과의 조화를 강조하는 것이었다. 비록 중국이 오랫동안 세계에서 강대하고 문화적으로도 발달했었지만, 중국의 지배적인 종교적 가치들은 경제 발전을 도모하는 데 걸림돌로 작용했다는 주장이다.

베버는 기독교를 만약 인간이 그 종교의 믿음을 받아들여 도덕적 교리를 따른다면 '구원'받을 수 있다는 믿음을 수반하는 구원의 종교라고 생각한다. 여기서 신의 자비에 의해 죄로부터 구원받는 개념이 중요하다. 이런 것들은 동양의 종교들에 본질적으로 결여되어 있는 긴장과 감정적인 활력을 일으킨다. 구원의 종교는 '혁명적인' 측면을 가진다. 동양의 종교가 신도들에게 기존 질서를 향한 소극적인 태도를 갖게 했다면, 기독교는 죄와의 끊임없는 투쟁, 그래서 기존 질서에 대한 저항을 자극할 수 있었다. 기독교에서는 예수와 같은 종교 지도자가 나와 기존 교리를 재해석해 지배적 권력 구조에 도전했다. 이러한 결론은 자본주의하에서 기독교의 이데올로기적 역할에 대한 마르크스의 시각과 매우 다르다.

고전 이론에 대한 비판적 평가

마르크스, 뒤르켐, 베버는 모두 오늘날 종교사회학자들이 다소 잘못되었다고 판단하는 종교에 관한 중요한 보편적 특징들을 밝히고자 노력했다. 그래도 우리는 이들로부터 종교에 관해 매우 포괄적인 그 무엇인가를 배울 수 있다. 종교란 종종 다른 사람의 희생을 감수하고 지배 집단의 이익을 정당화하는 이데올로기적 함의를 지니고 있다는 마르크스의 견해는 유럽 식민주의에 끼친 기독교의 영향력에서 그 예를 찾을 수 있다. '이교도'들을 기독교 신앙으로 개종시키려는 선교사들의 노력은 물론 순수한 것이었다. 그러나 그 가르침의 결과는 전통문화의 파괴와 백인 지배의 확립을 더욱 강화하는 것이었다. 19세기에 이르기까지 다양한 기독교 교파들 중 미국과 세계 여러 지역에서 노예 제도를 묵인하거나 승인하지 않은 교파는 거의 없었다. 노예 제도는 신법divine law에 근거해야 한다고 주장하면서 불복종하는 노예는 그 주인들뿐만 아니라 하느님에게 죄를 범하는 것이라는 내용의 원칙들이 만들어졌다.

기존 사회 질서를 동요시키면서 종종 혁명적이기도 한 종교의 영향력을 강조하는 베버의 통찰력도 옳았다. 미국에서 노예 제도에 대한 교회의 초기 지지에도 불구하고 그 후 많은 종교 지도자들이 그것을 없애는 투쟁 과정에서 중요한 역할을 했다. 종교적인 믿음은 정의롭지 못한 권력을 전복시키려는 수많은 사회운동을 촉발시켰다. 1960년대 미국의 민권운동과 1980년대 공산주의 정권에 저항해 결국 무너지는 데 도움을 준 폴란드의 '자유노조Solidarity' 운동은 종교가 두드러진 역할을 한 예들이다.

뒤르켐의 연구에서 가장 귀중한 측면은 종교적 의례와

의식에 관한 강조다. 모든 종교에는 신자들의 정기적인 회합이 수반되며, 그러한 모임을 통해 의례가 집전된다. 그도 지적했듯이, 종교적인 의례들은 출생, 성인 입문(사춘기와 관계된 의식들은 많은 문화에서 발견된다), 결혼 그리고 죽음 등 삶의 주된 변화 국면들을 표시한다. 의례와 의식의 사용은 의사당 개막식이나 대학의 졸업식 등 세속적인 세상에서도 찾아볼 수 있다.

고전 사회학자들은 모두 종교, 적어도 전통 종교는 시간이 흘러감에 따라 그 근거를 잃을 것이며, 현대 세계는 갈수록 더 세속적인 곳으로 변할 것이라고 예견했다. 그러나 아래의 논의에서 볼 수 있듯이 그렇게 간결한 진술은 현혹될 정도로 간단한 것으로 입증되고 있으며, 소위 '세속화secularization'에 대한 논쟁이 한 세기 이상 계속 이어지고 있다.

세속화 시대에 접어드는가

사회학적 논쟁에서 세속화란 종교가 사회생활의 다양한 영역들에서 그 영향력을 상실해 가는 과정을 일컫는 말이다. 예를 들어 간단하게 세속화를 측정하는 방법은 교회 참석률이 감소하는 것을 파악하는 것이다. 영국, 프랑스, 네덜란드에서는 교회 참석률 감소가 지난 20세기 동안 지속적으로 나타났으며, 총인구의 5퍼센트 정도만이 고정적으로 참석하는 것으로 보인다(Kaufman 2007). 유럽에선 많은 사람이 결혼식과 장례식 같은 특별한 경우가 아니면 교회에 가지 않는다(〈그림 17-2〉 참고). 다른 한편으로 많은 조사 결과는 종교적 믿음이 교회 참석률만큼 극적으로 감소하지 않고 있음을 보여 준다. 이는 서유럽이 '참석 없는 믿음believing without belonging' 지역이라는 특성을 나타낸 것이다(Davie 1994).

이에 대해 데이비는 적극적인 소수가 비활동적인 다수의 암묵적 승인을 대신해 종교적 행위를 수행하는 대리 종교vicarious religion라고 불렀다. 대리 종교는 전통적으로 높은 교회 멤버십을 가지고 있으나 참석 수준은 낮은 북유럽 국가 상황에서 볼 수 있다(Backstrom and Davie 2010: 191). 그러나 이 개념 또한 비판에 직면하고 있다. 브루스Bruce와 보아스Voas는 그러한 개념이 조직화된 종교에 몰두하지 않는 사람(그리고 종교를 지지하거나 반대하는)이 어떻게 종교를 인지할 수 있는가에 대한 통찰력을 주지 않는다고 주장한다(2010). 그들은 또한 늘어 가는 세속화의 증거가 대리 종교에 의해 도전받지는 않는다고 주장한다.

이렇듯 상이하고 때로는 상반되는 증거는 무엇을 의미하는가? 가장 기초적인 의미에서 매주 교회에 참석하는 것에 대한 논쟁은 종교가 권력과 중요성 측면에서 감소하고 있다고 주장하는 세속화 테제 지지자들과, 비록 새롭고 익숙하지 않은 형태가 종종 있지만 종교는 여전히 중요한 힘으로 남아 있다고 주장하는 세속화 테제 반대론자들 사이에서 볼 수 있는 전형적인 불일치다.

사회학적 토론

세속화는 그 과정이 어떻게 측정되어야 하는가에 대해 의견의 일치가 이루어지지 않고 있기 때문에 복잡한 사회학적 개념이다. 종교적 믿음, 교회 지도자들의 권력과 영향력 등을 파악하기 위해 교회 출석 상황에 초점을 맞추어야 하는가? 이러한 사항들은 어떻게 정확히 측정될 수 있는가? 게다가 많은 사회학자들이 종교에 대해 서로 일치하지 않는 정의를 하고 있다. 이러한 점들은 필연적으로 세속화를 지지하거나 반대하는 논쟁에 영향을 미친다.

세속화는 여러 측면과 차원에 따라 평가될 수 있다. 어떤 것은 종교 단체 구성원의 숫자와 같이 본질적으로 양적인 것들이다. 얼마나 많은 사람이 교회나 다른 종교 단체에 소속되어 있으며, 예배나 다른 의식에 함께 참여하는지는 통계나 공식 기록을 보면 알 수 있다. 이러한 지표에 따르면 일반적으로 미국을 제외한 산업국가들은 상당한 세속화를 모두 경험했다고 할 수 있다. 영국에서 발견되는 종교 쇠퇴의 형태는 프랑스와 이탈리아 같은 가톨릭 국가를 포함해 대부분의 서구 국가들에서도 볼 수 있

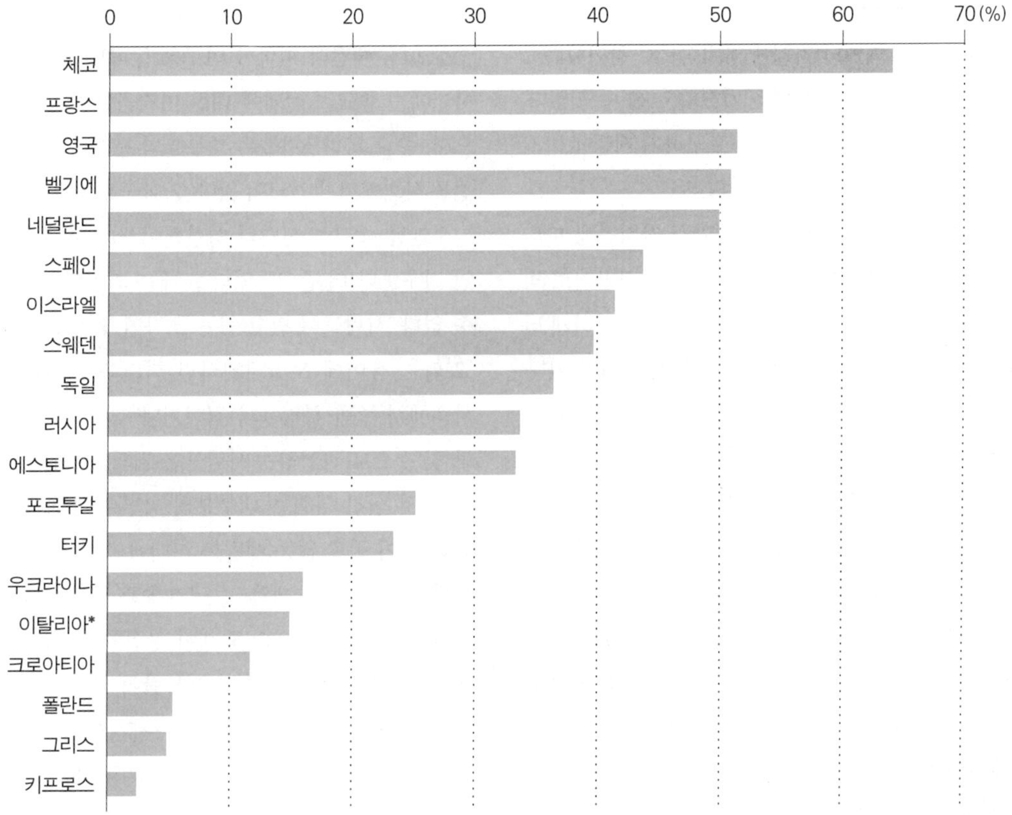

그림 17-2 유럽 국가 중 교회에 참여하지 않는다고 답한 응답자 비율

참조: *는 2008년.
출처: The Economist 2010.

다. 이탈리아인들이 프랑스 사람들보다 교회에 더 정기적으로 다니고 부활절 성찬식과 같은 주요 의례에 잘 참석하는 편이지만 종교적 계율의 쇠퇴가 보여 주는 전반적인 패턴은 양국이 유사하다.

세속화의 두 번째 측면은 교회나 여타 종교 단체들이 어느 정도 그들의 사회적인 영향력, 부 그리고 권위를 유지하는가에 있다. 초기에는 종교 단체들이 정부와 사회단체에 상당한 영향력을 행사할 수 있었고 공동체 내에서도 높은 존경을 받았다. 오늘날에는 어떤가? 20세기 들어 종교 단체는 과거에 가졌던 사회정치적 영향력의 대부분을 점차 상실했다. 이러한 상황은 비록 예외가 있긴 하지만 세계적인 추세다. 교회 지도자들은 이제 더 이상 권력자들에게 자동적으로 영향을 미칠 수 있으리라 기대할 수 없게 되었다. 몇몇 기존 교회들은 상당한 부를 누리고 있고, 신흥 종교 운동이 빠른 속도로 재산을 증식시킬 수는 있겠으나, 많은 유서 깊은 종교 단체들이 처한 물질적 상황은 불안정하기 그지없다. 종교 단체 참석률은 감소하고 있으며, 교회와 사원들은 매각될 운명에 처해 있거나 심각하게 파손된 상태다.

세속화의 세 번째 측면은 믿음과 가치에 관한 것이다. 이것을 종교성religiosity의 차원이라고 부를 수 있다. 교회의 출석 수준이나 교회의 사회 영향력이 반드시 사람들이 지니고 있는 믿음과 이념을 직접적으로 표현해 주는 것은 분명히 아니다. 신앙을 가지고 있는 사람들 중 다수가 정기적으로 예배에 참석하거나 공공 의례에 참여하지는 않는다. 역으로 예배나 의례에 정기적으로 참여한다고 해서 반드시 강한 종교적 신념을 가졌다고 볼 수도 없다. 단지 습관적으로, 혹은 공동체에서 요구하기 때문에 마지못해 예배에 참석하는 것일 수도 있다.

사회경제적 발전이 보다 나은 생활을 가져옴에 따라 종교적 믿음은 쇠퇴하기 시작했으며, 이와 정반대로 박탈과 고통을 겪는 상황에서 종교적 믿음은 더 강하게 남아 있다. 이는 〈표 17-1〉과 〈표 17-2〉에 잘 나타나 있다. 이 표들은 57개국 국민을 대상으로(영국 제외) 실시한 조사 결과로, 응답자 자신이 '종교인', '무신론자'로 응답한 비율을 나타낸 것이다. 가장 종교적인 몇몇 국가는 가장 가난한 반면, 무신론자로 응답한 국가들은 대부분 세계에서 경제가 발달한 편이다(WIN-Gallup 2012: 3).

세속화의 다른 측면들과 마찬가지로, 종교성이 오늘날 얼마나 쇠퇴했는지 알기 위해서도 과거에 대한 명확한 이해가 필요하다. 세속화 테제를 지지하는 사람들은 과거에 종교가 오늘날보다 사람들의 일상생활에 훨씬 더 중요한 위치를 차지했으며, 교회가 일상생활의 중심이었다고 주장한다. 세속화 테제를 비판하는 사람들은 중세 유럽에서도 종교적 신념에 대한 신봉은 생각하는 것만큼 일상생활에서 그다지 중요하지도 강력하지도 않았다고 주장한다. 예컨대 영국사 연구를 살펴보면 보통 사람들 사이에는 종교적 신념에 대한 미지근한 태도가 더 흔했으며, 종교 회의론자들은 대부분의 문화권, 특히 대규모 전통 사회에서 발견되어 왔다(Ginzburg 1980).

오늘날 종교적 신념의 영향력이 전통 사회의 보편적인 경우보다 더 줄어들었다는 데는 의심의 여지가 있을 수 없다. 사람들이 믿고 있는 초자연적인 모든 것을 '종교'라는 용어에 포함시킨다면 더더욱 그러하다. 선진 사회에서 주변 환경을 신적이거나 영적인 존재들로 가득 찬 것으로 경험하는 사람들은 거의 없다. 테일러Taylor는 몇몇 선진 사회는 대부분의 국민이 종교 혹은 영성spriturality이 필요 없는 세속화 시대에 접어들었는지도 모른다고 주장한다. 테일러는 "세속화 시대는 인간의 번영을 넘어 모든 목표의 퇴색이 상상할 수 있게 되는 세상 혹은 더 나은 것으로 많은 사람이 상상할 수 있는 삶의 범위 내에 그 목표가 떨어지는 세상이다"라고 말한다(2007: 19). 그러나 많은 사람이 종교적 믿음에서 무신론자로 직접 이동할 것 같지는 않다. 오히려 완전히 세속적 무신론으로의 이동은 전통 종교가 감소하면서 사람들이 여전히 '그곳에 무엇인가 있다'는 느낌을 갖는 시

표 17-1 스스로 종교인이라고 여기는 사람들에 대한 국가별 비교

국가	종교인	비종교인	확고한 무신론자	모름/무응답
가나	96%	2%	0%	1%
나이지리아	93%	4%	1%	2%
아르메니아	92%	3%	2%	2%
피지	92%	5%	1%	2%
마케도니아	90%	8%	1%	1%
루마니아	89%	6%	1%	3%
이라크	88%	9%	0%	3%
케냐	88%	9%	2%	1%
페루	86%	8%	3%	3%
브라질	85%	13%	1%	1%

출처: WIN-Gallup International 2012: 4.

표 17-2 스스로 투철한 무신론자임을 밝히는 비율이 높은 10개국

국가	종교인	비종교인	확고한 무신론자	모름/무응답
중국	14%	30%	47%	9%
일본	16%	31%	31%	23%
체코	20%	48%	30%	2%
프랑스	37%	34%	29%	1%
한국	52%	31%	15%	2%
독일	51%	33%	15%	1%
네덜란드	43%	42%	14%	2%
오스트리아	42%	43%	10%	5%
아이슬란드	57%	31%	10%	2%
호주	37%	48%	10%	5%
아일랜드	47%	44%	10%	0%

참조: 10퍼센트인 나라가 4개국이어서 전체 11개국이 되었음.
출처: WIN-Gallup International 2012: 4.

기를 포함할 수도 있다.

영국, 스웨덴, 미국 등에서 기독교의 믿음, 무신론을 탐구하면서 힐라스Heelas는 성인의 오직 24퍼센트(1990), 15퍼센트(2000), 6퍼센트(1986)가 무신론자와 불가지론자이고, 이에 반해 단지 10퍼센트(영국), 2퍼센트(스웨덴), 20퍼센트(미국, 2000)만이 교회에 다니고 있음을 밝혔다(2002). 그러나 이도 저도 아닌 둘 사이에 있는 많은 사람들은 '높은 능력higher power', '새로운 시대New Age' 등을 믿는 사람 혹은 종교적 믿음이라는 질문에 전적으로 무관심했다. 적어도 이렇게 중간 지대에 있는 사람들은 기독교적 믿음과 전통에 '뚜렷하지 않은 충실함fuzzy fidelity'을 나타내는 것으로 묘사될 수 있다(Voas 2009). 이렇게 '뚜렷하지 않음'은 식별할 수 있는 종교적 믿음보다는 세상에 대한 견해를 지지할지도 모른다는 쪽에 더 가깝다. 그렇다면 영국인이 '속하지 않고 믿는believing without belonging'다는 데이비의 생각(Davie 1994)과 달이 영국과 그 밖의 많은 유럽 사람들은 믿지 않거나 속하지 않는다고 볼 수도 있다(Voas and Crockett 2005: 14).

비판적으로 생각하기 THINKING CRITICALLY

사람들이 종교적인 믿음에서 무신론자로 직접 이동한다는 이론을 검증하기 위한 조사 연구를 설계해 보자. 표본을 어떻게 설정하며 어떻게 얻을 것인가? 적절한 자료를 얻기 위해 어떠한 질문들을 포함할 것인가?

세속화를 넘어서

비록 유럽과 다른 선진국에서 세속화 테제가 이론적으로 경험적으로 오랫동안 지지를 받아 왔지만 이에 대한 비판도 만만치 않다. 예를 들어 사회학은 세속화가 전 세계적으로 불가피한 과정이라는 예견과 함께 세속화의 분석적 개념을 생략하는 경향이 있다. 분석적 개념은 여전히 유용한 데 반해 예측력은 지속적인 종교적 소속 강도가 강한 경험적 예(특히 미국)에 직면해 주춤거린다(Perez-Agote 2014).

여기서 우리는 이용 가능한 통계적 증거에 의문을 가지

거나 재해석하는 것이 아닌 두 개의 대체 가능한 시각을 소개한다. 그 대신 두 시각은 사회학이 이미 확실히 자리 잡은 종교의 공식적, 제도적 측면에 너무 많은 초점을 맞추었기 때문에 일상생활에서 실행되는 종교를 무시하는 경향이 있다는 점을 지적한다. 일단 후자의 경우에 초점을 맞추면 종교에 대해 매우 상이한 그림이 나타나며, 세속화 논쟁은 그 자리를 잃게 된다. 자발적인 결사체와 개인들 사이에서 일어나는 '종교적 실행religious practices'을 자세히 살펴보면 종교사회학의 기본 가정들에 의문이 들고 종교가 무엇인가에 대해 다른 방식으로 생각하게 된다.

부족의 등장?

프랑스 사회학자 미셸 마페솔리Michel Maffesoli는 세속화에 대해 다른 평가를 제안한다. 종교를 사회의 도덕률과 집단적 존재의 표현으로 규정한 뒤르켐의 주장에 따르면서 마페솔리는 비록 전통적인 민족 종교가 쇠퇴한다 해도 도시 지역에 거주하는 많은 사람들은 점점 더 '부족의 시기time of the tribes'에 살게 된다고 주장한다(1995).

마페솔리는 기든스와 벡의 저술에 나오는 것과 같은 점증하는 개별화에 대한 사회학적 이론들에 반대 입장을 보인다. 개별화란 사람들이 자신을 집합적 신체와 덜 동일시하는 과정과 함께 무역 조합, 사회 계급, 심지어 가족 같은 사회 구조로부터 관계를 끊는 것을 일컫는다. 이러한 상황에서 사람들이 의복, 음악, 인테리어 장식 등의 형태로 '아이덴티티 키트identity kits'를 사는 소비 관행에서 볼 수 있듯이, 개인적 선택은 중요한 가치가 되고 개성은 소중해진다(Bauman 2007).

스케이트보드는 젊은이들 사이에서 매우 유행하는 활동이다. 마페솔리에 따르면, 스케이트보드의 유행을 불러온 하위문화는 젊은이들이 필요로 하는 사회성을 채우는 '새로운 부족neo-tribe'으로 볼 수 있다.

그러나 마페솔리는 개인적 차이의 상실과 획일성을 가져오는 대중사회에 관한 오래된 이론들에 반대한다. 현대 사회는 음악적 취향, 서로의 의견, 소비 선호도, 여가 선용 등을 함께하는 사람들을 중심으로 구성된 소규모 집단의 급속한 성장으로 특징지어진다고 주장한다. 그는 이러한 집단을 '새로운 부족neo-tribes'이라고 부른다. 그들의 존재가 공유된 동질성에 기초하고 있다는 점에서 그들은 전통적 부족과 같으나 동일한 생명력을 갖고 있지 않다는 면에서는 다르다고 할 수 있다. 새로운 부족에 대한 사람들의 관심은 매우 약하고 단기적이어서, 상당히 유동적이고 취약한 사회적 독립체라 할 수 있다.

마페솔리의 관점은 새로운 부족의 탄생은 사회적 접촉과 교류를 향한 매우 강한 인간적 욕구와 탐색이 있다는 것을 의미하며, 그것은 과도한 개별화나 대중사회의 이론들 그 어느 것도 지지하지 않는다는 것이다. 사람들이 어울리기를 좋아하는 것에 대한 근본적이고 지속적인 탐구는 뒤르켐의 용어를 사용하면 '종교적인 탐색'이다. 이러한 점들을 염두에 두고 그는 오래된 신은 사라지고 있을지 모르지만, 뒤르켐이 말했듯이(1965[1912]: 427) 아직까지 '종교적으로 무엇인가 영원한 것'이 있을지도 모른다고 주장한다. 마페솔리의 생각은 지금까지처럼 세속화에 대한 논쟁이 극단적일 필요가 없음을 제시한다. 세속화는 오래된 세계 종교에서 진행되고 있는 것처럼 보이지만 새로운 형태의 종교적 표현이 또한 등장하고 있기 때문이다.

매일 '살아 있는' 종교

종교사회학 분야에서 이루어지는 많은 조사와 이론화 작업은 조직화된 종교와 사회에서 종교의 기능에 초점을 맞추어 왔다. 이 내용은 이 장 나머지 부분에서 논의되고 있다. 그러나 최근 개인의 종교적 관행에 관한 경험적 연구는 종교에 관한 포괄적인 정의와 이론을 추구하는 데 있어 사회학자들이 대체로 '종교적'인 것과 '세속적'인 요소를 창조적으로 섞는 것을 무시했다는 점을 보여 준다. 개인의 종교적 실행을 검토할 때 사회학자들은 얼핏 보기에 모순적인 내적 다양성을 과도한 개인주의에 의해 발생하는 문제의 예로 취급하는 경향이 있다.

미국에서 벨라Bellah와 동료들이 실시한 '사유화된 privatized' 종교에 대한 조사(2008[1985])가 가장 자주 언급된다. 연구자들은 미국에서 그동안 사람들을 함께 묶는 데 도움을 주었던 통합되고 공적인 형태의 종교에서 이례적으로 다양하고 사적인 형태의 종교로 옮겨 가고 있다고 주장한다. 후자는 개별화의 광범위한 사회적 과정을 반영하는 것이다. 이 연구는 실라 라슨Sheila Larson이라는 젊은 간호사가 종교적 실행을 어떻게 옮기는가에 대한 사례를 보여 준다. 그녀는 자신의 신앙이 매우 중요했으나 우리가 예상할 수 있는 응집력 있고 교회 지향적인 종교는 아니었다고 설명한다. 그녀는 다음과 같이 말한다. "나는 신을 믿는다. 나는 종교적 광신도가 아니다. 나는 마지막으로 교회에 간 시각을 기억할 수 없다. 나의 믿음은 나를 먼 길로 이끌어 왔다. 그것은 '실라이즘 Sheilaism(신학적 고려를 많이 하지 않고 개인에 의해 선택되는 여러 종교를 선임하는 개인의 종교적 믿음 체계를 의미한다 – 옮긴이)'이다. 나의 작은 목소리처럼…… 너 자신을 사랑하기 위해 노력하라. 그리고 너 자신에게 겸손하도록 노력하라. 서로 보살펴 주자. 그는 우리가 서로 보살펴 주기를 원한다고 나는 생각한다."

벨라와 동료들은 믿음의 개인화된 표현에 근거하면 미국에는 2억 2천만 개의 종교가 있다고 말한다. 그러나 그들은 그렇게 철저하게 사유화된 상황은 사회적 결속력에 기여하지 않으며, 통일된 공공 영역을 지지하지도 않는다고 주장한다. 그러한 상황이 매우 추상적이고 피상적인 형태의 종교생활을 가져온다는 점에서 위험성이 있다. 그러나 이러한 평가는 기존 종교사회학이 관심을 둔 제도적 초점에 의해 색칠된 것인가? 메러디스 매과이어 Meredith Maguire는 그렇다고 답한다(2008). 특히 비판의 기초가 된 가정은 종교가 통일되고 조직화되어야 하며, 일관된 믿음과 의례를 구체화해야 한다는 것이다. 매과이어는 이를 종교에 대한 서구의 이미지로 본다. 이러한 이

개인의 삶에서 종교적 실행

세계 사회 17-1

교육을 잘 받은 30대 후반 여성인 로라Laura는 작가이자 지역 학교에서 읽기 상담가로 일한다. 그녀의 경우를 생각해 보자. 로라는 메러디스 매과이어Meredith Maguire가 미국에서 종교적 실행과 믿음을 탐구하기 위해 실시한 경험적 연구에서 선택된 인터뷰 대상자 중 한 사람이다.

로라

비록 미사에 자주 가지 않았지만 로라는 가톨릭 집안에서 성장했고 스스로도 자신이 가톨릭 신자라고 여겼다. 로라는 일 년에 여러 번 엄마를 방문함으로써 엄마를 기쁘게 했다. 그녀는 자기 나름의 정신생활을 키워 나가고 있음을 밝혔다. 그녀는 매일 아침 아이들이 학교에 간 후 가장 먼저 한 시간 동안 명상을 한다고 말했다.

집의 제단에는 3세대 전 멕시코에서 가져온 가보, 고인이 된 조상의 그림들, 온갖 크기의 초들, 야생화 다발, 할머니 사진틀에 붙어 있는 부적 등 전통적인 종교적 물품들이 있었다. 다양하고 잘 알려져 있는 비전통적 물품들도 있다. 치유 명상에 사용된 자수정, 아시아 향료와 티베트 기도 종, 색색의 세 폭짜리 그림, 성모 마리아상 등이 그것이다.

로라는 자신의 정체성을 이루는 요소들을 가져오는 중요한 실행들을 묘사했다. 예를 들어 로라는 성모 마리아에 대한 기도와 같은 어머니의 전통적이고 멕시코미국인의 종교적인 실행들을 존경했다. 그러나 로라는 그러한 실행들을 변화된 형태로 확인한다.

로라의 종교는 어머니와 차이가 있다. 그녀는 공인된 페미니스트이며, 멕시코적인 유산과 이중 언어 구사 능력을 자랑하고, 확대가족과 밀접하게 연계되어 있다. 이와 함께 그녀는 자신의 자녀, 학생 그리고 자신의 책을 읽는 학생들의 행복과 교육을 위해 노력하고 있다. 그녀의 이러한 생활은 집, 교회 혹은 밖에 나가 있는 동안 이루어지는 가족과의 만남 및 저술 활동에서도 자신의 종교적 실행과 밀접하게 연관되어 있다.

비판적으로 생각하기 THINKING CRITICALLY

종교적 실행의 관점에서 볼 때 로라는 여전히 가톨릭 신자인가? 만약 로라가 그러한 믿음과 실행에서 완전히 편안하게 느낀다면, 이는 제도적이고 조직화된 종교와 개인의 종교적 몰입의 관계에 대해 우리에게 무엇을 말해 주는가?

미지는 사회학자들이 〈세계 사회 17-1〉에 있는 로라Laura의 경우와 같이 많은 개인의 삶을 특징짓는 믿음과 실행들을 적절히 이해하는 것을 방해한다.

매과이어는 이방인에게 로라의 선택은 어떠한 내적 논리 혹은 종교적 일관성을 결여한 것으로 보일 것이라는 견해를 제시한다(2008). 그러나 개인적인 관심에서 보면 각각의 요소는 논리적으로 의미 있는 전체로 어울린다. 예를 들어 라슨이 언급한 실라이즘의 본질은 명백하게 그녀 자신의 건강과 죽어 가는 환자를 돌보는 간호사로서 그녀의 경험에 관련된 개인적인 위기들과 연결되어 있다. 예를 들어 그녀는 중요한 수술에 앞서 신으로부터 안심되는 말을 직접 듣고 싶어 했다. 서로를 돌보는 일이 그녀의 믿음에 중심적이라는 사실은 그러한 정보와 관련해 설명된다. 만약 우리가 매과이어와 같이 종교, 사회, 개인 사이의 변화하는 관계를 이해하기 위해서는 일상생활에서 살아 있는 종교의 복잡성에 대한 주의가 필요하다.

세속화 테제에 대한 평가

사회학자들은 전통적 교회 형태의 종교가 미국에서의 주목할 만한 예외를 제외하곤 대부분의 서구에서 쇠퇴해

이주와 종교

사회학적으로 상상하기 17-1

영국인들이 교회에서 이탈한 빈자리를 이주민들이 채운다

교회 출석률 감소는 예상치 못한 요소, 즉 아프리카와 유럽에서 기독교 신자들이 들어옴에 따라 둔화되었다. 한 조사에 따르면, 영국의 3만 7천 교회 중에서 이민자 주도 교회의 성장은 부분적으로 다른 곳의 신도 감소와 상쇄된다(Brierley 2006). 이러한 뉴스는 교회 지도자들에게 성원을 보낼 것이다. 캔터베리 대주교인 로언 윌리엄스Rowan Williams는 이러한 현상이 주류 교회에 건전한 영향을 끼치고 있다고 주장했다.

그러나 그 조사는 젊은이들이 교회에 참석하지 않기 때문에 신자들의 연령층이 고령화되고 있으며, 이것은 10년 이내 참담한 영향을 미칠 수 있다고 본다. 독립적인 기독교 조사 기관에서 시행한 '2005 영국 교회 센서스'는 1998년부터 2005년 사이에 약 50만 명이 일요일에 교회 가는 것을 중단했음을 보여 준다. 이전 9년 동안 100만 명이 교회에 가지 않은 것에 비하면 이 수치는 생각보다 작다고 할 수 있다.

이 조사는 이민자 사회에서 흑인 주도의 펜테코스트Pentencostal 교회는 1998년 이래 약 10만 명의 신도를 가지게 되었다고 밝힌다. 모든 종파의 교회들이 그들이 겪는 손실을 막으려고 노력하는 데 반해 카리스마 있는 복음 교회에서는 대부분 성장이 이루어지고 있다. 영국에서는 흑인이 매주 일요일에 교회 가는 사람들의 10퍼센트를 이루며, 다른 비백인 인종 그룹이 7퍼센트 정도 차지한다는 연구 발표도 있다. 런던 내에서 백인은 신자들의 절반도 안 되며, 흑인 기독교인 44퍼센트, 비백인 그룹 14퍼센트는 교회에 가는 사람들이다. 가톨릭 신자인 크로아티아인들과 폴란드인들, 동방 정교의 러시아인들과 그리스인들도 중요해지고 있다.

연구 결과는 교회가 수십 년간 겪어 왔던 쇠퇴를 만회하고 있다는 희망을 줄 것이다. 그러나 전반적으로 그들은 얻는 것보다 더 많은 것을 잃고 있다. 1천 명의 새로운 사람들이 매주 교회에 가입하지만 2천5백 명이 이탈하고 있는 실정이다. 주중에는 좀 더 많은 사람이 교회에 가긴 하지만, 1998년의 7.5퍼센트와 비교할 때 인구의 6.3퍼센트만이 매주 일요일에 교회에 간다.

이 연구의 서문을 썼던 윌리엄스는 번성하는 교회들은 이민자 사회로부터 시작되었다는 점이 가장 놀라운 결과라며, "이것은 다시 흑인이 다수인 교회가 빠르게 성장하고 있는 주요 도시에 큰 영향을 미치고 있다"고 말한다. 그는 "인종과 문화적으로 소수 그룹 사람들 역시, 영국 국교회와 같은 기존 종파로부터 새로운 삶과 원동력을 교회에 불러일으킨다. 이것은 예를 들어 런던의 영국 성공회 교도가 요즈음 왜 꾸준히 성장하고 있는가를 설명해 줄 수 있는 이유 중 하나가 될 것이다"라고 덧붙인다. 그러나 대주교는 주류의 종파들이 일반 신도가 고령화되는 것과 같은 심각한 문제에 직면하고 있다는 것을 인정했다.

1만 9천 개의 교회를 상대로 한 설문지를 기본으로 삼은 이 연구는 인구의 16퍼센트를 차지하는 65세 이상이 교회에 가는 사람들의 29퍼센트를 차지한다는 점을 밝혔다. 그리고 11세 이하의 신자는 특별한 교회를 가지고 있지 않은 비율이 9퍼센트에 달했다. "1998년에 시행된 영국 교회 센서스는 교회에 다니는 어린이들과 젊은이들의 수가 현저하게 줄고 있음을 보여 주며, 이러한 최근의 결과들은 우리가 이러한 결과를 뒤집어야만 한다고 제한하나, 적어도 그 변화의 속도는 느리다"라고 윌리엄스 박사는 말한다.

출처: Pere 2006.

비판적으로 생각하기 THINKING CRITICALLY

이주민들이 다른 사람들에 비해 교회에 참석하고 믿는 정도가 높은 이유를 무엇이라 생각하는가? 교회에 다니는 어린이들과 젊은이들의 수가 현저하게 줄고 있는 것을 설명할 수 있는 요소는 무엇인가?

왔다는 것에 거의 의문을 달지 않는다. 서구에서 종교의 영향은 19세기 사회학자들이 예측했듯이 세속화의 세 가지 차원 모두에서 감소해 왔다. 그러나 우리가 살펴본 바와 같이 개인과 집단은 여전히 '종교'를 실천하고 있다.

그러나 그 방식은 사회학적 조사의 양적인 조사 방법에는 대체로 보이지 않는다.

우리가 내릴 수 있는 결론은 산업국가에서 종교의 위치는 원래 세속화 테제가 제안했던 것보다 훨씬 복잡하다는 것이다. 종교적 영적 믿음은 전통적인 교회 조직을 통해 규칙적인 예배를 하지 않더라도 많은 사람들의 생활 속에 여전히 강력하고, 동기를 부여하는 힘으로 남아 있다. 많은 사람들은 종교적 믿음을 지니고 있으며, 제도화된 종교 형태 밖에서 자신의 믿음을 실행하고 개발하기를 선호한다. 만약 세속화가 멤버십이라는 단일한 잣대로 측정될 수 있다 하더라도 세속화는 증가하는 비서구적인 믿음과 새로운 종교 운동의 역할도 포함해야만 한다. 예를 들어 영국에서는 전통 교회 내부의 적극적인 참여도가 감소하고 있지만 이슬람교, 힌두교, 시크교, 유대교, 복음주의 부활교, 동방 정교회 등의 참여율은 여전히 역동적이다.

또한 산업사회 밖에서는 세속화의 증거가 거의 발견되지 않는 것처럼 보인다. 중동의 여러 지역과 아시아, 아프리카, 인도 등지에서는 열렬하고 역동적인 이슬람 근본주의가 서구화에 제동을 걸고 있다. 교황이 남아메리카를 방문하면 수백만의 현지 가톨릭 신자들이 교황의 행렬을 뒤따른다. 동방 정교회는 수십 년에 걸친 공산주의 정권의 억압이 끝난 뒤 구소련 소속 여러 공화국 시민들로부터 다시 환영받고 있다. 세속화 테제는 분명 오늘날 전통 교회 내부에서 일어나고 있는 변화, 예를 들어 평등한 사회를 위한 운동에 적응하는 과정에서 사회와 교회 내에서 영향력이 감소하는 것을 설명하는 데 가장 유용한 개념인 듯하다.

현대의 종교는 무엇보다 세계화의 배경, 불안정성, 다양성을 배경으로 평가되어야 한다. 이렇게 빨리 변해 가는 시대에 많은 사람이 종교에서 해답과 평정을 구하는 것은 전혀 놀랄 일이 아니다. 근본주의fundamentalism는 아마도 이러한 현상의 가장 명백한 예일 것이다. 그러나 변화에 대한 종교적 대응은 신흥 종교 운동, 컬트, 종파, 뉴에이지 운동 등과 같이 점점 새로운 형태로 일어나고 있다. 이러한 새로운 움직임들은 겉보기에는 종교 형태 같지만, 이들은 심대한 사회 변동에 직면해 종교적 신념이 변모하고 있음을 정확하게 반영하는 것이다.

종교 단체와 종교 운동

비록 선진 사회에서 종교적 믿음과 실행에 변화가 일어나고 있었지만 종교에 대한 사회학적 연구는 종교의 기능과 종교 조직의 역할에 초점을 맞추어 왔다. 따라서 사회학자들이 세계의 주요 종교와 다양한 형태의 종교 단체를 어떻게 이해하고 있는지 파악하는 것은 중요하다.

종교 단체

종교사회학자들은 뒤르켐과 베버의 연구에서 시작한 이래 비유럽 종교에 관심을 가져왔다. 그럼에도 불구하고 그들은 유럽인의 경험에서 나온 개념과 이론들을 기본으로 모든 종교를 보려는 경향이 잦았다. 예를 들어 교단denomination 혹은 종파sect와 같은 개념은 정식으로 조직된 종교 단체의 존재를 예상한다. 이는 그러한 개념들이 생활의 한 부분으로 지속되는 영적 실행을 강조하는 종교 혹은 종교와 시민의 정치적 삶의 완전한 통합을 추구하는 종교를 연구하는 데 제한적으로 사용되고 있다는 주장이다. 최근에는 자신의 준거 틀 내에서 종교적인 전통을 이해하려는 보다 체계적인 비교종교사회학을 만들어 내기 위한 노력이 있어 왔다(Wilson 1982; Van der Veer 1994).

막스 베버(1963), 에른스트 트뢸치Ernst Troeltsch(1981[1931]), 리처드 니부어Richard Niebuhr(1929)와 같은 초기 이론가들은 종교 단체를 언급할 때, 잘 설립되어 있고 보수적인 연속선과 같은 선에 있다고 주장한다. 교회는 한쪽에 보수적이고 잘 정비되어 있고, 컬트cult는 다른 편에 보수적이지도 않고 잘 정비되어 있지도 않으며, 종파sect는 이 둘 중간쯤 어딘가에 있다. 이러한 특징은 유럽과 북아메리카 종교 연구에 기초를 이루었다. 그리고 이러한 특징이 어떻게 비기독교 세계에서 적용될 수 있는가에 관한 토론도 많이 이루어지고 있다.

아래에서는 종파, 컬트의 개념들이 소개되고 있지만, 이러한 개념들은 초기 종교사회학자들에 의해 사용되었다. 오늘날 사회학자들은 종파나 컬트 같은 용어가 부정적인 뜻을 가지고 있다고 생각해 가급적 사용을 자제하려 한다. 대신 현대의 종교사회학자들은 오랫동안 잘 유지해 왔던 종교 단체와 구별하기 위해 새로운 종교 운동new religious movements이라는 용어를 사용한다(Hexham and Poewe 1997; Kaddem 1997).

비판적으로 생각하기 THINKING CRITICALLY

그동안 사회에서 부정적인 의미를 내포해 왔다는 이유로 사회학자들은 '컬트'나 '종파'라는 용어의 사용을 피해야만 하는가? 사회학자들이 연구 과정에서 가치 판단을 피할 수 있을까?

교회와 종파

모든 종교에는 신자들의 공동체가 뒤따른다. 그러나 이러한 공동체가 조직화되는 데는 다양한 방식이 존재한다. 종교 조직을 분류하는 방법은 베버와 그의 동료이자 종교사가인 트뢸치에 의해 처음 제시되었다. 그들은 교회와 종파를 구분했다. 교회는 가톨릭 성당이나 영국 성공회와 같이 규모가 크고 조직이 확고한 종교 집단을 말한다. 종파란 보다 규모가 작고, 덜 조직화된 신자들의 모임이다. 과거 칼뱅교나 감리교가 그랬던 것처럼, 보통 종파는 교회가 해온 것에 대한 반항의 의미로 결성된 경우가 많다. 교회는 통상적으로 공식적 관료 구조와 종교적 직분의 위계 서열을 갖추고 있으며, 기존의 제도적 질서 속에 통합되어 있기 때문에 종교의 보수적 측면을 대표하곤 한다. 교회 추종자들은 대부분 교회의 구성원이 된다.

이에 비해 종파는 규모가 작다. 종파는 흔히 '참된 길the true way'을 발견하고 따르는 것을 목표로 하며, 주변 사회로부터 물러나 자신들만의 공동체 속으로 침잠해 들어가는 경향이 있다. 종파의 구성원들은 기존 교회를 부패한 것으로 간주한다. 대부분의 종파에는 직위 서열이 거의 없으며, 모든 구성원들이 평등한 동참자로 간주된다. 태어나면서부터 부모에 의해 종파에 속하게 되는 사람들의 비율은 아주 낮으나, 대부분 자신들의 신앙을 더욱 돈독하게 만들기 위해 자발적으로 종파에 참여한다. 컬트의 비극적인 예는 1993년 미국에서 정신적 영감을 지녔다고 믿어지는 지도자 주위에 일어난 상황에서 엿볼 수 있다. 데이비드 코레시David Koresh는 자신이 메시아라고 주장하면서 다비단Davidan 종파를 이끌었다. 전해진 바에 의하면 그는 텍사스주 와코Waco에 있는 종파 숙소에 불법 무기를 비축해 놓았다. 80여 명에 이르는 컬트 집단(이 중 19명은 어린이)은 미국 정부 관리들과 오랜 무장 대치 후, 급습이 임박했을 때 그들의 집단 수용소에 불을 질러 집단 자살을 시도했다. 이러한 비극의 책임은 이후 투항하기보다는 차라리 집단 자살을 택했다고 알려진 코레시에게 있는가, 아니면 연방 정부에 있는가라는 논쟁을 남겼다.

교단과 컬트

교회와 종파의 구분을 심화 발전시킨 학자들도 있다. 그중에서 하워드 베커Howard Becker는 교회와 종파의 구분 이외에도 두 개의 유형을 더 추가했다(1950). 교단과 컬트가 그것이다. 교단이란 활동적인 저항 집단으로 남지 않고 '냉각되어' 제도화된 조직체로 변모한 종파를 의미한다. 일정 기간 견디며 살아남은 종파는 대부분 교단이 된다. 따라서 첫 형성기에 구성원들의 뜨거운 참여를 불러일으켰던 시절의 칼뱅교와 감리교는 종파였다. 그러나 수년이 지나면서 이들은 보다 '존경받을' 만해졌다. 교단은 교회에 의해 다소 정당성을 인정받으며, 나아가 교회와 조화로운 협력 관계를 유지하는 경우도 흔하다.

그러나 컬트는 종파와 닮았지만 강조점이 다르다. 컬트는 모든 종교 조직들 중에서 가장 느슨하고 일시적이다. 컬트는 외부 사회의 가치라고 간주되는 것들을 전면 부정하는 사람들로 구성된다. 그들은 개별적 체험에 초점을 맞추며, 그로 인해 마음가짐이 비슷한 사람들을 한자리에 모은다. 사람들은 컬트의 공식적 일원으로 참여할 수 없다. 특정 이론이나 행동 지침을 따를 뿐이다. 구성원들은 흔히 해당 컬트 이외의 다른 종교적 소속을 가져도 무방하다. 종파와 마찬가지로 컬트도 종종 영감을 불러일으키는 지도자를 중심으로 형성된다. 오늘날 서구에서 찾아볼 수 있는 컬트의 예로는 교령술spiritualism, 점성술, 초월 명상 등의 추종자 집단을 들 수 있다.

어떤 나라에서는 잘 정비된 종교적인 실천이라고 간주되는 것도 다른 국가에서는 컬트로 간주될 수 있다는 점을 알아야 한다. 인도의 종교적 선각자가 영국에 그의 믿음을 들여왔을 때, 인도에서는 잘 정비되어 있는 종교가 영국에서는 컬트로 간주될 수 있다는 점을 고려했어야 한다. 기독교는 고대 예루살렘에서 토착 컬트로 시작되었으며, 오늘날 아시아의 많은 나라들에서 복음 개신교는 서구로부터, 특히 미국에서 들어온 컬트로 여겨진다. 이런 이유로 컬트를 '이상한' 것으로 생각해선 안 된다는 주장도 있다. 유명한 종교사회학자 제프리 해든Jeffrey K. Hadden에 따르면 어림잡아 10만 개에 이르는 인간이 만들어 낸 종교는 일단 새로웠다(1997). 그리고 대부분 처음에는 당시 존경받는 신앙의 관점에서 볼 때 경멸받는 컬트였다. 예수도 그의 주장들이 기존 로마가 지배하는 고대 유대의 종교적 기존 질서를 위협했기 때문에 십자가에 못박힌 것으로 이해될 수 있다.

종교 운동

종교 운동은 기존 종교를 새로 해석하거나 새로운 종교를 퍼뜨리기 위한 사람들의 모임이다. 종교 운동은 특별한 형태의 사회운동이다. 종교 운동은 종파보다 크고, 구성원에 대해 덜 배타적이다. 교회와 종파의 경우처럼 종교 운동과 종파(또는 컬트)가 항상 서로 명확하게 구별되지는 않는다. 사실상 모든 종파와 컬트는 종교 운동으로 분류될 수 있다. 종교 운동의 사례는 1세기에 만들어져 기독교를 전파한 사람들과 1500년 후 유럽에서 기독교를 분열시킨 루터의 운동을 포함하며, 이 장 후반부에서 논의될 이슬람 혁명에서도 엿볼 수 있다.

종교 운동은 다음과 같은 발전 국면을 통해 나아가는 경향이 있다. 첫째, 종교 운동은 항상 그 생명력과 결속력이 막강한 지도자로부터 나온다. 베버는 그러한 지도자를 일컬어 추종자 무리들의 상상력과 헌신적인 힘을 잡을 수 있고, 영감을 불러일으키는 능력을 가진 카리스마적인 특성을 지니고 있다고 주장한다. 베버에 따르면 카리스마를 가진 지도자는 예수와 마호메트뿐만 아니라 중국의 마오쩌둥과 같이 종교적이면서 정치적인 인물을 포함할 수 있다. 종교 운동 지도자들은 항상 기존 종교적 체제에 비판적이며, 새로운 메시지를 선언하려고 한다. 초기 종교 운동은 권위 있는 체제가 정비되어 있지 않아 유동적이다. 그 구성원들은 일반적으로 카리스마를 가진 지도자와 직접 만나고, 모두 함께 새로운 가르침을 전파한다.

둘째, 지도자의 죽음에 이어 발전하게 된다. 새로운 카리스마를 지닌 지도자가 대중으로부터 나오는 경우는 매우 드물기 때문에 이러한 국면은 중요하다. 여기서 운동은 베버가 명명한 '카리스마의 일상화routinization of charisma'에 직면한다. 살아남기 위해 공식적인 규칙과 절차를 만들어야만 한다. 추종자들을 조직화하는 데 지도자의 중심적인 역할에 더 이상 의존할 수 없기 때문이다. 지도자가 죽었거나 영향력을 잃었을 때 많은 운동이 사라졌으며, 살아남은 경우 영구적인 특성을 지닌 운동은 교회가 되었다. 다시 말해 체계화된 권위적 구조, 상징, 의례 등을 지닌 신도들의 정식 조직이 되는 것이다. 교회는 그 자체의 가르침에 대해 그리고 반대되는 어떤 것에 스스로를 서게 하거나, 아니면 완전히 갈라서게 만드는 것에 의문을 제기하는 또 다른 운동의 시작점이 되기도 한다. 이러한 방식으로 종교 발전의 역동적인 순환을 엿볼 수 있다.

사회운동에 대해서는 제21장 〈정치, 정부, 사회운동〉을 참조하라.

신흥 종교 운동

최근 전통적 교회에 참여하는 사람들은 지속적으로 감소하고 있지만, 다른 형태의 종교 행위는 증가하고 있다. 사회학자들은 영국을 포함한 서유럽 국가에서 주류 종교들과 어깨를 나란히 하며 등장한 광범위한 종교적, 영적 단체들, 컬트들, 종파들을 통칭해 신흥 종교 운동new religious movements이라는 용어를 사용한다. 신흥 종교 운동은 뉴에이지 운동New Age Movement 내의 영적 자조 집단에서 하레 크리슈나 교단Hare Krishnas 같은 배타적 종파까지 다양한 그룹을 포함한다. 크리슈나 교단은 힌두교의 크리슈나 신을 믿는 교단이다.

대부분의 신흥 종교 운동은 위에서 언급한 바 있는 힌두교, 기독교, 불교 등 주류 전통 종교에서 비롯되었으나, 다른 것들은 최근까지 서구 세계에 거의 알려지지 않았던 종교적 전통을 출발점으로 하고 있다. 몇몇 신흥 종교 운동은 본질적으로 그것을 이끄는 카리스마적 지도자가 새로 창시한 것이기도 하다. 예를 들어 문선명 목사가 이끄는 통일교가 그 경우인데, 추종자들은 그를 메시아로 여기며 신자가 450만(비록 수십만인 것처럼 보이지만) 명에 이른다고 주장한다. 신흥 종교 운동의 추종자들은 태어나면서부터 그 종교의 신앙 속에서 길러진 사람들이 아니라 대부분 타종교에서 개종한 사람들이다. 그리고 서구에서 이들은 보통 교육 수준이 높고 중산층 출신인 경우가 많다.

신흥 종교 운동은 크게 세 가지 범주로 이해될 수 있는데, 세계-긍정, 세계-거부, 세계-적응 운동이 그것이다(Wallis 1984). 각 범주는 개별적 그룹과 보다 큰 사회의 관계에 근거한다. 세계적인 종교들과 비교하면 상대적으로 작지만, 새로운 종교 운동의 부상은 젊은이들 사이에서 기존 권위에 대한 존경심의 쇠퇴와 같은 좀 더 넓은 사회적 변화의 여러 요소들을 반영하는 것으로 볼 수도 있다. 새로운 종교 운동들에 대한 사회학적 관심은 1960년대와 1970년대에 시작되었으며, 당시 이러한 움직임은 주된 사회적 가치에 도전하는 것으로 보였다. 특히 젊은이들이 몇몇 새로운 종교 운동에 편중되게 매료되는 경향이 있다는 사실은 사회가 청년을 '세뇌brainwashing'시키는 것에 대한 도덕적 공황moral panic과 관계가 있으며, 이것은 화려한 청년의 하위문화에 대한 두려움과 동일하다.

청년 문화에 대해서는 제9장 〈생애과정〉을 참조하라.

세계-긍정 운동

세계-긍정 운동World-affirming movements은 전통적인 종교 단체보다는 오히려 '자조 집단'이나 '치료 집단'에 더 가깝다. 이들은 의례나 교회나 공식적인 신학을 제대로 갖추지 않고, 구성원들의 영적 복리에 초점을 맞춘다. 명칭이 제시하듯 세계-긍정 운동은 외부 세계와 그 가치들을 거부하지 않는다. 오히려 이 운동들은 인간의 잠재력 계발을 통해 구성원들이 외부 세계에서 성공하고 실적을 쌓을 수 있도록 도와주는 데 주력한다.

세계-긍정 운동의 한 예로 영화배우 톰 크루즈가 참여함으로써 잘 알려진 사이언톨로지교를 들 수 있다. 공상과학 소설가로 유명한 L. 론 허버드L. Ron Hubbard가 1950년대 초에 창시한 사이언톨로지교는 캘리포니아에 그 본부를 두고 전 세계에 신도들을 거느리고 있다. 사이언톨로지교도들은 우리 모두 영적인 존재인데, 우리의 영적인 본질을 잊고 살아왔다고 믿는다. 그들은 진정한 영적인 능력을 깨닫게 해 주는 훈련을 통해 잃었던 초자연적인 힘을 회복하고, 마음을 깨끗하게 하며 잠재력을 이끌어 낼 수 있다고 믿는다.

이른바 뉴에이지 운동의 여러 분파들도 세계-긍정 운동의 범주에 속한다. 이 운동은 1960년대와 1970년대의 반(체제)문화로부터 출발했으며, 다양한 종류의 신앙, 관행, 생활양식들을 포함한다. 이교도적 교훈들(켈트, 드루이드교, 북아메리카 원주민 등), 샤머니즘, 여러 형태의 아시아 신비주의, 선 수행 등은 뉴에이지 운동으로 간주되는 활동 중 일부분일 뿐이다.

표면상으로 볼 때 뉴에이지 운동의 신비주의적 성격은 그 모태가 되는 근대 사회와 뚜렷한 대조를 이룬다. 그러나 뉴에이지 활동들이 단순히 현재와의 극단적 단절을 의미하는 것으로만 해석되면 안 된다. 그것들은 주류 문화의 측면들을 예증하는 보다 큰 문화적 궤적의 일부다. 선진 사회의 개인들은 전에 없이 많은 자율과 자유를 누리면서 자신만의 삶을 꾸려 나간다. 매과이어가 그녀의 인터뷰에서(2008) 발견한 바와 같이 많은 사람은 명상과 치유 같은 뉴에이지 활동을 기독교, 불교 그리고 다른 종교로부터 오는 관례적인 종교적 교리에 결합시킨다. 이런 측면에서 보면 뉴에이지 운동의 목표들은 근대 사회와 밀접하게 일치한다. 사람들은 전통적 가치와 기대를 벗어나 자신만의 삶을 능동적이고 성찰적으로 살아가도록 독려한다.

세계-거부 운동

세계-거부 운동World-rejecting movements은 세계-긍정 운동과 반대로 외부 세계에 상당히 비판적이다. 이런 운동들은 종종 추종자들에게 그동안의 생활방식들을 대폭 수정하라고 요구한다. 추종자들은 금욕 생활을 하거나, 머리모양이나 의상을 바꾸거나, 음식을 가려 먹도록 요구받는다. 세계-거부 운동은 포용적 성격을 갖는 세계-확인 운동과 달리 흔히 배타적이다. 일부 세계-거부 운동은 총체적 기관으로서의 특성을 보인다. 다시 말해 구성원들은 자신의 개별적 정체성을 집단의 정체성 아래 복속시키며, 엄격한 윤리적 규칙과 강령을 준수하고, 외부 세계의 활동을 모두 자제해야 한다.

많은 세계-거부 운동 컬트와 종파들은 국가기관과 언론 매체 그리고 대중의 엄중한 감시하에 놓이게 된다. 몇몇 극단적인 세계-거부적 종파는 많은 우려의 대상이 되었다. 예를 들어 일본의 진리교Shinrikyo라는 단체는 1995년 도쿄 지하철역에, 인체에 치명적인 사린가스를 살포해 수천 명의 통근자를 다치게 하고 열두 명을 사망에 이르게 했다. 이 신흥 종교의 교주인 아사하라 쇼코Asahara Shoko는 2004년 2월 일본 법원에서 사형을 언도받았으며, 오늘날 많은 국가는 그 단체를 테러 집단으로 지목하고 있다.

세계-적응 운동

신흥 종교 운동의 세 번째 형태는 전통 종교와 가장 비슷하다. 세계-적응 운동World-accommodating movements은 세속적 관심사들보다 종교적 내면세계의 중요성을 더 강조한다. 이 운동의 추종자들은 종교 단체나 전통 종교에서는 이미 찾아볼 수 없게 되었다고 생각되는 영적 순수성을 회복하려고 노력한다. 세계-거부 운동과 세계-긍정 운동 추종자들이 종교적인 활동에 따라 그들의 생활방식을 바꾸는 데 반해 세계-적응 운동 추종자들은 대부분 거의 변함없이 자신의 일상생활과 직업을 그대로 수행한다. 세계-적응 운동의 한 예는 신을 개인이 직접 경험할 수 있다고 강조하는 오순절 교회파Pentecostalism(20세기 초 미국에서 시작된 근본주의에 가까운 한 교파 — 옮긴이)다. 이들은 '방언하는' 은사를 받은 사람들의 입을 통해 성령의 메시지를 들을 수 있다고 믿는다.

비판적으로 생각하기 THINKING CRITICALLY

위에서 언급한 종교 운동들은 사회주의, 남녀평등주의, 환경보호주의와 같은 세속적 사회운동과 어떻게 다른가? 세속적 사회운동 안에 '종교적' 요소가 있는가?

신흥 종교 운동의 인기를 설명하는 다양한 이론들이

전개되었다. 일부에서는 신흥 종교 운동은 사회 내에서, 심지어 전통적인 교회 내에서 진행되는 자유화와 세속화 과정에 대한 하나의 대응으로 간주되어야 한다고 주장한다. 전통적 종교가 영적 의미를 상실하고 의례화되었다고 느끼는 사람들은 규모가 작고 더 정감 어린 신흥 종교 운동에서 평안과 공동체적 유대감을 발견할 수도 있을 것이다. 또 다른 사람들은 신흥 종교 운동을 급격한 사회 변화의 결과라고 지적한다(Wilson 1982). 전통적 사회규범이 약화됨에 따라 사람들은 자신들을 안심시킬 수 있는 새로운 믿음을 추구한다. 예를 들어 개인적 영성spirituality을 강조하는 종교 집단의 등장은 사람들이 불안정과 불확실성 앞에서 자신만의 신념과 가치들을 연결할 필요를 느낀다는 것을 암시한다.

신흥 종교 운동은 최근에 발전한 하나의 새로운 운동만을 말하는 것이 아니다. 여러 국가의 맥락에서 볼 때 종교적 믿음과 실행은 종교적 근본주의, 세계화와 다문화, 젠더와 성평등을 위한 내부 운동, 세속화 등의 발전과 같은 새로운 도전들의 결과다. 다음에서는 이러한 움직임을 유럽과 북아메리카 지역에 초점을 맞춰 보여 줄 것이다.

현대 종교의 추이

유럽이 정치적인 통합체로서 진화하는 데 기독교의 영향력은 중요한 요소였다. 오늘날 우리가 유럽이라고 정의하는 한 가지 가능한 경계선은 11세기 가톨릭과 기독교의 동방 정교 사이에서 유럽의 기독교 사상이 크게 갈라졌던 선을 따른 것이다. 동방 정교는 오늘날에도 불가리아, 벨라루스, 키프로스, 조지아, 그리스, 루마니아, 러시아, 세르비아, 우크라이나와 같은 동유럽의 많은 국가들에서 지배적인 종교다.

유럽에서의 종교

서유럽에서는 16세기 가톨릭과 프로테스탄트 간의 영토 분할이 기독교 사상의 두 번째 큰 분열로 기록되었다. 종교개혁이라고 알려진 이 과정은 오늘날 우리가 지도에서 보는 비교적 안정된 형태의 현대 서유럽 국가들의 모습과 불가분의 관계에 있다. 넓게 볼 때 서유럽 국가들은 북쪽 프로테스탄트(스칸디나비아와 스코틀랜드), 남쪽 가톨릭(스페인, 포르투갈, 이탈리아, 프랑스 그리고 좀 더 북쪽으로 벨기에와 아일랜드), 교파가 다소 섞여 있는 국가들(영국과 북아일랜드, 네덜란드, 독일)로 나누어진다. 종교 개혁은 국가들에 따라 다르게 받아들여졌으나 교황과 가톨릭교회의 영향력에서 벗어나려는 점은 일치한다. 신교의 다양한 교단과 교회와 국가 간의 관계가 유럽에서 나타났다.

스웨덴, 노르웨이, 덴마크, 핀란드, 아이슬란드 등 북유럽 국가들은 국교회he Lutheran State Church of Northern Europe를 갖고 있으며, 국민들이 교회 회원으로 참여하는 비율은 높지만 종교의식과 기독교적 믿음을 받아들이는 수준은 낮다. 이러한 국가들은 '믿음 없이 소속한다belonging without believing'는 특징을 보인다(Skeie 2009: 7). 특히 20세기 후반 들어 스웨덴에서는 정부와 루터 교회의 밀접한 관계가 심각한 의구심을 불러일으켰으며, 2000년에는 정치와 교회가 분리되었다. 많은 사람들은 인종적, 문화적 다양성이 지속적으로 증가하고 있는 상황에서 교회가 정부의 부적절한 처신으로 특혜를 받고 있다고 보았다.

독일은 가톨릭과 개신교로 나누어지는 특징을 보인다. 그러나 이러한 상황은 무슬림 인구의 증가와 종교를 갖지 않겠다고 주장하는 사람들이 증가함에 따라 변하고

폴란드에서의 유대인 축제

폴란드 크라코프시에서는 아주 흥미로운 일이 벌어지고 있다. 오래전 나치의 지배로 공포에 떨고 소비에트연방으로 인해 장막에 가려졌던 이 오래된 도시에서 유대 문화가 번창하고 있는 것이다.

유대 스타일 식당에서는 피로기pirogi 파이를 내놓고 유대 민속 음악을 연주하는 클레즈머klezmer 밴드는 동양의 멜로디를 연주한다. 그동안 버려졌던 유대인 회당인 시나고그synagogue도 다시 세워지고 있다. 매년 6월이면 이곳에서 유대 문화 축제가 열려 수천 명이 모여 유대 노래를 부르고 유대 춤을 춘다. 오직 유대인만 없다. 이 축제를 창안하고 이끌어 가는 야누츠 마쿠흐Janusz Makuch는 "이 축제는 폴란드 문화에 이바지한 사람들에게 존경을 표시하는 방법이다"라고 말한다. 정작 그는 가톨릭 가정의 아들이다.

유대 공동체는 유대 학교가 새로운 세대에게 나치와 공산주의가 금했던 유대 의식과 신념을 소개하면서 동유럽에서 점차 되살아나고 있다. 여름 캠프에서는 7월에 열리는 패스오버Passover, 하누카Hanukkah, 푸림Purim 등 유대 명절과 축제를 축하하면서 유대 문화를 배우기 위해 구소련에서 수천 명의 유대 젊은이가 모인다.

폴란드에는 여러 주요 도시에 현재 두 곳의 유대 학교와 많은 시나고그 그리고 적어도 네 명의 랍비가 있다. 그러나 유대인 수는 상대적으로 적다. 폴란드에서의 유대 문화는 젊은이들과 유행을 좋아하는 사람들에 의해 향유되고 홍보되고 있다. 히틀러의 공포 이전 폴란드에서는 유럽에서 유대인이 가장 많은 350만 명이 거주했다. 폴란드인 열 명 중 한 명은 유대인이었다. 그러나 홀로코스트Holocust(1930~1940년대 나치에 의한 유대인 대학살 — 옮긴이)에 의해 유대인 3백만 명이 사망했다. 이후 전후에 진행된 프로그램과 1968년 반유대법은 생존해 있던 유대인들을 몰아냈다.

아마 전 세계 유럽계 유대인 혹은 아슈케나지Ashkenazi(유럽 유대인 후손 — 옮긴이)의 70퍼센트는 조상을 폴란드에서 찾는다. 이는 14세기 카지미에시 3세가 유럽에서 온 유대인들을 '왕의 사람들people of the king'로 보호한다는 서약과 함께 받아들였다는 데서 비롯된다. 그러나 현재 자신이 유대인이라고 밝히는 유대인 수는 전체 국민 3천9백만 명 중 단지 1만 명 정도밖에 안 된다.

출처: Smith 2007(각색).

뉴욕의 결혼식에서 진행되고 있는 유대교식 '행복의 춤'은 매년 거행되는 유대인 축제에서 중심이 되는 것 중 하나다. 이 춤은 홀로코스트 이전 폴란드에 살았던 350만 명의 유대인 전통을 기념한다.

있다. 종교를 갖지 않겠다고 주장하는 사람들이 증가하는 것은 1989년 베를린 장벽이 무너진 후 진행된 독일의 통일과 통일 전 동독 지역에서 기독교가 억압받았다는 점에서 그 이유를 부분적으로 찾을 수 있다.

프랑스는 가톨릭 국가다. 그러나 북유럽 국가들의 경우와 같이 종교적 신념과 종교의식은 낮은 수준에 머물러 있다. 서유럽 국가들 중에서 프랑스는 정치와 교회를 가장 엄격하게 분리하고 있다. 프랑스 정부는 엄밀하게 세속적이며 공립학교에서 종교 논의, 종교 교육, 종교 복장 및 상징 등을 금지하는 것을 포함해 어떤 종교나 교파에도 특혜를 주지 않는다. 정치와 종교의 엄격한 분리는 2004년 학교에서 종교적으로 사람의 눈에 쉽게 띄는 것을 금하는 조치에 대한 논쟁을 가져왔으며, 이는 무슬림 소녀들이 머리에 착용하는 히잡에 영향을 미쳤다. 2010년 프랑스 상원은 공공장소에서 얼굴 전체를 가리는 이슬람식 베일인 부르카와 니캅niqab의 착용을 금지하는 결정을 비준했다.

영국은 개신교 국가다. 2011년 잉글랜드와 웨일스에서 실시된 센서스에 따르면 응답자 중 59퍼센트(3천3백만 명)가 자신을 기독교인이라고 밝혔으며, 이는 2001년의 71.7퍼센트보다 낮아진 수치다. 이슬람교가 그다음으로 4.8퍼센트(270만 명)에 이른다. 이 밖에 힌두교(1.5퍼센트), 시크교, 유대교, 불교 등이 있으며 이들은 각각 1퍼센트 미만이다. 그러나 전체 인구 중 25퍼센트(1천4백만 명)는 종교를 가지고 있지 않다고 응답했으며, 이는 2001년의 14.8퍼센트에 비해 크게 증가해 두 번째로 높은 비율이다(ONS 2012a). 비록 영국 인구의 59퍼센트가 자신을 기독교인이라 밝히고 있지만, 이 중 소수만이 교회 활동에 규칙적으로 참여한다. 1851년 시행된 종교 관련 조사에서는 잉글랜드와 웨일스의 성인 40퍼센트가 일요일마다 교회에 가는 것으로 나타났으나, 이후 1900년 조사에서는 35퍼센트, 1950년에는 20퍼센트, 2000년에는 8퍼센트로 감소했다. 최근 이러한 감소 추세는 천천히 진행되고, 고르지 않게 확산되는 기미를 보인다. 인종적으로 소수인 사람들이 교회와 종교의식에 참여하는 비율이 높아지고 있으며, 새로운 종교 운동을 따르는 사람들도 증가하고 있다.

이탈리아, 스페인, 포르투갈 등은 가톨릭 국가다. 이 나라 국민들은 특히 유럽 북부에 있는 다른 나라들에 비해 종교적 신념과 종교 의식의 실행이 높다는 특징을 보인다. 이탈리아에 본부를 둔 가톨릭교회는 이들 국가에 막대한 영향력을 미친다. 이탈리아에서 가톨릭은 다른 교파와 종교에 비해 특혜를 받는다. 스페인에서는 가톨릭이 수적으로 우세해 특혜를 받고 있지만 정치와 종교 사이에 공식적인 관계는 없다. 1970년대에 약간 개혁이 이루어졌음에도 불구하고 포르투갈 역시 가톨릭교회가 가장 큰 영향력을 미치고 있다(Davie 2000).

종교적 소수 집단들

유럽은 비기독교적인 종교 소수 집단들의 원천지이기도 하다. 유대인들이 수 세기 동안 유럽에 머물렀지만 그들의 최근 역사는 반유대주의 차별과 대학살로 이루어져 있다.

제2차 세계 대전 중 일어난 대학살과 함께 제2차 세계 대전 후 홀로코스트로부터 살아남은 유대인들은 1945년 이후 새롭게 탄생한 이스라엘을 향해 떠났다. 이에 유럽에 거주하는 유대인의 수는 1937년에 960만 명에서 1990년대 중반에는 2백만 명 이하로 감소했다(〈표 17-3〉 참조).

> 인종주의와 차별은 제16장 〈인종, 종족, 이주〉에서 논의된다.

20세기 들어 유럽의 식민지 역사로 형성된 세계적인 이주 역시 전 유럽 대륙에 걸쳐 처음으로 비유대인 기독교 소수 집단의 발달을 초래했다. 이 중 이슬람은 유럽연합에서 1천5백만에서 2천만 신자를 가진 가장 큰 비기독교 신앙이다(Open society Institute 2010). 프랑스와 북아프리카 간의 식민지 연결 고리는 3백만에서 4백만의 프랑스 무슬림 인구를 설명해 준다. 이에 반해 독일은 터키와

표 17-3 유럽의 유대인 인구, 1937~1994

	1937년	1946년	1967년	1994년
오스트리아	191,000	31,000[1]	12,500	7,000
벨기에	65,000	45,000	40,500	31,800
불가리아	49,000	44,200	5,000	1,900
체코슬로바키아	357,000	55,000	15,000	7,600[2]
덴마크	8,500	5,500	6,000	6,400
에스토니아[3]	4,600	–	–	3,500
핀란드	2,000	2,000	1,750	1,300
프랑스	300,000	225,000	535,000	530,000
독일	500,000	153,000[1]	30,000	55,000
영국	330,000	370,000	400,000	295,000
그리스	77,000	10,000	6,500	4,800
헝가리	400,000	145,000	80,000	56,000
아일랜드	5,000	3,900	2,900	1,200
이탈리아	48,000	53,000[1]	35,000	31,000
라트비아	95,000	–	–	18,000
리투아니아[3]	155,000	–	–	6,500
룩셈부르크	3,500	500	500	600
네덜란드	140,000	28,000	30,000	25,000
노르웨이	2,000	750	1,000	1,000
폴란드	3,250,000	215,000	21,000	6,000
포르투갈	n/a	4,000	1,000	300
루마니아	850,000	420,000	100,000	10,000
스페인	n/a	6,000	6,000	12,000
스웨덴	7,500	15,500	13,000	16,500
스위스	18,000	35,000	20,000	19,000
터키[4]	50,000	48,000	35,000	18,000
소련/독립국가연합[4]	2,669,000	1,971,000	1,715,000	812,000
유고슬라비아[5]	7,100	12,000	7,000	3,500[5]
합계	9,648,100	3,898,350	3,119,650	1,980,900

참조: 이 표에 사용된 자료는 출처가 매우 다양하며, 몇몇 경우는 오류가 있을 수도 있다. 특히 유대인들의 이동이 많았던 1946년의 자료는 신뢰도가 떨어질 수 있으며, 유럽 국가들의 국경에 변화가 심했던 1937년에서 1948년 사이의 자료도 동일한 문제를 지니고 있다.

1. 강제 추방자 포함.
2. 체코와 슬로바키아 전체.
3. 1941~1991년 러시아에 있는 발틱 3국 포함.
4. 아시아 지역 제외.
5. 이전의 유고슬라비아 전체.

출처: Wasserstein 1996.

남동유럽에서 상당한 수의 무슬림 노동자가 이주해 오고 있다. 영국의 무슬림은 대부분 대영 제국 시절의 인도, 즉 오늘날의 인도, 파키스탄, 방글라데시에서 온 사람들이다(Davie 2000).

미국에서의 종교

다른 선진국 국민들과 비교해 볼 때 미국인들은 남달리 종교적이다. 거의 예외 없이 "전 세계 기독교 국가들 중 어느 나라보다 새로운 종교가 탄생하는 (……) 종교와 관련이 깊으며, 근본주의자이며 종교적으로 전통적인 나라다"(Lipset 1991: 187). 비록 유럽 사회 내에서 그리고 미국의 주마다 종교적 믿음과 실행에 차이가 있다 하더라도 일반적으로 미국이 유럽보다 종교적이라는 증거는 많이 있다(Berger et al. 2008).

한 여론 조사에 따르면 미국인 다섯 명 중 세 명은 그들의 인생에서 종교를 '매우 중요하다'고 여기며, 40퍼센트는 지난주에 교회에 갔을 것이라고 한다(Gallup 204). 그러나 다른 연구는 이러한 수치의 절반만 정확한 것이며, 22퍼센트 이하일 것이라고 주장한다(Hadaway and Marler 2005). 2010년 성인 3천412명을 대상으로 실시된 한 조사에서 응답자의 86퍼센트는 신 혹은 '그 이상의 힘'을 믿는다고 답했다(Grossman 2010). 그러나 이러한 결과도 변화하고 있다. 2010년 소위 밀레니얼 세대Millennial Generation라고 불리는 18~19세 청소년을 대상으로 실시한 조사 결과, 이들이 부모보다 특정한 믿음에 덜 몰입하는 것으로 나타났다. 이들 중 25퍼센트는 어떠한 믿음이나 교회에도 연계되지 않았으며, 스스로 무신론자 혹은 특별히 믿는 것이 없다고 밝혔다. 이들은 동성연애에 대해 보다 자유로운 입장을 가지고 있으며 다윈의 진화론을 생명에 대한 가장 훌륭한 설명이라고 본다. 그럼에도 불구하고 이전 세대들과 동일하게 신God, 천국과 지옥 등에 대해 강한 믿음을 지지는데(Pew Forun on Religion and Public Life 2010), 이는 '소속 없이 믿는다'는 또 하나의 예인가?

대략 51퍼센트의 미국인들은 그들이 신교도이며, 25퍼센트는 가톨릭 신자라 생각한다. 그 밖에 주요 종교적 단체로는 모르몬, 무슬림, 유대인들이 있다(Kosmin and Keysar 2009). 가톨릭교회는 신자 수가 가장 크게 늘어나고 있는데, 이것은 부분적으로 멕시코와 중남미 국가들에서 가톨릭 신자들이 이민을 오기 때문이기도 하다. 그러나 가톨릭 신자들도 일부 빠져나가고 있어 최근엔 신자 수의 증가가 주춤하고 있다. 한 조사에 의하면 미국 가톨릭 신자들의 50퍼센트는 교황이 피임과 낙태 같은 도덕성에 관계된 사안들에 대해 가르침을 펼 때, "교황은 확실하다"는 견해를 거부한다(Gallup 2004).

최근 10여 년 동안 미국 신교 교회의 구성 역시 많이 변화했다. 루터교, 영국 성공회교, 감리교, 장로교와 같은 개방적이거나 그동안 중심이 되어 왔던 미국 교회의 신자가 감소하고 있다. 그러나 펜테코스트파Pentecostalists(성령의 힘을 강조하는 기독교파 ― 옮긴이)나 남부침례교와 같은 보수적이며 비전통적인 신교의 신자 수는 증가하고 있다(Roof and McKinney 1990; Jones et al. 2002). 보수적인 신교도는 성경의 글귀 그대로 해석과 일상에서의 도덕성 그리고 복음 전파를 강조한다.

미국에서 개신교는 성령의 부활을 믿는 복음주의evangelicalism의 성장에서 잘 나타난다. 복음주의는 부분적으로 점증하는 세속주의, 종교적 다양성에 대한 반응으로, 일반적으로는 미국적 생활에 핵심적인 개신교적 가치가 상실되는 것에 대한 반응으로 볼 수 있다(Wuthnow 1988). 많은 개신교도들은 복음주의 교파가 약속하는 보다 직접적이고 개인적이며 감성적인 종교적 경험을 갈구하고 있다. 복음주의 조직은 그들의 종교적, 정치적 목표를 달성하는 데 도움이 되는 자원을 동원하는 데 능숙하다. 종교경제학자에 의해 사용된 비즈니스 용어에 비추어 볼 때 복음주의자들은 '종교와 관련된 시장religious market'에서 '성령을 지닌 매우 경쟁적인 기업가spiritual entrepreneurs'로 판명되고 있다(〈사회학적으로 상상하기 17-2〉 참조). 이전보다 많은 청중에게 전파하기 위해 복음주의자들에 의해 사용되는 라디오와 텔레비전은 새로운 마케

종교적 경제에서의 경쟁

종교사회학의 가장 최근의 영향력 있는 접근 중 하나는 선택할 수 있는 다양한 종교를 제공하는 서구 사회에 맞춰져 있다. 경제 이론에서 힌트를 얻은 종교적 경제religious economy 접근 방법에 관심을 갖는 사회학자들은 종교가 신자들을 얻고자 서로 경쟁하는 조직으로서 이해될 수 있다고 주장한다(Stark and Bainbridge 1987; Finke and Stark 1988, 1992; Moore 1994).

경영을 연구하는 현대의 경제학자들과 같이 이러한 사회학자들은 종교적 생명력을 위해서라면 독점하기 위해 경쟁도 할 수 있다는 의견을 내세운다. 고전 이론가들과는 정반대 입장이다. 마르크스, 뒤르켐, 베버는 종교란 그것이 다른 종교적 또는 세속적 관점에 의해 도전받을 때 약화된다고 본 반면, 종교 경제학자들은 현대 사회에서 경쟁은 종교에 관여하는 전반적인 수준을 높일 것이라고 본다. 그 이유는 무엇인가? 첫째, 경쟁은 더 많은 신도를 얻기 위해 각각의 종교 단체들이 노력하도록 부추길 것이다. 둘째, 수많은 종교의 난립은 한편으로 거의 모든 사람들이 그들에게 맞는 종교를 가질 것이라는 의미도 된다. 문화적으로 다양한 사회에서 하나의 종교는 어쩌면 한정된 신자들에게만 관심을 받을 수 있을 것이며, 한편 좀 더 전통적인 교회와 더불어 인도의 구루guru(힌두교와 시크교의 스승－옮긴이)와 근본주의자 목사의 존재는 좀 더 차원 높은 종교적 참여로 이끌 것이다.

이러한 분석은 경쟁을 통해 매우 특정한 시장이 원하는 고도로 특수화된 상품 개발이 고무되는 이른바 비즈니스 세계로부터 인정받는다. 사실상 종교사회학자들은 특정 종교 단체의 성공과 실패 요인을 설명하는 데 비즈니스와 관련된 용어를 쓰고 있다. 핑케Finke와 스타르크Stark에 따르면 성공적인 종교 단체는 경쟁을 위해 잘 조직화되어 있어야 하며, 전 세계적으로 효율적인 '세일즈 대표'로서 유창한 웅변 능력을 가진 목사들을 가지고 있고, 흥미를 끄는 상품으로 포장된 믿음과 의식을 제공하며 효과적인 판매 기술을 개발한다(1992). 이러한 관점에서 바라본 종교는 비즈니스와 다름이 없다.

이와 같이 종교경제학자들은 경쟁이 종교적 믿음을 감퇴시켜 세속화하는 것으로 보지 않는다. 오히려 현대 종교는 적극적인 마케팅과 충원을 통해 스스로 끊임없이 새로워지고 있다고 주장한다. 비록 경쟁이 종교를 위해 필요하다는 의견에 동의하는 연구들이 증가하고 있지만(Stark and Bainbridge 1980, 1985; Finke and Stark 1992), 모든 연구가 이러한 결론에 이르는 것은 아니다(Land et al. 1991).

종교의 경제적 접근법은 사람들이 마치 새로운 차나 신발을 쇼핑할 때처럼 다른 종교들 중에서 선택할 경우에도 어느 정도 이성적으로 선택할 것이라고 과대평가한다. 상당히 깊이 심취된 신자들 사이에서는 종교가 이성적 선택의 문제라고 보기 힘들기 때문이다. 종교의 경제적 접근이 시작된 미국에서도 종교의 영적인 면을 간과할지 모른다. 미국에서 베이비붐 세대(제2차 세계 대전 종전 후 20년 내에 태어난 세대) 연구에 따르면 그들 중 3분의 1이 어린 시절의 믿음을 그대로 지킨 반면 또 다른 3분의 1은 더 이상 종교적 단체에 속하지 않는 것으로 나타났다. 그리고 3분의 1만이 종교의 경제적 접근에 의한 것으로 추정되는 선택을 하면서 적극적으로 새로운 믿음을 찾고 있다는 것이다(Roof 1993).

비판적으로 생각하기

THINKING CRITICALLY

종교와 경제를 연관시키는 접근 방법은 산업사회에서 나타나는 세속화 과정을 이해하는 데 어떻게 도움을 줄 수 있는가? 또한 그 접근 방법은 인간의 일에서 '영성spirituality'의 역할에 대해 우리에게 무엇을 말해 주는가?

팅 기술이 되고 있다.

텔레비전을 통해 복음주의를 전파하는 이유에서 '텔레비전 전도사televangelist'로 불리는 목사들은 희생과 고통을 강조했던 이전의 목사들과 달리 재정적으로 부유하고 만족스러움이 중요하다는 '번영의 가르침gospel of prosperity'을 설교한다. 이러한 접근은 고된 일과 자기부정

미국에서는 복음주의가 극적으로 증가했으며, 복음주의 기독교인들은 2000년과 2004년 미국 대통령 선거에서 부시가 승리하는 데 도움을 주었다.

을 강조하는 보수적인 개신교의 믿음과 큰 차이를 보인다(Bruce 1990). 기독교 신학과 모금은 목사를 위해서뿐만 아니라 학교, 테마 공원, 때때로 설교자들의 사치스러운 생활을 지탱하는 데 필요한 텔레비전 전도의 주요 상품이다. 텔레비전 전도는 북아메리카의 텔레비전 프로그램 시청이 가능한 남아메리카에서도 유행하고 있다. 그 결과 대부분 오순절 교회파인 개신교 운동은 이전에 가톨릭이 강했던 칠레와 브라질에서 극적인 영향을 미치고 있다(Martin 1990).

일반적으로 종교가 서구에서는 감소하고 있다는 견지에서 보면, 세속화에 대한 논쟁에서 미국은 가장 중요한 예외 경우다. 한편 미국은 가장 철저하게 '현대화'된 국가인 데 반해, 다른 면에서는 널리 알려진 종교적 믿음과 신자들의 수가 상당히 높은 수준이다. 이런 미국의 예외성을 어떻게 설명할 수 있을까? 스티브 브루스Steve Bruce는 미국에서 종교의 영속성은 '문화적 이행cultural transition'이라는 측면에서 이해될 수 있다고 주장한다(1996). 급격하면서도 인구학적 혹은 경제적으로 엄청난 변화를 겪는 사회의 경우 사람들이 새로운 환경에 적응하는 것을 도와주는 데 종교가 상당히 중요한 역할을 할 수 있다. 미국에는 산업화가 상대적으로 늦게 도입되었으나 인종적으로 대단히 다양한 사람들에 의해 매우 빠르게 진행되었다. 미국에서 종교는 사람들의 동질성을 안정적으로 이끌었으며, 미국이라는 '용광로' 속으로 문화적 전환을 좀 더 원활하게 했다.

기독교, 젠더, 섹슈얼리티

교회와 교단은 명확한 권위 체계를 갖춘 종교 조직이다. 사회생활의 다른 영역에서와 마찬가지로, 이러한 종교적 위계 서열 내에서도 여성은 권력으로부터 대부분 배제된다. 이것은 기독교에서 명백히 드러나는 현상이지만, 다른 거의 모든 종교들의 공통된 특징이기도 하다.

100년 전 여성의 권리를 주창한 미국인 엘리자베스 스탠턴Elizabeth Stanton(1815~1902)은 신이 여성과 남성을 동등한 존재로서 창조했고, 성경은 이러한 사실을 그대로 반영해야만 한다고 주장했다. 그녀는 성경이 남성 중심적 성격을 갖는 것은 진정한 하느님의 관점을 반영해서가 아니라 성경이 남성들에 의해 쓰였기 때문이라고 믿었다. 1870년 영국 국교회는 아주 오래전에 했던 일, 즉 성경의 텍스트들을 수정하고 재편하는 일을 다시 하기 위해 위원회를 발족했다. 그러나 스탠턴이 지적했듯이 그 위원회에는 여성이 단 한 사람도 참여하지 못했다. 스탠턴은 성경 말씀에 비추어 볼 때 모든 인간이 신의 형상을 따서 창조되었다는 점이 분명하기 때문에, 하느님이 남성이라고 가정할 이유가 없다고 주장한다. 그녀의 동료들이 '신, 우리의 어머니'라는 주제로 학술회의를 개최했을 때 교회 당국으로부터 매서운 반응이 뒤따랐다. 그러나 스탠턴은 미국에서 23명의 여성으로 구성된 개정위원회Women's Revising Committee를 조직하면서, 1895년 발간된 『여성의 성서The Woman's Bible』를 준비하는 데 조언을 받을 수 있도록 박차를 가했다.

100년 이상 지난 영국 국교회는 최근에 변화가 있지만 여전히 남성들에 의해 지배되고 있다. 1987년부터 1992년 사이 영국 국교회는 여성 집사를 허락했으나 목사는 허용하지 않았다. 그들은 공식적으로 평신도였지만 결혼축하 의식이나 축복을 내리는 등과 같은 기본적인 의식의 거행은 허락되지 않았다. 이후 1992년 영국 국교회 내부 여성들의 계속되는 압력으로 교회 지도부는 목사직을 여성에게도 개방하도록 결정했으며, 1994년 최초의 여성 목사가 임명되었다. 그러나 이 결정은 아직도 영국 국교회의 많은 보수파들의 반대에 직면하고 있다. 이들은 여성 목사를 인정한다는 것은 성경의 진실에 대한 불경스러운 일탈이며, 가톨릭과의 궁극적인 재결합으로부터 멀어지는 것이라고 주장한다. 여성 목사를 인정한 데 대한 항의로 영국 국교회에서 탈퇴하는 사람들이 생기고, 종종 가톨릭으로 개종하기도 했다.

2009년에는 영국 국교회의 5분의 1이 여성이었으며, 이 숫자는 증가할 것으로 보인다. 2005년 7월 영국 국교회는 교회 수장들의 강한 반발에도 불구하고 여성 주교를 허락하는 안을 표결에 부쳤다. 2008년 7월 총회는 전통주의자들의 견해를 수용하는 목적을 지닌 구조를 분리시키고자 제안을 거부했고, 2010년 법에 명시된 직업 규약과 함께 여성 주교를 허락하는 안에 동의했다. 2015년 1월에 첫 번째 여성 주교가 임명되었다.

가톨릭교회는 영국 국교회보다 여성에게 더 보수적이었으며, 성의 불평등을 정식으로 지지했다. 여성의 목사 안수에 대한 요구는 가톨릭 본부로부터 끊임없이 거절당해 왔다. 1977년 로마에서 열린 '믿음의 원리Doctrine of the Faith'를 위한 회의에서는 여성들을 가톨릭 성직자로 허락할 수 없다고 선언했다. 그 이유로 예수는 그의 제자로 여성을 한 사람도 부르지 않았다는 점을 들었다. 2004년 1월 기존 권위에 반발하는 아르헨티나의 주교 로물로 브라시Romulo Braschi에 의해 성직자로 임명된 일곱 명의 여성이 바티칸에 의해 성직 임명이 뒤집혔고, 그는 교회로부터 파문되었다. 교황 바오로 2세(1920~2005)는 아내와 엄마로서 그들의 역할을 다시 찾으라고 촉구했다. 그는 여성과 남성은 근본적으로 같다고 주장하는 페미니스트들을 반박했으며, 유산을 금하고 여성에게 제한을 많이 가하는 피임 사용을 금하는 정책들을 지지했다(Vatican 2004).

최근 영국 국교회의 논쟁 사항은 젠더에서 동성애와 성직자의 문제로 옮겨졌다. 동성애자는 오랫동안 기독교회를 섬겨 왔으나, 그들의 성적인 성향 때문에 은폐되고 무시되었다. 가톨릭교회는 동성애자는 수도원에 들어가거나 성직자로 임명되지 말아야 한다는 1961년의 입장을 고수한다. 신교의 다른 교파들은 동성애자에 대해 자유로운 정책을 제시하며, 일부 소규모 교파에서는 동성애자 성직자가 허락되어 왔다. 네덜란드의 루터교회The Evangelical Lutheran Church는 1972년 동성애자들이 목사로 봉직할 수 있도록 결정한 최초의 유럽 기독교파였다. 이후 1988년 캐나다와 2000년 노르웨이가 뒤를 따랐다.

요크 민스터York Minster에서는 영국 성공회 최초로 여성 주교를 임명하기도 했다.

영국의 경우 2003년 6월 제프리 존Jeffrey John이 레딩Reading의 주교로 임명되었을 때 동성애자를 목사로 임명할 것인가에 대한 논쟁이 대두되었다. 영국 국교회 내에서 심각한 의견 대립이 일자, 그는 결국 그 자리를 받지 않았다. 2003년 미국 뉴햄프셔 지역의 성공회 평신도들은 동성애자인 로빈슨Robinson을 주교로 임명하기 위한 투표를 실시했다. 보수적인 성공회 주류파는 동성애자를 임명하려는 세력에 맞서기 위해 조직을 꾸렸으며, 이 문제는 아직도 해결되지 않고 있다.

젠더와 섹슈얼리티의 문제는 다른 전통적 종교에서뿐만 아니라 영국 국교회 내에서도 중심이 되고 있다. 이러한 논쟁에서 얻을 수 있는 결론은 종교가 보다 넓은 사회에서 일어나는 사회 변화를 무시할 수 없다는 것이다. 근대성의 핵심인 평등을 향한 원동력이 동성애와 성평등에 대한 끊임없는 관용을 가져오듯이 종교 단체들은 이에 적절히 대응해야 한다. 그리고 근대성의 문화가 전 세계적으로 확산될 때 개발도상국에서도 유사한 도전에 직면하는 종교를 예상할 수 있다.

섹슈얼리티와 정체성은 제15장 〈젠더와 섹슈얼리티〉를 참조하라.

근본주의

종교적 근본주의Fundamentalism의 성장은 우리가 세속화 시대에 접어들지 않았다는 또 다른 지표다. 근본주의라는 용어는 일련의 원칙이나 신념들을 엄격하게 고수하는 것을 표현하기 위해 다른 많은 경우에 적용될 수 있다. 종교적 근본주의는 기본 경전이나 교본을 잣대로 해석해야 한다고 주장하는 종교 집단들이 취하는 태도로서, 그러한 해석에서 비롯되는 교의들이 사회적, 경제적, 정치적 삶의 모든 측면들에 곧이곧대로 적용되어야 한다는 믿음을 수반한다.

종교적 근본주의자들은 애매모호하거나 다양한 해석의 여지가 없기 때문에 오직 하나만의 세계관이 사실이라고 믿는다. 종교적 근본주의 운동들 내부에서는 경전의 정확한 의미에 접근할 수 있는 권한이 일련의 특권적 '해석가들' — 승려, 목사 및 기타 종교 지도자들 — 에 국한되어 있다. 이로 인해 이들 지도자들은 종교적인 문제뿐만 아니라 세속적인 문제에서도 상당한 권위를 부여받는다. 종교적 근본주의자들은 반정부 진영에서, 주류 정당 내부에서, 그리고 국가의 지도자로서 강력한 정치적 영향력을 가지고 있다.

종교적 근본주의는 비교적 최근의 현상으로 1970년대 이래 세계화 혹은 지구촌화에 대한 대응으로 등장했다. 근대화의 힘이 핵가족, 남성의 여성 지배 등과 같은 사회의 전통적 요소들을 점차 약화시켜 가는 와중에 근본주의자는 전통적 신념을 수호하기 위해 등장했다. 합리적 사고를 요구하는 세계화 시대에 근본주의자는 신념에 근거한 해답과 의례적 진리에의 의존을 고집한다. 다시 말해 근본주의는 전통적 방식으로 수호된 전통이다.

비록 근본주의가 스스로를 근대성의 반대자로 규정하고 있지만, 스스로의 신념을 주장하는 데는 근대적인 접근 방법을 택한다. 예를 들어 미국의 기독교 근본주의자들은 자신들의 교의를 설파하는 데 텔레비전을 사용한 최초의 종교 집단들 중 하나였다. 또한 인도의 민족주의자들인 힌두트바Hindutva 전사들은 '힌두 정체성Hindu identity'을 고취시키기 위해 인터넷과 이메일을 사용했다. 여기서 우리는 종교적 근본주의의 가장 두드러진 두 가지 형태인 이슬람 근본주의와 기독교 근본주의를 살펴볼 것이다. 과거 30년 동안 이 두 가지는 세력이 크게 신장되어 국내 및 국제정치의 지형에 큰 영향을 미쳤다.

이슬람 근본주의

초기 사회학자들 중에서 이슬람과 같은 전통적 종교 체계가 주된 부흥기를 맞아 20세기 후반에 중요한 정치적 변화의 기초가 될 것이라고 생각했음 직한 사람은 오직 베버뿐이다. 그러나 이러한 부활은 군주 통치를 끝내고 아야톨라 호메이니Ayatollah Khomeini를 지도자로 세운 이란혁명(1978~1979)에서 찾아볼 수 있다. 최근 이슬람 부흥 운동은 이집트, 시리아, 레바논, 알제리, 아프가니스탄, 나이지리아 등과 같은 나라들에 중대한 영향을 미치면서 널리 확산되고 있다. 광범위한 이슬람 부흥 운동 현상은 어떻게 설명될 수 있을까?

이 현상을 이해하기 위해서는 전통적 종교로서 이슬람교의 면모와 이슬람권 근대 국가들에 영향을 미친 세속적 변화를 모두 주목해야 한다. 이슬람교는 기독교와 마찬가지로 지속적으로 사회운동 세력들을 자극해 왔던 종교다. 이슬람교의 성경인 코란은 '신의 방식으로 투쟁'하라는 내용으로 가득하다. 투쟁 대상은 이교도들만이 아니라 이슬람 공동체 내부의 부패한 인물들도 해당한다. 수 세기에 걸쳐 이슬람 개혁 세력들이 나타났으며, 이슬람교는 기독교만큼이나 내적 분열을 겪었다.

시아파Shia Islam는 632년 예언자 마호메트의 사망 이후 수니파Sunni Islam에서 갈라졌다. 시아파는 16세기 이후부터 이란(초기 페르시아라고 알려진)의 공식 종교였으며, 이후 이란혁명 이념의 원천이었다. 시아파 신도들은 7세기 무렵의 종교 지도자이자 정치 지도자였던 이맘 알리Imam Ali를 시아파의 시조로 섬긴다. 그는 신에 대한 개인적 헌신과 당대 세속적 지배자들 중에서 특출한 덕목을 지닌 지도자로 간주되었다. 왜냐하면 실제로 권력을 가진 왕조의 인물들이 아니라 알리의 후계자들이 바로 예언가 마호메트가의 일원으로 간주되었기 때문이다.

시아파 신도들은 현 체제와 관련된 독재와 불의가 제거되고 마호메트의 적법한 상속자가 다스리는 세상이 결국에는 확립될 것이라고 믿었다. 마호메트의 상속자는 신의 직접적인 인도를 받는 지도자가 될 것이며, 코란에 의거해 세상을 다스릴 것이다. 인도와 파키스탄뿐 아니라 이라크, 터키 그리고 사우디아라비아를 포함하는 중동 국가에도 다수의 시아파 교도들이 있다. 그러나 이들이슬람 국가의 지도층은 다수인 수니파의 수중에 있다.

지난 30년 동안 가장 중요한 진전은 '살라피주의Salafism'의 확산이다. 살라피주의는 마호메트 사후 제3세대 이슬람 지도자들에 의해 이슬람을 실천해야 한다는 수니파 개혁 운동이다(Wiktorowicz 2006). 특히 살라피주의는 오늘날 무슬림들은 종교를 정화하기 위해 이슬람교 황금기의 초기 '독실한 조상들pious forefathers'과 같이 살아가고 행동해야만 한다고 주창한다. 이러한 의미에서 살라피주의는 (근본주의 원리로의 회귀를 추구하는) '근본주의자fundamentalist'이지만 반드시 폭력적인 것은 아니다.

메이저Maijer는 비록 살라피주의가 통일된 운동이 아니고 많은 가닥과 내부 불일치를 포함하고 있지만 살라피주의는 이슬람의 새로운 종교 운동으로 볼 수 있다고 주장한다(2009: 2~6). 이 중 가장 중요한 것은 신에 완벽히 복종해야 한다는 주장과 신도들은 회교 율법에 뿌리를 두지 않고 있는 사회에서 그러한 요구를 따라야만 한다는 주장 사이의 긴장이다. 그러한 상황에 있는 살라피주의자들을 위해서는 설득, 교육, 이슬람 신앙의 확산 등에 초점이 맞춰져야만 한다. 이와 다른 상황일 경우는 충분하지 않으며, 신도들은 평화로운 개혁을 비판하고 추구하는 데 대비해야만 한다. 이들과 다른 부류로, 회교 율법을 채택하지 않는 지도자와 체제에 대해 반란을 주창하는 사람들도 있다.

살라피주의를 운동가로 해석하는 것은 살라피주의가 테러 행위에 관여하는 운동에 영향을 주면서 사우디아라비아의 와하브파의 교리Wahhabism와 다른 이념을 결합시켰다는 점에서 크게 주목받아 왔다. 와하브파의 교리는 18세기 마호메트 이븐 아브드-알-와하브Muhammad ibn Abd-al-Wahhab의 사상에 기원을 두고 있다. 그는 처음에 본래의 수니 이슬람을 이탈해 그 참모습을 잃은 이슬람 사회를 개혁하는 데 초점을 맞췄다(DeLong-Bas 2004). 또한 그는 시아파의 교의Shiism를 이단이라고 보았다. 왜냐하면 시아파의 교의가 개인과 신 사이에 확실한 성직자를 자리매김하고, 정통 칼리파Rashidun로 알려진 네 명의 정통성 있는 예언자Rightly Guided Prophets 중 세 명을 거부했기 때문이다. 와하브파의 교리는 격렬하고 때로는 폭력적인 지하드jihad(이슬람교에서 종교적·도덕적 법칙을 지키기 위한 투쟁 — 옮긴이)를 정당화하면서 하느님의 유일성을 믿지 않는 모든 사람들을 변절자 혹은 무신론자로 간주한다.

비록 일반인들에게 잘 알려진 알카에다al-Qaeda와 이슬람국가Islam States, IS와 같이 세계적으로 확장하려는 목표를 지닌 극단적인 폭력과 테러리즘 집단이 있지만 살라피주의는 수많은 정적주의자(상황을 바꾸려 하지 않고 묵묵히 그대로 받아들이는 삶의 자세 — 옮긴이)와 정치에 무관심한 사람들이 하는 다면적인 종교 운동이라는 점을 기억해야만 한다. 살라피주의자를 하나로 묶는 것은 만약 종교가 미래에 번성하려면 무슬림이 이슬람 초기 주창자의 교훈에 의해 인도되어야 한다는 가장 중요한 믿음이다.

이슬람과 서방 세계

중세 내내 기독교권인 유럽과 현재 스페인, 그리스, 유고슬라비아, 불가리아, 루마니아 지역에 속하는 넓은 지역을 통제했던 이슬람권 국가들 사이에 크고 작은 분쟁이 끊이지 않았다. 이슬람권이 정복한 땅의 대부분을 유럽인들이 되찾아 갔고, 북아프리카 지역의 많은 이슬람 영토도 18~19세기에 걸쳐 성장한 서구 열강에 의해 식민지화되었다. 이러한 역전은 이슬람교와 이슬람 문명에 치명적인 재앙이었다. 왜냐하면 이슬람 지도자들은 자신들의 종교와 문명이 다른 모든 것들을 초월하는 가장 고귀하고 가장 선진화된 것이라고 믿고 있었기 때문이다. 19세기 후반 서구 문화의 확산을 효과적으로 막을 수 없자 이슬람 본래의 순수성과 힘을 되찾으려는 개혁 운동이 뒤따랐다. 이 과정에서 핵심적 사상은 무엇보다 이슬람은 이슬람 본연의 신앙과 관행들이 지닌 정체성을 확인함으로써 서구의 도전에 대응해야 한다는 것이었다(Sutton and Vertigans 2005).

이러한 견해는 20세기 들어 다양한 방식으로 발전하면서 1978~1979년 이란 '회교혁명'의 배경이 되었다. 이 혁명은 원래 이란 국왕에 대한 내부의 반대 세력에 의해 시작되었다. 당시 이란 국왕은 토지 개혁과 여성의 참정권 확대, 세속적 교육의 확대 등과 같은 서구를 모델로 한 근대화 계획들을 수용하고 추진하려 했다. 국왕을 폐위시킨 이 운동에는 다양한 관심을 가진 사람들이 참여했다. 그들 모두가 이슬람 근본주의자였던 것은 결코 아니지만, 주도적 인물은 시아파 사상들을 급진적으로 재해석한 아야톨라 호메이니였다.

혁명 후 호메이니는 전통 이슬람 법률에 따라 구성된 정부를 출범시켰다. 코란에 명시되어 있듯이 종교는 모든 정치적, 경제적 삶의 직접적인 원칙이 되었다. 부흥된 이슬람 법률인 샤리아Sharia에 따라 여성과 남성은 엄격하게 격리되었고, 여성은 공공장소에서 자신의 몸과 얼굴을 가려야 했으며, 동성애자들은 총살형에 처해졌고, 간통한 자들은 돌에 맞아 죽임을 당했다. 이란에서 이슬람 정부의 목적은 국가를 이슬람화하는 것이었다. 즉 이슬람의 가르침이 모든 분야에서 지배적인 것이 되도록 정부와 사회를 조직하는 것이었다. 그러나 그러한 조직화 과정은 결코 완결되지 않았으며, 그것에 반대하는 세력들도 만만찮았다.

주바이다Zubaida는 이들을 세 그룹으로 특징지었다(1996). 급진주의자들은 회교혁명을 계속 추진해 심화시키고자 한다. 또한 회교혁명이 다른 이슬람 국가들에도 적극적으로 전해져야 한다고 믿는다. 보수주의자들은 대부분 혁명이 이미 충분히 진행되었다고 생각하는 종교적 기능주의자들로 이루어졌다. 이에 반해 실용주의자들은 시장 개혁과 투자와 외국 투자 개방을 옹호한다. 그들은 여성, 가족법 제도 등에 대해 이슬람 교의를 엄격하게 적용하는 것에 반대한다.

이란 이슬람 혁명의 세 주역(아야톨라 호메이니, 아야톨라 알리 하메네이, 당시 대통령이었던 하세미 라프신자니) 중 한 명인 아야톨라 호메이니의 현수막이 설치되어 있다.

1989년 호메이니의 사망은 이란의 급진주의와 보수주의 진영 모두에 큰 타격을 입혔다. 그의 후계자인 아야톨라 알리 하메네이Ayatollah Ali Khamenei는 이란의 강력한 종교적 지도자들을 의미하는 물라mullahs의 지지는 확보했지만, 보통의 이란 시민들에게서는 점점 더 인기를 잃어갔다. 이란 시민들은 억압적 정권과 계속되는 사회적 병폐들에 염증이 나 있었기 때문이다. 이란 내에서 실용주의자들과 다른 노선 간의 의견 차이는 개혁 의지를 지닌 모하마드 하타미Mohammad Khatami(1997~2005)의 임기 동안 극명하게 표면에 떠올랐다. 하타미 행정부는 이란 개혁을 방해하는 보수주의자들과의 갈등으로 특징지어진다.

2005년 테헤란의 극히 보수적인 마무드 아마디네자드Mahmoud Ahmadinejad가 대통령으로 당선된 후 종교적, 정치적 지도력 내에서 긴장이 감소되었다. 그는 선거 부정에 대한 항의가 치열했던 2009년 선거에서 재당선되었지만, 재임 기간에 특히 이란의 핵개발 프로그램으로 서구와 긴장 관계에 있었다. 이후 대통령은 2013년 아마디네자드의 친핵 정책을 비판하는 하산 로하니Hassan Rouhani로 바뀌었다. 그는 중도적이고 실용적인 인물로 이란의 국제적 고립을 종식하는 데 주력했다. 이를 위해 2015년 이란의 핵무기 프로그램을 폐기하고 이에 대한 보상으로 경제적 제재를 점차 해제하는 협정이 맺어졌다(Graham-Harrison 2015).

이슬람 부흥 운동의 확산

이란혁명의 배후에 있는 사상들이 서방에 대항해 전 이슬람 세계를 단합시킬 것으로 생각했지만, 시아파가 소수를 차지하는 국가에서는 이란의 이슬람 혁명과 일정한 거리를 두고자 했다. 그러나 이슬람 근본주의는 대부분의 나라에서 상당한 대중성을 확보했고, 여타 지역에서는 이에 자극받아 다양한 형태의 이슬람 부흥 운동들이 활기를 띠게 되었다.

비록 이슬람 근본주의 운동이 과거 10~15년에 걸쳐 북아프리카, 중동, 남아시아 등지의 여러 나라에서 영향력을 발휘하긴 했지만, 이슬람 근본주의 운동이 권력을 잡는 데 성공한 것은 이란을 제외하면 수단과 아프가니스탄뿐이었다. 수단은 1989년 이후부터 투라비Turabi가 이끄는 민족구국전선National Salvation Front이 지배해 왔고, 아프가니스탄에서는 1996년 근본주의자 탈레반 정권이 사분오열된 국가에 대한 지배권을 공고히 했다. 그러나 이 탈레반 정권은 2001년 말 아프가니스탄 내부의 반대 세력과 미군에 의해 축출당했다. 여타의 많은 국가들에서도 이슬람 근본주의자들이 영향력을 행사하긴 하지만 권력을 장악하지는 못했다. 이집트, 터키, 알제리 같은 곳에서는 이슬람 근본주의자들의 봉기가 국가나 군부에 의해 진압되기도 했다. 최근에 등장한 IS는 충분한 재정 지원과 무장을 갖추고 이라크와 시리아의 여러 도시를 장악하고 있다. 2014년 IS는 새로운 칼리프 체제(단합된 이슬람교 정체성을 지닌 정부 — 옮긴이)를 선언하고 전 세계 사람들에게 IS에 동참할 것을 촉구했다. 그러나 IS는 최근에 국제적인 공습을 지원받는 이라크와 시리아 정부군의 반격으로 근거를 상실하고 있다.

이슬람권이 자신과 신앙을 공유하지 않는 전 세계 비이슬람권과 대립으로 치닫는 것은 아닌지 우려하는 사람들이 많다. 정치학자인 새뮤얼 헌팅턴Samuel Huntington은 냉전이 끝나고 세계화가 진행되면서 서구적 세계관과 이슬람 세계관 사이의 갈등이 전 세계적인 '문명 충돌'의 일부가 될 가능성이 있다고 주장했다(1996). 헌팅턴에 의하면 민족국가는 이제 더 이상 국제 관계에서 영향력을 행사하는 주요 등장인물이 아니며, 경쟁이나 갈등은 사람들의 기본적인 정체성과 몰입에 기초가 되는 더 큰 문화나 문명들 사이에서 발생한다는 것이다.

그러한 예는 1990년대 구 유고슬라비아인 보스니아와 코소보에서 볼 수 있다. 보스니아의 이슬람교도와 알바니아인인 코소보 사람들은 정교회 문화를 대표하는 세르비아에 대항해서 싸웠다. 이 사건은 이슬람교도들의 세계 공동체 의식을 고취시켰다. 목격자들이 지적한 바와 같이, "보스니아는 전 세계 이슬람권에 흩어져 있는 이슬람교도들을 위한 '단합의 장'이 되었다. 또한 보스니아는

이즈미르시에서 비종교 국가를 선호하는 터키인들의 이슬람 정권인 터키 정부에 대한 항의 집회. 독립 헌법은 비종교 국가를 지향하는 내용을 지니고 있지만 터키 국민의 98퍼센트는 무슬림이다.

이슬람 사회 내에 양극화와 급진성을 고조시켰고, 다른 한편으로는 모두 같은 이슬람교도라는 공감대도 증폭시켰다"(Ahmed and Donnan 1994).

> 구 유고슬라비아에서의 전쟁은 제22장 〈국가, 전쟁, 테러리즘〉을 참조하라.

이와 비슷하게 미국 주도하에 이라크에서 일어난 전쟁은 2003년 침공 후 급진적인 이슬람교도들의 집회 장소가 되었다. 2001년 9월 11일 뉴욕과 워싱턴에 가해진 테러의 원인에 대한 설명, 아프가니스탄의 이슬람 정권을 축출하는 미국의 결정, 2003년 이후 이라크에서 미군의 주둔에 대한 종교적 저항의 부활 등으로 헌팅턴의 이론은 미디어의 폭넓은 주목을 받았다.

그러나 비판가들은 문명 안에 많은 정치적·문화적 분열이 있고, 문명 간 갈등을 예견하는 것은 가능하지 않으며 불필요한 불안을 조성하는 것이라고 지적한다. 예를 들어 1990년 사담 후세인Saddam Hussein의 수니파 정권이 수니파가 다수를 차지하는 쿠웨이트를 침공했을 때, 1980년과 1988년 이라크와 시아파가 다수인 이란이 무력 분쟁에 돌입했을 때를 들 수 있다. 또한 희소한 자원 확보를 둘러싸고 많은 문화적 갈등이 발생했으며, 정치적·군사적 우위를 점하기 위한 경쟁에서 비롯된 것처럼 과거에 있었던 많은 문명 충돌이 과장될 수도 있다(Russettt et al. 2000; Chiozza 2002). 그러한 갈등에서는 대규모 문명의 경계를 넘나드는 연합을 이루는 것이 보다 일반적이다.

테러리즘에 대해서는 제22장 〈국가, 전쟁, 테러리즘〉을 참조하라.

기독교 근본주의

영국과 유럽에서 기독교 근본주의에 입각한 종교 단체들의 성장, 특히 미국에서의 진전은 지난 수십 년 동안 가장 주목할 만한 특징이다. 근본주의자들은 성경이 정치, 정부, 비즈니스, 가족 등 모든 인간사에 통용될 수 있는 지침서라고 믿는다(Capps 1995). 앞의 창조론과 진화론의 예에서 보았듯이, 그들에게 성경은 한 점의 오류도 없는 완벽한 책이며, 그 내용은 신의 진리를 표현하고 있는 것으로 믿어진다. 근본주의 기독교인들은 그리스도의 신성함을 믿으며 그리스도를 개인적 구세주로 받아들임으로써 인간의 영혼이 구원받을 수 있다고 믿는다. 그들은 이런 메시지를 전파하고 아직 그들과 같은 신앙을 갖지 않은 사람들을 개종시키려고 애쓴다.

기독교 근본주의는 자유주의 신학에 대한 반발이자, 신앙과 신의 명령에 대한 복종에 반대하고 이성과 욕망과 본능의 해방을 옹호하는 '세속적 인본주의' 지지자들에 대한 반작용이다(Kepel 1994: 133). 기독교 근본주의는 전통 가족의 쇠퇴, 개인적 도덕성에 대한 위협, 인간과 신의 약화된 관계와 같이 근대화로 인해 초래된 도덕의 위기에 정면으로 반대한다.

미국에서는 1970년대 제리 폴웰Jerry Falwell 목사의 도덕적 다수Moral Majority에 의해 시작된 근본주의자 단체들이 국내 정치, 특히 공화당 보수파의 기독교 신우익New Christian Right에 점차 개입했다(Simpson 1985; Woodrum 1988; Kiecolt and Nelson 1991). 폴웰은 미국인들이 해결해야 할 다섯 가지 중요한 현안으로 낙태, 동성애, 포르노그래피, 인본주의, 붕괴된 가정을 제시했다(Kepel 1994). 근본주의자들의 종교 조직은 미국에서 강력한 힘이며 레이건 정부와 두 부시 행정부 동안 공화당 정책 형성을 도왔다.

폴웰은 2001년에 발생한 9·11 테러의 책임을 미국 내 '죄인들'에게 돌렸다. 그는 생방송 TV에서 다음과 같이 주장한다(CNN 2001).

> 나는 선택적 생활양식을 추구하는 이교도들, 낙태주의자들, 페미니스트들, 동성애자들, 그리고 미국시민자유연합American Civil Liberties Union, 미국을 위한 사람들People for the American Way 등이 미국을 세속화시켜 왔다고 진심으로 믿는다. 나는 그들의 얼굴을 손가락으로 가리키며, "당신이야말로 이러한 일들이 일어나게 도움을 주었다"고 말하는 바이다.

그 후 이러한 언급에 대해 사과했지만 "마호메트는 테러리스트이고 폭력적인 사람이며 전쟁을 즐기는 사람이었다는 것을 잘 알고 있다"고 말함으로써 더 큰 논란을 불러일으켰다(BBC 2002). 다시 이러한 발언에 대해 사과했으나 그의 이와 같은 주장에 반대하는 서부 인도의 솔라푸르에서 힌두교도와 이슬람교도 사이에 발생한 폭동을 진정시키기에는 너무 늦었다. 그의 발언에 대해 전 세계 이슬람 지도자들의 비난이 쏟아졌다. 플로리다에 거주하는 다른 기독교 근본주의자 목사인 테리 존스Terry Jones는 2010년 9·11 기념일을 맞아 국제적으로 '코란을 태우는' 날을 조직화하려 시도했으나 오바마 대통령과 국방장관의 반대로 실행에 옮기지는 못했다. 그러나 2011년 그는 게인즈빌에 있는 개인 소유의 교회에서 몇몇 사람들을 앞에 두고 복사된 코란을 불태우는 시도를 감행했다.

미국의 저명하고 영향력 있는 복음주의자들 중 다수는 버지니아, 오클라호마, 노스캐롤라이나 등과 같이 남부나 중서부 지역 주들을 근거지로 하고 있다. 미국에서 가장 영향력 있는 근본주의 집단은 남부침례교회, 하느님의 성회, 제7일 안식교 등을 들 수 있다. 기독교 신우익 소속 저명한 목사들은 많은 대학을 설립해 기독교 근본주의 신앙 속에서 교육받고 언론이나 학계, 예술계 등에서 유명한 위치를 차지할 수 있는 역량을 갖춘 새로운 엘리트 세대를 양산하려 했다. 리버티대학교(폴웰이 설립), 로버트대학교, 밥존스대학교 등은 성경의 완전무결함을 전제로 하는 틀 속에서 표준적 교과목들을 가르치고 학위를 수여한다. 캠퍼스에서는 학생들의 사생활에 대해서도 엄격한 윤리적 기준들이 적용되었고(기숙사는 남녀용으로 격리되어 있었고, 미혼 학생들 사이에 이루어지는 성관계는 퇴교 조치감이다), 성관계는 결혼이라는 창구를 통해서만 허용된다(Kepel 1994).

비판적으로 생각하기 THINKING CRITICALLY

종교적 근본주의는 급격하게 진행되는 세계화 시기 동안 증가한 것처럼 보인다. 그렇다면 두 현상은 어떤 관계가 있는가? 종교적 근본주의가 현대 사회의 영구적인 특징이 될지도 모른다는 근거는 무엇인가?

결론

상호 이해와 대화가 간절히 요구되는 세계화 시대에 종교적 근본주의는 파괴적인 힘이 될 수 있다. 근본주의의 매력 중 하나는 명확한 경전과 종교적 가르침에 근거한 도덕적 삶을 어떻게 영위해야 하는가에 대한 확실성을 제공한다는 점이다. 지식이란 언제나 새로운 발견을 고려해 변화한다는 점을 받아들이는 자유주의 전통과 세속적인 시각에는 이러한 확실성이 결여되어 있다. 만약 전통 종교들이 쇠퇴하고 세속적 시대가 점차 부상한다는 테일러Taylor의 주장(2007)이 옳다면, 어떻게 살 수 있는지 혹은 어떻게 살아가야 하는지에 대한 의문은 더욱 중요할 것이다. 세속적 견해는 실제로 그러한 의문을 지배할 것인가?

힐라스Heelas는 "세속성이 모든 것을 제압하지는 않는다. 무신론이 가장 강한 영향력을 행사하지는 않는다"고 말하면서 중대한 의문을 제기한다(2015: 442). 또한 그는 종교에 반대하는 대신 무관심한 사람들은 다수가 될 수 없다고 주장한다. 최근 몇몇 철학자들과 사회이론가들은 '후기 세속 사회post-secular society'의 개념을 소개한다. 이 개념은 선진국의 일상생활에서 종교와 종교 관련 이슈들에 대해 증가하는 일반 사람들의 의식을 포착하기 위한 것이다. 하버마스Habermas는 이렇게 높아지는 의식이 종교와 전 세계적 갈등의 연계성, 시민 및 정치적 문제에 대한 토론에서 다양한 종교적 주장의 개진, 증가하는 이주 문제에 대한 정치적 목표 등에 관계되어 있다고 주장한다(2008). 이러한 주장은 세속성이 아마 오랜 기간에 걸쳐 지배적일 것이라는 오래 계속된 사회학적 예측에 의문을 제기하는 것이다. 만약 이러한 예측이 잘못된 것으로 받아들여진다면, 사회학자들은 현대 사회에서 종교의 역할에 대해 다시 생각해야만 할 것이다(Moberg et al. 2014).

그렇지만 후기 세속 사회라는 용어의 제안이 사회생활에 대한 현대 상태 혹은 새로운 사회 형태의 출현 등을 언급하는 것은 아니다. 그 대신 후기 세속 사회라는 생각은 종교적인 시각과 세속적인 시각이 공존하는 데 필요한 것이 무엇인가, 그리고 어느 곳에서 서로 상대의 시각을 동등한 개념으로 받아들이는가에 대한 학문적 토론에서 나타난다. 이렇게 본질적으로 철학적인 논쟁에서 사회학자들은 사회생활의 다양한 영역에서 공존의 전후 관계와 실행을 점검하는 경험적 연구에 초점을 맞출 수 있다. 철학적이고 이론적인 추측에서 경험적인 조사 연구로 선회하는 것은 사회학의 역할에서 매우 중요한 부분을 이루고 있다. 이런 방식을 통해서만이 추정되는 후기 세속 사회에서 종교적 그룹과 세속적 그룹 사이의 '새로운 숙소new accommodation'에 대한 전망이 실제로 평가될 수 있다.

복습

1 뒤르켐이 내린 종교에 대한 정의는 어떠한 요소들을 포함하고 있는지 확인하면서 점검해 보자. 이 정의에 따르면 축구는 종교를 지지하는가? 그렇지 않다면, 그 이유는 무엇인가?

2 종교에 관한 세 가지 고전 이론을 간단히 요약해 보자. 종교에 관한 마르크스, 뒤르켐, 베버 등의 주요한 생각들의 적절성을 지속적으로 나타내는 오늘날의 예들을 제시해 보자.

3 세속화 과정이란 무엇인가? 세속화가 측정될 수 있는 세 가지 방법을 제시해 보자. 이 장에 어떤 반대되는 증거가 있는가? 가용한 증거의 균형에 근거할 때 21세기는 세속화 시대에 인도될 가능성이 있는가?

4 '새로운 부족'과 '매일 살아 있는 종교'의 의미를 설명해 보자. 이 조사는 세속화 테제를 어느 정도로 시험하고 있는가?

5 힌두교, 유대교, 기독교, 유교, 이슬람교 중 어느 것이 일신교인가? 일신교가 아닌 것은 어떻게 범주화할 수 있는가?

6 교회는 일반적으로 공적 관료 구조와 성직자의 위계질서로 이루어진 대규모 종교적 단체다. 종파, 컬트, 교단은 어떻게 특징지을 수 있는가?

7 지난 50년 동안 유럽에서 나타난 종교적 준수religious observance의 주요 경향을 500자로 요약해 보자. 종교적 다양성, 젠더, 섹슈얼리티와 이주 영향 등의 이슈에 대한 논의를 포함하자.

8 신흥 종교 운동은 무엇인가? 세계-긍정 운동, 세계-부정 운동, 세계-적응 운동의 강조점과 실행에서의 차이점을 설명해 보자.

9 종교적 근본주의는 그들이 교의와 실행의 근본으로 되돌아가야 한다고 믿는다. 근본주의의는 현대성과 현대 과학에 어떤 방식으로 의존하여 성장하는가?

고전 이론가들에서부터 테일러Taylor의 *A Secular Age* (2007)에 이르기까지 사회학자들은 근대성, 자본주의, 과학 그리고 기술 등이 어떤 단계에서는 종교를 상대적으로 덜 중요한 일상생활의 측면으로 바꾸는 세속화 수준을 만들어 내야 한다고 확신하는 것처럼 보인다. 그러나 최근에는 종교적인 '부흥revival'이 많이 일어나고 있으며, 선진 사회에서조차 새로운 형태의 '종교적 탐색religious quest'이 지속적으로 나타나고 있다. 왜 그럴까? 사회학자들이 잘못한 것인가?
이 문제에 대한 통찰력 있는 연구는 다음과 같다.

Jennings, Mark (2014) 'An Extraordinary Degree of Exaltation: Durkheim, Effervescence and Pentecostalism's Defeat of Secularisation', *Social Compass*, 62(1): 61~75.

이 글을 읽고 다음 질문에 답해 보자.

1 오순절 교회란 무엇인가? 오순절의 중요한 요소와 역사적 발전을 요약해 보자.
2 뒤르켐의 '집합적 열광collective effervescence'은 무엇인가? 그는 어떻게 근대 사회가 이 현상을 세속적 목적에 맞게 조치를 취한다고 생각했는가?
3 오순절 교회는 어떤 방법으로 '열광'을 활용하고 있는가? '열광'은 오순절 교회 확장에 얼마나 중요한가?
4 이 논문의 주장에 근거할 때, 다른 종교들도 이와 유사한 접근을 채택할 수 있을까?
5 오순절 교회가 세속화를 향해 대세를 거슬렀다는 저자의 견해에 동의하는가? 이러한 주장에 대한 반론을 펼칠 어떤 증거가 있는가?

생각해 볼 것

••• Thinking it through

몇몇 과학자들은 종교적 신념을 가지고 있으며, 종교적 믿음을 가진 많은 사람들은 다윈의 진화론이 지구상의 생명 발달에 관한 가장 훌륭한 설명이라는 점을 받아들인다. 다른 한편으로 몇몇 과학자들은, 예를 들어 리처드 도킨스는, 과학은 필연적으로 세속적인 사업이며 과학자들은 무신론자 혹은 적어도 불가지론자가 되어야 한다고 주장한다. 종교는 과학적 문화에서 설 자리가 없다는 것이다.

2012년 12월 도킨스가 〈알자지라〉와 인터뷰한 내용이 담긴 유튜브(http://www.youtube.com/watch?v=U0Xn60Zw03A)를 보자.

1 도킨스는 종교를 어떻게 정의하고 있는가? 이러한 정의가 이 장에서 검토한 정의와 잘 부합되는가? 그의 정의가 만족스러운가?

2 종교와 종교적 신념에 관한 도킨스의 주요 비판을 열거해 보자. 이 장에서 제시된 증거에 주목할 때 그러한 비판은 타당한가 혹은 일방적인가?

3 도킨스는 이슬람과 기독교 같은 종교적 믿음 체계의 내용에 대해 논의하는 데 많은 시간을 할애했다. 우리가 살펴본 바와 같이 사회학자들은 그렇게 하지 않는 경향이 있다. 도킨스가 옳은가? 만약 사회학자들이 종교에 대해 '불가지론자agnostic'라면 그들의 평가는 불충분하다고 할 수 있는가? 왜 사회학자들이 모든 종교의 진술 주장truth claim(아직 경험적으로 실증되지 않은 가설 ― 옮긴이)과 다투지 말아야 하는가에 대해 납득할 만한 증거가 있는가?

예술 속의 사회

••• Society in the arts

공상과학 소설은 새로운 과학적 발명과 이론을 오래된 종교적 사고와 주제들에 접목시킨 것이다. 그러나 공상과학 소설은 표면 아래 종교적 혹은 정신적으로 감추어진 것을 떠나 과학과 기술을 중시하는 경향이 있다. 이는 종교가 공상과학 소설 장르를 정의하는 기초적인 과학적 근거와 마찰을 빚기 때문에 공상과학 소설이 종교를 적절히 다루지 않게 되는 결과를 가져온다.

- J. J. Abrams 감독의 〈Star Wars: The Force Awakens〉 (2015)
- James Cameron 감독의 〈Avatar〉 (2009)
- Stanley Kubrick 감독의 〈2001: A Space Odyssey〉 (1968)

위의 영화를 보며 믿음, 신념, 의례, 구원, 초능력 등 종교적인 주제에 주의를 기울여 보자. 스스로의 관찰에 비추어 볼 때 이러한 공상과학 소설은 과학과 종교를 모두 잘 다루고 있는가? 공상과학 소설은 과학과 종교가 두 가지 다른 문화를 보유하고 있다는 증거를 제공하는가?

종교사회학은 사회학에서 꽤 오래된 분야 중 하나다. 따라서 소개서가 매우 많다. 그중 Alan Aldridge의 *Religion in the Contemporary World: A Sociological Introduction* (3rd edn, Cambridge: Polity, 2013)은 매우 잘 쓴 책이다. Linda Woodhead와 Hiroko Kawanami와 Christopher Partridge의 *Religions in the Modern World: Traditions and Transformations* (London: Routledge, 2009)는 종합적이고 현대적인 내용이 잘 모아진 책이다. 이 책들은 이 장에서 논의된 이슈들을 모두 상세히 다루고 있으며, 독자들을 보다 깊은 사고로 이끌 것이다. 이 밖에 Grace Davie의 *The Sociology of Religion* (London: Sage, 2007)은 전문가들에 의한 비판적 평가를 포함하고 있다.

Steve Bruce의 *God is Dead: Secularization in the West* (Oxford: Blackwell, 2013)는 세속화에 관한 것이다. 이에 대한 대안으로는 Peter Berger의 *Questions of Faith: A Skeptical Affirmation of Christianity* (Oxford: Blackwell, 2003)를 참고하기 바란다. 버거는 세속화에 대한 초기 지지가 실수라고 생각하고 있으며, 종교적 신념을 지닌 사회학자가 저술한 흥미 있는 책이다.

종교학자가 쓴 글들을 모아 놓은 것으로는 Bryan S. Turner의 *The New Blackwell Companion to the Sociology of Religion* (Oxford: Blackwell, 2016)과 James Beckford와 N. Jay Demerath III의 *The Sage Handbook of the Sociology of Religion* (London: Sage, 2007) 등이 있다.

사회 제도에 대한 원래의 글들을 모아 놓은 것으로 *Sociology: Introductory Readings* (3rd edn, Cambridge: Polity, 2010)를 들 수 있다.

관련 홈페이지

- Additional information and support for this book at Polity
  www.politybooks.com/giddens
- Sociology of Religion
  http://socrel.oxfordjournals.org
- The Religion Study Project
  www.religionandsociety.org.uk
- Sociology of Religion Resources
  www.sociologyofreligion.net
- Sociology of Religion Study Group of the British Sociological Association
  http://socrel.org.uk
- Religion and Society Research Programme
  www.religionandsociety.org.uk
- BBC Religion
  www.bbc.co.uk/religion
- British Religion in Numbers
  www.brin.ac.uk
- The Association of Religion Data Archives
  www.thearda.com
- The Immanent Frame
  http://blogs.ssrc.org/tif

18

미디어

The Media

글로벌 시대의 미디어 다양성

디지털 혁명
인터넷과 월드와이드웹
영화
텔레비전
음악
신문

미디어 이론화하기

기능주의
갈등 이론
상징적 상호작용론
포스트모던 이론

시청자와 미디어 재현

시청자 연구
계급, 젠더, 종족 그리고 장애의 재현

글로벌 미디어의 소유, 권력과 대안

미디어 제국주의?
미디어 거대 기업의 소유
글로벌 미디어에 대한 저항과 대안

결론

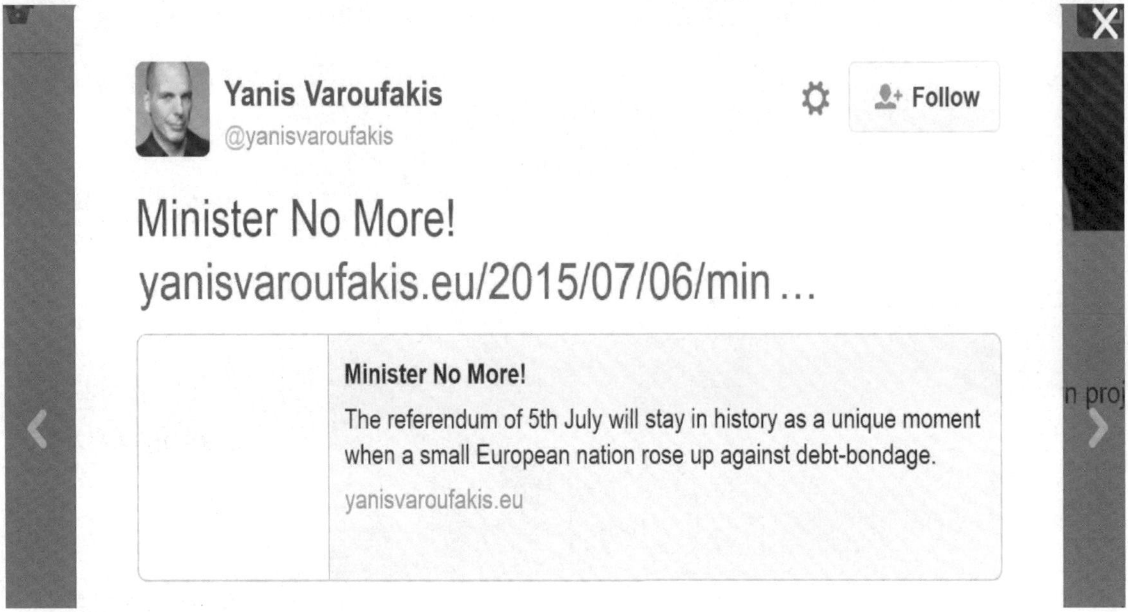

Yanis Varoufakis
@yanisvaroufakis
Follow
Minister No More!
yanisvaroufakis.eu/2015/07/06/min …
Minister No More!
The referendum of 5th July will stay in history as a unique moment when a small European nation rose up against debt-bondage.
yanisvaroufakis.eu

2015년 7월, 그리스 정부가 새로운 구제금융안의 가혹한 조건을 거부하는 국민투표에서 승리하자마자, 재무장관 야니스 바루파키스Yanis Varoufakis는 트위터를 통해 사임 의사를 공표했다. 트위터에 "더 이상 장관이 아니다"라는 메세지를 남긴 것이다. 2015년 4월 12일, 힐러리 클린턴Hillary Cliton은 많은 사람이 예측했던 것처럼 2016년 대선에 출마하겠다고 유튜브에 영상을 올렸고, 트위터에 글을 올렸다. 2010년 5월, 영국 보수당과 자민당의 연정 기간 동안, 전前 보수당 지도자인 윌리엄 헤이그William Hague는 당의 논의 상황을 트위터에 계속 업데이트했다. 오늘날 정치인들은 TV 방송, 출판 모임 혹은 저널리스트들과의 인터뷰에서 했던 것과 같은 중요한 선언을 이제 소셜 미디어를 통해서 한다. 이것은 현대 커뮤니케이션에서 일어나고 있는 거대한 변화의 작은 신호다.

온라인 소셜 미디어의 즉각성과 세계적 확산, 메시지에 대해 코멘트하고 메시지를 보낸 사람과 상호작용하는 능력은 이전의 미디어와 아주 대조된다. 1865년 배우 존 윌크스 부스John Wilkes Booth는 워싱턴 극장에서 에이브러햄 링컨Abraham Lincoln을 암살했다. 그 소식을 전하는 배가 런던에 도착하는 데 12일 걸렸다. 아일랜드의 남쪽 해안에 있던 작은 배가 미국에서 메시지를 가져온 배를 만나, 그 소식을 전보를 통해 코크에서 런던으로 전송했다. 이것은 극단적인 예지만, 우리가 이 장에서 볼 수 있듯이, 인터넷과 새로운 디지털 미디어는 이미 사람들이 다른 사람들과 커뮤니케이션하는 방법을 변화시켰다.

21세기에 커뮤니케이션 기술은 거의 세상 모든 곳에 사는 수백만의 사람과 동시에 정보를 공유할 수 있게 해준다. 정보를 연설이나 미디어를 통해 전달하는 커뮤니케이션은 어느 사회에서나 중요하다. 오늘날에는 라디오, 텔레비전, 신문과 잡지 등 다양한 대중매체가 존재한다. 많은 사람들과 소통하기 때문에 '대중'매체라 한다.

캐나다의 미디어 이론가 마셜 매클루언Marshall McLuhan은 미디어 형태가 사회에 특별한 효과를 미친다고 주장했다(1964). 그는 '매체가 메시지'라고 말한다. 즉 사회는 미디어가 전달하는 내용보다 미디어의 형태에 더 큰 영향을 받는다. 말, 배와 전송 케이블에 의존하는 사회와 비교해 인터넷과 소셜 미디어를 통해 세계 여러 곳이 소통하는 사회에서는 일상생활이 대단히 다르게 경험된다.

세상에서 이들을 모르는 사람이 얼마나 될까?

매클루언은 현대 전자 미디어가 다수의 사람들이 주요 사건이 전개되는 것을 목격하는 지구촌을 창조할 것이라고 예측했다. 그가 확실히 옳았다. 세계화와 정보통신기술ICT은 모든 대륙에서 같은 음악과 뉴스, 영화 및 텔레비전 프로그램을 볼 수 있게 했다. 24시간 뉴스 채널이 실시간으로 이야기를 보도하고, 할리우드와 홍콩에서 만들어진 영화가 전 세계 관객들에게 전달되며, 우사인 볼트Usain Bolt와 세레나 윌리엄스Serena Williams와 같은 스포츠 스타가 전 세계에서 친숙한 이름이 되었다. 인간 세계가 단일한 '운명 공동체'로 더욱 통합되었다.

30년 전에는 커뮤니케이션이 상대적으로 제한적인 영역이었지만, 오늘날은 놀라울 정도로 서로 결합되어 있다. 흔히 이것은 확연히 다른 미디어들이 새로운 방식으로 통합되는 과정인 미디어 컨버전스라고 기술된다. 텔레비전, 라디오, 신문과 전화가 기술의 발전과 인터넷의 확산으로 엄청난 변화를 겪고 있다. 신문 기사는 온라인으로 읽을 수 있고, 라디오 방송은 디지털 텔레비전으로 접속되며, 스마트폰으로 인터넷 접속이 가능하다. 음성인식, 브로드밴드, 웹 캐스팅과 케이블 연결 기술의 발달로 선진국에서는 인터넷이 이미 정보 전달, 오락, 광고와 상거래를 위한 1차적인 길이 되었다.

인터넷과 월드와이드웹에 초점을 맞춰 최근의 디지털 혁명으로 이 장을 시작한다. 그리고 사회에서 미디어와 미디어의 역할에 관한 이론적 접근을 살펴보기 전에 영화, 텔레비전, 음악, 신문과 같은 대중매체의 유형을 간단히 다룬다. 사회 집단에 대한 미디어 재현과 시청자에게 미치는 대중매체의 효과, 마지막으로 글로벌 미디어의 소유 집중과 그것에 대한 대안과 저항을 다룬다.

글로벌 시대의 미디어 다양성

대부분의 인류 역사에서 주된 커뮤니케이션 수단은 말이었고, 면대면 커뮤니케이션이 규범이었다. 이처럼 구어 문화에서는 정보, 아이디어와 지식이 세대를 넘어 입으로 전해졌고, 우리가 사용하는 책, 도서관, 서고와 같은 유용한 정보의 저장은 존재하지 않았다. 말이 처음으로 돌에 기록되고 저장되자, 최초의 문자 문명이 3천 년 전 중국에서 나타났다. 종교는 문자 그대로 '말을 전파'하기 위해 문서와 교재를 만드는 방법을 찾음으로써 커뮤니케이션의 발전에 기여했다.

현대 대중매체에 중요한 선구적 물건은 15세기 중엽 구텐베르크가 발명한 이동식 인쇄기다. 구텐베르크는 아시아에서 유래한 종이와 나뭇조각으로 인쇄하는 기존의 기술을 사용했다. 기술의 진보와 오래된 기술을 새롭게 사용하는 것이 대중매체의 발달에 핵심적인 역할을 했지만 사회적, 문화적, 경제적 요소들도 고려되어야 한다. 예를 들어 인쇄 매체의 대중적인 형태는 인쇄 매체에 대한 접근이 상대적으로 저렴하고 교육받은 인구가 이러한 이점을 활용할 수 있는 사회에서 발달했다.

지난 20세기 디지털 기술은 이동전화나 스마트폰, 비디오 게임, 디지털 텔레비전, 사용자 참여와 같은 뉴미디어new media를 촉진시켰다. 디지털화가 영화, 텔레비전, 음악, 신문과 같은 오래된 형태의 미디어에 미친 영향을 살펴보기 전에 '디지털 혁명'에 대해 먼저 알아보자.

> 인터넷과 휴대전화에 대해 더 알고 싶으면 제4장 〈세계화와 사회 변동〉을 참조하라.

디지털 혁명

정보와 자료의 디지털화는 현대 커뮤니케이션을 혁명적으로 바꾸고 있다고 할 수 있다. 디지털화는 멀티미디어의 발달에서 기원한다. 서로 다른 기술을 요하는 미디어들(영상과 음성)이 하나의 매체(DVD와 PC)로 결합되고 있다. 컴퓨터의 처리 능력이 지속적으로 증가하고, 인터넷 속도가 더욱 빨라져, 음악을 듣거나 영화를 보거나 스포츠 생방송 시청을 가능케 했다. 또한 디지털화는 사람들이 적극적으로 참여하거나 보고 들은 것을 구조화시키는 블로그나 소셜 미디어와 같은 상호 소통하는 미디어의 발달을 가능케 했다(Negroponte 1995).

미디어의 본질적인 요소 하나는 정보가 인프라를 통해 소통되고 교환된다는 점이다. 20세기 후반 여러 중요한 기술 진보가 텔레커뮤니케이션(원거리 정보, 음성과 영상 커뮤니케이션)의 모습을 완전히 바꿔 놓았다. 예를 들어 ICT는 전 세계 금융 체계와 주식시장에서 큰 변화를 만들어 냈다. 돈은 더 이상 주머니 속의 수표나 현금이 아니다. 돈은 전자화폐가 되어 은행 컴퓨터에 저장된다. 당신이 가지고 있는 것의 가치는 전자적으로 화폐시장과 연계된 거래자들의 활동을 통해 결정된다. 이러한 시장은 지난 수십 년 동안 이루어진 컴퓨터와 위성통신이 결합되어 만들어 낸 것이다.

네 가지 기술 트렌드가 이러한 발전을 이끌었다. 첫째, 컴퓨터 성능의 지속적인 향상이다. 둘째, 컴퓨터와 텔레커뮤니케이션 기술의 통합을 가능하게 하는 자료의 디지털화다. 셋째, 통신위성이다. 넷째, 서로 다른 메시지가 단일한 케이블에서 이동하게 하는 광섬유다. 최근 극적인 커뮤니케이션의 폭발적인 증가는 그 속도가 줄어들지 않고 있다. 정말로 2008년 『현대사회학』 6판이 출간된 이래 스마트폰과 태블릿 PC가 등장했다. 이러한 무선 기술Wi-Fi의 발달로 거의 모든 곳에서 인터넷 접속이 가능해졌다. 아이폰, HTC, 블랙베리와 같은 스마트폰은 컴퓨터의 기능을 손으로 다룰 수 있는 작은 장치로 통합시켰고, 널리 사용되고 있으며, 더 다양한 활동에 활용되고 있다. 비록 랩톱과 넷북이 소셜 미디어를 제외하고 가장 많은 온라인 활동에 사용되고 있지만, 2007년 최초로 스마트폰 판매량이 PC 판매량을 넘어섰다(〈그림 18-1〉 참조).

영국 통신 규제 기관인 오프컴Ofcom은 66퍼센트의 성인이 스마트폰을 사용하고, 39퍼센트가 인터넷에 접속하기 위해 태블릿 PC를 사용하고 있으며(2015: 8~9), 25~34세 인구에서는 88퍼센트가 스마트폰을 가지고 있다고 보고했다(ibid.: 28). 오프컴은 37퍼센트의 성인 사용자와 60퍼센트의 10대 사용자가 스마트폰에 '매우 중독된' 상태이며, 사용자의 81퍼센트는 스마트폰을 24시간 켜놓고 있다고 보고했다(Ofcom 2011).

놀라운 속도로 이루어진 스마트폰과 태블릿의 보급은 컴퓨터 사용이 얼마나 광범위하게 이루어졌는지 단적으로 보여 준다. 첫 번째 컴퓨터 시대에는 방 전체를 차지하는 대형 컴퓨터로 시작했다. 두 번째 컴퓨터 시대에는 컴퓨터가 직장이나 집에 고정되어 있었다. 그리고 현재는 컴퓨터가 소형화되어 들고 다니고 컴퓨터가 거의 모든 사회적 환경의 일부가 된 '유비쿼터스 컴퓨터' 시대다(Maier 2011: 143~144). 오프컴의 연구가 보여 주듯이, 디지털 기술은 빠르게 표준화되고 새로운 규범이 온라인과 컴퓨터가 사용되는 물리적 환경 속에서 진화하고 있다. 이러한 모든 변화의 근저에는 인터넷이 있다.

비판적으로 생각하기 THINKING CRITICALLY

1주 동안 사람들이 공공장소에서 스마트폰이나 이동전화를 어떻게 사용하는지 관찰해 보라. 공공장소에서 스마트폰이나 이동전화를 사용하는 데 받아들일 수 있는 사회규범은 무엇인가?

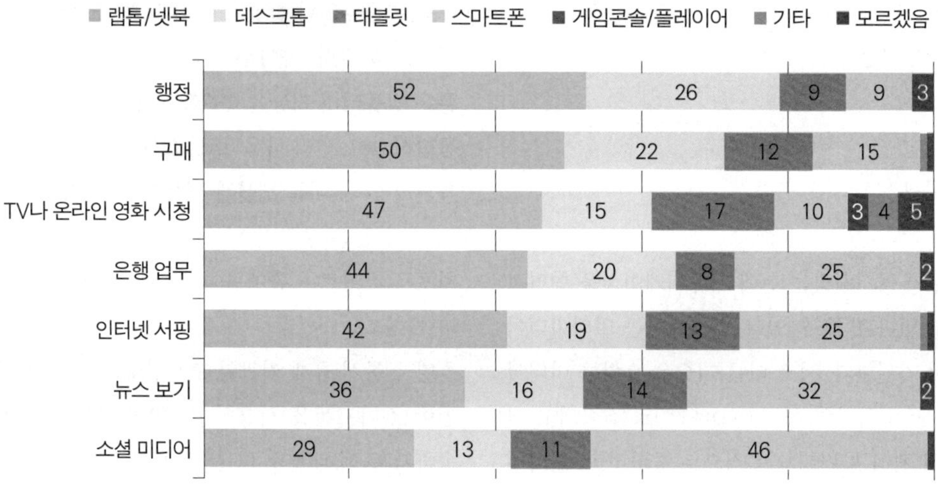

그림 18-1 특별한 인터넷 활동에 가장 많이 사용되는 장치

출처: Ofcom 2015: 74.

인터넷과 월드와이드웹

1990년대 초, 미래는 PC가 아니라 연결된 컴퓨터의 세계적 체계인 인터넷에 있다는 것이 분명해졌다. 비록 많은 컴퓨터 사용자들이 그 당시 그것을 인지하지 못했을지라도, PC는 개인이나 회사에 의해 소유되지 않은 지구상에 뻗어 있는 네트워크에 접속하는 지점에 불과했다.

> 인터넷이 국제적인 정치적 행동의 성장에 사용될 잠재력에 대해서는 제21장 〈정치, 정부, 사회운동〉에서 다룬다.

인터넷은 냉전시대에 만들어졌다. 1969년 미군의 본부인 펜타곤에서 사용될 시스템에서 발전한 것이다. 이 시스템에는 ARPAAdvanced Research Projects Agency네트라는 이름이 붙었다. ARPA는 미국 전역에 흩어져 국방부 프로젝트를 수행하고 있는 과학자들이 자원을 모으고 비싼 장비를 서로 공유할 수 있도록 하고자 했다. 돌이켜보건대, ARPA 창시자가 메시지 보내는 방법을 생각해 낸 끝에 전자 메일인 이메일이 탄생했다. 대학들이 자신들의 목적에 맞춰 사용하기 시작해, 1987년에는 대학과 연구실에서 2만 8천 개의 호스트 컴퓨터를 지니게 되었다. 1994년에는 기업이 발전하고 있는 네트워크의 주된 사용자로 대학을 능가했다.

가장 많이 알려진 인터넷 사용은 월드와이드웹으로, 실제로 글로벌 멀티미디어 도서관이다. 그것은 영국의 소프트웨어 엔지니어인 팀 버너스리Tim Berners-Lee가 1990년 스위스 물리학 실험실에서 만들었다. 보통 사용자들은 웹 브라우저로 웹을 탐색하지만, 점차 주로 스마트폰에만 적용되는 소프트웨어인 '앱'이 브라우저의 용도를 한꺼번에 폐기시키고 있다. 웹사이트가 정교하게 발전해 그래픽, 사진, 비디오와 오디오 파일을 통합하고 웹이 온라인에서 이루어지는 기업 거래인 e-커머스의 주요 인터페이스다.

사람들이 스마트폰과 다른 이동 장치들을 더 많이 소유하게 되어, 인터넷 사용은 계속 늘어날 것이다. 영국 통계청 자료에 따르면 2010년 영국 성인의 60퍼센트가 매일 인터넷에 접속했는데, 이는 2006년에 비해 두 배 늘어난 것이다(ONS 2011a). 전체 가구의 73퍼센트 정도가 집에서 인터넷에 연결되어 있다. 더 많은 사람이 인터넷으로 쇼핑

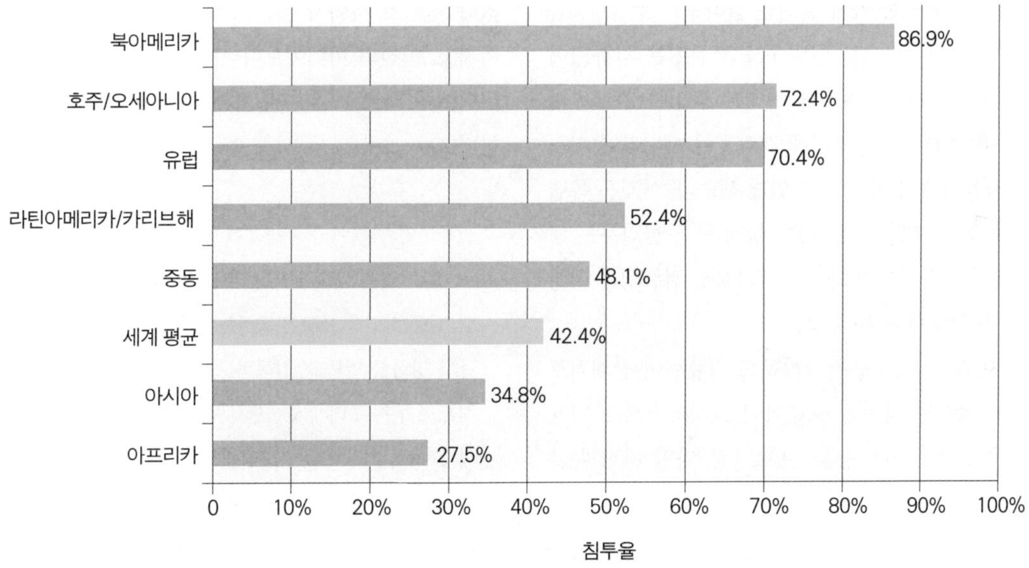

그림 18-2 세계 지역별 인터넷 침투율, 2014

참조: 2014년 12월 31일 침투율은 세계 인구 72억 6천4백62만 3천7백93명과 인터넷 사용자 30억 7천9백33만 9천8백57명에 근거한 것이다.
출처: Internet World Stats 2015.

을 해 전체 성인의 62퍼센트인 3천1백만 명이 지난 12개월 동안 온라인으로 쇼핑을 했다. 소셜 네트워킹도 급격히 늘어나고 있고, 소셜 미디어는 16~24세 젊은이들 사이에서 많이 사용된다. 인터넷으로 영화를 보고 음악을 듣는 것이 하나의 추세가 되었다. 2006년에는 인터넷으로 영화를 보거나 음악을 듣는 사람이 640만 명이었는데, 2010년에는 1천740만 명으로 늘었다. 이러한 조사는 더 많은 사람이 인터넷에 접속하고 이용한다는 점과 다양한 활동을 위해서 인터넷을 이용한다는 점을 보여 준다.

> 온라인 소셜 네트워크와 소셜 미디어는 제8장 〈사회적 상호작용과 일상생활〉에서 논의된다.

그러나 영국 통계청 자료는 오늘날 디지털 격차로 알려진 인터넷 접속과 사용에서 불평등이 뚜렷하게 존재한다는 것을 보여 준다(Andreasson 2015; Ragnedda and Muschert 2013). 영국 인구 중 870만 명(17.5퍼센트)은 인터넷을 한 번도 사용해 보지 않았다. 그들 중 남성이 510만 명, 여성이 360만 명이었고, 3분의 2가 65세 이상이었으며, 그들의 절반 정도(48.3퍼센트)가 장애인이었다. 실제로 장애가 없는 사람들 중 인터넷을 사용해 보지 않은 사람은 11.9퍼센트인 데 반해, 장애가 있는 사람들의 3분의 1 이상이 인터넷을 사용해 보지 않았다. 또한 지역 간 격차도 존재해 북아일랜드, 머지사이드, 남서스코틀랜드, 노섬벌랜드, 타인과 웨어 지역에서는 인구의 5분의 1 이상이 온라인을 사용해 보지 않은 반면에, 부유한 지역인 버크셔, 버킹엄셔와 옥스퍼드셔에서는 10.2퍼센트에 불과했다(ONS 2011b).

세계적으로 얼마나 많은 사람이 인터넷으로 연결되어 있는지는 정확하게 알려지지 않았지만, 2015년 최대한 정확한 추정치는 30억 이상이다(Internet World Stats 2015). 인터넷 접속은 세계적 불평등을 반영해, 지역적으로도 편차가 있다. 2014년 아프리카의 27.5퍼센트, 아시아의 34.8퍼센트 정도가 인터넷을 사용하고 있는데, 북아메리카에서는 85.9퍼센트, 유럽에서는 70퍼센트 정도가 인터넷을 사용하고 있다(〈그림 18-2〉 참조). 인터넷 확산을 더 빠르게 하는 한 가지 발전은 클라우드 컴퓨팅cloud computing이다. 핵심적으로 클라우드 컴퓨팅은 컴퓨팅이 모든 개인이 자신들의 장치에 장착되어 있는 플랫폼과 소프트웨어의 필요성을 제거해 결과물이 아니라 서비스를 최종 사용자에게 전달할 수 있게 해준다. 이것은 특별히 중요할 것 같지 않으나, 많은 전문가들은 클라우드 컴퓨팅 기술이 진화적이긴 하지만 클라우드 컴퓨팅은 혁명적이라고 주장한다(Sosinsky 2011: 3).

혁명적이라고 하는 것은 클라우드 컴퓨팅이 잠재적으로 무한한 컴퓨팅 자원을 보편적이고 지속적으로 가용하게 만들기 때문이다. 응용, 프로그램, 파일 저장과 운영 체계가 사용자에게는 위치가 알려져 있지 않은 데이터 센터에 기반을 두고 있고, 보통 선불을 지급하고 사용이 가능하다. 개인들은 그들이 랩톱, 태블릿, 넷북이나 스마트폰 그 어떤 장비를 사용하든 간에 장비에 소프트웨어를 설치하지 않고, 그들이 필요한 서비스를 받을 수 있다. 또한 프라이버시, 비밀 유지, 자료 안전 이슈가 있다. 더 많은 정보가 무선 커뮤니케이션을 통해 이동하고 재료들이 데이터 센터에 축적되어, 사용자들이 클라우드 제공자에 대한 통제를 중단할 수 있다. 그럼에도 불구하고, 우리는 서로 연결되어 있는 글로벌 '클라우드들의 클라우드'인 '인터클라우드intercloud'로 나아간다(Rothenberg 2010). 이것이 멋져 보이지만 현금 지불이라면, 유틸리티 컴퓨팅이 전 세계적으로 도약해, 인터클라우드가 인터넷처럼 일반화될 수 있다.

인터넷의 영향

많은 이가 인터넷을 네트워크로 연결된 글로벌 사회의 등장으로 본다(Castells 2006). 인터넷에서의 상호작용은 사이버 공간이라는 가상 세계에서 일어난다. 사이버 공간은 인터넷을 구성하고 있는 컴퓨터의 글로벌 네트워크로 만들어진 상호작용 공간을 의미한다. 사이버 공간에서는 남자인지 여자인지, 어디에 있는지와 같은 사용자의 정체성을 확인할 수 있는 세부적인 것을 정확히 알 수 없다. 정말로 사이버 공간은 때로 대안적인 현실처럼 느껴지고, 이전의 미디어보다 사용자가 더 통제할 수 있는 미디어 형태로 느껴진다. 콜커Kolker는 다음과 같이 주장한다(2009: 253).

> 전통적인 미디어와의 관계에서 우리는 늘 우리가 읽고, 듣고, 보는 것은 배후에 일종의 원작자가 있는 것으로 인식한다. 신문 칼럼을 쓰고 편집하는 사람. 레코딩, 라디오 혹은 TV 쇼나 영화를 만들고, 감독하고, 배포하는 사람. 광고는 지속적으로 누가 우리에게 어떤 것을 원하고 있음을 환기시켜 준다. 그러나 키보드나 온라인에서 우리가 통제하고 있고 내적인 동시에 외적인 세계에서 어떤 사물이나 어떤 사람과 친밀하게 연결되어 있는 것처럼 생각된다.

인터넷의 효과에 대한 의견은 둘로 나뉜다. 어떤 사람들은 온라인 세상이 기존의 면대면 상호작용을 강화시키거나 보완하는 전자적인 관계를 촉진시킬 것으로 본다. 예를 들어 여행을 하거나 해외에서 일하는 동안 사람들은 인터넷을 이용해 멀리 떨어져 있는 것을 견딜 수 있게 친구나 친척들과 소통할 수 있다. 인터넷은 소셜 네트워크에서 만난 익명의 온라인 사용자, 상호 관심사를 이야기하기 위해 채팅방이나 블로그와 같은 새로운 형태의 관계 형성을 가능케 한다. 많은 인터넷 사용자들이 물리적 세계에서의 커뮤니티와 질적으로 다른 온라인 커뮤니티의 일부가 된다.

다른 한편의 사람들은 덜 열광적이다. 사람들이 온라인 커뮤니케이션과 온라인 상에서 하루 일을 수행하는데 더 많은 시간을 소비하면서, 물리적 세계에서 상호작용하는 데는 시간을 덜 쓴다. 사회학자들 가운데 인터넷 기술의 보급이 사회적 소외를 낳을 것이라고 우려하는 이도 있다. 그들은 가구 내 인터넷 접속의 증가 효과는 가족이나 친구들과 '유의미한 시간'을 덜 갖게 될 것이라고 주장한다. 일과 가정의 경계가 모호해지면서, 인터넷이 가정생활에 침투하고 있다. 많은 피고용자가 일과 후에도 집에 돌아와 이메일을 확인하거나 끝내지 못한 업무를 본다. 개인적인 관계도 타격을 받고, 극장 관람이나 독서가 소홀히 되고, 사회생활의 뼈대가 약화된다. 대단히 유사한 우려가 텔레비전과의 관계에서도 표출되었다. 데이비드 리스먼David Riesman과 그의 동료들은 『고독한 군중The Lonely Crowd』(1961)에서 TV가 가족과 커뮤니티에 미치는 영향에 대해 우려를 표명했다. 이러한 우려의 일부가 현실로 나타나긴 했지만, 텔레비전은 여러 방식으로 세상을 더 풍부하게 만들었다.

하워드 레인골드Howard Rheingold는 『가상 커뮤니티The Virtual Community』(2000)에서 컴퓨터를 통한 커뮤니케이션이 긍정적인 잠재력도 있지만 동시에 부정적인 면도 있다고 인정한다. 레인골드는 가상 커뮤니티에 대해 특별히 관심을 보이며, 가상 커뮤니티를 "사이버 공간에서 개인적인 관계를 형성하기 위해 많은 사람이 다양한 의견을 제시하고 충분한 감정을 보일 때 생겨나는 사회적 집합체"라고 정의한다(2000: 5). 그는 전 세계 사람들이 공개적인 토론에 참여해 의견을 제시할 수 있고 사적인 이메일을 교환할 수 있는 컴퓨터 컨퍼런스 시스템인 WELLWhold Earth 'Letronic Link을 설명하고 분석한다. WELL의 일원이 되는 것은 물리적 세계의 일부와 매우 유사하지만, 탈육체화된 형태로 이루어진다는 것이다(www.rheingold.com/vc/book/intro.html).

> 가상 세계의 사람들은 농담을 주고받고, 다투고, 토론하고, 상거래를 하고, 지식을 교류하고, 감정을 나누고, 계획을 짜고, 사랑을 하고, 게임을 하고, 잡담을 하기 위해 화면에 단어들을 띄운다. 가상 세계의 사람들은 실제 세계와 거의 똑같이 행동하지만, 한 가지 차이점은 육체는 현실에 있다는 것이다. 키스를 할 수 없으며, 누군가 당신을 때리는 일도 없다. 그러나 그러한 경계 내에서 많은 일이 일어날 수 있다.

그럼에도 불구하고, 인터넷에는 부정적인 요소도 있다. 예를 들어 소위 '어둠의 웹dark web'이라고 불리는 웹은 암호화된 월드와이드웹으로 접속하려면 허락이 필요하며 아동 포르노와 범죄 활동을 확산시키는 데 사용되었다. 개인 정보를 수집하고 원하는 누구에게나 그것을 판매해 소셜 미디어와 소셜 네트워킹 서비스와 함께 가상 커뮤니티를 상품으로 바라보는 기업들에 의해 인터넷이 지배되기 시작했다. 그리고 강화된 국가의 감시 기회를 제공한다. 이러한 '악몽 버전'은 감시원이 끊임없이 감시하는 감옥인 푸코가 그린 '파놉티콘Panopticon'을 떠오르게 한다(Foucault 1975; 제20장 〈범죄와 일탈〉 참조). 레인골드는, 마법과 같은 해결책은 없지만 인간 중심의 가상 세계를 만들기 위해 일하는 인터넷에 열정적인 사람들은 이러한 비판을 명심해야 한다고 제안한다.

> 개인의 정체성과 새로운 형태의 커뮤니티에 관한 질문은 제8장 〈사회적 상호작용과 일상생활〉에서 자세히 다룬다.

마누엘 카스텔스Manuel Castells는 인터넷이 일과 자영업, 개인적인 표현, 협업과 사회성의 새로운 조합을 가능케 할 것이라고 주장한다(2001). 인터넷은 정치 운동을 하는 사람들이 자신들의 메시지를 전 세계로 확산시키기 위해 개인들의 네트워크를 결합하고 협동하는 것을 가능케 한다. 이른바 2010~2012년 '아랍의 봄'이 하나의 예로, 시위자들이 시위를 조직하는 편지를 이용해 전 세계적으로 접근 가능한 블로그와 소셜 미디어에서 생각, 관심과 경험을 공유했다. 주류 뉴스 보도 또한 급변하는 상황에 관한 시민들의 보도에 의존했다. 이 과정에서 시위에 참여한 사람들이 시민-기자로 바뀌었고, 뉴스 생산 참여자가 되었다. 유사하게, 감시자들이 제공하는 정치, 기업과 군사에 관한 비밀자료를 온라인에 공개하는 위키리크스WikiLeaks는 정보 자유의 정도와 정당성에 관한 논쟁을 극적으로 불러일으켰다(이 장 맨 뒤 〈예술 속의 사회〉 참조).

비록 학력이 높고 사회경제적 지위가 높은 사람들은 소셜 미디어를 덜 사용하지만, 트위터, 핀터레스트, 인스타그램, 페이스북과 같은 소셜 미디어는 비디오를 공유하는 유튜브와 함께 어떻게 모든 연령대에서 가장 인기 있는 웹 기반 커뮤니케이션이 되었는가를 보여 준다

(Kagan 2011). "매체가 메시지다"라는 매클루언의 생각을 이용해, 카스텔스는 오늘날 "네트워크가 메시지다"라고 주장한다.

비판적으로 생각하기 THINKING CRITICALLY

텔레비전의 메시지가 수동적이고 보기만 하는 것이라면, 사람들이 끊임없이 유튜브 비디오를 보고 온라인 콘텐츠를 보는 것과 같이 인터넷의 메시지도 그렇게 될 것인가? 어떻게 하면 '네트워크' 메시지를 달리 읽을 수 있는가?

영화

최초의 유료 상영 영화는 1895년 프랑스 파리에서 개봉된 뤼미에르 형제의 〈라 시오타 역으로 들어오는 기차Arrival of the Train in La Ciotat Station〉로, 증기 기관차가 관객을 향해 천천히 다가오자 관람객들은 자리를 뒤로 물렸다. 인쇄 매체가 수십 년 동안 서서히 발달했지만, 영화는 빠르게 다가왔다. 1896년에 영국 최초의 극장이 개장되었고, 1914년에는 런던에만 5백 곳이 넘었다. 영화 관람료도 저렴해 모든 계급의 사람들이 구매할 수 있었다. 1920년대 초는 노동 시간 감소와 실업률 증가로 선진국에서 극장에 가는 사람들이 대규모로 늘었다.

할리우드 베스트셀러 영화보다 매년 10억 달러 이상의 표가 인도 발리우드에서 팔린다. 그러나 미국 영화가 전 세계에 더 많이 알려져 있고 영화 수입도 더 많이 올린다.

1925년 상업적으로 성공한 대다수 영화는 미국에서 만들어진 영화들이었고, 현재도 여전히 그렇다(〈표 18-1〉 참조). 극장은 점차 미국 영화사들에 의해 통제되었고, 미국 영화사들은 영화 배급권을 소유했다. 영화사들은 경쟁자들을 효과적으로 제거해, 극장들이 앞으로 만들 영화까지 한꺼번에 구매하도록 했다. 인쇄 매체처럼 영화관 소유권도 소수 대기업에 집중되었다. 미국 영화 제작의 지배력은 부분적으로 커다란 미국 내수시장의 결과이긴 하지만, 영화 보급을 통해 미국의 가치, 상품과 문화가 판촉 되기 때문에 '문화적 제국주의' 문제를 야기했다.

영화의 세계화를 평가하는 방식에는 여러 가지가 있는데, 그중 하나는 영화가 만들어진 곳과 영화 제작에 필요한 자금을 지원한 곳을 고려하는 것이다. 이러한 기준에 의하면, 영화 산업에서는 의심할 여지없이 세계화가 진행되고 있다. 유네스코의 연구에 따르면, 많은 나라가 영화를 만들 능력을 가지고 있다. 그러나 아주 일부 나라, 즉 미국, 인도, 나이지리아, 홍콩이 전 세계 영화 생산을 지배하고 있다(UNESCO 2009b).

영화의 세계화를 평가하는 또 다른 기준은 다른 나라로 수출되는 정도다. 1920년대에는 할리우드가 전 세계 영화의 5분의 4를 제작했다. 그러나 2006년에는 발리우드의 영화 생산이 늘어난 인도가 1천91개로 가장 많은 영화를 제작했다. 나이지리아의 놀리우드는 2위로 872개였고, 미국은 485개로 3위였다(UNESCO 2009b). 그러나 인도와 나이지리아 영화는 국제적으로 상영되지 않았고, 두 나라 정부가 자국 영화산업에 보조를 했지만, 미국이 가장 큰 영화 수출국이었다. 〈표 18-1〉이 보여 주는 것

표 18-1 전 세계에서 판매된 영화 상위 10(2015년 8월 9일)

순위	제목	연도	제작 국가	총수입(미국 달러)
1	아바타	2009	미국	2,783,918,992
2	타이타닉	1997	미국	2,207,615,668
3	쥐라기공원	2015	미국	1,565,122,588
4	어벤저스	2012	미국	1,519,479,547
5	분노의 질주: 더 세븐	2015	미국	1,513,906,673
6	어벤저스: 에이지 오브 울트론	2015	미국	1,398,442,728
7	해리포터와 죽음의 성물-2부	2011	미국	1,341,511,219
8	겨울왕국	2013	미국	1,274,234,980
9	아이언맨 3	2013	미국	1,215,392,272
10	반지의 제왕: 왕의 귀환	2003	미국	1,141,408,667

출처: The Numbers 2015.

처럼, 지금까지 전 세계에서 가장 많은 관객을 모은 상위의 영화는 모두 미국 영화였다.

할리우드 영화사들은 전체 수익의 절반 이상을 수출을 통해 번다. 외국 관객을 늘리기 위해 영화사들은 전 세계에 멀티플렉스 영화관을 짓는 데 참여하고 있다. 글로벌 박스오피스는 관객이 증가해 2010년 31억 8천만 달러로 1995년의 거의 두 배에 가까웠다(Bloomberg 2011). 비디오, DVD 플레이어, VOD의 확산으로 정기적으로 영화를 볼 수 있는 사람 수가 늘어났다.

디지털 혁명이 영화 제작과 보급을 급격히 바꾸고 있다. 통상적으로 영화는 이미지를 아날로그 방식으로 저장하고, 음성과 결합해 셀룰로이드 필름으로 합성해 만들어진다. 최종적인 영화는 필름을 편집 과정에서 잘라 완성한다. 오늘날 더 많은 영화가 디지털 파일에 기록되고 쉽게 가공되지만, 영화가 유출되거나 도난당해 인터넷에 떠돌아다니기도 한다. 영화관은 디지털 영사기로 바뀌고 있고, 디지털 영사기는 셀룰로이드 시대의 막을 내리게 할 것이다. 영화감독 조지 루카스George Lucas는 그의 스타워즈 영화 〈시스의 복수The Revenge of the Sith〉(2005)의 95퍼센트가 컴퓨터 디자인과 애니메이션으로 이루어졌다고 말했다(Kolker 2009: 249).

디지털 기술이 발달하면서 더 많은 아마추어들도 영화 제작이 가능해지고 있다. 그들은 스스로 영화를 만들고 편집해 유튜브와 같은 파일 공유 웹사이트에 올린다. 평론가들은 이러한 영화의 질에 대해 의문을 던질 수도 있다. 그렇지만 다른 미디어 형태에서도 일어나고 있는 디지털 혁명에 발맞춰 기술의 발달이 이전에는 수동적이었던 소비자들을 적극적인 생산자나 소비자인 '프로슈머prosumer'가 될 수 있게 한다. 25년 전에는 생각도 못했던 일이다.

텔레비전

텔레비전과 시청자 간의 상호작용은 영화와 시청자 간의 상호작용과 다르다. 텔레비전은 영화가 요구하는 집중력을 요구할 수도 없고 요구하지도 않는 방식으로 가정으로 들어간다. 텔레비전은 세계 어느 곳에서나 일어나는 사건을 바로 대중에게 보고하기 때문에, 영화가 가지지 못한 즉각성immediacy을 지닌다.

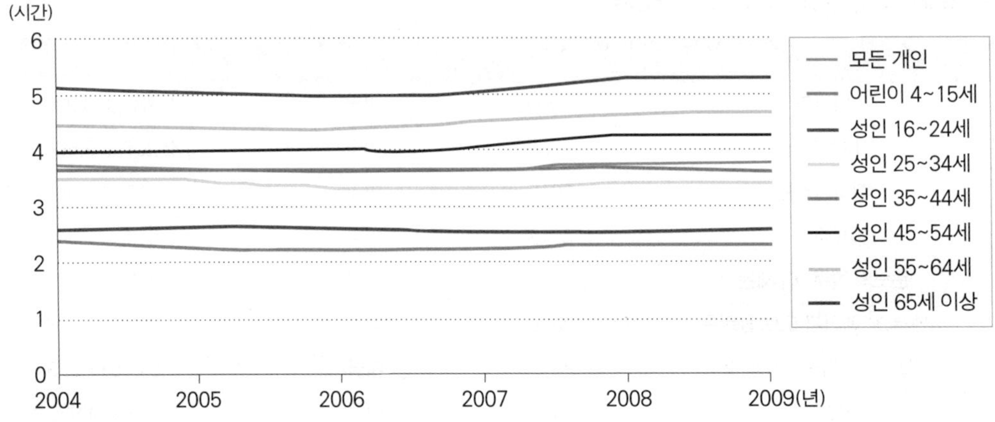

그림 18-3 영국 가정의 연령별 1일 평균 텔레비전 시청 시간, 2004~2009
출처: Ofcom 2010: 16.

1950년대 이래 텔레비전 수상기 수와 텔레비전 시청자 수가 극적으로 증가했다. 만약 현재와 같은 추세로 텔레비전 시청자 수가 늘어난다면, 오늘날 태어나는 아이들은 18세가 되었을 때, 잠자는 시간 이외에 다른 어떤 활동을 하는 시간보다 더 많은 시간 동안 텔레비전을 볼 것이다. 영국에서 많은 사람들이 매일같이 텔레비전을 보며, 하루에 평균 3~6시간 정도 텔레비전이 켜 있다(〈그림 18-3〉).

텔레비전과 사회생활

텔레비전은 우리의 일상생활에 깊숙이 자리 잡고 있다. 우리는 텔레비전을 보고 친구와 가족과 함께 그것에 대해 이야기하고, 텔레비전 시청을 일상화한다. 우리가 다른 일을 하는 동안에도 '구석진 곳의 상자'는 항상 켜져 있고, 우리 삶에 필수적인 요소인 것처럼 보인다. 로저 실버스톤Roger Silverstone은 다음과 같이 이야기한다(1994: 3).

> TV는 우리가 일어나서 아침을 먹고 차를 마시고 바에서 술을 마실 때 항상 같이 있다. 우리가 혼자 있을 때 우리를 편안하게 해준다. 숙면도 도와준다. 우리에게 즐거움을 주고 때론 지겹게도 하며 자극을 주기도 한다. 사회적이거나 독립적일 수 있는 양측의 기회를 모두 제공한다. 지금은 TV를 너무 당연하게 받아들이지만 예전에는 이 매체를 우리의 삶에 어떻게 조화시킬지 배워야 했다.

텔레비전이 사람들의 정서적, 인지적 복지에 기여하고 일상과 습관을 만드는 데 도움을 준다. 결과적으로 텔레비전은 일상생활에서의 질서와 연속성의 느낌인 '존재론적 안전' 감각을 더 강하게 만든다. 그것이 텔레비전이 지속적으로 인기 있는 이유다. 그렇지만 이것이 TV의 지배적인 위치가 불가피하다거나 논쟁의 여지가 없다는 것을 의미하지는 않다. 〈사회학적으로 상상하기 18-1〉이 보여 주는 것처럼, TV 매체의 유의미한 결과로 오늘날 젊은 사람들의 습관은 부모 세대와 무척 다르다. 그것은 텔레비전의 미래와 관련해 중요한 결과를 지닌다. 여러 미디어 이론가들은 계속해서 증가하는 TV 시청에 대해 회의적이다. 닐 포스트먼Neil Postman(1931~2003)의 책 『죽도록 즐기기Amusing Ourselves to Death』(1986)는 '형식이 내용을 배제하기 때문에' 텔레비전이 심각한 이슈들을 제시하거나 다루지 못한다고 주장한다. 이것은 텔레비전이 심각한 내용을 지속적으로 방송할 수 없는 매체라는 것을 의미한다. 합리적인 주장은 인쇄된 단어의 형태에서 가장

인터넷이 텔레비전을 죽이는가?

사회학적으로 상상하기 18-1

2010년 8월 우리가 알고 있는 바와 같이 텔레비전 시대의 종언이 널리 예측되었다. 미국의 유료 TV 시장이 처음으로 시청자 감소를 겪었다. 최종적으로 경제가 어려워 사람들이 가족의 소비를 줄이기 위해 케이블 TV 패키지를 줄인 것으로 밝혀졌다. 그러나 어떤 논평가들은 이것이 '주문형on-demand' 서비스의 증가와 인터넷에서 모든 것을 이용하면서 나타난 불가피한 결과라고 지적했다.

그렇다면 테크놀로지가 우리가 전통적인 TV라고 생각하는 것과 유료 TV 사업자를 죽이고 있는 것인가? 그것은 혼란스러운 그림이다. 미국의 TV 시청 습관을 추적한 회사 닐슨Nielsen은 텔레비전 소유가 98.9퍼센트에서 96.7퍼센트로 약간 줄어들었다고 보고했다. DVD 판매량은 떨어지고 있지만, 넷플릭스Netflix가 케이블 회사인 컴캐스트Comcast를 제치고 북아메리카에서 가장 많은 비디오 서비스 신청을 받았다. 그러나 IMS 리서치IMS Research는 2010년에서 2015년 사이 디지털 케이블 TV 신청자가 780만 명 정도 증가할 것으로 예측했다.

불법 다운로드를 고려하지 않고, 유튜브YouTube, 훌루Hulu, 아이플레이어iPlayer, 넷플릭스 그리고 다른 OTTover the top 서비스가 대안을 제공한다. 구글 서비스는 미국에서만 사용 가능하지만, 애플과 구글은 소비자가 텔레비전을 통해 온라인 콘텐츠를 사용할 수 있는 OTT 서비스를 개시했다. 이러한 방식으로 비디오를 그 어느 때보다 더 많이 볼 수 있다. 그러나 우리는 또한 TV도 더 많이 본다. 더 분명한 것은 방송 산업이 어디로 갈 것인가 하는 것이다.

전문가에게 묻기

산업에서 생각하는 것이 매장에 나와 있는가? 닐 게이던Neil Gaydon은 유료 TV 기술 개발 회사 페이스Pace의 최고경영자다. 회사는 세계 최대 케이블과 위성 TV 운영자를 위해 셋톱박스와 다른 기술 제품을 제조한다. 게이던은, 지난 50년 동안 TV 시청자 수가 증가했다는 것은 유료 TV가 전보다 더 건강하다는 것을 보여 주는 증거라고 지적한다. "가장 최근의 증거는 TV 대신 랩톱과 태블릿 기기를 이용하는 제로 코드 커팅zero cord-cutting이고, 실제로 OTT가 하는 것은 다른 서비스를 제공하는 것"이라고 말했다. "TV를 시청하는 사람 수는 현재 최고다." 그는 애플 TV나 구글 TV가 출시에 실패한 것을 또한 지적한다. "유료 TV의 도전은 과장됐다. OTT는 원할 때 봐야 하는 사람들의 바람을 가리키는 것이다."

게이던은 유료 TV가 정지된 상태로 있다고는 보지 않는다. 그는 OTT가 제공자들에게 하이브리드 서비스를 개발하라고 알려 준다고 보았다. "셋톱박스는 미디어 출입구로 변해 갈 것이다. 만약 빨리 앞으로 가고자 한다면, 미래의 가정을 생각해야 할 것이고, 여러 서비스를 관리하는 장치인 미디어 게이트웨이인 허브를 가져야 한다."

온 디맨드

모든 사람이 셋톱박스가 변화를 견딜 것이라고 확신하는 것은 아니다. 비디오 검색 엔진과 수집을 하는 블링크스Blinkx의 창업자 수란가 찬드라틸레이크Suranga Chandratillake는 "모든 장치가 기본으로 인터넷 연결을 할 것이다. 점차 그렇게 되고 있다. 이러한 단계에서 셋톱박스는 임시적인 사업이다"라고 말한다. 그럼에도 불구하고, 그는 우리가 알고 있는 TV의 종언을 예측하지 않는다. "TV는 살아남을 것이다. TV라는 명칭에 상관없이 우리는 커다란 스크린을 갖게 될 것이다. 그러나 기다란 TV는 인기가 있을 것이고, 온 디맨드에서 커다란 성장을 보게 될 것이다. 두 가지가 서로를 어느 정도로 잠식할지는 알 수 없다."

그는 넷플릭스 서비스의 성공이 바로 소비자가 유료 서비스에 대해 적정한 돈을 지불하려고 한다는 것을 증명한다고 말한다. "위성, 케이블이나 브로드밴드 비용을 약간 상향조정해서 그 비용을 지불하도록 해야 할 것이다. 다른 방법은 광고를 이용하는 것이다. 소프트웨어나 클라우드 서비스를 통해 아주 자유롭게 사용하지만, 중간에 광고를 삽입하는 것이다. 그래도 선을 이용한 소비는 남을 것이라고 생각한다. 우리는 월드컵 결승전을 동시에 볼 것이다."

출처: Fiona Graham 2011.

비판적으로 생각하기

THINKING CRITICALLY

TV 프로그램을 어디에서 얼마나 보는가? 생방송으로 아니면 '온 디맨드'로, 그리고 어떤 장치로 보는가? 장기적으로 TV 세트가 살아남을 것이라는 이유를 제시해 보라.

잘 전달된다. 그것은 복잡하고 진지한 내용을 유지할 수 있다. 그는 문자가 지배했던 19세기를 '이성의 시대'로 상기시킨다. 비록 포스트먼이 매클루언보다 더 전자 매체의 혜택에 대해 회의적이지만, 포스트먼의 주장은 "매체가 메시지다"라는 매클루언의 주장과 비슷하다. TV 매체가 오락 인구를 만들었다면, 인쇄 매체가 합리적 인구를 만들었다는 것이다. 뉴스, 교육과 정치는 모두 TV 오락으로 축소되어, 책 이름이 가리키듯이, 우리는 단순히 스스로 죽도록 즐긴다는 것이다.

이와 비슷하게 로버트 퍼트넘Robert Putnam은 미국에서 사회적 자본인 도덕적 의무와 신뢰가 텔레비전의 상승에 따라 감소되었다고 주장해 왔다(1995). 텔레비전 시청이 사회적 신뢰 및 집단 소속감과 강하게 그리고 부정적으로 연계되어 있는 하나의 이유로서 퍼트넘은 프로그램 내용이 시청자들에게 미치는 영향을 들고 있다. 예를 들어 TV를 많이 보는 사람들은 범죄율을 과도하게 평가해 다른 사람들의 자비심에 대해 회의적이다. 이러한 변화가 시작된 지 수십 년이 지난 후에나 미국의 사회적 자본 약화가 인지될 수 있다고 결론짓는다.

하지만 최근 몇 년간 TV 시청이 젊은 층을 중심으로 변화하고 있는데, 수요에 따른 서비스 증가와 유튜브와 같은 비디오 공유 사이트의 증가가 쌍방향적 시청을 가능하게 한다. 트위터나 페이스북과 같은 소셜 네트워킹 웹사이트들 또한 퍼트넘의 이론이 너무 비관적이라는 점을 보여 준다. 젊은 층이 미디어의 쌍방향적 특성을 선호한다는 증거가 있는데, 이것은 텔레비전 프로그램 제작에서도 변화가 있을 것이라는 의미가 된다.

> 퍼트넘의 사회적 자본 감소에 관한 이론은 제8장 〈사회적 상호작용과 일상생활〉에서 자세히 다룬다.

텔레비전은 여전히 대단히 인기가 있다. 반면에 소니아 리빙스톤Sonia Livingstone과 모이라 보빌Moira Bovill이 실시한 영국 어린이의 미디어 사용에 관한 조사에 따르면 영국의 노동자 계층 자녀의 3분의 2, 중산층 자녀의 54퍼센트가 침실에 TV가 있는 이른바 '침실 문화'가 증가하고 있는 것으로 나타났다(1999). 2009년 5~16세 아이들 가운데 77퍼센트가 침실에 TV를 가지고 있고, 그중 56퍼센트는 다채널 텔레비전이었다. 어린이들은 TV만 개인적으로 소유한 것이 아니라 73퍼센트가 이동전화를, 69퍼센트는 DVD, MP3와 게임 콘솔을, 55퍼센트는 랩톱과 PC를 가지고 있었다(Livingstone 2009). 이에 비해 다른 유럽 국가 어린이의 TV 소유권은 굉장히 낮다. 하지만 TV가 지속적으로 인기를 얻는 것은 광범위한 만족감을 제공하기 때문이다. 즐거움, 지루함 극복, 편안함과 외로움 극복 등의 역할을 하는 것이다.

디지털 텔레비전

21세기가 시작된 이래 텔레비전 방송 기술이 아날로그에서 디지털로 바뀌면서 혁명적인 변화를 겪고 있다. 아날로그 TV는 1940년대부터 텔레비전 세트에 신호를 보내는 데 사용된 낡은 방송 시스템이다. 소리와 사진을 전파로 변환시켜 전파가 공중으로 발사되면 가정집 지붕의 안테나나 텔레비전 안테나가 그것을 수신한다. 디지털 TV는 사진과 음성을 컴퓨터가 이해할 수 있는 정보로 전환해 작동한다.

디지털 전송은 TV 수신기, 디코더(때로 셋톱박스), 위성 접시 안테나 혹은 케이블과 같이 세 가지 방식으로 수신된다. 디지털 TV는 쌍방향 TV, 인터넷, 홈쇼핑, 은행 거래까지 가능케 한다.

대부분의 선진국에서 디지털 TV가 아날로그 TV를 대체했고, 아날로그 TV의 쇠퇴가 빠르게 이루어지고 있다. 위성통신, 케이블과 디지털 기술의 발달로 가능한 TV 채널 수가 늘어났다. 200개 이상의 TV, 라디오와 데이터 채널의 선택을 시청자들에게 제공하고 월정액을 받는 디지털 서비스 제공자들을 통상적으로 볼 수 있다. 영국에서 아날로그 TV는 다섯 개 채널을 제공한다. 이러한 채널의 증가는 콘텐츠 제공자와 핵심적으로 광고주들에게 더 많은 기회를 제공한다. 유료 시청자와 월정액을 내고 보는 사람들이 늘어날수록 소비자들의 소비 액수도 늘어날 것이기 때문이다. 물론 그들이 시청하는 것의 독창성, 창의성 그리고 질은 전적으로 다른 문제다.

음악

음악은 인류 사회만큼이나 오래되었고, 복잡한 언어 사용 이전부터 사용되었다. 최초의 음악은 인간의 목소리에서 시작되었으며, 이후 다른 물질문화 형태와 함께 악기가 발달했다고 여겨진다. 그중 가장 오래된 악기는 인도와 중국에서 발견되었다. 가장 먼저 기능적으로 악기를 사용한 것은 종교 의례였다. 현대 들어 이러한 의례가 줄어들었지만, 음악은 계속 번창했다.

비판 이론인 프랑크푸르트학파의 테오도어 아도르노Theodor Adorno는, 음악 형식은 음악이 존재하는 사회를 반영하는 경향이 있다고 주장했다(1976[1950]). 예를 들어 자본주의 사회의 많은 음악 형식들은 예측 가능한 구조를 지니고 만족감을 쉽게 제공한다. 그들은 사람들이 일관된 형식과 반복을 기대하고 듣는 이가 별 노력을 기울이지 않도록 훈련시킨다. 아도르노는 재즈와 다른 대중음악들이 이러한 예라고 생각했다. 하지만 음악이 안정성을 추구한다고 할지라도 여전히 중요한 깨달음을 줄 수 있고 잠재적으로라도 사회에서 적극적인 역할을 할 수 있다. 음악의 일부 '진보적'인 형식들은(쇤베르크의 실험 음악처럼) 기존의 음악적 관습을 무시하고 '규칙을 깸으로써' 사람들의 생각에 도전하고 그들을 더욱 비판적으로 사고하게 만든다.

> 프랑크푸르트학파를 이해하려면 제3장 〈사회학의 이론과 관점〉을 참조하라.

아도르노와 같은 음악 이론가 자크 아탈리Jacques Attali도 『소음: 음악의 정치경제학Noise: The Political Economy of Music』(1985)에서 음악이 사회의 구조를 반영한다는 점에서 사회의 거울이라고 주장했다. 예를 들어 산업사회에서는 1차적으로 비닐 레코드, CD나 디지털 내려 받기를 통해 음악을 듣는다. 따라서 이런 사회에서 음악의 특징은 반복적 대량 생산의 확대와 차별성의 감소다. 음악은 슈퍼마켓, 지하철역, 레스토랑, 기타 다른 공공장소와 사적 장소에서 배경 음악으로만 쓰였다. 관료 시대 음악에 대한 막스 베버의 견해에 공감하면서, 아탈리는 끊이지 않는 반복적인 음악은 똑같은 상품을 생산하는 산업사회의 모습을 반영한 것이라고 말한다.

그러나 여기서 아탈리의 논지는 한걸음 더 나아간다. 그의 이론은 음악이 단순히 사회 구조만을 반영하는 것이 아니라 미래에 대한 예언까지 보여 준다고 말한다. 그의 말에 따르면 이것이 가능한 이유는 음악인은 다른 문화 형태보다 훨씬 빠르게 주어진 코드(게임의 규칙) 내에서 모든 가능성을 탐색하고 소진하기 때문이다. 음악은 빠르게 변하고 프로젝터나 TV와 같은 요소에 크게 얽매지 않는다. 음악 기관들은 내적 한계까지 떠밀리기 때문에 앞으로 나아가기 위해서는 기존의 경계를 깰 수밖에 없다. 최근의 저작권 있는 음악에 대한 다운로드와 무료 공유가 대표적인 예다. 음악을 만드는 데 상업적 요소는 새롭게 등장하는 음악 형태에 발맞추기 위해 필사적으로 분투하고 있다. 새로 등장하는 형태는 기존의 상업적인 '게임의 규칙'을 끊임없이 밀어 내고 파괴하고 있다.

아탈리가 본 것은 산업화된 음악에서 나타나고 있는, 작곡가, 가수와 청중 간의 경계가 줄어드는 음악 만들기 형태다. 그 대신 사람들은 상업적인 동기가 별로 없이 자신과 친구의 즐거움을 위해 음악을 만들기 시작했다. 음악은 다시 지역화되고 더 작은 커뮤니티를 위해 만들어지기 시작했다. 아탈리 주장의 패러독스는 전 세계가 보다 빠르게 전 세계 사회들이 세계화에 사로잡혀 있는 것처럼 보이는 시대에 음악의 지역화 경향이 일어나고 있다는 것이다.

거대한 사회 구조 이론들과 대조적으로 1970년대와 1980년대 문화 생산의 관점이라는 새로운 관점이 나타났다(Peterson 1976; Becker 1982). 여기에서 음악과 다른

대부분의 사람에게 음악은 개인 정체성을 형성하는 핵심적인 측면이 있다.

문화적 산물은 그들이 생산되는 과정과 맥락의 관계 속에서 분석되어야 하는 사회적 행위로 간주된다.

예를 들어 피터슨Peterson과 버거Berger는 가수의 수와 가사를 비교하면서 1948년부터 1973년 사이 미국에서 가장 히트한 노래를 중심으로 팝 음악을 연구했다(1975). 그들은 음악 생산에서 거대 레코드 회사와 작은 레코드 회사들 간의 경쟁이 음악의 혁신에서 핵심 요소였다는 것을 발견했다. 시장 집중도가 높은 시기(네 개 회사가 거의 75퍼센트의 히트 곡을 생산한 때)에는 고상한 것을 필요로 하지도 않았고, 새로운 산물을 도입할 필요가 없었기 때문에 혁신이 거의 없었다. 그러나 대기업이 라디오 음악 프로모션에 대한 독점을 하지 못하게 되고 작은 기업들이 설 자리가 생기면서 혁신이 증가했다.

팝 음악이 어떻게 생산되었는지 조심스러운 분석을 통해 피터슨과 버거가 보여 줄 수 있었던 것은 팝 음악에서 혁신과 다양성 증가가 시장 집중도에서의 변화를 따랐지, 그들이 변화를 이끌지 않았다는 점이다. 따라서 팝 음악에서 혁신은 창조적인 천재나 새로운 음악을 원하는 강력한 소비자가 아니라 음악 산업의 지배적인 조건과 더 관계가 있다는 것이다(Negus 1999 참조).

또한 음악도 이미 음악 팬 하위문화에서 보이는 것인 사람들의 자아 정체성의 일부다. 비틀스The Beatles에서 원 디렉션One Direction까지 팝 음악 팬들의 행동을 사소하고 쉽게 변하는 것으로 무시하기 쉽다. 그러나 '팬덤'에 대한 연구들은 수천 개의 팬 토론 집단, 웹사이트와 메일링 리스트들이 웹에 올라와 있어, 포르노그래피 다음으로 많다(Gray et al. 2007: 7). 이들 온라인 포럼과 오프라인 행사에 참여하는 팬들로 인해 하위문화가 발전하며, 이것이 정체성과 귀속감의 원천이 된다. 온라인에서 옮겨 다니는 것 또한 팬들이 뇌가 없고 교육받지 못한 바보들이어서가 아니라 창조적인 행동과 지적인 담론에 참여하는 것임을 보여 준다. 뒤펫Duffett이 주장하는 것처럼 "팬덤은 통찰력 있고, 팝음악에 정통한 소비자 문화의 첨단에 놓여 있다"(2014: 4).

티아 데노라Tia DeNora는 『일상 속의 음악Music in Everyday Life』(2000)에서 개인들이 자아와 개인적 경험을 구축하는 데 음악을 사용하는 방식을 탐구하기 위해 상호작용 방식의 접근을 채택했다. 그 책은 미국과 영국의 여성들을 심층 인터뷰하고 에어로빅, 밤의 가라오케와 소매점에서의 음악 테라피 시간 등 음악 현장에 대한 참여 관찰에 기초해 집필되었다. 데노라에 따르면, 음악은 사용되는 것일 뿐만 아니라 사람들의 행동에 영향을 미칠 수도 있다. 예를 들어 보통 차를 타고 시장에 가는 도중에 라디오 음악을 듣는 것은 부차적인 목적이 될 수 있다. 시작을 알리는 특정한 코드나 멜로디를 듣는 것이 이전의 길에서 벗어나 다른 길로 가게 해 사람들의 행동을 바꾸게 할 수도 있다.

데노라는 사람들이 때로 어떤 기분을 만들거나 바꾸기 위해 또한 그들이 사회생활을 경험하는 방식을 바꾸기 위해 음악을 선택한다고 주장한다. 그리고 물론 이것은 추상적으로 이해되기 힘들고 음악이 사용되는 다른 맥락에서 이해되어야 하지만, 음악은 "사회 세계와 활동을 만들고, 유지하고 변화시키는 역동적인 것"이라고 주장한다(2000: x). 이러한 식으로 경험적 연구들은 음악의 사회적 힘에 대한 이해를 높이기 위해, 음악의 구조적 사회학 이론과 개인적 경험을 연결시킬 수 있다.

세계화와 음악의 디지털화

데이비드 헬드David Held와 그의 동료들은 "음악은 그 어떤 것보다 세계화를 더 효과적으로 발휘하는 장르다"라고 주장했다(1999: 351). 음악은 글이나 말의 한계를 뛰어넘을 수 있기 때문이다. 세계적 음악 산업은 소수의 다국적 기업이 지배하고, 전 세계 청중들을 감동시킬 수천 명에 이르는 아티스트들의 재능을 발굴하고 음반을 제작하고, 판매하고 유통하는 능력을 축적해 왔다. 최근 몇십년에 걸쳐 음악의 세계적 마케팅과 유통을 목적으로 제도적인 복합체가 일부 회사로 발달했다. 인터넷에서 직접 음악을 다운로드하는 것이 최신의 예술 활동이다.

세계 음악 산업은 자본 집중이 가장 높은 산업이다. 네 개의 기업(EMI, 유니버설, 타임워너, 소니 BMG)이 국제적으로 음악 판매의 80~90퍼센트를 지배한다(Herman and McChesney 1997). 세계 음악 산업은 1990년대 중반 커다란 성장을 경험했다. 음악 시장의 확대를 기대하며 큰 기업들이 더 많은 음악가들과 계약하면서, 특히 개발도상국에서 판매가 늘어났다. 전 세계 음악 산업이 성장한 것은 기본적으로 미국 또는 영국에 뿌리를 두고 있는 대중음악의 성공과 청년 문화 그리고 대중음악과 정체성을 함께하는 하위문화의 보급 때문이다(Held et al. 1999). 그러므로 세계화 과정은 미국이나 영국 스타일과 음악 장르를 전 세계 청중에게 전파시키는 주요한 동력의 하나가 되었다.

그러나 미국에서 라틴 음악의 영향을 받아 음악적으로 성공한 '월드 뮤직'의 인기 상승은 세계화에서 문화적 전파가 한 방향 이상에서 이루어지고 있음을 보여 준다. 비슷하게 2012년 싸이의 노래 〈강남 스타일〉의 성공에 의해 인기를 얻은 한국 음악(K-팝)의 인기 상승은 기존 기업의 톱다운 마케팅보다는 소셜 미디어에 기반을 둔 커뮤니티 네트워크 덕분이다(Jung and Shim 2014). 비록 이러한 양상이 음악 산업에 집중되어 있긴 하지만, 음악 산업은 인터넷 파일 공유와 불법적인 내려 받기 등에 특히 취약한 것으로 판명되었다. 만약 인터넷 보급으로 복잡한 생산과 배포 네트워크, 공장과 창고를 필요로 하지 않는다면, 음악 비즈니스로 무엇이 남게 될 것인가?

2000년 레코드 회사는 불법 음악을 포함해 인터넷 상에서 음악 파일을 거래할 수 있도록 허용한 소프트웨어 프로그램 냅스터Napster를 만든 작은 회사를 상대로 그 소프트웨어의 사용을 막기 위해 소송을 걸었다. 2003년 미국 레코드회사협의회RIAA는 261명이 각각 평균 1천 곡의 음악을 불법적으로 내려 받은 것을 확인하고 음악 저작권 침해 소송을 걸었다. 2007년 기념비적인 사건은 미네

소타의 제이미 토머스레이셋Jammie Thomas-Rasset이 온라인 음악 공유로 법원에서 재판을 받고 22만 2천 달러의 벌금을 낸 사례다. 2009년에는 24곡의 저작권을 위반한 것으로 판명되어 관련 회사는 192만 달러를 받았다. 토머스레이셋은 대법원에 상고했고, RIAA가 벌금을 낮추려고 했지만 2013년에 대법원은 상고를 기각했다. 2008년에 RIAA는 불법적인 파일 공유 계정을 취소하도록 설득해 저작권에 관한 합의를 하려고 한다며, 35명을 상대로 한 소송을 취하했다(Biagi 2011).

위크스트룀Wikström은 디지털 음악 혁명을 특징 지을 수 있다고 주장한다(2009). 그것은 연결성connectivity, 서비스로서의 음악, 아마추어 제작으로, 먼저 과거 음악 산업은 기업이 음악을 통제해 이익을 극대화하는 데 중점을 두었지만, 새로운 디지털 비즈니스는 연결성, 즉 제작자와 노래를 듣는 사람들 간의 연계에 중점을 둔다. 인터넷은 잠재적으로 모든 사람이 음악을 수동적으로 내려 받기만 하는 것이 아니라 제작자와 청취자 네트워크 내에서 음악을 업로드할 수 있게 했다. 이것은 새로운 산업에서는 연결성이 높고, 제작자 통제가 낮다는 것을 의미한다. 둘째, 과거 산업은 비닐 레코드, 카세트, CD와 같은 물질적 제품 판매에 기반을 두었지만, 디지털 산업은 음악 서비스에 접근하게 하는 방식으로 옮겨 갔다. 음악을 웹에 올리는 순간 자유롭게 이용할 수 있어 상업적 가치가 감소한다. 그러나 사람들은 여전히 엄청난 양의 온라인 음악에서 그들이 원하는 것을 찾는 데 도움을 주는 서비스에 돈을 지불할 준비가 되어 있다.

셋째, 요즈음 음악을 듣는 사람들은 그들이 좋아하는 전문적으로 녹음된 음악을 창조적으로 리믹싱하고 온라인에 올리는 아마추어 제작자가 될 수 있다. 이들 아마추어 제작자들이 콘서트에 오고 제품을 구매하는 사람들이라면, 음악 회사들은 그들에게 도전할 것이 아니라 그들과 함께 일하고 그들을 격려하는 것이 회사 이익에 부합할 것이다(Wikström 2009: 7~8). 위크스트룀(그리고 〈사회학적으로 상상하기 18-2〉)이 기술한 것은 디지털화가 음악 산업을 변화시키면서 일부 실제로 일어난 갈등과 이익 교환이다.

기업형 음악 산업은 디지털화에 대처하려고 노력한다. 글로벌 음악 판매량은 줄어들고 있다. 2000년에서 2009년 사이 연 레코드 판매량은 40조 달러에서 17조 달러로 줄어들었다(Gammons 2011: xix). 그 분야에서 대규모 정리해고가 발생했고 구조조정이 강요되고 있다. 음악 산업에 종사하는 많은 사람들은 인터넷에서 음악을 교환하는 것(MP3처럼)이 이윤 하락의 주원인이라고 본다. 합법적으로 취득한 음악을 재생하는 것을 막는 노력이 계속되고 있지만, 기술적 변화 속도가 저작권 침해를 막는 능력을 상쇄한다(〈사회학적으로 상상하기 18-2〉).

라디오 음악 방송은 초기 음악 산업체에 의해 '저작권 침해'로 인식되었다. 레코드 회사들은 사람들이 라디오에서 최근 발매된 레코드 곡을 듣는다면, 그들은 레코드를 사려 하지 않을 것이라고 우려했다. 결국 노골적으로 반대하기보다는 라디오 방송국에서 음원 사용료를 지불하는 방식으로 저작권 사용을 받아들였다(Marshall 2015). 동일한 절차로, 요즈음 음악 기업들은 합법적인 다운로드 서비스를 제공하기 시작했다. 스포티파이가 가장 대표적인 예다. 사용료가 레코드 회사와 작곡가에게 지불되기 때문에 다운로드가 합법적이다. 2004년 말 기준 1억 2천 500만 건의 합법적 다운로드가 이루어졌고, 공식적인 '음악 다운로드 순위'가 만들어졌다(BBC 2004). 음악 산업이 초기에 인터넷을 거부한 후, 성공적인 적응이 미래에는 가장 중요하게 인식되고 있다.

신문

유럽에서 신문의 발달은 정치적, 사회적 불안기에 이루어졌다. 예를 들어 영국 정부는 명예훼손과 선동에 관한 엄격한 법률을 통해 등장하는 신문 산업을 통제했고, 그러한 법률은 정치적 시위를 막았다. 동시에 신문은 부자들만 사서 볼 수 있도록 스탬프 세를 도입했다. 새로운 노동자들에게 급진적인 생각을 확산시키는 윌리엄 코벳

인터넷 시대의 무료 음악과 저작권 침해

사회학적으로 상상하기 18-2

인터넷 덕택에 전 세계에서 즉각적으로 음악을 공유할 수 있게 되었고, 이로써 그것은 작곡가와 소비자에게 엄청난 이득을 안겨 주었다. 그러나 인터넷은 음악 저작권을 손쉽게 침해할 수 있게 해놓아 많은 사람이 그것을 무해한 행동으로 간주한다. 이로 인해 작곡가들에게 미치는 경제적 의미는 대단히 크다. 2007년에 RIAA는 불법적인 음악 다운로드로 거의 1조 달러의 손실을 입었다고 추정했다. 2009년에는 2007년부터 2008년 사이 전 세계적으로 판매량이 18퍼센트 감소해 역대 최저 판매량이라고 공표했다. 그리고 2010년에는 전 세계적으로 단지 5퍼센트의 다운로드만이 정당한 방식으로 이루어졌으며 시장에서 온라인 저작권 침해율은 99퍼센트에 달한다.

이처럼 수익이 빠르게 감소하면 장기적으로 살아남을 기업은 없다. 그래서 레코드 회사들은 다른 선택의 여지가 없이 저작권 침해 사례를 끝까지 추적하고자 한다. 인가된 음악은 국가적 그리고 국제적 저작권법에 의해 다루어지고 있으며, 레코드 회사들은 미국에서 불법적인 다운로드를 막기 위해서, 그리고 특히 해외에서 저작권 침해를 줄이기 위해 가능한 한 모든 법적 수단을 공격적으로 택한다. 물론 다운로드 서비스를 제공하는 아이튠즈iTunes와 유료 사이트인 스포티파이Spotify와 같은 합법적 음악 다운로드를 권한다.

2008년 4월 아이튠즈는 미국에서 가장 큰 음악 소매상이 되었다. 애플에 따르면, 2010년 소비자들이 100억 건의 노래를 내려 받았다. 스포티파이는 영국, 스페인, 프랑스, 스웨덴, 노르웨이, 핀란드에서 700만의 사용자를 가지고 있다. 인터넷으로 오늘날 음악가들은, 1877년에 축음기를 발명한 토머스 에디슨Thomas Edison이 상상했던 것보다 더 많은 청취자를 음악 다운로드와 서비스 구매를 통해 발견할 수 있다. 그렇지만 음악 사업은 인터넷의 도전을 피해 갈 수 없다. 레코드 회사들은 소비자들이 원하는 형식과 서비스를 이용해 듣고자 하는 음악을 생산하는 방법을 배워야 한다.

출처: Biagi 2011: 106.

비판적으로 생각하기

THINKING CRITICALLY

수많은 사람이 불법적으로 음악을 내려 받으면서 범죄를 저지른다는 느낌을 갖지 않는 이유는 뭘까? 음악 저작권 침해는 범죄로 보지 말아야 하는가, 아니면 더 엄격하게 다루어져야 하는가? 그것도 아니라면 또 다른 해결책이 있는가?

William Cobbett의 주간지 『정치 기록Political Register』과 같은 불법적이고 저렴한 팸플릿이 등장하면서, 스탬프 세는 의도하지 않은 결과를 낳았다(Dyck 1992).

'지식에 대한 세금'이라는 비판을 받은 스탬프 세는 여러 차례 인하 후 1855년에 마침내 폐지되었고, 저널리즘의 통제가 '정부 통제로부터 대중적 통제로' 이행되어 영국 저널리즘은 황금기를 맞았다(Koss 1973). 제임스 큐런James Curran과 진 시턴Jean Seaton은 『책임 없는 권력Power Without Responsibility』(2003)에서 영국 신문의 역사를 설명하면서 앞의 견해와 다른 의견을 제시했다. 그들은 스탬프 세를 폐지한 것은 급진적인 신문의 인기를 떨어뜨리기 위한 것이었으며, 신문 소유주와 광고주에 의해 좀 더 '존경받는' 신문의 판매 부수를 높이기 위한 시도라고 보았다. 큐런과 시턴은 스탬프 세 폐지가 신문의 자유라는 새로운 시대를 연 것이 아니라 정부의 힘보다 시장의 힘을 통해 억압과 이데올로기적인 통제의 시대를 열었다고 소개했다.

신문은 제한된 지면과 쉽게 재생산할 수 있는 형태로 서로 다른 많은 정보를 한 군데 모아 놓았기 때문에, 현대 미디어 역사에서 대단히 중요한 발전을 보여 준다. 신문은 한 꾸러미에 사건, 오락, 소비재에 관한 정보를 담고

온라인 뉴스와 스포츠 사이트가 넘쳐남에도 불구하고 인쇄 신문은 여전히 인기가 있다. © Travis Ruse

있다. 값싼 일간지는 미국에서 시작되었다. 1센트짜리 일간지는 원래 뉴욕에서 시작되었다. 저렴한 신문 인쇄 기술의 개발은 19세기 후반 이후 신문의 대량 확산의 관건이 되었다. 19세기 이래 값싼 신문은 대량 확산에서 핵심적인 역할을 담당했다.

20세기 초 영국의 신문 산업은 몇몇 부유한 기업가들이 소유하고 있었다. 1930년대 비버브룩 경Lords of Beaverbrook, 캠로즈Camrose, 켐슬리Kemsley, 로더미어Rothermere가 영국 전국지의 50퍼센트를, 지방 일간지의 30퍼센트와 주간지 30퍼센트를 소유했다. 이로 인해 '신문 귀족'이 자신들의 정치적 목적과 야망을 채우기 위해 전국지 소유권을 이용했다는 비판을 받는다(Curran and Seaton 2003).

반세기 이상 신문은 대중에게 정보를 빠르고 광범위하게 전달하는 수단이었다. 라디오, 연극, 그리고 더욱 중요해지는 TV와 인터넷의 등장으로 그들의 영향력은 점점 더 약화되고 있다. 영국의 경우, 신문 구독자 수도 전국 일간지 구독자 비율이 1980년대 초반 이래 감소하고 있다. 남성 독자층의 비율은 1981년에 76퍼센트에서 1998~1999년에는 60퍼센트로 줄어들었고, 여성 독자층의 비율은 다소 낮은 수준이지만, 대동소이한 감소세 — 68퍼센트에서 51퍼센트로 — 를 보였다(ONS 2000).

신문들, 특히 타블로이드 신문(큰 종이 신문과 대비되는)은 줄어드는 신문 구독자 문제에 대응하기 위해 뉴스 면을 없애고 유명인 문화celebrity culture를 보도하고, 만들어내고 유지시킨다(Cashmore 2006). 유명 연예인 문화가 번창하는 분위기를 만드는 신문과 TV의 역할은 '문화 생산' 접근에 따라 사회학자들이 '유명인 산업'이라고 부른 것에 관한 우리의 경각심을 일깨운다(Turner 2004). 그러나 유명인이 무엇인가? 1960년대 초반 다니엘 부어스틴Daniel Boorstin은 "유명 인사는 그들의 유명세를 통해 유명해지는 사람이다"라고 말했다(1961: 58). 오늘날의 유명 인사는 대부분 영화배우나 스포츠 스타지만, 그들은 업적 보다 미디어에서의 모습이나 개인 사생활을 통해 더 유명해졌을 것이다. 다른 이들은 단순히 지속적으로 잡지와 신문에 오르내리거나(패리스 힐튼) TV에 출연함으로써(〈빅 브라더〉와 다른 리얼리티 쇼 참가자) 유명 인사가 되었다.

물론 신문과 TV에서 유명 연예인 문화를 만들어 내는 것은 그것을 좋게 받아들이고 원하는 청중을 필요로 한다. 우리는 소비자로서 알 만한 방법들을 통해 유명인 문화의 생산에 참여한다(Gamson 1994). 우리는 많은 유명인이 특별한 업적이 없는 것을 알고 그들의 명성이 곧 없어질 것을 안다. 우리는 그들에게 지겨워지면 쉽게 다음 순서로 갈아탄다. 이런 방식으로 유명인은 대중매체에서의 대표성 때문에 소비의 상품이 되었다. 하지만 유명인에 대한 대중의 중독이 뚜렷하다고 할지라도 신문 판매가 감소한다는 점은 유명인 뉴스가 종이 기반의 신문 산업을 다른 미디어 경쟁자들로부터 구해 내지 못한다는 것을 말해 준다.

정말로 온라인 통신이 신문 구독률을 더 잡아먹을 것이다. 뉴스 정보와 유명 인사의 가십거리는 여러 웹사이트에서 거의 실시간으로 접할 수 있으며 하루 내내 끊임없이 최신 정보로 갱신된다. 여러 신문 역시 온라인 접속이 가능하고 무료로 볼 수 있다. 장기적으로는 종이 기반 신문이 끝나 간다고 볼 수 있지만 신문 회사들은 살아남기 위해 이미 그들의 결과물을 새로운 미디어 형태로 다양화시키고 있다.

신문 산업에 대한 압박은 디지털 혁명이 어떻게 현대 커뮤니케이션을 바꾸는지 보여 준다. 신문을 온라인 뉴스 서비스에 적응한다면, 미래에도 살아남겠지만 인터넷, 월드와이드웹과 디지털화가 이전의 비즈니스 모델을 약화시키면서 이전의 미디어 형태를 변화로 이끌 것이다.

비판적으로 생각하기 THINKING CRITICALLY

종이 기반의 신문은 인터넷 혁명에서 살아남을 수 있을까? 신문 사업은 독자를 유지하거나 늘릴 수 있는 기회를 최대화하기 위해 어떻게 변화하고 어떤 방식을 수용할 수 있을까?

미디어 이론화하기

여기서는 대중매체 연구에 가장 영향력 있는 네 가지 이론적 접근인 기능주의, 갈등 이론, 상징적 상호작용론과 최근의 포스트모던 미디어 이론을 살펴본다. 앞으로 살펴보겠지만, 사회에서 미디어의 역할과 기능에 대해 대단히 다양한 견해가 존재하고, 네 가지 분류가 미디어 연구 분야의 모든 것을 포함하지는 않는다.

기능주의

20세기 중반 찰스 라이트Charles Wright와 같은 기능주의자들은 미디어가 사회 통합에 기여하는 방식에 초점을 맞췄다(1960). 미디어 이론가 데니스 매퀘일Denis McQuail을 따라, 사회 체제를 안정시키는 미디어의 사회적 기능을 몇 가지 살펴보면 다음과 같다(2000).

1. 정보: 미디어는 교통 혼잡을 알려 주는 웹 카메라와 라디오 보도에서부터 일기예보, 주식시장 보도, 개인적으로 영향을 미치는 이슈에 대한 뉴스에 이르기까지 세계 전역의 정보를 지속적으로 제공한다.
2. 상관관계: 미디어는 미디어가 우리에게 제공하는 정보의 의미를 이해하도록 설명하고 돕는다. 미디어

는 이러한 방식으로 사건을 해석하는 공유된 프레임에 기여하면서 기존의 사회규범을 지지하고 아동의 사회화에 중요한 역할을 담당한다.

3. 지속성: 미디어는 새로운 사회 발전을 인지하지만, 공통의 가치관을 강화하면서 지배적인 문화를 표현하는 기능을 한다.
4. 오락: 미디어는 즐거움, 다양성을 제공하고, 사회적 긴장을 약화시킨다. 오락은 사회문제와 갈등을 해소하는 안전장치 역할을 한다.
5. 동원: 미디어는 경제 성장, 일, 종교, 전쟁시 지원을 독려하기 위한 목적으로 사회 동원 캠페인을 한다.

전반적으로 기능주의적 접근법과 더불어 최근 미디어의 기능주의 이론들도 쇠퇴했다. 사회학자들이 기능주의에서 결정적으로 멀어지게 된 데는 몇 가지 이유가 있다. 첫째, 기능주의 이론들은 왜 미디어가 필요한지 설명하기보다 미디어의 현재 역할을 기술하는 것에 그친다. 둘째, 기능주의적 설명은 시청자를 미디어의 메시지를 능동적으로 해석하는 능동적인 참여자라기보다 시청자를 수동적인 존재로 본다는 비판을 받았다. 셋째, 위의 기능이 전체적으로 긍정적이지만, 다른 사람들은 사회에서 미디어가 그만큼 관용적인 세력은 아니라고 본다. 특히 마르크스주의에 영향을 받은 갈등론은 오늘날의 미디어를 사회의 문화적 다양성을 파괴하는 것으로 본다.

> 기능주의에 대해서는 제1장 〈사회학이란 무엇인가〉에서 소개되고, 제3장 〈사회학의 이론과 관점〉에서도 논의된다.

갈등 이론

유럽에서는 미디어에 대한 갈등적 접근이 기능주의적 접근보다 인기 많다. 우리는 마르크스주의 관점에서 미디어를 분석하는 가장 중요한 두 가지 이론을 살펴볼 것이다. 미디어 소유권과 미디어 형태에 대한 통제에 집중하는 정치경제학적 접근과 비판 이론인 프랑크푸르트학파의 '문화 산업' 접근이다. 글래스고 미디어 그룹의 중요한 연구도 마르크스주의 이론에 뿌리를 두고 있다.

정치경제학적 접근

정치경제학적 접근은 미디어를 산업으로 보고 주요 통신 수단이 사적인 이해에 의해 소유되는 방식을 분석한다. 미디어 소유권은 때로 소수의 부유한 미디어 거물들의 손에 집중되었다. 전전 대중 신문 독자의 시대에 소수의 '언론 귀족들'이 다수 신문을 소유해서 뉴스 의제와 뉴스 해석을 설정할 수 있었다. 점차 글로벌한 시대에 매체 소유권은 국경을 가로지르고, 미디어 재벌들이 초국적 미디어 기업들을 소유해 그들에게 국제적인 인정과 영향력을 제공하고 있다. 아마 이들 가운데 가장 많이 알려진 인물은 루퍼트 머독Rupert Murdoch으로, 그는 스카이 디지털과 폭스 방송사와 다른 미디어 기관을 소유하고 있다.

정치경제학적 접근을 지지하는 사람들은 경제 권력이 없는 사람들의 목소리를 배제시키는 방식으로 경제적 이해가 작동한다고 주장한다. 더욱이 그나마 살아남은 목소리는 지배적인 부의 분배를 거의 비판하지 않은 것이다(Golding and Murdock 1997). 이러한 견해는 미국의 진보적인 학자 놈 촘스키Noam Chomsky의 『미디어 통제, 프로파간다의 엄청난 성취Media Control: The Spectacular Achievement of Propaganda』(1991)에 의해 발전되었다. 촘스키는 미국의 미디어와 세계 미디어를 대기업이 지배하는 것에 대해 대단히 비판적이다. 지배 결과는 대중을 향한 정부의 엄격한 통제다. 냉전 시대 이들 기업들은 소련에 대한 공포 분위기를 조장하기 위해 정보를 통제했다. 1991년 소련 몰락 이후 기업이 소유한 미디어가 세계적 테러리즘과 같은 새로운 공포를 만들어 내고 기업의 무책임성과 미국의 민주주의 결핍 같은 진정한 이슈들이 논의되는 것을 막는다고 촘스키는 주장한다. 촘스키는 대중매체가 지배 집단을 지지하는 선전물을 전파한다고 본다.

미디어의 이데올로기와 편견

미디어 연구는 사회에서 이데올로기 영향과 긴밀하게 연결되어 있다. 이데올로기란 사람들의 신념과 행동에 영향을 끼치는 생각을 말한다. 이 개념은 사회학의 다른 영역에서처럼 미디어 연구에 폭넓게 사용되어 왔으나, 동시에 오랫동안 논쟁을 불러일으켰다. 이 단어는 1700년대 후반 프랑스 작가 데스튀트 드트라시Destutt de Tracy가 처음 만들었는데, '사고의 과학science of ideas'을 의미했다. 드트라시의 견해는 이데올로기에 대한 중립적인 개념으로 받아들여진다. 중립적인 개념은 현상을 이데올로기적인 것으로 다루지만, 현상이 특정한 사회 계급이나 집단을 위해 오도하거나 편향되어 있다는 의미는 아니다.

그러나 후대 학자들의 손에서 '이데올로기'는 좀 더 비판적인 용례로 사용되었다. 예를 들어 마르크스는 이데올로기를 계급 지배 관계의 재생산에 중요한 것으로 보았다. 권력 집단은 자신들의 지위를 정당화하기 위해 사회의 지배적인 이념을 통제할 수 있다. 그래서 마르크스에 따르면, 종교는 이데올로기적이다. 종교는 빈곤한 자들에게 자신의 주어진 현실에 만족하라고 가르친다는 것이다. 사회 분석가는 힘없는 자들이 자신들의 삶에 진실된 견해를 가질 수 있도록, 그리고 스스로 주어진 삶의 상황을 개선할 수 있는 행동을 취할 수 있도록 이데올로기의 왜곡을 밝혀내야 한다. 이데올로기에 대한 비판적 개념은 '부정적이고 비판적이거나 조롱하는' 의미를 지니며, '암묵적인 비판이나 비난'을 내포한다(Thompson 1990: 53~54).

존 톰프슨John Thompson은 이데올로기가 권력과 연결시키기 때문에 비판적 개념이 더 선호된다고 주장한다. 이데올로기는 상징적 권력 행사에 관한 것으로, 관념이 어떻게 사회 질서 속에서 지배 집단의 이해를 숨기고 정당화하는 데 사용되는가에 관한 것이다. 글래스고 미디어 연구 팀은 여러 연구에서 TV 뉴스 보도의 이데올로기적 측면과 그것이 어떻게 체계적으로 편견을 만들어 내는지 분석한다. 예를 들어 뉴스는 파업 노동자보다는 정부와 경영진 편을 드는 경향이 있다. 일반적으로, 톰프슨은 뉴스뿐만 아니라 모든 종류의 프로그램 내용과 장르를 포함한 대중매체는 현대 사회에서 이데올로기의 힘이 미치는 범위를 엄청나게 확대시켰다고 주장한다. 대중매체는 다수의 대중에게 다가가고 상호작용하지만, 대중은 톰프슨의 용어를 빌리면 직접적으로 반응할 수 없는 '유사 상호작용' 관계에 기반을 두고 있다.

미디어와 커뮤니케이션 연구에서 특정한 분석인 담론 분석discourse analysis이 미디어 생산물 연구에 많이 사용되고 있다. 담론 분석은 언어가 다른 모든 것과 관련되어 있는 사회생활의 핵심적인 부분이라는 전제에서 출발한다(Fairclough 1992). 담론 분석은 서로 다른 여러 형태가 있긴 하지만, 다양한 종류의 텍스트를 검토하는 데 사용된다(van Dijk 1997). 예를 들어 어떤 연구는 텍스트와 문서를 세밀하게 분석해야 하고 다른 연구는 담론이 사회생활을 구성하고 또 사회생활 자체를 만드는 방식을 분석하면서, 푸코의 생각을 끌어들여 텍스트와 사회적 이론을 결합시킨다. 페어클로Fairclough는 "담론 분석에서 텍스트 분석은 필수적인 요소지만 그것이 전부는 아니다"라고 주장한다(2000: 3).

텍스트는 신문 기사나 개인적 일기뿐만이 아니라 인터뷰 내용을 글로 옮긴 것, 민속지民俗誌적 대화와 포커스 그룹, 영화, TV 프로그램과 웹 페이지도 모두 텍스트가 될 수 있다. 담론은 '사고의 체계' 혹은 특정한 틀에서 세상을 사고하거나 논의하는 방식이다. 담론은 주제에 테두리를 세우고, 그것에 대해 분별 있게 이야기할 수 있는 것을 제한한다.

최근 '이슬람의 테러리즘' 담론은, 예를 들어 '자유 전사'나 '그들의 행위를 정당화하기 위해 이슬람을 사용하는 테러리스트'와 같은 연루된 사람들에 대한 대안적인 개념들을 배제하면서 이 현상에 대한 논쟁을 제한한다. 비판적 담론 분석에서 이러한 담론 행위는 더 광범위한 불평등 구조 및 권력 관계와 연계되어 있어 이데올로기적 양상을 확인할 수 있고 검토할 수 있다. 페어클로에 따르면, "언어는 이데올로기의 주된 영역을 통해, 그리고

글래스고대학교 미디어 그룹이 들고 온 '나쁜 뉴스'

고전 연구 18-1

연구 문제

우리가 살펴본 바와 같이 인구의 상당수는 더 이상 신문을 읽지 않는다. 하지만 많은 사람이 TV 뉴스를 통해 세계에서 어떤 일들이 일어나고 있는지 정보를 얻는다. TV가 사건에 대한 진실되고 정확한 정보를 제공한다고 믿을 수 있을까? 뉴스가 정확한 정보를 제공하지 않을 이유가 있을까? 만약 그렇지 않다면 우리의 세상에 대한 이해의 결과는 무엇일까? 영국의 글래스고대학교 미디어 그룹은 가장 잘 알려진 동시에 가장 논란거리인 뉴스에 관한 조사 연구를 했다. 지난 30년간 이 연구 팀은 뉴스 제공 방법에 상당히 비판적인 일련의 연구를 발표했다. 『나쁜 뉴스Bad News』(1976), 『더 나쁜 뉴스More Bad News』(1981), 『정말 나쁜 뉴스Really Bad News』(1983), 『전쟁과 평화 뉴스War and Peace News』(1985) 등 그들의 초기 연구는 굉장히 영향력 있었고 중요한 콘텐츠 분석의 조사 전략을 수립했다. 각각의 연구에서 연구 대상은 달라졌지만 조사 전략은 같았다.

글래스고 연구 팀의 설명

『나쁜 뉴스』는 글래스고 연구 팀이 처음으로 발표한 가장 영향력 있는 저작물로서, 1975년 1월에서 6월 사이 세 개의 영국 지상파 채널(당시 4채널은 아직 존재하지 않음)에서 방영된 TV 뉴스를 분석했다. 뉴스 내용과 뉴스가 전달되는 방식을 체계적이고 공평하게 제시하기 위해서였다. 『나쁜 뉴스』는 산업에 관련된 논쟁거리를 집중적으로 다루었다. 그 이후의 저작물들은 정치 관련 쟁점과 1982년 포클랜드 전쟁에 더 치중했다.

『나쁜 뉴스』는 노사 관계를 다룬 뉴스는 선별적이고 편향된 형태로 보도되었다고 결론 내렸다. '골칫거리', '급진적', '목적 없는 파업'과 같은 단어는 반노조적 견해를 제시한다. 이러한 것들이 일반 대중이 불편을 감수해야 하는 파업으로 비화되기까지의 원인에 대한 보도보다 훨씬 더 많이 보도되었다. 소개된 영상 자료는 파업 가담자의 행동이 비이성적이고 공격적임을 입증하는 데 쓰였다. 예를 들어 파업 가담자들이 공장 출입자들을 저지하는 장면은 그것이 단지 몇 번에 불과했다 할지라도, 이것들은 공장으로 들어가면서 발생한 대립에 초점을 맞출 것이다.

또한 『나쁜 뉴스』는 뉴스를 편성한 사람들이 특정한 해당 의제를 걸러내는, 즉 일반 대중이 접하는 뉴스 내용을 모두 선택하는 '수문장' 역할을 하고 있음을 지적했다(McCoombs 2014). 이를테면 노동자와 경영진의 첨예하게 상반된 이해관계로 인한 파업이라면, 전 과정이 자세히 보도되지만, 보다 시간적 연계 고리가 있고 장기간에 전개된 다른 부류의 노사분쟁은 대개 무시되었다. 뉴스 저널리스트의 견해는 중간 계급 배경을 반영하는 경향이 있고, 파업 노동자들을 위험하고 무책임하다고 여기는 지배 집단의 시각을 지지한다.

최근 글래스고 미디어 그룹은 연구를 더 진행시켰다. 『나쁜 뉴스』 시리즈의 최근 판은 『이스라엘로부터의 나쁜 뉴스Bad News from Israel』(Philo and Berry 2004)로, 이스라엘과 팔레스타인의 갈등에 관한 TV 뉴스를 검토했다. 그 연구는 2년 동안 진행되었는데 800명의 시청자가 참여한 토의에 관여한 여러 명의 TV 뉴스 캐스터와 저널리스트의 도움을 받았다. 저자들은 갈등을 보도하는 TV 보도를 살펴볼 뿐만 아니라, 보도가 시청자들의 이해, 믿음과 태도에 어떻게 관계되는지에 관심을 가졌다.

그 연구는 갈등을 보도하는 TV 뉴스가 시청자들을 혼란스럽게 만들고 이스라엘 정부의 관점을 상당히 보여 주었다고 결론지었다. 적절한 맥락을 제공하는 갈등의 기원에 관한 내용이 거의 없었고, 특히 BBC1에서는 이스라엘의 공식 입장으로 편향된 편견이 있었다. BBC1은 팔레스타인 사람들보다 이스라엘 사람들을 두 배 이상 더 많이 인터뷰하고 보도했다. 더욱이 이스라엘을 지지하는 미국 정치인들까지 보도했다. 또한 그 연구는 이스라엘 사람들보다 팔레스타인 사람들이 두세 배 더 죽었지만, 팔레스타인 사상자보다 이스라엘 사상자를 더 보도했음을 발견했다.

이스라엘과 팔레스타인의 공격을 다루는 기자들의 언어에서도 차이가 있었다. 예를 들어 기자들은 팔레스타인 행위를 '테러리즘'으로 보도했지만, 팔레스타인 학교에 폭탄을 던지는 이스라엘 집단의 행위는 '극단주의자' 혹은 '민병대'로 보도되었다(Philo and Berry 2004). 이러한 결과물들이 주는 메시지는 뉴스 보도가 절대로 중립적이거나 '객관적'이라고 생각될 수 없다는 것이다. 오히려 뉴스 보도는 뉴스가 존재하는 불평등한 사회를 반영하고 체계적으로 편향되어 있다고 봐야 한다.

비판적 쟁점

글래스고 미디어 연구 팀의 결과는 학계에서뿐만 아니라 언론계에서도 많이 토론되었다. 어떤 뉴스 PD들은 파업 가담자를 두둔하는 연구 팀 특유의 편파적 견해를 그대로 드러낸 것일 뿐이라고 비판했다. 이들은 『나쁜 뉴스』의 내용 가운데는 '노조와 미디어'를 다룬 부분은 있으나, '경영과 미디어'를 다룬 부분은 없음을 지적했다. 이들은 경영과 미디어도 다루었어야 한다고 주장하며 회사 경영진들로부터 언론인들이 파업 가담자 편이지 자기들 편이 아니라고 비판받는다고 주장한다.

학계의 비판도 비슷한 점을 지적했다. 마틴 해리슨Martin Harrison은 1976년 연구에서 다루었던 시기의 '독립 텔레비전뉴스 ITN'의 뉴스 방송 대본을 입수했다(1985). 연구에서 분석되었던 5개월은 특별한 기간이 아니었다고 주장했다. 해당 기간 동안 파업으로 인해 작업 손실 일수가 비정상적으로 많았다. 뉴스 내용으로서 이 모든 것을 다루기는 불가능했을 것이고, 따라서 보다 극적인 에피소드에 초점을 맞춘 것은 이해할 만하다는 것이었다.

해리슨의 입장에서, 글래스고 미디어 연구 팀의 뉴스 방송이 파업 결과에만 지나치게 치중했다는 주장은 잘못된 것이었다. 결국 실제 파업에 가담했던 사람들보다 훨씬 더 많은 사람이 파업으로 영향을 받는다. 때로는 수백만 명의 삶이 손가락으로 셀 수 있는 극소수 사람들의 행동으로 불편을 겪는다. 마지막으로 해리슨의 분석에 의하면 글래스고 미디어 연구 팀이 내세우는 주장에 거짓인 경우가 있다. 예를 들어 연구 팀이 지적한 것과 대조적으로, 뉴스에서는 분규에 휘말린 노조의 이름을 정상적으로 거명했고 파업이 공식적인지 비공식적인지 여부도 언급했던 것이다.

현대적 의의

글래스고 연구 팀의 요점은 뉴스란 주어진 날이나 주어진 주간에 '실제로 일어난' 일의 단순한 기술이 결코 아니라는 점이다. '뉴스'란 무엇이 뉴스인지에 규칙적으로 영향을 미치는 복잡한 과정을 거친 구성물이다. 예를 들어 정치인이 뉴스 프로그램에 등장해, 현재의 경제 상태와 필요한 조치에 대해 논쟁을 불러일으키는 촌평을 한다면, 촌평 그 자체가 그 이후 프로그램에서 '뉴스'거리가 되어 버린다.

글래스고 연구 팀의 저작물 중 한 권의 편집장 존 엘드리지John Eldridge는 뉴스 보도에서 객관성을 고려하기란 항상 어려운 작업이라는 점을 지적했다(1993). 객관성이라는 개념이 무의미하다고 주장하는 많은 포스트모던주의자들에 반해, 엘드리지는 비판적 시각으로 미디어 산물을 지속적으로 바라보는 것의 중요성을 확인한다. 뉴스 보도에서 정확성은 연구될 수 있고 연구되어야만 한다. 글래스고 연구 팀의 연구는 우리에게 보도에는 항상 진실과 진실성의 문제가 연관되어 있다는 사실과 진실성은 분명 사회학적 연구 주제로서 충분히 가치 있다는 점을 상기시켜 준다.

권력 투쟁의 장이자 권력 자체를 통해 사회적인 것과 연계된다"(1989: 15). 〈고전 연구 18-1〉에서 볼 수 있듯이, 글래스고 미디어 그룹의 지속적인 연구는 비판적인 내용 분석이 갈등 상황에서 뉴스 보도의 이데올로기적 성격을 이해하는 데 기여하는 바를 보여 준다.

문화 산업

테오도어 아도르노(1903~1969)와 같은 프랑크푸르트학파의 이론가들은 대중매체가 대중과 문화에 미치는 영향력에 대해 대단히 비판적이다. 1920년대와 1930년대 설립된 프랑크푸르트학파는 마르크스의 영향을 받았지만, 마르크스 이론의 대대적인 수정이 필요하다고 주장하는 느슨한 이론가 집단으로 구성되었다. 다른 어떤 것보다, 그들은 마르크스가 현대 자본주의 사회에서 문화의 영향력에 대해 충분한 관심을 기울이지 않았다고 본다.

프랑크푸르트학파 이론가들은 여가 시간이 산업화되었다고 주장한다. 그들은 영화, TV, 대중음악, 라디오, 신문과 잡지로 이루어진 오락 산업을 '문화 산업'이라고 부른 것에 대해 집중적으로 연구했다(Horkheimer and Adorno 2002). 그들은 문화의 생산이 다른 산업과 마찬가지로 이윤 추구 목적에 의해 표준화되고 지배된다고 주장했다. 대중 사회에서 여가 산업은 대중에게 기업의 가치를 주입시키는 데 사용된다. 여가는 노동으로부터의 단절이 아니라 노동을 위한 준비가 되었다.

프랑크푸르트학파의 학자들은 문화 산업이 가볍고 표준화된 물건으로 개인들의 비판적이고 독립적인 사고를

대량 생산은 문화적 파괴와 같은 것인가?

저해한다고 주장했다. 상업화에 질식되어 예술은 사라지고 — 예를 들어 '모차르트의 대히트곡', 혹은 학생의 위대한 예술 작품 포스터 — 문화는 단순하고 부담 없는 오락으로 대체된다.

비판적으로 생각하기 THINKING CRITICALLY

다빈치의 〈모나리자〉나 반 고흐의 〈별이 빛나는 밤〉 원본은 부담감이 있는데, 포스터는 왜 부담이 없는가? 이러한 대량 생산의 긍정적인 점은 무엇인가?

갈등 이론들은 기능주의 이론으로 비판받기도 하지만, 미디어 연구에서 여전히 인기가 있다. 사람들은 미디어 선전에 저항할 수 없고 쉽게 그것의 희생양이라고 전제하는 경향이 있다. 기능주의자들과 같이 초기 비판 이론가들은 문화의 생산에 초점을 맞추어 시청자와 미디어 메시지 수신에 관심을 기울이지 않았다. 대중매체에 대한 프랑크푸르트학파의 신랄한 비판은 엘리트들이 선호하는 서양 고전 음악, 오페라, 미술, 예술과 같은 고급문화를 옹호하는 것과 연관되어 있는 것처럼 보였다(Swingewood 1977). 물론 비판 이론이 마르크스주의 이론에서 출발한다는 것을 고려하면 이것은 어느 정도 모순이다. 나중에 보겠지만 고급문화와 저급문화 혹은 대중문화의 구분은 1980년대와 1990년대 포스트모던 미디어 이론가들의 비판을 받았다.

위르겐 하버마스Jürgen Habermas는 공공 영역이 문제라고 주장하는 이론가들 중 한 사람이다(〈고전 연구 18-2〉의 하버마스의 견해에 관한 논의 참조). 『공적 인간의 몰락The Fall of Public Man』에서 리처드 세넷Richard Sennett은 공공 영역과 사적 영역이 거주지, 작업장과 여가에서처럼 물리적으로 또

위르겐 하버마스의 공공 영역의 발전과 쇠퇴

고전 연구 18-2

연구 문제

현대 민주주의는 신문과 기타 다른 출판물 같은 대중매체와 함께 발전했다. 실제로 대중매체가 민주주의를 가능하게 하고 장려했다고도 할 수 있다. 하지만 오늘날 대중매체는 자주 민주적 과정을 사소한 것으로 여기고 정치 자체에 전반적인 적대감을 야기해 부정적으로 보인다. 어떻게 이처럼 급격한 변화가 일어났을까? 다시 바뀔 수도 있을까, 아니면 정말 대중매체가 민주주의를 후퇴시키는 것일까? 프랑크푸르트학파의 마지막 지성인으로 불리는 독일의 철학자이자 사회학자인 위르겐 하버마스 Jürgen Habermas(1929~)는 연속적으로 중요한 연구에서 이러한 질문을 다뤘다.

하버마스의 설명

하버마스는 언어와 민주적 절차에 관심을 두고 다른 방향에서 프랑크푸르트학파의 주제를 발전시켰다(1981, 1985, 1989[1962]). 그는 초기 18세기부터 현대까지 미디어의 등장과 발전을 분석하면서, '공공 영역public sphere'의 부상과 연이은 쇠퇴를 추적했다. 하버마스에게 공공 영역은 일반적인 관심을 끄는 쟁점이 토론되고 의견이 형성되는 공공 토론의 장으로서, 효과적인 공평한 참여에 꼭 필요하고 민주적 과정이 잘 이루어지게 한다.

하버마스에 따르면, 공공 영역은 17세기와 18세기 런던, 파리 그리고 다른 유럽 도시의 살롱과 카페에서 발달했다. 사람들은 당시의 쟁점을 토론하기 위해 모임을 가졌다. 아주 소수의 사람들만이 살롱 문화salon culture에 참여했으나, 하버마스는 공공 토론을 통해 정치적 문제를 해결하는 논리를 도입할 수 있었기 때문에 살롱이 초기 민주주의 발전에 중요한 역할을 했다고 주장한다. 적어도 그 원칙에서 공공 영역은 공개적 토론을 위한 포럼에서 각각의 참석자들이 동등한 자격을 갖는다.

그러나 공공 영역의 초기 발달로 제시된 그 약속은 충분히 실현되지 않았다. 현대 사회에서 민주적 토론은 문화 산업의 발달과 함께 퇴보했다. 대중매체와 대중 오락의 보급은 공공 영역이 공허해지는 원인으로 작용했다. 상업적 이해관계는 공공의 이해관계에 우선하게 된 반면, 정치는 국회와 대중매체에 의해 무대에서 연기하는 것처럼 되었다. '공공 여론'은 개방적이고 합리적 토론을 통해서가 아니라 광고에서처럼 조작과 통제를 통해 형성되고 있다. 한편 글로벌 미디어의 확산은 독재 정권들에 압력을 가해 방송에 대한 정부 통제가 느슨해지고, 중국과 같은 많은 폐쇄된 사회들이 미디어가 민주주의를 지지하는 강력한 힘이 될 수 있다는 것을 발견하고 있다.

글로벌 미디어가 점차 상업화되면서 하버마스가 얘기한 대로 공공 영역을 침식하기도 한다. 상업화된 미디어는 광고 수입에 기대고 높은 시청률과 수익을 보장하는 콘텐츠를 선호하게 한다. 그 결과 필연적으로 엔터테인먼트가 논쟁과 토의를 잠식하고 공적인 사건에 대한 시민들의 참여를 약화시킴으로써 공공 영역을 축소시킨다. 많은 것을 약속한 미디어는 이제 민주주의 문제의 일부로 변해 버렸다. 하지만 하버마스는 아직 낙관적이다. 그는 여전히 의제가 공개적으로 논의됨으로써 대중의 의견이 정부에 영향을 끼칠 수 있는 각각의 국민국가를 넘어선 정치적 커뮤니티를 상상할 수 있다고 주장한다.

비판적 쟁점

하버마스의 견해는 중요한 비판 대상이 되었다. 그가 문명화된 장으로서 이야기하는 살롱 문화는 고위 사회 계층에 대한 논리적인 토의는 금지시켰고 노동자층은 접근할 수 없었다. 요약하자면 그것은 다수의 민주적 참여를 가장한 엘리트주의의 놀이에 불과했다. 현대 대중매체는 공공 영역을 무너뜨린다는 하버마스의 견해 또한 잘못되었다. 아래에서 이야기하겠지만 존 톰프슨 John Thompson은 미디어가 다양한 공적 문제를 널리 알리고 다양한 논의를 장려함으로써 공공 영역을 더 활성화시킨다고 주장한다(1995). 인터넷 상의 수많은 블로그, 공개 토론장과 채팅룸은 최근의 예다.

현대적 의의

하버마스의 견해는 많은 논쟁과 논란을 촉발시켰다. 현재 대중매체를 긍정적인 힘으로 변호하는 사람들이나 대중적 공공에 대한 공포나 불신을 가지고 있는 프랑크푸르트학파의 낡은 전통 속에서 하버마스가 사고하고 있다고 보는 포스트모던 사상가들로부터 비판을 받아 하버마스의 견해가 상당 부분 근거를 잃었다. 이러한 비판에는 나름대로 근거가 있다. 그러나 하버마스는 계몽주의까지 거슬러 올라가는 이성과 모더니스트 프로젝트가 미디어에 관한 사회학적 혹은 사회적 이론들에 대해 많은 것을 제공한다는 것을 상기시켜 준다.

한 사생활을 생각하는 방식에서처럼 철학적으로 분리되었다고 주장하면서, 공공 영역과 사적 영역이 분리되는 기원을 설명하고자 했다. 그러나 시간이 지나면서 사적 영역이 공공 영역을 흡수해 이제 공적인 역할을 수행하는 능력보다 정직과 진실성과 같은 사적인 성격으로 정치인들을 판단한다. 현대 비주얼 매체의 등장, 특히 TV의 등장은 자신들의 성격이 기대하는 것에 부합하기 위한 목적으로 이루어지는 정치적 인물들에 의한 자기 보여 주기로 이어졌다. 세넷은 이러한 것이 효과적인 정치 생활을 파괴하고 헌신하는 공인의 몰락을 대변한다고 주장한다.

그러나 '공공 영역'이 제시되고 또 이상화되는 방식에 문제가 있다. 공공 영역에는 여성, 소수 인종, 재산이 없는 사람들과 같은 사회집단들은 배제되어, 공공 영역이 중간 계급 남성 자신들을 보편적이라고 인식하고 또 다른 사회집단들에게도 그렇게 드러내게 한다. 페미니스트 학자들은 하버마스가 공공 영역의 일반적 성격에 충분히 관심을 기울이지 않았다고 주장한다. 공적인 것을 가정적·사적 영역과 분리시켜 여성에게 중요한 많은 쟁점들이 배제되었다. 낸시 프레이저Nancy Fraser에 의하면 "여성이 공공 영역에서 배제되었다는 견해가 이데올로기적이라는 것이 밝혀졌고, (……) 실제로, (……) 부르주아적인인 공공성은 전혀 공공적이지 않았다."(1992: 16)

이것은 또 다른 중요한 점을 알려 준다. 갈등적인 사회적 관계가 이상화된 공공 영역을 떠받치고 있다는 것을 보여 주면서, 여성과 같이 어떤 공민은 의도적으로 참여를 배제시킨다는 것이다. 그러므로 비판가들은 공공 영역에 대한 '부르주아 개념'이 체계적인 불평등을 정당화하는 것을 돕는 남성 지배적인 개념이라고 말한다.

비판적으로 생각하기 THINKING CRITICALLY

트위터나 페이스북 같은 소셜 네트워킹 사이트가 하버마스와 세넷이 논의한 살롱 문화와 어떤 방식에서 유사하고, 또 다른가? 소셜 미디어는 얼마나 '공적인 것'을 대표하고 있는가? 누가 포함되고 누가 배제되는가?

상징적 상호작용론

상호주의적 미디어 연구는 최근에 더 인기가 커지고 있지만, 기능주의나 갈등 이론처럼 많지는 않다. 허버트 블루머Herbert Blumer는 1930년대 관람객에 미치는 영화의 영향에 대한 연구가 사람들에게 미디어의 영향력을 사회학적으로 이해하도록 한 초기 시도자였다. 블루머는 1천5백 명의 미국 고등학생과 대학생들에게 영화를 관람한 경험을 개인의 전기에 기록하도록 했다. 블루머는 학생들의 경험을 자신의 책 『영화와 행동Movies and Conduct』(1970[1933])에서 제시했다. 그 연구는 선구적이기는 했지만 좀 단순했다. 응답자들이 자신의 견해를 스스로 이야기할 수 있다고 믿은 것이나 영화의 텍스트화에 대한 접근을 믿었다는 점 때문이었다.

아마도 가장 영향력 있는 상호주의적인 미디어 연구는 도덕적 공황 이론으로, 그 이름은 찰스 르머트Charles Lemert와 하워드 베커Howard Becker의 낙인 관점에서 만들어졌다. 스탠 코언Stan Cohen은 영국에서 오토바이 폭주족 두 부류였던 모스Mods와 로커스Rockers 간의 충돌에 관한 연구에서 미디어가 과장되고 선정적인 방식으로 충동을 재현한 것이 사회에서 도덕적 공황을 불러일으켰음을 보여 주었다(2003[1972]). 이러한 공황은 실업과 빈곤과 같은 구조적인 문제에서 관심을 돌리면서, 청년 문화와 소수 종족을 희생양으로 삼는 데 기여했다.

"낙인 이론 관점과 도덕적 공황 이론에 대한 상세한 논의는 제20장 〈범죄와 일탈〉을 참조하라."

하버마스의 저술에 부분적으로 접근하면서, 존 톰프슨은 미디어와 산업사회 발달의 관계를 분석했다. 톰프슨은 초기 인쇄물 형태에서 전자 의사소통에 이르기까지, 미디어는 현재 조직 발달에 중심적 역할을 담당했다고 주장했다. 그는 마르크스, 베버, 뒤르켐을 포함한 사회학의 주류 사상가들은 현대 사회의 초기 발전과 성립 단계에조차 미디어의 역할에 너무 무관심했다고 믿고 있다.

톰프슨은 하버마스의 논리에 부분적으로는 동조하지만, 비판적인 편이다. 왜냐하면 그는 프랑크푸르트학파와 장 보드리야르Jean Baudrillard의 논리를 아우르기 때문이다. 프랑크푸르트학파의 문화 산업에 대한 태도는 너무 부정적이다. 현대 대중매체는 비판적 사고의 여지를 부정하지 않는다. 사실 현대 대중매체는 이전에 접할 수 없었던 다양한 형태의 정보를 우리에게 제공하고 있다. 프랑크푸르트학파의 논리처럼, 하버마스는 미디어 메시지에 대해 우리 인간을 너무 수동적인 수혜자로 취급하고 있다. 톰프슨의 표현은 다음과 같다(1995: 42~43).

> 리셉션 과정과 뒤이어 개인들에 의해 공통적으로 토론되는 미디어 메시지는 말하기와 다시 말하기, 해석과 재해석, 논평, 우스갯소리와 비판을 통해 변형된다…… 메시지를 취하고 그것을 상투적으로 우리의 삶 속에 통합함으로써, 우리는 끊임없이 삶의 요령과 지식의 폭을 형성하고 재형성하며, 우리의 감정과 기호를 점검하고, 우리 경험의 지평을 넓힌다.

톰프슨의 미디어 이론은 세 가지 상호작용 유형 간의 구분에 의존한다. 파티에서 이야기하는 사람들처럼 면대면 상호작용face-to-face interaction은 상대방이 말하는 바를 이해하는 데 필요한 많은 단서를 풍부하게 지니고 있다(〈표 18-2〉 참조). 중재적 상호작용mediated interaction에는 문서, 전기 접선, 전자 전파 등 미디어 기술의 사용이 추가된다. 매개된 상호작용은 시공을 초월한 상호작용으로서 일상적인 면대면 상호작용의 상황을 훌쩍 뛰어넘는 특징이 있다. 중재적 상호작용은 두 사람 사이에서 직접 일어난다. 예를 들어 전화 통화를 하는 두 사람의 경우처럼 양쪽에서 의사소통이 직접 일어나고 있지만, 상호작용을 용이하게 하는 다양한 실마리를 공유할 기회는 존재하지 않는다.

세 번째는 의사擬似 중재적 상호작용mediated quasi-interaction이다. 이것은 대중매체에 의해 성립되는 사회적 관계를 일컫는다. 이러한 상호작용은 시공을 초월하지만, 사람들을 직접 연결시키지는 않는다. 그래서 용어가 '의사 상호작용'이다. 앞서의 두 가지 유형이 상호작용하는 개인들이 직접 의사소통을 전개해 '대화적'이었다면, 의사 중재적 상호작용은 '일방적'이다. 예를 들어 TV 프로그램은 일방적인 의사소통 방식이기 때문이다. 프로그램 시청자들은 내용에 대해 토론할 수도 있고, TV 수상기에 대해 몇 마디 촌평을 할 수도 있지만, 당연히 그에 대한 반응을 기대하지는 않는다.

톰프슨은 보드리야르의 견해처럼 세 번째 유형이 나머지 두 유형을 지배할 것이라고는 생각하지 않았다. 오히려 이 세 가지 유형이 오늘날 우리의 삶을 여러 가지 방식으로 혼합한다. 톰프슨에 의하면, 대중매체는 공공 영역과 사적 영역 간의 균형을 깨뜨린다. 하버마스가 말한 것과 대조적으로, 톰프슨은 이전보다 훨씬 더 많은 것이 공공 영역으로 흡수되었고, 이것이 때로는 격론과 논란의 계기가 될 수도 있다고 주장한다. 그러나 포스트 모던 이론가들은 그것을 다르게 본다. 일부는 의사 중재적 상호작용이 사회생활에 극적이고 부정적인 결과를 낳으면서 다른 두 가지를 압도하게 되었다고 주장한다.

표 18-2 상호작용 유형

상호작용 성격	면대면 상호작용	중재적 상호작용	의사 중재적 상호작용
시공간 구성 준거 체계	공존 맥락: 공유된 시공간	맥락 분리: 시간과 공간에서 확대된 가용성	맥락 분리: 시간과 공간에서 확대된 가용성
상징적 신호의 범위	상징적 신호의 다양성	상징적 신호의 범위 축소	상징적 신호의 범위 축소
행위 지향	구체적인 타자 지향	구체적인 타자 지향	무한한 잠재적 수신자 지향
대화체/독백체	대화체	대화체	독백체

출처: Thompson1995: 465.

오늘날 더 많은 사람들이 미국의 오프라 윈프리Oprah Winfrey나 영국의 제러미 카일Jeremy Kyle이 진행하는 쇼, 그리고 〈빅 브러더Big Brother〉와 같은 청중이 참여하는 리얼리티 TV쇼에서 도덕적·정치적 이슈들에 대해 토론한다. 더욱이 수백만 명이 집에서 그것들을 보고 일터, 술집과 다른 사람들이 모이는 곳에서 이야기한다. 〈빅 브러더〉와 같은 글로벌한 현상의 경우, 청중들이 투표해 참여자를 탈락시키고 온라인 쇼와 쇼 속편에 논평을 하면서 청중이 쇼와 상호작용한다. 그러나 이러한 프로그램들은 활기찬 공공 영역 안에서 새로운 참여의 공적 공간을 제공하는가? 아니면 대중을 위한 값싼 쓰레기 방송인가?

리빙스톤Livingstone과 런트Lunt는 청중 토론 프로그램에 관한 경험적인 연구 표적 집단 면접, 개별 면접, 프로그램 텍스트 분석과 스튜디오 청중과 시청자 의견을 모으기 위한 설문 조사를 포함한 여러 가지 방법을 사용했다(1993). 그들은 프로그램들이 사람들의 일상적인 경험에 영향을 미치기 때문에 그러한 이슈들을 다루지만, 시청자들을 커뮤니티 구성원으로 기록하고 구성하지 않는다고 주장한다. 그러므로 청중 토론 프로그램은 기존의 TV 장르로 잘 구분되지 않는다(Gregori Signes 2000). 참여자 유형은 대체로 포함된 장르의 대화에 따라 달라지고, 이러한 프로그램들은 개방되어 있으며 고정되어 있지 않았다. 어떤 프로그램은 진행자가 마이크를 가지고 돌아다니고 보통 사람들과 전문가들은 앉아 있는 방식으로 이루어진다. 이러한 쇼에서 전문가들은 질문과 도전을 받고 이것이 신뢰하게 만든다. 이러한 점에서 그런 프로그램들은 민주주의를 연습하는 공적인 공간이고 전문가 관점보다 보통 사람들을 체계적으로 우선시해 민주주의적인 훈련이 강화될 수 있다(Livingstone and Lunt 1993).

그러나 프로그램 안의 실제 토론의 '상호작용의 역학'을 설명하지 않기 때문에, 이러한 긍정적인 결론은 의심될 수 있다(Hutchby 2005). 이것은 누가 말하고 언제 말하는가가 대화를 특정한 방향으로 끌고 가기 때문에 중요한 비판이다. 예를 들어 청중 토론은 보통 사회자가 지배하고 진행하는 어떤 형식의 진행 과정을 따른다. 프로그램이 실제로 청중이나 참여자에게 보이는 것만큼 개방적이고 공적인 포럼이 아닐 수 있다(Tolson 2005).

미국의 제리 스프링거Jerry Springer와 영국의 바네사 펠츠Vanessa Feltz의 쇼와 같은 토론 프로그램에 배우가 고용되고 돈이 지불된다는 주장도 있다. 에이전시 회사가 청중을 공급한다는 것이 알려진 1999년 바네사 펠츠의 쇼는 폐지되었다. 이러한 일화는 TV는 오락 도구이며 다른 유용한 기능은 부차적이라는 닐 포스트먼Niel Postman의 말이 떠오르게 한다. 이 논쟁의 어떤 주장이 증거에 의해 뒷받침되는지는 아직 미디어 학자들 사이에서 합의되지 않았다.

비판적으로 생각하기 THINKING CRITICALLY

톰프슨의 세 가지 유형은 얼마나 만족스러운가? 예를 들어 TV는 아직도 일방통행식인가 아니면 좀 더 쌍방향으로 변화하고 있는가? 톰프슨의 낙관적 결론은 정당화되는가 아니면 대중매체가 사회생활에 해학을 끼치고 있는가?

포스트모던 이론

장 프랑수아 리오타르Jean-François Lyotard의 『포스트모던 조건The Postmodern Condition』(1985)이 출판된 후 사회학은 계몽주의 이래 진보적이고 근대 생활의 근대주의적 이상과 일치하지 않는 과학, 지식과 문화에 대한 생각들과 갈등을 벌여야 했다. 리오타르는 모더니티의 거대한 메타 이야기(과학적 진실, 진보와 역사 발전)는 이제 내리막길을 걷고 있다고 주장했다. 과학은 지구온난화와 핵무기 등의 위협 속에서도 계속 전개되고 있다. 과학이 모든 사람을 더 나은 삶으로 이끌고 있는가? 기술이 발전하고 많은 사람들이 스마트폰, 디지털 TV와 개인 게임기를 가지고 있지만 지속되는 영양실조, 기아와 전쟁 속에서 누가 인류의 진보를 목격하고 있다고 이야기할 수 있는가? 지그문트 바우만Zygmunt Bauman과 같은 포스트모던 사상가에게 거대한 이야기의 몰락은 어떤 점에서 긍정적인 발전일 것이다(1992). 그것은 사람들이 모더니티를 정면으로 직시하고 거대한 환상을 가지지 않은 채 살아간다는 것을 의미한다. '자아의식적인 모더니티' 시대에 우리가 살고 있고, 그것을 바우만은 포스트모더니티postmodernity라고 불렀다.

포스트모던 세계는 확실성의 부족, 스타일과 장르의 융합 그리고 문화적 산물의 놀이성으로 특징된다. 팝 음악에서 샘플링, 새로운 리듬과 랩, 오리지널 트랙의 혼합, 두 개 이상 녹음된 음악을 섞는 매시업과 더 많은 하이브리드가 있다. 영화 〈데이비드 린치의 블루 벨벳Blue Velvet〉(1986)은 1950년대, 1960년대, 1970년대 같은 길을 운전하는 차량으로 시간대와 역사적 시기를 매끄럽게 합쳤다. 예술에서 포스트모던 추세는 진보적인 '아방가르드'의 관념을 거부하고 대신에 재미있는 '포스트프로그레시브post-progressive' 방식으로 고급 예술과 대중 예술을 섞는다. 리오타르는 이러한 뒤섞음을 특정한 장르의 종언이라고 불렀다. 서구 문화가 궁지에 몰리면서, 할 수 있는 것은 작은 조각들을 가지고 노는 것이다.

보드리야르와 초현실 세계

미디어에 대한 가장 영향력 있는 현대 이론가 중 한 명은 프랑스의 포스트모던 이론가인 장 보드리야르Jean Baudrillard(1920~2007)다. 그의 저서는 마셜 매클루언의 논리에 크게 영향을 받았다. 보드리야르에 의하면 현대 대중매체의 영향력은 그 어떤 기술과도 전혀 다를 뿐 아니라, 훨씬 더 심오하다고 규정한다. 특히 텔레비전과 같은 전자 대중매체 시대의 도래는 우리 삶의 내용 그 자체를 변화시켰다. TV는 세상사를 '재현하는 것'이 아니라, 실제 몸담고 있는 세상이 어떤 것인가를 점차 규정하고 있다.

보드리야르의 포스트모던 견해는 이해하기 힘들지만, 상대적으로 간단하게 이해하는 방법은 다음과 같다. 오래지 않은 과거에 실제 사건의 현실과 그 현실 세계를 재현하는 미디어와 구분하는 것이 가능한 때가 있었다. 예를 들면 실제 세계에서 군인과 민간인들이 포함된 끔찍한 결과를 낳은 전쟁이 있었다. 이 전쟁에 대한 미디어의 재현은 우리에게 무슨 일이 났는지를 알려준다. 사상자 숫자와 누가 이겼는지 등등. 실제와 실제의 재현이라는 두 가지 측면은 아주 분리된 것처럼 보인다.

보드리야르의 이론은 현실과 재현 사이의 경계가 무너졌다는 것이다(1983). 우리는 더 이상 재현을 현실과 분리시킬 수 없다. 왜 분리시킬 수 없는가? 결국, 아직 전쟁이 존재하고 또 전쟁에 관한 이미지와 보고를 보내는 리포터들이 있다. 보드리야르는 미디어 재현이 실제로 초현실성hyperreality의 부분이며 그것으로부터 분리될 수 없다고 주장한다. 절대다수의 사람들은 외국에서 일어난 전쟁을 미디어의 재현을 통해 알게 되며, 현실은 미디어에 의해 만들어지고 결정된다. 하이퍼리얼리티hyperreality는 신뢰와 실제의 궁극적인 확인자는 정확하게 실제보다 더 실제적인 TV 혹은 다른 미디어에 비춰진 세계다. 이것은 유명인 문화의 성장에 대한 설명의 일부이고, 성공과 중요성에 대해 받아들일 수 있는 표시는 단지 TV에 혹은 멋진 잡지에 나타나는 것이다.

1991년 제1차 걸프 전쟁이 발발하기 바로 직전, 보드리야르는 신문에 〈걸프전은 발생할 수 없다The Gulf War Will Not Take Place〉라는 기고문을 실었다. 전쟁이 선포되고 피를 흘리는 갈등이 전개되었을 때, 보드리야르는 잘못된 주장을 한 것이 분명해 보였다. 그러나 전혀 그렇지 않았다. 전쟁 후, 보드리야르는 두 번째 기고문 〈걸프 전쟁은 발생하지 않았다The Gulf War Did Not Take Place〉라는 글을 실었다. 그가 의미한 것은 무엇인가? 그는 걸프전이 역사에서 일어난 여느 전쟁과 다름을 지적한 것이다. 걸프전은 전 세계의 다른 시청자들과 함께한 미디어 시대의 텔레비전 장면 속 전쟁이었다. 조지 부시George Bush와 사담 후세인Saddam Hussein 모두 실제로 '일어나고 있는' 상황을 보기 위해 CNN 방송을 시청했던 것이다.

대중매체가 도처에 존재하는 시대에는 사실상 새로운 현실인 초현실이 조성되어, 사람들의 행동과 미디어의 이미지가 뒤섞이는 사회가 된다고 보드리야르는 주장한

어떻게 2003년 이라크 침공이 초현실적 사건인가?

다. 초현실 세계는 이미지인 시뮬라크라simulacra(의미를 다른 이미지에서만 취해 '외부 현실'에 근거가 없는 상태의 이미지)로 구축되어 있다. 예를 들어 유명한 연속 광고물인 실크컷 담배는 담배를 일컫는 것이 아니라, 오랜 연속물에 등장했던 이전 광고를 회상하는 내용으로 구성되어 있다. 오늘날 그 어떤 정치 지도자도 TV에 지속적으로 출현하지 않고는 선거에서 승리할 수 없다. 지도자의 TV 속 이미지는 거의 모든 시청자가 알고 있는 그의 '인격'이다.

보드리야르의 이론은 글로벌 미디어 시대에 매력적이고 신중하게 받아들여져야 한다. 그렇지만 보드리야르의 이론이 대중을 미디어 메시지와 미디어 형태에 개입하고 저항하기보다는 수동적인 미디어 메시지 수신자로 다루는 경향이 있다는 점에서 반박될 수 있다. 그린피스와 같이 많은 미디어에 정통해 있는 사회운동 단체들은 환경운동에 참여하지 않는 사람들에게 동기 부여를 위한 대안적인 실제를 만들기 위해 대중매체와 경쟁하고자 한다. 많은 실제 갈등, 기아와 사건들이 충분하게 서구 미디어의 관심을 끄는 데 실패했다. 포스트모던 이론의 미디어 포화 상태인 초현실을 넘어 아직도 실제 세계가 있다.

앞에서 다루어진 많은 이론들은 미디어의 내용과 형식을 수용하는데 있어서 수용자의 적극적인 역할을 제대로 인식하지 못했다. '미디어'를 이론화하려고 했기 때문에, 수용자들이 서로 다른 미디어 생산물을 이해하고 사용하는 다양한 방식을 낮게 평가하거나 간과했다. 그렇지만 수용자 연구를 하는 학자들은 이러한 상황을 어느 정도 변화시켰고, 다음 장에서 이들 연구의 핵심적인 견해를 살펴본다.

비판적으로 생각하기 THINKING CRITICALLY

최근의 세 가지 '초현실' 예를 제시해 보자. 각각 무엇이 '초현실'을 만드는지 설명해 보자. 글로벌 대중매체의 렌즈를 통해서만 세상을 이해하는 것이 왜 문제인가?

시청자와 미디어 재현

이데올로기적 편향이 시청자에 미치는 효과는 대중매체에서 시청자가 차지하는 위치에 대한 이론적 입장에 달려 있다. 여기에서는 상대적으로 간단하게 시청자 연구와 사회집단에 대한 미디어 재현 분석을 통해 그 문제로 돌아가자.

시청자 연구

가장 먼저 등장한 가장 간명한 시청자 반응은 '피하 주사기 모형hypodermic model'이다. 이것은 미디어 메시지를 주사기를 통해 투약한 것에 비유한 것이다. 그 모형은 시청자(환자)가 수동적이고 직접적으로 메시지를 받아들이고 어떤 방식으로도 그 메시지에 비판적으로 개입하지 않는다는 가정에 기초하고 있다. 피하 주사기 모형은 또한 메시지는 사회의 모든 구성원들에 의해 동일한 방식으로 수용되고 해석된다고 가정한다. 프랑크푸르트학파와 연관 있는 마약 중독 개념은 피하 주사기 모형에서 온 것이다. 이러한 견해에서 미디어는 시청자에게 약물을 주입해서 더 넓은 세계에 대해 비판적으로 생각할 수 있는 능력을 파괴한다(Marcuse 1964). 이제 피하 주사기 모형은 낡았고 대중매체에 대한 초기 저자들의 저작에서는 언급되지 않은 가정이었다. 그렇지만 미디어에 대한 그 모형의 가정은 아직까지 대중매체가 현대 사회에 미치는 효과에 대해 회의적인 당대 학자들에게서 발견된다.

피하 주사기 모형을 비판하는 사람들은 시청자들을 동질적이고 수동적으로 취급하면서 다른 시청자들이 미디어에 다르게 반응하는 것을 고려하지 않는다는 점을 지적한다. 대부분의 이론들은 이제 시청자들의 반응이 여러 단계를 거치면서 이루어진다고 주장한다. 카츠Katz와 라자스펠드Lazarsfeld는 미국 대통령 선거에서 정치 방송을 연구해, 시청자들의 반응이 두 단계를 통해 형성된다고 주장했다(1955). 첫 번째 단계는 미디어가 시청자에게 도달할 때다. 두 번째 단계는 시청자가 시청자들의 반응에 영향을 미치는 '여론 주도층'과의 사회적 상호작용을 통해 미디어를 해석할 때다.

이후의 모형들은 미디어에 대한 반응에서 시청자들의 좀 더 적극적인 역할을 가정한다. '만족감 모형gratification model'은 다른 시청자들이 자신들의 필요를 충족시키기 위해 미디어를 이용하는 방식을 본다(Lull 1990). 시청자들은 날씨나 주식시장과 같이 그들이 살고 있는 세계를 더 배우기 위해 미디어를 이용할 수 있다. 다른 사람들은 가상적인 커뮤니티의 일부라고 느끼는 데(예를 들어 TV 연속극을 봄으로써) 도움을 주기 위해 혹은 같은 프로그램을 본 친구나 동료들과 지내기 위해 미디어를 사용할 수 있다. 만족감 모형에 대한 비판자들은 그 모형이 시청자의 욕구가 이미 존재하며, 미디어에 의해 만들어진 것이 아니라 가정한다고 주장한다.

이후의 시청자 반응 이론들은 사람들이 적극적으로 뉴스를 해석하는 방식에 관심을 가졌다. 슈트어트 홀Stuart Hall의 '수용 이론Reception Theory'(1980)은 시청자의 계급과 문화적 배경이 책과 신문에서 영화와 CD에 이르기까지 다양한 미디어 형태를 포괄하기 위해 사용된 용어인 텍스트의 여러 형태를 이해하는 데 영향을 미친다고 설명한다. 일부 시청자는 뉴스 생산자에 의해 텍스트에 부여된 읽기를 단순하게 받아들인다. 그러한 텍스트 읽기는 (글래스고 미디어 그룹이 발견한 것처럼) 지배적인 혹은 주류 이데올로기를 반영하기 쉽다. 그러나 홀은 텍스트를 해석하는 개인의 문화적, 계급적 배경에 따라 이해하는 시각이 달라진다고 주장한다. 어떤 시청자들은 그들의 사회적 위치가 '선호된 읽기preferred reading'와 갈등을 일으켜 텍스트를 반대로 읽을 수도 있다. 예를 들어 파업에 참여한 노동자나 소수 인종은 노사 관계나 인종 관계 뉴스를 읽을 때 지배적인 입장이기보다는 반대로 읽기 쉽다.

주사기 모형은 미디어 메시지가 수동적으로 시청자들에 의해 받아들여진다고 가정한다. 이러한 생각은 때로 TV가 어린아이들에게 미치는 영향에 대한 주장에서 암묵적으로 존재한다.

시청자는 서로 다른 미디어 텍스트를 연결시키거나 TV에서 들은 이야기를 신문에서 읽은 것과 비교해 의문을 제기하면서 한 형태의 미디어를 다른 형태의 미디어에 관여시킬 수도 있다(Fisk 1988). 여기에서 시청자는 피하 주사기 모형에서 제거된 강력한 권력을 가지고 있다. '해석적 모형Interpretative Model' 관점은 미디어의 산물을 받아들이거나 거부하는 것을 통해 미디어를 만들어 가는 것으로 시청자의 반응을 본다.

최근 미디어 이론가들과 연구자들은 참여 문화participatory cultures, 특히 디지털 기술과 소셜 미디어와 함께 성장한 청년들 가운데에서 참여 문화에 관심을 둔다. 참여 문화는 "예술적 표현이나 시민적 참여의 문턱이 낮아 창조에 대한 지지나 창조물 공유, 가장 경험 많은 사람에게 알려진 것이 초보자들에게도 쉽게 전수되는 비공식적 후견인 (……) 또한 회원들은 그들의 기여가 중요하다고 믿고 서로 사회적 연계 정도를 느끼는 문화"라고 규정할 수 있다(Jenkins et al. 2016: 4). 참여 문화는 이전의 적극적 문화 생산자와 수동적 수용자/소비자 구분을 허물어뜨린다. 대신, 사람들은 세계로 뻗어 나가는 관심 커뮤니티 내에서 생산자이지만 수용자/소비자도 되는 새로운 기회가 있다.

참여 문화는 회원들이 다양하게 적극적으로 참여하는 것을 포함하며 인터넷, 디지털 미디어와 이동 장치들이 과거보다 훨씬 쉽게 참여할 수 있게 만든다. 젠킨스는 이러한 형태의 참여가 소속affiliations(페이스북과 트위터, 게임 사이트와 메시지 보드와 같은 온라인 커뮤니티 가입), 표현expressions(창조적 생산과 음악, 비디오, 이미지, 매쉬업과 디지털 샘플링), 협동적 문제 해결collaborative problem solving(위키피디아나 대안적인 리얼리티 게임에서 발견되는 지식을 쌓고 업무를 완수하기 위한 멘토링이나 팀 작업)과 유통circulations(팝캐스트나 블로깅을 통해 미디어의 흐름 만들기)을 포함한다고 주장한다(2009: xi-xii). 독자들은 이러한 특성에 대해 자신의 활동이 참여 문화의 일부라는 것을 인식할 수 있을 것이다.

개인, 집단, 커뮤니티와 사회에 참여 문화가 미치는 영향에 대한 경험적 연구와 이론화 시도는 현재 진행형이다. 예를 들어 이러한 문화가 상업화와 대기업에 의한 체계적인 데이터 수집에 얼마나 취약한가? 예술적 창조의 문턱이 낮아지는 것이 우리의 삶을 제고하고 이해를 높이거나 현대 문화의 쓰레기를 만드는 것인가? 이러한 질문들은 이 분야의 다음 단계 주제들이다.

우리가 간단한 시청자 연구를 통해 알 수 있는 것은 미디어 산출물과 시청자 사이의 관계를 대단히 단순하게 이해하는 것에서 능동적 시청자를 더 강조하는 더 복잡한 모형으로 이동했다는 것이다. 우리는 또한 무엇이건 수동적인 스펀지처럼 흡수하는 일방향 모형(미디어에서 수용자로)에서 시청자가 미디어 산출물을 만드는 쌍방향 모형으로 이동했다는 것을 알 수 있다. 정말로 등장하는 참여 문화 이론들은 시청자 피하 주사기 모델에서 제거된 것에 관한 것이다.

계급, 젠더, 종족 그리고 장애의 재현

미디어 연구에서 많은 관심을 받은 이슈는 미디어 재현, 특히 TV 소설이다. 대중매체가 어떤 집단을 재현해야 하는가, 그리고 TV 화면에 어떤 집단이 부재하는가? 최근 이러한 것이 어떤 경우에는 바뀌고 있다는 증거가 된다는 점을 고려하면서, 사회 계급, 젠더, 종족과 장애인의 재현이 고정관념을 강화시키는 방식에 대해 간단히 살펴보자.

영국 TV에서 노동 계급의 재현은 〈대관식 거리Coronation Street〉와 같은 연속극(1960년부터 현재까지)이나 〈이스트엔드 사람들EastEnders〉과 같은 연속극(1985년부터 현재까지)에서부터 〈빌리 엘리엇Billy Elliot〉(2000) 혹은 〈베라 드레이크Vera Drake〉(2004)와 같은 노동 계급 생활을 다루는 영화와 〈클로킹 오프Clocking Off〉(2003), 〈해피 밸리Happy Valley〉와 같은 코미디 영화에 이르기까지 곳곳에서 나타난다(Kenall 2005). 어떤 사람은 드라마가 사람들로 하여금 일생에서 도피할 수단을 제공한다고 여긴다. 드라마 속의 주인공들은 그렇게 신나는 생활을 하는 사람들이 아니기 때문에, 이러한 주장은 특별히 설득력이 있지 않다. 더 적절한 설명은 드라마가 모든 사람들이 직면하고 있는 딜레마를 다루어 시청자들이 자신들의 삶에 대해 창조적으로 생각하게 한다는 것이다. 도피처를 제공하기보다는 드라마가 성공적이고자 한다면, 시청자들의 경험과 연계되어야 한다(D. Hobson 2002).

그럼에도 불구하고, 이러한 재현 대다수는 노동 계급의 생활은 어떠할까에 대한 중간 계급의 관점을 반영한다는 것도 거부될 수 있다. TV 드라마와 영화의 생산이 중간 계급 전문직에 의해 지배되고, 결과적으로 그들이 이해하는 것을 반영하기 때문이다. 노동 계급은 북부 지방의 산업도시에 사는 것으로 비친다. 사람들은 육체노동을 하며(혹은 실업자 이거나), 다른 방식으로 삶을 꾸리는 모습은 좀처럼 보이지 않는다. 그들이 사는 환경은 힘들고 어렵지만, 역설적으로 사회적 연대를 보여 주는 강한 커뮤니티를 포함한다. 놀랍게도 이러한 상투적인 표현이 21세기에도 지속되고 있다. 그래서 노동 계급 생활이 재현될지라도, 문제가 되는 것은 묘사의 정확성이다.

연구는 반복적으로 소녀와 여성의 재현이 전통적인 젠더 역할에 대한 고정관념을 포함한다는 것을 보여 준다. 여성은 가정주부나 남성의 성적 욕구의 대상으로서 가정 내의 역할 속에서 혹은 간호사, 도우미, 사무 노동자와 같은 가사노동을 연장하는 일터 환경 속에서 보인다. 일반적으로 이러한 재현은 뉴스 보도, 드라마, 오락 프로그램에 걸쳐 아주 일관되게 나타나 게이 터크먼Gaye Tuchman은 이것이 텔레비전에서 "여성을 상징적으로 말살하는 것"이라고 불렀다(1979). 예를 들어 1973년 미국에서 텔레비전을 가장 많이 보는 시간에 방영되는 드라마 주인공의 73퍼센트가 남성이고, 1993년에는 65퍼센트로 줄었지만, 여전히 다수를 차지했다(Gerbner 1997).

좀 더 최근의 연구는 비록 느리지만, 강한 독립적인 여성을 포함하는 다양성의 증가와 함께 이러한 일이 변하고 있다고 결론지었다(Glascock 2001; Meyers 1999). 〈뱀파이어 해결사7Buffy the Vampire Slayer〉, 〈라 팜므 리키타La Femme Nikita〉, 〈라라 크로프트Lara Croft〉와 같은 프로그램에서 새로운 여성 주인공은 높은 권력을 지닌 법률가나 경찰국장, 또는 다른 전문직 여성이 TV 드라마에 등장해 여성의 재현이 달라지고 있음을 보여 준다. 그러나 많은 주인공들은 여전히 오래된 여성적 규범을 따른다. 퇴마사 버피와 라라 크로프트는 젊고 날씬하고 통속적으로 매력 있는 주류 '남성의 시선'에 띄는 여성들이다. 그리고 나이 든 많은 성공적인 전문직 여성들은 불행하고 공허한 개인 삶을 살고 있어서 통상적인 젠더 역할을 타파한 여성들에 대한 묘한 반발(현실에서나 소설에서)을 보여 준다(Faludi 1991).

젠더 문제에 대한 보다 자세한 논의는 제15장 〈젠더와 섹슈얼리티〉를 참조하라.

소수 종족과 장애인에 대한 미디어 재현은 고정관점에 대한 도전하기보다는 고정관념을 강화시키고 있다. 흑인과 아시아인은 최근까지 주류 텔레비전에서 부재하고 뉴스 보도나 다큐멘터리에 등장할 때조차 문제가 되는 사회집단으로 재현되는 경향이 있다. 1970년대 흑인 청년들에 의한 '마약 밀매'를 둘러싼 도덕적 공황과 1980년대와 21세기 초에 도심 내 인종 폭동에 대한 미디어 보도가 대규모로 이루어졌다.

잭 샤힌Jack Shaheen의 〈티비 아랍The TV Arab〉(1984)과 〈나쁜 아랍인 낚아 올리기: 할리우드는 어떻게 사람을 악한으로 만드는가Reel Bad Arabs: How Hollywood Vilifies a People〉(2001)에서 텔레비전과 할리우드 영화(미국인들이 만든)에서 아랍인들이 어떻게 묘사되는지 검토했다. 1984년에 이루어진 연구는 1975년부터 1984년까지 아랍 사람들을 보여 주는 100개 이상의 텔레비전 쇼를 연구했다. 샤힌에 따르면, TV에서 이루어진 아랍인에 대한 묘사는 네 가지 신화에 의존한다. 바로 '아랍인'은 대단히 부유하다, 그들은 야만적이고 문화적이지 않다, 백인 노예를 좋아하는 섹스광이며, 테러를 즐긴다(1984: 179)는 것이다. 미국인과 다르게 보이고 다르게 행동한다는 생각을 강화시키기 위해, 그들은 늘 이상하게 옷을 입는다. 최근 다큐멘터리들이 좀 더 정확한 설명을 하고자 하지만, 이러한 모습은 어린이 만화와 교육 프로그램에서도 쉽게 발견할 수 있다.

샤힌은 절대다수의 할리우드 영화에서 아랍 인물들은 '나쁜 놈'이었다 것을 발견했다. 1천 편 정도의 영화에서 단지 12편만이 아랍인을 긍정적으로 그렸고, 52편의 영화는 균형을 유지했으며, 나머지 900편 이상은 아랍인을 부정적으로 그렸다. 이러한 경우는 영화가 블록버스터 영화였는지 혹은 저예산 영화였는지, 그리고 주인공이 핵심 인물이었는지 아니면 작은 역할을 했는지에 상관없었다. 샤힌은 영화에서 아랍인에 대한 고정관념이 1896년 이래 있어 왔고, 아랍인을 문명화된 서구인들, 특히 기독교도와 유대인 테러에 열중하는 잔인하고 냉혹하고 문명화되지 않은 광신도이고 돈에 미친 문화적 '타자들'로 그려지고 있다. 이러한 고정관념은 작가나 영화감독이 쉽게 일하는 데 도움이 되기 때문에 그들에게 유용하다. 샤힌은 과거 여성과 흑인이 했던 것처럼, 아랍-아메리카 커뮤니티도 강력해서 영화 산업에 영향을 미칠 수 있을 때만 변할 것이라고 주장한다.

인종적 소수자 문화는 백인 영국인 문화와 다르게 제시되고, 때로는 백인 영국인 문화에 문제가 되는 문화로 제시된다(Solomons and Back 1996). 〈이스트엔드 사람들〉에서처럼 최근의 시도들은 더욱 대표적인 이미지를 만들어 낸다. 연속극은 다양한 인종 집단이 유사한 생활을 하고 다른 사람들과 마찬가지로 똑같은 개인적 고민을 가지고 있는 보통의 사회구성원들로 보인다. 이러한 일상적 재현을 통해 미래에는 고정관념을 피할 수 있을 것이다.

소수 종족들이 문화적으로 다르게 정의된다면, 미디어에서 장애인들의 재현은 장애를 '개인적 비극' 모형에 기초해 장애인들을 신체적으로나 육체적으로 다르게 이루어졌다(Oliver 1990; 또한 제11장 참조). 이러한 지배적인 프레임에 맞는다면, 장애인을 포함한 뉴스 이야기는 더 많이 방송될 수 있다. 전형적으로 이것은 장애인을 독립적인 삶을 살기보다는 더 의존적인 존재로 보여 준다는 것을 의미한다.

장애인은 TV 드라마와 오락에서 보이지 않고, 보인다 하더라도 범죄자나 정신불안자 등 '나쁜, 미친 그리고 슬픈' 존재로 과도하게 재현된다. 이러한 상황에는 긴 역사가 있다. 〈피터 팬Peter Pan〉에서 사악한 후크 선장, 〈노트르담의 꼽추The Hunchback of Notre Dame〉에서 불행한 콰지모도, 〈코끼리 인간The Elephant Man〉에서 존 메릭을 생각해 보자. 장애인 주인공들은 이야기 줄거리에 부수적인 존재가 아니라 장애인이기 때문에 소설에 포함되었다. 영국 TV에서 방영된 〈큠버배치와 네그린Cumberbatch and Negrine〉의 6주 치 내용을 분석해 보니 0.5퍼센트의 주인공만이 장애인이었으며, 거의 모두 휠체어 사용자였다. 이것은 영국의 장애인들에 대한 정확한 재현이 아니다.

1990년대 미국의 드라마에서는 장애인을 '정상적'으로 살아가는 사람들로, 불구를 강조하지 않으면서 좀 더 긍정적으로 재현하고 있다. 그러나 반스는 불구를 간과하는 것이 답은 아니라고 본다. 그 대신 그는 다음과 같이 주장한다(Barnes 1991: 19).

> 성공 가능성이 있는 유일한 해결책은 모든 미디어가 첫째, 장애와 장애 정체성 경험이 내포한 복합성을 인정하고 또한 조사하고, 둘째, 모든 장애인들을 지역 사회의 주류 경제적, 사회적 생활로 통합시키는 것을 촉진시키는 정보와 이미지를 제공하는 것이다.
>
> 미디어 재현은 차별과 배제의 직접적인 원인이 아니다. 그럼에도 불구하고, 고정관념에 기초한 재현은 사회집단에 대한 부정적인 생각을 강화시킬 수 있고 미디어 재현이 더 거시적인 사회문제의 일부다. 최근 이러한 문제에 대한 인식이 제고되고 긍정적인 변화의 조짐이 있음에도 불구하고, 미디어 재현이 파괴적인 사회적 고정관념에 실질적으로 도전하는 데 기여하기 전에 아직도 가야 할 길이 있다.

글로벌 미디어의 소유, 권력과 대안

미디어에 대한 다양한 사회학 이론들은 미디어가 정치적으로 중립적이거나 사회적으로 이로울 수 없다는 것을 보여 준다. 많은 사람에게 핵심적인 문제는 '슈퍼 컴퍼니'로 불리는 대규모 기업에 다양한 형태의 미디어 소유권이 점차 집중되는 것이다. 만약 정치인들이 거대한 신문 재벌 가운데 하나가 한 전국적 신문을 소유하는 것에 놀란다면, 초국적 미디어 회사의 소유는 얼마나 더 심각한가? 이 책에서 본 것처럼, 인터넷은 현재 진행 중인 세계화의 핵심 공헌자 가운데 하나이며 동시에 그 표현물이기도 하다. 그러나 세계화는 또한 국제 간 접촉, 다른 형태의 미디어 잠재력까지 바꾸어 놓고 있다. 여기서는 세계화라는 큰 흐름 속에서 대중매체에 끼치는 변화 몇 가지를 생각해 보고자 한다.

미디어는 1970년대까지 뉴스 기삿거리를 수집하고 해외에 영상을 배분할 때처럼 언제나 국제적 면모를 지녀왔지만, 대부분 미디어 회사들은 자국 정부의 규칙을 준수하면서 특정 국내 시장 영역 안에서 작업을 해왔다. 그리고 미디어 산업은 또한 독립 영역으로 차별화되어 왔다. 대개의 경우 영화, 인쇄 매체, 라디오와 텔레비전 방송 등 모든 영역이 서로 별개로 독립 운영되고 있었다. 그러나 지난 30년 동안, 미디어 산업 내부에 엄청난 변화가 일어났다. 새로운 기술들이 과거 한때 분명히 독립 영역

중국의 미디어 검열

세계 사회 18-1

중국 공산당 체제 아래 급격한 문화적, 경제적 변화를 겪고 있는 중국에서는 세계화의 모순적 성질이 분명하게 드러난다.

1980년대 중국 정부는 국가의 TV 시스템 확장을 감독했고, 국민들로 하여금 TV를 구매하도록 장려했다. 정부는 TV 방송을 국가를 결속시키고 정당의 권위를 향상시키는 수단으로 보았다. 하지만 TV는 변덕스러운 매체다. 위성 방송 채널 기반의 시대에 TV 방송은 통제하기 불가능할 뿐만 아니라 중국 시청자들도 정부의 의도와 반대로 TV 콘텐츠를 받아들이려는 의지를 보였다(Lull 1997).

중국에서 100여 가구를 인터뷰한 제임스 룰James Lull은 중국의 시청자들이 다른 공산 정권하의 사람들과 마찬가지로 "행간의 의미를 파악하며 함의를 가려내는 해석의 귀재"라는 사실을 발견했다. 인터뷰에서 응답자들은 단순히 본 것뿐 아니라 어떻게 봤는지까지 묘사했다. "왜냐하면 시청자들은 정부가 사실을 왜곡하고 확대한다는 사실을 알고 있고, 진실이 무엇인지 상상하는 데 숙련되어 있기 때문이다. 어떤 것이 제시되고 어떤 것이 숨겨져 있으며, 우선 제시된 것은 무엇이고, 어떻게 묘사되어 있는지, 이 모든 것들에 주의를 기울이며 자세히 해석한다." 룰은 중국 시청자들이 TV, 특히 수입된 영화와 광고들에서 얻는 메시지는 그들의 삶과 기회와 대조된다고 결론지었다. TV 콘텐츠에서 강조되는 개성과 소비사회를 보고 많은 중국 시청자들은 그들의 기회는 실생활에서 억압되어 있다고 느꼈다. TV는 중국 시청자들에게 다른 사회적 시스템이 더 유연하게 돌아가고 더 많은 자유를 제공한다는 사실을 알려 주었다.

최근에는 인터넷과 다른 새로운 통신 기술들이 중국 정부에 신선한 도전을 불러일으켰다. 많은 서방 사이트들이 중국 인터넷 사용자들에게 차단되었고 블로그나 웹 콘텐츠가 감시되고 있다. 이러한 권위주의적 접근에 '중국의 거대한 방화벽'이라는 이름이 붙었다. 중국은 좀 더 급진적인 정책을 취할 때도 있다. 예를 들어 소수 민족 시위와 저항에 대응해 중국 정부가 신장 지방의 인터넷을 6개월 동안 완전 차단한 적이 있다.

어떤 이들은 이러한 뉴미디어가 사람들이 정부의 통제에서 벗어나도록 도와줄 것이라고 하지만, 다른 사람들은 정부의 검열이 기술적 발전과 발맞춰 나갈 것이라고 말한다. 2006년 인터넷 기업인 구글이 중국 시장에 진출 허가를 받기 위해 중국 정부를 만족시키고자 검색 결과를 검열하기로 했다. BBC 웹사이트에 접근이 차단되었고, 1989년 톈안먼 사태나 대만의 독립을 지지하는 웹사이트는 제한되었다. 그렇지만 2010년 해킹 시도가 발견된 이후 구글은 중국 컴플라이언트 서비스China-compliant service를 홍콩으로 옮겼고, 2014년 구글이 중국 당국의 웹사이트 인증을 거부하면서 분쟁이 발생했다. 그럼에도 불구하고, 중국에 대한 구글의 협조는 미국적 가치 전파가 아니라, 이윤 창출이 미국 미디어 회사의 주요한 견인차라는 것을 시사한다.

비판적으로 생각하기 THINKING CRITICALLY

인터넷과 텔레비전 감시의 차이점과 유사점은 무엇인가? 중국의 검열을 덜 예외적으로 만드는 다른 나라들의 증거는 무엇인가?

으로 치부되던 미디어 형태를 복합적인 자질로 변형시킨 한편, 국가 단위의 시장은 유연한 세계 시장에 자리를 양보하게 되었다. 21세기가 시작되면서, 전 세계 미디어 시장은 뉴스와 오락 제작, 유통, 마케팅이 전 세계 거의 모든 나라에서 느껴질 수 있도록 하는 것이 주요 임무인 약 20개의 다국적 기업 연합체에 의해 지배되었다.

세계화를 다룬 저서에서, 데이비드 헬드와 그의 동료들은 세계적 수준의 미디어 질서를 가져오게 한 다섯 가지 핵심 변화를 지적했다(1999).

1. 세계적 미디어 소유권의 집중 증가: 현재 소수의 영향력 있는 경영진에 의해 지배받고 있다. 소규모, 독

럽적 미디어 회사들은 점차 고도로 중앙집권화된 미디어 연합체로 흡수되고 있다.

2. 공적 소유권에서 사적 소유권으로 전환: 전통적으로 거의 모든 나라의 미디어나 텔레커뮤니케이션 회사는 부분적으로든 전적으로든 국가가 소유했다. 지난 몇십 년간 기업 환경의 자유화와 탈규제화로 인해 여러 나라에서 미디어 회사는 민영화(및 상업화)의 길을 걸었다.
3. 다국적 기업 구조: 미디어 회사는 더 이상 단일 국경 안에서만 유아독존적 영업을 하지 않게 되었다. 그래서 미디어 소유법은 국경을 넘은 투자와 소유를 허용하는 쪽으로 완화되었다.
4. 미디어 산물의 다양화: 미디어 산업은 다양해졌고 과거보다 분절 양상이 덜한 편이다. AOL-타임워너 같은 거대 미디어 기업은 음악, 뉴스, 인쇄 매체와 텔레비전 프로그램을 포함한 다양한 미디어 콘텐츠를 제작, 분배하고 있다.
5. 복합 미디어 합병의 증가: 미디어 산업에서 다른 분야에 종사하는 회사들끼리 통폐합하는 경향이 있어 왔다. 텔레커뮤니케이션 회사, 컴퓨터 하드웨어와 소프트웨어 제조업자 및 미디어 '콘텐츠' 제작자들이 미디어 형태가 점차 통합됨에 따라 서로 통폐합하는 경우가 많아지고 있다.

미디어 세계화는 의사소통의 '수평적' 형태를 중앙 무대로 등장시킨 셈이다. 재래의 미디어 형태가 '수직적' 방식으로 단일 국가의 변방 안에서 의사소통이 발생하도록 보장해 주었다면, 세계화는 의사소통의 수평적 통합을 이끌고 있다. 사람들은 민간 수준에서 서로 상호작용을 맺고 있을 뿐만 아니라 미디어 생산물도 폭넓게 전파되고 있는데, 이는 새롭게 조화를 이룬 법 규정, 소유권 정책과 다국적 마케팅 전략 등에 힘입은 것이다. 의사소통과 미디어는 현재 일개 특정 국가의 한계를 넘어선 상태에서 보다 자발적으로 영향력을 확장시킬 수 있게 되었다(Sre-brenny-Mohammadi et. al. 1997). 그러나 세계화 사회의 다른 영역에서처럼, 새로운 정보 질서는 국가 간에 편중성이 나타나며 선진국과 개발도상국 간 편차를 반영하고 있다. 여기에서는 몇몇 논평자들이 새로운 세계적 미디어 질서를 '미디어 제국주의media imperialism'로 더 잘 표현한 바대로 이들의 주장을 살펴보기 전에 우리는 미디어 세계화의 측면들을 살펴볼 것이다.

미디어 제국주의?

미디어 제작과 유통에서 선진 사회들, 그중에서도 미국의 독보적 위치는 여러 관찰자들로 하여금 미디어 제국주의를 언급하게 한다(Herman and McChesney 2003). 이 관점에 의하면, 문화 제국이 구축되었다. 개발도상국들이 특히 위험해지는데, 이들 국가들은 자국의 내생적 문화 정체성을 유지할 자원이 부족하기 때문이다. 그렇지만 다른 사람들은 미국의 미디어 지배가 위에서 제시한 것처럼 간단하지 않다고 주장한다. 미디어 제국주의는 정확히 무엇인가? 서구 문화적 가치가 들어가 있는 TV 프로그램, 영화와 음악이 담고 있는 서구 문화적 생산물을 다른 문화권 사람들이 볼 때 그리고 우수한 것으로 받아들일 때 미디어 제국주의가 존재하는 것인가? 미디어 제국주의는 TV나 휴대 전화와 같은 특정한 기술의 수출에 있는가? 특정한 기술은 지역 문화를 파괴하고 변형시키는가? 한 나라나 지역의 미디어가 강력해서 지역 미디어 아웃렛을 접수하거나 퇴출시킬 때 미디어 제국주의가 존재하는가? 세계 여러 나라 사람들이 TV 세트와 휴대 전화를 사기로 결정하고 그것들에서 용도와 즐거움을 발견했다고 주장할 때조차 우리는 지배에 대해 이야기할 수 있는가(Tomlinson 1991)?

세계 20대 미디어 기업 본부는 모두 선진국에 포진하고 있다. 그 가운데 대부분이 미국에 있다. 타임워너Time Warner, 디즈니/ABCDisney/ABC, 비아콤Viacom과 같은 미디어 제국이 대표적이다. 다른 대규모 미디어 기업으로는 수많은 레코드를 소유하고 많은 독립 상표를 배포하고 있는 소니 뮤직Sony Music(4대 거대 음악 회사 중 하나), 이탈리아 전직 총리인 실비오 베를루스코니Silvio Berlusconi가 소유한 텔레비전 회사 몬다도리Mondadori가 있다.

전자 미디어를 통해, 서양 문화 상품들이 분명 전 세계로 널리 확산되었다. 서구 음악처럼, 미국 영화도 세계 곳곳에서 볼 수 있다. 2005년 홍콩에 새로운 디즈니 테마 파크가 건립되었다. 이 테마 파크는 자국 문화를 반영하기보다 대체로 미국 디즈니 관광 산업을 단순히 복제한 것이다. 예를 들어 홍콩의 테마 랜드는 메인 스트리트(미국), 어드벤처 랜드, 판타지 랜드와 투머로 랜드이며, 거기에 미키 마우스, 로널드 덕, 위니 더 푸어와 버즈 라이트이어를 포함한 보통 캐릭터들이 있다. 문제가 되는 것은 더 인기 있는 오락만이 아니다. 주요 서구 방송사들에 의한 세계 뉴스 통제는 전달되는 정보에서 '제1세계의 세계 상'의 지배가 이루어지고 있음을 의미한다. 개발도상국에 주어지는 관심은 주로 재난, 위기와 군사적 충돌이 있을 때이며, 이러한 것이 개발도상국과 그들의 미래에 대한 부정적인 담론을 지속시킨다.

그럼에도 불구하고 세계적 수준에서 다원론적 미디어 이론을 지지하는 움직임도 있다. 그중 하나는 '역흐름'인데, 예를 들어 식민지의 미디어 상품이 대중적이 되고 식민지 지배자들에게 인기를 얻을 수 있다. 역흐름은 미디어 제국주의가 절대적이거나 불변의 것이 아니라고 말한다. 역흐름의 유명한 예로 뭄바이 지방의 힌디어를 쓰는 인도 영화 산업인 발리우드의 비약적인 세계적 성공을 들 수 있다. 발리우드는 세계에서 가장 많은 영화를 생산하고, 과거에는 대다수가 국내 관객들만 관람했지만, 이제는 전 세계적으로 남아시아 커뮤니티에 따른 국

스마트폰은 서구 문화를 전 세계로 확산시키는 데 도움을 주는가?

제 이주 양상의 변화로 바뀌고 있다. 발리우드 영화는 영국(과거 식민지적 영향력), 미국, 러시아에서 더욱 인기를 얻고 있고, 호주에서는 할리우드 바로 다음에 위치한다.

두 번째 비판은 미디어 제국주의 이론은 서양의 문화 상품이 서양의 가치를 포함해 전 세계의 수동적 수용자에게 '주입'된다는 '피하 주사' 모델(앞서 논의되었던)을 바탕으로 한다는 점이다. 그러나 수용자 연구의 성장은 우리에게 소비자는 능동적이고 시청자와 청취자는 미디어 상품의 메시지를 거부, 변형, 재해석한다는 사실을 알려주었다. 이엔 앙Ien Ang의 미국 시리즈 〈댈러스Dallas〉에 관한 연구에서 네덜란드 사람들이 시리즈의 다채로운 캐릭터는 즐겨 하지만, 자본주의적 가치에는 반대했다.

비슷한 맥락에서 롤런드 로버트슨Roland Robertson은 국제적 정세를 이해하는 더 좋은 개념은 세계화(제4장 참조)보다 세방화glocalization(세계화와 지역화의 합성어)라고 말한다(1995). 이는 미국 기업이 그들의 상품을 성공적으로 판매하기 위해서는 지역 문화를 이해해야 하기 때문이다. 그들은 그것을 무시할 수 없다. 이 과정에서 상품은 크게 변화한다. 세방화 이론은 미디어 제국주의의 일방향적 흐름은 법칙이 아닌 예외라고 주장한다.

30년 간격을 둔 두 개의 연구에서 제러미 툰즈톨Jeremy Tunstall의 저서 제목들은 비슷한 이야기를 한다. 『미디어는 미국의 것이다The Media Are American』(1977)라는 책에서 그는 미국 대중매체의 산업화는 그것이 세계 미디어 생산을 지배할 수 있게 했다고 주장한다. 하지만 『미디어는 미국의 것이었다The Media Were American』(2007)에서 툰즈톨은 미국이 세계적 지배력을 잃었다고 주장한다. 인도와 중국의 생산자와 소비자로서의 성장과 국가 문화와 미디어 구조의 강화는 미국을 약하게 만들었다. 하지만 자본 축적은 지속적으로 세계로 퍼진다는 논리는 유효하다. 세계 미디어 체계에서 그 어떠한 것도, 어떤 언어로도, 어디에서든 수익성이 높으면 미디어가 존재한다(Hackett and Zhao 2005: 22). 그런 의미에서 미디어 상품 교체를 특징짓는 것은 미국의 가치라기보다는 자본주의적 가치다.

비판적으로 생각하기 THINKING CRITICALLY

'미디어 제국주의'는 서양 미디어와 문화의 세계적 영향력에 대한 정확한 설명을 제공하는가? 미디어와 문화적 상품이 반대로 서양 문화의 발전에 영향을 주는 경우는 없는가? 미디어 제국주의는 장 프랑수아 리오타르Jean-François Lyotard의 포스트모던 이론인 서양 문화의 몰락에 얼마나 들어맞는가? 증거들은 어떠한 관점을 가장 잘 지지하는가?

미디어 거대 기업의 소유

2000년 1월 세계에서 가장 영향력 있는 두 개의 미디어 회사가 세계 역사상 최대 기업 합병을 이루었다. 3천370억 달러의 가치를 지닌 거래에서 세계 최대 규모 미디어 회사인 타임워너와 세계 최대 인터넷 서비스 제공사인 AOL이 "인터넷 세기를 맞이하여 세계 최초로 완전히 통합된 미디어와 커뮤니케이션 회사"를 만들기로 했다고 발표했다. 그러나 그 합병의 규모보다 '낡은 미디어'와 '새로운 미디어' 간 최초의 본격적 결합이어서 더 많은 주목을 받았다.

타임워너의 효시는 1923년 헨리 루스Henry Luce가 잡지 『타임Time』을 창간해 일간지에 실렸던 두툼한 분량의 정보를 요약하고 해석해 주간지로 출발한 당시로 거슬러 올라간다. 『타임』의 압도적 성공으로 1930년에는 기업 잡지 『포천Fortune』, 1936년에는 사진 잡지 『라이프Life』가 창간되기에 이르렀다. 20세기를 거치면서, 타임은 TV와 라디오 방송국, 음악 산업, 거대한 워너브러더스 영화와 만화 제국 및 세계 최초의 24시간 뉴스 채널인 CNN을 거느린 미디어 기업으로 성장했다.

AOL의 성장은 정보 시대 '신흥 미디어'의 전형이다. 1982년에 설립된 AOL은 시간제 요금 정산법을 채택해 전화를 걸어 인터넷에 접속하는 서비스를 도입했다. 1994년에는 100만 사용자가 유료 서비스를 받았으며, 1996년에는 인터넷 무제한 사용이 가능한 표준 월정 요금 제도를 도입해, 회원 수가 450만 명으로 증가했다. 1997년에는 AOL을 사용하는 사람들이 800만 명에 이르는 등 성장을 지속함에 따라 회사는 일련의 합병과 인수 및 제휴를 거치면서 유명한 인터넷 서비스 제공 업체로서 지위를 공고히 했다.

두 회사의 합병은 3천500억 달러의 초대형 미디어 회사, 2천400만 명의 AOL 가입자, 1억 2천만 명의 잡지 독자와 CNN, HBO와 워너브러더스 TV 채널을 하나의 회사로 묶는 것이었다. 그러나 그 합병은 실패했다. AOL이 내세웠던 야심적인 가입자 수 확보와 수익 달성을 이루지 못했고, 영화와 인터넷 기술을 결합하는 기술적 파급 효과가 나타나기까지 너무 오랜 시간이 걸렸다. 2002년 회사는 1천 억 달러 손실을 입어 2003년에는 AOL 이름을 회사 이름에서 떼어 버렸다. AOL을 판매 처분하려는 계획도 2007년에는 실패했고, 2009년 12월 9일에 가서야 매각되었다. 인수한 기업은 '기존의 미디어'와 '새로운 미디어'를 통합하려는 회사가 아니라 구글과 같은 다른 회사였다. 그 회사들은 월드와이드웹과 거대한 글로벌 시장에 초점을 맞추었다.

모든 사람들이 거대한 미디어 기업을 열망해 온 것은 아니다. 열광하는 사람들은 꿈으로 생각한 반면, 비판가들은 악몽이라고 생각했다. 미디어 기업이 과거 어느 때보다 더 집중되고 집적되고 세계적 수준의 영향력을 가짐에 따라, 언론의 자유와 토론을 위한 공론장으로서 미디어의 역할이 위축될 것이라는 우려 때문이었다. TV 프로그램, 음악, 영화, 뉴스 정보라는 내용과 그것들을 유통하는 수단 모두를 지배하는 단일 회사는 거대한 권력을 갖게 된다. 미디어 기업은 내부 자원(유명인으로 등장한 가수나 연예인들)을 홍보할 수 있고, 자체 검열(부정적인 시각에서 주식 보유자나 회사를 비판하는 사람들에 대한 뉴스를 생략하는 등)을 할 수 있으며, 외부 기업들의 제작물을 희생시켜 가면서 자기 기업 내 회사들 제품을 서로 광고해 줄 수도 있다. 인터넷이 서너 개의 미디어 재벌의 손에 있다는 것은 단지 몇 년 전 인터넷에 열광했던 사람들이 가졌던 자유롭고 제한 없는 전자 세계라는 생각과 너무 대조적이다.

사회에는 불가피한 것은 거의 없다는 점을 기억할 필요가 있다. 독점을 방지하는 독과점 금지anti-trust법이나 대안적인 정보 자료를 찾는 미디어 사용자들의 집요하고 창조적인 대응 때문에, 정보원과 유통 채널을 총체적으로 통제하려는 시도는 성공하지 못한다. 미디어 소비자들은 기업 이해관계에 의해 쉽게 조종될 수 있는 '문화적 바보'가 아니다. 미디어 형태와 내용의 범위가 확장됨에 따라, 개인들은 접하게 되는 메시지와 자료들을 해석하고 평가하는 데 더 숙달된다.

글로벌 미디어에 대한 저항과 대안

세계 미디어의 영향력과 범위를 부정할 수는 없지만, 모든 해당 국가의 경우 미디어 돌격을 완화시키고 자국의 전통, 문화와 우선권을 반영할 수 있는 미디어 제작물의 특성을 살리려는 움직임이 있다. 좀 더 성공적인 것 가운데 하나가 독립 미디어 센터Independent Media Centre 혹은 인디미디어Indymedia로 반세계화 운동과 관련 있는 글로벌 독립 미디어 집단이다. 1999년 시애틀에서 개최된 WTO에 반대하는 시위 도중에 만들어진 인디미디어는 정치적 활동가나 시민들이 자신들의 비디오, 이미지와 보고서뿐만 아니라 시위 사건 중계를 가능케 하는 개방된 온라인 플랫폼을 만들고자 했다. 30개국 150개 지부가 만들어졌다.

인디미디어는 사람들로 하여금 기업과 국가의 뉴스 보도를 수동적으로 소비하는 것이 아니라 생산에 참여하도록 하기 위해 미디어 전문가와 대중 사이의 벽을 부수고자 한다. 비록 인터넷이 인디미디어의 중심이지만, 지역 집단들 또한 출판, 커뮤니티 라디오, 비디오와 이메일 리스트, 위키 사이트와 공적 접근이 가능한 TV 방송국 방송을 만든다. 그렇지만 개인 블로그의 출현과 높아지는 인기가 어느 정도 인디미디어의 독창성과 기능을 약화시켰다(Ritzer 2011: 142~143). 누구나 자신의 블로그를 만들고 관리할 수 있으며, 자신들의 견해와 의견을 온라인에 발표한다. 이것은 미디어의 절대적인 탈중앙화다.

역설적으로 인디미디어는 많은 개인이나 집단이 자유롭게 접속해 때로 정부의 감시나 개입을 낳기도 한 민주적이고 개방적인 접근으로 어려움을 겪었다. 2004년 FBI의 요구로 인터넷 회사가 하드 드라이브 두 개를 서버에서 내리면서 13개국 20개의 웹사이트를 폐쇄했다. FBI가 폭탄을 설치하고 우편 폭탄을 보낸 폭력적인 이탈리아 아나키스트 집단이 인디미디어를 이용해 자신들이 폭탄 공격을 했다는 주장에 근거해 이탈리아 볼로냐 검찰청으로부터 폐쇄 요청을 접수했다. 실제로 그러했는지는 밝혀지지 않았다. 그러나 그것이 인디미디어의 느슨하게 조직된 네트워크 모델의 문제를 드러냈다고, 인디미디어는 정부와 보안기관의 요구에 제대로 저항하지 못했다(Mueller 2011: 18~22).

종교, 전통, 대중 사고방식은 미디어 세계화에 강한 견제력으로 모두 작용할 것이며 해당 국가의 규제와 국내 미디어 조직 또한 세계화 미디어 자원의 충격을 제한하는 역할을 해낼 것이다(〈세계 사회 18-2〉 참조). 중동 지역의 새로운 미디어는 흥미로운 사례다. 미디어 세계화에 대한 이슬람 국가들의 대응에 관한 연구에서, 알리 모하마디Ali Mohammadi는 외부 미디어의 유입에 대한 저항 형태는 무언의 비판에서부터 서양 위성 방송을 공공연하게 금지하는 조처까지 다양하다는 것을 발견했다(2002). 해당 각국이 보여 준 미디어 세계화에 대한 반응과 행동양식은 크게 서양 식민주의 유산과 근대성 침탈에 대해 보여 주었던 일반적 반응을 반영했다. 미디어 세계화에 대한 이슬람 국가의 반응을 분석하는 데, 모하마디는 크게 세 유형으로 분류했다. 근대주의, 혼합주의, 전통주의 국가가 그것이다.

1980년대 중반까지 이슬람 문화권에서 대부분의 텔레비전 프로그램은 해당국 아니면 21개 국가로 구성된 범아랍 위성 방송 연결망인 아랍샛Arabsat에 의해 제작되고 유통되었다. 글로벌 위성 TV의 영향력과 방송 개방화는 이슬람 세계에서 텔레비전 방송을 변화시켰다. 1991년 걸프전은 중동 지역이 지구촌 미디어 산업이 주목해야 하는 중심 지역이며 중동 지역 내 텔레비전 방송과 소비에도 심대한 영향을 끼치는 계기를 마련했다. 위성 방송은 재빠르게 확산되어 바레인, 이집트, 사우디아라비아, 쿠웨이트, 두바이, 튀니지, 요르단에 이르기까지 확산되었으며, 1993년에는 이들 모든 지역에서 위성 채널을 가동시키기에 이르렀다. 2000년대가 끝날 무렵에는 대부분의 이슬람 국가들이 지구촌 미디어 프로그램의 접속뿐만 아니라 자국 위성 채널도 보유하게 되었다.

알자지라는 하루 24시간 뉴스를 보도하면서 중동 지역에서 가장 크고 영향력 있는 논란의 대상이 되고 있는 아랍권 뉴스 방송이다. 1996년에 설립되어 카타르에 근거를 두고 있는 알자지라 뉴스 네트워크는 아랍 커뮤니티와 세계 아랍어권에서 가장 빠르게 성장하고 있는 뉴스 방송국이다. 일부는 알자지라가 지나치게 선정적이고 근본주의자들과 극단주의자들에게 왜곡된 보도뿐만 아니라 전쟁 지역에서 지나치게 폭력적이고 감정적인 보도를 한다고 비판한다(Sharkey 2004). 알자지라의 정치 프로그램이 가장 인기 있지만, 다른 프로그램은 시청자를 늘리기 위해 문화, 스포츠와 건강도 다룬다. 그러나 대부분의 TV 방송국이 서구의 방송국이 했던 것처럼 자극적인 소재로 시청자의 주의만 끌려 하고 있다.

최근의 학술 연구는 알자지라가 이라크 침공, 팔레스타인의 상황, 아랍의 정체성과 같은 중요한 의제들에 대해 열린 토의를 장려하면서 중동 미디어 통제를 해체시키는 중요한 역할을 했다고 말한다(Lynch 2006; Zayani 2005; Miles 2005). 뉴스 채널은 중동뿐만 아니라 서구의 시청자들도 국제 사건에 대한 대안적 관점을 제시하는 채널을 볼 수 있게 함으로써 정치적이고 사회적인 논의의 변화를 도왔다(알자지라는 도하와 쿠알라룸푸르뿐 아니라 런던과 워싱턴 D.C에서도 방송된다).

몇몇 이슬람 국가의 경우 서양 텔레비전에서 다루고 있는 주제와 소재가 긴장감을 불러일으키고 있는데, 특히 젠더와 인권 문제를 다룬 프로그램은 논쟁의 대상이 되고 있다. 예를 들어 사우디아라비아는 인권 문제를 주요 쟁점으로 다루기 때문에 BBC 아랍 방송을 더 이상 지지하지 않는다. 이슬람 세 국가인 이란, 사우디아라비아

미디어 제국-뉴스 코퍼레이션

세계 사회 18-2

루퍼트 머독은 세계 최대 미디어 기업을 소유하고 있는 호주 출신 기업가다. 뉴스 코퍼레이션News Corporatiom은 6대륙에서 활동하는 아홉 개의 서로 다른 미디어를 소유하고 있다. 2001년 기준 165억 파운드의 매출액을 올렸고 3만 4천 명의 직원을 고용하고 있다(BBC 2001). 2004년 10월 ABC 뉴스는 290억 파운드 매출을 올렸다고 보도했다.

머독은 1960년대 영국과 미국 시장으로 진출하기 전 호주에서 뉴스 코퍼레이션을 설립했다. 1969년에 영국의 「뉴스 오브 더 월드News of the World」와 「선The Sun」을 매입하고, 1970년에 미국의 「뉴욕 포스트New York Post」를 인수한 후 급속히 팽창했다. 머독은 그가 소유한 많은 신문사를 섹스, 범죄, 스포츠라는 세 가지 주제를 중심으로 하는 선정적인 언론으로 만들었다. 예를 들어 「선」은 전 세계 영어권 신문 중에서 가장 구독자가 많은 대단히 성공적인 신문이 되었다.

머독은 1980년대 위성과 케이블 체인 스카이 TVSky TV를 설립하며 텔레비전 분야로 확장해 상업적으로 성공한 위성, 케이블 체인이 되었다. 그는 또한 홍콩에 근거를 둔 스타 TVStar TV 네트워크의 지분을 64퍼센트 소유하고 있다. 스타 TV의 전략은 거대한 중국과 인도의 시장을 장악해 일본에서부터 터키에 이르는 지역의 '하늘을 위성 전파로 통제하는 것'이었다. 현재 다섯 개 채널을 방송하고 있으며, BBC도 그중 하나다. 1985년에는 20세기폭스사20th Century Fox의 주식 절반을 매입했다. 1987년 개국한 폭스 방송은 미국에서 네 번째로 비중 있는 텔레비전 네트워크가 되었다.

최근 머독은 스카이 TV를 통해 농구와 영국 프리미어리그 축구 경기를 생방송으로 중계하는 등 이윤이 많이 남는 디지털 위성 텔레비전 산업에 집중적으로 투자하고 있다. 머독에 따르면, 스포츠 방송은 새로운 미디어 시장으로 들어가는 '공격 무기'다(Merman and McChesney 1997). 스포츠 경기 생방송은 시청률이 가장 높기 때문에, 머독과 광고주들에게 이익이 되는 '유료 방송'으로 제공된다.

2011년 7월 13일 뉴스 코퍼레이션은 BSkyB를 완전히 통제하기 위해 80억 파운드에 달하는 입찰에 참여했지만 「뉴스 오브 더 월드」가 고용한 사설탐정과 언론인들에 의해 이루어진 이동전화 불법 도청에 대한 경찰과 의회의 조사가 시작되자 입찰을 포기했다. 이 스캔들로 「뉴스 오브 더 월드」는 창간 168주년을 3일 앞두고 폐간되었다.

그러나 제임스 머독은, 「뉴스 오브 더 월드」는 뉴스 코퍼레이션 사업의 1퍼센트도 안 된다고 말했다. 이것은 디지털 시대에 신문 구독, 이윤과 영향력이 쇠퇴하고 있음을 반영한 것이었다. 7월 19일 루퍼트 머독과 제임스 머독은 하원 문화미디어스포츠위원회 청문회에 출석해 이동전화 도청에 관한 질의에 답변했고, 이것이 TV로 생중계되었다. 총리는 이 스캔들에 대한 검찰 조사를 명령했고, 확장 중이던 머독 미디어 제국은 가장 큰 좌절을 경험하게 되었다.

정부가 최소한의 권한 내에서 한 회사가 서너 개의 신문과 TV 방송을 한꺼번에 소유하는 것을 제한하는 법률 제정을 진행할 수 있기 때문에 머독에게 어려움을 야기할 수 있다.

유럽연합은 거대 미디어 회사의 지배적인 지위에 대해 우려하고 있다. 그러나 머독의 권력은 전 세계로 퍼져 있어 쉽게 억제할 수 없다. 그는 정부에 영향력을 행사할 정도로 무게가 있지만, 텔레커뮤니케이션 산업의 속성상 그의 영향력은 어디에나 있기도 하고 없기도 하다. 머독의 권력 기반은 대단히 크지만 파악하기 어렵다.

머독은 한때 세계에서 가장 큰 미디어 조직의 총수였다. 그러나 1995년 디즈니Disney Company와 ABC가 합병하면서 세계 최대 자리에서 밀려났다. 당시 디즈니 회장이었던 마이클 아이스너Michael Eisner는 급팽창하는 아시아 시장에서 머독과 경쟁하기를 원한다는 것을 분명히 했다. 그 합병에 대해 머독은 "지금은 그들이 우리보다 두 배 더 크다"라고 말한 다음 "더 큰 목표다"라고 덧붙였다. 디즈니, 타임워너Time Warner와 비아콤Viacom의 CEO들은 모두 머독이 그들이 가장 존경하고 두려워하는 미디어 경영인이기 때문에 머독의 움직임을 매우 조심스럽게 연구한다고 말했다(Herman and McChesney 1997).

와 말레이시아는 서양 텔레비전에 접속하는 위성을 금지시켰다. 이란은 서양 미디어의 가장 철두철미한 반대 세

알자지라 방송이 일부 중동 국가들에서 금지되고 또 아프가니스탄과 이라크에서 알자지라 방송국을 미군이 공격했다는 의심에도 불구하고, 알자지라 방송은 디지털 시대에 성장하고 또 번창하고 있다.

력인데, 이것들은 '문화적 오염'의 장본인이며 서양 소비자 가치를 주입시키는 원천이기 때문에 금지하고 있다.

그러나 그러한 강력한 반응들은 소수에 불과하다. 모하마디는 비록 이슬람 국가들이 저항하거나 대안을 제시함으로써 미디어 세계화에 대응하고 있지만, 대부분의 국가가 자국의 문화적 정체성을 지키기 위해 자국 문화에 대한 어떠한 수정이 필요하다는 데 인식을 같이하고 있다고 결론지었다. 그에게는 이란과 사우디아라비아가 선호하는 '전통적 접근'이 변화에 대한 적응과 근대화에 기반을 둔 반응의 근거를 잃고 있다고 보이기 때문이다.

결론

오늘날 대중매체는 인쇄물과 신문에서 라디오, 텔레비전과 영화, 스마트폰과 인터액티브 사이버스페이스에 이르기까지 다양한 형태로 구성되어 있다. 새로운 디지털 미디어를 이해하는 것은 사회학에서 중요한 과제다. 특히 새로운 미디어를 포함하는 사회화 과정을 경험하고 있는 새로운 세대는 생활 속에서 일상화된 새로운 미디어를 더 잘 평가할 수 있다. 그러나 그 일은 사회학 최고의 연구를 특징짓는 사회학적 거리두기와 방법론적 엄밀함을 위한 똑같은 투쟁을 요구한다.

개인으로서는 기술 변화를 통제하지 못한다. 그리고 일부 비평가들은 이러한 빠른 속도의 기술 변화가 빅 브러더 형태의 감시 국가나 전혀 다르게 사회적 혼돈을 낳을 것이라고 본다. 의심할 여지없이 인터넷, 무선 네트워크, 스마트폰 등은 행동에 변화를 가져오지만, 완전하게 행동을 결정하는 것은 아니다. 적어도 지금까지 회의론자들이 예측한 압도적으로 부정적인 시나리오는 실현되지 않았다. 감시 국가는 등장하지 않았고, 반대로 인터넷은 탈중심화를 촉진시켰으며, 새로운 형태의 소셜 네트워킹과 보통 사람들이 자신의 음악, 영화, 뉴스와 더 많은 것을 만들 기회를 열었다. 기존의 책과 '전자 이전'의 다른 미디어들도 사라질 것 같지 않다. 두껍기는 하지만, 읽는 책이 디지털화된 책보다 다루기 쉽고 전력을 필요로 하지도 않는다. 킨들Kindle, 누크Nook와 사이북Cybook과 같은 새로운 전자책 독자들조차 전기를 필요로 해 보통 책처럼 다루기 힘들다.

다른 한편, 뉴미디어는 지속적으로 낡은 미디어들에 방향을 제시한다. 신문은 온라인으로 옮겨 가고 구독률 하락에 대응하기 위해 구독과 지불 방법을 모색하고 있다. 음악 다운로드는 음악 CD의 판매에 치명적인 타격을 주었고, 미래에는 DVD 영화 매출에도 타격을 줄 것이다. 가장 성공적인 글로벌 미디어인 텔레비전의 미래조차 이러한 변화로부터 자유롭지 않다. 지난 10년 동안 인터넷을 통해 접속할 수 있는 온 디맨드 텔레비전의 급속한 발달은 전국의 사람들이 함께 TV쇼와 사건을 생방송으로 보는 날이 이미 끝나 가고 있음을 보여 준다.

멀리서 충격이 알려진 후 그리고 증명된 후 혁명적 변화를 인식하기란 쉽다. 그러나 오늘날 우리가 미디어 환경을 영원히 바꾸고 있는 디지털 혁명을 경험하고 있다고 안심하고 말할 수 있다. 그러나 그 혁명은 '외부 어딘가'에서 일어나고 있는 것이 아니다. 우리가 그 혁명의 일부이고, 우리가 새로운 기술과 미디어에 어떻게 반응하고, 어떻게 사용할 것인지가 새로운 기술과 미디어의 사회적 영향을 결정짓는 데 중요한 요소가 될 것이다.

복습

1 사회학자는 대중매체가 무엇을 의미한다고 보는가? 대중매체의 핵심적인 특징은 무엇인가?

2 디지털화는 어떻게 '혁명적'인가? 어떤 종류의 기술과 장치가 디지털 혁명에서 나타났는가?

3 인터넷은 전통적인 미디어 형태와 어떻게 다른가? 인터넷이 관계, 커뮤니티와 글로벌 불평등에 어떤 영향을 미치는가?

4 텔레비전의 긍정적 측면과 부정적 측면은 무엇인가? 디지털 텔레비전은 아날로그 텔레비전과 어떻게 다른가?

5 인터넷에서 음악 파일을 공유하는 결과로 어떤 이슈가 등장했는가? 기업과 당국은 이러한 문제를 어떻게 다루고 있는가, 혹은 어떻게 해야 미래에 가장 잘 다룰 수 있는가? 청취자들에게 음악 파일 공유의 단기적, 장기적 혜택은 무엇인가?

6 여러 미디어 이론들이 발전되었다. 이 장에서 제시된 네 가지 이론들을 유사점과 차이점을 고려해 간단하게 요약해 보자.

7 프랑크푸르트학파는 현대 대중매체를 '문화 산업'의 일부로 보았다. 문화 산업은 무엇이고 왜 부정적인 발전으로 인식했는가?

8 존 톰프슨이 '의사 중재적 상호작용'이라고 말한 것은 무엇을 의미하는가? 예를 제시해 보자.

9 하버마스의 이론(공공 영역의 쇠퇴에 관한)과 보드리야르의 이론(하이퍼리얼리티에 관한)을 비교해 보라. 어떤 이론이 현대 미디어 형태의 뒤섞임과 사회적 결과에 더 적합한가?

10 우리는 수용자 연구에서 미디어 메시지와 수용자들의 수용에서 무엇을 배웠는가?

11 미디어 소유는 소수의 대기업으로 집중되고 있다. 이러한 집중이 문제 있다면, 무엇이 문제인가? 현재 대안들은 정말로 이러한 소유 형태에 도전하는 것인가?

사람들이 음악, 비디오, 텔레비전과 뉴스를 만들고, 배포하고 소비하는 방식을 변화시키는 이른바 새로운 디지털 미디어의 잠재력에 대한 예언이나 가정은 지금껏 많이 있어 왔다. 그러나 거대 미디어 회사들의 지배가 인터넷의 전복적 잠재력을 사용하는 문화 생산자 집단이나 시청자들에 의해 실제로 도전받을 것인가? 아래 논문을 읽어 보라. 이 논문은 팝 음악과 관련해 도전이 어떻게 발전할 수 있는지에 대한 생각을 제공한다.

Sun Jung and Doobo Shim (2014) 'Social Distribution: K-Pop Fan Practices in Indonesia and the "Gangnam Style" Phenomenon', *International Journal of Cultural Studies*, 17(5): 485~501.

1 이것은 어떤 종류의 연구인가? 저자들은 팬의 행동에 관한 연구를 어떻게 했는가?
2 논문에서 사용한 예시로 본다면 '사회적 배포 네트워크Social Distribution network'는 무엇을 의미하는가?
3 K-POP 팬들은 세계적으로 성공하는 데 얼마나 힘을 가지고 있는가? 이것을 보여 주는 예를 논문에서 찾아보라.
4 상의하달식 체제에서, 기업은 K-POP을 만들고 배포하는 부분에서 어떤 역할을 했는가? K-POP의 생산, 분배와 소비에서 가장 주요한 것은 무엇인가?

생각해 볼 것

● ● ● Thinking it through

사회학자들은 오랫동안 새로운 기술의 등장과 확산과 사회적 맥락 간의 관계를 이해하고자 노력했다. 어떤 기술이 필요를 충족시키기 때문에 도약하는가 아니면 인지된 '필요'를 만들기 위해 생산되고 또 거래되는가? 기술적인 장치들이 사회를 변화시키는가 아니면 사회가 특정한 시간에 적절한 테크놀로지를 만들어 내는가? 다음 논문을 읽어 보자.

Agger, Ben (2011) 'iTime: Labour and Life in a Smartphone Era', *Time and Society*, 20(1): 119~136.

이 논문은 스마트폰의 출현을 살펴본다. 저자가 위에서 지적한 질문을 제기하고, 그에 답하는 방식을 고려해 보라. 스마트폰의 영향을 어떻게 이론화하고 어떤 결론을 도출하는가? 이것은 어떤 이론적 입장인가? 스마트폰의 사용과 스마트폰이 '사회를 변화시키는 잠재력'에 관한 이 책의 논의에 당신은 얼마나 만족하는가?

예술 속의 사회

● ● ● Society in the arts

인터넷 사용과 관련한 논쟁거리 중 하나는, 공익 제보자가 익명으로 비밀 정보를 대중에게 유출시킬 수 있게 하는 위키리크스WikiLeaks의 비밀 정치/군사 자료에 대한 대량 유출이다. 위키리크스의 공동 창설자인 호주의 컴퓨터 프로그래머 줄리언 어산지Julian Assange는 성폭력 혐의로 스웨덴 송환을 피하기 위해 2012년 영국의 에콰도르 대사관을 통해 망명했다.
Bill Condon 감독의 〈The Fifth Estate〉은 위키리크스의 설립과 발전을 세세하게 다룬 영화다. 그 영화를 보고 다음 질문에 답하라.

- 위키리크스는 어떻게 등장했는가? 창립자의 원래 의도는 무엇인가?
- 위키리크스가 유출한 자료를 보면서 생각해 보자. 위키리크스는 정치철학을 가지고 있는가? 있다면 무엇인가?
- 브래들리 매닝의 이라크와 아프가니스탄 전쟁 일지에 대한 토론이 벌어지는 동안, 위키리크스와 주류 신문사 간의 관계는 어떠했나? 신문 기자들은 유출된 자료에 영향을 받았는가?
- 위키리크스에 대해 연구해 보라. 어산지는 위 영화가 위키리크스에 대한 프로파간다 공격이라고 말한다. 이러한 견해를 지지할 수 있는 영화적 요소를 적어 보라. 이 영화는 전반적으로 균형을 잡고 있는가, 아니면 편향되어 있는가?

좋은 개론서는 Danielle Albertazzi의 *The Media: An Introduction* (3rd edn, Harlow: Longman, 2009)이다. 논리적으로 짜여 있고, 잘 쓴 책이다. James Slevin의 *The Internet and Society* (Cambridge: Polity, 2000)는 인터넷의 충격을 다룬다. 새로운 미디어 형태에 관해서는 Martin Lister, John Dovey, Seth Giddings, Iain Grant와 Kiertan Kelly가 쓴 *New Media: A Critical Introduction* (London: Routledge, 2008)을 읽어 보라. 이 책은 뉴미디어를 다루고 있다.

미디어 이론에 관해서는 Dan Laughey의 *Key Themes in Media Theory* (Maidenhead: McGraw-Hill, 2007)로 시작하라. 그 책은 이 장에서 다룬 내용을 넘어 포괄적으로 미디어 이론을 다룬다. David Hesmondhalgh와 Jason Toynbee가 편집한 *The Media and Social Theory* (London: Routledge, 2008)도 유용한 논의를 제공한다.

John L. Sullivan의 *Media Audiences: Effects, Users, Institutions and Power* (Thousand Oaks, CA: Sage, 2012)는 이 분야의 최신 논의를 정리하고 있다. 글로벌 미디어 소유에 관해서는 Gillian Doyle의 *Media Ownership: The Economics and Politics of Convergence and Concentration in the UK and European Media* (London: Sage, 2002)가 좋은 자료다.

미디어에 대해 좀 더 연구하려면 Gill Branston과 Roy Stafford의 *The Media Student's Book* (5th edn, London: Routledge, 2010)을 읽어 보라. 당신의 미디어 연구 설계를 위한 좀 더 좋은 재료를 원한다면 David Deacon, Michael Pickering, Peter Golding과 Graham Murdock의 *Researching Communidations: A Practical Guide to Methods in Media and Cultural Analysis* (2nd edn, London: Hodder Arnold, 2007)가 도움이 될 것이다.

커뮤니케이션과 미디어에 관한 원문을 모아 놓은 것은 *Sociology: Introductory Readings* (3rd, Cambridge: Polity, 2010)이다.

관련 홈페이지

Internet links

- Additional information and support for this book at Polity
  www.politybooks.com/giddens
- Glasgow University Media Group's own website
  www.glasgowmediagroup.org
- Ofcom – the UK's independent media regulator site, which has some useful surveys
  www.ofcom.org.uk
- The Foundation for Information Policy Research
  www.fipr.org
- OECD, ICT Homepage
  www.oecd.org/internet/ieconomy
- Theory.org – playful postmodern site on links between media and identities
  www.theory.org.uk
- Indymedia UK
  www.indymedia.org.uk
- The UK Broadcasters' Audience Research Board
  www.barb.co.uk

19

교육

Education

교육, 학교 교육과 문화

사회화로서의 교육
자본주의를 위한 학교 교육
숨겨진 교과 과정
교육과 문화 재생산

사회 분할과 교육

IQ 논쟁
젠더와 학교 교육
민족 집단과 교육
평가

세계적 맥락에서의 교육

세계의 초등 교육 등록률
읽고 쓰기 교육과 문맹
교실 안의 기술

교육과 학교 교육의 미래

정보화 시대의 고등 교육

결론

ⓒ UK DIFD / flickr

소녀들이 교실에서 공부하는 이 모습은 그저 평범해 보인다. 하지만 일부 지역에서는 소녀들이 교육을 받는 것은 불필요하고 도덕적으로 잘못된 것이라고 여긴다. 파키스탄의 북서부 스왓 밸리Swat vally에 살던 말랄라 유사프자이Malala Yousafzai라는 여학생은 교육받을 권리를 주장했다. 열한 살 때는 어린 나이임에도 BBC에서 익명의 블로그를 운영하기도 했다(2009). 당시 말랄라가 살던 지역엔 탈레반이 점령하고 있었고, 여학생들에 대한 학교 교육을 금지해 버렸다. 정부군이 탈레반 정권을 진압하기 위해 다시 이 지역에 진입했을 때는 이미 탈레반이 수십 개의 학교를 파괴한 후였다. 말랄라의 가족은 갈등을 피해 잠시 탈출했다가 다시 고향으로 돌아왔다. 말랄라는 아버지가 설립한 학교에 다시 다닐 수 있었지만, 대중 교육을 지지하는 자로 낙인찍혀 탈레반에 얼굴이 노출되었고, 곧 공격의 표적이 되어 위협을 받았다(BBC News 2014c).

2012년 10월 9일, 말랄라는 평소처럼 버스를 타고 친구와 학교에 갔다. 학교는 탈레반 지지자들에게 노출되지 않도록 숨겨져 있었고, 표지판도 없었다. 학교에서 돌아오는 길에 버스가 육군 검문소에서 조금 떨어진 곳에 멈춰 서자 청년 한 명이 차에 올랐다. 말랄라의 자서전은 그 후 무슨 일이 일어났는지 다음과 같이 적고 있다(Yousafzai 2013: 6).

> "누가 말랄라야?"라고 그가 물었다. 아무도 말하지 않았지만, 몇 명이 나를 쳐다보았다. 나는 머리가 베일로 덮여 있지 않은 유일한 소녀였다. 그 순간 그가 검은색 권총을 들었다. 콜트 45 권총이었다. 소녀 중 일부가 소리를 질렀다. 친구 모

니바의 말로는 그때 내가 모니바의 손을 꽉 쥐었다고 한다. 연속으로 세 발이 발사되었고, 첫 총알은 내 왼쪽 눈을 스쳐 왼쪽 어깨 아래를 통과했다. 나는 모니바 앞으로 고꾸라졌고, 왼쪽 귀에서 피가 흐르기 시작했다. 다른 두 발은 내 옆에 있는 다른 소녀를 관통했다. 두 번째 총알은 샤지아의 왼손을 관통했고, 세 번째 총알은 다시 샤지아의 왼쪽 어깨를 지나 카이낫 리아즈의 오른쪽 팔 위쪽을 관통했다. 총을 든 그 남자의 손은 마치 불타는 듯 흔들렸다고 한다. 병원에 갈 때 내 머리카락과 모니바의 무릎은 온통 피범벅이었다.

살아남은 말랄라는 수술과 재활 치료를 받기 위해 영국으로 이송되었다. 언젠가는 파키스탄의 파슈툰으로 돌아갈 수 있길 희망하는 말랄라는 지금 영국 버밍엄에 살며 전 세계 아동교육을 지원하기 위한 기금모금 활동을 하고 있다. 2014년 10월에는 인도의 아동권리 운동가인 카일라시 사티아르티Kailash Satyarthi와 공동으로 노벨평화상을 수상하기도 했다.

극단적인 사례이긴 하지만, 말랄라의 경험을 통해 '교육을 받는다는 것'은 정치적이고, 문화적이며, 사회적인 문제라는 점을 알 수 있다. 빈곤한 농촌에서는 어떤 방식의 교육이 적절한가? 교육 체제는 전통적인 성별 구분과 성역할에 도전해야 하는가, 아니면 그것을 재현해야 하는가? 학교 교육은 젊은이들에게 언제나 가장 적절한 교육 방법인가?

일부 국가 및 지역에서는 상당수의 아동이 한 번도 학교에 다녀 본 적이 없다. 특히 교육 경험이 없는 전 세계 아동 중 52퍼센트는 사하라 사막 이남 아프리카 국가들에 집중되어 있다. 이 지역에서는 초등 교육 과정 연령대에 있는 아동 중 22퍼센트가 학교에 다니지 못하고 있다. 나이지리아는 교육 경험이 없는 아동의 비율이 세계 그 어느 나라보다 높은데, 초등 교육 과정 3년에 해당하는 아동(6~11세) 중 3분의 1과 중등 교육 과정 2년에 해당하는 아동(12~14세까지) 중 4분의 1이 공식 교육을 받지 못하고 있다. 2008년 나이지리아에서는 1천만 명 이상의 어린이가 기초 교육을 받지 못했다(UNICEF 2012: vi-xii). 특히 농촌 지역에서는 성별에 따라 교육 기회가 차등적으로 부여될 수 있다. 말랄라의 기록을 다시 살펴보자(Yousafzai 2013: 9).

나는 아들이 태어나면 총을 쏘면서 축하해 주는 곳에서 사는 소녀였다. 딸은 커튼 뒤에 숨어 있었고, 삶에서의 역할은 단순히 음식을 준비하고 아이를 출산하는 것이었다…… 대부

말랄라 유사프자이(왼쪽)는 2014년 10월 카일라시 사티아르티(오른쪽)와 공동으로 노벨평화상을 수상했다.

분의 파슈툰족은 딸이 태어나면 우울한 시간을 보냈다. 우리 아버지의 사촌은 (……) 내 출생을 축하하기 위해 찾아온 몇 안 되는 사람 중 하나였고 선물로 현금을 주었다. 그러나 그는 우리 방대한 달로크헬 유사프자이 가문의 증조할아버지까지 등장하는 방대한 족보를 들고 왔는데, 그 족보에는 남자들만 올라 있었다.

극심한 빈곤 상태에 있는 농촌 가정에서는 종종 여아보다는 남아를 교육시킨다. 자선단체 액션에이드ActionAid에서 활동하는 데이비드 아처David Archer는 이런 일이 일어나는 데는 여러 가지 이유가 있다고 설명한다(The Independent 2007).

일부는 전통과 관련이 있습니다. 남자아이를 가르치면 집안 살림에 경제적으로 도움이 되지만 여자아이는 그렇지 못하다고 생각합니다. 또 이들은 여자아이들은 결혼해서 집을 떠날 것이기 때문에 여자아이를 가르치는 데 돈을 들이는 것은 낭비라고 생각합니다. 미혼 임신 또는 등하굣길이나 학교에서 여자아이가 폭행을 당할 수 있다는 공포, 여자아이들을 고려하지 않는 교육 방식, 여자 화장실 같은 기본적인 시설조차 없는 문제들도 있습니다. 더구나 가난해서 가계를 부양할 사람이 하나라도 더 필요하다면 아이를 학교에 보내는 것은 마치 불확실한 미래에 위험을 무릅쓰는 도박 같은 일이 되어 버립니다. 그 게임에서 패하는 자는 주로 여자아이들이죠.

스웨덴, 캐나다, 영국과 같은 상대적으로 부유하고 도시화 및 산업화된 국가에서는 상황이 매우 다르다. 부모의 주된 문제는 그들의 자녀가 학교에 갈 수 있는지 여부보다는 자녀가 어떤 학교 교육을 받느냐다. 명문 학교에 갈 수 있을까? 종교계 학교, 공립학교 또는 사립학교 중 어디로 보낼까? 선진국에서는 다양한 교육 체제가 제공되므로, 교육은 선택의 문제가 된다. 나라마다 다르지만 교육과 계급, 성별, 인종 및 장애에서의 사회적 불평등 사이의 관계는 전 세계 교육 시스템의 핵심적 문제이며, 이는 사회학 분야에서 많은 연구와 토론 대상이 되어 왔다.

교육은 사회학의 초창기부터 탐구된 주제 중 하나로, 새로운 성원에게 사회의 가치와 도덕률을 전파하기 위한 중요한 수단으로 여겨졌다. 실제로 에밀 뒤르켐이 맡은 첫 교수직은 파리 소르본대학의 교육학과 교수였다. 이처럼 교육은 사회학의 가장 오래된 주제 중 하나인 만큼 이 분야의 연구와 학문적 성과는 방대하다. 따라서 이 책에서 그 많은 성과를 다루는 것은 불가능한 일이다. 대신 이 장에서는 교육사회학을 형성하는 데 영향을 미친 중요한 주제들과 반복해서 회자되는 쟁점 중 일부에 대해 설명하겠다.

단순해 보이는 질문으로 이 장을 시작하려 한다. 교육은 무엇을 위해 존재하는가? 그 답은 보기보다 간단하지 않다. 이를테면 '교육education'은 곧 '학교 교육schooling'을 뜻하는가? 다행히 이러한 질문에 답하는 데는 몇 가지 방법이 있으며, 우리는 이 중 몇 가지 영향력 있는 사회학 이론을 살펴볼 것이다. 이어서 교육 제도 안에서 계급, 성별, 민족성 같은 주요 사회적 구분 간의 관계를 살펴보고, 수없이 논쟁을 불러일으켜 온 주제인 지능과 IQ 논쟁을 평가해 볼 것이다. 끝 부분에서는 세계 각국의 문맹률과 디지털 기술이 교실에 끼친 영향을 살펴보고, 영국의 교육 체제가 소비주의와 부모의 선택으로 인해 더 넓은 변화에 직면하고 있는지 살펴볼 것이다. 그리고 정보화 시대의 고등 교육을 끝으로 마무리 짓는다. 대학은 세계 지식 경제의 수요를 충족시켜야 하는 임무를 맡고 있다. 그러나 정부의 예산 삭감 조치가 공공 지출은 줄이고 학생들의 채무는 늘리면서 많은 나라의 대학들을 위기에 빠뜨린 것처럼 보인다. 이러한 상황에서 과연 사이버 대학은 좋은 대안이 될 것인가?

교육, 학교 교육과 문화

건강이 그렇듯이 교육은 모두에게 권리로 주어져야 할 사회적 공익으로 별 거부감 없이 여겨진다. 누가 교육을 반대하겠는가? 실제로 교육 제도를 통해 글을 읽고 쓸 줄 알며, 수를 다루고 합리적으로 사고할 수 있게 된 대부분의 사람은 교육이 자신들에게 이로운 것임을 인정할 것이다. 그러나 교육과 학교 교육 간에는 차이가 있다. 교육은 개인이 기술을 습득하고 지식을 쌓으며 자신의 시야와 견문을 넓히는 것을 가능하게 하고 이를 장려하는 사회 제도다. 따라서 교육은 다양한 사회적 환경에서 일어날 수 있다. 반면에 학교 교육은 학교라는 전문화된 환경에서 미리 설계된 교육 과정을 통해 일정한 유형의 기술과 지식을 전달하는 정규 과정을 가리킨다. 대부분 국가에서 학교 교육은 대체로 초등학교나 중학교같이 단계가 나뉘어 있으며, 대부분의 사회에서 모든 어린이가 특정 나이까지 학교 교육을 받도록 의무화하고 있다.

몇몇 사회학자들은 개인이 잠재력을 발휘하는 데 교육이 아주 중요하다고 본다. 그럼에도 불구하고, 이들은 교육이 학교에서만 이뤄지는 것으로 국한되거나 정의되어서는 안 된다고 주장했다. 마크 트웨인Mark Twain은 "나는 절대로 학교 교육이 내 방식의 교육을 방해하지 않도록 할 거야"라고 말했는데, 이는 학교가 유일무이한 최고의 교육자가 아니라는 것을 뜻한다. 심지어 학교 교육이 현명한 어른에게서나 가정 안에서, 또는 개인적 경험을 통해 얻는 유용한 배움을 방해할 수도 있음을 암시한다. 이 장에서 우리는 교육과 학교 교육을 모두 다룰 것이다. 단, 학교 교육은 조직화된 '교육 체제' 안에서 일어나는 교육을 의미한다.

교육은 정치·경제·사회·문화적으로 복잡한 문제다. 어떻게 교육을 제공할 것이며, 누가 그 비용을 부담해야 하는가? 교육 체제의 비용은 국가가 세금으로 부담하고 이를 모두에게 무료로 제공해야 하는가, 아니면 개인이 자기 가족의 교육비를 직접 내야 하는가? 이는 중요한 정치적·경제적 판단으로 계속 토의해야 할 문제다. 어떤 종류의 교육을, 어떻게 제공해야 하는가? 예를 들어 역사학, 정치학, 점성학, 사회학 중 어떤 것을 가르쳐야 하는가? 우리는 부의 불평등이나 성별, 민족과 상관없이 모두에게 똑같은 기초교육을 시행하는 포괄적 교육 제도를 목표로 해야 하는가? 또는 부자들이 국가 제도 밖에서 사교육을 받을 수 있도록 허용해야 하는가? 학교가 능력에 따라 학생을 선발할 수 있게 해야 하는가? 이러한 사회적 쟁점은 정치적·경제적 문제와 결합해 점점 더 복잡한 논쟁거리가 되고 있다. 종교에 대한 가르침을 교육에 필수과목으로 포함해야 하는가? 심지어 종교계 학교가 장려되어야 하는가? 어떤 가치를 교육 체제의 근간으로 삼을 것인가? 다문화 사회에서 이러한 문화적 쟁점들은 정치적으로 매우 중요한 문제다.

교육은 단지 학교 안에서 일어나는 것에 국한되지 않고, 다양한 논쟁의 핵심 주제가 되고 있다. 사회가 어떠한 방향으로 나아갈 것이며, 세계화되는 현대 사회에서 젊은이들에게 살아갈 지혜와 지식을 어떻게 갖춰 줄 것이냐에 관한 논쟁이다. 19세기 후반 에밀 뒤르켐Emile Durkheim의 연구 이래 사회학자들은 교육에 대해 꾸준히 논의해 왔다. 바로 이 뒤르켐의 연구에서부터 교육에 대한 사회학자들의 이론을 검토해 보자.

사회화로서의 교육

에밀 뒤르켐은 교육을 통해 아이들이 사회에서 공유되고 있는 가치를 이해하기 때문에, 교육이 아이들을 사회화하고, 개별화된 수많은 개인을 결속시키는 데 중요한 역할을 한다고 주장했다. 공유된 가치란 종교적·도덕적 신념, 자기 규율 감각을 포함한다. 뒤르켐은 아이들이 학교 교육을 통해 사회를 유지시키기 위한 사회적 규칙들을

선진국의 교육 제도는 개인의 성취를 높이 평가한다.

내면화한다고 주장한다. 그가 공유된 도덕적 가치에 특별히 관심을 둔 것은 19세기 후반 프랑스에서 사회 연대를 위협하는 개인주의가 서서히 나타나기 시작했기 때문이다. 그는 서로에 대한 책임감과 공동선의 가치를 가르치는 것을 학교의 핵심 역할이라 보았으며, 또한 '사회의 축소판'인 학교에서 규율과 권위에 대한 존중을 배울 수 있다고 생각했다.

뒤르켐이 주장하는 바에 따르면 산업사회에서 교육은 또 다른 사회화 기능을 수행한다(2011[1925]). 교육은 점차 전문화되는 직업 세계에서 개인이 직업을 수행하는 데 필요한 기술을 가르친다. 전통 사회에서는 가정 안에서 직업 기술을 배울 수 있었다. 하지만 노동 분업의 확대로 사회가 더 복잡해지면서 전문화된 직무를 수행하는 데 필요한 기술을 전수해 주는 교육 체제가 발전했다.

> 뒤르켐의 기능론적 접근은 제1장 〈사회학이란 무엇인가〉와 제3장 〈사회학의 이론과 관점〉에 소개되어 있다.

20세기 중반 미국에서 활동한 탤컷 파슨스Talcott Parsons는 교육에 대한 또 다른 구조기능주의적 접근을 보여 준다. 뒤르켐과 달리, 개인주의의 증가는 파슨스에게 큰 관심사가 아니었다. 대신에 파슨스는 교육의 핵심 기능이 학생들에게 개인적 성취의 가치를 일깨워 주는 것에 있다고 보았다. 성취라는 가치는 산업사회가 작동하는 데 중대한 역할을 하지만, 가족 안에서는 이를 배우기 어렵다. 가족 내에서 아이의 지위는 이미 태어나면서 정해져 있기 때문이다. 반면에, 학교 내 아동의 지위는 많은 경우 성취된 것이다. 아이들은 학교에서 시험과 같이 보편적인 기준에 따라 평가된다. 파슨스에게 교육의 주요한 기능이란 아이들이 가족 안에서 통용되는 특수한 기준을 넘어 근대 사회에서 작동하는 보편적인 기준으로 나아가게 하는 것을 의미한다. 파슨스에 따르면 학교는 더 큰 사회에서 그렇듯이 많은 부분이 능력 중심meritocratic의 기준에 의해 유지된다. 어린이들은 젠더, 인종 혹은 계급이 아닌 자신들의 능력(또는 자신의 가치)에 의해 지위를 성취한다(Parsons and Bales 1956). 그러나 앞으로 살펴보겠지만 학교가 능력 중심의 원칙에 의해 작동한다는 파슨스의 관점은 많은 비판을 받고 있다.

기능주의적 이론이 교육 체제에 대해 중요한 설명을 제공한다는 점은 부인하기 어렵다. 교육은 개인이 사회생활을 하는 데 필요한 기술과 지식을 가르치는 것을 목표로 하며, 학교는 아이들에게 더 큰 사회의 가치와 도덕을 가르친다. 그러나 기능주의 이론은 한 사회의 통합된 가치를 지나치게 강조한다. 한 사회 안에서도 여러 종류의 문화적 차이가 있으며, 모든 사람이 배워야 하는 핵심적인 가치들이 있다는 생각은 틀렸거나 받아들이기 어렵다. 이는 기능주의 설명에서 반복적으로 등장하는 문제로, '사회'라는 개념 자체에서 기인한다. 기능주의자들은 교육 체제가 사회 전체를 위해 여러 기능을 수행한다고 보았다. 문제는 이들이 사회를 비교적 동질적이며 모든 사회집단이 비슷한 이해를 가지고 있다고 가정한다는 것이다. 이러한 가정이 정말 맞는가? 갈등론적 전통에 서 있는 사회학자들은 불평등으로 얼룩진 사회에서 교육 체제가 기존 사회를 지지하고 불평등을 강화한다고 지적한다. 이들의 관점에서 학교 교육은 사회 기득권 세력의 이해관계를 위해 존재하는 것이다.

교육과 또래 관계가 사회화 과정에서 갖는 중요성은 제9장 〈생애과정〉에서 더 깊이 논의된다.

자본주의를 위한 학교 교육

미국의 매우 영향력 있는 한 교육 연구에서 볼스S. Bowles와 긴티스H. Gintis는 학교가 자본주의 기업에 적합한 종류의 노동자들을 양산하는 것을 돕는다는 이유만으로도 학교는 사회화를 수행하는 '대리인agents'이라고 결론 내린다(1976). 마르크스주의 입장에서 쓴 논문에서, 이들은 생산 영역과 교육이 밀접하게 관련되어 있다는 문제는 단순히 학교 교과 과정이 고용주가 원하는 지식이나 기술을 가르치는 차원에 그치는 것이 아니라고 주장한다. 사실상 교육 체제는 (자본주의적) 인격을 총체적으로 형성하도록 돕는다는 것이 그들의 주장이다(ibid.: 131).

> 교육에서의 사회관계 구조는 학생들이 작업장의 규율을 익히게 할 뿐만 아니라, 개인의 태도, 자기 표현 방식, 자신에 대한 이미지, 사회 계급 식별 능력과 같이 직업에 알맞은 인재가 되는 데 매우 중요한 요소들을 계발시킨다. 특히 교장과 교사, 교사와 학생, 학생과 학생 등의 사회적 관계는 노동의 위계적 분화를 그대로 반영한다.

볼스와 긴티스는 학교 교육의 구조가 '대응 원리'에 기초한다고 주장했다. 즉 학교생활의 구조는 직장 생활의 구조와 대응한다. 학교와 직장 모두 규칙에 순응하면 보상을 제공한다. 교사와 관리자는 업무를 지시하고, 학생과 노동자는 임무를 수행하며 교직원은 기업 경영처럼 위계적으로 조직되어 있다. 이런 식의 배열은 피할 수 없는 것으로 받아들여진다. 볼스와 긴티스의 이론은, 교육은 사람을 평등하게 대하고, 모든 계급에 기회의 문을 열어 주는 '차별 없는 것'이라는 당시의 상식에 도전하는 것이었다. 볼스와 긴티스에 따르면, 자본주의하의 교육은 사회 불평등을 재생산하는 커다란 분리대다.

정통 마르크스주의를 따르는 이 이론은 어떤 면에서는 '갈등기능주의'적인 사고를 대표한다. 이 사고에 따르면 교육 체제는 갈등으로 점철된 사회 안에서 불평등이 지속하도록 돕는 중요한 기능을 수행한다. 대응 원리 가설이 너무 단순하고, 환원주의적이라고 비판하는 다른 마르크스주의 비평가들도 있다. 대응 원리 이론은 개인을 형성하고 결정하는 사회 구조에 기댈 뿐, 학생들이 능동적으로 저항할 가능성은 충분히 주목하지 않는다는 지적이 한 예다(Giroux 1983; Brown and Louder 1997). 볼스와 긴티스의 연구에 대한 또 다른 비판은 이 연구가 지나치게 일반화된 것인 데다, 학교 내에서 이루어진 경험적 연구가 아니라는 것이다. 이후의 연구자들은 학교 안에서 실제로는 대응 원리 이론이 가정한 것보다 더 다양한 관행들이 이루어진다는 것을 발견했다. 많은 학교에서 교장과 교사가 노동자 계급의 학생들이 더 야망을 품을 수 있도록 북돋워 주고 있었다. 게다가 오늘날 많은 자본주의 국가에서 고용주들은 학교가 그들이 원하는 기술과 지식을 갖춘 노동자를 배출하는 데 사실상 실패했다고 불평하고 있다.

비판적으로 생각하기 THINKING CRITICALLY

볼스와 긴티스가 주장한 것처럼 성공적인 중산층 자녀들 역시 학교에서의 '위계적 노동 분업'의 지배를 받는가? 중산층 자녀가 주로 다니는 학교에서 '대응 원리'는 어떠한 방식으로 작동하는가?

숨겨진 교과 과정

볼스와 긴티스는 단순히 학교 교육의 내용이 아니라 그 구조에 주목하면서, 교육 체제 내에 규율, 위계, 현재 상태를 학생들이 수동적으로 수용하도록 가르치는 숨겨진 교과 과정hidden curriclum이 존재한다고 주장했다. 숨겨진 교과 과정을 탐구한 학자 중에서 가장 논쟁적이고 흥미로운 이론가로 오스트리아의 무정부주의자이자 철학자인 이반 일리치Ivan Illich(1926~2002)를 들 수 있다. 그는 산업자본주의 문화에 완고히 반대한다. 그가 보기에 산업자본주의 문화는 사람들을 점차 탈숙련화deskilling하고, 그 결과 사람들은 점점 더 기업의 상품에 의존하는 한편 자신의 창의성과 지식에 덜 의존한다. 예를 들어 관료적 의료 체계에서 사람들은 전통적으로 내려오는 약이나 치료법 대신 의사와 병원에 의존한다. 이러한 경향은 교육을 포함한 삶의 모든 영역에서 반복된다.

일리치는 현재 전 세계적으로 시행되고 있는 의무 교육을 비판적으로 바라봐야 한다고 주장했다(1971). 일리치에 따르면 학교는 네 가지 기본 업무를 수행하도록 발전해 왔다. 보호 관리의 방식, 사람들 간 직업 역할의 분배, 지배적 가치의 학습, 사회에서 승인된 기술 및 지식의 습득이 그것이다. 학교는 마치 감옥처럼 구금 기관이 되었는데, 출석을 의무화함으로써 젊은이들을 유년 시절부터 일하기 전까지 '길에서 쫓아냈기' 때문이다. 학교는 정규 교과 내용이 아닌 것들도 상당히 많이 가르친다. 학교는 규율과 통제를 통해 일리치가 명명한 '수동적 소비(현존하는 사회 질서에 대한 무비판적 수용)'를 주입한다. 학교는 이러한 '교과목'들을 드러내 놓고 가르치지는 않지만, 학교 교과 과정과 조직에 암묵적으로 내재되어 있다. 숨겨진 교과 과정은 젊은이들에게 인생에서 그들이 해야 할 일이란 '자기 위치를 알고 거기에 머무르는 것'이라고 가르친다(1971: 74).

일리치는 사회의 탈학교화deschooling of society를 주장한다. 학교가 불평등을 개선하거나 개인의 창의력을 발달시키지 않는데도, 왜 현행 의무 교육 체제를 폐지하지 않는가? 일리치가 모든 형태의 교육 조직을 철폐해야 한다고 주장하는 건 아니다. 배우고자 한다면 단지 유년기나 청소년기뿐만 아니라 항상 그리고 누구나 배움을 누릴 수 있어야 한다는 것이다. 그러한 체제에서야말로 지식이 전문가의 전유물이 되지 않고 널리 확산될 것이며, 학습자는 표준 교과 과정에 굴복할 필요 없이, 자신이 공부하고 싶은 것을 개인적으로 선택할 수 있게 될 것이다.

이것이 실제로 무엇을 의미하는지는 명확하지 않다. 그러나 일리치는 학교를 대체할 만한 다음과 같은 몇 가지 유형의 학습 설계를 제안했다. 예를 들면 정규 학습을 위한 물질적 자원은 도서관이나 대여업체, 실험실, 지식

저장 은행 등에 두고, 학습자라면 누구든 이용할 수 있게 한다. 또한 '의사소통 연결망'을 구축해 개인들이 가지고 있는 기술에 대한 자료나, 타인을 훈련시키길 원하거나 상호 학습에 참여하고 싶은 사람들에 대한 정보를 제공한다. 학생들에게 바우처를 지급해 그들이 원할 때 교육 서비스를 받게 한다.

이러한 제안들이 비현실적이라고 느껴지는가? 많은 사람이 그렇다고 생각할 것이다. 그러나 만일 미래에 유급 노동이 크게 줄거나 재구조화된다면(실제로 그렇게 될 것 같다) 이러한 제안은 훨씬 현실적으로 다가올 뿐 아니라 심지어 어떤 사람들에게는 매력적인 제안이 될 것이다. 만일 유급 노동이 사회적 삶에서 덜 중심적인 위치를 차지한다면, 사람들은 더욱 다양한 가치를 추구하는 데 참여할 것이기 때문이다. 이러한 배경을 생각해 보면 일리치의 아이디어들은 상당히 일리가 있다. 교육은 단순히 인생의 전반부에 전문 기관에서 받는 형태가 아니라, 교육을 받고자 하는 모두에게 개방될 것이다. 1970년대에 제기되었던 그의 아이디어는 디지털 기술의 증가와 '평생교육'이라는 개념과 함께 재조명되고 있다. 최근의 발전에 대해서는 이 장을 마치며 다시 다룰 것이다.

30년간 교직 생활을 하고 퇴임한 존 테일러 개토John Taylor Gatto는 마르크스주의적 시각에서 출발하지는 않았지만 비슷한 결론에 도달한다(2002). 개토는 미국의 숨겨진 교과 과정이 일곱 가지 기초적 내용을 가르치고 있다고 주장한다. 이 숨겨진 교과 과정은 다양한 과목에 임의로 섞여 있으며, 진정한 지식과 이해보다는 혼동confusion을 야기한다. 학교는 아이들에게 현재 상태를 받아들이고, 계급 위계class hierarchy에서 자기의 위치를 알며, 더 나아지는 것을 유예하라고 가르친다. 수업 시작과 끝에 울리는 학교 종은 무관심indifference을 가르친다. 이를테면 어떤 공부도 학교 종이 울린 후에까지 계속할 정도로 중요하지는 않다는 것이다. 학생들은 무엇을 생각하고 어떻게 느낄지 말해 주는 선생님과 같은 권위적인 인물에게 감정적으로 그리고 지적으로 의존하도록 교육받는다. 또한 학생들은 자존심이 일시적인 것임을 배운다. 자존심은 수많은 시험과 성적에 기초해 선생님이 내린 평가에 근거하기 때문이다. 마지막으로 학교는 숙제의 문화를 통해 학교에서 지켜야 하는 규율이 집으로도 이어지게 함으로써, 학생들에게 늘 감시 아래 있는 것constant surveillance이 당연하다고 가르친다. 개토는 미국의 의무교육 체제가 (암시적으로 나타나긴 하지만, 미국뿐만 아니라 다른 곳 어디든) '모든 이의 의무적인 종속'을 유발하지만 이를 '구조적으로 개혁하는 것은 거의 불가능하다'고 결론지었다. 대신에 그는 부모와 다른 어른들은 선생님이라기보다는 '조력자' 역할을 수행하고, 아이들이 스스로 학습하는 가정교육이 이뤄져야 한다고 주장한다.

교육과 문화 재생산

많은 사회학적 연구가 보여 주듯이, 교육과 불평등은 밀접하게 관련되어 있다. 이제 사회학 이론가들이 교육 체제 내의 사회적 불평등을 설명하기 위해 시도했던 방법들을 검토해 보자. 바실 번스타인Basil Bernstein의 고전적 연구는 언어의 중요성을 강조했고(〈고전 연구 19-1〉 참조), 폴 윌리스Paul Willis는 교육 및 노동에 대한 태도를 형성하는 데 문화적 가치의 효과를 중요하게 보았다. 반면, 피에르 부르디외Pierre Bourdieu는 학교 문화와 가정 문화의 관계를 고찰했다. 이러한 핵심 연구는 모두 문화적 가치, 규범, 경험의 세대 간 전수 및 이를 가능하게 하는 작동 원리와 과정인 문화 재생산cultural reproduction과 관련되어 있다.

노동 배우기: 학교에서 실패하기를 통해서?

폴 윌리스가 영국 버밍엄시의 한 학교에서 진행했던 현장 연구(1997)는 30년이 더 지난 현재까지도 여전히 사회학 연구의 고전으로 남아 있다. 윌리스가 던진 연구 질문은 문화 재생산이 어떻게 일어나는가이다. 윌리스는 이 질문을 다음과 같이 간결하게 표현했다. "어떻게 노동자의 자녀가 노동자가 되는가?" 흔히 노동자 계급의 자

바실 번스타인의 사회 계층과 언어 코드

연구 문제

노동자 계급 아이들이 중산층 또래 친구들만큼 학교에서 공부를 잘하지 못하는 경향이 있다는 것은 정설이다. 그러나 이는 오해를 살 만한 진술로 더 상세한 검토가 필요하다. 왜 노동 계급 아이들은 공부를 그렇게 잘하지 못하는가? 평균적으로 지능이 떨어지기 때문인가? 잘할 만한 동기가 부족한가? 부모의 충분한 지지를 받지 못해서인가? 그렇지 않다면 노동 계급 아이들의 학업적 성취를 방해하는 무언가가 학교에 있기 때문인가?

번스타인의 설명

영국의 사회학자 바실 번스타인Basil Bernstein(1924~2000)은 교육과 계급 불평등의 연관성에 관심이 많았다. 갈등 이론 입장에서 그는 아이의 언어능력 분석을 통해 이 문제를 자세히 연구했다(1975). 그는 각기 다른 배경에서 성장한 아이들이 그들의 생애 초기에 서로 다른 언어 코드language codes 혹은 화법을 발달시키는데, 이것이 이후의 학교 경험에 영향을 미친다는 것을 발견했다. 그는 단어의 차이나 구술 능력의 차이보다는, 언어를 사용하는 방식에서 나타나는 체계적인 차이에 관심을 뒀다.

번스타인에 따르면, 노동 계급의 자녀들은 제한된 언어 코드, 즉 듣는 사람이 이미 알고 있다고 생각하고 언급하지 않는, 가정을 많이 포함한 화법을 사용한다. 제한된 언어 코드는 자신이 속한 문화적 배경과 관련 깊은 발화 유형이다. 많은 노동자 계급은 끈끈한 가족 혹은 이웃 중심의 문화 속에서 살아간다. 그러한 문화에서는 가치와 규범을 당연한 것으로 인식할 뿐, 이를 명백하게 표현하지 않으며, 부모들이 '당근과 채찍'을 사용해 자녀의 행동을 바로잡는 방식으로 직접 사회화하는 경향이 있다. 제한된 언어 코드는 추상적인 개념이나 과정, 관계를 토론할 때보다는 실제 경험에 대해 의사소통할 때 더 적합하다. 따라서 제한된 코드는 왜 그들이 특정 행동을 따르는지 설명해 줄 수 있는 사람이 없어도 집단적 규범을 따르도록 한다.

반면에 중산층 가정 자녀의 언어 발달은 정교한 언어 코드를 습득하도록 한다. 정교한 언어 코드란 특정 상황에 맞도록 단어의 의미를 개별화시키는 화법이다. 중산층 아이들은 특정 문맥에 덜 의존적인 방식으로 언어를 배운다. 즉 이 아이들은 일반화나 추상화를 더 쉽게 한다. 중산층 부모들은 자녀를 가르칠 때 왜 자녀의 행동에 부모가 그렇게 반응하는지 이유와 원리를 설명하는 편이다. 예를 들어 노동자 계급의 부모는 자녀가 사탕을 너무 많이 먹으려고 할 때 단순히 "그만 먹어!"라고 말하지만, 중산층 어머니들은 사탕을 너무 많이 먹으면 건강과 치아에 나쁘다는 것을 설명하는 경향이 있다.

정교한 언어 코드를 습득한 아이들은 제한된 언어 코드를 습득한 아이들에 비해 학술적인 교육의 요구를 더 잘 수행한다. 노동자 계급의 자녀가 '열등한' 발화 유형을 가졌다거나 그들의 언어 코드가 '결핍'됐다고 말하는 것은 아니다. 다만 노동자 계급의 발화 방식이 학교의 학술적인 문화와 충돌하며 정교한 언어 코드를 습득한 아이들은 학교 교육 환경에 더 쉽게 적응한다는 것이다.

조앤 터프Joan Tough는 노동자 계급의 자녀는 가정에서 자신이 던진 질문에 답을 들어 본 경험이 적으며 교실에서도 질문을 더 적게 한다는 것을 발견했으며(1976), 바버라 티저드Barbara Tizard와 마틴 휴스Martin Hughes 역시 터프와 비슷한 결론에 도달했다(1984). 번스타인의 연구가 꽤 생산적이라는 데는 이견이 별로 없다(Morais et al. 2001). 그의 주장은 왜 특정한 사회적·경제적 배경을 지닌 사람들이 학교 교육을 잘 따라가지 못하는가를 이해하는 데 도움이 된다. 노동자 계급의 아이는 교실 환경에 대처하는 데 서툰 반면, 중산층 계급의 아이는 교실 환경을 편하게 생각한다. 대부분 교사가 중산층의 배경을 지니고 있는 만큼 그들의 언어는 정교한 언어 코드에 가깝다. 이것은 정교한 언어 코드야말로 정상적이고 제한된 코드를 열등한 것으로 보이게 한다. 노동자 계급 집안의 아이들은 그들에게 익숙한 언어로 교사의 말을 번역함으로써 이 상황을 타개하려 하지만 대부분은 교사가 전달하려는 원리를 이해하는 데 실패한다. 즉 노동자 계급 아이들은 암기하거나 반복 학습하는 데는 약간의 어려움을 느끼지만, 일반화와 추상화를 수반하는 개념적 구분을 이해하는 것에선 큰 어려움을 느낀다.

비판적 쟁점

일부 비평가들은 번스타인의 이론이 '결핍 가설'의 하나일 따름이라고 비판한다. 결핍 가설이란, 노동자 계급의 문화가 무언가 중요한 것을 결여하고 있다고 보는 관점이다(Boocock 1980; Bennett and LeCompte 1990). 번스타인이 보기에 노동자 계급이 갖지 못한 것은 중산층 아이가 갖고 있는, 자신을 더 온전하게 표현할 수 있게 해 주는 정교한 언어 코드다. 하지만 비평가들은 번스타인의 연구가 중산층 코드를 우월한 것으로 설정했다는 점에서 엘리트주의적이라고 논평한다. 이데올로기 지배에 대한 다른 많은 이론이 그렇듯이 번스타인이 노동자 계급이 상층계급을 왠지 자신들보다 더 낫다고 인식하는 것처럼 묘사하기 때문에 문제 있다는 의미는 아니다. 번스타인의 이론에서 정교한 코드는 제한된 코드보다 객관적으로 우월한 것으로 그려지며 바로 그 점이 비평가들이 비판하는 대목이다. 비평가들은 또한 언어 코드 이론이 충분한 경험 연구로 지지되지 않았고 학교 안의 현실을 만족스럽게 설명하지 못한다고 주장한다.

현대적 의의

번스타인의 언어 코드 이론은 교육사회학에 매우 큰 영향을 미쳤고, 많은 연구가 그의 방법론을 따랐다(Jenkins 1990). 좀 더 최근의 연구들은 그의 개념을 젠더 연구나 교육학 같은 새로운 분야로 끌어들이고 있으며, 교육 이론가로서 번스타인의 명성은 국제적으로 높아지고 있다(Sadovnik 1995; Arnot 2001). 번스타인의 작업은 언어와 발화를 교육 체제 및 사회 전체의 더 광범위한 권력 관계와 성공적으로 연결했다. 번스타인은 자신의 연구가 엘리트주의적이라는 비난을 반박하면서 자신의 이론이 "거시적 권력 관계와 미시적 실천(전달, 습득, 평가로 이뤄진) 사이의 관계들에 주목하게 했다"고 자평했다. 미시적 실천들은 순응하기와 저항하기를 만들어 낸다(1990: 118~119). 이러한 관계를 더 잘 이해함으로써 번스타인은 노동자 계급 어린이들의 능력이 낭비되는 것을 막을 방법을 찾고자 했다.

녀나 다문화 가정 청소년들은 학교에 다니면서 자신이 보수와 평판이 좋은 직업을 가질 만큼 똑똑하지 않다고 깨닫게 된다고들 말한다. 즉 학교에서 뒤처지는 경험을 통해 자신이 '열등함'을 깨닫고, 제한된 전망의 직업을 택한다는 것이다.

하지만 윌리스의 지적에 따르면 이러한 해석은 사람들의 실제 삶 및 경험과 다르다. 가난한 이웃들이 가진 '거리의 지혜'는 공부를 잘하는 것과 멀 수 있으나, 학교에서 배우는 지식만큼 정교하고 복잡하다. 학교를 떠나는 아이 중 '난 너무 멍청해 공장에서 하루 종일 상자나 정리하는 것이 당연해'라고 생각하는 경우는 거의 없다. 자라온 환경이 좋지 않은 아이가 단순 노동을 하면서도 자신을 실패자로 여기지 않는 데는 분명 다른 요인이 있다.

윌리스는 버밍엄의 학교에서 한 무리의 남자아이들과 많은 시간을 보내면서 이들을 관찰했다. 그 학교에는 서인도와 아시아 배경을 가진 아이들도 있었지만, 이 패거리의 일원은 모두 백인이었으며 그들은 자신들을 '사나이들the lads'이라고 불렀다. 윌리스는 이들이 학교가 지니는 권위적 구조를 훤히 꿰고 있었으나, 이를 권위에 협력하는 데 써먹기보다는 반항하는 데 활용한다는 것을 발견했다. '사나이들'은 학교를 하나의 낯선 환경으로 보면서도, 자신들의 목적에 맞춰 조작할 수 있는 공간으로 보았다. 그들은 지속적으로 갈등을 일으켰다. 교사들과 승강이를 벌이며 쾌감을 얻었고, 교사가 권위를 부릴 때의 약점과 교사도 상처받기 쉬운 개인일 뿐이라는 것을 간파하고 있었다.

가령 교실에서 교사는 아이들이 조용히 앉아 자기 할 일을 하리라 기대한다. 하지만 이 남자아이들 무리는 교사가 쳐다볼 때만 잠시 멈출 뿐 계속 움직이고 떠들며 반항한다. 그들은 남몰래 잡담을 하고, 권위자들을 향해 직접적인 불복종을 행사하지 않고 공개된 방식을 피하지만, 도전받을 경우 거침없이 반항적인 발언을 쏟아낸다. 이런 남자아이들은 직장 생활이 학교와 비슷하리라는 걸 알면서도 일할 날만 고대한다. 일하면서 만족감을 얻을 것이라고 생각하지는 않지만, 임금을 받는 것에 대한 기대가 매우 크다. 이들은 타자 일, 카펫 까는 일, 배관, 도색, 실내 장식 등 자신들이 하는 일에 대해 열등감을 느끼기보다는, 학교에 대한 태도와 비슷하게 경멸적인 우월감을 갖고 있다. 일하면서 얻어지는 어른이라는 지위를 즐기지만, 경력을 쌓는 것에는 관심이 없다. 윌리스는 육

역설적으로 명백하게 반항적인 반학교의 반문화counter-culture는 지루한 저임금의 일이 요구하는 올바른 태도를 생산해 내고 있다.

체노동을 하는 사람들 사이에 형성되는 태도나 환경이, 학교에서 사나이들이 만들어 낸 반反학교 문화와 비슷하다고 지적한다. 예컨대 필요한 경우 농담이나 재치로 권위를 지닌 사람들의 요구를 무시하는 것이다.

학교의 규범과 훈육에 능동적으로 참여하면서 이 사내아이들이 만들어 낸 하위문화는 그들이 앞으로 종사하게 될 것으로 보이는 직업의 작업 현장 문화를 그대로 반영한다. 오랜 시간이 지난 후에나 이들은 자신들이 하는 노동이 얼마나 고되고, 평가절하된 것인지 알게 될 것이다. 가정이 생길 때쯤 비로소 자신이 처한 상황을 빠져나갈 수 있었던 유일한 방법이 교육이었다는 것을 깨닫고 후회하게 된다. 하지만 이러한 사정을 자녀에게 전달하려 해도 자신이 그랬던 것처럼 아이들은 부모의 말을 듣지 않는다. 윌리스의 연구는 문화 재생산 과정을 밝히고 불평등이 교육 체제와 어떻게 관련되어 있는지 성공적으로 증명했다. 윌리스의 연구가 보여 주듯이, 교육 연구는 경험적 지향성과 동시에 이론적 정보를 제공할 수 있음을 보여 준다. 하지만 그의 초점은 백인 노동자 계급 남자아이들에게 맞춰져 있었기 때문에, 이 연구를 다른 사회 계급 성원이나 여자아이 또는 소수 인종 집단의 경험으로 일반화하는 데는 무리가 있다.

성별 차이의 재생산

1970년대까지도 젠더는 교육사회학에서 중요한 문제가 아니었으며, 여자아이들의 경험에 관한 연구는 굉장히 제한되어 있었다(Gilligan 1982; Griffin 1985). 대부분의 다른 사회학적 주제들에 여성적 관점이 부족했기 때문에

이 상황은 유별난 일이 아니었다. 페미스트 이론적 관점의 사회학자들은 여자아이들이 학교생활을 하면서 여성성의 규범에 맞춰 사회화되는 과정을 탐구했으며, 이들 연구는 학교가 계급에 상관없이 체계적으로 여자아이들을 불리하게 만든다는 것을 보여 주었다.

앤절라 맥로비Angela McRobbie(1991)와 수 리스Sue Lees(1993)는 영국의 학교 교육이 여자아이들 사이에서 '바람직한' 여성 규범이 재생산되도록 돕는다고 주장했다. 학교는 여자아이들은 가정생활과 그 책임에 충실하게, 남자아이들은 미래의 노동자로 준비시키는 것을 자신들의 업무로 여기기 때문에 결과적으로 학교는 사회에 고착된 전통적인 성 고정관념을 강화한다는 것이다(Deem 1980). 미셸 스탠워스Michelle Stanworth는 남녀 합반 교실에서의 경험을 연구한 끝에, 학교가 동등한 교육 기회를 제공하려고 함에도 여자아이들은 남자아이들보다 교사의 주목을 덜 받는 경향이 있음을 발견했다(1983). 스탠워스는 이런 교사들이 여자아이들이 자신의 능력에 자신감을 갖지 못하게 하며, 이들의 성취 수준을 떨어뜨리는 데 이바지한다고 결론 내린다. 이는 자기 충족적 예언self-fulfilling prophecy으로, 남자아이들이 여자아이들보다 더 잘할 거라는 교사의 기대가 학생을 대하는 교사의 행동을 형성하고, 교사의 성별 편향적 태도 탓에 애초의 틀린 예언이 사실로 실현된다는 것이다.

학교 문화에는 이성 간의 일반화된 성차별이 널리 퍼져 있으며, 특히 운동장이나 복도, 그 외 교실 밖의 다른 공간들에서 그렇다(Wood 1984). 윌리스도 발견했듯이(1977), 남자아이들은 성차별적인 언어를 일상적으로 사용하며 여자아이들을 언급할 때 모욕적인 말을 쓴다. 이는 여성을 비하하는 공격적인 남성성이 만연한 분위기를 만드는 한편, 남자아이들에게 허용되는 정체성을 매우 편협한 남자다움으로 국한한다. 그 한 가지 결과로 동성애가 은폐된다. 게이나 레즈비언들은 학교 환경이 자기 안에서 발현되고 있는 정체성을 공개적으로 표출하지 못하는 공간임을 깨닫는다. 만약 그들이 이를 표출한다면 놀림과 괴롭힘, 폭행의 대상이 되는 위험에 처하게 된다(Burbridge and Walters 1981; 섹슈얼리티에 대한 더 폭넓은 논의는 제15장 〈젠더와 섹슈얼리티〉 참조).

페미스트 학자들은 학교 교과 과정의 내용도 조사했다. 예를 들어 호주의 사회학자 데일 스펜더Dale Spender는 많은 과목이 부지불식간에 저지르는 성차별 때문에 여자아이들이 그 과목에 흥미를 잃게 된다고 보고했다(1982). 가령 과학 교과서에는 당연하다는 듯 여성 과학자들의 업적을 싣지 않아, 학생들이 이들에 대해 전혀 모르도록 한다. 이런 식으로 과학은 여자아이들에게 긍정적인 역할 모델을 제공하지 않으며, 여자아이들이 과학 과목에 흥미를 갖는 것을 방해한다. 수 샤프Sue Sharpe는 학교가 여자아이들에게 좀 더 '여성적인' 과목인 보건이나 예술 교육을 고르게 함으로써 수학이나 정보 의사소통 기술 같은 좀 더 '남성적인' 과목에서 멀어지게 만든다고 보았다(1994).

나중에 다시 살펴보겠지만, 여자라는 이유로 혜택을 받지 못하고 배제되던 전통적인 패턴에 중대한 변화가 일어나고 있다. 가장 눈에 띄는 현상은 여자아이들과 젊은 여성들이 이제는 거의 모든 영역과 교육 수준에서 남자아이들보다 더 나은 성과를 보인다는 점이다. 이러한 변화는 남자아이들이 '남성성의 위기'를 겪고 있다는 논쟁을 촉발했다(Connell 2005).

교육, 문화 자본 '아비투스'의 형성

논쟁의 여지는 있지만, 현재까지 문화 재생산에 관한 가장 체계적이고 일반적인 이론은 아마도 프랑스 사회학자 피에르 부르디외의 이론일 것이다. 그는 경제적 위치와 사회적 지위, 상징 자본을 문화적 지식 및 기술과 연결 짓는 문화 재생산에 관한 폭넓은 이론을 고안해 냈다(1986, 1988; Bourdieu and Passeron 1977). 교육은 이 관점을 구성하는 핵심 요소다. 부르디외 이론이 교육사회학에서 차지하는 중요성을 이해하기 위해 자본의 형태에 대한 그의 이론을 먼저 간략히 짚고 넘어가자.

부르디외 이론의 핵심 개념은 마르크스에게서 취해 온

노동자 계급이 되기를 거부하기

사회학적으로 상상하기 19-1

윌리스가 '사나이들the lads'을 연구한 지 약 20년 뒤, 게일은 윌리스의 연구와 같은 지역인 웨스트미들랜즈 지역의 파넬 스쿨에서 젊은 노동 계급 남성들을 연구했다(1994). 그는 남학생들이 어떻게 특정한 남성성을 개발해 남성이 되어 가는지 궁금했다. 윌리스의 학생들과 달리, 파넬 스쿨의 소년들은 지역의 제조 기반이 무너지고 실업률이 치솟은 가운데 청년을 위한 정부의 혜택까지 감소한 상황에 처해 있었다.

또 학생들이 졸업 후 임금 시장으로 이동하는 경로도 1970년대 윌리스의 학생들보다 훨씬 더 파편화되어 있었다. 학교로부터 노동시장으로 가는 분명한 경로는 더 이상 존재하지 않았다. 학교를 졸업한 후 대다수의 학생은 다른 사람에게 의존해 지내거나(특히 가족), 정부가 제공하는 '쓸모없는' 재교육을 받거나, 어린 육체노동자들에게 불리한 불안정한 노동시장에 편입되었다. 교육이 자신의 미래에 미치는 영향에 대해서도 학생들이 생각하는 바가 달랐다. 몇몇 학생들은 성적 우수자나 혁신가로서 교육을 통해 지금보다 더 나은 위치로 올라서고자 한 반면, 다른 학생들은 학교 교육이 자신에게 미친 영향을 부정적으로 보았다.

게일은 남학생들을 네 개의 집단으로 범주화했는데, 그중 '마초 사나이' 집단은 가장 전통적인 노동자 계급 출신이 많았다. 이들은 10대 시절 내내 서로 무리 지어 다녔으며, 모든 과목의 성적이 매우 나빴다. 그들은 학교 교육을 자신들과 적대적인 것으로 보면서, 학교는 포로처럼 붙잡힌 학생들에게 무의미한 학습을 강제하는 권위주의 시스템 중 하나라고 여겼다. 윌리스의 '사나이'들은 학교의 환경을 자신들에게 맞도록 바꾸려 한 반면, 게일의 사나이들은 학교에 반항했다.

파넬 스쿨은 마초 사나이들을 학교에 적대적인 가장 위험한 학생들이라고 보았다. 교사가 마초 사나이 집단을 권위적으로 다루도록 했고, 노동 계급 남성성을 드러내는 특정 옷이나 머리 스타일, 귀고리와 같은 상징들을 금지시켰다. 교사는 지속적으로 이 학생들을 감시했고, "내가 너에게 말할 때는 나를 쳐다보라" 혹은 "복도에서는 똑바로 걸어라"와 같은 지시를 했다.

마초 사나이들에게 중등학교는 거칠어지는 법을 배우는 '학습 기간'이었다. 학교는 3Rs(읽기reading, 쓰기writing, 산술arithmetic)를 위한 곳이 아니라 3Fs(싸움fighting, 성교fucking, 축구football)를 위한 곳이었다. 학교에서는 '자신의 짝을 돌보며' '함께 붙어 있는' 것이 가장 중요했고, 거리와 마찬가지로 학교도 치열한 접전 장소였다. 또한 그들은 교사들이 자신을 교내 범죄의 주동자들로 본다고 여기며, 교사들을 노골적으로 경찰관처럼 대했다. 그들은 교사의 권위를 인정하지 않았고, 처벌이나 훈계나 굴욕감의 올가미에 걸리도록 유인하는 사람들에 불과하다고 생각했다.

윌리스의 '사나이'와 마찬가지로 마초 사나이들은 학업을 열등하고 여성적인 것으로 보았다. 성적이 우수한 학생들은 '멍청한 성취자'에 불과했고, 진정한 사나이가 되려면 학업 따위는 안중에도 없어야 한다고 여겼다. 한 마초 사나이 레온Leon은 다음과 같이 말했다. "여기서 하는 일은 계집애들이나 하는 일입니다. 진짜 일이 아닙니다. 그것은 단지 어린애들을 위한 것입니다. 그들[선생님]은 학생이 어떻게 느끼는지 쓰게 합니다. 하지만 젠장, 그건 선생들이 상관할 바가 아닙니다."(Mac an Ghaill 1994: 59)

게일의 연구는 '마초 사나이'가 어떻게 '남성의 위기'를 겪고 있는지 보여 준다. 육체 임금 노동의 안정된 미래가 거의 사라졌지만, 그들이 여전히 육체노동에 중심을 둔 '구'노동 계급의 남성성을 적극적으로 개발하고자 했기 때문이다. 그들은 자신의 아버지와 삼촌이 살았던 '완전 고용' 시대에 대한 환상을 여전히 품고 있었고, 이전 세대로부터 물려받은 방어적이고 과대한 남성성에 여전히 매몰되어 있었다.

> 남성성의 형태와 그 변화는 제15장 〈젠더와 섹슈얼리티〉에서 논의된다.

비판적으로 생각하기 THINKING CRITICALLY

윌리스와 맥 언 게일의 연구는 모두 노동 계급의 '남자 사나이들'에 주목하고 있다. 하지만 여학생들의 학교 내 문화는 어떠한가? 여학생들 사이에서는 학생들 간의 배제와 친구 집단 형성이 어떻게 일어나는가? 남학생들과는 어떻게 다른가?

자본capital이다. 마르크스는 생산 수단의 소유 여부를 사회의 중요한 균열로 인식했으며, 자본가들이 생산 수단을 소유함으로써 노동자를 복종시킬 수 있는 우위를 가질 수 있었다고 보았다. 하지만 부르디외에게 이러한 경제적 자본economic capital은 단지 개인이나 사회집단이 우위를 얻을 수 있는 여러 형태의 자본 중 하나일 뿐이었다. 부르디외는 경제적 자본뿐만 아니라 사회적 자본, 문화 자본 및 상징 자본을 주장했다. 사회적 자본social capital은 엘리트 사회 연결망의 일원이 되거나 지위가 높고 영향력 있는 사회집단에서 활동하는 것을 가리킨다. 문화 자본cultural capital은 가정환경이나 교육을 통해 얻어지는 것으로, 지식의 증가나 기술 수준 향상, 학위나 신임장 같은 각종 자격증 취득을 의미한다. 상징 자본symbolic capital은 높은 지위를 가진 사람이 낮은 지위의 사람을 지배할 수 있게 해 주는 명망, 지위 그리고 여러 형태의 사회적 존경을 가리킨다.

이러한 도식에서 중요한 점은 자본은 서로 교환할 수 있다는 것이다. 예를 들어 높은 수준의 문화 자본을 소유한 사람은 이를 경제적 자본으로 교환할 수 있다. 보수가 많은 일자리의 채용 면접에서 우월한 지식과 자격을(이것은 주로 학교 교육을 받는 동안 획득한 것이다) 가진 사람들은 다른 지원자에 비해 우위에 설 수 있다. 이와 비슷하게, 높은 사회적 자본을 가진 사람은 '알맞은 사람을 알거나', '알맞은 사회 모임에 참여하는' 형태로 사회적 자본을 상징 자본(타인으로부터 받는 존경, 높은 사회적 지위)으로 효과적으로 교환하며 거래에서 자신의 권력 기회를 증가시킨다.

부르디외의 두 번째 개념은 장field이다. 이는 경쟁적 투쟁이 일어나는 다양한 사회적 장소 혹은 무대다. 이러한 장을 통해 사회적 삶이 조직되고 권력 관계가 작동한다. 각각의 장은 다른 장에서는 통용되지 않을 수도 있는 고유한 '게임의 규칙'을 갖고 있다. 예를 들어 예술이나 미학의 장에서는 문화 자본이 가장 높은 가치를 지니며, 예술이나 음악 같은 분야의 역사에 대해 조예가 깊은 사람이 그 장 안에서 더욱 권력 있는 사람이 된다. 이에 따라 문학이나 영화 비평가들은 비평을 통해 책이나 영화를 성공하게도 만들고 실패하게도 하는 권력을 가진다. 그러나 비평가들의 기준은 경제적 자본이 지배하는 생산의 장에서는 통용되지 않는다.

마지막으로 부르디외는 아비투스habitus라는 개념을 사용한다. 아비투스는 몸에 각인된 행동거지, 말하고 생각하고 행동하는 방식과 같이 학습된 기질을 말한다. 사람들은 자신이 존재하는 사회적 환경과 관련된 아비투스를 받아들인다. 아비투스의 예로는 번스타인의 언어 코드나 맥 언 게일Mac an Ghaill의 연구에서 '마초 사나이들'이 노동 계급의 남성성을 표출하는 것을 들 수 있다. 아비투스라는 개념은 사회 구조와 개인의 행위 및 특성 사이의 연결 고리를 분석하도록 해준다는 점에서 중요하다.

하지만 이 모든 것이 교육과 무슨 상관이 있단 말인가? 이 문제의 핵심에 부르디외의 문화 자본 개념이 있다(1986). 그는 문화 자본을 세 가지 형태로 정리했다. 문화 자본은 체화된embodied state 상태로 존재할 수 있다. 다시 말해, 문화 자본은 우리가 말하고 생각하고 몸을 움직이는 방식에 흡착되어 있다. 또한 문화 자본은 예술 작품이나 책, 옷 같은 물질적 소지품에 객관화된 상태objective state로 존재할 수 있다. 마지막으로 문화 자본은 국가적으로 승인되고 노동시장에서 손쉽게 경제적 자본으로 전환될 수 있는 자격증같이 제도화된 형태institutionalized forms로도 발견된다. 교육을 통해 체화되고, 제도화된 문화 자본이 어떻게 사회적 삶의 특정한 장에서 사용되는 자원을 만들어 내는지 관찰하기란 쉬운 일이다. 이런 점에서 교육은 많은 사람에게 혜택을 줄 수 있는 문화 자본의 비옥한 토양이 될 수 있다.

그러나 번스타인과 윌리스 그리고 게일이 간파했듯이, 교육 제도 자체는 더 넓은 범위의 사회와 분리된 중립적인 장이 아니다. 교육 제도 내의 문화와 기준은 그 사회를 반영하며 학교는 이미 가정과 사회 연결망(사회적 자본의 중요한 형태다)에서 문화 자본을 획득한 이들에게 체계적으로 혜택을 부여한다. 중산층 어린이는 학교 문화에 쉽게 적응한다. 이들은 정확하게 말하고, 올바른 예절을 지니며, 시험을 더 잘 친다. 교육 제도는 재능이 있는 누구에게나 열려 있는 것이라고 묘사되고, 이것이 기정사실로 널리 받아들여짐에 따라 노동자 계급 어린이는 자신들이 지성적으로 열등하며 실패의 원인이 시스템이 아니라 자신에게 있다고 받아들인다. 이러한 점에서 교육 제도는 사회 불평등을 문화적으로 재생산하는 데 핵심적인 역할을 한다.

문화 자본 획득하기

아네트 라로Annette Lareau는 미국의 다양한 12가정을 참여 관찰한 민족지학 연구에서, 부르디외의 아이디어들(특히 문화 자본 개념)을 활용해 사회 계급에 따라 나타나는 양육 방식에 개입하지 않으면서 '자연스럽게' 관찰했다(2003). 노동자 계급과 빈곤 가정의 부모들은 아이들을 논리적으로 설득하려 하지 않고, 단지 할 일과 하지 말아야 할 일로 구분했다. 또한 어린이들은 부모 대신 자기 스스로 놀 거리를 찾아야 했다. 노동자 계급 집안의 아이들은 말대꾸를 하지 않으며, 자신이 바라는 것을 경제적 상황 때문에 얻을 수 없다는 것을 받아들인다. 노동자 계급 부모들은 어른과 아이들 사이에 명백한 차이가 있다고 생각하기 때문에 아이의 감정이나 의견과 교감할 필요가 있다고 여기지 않으며, 아이들의 '자연적 성장'을 돕는 데 집중한다. 라로는 이러한 양육 방식이 오늘날 사회 제도의 기준과 '잘 맞지 않는다'고 말한다. 그럼에도 불구하고 노동자 계급 부모들과 자녀는 여전히 학교와 같은 사회 제도와 접촉해야 하며, 따라서 아이들은 '거리감, 불신감, 제약감'을 키우기 시작한다.

한편 이 연구에서 중산층 아이들은 말하기를 좋아하고, 대화를 잘 이끌어 가며, 악수하거나 대화를 할 때 눈을 맞추는 것과 같은 사회적 관습에 더 능숙하다. 중산층 아이는 다른 가족 구성원(특히 부모)에게 도움을 잘 요청하며, 어른이나 권위 있는 사람들을 편하게 생각한다. 라로는 중산층 부모는 아이의 기분과 의견에 끊임없이 흥미를 갖고 신경 쓰며, 아이가 놀 거리를 혼자 만들게 놓아두기보다는 함께 놀 거리를 계획한다고 주장한다. 부모와 자녀 사이의 지속적인 토론은 조화로운 양육concerted cultivation에 기초하는 중산층 양육 방식의 두드러진 점이다. 그 결과 중산층 아이들은 소외감이나 제약감을 느끼기보다는 개인의 권리에 대해 분명히 알게 된다. 라로의 연구는 세대를 통해 문화 자본이 전승되는 실제 방식을 보여 주며 양육 방식이 사회 계급과 어떻게 강력하게 연결되어 있는지 보여 준다.

라로는 중산층 부모와 노동자 부모의 양육 방식에 각기 장점이 있지만, 약점도 있다고 말한다. 그녀가 연구한 몇몇 중산층 가족의 부모들은 아이들의 요구를 충족시키려고 끊임없이 노력하다가 지쳐 버렸고, 아이들 또한 가족관계가 친밀하고 형제간에 덜 경쟁적인 노동자 계층의 아이들보다 더 불안하고 스트레스를 받은 상태였다. 라로의 결론은 양육 방식이 인종보다는 사회 계층에 의해 더 많이 좌우되며 우리가 여태껏 봐온 것과 마찬가지로 중산층 자녀가 노동자 계급의 자녀보다 학교에서 성공할 수 있도록 훨씬 잘 준비되어 있다는 것이다.

요약

부르디외의 이론은 교육과 불평등 및 문화 재생산 과정에 관한 사회학적 연구들이 활발해지는 데 큰 영향을 미쳤다. 하지만 비판도 존재한다. 그중 한 가지는 부르디외의 이론에 의하면 중산층 교육 제도에서 노동자 계급이 성공하는 것은 거의 불가능해 보이지만 실제로는 꽤 많이 일어난다. 대부분 고등 교육을 받게 되면서 더 많은 노동자 계급 구성원이 대학에 진학하고 있으며, 중산층 계급과 견주어 경쟁력을 갖출 수 있는 제도화된 문화 자본을 획득하고 있다. 비록 소수에 그치기는 하지만 말이다. 또한 노동자 계급 아이들이 학교의 정당성과 자신이 낸 성과에 승복해 상황을 체념적으로 수용한다고 오해해서는 안 된다. 노동자 계급 출신 학생이 저항과 도전을 하고 있다는 증거들이 존재하기 때문이다. 무단결석이나 교실에서의 나쁜 행동, 성공에 대해 다른 기준을 제시하는 패거리 만들기 등이 그것이다. 이러한 비판들에도 불구하고 부르디외의 이론적 틀은 학교 교육이 사회 불평등을 재생산하는 데 어떤 역할을 수행하는지 이해하기 위해 지금까지 고안된 이론 중 가장 체계적인 종합 이론이다.

> 계급과 사회적 자본에 대한 부르디외의 시각은 제12장 〈계층과 계급〉에서 더 상세히 논의된다.

평가

이 장에서 살펴본 사회학 이론은 교육에 대해 크게 두 가지 중요한 측면을 보여 준다. 첫 번째 중요한 사실은 양질의 교육이 사람들의 삶을 더 낫게 만들 수 있다는 것이다. 세계 여러 곳에는 말랄라와 친구들처럼 더 나은 삶을 누리기 위해 학교 교육을 매우 간절히 희망하는 아이들이 있다. 많은 사람이 교육을 추구하며 이를 쟁취하기 위해 부단히 싸워 왔다. 하지만 사회학 연구들은 교육 제도가 사람들이 발전할 새로운 기회를 제공해 주기만 하는 것이 아니라, 사회집단의 범위에 따라 사람들에게 다르게 경험되기도 한다는 것을 지속적으로 발견하고 있다. 교육 제도는 그것이 배태된 사회의 일부이며 불평등이 만연한 사회에서 학교는 교육자들의 선한 의도를 거슬러 불평등을 재생산하는 것을 돕는다. 번스타인과 윌리스, 부르디외 그리고 많은 사회학자의 연구들이 보여 주듯이 불평등한 사회에서서는 문화 재생산이 교육 불평등의 반복적인 양상을 낳는다. 이제 이 양상을 살펴보고, 이 양상이 현대에 어떻게 변하고 있는지 알아보겠다.

사회 분할과 교육

지금까지 우리가 논의한 교육과 불평등 문제는 주로 사회 계급과 교육에 초점을 맞추었다. 오랫동안 수많은 경험 연구들이 계급과 교육적 성취 간의 명확한 연관성을 발견해 왔고, 이를 설명하는 이론을 발전시켜 왔기 때문이다. 특히 사회경제적으로 최하위층에 있는 아동들은 최상위층 아동보다 학업 수준이 낮고 더 낮은 자격들을 얻게 된다는 점은 전 연령에 걸쳐 매우 분명하게 나타난다. 이는 교육과 관련된 사회학 연구 결과 중 논쟁의 여지없이 가장 확신을 가지고 말할 수 있는 결과일 것이다.

하지만 이번에는 다른 불평등으로 시선을 돌려 보겠다. 먼저 오랫동안 첨예하게 논쟁이 오간 IQ와 인간 지능 문제를 간략히 살펴보고, 이후 성별 및 민족성과 관련된 교육 불평등에 대한 논의로 이동할 것이다. 이 지적 여행을 통해 사회가 재구조화되는 동안 교육 체제가 어떻게 변하는지 알 수 있을 것이다.

IQ 논쟁

오랫동안 심리학자들은 인간에게 지능이라고 불릴 만한 단일한 능력이 존재하는지, 만약 존재한다면 선천적으로 결정된 차이에 얼마나 큰 영향을 받는지 논쟁해 왔다. 사실 지능은 서로 관계없어 보이는 아주 다양한 자질들을 포함하기 때문에 정의 내리기가 무척 어렵다. 예를 들어 우리는 지능의 가장 순수한 형태가 추상적인 수학 문제를 푸는 능력이라고 가정할 수 있다. 하지만 수학 문제를 아주 잘 푸는 사람 중에는 역사의 흐름이나 예술 작품을 이해하는 것같이 다른 분야에서 필요한 능력이 모자라는 경우도 있다. 이처럼 지능의 개념을 정의하기가 어려워 일부 심리학자들은 지능을 단순히 'IQ(지능지수) 검사가 측정한 것'으로 간주하기도 했다.

'종형 곡선(bell curve)'

IQ 점수와 학업 성취도는 높은 상관관계를 보인다. 하지만 IQ 검사가 애초에 학업 능력을 예측하기 위해 고안된 것인 만큼 그리 놀랄 일은 아니다. 또한 IQ 점수는 교육 수준에 영향을 주는 사회적, 경제적, 인종적 변수와도 밀접한 연관성을 보인다. 평균적으로 백인 학생들의 IQ 점수는 흑인 학생이나 사회경제적으로 열악한 위치의 다른 소수 집단보다 높다. 이러한 결과는 백인과 흑인의 IQ 차이가 부분적으로는 유전적 차이에 기인한다는 주장에 빌미를 제공했다(Jensen 1969, 1979). 하지만 교육에서의 낮은 성취 원인을 정확히 이해하려면 교육 체제 자체의 영향을 반드시 고려해야만 한다. 학교는 단순히 지능이 더 높은 사람이 공부를 더 잘하는 중립적인 장소라고만 보기 힘들다.

심리학자 리처드 헌스타인Richard J. Herrnstein과 사회학자 찰스 머리Charles Murray는 IQ와 교육에 관한 새로운 논쟁을 불러일으켰다(1994). 이들은 지능이 정규 분포의 종 모양을 띠며 인종과 민족 집단 간에 나타나는 평균 IQ의 차이는 환경적 요인과 유전적 요인을 모두 고려해야만 설명될 수 있다고 주장했다. 예를 들어 아시아계 미국인, 특히 일본계 미국인과 중국계 미국인은 백인들보다 IQ 점수가 높은 경향이 있다(그 차이가 크지는 않다). 하지만 아시아인과 백인의 IQ 평균은 흑인의 IQ 평균보다 훨씬 높다. 저자들은 인종 간에 나타나는 이런 유전적 차이가 사회에서 계층이 분화되는 원인이라고 주장한다. 개인이 더 똑똑할수록 사회에서 높은 지위를 얻게 될 가능성이 크므로 높은 지위에 있는 이들은 부분적으로는 그들이 다른 사람들보다 똑똑하기 때문에 그 자리에 있는 것이고, 낮은 지위에 있는 사람들은 평균적으로 그렇게 똑똑하지 않기 때문에 하층부에 있다는 것이다. 그러나 헌스타인과 머리를 비판하는 이들은 인종, 민족 간 IQ의 차이는 유전적인 차이에서 오는 것이 아니라 사회문화적 차이에서 발생하는 것이라고 주장한다.

사회심리학 연구들은 '고정관념의 위협stereotype threat(자신이 속한 사회집단에 대해 일반 사람들이 지니는 지식과 인상 중 부정적인 내용을 자신이 반복하지 않을까 하는 데서 오는 두려움)'이 지능 검사 점수를 낮게 할 수 있음을 발견했다(Steele and Aronson 1995; Steele 1997). 스틸과 애런슨은 백인과 아프리카계 미국인 학생들을 상대로 시험을 시행하면서, 각 그룹의 절반에게 그들의 지능이 측정되고 있다고 말했다. 이때 백인 학생들의 점수는 그다지 달라지지 않았지만, 아프리카계 미국인 학생들은 이전 수준보다 훨씬 낮은 점수를 보였다. 연구자들은 아프리카계 미국인이 백인보다 IQ가 낮다는 고정관념을 확인하게 될지도 모른다는 공포가 흑인 학생들을 불안하게 했으며 결과적으로 더 낮은 점수가 나왔다고 결론지었다. 시험 성적과 성별 고정관념을 연구한 유사한 연구는 여학생이 남학생보다 일반적으로 수학을 못한다는 말을 듣고 난 후 수학 시험을 친 여자아이들에게서 피부 표면 온도나 최저 혈압이 변하는 등 스트레스와 불안의 생리학적 증거를 발견했다(Osborne 2007). 이러한 연구들은 사회문화적 고정관념이 시험을 치는 상황에서 인간의 수행 능력에 큰 영향을 미친다는 주장을 뒷받침한다.

어떤 학자들은 헌스타인과 머리의 종형 곡선bell curve 이론을 '인종차별적인 유사과학'의 위험한 형태로 본다(Fraser 1995). 생물학자 스티븐 제이 굴드Stephen Jay Gould(1941~2002)는 헌스타인과 머리가 네 가지 중요한 오류를 범했다고 주장했다. 첫째, IQ 점수 하나로는 지능을 기술할 수 없다. 둘째, 사람들을 지능이라는 하나의 잣대로 줄 세우는 것은 아무런 의미가 없다. 셋째, 지능의 상당 부분은 유전을 통해 얻어지는 것이 아니다. 넷째, '지능'은 나이에 따라 변한다. 굴드는 다음과 같이 결론 내린다(Fraser 1995: 22).

> 우리는 헌스타인과 머리의 종형 곡선 이론과 맞서 싸워야 한다. 그 주장은 틀렸을 뿐만 아니라, 그대로 활개를 치게 내버려 둔다면, 누구든지 노력하면 지능을 향상할 수 있다는 가능성의 싹을 잘라 버릴 것이기 때문이다. 물론 우리가 모두 로켓을 연구하는 과학자나 뇌수술 전문의가 될 수는 없지만,

로켓 연구자나 의사가 되지 못한 사람들 중에도 (더 많은 사회적 명성과 보수를 누리는) 록 음악가나 프로 운동선수가 될 수 있는 것 아니겠는가.

새로운 'IQ주의'

데이비드 길본David Gillborn과 데버라 욘델Deborah Yondell은 요즘 교육자들은 IQ 측정을 거의 하지 않으며, IQ와 매우 유사한 의미로 '능력ability'이라는 단어를 쓰고 있다고 말한다(2001). 저자들은 1990년대 중반 2년에 걸쳐 런던에 있는 학교 두 곳을 조사했다. 연구는 교사들과 중학교 2학년, 고등학교 1학년 학생들을 인터뷰하고 관찰하는 형식으로 진행되었다. 조사한 양쪽 학교 모두 GCSE(만 16세에 치는 중등 자격 평가 시험)에서 다섯 과목 이상 A~C등급 학생 비율을 가능한 한 높이길 원했다. 고득점자 비율이 정부의 기준이고 공식적인 기관에서 학교를 평가하는 핵심 기준이었기 때문이다. 목표 자체는 정당했지만, 길본과 욘델은 이 목표가 교사들에게 GCSE에서 높은 성적을 거둘 가능성이 있는 학생들에게 더 많은 시간을 투입하도록 압력을 가한다는 것을 발견했다. 교사들은 학생들의 '능력'에 따라 자신의 시간과 노력을 차등적으로 투입했다. 길본과 욘델은 인터뷰와 관찰을 통해 교사들이 '능력'을 고정된 것으로 보며 '능력'에 따라 학생들의 잠재력이 결정된다고 생각한다는 것을 발견했다. 어떤 교장은 이렇게 말했다. "너는 다른 사람에게 네 능력을 줄 수 없어. 너는 네가 할 수 있는 것 이상의 성취를 해낼 수 없어. 그렇지 않니?"

교사들이 능력을 객관적으로 측정할 수 있다고 믿는 경향이 있다는 것도 발견됐다. 한 학교에서는 학생들이 입학하면 '인지 능력' 검사를 하는데 교사들은 이 결과가 후에 치르는 GCSE 성적을 예측해 줄 수 있다고 여겼다. 놀랄 것도 없이 가장 '능력' 있는 학생은 주로 백인과 중산층 계급의 아이였다. 저자들은 흑인 학생이 교실에서 차별을 받는 경우를 자주 관찰할 수 있었다고 기술했다. 특정 학생이 능력 있다고 믿는 것이 다른 한편으로는 흑인 학생들이나 노동자 계급 아이들을 무의식적으로 차별하도록 한다는 것이다.

이러한 '새로운 IQ주의'의 결과로 흑인과 노동자 계급 학생이 GCSE를 치러 다섯 과목 이상에서 C보다 좋은 점수를 받는 경우는 더욱 줄어들고, 이는 '고정된 능력'에 대한 교사들의 믿음을 다시 강화하는 계기가 된다. 한 학교에서 백인 학생 중 35퍼센트가 GCSE 평가 과목 중 다섯 과목 이상에서 C 이상의 성적을 받았지만, 흑인 학생은 단지 16퍼센트만이 그런 성적을 거두었다. 이렇게 흑인과 노동자 계급 학생이 평균 이하의 학업 성적을 거두는 현상은 영국 전역에서 공통적으로 나타난다. 길본과 욘델은 대부분의 교사가 인종에 따라 유전적으로 지능에 차이가 나리라 여기는 생각에는 반대하지만, 영국 교육 체제는 '지능'을 '능력'으로 둔갑시켰을 뿐이지 사실상 헌스타인과 머리의 가정과 똑같은 종류의 가정을 받아들이게 됐다고 결론 내린다.

비판적으로 생각하기 THINKING CRITICALLY

검사를 비판하는 사람들은 IQ 검사가 정말로 '지능'을 측정하는 것이 아니라고 말한다. 이 말이 맞다면, IQ 검사가 실제로 측정하는 것은 무엇이며, 왜 그토록 다양한 결과가 나타나는 것인가? IQ 검사란 애초에 인종 차별주의적인 발상인가? 아니면 정부는 미래를 위해 IQ 검사를 재정적으로 지원해 줘야 하는가?

감성 지능

1990년대 이후 여러 대중서와 심리학적 연구들이 정서 인식과 정서 능력을 '지능'의 개념에 포함시키기 시작했다. 이러한 생각은 IQ만큼이나 감성 지능이 사람들의 삶의 기회를 결정하는 데 중요하다고 주장한 데이비드 골먼David Goleman의 인기 저서 『감성 지능Emotional Intelligence』(1996)을 통해 널리 알려졌다. 감성 지능EI은 감정을 사용하는 방식, 자기 자신과 타인의 감정을 인지하

학교에서의 감정 읽기 교육?

사회학적으로 상상하기 19-3

10대들을 위한 행동 교육

교실에서의 행동을 개선하기 위해 영국 중등학교에서 '감성 지능' 수업이 실시될 예정이다. 이번 가을부터 '사회적, 감정적 측면의 학습social and emotional aspects of learning, Seal' 프로젝트가 영국의 중등학교에서 실시된다. 이 수업에서는 갈등을 해결하는 법, 분노를 다루는 법, 타인을 존중하는 법, 놀이할 때 공정하게 하는 법과 같은 기술을 가르친다.

영국의 교육과학부는 몇몇 중등학교에서 '감정 읽기 교육'을 시범으로 운영했고, 그 결과들이 매우 긍정적이라고 말했다. 교육과학부 대변인은 아이들의 행동을 개선하기 위해 이 방법을 쓰길 원하는 중등학교들을 지원할 것이라고 전했다.

대립

이스터에서 열린 교직원조합 회의에서는 행실이 좋지 못한 학생들로부터 교사들이 도가 지나친 폭력이나 욕설을 경험한다는 경고들이 제기되었다. 이 'Seal' 프로젝트는 타인에게 존경을 표현해야 하는 필요성과 공격성 및 대립을 자제하는 방법을 학생들에게 알려 주도록 고안되었다.

교육과학부는 감성 지능 수업이 이뤄진 초등학교에서 괴롭힘과 싸움이 줄어들었다고 전했다. 이 수업은 다른 사람의 감정과 견해에 공감 표현하기, 분노와 같은 강렬한 감정에 대처하기, 공감 능력 개발하기(다른 사람의 권리를 인식하기 등)와 같은 주제들을 다룬다.

시범 운영에 참여한 컴브리아주 켄들에 위치한 비커리지파크 초등학교 교장 앤 핼럼Anne Hallam은 남자아이들이 자신의 감정을 잘 다루도록 큰 도움을 주었다고 말했다. 또한 학생들은 이전보다 자신들의 삶에 더 만족하면서 학업에도 더 잘 집중하게 됐다고 말했다.

윔블덤에 위치한 펠럼 초등학교 또한 감성 지능 수업을 도입했는데, 감성 지능 수업을 하지 않았다면 격화될 수 있었던 일상적인 다툼이, 수업 이후 완화됐다고 보고했다. "우리가 교실에서 하는 것을 놀이터에다 쏟아 내는 것과 같다. 문제는 계속해서 발생하지만, 이제 아이들은 이전보다 다른 사람의 관점에서 생각하는 것을 더 잘하게 됐다"라고 교사 저스틴 그린Justine Green은 말한다.

출처: BBC 2007a.

비판적으로 생각하기

THINKING CRITICALLY

우리는 자신과 다른 사람들의 감성 지능에 대해 인지하는가? 우리의 감정을 완벽하게 이성의 통제 아래 둘 수 있다는 주장은 실현 가능한가?

는 능력, 감정이 촉발됐을 때 그것을 평가하는 능력 그리고 감정을 관리하는 능력을 의미한다. IQ와 달리 감성 지능은 타고나는 것이 아니라 배우고 기르는 것이다. 골먼은 말한다. "우리 중 가장 똑똑한 사람이 열정이나 충동을 억제하지 못하고 무너져 내릴 수 있다. IQ가 높은 사람 중에 뜻밖에도 자신의 삶을 잘 조종하지 못하는 사람도 있다."(1996: 34)

감성 지능에 관한 이론은 교육학자들 사이에서 '감정 읽기emotional literacy'라는 개념을 통해 더 중요한 개념으로 떠오르고 있다. 이 개념은 학생들의 정서 회복력 향상을 위해 감정적 능력을 끌어올릴 수 있으며, 이를 통해 학생들에게 다양한 수준의 사회적 압력에 대처할 수 있는 정서적 자원을 제공해 주는 것을 뜻한다. '지능'의 범주가 지능 지수와 감성 지능 그리고 대인 관계 지능을 포함하는 것으로 확장되면서, 학교 교육은 협소한 직업 훈련이 아니라 다양한 사회적 삶의 기술을 갖춘 사람을 목표로 하는 전인적 교육에 점점 더 주목하고 있다. 그럼에도 불구하고 학교에서의 성공 가능성은 여전히 사회 구조 속에 깊이 뿌리 박혀 있는 광범위한 형태의 사회적 불평등에 의해 큰 영향을 받고 있다.

젠더와 학교 교육

앞에서 살펴보았듯이 선진국에서 시행된 교육과 정규 학교 교과 과정은 남녀 간에 차이가 있었다. 예를 들어 19세기 후반 영국에서 여자아이들이 집안일을 하는 데 필요한 기술을 배우는 동안 남자아이들은 기초수학과 직업에 필요한 기술을 배웠다. 여성이 고등 교육을 받기까지는 오랜 세월이 걸렸다. 여성은 1878년 이후에야 학위를 취득할 수 있었다. 정규 교육 제도에서 학위를 받기 위해 공부하는 여성의 수는 무척 적었다. 하지만 1960년대와 1970년대 들어서면서 상황은 눈에 띄게 변하기 시작해 고등 교육의 대중화가 이뤄진 현재는 완전히 바뀌었다.

근래에는 중등 교과 과정에서 체육 시간을 제외하고는 여자아이들과 남자아이들을 제도적으로 구분하지 않는다. 하지만 교육에서 성별 차이를 유발할 수 있는 다양한 '진입점point of entry'들이 있다. 진입점들이란 예컨대 교사의 기대, 학교 의례, 그 외 숨겨진 교과 과정을 망라한다. 점점 완화되고 있는 규칙이긴 하지만, 여자아이들에게 학교에서 치마를 입도록 강제하는 규칙은 성 전형화가 분명하게 일어난 방식 중 하나다. 이 규율은 단순히 겉보기의 차이로 끝나지 않는다. 치마 교복은 여학생들이 편안하게 앉거나, 과격하게 움직이는 게임을 하거나, 전속력으로 달릴 자유를 제약한다.

학교에서 사용하는 교과서 역시 성별 이미지를 굳히는 데 일조한다. 아주 최근까지도 초등 교육에서 사용되는 이야기책들 속에서 남자아이들은 독창적이고 독립적인 모습으로 그려지지만, 여자아이들은 자주 등장하지도 않을뿐더러 어쩌다 등장하더라도 소극적인 모습에 그쳤다. 특별히 여자아이들을 위해 쓰인 이야기에는 종종 모험의 요소가 들어가 있기도 하지만, 대부분 집안이나 학교에서 나타나는 흥미로운 사건이나 신비로운 이야기다. 반면 남자아이들이 주인공인 모험 이야기들은 훨씬 더 장대해, 먼 장소로 여행을 떠나거나 여러 방면에서 불굴의 모습을 보여 주는 남자 영웅들이 등장한다. 중등 교육 과정에서 배우는 대부분의 수학, 과학 교과서에서 여성은 '눈에 보이지 않는' 존재인 경우가 많다. 이는 수학과 과학은 '남성의 과목'이라는 메시지를 암시적으로 전달하는 것이다.

교육에서 나타나는 성별 차이는 학교에서 과목을 선택하는 것에서도 명확하게 드러난다. 남자아이에게 더 잘 맞는 과목과 여자아이에게 잘 맞는 과목이 따로 있다는 생각이 일반적이다. 베키 프랜시스Becky Francis는 남자아이들에 비해 여자아이들은 학문적 지위가 낮은 과목들을 선택하도록 유도되며, 실제로 여학생과 남학생이 선택하는 교과목에는 분명한 차이가 있다고 주장했다(2000). 2013년 영국 대학 입학 시험 중 컴퓨터 과목의 A 레벨 또는 이에 상응하는 시험을 선택한 영국 학생의 90퍼센트 이상이 남성이었고, 물리학 및 과학(생물학 제외)을 수강한 학생 중 약 80퍼센트가 남성이었다. 반대로, 표현예술 및 공연예술, 심리학, 사회학, 미술과 디자인을 선택한 사람들은 여성이 압도적 다수였다(〈그림 19-1〉 참조). 지난 20년 동안 영국 정부와 기업 단체들이 여학생들이 STEM(과학Science, 기술Technology, 공학Engineering, 수학Mathematics) 과목을 선택하도록 장려해 왔음에도, 여전히 A 레벨 과목 선택에서 성별 격차가 뚜렷하게 남아 있다. 마찬가지로 유럽 28개국에서도 성별화된 선택 패턴이 나타나는데, 공학, 과학 및 컴퓨터학과 졸업생은 주로 남성인 반면, 사회과학, 보건, 복지 및 인문학 분야 졸업생은 주로 여성이었다(〈그림 19-2〉 참조). 그럼에도 불구하고 전 세계적으로, 모든 학제에서 이제 여학생들의 학업 성취도가 남학생들의 학업 성취도를 넘어섰다.

젠더와 학업 성취

20세기 내내 여자아이들은 중등 교육 중반까지는 남

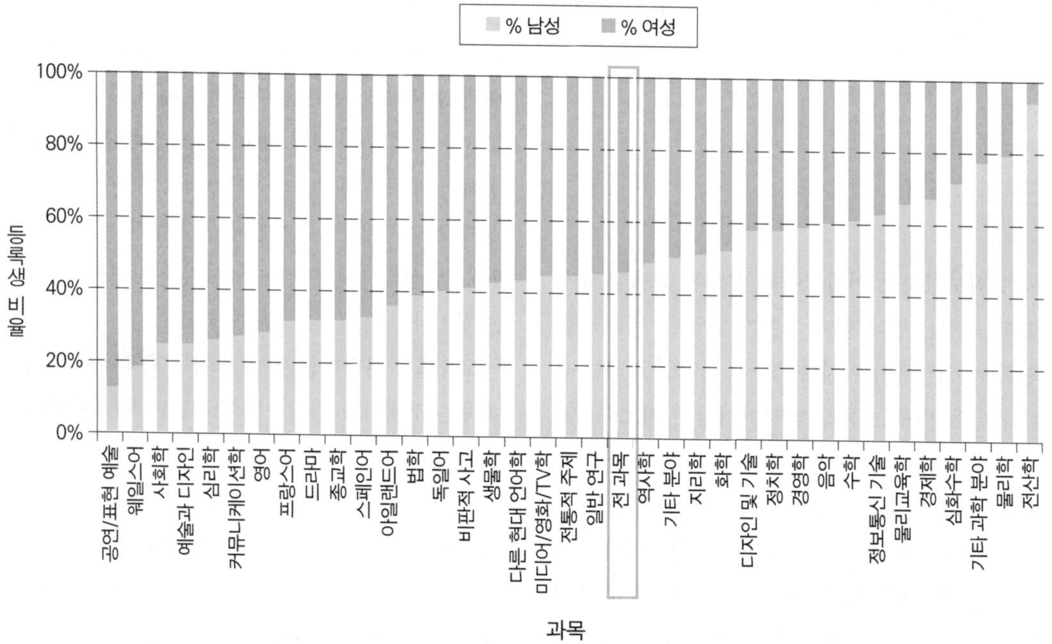

그림 19-1 선택 과목별·성별 영국 학생들의 A레벨 시험(대입 시험) 선택, 2013

출처: Joint Council for Qualifications 2013.

자아이들보다 더 높은 학업 성취도를 보였다. 그러다 만 16~18세쯤부터 남자아이들에게 밀리기 시작해, 대학에서는 남자아이들보다 훨씬 공부를 못하는 양상을 보였다. 실례로 영국에서는 1980년대 후반까지 여자아이들은 대학 입학 필수 요건인 '세 과목에서 A등급 받기'를 달성하는 경우가 남자아이들보다 적었고, 더 적은 수가 고등 교육기관으로 진학했다. 이러한 불평등에 문제의식을 느낀 페미니스트 연구자들은 성별이 학습 과정에 어떤 영향을 미치는지 연구하기 시작했다. 이들은 학교의 교과 과정이 남성 중심적인 경향이 짙고 교사들이 교실에서 여자아이들보다 남자아이들에게 더 많은 관심을 기울인다는 것을 발견했다.

하지만 1990년대 이후 학교에서의 성별 논의에 극적이고 예상치 못한 역전이 일어났다. '성취도가 낮은 남자아이들'은 현재 교육자와 정책 입안자들에게 가장 중요한 주제 중 하나다. 모든 교육 단계에서 여학생들은 남학생들보다 전 과목(과학과 수학을 포함한)에서 일관되게 더 뛰어난 기량을 나타내고 있다.

〈표 19-1〉에서 보는 바와 같이 5~14세 영국 학생들에게도 이러한 추세가 명확하게 나타난다(단계 1~3). 남학생의 성적이 전반적으로 향상되었지만, 여학생의 성적 역시 향상되어 여전히 여학생들의 성적이 전반적으로 높았다. '단계 2'의 수학에서만 남학생들이 여학생들의 성적을 어느 정도 따라잡았을 뿐이다. 미국과 다른 선진국에서도 이와 비슷한 결과가 보고됐다. 미국의 젊은 여성들은 젊은 남성들보다 학교를 더 오래 다니며, 대학교와 대학원에도 더 많이 진학한다.

'낙제하는 남학생' 문제는 범죄, 실업, 약물 오용, 한 부모 가정 등 일련의 사회문제와 깊이 연관되어 있다. 케디A. Keddie와 밀스M. Mills는 정책 담론에서 이를 '소년의 귀환boy turn(최근 교육과 젠더 연구 분야에서 남자아이의 학습과 학교 경험에 지대한 관심을 보이는 것을 가리킨다—옮긴이)'이라

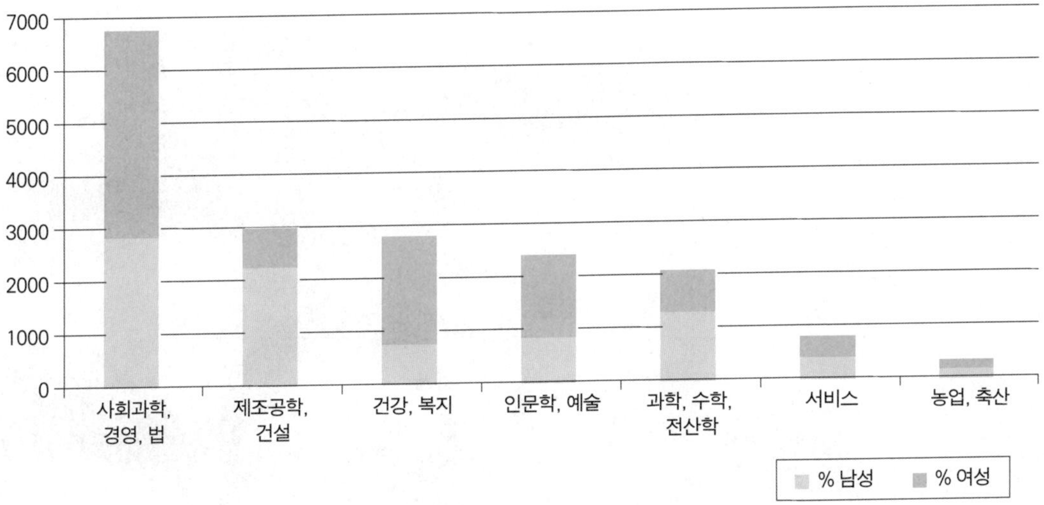

그림 19-2 유럽연합 28개국 고등/대학 교육 졸업자의 학문분과와 젠더, 2011

출처: Eurostat 2014.

표 19-1 잉글랜드의 주요 단계별·성별에 따른 교사 평가에서 기준 이상의 성취를 이룬 학생 비율, 1999년과 2009년 비교

	1999년		2009년	
	남학생	여학생	남학생	여학생
주요 단계 1				
영어				
읽기	78	86	81	89
쓰기	75	85	75	87
수학	84	88	88	91
과학	85	88	87	91
주요 단계 2				
영어	62	74	75	84
수학	69	70	80	80
과학	75	76	85	87
주요 단계 3				
영어	55	73	71	84
수학	63	66	79	80
과학	59	62	76	79

출처: ONS 2010a: 37.

거의 모든 학년의 전 과목에서 여자아이들이 남자아이들보다 공부를 더 잘한다.

는 용어로 명명했다(2007). 이는 여러 요인이 서로 얽혀 흔히 '남성성의 위기'라고 불리는 현상으로 나타나고 있다(제15장 〈젠더와 섹슈얼리티〉 참조). 일찍 학교를 떠나거나 학업 성적이 좋지 않은 남자아이들은 좋은 직장을 구하거나 안정된 가정을 꾸리는 데 어려움이 많다. 선진국 경제가 후기 산업주의로 진입하면서 저학력의 젊은 남성이 얻을 수 있는 비숙련 단순 육체노동 직업의 수요가 줄었기 때문이다. 한편 급격히 성장하고 있는 서비스 영역에서 대부분의 일자리(약 70퍼센트까지)는 여성의 차지다. 하지만 맥 언 게일은 더 많은 여성이 직업을 가지게 되었지만 그렇다고 여성들이 보수가 좋은 전문직으로 진출했다는 것은 결코 아님을 지적했다(1996). 실제로 여성 중 압도적으로 많은 수가 여전히 비정규직 노동자이며 상대적으로 급료가 적고 지위가 낮은 서비스직 업무를 맡고 있다.

성별 차이에 대한 설명

왜 남학생들은 학교생활에서 여학생들보다 뒤처지는가? 왜 여학생들이 남학생들보다 학업 수행을 더 잘하게 됐는지 설명하기 위해 다양한 연구가 진행되고 있다. 한 가지 중요한 요인은 여성들의 자존감과 기대감을 고취하려는 여성운동의 영향이다. 현재 학교에 다니는 많은 여학생은 집 밖에서 일하는 여성들을 본보기로 삼으며 자랐다. 사회화 과정에서 이러한 긍정적인 역할 모델을 접하면서 여자아이들은 그들 자신의 직업 기회에 대한 인식을 넓혔으며, 가정주부라는 전통적인 성역할에 도전하게 되었다.

또 다른 중요한 요인은 교사와 교육학자들이 교육 제도 안에 존재하는 성차별을 더 뚜렷이 인식하게 되었다는 점이다. 최근 몇 년 사이, 많은 학교가 교실에서 성별 고정관념이 형성되는 것을 피하고자 여러 가지 조처를 취하고 있으며, 여자아이들이 전통적으로 '남성'의 과목이라 여겨지던 과목을 탐구하도록 격려하고, 성별에 대한 편견 없는 교재 사용을 장려하고 있다.

어떤 이론들은 학업 수행에서의 성별 차이가 나타나는 이유를 남자와 여자의 학습 방식의 차이에서 찾는다. 여학생들은 대체로 남학생들보다 더 효과적으로 계획해 공부하고, 학습 의욕도 더 많으며, 더 빨리 성숙한다고 여겨진다. 여학생들은 대화를 나누거나 언어 능력을 이용해 서로 관계를 맺는 경향을 보이는데, 이는 감성 지능의 한 측면이라고 (아마도) 말할 수 있다. 반면에 남학생들은 운동이나 컴퓨터 게임, 놀이터나 길거리에서 놀기 등 좀 더 활동적인 방법으로 친구와 어울리며 교실에서 더 산만하게 구는 경향이 있다. 교사들은 교실에서 남학생과 여학생 사이의 이러한 일반적인 행동 양상을 재차 확인하고 남학생들에게 기대를 덜 갖게 된다. 또한 교사들은 남학생들에게 더 많은 관심을 쏟음으로써 남학생들이 제멋대로 산만하게 구는 것을 받아 준다.

일부 학자들은 성취도가 낮은 남학생들에게 그토록 많은 관심과 자원이 집중되는 것에 문제를 제기한다. 이는 도덕적 공황moral panic이라고 할 만하다. 이러한 관심은 '남성다움maleness'이 학교 밖에서 여전히 지속되면서 여성들에게는 허용되지 않는 중대한 경제적, 문화적 혜택들을 젊은 남성들이 누리고 있다는 사실을 무시하는 것이기 때문이다(Keddie and Mills 2007). 언어 능력에서의 성별 격차는 사실상 예전부터 있었던 것이자 전 세계 어딜 가든 발견되는 현상이다. 그럼에도 남자아이들의 '건강한 게으름' 탓이라고 여겨 왔던 성별 격차는 오늘날 논쟁을 불러일으키고 있으며 남자아이들의 성취를 개선하기 위해 지나치다 싶을 정도로 많은 시도가 이뤄지고 있다. 성별 격차를 알리는 등수, 읽기 능력 비교 등이 급속히 많아지면서, '남녀의 동등한 성취도'가 교육의 지상 과제가 되고 있다.

비평가들은 남자아이들에게 집중된 이 모든 관심이 교육에 내재된 다른 형태의 차별을 가리는 데 일조한다고 주장한다. 여학생들이 여러 분야에서 남학생들보다 두각을 나타내고 있지만, 아직도 여자아이들은 기술, 과학, 공학 쪽 분야의 직업과 연관된 과목을 남자아이들보다 덜 선택하는 경향이 있다. 남자아이들은 과학에서만큼은 만 11세 정도 되면 여학생을 추월해 더 좋은 성적을 내며, 이 경향은 대학으로까지 이어진다. 오늘날 화학이나 컴퓨터 과학 같은 과목은 경제적으로 성장하도록 자극하는 데 핵심적인 역할을 하므로 남성의 우세는 계속된다. 그래서 여성들이 수적으로 남성들보다 더 많이 고등 교육을 받는다고 할지라도 같은 수준의 교육을 이수한 남성들과 비교해 봤을 때 여성들은 여전히 취업 시장에서 불리한 위치에 있다(Epstein 1998).

성별 차이보다는 계급이나 인종과 같은 요인들이 교육 불평등에 미치는 효과가 더 크다는 주장도 있다. 예를 들어 영국에서 이루어진 사회 계급 간 학생 수행 능력 비교 조사에서 최상층 전문직 종사자 자녀의 70퍼센트는 다섯 개 이상의 과목을 통과했지만 노동자 계급의 자녀는 겨우 14퍼센트만이 통과했다. 비평가들은 남성들이 계속 사회에서 권력을 쥐고 있기 때문에 '낙제하는 남학생들'에게 집중하는 것은 진실을 호도하는 것이라고 주장한다. 노동자 계급 남학생들의 학업 성취가 낮은 것은 성별보다 그들의 사회적 계급에서 오는 불리함 때문일 수도 있기 때문이다.

성과 고등 교육

고등 교육의 확대에서 한 가지 중요한 측면은 여학생 수의 증가다. 1970년대 이래 영국에서는 평생교육(영국에서는 의무 교육을 마친 만 16~18세 성인에게 교육을 장려하기 위해 전문대에 상응하는 프로그램을 운영하고 있다)과 고등 교육으로 진학하는 여성이 남성보다 훨씬 빠르게 늘고 있다(〈표 19-2〉 참고). 1990년에는 전문대학 수준의 교육(평생교육)을 받는 사람 중 여성이 남성보다 더 많았고 2005년에는 4년제 대학 이상의 교육에서도 그랬다. 이는 남학생이 여학생보다 훨씬 많았던 1970년대와 대비된다. 2007년에는 1970년에 비해 평생교육 및 고등 교육으로 진학하는 여학생 수가 7배 증가한 반면, 남학생 수는 약 2.5배만 증가했다. 그럼에도 학과 선택은 아직도 전통적인 성별 규범을 벗어나지 못하고 있다(〈그림 19-3〉의 유럽연합 자료 참조).

이 장의 앞에서 살펴봤듯이 여성의 학과 선택 양상은 남학생들이 대부분을 차지하는 컴퓨터 과학이나 공학보다 저소득 직업으로 이어지는 교육이나 간호 관련 학위를 목표로 하는 경우가 대부분이었다. 과학과 공학으로도 여성의 진출이 이뤄지고 있지만, 오늘날에도 여전히 이공계 전공자 대다수는 남성이다. 이는 박사 이상 수준에서도 다르지 않다. 한편 사회과학이나 역사학, 생명과학, 경영학같이 이전에 남성이 독식했던 많은 학위 과목들이 이제는 대체로 여성이 더 많이 선택하는 과목이 되었다. 반면에 전통적으로 '여성' 과목이라고 여겨지던 여러 학과에서 남성이 수적 우위를 차지할 만큼 많이 늘어난 경우는 아직 없다.

전문대학 이상의 고등 교육 기관에서 교편을 잡고 있는 여성은 여전히 너무 적으며, 특히 상급 위치로 올라가면 그 수는 더욱 줄어든다. 예를 들어 2010~2011년 여성 학문 종사자는 전체의 44.5퍼센트(8만 775명)였으나, 여성 교수(3천790명)와 수석강사 및 연구원은 20퍼센트에 불과했다(HESA 2010). 같은 맥락에서 고위 관리자의 약 72퍼센트와 대학 총장 및 부총장의 80퍼센트가 남성

표 19-2 교육 과정별·성별 고등 교육을 받고 있는 영국 학생 수, 1970~2008

	남자				여자			
	1970/1971	1980/1981	1990/1991	2007/2008	1970/1971	1980/1981	1990/1991	2007/2008
전문대 수준								
전일제	116	154	219	520	95	196	261	534
정시제	891	697	768	984	630	624	986	1,432
합계	1,007	851	986	1,503	725	820	1,247	1,966
종합 대학교 이상의 교육								
대학교								
전일제	241	277	345	574	173	196	319	717
정시제	127	176	148	255	19	71	106	422
대학원								
전일제	33	41	50	124	10	21	34	125
정시제	15	32	46	109	3	13	33	150
대학원 이상의 교육	416	526	588	1,063	205	301	491	1,414

출처: ONS 2010a: 32.

이었다(Parr 2014). 특히 여성 학자들은 남성 동료들보다 시간제로 일하는 비율이 더 높았다. 2013년에는 모든 학업 분야의 시간제 일자리 중 거의 55퍼센트가 여성이었다(Equality Challenge Unit 2013: 34). 한편 장기적 추세는 남녀가 평등해지는 방향으로 나아가고 있다. 빠른 속도는 아니지만 여성 학자 및 여성 교수의 수가 서서히 증가하고 있으며, 여성 교수의 비율은 과거 이래 가장 높다.

고용 형태나 연공서열, 고위직으로의 승진 가능성에서 불평등이 존재할 뿐만 아니라, 급여에서도 불평등이 존재한다. 고등 교육을 받은 여성은 평균적으로 동종의 남성보다 낮은 급여를 받는다. 심지어 동일한 직업 위치에서도 임금 수준은 불평등하다. 영국의 고등교육통계청에 따르면, 2008년 남성 교수는 여성 교수보다 임금을 13.9퍼센트 더 많이 받는 것으로 나타났다.

이 조사에서 우리가 내릴 수 있는 결론은 여자아이들과 여성들이 지난 40여 년 동안 교육에서 놀라울 정도의 진전을 이루었다는 것이다. 이제 여학생들은 성적과 고등 교육 기관 진학률에서 남학생들을 앞지르고 있다. 하지만 고등 교육을 받은 여성이 노동시장에 나가면 여전히 남성들보다 낮은 임금을 받으며 승진 기회를 더 적게 누린다는 중대한 불평등이 남아 있다. 이러한 성별 차이에서 오는 기득권의 차별적 배분이 21세기에 얼마나 오랫동안 지속될지는 불확실하다.

비판적으로 생각하기 THINKING CRITICALLY

오늘날 선진국에서 남학생의 성취가 여학생보다 떨어지는 이유를 몇 가지 나열해 보자. 이 현상은 훗날 어떠한 사회적 결과를 가져올 것이며, 우리가 정말로 우려해야 할 일인가? 만약 그렇다면 이 상황을 바꾸기 위해 무엇을 해야 하는가?

민족 집단과 교육

사회학자들은 민족 집단과 교육 연구를 지속적으로 수행해 왔다. 정부도 사회 계급, 성별, 민족 집단에 따른 교육의 동향을 추적 조사해 왔다. 예를 들어 1985년 작성된 스완 리포트Swann Report는 각 민족 집단의 학업 성취에서 유의미한 차이를 발견했다(Swann Committee 1985). 하지만 각 집단별 차이에도 불구하고 전반적으로 소수 민족 집단은 영국 고등 교육 각 부문에서 낮은 비율을 보였다.

인도와 중국계 사람들은 다른 배경을 가진 사람들보다 자격이나 학업 성취가 더 높았다. 반면 스스로를 '혼혈인 남성', '흑인/흑인 영국인 여성' 및 '아시아/아시아계 영국인 여성'이라고 응답한 사람들은 전국 평균보다 낮은 수준의 자격이나 학업 성취를 보였다(ONS 2004b: 46~47).

영국의 자선 단체 '비즈니스 인 더 커뮤니티Business in the Community'는 1995년 6월과 2007~2008년 학생부 통계 자료를 분석했다(Race into Higher Education 2010). 이 보고서에 따르면 영국에서 고등 교육을 받고 있는 소수 민족 학생 비율이 전체 학생 여섯 명 중 한 명 정도로 크게 증가했다(1995~1996년 8.3퍼센트 → 2007~2008년 16퍼센트). 이는 같은 기간 동안 소수 민족의 인구 증가 비율과 거의 일치한다(1995~1996년 7.7퍼센트 → 2007~2008년 14.2퍼센트). 소수 민족의 비율은 전반적으로 증가했지만, 소수 민족 내 집단 간에는 큰 차이가 있었다(〈그림 19-3〉 참조). 인도계, 혼혈 및 아프리카계 영국인은 지난 12년간 대학 입학률이 세 배로 증가했지만, 방글라데시계와 파키스탄계 영국인 학생들은 2007~2008년도에도 여전히 1990년대와 비슷했다. 지위와 기관 유형, 지리적 위치, 학과 선택에 따른 차이점도 존재했다. 또한 흑인, 아시아인 및 기타 소수 민족은 노동시장 진입시 더 큰 어려움을 겪었다. 즉 졸업 1년 내 취직한 경우가 56퍼센트로 백인 학생(66퍼센트)보다 상대적으로 적었다(Business in the Community 2010: 5).

소수 민족이 겪는 불평등은 학계에서도 분명히 드러났다. 예를 들어 2011~2012년 학계에 종사하는 중국계 영국인 중 13.8퍼센트가 교수였던 반면, 흑인 학자들 중에

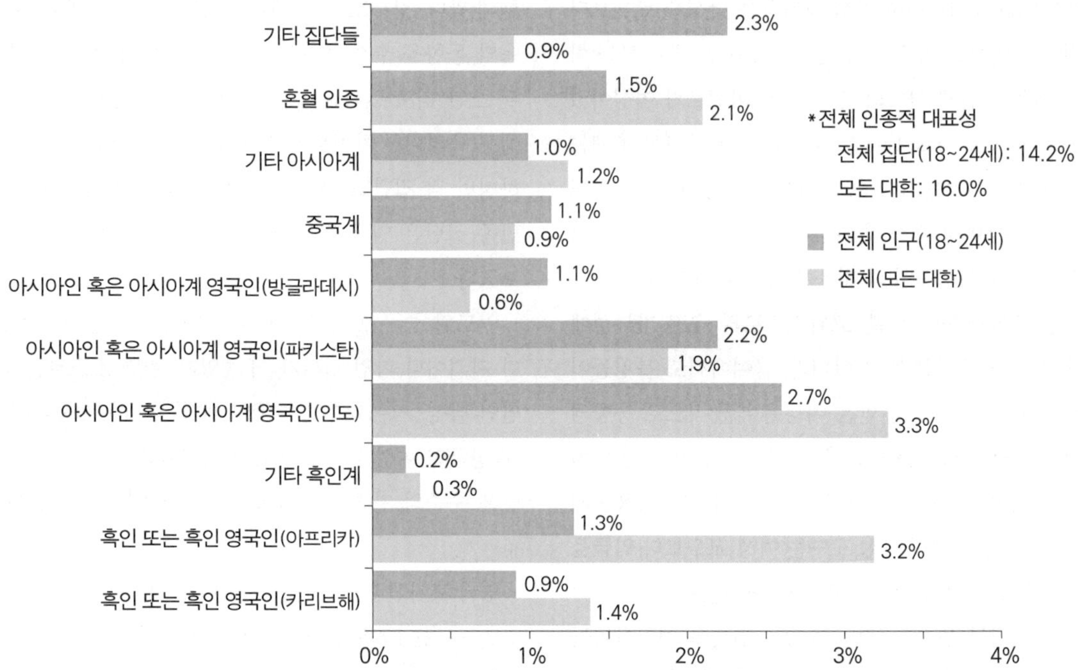

그림 19-3 18~24세 영국 대학 내 소수 민족 집단, 2007~2008

출처: Business in the Community 2010: 6.

는 오직 4.1퍼센트만이 교수였으며, 이는 전체 소수 민족 중 가장 낮은 수치였다. 임금 격차도 존재했는데, 학계에 종사하는 전일제 백인 학자들(전체의 24.5퍼센트)이 소수 민족 출신의 학자들(전체의 13.6퍼센트)보다 소득이 5만 파운드 더 높았다. 또한 백인 학자들은 공개 채용 혹은 영구 계약직 형태로 고용되는 비율이 가장 높았던 반면에(81.4퍼센트), 아시아인 학자들의 비율(69.7퍼센트)은 가장 낮았다(Equality Challenge Unit 2013: 72~80). 민족 간에 나타나는 이러한 교육 불평등은 고등 교육을 받은 여성들이 경험하는 불평등과 몇몇 부분에서 유사하다. 두드러지는 차이점은 민족 집단 안에서 각 그룹 간 격차였다. 소수 민족 집단 내에서도 각각의 경험이 다양했으며, 특정 집단이 다른 집단보다 더 좋은 고용 조건, 급여, 승진 기회를 누리고 있었다.

학교에서의 배제와 민족

사회학자들은 삶의 핵심 영역들에서 사람들이 어떤 식으로 배제되는가를 탐구해 왔으며, 사회적 배제는 지난 25년 동안 지대한 관심을 받은 주제가 되었다. 정규 교육 바깥에 있는 청소년(대부분 소수 인종 그룹의 아이들)에 관한 관심도 높아졌다. 학생들이 정규 교육에서 배제되는 것은 등교 거부, 청소년 문제 행동, 빈곤, 부모의 제한된 감독, 낮은 교육열과 연결되곤 한다.

사회적 배제에 대한 논의는 제13장 〈빈곤, 사회적 배제, 복지〉에서 논의된다.

여러 선진국에서와 마찬가지로 영국에서도 학교를 영구적으로 떠나는 학생들이 1990년대부터 급격하게 증가해 1996~1997년에 1만 2천668명(학생 1만 명당 12명 수준)을 기록했다(ONS 2007: 29). 2000년대 들어 영구적인 학교 이탈자 수가 줄기 시작해 2007~2008년에는 학생 1만 명당 11명 수준, 2012~2013에는 학생 1만 명당 6명 수준으로 떨어졌다. 영구적 학교 이탈 청소년의 대부분은 남자아이들이며(78퍼센트), 또 이는 인종에 따라 다르다. 퇴교율이 사회의 더 넓은 배제와 불평등 양상을 반영하고 있는 게 아닌지 생각해 보는 것은 중요하다. 많은 청소년이 어른의 지도와 도움을 충분히 받지 못한 채 험난한 조건들 속에서 자라고 있다. 전통적으로 내려오던 남성성의 개념은 변화를 겪고 있으며, 이는 특히 노동자 계급 배경의 남자아이들과 젊은이들에게 혼란을 주고 있다. 이러한 사회 환경 속에서, 학교는 기회와 발전을 제공해 주는 장소가 아니라 어쩌면 시대에 뒤떨어지고 권위적인 곳으로 보일지도 모른다.

2009~2010년 영국에서는 아일랜드 이민자 출신, 카리브해 출신 흑인 및 집시 출신 학생들의 학교 중단 비율이 가장 높았다(물론 아일랜드와 집시 출신 학생은 그 수가 적기 때문에 신중히 해석할 필요가 있다). 반면 중국인과 인도인을 비롯해 아시아계 학생들이 학교를 영구 중단할 가능성이 가장 낮았다(〈그림 19-4〉 참조). 미국의 연구 결과에서도 흑인 학생과 다른 민족적 배경의 학생들을 비교해 보면 비슷한 패턴이 나타난다. 왜 특정 소수 민족 출신 학생들이 다른 소수 민족 출신보다 더 학교를 영구 중단할 확률이 높은가?

다른 제도와 마찬가지로 교육 체제도 제도적 인종주의institutional racism의 온상일 가능성이 있다(Rattansi 1992). 교육 체제에서 제도적인 인종주의란 인종에 따라, 학교생활이 구조화되는 방식, 올바르다고 여겨지는 복장이나 태도, 채택된 교육 과정 등을 가리킨다. 교사들은 흑인 학생의 행동이나 복장을 '불량한' 행동의 증거로 해석하는 경우가 많으며, 이는 다시 일시적이거나 영속적인 배제로 이어진다. 하지만 중국계와 인도계 학생과 같이 몇몇 비非백인 소수 민족은 상대적으로 낮은 퇴교율을 보인다. 이 경험적 차이 때문에, 제도적 인종주의보다 자문화 중심주의ethnocentrism(자신들의 문화에만 관심이 있고 다른 사람의 문화에는 관심을 두지 않는) 개념이 학교에서의 차별과 더 정확히 맞닿아 있을지도 모른다(Mason 2000).

> 제16장 〈인종, 종족, 이주〉에는 스티븐 로렌스 사건을 사례로 제도적 인종차별에 대한 논의가 실려 있다(Macpherson 1999).

그럼에도 불구하고, 학교 내에서의 인종주의는 혼혈과 흑인 청소년들의 높은 퇴교율의 원인이 될 수 있다. 세실 라이트Cecile Wright는 3년에 걸쳐 도심 지역의 네 개 초등학교에서 현장 조사를 진행했다(1992). 그녀는 교사들이 아프리카계 카리브해 출신 남자아이들을 불량하다고 짐작하고, 이들의 행동을 성급히 질책하고 통제하려는 경향이 있다는 것을 발견했다. 한편 아시아계 학생은 언어를 유창하게 구사하지는 못하지만 공부를 열심히 하려 하고 교사의 지시를 잘 따른다고 인식되고 있었다. 사회적 고정관념은 교사들에게 두려움을 갖게 하고, 이는 고정관념을 강화하는 데 영향을 미친다. 라이트는 교사들이 모든 아이를 똑같이 대하려 한다는 것은 인정하지만, 이러한 노력도 차별을 만드는 더 넓은 사회 과정에 의해 쉽게 가려지고 만다고 지적했다.

백인 학생에게서 받는 인종주의적인 모욕은 흑인 학생과 아시아계 학생이 겪는 일상적인 경험이며, 인종주의와 차별로 이어지는 사회 과정은 학교에서도 나타난다. 라이트는 "교사들도 다른 사람들과 마찬가지로 '인종적' 특징을 바탕으로 사람들을 다르게 대한다"고 설명했다(1992: 103). 게다가 많은 유치원과 초등학교 교사들은 매우 어린 아이들조차 인종주의적 행동을 시작하며, 다른 집단의 아이들에게 적대감을 표출한다는 것을 마지못해 인정하고 있다.

최근의 사회학적 연구는 교육 정책 입안자들이 잘못된 견해를 갖고 있다고 지적한다. 이들은 소수 민족 학생들의 낮은 학업 성취에 민감하게 반응하면서도, 여전히 민족 간에 나타나는 교육 불평등은 민족 간의 차이에 의한

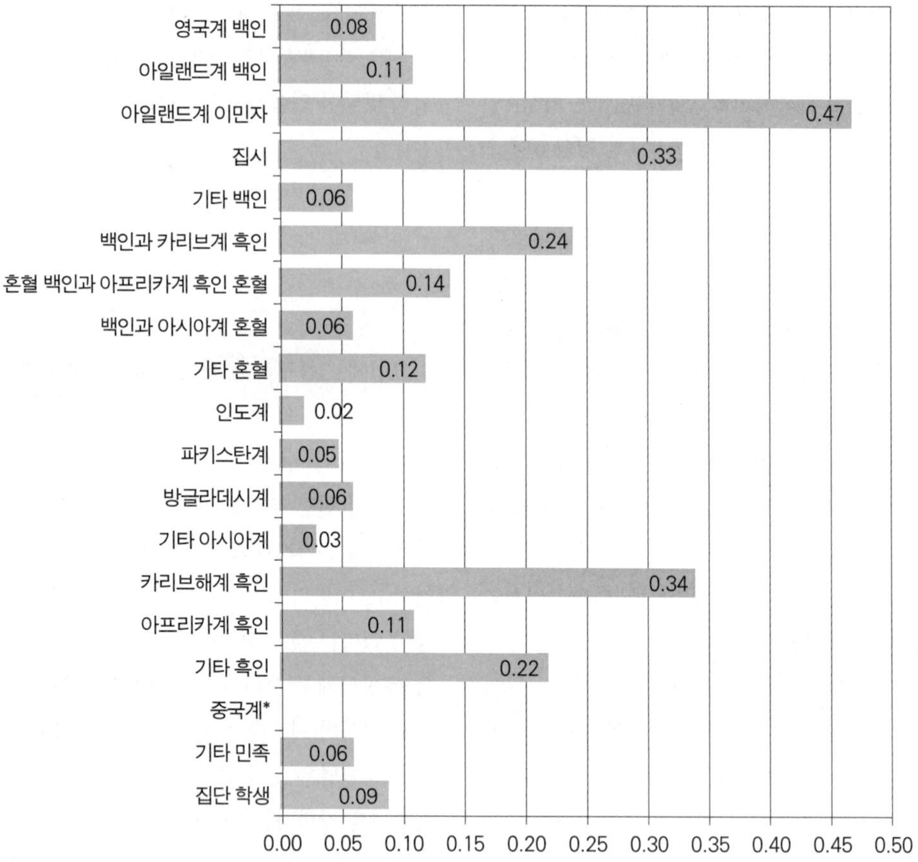

그림 19-4 영국 소수 민족 중 영구적 학교 이탈 청소년 비율, 2009~2010

참조: *. 숫자가 매우 작아 일부 그림이 생략되었음.
표에서 사용된 수치는 각 소수 민족 집단별 초등학교, 중·고등학교 및 특수학교(특수학교에 이중 등록된 학생 제외)의 의무 교육 연령대에 있는 학생 1만 명 중 영구 이탈된 청소년의 수임. 이중 등록이란 둘 이상의 학교에 등록된 학생을 의미함.
출처: DfE 2012: 32.

'자연스러운 현상'이라고 보면서 개인에게 비난의 화살을 돌린다는 것이다. 예를 들어 카리브해 출신 흑인 학생과 아시아계 이슬람교도 학생의 낮은 학업 성취는 이들의 문화와 가정 분위기, 개인의 믿음 탓으로 돌리는 데 반해, 중국계 영국인 학생들이 비교적 성공할 수 있었던 것은 학생의 노력이나 그 부모의 교육열 때문이라고 생각된다. 문제를 개인으로 환원시키거나 으레 그런 것으로 치부하면서, 정책 담론은 학교 체계에 내재하는 논쟁적인 인종주의 문제와 그 효과를 회피한다. 많은 학생이 일상적으로 인종주의를 경험하고 있다는 숱한 보고에도 말이다(Archer and Francis 2007).

위에서 소개한 연구 결과들은 역사, 종교, 문화의 교과과정에서 다문화 교육의 필요성에 대한 인식을 높였다(Mahalingam and McCathy 2000; Race 2010). 여태껏 다문화 교육은 종교 교육에서 학생들에게 종교적 믿음과 실천의 다양성을 소개하는 것과 같이 제한된 범위에서 이루어져 왔다. 하지만 여기에는 해석의 주도권 같은 문제가 있다. 예를 들어 영국 식민지 건설의 역사와 제국주의적 확장을 가르칠 때 어디에 강조점을 두어야 하는가? 역사적 사실은 결코 자기 스스로 말하지 못하고 해석될 뿐인

사회적 고정관념은 교사가 다른 민족 집단의 아동을 대하는 방식에 영향을 줄 수 있다. 예를 들어 아프리카-카리브해 출신 아동들은 종종 '불량한' 성향을 가진 것으로 간주한다.

데 말이다.

한 가지 대안은 반인종주의anti-racist를 교육하는 것이다. 반인종주의 교육은 다문화 교육을 포함할 뿐만 아니라 더 나아가 교사와 청소년 모두에게 인종주의적 태도와 고정관념이 어떻게 생겨나고, 이를 어떻게 다뤄야 하는지 알려 준다. 반인종주의 교육은 학교 안에서 행해지는 차별적인 언어, 행동, 정책을 적극적으로 확인하고 이의를 제기하려는 시도다. 이에 대한 가장 주된 비판은 반인종주의를 가르치는 것이 오히려 구별을 강화하고 학교 공동체의 다툼을 '인종주의' 문제로 비화한다는 것이다. 다문화주의와 반인종주의의 접근법이 서로 다소 다르긴 하지만 반인종주의의 예리함과 다문화주의의 관용을 결합한 '비판적 다문화주의' 접근은 가장 좋은 해법을 제공하는 것으로 보인다(May and Sleeter 2010).

제16장 〈인종, 종족, 이주〉에서 다루는 비판적 인종 이론을 참조하라.

비판적으로 생각하기 THINKING CRITICALLY

당신의 경험에 비춰 볼 때, 학교가 제도적으로 인종주의적이라는 증거가 있는가? 좀 더 정확하게 말하면 학교에 인종주의가 있었는가? 당신이 다녔던 학교는 반反인종주의 교과 과정을 채택하고 있었는가? 만약 그렇다면, 어떤 내용들이 반인종주의 교과 과정에 포함되어 있었는가? 만약 그랬다면, 그것들은 인종주의와 싸우는 데 어떻게 도움이 되었는가? 만약 그렇지 않았다면, 학교는 반인종주의 교과 과정을 만들 필요가 있는가?

교육 체제에서 불평등의 뿌리는 매우 오래된 것으로 증명되었다. 특히 사회 계급 차이와 연관해서는 더욱 그렇다. 21세기에서조차 '사회 계급은 교육적 성취를 예측해 주는 가장 강력한 변수'다(Perry and Francis 2010: 6). 하지만 계급이 성별 및 민족과 어떻게 교차하느냐에 따라 불평등과 '성공'의 양상도 다양하다. 예를 들어 만 11세와 14세의 학생 약 1만 4천5백 명의 학업 성취도를 조사한 최근의 연구에서 사회경제적 변수는 아프리카계 흑인, 파키스탄계, 방글라데시계 학생들과 영국계 미국인 학생들 간의 학업 성취도 격차를 설명할 수 있었지만, 카리브해 출신 흑인 학생들에 대해선 그렇지 못했다(Strand 2011). 마찬가지로 모든 사회 계급에서 여학생들은 남학생들보다 더 뛰어난 성취를 보인다.

우리가 교육 문제를 성별 불평등을 통해 살펴보았을 때 상당히 급진적인 변화도 있었다. 비록 확고히 자리를 잡기까지는 시간이 더 필요하겠지만, 여성의 교육 기회는 20세기 후반 동안 상당히 확대되었다. 육체노동에 대한 수요가 줄고 서비스 분야의 고용이 증가하는 후기 산업화 사회로 경제가 재편되면서 잘 훈련되고 교육된 여성 노동력에 우호적인 환경이 만들어지고 있다. 그럼에도 불구하고 소수 인종의 교육 경험의 차이는 교육 불평등이 경제적 요인만큼이나 문화적 요인과 밀접하게 연관되어 있음을 보여 준다.

세계적 맥락에서의 교육

19세기 중반까지만 하더라도(몇몇 지역에서는 최근까지도) 부유한 집안의 아이들은 가정교사를 두고 배웠다. 하지만 대부분의 사람들은 유럽이나 북아메리카에서 초등 교육 제도가 만들어지기 시작한 19세기 초반까지도 정규 교육을 받지 못했다. 산업화와 도시의 성장은 전문적인 학교 교육의 수요를 증가시켰다. 사람들이 다양한 직업을 가지면서 더는 부모가 자식에게 직접 직업 기술을 전수할 수 없게 되었다. 지식의 습득은 점차 전문적인 기술을 실질적으로 전달하는 것보다는 수학, 과학, 역사, 문학 등과 같은 추상적인 과목을 학습하는 데 점점 더 중심을 두게 되었다. 현대 사회에서 사람들은 읽기, 쓰기, 계산하기와 같은 기초 능력과 물리적, 사회적, 경제적 여건에 관한 일반적 지식을 갖춰야만 한다. 게다가 새롭고 매우 전문적인 형태의 정보를 숙지하려면 어떻게 배워야 하는지 아는 것이 중요해지고 있다.

오늘날 점점 더 세계화가 가속화되는 상황에서 눈에 띄게 나타나는 특징은 세계 여러 나라에서 교육이 제공되는 수준이 매우 다양하다는 점이다. 우리가 이 장의 도입부에서 살펴보았듯이 개발도상국의 많은 사람은 교육에 접근하는 데 어려움을 겪으며, 글을 읽고 쓰지 못하는 사람들도 많다. 반면에 선진국의 학부모와 정부에 더 중요한 문제는 선택과 소비자 중심주의 문제다. 한 국가 내에서의 불평등 문제가 해결하기 어려운 문제라면, 선진국과 개발도상국 국가 간의 불평등은 그보다 훨씬 더 해결하기 어려울 것이다.

세계의 교육 체제를 비교하는 한 가지 방법은 정부의 교육 예산 지출을 살펴보는 것이다. 〈그림 19-5〉는 전 세계 국가 및 지역을 대상으로 국내총생산GDP 대비 교육비 지출의 비율을 보여 준다. 그러나 국가 간 화폐가 다양하기 때문에 국가 간 지출을 비교하는 작업은 간단한 일이 아니다. 학생당 교육비 지출과 전체 교육 예산 규모를 비교하기 위해서는 현지 통화 단위를 하나의 표준 단위로

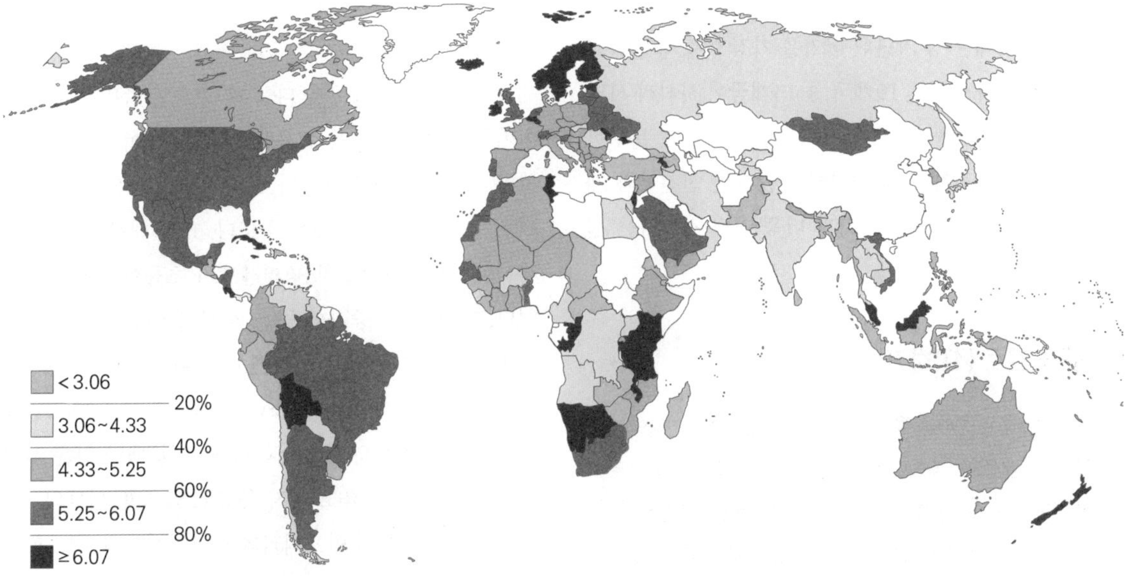

그림 19-5 국가별·지역별 GDP 대비 공교육 지출 비율, 2006~2012

출처: World Bank 2013.

바꿔 표시해야 한다. 유네스코 통계기구(www.uis.unesco.org)가 발표하는 '구매력평가지수Purchasing Power Parity, PPP'가 정부와 가정이 교육에 투자하는 비용의 실질 가치를 가장 잘 반영한다. PPP는 각국의 물가 수준 차이의 효과를 제거한 화폐 변환이다. PPP로 변환된 일정한 양의 돈(미국 달러로 표시)은 세계 곳곳에서 판매되는 똑같은 상품과 서비스(예를 들어 빅맥)를 구매하는 데 필요한 각국 통화의 양이다.

〈표 19-3〉은 PPP를 사용해 세계 각 지역을 비교한 것이다. 이 표를 살펴보면 2011년 각국 정부가 세계 국민총생산GNP의 5.1퍼센트를 교육에 지출했다. GNP 대비 교육 지출 수준이 가장 높은 나라는 북아메리카와 서유럽으로 GNP 중 약 6.2퍼센트를 교육에 투자했다. 지출 수준이 가장 낮은 지역은 서남아시아와 사하라 사막 이남 지역의 아프리카였다. 저소득 및 중간 소득의 30개국에서 교육에 대한 지출은 조금 증가해, 1999년부터 2011년 사이 적어도 1퍼센트 증가했다(UNESCO). 하지만 여전히 150개국 중 단 41개국만이 유네스코 목표인 GNP 대비 6퍼센트 대의 재정을 교육에 투자하고 있어, 아직 갈 길이 멀어 보인다. 아랍 국가들과 서남아시아에서는 1999년에서 2011년 사이 GNP 대비 교육 지출 비중이 오히려 감소했다.

개발도상국들은 2003년에서 2008년 사이 일어난 세계 식량 가격의 급속한 상승과 2008년 금융 위기, 연이은 세계 경기 침체를 경험했다. 그 결과 가난한 가정들은 식량을 사기 위해 아이들의 교육비를 줄여야만 했다. 예컨대 방글라데시에서는 빈곤 가구의 약 3분의 1이 식량을 사기 위해 교육비를 줄였다고 보고했다(UNESCO 2010: 7). 선진국들은 경제 성장 회복을 위한 부양책을 세우고 있고, 경기 부양책하에서 초등 및 중등 교육에 대한 공적 지출은 우선적으로 보호된다. 개발도상국들은 단기적으로 '재정 여력'을 확장할 때, 증가하고 있는 국외 원조 수준에 주로 의지한다. 그러나 유네스코는 정부의 원조 공여 수준이 2005년 스코틀랜드에서 열린 글렌이글Gleneagles 정상 회담에서 합의된 수준보다 200억 달러나 모자란다고(그중 180억 달러가 아프리카에 공여될 돈이었다) 보고했다.

기초 교육에 대한 국제 원조는 2010년에서 2011년 사이 6퍼센트 하락해 가장 가난한 국가를 가장 어렵게 만들었다. 교육 원조가 중단된 19개국 중 13개국이 사하라 사막 이남 아프리카에 몰려 있다(UNESCO 2014a: 111). 분명한 사실은 국제 원조가 크게 증가하지 않으면 선진국과 개발도상국의 교육비 지출 격차가 더욱 커질 것이라는 점이다(UNESCO 2010: 32).

비판적으로 생각하기 THINKING CRITICALLY

교육비 지출은 문해율 및 교육 수준과 직접적으로 연결되어 있다. 세계적으로 극도로 불평등한 상황에서 최빈국의 교육비 지출을 높이려면 외국의 원조만이 유일한 현실적인 방법인가? 오늘날의 부유국들이 최빈국의 높은 문맹률로부터 이득을 얻었음을 어떻게 주장할 수 있는가?

세계의 초등 교육 등록률

세계적 차원에서 교육을 다룰 때 중요한 측면은 실제로 어떠한 형태로든 초등 교육을 받고 있는 아이들의 수가 얼마나 되는가 하는 것이다. 초등학교 등록률은 이를 알려 주는 간단하고 유용한 척도다. 1999년부터 2004년까지 전 세계 아이들의 86퍼센트가 초등학교에 다니고 있다. 가장 많이 증가한 곳은 사하라 이남 아프리카로 등록자 수가 27퍼센트 증가했고, 남아시아 및 서아시아는 19퍼센트 증가했다(UNESCO 2008). 그러나 2007년에 이르러서도 초등 연령대 어린이 중 7천2백만 명은 어떠한 형태의 초등 교육도 받지 못하고 있으며, 이들의 4분의 3은 사하라 이남 아프리카와 서남아시아에 살고 있다(〈그림 19-6〉 참조). 하지만 이것도 실제보다 적게 표시된 것이다. 등록하더라도 실제로 학교에 규칙적으로 나오

표 19-3 세계 지역별 공교육 지출, 1999~2011

	공교육 지출					
	GNP 대비 비율(%)		교육비 국가 부담율(%)		개인당 초등 교육비 (2010 미국 달러 기준 PPP)	
	1999	2011	1999	2011	1999	2011
전체	4.6	5.1	15.0	15.5	2,149	3,089
저소득자	3.1	4.1	16.4	18.3	102	115
중간 소득 이하	4.6	5.1	15.9	16.9	356	545
중간 소득 이상	4.8	5.1	15.8	15.5	1,117	1,745
고소득자	5.3	5.6	13.3	13.2	4,752	6,721
사하라 이남 아프리카	4.0	5.0	17.1	18.7	345	468
아랍 국가	5.3	4.8	21.0	18.1	822	1,338
중앙아시아	3.4	4.1	15.4	12.3	…	…
동아시아·태평양	3.9	4.4	15.0	16.6	2,216	3,245
서남아시아	3.9	3.7	14.5	15.0	297	573
라틴아메리카·카리브해	5.0	5.5	14.4	16.2	1,142	1,753
중부·동유럽	4.8	5.2	12.4	12.2	1,813	3,845
북아메리카·서유럽	5.6	6.2	13.3	13.1	5,990	8,039

출처: UNESCO 2014:111.

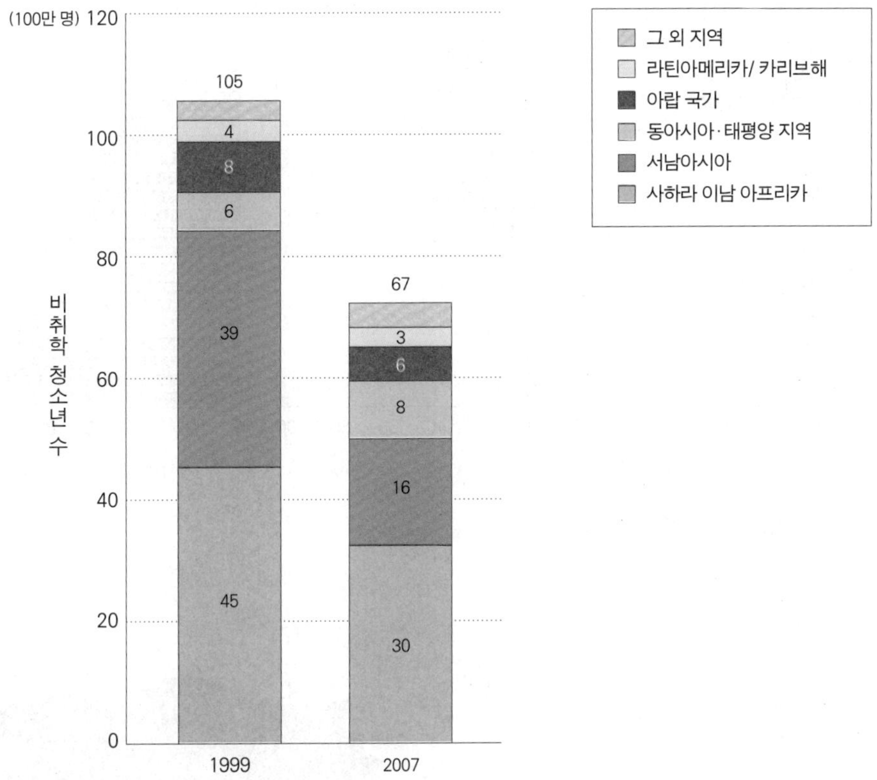

그림 19-6 국가별 초등 교육 등록 관련 비취학 청소년 분포, 1999년과 2007년 비교

출처: UNESCO 2010: 12.

지 않거나 아예 안 나오는 학생들도 있기 때문이다. 브룬포스Bruneforth의 〈그림 19-7〉 분석은 초등학교 등록률이 심각하게 저조한 몇몇 국가들이 정말로 큰 도전에 직면하게 되었음을 보여 준다(2006).

학교 교육을 받지 않는 데 영향을 미치는 요인을 분석한 결과 학교 교육을 못 받는 남자아이가 여자아이보다 약간 많기는 하지만 성별은 그렇게까지 핵심적인 변인이 아니었다. 한편 거주지는 매우 중요한 요인으로 보고됐다. 학령기 어린이 18퍼센트가 학교 교육을 받지 않는데, 이 중 거의 3분의 1이 시골에 사는 어린이였다. 가구 소득 역시 매우 중요했다. 최하위 소득 분위(가장 낮은 20퍼센트) 가구의 어린이 38퍼센트가 초등 교육을 받지 못하고 있는 데 비해, 중간 소득 분위(40~60퍼센트) 가구는 25퍼센트가, 가장 부유한 상위 20퍼센트의 경우는 오직 1퍼센트만 초등 교육을 받지 못했다. 우리는 여기서 다시 한번 사회 계급과 교육 불평등 문제를 세계적인 차원에서 확인할 수 있다. 마지막으로 중요한 요인은 아이의 어머니가 교육을 받은 적이 있는가 하는 점이었다. 조금이라도 교육을 받은 적 있는 어머니를 둔 아이들 중 초등학교에 등록하지 않은 아이들은 16퍼센트뿐이었지만, 교육을 전혀 받아 본 경험이 없는 여성의 자녀 중 38퍼센트가 학교에 가지 못했다(UNESCO 2008). 이는 가족이 교육에 부여하는 가치, 긍정적인 역할 모델의 존재가 초등 교육 참여 수준을 높이는 결정적인 요소임을 시사한다. 분명한 것은 초등 교육 참여가 전 세계의 기본적인 읽기, 쓰기 수준 향상의 핵심이라는 점이다.

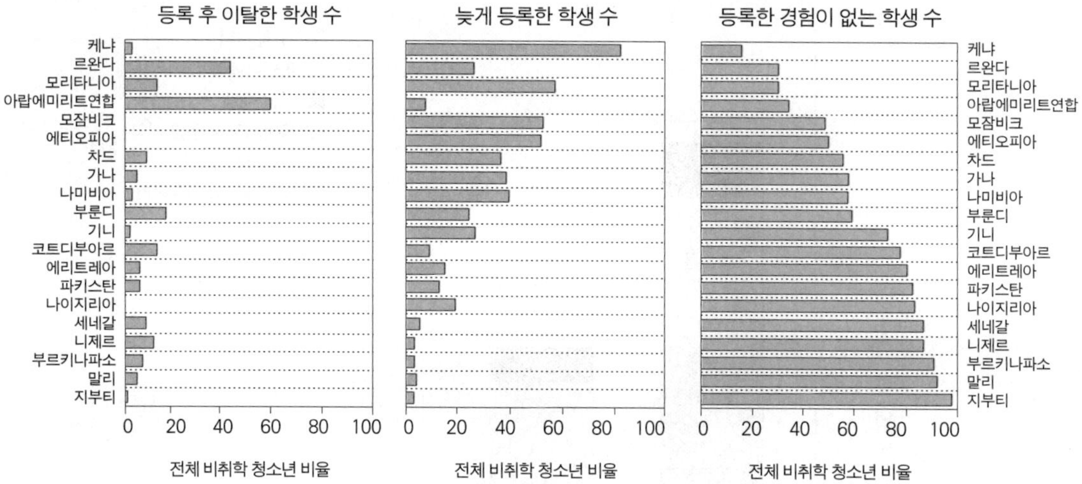

그림 19-7 선별 국가 중 등록에 큰 어려움을 겪는 비취학 청소년 분포

출처: Bruneforth 2006.

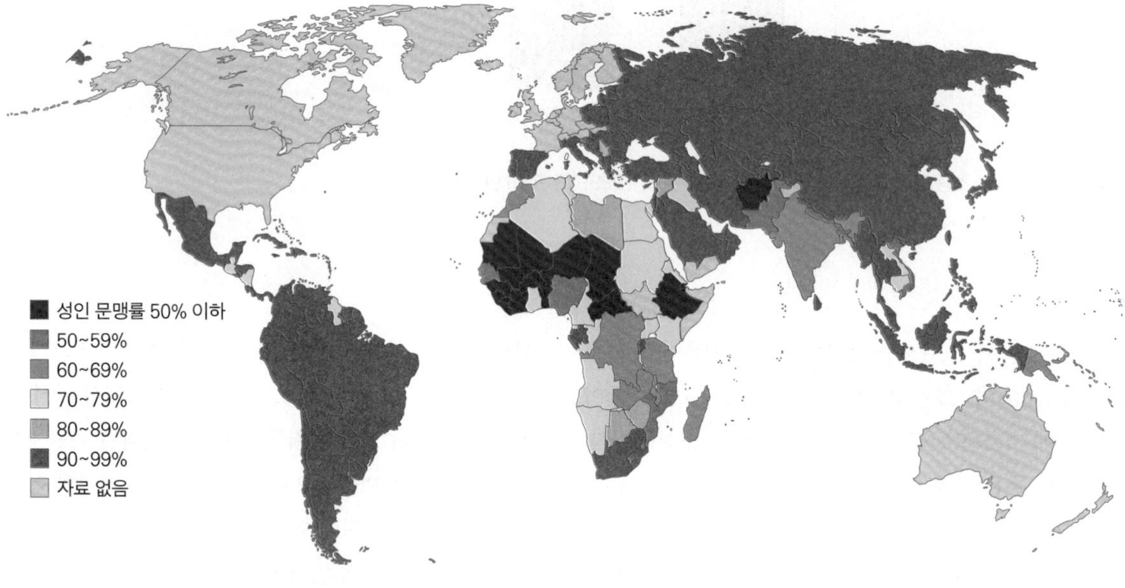

그림 19-8 15세 이상 성인 문맹률, 2012(혹은 자료상 가장 최근 연도)

출처: UNESCO 2014b.

읽고 쓰기 교육과 문맹

2012년 전 세계 성인 중 약 7억 7천1백만 명은 기초적인 수준의 글을 읽고 쓰는 능력도 없다. 이 중 약 3분의 2가 여성이고, 대다수는 사하라 사막 이남 아프리카, 서남아시아 및 동아시아에 거주하고 있다(UNESCO 2014b). 이곳

식민 체제에서 읽고 쓰기의 위기

세계 사회 19-1

식민 시기에 식민 통치 정부들은 교육에 대해 어느 정도 두려움을 가지고 있었다. 20세기 이전까지 대다수는 토착민들이 너무 원시적이어서 교육을 받을 가치가 없다고 생각했다. 이후 교육은 식민지의 엘리트들이 유럽을 이해하고 생활방식에 길들여지는 방법으로 여겨졌다. 그러나 교육은 오히려 불만과 저항을 싹 틔우는 데 일조했는데, 반식민 투쟁과 민족주의 운동을 주도했던 대다수가 유럽에서 교육을 받은 엘리트들이었기 때문이다. 그들은 유럽 국가들의 민주적인 제도와 모국에서의 민주주의 부재를 직접 비교할 수 있었다.

식민 통치자들이 도입한 교육은 식민지가 아니라 유럽과 관련된 교육이었다. 영국 제국의 식민지에서 교육을 받은 아프리카인들은 영국 제국의 국왕과 왕비에 대해 알고, 셰익스피어와 밀턴 그리고 영국 시인들의 작품을 읽었지만, 자기 모국의 역사나 과거의 문화적 성과에 대해서는 아무것도 알지 못했다. 식민지 건설이 끝난 이후에 일련의 교육 개혁들이 일어났지만, 오늘날까지도 상황을 완전히 바꾸진 못하고 있다.

대중 교육에 초점을 두지 않았던 식민지 시대 교육의 부분적인 잔재로 많은 개발도상국의 교육 체제는 초등 교육이나 중등 교육은 취약하고 고등 교육만 비대하게 발달해 있다. 문제는 대학을 다닌 인재들이 자신의 능력에 상응하는 사무직이나 전문직 일자리를 찾지 못한다는 것이다. 산업화 정도가 낮아 보수가 좋은 직업 대다수는 정부에 한정되어 있고, 그 일자리의 수는 모두가 누리기에 충분하지 않다.

최근 들어 식민주의 시기에 물려받은 교과 과정의 단점을 인식하고 있는 일부 개발도상국들은 자신들의 교육 프로그램을 자국의 농촌 빈곤층을 고려하는 방향으로 바꾸고 있다. 혁신에 필요한 재정이 부족해 이 프로그램들은 제한적으로만 성공하고 있다. 그 결과, 인도와 같은 나라들은 대신에 자활 교육을 도입하기 시작했다. 이들 국가의 공동체들은 대규모 자본을 동원하는 대신 원래 있던 자원들을 끌어와 교육에 활용한다. 글을 읽고 쓸 줄 알거나 직업 기술을 습득한 사람들은 한가한 시간을 할애해 다른 사람을 가르치도록 권장된다.

글을 읽고 쓸 줄 아는 것과 발전의 관계는 제14장 〈글로벌 불평등〉에서 논의된다.

비판적으로 생각하기 THINKING CRITICALLY

식민 통치하에서 교육 기회가 제한되었던 국가들은 훗날 경제 성장에 어떤 영향을 받았겠는가? 식민지 본국이었던 나라들은 자신들의 식민지였던 나라들이 오늘날 세계 경제를 따라잡을 수 있도록 어떻게 도와야 하는가? 어떠한 실질적인 도움을 제공할 수 있겠는가?

들뿐만 아니라 글을 읽고 쓰지 못하는 문맹은 모든 사회에 존재하며 선진국 역시 예외는 아니다. 예를 들어 영국 16~60세 성인 중 약 5퍼센트가 7세 어린이 수준 미만의 독해 능력을 보인다. 글을 읽고 쓸 수 있는 국민이 60퍼센트 미만인 국가는 22개국이며, 이 중 14개국이 사하라 이남 아프리카 국가다(〈그림 19-8〉 참조). 방글라데시, 중국, 인도, 파키스탄 등 4개국은 세계 전체 문맹 인구의 절반 이상을 차지한다. 반면 모로코, 에티오피아, 파키스탄, 방글라데시에서는 문해율이 증가하고 있지만, 문맹인 성인의 절대적인 규모는 오히려 늘어나고 있다. 이는 인도가 비교적 일정한 인구를 유지하는 데 비해 모로코, 에티오피아, 파키스탄, 방글라데시의 인구는 증가 추세에 있기 때문이다. 인구 증가와 과도한 문맹률은 경쟁적인 세계 경제 아래에서 큰 걸림돌이 되고 있다. 또한 좀처럼 줄지 않는 여성 문맹률도 여전히 해결해야 할 과제다. 21세기에 전 세계의 문해율이 향상되었음에도, 문맹인 여성의 비율은 꾸준히 지속되고 있다(UNESCO 2014b).

몇몇 사람들은 정보 기술이 작업 환경에서 보편화되면서 새로운 형태의 문맹이 나타나고 있다고 주장한다. 평상시에 정보 기술을 접할 수 없거나 컴퓨터 사용법을 배우지 못한 사람들, 또 컴퓨터 사용 언어에 친숙하지 않은 사람들은 새로운 방식을 몰라 불이익을 당할 수 있다.

> ICT의 세계적인 확산에 대해서는 제4장 〈세계화와 사회 변동〉에서 더 자세히 다룬다.

글을 읽고 쓰게 하는 환경 만들기

교육비 지출과 초등학교 취학, 읽고 쓰는 능력은 서로 연계되어 있다. 정부 및 기타 주체들의 교육비 지출은 단순히 어린이와 청소년에게 무료로 학교 교육을 제공하는 데 그치지 않고, '읽고 쓰게 하는 환경'을 조성하는 데 이바지한다. 이러한 환경은 이제 막 읽고 쓰는 것을 익힌 사람들에게 읽고 쓰는 기술을 계속 훈련할 기회를 제공해 준다. 신문, 잡지, 도서 등의 인쇄물이나 시각 자료를 비롯해 학교나 훈련 기관과 같이 지속해서 교육을 받을 수 있는 곳에 쉽게 다가갈 기회, 지방 정부나 농업협동조합과 같이 읽고 쓰기를 실제로 사용할 수 있는 단체와 연관될 기회, 읽고 쓰기 능력을 훈련할 수 있게 해 주는 민간 기업이나 비영리 단체에서 일할 기회 같은 것이 그 예다(Easton 2006). 초등학교나 그 외의 교육 기관은 당연히 영유아와 청소년에게 도움을 주는 읽고 쓰게 하는 환경을 제공해 준다. 그러나 이러한 환경은 도서관이나 다른 공적인 공간, 직장, 심지어 집에서도 만들 수 있다.

읽고 쓰는 능력을 훈련할 기회를 제공하는 것 외에도, 읽고 쓰게 하는 환경은 사람들에게 읽고 쓸 수 있는 능력을 습득하거나 향상하고 싶은 의욕을 불러일으키기 때문에 중요하다. 오늘날 읽고 쓰게 하는 환경은 종이 형태뿐만 아니라 전자 형태로 된 서비스도 제공할 수 있어야 한다. 이것이 만약 성공한다면 미래의 문맹률을 떨어뜨리는 데 큰 도움이 될 것이다.

교실 안의 기술

정보 기술의 확산은 이미 학교 교육에 영향을 미치고 있다. 지식 경제는 컴퓨터를 잘 다룰 줄 아는 노동자를 요구하며, 교육이 이러한 수요를 충족시키는 데 중요한 역할을 하게 될 것이라는 점이 점차 명백해지고 있다. 최근 몇 년 사이, 집에 컴퓨터를 가진 사람의 수가 급증하긴 했지만, 아직도 많은 아이의 집에 컴퓨터가 없다. 이러한 이유에서 학교는 청소년들이 컴퓨터 기술과 온라인 기술을 배울 수 있는 중요한 장소다.

앞에서 이미 언급했듯이 근대적 의미의 교육이 부상한 것은 19세기에 일어난 여러 중요한 변화들과 관련 있다. 인쇄술과 '책 문화'의 출현이 그중 하나다. 책과 신문, 다른 인쇄물의 대량 유통은 기계와 공장과 마찬가지로 산업사회 발달의 독특한 특징이다. 교육은 글을 읽고 쓰는 법과 수를 사용하는 능력을 함양했고, 덕분에 사람들은 인쇄물의 세계에 접근할 수 있었다. 인쇄된 교과서야말로 학교의 가장 큰 특징이다.

많은 사람이 교육에서 컴퓨터와 멀티미디어 기술을 점점 더 많이 활용하면서 이 모든 것이 바뀌기 시작할 것이라고 본다. 태블릿, e-북 리더기, 스마트폰과 같은 디지털 매체가 점점 교과서를 대체할 것인가? 학교는 오늘날의 형태로 존속할 것인가? 새로운 기술은 기존 교과 과정에 무엇을 하나 더하는 것에 그치는 것이 아니라, 기존 방식을 허물어 버리거나 변형시킬 것이라는 주장도 있다. 현대의 젊은이들은 정보/미디어 사회에서 성장해 정보통신 기술에 선생님을 비롯한 기성세대보다 훨씬 친숙하다.

2003년 경제협력개발기구OECD의 연구에서 15세 학생들의 학업 수행 능력을 평가한 결과, 정기적으로 컴퓨터를 사용한 학생이 더 좋은 성적을 냈음을 발견했다(이 현상은 특히 수학 과목에서 두드러졌다). 이 보고서는 컴퓨터를 몇 년 동안 꾸준히 사용해 온 학생들이 일반적으로 OECD 평균 이상의 수학 점수를 받는 데 비해 컴퓨터를 자주 사용하지 않거나 잠깐밖에 사용해 보지 못한 학생들은 같은 학년의 학생들보다 뒤떨어진다고 보고했다

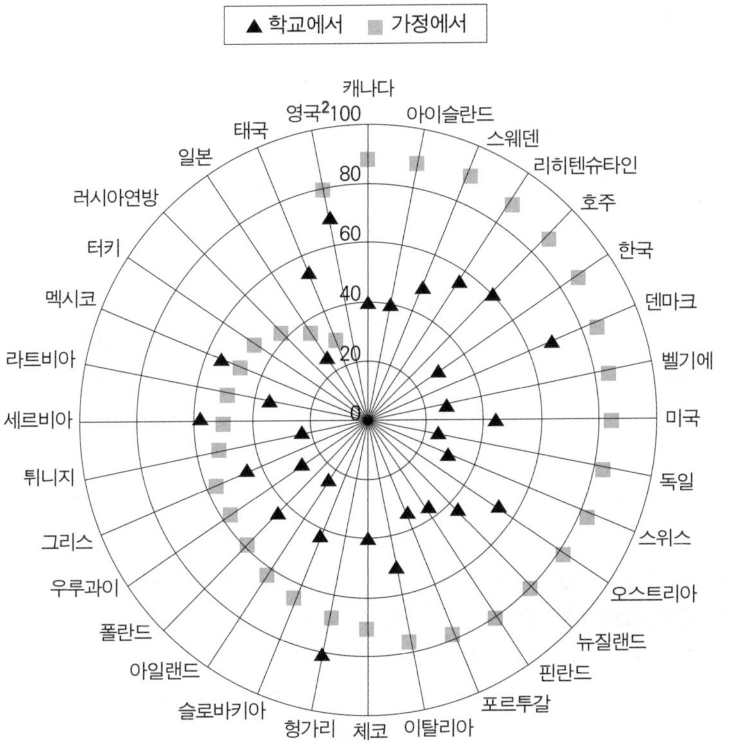

그림 19-9 2003년 OECD 국가의 학교 또는 가정에서 컴퓨터를 자주 사용하는 학생 비율, 2003

참조: 학교에서의 컴퓨터 사용률이 높은 순서대로 정렬했다.
2. 응답률이 낮아 비교하기가 어렵다.
출처: OECD 2005.

(OECD 2005). 표본으로 추출된 학생 중에서 10퍼센트는 컴퓨터를 사용해 본 기간이 1년 미만이었는데, 이들의 평균 수학 성적은 OECD 평균보다 낮았다. OECD 회원국 학생 네 명 중 세 명은 가정에서 컴퓨터를 빈번하게 사용했지만, 학교에서 컴퓨터를 자주 사용한 경우는 이들 중 44퍼센트에 불과했다. 몇몇 사회과학자들은 이런 종류의 자료를 증거 삼아 IT 부유층과 IT 빈곤층 가정 사이에 격차가 커지고 있다고 주장한다. 만약 학교가 더 나은 컴퓨터 사용 환경을 제공하지 못한다면 교육에서 사회 계급 간의 격차는 더욱 커질 것이다.

최근 몇 년 동안 교육에서 신기술을 사용함으로써 교육이 근본적으로 바뀌고 있다. 대부분의 선진국에서 교육 체제는 현대화되고 컴퓨터화되었다. 일부 평론가들은 '컴퓨터 가상현실'의 도래와 벽이 없는 교실을 말하며 '교실 혁명'을 이야기한다. 컴퓨터가 교육의 기회를 확장했다는 데는 거의 이견이 없다. 컴퓨터 덕분에 학생들은 독립적으로 공부하고, 온라인 자원을 동원해 특정 주제를 조사하며, 교육용 소프트웨어를 이용해 자신에게 알맞은 속도로 공부할 수 있게 되었다. 하지만 학생들이 개인용 컴퓨터를 통해서만 공부하는 그런 꿈의 교실은 아직 실현되지 않았다. 사실상, '벽이 없는 교실'은 아직 요원해 보인다.

비록 컴퓨터를 정기적으로 사용할 수 있게 된 학생들의 수가 증가하고 있지만, 상대적으로 부유한 국가들인 OECD 회원국들 사이에서조차 격차가 있다(〈그림 19-9〉 참조). 학생들은 연구 프로젝트를 수행하거나 시사 문제

평생교육 환경

새로운 기술과 지식경제 시대가 시작되면서, 일과 교육에 대한 전통적인 생각이 변화하고 있다. 기술 변화가 빠르게 이루어짐에 따라 이직이 더 빠르게 진행되고 있다. 중간 경력의 전문가들이 평생교육 과정이나 인터넷 기반 학습을 통해 최신 기술을 습득하고자 하면서, 훈련과 자격 취득은 이제 젊을 때 하는 것이 아니라, 생애 전반에서 이루어져야 하는 것이 되었다. 많은 고용주는 노동자의 애사심을 고취하고 회사의 기술 토대를 다지기 위해 노동자들이 사내 교육을 받도록 한다.

사회가 변해 가면서 이에 기반을 둔 전통적인 믿음과 제도들 역시 변화하고 있다. 학교 교육, 즉 일정 기간 동안 정규 기관에서 구조적으로 지식을 전수하는 교육의 개념보다는 다양한 장소와 시기에 이뤄지는 넓은 의미의 '학습learning'이라는 개념이 더 유용해지고 있다. '교육'에서 '학습'으로의 전환은 매우 중요한 일이다. 학습자는 능동적이고 호기심이 넘치는 사회적 행위자로 단순히 제도적인 환경에 머무르는 게 아니라 다양한 곳에서 통찰을 얻는다. 학습자는 모든 종류의 '만남'에서 기술과 지식을 습득한다. 친구나 이웃, 세미나나 박물관, 동네 술집에서의 대화, 인터넷을 포함한 여러 매체 등을 통해 학습자는 기술과 지식을 습득한다.

학교에서도 이제 평생 학습을 강조하고 있으며, 학생들이 교실 밖에서 배울 기회도 증가하고 있다. 학교와 바깥 세계의 경계가 컴퓨터 가상공간을 통해서뿐만 아니라 현실 세계 안에서도 무너지고 있는 것이다. 예를 들어 '봉사 학습'은 다수의 미국 중등학교에서 점점 중심적인 과정으로 떠오르고 있다. 학생들은 졸업하기 위해 반드시 일정 시간 이상 지역사회에서 자원봉사를 해야 한다. 성인 전문가와 학생들 사이의 상호작용을 도모하고 멘토 관계를 함양하는 지역 사업체와의 동반 관계 역시 여러 나라에서 흔한 일이 되어 가고 있다.

평생교육은 지식 사회로의 이전에 큰 역할을 할 것이다(Longworth 2003). 잘 훈련되고 의욕 넘치는 노동력만이 중요하던 시대는 지

평생 전문 교육Continuing professional development, CPD과 평생교육은 한 개인의 일생 동안 지속될 수 있다.

났다. 이제는 학습 또한 넓은 의미에서 인간의 가치로 보아야 한다. 학습은 전인적 성장을 위한 수단이자 목적이며 동시에 자기 계발과 자기 이해를 통한 자기 주도적인 학습이다. 이러한 생각들이 결코 유토피아적인 공상만은 아니다. 이는 교육철학자들이 추구한 인본주의적 교육의 이상을 어느 정도 반영하고 있다. 한 예로 은퇴한 노인들에게 자신이 선택한 대로 학습할 기회를 제공함으로써 각자가 추구하고 싶은 관심사를 계발하게 하는 '인생의 세 번째 시기의 대학'이 이미 존재한다.

비판적으로 생각하기 THINKING CRITICALLY

학교의 정규 교육이 덜 정규적인 교육이나 덜 구조화된 형태의 평생교육으로 대체될 것이라는 예상은 실제로 일어날 법한가? 고용주들은 평생교육의 개념을 지지하고 이를 촉진할 것인가? 그렇게 하는 것이 고용주들에게 어떤 이득을 가져다주겠는가?

를 조사하는 등 정규 교육 과정 안에서 부과된 과제를 할 때 컴퓨터를 사용할 수 있지만 어떤 교사도 인간 교사와 상호작용하면서 배우는 과정을 정보 기술이 대체할 수 있다고 믿지 않는다. 교사들에게 주어진 도전은 새로운 정보 기술을 어떻게 의미 있고 교육에 도움이 되는 방식으로 통합할 것인가 하는 것이다. 인터넷 접근은 이미 부자와 가난한 사람을 경계 짓는 새로운 구분이 되고 있다.

교육과 학교 교육의 미래

오늘날 세계의 교육 체제는 매우 빠르게 변화하고 있다. 정보통신 기술ICTs의 지속적인 보급과 발달은 이러한 변화의 주된 원인 중 하나다. 그러나 교육 체제는 또 다른 도전들에 직면하고 있으며, 특히 소비주의에 중점을 맞추는 교육적 선택의 문제를 어떻게 수용할 것인가와 미래에 학교들이 재정을 어떻게 확보할 것인가 중요한 문제로 부상했다. 고등 교육이 대중화되고 또한 세계 경기 침체로 인해 공공 지출이 삭감된 오늘날, 이 질문은 매우 시의성 있다.

정보화 시대의 고등 교육

1971년에 영국의 원격 대학Open University은 고등 교육에서 TV를 이용한 원격 학습의 선구자였다. 원격 대학의 강의는 BBC 채널에서 이른 아침과 늦은 밤에 방송되었다. 학생들은 이 방송을 들으며 수업 참고 자료를 읽고, 우편으로 과제를 제출하며, 지도 교수를 만나거나 다른 학생들과 여름 학기를 보내기도 했다. 이 방법으로 학생들은 집에서 높은 수준의 학위 교육 과정을 받을 수 있었다(이들 중 대부분은 일을 하고 있었다). 원격 대학은 영국에서 가장 규모가 큰 대학이 되었고, 인터넷을 이용한 교육도 점차 확대하고 있다. 그러는 한편 학생들과 실제로 만나는 것을 교육 과정에 포함하기 위한 노력도 동시에 지속하고 있다. 오늘날 많은 대학, 어쩌면 대부분의 대학은 전자우편이나 채팅방, 온라인 평가, 팟캐스트나 온라인 시청각 자료 같은 웹 기반 강의 자료 등의 형태로 원격 학습 과정을 제공하고 있다.

오늘날 인터넷은 텔레비전이 그랬던 것보다 더 깊숙이 교육을 변화시키고 있는 것처럼 보인다. 미국 피닉스대학은 이러한 방식의 선구자였으며 오늘날에도 그렇다. 1989년에 설립된 이 학교는 사립이며 미국에서 두 번째로 규모가 큰 대학이다. 하지만 미국의 다른 대형 대학들과 달리 캠퍼스의 푸른 잔디밭도, 커다란 도서관도, 미식축구팀이나 학생 회관도 없다. 학교에 입학한 42만 명의 학생은 주로 피닉스대학의 '온라인 캠퍼스'에서 만나 교류하며, 40개 주에 있는 '학습 센터'에서 만나기도 한다.

피닉스대학은 온라인에서만으로도 수료가 가능한 학위 프로그램을 열두 개 이상 제공하고 있으며, 학생이 실제로 어디 사는지는 문제가 되지 않는다. 온라인 '그룹 메일함'은 실제 교실을 대체한다. 학생들은 직접 발표나 토론을 하는 대신에 다른 학생들과 강사가 읽을 수 있도록 전자 교실에 자기 작업을 올린다. 연구 과제나 독서 과제를 하고 싶은 학생은 전자 도서관을 활용하면 된다. 한 주를 시작할 때마다 강사는 읽어야 하는 글 목록과 토의 과제를 인터넷에 게시한다. 학생들은 자신의 일정에 따라 어느 때든 '전자 교실'에 접속해 과제를 완료하면 되고, 교사는 여기에 성적과 의견을 적어서 학생에게 돌려준다.

피닉스대학의 차별성은 단순히 인터넷을 활용한 교육이라는 것에만 있지 않다. 이 대학은 만 23세 이상 직장인만 학생으로 받는다. 대학에서 제공하는 서비스는 구조적으로 또 내용상의 측면에서 모두 바쁜 일상생활과 직업 생활을 문제없이 유지하면서도 새로운 기술과 자격을 획득하고 싶어 하는 직장인을 대상으로 맞춰져 있다. 이 때문에 수업은 5주나 8주 단위의 집중 과정으로 짜여 있고, 학기와 상관없이 1년 내내 개설된다.

피닉스대학이 기존 대학들과 다른 중요한 점이 또 있다. 이 학교는 전통적인 대학과 달리 아폴로 커뮤니케이션스라고 하는 회사에 의해 영리를 목적으로 운영된다는 점이다. 피닉스대학은 설립된 지 10년 후부터 분기당 평균 1천280만 달러의 수입을 올리고 있다. 점점 더 공립보다는 사립 교육기관의 숫자가 증가하고 있다. 경영과 기술 개발 및 보급을 전문으로 하는 외부 기관들이 점점 더 많이 컨설턴트나 관리자로서 교육 시스템에 참여하고 있다.

인터넷 기반 학습의 융통성이나 편리함은 부인할 수 없지만, 이에 대해 부정적 의견이 없는 것은 아니다. 많은 사람들은 다른 학생들과 얼굴을 맞대고 상호 교류하는 환경에서 이뤄지는 학습을 대체할 수 있는 것은 아무것도 없다고 주장한다. 미래의 학생들은 온라인 사용자명으로만 서로를 아는 익명적인 네트워크를 구성하게 될까? 기술 지향적인 실용 교육이 추상적 사고와 '배움 그 자체를 위한 배움'이 갖는 중요성을 훼손시킬까?

세계화와 기술의 진보는 고등 교육과 거대한 공개 온라인 코스(또는 MOOC)의 논리적 발전에서 글로벌 시장이 탄생하도록 하고 있다. 이것들은 누구나 이용할 수 있는 온라인 코스이며, 대개 무료로 제공되고 잠재적으로 대규모 온라인 학습 커뮤니티로 이어질 수 있다. 현재 MOOCs는 실험 단계에 있으며 전체 학위 계획이나 대학 인증을 받을 수 있는지, 장기적으로 어떻게 자금을 지원받을 수 있는지에 관해서는 아직 분명하지 않다.

고등 교육이 유학생과 국가 간 연구, 국제 학술 대회 덕분에 항상 국제적인 성향을 띠긴 했지만, 전 세계에 흩어져 있는 학생들과 학문 및 교육 기관이 서로 협업할 기회가 부상한 것은 근본적으로 새로운 일이다. 인터넷 기반 학습과 MOOC 및 'e-대학' 덕분에 교육을 받고 자격을 취득하는 것이 전 세계 수강생들에게 보다 용이해지고 있다. 자격, 면허, 학위는 물리적 교실과 전통적 교육 기관 밖에서도 획득할 수 있게 됐다. 다수의 기관과 기업들은 (일부는 상업적인 목적으로) 경쟁적으로 글로벌 교육 시장에 뛰어들고 있다. 이제 그 어느 때보다 지식과 교육은 '손만 뻗으면 잡히는 곳'에 있다.

전통적 대학들마저 'e-대학'이 되기 위해 조치를 취하고 있다. 교육 기관들은 조합을 만들어 그들의 학문적 자원과 연구 기관, 교원, 학생들을 온라인으로 공유하는 중이다. 전 세계 대학들은 다른 기관들과 상부상조하는 것의 이점을 인정한다. 학문 및 기술에서의 혁신이 급증하면서 최고의 엘리트 기관일지라도 모든 분야에 걸쳐 우위를 점하는 것이 불가능해졌다. 온라인 제휴를 맺으면 전문 지식을 공유할 수 있고 컨소시엄에 포함된 학생들과 연구자들에게 이를 제공할 수 있다. 예를 들어 호주 브리즈번에 사는 학생은 샌프란시스코에 있는 전자 도서관에 접속할 수 있고, 이메일을 통해 다른 대학에 있는 교직원들에게 질문을 하거나 함께 협력해 연구를 진행할 수도 있다.

결론

새로운 통신 기술의 발전은 교육에 신선한 가능성을 제공하고 있다. 교육은 이제 강의실이나 교실이라는 한정된 공간을 벗어나 나이, 성별, 계급과 관계없이 세계 곳곳의 학생들에게 미치게 되었다. 그렇지만 새로운 정보통신 기술이 해방적이고 평등한 힘으로 작용하기보다는 교육 불평등을 강화할 것이라는 비판도 제기된다. 교육이 재생산해 내기도 하는 물질적 결핍이나 다양한 불평등에 정보 빈곤까지 추가될 수 있다는 것이다. 급격한 기술 변화와 컴퓨터를 잘 다룰 줄 아는 노동자에 대한 수요로 인해 컴퓨터를 능숙하게 다루는 사람들은 그렇지 않은 사람들보다 앞서 나갈지도 모른다. 기술을 잘 다룰 줄 아는 사람과 그렇지 못한 사람이 나뉠 것이라는 위협이 생겨나면서 정보화 시대가 가져온 새로운 도전에 대응하도록 도와줄 평생교육이 더욱 중요해지고 있다.

정보 기술의 열렬한 지지자들은 디지털 기술의 강점은 사람들을 함께 모이게 하고, 새로운 기회를 만들어 주는 능력에 있다고 주장한다. 이들은 인터넷이 교과서와 자격을 갖춘 교사가 부족한 아시아와 아프리카 학교에 큰 도움이 될 수 있다고 주장한다. 또한 원거리 학습 프로그램이나 외국 교육 기관과의 협력은 빈곤과 열악함을 극복하는 데 핵심적이라고 강조한다. 정보 기술 옹호론자들은 현명하고 창의적인 사람들에 의해 기술이 사용된다면 그 가능성이 무한하다고 말한다.

하지만 이미 '컴퓨터 빈곤층'을 우려하는 사람들도 있다. 세계 경제에서 지식의 비중이 더 커짐에 따라, 정보 부국과 정보 빈국 사이의 격차는 가난한 나라들을 실제로 더 주변화시킬 수 있다. 이와 마찬가지로, 선진국 내에서는 가정에서 컴퓨터를 사용하는 데 필요한 경제적 비용과 공간을 생각한다면 정보 기술은 중간 계급과 노동계급의 성과 차이를 더욱 벌려 놓을 수도 있다.

새로운 기술이 교육에 대한 접근권을 확장할 수 있긴 하지만, 그렇다고 기술이 전 세계 교육 체제가 직면하고 있는 문제를 모두 해결하는 만능 도구는 아니라는 점을 인식해야 한다. 많은 개발도상국은 높은 문맹률, 유선 전화선 부족, 낮은 전기 보급률과 씨름하고 있다. 이들 국가가 원격 교육을 가능하게 해주는 새로운 기술의 혜택을 받기 위해선 교육 인프라부터 개선해야 할 것이다.

이 장에서 살펴보았듯이 교육 체제는 계급과 성별, 인종에 따른 불평등을 재생산하고 강화한다는 강력한 증거들이 있다. 새로운 정보통신 기술은 이러한 불평등을 줄일 수도 있고, 오히려 새로운 불평등을 만들어 낼 수도 있다. 그러나 잘만 사용된다면 새로운 기술은 전 세계 교육을 흥미롭고, 자유로우며, 평등하게 만들어 낼 수도 있을 것이다.

1 현 교육 체제는 어떻게 그리고 왜 개발되었는가? 산업자본주의가 교육 수준이 높은 노동력을 요구하게 된 주된 이유를 열거해 보자.

2 교육과 학교 교육에 대한 기능주의자들의 이론과 마르크스주의자들의 이론의 주요한 관점을 비교, 대조해 보자. 학교 교육에서 '대응 이론correspondence theory'과 숨겨진 교육 과정이란 무엇을 의미하는지 설명해 보자.

3 '문화 재생산'이란 무엇인가? 윌리스, 맥 언 게일, 번스타인이 그들의 연구에서 언급한 성과 사회 계급의 예시를 통해 '문화 재생산'을 설명해 보자.

4 부르디외의 '자본' 형태에 대한 일반 이론을 설명해 보자. 그리고 '장field'과 '아비투스habitus'에 대해 설명해 보자. 이 이론이 교육 연구와 어떻게 관련 있는지 두 가지 예시를 들어 보자.

5 교육에서 성별 차이가 어떻게 나타났는지 통시적으로 훑어본 후 왜 여학생들이 일반적으로 남학생보다 앞서게 되었는지 설명해 보자.

6 영국 교육 체제에서 학업 성취도가 가장 높은 소수 민족 집단과 가장 낮은 소수 민족 집단은 누구인가? 이러한 불평등과 차이는 어떻게 설명될 수 있는가?

7 세계적 차원에서 문자 해독률과 문맹률, 교육 분야의 공공 지출의 특징을 요약해 보자. 또한 2008년 경기 침체가 개발도상국에서의 교육 발전에 어떠한 영향을 미쳤는가?

8 제2차 세계 대전 이후 고등 교육은 크게 확대되었으며, 현재 많은 사회에서 고등 교육을 받는 학생의 수가 날로 증가하고 있다. 고등 교육 확대가 야기한 주요 쟁점과 문제에는 무엇이 있는가?

9 평생교육 이론과 실제를 구체적인 예를 들어 설명해 보자. 평생교육은 전통적 교육 및 학교 교육의 종말을 암시하는 신호인가?

10 정보 기술은 모든 수준의 교육 과정에 다양한 방식으로 통합되고 있다. 디지털 혁명이 대학 부문의 고용에서 어떠한 영향을 끼칠 것으로 예상하는가?

실제 연구

●●● Research in practice

학교 교육을 받아 본 적이 있다면, 학교에서 일어나는 따돌림을 직간접적으로 경험했을 것이다. 왜 몇몇 학생들은 따돌림의 대상이 되는 반면, 다른 학생들은 그렇지 않은가? 몇몇 학생들이 주변 학생들로부터 따돌림의 '적절한' 대상으로 여겨지는 이유는 무엇인가? 아래 논문은 학교 폭력의 희생자에 관한 문제를 다루고 있다. 이 논문을 찾아 읽고 다음의 질문에 답해 보자.

Lehman, B. (2014) 'Gender Differences in Bullying Victimization: The Role of Academics and School Context', *Sociological Spectrum*, 34: 549~570.

1 연구 방법은 무엇인가? 이 연구의 특징은 무엇인가?
2 저자는 따돌림이 '다면적 현상'이라고 설명한다. 이는 무엇을 의미하는가? 몇 가지 예를 들어 설명해 보자.
3 너무 지적이거나, 열심히 공부하거나 혹은 특정 분야에만 몰두하는 '외골수' 같은 면이 있다면 따돌림받을 가능성이 있는가? 이러한 요소들이 학생들의 학교생활에 어떤 영향을 미치는가?
4 연구에서 제시하는 따돌림에 대처하기 위한 효과적인 방법은 무엇인가?
5 다른 사람들을 괴롭히는 사람의 관점에서 따돌림의 희생자를 이해하기 위한 소규모 질적 연구를 생각해 보자. 어떤 윤리적 문제가 발생할 수 있는가? 이를 극복할 방법은 무엇인가?

생각해 볼 것

●●● Thinking it through

사회 구조와 행위자 개인의 상대적인 영향력 사이에 균형을 맞추는 일은 모든 사회학적 작업에서 핵심적인 사안이다. 소위 구조-행위 문제structure-agency problem라고 불리는 이 문제는 이 장에서 소개된 교육 및 학교 교육에 대한 이론들에서도 분명히 드러난다.

- 학교 교육에 대한 볼스와 긴티스의 마르크스주의적 대응 이론
- 문화 자본을 획득하고 사용하는 것과 관련된 부르디외의 이론적 틀
- 학교에서 재생산되는 젠더 불평등에 대한 페미니스트 이론

위에 열거된 이론들을 비교 및 대조한 후 이 이론들이 어떻게 구조와 행위 문제를 다루고 있는지 설명해 보자. 다음의 질문들을 참조하면 도움이 될 것이다. 그들의 이론은 효과적으로 결합될 수 있는가? 분석 결과가 중복되는 부분이 있는가? 얼마나 성공적으로 교육 체제를 더 넓은 사회 및 사회 구조와 연결하고 있는가? 어떤 이론적 접근이 가장 만족스러운 방식으로 구조-행위 문제를 다루고 있는가?

예술 속의 사회

●●● Society in the arts

1 Lee Daniels 감독의 영화 〈Precious〉(2009)를 시청하거나, 이 영화의 원작인 Sapphire의 *Push* (Chicago: Alfred A. Knopf)를 읽어 보자. 이 이야기는 미국 빈민가에 살고 있는 열여섯 살 흑인 소녀 클레어리스 프레셔스 존스의 삶을 그린다. '프레셔스(귀중한)'는 부모로부터 성적, 신체적, 정서적 학대에 시달리면서 자신의 삶을 심각하게 제약하는 여러 가지 고난에 직면해 있다. 영화는 그녀가 어떻게 그녀의 상황을 바꾸려고 노력하는지 보여 준다.

이 이야기에 대해 1천 단어가량의 후기를 써보자. 특히 빈곤, 인종, 성 및 교차성과 같은 사회학적 개념과 마르크스주의, 상호성, 페미니즘 및 문화적 재생산과 같은 이론을 사용해 이야기에서 벌어지는 사건과 그 쟁점에 관해 논의해 보자. 결론에서는 이 이야기를 토대로 현재의 사회학적 연구에 어떠한 관점을 추가할 수 있는지 성찰해 보자.

2 고난을 겪던 10대들이 특별한 선생님을 만나 삶의 전환을 맞는 영화나 소설들을 보면, 학교 교육이 개인의 행복과 성취에 항상 도움이 되는 듯하다. 하지만 이 장에서 알 수 있듯이 상당한 연구들이 학교가 불평등을 재현하는 공간일 수 있다고 주장한다.

Davis Guggenheim의 다큐멘터리 〈Waiting for 'Superman'〉(2010)을 생각해 보자. 이 영화는 미국의 차터 스쿨(주정부 자금을 지원받으며 어느 정도의 자율성도 가진 학교)에 들어가고자 노력하는 학생들을 담았다. 영화에서는 미국 공교육 체제의 어떤 면을 비판하는가? 이 장에서 묘사된 학교 및 학교 교육에 대한 사회학 이론과 맞닿아 있는 비판은 무엇인가? 영화는 어떤 해결책을 제시하며, 그것은 얼마나 현실적인가?

이제 구겐하임의 영화를 비판하기 위해 만들어진 다큐멘터리 〈The Inconvenient Truth about Waiting for Superman〉(http://gemnyc.org/our-film/)을 참조해 보자. 제작자는 교육을 훼손하고 사유화하려는 적 및 정치적 이익으로부터 공공 교육을 보호하기 위해 이 다큐멘터리를 만들었다고 한다. 구겐하임의 영화에 대해 이 다큐멘터리는 어떤 비판을 하는가. 이 비판에 얼마나 동의하는가? 왜 교육의 잠재적 사유화가 계급, 인종 및 민족의 교차에 의한 사회적 불평등을 악화시켰는가? 이들의 분석은 이 장에서 논의된 사회학적 관점에 적합한가?

더 읽을거리

●●● Further reading

교육사회학에 대해 좀 더 알고 싶다면, Rob Moore의 *Education and Society: Issues and Explanations in the Sociology of Education* (Cambridge: Polity, 2004)과 같이 이 분야에 대해 종합적으로 다루고 있는 훌륭한 개론서부터 시작하는 것이 좋다. Sharon Gewirtz와 Alan Cribb의 *Understanding Education: A Sociological Perspective* (Cambridge: Polity, 2009) 역시 훌륭하다. 이 책은 사회학이 교육문제에 어떻게 접근해야 하는지에 대한 최신 논의를 담고 있으며, 특히 교육에서의 불평등 문제를 탁월하게 다룬다.

교육사회학은 세부 분야가 잘 확립되어 있다. 따라서 특정 주제에 대해 잘 편집된 선집을 한두 권 참조하는 것 또한 좋은 방법이다. Michael W. Apple, Stephen J. Ball, Luis Armando Gandin의

The Routledge International Handbook of the Sociology of Education (London: Routledge, 2011)은 이론부터 시작해 남성성이나 불평등 등 매우 다양한 주제들을 종합적으로 다루고 있다. Rachel Brooks, Mark McCormack, Kalwant Bhopal이 편집한 *Contemporary Debates in the Sociology of Education* (Basingstoke: Palgrave Macmillan, 2013)은 핵심 문제에 대한 날카로운 통찰력을 갖춘 최신 에세이들을 수록하고 있다.

지난 세기 동안 영국에서 일어난 교육의 변화에 대해서 살펴보고 싶으면, Ken Jones의 *Education in Britain: 1944 to the Present* (2nd edn, Cambridge: Polity, 2015)를 보라. 세계화 시대 교육의 변화에 대해 더 알고 싶다면 Hugh Lauder, Phillip Brown, Jo-Anne Dillabough, A. H. Halsey가 편집한 *Education, Globalization, and Social Change* (Oxford: Oxford University Press, 2006)를 추천한다. 이 책은 고전과 최근의 연구를 효과적으로 엮어 제공한다. 디지털 대학의 개념은 F. Bryce McCluskey와 Melanie Lynn Winter의 *The Idea of the Digital University: Ancient Traditions, Disruptive Technologies and the Battle for the Soul of Higher Education* (Washington, DC: Westphalia Press, 2012)에서 다루고 있다. 교육에 대한 디지털 영향력을 잘 논의한 저서로는 Neil Selwyn의 *Is Technology Good for Education?* (Cambridge: Polity, 2016)이 있다.

사회 제도에 대한 원전을 추려서 편집한 책을 찾고 있다면 *Sociology: Introductory Readings* (3rd edn, Cambridge: Polity, 2010)를 참조하라.

관련 홈페이지

Internet links

- Polity
  www.politybooks.com/giddens
- Sociosite on Education
  www.sociosite.net/topics/education.php
- The Global Campaign for Education
  www.campaignforeducation.org
- 21st Century Learning Initiative
  www.21learn.org
- UNESCO Education Homepage
  www.unesco.org/education
- Lifelong Learning
  www.lifelonglearning.co.uk

20

범죄와 일탈

Crime and Deviance

기본 개념

범죄와 일탈에 관한 사회학 이론

범죄의 기능
상호작용론의 관점
갈등 이론
범죄 통제하기

범죄의 희생자와 가해자

젠더, 섹슈얼리티와 범죄
가해자와 희생자로서의 청소년
화이트칼라 범죄, 기업과 국가 범죄

교도소, 처벌과 재활

교도소는 무엇을 위한 곳인가
회복적 정의 운동

세계적 맥락에서의 범죄

조직범죄
사이버 범죄

결론: 범죄, 일탈과 사회 질서

영화, 연극, 텔레비전과 같은 영상 매체에서 범죄자와 악한을 알아내기는 쉽다. 예를 들어 할리우드 서부 영화에서 악한은 검은 옷을 입고 문신을 하거나 얼굴에 상처가 있다. 범죄자는 선량한 사람들과 다른 모습을 띠고 있다. 그러나 현실 세계에서 순전히 외모만 가지고 범죄 성향을 알아낸다는 것은 우스꽝스럽다. 아니면 그게 가능할까?

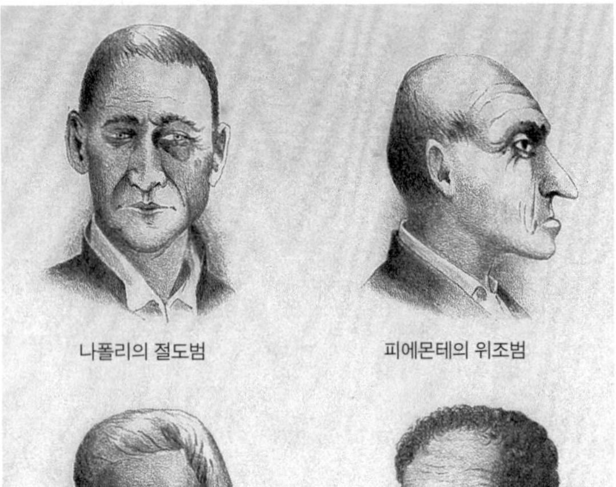

체사레 롬브로소의 저서 『범죄자』에 실린 범죄 유형들. 나폴리의 절도범, 피에몬테의 위조범, 체사레 암살범, 범죄 성향이 구체적으로 제시되지 않은 카투치, 절도범의 부인과 죄수 등.

2010년 말부터 2011년 초까지 경찰이 조애나 예이츠 Joanna Yeates 살인사건을 수사하는 동안, 영국 타블로이드 신문은 이상하고 별난 쉰다섯 살의 정년퇴직 교사인 피해자의 집주인이 범인이라고 보도했다. 「선The Sun」지는 크리스토퍼 제프리스Christopher Jefferies의 서른 살 때 사진을 사용해 "그가 파란색으로 염색을 한 홀로 사는 사람"이라고 지적했다(Cathcart 2011). 그러나 제프리스는 무죄였다. 이후 이웃인 빈센트 타박Vincent Tabak이 범인으로 기소되어, 2011년 재판에서 최소 20년에 이르는 무기징역 형을 선고받았다. 「데일리 미러Daily Mirror」는 법원 모독죄로 5만 파운드의 벌금을 부과 받았고, 「선」지는 1만 8천 파운드의 벌금을 부과 받았으며, 제프리스는 8개 신문사의 거짓 보도와 그에 의한 명예 훼손 소송에서 승소했다.

21세기에도 범죄자는 선량한 보통 사람들과 외모가 다르다는 생각이 지속되고 있다. 이탈리아의 과학자 체사레 롬브로소Cesare Lombroso는 『범죄자L'uomo delinquente』에서 외모로 범죄자를 판별할 수 있다고 주장했다(1876). 롬브로소는 교도소에 있는 범죄자들의 두개골, 이마, 턱 크기와 팔 길이, 문신과 같은 피부 자국 등의 신체적 특징을 연구했다. 그는 범죄자들이 격세유전atavism의 특성을 보인다고 결론지었다. 즉 범죄자들은 문명화된 인류가 갖지 않은 인류 진화 과정의 초기 특성을 보여 주었다는 것이다. 범죄자는 본질적으로 문명화되지 않았고, 진화적으로 격세유전을 통해 범죄 성향이 이어지기 때문에 자신의 사악한 경향에 대해 그들은 책임이 없다는 것이었다.

롬브로소는 이후 (굴리엘모 페레로Guglielmo Ferrero와 함께) 여성 범죄에 대한 책을 집필하면서 여자 교도소에 출입이 허용되지 않아, 사진에 의존할 수밖에 없었다. 사람들은 그의 연구가 신뢰할 수 있는 증거가 부족하고 방법론에 문제가 있다고 비판했다. 그러나 그 당시 범죄가 미래 사회과학적 연구의 기반이 되는 과학적 방법에 의해 연구되어야 한다는 롬브로소의 주장은 혁신적인 것이었다.

범죄에 대한 심리학적이고 생물학적인 설명은 지속적으로 다시 부각되었다. 예를 들어 윌리엄 셸던William Sheldon의 '체형 이론'은 인간 신체의 세 가지 유형을 구분하고, 각각을 개인의 성격과 연결시킨다(1949). 그는 그 중 하나가 일탈과 직접 관련 있다고 주장했다. 근육질의 활동적인 유형(중배엽형)은 더 공격적이고 육체적이기 때문에 마른 사람(외배엽형) 혹은 살이 많은 사람(내배엽형)보다 더 비행을 저지르기 쉽다. 셸던의 이론은 젊은 남성 4천 명의 신체 사진을 비교 연구한 것에 근거하고 있다. 셸던을 비판하는 사람들은 만약 신체 유형과 비행 사이에 전반적인 상관관계가 있더라도, 유전 효과라는 것을 보여 주지는 못했다고 반박한다. 근육질형 사람들은 그들의 왕성함을 물리적으로 과시할 기회가 많기 때문에 범죄 활동에 빠져들었을 수 있다는 것이다. 그러나 개인 성격의 특성이 이런 식으로 유전된다는 결정적인 증거는 없고, 만약 있다고 할지라도 범죄와의 연관성은 아주 약할 것이다.

과학자들은 생물학적인 견해에 지속적으로 이끌렸다. 2011년에 연구자들은 쌍둥이 연구에서 비정상적인 뇌로 인해 네 살짜리 어린이들의 경우에도 범죄 성향이 존재한다고 주장했다. 이미 성인의 범죄를 예측할 수 있는 '냉담한 무감정 성격'이 유아에서부터 확인된다는 것이었다. 그러므로 초기 의학 검사로 뇌를 활성화시키기 위한 약과 같은 개입의 가능성을 제공할 수 있다. 한 연구자는 생물학적이고 유전적이며 사회적인 차원에서 범죄의 원인을 찾아야 한다고 믿는다"고 말했다(The Telegraph 2011).

범죄에 대한 생물학적이고 심리학적인 접근은 일탈이 사회보다는 개인의 잘못을 드러내는 것이라고 전제한다. 반대로 사회학자들에게 범죄의 성격에 대한 설명이 만족스러우려면 먼저 어떤 행위가 범죄로 범주화되는지 설명해야 한다. 1890년대 뒤르켐이 범죄와 일탈에 관심을 기울인 이래, 사회학자들은 범죄가 발생하는 사회적·문화적 맥락에 초점을 맞추었다. 그러므로 '왜 사람들이 범죄를 저지르는가'에 대한 충분한 답은 범죄라는 용어 자체에 질문을 제기함으로써 시작할 수 있다. 범죄와 일탈은 정확히 무엇을 의미하는가?

기본 개념

일탈deviance은 커뮤니티나 사회에서 많은 사람이 받아들이는 일련의 규범에 순응하지 않는 행위로 정의될 수 있다. 사회는 규범에서 벗어난 사람들과 규범에 순종하는 사람들로 단순하게 구분할 수 없다. 대부분의 사람들은 사회화로 인해 사회규범을 따르는 것에 익숙해 있기 때문에 대부분 규범을 따른다. 그러나 대부분의 사람들이 가끔은 일반적으로 받아들여지는 행위 규범을 어기기도 한다. 모든 사회규범은 순응을 촉진시키고 순응하지 않는 것을 막기 위해 제재를 동반한다. 예를 들어 어렸을 때 상점에서 물건을 집어 오거나, 사무실에서 사소한 것들을 말없이 챙겨 오기도 한다. 어떤 때는 과속을 하거나 장난 전화를 하거나 불법 마약에 손을 대기도 한다. 사회학자들은 이러한 1차적 일탈과 범죄로 발전하는 2차적 일탈을 구분한다.

모든 사회규범은 순응을 촉진하고 비순응을 막기 위한 제재를 동반한다. 제재sanction는 규범에 순응하게 하기 위한 개인이나 집단의 행위에 대한 타인으로부터의 반응이다. 제재는 긍정적일 수도 있고, 부정적일 수도 있다. 제재는 공식적으로 혹은 비공식적으로 이루어진다. 비공식적 제재는 덜 조직적이고 순응하지 않는 것에 대한 더 자발적인 반응이다. 너무 공부를 열심히 한다고 놀림을 당하는 근면한 학생이나 저녁에 외출을 하지 않아서 '얼간이'로 비난받는 학생은 비공식적 제재를 경험한다. 예를 들어 성차별적이거나 인종주의적인 발언을 한 사람에게 친구나 동료들이 반대하는 반응을 보일 때도 비공식적 제재가 일어날 수 있다.

공식적 제재는 특정한 규범을 따르도록 특정한 사람이나 기관에 의해 이루어진다. 현대 사회에서 주요한 공식적 제재는 법원과 교도소에 의해 이루어지는 제재로 대표된다. 법률은 국민 누구나 따라야 하고 그것에 순응하지 않을 때 적용되어야 할 규칙이나 원칙으로, 정부가 정한 것이다.

비판적으로 생각하기 THINKING CRITICALLY

당신이나 당신의 친구들은 어떤 범죄나 일탈 행위를 범했는가? 그런 행위를 범한 뒤 당신은 자신을 범죄자나 일탈자로 생각했는가? 왜 대부분의 사람들은 이러한 행위를 범했음에도 자신을 범죄자로 생각하지 않는가?

매년 스페인 부뇰에서 개최되는 '토마토 축제'에서는 시내 한복판에서 대규모의 사람들이 토마토를 가지고 서로 싸운다. 분명히 일탈적인 행동이지만, 당국은 지역의 전통이나 관광객을 끌어들이는 행사로 판촉한다.

일탈과 범죄는 비록 여러 경우에 중복되지만, 같은 말이 아니다. 일탈이 범죄보다 더 광의의 개념이며, 범죄는 법을 위반하고 순응하지 않는 행동만을 지칭한다. 많은 형태의 일탈은 법에 의해 처벌되지 않는다. 그리하여 일탈에 대한 연구는 자연주의(나체주의), 1990년대의 레이브 문화나 '뉴에이지' 여행 집단들처럼 다양한 현상을 다룬다. 범죄화criminalization의 개념은 또한 범죄학에서 범죄의 유형을 연구하는 데 근본적인 요소다. 사회집단이나 어떤 행동이 집중된 감시, 재정의, 궁극적으로 처벌의 대상이 될 때, 이 과정이 바로 범죄화다. 예를 들어 스토킹, 증오 범죄, 에이즈 바이러스로 인한 죽음은 범죄화 과정을 겪었다. 최근 인터넷 저작권 침해도 점차 감시 대상이 되고 있고, 다른 형태의 반사회적 행동도 범죄화되고 있다(Croall 2011: 5).

범죄와 일탈에 대한 학문은 서로 다르지만, 연관성이 깊은 연구를 수행한다. 범죄학criminology은 너무 일반적이긴 하지만, '범죄에 관한 과학적 연구'라고 할 수 있다. 좀 더 정확하게 말하자면, 범죄학은 '범죄, 범죄 통제 시도와 범죄에 대한 태도에 관한 연구'다. 범죄학자들은 범죄의 측정, 범죄율의 추이와 범죄를 줄이기 위한 정책들에 관심이 있다. '일탈 사회학'은 범죄 연구도 하지만, 형법 영역 밖의 행동도 연구한다. 일탈 행동을 연구하는 사회학자들은 어떤 행위들이 왜 일탈 행위로 간주되는지, 이러한 일탈과 정상 개념이 사회적으로 어떻게 만들어지는지 이해하고자 한다. 일탈 연구는 우리가 부자와 빈자 같은 사회계급의 영향에 대해서뿐만 아니라 사회 권력에 대해서도 관심을 갖게 만든다. 일탈을 사회규칙과 규범에서 벗어나는 것으로 볼 때, 우리는 항상 누구의 규칙인가라는 질문을 해야 한다.

범죄와 일탈에 관한 사회학 이론

오늘날 범죄와 일탈의 사회학에서 단일한 이론이 지배적인 것은 아니고, 다양한 이론적 관점이 적절하고 또한 유용하다. 그러나 범죄와 일탈의 사회학에서는 기능주의 이론, 상호작용론, 갈등 이론, 통제 이론이라는 네 가지 사회학적 접근이 영향력을 행사하고 있다. 페미니스트 이론이 발전하면서 이 분야에 영향을 미치고 있지만, 페미니스트 이론은 넓은 의미에서 '갈등 이론'에 속한다. 특히 페미니스트 연구들은 범죄와 일탈의 젠더화된 유형을 연구하고 남성성과 여성성에 대한 사회적 규범이 형사 체계의 작동에 미치는 영향을 연구한다. 이 장의 마지막 부분에 '젠더와 범죄'에 대한 더 긴 논의를 담고 있는 것처럼, 페미니스트 이론은 갈등 이론의 예로 포함되기보다는 따로 다루어진다.

범죄의 기능

기능주의 이론은 범죄와 일탈은 사회 내에서 구조적 긴장과 도덕적 규제가 부족해서 초래된 결과로 본다. 만약 사회에서 개인이나 집단이 갖는 열망이 가용한 보상의 자원과 일치하지 않는다면, 이러한 욕망과 충족 사이의 불일치가 일부 구성원들이 일탈하는 동기를 낳을 것이다.

범죄와 아노미: 뒤르켐과 머턴

아노미anomie의 개념은 현대 사회에서 전통적 규범과 표준의 약화를 다루기 위해 에밀 뒤르켐이 최초로 사용했다. 어떤 사회생활 분야에서 행위를 안내하는 분명한 기준이 없을 때, 아노미 상태가 된다. 이러한 상황에서 사람들은 방향을 잃고 불안해한다. 현대인들은 이전 시대보다 덜 제약을 받고 개인적 선택의 여지가 더 많기 때문에, 순응하지 않거나 일탈이 일어나는 것은 불가피하다. 어떤 사회에서도 사회를 지배하는 규범과 가치에 대한 완전한 합의는 없을 것이다.

뒤르켐은 여기서 한발 더 나아가, 일탈은 두 가지 기능을 하기 때문에 사회를 위해서 필요하다고 주장했다. 첫째, 일탈은 적응적 기능adaptive function을 한다. 일탈은 새로운 생각과 도전을 사회에 도입해 사회적, 문화적 변화를 낳는 혁신적인 힘이 된다. 둘째, 일탈은 좋은 행동과 나쁜 행동 간의 경계 유지boundary maintenance를 촉진시킨다. 일탈이나 범죄 사건이 집단적인 연대를 강화시키고 사회적 규범을 분명하게 하는 집단적인 대응을 촉진시킬 수 있다.

비록 뒤르켐이 '보수적인' 기능주의 사상가로 여겨지지만, 그의 생각의 핵심은 개인적인 설명의 한계와, 사회의 힘과 관계에 대한 사회학적 연구의 필요성에 대한 지적이었다는 점을 기억해야 한다. 범죄와 일탈에 관한 뒤르켐의 생각은 당시 보수적인 견해에 반대되는 것이어서 급진적인 것으로 여겨졌다. 실제로 오늘날에도 일정 수준의 일탈이 기능적이고 유용하다는 그의 주장은 정치적으로 논란거리가 되고 있다.

20세기 중엽 뒤르켐의 생각을 갱신하려는 시도로는 미국에서 계급과 일탈에 관해 분석한 머턴을 들 수 있다. 머턴은 미국이 상대적으로 개방적이고 능력주의적이며 계급이 없는 사회라는 이미지는 틀렸음을 보여 준다. 이러한 그의 연구는 〈고전 연구 20-1〉에서 구체적으로 논의된다.

머턴의 연구에 뒤이어 앨버트 코언Albert Cohen은 성취적 범죄의 구조적 원인으로서 미국 사회의 모순을 살펴보았다. 그러나 머턴이 개인들의 적응적 반응을 강조한 반면, 코언은 적응적 반응을 하위문화subculture의 형성을 통해 집단적으로 일어나는 것으로 보았다. 『일탈 소년들Delinquent Boys』(1955)이라는 저서에서 코언은 생활에서 그들의 지위에 좌절하는 빈곤한 노동 계급 소년들은 때로 갱과 같은 일탈 하위문화에 합류한다고 보았다. 이들 하위문화는 중간 계급의 가치를 저항과 비순응 규범으로 대체하면서 거부한다.

비행의 정상화

우리가 살펴본 것처럼, 에밀 뒤르켐은 일탈이 질서가 잡힌 사회에서 중요한 역할을 한다고 주장했다. 우리는 무엇이 일탈인가를 정의해 무엇이 일탈이 아닌가를 알게 되고 공유된 사회 기준을 배우게 된다. 우리가 일탈을 완전히 제거하기보다는 사회가 받아들일 수 있는 한계 내에서 일탈의 수준을 유지하는 것이 더 필요할 것이다.

대니얼 패트릭 모이니핸Daniel Patrick Moynihan은 『일탈 줄이기Defining Deviancy Down』(1993)라는 논쟁적인 논문에서 미국의 일탈 수준은 관리하거나 받아들일 수 있는 수준을 넘었다고 주장했다. 그러나 사회 통제 기관을 강화해, 일탈 수준을 낮추려 하기보다는 일탈을 새롭게 정의해 받아들여지지 않았던 행위가 '정상적인 행위'로 받아들여져야 한다고 강조했다. 한 가지 예로 1950년대 정신병 환자들에 관한 탈제도화 운동을 들 수 있다. 정신병이 있는 사람들을 시설에 가두기보다는 안정제로 치료해 내보냈다. 결과적으로 뉴욕의 정신병 환자는 1955년 9만 3천 명에서 1992년 1만 1천 명으로 줄었다. 이전에 환자였던 많은 이들이 홈리스가 되었고, 적절한 주택이 없는 사람들로 다시 정의되었다.

이들을 사회로 내보내는 한편으로 용인할 수 있는 범죄 수준을 높였다. 모이니핸은 1929년 성 밸런타인의 날에 있었던 일곱 명의 갱들이 살해당한 대량 학살 이후 미국이 격노했다는 점을 지적한다. 요즈음 미국의 살인범들은 1920년대보다 더 많고, 너무 자주 언론에 보도되어 아무런 반응을 불러일으키지 않는다. 모이니핸은 또 다른 방식으로 범죄가 제대로 보고되지 않는 것을 범죄가 정상화되기 때문이라고 보았다. 그러나 일탈을 다시 정의해 일탈의 범위를 낮추는 것을 긍정적인 발전으로 보지는 않는다. 그는 정상화된 행동이 개인이나 사회 전체에 부정적인 결과를 낳는다고 주장했다.

로버트 머턴과 무너지는 아메리칸 드림

고전 연구 20-1

연구 문제

사람들은 왜 범죄를 저지를까? 왜 부유한 국가에서도 범죄율은 줄어들지 않을까? 이러한 질문들에 답하기 위해 미국의 사회학자 로버트 머턴Robert Merton은 뒤르켐의 아노미anomie 개념을 인용해 범죄의 원인을 미국 사회 구조 자체에 적용하는 영향력 있는 범죄 이론을 만들었다(1957). 머턴은 당시 공식적 통계에 대한 분석을 통해 금전적인 이득을 얻고자 하는 범죄는 저소득 노동 계급 육체노동자 가족에 의해 저질러진다는 사실을 밝히려고 했다. 왜 그럴까?

머턴의 설명

머턴은 규범이 사회 현실과 마찰을 불러일으킬 때 개인의 행동에 가해지는 긴장을 설명하기 위해 아노미 개념을 사용했다. 미국과 비슷하게 발전된 사회들에서 일반적으로 공유된 가치는 물질적 성공을 강조하고 자기 규율을 통해 성공이 이루어진다고 믿는 것이다. 따라서 열심히 일하는 사람들은 어디에서 출발하거나 성공할 수 있다. 이것이 잘 알려진 미국의 '아메리칸 드림'으로, 이민자 집단에 의해 대단히 매력적인 것으로 증명되었다. 하지만 머턴은 이것은 말 그대로 '꿈'에 불과하며 사회에서 가장 불리한 처지에 놓여 있는 사람들에게 성공할 수 있는 전통적인 기회가 제한적으로만 주어지거나 전혀 주어지지 않기 때문에 실제로 이와 같은 생각은 타당하지 않다고 말한다. 그러나 성공하지 못한 사람들은 그들 스스로 무능력해서 물질적 증진을 이루지 못했다는 비난을 받을 것이라는 점을 안다. 일탈과 범죄는 문화적 가치와 정당한 기회의 불평등한 분배 간 긴장의 산물이다.

머턴은 사회적으로 인정된 가치와 그것을 성취할 수 있는 제한된 수단 간의 긴장에 대응하는 다섯 가지 방법을 밝혔다(〈표 20-1〉 참조). 순응주의자conformists는 일반적으로 인정된 가치와 그것을 이루기 위한 통상적인 수단을 받아들인다. 대다수의 사람들이 이 범주에 속한다. 혁신가innovators는 인정된 가치를 받아들이

노력하면 항상 성공할 수 있다는 '아메리칸 드림'은 전 세계 사람들이 미국에서 살고 또 일하도록 동기를 부여했다.

표 20-1 사회적 긴장에 대한 적응도

	허용된 가치	허용된 수단
순응	+	+
혁신(범죄)	+	−
관습주의	−	+
은둔주의	−	−
반항	대체	대체

지만, 그것을 이루기 위해 차단된 수단을 찾고, 정당하지 않은 방법을 사용한다. 불법적인 활동을 통해 부를 얻는 범죄자들이 이러한 유형에 속한다. 관습주의자ritualists는 특별히 성공적이지 않았음에도 불구하고, 사회적 가치에 순응하며 규칙 자체를 따른다. 경력 전망도 없고 보수도 적지만 지겨운 일에 헌신하는 사람들이다. 은둔주의자retreatists는 가치와 정당한 수단을 모두 버리고 효과적으로 주류 사회에서 떨어져 나간다. 마지막으로, 반항자rebels는 기존 가치와 수단을 거부하지만, 떨어져 나가는 것이 아니라 그것을 바꾸고 새로운 것으로 대체하고자 한다. 급진적인 정치 집단의 구성원들이 여기에 해당한다.

머턴의 틀은 사회 구조 내 서로 다른 위치에 따라 주된 사회집단의 반등을 포착하기 위해 만들어졌다. 특히 그것은 '빈곤 노동자 계급' 집단에서 크게 느껴지는 상대적 박탈감을 제안한다. 그것은 교도소 인구에서 빈곤 노동자 계급이 과잉 대표된다고 설명한다.

비판적 쟁점

비평가들은 머턴이 개인적 반응에 대한 분석에서 비정상적 반응의 중요한 원인인 하위문화를 간과했다는 점을 지적한다. 그는 이후 준거집단에서 그가 놓친 점을 수정하고자 했다. 그가 사용한 공식적인 자료들은 불가피하게 부분적이고 범죄의 실상보다 자료의 수집 과정에 대해 더 많은 것을 말해 주기 때문에, 그가 공식 통계에 의존한 것은 문제가 있다. 또한 머턴의 이론은 저소득층의 범죄를 과대평가한 경향이 있는데, 그의 이론에 따르면 저소득층의 모든 사람이 범죄 성향을 경험해야 한다. 하지만 대다수의 사람들은 범죄와 연관되지 않았고, 우리는 범죄와 연관되지 않은 이유를 물어야 한다. 유사하게, 머턴의 모형은 중간계급의 범죄를 낮게 평가하고 있다. 최근의 연구들은 예상 밖의 화이트칼라와 기업의 범죄가 높은 수준이라는 것을 밝혀냈는데, 그것은 머턴의 모델에 의해 예측된 것이 아니다.

현대적 의의

머턴의 연구는 범죄와 일탈에서 가장 중요한 연구 문제를 포함하기 때문에 의미가 있다. '사회가 발전하는 데 왜 범죄율이 상승하는가?' 높아지는 열망과 지속적인 사회적 불평등 사이의 사회적 긴장을 강조하며 머턴은 노동자층의 일탈 행동 원인으로 상대적 박탈감을 지적한다. 그의 연구는 또한 초기 범죄와 일탈 연구의 생물학적, 심리학적 접근에 대한 효과적인 사회적 비판이기도 했다. 그는 개인적 선택이나 동기는 항상 사회적 맥락에서 만들어지며, 사회집단들에 가용한 차별적 기회에 따라 개인들의 선택과 동기에 영향을 미친다는 점을 보여 주었다.

“ 상대적 박탈감에 대한 개념은 제13장 〈빈곤, 사회적 배제, 복지〉에서 자세히 논의된다. ”

평가

기능주의 이론은 서로 다른 사회적 맥락에서 순응과 일탈 간의 연계를 강조한다. 사회에서 성공 기회가 별로 없다는 것은 범죄 행위를 저지르는 사람과 그렇지 않은 사람 간의 주요 차별화 요인이다. 그러나 더 가난한 커뮤니티 사람들이 더 부유한 사람들과 같은 수준의 성공을 원한다는 생각에 주의할 필요가 있다. 대부분은 자신의 현실이라고 생각하는 것에 자신의 욕구를 조화시키는 경향이 있다. 또한 욕구와 기회의 불일치가 혜택을 덜 받는 집단에 제한되어 있다고 가정하는 것도 잘못이다. 나중에 공부할 횡령, 사기와 탈세와 같은 화이트칼라 범죄가 보여 주는 것처럼, 다른 집단에서도 범죄 행위를 하게 하는 압박이 존재한다.

상호작용론의 관점

상호작용론의 전통에서 범죄와 일탈을 연구하는 사회학자들은 일탈이 사회적으로 구성된 것이라는 점에 초점을 맞춘다. 그들은 타고난 '일탈적인' 행위 유형이 있다는 것을 받아들이지 않는다. 그보다는 어떻게 초기의 행위가 일탈로 정의되고, 왜 어떤 집단은 일탈 집단으로 불리고 다른 집단은 그렇지 않은가 하는 질문을 제기한다. 예를 들어 사회에서 복지에 대한 정당한 요구자에서 부당한 요구자로 지위가 다시 정의되는 복지 수혜자에 대한 관심이 집중되었다. 범죄화 개념은 이러한 범죄와 관련해 정의와 재정의 과정을 포착하기 위해 범죄학자들에 의해 고안되었다.

낙인 이론

범죄를 이해하는 데 가장 중요한 접근 가운데 하나가 낙인이다. 낙인 이론가들은 일탈을 개인이나 집단의 특성으로 해석하지 않고, 일탈자와 비일탈자 간의 상호작용 과정이라고 본다. 그들의 견해에서 우리는 일탈 자체의 속성을 이해하기 위해 왜 일부 사람들에게 '일탈자'라는 딱지가 붙는지 밝혀야 한다.

비판적으로 생각하기 THINKING CRITICALLY

두 사람 모두 일탈 행위를 하고 있다. 어느 쪽이 더 일탈적이라고 할 수 있는가? 일탈이라고 할 때 뒤따를 수 있는 결과를 열거해 보라.

법과 질서의 힘을 보여 주고자 하는 사람들이나 전통적인 도덕성의 의미를 다른 사람에게 강요할 수 있는 사람들이 낙인을 찍는 사람들이다. 그리하여 일탈이라는 범주를 만들어 내는 낙인은 사회의 권력 구조를 나타낸다. 일탈을 정의하는 규칙은 대체로 부자가 빈자를 대상으로, 남성이 여성을 대상으로, 나이 든 사람이 젊은 사람을 대상으로, 인종적 다수자가 소수자를 대상으로 만든다. 예를 들어 많은 젊은 대학생이 합법적인 마약과 불법적인 마약을 복용하지만, 당국에 의해 성인이 되는 과정의 일부로 간주된다. 그러나 도심 빈민 지역 임대 주택에서 젊은 사람들이 마약을 복용하면 일탈이나 미래 범죄 행위의 증거로 간주될 수 있다. 행위는 동일하지만, 맥락에 따라 의미가 다르게 부여된다.

하워드 베커Howard Becker는 어떻게 일탈 정체성이 일탈 동기나 일탈 행위보다 낙인을 통해 만들어지는지 보여 주었다(1963). 베커는 "일탈 행위는 사람들이 일탈 행위라고 부른 행위다"라고 주장했다. 그는 정상과 일탈의 분명한 구분을 주장하는 범죄학자들의 접근에 대해 대단히 비판적이었다. 베커에게 일탈 행위는 사람들이 일탈이라고 동일시하는 것을 결정짓는 요소가 아니다. 그보다는 누가 일탈적인가 아닌가를 결정하는 데 더 영향력 있는 과정들이 있다고 보았다. 바로 입고 있는 옷, 말하는 태도나 출신 지역이 일탈이라는 딱지가 붙는 데 핵심적인 요소가 될 수 있다.

낙인 이론labelling theory은 베커의 마리화나 흡연자 연구와 관련되어 있다(Becker 1963). 1960년대 초 마리화나를 피우는 것은 오늘날의 생활양식 선택과 달리 하위문화에서 주변적인 행위였다. 베커는 마리화나 흡연자가 되는 것이, 개인이 하위문화를 받아들이기로 한 것, 유경험자와의 친밀도와 비흡연자에 대한 태도에 따라 결정된다는 것을 발견했다.

낙인은 어떻게 다른 사람이 한 개인을 보는가에 영향을 미칠 뿐만 아니라, 개인의 자아 인식에도 영향을 미친다. 에드윈 르머트Edwin Lemert는 어떻게 일탈이 한 개인의 자아 정체성과 공존하거나 핵심적인 것이 될 수 있는지 이해하는 모형을 발전시켰다(1972). 우리가 생각하는 것과 달리 일탈은 아주 흔하며, 사람들은 일탈을 그런대로 잘 넘긴다고 주장한다. 예를 들어 교통위반은 잘 드러나지 않고, 작은 규모의 절도는 흔히 간과되기도 한다.

르머트는 초기 위반을 1차적 일탈primary deviance이라고 불렀다. 대부분 이러한 행위는 개인의 자아 정체성에서 중요하지 않다. 일탈적인 행위가 정상화되는 과정이 나타나기 때문이다. 그러나 어떤 경우에는 정상적인 행위로 돌아가지 않고, 그 사람은 범죄적이라거나 일탈적이라고 낙인찍힌다. 르머트는 개인이 그 낙인을 받아들이고 자신이 스스로 일탈적이라는 것을 받아들이는 사례를 2차적 일탈secondary deviance이라고 불렀다. 이러한 경우에 새로운 낙인은 개인의 중심적인 정체성이 되고 일탈적인 행위를 지속시키거나 강화시킨다.

'범죄 경력'의 발달에 관한 장기적인 연구들은 점차 소년기와 청년기의 초기 개입에 초점을 맞춘다. 이러한 연구들은 확대된 2차적 일탈을 예방하기 위해 일탈을 범하는 위험 요인들에 대처하고자 한다. 패링턴Farrington은 일탈이 시작되는 특정한 연령은 8~14세이며, 초기의 일탈이 장기적인 일탈 경력을 예측할 수 있게 한다고 주장한다(2003: 2). 초기에 개입하면 청년들의 이러한 일탈의 첫 걸음을 막을 수 있다. 패링턴과 웰시는 취학 이전의 강화 프로그램, 어린이 기술 훈련과 부모 교육 프로그램들이 이후 일탈을 저지르는 것을 막는 데 효과적이라고 보고했다(Farrington and Welsh 2007: 4).

'일탈 배우기' 과정은 또한 일탈 행위를 교정하는 기관인 교도소와 다른 치안 기관에 의해서도 강화될 수 있다. 이것은 낙인 이론가들에게 레슬리 윌킨스Leslie Wilkins가 일탈 확대로 묘사한 '사회적 통제의 패러독스'를 분명하게 보여 준다(1964). 윌킨스는 일탈적 정체성이 어떻게 관리되고 일상생활에 통합되는지에 관심을 가졌다. 그는 이러한 과정의 결과를 흔히 일탈 확대라고 주장했다. 이것은 통제하는 행위자가 어떤 행동을 일탈이라고 부르는 것이 결과적으로 오히려 유사한 행동을 더 촉발시킬 때 나타나는 의도하지 않은 결과라고 지칭한다. 낙인찍힌 사람이

스탠 코언의 대중 악마와 도덕적 공황

고전 연구 20-2

연구 문제

젊은 층의 하위문화는 매우 다채롭고 화려하지만 어떻게 보면 무섭기도 하다. 당신은 그에 속해 있거나 속해 있었을 것이다. 구체적으로 젊은이들의 하위문화는 어떻게 생겨나는가? 그리고 사회는 젊은이들의 일탈에 어떻게 대처하는가? 스킨헤드, 펑크 록 같은 문화에서 대중매체의 역할은 무엇인가? 스탠 코언Stan Cohen은 중요한 저작인 『사회의 적과 도덕적 공황Folk Devils and Moral Panics』(1980)에서 일탈 증폭의 효과를 다루었다. 이 고전적인 연구에서 코언은 1960년대 영국에서 경찰이 청년 하위문화를 통제하는지와 관련해 낙인 단계를 실험했다. 대학원생이던 코언은 1964년 클랙턴 연안 지방에서 이른바 모즈Mods와 로커스Rockers라 불리는 이들을 관찰했지만 신문에서 보도된 일은 관찰하지 못했다. 그가 단순히 신문에서 보도된 폭력 장면을 놓친 것일까, 아니면 다른 설명이 필요한 것일까?

코언의 설명

"스쿠터족들의 테러", "거친 놈들이 연안을 침략하다"와 같은 충격적인 신문들의 1면 제목들은 청소년들을 '통제 불능'이라고 묘사한다. 코언은 이 보도들이 부정확할지라도 다음 보도의 방향을 정해 버린다고 주장한다. 코언은 신문 보도, 법원 보고, 구속 기록 등을 조심스레 살펴본 후, 클랙턴 지방에서 작은 마찰을 제외하고는 별다른 사건이 없었다는 점을 발견했다. 사실 모즈와 로커스가 등장하기 전에도 더 흉악한 소동들이 있었다. 코언은 청소년들의 행동을 자극적으로 얘기할수록 사회의 도덕적 기준이 위협받고 있다고 생각해 더 혼란스러워진다고 이야기한다. 그렇게 함으로써 청소년들에 대한 단순 보도로 끝나는 것이 아니라 새로 규정된다는 것이다.

1960년대 영국에서의 청소년 하위문화 통제 시도는 청소년 하위문화를 더 주목받고 더 대중적으로 만드는 데 기여했다. 한 집단을 통제하기 위해 아웃사이더라고 낙인찍는 과정이 엉뚱한 결과를 낳았던 것이다. 이후 해변 모임은 싸움을 하려는 청년들을 포함한 더 많은 군중이 모이게 해서 법 집행이 더 어려워졌다. 이것은 고전적인 사회 통제의 패러독스였다. 과도한 미디어의 보도가 새로운 도덕적 공황의 원인이었다. 도덕적 공황은 사회학자들이 사용하는 용어로, 특정한 집단이나 행위 유형에 대해 미디어에 영향을 받은 과도한 반응을 말한다. 도덕적 공황은 때로 일반적인 사회 무질서의 징조로 작용해 공적인 쟁점으로 등장한다.

비판적 쟁점

비평가들은 이 이론의 중요한 문제점은 과장된 도덕적 공황과 실제 심각한 사회문제를 어떻게 구별하느냐 하는 점이다. 예를 들어 최근의 '이슬람주의자' 테러에 대한 사회적 반응은 도덕적 공황에 속하는 것인가, 아니면 정말 심각한 문제로서 미디어의 보도와 새로운 법 제정이 필요한 것인가? 불필요한 공황과 합리적인 반응의 경계는 어디인가? 비슷하게, 다양한 다문화 사회에서 정상적인 행동과 일탈적인 행동을 구분하는 공유된 가치가 분명하게 남아 있는가? 나아가, 최근 도덕적 공황은 가짜 복지 신청자, 이민, 청소년 범죄와 마약 복용에서 발생했다. 이 현상은 사람들에게 도덕적 공황이 단기적이고 격앙된 행동에 그치지 않고 현대 사회 일상생활의 만성적인 모습이 되면서, '제도화'되고 있다고 주장하게 만들었다.

현대적 의의

코언의 초기 연구는 일탈적 낙인 이론을 사회적 통제 개념과 융합시키고 일탈 개념을 성공적으로 만들었다는 점에서 특히 중요하다. 그렇게 함으로써 오늘날에도 '흑인 범죄', '복지 신청자', 난민, 망명 신청자와 청소년 마약에 관한 도덕적 공황 현상을 조명하는 일탈 사회학의 생산적인 연구 의제 설정 틀을 만들었다(Cohen 2003; Marsh and Melbile 2011). 또한 사회학자로서 기자들의 보도를 액면 그대로 받아들이면 안 된다는 사실도 일깨워 주었다. 대신 우리는 사회를 이해하고 사회적 과정을 더 자세히 이해하기 위해서는 표면 이면의 내부를 들춰 보아야 한다.

비판적으로 생각하기 THINKING CRITICALLY

이민자 통계와 어린이들의 인터넷 꾸미기에 관한 미디어 보도를 연구해 보라. 이들 중 어느 것이 도덕적 공황의 기준에 부합하는가?

2차적인 일탈을 통해 이러한 낙인을 자기 자신의 정체성으로 통합시키면, 통제기관으로부터 더 많은 반응을 촉발시킨다. 다시 말해, 바람직하지 않은 행동이 더 많아지고, 일탈자라고 낙인찍힌 사람들은 변화에 더 저항한다.

평가

낙인 관점은 어떤 행위도 본래부터 범죄적인 것은 아니지만 경찰, 법원, 교정기관에 의한 법의 제정과 경찰, 법원, 교정기관의 법 해석을 통해 권력자들에 의해 일탈자가 된다는 가정에서 시작하기 때문에 중요하다. 낙인 이론을 비판하는 사람들은 때로 살인, 강간, 절도와 같이 거의 모든 사회에서 보편적이고 지속적으로 금지되는 행위들이 있다고 주장한다. 이러한 견해는 확실히 타당하지 않다. 예를 들어 영국에서 사람을 죽이는 것이 항상 살인으로 인정되는 것은 아니다. 전쟁 시기에는 적을 죽이는 것이 긍정적으로 인정되고 상까지 부여했다. 20세기 후반까지 유럽과 북아메리카 법에서는 남편이 강요한 성관계를 강간이라고 인정하지 않았다. 분명히 동일한 행동도 다르게 불릴 수 있고, 그것의 의미는 시간에 따라 변하고 있음을 보여 준다.

그러나 우리는 다른 근거에서 보다 설득력 있게 낙인 이론을 비판할 수 있다. 첫째, 낙인 이론가들은 '2차적 일탈'에 초점을 맞춰 '1차적 일탈'의 중요성을 경시하고 설명하지 못한다. 어떤 행위를 일탈이라고 낙인찍는 것이 완전하게 자의적인 것만은 아니다. 사회화 과정, 태도, 기회의 차이가 어느 정도 일탈이나 범죄 행위에 가담하게 되는지에 영향을 미친다. 둘째, 낙인이 실제로 일탈적인 행위를 증대시키는 효과를 지니는지는 분명하지 않다. 일탈 행위는 이어지는 확신을 키우는 경향이 있지만, 그것이 낙인 그 자체의 결과인가? 다른 일탈자들과의 상호작용의 증가 혹은 새로운 범죄 기회의 학습과 같은 다른 요소들이 내포되어 있을 수도 있다. 그럼에도 불구하고, 낙인 관점이 포괄적인 설명은 아니지만, 왜 일탈 정체성이 획득되는지 설명하는 만족할 만한 하나의 설명이긴 하다.

갈등 이론

1973년 테일러Taylor, 월턴Walton과 영Young이 쓴 『새로운 범죄학The New Criminology』은 이전의 일탈 이론과 중요한 단절을 보여 준다. 그들은 마르크스주의 이론에서 여러 요소를 끌어들여, 일탈이 정교하게 선택된 것이고 또한 성격상 정치적이라고 주장했다. 그들은 생물학, 인성, 아노미, 사회적 해체 혹은 낙인과 같은 요소들에 의해 '일탈'이 결정된다는 견해를 거부하고, 그보다는 사람들이 자본주의 체제의 불평등에 대한 대응으로 적극적으로 일탈 행위에 가담한다고 주장했다. 그리하여 '블랙 파워' 혹은 '동성애 해방 운동'과 같이 일탈로 간주되는 반문화 집단의 성원들은 사회 질서에 도전해 정치적인 행동에 가담했다. 새로운 범죄학 이론가들은 사회 구조와 지배 집단의 권력 유지라는 관점에서 범죄와 일탈에 대한 분석을 시도했다.

넓은 의미에서 마르크스주의 관점은 다른 학자들에 의해 발전되었다. 버밍엄대학교 현대문화연구센터의 스튜어트 홀Stuart Hall과 그의 동료들은 영국에서 새로운 1970년대 범죄인 '노상강도mugging'를 연구했다. 사실, 위협적으로 거리에서 절도하는 것을 신문에서 '노상강도'라고 이름 붙였다. 서너 개의 노상강도 사건이 크게 보도되어, 거리 범죄에 대한 대중의 우려에 불을 지폈다. 노상강도범은 압도적으로 젊은 흑인 남성으로 그려져, 이민자들이 사회 해체에 1차적인 책임이 있다는 시각을 갖게 했다.

홀과 그의 동료들은 『위기 관리하기Policing the Crisis』(1978)에서 젊은 흑인들의 범죄화는 늘어나는 실업, 줄어드는 임금과 다른 여러 가지 사회의 심각한 구조적 결함에 대한 사람들의 관심을 다른 쪽으로 돌리기 위해 국가와 미디어에 의해 촉진된 도덕적 공황이었다고 주장한다. 다음 단원인 '범죄의 희생자와 가해자'에서 보겠지만, 범죄와 일탈 유형에서 주목할 점은 다른 집단보다 젊은 흑인이나 젊은 동양인 같은 그룹이 사회문제에서 피해자로 더 자주 등장한다는 것이다. 거의 동시에 다른 범죄학자들은 사회에서 법의 제정과 적용을 연구했고, 법이 권력자들의 특권을 유지하기 위한 도구라고 주장했다. 그들은 법이 중립적이고 전체 인구에 균등하게 적용된다는 것을 받아들이지 않았다. 대신에 그들은 지배 계급과 노동 계급 간의 불평등이 늘어나면서 법이 기존 질서를 유지하기 위한 중요한 도구가 되었다고 주장했다. 이러한 동학dynamics이 형법 체계의 작동 과정에서 나타났고, 그 형법 체계는 노동 계급 범법자들에게 더 억압적이거나 부자들에게 지나치게 유리한 조세법 입법에서도 작동했다.

권력자들도 법을 어기지만, 체포되지 않는다고 학자들은 주장한다. 예를 들어 기업 범죄는 많은 관심을 받는 일상적인 범죄와 비행보다 훨씬 더 경제적으로 해를 끼친다. 그러나 법 집행은 화이트칼라 범죄자들을 추적하는 것을 두려워하고 추적하기가 어렵기 때문에, 창녀, 마약 복용자, 작은 절도와 같은 사회에서 힘없는 사람들에게 힘을 집중시킨다(Pearce 1976; Chambliss 1978; Box 1983).

새로운 범죄학과 관련된 이러한 연구들은 상대적 피해, 사회 정의, 권력과 정치의 문제를 범죄와 일탈의 논의에 포함시켜 논의의 지평을 확대시켰다는 점에서 중요하다. 그들은 범죄가 사회 모든 수준에서 발생하고 불평등과 사회집단 간 경쟁적인 이해라는 맥락에서 이해되어야 한다는 점을 강조했다. 정말로, 새로운 범죄학은 새로운 하위 영역인 경제적 불평등과 사회적 불평등이 끼치는 해악에 초점을 맞춰 연구하는 사회악학zemiology으로 나아갔다(Hillyard et al. 2004).

비판적으로 생각하기

THINKING CRITICALLY

당신이 약물 사용과 해로움에 관한 연구 조사에 돈을 받고 참여한다고 생각해 보라. 담배, 술, 신경안정제, 엑스터시, 코카인, 헤로인 등과 같이 합법이거나 불법적인 약물들이 개인, 조직, 사회에 끼치는 해로움 정도를 어떻게 측정할 것인가?

좌파 실재론

1980년대 부분적으로 신범죄학의 부적합성에 대한 반응으로 새로운 흐름의 신좌파 실재론New Left Realism 혹은 좌파 실재론Left Realism으로 알려진 새로운 관점이 등장했다. 그들은 신범죄학에서 여러 관점을 가져왔지만, 일탈을 저항으로 인식하는 낭만적인 '좌파 관념주의자들'과는 거리를 두었다. 좌파 실재론자들에게 범죄는 노동 계급 커뮤니티에 더 해로운 문제이며, 경시되어서는 안 되는 실질적인 문제다. 정치적 좌파인 많은 범죄학자가 오랫동안 공식적인 범죄 통계를 경시해 왔다. 공식 범죄 통계는 신뢰할 수 없고, 노동 계급 청년과 소수 인종 집단을 희생양으로 만든다는 것이었다.

좌파 실재론자들은 동의하지 않았다. 언론 매체가 불필요하게 대중을 불안하게 만들었음을 보여 주려 했고, 대부분의 범죄는 불평등에 대한 위장된 저항이라고 주장했다. 좌파 실재론은 이러한 입장에서 벗어나 실제로 범죄가 증가했으며, 대중이 범죄에 대해 우려하는 것은 권리라는 점을 강조했다. 신좌파 실재론자들은 범죄학이 범죄에 관한 추상적인 논쟁을 하기보다는 범죄 통제와 사회 정책에 관한 실질적인 쟁점을 더 다룰 필요가 있다고 주장했다(Lea and Young 1984; Matthews and Young 1986). 특히 좌파 실재론은 범죄 희생자에게 관심을 가졌고 희생자 조사가 공식 통계보다 더 타당한 범죄의 실태를 제공한다고 주장했다(Evans 1992). 연속적인 조사는 범죄가 심각한 문제이며, 특히 가난한 도심 지역에서 심각하다고 주장했다. 좌파 실재론은 범죄율과 희생률은 소외된 사람들에게 집중되어 있으며, 부유한 사람들보다 가난한 집단들이 다른 집단들보다 더 범죄에 노출될 위험이 크다고 지적했다.

좌파 실재론은 도심 내에서 범죄 하위문화가 발달한다는 것을 제시하면서, 머턴의 연구를 사회적 긴장과 하위문화론에 대한 논의에 끌어들였다. 그러나 이들은 빈곤 그 자체로부터 유래하는 것이 아니라 정치적 주변화와 상대적 박탈에서 유래한다. 상대적 박탈은 그들과 모든

좌파 실재론은 사회 내 가장 가난한 사람들과 커뮤니티에 미치는 실질적이고 대단히 부정적인 범죄의 효과를 강조한다.

다른 사람들에게 주어져야 하는 것이 박탈된 상태를 의미한다. 1990년대부터 점차 이러한 견해들은 특정 집단에 완전한 시민권 부여를 부정하는 사회적 배제 개념을 사용해 논의되고 있다. 예를 들어 범죄화된 청년 집단은 '존경할 만한' 사회 주변에서 활동하며 그것에 저항한다. 흑인들에 의해 저질러진 범죄율이 최근 증가하고 있다는 사실은 인종적 통합에 실패했다는 것을 보여 준다.

> 상대적 박탈과 사회적 배제에 대해서는 제13장 〈빈곤, 사회적 배제, 복지〉에서 다룬다.

좌파 실재론자들은 경찰에 대한 공적 자원을 줄이는 '군사적' 기술에 의존하기보다는 지역사회에 반응하는 법 집행을 위해 치안 변화를 위한 '현실적' 제안을 발전시켰다. 좌파 실재론자들은 지역에서 선출된 경찰 당국자들이 시민들에게 책임질 수 있는 '최소한의 치안 유지'와 시민들이 지역의 치안 유지에서 우선순위를 결정하는 데 더 큰 영향력을 행사해야 한다고 제안했다. 더욱이 범죄를 수사하고 처리하는 데 걸리는 시간을 더 많이 쓰고 일상적이거나 행정적인 일에 시간을 덜 써야 경찰이 지역사회에서 신뢰를 회복할 수 있을 것이라고 보았다. 전반적으로 좌파 실재론은 이전의 많은 범죄학적 관점들보다 더 실용적이고 정책 지향적 접근을 제시했다.

그러나 좌파 실재론에 대해서 비판하는 사람들은 좌파 실재론자들이 희생자를 강조하는 것의 중요성은 인정하지만, 좌파 실재론자들이 범죄 문제에 대한 정치적이고 매체 주도적인 논의라는 좁은 틀 내에서 개인 희생자에게 초점을 맞추고 있다고 비판한다. 거리의 범죄와 같은 가장 가시적인 범죄 형태에만 초점을 맞추면 그렇게 분명하지 않은 국가나 기업에 의해 저질러지는 것과 같은 범죄에 대해서는 소홀해질 수 있다(Walton and Young 1998). 이러한 점에서, 많은 마르크스주의자들은 좌파 실재론자들이 정책 변화에 초점을 맞추다 보니 주류 범죄학에 너무 많은 것을 내주어 새로운 범죄학의 '급진주의'에 대해 의문을 던지게 한다고 주장한다.

범죄 통제하기

통제 이론은 범죄 행위에 대한 충동과 그것을 저지하는 사회적 혹은 물리적 통제 간 불균형으로 인해 범죄가 발생한다고 본다. 통제 이론가들은 범죄를 저지르는 개인들의 동기에 대해서는 관심이 별로 없으며 사람들이 합리적으로 행동한다고 추정하고 주어진 기회에 대부분의 사람들은 일탈적인 행동을 할 수 있다고 가정한다. 많은 범죄들을 개인이 기회로 인식하고 행동하도록 동기를 부여하는 '상황적 결정'의 결과라고 주장한다.

초기 통제 이론가인 트래비스 허시Travis Hirshi는 『일탈의 원인Causes of Delinquency』(1969)에서 인간은 범죄 행위에 가담함으로써 기대되는 이익과 가능한 위험을 저울질해 범죄에 가담할 것인가 말 것인가 계산하는 근본적으로 이기적인 존재라고 주장한다. 허시는 이 책에서 개인을 사회에 결합시키는 네 가지 결속 유형을 제시하는데, 그것은 바로 애착attachment(부모, 친구와 제도), 헌신commitment(통상적인 생활양식), 관여involvement(주류 행동), 믿음belief(법과 권위에 대한 존경)이다. 이러한 결속이 충분히 강할 때, 이러한 요소들은 규칙을 깨는 것을 막아 사회 통제와 순응을 유지하는 데 도움이 된다. 그러나 사회와의 결속이 약하다면, 비행과 일탈이 일어날 것이다. 허시의 접근은 흔히 일탈자들이 가정과 학교에서 이루어진 부적절한 사회화로 인해 자기 통제 수준이 낮다고 본다(Gottfredson and Hirschi 1990).

허시의 통제 이론은 왜 사람들이 범죄를 저지르는가라는 질문에서 왜 사람들이 법을 어기는가라는 질문으로 초점을 바꿨다. 탤컷 파슨스Talcott Parsons는 이러한 질문에 대한 사회학적 답을 제시했다(1937). 대부분의 사람들은 긍정적으로 순응하고 법을 지키는 시민이 되고자 하며, 이것은 사회화와 사회성에 대한 욕구의 결과라는 것이다. 톰 타일러Tom Tylor는 미국에서 왜 사람들이 법을 지키는가에 대한 경험적인 연구를 했다(2006).

타일러는 사람들이 법을 지키는 것은 개인의 도덕성 및 법이 정당하다는 인식과 밀접하게 관련되어 있다고 말한다. 예를 들어 사람들은 자신들의 도덕적 코드에 따라 법을 평가할 것이다. 그렇다면 자신들의 도덕성과 일치하는 법을 지키고 일치하지 않는 법은 지키지 않을 것이다. 많은 중산층 사람들은 보통 법을 지키지만, 마리화나를 피우고, 속도 제한을 어기며, 일터에서 문구류를 집으로 가져오기도 한다. 그러한 일을 '비도덕적'이라고 생각하지 않기 때문이다. 그러면서 상점에서 물건을 훔치거나 공공장소에 그라피티를 그리는 다른 사람들을 도덕심이 부족한 범죄자라고 비난할 수도 있다.

다른 한편, 사람들은 법을 만들고 집행하는 기관이 정당하고 집행할 권한을 가지고 있다고 믿기 때문에 법을 지킨다. 그러나 테일러는 자주 검문을 당하고 수색을 당하는 젊은 흑인처럼 경찰이나 법원과의 부정적인 경험은 정당한 기관에 대해 도전하는 태도를 갖게 한다고 주장한다. 그러나 개인적 도덕성을 통한 순응과 정당성을 통한 순응 모두에서 처벌의 두려움 때문이 아니라 내면화된 공정성과 정의에 대한 규범 때문에 법을 지킨다. 이러한 '절차적 정의' 관점은 사람들이 특정한 결정이나 결과에 동의하지 않는다고 할지라도 절차가 옳으면 국가 기관은 정당성을 유지할 수 있다는 것을 의미한다.

타일러의 연구는 형량을 늘리거나 더 많은 젊은이를 교도소에 보내더라도 미래 범죄를 예방하지 못할 것임을 보여 준다. 당국이 할 수 있는 것은 형사 제도에서 절차가 올바르게 작동하도록 하고, 대중이 법을 존중하도록 하는 것이다. 그러나 1980년대 개인의 도덕성과 가족의 도덕성에 초점을 맞추는 또 다른 영향력 있는 관점은 방범과 처벌을 강화시켜 범죄에 대응하는 것이다. 이러한 접근은 '우파 현실주의'로 알려져 있다.

우파 현실주의

1970년대 말 영국에서 마거릿 대처Margaret Thatcher, 미국에서 로널드 레이건Ronald Reagan의 집권은 흔히 우파 현실주의Right Realism라 불리는 범죄에 대한 '법과 질서'를 강조하는 접근으로 이어졌다. 그들은 범죄와 일탈의 증가가 도덕적 타락, 복지 의존성과 관용적인 교육으로 인한 개인 책임감 쇠퇴, 가족과 커뮤니티의 붕괴 및 전통적 가치의 훼손과 관련 있다고 보았다(Murray 1984). 그들은 공적인 논쟁과 미디어의 보도가 사회에 위협을 가하는 폭력과 무법의 위기에 초점을 맞췄다.

우파 현실주의자들에게 일탈은 개인적 이기심, 자기 규율과 도덕성 부족으로 파괴적인 행동을 적극적으로 선택하는 개인들의 문제다. 그들은 이론적으로 다른 이론적 접근을 거부한다. 특히 범죄가 빈곤과 계급 불평등과 연관되어 있다는 것을 받아들이지 않는다. 영국과 미국의 보수당 정부는 법 집행을 강화했다. 치안 예산이 증가해 경찰력이 강화되었고, 새로운 교도소가 지어지고, 점차 가장 효과적인 범죄 억제책으로 여겨지는 장기 형량 선고가 늘어났다.

미국에서는 1990년대에 주 정부가 습관적 가해자들을 예방하기 위해 '삼진 아웃 제도'를 도입했다. 세 번의 중대한 범죄를 저지르면, 시민의 안전을 위해 교도소에 수감하는 것이다. 물론 이 제도의 도입으로 교도소의 수감자 수가 폭발적으로 늘어났다. 미국에서 수감자 수는 1990년에 77만 4천 명에서 2008년에 160만 명으로 두 배 이상 늘었다(US Census Bureau 2011). 잉글랜드와 웨일스에서 1990년에는 4만 6천400명이 교도소에 있었지만, 2015년 5월에는 그 숫자가 8만 5천590명으로 늘었다(Ministry of Justice 2015). 수감자 수가 늘어난다는 것은 거리에서 범죄자를 제거한다는 점에서 좋은 일이다. 그러나 그것은 정책의 실패로 간주될 수도 있다. 더 많은 사람이 불가피하게 범죄를 저지른다고 볼 수도 있기 때문이다.

환경범죄학

현대 통제 이론은 범죄의 증가를 현대 사회에서 범죄 기회와 대상이 증가한 결과라고 본다. 사람들이 부유해지고 소비주의가 삶에서 중요해지면서, TV, DVD 플레이어, 컴퓨터, 자동차와 디자이너가 만든 옷과 같이 도둑들이 선호하는 대상이 더 많은 사람들에 의해 소유되고 있다. 많은 여성들이 집 밖에서 이루어지는 경제활동에 참여하면서, 낮 시간에 빈집이 늘어나고 있다. 범죄를 저지르고자 하는 범죄자들은 적절한 표적을 고를 수 있다.

1980년대부터 범죄자를 교화시키기보다 '범죄를 저지르지 못하게 하는 것을 목표로' 여러 실용적인 조치들이 시도되고 있다. 집합적으로 이러한 조치들은 환경범죄학environmental criminology으로 알려져 있다. 환경범죄학이 참신한 것처럼 보이지만, 사실은 1920년대와 1930년대 미국 시카고학파의 '생태학적 접근'의 진화된 모습이라고 볼 수 있다. 시카고학파 사회학자들은 현대 도시가 빈곤과 유동 인구로 1차적 사회적 관계가 약화되는 '사회적 해체'를 만들어 낸다고 보고, 이러한 환경에서는 이웃들이 효과적으로 자신들을 방어할 수 없기 때문에 범죄가 창궐한다고 주장했다. 이러한 접근의 특징을 현대 환경범죄학에서 엿볼 수 있다.

시카고학파의 견해는 제6장 〈도시와 도시 생활〉에서 논의된다.

최근 영국에서 범죄 예방을 위한 정부 정책은 상황별 범죄 예방situational crime prevention, SCP이라고 알려진, 범죄가 발생할 수 있는 기회를 제한하는 데 초점을 맞추고 있다(Hughes 1998; Colquhoun 2004). SCP와 다른 환경범죄학은 범죄자를 교화시키기보다는 환경 변화에 초점을 맞추는 데 특징이 있다. 이것은 수년 동안 시도된 교화 프로그램이 성공적이지 못하다는 사실에 의해 정당화된다. 사람을 변화시키기보다 환경을 변화시키는 것은 새로운 시도로 보인다.

이러한 정책의 핵심은 감시surveillance와 표적물 강화target hardening다. 감시는 주민들의 '자율적인 지역 감시 체제'와 범죄를 막기 위해 도심과 공공장소에 폐쇄회로(CCTV) 설치를 포함한다. 잠재적인 '범죄 환경'에 개입해 범죄가 일어나는 것을 어렵게 만들어 지역 환경을 바꾸는 것이 널리 사용되는 기술이다.

표적물 강화는 도둑질을 더 어렵게 만들어 잠재적 표적의 보안을 강화하는 것을 포함한다. 예를 들어 동전 도난을 막기 위해 게임기에 더 강력한 동전 박스를 달고, 자동차에 도난방지기를 설치해 경보음을 더 강력하게 하고, 더 좋을 키를 사용하면 자동차 도난을 줄일 수 있다. SCP 이론은 범죄자들을 교화하려 시도했으나 실패한 기존 정책들을 바탕으로 생각을 확장시켰다. 범죄자들을 변화시키기보다는 그들이 범죄를 저지를 수 있는 상황을 사전에 차단하는 것이 가장 효과적인 정책이라는 것이다.

무관용 치안zero-tolerance policing과 함께 표적물 강화 기법은 최근 정치인들에게 인기를 얻었고 일부 지역에서는 범죄를 줄이는 데 성공했다. 미국에서 무관용 치안은 더 중대한 형태의 범죄를 예방하기 위해 절도와 배회, 구걸과 음주 같은 작은 범죄와 공공질서 파괴 행위에 맞춰져 있다. 그러나 영국에서 특히 정치인들 사이에서 무관용 원칙이라는 말이 유명했지만, 치안이 크게 바뀌지는 않았다(Jones and Newburn 2007).

표적물 강화와 무관용 치안은 범죄의 근본 원인을 다루지 않고 경찰의 손이 미치는 사회의 특정 요소를 보호하고 방어한다는 것이다. 사설 경비 서비스, 자동차 경보기, 주택 경보기, 경비견과 출입을 통제하는 거주 지역이 인기를 끄는 것은 일부 사람들에게 '무장된 사회'에 살고 있다고 느끼게 해주기 때문이다. 무장된 사회에서는 인구의 일부가 다른 사람들로부터 자기 자신을 보호해야 한다고 믿는다(Graham 2010). 빈부 격차가 커지면서 이러한 경향은 영국과 미국에서만 나타나는 것은 아니고, 특권층 사이에 '요새 심리'가 나타난 구소련, 남아프리카공화국과 브라질 같은 사회에서 특히 뚜렷하다(Davis 2006).

이러한 정책은 의도하지 않은 또 다른 결과를 낳았다. 인기 있는 범죄 목표물에 대한 치안이 강화되면서, 범죄 패턴이 다른 쪽으로 옮겨 갔다. 예를 들어 영국에서 신형 차에 의무적으로 설치하게 되어 있는 운전대 잠금 장치가 낡은 차에는 의무화되어 있지 않기 때문에 자동차 도난이 주로 신형 차에서 구형 차로 바뀌었다. 목표 강화와 무관용 접근은 보다 보호받는 지역에서 더 위험한 지역으로 범죄 대상을 대체시키는 위험을 안고 있다. 부유한 지역에서는 범죄와 일탈이 줄어들고, 가난하고 사회적 결속이 없는 지역에서는 범죄와 일탈이 증가할 수 있다.

표적물 강화와 무관용 치안은 '깨진 창문 이론'으로 알려진 이론에 근거하고 있다(Wilson and Kelling 1982). 이것은 1960년대 필립 짐바르도Phillip Zimbardo의 연구(1969)에 뿌리를 두고 있다. 그는 캘리포니아 팰로앨토의 부자 동네와 뉴욕 브롱크스의 가난한 동네에서 자동차 번호판을 떼고 자동차 덮개를 열어 놓은 채 차를 버렸다. 두 지역에서 계급과 인종에 관계없이 지나가는 사람들이 차가 버려졌다는 것과 차 안에 아무도 없다는 것을 알아차리자마자 차는 약탈당했다. 저자들은 깨진 창문과 같이 사회적 무질서의 작은 신호가 심각한 범죄를 더 많이 불러일으킨다고 주장한다. 수리되지 않은 깨진 창은 — 아무도 관심을 갖지 않아 더 많은 창문이 깨지고, 더 심각한 범죄가 저질러지는 — 범죄자의 상황에 대한 합리적 대응이라는 것이다. 결과적으로 작은 일탈은 범죄의 악순환과 사회적 쇠퇴로 이어질 수 있다(Felson 1994).

1980년대 이래 깨진 창문 이론은 음주나 거리에서 마약을 하고 교통 위반과 같은 사소한 범죄에 대한 새로운 치안 전략의 토대가 되었다. 영국에서 반사회적인 행동 명령과 계약이 낮은 수준의 무질서를 다루기 위해 도입되었고, 미국에서는 마약 지역에서 벗어나기Stay Out of Drug Areas, SODA와 같은 새로운 통제 조치들이 공원이나 쇼

도시에서 광범위하게 사용되는 CCTV는 상황적 범죄 예방에서 전형적인 강화된 감시의 예다.

핑센터에서 개인들이 쓰레기를 버리거나 술을 마시고 원치 않는 행동을 하는 것을 막기 위해 사용되었다. 이러한 공간적 배제는 대단히 오래된 귀양을 현대 형사 제도에 재도입한 것이라고 언급된다(Beckett and Herbert 2010).

깨진 창문 이론의 한 가지 오류는 '사회적 무질서'를 정의하는 것과 어떤 행동이 경찰력을 동원하게 하는가에 관한 것이다. 체계적이고 공유된 정의가 없이 다양한 행동이 사회적 질서를 위협하는 행위로 해석될 수 있다. 실제로 1990년대 범죄율이 떨어지면서, 경찰력의 남용과 괴롭힘에 대한 불만이 늘었다. 특히 잠재적인 범죄자의 프로파일에 맞는 도시의 흑인 청년들로부터 불만이 크게 늘었다.

이론적 결론

이런 범죄 이론의 검토를 통해 어떤 결론을 내릴 수 있을까? 먼저 앞에서 언급된 점을 다시 생각해야 한다. 범죄가 전체 일탈 행위의 하위 범주에 불과하지만, 범죄는 가게에서 초콜릿을 훔치는 것부터 살인에 이르기까지 너무나 다양한 행위를 포함하기 때문에, 하나의 이론이 모든 범죄 행위를 설명하기란 불가능할 것이다. 범죄에 관한 사회학적 이론들은 범죄와 '정상적' 행위의 연속성을 강조한다. 특정한 행위 유형은 범죄로 인식되고 법에 의해 처벌받는 행위 유형은 매우 광범위하며, 범죄화 과정에서 더 광의의 권력 및 불평등 문제와 연관되어 있다. 그리하여 형사 제도상 어떤 사회집단은 더 불균형적으로 그려진다.

그럼에도 불구하고, 1960년대 말부터 이루어진 범죄학의 성장은 더 실용적이고 정책 지향적인 관점을 지지한다. 이들은 범죄를 이해하거나 왜 범죄가 발생하는가보다는 범죄를 예방하기 위한 개입을 모색한다. 이러한 응용된 관점은 사회과학에서 지배적인 것이 되었고, 오늘날 초기 사회학의 일탈 사회학을 압도하고 있다. 현재 범죄학은 사회학적 아이디어를 사용하지만, 사회학의 한 분과 학문이 아닌 독자적인 영역이다. 범죄학 연구는 정부기관의 지원을 받으며 오늘날 범죄학은 범죄에 관한 '담론'의 핵심적인 요소다. 그리고 그것들이 범죄 현상을 이해하는 데 영향을 미친다.

이제 최근의 범죄 경향으로 돌아가 범죄 통계의 첨예한 문제를 논의하자. 범죄 통계는 범죄가 어느 정도 심한지와 범죄의 증감을 둘러싼 정치적 논쟁의 토대를 이룬다. 우리가 살펴보겠지만, 이런 아주 단순한 질문에 답하기란 결코 쉽지 않다.

범죄의 희생자와 가해자

어떤 개인이나 집단이 범죄를 더 저지르기 쉬운가, 범죄의 희생자가 되기 더 쉬운가? 연구와 범죄 통계는 범죄와 희생이 사람들에게서 무작위로 분포되어 있지 않음을 보여 준다. 예를 들어 남성이 여성보다 범죄를 저지르기 더 쉽고, 젊은 사람이 나이 든 사람보다 범죄자나 희생자가 되기 더 쉽다.

어떤 사람이 범죄의 희생자가 될 가능성은 거주 지역과 밀접하게 관련되어 있다. 물질적으로 더 궁핍한 지역에서 범죄율이 더 높다. 이러한 지역에는 소수 종족이 살 가능성이 더 높다. 도심에 살고 있는 사람들은 더 부유한 교외에 살고 있는 사람들보다 범죄의 희생자가 될 위험이 더 높다. 소수 종족은 도심 내부에 몰려 있기 때문에 범죄의 희생자가 될 비율이 높은 중요한 요인이 되는 것이다.

형사 제도 상 인종차별과 소수 종족에 대한 더 확대된 논의는 제16장 〈인종, 종족, 이주〉를 참조하라.

젠더, 섹슈얼리티와 범죄

1970년대 이전 범죄학 연구에서는 전통적으로 인구의 절반을 무시했다. 페미니스트들이 범죄학을 이론적인 논의에서나 경험적인 연구에서 여성이 보이지 않는 남성 지배적인 학문이라고 비판한 것은 타당하다. 1970년대 이래 많은 페미니스트 연구가 여성의 범죄가 남성의 범죄와 다른 맥락에서 발생한다는 것에 관심을 기울였다. 또한 여성의 형벌 제도 경험이 남성과 여성의 적절한 역할에 대한 차이를 바탕으로 한 가정에 어떻게 영향을 받았는지 관심을 기울였다. 페미니스트들은 집과 공공장소에서 여성에 대한 잦은 폭력을 드러내는 데도 기여했다.

남성의 범죄율과 여성의 범죄율

젠더와 범죄에 대한 통계는 모든 발전된 국가와 개발도상국에서 가장 놀랍고 오랫동안 형성된 범죄 유형을 보여 준다. 범죄는 압도적으로 남성에 의해 저질러진다. 예를 들어 2014년 11월 잉글랜드와 웨일스 교도소에 8만 1천959명의 수감자가 있었는데, 이 중 3천943명만 여성이었다(Ministry of Justice 2014). 영국뿐만 아니라 모든 산업사회에서 교수 인구도 남녀 비율 면에서 차이가 크다. 잉글랜드와 웨일스에서 여성 수감자는 평균적으로 1993년 1천560명에서 2004년 최고로 많은 4천672명으로 늘어났다.

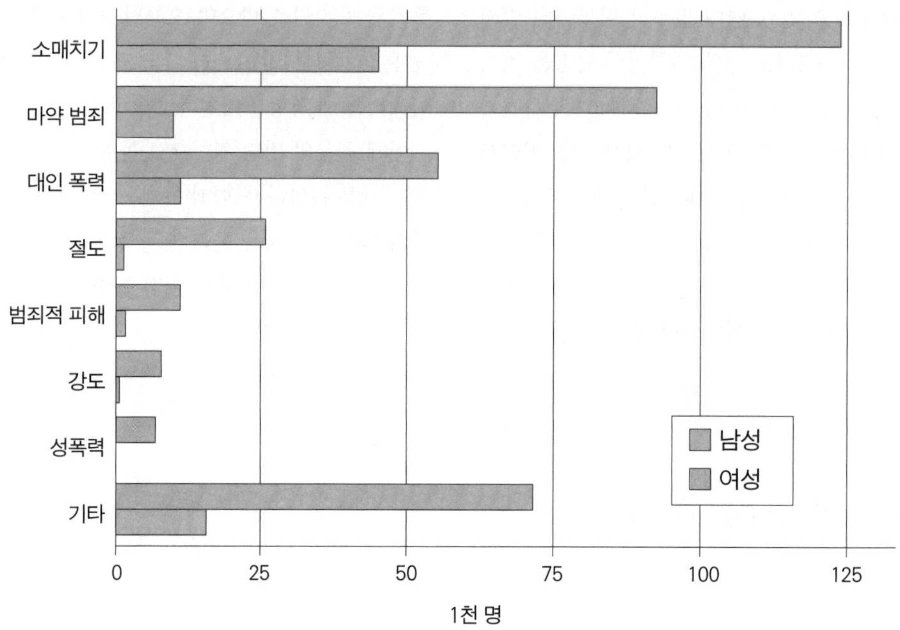

그림 20-1 잉글랜드와 웨일스 법원에서 유죄 판결을 받았거나 고발될 수 있는 범죄로 경고를 받은 가해자 수, 2010

참조: 기타는 사기, 차량 범죄 등을 포함한다.
출처: ONS 2011f: 13.

그렇지만 여성 수감자는 전체 수감자 중 아주 작은 부분에 불과하다. 2014년 말에는 총수감자 중 4.5퍼센트에 불과했다.

남성과 여성이 저지르는 범죄 유형에서도 차이가 있다. 〈그림 20-1〉이 보여 주는 것처럼, 여성은 폭력이나 강도보다 가게에서 물건을 훔치는 절도를 더 많이 저지른다. 한편, 절도와 장물 취득은 남성과 여성이 저지르는 가장 흔한 범죄로, 남성 범죄의 31퍼센트, 여성 범죄의 53퍼센트를 차지한다. 남성의 경우 두 번째로 흔한 범죄는 마약이며, 여성의 경우는 대인 폭력이다.

물론 범죄율에서 진정한 젠더 차이는 공식적인 통계보다 낮을 것이다. 오토 폴락Otto Pollak은 20세기 중엽 여성이 남성만큼 많은 범죄를 저질렀다고 보았다(1950). 여성이 가해자인 범죄는 덜 보고되는 경향이 있기 때문이다. 그는 여성의 지배적이 역할로 인해 독약을 타는 것과 같은 가정에서 '은밀한' 범죄를 저지를 기회가 많았다고 보았다. 폴락은 여성들이 태생적으로 잘 속이고 범죄를 감추는 데 능숙하다고 보고, 그것은 여성들이 남성에게 월경의 고통과 불쾌감을 감추는 것에서 배운 것이라고 보았다. 남성 경찰이 여성 범죄자들에 대해 '기사도적인' 태도를 갖는 경향이 있어 경찰과 법원이 여성 범죄자들을 더 관대하게 다룬다고 주장했다. 여성에 대한 폴락의 묘사는 연구에 기반을 둔 것이 아니라 솔직히 웃기는 이야기다. 그렇지만 형사 재판관들이 남성보다 여성에게 더 관대하다는 주장은 논쟁과 검증을 불러일으켰다.

첫째, 경찰과 다른 법무 관련 공무원들이 여성을 남성보다 덜 위험한 범법자로 간주하고 남성이면 체포할 수 있는 행동도 넘겨 버릴 수 있다. 둘째, 선고에 관한 연구들은 형사 처벌에서 여성이 남성보다 수감될 가능성이 적다는 것을 제시했다. 차별적 선고에 대한 한 가지 이유는 여성이 남성보다 덜 중대하고 덜 폭력적인 범죄를 저질렀다는 것일 수 있다. 만약 그렇다면 젠더 차이가 분명히 존재하지만, 이것은 경찰이나 법관의 기사도와는 관계없다. 또 다른 어려움은 연령, 계급, 인종과 같은 다른 요소들과 비교해 젠더의 상대적 영향력을 평가하는 것이다. 예를 들어 나이가 많은 여성 범법자들이 나이가 많은 남성 범법자들보다 덜 강제적으로 다루어지는 경향이 있다. 다른 연구들은 흑인 여성이 백인 여성보다 경찰로부터 더 나쁜 대접을 받는다는 것을 보여 준다(Player 1989; Britton 2011: 66~68). 이런 종류의 증거는 실제로 사회 불평등을 가로지르는 독립적인 효과를 밝혀내는 것의 복잡함을 보여 준다.

페미니스트 범죄학자들은 '여성성'이 형벌 체계에서 어떻게 영향을 미치는지 점검한다. 프랜시스 헤이덴손Francis Heidensohn은 여성이 여성적인 성의 규범에서 벗어났을 때 남성보다 더 심하게 다루어진다고 주장한다(1996). 예를 들어 성적으로 문란하다고 여겨지는 소녀가 소년들에 비해 보호 처분을 받을 가능성이 더 높다. 이러한 경우 여성들은 '이중적으로 일탈적'이라고 인식된다. 그들은 법을 어긴 것이 아니라 '적절한' 여성의 행동에서 벗어났다. 헤이덴손과 다른 학자들은 형사 체계의 이중적인 기준을 지적했다. 남성의 공격성과 폭력은 자연스러운 현상으로 받아들이고, 여성의 경우에 대한 설명은 심리적인 불균형 상태에서 찾는다는 것이다. 여성 범죄를 더 밝히기 위해 페미니스트들은 교도소에 수감된 여성 갱에서부터 여성 테러리스트에 이르기까지 많은 여성 범죄자에 대해 세밀한 연구를 수행했다. 이러한 연구들은 폭력이 남성 범죄만의 특성이 아니라는 것을 보여 주었다. 여성이 남성보다 폭력 범죄에 덜 가담하긴 하지만, 여성도 유사한 폭력을 행사한다.

그러면 왜 여성의 범죄율은 남성에 비해 그렇게 낮은가? 여성 범법자는 경찰과 다른 사람들에게 그들의 행위가 가볍다고 설득할 수 있기 때문에, 아주 흔하게 남성보다 법정에 덜 선다는 증거가 있다. 그들은, 여성은 실수를 잘하고 충동적인 한편으로 보호가 필요하다는 남성과 여성 간의 암묵적인 계약인 '젠더 계약'이라는 것을 불러낸다. 이러한 관점에 따르면, 경찰과 법원이 기사도를 발휘하고 남성에게서는 인정될 수 없는 행동으로 처벌되는데 여성에게서는 처벌되지 않는다. 다른 연구들은 여성성 규범을 지키지 않는 특별한 여성들은 더 엄격하게 다뤄질 수 있다고 주장한다. 예를 들어 젠더 계약을 받아들이지 않는 '나쁜 엄마'로 인식되는 여성들은 법원에서 더 중한 벌을 받을 수 있다(Carlen 1983).

그러나 법원과 경찰에 의한 차별적인 대우는 여성과 남성 간의 커다란 범죄율의 차이를 설명할 수 없다. 그 이유는 다른 영역에서의 젠더 차이를 설명하는 것과 거의 유사하다. 물론 특별히 '여성적인 범죄'도 있다. 가장 대표적인 것이 매춘인데, 매춘의 경우 남성 손님은 기소되지 않고 여성만 기소된다. 사회화의 차이 때문에 그리고 남성의 활동과 관여는 아직도 여성보다 비가정적이기 때문에 남성 범죄는 남성적인 것으로 남는다. 폴락의 접근에서 볼 수 있듯이, 범죄에서 젠더 차이는 타고난 생물학적 혹은 심리학적 차이 — 완력의 차이, 수동성 혹은 재생산 임무 — 에 의해 설명되곤 했다.

오늘날 여성적 속성은 남성의 속성과 마찬가지로 대개 사회적으로 형성된다고 여겨진다. 많은 여성이 사회생활에서 남성과 다른 속성에 가치(다른 사람에 대한 보호와 개인적 관계의 증진)를 부여하도록 사회화되었다. 동일하게 이데올로기와 다른 요소들의 영향으로 여성의 행동은 남성의 활동과 달리 제한되고 통제된다. 19세기 말 이래 범죄학자들은 성평등화가 남성과 여성의 범죄율 차이를 완화시키거나 제거시킬 것이라고 예측했지만, 지금까지 범죄는 뚜렷한 성별 차이를 보이고 있다.

여성 대상 범죄

남성이 압도적으로 공격자이고 여성이 희생자인 범죄 유형들이 있다. 잉글랜드와 웨일스 범죄 조사Crime Survey for England and Wales, CSEW는 약간의 남성들이 비성적인 가정 폭력을 경험한다고 밝혔지만, 가정 폭력이나 성희롱, 성폭력과 강간은 남성이 사회적 지위와 물리적 힘을 이용해 여성을 상대로 하는 범죄다. 2012~2013년 30퍼센

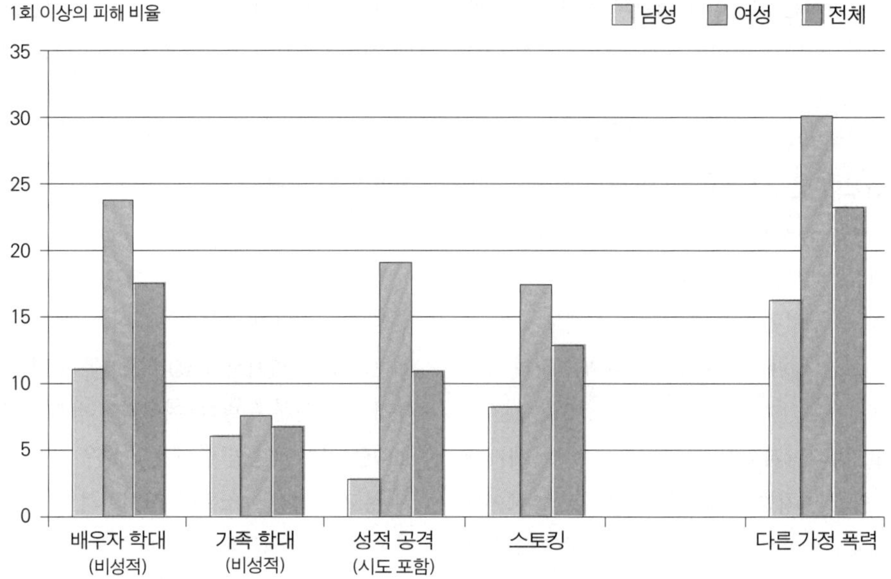

그림 20-2 16~59세의 친밀한 이성에 의한 성별 및 범주별 폭력 경험 비율, 2012~2013

출처: ONS 2014c: 5.

트 정도의 여성과 16퍼센트 정도의 남성이 16세 이후 어떤 형태의 가정 폭력을 경험했다고 보고했다. CSEW는 이러한 수치가 여성 500만 명과 남성 270만 명에 해당하는 것이라고 추정했다. 가장 흔한 형태는 파트너에 의한 비성적 폭력으로 남성(11.1퍼센트)에 비해 여성(23.8퍼센트)이 두 배 이상 많았다(〈그림 20-2〉 참조). 페미니스트 사회학자들은 남성에 의한 지속적인 물리적 폭력과 친밀한 폭력이 그것을 직접 경험하건 경험하지 못하건 간에 모든 여성에게 영향을 미친다는 점을 지적한다.

그러나 2012~2013년 CSEW는 이전의 보고서와 일관되게 남성보다 훨씬 많은 여성이 성폭력을 경험했다고 보고했다. 약 19퍼센트의 여성이 2.7퍼센트의 남성과 비교해 성폭력 희생자라는 것이다(ONS 2014c: 4~5). 여러 해 동안, 이러한 범죄는 형사 제도에서 간과되었고, 희생자는 범죄를 저지를 사람에게 끈질기게 법적 보상을 요구해야 했다. 1991년까지 결혼에서는 강간이 범죄로 인정되지 않았다. 1736년 재판에서 매슈 헤일Matthew Hale 경은 상호 혼인 관계에 합의했고 부인이 자기 자신을 포기하는 철회할 수 없는 계약 때문에 남편이 합법적인 부인을 상대로 강제로 성관계를 갖는 것은 범죄가 아니라고 선언했다(Hall et al. 1984: 20에서 재인용). 이러한 주장은 잉글랜드와 웨일스에서 1994년까지 유지되었다. 그러나 1994년에 법이 개정되어 '결혼 강간(남성 강간)'에 관한 내용이 법률 체계에 포함되었다. 페미니스트 범죄학이 여성에 대한 은밀한 폭력에 대한 인식을 제고하고 범죄에 관한 주류의 논의에 이를 통합시켰지만, 아직까지도 분명한 것은 아니다. 가정 폭력과 성희롱은 다른 장에서 다루고 이 장에서는 강간 범죄에 초점을 맞춘다.

> 가정 폭력에 관한 더 많은 논의는 제10장 〈가족과 친밀한 관계〉를 참조하라.

강간이 어느 정도인지는 정확하게 알기 어렵다. 적은 수의 강간만이 경찰에 보고되고 기록되기 때문이다. 1990년대 중반부터 경찰이 제시하는 강간의 수치가 줄어들고 있지만, 성범죄는 예외가 아니다. 2009~2010년에 경찰은 이전 12개월에 비해 성범죄가 7퍼센트 증가했다고 밝혔다. 기록된 성범죄의 80퍼센트가 심각한 성범죄였고, 여성 강간은 15퍼센트(1만 4천 건) 증가했다(Flatley et al. 2010: 57). 2012~2013년에 잉글랜드와 웨일스 경찰은, 전체 성범죄는 9퍼센트 증가했고 성인의 강간은 약 1만 건, 아동의 강간은 약 6천 건이라고 보고했다. 경찰 조사는 2008년 이후 기록된 강간은 꾸준히 증가한다고 보고했다(HMIC 2014). 그러나 2001년 BCS에 대한 자세한 분석은 지난 한 해 약 4만 7천 건의 여성 강간과 강간 미수가 있었다고 추정했다(Walby and Allen 2004). 그러므로 경찰의 보고는 여성 강간을 심각하게 과소평가하고 있는 것이다.

2008~2009년과 2009~2010년 사이 남성 강간도 낮게 보고되고 기록(1천174건)되었지만, 22퍼센트 증가했다. CSEW 분석은 2009년에서 2012년 사이 매년 8만 5천 건 정도의 성기 삽입에 의한 여성 강간과 1만 2천 건 정도의 남성 강간이 일어났다고 추정했다(Ministry of Justice 2013: 6). 한 가지 중요한 점은 2004년 5월 도입된 성범죄 법에 따라 성범죄의 정의가 달라져 경찰의 기록도 변했기 때문에 장기간에 걸친 추세를 알기는 힘들다는 것이다(Flatley et al. 2010). 2012년 말에 있었던 '예트리 작전'은 경찰이 지미 새빌Jimmy Savile의 성폭력과 관련된 역사적 성폭력을 조사한 것이었는데, 이것은 희생자들이 나서서 성폭력을 보고하게 한 조사였다. 성폭력의 진상을 밝히는 것은 많은 미디어가 헤드라인에서 제시하는 것보다 훨씬 더 복잡한 것임이 분명하다.

여성이 경찰에 성폭력 사실을 알리지 않는 여러 가지 이유가 있다. 많은 여성이 강간 사건을 마음속에서 지워버리려 하거나 의학적인 검사, 경찰 조사와 법정 진술에 참여하려 하지 않는다. 재판은 오래 걸리고 두려울 수 있다. 법정 절차는 공개되어 있고, 희생자는 피고인을 대면해야 한다. 성기 삽입의 증거, 강간범의 확인과 여성의 동의 없이 그 행위가 일어났다는 것이 증명되어야 한다. 자주 발생하는 사례들과 같이, 특히 여성 개인의 성적 이력이 공개적으로 검증된다면, 여성 자신이 재판을 받는다고 느끼게 된다(Soothill and Walby 1991; Abbott et al. 2005: 291~295).

여성 단체들은 강간에 대한 법적 사고와 대중의 사고가 바뀌어야 한다고 요구해 왔다. 그들은 강간을 성범죄가 아니라 폭력으로 간주해야 한다는 점을 강조했다. 그것은 육체에 대한 공격만이 아니라 개인 전체와 존엄에 대한 공격이기 때문이다. 강간은 힘, 지배와 강함을 지닌 남성성과 관련이 있다. 그것은 과도한 성적 욕구의 결과가 아니라 성과 권력과 우월함의 결과물이다. 여성 단체들의 캠페인은 법률의 변화라는 실질적인 변화를 만들어 냈다. 그러나 최근 연구들은 이러한 변화가 지금까지 주된 영향을 발휘하지 못해 1990년대 이래 강간이 크게 늘어나는 것을 막지 못했다고 밝힌다(Wolitzky-Taylor et al. 2010).

모든 여성이 강간 희생자라는 느낌을 가지고 있다. 강간을 당하지 않은 여성들도 강간을 당한 여성들과 비슷한 불안을 경험한다. 밤에 인파가 많은 거리에 나가는 것을 두려워하고 집에 혼자 있는 경우에도 똑같이 무서워한다. 브라운밀러Brownmiller는 강간과 전통적인 남성의 성의 밀접한 관계를 강조하면서, 강간은 일상생활에서 모든 여성을 남성보다 더 조심하게 만드는 남성 공포 체계라고 주장했다(1975).

성적 취향 증오 범죄

페미니스트들은 폭력에 대한 이해가 젠더에 따라 대단히 다르고 위험과 책임에 대한 '상식적' 인식에 의해 영향을 받는다는 점을 지적했다. 여성은 자신을 잘 방어하지 못하기 때문에, 상식은 여성들이 폭력의 희생자가 될 수 있는 위험을 낮추기 위해 행동을 바꿔야 한다는 것이다. 예를 들어 여성은 '안전하지 않은' 동네를 밤에 혼자 걷는 것을 피하고, 남성에 의해 오해를 살 수 있는 복장이나 태도를 취해서는 안 된다. 여성들이 그렇게 하지 못할 때는 '문제를 야기한 것'으로 비난을 받는다. 법원에서는 여성들의 행동이 가해자의 폭력적인 행동을 고려할 때 형을 낮추는 요인으로 다루어질 수 있다(Dobash and

Dobash and Dobash 1992; Richardson and May 1999).

유사한 '희생자 비난' 논리가 레즈비언, 게이, 양성애자와 트랜스젠더LGBT에 대한 폭력 사례에서도 적용된다. 리처드슨Richardson과 메이May는 동성애자들이 낙인찍히고 주변화된 채 있기 때문에, 무고한 희생자라기보다는 범죄를 '당해도 싸다'고 생각하는 경향이 더 크다고 주장했다(1999). 이성애는 공적인 공간에서 규범이지만, 동성애 관계는 아직도 사적이 영역에 속한다. 리처드슨과 메이에 따르면, 공적으로 동성애 정체성을 드러내 사적·공적 계약에서 벗어나는 동성애자는 때로 자신들을 범죄에 노출시키는 것이라고 비난을 받는다.

희생자 연구들은 동성애자들이 성폭력과 성희롱을 더 많이 경험한다고 밝히고 있다. 동성애자 남성과 여성 4천명을 대상으로 실시한 영국의 전국 조사에서는 지난 5년 동안 33퍼센트의 게이와 25퍼센트의 레즈비언이 적어도 1회 이상 폭력을 경험했다는 것을 발견했다. 전체적으로 3분의 1 정도가 위협과 낙서를 포함한 희롱을 경험했고, 73퍼센트가 공개된 장소에서 욕설을 경험했다(Mason and Palmer 1996).

게이와 양성애자들은 2009~2010년 동안 가정 폭력을 더 많이 경험했다(이성애자 5퍼센트와 비교해 13퍼센트). 게이나 양성애 남성의 9퍼센트가 가정 폭력을 경험한 반면, 레즈비언이나 양성애 여성의 17퍼센트가 가정 폭력을 경험했다(Roe 2010: 63). 친밀한 폭력이 16~24세 연령 집단과 특히 연관되어 있기 때문에, 이러한 차이를 만들어 내는 한 가지 원인은 젊은 게이, 레즈비언과 양성애 커플들의 비율이 높다는 점일 것이다(이성애자 21퍼센트에 비해 37퍼센트; Povey et al. 2009).

영국에서 게이에 대한 범죄는 사회에서 낙인찍힌 채 남아 있는 사람들의 인권을 보호하기 위한 '증오 범죄' 법의 채택을 낳았다. 2003년 형사법은 잉글랜드와 웨일스 법관에게 공격이 동성애자 혐오에 기초한 것이라면, 형을 늘려서 선고하는 것을 허락했다. 극단적인 반동성애 웹사이트와 게이에 대한 폭력을 조장하는 노래와 관련된 잇따른 로비로 2003년 형사법은 2010년에 평등법으로 확장되어, 동성애 혐오를 불법으로 규정했다. 2004년 동성동거제 도입과 TV 드라마에서 동성애 관계에 대한 긍정적인 묘사가 사회적 태도의 변화 신호일 것이다.

가해자와 희생자로서의 청소년

범죄에 대한 대중적인 공포는 대체로 젊은 노동계급 남성의 영역으로 간주되는 절도, 강도, 상해 및 강간과 같은 '거리 범죄'에 집중되어 있다. 늘어나는 범죄를 다루는 미디어는 기물 파괴, 무단결석, 마약 복용을 부각시키면서, 젊은 사람들의 '도덕적 파탄'에 초점을 맞춘다. 그러나 청년을 범죄 활동과 동일시하는 것은 새로운 것이 아니다.

영국에서 청소년 비행은 16세기에 발견된 뒤, 17세기와 18세기를 거치면서 계속 나타난다. 19세기 초 한 보고서는 런던에서 청소년 일탈의 '놀라운 증가'를 언급하고 있다. 범죄 증가의 주원인은 아이를 제대로 돌보지 못함, 교육과 직업의 부족, '안식일 위반'이라고 밝혔다(Muncie 2009). 마지막 원인을 제외하고 나머지는 놀라울 정도로 요즈음과 같아, 시대를 초월해 젊은 사람들의 도덕적, 사회적 발달에 대한 사람들의 우려가 지속적으로 이어지고 있음을 잘 보여 준다. 산업화는 지저분한 도시에서 생활하는 많은 빈곤 가족, 사소한 절도, 재산범의 증가를 낳았다. 19세기 중엽에도 청소년들의 행동을 규제해 무단결석과 비행에 대처하려는 중간계급 자선가들이 주를 이룬 '아동 저축' 운동이 등장했다. 범죄학자들은 청소년 범죄에 대한 19세기의 우려는 단순히 범죄 증가뿐만 아니라 청소년에 대한 태도 변화에 대한 대응이고, 청소년들은 가족 이외의 기관에 의해 다루어져야 한다는 것이었다(Banks 2013: 3).

앞에서 보았듯이, 20세기 중엽에는 대중음악, 복장, 성에 대한 태도와 섹슈얼리티, 그리고 여가와 관련된 마약 복용을 포함한 소비주의와 놀라운 하위문화를 둘러싼 도덕적 공황과 관련되어 청소년들이 초점의 대상이 되었

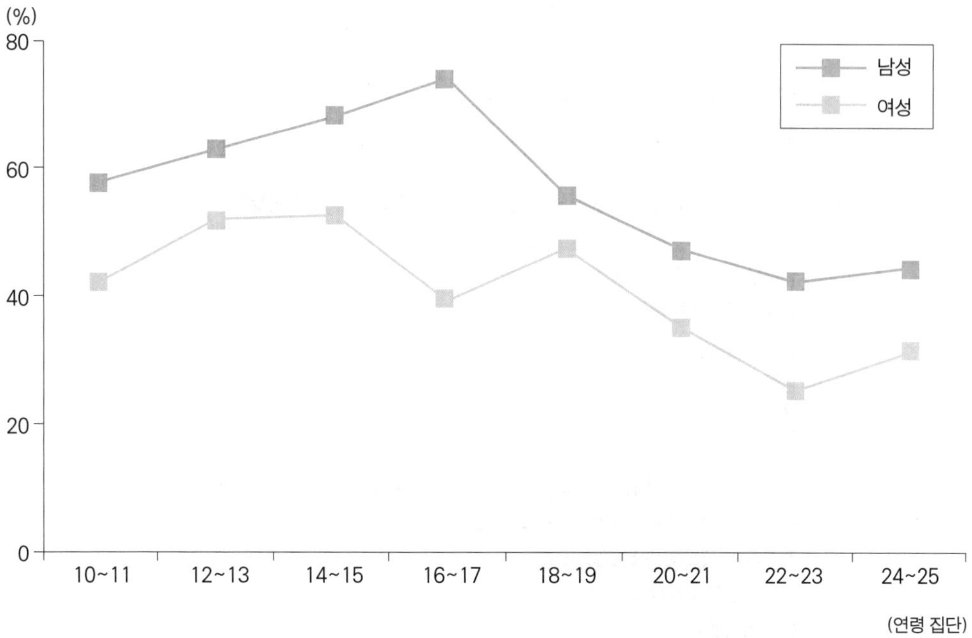

그림 20-3 연령 및 첫 범행 시기에 따른 성별 범죄 비율
출처: Hales et al. 2009: 9.

다(Muncie 2015). 가장 최근의 우려 중 하나는 청소년들의 디지털 기기 사용과 온라인 소셜 미디어에서의 활동에 관한 것이고, 소셜 미디어는 건강하지 못하고 반사회적이며 잠재적으로 위험한 것으로 제시되었다. 미디어 보도와 정치적 논평에서 사회문제로 계속 등장하는 청소년 문제는 청소년의 상태가 때로 그 사회의 건강 척도로 간주된다는 점을 보여 준다.

공식적인 통계는 젊은 사람들에게서 범죄율이 상대적으로 높고, 소녀들보다 소년들이 범죄를 더 저지른다는 것을 보여 준다. 2003년에서 2006년 사이 잉글랜드와 웨일스에서 10~26세 5천 명을 대상으로 패널조사Offending Crime and Justice Survey, OCJS가 실시되었는데, 그 기간 동안 네 차례 인터뷰가 이루어졌다. 4년 동안 1회 이상 법을 위반한 경우는 49퍼센트 정도였으며, 27퍼센트가 마약을 복용했고, 72퍼센트가 해롭거나 반사회적인 행동을 했다(Hales et al. 2009). 가장 위법한 행위를 많이 하는 연령대는 남녀 모두 10대 후반이었고, 폭력적인 행위는 14세와 15세에서 가장 많이 발생했다(〈그림 20-3〉).

이러한 종류의 자료에 따르면, 청소년 범죄가 큰 문제처럼 보인다. 그러나 우리는 이러한 가정에 대해 조심해야 한다. OCJS 분석은 지난 4년 동안 '범죄를 많이 범하는' 적은 수의 사람들이 많은 범죄를 범하고 있고, 절반 이상은 범죄를 전혀 저지르지 않는다는 것을 보여 준다. 청소년이 연루된 개별 사건과 범죄가 관심을 사회적인 이슈에서 다른 데로 돌리게 할 수 있음을 보여 준다. 1993년에는 두 명의 열 살 남자아이가 두 살짜리 제임스 벌거James Bulger를 살인한 사건이 일어났다(Muncie 2009).

선진국에서 일어나는 대부분의 청년 범죄가 마약과 관련되어 있다는 대중적인 관점도 비슷하다. 2006년 1만 명 넘는 11~15세 어린이를 대상으로 영국 보건부에서 조사를 실시한 결과, 9퍼센트가 흡연을 하고, 25퍼센트가 지난주에 술을 마셨으며, 21퍼센트가 지난해 마약을

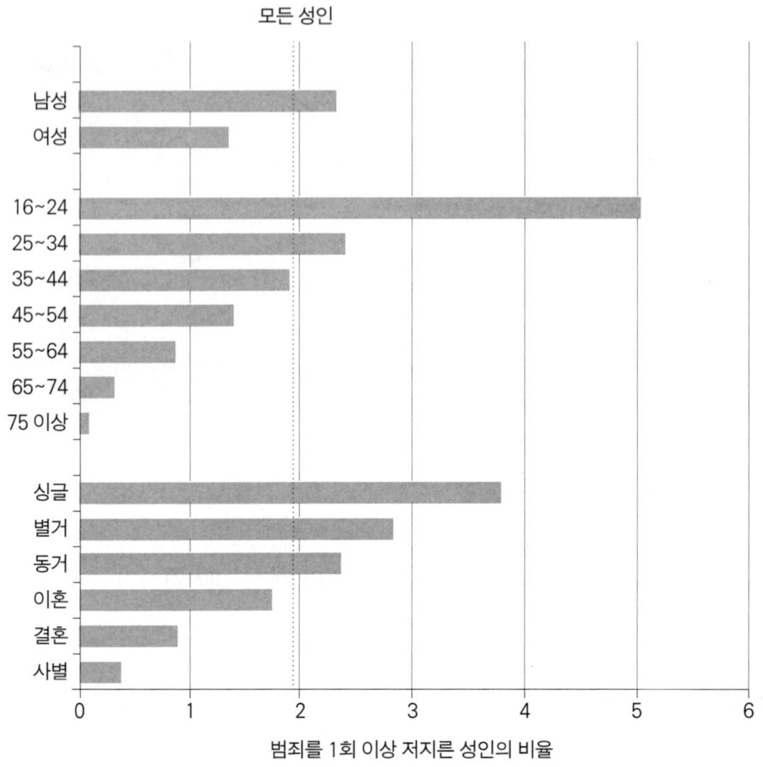

그림 20-4 폭력 희생자와 관련된 특성, CSEW, 2013~2014
출처: ONS 2015d: 19.

했고, 4퍼센트는 코카인이나 헤로인 같은 'A급' 마약을 복용했다는 사실을 보여 주었다(DoH 2006). 그러나 마약 사용 추세는 헤로인과 같은 '강한' 마약에서 엠페타민과 법적으로 인정된 술이나 엑스터시를 섞어서 마시는 형태로 바뀌고 있다. 특히 엑스터시는 돈이 많이 들고 범죄 생활로 이끄는 중독성이 있다기보다 레이브와 클럽 문화와 연관된 '생활 습관적' 마약이 되고 있다.

청소년과 범죄의 또 다른 연관성은 청소년들이 나이 든 사람들보다 범죄 희생자가 되기 더 쉽다는 것이다(〈그림 20-4〉 참조). 희생자에 대한 점증하는 정치적 관심과 연구의 한 분야로서 '피해자학victimology'은 범죄와 일탈과 관련된 청소년에 대한 균형 잡힌 이해를 낳았다. 2013~2014년 잉글랜드와 웨일스의 16~24세 청소년의 25퍼센트가 지난 한 해 동안 한 번 이상 범죄의 희생자가 되었고, 45~53세는 17퍼센트, 55~64세는 14퍼센트였다(ONS 2014h). 유사하게 다른 연령대보다 16~24세 사람들이 폭력 범죄의 대상이 더 많이 되어, 젊은 남성은 폭력, 젊은 여성은 성폭력의 희생자가 되었다(ONS 2015d).

최근 성인들에 의한 청소년 학대가 영국에서 주요 이슈가 되고 있다. TV 유명 인사 지미 새빌에 의한 심각한 성적 학대 보도로 희생자들이 더 적극적으로 나서기 시작했다. 그동안 아동의 목소리는 무시되었고, 모든 성인의 행위에 대한 혐의는 믿어지지 않았다. 예를 들어 연속적인 조사들이 1970년대와 1980년대 케어 홈과 다른 기관에서 광범위한 아동 학대가 이루어졌음을 밝혔다. 이 중에서 북웨일스의 클루이드와 귀네드 지역들의 여러 케어 홈에서 가장 심각한 아동 학대가 있었다. 2014년 중반 283명이 아동 학대 혐의자로 지목받았고, 11명이 기소되었으며, 56명이 잠재적인 혐의자로 지목되었다(Wales Online 2014).

성인에 의한 조직적인 청소년의 성적 학대는 역사적 사례에만 한정되지 않는다. 2012년 영국 로치데일에서 9명의 남성이 성적 범죄로 구속되었는데, 강간과 아동 매매가 포함되어 있었다. 이 사건은 2008~2009년에 발생했고, 경찰은 47명의 어린 소녀가 중년 남성의 희생자가 되었다는 것을 밝혀냈다. 아동 매매를 하는 갱 단원들은 서로 아는 사이이고 지역 커뮤니티의 '평범한' 일원들이었다. 대부분 결혼해서 자녀까지 있었다. 유사한 성매매 갱들이 더비, 옥스퍼드, 브리스톨과 다른 지역에서도 활동하는 것으로 밝혀졌다.

1997~2013년 사이 로더럼에서 조직 인신매매 갱단에 의해 10~16세 어린이 1천4백 명 정도가 성적으로 학대를 당했다(Jay 2014). 학대 규모와 잔인함이 사람들을 충격으로 몰아넣었다(ibid: 1).

> 그들은 납치되어 구타를 당하고, 협박을 당하며, 북부 잉글랜드의 다른 지역과 도시로 매매되어, 여러 명에게 강간을 당했다. 잔인하고 폭력적인 강간을 보여 주어, 도망가면 불태워질 것이라 협박하고, 총으로 위협당한 사례가 여럿 있다. 열한 살 정도의 어린 소녀들이 여러 명의 남성 가해자에게 강간을 당했다. 이러한 학대는 과거에만 그랬던 것이 아니라 오늘날에도 마찬가지로 이루어지고 있다.

로더럼에서 발생한 학대는 요양보호제도와 치안의 실패를 드러냈다. 특히 피해자들의 다수가 '아시아계'임에도 불구하고 상담사들은 그 문제가 사라지기만을 희망했고, 요양사care worker들은 조사에서 '인종주의자'로 보일 것을 두려워해 가해자들의 인종에 대해 말하기를 꺼려했다고 말했다.

상식적인 수준에서 청년과 일탈을 연결시키는 것은 분명히 맞지 않다. 성적 학대 사례가 보여 주듯이, 나이가 많은 성인들에 의한 범죄가 청년들에 의해 저질러지는 범죄보다 훨씬 더 심각하다. 엄밀히 말해 청소년 범죄는 대체로 실제로는 범죄가 아닌 행동이다. 젊은이들의 반사회적 행위, 하위문화 활동과 순종적이지 않은 행동은 일탈이라고 볼 수는 있지만, 어느 것도 범죄 행위가 아니며, 많은 청소년에게 있을 수 있는 성장 과정에서 나타나는 약간 불쾌한 정도의 행위들이다. 최근 들어 젊은 사람들을 '대중의 악'으로 보는 것은 고정관념이고, 대단히 잘못된 것이다. 우리가 본 것처럼, 가해자나 피해자로서의 청소년 범죄에 대한 분석은 그렇게 단순하지 않다.

화이트칼라 범죄, 기업과 국가 범죄

하이트칼라 범죄white-collar crime라는 용어는 1949년 에드윈 서덜랜드Edwin Sutherland가 처음으로 사용했다. 그것은 사회의 더 부유한 집단에 의해 때로는 그들이 일하는 회사의 이익에 반하는 범죄를 일컫는다. 크롤Croall은 화이트칼라 범죄를 "법에 의해 규율되는 정당한 직업적 역할의 남용"으로 정의했다(2001: 17). 그러므로 화이트칼라 범죄는 단순한 절도뿐만 아니라 세금 포탈, 불법 영업, 증권과 토지 사기, 횡령, 위험물의 생산이나 판매를 포함하는 여러 형태의 행위를 포함한다.

2001년, 세계에서 가장 큰 정유 회사인 엔론Enron은 엄청난 부채를 숨기는 허위 회계 장부가 발견되어 도산했다. 그 회사의 도산으로 전 세계 수천 개의 일자리가 사라졌다. 회사 창립자인 케네스 레이Kenneth Lay를 비롯한 여러 명의 고위 간부가 체포되었다. 2002년 거대 통신 회사 월드컴WorldCom에서 일어난 비슷한 사건도 부유하고 권력이 있는 사람들이 가난한 사람들의 범죄보다 훨씬 더 광범위하고 더 큰 영향을 미치는 범죄를 저지른다는 것을 보여 준다.

대부분의 화이트칼라 범죄는 다른 유형의 범죄보다 측정하기 어렵고, 공식적인 통계에도 나타나지 않는다. 우리는 화이트칼라 범죄와 권력자의 범죄를 구분할 수 있다. 전자는 범죄 활동을 하기 위해 중간 계급 위치 혹은 전문직 위치를 이용하는 것을 말한다. 후자는 특정한 정책을 유리하게 해달라고 뇌물을 받는 것 같은 범죄로 자신의 위치가 부여한 권위를 범죄적인 방식으로 사용하는 것을 의미한다.

비록 기업과 경찰에 의해 관대하게 다루어지는 화이트칼라 범죄는 범죄가 일어나는 곳과 통상적으로 일치하지 않지만, 이러한 범죄의 비용을 엄청나다. 영국보다 미국에서 화이트칼라 범죄(탈세, 보험 사기, 주택 개선 사기 및 자동차 수리 사기)에 대한 연구가 더 활발하다. 미국에서 화이트칼라 범죄(절도, 강도, 방화, 위조, 자동차 절도)와 연루된 금액은 매년 적어도 2천억 달러에 이르는 것으로 추정되는데, 이는 FBI가 100억 달러에서 135억 달러 사이로 추정하는 절도, 강도, 방화, 위조와 같은 '거리' 범죄보다 피해가 훨씬 크다(Potter and Miller 2002: 2~3).

기업 범죄

개인적 이득을 위한 화이트칼라 범죄와 대조적으로, 기업 범죄corporate crime는 대기업이 저지르는 범죄 유형으로 불법적인 오염, 가짜 상품, 건강과 안전 규제 위반 등을 포함한다. 커지는 대기업의 힘과 영향력, 전 세계로 확대되는 대기업의 세력은 우리의 삶이 대기업과 여러 가지로 맞닿아 있다는 것을 의미한다. 기업은 우리가 운전하는 자동차를 제조하고 우리가 먹는 식품을 생산한다. 그들은 자연환경과 금융시장에도 큰 영향을 미친다. 기업 범죄는 범죄가 항상 개인과 개인 사이에서 일어나는 것은 아니라는 것을 보여 준다.

스티븐 박스Stephen Box는 기업들이 서로 경쟁 관계에 있는 자본주의 경제에서 기업들은 범죄적 속성을 지니고 있다고 주장했다(1983). 즉 경쟁에서 우위를 점할 수 있다며, 범죄 행위를 고려하도록 강요받는다는 것이다. 게리 슬래퍼Gary Slapper와 스티브 톰스Steve Tombs는 기업 범죄의 양적 및 질적 연구를 검토하고 나서 많은 기업들이 그들에게 적용된 법을 지키지 않는다고 결론 내렸다(1999). 박스와 마찬가지로, 그들은 기업 범죄는 소수의 '나쁜 기업'에 한정된 것이 아니라 포괄적이고 광범위하다고 주장했다. 다른 연구들은 여섯 가지 기업과 관련된 위반 유형을 드러냈다. 행정(서류 작업 혹은 비순응), 환경(오염, 위반 허용), 재정(세금 위반, 불법 지급), 노동(근로 조건, 채용), 제조(공산품 안전, 상품명), 불공정 거래 행위(경쟁에 반하는 것, 허위 광고)가 바로 그것이다.

비판적으로 생각하기 THINKING CRITICALLY

경찰이 기업의 범죄를 감시하고 조사해 기소하기가 어렵다고 생각되는 모든 요인을 나열해 보자. 이것에 기초해 경찰이 기업 범죄 단속의 장애물을 제거할 정책을 간단히 작성해 보라.

기업 범죄의 효과는 사회에서 자주 불균등하게 경험된다. 다른 유형의 사회경제적 불평등으로 불이익을 받은 사람들이 더 많이 고통을 당한다. 예를 들어 작업장의 안전과 건강 위험은 저임금 직업에 집중되며, 건강 관련 물건이나 의약품에 의한 위험이 남성보다 여성에 더 큰 영향을 미친다. 신약 제조, 작업장의 안전성이나 오염과 관련된 규제를 무시하는 것은 많은 사람에게 육체적 피해와 죽음을 야기할 수 있다. 산업 재해에 관한 정확한 통계를 얻기 어렵고, 모든 혹은 대다수의 산재로 인한 사망과 부상이 고용주의 안전 관리 소홀로 인한 것이라고 탓할 수도 없지만, 일터의 위험으로 인한 사망자는 살인 사건 사망자를 능가한다. 많은 죽음과 부상이 고용주나 경영자가 법적으로 부과된 안전 규제를 소홀히 했기 때문에 생긴 결과라는 근거가 상당히 있다.

기업 범죄의 희생 패턴은 단순하지 않다. 때로 인도 보팔Bhopal 화학공장에서 화학 물질 유출(1984)과 같은 환경 파괴 혹은 실리콘 유방 확대 수술에 의한 여성의 건강 위험에서처럼 분명한 희생자가 있다. 최근 열차 충돌 사고로 다친 사람들이나 죽은 사람들의 친척은 기업의 이사들을 근무 태만이라는 책임을 물어 법정에 세웠다.

그러나 많은 경우 기업 범죄의 희생자들은 자신들을 결코 희생자로 보지 않는다. 전통적인 범죄에서는 희생자와 가해자 사이가 더 가깝기 때문이다. 즉 전통적인 범죄에서 당신이 피해를 받았다고 인식하지 못하기 어렵다. 그러나 기업 범죄에서는 시간적, 공간적으로 거리가 커서 희생자들이 희생을 당하고 있다는 것을 알아차리지 못하거나 범죄에 대해 어떻게 배상받아야 할지 모른다. 또한 해로운 결정이 개인이 아닌 임원진에 의한 것이라면 누구를 처벌해야 할지 알기가 더 어렵다. 개인의 책임이라는 원칙에 입각해 만들어진 법의 경우, 기업 범죄는 해결하기 어려운 문제들을 야기한다.

국가 범죄

'국가를 위해, 국가에 의해' 저질러지는 범죄인 국가 범죄state crime는 다른 범죄만큼 주목받지 못한다(Doig 2011). 이처럼 정의는 놀라울 정도로 간단하고 명료하지만, 많은 어려운 정의와 관련된 문제를 숨기고 있다. 예를 들어 '국가'란 무엇을 의미하는가, 국가에 의한 잘못은 '범죄'인가?

여러 연구자들은 '국가'를 정부, 경찰, 군대와 다양한 '국가 재정 지원' 공공 조직으로 본다. 그러나 이러한 것은 무기 생산과 용병 같은 정부의 재정에 근거한 계약을 수행하는 회사를 포함해야 하는가? 또한 '국가'의 개념이 지나치게 일반적이고 단일한가? 국가의 각 부처에서 상대적으로 자율적인 의사결정이 이루어지고, 관료와 관리자 및 명령자에 의해 이루어지는 결정을 고려했을 때, 궁극적인 의사결정자를 분리해 내기란 쉽지 않다.

비슷하게, 국가 범죄는 국가 자체의 법률이나 국제법을 어기는 국가와 국가 관료의 행위로 제한될 수 있다. 예를 들어 2003년 네덜란드의 이라크 침공 참가에 대한 공식적인 조사는 네덜란드 정부가 국제법을 위반했다고 결론지었다. 영국에서는 이라크에서 '불법적인 전쟁'에 영국이 참여하도록 한 토니 블레어 총리가 재판을 받아야 하는 전쟁 범죄자라는 주장이 있었다. 1998년에 만들어진 새빌 조사Savill Inquiry는 1972년 북아일랜드 데리에서 시위행진을 하는 영국 시민들에게 발포한 '피의 일요일'에 대한 조사 목적으로 이루어졌다. 그날 사격 명령이 상부 공무원에 의해 이루어진 것이냐, 고위 정치인에 의해 이루어진 의도적인 정책의 일부였느냐가 관건이었다. 이 모든 경우에서 초점은 국내법과 국제법의 위반에 관한 것이었다.

그러나 국가가 범죄와 합법성의 경계를 유지하고 무엇이 '범죄'를 구성하는지 정의하고 재정의하는 문지기라면, 이러한 정의는 지나치게 좁다. 결과적으로 일부 범죄학자들은 정의를 확장하고자 한다. 로스Ross는 국가 범죄를 "은폐, 부패, 허위 정보, 불통, 국내법과 국제법의 위반"으로 정의한다(2000: 5~6). 또한 국가 범죄는 공식적으로 불법적이라고 선언되기에는 부족하지만, 다수의 인구에 의해 불법적이고 해가 되는 것(예를 들면 노동자 착취)이라고 여겨지는 국가의 행위도 포함한다. 이러한 정의는 범죄와 공적으로 해로운 범죄와 은폐를 적극적으로 하는 행위와 더불어, 작업장 규제를 집행하지 않는 것과 같은 '생략 행위acts of omission'를 포함한다.

다른 사람들은 이러한 정의가 너무 광범위해 적용하기 힘들다고 본다. 샤르칸스키Sharkansky는 '국가 범죄'가 너무 무분별하게 사용되어 '바람직하지 않은 행위의 또 다른 표현'으로 사용되었다고 주장한다(2000: 39). 국가 범죄의 정의를 둘러싼 논쟁은 국가 범죄 연구를 어렵게 만들었고, 하위 분야의 발전을 제약했다. 도이그Doig는 "국가 범죄의 연구는 틈새 활동으로 지속적으로 이루어지고 있다. 그렇지만 틈새 안에서 여러 가지 이슈가 나눠지고 있다"고 제시한다(2011: 44).

교도소, 처벌과 재활

지금까지 논의에서 보면, 범죄 행동을 통제하고 감소시키려는 시도가 이루어지고 있는 것은 분명하다. 하지만 예방이 실패하면 사회는 그들을 처벌하고, 대부분의 법률 제도에서 범죄자들의 자유를 억압하는 수감 제도가 활용된다. 이제는 범죄자의 통제, 개혁과 재활 시설로서 교도소의 사용에 대해 알아본다.

교도소는 무엇을 위한 곳인가

현대 교도소의 기본 원리는 개인들을 개선시켜 석방 후 사회에 복귀해 적절한 역할을 하도록 준비시키는 것이다. 또한 장기 수감 선고에 의존하는 교도소는 죄를 막는 강력한 요인이라고 볼 수 있다. 이러한 이유로 범죄율 증가에 대해 '강력하게' 대처하려는 정치인들은 더 가혹한 법체계와 교도소 시설 확장을 더 선호했다. 교도소는 수감된 범죄자들을 교화시키고 새로운 범죄를 저지르지 않도록 하는 교도 효과를 갖는가? 이것은 복잡한 문제지만, 증거들은 그렇지 않음을 보여 준다.

영국의 형법 체계는 1980년대 이래 더욱 가혹해졌다. 영국 내무부 장관은 1980년대부터 '교도소가 작동하기'를 시작해 범죄자를 사회로부터 격리시키고 다른 사람들이 범죄를 단념하게 만든다고 말했다. 2013년 1월 기준 잉글랜드와 웨일스의 교도 시설 수감자는 역대 최대인 8만 4천430명이었다. 잉글랜드와 웨일스는 다른 서유럽 국가에 비해 인구 10만 명당 수감자가 148명으로 가장 높았지만, 동유럽 국가인 폴란드의 217명, 러시아의 475명에 비하면 월등히 낮다. 반면에 독일은 10만 명당 79명, 노르웨이는 72명밖에 되지 않는다(〈표 20-2〉 참조). 잉글랜드와 웨일스 법원은 다른 유럽 국가들보다 피고들에게 더 많은 형량을 선고했다. 일부 비평가들은 영국이 선진국 중 가장 강하게 처벌하는 나라인 미국의 전철을 밟고 있다고 이야기한다.

죄수들은 육체적으로 함부로 다루어지지는 않지만, 다른 많은 형태의 박탈로 인해 고통받는다. 그들은 자유를 박탈당했을 뿐만 아니라 적절한 소득, 가족, 친지들과 함께하는 것, 이성 관계, 의복과 다른 개인적인 물품들을 박탈당했다. 그들은 수감 인원이 너무 많은 교도소 안에서 살아야 하고, 엄격한 훈육 과정과 일일 생활에 대한 통제를 받아들여야 한다(Stern 1989). 이러한 조건에서 살아가는 것은 자신들의 행동을 사회의 규범에 맞출 수 없어서, 수감자들과 외부 세계가 분리되는 경향을 보인다.

죄수들은 외부와 너무 다른 환경에서 지내야 하고 교도소에서 배우는 습관과 태도는 그들이 습득하도록 기대되는 것과 정반대다. 예를 들어 그들은 일반 시민들에 대해 원한을 키우고, 폭력을 당연한 것으로 받아들이는 것을 배우며, 출소했을 때 관계를 유지하는 노련한 범죄자들과 접촉하고 이전에 몰랐던 범죄 기술을 습득한다. 이러한 이유로 교도소는 때로 '범죄 대학'이라고 불린다. 전에 교도소에 수감되었던 사람이 다시 범죄를 저지르는 재범률recidivism이 대단히 높은 것은 놀라운 일이 아니다. 영국에서 교도소에서 살다가 풀려난 전체 남성 가운데 60퍼센트 이상이 원래 범죄 후 4년 이내에 다시 체포되었다. 두 차례 교도소 수감 생활을 했던 사람들의 경우에는 그 수치가 70퍼센트로 높아진다(Councell and Simes 2002).

교도소가 죄수를 교화시키는 데 성공하지 못했다는 증거들이 있지만, 교도소의 수를 늘리고 많은 범죄에 엄한 형을 선고하라는 엄청난 압력은 아직도 계속되고 있다. 교도소는 이미 수감자로 가득 채워져 새로운 시설을 건설해야 한다는 요구가 높다. 그러나 비판하는 사람들은 교도소 건설은 납세자들이 부담하기에 턱없이 비싸지만, 범죄율을 낮추는 데는 크게 기여하지 못한다고 주장한다.

표 20-2 세계 재소자 인구, 2013(명)

대륙	국가	재판 전 구금자 포함 교도소 인구	인구 10만 명당 교도소 인구
아프리카	남아프리카공화국	156,370	294
	짐바브웨	16,902	129
	케냐	452,000	121
	알제리	60,000	162
	에티오피아	112,361	136
	나이지리아	54,144	32
	부르키나파소	4,899	28
아메리카	미국	2,239,751	716
	멕시코	246,226	210
	브라질	548,003	274
	자메이카	4,201	152
	콜롬비아	118,201	245
	아이티	9,936	96
아시아	이스라엘	17,279	223
	이란	217,000	284
	태국	279,854	398
	중국	1,640,000[a]	121[a]
	인도	385,135	30
	일본	64,932	51
유럽	러시아	681,600	475
	폴란드	83,610	217
	잉글랜드와 웨일스	84,430	148
	이탈리아	64,835	106
	독일	64,379	79
	노르웨이	3,649	72
오세아니아	뉴질랜드	8,597	192
	피지	1,537	174
	호주	29,383	130
	통가	158	150
	파푸아뉴기니	3,467	48

참조: **a**는 판결을 받은 죄수만 가리킴.
출처: Walmsley 2013.

회복적 정의 운동

형사 체계의 개혁을 주장하는 사람들은 처벌적 정의punitive justice에서 회복적 정의restorative justice로 바뀌어야 함을 강조한다. '회복적 형사 체계'는 커뮤니티 봉사를 선고해 범죄를 저지른 사람들이 죄의 대가를 인식하게 하려 한다. 범법자들은 커뮤니티 봉사 프로젝트에 가담하거나 희생자와 중재자가 있는 화해 모임에 필수적으로 참여해야 한다(Rossner 2013). 범죄 행위 이후 사회와 격리시키기보다는 주류의 사회적 관계로 재통합되도록 돕는 의미 있는 방식으로 범죄의 대가를 치르게 하는 것이다(Graef 2001).

존 브레이스웨이트John Braithwaite는 가장 효과적인 형태의 회복적 정의는 '재통합적 부끄러움 주기reintegrative shaming' 원칙과 그 원칙의 실행을 중심으로 이루어져야 한다고 주장한다(1999). 즉 죄를 범한 사람은 희생자와 직접 만나게 해야 할 뿐만 아니라, 그들을 부끄럽게 하는 '자유롭게 선택한 순응'으로 이끄는 방식으로 그들의 행위에 대한 사회의 비난도 접하게 해야 한다. 그는 이론에서 "부끄럽게 하는 것은 이 시민들이 적극적으로 책임을 지고, 시민들에게 해를 끼치는 범죄 행위에 대해 얼마나 분개하는지 알려 주는 수단이다"라고 주장한다(1999: 10).

그러나 브레이스웨이트는 부끄러움 주기가 낙인으로 이어질 수 있다는 점을 지적한다. 낙인은 범죄자를 아웃사이더로 만들어 일탈 하위문화로 떠민다. 그러므로 부끄러움 주기가 가해자를 존중하고, 효과적이며, 지역사회 참여를 촉진시키는 상호 의존 관계를 형성하는 것이 중요하다(Strang and Braitwaite 2001). 부끄러움과 같은 감정을 범죄 예방 수단으로 사용하는 것은 빈집털이나 훔친 차를 타는 사람과 같은 범죄자에게 더 적합할 수 있지만, 갱단원이나 강간범에는 적합하지 않을 것 같다. 그러나 브레이스웨이트의 이론은 높은 재발률을 고려할 때, '사회 통제의 도덕화'가 억압적인 조치나 교도소가 실패한 곳에서 더 성공적일 수 있다는 것을 제안한다.

교도소가 제대로 작동하는지 그렇지 않은지에 관한 논쟁에 답하기는 쉽지 않다. 비록 교도소가 죄수를 갱생시키는 데 성공한 것으로 보이지는 않지만, 사람들이 죄를 저지르는 것을 억제하는 기능은 있다. 실제로 수감된 사람들이 억제되는 것은 아니지만, 일반인들이 범죄를 저지르는 것을 억제하기 때문이다. 교도소에 수감되는 것이 대단히 즐겁지 않은 일이 되게 하는 것은 잠재적 범법자들의 범죄를 억제할 수는 있지만, 교화라는 교도소의 목적 달성을 어렵게 만든다. 그러나 교도소의 조건이 덜 엄격할수록, 수감의 억제 효과는 감소한다.

범죄에 대한 사회학적 해석은 손쉬운 해결책이 없음을 분명히 한다. 범죄 원인들은 도심의 조건, 악화되는 젊은 사람들의 생활 조건을 포함한 사회 구조적 조건들과 밀접하게 관련되어 있다. 예를 들어 교도소를 사회로의 복귀를 위한 장소로 만들거나 커뮤니티 사회봉사와 같은 대안의 실험과 같은 단기적인 조치들이 더 탐색되고, 효과적인 문제 해결을 위해 장기적인 조치가 되어야 한다(Currie 1998).

세계적 맥락에서의 범죄

조직범죄

조직범죄organized crime는 정통적인 사업의 성격이 강하지만, 불법 형태의 활동을 지칭한다. 조직범죄는 밀수, 불법 도박, 마약 거래, 매춘, 대규모 절도와 갈취를 포함한다. 폭력 범죄는 폭력과 폭력의 위협에 의존한다. 전통적으로

멕시코의 마약과의 전쟁

멕시코의 마약 문제는 점점 심각해지고 있고, 연방 정부의 시도도 필요로 하지 않는다. 3년 반 전 펠리페 칼데론Felipe Calderon은 대통령 선서 직후 마약과의 전쟁을 선포했다. 이후 2만 3천 명이 마약 관련 폭력으로 사망했고, 설문 조사에 따르면 다수의 멕시코인은 대통령이 마약과의 전쟁에서 패배하고 있다고 믿는다. 마약 카르텔이 활동하는 도시에 연방군을 파견했지만 마약과의 전쟁에서 패배하고 있다고 생각한다. 빈곤 퇴치를 위해 여러 사회 프로그램이 만들어졌음에도 불구하고, 빈곤은 여전히 돈이 되는 마약 거래에 뛰어들게 만든다. 매일같이 군대가 마약 거래를 근절시키기 위해 작전을 펴고 있음에도 말이다.

[……]

수십조 달러 산업

군대는 마약 거래 근절 작전이 결실을 거두고 있다고 주장한다. 2010년까지 이 지역에서 2만 8천321곳의 마리화나 농장과 1만 466개의 양귀비 나무를 제거했다고 말했다.

군인들이 창고에서 메타암페타민으로 거리에서 팔리는 얼얼한 반액체/반고체 결합물로 가득한 플라스틱 상자를 전시하고 있다. 플라스틱 자루에는 1천700만 달러 가치의 아편이 들어 있다. 매우 지독한 냄새가 난다. 이러한 압수물들은 수십조 마약 산업의 아주 작은 부분만 보여 줄 뿐이다. 마약 산업을 다루는 일은 대단히 어렵다는 것이 증명되었다. "정부가 밝혔듯이, 마약 카르텔은 아마도 어느 누가 생각하는 것보다 더 강력하다"라고 전 외무부 장관 호르헤 카스타네다Jorge Castaneda는 말했다.

[……]

정부의 전략

지금까지 전쟁은 군대와 경찰을 후아레스와 같은 도시에 보내 시작되었다. 후아레스는 미국으로 밀수입되는 마약 밀매의 주요 루트다. 그것은 살인율을 낮추기 위한 대통령의 '충격과 공포'와도 같은 시도라고 간주될 수 있다. 공식적으로 마약 카르텔로 하여금 다른 루트를 찾도록 강제했다. 그렇더라도 후아레스의 시장 호세 레이에스 페리스Jose Reyes Ferriz는 아직도 장갑차를 사용하고 있다. 올 한 해, 멕시코의 살인 수도인 이 도시에서 1천 명 이상이 마약 관련 폭력으로 죽었다 — "우리는 이미 한 세대를 잃었다. 살해된 사람들의 60~70퍼센트가 14~24세 청소년들이었다"고 페레스 시장은 말한다.

페레스 시장은 모두 사회적인 이유 때문이라고 말한다. 실업이 많아지고 있다. 지역 마약 갱들을 암살하면 주당 45달러를 받는다. 부자가 되려는 것이 아니라 먹을 것을 얻기 위해 암살에 가담한다는 것이다. 멕시코 정부는 이러한 접근이 효과를 발휘하고 있다고 주장하고, 경찰과 군대 내 부패를 근절시키기 위한 프로그램이 작동하고 있다고 주장한다.

그러나 마약 카르텔을 없애는 것은 너무 야심적인 목표라는 것이 점차 인식되고 있는 듯하다. 페리스는 후아레스에서의 접근이 단순하다고 말한다. 멕시코의 다른 도시로, 그리고 다른 나라로까지 마약 카르텔을 옮기는 것이다. 다른 사람의 문제로 만드는 것이다.

그는 경고한다. "만약 멕시코가 마약, 특히 코카인의 흐름을 미국이나 다른 나라로 이동시키는 데 성공한다면 과테말라, 엘살바도르, 온두라스, 코스타리카와 같은 작은 나라에 영향을 미칠 것이다. 이 나라들은 멕시코만큼 자본 환경이 갖추어져 있지 않아 마약의 흐름을 차단하는 데 성공하지 못할 것이다."

출처: Price 2010.

조직범죄가 문화적으로 특수한 방식으로 개별 국가들 내에서 발달했지만, 점차 초국적인 규모로 확대되고 있다.

조직범죄의 손길이 이제 전 세계 많은 나라에서 느껴지지만, 역사적으로는 아주 일부 국가들에서만 특히 강했다. 예를 들어 미국에서 조직범죄는 자동차 산업과 같은 주요 정통 경제 부문과 경쟁하는 거대한 사업이다. 전국적, 지역적 조직들이 대규모 소비자들에게 불법적인 재화와 서비스를 제공한다. 경마, 로터리와 스포츠 게임에서 이루어지는 불법적인 도박은 미국에서 조직범죄가 만들어 내는 소득의 주요 원천이다. 조직범죄는 19세기 말 산업 '절도 귀족'의 활동과 연관되어 있기 때문에 미국에서 중요했을 것이다. 초기 기업가들은 근로조건에 관한 규제를 대체로 무시하고 산업 제국을 건설하기 위해 자주 부패와 폭력을 함께 사용하면서 이주 노동자들을 착취해 부를 축적했다.

비록 영국의 조직범죄에 관한 체계적인 자료는 없지만, 영국이나 다른 도시에는 광범위한 범죄 네트워크가 있다는 것이 알려졌다. 일부는 국제 네트워크도 가지고 있다. 특히 런던은 세계에 근거지를 둔 범죄 활동의 중심이다. 트리아즈Triads(홍콩과 동남아시아에서 온 중국 갱 집단), 야디스Yardies(카리브 지역과 연계된 마약 딜러)는 가장 큰 범죄 네트워크지만 동유럽, 남아메리카와 서아프리카에서 온 조직범죄 단체들도 돈세탁, 마약 거래 및 사기에 관련되어 있다.

조직범죄는 30년 전보다 훨씬 복잡하다. 각기 다른 범죄 조직을 연결하는 하나의 전국적 조직은 없지만, 이러한 범죄들은 이전보다 훨씬 세련되었다. 예를 들어 일부 대규모 범죄 조직들은 돈세탁을 막기 위한 절차에도 불구하고 거대 은행을 이용해 돈세탁을 하고, '깨끗한' 돈을 이용해 정당한 사업에 투자한다. 경찰은 매년 범죄를 통해 만들어진 25억 내지 40억 파운드의 돈이 영국의 은행들을 거친다고 믿고 있다.

조직범죄의 변화

『천년의 종언End of Millennium』(1998)에서 마누엘 카스텔스는 조직범죄 단체들의 활동이 점차 국제화되고 있다고 주장한다. 그는 국경을 넘어 이루어지는 범죄 활동의 조정은 새로운 글로벌 경제의 핵심적인 모습이라는 것을 지적했다. 마약 거래에서 위조지폐, 불법 이민, 인간 장기 거래에 이르기까지 조직범죄 단체들은 영토 내에서보다 유연한 국제적 네트워크 안에서 활동한다.

카스텔스에 따르면, 범죄 단체는 서로 전략적 제휴를 맺는다. 국제 마약 거래, 무기 밀수, 핵물질 판매, 돈세탁은 모두 국경과 범죄 단체들을 넘어 연결되어 있다. 범죄 조직들은 활동상 위협이 적은 저위험 국가들에서 활동 기반을 두는 경향이 있다. 최근 구소련이 국제 조직범죄를 위한 거점이 되고 있다. 이러한 네트워크화된 범죄의 유연한 성격은 법집행을 상대적으로 쉽게 피할 수 있게 한다. 하나의 '안전한 천국'이 더 위험해지면, 조직이 새로운 패턴으로 바뀔 수 있다.

정부와 경찰의 수많은 캠페인에도 불구하고, 마약 거래는 빠르게 확대되는 국제 범죄 산업 중 하나다. 1980년대부터 1990년대까지 매년 10퍼센트 이상 증가해 대단히 높은 수익을 거두었다. 2009년 UN은 3천330억 달러의 글로벌 마약 거래가 이루어지고 있다고 추정했다. 헤로인 네트워크는 극동, 특히 남아시아를 가로질러 뻗어 있고, 북아프리카와 중동 및 라틴아메리카에도 형성되어 있다. 공급선 또한 파리와 암스테르담을 관통한다. 보통 파리와 암스테르담에서 영국으로 마약이 공급된다.

사이버 범죄

최근 발달한 정보 기술로 인해 국제적인 조직범죄가 한층 더 촉진되었을 뿐만 아니라, 정보와 원거리 통신 혁명이 범죄 양상을 근본적으로 변화시킬 것이라는 점은 분명하다. 기술 진보는 새로운 기회와 혜택을 제공하지만, 범죄에 대한 노출을 증대시킨다. 정보 기술을 이용한 사이버 범죄의 규모를 추정하기는 힘들지만, 현재 나타나는 사이버 범죄의 주요 형태는 짐작할 수 있다. P. N. 그래보스키P. N. Grabosky와 러셀 스미스Russell Smith는 기술에 기반을 둔 아홉 가지 범죄를 찾아냈다(1998).

1. 전화 통화 불법 도청이 용이해졌다. 이것은 배우자 감시에서 첩보 활동까지 광범위하다.
2. 전자 약탈과 테러에 대한 취약성이 높아졌다. 서구 사회는 점점 더 컴퓨터 체제에 의존하고 있다. 해커

세관 직원들은 국가 간 마약 움직임을 추적하고 운송을 차단하기 위해 많은 시간을 보낸다.

나 바이러스에 의한 손상이 심각한 위험을 초래할 수 있다.

3. 통신 서비스를 도용하는 일이 많아졌다. 발각되지 않고 은밀한 사업을 하거나 무료 혹은 할인된 전화를 받기 위해 텔레콤과 휴대전화를 조작할 수 있다는 것을 의미한다.
4. 통신 사생활 침해 문제가 점증하고 있다. 물건, 소프트웨어, 필름과 CD를 복사해 저작권을 위반하는 것이 상대적으로 쉬워졌다.
5. 사이버 공간에서 포르노그래피와 외설적인 내용을 통제하기는 어렵다. 외설물, 인종차별적인 선전과 방화 장치를 만드는 교육 모두 인터넷에 설치할 수 있고, 인터넷을 통해 내려 받을 수 있다. 사이버 스토킹은 온라인 사용자에게 가상적인 위협이 될 뿐만 아니라 실질적인 위협이 될 수 있다.
6. 텔레마케팅 사기가 증가했다. 기만적인 자선 활동과 기만적인 투자 기회를 통제하기 힘들다.
7. 온라인 자금이체 범죄 위험이 증가했다. 현금 지급기, e-거래와 전자 화폐 사용이 인터넷에서 확산되면서, 거래 중간에 사고가 생길 수 있다.
8. 범죄로 얻은 돈의 출처를 감추기 위해 전자 자금 세탁이 이루어질 수 있다.
9. 전자통신이 범죄 음모에 더 많이 사용될 수 있다. 정교한 암호화 체계와 고속 자료 전송 때문에 법 집행 기관들이 범죄 활동에 대한 정보를 파악하기 어렵다. 이것은 특히 새로운 국제 범죄 활동에 이용되고 있다.

사이버 범죄가 이미 증가하고 있다는 징후들이 있다. 영국 인터넷 사용자를 조사한 유거브YouGov는 2001년 조

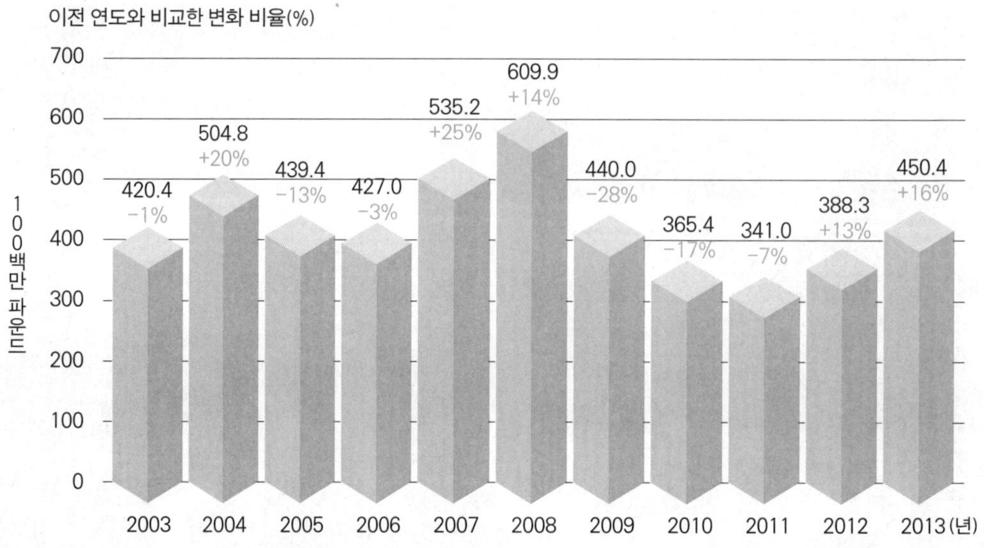

그림 20-5 영국의 연간 신용 카드 범죄 피해 현황, 2003~2013

출처: Financial Fraud Action UK 2014: 8.

사에서 조사한 기업의 52퍼센트가 인터넷 사기가 실질적인 문제라고 답한 반면, 2005년 조사에서는 20명 중 1명이 인터넷 사기로 돈을 잃은 경험이 있다고 밝혔다(Wall 2007). 1990년대 이래 신용 카드와 직불 카드 도용이 급격히 늘었고, 2008년에는 약 6억 1천만 파운드로 정점을 찍었다. 그러나 온라인 신원 확인 프로그램과 같은 새로운 위조 방지 수단을 도입해 사기로 인한 피해 액수는 다시 증가하기 전인 2011년에 3억 4천100만 파운드로 크게 떨어졌다(〈그림 20-5〉 참조).

카드 도용을 막기 위한 조치가 강화되자 범죄자들은 새로운 방법을 모색했다. 예를 들어 카드 소지자가 전화 통화나 직접 만남을 통한 사기꾼의 속임수에 넘어가 은행이나 경찰로 착각하고 카드의 비밀번호를 알려 주거나 카드 자체 혹은 PIN 번호를 넘겨주는 '보이스 피싱'이 크게 증가했다. 다른 형태는 카드 소지자의 신상 정보를 훔쳐 온라인 구매나 전화 혹은 인터넷 구매를 하는 '카드 사기'와 개인 컴퓨터나 스마트폰에 악성 코드로 공격하는 것이다. 많은 사람이 온라인 구매나 은행 거래를 함에 따라, 이러한 사례는 더 증가할 것으로 보인다.

데이비드 월David Wall은 통신 기술이 발달하면서 사이버 범죄에 연속적인 세 단계가 있다고 말한다(2007). 사이버 범죄 1세대는 전통적 범죄 방식에 컴퓨터를 보조로 사용한다. 예를 들어 마약 거래자들은 존재하는 그 어떠한 통신 수단이라도 사용하고 컴퓨터가 없어진다고 해도 계속 거래할 것이다. 이와 비슷하게 무기나 폭탄 제조법을 찾는 것은 인터넷이 편하겠지만 전통적인 방식으로도 정보를 얻을 수 있다. 2세대는 전통적 범죄의 전 세계적 기회를 인터넷이 제공한다. 온라인 성인물의 국제 유통이나 인터넷 경매 사이트를 통한 국제 사기나 절도가 이에 속한다. 2세대 사이버 범죄는 전통적 범죄와 국제적 네트워크 환경의 합성물이라고 볼 수 있다.

3세대 혹은 '진정한 사이버 범죄'는 사이버 공간에서만 가능하고 완전한 인터넷의 결과물이다. 음악과 영화의 불법 다운로드, 가상 환경의 파괴와 바이러스를 포함한 스팸 메일 등이 이에 속한다. 스팸 메일은 사이버 범죄 자동화의 예인데, '봇네츠botnets'들이 감염된 컴퓨터를 조종해 나중의 명의 도용 범죄를 위해 개인 정보를 모으는 방식이다. 3세대 사이버 범죄는 더 빠르고 더 싼 인터

범죄와 범죄학의 미래

사회학적으로 상상하기 20-1

물리적인 현금이 존재하지 않고, 모든 개인 소유물에 전자칩이 붙어 있고, 개인의 주체성이 가장 중요한 자산인 세상을 상상해 보라. 영국 상무부DTI가 펴낸 『코앞에 닥친 일Just Around the Corner』이라는 보고서에 따르면, 테크놀로지의 발달에 의해 범죄는 완전히 달라질 것이다(2000). 그 보고서는 20년 이내에 자동차, 카메라, 컴퓨터 같은 많은 재화는 소유자만이 사용할 수 있게 프로그램되어 절도 대상으로서 매력을 잃을 것이다. 컴퓨터 칩, PIN 번호, 보안 코드와 같은 개인 명의가 보편화될 것이다. 온라인 거래, 스마트 카드 사용과 보안시설을 통과하는 데 개인화된 명의가 핵심이 될 것이다. 보고서에 따르면, 생활이 높은 수준의 테크놀로지에 기반을 더 두면 둘수록 '명의도용'과 개인 명의 절도가 더 빈번해질 것이다.

극적인 사례는 2007년 3월 패션 아웃렛 TX MAX를 소유한 미국 소매점 TJX가 고객이 사용한 적어도 4천570만 건의 신용 카드 거래 정보를 해커들이 훔쳐갔다고 밝혔을 때다. TJX는 도난이 어느 정도인지 그리고 고객 계좌에 미친 영향이 어느 정도인지 알 수 없고, 단지 2005년 7월 이후 16개월 동안 정보가 해커에 의해 접속되었다고만 밝혔다. '칩과 핀'을 도입해 대체로 카드가 더 이상 존재하지 않게 되면서 훔친 영국 카드들은 쓸모없게 되었다. 그렇지만 이 사례는 세계적 정보화 시대에 잠재해 있던 대규모 '가상' 절도와 명의도용을 드러냈다.

이 사건은 주류 범죄학을 다시 생각하게 만들었다. 제이섄커Jaishankar는 그것을 다음과 같이 요약했다(2011: 411).

> 사이버 공간은 새 천년 사회에 수많은 잠재적 기회를 제시한다. 1990년대 새로운 시대가 시작되어 인터넷 테크놀로지가 지배했다. 그러나 네티즌의 증가는 테크놀로지를 단순한 매개체로 축소시켰다. 추가적으로 기계로 기계를 공격하던 파괴자들은 기계를 통해 실제 인간을 공격하기 시작했다. 이러한 급격한 발달이 범죄학으로 하여금 사이버 공간에서 이루어지는 범죄 행위를 연구하고 분석할 필요를 낳았다. 사이버 공간에서 발생하는 범죄, 범죄자 행동과 피해자화는 사회과학 관점 대 테크놀로지 관점에서 연구되어야 한다. 그리하여 사이버 범죄학이 학문 분야로 탄생했다.

비판적으로 생각하기 THINKING CRITICALLY

이 보고서는 얼마나 정확한 것으로 밝혀졌는가? 사이버 범죄가 사이버 범죄학이라는 새로운 분야를 필요로 한 이유를 제시해 보라. 대안적으로 제시된 새로운 학문 분야가 왜 실제로는 시작되지 못했는지 이유를 제시해 보라.

넷 광역망이 보급되고 사람들이 온라인에 머무르는 시간이 길어지면서 범죄 기회가 더욱 확대되었다.

비판적으로 생각하기 THINKING CRITICALLY

그래보스키와 스미스(1998)의 사이버 범죄 아홉 가지 유형을 데이비드 월(2007)의 사이버 범죄 세 단계로 분류해 보자. 몇 가지가 '순수한' 혹은 '3세대' 사이버 범죄 유형인가? 이들은 기존 범죄와 어떻게 다른가?

세계적으로 원격 통신 범죄가 확산되어 법 집행에 새로운 도전을 제기한다. 한 지역에 침투한 범죄 행위가 전 세계 희생자들에게 영향을 미칠 수 있다. 이것은 범죄를 찾아내고 처벌하는 것이 어려워진다는 것을 함의한다. 범죄 행위가 발생한 나라의 경찰이 사법권을 결정할 필요가 있고, 범죄자를 인도하고 수사에 필요한 증거를 제공할 필요가 있다. 비록 현재 사이버 범죄의 증가로 인해 국경을 넘는 경찰의 공조가 개선되더라도, 사이버 범죄자들은 활동할 커다란 공간을 가지고 있다.

세계 여러 나라에서 금융, 상업, 생산 체제가 전자적으로 통합되는 때, 인터넷 사기와 허가되지 않은 전자 침입과 컴퓨터 바이러스의 위협은 기존 컴퓨터 시스템의 보완에 대한 항상적인 위협이 되고 있다. 미국 연방수사국FBI에서 일본 정부의 새로운 해커 방지 경찰에 이르기까지, 정부들은 국경을 넘나드는 새롭고 잘 포착되지 않는 형태의 사이버 활동에 대응하기 위해 노력하고 있다.

결론: 범죄, 일탈과 사회 질서

범죄와 일탈을 모두 부정적으로 보는 것은 잘못이다. 인간이 다양한 가치와 관심을 가지고 있다는 것을 인정하는 사회에서 다수가 추구하는 규범에 순응하지 않는 개인이나 집단에도 틈을 제공해야 한다. 흔히 정통적인 방식을 따르는 사람들은 정치, 과학, 예술이나 다른 분야에서 새로운 생각을 발전시키는 사람들을 의심이나 적개심을 가지고 대한다. 예를 들어 개인의 자유와 기회의 평등 같은 프랑스혁명에서 발전된 정치적 이상이 그 당시 많은 사람의 저항을 받았지만, 이제는 전 세계에서 받아들여진다. 사회의 지배적인 규범에서 벗어나는 일은 용기와 결단을 필요로 하지만, 이후 일반적인 이익에 합당해 보일 수 있는 변화 과정을 보장하는 것이 때때로 중요하다.

순응하지 않는 일에 가담할 수 있는 여지를 허용할 때, '해로운 일탈'은 사회가 지불해야 할 대가인가? 예를 들어 높은 폭력적 범죄율은 시민들이 누리는 개인적 자유의 대가로 사회가 지불해야 하는 비용인가? 어떤 사람들은, 엄격하게 정의된 순응이 적용되지 않은 사회에서 폭력적인 범죄는 불가피하다고 주장한다. 그러나 이러한 견해를 면밀하게 검토해 보면 타당하지 않다. 개인의 자유를 넓게 인정하고 일탈 행위를 관용하는 사회(네덜란드와 같은 사회)에서는 폭력범의 비율이 낮다. 반대로 개인의 자유가 억제되는 사회(남아메리카와 같은 사회)에서는 폭력이 많은 것을 알 수 있다.

일탈 행위에 대해서 관용적인 사회는 사회 해체를 겪을 필요가 없다. 그러나 좋은 결과는 개인의 자유와 사회 정의가 결합되는 곳에서 얻어질 수 있다. 그런 사회에서는 불평등이 그다지 크지 않고 모든 사람이 충만하고 만족스러운 삶을 살 수 있다. 자유와 평등의 균형이 잡히지 않고 많은 사람이 자신의 삶이 충족되지 않는다고 생각하면, 일탈 행위는 사회적으로 파괴적이고 범죄적인 목적으로 나타나기 쉽다.

1 범죄와 일탈의 사회학과 범죄학의 주된 차이는 무엇인가? 학자들이 '일탈'과 '범죄' 개념을 사용하지만, 그들이 '정상적'이라는 개념에 대해서는 왜 조심스러워하는가?

2 범죄와 일탈을 설명하는 생물학적이고 개인주의적인 이론과 설명에 대한 사회학적 비판을 제시해 보자.

3 뒤르켐은 어떤 수준의 일탈이 사회에서 불가피할 뿐만 아니라 사회에 기능적이라고 주장한다. 일탈이 사회에 '역기능적'인 수준이라는 것을 평가하기 위해 어떤 기준이 사용될 수 있는가?

4 로버트 머턴의 범죄 '긴장이론strain theory'을 개략적으로 서술하고, 어떻게 뒤르켐의 아노미 개념을 수정했는지 설명해 보자.

5 제1차적 일탈과 제2차적 일탈의 차이를 설명해 보자. 낙인 이론 관점은 어떤 일탈에 초점을 맞추는가? 그 이유는 무엇인가? 사회 행위자들과 기관이 하는 역할을 주시하면서 개인이 일탈적인 자기 정체성을 갖게 되는 상호작용 과정을 기술해 보자.

6 왜 일부 마르크스주의자들은 범죄를 노동 계급의 반란이라고 보는가? 어떤 유형의 범죄가 이러한 주장을 지지하는가? '새로운 범죄학'은 범죄 연구에서 어떤 혁신을 도입했는가?

7 환경범죄학은 범죄 저항적 환경의 디자인에 초점을 맞춘다. 범죄 연구와 예방에서 인간의 의도를 중심에 놓지 않음으로써, 사회학은 중복적이 되었는가?

8 잉글랜드와 웨일스의 범죄 조사는 어떤 유형인가? 그리고 어떤 식으로 조사되는가? 이것은 경찰의 범죄 수치보다 더 믿을 만한가? 모든 범죄가 보고되거나 기록되지 않는다. 사람들이 자신들에게 가해진 모든 범죄를 보고하지 않는 이유에 대해 설명해 보자.

9 범죄에서 젠더 차이는 사회학적으로 어떻게 설명될 수 있는가? 범죄 통계를 이용해 지난 30년 이상 범죄의 젠더 패턴을 기술해 보자.

10 화이트칼라 범죄와 기업 범죄의 차이를 설명해 보자. '길거리 범죄'보다 기업 범죄가 사회에 더 해롭다고 주장하는 이유는 무엇인가? '국가 범죄'를 어떻게 정의할 수 있는가?

11 교도소가 제대로 작동하고 있다, 교도소가 제대로 작동하지 않고 있다는 각각의 증거는 무엇인가? 회복적 정의는 무엇이고, 사람들은 왜 회복적 정의가 재범률을 낮출 것이라고 믿는가?

12 '진정한 사이버 범죄'를 정의하고 예를 제시해 보자. 세계화가 조직범죄의 증가를 촉진한 이유는 무엇인가?

실제 연구

●●● Research in practice

소설에서는 곳곳에서 범죄의 재현이 이루어지며 또한 다양하다. 그러나 고통스러운 치안을 유지하기 위해 일하고, 사회질서를 회복하며, 독자들에게 범죄는 꼭 죗값을 받는다는 것을 다시 확인시켜 주면서 범죄자를 항상 체포하는 제한된 범위의 수사관들이 있다. 다음 글은 수사관이 오늘날 정치적, 사회적 이슈에 대한 비판적 분석가가 되면서 '암흑가 범죄 수사 영화'가 이러한 수사관의 재현을 파괴하고 있음을 보여 준다. 아래의 글을 읽고 다음 질문에 답해 보라.

Macleod, M. (2014) 'The Contemporary Fictional Police Detective as Critical Security Analyst: Insecurity and Immigration in the Novels of Henning Mankell and Andrea Camilleri', *Security Dialogue*, 45: 515~529.

1 왜 사회학자는 범죄 소설과 같은 대중적인 문화 형태를 연구하는가? 저자들에 의해 제시된 이유는 무엇인가?
2 영화 속 인물 월랜더와 몬탤바노는 어떤 방식으로 경찰 소설의 구문을 수정해 안심시키는 말을 거부하는가?
3 두 소설은 이민과 국경 통제를 다루고 있다. 작가는 왜 각국에서 이민자에 대해 공포를 갖는다고 설명하는가?
4 두 권의 소설에서 핵심적인 범죄는 다소 통상적인 방식으로 해결된다. 그러나 이 논문은 표준적인 경찰 소설이 제공하는 통상적인 안심을 제공하지 않는다는 것을 보여 준다. 왜 그럴까?

생각해 볼 것

●●● Thinking it through

대부분의 기존 형사 체계는 인과응보식 정의에 기반을 두고 있다. 최근 인과응보식 정의에 대한 보안이나 대안으로 회복적 정의가 옹호되고 또한 실시되고 있다. 이 두 가지 정의의 공존이 가능한가? 기존 형사 체계에서 회복적 정의는 단순히 부차적인 것인가? 이 문제를 다루는 다음 논문을 읽어 보자.

Armstrong, J. (2014) "Rethinking the Restorative-Retributive Dichotomy: Is Reconciliation Possible?", *Contemporary Justice Review*, 17(3): 362~374.

1 저자는 두 가지 철학의 조화 가능성에 대해 비관적인가? 논문에서 제시된 예를 가지고 왜 이러한 비관주의에 대한 좋은 근거가 있는지 설명해 보자.
2 회복적 정의를 실제로 적용하는 것은 먼저 회복적 정의에 대한 분명한 정의를 필요로 한다. 암스트롱은 이 문제를 회복적 정의가 처벌 대안인가 아니면 대안적 처벌인가 하는 문제로 본다. 이 장과 다른 곳에서 제시된 실제 예를 들어, 처벌에 대한 회복적 정의의 철학적 토대에 대한 나만의 결론을 포함하는 짧은 에세이를 써보자.

1 열아홉 살 아시아계 영국인 자히드 무바렉은 6파운드짜리 면도칼을 훔친 것과 자동차 추돌로 인해 2000년 1월 영국 펠텀 소년범 범죄자 수용소에 3개월 수감 선고를 받았다. 인종주의자에다 위험한 사이코패스라고 교도관들에게 알려진 백인 스킨헤드족 로버트 스튜어트와 함께 수감되었다. 석방을 하루 앞두고 무바렉은 스튜어트의 공격으로 부상당해 병원에서 사망했다. 공식적인 조사 결과, 이 사건에는 186건의 문제가 있었고, 펠텀에는 제도적 인종주의가 팽배해 있다는 것이 밝혀졌다. 조사 보고서(https://www.gov.uk/government/publications/report-of-the-zahid-mubarek-inquiry)를 참조하라.

이 사건을 다룬 Antony Petrou 감독의 영화 〈We Are Monster〉(2014)를 보라. 이 영화는 로버트 스튜어트가 어떻게 살인적인 혐오범죄의 가해자가 되었는지에 초점을 맞추고 있다. 다음 이슈들을 생각해 보자.

- 스튜어트의 타자alter-ego를 만드는 장치가 그의 동기를 이해하는 데 도움을 주는가, 아니면 방해가 되는가?
- 수감자 평가 과정과 살인자의 제도적 맥락에 대해서 무엇을 배웠는가?
- 조사 보고서가 이미 주어진 상태에서 이렇게 극적인 영화는 이 사건을 이해하는 데 도움을 준다고 이야기할 수 있는가?

2 Peter Mullan의 영화 〈NEDS〉(2010)를 보라. 이 영화는 1970년대 글래스고의 도심에서 자란 존 맥길의 이야기를 다루고 있다. 맥길은 공부벌레에서 폭력, 흉기, 범죄와 반사회적 행위에 가담하는 갱 단원이 되었다. 다음 주제와 관련해 이 영화는 어떤 이야기를 해야 하는가?

- 반사회적 행동에 의한 해악의 심각성
- 범죄와 일탈의 수준을 예방하거나 증가시키는 경찰과 사회통제기관의 역할
- 청년들의 선택과 결정에 미치는 감옥의 억제 효과
- 낙인의 상호작용 과정과 일탈적 정체성을 만드는 데 낙인의 역할
- 청년의 범죄와 일탈에 관한 이론

이 영화는 의도한 대로 범죄학과 일탈의 사회학에서 이루어진 연구 결과에 의해 지지되는 '사회적으로 사실적인' 영화인가?

범죄와 일탈에 관한 입문서는 Tony Lawson과 Tim Heaton의 *Crime and Deviance* (2nd edn, Basingstoke: Palgrave Macmillan, 2009)와 Rowland Atkinson이 편집한 *Shades of Deviance: A Primer on Crime, Deviance and Social Harm* (London: Routledge, 2014)으로, 여러 유용한 내용을 포함하고 있다. Sandra Walklate의 *Criminology: The Basics* (3rd edn, Abingdon: Routledge, 2016)는 범죄학 이론과 연구를 다루는 아주 유용한 교과서다. Robert Reiner의 *Crime* (Cambridge: Polity, 2016)은 범죄의 여러 다른 의미와 해석과 사회에 미치는 범죄의 효과에 관한 안내를 제공한다.

영국의 맥락에서 범죄에 관한 논의로 Hazel Croall의 *Crime and Society in Britain* (2nd edn, London: Longman, 2011)은 이 장에서 다룬 이슈들에 대한 훌륭한 개괄서다. 사회학적 관점에서 범죄학을 다룬 또 다른 좋은 책은 Eamonn Carrabine, Pamela Cox, Pete Fussey, Dick Hobbs, Nigel South, Darren Thiel, 그리고 Jackie Turton의 *Criminology: A Sociological Introduction* (3rd edn, London: Routledge, 2014)이다.

범죄와 일탈 연구를 더 알고자 한다면 David Downes, Paul Rock과 Eugene McLaughlin의 *Understanding Deviance*(7th edn, Oxford: Oxford University Press, 2016)가 대단히 좋다. 또한 고려해야 할 두 가지는 Eugene McLaughlin과 John Muncie의 *The Sage Dictionary of Criminology* (3rd edn, London: Sage, 2012)와 Mike Maguire, Rod Morgan, 그리고 Robert Reiner의 *The Oxford Handbook of Criminology* (5th edn, Oxford: Oxford University Press, 2012)이다. 전자는 문자 그대로이고, 후자는 가장 권위 있는 범죄학 에세이 모음집이다.

범죄와 일탈에 관한 원문을 모아 놓은 것은 *Sociology:Introductory Readings* (3rd, Cambridge: Polity, 2010)이다.

관련 홈페이지

Internet links

- Polity
  www.politybooks.com/giddens
- The British Journal of Criminology
  http://bjc.oxfordjournals.org
- Critical Criminology(USA)
  www.critcrim.org
- An independent 'public interest charity' promoting the centrality of social justice
  www.crimeandjustice.org.uk
- World Prison Brief
  www.prisonstudies.org
- The Howard League for Penal Reform
  http://howardleague.org
- NACRO
  www.nacro.org.uk
- United Nations Office on Drugs and Crime
  www.unodc.org

21

정치, 정부, 사회운동

Politics, Government and Social Movements

정치사회학

권력
권위주의 정치와 민주주의 정치
민주주의에 반하는 엘리트와 관료제?
정치적 이데올로기

민주주의의 세계적 확산

공산주의의 붕괴
민주화와 그에 따른 불만들
세계적 거버넌스: 전망과 현실

사회운동과 사회 변화

사회운동이란 무엇인가
사회운동의 이론화
세계화와 '사회운동 사회'

결론

2011년 리비아에서 일어난 봉기는 42년간 지속된 카다피 총리의 권위주의 통치를 종식시켰다. 이는 중동에서부터 북아프리카에 걸쳐 광범위하게 퍼진 사회적 불안의 일부였다.

2011년 8월 리비아의 수도 트리폴리에서는 승리에 도취된 저항 세력이 리비아의 지도자 카다피 총리의 군사 기지로 입성했다. 그들 다수는 자신들이 그곳에 있다는 사실을 믿을 수 없었다. 카다피 정권은 안정적이고 강고해 보였으며 1969년 이후 계속 자리를 지켜 왔다. 저항 세력이 폐위된 지도자의 요새와 정원 안팎에서 승리를 만끽하는 모습을 담은 텔레비전 생중계 화면은 장기간 지속된 정치 체제가 종식되었음을 보여 주는 상징이었다.

무아마르 카다피Muammar Gaddafi 대령의 권위주의적 통치 체계는 UN이 승인한 나토NATO군의 공습과 첩보력이 지원되면서 전국으로 확산된 벵가지와 리비아 동부의 대중 봉기에 의해 끝났다. 새로운 임시 통치 조직인 국가과도위원회National Transitional Council는 국가와 통치 제도의 재건을 약속하며 리비아 대부분 지역에서 사실상 통제권을 장악했다.

그러나 2015년이 되면서 다양한 무장 부족 집단들이 자신들의 이해관계와 국가의 석유 자원에 대한 통제를 두고 서로 싸우고, 이슬람국가IS/다에시Daesh는 젊은 전사들을 끌어들이면서 데르나Derna로 진군했으며 두 개의 대립하는 정부가 존재했다. 트리폴리에는 무슬림 형제단, 베르베르인들 그리고 이슬람주의 연합인 '리비아의 새벽'에 연루된 다른 무장한 민군들이 기반을 두고 있다. 2014년에 선출된 또 다른 정부는 국제적으로 리비아 정부로서 인정을 받고 있다. 이들은 토브룩과 베이다에 기반을 두고 있는, '존엄 작전'의 군사 공격에 의해 지지를 받고 있다(Al Jazeera 2015). 명백히, 대중 혁명의 낙관주의는 오래전에 사라졌고 리비아는 복잡하고 폭력적인 내전으로 빠져들었다.

IS/다에시를 포함하는 테러리즘에 대한 논의는 제22장 〈국가, 전쟁, 테러리즘〉을 참조하라.

리비아혁명은 소위 '아랍의 봄Arab Spring'이라고 불리는, 튀니지, 이집트, 바레인, 시리아, 중동과 북아프리카 여러 국가에서 일어난 저항 운동이다. 이들은 정치적 자유, 민주주의, 경제 발전, 빈곤 퇴치, 부패 근절을 요구했다. 많은 이들이 장기간 지속된 체제가 광범위한 대중의 참여로 붕괴되는 방식에 깜짝 놀랐다. 이집트의 무바라크Mubarak 대통령, 튀니지의 벤 알리ben Ali 대통령, 리비아의 카다피가 모두 권좌에서 제거되었다. 그러나 민주주의적 물결은 시리아, 바레인, 알제리 그리고 예멘에서는 권위체가 강하게 짓밟아 강제적으로 진압되었다. 시리아는 또한 아사드Assad 대통령의 잔인한 권위주의 체제를 타도하고 국가의 통제권을 장악하기 위해 경쟁하는 집단들 간의 전장이 되었다.

이 장에서는 리비아 혁명과 그 여파로 출현하는 다수의 정치적 주제들에 대해 논의한다. 예를 들어 세계화 과정들은 어떻게 국가적 정치와 행정들을 변형시키고 있으며, 그에 따라 정치사회학의 이론과 개념들은 또 어떻게 변형되는가? 이미지들의 급속하고 전 세계적인 소통들과 전달들은 이집트, 튀니지, 리비아, 바레인, 시리아에 심대한 충격을 주었다. 그러나 디지털 혁명은 그저 '혁명적'인 정치가 아니라, '보통'의 행동에도 영향을 주는가? 카다피 체제의 전복은 정치사회학에서 가장 많은 논란이 되면서도 핵심적 개념 중 하나인 권력에 대한 의문을 제기한다. 권력이란 정확히 무엇이며, 그것은 어떻게 사회 집단들을 가로질러 작동하고 변동하는가? 정치적 저항과 사회운동은 오늘날 과거에 비해 더 많은 영향력을 행사할 수 있는가?

리비아에서 나타난 민주적 참여에 대한 열망과 요구는 낯선 것이 아니다. 사실, 소비에트 공산주의의 몰락과 냉전 종식 이후 지난 25여 년 간 민주주의의 세계적 확산이 현저하게 나타났다. 권위주의 체제는 불가피해 보이는 민주주의의 확산에 저항할 수 있는가? 반면에, 기존 민주주의 국가에서 많은 유권자들은 왜 참여에 무관심한가? 발전된 세계의 민주주의에서는 무엇이 잘못되었는가? 선출된 정치인들은 그들의 인민들로부터 신뢰를 잃었는가?

리비아의 저항 집단을 지지하기 위해 프랑스, 영국 등에 의해 수행된 군사 개입은 세계적 거버넌스라는 문제를 야기한다. 세계적 정부의 부재 속에서 갈등을 포함한 국제적 사안들은 어떻게 다루어져야 하는가? 예를 들어 시리아나 바레인과 달리 왜 리비아에 대한 개입은 옳은 것으로 여겨졌는가? 이 모든 주제들이 — 그리고 더 많은 것이 — 이 장과 제22장의 중심이다. 함께 그들은 정치사회학의 몇몇 중심 주제들에 대한 입문을 제공하며, 우리는 핵심 개념들의 간략한 윤곽을 살피는 것으로 시작할 것이다.

정치사회학

많은 사람들은 정치가 그들의 삶으로부터 동떨어진 것이라고 생각하거나, 흥미롭지 않은 것이라고 여기거나, 아마도 둘 다에 해당한다고 믿는다. 세계 각지의 의회는 주로 백인, 일반적으로 중년, 중산층 남성들에 의해 장악되었으며, 최근까지 공식 정치는 이들의 전유물로 여겨졌다. 오늘날 많은 여성과 소수 종족 집단의 구성원들이 의회나 정부의 구성원이 되어 오면서 상황은 크게 변했다. 하지만 정치 영역은 정부와 정당 경쟁으로 구성되어 있다는 생각은 지속되고 있다.

정치는 논쟁적인 개념이며, 오늘날 '정치적인 것'이 자리하는 영역은 정부와 선거 경쟁이라는 공식적 과정을 넘어선다. 영국에서 100만 명 이상 동원한 2003년 반전 운동은 정부의 이라크 침공을 방지하려는 명백한 정치적 목적을 띤 저항 운동이었다. 비슷하게, 이 책에서 논의되는 집단, 연결망, 조직들 중 다수도 '정치적'으로 보일 수 있다. 사람들이 사회를 변화시키기 위해, 아니면 기존 법률을 수정 혹은 유지하기 위해 단결할 때마다 우리는 그러한 활동을 최소한 부분적으로라도 정치적이라 할 수 있다.

우리가 그것을 좋아하는가 혹은 인지하는가 여부에 관계없이, 우리의 삶은 모두 정치 영역에서 일어나는 일들에 영향을 받는다. 좁은 의미에서조차 정부의 결정은 완전히 개인적인 활동에도 영향을 미치며, 전시에는 타인들이 필요하다고 여기는 목적을 위해 생명을 내놓으라고 명령할 수도 있다. 정부의 영역은 국가 권력이 행사되는 영역이고, 반면 정치적 삶은 좀 더 일반적으로 권력과 관련된 것이다. 누가 권력을 갖는가, 어떻게 그들이 그것을 얻는가, 그리고 그들은 권력으로 무엇을 하는가가 정치적 삶과 관련되어 있다.

특정 영토를 통치하는 의회 및 행정부(또는 공무원) 같은 제도를 갖춘 정부의 정치적 장치가 존재하고 그 권위가 법체계와 군사력을 사용할 수 있는 능력에 의해 뒷받침될 때, 우리는 국가가 존재한다고 말할 수 있다. 현대 사회는 모두 스스로를 한 민족이라 여기는 시민들이 전체 주민을 구성하는 민족국가다. 민족국가는 세계 각지에서 정규적으로 창조되어 왔다. 예를 들어 미국에서는 1776년에, 체코에서는 1993년에, 남수단에서는 2011년에 민족국가가 등장했다. 다음은 민족국가의 주요 특징이다.

- 주권: 민족국가 출현 전에는, 지배하는 영토의 경계가 불명확했고 중앙 정부가 행사하는 통제력 수준도 상대적으로 낮았다. 정부가 명확히 정의된 영토에 대해 최고의 권위를 갖는다는 주권 개념과는 관계가 없었다. 이와 달리 모든 민족국가는 더 분명하게 제한된 영토에 대한 최고의 권위를 갖는 주권 국가다.
- 시민권: 이전 시대들에서 왕들이나 황제들에 의해 지배되던 대다수의 사람들은 누가 지배하고 있었는지 거의 알지 못했으며, 정치적 권리나 영향력을 갖지 못했다. 오직 지배 계급들과 부유한 사회집단만이 정치 공동체에 속해 있었다. 민족국가에서 정치체계의 경계 안에 있는 사람들은 공통의 권리와 의무를 갖는 시민들이다. 오늘날 세계의 거의 모두가 국가적 정치 질서에 속한다.
- 민족주의: 민족국가는 '민족주의nationalism'의 발흥과 결합되어 있다. 민족주의는 공유된 정치 공동체에 참여하고 있다는 의식을 만들어 내는 상징들과 신념들의 집합이다. 개인들은 프랑스인, 가나인, 러시아인 등으로서의 자부심과 소속감을 느낀다. 민족주의는 거대한 문화적, 주권적 공동체인 국가와 자신을 동일시하는 주된 표현이다.

제22장 〈민족, 전쟁, 테러리즘〉에서 민족주의 현상을 더 상세히 탐구할 것이다. 시민권은 제13장 〈빈곤, 사회적 배제, 복지〉에서 논의된다.

권력

권력의 의미, 성격, 분배는 정치사회학자들의 핵심적 주제다. 사회학의 창시자 중 한 명인 막스 베버Max Weber는 권력에 대한 일반적 정의를 내렸다(1979[1925]: 53). 그에 따르면 권력은 "어떤 한 사람 혹은 여러 사람이 공동의 행위를 하면서 다른 사람의 저항이 있을 경우에조차 자신의 의지를 관철시킬 수 있는 가능성"이다. 많은 사회학자들은 베버를 따라 강제적인 권력 형태와 권위적인 권력 형태를 구분한다. 예를 들어 2003년 이라크 전쟁에 회의적인 사람들은 미국이 주도한 침공에 비판을 가했는데, 이라크 침공이 국가연합UN으로부터 명확한 승인을 받지 못했기 때문에 전쟁을 불법적인 것, 즉 권력의 강제적 사용으로 볼 수밖에 없다는 이유였다.

막스 베버는 권력을 권위의 상이한 범주 혹은 '이념형'으로 구분해 논의했다. 베버는 권위에 세 가지 원천, 즉 전통적, 카리스마적, 합리적·법적 원천이 있다고 보았다. 전통적 권위는 오랜 기간에 걸쳐 확립된 문화적 양식을 통해 정당화되는 권력이다. 베버는 이를 중세 유럽 귀족들의 가산제를 통해 설명한다. 반면 카리스마적 권위는 전통을 단절시키는 경향이 있다. 카리스마적 권위는 추종자들이 자신들의 지도자에게 느끼는 헌신적 감정으로부터 나오는데, 이들은 지도자가 비범한 자질을 지녔다고 믿는다. 베버는 '카리스마'를 개인의 특질로 보았다. 예수 그리스도와 아돌프 히틀러Adolf Hitler는 카리스마적 권위를 가진 개인들의 사례로 자주 거론된다. 그러나 카리스마적 권위는 보다 일상적인 방식으로 행사될 수도 있다. 가령 어떤 교사들은 어느 정도 카리스마적일 수 있다. 베버에 따르면, 과거 대부분의 사회는 전통적 권위 구조를 특징으로 하지만 이는 주기적인 카리스마의 분출에 의해 단절되었다.

베버는 현대 세계에서 합리적-법적 권위가 전통적 권위를 점차 대체하고 있다고 주장했다. 합리적-법적 권위는 법으로 정해진 규칙이나 규정을 통해 정당화되는 권력이다. 이는 베버가 사회의 정치 생활을 규정하는 공식 조직으로 묘사했던(1948) 현대의 조직과 관료제 정부에서 볼 수 있다.

권력에 관한 푸코의 설명

프랑스의 역사가이자 철학자인 미셸 푸코Michel Foucault(1926~1984)도 권력에 대해 매우 영향력 있는 설명을 전개했는데, 이는 베버의 형식적 정의와는 거리가 멀었다. 푸코는 권력은 어느 한 제도, 예컨대 국가에 집중되어 있지 않고, 개인들의 어느 한 집단이 보유하지도 않는다고 선언했다. 푸코는, 스티븐 루크스Stephen Lukes의 권력 모델을 포함하는, 권력에 대한 낡은 모델이 고정된 정체성에 의존하고 있다고 주장했다. 이러한 모델에서는 권력이 대체로 지배 계급, 정부, 남성과 같은 쉽게 식별 가능한 집단에 의해 보유되는 것으로 그려진다는 것이다. 대신, 푸코에 따르면 권력은 사회적 상호작용의 모든 수준에서, 모든 사회 제도에서, 모든 사람을 통해 작동한다.

> 푸코의 사상은 제3장 〈사회학의 이론과 관점〉에서 소개된다.

권력과 지식은 서로 밀접하게 연관되어 있고, 이 둘은 서로를 강화시킨다. 예를 들어 병원처럼 지식이 조작화되는 곳에서 지식과 권력에 대한 주장은 제도적 맥락(병원) 속에서 구현된다. 건강과 질병에 대한 지식의 증가는 환자들에 대한 그들의 권위를 주장하는 의사들에게 더 큰 권력을 준다. 담론은 범죄, 건강 또는 복지와 같은 주제에 대해 생각하고 논의하는 방식들인데, '담론discourse'의 발전은 그것들을 알게 되는 방식을 효과적으로 특정하게 제한한다고 푸코는 묘사한다. 건강의 영역에서라면 우리는 과학적인 의술과 의학 전문가의 관행에 근거해 의학 담론에 관해 말할 수 있을 것이다.

정치사회학이 마르크스주의의 경제적 해석처럼 직접적인 갈등 이론들로부터 젠더나 섹슈얼리티와 같이 정체성에 기반을 두는 정치 투쟁 형태로 관심을 옮겨 감에 따라 푸코의 사상은 대중적 인기를 얻었다(Foucault 1967; 1978). 권력이란 지배적인 집단이 행사하는 것이라기보다는 모든 사회적 관계에서 발견되는 것이기에, 푸코의 설명은 앞서 소개한 권력에 대한 권위적 형태와 강제적 형태라는 단순한 구분을 무너뜨린다. 따라서 푸코의 권력 개념은 '정치적인 것'의 개념을 확장시킨다.

푸코는 일상의 사회적 상호작용 속에서 권력이 작동하는 방식에 대해 대단히 섬세한 설명을 제시했지만, 권력을 흐릿하게 개념화함으로써 군대, 정치 엘리트, '상위' 사회 계급과 같은 구조 속에서 나타나는 권력의 집중을 과소평가한 것으로 보인다. 예를 들어 푸코의 개념은 어떻게 카다피 대령이 리비아에서 42년간 권력을 유지했

스티븐 루크스가 제안하는 권력에 대한 '급진적 시각'

고전 연구 21-1

연구 문제

사회학에서 몇 가지 연구 문제들은 경험적이라기보다는 이론적이다. 종종 사회학자들은 문제들을 명확히 하고 그 범위를 확장하려고 하는데, 그때는 그들의 핵심 개념을 체계적으로 충분히 검토해야 한다. 예를 들어 권력 개념은 논쟁의 대상이었고, 많은 이견들이 제기되었다. 권력은 다른 물질적 소유물과 같이 인간이 쥘 수 있는 어떤 것인가? 그것은 공유할 수 있는 것인가, 아니면 오직 사람들 사이의 관계 속에만 존재해 간접적으로 관찰되는 것인가? 스티븐 루크스Stephen Lukes는 가능한 모든 경험적 사례들을 설명하기 위해 권력 개념을 충분히 검토하고자 했다.

루크스의 설명

권력에 대한 베버의 관점은 정치사회학자들에게 가치 있는 출발점으로 남아 있지만, 사회학자 스티븐 루크스는 권력에 대한 대안적이고 '급진적'인 시각을 제시했다(1974). 그의 독보적인 연구에서 루크스는 권력에 대한 '3차원적 시각'을 제시했다. 권력에 대한 1차원적 연구는 가시적인 갈등 상황에서 자신이 원하는 방향으로 결정을 내리는 능력에 초점을 맞춘다. 가령 영국 정부가 2003년 2월의 반전 시위를 보고 이라크에 대한 군사적 개입 지지 의사를 바꾼다면, 시위자들은 권력을 가지고 있다고 볼 수 있다. 1차원적 분석은 특히 이해 갈등이 있는 곳에서 결정을 내리는 참여자들의 행위를 관찰한다. 결정 순간에 이르면 어느 쪽이 '권력을 가지고 있는지' 관찰할 수 있게 된다. 루크스는 이러한 분석이 권력에 대해 다소 제한적인 시각이라고 주장한다.

권력에 대한 2차원적 관점은 이를 보완한다. 2차원적 분석은 결정을 요구하는 이슈를 통제하는 사회적 행위자와 집단의 능력을 관찰한다. 루크스가 보기에 권력을 가진 집단 혹은 개인은 그들 자신의 이해관계에 따라 결정을 만들어 낼 뿐 아니라, 여타 집단이나 개인이 활용할 수 있는 대안들을 제한함으로써 권력을 행사한다는 것이다. 예를 들어 권위주의 국가가 권력을 사용하는 방식 중 하나는 언론이 보도할 수 있는 사안에 제한을 가하는 것이다. 그렇게 함으로써 그들은 태형 집행에 대한 국제적 비난과 같은 어떤 불만이 정치 과정에서 이슈화되는 것을 막을 수 있다. 권력에 대한 2차원적 시각에 의하면, 우리는 관찰 가능한 결정과 정책만이 아니라 결정이 내려지는 의제 자체가 어떻게 만들어지는가에 대해서도 연구해야만 한다. 어떤 이슈가 의제에서 제외되는가?

루크스는 이러한 두 가지 종류의 권력에 대한 관점을 보충하는 세 번째 차원의 관점이 있다고 주장하는데 이것이 권력에 대한 '급진적 '시각으로 나아간다. 그는 이를 '욕망의 조작'이라고 부르고, 다음과 같은 질문을 던진다. "당신에게 다른 사람들이 어떤 욕망을 가졌으면 하는 바람이 있을 때, 당신이 그들로 하여금 그런 욕망을 갖게 만들 수 있다면, 즉 그들의 사고와 욕망을 통제해 그들을 유순하게 만들 수 있다면 이것이 권력의 가장 우월한 행사 아닌가?"(1974: 27) 이것이 반드시 사람들이 세뇌당하고 있다는 것을 의미하지는 않는다고 루크스는 지적한다. 우리의 욕망은 좀 더 미묘한 방식으로도 조작될 수 있다.

가령 헤르베르트 마르쿠제Herbert Marcuse와 프랑크푸르트학파의 비판 이론가들 같은 네오마르크스주의자들은 자본가들이 미디어와 다른 사회화 수단을 통해 노동자들로 하여금 노동자 및 대중 소비자로서의 역할을 받아들이도록 만들어 그들의 욕망을 형성함으로써 권력을 행사한다고 주장했다. 여기서 루크스가 말하려는 것은 권력의 '이데올로기적' 행사가 명시적으로 관찰 가능하거나 측정 가능한 것이 아니고, 사람들이 그들 자신의 이해관계와 반대되는 방식으로 행동할 때 추측될 수 있을 뿐이라는 것이다. 루크스는 권력에 대한 이론적 분석을 통해 베버가 제공한 것보다 더 넓은 정의를 내릴 수 있게 되었다. "A가 B의 이해관계에 반대되는 방식으로 B에게 영향을 미칠 때, A는 B에 대해 권력을 행사한다"는 것이다(1974: 37).

“비판 이론에 대한 논의는 제3장 〈사회학의 이론과 관점〉에서 다룬다.”

비판적 쟁점

루크스의 연구는 권력과 그 실행이라는 논점에 대한 사회학자들의 접근에 강력한 영향을 주었고, 현재까지도 영향력을 발휘하고 있다. 그러나 비판이 없었던 것은 아니다. 권력에 대한 마르크스의 급진적 관점이 갖는 한 가지 문제는 '사람들의 이해관계가 정말로 무엇인지 사회학자들이 어떻게 알 수 있는가'라는 질문에 답하기 어렵다는 점이다. 급진적 시각의 적절성은 이 문제에 어떻게 대답하는가에 달려 있지만, 이에 확정적인 방식으로 답하기는 매우 어렵다는 것이 입증되어 왔다.

두 번째 문제 역시 이와 관련된 질문이다. 3차원적 관점은 우리에게 이데올로기가 사람들의 욕망에 미치는 비결정적이고 관찰 불가능한 영향에 대해 연구하도록 요구한다. 그러나 사회학자들이 어떻게 일어나지도 않은, 관찰할 수도 없는 것을 연구할 수 있는가? 마지막으로 루크스의 권력에 대한 3차원적 관점은 사실상 권력에 대한 이론이 아니라 개인에 대한 사회 구조의 영향을 인정한 것일 뿐이라는 비판을 받을 수 있다. 만약 그렇다면 루크스의 설명은 권력 행사에 관한 이론이 아니라 구조적 결정론이라 할 것이다.

현대적 의의

루크스의 1974년 저작은 상당히 짧은 분석적 단편이었다. 그리고 2004년 두 편의 새로운 에세이를 포함한 2판이 출간되었다. 특히 루크스는 푸코의 권력 이론에 대해 논의하고 있는데, 그는 권력이 모든 사회관계에 동일하게 작동한다고 생각하는 푸코식 일반론적 권력 개념에 반대해 3차원적 시각을 방어했다. 한편 남성의 지배가 여성의 기대를 차단함으로써 어떻게 확립되는지에 대한 페미니즘 이론, 그리고 '발전' 개념을 사람들이 '가치 있게 여기는, 그리고 그럴 만한 이유가 있는 종류의 삶을 살 수 있는 능력'에 내재한 것으로 본 아마티아 센Amartya Sen(1999)을 따라, 루크스는 이 2판에서 권력을 '능력' 또는 인간의 '역량들'의 집합과 유사한 것이라고 주장하고, 이러한 능력들이 거부되거나 승인되는 방식에 주목한다. 권력에 대한 급진적 시각에 기반한 그의 영향력 있는 주장은 앞으로도 그 주제에 관한 논쟁에서 표준적인 참고가 될 것으로 보인다.

비판적으로 생각하기 THINKING CRITICALLY

강제력을 사용하지 않고 권력이 행사되는 현실 세계의 정치적 사례를 생각해 보자. 강제와 폭력의 수단을 전혀 갖지 못한 사람들에게도 '권력'이 있다고 말할 수 있는가?

는가를 적절히 설명할 수 있는가? 아마도 이 경우에(그리고 다른 경우에도) 카다피 체제는 모든 반대파들을 폭력적으로 억압한 정치 엘리트와 군사 엘리트의 손에 권력을 집중시킴으로써 유지될 수 있었다. 이 논쟁은 대조적인 정치 체계 안에서의 권력 행사에 관한 권력 이론들의 관찰을 그만두는 다음 내용에서 구체화될 것이다.

권위주의 정치와 민주주의 정치

역사적으로 다양한 정치 체계들이 세워져 왔고, 오늘날에도 세계 각국들은 상이한 양식과 형상에 따라 스스로를 조직하고 있다. 대다수 사회들이 민주주의를 표방 — 인민 대중이 시민으로서의 의사 결정에 관여하는 — 하고 있지만, 다른 형식의 정치적 규칙 또한 존재한다. 여기서는 정치 체제의 두 가지 기본 유형인 권위주의와 민주주의에 대해 다룰 것이다.

권위주의

이후에 검토할 민주주의가 시민들이 정치적 사안에 적극적으로 참여할 것을 권장한다면, 권위주의 국가에서 정치 참여는 거부되거나 극히 제한된다. 그러한 사회에서는 국가의 요구와 이익이 일반적인 시민들의 요구와 이익에 우선하며, 정부에 반대하거나 지도자를 권좌에서 물러나게 할 수 있는 법적 기제가 존재하지 않는다.

오늘날 권위주의 정부는 많은 나라에서 발견할 수 있으며, 그중에는 민주주의를 표방하는 나라도 있다. 사담 후세인Saddam Hussein이 통치한 2003년까지의 이라크가 대표적인 예인데, 이 나라에서는 반대파의 활동이 억압

세계에서 가장 정치적으로 고립되어 있고, 가장 권위주의적인 나라인 북한이 노동절 행진에서 조직력을 과시하는 모습.

되었고 국부의 엄청난 부분이 선택된 소수에게 돌아갔다. 사우디아라비아와 쿠웨이트의 강력한 왕정이나 미얀마의 군부는 시민의 자유를 엄격하게 제한하며, 시민들이 정부의 일에 비중 있게 참여할 기회를 주지 않는다. 그러나 미얀마의 상황은 저항 세력의 지도자인 아웅 산 수 치Aung San Suu Kyi 여사의 가택연금이 2010년에 해제되면서 현저한 변화를 보였고, 이는 권위주의 체제가 완전한 통제를 갖지는 못함을 예증했다.

2015년 수 치의 정당인 전국민주연맹the National League for Democracy이 총선에서 478석 중 80퍼센트인 387석을 얻었다(BBC News 2015b). 테인 세인Thein Sein 대통령은 부드러운 권력의 이양을 약속했지만, 헌법은 의석의 25퍼센트를 군무원들을 위해 보존한다. 또한 현재 헌법이 외국인 배우자나 아이들을 가진 사람은 누구든 대통령이 되는 것을 금지하고 있는 것도 중요하다. 수 치가 이러한 규칙에 저촉되기에, 그녀가 실질적인 지도자가 된다면 갈등은 다시 시작될 가능성이 높다.

싱가포르는 소위 연성 권위주의의 사례로 자주 언급된다. 그 이유는 집권당인 국민행동당People's Action Party이 강력하게 권력을 유지하고 있지만, 정부가 사회의 거의 모든 영역에 개입하면서 시민들의 높은 삶의 질을 보장하기 때문이다. 싱가포르는 안전, 시민 질서, 모든 시민의 사회적 포괄로 유명하다. 싱가포르의 경제는 성공적이고, 거리는 깨끗하며, 실업과 빈곤 문제가 거의 없다. 싱가포르의 물질적 생활수준이 높기는 하지만 길거리에 쓰레기를 버리거나 공공장소에서 담배를 피우는 것 같은 사소한 법률 위반에도 과중한 벌금형이 부과된다. 또한 언론에 대한 규제가 심하며, 인터넷에 대한 접근과 위성 방송용 안테나 설치도 규제를 받는다. 경찰은 용의자의 구금에 관해 과도한 권력을 가지고 있으며, 태형과 사형이 법적 처벌로 흔하게 집행된다.

이러한 권위주의적 통제에도 불구하고 정부에 대한 국민의 만족도는 높으며, 사회적 불평등은 다른 나라들과 비교해 아주 작다. 싱가포르에서는 민주적 자유가 결여되었지만, 싱가포르 특유의 권위주의는 보다 독재적인 체제와 다르다. 그래서 소설가 윌리엄 깁슨William Gibson은 싱가포르를 "사형제를 갖춘 디즈니랜드"라고 묘사했다(1993). 민주주의에 비교하면 그 수가 적긴 하지만 경제적으로 성공적인 권위주의 체제는 대중적 불만과 혁명을 반드시 야기하지 않는다.

민주주의 정치

그리스어 demokratia에 어원을 두는 민주주의democracy라는 단어는 '인민people'을 의미하는 데모스demos와 '지배하다rule'를 뜻하는 크라토스kratos의 합성어다. 따라서 민주주의의 기본적 의미는 군주나 귀족이 아닌 인민이 지배하는 정치 체제라는 것이다. 겉으로는 명백해 보이지만 실제로는 그렇지 않다. 민주적 통치는 시대와 사회마다 다양한 형태를 취했다. 예를 들어 '인민'은 모든 사람, 재산 소유자, 백인 남성, 교육받은 남성, 성인 남녀 등으로 다양하게 이해되어 왔다. 어떤 사회에서는 민주주의가 정치 영역에만 한정적으로 공인되어 있는가 하면, 다른 사회에서는 민주주의가 사회적 삶의 폭넓은 영역에까지 확장되어 있다.

민주주의가 취하는 형태는 대체로 민주주의의 가치와 목표를 어떻게 이해하고 무엇을 더 중요하게 여기는가에 달려 있다. 민주주의는 일반적으로 정치적 평등을 보장하고, 자유를 보호하고, 공동 이익을 수호하고, 시민의 요구를 충족하고, 도덕적 자기 계발을 증진시키고, 모든 사람들의 이해관계를 고려하면서 효과적인 의사 결정을 가능하게 하는 정치 체제로 여겨진다(Held 2006: 2~3). 이러한 다양한 목표 중에서 무엇을 중시하느냐에 따라 인민 권력(자치와 자율) 형태를 민주주의의 최우선 요건으로 볼 것인지, 아니면 민주주의를 다른 사람들(예를 들어 선출된 대표들의 집단)에 의한 의사 결정을 지지하는 틀로서 간주할 것인지 결정된다.

참여 민주주의participatory democracy('직접' 민주주의)에서는 결정의 영향을 받는 사람들이 공동으로 결정을 내린다. 이것은 고대 그리스에서 실행된 원초적 형태의 민주주의다. 고대 그리스에서는 사회에서 소수였던 시민들이 정기적으로 모여 정책을 숙고하고 주요한 결정을 내렸다. 그러나 인구의 대다수가 정치권력을 가지는 근대 사회에서는 참여 민주주의의 의의가 제한된다. 의사 결정에 영향을 받는 모든 사람이 모든 의사 결정에 적극적으로 참여하기란 불가능할 것이다. 그렇지만 어떤 측면들에서는 여전히 역할을 수행하고 있다.

미국 북동부에 위치한 뉴잉글랜드 지역의 작은 마을들은 아직도 전통적인 '마을회의'를 열고 있다. 회의가 열리는 날에는 주민들이 모여 지역 문제에 관해 논의하고 투표로 결정을 내린다. 또 다른 참여 민주주의의 사례는 특수한 사안에 대해 국민들이 의견을 표현하는 국민투표다. 예를 들어 2014년 9월 스코틀랜드는 영국으로부터 독립해야 하는지 결정하기 위해 주민투표를 실시했다. 그리고 영국은 2016년 6월 유럽연합EU 구성원 지위를 두고 국민투표를 실시해 떠나는 것으로 최종 결정했다. 이러한 국민투표들은 캐나다 내에서 프랑스어 사용자들이 지배적인 퀘벡주처럼 민족주의적 성격이 강한 지역들에서의 분리 독립에 대한 논쟁적 사안들을 결정하기 위해 사용되어 왔다.

비판적으로 생각하기 THINKING CRITICALLY

의사 결정을 위한 국민투표들은 더 많이 이용될 수 있을까? 정보 기술이 국민투표의 확장을 촉진시킬 수 있는 방도가 있는가? 어떠한 위험이 예상되는가?

대의 민주주의

오늘날 보다 일반적인 정치 유형은 대의 민주주의 representative democracy다. 대의 민주주의는 구성원들이 직접 의사 결정을 하는 것이 아니라 의사 결정을 내릴 목적으로 선출된 타자들에 의해 이루어지는 정치 체계다. 국가 정부에서 대의 민주주의는 회의, 의회 혹은 유사한 조직체들을 위한 선거 형식을 갖는다. 대의 민주주의는 또한 주, 도, 시, 군, 구 그리고 더 작은 지역들의 다른 수준들에서도 존재한다. 많은 대규모 조직들은 중요한 결정을 내릴 때 소규모 위원회들을 선출하는 방식으로 대의 민주주의를 활용한다.

유권자가 선택할 수 있는 정당이 두 개 이상 있고, 성인 대중이 투표권을 갖는 나라를 보통 자유 민주주의 국가라고 부른다. 영국과 여타 서유럽 국가들, 미국, 일본, 호주, 뉴질랜드는 모두 이 범주에 속한다. 인도 등 다수의 개발도상국들도 자유 민주주의 체제를 갖추고 있으며, 뒤에서 보겠지만 그 숫자가 증가하고 있다. 그러나 민주주의의 확산을 탐색하기 전에 우리는 엘리트 이론과 표면적으로 민주적인 체계들 안에서 관료제의 역할을 고려해야 한다.

민주주의에 반하는 엘리트와 관료제?

민주주의 정치는 오늘날 세계에서 지배적인 것으로 보이며, 정치가들이 유권자들과 시민들을 위해 봉사하는 공무원인 것도 명백해 보인다. 그러나 이것은 그저 표면적인 모습 아닌가? 누군가에게는, 그 모든 외양들에도 불구하고, 사회가 계속 소수의 엘리트들에게 지배당하는 것으로 보인다. 또 다른 사람들에게는 민주주의가 '중립적인' 행정가라는 일반적인 이념이 제시하는 것보다 훨씬 더 강한 권력을 휘두르는 거대한 관료 지배에 의해 그 기반이 침식당하고 있는 것으로 보인다. 여기서 우리는 엘리트 이론과 관료제적 지배 이념에 대해 살펴볼 것이다.

엘리트와 엘리트 이론

정치와 이상적인 민주주의 이념을 비판하는 영향력 있는 관점은 정치적·사회적 엘리트에 관한 이론들에서 비롯된다. 엘리트 이론가들은 민주주의를 현재도 그러하고 앞으로도 언제나 그러할, 다수에 대한 소수의 지배라는 근본적인 사실을 가리는 위장sham 혹은 신기루로 본다. 특히 마르크스주의에 반대해, 사회들은 결집되어 있는 경제적 지배 계급에 의해서라기보다 강력한 정치적 엘리트들에 의해 지배된다.

고전적인 엘리트 이론들은 가에타노 모스카Gaetano Mosca(1858~1941), 빌프레도 파레토Vilfredo Pareto(1848~1923) 그리고 로베르트 미헬스Robert Michels(1876~1936)의 작업들에서 발견된다(Berberoglu 2005: 29). 그들의 핵심 작업물들은 19세기 후반에서 20세기 초반에 출판되었는데, 이 시기에는 산업화가 진행되는 국가들에서 노동조합과 여타 노동 계급 조직들이 급성장하고 있었다. 엘리트 이론들이 영향을 받은 이러한 발전들은 상이하게 관찰되었는데, 누군가에게는 미래에 대한 두려움이었고 다른 사람들에게는 유토피아를 약속하기는 하지만 민주주의의 미래에 대한 완전히 비현실적인 상으로 보이기도 했다.

파레토는 엘리트 개념을 통치하거나 지배하는 집단들을 묘사하기 위해 사용했고, 사회를 작은 엘리트와 거대한 비엘리트 혹은 대중으로 나뉘는 것으로 보았다. 그러나 엘리트 집단도, 통치하거나 지배하는 엘리트와 엘리트 집단에 속함에도 불구하고 실제 통치에는 참여하지 못하는 엘리트로 나뉜다. 파레토에게 엘리트는 그들을 구성하는 개인들의 우수한 지성, 지식 그리고 기술을 특징으로 한다. 따라서 엘리트는 성공적이기 위해서는 대중을 포함하는 다른 집단으로부터 도출되어야 한다. 멤버십을 제한하는 — 말하자면 특정 사회집단의 남성들만 — 엘리트 집단은 이용 가능한 인적 자원을 쓰는 데 실패할 것이고 그들 자신을 재활성화할 수 없을 것이다. 엘리트와 비엘리트 사이에서 최고의 개인들이 순환하는 것은 엘리트에게 활력을 주고 도전자들을 막는 데

영국 의회 개회식에 참석하기 위해 마차로 이동하는 모습. 이들은 지배 계급의 일부인가, 아니면 정치적 엘리트인가?

도움이 된다. 그러나 역사가 보여 주듯, 특정한 통치 엘리트의 지배가 한동안 지속될 수도 있지만 마침내 그들이 대체되는 것은 피할 수 없다. 역사는 귀족정의 무덤이다(Pareto 1935[1916]: 1430).

이것이 엘리트들의 순환의 두 번째 측면이다. 세워진 엘리트가 피할 수 없이 쇠락하고 정체되어 신진 세력에게 길을 열어 준다는 것, 이러한 과정 속에서 엘리트 집단은 변화하지만 절대 변하지 않는 것은 엘리트가 지배한다는 원칙이다. 인민에 의한 인민의 지배, 권력의 공유나 사회적 평등 같은 관념들은 모두 몽상이다. 실제로 권력은 언제나 소수이고 고도로 조직된 엘리트들에 의해 독점된다. 그리고 하나의 엘리트가 무너지거나 퇴출된다고 하더라도, 결과는 지배를 위해 더 잘 준비된 새로운 엘리트들의 설치와 설립일 뿐이다.

모스카의 사상들은 파레토의 것과 가족 유사성을 갖는다(1939[1896]). 그 또한 사회를 분리된 두 개의 계급으로 본다. 소수의 지배 계급과 다수의 피지배 계급이다. 그리고 그가 계급이라는 용어를 쓰기는 하지만 사실 그의 개념들은 마르크스주의나 사회학적인 정의들로부터 멀리 떨어져 있으며 더 넓은 범위의 엘리트 이론과 가까이 놓여 있다. 이러한 의미에서, 그의 이론은 파레토의 것을 앞서고 있다(Marshall 2007: 10). 모스카는 엘리트 지배는 피할 수 없으며 계급 사회에 대한 마르크스의 예지는 옹호될 수 없다고, 역사의 사실들에 의해 틀렸음이 입증되었다고 주장했다. 지배하는 엘리트들은 근본적으로 군부, 종교적 조직들, 학계 그리고 자신들의 전문적 재능 또는 권력 기반을 갖고 있는 다른 사회집단들로부터 온 사람들의 연합이다. 엘리트는 그때 권력을 독점하고 대중을 지배하는 정치적 엘리트다. 모스카와 파레토 모두에게, '대중'은 일관성 없는 다수로 ('평등' 또는 '자유' 같은) 단순한 사고와 이상들에 쉽게 휩쓸리고, 엘리트 그룹들에 의한 조종에 종속된다. 또한 이 이론가들은 마르크스에 의해 예측된 노동자 계급 혁명을 위한 어떠한 가능성도 보지 못했다.

세 번째 엘리트 이론가인 로베르트 미헬스는 베버와 사상적으로 경쟁했다(1967[1911]). 미헬스는 환멸을 느끼고 독일의 사회민주당the Social Democratic Party, SPD으로부터 탈퇴한 이전 구성원이었고, 엘리트들은 단지 최상부에 위치한 국가 장치들에서만 나타나는 것이 아니라 사회 곳곳의 모든 조직들에서 그 과정이 작동한다는 것을 보았다(Slattery 2003: 52~53). 특히 미헬스는 외견상 노동조합과 여타 민주주의에 의해 영감을 받은 조직들에서도, 소수의 엘리트가 자신의 이해관계에 따라 군림하고 지배한다고 주장했다. 그는 이것을 과두제의 철칙iron law of oligarchy, 피할 수 없는 '극소수에 의한 지배'라고 불렀다. 정상을 향한 권력의 흐름은 바로 우리의 더욱 조직화되고 관료화되어 가는 세계의 양상이다. 그렇다면 미헬스가 옳았는가?

대규모 조직들이 권력의 집중과 소수에 의한 일상적 의사 결정을 수반한다는 것은 분명히 맞다. 그러나 미헬스(또는 모스카와 파레토)가 생각한 것처럼 '과두제의 철칙'이 고정불변이 아니라는 제안에는 좋은 이유가 있다. 첫째, 조직들의 규모가 확장되면서, 권력 관계들은 느슨해질 수 있다. 조직의 중간 그리고 낮은 단계들에 있는 사람들은 최상층부에서 형성되는 일반 정책에 대해 영향력을 거의 갖지 못할 수 있지만, 기업의 수장들이 다수의 조정과 위기 대처 그리고 예산을 분석하느라 바쁜 나머지 새로운 생각들을 할 시간이 없기 때문에 권력은 종종 하향 위임된다. 많은 기업의 지도자들은 솔직하게, 대부분의 경우 그들에게 주어진 결론들을 받아들일 뿐이라고 인정한다.

1970년대 이후 사회학자들은 경제적, 정치적, 사회적 삶에 있어서 '약한 연결'과 기술적으로 진보된 느슨하게 연결된 사회적 연결망의 증가하는 유의미성을 인식해 왔다(Granovetter 1973; Castells 1996). 디지털 시대에, 세계화가 계속해서 기업 조직과 정치적 의사 결정을 개조할 때, 권력은 더욱 유동적이고 강력한 연결망들은 사회적 전체 스펙트럼으로부터 더 넓은 범위의 개인들에게 잠재적으로 열려 있다. 따라서 소수의 엘리트들이 권력을 얻고 그것을 유지하는 것은 점점 더 어려워질지도 모른다.

반면에, 영국 사회 내 강력한 지위들 — 고위 판사들, 하원과 내각의 구성원들, 상원 구성원들, 고위 군 인사들 등 — 에 대한 최근의 연구는 이 지위들이 계속해서 극소수의 독립 학교들에서 사적으로 교육받은 자들에 의해 지배되어 왔다는 것을 밝혀냈다(Social Mobility and Child Poverty Commision 2014). 1950년대부터 사회학적 연구들은 또한 미국(Mills 1956), 프랑스와 영국(Maclean et al. 2006; Scott 1991), 또한 초국가적 수준(Carroll 2004)에서 엘리트의 형성을 찾아냈다.

새로운 사회적 연결망들의 현저한 증가에도 불구하고, '엘리트'는 여전히 강력한 특정 사람들의 집단에 대한 가장 정확한 묘사인 것 같다. 그러나 그러한 엘리트들이 정말로 응집되어 있거나, 19세기와 같은 과거에 그래 왔듯이 사회적 삶을 형성하는 데 있어서 강력한가 여부를 평가하는 것은 경험적 연구들의 진행 중인 업무다.

> 사회적 연결망들에 대한 논의는 제7장 〈일과 경제〉에서 자세히 볼 수 있다.

민주주의에 반하는 관료제?

관료제Bureaucracy라는 말은 1745년 프랑스의 경제학자 장 구르네Jean Gournay에 의해 처음 사용되었다. 그는 사무실과 글을 쓰는 탁자라는 두 가지 뜻을 가진 'bureau'라는 단어에 '지배하다'라는 뜻을 가진 그리스어 'kratos'를 합성해 이 단어를 만들었다. 따라서 관료제란 '사무실 직원들의 지배the rule of officials'다. 처음부터 관료제라는 개념은 경멸의 뜻이 담긴 말로 사용되었다. 프랑스의 소설가 오노레 드 발자크Honoré de Balzac는 관료제를 '소인족들이 휘두르는 거인의 권력'이라고 말하기도 했다. 체코의 작가 프란츠 카프카Franz Kafka는 1925년 출간된 소설 『소송The Trial』(1925)에서 비인격적이고 비지성적인 관료제에 대해 악몽에 가까운 묘사를 하기도 했다. 이러한 견해는 지속된다. 관료제는 강력하지만 비합리적이고, 감성과 열정을 결여하고 있는 '얼굴 없는 관료'의 이미지로 널리 보이고 있다(Lune 2010: 5). 사회학에서 민주주의를 찬탈할 관료제의 잠재성은 막스 베버에 의해 가장 분명하게 표현되었다.

근대적 삶에서 상황이 잘 돌아가기 위해서는 몇 가지 형식적 조직들의 종류가 필요하다. 그러나 많은 사람들에게 조직은 개인들의 창의성을 질식시키고 정작 그들의 도움이 필요할 때는 오히려 방해한다는 식으로 부정적으로 비친다. 어떻게 조직들은 필수적이면서도 도움이 안 되는 것으로 인식될 수 있는가? 이것은 비교적 사소한 인식의 문제인가, 아니면 더 깊이 뿌리내린 심각한 것인가? 막스 베버는 근대 조직들의 상승에 대한 첫 번째 체계적인 해석을 발전시켰으며, 그들이 정보의 통제에 의존한다는 점을 강조하고, 이러한 과정에서 쓰기의 중요성을 강조했다. 조직이 기능하기 위해서는 성문화된 규칙과 조직적 '기억'들이 저장되어 있는 서류철file이 필요하다. 그러나 베버는 사회적 삶에 광범위한 결과를 가져올 근대 조직들과 민주주의 사이의 충돌, 그리고 연결을 발견했다.

과거 전통 사회에서도 제한된 수이긴 하지만 관료적 조직이 존재했었다. 예를 들면 중국 제국에서는 관료적 관리 집단이 있어 이들이 정부 행정의 전반에 대한 책임을 졌다. 하지만 관료제가 완전히 발달한 것은 근대에 들어서다. 베버에 따르면, 현대 사회에서 관료제가 확장되는 것은 피할 수 없는 현상이다. 대규모 사회 체계의 행정적 요구들을 감당하려면 관료적 권위가 발전하는 것이 유일한 방법이라는 것이다. 그러나 그는 또한 관료제가 자유와 민주주의에 있어 중요한 함의들을 갖는 다수의 결함을 가지고 있다고 주장했다.

관료적 조직이 확장되는 것의 기원과 그 성격을 파악하기 위해 베버는 관료제의 이념형을 만들었다. 여기서 '이념'이라는 말은 가장 바람직한 것이라는 의미가 아니라 '순수한' 형태라는 뜻이다. 이념형ideal type은 현상의 가장 본질적인 특성을 집어내기 위해 실제 현상의 어떤 특정한 측면들을 강조함으로써 만들어 낸 추상적인 묘사다(제1장 참조). 베버는 관료제의 이념형적 특징을 다음과 같이 열거했다(1979[1925]).

1. 뚜렷한 권위의 위계가 존재하고 조직 내의 업무는 '공식적 의무'로서 분배된다. 관료제는 최상부에 가장 높은 권위를 가진 지위들이 있는 피라미드와 같이 생겼다. 각각의 상위 직위들은 그 아래 있는 직위를 관리 감독한다.
2. 성문화된 규칙들은 모든 수준에서 관료들의 행위를 통치한다. 그렇다고 관료제적 의무들이 단지 틀에 박힌 것임을 의미하는 것은 아니다. 높은 직위일수록, 그에 해당하는 규칙들은 다양한 상황들을 포괄하고 해석에서 유연성을 요구한다.
3. 관료들은 전일제로 고용되며 봉급을 받는다. 관료제에 속하는 모든 직업은 그에 따라 명확하게 결정된 봉급을 받는다. 능력과 연공서열 또는 이 둘의 혼합에 의해 승진이 가능하다.
4. 조직 내에서 관료의 업무와 조직 밖의 생활은 분리된다. 가정생활은 일터에서의 활동과 구별되며 둘은 물리적으로 분리된다.
5. 조직의 어떤 구성원도 그들이 작업할 때 사용하는 물질적 자원들을 소유할 수 없다. 관료들은 그들이 일하는 사무실들이나 앉아 있는 책상들 또는 사무실의 장비들을 소유하지 않는다.

베버는 종종 관료제를 합리성rationality의 원리에 따라 작동되는 정교한 기계와 같이 여겼다. 그러나 그는 또한 관료제가 비효율적일 수 있고 관료제적 일의 많은 부분은 단순하기 때문에 창의적인 역량을 발휘할 기회를 거의 제공하지 않는다는 점을 인식하고 있었다. 베버는 사회의 합리화가 부정적인 결과를 낳을 수 있다는 점을 두려워하기는 했지만, 우리의 삶에 가해지는 관료제적 일상성과 권위 체계는 관료 조직의 기술적 효과성을 위해 우리가 감수해야 하는 대가라고 결론지었다. 반면에 관료제적 조직의 발달과 더불어 민주주의가 쇠퇴하는 것은 베버가 매우 우려했던 부분이다. 사회에서 관료제적 조직이 휘두르는 증가하는 권력에 직면할 때 어떻게 민주주의가 의미 없는 슬로건이 아닐 수 있겠는가?

어떤 이들은 베버의 설명이 부분적인 것이라는 주장을 계속한다. 그것은 조직의 공식적 측면들에 집중하고 그것들의 비공식적 생명력에 대해서는 거의 이야기하지 않는데, 그것들은 그저 경직되어 있기만 했을 체계에 환영받는 유연성을 도입한다(Blau 1963). 마이어Meyer와 로언Rowan은 공식적 규칙들은 종종 신화이며 실제로는 그 실체가 거의 없다고 주장했다(1977). 그들은 업무들이 수행되는 방식들을 정당화하려고 하는데, 그것들이 '상황들이 어떻게 처리되어야 하는지' 서술하는 규칙으로부터 달라진 경우에도 그러하다. 유사하게, 조직적 상황에 들어가는 노동자들은 '터득'할 필요가 있으며, 비공식적인 방법은 복잡하면서도 일상적인 현실의 지위에 적응하기 위해 신입들에게 기대되는 이상적인 기대로서 훈련보다 더 중요할 수 있다(Watson 2008: 213).

다른 사람들은 베버가 관료제를 너무 가볍게 다루었다고 비판한다. 관료제의 결과는 베버가 생각한 것보다 훨씬 더 해롭다는 것이다. 예를 들어 다른 방향으로, 사회의 맥도날드화에 대한 조지 리처George Ritzer의 주장이나 제2차 세계 대전 중에 벌어진 유대인과 다른 일부 집단을 대상으로 한 대량 학살에 대한 지그문트 바우만Zygmunt Bauman의 설명을 보면, 관료제 체계는 베버가 생각했던 것보다 훨씬 더 해롭고 잠재적으로 파괴적일 수 있다는 점을 보여 준다. 마지막으로 어떤 이들은 베버의 관점이 너무 부정적이라고 본다. 통상 '관료제'라는 추상적인 개념에 그 잘못이 전가되는 무수한 문제들은 사실상 관료제적 관리 규칙과 지침을 어기거나 교묘하게 회피하려는 특정한 시도들에 의해 발생하는 것들이라고 보는 것이다. 지켜지기만 한다면, 관료제적 규칙은 정치 지도자들에 의한 권력 남용을 초래하기보다는 이를 방지하는 중요한 안전장치로 작동할 수 있다.

우리는 베버가 관료제화에 따른 모든 결과를 예측할 수 있을 것이라고 기대해서는 안 되며, 사회 변동 방향에 대해 제기된 비판의 일부는 받아들여야 한다. 하지만 관료제에 대한 이후 연구들의 다수는 그의 영향력 있는 해석에 대한 논쟁이거나, 그의 사고들을 더 나아가게 하려는 시도 중 하나로 강제되어 왔다. 이것은 아마도 그가 근대 세계에서 사는 것이 어떤 것인가에 대해 핵심적 양상을 손가락으로 가리킨다는 것을 예증한다.

민주주의 사회에서조차 정부 조직은 우리의 출생일, 학교, 직업에 대한 자료에서 시작해 세금 납부에 사용되는 소득 자료, 운전면허 발급에 이용되는 정보, 보험 정보에 이르기까지 막대한 양의 정보를 갖고 있다. 우리는 우리에 관한 어떤 정보가 유지되고 있는지, 어떤 기관이 그런 정보를 갖고 있는지 잘 모르기 때문에 그러한 감시 행위가 민주주의 원리를 훼손할 수도 있다는 두려움을 갖고 있다. 이런 두려움이 조지 오웰George Orwell의 유명한 소설 『1984』의 기반이 되었는데, 여기서 '빅 브러더Big Brother'로 지칭된 국가는 어떤 민주 사회에서건 보통인 내부 비판이나 다른 의견을 억누르기 위해 감시 체계를 사용한다.

부분적으로는 전 세계적 테러리즘에 맞서는 것을 돕고 시민들을 신원 도용으로부터 보호하기 위해 신분증을 도입하려는 시도는 이러한 우려들에 초점을 맞추었다. 신분증은 보통 소지자의 사진, 이름, 주소, 성별, 출생일을 담고 있지만, 지문이나 홍채의 상 또는 얼굴의 치수와 같은 생체 정보를 담고 있는 마이크로 칩도 포함한다. 비판자들은 사람들의 개인 정보를 담은 국가의 중앙 데이터베이스가 안전성을 담보할 수 없고 이에 따라 사람들의 프라이버시 및 차별로부터의 자유에 심각한 위협이 될 수 있다고 지적했다. 신분증 지지자들은 어떤 유형의 감시들은 민주주의를 파괴하려고 하는 자들에 대한 감시를

아우슈비츠와 같은 나치 강제 수용소들은 관료제화에 의한 것이었는가, 아니면 관료제의 공적 정신이 기각된 것이었는가?

쉽게 해주어 민주주의 원칙을 보호할 수도 있다고 주장한다.

관료제 옹호하기

폴 뒤 게이Paul du Gay는 "오늘날은 관료제에 좋은 시절이 아니다"라고 인정했다. 우리가 보아 왔듯, '관료제'라는 용어는 여전히 부정적인 함의를 담고 있다. 영향력 있는 저서 『관료제를 찬양하며In Praise of Bureaucracy』(2000)에서 뒤 게이는 이러한 특징짓기에 저항했다. 관료제에 흠이 있을 수 있고 또 있지만, 그는 가장 일반적인 비판들에 반대하며 관료제 옹호를 추구한다.

첫째, 뒤 게이는 관료제가 '얼굴 없는', 순수하게 행정적이고 윤리적인 기초들을 결여하고 있다는 사고에 대해 반대되는 주장을 한다. 그는 지그문트 바우만의 책 『근대성과 홀로코스트Modernity and the Holocaust』(1989)를 이러한 관점의 중요한 사례로 지목한다. 바우만은 근대 관료적 제도의 발전이 제2차 세계 대전 중 홀로코스트를 실질적으로 가능하게 만들었다고 주장한다. 나치에 의해 수백만 명을 대상으로 계획된 대량 학살이 가능했던 것은 사람들로 하여금 자신들의 행위에 대한 도덕적 책임감을 느끼지 않도록 만드는 제도가 정립되고 나서야 가능했다는 것이다. 바우만은 유대인 대량 학살은 폭력성이 야만적으로 폭발한 것이 아니라, 오히려 따로따로 분리된 업무를 그 결과와 분리시킨 합리적 관료제의 등장으로 인해 가능했다고 주장한다. 독일의 관료제는 그들에게 주어진 임무를 명령에 따라 최대한 능력을 발휘해 수행하는 데 몰두하게 되어 있었는데, 예를 들어 대량 학살에 대한 전반적인 근거나 설명에 의문을 제기하기보다는 철도를 건설하고, 수많은 사람을 한 지역에서 다른 지역으로 이동시키는 데만 초점을 맞추도록 되어 있었다.

그러나 뒤 게이는, 상황이 정반대였다고 말한다. 홀로코스트가 일어날 수 있도록, 나치는 사실 관료제적 작동에 필수적인 정당하고 윤리적인 절차들을 극복해야만 했다고 그는 주장한다. 이러한 측면 중 하나는 관료제의 객관적인 규정들보다도 총통에 대한 아무런 의심 없는 복종을 요구한 것이다. 뒤 게이는 관료제가 중요한 공적 정신을 갖는데, 그것은 모든 시민들을 평등하고 공평하게 대우하는 것을 포함한다는 점을 붙든다. 뒤 게이는, 홀로코스트는 나치의 인종 차별주의적 신념이 규칙들의 공평한 적용을 극복했기 때문에 가능했다고 본 것이다.

뒤 게이는 관료제를, 특히 공공 서비스 제공에서, 기업가 정신에 따른 개혁이 이루어질 필요가 있다는 요즘의 유행하는 말들을 거부하면서 관료제에 대한 두 번째 공격으로부터 그것을 옹호한다. 그는 관료제적 공평성 정신은 점점 정치가들을 기쁘게 하는 방식으로 일을 처리하는 데 열성적인, 정치화되어 가는 공무원들에 의해 기반이 약화되고 있다고 강조한다. 그러나 관료제적 틀 그 자체는 공적 이익과 헌법적 정당성을 위한 행정적 책임성을 보장하는 것이다. 요컨대, 정말로 민주주의를 위협하는 것은 관료제가 아니라 관습적인 관료제적 규범들을 부당하게 기각하는 것이다.

비판적으로 생각하기 THINKING CRITICALLY

독자가 관료제를 대할 때를 생각해 보자. 그 대상은 대학 입학 시스템일 수도 있고, 건강 서비스, 핸드폰 제공자 또는 은행일 수도 있다. 그러한 조우의 부정적이고 긍정적인 측면들을 열거해 보자. 그러한 업무들은 관료제를 통하는 것보다 더 효율적으로 조직될 수 있을까?

정치적 이데올로기

정치사회학의 무시할 수 없는 측면 중 하나는 정치사상, 이데올로기 그리고 정치 이론과 사회 형성에서 그들의 영향을 연구하는 것이다. 평등, 정의, 자유 그리고 개인의 권리 같은 정치사상과 개념들은 다양한 방식으로 쓰이고, 심지어 스스로를 절대 '정치적'이라고 보지 않을 사람들에 의해서도 쓰인다. 정치 이론은 물론 매우 오래되어, 고대 그리스와 세계를 이해하려고 했을 뿐만 아니라 어떤 행동이 선하고 도덕적인 삶을 구성하는가와 같은 곤란한 도덕적이고 규범적인 질문들을 모두 해결하려 했던, 그 철학자들까지 추적해 갈 수 있다. '좋은 사회'를 형성하는 요소들은 무엇인가? 어떤 행동이 '정의'롭거나 '공정'하다는 것을 어떻게 알 수 있는가? 이러한 질문들은 오늘날의 정치 이론가들에 의해서도 여전히 제기되고 있다. '이데올로기'는 정치사상들과 정치 이론에 분명히 관련되어 있지만, 그 의미는 좀 더 복잡하다.

어떤 생각이나 진술이 '이데올로기적'이라고 묘사될 때, 그것은 어떠한 측면에서 '진실'이라기보다는 허위이고, 호도하거나 부분적이라는 함의를 갖는다. 이러한 의미는 마르크스와 이후 마르크스주의자들의 작업 안에서 대중화되었다. 마르크스에게, 이데올로기는 지배 계급에 의해 사회적 삶을 불가해하게 만들고, 따라서 피지배 계급이 직면하고 있는 착취적인 현실을 왜곡하기 위한 수단으로서 만들어지는 것이다. 이것은 이데올로기의 부정적 개념이다. 마르크스의 유명한 주장은, "처분할 수 있는 물적 생산 수단을 가진 계급은, 동시에 정신에 대한 생산 수단도 통제한다. 그래서 그것 때문에, 일반적으로 말해, 정신의 생산 수단을 결여한 자들은 그것들에 종속적"이라는 것이다(Marx and Engels 1970[1846]: 64).

그러나 이러한 의미는 용어의 기원과 멀리 떨어진 것이다. '이데올로기'는 처음에 18세기 후반 혁명적 프랑스에서 데스튀트 드트라시Destutt de Tracy에 의해 사고와 지식을 위한 잠재적 과학을 묘사하기 위해 쓰였다. 드트라시는 이데올로기가 다른 과학들이 자신들의 대상들을 연

그림 21-1 정치의 선형적 스펙트럼

출처: Heywood 2012:16.

구하는 것과 같은 방식으로 사고에 대한 체계적인 연구와 비교가 되도록 했다. 이러한 버전은 사고들이 편향되거나 호도한다는 것을 제시하지 않는 '중립적' 개념화로 알려져 있다(Heywood 2012: 5).

이러한 중립적 개념화는 1930년대와 1940년대 카를 만하임Karl Mannheim이 특정한 사고의 양식과 그들의 사회계급적 기반 사이를 연결시키는 지식사회학을 발전시켰을 때 부활했다. 만하임은 사람들이 세계를 볼 때 그들의 물질적 삶에 뿌리내리고 있는 특정한 관점에서 바라보며, 따라서 그들이 만들어 내는 사고들과 지식은 오직 편파적일 수밖에 없다고 주장했다. 지식사회학은 서로 다른 관점에 따른 해석을 모두 합쳐 사회에 대한 전체적이고 더욱 포괄적인 이해를 생산한다. 시간이 지나면서, 만하임의 버전은 1905년 이후 사회학적 작업들을 지배해 온 이데올로기의 부정적 버전에 패퇴했다.

정치적 이데올로기는 아마도 현존하는 사회를 설명해 주면서 또한 더 나은 미래 사회에 대한 예견과 그에 도달하기 위한 수단들을 포함하는 일관된 사고들의 집합으로 가장 잘 보일 수 있다. 이러한 의미에서 이데올로기들은 정치적 행위를 이끄는 세계관들이다. 대부분의 이데올로기들은 실제로 현존하는 사회 질서를 비판한다. 비록 그중 어떤 것들은 그러한 비판을 막아 내려 하기도 하지만 말이다. 여기에서 다루어지는 대부분의 이데올로기는 이 책 다른 여러 곳의 내용들을 특징 짓고, 색인을 찾아보는 것은 독자들을 관련된 내용들로 안내할 것이다.

보수주의, 자유주의, 사회주의라는 세 가지 '고전적인' 정치 이데올로기는 18세기 후반의 미국과 프랑스혁명의 결과로서 발전했다. 이는 모두 중세적 사회관계들의 붕괴와 여러 문제들을 동반하는 산업사회의 출현에 대처하기 위한 시도였다. 헤이우드Heywood는 보수주의자들은 현상을 옹호하고 급진적 변화에 대한 저항을 추구했고, 자유주의자들은 개인주의, 자유 시장 그리고 작은 국가를 촉진했으며, 사회주의자들은 협력과 공동체에 뿌리내린 새로운 사회를 고대했다는 점에 주목한다(2012: 16). 만하임의 용어에서는, 보수주의는 궁지에 몰린 귀족주의였고, 자유주의는 떠오르는 자본주의 집단의 이데올로기였으며, 사회주의는 빠르게 성장하고 있는 노동 계급들의 신흥 이데올로기였다.

이들 집단 사이 구분의 뿌리는 생산과 사회적으로 생산된 부의 분배에 대한 접근법에 기반하는 경제적인 것이 주요했다. 좌파 집단은 관습적으로 평등과 공동체에 호의를 보였는데, 관리된 진보의 가능성에 대해 낙관적이었다(따라서 소위 '진보주의자들'로 불린다). 그리고 이들은 국가의 자원들을 그들의 목적을 성취하기 위해 사용할 준비가 되어 있다. 우파들은 질서와 안정성에 가치를 두는데, 변덕스러운 인간 본성을 의심스러워하며, 최소한 경제에 관해서는, 국가 개입보다는 자유 시장을 선호할 만한 것으로 본다. 이러한 이데올로기적 위치 짓기는 정치에서 좌우 구별의 기초이고, 비록 수정된 형태로라도 오늘날까지 계속되고 있다. 19세기와 20세기의 공산주의와 파시즘 이데올로기의 출현과 함께, 선형적인 정치적 스펙트럼이 그려질 수 있다(그림 〈21-1〉). 20세기 공산주의와 파시즘 체제가 잔혹한 권위주의 체제로 발전했기 때문에, 몇몇은 이 스펙트럼을 극우와 극좌를 가까이로 모으는 원이나 말발굽 모양으로 보기를 선호한다.

이러한 도식은 사회의 이데올로기적 다양성, 예를 들어 오랜 역사를 가지고 있는 무정부주의나 민족주의를 모두 포괄하지 않는다. 또한 그것들의 기본적 위치들 안에서 내적 차이들에 따라 공평하게 다루지도 않는다. 예를 들어 사회주의에는 서로 가족 유사성을 갖지만, 서로 결정적으로 다른 많은 변형들이 있다. 이는 기독교 사회주의, 유토피아 사회주의, 민주적 사회주의, 사회 민주주의, 생태 사회주의를 포함한다.

그러나 이것은 우리로 하여금, 예를 들어 왜 1990년대 중반 토니 블레어Tony Blair가 이끄는 노동당의 선거 프로젝트가 15년 이상 정부 바깥에 있었던 노동당을 위해 중간 계급의 표를 끌어들이려고, 노동당을 영국 정치의 중간 지대로 옮기려 한 이유를 알 수 있게 해준다. 유사하게, 좌우 선형적 스펙트럼은 총선거에서 참패 후 2015년에 더 좌익인 제러미 코빈Jeremy Corbyn이 당수가 되었을 때 노동당의 내분을 이해할 수 있게 해준다. 노동당의 저명한 많은 하원의원은 이미 코빈의 위치보다 훨씬 더 우파적이었고, 따라서 그들은 코빈이 취하려고 하는 방향이 자신과 맞지 않는다는 것을 발견했다. 유사한 좌우 내분이 대부분의 정당들 내에 존재하고 있다.

1960년대 이후로, 좌우 스펙트럼 위에 쉽게 놓일 수 없는 몇몇 이데올로기들이 현저하게 떠올랐다. 단언컨대, 이것들 중 가장 중요한 것은 페미니즘, 환경주의(또한 생태주의라고도 불리는) 그리고 명백하게 정치적 목표와 프로그램들을 가진 다양한 종교적 근본주의들이다. 페미니즘, 환경주의, 종교 근본주의의 예전 형식들이 확실히 식별되기 때문에 이것들이 모두 '새로운 것'으로 묘사되어야 하는지는 논쟁적이다. 그럼에도 불구하고, 그들은 현재 시기에 쇄신된 영향을 갖고 있는 것으로 보인다.

이러한 새 이데올로기들이 출현한 데는 몇 가지 이유가 있다. 첫째, 산업사회가 탈산업사회 단계로 옮겨 가면서, 확립되어 있던 이데올로기들의 경제적 기초가 부식되었고 일련의 '신'사회운동들(뒤에서 논의된다)이 출현했으며, 어느 모로 보나 부의 생산 또는 분배만큼이나 문화와 정체성에 기반을 두기 때문이다. 예를 들어 페미니스트 이데올로기는 젠더 평등, 동일 임금 받기, 아동 돌보기와 기업 내 '유리 천장' 부수기에 초점을 둔다. 그러나 그것은 또한 '여성'의 범주를 근본적인 정체성으로 촉진하고 대중매체에서 여성들과 소녀들의 이미지가 '포르노화'되는 것과 공공장소에서 남성의 여성에 대한 일상적인 성추행에 도전한다. 유사하게, 환경주의자 이데올로기는 자본주의 경제와 계속되는 경제 성장을 향하는 정신에 대한 비판의 채찍질을 포함하나, 그것은 또한 동물의 복지와 권리와 구속받지 않는 세계화에 대한 대안으로서 지역주의를 촉진한다.

둘째, 1990년대 초반 신용을 잃은 소비에트 공산주의의 붕괴와 세계화의 급속한 과정 이후, 사회주의자와 공산주의자들의 이데올로기들은 그들의 기반을 잃어 왔다. 현대의 반세계화와 반자본주의 운동은 자본주의에 대한 사회주의자들의 비판과 어떤 유사성을 공유할 수도 있지만, 그들이 사회주의자/공산주의자의 대안을 반드시 수용할 필요는 없다. 이러한 자본주의에 대한 '자연적인' 대안으로서 사회주의의 부식은 아직 완전히 이해되지 못한 사회운동과 정치 이데올로기에 대한 심대한 효과를 가져왔다.

셋째, 세계화는 서로 다른 사회들과 문화들을 더욱 체계적인 방식으로 접촉하게 했다. 서구의 문화상품, 관광객들, 가치들이 세계 전역으로 확산되었으며, 개발도상국에서 선진국으로의 이주가 증가하면서 근대적 삶의 지각된 타락과 도덕적 쇠퇴에 반대하는 근본주의적인 종교적 집단들로부터 반응이 나타났다. 이들의 이데올로기들은 종교적 경전에 대한 특정한 이해에 뿌리를 둔다. 이들 중 가장 눈에 띄는 것은 아프가니스탄의 탈레반, 알카에다al-Qaeda와 그 연계 조직들, 그리고 가장 최근에는 시리아와 이라크에 있는 기지로부터 세계적인 '칼리프가 다스리는 지역' 건설을 목표로 하는 IS 등 다양한 테러리스트 집단들과 관련 있는 와하비/살라피스트 근본주의이다. 성경의 특정 독해에 대한 그들의 믿음에 기반하는, 특히 미국에 있는 기독교 근본주의자들은 지구 상 생명체의 진화론을 거부한다. 그들은 동성애나 낙태 같은 근대적 삶의 양상들을 반대하며, 가족계획 전문 병원에 폭력적인 공격을 수행해 왔다.

마지막으로 주목할 점이 있다. 만하임은 이데올로기들이 고립적으로 존재하는 것이 아니라 다른 것들과의 관계 속에서 변하고 발전한다고 주장했다. 어떠한 시점에서든, 이데올로기적 풍경과 특정 이데올로기의 내용 형성은 사회운동들과 그들의 이데올로기들 간 관계에 의해 부분적으로 결정될 것이다. 좋은 사례는 페미니즘으로부터 젠더 평등의 문제와 환경주의로부터 지구 산업화의 영향에 대한 우려를 받아들인 구래의 사회주의자 이데올로기다. 이 과정에서 사회주의자 이데올로기는 수정되고 확장되었다. 다른 많은 이데올로기들도 유사한 순응, 동화, 변화의 역동적 과정에 관여하고 있다.

결론

오늘날 이데올로기 개념은 1990년 이전 사회학에서 그랬던 것처럼 대중적이지 않다. 사상들의 힘에 관심 있는 사회학자들은 사상과 신념들에서부터 언어, 말, 문서 자료들로 초점을 옮겨 온 푸코주의적 담론discourses 개념에, 그리고 그것들의 효과들에 의지하고 있다. '이데올로기'는 역사적으로 마르크스주의와 관련되어 있었기에, 소비에트 공산주의의 붕괴와 1980년 이후의 신자유주의적 자본주의capitalism의 명백한 승리와 함께 그 기반을 잃었다. 우리는 또한 1970년 이후, 일련의 저자들이 탈산업사회, 소비자 지향 사회들에서 '이데올로기의 종언'을 표명해 온 것을 반드시 기억해야 한다. 그러나 개념은 각각의 발흥하는 사회운동들과 함께 다시 회복되는 습관이 있다. 그리고 이데올로기의 개념은 앞으로도 한동안 정치사회학 구조의 일부가 될 것으로 보인다.

민주주의의 세계적 확산

1980년대 이후, 하나의 정치적 발전이 두드러졌다. 바로 세계 많은 사회의 민주화다. 그 후 칠레, 볼리비아, 아르헨티나 같은 라틴아메리카의 국가들은 권위주의적 군사통치로부터 민주주의로 이행했다. 유사하게, 러시아, 폴란드, 체코슬로바키아 등 동유럽의 많은 국가들도 민주화되었다. 아프리카 역시 베냉, 가나, 모잠비크, 남아프리카공화국 등 이전에 비민주주의적이었던 국가들이 민주주의의 이념을 받아들였다.

1970년대 중반에는 전 세계의 3분의 2 이상이 권위주의 국가로 간주되었으나 이후 상황이 급변해 이제는 3분의 1도 안 되는 국가만이 권위주의 국가라고 할 수 있다. 민주주의는 더 이상 서구에만 주요하게 집중되어 있지 않으며 전 세계 많은 곳에서, 적어도 원칙상으로는 바람직한 정부 형태로 받아들여지고 있다. 2010~2012년 '아랍의 봄'이 보여 주듯, 민주주의와 대중적 정치 참여를 향한 열망은 21세기에 정치적 정당성을 판단하는 주된 기준이 된 것으로 보인다.

여기에서 우리는 자유 민주주의의 세계적 확산을 고찰하고, 민주주의 체계가 선호되는 이유에 대한 몇 가지 설명을 살펴본 다음, 오늘날 민주주의가 당면하고 있는 주요 문제점들을 검토할 것이다.

공산주의의 붕괴

20세기의 많은 기간 동안 세계 인구의 높은 비율이 공산주의 또는 사회주의를 지향하는 소비에트연방, 중국, 동유럽의 정치 체제 아래에서 살았다. 1883년 마르크스 사망 후 100년 동안 전 세계에 사회주의와 노동자 혁명이 확산될 것이라는 그의 예언이 들어맞는 것처럼 보였다. 공산주의자 국가들은 그들 자신을 민주적이라고 여긴다. 비록 그들의 체제가 자유 민주주의적 원칙들 아래에서 작동하지는 않지만 말이다. 공산주의는 본질적으로 일당 지배 체제였다. 유권자들은 소비에트 양식 사회에서, 단지 정치적 체제뿐 아니라 경제도 통제하면서 가장 지배적인 권력이었던 하나의 정당, 공산당 소속의 서로 다른 후보들 중에서만 쉽게 선택할 수 있다.

거의 모든 서구인들은 공산주의 체제가 굳게 확립되어 있으며, 전 세계적 정치의 영속적 특징이 되었다고 믿었다. 1989년부터 시작된 일련의 사건들, 즉 연속적인 '벨벳 혁명velvet revolution'에 의해 공산주의 체제가 차례로 무너지리라 예견한 사람은 거의 없었다. 확고하게 자리 잡은 것으로 보였던 동유럽의 지배 체제는 하룻밤 사이에 무너져 내렸다.

헝가리, 폴란드, 불가리아, 동독, 체코슬로바키아, 루마니아 등에서 반세기 이상 지배를 유지해 왔던 공산당은 순식간에 권력을 잃었다. 결국에는 소비에트연방의 공산당도 권력을 상실했다. 1991년 소비에트연방을 구성하던 15개 국가가 독립을 선언했을 때, 소련의 마지막 지도자 미하일 고르바초프Mikhail Gorbachev는 '국가 없는 대통령'이 되고 말았다. 심지어 중국에서도 1989년 톈안먼 광장에서 학생들을 중심으로 반정부 시위가 벌어져 공산당의 권력을 흔들어 놓을 것으로 보였다. 그러나 시위대는 군대에 의해 잔인하게 해산되었다.

소비에트연방과 그 동맹국 정부의 붕괴 이후 민주화는 지속적으로 확산되었다. 세계에서 권위주의가 강한 국가 중 몇 곳에서도 민주화 징후가 감지되고 있었다. 아프가니스탄은 1979년 소비에트연방군의 침공 이후 그들의 통제하에 놓여 있었다. 10년 후 소비에트연방의 점령은 무자히딘mujahidin(이슬람 게릴라 전사들)의 강력한 저항 끝에 종식되었다. 1990년대 초 아프가니스탄에서는 무자히딘 내 분파들 사이에 격전이 벌어졌다. 1996년에 이르러 탈레반Taliban이 아프가니스탄 내 대부분의 지역을 장악하면서 '순수 이슬람 국가'를 만들기 시작했다. 탈레반은 이슬람 율법을 극단적으로 해석해 공개 처형을 도입하고, 여성들이 학교에 가거나 일하는 것을 금지시켰으며, '경박한' 유흥도 허용하지 않았다.

2001년 미국은 알카에다의 테러리스트 훈련소들과 연결되어 있던 탈레반을 실각시키기 위한 노력들을 이끌었다. 2002년 6월에 하미드 카르자이Hamid Karzai가 대통령이 되었고 새로운 헌법을 위한 승인을 얻어 내기 시작했다. 2004년 1월 채택된 이 헌법은 행정부 기능의 강화, 이슬람 요소의 온건한 적용, 기본적인 인권 보호를 담고 있었다. 아프가니스탄의 첫 번째 선거는 10월에 있었고, 선거 결과 카르자이는 5년 임기의 대통령이 되었다. 그러나 2007년에 탈레반은 재조직되었고 미국 및 외국 군대들 그리고 아프가니스탄 정부 관료들을 공격했다. 2015년에서야 탈레반 지도자들은 의미 있는 평화 회담에 동의했다. 따라서 신출 민주주의에도 불구하고, 아프가니스탄은 아직 성공적인 민주주의 국가는 아니다.

세계 인구의 5분의 1을 차지하는 중국에서도 공산당 정부는 민주화를 향한 강한 압력을 받고 있다. 비록 수천 명의 중국인들이 민주주의에 대한 열망을 비폭력적으로 표출했다는 이유로 감옥에 갇혀 있지만, 정부의 탄압에도 불구하고 민주주의 체제로의 이행을 확보하기 위해 적극적으로 활동하는 집단들이 있다. 최근에는 미얀마, 인도네시아, 말레이시아 같은 아시아의 권위주의 국가에서도 민주화 운동이 성장하고 있다. 더 많은 자유에 대한 요구에 몇몇 정부는 폭력으로 대응했다. 비록 민주주의의 확산은 계속되고 있지만, 민주화에로의 일반적 경향은 필연적인 것이 아니다. 그리고 민주화가 세계적 과정에 매여 있는 만큼, 그것은 한동안 계속될 것이다.

민주화와 그에 따른 불만들

왜 민주주의가 이처럼 확산되어 왔는가? 하나의 설명은 다른 유형의 정치적 지배들이 시도되었지만 실패했다는 것이다. 민주주의가 권위주의보다 '더 나은' 정치 조직 형태라는 점은 분명해 보이지만, 이것만으로는 최근의 민주화 물결을 적절하게 설명하지 못한다. 완전한 설명을 하려면 각국의 사회적, 정치적 상황을 상세히 분석

'역사의 종언'에서의 정치?

사회학적으로 상상하기 21-1

프랜시스 후쿠야마Francis Fukuyama는 '역사의 종언'을 이론화한 학자 중 한 명이다(1992). 그가 제시한 논쟁적인 명제인 '역사의 종언'은 자본주의와 자유 민주주의의 세계적 승리에 기반을 두고 있다. 동유럽에서 일어난 혁명과 소비에트연방의 해체 그리고 다당제 민주주의가 들어서는 것을 보고 후쿠야마는 이데올로기 투쟁은 끝났다고 주장했다. 역사의 종언은 대안들의 종언이다. 누구도 더 이상 군주제를 옹호하지 않고, 파시즘은 과거의 현상이며, 오랫동안 서구 민주주의의 주 경쟁자였던 공산주의도 마찬가지다. 자본주의는, 마르크스의 예측과 대조적으로, 사회주의와의 오랜 투쟁에서 승리했고, 자유 민주주의는 도전받지 않는다. 후쿠야마는 우리가 인류의 이데올로기적인 진화의 종점에 이르렀다고 주장한다.

후쿠야마의 명제는 많은 비판을 촉발했다. 그 명제는 승리에 도취된 느낌을 주고 있으며, 제대로 된 비교역사 연구보다는 냉전 이후의 상황에 주된 근거를 두고 있다. 그리고 그것은 어떠한 미래의 발전 가능성도 닫아 버린다. 그러나 세계적 경제 위기, 핵 갈등, 자연재해가 민주적 정치를 침식하고 더욱 권위주의적인 정부 체제를 불러오는 것도 최소한 이론적으로는 가능하다.

하지만 후쿠야마가 우리 시대의 핵심 현상을 부각시킨 것은 분명하다. 2010~2012년에 있었던 중동과 북아프리카 국가들의 봉기는 민주적 정치 체계는 비민주적 체계들이 평가받고 부적절한 것으로 밝혀지는 표준을 제공한다는 그의 주장을 지지하는 경향이 있다. 소위 '아랍의 봄'이 오기 한참 전에, 후쿠야마는 권위주의 체제의 약점을 지적했다(1992: xiii).

> 20세기의 마지막 4분기 동안 나타난 가장 현저한 발전은 세계 중심부에서 외견상 강력해 보이던 독재 체제의 극심한 취약성이 드러났다는 것이다. (……) 라틴아메리카에서 동유럽에 이르기까지, 소비에트연방에서 중동과 아시아에 이르기까지 강성 정부들은 지난 20년 동안 실패했다. 그들이 안정적인 자유 민주주의의 길을 가지 않는 동안, 자유 민주주의는 전 세계적으로 상이한 지역과 문화에 뻗어 나간 유일하게 일관된 정치적 이념으로 남아 있다.

하지만 왜 사람들은 스스로 큰 위험을 감수하면서 민주주의를 추구하는 것일까? 후쿠야마는 민주주의가 보통 사람들에게 그들이 몹시 갈망하는 무엇인가를 선사한다고 언급했다. 그것은 간단히 말해 인정이다. 사람들은 민주주의에 의해 수동적인 수혜자가 아닌 민족국가의 운영에 대한 발언권을 갖는 능동적인 시민으로 거듭난다. 이러한 기본적 요구는 과소평가되지 않아야 한다. 그럼에도 대안이 모두 고갈되었다는 의미에서 역사의 종언을 말하는 것은 의심스럽다. 미래에 나타날 수 있는 새로운 경제적, 정치적 또는 문화적 질서의 형태가 무엇인지 누가 말할 수 있겠는가? 중세 사상가들이 18세기 중엽에 나타날 산업사회에 관해 어렴풋한 짐작도 하지 못했듯, 우리 또한 미래 세기에 어떤 변화가 있을지 확실하게 예견할 수 없다.

비판적으로 생각하기 THINKING CRITICALLY

자본주의, 공산주의 그리고 사회주의 사이의 낡은 이데올로기 투쟁이 이제 끝났다는 후쿠야마의 주장을 뒷받침하는 어떤 근거가 정당정치에서 나오고 있는가? 무엇이 그것들을 대체하고 있는가?

할 필요가 있겠지만, 세계화 과정이 이러한 흐름에 중요한 역할을 했다는 것에는 의심의 여지가 없다.

첫째, 국가 간 문화적 접촉의 증가는 많은 나라에서 민주화 운동을 고취시켰다. 통신 기술의 발전과 더불어 세계화된 미디어는 비민주적 국가들의 국민들에게 민주주의 이념이 전파되었고, 이는 정치 엘리트들에게 선거를 실시하라는 내부적 압력을 증가시켰다. 물론 인민 주권 개념이 확산되었다고 해서 이러한 압력이 자동적으로 발생한 것은 아니다. 더 중요한 것은 세계화로 인해 민주주의 혁명과 그 동원 과정에 관한 소식이 각 지역으로 신속

1989년 동독과 서독을 분리하던 베를린 장벽의 파괴는 전례 없는 자유민주적 제도들의 확산을 알리는 상징적 순간이었다.

하게 전파되었다는 점이다.

둘째, 국가연합UN이나 유럽연합EU과 같은 국제기구들은 비민주적 국가들에 민주주의를 받아들이도록 외부적 압력을 행사하고 있다. 경우에 따라 이들 기구들은 무역 제재 조치를 취하거나 경제 개발과 안정화를 위한 조건부 차관을 제공하거나, 권위주의 해체를 촉진하기 위해 다양한 외교 전략을 구사할 수 있다. 예를 들어 콩고에서 UN 개발계획UNDP과 UN 사절단은 2006년 새로운 독립선거관리위원회가 전국 선거를 감시하고 관리하도록 지원했고, 투표율은 80퍼센트에 달했다. 이는 내전으로 400만여 명이 숨지고 40여 년 동안 민주적 선거를 치른 경험이 없는 사회에서 얻은 실질적 성과였다. 최근 UN 개발 계획은 쿠웨이트, 모로코, 모리타니 등에서 선거에 여성들이 투표자이자 후보자로 참여하는 비율을 높이는 데 특히 집중하고 있다(UNDP 2007b).

셋째, 자본주의의 팽창은 민주화를 촉진시키고 있다. 비록 독재자들과 충격적인 거래를 하는 악명 높은 초국적 기업들도 있기는 하지만, 일반적으로 기업들은 민주주의 국가에서 사업하는 것을 선호한다. 이는 기업들이 정치적 자유와 평등에 가치를 부여하기 때문이 아니라, 민주주의 국가가 일반적으로 다른 형태의 국가들보다 안정적이며, 이윤을 극대화하려면 이러한 안정성이 중요하기 때문이다. 엘리트들은 대체로 국제 무역의 비중을 높이거나 초국적 기업이 자신들의 나라에 들어오기를 바라기 때문에 때로는 그들이 직접 민주적 의제를 설정하고 추진한다. 이는 배링턴 무어Barrington Moore의 표현을 빌리면, '위로부터의 혁명'이라고 칭할 만하다(1966).

만약 세계화가 최근 민주화 물결의 유일한 원인이라고 한다면, 오늘날 모든 나라는 민주주의 국가일 것이다. 그러나 중국, 쿠바, 나이지리아, 베트남 같은 권위주의적 국

인터넷은 민주화를 촉진시키는가?

인터넷 열풍을 길들이기 위한 베트남의 입법

베트남은 아시아에서 가장 빠른 경제 성장을 이룬 나라 중 하나로, 공산주의 국가 내에서의 급속한 자유화 정책이 성장에 박차를 가하고 있다. 상점에는 시계부터 아이패드, MP3 플레이어에 이르기까지 최신 디자인 제품들이 가득하다. 베트남은 외부 세계에 개방되고 있다. 이는 정부 당국에 어려운 과제를 제기한다. 인터넷 사용에 관련된 것만큼 이 문제가 극명하게 드러나는 분야도 없다. 베트남 청년 인구의 3분의 1 이상이 지금 정기적으로 온라인에 접속한다. 하노이 중심부의 거의 모든 카페는 와이파이를 제공하는 것으로 보인다.

안전장치인가 검열인가?

나는 스물여섯 살 변호사 민Minh과 갓 대학을 졸업한 응안Ngan을 그들이 가장 자주 드나드는 곳에서 만났다. 민은 아이폰으로 인터넷 서핑을 하고 있었고, 응안은 랩톱으로 페이스북을 관리하고 있었다. 응안은 베트남에서 유명한 커피 한 잔을 두고 이렇게 말했다. "시간 날 때마다 저는 인터넷 서핑도 하고 친구들과 시간을 보내기 위해 여기에 자주 옵니다."

정부는 인터넷 열풍에 대응해 카페, 호텔, 기업 등 공중에게 인터넷 접속 서비스를 제공하는 모든 곳에 감시 소프트웨어 설치를 의무화하는 법안을 제출했다. 4월에 공포된 이 법으로 인해 당국은 온라인에서 누가 무엇을 했는지 추적할 수 있게 되었다. 민과 응안은 이 점을 걱정했다. 민은 이렇게 말했다. "물론 웹에는 나쁜 웹사이트와 악성 정보들도 있습니다. 하지만 당국이 법을 과도하게 적용한다면 베트남 국민들의 정보 접근이 제한될 것입니다."

[……]

최근 인권감시단Human Rights Watch의 보고서에는 베트남 정부가 독립 블로거들을 의도적으로 겨냥하고 있다는 의혹이 제기되었다. "사실이 아닙니다"라고 외교부 대변인 응아Nga는 말했다. "베트남에는 백만 명 넘는 블로거들이 있습니다. 블로거들은 그들의 의견을 표현했다는 이유만으로 체포되지 않습니다. 범법자들만 법에 따라 처분될 뿐입니다."

동일한 문제들

끔찍이 많은 정치적 반대자들이 범법자 범주에 들게 된 것으로 보인다. 문제를 야기하는 것은 블로그 활동 자체가 아니다. 누군가를 감옥에 들어가게 만드는 것은 주제의 선택에 달려 있다. 부정부패, 종교의 자유, 토지 몰수, 인기 없는 정부의 대중국 정책 등에 관해 글을 쓰면, 경찰이 찾아와 문을 두드릴지도 모른다. 레티꽁난Le Thi Cong Nhan은 저명한 인권 변호사로, 다당제 민주주의를 위한 공개적 운동을 벌였으며, 이 과정에서 그녀는 종종 인터넷을 통해 그녀의 메시지를 전파했다. 그녀는 2007년 '반국가 선동'을 이유로 3년형을 선고받았다. 현재 그녀는 가택연금 중이다.

위험 요소가 있었음에도 레티꽁난은 야음을 틈타 나와 만나기로 했다. 베트남 정부가 내게 붙여 준 경호원을 따돌리고 온다는 조건에서였다. 그녀의 인터넷 연결은 차단되었지만 어떻게든 이메일은 여전히 사용하고 있었다. 물론 어떻게 한 건지 말해 주지는 않았다. 그녀는 인터넷 검열은 과거의 문제가 새로운 버전으로 나타난 것일 뿐이라고 단호하게 말했다. "인권에서 가장 기본적인 것은 언론의 자유입니다. 언론의 자유가 없다면 우리는 아무것도 가질 수 없습니다."

인터넷은 그러한 요구에 연료를 제공하는 데 도움을 준다. 여기에는 웹 상의 정보 흐름을 통제하는 것이 점점 더 어려워지고 있다는 것도 부분적인 이유가 된다. 중앙집권적 국가와 세계화된 세계 간의 긴장이 증가하는 것은 아마도 불가피해 보인다.

출처: Harvey 2010 각색.

비판적으로 생각하기 THINKING CRITICALLY

만약 인터넷이 민주주의적 이념들의 확산을 돕고 있다면, 그것은 서구의 문화적 가치들도 촉진하고 있는가? 베트남에 부과되어 있는 금지 사항들은 장기적으로 얼마나 효과적일 것이라고 생각하는가?

가가 존속한다는 점은 세계화의 힘이 자유 민주주의로의 이행에 늘 충분조건이 되지는 않는다는 점을 보여 준다. 하지만 이들 권위주의 국가들 다수에서 민주적 운동들이 존재하며, 이는 몇몇 사회학자들이 장래에 더 많은 나라들이 민주화될 것이라고 주장하게 한다.

어려움에 처한 민주주의?

1974년에서 2000년 사이에 수많은 나라들이 독립을 쟁취하고 민주적 체제를 도입한 결과, 전 세계에서 비민주주의 국가들에 대한 민주주의 국가의 비율은 27퍼센트에서 62퍼센트로 증가했다(Linz 2000). 2009년에는 세계 인구의 절반(약 30억 명)이 높은 수준의 정치적 자유와 시민적 자유를 누리는 민주주의 국가에 거주하게 되었다(Nobelprize.org 2012). 그러나 거침없어 보이던 민주주의의 전 세계적 팽창이 최근에는 교착 상태에 빠진 듯하고, 확립된 민주주의들은 투표자들의 무관심과 정치적 부패에 직면하고 있다.

미국에 기반을 둔 영향력 있는 NGO 프리덤 하우스Freedom House의 평가에 따르면 세계에서 '선거 민주주의'를 채택하는 국가는 2005년 123개국으로 사상 최대치를 기록했다. 그러나 2010년에는 해당 국가 수가 1995년 수준인 115개국으로 감소했다. 이들 중 필리핀, 탄자니아, 통가는 최근 자유롭고 공정한 선거를 치름으로써 선거 민주주의 국가로서의 위상을 가진 국가군에 속한 반면, 부룬디와 기니비사우, 아이티는 협박, 매수, 선거 운동에

2014년에 실시된 스코틀랜드의 독립을 둘러싼 주민투표에는 많은 사람이 참여했다. 그날의 투표율은 84.6퍼센트로, 보통선거권이 도입된 이래 가장 높았다. 반면, 2011년에 실시된 스코틀랜드 의회의 선거 투표율은 단지 50.6퍼센트에 불과했다(Denver 2011: 1). 이런 큰 차이는 어떤 요소로 설명할 수 있는가?

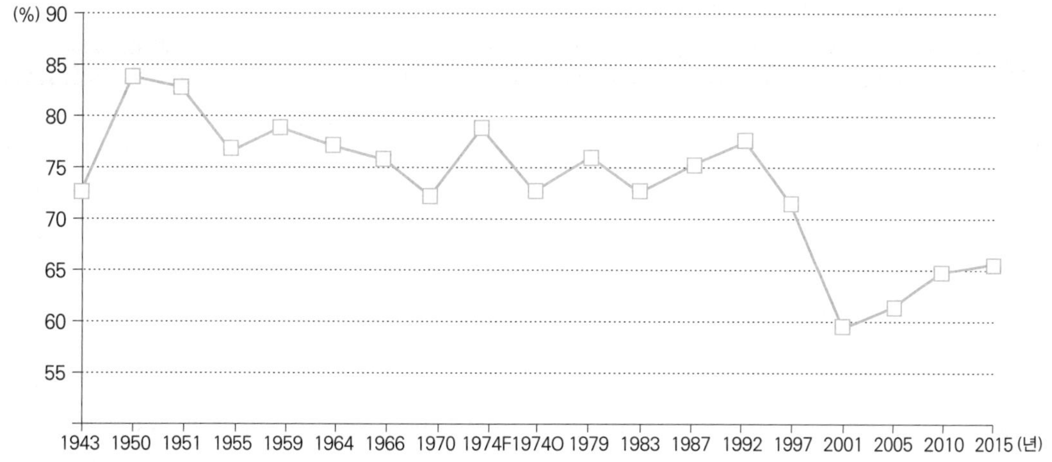

그림 21-2 영국 총선 투표율, 1945~2015(%)

참조: 1974년에는 2월과 10월(1974F와 1974O)에 선거가 두 번 있었다. 2015년 투표율이 추가되었다.
출처: UK Political Info 2010.

국가 자원 남용, 야당 후보자 박해 등의 이유로 해당 국가군에서 제외되었다(Puddington 2011). 하지만 장기간 확립된 민주적 체제를 갖춘 나라들에서조차, 투표자의 무관심과 선출된 정치가들에 대한 불신 증거들이 증가하는 한 민주주의는 보편적 가치로 여겨지지 않는다.

확립된 민주주의들에 대한 불만족의 상징 중 하나는 선거 참여자 수의 감소다. 유럽의회 의원을 선출하는 선거의 평균 투표율은 1979년 62퍼센트에서 2014년 42.6퍼센트로 감소했다. 비록 그렇지만 여기에는 조건이 있다. 2014년에 극적으로 낮은 투표율을 기록한 동유럽의 몇몇 국가들을 포함하는 28개국이 참여한 반면, 1979년에는 단 9개국이 참여했던 것이다. 이러한 왜곡이 평균을 하향시킨다. 2014년에 슬로바키아에서 투표율은 겨우 13퍼센트, 체코에서는 18.2퍼센트, 폴란드에서는 23.8퍼센트, 슬로베니아에서는 24.5퍼센트였다(European Parliament 2014). 그러나 독일, 프랑스, 이탈리아, 네덜란드와 같은 본래 구성원 국가들도 이 시기 동안 참여자의 수가 극적으로 감소했다. 전통적으로 더욱 유럽주의에 대해 회의주의적이었던 영국에서, 참여자는 내내 3분의 1 이상의 투표율을 얻기 위해 고투했다(〈표 21-1〉 참조).

유럽의회와 같은 것은 멀어 보이기 때문에 그 같은 지역적 권위체에 대한 투표 참여자 수가 국가적 선거보다 낮을 것이라 예상할 수 있다. 그러나 영국의 경험에서 보이듯 투표율은 국내 선거에서도 마찬가지로 차츰 감소했다. 특히 1990년대 초반부터 그러한 경향이 두드러졌다(〈그림 21-2〉 참조). 국내 선거 투표율은 1950년대 초반 80퍼센트를 넘어서면서 정점을 찍은 이후, 2001년에는 60퍼센트 이하로 떨어졌고, 2005년과 2010년에는 약간 회복세를 보였다. 2015년에는 66.2퍼센트였다(Rallings and Thrasher 2015). 투표율 감소는 세대교체가 추동하는 것으로 보인다. 영국의 2015년 선거에서, 65세 이상 인구의 78퍼센트, 55세에서 65세 사이 인구의 77퍼센트가 투표한 데 비해 18세에서 24세 사이 인구의 투표율은 단지 43퍼센트였다(Ipsos MORI 2015). 이러한 무관심은 최근에 민주주의가 실현된 몇몇 나라의 유권자들이 보여준 열정과 극명하게 대비된다.

비록 1980년대 중반부터 전 세계적인 투표율 감소가 일반적으로 보이지만, 투표율의 동향은 나라마다 다양하게 나타난다. 채택된 투표 체계의 유형이 국가적 차원의 다양성을 설명할 수 있을지도 모른다는 주장이 그간 제

표 21-1 국가별 유럽의회 선거 투표율, 1979~2014(%)

	1979년	1984년	1989년	1994년	1999년	2004년	2009년	2014년
벨기에*	91.4	92.1	90.7	90.7	91.0	90.8	90.4	89.6
룩셈부르크*	88.9	88.8	87.4	88.5	87.3	91.3	90.8	85.5
몰타						82.4	78.8	74.8
그리스*		77.2	79.9	73.2	71.5	63.2	52.6	60.0
이탈리아	84.9	83.4	81.0	73.6	69.8	71.7	65.1	57.2
덴마크	47.8	52.4	46.2	52.9	50.4	47.9	59.5	56.3
아일랜드	63.6	47.6	68.3	44.0	50.2	58.6	57.6	52.4
스웨덴					38.8	37.9	45.5	51.1
독일	65.7	56.8	62.3	60.0	45.2	43.0	43.3	48.1
리투아니아						48.4	21.0	47.4
오스트리아					49.0	42.4	46.0	45.4
키프로스*						72.5	59.4	44.0
스페인			54.6	59.1	63.0	45.1	44.9	43.8
유럽연합 평균	61.8	59.0	58.3	56.7	49.5	45.6	43.0	42.6
프랑스	60.7	56.7	48.7	52.8	46.8	42.8	40.6	42.4
핀란드					30.1	39.4	40.5	41.0
네덜란드	58.1	50.6	47.2	35.7	30.0	39.3	36.8	37.3
에스토니아						26.8	43.9	36.5
불가리아							38.9	36.1
영국	32.5	32.6	36.2	36.4	24.0	39.2	34.5	35.4
포르투갈			51.2	35.5	39.9	38.6	36.8	33.7
루마니아							27.7	32.4
라트비아						41.3	53.7	30.2
헝가리						38.5	36.3	29.0
크로아티아								25.2
슬로베니아						28.4	28.3	24.5
폴란드						20.9	24.5	23.8
체코						28.3	28.2	18.2
슬로바키아						17.0	19.6	13.0

참조: *. 의무투표제(이탈리아는 1979년, 1984년, 그리고 1989년 선거에서 의무투표제였다).
최저 투표율.
의무투표제 없이 나온 최고 투표율.
출처: European Parliament 2014.

시되어 왔다(〈표 21-2〉 참조). 예를 들어 의무 투표제를 채택한 나라에서는 투표율이 높은 반면, 자발적 투표제가 시행되는 나라에서는 투표율이 낮을 것이다. 이는 유럽 국가들 중 일부에 대한 설명으로 유효해 보인다. 리히텐

슈타인에서는 1945년 이래 평균 투표율이 93퍼센트에 육박하는바, 이는 의무 투표제에 부분적으로 기인한다고 볼 수 있다. 반면 자발적 투표제를 시행하는 스위스의 평균 투표율은 56.5퍼센트에 그쳤다. 그렇지만 이는 국가 간 투표 양식에 대한 완전한 설명이 될 수 없다. 예를 들어 바하마는 비의무 투표 체계를 갖추고 있지만 1945년 이래 92퍼센트에 가까운 평균 투표율을 보였다. 분명히 다른 요인들도 작동하고 있는 것이다.

투표율의 비교적 통계는 특정 국가의 민주주의 상태에 관해 별다른 정보를 제공하지 않는다. 그처럼 단조로운 수치에서는 투표율이 정해지는 상이한 국가적 맥락이 드러나지 않는다. 이는 특히 '새로운' 민주주의 국가와 '오래된' 민주주의 국가를 비교할 때 유의해야 할 점이다. 양자는 종종 매우 다른 정치적 환경에 놓여 있다. 예를 들어 미국과 같은 기존 민주주의 국가들에서는 평등한 권리를 법적으로 보장하는 법원처럼 인민들의 이해관계가 대표될 수 있는 여타의 수단들이 존재한다(Pintor and Gratschew 2002). 이는 선거에서의 낮은 투표율을 일부 설명해 줄 수 있다. 따라서 비록 투표율은 세계 각지에서 투표에 참여하는 국민의 비율을 제시하는 기본적 지침이지만, 〈표 21-1〉에서 제시된 영국의 사례처럼 특수한 국가적 맥락에서 투표율의 변화 양상을 주시하는 것이 더욱 유익할 것이다. 왜 인민들이 투표를 하는지 혹은 하지 않는지와 같은 중요한 문제에 답하려면 통계적 증거들을 정치가 자리하는 사회적 맥락과 연계시킬 필요가 있다.

민주주의 국가에서 정치적 가치가 '희소가치'에서 '탈물질적 가치'로 이동하면서 인민들이 모든 기성의 권위 형태에 점차 회의를 품게 되었다는 주장도 제기되었다(Inglehart 1997). 경제적 번영이 일정 수준에 도달하면 유권자들은 경제적 문제보다 의미 있는 일에 대한 욕구처럼 개인적(집합적인 것과 반대되는) 생활양식의 질에 더 많은 관심을 기울인다는 것이다. 그 결과, 투표자들은 일반적으로 개인의 자유와 연관된 문제를 제외하고는 국가 정치에 관심을 덜 갖게 된다.

많은 학자들과 정치 평론가들은 투표율 하락이 정치인과 모든 권력자에 대한 선진국 국민들의 신뢰 상실을 보여 준다고 주장하고 있다. 철학자 오노라 오닐Onora O'Neill은 이를 서구 정치 지도자들과 여타 권위에 대한 신뢰의 위기로 본다(2002: 9).

> 불신과 의심이 생활의 모든 영역에 퍼져 있는데, 아마도 이렇게 된 데는 충분한 이유가 있는 듯하다. 시민들은 더 이상 정부, 정치인, 장관, 경찰, 판사, 교도소를 신뢰하지 않는다고 한다. 소비자들은 더 이상 기업, 특히 대기업 또는 그들의 제품을 신뢰하지 않는다고 한다. 아무도 은행, 보험사, 연금 기관을 신뢰하지 않는다고 한다. 환자들은 더 이상 의사들을 신뢰하지 않고 (……) 특히 그 병원과 병원의 고문들을 신뢰하지 않는다. 요컨대 '신뢰의 상실'은 우리 시대를 가장 잘 표현하는 말이다.

한 설문 조사 결과는 정치인과 정당 정치에 대한 신뢰의 상실을 확증하는 것으로 보인다. 신뢰의 상실은 유로존 경제 공동체의 금융 위기에 맞서고, 국가 부채를 감소시키려는 정치적 시도 속에서 부각되었다. 유럽연합 가입국인 폴란드, 영국, 프랑스, 독일, 스페인에서 수행한 2011년 가디언/ICM 여론 조사에서는 정치인이 "정직하고 성실하게 행동한다"고 신뢰하는지 물었다. 전체적으로 9퍼센트만이 "그렇다"고 답했다. 국가별로는 영국 12퍼센트, 독일 10퍼센트, 스페인 8퍼센트, 폴란드 3퍼센트였다. 조사에서는 또한 '국가의 문제를 다루는' 정부에 대한 신뢰 여부도 물었다. 전체적으로는 78퍼센트, 영국은 66퍼센트, 독일은 80퍼센트, 프랑스는 82퍼센트, 스페인은 78퍼센트, 폴란드는 82퍼센트의 응답자가 정부를 신뢰하지 않는다고 답했다(Glover 2011).

2009년, 점점 더 민주적으로 선출된 '정치적 계급' 또는 엘리트로 묘사되는 것들과 그들이 봉사하는 시민들 사이의 증가하는 균열은 영국 하원의 선출된 구성원과 관련되어 있는 값비싼 스캔들에 의해 극적으로 상징화되었다. 「데일리 텔레그래프the Daily Telegraph」지는 하원 구성원들의 세비 요구와 관련해 누출된 세부 내용을 실었고,

표 21-2 세계 지역 및 국가별 선거인명부 대비 투표자 비율 일람표 (평균 투표율 순), 1945~2001(%)

오세아니아		중앙아메리카와 남아메리카	
호주(22)	94.5	가이아나(7)	88.5
뉴질랜드(19)	90.8	칠레(11)	78.9
피지(3)	81.0	니카라과(6)	75.9
통가(4)	56.3	콜롬비아(18)	47.6
평균	**83.1**	**평균**	**71.5**
동유럽		**아시아**	
리히텐슈타인(17)	92.8	싱가포르(8)	93.5
스웨덴(17)	87.1	일본(22)	69.6
영국(16)	75.2	인도(13)	59.4
스위스(14)	56.5	파키스탄(6)	45.3
평균	**82.6**	**평균**	**74.0**
북아메리카		**중동**	
바하마(6)	91.9	이스라엘(15)	80.3
캐나다(18)	73.9	이란(1)	77.3
미국(17)	66.5	요르단(3)	51.8
아이티(3)	47.1	레바논(3)	39.5
평균	**69.6**	**평균**	**72.2**
아프리카		**중부 유럽과 동유럽**	
부룬디(1)	91.4	우즈베키스탄(3)	93.5
모로코(5)	71.2	체코(4)	82.8
짐바브웨(3)	48.7	러시아(3)	58.4
말리(2)	21.3	폴란드(5)	50.3
평균	**64.5**	**평균**	**71.9**

참조: 괄호 안은 기간 중 치러진 선거의 수.
출처: Pintor and Gratschew 2002.

이는 정치인들에 대한 신뢰를 더욱 떨어뜨렸다. 의원들은 선거구에서 타구역으로 이동하는 여비, 보좌진의 경비, 런던 내에서 필요한 숙박비, 기타 법적으로 인정된 유지비를 세비로 청구할 수 있다. 그러나 사소한 것(초코바 또는 DVD)에서 값비싼 것(플라스마 텔레비전, 주택 융자와 부풀린 주거비)까지 의원 개인의 다양한 필요를 위해 공적 자금이 사용된다는 사실에 공분이 일었다. 몇몇 의원이 세비 내역을 정보공개법Freedom of Information Act(2000)에서 제외하려고 했던 것도 그들의 잘못을 덮어 보려는 꼴사나운 노력으로 보였다.

스캔들에 뒤이어 세비 체계는 바뀌었고, '의회 운영에 대한 신뢰도'를 묻는 여론 조사 결과는 금세 스캔들 이전 수준으로 회복되었다(Bartle and Allen 2010: 132~133). 그럼에도 정치인들에 대한 태도가 이처럼 호의적이지 않았던 적은 없었다. 금융 위기 이후 유럽연합 전역에 걸쳐 부패하고 무능한 정치인들과 그들의 긴축 정책에 대한 대중의 공적 항의가 있었다. 그리스, 이탈리아, 아일랜드, 포르투갈, 영국에서는 모두 노동조합, 학생, 기타 사회집단들에 의한 시위를 볼 수 있었다.

이제 몇몇은 세계화 시대에 그 현저한 우위를 유지할 수 없을 것이라 보는, 국민-국가의 변화하는 상황에 대해 살펴볼 것이다. 이것은 아마도 왜 민주적 참여가 젊은 세대들에게 덜 필수적인 것으로 보이는지에 대한 하나의 추가적 이유가 될 것이다.

세계적 거버넌스: 전망과 현실

미국 사회학자 대니얼 벨Daniel Bell은 국가적 수준의 정부는 세계적 차원의 경제적 경쟁의 영향이나 세계적 환경 파괴와 같은 커다란 문제를 대처하기에는 너무 작은 반면, 특정 도시나 지방에 영향을 미치는 작은 문제들을 다루기에는 너무 크다고 지적했다(1987). 이는 국가 정치가 세계화와 지역화에 의해 협공당하고 있다는 것을 의미하며, 이것은 우리가 앞서 보았듯 많은 사람들이 정치에 참여하려는 열정을 갖지 않는 이유를 부분적으로 설명해 준다.

국가 정부는 세계 경제에서 주요한 행위자인 거대 기업의 활동에 거의 힘을 쓰지 못한다. 예를 들어 2002년 진공청소기 제조업체인 다이슨사가 그랬던 것처럼, 영국의 기업은 비용을 절감하고 다른 기업과 보다 효과적으로 경쟁하기 위해 국내 생산 공장을 폐쇄하고 생산 시설을 말레이시아로 이전할 수도 있다. 이 경우 일자리를 잃은 영국 노동자들은 정부가 '무언가 해주기'를 원할 것이다. 그러나 중앙 정부는 세계화 과정을 통제할 능력이 없다. 정부가 할 수 있는 것이라고는 실업 수당이나 직무 재훈련 제공 등을 통해 충격을 완화하려고 노력하는 것뿐이다.

세계화는 대량 살상 무기의 확산, 환경오염, 테러리즘, 국제 금융 위기 등 새로운 위험들을 낳고 있다. 이러한 문제들은 민족국가 차원에서는 대처하기 어려우며, 이러한 세계적 위험들을 해결하기 위해 세계은행, 세계무역기구, UN과 같은 국제정부기구international governmental organizations, IGOs가 만들어졌다. 이러한 기구들은 세계적 거버넌스global governance에 관한 논의의 기반을 이룬다. 세계적 거버넌스란 세계적 수준의 정부 창설에 관한 것이 아니다. 세계적 거버넌스는 세계적 문제를 다루기 위해 필요한 규칙의 틀과 그 틀을 준수할 국제기구 및 각국 중앙 정부 등 다양한 기구들의 집합에 관련된다.

이미 이러한 문제를 다루는 세계적 조직 중 다수는 민주적 책임이 결여되어 있다. 예를 들어 UN 안전보장이사회는 모두 15개 회원국으로 구성되어 있으며, 이 중 세계 최강 대국을 이루는 5개국, 즉 미국, 영국, 프랑스, 중국, 러시아는 상임이사국이다. 안전보장이사회에서 결의안을 통과시키려면 9개국이 찬성해야 하며 5개 상임이사국은 모두 찬성해야 한다. UN이 2003년 이라크 파병안을 명시적으로 지지하지 못했던 이유는 프랑스가 거부권을 행사하겠다고 위협했기 때문이다. 이것은 전쟁을 권력의 부당한 사용이라고 비난한 비판자들에 의해 인용된 주된 근거들 중 하나였다. 빈곤한 세계 다수 국가들의 관점은 이러한 논쟁 안에서 거의 관련 없는 것이었다.

지역적 협력과 통합의 긍정적 사례로 유럽연합은 성공적인 국제 정부와 세계적 거버넌스를 위한 잠재적 모델로 종종 간주된다. 유럽연합 회원국은 28개의 민족국가로 확장되었으며, 이들은 제도적·법적 틀 안에서 협력하도록 통합되었다. 이는 과거의 파괴적인 갈등 관계와 극명히 대비된다. 또한 유럽연합은 전후 유럽 정치가 거둔 최고의 성과로 여겨졌다. 유럽연합은 제2차 세계 대전에 역사적 뿌리를 두고 있다. 유럽 통합 구상은 그 같은 파괴가 재발하지 않도록 하기 위해 시작되었다. 전시 영국 총리였던 윈스턴 처칠Winston Churchill은 1946년 '유럽 합중국'을 제안한 바 있다. 유럽 통합을 위한 첫 번째 실질적 조치는 프랑스 외무장관 로베르 슈망Robert Schuman의 1950년 5월 9일 연설에서 제안되었다. 현 유럽연합의 '탄생일'이라 할 수 있는 이날은 '유럽의 날'로 지정되어 매

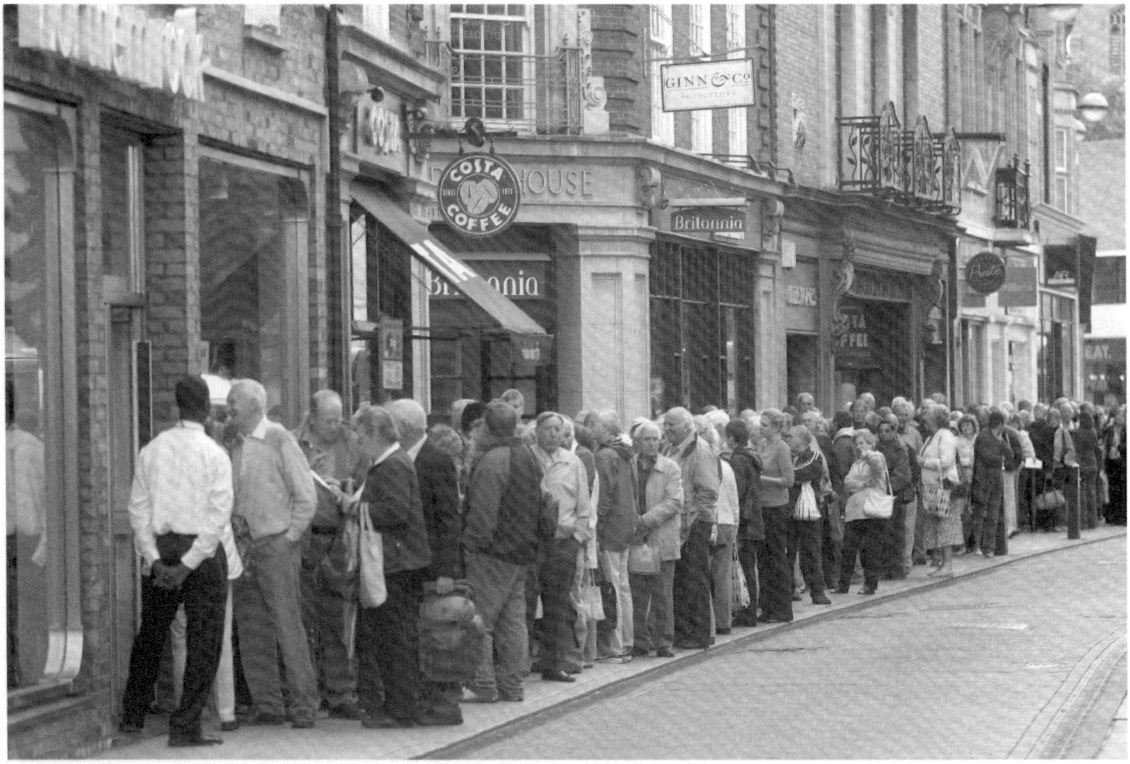

2008년 초, 금융 위기는 저명한 영국 하이스트리트의 은행들을 거의 붕괴로 이끌었다. 이러한 위기는 세계적인 규제에 우호적인 주장들에 무게를 실어 주었다.

년 기념되고 있다. 그러나 2016년 국민투표에서, 영국은 연합을 27개국으로 줄이면서 유럽연합을 떠나기로 투표한 첫 번째 국가가 되었다. 네덜란드, 프랑스, 유럽연합 곳곳에서 일어난 민족국가주의적 운동들은 결과적으로 더욱 대담해졌고, 시민들이 유사한 '잔류-탈퇴' 국민투표를 요구할 것을 촉구했다.

처음에 유럽연합은 벨기에, 독일, 프랑스, 이탈리아, 룩셈부르크, 네덜란드의 6개국으로 구성되었다. 그 뒤 1973년에 덴마크, 아일랜드, 영국이 가입했고, 1981년에 그리스, 1986년에 스페인과 포르투갈, 1995년에 오스트리아, 핀란드, 스웨덴이 가입했다. 2004년에는 가장 큰 확장이 일어났다. 체코, 에스토니아, 라트비아, 리투아니아, 헝가리, 폴란드, 슬로베니아, 슬로바키아 등 동유럽 8개국과 키프로스, 몰타가 합류했다. 2008년에는 불가리아와 루마니아, 2013년에 크로아티아가 가입하면서 28개국이 되었다(European Commision 2015).

초기에는, 유럽연합 회원국들 간 무역과 경제협력이 많은 부분을 차지했지만, 이제는 일상에 직접적 중요성을 갖는 다른 주제들도 많이 다루고 있다. 현재 유럽연합 기구들은 시민의 권리, 안전, 일자리 창출, 지역 발전, 환경 보호와 같이 다양한 영역을 다룬다. 영국 국민투표에서, 유럽연합 회원 신분이 국가 주권, 즉 자치 정부의 독립성과 능력의 기반을 약화시킨다는 주장은 탈퇴 투표 캠페인에 의해 내세워진 핵심 주장이었다. 반면 또 다른 사람들은 유럽연합은 그저 국가연합이나 세계무역기구와 같은 또 다른 국제 단체일 뿐이라고 주장했다(The Economist 2005).

그러나 유럽연합 옹호자들은 이 두 주장 모두 부정확하다고 본다. 그들은 유럽연합 회원국이 공동의 이익에 관한 특정한 문제들에 대한 결정이 유럽 수준에서 민주적으로 이루어질 수 있도록 그들이 자신들의 권력 중 일부를 위임하는 공통의 제도들을 세우는 조직이라고 주장한다. 모든 결정들과 절차들은 모든 회원국들에 의해 동의된 조약에 기초한다. 이러한 주권의 통합은 또한 '유럽 통합'이라고 불린다.

유럽연합 지지자들은 유럽연합이 지난 반세기 동안 유럽에 안정, 평화, 번영을 가져다주었다고 주장한다. 유럽연합은 유럽인의 생활수준을 높이고, 단일 유럽 통합 시장과 단일 통화인 유로화를 만들고, 세계에서 유럽의 목소리를 높이는 데 기여했다. 그러나 2009년에 시작된 국가 채무 위기는 초국적인 거버넌스에 관한 사안뿐 아니라 범유럽적 화폐의 장기적 존속 가능성을 심각하게 고민하도록 만들었다.

비판적으로 생각하기 THINKING CRITICALLY

유럽연합 같은 기구들이 세계화 시대에 민족국가보다 정치를 더 잘 다룰 준비가 되어 있는 이유는 무엇인가? 민족국가들이 국민적 정체성을 촉진할 때, 유럽연합은 성공하기 위해 국민적 정체성에 도전해야 하는가?

(단일 통화로 유로화를 사용하는) 유로존 국가들을 집어삼킨 경제 위기로 인해 세계 경제의 거버넌스에 유럽연합 모델이 적합한가라는 예리한 질문이 제기되었다(Della Salla 2011: 152). 특히 맥나마라McNamara는 다음과 같이 주장했다(2010: 22).

> 기본적 수준에서 이제 문제는 단순하다. 유럽연합은 정치사와 경제사에서 독특한 존재이며, 시장은 단일 통화와 분할된 민족국가의 유례없는 조합으로부터 어떤 일이 일어날 것인지 알지 못한다. 유로존 위기는 민족국가의 집합도 아니고, 완숙한 연방도 아닌 유럽연합의 독특한 정치적 위상이 갖는 난점을 드러내고 있다.

그리스, 아일랜드, 포르투갈에 제공하기로 합의된 엄청난 구제금융은 다국적 정치 행위의 좋은 사례로 보일 수도 있을 것이다. 그러나 이제 더 나은 금융 규제 체계가 필요하다는 일단적 동의만 있었을 뿐, 유럽연합의 위기를 되풀이하지 않기 위해 어떻게 거버넌스 구조를 발전시킬 것인지에 대해서는 정치적 합의가 거의 존재하지 않는 것으로 보인다. 몇몇 지도자들은 더욱 긴밀한 정치적 (그리고 재정적) 연합이 절박하게 필요하다고 보는 반면, 다른 지도자들, 특히 유로존 외부에 있는 나라의 지도자들은 위기를 긴밀한 통합이 바람직하지 않다는 증거로 여긴다. 현재로서는 유럽연합이 어떤 방향으로 발전할지 알 수 없지만, 효율적인 지역적, 세계적 거버넌스가 없다면 경제 시장과 신용 평가 기구(이들의 평가는 한 나라 정부의 차입 능력에 영향을 준다)가 때마다 지속적으로 강력한 영향력을 행사할 것이다.

“ 2008년 금융 위기와 그 여파는 제7장 〈일과 경제〉, 제4장 〈세계화와 사회 변동〉, 제6장 〈도시와 도시 생활〉, 제13장 〈빈곤, 사회적 배제, 복지〉에서 논의된다. 또 유로존 위기는 제7장 〈일과 경제〉에서 다룬다. ”

그렇다면 사건들을 다루는 데 민족국가 수준의 민주적 거버넌스가 부적절해 보이는 시대에 민주주의의 운명은 어떻게 될 것인가? 작금의 영국 보수당 지도자들과 일련의 경제학자들은 할 일이 없다고 주장한다. 그들에 따르면 정부는 우리 주위에서 일어나는 급속한 변화를 통제할 수 없고, 가장 사려 깊은 일은 정부의 역할을 줄이고 시장의 힘이 인도하는 대로 따르는 것이다. 그러나 세계적 금융 위기는 이것이 잠재적으로 위험한 길이라는 것을 보여 주었다. 부틀Bootle은 "2007/9년의 사태에서 금융시장은 공공의 번영을 증진하기 위해 작동한 것이 아니었고, 혼돈과 불안정을 흡수하기보다는 그것을 야기해왔다는 점이 명백하게 드러났다. 역설적으로, 금융시장은 정부에 의해 구제되어야 했다"고 주장한다(2011: 3).

데이비드 헬드David Held는 세계화 시대에는 우리에게 거버넌스가 덜 필요한 것이 아니라 더 필요하다고 주장한다(2004). 그러나 효과적인 통치governing에는 민족국가 수준과, 그 상위와 하위 수준 모두에서 민주주의의 심화가 요구된다. 이는 민족국가 단위의 선거에서 민주적으로 선출된 정부가 그들을 뽑은 국민들에게 책임지는 것처럼, 국제기구에도 책임을 부여하자는 의미다. 대량 학살, 반인륜적 범죄, 전쟁 범죄와 같은 국제적 범죄를 저지른 이들을 기소하고 처벌하기 위해 설립된 국제형사재판소와 국제연합은 모두 좋은 토대를 제공하고 있다. 이러한 기구들은 인간의 기본권이 보호되고, 차이의 평화적 해결 과정이 합의될 수 있는 세계의 미래상을 조성한다.

헬드는 세계적 사회 민주주의가 지방, 국가, 세계라는 상이한 수준에서 많은 조직들이 함께 작동하는 다층적 거버넌스를 통해 확보될 것이라고 보았다. 이전에는 국가가 국제정치의 주요 행위자 역할을 했던 곳에서, 이제는 행정관료, 판사, 입법자들도 주요 행위자에 포함되고 있다. 예를 들어 전 UN 사무총장이었던 코피 아난Kofi Annan은 국제 정치에서 높은 영향력을 가졌었다. 옥스팜Oxfam이나 국제사면위원회와 같은 국제 NGO 단체들과 사회운동들 또한 중요한 역할을 할 수 있다. 아래에서 우리는 사회운동의 중요성이 증가하고 있다는 점과 사회학자들이 그것을 어떻게 이해하는지 더 자세히 살펴보고자 한다.

사회운동과 사회 변화

앞의 논의에서 보았듯, 정치적 삶이란 결코 정당, 투표 체계, 통치 기구와 같은 전통적인 틀 안에서만 이루어지는 것이 아니다. 민주주의의 확산에도 불구하고 권위주의 체제가 지속되고 있는 것은 기존 정치 구조 내의 효과적인 변화가 항상 쉽거나 가능한 것은 아니라는 점을 보여준다. 때로는 혁명이나 사회운동 같은 비정통적인 형태의 정치 행위를 통해서만 정치적 또는 사회적 변화가 이루어질 수 있다.

> 테다 스카치폴의 사회 혁명 비교 연구에 관한 논의는 제2장 〈사회학적으로 묻고 답하기〉를 참조하라.

사회운동이란 무엇인가

비정통적인 정치 행위 중 가장 극적이고 영향력이 큰 것은 혁명이다. 혁명은 종종 폭력을 수반한 대중 운동을 통해 기존 사회정치적 질서를 전복하는 것이다. 혁명은 긴장감 있고 흥분되며 열광적인 사건으로서, 당연히 커다란 관심을 받는다. 그렇지만 그만큼 극적이기에, 혁명은 아주 드물게 발생한다.

비정통적 유형의 정치 행위 중 가장 흔한 것은 사회운동social movement이다. 사회운동은 기성 제도권 외부에서의 행위를 통해 공동의 이익을 증진하고 목표하는 바를 확보하려는 집단적 시도다. 근대 사회들에는 다양한 형태의 사회운동이 존재했다. 그중 어떤 것은 지속되고, 어떤 것은 일시적이었다. 어떤 사회운동은 그 사회의 법적인 틀 안에서 활동하지만, 어떤 사회운동은 불법적 혹은 지하 집단의 네트워크로 활동하기도 한다. 하지만 저항운동의 특징은 그것이 정부가 특정 시간 또는 장소에서 합법적이라고 허용한 경계와 가까운 곳에서 일어난다는 점이다. 사회운동은 종종 특정 부분에 속한 사람들에게까지 시민권을 확장시키려는 것처럼 공적 이슈를 변화시키려는 목적을 갖고 일어난다. 때로는 사회운동에 대항해 현 상태를 유지하려는 대항 운동이 등장하기도 한다. 예를 들어 여성의 낙태 권리를 요구하는 운동은 낙태가 법적으로 금지되어야 한다고 주장하는 반낙태, '생명 존중pro-life' 활동가들에게 집요하게 도전을 받고 있다.

종종 사회운동의 결과로 법이나 정책이 변화하기도 한다. 예를 들어 예전에는 노동자 단체가 동료 노동자들에게 파업에 동참하라고 종용하는 것은 불법이었다. 노동조합들의 행동 결과, 법은 개정되었고 파업은 산업 갈등의 전술로 허용되었다. 유사하게, 레즈비언과 게이 운동 역시 동등한 권리를 위한 이슈를 성공적으로 제기했고, 그 결과 많은 국가에서 이성애자와 동성애자의 합법적 성행위 가능 연령이 동등해졌다. 미국의 시민권 운동은 학교와 공공장소에서 인종을 분리시키는 것을 불법으로 규정하는 법안을 통과시키는 데 성공했다. 여성운동은 여성의 경제적·정치적 평등이라는 면에서 중요한 성과를 냈고, 환경운동은 완전히 새로운 방식으로 지속 가능한 발전을 촉구하고 자연환경에 대한 태도를 변화시키기 위해 노력했다.

> 환경문제와 관련된 폭넓은 논의는 제5장 〈환경〉에서 다룬다.

사회운동은 그들이 종종 반대하는 공식적이고 관료제적인 조직들만큼이나 현대 사회의 중요한 양상 중 하나다. 어떤 학자들은 우리가 세계적인 '사회운동 사회'로 나아가고 있으며, 이는 세계적 집합 행동을 위한 풍요로운 기반을 제공한다고 주장한다. 이런 이유에서, 사회운동에 관한 사회학적 이론을 더 탐구할 필요가 있다.

사회운동의 이론화

20세기 대부분의 기간 동안, 사회학자들은 사회운동을 다소 일반적이지 않은 현상으로 바라보았다. 폭동, 군중, 혁명과 같은 여타 집합 행동의 형태와 마찬가지로, 사회학자들은 사회운동을 사회학 연구에서 주변적인 것으로 인식했다(Tarrow 1998). 이러한 상황은 1960년대 이후 사회운동의 새로운 흐름이 출현하면서 변하기 시작했다. 이러한 흐름은 그것을 이해하고 설명하고자 시도하는 당시 신세대 사회학자들을 매혹시켰다. 그들은 연구를 진행하면서 사회운동에 대한 기존 이론들이 적합하지 않다는 것을 발견했다. 왜 그런지 알아보기 위해 이전 사회운동에 관한 이론들을 간략히 살펴보자.

집합 행동과 사회 불안

사회학의 시카고학파는 보통 집합 행동Collective Behaviour의 형식들을 제일 먼저 체계적으로 정리한 것으로 여겨지며, 1920년대부터는 이것을 특별한 탐구의 장으로 바꾸었다(Della Porta and Diani 2006). 로버트 E. 파크Robert E. Park, 어니스트 W. 버지스Ernest W. Burgess, 허버트 블루머Herbert Blumer와 같은 시카고 전통 학자들은 사회운동이 사회 변화의 산물일 뿐 아니라 그 동인이라고 보았다. 이런 측면에서 그들은 사회운동을 더 생산적인 방식으로 이론화하기 시작했다.

허버트 블루머는 시카고학파 전통의 상징적 상호작용론을 통해 사회운동을 분석한 선구적 학자다. 그는 공식적인 정당 정치와 이익 대표의 영역 바깥에서 이루어지는 비관습적 사회운동의 저항 활동을 설명하기 위해 사회 불안social unrest에 대한 이론을 고안했다. 그는 모든 종류의 사회운동을 본질적으로, 그것들이 바로잡으려 하는 어떤 사회의 현재 양상에 대한 불만을 동기로 하는 것으로 보았다. 그러면서 그들은 '새로운 삶의 질서'를 형성하고자 한다. 블루머는 다음과 같이 주장한다(Blumer 1969: 8).

> 사회운동은 새로운 삶의 질서를 형성하기 위한 집합적인 기획으로 볼 수 있다. 사회운동은 불안을 조건으로 시작되고, 한편으로는 현재 삶의 형태에 대한 불만족에서, 다른 한편으로는 새로운 삶의 형태에 대한 기대와 희망으로부터 그 동기를 이끌어 낸다. 사회운동의 경로는 새로운 삶의 질서가 출현하는 것을 보여 준다. 시작 단계에서 사회운동은 무정형적

> 이고, 조직화 수준이 낮으며, 형식도 갖추지 못한다. 집합행동은 원초적인 수준이다 (……) 사회운동이 발전함에 따라 그것은 사회로서의 특징을 보인다. 사회운동은 조직과 형식, 관습과 전통, 확고한 지도력, 지속적인 분업, 사회적 규칙과 사회적 가치를 획득한다. 간단히 말해 문화, 사회 조직, 새로운 삶의 형태를 얻게 되는 것이다.

사회에 대한 불만으로서의 사회운동이라는 블루머의 이론은 몇 가지 중요한 논점을 제공한다. 예를 들어 그가 보기에 사회운동은 사회를 변화시키기 위해 '활동적'이거나 외부 지향적일 수도 있고, 운동에 연관된 사람들을 변화시키기 위해 자기 '표현적'이거나 내부 지향적일 수도 있다. 전자의 예는 자본주의 사회를 평등주의적 방식을 통해 급진적으로 변화시키고자 하는 노동운동이 있을 수 있다. 반면 후자의 예는 사람들로 하여금 그들 내부의 자아를 변화시키고자 한 '뉴에이지' 운동이 있을 수 있다. 사실 대부분의 사회운동은 활동적이고 자기 표현적인 요소 모두를 수반한다. 활동가와 지지자들은 사회를 변화시키고자 하는 운동의 결과로서 그들 자신의 자아 정체성의 변화 역시 겪기 때문이다. 예를 들어 많은 환경보호 운동은 직접적으로는 환경 파괴를 막고자 하는 목적을 가진다. 하지만 환경운동은 종종 사람들의 자기 인식을 변화시키면서 사람들이 자연 세계와 일체감을 갖도록 만들기도 한다.

블루머는 또한 사회운동이 네 개의 연속된 단계를 포함하는 하나의 '생애주기'를 갖는다고 주장했다. 첫 번째는 '사회적 동요' 단계다. 이 단계에서는 사람들이 어떤 이슈에 대해 동요하기는 하지만 상대적으로 집중도와 조직화 수준이 높지 않다. 사람들의 불만의 근원이 더 명확히 규정되고 이해되면 '대중적 흥분' 단계로 발전한다. 세 번째 단계에서는 보통 공식적인 조직이 만들어지는데, 이 조직은 더 높은 수준의 조정과 더 효과적인 운동 구조를 가져온다. 마지막은 '제도화' 단계다. 이 단계에서 사회운동은 더 넓은 사회 및 정치 생활의 부분으로서 수용된다. 물론 어떤 운동은 부분적으로만 성공하고, 어떤 운동은 완전히 실패하기도 한다. 어떤 운동은 아주 오랜 기간 지속되지만, 어떤 운동은 재정이나 열정이 고갈되어 생애주기를 마치기도 한다. 생애주기에 대한 이런 생각은 매우 생산적이라는 것이 입증되었으며, 최근의 많은 연구들에서, 특히 미국 학계에서 중점적으로 다루어졌다. 이는 블루머의 업적이 사회운동 연구에서 지속적인 영향력을 발휘하고 있음을 보여 준다(Goodwin and Jasper 2002).

비록 상호작용주의는 운동들을 매우 유의미한 현상으로 다루지만 — 그 당시에는 뚜렷한 돌파구였다 — 그것의 한 가지 문제는 사회운동 활동가들의 합리적 의사 결정들과 전략들을 탐구하지 않는 경향이 있다는 것이다. 이러한 부분에 대한 연구는 후대 학자들에게 남겨졌다. 둘째, 상호작용주의적 접근은 특정 운동에 대한 어느 정도 세밀한 사례 연구를 생산해 내기는 했지만, 비판자들은 이러한 연구가 대체로 현상 기술적이고, 이에 따라 사회운동 활동을 사회 구조의 변화에 연관 짓는 설명에는 충분한 관심을 기울이지 못했다고 주장했다(Della Porta and Diani 2006).

자원 동원 이론

미국과 유럽의 사회운동에 대한 연구 전통은 매우 다르다. 미국에서 사회운동은 합리적 선택 이론의 형식을 사용해 연구되는데, 이 이론에서 개인들은 그들에게 주어진 선택지들을 평가해 합리적 결정을 내린다고 가정된다. 반면, 이후에 다시 보겠지만 유럽에서는 폭넓은 사회 변화에 관한 이론 속에서 사회운동과 사회 계급 간의 연관에 더 많은 관심을 집중하는 경향이 있다. 미국의 접근은 주로 (모두 그런 것은 아니지만) 운동이 어떻게 조직되는지에 초점을 맞춘다. 반면 유럽의 접근은 왜 특정 시점에 사회운동이 출현하는지에 관심을 집중한다(Melucci 1989).

미국에서 가장 영향력 있는 관점 중 하나는 자원 동원 이론resource mobilization theory, RMT이다. RMT는 1960년

닐 스멜서의 사회운동에 대한 이해

연구 문제

사회운동은 매우 일반적인 것이 되었고, 당신도 하나 이상의 사회운동에 참여하고 있을 수 있다. 사회운동은 종종 예기치 않게 나타나고, 사회학자들을 놀라게 한다. 그러나 사회운동은 또한 같은 방식으로 사라지기도 한다. 이것은 사회운동의 출현이 완전히 임의적인, 즉 우연과 예측 불가능한 환경의 산물이라는 의미인가? 사회운동은 더 넓은 사회 변화와 어떻게 연결되는가? 사회운동 과정을 더 잘 이해하기 위해 운동의 출현과 발전에 관한 일반 이론을 발전시킬 수 있는가? 사회학자 닐 J. 스멜서Neil J. Smelser는 탤컷 파슨스Talcott Parsons와 함께 사회운동에 대한 일반 이론을 확립하기 위해 구조기능주의적 관점에서 집합행동을 연구했다.

스멜서의 설명

스멜서는 사회운동의 출현을 설명하기 위해 구조적 긴장에 관한 이론을 제기했다(1962). 그렇지만 그의 관점을 잘 보여 주는 것은 사회운동의 출현에 대한 '부가가치 모델value-added model'이다. 이 발상은 경제학 이론에서 차용한 것으로, 사회운동은 명확한 단계를 가진 과정을 통해 출현하고, 각각의 연속적 과정은 여기에 '가치를 부가'한다는 것이다. 사회운동에 관한 부가가치 모델은 각각의 단계가 집합 행동 또는 사회운동이 창출될 가능성을 부가하는 것으로 파악한다. 이런 측면에서 스멜서의 주장은 사회운동의 발생을 단일한 원인에서 찾는 모든 사고방식을 거부하고 복잡한 인과관계를 제시한다고 할 수 있다. 이는 사회운동 연구에서 매우 중요한 계기가 되었다.

스멜서는 사회운동이 발전하려면 여섯 가지 부가가치 요소가 필요하다고 주장했다.

1. 구조적 우호성: 모든 사회운동은 더 넓은 사회적 맥락에서 발생하며, 이러한 구조적 맥락은 운동의 형성에 우호적이어야 한다. 예를 들어 권위주의 사회에서는 사람들이 큰 집단에 모이거나 그들이 반대하는 것에 대해 합법적으로 시위를 벌일 수 있는 여지가 거의 없다. 따라서 체제에 저항하는 사람들은 변화를 추구하기 위해 덜 공개된 다른 방법을 찾아야 한다. 이러한 상황은 사회운동 활동에 구조적으로 우호적이지 않다. 최근 사회운동을 연구하는 학자들은 정치 체제가 운동이 발전할 수 있는 기회를 창출하거나 거부하는 방식을 기술하기 위해 '정치적 기회 구조'라는 개념을 사용했다(Tarrow 1998). 그리고 이 개념은 확실히 스멜서의 발상에 많은 빚을 지고 있다(Crossley 2002).
2. 구조적 긴장: 사회 구조가 집합행동에 우호적이라면, 이제 사람들의 기대와 현실 사이에 긴장이 존재해야 한다. 사람들이 사회로부터 무언가를 기대하거나 기대하도록 유도되었지만 이것이 충족되지 못할 때 좌절감이 발생하고, 사람들은 기대를 충족시킬 다른 방법을 추구한다.
3. 일반화된 믿음: 이러한 두 가지 조건이 충족된다면, 사회운동에 결합하거나 운동을 형성할 필요성을 사람들에게 설득하기 위해 긴장의 원인에 관한 일반화된 믿음을 발전시키고 확산시킬 필요가 있다고 스멜서는 주장했다. 그는 이러한 일반화된 믿음이 원초적이며, 합리적 생각보다는 소망 충족에 근거하는 경우가 많다고 보았다.
4. 촉발 요인들: 이는 근본적으로 저항 행위가 불타오르도록 불을 붙이는 역할을 하는 사건을 의미한다. 1955년 미국에서 인종적으로 분리된 버스에서 로자 파크스Rosa Parks가 내쫓긴 사건이 좋은 예일 것이다. 이 사건은 저항을 촉발했으며 흑인 시민권 운동에서 핵심적 사건이 되었다. 촉발 요인들은 잠재적 지지자들에게 사회적 긴장감을 더욱 즉각적으로 가시화한다. 그것이 없다면 운동의 형성은 오랜 시간 정체될 것이다.
5. 행위를 위한 동원: 촉발 사건이 나타났다면, 능동적인 사회적 네트워크의 형성을 통한 효과적 의사소통이 그다음 요소다. 사회적 네트워크를 통해 활동가들은 팸플릿 제작과 배포, 시위 조직, 회비 징수 등 성공적인 저항과 조직 구성을 위해 필수적인 기능의 일부를 수행할 수 있다. 이러한 모든 활동은 더 높은 수준의 의사소통과 사회적 네트워크를 필요로 한다.
6. 사회적 통제의 실패: 스멜서의 모델에서 최종 요소는 사회를 통제하는 힘의 대응이다. 당국의 대응은 출현한 사회운동이 종식되거나 발전 기회를 갖는 데 핵심적 역할을 한다. 때로는 당국의 과도한 반응이 그 운동에 대한 다른 사람들의 지지를 촉진하기도 하는데, 특히 미디어가 지배하는 우리 시대에는 더욱 그렇다. 예를 들어 1972년 그린피스 3호에 탑승한 그린피스 활동가들에 대한 과도한 조치가 미디어에 의해 광범위하게 보도되었고, 이는 다윗 대 골리앗의 대결과 같은 인상을

운동을 벌이는 시위대들에 대한 정부와 권위체들의 반응은 더 나아간 행동주의를 고무하거나 의욕을 상실시키는 데 있어서 중요할 수 있다.

주어 많은 사람들이 약자 편에 서도록 만들었다. 그러나 때로는 가혹한 탄압이 사람들에게 활동 지속에 따른 위험이 너무 크다는 것을 인식시켜 출현한 사회적 네트워크를 중지시킬 수도 있다.

비판적 쟁점

스멜서의 이론은 여러 면에서 비판의 대상이 되었다. 스멜서의 모델은 일반화된 믿음에 초점을 맞췄다는 점에서, 개인들이 그들이 처한 상황에 대한 오해에 근거한 비합리적 이유에서 사회운동을 시작할 동기를 얻는다는 함의를 갖고 있다. 이는 사회운동을 이례적 혹은 주변적 현상으로 바라보는 과거 전통으로의 퇴보였다. 스멜서 이후 사회운동에 관한 연구는 활동가들을 그들 자신의 행동이 초래할 비용과 편익을 계산하는 합리적 행위자로 간주하는 경향을 보였고(Olson 1965 참조), 사회운동을 사회생활에서 주변적인 것이 아니라 한 부분에 속하는 것으로 간주하는 방향으로 나아갔다. 또한 스멜서의 이론은 사회운동을 급속한 사회 변화 기간 적응적인 기능이라는 맥락에 위치시키는 구조기능주의적 지향을 가졌다. 운동은 사람들로 하여금 그들의 관심사를 해결하기 위해 무언가가 이루어지고 있다고 안심시킨다는 것이다. 그러나 이러한 이론은 파슨스의 기능주의에 대한 공격으로부터 간접적으로 비판받았고, 다소 부당하게도 아주 최근까지 발전되지 않았다.

현대적 의의

사회운동에 관한 스멜서의 작업은 최근 합당하게 더 많은 주목을 받으며 부활의 조짐을 보이고 있다. 스멜서의 이론은 운동 형성에 대한 복합-인과 모델을 제공하고, 매우 생산적인 것으로 판명된 그의 이론으로부터 비판자들까지도 필요한 부분을 차용하고 있다. 예를 들어 자원 동원 이론, 정치적 기회 구조, 프레임 분석 같은 발상은 모두 스멜서의 이론에 빚을 지고 있다(Crossley 2002). 유사하게, 그의 모델은 운동의 행동주의를 사회 구조에 연결하고, 새로운 사회운동의 출현에 대해서도 통찰을 제공해 줄 수 있다. 이와 같은 자극이 되는 발상들은 한참 전부터 재논의되었어야 했다.

대 후반에서 1970년대에, 부분적으로는 운동을 '비합리적' 현상으로 묘사하는 사회 불안 이론에 대한 대응으로 발전했다. 이와 같은 시각에 반대해 RMT의 옹호자들은, 운동 참가자들이 합리적으로 행동하고 운동 그 자체 또한 무질서한 것이 아니라 목적의식적이라고 주장했다(Oberschall 1973; Tilly 1978; Zald and McCarthy 1987). RMT 이론가들은 자본주의 사회가 공적 영역에서 만성적인 불만을 생산하기 때문에, 사회 불안 이론은 문제가 있다고 주장했다. 사회 불안은 항상 존재하기 때문에 운동의 출현은 그것에 의존해서 설명될 수 없다. 만성적인 불만을 효과적인 동원과 사회운동으로 전환하는 것은 유효한 활동을 개시하는 데 필요한 자원의 이용 가능성이다. 이러한 점은 스터Storr가 잘 묘사하고 있다(2002: 182).

> 자원 동원 이론의 중심적 통찰은 사실 아주 기본적인 것이다. 사회운동은 자원을 필요로 한다. 당신과 내가 어느 사회운동의 구성원이라고 가정해 보자. 만약 우리가 회의를 소집하려면, 그 회의를 열 장소가 필요하다. 만약 우리가 시위 같은 항의 행동을 공표하고자 한다면, 선전물, 포스터, 전단지를 만들고 그것을 대량으로 복사해 광범위하게 배포할 수 있어야 한다. 만약 우리가 회의 장소를 예약한다거나 인쇄업자와 연락하고자 한다면, 이를 위한 전화가 필요하고 그것에 비용을 지불하기 위한 돈이 필요할 것이다. 이러한 물질적 자원만이 아니라, 유용한 연락처가 가득 담긴 주소록이라든가, 포스터 디자인 혹은 웹사이트 구성에 대한 실질적 노하우, 그리고 우리의 실천에 헌신할 시간과 에너지 같은 다소 무형적인 자원까지 얻을 수 있다면 우리가 성공할 가능성은 더 높아질 것이다. 자원 동원 이론에 따르면 이러한 자원을 더 많이 동원할수록 사회 변화에 대한 우리의 노력은 더 성공적일 것이다.

RMT에서, 정치적 불만 자체만으로는 사회 변화를 이끌어 내기에 충분하지 않다. 자원이 없다면, 그러한 불만은 사회에서 실제적인 힘이 될 수 없다. RMT는 경제학적 감수성을 가지고 사회운동과 경쟁적인 시장 경제 사이의 유사성을 묘사한다. 즉 RMT는 사회운동을 경쟁하는 운동들의 장, '사회운동 산업' 내에서 작동하는 것으로 그려내며, 그 안에서 운동들은 희소한 자원, 특히 구성원과 활동가를 놓고 경쟁한다. 따라서 사회운동 조직들social movement organizatinos, SMOs은 다른 운동 조직들과 경쟁하며, 그중 몇몇은 자신들과 목적을 공유하는 것으로 보일 것이다.

비록 RMT는 운동과 운동 조직들이 어떻게 자원을 획득해 활동을 동원하는지에 대한 상세한 연구를 통해 사회 불안 이론의 결여된 지점들을 채워 주지만, 비판자들은 RMT도 여전히 부분적 설명에 머물러 있다고 간주한다. 특히 RMT는 탈산업사회로의 경향 또는 세계화 과정 같은 광범위한 사회 변화가 사회운동에 미치는 영향을 과소평가한다. 예를 들어 정치적 맥락이 점차 세계화됨에 따라 내셔널 트러스트와 같은 전통적인 영국의 환경 보호 단체는 그린피스 같은 새로운 조직으로부터 도전을 받게 된다. 그린피스의 이데올로기와 국제적 활동이 변화하는 맥락에 더 잘 들어맞는 것으로 보이기 때문이다.

또한 RMT는 매우 한정된 자원으로 성공을 거둔 사회운동에 대해서도 거의 설명력이 없다. 피벤Piven과 클로워드Cloward는 1930년대의 실업자 운동, 1950년대의 흑인 시민권 운동, 1960년대 후반에서 1970년대까지의 복지 운동과 같이 미국에서 있었던 '가난한 사람들의 운동'을 분석했다(1977).

놀랍게도 그들은 이러한 운동들의 주요한 성공이 그들이 온전히 조직화되기 이전인 운동의 형성기 동안 획득되었다는 것을 발견했다. 이것은 초기 단계에서 활동가들이 매우 열성적이었고, 파업이나 연좌시위 같은 수많은 직접 행동에 가담했기 때문이다. 그러나 그들이 일단 더욱 효율적으로 조직되자, 직접 행동은 감소했고, (막스 베버와 로베르트 미헬스가 묘사한) '관료제의 속박'이 운동을 지배했으며, 운동은 추진력과 영향력을 잃었다. 이것은 우리가 RMT에 따라 기대할 수 있는 것과 완전히 반대이며, 때때로 자원의 부족이 운동에 이점으로 전환될 수도 있다는 것을 보여 준다.

비판적으로 생각하기 THINKING CRITICALLY

이 장에서 논의된 사회운동 중 하나를 선택해 그 운동의 역사, 발전, 성공을 조사해 보자. RMT를 사용해 이 자료들을 분석하며, 그 운동이 어떻게 조직되고 왜 성공 혹은 실패했는지 살펴보자. RMT가 보여 주지 못하는 측면들은 무엇인가?

신사회운동

1960년대 후반 이래, 전 세계적으로 많은 국가들에서 사회운동이 폭발했다. 여기에는 1960년대의 학생 운동, 1960년대와 1970년대의 민권운동과 여성운동, 1980년대의 반핵 운동과 생태 운동, 1990년대의 동성애자 인권 운동 같은 새로운 운동들이 포함된다. 이러한 운동 집단들은 흔히 유럽 학자들에 의해 집합적으로 신사회운동new social movements, NSMs으로 불린다. 이러한 명칭이 붙은 것은 1960년대 후반 이후의 운동들이 새로운 유형의 사회운동의 도래를 알리는 것으로 간주되었기 때문이다(Touraine 1971; 1981). NSMs에 대한 사회학 이론들은 왜 이 시기에 이러한 운동들이 등장했는지 설명하고자 시도한다. 그리고 이러한 접근은 운동들이 어떻게 자원을 모았고 사용했는지 설명하는 RMT의 접근법을 보완한다. 그러나 여기서 '새로운'이라는 말은 단지 '현대적'이라는 것 이상을 의미한다. NSMs을 '오래된' 운동과 구별 짓는 것으로 언급되는 네 가지 주요 지점이 있다. 이에 대해 살펴보자.

새로운 이슈들

NSMs는 새로운 이슈들을 정치 체제에 도입했다. 그중 다수는 단순한 물질적 자기 이해관계와는 상대적으로 관계가 없는 것들이다. 대신 이러한 이슈들은 '삶의 질'에 관심을 갖는데, 지구 환경의 상태, 동물 복지와 동물의 권리, 평화적인 (비핵) 에너지 생산, 동성애자 인권과 장애인 운동에 결합된 '정체성 정치' 등을 포함한다.

NSMs 이론가들은 이러한 운동들이 산업사회에서 탈산업사회로의 광범위한 사회적 전환을 반영하는 것으로 본다. 산업사회에서의 정치가 부의 창출과 그 분배에 초점을 두었다면, 탈산업사회의 정치는 탈물질적인 이슈에 초점을 맞춘다. 로널드 잉글하트Ronald Inglehart는 25개 이상의 산업국가에서 사회적 가치에 대한 설문 조사를 실시했는데, 젊은 세대일수록 탈물질주의적 가치를 표방한다는 것을 발견했다(1977, 1990). 즉 그들은 행복을 위한 일정한 물질적 기준을 당연한 것으로 여기고, 삶의 양적 측면보다 질적 측면에 더 많은 관심을 기울이는 경향이 있었다.

잉글하트는 이와 같은 가치에서의 '더딘' 세대 이동이 여러 가지 요인에 의해 설명될 수 있다고 주장했다. 1945년 이후 세대는 그들 부모 세대가 겪었던 불황이나 곤경을 경험하지 않았고, 전쟁에 대한 개인적 경험도 없었다. 그들은 전후의 평화와 풍요로움에 익숙해졌고, 식량 부족과 같은 역사적 장애물이 최소한 표면적으로는 영원히 해결된 듯 보이는 '탈희소성 사회화'의 맥락에서 성장했다. 이 세대는 또한 서비스 부문이 증가하면서 산업 작업장을 대체함에 따라 부모 세대와 상이한 직업 경험을 가지고 있다. 이런 거대한 사회적 변화는 '낡은' 정치가 쇠퇴하고, 그 자리를 '새로운' 탈산업적인 정치 형태가 빠르게 대체하도록 만들었다.

새로운 조직 형태

NSMs는 또한 운동이 조직되는 방식에서도 다른 모습을 보였다. NSMs 중 다수가 이전 사회운동 이론가들이 성공을 위해 필수적이라고 주장했던 공식적 조직을 거부하고 느슨한 조직 형태를 채택했다. NSMs는 사람들의 느슨한 네트워크처럼 보였다. 더구나 NSMs는 단일 중심이나 지휘부를 갖지 않고, '다두적many-headed' 구조를 더 선호했다. 만약 한 지역 집단이 법을 어겨 기소당해도, 네트워크의 나머지가 그 일을 수행할 수 있기 때문이었다. 또한 이러한 구조는 젊고, 탈물질적인 가치와 정체성을 가진 활동가들의 정서적 요구에도 적합했다.

알베르토 멜루치Alberto Melucci는 이러한 조직 형태 자체가 하나의 메시지, 즉 노동조합이나 정당 정치로 대표되는 산업 시대의 호전성을 가진 남성적, 관료적 권력 정치에 대한 상징적 거부를 담고 있다고 보았다(1989). 체코의 첫 번째 대통령이었던 바츨라프 하벨Václav Havel은 이를 반위계적이고, '반정치적인 정치'로 묘사했다(1988). 이러한 새로운 형태의 정치를 구별 짓는 것은 무엇보다 스스로에게 부과한 제한이었다. NSMs는 국가를 장악하거나 사회를 변화시키기 위해 국가 권력을 지렛대로 사용하려 하지 않았다. 대신 그들은 대중에게 직접 호소했다. 이러한 전략은 '자기 제한적 급진주의'라고 묘사되어 왔는데, 이는 사회주의나 노동운동의 국가 중심적 정치와 극명하게 대비된다(Papadakis 1988).

새로운 행동 레퍼토리

다른 모든 사회운동과 마찬가지로 NSMs 역시 정치적 로비로부터 연좌 시위, 대안적인 축제 등 다양한 저항 행동을 활용하지만, 가장 특징적인 것은 행동 레퍼토리가 비폭력적이고 상징적인 '직접 행동direct action'이라는 것이다. 많은 행동들은 이전에 보인 적도 알려진 적도 없는 사회의 공적 측면들을 보여 주는 것을 목표로 했다. 예를 들어 영국에서의 독성 폐기물 처리, 뉴펀들랜드에서의 아기 바다표범 학살, 도로 건설을 위한 삼림 파괴, 불구화된 환경 등에 대한 활동은 모두 사람들에게 이전에는 알지 못했던 사실들을 보여 주었다. NSMs는 지지를 창출하기 위해 새로운 매체를 광범위하게 이용한다. 그들 자신의 저항을 필름에 담고, 인터넷에서 영상을 상영하고, 문자 메시지와 이메일을 이용해 운동을 조직하고, 보통 사람들이 정치에 관련될 수 있도록 고무한다. 이러한 노력은 NSMs가 의사소통의 형식이라는 멜루치의 지적(1985)을 잘 보여 주었다. 그에 따르면 NSMs는 현존 정치 체제에 대한 상징적 도전을 보여 주는 사회에 대한 '메시지'다.

새로운 사회적 지지자

마지막으로, NSMs의 활동가들에 대한 많은 연구들은 그들 중 다수가 1945년 이후의 복지 국가 관료제, 창조적이고 예술적인 영역들, (많은 학생들을 포함하는) 교육계에서 일하는 '새로운' 중간 계급이라는 것을 보여 주었다. 이러한 발견에 대해 몇몇 사람들은 NSMs의 행동주의를 '중간 계급 급진주의'의 한 형태로 묘사한다(Cotgrove and Duff 1980). 핵무기 반대, 동물 복지 증진 등을 위한 무수한 대규모 시위들은 은퇴자, 학생, 처음으로 시위에 참여한 사람들, 페미니스트, 무정부주의자, 사회주의자, 전통적 보수주의자, 그 외 다양한 사람들을 '무지개 연합rainbow coalition'으로 끌어들였다. 그러나 노동 계급은 이러한 시위들에 크게 연관되지 않았다. 이러한 점은 노동 계급 기반 운동과 함께한 산업 시대로부터의 중대한 변화를 다시 한 번 드러낸다(Eckersley 1989).

많은 관찰자들은 NSMs가 후기 산업사회의 독특한 산물이며, 이전의 집단 행동과는 근본적으로 다르다고 주장한다. 우리는 '민주주의의 역설'이라는 관점으로 NSMs를 볼 수 있다. 전통적인 정치에 대한 신뢰는 약해지는 것처럼 보이지만, NSMs의 성장은 사람들이 흔히 이야기하듯 정치에 대해 냉담하거나 무관심하지는 않다는 증거다. 오히려 정치가들에게 의존하는 것보다 직접적인 행동과 참여가 더 유용하다는 믿음도 있다. 전례 없이 많은 사람들이 사회운동을 복잡한 도덕적 이슈를 부각시키고 이를 사회생활의 중심에 두는 하나의 방법으로 간주해 지지하고 있다. 이런 면에서 NSMs는 민주주의를 재활성화하며, 강한 시민 문화 및 시민 사회의 핵심이다(Habermas 1981).

NSMs에 관한 이론은 몇 가지 날카로운 비판에 직면하고 있다. 위에서 '새로운' 모습으로 가정된 것들이 모두 이미 '오래된' 사회운동에 존재했다는 것이다. 예를 들어 탈물질적 가치는 19세기의 몇몇 소규모 공동체 운동에 존재했다(D'Anieri et al. 1990). 그리고 정체성 창출에 초점을 맞추는 것도 모든 민족주의 운동과 초기 페미니즘 운동에서 핵심적인 부분이었다. 칼훈Calhoun은 이와 같은 역사적 증거에 기반을 두고 이러한 오래된 운동들을 '19세기 초반의 신사회운동'이라고 신랄하게 묘사

동성애자 해방 운동의 탄생

아래 글은 동성애자 해방 운동 30주년을 기념하는 축사다.

1970년대 런던에서 동성애자해방전선Gay Liberation Front, GLF이 만들어진 것은 퀴어 역사에서 결정적 분기점이었습니다. 처음으로 수천 명의 레즈비언과 게이들이 벽장 속에 숨고 침묵 속에서 고통받기를 거부했습니다. 우리는 밖으로 나왔고 거리를 행진했으며, 우리가 동성애자라는 것이 자랑스럽고 오직 완전한 평등을 요구한다는 것을 공개적으로 선언했습니다. 이전에는 한 번도 일어나지 않았던 일이었습니다. 1970년에는 수많은 동성애자들이 자신이 동성애자라는 것을 부끄러워했고, 그 사실을 숨겼습니다. 그들은 자신이 이성애자이기를 바랐습니다. 어떤 동성애자들은 '치료'를 받겠다고 돌팔이들을 찾아가기도 했습니다. 많은 동성애자들은 '퀴어'가 되는 것이 2등 시민이 되는 것이라는 편협한 시각을 받아들였습니다.

30년 전에 국가는 동성애자들의 성관계를 '비자연적이고 추잡하며 범죄적인 것'으로 낙인찍었고, 교회는 동성애를 '비도덕적이고 죄악'이라고 비난했으며, 의학 전문가들은 우리를 '병들고', '치료'가 필요한 존재로 분류했습니다. 퀴어들은 일상적으로 직장에서 해고당했고, 거리에서 키스했다는 이유로 체포되었으며, 그들 자신의 자녀들에 대한 양육권을 부정당했습니다. 또한 영화와 연극에서는 연약한 놀림거리로 묘사되었고, 뉴스에서는 오직 살인자, 배신자, 소아성애자 같은 모습으로만 등장했습니다. 이성애자들은 우리를 불결하다고 헐뜯고, 죄를 뒤집어씌우고, 눈에 보이지 않도록 만들었습니다. 그리고 이성애의 우월성에 감히 의문을 표하는 동성애자는 거의 없었습니다.

동성애자해방전선GLF의 시위 © LSE Library @ Flickr Commons

사실 동성애자해방전선이 만들어지기 이전에 대부분의 동성애자 인권 운동가들이 자신을 이성애자로 가장했고, 수용이 아니라 '관용'을 호소했습니다. 어떤 사람들은 우리에게 필요한 것은 단죄가 아니라 '도움'이라고 주장했습니다. 그들은 '동성애자라는 조건' 때문에 '고통'받고 있는 사람들에게 이성애자들이 '동정심'을 보여 줄 것을 촉구했습니다. 이러한 변명조의 방어적 감수성은 동성애자해방전선에 의해 산산조각 났습니다. 동성애자해방전선은 동성애에 대한 동성애자와 이성애자 모두의 태도를 전환시켰습니다.

"검은 것이 아름답다"라는 블랙 파워의 슬로건에서 영감을 얻어, 동성애자해방전선은 "동성애자는 좋다"라는 슬로건을 내걸었으며, 이것은 큰 파란을 일으켰습니다. 그 당시로 돌아가 보면, 게이로 사는 것에 뭔가 좋은 게 있다는 말을 꺼내는 것은 완전히 언어도단이었습니다.

자유주의적 사고를 가진 이성애자들조차 대부분 우리를 '동정심'과 '연민' 차원에서 지지했습니다. 동성애자해방전선이 "둘-넷-여섯-여덟-! 동성애자는 이성애자만큼 좋다"라고 선언했을 때, 많은 사람이 혐오감과 공포를 느끼며 반응했습니다. 모든 곳에 있는 퀴어들에게 자신감을 주는 그러한 말들은 자부심과 교만함에 가득 차서 그들이 우월하다고 항상 믿고 있던 이성애자들을 놀라게 했습니다.

이성애 우월주의에 대한 이런 도전은 지금도 진행되고 있는 문화적 가치의 혁명에 시동을 걸었습니다. 동성애자해방전선은 성과 인권에 대한 관습적인 지식을 전복했습니다. 동성애자다움에 대한 유쾌한 축하는 수 세기 동안 세계를 지배했던 이성애적 도덕을 부정했습니다. 퀴어들은 나쁘고, 미쳤고, 슬픈 존재라는 것이 항상 존재했던 상식이자 의심의 여지가 없는 믿음이었습니다. 선입견에 가득 찬 모든 허튼소리들은 1970년에 뒤집혔습니다. 정치인들, 의사들, 언론인들이 동성애를 사회문제로 바라볼 때, 동성애자해방전선은 사회의 동성애 혐오야말로 진짜 문제라고 말했습니다. 우리는 우리 스스로의 존재를 정당화하기보다는 동성애 혐오자들이 그들의 편협함을 정당화해서 보도록 압박했습니다.

우리 세대의 많은 사람들과 마찬가지로 동성애자해방전선은 저를 향상시켰고, 영원히 그럴 것입니다. 동성애자해방전선이 만들어졌다는 소식을 들었을 때 저는 가입을 서둘렀습니다. 호주에서 런던으로 간 후 5일쯤 지나 저는 동성애자해방전선 회의에 처음 참석했습니다. 그리고 한 달 후 저는 기지 넘치고, 불경하며, 도전적인 저항 조직이 다수 결성되는 데 일조하고 있었습니다. 아마도 이때가 제 인생에서 가장 흥미진진하고 중요한 순간이었던 것 같습니다.

'퍼포먼스로서의 항의'라는 동성애자해방전선의 독특한 스타일은 아주 효과적이었을 뿐만 아니라 매우 즐거웠습니다. 우리는 경찰 제복과 주교복 세트를 포함해 익살맞은 소도구, 의상 등 굉장히 멋진 소장품들을 가지고 있었습니다. 현란하고, 상상력 가득하고, 대담하고, 익살스럽고, 도발적인 우리의 시위는 교육적이면서도 유쾌했습니다. 우리는 짓궂은 풍자로 동성애 혐오자들을 조롱하고 비웃었으며, 이는 가장 뻔뻔한 이성애자마저 편협함이 얼마나 어리석은지 깨닫게 만들었습니다.

동성애자 남성은 그들의 엉덩이에 야채를 밀어 넣는 강박증을 가지고 있다는 내용이 담긴 데이비드 루벤David Reuben 박사의 동성애 혐오적인 성 지침서 『섹스에 대해 당신이 항상 알고 싶어 했던 모든 것Everything Tou Always Wanted To Know About Sex』이 출간된 것에 항의하기 위해 우리는 팬 북스 사무실에 종이 반죽으로 만든 30센티미터짜리 오이를 배달시켰습니다. 기독교 도덕 운동가인 메리 화이트하우스Mary Whitehouse가 웨스트민스터 중앙 홀에서 빛의 축제를 개최했을 때 일군의 동성애자 수녀들이 침입했습니다. 그들은 연설가 중 한 명인 맬컴 머거리지Malcolm Muggeridge가 "나는 단지 그들을 싫어할 뿐입니다"(이 감정은 상호적입니다)라면서 동성애자들을 비난할 때 서로 키스하기 시작했습니다. 로열 앨버트 홀에서 열린 미스 월드 대회 밤에는 동성애자해방전선의 전설적인 거리 공연 그룹이 홀 밖의 인도에서 대안 미인 대회를 개최했습니다. 여기에는 '미스 닳은 여자', '미스 임산부', '미스 대표자', 굶주린 '미스 방글라데시'와 피 묻은 붕대로 감긴 '미스 북아일랜드' 등이 등장했습니다.

또한 좀 더 진지한 행동으로, 차별을 가하는 사람에 맞서는 시민 불복종이 있었습니다. 우리는 자유 승차 운동과 게이·레즈비언을 거부하는 술집에서의 연좌시위를 조직했습니다. 심리학자 한스 아이젠크Hans Eysenck가 동성애자를 '치료하기' 위해 전기충격 혐오요법을 옹호한 이후, 우리는 그의 강의를 중단시켰습니다.

이와 같은 적극적인 항의 외에도, 동성애자해방전선은 우리가 지금 당연하게 여기는 동성애자 공동체 기구 다수를 개척했습니다. 동성애자들을 위해, 동성애자들에 의해 운영되는 상담 전화 서비스를 최초로 설치했고(이것은 이후 게이 스위치보드가 되었습니다), 최초의 친동성애적인 심리 상담 서비스(아이스브레이커)를 시작했으며, 최초의 동성애 신문(게이 뉴스)를 발간했습니다. 이들 이외에도 많은 개척적인 기구들이 오늘날 우리가 알고 있는 동성애 공동체의 모습을 형성하는 데 기여했으며, 레즈비언과 게이들의 삶에 아주 긍정적인 변화를 가져왔습니다.

사랑하는 동지 여러분, 30년간 우리는 아주 먼 길을 왔습니다. 1970년부터 레즈비언과 게이들이 만들어 온 자유를 향한 거대한 발걸음을 돌이켜보면서, 그 모든 출발점에 동성애자해방전선이 있었다는 것을 자랑스럽게 기억합시다.

출처: Tatchell 2000.

비판적으로 생각하기 THINKING CRITICALLY

동성애자해방전선이 신사회운동의 부분이라고 제시하는 태첼Tatchell의 설명 안에는 어떤 증거가 있는가? '활동적' 운동과 표현적 운동을 구분한 블루머의 논의를 떠올려 볼 때, 동성애자 운동의 성격을 어떻게 규정할 수 있을까?

했다(1993).

또 다른 사람들은 NSMs에 대한 이론가들이 빈약한 경험적 증거를 가지고 급진적인 결론을 내리기에는 너무 성급했다고 비판한다. 시간이 흐르면서 NSMs는 공식적인 조직들을 발전시키기도 하고, 이론이 설정한 것보다 더 관료적으로 변하기도 한다. 그린피스가 가장 전형적인 예다. 초기에 그린피스는 같은 뜻을 갖고 여러 직접 행동에 관여하는 개인들의 느슨한 네트워크였다. 그러나 시간이 지나면서 그린피스는 대중적인 회원 제도와 막대한 재원을 거느린, 거대 영리 기업 같은 조직이 되었다. 물론 이러한 모습은 블루머와 RMT 이론가들이 변화의 장기 과정이라고 설명한 것에 더 일치하는 것처럼 보인다. 마지막으로, 겉으로는 '새로운' 이슈로 보이는 어떤 것들은 사실 오래된 이슈인 경우가 많다. 예를 들어 환경정치는 19세기 중반 유럽과 북아메리카의 자연 보호 조직으로 거슬러 올라갈 수 있고, 아마도 성장과 쇠퇴의 다양한 단계를 거치면서 지속된 사회운동이라고 이해될 수 있을 것이다(Sutton 2000; Paehlke 1989).

세계화와 '사회운동 사회'

NSMs 이론에 대한 많은 비판에도 불구하고, 오늘날 사회운동은 이전 운동들의 역사적 배경과는 매우 다른 상황에서 작동하고 있는 것으로 보인다. 특히 세계화 과정은 국경을 가로질러 체계적이고 훨씬 더 즉각적인 연결이 가능해졌다는 것을 의미하며, 이는 진정으로 세계적인 사회운동이 가능해졌다는 것을 뜻한다.

NSMs의 발생은 또한 현재 인간 사회가 직면한 위험의 변화를 반영한다. 전통적인 정치 제도들이 그들 앞에 놓인, 기후변화와 같은 도전들에 제대로 대처하기 힘들다는 것이 점점 더 명백해지면서 사회운동에 유리한 조건이 조성되고 있다. 기존 민주적 정치 제도들은 이러한 새로운 문제와 도전을 처리할 수 없었고, 그 결과 그것들은 본격적인 위기가 코앞에 닥칠 때까지 종종 무시되었다.

이러한 새로운 도전과 위험이 누적된 효과는 사람들이 급속한 변화 속에서 그들 자신의 삶에 대한 '통제를 상실했다'는 느낌을 더 느낀다는 점일 것이다. 개인들은 덜 안전하고 더 고립되어 있다고 느낀다. 그리고 이 둘의 조합은 무기력감으로 이어진다. 반대로 기업, 정부, 언론들은 사람들의 삶의 점점 더 많은 측면을 지배하는 듯 보이고, 이는 질주하는 세계라는 느낌을 더욱 강화한다(Giddens 2002). 그 자체의 논리 그대로 내버려 두면 세계화는 시민들에게 전례 없는 위험을 떠안길 것이라는 의식이 커지고 있다.

디지털 혁명의 한복판에서, 비정부 기구들, 종교적 혹은 인도주의적 집단들, 인권 단체들, 소비자 보호 단체, 환경주의 활동가들 및 그 외 공공의 이익을 위한 캠페인을 벌이는 집단들을 포함하는 거대한 지역적 그리고 세계적 네트워크들 속에서 사회운동들은 결집할 수 있게 되었다. 이러한 전자적 네트워크들은 사건들이 발생하자마자 즉시 반응할 수 있고, 정보의 출처들에 접근하고 또 그것을 공유할 수 있으며 그들의 캠페인 전략들의 일환으로 기업, 정부, 국제기구들에 압력을 가할 수 있는, 이전에 없었던 능력을 가졌다.

예를 들어 2003년 2월 세계 각지의 도시에서 전개된 대규모 이라크 전쟁 반대 시위는 2001년 제노바 정상 회담장 주변에서의 시위, 1999년 시애틀에서의 세계 무역기구 반대 시위와 마찬가지로 대부분 인터넷 기반 네트워크를 통해 조직되었다. 유사하게, 2001년 브라질 포르투알레그리에서 개최된 세계사회포럼의 탄생 또한 '한층 더 새로운 사회운동'의 한 예다(Crosseley 2003)(〈세계 사회 21-2〉 참조). 이 포럼은 21세기에 진보 정치가 의미하는 것이 무엇이고, 제시할 수 있는 것이 무엇인지에 관해 토론할 수 있는 세계적 공간을 제공하는 것을 목적으로 삼았다. 더욱 최근에는, 이집트인 활동가 아스마 마흐푸즈 Asmaa Mahfouz가 수천 명의 이집트인들이 타흐리르 광장을 점거하기 일주일 전에 페이스북 비디오 블로그를 게시해 많은 젊은이들을 봉기에 가담하도록 고무했다고 믿어지고 있다.

NSM 이론의 새로움에 대한 몇몇 주장들을 거부하면서 태로Tarow는 "새로운 것은 그들이 더 많은 자원을 가지고 있고, 언론에 더 쉽게 접근할 수 있고, 더 싸고 더 빠르게 지리적 이동과 문화적 상호작용을 할 수 있고, 어떤 이

세계사회포럼의 세 가지 얼굴

다음은 2007년 앤서니 바넷Anthony Barnett이 오픈데모크라시 openDemocracy에 게재한 글이다.

프랑스의 한 젊은 친구가 내게 이야기해 준 바에 따르면, 세계사회포럼World Social Forum, WSF은 세 가지 일을 하고 있다. 우리는 케냐에서 함께 복귀하고 있었다. 그는 2001년 1월 브라질 포르투알레그리에서 포럼이 처음 시작된 이후 거의 항상 참여했다. 그는 포럼이 저항하고protesting, 네트워크를 구성하고networking, 제안한다suggesting고 이야기했다.

권력에 저항하기

9·11 이전에 포럼이 시작되었을 때 그들의 저항은 다보스에서 열리는 세계경제포럼World Economic Forum, WEF을 겨냥했다. 다보스 포럼은 정부의 종말과 시장 주도의 '신자유주의적' 자본주의의 승리, 그에 따른 만연한 불평등을 자축하는 듯 보였다. WSF는 세계 무역 협상을 중단시켰던 1999년 11월 시애틀 전투의 결과물이었다. 반다보스로서 WSF의 창설은 세계 경제 질서라는 전제에 대응해, 세계 인민을 위한 다국적 저항과 함께 새로운 세기가 시작되었음을 보여 주었다.

2001년부터 올해[2007]까지 WSF는 거대 세력들이 마음대로 할 수 없을 정도로 의심의 여지없이 성장했고 의제를 변화시켰다. 그것은 주목할 만한 성취였다. 2004년 WSF는 인도 조직들이 대거 동원된 가운데 뭄바이에서 개최되었다. 2005년에는 포르투알레그리에서 다시 개최되었다. 2006년에는 베네수엘라의 카라카스, 파키스탄의 카라치, 말리의 바마코에서 지역적 또는 '다중심적으로' 개최되었다. 이렇게 한 이유 중 하나는 다음 번 전체 포럼이 케냐에서 열리도록 결정되었고, 그에 따라 활동가들이 열악한 기반시설 속에서 준비할 수 있는 충분한 시간을 주기 위함이었다……. 1999년 시애틀 또는 2007년 6월 독일 하일리겐담에 있는 발트해의 외딴 리조트에서 개최될 G8회의에 대해 계획된 것 같은 단순한 시위 동원과 달리, 세계사회포럼은 건설적인 저항의 형태이자, 가난한 사람들의 투쟁에 연대하는 모범적인 장소로서 '가진 것이 없는 사람들'에게 목소리를 제공하도록 설계되었다.

[……]

아프리카 네트워크 구성하기

포럼의 두 번째 역할은 네트워크를 구성하는 것인데, 나는 여기서 깊은 인상을 받았다. 정치의 결여에 대한 불만을 토로한 「팜바주카 뉴스Pambazuka News」의 피로제 만지Firoze Manji는 나이로비의 WSF가 '단지 또 하나의 NGO 박람회'에 불과한 것은 아닌지 의심했다. 그러나 다른 어떤 곳에 더 나은 세계를 위해 노력하는 광범위한 사람들이 함께 모일 수 있는가? 사전에 주최 측은 15만 명이 참여한다고 자랑했다. 포럼이 시작되었을 때 주최 측은 5만 명이 모였다고 주장했지만, 내가 보기에는 케냐인들을 포함해도(물론 행상인들은 제외하고) 2만 명 이상은 아니었다.

그러나 적도 아프리카에 전 세계에서 2만 명이 모였다는 것 또한 성과다. 다양한 관점, 주장, 의상, 관심사, 믿음, 배경을 가진 훌륭하고 친절한 사람들이 함께 모여 대화를 나누었다. 수전 리처즈Susan Richards와 솔로나 라센Solona Larsen은 이전 WSF부터 이러한 모습들을 그들의 오픈데모크라시 보고서와 블로그에 묘사했다.

[……]

너머를 생각하기

이제 WSF의 세 번째 역할로 넘어왔다. 저항하고, 네트워크를 구성한 후 무엇을 제안할 것인가? 2003년 2월 세계사회포럼의 성격에 대해 오픈데모크라시와 인터뷰한 토머스 포니아Thomas Ponniah는 정치의 미래에 관한 작은 회의에서 다음과 같은 질문을 던졌다. "7년 동안 우리는 세계적인 의식을 구축했습니다. 문제는 그다음이 뭐냐는 거죠."

[……]

그러나 포니아의 질문에 대한 답변은 어디에도 없었다. 다른 전문가 영역에서는 전략적 고민이 있었다. 좀 더 작은 회의에서는 개입에 관한 논쟁들이 있었다. 워싱턴 D.C.에 있는 정책 연구 기구에서 일하는 에미라 우즈Emira Woods는 "풀뿌리 운동, 국가적 차원의 운동, 세계적 운동은 모두 정부에 영향을 미칠 수 있다"고 주장했다. 여성의 역할을 증진하기 위한 (내가 블로그에 올렸던) 국제연합 결의안 1325가 이행되도록 하기 위해 조직된 회의에서 코라 와이스Cora Weiss는 '참여, 비판적 사고와 그 이슈에 연관된 것들에 대한 전체적인 접근'을 요청했다. 나이로비에서도 참여했다. 그러나 전체적인 접근은 종종 '모든 형태의 착취에 반대한다'와 같이 판에 박힌 내용이었다. 전반적으로 운동 수준의 전략적 사고는 거의 없었다.

[……]

「가디언」지의 경제면 편집자 래리 엘리엇Larry Elliott은 다보스에서 '아프리카를 향한 쟁탈전, 시민 사회의 주변화, 인권을 무시하는 지정학적 관심 등 미래로의 회귀 이상의 것'을 느꼈다고 했다. 만약 그렇다면 WSF는 세계가 향해 가고 있는 미래에 대해 다른 주장을 계속 제출해야만 한다. 포럼의 국제위원회는 이것이 사라져 가는 것에 위기의식을 느껴야 한다.

출처: Barnett 2007.

비판적으로 생각하기 THINKING CRITICALLY

사람들은 세계사회포럼이 해결책을 제안하기보다는 저항과 네트워킹에서 더 성공적이었다고 말하고 있다. 왜 그럴까? WSF가 민족국가를 넘어선 세계적인 민주주의 형식의 이른 조짐일지도 모른다는 어떤 증거가 있는가?

슈에 대한 운동을 빠르게 조직하기 위해 상이한 유형의 운동에 관련된 조직들에 협력을 요청할 수 있다는 점이다"라고 주장했다(1998: 207~208). 이러한 변화에 대한 인식은 '사회운동 사회'에 대한 전망을 제기한다. 사회운동 사회에서는 국내에 한정되었던 사회운동이 국경 없는 운동에 자리를 내준다(Meyer and Tarrow 1997).

민주적 원칙을 가진 세계 사회 포럼(〈세계 사회 21-2〉 참조)은 이러한 가능성에 대한 하나의 사례를 제공한다. 비록 사회운동적 테러리스트 조직인 알카에다의 세계적 네트워크들 또한 사례를 제공한다는 것을 인식하는 것도 중요하긴 하지만 말이다(Sutton and Vertigans 2006). 출현하고 있는 운동 사회가 1960년대와 1970년대의 산업사회에서 NSMs의 물결을 특징지은 비폭력을 전반적으로 수용할지는 장담할 수 없다. 더욱이 무기와 무기 비축을 위한 정보에 접근하기 쉬워졌다는 점은 폭력적인 사회운동 사회social movement society라는 더욱 공포스러운 전망을 제기한다.

> 인간사에서의 폭력에 대한 더 폭넓은 논의는 제22장 〈민족, 전쟁, 테러리즘〉에서 다룬다.

사회운동은 근래에 급진적으로 변형되었다. 마누엘 카스텔스Manuel Castells는 세 가지 사회운동을 연구했는데(1997), 이 사회운동들은 서로 목표가 전혀 달랐지만 정보 기술을 효과적으로 활용해 주장을 알림으로써 모두 국제적인 관심을 끌었다. 멕시코의 사파타주의자Zapatista 반란, 미국의 '민병대' 운동, 일본의 옴 진리교 종파는 모두 미디어 기술을 활용해 세계화의 결과에 반대 메시지를 전파하거나, 자기 자신의 운명에 대한 통제권을 상실한 데서 나오는 분노를 표출했다.

인터넷이 없었다면, 사파타주의자 반란은 남부 멕시코에서 일어난 고립된 게릴라 운동으로 남았을 것이다. 그러나 1994년 1월 무장 봉기가 발발했을 때, 몇 시간 내 지역적·국가적·국제적 수준의 지지자들이 온라인에 모여들어 그들의 주장을 알리고 멕시코 정부의 잔인한 진압을 비난했다. 사파타주의자들은 원거리 통신과 비디오, 언론 인터뷰를 통해 자신들이 왜 북아메리카 자유무역협정North American Free Trade Agreement, NAFTA과 같은 무역 정책에 반대하는지 알렸다. 이들은 이 협정에 의해 오악사카 지역과 치아파스 지역의 가난한 인디언들이 세계화의 혜택으로부터 더욱 배제되었다고 주장했다. 그 결과 사파타주의자는 멕시코 정부를 협상에 나오도록 할 수 있었고, 자유 무역이 토착민에게 가져온 유해한 효과에 관해 국제적 관심을 이끌어 낼 수 있었다(Castells 1997).

결론

최근 수십 년간 정치 영역은 몇 가지 중요한 변화를 겪었다. 민주주의는 전 세계에 걸쳐 크게 확산되었지만, 기존 대의 민주주의 안에서, 많은 유권자들은 결코 열정적 참여자들이 아니다. 반면, 사회운동은 새로운 이슈와 운동 방법을 주류로 만들면서 번성하고 있다. 관습적인 좌우의 정치적 구분은 이제 덜 명확해 보인다. 환경주의적 입장에서 도로 건설을 반대하는 것은 우익과 좌익 중 어느 쪽 입장인가? 동물들도 권리가 있다고 주장하는 사람들은 정치적으로 좌파인가 우파인가? 특히 환경주의의 경우가 그러한데, 젊은 세대들에게는 이러한 이슈들이 작업장에 기반을 둔 과거의 물질주의적 정치보다 더 중요한 것으로 여겨진다.

2008년에 시작된 금융 위기는 실제로 국제 경제가 어떻게 세계적으로 통합되었는지 절실히 깨닫게 해주었다. 그러나 금융 위기는 정치적 조정과 세계적 거버넌스가 경제적 실재에 비해 상당히 지체되어 있다는 것도 보여 주었다. 유럽연합과 같은 지역 집단 내에서조차, 집합적 이익을 위해 조정된 행위가 요구되는 바로 그 어려운 시점에 각각의 국익을 우선시하는 경향이 나타났다. 예를 들어 유로존 나라들은 무겁게 빚을 진 그리스를 어떻게 지원하는 것이 가장 좋은가 그리고 긴급 구제 금융을 누가 지불해야 하는가를 두고 심하게 분열되었다. 전 유럽적 계획을 입안하고, 행위 경로에 합의해 실행에 옮기는 고통스러운 과정은 결국 세계적 금융시장의 더 큰 불확실성을 만들었다. 효과적인 형태의 세계적 거버넌스를 창설하기까지 세계는 아직 갈 길이 멀어 보인다.

그러나 세계적 위기와 그 여파는 의도치 않은 결과를 가져올 수 있다. 세계화하는 현실에서 '국익' 개념은 재정식화되어야 한다는 것이 명백히 드러났다. 국제적 협력은 더 이상 선택 사항도 아니고 국익에 반하는 것도 아니다. 유사하게, 인류가 발생시키는 기후변화에 대한 늘어나는 증거들은 만약 국가적인 자기 이익을 최우선으로 여긴다면, 세계적으로 합의할 것을 요구하고 있다. 오늘날, '국익'의 추구는 집합적인 사안들을 더 효과적으로 규제할 수 있는 세계적 거버넌스 형태를 창조하기 위해 정부들이 함께 작업할 것을 점점 더 요구하고 있다.

복습

●●● Chapter review

1 무엇이 정치사회학을 특별한 탐구 영역으로 구별해 주는가?

2 무엇이 시민들을 민족국가에 묶어 주는가? 왜 민족국가는 정부의 가장 공통적인 장이 되었는가?

3 "권력은 설령 다른 사람이 저항함에도 불구하고 자신의 목표를 성취하는 능력이다." 이는 누구의 권력 개념인가? 스티븐 루크스가 논한 두 개의 추가적인 권력의 차원을 요약해 보자.

4 권위주의 국가에서 국가와 인민 사이 관계의 특징은 무엇이라고 할 수 있을까?

5 대의적 민주주의 체제 아래에서 '인민'은 실제로 어떻게 스스로를 '지배'하는가?

6 기존 민주주의 체제가 직면한 주요 문제는 무엇인가? 이러한 문제들이 해결될 것처럼 보이는가 혹은 미래에 더 악화될 것으로 보이는가?

7 민주주의 정치에서 보일 수 있는 관료제 체제들의 문제점들을 요약해 보자.

8 엘리트 이론은 무엇이며 현대 사회들을 설명하는 것과 어떻게 관련 있는가?

9 지난 40여 년 간 계급 지향적 정당 정치 체계들은 어떻게 변해 왔는가? 한 나라를 사례로 삼아 그 안에 계급과 정치 사이의 연결이 침식되었음을 보여 주는 어떤 증거가 있는지 말해 보자.

10 '세계적 거버넌스'는 무슨 뜻이며 얼마나 현실적인가? 그 앞길에 어떤 장애물들이 있는가?

11 사회운동은 무엇인가? 오래된 그리고 최신 사례들을 제시하면서 그것들이 어떻게 사회적이고 정치적인 변화들을 추구했는지 말해 보자.

12 사회 불안, 사회적 긴장 그리고 자원 동원의 운동 이론들을 묘사해 보자. 이 관점들로부터의 개념들을 '도구상자'로 활용해 하나의 사회운동을 탐색해 보자.

13 '신사회운동'을 오래된 사회운동들과 구별하는 방식들을 열거해 보자. '사회운동 사회'는 무슨 뜻이며 세계화는 어떻게 그것의 출현을 돕고 있는가?

역사적인 측면에서 유럽연합은 아주 최근의 정치적 실험이다. 이제 28개 국가의 연방인 EU는, 다양한 문제들에도 불구하고 성공적인 이야기로 보일 것이다. 그러나 언제나 EU가 국가 주권을 통합적으로 만들고, 법체계를 지배하며, 국경을 개방시키고 유럽 '초국가'가 되려는 야심을 가지는 것에 반대하는 '유럽회의주의자'들이 있어 왔다. 영국독립당UKIP이 선거에서 승리하고 2016년에 다수가 EU로부터 탈퇴하는 데 투표한 영국보다 이러한 회의주의가 강한 곳은 없다. 이제 유럽회의주의는 '장성했는가'?
시간의 흐름에 따라 영국 정치의 외부로부터 주류로 이동해 온 유럽회의주의를 탐색하는 아래 자료를 읽어 보자. 그리고 다음의 질문들을 다루어 보자.

Startin, Nicholas (2015) 'Have We Reached a Tipping Point?', *International Political Science Review*, 36(3): 311~323.

1 저자는 '유럽회의주의'를 어떻게 정의하는가?
2 영국은 어떻게 EU 안에서 '불편한 동반자'로서의 명망을 얻었는가?
3 논문은 EU 통합을 1970년대에 정치적 좌파가 반대하고, 1980년대에 우파가 반대한 사실을 어떻게 설명하는가? 오늘날의 위치는 어떠한가?
4 영국에서 유럽회의주의의 주류화를 설명하는 요소들은 무엇인가?
5 저자들은 유럽회의주의를 촉진하는 데 특정한 국가적 신문들이 핵심적 역할을 한 것으로 본다. 이러한 관점이 실수일지도 모르는 이유는 무엇인가?

생각해 볼 것

●●● Thinking it through

근본적인 정치적 좌우 균열은 핵심적인 정치적 이슈들의 스펙트럼 상 위치가 점점 덜 분명해지는 오늘날 점점 더 도움이 되지 않는 것으로 보인다. 만약 내가 인류에 의한 기후변화를 믿고 있다면, 나는 좌파인가 우파인가? 내가 EU 잔류를 원한다면 나는 어디에 위치하는가? 내가 세계화를 지지한다면? 오늘날 어떤 이슈가 좌익 혹은 우익적 태도를 판가름하는 시금석인가? 정치적 이념들과 이데올로기들을 오래된 '좌와 우'라는 렌즈를 통해 보기를 계속하는 것이 말이 되는가?

정치적 나침반the Political Compass은 2001년부터 온라인에서 이용이 가능했다. 그것은 개인들로 하여금 그들의 정치적 태도들에 대한 '시험'을 보게 했다. 여기에서 그 시험을 보자. www.politicalcompass.org. 나침반은 사람들을 좌우의 정치적 척도와 권위주의-자유주의 척도 위에 위치시킨다. 독자는 어디에 위치하는가? 그 결과에 동의하는가? 이러한 축들은 독자의 정치적 태도들을 어느 정도까지 포함시키고 있는가? 이러한 테스트들은 현대의 정치적 관점들과 가치들의 측면에서 무엇을 놓치고 있는가? 이 테스트가 더 포괄적으로 되려면 어떻게 수정될 수 있을까?

1 옛날 무정부주의자들의 슬로건은 이랬다. "투표하지 마. 투표는 그들을 기운 나게 할 뿐이야." 이 장에서 보았듯이 민주주의 정치 엘리트들과 그들이 대의하는 시민들 간의 괴리가 커지고 있다는 몇 가지 증거가 존재한다. 그렇지만 대중이 실제로 투표를 하지 않는다면 어떻게 될까? 공식 정치 체제를 책임지고 있는 사람들은 어떻게 대응할까?
이 시나리오는 포르투갈의 소설가 주제 사라마구Jose Saramago의 *Seeing* (London: Vintage Books, 2007)의 가정이다. 여기서 대다수는 투표하러 나서지만 빈 투표용지를 제출한다. 다시 열린 선거에서 더 많은 사람들이 후보에 기표하지 않고 빈 용지를 낸다. 소설을 읽고 여러분의 정부도 소설에서와 유사한 반응을 보일지 생각해 보자. 미래에 이런 일이 발생하는 것을 방지하려면 어떤 개혁이 필요할까?

2 Curtis Hanson 감독의 영화 〈Too Big to Fail〉(2011)을 보자. 이 영화는 2008년의 임박한 금융 위기와 은행 파산을 막기 위해 미국 정부가 어떻게 노력했는가를 다룬 내용이다. 특정 거대 은행들에 대해 많은 평론가가 "실패하기에는 너무 크다"라고 논평한다. 이는 거대 은행들이 파산하도록 방치할 경우 세계 경제에 심각한 위협을 야기하기 때문에, 정부는 이들을 구제하기 위해 스스로 개입해야 한다고 믿는다는 것을 의미한다.
이 영화에서 묘사된 정치인, 정부, 거대 기업 간의 관계를 고찰해 보자. 영화에서는 누구에게 '책임이 있다'고 보는가? 미국 정부는 거대 기업에 대해 어떤 권력을 갖고 있는가? "근대 국가의 행정부는 부르주아 계급 전체의 공동 업무를 처리하는 하나의 위원회일 뿐이다"라는 마르크스의 언급(1848)에 대한 증거가 있는가?

더 읽을거리

정치사회학에 대한 감각을 키워 줄 개론서로는 Kate Nash의 *Contemporary Political Sociology: Globalizaiton, Politics and Power* (Oxford: Wiley-Blackwell, 2010)가 있다. Michael Drake의 *Political Sociology for a Globalizing World* (Cambridge: Polity, 2010)는 이론들을 공부하는 데 특히 유용하다.

정치 이데올로기에 대한 종합적인 검토를 하려면 Andrew Heywood의 *Political Ideologies: An Introduction* (5th edn, Basingstoke: Palgrave Macmillan, 2012)을 보라. 이 책은 검증을 거쳤고, 신뢰할 만하다. 그리고 민주화에 대해서는 David Held의 *Models of Democracy* (3rd edn, Cambridge: Polity, 2006)가 민주화 개념의 역사와 세계 속에서의 실현을 잘 보여 준다.

Greg Martin의 *Understanding Social Movements* (London: Routledge, 2015)는 다양한 이론들을 도해하는 많은 현대 사회운동들의 사례들에 대한 생생한 읽을거리다. Jeff Goodwin과 James M. Jasper의 *The Social Movements Reader: Cases and Concepts* (3rd edn, Oxford: Blackwell, 2014)는 운동과 관련된 폭넓은 내용을 다루는 편저로 글들을 운동의 생애주기 과정에 따라 특색 있게 배열했다.

마지막으로 또 다른 편저를 하나 소개한다. Thomas Janoski, Robert Alford, Alexander Hicks와 Mildred Schwartz의 *The Handbook of Political Sociology: States, Civil Societies, and Globalization* (Cambridge: Cambridge University Press, 2005)은 정치사회학을 폭넓게 섭렵하려는 독자들에게 유용한 책이다.

정치사회학과 관련된 원전들을 발췌해 모은 책으로는 *Sociology: Introductary Readings* (3rd edn, Cambridge: Polity, 2010)를 참조하기 바란다.

- Additional information and support for this book at Polity
  www.politybooks.com/giddens
- ASA Section on Political Sociology
  http://asapoliticalsoc.org
- Foreign Policy-US site based in Washington, DC, with lots of political articles and comment
  www.foreignpolicy.com
- openDemocracy-London, UK-based site which publishes blogs and debates how people are governed
  www.opendemocracy.net
- The International Institute for Democracy and Electoral Assistance-based in Stockholm, Sweden
  www.idea.int
- World Politics Review-'a daily foreign policy, national security and international affairs Web publication'
  www.worldpoliticsreview.com
- Social Movement Study Nerwork
  www.socialmovementstudy.net

22

민족, 전쟁, 테러리즘

Nations, War and Terrorism

민족과 민족주의
민족주의와 근대 사회
개발도상국에서의 민족과 민족주의
민족국가, 민족 정체성, 인권
전쟁, 집단 학살 그리고 평화 과정
전쟁과 집단 학살 이론화하기
변화하는 전쟁의 성격
과거의 전쟁과 새로운 전쟁
평화 협상 과정
테러리즘
테러리즘이란 무엇인가
과거의 테러리즘과 새로운 테러리즘
결론

2015년 미국의 공습에 이어 쿠르드족 페슈메르가의 군대가 이라크의 신자르로부터 IS의 민병대를 몰아냈다. 2014년 IS는 이 지역을 칼리프의 새로운 영토로 선언했었다.

2014년 6월 다에시Daesh라고도 알려진 이슬람주의 그룹 이슬람국가IS의 폭력적인 민병대에 의해 그들의 리더 아부 바크르 알바그다디Abu Bakr al-Baghdadi(가명이다)를 칼리프로 하는, 새로운 칼리프의 영토Caliphate — 샤리아 혹은 이슬람법에 의해 통치되는 국가 — 의 창조가 선언되었다.

새로운 국가의 영토는, 최소한 처음에는 이라크와 시리아의 일부분에 위치해 있었다(〈그림 22-1〉 참조). 그리고 세계적인 이슬람 공동체 움마umma를 창조하기 위해 칼리프의 영토를 중동 전역과 그 너머로 확장하려는 의도를 가지고 있었다. IS 활동가들과 전 세계에서 이루어진 그들에 대한 지원에 의해 수행된 수많은 테러리스트 행동들이 있긴 했지만, 근본주의 노선을 따라 '지속되고 확장하는' 이슬람국가를 설립하려는 것이 그들의 주요 목표였다(Lister 2015)

이 집단은 원래 2003년 이라크에서 사담 후세인Saddam Hussain의 체제가 전복된 후, 2004년에 오사마 빈 라덴Osama bin Laden의 알카에다al-Qaeda 네트워크와 연합하면서 형성되었다. 그때 이들은 이라크의 알카에다(AQI)로 알려졌고 아부 무사브 알자르카위Abu Musab Al-Zarqawi가 이끌고 있었다. 2006년 자르카위가 살해되었을 때, 이라크의 이슬람국가(ISI)라고 불리는 새로운 조직이 형성되었지만, 그들의 폭력적인 방법들을 거부한 수니파 무슬림 부족들의 반대에 의해 그 힘이 침식되었다. 2010년에 바그다디가 지도자가 된 뒤에야 ISI는 그들의 세력을 재건하기 시작했다. 바그다디는 알누스라 전선al-Nusla Front을 시리아 인근에 자리 잡고 2013년에 두 나라에 걸친 작전을 합병했다. 알카에다와 알누스라 전선 지도자들의 반대에도 불구하고, 그는 집단의 이름을 이라크 및 레반트 이슬람 국가(ISIL)로 바꾸었다.

2014년 중반, ISIL의 무모한 공격들은 팔루자와 모술

미국이 이끄는 연합의 공격: 이라크: 10,043, 시리아: 5,493

출처: IHS Conflict Monitor, 31 Oct 2016.

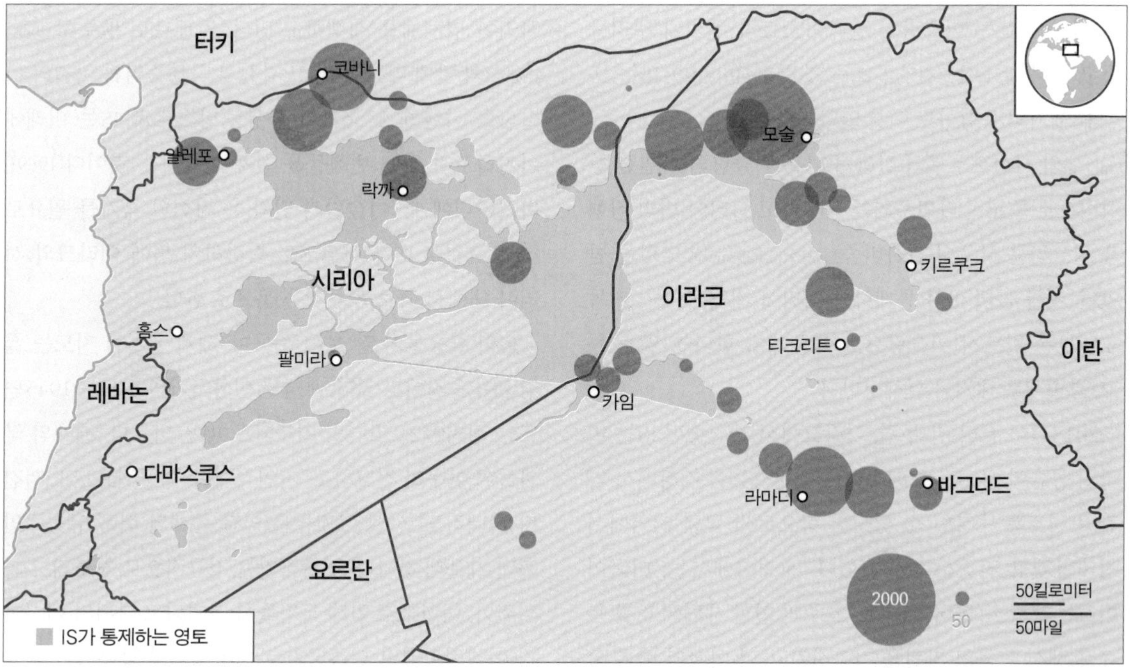

그림 22-1 이라크와 시리아에서 IS의 통제하에 놓인 지역과 IS 목표에 대해 공습이 이루어진 주요 위치

출처: BBC News 2016.

시를 포함하는 이라크 내 영토를 얻는 것으로 이어졌고, 그때 조직의 명칭 변화가 이루어지면서 이슬람국가IS가 된 것이다(많은 무슬림은 이 집단을 '이슬람'이라고도 '국가'라고도 보지 않으며, 다에시라는 경멸적인 명칭을 선호한다). 새 칼리프의 영토가 선언되자 바그다디는 모든 다른 민병대 집단들과 무슬림들에게 칼리프인 자신에게 충성 맹세를 요구했다(Burke 2015). IS는 군사적 행동들을 벌이면서 무자비하게 경찰, 군인, (이라크의 야지디스와 같은) 종교적 소수자들, 동성애자 남성 그리고 소위 변절자들을 죽이고, 소녀와 여자들을 성노예로 만들며 서구 인질들을 카메라 앞에서 참수하고 고대 건물들과 장소들을 파괴하는 극단적인 폭력을 자행해 왔다(Byman 2015: 175~177). 이들은 세계 전역에서 시리아에서 싸울 활동가들을 고용하기 위해 사회적 미디어와 디지털 기술들을 광범위하게 사용했다. 한 분석가는 다음과 같이 주장했다. "디지털 기술이 없었더라면 이슬람국가가 존재하고, 혼자 살아남고, 확장하는 것이 거의 불가능했을 것이다. 이것이 내가 새로운 독립체를 '디지털 칼리프 영토'라 기술하기로 결정한 이유다." (Atwan 2015: 1) IS는 또한 은행들과 산유 시설들을 차지하고, 세금을 걷고 군사 장비들을 포획해 충분한 자원들을 갖추었다.

수니 성전주의자 집단으로서, IS는 알카에다와 이데올로기적 유사성을 공유하고 있지만, 분명한 차이도 있다. 알카에다는 미국과 유럽이라는 '먼 적'에 대한 테러에 집중하는 것이 분명히 드러난 반면, IS는 비무슬림들과 중동의 '가까운 적'에게 집중하며 외국의 영향으로부터 그 지역의 이슬람을 '정화'하려 한다. 2015년 이후, IS의 전략은 집단 자체와 함께 변해 왔고, 유럽의 목표들에 대한 공격을 조직화하고 조정했다. 집단 내 근본주의자들의 접근은 무슬림들은 반드시 초기의 이슬람 교리와 규범들로 회귀해야 하고 나라들은 반드시 샤리아 법을 채택해야 한다고 보는 이슬람의 살라피스트적 해석에 뿌리를 두고 있다(살라프는 '전임자' 또는 '조상'을 의미한다). IS는 또한 18세기의 무함마드 이븐 압달와하브Muhammad ibn Abdal-Wahhab의 사상으로부터 갈라져 나온 이슬람의 특별한 한 형식으로 종교적 다원주의를 거부하고 샤리아 법의 집행을 강요하는 사우디 와하비즘Saudi Wahhabism의 영향을 받았다. 예를 들어 IS가 통제하는 시리아 지역에서는, 기독교인들은 반드시 이슬람으로 개종해야 한다는 말을 듣고, 특별세를 내거나 살해당한다.

2015년이 끝나 갈 무렵, 이라크에서 전진했던 IS는 미국의 공습이 쿠르드족 페슈메르가 전사들이 지상에서 약간의 영토를 수복할 수 있도록 함으로써 몇몇 지역에서 정지당했고 뒤집히기까지 했다. 시리아에서는, 미국이 이끄는 프랑스, 영국, 카타르, 호주의 연합 세력이 IS를 목표로 해서 그들의 자원을 저하시키고 더 이상의 빠른 확장을 예방했다. 러시아 또한 IS 집단이 러시아의 민간 비행기를 격추시켰다고 주장한 뒤 IS 목표들을 타격했다. 비록 러시아의 주요 목표는 IS를 제거하는 것보다는 시리아 내전에서 다른 반란 세력들에 맞설 수 있도록 아사드Assad 대통령 정부를 지원하는 것이었다. 2015년에 이라크와 시리아에는 2만에서 3만 2천 명 정도의 IS 전사들이 남아 있었는데, 그중 최대 5천 명이 서방 국가에서 온 것으로 추정되었다(BBC News 2015c). IS의 성공은 또한 세계 전역에서 많은 공격을 고무했고, 그들 중 튀니지, 터키, 이집트, 파리, 예멘, 레바논, 캘리포니아에서의 공격으로 2015년에만 1천 명 정도의 사람을 살해했다.

주류 이슬람 학자, 평론가, 정치가들의 비판에도 불구하고, IS는 극단적 폭력, 인권 침해 그리고 테러리즘을 통해 새로운 칼리프의 영토 혹은 '이슬람 국가'의 창조를 시도하고 있다. 이는 아마도 알카에다 테러리스트의 방법을 채택할 것으로 보이지만, 세계적인 칼리프의 영토 창조의 첫 단계로서 국가를 건설하려는 그들의 시도는 지난 24년 정도 출현한 대다수의 성전주의 그룹과 명확한 차이를 보인다. IS 집단은 세금을 걷고, 자신의 군사력을 가졌으며, 그들이 확보하고 통제하는 영역들 안에서 샤리아 법체계를 시행하고 있다. 알베르토 멜루치Alberto Melucci의 말에 따르자면, 그 자신의 근본주의자 버전의 이슬람을 시행하고 '국가처럼 행동'함으로써, IS는 미래에 야기하고자 하는 변화들을 현재 실천하는 것이다(1989). 바그다디에게, '이슬람의 민족'은 자신의 국가를 필요로 하고 그것을 IS가 바깥으로 확장하기 전에 이라크와 시리아 내에서 확보하는 것을 목표로 한다.

IS의 활동들이 잘 보여 주듯이, 세계 정치적 지도는 끊임없이 움직이고 있다. 오늘날 민족국가의 지도는 1945년 또는 심지어 1975년의 지도와도 매우 다르다. 세계의 국가들이 아무리 견고하고 '자연적이며' 영구적으로 느껴진다 하더라도, 사실 그것들은 인간 존재의 더욱 유동적인 측면 가운데 하나다. 민족국가는 정규적으로 창조되고 파괴된다. 내전으로 인해 국가들이 파괴되고 나뉘며 이전까지 이질적이었던 민족국가로부터 지역적 블록들이 형성된다. 이 장은 민족주의, 집단의 폭력, 전쟁, 테러리즘 그리고 평화 과정들의 주제를 다룬다. 이러한 이슈들은, 남수단이 2011년에 독립적인 나라로 분리된 수단이나 이스라엘과 팔레스타인 간에 만성적인 분쟁을 연구하는 사회과학자들을 훈련시켜 왔다. 왜 민족국가의 형태 안에서 이루어지는 민족의 독립을 향한 열망은 그렇게 강할까? 민족주의는 국가 내 혹은 국가 간 전쟁들과 어떻게 관련되어 있는가? 도대체 전쟁이란 무엇이며 용인되는 수행을 통치하는 전쟁의 '규칙'이라는 것들이 정말로 있는가?

> 혁명과 관련된 주제들은 제21장 〈정치, 정부, 사회운동〉에서 우선적으로 논의된다. 제1장 〈사회학이란 무엇인가〉, 제2장 〈사회학적으로 묻고 답하기〉, 제3장 〈사회학의 이론과 관점〉, 제4장 〈세계화와 사회변동〉, 제12장 〈계층과 계급〉, 제17장 〈종교〉에서도 유용한 짧은 토론 거리들이 제시된다.

우리는 민족과 민족주의에 대한 토론에서 시작해 어떻게 세계화가 사람들의 민족 정체성에 대한 감각을 변화시킬 것인지에 대해 질문할 것이다. 그리고 분쟁, 특히 전쟁과 또한 그것과 밀접한 집단 학살로 시선을 옮겨 근대 민족국가와 관련된 분쟁에 주목할 것이다. 이 장의 결론 부분에서는 전쟁과 논리적으로 반대되는 것으로 보이는 평화 협상 과정에 대한 최근 학자들의 논의를 간략하게 살펴볼 것이다. 그런 다음 미래의 관점에서 폭력, 전쟁, 테러리즘에 대한 잠정적 결론을 내리기에 앞서, 근대 세계에서 지속적으로 존재하는 위험이 되어 버린 듯한 테러리즘 현상을 탐구할 것이다.

민족과 민족주의

역사적으로 가장 중요한 사회운동 중 몇 가지는 민족주의 운동이었다. 하지만 놀랍게도 초기 사회학자들은 민족주의에 거의 관심을 보이지 않았다. 마르크스나 뒤르켐은 민족주의를 무엇보다 파괴적인 경향으로 보았다. 뒤르켐은 근대적 산업으로 인한 경제적 통합의 증대로 민족주의가 급속히 쇠퇴할 것이라 주장했고, 마르크스는 민족주의가 사회주의 아래에서 사라질 것이라고 주장했다. 오직 막스 베버Max Weber만이 민족주의를 분석하는 데 많은 시간을 들이거나 스스로 민족주의자라고 선언할 준비가 되어 있었다.

21세기에, 민족주의는 단지 살아 있기만 한 것이 아니라 번창하고 있다. 비록 인간 세계는 점점 더 상호 의존적이 되었고, 특히 지난 30년 또는 40년 동안 더욱 그러했지만, 이런 상호 의존성이 민족주의의 종말을 의미하지는 않았다. 어떤 점에서는 오히려 민족주의의 강화를 도왔다고 할 것이다. 최근의 학문적 논쟁은 왜 이러한가에 대한 상반된 사고들을 제공해 왔다. 또한 역사의 어느 단계에서 민족주의, 민족, 민족국가가 발생했는지에 대해서도 이견이 많다. 어떤 연구자는 민족주의가 다른 연구자들의 주장보다 훨씬 오래전에 발생했다고 주장한다.

> 이전 유고슬라비아에서 민족주의의 부활은 제16장 〈인종, 종족, 이주〉에서 논의된다.

민족주의와 근대 사회

에른스트 겔너Ernest Gellner(1925~1995)는 민족주의에 대한 선도적 이론가 중 한 명이다. 겔너는 민족주의nationalism, 민족nation, 민족국가nation-state 모두 그 기원이 18세기 후반의 프랑스혁명과 산업혁명으로 인한 근대적 발전의 산물이라고 주장했다. 민족주의 및 이와 관련된 감정과 정서는 '인간 본성'에 깊이 뿌리내린 것이 아니다. 오히려 그것들은 산업주의가 만들어 낸 새로운 대규모 사회의 산물이다. 겔너에 의하면 이전 사회에서 민족주의는 알려지지도 않았고, '민족'이라는 관념 역시 없었다(1983).

근대 사회의 몇 가지 특징이 민족적인 현상들을 만들어 냈다. 첫째, 근대 산업사회 들어 경제가 급격히 발전하고 분업 구조가 복잡해졌다. 겔너는 근대 산업주의가 들어서면서 이전보다 훨씬 더 효율적인 국가와 정부가 필요하게 되었다고 주장한다. 둘째, 근대 국가에서는 사회의 기반이 더 이상 촌락이나 마을이 아니라 대규모 단위이기 때문에, 개인들은 항상 낯선 사람들과 교류해야만 했다. '표준어'로 수행되는 학교에서의 대중 교육이 대규모 사회를 조직하고 통합을 유지할 수 있는 중요한 수단이 되었다.

겔너의 이론은 몇 가지 측면에서 비판받는다. 교육이 사회적 통합 기능을 수행한다는 주장은 기능주의자 이론

국기는 민족 공동체와 그 자부심의 강력한 상징이다. 그로 인해 반대자들에 의해 한 국가를 공격하는 상징적인 방식으로 국기가 분노 속에서 불태워지기도 한다. 덴마크 신문이 예언자 모하메드에 대한 풍자 만화를 싣자 파키스탄 카라치의 무슬림들이 덴마크 국기를 불태우고 있다.

이다. 기능주의 이론이 전반적으로 그러하듯이, 이러한 시각은 교육이 만들어 내는 사회적 갈등과 분할을 간과하는 경향이 있다. 또한 그의 이론은 민족주의가 만들어 낼 수 있고, 실제로 만들어 냈던 열정을 잘 설명하지 못한다. 민족주의의 힘은 교육에만 관련된 것이 아닐 뿐만 아니라, 사람들 간에 공통의 정체성을 만들어 내는 힘도 가지고 있다. 사람은 정체성이 없으면 살아갈 수 없다. 그런 측면에서 민족적 이익에 대한 인지된 위협들은 사람들의 자아 정체성 통합에 대한 위협으로 이해될 수 있다.

정체성에 대한 필요가 근대 산업사회의 출현으로부터 기인한 것은 아니다. 겔너는 근대 이전 시대에서부터 강하게 결부되어 있던 민족주의와 국가를 분리시키는 오류를 범하고 있다. 최고로 알려진 민족주의 이론가 앤서니 스미스Anthony Smith에 따르면, 민족은 이전의 소수 종족 공동체ethnic communities — 또는 그가 종족ethnies이라고 부르는 것 — 와 직접적인 연속성을 가지고 있다(1986). 종족이란 같은 조상, 같은 문화적 정체성, 같은 고향을 공유하는 집단을 일컫는다.

스미스는 많은 민족이 근대 이전부터 지속되어 왔고, 이전 시대에도 민족과 유사한 종족 공동체가 존재했다고 말한다. 예를 들면 유대인들은 2천 년 이상 거치면서 민족을 형성해 왔다. 유대인들은 어떤 시기에는 근대 민족nations의 성격을 가진 공동체로 모여 있었다. 제2차 세계대전 당시 대학살을 겪었던 유대인들은 1948년에 이스라엘을 건국했다. 이는 세계 각지에 흩어져 있는 유대인들이 국가를 건설하려 했던 시온주의 운동의 절정을 이루는 것이었다. 그러나 이스라엘 내 팔레스타인 사람들의 종족적 근원은 전혀 다르다. 이들은 이스라엘 국가의 설립으로 자신들의 땅을 빼앗겼다고 주장한다. 이 때문에 이스라엘 내에서 팔레스타인인과 이스라엘인 간의 긴장이 지속되고 있으며, 이와 함께 이스라엘과 주변 대부분의 아랍 국가들과도 긴장 관계에 있다.

근대의 민족nation들은 종족ethnies과의 관계 속에서 다양한 발전 양식을 따랐다. 서유럽 대부분의 근대적 민족들은 한 종족이 초기 경쟁자들을 몰아내면서 확장되었다. 프랑스에서는 19세기까지 몇 가지 다른 언어들이 사용되고 있었고, 그것은 상이한 종족들의 역사와 관련 있었다. 그런데 프랑스 정부는 학생들에게 프랑스어를 가르치도록 강제했고, 다른 언어를 사용하면 처벌했다. 20세기 초반에는 프랑스어가 지배 언어가 되었으며 대부분의 경쟁 언어들이 사라졌다.

하지만 경쟁 종족의 언어 중 일부는 아직도 몇몇 지역에 존재하고 다시 공식적으로 사용하는 것이 권장되고 있다. 그중 하나가 프랑스와 스페인 국경에 걸쳐 있는 지역의 바스크어다. 바스크어는 프랑스어나 스페인어와 사뭇 다르고, 바스크인은 자신들이 별개의 문화적 역사를 갖고 있다고 주장한다. 어떤 바스크인은 프랑스와 스페인으로부터 완전히 독립된 자신들만의 민족국가를 원한다. 러시아 남부의 동티모르나 체첸에서 이루어지

노르베르트 엘리아스의 국가 형성과 문명화 과정

연구 문제

어떻게 어떤 국가들은 스스로 '문명화되었다'고 여기고, 다른 국가들은 '문명화되지 않았다'고 보는 것일까? 자칭 '문명 국가들'은 극단적인 폭력과 대량 살상을 포함한 전쟁을 수행하면서도 어떻게 스스로 문명화되었다는 자기 이미지를 유지할 수 있을까?

독일 태생 사회학자인 노르베르트 엘리아스Norbert Elias(1897~1990)는 1939년에 처음 출간된 두 권짜리 책 『문명화 과정The Civilizing Process』(2000)에서 이러한 문제를 연구했다. 당시 유럽은 25년 만에 또다시 전쟁이 발발한 직후였기 때문에 '문명화된 행위'에 대해 이야기할 상황이 아니었다. 결국 사회학자들은 1969년에 영어로 '문명화 과정'이 출판된 후에야 이 책의 광범위한 중요성에 주의를 기울이기 시작했다.

엘리아스의 설명

엘리아스는 『문명화 과정』에서 문명화의 개념은 "서구의 자의식을 표현하는 것이며, 누군가는 민족적 의식이라고 말할 수도 있다"는 관찰과 함께 시작한다. 그는 계속해서 다음과 같이 말한다 (Elias 2000[1939: 5).

> 지난 2, 3세기 동안 서구 사회는 스스로를 기존 사회 혹은 동시대의 '더 원시적인 사회'보다 우월하다고 믿었다. 이런 관점에서 서구 사회는 무엇이 자신들의 특성인지 그리고 무엇이 자랑스러운지 기술記述하려 했고, 자신의 기술技術 수준, 관습의 특성, 과학적 지식이나 세계관의 발전 등을 그런 특성으로 생각했다.

요컨대 근대 서구인들은 자신의 사회가 문명화된 행위의 표준을 수립해, 다른 종류의 사회보다 우월하다고 이해했다.

『문명화 과정』 1권은 전형적인 근대정신 구조와 관습의 규칙들이 전개되는 과정을 영국과 프랑스, 독일을 비교 대조하며 살펴본다. 엘리아스는 식사 예절, (침 뱉기나 화장실 사용 등과 같은) 신체의 작동, 성적 표현과 폭력들과 관련된 행동에 대한 표준이 어떻게 천천히 변화하는지 보여 주기 위해 에티켓과 예의범절에 관한 책들에서 많은 역사적 사례들을 사용한다. 특히 그는 중세 이후 반감과 수치심의 한계들이 증가하고 이전에는 '정상적'으로 여겨졌던 것들이 점차 수용할 수 없는 것이 되어 갔음을 보여 주었다. 사람들은 자기 억제를 더 강하게 내재화했고 감정을 더욱 통제했다.

2권에서 엘리아스는 이러한 변화를 설명하기 위한 이론을 전개한다. 그는 국가 형성 과정과 초기 근대 시기에 길고 복잡한 상호 의존적 관계의 연계망이 증대된 것이 핵심 요인임을 발견했다. 유럽 궁정의 귀족들이 특권과 영향력을 두고 서로 경쟁할수록 그들에게는 새로운 행위 규칙들이 더욱 엄격하게 부과되었고 폭력적인 분출이나 감정에 대한 통제까지 이루어졌다. 이와 함께 귀족들 사이에서 더 개인화된 인격이 발전해 그들은 최초의 '근대인'이 되었다(Korte 2001: 29). 귀족들의 세련되고 품위 있는 예절들은 성장하는 부르주아 계급의 표준이 되었고, 결국 다른 사회집단들에도 확산되었다. 이렇게 더 균형 잡히고 엄격하게 규제된 유형의 자기 통제가 근대 산업사회의 '제2의 본성'이 되었고, 이것이 다른 사람들에게는 다소 초연하고 빈틈없는 것처럼 보일 수 있었다.

17, 18세기 절대주의 군주제 시기였던 유럽에서는 사회의 중앙집중화가 증대되었다. 경쟁 지역, 마을, 사회집단 간의 권력을 향한 경쟁은 종종 폭력적인 갈등, 약하고 덜 조직화된 상대방을 제거하는 것으로 귀결되었다. 결과적으로 소수의 큰 사회적 단위만이 엘리아스가 말하는 '독점 메커니즘'의 논리를 따라 발전했다. 이 메커니즘은 "모든 기회가 단일 권위에 의해 통제되는 나라로 이어졌다. 열린 기회들의 체계가 닫힌 기회들의 체계로 변한 것이다". 따라서 엘리아스는 근대 민족국가의 등장을 물리력과 조세력의 독점화와 함께 설명한다(Van Kriken 1998: 101에서 재인용).

엘리아스가 '문명화 과정'에서 보여 주는 것은, 민족국가의 형성은 사회관계망이 더 촘촘해지는 것과 함께 전형적인 근대적 인격의 출현이 밀접하게 관련되어 있다는 것이다. 국가가 물리력을 독점해 상대적으로 안정적이고 안전한 곳에서, 개인들은 유아기에서부터 새로운, 고도의 자기 통제에 자신을 맞출 수 있게 되며, 그것이 그들에게 '두 번째 본성'이 된다.

비판적 쟁점

엘리아스의 작업은 오늘날 근대적 고전의 지위를 획득했으나 몇 가지 점에서 비판받아 왔다. 첫째, 어떤 이들은 엘리아스가 근대적 개인과 다른 사회 사람들 간의 차이를 과장했다고 주장한다.

독일의 인류학자 한스 페터 뒤르Hans Peter Duerr는 문명화 과정은 '신화'라고 주장한다. 오늘날의 인간은 본질적으로 과거의 인간과 유사하며 '문명화되지 않은' 혹은 '원시적인' 인간은 없었다는 것이다. 뒤르는 예를 들어 '나체' 상태인 것은 언제나 수치심의 원인이었지 '문명화'의 산물이 아니라고 주장한다(1988).

둘째, 엘리아스는 본질적으로 사회 과정을 여러 의도적 행위의 계획되지 않은 산물이라고 본다. 그러나 비판자들은 이러한 가정이 특정한 사례들에 의해 검증될 필요가 있으며 강력한 사회 엘리트에 의해 수행된 '문명화 공세'를 무시하는 것처럼 보인다고 지적했다(Van Krieken 1998).

셋째, 문명화 과정에 대한 엘리아스의 초점은 그 과정의 '어두운 면'을 무시하거나 경시했다는 비판을 받을 수 있다. 서구의 문명화는 고통 없는 과정이 아니었으며, 푸코가 보여 주었듯, 많은 사회집단들로서 그것이 '문명화된 것'과 멀게 느껴졌다. 파웰Powell은 서구 문명의 '정상적' 작동이, 20세기 분쟁의 역사가 예증하듯이, 집단 학살을 낳을 수 있다고 주장했다(2011). 따라서 문명화와 야만은 서로 반대되는 것이 아니다. 내부 집단들 간의 '문명화된 행동'은 외부자들에 대한 '야만스러운 행동들'과 가깝게 연결된 것일 수 있다.

현대적 의의

엘리아스의 생각은 단지 역사사회학뿐만 아니라 몸의 사회학이나 인간 감정에 대한 연구 등 많은 분야에 영향을 주었다. 학자들이 엘리아스의 작업에 끌리는 것은 그의 작업이 주로 사회 과정의 동학에 초점을 두고 있음에도 거시적이고 미시적인 수준을 결합시킬 수 있게 해주기 때문이다. 사회의 폭력 수준, 테러리즘, 집단 학살에 대한 최근의 관심을 볼 때 문명화와 탈문명화 과정에 대한 연구는 왜 물리적 폭력에의 의존이 그렇게 많은 인간의 고통을 만들어 내는지 이해하려는 사회학적 시도의 중요한 한 측면이 될 것이다.

비판적으로 생각하기 THINKING CRITICALLY

최근의 전쟁들과 분쟁들로부터, 엘리아스에 의해 식별된 문명화 과정이 21세기에도 계속되고 있다는 증거를 찾을 수 있는가? 세계화에 직면해 서서히 나타나고 있는 민족국가의 쇠퇴 결과는 무엇이 될 수 있을까?

는 것과 같은 수준의 폭력은 없었지만, 바스크 분리주의자 집단인 ETA에 의한 40여 년에 걸친 폭격전으로 인해 800여 명의 사람들이 죽었다. 하지만 2011년 10월 ETA는 독립을 성취하기 위해 평화적인 방법으로 이행 중이라고 말하면서 무장 투쟁의 '분명한 중단'을 발표했다.

국가 없는 민족

이미 설립된 나라 안에서 실체가 뚜렷한 종족이 존속함에 따라 국가 없는 민족nations without states이라는 현상이 생겨났다. 이러한 상황에서, 민족의 본질적인 특징들 중 다수가 나타나지만, 민족을 구성하고 있는 그들은 독립적인 정치적 공동체를 결여하고 있다. 그래서 체첸이나 바스크뿐만 아니라 다른 많은 국가들, 예를 들어 인도 북쪽의 카슈미르에서도 자치적이고 독립적인 국가 설립을 원하는 분리주의 운동이 추동되고 있다.

국가 없는 민족은 종족과 민족국가 사이의 관계에 따라 몇 가지 형태로 나누어 볼 수 있다(Guibernau 1999). 첫째, 몇몇 경우에 민족국가는 소수 집단 혹은 소수 집단들의 문화적 차이를 인정하고, 이들의 자체적인 발전을 어느 정도 허용한다. 영국의 경우 스코틀랜드와 웨일스는 다른 영국 지역과 차별적인 역사와 문화를 가지고 있다고 인정되고, 나름의 제도를 갖추고 있다.

예를 들어 대다수가 장로교도인 스코틀랜드는 오래전부터 잉글랜드나 웨일스와 다른 독자적인 교육 체제를 갖고 있었다. 1999년 스코틀랜드와 웨일스는 영국으로부터 더 많은 자율권을 이양해 각자 독자적인 의회를 만들었다. 스코틀랜드의 독립에 기여한 스코틀랜드 민족당Scottish National

이스라엘과 팔레스타인 사이에 세워진 안전벽 위에 그려진 그라피티. 이스라엘과 국가 없는 팔레스타인 사람들 사이의 계속되는 분쟁은 이스라엘이 논쟁적인 안전벽을 건설하는 것으로 이어졌다. 그라피티가 보여 주듯, 민족들과 국가들의 해결되지 않은 문제들은 평화를 아직까지 불가능한 것으로 만들고 있다.

Party, SNP은 2007년 선거에서 정부를 구성했고, 2011년 선거에서도 압승했다. 영국 연방으로부터의 독립을 두고 이루어진 2014년 투표에서는 졌지만, SNP는 2015년 영국 선거에서는 스코틀랜드 의석을 3석 제외하고 모두 차지했다. 유사하게 바스크 지방과 카탈루냐(스페인 북부의 바르셀로나 지역 근처)도 스페인으로부터 '자치 공동체'로 인정받았다. 이들은 자신들만의 의회를 가지고 있으며, 권리와 권력도 어느 정도 가지고 있다. 그러나 여전히 영국과 스페인 모두 대부분의 권력은 각각 런던과 마드리드에 위치한 중앙 정부와 의회의 수중에 남아 있다.

둘째, 매우 높은 수준의 자치권을 행사하는 '국가 없는 민족'들이 있다. 퀘벡(캐나다의 프랑스어 사용 주), 플랑드르(벨기에 북부의 네덜란드어 사용 지역)는 실제로 완전하게 독립적인 것은 아니지만, 지역 정치 기구가 주요한 의사 결정 권한을 가지고 있다. 첫 번째 유형으로 언급된 민족들과 마찬가지로, 이들 지역에서도 완전한 독립을 요구하는 민족주의자 운동들이 일어나고 있다.

셋째, 그들을 포함하고 있는 다수의 인구 또는 국가로부터 거의 완전히 인정받지 못하고 있는 몇몇 민족들도 있다. 이런 국가들은 무력을 사용해 소수 민족의 권리를 부정한다. 팔레스타인인들의 운명이 하나의 사례다. 다른 사례로는 중국의 티베트족 그리고 터키, 시리아, 이란, 이라크가 서로 중첩되는 부분에 그들의 고향인 쿠르드족 영토가 있다. 티베트족과 쿠르드족의 역사는 수 세기를 거슬러 올라간다. 망명 중인 티베트 지도자 달라이 라마는 티베트 독립운동의 핵심으로, 비폭력적인 방법으로 독립을 이루어 내고자 한다. 이에 반해 쿠르드족의 몇몇 독립운동 단체들은 대부분 해외에 위치해 있으면서, 그들의 목적을 달성하기 위한 수단으로 폭력을 사용할 것을 선포한다. 또한 그들은 브뤼셀에 '망명 의회'를 두고 있다. 그러나 1990~1991년의 제1차 걸프전 이후 연합군이 '안전한 피난처'를 만들고, 2003년 사담 후세인 정권이 전복되면서 북이라크에서 쿠르드족의 자치권은 확대되고 공고해졌다.

티베트족의 경우, 중국 정부가 기존 정책을 바꾸지 않는 한 제한적인 자치권조차 획득할 가능성이 매우 희박하다. 하지만 다른 사례의 경우에는 소수 민족이 완전한 독립보다는 자치권 행사를 선호할 가능성이 있다. 예를 들어 바스크 지방과 카탈루냐, 스코틀랜드의 경우 인구의 소수만이 현재 완전 독립을 지지한다. 퀘벡의 경우엔 1995년 실시된 국민투표에서 캐나다로부터 완전히 독립하자는 안건이 부결되었다.

비판적으로 생각하기 THINKING CRITICALLY

누구도 한 민족 내의 모든 사람을 알 수는 없고, 그 단일성은 추정되거나 상상된 것이기에, 민족은 '상상의 공동체'로 묘사되어 왔다(Anderson 2006[1983]). 어떤 실질적 행동들이 세대를 넘어, 심지어 국가가 존재하지 않음에도 그 상상의 공동체가 살아 있도록 하는가?

유럽의 소수 민족들에게 유럽연합의 역할은 중요한 의미를 가지고 잇다. 유럽연합은 서유럽의 주요 국가들로 구성되었지만, 유럽연합의 핵심 철학 중 하나는 지역에 권력을 이양하는 것이었다. 유럽연합의 분명한 목적 중 하나는 '지역들의 유럽'을 만들자는 것으로, 이 점은 바스크, 스코틀랜드, 카탈루냐 그리고 그 외 많은 소수 민족들로부터 강력한 지지를 받았다. 유럽 의회 또는 유럽 재판소와 같은 EU 기구들에 직접적인 연관을 보장하는 그들의 권리는 자신들의 운명을 스스로 통제할 수 있게 해주는, 만족할 만큼 충분한 자치권을 줄 수 있을지도 모른다. 따라서 소수 민족들이 EU 안에서 독립성을 계속 요구하면서도, 동시에 그들이 일부로 있는 더 큰 민족국가와의 협력적 관계를 받아들이는 것은 어쩌면 상상할 수 있는 것일지도 모른다.

유럽연합의 기본적 역할과 기능은 제21장 〈정치, 정부, 사회운동〉에 소개된다.

개발도상국에서의 민족과 민족주의

대다수의 개발도상국에서 민족주의, 민족 그리고 민족국가가 걸어온 길은 산업사회와 많이 다르다. 대부분의 개발도상국들은 한때 유럽의 식민지였다가 20세기 중반에 독립을 성취했다. 이들 국가들 중 다수는, 식민지 행정부들 사이의 경계들이 유럽에서 자의적으로 합의되었고, 인구들의 경제적, 문화적 또는 민족적 구분들을 고려하지 않았다. 식민 권력은 아프리카의 아대륙과 인도 그리고 아시아의 다른 부분들에 있었던 왕국들과 부족 집단들을 무력화하거나 종속시켰고, 자신들의 식민 정부나 보호령을 설치했다. 그 결과, 각 식민지는 '같은 경계 안에 다양한 민족들이 함께 포괄되거나, 각기 찢어져 이합집산 형태로 묶였다(Akintoye 1976: 3). 대부분의 식민화된 지역들은 여러 종족과 여타 그룹들의 모자이크 상태를 포함했다.

과거 식민지들이 독립을 쟁취했을 때, 그들은 민족의식이나 민족적 소속감을 만들어 내는 데 어려움을 겪었다. 식민 지역에서 독립을 획득하는 데 민족주의가 큰 역할을 했지만, 그것은 소수의 도시 엘리트와 지식인들의 집단으로 제한되었다. 그럼에도 불구하고 르완다나 케냐처럼 정치적 차이가 민족적 차이로 굳어진 곳에서는 민족주의가 많은 사람들에게 영향을 주었다. 오늘날까지도, 많은 탈식민 국가들은 내부의 경쟁자들로부터 위협을 받고 있고 정치적 권위를 주장하기 위해 경쟁하고 있다.

거의 완전하게 식민화되었던 대륙은 아프리카였다. 제2차 세계 대전 이후 유럽의 식민 지배로부터 독립하려는 아프리카의 민족 독립 운동이 이어졌다. 해방이 이루어지자 아프리카 어디든 새 지도자들은 민족적 통합이라는 도전에 직면했다. 하지만 쉬운 일이 아니었다. 지도자들은 1950년대와 1960년대에 유럽과 미국에서 교육받았기 때문에 그들과 그들의 시민들 사이에는 상당한 거리감이 존재했다. 식민주의하에서 어떤 종족 집단들은 다른 집단에 비해 이득을 많이 보았다. 이러한 집단들은 서

자유시장 민주주의와 민족적 증오

세계 사회 22-1

많은 논평자는 앞에서 논의한 것과 같은 민족적 분쟁들을 줄이는 최선의 방법은 민주주의를 확립하고, 시장 경제를 도입하는 것이라고 주장해 왔다. 이들은 모든 사람이 국가 운영에 관해 발언할 수 있도록 허용하고 타인과의 시장 거래를 통해 사람들이 번영하도록 해야만 평화가 촉진될 것이라고 보았다. 그러나 에이미 추아Amy Chua는 자신의 책『불타는 세계World on Fire』(2003)에서 이러한 시각을 비판한다.

추아는 많은 개발도상국에서 작은 소수 종족이 불균형적인 경제 권력을 지닌다면서 논의를 시작한다. 남아프리카공화국의 인종 분리 정책하에서 소수의 백인들이 비백인 종족 집단을 착취했던 것이 하나의 명백한 사례다. 1994년 르완다에서 후투족이 투치족을 학살한 일과 구 유고슬로비아에서 세르비아 민족이 크로아티아 민족에 대해 적대감을 가졌던 일은 모두 투치족과 크로아티아족이 가진 경제적 이점과 관련 있다고 논증한다. 추아는 인도네시아 화교들의 사례도 종종 거론한다.

인도네시아 전 독재자였던 수하르토Suharto가 실시한 친시장적 개혁은 특히 적은 수의 화교 집단들에게만 이익을 주었다. 그 대가로 인도네시아 화교들은 수하르토 독재 정권을 지원했다. 민주화를 요구하는 대중 시위로 수하르토가 권좌에서 물러난 1998년까지 겨우 인구의 3퍼센트를 구성하는 화교들이 인도네시아 민간 경제의 70퍼센트를 통제했다. 수하르토 체제의 종식과 함께 나라의 토착적 부를 '훔쳐 가는' 자들로 인식된 화교들에 대한 폭력적인 공격이 뒤따랐다. 추아는 다음과 같이 적었다. "다수인 프리부미(종족)에게 널리 퍼져 있던 생각은 화교 문제를 단호하게 근절할 수 있다면 10년 정도의 경제 성장은 잃어도 좋다는 것이었다."

수하르토 독재 정권이 무너지자 미국과 서방 국가들은 민주주의적 선거를 도입하라고 촉구했다. 그러나 추아는 인도네시아의 화교와 같이 '시장을 지배하는 소수들'이 있는 나라에 민주주의를 도입하더라도 평화가 이루어질 것 같지 않다고 보았다. 오히려 민주주의적 선거 제도의 도입이 다수 종족의 격렬한 반발을 불러올 가능성이 크다고 주장한다. 소수의 화교에 대해 인도네시아에서 다수인 프리부미족이 했던 것처럼 새로운 정치 지도자들은 분노의 대상인 소수 종족을 속죄양으로 삼는 한편, 국가의 '진정한' 주인이 자신들이라고 생각하는 다수 종족이 국부를 '되찾도록' 장려할 것이다. 이것이 바로 인도네시아의 원주민들이 화교들에게 취한 모습이다.

추아의 설명은, 원칙적으로 비록 민주주의와 시장 경제가 다수에게 유익한 영향을 미치지만, 그것은 효과적인 법체계와 시민 사회에 기반을 두고 있어야만 한다는 점을 보여 준다. 그렇지 않을 경우에는 많은 개발도상국에서 벌어진 것처럼 또 다른 종족 분쟁이 발생할 수도 있다.

로 다른 이해관계와 목표를 갖고 있었으며 서로를 적으로 보는 것은 합당했다.

수단, 자이르, 나이지리아는 모두 내전을 겪었으며, 아프리카와 아시아 양측에서 모두 민족적 경쟁과 적대는 많은 탈식민 국가들의 특징이었다. 수단의 경우 인구의 40퍼센트 정도가 아랍인이라는 민족적 기원을 가진 무슬림이었던 반면, 남부 지역은 인구의 대다수가 흑인이었고 정령 신앙 등의 전통적인 종교를 따랐으며, 다른 소수는 기독교를 따르고 있었다. 일단 민족주의자들이 집권하자, 이들은 아랍어를 공용어로 하는 국가 통합 계획에 착수했다. 이 시도는 부분적으로만 성공했다. 다수의 남부인들은 새 정부가 이슬람과 아랍 정체성을 강제로 부과하려 한다고 보았기 때문이다.

1955년에는 북부에 있는 수단 정부와 남부 지역 간에 내전이 발생했다. 1972년 평화 협정으로 남부에도 어느 정도 자율성과 새로운 권한들이 부여되긴 했지만, 1983년에 정부가 이 협정을 무효화하자 해방군이 다시 봉기했다. 이러한 분쟁은 남부 지역에 지역적 자율성을 주는 포괄적인 평화 협정에 도달한 2005년까지 지속되었다. 2011년 7월에는, 국민투표가 치러졌고 마침내 남수단은 북부로부터 완전한 독립을 얻었다(북부는 여전히 수단이라고 불린다). 하지만 심지어 독립 이후에도 국경에서의 내적 영토 분쟁은 계속되었다.

나이지리아 역시 식민 지배 유산을 극복하려는 아프리카 국가들이 겪는 이슈들을 보여 주는 하나의 사례다. 이 나라의 인구는 약 1억 2천만 명으로, 좀 과장하면 아프리카인들 중 4분의 1이 나이지리아인이다. 나이지리아는 영국의 식민지였다가 1960년 10월 1일 독립했다. 이 나라는 수많은 종족 집단으로 이루어져 있는데, 그중 요루바, 이보, 하우사가 지배적이었다. 독립한 지 얼마 되지 않은 1966년 종족 집단 간 무장 투쟁이 발생했고, 1999년에 선거가 치러지기 전까지 군사 정부가 지배했다.

이후의 정부들도 '모국 나이지리아'의 구호를 내세워 더욱 분명한 민족적 동일성의 감각을 세우려 했지만 그러한 감각과 민족의 목적의식을 만들어 내는 것은 어려운 일로 남았으며 권위주의는 정치 문화 안에서 집요하게 남아 있었다. 그러나 2011년 대통령 선거는 압도적으로 공정했고 비폭력이었던 것으로 보이며, 2015년 선거에서 모하마두 부하리Mohammadu Buhari가 승리해 사상 처음으로 민주적 권력 이양이 이루어져 민주적인 미래에 대한 희망을 높여 주었다.

요약하면, 대부분의 개발도상국들은 선진적으로 산업화된 세계에서 일어났던 것과 다른 국가 형성 과정의 결과로서 나타났다. 많은 경우 문화적이고 민족적인 동질성이 없는 지역에 외부적 힘에 의해 국가가 만들어졌고, 그 결과 때때로 독립 이후에 내전이 발생했다. 근대적 민족들은 식민화의 경험이 전혀 없는 지역이거나 일본, 중국, 한국, 태국처럼 이미 상당한 수준의 문화적 통일성을 갖춘 지역에서 가장 효과적으로 등장했다.

민족국가, 민족 정체성, 인권

세계화는 민족주의와 민족 정체성에 어떤 영향을 미쳤을까? 많은 민족주의자는 민족이 오랜 역사적 기원을 가지고 있다고 주장하지만, 필킹턴Pilkington은 민족주의가 사실 매우 새로운 현상이라고 주장한다(2002). 인간은 역사적으로 최근까지도 소규모 촌락을 중심으로 살아남았고, 그들 자신의 집단 밖에서 일어나는 상황에 관해 대부분 알지 못했으며, 그들이 더 큰 민족에 속해 있다는 관념도 낯선 것이었다. 필킹턴은 민족 공동체 관념이 발전하고 확산된 것은 대중매체와 미디어가 발전하기 시작한 18세기부터였다고 주장한다. 필킹턴에 따르면 민족 정체성이 '구성'된 것은 바로 이 시점이었다.

> 사회구성주의에 대한 논의는 제2장 〈사회적으로 묻고 답하기〉, 제5장 〈환경〉, 제8장 〈사회적 상호작용과 일상생활〉에서 보다 상세히 검토된다.

민족에 속해 있다는 관념이 발전하기 위해 중요한 것은 어떤 '타자'의 존재였다. 이 타자에 대응해 민족 정체성이 형성될 수 있었던 것이다. 그는 (프로테스탄트적인) 영국 정체성 형성에 (가톨릭적인) 프랑스의 존재가 중요했다고 주장한다. 그는 영국적인 것이 어떻게 엘리트로부터 사회의 나머지 부분에까지 확산되었는가를 보여 준다. 이 과정에서 중요한 것은 모든 인구가 읽고 쓸 수 있는 능력을 가지게 되었다는 점과 통신 기술의 발달로 민족적인 관념이 확산될 수 있었다는 것이다. 이와 같이 민족 정체성이 사회적으로 구성되고 변화와 발전이 가능하다고 할 때, 오늘날 민족 정체성의 변화에 가장 중요한 요인은 세계화다.

세계화는 중심화와 탈중심화 간에 갈등의 압력을 가져오고 그 결과 민족 정체성에 이중의 위협을 야기한다. 중심화는 유럽연합의 영향력 강화와 같이 위로부터의 압력을 만들어 내고, 탈중심화는 민족적 정체성 강화를 통해 아래로부터의 압력을 만들어 낸다. 필킹턴은 이에 상응해 다른 소수 종족 집단들에서 나타나는 반응이 있었음을 말한다. 이 집단들은 영국 정체성으로부터 배제되었음을 느끼고, 그들의 지역적 정체성을 강화했으며, 그들과 다른 종족 집단 간의 차이점을 더욱 강조한다. 필킹턴은 세계화에 대한 또 다른 반응이 더욱 분명하게 나타나고 있음에 주목하는데, 그것은 다양한 정체성이 존재한다는 것을 인정하는 현상이다. 예를 들면 잉글랜드적인 것, 영국적인 것, 유럽적인 것이 동시에 가능하다는 것이다. 이러한 '혼종적 정체성'은 영국 소수 종족 집단들에서 발견되며 영국계 아시아인이나 다른 '연결된 정체성'에서도 나타난다.

비판적으로 생각하기 THINKING CRITICALLY

왜 민족적 정체성들이 세계화된 미래에 약해지는 것이 아니라 오히려 강해질 수도 있는 것일까? 광범위한 지역적 정체성이 점차 강해지는 사례가 있는가?

아프리카의 몇몇 지역에서는 민족국가가 완전히 형성되지 못했다. 그러나 다른 지역의 어떤 이들은 벌써부터 세계화로 인해 민족국가의 종말이 왔다고 말하고 있다. 일본의 작가 겐이치 오마에Ohmae Kenichi에 따르면 세계화로 우리는 점차 민족 정체성이 약화되는 '국경 없는 세계'에 살고 있다(1995). 이런 주장이 얼마나 타당할까? 분명 모든 국가가 세계화 과정에 영향을 받고 있다. 하지만 우리가 민족국가의 종말을 목도하고 있다고 단언하기는 힘들어 보인다.

오늘날 세계의 모든 국가가 민족국가이거나 그렇게 되기를 열망하고 있지만, 20세기 동안에는 대부분 민족국가와 더불어 식민화된 지역들과 제국들이 존재했다. 최후의 제국은 소비에트 공산주의였으며 1991년에 붕괴했다. 소비에트연방은 동유럽의 위성 국가들을 효과적으로 포괄

영국계 아시아인과 같은 혼종적 사회 정체성은 세계화로 인해 다양성이 지속적으로 증대되는 다문화 사회의 민족적 정체성 형성 과정을 보여 주는 좋은 예다.

하면서 제국의 중심에 있었다. 하지만 구소련의 많은 지역들을 차지하고 있던 위성 국가들은 이제 모두 독립했다. 우크라이나의 독립에 대한 일격을 가하며, 러시아 병사들은 효과적으로 크림 지역을 병합했으며, 2014년 서둘러 이루어진 국민투표에서 '크림 공화국'을 러시아 연방에 가입시켰다. 우크라이나의 남부와 동부 지역의 분쟁 속에서 약 9천 명이 죽었으며 이에 개입한 러시아에 대해 EU는 경제적이고 군사적인 제재를 부과했다.

25년 전과 비교해 오늘날에는 훨씬 더 많은 주권 국가들이 있으며, 민족국가들은 지금까지 경험한 것들 중에서 가장 혹독하고 황폐화하는 분쟁들에서 중심적 행위자였다. 그러나 민족국가는 시민들의 권리를 승인하고 보호하며 개인의 권리를 더욱 보편적으로 촉진시킬 수 있는 능력을 가진 정치체이기도 하다. 민족국가적 시민권 개념과 인권 개념 사이에는 몇 가지 중요한 차이가 있다.

보편적이면서 특수한 인권

개인의 인권 개념은 전쟁, 집단 학살 그리고 테러리즘과 같은 조직적인 폭력에 반대해 일어선 것이라고 보는 것이 꽤 명백한 듯하지만 역사적으로 이것은 사실이 아니다. 말레세비치Malešević는 기본권 인정에 대한 요구가 처음으로 출현한 것은 12~13세기의 일로, 기독교 내부의 분쟁과 폴란드 유대인들에 대한 차별에 반대하는 맥락에서 나타났다고 주장한다(2015: 560). 그러나 인권을 제시하는 문서의 형태가 확립된 것은 프랑스혁명과 미국 혁명이었다. 미국 독립선언과 버지니아 권리장전(1776), 그리고 인간과 시민의 권리에 대한 프랑스선언(1789)에 나타나 있다.

세계적인 인권 개념은 제2차 세계 대전의 발발과 특정 시민 인구를 표적으로 삼아 고의적으로 이루어진 대량 학살에 의해 촉발되었다(Turner 2006). 이것은 1948년 UN의 보편적 인권선언에서 제시되었다. 이 문서는 30개에 달하는 조항들로 생명권, 자유, 사생활 및 안전 등에 관한 근본적인 원칙들과 함께 노예 상태, 고문, 학대, 체포와 구금, 결혼과 사유 재산 등 특정 이슈들을 포괄적으로 다루고 있다. 이러한 인권의 근대적 개념은 모든 인간에게 적용되며, 그러한 의미에서 보편적으로 적용된다는 점에 주목하는 것이 중요하다. 그럼에도 불구하고, 터너는 인권의 이념은 그러한 권리들이 집행될 수 없다면 매우 미미한 의미를 지닐 것이라고 주장한다. 민족국가의 시민권과 보편적 권리 사이의 대조는 이러한 통찰이 얼마나 유의미한 것인지를 보여 준다.

민족국가가 그 영토 안에서 살고 있는 모든 사람들의 시민권을 인정하는 곳에서, 시민권은 경찰력, 무장한 군사력 그리고 법체계와 지방 정부 및 중앙 정부 등 국가가 소유한 모든 장치들을 사용해 집행될 것이다. 시민권은 또한 시민들의 기여를 수반한다. 그들은 세금을 내야 하고 국법을 준수해야 하는데, 이로써 국가는 시민들에게 국가로부터의 이익과 보호를 받을 자격을 준다. 그러나 세계에는 이와 유사한, 인권을 집행할 수 있는 능력을 지닌 세계적 기구나 일련의 제도들이 없다. 그리고 인권은 개인들에게 권리에 상응하는 의무들을 연결시키지 않는다.

전 세계의 정부 그리고 개인들과 함께하는 국제사면위원회와 같은 조직들은 이슬람 국가들에 의해 시민들에게 할당된 도저히 이해할 수 없는 폭력에 공포감을 표현해 왔다. 그리고 UN은 2015년 능력이 있는 모든 가맹국들에 '모든 필요한 수단'을 통해 이라크와 시리아로부터 IS를 제거하라는 결의안을 가결시켰다. 그러나 이것은 민족국가적 자기 방어에 기반해 승인된 것이었지 이라크와 시리아에 있는 개인들의 인권에 기반한 것이 아니었다. 터너Turner가 말하듯, '시민의 사회적 권리와 개인의 인권' 사이에는 분명한 구별이 있으며, 시민권은 사람들의 권리를 지지하는 데 있어 더 효과적인 기반을 가지고 있다(2006: 5).

몇몇 사회학자들에게, 단지 '인간임'에 뿌리를 두고 있는 보편적 권리는 좋은 출발점이 될 수 없다. 벤저민 그레그Benjamin Gregg는 인권은 사회적으로 구성되었고, 지역적으로 발전하고 공동체에 의해 성취되는 것으로, '위에서부터' 부과된 것이 아니라고 주장한다(2011). 모든 보편적 인권의 개념이 모든 문화와 사회에 즉시 적용되기란 불가능하며 비현실적이다. 예를 들어 생명에의 권리란 무엇인가? 그레그는 이것은 처음에 보이는 것처럼 그렇게 분명하지 않을 수 있음을 제시한다. "이는 인간 배아가 가지고 있는 생명의 권리를 말하는 것인가? '그것이 가진 생명'은 유전적 조종으로부터 자유로울 권리를 의미하는가? 이것은 체외로부터 자궁에 심어지는 그런 권리를 의미하는가…… 이것은 살아남을 기회에 대한 권리인가?"(2011: 3) 만약 이런 기본적 권리가 이러한 질문들을 받는다면, 다른 인간의 권리들은 얼마나 더 문화적으로 다양하며 또한 논쟁적이겠는가?

그러나 전 세계 모두에게 적용되는 보편적 인권의 개념은 더 많은 사람들, 조직들 그리고 사회적 집단들로 하여금 차별과 박해에 직면해 있는 사람들을, 그들이 어디에 있든, 보호하고 방어하도록 동기화하고 있다. 보편적인 인권 개념은, 사회주의 또는 지속 가능한 개발처럼 정확하게 고정하기 어려운 다른 개념들처럼, 하나의 '적극적 유토피아'이다(Bauman 1982). 즉 비록 보편성을 성취하는 것이 불가능할지도 모른다는 인식이 확산되고 있지만, 인간이 누릴 수 있는 현실적이고 실질적으로 성취 가능한 권리들을 성립하는 과정에서 그것을 향한 작업 과정이 더욱 중요하다. 프레조Frezo가 지적했듯, "우리는 보편을 기정사실이 아니라, 지속적으로 추구되는 하나의 기획으로서 상상해야 한다"(2014: xxi).

전쟁, 집단 학살 그리고 평화 과정

사회학의 중요한 이론적 전통 중 하나인 갈등 이론 분야엔 마르크스주의자, 페미니스트, 베버주의 학자들의 중요한 연구들이 포함된다(제1장 참조). 그러나 이 연구들은 대부분 사회 계급들이나 젠더 관계, 종족 갈등 등 특정 사회 '내'의 사회 갈등에 대해서만 주목해 왔다. 사회학자들이 민족들 사이의 갈등을 탐구하는 경우에도 유사한 인식을 보이는 경우가 많았다. 예컨대 몇몇 마르크스주의자들은 경제적인 관점에서 2003년 이라크 침공은 미국과 그 동맹국들이 석유를 안정적으로 공급받기 위한 시도라고 설명하기도 했다. 그런 연구와 설명들은 갈등에 대해 많은 것을 이야기해 주지만, 사회학은 전쟁에 대한 연구를 역사가들이나 군사 이론가들에게만 맡겨 둔 채 두드러진 연구를 보여 주지 못하고 있다.

이런 상황이 발생한 한 가지 중요한 이유는 전쟁이 '정상적인' 상태가 아니므로 사회학적 이론과 설명의 발전에 중심적인 것이 아니라는 인식이 널리 퍼졌기 때문이다. 결국 일반적인 사회 이론의 기반을, 매우 이례적이고 특별한 사건에 두는 것은 합당하지 않다는 것이었다. 하지만 이러한 가정은 맞지 않다. 전쟁은 인간 사회만큼이나 오래되었을 뿐 아니라 역사에 기록된 것만 해도 1만 4천 번이 넘는다(Roxborough 2004). 역사적으로 전쟁으로 인한 사상자 수를 추정하기는 힘들다. 어떤 연구자들은 40억 이상일 거라고 하지만, 어떤 분쟁들을 정확히 '전쟁'으로 정의할지에 대한 이견이 존재하고, 역사적인 기록 역시 부족해 단정적으로 말하기는 어려워 보인다. 심지어 최근 역사에 대해서는 더 많은 이견이 존재한다. 20세기에만 '1억 1천만 명 이상' 죽었다거나(Malešević 2010: 7), 또 다른 연구에서는 '2억 3천1백만 명' 이상이 전쟁에서 죽은 것으로 이야기되기도 한다(Leitenber 2006: 1). 정확한 수치가 어떻든 간에, 전쟁이 '이례적인' 사건이 아니라는 점은 분명하다.

세계적 관점에서 보면 반대되는 추정을 만들기에 적절한 사례들도 있다. 전쟁은 인간 역사에서 매우 흔한 일이며 오히려 평화 시기가 매우 드물다. 선진국에는 1945년 이후가 그런 시기였는데, 아마 이런 역사적 상황이 '전쟁은 매우 이례적인 것'이라는 관념에 영향을 주었을 것이다(Inglehart 1977). 하지만 위에서 살펴본 바와 같이 한꺼번에 해를 입은 인명과 인간의 고통은 사회학자에게 전쟁의 원인을 이해하고 그 결과를 경감시킬 수 있는 노력을 기울이라고 요청하고 있다. 추가적으로, 요아스Joas와 크뇌블Knöbl는 '우리가 전쟁을 고려하는 데 실패한다면, 초국가적인 과정보다는 민족국가를 통해 이루어진 우리는 근대성의 구성도, 또 근대에 발생한 많은 사회적, 문화적 변화도 이해할 수 없을 것이라고 올바르게 주장했다(2012: 5).

전쟁과 집단 학살 이론화하기

전쟁war이란 무엇인가? 마틴 쇼Martin Shaw는 전쟁을 "두 개의 조직된 무장 세력들이 주로 상대방 병력을 죽임으로써 서로의 힘, 특히 그들의 저항 의지를 파괴하려는 충돌"로 정의한다(2003: 5). 이러한 정의는 조직적인 살상을 실제 전쟁 수행에 중심적인 것으로 생각하게 만드는데, 이는 세계 다수의 사회가 관여했던 20세기의 두 차례 세계 대전에서 수많은 생명의 상실로 증명된 사실이다. 또한 이 정의는 '적의 힘을 파괴'해 저항할 수 없게 만드는 것이 전쟁의 중요한 목표라는 점을 분명히 한다. 〈고전 연구 22-2〉에서 보는 바와 같이 이것은 카를 폰 클라우제비츠Carl von Clausewitz의 "전쟁은 다른 수단에 의해 지속되는 정치 과정이다"라는 고전적 진술에 표현되어 있다(1993[1832]).

클라우제비츠는 전쟁에 관여하는 것은 조직된 사회집단이며, 승리 가능성에 대한 정치적 계산과 지도자의 결정에 의해 이루어지기 때문에 충돌이 일어나는 것이라고 보았다. 그들은 전쟁을 위해 경제적 자원 조달을 요구하고, 주민들을 감정적으로 동원하기 위해 실제의 혹은 만들어진 문화적 차이들을 활용한다. 따라서 전쟁은 사회적 현상이며 그것의 특징은 시간이 지남에 따라 변화한다.

역사적으로, 전쟁에서는 민간인들보다 무장한 전투원들이 죽는 경향이 있고, 그것은 전쟁이 단순히 무질서한 무작위적 살상이 아님을 보여 준다. 그리고 여기서 적의 병력이 전투 중 혹은 전투 후에 합법적으로 할 수 있는 것을 규정하는 '전쟁의 규칙'이라는 개념이 유래했다. 그럼에도 불구하고 그런 규칙은 실제 전투 상황에서는 종종 무너졌으며, 최근에는 점차 '적의 저항 의지를 파괴'하는 또 다른 수단으로서 계획적으로 민간인들을 공격 목표로 삼는 경우가 증가하고 있다. 쇼는 비무장 민간인들에게까지 계획적으로 목표가 확장되는 것을 불법적인 혹은 '타락한 전쟁'이라고 불렀다. 1937년에 일본이 중국 민간인 26만 명 이상 학살한 것, 영국이 1943년 독일의 함부르크와 1945년 드레스덴을 폭격한 것, 1945년 미국이 일본 히로시마와 나가사키에 원자폭탄을 투하한 것 등이 그 사례다.

변화하는 전쟁의 성격

20세기 이전에는 대부분의 전쟁에서 용병을 폭넓게 활용하거나 남자들을 군인으로 징집했다. 무기류는 주로 칼이나 화기로 구성되어 있었고, 운송 수단은 말이나 마차, 배였다. 말은 심지어 제1차 세계 대전(1914~1918)까지도 주요 운송 수단이었다. 제2차 세계 대전 시기엔 무기와 운송 수단에 상당한 변화가 있었다. 기관총과 탱크, 화학 무기와 비행기가 도입되어 군인들은 점차 전쟁을 특징짓는 대량살상에 관여하기 쉬워졌다.

상식적인 관점으로는 전쟁을 민족국가들 간의 세력 갈등으로 보기 쉬울 것이다. 최근까지도 많은 사회과학자들이 이에 동의해 왔다. 하지만 국가 간 전쟁은 점차 줄어들고 있다. 1989년에서 1992년 사이 전 세계에서 발생한 80건의 무력 갈등 중 단 3건만이 국가 간 전쟁이었고, 나머지는 모두 국가 내부의 분쟁이었다(Malcolm 1996). 다른 한편, 내적인 분쟁은 점차 증가하는 것으로 보인다.

원자폭탄의 사용

사회학적으로 상상하기 22-1

92세로 사망한 히로시마 원폭 조종사

일본 히로시마에 첫 번째 원자폭탄을 투하했던 B-29 비행기 지휘관이 사망했다. 폴 워필드 티베츠 주니어Paul Warfield Tibbets Jr는 오하이오주 콜럼버스의 집에서 아흔두 살의 나이로 숨을 거두었다.

5톤 무게의 '리틀 보이' 폭탄이 1945년 8월 6일 아침에 투하되어 약 14만 명의 일본인이 사망했고, 이후 더 많은 사람이 죽었다. 원폭 60주년이 되던 해, 에놀라 게이Enola Gay — 티베츠의 어머니 이름을 땄다 — 호에 탑승했던 세 명의 생존자들은 "후회하지 않는다"고 말했다.

"묘비는 세우지 마라"

티베츠 중장의 친구인 게리 뉴하우스는 AP 뉴스와의 인터뷰에서 그가 두 달 동안 건강이 악화되어 죽었다고 말했다. 티베츠는 폭격 반대자들이 자신의 무덤을 저항의 장소로 활용할 수 있다며 장례나 묘비를 세우지 말아 달라고 부탁했다고 한다.

히로시마 폭격은 태평양 전쟁의 종식을 알리는 시작점이 되었다. 3일 후 두 번째 폭탄이 나가사키에 투하된 직후, 일본은 항복을 선언했다.

히로시마 원폭 60주년에 '에놀라 게이' 생존자들 — 티베츠, 시어도어 J. '더치' 반 커크(항법사), 모리스 R. 젭슨(무기 시험 장교) — 은 "원자폭탄 투하는 역사적으로 필요했다. 우리는 후회하지 않는다"고 말했다. 티베츠는 "수천 명의 군인과 군인 가족들은 전쟁을 끝내기 위해 일본 본토를 공격할 필요가 있었다. 만약 그랬다면 그들이 오늘날 살아 있지 못할 수도 있다고 말하며 감동과 감사를 표했다"고 말했다.

출처: BBC 2007d.

비판적으로 생각하기 THINKING CRITICALLY

일본의 저항을 빠르게 종결시킴으로써 많은 생명을 구한 핵무기 사용에 대한 정당화 논리를 고려할 때, 어떤 '타락한 전쟁'이 정당한 것으로 생각될 수 있을까?

1816년부터 1997년까지 181년 동안 발생한 213건의 내전 중 104건이 최근 53년, 즉 1944년부터 1997년 사이에 발생했다(Hirokawa 2005). 국가 간 전쟁과 국내 전쟁 사이의 균형에 상당히 변화가 나타난 것으로 보인다.

게다가 쇼는 서구 국가들이 개입한 최근의 전쟁들 — 미국과 동맹국들이 이라크와 아프가니스탄에 개입하는 것과 같은 — 에서 국내 정권이 정치적으로 손해를 주거나 선거에 부정적인 영향을 줄 수 있는 언론 보도를 피하기 위해 자국 군인들의 생명을 보호하려는 시도들이 이루어지고 있다고 주장한다(Shaw 2005). 이것이 최근 서구의 개입이 무장 병력들의 위험을 최소화시키는 대량 공중 폭격을 선호하는 이유 중 하나다. 하지만 결과적으로 이것은 전쟁의 위험을 민간인들에게로 전가시키는 것이 되며, 민간인들의 죽음은 '부수적 피해' 혹은 전쟁의 '불가피한 사고'가 되어 버린다. 이 '위험을 전가하는' 전쟁이라는 새로운 양식은 이전 양식인 규칙이 통치하는 유형에 손해를 입힐 가능성이 있으며 따라서 서구 국가들 및 모든 사람들에게 더 큰 위험을 열어 줄 수 있다. 의도적으로 민간인들이 목표가 될 때, 그것이 '집단 학살'이 자행된 것인가 여부에 대한 질문이 일반적으로 제기된다.

집단 학살genocide은 대중매체와 정치적 담론 속에서 빈번히 사용되는 용어다. 최근에는 코소보에서 세르비아가 알바니아계 종족을 공격한 것, 르완다에서 후투족이 투치족을 공격한 것을 묘사하는 데 사용되었다. 이 개념은 라펠 렘킨Raphael Lemkin이 저서 『유럽에서의 추축

카를 폰 클라우제비츠의 『전쟁론』(1832)

고전 연구 22-2

카를 폰 클라우제비츠Carl von Clausewitz(1780~1831)는 전쟁에 대한 고전적인 근대 이론가다. 그는 혁명 전쟁과 나폴레옹 전쟁(1793~1815)에 참전한 프로이센 육군 장교로서, 군사 학교에서 가르치는 일을 하며 사후 출판된 『전쟁론On War』을 저술했다. 만일 사회과학자들이 근대 사회에서 전쟁의 중요성을 완전히 인식했다면, 클라우제비츠의 작업은 당대 철학자인 이마누엘 칸트Immanuel Kant나 게오르크 빌헬름 프리드리히 헤겔Georg Wilhelm Friedrich Hegel, 사회학자 오귀스트 콩트Auguste Comte, 혁명적인 카를 마르크스Karl Marx와 함께 사회사상의 정전으로 여겨졌을 것이다.

클라우제비츠의 책은 수많은 독창적인 생각들을 담고 있다.

1. 그의 가장 유명한 격언 "전쟁은 다른 수단에 의해 지속되는 정치적 교류political intercourse(정책policy이나 정치politics로도 번역된다)"라는 말은 전쟁 과정이 그것의 정치적 목적에 의해 결정된다는 의미로 해석되곤 했다. 하지만 클라우제비츠의 진정한 독창성은 '다른 수단'에 대한 설명에 있다.
2. 그는 전쟁이란 적을 강제로 복종시키는 '강압 행위'이며, 따라서 '아무런 논리적 한계가 없는 것'이라고 강조했다. 그는 여기서 점차 확대되는 것이 전쟁의 법칙이며 전쟁은 절대적인 것이 되는 일반적인 경향이 있다고 결론짓는다. 엄격한 정치적 목적은 이러한 확대를 오직 부분적으로만 제한할 수 있을 뿐이다. 왜냐하면 무력 충돌은 항상 미리 규정된 정치적 한계를 넘어서기 쉽고, 따라서 본질적으로 예측할 수 없기 때문이다.
3. 전쟁은 마찰 저항friction에 의해 억제되어 있다. 예컨대, 좋지 않은 날씨나 지형, 병력을 먼 거리로 이동시키기 위한 병참술의 난점 등이 장애가 되어 전쟁의 확산을 막는다.
4. 전쟁은 상업 교역을 위한 사회적 과정과 비교될 수 있다. 이런 점에서 전투는 상업에서 교환과 같은 방식으로서, 모든 행동이 그 목적에 따라 맞춰지며 현실화되는 전쟁의 한 순간이다.
5. 전쟁은 정책(정부의 분야), 군사 기술(장군들의 업무), 가공되지 않은 폭력(사람들에 의해 공급되는 것)의 삼위일체다. 따라서 이전 시기와 비교할 때 근대 전쟁이 특히 파괴적인 특성을 보이는 것에 대해 사람들의 개입(무장한 국민)은 부분적으로만 책임이 있다.

근대 전쟁은 때때로 '클라우제비츠적인 것'으로 묘사되곤 한다. 이러한 설명의 가장 큰 문제는 산업사회로 인해 클라우제비츠가 예상할 수 있었던 것보다, 무기뿐 아니라 군사, 정치 조직까지 더욱 강력한 파괴 수단을 갖게 되었다는 것이다. 근대적 '총력전'은 사회의 총동원과 절대적 파괴를 결합시켰다. 19세기 중반부터 이렇게 급진적으로 확대된 살육의 범위는 클라우제비츠적 조건들을 넘어섰다. 이러한 과정의 논리적 귀결은 핵전쟁으로 위협받는, 총체적이고 동시적이며 상호적인 파괴였다.

출처: Shaw 2003:19~20.

비판적으로 생각하기

THINKING CRITICALLY

오늘날 특히 핵무기가 발달하고 확산된 것과 관련해 클라우제비츠의 중심 주장들은 어떤 상황에 있는가? '상호 확증 파괴MAD' 원칙은 클라우제비츠의 사상 중 어떤 측면을 훼손했는가?

국 점령Axis Rule in Occupied Europe』(1994)에서 처음 사용했는데, 1947년 국제연합 집단 학살 범죄 처벌과 방지에 관한 조약(2조)에 채택되었다. 그 내용의 일부를 보면 다음과 같다.

집단 학살은 다음의 어떤 행동을 통해서건 민족적, 종족적, 인종적, 종교적 집단의 부분 혹은 전체를 파괴하려는 의도를 갖고 자행된 것을 의미한다.

(a) 집단의 성원을 살해하는 것
(b) 그 집단 구성원에게 심각한 신체적, 정신적 위해를 초래하는 것
(c) 전체 혹은 부분을 물리적으로 파괴하기 위해 계획적으로 집단의 삶의 조건에 고통을 가하는 것
(d) 집단의 출생 방지를 위해 의도적인 방법을 강제하는 것
(e) 집단 내 아이들을 강제로 다른 집단으로 이동시키는 것

르완다의 후투족은 1994년의 내전에서 80만 명 넘는 투치족의 목숨을 집단 학살했다(더 자세한 것은 〈세계 사회 16-2〉 참조).

이것은 집단 학살을 정의하려는 최초의 시도 중 하나이며, 이 정의는 제2차 세계 대전 시기(1939~1945)에 유대인들을 절멸시키려 했던 것을 포함해, 유럽 여러 지역에서 주민들에게 자행된 나치의 인종 정책에 분명한 기원을 두고 있다. 여기서 집단 학살은 전쟁과 분리된 것으로 간주된다. (만일 전쟁의 규칙이 깨지지 않았다면) 전쟁에서의 살인은 정당한 것으로 여겨지는 데 반해, 집단 학살은 앞선 정의에 따른다면 어떤 경우에도 정당화될 수 없다. UN의 정의는 집단 학살 개념에서 의도를 중심적인 것으로 만들었다. 특정한 사회집단이 실제로 절멸하는 일이 발생해야만 집단 학살이 되는 것이 아니라, 적을 절멸하려는 가해자의 의도가 중요한 것이다.

따라서 집단 학살을 입증하기 위해서는 그 의도를 드러내는 것이 관건이 된다. 살해라는 명령은 결코 실제로 작성되지 않으며, 증거는 불완전하거나 존재하지 않을 수 있다. 많은 일이 일부러 의도해서만이 아니라 의도하지 않은 결과로부터 발생할 수 있다. 즉 사회집단의 파괴는 계획적인 공격에 의해서뿐만 아니라 무지나 무관심에 의해서도 발생할 수 있는 것이다. 또한 내전에서의 비전투 민간인들도 이제 단지 국가에 의해 자행된 대규모 정치적 폭력으로 인한 수동적 피해자에 그치는 것이 아니다. 많은 내전에서 시민들도 자신들의 지역적 혹은 개인 상호 간 분쟁을 해결하기 위해 폭력이라는 맥락을 이용해 왔다. 이 때문에 칼리바스Kalyvas는 전쟁에 대한 거시적 그리고 미시적 수준의 연구를 연결할 수 있는 생산적인 방식의 하나로, 이와 같이 분쟁의 정치적 쟁점들과 지역 분쟁들이 연계된 방식을 분석할 필요가 있다고 제안했다(2006).

쇼는 집단 학살과 전쟁의 분리를 거부한다(2003, 2007). 그에 따르면 대부분의 집단 학살은 국가 간 전쟁 혹은 내전 상황에서 발생한다. 대부분의 역사적 집단 학살에서 가해자는 국가(혹은 국가 내부의 중심 권력)이며 정규군, 경찰, 당 조직이 실제로 수행하고, 전쟁의 맥락에서 사건이 발생한다. 그러므로 집단 학살을 '사회집단이 적이 되는 전쟁의 형태'라고 정의하는 것이 더 정확할 수도 있다(Shaw 2003: 44~45). 그리고 만일 집단 학살이 전쟁의 형태라면, 지배적인 전쟁의 형태가 변화하고 있는 것 아닌가 하는 의문을 불러일으킨다.

캄보디아의 '크메르 루주' 정권

크메르 루주Khmer Rouge는 1975년부터 1979년까지 캄보디아에서 집권한 정당이다. 하지만 이 짧은 시기 동안 크메르 루주는 20세기 최악의 집단 학살 중 하나를 저질렀다. 이 잔인한 정권은 1백만여 명의 생명을 빼앗았는데, 혹자는 250만 명이 사망한 것으로 추정하기도 한다. 크메르 루주는 마르크스주의자 폴 포트Pol Pot의 지휘 아래 수백만 명의 사람을 강제로 도시에서 지방의 집단농장으로 옮겨 일하게 해 캄보디아를 중세로 되돌리려고 했다. 하지만 이 극단적 사회공학적 시도는 끔찍한 결과를 낳았고 사형과 기아, 질병, 과로로 전 가족이 사망하기도 했다.

공산주의 철학

크메르 루주는 1960년대의 캄푸치아 — 공산주의자들이 캄보디아를 일컫던 이름 — 공산당 무장 조직에서 기원했다. 북동부에 있는 먼 정글이나 산악 지역에 근거를 두고 있던 이 조직은 초기에는 거의 발전이 없었다. 하지만 1970년대에 우익 군사 쿠데타로 국가의 수장인 노로돔 시하누크Norodom Sihanouk 정권이 무너지자, 크메르 루주는 그와 정치적 연합에 들어갔고, 점차 지지를 얻었다. 거의 5년간 내전이 계속되면서 농촌 지역에서 크메르 루주의 통제력이 점차 증대되었다. 크메르 루주는 수도 프놈펜을 강제로 차지하고, 결국 1975년에 나라를 지배했다.

이 기간 동안 북동쪽에 떨어진 지역에서 폴 포트는 공동체적 삶 속에서 자족적이고, 화폐도 전혀 사용하지 않으며, 불교에 '물들지 않은' 주변의 산악 부족들에게 영향을 받았다. 폴 포트와 추종자들은 권력을 잡자 재빠르게 캄보디아를 그들이 희망하는 농경 유토피아로 개조하기 위한 작업에 착수했다. 폴 포트는 국가를 다시 '영 년year zero'에서부터 시작한다고 선언하고, 국민들을 다른 세상으로부터 격리시켜 도시를 비우고 화폐, 사유 재산, 종교를 폐지하고 농업 집단을 구축하려 했다.

어떤 분야건 지식인으로 간주되는 자는 살해되었다. 안경을 쓰고 있거나 외국어를 안다는 이유로 비난받기도 했다. 수십만 명의 교육받은 중산층이 고문당하고, 특정 장소에서 처형되었다. 가장 악명 높은 장소는 프놈펜의 S21 감옥으로, 1만 7천 명의 남자와 여자, 아이들이 크메르 루주의 정권 치하에서 그곳에 4년 동안 감금되어 있었다.

공개

크메르 루주 정권은 결국 1979년 일련의 국경 갈등을 겪은 후 베트남군의 침공을 받고 무너졌다. 당의 고위 계층은 먼 교외 지역으로 퇴각해 한동안 활동했으나 점차 권력이 약화되었다.

다음 해부터 캄보디아는 다시 국제 사회에 개방되어 정권의 모든 끔찍한 공포가 극명하게 드러났다. 생존자의 이야기에 청자들은 충격을 받았고, 1980년대에는 할리우드 영화인 〈킬링 필드The Killing Fields〉가 제작되어 크메르 루주에 의한 희생자들의 참상이 전 세계의 주목을 받았다.

폴 포트는 그의 전 동료에 의해 고발되어 1997년 7월 공개재판을 통해 밀림의 집에 가택연금을 선고받았다. 하지만 1년도 안 돼 사망해 그의 잔인한 정권에 영향을 받은 수백만 명의 사람들은 그를 재판정에 세우지 못했다. 그러나 2011년, 생존한 최고령 지도자 네 명(모두 80세가 넘었다)이 집단 학살 혐의로 재판을 받았다. '두크'로 알려진 옛 크메르 루주 감옥 소장은 인권에 반하는 범죄들을 행한 죄로 유죄를 선고받아 35년형을 살았다.

출처: BBC 2007e; BBC News 2012a.

과거의 전쟁과 새로운 전쟁

전쟁은 항상 가용 자원, 사회 조직 그리고 그 사회의 기술 발전 수준 등에 근거해 왔다. 최근의 몇 가지 이론은 우리가 정보 기술의 사용 증대에 기반한 군사 문제에서의 혁명Revolution in military affairs, RMA을 목격하고 있으며, 이것이 군사 전략의 핵심으로 이동하고 있음을 주장한다. 예를 들어 위성 항법 시스템, 드론, 컴퓨터는 이라크(1990~1991, 2003), 아프가니스탄(2001), 리비아(2011)에서의 분쟁들에서 핵심 역할을 했다. 전쟁의 실행 수단은 결코 고정된 것이 아니며 경제적, 사회적, 정치적 발전과 함께 시대에 따라 변한다는 점은 분명해 보인다.

유사하게, 21세기 초반 산업화된 선진 사회에서 전쟁을 위해 전 인구를 동원하는 '총력전'은 소규모 군대가 중심이 되고, 민간인들의 참여를 배제해 그들이 전쟁으로부터 영향을 받지 않았던 과거의 분쟁과 분명한 차이를 보인다. 몇몇 전쟁 연구자들은 지난 30년 동안 20세기 민족국가의 전쟁 양상과 극명히 대비되는 전쟁 유형이 나타나면서 전쟁의 성격이 급격히 변했다고 주장했다.

'과거'의 전쟁이 민족국가 간의 싸움이었던 데 반해, '새로운' 전쟁은 더 이상 민족국가가 국민의 안전을 보증해 주는 우선적인 '생존 단위'라는 주장(Elias 1991: 205)의 기반을 침식하는 위협을 가하고 있다. 민족국가가 조직화된 폭력을 독점한다는 중요한 특징이 도전에 직면해 있기 때문이다. 새로운 전쟁과 관련한 초국가적인 연계는 국가가 더 이상 독점체가 아니라는 징후를 '위로부터' 보여 주며, 불법 무장 투쟁 단체나 조직범죄와 관련된 '폭력의 사유화'는 '아래로부터' 국가 독점을 흔든다. 전쟁과 관련해서는 사회생물학, 문화주의, 경제주의, 조직적 유물론 등 몇 가지 이론이 있지만, 이 장에서 그 모든 것을 다룰 수는 없다. 전쟁에 대한 이론화 시도들을 살펴보기 위해 말레세비치가 비교한 이론(2010, 2011)들을 검토할 것이다. 또한 '새로운 전쟁'에 대한 영향력 있는 논의로는 메리 캘도어Mary Kaldor의 『새로운 전쟁과 과거의 전쟁New and Old Wars』(2006)을 살펴보고자 한다.

캘도어는 새로운 형태의 전쟁은 지난 20세기 후반부터 아프리카와 동유럽에서 출현하기 시작했다고 주장한다. 이를 묘사하는 한 가지 방식은 그것을 '저강도 전쟁'으로 보는 것이다. 본질적으로 작은 규모의 게릴라 전쟁이나 테러리즘과 유사한 것이다. 저강도 전쟁은 국지적인 폭력을 포함하며, 특정 민족국가 내에서의 내전으로 불릴 수도 있다. 그러나 캘도어는 새로운 전쟁에 '내전'이라는 명칭을 붙이는 것을 거부한다. 그녀는 비록 그것이 보통 국지적이지만, 그것들은 또한 많은 초국가적 연결들을 수반하며 이는 그것을 외부를 향한 공격과 내부 억압 사이의 오래된 구별을 유지시킨다고 지적한다. 새로운 전쟁은 또한 전쟁과 조직적인 범죄, 기본적 인권에 대한 침해 사이의 경계도 침식한다.

예컨대, 1992~1995년에 구 유고슬라비아 지역에서 발생한 보스니아 전쟁에서 세르비아, 크로아티아, 보스니아 민족주의자 집단 간의 집단 학살적 갈등은 최소한 10만 명 이상의 죽음을 초래했다. 민족적으로 '순수한' 구역을 만들기 위한 인권 침해가 모든 곳에서 발생했다. (한때 대부분 지역이 유고슬라비아 연방공화국이었던) 보스니아-세르비아인들은 세르비아로부터 재정과 병참을 지원받았다. 충돌이 발생한 기간에 세르비아계가 아닌 종족들에게 '인종청소' 작전(특정 지역으로부터 한 종족 집단을 추방하려는 시도)이 개시되어, 여성에 대한 체계적인 집단 강간, 민간인 학살 등 민간인에 대한 잔혹 행위가 자행되었다.

1995년 7월 스레브레니차에서 발생한 8천 명의 소년과 남자들에 대한 학살은 헤이그에 있는 국제형사재판소에 의해 집단 학살로 선언되었다. 재판소는 다음과 같이 보고했다(Traynor 2004).

> 보스니아-세르비아인의 군대는 보스니아 무슬림들을 부분적으로 제거하기 위해 집단 학살을 자행했다. 그들은 보스니아 무슬림의 상징이 되는, 스레브레니차 거주 보스니아 무슬림 4만 명을 절멸시킬 목적으로 모든 남성 무슬림 수감자, 군인, 민간인, 노인과 젊은이의 모든 소지품과 신분 증명을 빼앗고 오직 그들의 정체성을 이유로 계획적이고 조직적으로 살해했다.

그러나 2007년에 국제사법재판소는 세르비아 정부가 비록 집단 학살을 저지하지 못한 점에서 국제법을 위반하긴 했지만, 집단 학살을 직접 자행한 것은 아니라고 선언했다(몇 명의 개인만이 집단 학살 범죄로 고발되었다). 이것은 처음으로 한 국가가 집단 학살 범죄로 고발된 사건이었다. 캘도어는 대규모 인권 침해는 새로운 전쟁을 정당하지 못한 것으로 만들며, 그것을 예방하기 위한 방식을 반드시 찾아야 한다고 주장했다.

근대성과 홀로코스트

'홀로코스트Holocaust'는 하나의 특정한 집단 학살 사건을 설명하기 위해 사용되는 단어다. 아돌프 히틀러Adolf Hitler가 이끄는 독일국가사회주의자들이 제2차 세계 대전 동안 유럽의 유대인들을 체계적으로 절멸시키려 했던 시도가 그것이다. 독일과 독일이 침공한 나라들의 유대인들은 박해를 받았고, 게토에 집단 수용되었으며, 절멸 수용소로 이송되어 가스실에서 한꺼번에 학살되기도 했다. 이 짧은 기간 동안 나치의 '유대인 문제에 대한 최종 해결책'의 일환으로 약 6백만 명의 유대인이 희생되었다. 비록 다른 여러 사회집단들, 예컨대 동유럽 집시들이나 장애인, 동성애자와 공산주의자들도 박해를 받았지만, 이들은 홀로코스트의 의미에 포함되지 않았다.

지그문트 바우만Zygmunt Bauman은 사회학자들이 홀로코스트나 그것이 사회과학에 미친 영향에 대해 거의 언급하지 않았다는 것을 발견했다(1989). 그는 그 이유 중 하나는 홀로코스트가 다른 시간과 장소에서는 사회적 도덕성에 어떠한 일반적 교훈도 갖고 있지 않은, 단지 유대인 역사에서 발생한 특수한 측면으로 간주되기 때문이라고 보았다. 둘째 이유는 홀로코스트에 대해 널리 받아들여진 해석 때문인데, 이러한 해석은 문명화된 근대 사회에서는 평화로운 삶이 있고, 홀로코스트는 그곳으로부터의 일탈, 무섭고 특수한 야만적 에피소드라고 생각하기 때문이다. 바우만은 근대 사회가 홀로코스트를 그렇게 자신과 무관한 것으로 치부하게 놔둘 수 없다고 주장하며 홀로코스트가 근대성의 궁극적인 '시험'이었다고 말한다.

바우만에 따르면 홀로코스트 자체를 가능하게 한 것은 사실 전형적인 근대적 요소들이었다. 대량 살인을 가속화하기 위해 근대적 기술들이 도입되었고, 관료제는 가장 효율적으로 '관료제적인 인간 대상'을 처리할 수 있게 했으며, 관료제적 정신은 유대인을 비인간화했고 개인들이 그들의 행동에 대한 도덕적 책임감을 회피할 수 있게 해주었다. 바우만은 또한 근대 인종주의 이데올로기의 역할과 희생자들이 각 처리 단계마다 생존 기회에 대한 합리적인 계산을 하면서 절멸 과정에 순응하는 방식을 분석했다. 이 모든 요소들, 즉 근대 기술, 관료제, 인종주의, 합리적 계산은 '정상적'인 혹은 상식적인 근대 사회의 특성이었다.

홀로코스트에서는 이러한 요소들이 독특한 방식으로 결합되었다. 바우만은 독일 국가가 강한 시민 사회를 만드는 자발적인 조직들, 노조 및 기타 조직을 체계적으로 해체하고 파괴했기에 그것이 가능해졌다고 주장했다. 이는 근대적인, 중앙 집중화된 민족국가로 하여금 폭력 수단의 독점과 함께 어떠한 통제나 경쟁적 권력 없이 자유롭게 그 사회공학적인 프로젝트를 추진할 수 있게 만들었다. 요컨대 근대성은 홀로코스트를 가능하게 하는 필요조건들을 제공했으나, 이는 국가가 사회 전반의 규제로부터 해방된 것이 아니면 충분하지 않았다.

바우만에 따르면, 홀로코스트에서 두 가지 교훈을 얻을 수 있다. 첫 번째는 "대부분의 사람들과 함께하는 장치들은 좋은 선택을 포함하지 않는 상황으로 그들을 몰아넣거나 좋은 선택에 매우 큰 비용이 따르도록 만들며, 그들 자신이 도덕적 의무의 이슈로부터 멀리 떨어져 있다고 주장하고(또는 그들이 도덕적 의무로 향해 있다고 주장하는 데 실패하도록 만들고), 그 대신 합리적 이익이나 자기 보존이라는 수칙을 채택하도록 한다. 합리성과 윤리가 서로 반대 방향으로 나아가는 체계 안에서, 패자는 인류다"(1989: 206; 강조는 원저자)라는 사실이다. 하지만 두 번째 교훈은 "얼마나 많은 사람이 자기 보존의 합리성을 넘어 도덕적 의무를 선택했는지는 중요하지 않다는 것이다. 악은 전능한 것이 아니다. 그것에 저항할 수 있다"이다. 물론 우리는 사람들이 도덕적 의무보다 자기 보존을 목적으로 행동한 것은 불가피한 것이었다기보다 선택이었다는 바우만의 말에 동의할 수 있다. 하지만 대다수가 그런 선택을 하게 만든 맥락들이 있는 것도 사실이다. 언젠가 역사가 E. H. 카Carr가 말한 것처럼 "역사에서는 다수가 중요하다"(1962: 62).

비판적으로 생각하기 THINKING CRITICALLY

압도적으로 강력한 힘 앞에 직면한 유대인들의 저항은 "우리 모두는 최악의 시기에도 도덕적 의무라는 선택에 직면해 있다"는 바우만의 주장을 뒷받침해 주는가? 개인적인 자기 보존과 타자에 대한 도덕적 의무 중 하나를 분명하게 선택하는 것은 왜 바우만의 결론처럼 단순하지 않을 수 있는가?

1943년 트레블링카의 강제 수용소와 몇몇 유대인 거주 지역에서 발생한 봉기와 같이, 제2차 세계 대전 중에는 유대인들의 많은 저항이 있었다. 1943년 1월의 바르샤바 게토 봉기 동안에는 수천 명의 유대인이 나치의 친위대SS와 맞서 싸웠으며, 독일군 수백 명을 죽였다. 하지만 결국 독일군의 힘에 압도되었고, 1만 3천 명의 유대인이 목숨을 잃었다.

캘도어는 냉전 종식이 새로운 전쟁이 등장하게 된 한 가지 요인이라고 주장한다. 또한 더 중요한 것으로 1970년대 급속하게 진행된 세계화로 인해 새로운 정보 기술들이 물밀듯이 몰려왔는데, 그녀는 이것이 새로운 전쟁의 핵심에 있다고 말한다(2006: 4~5).

> 이러한 전쟁들의 세계적 현전은 국제 기자들, 용병들과 군사 자문들, 그리고 디아스포라 자원활동가들뿐만 아니라 옥스팜Oxfarm, 세이브더칠드런Save the children, 국경없는의사회Méecins Sans Frontièes, 인권감시단HRW, 국제적십자Red Cross와 같은 비정부기구NGOs로부터 유엔난민고등판무관실UNHCR, 유럽연합EU, 유니세프UNICEF, 유럽 안보협력기구OSCE, 아프리카 연합AU, 평화유지군을 포함하는 국제연합UN 자체와 같은 국제기구까지 포함하는 국제단체의 진정한 '군대'들을 포함할 수 있다. 그리고 사실 이 전쟁은 영어를 말할 수 있고 팩스와 인터넷, 위성 텔레비전을 사용할 수 있으며, 달러나 유로, 신용 카드를 사용하고 자유롭게 이동하는 사람들과 그렇지 못한 사람들, 즉 세계화 과정으로부터 배제되어 인도주의적 구호품 혹은 그들이 물물교환하거나 훔친 것으로 연명하고 포위 공격과 강제된 기아, 지뢰 등의 제물이 되는 사람들 사이에 만들어지는 새로운 종류의 세계적/지역적 분할의 축도가 된다

캘도어의 주장은 우리가 노르베르트 엘리아스와 막스 베버가 규명한 국가 형성 과정의 반대 현상을 목격하는 것일 수도 있다고 내비친다. 근대 국가의 출현기에 구심력이 증가해 폭력 수단이 점차 중앙 집중화되었다. 그러나 지난 20세기 이후 원심력이 우세해져 국민들 사이로

폭력 수단이 더 폭넓게 분배되었다. 냉전 이후 새로운 전쟁은 수적으로 증가했고, 이제 예전의 세계 질서는 막을 내리고 새로운 전쟁이 번성하는 분위기가 조성되었다. 공산주의 정권의 붕괴는 무기 제조의 과잉이라는 유산을 남겼을 뿐만 아니라 권력의 공백을 가져왔으며, 이로 인해 이제 문제는 어떤 지역화된 군사적 집단이 그러한 이점들을 활용할 수 있는지의 여부로 이동했다.

새로운 전쟁론에 대한 비판은, 이 주장들이 과장되어 있으며, 민족국가는 전쟁과 전투에서 여전히 핵심 행위자로 남아 있을 것이라고 주장한다. 한 비판가는 최근의 전쟁에서 발견된 새로운 요소들은 과거에도 찾아볼 수 있었다고 말한다. 예컨대, 역사가 앤서니 비버Anthony Beevor는 민간인들을 목표로 하는 것은 이전의 전투에서도 볼 수 있었다고 주장한다(2007). 특히 제2차 세계 대전 동안 동부 전선의 작전들에서 양측 모두 민간인들을 목표로 삼은 것이 중요한 특징이었다.

폴 허스트Paul Hirst는 1921~1922년의 그리스-터키 전쟁과 1936~1939년의 스페인 내전에서 무장한 민병대의 활동이 캘도어가 규명한 최근의 저강도 전쟁과 본질적으로 유사하다고 본다(2001). 마찬가지로 최근 개발도상국에서의 전쟁들은 저강도 전쟁이라기보다는 전통적인 전쟁에 가까운 것으로 볼 수 있다. 자원 약탈이나 직접적 대결을 피하는 게릴라 전술뿐만 아니라 기근도 전쟁의 일부로 활용한다. 이와 같이 새로운 전쟁에서 최근의 현상으로 기술된 모든 특성들은 유럽에서 일어난 이전 전쟁들에서도 사용되었다(Angstrom 2005).

캘도어가 급속한 세계화 주장에 의존하는 것도 비판받았다. 허스트는, 새로운 전쟁 주장은 이란과 이라크, 혹은 아랍과 이스라엘 사이의 전쟁처럼 '과거'의 국가 간 전쟁의 중요성이 지속되는 것을 간과한다고 주장한다(2001). 허스트에게 새로운 전쟁 이론은 '세계화가 모든 것을 변화시킨다'는 말에 너무 의존하고 있는 것으로 보인다. 하지만 여전히 사람들이 민족국가에 자신의 충성심을 투자하고 그들의 이익을 보호하기 위해 궁극적으로 의존하고 있다는 증거들이 있다. 이것은 캘도어가 갈등을 해결하는 데 있어 국제기구의 역할을 중요하게 여기는 것을 비판하는 주장이기도 하기 때문에 중요하다. (위에서 논의한) 보스니아 전쟁에서 UN의 역할과 같은 국제적인 인도주의적 개입들은 민족국가가 개입한 상황에서 오히려 과거의 문제점들을 다시 활성화시킬 수도 있고 오래 지속되는 문제를 만들어 낼 수도 있다.

아마 새로운 전쟁이 미래의 지배적인 유형이 되었다고 확신하는 것은 이를 수도 있다. 하지만 최근의 새로운 전쟁 유형이 계속된다고 가정한다면, 우리는 국가 간 전쟁이 서서히 쇠퇴하고 있다는 주장을 환영해야 할까? 분명히 새로운 전쟁은 20세기의 국가 간 전쟁과 같은 수준의 대규모 죽음과 파괴를 초래하지는 않을 것이다. 하지만 대신 모르는 사이 폭력 수단의 사유화가 진행되어, 국가가 시민들에게 상대적으로 평화적인 내적 공간을 보증할 수 있다는 가정에 도전하며 사회를 '탈문명화'시키는 위협이 될 수도 있다(Fletcher 1997). 근대 세계는 더 국지화되고 만성적인 불안정을 초래하는 미래의 전쟁에 대응하는 방식을 모색해야 할 것이다.

비판적으로 생각하기 THINKING CRITICALLY

구 유고슬라비아에서의 전쟁은 그와 같은 집단 학살적 폭력은 과거의 일이라고 생각했던 유럽인들을 충격에 빠뜨렸다. 최근의 '국가 없는 민족'들이 그와 유사한 방향으로 나아가고 있다는 증거가 있는가? 미래의 '새로운 전쟁'이 더 일어나지 않도록 하려면 국가와 국제기구들은 어떻게 해야 할까?

평화 협상 과정

사회적 분쟁에 대한 사회학적 관심은 늘 있어 왔고, 최근 들어서는 전쟁, 집단 학살, 테러리즘에 대한 사회학적 연구도 많아지고 있지만, "평화 연구에 대한 학계의 관심은 무시해도 될 정도"(Chatterjee 2005: 17)라는 말은 사실이다.

이것은 부분적으로는 분쟁이 설명을 필요로 하는 일탈적인 현상인 데 반해, 평화는 사회적 삶에 있어서 '정상적'인 상태라는 상식적인 가정 때문이기도 하다. 물론 공격과 폭력이 고유의 인간 본성이라는 생물학적 그리고 행동학적 연구들이 있기는 하지만, 사회학적 연구들은 이와 같이 지나치게 철학적인 이슈로부터 한발 비켜나 비교 연구나 역사적 혹은 경험적인 사례 연구를 통해 다른 결론을 도출하고자 집중했다(Das 2005).

여기에서 우리의 출발점은 전쟁과 평화 모두 인간이 맺는 관계들 안의 가능성이라는 것이다. 전쟁과 공동체 간의 폭력을 이해하기 위한 노력들은 계속 확장되어 왔지만, 평화 협상 과정peace processes — 분쟁 이후 상황에서, 재발 가능한 폭력을 방지하고, 공정성을 보장하며 형평성 있는 자원의 분배를 목적으로 하는 공식적 혹은 비공식적 활동의 일체 — 에 대해서는 그렇지 않았다. 여기에는 사회학적 관점이 갖는 중요한 역할이 있는데, 사회학은 평화 협상 과정을 전체 사회 단위에서 실행되는 것으로 볼 수 있게 만드는 분석을 제공하기 때문이다. 이것은 시민 사회를 구성하는 많은 집단들이나 조직체뿐만 아니라 다른 많은 연구들의 기초를 형성하는 전문가 집단의 협상이나 정치인들에 의해 행해지는 역할들에 대한 평가까지 포함한다.

평화 협상 과정은 이전에 행해진 폭력의 유형과 관련 있으며 4단계를 통해 실행되는 것처럼 보인다. 사전 협상pre-negotiation 단계에서는 종종 폭력 중단을 위한 협약에서 동의를 끌어내기 위한 비밀 협상을 통해, 그다음 단계에서는 보다 공식적인 휴전formal ceasefire에 의해, 세 번째 단계에서는 때로는 어렵고 지연되기도 하는데, 대개 중립적인 중재자를 통해 당사자들 간의 정치적 동의를 도출하는 과정에서의 협상negotiation이 이루어진다. 마지막 단계인 이후 합의 평화 건설post settlement peacebuilding에서 전투 병력은 사회로 재통합되고 희생자들은 화해를 위한 절차에 편입된다(Darby 2001).

폭력적인 분쟁의 여파 속에서, 어떤 사회들은 공정하고 형평성 있는 자원의 재분배가 어느 정도 이루어지는 '긍정적인 평화'를 성취한다. 하지만 다른 곳에서는 '부정적인 평화'를 얻는데, 이러한 곳들에서는 물리적 폭력은 제거되고 통제되지만 내재된 긴장과 불평등 이슈들, 공정성 부재 등의 문제가 여전히 남는다. 폭력 이후 사회post-violence societies는 전쟁과 물리적 폭력으로부터 비폭력 상황으로 변화한 곳들로서, 르완다, 남아프리카공화국, 스리랑카, 북아일랜드 등이 이에 속한다. 브루어Brewer는 이러한 사회들을 세 가지 기본적 유형, 즉 '정복', '영토 조정', '타협'으로 나누었다(2010: 19~27).

'정복' 유형의 폭력 이후 사회는 주로 민족국가들 간의 전쟁에 영향을 받은 곳들이다. 이 유형에는 내전이나 식민지 전쟁과 같이 내부적인 물리적 폭력이 정복으로 인해 끝난 곳들도 포함된다. '영토 조정' 유형은 주로 민족 간 경계의 변화로 이전의 당사자들이 물리적으로 분리됨으로써 평화가 도래한 곳을 말한다. 이러한 경계의 변화는 새로운 국가나 새로운 지역 정부로의 권한 이양을 가져온다. 마지막으로 '타협' 유형의 폭력 이후 사회는 위와 같은 단계들이 강제력이나 물리적인 분할을 통해 이뤄지지 않는다. 대신 이전의 전투자들에게는 전쟁을 중단하거나 모든 당사자에게 '공정한' 해결 방안이라 여겨지는 동의에 이르거나 협상할 것이 강제된다.

브루어는, 폭력 이후 사회의 유형과 미래 전망을 결정하는 데는 세 가지 요소가 중요하다고 주장한다. 첫째, 당사자들이 공통의 가치와 규범, 전통을 공유하는 정도 — 그는 이것을 '관계적으로 멂-가까움'이라고 부른다 — 이다. 이전의 분쟁 당사자들은 '관계적으로 가까운' 경우였다. 예컨대 북아일랜드에서의 폭력 이후 사회의 재구성은 보다 용이한데, 공유 유산이 사람들의 시각을 재교육하는 데 기본이 되기 때문이다. 이에 반해 관계적으로 먼 경우 — 예컨대 스리랑카나 스페인의 바스크 지역 — 사회 분화를 유지하고 이것을 조율할 수 있는 정치적 방식을 찾아내기 위해 미래에 발생할지 모르는 폭력을 예방하는 것이 필요하다.

둘째, 분쟁 당사자들이 같은 영토 내에서 함께 혹은 떨어져 살거나 민족성을 공유하고 있는 경우다('공간적 분리-영토 통합'의 축이다). 몇 차례의 폭력 이후 사회들에서, 특히 관계적 거리가 가까운 곳에서, 영토의 통합은 대처할 수 없는 문제들을 꺼내지 않을 것이며, 이전의 전투원들도 나란히 함께 살 수 있다. 그러나 그렇지 않으면 폭력 정도가 너무 파괴적일 수 있어서 공간적 분리를 만드는 것이 합의의 지속을 위해 필요할 수도 있다. 예를 들어 이는 구 유고슬라비아, 인도와 파키스탄 분리에서의 결과였다.

마지막으로, 브루어는 폭력 이후 사회에서 '문화적 자본 혹은 문화적 절멸'이라는 축에 대해 언급한다. 이전의 적대자들, 특히 패배한 한쪽은 그들의 문화적 자원이나 역사적 기억을 유지할까, 아니면 이것들이 효과적으로 절멸되어 버릴까? 정복당한 자들이 경제적으로 중요한 역할을 하는 몇 곳에서는 교육에 대한 접근권이 주어지고, 그 규모가 클 경우엔 그들의 문화적 자본이 유지될지도 모른다. 그리고 이 문화적 자본은 잠재적으로 분쟁의 근본적인 원인을 살려 두는 것이 될 수도 있다. 예를 들어 팔레스타인은 이스라엘과의 분쟁 과정에서 그들의 문화적 자본을 성공적으로 유지했고, 남아프리카공화국 사람들은 소수 백인들로부터 지배받는 동안 그들의 문화를 감추어진 방식으로 유지해 왔다. 하지만 정복당한 집단들이 저항하는 것은 쉽지 않으며 호주의 원주민들이나 북아메리카의 토착민 집단과 같이 '문화적 절멸' 상황에 쉽게 직면한다. 이것은 단지 패배한 사회적 집단의 완전한 제거를 의미하는 것이 아니라, 폭력 이후 상황에서 그들의 문화적 종속을 가리킨다.

브루어의 특출한 사회학적 접근은 오늘날의 분쟁 상황에서 평화에 대한 전망과 전 세계적인 평화 협상 과정에 대한 현실주의적 평가를 가능하게 만든다. 더욱이 평화 협상 과정 이후의 후기 폭력 이후 사회에 대한 연구에도 활용될 수 있다. 또는 여기서 제시된 접근들은 평화 협상 과정에서 그 장애물과 직면한 기회들이 무엇인지 이해하는 데 더욱 유용해 보인다.

비판적으로 생각하기 THINKING CRITICALLY

폭력 이후 사회의 세 가지 유형에 대한 브루어의 프레임을 이용해 오늘날 북아일랜드, 남수단, 스리랑카의 상황을 탐구해 보자. 각각의 국가들은 어떤 유형에 해당하는가? 세 국가 중 어느 국가가 가장 '긍정적 평화'를 성취했다고 보이며, 어느 국가가 '부정적 평화' 상황에 속하는가?

테러리즘

21세기의 첫 10년은 아마도 세계적 테러리즘의 시대로 기억될 것이다. 2001년 9월 11일 오전 8시 45분경, 넉 대의 미국 여객기가 이슬람을 지키기 위해 행동한다고 주장하는 알카에다 테러리스트들에게 납치되었다. 여객기 중 한 대는 뉴욕 세계무역센터 북쪽 타워로 날아가 충돌했고 또 다른 한 대는 남쪽 타워로 돌진했다. 한 시간도 지나지 않아 두 건물 모두 붕괴되었고, 한 주를 시작하려던 수천 명의 사람이 죽었다. 약 한 시간 뒤 세 번째 비행기가 워싱턴 근처에 있는 미군 사령부인 펜타곤에 충돌해 많은 사람이 사망했다. 백악관을 겨냥한 것으로 보이는 네 번째 비행기는 승객들이 납치범들과 격투하면서 펜실베이니아 근방의 들판으로 추락했다. 납치 여객기(미국 회사 소속이었다)와 공격 대상 — 세계무역센터, 펜타곤, 백악관 — 은 모두 미국의 경제, 군사, 정치권력의 심장부라는 상징적 차원에서 선택되었다.

이 공격은 '9·11'(9월 11일)로 알려졌고, 조지 W. 부시

George W. Bush 미국 대통령은 '테러와의 전쟁' 선포로 대응했다. 한 달 뒤 연합군이 아프가니스탄을 공격하는 것으로 첫 번째 군사적 대응에 나섰다. 당시 아프가니스탄은 이슬람 근본주의자인 탈레반에 의해 통치되고 있었고, 이들 탈레반은 테러 조직인 알카에다와 그들의 리더 오사마 빈 라덴에게 테러 훈련 캠프를 마련해 주면서 활동을 지원하고 있었다. 미국의 공격 이후에도 알카에다 스스로 자신들의 소행이라고 주장하는 몇 번의 테러 행위가 벌어졌다. 2002년 10월 인도네시아 발리섬의 나이트클럽을 공격해 200명 이상이 사망했다. 이들 중 많은 사람은 호주에서 놀러 온 젊은 여행객들이었다. 2004년 3월에는 스페인 마드리드의 한 열차에서 폭탄이 터져 출근길에 나선 약 200명의 시민들이 사망했다. 2005년 7월에는 영국 런던의 지하철 세 곳과 버스 한 곳에서 폭발물이 터져 52명의 사람이 죽고 수백 명이 다쳤다.

10여 년 간 계속되어 오던 알카에다 지도자에 대한 추적이 끝난 2011년 5월 1일, 드디어 세계적인 테러리즘으로 점철된 10년 역시 상징적인 종언을 맞이했다. 미국의 새 대통령 버락 오바마Barack Obama는 빈 라덴이 숨어 있을지도 모르는 파키스탄 아보타바드의 주택 지구를 급습하도록 명령했고, 미국의 특수 부대는 어쩌면 5년 동안 그곳에 숨어 지냈을지도 모르는 빈 라덴을 발견하고 살해했다. 알카에다 조직망은 2001년부터 공습을 받아 왔지만 대부분의 집단들은 여전히 동아프리카, 북아프리카, 아프가니스탄, 파키스탄, 인도네시아 등에서 활동하고 있었고, 서유럽에서도 폭탄 테러 계획이 여러 번 발각되었다. 2009년에 만들어진 아랍반도의 알카에다 조직 — 사우디아라비아와 예멘에서 활동하던 활동가들이 합병한 것 — 은 가장 왕성한 활동을 하는 세계적인 테러 조직망 중 하나로 알려졌다.

비록 테러리즘이라는 개념이 조직적 측면의 세계적 네트워크 속에서 알카에다의 활동과 동일시되어 왔지만, 사실 알카에다는 테러리스트 집단에 대한 역사적 기록들과 비교할 때 어떠한 유형에도 속하지 않는다고 할 수 있다. 이 점을 포착하기 위해 우선 '테러리즘'이라는 어휘가 정확히 어떤 의미로 사용되었는지 살펴볼 필요가 있다.

테러리즘이란 무엇인가

테러리즘이라는 말은 1789년 프랑스혁명에 기원을 둔다. 당시 수천 명의 사람들이 단두대에서 처형되었다. 처음에는 귀족들이 처형되었지만 점차 평범한 시민들도 다수 포함되었다. '테러'라는 용어는 혁명 세력이 만든 말이 아니다. 오히려 반혁명 세력이 만들어 낸 말로, 그들은 프랑스혁명과 그 이념을 경멸했고, 프랑스혁명에서 보여 준 유혈 사태는 사람을 '공포에 떨게 하는 것'이라고 생각했다(Laqueur 2003). '테러'라는 말은 독일의 나치나 스탈린 치하 러시아 비밀경찰의 예처럼, 공포 조장을 목적으로 폭력을 사용한다는 의미로 20세기에 광범위하게 사용되었다. 하지만 이런 의미의 폭력은 프랑스혁명보다 더 오래전부터 사용되었다.

18세기까지 '테러'라는 말은 존재하지 않았지만, 폭력을 사용해 사람들을 공포에 떨게 하는 것은 매우 오래된 일이다. 고대 문명사회에서는 군이 적에 의해 장악된 도시를 침공할 때면 도시 전체를 파괴해 무너뜨리고, 남녀노소를 불문하고 살육하는 일이 다반사였다. 이런 행동의 목적은 단지 물리적으로 적을 파괴하는 것이 아니라 주변 도시에 사는 사람들을 공포에 떨게 하기 위해서였다. 분명히, 폭력을 사용해 사람들을 공포에 떨게 하는 현상은 '테러리즘'이라는 말보다 오래되었다.

사회과학자들 사이에서는 '테러리즘'이라는 용어의 정의뿐만 아니라, 그 개념이 유용한 것인지에 대해서도 이견이 존재한다. 즉 과연 그 개념이 객관적인 방식으로 합당하게 사용될 수 있는 것일까? 첫 번째 문제는 사람들이 테러리즘과 테러리스트를 도덕적으로 평가하는 방식이 달라진다는 것이다. "어떤 사람에게는 테러리스트지만, 또 다른 사람에게는 자유의 투사가 된다"는 말이 있다. 유사하게, 급진적 신념을 지닌 모든 사람이 테러 집단에 가담하는 것은 아니고, 결코 그러한 집단에 가입하는 모든 사람이 급진적 신념을 갖고 있는 것도 아니다(Crenshaw 2011: 6). 어떤 사람들은 금전적 이익을 위해 가입하고, 또 다른 사람들은 우정을 위해 혹은 친척과 함께 가입한다. 한때 테러리스트였던 사람이 나중에 테러리즘을, 과거에 그들이 테러리즘을 실천하던 때만큼이나 격렬하게 비난하기도 한다. 예를 들어 시온주의 운동의 초기 역사는 테러리스트들의 활동으로 점철되어 있다고 할 수 있다. 그러나 21세기 이스라엘 지도자들은 자신을 국제적인 '테러에 대한 전쟁' 참여자라 선언하고 테러리스트들을 적으로 간주한다. 남아프리카공화국의 전 대통령 넬슨 만델라Nelson Mandela는 불과 몇십 년 전까지만 하더라도 테러리스트라고 크게 비난받았지만, 이제는 오늘날 가장 존경받는 정치인이 되었다.

두 번째 이슈는 국가의 역할이다. 국가가 '국가 테러리즘'을 실천한다고 말할 수 있을까? 혹시 이것은 용어상 모순인가? 어쨌든 국가는 다른 어떤 유형의 조직보다 많은 죽음을 초래했다. 국가는 민간인들을 잔인하게 죽여 왔고, 현대 국가들도 전통 문명사회에서 일어났던 도시 파괴에 비견할 만한 것들을 행해 왔다. 우리가 앞서 봤듯이, 제2차 세계 대전 말엽에 영국 공군과 미 육군 항공대는 독일 드레스덴에 대규모로 폭탄을 투하해 수백만 명의 목숨을 앗아 갔다. 몇몇 역사가들은 드레스덴 폭격은 시기상 연합군에 아무런 전략적 이점이 없었으며, 그들의 목적은 단지 공포와 두려움을 조장해 민간인들의 전쟁 수행 의지를 약화시키려는 것뿐이었다고 주장한다. 이러한 국가의 행위도 테러리즘이라고 할 수 있는가?

그럼에도 불구하고, 우리가 테러리즘의 개념을 국가가 아닌 그 밖의 집단이나 조직에 한정하지 않는다면 전쟁의 개념과 너무 가까워질 것이다. 여기서 우리의 목적을 위해 꽤 괜찮게 작동하는 정의는 "(비국가 조직에 의해 이루어지는) 민간인들이나 비전투원들에게 죽음이나 심각한 신체적 상해를 야기하려는 의도를 지녔고, 그러한 행동의 목적이 본래적이든 맥락적이든 인구를 위협하거나, 정부 또는 국제기구가 어떤 행동을 하도록 하거나, 어떠한 행동도 삼가도록 하려는 것인 (……) 모든 행동들"이다(Panyarachun et al. 2004). 달리 말해 테러리즘이란 "정치적인 목적으로 이루어지는 표적화되고 고의적인 폭력이라고 할 수 있다"(Vertigans 2008: 3).

염두에 두어야 할 마지막 한 가지는 '테러리스트들'을 분명히 구별되는 사람들의 범주라고 논의하는 것은, 대부분의 경우 오해의 소지가 있다는 것이다. 스티븐 버티건스Stephen Vertigans는 더 생산적인 방식은, 테러리즘에 관여하는 대부분의 사람들에게 있어, 테러리스트 활동으로 나아가는 경로가 있고(예를 들어 동료 집단, 친척 혹은 미디어 메시지를 통하는 것), 테러리스트 집단 내에서의 활동(조직화, 고용, 행동하기)이 있으며, 자주 테러리즘으로부터 나오는 경로도 있음(신념의 약화, 폭력에 대한 피로, 외부에 새로운 친구들이 생기거나 테러 집단 자체가 붕괴하는 것과 같은 것들)을 아는 것이다(2011). 테러리스트들의 관여를 이러한 방식을 이렇게 일련의 단계들을 특징으로 하는 사회적 과정으로 보는 것은, 미디어로 전파되는 고정관념들을 피할 수 있게 하고 이 주제에 대한 진정으로 사회학적인 접근을 제공한다.

과거의 테러리즘과 새로운 테러리즘

테러리즘은 위에서 언급한 것처럼 고대에 도시를 완전히 파괴하던 폭력적 행위와는 구별된다. 폭넓은 범주의 주민들에게 위협을 주기 위해 폭력에 대한 정보가 매우 신속하게 전달되어야 하며, 이는 19세기 후반에 근대적 통신 수단이 등장하고 나서야 가능해졌다. 전신의 발명과 함께 즉각적인 통신이 가능해져 시간과 공간을 초월할 수 있게 되었다. 이전까지는 정보가 확산되는 데 하루 혹은 심지어 한 달이 걸리기도 했다. 예컨대 우리가 제18장 〈미디어〉에서 살펴보았듯이 에이브러햄 링컨Abraham Lincoln의 암살 소식이 영국까지 도달하는 데 많은 날들이 걸렸다. 즉각적인 통신이 가능해지자 테러리스트들의 상징적인 폭력 행동들은 그들을 아는 지역 주민들뿐만 아니라 더 먼 지역까지 겨냥해 발생할 수 있었다(Neumann 2009).

과거의 테러리즘

테러리즘은 과거의 테러리즘과 새로운 테러리즘으로 구분할 수 있다(Laqueur 2000). 과거의 테러리즘은 20세기 대부분의 지배적인 형태였고 오늘날에도 여전히 존재한다. 이와 같은 테러리즘은 대체로 18세기 후반, 주로 유럽에서부터 발생한 민족주의의 부상과 특정 영토를 가진 주권 국가의 확립과 연관되어 있다. 모든 민족국가에서 국경은 다소 임의적으로 결정된다. 아프리카나 아시아의 식민지들에서는 서구 열강이 지도 위에 선을 그으면서 국경이 결정되기도 했고, 정복이나 전쟁, 전투 등을 통해 결정되기도 했다. 예를 들어 아일랜드는 1800년 영국에 편입되었는데, 이후 영국으로부터 독립하려는 투쟁 끝에 1920년대 초반 북아일랜드와 남아일랜드로 갈라졌다. 식민 통치자들에 의해 지도 상에 누더기처럼 만들어진 국가들이나 무력에 의해 생긴 국가들에는, 많은 경우 자신들만의 국가가 없는 민족들이 생겨났다. 다시 말해 이들 민족들은 자신들이 공통의 문화적 정체성을 가지고 있다고 주장하고 있으나, 통상적으로 민족이 가지고 있는 영토나 국가기구는 존재하지 않는다. 과거의 테러리즘 대부분은 이와 같은 국가 없는 민족과 관련되어 있다.

많은 경우 과거의 이런 테러리즘의 목표는 자신의 민족들이 속한 영토 국가 내부에서 자신들만의 국가를 세우는 것을 목표로 한다. 아일랜드공화국군IRA과 같은 아일랜드 민족주의자들이나 스페인의 '바스크의 조국과 해방ETA'과 같은 바스크 민족주의자들이 대표적인 예다. 주요 이슈는 영토적 통합성과 국가 형성 속에서의 동질성이다. 구식 테러리즘은 국가 없는 민족들이 있는 곳에서 그리고 테러리스트들이 그들의 목표를 성취하기 위해 폭력을 사용할 준비가 된 곳에서 찾을 수 있다. 구식 테러리즘은 그들의 야심이 지역적이기 때문에 근본적으로 지역적이다. 이슬람국가IS의 활동은, 비록 그 집단의 방법은 과거의 것과 매우 현대적인 것의 혼합물로 구성되어 있고 그들 버전의 '민족'은 전 세계 무슬림들을 포함하는 것이긴 하지만, 단언컨대 '무슬림 민족'에 대한 그들의 해석에 적합한 국가를 설립하는 것을 목표로 한다.

최근 몇 년, 구식 테러리즘은 종종 국제적인 구성 요소들을 갖고, 외부의 지원을 이끌어 내며 힘을 위한 캠페인을 수행했다. 예를 들어 리비아, 시리아, 몇몇 동유럽 국가들 그리고 미국 내 집단들도 다양한 방법으로, 북아일랜드의 IRA와 스페인의 바스크 분리주의자들의 테러리스트 활동을 지원했다(Thompson 2015: 46, 395). 그러나 비록 구식 테러리즘이 자금 지원을 위한 지지자들이나 무기류를 살 수 있게 해주는 무기와 약물 여과의 더 넓은 네트워크를 수반한다고 하더라도, 그들의 야심은 결정적으로 지역적이거나 민족적이다.

구식 테러리즘은 그 야심에 의해서뿐만 아니라 폭력의 사용에 의해서도 제한된다. 예를 들어 비록 많은 사람이 북아일랜드에서의 분쟁으로 생명을 잃었지만, 1970년대에 '문제들'이 재개된 이래 사망한 사람은 영국군을 포함해, 평균적으로 교통사고로 사망한 사람들의 수보다 적다. 비록 불구가 되거나 죽은 사람들의 숫자는 의미가 있지만, 구식 테러리즘에서 이러한 테러리즘의 목표들은 상대적으로 제한되어 있기 때문에, 폭력 사용도 제한적이다. 그럼에도 불구하고 여전히 이 폭력들이 공포스럽고 끔찍하긴 하다.

새로운 테러리즘

구식 테러리즘과 신식 테러리즘은 근본적인 차이가 있다(Tan and Ramakrishna 2002). 새로운 테러리즘은 세계화를 추동하는 통신 기술의 변화로 인해 가능해졌다. 이러한 유형의 테러리즘은 알카에다의 이슬람 근본주의자 네트워크와 이슬람국가IS의 소셜 미디어 상에 존재하면서 직접적인 관련을 맺어 왔다. 이것이 이들 집단들에만 제한되어 있는 것은 아니지만 알카에다 네트워크를 이해하는 것은 구식과 신식 테러리즘의 주요 차이점을 확실히 하는 데 도움을 준다.

알카에다('진지陣地')는 1989년 구소련이 아프가니스탄에서 철수한 뒤 그들의 설립자이자 지도자인 오사마 빈

라덴과 함께 형성되었다. 이 조직은 1980년대 이슬람의 기치 아래 무슬림 민족들로부터 소비에트 공산주의를 축출하기 위해, 아프가니스탄을 여행했던 아랍인 자원자들로 이루어져 있었다. 이들 전사들은 전투를 거치며 강해졌고 매우 강하게 헌신적이었으며, 세계적 초강대국을 상대로 주요한 승리들을 거두어 왔다. 1996년 즈음에, 알카에다의 훈련소는 수단에서 탈레반 정권이 지원을 제공하는 아프가니스탄으로 옮겨졌다. 그러나 2001년 미국에 대한 공격 이후, 미국은 탈레반은 전복시켰고 알카에다 활동가들이 도망치도록 만들었다. 그리고 비록 2001년 이후 빈 라덴과 소수의 다른 알카에다 지도자들은 추적당하고 살해되었지만, 그 조직망의 집단과 활동가들은 세계 전역에서 작전을 계속하고 있다.

알카에다는 과거 이탈리아의 붉은 여단이나 북아일랜드의 아일랜드공화국군과 같은 잘 조직되고 군국주의적인 집단들과는 다르다. 알카에다는 새로운 네트워크 사회의 출현에 대한 카스텔스의 설명에 부합하게, 세계적인 '네트워크들의 네트워크'로 작동한다(Sageman 2004; 또한 제18장 참조). 그러나 이러한 구조 안에서, 지역 집단들은 높은 자율성을 갖는다. 몇몇의 경우는 매우 느슨한 조직 형태로 이루어져 있고 서구의 학자와 논평가들이 '알카에다'라고 부르는 것은 실제로 유사한 전략들을 공유하며 이념과 이데올로기를 좀 더 공유하는 집단이라고 제안한다(Burke 2004). 캘도어는 새로운 테러리스트 집단과 옥스팜이나 지구의 벗Friends of Earth과 같은 국제적인 NGOs의 기반 구조 간에 유사성이 있음을 보여 준다(2006). 새로운 테러리스트 조직들과 NGOs 양측 모두 상당히 느슨한 세계적 조직들이 번영할 수 있게 해주겠다는 사명감과 헌신에 의해 추동된다(Glasius et al. 2002).

서턴Sutton과 버티건스는 사실상 알카에다가 1970년대와 1980년대의 '신사회운동NSMs'과 조직적인 유사성을 보인다고 주장했다(2006). 특히 느슨한 조직 형태와 초국가적인 네트워크는 환경주의나 최근의 반세계화 운동 같은 비폭력적인 '신사회운동'과 유사한 부분이 있다. 알카에다가 사용하는 극단적인 폭력은 서구, 특히 미국이 약하다는 것을 보여 주기 위한 방식으로서 매우 상징적인 장소를 목표로 하곤 했다. 이 공격들은 다른 이들이 싸움에 동참할 것을 추동하기도 했다. '신사회운동'이 상징적이고 비폭력적인 행동을 한 반면 알카에다는 그들의 대의를 위해 상징적인 폭력을 사용했다.

'신사회운동'에 대해서는 제21장 〈정치, 정부, 사회운동〉을 참조하라.

새로운 테러리즘이 과거의 테러리즘과 다른 것은 더 있다. 알카에다의 특징 중 하나는 그것이 세계적인 지정학적 목표 — 세계 사회의 재구조화 — 를 가진다는 것이다. 지도자들 중 일부는 인도 아대륙에서 유럽까지 뻗어 나가는 이슬람주의 사회를 재건하려 한다. 이것은 중동을 아우르는 이슬람주의 정부들의 건설과 북아프리카의 탈환과도 관련될 것이다. 알카에다 활동가들은 지난 1천 년간, 서구는 이슬람주의 집단들을 정당한 권리를 주장할 수 있는 발칸이나 무어인들이 지배했던 스페인의 일부 지역들로부터 축출해 왔다고 주장한다(무어인들은 원래 북아프리카에서 온 무슬림들로, 8세기부터 15세기까지 스페인의 대부분을 통치했다). 오늘날 우리가 유럽으로 간주하는 대규모 공간은 예전에는 오스만 제국이나 북아프리카의 이슬람교도들에 의해 지배되었다. 알카에다는 이러한 지역들에서 이슬람의 세계적 역할 재확립을 목표로 한다.

알카에다나 유사한 테러 조직들의 세계관에는 근대성과 반근대성 사이에 있는 특유의 긴장감이 존재한다. 먼 옛날 자신들이 살았던 유럽, 중동, 아시아의 대부분 지역에 이슬람 지배를 재확립하려고 시도하면서, 이들은 근대성을 비판하기 위해, 그리고 근대 서구 사회가 도덕적으로 타락했다고 간주하고 이를 되돌리기 위해 디지털 미디어를 광범위하게 활용한다(Gray 2003). 몇몇 집단들은 대량의 희생자들을 야기할 뿐만 아니라, 그것을 하는 데 있어 과거보다 더욱 열성적이다(Crenshaw 2011). 알카

2015년 11월 파리의 바타클랑 극장과 다른 곳들에서 테러리스트들의 공격에 희생당한 사람들을 위한 추모 장소. 이러한 공격 이전에도 2015년 내내 파리에서는 일련의 테러 사건들이 있었다. 이러한 공격들에 대한 복원적인 반응들은 이제 도시에서의 테러리즘을 '보통'의 일처럼 받아들이는 감각이 늘어나고 있음을 반영하는가?

에다 웹사이트들을 보면, 예를 들어 테러리스트의 행동 강령에 가능한 한 많은 인명을 살상해야 한다고 명시되어 있다. 이는 1998년 알카에다의 설립 취지문에도 잘 드러나 있다(Halliday 2002: 219에서 재인용).

> 민간인이든 군인이든 미국인들과 그 동맹자들을 죽이는 것은 모든 이슬람교도의 의무다. (이슬람 성지인) 알아크사 사원과 홀리 사원(메카)을 그들의 손아귀에서 해방시키기 위해 그리고 그들의 군대를 패배시켜 더 이상 이슬람교도를 위협하지 못하도록 모든 이슬람 영토에서 몰아내기 위해 모든 이슬람교도는 어느 국가에서든 그들을 죽일 수 있다.

이는 과거의 테러리즘에서 보이는 다소 제한적인 폭력 수단의 사용과 매우 다른 것이다. 한편 구소련의 체첸에서 볼 수 있는 것처럼 두 가지 종류의 테러리즘이 겹치는 경우도 있다. 체첸의 독립 투쟁은 이후로 가면서 새로운 테러리즘의 형태로 전환되었다

비판적으로 생각하기 THINKING CRITICALLY

이슬람국가, 알카에다 그리고 많은 성전주의 집단들의 출현은 임박한 '문명의 충돌'(Huntington 1996)의 증거인가? 이러한 논지의 기반을 약화시킬 수 있는 반대되는 증거를 제시할 수 있는가? 헌팅턴의 이론들에 대해서는 제17장 〈종교〉를 참조하라.

결론

국제연합을 이루고 있는 국가들의 집단과 국제 조직들은 이러한 신식 테러리즘과 국지화된 전쟁들에 대해 어떻게 대응해야 할까? 2001년에 아프가니스탄을 공격했던 연합은 알카에다 테러리스트 조직망의 일부를 파괴했다. 그러나 그러한 성공에도 불구하고, 그들이 표적으로 삼았던 테러리스트 집단들은 적대적 민족국가 같은 전통적인 적들과 매우 다르다. 이는 몇몇 사회학자들과 정치학자들을 '테러리즘에 대한 전쟁' 개념에 대해 질문하도록 이끌었다(Rogers 2008).

2003년 이라크 침공에 쓰였던 관습적인 군사적 접근은 사담 후세인 정권을 성공적으로 전복시켰지만, 이후 새로운 형태의 전쟁과 테러리즘에 직면했다. 오래가는 특성, 폭력 이후의 유혈적 상황, 그리고 팔루자와 모술을 비롯해 다른 지역들을 차지하고 시리아 전역으로 확산되어 잔혹 행위를 일삼은 IS의 발흥이 그것들에 속한다. 리비아에서 일어난 내전에 대한 (공습을 통한) 영국의 개입은 2011년 카다피 체제를 제거했다. 그러나 그 후로 나라는 파벌싸움에 의한 폭력, 무장한 지역 민병대와 권력의 중심을 놓고 경쟁을 일삼아 실질적으로는 제2차 내전 상태다. 이라크와 시리아에서 선진국들의 개입으로 '긍정적인 평화'를 이끌어 낼까? 아니면 내적 혼돈, 분열 그리고 유혈 사태를 더 증가시킬 가능성이 높을까?

테러리즘이 관습적인 전쟁을 통해 맞붙을 수 있는 것인가 여부에 대한 논쟁은 테러리즘과, 그것을 지원했던 아프가니스탄과 같은 민족국가 사이의 관계를 고려하는 더욱 어려운 질문들을 제기한다. 그리고 이것은 세계적 거버넌스에 대한 질문으로 이어진다. 세계적 시대에, 인지된 위험을 예방하기 위한 행동들을 위해 어떤 국제적인 지원과 보증들이 필요한가? 그리고 세계적인 테러리스트 위협에 대처하기 위한 최고의 제도로는 무엇이 있는가?

많은 학자들은 오늘날 새로운 전쟁에 관한 문제에 대해 '세계시민주의적' 접근이 필요하다고 주장한다. 세계시민주의 사상가들은, 보편 인권의 옹호자들처럼, 모든 개인이 그들이 세계의 어느 곳에서 살고 있든 간에, 동등한 방식으로 이상적으로 대우받아야 한다고 믿는다. 물론 이것은 잠재적 위협에 대해 국가적 경계들을 강제했던 강력한 민족국가 시대에는 유토피아적인 꿈으로 여겨졌다. 그러나 민족국가가 그 중심적 위치를 잃기 시작하면서, 이윽고 세계시민주의적 민주주의의 이상을 현실로 만들 수 있을지도 모르는, 발흥하는 국제적 제도들을 보는 것이 가능해졌다.

우리는 국제연합과 아프리카연합, 유럽연합 등이 평화유지의 임무, 구호 활동, 전쟁 당사자들 간 협상에 중재자로 관여하는 가운데 위에서 말한 꿈들이 실현되고 있는 증거들을 볼 수 있다. 하지만 이러한 노력들은 여전히 그 역사에서 초기 단계에 있으며, 지금까지는, 이미 시작되었거나 끝난 분쟁들에 사후적으로만 관계를 맺는 경향이 있다. 이러한 제도들을 전쟁과 테러리즘을 예방하는 데 사용하는 것은 감탄스러운 목표지만, 그것은 아직 저 멀리, 장기적인 기획으로 남아 있다.

복습

1 민족주의란 무엇이며 그것은 민족, 국가와 어떻게 관련되어 있는가? 왜 민족주의는 21세기에도 여전히 강력한 동기일까?

2 '국가 없는 민족'의 예시를 몇 개 제시해 보고 그들의 미래에 대해 추측해 보자. 다음 30년 즈음 안에 국가가 될 가능성이 있는 그런 민족이 있는가?

3 "보편적인 인권의 이념은 말도 안 된다." 왜 몇몇 학자들은 이러한 진술에 동의하는가? 이 이념이 어떻게 옹호될 수 있을까?

4 클라우제비츠는 전쟁을 "다른 수단들에 의한 정치"라고 말했다. 동의하는가? 아니면 전쟁은 단지 공격성에 대한 원초적인 인간적 충동으로부터 뻗어 나오는 것이라고 생각하는가? 어떠한 입장이 20세기의 '총력전'에 대한 최선의 설명을 제공하는가?

5 '새로운 전쟁'은 무엇인가? 어떤 점이 새로운 전쟁을 예전 형태의 분쟁과 구별해 주는가?

6 '평화 협상 과정'이란 무엇인가? 이 장의 사례들을 사용해, 평화 과정의 비교 연구를 위한 브루어의 핵심 개념들을 평가해 보자.

7 엘리아스의 '문명화 과정'은 어떤 의미인가? '새로운 전쟁'은 우리가 '탈문명화' 시기에 있음을 제시하는가?

8 무엇이 전쟁으로부터 집단 학살을 구별해 주는가? 집단 학살은 최근의 현상인가 혹은 전쟁에서 언제나 있어 왔던 경향인가?

9 '테러리즘'을 정의해 보자. 그 정의가 알카에다의 느슨한 조직망들과 더 잘 조직화된 이슬람국가 집단 양측에 모두 잘 '맞는가'?

10 범위, 조직, 구조, 방법에서 '새로운 테러리즘'은 과거의 테러리즘과 어떠한 방식에서 다른가?

실제 연구

2015년 영국 총선거 캠페인 동안, 한 노동당 하원의원이 제1야당 내각의 총수직을 사임했다. 그녀는 집 앞 도로에 하얀색 밴이 주차되어 있고 영국 국기로 휘감긴 집의 이미지를 트위터 계정에 올려 비판에 직면한 이후였다. 우익, 유럽회의주의자들, 영국독립당UKIP, 그 외 다수는 그 이미지를 영국 국기를 게양한 노동자 계급 인민들은 UKIP의 민족주의적 입장을 지지한다는 내용을 제시하는 것으로 보았다. 이에 노동당은 강력한 도전에 직면했다. 그러나 정말 그러한가? 유사한 질문이 호주 국경일에 국기를 게양하는 것에 관한 호주 연구자에 의해 제기되었다. 다음 논문을 읽고 아래의 질문들에 답해 보자.

Fozda, F. Spittles, B. and Hartley, L. K. (2015) 'Australia Day, Flags on Cars and Australian Nationalism', *Journal of Sociology*, 51(2): 317~336.

1 연구는 어떻게 수행되었나? 이 연구의 특성은 무엇인가?
2 저자들이 사용한 '배제적 민족주의'는 무슨 뜻인가?
3 만약에 있다면, 차에 국기 게양을 하는 것과 호주 민족주의 사이에 어떤 관계가 존재하는가?
4 이 연구는 소수 종족 집단들에 대한 사람들의 태도와 '화이트 오스트레일리아' 정책에 대해 무엇을 발견했는가?
5 공공장소에서의 국기 게양에 대해 이 연구는 무엇을 말해 주는가? 그러한 발견은 호주에만 특정되는가, 아니면 다른 국가들에까지 일반화될 수 있는 것인가?

생각해 볼 것

••• Thinking it through

21세기도 20세기와 마찬가지로 피로 얼룩질까? 사람들이나 정치 지도자들이 과거의 실수로부터 각성함으로써 민족국가 간의 전쟁 가능성은 줄어들었는가? 이러한 생각은 소박한 바람에 지나지 않는가? 전쟁, 분쟁, 폭력은 인간 실존에 불가피한 측면일 뿐이라는 주장에 대해, 어떤 학자들은 보다 평화로운 미래에 대한 대안으로 전쟁이나 분쟁에 대한 세계적 태도가 변화하고 있음을 인식해야 한다고 본다.

Sitas, Ari (2011) 'Beyond the Mandela Decade: The Ethic of Reconciliation?', *Current Sociology*, 59(5): 571~589.

이 논문을 읽고 거기에 기록된 '발흥하고 있는 화해 윤리'의 네 가지 근원에 주목해 보자. 차례대로 하나씩, 이 장과 제21장에서 시타스의 주장을 옹호할 수 있는 증거들이 있는지 검토해 보자. 그러한 윤리가 콧대가 센 국가적 이익, 민족적 증오 그리고 테러리즘에 직면해 효과가 없는 것이라고 입증하는 증거들은 무엇인가? 발흥하는 것으로 간주되는 화해 윤리에 대한 독자의 결론은 무엇인가?

예술 속의 사회

••• Society in the arts

예술 속에서 테러리즘을 재현하기란 어렵다. 영화, 연극, TV 속 대부분의 재현은 극도로 진지하고, 근대적 테러리즘에 의해 제기되는 안전과 일상적 삶에 대한 위협에 초점을 맞추고 있다. 아마 당연하게도 그들은 또한 테러리스트들을 비이성적이고 광신적인 인물로, 혹은 매우 똑똑하고 유능한 인물로 재현한다. 최근의 사례는 Kathryn Bigelow 감독의 〈Zero Dark Thirty〉(2012)로 알카에다의 리더인 오사마 빈 라덴에 대한 미국 정부의 추적과 마침내 이루어진 사살을 극화했다.
그러나 Christopher Morris 감독의 〈Four Lions〉(2010)는 이러한 경향을 거스른다. 이 영화는 자살 폭탄 테러를 계획하는 영국 성전주의자를 익살스럽게 표현했다.
두 영화를 보고 다음에 대해 생각해 보자.

- 테러리스트들은 어떻게 재현되는가? 예를 들어 똑똑한가, 평범한가, 주모자인가, 사이코패스 아니면 소시오패스인가, 혹은 그 외 다른 것인가?
- 법적 효력은 '정상' 혹은 '맞는 것'으로 재현되는가?
- 묘사된 테러리스트들은 '성격상 테러리스트'의 인상을 주는가, 혹은 영화는 그들을 테러리스트 행동과 관련을 맺게 된 사람들로 다루고 있는가?
- 테러리즘 및 국가의 행동과 관계 속에서 영화의 주요 메시지는 무엇인가?
- 이 매우 다른 영화 장르들 가운데 테러리즘이라는 현상에 대해 사회과학이 우리에게 말해 주는 것에 가장 잘 맞는 장르는 무엇인가?

더 읽을거리

민족과 민족주의 관련 논쟁에 대한 훌륭한 입문서로는 Anthony D. Smith의 *Nationalism* (2nd edn, Cambridge: Polity, 2010)을 참조하기 바란다. Claire Sutherland의 *Nationalism in the Twenty-First Century: Challenges and Responses* (Basingstoke: Palgrave Macmillan, 2011)는 광범위한 영역을 다루는 좋은 저술이다. 이론적 접근은 Umut Özkirimli의 *Theories of Nationalism: A Critical Introduction* (2nd edn, New York: St Martin's Press, 2010)에서 잘 다루어지고 있다. Mark Frezzo의 *The Sociology of Human Rights* (Cambridge: Polity, 2014)는 이 분야에서 몇 안 되는 뛰어난 입문서다.

전쟁에 대한 사회학적 연구는 광범위한 영역과 전쟁 이론에 대한 비교를 포함하고 있는 Siniša Malešević의 *The Sociology of War and Violence* (Cambridge: Cambridge University Press, 2010)에서 다루어진다. Adam Jones의 *Genocide: A Comprehensive Introduction* (2nd edn, London: Routledge, 2010)은 제목이 말한 바를 정확하게 전달하고 있다. 평화 건설에 관한 이슈들은 John D. Brewer의 *Peace Process: A Sociological Approach* (Cambridge: Polity, 2010)에서 찾을 수 있는데, 매우 자극이 되는 저술이다.

사회학 초심자에게는 Charles Townshend의 *Terrorism: A Very Short Introduction* (2nd edn, Oxford: Oxford University Press, 2011)과 같은 테러리즘 현상에 대한 일반적인 입문서로 시작하는 것이 좋다. 테러리즘의 유형에 대한 논의들은 Peter R. Neumann의 *Old & New Terrorism* (Cambridge: Polity, 2009)에서 탐색할 수 있고, 이 주제에 대해 더 필요한 사회학적 접근을 취하는 Stephen Vertigans의 *The Sociology of Terrorism* (Abingdon: Routledge, 2011)이 있다.

정치사회학에 대한 원전 모음집은 *Sociology: Introductory Readings* (3rd edn, Cambridge: Polity, 2010)를 보자.

관련 홈페이지

●●● Internet links

- Additional information and support for this book at Polity
  www.politybooks.com/giddens
- Internet Modern History at Fordham University, USA
  http://sourcebooks.fordham.edu/halsall/mod/modsbook17.asp
- The Nationalism Project
  www.nationalismproject.org
- Centre for the History of War and Society, University of Sussex
  www.sussex.ac.uk/chws
- The Web Genocide Documentation Centre, based at the University of the West of England
  www.phdn.org/archives, www.ess.uwe.ac.uk/genocide
- The Peace Research Institute, Oslo-conducts research into peaceful co-existence between states, people and groups
  www.prio.org
- CSTPV-Centre for the Study of Terrorism and Political Violence at the University of St Andrews in Scotland
  www.st-andrews.ac.uk/~cstpv
- GTReC-Global Terrorism Research Centre, based at Monash University, Australia
  http://artsonline.monash.edu.au/gtrec

참고문헌

Abbott, D. (2001) 'The Death of Class?', *Sociology Review*, 11 (November).

Abbott, P., Wallace, C., and Tyler, M. (2005) *An Introduction to Sociology: Feminist Perspectives* (3rd edn, London: Routledge).

Abeles, R., and Riley, M. W. (1987) 'Longevity, Social Structure and Cognitive Aging', in C. Schooler and K. W. Schaie (eds), *Cognitive Functioning and Social Structure Over the Lifecourse* (Norwood, NJ: Ablex).

Abrahamson, M. (2014) *Urban Sociology: A Global Introduction* (New York: Cambridge University Press).

Acharya, A. (2014) *The End of American World Order* (Cambridge: Polity).

Acheson, D. (1998) *Independent Inquiry into Inequalities in Health* (London: HMSO).

Acker, J. (1989) 'Making Gender Visible', in R. A. Wallace (ed.), *Feminism and Sociological Theory* (London: Sage): 65-81.

Adorno, T. (1976 [1950]) *Introduction to the Sociology of Music* (New York: Seabury Press).

Agyeman, J., Bullard, R. D., and Evans, B. (2003) *Just Sustainabilities: Development in an Unequal Worl*d (London: Earthscan).

Ahmed, A. S., and Donnan, H. (1994) 'Islam in the Age of Postmodernity', in A. S. Ahmed and D. Hastings (eds), *Islam, Globalization and Postmodernity* (London: Routledge).

Akintoye, S. (1976) *Emergent African States: Topics in Twentieth Century African History* (London: Long-man).

Al Jazeera (2015) 'Libya: A Tale of Two Governments', www.aljazeera.com/news/2015/04/libya-talegovernments-150404075631141.html.

Alanen, L. (2015) 'Are We All Constructionists Now?', *Childhood*, 22(2): 149-53.

Alatas, S. F. (2006) 'Ibn Khaldun and Contemporary Sociology', *International Sociology*, 21(6): 782-95.

Albrow, M. (1997) *The Global Age: State and Society Beyond Modernity* (Stanford, CA: Stanford University Press).

Aldridge, A. (2007) *Religion in the Contemporary World: A Sociological Introduction* (2nd edn, Cambridge: Polity).

Aldridge, H., Kenway, P., and Born, T. B. (2015) *What Happened to Poverty under the Coalition?* (London: New Policy Institute); http://npi.org.uk/les/5214/3031/5186/What_happened_to_poverty_under_the_Coalition_FINAL.pdf.

Alexander, J. C. (1985) *Neofunctionalism* (London: Routledge).

Alexander, J. C. (ed.) (1997) *Neofunctionalism and After: Collected Readings* (Oxford: Blackwell).

Alexander, Z. (1999) *The Department of Health Study of Black, Asian and Ethnic Minority Issues* (London: Department of Health).

Alway, J. (1995) 'The Trouble with Gender: Tales of the Still-Missing Feminist Revolution in Sociological Theory', *Sociological Theory*, 13(3): 209-28.

Alwin, D. F., McCammon, R. J., and Hofer, S. M. (2006) 'Studying the Baby Boom Cohorts within a Demo-graphic and Developmental Context: Conceptual and Methodological Issues', in S. K. Whitbourne and S. L. Willis (eds), *The Baby Boomers Grow Up: Contemporary Perspectives on Midlife* (Mahwah, NJ: Lawrence Erlbaum): 45-71.

American Psychological Association (2010) *Report of the APA Taskforce on the Sexualization of Girls*, avail-able at: www.apa.org/pi/women/programs/girls/report-full.pdf.

Amin, A. (ed.) (1994) *Post-Fordism: A Reader* (Oxford: Blackwell).

Amin, A., and Thrift, N. (2002) *Cities: Reimagining the Urban* (Cambridge: Polity).

Amsden, A. H. (1989) *Asia's Next Giant: South Korea and Late Industrialization* (New York: Oxford Univer-sity Press).

Amsden, A. H., Kochanowicz, J., and Taylor, L. (1994) *The Market Meets its Match: Restructuring the Econo-mies of Eastern Europe* (Cambridge, MA: Harvard University Press).

Anable, J. (2005) 'Complacent Car Addicts or Aspiring Environmentalists? Identifying Travel Behaviour Segments Using Attitude Theory', *Transport Policy*, 12(1): 65-78.

Andersen, M. L., and Collins, P. H. (eds) (2009) *Race, Class, and Gender: An Anthology* (7th edn, Belmont, CA: Wadsworth).

Anderson, B. (2006 [1983]) *Imagined Communities: Reflections on the Origin and Spread of Nationalism* (rev. edn, (London: Verso).

Anderson, E. (1990) *Streetwise: Race, Class, and Change in an Urban Community* (Chicago: University of Chicago Press).

Anderson, R. (2011) 'Masters of the Universe: Meet the World's Best-Paid Men', BBC News, 2 February, available at: www.bbc.co.uk/news/business-11942117.

Anderson, S., and Cavanagh, J. (2000) *Top 200: The Rise of Corporate Global Power* (Washington, DC: Institute for Policy Studies); available at www.ips-dc.org/reports/top_200_the_rise_of_corporate_global_power.

Andreasson, K. (ed.) (2015) *Digital Divides: e New Challenges and Opportunities of e-Inclusion* (Boca Raton, FL: CRC Press).

Andrews, D., and Leigh, A. (2009) 'More Inequality, Less Social Mobility', *Applied Economics Letters*, 19: 1489-92.

Angstrom, J. (2005) 'Introduction: Debating the Nature of Modern War', in I. Duyvesteyn and J. Angstrom (eds), *Rethinking the Nature of War* (London and New York: Frank Cass).

Annandale, E. (2009) *Women's Health and Social Change* (London: Routledge).

Appadurai, A. (1986) 'Introduction: Commodities and the Politics of Value', in A. Appadurai (ed.), *The Social Life of Things* (Cambridge: Cambridge University Press).

Appelbaum, R. P., and Christerson, B. (1997) 'Cheap Labor Strategies and Export-Oriented Industrializa-tion: Some Lessons from the East Asia/Los Angeles Apparel Connection', *International Journal of Urban and Regional Research*, 21(2): 202-17.

Appelbaum, R. P., and Henderson, J. (eds) (1992) *States and Development in the Asian Pacific Rim* (Newbury Park, CA: Sage).

Arber, S., and Ginn, J. (2004) 'Ageing and Gender: Diversity and Change', *Social Trends* 34 (London: HMSO).

Arber, S., and Thomas, H. (2005) 'From Women's Health to a Gender Analysis of Health', in W. Cockerham (ed.), *The Blackwell Companion to Medical Sociology* (Oxford: Blackwell).

Archer, L., and Francis, B. (2007) *Understanding Minority Ethnic Achievement: Race, Gender, Class and 'Success'* (London: Routledge).

Archer, M. (1995) *Realist Social Theory: The Morphogenetic Approach* (Cambridge: Cambridge University Press).

Archer, M. (2003) *Structure, Agency and the Internal Conversation* (Cambridge: Cambridge University Press).

Ariès, P. (1965) *Centuries of Childhood* (New York: Random House).

Arnot, M. (2001) 'Bernstein's Sociology of Pedagogy: Female Dialogues and Feminist Elaborations', in K. Weiler (ed.), *Feminist Engagements: Reading, Resisting and Revisioning Male Theorists in Education and Cultural Studies* (New York: Routledge).

Ashton, D. N. (1986) *Unemployment under Capitalism: The Sociology of British and American Labour Markets* (London: Wheatsheaf).

Ashworth, A. E. (1980) *Trench Warfare, 1914-1918* (London: Macmillan).

Askwith, R. (2003) '*Contender*', *The Observer*, 6 April.

Atchley, R. C. (2000) *Social Forces and Aging: An Introduction to Social Gerontology* (Belmont, CA: Wads-worth).

Atkinson, A. B. (2003) *Income Inequality in OECD Countries: Data and Explanations*, CESifo Working Paper no. 881 (Hamburg: Centre for Economic Studies/Institute for Economic Research).

Atlantic Cable (2010) 'Cable Signalling Speed and Traffic Capacity', available at: www.atlantic-cable.com/ Cables/speed.htm.

Attali, J. (1985) *Noise: The Political Economy of Music* (Minneapolis: University of Minnesota Press).

Atwan, A. B. (2015) *Islamic State: The Digital Caliphate* (London: Saqi Books).

Baba, H. (2013) 'Slim in Sudan: Female Fleshiness Loses its Allure', 14 May, www.bbc.co.uk/news/magazine-22455559.

Back, L. (1995) *Ethnicities, Multiple Racisms: Race and Nation in the Lives of Young People* (London: UCL Press).

Back, L., and Ware, V. (2001) *Out of Whiteness: Color, Politics and Culture* (Chicago: University of Chicago Press).

Bäckström, A., and Davie, G . (2010) 'A Preliminary Conclusion: Gathering the Threads and Moving On', in A. Bäckström and G. Davie (eds), *Welfare and Religion in 21st Century Europe, Vol. 1: Configuring the Connections* (Farnham: Ashgate): 183-92.

Bagguley, P. (2002) 'Contemporary British Feminism: A Social Movement in Abeyance?', *Social Movement Studies*, 1(2): 169-85.

Bailey, R. (2011) *Letting Children Be Children: Report of an Independent Review of the Commercialisation and Sexualisation of Childhood* (London: Department for Education).

Bales, K., Trodd, Z., and Kent Williamson, A. (2009) *Modern Slavery: The Secret World of 27 Million People* (Oxford: OneWorld).

Ball, S. (2013) 'Free Schools: Our Education System has Been Dismembered in Pursuit of Choice', *The Guardian*, 23 October, www.theguardian.com/commentisfree/2013/oct/23/education-systemdismembered-choice.

Baltes, P. B., and Schaie, K. W. (1977) 'The Myth of the Twilight Years', in S. Zarit (ed.), *Readings in Aging and Death: Contemporary Perspectives* (New York: Harper & Row).

Bamforth, A. (1999) 'The Restive Season', *The Guardian*, 15 December.

Banister, D. (1992) 'Energy Use, Transport and Settlement Patterns', in M. Breheny (ed.), *Sustainable Development and Urban Form* (London: Pion): 160-81.

Banks, C. (2013) *Youth, Crime and Justice* (Abingdon: Routledge).

Barash, D. (1979) *The Whisperings Within* (New York: Harper & Row).

Barker, M. (1981) *The New Racism: Conservatives and the Ideology of the Tribe* (Frederick, MD: University Publications of America).

Barker, R. (1997) *Political Ideas in Modern Britain* (London and New York: Routledge).

Barnard, A. (ed.) (2004) *Hunter-Gatherers in History, Archaeology and Anthropology* (Oxford: Berg).

Barnard, H., and Turner, C. (2011) *Poverty and Ethnicity: A Review of the Evidence* (York: Joseph Rowntree Foundation).

Barnes, C. (1991) *Disabled People in Britain and Discrimination* (London: Hurst).

Barnes, C. (2003) 'Disability Studies: What's the Point?', paper given at a conference at the University of Lancaster, 4 September; available at: www.lancs.ac.uk/fass/events/disabilityconference_ archive/2003/papers/barnes2003.pdf.

Barnett, A. (2007) 'The Three Faces of the World Social Forum', 30 January, available at: www.opendemo-cracy.net/globalization-protest/wsf_faces_4297.jsp.

Barret-Ducrocq, F. (1992) *Love in the Time of Victoria: Sexuality and Desire among Working-Class Men and Women in Nineteenth-Century London* (Harmondsworth: Penguin).

Barry, J. M. (2005) *The Great Influenza: e Story of the Deadliest Pandemic in History* (New York: Penguin).

Barth, F. (1969) *Ethnic Groups and Boundaries* (London: Allen & Unwin).

Bartle, J., and Allen, N. (eds) (2010) *Britain at the Polls 2010* (London: Sage).

Basu, A. (ed.) (1995) *The Challenge of Local Feminisms: Women's Movements in Global Perspective* (Boul-der, CO: Westview Press).

Bates, L. (2014) *Everyday Sexism* (London: Simon & Schuster).

Batty, E., Beatty, C., Foden, M., Lawless, P., Pearson, S., and Wilson, I. (2010) *The New Deal for Communities Experience: A Final Assessment* (London: HMSO).

Baudrillard, J. (1983) *Simulations* (New York: Semiotex(e)).

Baudrillard, J. (2004 [1991]) *The Gulf War Did Not Take Place* (Sydney: Power Publications).

Bauman, Z. (1976) *Socialism: The Active Utopia* (New York: Holmes & Meier).

Bauman, Z. (1982) *Memories of Class: The Pre-History and After-Life of Class* (London: Routledge & KeganPaul).

Bauman, Z. (1989) *Modernity and the Holocaust* (Cambridge: Polity).

Bauman, Z. (1992) *Intimations of Postmodernity* (London: Routledge).

Bauman, Z. (1997) *Postmodernity and its Discontents* (Cambridge: Polity).

Bauman, Z. (2000) *Liquid Modernity* (Cambridge: Polity).

Bauman, Z. (2003) *Liquid Love: On the Frailty of Human Bonds* (Cambridge: Polity).

Bauman, Z. (2007) *Liquid Times: Living in an Age of Uncertainty* (Cambridge: Polity).

Baym, N. K. (2015) *Personal Connections in the Digital Age* (2nd edn, Cambridge: Polity).

BBC (2001) 'Murdoch Heads Media Power List', 16 July, available at: http://news.bbc.co.uk/1/hi/enter-tainment/1441094.stm.

BBC (2002) 'Falwell "Sorry" for Mohammed Remark', 13 October, available at: http://news.bbc.co.uk/1/hi/world/americas/2323897.stm.

BBC (2003) 'Why I Want You to Look Me in the Face', 6 August, available at: http://news.bbc.co.uk/1/hi/magazine/3128203.stm.

BBC (2004) 'Official Downloads Chart Launches', 28 June, http://news.bbc.co.uk/1/hi/entertainment/music/3846455.stm.

BBC (2007a) 'Behaviour Lessons for Teenagers', 30 April, available at: http://news.bbc.co.uk/1/hi/educa-tion/6607333.stm.

BBC (2007b) 'Berlin Integration Plan Attacked', 12 July, available at: http://news.bbc.co.uk/1/hi/world/europe/6294832.stm.

BBC (2007c) 'Inmate Sent Mother Suicide Note', 1 May, available at: http://news.bbc.co.uk/1/hi/england/lancashire/6611603.stm.

BBC (2007d) 'Hiroshima Bomb Pilot Dies Aged 92', 1 November, available at: http://news.bbc.co.uk/1/hi/world/americas/7073441.stm.

BBC (2007e) 'Cambodia's Brutal Khmer Rouge Regime', 19 September, available at: http://news.bbc. co.uk/1/hi/world/asia-pacific/7002629.stm.

BBC(2007f) 'Offshore boost for finance sector', 22 June, available at: http://news.bbc.co.uk/1/hi/business/6229164.stm.

BBC (2008a) 'How "Gay" Became Children's Insult of Choice', 18 March, available at: http://news.bbc. co.uk/1/hi/7289390.stm.

BBC (2008b) 'Isolated Tribe Spotted in Brazil', 30 May, available at: http://news.bbc.co.uk/1/hi/world/americas/7426794.stm.

BBC (2010) 'Q & A: Professor Phil Jones', 13 February, available at: http://news.bbc.co.uk/1/hi/sci/tech/8511670.stm.

BBC(2011) 'Rwanda: How the genocide happened', 17 May, available at http://www.bbc.co.uk/news/world-africa-13431486.

BBC News (2011) 'World's Oldest Man Walter Breuning Dies in US Aged 114', 15 April, available at: www. bbc.co.uk/news/world-us-canada-13090291.

BBC News (2012 a) 'Life Term for Cambodia Khmer Rouge Jailer Duch', 3 February, available at: www.bbc. co.uk/news/world-asia-16865834.

BBC News (2012 b) 'Timeline: The Unfolding Eurozone Crisis', 19 April, available at: www.bbc.co.uk/news/business-13856580.

BBC News (2014a) 'Ebola: How Bad Can it Get?', 6 September, www.bbc.co.uk/news/health-29060239.

BBC News (2014b) 'Ebola: Kofi Annan "Bitterly Disappointed"by Response to Ebola', 16 October, www. bbc.co.uk/news/health-29654784.

BBC News (2014c) 'Prole: Malala Yousafzai', 10 December, www.bbc.co.uk/news/world-asia-23241937.

BBC News (2014d) 'Sir Elton John and David Furnish Marry', 21 December, www.bbc.co.uk/news/entertainment-arts-30568634.

BBC News (2015a) 'EU Leaders Agree to Relocate 40,000 Migrants', 26 June, www.bbc.co.uk/news/worldeurope-33276443.

BBC News (2015b) 'Myanmar's President Promises Smooth Transfer of Power', 15 November, www.bbc.co.uk/news/world-asia-34825998.

BBC News (2015c) 'What is "Islamic State"?', 2 December, www.bbc.co.uk/news/world-middleeast-29052144.

BBC News (2016) 'Islamic State and the Crisis in Iraq and Syria in Maps', 18 October, www.bbc.co.uk/news/world-middle-east-27838034.

Beall, J. (1998) 'Why Gender Matters', *Habitat Debate*, 4(4).

Beasley, C. (1999) *What Is Feminism?* (Thousand Oaks, CA, and London: Sage).

Beck, U. (1992) *Risk Society: Towards a New Modernity* (London: Sage).

Beck, U. (1999) *World Risk Society* (Cambridge: Polity).

Beck, U. (2002) *Ecological Politics in an Age of Risk* (Cambridge: Polity).

Beck, U. (2006) *Cosmopolitan Vision* (Cambridge: Polity).

Beck, U. (2009) *World at Risk* (Cambridge: Polity).

Beck, U., and Beck-Gernsheim, E. (1995) *The Normal Chaos of Love* (Cambridge: Polity).

Beck, U., and Grande, E. (2007) *Cosmopolitan Europe* (Cambridge: Polity).

Becker, H. (1950) *Through Values to Social Interpretation* (Durham, NC: Duke University Press).

Becker, H. S. (1963) *Outsiders: Studies in the Sociology of Deviance* (New York: Free Press).

Becker, H. S. (1982) *Art Worlds* (Berkeley: University of California Press).

Beckett, K., and Herbert, S. (2010) *Banished: e New Social Control in Urban America* (New York: Oxford University Press).

Beckford, J. A. (2008) *Social Theory and Religion* (Cambridge: Cambridge University Press).

Beer, D., and Burrows, R. (2007) 'Sociology and, of and in Web 2.0: Some Initial Considerations', *Sociologi-cal Research Online*,

12(5): 17, available at: www.socresonline.org.uk/12/5/17.html.

Beer, D., and Geesin, B. (2009) 'Rockin' with the Avatars: "Live" Music and the Virtual Spaces of Second Life', in D. Heider (ed.), *Living Virtually: Researching New Worlds* (New York: Peter Lang): 111–30.

Beevor, A. (2007) *Berlin: The Downfall 1945* (London: Penguin).

Beggs, C. (2009) *Energy: Management, Supply and Conservation* (Oxford: Butterworth-Heinemann).

Begum, N. (2004) 'Characteristics of the Short-Term and Long-Term Unemployed', *Labour Market Trends*, 112: 139–44.

Bell, A., Weinberg, M., and Hammersmith, S. (1981) *Sexual Preference: Its Development in Men and Women* (Bloomington: Indiana University Press).

Bell, D. (1987) 'The World and the United States in 2013', Daedalus, 116(3): 1–31.

Bell, M. M. (2004) *An Invitation to Environmental Sociology* (2nd edn, Newbury Park, CA: Pine Forge Press).

Bell, M. M. (2011) *An Invitation to Environmental Sociology* (4th edn, Thousand Oaks, CA: Sage).

Bellah, R. N., Madsen, S., Sullivan, W. M., Swidler, A., and Tipton, S. M. (2008 [1985]) *Habits of the Heart: Individualism and Commitment in American Life* (Berkeley and Los Angeles: University of California Press).

Bengtson, V. L. (2001) 'Beyond the Nuclear Family: The Increasing Importance of Multigenerational Bonds', *Journal of Marriage and Family*, 63(1): 1–16.

Benhabib, S. (2006) *Another Cosmopolitanism: Hospitality, Sovereignty and Democratic Iterations* (New York: Oxford University Press).

Benhabib, S., and Resnik, J. (eds) (2009) *Migrations and Mobilities: Citizenship, Borders and Gender* (New York and London: New York University Press).

Bennett, K., and LeCompte, M. (1990) *How Schools Work: A Sociological Analysis of Education* (New York: Longman).

Benton, T. (1994) *Natural Relations: Ecology, Animal Rights and Social Justice* (London: Verso).

Benton, T., and Craib, I. (2001) *Philosophy of Social Science: The Philosophical Foundations of Social Thought* (Basingstoke: Palgrave).

Berberoglu, B. (2005) *An Introduction to Classical and Contemporary Social eory: A Critical Perspective* (Lanham, MD: Rowman & Littleeld).

Beresford, P., and Wallcraft, J. (1997) 'Psychiatric System Survivors and Emancipatory Research: Issues, Overlaps and Differences', in C. Barnes and G. Mercer (eds), *In Doing Disability Research* (Leeds: Disability Press).

Berger, M. T., and Guidroz, K. (eds) (2009) *The Intersectional Approach: Transforming the Academy through Race, Class, and Gender* (Chapel Hill: University of North Carolina Press).

Berger, P. L. (1963) *Invitation to Sociology* (Garden City, NY: Anchor Books).

Berger, P. L. (1986) *The Capitalist Revolution: Fifty Propositions about Prosperity, Equality, and Liberty* (New York: Basic Books).

Berger, P. L., Davie, G., and Fokas, E. (2008) *Religious America, Secular Europe? A Theme and Variations* (Aldershot: Ashgate).

Berman, M. (1983) *All That Is Solid Melts into Air: The Experience of Modernity* (London: Verso).

Bernstein, B. (1975) *Class, Codes and Control, Vol. 3: Towards a Theory of Educational Transmissions* (London: Routledge).

Bernstein, B. (1990) *Class, Codes and Control, Vol. 4: The Structuring of Pedagogic Discourse* (London: Routledge).

Bertelson, D. (1986) *Snowflakes and Snowdrifts: Individualism and Sexuality in America* (Lanham, MD: University Press of

America).

Berthoud, R. (1998) *The Incomes of Ethnic Minorities*, ISER report 98-1 (Colchester: University of Essex, Institute for Social and Economic Research).

Berthoud, R. (2000) *Family Formation in Multi-Cultural Britain: Three Patterns of Diversity*, Working Paper 2000-34 (Colchester: University of Essex, Institute for Social and Economic Research).

Beynon, H., and Nichols, T. (eds) (2006) *Patterns of Work in the Post-Fordist Era: Fordism and Post-Fordism*, 2 vols (Cheltenham: Edward Elgar).

Bhambra, G. K. (2007) 'Sociology and Postcolonialism: Another "Missing" Revolution?', *Sociology*, 41(5): 871-84.

Bhattacharya, S. (2003) 'Global Warming "Kills 160,000 a Year"', New Scientist, 1 October; available at: www.newscientist.com/article/dn4223-global-warming-kills-160000-a-year.html.

Biagi, S. (2011) *Media Impact: An Introduction to Mass Media* (10th edn, Boston: Wadsworth).

Birren, J. E., and Schaie, K. W. (eds) (2001) *Handbook of the Psychology of Aging* (5th edn, San Diego and London: Academic Press).

Björnberg, U. (2002) 'Ideology and Choice between Work and Care: Swedish Family Policy for Working Parents', *Critical Social Policy*, 22(1): 33-52.

Blanden, J., Goodman, A., Gregg, P., et al. (2002) *Changes in Intergenerational Mobility in Britain* (London: Centre for the Economics of Education, London School of Economics and Political Science).

Blankenhorn, D. (1995) *Fatherless America* (New York: Basic Books).

Blau, P. M. (1963) *The Dynamics of Bureaucracy* (Chicago: University of Chicago Press).

Blau, P. M., and Duncan, O. D. (1967) *The American Occupational Structure* (New York: Wiley).

Blauner, R. (1964) *Alienation and Freedom* (Chicago: University of Chicago Press).

Blaxter, M. (2010) *Health* (2nd edn, Cambridge: Polity).

Blinder, A. S. (2006) 'Fear of Offshoring', *Foreign Affairs*, 85(2).

Blofeld, J. (2003) *Independent Inquiry into the Death of David Bennett* (Cambridge: Norfolk, Suffolk and Cambridgeshire Strategic Health Authority).

Bloomberg (2011) 'Global Box Office Sales Rose 8% in 2010 to Record $31.8 Billion', 23 February, available at: www.bloomberg.com/news/2011-02-23/global-box-office-sales-rose-8-in-2010-to-record-31-8-billion.html.

Blumer, H. (1969) *Symbolic Interactionism: Perspective and Method* (Englewood Cliffs, NJ: Prentice-Hall).

Blumer, H. (1970 [1933]) *Movies and Conduct* (New York: Arno Press).

Boatcă, M., and Costa, S. (2010) 'Postcolonial Sociology: A Research Agenda', in E. G. Rodríguez, M.Boatcă and S. Costa (eds), *Decolonizing European Sociology: Transdisciplinary Approaches* (Farnham: Ashgate): 13-32.

Bobak, L. (1996) 'India's Tiny Slaves', *Ottowa Sun*, 23 October.

Boden, D., and Molotch, H. (1994) 'The Compulsion to Proximity', in R. Friedland and D. Boden (eds), *NowHere: Space, Time, and Modernity* (Berkeley: University of California Press).

Boffey, D. (2011) 'Lord Lawson's "Misleading" Climate Claims Challenged by Scientific Adviser', The Guardian, 27 March,; available at: www.guardian.co.uk/environment/2011/mar/27/lord-lawson-climate-scientific-adviser.

Bonacich, E., and Appelbaum, R. P. (2000) *Behind the Label: Inequality in the Los Angeles Garment Industry*(Berkeley: University of California Press).

Bone, J. D. (2009) 'The Credit Crunch: Neo-Liberalism, Financialisation and the Gekkoisation of Society', *Sociological Research Online*, 14(2), available at: www.socresonline.org.uk/14/2/11.html.

Bonney, N. (1992) 'Theories of Social Class and Gender', *Sociology Review*, 1(3): 2-5.

Boocock, S. (1980) Sociology of Education: *An Introduction* (2nd edn, Boston: Houghton Mifflin).

Boorstin, D. (1961) The Image: A Guide to Pseudo-Events in America (*New York: Vintage*).

Booth, A. (1977) 'Food Riots in the North-West of England, 1770-1801', *Past and Present*, 77: 84-107.

Bootle, R. (2011) *The Trouble with Markets: Saving Capitalism from Itself* (London: Nicholas Brealey).

Borger, J. (2008) 'They ink it's All Over', *The Guardian*, 6 December; www.theguardian.com/football/2008/dec/06/football-brand-globalisation-china-basketball.

Borja, J., and Castells, M. (1997) *Local and Global: The Management of Cities in the Information Age* (London: Earthscan).

Boseley, S. (2006) 'Ritalin Heart Attacks Warning Urged after 51 Deaths in US', *The Guardian*, 11 February, available at: www.guardian.co.uk/society/2006/feb/11/health.medicineandhealth.

Boswell, J. (1995) *The Marriage of Likeness: Same-Sex Unions in Pre-Modern Europe* (London: Fontana). Bourdieu, P. (1986) Distinction: A Social Critique of the Judgement of Taste (London: Routledge & Kegan Paul).

Bourdieu, P. (1986) *Distinction: A Social Critique of the Judgement of Taste* (London: Routledge & Kegan Paul).

Bourdieu, P. (1988) *Language and Symbolic Power* (Cambridge: Polity).

Bourdieu, P. (1990) *The Logic of Practice* (Cambridge: Polity).

Bourdieu, P. (1992) *An Invitation to Reflexive Sociology* (Chicago: University of Chicago Press).

Bourdieu, P. (2001) *Masculine Domination* (Cambridge: Polity).

Bourdieu, P., and Passeron, J. C. (1977) *Reproduction in Education, Society and Culture* (London: Sage).

Bowles, S., and Gintis, H. (1976) *Schooling in Capitalist America: Educational Reform and Contradictions of Economic Life* (New York: Basic Books).

Box, S. (1983) *Power, Crime and Mystification* (London: Tavistock).

Boyer, R., and Drache, D. (1996) *States against Markets: The Limits of Globalization* (London: Routledge).

Braithwaite, J. (1999) *Crime, Shame and Reintegration* (Cambridge: Cambridge University Press).

Brannen, J. (2003) *'The Age of Beanpole Families'*, Sociology Review, 13(1): 6-9.

Braun, B., and Castree, N. (eds) (1998) *Remaking Reality: Nature at the Millennium* (London: Routledge).

Braverman, H. (1974) *Labor and Monopoly Capital: The Degradation of Work in the Twentieth Century* (New York: Monthly Review Press).

Breen, R., and Goldthorpe, J. H. (1999) 'Class Inequality and Meritocracy: A Critique of Saunders and an Alternative Analysis', *British Journal of Sociology*, 50: 1-27.

Brennan, T. (1988) 'Controversial Discussions and Feminist Debate', in N. Segal and E. Timms (eds), *The Origins and Evolution of Psychoanalysis* (New Haven, CT: Yale University Press).

Brewer, J. D. (2010) *Peace Processes: A Sociological Approach* (Cambridge: Polity).

Brewer, R. M. (1993) 'Theorizing Race, Class and Gender: The New Scholarship of Black Feminist Intellec-tuals and Black Women's Labor', in S. M. James and A. P. A. Busia (eds), *Theorizing Black Feminisms: The Visionary Pragmatism of Black Women* (New York: Routledge).

Brierley, P. (2006) *Pulling out of the Nosedive: 2005 English Church Census*, Religious Trends 6 (London: Christian Research).

Brinkley, I., and Lee, N. (2007) *The Knowledge Economy in Europe -A Report Prepared for the 2007 EU Spring Council* (London: Work Foundation).

Britton, D. (2011) *The Gender of Crime* (Lanham, MD: Rowman & Littlefield).

Brown, C., and Jasper, K. (eds) (1993) *Consuming Passions: Feminist Approaches to Eating Disorders and Weight Preoccupations* (Toronto: Second Story Press).

Brown, D. A. (2007) *Critical Race Theory: Cases, Materials and Problems* (2nd edn, Eagan, MN: Thompson West).

Brown, P., and Lauder, H. (1997) *Education: Culture, Economy, Society* (Oxford: Oxford University Press).

Browne, J., and Hood, A. (2016) *Living Standards, Poverty and Inequality in the UK: 2015-16 to 2020-21* (London: Institute for Fiscal Studies).

Browne, K. (2005) *An Introduction to Sociology* (3rd edn, Cambridge: Polity).

Brownmiller, S. (1975) *Against our Will: Men, Women and Rape* (London: Secker & Warburg).

Brubaker, R. (2005) 'The "Diaspora" Diaspora', *Ethnic and Racial Studies*, 28(1): 1-19.

Brubaker, R. (2006) *Ethnicity without Groups* (Cambridge, MA: Harvard University Press).

Bruce, S. (1990) *Pray TV: Televangelism in America* (New York: Routledge).

Bruce, S. (1996) *Religion in the Modern World: From Cathedrals to Cults* (Oxford: Oxford University Press).

Bruce, S., and Voas, D. (2010) 'Vicarious Religion: An Examination and Critique', *Journal of Contemporary Religion*, 25(2): 243-59.

Brumberg, J. J. (1997) *The Body Project* (New York: Vintage).

Bruneforth, M. (2006) 'Interpreting the Distribution of Out-of-School Children by Past and Expected Future School Enrolment', Background paper for *EFA Global Monitoring Report 2007* (Paris: UNESCO).

Bruns, A. (2009) *Blogs, Wikipedia, Second Life, and Beyond: From Production to Produsage* (New York: Peter Lang).

Bryman, A. (2015) *Social Research Methods* (4rd edn, Oxford: Oxford University Press).

Bryson, V. (1993) 'Feminism', in R. Eatwell and A. Wright (eds), *Contemporary Political Ideology* (London: Pinter).

Buckingham, D. (2000) *After the Death of Childhood: Growing up in the Age of Electronic Media* (Cambridge: Polity).

Budd, J. W. (2011) *The ought of Work* (Ithaca, NY: Cornell University Press).

Buett, W. E. (2011) 'Stop Coddling the Super-Rich', *New York Times*, 14 August 14; www.nytimes.com/2011/08/15/opinion/stop-coddling-the-super-rich.html.

Bull, P. (1983) *Body Movement and Interpersonal Communication* (New York: Wiley).

Bullard, R. D. (ed.) (1993) *Confronting Environmental Racism: Voices from the Grassroots* (Cambridge, MA: South End Press).

Burawoy, M. (2005) 'For Public Sociology: 2004 Presidential Address', *American Sociological Review*, 70: 4-28.

Burbridge, M., and Walters, J. (1981) *Breaking the Silence: Gay Teenagers Speak for Themselves* (London: Joint Council for Gay

Teenagers).

Burchell, B., et al. (1999) *Job Insecurity and Work Intensification: Flexibility and the Changing Boundaries of Work* (York: York Publishing Services).

Burgoon, J. K., Buller, D. B., and Woodall, W. G. (1996) *Nonverbal Communication: The Unspoken Dialogue* (2nd edn, New York: McGraw-Hill).

Burke, J. (2004) *Al-Qaeda: The True Story of Radical Islam* (New York: I. B. Tauris).

Burke, J. (2015) *The New Threat from Islamic Militancy* (London: Bodley Head).

Burkitt, I. (1999) *Bodies of Thought: Social Relations, Activity and Embodiment* (London: Sage).

Burkitt, I. (2008) *Social Selves: Theories of Self and Society* (2nd edn, London: Sage).

Burt, R. S. (1982) *Toward a Structural Theory of Action* (New York: Academic Press).

Business in the Community (2010) *Race into Higher Education: Today's Diverse Generation into Tomor-row's Workforce* (London: BitC).

Butler, J. (1990) *Gender Trouble: Feminism and the Subversion of Identity* (London: Routledge).

Butler, J. (1993) *Bodies that Matter: On the Discursive Limits of 'Sex'* (New York: Routledge).

Butler, J. (1997) *Excitable Speech: A Politics of the Performative* (London and New York: Routledge).

Butler, J. (2004) *Undoing Gender* (London: Routledge).

Butler, T., with Robson, G. (2003) *London Calling: The Middle Classes and the Re-Making of Inner London* (Oxford: Berg).

Butler, T., and Savage, M. (1995) *Social Change and the Middle Classes* (London: UCL Press).

Byman, D. (2015) *Al Qaeda, The Islamic State, and the Global Jihadist Movement: What Everyone Needs to Know* (Oxford: Oxford University Press).

Bynner, J., Ferri, E., and Shepherd, P. (eds) (1997) *Twenty-Something in the 1990s: Getting on, Getting by, Getting Nowhere* (Aldershot: Ashgate).

Bytheway, B. (1995) *Ageism* (Buckingham, and Bristol, PA: Open University Press).

CACE (Central Advisory Council for Education) (1959) 15 to 18 (London: HMSO) [Crowther Report]; avail-able at: http://www.educationengland.org.uk/documents/crowther/.

Cahill, S. E., Distler, W., Lachowetz, C., Meaney, A., Tarallo, R., and Willard, T. (1985) 'Meanwhile Backstage: Public Bathrooms and the Interaction Order', *Journal of Contemporary Ethnography*, 14(1): 33-58.

Calhoun, C. (1993) '"New Social Movements" of the Early Nineteenth Century', *Social Science History*, 17(3): 385-427.

Calhoun, C. (2005) 'The Promise of Public Sociology', *British Journal of Sociology*, 56(3): 355-63.

Campbell, C. (1992) *The Romantic Ethic and the Spirit of Modern Consumerism* (Oxford: Blackwell).

Cantle, T. (2001) *Independent Report of the Community Cohesion Review Team* (London: Home Office).

Capps, W. H. (1995) *The New Religious Right: Piety, Patriotism, and Politics* (rev. edn, Columbia: University of South Carolina Press).

Caraway, T. L. (2007) *Assembling Women: The Feminization of Global Manufacturing* (Ithaca, NY: Cornell University Press).

Cardoso, F. H., and Faletto, E. (1979) *Dependency and Development in Latin America* (Berkeley: University of California Press).

Carlen, P. (1983) *Women's Imprisonment: A Study in Social Control* (London and Boston: Routledge & Kegan Paul).

Carr, E. H. (1962) *What is History?* (New York: Alfred A. Knopf).

Carroll, W. K. (2004) *Corporate Power in a Globalizing World: A Study in Elite Social Organization* (Oxford: Oxford University Press).

Carsten, J. (ed.) (2000) *Cultures of Relatedness: New Approaches to the Study of Kinship* (Cambridge: Cambridge University Press).

Cashmore, E. (2006) *Celebrity Culture* (London: Routledge).

Castells, M. (1983) *The City and the Grass Roots: A Cross-Cultural Theory of Urban Social Movements* (London: Edward Arnold).

Castells, M. (1991) *The Informational City: Economic Restructuring and Urban Development* (Oxford: Blackwell).

Castells, M. (1992) 'Four Asian Tigers with a Dragon Head: A Comparative Analysis of the State, Economy, and Society in the Asian Pacific Rim', in R. P. Appelbaum and J. Henderson (eds), *States and Develop-ment in the Asian Pacific Rim* (Newbury Park, CA: Sage).

Castells, M. (1996) *The Rise of the Network Society* (Oxford: Blackwell).

Castells, M. (1997) *The Power of Identity* (Oxford: Blackwell).

Castells, M. (1998) *End of Millennium* (Oxford: Blackwell).

Castells, M. (2001) *The Internet Galaxy: Reflections on the Internet, Business, and Society* (Oxford: Oxford University Press).

Castells, M. (2006) *The Network Society: From Knowledge to Policy* (Baltimore: Johns Hopkins University Press).

Castles, S., and Miller, M. J. (1993) *The Age of Migration: International Population Movements in the Modern World* (Basingstoke: Palgrave Macmillan).

Castles, S., and Miller, M. J. (2009) *The Age of Migration: International Population Movements in the Modern World* (4th edn, Basingstoke: Palgrave Macmillan).

Cathcart, B. (2011) 'The Ordeal of Christopher Jefferies', *FT Magazine*, 8 October; www.ft.com/cms/s/2/22eac290-eee2-11e0-959a-00144feab49a.html.

Catton, W., Jr., and Dunlap, R. E. (1978) 'Environmental Sociology: A New Paradigm', *American Sociologist*, 13: 41-9.

Cavanagh, M. (2011) 'Youth Unemployment Must be Addressed', *New Statesman*, 10 August; available at: www.newstatesman.com/blogs/the-staggers/2011/08/youth-unemployment-police-long.

Cayton, H. (2000) 'Alzheimer's: Looking Ahead in the Twenty-First Century', from personal correspond-ence, Buckingham Palace.

Centers for Disease Control (2014) 'Severe Acute Respiratory Syndrome', www.cdc.gov/sars/about/faq.html.

Centre for Contemporary Cultural Studies (1982) *The Empire Strikes Back: Race and Racism in 70s Britain* (London: Hutchinson).

Centre for Social Justice (2009) *Dynamic Benefits: Towards Welfare that Works*. London: CSJ.

Chamberlain, M. (1999) 'Brothers and Sisters, Uncles and Aunts: A Lateral Perspective on Caribbean Fami-lies', in E. B. Silva and C. Smart (eds), *The New Family?* (London: Sage).

Chambers, D. (2006) *New Social Ties: Contemporary Connections in a Fragmented Society* (Basingstoke: Palgrave Macmillan).

Chambers, D. (2012) *A Sociology of Family Life: Change and Diversity in Intimate Relations* (Cambridge: Polity).

Chambers, P., Allan, G., and Phillipson, C. (2009) *Family Practices in Later Life* (Bristol: Policy Press).

Chambliss, W. J. (1978) *On the Take: From Petty Crooks to Presidents* (Bloomington: Indiana University Press).

Chapkis, W. (1997) *Live Sex Acts: Women Performing Erotic Labour* (London: Routledge).

Chaplin, E. (1994) *Sociology and Visual Representation* (London: Routledge).

Charles, N., and James, E. (2003) 'The Gender Dimensions of Job Insecurity in a Local Labour Market', *Work, Employment and Society*, 17(3): 531–52.

Charlton, J. I. (1998) *Nothing About Us without Us: Disability Oppression and Empowerment* (Berkeley: University of California Press).

Charters, A. (ed.) (2001) *Beat Down to your Soul: What was the Beat Generation?* (New York: Penguin).

Chase-Dunn, C. (1989) *Global Formation: Structures of the World Economy* (Oxford: Blackwell).

Chatterjee, P., Bailey, D., and Aronoff, A. (2001) 'Adolescence and Old Age in 12 Communities', *Journal of Sociology and Social Welfare*, 28(4): 121–59.

Chatterjee, S. (2005) 'Introduction', in S. K. Das (ed.), *Peace Processes and Peace Accords* (New Delhi: Sage India): 17–19.

Chen, X. (2009) 'Introduction: A Globalizing City on the Rise: Shanghai's Transformation in Comparative Perspective', in X. Chen (ed.), *Shanghai Rising: State Power and Local Transformations in a Global Megacity* (Minneapolis: University of Minnesota Press): xv–xxxv.

Chiles, D. P. (2013) *Principles of Netiquette* (CreateSpace Independent Publishing).

Chiozza, G. (2002) 'Is there a Clash of Civilizations? Evidence from Patterns of International Conflict Involvement, 1946–97', *Journal of Peace Research*, 39(6): 711–34.

Chodorow, N. (1978) *The Reproduction of Mothering* (Berkeley: University of California Press).

Chodorow, N. (1988) *Psychoanalytic Theory and Feminism* (Cambridge: Polity).

Chomsky, N. (1991) *Media Control: The Spectacular Achievements of Propaganda* (New York: Seven Stories Press).

Chowdry, H., Crawford, C., and Goodman, A. (2010) 'Outcomes in the Secondary School Years: Evidence from the Longitudinal Study of Young People in England', in A. Goodman and P. Gregg (eds), *Poorer Children's Educational Attainment: How Important Are Attitudes and Behaviour?* (York: Joseph Rowntree Foundation): 34–43.

Chua, A. (2003) *World on Fire: How Exporting Free Market Democracy Breeds Ethnic Hatred and Global Instability* (New York: Doubleday).

CIA (2007) *The World Factbook*, available at: www.umsl.edu/services/govdocs/wofact2007/index.html.

CIA (2012) *The World Factbook* 2012, available at: https://www.cia.gov/library/publications/the-world-factbook/index.html.

Cixous, H. (1976) 'The Laugh of the Medusa', *Signs*, 1(4): 875–93.

Clark, D. (ed.) (1993) *The Sociology of Death: Theory, Culture, Practice* (Oxford: Blackwell).

Clausewitz, C. von (1993 [1832]) On War (*London: Everyman's Library*).

Clegg, M., Finney, A., and Thorpe, K. (2005) *Crime in England and Wales: Quarterly Update to December 2004* (London: Home Office).

CNN (2001) 'Falwell Apologizes to Gays, Feminists, Lesbians', 14 September, available at: http://archives. cnn.com/2001/US/09/14/Falwell.apology/.

Cockerham, W. (2007) *Social Causes of Health and Disease* (Cambridge: Polity).

Cohen, A. (1955) *Delinquent Boys* (London: Free Press).

Cohen, R. (1997) *Global Diasporas: An Introduction* (London: UCL Press).

Cohen, S. (2003 [1972]) *Folk Devils and Moral Panics: The Creation of the Mods and Rockers* (Oxford: Martin Robertson).

Cole, T. R. (1992) *The Journey of Life: A Cultural History of Aging in America* (Cambridge: Cambridge University Press).

Collier, P. (2007) *The Bottom Billion: Why the Poorest Countries Are Failing and What Can be Done about It* (Oxford: Oxford University Press).

Collins, J. (2000) 'Quality by Other Means', Unpublished manuscript, Department of Sociology, University of Wisconsin-Madison.

Collins, P. H. (2000) *Black Feminist Thought: Knowledge, Consciousness and the Politics of Empowerment* (New York: Routledge).

Colquhoun, I. (2004) *Design out Crime: Creating Safe and Sustainable Communities* (Amsterdam: Elsevier).

Connell, R. W. (1987) *Gender and Power: Society, the Person and Sexual Politics* (Cambridge: Polity).

Connell, R. W. (2001) *The Men and the Boys* (Berkeley and Los Angeles: Allen & Unwin).

Connell, R. W. (2005) *Masculinities* (2nd edn, Cambridge: Polity).

Connell, R. W. (2011) *Confronting Equality: Gender, Knowledge and Global Change* (Cambridge: Polity).

Conrad, P. (2002) 'A Mirage of Genes', in S. Nettleton and U. Gustafsson (eds), *The Sociology of Health and Illness Reader* (Cambridge: Polity): 76-87.

Cook, K. S., Snijders, C., Buskers, V., and Cheshire, C. (eds) (2009) *eTrust: Forming Relationships in the Online World* (New York: Russell Sage Foundation).

Coontz, S. (1992) *The Way We Never Were: American Families and the Nostalgia Trap* (New York: Basic Books).

Cooper, C. (2016) 'Government Loses Major House of Lords Vote to Redefine Child Poverty', *The Independent*, 26 January; www.independent.co.uk/news/uk/politics/government-loses-vote-to-keep-child-poverty-numbers-secret-a6833156.html.

Cooper, H. (2002) 'Investigating Socio-Economic Explanations for Gender and Ethnic Inequalities in Health', *Social Science & Medicine*, 54(5): 693-0706.

Corbin, J., and Strauss, A. (1985) 'Managing Chronic Illness at Home: Three Lines of Work', *Qualitative Sociology*, 8(3): 224-47.

Corrigan, P. (1997) *The Sociology of Consumption: An Introduction* (London: Sage).

Corsaro, W. (2005) *The Sociology of Childhood* (2nd edn, Thousand Oaks, CA: Pine Forge Press).

Coser, L. A. (1977) *Masters of Sociological Thought: Ideas in Historical and Social Context* (New York: Harcourt, Brace, Jovanovich).

Cotgrove, S., and Duff, A. (1980) 'Environmentalism, Middle Class Radicalism and Politics', Sociological Review, 28(2): 333-51.

Councell, R., and Simes, J. (2002) P*rojections of Long Term Trends in the Prison Population to 2009*, Research Report 14/02 (London: Home Office).

Council of Europe (2005) *Reconciling Labour Flexibility with Social Cohesion -Facing the Challenge* (Stras-bourg: Council of Europe).

Council of Europe (2006) *Campaign to Combat Violence against Women, including Domestic Violence*, Fact sheet, available at: www.coe.int/t/dg2/equality/domesticviolencecampaign/fact_sheet_ en.asp.

Coward, R. (1984) *Female Desire: Women's Sexuality Today* (London: Paladin).

Cowie, J., and Heathcott, J. (eds) (2003) Beyond the Ruins: *The Meanings of Deindustrialization* (Ithaca, NY: Cornell University Press).

Cox, O. C. (1959) *Class, Caste and Race: A Study in Social Dynamics* (New York: Monthly Review Press).

Cox, O. C. (1964) 'The Pre-Industrial City Reconsidered', *Sociological Quarterly*, 5: 133-44.

Crenshaw, K. W. (1991) 'Mapping the Margins: Intersectionality, Identity Politics and Violence against Women of Color', *Stanford Law Review*, 43(6): 1241-99.

Crenshaw, M. (2011) *Explaining Terrorism: Causes, Processes and Consequences* (Abingdon: Routledge).

Crick, B. (2004) 'Is Britain Too Diverse? The Responses', available at: www.carnegiecouncil.org/media/replies.pdf.

Croall, H. (2001) *Understanding White Collar Crime* (Buckingham: Open University Press).

Croall, H. (2011) *Crime and Society in Britain* (2nd edn, London: Longman).

Crompton, R. (2006) *Employment and the Family: The Reconfiguration of Work and Family Life in Contem-porary Societies* (Cambridge: Cambridge University Press).

Crompton, R. (2008) *Class and Stratification: An Introduction to Current Debates* (3rd edn, Cambridge: Polity).

Crompton, R., Brockmann, M., and Lyonette, C. (2005) 'Attitudes, Women's Employment and the Domes-tic Division of Labour: A Cross-National Analysis in Two Waves', *Work, Employment and Society*, 19(2): 213-33.

Crossley, N. (2002) *Making Sense of Social Movements* (Buckingham: Open University Press).

Crossley, N. (2003) 'Even Newer Social Movements? Anti-Corporate Protests, Capitalist Crises and the Remoralization of Society', *Organization*, 10(2): 287-305.

Crossley, R. (2014) 'Will Workplace Robots Cost More Jobs Than They Create?', www.bbc.co.uk/news/technology-27995372.

Crothers, C. (1996) *Social Structure* (London: Routledge).

Crowther, D., and Rayman-Bacchus, L. (eds) (2004) *Perspectives on Corporate Social Responsibility* (Alder-shot: Ashgate).

Cumberbatch, G., and Negrine, R. (1992) *Images of Disability on Television* (London: Routledge).

Cumings, B. (1987) 'The Origins and Development of the Northeast Asian Political Economy: Industrial Sectors, Product Cycles, and Political Consequences', in F. C. Deyo (ed.), *The Political Economy of the New Asian Industrialism* (Ithaca, NY: Cornell University Press).

Cumings, B. (2005) *Korea's Place in the Sun: A Modern History* (rev. edn, New York: W. W. Norton).

Cumming, E., and Henry, W. E. (1961) *Growing Old: The Process of Disengagement* (New York: Basic Books).

Cunningham, K. (2011) *The Bubonic Plague* (Edina, MN: ABDO).

Curran, J., and Seaton, J. (2003) *Power without Responsibility: The Press, Broadcasting and New Media in Britain* (London: Routledge).

Currie, E. (1998) *Crime and Punishment in America* (New York: Metropolitan Books).

Cylke, F. K. (1993) *The Environment* (New York: HarperCollins).

Daly, G. (2013) *Homeless: Policies, Strategies and Lives on the Streets* (3rd edn, Abingdon: Routledge).

Damaske, S. (2011) *For the Family? How Class and Gender Shape Women's Work* (Oxford: Oxford University Press).

D'Anieri, P., Ernst, C., and Kier, E. (1990) 'New Social Movements in Historical Perspective', *Comparative Politics*, 22(4): 445-58.

Darby, J. (2001) *The Effects of Violence on Peace Processes* (Washington, DC: US Institute of Peace Press).

D'Arcy, C., and Kelly, G. (2015) *Analysing the National Living Wage: Impact and Implications for Britain's Low Pay Challenge* (London: Resolution Foundation).

Darwin, C. (2008 [1859]) *On the Origin of Species* (Oxford: Oxford University Press).

Das, S. K. (2005) *Peace Processes and Peace Accords* (New Delhi: Sage India).

David, M. E. (2003) *Personal and Political: Feminisms, Sociology and Family Lives* (Stoke-on-Trent: Trentham Books).

Davie, G. (1994) *Religion in Britain since 1945: Believing without Belonging* (Oxford: Blackwell).

Davie, G. (2000) *Religion in Modern Europe: A Memory Mutates* (Oxford: Oxford University Press).

Davies, B. (1991) *Frogs and Snails and Feminist Tales* (Sydney: Allen & Unwin).

Davies, J. B., Sandström, S., Shorrocks, A., and Wolff, E. N. (2007) *Estimating the Level and Distribution of Global Household Wealth*, Research Paper No: 2007/77 (Helsinki: UNU-WIDER).

Davis, H. (2004) *Understanding Stuart Hall* (London: Sage).

Davis, K. (1949) *Human Society* (New York: Macmillan).

Davis, K. (1965) 'The Urbanization of the Human Population', *Scientific American*, 213 (September): 41-53.

Davis, M. (1990) *City of Quartz: Excavating the Future in Los Angeles* (London: Vintage).

Davis, M. (2006) *City of Quartz: Excavating the Future in Los Angeles* (2nd edn, London: Verso).

Davis, S. M. (1988) *2001 Management: Managing the Future Now* (London: Simon & Schuster).

Dawkins, R. (1986) *The Blind Watchmaker* (London: Longman).

Dawkins, R. (2006) *The God Delusion* (London: Bantam Press).

Dawood, F. S., Iuliano, A. D., Reed, C., et al. (2012) 'Estimated Global Mortality Associated with the First 12 Months of 2009 Pandemic Influenza A H1N1 Virus Circulation: A Modelling Study', *The Lancet Infectious Diseases*, 12(9): 687-95.

DCMS (Department for Culture, Media and Sport) (2011) 'Tourism', available at: www.culture.gov.uk/what_we_do/tourism/default.aspx.

De Swaan, A. (2001) *Words of the World: The Global Language System* (Cambridge: Polity).

De Vaus, D. (2008) 'Australian Families: Social and Demographic Patterns', in C. B. Hennon and S.M.Wilson (eds), *Families in a Global Context* (New York: Routledge): 379-406.

De Witt, K. (1994) 'Wave of Suburban Growth Is Being Fed by Minorities', *New York Times*, 15 August.

Deem, R. (ed.) (1980) *Schooling for Women's Work* (London: Routledge & Kegan Paul).

Defra (2016) *Digest of Waste and Resource Statistics* (London: Defra); https://www.gov.uk/government/uploads/system/uploads/attachment_data/file/508787/Digest_of_Waste_and_Resource_ Statistics_rev.pdf.

Delanty, G. (1997) *Social Science: Beyond Constructivism and Realism* (Buckingham: Open University Press).

Delbès, C., Gaymu, J., and Springer, S. (2006) 'Women Grow Old Alone, but Men Grow Old with a Partner: A European Overview', *Population & Societies*, 419 (January).

Delgado, R., and Stefancic, J. (2001) *Critical Race Theory: An Introduction* (New York: New York University Press).

Della Porta, D., and Diani, M. (2006) *Social Movements: An Introduction* (Oxford: Blackwell).

Della Salla, V. (2011) 'A Less Close Union? The European Union's Search for Unity amid Crisis', in C. Calhoun and G. Derluguian (eds), *The Deepening Crisis: Governance Challenges after Neoliberalism* (New York: New York University Press): 135-56.

DeLong-Bas, N. J. (2004) *Wahhabi Islam: From Revival and Reform to Global Jihad* (New York: I. B. Tauris).

Dennis, A., Philburn, R., and Smith, G. (2013) *Sociologies of Interaction* (Cambridge: Polity).

Dennis, K., and Urry, J. (2009) *After the Car* (Cambridge: Polity).

Dennis, N., and Erdos, G. (1992) *Families without Fatherhood* (London: IEA Health and Welfare Unit).

DeNora, T. (2000) *Music in Everyday Life* (Cambridge: Cambridge University Press).

Denver, D. (2011) *e Scottish Parliament Elections of 2011: Report to the Electoral Commission*, www.electoralcommission.org.uk/_data/assets/pdf_file/0007/141379/SP-2011-electoral-data-report-WEB.pdf.

Denzin, N. K. (1970) *The Research Act in Sociology* (Chicago: Aldine).

Denzin, N. K., Lincoln, Y. S., and Tuhiwai Smith, L. (eds) (2008) *Handbook of Critical and Indigenous Meth-odologies* (New York: Sage).

Dermott, E., and Seymour, J. (eds) (2011) *Displaying Families: A New Concept for the Sociology of Family Life* (Basingstoke: Palgrave Macmillan).

Derrida, J. (1976) *Of Grammatology* (Baltimore: Johns Hopkins University Press).

Derrida, J. (1978) *Writing and Difference* (London: Routledge & Kegan Paul).

Derrida, J. (1981) *Positions* (London: Athlone Press).

Devall, B. (1990) *Simple in Means, Rich in Ends: Practising Deep Ecology* (London: Green Print).

Deyo, F. C. (1989) *Beneath the Miracle: Labor Subordination in the New Asian Industrialism* (Berkeley: University of California Press).

DfE (Department for Education) (2012) *A Profile of Pupil Exclusions in England* (London: DfE).

DfE (Department for Education) (2014a) *Permanent and Fixed Period Exclusions in England: 2012 to 13* (London: DfE).

DfE (Department for Education) (2014b) 'Pupil Premium: Funding for Schools and Alternative Provision', https://www.gov.uk/pupil-premium-information-for-schools-and-alternative-provision-settings.

DfE (Department for Education) (2015) 'NEET Statistics Quarterly Brief: January to March 2015', https://www.gov.uk/government/statistics/neet-statistics-quarterly-brief-january-to-march-2015.

DHSS (Department of Health and Social Security) (1980) *Inequalities in Health* (London: DHSS) [Black Report].

Dickens, P. (1996) *Reconstructing Nature: Alienation, Emancipation and the Division of Labour* (London: Routledge).

Dickens, P. (2004) *Society and Nature: Changing Nature, Changing Ourselves* (Cambridge: Polity).

Diehl, M., and Dark-Freudeman, A. (2006) 'The Analytic Template in the Psychology of Aging', in D. J. Sheets, D. B. Bradley and J. Hendricks (eds), *Enduring Questions and Changing Perspectives in Gerontology* (New York: Springer).

Dobash, R. E., and Dobash, R. P. (1992) *Women, Violence and Social Change* (London: Routledge).

Dobson, A., and Bell, D. (eds) (2006) *Environmental Citizenship* (Cambridge, MA: MIT Press).

Dodd, V. (2015) 'Stephen Lawrence: New Criminal Inquiry into Claims Police Shielded Killers', https://www.theguardian.com/uk-news/2015/oct/16/stephen-lawrence-inquiry-hunts-police-alleged-to-have-shielded-killers.

DoH (Department of Health) (2003) *Tackling Health Inequalities: A Programme for Action* (London: DoH).

DoH (Department of Health) (2006) *Smoking, Drinking and Drug Misuse among Young People in England in 2002* (London: DoH).

Doherty, P. C. (2013) *Pandemics: What Everyone Needs to Know* (Oxford: Oxford University Press).

Doig, A. (2011) *State Crime* (Abingdon: Willan).

Doogan, K. (2009) *New Capitalism? The Transformation of Work* (Cambridge: Polity).

Douglas, M. (1994) *Risk and Blame* (London: Routledge).

Dowd, J. (1986) 'The Old Person as Stranger', in V. W. Marshall (ed.), *Later Life: The Social Psychology of Ageing* (Beverly Hills, CA: Sage): 147-87.

Doyal, L. (1995) *What Makes Women Sick: Gender and the Political Economy of Health* (London: Macmil-lan).

Drentea, P., and Moren-Cross, J. L. (2005) 'Social Capital and Social Support on the Web: The Case of an Internet Mother Site', *Sociology of Health and Illness*, 27(7): 920-43.

Drever, F., and Whitehead, M. (1997) *Health Inequalities* (London: The Stationery Office).

DTI (Department of Trade and Industry) (2000) *Just Around the Corner* (London: DTI).

Du Gay, P. (2000) *In Praise of Bureaucracy: Weber, Organization, Ethics* (London: Sage).

Duerr, H.-P. (1988) Der Mythos vom Zivilsationsprozess, Vol. 1: Nacktheit und Scham (*Frankfurt am Main: Suhrkamp*).

Duffett, M. (2014) 'Introduction', in M. Duffett (ed.), *Popular Music Fandom: Identities, Roles and Practices* (New York: Routledge): 1-15.

Duy, B., and Frere-Smith, T. (2014) *Perceptions and Reality: Public Attitudes to Immigration*, https://www.ipsos-mori.com/DownloadPublication/1634_sri-perceptions-and-reality-immigration-report-2013.pdf.

Duggan, M., Ellison, N. B., Lampe, C., Lenhart, A., and Madden, M. (2015) *Social Media Update 2014*, Pew Research Center, www.pewinternet.org/2015/01/09/social-media-update-2014/.

Duneier, M. (1999) *Sidewalk* (New York: Farrar, Straus & Giroux).

Duneier, M., and Molotch, H. (1999) 'Talking City Trouble: Interactional Vandalism, Social Inequality, and the "Urban Interaction Problem"', *American Journal of Sociology*, 104(5): 1263-95.

Dunlap, R. E., Buttel, F. H., Dickens, P., and Gijswijt, A. (eds) (2002) *Sociological Theory and the Environ-ment: Classical Foundations, Contemporary Insights* (Oxford: Rowman & Littlefield).

Durkheim, E. (1952 [1897]) *Suicide: A Study in Sociology* (London: Routledge & Kegan Paul).

Durkheim, E (1965 [1912]) *The Elementary Forms of the Religious Life* (New York: Free Press).

Durkheim, E. (1982 [1895]) *The Rules of Sociological Method* (London: Macmillan).

Durkheim, E. (1984 [1893]) *The Division of Labour in Society* (London: Macmillan).

Durkheim, E. (2011 [1925]) *Moral Education* (New York: Dover).

Dutt, M. (1996) 'Some Reflections on US Women of Color and the United Nations Fourth World Conference on Women and NGO Forum in Beijing, China', *Feminist Studies*, 22(3).

DWP (Department for Work and Pensions) (2002) *Disabled for Life? Attitudes Towards, and Experiences of, Disability in Britain* (London: HMSO).

DWP (Department for Work and Pensions) (2005) *Family Resources Survey, 2004-5* (London: HMSO).

DWP (Department for Work and Pensions) (2007) *The Pensioners' Income Series, 2005-6* (London: HMSO).

DWP (Department for Work and Pensions) (2010) *Universal Credit: Welfare that Works* (London: HMSO).

DWP (Department for Work and Pensions) (2011) *Households below Average Income: An Analysis of the Income Distribution, 1994/5-2009/10* (London: HMSO).

DWP (Department for Work and Pensions) (2012) *Family Resources Survey: United Kingdom 2010/11* (London: DWP).

DWP (Department for Work and Pensions) (2014) 'Disability Prevalence Estimates, 2011-12', https://www.gov.uk/government/uploads/system/uploads/attachment_data/file/321594/disability-prevalence.pdf.

Dwyer, P. (2004) 'Creeping Conditionality in the UK: From Welfare Rights to Conditional Entitlements?', *Canadian Journal of*

Sociology, 29(2): 265-87.

Dyck, I. (1992) *William Cobbett and Rural Popular Culture* (Cambridge: Cambridge University Press).

Easton, P. B. (2006) *Creating a Literate Environment: Hidden Dimensions and Implications for Policy* (Hamburg: UNESCO Institute for Education).

Eberstadt, N., and Satel, S. (2004) 'Health, Inequality and the Scholars', *The Public Interest*, no. 157 (Fall): 100-18.

Eckersley, R. (1989) 'Green Politics and the New Class: Selfishness or Virtue?', *Political Studies*, 37(2): 205-23.

The Economist (1995) 'Book Review of David Blankenhorn, Fatherless America', April.

The Economist (2004a) 'The Kindness of Strangers?', 26 February.

The Economist (2004b) 'More or Less Equal? Is Economic Inequality around the World Getting Better or Worse?, 11 March; available at: www.economist.com/node/2498851?story_id=2498851.

The Economist (2005) 'Backgrounder: EU Enlargement', 23 June.

The Economist (2010) 'Europe's Irreligious', 9 August; available at: www.economist.com/node/16767758. Edwards, T. (1998) 'Queer Fears: Against the Cultural Turn', *Sexualities*, 1(4): 471-84.

Edwards, R., Gillies, V., and Ribbens McCarthy, J. (2012) 'The Politics of Concepts: Family and its (Putative) Replacements', *British Journal of Sociology*, 63(4): 730-46.

Edwards, T. (1998) 'Queer Fears: Against the Cultural Turn', *Sexualities*, 1(4): 471-84.

Efron, S. (1997) 'Eating Disorders Go Global', *Los Angeles Times*, 18 October.

EHRC (Equality and Human Rights Commission) (2010a) *How Fair is Britain? Equality, Human Rights and Good Relations in 2010: The First Triennial Review*, www.equalityhumanrights.com/uploaded_files/triennial_review/how_fair_is_britain_-_complete_report.pdf.

EHRC (Equality and Human Rights Commission) (2010b) *40 Years since the Equal Pay Act and Scotland's Women are Still Paid Less than Men*, www.equalityhumanrights.com/scotland/scottish-news/press-releases-2010/40-years-since-the-equal-pay-act-and-scotlands-women-are-still-paid-less-than-men/.

EHRC (Equality and Human Rights Commission) (2011) *Sex and Power 2011* (Manchester: EHRC).

Ehrenreich, B., and Ehrenreich, J. (1979) 'The Professional-Managerial Class', in P. Walker (ed.), *Between Labour and Capital* (Hassocks: Harvester Press).

Eibl-Eibesfeldt, I. (1973) 'The Expressive Behaviour of the Deaf-and-Blind Born', in M. von Cranach and I. Vine (eds), *Social Communication and Movement* (New York: Academic Press).

Ekman, P., and Friesen, W. V. (1978) *Facial Action Coding System* (New York: Consulting Psychologists Press).

Elder, G. H. J. (1974) *Children of the Great Depression: Social Change in Life Experience* (Chicago and London: University of Chicago Press).

Eldridge, J. (ed.) (1993) *Getting the Message: News, Truth and Power* (London: Routledge).

Elgin, D. (2010) *Voluntary Simplicity* (2nd edn, New York: HarperCollins).

Elias, N. (1978) *What is Sociology?* (New York: Columbia University Press).

Elias, N. (1985) *The Loneliness of the Dying* (London: Continuum).

Elias, N. (1987a) 'On Human Beings and their Emotions: A Process-Sociological Essay', *Theory, Culture and Society*, 4(2-3): 339-61.

Elias, N. (1987b) *Involvement and Detachment* (Oxford: Blackwell).

Elias, N. (1991) *The Society of Individuals* (New York: Continuum).

Elias, N. (2000 [1939]) *The Civilizing Process: Sociogenetic and Psychogenetic Investigations* (rev. edn, Oxford: Blackwell).

Ell, K. (1996) 'Social Networks, Social Support and Coping with Serious Illness: The Family Connection', *Social Science and Medicine*, 42(2): 173-83.

Elliott, L. (2013) 'Chinese Downturn Fuels Fears Crisis is Spreading East', *The Guardian*, 21 April; www.theguardian.com/business/2013/apr/21/chinese-downturn-fuels-fears-dangerous-crash.

Elliott, R., and Elliott, C. (2005) 'Idealized Images of the Male Body in Advertising: A Reader-Response Exploration', *Journal of Marketing Communications*, 11(1): 3-19.

Elshtain, J. B. (1987) *Women and War* (New York: Basic Books).

Emmanuel, A. (1972) *Unequal Exchange: A Study of the Imperialism of Trade* (New York: Monthly Review Press).

Engels, F. (2010 [1884]) *The Origin of the Family, Private Property and the State* (London: Penguin).

Epley, N. S., Hillis, K., and Petit, M. (eds) (2006) *Everyday eBay: Culture, Collecting and Desire* (New York: Routledge).

Epstein, D. (ed.) (1998) *Failing Boys? Issues in Gender and Achievement* (Buckingham: Open University Press).

Epstein, S. (2002) 'A Queer Encounter: Sociology and the Study of Sexuality', in C. L. Williams and A. Stein (eds), *Sexuality and Gender* (Oxford: Blackwell).

Equality Challenge Unit (2013) *Equality in Higher Education: Statistical Report 2013. Part 1, Staff* (London: ECU).

Ericson, R. (2005) *'Publicizing Sociology'*, British Journal of Sociology, 56(3): 365-72.

Escobar, A. (1995) *Encountering Development: The Making and Unmaking of the Third World* (Princeton, NJ: Princeton University Press).

Esping-Andersen, G. (1990) *The Three Worlds of Welfare Capitalism* (Cambridge: Polity).

Estes, C. L., Biggs, S., and Phillipson, C. (2003) *Social Theory, Social Policy and Ageing* (Buckingham: Open University Press).

Estes, C. L., Binney, E. A., and Culbertson, R. A. (1992) 'The Gerontological Imagination: Social Influences on the Development of Gerontology, 1945-Present', *Aging and Human Development*, 35(1): 67-82.

Esteva, G. (1992) 'Development', in W. Sachs (ed.), *The Development Dictionary: A Guide to Knowledge as Power* (Johannesburg: Witwatersrand University Press).

Ethnic Minority Employment Taskforce (2006) *Ethnic Minorities in the Labour Market* (London: HMSO).

EUFRA (European Union Fundamental Rights Agency) (2007) Trends and Developments in Racism, Xeno-phobia and Anti-Semitism, 1997-2005 (Vienna: EUFRA).

Europaworld (2007) *'Global Unemployment Remains at Historic High Despite Strong Economic Growth'. available at: www.europaworld.com/pub/.*

European Commission (2001) *Promoting a European Framework for Corporate Social Responsibility, Green Paper* (Brussels: European Commission).

European Commission (2006) *Eurobarometer 66: Public Opinion in the European Union* (Luxembourg: European Commission).

European Commission (2015a) 'Reducing Emissions from Transport', http://ec.europa.eu/clima/policies/transport/index_en.htm.

European Commission (2015b) 'Acceding and Candidate Countries', http://ec.europa.eu/economy_finance/international/non_eu/candidate/index_en.htm.

European Environment Agency (2013) *Managing Municipal Solid Waste: A Review of Achievements in 32 European Countries* (Copenhagen: EEA); www.eea.europa.eu/ publications/managing- municipal-solid-waste.

European Parliament (2014) *European Parliament: Facts and Figures*, www.europarl.europa.eu/EPRS/EPRS-Briefing-542150-European-Parliament-Facts-and-Figures-FINAL.pdf.

Eurostat (2010) *Europe in Figures: Eurostat Yearbook 2010* (Luxembourg: European Union).

Eurostat (2011) 'Population Structure and Ageing', available at: http://epp.eurostat.ec.europa.eu/statis-tics_explained/index.php/Population_structure_and_ageing.

Eurostat (2014) 'Tertiary Education Statistics', http://ec.europa.eu/eurostat/statistics-explained/index.php/Tertiary_education_statistics#Further_Eurostat_information.

Eurostat (2015a) 'People at Risk of Poverty or Social Exclusion', http://ec.europa.eu/eurostat/statistics-explained/index.php/People_at_risk_of_poverty_or_social_exclusion#Main_tables.

Eurostat (2015b) 'Crude Marriage and Divorce Rates, EU-28, 1970-2011', http://ec.europa.eu/eurostat/statistics-explained/index.php/File:Crude_marriage_and_divorce_rates,_EU-28,_1970%E2%80%932011_(%C2%B9)_(per_1_000_inhabitants)_YB15.png.

Evans, D. J. (1992) 'Left Realism and the Spatial Study of Crime', in D. J. Evans, N. R. Fyfe and D. T. Herbert (eds), *Crime, Policing and Place: Essays in Environmental Criminology* (London: Routledge).

Evans, M. (2000) 'Poor Show', *The Guardian*, 6 March.

Evans, P. (1979) *Dependent Development* (Princeton, NJ: Princeton University Press). E

Evans-Pritchard, A. (2015) 'Liquidity Evaporates in China as "Fiscal Cliff"Nears', *The Telegraph*, 4 March; www.telegraph.co.uk/finance/comment/ambroseevans_pritchard/11450691/Liquidity-evaporates-in-China-as-fiscal-cliff-nears.html.

Fainstein, S. (2001) *The City Builders: Property Development in New York and London, 1980-2000* (2nd edn, Lawrence: University Press of Kansas).

Fairclough, N. (1989) *Language and Power* (London: Longman).

Fairclough, N. (1992) *Critical Language Awareness* (London: Longman).

Fairclough, N. (2000) *New Labour, New Language?* (London: Routledge).

Fairclough, N. (2003) *Analysing Discourse: Textual Analysis for Social Research* (London: Routledge).

Faludi, S. (1991) *Backlash: The Undeclared War against Women* (London: Chatto & Windus).

FAO/IFAD/ILO (Food and Agriculture Organization/International Fund for Agricultural Development/International Labour Organization) (2010) 'Breaking the Rural Poverty Cycle: Getting Girls and Boys out of Work and into School', www.fao.org/docrep/013/i2008e/i2008e07.pdf.

Farndale, N. (2011) 'Brian Cox: I'm Not Anti-Religion, I'm Anti-Maniac', *The Telegraph*, 21 February; www.telegraph.co.uk/news/science/8330863/Brian-Cox-Im-not-anti-religion.-Im-anti-maniac.html.

Farrington, D. P. (2003) 'Advancing Knowledge about the Early Prevention of Adult Antisocial Behaviour', in D. P. Farrington and J.

W. Coid (eds), *Early Prevention of Adult Antisocial Behaviour* (Cambridge: Cambridge University Press): 1-31.

Farrington, D. P., and Welsh, B. C. (2007) *Saving Children from a Life of Crime: Early Risk Factors and Effec-tive Interventions* (Oxford: Oxford University Press).

Featherstone, M., and Hepworth, M. (1989) 'Ageing and Old Age: Reflections on the Postmodern Life Course', in B. Bytheway et al. (eds), *Becoming and Being Old* (London: Sage).

Featherstone, M., and Renwick, A. (eds) (1995) *Images of Aging: Cultural Representations of Later Life* (London and New York: Routledge).

Felson, M. (1994) *Crime and Everyday Life: Insights and Implications for Society* (Thousand Oaks, CA: Pine Forge Press).

Felstead, A., Jewson, N., and Walters, S. (2005) *Changing Places of Work* (Basingstoke: Palgrave Macmillan).

Fensom, A. (2015) 'Asia's Growth Gap: India Versus the Rest', *The Diplomat*, 15 April; http://thediplomat.com/2015/04/asias-growth-gap-india-versus-the-rest/.

Fenton, S. (2010) *Ethnicity* (2nd edn, Cambridge: Polity).

Ferrera, M. (2005) *The Boundaries of Welfare: European Integration and the New Spatial Politics of Social Protection* (Oxford: Oxford University Press).

Feuerbach, L. (1957 [1853]) *The Essence of Christianity* (New York: Harper & Row).

Feyerabend, P. (1975) *Against Method* (London: Verso).

Fihlani, P. (2011) 'Is South Africa's Aids Plan Working?', 30 November, www.bbc.co.uk/news/world-africa-15854793.

Financial Fraud Action UK (2014) *Fraud: The Facts 2014* (London: FFAUK).

Finch, J. (2007) 'Displaying Families', *Sociology*, 41(1): 65-81.

Finke, R., and Stark, R. (1988) 'Religious Economies and Sacred Canopies: Religious Mobilization in Ameri-can Cities, 1906', *American Sociological Review*, 53(1): 41-9.

Finke, R., and Stark, R. (1992) *The Churching of America, 1776-1990: Winners and Losers in our Religious Economy* (New Brunswick, NJ: Rutgers University Press).

Finkelstein, V. (1980) *Attitudes and Disabled People* (New York: World Rehabilitation Fund).

Finkelstein, V. (1981) 'To Deny or Not to Deny Disability', in A. Brechin et al. (eds), *Handicap in a Social World* (Sevenoaks: Hodder & Stoughton).

Firestone, S. (1970) *The Dialectic of Sex: The Case for Feminist Revolution* (London: Jonathan Cape).

Firth, R. W. (ed.) (1956) *Two Studies of Kinship in London* (London: Athlone Press).

Fischer, C. S. (1984) *The Urban Experience* (2nd edn, New York: Harcourt).

Fisher, P., and Nandi, A. (2015) *Poverty across Ethnic Groups through Recession and Austerity* (York: Joseph Rowntree Foundation).

Fiske, J. (1989) *Reading the Popular* (London: Unwin Hyman).

Flaherty, J., Veit-Wilson, J., and Dornan, P. (2004) *Poverty: The Facts* (5th edn, London: Child Poverty Action Group).

Flatley, J., Kershaw, C., Smith, K., Chaplin, R., and Moon, D. (eds) (2010) *Crime in England and Wales, 2009/10* (London: Home Office).

Fletcher, J. (1997) *Violence and Civilization: An Introduction to the Work of Norbert Elias* (Cambridge: Polity).

Florack, F. (2014) 'Free Schools in England: The Future of British Education?', in *International Conference on 'The Future of*

Education', 4th edn, Florence, Italy, 12–13 June: 219–22.

Flouri, E. (2005) *Fathering and Child Outcomes* (Chichester: John Wiley).

Forbes (2014a) 'Forbes Billionaires: Full List of the World's 500 Richest People', www.forbes.com/sites/abrambrown/2014/03/03/forbes-billionaires-full-list-of-the-worlds-500-richest-people/.

Forbes (2014b) 'Inside the Forbes 2014 Billionaires List: Facts and Figures', www.forbes.com/sites/luisakroll/2014/03/03/inside-the-2014-forbes-billionaires-list-facts-and-figures/.

Forbes (2015) 'Mark Zuckerberg: Real Time Net Worth', www.forbes.com/profile/mark-zuckerberg/.

Ford, C. S., and Beach, F. A. (1951) *Patterns of Sexual Behaviour* (New York: Harper & Row).

Foreign Policy (2014) 'Mongolia Versus eBay', www.foreignpolicy.com/articles/2012/02/27/ mongolia_vs_ebay.

Foresight (2011) *The Future of Food and Farming: Final Project Report* (London: Government Office for Science); available at: http://www.bis.gov.uk/assets/foresight/docs/food-and-farming/11-546-future-of-food-and-farming-report.pdf.

Forman, L. (2008) *Assisted Suicide* (Edina, MN: ABDO).

Foucault, M. (1967) *Madness and Civilization: A History of Insanity in the Age of Reason* (London: Tavis-tock).

Foucault, M. (1973) *The Birth of the Clinic: An Archaeology of Medical Perception* (London: Tavistock).

Foucault, M. (1975) *Discipline and Punish* (Harmondsworth: Penguin).

Foucault, M. (1978) The History of Sexuality (London: Penguin).

Foucault, M. (1988) 'Technologies of the Self', in L. H. Martin, H. Gutman and P. H. Hutton (eds), *Technologies of the Self: A Seminar with Michel Foucault* (Amherst: University of Massachusetts Press).

Francis, B. (2000) *Boys, Girls and Achievement: Addressing the Classroom Issues* (London: Routledge).

Frank, A. G. (1966) 'The Development of Underdevelopment', *Monthly Review*, 18: 17–31.

Frank, A. G. (1969) *Capitalism and Underdevelopment in Latin America: Historical Studies of Chile and Brazil* (New York: Monthly Review Press).

Frank, D. J., and McEneaney, E. H. (1999) 'The Individualization of Society and the Liberalization of State Policies on Same-Sex Sexual Relations, 1984-1995', *Social Forces*, 7(3): 911–43.

Fraser, N. (1992) *Revaluing French Feminism: Critical Essays on Difference, Agency and Culture* (Indianapo-lis: Indiana University Press).

Fraser, S. (1995) *The Bell Curve Wars: Race, Intelligence, and the Future of America* (New York: Basic Books).

Freidson, E. (1970) *Profession of Medicine: A Study of the Sociology of Applied Knowledge* (New York: Dodd, Mead).

Fremlin, J. H. (1964) 'How Many People Can the World Support?', *New Scientist*, 29 October.

Freud, S. (1995 [1933]) *New Introductory Lectures on Psycho-analysis* (New York: W. W. Norton).

Frey, C. B., and Osborne, M. A. (2013) 'The Future of Employment: How Susceptible are Jobs to Computerization?', www.oxfordmartin.ox.ac.uk/downloads/academic/The_Future_of_Employment.pdf.

Frezzo, M. (2014) *The Sociology of Human Rights* (Cambridge: Polity).

Friedan, B. (1963) *The Feminine Mystique* (London: Victor Gollancz).

Friedlander, D., and Burtless, G. (1994) *Five Years After: The Long-Term Effects of Welfare-to-Work Programs* (New York: Russell Sage).

Fries, J. F. (1980) 'Aging, Natural Death, and the Compression of Morbidity', *New England Journal of Medi-cine*, 303(3): 130-5.

Frisby, D. (2002) *Georg Simmel* (rev. edn, London: Routledge).

Fukuyama, F. (1992) *The End of History and the Last Man* (Harmondsworth: Penguin).

Fuller, B. (1978) 'Accommodating Human Unsettlement', *Town Planning Review*, 49 (January): 51-60.

GALLUP (2004) Poll Topics and Trends: Religion, 1 August.

Gallup (2014) 'In U.S., 42% Believe Creationist View of Human Origins', 2 June, www.gallup.com/poll/170822/believe-creationist-view-human-origins.aspx.

Gamble, A. (1999) *Marxism after Communism: The Interregnum. Controversies in World Politics 1989-1999* (Cambridge: Cambridge University Press).

Gammons, H. (2011) *The Art of Music Publishing* (Oxford: Elsevier).

Gamson, J. (1994) *Claims to Fame: Celebrity in Contemporary America* (Berkeley: University of California Press).

Gans, H. J. (1962) *The Urban Villagers: Group and Class in the Life of Italian-Americans* (2nd edn, New York: Free Press).

Gardner, C. B. (1995) *Passing By: Gender and Public Harassment* (Berkeley: University of California Press).

Garfinkel, H. (1963) 'A Conception of, and Experiments with, "Trust" as a Condition of Stable Concerted Actions', in O. J. Harvey (ed.), *Motivation and Social Interaction* (New York: Ronald Press).

Garrioch, D. (2004) *The Making of Revolutionary Paris* (Berkeley and Los Angeles: University of California Press).

Gatto, J. T. (2002) *Dumbing Us Down: The Hidden Curriculum of Compulsory Schooling* (Philadelphia: New Society).

GaWC (2012) 'The World According to GaWC, 2012', www.lboro.ac.uk/gawc/world2012t.html.

Gellner, E. (1983) *Nations and Nationalism* (Oxford: Blackwell).

Gerbner, G. (1997) 'Gender and Age in Prime-Time Television', in S. Kirschner and D. A. Kirschner (eds), P*erspectives on Psychology and the Media* (Washington, DC: American Psychological Association).

Gereffi, G. (1995) 'Contending Paradigms for Cross-Regional Comparison: Development Strategies and Commodity Chains in East Asia and Latin America', in P. H. Smith (ed.), *Latin America in Compara-tive Perspective: New Approaches to Methods and Analysis* (Boulder, CO: Westview Press).

Gershuny, J. (1994) 'The Domestic Labour Revolution: A Process of Lagged Adaptation', in M. Anderson, F. Bechofer and J. Gershuny (eds), *The Social and Political Economy of the Household* (Oxford: Oxford University Press).

Gershuny, J. I., and Miles, I. D. (1983) *The New Service Economy: The Transformation of Employment in Industrial Societies* (London: Frances Pinter).

Gerstenfeld, P. B. (2010) *Hate Crimes: Causes, Controls and Controversies* (New York: Sage).

Gewirtz, S., Ball, S., and Bowe, R. (1995) *Markets, Choice, and Equity in Education* (Buckingham: Open University Press).

Gibbs, L. (2002) 'Citizen Activism for Environmental Health: The Growth of a Powerful New Grassroots Health Movement', *Annals of the American Academy of Political and Social Science*, 584: 97-109.

Gibson, W. (1993) 'Disneyland with the Death Penalty', *Wired*, 1 April, www.wired.com/1993/04/gibson-2/.

Giddens, A. (1984) *The Constitution of Society* (Cambridge: Polity).

Giddens, A. (1991a) *Modernity and Self-Identity: Self and Society in the Late Modern Age* (Cambridge: Polity).

Giddens, A. (1991b) *The Consequences of Modernity* (Cambridge: Polity).

Giddens, A. (1993) *The Transformation of Intimacy: Love, Sexuality and Eroticism in Modern Societies* (Cambridge: Polity).

Giddens, A. (1994) *Beyond Left and Right: The Future of Radical Politics* (Cambridge: Polity).

Giddens, A. (1998) *The Third Way: The Renewal of Social Democracy* (Cambridge: Polity).

Giddens, A. (ed.) (2001) The Global Third Way Debate (Cambridge: Polity).

Giddens, A. (2002) *Runaway World: How Globalisation is Reshaping our Lives* (London: Profile).

Giddens, A. (2006) 'Misunderstanding Multiculturalism', 14 October, https://www.theguardian.com/commentisfree/2006/oct/14/tonygiddens.

Giddens, A. (2009) *The Politics of Climate Change* (Cambridge: Polity).

Giddens, A. (2011) *The Politics of Climate Change* (2nd edn, Cambridge: Polity).

Gillborn, D., and Youdell, D. (2001) 'The New IQism: Intelligence, "Ability" and the Rationing of Educa-tion', in J. Demaine (ed.), *Sociology of Education Today* (London: Palgrave).

Gilleard, C., and Higgs, P. (2005) *Contexts of Ageing: Class, Cohort and Community* (Cambridge: Polity).

Gilligan, C. (1982) *In a Different Voice: Psychological Theory and Women's Development* (Cambridge, MA: Harvard University Press).

Gillis, J. (1996) *A World of Their Own Making: Myth, Ritual and the Quest for Family Values* (New York: Basic Books).

Gillis, S., Howie, G., and Munford, R. (2007) *Third Wave Feminism: A Critical Exploration* (2nd edn, Basing-stoke: Palgrave Macmillan).

Gillon, S. (2004) *Boomer Nation: The Largest and Richest Generation Ever, and How it Changed America* (New York: Free Press)

Ginn, J., and Arber, S. (2000) 'Ethnic Inequality in Later Life: Variation in Financial Circumstances by Gender and Ethnic Group', *Education and Ageing*, 15(1): 65-83.

Ginzburg, C. (1980) *The Cheese and the Worms* (London: Routledge & Kegan Paul).

Giroux, H. (1983) *Theory and Resistance in Education: A Pedagogy for the Oppositio*n (South Hadley, MA: Bergin & Garvey).

Gittins, D. (1993) *The Family in Question: Changing Households and Familiar Ideologies* (Basingstoke: Macmillan).

Glascock, J. (2001) 'Gender Roles on Prime-Time Network Television: Demographics and Behaviors', Jour-nal of Broadcasting & Electronic Media, 45(4): 656-69.

Glaser, B. G., and Strauss, A. L. (1965) *Awareness of Dying* (Chicago: Aldine).

Glasgow University Media Group (1976) *Bad News* (London: Routledge).

Glasius, M., Kaldor, M., and Anheier, H. (eds) (2002) *Global Civil Society 2002* (Oxford: Oxford University Press).

Glass, D. (1954) *Social Mobility in Britain* (London: Routledge & Kegan Paul).

Global Slavery Index (2014) '2014 Global Slavery Index', www.globalslaveryindex.org/.

Glover, I., and Hughes, M. (1996) *The Professional Managerial Class: Contemporary British Management in the Pursuer Mode* (Aldershot: Avebury).

Glover, J. (2011) 'Europeans are Liberal, Anxious and Don't Trust Politicians, Poll Reveals', *The Guardian*, 13 March; available at: www.guardian.co.uk/world/2011/mar/13/guardian-icm-europe-poll-2011.

Goffman, E. (1963) *Stigma* (Englewood Cliffs, NJ: Prentice-Hall). Goffman, E. (1967) Interaction Ritual (New York: Doubleday/Anchor).

Goffman, E. (1967) *Interaction Ritual* (New York: Doubleday/Anchor).

Goffman, E. (1968 [1961]) *Asylums: Essays on the Social Situation of Mental Patients and Other Inmates* (Harmondsworth: Penguin).

Goffman, E. (1971) *Relations in Public: Microstudies of the Public Order* (London: Allen Lane).

Goffman, E. (1980 [1959]) *The Presentation of Self in Everyday Life* (London: Penguin).

Goffman, E. (1981) *Forms of Talk* (Philadelphia: University of Pennsylvania Press).

Gold, T. (1986) *State and Society in the Taiwan Miracle* (Armonk, NY: M. E. Sharpe).

Goldenberg, S., Vidal, J., Taylor, L., Vaughn, A., and Harvey, F. (2015) 'Paris Climate Deal: Nearly 200 Nations Sign in End of Fossil Fuel Era', *The Guardian*, 12 December; www.theguardian.com/environment/2015/dec/12/paris-climate-deal-200-nations-sign-finish-fossil-fuel-era.

Golding, P., and Murdock, G. (eds) (1997) *The Political Economy of the Media* (Cheltenham: Edward Elgar).

Goldscheider, F. K., and Waite, L. J. (1991) *New Families, No Families? The Transformation of the American Home* (Berkeley: University of California Press).

Goldsmith, E. (1988) *The Great U-Turn: Deindustrialising Society* (Bideford: Green Books).

Goldsmith, E., et al. (1972) *A Blueprint for Survival* (London: Penguin).

Goldthorpe, J. H. (1968-9) *The Affluent Worker in the Class Structure*, 3 vols (Cambridge: Cambridge University Press).

Goldthorpe, J. H. (1983) 'Women and Class Analysis in Defence of the Conventional View', *Sociology*, 17(4):465-76.

Goldthorpe, J. H. (2000) *On Sociology* (Oxford: Oxford University Press).

Goldthorpe, J. H., and McKnight, A. (2004) *The Economic Basis of Social Class*, CASE Paper 80 (London: Centre for Analysis of Social Exclusion, London School of Economics).

Goldthorpe, J. H., and Payne, C. (1986) 'Trends in Intergenerational Class Mobility in England and Wales 1972-1983', *Sociology*, 20: 1-24.

Goldthorpe, J. H., Llewellyn, C., and Payne, C. (1987 [1980]) Social Mobility and Class Structure in Modern Britain (2nd edn, Oxford: Clarendon Press).

Goleman, D. (1996) *Emotional Intelligence: Why it Can Matter More than IQ* (London: Bloomsbury).

Golsh, K. (2003) 'Employment Flexibility in Spain and its Impact on Transitions to Adulthood', *Work, Employment and Society*, 17(4): 691-718.

Goode, W. J. (1963) *World Revolution in Family Patterns* (New York: Free Press).

Goodhart, D. (2004) 'Too Diverse? Is Britain Becoming Too Diverse to Sustain the Mutual Obliga-tions Behind a Good Society and the Welfare State?' *Prospect Magazine*, 20 February; available at: www.prospectmagazine.co.uk/2004/02/too-diverse-david-goodhart-multiculturalism-britain-immigration-globalisation/.

Goodman, A., and Gregg, P. (eds) (2010) *Poorer Children's Educational Attainment: How Important Are Attitudes and Behaviour?* (York: Joseph Rowntree Foundation).

Goodwin, J., and Jasper, J. (eds) (2002) *The Social Movements Reader: Cases and Concepts* (Oxford: Wiley Blackwell).

Gordon, D., Levitas, R., Pantazis, C., et al. (2000) *Poverty and Social Exclusion in Britain* (York: Joseph Rowntree Foundation).

Gorz, A. (1982) *Farewell to the Working Class* (London: Pluto Press).

Gorz, A. (1985) *Paths to Paradise: On the Liberation from Work* (London: Pluto Press).

Gottdiener, M., Hutchison, R., and Ryan, M. T. (2015) *The New Urban Sociology* (5th edn, Boulder, CO: Westview Press).

Gottfredson, M. R., and Hirschi, T. (1990) *A General Theory of Crime* (Stanford CA: Stanford University Press).

Goudsblom, J. (1992) *Fire and Civilization* (London: Allen Lane).

Grabosky, P. N., and Smith, R. G. (1998) *Crime in the Digital Age: Controlling Telecommunications and Cyberspace Illegalities* (New Brunswick, NJ: Transaction Books).

Graef, R. (1989) *Talking Blues* (London: Collins).

Graef, R (2001) *Why Restorative Justice? Repairing the Harm Caused by Crime* (London: Calouste Gulben-kian Foundation).

Graham, F. (2011) 'Is the Internet Going to be the Death of Television?', BBC News, 13 May; available at: www.bbc.co.uk/news/business-13377164.

Graham, H. (1987) 'Women's Smoking and Family Health', *Social Science and Medicine*, 25(1): 47-56.

Graham, H. (1994) 'Gender and Class as Dimensions of Smoking Behaviour in Britain: Insights from a Survey of Mothers', *Social Science and Medicine*, 38(5): 691-8.

Graham, L. (1995) *On the Line at Subaru-Isuzu* (Ithaca, NY: Cornell University Press).

Graham, S. (2010) 'When Infrastructures Fail', in S. Graham (ed.), *Disrupted Cities: When Infrastructure Fails* (London: Routledge): 1-26.

Graham, S. (2011) *Cities under Siege: The New Military Urbanism* (London: Verso).

Graham, S., and McFarlane, C. (eds) (2015) *Infrastructural Lives: Urban Infrastructure in Context* (Abingdon: Routledge).

Graham, S., Desai, R., and McFarlane, C. (2015) 'Water Wars in Mumbai', in S. Graham and C. McFarlane (eds), *Infrastructural Lives: Urban Infrastructure in Context* (Abingdon: Routledge): 61-85.

Graham-Harrison, E. (2015) 'Hassan Rouhani: Reformist Insider Who Has Ended Iran's Isolation', *The Guardian*, 5 April; www.theguardian.com/world/2015/apr/05/profile-hassan-rouhani-iran.

Granovetter, M. (1973) 'The Strength of Weak Ties', *American Journal of Sociology*, 78(6): 1360-56.

Granovetter, M. (1985) 'Economic Action and Social Structure: The Problem of Embeddedness', *American Journal of Sociology*, 91(3): 481-510.

Gray, D., and Watt, P. (2013) *Giving Victims a Voice: Joint Report into Sexual Allegations made Against Jimmy Savile* (London: MPS/NSPCC); https://www.nspcc.org.uk/globalassets/documents/research-reports/yewtree-report-giving-victims-voice-jimmy-savile.pdf.

Gray, J. (1993) *Men are from Mars, Women are from Venus* (New York: HarperCollins).

Gray, J. (2003) *Al Qaeda and What it Means to Be Modern* (Chatham: Faber & Faber).

Gray, J., Lee Harrington, C., and Sandvoss, C. (eds) (2007) *Fandom: Identities and Communities in a Mediated World* (New York: New York University Press).

Greed, C. (1994) *Women and Planning: Creating Gendered Realities* (London: Routledge).

Green, D. G. (2000) *Institutional Racism and the Police: Fact or Fiction?* (London: CIVITAS).

Green, L. (2015) 'Age and the Life Course: Continuity, Change and the Modern Mirage of Infinite Choice', in M. Holborn (ed.), *Contemporary Sociology* (Cambridge: Polity): 96-129.

Green, L. (2016) *Understanding the Life-Course: Sociological and Psychological Perspectives* (2nd edn, Cambridge: Polity).

Greenberg, J., Schimel, J., and Mertens, A. (2004) 'Ageism: Denying the Face of the Future', in T. D. Nelson (ed.), *Ageism:*

Stereotyping and Discrimination against Older Persons (Cambridge, MA: MIT Press): 27-48.

Gregg, B. (2011) *Human Rights as Social Construction* (New York: Cambridge University Press).

Gregg, M. (2011) *Work's Intimacy* (Cambridge: Polity).

Gregg, P., and Washbrook, E. (2010) 'From Birth through Primary School: Evidence from the Avon Longitudinal Study of Parents and Children', in A. Goodman and P. Gregg (eds), *Poorer Children's Educational Attainment: How Important Are Attitudes and Behaviour?* (York: Joseph Rowntree Foundation): 26-33.

Gregori Signes, C. (2000) A Genre Based Approach to Daytime Talk on Television (Valencia: Universitat de Valencia).

Grey, S., and Sawyer, M. (eds) (2008) *Women's Movements: Flourishing or in Abeyance?* (London: Rout-ledge).

Griffin, C. (1985) *Typical Girls: Young Women from School to the Job Market* (London: Routledge & Kegan Paul).

Grint, K., and Nixon, D. (2015) *The Sociology of Work: An Introduction* (4th edn, Cambridge: Polity).

Grogan, S. (2008) *Body Image: Understanding Body Dissatisfaction in Men, Women and Children* (2nd edn, London: Routledge).

Grossman, C. L. (2010) 'Most Americans Believe in God, but Don't Know Religious Tenets', *USA Today*, 27 September; available at: www.usatoday.com/news/religion/2010-09-28-pew28_ST_N.htm.

Grusky, D. B., and Hauser, R. M. (1984) 'Comparative Social Mobility Revisited: Models of Convergence and Divergence in 16 Countries', *American Sociological Review*, 49: 19-38.

The Guardian (2009) 'Caster Semenya Row: Who are White People to Question the Makeup of an African Girl? It is Racism', 23 August; www.theguardian.com/sport/2009/aug/23/caster-semenya-athleticsgender.

The Guardian (2011) 'How Likely are You to Live to 100?', 4 August; available at: www.guardian.co.uk/news/datablog/2011/aug/04/live-to-100-likely.

The Guardian (2014) 'Full List of Free Schools Approved for 2014 Opening', www.theguardian.com/education/2013/may/22/free-schools-full-list-2014.

The Guardian (2015) 'Lives Transformed: Do Famous Transgender People Help the Cause?', 23 August, www.theguardian.com/society/2015/aug/23/famous-transgender-help-the-cause-caitlyn-jenner-laverne-cox-kellie-maloney.

Guibernau, M. (1999) *Nations without States: Political Communities in a Global Age* (Cambridge: Polity).

Habermas, J. (1981) 'New Social Movements', *Telos*, 49 (Fall): 33-7.

Habermas, J. (1983) 'Modernity -An Incomplete Project', in H. Foster (ed.), *The Anti-Aesthetic* (Port Townsend, WA: Bay Press).

Habermas, J. (1985) *The Philosophical Discourse of Modernity* (Cambridge: Polity).

Habermas, J. (1989 [1962]) *The Structural Transformation of the Public Sphere* (Cambridge, MA: MIT Press).

Habermas, J. (2008) 'Notes on Post-Secular Society', *New Perspectives Quarterly*, 25(4): 17-29.

Hackett, R. A., and Zhao, Y. (eds) (2005) *Democratizing Global Media: One World, Many Struggles* (Oxford: Rowman & Littlefield).

Hadaway, C. K., and Marler, P. L. (2005) 'How Many Americans Attend Worship Each Week? An Alternative Approach to Measurement', *Journal for the Scientific Study of Religion*, 44(3): 307-22.

Hadden, J. (1997) 'New Religious Movements Mission Statement', available at: http://religiousmove-ments.lib.virginia.edu/welcome/welcome.htm.

Hafferty, F. W., and Castellani, B. (2011) 'Two Cultures: Two Ships: The Rise of a Professionalism

Movement within Modern Medicine and Medical Sociology's Disappearance from the Professionalism Debate', in B. A. Pescosolido et al. (eds), *Handbook of the Sociology of Health, Illness and Healing: A Blueprint for the 21st Century* (New York: Springer): 201-20.

Hajer, M. A. (1996) 'Ecological Modernisation as Cultural Politics', in S. Lash, B. Szerszynski and B. Wynne (eds), *Risk, Environment and Modernity: Towards a New Ecology* (London: Sage).

Hales, J., Nevill, C., Pudney, S., and Tipping, S. (2009) *Longitudinal Analysis of the Offending, Crime and Justice Survey 2003-06*, Research Report 19 (London: Home Office).

Hall, E. T. (1969) *The Hidden Dimension* (New York: Doubleday).

Hall, E. T. (1973) *The Silent Language* (New York: Doubleday).

Hall, R., James, S., and Kertesz, J. (1984) *The Rapist who Pays the Rent* (2nd edn, Bristol: Falling Wall Press).

Hall, S. (1980) *Culture, Media, Language: Working Papers in Cultural Studies, 1972-79* (London: Hutch-inson, in association with the Centre for Contemporary Cultural Studies, University of Birmingham).

Hall, S. (1991) 'Old and New Identities, Old and New Ethnicities', in A. D. King (ed.), *Culture, Globalization and the World-System: Contemporary Conditions for the Representation of Identity* (Basingstoke: Macmillan): 41-68.

Hall, S. (2006 [1989]) 'New Ethnicities', in B. Ashcroft, G. Griffiths, and H. Tiffin (eds), *The Post-Colonial Studies Reader* (2nd edn, London: Routledge): 199-202.

Hall, S., et al. (1978) *Policing the Crisis: Mugging, the State, and Law and Order* (London: Macmillan).

Halliday, F. (2002) *Two Hours that Shook the World: September 11, 2001: Causes and Consequences* (London: Saqi Books).

Halligan, J. (2012) 'Foreword', in R. M. Kowalski, S. P. Limber and P. W. Agatston, *Cyberbullying: Bullying in the Digital Age* (Chichester: John Wiley & Sons): vi-viii.

Halsey, A. H. (ed.) (1997) *Education: Culture, Economy, and Society* (Oxford: Oxford University Press).

Hamilton, M. C., Anderson, D., Broaddus, M., and Young, K. (2006) 'Gender Stereotyping and Under-Representation of Female Characters in 200 Popular Children's Picture Books: A Twenty-First Century Update', *Sex Roles*, 55(11-12): 757-65.

Handy, C. (1994) *The Empty Raincoat: Making Sense of the Future* (London: Hutchinson).

Hannigan J. A. (2006) *Environmental Sociology: A Social Constructionist Perspective* (2nd edn, London: Routledge).

Hannigan, J. A. (2014) *Environmental Sociology* (3rd edn, New York: Routledge).

Haraway, D. (1989) *Primate Visions: Gender, Race and Nature in the World of Modern Science* (New York: Routledge).

Haraway, D. (1991) *Simians, Cyborgs and Women: The Reinvention of Nature* (New York; Routledge).

Harman, S., and Williams, D. (2013) 'Introduction: Governing the World?'in S. Harman and D. Williams (eds), *Governing the World? Cases in Global Governance* (Abingdon: Routledge): 1-11.

Harman, V., and Cappellini, B. (2015) 'Mothers on Display: Lunchboxes, Social Class and Moral Account-ability', *Sociology*, 49(4): 1-18.

Harper, D. (2010) *Visual Sociology: An Introduction* (London: Routledge).

Harrabin, R. (2015) 'Moroccan Solar Plant to Bring Energy to a Million People', 23 November, www.bbc.co.uk/news/science-environment-34883224.

Harrington, A. (2004) *Art and Social Theory* (Cambridge: Polity).

Harris, J. R. (1998) *The Nurture Assumption: Why Children Turn out the Way They Do* (New York: Free Press).

Harris, M. (1978) *Cannibals and Kings: The Origins of Cultures* (New York: Random House).

Harrison, M. (1985) *TV News: Whose Bias?* (Hermitage, Berks: Policy Journals).

Harrison, P. (1983) *Inside the Inner City: Life under the Cutting Edge* (Harmondsworth: Penguin).

Harvey, D. (1982) *The Limits to Capital* (Oxford: Blackwell).

Harvey, D. (1985) *Consciousness and the Urban Experience: Studies in the History and Theory of Capitalist Urbanization* (Oxford: Blackwell).

Harvey, D. (1989) *The Condition of Postmodernity* (Oxford: Blackwell).

Harvey, D. (1993) 'The Nature of Environment: The Dialectics of Social and Environmental Change', *Social-ist Register*: 1-51.

Harvey, D. (2006) *Spaces of Global Capitalism: Towards a Theory of Uneven Geographical Development* (London: Verso).

Harvey, D. (2008) 'The Right to the City', *New Left Review*, 53: 23-40.

Harvey, R. (2010) 'Vietnam's Bid to Tame the Internet Boom', 18 August, available at: www.bbc.co.uk/news/world-asia-pacific-11010924.

Hasler, F. (1993) 'Developments in the Disabled People's Movement', in J. Swain (ed.), *Disabling Barriers, Enabling Environments* (London: Sage).

Hass, J. K. (2007) *Economic Sociology: An Introduction* (London: Routledge).

Haughton, G., and Hunter, C. (2003) *Sustainable Cities* (London: Routledge).

Havel, V. (1988) 'Anti-Political Politics', in J. Keane (ed.), *Civil Society and the State: New European Perspec-tives* (London and New York: Verso).

Hawkins, K. (2015) 'Lizzie Velasquez: Online Bullies Called Me the World's Ugliest Woman', 14 March, www.bbc.co.uk/news/blogs-ouch-30948179.

Hawley, A. H. (1950) *Human Ecology: A Theory of Community Structure* (New York: Ronald Press).

Hawley, A. H. (1968) *Human Ecology* (Glencoe, IL: Free Press).

Health Inequalities Unit, Department of Health (2009) *Tackling Health Inequalities: 2006-08 Policy and Data Update for the 2010 National Target*, available at: www.dh.gov.uk/prod_consum_dh/groups/dh_digitalassets/@dh/@en/@ps/@sta/@perf/documents/digitalasset/dh_109468.pdf.

Healy, M. (2001) 'Pieces of the Puzzle', *Los Angeles Times*, 21 May.

Heaphy, B. (2011) 'Critical Relational Displays', in J. Seymour and E. Dermott (eds), *Displaying Families: A New Concept for the Sociology of Family Life* (Basingstoke: Palgrave Macmillan): 19-37.

Hearn, J., and McKie, L. (2008) 'Gendered Policy and Policy on Gender: The Case of "Domestic Violence"', *Politics and Policy*, 36(1): 75-91.

Heath, A. (1981) *Social Mobility* (London: Fontana).

Heath, S., and Calvert, E. (2013) 'Gifts, Loans and Intergenerational Support for Young Adults', *Sociology*, 47(6): 1120-35.

Heath, S., and Cleaver, E. (2003) *Young, Free and Single? Twenty-Somethings and Household Change* (Basingstoke: Palgrave Macmillan).

Heath, S., McGhee, D., and Trevina, S. (2011) 'Lost in Transnationalism: Unraveling the Conceptualisation of Families and Personal Life through a Transnational Gaze', *Sociological Research Online*, 16(4): 12, www.socresonline.org.uk/16/4/12.html.

Hebdige, D. (1997) *Cut 'n' Mix: Culture, Identity, and Caribbean Music* (London: Methuen).

Heelas, P. (2002) The Spiritual Revolution: From "Religion"to "Spirituality"', in L. Woodhead, P. Fletcher, H. Kawanami and D. Smith (eds), *Religions in the Modern World* (London: Routledge): 357-77.

Heelas, P. (2015) 'Religion and Sources of Significance: The Dawning of a Secular Age?', in M. Holborn (ed.), *Contemporary Sociology* (Cambridge: Polity): 415-43.

Heidensohn, F. (1996) *Women and Crime* (2nd edn, Basingstoke: Palgrave Macmillan).

Heinich, N. (2010) About "Social Construction", *Newsletter of the Research Committee on Sociological Theory*, www.isa-sociology.org/pdfs/rc16newsletter-spring-2010.pdf.

Held, D. (2004) *Global Covenant: The Social Democratic Alternative to the Washington Consensus* (Cambridge: Polity).

Held, D. (2006) *Models of Democracy* (3rd edn, Cambridge: Polity).

Held, D., Goldblatt, D., McGrew, A., and Perraton, J. (1999) *Global Transformations: Politics, Economics and Culture* (Cambridge: Polity).

Hemerijck, J. (2013) *Changing Welfare States* (Oxford: Oxford University Press).

Henderson, J., and Appelbaum, R. P. (1992) 'Situating the State in the Asian Development Process', in R. P. Appelbaum and J. Henderson (eds), *States and Development in the Asian Pacific Rim* (Newbury Park, CA: Sage).

Hendricks, J. (1992) 'Generation and the Generation of Theory in Social Gerontology', *Aging and Human Development*, 35(1): 31-47.

Henslin, J. M., and Biggs, M. A. (1997 [1971]) 'Behaviour in Public Places: The Sociology of the Vaginal Examination', in J. M. Henslin (ed.), *Down to Earth Sociology: Introductory Readings* (9th edn, New York: Free Press).

Hepworth, M. (2000) *Stories of Ageing* (Buckingham: Open University Press).

Heritage, J. (1984) *Garfinkel and Ethnomethodology* (Cambridge: Polity).

Herman, E. S., and McChesney, R. W. (1997) *The Global Media: The New Missionaries of Global Capitalism* (London: Cassell).

Herman, E. S., and McChesney, R. W. (2003) 'Media Globalization: The US Experience and Influence', in R. C. Allen and A. Hill (eds), *The Television Studies Reader* (London: Routledge).

Herrnstein, R. J., and Murray, C. (1994) *The Bell Curve: Intelligence and Class Structure in American Life* (New York: Free Press).

HESA (Higher Education Statistics Agency) (2010) 'Staff at Higher Education Institutions in the United Kingdom, 2008/09', available at: www.hesa.ac.uk/index.php?option=com_content&task=view&id=1590&Itemid=161.

Hewson, C., Yule, P., Laurent, D., and Vogel C. (2002) *Internet Research Methods: A Practical Guide for the Social and Behavioural Sciences* (London: Sage).

Hexham, I., and Poewe, K. (1997) *New Religions as Global Cultures* (Boulder, CO: Westview Press).

Heywood, A. (2012) *Political Ideologies: An Introduction* (5th edn, Basingstoke: Palgrave Macmillan).

Hickson, K. (2004) 'Equality', in R. Plant, M. Beech and K. Hickson (eds), *The Struggle for Labour's Soul: Understanding Labour's Political Thought since 1945* (London: Routledge).

Higher Education Commission (2014) *Too Good to Fail: e Financial Sustainability of Higher Education in England* (London: HEC).

Hills, J. et al. (2010) *An Anatomy of Economic Inequality in the UK: Report of the National Equality Panel* (London: Government Equalities Office).

Hillyard, P., Pantazis, C., Tombs, S., and Gordon, D. (eds) (2004) *Beyond Criminology? Taking Harm Seriously* (London: Pluto Press).

Hironaka, A. (2005) *Neverending Wars: The International Community, Weak States, and the Perpetuation of Civil War* (Cambridge, MA: Harvard University Press).

Hirschi, T. (1969) *Causes of Delinquency* (Berkeley: University of California Press).

Hirst, P. (1997) 'The Global Economy: Myths and Realities', *International Affairs*, 73(3): 409-25.

Hirst, P. (2001) *War and Power in the 21st Century: The State, Military Conflict and the International System* (Cambridge: Polity).

Hirst, P., and Thompson, G. (1992) 'The Problem of "Globalization": International Economic Relations, National Economic Management, and the Formation of Trading Blocs', *Economy and Society*, 21(4): 357-96.

Hirst, P., and Thompson, G. (1999) *Globalization in Question: The International Economy and the Possibili-ties of Governance* (rev. edn, Cambridge: Polity).

HMIC (2014) 'Police Force Figures on Rape Made Publicly Available', 31 January, www.justice inspectorates.gov.uk/hmic/news/news-feed/police-force-gures-on-rape-made-publicly-available/.

HMRC (Her Majesty's Revenue and Customs) (2010) 'Personal Wealth', available at: www.hmrc.gov.uk/stats/personal_wealth/13-5-table-2005.pdf.

Ho, S. Y. (1990) *Taiwan: After a Long Silence* (Hong Kong: Asia Monitor Resource Center).

Hobson, B. (ed.) (2002) *Making Men into Fathers: Men, Masculinities and the Social Politics of Fatherhood* (Cambridge: Cambridge University Press).

Hobson, D. (2002) *Soap Opera* (Cambridge: Polity).

Hochschild, A. (1983) *The Managed Heart: Commercialization of Human Feeling* (Berkeley: University of California Press).

Hochschild, A. (1989) *The Second Shift: Working Parents and the Revolution at Home* (New York: Viking).

Holmes, M. (2011) 'Emotional Reflexivity in Contemporary Friendships: Understanding it Using Elias and Facebook Etiquette', Sociological Research Online, 16(1): 11, available at: www.socresonline.org. uk/16/1/11.html.

Holmwood, J. (2010) 'Three Tiers for Sociology as Funding is Slashed', *Network* [newsletter of the British Sociological Association].

Home Office, ONS and Ministry of Justice (2013) *An Overview of Hate Crime in England and Wales, December 2013*, https://www.gov.uk/government/uploads/system/uploads/attachment_data/file/266358/hate-crime-2013.pdf.

Hooks, b. (1981) *Ain't I a Woman? Black Women and Feminism* (Boston: South End Press).

Hooks, b. (1997) *Bone Black: Memories of Girlhood* (London: Women's Press).

Hopper, P. (2007) *Understanding Cultural Globalization* (Cambridge: Polity).

Horkheimer, M., and Adorno, T. W. (2002 [1947]) *Dialectic of Enlightenment: Philosophical Fragments* (Stanford, CA: Stanford University Press).

Horlick-Jones, T., Walls, J., Rowe, G., Pidgeon, N., Poortinga, W., Murdock, G., and O'Riordan, T. (2009) *The GM Debate: Risk,*

Politics and Public Engagement (London: Routledge).

Howard, J. H., et al. (1986) 'Change in "Type A" Behaviour a Year after Retirement', *The Gerontologist*, 26(6): 643–9.

Howard, M., Garnham, A., Fimister, G., and Veit-Wilson, J. (2001) *Poverty: The Facts* (4th edn, London: Child Poverty Action Group).

Hughes, E. C. (1945) 'Dilemmas and Contradictions of Status', *American Journal of Sociology*, 50(5): 353–9.

Hughes, G. (1998) *Understanding Crime Prevention: Social Control, Risk and Late Modernity* (Buckingham: Open University Press).

Humphreys, L. (1970) *Tearoom Trade: A Study of Homosexual Encounters in Public Places* (London: Duck-worth).

Hunt, P. (ed.) (1966) *Stigma: The Experience of Disability* (London: Geoffrey Chapman).

Hunt, S. (2016) *The Life-Course: A Sociological Introduction* (2nd edn, Basingstoke: Palgrave Macmillan).

Huntington, S. P. (1996) *The Clash of Civilizations and the Remaking of World Order* (New York: Simon & Schuster).

Hutchby, I. (2005) *Media Talk: Conversation Analysis and the Study of Broadcasting* (Buckingham: Open University Press).

Hutchison, E. D. (2007) *Dimensions of Human Behavior: The Changing Life Course* (3rd edn, Thousand Oaks, CA: Sage).

Hutton, W. (1995) *The State We're in* (London: Jonathan Cape).

Hylton, K. (2009) *'Race' and Sport: Critical Race Theory* (London: Routledge).

Hyman, R. (1984) *Strikes* (2nd edn, London: Fontana).

Iacovou, M., and Skew, A. (2010) *Household Structure in the EU*, ISER Working Paper no. 2010-10 (Colches-ter: University of Essex: Institute for Social and Economic Research).

IBRD (International Bank for Reconstruction and Development)/World Bank (2007) *Millennium Develop-ment Goals: Global Monitoring Report* (Washington DC: World Bank).

IFS (Institute for Fiscal Studies) (2011) *Poverty and Inequality in the UK: 2011* (London: IFS).

Iganski, P., and Payne, G. (1999) 'Socio-Economic Restructuring and Employment: The Case of Minority Ethnic Groups', *British Journal of Sociology*, 50(2): 195–215.

ILGA (International Lesbian, Gay, Bisexual, Trans and Intersex Association) (2015) The Lesbian, Gay and Bisexual Map of World Laws, http://old.ilga.org/Statehomophobia/ILGA_WorldMap_2015_ENG.pdf.

Illich, I. (1975) *Medical Nemesis: The Expropriation of Health* (London: Calder & Boyars).

Illich, I. D. (1971) *Deschooling Society* (Harmondsworth: Penguin).

ILO (International Labour Organization) (1999) 'C182 Worst Forms of Child Labour Convention', available at: ?? www.ilo.org/ilolex/cgi-lex/convde.pl?C182.

ILO (International Labour Organization) (2007a) *Global Employment Trends for Women, Brief, March 2007*, available at: www.ilo.org/empelm/pubs/WCMS_114287/lang--es/index.htm.

ILO (International Labour Organization) (2007b) *Harvest for the Future: Agriculture without Children* (Geneva: ILO).

ILO (International Labour Organization) (2010) *Accelerating Action against Child Labour* (Geneva: ILO).

ILO (International Labour Organization) (2011a) *Global Employment Trends 2011: The Challenge of a Jobs Recovery* (Geneva: ILO).

ILO (International Labour Organization) (2011b) 'Eliminating Child Labour in Rural Areas through Decent Work', www.ilo.org/wcmsp5/groups/public/---ed_emp/documents/publication/wcms_165305.pdf.

ILO (International Labour Organization) (2012) *World of Work Report: Better Jobs for a Better Economy*, www.ilo.org/wcmsp5/

groups/public/---dgreports/---dcomm/---publ/documents/publication/wcms_179453.pdf.

IMS (2013) 'Amazon Forges Another Competitive Advantage over Retailers', www.imsresultscount.com/resultscount/2013/10/amazon-forges-another-competitive-advantage-over-retailers.html.

The Independent (2007) 'Nigeria: Learning the Hard Way', 17 October; www.independent.co.uk/news/world/africa/nigeria-learning-the-hard-way-397090.html.

The Independent (2012) 'Elton John: e Historic Fight for Equality Must Go On: Let's Get on and Legalise Same-Sex Marriage', 8 October; www.independent.co.uk/voices/comment/elton-john-the-historic-fight-for-equality-must-go-on-lets-get-on-and-legalise-samesex-marriage-8202686.html.

The Independent (2013) 'Olympics Legacy: Did the Games Succeed in rejuvenating East London?'16 July; www.independent.co.uk/sport/olympics/olympics-legacy-did-the-games-succeed-inrejuvenating-east-london-8711691.html.

The Independent (2014) 'Sunday Times Rich List: Wealthiest Britons Own a Third of the Nation's Wealth', 18 May; www.independent.co.uk/news/people/sunday-times-rich-list-wealthiest-britons-own-athird-of-the-nations-wealth-9391634.html.

Inglehart, R. (1977) *The Silent Revolution: Changing Values and Political Styles among Western Publics* (Princeton, NJ: Princeton University Press).

Inglehart, R. (1990) 'Values, Ideology, and Cognitive Mobilization', in R. J. Dalton and M. Kuechler (eds), *Challenging the Political Order: New Social and Political Movements in Western Democracies* (Oxford: Blackwell).

Inglehart, R. (1997) *Modernization and Postmodernization: Cultural, Economic and Political Change in 43 Societies* (Princeton, NJ: Princeton University Press).

Institute for Child and Family Policy (2004) 'Lone Parents/Lone Mother Families with Children', available at: www.childpolicyintl.org/.

International Organization for Migration (2012) 'Facts and Figures', available at: www.iom.int/jahia/ Jahia/about-migration/facts-and-figures/lang/en.

Internet World Stats (2015) 'World Internet Penetration Rates by Geographic Regions, 2014 Q4', www.internetworldstats.com/stats.htm.

IPCC (Intergovernmental Panel on Climate Change) (2007) *Climate Change 2007: Synthesis Report*, Fourth Assessment Report, available at: www.ipcc.ch/publications_and_data/publications_ipcc_fourth_ assessment_report_synthesis_report.htm.

IPCC (Intergovernmental Panel on Climate Change) (2015) *Climate Change 2014: Synthesis Report, Contribution of Working Groups I, II and III to the Fifth Assessment Report of the Intergovernmental Panel on Climate Change* (Geneva: IPCC).

IPPR (Institute for Public Policy Research) (1999) *Unsafe Streets: Street Homelessness and Crime* (London: IPPR).

Ipsos MORI (2007) 'The Most Important Issues Facing Britain Today', available at: www.ipsos-mori.com/researchpublications/researcharchive/poll.aspx?oItemID=56&view=wide#2007.

Ipsos MORI (2015) 'How Britain Voted in 2015', https://www.ipsos-mori.com/researchpublications/researcharchive/3575/How-Britain-voted-in-2015.aspx?view=wide.

Irwin, A. (2001) *Sociology and the Environment: A Critical Introduction to Society, Nature and Knowledge* (Cambridge: Polity).

ISNA (Intersex Association of North America) (2015) 'What is Intersex?', www.isna.org/faq/what_is_ intersex.

ITU (International Telecommunication Union) (2014) *The World in 2014: ICT Facts and Figures* (Geneva: ITU); www.itu.int/en/

ITU-D/Statistics/Documents/facts/ICTFactsFigures2014-e.pdf.

Jackson, M., and Goldthorpe, J. H. (2007) 'Intergenerational Class Mobility in Contemporary Britain: Politi-cal Concerns and Empirical Findings', *British Journal of Sociology*, 58(4): 525-46.

Jackson, S. (2001) 'Why a Materialist Feminism is (Still) Possible - and Necessary', *Women's Studies International Forum*, 24(3/4): 283-93.

Jackson, S., and Jones, J. (eds) (1998) *Contemporary Feminist Theories* (New York: New York University Press).

Jakarta Post (2011) 'ADB Forecasts Strong Growth for Asia in 2011, 2012', available at: www.thejakartapost.com/news/2011/04/06/adb-forecasts-strong-growth-asia-2011-2012.html.

James, A., Jenks, C., and Prout, A. (1998) *Theorizing Childhood* (Cambridge: Polity).

Jamieson, L. (1998) *Intimacy: Personal Relationships in Modern Societies* (Cambridge: Polity).

Jamieson, L. (2013) 'Personal Relationships, Intimacy and the Self in a Mediated and Global Digital Age', in K. Orton-Johnson and N. Prior (eds), *The Palgrave Macmillan Digital Sociology: Critical Perspectives* (Basingstoke: Palgrave Macmillan): 13-33.

Jay, A. (2014) *Independent Inquiry Into Child Sexual Exploitation in Rotherham 1997-2013*, www.rotherham.gov.uk/downloads/file/1407/independent_inquiry_cse_in_rotherham.

Jeffreys, S. (2015) *Beauty and Misogyny: Harmful Cultural Practices in the West* (2nd edn, London: Routledge).

Jencks, C. (1994) *The Homeless* (Cambridge, MA: Harvard University Press).

Jenkins, C. (1990) *The Professional Middle Class and the Origins of Progressivism: A Case Study of the New Education Fellowship 1920-1950*, CORE 14(1).

Jenkins, H. (2009) *Confronting the Challenges of Participatory Culture: Media Education for the 21st Century* (Cambridge, MA: MIT Press).

Jenkins, H., Ito, M., and boyd, d. (2016) *Participatory Culture in a Networked Era* (Cambridge: Polity).

Jenkins, P. (2001) *Paedophiles and Priests: Anatomy of a Contemporary Crisis* (Oxford: Oxford University Press).

Jenkins, R. (1996) *Social Identity* (2nd edn, London: Routledge).

Jenkins, R. (2008) *Social Identity* (3rd edn, London: Routledge).

Jenkins, S. P. (2011) *Changing Fortunes: Income Mobility and Poverty Dynamics in Britain* (Oxford: Oxford University Press).

Jenks, C. (2005) *Childhood* (2nd edn, London: Routledge).

Jenks, M., and Jones, C. (eds) (2009) *Dimensions of the Sustainable City* (New York: Springer).

Jensen, A. (1969) 'How Much Can We Boost IQ and Scholastic Achievement?', *Harvard Educational Review*, 39(1): 1-123.

Jensen, A. (1979) *Bias in Mental Testing* (New York: Free Press).

Joas, H., and Knöbl, W. (2012) *War in Social Thought: Hobbes to the Present* (Princeton, NJ: Princeton University Press).

Jobe, A. (2010) *The Causes and Consequences of Re-Trafficking: Evidence from the IOM Human Trafficking Database* (Geneva: International Organization for Migration).

Jobling, R. (1988) 'The Experience of Psoriasis under Treatment', in M. Bury and R. Anderson (eds), *Living with Chronic Illness: The Experience of Patients and their Families* (London: Unwin Hyman).

John, M. T. (1988) *Geragogy: A Theory for Teaching the Elderly* (New York: Haworth).

Johnson, B. (2007) 'Families of Abused Teenagers Sue MySpace', *The Guardian*, 19 January; available at: www.guardian.co.uk/media/2007/jan/19/digitalmedia.usnews.

Joint Council for Qualifications (2013) 'Entry Trends, Gender and Regional Charts, GCE 2013', www.jcq.org.uk/media-centre/news-releases/entry-trends-gender-regional-charts-gce-2013.

Jones, D. E., Doty, S., Grammich, C., et al. (2002) *Religious Congregations & Membership in the United States 2000: An Enumeration by Region, State and the County Based on Data Reported for 149 Religious Bodies* (Nashville, TN: Glenmary Research Centre).

Jones, T., and Newburn, T. (2007) *Policy Transfer and Criminal Justice: Exploring US Influence over British Crime Control Policy* (Maidenhead: Open University Press).

Jónsson, Ö. D. (2010) *Good Clean Fun: How the Outdoor Hot Tub Became the Most Frequented Gath-ering Place in Iceland*, available at: http://skemman.is/stream/get/1946/6754/18560/1/243-249_%C3%96rn_D_Jonsson_VIDbok.pdf.

Judge, K. (1995) 'Income Distribution and Life Expectancy: A Critical Appraisal', *British Medical Journal*, 311: 1282-7.

Jung, S., and Shim, D. (2014) 'Social Distribution: K-Pop Fan Practices in Indonesia and the "Gangnam Style"Phenomenon', *International Journal of Cultural Studies*, 17(5): 485-501.

Kagan, M. (2011) '10 essential Twitter Stats', http://blog.hubspot.com/blog/tabid/6307/bid/12234/10-Essential-Twitter-Stats-Data.aspx.

Kaldor, M. (2006) *New and Old Wars: Organized Violence in a Global Era* (2nd edn, Cambridge: Polity).

Kalyvas, S. N. (2006) *The Logic of Violence in Civil War* (Cambridge: Cambridge University Press).

Kanbur, R., and Sumner, A. (2011) *Poor Countries or Poor People? Development Assistance and the New Geography of Global Poverty*, Working Paper 2011-08 (Ithaca, NY: Cornell University).

Karlsen, S. (2007) *Ethnic Inequalities in Health: The Impact of Racism*, Better Health Briefing 3 (London: Race Equality Foundation).

Karpf, A. (1988) *Doctoring the Media: The Reporting of Health and Medicine* (London: Routledge).

Karyotis, G., and Gerodimos, R. (2015) 'Introduction: Dissecting the Greek Debt Crisis', in G. Karyotis and R. Gerodimos (eds), *The Politics of Extreme Austerity: Greece in the Eurozone Crisis* (Basingstoke: Palgrave Macmillan): 1-14.

Kasarda, J. D., and Janowitz, M. (1974) 'Community Attachment in Mass Society', *American Sociological Review*, 39: 328-39.

Katz, E., and Lazarsfeld, P. (1955) Personal Influence (New York: Free Press).

Katz, J., Rice, R. E., and Aspden, P. (2001) 'The Internet, 1995-2000: Access, Civic Involvement, and Social Interaction', *American Behavioral Scientist*, 45(3): 405-19.

Katz, S. (1996) *Disciplining Old Age: The Formation of Gerontological Knowledge* (Charlottesville and London: University Press of Virginia).

Kaufman, E. (2007) *The End of Secularization in Europe? A Demographic Perspective*, Working Paper (Birk-beck College, University of London).

Kautsky, J. (1982) *The Politics of Aristocratic Empires* (Chapel Hill: University of North Carolina Press).

Keddie, A., and Mills, M. (2007) *Teaching Boys: Classroom Practices that Work* (Crow's Nest, NSW: Allen & Unwin).

Kelly, M. P. (1992) *Colitis* (London: Tavistock).

Kendall, D. (2005) *Framing Class: Media Representations of Wealth and Poverty in America* (Lanham, MD: Rowman & Littlefield).

Kepel, G. (1994) *The Revenge of God: The Resurgence of Islam, Christianity and Judaism in the Modern World* (Cambridge: Polity).

Kiecolt, K. J., and Nelson, H. M. (1991) 'Evangelicals and Party Realignment, 1976-1988', *Social Science Quarterly*, 72: 552-69.

Kiely, R. (1999) 'The Last Refuge of the Noble Savage? A Critical Assessment of Post-Development Theory', *European Journal of Development Research*, 11(1): 30-55.

Kilminster, R. (2007) *Norbert Elias: Post-Philosophical Sociology* (London: Routledge).

Kim, C. E. (2012) 'Nonsocial Transient Behavior: Social Disengagement on the Greyhound Bus', *Symbolic Interaction* 35(3): 267-83.

King, P. (2011) *The New Politics: Liberal Conservatism or Same Old Tories?* (Bristol: Policy Press).

King, Z., Burke, S., and Pemberton, J. (2005) 'The "Bounded" Career: An Empirical Study of Human Capital, Career Mobility and Employment Outcomes in a Mediated Labour Market', *Human Relations*, 58(8): 981-1007.

Kinsey, A. C. (1948) *Sexual Behaviour in the Human Male* (Philadelphia: W. B. Saunders).

Kinsey, A. C. (1953) *Sexual Behaviour in the Human Female* (Philadelphia: W. B. Saunders).

Kirkwood, T. (2001) *Ageing Vulnerability: Causes and Interventions* (Chichester: Wiley).

Knorr-Cetina, K., and Cicourel, A. V. (1981) *Advances in Social Theory and Methodology: Towards an Inter-pretation of Micro-and Macro-Sociologies* (London: Routledge & Kegan Paul).

Kofman, E. (2004) 'Family-Related Migration: A Critical Review of European Studies', *Journal of Ethnic and Migration Studies*, 30(2): 243-62.

Kolakowski, L. (2005) *Main Currents of Marxism: The Founders, the Golden Age, the Breakdown* (New York: W. W. Norton).

Kolker, R. (2009) *Media Studies: An Introduction* (Chichester: Wiley-Blackwell).

Kollock, P. (1999) 'The Production of Trust in Online Markets', *Advances in Group Processes*, vol. 16, ed. S. R. Thye et al. (Stamford, CT, and London: JAI Press).

Korte, H. (2001) 'Perspectives on a Long Life: Norbert Elias and the Process of Civilization', in T. Salumets (ed.), *Norbert Elias and Human Interdependencies* (Montreal and Kingston: McGill-Queen's Univer-sity Press).

Koser, K., and Lutz, H. (1998) 'The New Migration in Europe: Contexts, Constructions and Realities', in K. Koser and H. Lutz (eds), *The New Migration in Europe: Social Constructions and Social Realities* (Basingstoke: Macmillan).

Kosmin, B. A., and Keysar, A. (2009) *American Religious Identification Survey: Summary Report* (Hartford, CT: Program on Public Values).

Koss, S. E. (1973) *Fleet Street Radical: A. G. Gardiner and the Daily News* (London: Allen Lane).

Kraut, R., Brynin, M., and Kiesler, S. (eds) (2006) *Computers, Phones and the Internet: Domesticating Inter-net Technology* (Buckingham: Open University Press).

Kristeva, J. (1977) *Polylogue* (Paris: Seuil).

Kristeva, J. (1984) *Revolution in Poetic Language* (New York: Columbia University Press).

Krolløke, C., and Sørensen, A. S. (2006) *Gender Communication Theories and Analyses: From Silence to Performance* (London: Sage).

Krupat, E. (1985) *People in Cities: The Urban Environment and its Effects* (Cambridge: Cambridge Univer-sity Press).

Kuhn, T. (1962) *The Structure of Scientific Revolutions* (Chicago: University of Chicago Press).

Kulkarni, V. G. (1993) 'The Productivity Paradox: Rising Output, Stagnant Living Standards', *Business Week*, 8 February.

Kuznets, S. (1955) 'Economic Growth and Income Inequality', *Economic Review*, 45(1): 1-28.

Lacan, J. (1995) *Lacan's Four Fundamental Concepts of Psychoanalysis* (New York: SUNY Press).

Laming, Lord (2003) *The Victoria Climbie Inquiry*, CM 5730 (London: HMSO).

Land, K. C., Deane, G., and Blau, J. R. (1991) 'Religious Pluralism and Church Membership', *American Sociological Review*, 56(2): 237-49.

Landes, D. S. (2003) *The Unbound Prometheus: Technological Change and Industrial Development in West-ern Europe from 1750 to the Present* (2nd edn, New York: Cambridge University Press).

Lansley, S., and Mack, J. (2015) *Breadline Britain: The Rise of Mass Poverty* (London: Oneworld).

Lappe, F. M. (1998) *World Hunger: 12 Myths* (New York: Grove Press).

Laqueur, T. (1990) *Making Sex: Body and Gender from the Greeks to Freud* (Cambridge, MA: Harvard University Press).

Laqueur, W. (2000) *The New Terrorism: Fanaticism and the Arms of Mass Destruction* (New York: Oxford University Press).

Laqueur, W. (2003) *No End to War: Terrorism in the 21st Century* (New York: Continuum).

Lareau, A. (2003) *Class, Race and Family Life* (Berkeley: University of California Press).

Larsen, J., Urry, J., and Axhausen, K. (2006) *Social Networks and Future Mobilities: Report to the UK Depart-ment for Transport* (Lancaster and Zurich: University of Lancaster and IVT, ETH Zurich).

Lask B., and Bryant-Waugh, R. (eds) (2000) *Anorexia Nervosa and Related Eating Disorders in Childhood and Adolescence* (Hove: Psychology Press).

Last J. M. (ed.) (2001) *A Dictionary of Epidemiology* (4th edn, New York: Oxford University Press).

Laumann, E. O. (1994) *The Social Organization of Sexuality: Sexual Practices in the United States* (Chicago: University of Chicago Press).

Law, I. (2009) *Racism and Ethnicity: Global Debates, Dilemmas, Directions* (Harlow: Pearson Education).

Lawson, N. (2009) *An Appeal to Reason: A Cool Look at Global Warming* (London: Duckworth Overlook).

Le Roux, B., Rouanet, H., Savage, M., and Warde, A. (2007) *Class and Cultural Division in the UK*, Working Paper no. 40 (CRESC, University of Manchester).

Lea, J., and Young, J. (1984) *What Is to Be Done about Law and Order?* (London: Penguin).

Leadbeater, C. (1999) *Living on Thin Air: The New Economy* (London: Viking).

Lee, D., and Newby, H. (1983) *The Problem of Sociology* (London: Routledge).

Lee, N. (2001) *Childhood and Society: Growing Up in an Age of Uncertainty* (Buckingham: Open University Press).

Lee, R. B., and I. De Vore (eds) (1968) *Man the Hunter* (Chicago: Aldine).

Lee S. (2001) 'Fat Phobia in Anorexia Nervosa: Whose Obsession Is It?', in M. Nasser, M. Katzman and R. Gordon (eds), *Eating Disorders and Cultures in Transition* (New York: Brunner-Routledge).

Lees, L., Slater, T., and Wyly, E. (eds) (2008) *Gentrification* (New York: Routledge).

Lees, S. (1993) *Sugar and Spice: Sexuality and Adolescent Girls* (London: Penguin).

Leisering, L., and Leibfried, S. (1999) *Time and Poverty in Western Welfare States* (Cambridge: Cambridge University Press).

Leitenberg, M. (2006) *Deaths in Wars and Conflicts in the 20th Century*, Occasional Paper no. 29 (3rd edn, Ithaca, NY: Cornell University).

Lelkes, O. (2007) *Poverty among Migrants in Europe* (Vienna: European Centre for Social Welfare Policy and Research).

Lemert, E. (1972) *Human Deviance, Social Problems and Social Control* (Englewood Cliffs, NJ: Prentice-Hall).

Lemkin, R. (1944) *Axis Rule in Occupied Europe: Laws of Occupation, Analysis of Government, Proposals for Redress* (New York: Carnegie Endowment for International Peace).

Lenski, G. (1963) *The Religious Factor* (New York: Doubleday).

LeVay, S. (1993) *The Sexual Brain* (Cambridge, MA: MIT Press).

Levitas, R. (2005) *The Inclusive Society: Social Exclusion and New Labour* (2nd edn, Basingstoke: Palgrave Macmillan).

Lev-On, A. (2009) 'Cooperation with and without Trust Online', in K. S. Cook, C. Snijders, V. Buskers and C. Cheshire (eds), *eTrust: Forming Relationships in the Online World* (New York: Russell Sage Founda-tion): 292-318.

Lewis, M. W. (1994) Green Delusions: An Environmentalist Critique of Radical Environmentalism *(Durham, NC, and London: Duke University Press)*.

Lewis, P., and Newburn, T. (2012) *Reading the Riots* (London: Guardian Books).

Lewontin, R. (1995) 'Sex, Lies and Social Science', *New York Review of Books*, 42: 24-9.

Li, H., Lau, J. T. F., Holroyd, E., and Yi, H. (2010) 'Sociocultural Facilitators and Barriers to Condom Use during Anal Sex among Men who Have Sex with Men in Guangzhou, China: An Ethnographic Study', *AIDS Care: Psychological and Socio-Medical Aspects of AIDS/HIV*, 22(12): 1481-6.

Li, Y., and Heath, A. (2007) *Minority Ethnic Groups in the British labour Market: Exploring Patterns, Trends and Processes of Minority Ethnic Disadvantage* (Swindon: Economic and Social Research Council, UPTAP); available at: www.uptap.net/wordpress/wp-content/UPTAP%20Findings%20Li%20Apr%2007%20(final).pdf.

Liebes, T., and Katz, E. (1993) *The Export of Meaning: Cross-Cultural Readings of Dallas* (Cambridge: Polity).

Lim, L. L. (1998) *The Sex Sector: The Economic and Social Bases of Prostitution in Southeast Asia* (Geneva: International Labour Organization).

Linz, J. J. (2000) *Totalitarian and Authoritarian Regimes* (Boulder, CO: Lynne Rienner).

Lipset, S. M. (1991) 'Comments on Luckmann', in P. Bourdieu and J. S. Coleman (eds), *Social Theory for a Changing Society* (Boulder, CO: Westview Press): 185-8.

Lipset, S. M., and Bendix, R. (1959) *Social Mobility in Industrial Society* (Berkeley: University of California Press).

Lister, C. R. (2015) *The Islamic State: A Brief Introduction* (Washington, DC: Brookings Institution Press).

Lister, R. (ed.) (1996) *Charles Murray and the Underclass: The Developing Debate* (London: IEA Health and Welfare Unit, in association with the Sunday Times).

Lister R. (2004) *Poverty* (Cambridge: Polity).

Lister, R. (2011) 'The Age of Responsibility: Social Policy and Citizenship in the Early 21st Century', in C. Holden, M. Kilkey and G. Ramia (eds), *Analysis and Debate in Social Policy, 2011* (Bristol: Policy Press): 63-84.

Lister, R., et al. (2007) *Gendering Citizenship in Western Europe: New Challenges for Citizenship Research in a Cross-National Context* (Bristol: Policy Press).

Livi-Bacci, M. (2012) *A Concise History of World Population* (5th edn, Oxford: Wiley-Blackwell).

Livingstone, S. (2009) *Children and the Internet: Great Expectations, Changing Realities* (Cambridge: Polity).

Livingstone, S., and Bovill, M. (1999) *Young People, New Media* (London: London School of Economics).

Livingstone, S., and Lunt, P. (1993) *Talk on Television: Audience Participation and Public Debate* (London: Routledge).

Locke, J., and Pascoe, E. (2000) 'Can a Sense of Community Flourish in Cyberspace?' *The Guardian*, 11 March; available at: www.guardian.co.uk/theguardian/2000/mar/11/debate.

Lomborg, B. (2001) *The Skeptical Environmentalist: Measuring the Real State of the World* (Cambridge: Cambridge University Press).

Longworth, N. (2003) *Lifelong Learning in Action: Transforming Education in the 21st Century* (London: Kogan Page).

Lorber, J. (1994) *Paradoxes of Gender* (New Haven, CT: Yale University Press).

Louie, M. C. Y. (2001) *Sweatshop Warriors: Immigrant Women Workers Take on the Global Factory* (Boston: South End).

Loungani, P. (2003) 'Inequality: Now You See it, Now You Don't', *in Finance and Development* (Washing-ton, DC: International Monetary Fund).

Low Pay Commission (2009) *National Minimum Wage: Low Pay Commission Report 2009* (Norwich: The Stationery Office).

Lucas, K., Blumenberg, E., and Weinberger, R. (eds) (2011) *Auto Motives: Understanding Car Use Behav-iours* (Bingley: Emerald Group).

Lukes, S. (1974) *Power: A Radical View* (London: Macmillan).

Lukes, S. (2004) *Power: A Radical View* (2nd edn, Basingstoke: Macmillan).

Lull, J. (1990) *Inside Family Viewing: Ethnographic Research on Television's Audiences* (London: Rout-ledge).

Lull, J. (1997) 'China Turned on Revisited Television, Reform and Resistance', in A. Sreberny-Mohammadi (ed.), *Media in Global Context: A Reader* (London: Arnold).

Lune, H. (2010) *Understanding Organizations* (Cambridge: Polity).

Lupton, D. (ed.) (1999) *Risk and Sociocultural Theory: New Directions and Perspectives* (Cambridge: Cambridge University Press).

Lykke, N. (2011) 'Intersectional Invisibility: Inquiries into a Concept of Intersectionality Studies', in H. Lutz, M. T. H. Vivar and L. Supik (eds), *Framing Intersectionality: Debates on a Multi-Faceted Concept in Gender Studies* (Farnham: Ashgate): 207-20.

Lynch, M. (2006) *Voices of the New Arab Public: Iraq, Al-Jazeera, and Middle East Politics Today* (New York: Columbia University Press).

Lyon, C., and de Cruz, P. (1993) *Child Abuse* (London: Family Law).

Lyotard, J.-F. (1984) *The Postmodern Condition* (Minneapolis: University of Minnesota Press).

Mac an Ghaill, M. (1994) *The Making of Men: Masculinities, Sexualities and Schooling* (Buckingham: Open University Press).

Mac an Ghaill, M. (1996) 'Introduction', in M. Mac an Ghaill (ed.), *Understanding Masculinities* (Bucking-ham: Open University Press): 1-15.

McAuley, R. (2006) *Out of Sight: Crime Youth and Exclusion in Modern Britain* (Cullompton, Devon: Willan).

McCoombs, M. (2014) *Setting the Agenda: Mass Media and Public Opinion* (2nd edn, Cambridge: Polity).

McDowell, L. (2004) 'Thinking through Work: Gender, Power and Space', in T. Barnes et al., *Reading Economic Geography* (Oxford: Blackwell): 315-28.

McFadden, D., and Champlin, C. A. (2000) 'Comparison of Auditory Evoked Potentials in Heterosexual, Homosexual, and Bisexual Males and Females', *Journal of the Association for Research in Otolaryngology*, 1(1): 89-99.

MacFarlane, A. (1990) 'Official Statistics and Women's Health and Illness', in H. Roberts (ed), *Womens Health Counts* (London: Routledge): 18-62.

MacGregor, S. (2003) 'Social Exclusion', in N. Ellison and C. Pierson (eds), *Developments in British Social Policy 2* (Basingstoke:

Palgrave Macmillan).

MacGregor, S., and Pimlott, B. (1991) 'Action and Inaction in the Cities', in *Tackling the Inner Cities: The 1980s Reviewed, Prospects for the 1990s* (Oxford: Clarendon Press).

McGuinness, F. (2015) *Unemployment by Ethnic Background*, Briefing Paper 6385 (London: House of Commons Library); www.parliament.uk/briefing-papers/SN06385.pdf.

MacInnes, T., Aldridge, H., Bushe, S., Tinson, A., and Born, T. B. (2014) *Monitoring Poverty and Social Exclusion 2014* (York: Joseph Rowntree Foundation).

MacInnes, T., Tinson, A., Hughes, C., Born, T. B., and Aldridge, H. (2015) *Monitoring Poverty and Social Exclusion 2015* (York: Joseph Rowntree Foundation).

McIntosh, M. (1968) 'The Homosexual Role', *Social Problems*, 16(2): 182-92.

Mack, J., and Lansley, S. (1985) *Poor Britain* (London: Allen & Unwin).

Mack, J., and Lansley, S. (1992) *Breadline Britain 1990s: The Findings of the Television Series* (London: London Weekend Television).

McKenna, H., et al. (2001) 'Qualified Nurses' Smoking Prevalence: Their Reasons for Smoking and Desire to Quit', *Journal of Advanced Nursing*, 35(5): 769-75.

McKeown, T. (1979) *The Role of Medicine: Dream, Mirage or Nemesis?* (Oxford: Blackwell).

McKnight, A. (2000) *Earnings Inequality and Earnings Mobility, 1977-1997: The Impact of Mobility on Long Term Inequality*, Employment Relations Research Series no. 8 (London: Department of Trade and Industry).

Maclean, M., Harvey, C., and Press, J. (2006) *Business Elites and Corporate Governance in France and the UK* (Basingstoke: Palgrave Macmillan).

McLennan, G. (2010) 'Eurocentrism, Sociology, Secularity', in E. G. Rodríguez, M. Boatcă and S. Costa (eds), *Decolonizing European Sociology: Transdisciplinary Approaches* (Farnham: Ashgate): 119-34.

McLeod, J., and Yates, L. (2008) 'Class and the Middle: Schooling, Subjectivity, and Social Formation', in L. Weis (ed.) *The Way Class Works: Readings on School, Family, and the Economy* (New York: Rout-ledge): 347-62.

McLuhan, M. (1964) *Understanding Media* (London: Routledge & Kegan Paul).

McMichael, P. (1996) *Development and Social Change: A Global Perspective* (Thousand Oaks, CA: Pine Forge Press).

Macnaghten, P., and Urry, J. (1998) *Contested Natures* (London: Sage).

McNamara, K. R. (2010) 'The Eurocrisis and the Uncertain Future of European Integration', in S. Patrick (ed.), *Crisis in the Eurozone: Transatlantic Perspectives* (New York: Council on Foreign Relations): 22-4.

Macnicol, J. (2010) *Ageing and Discrimination: Some Analytical Issues* (London: ILC-UK).

Macpherson, S. W. (1999) *The Stephen Lawrence Inquiry*, Cm 4262-I (London: HMSO); available at: www. archive.official-documents.co.uk/document/cm42/4262/4262.htm.

McQuail, D. (2000) *McQuail's Mass Communication Theory* (London: Sage).

Macrae, S., Maguire, M., and Milbourne, M. (2003) 'Social Exclusion: Exclusion from School', *International Journal of Inclusive Education*, 7(2): 89-101.

McRobbie, A. (1991) *Feminism and Youth Culture: From Jackie to Just Seventeen* (Cambridge, MA: Unwin Hyman).

McRobbie, A., and Garber, J. (1975) 'Girls and Subcultures', in S. Hall and T. Jefferson (eds), *Resistance through Rituals: Youth Subcultures in Post-War Britain* (London: Hutchinson).

McVeigh, T. (2010) 'Women Told to Forget about Babies if They Want to Scale Career Heights', *The Observer*, 15 August; available at: www.guardian.co.uk/lifeandstyle/2010/aug/15/women-children-career-top-jobs.

Maffesoli, M. (1995) *The Time of the Tribes: The Decline of Individualism in Mass Society* (London: Sage).

Maguire, J. (1999) *Global Sport: Identities, Societies, Civilizations* (Cambridge: Polity).

Maguire, M. B. (2008) *Lived Religion: Faith and Practice in Everyday Life* (Oxford: Oxford University Press).

Mahalingam, R., and McCarthy, C. (eds) (2000) *Multicultural Curriculum: New Directions for Social Theory, Practice and Social Policy* (London: Routledge).

Maier, E. (2011) 'Implicit Human-Computer Interaction by Posture Recognition', in V. G. Duffy (ed.), *Digi-tal Human Modelling* (Heidelberg: Springer): 143-50.

Makino, M., Tsuboi, K., and Dennerstein, L. (2004) 'Prevalence of Eating Disorders: A Comparison of West-ern and Non-Western Countries', *Medscape General Medicine*, 6(3): 49.

Malakooti, A., and Davin, E. (2015) *Migration Trends across the Mediterranean: Connecting the Dots*, www.altaiconsulting.com/docs/migration/Altai_Migration_trends_accross_the_Mediterranean_v3.pdf.

Malcolm, N. (1996) *Bosnia: A Short History* (New York: New York University Press).

Malešević, S. (2010) *The Sociology of War and Violence* (Cambridge: Cambridge University Press).

Malešević, S. (2011) *Sociological Theory and Warfare* (Stockholm: Forsvarshogskolan).

Maleššević, S. (2015) 'Violence, Coercion and Human Rights: Understanding Organized Brutality', in M. Holborn (ed.), *Contemporary Sociology* (Cambridge: Polity): 534-65.

Mallin, C. A. (ed.) (2009) *Corporate Social Responsibility: A Case Study Approach* (Cheltenham: Edward Elgar).

Maloney, K. (2015) *Frankly Kellie: Becoming a Woman in a Man's World* (London: Blink).

Malthus, T. (1976 [1798]) *Essay on the Principle of Population* (New York: W. W. Norton).

Mannheim, K. (1972 [1928]) 'The Problem of Generations', in P. Kecskemeti (ed.), *Essays on the Sociology of Knowledge* (London: Routledge & Kegan Paul).

Marcus, A. D. (2014) 'Gene-Therapy Trial for "Bubble-Boy Syndrome"Shows Promise', *Wall Street Journal*, 8 October; www.wsj.com/articles/gene-therapy-trial-for-bubble-boy-syndrome-shows-promise-1412802002.

Marcuse, H. (1964) *One-Dimensional Man: Studies in the Ideology of Advanced Industrial Society* (London: Routledge & Kegan Paul).

Marcuse, H., and van Kempen, R. (eds) (2000) *Globalizing Cities: A New Spatial Order?* (Oxford: Blackwell).

Marin, L., Zia, H., and Soler, E. (1998) *Ending Domestic Violence: Report from the Global Frontlines* (San Francisco: Family Violence Prevention Fund).

Marmot, M. (2010) *Fair Society, Healthy Lives: Executive Summary* (London: The Marmot Review); avail-able at: www.instituteofhealthequity.org/projects/fair-society-healthy-lives-the-marmot-review.

Marsh, I., and Melville, G. (2011) 'Moral Panics and the British Media: A Look at Some Contemporary "Folk Devils"', *Internet Journal of Criminology*, available at: www.internetjournalofcriminology.com/ Marsh_Melville_Moral_Panics_and_the_British_

Media_March_2011.pdf.

Marshall, A. J. (2007) *Vilfredo Pareto's Sociology: A Framework for Political Psychology* (Aldershot: Ashgate).

Marshall, G., and Firth, D. (1999) 'Social Mobility and Personal Satisfaction: Evidence from Ten Countries', *British Journal of Sociology*, 50(1): 28–48.

Marshall, G., et al. (1988) *Social Class in Modern Britain* (London: Hutchinson).

Marshall, L. (2015) 'Copyright', in J. Shepherd and K. Devine (eds), *The Routledge Reader on the Sociology of Music* (New York: Routledge): 287–98.

Marshall, T. H. (1973) *Class, Citizenship and Social Development* (Westport, CT: Greenwood Press).

Martell, L. (1994) *Ecology and Society: An Introduction* (Cambridge: Polity).

Martell, L. (2006) *The Sociology of Globalization* (2nd edn, Cambridge: Polity).

Martin, D. (1990) *Tongues of Fire: The Explosion of Protestantism in Latin America* (Oxford: Blackwell).

Martineau, H. (1962 [1837]) *Society in America* (New York: Doubleday).

Martocci, L. (2015) *Bullying: The Social Destruction of Self* (Philadelphia: Temple University Press).

Marx, K. (1938 [1875]) *Critique of the Gotha Programme* (New York: International Publishers).

Marx, K. (1970 [1859]) *A Contribution to the Critique of Political Economy* (Moscow: Progress).

Marx, K., and Engels, F. (1970 [1846]) *The German Ideology* (New York: International Publishers).

Marx, K., and Engels, F. (2008 [1848]) *The Communist Manifesto* (Rockville, MD: Wildside Press).

Mason, A., and Palmer, A. (1996) *Queer Bashing: A National Survey of Hate Crimes against Lesbians and Gay Men* (London: Stonewall).

Mason, D. (1995) *Race and Ethnicity in Modern Britain* (Oxford: Oxford University Press).

Mason, D. (2000) *Race and Ethnicity in Modern Britain* (2nd edn, Oxford: Oxford University Press).

Massey, D. (2007) *World City* (Cambridge: Polity).

Matsuura, J. H. (2004) 'Anticipating the Public Backlash: Public Relations Lessons for Nanotechnology from the Biotechnology Experience', *Nanotech*, 3: 491–3; available at: www.nsti.org/publications/Nanotech/2004/pdf/B3-129.pdf.

Matthews, R., and Young, J. (1986) *Confronting Crime* (London: Sage).

Mattioli, G. (2014) 'Where Sustainable Transport and Social Exclusion Meet: Households without Cars and Car Dependence in Great Britain', *Journal of Environmental Policy and Planning*, 16: 1–22.

Maugh, T. H., and Zamichow, N. (1991) 'Medicine: San Diego's Researcher's Findings Offer First Evidence of a Biological Cause for Homosexuality', *Los Angeles Times*, 30 August.

Mauss, M. (1973) 'Techniques of the Body', *Economy and Society*, 2: 70–88.

Mauthner, M. L. (2005) *Sistering: Power and Change in Female Relationships* (Basingstoke: Palgrave Macmillan).

May, S., and Sleeter, C. E. (eds) (2010) *Critical Multiculturalism: Theory and Praxis* (London: Routledge).

May, V. (2015) 'Families and Personal Life: All Change?, in M. Holborn (ed.), *Contemporary Sociology* (Cambridge: Polity): 472–98.

May-Chahal, C., and Herczog, M. (2003) *Child Sexual Abuse in Europe* (Strasbourg: Council of Europe).

Mead, G. H. (1934) *Mind, Self and Society from the Standpoint of a Social Behaviorist* (Chicago: University of Chicago Press).

Mead, M. (1978) *Culture and Commitment: A Study of the Generation Gap* (Garden City, NY: Natural History Press).

Meadows, D. H., et al. (1972) *The Limits to Growth* (New York: Universe Books).

Meadows, D. H., Meadows, D. L., and Randers, J. (1992) *Beyond the Limits: Global Collapse or a Sustainable Future?* (London: Earthscan).

Meadows, D.H., Meadows, D. L., and Randers, J. (2004) *Limits to Growth: The 30-Year Update* (White River Junction, VT: Chelsea Green).

Meadows, P. (1996) *The Future of Work: Contributions to the Debate* (York: Joseph Rowntree Foundation).

Mega, V. (2010) *Sustainable Development, Energy and the City: A Civilization of Concepts and Actions* (New York: Springer).

Meijer, R. (2009) 'Introduction', in R. Meijer (ed.), *Global Salafism: Islam's New Religious Movement* (New York: Columbia University Press):1-32.

Melucci, A. (1985) 'The Symbolic Challenge of Contemporary Movements', *Social Research*, 52(4): 781-816.

Melucci, A. (1989) *Nomads of the Present: Social Movements and Individual Needs in Contemporary Society* (London: Hutchinson Radius).

Mennell, S. (1996) 'Civilizing and Decivilizing Processes', in J. Goudsblom, E. Jones and S. Mennell, *The Course of Human History: Economic Growth, Social process, and Civilization* (London: M. E. Sharpe): 101-16.

Mennell, S. (1998) *Norbert Elias: An Introduction* (Oxford: Blackwell).

Menzel, P. [photographs], and D'Alusio, F. [text] (2005) *Hungry Planet: What the World Eats* (Berkeley, CA: Ten Speed Press)

Merton, R. K. (1957) *Social Theory and Social Structure* (rev. edn, Glencoe, IL: Free Press).

Meyer, D. S., and Tarrow, S. (eds) (1997) *The Social Movement Society: Contentious Politics for a New Century* (Lanham, MD: Rowman & Littlefield).

Meyer, J. W., and Rowan, B. (1977) 'Institutionalized Organizations: Formal Structure as Myth and Cere-mony', *American Journal of Sociology*, 83: 340-63.

Meyer, S. C. (2013) *Darwin's Doubt: The Explosive Origin of Animal Life and the Case for Intelligent Design* (New York: HarperCollins).

Meyers, M. (1999) *Mediated Women: Representations in Popular Culture* (Cresskill, NJ: Hampton Press).

Michels, R. (1967 [1911]) *Political Parties* (New York: Free Press).

Michie, R. (2012) 'The Stock Market and the Corporate Economy: A Historical Overview', in G. Poitras (ed.) *Handbook of Research on Stock Market Globalization* (Cheltenham: Edwards Elgar): 28-67.

Miles, H. (2005) *Al Jazeera: The Inside Story of the Arab News Channel that is Challenging the West* (New York: Grove Press).

Miles, R. (1993) *Racism after 'Race Relations'* (London: Routledge).

Miles, S. (2000) *Youth Lifestyles in a Changing World* (Buckingham: Open University Press).

Mill, J. S. (1869) *The Subjection of Women* (New York: D. Appleton).

Miller, T. (2011) 'Falling Back into Gender? Men's Narratives and Practices around First-Time Fatherhood', *Sociology*, 45(6): 1094-109.

Mills, C. Wright (1956) *The Power Elite* (New York: Oxford University Press).

Mills, C. Wright. (1970) *The Sociological Imagination* (Harmondsworth: Penguin).

Mills, M. P., and Huber, P. W. (2002) 'How Technology will Defeat Terrorism', *City Journal*, 12(1): 24-34.

Ministry of Justice (2011) 'Prison Population and Accommodation Briefing for 14th January 2011', avail-able at: www.justice.gov.uk/downloads/statistics/hmps/10004C3414012011_web_report.doc.

Ministry of Justice (2013) 'An Overview of Sexual Offending in England and Wales', 10 January, https://www.gov.uk/government/uploads/system/uploads/attachment_data/file/214970/sexual-offending-overview-jan-2013.pdf.

Ministry of Justice (2014) 'Population and Capacity Briefing for Friday 28 November 2014', https://www.gov.uk/government/statistics/prison-population-figures-2014.

Ministry of Justice (2015) 'Prison Population Figures 2015', https://www.gov.uk/government/statistics/prison-population-figures-2015.

Minkler, M., and Estes, C. L. (eds) (1991) *Critical Perspectives on Aging: The Political and Moral Economy of Growing Old* (Amityville, NY: Baywood).

Mirza, H. (1986) *Multinationals and the Growth of the Singapore Economy* (New York: St Martin's Press).

Mitchell, J. (1966) *Women: The Longest Revolution: Essays in Feminism and Psychoanalysis* (London: Virago).

Mitchell, J. (1971) *Women's Estate* (London: Penguin).

Mitchell, J. (1975) *Psychoanalysis and Feminism* (New York: Random House).

Mithen, S. (2003) *After the Ice: A Global Human History 20,000-5,000 BC* (London: Orion Books).

Moberg, M., Granholm, K., and Nynäs, P. (2014) 'Trajectories of Post-Secular Complexity: An Introduction', in P. Nynäs, M. Lassander and T. Utriainen (eds), *Post-Secular Society* (New Brunswick, NJ: Transaction).

Modood, T. (1994) 'Political Blackness and British Asians', *Sociology*, 28(4): 859-76.

Modood, T., Berthoud, R., Lakey, J., Nazroo, J., Smith, P., Virdee, S., and Beishon, S. (1997) *Ethnic Minorities in Britain: Diversity and Disadvantage* (London: Policy Studies Institute) [Fourth PSI Survey].

Mohammadi, A. (ed.) (2002) *Islam Encountering Globalization* (London: Routledge).

Mol, A. P. J. (2001) *Globalization and Environmental Reform: The Ecological Modernization of the Global Economy* (Cambridge, MA: MIT Press).

Mol, A. P. J., and Sonnenfeld, D. A. (2000) 'Ecological Modernisation around the World: An Introduction', *Environmental Politics*, 9(1): 3-16.

Moore, B. (1966) *Social Origins of Dictatorship and Democracy: Lord and Peasant in the Making of the Modern World* (Boston: Beacon Press).

Moore, K. (2015) 'Where Do the Wealthiest 1% Live?', 25 January, www.bbc.co.uk/news/magazine-30949796.

Moore, L. R. (1994) *Selling God: American Religion in the Marketplace of Culture* (New York: Oxford Univer-sity Press).

Moore, R. (1995) *Ethnic Statistics and the 1991 Census* (London: Runnymede Trust).

Morais, A., Neves, I., Davies, B., and Daniels, H. (eds) (2001) *Towards a Sociology of Pedagogy* (New York: Peter Lang).

Moran, J. (2005) *Reading the Everyday* (London: Routledge).

Moran, L. J., and Skeggs, B., with Tyrer, P., and Corteen, K. (2004) *Sexuality and the Politics of Violence and Safety* (London: Routledge).

Morgan, D. H. J. (1996) *Family Connections: An Introduction to Family Studies* (Cambridge: Polity).

Morgan, D. H. J. (1999) 'Risk and Family Practices: Accounting for Change and Fluidity in Family Life', in E. Silva and C. Smart (eds), *The New Family* (London: Sage).

Morgan, D. H. J. (2011) *Rethinking Family Practices* (Basingstoke: Palgrave Macmillan).

Morgan, P. (1999) *Family Policy, Family Changes* (London: CIVITAS).

Morris, L. (1993) *Dangerous Classes: The Underclass and Social Citizenship* (London: Routledge).

Morris, L. (1995) *Social Divisions: Economic Decline and Social Structural Change* (London: Routledge).

Mort, M., May, C. R., and Williams, T. (2003) 'Remote Doctors and Absent Patients: Acting at a Distance in Telemedicine?', *Science, Technology and Human Values*, 28(2): 274-95.

Mosca, G. (1939 [1896]) *The Ruling Class* (New York: McGraw-Hill).

Mouzelis, N. P. (1995) *Sociological Theory: What Went Wrong? Diagnosis and Remedies* (London: Routledge).

Moynihan, D. P. (1993) 'Defining Deviancy Down', *American Scholar*, 62(1): 17-30.

Mueller, M. L. (2011) *Networks and States: The Global Politics of Internet Governance* (Cambridge, MA: MIT Press).

Mullan, P. (2002) *The Imaginary Time Bomb: Why an Ageing Population Is Not a Social Problem* (London: I. B. Tauris).

Muncie, J. (2009) *Youth and Crime* (3rd edn, London: Sage).

Muncie, J. (2015) *Youth and Crime* (4th edn, London: Sage).

Murdock, G. P. (1949) *Social Structure* (New York: Macmillan).

Murphy, J. (2011) 'Indian Call Centre Workers: Vanguard of a Global Middle Class?', *Work, Employment and Society*, 25(3): 417-33.

Murphy, R. (1997) *Sociology and Nature: Social Action in Context* (Boulder, CO: Westview Press).

Murray, C. A. (1984) *Losing Ground: American Social Policy* 1950-1980 (New York: Basic Books).

Murray, C. A. (1990) *The Emerging British Underclass* (London: Institute of Economic Affairs).

Najam, A., Huq, S., and Sokona, Y. (2003) 'Climate Negotiations beyond Kyoto: Developing Countries Concerns and Interests', *Climate Policy*, 3: 221-31; available at: http://climate-talks.net/2006-ENVRE130/PDF/Najam-CliPol%20Climate%20and%20SD.pdf.

Nanda, M. (2004) *Prophets Facing Backward: Postmodern Critiques of Science and Hindu Nationalism in India* (New Brunswick, NJ: Rutgers University Press).

Nasser, M. (2006) 'Eating Disorders across Cultures', Psychiatry, 5(11): 392-5.

National Committee of Inquiry into Higher Education (1997) *Report* (London: Department for Education and Employment) [Dearing Report].

National Equality Panel (2010) *An Anatomy of Economic Inequality in the UK: Report of the National Equal-ity Panel* (London: Government Equalities Office).

Nederveen Pieterse, J. (2004) *Globalization or Empire?* (London and New York: Routledge).

Negroponte, N. (1995) *Being Digital* (London: Hodder & Stoughton).

Negus, K. (1999) *Music Genres and Corporate Cultures* (London: Routledge).

Neslen, A. (2015) 'Morocco Poised to Become a Solar Superpower with Launch of Desert Mega-Project', *The Guardian*, 26 October, https://www.theguardian.com/environment/2015/oct/26/morocco-poised-to-become-a-solar-superpower-with-launch-of-desert-mega-project.

Nettleton, S. (2013) *The Sociology of Health and Illness* (3rd edn, Cambridge: Polity).

Neumann, P. R. (2009) *Old & New Terrorism* (Cambridge: Polity).

New Scientist (2015) 'Nitrogen Oxides in Car Exhaust Kill Tens of Thousands in UK', 28 September; https://www.newscientist.com/article/dn28245-nitrogen-oxide-is-not-so-harmless-and-could-damagehuman-health/.

Newman, K. S. (2000) *No Shame in my Game: The Working Poor in the Inner City* (New York: Vintage).

Newman, K. S. (2012) *The Accordion Family: Boomerang Kids, Anxious Parents, and the Private Toll of Global Competition* (Boston: Beacon Press).

Nicholas, S., Kershaw, C., and Walker, A. (2007) *Crime in England and Wales 2006/07*, Home Office Statisti-cal Bulletin 11/07 (London: Home Office).

Niebuhr, H. R. (1929) *The Social Sources of Denominationalism* (New York: Henry Holt).

Nielsen, F. (1994) 'Income Inequality and Industrial Development: Dualism Revisited', *American Socio-logical Review*, 59(5): 654-77.

Nobelprize.org (2012) *'Democracies in the World', 23 February, available at: www.nobelprize.org/educa-tional/peace/democracy_map/.*

Norwood, G. (2016) 'The Impact of Buy-to-Leave on Prime London's Housing Market', *Financial Times*, 12 February, www.ft.com/cms/s/0/6954f798-cb2c-11e5-a8ef-ea66e967dd44.html.

NPI (New Policy Institute) (2010) *Monitoring Poverty and Social Exclusion 2010* (York: Joseph Rowntree Foundation).

The Numbers (2015) 'Highest Grossing Films of All Time by Worldwide Box Office Sales, at 9 August 2015', www.the-numbers.com/movie/records/All-Time-Worldwide-Box-Office.

Nursing Times (2009) 'NHS Hospital Patient Deaths Due to Errors up 60% in England', 7 January, available at: www.nursingtimes.net/whats-new-in-nursing/nhs-hospital-patient-deaths-due-to-errors-up-60-in-england/1960339.article.

Oakley, A. (1974a) *Housewife* (London: Allen Lane).

Oakley, A. (1974b) *The Sociology of Housework* (Oxford: Martin Robertson).

Oakley, A. (1984) *The Captured Womb: A History of the Medical Care of Pregnant Women* (Oxford: Blackwell).

Oakley, A., et al. (1994) 'Life Stress, Support and Class Inequality: Explaining the Health of Women and Children', *European Journal of Public Health*, 4: 81-91.

Oberschall, A. (1973) *Social Conflict and Social Movements* (Englewood Cliffs, NJ: Prentice-Hall).

O'Brien, M., Alldred, P., and Jones, D. (1996) 'Children's Constructions of Family and Kinship', in J. Bran-nen and M. O'Brien (eds), *Children in Families: Research and Policy* (London: Falmer Press): 84-100.

Ó Dochartaigh, N. (2009) *Internet Research Skills: How to do your Literature Search and Find Research Information Online* (2nd edn, London: Sage).

Odum, E. P. (1989) *Ecology and our Endangered Life-Support Systems* (Sunderland, MA: Sinauer Associ-ates).

OECD (2005) *OECD Factbook 2005: Economic, Environmental and Social Statistics*, available at: www. oecd-ilibrary.org/economics/oecd-factbook-2005_factbook-2005-en.

OECD (2006) *Environment at a Glance, Environmental Indicators 2006* (Paris: OECD).

Ofcom (2010) *Communications Market Report: UK, 2010*, available at: http://stakeholders.ofcom.org.uk/binaries/research/cmr/753567/CMR_2010_FINAL.pdf.

Ofcom (2011) *Communications Market Report: UK, 2011*, available at: http://stakeholders.ofcom.org.uk/binaries/research/cmr/cmr11/UK_CMR_2011_FINAL.pdf.

Ofcom (2015) *Adults'Media Use and Attitudes Report 2015*, http://stakeholders.ofcom.org.uk/binaries/research/media-literacy/media-lit-10years/2015_Adults_media_use_and_attitudes_report.pdf.

Ohmae, K. (1990) *The Borderless World: Power and Strategy in the Industrial Economy* (London: Collins).

Ohmae, K. (1995) *The End of the Nation State: The Rise of Regional Economies* (London: Free Press).

Oliver, M. (1983) *Social Work with Disabled People* (Basingstoke: Macmillan).

Oliver, M. (1990) *The Politics of Disablement* (Basingstoke: Macmillan).

Oliver, M. (1996) *Understanding Disability: From Theory to Practice* (Basingstoke: Macmillan).

Oliver, M., and Zarb, G. (1989) 'The Politics of Disability: A New Approach', *Disability, Handicap & Society*, 4(3): 221-40.

Olshansky, S., Passaro, D., Hershow, R., Layden, J., Carnes, B., Brody, J., Hayfick, L., Butler, R., Allison, D., and Ludwig, D. (2005) 'A Potential Decline in Life Expectancy in the United States in the 21st Century', *New England Journal of Medicine* 352(11): 1138-45.

Olson, M. (1965) *The Logic of Collective Action* (Cambridge, MA: Harvard University Press).

Omi, M., and Winant, H. (1994) *Racial Formation in the United States from the 1960s to the 1990s* (2nd edn, New York: Routledge).

O'Neill, J. (2013) *The Growth Map: Economic Opportunity in the BRICs and Beyond* (London: Portfolio Penguin).

O'Neill, M. (2000) *Prostitution and Feminism: Towards a Politics of Feeling* (Cambridge: Polity).

O'Neill, O. (2002) *The Reith Lectures: A Question of Trust*, available at: www.bbc.co.uk/radio4/reith2002/.

O'Neill, R. (2002) *Experiments in Living: The Fatherless Family* (London: CIVITAS).

ONS (Office for National Statistics) (2000) *Social Trends 30* (London: HMSO).

ONS (Office for National Statistics) (2002a) *Labour Force Survey, Spring* (London: ONS).

ONS (Office for National Statistics) (2002b) *Focus on Ethnicity and Identity* (London: ONS).

ONS (Office for National Statistics) (2003) *A Century of Labour Market Change* (London: Office for National Statistics).

ONS (Office for National Statistics) (2004a) *Focus on the Labour Market 2002* (London: Office for National Statistics).

ONS (Office for National Statistics) (2004b) *Social Trends 34* (London: HMSO).

ONS (Office for National Statistics) (2005) *Social Trends 35* (London: HMSO).

ONS (Office for National Statistics) (2007) *Social Trends 37* (London: HMSO).

ONS (Office for National Statistics) (2010a) *Social Trends 40* (Basingstoke: Palgrave Macmillan).

ONS (Office for National Statistics) (2010b) *Divorces in England and Wales 2008, revised bulletin* (London: Office for National Statistics).

ONS (Office for National Statistics) (2010c) *National Population Projections, 2008-Based* (London: Office for National Statistics).

ONS (Office for National Statistics) (2011a) 'Internet Access', available at: http://www.statistics.gov.uk/

cci/nugget.asp?id=8.

ONS (Office for National Statistics) (2011b) 'Nearly Half of Those Who Have Never Been Online are Disa-bled', News Release, 18 May (Newport: ONS).

ONS (Office for National Statistics) (2011c) *Population Estimates by Ethnic Group 2002-2009* (Newport: ONS).

ONS (Office for National Statistics) (2011d) 'Trade Union Membership 2010', 28 April, available at: http://stats.bis.gov.uk/UKSA/tu/Press_Notice_Trade_Union_Membership_2010.pdf.

ONS (Office for National Statistics (2011e) 'Labour Market Statistics: September 2011', available at: www. ons.gov.uk/ons/

dcp171778_232238.pdf.

ONS (Office for National Statistics) (2011f) *Crime and Justice, Social Trends 41* (Newport: ONS).

ONS (Office for National Statistics) (2012a) *Religion in England and Wales 2011*, www.ons.gov.uk/ons/dcp171776_290510.pdf.

ONS (Office for National Statistics) (2012b) *Ethnicity and National Identity in England and Wales 2011*, www.ons.gov.uk/ons/dcp171776_290558.pdf.

ONS (Office for National Statistics) (2013a) *The Health Gap in England and Wales, 2011 Census*, www.ons.gov.uk/ons/rel/census/2011-census-analysis/health-gaps-by-socio-economic-position-of-occupations-in-england--wales--english-regions-and-local-authorities--2011/info-health-gap.html.

ONS (Office for National Statistics) (2013b) *Full Report - Women in the Labour Market*, www.ons.gov.uk/ons/dcp171776_328352.pdf.

ONS (Office for National Statistics) (2013c) 'Chapter 3 - Households, Familes and People (General Lifestyle Survey Overview - A Report on the 2011 General Lifestyle Survey)', http://webarchive.nationalarchives.gov.uk/20160105160709/http://www.ons.gov.uk/ons/dcp171776_302210.pdf.

ONS (Office for National Statistics) (2014a) *Crime in England and Wales, Year Ending March 2014*, www.ons.gov.uk/ons/dcp171778_371127.pdf.

ONS (Office for National Statistics) (2014b) *Crime in England and Wales, Year Ending June 2014*, www.ons.gov.uk/ons/dcp171778_380538.pdf.

ONS (Office for National Statistics) (2014c) *Crime Survey for England and Wales, 2012-13*, www.ons.gov.uk/ons/dcp171776_352362.pdf.

ONS (Office for National Statistics) (2014d) *Crime in England and Wales, Year Ending March 2014*, www.ons.gov.uk/ons/dcp171778_371127.pdf.

ONS (Office for National Statistics) (2014e) *UK Labour Market, December 2014*, www.ons.gov.uk/ons/dcp171778_385648.pdf.

ONS (Office for National Statistics) (2014f) *Annual Survey of Hours and Earnings 2014, Provisional Results*, www.ons.gov.uk/ons/dcp171778_385428.pdf.

ONS (Office for National Statistics) (2014g) *Divorces in England and Wales 2012*, www.ons.gov.uk/ons/dcp171778_351693.pdf.

ONS (Office for National Statistics) (2014h) '8 Facts about Young People', www.ons.gov.uk/ons/rel/uncategorised/summary/facts-about-young-people/sty-facts-about-young-people.html.

ONS (Office for National Statistics) (2015a) *Poverty and Employment Transitions in the UK and EU, 2008-2012*, www.ons.gov.uk/ons/dcp171776_395768.pdf.

ONS (Office for National Statistics) (2015b) *Migration Statistics Quarterly Report, May 2015*, www.ons.gov.uk/ons/dcp171778_404613.pdf.

ONS (Office for National Statistics) (2015c) *Families and Households 2014*, www.ons.gov.uk/ons/dcp171778_393133.pdf.

ONS (Office for National Statistics) (2015d) *Chapter 1: Violent Crime and Sexual Offences - Overview*, www.ons.gov.uk/ons/dcp171776_394474.pdf.

ONS (Office for National Statistics) (2015e) *Civil Partnerships in England and Wales 2014*, www.ons.gov.uk/peoplepopulationandcommunity/birthsdeathsandmarriages/marriagecohabitationandcivilpartnerships/bulletins/civilpartnersh ipsinenglandandwales/2015-10-20#civil-partnerships-by-sex.

Open Society Institute (2010) *Muslims in Europe: A Report on 11 EU Cities* (London: Open Society Insti-tute).

Osalor, P. (2011) 'The Informal Economy and Entrepreneurial development', 23 January, www.vanguardngr.com/2011/01/the-informal-economy-and-entrepreneurial-development.

Osborne, J. W. (2007) 'Linking Stereotype Threat and Anxiety', *Educational Psychology*, 27(1): 135-54.

Oxfam (2014) *Even it Up: Time to End Extreme Inequality* (Oxford: Oxfam GB).

Oxfam (2015) *Wealth: Having it All and Wanting More* (Oxford: Oxfam GB).

Paehlke, R. (1989) *Environmentalism and the Future of Progressive Politics* (New Haven, CT, and London: Yale University Press).

Pahl, J. (1989) *Money and Marriage* (Basingstoke: Macmillan).

Pakulski, J., and Waters, M. (1996) *The Death of Class* (London: Sage).

Palmer, G., MacInnes, T., and Kenway, P. (2006) *Monitoring Poverty and Social Exclusion 2006* (York: Joseph Rowntree Foundation).

Palmer, G., MacInnes, T., and Kenway, P. (2007) *Monitoring Poverty and Social Exclusion 2007* (York: Joseph Rowntree Foundation).

Palmer, M. A. (2010) 'Water Resources: Beyond Infrastructure', *Nature*, 467, 30 September: 534-5.

Palmore, E. B. (1985) *Retirement: Causes and Consequences* (New York: Springer).

Panyarachun, A., et al. (2004) *A More Secure World: Our Shared Responsibility: Report of the High-Level Panel on Threats, Challenges and Change* (New York: United Nations).

Papadakis, E. (1988) 'Social Movements, Self-Limiting Radicalism and the Green Party in West Germany', *Sociology*, 22(3): 171-92.

Papworth Trust (2013) *Disability in the United Kingdom 2013: Facts and Figures* (Cambridge: Papworth Trust).

Parekh, B. (2000) *Rethinking Multiculturalism: Cultural Diversity and Political Theory* (Basingstoke: Palgrave Macmillan).

Parekh, B. (2004) 'Is Britain Too Diverse? The Responses', available at: www. carnegiecouncil.org/media/replies.pdf.

Pareto, V. (1935 [1916]) *The Mind and Society: A Treatise on General Sociology*, 2 vols (New York: Harcourt Brace).

Park, A., Bryson, C., Clery, E., Curtice, J., and Phillips, M. (eds) (2013) *British Social Attitudes: the 30th Report* (London: NatCen Social Research).

Park, R. E. (1952) *Human Communities: The City and Human Ecology* (New York: Free Press).

Parke, R. D., and Clarke-Stewart, A. (2010) *Social Development* (Hoboken, NJ: John Wiley).

Parker, S. (2003) *Urban Theory and the Urban Experience: Encountering the City* (London: Routledge).

Parr, C. (2014) 'Women and Ethnic Minorities Still Marginalised at Top of Universities', *Times Higher Education*, 18 November; www.timeshighereducation.co.uk/news/women-and-ethnic-minorities-still-marginalised-at-top-of-universities/2017026.article.

Parsons, T. (1937) *The Structure of Social Action* (New York: McGraw Hill).

Parsons, T. (1952) *The Social System* (London: Tavistock).

Parsons, T., and Bales, R. F. (1956) *Family Socialization and Interaction Process* (London: Routledge & Kegan Paul).

Parsons, T., and Smelser, N. J. (1956) *Economy and Society* (London: Routledge & Kegan Paul).

Pawson, R. (2013) *The Science of Evaluation: A Realist Manifesto* (London: Sage).

Pearce, F. (1976) *Crimes of the Powerful: Marxism, Crime and Deviance* (London: Pluto Press).

Pearson, L. J., Newton, P. W., and Roberts, P. (eds) (2014) *Resilient Sustainable Cities: A Future* (New York: Routledge).

Peet, R., and Hartwick, E. (2009) *Theories of Development: Conditions, Arguments, Alternatives* (2nd edn, London: Guilford Press).

Peng, W. (2011) 'GM Crop Cultivation Surges, but Novel Traits Languish', *Nature Biotechnology*, 29: 302.

Pensions and Investments (2010) 'Largest Hedge Fund Managers', 8 March, available at: http://www.pionline.com/article/20100308/CHART2/100309910.

Perlmutter, H. V. (1972) 'Towards Research on and Development of Nations, Unions, and Firms as Worldwide Institutions', in H. Gunter (ed.), *Transnational Industrial Relations* (New York: St Martin's Press).

Perry, E., and Francis, B. (2010) *The Social Class Gap for Educational Achievement: A Review of the Litera-ture* (London: RSA).

Petersen, A., and Lupton, D. (2000) *The New Public Health: Health and Self in the Age of Risk* (London: Sage).

Peterson, K. (2014) 'As Sales Plunge, Can Barbie Stay Relevant?', CBS News, 3 February, www.cbsnews.com/news/as-sales-plunge-can-barbie-stay-relevant/.

Peterson, P. G. (1999) *Gray Dawn: How the Coming Age Wave will Transform America -and the World* (New York: Random House).

Peterson, R. A. (ed.) (1976) *The Production of Culture* (London: Sage).

Peterson, R. A., and Berger, D. G. (1975) 'Cycles in Symbol Production: The Case of Popular Music', *Ameri-can Sociological Review*, 40(2): 158-73.

Petre, J. (2006) 'Migrants Fill Empty Pews as Britons Lose Faith', *Daily Telegraph*, 18 September; available at: www.telegraph.co.uk/news/uknews/1529106/Migrants-fill-empty-pews-as-Britons-lose-faith. html.

Pew Forum on Religion and Public Life (2010) *Religion among the Millennials: Less Religiously Active than Older Americans, but Fairly Traditional in Other Ways*, 17 February, available at: www.pewforum.org/ Age/Religion-Among-the-Millennials.aspx.

Pew Research Center (2005) *Pew Global Attitudes Project: 2005 Datasets*, available at: www.pewglobal.org/category/datasets/2005/.

Pew Research Center (2015) *Gay Marriage Around the World*, www.pewforum.org/2015/06/26/gaymarriage-around-the-world-2013/.

Philo, G., and Berry, M. (2004) *Bad News from Israel* (London: Pluto Press).

Piachaud, D. (1987) 'Problems in the Definition and Measurement of Poverty', *Journal of Social Policy*, 16(2): 147-64.

Piaget, J. (1951) *Play, Dreams and Imitation in Childhood* (London: Heinemann).

Piaget, J. (1957) *Construction of Reality in the Child* (London: Routledge & Kegan Paul).

Pierson, C. (1994) *Dismantling the Welfare State? Reagan, Thatcher and the Politics of Retrenchment* (Cambridge: Cambridge University Press).

Pierson, J. (2010) *Tackling Social Exclusion* (2nd edn, London: Routledge).

Pierson, P. (2011) 'The Welfare State over the Very Long Run', http://econpapers.repec.org/paper/zbwzeswps/022011.htm.

Piketty, T. (2014) *Capital in the Twenty-First Century* (Cambridge, MA, and London: Harvard University Press).

Pilcher, R., Williams, J., and Pole, C. (2003) 'Rethinking Adulthood: Families, Transitions and Social Change', Sociological research Online, 8(4), *available at:* www.socresonline.org.uk/8/4/pilcher.html.

Pilkington, A. (2002) 'Cultural Representations and Changing Ethnic Identities in a Global Age', in M. Holborn (ed.), *Developments in Sociology* (Ormskirk: Causeway Press).

Pilkington, A. (2015) 'Race, Ethnicity and Nationality: The Future of Multiculturalism in a Global Age', in M. Holborn (ed.) *Contemporary Sociology* (Cambridge: Polity): 65-95.

Pintor R. L., and Gratschew, M. (2002) *Voter Turnout since 1945: A Global Report* (Stockholm: Interna-tional Institute for Democracy and Electoral Assistance); available at: www.idea.int/publications/vt/ upload/VT_screenopt_2002.pdf.

Piore, M., and Sabel, C. F. (1984) *The Second Industrial Divide: Possibilities for Prosperity* (New York: Basic Books).

Piven, F. F., and Cloward, R. A. (1977) *Poor People's Movements: Why They Succeed, How They Fail* (New York: Pantheon Books).

Platt, L. (2013) 'Poverty', in G. Payne (ed.), *Social Divisions* (3rd edn, Basingstoke: Palgrave Macmillan): 305-31.

Player, E. (1989) 'Women and Crime in the City', in D. Downes (ed.), *Crime in the City* (Basingstoke: Macmillan): 122-5.

Plummer, K. (1975) *Sexual Stigma: An Interactionist Account* (London: Routledge & Kegan Paul).

Plummer, M. L., et al. (2004) '"A Bit More Truthful": the Validity of Adolescent Sexual Behaviour Data Collected in Rural Northern Tanzania Using Five Methods', *Sexually Transmitted Infections*, 80: 49-56.

Plummer, R. (2015) 'Greece Debt Crisis: What's the Deal?', 13 July, www.bbc.co.uk/news/business-33505555.

Pollak, O. (1950) *The Criminality of Women* (Philadelphia: University of Pennsylvania Press).

Pollert, A. (1988) 'Dismantling Flexibility', *Capital and Class*, 34: 42-75.

Portes, A. (2007) *Economic Sociology: A Systematic Inquiry* (Princeton, NJ: Princeton University Press).

Postman, N. (1986) *Amusing Ourselves to Death: Public Discourse in the Age of Show Business* (London: Heinemann).

Postman, N. (1995) *The Disappearance of Childhood* (New York: Vintage Books).

Potter, G. W., and Miller, K. S. (2002) 'Thinking about White-Collar Crime', in G. W. Potter (ed.), *Controversies in White-Collar Crime* (Abingdon: Routledge): 1-32.

Povey, D. (ed.), Coleman, K., Kaiza, P., and Roe, S. (2009) *Homicides, Firearms Offences and Intimate Violence 2007/08 (Supplementary Volume 2 to Crime in England and Wales, 2007/08)*, Statisti-cal Bulletin 02/09 (London: Home Office); available at: http://webarchive.nationalarchives.gov. uk/20110218135832/rds.homeoffice.gov.uk/rds/pdfs09/hosb0209.pdf.

Powell, C. (2011) *Barbaric Civilization: A Critical Sociology of Genocides* (Montreal: McGill-Queen's University Press).

Price, M. (2010) 'Mexico's Struggle to Win "War"on Drugs', 9 June, www.bbc.co.uk/news/10275565.

Procter, J. (2004) *Stuart Hall* (London: Routledge).

Prout, A. (2005) *The Future of Childhood: Towards the Interdisciplinary Study of Childhood* (London: Rout-ledge).

Prout, A., and James, A. (eds) (1990) *Constructing and Reconstructing Childhood* (London: Falmer Press).

Puddington, A. (2011) 'Freedom in the World 2011: The Authoritarian Challenge to Democracy', available at: www.freedomhouse. org/report/freedom-world-2011/essay-freedom-world-2011-authoritarian-challenge-democracy.

Putnam, R. (1995) 'Bowling Alone: America's Declining Social Capital', *Journal of Democracy*, 6(1): 65-78.

Putnam, R. (2000) *Bowling Alone: The Collapse and Revival of American Community* (New York: Simon & Schuster).

Quah, D. (1999) *The Weightless Economy in Economic Development* (London: Centre for Economic Perfor-mance).

Rabinow, P. (1999) *French DNA: Trouble in Purgatory* (Chicago: University of Chicago Press).

Race, R. (2010) *Multiculturalism and Education* (London: Continuum).

Radway, J. A. (1984) *Reading the Romance* (Chapel Hill: University of North Carolina Press).

Ragnedda, M., and Muschert, G. W. (2013) *The Digital Divide: The Internet and Social Inequality in International Perspective* (Abingdon: Routledge).

Rahman, M., and Jackson, S. (2010) *Gender and Sexuality: Sociological Approaches* (Cambridge: Polity).

Rahnema, M. (1997) 'Towards Post-Development: Searching for Signposts, a New Language and a Para-digm', in M. Rahnema and V. Bawtree (eds), *The Post-Development Reader* (London: Zed Books): 277-404.

Rake, K. (ed.) (2000) *Women's Incomes over the Lifetime* (London: HMSO).

Rallings, C., and rasher, M. (2015) *The 2015 General Election: Aspects of Participation and Administration*, www.electoralcommission.org.uk/__data/assets/pdf_file/0008/191861/Plymouth-UKPGEelectoral-data-report-final-WEB.pdf.

Ranis, G. (1996) *Will Latin America Now Put a Stop to 'Stop-and-Go?'* (New Haven, CT: Yale University, Economic Growth Center).

Rapoport, R. N., Fogarty, M. P., and Rapoport, R. (eds) (1982) *Families in Britain* (London: Routledge & Kegan Paul).

Rattansi, A. (1992) 'Changing the Subject? Racism, Culture and Education', in J. Donald and A. Rattansi (eds), *'Race', Culture and Difference* (London: Sage).

Rattansi, A. (2011) *Multiculturalism: A Very Short Introduction* (Oxford: Oxford University Press).

Rawsthorne, S. (2002) 'England and Wales', in R. W. Summers and A. M. Hoffman (eds), *Domestic Violence: A Global View* (Westport, CT: Greenwood Press).

Redman, P. (1996) 'Empowering Men to Disempower Themselves: Heterosexual Masculinities, HIV and the Contradictions of Anti-Oppressive Education', in M. Mac an Ghaill (ed.), *Understanding Mascu-linities* (Buckingham: Open University Press).

Reich, R. (1991) *The Work of Nations: Preparing Ourselves for 21st-Century Capitalism* (New York: Knopf).

Reskin, B., and Roos, P. A. (1990) *Job Queues, Gender Queues: Explaining Women's Inroads into Male Occu-pations* (Philadelphia: Temple University Press).

Resnick, P., Zeckhauser, R., Swanson, J., and Lockwood, K. (2006) 'The Value of Reputation on eBay: A Controlled Experiment', *Experimental Economics*, 9(2): 79-101.

Reuters (2007) 'Young Keep it Simple in High-Tech World: Survey', 24 July, available at: www.reuters.com/article/2007/07/24/us-technology-teens-idUSL236796320070724.

Reuters (2015) 'Global Life Expectancy Rises, but People Live Sicker for Longer', www.reuters.com/article/2015/08/27/us-health-longevity-idUSKCN0QV2JL20150827#WeOJqbi9YD5V633K.97.

Revill, J. (2008) 'Forced marriage in UK "a widespread problem"', *The Observer*, 9 March; available at: www. guardian.co.uk/world/2008/mar/09/gender.communities.

Rheingold, H. (2000) *The Virtual Community* (Cambridge, MA: MIT Press).

Rich, A. (1980) *Compulsory Heterosexuality and Lesbian Existence* (London: Onlywomen Press).

Richardson, D., and May, H. (1999) 'Deserving Victims? Sexual Status and the Social Construction of Violence', *Sociological Review*, 47(2): 308-31.

Riesman, D., with Glazer, N., and Denney, R. (1961) *The Lonely Crowd: A Study of the Changing American Character* (New Haven, CT: Yale University Press).

Riley, M. W., Foner, A., and Waring, J. (1988) 'Sociology of Age', in N. J. Smelser (ed.), *Handbook of Sociology* (Newbury Park, CA: Sage).

Riley, M. W., Kahn, R. L., and Foner, A. (1994) Age and Structural Lag: Changes in Work, Family, and Retire-ment (Chichester: Wiley).

Riots (Communites and Victims) Panel (2011) *5 Days in August: An Interim Report on the 2011 English Riots* (London: Riots Panel).

Ritzer, G. (1983) 'The McDonaldization of Society', *Journal of American Culture*, 6(1): 100-7.

Ritzer, G. (1993) *The McDonaldization of Society* (Newbury Park, CA: Pine Forge Press).

Ritzer, G. (1998) *The McDonaldization Thesis: Explorations and Extensions* (London: Sage).

Ritzer, G. (2009) *Globalization: A Basic Text* (Oxford: Wiley-Blackwell).

Ritzer, G. (2011) *Globalization: The Essentials* (Chichester: Wiley-Blackwell).

Rix, S. (2008) 'Age and Work in the United States of America', in P. Taylor (ed.), *Ageing Labour Forces: Promises and Prospects* (Cheltenham: Edward Elgar).

Robertson, R. (1970) *The Sociological Interpretation of Religion* (Oxford: Blackwell).

Robertson, R. (1992) *Globalization: Social Theory and Global Culture* (London: Sage).

Robertson, R. (1995) 'Glocalization: Time-Space and Homogeneity-Heterogeneity', in M. Featherstone, S. Lash and R. Robertson (eds), *Global Modernities* (London: Sage).

Roe, S. (2010) 'Intimate Violence: 2008/09 British Crime Survey', in K. Smith and J. Flatley (eds), *Homicides, Firearms Offences and Intimate Violence 2008/09 (Supplementary Volume 2 to Crime in England and Wales 2008/09)*, Statistical Bulletin 01/10 (London: Home Office): 57-82.

Rogers, P. (2008) *Why We're Losing the War on Terror* (Cambridge: Polity).

Rojek, C. (2003) *Stuart Hall* (Cambridge: Polity).

'Rona' (2000) 'Why We Need a Union', *Respect!: Journal of the International Union of Sex Workers*, no. 1.

Roof, W. C. (1993) *A Generation of Seekers: The Spiritual Journeys of the Baby Boom Generation* (San Fran-cisco: Harper San Francisco).

Roof, W. C., and McKinney, W. (1990) *American Mainline Religion: Its Changing Shape and Future Pros-pects* (New Brunswick, NJ: Rutgers University Press).

Rootes, C. (2005) 'A Limited Transnationalization? The British Environmental Movement', in D. Della Porta and S. Tarrow (eds), *Transnational Protest and Global Activism* (Lanham, MD: Rowman & Littlefield).

Rose, S., Kamin, L., and Lewontin, R. C. (1984) *Not in our Genes: Biology, Ideology and Human Nature* (Harmondsworth: Penguin).

Rosenau, J. N. (1997) *Along the Domestic-Foreign Frontier: Exploring Governance in a Turbulent World* (Cambridge: Cambridge University Press).

Ross, J. I. (ed.) (2000) *Controlling State Crime* (2nd edn, New Brunswick, NJ: Transaction).

Rossi, A. (1973) 'The First Woman Sociologist: Harriet Martineau', in *The Feminist Papers: From Adams to De Beauvoir* (New York: Columbia University Press).

Rossner, M. (2013) *Just Emotions: Rituals of Restorative Justice* (Oxford: Oxford University Press).

Rostow, W. W. (1961) *The Stages of Economic Growth* (Cambridge: Cambridge University Press).

Rothenberg, C. E. (2010) 'Re-architected Cloud Data Centre Networks and their Impact on the Future Internet', in T. Tronco (ed.),

New Network Architectures: The Path to the Future of the Internet (Heidel-berg: Springer): 179-88.

Rothman, R. A. (2005) *Inequality and Stratification: Class, Race and Gender* (5th edn, Upper Saddle River, NJ: Prentice-Hall).

Roxborough, I. (2004) 'Thinking about War' (Review Essay), *Sociological Forum*, 19(3).

Rubin, L. B. (1990) *The Erotic Wars: What Happened to the Sexual Revolution?* (New York: Farrar).

Rubin, L. B. (1994) *Families on the Fault Line* (New York: HarperCollins).

Rudé, G. (1964) *The Crowd in History: A Study of Popular Disturbances in France and England, 1730-1848* (New York: Wiley).

Ruspini, E. (2000) 'Longitudinal Research in the Social Sciences', *Social Research Update*, 20: available at: http://sru.soc.surrey.ac.uk/SRU28.html.

Russell, M. (2010) *The Independent Climate Change E-mails Review* (Norwich: University of East Anglia).

Russett, B. M., Oneal, J. R., and Cox, M. (2000) 'Clash of Civilizations or Realism and Liberalism Déjà Vu? Some Evidence', *Journal of Peace Research*, 37(5): 583-608.

Rusting, R. L. (1992) 'Why Do We Age?', *Scientific American*, 267 (December): 131-41.

Sachs, J. (2000) 'A New Map of the World', *The Economist*, 22 June.

Sachs, W. (1992) *The Development Dictionary: A Guide to Knowledge as Power* (London: Zed Books).

Sadovnik, A. R. (ed.) (1995) *Knowledge and Pedagogy: The Sociology of Basil Bernstein* (Norwood, NJ: Ablex).

Sage, G. (2002) 'Global Sport and Global Mass Media', in A. Laker (ed.), *The Sociology of Sport and Physical Education: An Introductory Reader* (London: Routledge): 211-33.

Sageman, M. (2004) *Understanding Terror Networks* (Philadelphia: Pennsylvania University Press).

Said, E. (1978) *Orientalism: Western Conceptions of the Orient* (London: Routledge & Kegan Paul).

Saks, M. (1992) *Alternative Medicine in Britain* (Oxford: Clarendon Press).

Salway, S., Platt, S., Chowbey, P., Harriss, K., and Bayliss, E. (2007) *Long-Term Ill Health, Poverty and Ethnicity* (York: Joseph Rowntree Foundation).

Sanders, T. L. M. (2008) *Paying for Pleasure: Men Who Buy Sex* (Cullompton, Devon: Willan).

Sanders, T., and Hardy, K. (2011) *The Regulatory Dance: Investigating the Structural Integration of Sexual Consumption in the Night Time Economy* (Swindon: Economic and Social Research Council); avail-able at: www.esrc.ac.uk/my-esrc/grants/RES-000-22-3163/outputs/read/effe5312-8101-49ae-b35e-aff8c0cba43f.

Sandilands, C. (1999) *The Good-Natured Feminist: Ecofeminism and the Quest for Democracy* (Minneapo-lis: University of Minnesota Press).

Sassen, S. (1991) *The Global City: New York, London, Tokyo* (Princeton, NJ: Princeton University Press).

Sassen, S. (1998) *Globalization and its Discontents: Essays on the Mobility of People and Money* (New York: New Press).

Sassen, S. (2001) *The Global City: New York, London, Tokyo* (2nd edn, Princeton, NJ: Princeton University Press).

Sassen, S. (2004) 'Is Britain Too Diverse? The Responses', 23 November, available at: www. carnegiecoun-cil.org/media/replies.pdf.

Saunders, P. (1990) *Social Class and Stratification* (London: Routledge).

Saunders, P. (1996) *Unequal but Fair? A Study of Class Barriers in Britain* (London: IEA Health and Welfare Unit).

Saunders, P. (2010) *Social Mobility Myths* (London: CIVITAS).

Savage, J. (2007) *Teenage: The Creation of Youth Culture* (New York: Viking).

Savage, M., et al. (1992) *Property, Bureaucracy, and Culture: Middle-Class Formation in Contemporary Britain* (London: Routledge).

Savage, M., et al. (2013) 'A New Model of Social Class? Findings from the BBC's Great British Class Survey Experiment', *Sociology*, 47(2): 219-50.

Sayers, J. (1986) *Sexual Contradiction: Psychology, Psychoanalysis and Feminism* (London: Tavistock).

Scarman, L. G. (1982) *The Scarman Report: The Brixton Disorders, 10-12 April 1981* (Harmondsworth: Penguin).

Schaie, K. W. (1979) 'The Primary Mental Abilities in Adulthood: An Exploration in the Development of Psychometric Intelligence', in P. B. Baltes and O. G. Brim (eds), *Lifespan Development and Behavior*, Vol. 2 (New York: Academic Press).

Schaie, K. W. (1996) *'Intellectual Development in Adulthood', in J. E. Birren and K. W. Schaie (eds),* Hand-book of the Psychology of Aging *(4th edn, San Diego: Academic Press)*: 266-86.

Schmiedek, F., Lövdén, M., and Lindenberger, U. (2013) 'Keeping it Steady: Older Adults Perform More Consistently on Cognitive Tasks than Younger Adults', *Psychological Science*, 24(9): 1747-54.

Schnaiberg, A. (1980) The Environment: From Surplus to Scarcity *(New York: Oxford University Press)*.

Schwartz, M. S. (2011) Corporate Social Responsibility: An Ethical Approach *(New York: Broadview Press)*.

Schwarz, J., and Volgy, T. (1992) *The Forgotten Americans* (New York: W. W. Norton).

Scott, A. (2000) 'Risk Society or Angst Society? Two Views of Risk, Consciousness and Community', in B. Adam, U. Beck and J. van Loon (eds), *The Risk Society and Beyond: Critical Issues for Social Theory* (London: Sage).

Scott, J. (1991) *Who Rules Britain?* (Cambridge: Polity).

Scott, S. (2009) 'Re-clothing the Emperor: The Swimming Pool as a Negotiated Order', *Symbolic Interaction*, 32(2): 123-45.

Scott, S. (2010) 'How to Look Good (Nearly) Naked: The Performative Regulation of the Swimmer's Body', B*ody and Society*, 16(2): 143-68.

Scott, S., and Morgan, D. (1993) 'Bodies in a Social Landscape', in S. Scott and D. Morgan (eds), *Body Matters: Essays on the Sociology of the Body* (London: Falmer Press).

Segura, D. A., and Pierce, J. L. (1993) 'Chicana/o Family Structure and Gender Personality: Chodorow, Familism, and Psychoanalytic Sociology Revisited', *Signs*, 19: 62-91.

Seidman, S. (1997) *Difference Troubles: Queering Social Theory and Sexual Politics* (Cambridge: Cambridge University Press).

Sen, A. (1999) *Development as Freedom* (Oxford: Oxford University Press).

Sen, A. (2001) *Development as Freedom* (Oxford: Oxford University Press).

Sen, A. (2007) *Identity and Violence: The Illusion of Destiny* (London: Penguin).

Sen, S., and Nair, P. M. (2004) *A Report on Trafficking in Women and Children in India, 2002-2003*, Vol.1 (New Delhi: Institute of Social Sciences/National Human Rights Commission/UNIFEM); available at: http://nhrc.nic.in/Documents/ReportonTrafficking.pdf.

Sennett, R. (1993) *The Conscience of the Eye: The Design and Social Life of Cities* (London: Faber & Faber).

Sennett, R. (1998) *The Corrosion of Character: The Personal Consequences of Work in the New Capitalism* (London: W. W. Norton).

Sennett, R. (2003 [1977]) *The Fall of Public Man* (Cambridge: Cambridge University Press).

Seung Lam, M., and Pollard, A. (2006) 'A Conceptual Framework for Understanding Children as Agents in the Transition from Home to Kindergarten', *Early Years*, 26(2): 123–41.

Shaheen, J. (1984) *The TV Arab* (Bowling Green, OH: Bowling Green State University Press).

Shaheen, J. (2001) *Reel Bad Arabs: How Hollywood Vilifies a People* (New York: Olive Branch Press).

Shakespeare, T., and Watson, N. (2002) 'The Social Model of Disability: An Outdated Ideology?', *Research in Social Science and Disability*, 2: 9–28.

Sharkansky, I. (2000) 'A State Action May be Nasty but is Not Likely to be a Crime', in J. I. Ross (ed.), *Controlling State Crime* (2nd edn, New Brunswick, NJ: Transaction): 35–52.

Sharkey, H. J. (2004) 'Globalization, Migration and Identity: Sudan 1800–2000', in B. Schaebler and L. Stenberg (eds), *Globalization and the Muslim World: Culture, Religion and Modernity* (Syracuse, NY: Syracuse University Press).

Sharma, U. (1992) *Complementary Medicine Today: Practitioners and Patients* (London: Routledge).

Sharma, U. (1999) *Caste* (Buckingham: Open University Press).

Sharpe, S. (1994) *Just Like a Girl: How Girls Learn to be Women: From the Seventies to the Nineties* (London: Penguin).

Shaw, M. (2003) *War and Genocide: Organized Killing in Modern Society* (Cambridge: Polity).

Shaw, M. (2005) *The New Western Way of War: Risk-Transfer and its Crisis in Iraq* (Cambridge: Polity).

Shaw, M. (2007) *What is Genocide? A New Social Theory* (Cambridge: Polity).

Sheldon, W. A. (1949) *Varieties of Delinquent Youth* (New York: Harper).

Sheller, M., and Urry, J. (2004) *Tourism Mobilities: Places to Stay, Places in Play* (London: Routledge).

Shelton, B. A. (1992) *Women, Men, and Time: Gender Differences in Paid Work, Housework, and Leisure* (Westport, CT: Greenwood Press).

Shiva, V. (1993) *Ecofeminism* (London: Zed Books).

Silverman, B. (2014) 'Modern Slavery: an Application of Multiple Systems Estimation', https://www.gov.uk/government/uploads/system/uploads/attachment_data/file/386841/Modern_Slavery_an_application_of_MSE_revised.pdf.

Silverstone R. (1994) *Television and Everyday Life* (London: Routledge).

Simmel, G. (1950 [1903]) 'The Metropolis and Mental Life', in K. H. Wolff (ed.), *The Sociology of Georg Simmel* (New York: Free Press).

Simmons, J., and Dodds, T. (2003) *Crime in England and Wales 2002/03* (London: Home Office).

Simpson, J. H. (1985) 'Socio-Moral Issues and Recent Presidential Elections', *Review of Religious Research*, 27(2): 115–23.

Sinclair, P. (1987) *Unemployment: Economic Theory and Evidence* (Oxford: Blackwell).

Sinclair, T. J. (2012) *Global Governance* (Cambridge: Polity).

Sjoberg, G. (1960) *The Pre-Industrial City: Past and Present* (New York: Free Press).

Sjoberg, G. (1963) 'The Rise and Fall of Cities: A Theoretical Perspective', *International Journal of Compara-tive Sociology*, 4: 107–20.

Skeggs, B. (1997) *Formations of Class and Gender: Becoming Respectable* (London: Sage).

Skeie, G. (2009) 'Introduction', in G. Skeie (ed.), *Religious Diversity and Education: Nordic Perspectives* (Munster: Waxmann): 7–11.

Skinner, Q. (ed.) (1990) *The Return of Grand Theory in the Human Sciences* (Cambridge: Cambridge Univer-sity Press).

Skocpol, T. (1979) *States and Social Revolutions: A Comparative Analysis of France, Russia and China* (Cambridge: Cambridge

University Press).

Slapper, G., and Tombs, S. (1999) *Corporate Crime* (Harlow: Longman).

Slattery, M. (2003) *Key Ideas in Sociology* (Cheltenham: Nelson ornes).

Smart, C. (2007) *Personal Life: New Directions in Sociological Thinking* (Cambridge: Polity).

Smart, C., and Neale, B. (1999) *Family Fragments?* (Cambridge: Polity).

Smart, C., Neale, B., and Wade, A. (2001) *The Changing Experience of Childhood: Families and Divorce* (Cambridge: Polity).

Smelser, N. J. (1962) *Theory of Collective Behavior* (London: Routledge and Kegan Paul).

Smelser, N. J., and Swedberg, R. (eds) (2005) *The Handbook of Economic Sociology* (Princeton, NJ: Prince-ton University Press).

Smith, A. (1991 [1776]) *The Wealth of Nations* (London: Everyman's Library).

Smith, A. D. (1986) *The Ethnic Origins of Nations* (Oxford: Blackwell).

Smith, A.D. (1998) *Nationalism and Modernity: A Critical Survey of Recent Theories of Nations and Nation-alism* (New York: Routledge).

Smith, C. S. (2007) 'In Poland, a Jewish Revival Thrives -Minus Jews', *New York Times*, 12 July; available at: www.nytimes.com/2007/07/12/world/europe/12krakow.html?pagewanted=all.

Smith, D. (1990) *Stepmothering* (London: Harvester Press).

Smith, M. J. (1998) *Ecologism: Towards Ecological Citizenship* (Buckingham: Open University Press).

Smith, M. J., and Pangsapa, P. (2008) *Environment and Citizenship: Integrating Justice, Responsibility and Civic Engagement* (London: Zed Books).

Smith, P., and Prior, G. (1997) *The Fourth National Survey of Ethnic Minorities: Technical Report* (London: National Centre for Social Research).

Smith, P. K., Mahdavi, J., Carvalho, M., Fisher, S., Russell, S., and Tippett, N. (2008) 'Cyberbullying: Its Nature and Impact in Secondary School Pupils', *Journal of Child Psychology and Psychiatry*, 49(4): 376-85.

Smith, S. L., and Cook, C. A. (2008) *Gender Stereotypes: An Analysis of Popular Films and TV* (Los Angeles: Geena Davis Institute for Gender and Media).

Smooth, W. G. (2010) 'Intersectionalities of Race and Gender and Leadership', in K. O'Connor (ed.), *Gender and Women's Leadership: A Reference Handbook*, Vol. 1 (London: Sage): 31-40.

Snowdon, C. (2010) *The Spirit Level Delusion: Fact-Checking the Left's New Theory of Everything* (Ripon: Little Dice).

Social Mobility and Child Poverty Commission (2014) *Elitist Britain?* (London: SMCPC).

Solomos, J., and Back, L. (1996) *Racism and Society* (Basingstoke: Macmillan).

Soothill, K., and Walby, S. (1991) *Sex Crime in the News* (London: Routledge).

Sosinsky, B. (2011) *Cloud Computing Bible* (Indianapolis: Wiley).

Southall, R. (2004) 'The ANC and Black Capitalism in South Africa', *Review of African Political Economy*, 100: 313-28.

Soyka, P. A. (2012) *Creating a Sustainable Organization: Approaches for Enhancing Corporate Value through Sustainability* (Upper Saddle River, NJ: FT Press).

Spencer, S. (2014) *Race and Ethnicity: Culture, Identity and Representation* (Abingdon: Routledge).

Spender, D. (1982) *Invisible Women: The Schooling Scandal* (London: Writers and Readers Publishing Cooperative Society).

Spivak, G. (1987) *In Other Worlds: Essays in Cultural Politics* (London: Routledge).

Sreberny-Mohammadi, A., Winseck, D., McKenna, J., and Boyd-Barrett, O. (eds) (1997) *Media in Global Context: A Reader* (London: Hodder Arnold).

Standing, G. (2011) *The Precariat: The New Dangerous Class* (London: Bloomsbury).

Stanley, L., and Wise, S. (1993) *Breaking Out Again: Feminist Ontology and Epistemology* (new edn, London: Routledge).

Stanley, L., and Wise, S. (2002) 'What's Wrong with Socialization?', in S. Jackson and S. Scott (eds), *Gender: A Sociological Reader* (London: Routledge): 273-9.

Stanworth, M. (1983) *Gender and Schooling* (London: Hutchinson).

Stanworth, M. (1984) 'Women and Class Analysis: A Reply to John Goldthorpe', *Sociology*, 18(2): 159-70.

Stark, R., and Bainbridge, W. S. (1980) 'Towards a Theory of Religious Commitment', *Journal for the Scien-tific Study of Religion*, 19: 114-28.

Stark, R., and Bainbridge, W. S. (1985) *The Future of Religion: Secularism, Revival, and Cult Formation* (Berkeley: University of California Press).

Stark, R., and Bainbridge, W. S. (1987) *A Theory of Religion* (New Brunswick, NJ: Rutgers University Press).

Statham, J. (1986) *Daughters and Sons: Experiences of Non-Sexist Childraising* (Oxford: Blackwell).

Steele, C. M. (1997) 'A Threat in the Air: How Stereotypes Shape Intellectual Identity and Performance', *American Psychologist*, 52: 613-29.

Steele, C. M., and Aronson, J. (1995) 'Stereotype Threat and the Intellectual Test Performance of African Americans', *Journal of Personality and Social Psychology*, 69(5): 797-811.

Steinberg, R. (1990) 'Social Construction of Skill: Gender, Power and Comparable Worth', *Work and Occu-pations*, 17(4): 449-82.

Stephens, P. (2014) 'Gene Therapy Effective to Treat "Bubble-Boy" Syndrome', 9 October, www.bbc.co.uk/news/health-29534859.

Stephen-Smith, S. (2008) *Routes In, Routes Out: Quantifying the Gendered Experience of Trafficking to the UK* (London: Poppy Project).

Stern, V. (1989) B*ricks of Shame: Britain's Prisons* (London: Penguin).

Stewart, H. (2015) 'Has George Osborne Really Introduced a Living Wage?', *The Guardian*, 8 July; www.theguardian.com/society/reality-check/2015/jul/08/george-osborne-budget-national-living-wage.

Stewart, S. (2010) *Culture and the Middle Classes* (Farnham: Ashgate).

Stillwaggon, E. (2000) 'HIV Transmission in Latin America: Comparisons with Africa and Policy Implica-tions', *South African Journal of Economics*, 68(5): 985-1011.

Stoll, C. (1995) *Silicon Snake Oil: Second Thoughts on the Information Highway* (New York: Anchor Books).

Stone, L. (1980) *The Family, Sex, and Marriage in England, 1500-1800* (New York: Harper & Row).

Stonewall (2003) *Profiles of Prejudice: The Nature of Prejudice in England* (London: Stonewall).

Storr, M. (2002) 'Sociology and Social Movements: Theories, Analyses and Ethical Dilemmas', in P. Hamilton and K. Thompson (eds), *Sociology and Society*: Vol. 4: *The Uses of Sociology* (Buckingham: Open University Press).

Strand, G. (2008) *'Keyword: Evil: Google's Addiction to Cheap Electricity'*, Harper's Magazine, March.

Strand, S. (2011) *'The Limits of Social Class in Explaining Ethnic Gaps in Educational Attainment'*, British Journal of Educational Research, *37(2): 197-229*.

Strang, H., and Braithwaite, J. (eds) (2001) *Restorative Justice and Civil Society* (Cambridge: Cambridge University Press).

Strangleman, T. (2015) 'Work: Experience, Identities and Meanings', in M. Holborn (ed.), *Contemporary Sociology* (Cambridge: Polity): 134-64.

Strategy Unit (2003) *Ethnic Minorities and the Labour Market* (London: HMSO).

Straus, M. A., and Gelles, R. J. (1986) 'Societal Change and Change in Family Violence from 1975 to 1985 as Revealed by Two National Surveys', *Journal of Marriage and the Family*, 48(3): 465-79.

Strawbridge, M. (2006) *Netiquette: Internet Etiquette in the Age of the Blog* (Ely, Cambridgeshire: Software Reference).

Sullivan, O. (1997) 'Time Waits for No (Wo)man: An Investigation of the Gendered Experience of Domestic Time', *Sociology*, 31(2): 221-39.

Sullivan, O. (2000) 'The Domestic Division of Labour: Twenty Years of Change', *Sociology*, 34(3): 437-56.

Sumner, A. (2010) *Global Poverty and the New Bottom Billion*, IDS Working Paper (Sussex: Institute of Development Studies).

Sunday Times (2007) 'Rich List 2007', 29 April.

Sunday Times (2010) 'The Sunday Times Rich List: Fortunes of Super-Rich Soar by a Third', 25 April.

Surtees, R. (2005) *Second Annual Report on Victims of Trafficking in South-Eastern Europe* (Geneva: Inter-national Organization for Migration).

Sutton, P. W. (2000) *Explaining Environmentalism: In Search of a New Social Movement* (Aldershot: Ashgate).

Sutton, P. W. (2007) *The Environment: A Sociological Introduction* (Cambridge: Polity).

Sutton, P. W., and Vertigans, S. (2005) *Resurgent Islam: A Sociological Approach* (Cambridge: Polity).

Sutton, P. W., and Vertigans, S. (2006) 'Islamic New Social Movements? Al-Qa'ida, Radical Islam, and Social Movement Theory', *Mobilization: An International Journal of Social Movement Research*, 11(1): 101-16.

Svensson, N. L. (2006) 'Extraterritorial Accountability: An Assessment of the Effectiveness of Child Sex Tourism Laws', *Loyola of Los Angeles International and Comparative Law Review*, 28: 641-64; avail-able at: http://digitalcommons.lmu.edu/ilr/vol28/iss3/6.

Swann Committee (1985) *Education for All: Report of the Committee into the Education of Ethnic Minority Children* (London: HMSO).

Swingewood, A. (1977) *The Myth of Mass Culture* (London: Macmillan).

Syn, J. (2014) 'The Social Licence: Empowering Communities and a Better Way Forward', *Social Epistemology*, 28(3-4): 318-39.

Szasz, A. (1994) *EcoPopulism: Toxic Waste and the Movement for Environmental Justice* (Minneapolis: University of Minnesota Press).

Der Tagesspiegel (2008) 'Wenn Sie das trinken, gibt es kein Zurück', 29 March, available at: www. tagesspiegel.de/weltspiegel/wenn-sie-das-trinken-gibt-es-kein-zurueck/1198414.html [interview with Ludwig Minelli of Dignitas].

Tan, A., and Ramakrishna, K. (eds) (2002) *The New Terrorism* (Singapore: Eastern Universities Press).

Tarrow, S. (1998) *Power in Movement: Social Movements, Collective Action and Politics* (Cambridge: Cambridge University Press).

Tasker, Y., and Negra, D. (eds) (2007) *Interrogating Postfeminism: Gender and the Politics of Popular Culture* (Durham, NC: Duke University Press).

Tatchell, P. (2000) '30 Years of Gay Liberation', available at: www.petertatchell.net/lgbt_rights/history/30years.htm.

Tawney, R. H. (1964 [1931]) *Equality* (London: Unwin).

Taylor, C. (1992) *Sources of the Self: The Making of the Modern Identity* (Cambridge: Cambridge University Press).

Taylor, C. (2007) *A Secular Age* (Cambridge, MA: Harvard University Press).

Taylor, I., Evans, K., and Fraser, P. (1996) *A Tale of Two Cities: Global Change, Local Feeling and Everyday Life in the North of England: A Study in Manchester and Sheffield* (London: Routledge).

Taylor, I., Walton, P., and Young, J. (1973) *The New Criminology: For a Social Theory of Deviance* (London: Routledge & Kegan Paul).

Taylor, M. W. (1992) *Men versus the State: Herbert Spencer and Late Victorian Individualism* (Oxford: Clar-endon Press).

Taylor, Y., and Hines, S. (2012) *Sexualities: Past Reflections, Future Directions* (Basingstoke: Palgrave Macmillan).

Taylor-Gooby, P. (2013) *The Double Crisis of the Welfare State and What We Can Do about It* (Basingstoke: Palgrave Macmillan).

Taylor-Gooby, P., and Stoker, G. (2011) 'The Coalition Programme: A New Vision for Britain or Politics as Usual?', *Political Quarterly*, 82(1): 4-15.

The Telegraph (2011) 'Child Brain Scans to Pick out Future Criminals', 22 February; www.telegraph.co.uk/news/science/8339772/Child-brain-scans-to-pick-out-future-criminals.html.

Tempest, R. (1996) 'Barbie and the World Economy', *Los Angeles Times*, 22 September.

Therborn, G. (2004) *Between Sex and Power: Family in the World, 1900-2000* (London: Routledge).

Therborn, G. (2011) *The World: A Beginner's Guide* (Cambridge: Polity).

Thomas, C. (1999) *Female Forms: Experiencing and Understanding Disability* (Buckingham: Open Univer-sity Press).

Thomas, C. (2002) 'Disability Theory: Key Ideas, Issues and Thinkers', in C. Barnes, L. Barton and M. Oliver (eds), *Disability Studies Today* (Cambridge: Polity).

Thomas, K. (1984) *Man and the Natural World: Changing Attitudes in England 1500-1800* (London: Penguin).

Thomas, N. (2009) 'Sociology of Childhood', in T. Maynard and N. Thomas (eds), *An Introduction to Early Childhood Studies* (2nd edn, London: Sage): 33-46.

Thomas, W. I. (with Thomas, D. S.) (1928) *The Child in America: Behavior Problems and Programs* (New York: Knopf).

Thomas, W. I., and Znaniecki, F. (1966 [1918-20] *The Polish Peasant in Europe and America: Monograph of Our Immigrant Group*, 5 vols (New York: Dover).

Thompson, J. B. (1990) *Ideology and Modern Culture* (Cambridge: Polity).

Thompson, J. B. (1995) *The Media and Modernity: A Social Theory of the Media* (Cambridge: Polity).

Thompson, W. C. (2015) *Western Europe: The World Today Series, 2015-2016* (34th edn, Lanham, MD: Rowman & Littleeld).

Thompson, W. S. (1929) 'Population', *American Journal of Sociology*, 34: 959-75.

Thorne, B. (1993) Gender Play: Girls and Boys in School *(New Brunswick, NJ: Rutgers University Press*).

Tilly, C. (1978) *From Mobilization to Revolution* (London: Longman).

Tilly, C. (1995) 'Globalization Threatens Labor's Rights', *International Labor and Working-Class History*, 47: 1-23.

Tipple, G., and Speak, S. (2009) *The Hidden Millions: Homelessness in Developing Countries* (Abingdon: Routledge).

Tizard, B., and Hughes, M. (1984) *Young Children Learning, Talking and Thinking at Home and at School* (London: Fontana).

Toke, D. (2004) *The Politics of GM Food: A Comparative Study of the UK, USA, and EU* (New York: Rout-ledge).

Tolson, A. (2005) *Media Talk: Spoken Discourse on TV and Radio* (Edinburgh: Edinburgh University Press).

Tomlinson, J. (1991) *Cultural Imperialism: A Critical Introduction* (London: Pinter).

Tonkiss, F. (2006) *Contemporary Economic Sociology: Globalisation, Production, Inequality* (London: Routledge).

Tönnies, F. (2001 [1887]) *Community and Civil Society*, trans. J. Harris and M. Hollis (Cambridge and New York: Cambridge University Press).

Tough, J. (1976) *Listening to Children Talking* (London: Ward Lock).

Touraine, A. (1971) *The Post-Industrial Society: Tomorrow's Social History: Classes, Conflict and Culture in the Programmed* Society (New York: Random House).

Touraine, A. (1981) *The Voice and the Eye: An Analysis of Social Movements* (Cambridge: Cambridge University Press).

Townsend, P. (1979) *Poverty in the United Kingdom* (Harmondsworth: Penguin).

Travis, A. (2011) 'Young Black Men Make up Four in Ten of Youth Jail Population', *The Guardian*, 26 Octo-ber; available at: www.guardian.co.uk/society/2011/oct/26/young-black-men-youth-jails.

Traynor, I. (2004) 'Hague Rules Srebrenica Was Act of Genocide', *The Guardian*, 20 April; available at: www. guardian.co.uk/world/2004/apr/20/warcrimes.

Treas, J. (1995) 'Older Americans in the 1990s and Beyond', *Population Bulletin*, 50(2): 1-48.

Troeltsch, E. (1981 [1931]) *The Social Teaching of the Christian Churches*, 2 vols (Chicago: University of Chicago Press).

Tuchman, G. (1978) 'Introduction: The Symbolic Annihilation of Women by the Mass Media', in G. Tuch-man, A. K. Daniels and J. Benét, *Hearth and Home: Images of Women in the Mass Media* (New York: Oxford University Press).

Tunstall, J. (1977) *The Media Are American: Anglo-American Media in the World* (London: Constable).

Tunstall, J. (2007) *The Media Were American: US Mass Media in Decline* (New York: Oxford University Press).

Tunstall, R., Bevan, M., Bradshaw, J., et al. (2013) *The Links Between Housing and Poverty: An Evidence Review* (York: Joseph Rowntree Foundation).

Turner, B. S. (1974) *Weber and Islam: A Critical Study* (London: Routledge).

Turner, B. S. (1990) 'Outline of a Theory of Citizenship', *Sociology*, 24(2): 189-217.

Turner, B. S. (1993) *Max Weber: From History to Modernity* (London: Routledge).

Turner, B. S. (1995) *Medical Power and Social Knowledge* (London: Sage).

Turner, B. S. (2006) *Vulnerability and Human Rights* (University Park: Pennsylvania State University Press).

Turner, G. (2004) *Understanding Celebrity* (London: Sage).

Tyler, T. R. (2006) *Why People Obey the Law* (Princeton, NJ: Princeton University Press).

UK Political Info (2015) 'General Election Turnout 1945-2015', available at: http://www.ukpolitical.info/Turnout45.htm.

UN (1948) *The Universal Declaration of Human Rights*, www.un.org/en/universal-declaration-human-rights/.

UN (2006) *World Population Prospects: The 2006 Revision* (New York: UN Department of Economic and Social Affairs).

UN (2009) 'President's Summary of the Thematic Debate on Drugs and Crime as a Threat to Development', www.un.org/en/ga/president/66/Issues/drugs/pga_summary_debate.pdf.

UN (2010) *World Urbanization Prospects: The 2009 Revision* (New York: UN Department of Economic and Social Affairs, Population Division).

UN (2011) 'Press Release: World Population to Reach 10 Billion by 2100 if Fertility in All Countries Converges to Replacement Level', Department of Economic and Social Affairs, 3 May, available at: http://esa.un.org/wpp/Other-Information/Press_Release_WPP2010.pdf.

UN Commission on Global Governance (2005 [1995]) 'A New World', in R. Wilkinson (ed.) *The Global Governance Reader* (London: Routledge): 26-44.

UN Convention on the Rights of Persons with Disabilities (2006), available at: www.un.org/disabilities/default.asp?id=259.

UN ESA (2014) *World Urbanization Prospects: The 2014 Revision, Highlights*, http://esa.un.org/unpd/wup/Highlights/WUP2014-Highlights.pdf.

UN Millennium Ecosystem Assessment Board (2005) *Living Beyond our Means: Natural Assets and Human Well-Being* (Washington, DC: Island Press).

UNAIDS (2008) *Report on the Global AIDS Epidemic 2008: Executive Summary* (Geneva: UNAIDS).

UNAIDS (2014) *The Gap Report* (Geneva: UNAIDS).

UNCTAD (2007) *The Universe of the Largest Transnational Corporations* (New York and Geneva: United Nations)

UNDP (1998) *Human Development Report* (New York: UN Development Programme).

UNDP (2003) *Human Development Report* (New York: UN Development Programme).

UNDP (2004) *Human Development Report: Cultural Liberty in Today's Diverse World* (New York: UN Development Programme).

UNDP (2007a) *Human Development Report 2007/2008* (New York: UN Development Programme).

UNDP (2007b) *United Nations Development Programme, Annual Report 2007* (New York: UN Develop-ment Programme).

UNDP (2010) *HDR 2010: The Real Wealth of Nations: Pathways to Human Development* (Basingstoke: Palgrave Macmillan).

UNDP (2014) *Human Development Report 2014: Sustaining Human Progress: Reducing Vulnerabilities and Building Resilience* (New York: UNDP).

UNDP (2015) *Human Development Report 2015: Work for Human Development* (New York: UNDP).

UNESCO (1982) *Declaration on Race and Racial Prejudice*, available at: www.unesco.org/education/infor-mation/nfsunesco/pdf/RACE_E.PDF.

UNESCO (2008) *EFA Global Monitoring Report: Strong Foundations, Early Childhood Care and Education* (Paris: UNESCO); available at: www.efareport.unesco.org.

UNESCO (2009a) *Water in a Changing World: UN World Water Development Report 3* (London: Earths-can).

UNESCO (2009b) 'Nollywood rivals Bollywood in film/video production', available at: www.unesco.org/ en/creativity/dynamic-content-single-view-copy-1/news/nollywood_rivals_bollywood_in_film-video_production/back/19123/cHash/f8233ace54/.

UNESCO (2010) *EFA Global Monitoring Report: Reaching the Marginalised: Summary* (Paris: UNESCO); available at: www.efareport.unesco.org.

UNESCO (2014a) *Teaching and Learning: Achieving Equality for All* (Paris: UNESCO).

UNESCO (2014b) International Literacy Data, 2014, www.uis.unesco.org/literacy/Pages/literacy-data-release-2014.aspx.

UNFAO (2015) *The State of Food Insecurity in the World 2015*, www.fao.org/hunger/en/.

UNFPA (2011) *State of the World Population 2011* (New York: UNFPA); available at: http://foweb.unfpa. org/SWP2011/reports/EN-SWOP2011-FINAL.pdf.

UNICEF (2000a) *The State of the World's Children, 2000* (New York: UN Children's Fund).

UNICEF (2000b) *Domestic Violence against Women and Girls* (Florence: UN Children's Fund).

UNICEF (2012) *Global Initiative on Out-of-School Children: Nigeria Country Study* (Abuja: UNICEF).

UNICEF/WHO (2015) *Progress on Sanitation and Drinking Water: 2015 Update and MDG Assessment* (Geneva: WHO).

Universities UK (2010) *Higher Education in Facts and Figures* (London: Universities UK).

UNODC (2010) *The Globalization of Crime: A Transnational Organized Crime Threat Assessment*, www.unodc.org/documents/data-and-analysis/tocta/TOCTA_Report_2010_low_res.pdf.

UNSDSN (2012) 'Global Profile of Extreme Poverty', http://unsdsn.org/wp-content/uploads/2014/02/121015-Profile-of-Extreme-Poverty.pdf.

UNWFP (2001) 'News Release: WFP Head Releases World Hunger Map and Warns of Hunger "Hot Spots" in 2001', 9 January, available at: http://reliefweb.int/node/74045.

UPIAS (1976) *Fundamental Principles of Disability* (London: Union of Physically Impaired Against Segre-gation).

Urban Task Force (1999) *Towards a Strong Urban Renaissance: Final Report of the Urban Task Force*, chaired by Lord Rogers of Riverside (London: Department of the Environment, Transport and the Regions); available at: www.urbantaskforce.org/UTF_final_report.pdf.

Urry, J. (2000) *Sociology beyond Societies: Mobilities for the Twenty-First Century* (London: Routledge).

Urry, J. (2002) *The Tourist Gaze: Leisure and Travel in Contemporary Societies* (2nd edn, London: Sage).

Urry, J. (2003) 'Social Networks, Travel and Talk', *British Journal of Sociology*, 54(2): 155-75.

Urry, J. (2007) *Mobilities* (Cambridge: Polity).

Urry, J. (2011) *Climate Change and Society* (Cambridge: Polity).

Urry, J., and Larsen, J. (2011) *The Tourist Gaze 3.0* (3rd edn, London: Sage).

US Census Bureau (2011) *Statistical Abstract of the United States: 2011* (130th edn, Washington, DC: Census Bureau).

Valk, A. M. (2008) *Radical Sisters: Second-Wave Feminism and Black Liberation in Washington, DC* (Urbana: University of Illinois Press).

Vallas, S. P., and Beck, J. P. (1996) 'The Transformation of Work Revisited: The Limits of Flexibility in Ameri-can Manufacturing', *Social Problems*, 43(3): 339-61.

Van der Veer, P. (1994) *Religious Nationalism: Hindus and Muslims in India* (Berkeley: University of Cali-fornia Press).

Van Dijk, T. A. (1997) *Discourse Studies: A Multidisciplinary Introduction*, 2 vols (London: Sage).

Van Krieken, R. (1998) *Norbert Elias* (London: Routledge).

Vaswani, K. (2007) 'Can India Close the Wealth Gap?', BBC News, 14 August, available at: http://news.bbc. co.uk/1/hi/business/6940966.stm.

Vatican (2004) 'Letter to the Bishops of the Catholic Church on the Collaboration of Men and Women in the Church and in the World', 31 May, available at: www.vatican.va/roman_curia/congregations/cfaith/ documents/rc_con_cfaith_doc_20040731_ collaboration_en.html.

Vaughan, D. (1990) *Uncoupling: Turning Points in Intimate Relationships* (New York: Vintage).

Veit-Wilson, J. (1998) *Setting Adequate Standards* (Bristol: Policy Press).

Vertigans, S. (2008) *Terrorism and Societies* (Aldershot: Ashgate).

Vertigans, S. (2011) *The Sociology of Terrorism: People, Places and Processes* (Abingdon: Routledge).

Vertovec, S. (2006) *The Emergence of Super-Diversity in Britain*, Centre on Migration, Policy and Society, Working Paper no.25, University of Oxford.

Vertovec, S. (2007) 'Super-Diversity and its Implications', *Ethnic and Racial Studies*, 30(6): 1024-54.

Vertovec, S., and Cohen, R. (eds) (2002) *Conceiving Cosmopolitanism: Theory, Context and Practice* (Oxford: Oxford University Press).

Victor, C. (2005) *The Social Context of Ageing: A Textbook of Gerontology* (London: Routledge).

Vidal, J. (2011) 'Climate Sceptic Willie Soon Received $1m from Oil Companies, Papers Show', *The Guard-ian*, 28 June; available at: www.guardian.co.uk/environment/2011/jun/28/climate-change-sceptic-willie-soon.

Vincent, J. (1999) *Politics, Power, and Old Age* (Buckingham: Open University Press).

Vincent, J. (2003) *Old Age* (London: Routledge).

Visgilio, G. R., and Whitelaw, D. M. (eds) (2003) *Our Backyard: A Quest for Environmental Justice* (Lanham, MD, and Oxford: Rowman & Littlefield).

Voas, D. (2009) 'The Rise and Fall of Fuzzy Fidelity in Europe', *European Sociological Review*, 25(2): 155-68.

Voas, D., and Crockett, A. (2005) 'Religion in Britain: Neither Believing Nor Belonging', *Sociology*, 39(1): 11-28.

Vogel, P. (2015) *Generation Jobless? Turning the Youth Unemployment Crisis into Opportunity* (Basingstoke: Palgrave Macmillan).

Vogler, C., and Pahl, J. (1994) 'Money, Power and Inequality in Marriage', *Sociological Review*, 42(2): 263-88.

Voicu, B., Voicu, M., and Strapkova, K. (2007) *Engendered Housework: A Cross-European Analysis*, IRISS Working Paper (Luxembourg: Centre d'Etudes de Populations, de Pauvreté et de Politiques Socio-economiques); available at: http://www.ceps.lu/pdf/11/art1234.pdf.

Vörösmarty, C. J., et al. (2010) 'Global Threats to Human Water Security and River Biodiversity', *Nature*, 467(September): 555-61.

Vygotsky, L. (1986 [1934]) *Thought and Language* (Cambridge, MA: MIT Press).

Wachman, R. (2007) 'Water Becomes the New Oil as World Runs Dry', *The Observer*, 9 December.

Wacquant, L. (2010) *Deadly Symbiosis: Race and the Rise of the Penal State* (Cambridge: Polity).

Waddington, D., Critcher, C., Dicks, B., and Parry, D. (2001) *Out of the Ashes? The Social Impact of Indus-trial Contraction and Regeneration on Britain's Mining Communities* (London: Routledge).

Wagar, W. (1992) *A Short History of the Future* (Chicago: University of Chicago Press).

Walby, S. (1986) 'Gender, Class and Stratification: Towards a New Approach', in R. Crompton and M. Mann (eds), *Gender and Stratification* (Cambridge: Polity).

Walby, S. (1990) *Theorizing Patriarchy* (Oxford: Blackwell).

Walby, S. (2011) *The Future of Feminism* (Cambridge: Polity).

Walby, S., and Allen, J. (2004) *Domestic Violence, Sexual Assault and Stalking: Findings from the British Crime Survey*, Home Office

Research Study 276 (London: Home Office).

Wales Online (2014) 'North Wales Child Abuse Inquiry: Two More Men Charged by Police', www.walesonline.co.uk/news/wales-news/north-wales-child-abuse-inquiry-7659247.

Walker, C. (1994) 'Managing Poverty', *Sociology Review* (April).

Wall, D. (2007) *Cybercrimes: The Transformation of Crime in the Information Age* (Cambridge: Polity).

Wall, M. (2014) 'Ebola: Can Big Data Analytics Help Contain its Spread?', 15 October, www.bbc.co.uk/news/business-29617831.

Wallerstein, I. (1974) *The Modern World-System, Vol. 1: Capitalist Agriculture and the Origins of the Euro-pean World-Economy in the Sixteenth Century* (New York: Academic Press).

Wallerstein, I. (1980) *The Modern World-System, Vol. 2: Mercantilism and the Consolidation of the Euro-pean World-Economy, 1600-1750* (New York: Academic Press).

Wallerstein, I. (1989) *The Modern World-System, Vol. 3: The Second Era of Great Expansion of the Capitalist World-Economy, 1730-1840s* (New York: Academic Press).

Wallis, R. (1984) *The Elementary Forms of New Religious Life* (London: Routledge & Kegan Paul).

Walmsley, R. (2013) *World Prison Population List* (10th edn, London: International Centre for Prison Studies).

Walsh, D., and Poole, A. (eds) (1983) *A Dictionary of Criminology* (London: Routledge & Kegan Paul).

Walter, A. (1994) *The Revival of Death* (London and New York: Routledge).

Walter, A. (1999) *On Bereavement: The Culture of Grief* (Buckingham: Open University Press).

Walton, P., and Young, J. (eds) (1998) *The New Criminology Revisited* (London: Macmillan).

Warner, S. (1993) 'Work in Progress toward a New Paradigm for the Sociological Study of Religion in the United States', *American Journal of Sociology*, 98: 1044-93.

Warren, B. (1980) *Imperialism: Pioneer of Capitalism* (London, Verso).

Wasserstein, B. (1996) *Vanishing Diaspora: The Jews in Europe since 1945* (London: Hamish Hamilton).

Waters, M. (2001) *Globalization* (2nd edn, London: Routledge).

Watson, T. J. (2008) *Sociology, Work and Industry* (5th edn, London: Routledge).

Watts, M. (1997) 'Black Gold, White Heat: State Violence, Local Resistance and the National Question in Nigeria', in S. Pile and M. Keith (eds), *Geographies of Resistance* (New York: Routledge).

WCED (World Commission on Environment and Development) (1987) *Our Common Future* (Oxford: Oxford University Press) [Brundtland Report].

Weaver, M. (2001) 'Urban Regeneration -the Issue Explained', *The Guardian*, 19 March.

Weber, M. (1948) *From Max Weber: Essays in Sociology*, ed. H. H. Gerth and C. W. Mills (London: Routledge & Kegan Paul).

Weber, M. (1951) *The Religion of China* (New York: Free Press).

Weber, M. (1952) *Ancient Judaism* (New York: Free Press).

Weber, M. (1958) *The Religion of India* (New York: Free Press).

Weber, M. (1963) *The Sociology of Religion* (Boston: Beacon).

Weber, M. (1979 [1925]) *Economy and Society: An Outline of Interpretive Sociology* (Berkeley: University of California Press).

Weber, M. (1992 [1904–5]) *The Protestant Ethic and the Spirit of Capitalism* (London: Allen & Unwin).

Weeks, J. (1986) *Sexuality* (London: Methuen).

Weeks, J. (1999) *Making Sexual History* (Cambridge: Polity).

Weeks, J., Heaphy, B., and Donovan, C. (2004) 'The Lesbian and Gay Family', in J. Scott, J. Treas and M. Richards (eds), *The Blackwell Companion to the Sociology of Families* (Oxford: Blackwell).

Weinberg, S. (1998) 'The Revolution that Didn't Happen', *New York Review of Books*, 45(15): 48–52.

Weinberg, T. (2008) *The Ultimate Social Media Etiquette Handbook*, available at: www.techipedia. com/2008/social-media-etiquette-handbook/.

Weiss, T. G. (2013) *Global Governance: Why? What? Whither?* (Cambridge: Polity).

Weiss, T. G., and Thakur, R. (2010) *Global Governance and the UN: An Unfinished Journey* (Bloomington: Indiana University Press).

Weitzer, R. (2000) *Sex for Sale: Prostitution, Pornography, and the Sex Industry* (New York: Routledge).

Weitzman, L. (1972) 'Sex-Role Socialization in Picture Books for Preschool Children', *American Journal of Sociology*, 77(6): 1125–50.

Wessendorf, S. (2014) *Commonplace Diversity: Social Relations in a Super-Diverse Context* (Basingstoke: Palgrave Macmillan).

Westergaard, J. (1995) *Who Gets What? The Hardening of Class Inequality in the Late Twentieth Century* (Cambridge: Polity).

Western, B. (1997) *Between Class and Market: Postwar Unionization in the Capitalist Democracies* (Prince-ton, NJ: Princeton University Press).

Wetherell, M., and Edley, N. (1999) 'Negotiating Hegemonic Masculinity: Imaginary Positions and Psycho-Discursive Practices', *Feminism & Psychology*, 9(3): 335–56.

Wharton, A. S. (2012) *The Sociology of Gender: An Introduction to Theory and Research* (2nd edn, Chichester: John Wiley).

Wheatley, P. (1971) *Pivot of the Four Quarters: A Preliminary Enquiry into the Origins and Character of the Ancient Chinese City* (Edinburgh: Edinburgh University Press).

Wheeler, D. L. (2006) *The Internet in the Middle East: Global Expectations and Local Imaginations in Kuwait* (Albany: State University of New York Press).

Whelehan, I. (1999) *Modern Feminist Thought: From the Second Wave to 'Post-Feminism'* (Edinburgh: Edinburgh University Press).

White, C., van Galen, F., and Chow, Y. H. (2003) 'Trends in Social Class Differences in Mortality by Cause, 1986–2000', *Health Statistics Quarterly*, 20: 25–37.

White, H. C. (1981) 'Where do Markets Come From?', *American Journal of Sociology*, 87(3): 517–47.

WHO (World Health Organization) (2005) *Multi-Country Study on Women's Health and Domestic Violence against Women: Initial Results on Prevalence, Health Outcomes and Women's Responses* (Geneva: WHO).

WHO (World Health Organization) (2006a) *Preventing Child Maltreatment: A Guide to Taking Action and Generating Evidence* (Geneva: WHO).

WHO (World Health Organization) (2006b) *Constitution of the World Health Organization* (45th edn, Supplement), www.who. int/governance/eb/who_constitution_en.pdf.

WHO (2011) *World Report on Disability: Summary*, http://apps.who.int/iris/bitstream/10665/70670/1/WHO_NMH_VIP_11.01_ eng.pdf.

WHO (World Health Organization) (2014a) 'WHO: Ebola Response Roadmap Update, 10 October', http://apps.who.int/iris/bitstream/10665/136161/1/roadmapupdate10Oct14_eng.pdf?ua=1.

WHO (World Health Organization) (2014b) 'Suicide Prevention', www.who.int/mental_health/prevention/suicide/suicideprevent/en/.

WHO (World Health Organization) (2016a) 'World: Life Expectancy at Birth, Both Sexes', http://gamapserver.who.int/mapLibrary/Files/Maps/Global_LifeExpectancy_bothsexes_2015.png.

WHO (World Health Organization) (2016b) 'World: Adult HIV Prevalence (15-49 Years) by WHO Region, 2014', http://gamapserver.who.int/mapLibrary/Files/Maps/HIV_adult_prevalence_2014.png.

Wicks, R. (2004) 'Labour's Unfinished Business', in *Overcoming Disadvantage: An Agenda for the Next 20 Years* (York: Joseph Rowntree Foundation); available at: www.jrf.org.uk/system/files/1859351433. pdf.

Wikström, P. (2009) The Music Industry: Music in the Cloud *(Cambridge: Polity).*

Wiktorowicz, Q. (2006) 'Anatomy of the Salafi Movement', *Studies in Conflict and Terrorism*, 29(3): 207-39.

Wilkins, L. T. (1964) *Social Deviance: Social Policy Action and Research* (London: Tavistock).

Wilkinson, H. (1994) *No Turning Back* (London: Demos).

Wilkinson, H., and Mulgan, G. (1995) *Freedom's Children: Work, Relationships and Politics for 18-34 Year Olds in Britain Today* (London: Demos).

Wilkinson, R. (1996) *Unhealthy Societies: The Afflictions of Inequality* (London: Routledge).

Wilkinson, R., and Pickett, K. (2010) *The Spirit Level: Why Equality is Better for Everyone* (London: Penguin).

Will, C. M., Armstrong, D., and Marteau, T. M. (2010) 'Genetic Unexceptionalism: Clinician Accounts of Genetic Testing for Familial Hypercholesterolaemia', *Social Science and Medicine*, 71(5): 910-17.

Williams, C. D. (2003) *Tales from Sacred Wind: Coming of Age in Appalachia* (Jefferson, NC: McFarland).

Williams, R. (1987) *Keywords: A Vocabulary of Culture and Society* (London: Fontana).

Williams, S. J. (1993) *Chronic Respiratory Illness* (London: Routledge).

Williams, S. J. (2010) 'New Developments in Neuroscience and Medical Sociology', in W. C. Cockerham (ed.), *The New Blackwell Companion to Medical Sociology* (Chichester: Wiley-Blackwell): 530-51.

Willis, P. (1977) *Learning to Labour: How Working-Class Kids Get Working-Class Jobs* (London: Saxon House).

Wilson, B. (1982) *Religion in Sociological Perspective* (Oxford: Clarendon Press).

Wilson, E. (2002) 'The Sphinx in the City: Urban Life, the Control of Disorder, and Women', in G. Bridge and S. Watson (eds), *The Blackwell City Reader* (Oxford: Blackwell).

Wilson, J. Q., and Kelling, G. L. (1982) 'Broken Windows: The Police and Neighbourhood Safety', *Atlantic Monthly*, March.

Wilson, W. J. (1978) *The Declining Significance of Race: Blacks and Changing American Institutions* (Chicago: University of Chicago Press).

Wilson, W. J. (1999) *The Bridge over the Racial Divide: Rising Inequality and Coalition Politics* (Berkeley: University of California Press).

WIN-Gallup International (2012) 'GlobalIndexofReligionandAtheism:PressRelease', http:// redcresearch.ie/wp-content/

uploads/2012/08/RED-C-press-release-Religion-and-Atheism-25-7-12.pdf.

Wingfield-Hayes, R. (2015) 'The Beauty Contest Winner Making Japan Look at Itself', 4 June, www.bbc.co.uk/news/world-asia-32957610.

Wirth, L. (1938) 'Urbanism as a Way of Life', *American Journal of Sociology*, 44(1): 1-24.

Wolfe, N. (2011) *The Viral Storm: The Dawn of a New Pandemic Age* (London: Allen Lane).

Wolitzky-Taylor, K. B., Resnick, H. S., McCauley, J. L., Amstadter, A. B., Kilpatrick, D. G., and Ruggerio, K. J.(2010) 'Is Reporting of Rape on the Rise? A Comparison of Women with Reported versus Unreported Rape Experiences in the National Women's Study-Replication', *Journal of Interpersonal Violence*, 26(4): 807-32.

Women and Equality Unit (2004) *Women and Men in the Workplace* (London: Department of Trade and Industry).

Wood, J. (1984) 'Groping towards Sexism: Boys' Sex Talk', in A. McRobbie and M. Nava (eds), *Gender and Generation* (London: Macmillan).

Wood, M., Hales, J., Purdon, S., Sejersen, T., and Hayllar, O. (2009) *A Test of Racial Discrimination in Recruitment Practice in British Cities* (Norwich: The Stationery Office).

Wood, S. (1989) *The Transformation of Work? Skills, Flexibility and the Labour Process* (London: Unwin Hyman).

Woodrum, E. (1988) 'Moral Conservatism and the 1984 Presidential Election', *Journal for the Scientific Study of Religion*, 27(2): 192-210.

Woodward, K. (2015) 'Sex, Gender and Sexuality: The Case for Critical Analysis', in M. Holborn (ed.), *Contemporary Sociology* (Cambridge: Polity): 35-64.

World Atlas (2016) 'Populations of 150 Largest Cities of the World', www.worldatlas.com/citypops.htm.

World Bank (1995) *Workers in an Integrating World* (New York: Oxford University Press).

World Bank (1997) *World Development Report 1997: The State in a Changing World* (New York: Oxford University Press).

World Bank (2000) *Attacking Poverty: World Development Report 2000/1* (New York: Oxford University Press).

World Bank (2001) *Povertynet: Topics Relevant to Social Capital* (New York: Oxford University Press).

World Bank (2004) *World Development Report: Making Services Work for Poor People* (New York: Oxford University Press).

World Bank (2007) *World Development Indicators* (New York: Oxford University Press).

World Bank (2011a) *World Development Indicators 2011* (Washington, DC: World Bank).

World Bank (2011b) 'World Bank Report Reviews Early Insights from the Sino-Singapore Tianjin Eco-City Project', 19 January, available at: www.worldbank.org/en/news/2011/01/19/world-bank-report-reviews-early-insights-sino-singapore-tianjin-eco-city-project.

World Bank (2013) 'Education Expenditures: A Global Report', http://datatopics.worldbank.org/education/wStateEdu/StateEducation.aspx.

World Bank (2015) 'Morocco to Make History with First-of-its-Kind Solar Plant', www.worldbank.org/en/news/feature/2015/11/20/morocco-to-make-history-with-first-of-its-kind-solar-plant.

World Economic Forum (2007) The Global Gender Gap Report 2007 (Geneva: World Economic Forum).

World Population Review (2015) 'Shanghai Population', http://worldpopulationreview.com/world-cities/shanghai-population/.

Worrall, A. (1990) *Offending Women: Female Law-Breakers and the Criminal Justice System* (London: Routledge).

Wouters, C. (2002) 'The Quest for New Rituals in Dying and Mourning: Changes in the We-I Balance', *Body and Society*, 8(1): 1-27.

Wouters, C. (2004) *Sex and Manners: Female Emancipation in the West 1890-2000* (London and New York: Sage).

Wright, C. (1992) *Race Relations in the Primary School* (London: David Fulton).

Wright, E. O. (1978) *Class, Crisis and the State* (London: New Left Books).

Wright, E. O. (1985) *Classes* (London: Verso).

Wright, E. O. (1997) *Class Counts: Comparative Studies in Class Analysis* (Cambridge: Cambridge Univer-sity Press).

Wrigley, E. A. (1968) *Population and History* (New York: McGraw-Hill).

Wuthnow, R. (1988) 'Sociology of Religion', in N. J. Smelser (ed.), *Handbook of Sociology* (Newbury Park, CA: Sage).

Wykes, M., and Gunter, B. (2005) *The Media and Body Image* (London: Sage).

Yinger, J. M. (1970) *The Scientific Study of Religion* (London: Routledge).

Young, I. M. (1980) 'Throwing Like a Girl: A Phenomenology of Feminine Body Comportment, Motility and Spatiality', *Human Studies*, 3: 137-56.

Young, I. M. (1990) *Throwing Like a Girl and Other Essays in Feminist Philosophy and Social Theory* (Bloom-ington: Indiana University Press).

Young, I. M. (2005) *On Female Body Experience: Throwing Like a Girl and Other Essays* (New York: Oxford University Press).

Young, J. (1998) 'Breaking Windows: Situating the New Criminology', in P. Walton and J. Young (eds), *The New Criminology Revisited* (London: Macmillan).

Young, J. (1999) *The Exclusive Society: Social Exclusion, Crime and Difference in Late Modernity* (London: Sage).

Young, M. D., and Willmott, P. (1957) *Family and Kinship in East London* (London: Routledge & Kegan Paul).

Young, M. D., and Willmott, P. (1973) *The Symmetrical Family: A Study of Work and Leisure in the London Region* (London: Routledge & Kegan Paul).

Yousafzai, M., with Lamb, C. (2013) *I am Malala: The Girl Who Stood up for Education and Was Shot by the Taliban* (London: Weidenfeld & Nicolson).

Zald, M., and McCarthy, J. (1987) *Social Movements in an Organizational Society: Collected Essays* (New Brunswick, NJ: Transaction).

Zammuner, V. L. (1986) 'Children's Sex-Role Stereotypes: A Cross-Cultural Analysis', in P. Shaver and C. Hendrick (eds), *Sex and Gender* (Beverly Hills, CA: Sage).

Zamudio, M. M., Russell, C., Rios, F. A., and Bridgeman, J. L. (eds) (2011) *Critical Race Theory Matters: Education and Ideology* (New York: Routledge).

Zayani, M. (ed.) (2005) *The Al Jazeera Phenomenon: Critical Perspectives on New Arab Media* (New York: Paradigm).

Ziai, A. (ed.) (2007) *Exploring Post-Development: Theory and Practice, Problems and Perspectives* (London: Routledge).

Zimbardo, P. G. (1969) 'The Human Choice: Individuation, Reason, and Order versus Deindividuation, Impulse, and Chaos', in W. J. Arnold and D. Levine (eds), *Nebraska Symposium on Motivation* (Lincoln: University of Nebraska Press).

Zippel, K. S. (2006) *The Politics of Sexual Harassment: A Comparative Study of the United States, the Euro-pean Union and Germany* (Cambridge: Cambridge University Press).

ŽŽižžek, S. (2011) *Living in the End Times* (rev. edn, London: Verso).

ŽŽižžek, S. (2012) *Less than Nothing: Hegel and the Shadow of Dialectical Materialism* (London: Verso).

Zolfagharifard, E. (2014) 'Meet Bob, Britain's First ROBOTIC Security Guard: Droid Roams Offices Looking for Suspicious Behaviour - and Calls for Backup', www.dailymail.co.uk/sciencetech/article-2659036/Meet-Bob-Britains-ROBOTIC-security-guard-Droid-roams-offices-looking-suspicious-behaviour-calls-backup.html.

Zubaida, S. (1996) 'How Successful is the Islamic Republic in Islamizing Iran?', in J. Beinen and J. Stork (eds), *Political Islam: Essays from the Middle East Report* (Berkeley: University of California Press).

Zuboff, S. (1988) *In the Age of the Smart Machine: The Future of Work and Power* (New York: Basic Books).

ㄱ

갈등 이론conflict theories 42, 45~46, 48, 105~106, 115, 155, 717, 815~816, 820, 822, 856, 899, 943, 1005

개인 영역personal space 340

개인적 거리personal distance 340

거시사회학macrosociology 49, 332, 334, 389, 422, 438

건스, 허버트Gans, Herbert 243

게토ghetto 516, 717, 1012~1013

경영 자본주의managerial capitalism 278

경제사회학economic sociology 276

고든, 데이비드Gordon, David 567, 569, 571

고르, 앙드레Gorz, André 311~312

고소득 국가high-income countries 161, 612~614, 619, 621~622, 633, 640~641, 647

고신뢰 체제high-trust system 282

고프먼, 어빙Goffman, Erving 108~109, 325, 332~338, 346~347, 484

골드소프, 존Goldthorpe, John 525~527, 529, 532, 536, 543~544, 548~549, 551

골드소프의 계급 모형Goldthrope's scheme 525, 527, 543~544

골드스미스, 에드워드Goldsmith, Edward 212, 260, 261

공공 영역public sphere 241, 379, 458, 594, 668, 677, 680, 765, 820~824

공동 사회Gemeinschaft 238, 757

공산주의communism 31, 39~41, 83, 98~102, 116, 147, 150, 161, 215, 520~521, 614, 637, 646, 686, 730, 753, 759, 768, 774, 955~959, 961, 1010, 1014

공식 조작 단계formal operational stage 367

공적 거리public distance 340

과두제의 철칙iron law of oligarchy 950

관료제bureaucracy 41~42, 117~118, 158, 278, 457, 534, 590, 943, 948, 950~954, 971, 975, 1012

교도소prison 80, 689, 727, 896~898, 902, 904, 909~910, 913, 915, 924~926, 965

교외화suburbanization 242, 249~250, 252

교차성intersectionality 119, 374, 389,495, 519, 523~524, 574, 683, 727,

교토의정서Kyoto Protocol 208, 220

구글Google 260, 280, 301, 807, 832, 836

구드, 윌리엄J. Goode, William J. 457~458

구스블롬, 요한Goudsblom, Johan 141

구조기능주의(구조기능론)structural functionalism 95, 103~106, 110, 458, 756, 852, 973~974

구조적 실업structural unemployment 314

구조화structuration 27, 31, 46, 69, 78, 99, 114~115, 158, 171, 248, 276, 309, 343, 395, 513~514, 543, 574, 608, 674, 679, 723, 799, 875

구체적 조작 단계concrete operational stage 367

구텐베르크Gutenberg 798

국가 없는 민족Nations without states 998~999, 1014, 1019

국가 중심 이론state-centred theory 641, 644, 646

국경없는의사회Méecins Sans Frontièes 1013

국민국가(민족국가)nation-state 49, 113, 125, 128~129, 146, 148, 152, 157, 161, 163, 164~165, 167, 173~174, 263, 266, 343, 473, 528, 587, 591, 596, 719, 742, 785, 821, 942, 959, 967~970, 982, 994~998, 1000, 1002~1004, 1006, 1011~1012, 1014, 1015, 1019, 1022

국제인권위원회Amnesty International 163

굴드, 스티븐 제이Gould, Stephen Jay 864

귀속 지위ascribed status 336

그라노베터, 마크Granovetter, Mark 277

그람시, 안토니오Gramsci, Antonio 96
그래프, 로저Graef, Roger 728
그레그, 멜리사Gregg, Melissa 308
그레이엄, 로리Graham, Laurie 285
그레이엄, 스티븐Stephen Graham 245~246, 260
그레이엄, 히서Graham, Heather 494
그린피스Greenpeace 163, 198, 206, 826, 973, 975, 980
근대성modernity 101, 108, 122, 124~127, 143, 145, 171~172, 216, 231, 263, 377, 434, 645, 751, 781-782, 837, 1006, 1012, 1020
근대화 이론modernization theory 217, 639~641
글래스, 데이비드Glass, David 548~549, 551
글래스고 미디어 그룹Glasgow Media Group 816~819, 827
글로벌 거버넌스global governance 163~164, 173~174, 275
글로벌 경제 불평등global economic inequality 610, 614, 642
글로벌 도시global city 230, 235~237, 245, 255, 259, 262, 266
글로벌 상품 체인global commodity chain 160, 162~163
급진주의 여권론radical feminism 678~679, 681
기능주의functionalism 27, 42, 44~45, 48, 75, 86, 95~96, 103~106, 110~111, 115, 303, 377, 388, 414~417, 458~459, 487~488, 525, 586, 752~753, 756, 758, 784, 815~816, 820, 822, 852~853, 899~900, 902, 973~974, 995~996
기대 수명life expectancy 145, 383~384, 389, 395, 474, 489~493, 496, 574, 596, 617~620, 630, 649
기독교Christianity 106, 149, 401, 403, 666, 670~671, 754~757, 759, 763, 767, 770~773, 775, 777, 779~780, 782~783, 787, 956, 979, 1001, 1004
기든스 패러독스Giddens Paradox 208, 222
기든스, 앤서니Giddens, Anthony 112, 114~115, 126, 171~172, 208, 222, 434~435, 437~438, 591
기브스, 로이스Gibbs, Lois 220
기숙 도시dormitory towns 249
기업 범죄corporate crime 907, 922~923
기질성 가설dispositional hypothesis 80
기틴스, 다이애나Gittins, Diana 419
길리건, 캐럴Gilligan, Carol 372
길본, 데이비드Gillborn, David 865
끌어당기는 요인들pull factors 737

ㄴ

낙수 효과trickle-down effect 591
낙인stigma 59, 108, 170, 324, 353, 396, 404, 439, 452, 474, 484, 488, 497, 500, 542, 584, 611, 673, 682, 687, 696, 706, 822, 848, 903~906, 918, 926, 978
낙인 이론labelling perspective 903~906
내미는 요인들push factors 737
냅스터Napster 811
네슬레Nestle 199
네오마르크스주의neo-Marxism 101~102, 219, 519, 717, 944
네틀턴, 사라Nettleton, Sarah 471, 484
노동 분업division of labour 38, 138, 154, 276, 279, 288, 300, 417, 424, 528~529, 577, 669, 674, 680, 852, 854
노동 연계 복지welfare-to-work 592~593
노동조합union 216, 221, 263, 265, 282, 291~294, 312, 542, 576~578, 591, 609, 626, 642 ,644, 948, 950, 967, 971, 977
노령화greying 364, 382~385, 396, 399
노소 차별주의ageism 397~398, 400
노예 제도slavery 169, 514~516, 759
논리실증주의logical positivism 64
눈, 굴람Noon, Gulam 512~513, 532
뉴스 코퍼레이션News Corporation 838
뉴에이지 운동New Age Movement 768, 771~772, 899, 972
뉴턴, 아이작Newton, Isaac 97
니부어, 리처드Niebuhr, Richard 769
닐, 브렌Neale, Bren 446

ㄷ

다문화주의multicuturalism 52, 106, 118, 252, 645, 686, 707, 721, 723~724, 742, 877
담론 분석discourse analysis 817
대기오염방지법Clean Air Act 189~190

대량학살Genocide 729~730, 739, 900, 952~954, 970, 1004
대응 원리correspondence principle 853~854
대의 민주주의representative democracy 948, 983
대중매체mass media 124~124, 144, 153, 173, 206, 368, 419, 426, 457, 467, 610, 660, 796~798, 815~816, 819~821, 823~827, 829, 831, 835, 839, 905, 956, 1002, 1007
대체 의학alternative medicine 476, 478
더트, 몰리카Dutt, Mallika 688
덩컨, 오티스 더들리Duncan, Otis Dudley 545~546,
데노라, 티아Denora, Tia 811
데니스, 알렉스Dennis, Alex 326
데리다, 자크Derrida, Jacques 123, 683
데이비스, 마이크Davis, Mike 245
데이비스, 스탠리Davis, Stanley 283
데이비스, 킹슬리Davis, Kingsley 230
데클레르크, 프레데리크 빌렘de Klerk, Frederik Willem 709
덴진, 노먼Denzin, Norman 86
도교Taoism 756
도덕적 공황moral panic 730, 771, 822, 830, 871, 905~906, 918
도시 빈민urban poor 538, 584
도시 생태학urban ecology 241
도시 재개발urban renewal 245, 252-253, 263
도시 재생urban recycling 248~249, 251~252, 254, 264~265
도시성urbanism 238~243, 246, 759
도시화urbanization 148, 154, 209, 230, 233~234, 238~239, 244, 255~256, 259~262, 481, 633, 850
도열, 레슬리Doyal, Lesley 494
도킨스, 리처드Dawkins, Richard 750
독립 변수independent variable 73, 84
독점monopoly 39, 209, 302, 303, 517, 723, 778, 810, 836, 949, 997, 1011~1012
돌봄 노동caring activity 397, 417~418, 424, 541, 679
동거cohabitation 128, 429, 432~433, 439, 443, 450, 452~453, 574
동성애 공포증homophobia 689~690, 694
동성애자해방전선Gay Liberation Front, GLF 978~979
동화assimilation 721~722
뒤 게이, 폴du Gay, Paul 953-954
뒤르켐, 에밀Durkheim, Emile 35~38, 42~44, 63, 73, 95~96, 102~104, 110~111, 115, 118~119, 122, 129, 172, 182, 276~277, 288, 290, 301, 496, 755~759, 764~765, 768, 778, 822, 850~852, 897, 899~901, 995
드고비노, 조제프 아르투르de Gobineau, Joseph Arthur 707
드트라시, 데스튀트de Tracy, Destutt 817, 954
디아스포라diaspora 739~741, 1013
또래집단peer groups 367~370, 372, 662

ㄹ

라로, 아네트Lareau, Annette 862
라만Rahman, M. 121
라이브에이드Live Aid 150
라이시, 로버트Reich, Robert 279
라이트, 세실Wright, Cecile 875
라이트, 에릭 올린Wright, Erik Olin 519, 522~523, 525~526,
라이트, 찰스Wright, Charles 815
라자니, 리시Rajani, Rishi 257
라자스펠드, 폴Lazarsfeld, Paul 827
라캉, 자크Lacan, Jacques 683
랜디스, 데이비드Landes, David 146
랜슬리, 스튜어트Lansley, Stewart 560, 567, 569
러브캐널 커뮤니티Love Canal community 220
레비타스, 루스Levitas, Ruth 592
레인골드, 하워드Rheingold, Howard 803
레즈비언lesbian 59, 373, 390, 413, 447, 449, 523, 660, 664~665, 671, 674, 683~684, 686, 689~692, 694, 859, 918, 971, 978~979
렘킨, 라펠Lemkin, Raphael 1007
로렌스, 스티븐Lawrence, Stephen 715
로마클럽The Club of Rome 213
로버, 주디스Lorber, Judith 671
로버트슨, 롤런드Robertson, Roland 168, 835
로봇robot 100, 118, 301

로스토, 월트Rostow, Walt 639~640
로슨, 나이절Lawson, Nigel 205~206
로즈, 스티븐Rose, Steven 663
롬브로소, 체사레Lombroso, Cesare 896~897
루빈, 릴리언Rubin, Lilian 447, 667, 669
루스, 헨리Luce, Henry 835
루주, 크메르Rouge, Khmer 1010
루크스, 스티븐Lukes, Stephen 943~945
르루, 브리지트LeRoux, Brigitte 541
르머트, 에드윈Lemert, Edwin 904
르완다 애국전선Rwandan Patriotic Front, RPF 729
리, 앤드루Leigh, Andrew 551
리드비터, 찰스Leadbeater, Charles 304
리비바시, 마시모Livi Bacci, Massimo 145
리빙스톤, 소니아Livingstone, Sonia 808, 824
리스, 수Lees, Sue 859
리스먼, 데이비드Riesman, David 803,
리스터, 루스Lister, Ruth 581, 596
리오타르, 장 프랑수아Lyotard, Jean Francçis 683, 824~825, 835
리처, 조지Ritzer, George 118, 952
립셋, 세이모어 마틴Lipset, Seymour Martin 546
링크드인LinkedIn 350

ㅁ

마르쿠제, 헤르베르트Marcuse, Herbert 101, 944
마르크스, 카를Marx, Karl 38~40, 42~43, 46, 63, 65, 86, 94, 96, 98~102, 111, 115~120, 122, 124~125, 129, 147, 151~152, 154~155, 158, 171, 186, 216, 243, 276, 288, 293, 301~303, 311, 414, 416, 483, 499, 513, 519~523, 525, 527, 535, 577, 586, 608, 610, 631, 640~642, 678~679, 686, 717, 742, 755~757, 759, 778, 816~817, 819, 820, 822, 853, 855, 859, 861, 906, 909, 943~944, 948~950, 954, 957, 959, 995, 1005, 1008, 1010
마르크스주의Marxism 46, 65, 86, 98, 100~102, 111, 117, 120, 129, 154~155, 158, 293, 513, 519~520, 641~642, 678~679, 686, 717, 816, 820, 853, 855, 906, 933, 943, 948-949, 954, 957
마르크스주의자Marxist 100~101, 302~303, 416, 522, 527, 586, 717, 820, 909, 944, 1005, 1010
마셜, 고든Marshall, Gordon 547~548
마셜, 토머스 험프리Marshall, Thomas Humphrey 586~588
마약 거래drug trafficking 626, 712, 926~928, 930
마이스페이스MySpace 349
마이어, 존Meyer, John 952
마일스, 스티븐Miles, Steven 379~380
마찰적 실업frictional unemployment 314
마티노, 해리엇Martineau, Harriet 43~44
마페솔리, 미셸Maffesoli, Michel 764~765
만델라, 넬슨Mandela, Nelson 517, 709~710, 1018
만하임, 카를Mannheim, Karl 52, 375, 955~956
매매춘prostitution 671, 684, 694~698
매콜리, 로버트McAuley, Robert 584
매퀘일, 데니스McQuail, Denis 815
매클루언, 마셜McLuhan, Marshall 796~797, 804, 808, 825
맥 언 게일, 매르틴Mac an Ghaill, Máirtin 579, 675~676, 860~861, 870
맥그리거, 수전MacGregor, Susan 593
맥나이트, 애비게일McKnight, Abigail 579
맥도날드McDonald 118, 159, 161, 164, 952
맥로비, 앤절라McRobbie, Angela 379
맥퍼스, 윌리엄 경Macpherson, Sir William 714~715
맬서스, 토머스Malthus, Thomas 630~631, 633
맬서스주의Malthusianism 631, 633
머독, 루퍼트Murdoch, Rupert 669, 816, 838
머독, 조지Murdock, George 669
머레이, 찰스Murray, Charles 576, 590, 592
머턴, 로버트K. Merton, Robert K. 44~45, 104~105, 108, 899~902, 907
멀건, 제프Mulgan, Geoff 447
멀런, 필Mullan, Phil 396
메르켈, 앙겔라Merkel, Angela 539, 724
메이슨, 잰Mason, Jan 421, 476
면대면 상호작용face to face interaction 47, 49, 159, 307, 317, 325, 349, 352~355

명시적 기능manifest function 44~45, 105, 338, 944, 967
모건, 데이비드Morgan, David 420~423, 443, 452, 455
모리스, 리디아Morris, Lydia 538
모스, 마르셀Mauss, Marcel 329
모스너, 멜라니Mauthner, Melanie 456
모이니핸, 대니얼 패트릭Moynihan, Daniel Patrick 900
모하마디, 알리Mohammadi, Ali 837, 839
몬산토Monsanto 198~199
몰로치, 하비Molotch, Harvey 354
몸의 사회학sociology of the body 469, 998
문화 자본culture capital 540, 859, 861~862
문화적 다원주의culture pluralism 723~724
뭄바이Mumbai 245, 255, 257~258, 260, 512, 834, 981
미드, 조지 허버트Mead, George Herbert 46~47, 108, 365~367
미디어 제국주의media imperialism 833~835
미시사회학microsociology 49, 332, 334, 338, 355, 389
미쓰비시Mitsubishi 159, 279
미헬스, 로베르트Michels, Robert 948, 950, 975
민속방법론(일상생활 방법론)ethnomethodology 108, 110, 341~343
민속지학ethnography 75~77, 84, 86
민족주의nationalism 41, 123, 148, 166, 522, 721, 782, 883, 942, 947, 955, 977, 994~996, 999~1002, 1011, 1019
민주주의democracy 42, 97, 99, 124~126, 128, 153, 276, 586, 588, 609, 645, 816, 821, 824, 883, 941, 945, 947~948, 950~954, 956~963, 965, 969~970, 977, 982~983, 1001, 1022
밀, 존 스튜어트Mill, John Stuart 84, 678
밀러, 마크Miller, Mark 740
밀스, C. 라이트Mills, C. Wright 28, 30, 50, 533, 868
밀접한 거리intimate distance 340

ㅂ

바비Barbie 162~163
바우만, 지그문트Bauman, Zygmunt 81, 124~125, 240, 402, 437, 649, 824, 952~953, 1012
바움러, 악셀Baeumler, Axel 262
박스, 스티븐Box, Stephen 922
박탈 지수deprivation index 566~567
반스, 콜린Barnes, Colin 499~500, 831
반응 외침response cry 346
반주변부 국가들semi-peripheral countries 154~155, 642~643
발리우드Bollywood 255, 804, 834~835
발생적 질문developmental question 63
버라시, 데이비드Barash, David 663
버러웨이, 마이클Burawoy, Michael 50~51
버먼, 마셜Berman, Marshall 231
버지스, 어니스트Burgess, Ernest 108, 240~241, 971
버틀러, 주디스Butler, Judith 120~121, 331, 684
버틀리스, 게리Burtless, Gary 593
버핏, 워런Buffett, Warren 605~606
번스타인, 바실Bernstein, Basil 855~857, 861, 863
범죄 통제controlling crime 899, 907, 909
베딩턴, 존Beddington, John 205
베버, 막스Weber, Max 40~43, 46~47, 73, 95, 104, 106~108, 110, 116~118, 122, 129, 150~151, 186, 276~277, 473, 519, 521~523, 525~527, 589, 637~638, 721, 755~756, 759, 768~770, 778, 782, 809, 822, 942~944, 950~952, 975, 995, 1005, 1013
베처먼, 존Betjeman, John 249
베커, 하워드Becker, Howard 769, 822, 904
벡 게른스하임, 엘리자베트Beck-Gernsheim, Elizabeth 435~437
벡, 울리히Bech, Ulrich 126~127, 200, 215~216, 240, 435
벤딕스, 레인하드Bendix, Reinhard 546
벨라스케스, 리지Velásquez, Lizzie 325
벨벳혁명velvet revolution 84
변형론자transformationalist 164~166
보덴, 데어드르Boden, Deirdre 354
보드리야르, 장Baudrillard, Jean 124~125, 823, 825~826
보르자, 조르디Borja, Jordi 266
보부아르, 시몬 드Beauvoir, Simone de 96
보빌, 모이라Bovill, Moira 808
보스니아 전쟁Bosnian war 1011, 1014

보즈웰, 존Boswell, John 412
복지 국가welfare state 291, 534, 561, 576, 581, 584, 586~592, 594~596, 615, 722, 977
복지 자본주의welfare capitalism 278
복혼제polygamy 458
본, 다이안Vaughan, Diane 442
부르디외, 피에르Bourdieu, Pierre 95~96, 540~543, 855, 859, 861~863
부르주아화 명제embourgeoisement thesis 536
북아메리카 자유무역협정North American Free Trade Agreement, NAFTA 982
불교Buddhism 754~756, 771~772, 775, 1010
브라시, 로물로Braschi, Romulo 780
브래넌, 줄리아Brannen, Julia 454
브레이버먼, 해리Braverman, Harry 302~303
브루스, 스티브Bruce, Steve 779
브룬틀란 보고서Brundtland Report 214
브룸버그, 조앤 제이컵스Brumberg, Joan Jacobs 469
블라우, 피터Blau, Peter 545~546
블라우너, 로버트Blauner, Robert 301~302
블라인더, 앨런Blinder, Alan 307~308
블랭큰혼, 데이비드Blankenhorn, David 444
블루머, 허버트Blumer, Herbert 108, 822, 971~972, 979~980
비고츠키, 레프Vygotsky, Lev 367
비공식 경제informal economy 286
비그스, 매Biggs, Mae 336, 338
비버, 앤서니Beevor, Anthony 1014
비서웨이, 빌Bytheway, Bill 398
비어, 데이비드Beer, David 355
비언어적 의사소통non-verbal communication 327, 329~330, 333, 340, 379
비엔나 서클Vienna Circle 64
비판적 실제론critical realism 186~188
빈 라덴, 오사마Bin Laden, Osama 992, 1017, 1020
빈곤선poverty line 563, 576, 593
빈곤의 덫poverty trap 648

ㅅ

사막화desertification 197, 213
사망률mortality 381, 395, 418, 474~475, 478, 481, 490, 492, 495~496, 629~633
사센, 사스키아Sassen, Saskia 235, 237, 246
사실적 질문factual question 62~63, 68
사운더스, 피터Saunders, Peter 551
사이드, 에드워드Said, Edward 122~123
사이버 범죄cybercrime 928~931
사이언톨로지교Scientology 771
사회적 거리social distance 239, 340, 349
사회적 구성주의(사회구성론)social construction 61, 186~188, 469, 663, 718, 752~753
사회적 배제social exclusion 254, 390, 537, 561~562, 564~565, 567, 579~582, 584~585, 591~593, 874, 908
사회적 배태social embeddedness 277
사회적 상호작용social interaction 29, 58, 104, 108, 110, 159, 170, 186, 239, 324~327, 329, 333~337, 343, 352~353, 367, 469, 472, 487, 581, 659, 827, 943
사회적 시민권social citizenship 221, 587
사회적 역할social role 80, 333, 336, 388~389, 664, 669
사회적 연령social age 387
사회적 위치social position 336, 717, 727, 827
사회적 자아social self 108, 365~366
사회적 테크놀로지social technology 470
사회적 통제의 패러독스paradox of social control 904~905
사회주의 여권론Socialist feminism 678~679
사회학적 상상력sociological imagination 28, 30, 50, 137, 222, 752
사회화 기관agency of socialization 367~368, 660
산림 벌채deforestation 202, 212
산업사회industrial society 41, 95, 103, 116, 122, 127, 138, 146, 152, 167, 184, 213, 216, 260, 286, 288, 291~292, 295, 302~304, 306~308, 312, 385, 401, 412, 415, 438, 487, 489, 514, 520, 528, 546, 582, 584, 589, 614, 633, 694, 768, 809, 822, 852, 884, 913, 955~957, 959, 975~977, 982, 995~997, 1000, 1008

산업화industrialization 35, 39, 100~101, 123, 125, 141~142, 146~148, 154~155, 184~185, 190, 193, 202, 206, 208~209, 212~213, 216~218, 233, 238, 249~250, 256, 259~263, 288~289, 295, 307, 414~415, 417, 421, 459, 473, 514, 520, 528, 545, 562, 578, 587, 613~615, 630~632, 636, 640~641, 643~644, 685, 725, 731, 779, 809, 819, 835, 878, 883, 918, 948, 957, 1002, 1011
상관성correlation 72, 74
상대적 박탈relative deprivation 567, 584, 902, 907~908
상대적 빈곤relative poverty 562~565, 567, 569~570, 572~574, 612
상승 이동upwardly mobile 317, 513, 544, 546~549
상이성differences 235, 333
상징(적) 자본symbolic capital 540~542, 859, 861
상징적 상호작용주의(상징적 상호작용론)symbolic interactionism 46~48, 326, 341, 343, 365, 487, 815, 971
상호작용적 반달리즘interactional vandalism 345~346
새 천년 개발목표Millennium Development Goals 190~191, 214
색스, 제프리Sachs, Jeffrey 644, 648
생애 과정론(생애 모델론)life course model 389
생애과정life-course 363, 374~376, 379~380, 382~383, 389, 453, 456, 586, 590, 607
생애과정 모델life-course model 389
생애사 연구biographical research 81
생애주기life-cycle 374, 428, 530, 567, 578, 684, 972
생태학적 근대화ecological modernization 183, 215, 217~220, 222
생태학적 시민권ecological citizenship 183, 214, 221~222
샤프, 수Sharpe, Sue 859
샤피로, 로버트Shapiro, Robert 198~199
서덜랜드, 에드윈Sutherland, Edwin 921
서브프라임 모기지sub-prime mortgage 275
서비스 계급ervice class 526~527. 529, 532
선더스, 데임 시슬리Saunders, Dame Cicely 403
성노동sex work 658, 695~699, 878
성역할gender role 299, 314, 331, 449, 460, 461, 871
성인기adulthood 74, 374, 376~377, 379~382, 384
성적 취향sexual orientation 59, 644, 660, 664~665, 671, 694, 710, 717
성취 지위achieved status 336
세계 체제론world-systems theory 641~642, 646
세계-거부 운동world-rejecting movement 772
세계경제포럼World Economic Forum, WEF 423, 606, 981
세계-긍정 운동world-affirming movement 771~772
세계무역기구World Trade Organization, WTO 164, 199, 967~968, 980
세계보건기구World Health Organization, WHO 427, 429, 473, 480, 482
세계사회포럼World Social Forum, WSF 980~982
세계-적응 운동world-accommodating movement 771~772
세계화globalization 30, 52, 95, 106, 118-119, 123, 125~129, 136~137, 143, 145, 147, 152~161, 163~174, 185, 199, 210, 215, 217, 231, 235, 237, 248, 251, 259, 276, 280, 285, 307, 378, 467, 469, 480~482, 505, 516~517, 519, 521, 528, 552, 578, 587, 589, 591, 607, 610, 615, 640, 647, 677, 686, 688, 694~695, 699, 719, 724, 736, 740, 768, 773, 782, 785, 788, 797, 804, 809, 811, 831~833, 835~837, 839, 851, 878, 888, 941, 950, 956, 959~962, 967, 969, 975, 980, 982~983, 994, 998, 1002~1003, 1013~1014, 1019~1020
세넷, 리처드Sennett Richard 255, 301, 316~317, 820, 822
세대 간 이동intergenerational mobility 545, 548~549
세대 내 이동intragenerational mobility 545
세르비아Serbia 730, 735, 773, 785, 1001, 1007, 1011
세속화secularization 51, 95, 151, 246, 671, 753, 760~768, 773, 778~779, 781, 787
세이브더칠드런Save the Children 1013
세이블, 찰스Sabel, Charles 282
세이어스, 재닛Sayers, Janet 373
섹슈얼리티sexuality 87, 122~123, 374, 382, 412, 419, 523, 542, 657~660, 663~666, 668~671, 674~677, 679~681, 683~685, 691, 693, 696, 698~699, 712, 727, 781, 918, 943
센, 아마르티아Sen, Amartya 646, 723
셀라시에, 하일레Selassie, Haile 169
소비자 중심주의(소비주의)consumerism 183, 185, 187, 209~212, 252, 276, 291, 537, 584, 591, 633, 850, 878, 887, 910, 918

소수 민족national minorities 31, 119, 249, 353, 492, 570, 572, 574, 619, 655, 832, 873~876, 999-1000
소외alienation 99, 288, 301~302, 306, 349, 353, 383, 520, 648, 689, 755, 802, 907
손, 배리Thorne, Barrie 369
쇼, 마틴Shaw, Martin 1006
수렵·채집 사회hunting and gathering society 138, 141, 147, 514, 543
수용 이론Reception Theory 827
수직 이동vertical mobility 544~546
수평 이동lateral mobility 544
순, 윌리Soon, Willie 206
슈츠, 알프레Schutz, Alfred 109, 325~326
스마트, 캐럴Smart, Carol 438, 446
스미스, 러셀Smith, Russell 928
스미스, 애덤Smith, Adam 281
스미스, 앤서니Smith, Anthony 996
스미스, 피터Smith, Peter K. 324
스바루이스즈Subaru-Isuzu 285
스카치폴, 테다Skocpol, Theda 82~84
스케그스, 비벌리Skeggs, Beverly 542
스콧, 존Scott, John 529, 532
스탠딩, 가이Standing, Guy 316, 577~578
스탠워스, 미셸Stanworth, Michelle 859
스탠턴, 엘리자베스Stanton, Elizabeth 780
스톤, 로렌스Stone, Lawrence 433~434
스트로, 잭Straw, Jack 715
스펜더, 데일Spender, Dale 859
스펜서, 허버트Spencer, Herbert 98, 100
슬래퍼, 게리Slapper, Gary 922
시너고그synagogue 752, 754
시리자Syriza 275
시민의 시민권civil citizenship 221,
시민적 무관심civil inattention 325~326, 335, 347
시장 중심 이론market-oriented theory 641, 644~646
시카고학파Chicago School 96, 108, 238, 240, 242, 245, 247, 910, 971
시쿠렐, 아롱Cicourel, Aaron 110
시턴, 진Seaton, Jean 813
식수스, 엘렌Cixous, Hélène 120
신경제new economy 158, 304, 552
신노동당New Labour 591
신범죄학new criminology 907
신용경색credit crunch 126, 275~276, 280
신좌파New Left 591, 907
신포디즘neo-Fordism 285
신흥 공업국newly industrializing countries, NICs 148~149, 210, 279, 282, 631
실버스톤, 로저Silverstone, Roger 806
실업unemployment 27, 30, 49, 252~253, 265, 276, 296, 310~316, 427, 491~492, 504, 537, 539, 542, 565, 574, 577, 579, 581~582, 586, 589, 590, 592, 710, 725, 728, 822, 868, 906, 946~947
실증주의positivism 35, 75, 97
쓰나미tsunami 184, 185

ㅇ

아노미anomie 36, 38, 172, 899, 901
아도르노, 테오도어Adorno, Theodore 101, 809, 819
아동기childhood 362, 367~368, 374~380, 427, 435, 625
아리아나, 미야모토Ariana, Miyamoto 706
아리에스, 필리프Aries, Philippe 377
아마존 프라임 에어Amazon Prime Air 301
아메리카온라인America Online, AOL 835~836
아버지 부재absent father 443
아비투스habitus 859, 861
아서앤더슨Arthur Andersen 280
아이젠크, 한스Eysenck, Hans 979
아처, 마거릿Archer, Margart 115
아탈리, 자크Attali, Jacques 809
아파르트헤이트apartheid 152, 517, 689, 708~710, 714
아펠바움, 리처드Appelbaum, Richard 284
안면 행위 부호화 시스템Facial Action Coding System, FACS 327

알렉산더, 제프리Alexander, Jeffrey 105
알리, 러샤나라Ali, Rushanara 265
알자지라Al Jazeera 837, 839
알카에다al-Qaeda 41, 727, 733, 783, 956, 958, 982, 992~994, 1016~1017, 1019~1022
애슈워스, 앤서니Ashworth, Anthony 82
앤더슨, 일라이자Anderson, Elijah 254, 334, 345
앤드루스, 댄Andrews, Dan 551
양성애자bisexuality 664, 671, 689~691, 694, 918
어리, 존Urry, John 159, 354, 742
어윈, 앨런Irwin, Alan 187
에를리히, 파울Ehrlich, Paul 627
에스테스, 캐럴Estes, Carroll 389
에스핑안데르센, 요스타Esping-Andersen, Gøsta 586, 591
에식스 사회이동연구Essex Mobility Study 548
에이즈HIV/AIDS 449, 483, 670, 691, 899
에크먼, 폴Ekman, Paul 327-328
엘리아스, 노르베르트Elias, Norbert 112~114, 327, 402~403, 663, 997~998, 1013
엥겔스, 프리드리히Engels, Friedrich 39, 98~99, 119, 414, 417, 640, 679
여권론자feminist 372, 417~418, 428, 658, 660, 669, 674, 677~690, 697
여성 빈곤women's poverty 571, 688
여성의 일women's work 289, 297, 299, 572
역할퇴장론disengagement theory 388
연령 계층론age stratification 389
연로함ageing 382~383, 385~390, 395, 397, 401~402, 404, 454
오덤, 유진Odum, Eugene 261
오마에, 겐이치Ohmae, Kenich 164, 1003
오클리, 앤Oakley, Ann 287, 289, 290
옥스팜Oxfam 604, 970, 1013, 1020
옥스퍼드 사회이동연구Oxford Mobility Study 548
온실 효과greenhouse effect 201~202
온실가스greenhouse gas 127, 189, 201~202, 205~206, 208~209, 217~218
올리버, 마이크Oliver, Mike 499~500
와이즈만, 레노레Weitzman, Lenore 371
우터스, 카스Wouters, Cas 668~669
우파 현실주의Right Realism 910
워스, 루이스Wirth, Louis 108, 240, 242~243
워커, 캐럴Walker, Carol 561
워크 파운데이션Work Foundation 304
워터스, 맬컴Waters, Malcom 158, 528
원자폭탄atomic bomb 1006~1007
월, 데이비드Wall, David 930~931
월드컴World Com 921
월러스틴, 이매뉴얼Wallerstein, Immanuel 154~155, 642
월비, 실비아Walby, Sylvia 680~681, 687~688
월터, 토니Walter, Tony 400
웨스터가드, 존Westergaard, John 529
웨스턴, 브루스Western, Bruce 292
위키피디아Wikipedia 351, 828
윌리스, 폴Willis, Paul 855, 857~861, 863
윌리엄스, 레이먼드Williams, Raymond 187
윌리엄스, 로언Williams, Rowan 767
윌리엄스, 크래티스Williams, Cratis 34
윌멋, 휴Willmott, Hugh 242
윌슨, 엘리자베스Wilson, Elizabeth 250
윌슨, 윌리엄 줄리어스Wilson, William Julius 537~538
윌킨스, 레슬리Wilkins, Leslie 904
윌킨슨, 리처드Wilkinson, Richard 447, 496~497
유교Confucianism 637, 759
유네스코UNESCO 707
유니레버Unilever 199
유대교Judaism 754, 756, 768, 775
유럽연합European Union, EU 70~71, 163, 165~166, 189~190, 192, 198~199, 263, 275~276, 294~295, 304~305, 385, 390~391, 422, 424, 439, 444, 470, 527, 562~564, 570, 580, 596, 692, 713, 732~733, 735~736, 775, 838, 947, 960, 965, 967~969, 983, 1000, 1002, 1013, 1022
유럽위원회European Commission 735

유사성similarities 84, 103, 114~115, 118, 123, 333, 416, 949, 956, 975, 993, 1020
유아 사망률infant mortality rate 475, 478, 492, 615, 617, 619, 630, 632-633, 645, 710
유엔 정부 간 기후변화위원회Intergovernmental Panel on Climate Change, IPCC 203~209
유연 생산flexible production 282~283, 293
유연성flexibility 309
유일주의자 접근solitarist approach 723
유전자 변형 작물(식품)Genetically Modified Organisms, GMOs 127, 187, 197~198, 200, 209, 215, 217
유튜브YouTube 325, 796, 803~805, 807
융합(용광로)melting pot 722~723, 742, 799
의존 비율dependency ratio 395
이그나티에프, 마이클Ignatieff, Michael 716
이념형ideal type 41, 588, 673, 721, 943, 951
이데올로기ideology 116~117, 123, 210, 217, 414, 416, 422, 458, 495, 673~674, 686, 707~708, 753, 759, 813, 817, 819, 822, 827, 857, 915, 944, 945, 954~957, 959, 975, 1012, 1020
이면 영역back region 337
이베이e-Bay 161, 352
이븐할둔Ibn Khaldun 43~44
이슬람교Islam 149, 168, 574, 690, 755~756, 768, 775, 782~783, 785~787, 876, 1020~1021
이익 사회Gesellschaft 238
이트러스트e-trust 352
이해사회학interpretative sociology 239
인과성causation 72~74, 367
인구학demography 374, 473, 628~633
인상 관리impression management 336, 352
인적 자원 관리human resource management, HRM 307
인종 청소ethnic cleansing 730, 1011
인종주의racism 110, 120~121, 495, 682, 685, 707, 713, 716~717, 775, 875~877, 898, 921, 1012
인종화racialization 708
인지론cognition 364
인터라함베Interahamwe 729
일리치, 이반Illich, Ivan 476~477, 854~855
일반화된 타자generalized other 366
일탈deviance 87, 105, 379, 415, 472, 474, 488, 500, 659, 780, 897, 899~907, 909~913, 915, 918, 920~921, 926, 932, 1012, 1015
일탈 사회학sociology of deviance 899, 905, 913
일탈 확대deviancy amplification 904

ㅈ

자기감시self-surveillance 474
자동화automation 118, 282, 284, 301~303, 930
자라친, 틸로Sarrazin, Thilo 724
자본주의capitalism 39~41, 94~95, 98~102, 106~108, 116~120, 122, 123, 125, 137, 150, 152, 154~155, 158, 164, 166, 172, 185, 192, 210, 212, 215, 219, 239, 243, 246~247, 258, 276~278, 280, 283, 302~303, 312, 389, 399, 414, 416~417, 495, 499, 512, 517~525, 527, 530, 543, 546, 576, 586, 589, 605, 607~610, 612, 615, 631, 637, 641~643, 645~647, 672, 678~680, 684, 686, 717, 755~756, 759, 809, 819, 835, 853~854, 906, 922, 955~957, 959~960, 972, 975, 981
자아의식self-consciousness 435, 825
자유주의 여권론liberal feminism 678~679
잠재적 기능latent function 44~45, 105
장애의 개인 모형individual model of disability 497~499
장애의 사회 모형social model of disability 499, 502
재결합 가족reconstituted families 421, 447, 450~452
재택근무homeworking 248, 305~306, 308
잭슨 S.Jackson, S. 121
저개발국less developed country 220, 286
저소득 국가low-income country 160~161, 612~614, 617, 619~620, 622, 631, 639~642, 646~647
저신뢰 체제low-trust system 282
적십자Red Cross 163, 1013
전쟁war 26, 45, 82, 123, 140, 143, 146~147, 167, 196, 245, 295,

363, 418, 436, 443, 458, 480, 494, 504, 515, 546, 589, 631, 680, 730, 732, 735, 737, 786~787, 816, 818, 824~825, 837, 906, 923, 927, 943, 967, 970, 976, 980, 994~995, 997~998, 1004~1011, 1013~1015, 1017~1019, 1022
절대 빈곤absolute poverty 635, 694
정보화 시대information age 126, 158, 304, 850, 887, 889, 931
정의를 위한 아버지들Fathers 4 Justice, F4J 444
정치적 시민권political citizenship 221~222
제1세계First World 147~148, 528, 611, 834
제2세계Second World 147, 611~612
제3세계Third World 147, 611~612
제3의 길third way 591
제도 자본주의institutional capitalism 278
제도적 인종 차별주의institutional racism 714
젠더 불평등gender inequality 46, 52, 250, 392, 414, 423, 458, 543, 550, 658, 660, 675, 677~678, 680~684, 688, 697, 699, 727
젠더 학습gender learning 370, 372, 661,
젠더사회화gender socialization 369~370, 374, 660~661
젠크스, 크리스토퍼Jencks, Christopher 583
젠킨스, 리처드Jenkins, Richard 331, 578~579, 828
조직범죄organized crime 173, 926~928, 1011
존스, 테리Jones, Terry 787
종속 변수dependent variable 73
종속 이론dependency theory 641~643, 646
종족 공동체ethnic communities 996
종파sect 670, 767~772, 982
좌파 실재론Left Realism 907~909
주변부 국가peripheral country 155, 643
주의력 결핍 및 과잉 행동 장애Attention Deficit Hyperactive Disorder, ADHD 479~480
주택 고급화gentrification 254~255
줄리아니, 루돌프Giuliani, Rudolph 266
중간 계급middle class 467, 476, 494, 523, 532, 534~537, 541, 547, 550, 574, 613, 619, 712, 818, 822, 829, 889, 900, 902, 921, 956, 977
중심부 국가core countries 155, 643
중재적 상호작용mediated interaction 823
즈나이에츠키, 플로리안Znaniecki, Florian 81
즉석 섹스instant sex 58
지구온난화global warming 94, 124, 127~128, 173, 183, 185, 190, 196~197, 200~202, 204~209, 211~213, 215, 742, 824
지구의 친구들Friends of Earth 198
지멜, 게오르크Simmel, Georg 96, 108, 238~240, 242, 276
지속 가능성sustainability 166, 212, 214, 219~221, 261~263, 280, 493, 613
지속 가능한 개발sustainable development 183, 205, 212, 214~215, 218~220, 222, 226, 261, 263, 1005
지식 경제knowledge economy 304, 523, 850, 884
지신, 베벌리Geesin, Beverly 355
지젝 슬라보예Žižek, Slavoj 96, 102
진리대응이론correspondence theory of truth 64
짐바르도, 필립Zimbardo, Philip 80~81, 911
집단 동학group dynamics 79
집단 생산group production 282~285
집단 폐쇄group closure 716~718
집단주의groupism 721
집합행동collective behaviour 973

ㅊ

차등적 인종화differential racialization 718
차페크, 카렐Čpek, Karel 301
참여 민주주의participatory democracy 947
청년 문화youth culture 375~376, 379, 811, 822
초국적 기업transnational corporations, TNCs 137, 153, 158~161, 168, 171, 212, 231, 235, 277~280, 641, 677, 960
초기 성인기young adulthood 380~382
초다양성super-diversity 721, 731
초도로, 낸시Chodorow, Nancy 331, 366, 372~374
초세계화론자hyperglobalizer 164~166
초점 없는 상호작용unfocused interaction 333, 335
촘스키, 놈Chomsky, Noam 816

최하층 계급underclass 528, 537~540
추아, 에이미Chua, Amy 1001
출산율fertility rate 395, 399, 436, 494, 458, 474, 614, 617, 627~629, 719
친족kinship 242, 455, 457, 759, 707
친족관계kinship relations 455

ㅋ
카가메, 폴Kagame, Paul 729
카르도주, 엔히크 페르난두Cardoso, Enrique Fernando 642
카를로스, 슬림Carlos, Slim 244
카마이클, 스토클리Carmichael, Stokely 714
카스텔스, 마누엘Castells, Manuel 95~96, 237, 243, 246~247, 255~256, 260, 266, 803~804, 928, 982, 1020
카스트 제도caste system 431, 514, 516~519, 706
칸트, 이마누엘Kant, Immanuel 101, 1008
칼, 포퍼Karl, Popper 64~66
칼뱅주의Calvinism 106~107
캐슬, 스티븐Castles, Stephen 740
캘도어, 메리Kaldor, Mary 1011, 1013~1014, 1020
캘러닉, 트래비스Kalanick, Travis 301
캠벨, 콜린Campbell, Collin 211
커리, 엘리엇Currie, Elliot 584
컬트cult 169, 768~772
케이힐, 스펜서Cahill, Spencer 337
케인스, 존 메이너드Keynes, John Maynard 312
코레시, 데이비드Koresh, David 769
코소보Kosovo 785, 1007
코언, 스탠Cohen, Stan 822, 905
코언, 앨버트Cohen, Albert 900
코호트cohort 315, 375, 430~431, 550
콩섶 키다리 가족bean-pole family 454~455
콩트, 오귀스트Comte, Auguste 34~35, 38, 43~44, 63~64, 96~98, 100, 102, 125, 149, 1008
쿠르드족Kurds 994, 999
쿠즈네츠 곡선Kuznets Curve 546, 609
쿠즈네츠, 사이먼Kuznets, Simon 546, 608~609
쿡, 로빈Cook, Robin 723
쿤츠, 스테파니Coontz, Stephanie 418
퀴어이론queer theory 119, 684, 690
큐런, 제임스Curran, James 813
크루팻, 에드워드Krupat, Edward 241
크리스테바, 줄리아Kristeva, Julia 123
크릭, 버나드Crick, Bernard 722
클랭비에, 빅토리아Climbié Victoria 427
클로워드, 리처드Cloward, Richard A. 975
킨제이, 앨프리드Kinsey, Alfred 665~667, 670
킹슬리, 데이비스Kingsley, Davis 230

ㅌ
타운센드, 피터Townsend, Peter 566~567
타임워너Time Warner 811, 833, 835, 838
탈레반Taliban 459, 785, 848, 956, 958, 1017, 1020
탈상품화decommodification 586
탈숙련deskill 302~303, 306, 854
탈식민 이론postcolonial theories 122
터너, 브라이언Turner, Bryan 489, 1004
테러 조직terrorist organization 164, 1017, 1020
테러리즘terrorism 26, 41, 87, 128, 174, 686, 783, 816~818, 952, 967, 994~995, 1004, 1011, 1014, 1016~1022
테르보른, 예란Therborn, Göan 152, 457~459
테일러, 찰스Taylor, Charles 724, 762, 788
테일러, 톰Taylor, Tom 909
테일러, 프레더릭 윈슬로Taylor, Frederick Winslow 281, 302
테일러리즘Taylorism 281~283, 302, 311
토마스, 쿤Thomas, Kuhn 65
토머스, 와이스Thomas, Weiss 174
토크빌, 알렉시스 드Tocqueville, Alexis de 276
토테미즘totemism 757~758
톰스, 스티브Tombs, Steve 922
톰프슨, 워런Thompson, Warren 631~632

톰프슨, 존Thompson, John 817, 821~824
통제 이론control theory 899, 909~910
통제된 주의controlled alertness 347
퇴니에스, 페르디난트Töies, Ferdinand 238~239, 242
툰즈톨, 제러미Tunstal, Jeremy 835
트뢸치, 에른스트Troeltsch, Ernest 769
트위터Twitter 349~350, 353, 706, 796, 803, 808, 822, 828
티저드, 바버라Tizard, Barbara 856
틸리, 찰스Tilly, Charles 159

ㅍ

파레토, 빌프레도Pareto, Vilfredo 104, 948~950
파렉, 비쿠Parekh, Bhikhu 722~723
파슨스, 탤컷Parsons, Talcott 388, 414~416, 459, 488, 669, 756, 852~853, 909, 973, 974
파워, 앤Power, Anne 264
파이어스톤, 슐라미스Firestone, Shulamith 679, 686
파이어아벤트, 파울Feyerabend, Paul 66
파쿨스키, 잔Pakulski, Jan 528
파크, 로버트Park, Robert E. 108, 238, 240~241, 971
팔, 레이Pahl, Ray 525
팔레스타인Palestine 196, 735, 818, 837, 994, 996, 999, 1016
퍼뮤터Perlmutte 279
퍼스, 데이비드Firth, David 547
퍼스, 레이먼드Firth Raymond 455
퍼트넘, 로버트Putnam, Robert 808
페미니스트 이론feminist theory 119~121, 123, 945
페미니즘(여권론)feminism 27, 43, 46, 48, 96, 118~123, 289~290332, 417~418, 428, 687~688, 694, 945, 95957, 977
페이스북Facebook 54, 349~351, 353, 512, 605, 607, 803, 808, 822, 828, 961, 980
페인스타인, 수전Fainstein, Susan 248
편견prejudice 33, 51, 87, 147~148, 239, 249, 416, 573, 660, 664, 680, 708, 711, 713~714, 716~717, 817~818
포드, 헨리Ford, Henry 281, 283
포드주의Fordism 276, 282, 302
포스트구조주의post-structuralism 120, 123, 684
포스트먼, 닐Postman, Neil 806, 808, 824
포스트모더니즘postmodernism 27, 119, 124, 127, 644~645, 683~684
포스트모더니티postmodernity 124, 825
포스트모던 여권론postmodern feminism 678, 683
포스트모던 이론postmodern theory 125, 824, 826
포스트포디즘post-Fordism 282~285, 305
포슨, 레이Pawson, Ray 66
폭스바겐Volkswagen 182~183, 190
폰 클라우제비츠, 카를von Clausewitz, Carl 1006, 1008
폴락, 오토Pollak, Otto 914~915
표면 영역front region 337
표적물 강화target hardening 911
표집sampling 69, 78~79, 86
푸츠타이, 아르파드Pusztai, Arpad 194
푸코, 미셸Foucault, Michel 123~124, 159, 470, 474, 644, 665, 684, 803, 817, 943, 945, 957, 998
프랑크푸르트학파Frankfurt School 101, 809, 816, 819~821, 823, 827, 944
프런트텍스Frontex 735
프로이트, 지그문트Freud, Sigmund 101, 138, 140, 331, 366, 370, 372~373, 683
프로테스탄트주의protestantism 106~107, 122
프롤레타리아proletariat 39, 99, 577
프리던, 베티Friedan, Betty 418, 686
프리드리히 엥겔스Friedrich Engels 39, 98~99, 119, 414, 417, 640, 679
프리들랜더, 대니얼Friedlander, Daniel 593
플레밍, 데이비드Fleming, David 308
플루머, 케네스Plummer, Kenneth 689
피셔, 스탠리Fischer, Stanley 615
피셔, 클로드Fischer, Claude 241
피아제, 장Piaget, Jean 364, 367
피어쇼드, 데이비드Piachaud, David 566

피어슨, 폴Pierson, Paul 581, 591
피오르, 마이클Piore, Michael 282
핀터레스트Pinterest 350, 803
필킹턴, 앤드루Pilkington, Andrew 1002
핑케, 로저Finke, Roger 778
핑켈스타인, 빅Finkelstein, Vic 499

ㅎ

하강 이동downwardly mobile 513, 534, 544~549
하버마스, 위르겐Habermas, Jügen 101, 125, 788, 820~813
하비, 데이비드Harvey, David 184, 243~244, 246~247, 260
하비아리마나, 쥐베날Habyarimana, Juvéal 729
희생양 만들기scapegoating 713
하위 정치sub-politics 128
하위문화deviant subculture 241, 368, 379~380, 576, 676, 689, 764, 711, 810~811, 858, 900, 902, 904~905, 907, 918, 921, 926
학교 교육schooling 621, 848~851, 853~854, 856, 859~861, 863, 866~867, 878, 881, 884, 886~887
할리건, 존Halligan, John 324
합리성rationality 97, 951, 1012
합리화rationalization 41~42, 117~118, 426, 756, 952
해러웨이, 도나Haraway, Donna 120
해럴드 가핑클Harold Garfinkel 110, 341~344
해리슨, 마틴Harrison, Martin 819
해리슨, 폴Harrison, Paul 250~251
핵가족nuclear family 414~416, 421~422, 431, 434, 452, 455, 457~458, 676, 679, 691, 782
허스트, 폴Hirst, Paul 1014
허시, 트래비스Hirschi, Travis 909
허턴, 윌Hutton, Will 576
헌스타인, 리처드Herrnstein, Richard J. 864~865
헌트, 폴Hunt, Paul 497
헌팅턴, 새뮤얼Huntington, Samuel 785~786, 1021
험프리스, 로드Humphreys, Laud 58~61, 63, 67, 72, 75, 86, 670
헤이덴손, 프랜시스Heidenshon, Frances 915
헨슬린, 제임스Henslin, James 336, 338
헬드, 데이비드Held, David 164, 811, 832, 969~970
헵워스, 마이크Hepworth, Mike 401
현상학phenomenology 108~110, 326, 343
호손 효과Hawthorne effect 79
혹실드, 앨리Hochschild, Arlie 47~48, 335, 424~425
혼, 데니스Hone, Dennis 264
홀, 스튜어트Hall, Stuart 678, 906
홀, 에드워드Hall, Edward T. 340
홀로코스트holocaust 774~775, 953~954, 1012
홉스, 토머스Hobbes, Thomas 104
화이트칼라 범죄white-collar crime 902, 907, 921~922
확대 가족extended family 362, 4159416, 419, 433, 450, 454~455, 457, 766
환경 정의environmental justice 214, 220~221
환경 정치environmental politics 220~221, 980
환경적 실제론environmental realism 187
회의론자sceptic 164~166, 205~207, 283, 593, 762, 840
후기 산업사회post-industrial society 291, 304, 977
후설, 에드문트Husserl, Edmund 109
훅스, 벨hooks, bell 681~682
휠러, 데버라Wheeler, Deborah 170
휴스, 마틴Hughes, Martin 242, 856
흑인여권론black feminist 681~683
힌두교Hinduism 516, 518, 574, 732, 754~757, 759, 768, 771, 775, 778, 787

1차적 사회화primary socialization 367~368, 376, 415
1차적 일탈primary deviance 898, 904, 906
2차적 일탈secondary deviance 898, 904, 906
AGIL 패러다임 104

〈단행본〉

『1984』 952
『1990년대의 20대들Twenty-Something in the 1990s』 550
『1차원적 인간One Dimensional Man』 101
『21세기 복지21st Century Welfare』 594
『21세기 자본Capital in the Twenty-First Century』 608
『30년 최신판30 Year Update』 213
『가부장제의 이론화Theorizing Patriarchy』 680
『가사 일의 사회학The Sociology of Housework』 289
『가상 커뮤니티The Virtual Community』 803
『감성 지능Emotional Intelligence』 865
『감정 노동The Managed Heart: Commercialization of Human Feeling』 47
『거대 도시와 정신생활The Metropolis and Mental Life』 239
『경제와 사회Economy and Society』 276
『계급의 종언The Death of Class』 527
『고독한 군중The Lonely Crowd』 803
『공산당 선언The Communist Manifesto』 39, 100
『공적 인간의 몰락The Fall of Public Man』 820
『공정한 사회, 건강한 생활Fair Society, Healthy Lives』 493
『과학 혁명의 구조The Structure of Scientific Revolution』 65
『관료제를 찬양하며In Praise of Bureaucracy』 953
『국가와 사회 혁명States and Social Revolutions』 83
『국부론The Wealth of Nations』 281
『굶주린 세상: 세계가 먹는 것Hungry Planet: What the World Eats』 623
『그리스도교의 본질The Essence of Christianity』 755
『근대 세계 체계The Modern World-System』 154
『근대성과 홀로코스트Modernity and the Holocaust』 81, 953
『글로벌 도시1991The Global City 1991』 235
『나쁜 뉴스Bad News』 818
『낙인: 장애의 경험Stigma: The Experience of Disability』 497
『남성스러움Masculinities』 672
『남자 만들기The Making of Men』 676
『노동과 독점자본Labor and Monopoly Capital』 302
『노련함: 도시에서의 인종, 계급, 변화Steetwise: Race, Class, and Change in an Urban Community』 254
『노쇠 과정 이야기Stories of Ageing』 401
『더 나쁜 뉴스More Bad News』 818
『도시 물정에 밝음: 도시 공동체에서의 인종, 계급 그리고 변동Streetwise: Race, Class, and Change in an Urban Community』 334
『도심 지역의 내부Inside the Inner City』 250
『돈의 철학The Philosophy of Money』 276
『동부 런던의 가족과 친족Family and Kinship in East London』 242
『리퀴드 러브Liquid Love』 437
『모더니티의 결과들The Consequences of Modernity』 171
『문명화 과정The Civilizing Process』 112, 997
『미국 사회Society in America』 43
『미국의 민주주의Democracy in America』 276
『미디어 통제, 프로파간다의 엄청난 성취Media Control: The Spectacular Achievement of Propaganda』 816
『미디어는 미국의 것이다The Media Are American』 835
『미디어는 미국의 것이었다The Media Were American』 835
『방법에 거스르기Against Method』 66
『범죄자L'uomo delinquente』 896
『변화하는 세계에서의 국가The State in a Changing World』 644
『복지 국가는 해체되는가Dismantling the welfare state』 591
『복지 자본주의의 세 가지 세계The Three Worlds of Welfare Capitalism』 586
『불과 문명Fire and Civilization』 141
『불타는 세계World on Fire』 1001
『브리튼Britain』 722
『빈곤의 경제학The Bottom Billion』 635
『사랑은 지독한 그러나 너무나 정상적인 혼란The Normal Chaos of Love』 435
『사회 분업론The Division of Labour in Society』 38, 103
『사회에서의 노동 분업The Division of labour in Society』 276
『사회의 적과 도덕적 공황Folk Devils and Moral Panics』 905
『사회학적 상상력The Sociological Imagination』 28
『새로운 범죄학The New Criminology』 906
『새로운 전쟁과 과거의 전쟁New and Old Wars』 1011
『생명 구하기: 더 건강한 나라Saving Lives: Our Healthier Nation』 492
『성격의 변질The Corrosion of Character』 317

『성과 권력 사이Between Sex and Power』 457
『성과 매너Sex and Manners』 668
『성별 문제Gender Trouble』 331
『성의 변증법: 여권론자 혁명의 경우The Dialectic of Sex: The Case for Feminist Revolution』 686
『성인 남성과 소년들The Men and the Boys』 672
『성장의 한계Limits to Growth』 213
『성장의 한계를 넘어Beyond the Limits』 213
『섹스에 대해 당신이 항상 알고 싶어 했던 모든 것Everything You Always Wanted To Know About Sex』 979
『소송The Trial』 951
『소외와 자유Alienation and Freedom』 301
『소음: 음악의 정치경제학Noise: The Political Economy of Music』 809
『스쳐 지나가기: 성과 공적 희롱Passing By: Gender and Public Harassment』 332
『실증주의 철학Positive Philosophy』 43
『아버지 없는 미국Fatherless America』 444
『여성을 위한 에티켓Etiquette for Women』 668
『여성의 복속The Subjection of Women』 678
『여성의 성서The Woman's Bible』 780
『여성의 신비The Feminine Mystique』 418, 686
『여성의 자산Women's Estate』 686
『역동적 복지 급여Dynamic Benefits』 594
『역사 서설Muqaddimah』 43
『영국의 빈곤Poverty in the United Kingdom』 566
『영화와 행동Movies and Conduct』 822
『오리엔탈리즘Orientalism』 122
『우리가 살고 있는 국가The State We're In』 576
『우리의 글로벌 이웃Our Global Neighbourhood』 173
『우리의 일상적인 미래Our Common Future』 214
『위기 관리하기Policing the Crisis』 906
『유럽과 미국에서의 폴란드 농민The Polish Peasant in Europe and America』 81
『유럽에서의 추축국 점령Axis Rule in Occupied Europe』 1007~1008
『이민 시대: 현대 사회에서 국제적 인구 이동The Age of Migration: International Population Movements in the Modern World』 740
『이민 시대: 현대 사회에서 국제적 인구 이동The Age of Migration: International Population Movements in the Modern World』 740
『인구론Essay on the Principle of Population』 630
『일상 속의 음악Music in Everyday Life』 811
『일탈 소년들Delinquent Boys』 900
『일탈의 원인Causes of Delinquency』 909
『임종의 외로움The Loneliness of the Dying』 402
『임종의 자각Awareness of Dying』 400
『자본론Capital』 276, 519
『자살론Suicide: A Study in Sociology』 36, 74
『전쟁과 평화 뉴스War and Peace News』 818
『전쟁론On War』 1007
『정말 나쁜 뉴스Really Bad News』 818
『제국이 반격하다The Empire Strikes Back』 717
『젠더놀이Gender Play』 369
『젠더와 권력Gender and Power』 672
『종교 생활의 기본적인 형태들The Elementary Forms of the Religious Life』 757
『종의 기원On the Origin of Species』 750
『주부Housewife』 281
『죽도록 즐기기Amusing Ourselves to Death』 806
『줄어드는 인종의 중요성The declining Significance of Race』 537
『중국-싱가포르 톈진 생태 도시: 중국에서 부상하는 생태 도시에 관한 사례 연구Sino-Singapore Tianjin Eco-City: A Case Study of an Emerging Eco-City in China』 262
『찻집의 거래Tearoom Trade』 58, 61, 72
『책임 없는 권력Power Without Responsibility』 813
『천년의 종언End of Millennium』 928
『친밀함의 변모The Transformation of Intimacy』 434
『커플 관계의 해체: 친밀한 관계의 전환점Uncoupling: The Turning Points in Intimate Relationships』 442
『코앞에 닥친 일Just Around the Corner』 931
『포괄적 사회The Inclusive Society』 595
『포스트모던 조건The Postmodern Condition』 824
『프로테스탄트 윤리와 자본주의 정신The Protestant Ethic and the Spirit of Capitalism』 41, 106, 756

〈보고서〉

「계집애처럼 던지기Throwing Like a Girl」 329
「맥퍼슨 보고서Macpherson Report」 715~716, 727
「베버리지 보고서Beveridge Report」 589
「블랙 보고서Black Report」 490~491
「스카먼 보고서Scarman Report」 252
「애치슨 보고서Acheson Report」 492

이미지 출처

01. 사회학이란 무엇인가

29 ⓒ DFID / Wikimedia Commons.

40 ⓒ Google Art Project / Wikimedia Commons.

42 ⓒ Dontworry / Wikimedia Commons.

45 ⓒ R Neil Marshman / Wikimedia Commons.

02. 사회학적으로 묻고 답하기

58 ⓒ SuSanA Secretariat / Flickr

65 ⓒ Ankit Kadam / Wikimedia Commons.

80 ⓒ Eric. E. Castro / Wikimedia Commons.

83 ⓒ PierreSelim / Wikimedia Commons.

03. 사회학의 이론과 관점

94 ⓒ Paul WJ. de Groot at nl. wikipedia.

105 ⓒ Hein waschefort / Wikimedia Commons.

113 ⓒ JWChat developers; Iceweasel, Firefox developers / Wikimedia Commons.

114 ⓒ Chensiyuan / Wikimedia Commons.

121 ⓒ Cintia Barenho / Wikimedia Commons.

125 ⓒ Sergey Galyonkin / Flickr

127 ⓒ IAEA Imagebank / Wikimedia Commons.

04. 세계화와 사회 변동

136 ⓒ Alexandre Breveglieri / Wikimedia Commons.

140 ⓒ Woodlouse / Wikimedia Commons.

142 ⓒ Garrondo / Wikimedia Commons.

144 ⓒ Gleilson Miranda, Governo do Acre / Wikimedia Commons.

156 ⓒ Australian National Maritime Museum on The Commons / Wikimedia Commons.

160 ⓒ bunnicula / Flickr

168 ⓒ Martin Furtschegger / Wikimedia Commons.

05. 환경

182 ⓒ GuenterHH / Flickr

194 ⓒ Terence / Wikimedia Commons.

06. 도시와 도시 생활

232 ⓒ Paul Bica / Flickr

236 ⓒ Imre Solt / Wikimedia Commons.

244 ⓒ Classical geographer / Wikimedia Commons.

251 ⓒ David Lally / Wikimedia Commons.

253 ⓒ jarito / Wikimedia Commons.

258 ⓒ Alicia / Wikimedia Commons.

264 ⓒ Sgt Steven Hughes RLC / Wikimedia Commons.

07. 일과 경제

274 ⓒ Ggia / Wikimedia Commons.

306 ⓒ Senado Federal / flickr

08. 사회적 상호작용과 일상생활

330 ⓒ peter stokes / Wikimedia Commons.

346 ⓒ varmazis / Wikimedia Commons.

351 ⓒ Denali National Park and Preserve / Wikimedia Commons.

354 ⓒ Dax Dover / Flickr

09. 생애과정

369 ⓒ Zephyris / Wikimedia Commons.

376 ⓒ Frank Vincentz / Wikimedia Commons.

403 ⓒ Svetlana Miljkovic / Wikimedia Commons.

10. 가족과 친밀한 관계

423 ⓒ yoppy / Flickr

434 ⓒ OnCall team / Flickr

456 ⓒ Scott Friesner / Flickr

11. 건강, 질병, 장애

471 ⓒ intel free press / Wikimedia Commons.

475 ⓒ Seattle Municipal Archives / Wikimedia Commons.

481 ⓒ UNMEER / Flickr

12. 계층과 계급

512 ⓒ Alessio Jacona / Flickr

515 ⓒ 38 Degrees / Flickr

517 ⓒ Thomas Schoch / Wikimedia Commons.

527 ⓒ J J Ellison / Wikimedia Commons.

538 ⓒ Dilwar H / Wikimedia Commons.

13. 빈곤, 사회적 배제, 복지

577 ⓒ Marcuscalabresus / Wikimedia Commons.

583 ⓒ Danielle Scott / Wikimedia Commons.

594 ⓒ West Midlands Police / Flickr

14. 글로벌 불평등

604 ⓒ Kate Ausburn / Flickr

605 ⓒ Financial Times(Drew Altizer) / Flickr

620 ⓒ World Vision / Wikimedia Commons.

625 ⓒ Thomas Schoch / Wikimedia Commons.

635 ⓒ Emmanuel DYAN / Flickr

647 ⓒ Posi66 / Wikimedia Commons.

15. 젠더와 섹슈얼리티

656 ⓒ Derek Bennett / Flickr

657 ⓒ Ailura / Wikimedia Commons.

662 ⓒ Jonathan Cairns / Flickr

668 ⓒ Alpha Lifestyle Productions

675 ⓒ Dan Lundberg / Wikimedia Commons.

687 ⓒ Loretta Lime / Wikimedia Commons.

16. 인종, 종족, 이주

709 ⓒ Richard Matthews / Flickr

713 ⓒ Agenția de Inspectare și Restaurare a Monumentelor din Republica Moldova / Wikimedia Commons.

728 ⓒ Garry Knight / Flickr

733 ⓒ Ruth Hartnup / Flickr

737 ⓒ Freedom House / Flickr

741 ⓒ dcaseyphoto / Flickr

17. 종교

750 ⓒ Chris Light / Wikimedia Commons.

754 ⓒ Jon Candy / Wikimedia Commons.

758 ⓒ Iacgojheud / Wikimedia Commons.

764 ⓒ Yoel Schmidt / Wikimedia Commons.

779 ⓒ LBJ Library / Flickr

781 ⓒ John Robinson / Flickr

784 ⓒ Adam Jones / Wikimedia Commons.

786 ⓒ Miguel Carminati / Wikimedia Commons.

18. 미디어

796 ⓒ Yanis Vanoufakis / Twitter

797 ⓒ Kal Brinker / Flickr

798 ⓒ Esther Vargas / Flickr

804 ⓒ Vancouver 125-The City of Vancouver / Wikimedia Commons.

814 ⓒ Travis Ruse, cropped by GallifreyanPostman at en.wikipedia

834 ⓒ Flicker user Joi / Wikimedia Commons.

839 ⓒ Wittylama / Wikimedia Commons.

19. 교육

848 ⓒ UK DIFD / Flickr

849 (좌) ⓒ UK DIFD / Flickr

849 (우) ⓒ Wilson Dias, Agência Brasil / Wikimedia Commons.

858 ⓒ Jacob Simkin / Wikimedia Commons.

20. 범죄와 일탈

898 ⓒ Graham McLellan / Wikimedia Commons.

903 ⓒ Hendrike / Wikimedia Commons.

903 ⓒ Che010 / Wikimedia Commons.

908 ⓒ Nate Cull / Wikimedia Commons.

912 ⓒ Matt Brown / Flickr

929 ⓒ Sergey Venyavsky, Сергей Венявский / Wikimedia Commons.

21. 정치, 정부, 사회운동

940 ⓒ Al Jazeera English / Wikimedia Commons.

946 ⓒ Ryuugakusei / Wikimedia Commons.

949 ⓒ robertsharp / Flickr

953 ⓒ tsaiproject / Flickr

960 ⓒ Superikonoskop / Wikimedia Commons.

962 ⓒ Brian McNeil / Wikimedia Commons.

978 ⓒ LSE Library/ Wikimedia Commons.

22. 민족, 전쟁, 테러리즘

992 ⓒ Kurdishstruggle / Flickr

999 ⓒ Terrazzo / Flickr

1003 ⓒ Adam Kerfoot-Roberts / Wikimedia Commons.

1021 ⓒ Mikael Colville-Andersen / Flickr

그 외 이미지 출처

Anthrophoto, Corbis, Empics, fotolia, Getty Images, Imageclick, Photofusion, Pixaboy, Rex Featutes, Trusell Trust, Wellcome Libray.